上海市"十三五"重点图书出版规划项目

田国强学术文集

田国强 —— 著

中国改革、经济学理论与方法

上海财经大学出版社

本书为上海市新闻出版专项资金资助项目

图书在版编目(CIP)数据

田国强学术文集：中国改革、经济学理论与方法/田国强著.—上海：上海财经大学出版社，2018.11

ISBN 978-7-5642-2933-7/F.2933

Ⅰ.①田… Ⅱ.①田… Ⅲ.①中国经济－文集 Ⅳ.①F12-53

中国版本图书馆 CIP 数据核字（2018）第 015180 号

出版统筹　李志浩
责任编辑　陈　明
书籍设计　张克瑶

田国强学术文集
中国改革、经济学理论与方法

著　者：田国强
出版发行：上海财经大学出版社出版发行
地　址：上海市中山北一路 369 号（邮编 200083）
网　址：http://www.sufep.com
电子邮箱：webmaster@sufep.com
经　销：全国新华书店
印刷装订：上海雅昌艺术印刷有限公司
开　本：710mm×1000mm　1/16
印　张：137.75
字　数：1945 千字
版　次：2018 年 11 月第 1 版
印　次：2018 年 11 月第 1 次印刷
定　价：985.00 元

序

2018年，在具有重大历史意义和改变了中国前途及命运的改革开放40周年到来之际，在这个特别值得纪念的年份中，上海财经大学出版社收集整理出版了我这套约200万字关于中国改革和发展的5卷本中文学术文集。作为中国改革开放取得举世瞩目巨大成就的亿万见证人和受益人中的一员，此文集的出版对我来说特别具有纪念意义，我为此感到由衷的高兴，此文集也是我为纪念改革开放40周年所给的献礼。

改革开放作为中华民族复兴进程中的一个关键拐点，使中国重新走向了世界政治经济舞台的中心。在国家发展的历史大潮中，无数个人的命运也随之发生巨大的转变。我是20世纪50年代生人，长身体的时候遭遇了三年"大饥荒"的折磨，在学知识的时候遭受了"文化大革命"的摧残，改革开放后受惠于邓小平同志关于扩大派遣出国留学人员政策而于1983年公派自费出国留学。与我一样，当时许多出去的留学生都是生在红旗下、长在红旗下，受惠于邓小平同志的改革开放国策才得以负笈海外，实现人生轨迹的改变和跃迁，大家都怀有一颗热爱祖国、报效祖国之心，有一种希望中国尽快振兴的强烈使命感。

我关注中国改革与发展及其研究迄今已有35个年头，始于我初到美国留学时所见所闻给我带来的两个强烈感受：一是震撼，二是痛苦。震撼的是，一个国家原来可以这么富有！痛苦的是，为什么我们中国人这么勤劳却那么贫穷？差距的原因何在？这些感受是我思考和研究中国经济问题及其改革的原点，从那时候起，我就开始思考中国改革何去何从，关注中国改革进程和发展了，立志用自己所学、所思、所研来探究中国的改革与发展。

直到当前，国内一些人仍然有一种看法，歧视和怀疑我们留学生和海归，以为海归出国几年后西化了，甚至是不爱国了，但我的看法恰恰相反。由于改革开放初期中国与发达国家间的巨大差别和海外留学时所遭受到的歧视，以及改革开放 40 年中国所取得的巨大成就，绝大多数留学生和海归都非常热爱祖国，都非常关注中国的进步和发展。我记得刚到美国时，我们留学生经常从晚上 6 点钟吃饭开始，一直争论辩论到早上八九点钟。对于一个国家的成功或失败，有人归结于科学技术，归结于李约瑟之谜。但是，我认为最根本的是制度和人才，此二者是中国实现国家富强和长治久安必须高度重视的，也是我在随后几十年里为之不懈努力的两个重要方面：一是聚焦制度平稳转型研究中国经济改革与发展，二是推动经济学教育改革为国引才、储才、育才，因为中国经济社会发展需要大量了解和掌握现代经济体系这方面的高层次创新型人才。

当时对于中美之间社会经济发展落差的震撼与痛苦，也坚定了自己从自然科学向社会科学及经济学学科进行学习研究的学科转向。为此，在明尼苏达大学读博士期间，我特意选了"机制设计理论之父"、后因其开创性贡献而获得诺贝尔经济学奖的列奥尼德·赫维茨（Leonid Hurwicz）教授作为指导教师。在攻读博士学位的四年时间里，我经常与雷鼎铭学长（博士毕业后在美国纽约州立大学水牛城分校拿到终身教职后到香港科技大学任教直至最近退休）及其他中国留学生一起探讨中国改革中遇到的各种问题，以及改革目标和发展趋势。在此过程中，开始注意到理论与现实、历史、传统、文化、制度等诸多因素之间的互动影响，结合所能接触到的各种资料深入思考中国这一千载难逢的大变局，从而逐步地让我认识到，经济学原创性纯理论研究与解决现实问题的研究还是有很大差异，要解决现实问题，需要切换角度和角色，不能唯书本和教条主义，不能过度理想化或过度意识形态化，更不能将理想状态等同于现实去看待和解决现实问题，这样不可能将事情做成功。

尽管原创性纯理论，特别是经济学基准理论具有很强的指明改革方向和现实指导作用，但理论背后的一些假设也许不是那么与现实相吻合，所以其研究基本上都是务虚的，对一个问题或问题的某个方面（假定其他因素不变，现实中当然不是如此）往往研究得很细、很精，目的就是要弄清其内在逻辑关系，注重的是科学性、严谨性，聚焦的是点或局部，而不是面或全局，具体怎么去用，在什么情况下适用，需要因地、因人、因事、因时而定，具体情况具体分析。但分析和解决现实问题就大不一样了，要将一件事情做成，需要将影响其结果的各种因素综合考虑，而不是只考虑某个点或单方面因素，这就像一个水桶缺一片或有缝隙，甚至有个小洞，也装不满水一样，需要面面俱到。

特别是在担任上海财经大学经济学院院长后，在经济学教育改革实践过程中，我越来越充分地认识到在分析和解决现实问题时，要特别注意到这方面的差异性。分析和解决现实问题，要将事情办成，一定离不开理论逻辑、实践真知和历史视野这三维度的结合。它们都是将一件事情办成或解决好现实经济社会问题的必要条件，缺一不可。但在现实中，许多人没有明白这个道理，在分析问题时，不知不觉地只关注或集中其中一个维度而忽视其他维度，或者由于理论背后的假设不是那么符合现实而完全地否定其理论的导向作用，或者完全照搬理论的结论而忽视前提假设和实践真知的极端重要性，或看问题短视。的确如此，从事实践工作的人往往容易忽视甚至否定理论的重要性，而从事理论研究的人往往容易教条，脱离现实看问题，意识决定存在，而不是存在决定意识，将理想状态等同客观现实，这样的人大量存在，甚至弄不好，其中一些人动不动给人上纲上线。

当然，更多的人往往是用一个命题或结论成立的必要条件反对其命题或结论成立的另外的必要条件。一些经济学家，在谈到市场制度重要性的时候就一味地否定政府的作用，或在谈到政府作用时就忽视市场的作用而认为政府需要事事有为；在谈到工业革命重要时就一味否定基础制度环境的重要性。还有不少人在总结改革成功的时候，不是试着去找出新的因素，而是强调本就存在的因素的重要性而否定新的因素的重要性（比如在总结中国改革开放成功时往往忽视或否定松绑放权的市场化改革和民营经济大发展的重要性，而一味地强调政府和国企的作用）。类似地，学人文社会科学和自然科学中的不少人由于自己所学轻视其他学科。近几十年来，国际上爆发的文化之争——人文文化与科学文化的争论就是一个例子。学人文的看不起学科学的，觉得学科学的没什么文化，懂点专业，怎么算有文化呢？如建构主义者或社会建构主义者就极力张扬人文精神，对科学的真理性全面提出质疑。而学自然科学的却认为，你们人文学者连科学的基本常识都不知道，怎么算是合格的学者呢？20多年前，纽约州立大学有一位叫索卡尔的物理学家就认为建构主义者不懂科学却经常引用科学来支持自己的观点，有点儿欺骗读者的意思，于是故意写了一篇"诈文"登在最权威的建构主义的期刊《社会文本》上，一个月后在另外一个杂志上说明那是一篇"诈文"，里面引用的所谓科学成果在科学界是一些人所共知的东西，而这些成果根本推不出那些社会意义的结论，其中的推导完全是荒谬的，明眼人一眼就能看出来。

其实，索卡尔的"诈文"早有完整的中文翻译，但可惜没有引起国内对"何为"科学问题的充分重视和有效讨论，使得许多学人文社会科学的人在讨论问题时科学性严重不足，特别在当前的中国经济学界更是如此，从而使这样的争论也出现在关于经济学是否是科学的辩论中，而这其中一个原因是当前国内经济学界风气确实不是那么端正，浮躁、浮夸、表象、虚的东西太多，而不是务实、埋头钻研。学术研究及其讨论本应是严肃的，但似乎是越来越大众化，甚至是娱乐化，不少人语不惊人死不休，说出的话，给出的结论，既没有逻辑，更谈不上内在逻辑，就连简单逻辑都没有，缺乏常识，也没有实证，更是短视，但弄不好，说不定会影响到政策的制定，从而影响到经济社会的发展，这是我们学者特别需要自律的地方。

总的说来，理论逻辑维度注重的是科学性与严谨性，而实践真知维度强调的是时代性和现实性，提出的方案要有可行性、可操作性、可执行性、可实现性。当然，仅有理论和实践不行，弄不好会短视，可能只是短期或局部最优而不是长远或全局最优，因而还需要采用历史视野的维度来分析问题，这样分析解决问题时才能有前瞻性和思想性，人文社会科学更注重历史视野。比如一幅油画，太近了看发现不了油画的美，看到的也许都是坨坨点点，但拉长距离来看可能就很不一样了。总之，要做有思想的学术和立有学术的思想，就必须做到科学性、严谨性、时代性、现实性、前瞻性和思想性的有机结合。我在出国前学的是自然科学和数学，到美国后学的是经济学，再加上大学前的下乡几年的知青生活和在上海财经大学经济学教育改革实践和行政工作，以及平时喜欢读历史和其他各种书籍，这些生活、学习和行政方面的经历和历练使得我越来越充分地认识到理论逻辑、实践真知及历史视野三位一体分析方法对分析和解决现实问题的极端重要性，从而我在做中国问题研究时，尽可能采用这样三位一体的研究方法。

聚焦制度平稳转型　　研究中国经济问题

1987年夏，我博士毕业受聘美国得州A＆M大学经济系终身轨（Tenure Track）助理教授。这以后的几年中，我始终在经济学学术海洋的最前沿探险，在纯理论研究中学习新东西和新技巧，不断扩大自己的知识面，每年都能出产近十篇学术论文，被当时的系主任称作"文章的生产机器"。1997年，我被破格晋升副教授并获得了终身教职"铁饭碗"后，立即开始将自己的研究范围扩展到中国经济问题的研究，并担任了中国留美经济学会1991～1992届的会长。

1992年初邓小平南方谈话之后，我和留美经济学会的同仁预感到中国将会掀起一场经济市场化改革大潮，但客观现实是，由于几十年的计划经济，国内民众对什么是市场经济很不了解。于是，我们就组织主要在海外留学的学会会员用通俗的语言编写了14本关于市场经济学的普及丛书，该丛书由我和易纲教授主编，其中包括我和张帆合著的《大众市场经济学》。其间，1992年10月中共十四大召开，中国正式决定实行社会主义市场经济，这套丛书正好赶上这个历史契机，于1993年正式出版发行，成为国内第一套通俗地介绍现代市场经济学的普及丛书。

该丛书1993年当年即获得中国图书奖等四个国家级大奖，至今仍然是许多经济学子的入门读物和经济学研究者的必读文献。《市场经济学普及丛书》的好评如潮让我充分认识到在一个社会转型时期思想上的理性启蒙工作的极端重要性。于是，自1993年以来，除在海外学术期刊发表英文原创性研究成果外，我也开始将目光投向国内各种严肃的学术期刊及一些在国内思想界有重要影响的阵地，在系统介绍自己在激励机制理论研究过程中所取得的成果的同时，也陆续发表自己对于改革过程中一些具体问题和政策的评论。

2010年，我和我的研究助手陈旭东博士一道将我自己包括与合作者从20世纪90年代初以来对中国经济问题所做的研究和思考，进行了梳理，形成了100多页的书稿。但是，在随后的教学和研究中，我们发现仅仅是就经济改革而谈经济改革，太过局限，并且经济改革的单兵突进和其他方面改革的滞后已经造成了很大的问题。一方面，由于短板效应，经济改革本身遇到了诸多难以突破的瓶颈；另一方面，不均衡的改革和发展路径，也使得中国面临成就巨大但问题也突出的"两头冒尖"现象，这使得我们认识到中国必须走全方位联动改革之路才行。为此，我们对书稿的整体定位做了扩展，其间反复修改了几十遍。由于忙于其他一些事情，书稿迟迟未能付梓出版。

在2013年书稿行将定稿出版时，十八届三中全会召开了，全会通过的《关于全面深化改革若干重大问题的决定》中提出的许多改革决策和措施，与书中很多提法、建议和呼吁接近，甚至是相同，因此我们又对书稿进行修改，修正其说法，其中也包括对许多改革政策和措施，提供了理论支撑和实践印证。最终该书于2014年7月出版，书名定为《中国改革：历史、逻辑和未来——振兴中华变革论》。随后该书被推荐参评当年的孙冶方经济科学奖著作奖，得到了张卓元、吴敬琏等先生的充分肯定和支持获得殊荣。我们这本书以探明中国改革的路线和战略为主题，通过历史大视角和国际宽视野的纵深横阔考察，以及国内外经济社会实践的纵横向比较，运用现代经济学尤其是关于激励和信息的机制设计理论的基本原理和分析手段，来回顾改革、理解改革、求解改革及深化改革，把对改革问题的探讨建立在注重理论内在逻辑、历史经纬爬梳和数据统计分析有机结合的坚实基础之上，也就是我上面提到的分析解决问题离不开三要素结合：理论逻辑（科学性、严谨性）、实践真知（现实性、时代性）、历史视野（前瞻性、思想性）。以史为鉴，可以知兴替。如我在合著的《中国改革：历史、逻辑和未来》一书中所描述的那样，中国近代以来有过三次以国有企业为主导来推动的工业化，分别发生在洋务运动时期、抗日战争前后、社会主义改造之后的计划经济时期，但无一不以失败而告终。其原因是，这些工业化整体上无法从根本上同时解决国企的效率低下、挤压民企、贪污腐败、不利创新及造成社会不公这五大弊端，并且事实胜于雄辩，改革开放以来的中国经济大发展主要靠的不是国有经济，而是非国有经济，特别是民营经济，后者对中国经济的贡献无论是产值方面还是就业方面都是巨大的，并将在向效率驱动乃至创新驱动的转型发展中发挥主体作用。

中国古语有云四十不惑。不惑之年的中国改革开放正进入一个新的历史航程，当前国内外政治经济环境变得异常错综复杂，发生了深刻的变化，机遇空前，挑战空前。尤其是中美关系正迈向一个走向影响特别深远的十字路口。如果我们找不到消除双边关系紧张的途径并排除双边的战略误判，就很可能往一个更负面的方向发展，进入更多方面的战略竞争，甚至是全面对抗，弄不好会导致经济、政治甚至军事局势紧张，演变成多方面的敌对，从而必将影响到世界经济和政治的稳定及世界和平。其实，大国崛起也可以是良性竞争关系，比如美国与英国、日本与美国，但不见得就一定是敌对关系。最佳的结果是不战而屈人之兵，而没有办法的办法才是像攻城一样地强行进攻。所以，我们还是应该想办法尽可能促成坐下来进行有针对性的谈判，比如两国尽快举行最高级别的会谈，尽量寻找和形成双方的共识和最大公约数，存异求同，取长补短，而不是忽视或相互指责、相互敌视，不要将对方说得一无是处。

同时，我们更需要进一步地思想解放，需要更大力度的改革开放，真正地而不是口头上进行全方位改革。当然，谈改革不能完全不主动去破除旧的制度框架而去谈改革。改革就是要改掉阻碍了经济社会发展的旧的规章制度。所以，我认为谈改革开放是有特定内涵和意义的。现在"改革"两个字已经泛用，不少学者和政府部门制定的政策将改革往回改，往回走，或只说不做，或将说一套做一套也称之为改革，其实完全不是这么回事。所谓改革，就是对阻碍经济社会发展的旧制度及其规章制度和政策进行改变，对体制、机制和制度进行转型才能称之为改革。具体到中国情景，就是要将原有的僵化计划经济体制和政府过多主导和参与经济活动，特别是过多地干预和参与竞争行业的体制，改为以市场决定资源配置为导向的经济体制。比如，一旦真正被逼得要实行"三零、两停、一允许"，由于效率和创新力方面的不足，对中国来说难度是相当大的，是非常难于竞争的，要能适应和具有竞争力，就必须下决心深化市场化改革和进一步对外开放，以此提高效率和勃发创新力。所以，我认为在谈改革开放时，最好加上前置词，即市场化改革和经济全球化的开放。只有让市场真正发挥决定性作用和让政府发挥好的、恰当的而不是多的作用的市场化改革和经济全球化的对外开放，才是改革开放的真正内涵，而不是其他。

如果我们没有真正意义上的更大力度的改革、更大力度的开放，不埋头苦干、韬光养晦，问题将会越来越严重，因而需要以更大的决心、更大的智慧、更大的定力进行更深层次的改革开放，并且这样的改革一定是综合性改革，是政府、市场和社会三位一体及其各个层面互动互补的综合改革治理。只有这样，才有可能应对各种挑战，导致平衡充分可持续的经济社会的良性发展。当前的中美形势和国际形势是危中有机，中国只有很好地抓住这次机会，通过经贸摩擦倒逼深化市场化改革和全球化开放，建立真正意义上的现代市场经济体系，存异求同、取长补短，做到"能而示之不能，用而示之不用""强而避之"，而不是过度渲染政治经济社会等方面的差异、过度意识形态化，才有望让外界看到共同点，化干戈为玉帛，进一步发展壮大自己，才能实现十九大所提出的使命、愿景、目标及其他任务。

推动经济教育改革　为国引才储才育才

自从在得州 A&M 大学拿到终身教职后，我就经常回国讲学、办学和开会，在清华大学、北京大学、浙江大学、华中科技大学、武汉大学、中国地质大学、武汉军事经济学院等大学经常讲课或任兼职教授。中国市场化的改革是不可逆转的。在这种情况下，就需要与世界经济体制接轨，就需要许多经济、管理方面的人才。人才的培养，不是几年的事，而是许多年的事，也即"十年树木，百年树人"。人们在这方面要有战略眼光，要多拿钱出来办教育。尽管我是属于改革开放后较早出国学习现代经济学的人之一，可能占了点先机，我希望越来越多的人超越我。"长江后浪推前浪"，新人一定会辈出。

1999 年开始，在原华中科技大学校长周济教授的大力支持、关心、参与和领导下，我们在海外的一些林少宫教授的弟子帮助华中科技大学经济学院开办了一个经济学和数学双学位班。2003 年，清华大学经济管理学院开启了成规模柔性引进海外高层次经济学人的先河，我与其他 27 位海外学有所成的华人教授一道受聘于清华大学经济管理学院，成为其特聘教授，给本科和博士生完整开了一门门现代经济学课程，这一举措当时受到了社会、媒体和经济学界的广泛关注。不过，这还不是大规模全职引进海外经济学高层次人才的举动，而我的期待是将在海外获得博士学位的优质人才大批全职地引进回国，这样的机会很快来到了。2004 年，上海财经大学以经济学院为试点面向全球招聘院长，希望聘请活跃在世界学术舞台上的海外华裔学者来担纲革新重任，他们向我发出邀请。"田老师，我们把你请来，不是希望你早上8点钟上班，下午5点钟下班，这种人我们多的是，我们希望你过来，能帮我们把学科建设做起来，帮我们引进一些人才。"上海财经大学时任校长谈敏教授的一番语重心长的话，让我觉得上海财经大学是一个能做事的地方。于是，在学校开明领导层的支持下，我于2004年7月12日走马出任经济学院院长，并在我的"求实创新，打造一流"的就职演说中，给出了如何打造一流经济学院的愿景目标、战略、方针和六大举措及我的雄心壮志。不过，许多老师当时是抱着半信半疑的态度，因为当时的上海财经大学在国内没有什么名气，上海财经大学经济学院更是不咋样，即使在学校也只是处于中偏下的位置，而我的想法是，如我向时任财政部常务副部长的楼继伟汇报时引用毛泽东同志的话时说的："一张白纸好画最新最美的图画。"我还记得第一次到上海财经大学任职，学校旁边一个街道正在改造，当我3个月后再路过这个地方的时候，改造已经竣工，变成了一条休闲美食街，一问是民营企业投资开发的。我不禁感慨民营企业和国内经济社会的发展活力，祖国大地到处都是工地，经济发展一派欣欣向荣。在这种充满发展活力的经济社会环境下，海外人才回国发展大有可为。中国正处于一个需要海归的时代，也是一个成就海归的时代。在中国政治经济文化社会需要与世界接轨和走向世界的过程中，特别是在当前国内杰出人才匮乏的情况下，海外留学人才群体是一个巨大的高层次人才库。海外人才也普遍感受到了国家的积极召唤，感受到了国家发展中个人自身的历史使命和责任感。

在高等教育引才方面，我一直觉得与其零零碎碎地引进海归，让他们迅速被同化、无暇做研究，还不如一次性引进一批新鲜血液，很快形成团队规模，配套以先进的学术机制，给年轻学者充分的舞台和空间。就像建三峡水电站对长江截流一样，一小块一小块石头扔下去是不可能有效截流的。所以，我走马上任的一个星期内就起草了一份经济学院三年振兴计划，给出了如何求实创新、打造一流的具体规划和建议，其中最重要的一个举措就是提出一年引进10个、三年引进30个海归博士的人才引进计划，并且专门向时任校长谈敏教授和当时分管人事的周仲飞副校长申请了一个在国际经济学家招聘市场方面的特殊政策，即只要学院给人助教授offer，学校就一定要认可，这得到了他们的同意和鼎力支持。如果按照国内通常规定在国际人才市场上招人，由于国际人才市场竞争激烈，等到学校人事处和分管校领导批准，那么黄花菜都凉了，无法招到好的人才。就这么一个特殊政策，我们当年就招到10个海归。经过这10多年这样的招聘，动态引进了100多位，其成效和成绩是国内外经济学界皆知的，我们的国际化和由此所取得的成绩是我们学校让外界真正佩服的一大亮点。所以，一个领导的格局、眼光、胸怀、担当、使命责任感及其目标决定了一个单位的事业大小和成功与否，如果没有这些，不可能为单位、为下属分忧解愁，就是只唯上、不唯实、不唯下。

上海财经大学就这样成了国内高校最早开始依托美国经济学会年会这一国际公认的经济学家人才市场招聘渠道，进行大规模、成建制地引进海归优秀人才的大学，发展到目前每年已经有超过50所的国内高校参会招聘，其中很多是直接按照我们的招聘程序和做法在做。当然，我们的经济学教育改革不仅仅是引进人才，而是一个聚一流师资、汇一流学生、设一流课程、育一流人才、做一流研究、臻一流治理、创一流学科、建一流学院的综合改革治理。为此，我随后向学校提出一系列全方面综合治理打造世界一流经济学科的改革建议和举措，比如在当时就给新招到的海归博士每人一间办公室，这样的魄力和举措当时几乎没有一个高校这样做，同时在国内开先河建立了常任轨（Tenure Track）制度，对本科和研究生及博士课程进行大力度改革，如加强数理基础，开设硕博连读项目，给所有的博士生开设《资本论》必修课等等。当时的谈敏校长、周仲飞副校长及其他时任校领导（特别是孙铮副校长）排除了各种困难和阻碍，对我们经济学院的改革治理和学科建设给予了极大支持。可以说，我那时虽然非常劳累，但由于经济学教育改革的推进和不断取得的改革成效，让我充满活力和激情，对工作感到无比快乐、开心和自豪，且充满信心。

下面着重谈谈我对于科学研究和解决现实问题研究方面的一些思考和做法及其成效。经济学关涉社会经济治理，事关政策、决策走势，特别是随着中国正在经历由大国到强国的转型，无疑对高校经济学研究所能贡献的知识成果的水平和质量提出了更高的要求，即做基础性、原创性研究以抢占国际学术话语权，同时服务国家发展战略和重大需求。我在上海财经大学经济学院担任院长过程中既抓追求世界一流长远卓越的原创性理论和方法方面的研究，也非常注重服务国家社会解决现实问题方面的研究，两手抓、两手都要硬。通过"常任轨"国际期刊目录的导引和六年"非升即走"的长周期、高质量导向考核机制约束，2005 年以来上海财经大学经济学院教师已经在国际顶尖和知名经济学期刊发表署名机构论文 300 多篇，这些原创性研究成果多见于与 *Science*、*Nature* 齐名的《美国国家科学院学报》（PNAS）及 *American Economic Review*、*Econometrica*、*Journal of Political Economy* 等国际顶级和一流经济学期刊。在国内高校中率先在 *American Economic Review* 等五大国际顶尖经济学期刊论文发表"大满贯"纪录，不仅对经济学做出了原创性贡献，而且许多也是基于中国经济实践提炼的研究成果，用国际通行语言来讲好中国故事。

与此同时，我也注重引导教师发现和解决那些带有根本性的经济科学问题和制约中国经济社会发展的现实瓶颈问题，以促进有机融合，从而追求长远卓越。基于此，从整合全校资源的角度，2006 年 7 月经我倡导成立了上海财经大学高等研究院，并兼任院长。作为国际化的中国社会经济问题研究平台，高等研究院主要依托海内外优秀研究团队，理论结合实际，定性与定量分析并举，以项目的形式联合攻关，研究中国改革和发展中出现的长远重大战略性问题和当前难点、热点经济问题。我本人关于宏观经济、人才引进和教育改革等方面的政策研究报告曾多次得到总理办公室、中组部、财政部、教育部、中财办、中国人民银行等许多中央和部委领导及上海市委、市政府领导的关注、批示或上报，这方面的一些研究报告也收集到本文集中。尤其是我们的中国宏观经济形势分析与预测项目采取了国际前沿、国内较为独特的基于准结构模型的情境分析（Alternative Scenario Analyses）和政策模拟（Policy Simulations）方法，在对统计数据和经济信息充分收集和进行科学鉴别校正的基础上，对中国宏观经济最新形势进行严谨的分析，对未来发展趋势进行客观的预测，并提供各种政策情景模拟结果供决策参考。

笔耕不辍三十七载　学术观点一以贯之

这本文集收录了我1982～2018年间写作的近200篇中文文章中的138篇文章。其中，绝大部分文章的一个共同特征是采用现代经济学的基本分析框架和研究方法来研究中国经济问题。文集共分8个篇章，分别是：（1）中国经济改革与发展；（2）国企改革与银行改革；（3）中国经济与部门发展；（4）制度转型与综合治理；（5）教育改革及其治理；（6）经济理论与制度学说；（7）经济学及其方法与争鸣；（8）书评、追忆及其他。每个篇章按照写作或发表时间先后顺序进行排列，前6个篇章的大部分论文均着力探讨了我国经济体制转型过程中在相关领域内遇到的一些重大理论和实践问题，并提出一些战略和政策上的建议。

从事学术研究这么多年，特别是近20多年来我所有关于中国改革的文章一个自始至终的基本结论就是，无论是谈改革的具体举措和路径，还是方向和目标，其关键落脚点在于根本性的市场化制度改革。这个结论无论是改革从何处来、往何处去都以此为要。的确如此，总结中国过去40年改革所取得的巨大成就，以及探讨当前进一步深化改革，人们一定要弄清楚是什么新的因素导致了改革成就巨大，应该像实验物理一样，要研究和找出两个变量之间的关系，一定要将其他变量固定。基于这样的方法论，我们不难发现坚持党的领导、坚持社会主义、坚持社会稳定是改革开放之前就有的，那么什么是新的因素？那就是：较大程度上的经济上的选择自由、松绑放权的改革、引入竞争机制（包括中央与地方政府、对内对外的竞争）、对外开放、民营经济大发展这样的基本制度性市场化改革。

为此，文集绪论部分收录了我为纪念改革开放 30 周年和 40 周年而写的两篇论文，较为全面地谈到了我对改革开放的看法。其中，为纪念改革开放 30 周年而写的论文《从拨乱反正、市场经济体制建设到和谐社会构建——效率、公平与和谐发展的关键是合理界定政府与市场的边界》很早地提出了效率、公平与和谐发展的关键是合理界定政府与市场的边界这一现在广为所知的命题。当然，这个副标题表达得不是非常准确，其实应该是"效率、公平与和谐发展的关键是合理界定政府与市场、政府与社会的边界"。要让经济社会得到平衡、充分的良性和谐发展，仅仅界定好政府与市场的治理边界是远远不够的，所以最近五六年来我一直都在强调同时需要界定好政府与社会的治理边界。《改革开放 40 年再思考——平衡充分良性发展的制度逻辑》一文则指出，基础性制度的完善才是社会经济平衡充分良性发展的关键所在。其中，政府的恰当定位至关重要，只有有能、有为、有效、有爱的有限政府定位得到落实，才能真正处理好政府与市场、政府与社会的关系，导向好的市场经济和好的社会规范。政府自身的改革，特别是政府职能的转变也就成了改革的关键和重要突破口。下面对这 8 个篇章内容逐一做简要介绍。

本文集第一部分主要关注中国经济改革与发展，贯穿其中的一条研究主线是中国经济体制平稳转轨需经历三阶段——经济自由化、市场化、民营化。这是我 1994 年 11 月发表于《经济研究》的论文《中国国营企业改革与经济体制平稳转轨的方式和步骤》的基本结论。后续研究成果曾分别以 "A Theory of Ownership Arrangements and Smooth Transition To A Free Market Economy" 和 "Property Rights and the Nature of Chinese Collective Enterprises" 为题，发表于国际著名的 *Journal of Institutional and Theoretical Economics*（《制度与理论经济学期刊》）和 *Journal of Comparative Economics*（《比较经济学期刊》）上。

这些论文给出了一个在"非规范"经济环境，特别是转轨过程的经济制度环境下，即有限经济自由、不完善市场环境下的产权所有制理论。在这个理论框架之下，企业所有制及最优产权安排都是内生变量，其选择将依赖于经济制度环境的非规范化程度。经济制度环境的不规范程度的差异会产生不同的局部最优产权制度安排（民营、集体或国有产权安排）。从而，其重要的政策含义就是，只有通过深层次的改革和社会变革使得经济制度环境得到改变才能有效地变换产权所有制安排形式。然而，经济制度环境的改善，不是单靠经济体制改革的单兵突进就能实现的，并且单一改革带来的问题和矛盾愈加突出，这就提出了和谐社会构建和全面深化改革的时代命题。2007年3月，我在《经济研究》上发表《和谐社会的构建与现代市场体系的完善——效率、公平与法治》一文，全面、系统地论证了和谐社会的构建与建立现代市场经济体系的相容性。

第二部分关注中国国有企业与银行改革，包括银行在内的国企改革是中国经济体制改革老生常谈的问题，也恰恰是所有改革中最难啃的一块骨头。在这部分的文章中，有与俄罗斯、中国台湾地区的横向比较研究，也有对近代以来的四次社会经济大变革中国有企业沉潜起伏的纵向梳理考察。一个重要结论是，1840年以来，中国经历了三次以国有企业推动工业化的不成功的尝试，启示当下应让非国有经济发挥重要作用，促进非国有经济的进一步发展，由此才能实现中国经济发展驱动力的切换。

加入WTO后，中国面临着到2006年要实现逐步取消外资银行办理和经营人民币与外汇业务的地域和客户限制，取消所有现存的对外资银行所有权、经营和设立形式进行限制的非审慎性措施的承诺，而当时中国国有商业银行面临不良资产比例大、资本金严重不足、公司治理结构落后、盈利能力差、经营效率低、存在危机感等重重问题。所以，2003~2004年间我与王一江教授合作在《经济研究》《改革》《经济学动态》等期刊发表了系列的研究论文，对中国国有商业银行改革应取的方向和路径进行探讨、建言，主张引进外资银行战略投资者来参与国有商业银行股份制改造。

10多年来的实践充分表明，外资银行的进入为中国银行业改革提供了有效的外部激励和动力，引进了国外先进经营管理技术，缩短了与国际先进银行的差距，增强了自身发展活力。通过对外开放，促进中国银行业进一步走向国际市场，接受国际竞争的考验，提高了国际竞争力；通过对外开放，引进各类资本，壮大了中国银行业的整体实力，增强了抵御各种风险的能力；通过对外开放，中国银行业已基本融入国际银行业体系，成为其中的重要组成部分，国际化水平大大提升。

第三部分的主题是中国经济与部门发展，涵盖的内容包括宏观调控、城市化、贫富差距、通货膨胀、经济增长、经济波动、政府支出乘数、房产税、最低工资标准、存款保险制度，等等。其中，2014年9月发表于《经济研究》的论文《政府支出乘数》是我与我的博士生王国静合作的，填补了国内研究中国政府支出乘数的空白。文章首先利用一个简单的理论模型说明政府消费乘数和政府投资乘数的不同，并指出忽略财政政策规则中的内生性会对支出乘数的估计造成严重的偏误。然后构建了一个引入以上三个特征的大型DSGE模型，并利用贝叶斯方法对模型的结构参数进行估计。对不同设定的模型进行比较发现，包含以上三种特征的模型能最好地拟合中国经济。估计得到的长期政府消费乘数和政府投资乘数分别为0.790 4和6.113 0。

2008年6月撰写提交的政策建议书《治理通货膨胀，更要警惕经济大幅下滑风险——关于解决扩大内需和抑制通货膨胀两难的政策建议》，在绝大多数学者和政府机构仍然认为当时经济过热而不断加大紧缩力度的情形下，我和黄晓东教授旗帜鲜明地给出了相反的判断，提出了"慎紧缩、稳两市（指股市和房市）、拉两头（指第一产业和第三产业）、控中间（指第二产业）、停升值、缓提价（指油价、电价）"18字综合治理方针建议，并提交给中国人民银行、财政部、国务院政策研究室等部门领导，其后的经济发展态势和政策运行趋势完全地印证了报告的前瞻性。

第四部分以制度转型与综合治理为主题，随着十八届三中全会确立国家治理体系和治理能力现代化的目标，制度转型与国家治理方面的研究日趋增多。本部分聚焦经济增长与转型背后的制度因素，包括政府行政体制、政治体制、法治等。核心观点是实现经济社会持续发展和长治久安必须注重两个逻辑——发展的逻辑和治理的逻辑，否则会造成各种问题和危机，其关键是政府的定位必须恰当。从而，政府职能转变是中国下一步改革的关键所在，即要推动从行政干预过多的全能政府向让市场充分发挥作用的维护性有限政府转变，以及从与民争利的发展型政府向为公共利益服务型政府转变。

只有这样才能改变政府角色缺位、错位、越位并存的现状，才能合理界定和理顺政府与市场、政府与社会之间的治理边界，通过三者各归其位又互动互补的综合治理，建立有效市场、造就有限政府、构建和谐社会，提高人们的幸福感，才能真正实现无为而治和科学发展。那么，靠什么来合理界定政府与市场、政府与社会之间的治理边界呢？治理边界的界定，其实质是权力边界的厘清，这就不仅仅是政府行政体制所能解决的，而需要政治体制改革的深化。

在 2014 年 3 月发表于《学术月刊》的《现代国家治理视野下的政治体制改革》一文中，我和我的合作者指出，只有在以分权和放权为导向的公共权力架构和以政府、市场、社会三位一体为主体的国家治理结构的基础上，中国权力寻租、设租和贪污腐败的空间才能得到大大压缩，民主将在宪法和法治的框架内得到深化发展，政府与市场、政府与社会之间的治理边界将得到合理界定，法规治理、市场激励、社会规范三大制度安排将各归其位，中央政府和地方政府的权力与责任边界将得到科学划分，从而可以对社会经济生活起到更好的综合治理效果，对以政府职能转变为关键切入口的经济体制改革深化起到保驾护航的作用，推动中国国家治理体系和治理能力的现代化。

第五部分以教育改革及其治理为主题，收录了我自 2004 年 7 月受聘上海财经大学经济学院以来所发表的相关文章。其中，首篇即为我就任上海财经大学经济学院院长的讲话,当时我提出学院发展战略,那就是"求实创新、打造一流"。求实,就是从实际出发,了解我们站在哪里,起点在什么地方,与亚洲一流、世界一流大学有些什么差距。只有求实,我们才能够有所创新,才能解决中国经济发展和中国制度转型中所面临的各种难题,才能解决在世界经济一体化中所面临的各种问题。只有创新,我们才能领先,才可能成为亚洲的一流,乃至于世界的一流。为了实现这个目标,我们需要具有全局性、前瞻性的战略,以及灵活的策略,需要做出具体规划,制定短期、中期及长期目标。这是一个纲领性和谋定而后动的就职演说和发展蓝图,随后的经济学院三年振兴计划和经济学创新平台计划书中的核心举措和随后十多年来的打造世界一流经济学科都来自这个就职演说给出的发展轨迹而前行,今天回过头来看,就职演说中提出的短中期愿景目标基本得到实现。

过去十多年在上海财经大学一线基层做教育改革,我的一个体会就是中国大学的改革是一件非常艰难的事情,需要正视其改革的艰巨性,用好成功改革的方法论。将一件事情或改革做成、做好,既要有想法、有勇气、有担当、有智慧,也要有忧患意识,危机意识,特别是风险意识。由此,我提出无论是国家层面还是学院层面的建设,必须以改革、发展、稳定、创新、治理五位一体的综合改革治理框架去系统思考做什么,应不应该做、怎么做、谁去做、能不能做及怎么做才最优的问题。在这个过程中,有一条主线需要明确,那就是要坚持教育要"面向现代化,面向世界,面向未来"方针去办大学,绝不能故步自封,关起门来自我评价,一定要以国家战略和国际标准来衡量。相关内容在 2017 年 6 月《谈提升大学院系治理能力经验——在湖北经济学院党委中心组学习会上的报告》中多有论及。

第六部分主要是经济理论与制度学说方面的文章,包括经济机制设计理论、内生产权所有制理论、最优所有权安排理论、拍卖理论、非线性定价理论等。其中,第一篇是我 1982 年发表于《华中工学院学报》的《从参数唯一确定的观点论联立经济模型的识别问题》,这也是我学术生涯正式发表的第一篇论文,是我硕士学位论文的一部分。① 这也是我跟随林少宫老师攻读硕士期间发表的 4 篇论文之一,其他 3 篇是英文论文。我的硕士学位论文后来寄给著名计量经济学家费雪(Franklin Fisher)教授,获得了他的好评。明尼苏达大学奇普曼(John S. Chipman)教授对我的论文也很感兴趣,正是他给了我研究助理奖学金,才使得我的留美深造得以成行。

随后是我被收录于商务印书馆 1989 年出版的《现代经济学前沿专题》(第一集)中的《激励、信息及经济机制设计理论》一文。该前沿专题由茅于轼和汤敏主持编辑、邹至庄作序,共收录留美经济学人的 12 篇文章。我的这篇文章是国内首篇比较系统地介绍和评论机制设计理论的论文,既保留了专业基质,也不失通俗易懂性。这个前沿专题文集的出版,也为我后来担任中国留美经济学会会长后策划组织编撰《市场经济学普及丛书》提供了灵感,二者有相通之处。

2018 年 1 月发表于《学术月刊》的论文《制度的本质、变迁与选择——赫维茨制度经济思想诠释及其现实意义》,基于对赫维茨制度经济思想的诠释,本文的核心论点有三个:(1)制度的本质是具有自我实施性的规则或限制,主要用以稳定个体间的信息交换过程,减少其间所产生的不确定性和激励扭曲,从而达到合意的目标;(2)制度变迁是一个融合了自然演化与人为主动设计元素的叠加过程,制度演化有其客观存在性,但有效的制度设计有利于克服和避免人性弱点带来的负面效应,加速其合理化变迁,达到社会既定目标;(3)不同制度之所以有差异,是因为它们具有不同的制度交易成本(信息效率)、激励相容性,从而具有不同的制度落地能力,导致不同结果,如不同的资源配置效果。对于正处深化改革、制

---

① 这篇论文曾经在 1982 年 2 月 22 日至 3 月 3 日召开的全国数量经济学第一次讨论会暨全国数量经济研究会第一届年会上进行宣讲。参加这次讨论会的有来自全国 27 个省、市、自治区和中央有关部门的数量经济理论工作者、教育工作者和实际应用工作者共 150 多人。在其分组讨论会上,我与同一分组中的茅于轼、史树中、杨小凯、张维迎等人开始相识。

度转型以推进国家治理体系与治理能力现代化进程的中国而言，了解制度的本质及其变迁具有极其重要的现实意义。

第七部分主要是介绍经济学分析框架、研究方法及一些商榷性文章。其中，第一篇商榷文章，主要针对当时的旅美政治学学人崔之元教授《美国29个州公司法变革的理论背景及对我国的启发》一文中的一些论断进行了评论。崔教授在这篇文章中以美国29个州公司法的变革来介绍西方经济学和法学的若干新进展，并对我国的体制转型提出政策性建议，认为追求个人利益（利润最大化）和经济效率（帕累托效率）是矛盾的、市场经济与民有（私有）产权也是矛盾的、美国公司法的变革说明了美国正在进行非私有化的变革等论断，这严重地曲解了经济学前沿理论，因为涉及中国经济体制转型的方向问题，可能会对经济学界和理论界产生误导。

所以，我主要针对该文中涉及经济学的部分进行了系统的商榷评论，主要问题在于该文在运用西方经济理论时忽视了这些理论的前提假设和具体约束条件及理论的适应范围。此外，通过一个具体的实例就企图得出一个普遍性理论结论往往是非常危险的。由于经济学中所讨论的许多问题与人们的生活息息相关，每个人都觉得自己似乎懂一些经济学，都想在上面发一番议论。但经济学的的确确是一门具有科学体系的严谨学科。现代经济学自第二次世界大战以来发展迅速，已成为一门规模庞大、分支众多、体系严谨、已数量化了的社会科学领域。即使专门研究经济学的学者，也只能了解为数有限分支中的很少一部分内容。不花一番工夫，是很难真正地理解其中一些经济理论的精髓。

此外，本部分收录了我2016年与林毅夫教授关于有限政府和有为政府的几篇争论文章，以及点评林毅夫教授和张维迎教授关于产业政策争论的文章和学术观点走极端的问题。这些争论在很大程度上切中了当下中国经济及其深化改革的核心问题：如何才能处理好改革、发展、稳定、创新及治理之间的辩证互动关系，从而处理好政府与市场、政府与社会的关系，使市场在资源配置中起决定性作用和更好而不是更多地发挥政府作用。争论的焦点实质是中国经济及其改革何去何从的方向性问题。同时在研究解决现实问题时不能走极端，不能拿做事情成功所需要的一个重要因素或必要条件去反对另外一个重要因素或必要条件。

与商榷文章的主旨和基本精神相一致，该部分其他3篇论文《现代经济学的基本分析框架与研究方法》《经济学的思想与方法》和《经济学在中国的发展方向和创新路径》，主要对如何准确理解和正确运用现代经济学，特别是掌握经济理论的内在逻辑分析方法进行了介绍，并界定和区分了现代经济学中的两种理论——基准理论和相对实用理论。在笔者看来，尽管许多现代经济学理论不适宜直接用来描述当前中国经济制度环境，但是却为中国经济改革与发展的取向指明了长远方向，为我们研究各种问题提供了一系列的参照系和基准点，从而为逐步解决现实和理想状态之间的落差奠定了理论基础，这就是现代经济学基准理论的重要作用，但这些基准理论不能直接套用来解决现实问题或转型过程中所遇到的问题，而是需要采用或发展解决现实问题的相对实用理论来解决现实问题。

与此同时，经济学在中国的创新，不是靠推倒重来、全盘否定，而是应该建基于经济学的理论基石之上的边际创新或组合创新，技术和应用创新往往就是在基础研究的基石上对现有技术的重新组合和推广，如同不同的中药组合形成新的药方一样。有生命力的经济学理论一定和自然科学一样，是基于前人的理论成果基础上经过比较、拓展而发展起来的。并且，随着中国经济的快速发展和中国的重新崛起，中国经济问题往往也成为具有世界性影响的经济问题。我相信，中国经济问题研究在国际经济学界会得到越来越多的重视，掌握了国际通行研究范式的中国经济学家将拥有天然优势，将有可能带来经济学国际学术话语权和研究重心向中国的迁移，这对中国的改革发展将是大有裨益的。

第八部分主要是书评、追忆及其他文章。其中有我对林少宫、张培刚、赫维茨等授业恩师的追忆文章，早在《高级微观经济学》教材的扉页中也曾对林少宫和赫维茨致敬，感谢他们带领我进入经济学的殿堂。其他一些是对钱颖一教授

《大学的改革》、王一江教授《民富论》、文贯中教授《吾民无地》等所做的序言或推荐书评。他们都是相交几十年的老朋友和同行,其中钱颖一教授跟我有着相似的人生轨迹,从出国深造,到留美任教,再到回国搞改革,可谓是志同道合,我们对很多问题(无论是经济问题还是教育问题)的看法都非常一致,常常不谋而合。

    文集最后收录的是我 2012 年在中组部"我的中国梦"主题海外高层次人才回国创新创业座谈会的发言《在民族复兴中实现中国梦》。虽说我在美国留学、从教 30 多年,但对于所谓的"美国梦"我从未挂怀,心中涌动的只有"中国梦",中华民族的伟大复兴梦,这种家国情怀是永远无法磨灭的。关注和研究中国转型发展及为国家培育高层次创新人才是我终身的两大理想和事业,我将继续为之努力!

田国强谨识

2018 年 7 月 18 日

于居所行空书斋

总目录

· 第 1 卷 ·

绪论 /1
第一篇　中国经济改革与发展 /57

· 第 2 卷 ·

第二篇　国企改革与银行改革 /381
第三篇　中国经济与部门发展 /515

· 第 3 卷 ·

第四篇　制度转型与综合治理 /863
第五篇　教育改革及其治理 /1117

· 第 4 卷 ·

第六篇　经济理论与制度学说 /1375

· 第 5 卷 ·

第七篇　经济学及其方法与争鸣 /1759
第八篇　书评、追忆及其他 /2073

目　录

序 /1

绪论 /1

1　改革开放40年再思考
　　——平衡充分良性发展的制度逻辑（2017年12月）/3

2　从拨乱反正、市场经济体制建设到和谐社会构建
　　——效率、公平与和谐发展的关键是合理界定政府与市场的边界
　　（2008年7月）/33

第一篇　中国经济改革与发展 /57

3　中国经济机制转轨期间所要解决的一些基本问题（1992年10月）/59

4　中国经济市场化的前景与问题（1994年1月）/77

5　中国国营企业改革与经济体制平稳转轨的方式和步骤
　　——中国经济改革的三阶段论（1994年11月）/95

6　中国乡镇企业的产权结构及其改革（1995年3月）/108

7　论中国经济制度转型中的中央政府、地方政府和分散决策的关系（1995年2月）/122

8　经济全球化、中国市场化改革与中国经济发展（2001年8月）/140

9　中国民营经济发展的前景（2004年1月）/164

10 和谐社会构建与现代市场体系完善
——效率、公平与法治（2007 年 3 月） /173

11 美国金融危机对中国经济改革与发展的影响及启示（2008 年 12 月） /197

12 中国经济发展中的深层次问题（2011 年 3 月） /216

13 论要素价格改革
——合理界定政府边界（2012 年 1 月） /228

14 中国经济转型的内涵特征与现实瓶颈解读（2012 年 7 月） /235

15 全面深化改革开放　推进经济持续健康发展
——学习贯彻十八大精神笔谈（下）：十八大与中国改革的未来之路（2013 年 3 月） /246

16 中国改革的未来之路及其突破口（2013 年 7 月） /251

17 富民才能强国的经济学内在逻辑（2013 年 11 月） /276

18 论中国深化改革面临的四个转变（2014 年 2 月） /298

19 改革的未来，关键是要用好人、用对人、搞对激励（2014 年 10 月） /311

20 探寻富民强国的中国现代化之路（2014 年 11 月） /320

21 改革发展需要开拓良将（新论）（2015 年 7 月） /328

22 以市场化改革破解转型与增长两难困境（2016 年 2 月） /331

23 中国经济增速放缓为何无须过度焦虑（2016 年 7 月） /339

24 供给侧结构性改革的重点和难点
——建立有效市场和维护服务型有限政府是关键（2016 年 7 月） /345

25 中国改革最基本的 12 个问题（2016 年 11 月） /361

26 稳中求进关键在结构性的体制和治理改革（2016 年 12 月） /366

27 正视改革艰巨性　用好改革方法论（2017 年 3 月） /373

绪论

1

改革开放 40 年再思考*

平衡充分良性发展的制度逻辑

提要：站在改革开放 40 周年这样一个新的历史起点上，我们需要重新检视中国改革开放所走过的道路，在理论的指导下深刻剖析当前中国面临的问题和难点，进而探讨下一个时期的改革之路。十九大报告将新时代中国的发展方向、方式、动力的基本问题作为重大时代课题提出，正确解答需要学者给出更多新知识、新理论、新思想和新方案，同时改革举措必须落地，以走向好的市场经济和好的社会规范，实现平衡充分的良性发展和建设现代化强国目标。本文给出的解答是要实现平衡充分的良性发展必须通过深化制度改革，形成具有包容性的现代化经济体系，即建立在现代市场经济体制基础上的经济体系，推动中国经济从要素驱动向效率驱动、创新驱动的转变。同时，需要以法治、执行力和民主监督来提升国家强制能力，推动改革发展美好蓝图的落地。

---

* 本文载于《比较》，2017 年第 6 辑（总第 93 辑）。本文基于作者 2017 年 9 月 24 日在上海财经大学百年校庆财经季系列高端公益讲座上的演讲整理、扩充，十九大召开后又修改而成。

引 言

中国改革开放即将迎来40周年。这一由邓小平同志创导和十一届三中全会做出的宏伟战略决策，已让中国走上了一条经济市场化和对外开放兼容的强国富民之路，拉开了中国自近代以来最辉煌的历史篇章，尽管在这过程中存在着这样和那样的问题，但取得了前所未有的发展成就[①]。作为人口规模超10亿量级的经济体，中国能实现持续40年的高速增长，国内生产总值稳居世界第二，并使约5亿人口摆脱贫困（接近当前整个欧盟的人口规模），这是世界经济发展史上的一个奇迹。中国经济体制也初步实现了由原先铁板一块的计划经济体制向多种所有制共同发展的现代市场经济体制转型，非国有经济的工业总产值占比从改革初期的8.78%发展到目前的超过80%，成为中国经济增长的主要动力。时至今日，与国家崛起和民族复兴中国梦的使命相适应，中国诸多经济总量指标跃居全球数一数二的位置，已成为世界政治经济格局中一股举足轻重的力量。

站在改革开放近40年的新起点上，为了实现中国梦，基于取得的巨大发展成就及所面临的机遇挑战，十九大提出了具有重大历史性意义的新时代、新使命、新征程的论断，并设立了全面建成小康社会到基本实现现代化，再到全面建成社会主义现代化强国的新"三部曲"宏伟愿景目标。为了达到这样的雄伟愿景目标，十九大对全面深化改革又做出了更加明确的谋划，被赋予新的内涵——必须坚持和完善中国特色社会主义制度，不断推进国家治理体系和治理能力现代化，坚决破除一切不合时宜的思想观念和体制机制弊端，突破利益固化的藩篱，吸收人类文明有益成果，构建系统完备、科学规范、运行有效的制

---

① 关于对中国改革开放历史的系统梳理和总结，笔者在合著的《中国改革：历史、逻辑和未来——振兴中华变革论》中已有详细阐述。

度体系。从这些表述中可以看出，中央全面深化改革的思想解放的力度、决心和立场，前所未有，令人振奋。当然，能否实现关键还在于下面要贯彻和坚决执行，让谋划能落地。

改革，必须坚持问题导向，解决现实矛盾。之所以需要全面深化改革，正如十九大报告所指出的那样，新时代中国社会的主要矛盾已经转化为人民日益增长的美好生活需要和不平衡不充分的发展之间的矛盾，现实中诸多表象问题都与这个矛盾息息相关。为此，需要弄清楚两个基本问题：

第一，是什么导致了过去的发展是不平衡不充分的，从而无法满足人民日益增长的美好生活需要？根本原因是，与充分发挥市场在资源配置中的决定性作用为基本特征的现代市场经济制度及和谐社会相比还有较大的距离，政府不仅在资源配置方面而且在其他许多方面仍然居主导地位，大量越位和错位，限制和压制了市场作用的发挥，而在维护市场秩序和提供公共服务方面大量缺位，在许多方面导致了人为和自身两种性质不同的市场失灵及众多社会治理问题。简言之，没有处理好政府与市场和社会的关系，过去、传统的发展模式是一种政府过度有为的强政府、弱市场、小社会的治理模式。这些反映了我们过去的制度模式还有改进空间，需要予以正视和重视，不能盲目自大、故步自封。

第二，如何才能有效应对和解决这个社会主要矛盾，实现前述的"三部曲"愿景目标和战略规划？新的发展理念背后的制度逻辑是什么？良性经济社会发展是解决社会主要矛盾的核心手段，而良性发展需要新的发展理念。十八届五中全会确立了创新、协调、绿色、开放、共享五大发展新理念。十九大进一步指明建设现代化经济体系是落实新发展理念的关键。"现代化经济体系"的内涵包括：坚持质量第一、效益优先，以供给侧结构性改革为主线；加快建设实体经济、科技创新、现代金融、人力资源协同发展的产业体系；构建市场机制有效、微观主体有活力、宏观调控有度的经济体制。以此推动经济质量变革、效率变革、动力变革及形成有效的社会规范和治理及良好社会秩序,而这些都需要制度变革,从而首先需要了解其背后的实现动力机制。

在现实中,中国社会主要矛盾常表现为纷繁复杂的众多热点、难点问题,典型的表现就是收入差距和城乡差距依然过大,社会公平正义与和谐稳定、生态环境等方面出现了较大的问题,改革的共识在弱化和分化,更重要的是既定的改革部署和重大政策措施需要进一步落实,这些问题在习近平同志的十九大报告都有涉及,并指出必须着力加以落实解决。除了表象的问题,我们更要关注经济社会发展过程中出现的一些基本共性问题,即那些能够让经济长期稳定且可持续发展及社会和谐发展的全局性长远问题。而这背后的基本问题是平衡充分这样良性发展的制度逻辑问题。平衡充分的良性发展主要包括两大方面——经济的良性发展和社会的良性发展。

研究中国改革要有前瞻性,早在2007年《和谐社会构建与现代市场体系完善》和2008年《从拨乱反正、市场经济到和谐社会构建——效率、公平与和谐发展的关键是合理界定政府与市场的边界》两篇文章中,笔者就论及,要让经济社会得到良性发展,仅谈政府与市场的边界及其关系远远不够,还要谈政府与社会的边界及其关系。对于中国下一步的经济社会发展,十九大提出了要推动经济质量变革、效率变革、动力变革和形成有效的社会治理、良好的社会秩序的目标要求,这需要我们深刻认识其背后的实现动力机制。

本文重点从经济和社会良性发展角度切入来谈其背后的制度逻辑及其改革治理应对。具体结构安排如下:第一部分重点剖析当前中国实体经济所面临的发展困境和造成的社会问题及其原因所在,探讨为什么要素驱动发展模式不具可持续性。第二部分探讨经济和社会平衡充分良性发展的制度逻辑是什么,以及找出病灶以后改革治理应该怎么做。第三部分给出促进平衡充分良性发展的改革方向、切入点。

一、多重因素叠加下的不充分不平衡发展问题

十九大对于传统、过去的经济社会发展方式所带来的不平衡不充分问题有比较明确的阐述:"……发展质量和效益还不高,创新能力不够强,实体经济水平有待提高,生态环境保护任重道远;民生领域还有不少短板,脱贫攻坚任务艰巨,城乡区域发展和收入分配差距依然较大,群众在就业、教育、医疗、居住、养老等方面面临不少难题;社会文明水平尚需提高;社会矛盾和问题交织叠加,全面依法治国任务依然繁重,国家治理体系和治理能力有待加强……"以上对于不平衡不充分问题的阐释,实际上指向了经济、社会和政府三个层面。

首先,经济层面的不平衡不充分的表现是低质量的发展,且不具有可持续性,导致近些年来经济增速持续下滑。自2011年来中国经济增长已由此前30多年来近10%的平均增长速度,一路快速下滑,跌破10%、跌破9%、跌破8%、跌破7%,平均下滑了3个百分点以上,降至2016年的6.7%。低于7%这样的长时间持续下滑是改革开放以来从未有过的,感觉很不正常。尽管我们不能一味追求增长速度,但也要弄清快速下滑的原因,经济发展毕竟是解决社会主要矛盾的核心手段。

对这种经济增长率持续过快下滑,学界有许多解读,有人认为是短期原因,是周期性、外部性及产业结构因素使然,强调的是短期应对的财政和货币政策及选择性的硬性产业政策。无论是周期性原因,还是经济社会发展、科学技术发明和创新导致的结构性变化,或外部的原因,这些或多或少都是有的,但都不是最根本和关键因素。也有人认为是长期原因,很正常,是"新常态",是潜在增长率极速放缓造成的,由此既不强调短期应对,也不强调制度性改革。尽管根据要素收益递减规律,经济增长中枢已下移,但下滑程度应是缓慢过程,不应那么快、那么大,短短几年就降了3个多百分点。即使抛开改革治理等制度建设所带来的可能红利不论,仅从劳动力、资本和全要素生产率等方

面看，中国经济潜在增长率并未大幅下滑。

这些都没有找到真正原因。中国作为转型经济体，面临着发展驱动和现代经济体系双转型滞后问题，其背后是治理结构的失衡，这些才是导致实际经济增长低于潜在经济增长更为关键的制度根源。我们现从经济理论、量化分析、历史比较相结合的分析来说明。

最近几年中国经济继续下滑外部性的因素不大。 面对这一轮全球金融危机，各国经济都受到整体外部经济环境的影响，经历了减速过程，但主要经济体中的许多国家早已进入回升或波动上升平衡增长轨道，像中国这样持续下滑的基本没有。同时，周期性的原因看来也不像。中国这一轮经济增长减速是改革开放以来最长时段的下滑，自2007年以来已整整10年，与其他主要经济体相比也是不多见的，并且下滑的风险仍在，而其他经济体都基本回复到平衡增长点附近。上一轮经济增速下滑通过中国加入世界贸易组织（WTO）之后的扩大开放得到了扭转，那这一次经济增速下滑靠什么扭转？靠深化改革！

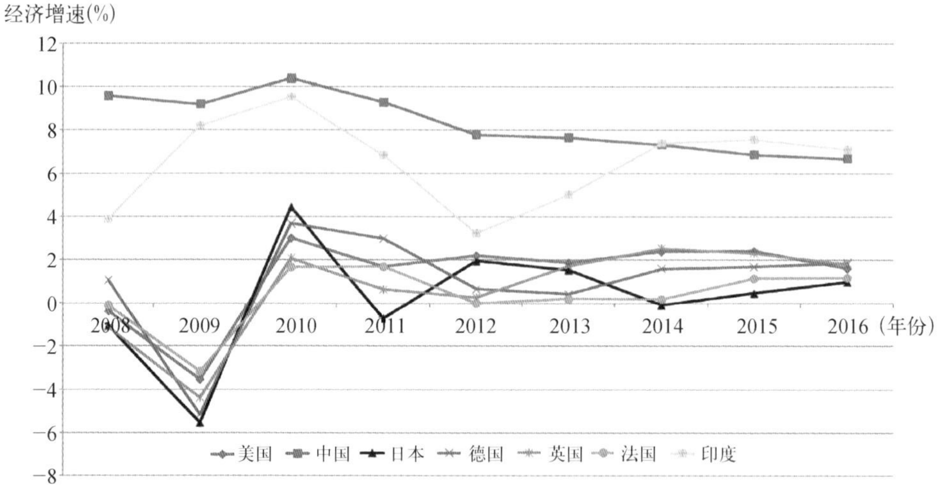

图1 2008年以来全球前七大经济体经济增速一览

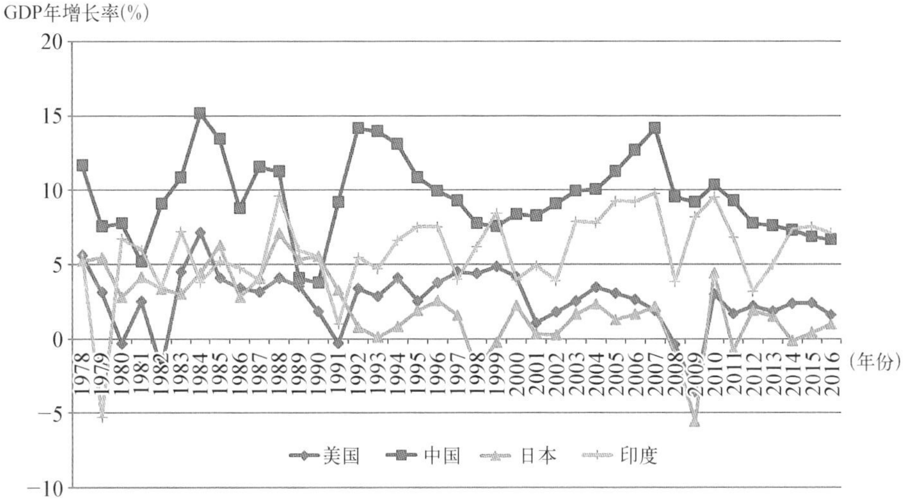

数据来源：世界银行。

图2　1978年以来中美日印四国经济增速一览

改革的动因之一：要素边际收益递减，要素驱动红利导致增长中枢下移，靠要素驱动，特别是靠投资拉动，已经不具有可持续性。这说明一味靠财政政策、靠追加资本投资所带来的收益将会加速下滑，进而造成高资本投入、低投资回报的结果。

改革的动因之二：政府主导动力枯竭、内生增长匮乏。尽管分税制改革取得相当成效，但由于地方财力和事权本身不匹配，导致地方政府干预经济获取财政收入的激励加大，导致产能过剩、效率低下和寻租空间巨大，且不具可持续性。同时，土地财政也空前膨胀，推动房价高速增长，刺激投机资金涌入，挤压实体经济。

改革的动因之三：国有企业产能过剩、挤压民营经济，经济活力下降。观察近年来各省级单位经济增长数据，可以发现一个现象，即国有经济比重越大、民营经济越不发展的省份往往经济增速越靠后，下降得越快，如东北三省、山西省。国有企业往往凭借控制资源能源与优先获取金融资源的优势而占

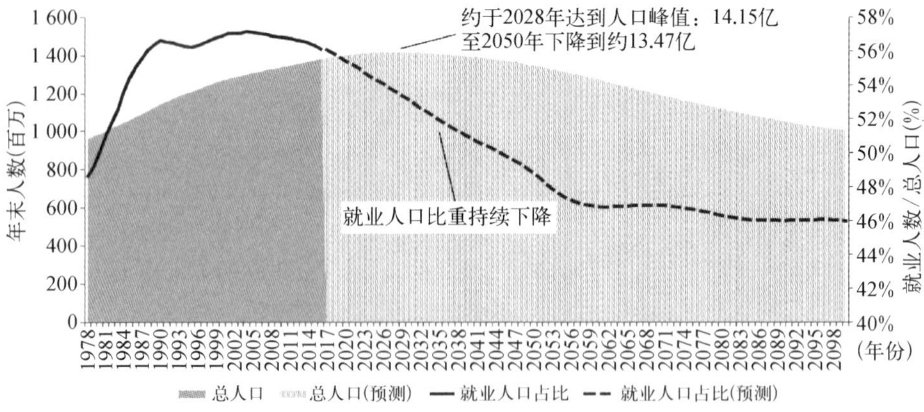

数据来源：国家统计局，联合国人口预测，上海财经大学高等研究院。

图 3　中国就业人口比重持续下降

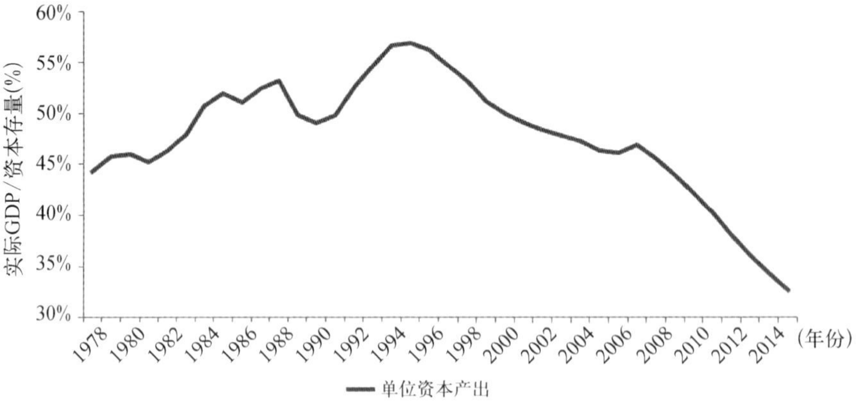

数据来源：国家统计局，上海财经大学高等研究院。

图 4　资本边际报酬明显递减

据过多要素，而民营中小微企业则面临融资难、融资贵、生产成本高的问题，发展严重受限，没有形成一个良性的竞争机制，效率低下及经济活力、动力下降。

其次，社会层面的不平衡不充分的表现是民生资源分配不均衡、社会失衡

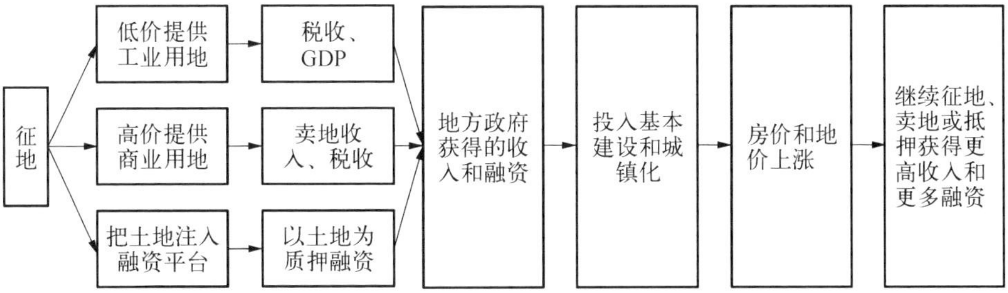

数据来源：参见周哲《土地财政寻思》，《财经》2016年第31期。

图5　中国的土地财政

失序严重。中国各级政府更多还是发展型政府，而非公共服务型政府。在市场可以发挥作用的地方越位和错位，在市场不能发挥作用或容易失灵的地方却大量缺位，导致了生、老、病、居、教等方面的后顾之忧问题。由于大政府、弱市场、小社会的格局，使得公权力介入社会治理过多，造成社会公平正义不足，贫富差距过大（顶端1％的家庭拥有全社会近1/3的财富而25％的底端家庭拥有的社会财富却不到1％），社会规范扭曲，社会文明、社会治理有滑坡的迹象。

最后，**政府层面的不平衡不充分的表现是过位缺位现象严重**。政府与经济活动至今密切相关，政商关系仍密不可分，"跑项目、拿批文"是其一大特征，这样过位的过度干预导致市场人为失灵，而在市场自然失灵应该发挥作用的地方和政府执行力方面缺位。政府的各种程序审批、项目审批、准入壁垒依然众多，维护和服务性的**有能、有为、有效、有爱的有限政府**的目标还远没达到。政府部门（无论是否该管的）办事效率的高低，就成为影响发展包括经济发展的重要因素。一旦影响了政府官员的办事积极性，增长动力就会衰减，从而进一步地加剧了实体经济的困境。

当然，这也与一些政府官员对"新常态"的理解出现两种偏差有关。一种是认为经济增速过快下滑是正常的。其实不然，任何没有进入平衡增长轨道的发展中经济都可以有一个较高增长速度，中国经济仍然属于发展中的经济。另外一种是认为经济下滑主要是外部和周期性的原因,要保增长,解决经济增速下滑问题,以为政府只要采取一些短期的财政和货币这样的刺激和干预,就可以解决问题,从而加大了政府的不当干预,导致经济结构更加扭曲。

上面提及的种种改革动因与问题,可进一步归纳为三个结构性失衡:经济结构失衡(需求、产业、市场结构、虚实经济失衡,转型驱动发展滞后);体制结构失衡(重政府轻市场、重国富轻民富、重发展轻服务,发展逻辑错位);治理结构失衡(贫富差距过大、改革共识减弱、治理粗暴简单、社会矛盾增加、生态环境恶化、中央决议和决策与地方/部门执行落差大,治理逻辑失灵)。

这三个结构性失衡导致了改革开放40年来成就巨大和问题也特多的两头冒尖情况,使得经济社会的发展不平衡不充分,全要素/潜在生产率也无法得到提升。面对经济增长的制度性障碍,短期的财政、货币政策刺激及选择性的硬性产业政策不是完全无效和不需要,但作用有限,刺激政策仅能治标不治本。以上因素如不能得到解决,误区得不到纠正,那么中国的经济只能是一如既往地随着政策松紧而上下波动起伏,造成过去几十年反复看到的现象:一放就乱、一乱就收、一收就死的反复循环。

根本的出路在于按照十九大的精神,贯彻五大新发展理念,建立现代化经济体系,以此推动质量变革、效率变革、动力变革,提高全要素生产率。细节决定成败,改革方式也极端重要,需要以改革、发展、稳定、创新和治理五位一体的综合改革方式进行治理,既要有短中期应对的政策及过渡性制度安排,也要有长期治理的深化改革,最终建立有能、有为、有效、有爱的有限政府和实现国家治理现代化。所以,新时代全面深化改革的关键任务是提供制度基础的改革。

二、良性发展的制度逻辑及改革

十九大报告明确提出,要"着力构建市场机制有效、微观主体有活力、宏观调控有度的经济体制"。这样一个经济体制有赖于正确处理好政府与市场的关系，真正做到让市场在资源配置中发挥决定性作用，同时让政府在维护（如保障市场秩序）和服务（如弥补市场失灵）方面发挥更好的作用。尤其要注意的是，政府的治理边界应该聚焦在维护和服务上，一旦超出这个界限，会让市场人为失灵和更加低效。要解决人为和自身的两种市场失灵，都必须要靠制度和法治。中国经济发展到今天，迫切需要一个好的制度和法治环境，来有效制约政府公权力对经济活动的任意干预，将政府职能限定在以维护和公共服务为主导的范围之内，明晰界定并保护各种产权，从效率和创新两个维度来支持和增进市场，促进社会的包容性发展。只有政府服务的"援助之手"发挥作用，社会才能变得公平正义、安定有序、和谐稳定。这就需要深化市场化改革及其配套体制机制改革，以此为中国实体经济服务和实现社会经济良性发展。

当然，除了内部深化改革、放开搞活，通过制度和法治来合理界定和厘清政府与市场、政府与社会的治理边界，推进国家治理体系和治理能力现代化，还需要充分认识到开放的极度重要性，对外进一步开放搞活。纵观中国历史，在明清以前，盛世常常是与开放联系在一起的。早在2 000多年前，西汉时期的中国就已开始与西域在经济和文化上往来交通，特别是与匈奴的河西之战打通"丝绸之路"之后，开通了连接古代亚洲、欧洲和非洲各大文明区的陆上商业贸易路线，中国的造纸、印刷术、火药、指南针等四大发明，以及丝绸、茶叶、瓷器、中医药等经此传送到了世界各地，而西方的珍禽异兽、犀角香料、玻璃器皿、乐器和天文学等也纷纷输入中国。中国倡议的"一带一路"，从某种意义上就是接续历史上的开放传统。现代世界，改革与开放是相互依托、相辅相成的内在逻辑关系：没有改革，开放无法展开，没有开放，关着门来搞改革，看不到世界的发展进步，改革一定也无法深入。

下面着力从七个方面来论述良性发展的制度逻辑及其改革。

1. 基础性制度才是经济良性发展的关键所在

中国实体经济陷入困境背后的原因是多方面的，包括周期性因素、外部性因素、国情因素等等。比如，外部性因素，如美国的贸易政策、减税政策、政治因素等波动都可能对我们造成很大影响。当然，我们也可能影响美国和其他国家，大家本来就是相互影响，也可能是相互促进。国与国之间在处理问题时都是利己的、逐利的，美国肯定是站在美国的立场上，我们中国当然也是站在自己的立场上。但无论怎样影响，外部因素不是最根本的，造成的问题更多的是来自自身的原因，这就好比流感，如果自己身体足够好，抵抗力强，即使病毒来了也能坚持得住，不会感冒。

对中国经济和社会自身的问题，也要从源头上解决问题，从根本原因和根源来看主要是在体制机制改革和治理方面现在还有不少需要解决的地方和问题，因此深层次的根源是制度原因。十八届三中全会已经给我们指明了体制机制及其深化改革的方向，但其进展缓慢和不够，有利于激发人们创业创新的基本基础的元制度还没有很好建立起来。基础性制度才是经济和社会良性发展的关键所在，是决定性的因素。基础制度由三方面的制度安排组成：（1）治理（Governance），并且必定要有依法治国的强制能力（Coercive Capacity）和政府的强执行力等方面的治理；（2）具有诱因的激励制度，如市场制度，从而必定是包容性的经济制度；（3）社会规范，也就是文化和理念的因素，这种非正式制度安排是非常重要的。一流企业生产文化，二流企业生产技术，三流企业才是生产产品。企业的文化，学校的文化，一个国家的文化和理念，是最节省制度成本的，但不能在短期内形成，需要长期慢慢地积累，反复迭代积淀才能形成。

在由政府、市场与社会组成的现代社会中，好的治理决定了好的市场经济和好的社会规范，其关键就是政府的定位要恰当，并且政府是主体，而市场和社会却是客体，必须主要靠政府主动去界定和理清，当然这也导致了改革的异常艰巨。

2. 改革不改革、改革到位不到位，经济增长差异巨大

中国经济的大发展需要从经济自由化向市场化、民营化的深层次制度

改革来实现。是否采取了这样导向的改革，其差异巨大。中国有很多例子，1980年初的时候邓小平同志说，中国20世纪经济发展，在GDP方面要翻两番。要达到这个目标，需要将GDP年增长率从当时的4%提升到7%以上。这样的高目标当时看起来似乎是不可能的，几乎所有的经济学家，包括笔者的导师林少宫和张培刚两位教授在给我们上课时论及此事，也都认为这是不可能的事情。因为他们是在假定制度环境不变的情况下来考虑这个问题，在20年内将GDP年增长率提高整整3个百分点确实难以想象。但是，从计划经济向市场为导向的改革开放的结果是大大超出了这个目标。这是被实践所检验的结论，量化分析的结果告诉我们对将来的经济增长和发展也大致是如此。

四位俄罗斯裔经济学家在NBER（美国国民经济研究局）工作论文（2015）"The Economy of People's Republic of China from 1953"（《1953年以来的中国经济》）中对1953～2012年中国经济增长因素进行了分析，并对2012～2050年的经济增长做了预测，通过运用国际前沿的"楔子法（Wedge Method）"找到一些领域扭曲最大的地方，分别以改革开放前后各因素的贡献作为假设进行预测比较，其结论就是，改革与不改革，对经济增长影响的差别巨大，年增长率在2012～2024年相差近3个百分点而改革开放前后30年相差更大，超过4个百分点[①]。

表1　　　　　　　　不同发展路径下的预期增长率比较

	2012～2024	2024～2036	2036～2050
以改革开放后的发展路径	7.8%	5.2%	3.6%
以改革开放前的发展路径	5%	4.6%	3.9%

---

① Cheremukhin A, Golosov M, Guriev S, et al. The Economy of People's Republic of China from 1953. *National Bureau of Economic Research*, 2015.

为了检验这个量化结果的准确性,上海财经大学高等研究院"中国宏观经济形势分析与预测"课题组也进行了不同的量化分析,通过"楔子法"也给予了同样的验证。在市场化的城乡改革和国有企业改革均迅速实现较为理想化的情景下,我国经济的潜在增长率在未来很长时间内都将保持在相当高的水平,自2016年起,仍能在未来的7~8年内保持7%以上的平均增速。与之相反,如果自2016年起各项改革即陷入停滞,则潜在增长率也会受到较大影响,在2016~2020年和2021~2025年的平均增速仅有5.57%和4.36%,极大地推升我国经济掉入中等收入陷阱的风险。

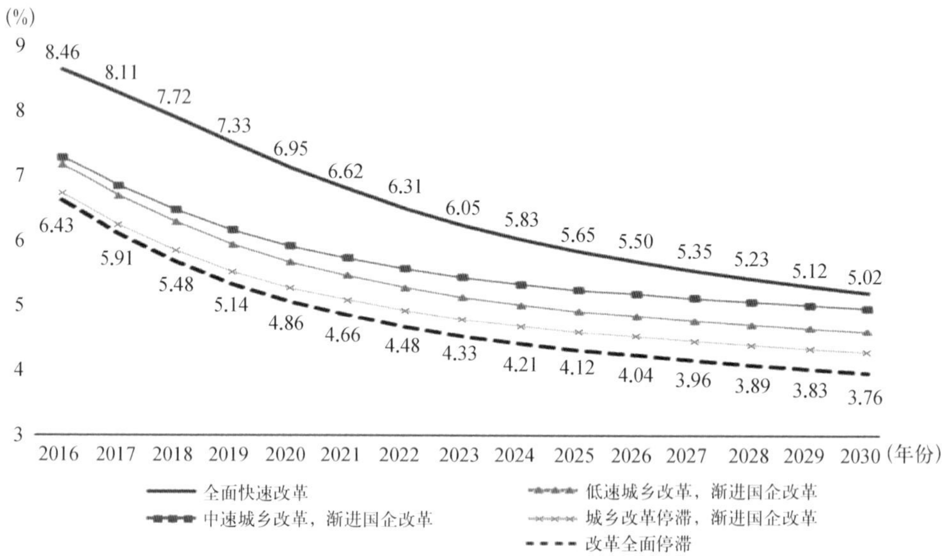

数据来源:《2017中国宏观经济形势分析与预测年度报告——风险评估、政策模拟及其治理》,上海财经大学出版社2017年版,第135页。

图6 中国宏观经济长时段分析与预测

3. 激发创新与企业家精神有赖于基本基础的制度环境

中国要从大国到强国,其发展方式必须从不可持续的要素驱动转向创新驱动。那么,创新,特别是应用性的科技创新,靠什么?创新型社会如何形成?

要靠企业家，靠企业家精神！靠能有利于创新、激励创新和能形成大批企业家和创新型企业的基本基础的制度环境。很多人，包括许多知名教授认识到了企业家、企业家精神很重要，其看法当然是对的，但遗憾的是，他们没有论及产生企业家和企业家精神背后的制度基础才是根本的，甚至有些人还认为制度不重要。这样的观点是大错特错了。企业家及其企业家精神不是天然具有的，企业家精神是衍生制度，是表层制度，它是依赖于基本基础的元制度，它需要有一个良好的制度环境作为前提条件。比如说，国企里面能有多少企业家和企业家精神，在笔者看来很少。即使民企都是逐利的，但能否及愿意去创新则取决于基本的市场制度，并且是规范的竞争市场制度，而不是政府随意干扰它才形成的。

科技创新不是孤立的，是建立在制度创新基础上的。科技创新与制度创新的关系是作用与反作用的关系。好的制度可以降低创新活动的交易成本，创造合作条件，提供激励机制，还有利于创新利益的内部化。科技创新体系制度基础的建设目标之一就是要促进创新要素间的互动与合作。的确如此，著名经济学家鲍莫尔（William Baumol）扩展了熊彼特的创新理论，论述了创新和企业家精神的确立依赖于制度的选择，从而是内生变量。如果影响企业家行为配置的游戏规则是非常性乃至破坏性的，那么创新和企业家精神也得不到释放。

有观点认为竞争不重要，垄断最重要，其逻辑是竞争的市场没有利润，而垄断的市场有利润，企业才愿意去创新，所以垄断很重要。这种似是而非的逻辑判断是机械、死板、静态的判读，是因果倒置。而笔者的看法恰恰相反，**是竞争而不是垄断才有动力去创新，不是垄断才有创新，而是创新才有垄断，不能因果倒置**。如果只是谈垄断重要，那国企改革就不要改了，它本身就是垄断的，运输、金融行业和有规模经济的行业等基本上是被政府、国企垄断的，他们有创新的动力吗？其实，市场竞争和企业创新是不可分割的主体，它是一种辩证统一的动态关系。哪个企业或企业家喜欢竞争？没有一个喜欢竞争，钱不好赚，竞争赚不到钱，企业家不喜欢竞争，最好是垄断起来。而老百姓作为产品的需求方,却非常喜欢竞争的市场,他们能以最便宜的价格买到同质的产品,会有更高质量和新的产品供其选择。如果市场是自由的、规范的,不是垄断的,那么在这种自由有序竞争的情况下,企业要获得大的利润,唯一的选择就是创新。就像苹果公司,21世纪初,由于创始人乔布斯被解雇了,苹果公司几乎处于破产的边缘,其股价一度跌到每股3美元左右,但当乔布斯回归苹果公司之后,他通过颠覆性、革命性的创新,创造性地发明了智能手机,重新占领了市场,获得了巨大利润,促使其他手机厂商跟进,不断地改革创新,国内也诞生了一批诸如华为手机、小米手机等优秀手机品牌。

所以,市场竞争和企业创新是不可分割的整体,不能将其对立起来,难道不是?竞争导致企业利润下降,竞争越激烈,企业利润下降越快,利润下降导致企业有动力去创新,并且要生存就不得不去创新,创新得到垄断地位从而获得垄断利润,垄断利润就会吸引更多企业参与竞争,从而形成"竞争→创新→垄断→竞争"这样的反复循环过程。通过这种动态博弈,市场保持活力,导致社会福利增加和经济发展。民营企业而不是政府、国有企业,才是创新的主体,中国经济向创新驱动的转型关键还是要靠民营经济的大发展。

总而言之,有利于创新的基本和基础性元制度才是最为关键的,例如现代市场制度的建立。中国应致力于在经济领域形成这一制度性的良性循环过程,这才是企业愿意去创新的根本动力。从构建制度环境层面看,就企业而言,包括构建明确的产权制度、良好的市场环境和相容的激励机制;就政府而言,包括有效的制度安排及相关支撑条件的构建。同时,在不同的博弈阶段,政治、经济、社会、文化制度环境常常会由于前期的博弈互动积累而出现变化,不能把它永远固化,这样新的制度设计就要根据变化了的制度环境来制定,要因时、因地、因人、因事而议,不能凭空想象或刻舟求剑,演化和设计由此形成一种动态耦合。

4. 良性制度基于人性、信息和激励,它既是演化的,也是设计的

从以上讨论可见,制度既是演化的,更是设计的,比如改革、制定新的规

则、给人们经济自由等都是制度设计，设计可以加速制度的演化进程和转型，而不像奥地利学派所认为的那样只能完全演化。如果认为制度完全是演化的，那就不用改革了，特别是通过政府的干预把制度环境扭曲以后，我们还要用政府的执行力来促使改革，所以说改革制定新的规则。改革和制度约束并不是就意味着要收紧，放开也是一种改革、一种制度安排的设计。我们想达到的既定的目标，但是信息又不对称，怎么设计出一个游戏规则，即使个体在追求自身的利益的同时，正好也达到了社会和设计者、改革者所想达到的目标，这就是激励制度，但是现在很多制度是激励扭曲的。所以，制度的设计非常重要。人的利己无所谓好坏善恶之说，无论是理性还是有限理性，都属于个体自利性或逐利性。事实上，任何社会现象归根结底都产生于个体的逐利性和个体之间信息的不对称性，关键在于用什么制度向什么方向引导。邓小平同志说得好："制度好可以使坏人无法任意横行，制度不好可以使好人无法充分做好事，甚至走向反面。"

要解决好治理和发展的逻辑，就要立足于信息不对称和个体自利性这两个最大客观现实，它们是制度设计的基本逻辑出发点。不同的制度安排将导致人们不同的激励反应，不同的权衡取舍结果，进而导致不同的结果。这就是为什么中国的松绑放权改革取得如此巨大成就的原因，也是为什么要调动老百姓的积极性，要明晰产权界定，要让市场在资源配置中发挥决定性作用的根本原因。当然，市场机制也有很多问题，完全自由的市场不能解决收入差距过大的问题，不能解决公共品和公共服务不足的问题，不能解决规模经济的问题，不能解决竞争导致垄断的问题。因为它完全是把人的逐利性和恶的方面充分地调动起来，因此需要恰当的引导，需要规范，从而需要政府发挥维护和服务的作用。正如十九大报告中所提及的，未来仍需要"保持宏观经济稳定，加强转变政府职能，深化简政放权，创新监管方式，增强政府公信力和执行力，建设人民满意的服务型政府"。其核心问题是处理好政府与市场、政府与社会的关系。

5. 良性发展呼唤有能、有为、有效、有爱的有限政府定位

如前面提到的，我们需要有好的市场经济、好的社会规范，政府的恰当定位至为关键。的确如此，政府有很大的信息盲区，不可能成为事事都有为的"有为政府"，因而政府定位一定要恰当、合理。为此，笔者最近提出了政府的定位应该是"五有"的政府，即应该以有能、有为、有效、有爱的有限政府为目标推进改革，起到维护和服务的作用。简言之，**有能主要是讲政府执行力的问题，有为就是政府在应该作为的地方不缺位，有效是政府行政的效能和效率的问题，这三个主要是处理好政府与市场的关系问题，以促进有效市场形成为导向，有爱则是讲处理好政府**与社会的关心问题。至于有限政府，就是：凡是现有市场能做好的，让**市场去做**，市场不能做好的，政府才需要去发挥作用。这样，它的治理边界一定是有限的。如果像不少人那样反对有限政府的说法，那就必然认为**政府的治理边界**是无限的，由此就会造成更大、更严重的人为市场失灵，使其无法**发挥好的**作用，但许多过度强调政府作用的人没有充分认识到政府过位的危害性。有限政府的基本含义就是，只要市场能有效发挥作用时，就应该让市场发挥决定性的作用，只有当市场失灵（由政府的缺位或过位造成），政府就应该有为去补位或去位。所以，有限政府的治理边界应该基本限定在维护和服务上，起到维护和服务的补位作用。

人们对有限政府的提法有许多误读、误解，以为在任何情形下就只是哈耶克描述的"守夜人"的作用。为了消除和避免这样的误读、误解，笔者在这里特别强调的是，对不同的发展阶段、不同的体制，作为有限政府，其维护和服务的具体作用、内涵和程度会有很大的不同。比如，对理想极限状态，有限政府的边界是最小的，基本就是哈耶克描述的"守夜人"的作用。然而，对现实中的经济体，特别是转型经济体，市场还不是一个有效市场，归因于两方面的失灵。如前所述，一方面是标准经济学教科书中所界定的市场本身的失灵，而政府又没有去补位，另一方面是由于政府的过位、错位所造成的人为市场失灵，而政府又没有从中抽身。这两方面原因的任何一个发生，都会造成有效市场无法形成。

这时，政府就比"守夜人"政府要发挥更大、更好、更有执行力的作用，比如政府启动和主导改革，建立和完善有利于经济发展、创业创新的现代市场制度，提供提升市场功能的产业政策（称之为功能性或软性产业政策），以及提供对新兴行业和基础行业等政策（包括适度的选择性或硬性产业政策）方面的支持等。这些都是由于发展中过程或转轨过程中的经济体还没有形成有效市场，因此政府应该发挥更多这方面的维护和服务作用，当然是通过制度的建立来解决这方面的问题，而不是直接干预经济。所以说，有限政府，特别在转型过程中的有限政府和守夜人的有限政府，在很大程度上是不一样的，尽管都起到维护和服务的作用，但是内涵和目标、任务及其程度等方面都有很大的差别。

所以，尽管由于经济环境不同、发展阶段不同，有限政府作用的内涵及其程度当然会不同，但这些不同的作用都可归纳为政府在不同情景下应发挥维护和服务的作用。**政府不仅要在它应该补位的地方"有为"，也要"有能"**。所谓有能，就是有国家能力（State Capacity），能将国家意志、目标转化为现实的执行力。政府的执行力和权威对经济和社会的良性发展也是很重要的。**政府执行力可以由两种方式体现**：一种执行力是由激励相容的具有内在诱因的制度来体现，是一种自我实施、有"胡萝卜"柔性的有执行力的经济制度，其范畴主要体现在经济活动方面的制度，如建立良性市场制度；另外一种执行力就是来自政府方面的由强制力保障和驱动的执行力，如依法治国，规章制度及政策得到严格执行，严格起到维护（包括保护社会秩序、个体经济自由选择权和财产权等）和服务的作用等，这也是决定经济发展的一大重要因素和指标。中国经济改革之所以取得巨大成就，除了提供大量激励机制的松绑放权的经济改革，还有一个重要原因就是政府具有强有力的执行力，也是执政能力的重要体现之一[①]，使政治、社会稳定

---

① 十九大报告在论及提高党的执政能力和领导水平部分提出，要"坚持严管和厚爱结合、激励和约束并重，完善干部考核评价机制，建立激励机制和容错纠错机制，旗帜鲜明为那些敢于担当、踏实做事、不谋私利的干部撑腰鼓劲"。这与笔者这里提出的两个执行力有相似相通之处。

和政府决策能够得到贯彻。

此外，政府还要有爱，也就是让社会和谐的问题。有爱主要讲的是政府要关注民生、促进社会公平正义，解决生态环境、贫富差距、诚信友爱、安定有序等方面问题，是要处理好政府与社会的关系问题。为此，需要从与民争利的发展型政府向公共利益服务的包容型政府转变。政府要最大限度地缩小自身的经济人角色，扩大公共服务范围和力度，弥补市场失灵，直至消除政府角色"缺位"的现象。一方面，为作为微观经济主体的企业创造良好的经济社会制度环境，提供经济发展所需的软硬件基础设施，这是政府公共服务的经济维度。另一方面，通过转移支付和财政手段支持教育、科技、文化、社会保障、公共医疗卫生、环境保护等社会发展项目，为全体公民参与市场竞争创造一个相对公平的起点，这是政府的社会性公共服务部分。如果我们的政府不真正为人民服务，公共服务如果没有到位，没有弥补市场的失灵，而是缺位的话，那么老百姓怎么能长久地支持你的改革呢？怎么可能称我们正在打造的市场经济是好的市场经济呢？这就是笔者在前文中也谈到的，为什么近些年发现只讲政府与市场的关系远远不够，还要谈政府与社会，即还要关注良好社会规范的引导和形成。

这样，我们的政府改革治理的目标应该是成为一个有能、有为、有效、有爱的有限政府，其实现有赖于制度的良好设计。在政府、市场和社会这个三维综合治理框架中，政府作为一种制度安排，有极强的正负外部性，既可以让市场有效，成为促进经济改革发展的动力，让社会和谐，实现科学发展；也可以让市场无效，导致社会矛盾重重，成为巨大的阻力。因此，政府自身的改革，特别是政府职能的转变也就成了改革的关键和重要突破口。

6. 包容性经济制度、国家强制能力是良性发展的必要条件

美国麻省理工学院德隆·阿西莫格鲁（Daron Acemoglu）和哈佛大学詹姆斯·A. 罗宾逊（James Robinson）两位教授在《国家为什么会失败》一书中有一个观点，就是强调包容性经济制度对经济增长的重要性。笔者同意这个

观点，但同时也认为，包容性经济制度这个维度只是必要条件，任何一个国家如果不实施包容性的市场机制，在经济发展方面如果是汲取性的，肯定不行，不具有可持续性。中国历史上的文景之治、开元盛世、贞观之治、康乾盛世等时期的轻徭薄赋政策，都是施行了比较包容性的经济方面的国策，促进了经济增长。但是，他们的另外一种观点笔者不能完全同意。他们认为，政治制度一定是民主的、自由的国家才行，但其实仅仅看经济发展就可推断其并不见得准确。中国 2 000 多年的封建社会，绝大部分时期，直到 1840 年，中国无论是总产值还是 GDP 都是世界上数一数二的，但是封建王朝绝对不是民主的，也不是法治的，他们靠的是政府的权威性和执行能力，封建王朝也有很大的执行力。

当今世界，无论是美国的资本主义制度还是中国的社会主义制度，尽管政治制度不同，但政府在一个方面却是相同的，那就是这两个国家都有很强的执行力，再加上经济上都是比较包容性的制度，也就是胡萝卜加大棒缺一不可，所以都成为世界上经济政治方面的数一数二的大国。我们知道，中国之所以在过去十几年来取得很大的成就，正是由于应了邓小平同志所说的"**发展是硬道理**"和"**压倒一切的是稳定**"。当然，中国的封建王朝，没有解决长治久安的稳定问题，朝代就反复更迭，每一次变更导致了中华民族财产和人口的巨大损失，因此并不能说这样的封建制度是成功的，但总的来说，在过去 2 000 年的大部分时间里，中国基本上是世界上数一数二富裕的国家，原因就是处理好了经济和国家这两个维度。

经济上包容性和国家强制能力（State Coercive Capacity）**都说明了国家的执行力**（Implementability）。经济上就是人性化的激励相容性，机制设计理论就是用 Implementability 来等价表达激励相容的意思的，这是一种柔性的执行力，而强制能力却是一种刚性执行力，依法治国就是这方面的具体表现。如果能综合采用胡萝卜加大棒再加上包容性和谐社会理念，晓之以理、待之以利和动之以情，差不多是将一件事情办成，如国家成功的充分条件。因此，**具有激**

励相容的包容性经济制度和具有依法治国的国家强制能力的权威政府制度是良性发展和一个国家成功的必要条件,基本解释了古今中外一个国家、一个朝代为什么成功,包括了几乎所有国家成功,而缺乏这两个必要条件中的任何一个,在历史上基本上没有一个国家是成功的。

7. 良性发展呼唤国家治理、市场化和社会规范制度供给的综合改革

良性发展实际上是呼唤综合型治理方面的深化改革,经济上就是真正进行让市场在资源配置中发挥决定性作用和政府发挥好的作用的改革,政治上要有一个权威的国家治理能力和治理体系的现代化,还有就是建立良好的社会规范。社会规范方面的问题不解决,精神文明和生态文明的问题不解决,经济不可能良性发展,社会不可能和谐。笔者非常认同社会主义和谐社会的特征:民主法治、公平正义、诚信友爱、充满活力、安定有序、人与自然和谐相处。即使我们的政府是一个有能、有为、有效的有限政府,但是没有爱也不行,当然有爱也不能过度,像欧洲过度的福利社会也不能长久,任何事情都有一个度。

总之,让经济良性发展、社会稳定和长治久安,政府的恰当定位至为关键,而这又要靠政府主动去改革,合理界定和理清其治理边界,但要政府主动去改革却是异常困难和艰巨,每个部门很难将自己的部门主动改掉。所以,笔者的基本结论就是:中国经济社会良性发展的真正关键在于供给侧结构性体制改革,关键在于政府职能的合理定位。所以,深化改革应统一到十九大报告提出的"以完善产权制度和要素市场化配置为重点,实现产权有效激励、要素自由流动、价格反应灵活、竞争公平有序、企业优胜劣汰"和"转变政府职能,深化简政放权,创新监管方式,增强政府公信力和执行力,建设人民满意的服务型政府"上来。这两段话正好对应经济包容性、国家强制力(依法治国)和政府执行力、社会包容和谐性的提升。也就是,真正让市场在资源配置中起决定性作用,更好发挥政府作用,以市场化、法治化和社会规范化的结构性改革来同步解决做什么、谁去做、怎么做的问题,坚定不移地继续推行松绑放权、市场化制度性和有限政府职能的改革才是关键,而这样的深层次改革主要靠中

央的权威性去推动才行。

三、促进良性发展的改革方向及切入点

近40年的改革开放无疑使中国距离实现民族复兴中国梦更加接近了,但是中国同时也面临着发展方式转变和深层制度转型的双重难题。基于以上认知,笔者认为新时代全面深化改革的关键任务是制度供给的综合性改革。深层次制度改革有三大重点目标任务:一是形成具有包容性的现代化经济体系;二是提升国家强制力和政府执行力;三是建立良好的社会规范和秩序及和谐有效的社会治理体系。

(一) 提升经济包容性是中国经济发展驱动转型的需要

要素驱动已经无法支撑中国经济的可持续发展,必须向效率驱动和创新驱动转变。无论是效率驱动,还是创新驱动,都是建立在市场发挥决定性作用,企业家发挥关键性作用的基础上的。

一方面,创新驱动发展异常重要。要占得先机和取得优势,国家就需要有强大的创新能力,创新改变中国,创新改变世界,如同习近平总书记所言:"创新是引领发展的第一动力。""坚持创新发展,必须把创新摆在国家发展全局的核心位置。"创新发展需要制度保障。至今,全球范围内的产业革命共有三次:英国的工业革命、美国和德国主导的第二次产业革命和现在正在发生的以人工智能制造为核心的第三次产业革命。每一次产业革命的发生和发展都与制度创新紧密相连,制度创新为产业革命的顺利开展提供支持。

另一方面,效率驱动是创新驱动的基础,没有效率上的改进谈不上创新。实现效率驱动,必须真正让市场发挥资源配置的决定性作用和政府发挥好的作用。改革千头万绪,以下三个领域可作为切入点:民营经济、金融市场和土地要素。让民营经济活起来,这方面民企有很大的优势和创新动力;让金融市场

活起来，金融只有为实体经济服务才能底气十足；让土地要素活起来，要素市场扭曲等问题亟待引起重视并加以有效解决。具体而言，就是对待民营经济同等化、金融市场放开一体化、土地要素流转市场化。

1. 对待民营经济同等化

中国的经济改革之所以取得这么大的成就，民营经济大发展是非常重要的因素。没有偏见的人都会把改革开放取得巨大成就归结于党的领导，这毫无疑问是正确的，不过改革开放之前也是党的领导，也有人归结于政府的主导，但改革开放前也是政府的主导，甚至更厉害。所有这些都是改革开放前后都已有的因素。辨析中国改革之所以取得巨大成就，我们应该按照实验物理学的基本实验的基本方法论来谈什么是差异因素，还需要找出哪些新的因素导致了改革开放之前与之后经济增速的巨大差别。笔者认为，最重要的一个新的因素就是松绑放权的改革，经济自由选择和市场化的改革，民营经济大发展的改革。经过近40年的改革开放，包括民营经济在内的非国有经济在就业岗位、产值贡献方面做出了主要贡献，在今后的效率驱动和创新驱动及减少地方政府债务方面仍将会起到主要作用，这需要进一步提高经济领域的自由度和竞争度，尤其要消除一些不合理的行业进入壁垒、歧视性政策等，同等对待民营经济。

十九大报告首次引入民营企业概念，指出"要支持民营企业发展，激发各类市场主体活力，要努力实现更高质量、更有效率、更加公平、更可持续的发展"。这无疑是抓住了发展的关键。民营经济无论是产值还是就业已经占绝大部分比重，为什么下一步中国经济从要素驱动到效率驱动，还是要靠民营经济呢？创新分为两种，即基础科学创新和应用科技创新。基础科学创新靠政府和大学。基础科学创新往往周期长、见效慢，但外部性巨大。从长远来说，基础科学研究关系到国家的安全、社会的稳定、经济的稳定，因此要有前瞻性，但这种投入常常是亏本的，逐利的企业一般不愿意去做，这时，政府和大学就需要补位，需要投入人力和资源去做，所以要靠国家。然而，创新不仅仅是基础研究创新，还包括应用科技创新。两种创新一个立足当下，一个立足长远，不可偏废，不应对立。

无论是技术创新还是管理和商务方面的创新，基本都靠民企，为什么？全世界所有创新的成功率是多大？即使在发达成熟的现代市场经济国家，其创新的成功率也只有5％左右，在中国可能连5％都不到，如果创新只有5％的可能性，国企敢创新吗？哪一个国企的领导敢冒这么大的风险去创新，即使他敢，上级主管部门会同意冒这样大的风险吗？即使厂长经理敢试着去创新，上级主管部门也不会让你冒大的风险去创新，因为拿的是国家的钱，老百姓的钱去创新，但是创新95％的可能性是失败的。并且由国家垄断的行业中的国企有激励和动力去创新吗？这样，创新只能主要靠自愿承担风险的非国有企业，特别是民企。老百姓不一样，民营企业哪里有钱哪里赚，甚至是铤而走险，无论怎样，失败了是亏你自己的钱。所以说，从要素驱动到效率驱动，更加要靠民营经济，能不能让民企和国企公平竞争，同等的对待呢？

下图有两条线，虚线是规模以上非国有控股工业企业的全要素生产率（TFP），实线是规模以上国有控股工业企业的全要素生产率，可以明显看

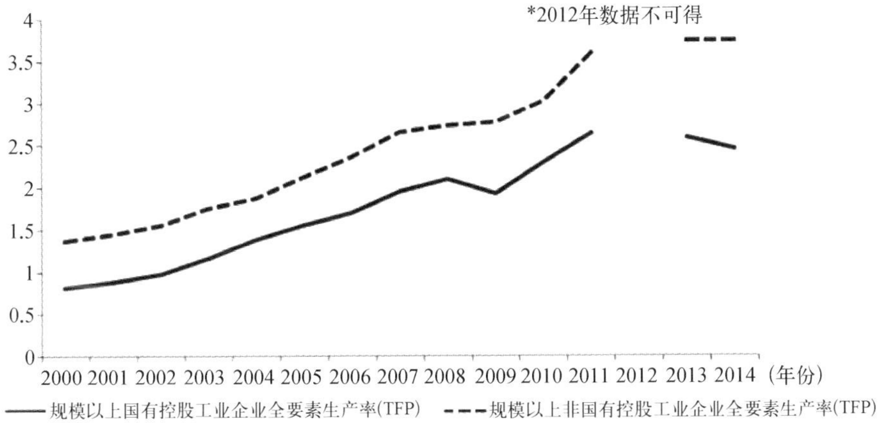

资料来源：国家统计局，上海财经大学高等研究院。

图7 规模以上工业中的国有控股工业企业全要素生产率和非国有控股工业企业全要素生产率（TFP）

出来它们之间的差别。我们并不是说国有企业效率低而否定它，因为它还要起到社会保障、保证就业、维护国家安全的作用，效率低一些也能理解，任何国家都需要有国有经济，但是要有一个度，比重不能过大。

那么，如何支持民营经济发展呢？最根本的当然还是要清理和废除各种妨碍市场公平竞争的规定和做法，支持民营企业在竞争中发展壮大。除此之外，笔者的具体建议是：一要降低民企的过重税费负担，放水养鱼。现在土地价格这么高，生产成本已经跟美国非常接近了。现在特朗普领导的美国政府准备大幅度地减税，一旦成真，其企业的生产成本可能要低于中国企业的生产成本，美国企业的竞争力将会要高于中国的企业。二要提供公共基础设施与服务（基础研究、交通设施、网络设施）。比如贵州近几年确实发展很快，一个重要的原因就是把交通设施高速公路修起来，贵州都是山，经济根本发展不起来，但是政府提供了便利的交通、网络设备，经济马上活了起来，增长马上就高起来了。三要支持民企创新平台建设，树立科技是第一生产力的发展理念，无论是现代制造业还是战略性新兴产业，如新能源、新材料、人工智能、生命生物工程、信息技术，都是基于科学技术的发明和创新才能得到发展，在竞争中胜出。四要降低个人所得税率，这样有利于高薪吸引人才回国服务。五要支持人才引进，积极鼓励和支持引进高层次人才。所以，应该按照十九大报告中要求的那样："全面实施市场准入负面清单制度，清理废除妨碍统一市场和公平竞争的各种规定和做法，支持民营企业发展，激发各类市场主体活力。"

当然，在助力民企发展的同时，要深化国有企业改革。十九大报告提出，要完善各类国有资产管理体制，改革国有资本授权经营体制，加快国有经济布局优化、结构调整、战略性重组，促进国有资产保值增值，推动国有资本做强做优做大，有效防止国有资产流失。深化国有企业改革，发展混合所有制经济，培育具有全球竞争力的世界一流企业。这里有一个提法上的转变，以前谈要做强做优做大国有企业，现在转变为做强做优做大国有资本。这体现了从管企业到管资本的思路转变，无疑是正确的。

2. 金融市场放开一体化

邓小平同志曾说："金融很重要，是现代经济的核心。"金融只有在为实体经济发展服务的过程中，才能成为经济的中心，中国经济长期可持续发展需要金融改革发展动力的支持。十九大报告也提出，要"深化金融体制改革，增强金融服务实体经济能力"。然而，目前中国的金融市场整体上还是一个政府监管过度、干预过多的市场和准入壁垒森严的国有垄断市场，由此导致了金融资源配置扭曲，金融进入实体经济的管道没有打通，迫切需要进一步加大对内放开、对外开放搞活的力度。

中国金融体制改革的下一步目标应该是建立现代化的金融体系，形成各种所有制，特别是大力发展非国有、民营金融机构，具有足够广度和深度的金融市场，丰富金融产品种类和投资选择，提高金融资源配置效率，同时要使金融更好地服务于实体经济，尤其要增强对民营中小微企业的支持力度，促进多层次资本市场和消费金融的健康持续发展。

互联网金融作为金融业的新生事物，来自民企、来自民间、来自草根，已经并将继续对国有部门依然占据主导的传统金融带来巨大改变，是中国经济在从要素驱动向效率驱动、创新驱动转型的关键历史阶段出现的一种新业态。智能手机加上大数据、云计算等技术革命，使得个人和中小微企业的市场行为和信用记录越来越为外人所知，信息越来越对称，同时使得融资的风险得以由众多的债权人分担，这既可以降低融资交易成本，又可以大大解决中小微企业贷款难的问题。当然，对于互联网金融创新过程中出现的一些乱象也需要进行有效治理，尤其是对于那些利用一些个体的暴利心理和信息不对称进行欺诈的现象。

3. 土地要素流转市场化

要素市场的扭曲特别是竞争性土地市场的缺失，已经影响到经济的方方面面，特别是使产品市场、货币市场、劳动市场、资本市场和地方财政体系均发生扭曲，进而引起经济结构的扭曲。城镇化依然是中国经济发展的重要动力，特别是大型城市群的建立和布局就是在增加一个个经济较为长期增长的发动机。十九大报告提出，要以城市群为主体构建大中小城市和小城镇协调发展的城镇格局，加快农业转移人口市民化。中国要转换到市场导向的、开放型的城镇化和城市化道路上来，首先还是必须提供这种城镇化的必要条件——由真正的土地市场来配置土地。政府应该回归到维护和服务的职能上，主要管城市规划、区划，管理土地市场的外部经济性，提供公共产品和服务，放手让市场配置土地，促进市场导向的城镇化早日完成。

土地要素流转的市场化改革还需财政体制改革的配套跟进，因为前者意味着地方政府将有很大一部分收入需另辟财源。靠当前的土地财政方式越来越不具有可持续性，需要改变现有土地财政方式。比如，应该像世界上大多数国家那样，改为征收包括房产物业税的财产税，这是必由之路。其实，房子的增值相当一部分来自城市化、城镇化公共设施的改善和提供，可采用国际通常方法，将集中在房地产开发和销售环节的税费，整合成或增加房产物业税，每年征收。这既利于提高效率，也更能彰显公平。通过提高持有环节的成本，让投资者把房子投放到租赁市场和二手房市场上去，形成真正的消费品，降低高空置率。此外，通过此项税收可以调节社会财富分配和平衡收入差距。对地方政府而言，也许是一种比一步削减土地出让金及有关税费更具可操作性的方式。

（二）增强社会自治理是中国社会和谐有效治理的需要

在社会治理方面，中国要朝着法治化、智能化、精细化的路子上走。所谓法治化，就是要着力构建法治社会，善于运用法治思维和方式来解决城市社会治理顽疾；智能化，就是要着力推进智能社会建设，善于运用大数据、云计算等信息技术手段来提高社会治理水平；精细化，就是要在破解街道、社区的"最后一公里"难题方面，善于更精细的制度设计与执行。当然，笔者更想强调的一点是，政府不能把所有社会治理的职能都揽于一身。十九大报告也明确提出了，要"推动社会治理重心向基层下移，发挥社会组织作用，实现政府治理和社会调节、居民自治良性互动"。

确实，国际经验表明，社会可以作为平衡和控制政府与市场之间张力的关键要素，社会组织在协调各方利益、共享公共资源、促进公平正义等方面可以对政府形成很好的补充和替代作用，这就要求政府从具体的、微观的社会管理环节中抽身出来，将自身管不好也管不了的领域交给社会组织来自我管理，同时也要求政府转向社会治理，更多地依靠制定明确的规则、采取一定的措施让公众参与社会公共政策的讨论，充分反映自身的意愿和诉求，确保政府决策的科学、民主、公正和激励相容，夯实公正的公共利益基础，使之成为社会发展的润滑剂和催化剂，减少社会摩擦，降低发展成本。

（三）提升政府执行力是中国国家治理现代化的需要

政府如果没有执行力，再美好的愿景、再前瞻的规划、再详尽的方案，都只能是停留在脑海中和纸面上，无法真正得到落实。许多国家之所以陷入低收入陷阱、中等收入陷阱或塔西佗陷阱，与国家强制力的阙如有很大的关联。十九大提出了具有重大历史性意义的新时代、新使命、新征程的论断，以及全面建成小康社会、基本实现现代化，再到全面建成社会主义现代化强国的新"三部曲"宏伟战略安排和一系列基本方略方针。这些战略安排和基本方略方针的实现，都需要政府的执行力，而不只是在文件中和口头上。当然，执行力与权力的合理配置也是紧密相关的，国家治理需要在权力下放方面有所考虑，没有权力匹配的执行是机械的。与此同时，政府的执行力又是建立在政府职能得到准确定位基础上的，以有能、有为、有效、有爱的有限政府定位来考察，国家强制力的提升离不开三要素：法治、执行力、民主监督。

其一，法治的首要作用是对政府行为的规范和约束，其次才是对市场经济个体的。一个好的法治环境，可以支持和增进市场，真正让市场发挥资源配置的决定性作用，而政府只是起到维护和服务的作用，只有这样才能最大限度地压缩权力寻租腐败的空间。其二，增强改革的执行力和发展的驱动力，则必须从法治、激励和理念三个维度推进综合治理，特别是要发现和培养改革发展的开拓良将，将那些不唯上、不唯书、只唯实，敢闯、敢试、敢为人先的人放在重要岗位上或一把手的位置上，使之成为一个个改革发动机。其三，没有民主监督问责，没有责任边界的划定，没有社会和媒体的监督，这样的政府治理体系将是涣散失效的。中国还需要高质量的量化指标作为目标，否则就没了努力方向，也无法对官员加以问责，从而官员也就没有责任和动力关注发展，推动改革，不再勇于创新。

结束语

本文认为，基础性制度的完善才是社会经济平衡充分良性发展的关键所在，是降低制度成本的关键所在，才能激发创新与企业家才能，是推动中国经济从要素驱动向效率驱动、创新驱动转型的关键所在，是社会和谐良性发展的关键所在。与治理、激励机制和社会规范这三方面基础性制度相对应的政府、市场和社会，是现代国家治理体系需要正确处理的三个治理主体。其中，政府的恰当定位至关重要，只有有能、有为、有效、有爱的有限政府定位得到落实，才能真正处理好政府与市场、政府与社会的关系，导向好的市场经济和好的社会规范。包容性经济制度和政府强制能力是良性发展的必要条件。良性发展呼唤国家治理、市场激励和社会规范制度供给的综合改革，而这样的改革需要靠各级政府主动去推动才行，这需要各级政府部门及其领导"不忘初心，牢记使命"，有担当去试、去闯、去做。政府既是改革的对象，更是改革的主要推动力量。因此，政府自身的改革，特别是政府职能的转变也就成了改革的关键和重要突破口。这也是下一步改革的最大难题所在，需要更大的政治智慧、担当和勇气来推动。

（2017 年 12 月）

2

从拨乱反正、市场经济体制建设到和谐社会构建[*]

效率、公平与和谐发展的关键是合理界定政府与市场的边界

提要：本文由中国改革开放的历史渊源入手，从三次思想上的大交锋和大解放、取得的三大成就、改革成功的八大基本原因及存在的问题，回顾及总结了30年改革所取得的成就以及最近几年的改革方向。本文还论证了和谐社会的构建，在当前人们思想水平不太高，追求个人利益的现实条件下，能够并且必须通过建设现代市场经济体制来完成。当前存在的几乎所有深层次问题都是由于没有处理好政府与市场的关系，以及合理地界定二者的边界所造成的。因而，当前改革的重点和亟待解决的重大问题在于合理界定政府与市场的边界，这也是处理好效率、公平与和谐发展的关键。本文对政府应该如何发挥作用，如何界定政府与市场的边界，如何进行政府职能的转变以及政府管理模式的创新进行了讨论。

---

[*] 本文载于《当代财经》，2008年第12期。

中国30年的改革开放无论是从经济增长，还是从经济体制转型，都取得了举世瞩目的成就。人们的生活水平大幅提升，经济和社会环境都发生了深刻的变化。中国已经发展成为一个经济和政治大国。中国之所以取得如此巨大的成就，实际上与对改革方向的始终坚持，与对改革路径的不断探索，与对现实问题的正确把握，是紧紧地联系在一起的。改革开放不是一帆风顺的，其间历经了改革向何处去的三次思想上的大交锋和大解放，它们分别是真理标准讨论、姓"资"姓"社"讨论以及最近几年关于市场化改革方向的讨论，这都是由于经济和社会遇到了很大的问题而发生的。这就形成了改革开放30年中3个特征鲜明而逻辑一致的发展阶段：第一个13年（1978~1991年）是拨乱反正和商品经济阶段；第二个13年（1992~2005）是提出建设市场经济体制阶段；第三个阶段就是胡锦涛总书记在2005年提出构建社会主义和谐社会阶段。每一次交锋及其带来的思想大解放都对中国的改革进程起到了巨大的推动作用。

随着改革的不断深入，很多深层次的问题开始显现，胡锦涛总书记由此在3年前提出了构建社会主义和谐社会的重大历史命题。一个需要回答的基本问题是如何构建和谐社会，和谐社会的构建与市场化改革是否一致。许多学者对此提出了不同的看法，甚至是决然相反的看法。笔者认为，和谐社会的构建，在当前人们思想水平不太高，追求个人利益的现实条件下，能够并且必须通过市场化改革来完成。也就是说，在人们追求个人利益的现实约束条件下，构建和谐社会的充分必要条件是建立现代市场经济体制。当前存在的几乎所有深层次问题，如分配不公、机会不均、城乡差距和贫富差距的持续扩大、国有资产的流失、不公平竞争、政府行政效率低下、诚信危机、国民基础教育投资不足、环境污染，犯罪案件、经济和民事纠纷激增、社会结构呈不稳状态、人们幸福感下降等等，几乎都是由于没有处理好政府与市场的关系，以及合理地界定二者的边界所造成的。所以，当前改革的重点和亟待解决的重大问题在于合理界定政府与市场的边界，这也是处理好效率、公平与和谐发展的关键。那么，政府应该如何发挥作用？如何界定政府与市场的边界？如何进行政府职能的转变以及政府管理模式的创新？这些都是本文所要讨论的问题。

一、改革开放 30 年的回顾

对改革开放 30 年进行回顾，应该从两个方面来谈，取得的成就和存在的问题。下面将详细讨论改革过程中历经的三次思想交锋，中国改革开放取得的三大成就，改革成功的八大基本原因以及所存在的问题。

（一）改革过程中历经的三次思想交锋

尽管中国改革比较成功，但不是一帆风顺的，在改革的过程中产生了许多问题，保守思想和极端思潮于是从"左""右"两个方面来影响改革的顺利进行。然而，幸运的是，这几次交锋都有利于中国改革的进程及其方向，最后起到了巨大的推动作用。有时候宏观的大方向一把住，微观上往往就是事半功倍，否则的话就是事倍功半。前面提到的改革过程中三次大的思想交锋，这就是：真理标准的讨论、姓"资"与姓"社"的争论及最近几年关于市场化改革方向的争论。中国的三次思想交锋都是由于经济遇到了问题而发生的。

第一次思想交锋开始于 1978 年关于真理标准问题的大讨论。那时，"文化大革命"刚结束不久，经济几乎走向崩溃的边缘，但人们的思想还是被"两个凡是"严重束缚，无法做任何变革。《实践是检验真理的唯一标准》一文的公开发表震动了全国，吹响了第一次思想解放的号角，为进一步反思"文化大革命"和改革开放奠定了理论和舆论基础。这一次交锋具有至关重要的历史性意义，理顺了人们的思想，决定了改革开放这一根本大方向，为十一届三中全会实现历史转折、迈向改革开放新时期做了思想准备。各种极"左"思潮利用改革过程中的一些失误，打着各种高尚的道德旗帜，由一些具体领域的改革的失误推演出对整个市场化大方向改革的质疑，退回到"改革好还是'文革'好"

"姓资好还是姓社好""计划好还是市场好"这个多少年前的初级问题上,再次陷入了历史循环的争辩之中。

第二次思想交锋发生在1989年至1992年间,即姓"资"、姓"社"的争论。这次思想交锋以邓小平南方谈话提出"发展是硬道理"这一深刻命题和普遍真理,以及在中共十四大上终于将市场经济写入了政治报告而告终。[①] 此次交锋进一步确定中国改革方向就是建立市场经济,带来了改革开放的一次新高潮。

第三次思想交锋开始于2004年,是从郎咸平的讲演开始,这时改革遇到了许多深层次的问题。于是,一些人由国有资产的流失、某些大公司里的资产转移而将批评面扩大,扩大到否定整个中国30年改革开放的道路,认为中国大的改革方向错了,应该是搞中央集权,应该重新开始改革。这次交锋最后以2006年两会期间胡锦涛总书记在上海代表团强调要毫不动摇地坚持改革方向,不断完善社会主义市场经济体制,充分发挥市场在资源配置中的基础性作用而告终。[②]

(二) 改革开放的三大成就

1. 经济富康

国民经济快速增长,经济实力显著增强,成为经济大国。中国自1978年实行经济改革和对外开放以来,国内生产总值实现了持续30年9.8%的高速增长,这是史无前例的。中国的脱贫人数和成就也是历史上未曾有过的。中国的人均GDP,从1978年的300美元左右,增加到2007年的2 482美元,按人均收入计算,中国已经从世界上最贫穷的国家之一,成长为中等偏低收入国家,

---

① 邓小平. 邓小平文选(第三卷)[M]. 北京: 人民出版社, 1993.
② 胡锦涛强调坚持改革方向毫不动摇[EB/OL]. 新华社北京3月6日电, http://tgs.ndrc.gov.cn/gzdt/t20060307-62264.htm.

几亿中国人在这个过程中脱离了绝对贫困，创造了人类历史上最大规模的经济奇迹。尽管中国还有很长的路要走，但从 GDP 总量来看，中国已经是世界第三大经济体，很快有望跻身世界第二位。

2. 经济体制实现平稳转型

已经由原先铁板一块的计划经济体制基本转型成为社会主义市场经济体制。国有经济比例持续下降，国有经济的比重按工业产值，从 1978 年的 82% 下降到 2006 年只有 9.7%，2007 年的数据可能还会更低，即使将国有控股企业工业总产值算进来，也只有 31.2%。现代市场体系基本建立，适应市场经济的法规体系、要素市场体系、宏观调控体系、税收体系等等逐步完善。

3. 中国成为一个政治、经济大国，国际威望得到显著提高

中国的政治安定和社会稳定为经济建设提供了重要保障，这是中国成为政治、经济大国的一个必要条件。与此同时，作为联合国安理会常任理事国，中国在世界政治格局中的分量已经越来越重，参与了几乎与发达国家数量持平的国际性条约，中国在其中扮演的角色越来越具有建设性，为世界和平与发展做出了重要贡献。与政治影响相适应，中国经济对于世界经济的影响也越来越大，中国制造已经成为行销世界的品牌。中国人均 GDP 不断上升，城镇居民和农村居民的收入都在上升，乡村人口比重由 1978 年的 82.08% 降到 2007 年的 55.1%。

（三）改革成功的八大基本原因

总结中国改革开放的经验，笔者认为中国成就的取得有八大基本原因：

（1）放弃阶级斗争，把工作重心转移到经济建设上来。不以"抓革命"作为首位，而是把经济建设、"发展是硬道理"作为首位。即使在最困难的时候，这个总的方针也始终没有动摇过。这就为 30 年的顺利发展，提供了最根本、最重要的政治路线保证。

（2）政治的稳定统一对经济的发展至关重要，不把经济问题政治化，不纠缠于"姓资姓社"的争论。政治的稳定和统一，对中国经济的发展是一个至

关重要的因素。

（3）对政治体制和法律体制进行适应性的改革和完善，不进行剧烈变革。在施行改革的时候，充分考虑到各种约束条件。经济学的一个基本的原则是在约束条件下做事情。如果一个改革措施不符合大多数人民的意愿，造成的交易成本内耗很大，就应该采取其他的办法。

（4）改善经济制度环境，引入经济良好运行的四个先决条件：承认个人利益，容许一部分人通过辛勤劳动率先发家致富；在经济上给予人们更多的自由选择；实现分散化决策；以及引进竞争机制和其他各种激励机制。第一，承认个人的利益，从大公无私到承认个人利益的选择，也就是承认了当前人们思想水平不太高，都是经济人，这也是经济学的基本假设。资源的有限性和个人欲望的无限性这样一个基本的矛盾导致了经济学的产生，导致了人们必须运用市场经济体制来配置资源。而且，承认个人利益使得人们钻空子的风险最小。第二，给人们经济上的自由选择，这是至关重要的。第三，由于经济人的自利性和经济人之间的信息不对称，需要实行自由选择、分散化决策，例如中国改革早期的松绑放权的改革。第四，引进各种激励机制，承包制、计件工、多劳多得等。这些激励机制在经济发展中非常重要，特别是在早期的经济发展中。

（5）对外开放由点到面、循序渐进，以经济特区和沿海开放城市为试点，学习国外的先进技术和管理方法，招商引资，开拓海外市场，取得成功经验后再往全国推广。中国在坚持对外开放，与世界经济更紧密接轨的过程中，得到的好处是巨大的。

（6）引进各种过渡性制度安排，建立完善的市场制度。建立市场经济，不是简简单单地把价格放开，简单地照搬西方国家市场经济体制，这不满足中国现有经济制度环境这一约束条件，而是建立了一整套过渡性的制度性安排，逐步建立和完善现代市场体系，包括宏观调控体系、金融市场、劳动力市场、社会保障制度、税制、反垄断等等，这是一个相当长的阶段。现在还在进行，还很不充分。

（7）充分发挥地方政府的积极性。这一点非常重要，中国的改革是从沿海地区开始的，给某些地区、某些省份政策优惠。早期只有一个深圳、一个蛇口，后来扩大到 14 个沿海经济开发区，然后拓宽到上海，最后辐射到全国。现在又注重考虑西部开发、中部崛起、东北振兴等。发挥地方作用有两个好处：第一，从信息上来看，由于各地情况不一样，发展的规模不一样，水平不一样，中央的政策很难做到硬性规定。政策应该因时、因地、因人、因事而异，具体情况具体分析。中央在上面，地方政府对当地情况比较了解。信息对称了，知己知彼，百战不殆；信息不对称就是次优。第二，可以调动地方政府的积极性。一旦地方政府财政上有了收入，地方政府就有自主性和积极性。所以说处理好地方政府与中央政府的关系，充分发挥地方政府的积极性，也是一个非常重要的因素。

（8）符合中国文化和制度环境的制度转型模式。第一个阶段是扩大经济自主权。改革最好做加法，让所有人都获得好处，不动国有企业，松绑放权承认个人利益，给人们自主权，让非国有经济发展起来，经济自主权的扩大导致了非国有经济的蓬勃发展，这是早期阶段。第二个阶段就是市场化，1992 年以后，中共十四大决定建立市场经济体制。市场化阶段仍在继续中，至今没有完成。中国的改革短期内都将制度环境作为参数，约束条件给定，一时很难发生大的改变，但可逐步演进，长期会变化很大，是可作为内生变量改变的，从而可以不断地完善和建立现代市场体系。第三阶段是鼓励民营企业发展。当市场环境达到了一定程度时，再进行民营化。通过让各种所有制企业竞争，市场体系和非国有经济得到了发展，同时对国有企业也有明显的示范和推动效应，国有企业的经济效率相对改革前也大大提高了。

当然，经过 10 多年激进式改革之后，俄罗斯的经济发展也相当不错，经济增长很快，但由此认为中国也应该进行激进式改革这一种观点仍然不见得成立。中国之所以采用渐进式改革，而没有采取大规模的私有化与政治体制改革等全方位改革，是与俄罗斯的初始条件不同，从而采用的改革路径也应有所区别。首先,中俄两国本身的初始经济条件不一样。俄罗斯等东欧国家在改革初时的人均GDP比中国改革初时的人均GDP高出许多倍,经过激进式改革,他们的GDP掉了50%甚至更多,人均仍然还有1 000多美元。而中国刚开始改革的时候人均GDP只有300美元左右,掉50%就只剩下150美元左右了,试想如果中国的人均GDP真的掉了50%将会导致什么样的结果?前面谈到,经济发展的一个必要条件是社会的稳定、国家政权的稳定,所以中国没有条件进行激进式的改革。其次,中国与西方有不同的历史、文化传统。俄罗斯的传统文化属于西方文化,比较强调民主、法治,做事情先讲规则。而中国在很多情况下则更强调对于传统的尊重,儒家文化所强调的中庸,做事情总是讲平衡。所以从根本上来讲,这两个初始条件不一样决定了中国与俄罗斯改革路径的差别,而从理论和实际上,也都说明了中国改革模式的选择是合理的、正确的。

(四) 改革过程中所存在的问题

回顾中国30年的改革开放,成就不容否定,问题也不容回避。通过30年的改革,中国尽管取得了前面谈到的三大成就,但是也出现了许多深层次问题,主要表现在分配不公、机会不均、城乡差距和贫富差距的持续扩大,这也是引起老百姓最不满意的地方;还有国有资产的流失、贪污腐败、社会的不稳定、违纪违法行为非常多、诚信危机、国民基础教育薄弱、环境污染,等等。在一味追求经济增长和效率的时候,这些问题必须解决。为什么还有许多人怀念改革开放前的"大锅饭"时代?我认为很大原因就是人们对靠机会不均富起来从而造成贫富差距过大的情况不满。这些问题导致了社会成员之间的某种不和谐,经济发展的不和谐,人与自然之间的不和谐,对经济社会发展构成了重大的挑战。

这些也正是引致第三次争论的问题和焦点所在,对上述这些问题有两种相反的看法,也是第三次思想交锋的主要内容:一种看法认为对改革要进行反思,有人基于利益分配的不满,以至于怀疑和否定市场化改革的大方向;另外一种看法认为这些问题是改革不彻底造成的,是由于市场经济体制不完善,政府在某些方面过度规制,在某些方面规制不足,解决这些问题的根本出路,在于继续坚持市场化的改革。

这些问题不弄清楚,就不能处理好效率与公平的关系,从而会阻碍中国社会和谐发展,甚至是扭转中国经济的黄金发展趋势。那么,我们应该如何解决这些现实问题?如何进一步深化改革?如何让市场经济体制完善?政府强调法治是否意味着制定更多的规章制度?

二、坚持科学发展观,构建和谐社会

以上这些现实问题上升到深层次的理论问题就是:如何树立科学发展观,以及市场化改革能不能构建和谐社会。

(一) 构建和谐社会,树立科学发展观

2004年9月,中共十六届四中全会首次提出构建社会主义和谐社会的重大历史命题,这具有很强的现实针对性。如上所述,随着改革开放的不断深入,经济社会发展面临很多新矛盾、新问题,有的还相当严重,造成了社会的不稳。2005年2月,胡锦涛总书记在中央党校进一步地给出了和谐社会的六大具体特征:民主法治、公平正义、诚信友爱、充满活力、安定有序、人与自然的和谐。和谐社会的六个特征实际上就是讲人与人的和谐关系、人与社会的和谐关系、人与自然的和谐关系,也就是要建立一个物质文明、精神文明、政治文明高度发达的社会,一个在这三个方面没有冲突的社会,这也是践行"三个代表"、坚持科学发展观的具体体现。

人与自然的和谐就是通过提高经济效率、增加经济活力,同时解决环境污染、加强生态环境保护来实现,属于物质文明建设。人与人之间的和谐主要是

通过公平正义、诚信友爱来实现，属于精神文明建设。人与社会的和谐主要通过民主法治的建设，让社会安定有序来实现，属于政治文明建设。因而，人与自然、人与人、人与社会之间的和谐分别属于物质文明、精神文明和政治文明，分别对应着效率、公平和法治的改进和完善。

可以看出，构建社会主义和谐社会是基于经济和社会转型处于关键时期，黄金发展期与矛盾凸显期并存这样的二重现象而提出的。于是不少赞成和反对市场化改革的学者，对构建和谐社会都有片面理解。看重问题的一些学者认为当前出现的许多问题是由于改革造成的，于是将和谐社会的构建和市场化改革对立起来。注重经济发展和赞成市场化改革的一些学者则以为，和谐社会的构建只注重公平，不注重效率，由此也将和谐社会的构建和市场化改革对立起来。为了让民众完整了解社会主义和谐社会的含义，2006年两会期间，胡锦涛总书记在上海代表团的会上座谈，专门为此讲了话，主要意思有两点：第一点，要毫不动摇地坚持改革开放方向；第二点，要充分发挥市场在配置资源中的基础性作用。

（二）和谐社会与现代市场经济完全相容

胡锦涛总书记一方面提出了构建和谐社会的目标，另一方面提出市场经济仍然作为配置资源的主要手段。它们之间是否有内在的逻辑关系，能否一致？这其实是对一个社会目标如何实施的问题，也就是激励机制设计的问题。和谐社会是一个社会目标，但是怎么做，不少人也许不是那么清楚。这里面涉及两个必须区分的问题：一是目标，二是实施过程，千万不能将它们混淆。目标容易给定，但如何实施和具体实施过程往往非常复杂。我们要做的就是研究怎么样达到领导人提出的社会目标，一旦目标明确提出，就需要考虑它的实施问题，即设计某种制度安排，可以促进这个目标的逐步实现。

在当前人们思想水平不是很高，还比较注重个人利益的现实环境下，就会有利益冲突。如何协调好利益冲突，达到建立和谐社会这一目标？其答案是：

必须并且也能够通过建立现代市场经济体制来达到，即尊重每个经济主体追求个人利益的权利，通过政府和市场分工与合作，就可以达到社会的和谐。也就是说，构建和谐社会的充分必要条件是建立现代市场经济体制。

从市场体制的必要性来看：赫维茨（Leonid Hurwicz）的学术贡献主要包括两部分：一是激励相容机制设计问题，国内介绍得比较多；二是把所有的经济制度安排放在一起研究，考虑什么样的制度在运行成本上最小，也就是我们讲的信息效率问题。在人们思想水平不高的情况下，也就是在一个局部不满足性或单调性假设下，市场机制是唯一导致有效配置及信息有效的机制。[1][2][3][4]中国改革开放几次争论下来，最后还是确定和坚持了市场化的改革方向，以市场作为配置资源的主要手段。另外，现代经济学中的经济核定理（economic core theorem）告诉我们：在人们是自利的这样一个现实条件下，只要给人们充分多的自由选择，并且容许或能够自由竞争，自愿合作和交换，即使不事先考虑任何制度安排，所导致的结果与完全竞争市场均衡结果一致。[5]这些结果说明，为了有效地配置资源，和谐社会的构建必须通过建立现代市场经济体制来达到。

从市场体制的充分性来看：一个相对完善的市场经济体制完全可以达到和

---

[1] Hurwicz L.. On Informationally Decentralized Systems [M].// R. Radner and C.B. McGurire, eds. *Decision and Organization in Honor of J. Marschak*. North Holland, 1972, 297~336.

[2] Hurwicz L.. The Design of Mechanisms for Resource Allocation [J]. *American Economic Review*, 1973, 63: 1~30.

[3] Hurwicz L.. On the Dimension Requirements of Informationally Decentralize Pareto Satisfactory Processes [M].// K. Arrow and L, Hurwicz. Studies in Resource Allocation Processes, ed. Cambridge University Press, 1979.

[4] Hurwicz L.. On Informational Decentralization and Efficiency in Resource Allocation Mechanism [M].// S. Reiter. Studies in Mathematical Economics, ed. Mathematical Association of America, 1986.

[5] Tian G.. *Micro economic Theory*, *Lecture Notes* [EB/OL]. Department of Economics, Texas A&M University. http://econweb.tamu.edu/tian/micro1.pdf, 2008.

谐社会所应满足的六大特征：

（1）和谐社会的首要特征是民主法治社会，没有民主法治就没有和谐社会。现代市场经济本质上是法治经济，如果没有一个良好的法治环境，就不可能有一个好的市场经济，因为法治要规范市场、规范政府、规范个人，使得合同能够得到严格执行，使得社会安定稳定，使得政府不能够大幅度干预经济，从而法治是建立好一个市场制度的必要条件，尽管不是充分条件。现代市场经济体制区别于传统市场经济体制的一个基本特征在于其制度的基础是法治（the rule of law），是依法治国。为什么要强调依法治国呢？法治的第一个作用是约束政府对经济活动的任意干预，这是其与法制（rule by law）的本质差别。[1][2][3] 如果执法者本身不受法律的约束，法律只是用来制约公众的，这样的社会就不能称之为法治社会，而是法制社会，即以法去管制他人的社会。中国古代"刑不上大夫"的司法理念，就说明中国在封建社会不是法治国家，最多只能算是法制国家。世界上其他国家在封建社会时期也都一样，这与现代市场经济体制是根本不相容的，所以现代市场经济国家都不得不由法制转向了法治。法治的第二个作用是约束经济人行为，包括：产权的界定和保护；合同和法律的执行；维护市场竞争及适当监管，比如金融市场和银行的监管。这样，法治就是既要约束经济人，也要约束政府，否则独立的经济制度和自由交易没有根本的保障，现代市场经济的基础就不存在。那么，对依法治国的保证又是什么呢？怎样才能制约执法者，使法制变成法治？是民主。法治和人治的区别不在于有没有法制，而在于法治是否建立在民主基础之上。法治有个自身无法解决的难题是：谁来监督执法者？防止执法者成为法治的破坏者，从根本上保

---

[1] Olson M.. *The Logic of Collective Action* [M]. Cambridge: Harvard University Press, 1965.
[2] Olson M.. *The Rise and Decline of Nations* [M]. New Haven: Yale University Press, 1982.
[3] Olson M.. *The Power and Prosperity, Outgrowing Communist and Capitalist Dictatorship* [M]. New York: Basic Books, 2000.

证法治，这就是民主的好处。民主的另外一个好处在于让法律制订得更加合理，所以说法律的制订应该充分地尊重民意，规章制度、政策的制定应该充分地尊重民意。①② 因此，民主和法治是和谐社会的基础和制度保障，也是建立现代市场经济制度的根本制度基础。

（2）市场经济能让社会充满活力，经济能够得到有效的增长。市场经济实际上就是承认人们的欲望，满足人们欲望的最佳制度安排。人们为了追求个人的利益，想要发家致富，就需要进行竞争，因而会有巨大的激励进行创造、创新和发明活动，使得社会经济充满活力。市场经济能让社会充满活力。中国30年来的市场化改革已经充分地说明了这一点。理论结果也是如此，亚当·斯密"看不见的手"或者第一福利经济学定理，谈的就是在人们思想水平不高的时候，也就是局部不满足性（local non-satiation）的假设下，市场均衡导致最优，自由竞争的市场可以导致社会福利的最大化。③

（3）现代市场制度与政府作用的结合也能够解决公平正义的问题。这是和谐社会当前遇到的最大问题。一个社会如果不公平、不平等，就不可能稳定，这将会影响到经济效率。因为如果一个单位只是追求效率而不考虑其成员的生死，则其成员就会报复，这样的话，社会也就不见得稳定，从而也会影响到效率。收入不公、机会不均、贫富差距过大，只靠市场不能解决这些问题。

所以，仅凭市场制度是不能解决公平问题的，但政府和市场相结合就能够导致经济的高效率同时又能够达到平等配置。对政府应该怎么去做也给出了很多启示，就是政府要真正地重视义务教育，让所有的国民都有上学的权利，农民小孩上学最好学杂费都要免除。尽快达到一个公平竞争同等的起点，这一点

---

① 王一江. 国家与经济 [J]. 比较，2005，(18).
② 王一江. 国家与经济：关于转型中的中国市场经济改革 [M]. 北京：北京大学出版社，2007.
③ Mas-Colell, A., Whinston, M. D. and Green, J. R.. Microeconomic Theory [M]. Oxford University Press, 1995.

非常重要。现在教育经费投入在 GDP 中的比重还是不高，只占 4% 左右，尽管比起以前的 2.2% 大大地提高了，但是还不够，发达国家的水平基本都在 7% 以上。当前贫富差距这么大，政府完全可以通过遗产税、累进税，使得起点更加公平。所以说政府和市场相结合是能够较好地解决公平正义的问题的。

（4）市场制度也能够解决诚信友爱的问题。中国的传统文化非常强调诚信作为人的基本道德操守。但市场制度中诚信不是道德要求，而是追求更多利益的一种激励机制。要长久生存，赚更多的钱，就必须讲诚信，讲和气生财。三流的企业生产产品，二流的企业生产技术，一流的企业生产品牌。品牌怎么建立？就必须讲诚信，让所生产的商品的质量过硬。要生存下去，必须以诚信为主，现代经济学的博弈论中有一个无名氏定理[①]，也叫大众定理（folk theorem），告诉我们，人人尔虞我诈说谎话和人人讲究诚信说真话都有可能成为均衡结果，主要看谁占大多数。但是市场经济需要诚信，因为建立了品牌之后，就可以减少广告费，大家都买你的产品，价格就会升高，从而诚信也是一种激励机制。诚信减少交易成本和经营成本。这就是为什么大家只愿意跟信得过的人共事，因为开诚布公之后才能够一心一意做事情。所以说现代社会是以诚信为本的，否则不会长期生存下去，逼得你要讲诚信，长久以往，就会形成讲诚信的风气。

（5）现代市场经济制度能较好地解决社会安定有序问题。这可以运用微观经济学中的经济核定理来解释。经济核的基本含义是，当一个社会的资源配置处于经济核状态时，就不存在任何小集团对这个资源配置不满，从而想控制和利用自己的资源来提高他们自身的福利。这样，当资源配置处于经济核状态

---

① Mas-Colell, A., Whinston, M. D. and Green, J. R.. Microeconomic Theory [M]. Oxford University Press, 1995.

时，不存在什么势力，或什么小集团对社会造成威胁，从而这个社会就比较安定。现代市场经济制度是以中等收入阶层占主体作为一个基本特征的，它能较好地解决社会安定有序问题，具有发达的现代市场经济国家的社会秩序一般都比较安定，很少有社会不稳的情况发生。

（6）人和自然的和谐也能够通过现代市场制度与政府作用的结合来实现。单纯的市场制度在解决生态环境方面可能会失灵，这时需要与政府共同发挥作用，而不是取消市场制度。当企业对生态环境可能会产生破坏作用时，政府可以制定税收制度，采用规制方法、设计激励机制、明晰产权等，用来解决生态环保的问题。

三、效率公平与和谐发展的关键是合理界定政府与市场的边界

采用市场制度并不总是能够导致和谐社会，因为市场经济还分为好的市场经济和坏的市场经济，经济的差异和社会的和谐与否就决定了好的或坏的市场经济。好的市场经济是可以与和谐社会一致。在什么样的情况下才能形成好的市场经济，与构建和谐社会相一致呢？一个最根本和最重要的因素就是要处理好或者说界定好政府与市场的关系和分工。因此，当前最重要的改革就是政府职能的转变和政府管理模式的创新，关键是要界定好市场和政府的边界。

（一）政府的四个作用

当前存在的几乎所有深层次问题都是由于没有处理好政府与市场的关系，以及合理地界定二者的边界所造成的。要界定好政府和市场的边界及理顺它们之间的关系，首先需要弄清楚政府在现代市场经济中发挥什么作用。解决问题的时候，先把作用搞清楚，问题的解决办法就呼之欲出了。笔者认为，一个政

府在现代市场经济中的基本作用有四个：

（1）提供公共产品和服务，维护国家安全和社会稳定。中国30年的改革开放之所以能够取得成功的一个非常重要的原因就是国家强大、社会稳定。实际上政府的作用是保卫国家，维护社会的安定，提供其他公共产品，例如公共图书馆、公共设施、公园或者说水利大坝等。这是政府的第一个主要作用。

（2）让市场有效而公正地运作。让市场更有效，政府在市场经济里面就必须发挥裁判的作用，要制定一系列让市场有序运作、有效运转的规则。为了让市场有效，就应该充分发挥人们的积极性，给人们更多的经济上的选择自由，但是又不能无序，让人们在自由的时候能够公平交易，保证交易的顺利完成。也就是说，它必须是一个有效的政府，有效的政府在市场能有效运作时，不要干预，至少是必须减少干预。这样，一个政府成为有效政府的前提就是它必须首先是一个有限政府。这个问题我会在后面细述。

（3）政府在市场失灵时发挥作用。现在从理论到现实大家都看到了市场失灵问题，市场不是万能的，在许多情况下都会失灵，这就要求政府在解决问题的时候，单独或与市场结合发挥更大的作用。市场失灵包括微观经济的无效率和收入的不平等：在处理人与自然之间和谐问题，例如治理环境污染、保护生态环境、水利建设时，需要政府发挥规制的作用。在处理人与人之间和谐问题（如收入差别过大，民事纠纷等）和人与社会之间和谐问题（如对失业、老人、低收入等阶层进行救济或社会保障，公共卫生保健、国民基础教育、不完全竞争、垄断）时，市场也会失灵。同时，市场失灵也包括宏观经济的不稳定。政府需要综合利用利率、税收、预算、汇率、国债等宏观调控手段，针对宏观经济的周期变化，进行逆向的财政、货币政策调整，避免经济出现大起大落的局面。

（4）政府作为经济人有时也参与到具体的经济活动中。也就是说，政府作为投资人，作为企业，也作为服务的提供者。政府参与经济有时是为了国家安全，比如说国防工业；有时是为了掌握国民经济命脉，比如航空、铁路、矿业。同时，这种规模经济的行业很容易形成垄断，政府希望垄断利润为国家所有，就需要国家作为投资人。

根据政府的这四个基本作用，我们就可以看到哪些方面政府可能做多了，哪些方面还做得不够。可以看出，政府具有双重身份，它既是强制性机构也是经济人。作为一个强制性机构，国家垄断强制力有两个基本作用：对内保证合同和法律的执行，制定法律，征得税收；对外保证国家的安全。合同的执行包括私人之间的合同和公共合同。政府为了获得收入，不需要与别人交换，是无须给予回报的索取。这样的强制性具有垄断性，并且是这种垄断唯一的垄断机构。

这样，政府既是"裁判员"又是"运动员"，这双重身份之间必然存在着冲突。那么，如何协调这个冲突？合理划分政府与市场的边界成为关键。笔者认为，凡是市场能做好的，如在竞争性的行业，就让市场充分发挥作用，只有在市场失灵的时候才需要政府发挥作用，单独或者是与市场一起去解决市场失灵的问题，比如收入不平等的问题。这样，政府扮演着三重手的角色：第一种手是无为之手，只要市场不失灵，除了基本的角色，就不要去干预经济；第二种手是扶持之手（helping hands），当市场失灵时，提供帮助之手，比如说社会保障制度、卫生健康制度，是帮助人们的；第三种是掠夺之手，可以无代价地获取资源，过度掠夺之手例如政府的一些不规范的过高税收，掠夺资源等。因此，在考虑和谐社会构建时，政府职能转变与政府管理模式创新应该根据政府与市场各自作用的划分来进行。

（二）政府职能转变与政府管理模式创新

要使中国的制度变革向"好的市场经济"方向发展，解决当前存在的深层次问题，就需要严格界定政府和市场边界，需要转变政府职能，需要创新政府管理模式，从而建立有效政府和有效市场，使之能同时达到效率、公平与和谐发展。一个全能的政府不会是有效政府，它只会给市场运行设置重重障碍，滋生寻租空间。一个有效的政府必须是一个受约束的有限政府。当然，由于政府职能转变和政府管理模式创新涉及权力调整、利益冲突，将会损害很多人的既得利益，改革的难度因而会非常大。

那么，怎样转变及如何创新？那就是，只要市场能做好的就应该让市场去做，政府不直接参与经济活动（但需要政府维护市场秩序，保证合同及各种法规得到严格执行）；市场不能做的，或者说从国家安全或者其他因素考虑，市场不适合做的时候政府才直接参与经济活动。

为什么计划经济搞不好，或坏的市场经济导致政府或市场无效率，其根本原因有二：

第一个就是信息不对称导致交易成本过大。计划经济搞不好就是因为信息不对称，政府不可能了解到这些信息，不可能做到全面的监督。不要说是政府，就是一个小小的经理或者车间主任也很难通过直接监督保证让员工每时每刻努力工作，不偷懒。为什么很难解决偷懒问题呢？就是因为信息不对称，很难了解到底这个人是能力不好，还是不愿努力做事？作为一个领导在解决问题的时候，很多情况是不清楚的，就要求充分的调研。把问题的根源是什么，把当前管理的情况摸透，哪些地方必须要做，哪些地方要放开，给人们自由去做的。所以说，信息不对称就导致交易成本过大，如果没有一个合理的游戏规则或制度安排就会导致政府、市场和个人激励的扭曲。

第二个就是激励不相容导致政府、市场和个人的激励的扭曲。所谓激励不相容就是每个人都有自己的个人利益，从而发生利益冲突。当信息不对称时，最好用激励机制。比如，解决工人努力工作的一个激励机制就是多劳多得。做生意的话，除了交给国家的税收，剩余都是个人的，由于个人利益的驱动，他们就会尽力去做。如果没有一个好的制度安排就会导致激励不相容。在竞争行业领域，就要靠市场或者说亚当·斯密的"看不见的手"。当每一个人都追求个人利益的时候，只需要按照目标管理模式，将具体操作过程交给个人或者地方政府，这样往往会取得更好的效果。在正常的经济情况下，政府和经济人的行为一样，都是机会主义者。只有界定好政府和市场的边界，约束政府也同时约束经济人行为，才有可能导致好的市场经济，让社会和谐。因此，合理界定政府和市场之间的界限是极其重要的，政府职能的转变及管理模式的创新必须围绕着此点进行。

需要指出的是，在考虑政府和个人行为及其活动时，首先要区分常规环境和非常规环境。

（1）突发特殊情况——非常规环境，表现为大公无私行为。非常规环境就是突发的天灾人祸环境，如地震、洪水、台风、战争、社会动乱等。在突发事件下，人的自利行为假设可能会失灵，这种情况要单独考虑。面对战争，政府和个人都可能成为非经济人，人们会为了国家的安危、民族的存亡而抛头颅、洒热血，不惜献身；面对天灾，人们也会投身于抗灾救人的活动中去，奉献出自己的钱财，表现出大公无私精神。这种情况即使是动物都会表现出非动物性，例如野山羊被猎人追到悬崖边，老山羊自愿献身，先跳下去，让年轻山羊后跳下去，踏着他们的身子逃生。动物尚且如此，况且有情感的人类。这时，利己假设和理性人假设都可能不再成立，市场会失灵，追求利己和采用市场方法导致有效结果的结论也就不再成立。

（2）一般常规情况——正常环境，表现为自利理性人行为。天灾人祸这种突发事件一般都是暂时的、短期的，一旦时间变长，人们又会重新表现出经济人的行为，也就是古人所谓的"救急不救穷"的说法。在常规情况下，假定经济人是理性的，其风险最小。当然，随着思想慢慢进步，可能人的思想会改变，到最后，经济人假设也许就不成立了。

如果我们把这个区分弄清楚以后，许多问题就比较容易理解了。因此，我们主要只是针对正常环境（可能非规范）来讨论政府与市场关系。

（三）造就有效市场

政府职能转变的一个目标在于造就有效市场，这就需要采用市场这只"看不见的手"的功能，政府应该少管，但要确保经济人受到约束。这种约束至少包括三项内容：产权的界定和保护、合同的实施及适当的监管。否则，市场就是无秩序的，经济人为了各自的个人利益将互相伤害，而不是互相有利，无法形成有效市场。

那么，怎样和由谁来约束或引导经济人的行事方式？可以通过三种基本方式：(1) 强制性的治理（governance）和规制（rule），这是基本的制度安排和规则。(2) 诱导性的激励机制（包括声誉、诚信等）。由于经济人追求个人私利，信息不对称时就必须制定诱导性的激励机制，使得他们主观上为自己、客观上为他人和社会努力工作。市场制度就是这样，每个人发家致富了，国家也就强大了，经济水平就提高了。(3) 既不需强制，也不需激励，无欲则刚的社会规范和文化。此点非常重要，长期坚持按强制性的法规和诱导性的激励机制来解决问题，慢慢就形成了一种既不需要强制也不需要激励的社会规范、信仰和文化，比如我们经常讲的企业文化、民风、宗教信仰、意识形态、理念追求。这是最节省交易成本的方式。①

这三种方法就是通常说的"动之以情，晓之以理，诱之以利"，分别由政府、市场和社会来实现和实施。"动之以情"就是情感激励，比如通过关系、友情、感情有时会解决很大的问题，是一种文化和社会的东西，特别是信仰和理念一致，将会极大地减少交易成本；"晓之以理"就是道理、法理激励；"诱之以利"就是通过奖惩制度激励，通过收入和工作努力程度挂钩，比如按件计算、按产量计算等等。这三种激励机制的基本方式应该综合应用，要因人、因地、因时、因事而异，具体情况，具体分析。采用何种方式的标准是由法规的重要性，信息对称的程度，从而监督和执法等交易成本的多少决定的。具体解释如下：

(1) 无欲则刚的社会规范和文化，这是一种无须任何制度安排的完美情

---

① 田国强.经济机制设计：信息效率与激励机制设计 [J].经济学（季刊），2003：2.

况。在这种情况下，既不需要强制性的法律规定，也不需要利诱性的激励机制，交易成本最小，保持时间更长。特别当理念一致时，会大大地减少办事的困难，极大地提高工作效率。大家可能会有深刻体会，当理念不一致时，即使采用大棒式的强迫命令这一刚性方式，或胡萝卜式的诱导性激励机制，或友情关系，解决了一件事，但遇到新的事情和问题，又需要重新再来，这样会造成很大实施成本。尽管社会规范、企业文化、理念一致，可以起很大的作用，但在现代市场经济中，它们对维持大量、复杂的交易是远远不够的，并且对于那些非常看重个人利益和个人利益总是大于理念的人来说，是不起作用的，从而需要采用强制性和诱导性的制度性措施。

（2）强制性的治理和规制，例如政府的基本法则，以及经济组织的法则。是否制定这样的法则和规制主要看是否容易判断信息（信息透明和对称），了解信息及监督和执法成本的大小。产权的保护、合同的实施、适当的监管都需要制定规则，从而需要一个监督执行规则的第三者。这个第三者便是政府。为了维持市场秩序，引入政府是必然的。需要指出的是，由于政府也是经济人，既当裁判员又当运动员，这就要求对政府的行为应有明确的程序和规则，这些程序和规则的制定应该是：宜细不宜粗，越明确越好。对经济人和市场的规制则相反，应该是：宜粗不宜细，就是给人们更多的经济上的选择自由。从这个意义上讲，我们发现许多误区都可以得到解答。比如说，现在一谈到市场经济是法治经济，就说要规范，对企业制定更多的政策和法律来规范企业的行为，什么都要制定得详详细细，有时候太详细是不可行的。法律在管制市场的时候，要管基本的规则，而不要把具体怎么去做也规范得细细的，因为信息不对称。具体的运行规则应该由市场用诱导性的激励机制去安排，来调动经济人的积极性，实现激励相容。

（3）诱导性的激励机制。在这种激励机制下，每个经济人为了自己的利益，有积极性去遵守某种规制和秩序，从而达到他人或社会的目标。早在500年前中国古代思想家王阳明（王守仁）所提出的"知行合一"的观点就类似于激励相容的思想,他否定了朱熹的"存天理,去人欲"观点,承认人欲存在的客观现实。"知行合一"讲的就是理论结合现实,学以致用,要学理论知识,也要在实践中应用与总结。正像前面提到的,声誉和诚信都是一种激励机制。做生意都靠诚信,并不是说这样企业主很愿意讲诚信,而是不得不讲诚信。因为诚信能节省他的经济成本,降低他的交易成本。所以做领导或作为管理人员,要调动手下的积极性,就应该动之以情、晓之以理、诱之以利。这三种基本的工作方式,如果领导人能够综合、有机地运用好,就可以提高自己的行政能力。①

(四) 造就有效政府

为了实现市场"看不见的手"的功能,市场经济必须解决的另一大问题是政府必须被约束,成为有限政府。如果政府不受约束,最多只是一个传统的法制社会,而不是一个现代的法治社会,政府就容易滥用自己的权力换取利益,它所做的事情很可能会对社会不利。通过法治的方式来约束政府,通过预先制定的规则来划分政府和个人的权利范围及政府和市场的边界,是现代社会的创新。

但是,约束政府的权力冲动、造就有限政府只是一种手段,真正的目的在于建立有效政府。市场经济是由一个个利益主体构成的,每个利益主体的逐利冲动构成了社会进步的天然推动力。但有推动力并不必然导致进步,这是因为各个利益主体的利益是不同的,有时甚至相互构成抵消的力量。要让这种推动力能使社会走上进步的轨道,就需要一种外在的保障,也就是前面提到的:产权的界定和保护、合同的实施、适当的监管。产权明晰是第一位的,只有这样才能保障经济主体的利益,合同的实施则是达到这一结果的必然途径。利益本身具有膨胀的特性,如果不加以限制,可能会危及别人的利益,因此,必须加以适当的监管。而这样的秩序保障并非市场能够自动生成的,政府的存在由此

---

① 田国强. 经济机制设计:信息效率与激励机制设计 [J]. 经济学(季刊),2003: 2.

显示出了重要性。

政府干预经济造成一个后果，就是"关系"成为做好一件事的重要因素。"关系"在中国仍然是一个很重要的生产要素，这说明中国的市场化程度还相对较低。为什么现在这么多贪污腐败？就是因为政府干预经济的活动太多了，有太多的法规和政策，需要变通，就必须找关系、开后门、规避法规和政策。所以，规定得太多、太细，那么人们想要赚钱，就要去行贿。所以政府管制必须宜粗不宜细。政府管不了这么多，管的越多，效率会越低，造成的腐败也会越多。我们经常说要提高干部的素质，提高只是一个方面——晓之以理，但是更重要的是压缩权力寻租的空间，降低干部犯错误的可能性。如果没有严格的财务会计制度，将会大大增加贪污的可能性，有了严格审计制度，则会大大减少贪污的可能性。这样，一个全能的政府绝对不会是一个有效政府，它只会给市场运行设置重重障碍，滋生寻租空间。所以，有效政府的存在是合理划分了政府与市场边界的结果。

因此，改革的最大问题在于合理地界定政府与市场边界，创造一个好的市场经济。有效市场是基于良好的制度环境，但具有一个良好的制度环境需要一个渐进的过程。改革中出现问题并不完全是一件坏事，但唯有靠深化改革才能得到根本解决。没有问题、没有压力，制度环境不能够自己变得完善。中国的三次思想交锋都是由于经济遇到了很大的问题而发生的，第一次真理标准讨论发生时，国民经济几乎走向崩溃的边缘；第二次姓"资"姓"社"讨论发生时，某个季度的经济已经都变成负增长了，只能往前面走；第三次改革方向讨论发生时，中国同样面临各种深层次的经济和社会问题。

（五）加强精神文明、物质文明及政治文明建设，提高人们的幸福感

和谐社会的构建需要政府同时加强精神文明、物质文明及政治文明的建设，实行综合治理。人们的幸福指数是由多种因素决定的：（1）物质因素，如收入水平及其差别；（2）精神因素，如事业成就感、工作压力、失业、休闲时

间、朋友情感、家庭和谐、身体状况；（3）社会政治因素，如社会公平、政治稳定、民主权利等。因此，幸福感源自物质文明、精神文明、政治文明。

近年来，尽管人们的收入上升了，但不少老百姓仍然感觉幸福感在下降。这很大程度上是由于机会不公和收入差别过大，导致心理上的不平衡所造成的，明明自己拥有同样的能力，却得不到同样的机会和同样的回报，而有人却通过不公平的机会和不规范的手段取得巨额财富。心理不平衡就造成人们尽管收入水平升高，但不感到幸福。在主流经济学绝大多数研究中，只是将收入作为衡量幸福度的唯一指标。事实上，在收入这一块，人们有一个攀比心理。人的心理一旦不平衡，就有一个负外部效应性，人的幸福度就会下降。

那么，通过什么方法可以提高人们的幸福感？我和杨立岩在《经济研究》上发表过一篇文章，[①] 有一个结论，当收入水平不高的时候，人们首先想到的是解决生存问题。在收入不断上升之后，就会产生更高层次的需求，想有更多休闲的时间，想享受政治文明、精神文明，就会有更多的想法，会注重到社会地位的高低，不自觉地进行社会比较，看到别人社会地位比自己高，心理就会不平衡。这就是说，个人的偏好受别人收入和社会地位的影响。这不仅仅是社会机会均不均等的问题，收入上的差别和社会地位也会造成心理上的不平衡。要提高人们的幸福感，物质要有，非物质的精神文明和政治文明也要跟上。从物质文明、精神文明、政治文明三个方面着手都可以不断地提高人们的幸福感，比如增加休闲时间、政府抑制通货膨胀、减少职业方面的压力、身体更加健康、拥有更多的民主权利，等等。

（2008年7月）

[①] 田国强、杨立岩. 对"幸福—收入之谜"的一个解答 [J]. 经济研究，2006：11.

第一篇

中国经济改革与发展

3

中国经济机制转轨期间所要解决的一些基本问题*

提要：在本文中，我们将简要地讨论中国从指令性计划经济向市场经济转轨期间所面临的一些基本问题，并提出我们对这些问题的看法和建议。其中包括转型的速度和方法，如何形成竞争市场，如何创造经济上的选择自由，怎么才能减少转型期间所发生的震荡，所有制改革，公有制与社会安全保险制度，"震荡疗法"和"渐进式"的改革方式，价格改革与所有制改革的先后次序，人们的期望与舆论导向，及注重对教育的投资等12个基本问题。在讨论这些问题之前，我们先介绍产生指令性计划经济体制的背景和原因，然后分析为什么要转变经济机制。

一、引　言

中国的经济，经过将近15年的改革，正处于转型期间的关键时

---

* 本文形成于1992年10月。

刻。1978年以来的中国经济改革已经取得了引人注目的成就。这些成就本身就说明了传统的指令性经济机制需要从根本上加以改变。众所周知，20世纪80年代的改革给中国带来了高速经济增长和人们生活水准的大幅度提高。从1979～1992年，中国GDP平均增长率为8.6%左右，这在世界同时期是最高的，在中国历史上也许是前所未有的。在这一时期，经济体制也发生了很大变化。中国经济制度已从一个以公有制为主的中央指令性计划经济转变为一个非公有制总产值已占52%左右的计划和市场的混合体制。显然，转换的趋势是搞以市场为导向的经济机制。这种向市场机制转轨的过程显然会越来越快。最近中共十四大宣布了中国要搞市场机制，进一步证实了这种趋势。

然而，在过去计划经济向市场经济过渡的15年中，中国一方面取得了很大成就；另一方面在加速改革和扩大改革范围方面也遇到了许多问题和困难，当然有些问题是改革前就存在的，有些问题却是转型期间改革所带来的。例如市场机制仍处在很初始的阶段，很大程度上价格仍脱离市场均衡价格，国营企业的经济效益仍很低。例如，1991年明亏和暗损的国营企业就占了国营企业总数的2/3，只有1/3的企业略有盈余。国家面临着比较严重的财政赤字问题。有些领导干部思想僵化，对向市场机制的转型有抵触情绪。老百姓不能承受失业和通货膨胀所带来的痛苦，经济秩序混乱，法规、条例、劳工市场和金融市场、产权、土地市场（房地产）、社会安全福利制度等都还不完善，有的甚至还没有建立。许多人趁市场机制还没有完全建立、新老制度交接的空隙，借手中的权力将国家的财物化公为私，贪污、以权谋私使得机制的转轨更为困难。懂得一点现代经济学常识的人都知道这些问题是很重要的。但如何用标准的经济分析方法研究转轨期间所发生的这些问题，即使对经济学者也是一个新课题，并没有现存的理论可用来分析和解决这些问题。由于国情不同，一个国家的改革经验不可能完全适应于另一个国家。〔例如，苏联和波兰用的"大爆炸式"或称作为"震荡疗法"（急速）的改革方式，而中国用的则是渐进式的改革方式。这两种方式很可能对各自国家是合适的,但对另一国家却不一定可行。我们在下面还要专门探讨这个问题。]人们需要研究、规范,并且给出解决这些问题的方法。

对经济机制转换的要求并不是基于什么理论,而是基于指令性经济所带来的令人难以接受的低效率。指令性经济下无法解决的许多问题,市场机制却能较好地解决这些问题。标准微观经济理论(市场经济理论)证明了当竞争市场达到均衡时(供给和需求相等),资源就得到了有效的配置。然而,这个论断仅局限于静态学,没有考虑到机制的动态过程,即没有考虑到调整的困难与代价。我们需要特别指出,资源的配置在向市场均衡转变的过程中(即向市场机制转型中),人们不要期望市场机制会导致很高的经济效益,必需认识到许多问题是转型期间不可避免的。如我们在上一段所提到的宏观问题(失业、财政赤字和通货膨胀)和微观问题(企业的效率及个人的积极性问题)。另外,根据稳定性理论,如果初始状态离均衡状态太远,资源的配置也可能不会向均衡状态收敛,使得转型失败。因此,人们需要为机制转变创造良好的初始条件,使得转型更为顺利。当然,即使存在着向均衡收敛的趋势,转型的代价也许是高昂的,转型的过程是充满痛苦的,不是短时期可以完成的。对这一点人们必须要有充分的认识。

那么,顺利地完成机制转型需要具备哪些条件呢?这就是本文以下部分所要重点讨论的。我们将用市场经济理论中的一些基本原理和经济机制设计理论中的某些结果和方法来讨论并试图给出解决这些问题的方案和策略,以及转轨期间要注意的一些问题。

二、一个好方案或模式应满足的标准

在讨论问题之前,我们先给出一些我们认为一个好方案应满足的标准。

第一，可行性。一个好的方案应是可行的。可行性是非常重要的，否则目标再高、再好也不可能实现。一个方案是否可行要从现实物质基础、社会稳定、文化、政治等因素进行评价。

第二，激励相容性。方案或规则应是激励相容的（incentive compatibility）。激励相容意味着当每个人在追求个人利益的同时，其客观效果正好达到方案中所想达到的目标。一个人做的每一件事都涉及利益与代价（收益与成本）。只要利益和代价不相等，就存在着激励问题。由于每个人从所要做的事中获得利益与付出代价，在自利的动机下，他将做出合理的激励：利益大于代价，就做这件事，或把它做好；否则就不做，或不想把它做好。这样，检验一个经济机制或规则是否运行良好的一个基本标准是看它能否提供内在激励（动力）使人们主观为自己，而客观上为社会工作。如果能这样的话，这个机制或规则被称为激励相容。如果方案或规则不是激励相容的，则其结果将会与所想要达到的目标相差很远。

第三，提高经济效益和促进经济增长。机制转换的目的，就是为了提高生产力，提高经济效益，尽可能地满足人们的需要。所以达到资源的有效配置和经济增长是机制转换的目的和要达到的社会目标。

第四，代价低。办每一件事都需付出一定的代价。但是应当尽可能地减小其代价。对机制的转轨也是如此。

第五，风险小。尽管提出的改革方案很好，一旦成功，会产生很高的经济效益；但一旦失败，则会带来重大的损失，风险很大。这种方案最好不要上马，因为没有人能够准确地预测将来可能发生的一切事情。

第六，时效性。转换的过程时间越长，成本就越高。在对社会不会带来不稳定的情况下，应尽量加快改革的步伐。

以上标准是互为相关的，有些呈反向关系，因此，我们在使用这些标准评价改革方案时，需要对这些标准加以综合平衡。

三、转型期间需要解决的基本问题

下面我们将讨论中国在转向市场机制中应需解决或注意的12个问题。

（一）创造经济上的选择自由

经济上的自由选择、自由交换、自愿合作在分散化决策的市场机制中发挥着根本性的作用。在目前中国多种所有制（国营企业、集体企业、私人企业、乡镇企业、外资企业和合资企业）并存的情况下，最重要的是要创造一个经济上的选择自由，让各种所有制、所有人公平地竞争，不能让某种制度和人有特权进入市场参与不平等竞争。如果一个所有制真正具有优越性，那么，它就能在竞争中生存、发展和壮大。所以，无论对公有经济还是对民营经济都不要人为地限制和打击。可喜的是，据中国香港中国新闻社1993年1月28日报道，目前中国大陆的私营企业已进入快速发展和兴旺时期。例如，有限责任公司增长很快，出现了一批颇具规模的企业；合资企业大量涌现，并向国际市场伸展；各地对私营企业的政策也有所放宽，行政干预有所减少。仅1992年1年，注册登记的私人企业已接近13万家。现在政经各界不少人士呼吁：要为私营经济的充分发展创造宽松的社会环境。全国经济发展状况也提供了有力的证明：凡是经济比较活跃的地方，私营经济的快速发展都是一个很重要的因素。不少经济较差的地区也搭上了经济增长的快车。现在充分发展个体私营企业经济已被中国大陆许多地区视为增强自身经济实力的最为有效的途径之一。这些事实证明了私有财产对激励经济效率有很好的作用。当然对某些市场经济不能发挥很好的作用的行业最好由政府主持生产。此外，要尽快开放劳动市场，使人们有自由选择工作和就业的机会。同时还要给人们经营和独立创业的自由。当个人想转换工作时，个人与原单位的经济财物等关系应通过协商解决。不要一味地阻拦或设立重重关卡。人才的流动只会有利于劳动的有效配置。总之，只要有经济上的选择自由和恰当的激励机制作引导，都可以导致资源的有效配置。这也是为什么具有选择自由（许可人才的流动）的西方国家中的大公司（许多人称为准公有制）比现有的国营企业更有效益的根本原因。

（二）各种制度的建立和法规的权威性

在机制的转型期间，应尽快地建立或完善市场法规和其他制度，这是转向竞争市场经济必不可少的一个重要部分。竞争市场的形成并不是仅仅靠放开价格和取消补贴等就可以达到的，市场成功的运行依赖于一整套的有效制度作为其基础。这些制度包括保障经济上的选择自由，由市场决定商品的价格并允许它自由变动，法律对私有财产的保护，劳工保护法和失业救济制度的建立。公司法、商业法、金融法（包括股票市场的法规）也应尽快完成。有许多法则我们可学习其他国家和地区的经验，进行适当修改而不是完全的闭门造车。向日本、新加坡、中国台湾和中国香港学习和借鉴我们自己没有的东西，取长补短。此外，现有的税收制度和财政制度也应尽快完善，以满足市场经济的要求。银行制度要进行根本性的变革，允许开办非国营的专业银行，允许外国银行进入中国资金市场。如果没有这一整套制度作为保障，市场机制将会是混乱的，不能有秩序地运转。此外，市场机制也有它的局限性，不能解决包括社会福利、公平等问题，需要设计一些机制作为对市场机制的补充。

制定的法则应有权威性，不能朝令夕改。此外，各地不遵守甚至撕毁合同的现象非常严重，应有一个对合同中的承诺予以强制实施的体系来严格制止这种现象。行政部门不应干扰经济庭的执法工作。对假冒伪劣、欺骗也应根据情节严重与否进行打击，甚至法律制裁。

另外，中国到现在为止还没有反垄断法。从近两个世纪的经历来看，反垄断是保证竞争所必不可少的。没有反垄断法，企业可能公开或隐蔽地联合定价，从而得到垄断利润，达到控制市场的目的。这将会影响资源的有效配置。

（三）公有制与社会安全保险制度

在指令性计划经济中，企业不会破产，工人不会失业，因而没有必要建立社会安全保险制度。然而，在竞争市场中，企业在竞争中由于经营不善、生产技术陈旧、产品质量低劣、机运不佳或其他原因造成亏损甚至倒闭，从而导致了部分或全部工人失业。这时，政府有必要建立社会安全保障制度和失业救济制度，使工人在没有找到新工作之前有起码的生活保障。这是现代市场经济机制与上两个世纪的传统市场机制的根本不同之处。因此，在经济机制的转轨期间，在劳动市场和社会安全保险制度还没有建立之前，不宜提出"打破三铁"（"铁饭碗""铁交椅""铁工资"）的口号。（中国著名经济学家吴敬琏教授也认为不宜过早地提出"打破三铁"的口号。）因为在这个时期公有制起着一种社会保险的作用。当然，国营企业应给工人重新选择工作（离开工厂）的自由。如果一个国营企业的工人喜欢有安全保障和清闲的工作，那他可继续待在国营企业。如果他富于冒险精神，想有更高的收入、更好的发展机会，应允许他选择去非国营企业或自己创业。经济学的一个基本原理是：风险大，报酬大，或损失大。一个人不可能好事占尽，要有所得，就必有所失。当然，国营企业最好不要因经营不善而随便辞退工人。在机制转轨的过程中，要树立人们对改革的信心，应避免由于大量工人失业而他们又一时找不到工作而对向市场机制的转型持怀疑态度或抵触情绪。在此期间，政府在允许国营企业由于不能辞退工人而亏损的同时，应尽快地做好下面几件事：一是允许劳动力流动，从而形成劳动市场。二是建立社会安全保险制度，这是现代市场机制必不可少的一个重要内容，否则上两个世纪在工业革命中发生的许多人没有起码的生活保证甚至流离失所的那些问题必然会重演。当然，在建立社会安全保险制度时，应根据轻重缓急分层次地逐步建立。三是尽快设计出对国营企业的激励机制以提高经理和工人的生产积极性。根据激励机制设计理论，即使对公有制，也能制定出恰当的激励机制，以达到有效的生产和资源的有效配置（当然，这样的机制所要求的信息或运行成本要比竞争的市场所要求的信息或运行成本要大)。

制定的规则或制度应是激励相容的,这一点非常重要。激励机制能保证人们在追求个人利益或利润最大化时,其客观效果刚好达到社会想达到的目的。不过激励机制能影响人们的行为,需要从长期或短期角度进行考虑,特别应注意长期效果。生产责任制的短期目标是激励相容的,起着调动农民或工人积极性的作用,从而提高生产效率。然而,如果承包的时间过短,承租期短于支出的回收期,则没有人有动力进行必要的投资。此时,承包者必将采用掠夺式策略进行生产:农民不愿投资保持土地肥力,企业的承包者不愿投资保养或更新设备。人们对这些现象应有耳闻目睹。这些问题需要认真研究并加以解决。

对于国营企业或公司,应制定出经理报酬和利润的最佳比例的激励机制以调动厂长和经理的积极性。如何制定适应于国营企业的激励机制是经济学所面临的一个重要课题。

(四) 所有制改革的策略——多种所有制公平竞争

上面提到经济上的选择自由是至关重要的。既要允许个人对工作和就业进行选择,又要允许人们自由选择在不同所有制企业中工作。对非公有制,政府应放宽限制。同样,对国营企业也不要过早地提出"打破三铁"的口号。那些强调私有化重要性的人也许会认为我们过于保守。在许多经济学家为如何私有化和如何更公平地分配国营企业(特别是国营大企业)这块巨大的"馅饼"而费尽脑汁争议时,我们的看法是在没有一致地认同如何分之前,最好不要分。这是因为:(1) 不可能找到一个大家都同意的可行的分饼方法。由科斯定律,我们知道,当交易成本可以忽视不计时,产权的界定(不管这种私有财产归谁所有和做何种分配)能导致资源的有效配置,这就是为什么要强调私有化的最根本的理论依据。但是不要忘记,这个定律是有一个前提的(许多人就是忘记了这个前提),那就是:交易成本可以小到忽略不计。在分国营企业这个"大饼"时,交易成本必定极大。由于这个"大饼"是属于全中国人民所有的,要分清在 11 亿人口中谁该得多少是不大可能的（其中为数众多的是无姓名可查的），科斯定律中关于交易成本可以忽略不计的前提在此情况下根本不成立。(2) 即使能用某种方法分"饼"，产权界定后会导致资源的有效分配，但是怎样能保证分配是公平且每个人都满意呢？大家知道，在中国，由于分家或继承遗产而导致亲人之间反目为敌、互不往来的现象比比皆是。可想而知，11 亿人口分国营企业这块"大饼"会是什么样的热闹场面！

我们的方案是：让各种所有制企业公平竞争。我们相信，在竞争中将会诞生越来越多的非公有企业。试想一下，14 年前，国民生产总值的 80％左右是由国营企业生产的。然而在 1992 年，国民总产值的 50％多是由非国营企业生产的。为什么会产生如此大的变化呢？难道在这 14 年中有 30％左右的国营企业被私有化了或破产了吗？答案是否定的。在这期间，几乎没有什么国营企业被分掉或破产，而大量的非国营企业，特别是乡镇企业诞生了。乡镇企业的蓬勃发展成为国民总产值急速上升的重要因素，导致了国营企业与非国营企业总产值比例的根本性变化。这种趋势的势头越来越强。目前在中国，非城市人口占总人数的 80％左右。当中国发展成为一个现代工业化社会后，只需要 5％左右的人进行农业生产。这样，剩余的 70％多的人口就可进入工业社会。可以想象，到那时，只要允许多种经济体制存在和自由竞争，而且经济政策不发生逆转，非国营企业的产值很可能达到 80％左右。至于对那些在市场机制中不能很好地发挥作用的企业，政府可以发挥较好的作用。

以上所提到的改革可能只适应于像中国这样农业人口占大多数的国家，而不适应农业人口只占较小比例的一些前指令性经济国家（例如苏联和东欧等）。这也许是为什么中国要走渐进式所有制改革之路，而苏联和东欧一些国家却选择激进式改革之路的主要原因吧！我们在下面还要专门讨论这个问题。

（五）价格改革与所有制改革的先后次序

在 20 世纪 80 年代中期，中国的经济学家曾为价格改革和所有制改革的先后次序问题发生过一场激烈的争论。一批经济学家认为，在市场化的过程中，所有制的改革是一个非常敏感的问题，因此应先搞价格改革，闯"价格关"。另一批经济学家则认为所有制的改革是市场化的先决条件，只有当产权或使用权清楚地界定后，企业才有动力努力生产，提高经济效益，否则只会导致通货膨胀。因此，应先搞所有制的改革。可能是由于意识形态敏感的原因，价格改革派一段时间较为占上风，从而产生了1988年夏季闯价格关的局面。当老百姓风闻要闯价格关了，在价格还没有实施放开之前，就刮起了一股抢购风。结果价格闯关还没有开锣就收场了。人们不禁要问到底应先改哪一个：是价格还是所有制？

根据中国十几年的改革经验，我们认为价格改革与所有制改革实际上是一个相互迭代、相互作用的渐进动态过程，不可能一步到位。在研究一个动态系统的收敛性（即稳定性）时，总要先设定一个初始状态。对市场化的动态过程也应如此。我们认为这个初始状态应是所有制先行一步。应先有一定数量的非国营企业（私营企业、乡镇企业、集体企业、合资企业、外资企业）先互相竞争，然后开放竞争商品的价格。这种放开，并不是所有商品的价格一起放开，而是对那些已形成初步的竞争市场非必需品的价格先放开（像日常用品、电器、家具、除了粮油棉的农产品、奢侈品等）。这些商品价格的放开，必然会推动其他行业的竞争，使得所有制改革进一步深化。这种反复迭代的过程不知不觉地就开放了价格。中国的改革大体上是这样过来的。有些经济学家风趣地说，1988年中国没有闯过价格关，而近两年却偷偷地"混"过来了。其实这种"混"是一种水到渠成的"混"。所有放开价格的商品都是非国营企业占主导生产地位的商品。

（六）股份制与所有制改革

上面我们谈到各种所有制公平竞争的方法是一种比较稳妥、顺其自然、不对任何所有制进行限制的改革方法。这种方法的缺点是：转型的时间可能会拖得比较长，同时还必须容忍国营企业的低效率。随着改革的深入，人们对公有制企业特别是对中小型公有制企业进行私有化改革的要求会越来越强烈。当"分饼"的方法不可行时，是否还有其他方法呢？对中小型国营企业，可采用拍卖的方式或北京大学的厉以宁教授提出的用股份制改变所有制的方法。如果采取拍卖方式，收入归国家所有，这样也就不存在分的问题了，并且还能解决政府的财政赤字问题。拍卖后，企业的产权归购买者所有。如采取股份制的方式，企业内的工人可用较低的价格购买股份，另外，股份也可以较高的价格在股票市场出售。这时企业的工人真正地拥有企业的部分产权，他们必然关心企业的生产和经济效益。由于产权较清楚地界定了，在追求利润的动机下，企业会更有效地进行生产。

拍卖和股份制各有其优缺点：拍卖导致产权完全清楚的界定，从而可导致有效的生产。但一个企业很可能被一个人或少数几个人所拥有，这样会导致较不平等的配置。股份制是通过认购股份的方式将产权平均地分配给企业的工人，结果比较公平。但是由于国家还拥有一半以上的股份，产权并没有完全地界定清楚，因此，效率可能比完全私有制的企业要低一些。

社会公平无疑也是机制转换中要注意的一个重要问题。如果不考虑企业资产转换的交易成本和激励方面的因素，那么至少从理论上来说社会公平和经济效益并不是完全不可能达到的。从现代微观经济学的教科书中（参见Varian，1984）我们得知，只要资产的价值在初始时是平等分配，从而有一个平等的竞争起点，那么所导致的市场均衡配置就会是既有效而又公平的。这个结果告诉人们，在资产转换方面，应尽可能地通过税收和补贴等再分配的方式使人们的资产尽可能平等，从而有一个较公平的竞争起点。

（七） 建立资金市场，控制货币发行

在市场机制中，政府的货币政策对整个经济的宏观调控起着重要的作用。在银行改革方面，政府应根据经济过热的程度调控货币的发行，监督银行根据企业的信用和经营管理情况发放贷款,避免大放大缩的局面。经济一旦开始高速增长,对原材料的需求上升因而其价格必定上升,过热的可能性就会大为增加,并且产品的价格在一段时期后(通常半年左右)也必定会跟着上升,从而导致通货膨胀。这时政府(通过中央银行)应收紧贷款的条件,控制货币的发行。如等经济过热或通货膨胀已发生时再一刀切,停发贷款或控制货币的发行,则为时太晚,已导致了资源的很大浪费。1993年头几个月以来,已有明显的经济过热迹象,年增长率已达20%多。与1992年相比,原材料价格已上升35%左右。我们认为,如不采取应急措施,到年底通货膨胀率将达到两位数。

现在中国金融业和金融市场的发展不适应现有市场经济发展的要求,应尽快发展和完善资金市场。要完善和发展包括外汇市场、债券市场、股票市场在内的金融市场,过度的限制会加剧供求关系的紧张。要尽快健全股票市场的交易法则,尽早明确公布有关上市的企业、交易经纪人、购买股票者及严禁出卖和变相出卖关于企业经营的内部消息等方面的规则,并严格加以执行。资金市场的建立与完善,对资金有效配置起着重要的作用。现在国内人民币的储蓄已达到1万多亿元。如果没有一个运行良好的金融市场(包括股票市场)引导和消化闲散资金,万一有什么风吹草动,后果不堪设想。

政府专业银行也要进行机制转换,成为自主经营、自担风险、自我结算的专业金融机构。

(八) 创造更宽松的条件,积极引进外资和先进科技

引进外资和先进的高科技对加速市场机制的顺利转型也是非常重要的。外商来华投资,不仅带进外国的资金、新的产品、先进的生产技术和管理经验,也起到了如何经营和推销产品的示范作用。同时,也顺便为我们培养了现代化管理人才和高技能的工人,为产品的外销打开了出路。最近几年,我国外汇的收入急剧上升,这与外资的引进是分不开的。另外,引进外资也促进了信息的

流通。国际市场的供求信息，很快就通过这些外资企业和外商反馈到国内，为产品的调整和更新指明了方向。

外商也有动力来华投资。在中国办企业最有利的条件就是劳动力便宜，使得产品在世界市场上有很大的竞争优势。只要中国能提供良好的投资环境，外资将会越来越多地涌进中国。事实上，中国在引进外资方面已呈现超常规的高速增长。据报道，仅1992年一年，中国引进的外资额就已达到近400亿美元的水平。这些成就与中国在加速转向市场经济机制的同时对投资环境的大为改善是分不开的。

（九）注重对教育的投资

教育是经济长期增长的根本。从长远来看，中国对教育的投资还应大大增加。目前中国要引进外资，应以发展劳动密集型产业为主，但从未来社会经济的发展角度来看，国力的强大不是拼"劳力"，而是拼"脑力"。最近几年出现的新发展经济学及对各国经济资料的统计分析显示，人力资本（国民的知识水准）是决定一个国家经济能否长期持续增长的最重要和最根本的因素。

也许有些人认为中国经济最近14年的高速增长说明了对教育的投资并不是那么重要，这是一个误解。诺贝尔经济学奖得主罗伯特·索罗（Robert Solow）1956年的名著使得经济学家分清了所谓的"水平效应"和"增长效应"。"水平效应"指的是经济效率的提高导致经济增长到一个更高水平。但达到了这个新水平后，经济并不会像以往那样继续高速上升。"增长效应"指的是科学技术和生产劳动率（劳动能力）的提高导致经济长期增长。我们认为，过去14年中国经济高速增长主要是通过提高"水平效应"（提高经济效率）而不是"增长效应"（即不是由于科学技术和生产劳动率的提高）。"水平效应"固然不能忽视，但"增长效应"更为重要。经济改革的成败应以长期增长率为重要标准。只有这样，中国才能赶上和超过先进的工业化国家。然而，科学技术的进步和劳动生产率的提高都是由于人力资本（国民的知识水准）的提高。

提高国民的知识水准必须加强对教育的投资。当前，中国的教育经费不足国民收入的3％（比体育经费还要低！），是世界上教育经费最低的国家之一。教师工资与其他行业比差不多是最低的。这种低待遇和经商的热潮使得社会和国民对教育和知识都很不重视。愿意当教师的人越来越少，许多教师已转行到其他行业去了。现在各地都出现了缺乏中小学教师的情况。人们的视野毕竟有限，要他们长期牺牲个人利益是不现实的。政府应尽快提高教师的待遇和增加科研经费，使得人们尊重知识、崇拜知识、从知识中获利。其实，无论是东亚的中国香港、中国台湾、日本，还是西方先进国家，教师的地位和待遇都比中国大陆高。可喜的是，曾一度在中国销声匿迹的私立学校又开始在许多地方出现。由于高水平的教学质量、高规格的师资队伍和高标准收费互为因果，令私立学校的发展势头强劲。据有关部门统计，到1993年年初，已注册的私立全日制大学有17所、中学54所、小学655所。仅在浙江温州，私立高中就有8所，学生总数占全市在校中学生总数的1/4以上。据报道，之所以有高水准的师资队伍，靠的就是高薪吸引。这些说明了要有高水准的教师队伍，就一定要提高教师的待遇，给私人办学的自由。

（十）人们期望与舆论导向

在机制转轨还没有完成，资源配置还没有达到最优的情况下，人们的心理作用很大。一方面人们期望市场机制能立即大幅度提高工资和生活水平，另一方面又不愿承受转轨期间不可避免的宏观负效应（通货膨胀和高失业率）。由于现实物质基础薄弱，资本设备落后，资金不足，需要有一个较长时期才能实现人们的期望。新闻舆论要帮助人们了解这些情况，正确引导，使人们有一个合乎现实的期望：既要看到市场的优越性，又要看到市场的局限性；既要看到机制转轨的光明，又要看到转型的艰巨性，使人们对转型期间发生的问题有一定的思想准备。

（十一） 关于"震荡疗法"和"渐进式"的改革方式问题

有关向市场机制转型的速度问题，大致有两种观点。一种是哈佛大学经济系教授杰弗里·萨克斯（Jeffrey Sachs）的"震荡疗法"（或称为"休克疗法""大爆炸式法"）。这是他为了帮助俄罗斯和东欧一些国家脱离困境而开的一服猛药。另一种是中国在近15年所采用的"渐进式"的改革方式。这两种方式大相径庭，因此引起了人们对其好坏的争议，特别是对"震荡疗法"异议更大。西方许多学者对"震荡疗法"表示赞同，而包括大多数中国学者在内的另一批经济学者则以中国改革的经验和成果猛烈地抨击"震荡疗法"。那么到底哪一种方式比较好呢？我们的答案是没有绝对的好与差之分。如前所提到的，由于国情不同，一个国家所采用的改革方式完全可能不适用于另外一个国家。世界上没有普遍有效的法则。采用什么方式进行改革应由各国的政治、文化、客观经济条件和社会的结构来决定。正是由于国情不同，中国选择了"渐进式"的改革方式，而东欧一些国家（如波兰）和俄罗斯则选择了"大爆炸式"的改革方式。改革方式选择的这种不同并不是巧合，而是有其社会结构、经济基础和其他方面的原因的。这两种改革方式如果互换到对方国家，则很可能对两国都行不通，这是由于：（1）东欧的一些国家和俄罗斯不存在着像中国发展乡镇企业、个体企业的条件。我们在上面提到，在改革之初，中国有80％左右的农业人口，基本上是一个农业社会国家。因此，中国的经济改革像中国革命那样，走的是"以农村包围城市"的道路。而俄罗斯的农业人口只占13％左右，是一个高度的工业化（特别是重工业和军事工业）国家。因此在东欧和俄罗斯仅搞农村改革是不够的，必须把用于重工业和军事工业的资源转一部分给小企业、消费品工业、交通服务等行业。所以俄罗斯不存在"以农村包围城市"的条件。（2）尽管"震荡疗法"风险大，但没有其他比"震荡疗法"更适合东欧一些国家和俄罗斯国情的方法。东欧一些国家和俄罗斯的现状决定了它们需要选择一种激进的改革方式，也就是说，它们采取激进的措施完全是它特殊的国情所逼迫出来的。这些国家当时都面临着恶性的财政危机、通货膨胀，亟须（而不是慢慢地）稳定经济。就像一个人的内脏出了严重的问题，医生必须采用动手术的激烈手段才能解决问题，而不是用温和的、慢慢调养的方法所能解决的，而中国基本上不存在这类问题。

当波兰在1990年采用"震荡疗法"时，许多人对"震荡疗法"的有效性持怀疑态度。现在事实证明"震荡疗法"在波兰已初见成效：到1992年底，尽管失业率还很高——13％左右（这比美国在大萧条时的20％多的失业率还低很多），社会安全保险制度还没有建立，但经济已开始增长，物资短缺和通货膨胀等问题已基本解决，几乎所有的价格是由市场决定的。在这短短的两年内，外销额已翻了一番，高达150亿美元，使波兰首度有了贸易盈余。这些在两年前是不可想象的。可以想见，俄罗斯若能在三五年内用"震荡疗法"摆脱目前的困境的话，它也会有一个不错的前景。俄罗斯的人均教育、科学技术水准及工业基础已达到较高的水平，远比一般国家高，况且拥有丰富的自然资源，加上相对较少的人口（相对中国来说），一旦走上市场机制的正轨，经济增长速度将十分可观。

上述事实和例子说明，采用哪一种改革方式，应像对待病人一样，即使病人患的是同样一类病，如果病的程度和病人的身体状况不一样，医生也应采取不同的治疗方法，而不是采取一刀切的方法。可见，经济学不仅仅是一门科学，也是一门艺术，不能生搬硬套。

其实，尽管这两种改革的方式在改革策略上存在巨大差别，但从改革的微观结果的角度讲，差别是有限的。正像王一江等人指出的那样，共同的规律至少表现在以下三点：（1）私人小企业蜂拥而起；（2）私人大企业来得较迟；（3）大型国有企业股份化非常缓慢。这些共同结果再一次地说明了这两种改革的方法在各自国家的合理性和可行性，而不应采用一刀切的办法。我们不认为"震荡疗法"一定比"渐进式"的改革方式要好，也不认为"渐进式"一定比"震荡疗法"的改革方式要好，采用哪种方法是根据各自的国情、所在国民众的愿望所决定的。

（十二）经济改革与政治改革的关系和先后次序

最后我们想谈谈经济改革与政治改革的关系和先后的次序问题。这两类改革的关系类似于价格改革与所有制改革的关系。它们是相辅相成、互为迭代（相互作用）渐进的动态过程，不可能一步到位。那么如何选择这个动态系统的初始点呢？如对改革的方式与速度的选择那样，中国和苏联、东欧等国家对政经改革的选择也不一样。中国选择经济改革先行，而苏联、东欧等国家则选择政治改革先行。于是人们又开始争论中国与苏联、东欧等国家经济改革与政治改革先后次序的问题了。其实，人们只要同意初始状态的选择应依赖于经济、社会、文化等因素，就不难找到答案，影响初始状态选择的一个主要因素就是生活水准的高低。大家可能都同意这样一种看法：当一个人穷得没有饭吃、没有衣穿时，他首先想到的是物质享受，即如何填饱肚子、穿暖身子，然后才会去追求精神享受和其他享受。中国的一句俗话"仓廪实而知礼节，衣食足而知荣辱"就是这个道理。中国之所以选择经济改革就是在于"文革"刚结束时，中国的经济处于崩溃的边缘，人们自然而然地要求提高生活水准。而东欧和苏联在刚刚改革时相对中国来说要富得多。以1988年的人均国民总产值为例，当时中国的人均国民总产值只有330美元，而苏联的人均国民总产值高达2660美元。当时的苏联已不存在温饱问题，一开始改革，人们就想到追求像"民主"这样的奢侈品。所以这两个国家的物质基础在一开始就不一样，因而初始起点选得不一样也就不足为奇了。我们可以推测：如果有朝一日中国人均国民总产值达到二三千美元，中国的民主化程度多半会高得多。（注意：我们并不是说只要任何一个国家的人均国民总产值达到二三千美元，它的民主化程度就提高了。人们生活水准的提高只是提高民主化程度的必要条件而不是充分条件。不过我们认为中国的现实和已有的经历及世界的潮流决定了人们生活水准的提高多半会导致民主化程度的提高。）因为在中国人们生活水准的提高必然提高人们对民主化进程和民主化决策的关心和追求,从而进一步促进经济的发展。这种反复迭代的过程促进了经济和民主的逐步发展。除了生活水准的差异,还有文化的差异,也会影响对市场的选择。例如,苏联的文化来源于古希腊并受东正教的影响,比较崇尚民主和法制,而中国文化受儒教的影响,比较强调中央集权和秩序。

四、结 论

本文给出了向市场机制顺利转型所要解决和注意的一些基本问题及解决这些问题的基本方式和策略。这些包括转型的速度和方法,如何形成竞争市场,如何创造经济上的选择自由,怎样减少转型期间所发生的震荡,所有制改革,公有制与社会安全保险制度,"震荡疗法"和"渐进式"的改革方式,价格改革与所有制改革的先后顺序,人们的期望与舆论导向,注重对教育的投资等12个问题。就这些问题给出了我们的看法和建议。对每个问题的更进一步研究、讨论和给出各种解决问题的详细方案,还有大量的工作要做。我们希望大家都来关心这些问题,给出解决问题的更好的方法和方案。

(1992年10月)

参考文献

[1] Leonid Hurwicz. The Design of Mechanisms for Resource Allocation [J]. *American Economic Review*, 1973, 63: 1~30.
[2] Hal R. Varian. *Microeconomic Analysis* [M]. W. W. Norton & Company, third edition, 1992.

4

中国经济市场化的前景与问题*

提要：中国经济改革带来了经济高速增长和人们生活水准的大幅度提高，从整体和长远的角度看，中国经济市场化的前景不错。但是，在转型期间仍然存在着许多非常严重的问题，诸如不公平竞争、所有制改革、金融制度改革、经济过热和通货膨胀等，如果不加以解决，就会阻碍或放慢中国经济市场化的进程。本文从农村改革、城市经济改革和中国的教育危机三个方面进行讨论，最后指出一条已被经济学理论和实践检验的规则：凡是市场能够做的事，应让市场去做，政府不要去做或管；只有市场不能或做不好的事，政府才应该要去做、去管。

中国正式宣布要搞市场经济后，人们对中国经济市场化前景与经济改革得失的讨论又热闹起来。中国经济是否过热？是否有通货膨胀？高速的经济增长是否会引起经济崩溃？这些问题大家都很关心。我1993年夏天回中国跑了不少地方，接触了各方面的人士，总的印象是：最近几年中国的变化大得惊人：市场上物资丰富，沿海地区人们的生活方式和市场繁荣的景象给人的感觉真有

---

* 本文载于《当代中国研究》，1994年第1期（总第40期）。

点像身在中国香港；可是，社会治安、风气、文明和公德却存在一些问题。在美国，人们谈起中国，说好的有，说坏的有，乐观的有，悲观的也有。那么，究竟如何评价中国的改革？怎么解决当前所面临的问题呢？在本文中，我将从一个经济学家的角度谈谈个人对中国经济市场化前景的看法，然后再谈中国现在及将来所面临的问题。总的说来，我的看法是：中国市场化的前景光明，但问题也不少，需要尽快加以解决。

一、中国经济市场化的前景

对于中国整体经济和经济市场化的前景，我一直比较乐观。这次到中国的考察更增强了我的信心。我的乐观态度是基于下面几点理由。

首先，中国经济改革开放以来所取得的成绩让人乐观。1978年以来的中国经济改革，给中国带来了高速经济增长和人们生活水准的大幅度提高。1979～1992年，中国经济平均增长率为9%，居同时期世界各国经济发展速度之首，在中国历史上也许是前所未有的。最近，世界银行运用购买力评估法计算出中国的人均国民产值已达到1 500到2 400美元之间。我的感觉是，中国人的平均生活水平接近这个购买力估计的下限（只要想想每月100美元能在美国过什么日子，人们就会相信这一判断）。如果中国大陆能继续按现在这个速度增长，估计在20年左右能达到中国台湾现有水平，也就是人均收入8 000到10 000美元。

这些成就是与实行市场化经济改革分不开的。在这一时期里，中国的经济体制发生了很大变化，已从一个以公有制为主的中央指令性计划经济体制转变为一个非公有制总产值占50%多的计划和市场混合的经济体制。这种向市场机制转换的过程显然会越来越快。1992年中共十四大宣布中国要搞市场经济，这说明中国已在意识形态上很大程度地解决了走市场经济的障碍。特别重要的是，通过这十几年的改革，市场经济良好运行所需要的一些基本假设和前提条件在中国已基本具备。例如承认人的自利性，允许经济上的自由选择，实行分散化决策（即中国所说的放权），引进激励相容（即调动人的积极性）和竞争市场机制等。

市场经济学在论证竞争市场经济机制导致最优资源配置时，一个最基本的假设是：每个人都是自利的（理性的），每个人、每个企业都会在给定的法规、政策条令、预算约束、生产技术水平和价格等约束条件下争取自身的最大利益。通过改革，中国老百姓的价值观念、思维方法和行为方式已经发生了根本性的变化，变得更加理性了。人们都在根据自己的特长和门路想尽办法赚钱。这就是价值观的变化。这个根本性变化是在最近几年发生的。1986年我回国探亲时，大多数人还一心想到国营单位去找一份铁饭碗。现在，大多数人都在担心铁饭碗端不长久，赚钱也不多。于是有的"下海"做生意，有的要找一份能赚更多钱的工作，都在为如何发家致富、为个人的利益和前途而绞尽脑汁。中国政府也已基本上承认（至少是默认）人的自利性和个人利益。其实，承认人的自利性是解决人类社会问题的一种现实的、负责的态度。"自利"是经济发展、社会前进的动力。中国农村家庭联产承包责任制就是承认了农民的个人利益后才调动了农民的积极性。

中国经济改革中所取得的另一个巨大成就是中国老百姓有了很大程度上的经济自由。中国经济改革者做了很多事，但最重要的是：放宽政策。形象地说，就是"松绑"，即给生产者和消费者较多的选择自由。在农村，农民获得了土地的使用权（尽管没有拥有权），基本上可以决定种哪种农产品。在城市，人们可以选择继续待在国营企业吃大锅饭，也可以辞职到非国营企业去工作并承受随时可能失业的风险。经济上的自由选择、自由交换和自愿合作在分散化决策的市场机制中起着根本性的作用，是市场机制正常运行的先决条件，也是保证竞争市场经济机制导致资源最优配置的一个最基本的前提。

市场经济有别于其他经济制度的最显著的特点可以概括为两条：信息利用

的有效性及市场机制的激励相容性。竞争市场机制利用价格体系有效迅速地传递经济信息，使资源达到有效配置。分散化决策方式大大地降低了信息处理和传递的成本，所以更有效地利用了经济信息。正是由于信息不可能完全被掌握，人们才希望分散化决策。指令性经济机制主要是用集中化决策方式，而市场机制则主要是用分散化决策方式。通过这十几年的经济改革，分散化决策方式在中国已取得了很大进步。这包括权力下放、岗位制、取消各种计划、让个人和企业做出消费和生产的决策。

一个经济制度要解决的另一大问题就是如何调动人们的积极性，即如何通过某种制度安排来促使人们努力工作。一个经济制度如果不能激发其成员的积极性，反而压抑成员的创造力，制造出一批批的懒人、闲人，这个制度就不可能长期存在下去。市场机制成功地解决了这个问题，它所提供的激励，使自利的个人和人们之间的互利统一起来了，这也就是经济学中所说的激励相容。能否实现激励相容，关系到任何一个经济体制的存亡。可喜的是，中国现在已建立了许多激励机制，它们大大地调动了人们的生产积极性。这就是为什么这十几年的经济改革给中国带来了高速经济增长的一个重要原因。

从上述角度看，我对中国市场化的前景保持乐观、具有信心。

二、中国经济市场化所面临的问题

从整体和长远的角度看，中国经济市场化的前景不错。但是，这并不意味着中国在转型期间不存在许多非常严重的问题。这些问题，有些是改革前就存在的，有些则是改革过程中出现的。例如：市场机制仍处在初始阶段，价格在很大程度上仍脱离市场均衡价格，国营企业的经济效益仍很低；国家面临着财政赤字问题；一些领导干部思想僵化，还是用搞计划经济的方式来搞市场经济，甚至对向市场机制的转型有抵触情绪；老百姓不能承受失业和通货膨胀所带来的痛苦，经济、社会秩序方面存在不安定因素，法规、条例、劳工市场、金融市场、土地市场（房地产）、产权和社会安全福利制度等都还不完善，有的甚至还没有建立。一些人利用市场机制还没有完全建立、新老制度交接的空隙阶段进行不公平竞争。例如，利用权力或关系化公为私、贪污，等等，这使得向市场机制的转轨更为困难。这些问题不解决，就会阻碍或放慢中国经济市场化的进程。但是，如何解决这些问题，仍然是一个新课题，并没有现成的理论可用。

当然，对经济机制转换的要求并不是基于什么理论，而是基于指令性经济所带来的令人难以接受的低效率。指令性经济下无法解决的许多问题，市场机制能够较好地解决。但是，我们需要特别指出，在向市场均衡转变的过程中，不能期望市场机制会马上导致很高的经济效益。必须认识到，像失业、财政赤字、通货膨胀和企业的效率等许多问题是转型期间不可避免的。反过来，根据动态过程的稳定性理论，如果初始状态离均衡状态太远，资源的配置也可能不会向均衡状态收敛，从而使得转型失败。因此，一方面，人们需要为机制转轨创造良好的初始条件，使得转轨更为顺利；另一方面，人们必需充分认识到，转轨的代价也许仍是高昂的，转轨的过程是充满痛苦的，不是短时期可以完成的。

下面，我想从农村改革、城市经济改革和中国的教育危机三个方面进行讨论。

（一）农村经济改革

我这次回国到湖北和湖南农村一些地方转了转，发现从经济制度和所有制改革的角度看，农村的情况要比城市好得多。这主要是土地的特性所决定的：土地的拥有权和使用权可以较好地分开。在中国坚持公有制的情况下，这是很重要的。我们知道，中国的经济改革是从农村开始的，它经历了包产到组、包产到户，最后是包干到户的家庭联产承包责任制。包干到户的做法是：生产队把耕地按人口或人劳比例承包到户,耕畜和农具固定到户使用,国家的征购任务和集体的提留部分分别落实到户,通过经济合同来保证承包任务的完成。这实质上是一种土地租赁制度,它使原有集体财产的存在形式发生了根本性的变化。集体的不动产(主要是几乎全部耕地及相当一部分水面、草场、山林和荒滩等),都已承包给农户独立经营,收益的一部分以提留的形式上交集体。这种家庭联产承包责任制大大调动了农民的生产积极性,使得中国的农业形势发生了很大的变化。

但是,家庭联产承包责任制也存在着一些问题,其中最主要的是承包期过短,从而导致农民不愿意对土地进行长期投资,进行掠夺式生产,使土地的肥力下降。最近几年政府注意到这一问题,延长了承包期,情况已有改善。我所走访的村队,由于承包没有期限,也由于农民有土地的使用权(尽管没有拥有权)、产品的收益权及土地使用的转让(承包)权(必须得到村政府的批准),因此土地所有和土地承包已没有什么差别。另外,在我走访的地区,由于乡镇企业的蓬勃发展,许多农民弃农经商,对土地需求的压力在下降,农田开始向专业户转移。农村中以村为单位的社会福利保障制度也进行得不错。有意思的是,农村社会福利保障制度与计划生育有机地结合起来了。农村五保户的待遇是按村里中等平均收入决定的。我所走访的村中,五保户每年每人可分得 800 到 1 000 斤粮食和 200 元左右的现金。我问农民为什么会有动力负担五保户。他们说,一是由于村里是这么规定的,不得不交;二是由于一胎化政策,农民担心自己老了以后可能会变成五保户,也愿意分担供养五保户的费用。

当然,农村的问题也不少,有些还相当严重。不过,这些问题都是政策性或税制方面的,而不是所有制方面的。从短期看,主要表现在农民负担过重,各种苛捐杂税太多。由于税收太高而农产品价格过低,农民种地不划算,有的土地收入还不能支付生产的必要开支和税收。因此,有些地方地荒着农民也不愿意种。这些税是从村政府起层层加上去的。由于基层政府没有其他方面的收入,国家又不给足够的行政开支,只好要农民去负担。要解决这个问题,国家要为基层政府提供全部的行政开支,并制定保护农业的优惠政策。保护农业的政策甚至在发达的市场经济国家或地区,例如美国,也是必要的。中国台湾也有类似政策。另外,要根据农民的收入制定税率,对收入太低的农民要减免税收。农村中存在的另一个主要问题是打白条。这引起农民极大反感和不满,有些地方出现了农民上访、告状,甚至与政府对抗的局面。此外,农村社会治安也是一大问题,偷抢拐骗妇女儿童、赌博和封建帮派迷信都比较严重。

从长期看,农村存在两大问题。一个是如何提高农业生产科学技术的问题。实行承包责任制之后,尽管农村生产技术水平可能下降了(为了减少成本,许多农民不用机器种田,我曾听说有些地方甚至把机器拆成零件分掉了!),但是由于农民的生产积极性得到发挥,农业产量比改革前大大提高,大部分地区农民的温饱基本上得到了解决。现在,在农民的生产积极性已经得到了极大的发挥之后,如果生产科学技术还不能提高,农民的受教育水平不能提高,经济的规模效益得不到发挥,农业产量要再上一个大的台阶是相当困难的。这就是为什么最近几年农村经济增长速度减慢的原因之一。第二个是水利建设问题。农民以家庭为单位进行生产,不愿意出钱出力搞公共水利建设。如何设计出一个分担水利设施成本的激励机制,是要尽快解决的一个问题。

城乡就业转移是20世纪90年代的农村发展趋势。中国农村的社会结构正在发生着一场具有历史性意义的变革。这就是最近几年来不断高涨的"民工潮",即农村的剩余劳动力向城市转移。我认为这是20世纪90年代和21世纪初农村变革和发展最重要的历史性事件,它对中国尽快实现市场化和工业化起着关键性作用。

最近几年来,中国的农民工流动大潮不断高涨。1993年的农民工潮来势比以往更加凶猛,遍及几乎所有的大中城市。往年潮头主要涌向岭南,而今年潮势所向涉及西南、中南、华东和京津地区等大半个中国的城市,包括南京、上海、武汉、广州、成都、重庆、贵阳、南昌、蚌埠。这种流动有三个基本流向:(1)农村剩余劳动力向大中都市流动;(2)中西部落后地区劳动力向沿海发达地区流动；(3) 不愿出远门的农民向所在地区的县镇、乡镇流动。据不完全统计，1992年城市流动人口近7000万。广州、上海的流入农民工已达百万以上，成为许多行业的主力军。尽管国内外许多人对这种"民工潮"持否定态度，把它视为一种非正常秩序、不安定的因素，说它带来许多社会问题，但我却认为它对提高农民的收入、缓解对土地的压力、改变城乡人口比例、加速中国的城市化和工业化都具有重要的意义。尽管它造成了一些棘手的社会问题，但这是中国从农业社会向工业社会急速转型的一个重要标志。这种现象在上两个世纪西方发生的工业革命时也发生过。如何用市场经济的办法组织这支千万人的劳动大军，是中国要解决的重要问题之一。

(二) 城市经济改革

1. 不公平竞争问题

不公平竞争是中国目前存在的比较严重的问题之一，也是老百姓对现实最不满意的地方。我在国内访问期间，许多人都说能容忍在公平竞争下由于能力的大小、机运的好坏和风险的高低所带来的收入结果的不平等及贫富差别，但不能容忍由于竞争不公平所带来的收入结果的不平等及贫富差别。

不公平竞争表现在许多方面，不过人们最有意见的是干部利用自己手中的权力谋取私利。有权力或有关系，就有可能买到未上市的原始股票。由于中国股票市场的不完善，这种股票一旦上市就成几倍，甚至几十倍地上升。有权力就可能搞到批文或指标。有权力就可买到计划价格商品，然后再转手高价卖出。有权力就可以贷到款搞房地产买卖。总之，只要有权力，就可以用权力做许多金钱交易，得到许多好处。这种好处的大小是由权力的大小和职位的重要程度来决定的。权力越大，职位越重要，你可能赚到的钱就越多。在现有体制下，许多以权谋私利的人比那些凭正当手段赚钱的人要赚得多得多，这导致了中国老百姓的强烈不满。

不过，话讲回来，在从计划经济向市场经济转型的过程中，这种不公平竞争是不可避免的。它并不是由于现行市场化政策造成的,而是一种计划和市场都占有相当成分的体制造成的。它只不过是钻了转轨期间市场分散化决策已经被引进但是法规不完善、产权没有界定清楚的空子。从减少转轨阻力的策略来考虑,它带来一定的积极作用,例如它为那些既得利益者支持改革和支持经济机制的转轨提供了一定的动力。否则,他们就可能不支持改革,甚至反对改革。况且,由于产权得到了比较清楚的界定,因此会增加经济效率。当然,其消极作用也是十分明显的。相信一旦市场化过程完成后,不公平竞争问题就会大大地改善。

2. 所有制改革问题

我认为,中国的所有制改革是以两种非常不同的方式进行的:一种是间接的、自发的、不知不觉的;另一种是直接的、人为的、公开的和有步骤的。

间接方式是一种让非国营企业(包括集体企业、私人企业、乡镇企业、外资企业和合资企业)生存,通过竞争发展壮大的所有制改革过程。这种方式是由于人们有了经济上的一些自由选择后而导致的。通过各种所有制企业的竞争,非国营企业发展壮大了,国营企业的经济效率相对于改革前也相应提高了。14年前,国民生产总值的80%左右是由国营企业生产的。到1992年,国民总产值的50%多却是由非国营企业生产的。为什么会发生如此大的变化呢?难道在这14年中有30%左右的国营企业被私有化了或破产了吗?不是的。在这期间,几乎没有什么国营企业被分掉或破产,而是大量的非国营企业,特别是乡镇企业诞生了。乡镇企业的蓬勃发展成为国民总产值急速上升的重要因素,导致了国营企业与非国营企业总产值比例的根本性变化。目前,中国非城市人口占总人数的80%左右。将来中国发展为现代工业化社会,只需要10%左右的人进行农业生产。这样,剩余的60%~70%的人口还会进入工业。可以想象,到那时,即使现有的国营企业不倒闭,只要允许多种经济体制存在和自由竞争,非国营企业的产值及非农业人口会达到很高的比重。

相对于直接所有制改革的方式,这种间接式的渐进改革具有较小的风险和阻力。除了对国营企业造成竞争的压力外，不对国营企业采取任何措施。唯一需要的就是给人们经济上的选择自由，让各种所有制自由竞争。此外，为了这种方式的所有制改革的顺利进行，要尽快开放劳动市场，使人们有自由选择工作和就业的机会。同时还要给人们经营和独立创业的自由。当个人想转换工作时，个人与原单位的经济财物等关系应通过协商解决，不要一味地阻拦或设立重重关卡。人才的流动只会有利于劳动的有效配置。

  间接式所有制改革方法的缺点是：转型的时间可能会拖得比较长，同时还必须容忍国营企业的低效率和亏损。1991年明亏和暗损的国营企业就占了国营企业总数的三分之二，只有三分之一的企业略有盈余。因此，对国营企业的改革已迫在眉睫。解决的办法就是明确界定产权。随着改革的深入，人们对公有制企业特别是对中小型公有制企业进行产权制度改革的要求会越来越强烈。这就需要直接对国营企业进行所有制改革。这又有两种主要的改革方式：企业承包制和企业股份制。在所有制改革的早期阶段，中国的一些领导人和经济学家鉴于农村改革的成功，想把将拥有权和使用权分开的承包制的改革方式用到企业、商业及其他行业中去，既保持企业或生产资料的国有，又调动生产积极性。但是，效果不是那么如意。于是人们的兴趣转到了股份制改革上来，认为股份制是所有制改革的唯一出路。但是，我认为，现有的股份制还是有问题。由于中国坚持社会主义公有制，就要国家持有很大的股份。以前规定国家最少要持有51%的股份，最近据说已改为国家只要持有30%的股份就可以了。但是，即使只持有30%的股份，国家很可能还是最大的股东，拥有最大的股份，政府仍掌握着企业的经营权和人事任命权，其他小股东仍是不能参与企业的决策。这样，产权并没有完全地界定清楚，生产效率还是比较低。我在这里给出一个既简单又有效的办法：政府只掌握一种特别股，例如说它有优先分红的权利；但企业的厂长、经理或董事会则应由法人股和个人股东选举产生。这样，既可保证公有制占主体（政府是最大的股东），又能让企业有效地进行生产。另外，即使解决了股份化方面的意识形态问题，也要认识到具体实施起来的困难和艰巨性。中国台湾公营企业民营化的经历可供我们借鉴。中国台湾的公营企业只有60家，其产值只占中国台湾国民生产总值的20％左右。尽管中国台湾已进行了几年的公营企业股份化，但到现在为止还没有一家公营企业被股份化。因为公营企业上市的股票量一大，整个股票市场的价格就下掉很多。由于台湾地方政府的股份还占有相当大的比例，企业的决策权还是被地方政府（或其委派的人）掌握，人们担心这些企业的效率不高，风险比较大，因而不太愿意买公营企业的股票。中国大陆国营企业的产值占国民总产值的近一半，数量要比中国台湾公营企业不知多出多少，实行股份化的困难可想而知。

3. 经济过热、通货膨胀和金融体制改革

我认为，中国现有金融体系是中国经济市场化最大的障碍，也是进一步深化改革的关键。金融系统已到了不改不行的地步。否则，企业的所有制改革就不能很好地进行下去，资金市场就不能顺利建立，经济过热和通货膨胀的问题就不能很好解决，公平竞争得不到实现，国家财政和赤字问题也得不到很好的解决。

首先，现有金融银行系统中，政府的货币政策没有对整个经济的宏观调控发挥重要作用。为了讨论方便，我们把由于对生产要素的过度需求从而导致要素价格大幅度的上升、导致通货膨胀的现象称为投资过热或经济过热。本来政府应根据经济过热的程度调控货币的发行和信贷利率的高低，监督银行根据企业的信用和经营情况发放贷款，避免大放大缩的局面。经济一旦开始高速增长，社会对原材料、生产要素的需求必定上升，这时过热的可能性就会大为增加。产品的价格在一段时期后（通常半年左右）也必定会跟着上升，从而导致通货膨胀。这时，政府（通过中央银行）应收紧贷款的条件，控制货币的发行。如果等经济过热或通货膨胀已发生时再一刀切，停发贷款或控制货币的发行，则为时太晚，会导致资源的很大浪费。早在1992年下半年，我和海外一些学者就提出了中国当时经济中通货膨胀的危险，认为如不及时采取有力措施，情况会更为严重。1993年头几个月以来，中国已有明显的经济过热迹象：

上半年工业总产值比1992年同期增长25.1％，全社会固定资产投资比1992年同期增长61％，其中国有单位增长高达70.7％。与1992年相比，原材料价格上升40％左右，有些（例如钢铁和水泥）甚至上升100％到200％。上半年全国居民生活费用价格比1992年同期上涨12.5％，其中城镇上涨13％，35个大中城市上涨17.4％。如不采取应急措施，到年底通货膨胀率将达到20％以上。可是，国内有些经济学家至今认为中国经济不存在过热现象，不承认有通货膨胀或有发生通货膨胀的危险。1993年7月初，我在海南参加由中国留美经济学会、中国留英经济学会和中国（海南）改革发展研究院联合举办的"中国走向市场经济过程中的理论与现实问题国际讨论会"上，就听到国内著名经济学家童大林、北大教授肖灼基、中央党校王珏教授持有此种观点。他们认为经济过热没有定义，因而否认经济过热。我猜想他们的出发点是好的，也许是怕中央像以往一样采取严厉的收紧政策。但是，经济过热和通货膨胀的问题如得不到正视，不及早采取措施，等问题很严重时，他们不想看到的事情可能真要发生。

对于以上情况，银行系统开始就没有及时采取措施，而其后采取的措施不是不得力，就是错误的。国内一些中基层银行工作人员告诉我，银行系统为收紧贷款条件而采取的措施是：只贷款给国营企业而不贷款给非国营企业。这就违背了公平竞争的原则，没有按资金应流向最有效的企业的原则行事。银行贷款给国营企业的规定是要贷给经济效益高的国营企业。这规定本身没有错，但问题是：银行如何知道、怎样确定一个企业效率的高低？银行办事人员有什么动力按照这个效率标准去做而不是凭面子、看关系、为个人的好处来发放贷款？另外，当地银行是双重领导，既受当地政府管辖，又得听命于上级银行，这给他们在执行指示时造成困难。当上级银行要当地银行限制贷款时，当地政府官员则希望他们给当地的企业多贷款，这给当地银行在工作上造成很大压力。这些银行人员告诉我，贷出去的款往往有1/3是死款，收不回来，最后由国家作为财政开支抵销了。从1993年1月到5月，他们所在县的银行已亏损了 5 000 多万元。另外，经济已经开始过热，对资金的需求非常旺盛，通货膨胀已经开始，银行本来应该大大提高信贷利率。但他们没有这样做，也不让下面所属银行做，否则要进行严厉处分。5 月我在国内时，黑市利率已达到 20%～25%，而银行的利率却只有百分之十点几。我问他们为什么不提高利率，这样一方面可减少银行亏损，另外一方面也可能减轻对贷款的需求从而减轻经济过热的压力。他们告诉我，中央银行有严格规定，不能动利率，否则要进行严厉处分。

金融体系改革的根本出路在于引进市场机制，主要由市场来调节利率，使资金能用于最适当之处。政府要做的是根据经济过热的程度来控制货币的发行。现在中国金融业和金融市场的发展不适应现有市场经济发展的要求，应尽快发展和完善资金市场。此外，还要完善和发展包括外汇市场、债券市场和股票市场在内的金融市场，过度地限制会加剧资金供求关系的紧张。资金市场的建立与完善对资金有效配置起着重要的作用。现在国内闲散资金和储蓄已达到一万多亿元人民币，在这种计划和市场混合在一起的经济机制转轨期间，黑市利率、黑市贷款、民间和单位间资金信贷地下交易普遍存在，政府利用以往行政手段来控制经济过热和通货膨胀的能力已经大大下降。在此种情况下，解决问题的办法是尽快建立一个运行良好的金融市场（包括股票市场），引导和消化闲散资金。否则，万一有什么风吹草动（像 1988 年夏季那样发生抢购风），后果不堪设想。当然，目前这种可能性还比较小。这是由于中国政府现在处理经济过热和通货膨胀与 1988 年比已有了很大进步，不是像以往那样等问题已到了非常严重的地步才采取措施，特别是中央银行换了领导人之后，采取了一些市场与行政相结合的有效措施。

4. 金融体制和所有制的配套改革

在现有状况下，国营企业仍然占国民生产中很大比重，并且国家对国营企业进行保护（主要通过政策性贷款）。这种情况下只进行单方面的金融体制或所有制改革是很难成功的。如果不同时进行所有制（股份制）改革，银行体制的改革很难进行下去。中国及海外的一些学者建议,将专业银行的商业贷款和政策性贷款分开,即另外独建一个发展银行,统筹所有的政策性贷款,专门对国有企业及落后地区贷款,使得现有的专业银行变为真正的商业银行。我认为这个办法可能会起些作用,但不能从根本上解决问题。理由有几点。其一,这对减轻经济过热、投资规模过大没有什么用处。因为经济过热、投资规模过大本来主要就是由于国营企业盲目追求投资、对政策性贷款有巨大需求而引起的。即使建立另外一个发展银行而不采取其他措施,国家对国营企业的政策性贷款还是不能减少。非国营企业的贷款现在主要是通过非金融机构,像民间和单位间资金信贷、信托公司得到的,所付利率属黑市利率,已经非常高。如今后从真正的商业银行贷款,所付利率不会比黑市利率高。因此,总投资不会减少。其二,如前所说,只给国营企业优惠贷款而不给非国营企业贷款,违背了公平竞争的原则。同样,发展银行也有一个激励相容的问题,即贷款银行办事人员有什么动力按照所制定的标准去做而不是凭面子、看关系及是否个人能得到好处来决定贷款。另外,由于地理条件的原因,所在地发展银行不可能不受当地政府的牵制或管辖,从而会影响银行的贷款决策。所以,所有制不改革,国营企业软约束问题不解决,金融问题也不能很好地解决。另外一方面,如果不同时对金融体制进行改革,不取消银行对大部分国营企业(主要指生产私人商品而不是指生产公共商品的国营企业)的优惠贷款政策,不解决国营企业的软约束问题,所有制改革也很难进行下去。由于有国家的贷款和资助的保证,国营企业并不会由于经营不善而倒闭,企业没有动力提高经济效益。

总之,在金融体制改革的同时,要对所有制进行改革。金融体系的改革的根本出路在于引进市场机制,尽快建立一个运行良好的金融市场,使利率主要由市场来调节。中央银行要做的主要是根据经济过热的程度来控制货币的发行,通过控制给其他商业银行的贴现率来间接控制市场利率。政府专业银行要成为自主经营、自担风险和自我结算的专业金融机构。

（三）中国的教育危机

中国长远经济发展的最大障碍，我认为是教育危机。忽视国民基本教育问题是最大的隐患，必须尽快弥补这项缺憾。中国对教育的投资还应大大增加。

可惜，人们（包括大多数经济学家和各级官员）还没有意识到这一问题的严重性。一般来说，人们总是只考虑短期或当前的利益，一些经济学家也许认为中国经济最近14年的高速增长说明了对教育的投资对中国经济的发展并不是那么重要，各级官员也只想显示出自己任职期间做出的成绩，没有激励考虑教育这种"百年树人"长期投资的问题。但经济改革的成败应以长期增长率为重要标准。从未来社会经济的发展角度来看，国力的强大不是靠拼"劳力"而是靠拼"脑力"，要提高国民大众的基本教育素质和知识水准。最近几年出现的新发展经济学及各国经济资料的统计分析显示，人力资本（国民的知识水准）是决定一个国家经济能否长期持续增长的最重要、最根本的因素，它也是一个发展中国家迅速成为工业化国家的必要条件。要知道，后期工业化国家（例如韩国、新加坡）与早期工业化国家（例如英、美、法等国家）相比，在经济发展上和工业化的过程中有一个很大的优越性，那就是：早期工业化国家在工业革命时是依靠其本身的技术与发明的创新来提高其生产力，而后期工业化国家在发展经济之初已有先进国家留下的新知识和技术，它们不必靠本身的发明，只要吸收已有的技术和知识就可提高生产力。这就是为什么早期工业化国家要花100年左右的时间而后期工业化国家却只花了三四十年的时间就完成工业化革命的根本原因。但是，一个后期工业化国家如要成功地吸收先进国家创造的知识和技术，一个先决条件就是必须有受过良好教育的劳工人口。这就需要提高国民的基本教育水平。据统计，亚洲新兴工业化国家的文盲率都在10%以下，国民受正规教育的年数都在8年以上。

我认为，过去十几年中的中国经济高速增长主要是通过提高经济效率而达到的。这样的增长速度还会保持一些年。但要再上一个台阶,要赶上或超过世界工业化先进国家,在经济上称雄世界,就要大大提高科学技术和一般大众的劳动生产力,否则是不可能的。科学技术的进步和劳动生产力的提高都是以人力资本(国民的知识水准)的提高作为先决条件的。提高国民的知识水准必须加强对教育的投资。现在中国的教育危机日益严重。教育经费不足国民收入的 3%(比体育经费还要低!),只有三四百亿元人民币。而世界上大多数国家的教育经费达国民收入的 6%~7%。以 1990 年为例,中国人均教育经费只有 52 元人民币,列世界所有国家和地区倒数第九;而发达的工业化国家目前的人均教育费用已以上千美元计。目前中国有 25% 左右的文盲,全世界每 4 个文盲中就有 1 个中国人。并且,文盲和半文盲队伍都还在扩大。据全国第四次人口普查,12 岁儿童在校的只有 24.95%。许多适龄儿童由于交不起 1 年才几十元,甚至十来元人民币的学杂费而辍学。全国教师的平均工资在 12 个行业中是第 10 位。大学教授的实际工资不到现在一个出租汽车司机的 1/7。中小学教师工资与其他行业比是最低的。现在愿意当教师的人不多,许多教师转行了,各地都出现了缺乏中小学教师的情况,因此导致学生失学越来越严重。现在真有点是"万般皆上品,唯有读书低"。

要解决这些问题,一定要提高教师的待遇,尽快增加教育经费,至少是基本教育的经费。谈到增加教育经费,许多人总是说没有钱。但现在用于吃喝的公款在大陆却达到一年 1 200 亿元人民币左右,是国家对教育的拨款的 3 倍,相当于建设两个三峡水电站的费用。最后,即使没有钱,办教育的钱也应当从其他方面省出来,宁愿把当前的经济速度放慢一点也是值得的。解决教育危机不要完全指望民间和个人捐款。"国民基础教育"具有公共商品的属性,主要应由政府来解决。可以先从六年义务国民小学教育做起(是要真正实施的六年义务国民教育,例如说所有学杂费一律免交,有教舍和教师)。若六年义务国民小学教育也做不起的话,可对一定低收入的家庭的小孩实行减免学杂费,对达到一定收入的家庭,制定法律,要求家长有义务让小孩至少完成小学教育。

此外，还应允许私人办学。可喜的是，曾一度在中国销声匿迹的私立学校又开始在许多地方出现。由于高水平的教学质量、高规格的师资队伍和高标准收费互为因果，令私立学校的发展势头强劲。据有关部门统计，到1993年年初已注册的私立全日制大学有17所、中学54所及小学655所。仅在浙江温州，私立高中学校就有8所，占全市在学中学生总数的1/4以上。之所以有高水准的师资队伍，靠的就是高薪吸引。

三、结束语

我在本文中谈了回国的观感，讨论了中国经济市场化的前景与经济改革所面临的问题，其中包括中国农村经济改革、中国城市经济改革和中国教育危机问题。中国经济市场化的前景从整体的角度看是不错的。不过，这并不意味着中国在转型期间不存在严重问题。这些问题包括不公平竞争、所有制改革、金融制度改革、经济过热和通货膨胀。此外，市场机制仍处在很初始的阶段，很大程度上价格仍脱离市场均衡价格，国营企业的经济效益仍很低，国家面临着财政赤字，经济、社会秩序方面存在不安定因素，法规、条例、劳工市场和金融市场、产权、土地市场、社会安全福利制度等都有待于完善。其中大多数问题是转型期间和经济早期发展阶段不可避免的。但是，这些问题如果得不到解决，就会阻碍或放慢中国经济市场化的进程。

最后需要提到的是，中国一些领导干部思想僵化，用搞计划经济的方式来搞市场经济。本来有许多事可以让市场机制去做而不需要政府去做的，政府却要去做；另一方面，有些事（像上面提到的国民基础教育）市场机制不能做或做不好而政府可以去做的，政府却又不愿意做。我希望任何国家政府官员记住这么一条已被经济学理论和实践检验的规则：凡是市场能够做的事，应让市场去做，政府不要去做或管；只有市场不能或做不好的事，政府才应该要去做、去管。

不管怎样，中国人民正在创造经济奇迹，已走上了市场经济的光明之路，中国经济市场化的前景是非常光明的。

（1994年1月）

5

中国国营企业改革与经济体制平稳转轨的方式和步骤[*]

中国经济改革的三阶段论

提要：在中国经济体制向市场机制成功转型的过程中，面临着许多迫切需要解决的深层次问题。本文提出经济机制的转轨方式和步骤是最根本的战略性问题，与此紧密相连的是国有企业如何进行体制转换的问题。因此，本文讨论了中国经济体制转型的过程及国有企业所有制形式的平稳转轨的方式和步骤问题，并分析了三阶段式的渐进改革方式的合理性。

一、引　言

目前以市场为取向的中国经济改革正处在转型的关键时期。一方面，从1979年开始的中国经济改革取得了巨大的成就，使得中国经济形势发生了举世瞩目的变化。这15年的经济改革给中国带来了高速度经济增长和人们生

---

[*] 本文载于《经济研究》，1994年第11期。

活水准的大幅度提高。经济体制转型也取得了引人瞩目的成就。由于允许了一定程度上的经济自由,承认个人利益,实行分散化决策(放权),引进各种激励机制,让各种所有制生存、竞争等改革措施,导致了非国有企业(包括集体企业、私人企业、外资企业和合资企业)蓬勃发展,使得经济结构发生了很大变化。国有经济在整个国民生产总值中的比率迅速下降,非国有经济已经成为中国经济的主体推动力量。1992年,非国有经济投资总额占全国投资总额的25%,但对国民生产总值增长的贡献却达69%。此外,中国在引进市场机制和搞市场化的经济改革方面也取得了较大的成绩,现在大多数商品的价格是由市场来决定的。这些改革为市场化奠定了基础和积累了经验,也将会加快向市场机制转换的速度。中共十四大已决定中国要搞市场经济,这在意识形态上很大程度地排除了走市场经济的障碍。所有这些都表明无论是改革的成果还是从改革的经验角度来看,至今为止中国经济体制向市场机制的转型都是很成功的。

但是在另外一方面,随着改革的深入和转轨过程的加快,改革的难度和强度也增加了,面临着许多深层次的问题。其中许多非常严重的问题迫切需要解决,否则它们会阻碍或放慢中国经济市场化的进程。在这些问题中,有些是改革前就存在的,有些却是转型期间和改革过程中出现的。这些问题包括市场体系仍处在很初始的阶段;价格在很大程度上仍没有正确地反映出经济关系;宏观调控机制还没有完善;现代企业制度还没有建立;国营企业已面临着越来越严重的生存危机;政府也面临着较严重的财政赤字问题;一些领导干部思想僵化,虽然已决定搞市场经济,但还是用搞计划经济的方式来搞市场经济,甚至对以市场为取向的改革有抵触情绪;老百姓不能承受失业和通货膨胀所带来的痛苦;法规、条例、劳工市场、金融市场、房地产市场、产权制度和社会安全福利保障制度等都还不完善,有的甚至还没有建立。许多人利用新老制度交接的空隙阶段进行不公平竞争,借用手中的权力或关系将国家的财物化公为私、贪污、以权谋私。此外,在改革过程中还出现了许多不协调问题(赵凌云，1994）。

在上述这些问题不能同时加以解决时，我们需要弄清楚哪些问题是最根本的，哪些问题是更高层次的，哪些问题需要首先加以解决，哪些问题暂时还不能解决，尽管这些问题非常重要，但还是要放在后一阶段才能解决。我们认为在回答这些问题和做出判断时要通盘考虑许多因素，比如改革的成本、风险、可行性、平稳性、时间、人们的心理和实际的承受能力。要考虑到是否能保持经济的持续增长和人民生活水平的不断提高。同时还要考虑到中国政治和经济状况、历史传统、文化背景、社会结构和前阶段改革的方式和结果，把整个经济改革的过程有机地结合起来进行考虑。从转轨的整个过程来看，我们认为经济机制的转轨方式和步骤是最根本的战略性问题，与此紧密相连的是国有企业如何进行体制转换的问题。这些关系到转轨过程的顺利和成功与否。因此本文试图对经济体制转轨和国有企业所有制转型的方式和步骤提出看法。同时，本文还将提出中国经济体制转轨三阶段论，即中国经济改革要平稳地完成向市场经济体制转轨的过程需要经过三个阶段。在这三个阶段中所要采用的改革的基本步骤是：（1）经济主体行为自主化；（2）市场化；（3）民营化。在这三个基本步骤下，体制转轨的基本特征是：在第一阶段中，大力发展非国有企业。这是一种让各种所有制企业的诞生和竞争导致非国营企业蓬勃发展的阶段。它保证了社会经济的持续发展，为后阶段改革的顺利进行提供了物质基础，提高了人们对改革的支持和参与意识。在第二阶段中，各种所有制企业的继续竞争和市场机制的逐步引入将导致那些效率本来就低下，经过改革仍无出路的国营企业的衰减。在第三阶段中，将对国营企业进行民营化。第一阶段始于 1978 年十一届三中全会和 1979 年从农村开始的经济改革。第二阶段始于最近一两年，大致可以从中共十四大决定搞市场经济开始算起。第三阶段还未开始。我们认为现在还不宜开始，需等到经济成分格局进一步变化并且社会保障体系基本上建立起来后才能实行。我们估计这大致需要 5 到 10 年时间。在下面我们将讨论这三个阶段及所应采取的步骤，并分析在中国现有的国情下这种渐进式转轨方式也许是一种既能够让经济快速增长又能保证社会相对稳定的可行的最佳转轨方式。为了了解转型的必要性和策略，我们首先简单地讨论一下一个经济机制运行良好的先决条件。

二、经济机制运行良好的四个先决条件

经济机制转换的要求并不完全是基于标准微观经济理论中的两个福利经济学基本定理——主张实行市场机制的主要理论基础[①]，而是基于实践中指令性计划经济所带来的令人难以接受的低效率。那么是什么导致了这种低效率的呢？最根本的原因是什么呢？答案是产生这种低效率的根本原因是一个经济机制运行良好的四个先决条件——承认人的自利性，给予人们经济自由选择的权力（所谓的松绑），实行分散化决策（即中国所说的放权），引进激励机制——都没有满足。然而对指令性经济下无法解决的许多问题，市场机制却能较好地解决。其根本原因就是市场机制以这四个先决条件作为基础。

一个经济机制运行良好的第一个最基本的前提条件是承认个人决策行为权力——自利性权力。在市场经济学中，在论证竞争市场经济机制导致最优资源配置时，一个最基本的权力假设是：每个人都是自利的，每个人、每个企业都会在给定的法规、政策条令、预算约束、生产技术条件和价格等约束条件下争

---

① 这两个定理讲的是市场机制与所导致资源配置的有效性（最优性）之间的关系。第一福利经济学定理阐明完全竞争的市场机制导致了帕累托有效配置。它预先假定不存在外部效应以及某种个人偏好的非充分满足（自利性）的特性。第二福利经济学定理阐明任何帕累托有效配置都可以作为一种在经过合适的资产再分配后由完全竞争的市场机制导致的配置而达到。它也预先假定不存在外部效应以及某种个人偏好的非充分满足的特性，但还要加另外一些重要假定，如个人偏好的凸性及生产技术不存在按报酬规模递增的现象等假设。详细讨论参见田国强（1993）、H.R.Varian（1992）。

取自身的最大利益。承认人的自利性，是解决人类社会问题的一种现实的、负责的态度。相反，如果把利他性当作前提来解决社会经济问题例如生产的组织问题，像改革前那样否认人的自利性，认为人们都是大公无私，只要强调为国家、为集体就能够调动人们的积极性，其后果可能是灾难性的。"自利"是经济发展、社会前进的动力。中国农村"生产承包制"就是承认了农民的个人利益，即人的自利性后才调动了农民的积极性。包产以前，他们之所以没有积极性，是因为怕别人分享自己的劳动成果或想自己不劳动也能分享别人的劳动成果。分田到户后，农民认识到是为自己劳动，所以农民的生产积极性就大大地提高了。

一个经济机制运行良好的第二个最基本的前提条件是允许个人基本权力——经济上的选择自由。让每个人在不危害他人利益的前提下有更多的经济上的选择自由，即人们所说的"松绑"。建立在自愿合作、自愿交换基础上的经济上的自由选择在分散化决策的市场机制中起着根本性的作用，是保证竞争市场机制导致资源最优配置的一个最基本的前提条件。在过去10多年时间中，中国经济改革者做了许多事，但最重要的是：放宽政策，即给生产者和消费者较多的选择自由。例如，尽管中央政府未曾给予沿海地区什么财政上的优惠，但宽松的经济政策和领导人的思想解放使得人们有了更多的经济上的选择自由，沿海地区的经济因此得到迅速发展。

一个经济机制运行良好的第三个最基本的前提条件是分散化决策：由当事人（企业部门或个人）做出生产消费决策而不是由上级主管部门做出决策，即人们所说的"放权"或"分权"。正是由于信息不可能完全被上级主管部门掌握，人们才希望分散化决策。用激励机制这种间接控制的分散化决策方式来促使（激发）人们做决策者想做的事，或实现决策者想达到的目标。分散化决策方式大大地降低了信息处理和传递的成本，所以更有效地利用了经济信息。指令性经济机制主要是用集中化决策方式，而市场机制主要是用分散化决策方式。

一个经济机制运行良好的第四个最基本的前提条件是：经济机制是激励相容的。一个经济制度要解决的一大问题是如何调动人们积极性，即如何通过某种制度或规则的安排来促使人们努力工作。一个经济制度如果不能激发其成员的积极性，反而压抑了其成员的创造力，制造出一批又一批的懒人、闲人，这个制度就不可能长期存在下去。市场机制成功地解决了激励问题，即如何调动人的积极性的问题，给主观为自己的个人以激励，使他们客观为社会而工作。市场机制所提供的激励，使自利的个人和人们之间的互利统一起来了，这也就是经济学中所说的激励相容。能否实现激励相容，关系到任何一个经济体制的存亡。

三、改革的第一阶段：经济主体行为自主化与非国营企业的蓬勃发展

转轨过程的第一阶段是经济主体行为自主化的改革。在过去的十几年经济改革中，转轨的过程基本上处于第一阶段。在这一阶段中，改革的方略主要是建立和改进一个经济机制运行良好的最基本的先决条件和环境。通过这十几年的改革，前面提到的一个经济机制（特别是市场经济）运行良好所需要的四个最基本的先决条件在中国已差不多具备或取得了很大的进步。这就是，承认人的自利性（个人利益）、允许经济上的自由选择、实行分散化决策、引进激励机制。中国所取得的成就大多与建立这些先决条件分不开。这一阶段的改革使得中国老百姓的价值观念、思维方法和行为方式发生了根本性的变化，变得更加理性了。人们都在根据自己的特长和门路想尽办法赚钱（尽管也有人以非理性和非法的不正当手段去赚钱）。这种价值观的根本性变化是在这一阶段发生的。人们已逐渐认识到人的自利性是不可回避的现实。通过这些年的改革，经济上的选择自由已有了很大的改善。在农村，农民获得了土地的使用权（尽管

没有所有权），基本上可以决定种哪种农产品。在城市，人们可以选择继续待在国营企业吃大锅饭，也可以辞职到非国营企业去工作并承受随时可能失业的风险。通过这十几年的经济改革，分散化决策方式在中国已取得了很大进步，如权力下放、岗位制、取消各种计划、让个人和企业作出消费和生产的决策。另外，中国现在已经在许多部门和行业建立了各种激励机制，它们大大地调动了人们的生产积极性。这些是导致中国经济高速度增长的重要原因。

首先开始的农村改革，是从改善以上四个基本条件着手的。它是一种承认农民的个人利益、给农民生产自主权、提高农民生产积极性的改革。

由于农村这种取向的改革取得了很大成功，这种改革的方式很快被引用到其他行业和地方。比如，允许个体企业、私营企业和其他所有制形式的企业存在，给予外资、合资企业更优惠的待遇，给人们一定程度上经济自由选择权，给企业一定生产自主权，采用松绑、分权、让利、承包等改革措施。采用这种经济自主化改革的方式导致了一个结果，这就是非国营企业蓬勃发展。非国有经济已成为中国经济增长的主体力量。经济发展较快的沿海省市的经济增长主要是靠非国有企业发展推动的。这种间接的、自发的、不知不觉的体制转换过程是一种让非国有企业发展壮大的过程，而不是直接针对国营企业所进行的改革，是由于人们有了办企业的自由后而导致的结果。这避免了在改革的早期阶段和国有经济发生正面冲突。通过这种让各种所有制企业竞争的过程发展了市场体系和非国营经济。这也对国营企业有明显的示范和推动效应，国营企业的经济效率相对于改革前也相应提高了。现在中国的经济体制已从一个以公有制为主的中央指令性计划经济体制转变为一个非国有制总产值超过半数的计划和市场混合的经济体制。由1978年国营企业的产值占国民生产总值的80%左右下降到1993年时只占44%。发生这种比例变化的原因并不是由于国有企业的破产或拍卖，而是大量的非国有企业，特别是乡镇企业诞生了。乡镇企业的蓬勃发展成为国民生产总值急速上升的重要因素，导致了国营企业与非国营企业总产值比例的根本性变化。

四、改革的第二阶段：市场化与某些国营企业的衰减

转轨过程的第二阶段是市场化的改革。现在已进入了这一阶段。它的标志是中共十四大正式决定中国要搞市场经济。搞市场化的改革是由两方面的因素决定的。一方面中国在以市场机制为取向的改革中已取得了很大的成绩。如上所述，通过这十几年的改革，市场经济运行良好所需要的一些基本的先决条件在中国已基本上具备或有了很大改进。人们承受市场经济所带来的风险的能力也大大加强。由于市场机制的不断引入，人们对经济体制全面市场化的要求也越来越迫切。另一方面，在现有的阶段中，还面临着许多像前面引言中提到的问题和困难需要去解决。这其中大多数问题都是由市场体系不完善引起的。因而继续搞市场化的改革，完善市场体系是势在必行，是解决这些问题的根本方法。一个完善的现代市场经济体制不仅仅是放开价格，开放产品市场，给予人们自由就可以了。还包括市场价格体系、宏观调控系统、现代企业制度体系、税制（收入分配）体系、社会保障体系、法规体系、反垄断（不公平竞争）体系、开放的劳动和金融要素市场体系等。在培育和完善这些体系方面，还有大量的工作要做。我们认为随着市场体系的不断改进，这些问题都会被解决，其结果将会使某些国营企业不断地衰减。为什么会如此呢？这是由于国营企业的相对低效率和亏损而导致的。

由于市场化的改革，把国营企业推向了市场，需要和其他所有制企业竞争。尽管它们的效益相对于改革前已提高了很多，但由于国营企业的产权不明确、负担重、机制不灵活、政策规定或政策性的限制价格，国营企业的效益没有同行业非国营企业的效益高。出现了所谓的"老大（国有企业）不如老乡（乡镇企业），老乡不如老外（外资企业）"的局面。

面对着国营企业的严重问题，应采取什么样的办法呢？是否应按照现代市场经济国家最常用的一种办法，马上进行大规模的破产或私有化？对国营企业的大规模的破产是否已成为中国经济改革的关键？中国现状是否已具备实行大

规模的破产条件？我们的答案是否定的。在竞争市场中，企业在竞争中由于经营不善、生产技术陈旧、产品质量低劣、机运不佳或其他原因造成亏损甚至倒闭，从而导致了部分或全部工人失业。但是对于一个成熟的现代市场经济体制而言，由于它有完善的社会安全保障制度和失业救济制度，使工人在没有找到新工作之前有起码的生活保障。工人的失业并不会造成社会动荡问题。然而，对于中国所处的现状来说，由于才开始搞市场经济，中国老百姓价值观念和思维方法还不能一下子完全适应市场经济的那一套，如失业、通货膨胀。社会安全保障制度和失业救济制度还几乎没有建立或完善。由于国有企业工人数目庞大，国家现阶段也没有这个经济能力来建立足够负担巨大开支的社会保障系统。再加上劳动市场还很不发达，失业工人的出路问题不能解决。即使国有企业不破产，中国每年需要解决 1 200 万人左右的就业问题。其中 500 万人是从国有企业辞退的多余工人，700 万人是待业人员。如果让国营企业大规模地破产，大量失业的工人就没有生活保障，这将会对社会的安定造成威胁，引起社会的动荡。由于生活困难，社会和经济地位下降，这将会导致工人心理失衡，引起对改革的不满情绪。因此，对全面破产一定要慎重。改革需要一个安定平稳的环境。在劳动市场和社会安全保障制度还没有建立之前，国有企业本身就起着一种变相的社会保障作用。现阶段要做的是给予国营企业工人更大的选择自由，比如给予工人重新选择工作（离开工厂）的自由。如果一个国营企业的工人自愿选择这种低薪但有安全保障的工作，那他可继续待在国营企业。如果他富于冒险精神，想有更高的收入和更好的发展机会，应允许他选择去非国营企业或自己创业。经济学的一个基本原理是：风险大，报酬大，或损失大。在现阶段，国营企业最好不要因经营不善而大规模地辞退工人。在机制转型的过程中，要树立人们对改革的信心，减少社会振动，避免由于工人大量失业而对向市场经济的转型持怀疑态度或有抵触情绪。

事实上，在现阶段中，应让那些经过改革也没有出路的国有企业自行衰减而不是大规模破产或民营化。由于国营企业工人都基本上有了自由选择去或留的权利,越来越多的工人都不愿意继续吃这种没有什么油水的"大锅饭"了。现在效率不好的国营企业工人的工资几乎是各行业最低的,这种情况在去年国家事业单位工资调整后显得更为突出。这将迫使更多工人离开国营企业,另找出路,从而大大加快这些国营企业的衰减。

那么在多长的时间内不应进行全面的破产或民营化呢?我们估计不应在今后的五到十年内进行。这是由于全面民营的条件还不成熟。原因是:国营企业的产值还占相当比例,占总产值的差不多一半。如像苏联东欧一些国家那样对国营企业大幅度改革,国营企业的产值必然在最初几年下降,从而导致国民总产值的下降。为此人们的生活水平也要下降,会造成人们对改革的对立情绪。并且国营企业职工的收入一时也会下降,许多工人要失业。由于社会保障制度还没有建立,失业的工人就没有出路,这将会影响社会的稳定性。由于文化传统和社会结构的因素,中国老百姓的心理承受能力没有像东欧老百姓那么大。所以全面民营化还没成熟。

五、改革的第三阶段:民营化

转轨过程的第三阶段是民营化。如前所述,现在还没有进入这个阶段。那么在条件成熟后如何进行民营化呢?在进入民营化前,我们要先做好准备,有必要把国营企业如何股份化、民营化、破产等问题研究清楚。

受农村承包制改革成功的影响,早期的国营企业的改革方式主要也是采用承包制。但是效果不是那么令人满意。我们知道财产的产权包括财产的所有权和使用权。产权的明确界定能激发企业的生产积极性从而激励企业尽可能有效地生产。农村的家庭联产承包责任制把土地使用权和所有权分开。这种承包制取得了很大的成功。鉴于农村改革的成功,在所有制改革的早期阶段中,人们就想把这种将所有权和使用权分开的承包制的改革方式用到工业、商业及其他行业中去。他们想，这样做既保持了企业或生产资料的国有性又能调动生产积极性。但效果不尽如人意。原因是复杂的，其中一个重要原因与土地的特性有关。这个特性就是土地几乎是无弹性的（其供给曲线几乎是垂直的，因而它的供给不会随着价格发生什么变化），又不能折旧，土地肥力的减弱也是很缓慢的。这个特性可使人们能把土地的所有权和使用权分开。（例如中国香港的土地是属于香港特区政府所有的，人们向政府租赁。尽管人们没有所有权，但有使用权、收入权及转让权。）而对于那些折旧或贬值快的资产，如机器、设备，如果没有所有权，使用者没有激励去爱护它、保养它、维修它，而却有激励在承包期尽量使用它，并且一旦承包失败了承包者也没有能力承受全部损失。这样，人们越来越认识到国营企业的所有制形式转换是不可避免的。

国有企业所有制的变更有多种方式，像出售、拍卖、股份化等方式。出售或拍卖导致产权完全清楚的界定，从而根据科斯定理（Coase，1960），导致了有效的资源配置。但一个企业很可能被一个人或多数几个人所拥有，这样会导致较不平等的配置。现有的股份制是通过认购和配置股份的方式将产权出售给了持股的人们，结果比较公平。但现有的股份制配置方式还是有问题，就是国家持的股份太大，并且企业上级主管部门还是控制着企业的人事任命权和经营管理权。许多已"股份化"的企业都是"换汤不换药"，经营机制和企业领导权都是照旧。笔者同一些工人交谈中了解到，他们大多对这种股份制的配置方式不热情，特别是企业效益不好的职工。他们认为以前企业亏损，全部是由国家负担。现在搞股份化了，要职工买股票，是要职工和国家一起负担企业的亏损。所以工人们都不太愿意参股。现在有些企业都是采用强制性的参股的办法，工人们很不情愿。其实工人们这种担心是理性的，有一定道理。由于国家还是最大的股东，拥有最大的股份，政府仍然掌握着企业的经营权和人事任命权。厂长、经理还是由上级部门任命的，其他小股东仍然不能参与企业的决策。企业的决策权还是被政府（委派的人）掌握。由于厂长、经理对经营好坏不承担什么风险，他们不会全力去关心企业效益的好坏和亏损与否。也就是说，由于产权并没有完全地界定清楚，这样的股份制企业的生产效率不会比以前好到哪里去。可见，仅仅只是股份制还不能解决生产效率问题。像我在其他文章中提到的那样，一个既简单而又能有效解决问题的办法是让政府掌握的只是一种特别股，比如说它有优先分红的权利，但企业的厂长、经理或董事会应由法人股和个人股东选举产生。我认为这是一种既保证了公有制占主体（政府是最大的股东）又能让企业有效地进行生产的可行办法。我在最近对浙江一些地区的乡镇企业的考察中发现，许多乡镇企业就是用的非常类似的方法进行股份制或股份合作制改造的，取得了很好的效果。这也间接地证明了这个方法对国营企业的适用性。

六、结束语

在本文中，我们讨论了中国经济体制转型的过程及国有企业所有制形式平稳转轨的方式和步骤问题，并分析了三阶段式的渐进改革方式的合理性。我们认为在中国所处社会结构、经济条件、文化背景、历史传统和政治环境下，中国改革的早期阶段首先需要的是改善一个经济机制运行的良好的先决条件而不是首先进行市场化、民营化的改革。因为在改革的初期首先进行市场化和民营化还不能被当时中国的意识形态和人们的思想所接受，而且可能还会引起政治上或经济上的动荡。而只搞改善这些先决条件的改革却比较能够被接受，因为它马上能够见效，能够保证经济不断高速增长。它不像苏联及其他东欧国家那种激进式改革方式那样一开始就使经济下降很多。而中国这种间接式渐进改革的方式是一种使得非国营企业蓬勃发展、经济持续高速增长、人们生活水平不断提高的改革过程。它使得人们在改革中尝到了改革的甜头，增加了人们对改革的信心，加强了人民对改革的支持和参与意识。尽管由于改革带来一些失误和转轨过程中不可避免地出现了一些问题，但取得的成就证明了这种改革方式的可行性和合理性。它是一种在保持经济不断增长的过程中发展和完善市场体系的,是一种对国营企业逐步进行体制转换的过程。只要继续照这种方式做下去,经济机制的转轨一定会平稳顺利完成。

需要提到的是这种渐进改革方式可能只适用于像中国这样农业人口大多数的国家,而不适用于农业人口只占较小比例的一些前指令性经济国家(像苏联和东欧等国家)。由于国情不同,一个国家或地区的改革经验不可能完全适用于另一个国家或地区。例如,苏联和一些东欧国家用的是"大爆炸式"或称作为"震荡疗法"的急速的改革方式,而中国用的则是渐进式的改革方式。这两种方式很可能对各自国家或地区是合适的,但对另一国家或地区却不一定可行。中国采用的这种间接式的、从体制外先改革起的方式更适合中国的国情和文化背景,适合中国人的行为方式和经济条件。

(1994 年 11 月)

参考文献

[1] 赵凌云. 经济体制改革的八大不协调现象——兼论"渐进式改革道路的缺陷"[J]. 双月经济观察, 1994.
[2] 田国强、张帆. 大众市场经济学[M]. 上海人民出版社, 1993.
[3] R. H. Coase. The Problem of Social Cost [J]. *Journal of Law and Economics*, 1960, 21: 1~44.
[4] Hal R. Varian. *Microeconomic Analysis* [M]. W. W. Norton & Company, third edition, 1992.

6

中国乡镇企业的产权结构及其改革*

提要：在本文中我们将探讨乡镇企业的所有制结构与它的产权制度的改革。乡镇企业的所有制结构是一种既不同于公有企业，也不同于私有企业的所有制结构。我们将回答在同一行业中为什么乡镇企业会比国营企业的效率要高的原因。我们认为乡镇企业之所以比国营企业的效率高主要是由于一个经济机制运行良好的四项先决条件——承认人的自利性、给予人们经济上的选择自由、实行分散化决策、引进激励机制——更好地得到了实行。我们还将分析现阶段乡镇企业比个体企业、合伙企业、私有企业及股份企业发展更迅速的原因。现阶段乡镇企业发展迅速，只能说明现有的经济条件、政策环境、收入层次等更适应乡镇企业的发展。我们也将探讨乡镇企业产权改革的必要性。我们认为，当人们的经济能力提高和政策环境更宽松之后，作为发展趋势，乡镇企业必定会逐步地向股份化、民营化方向发展。现有形式的乡镇企业只不过是经济机制转型过程中的一种过渡产物，不是终极结果。

---

* 本文载于《经济研究》，1995年第3期。

一、引　言

中国 1978 年以来的以市场为取向的经济改革取得了引人注目的成就。这十几年的经济改革给中国带来了高速度经济增长。1978 年时，非国营企业的工业总产值只占 21.5%，而现在已从一个以国有制为主体的中央指令性计划经济体制转变为一个非国有制总产值已占 60% 左右的混合所有制的经济体制。发生这种变化的一个主要因素应归功于乡镇企业的蓬勃发展。乡镇企业的蓬勃发展成为国民总产值急速上升的重要因素，导致了国营企业与非国营企业总产值比例的根本性变化。在这个时期，乡镇企业发展迅速，其产值以年均 30% 以上的速度增长。到 1994 年，乡镇企业在整个国民经济中的比重达到了 47%。农村就业人员也大增，在全国 9 亿农民人口中，1994 年乡镇企业职工已达到 1.2 亿人，新增加就业人口近 800 万人。现在乡镇企业职工人数已超过市场上国有企业职工的总和。在取得这些重大成就的同时，我们也应看到还存在着许多问题。比如大多数乡镇企业的产权不清①。尽管乡镇企业比国营企业有更高的经济效益②，但由于乡镇企业也像国有企业那样产权不清，它的竞争优势随着市场机制的不断引入，个体企业、私营企业、三资企业不断发展而迅速衰减，亏损面不断扩大。1994 年上半年，乡镇企业亏损面已达 10%，亏损

---

① 有人说国有、乡镇集体企业的产权是清楚的。因为它规定为产权归全体国民所有或归乡镇全体居民所共有。作为所有人的集合中的一员来共同占有财产，所有人对财产权是无差别的、平等的。这是一种抽象的、哲学意义上的个人产权清楚而不是现代经济学中所讲的产权清楚。在现代经济学中，产权界定清楚是指产权界定到社会或社区每个人，是一种具体人之间的产权界定。从而我们说产权不清，是指产权没有明确到具体的人，而不是哲学上抽象的人。

② 在谈到经济效率（经济效益）时，要区分企业经济效率、行业经济效率及社会资源配置的经济效率这三个不同的概念。企业的生产是有效的，是指给定生产投入使产出最大；并且反过来，给定产出，使投入最小。行业是所有生产某种商品的企业的总和，它的经济效益可类似地定义。注意一个企业有效率不等于整个行业有效率。即使整个行业的生产是有效的，对社会资源配置也可能不是有效的。但反过来，社会资源配置有效一定意味着行业有效和企业有效。

总额达42亿元。一些乡镇企业中的贪污、吃喝、滥用公款已到了严重的地步。因此，农民要求对乡镇企业进行产权制度改革的呼声越来越强烈。由于乡镇企业机制的灵活性，它背的包袱较小，乡镇企业产权制度的改革和现代企业制度的建立已走在国营企业的前面。现在许多乡镇企业正在进行产权制度的所有制改革和经营机制的创新，许多地方的农民自发地对乡镇企业的产权进行了改造。目前约有10％的乡镇企业已经实行股份合作制或股份制。兼并、拍卖、转让、破产等各项改革也在进行。这些将对今年（1995年）中国将要进行的经济改革重点——以现代企业制度为目标推进国有企业改革——产生很好的借鉴作用。

在本文中，我将应用现代经济学理论特别是激励机制设计理论中的一些基本原理并且根据我近4年来夏天对浙江一些地区的乡镇企业的实地考察所了解的情况，探讨乡镇企业的产权改革问题。

首先，我们将探讨乡镇企业的各种所有制形式和结构，并且给出乡镇企业的特征。这将有利于回答为什么在同一行业中乡镇企业一般会比国营企业的效率要高的原因。除了乡镇企业具有较多的市场成分，拥有经营的自主权，企业的盈亏、风险主要由企业自身负责等因素外，我们还将给出其他重要因素。我们将分析学术界中现有的两种解释乡镇企业效率高的观点——产权理论解释和中国文化的合作性行为解释。我们将用一个经济机制运行良好的四项先决条件——承认人的自利性、给予人们经济上的选择自由、实行分散化决策、引进激励机制——基本上已被乡镇企业满足及列出其他因素来说明乡镇企业具有相对高的效率的原因，从而给出一个较为合理的解释。

其次，我们将探讨乡镇企业比其他类型的所有制企业发展迅速的原因。具有这种不公不私的产权结构的乡镇企业能迅速发展一定有它内在的原因。我们将从政治环境、经济条件、社会结构、历史传统、文化背景、政策取向等方面来考查乡镇企业迅速增长的原因。我们还将分析乡镇企业的发展是中国的社会结构、所有体制形式发生根本性变化的原因。

再次,如何对乡镇企业产权所有制进行改革及如何更进一步地提高乡镇企业的效率,这是当前乡镇企业改革的关键,也是本文要讨论一个主要方面。乡镇企业的产权改革将为今年国有企业大规模的产权改革提供经验和方式。我们还将探讨乡镇企业的前景和发展方向。

二、乡镇企业所有制结构及基本特征

乡镇企业的成就有目共睹。已有经济学家用计量经济模型检验出它的经济效率接近私有企业的经济效率(Svejnar,1990;Pitt and Putterman,1992)。对此,经济学界有两种解释。一种是产权理论解释,一些西方经济学家认为乡镇企业实际上是集体所有制下的一种私有制企业,由此认为乡镇企业的产权是清楚的,因而导致了较高的经济效率。另一种观念认为标准的现代经济学理论,特别是产权理论不能用来解释这种现象,认为中国人具有较好的合作和利他精神,故应该用中国文化和中国人的独特性来解释乡镇企业的成功(Weitzman and Xu,1994)。他们根据乡镇企业的特征与产权理论的假设不合而批评产权理论解释。下面我们将证明这两种看法都是值得商榷的。我们将论证即使按标准的经济学中对人的行为假设(即承认人的自利性),用现代经济学,特别是用激励机制设计理论基本原理,我们能给出一个合理的解释。在讨论这些问题之前我们首先有必要弄清楚乡镇企业所有制的各种形式及其特征。

(一) 乡镇企业所有制的各种形式

从名称上来说,所谓的"乡镇企业"是指乡镇政府职权管辖范围内的工商企业。据此,那些办在某一乡镇的城市企业、国有企业,不属于"乡镇企业"之列。而那些办在城市或其他特别区位的农村企业,则仍属于"乡镇企业"。由此可见,"乡镇企业"是传统行政管理体制下的产物。乡镇企业从所有制结构上可分为乡(镇)办企业、村办企业、私营企业、个体工商企业,以及由此派生出来的合伙企业、股份企业、股份合作企业、合资企业等。这样,乡镇企业按产权清楚与否可分为两大类:乡镇集体企业和乡镇非集体企业。乡(镇)办企业、村办企业被定义为乡镇集体企业。狭义的乡镇企业指的是这部分的集体企业。乡镇企业产权不清,主要指的是这部分乡镇企业。除了乡镇集体企业的产权是归社区内的全体人民共有,从而导致社区内每个人的产权不清以外,乡镇集体企业的产权还有三个不确定因素:(1)行政建制的变更(比如前些年的撤区、并乡、建镇)使得产权不确定;(2)作为社区资产所有者代表人的乡镇领导的变更使得产权不确定,乡镇行政组织的人选属于国家编制,大多由上级政府部门指定和任命,这些人员经常由上级予以变动;(3)乡镇企业集体资产从投资取向到资本收益的再分配一般都是由社区行政组织尤其是主要负责人说了算,拥有资产的全体社区人民并没有决策权和支配权,因而使得产权不确定。所有这些不确定因素是产生企业效率不高和腐败的体制性根源。由于乡镇集体企业在乡镇企业中占主体地位,并且需要解决问题的也是这类乡镇企业,因此本文所要讨论的主要对象是乡镇集体企业。

(二) 乡镇企业的特征

弄清乡镇企业的特征有利于回答为什么乡镇企业比国营企业有效率,乡镇企业有哪些弊病等问题。乡镇企业的特征大致有下列几点:

(1)乡镇企业没有所有者。按传统的产权理论,乡镇企业没有所有人,是属于集体所有,由所在社区每个成员共有。但没有清楚界定份额,没有具体到人,在这种意义上讲,它是产权不清的。这跟传统概念上的合伙合作制不一样。

(2)乡镇企业主要是由集体资金甚至由所在社区成员摊派筹建起来的。也有一些是由国家贷款筹建起来的。另外还有一部分是所谓戴"红帽子"① 的乡镇集体企业。在改革的初期，出于意识形态、优惠贷款或其他什么原因，一些个人合资合伙企业或股份合作企业名义上注册为集体企业。

（3）大部分乡镇企业是由当地社区行政组织尤其是主要负责人控制的，由他们任命企业的厂长、经理，甚至还参与企业的生产决策。

（4）所在社区成员不能直接分享乡镇企业所带来的利润，只有企业的职工通过工资的形式得到报酬。

（5）乡镇企业的资产不能转移、出售，所在社区成员随着离开社区而失去对企业资产的共有权。

从乡镇企业的这些特征可看出：第一种观点——乡镇企业实际上是集体所有制下的一种私有制企业的论断——一般是不成立的。因为大部分的乡镇企业是集体企业。尽管在一些地方存在着一些本是合伙或股份合作制的戴"红帽子"的乡镇企业，但这类企业数目毕竟有限，所以产权理论不能用来解释乡镇企业效率高的原因。

第二种观点也是值得商榷的。首先，尽管我们认为产权理论不能用来解释乡镇企业效率高的原因，但并不认为标准的产权理论的结论与乡镇企业所创造的经济较高效率相矛盾。其主要原因是持第二种观点的人错误地认为产权理论是导致资源有效配置的必要条件。尽管产权界定清楚在一些情况下是导致有效配置的充分条件，但它不是必要条件。换句话说，即使产权没有界定清楚，也有可能产生资源的有效配置。产权（Property Right）是市场经济中的一个重要范畴。在产权理论中，一个明确的产权包括下列三条：(1) 有一个清楚界定的财产拥有权；(2) 财产使用权；(3) 对拥有的财产所带来的盈利支配权或亏

---

① 在有些地区，这种戴"红帽子"的乡镇集体企业占相当比例。比如温州市鹿城区，明确属于集体的仅占37%左右，大部分是个人集资创办的挂名集体企业。

损的承担权。在一个经济运行良好的四个先决条件下（田国强，1994），产权的明确界定，进而利润归属的明确界定能激励企业尽可能地有效生产。有许多经济学家误以为这也是必要的，认为这三条可推出第四条：如果产权不明确定，会很大程度地伤害企业的积极性，降低效率。实际上，在市场机制中，激励主要是通过拥有财产和获得利润的方式给予人们的，但并不是只有私有产权才给人们以激励。一个有力的反证是，尽管土地仍然归国家所有，可生产责任制却能激励农民努力工作使得中国农民的生产积极性得到了很大程度的提高。从经济理论分析的角度看，产权对有效配置资源也不是最本质的（不是必要的）。在现代经济理论中一个非常热门的领域——经济机制设计理论——就是探讨在各种所有制条件下（包括公有制）制定出导致资源有效配置的各种激励机制的可能性。这个理论中的一些结果说明，即使在公有制条件下也可通过制定恰当的激励机制来导致资源的有效配置（见 Hurwicz，1979；Tian and Li，1994a，1994b）。

其次，我们也不认为乡镇企业效率高的原因是由于中国人具有较小的自利心和较好的合作集体精神。相反，一般来说，我认为中国人，特别是中国农民的个体性也比合作性要大得多。在许多情况下，即使合作能使双方都获利，但许多人还是不愿意合作，即使用合同、法律限定也不能让他们很好地合作。改革前合作社和人民公社时期，由于不承认人的自利性，过分地强调人的合作性和革命性，导致了极低的生产效率。农村生产责任制正是由于承认了农民的自利性和个体性，把农田承包到户后，才把农民的生产积极性极大地调动起来了。所以笔者认为那种把乡镇企业的高效率归功于乡镇企业职工的合作性和为集体工作的积极性不是一种好的解释。

（三）乡镇企业效率较高的原因

既然以上两种解释都不能合理地解释乡镇企业具有较高效率的原因，那么如何解释乡镇企业的相对较高效率呢？我们认为主要原因就是一个经济机制运行良好(即能够导致资源有效配置)的最基本的四个先决条件——承认人的自利性、给予人们经济上的选择自由、实行分散化决策、引进激励机制——得到了较好的满足。对这四个先决条件的讨论,参见我以前的研究(田国强,1994)。

乡镇企业较好地处理了个人利益和企业的关系。市场经济学在论证竞争市场经济机制导致最优资源配置的一个最基本的假设是:承认人的个人利益——每个人、每个企业都会在给定的法规、政策条令、预算约束、生产技术条件和价格等约束条件下争取自身的最大利益。大多数乡镇企业对工人实行按劳和按效益付酬。从我对乡镇企业考察中得知,大多数乡镇企业对工人的报酬都采用"计件"或"承包"的方法而不是采用大多数国营企业的"大锅饭式"的固定工资,从而把职工的个人收益和他们的劳动贡献结合起来了。

乡镇企业在生产活动中有较大自由度。一个经济机制运行良好的一个最基本的前提条件是允许经济上的选择自由,让每个人或每个企业在不危害他人利益的前提下有更多的经济上的选择自由,即人们所说的"松绑"。建立在自愿合作、自愿交换基础上的经济上的自由选择在分散化决策经济机制中起着决定性的作用。乡镇企业之所以比国营企业有更高的经济效率就是因为它有更多的经济自由选择权。乡镇企业有权决定雇佣什么样的工人、能自行决定产品的价格和工人的报酬。企业能够根据市场的需求来决定投资的取向和生产什么样的产品。对工人的辞退也有自行决定权。乡镇企业的工人在合同期满后也有自行选择去留的权利。

乡镇企业在生产活动中有较多经营自主权。一个经济机制运行良好的另外一个前提条件是分散化决策,即由当事人(企业部门或个人)做出生产消费决策而不是由上级主管部门做出决策,即人们所说的"放权"或"分权"。正是由于信息不可能完全被上级主管部门掌握,人们才希望分散化决策。用激励机制这种间接控制的分散化决策方式来激发人们做决策者想做的事,或实现决策者想达到的目标。分散化决策方式大大地降低了信息处理和传递的成本，更有效地利用了经济信息。可以看出，乡镇企业在分散化决策方面也比国营企业有更多的自主权。由于乡镇企业不属于国家计划内管辖的企业，因此不受上级政府部门控制，从而由企业自己做出生产、经营方式、职工报酬等方面的决策。另外，乡镇企业内部也建立了各种激励机制，它们大大地调动了职工们的生产积极性。

除上述原因之外，还有以下几个原因：（1）乡镇企业具有较多的市场成分，不太受上级政府部门的控制。（2）大多数乡镇企业需要自己承担企业经营活动的风险和亏损，国家一般不承担风险和亏损。所以它的预算约束是相对硬的。（3）由于乡镇企业机制较为灵活，对新技术的采用和经营方向的改变更为迅速。（4）乡镇企业具有较小的福利包袱，比如承担较少的退休金和医疗费用。（5）乡镇企业职工的积极性要比国营企业职工的积极性高。其原因是乡镇企业职工端的不是铁饭碗，随时有被解雇的危险，而种田的收入一般要比在乡镇企业低得多。（6）由于乡镇企业的产权不清楚并且国家对乡镇企业的收益支配权和管理也没像对国营企业的那么严，地方政府对乡镇企业的收入有更大的支配权，因此他们有任命当地更具有经营头脑的人作为乡镇企业经理、厂长的动力。

三、乡镇企业比其他所有制企业发展迅速的原因

乡镇企业比国营企业有高得多的效率，因此我们能比较容易理解它比国营企业发展迅速。但为什么它比产权清晰的其他所有制企业发展得更为迅速呢？一般来说，由于产权不清和体制的原因，乡镇企业的效率比私有企业或合资企业要低些，从而在经济搞活和决策分散化改革方式下，它应该比产权界定清楚的企业发展慢些。但它比其他非国营企业（包括集体企业、私人企业、外资企

业和合资企业）的发展快速得多！其主要原因有：

（1）乡镇企业更容易凑集到开办企业的资金。在较低的收入水平下，特别是经济改革的早期阶段，凭一个人或家庭的资产来开办一个企业是很难做到的。由于资金市场还没有建立，个人收入又低，没有什么渠道能得到开办企业的资金，且以个人身份也很难从国家银行借到资金。

（2）在改革的初期开办乡镇企业，意识形态上更容易被接受，政府对乡镇企业的政策和法规也比较宽。在经济改革的早期阶段，对个体、合伙、私有企业采取限制发展的方针，对这些企业批准开办的条件、雇工的人数都有更为苛刻的限制。而对乡镇企业的限制则少得多，并且贷款更容易，贷款利息也要低些，还能得到当地政府的减免税扶持政策。在中国，乡镇企业被看成是公有制的范畴，从而对乡镇企业采取扶持的态度。由此有许多地方甚至出现了实际上是私营企业也想注册为集体企业的现象。这就是为什么会出现许多戴"红帽子"的乡镇企业。

（3）更容易得到当地政府官员的批准和支持。由于乡镇企业的产权不是私有，所在乡镇企业所在地的政府对乡镇企业的收入有一定支配权，可能会从乡镇企业的开办中得到好处，因而有发展更多的乡镇企业、任命有经营能力的人担任企业负责人的动力。

以上这些原因导致了乡镇集体企业在现阶段中比国营企业及其他所有制企业发展迅速。

四、乡镇企业的产权制度的改革

随着经济体制改革的不断深入，市场体系不断引入和完善，个体企业、合伙企业、股份合作制企业、股份企业不断发展，各种所有制企业都进入市场经济中运行，乡镇集体企业原有的灵活机制也就相形见绌了。乡镇集体企业已暴露出越来越多的问题，逐步失去原有的优势。由于企业产权不清，经营者和生产者缺乏积极性，资金依赖贷款，个人不敢投资，使得企业不能上规模。企业失去了向心力和凝聚力导致生产者"跳槽"离厂。企业的短期行为也日益严重。经营者"厂外办厂"，变相地化公为私。公款吃喝、滥用企业资金已到了严重的地步。所有这些都在一定程度上扭曲了资源的有效配置，使得乡镇企业越来越不适应市场经济发展的要求。除非进行产权制度的改革，要解决乡镇企业的这些问题，就要强有力的约束和监督机制。这些都需要大大增加机制的运行成本。

如何对乡镇企业进行改革是当前面临着的一个重要问题。从经济效率和机制运行成本来衡量，产权制度的建立是必要的。我们在前面谈到了产权的明确界定并不是导致资源有效的唯一方法，但评价一个经济制度的好坏不仅仅用资源的有效性来评价，还有其他的评价指标。比如，人们还要考虑达到资源有效配置的操作成本。如果加上这一条标准，非市场的、产权模糊的经济体制就不是最好的经济体制。从经济机制设计理论中的一些结果得知，产权明确界定的市场经济机制是唯一既导致了资源有效配置又具有最小的运行成本的经济体制[①]。乡镇集体企业是中国特定阶段下和特定条件下的特有现象，它诞生于从计划经济体制向市场经济体制转型的早期阶段。随着经济机制转型的深入，当市场体系和产权明确的企业具有一定规模时，乡镇企业的竞争优势就越来越小，竞争不过产权明确界定的现代企业。于是就需要对乡镇企业进行体制转换，给乡镇企业更多的自主权。现有的政策对乡镇企业有很多限制，对乡镇企业的早期发展也许是有帮助的，但现在可能会阻碍乡镇企业发展。解决乡镇集体企业存在问题的最好办法就是进行产权制度的改革。中国乡镇企业产权明晰

---

① 对竞争市场经济机制利用信息的有效性和唯一性的一般性讨论见田国强、张帆（1993）。严格的证明见 Hurwicz (1986)、Jordan (1982)。

化主要是针对乡镇集体企业产权明晰化。要对乡镇企业的产权明晰化尽快制定出实施的办法。对产权明晰化的具体方式和步骤，国内大多数地方都处于自我摸索、自我发展阶段。

乡镇集体企业产权制度的改革有出售、拍卖、股份合作制、股份制等多种方式。出售或拍卖致使企业产权完全清楚地被界定，从而根据科斯定理（1960），导致了有效的资源配置。但一个企业很可能被一个人或少数几个人所拥有会导致较均等的配置，在现阶段可能还不太被人们接受。现有的股份制是通过认购和配置股份的方式将产权出售给了持股的人们，结果比较公平。在实行股份制或股份合作制时，对集体的股份比例应尽可能小。因为这部分股份的产权是不清楚的。不过，无论集体持多少股份，集体股应只是一种特别股，比如说它有优先分红的权利，但企业的厂长、经理或董事会应由法人股东和个人股东选举产生。我从最近对浙江一些地区的乡镇企业的考察中发现，许多乡镇企业就是用这种方法进行股份制或股份合作制改革的，取得了很好的效果。我认为这个方法同样也适合于国营企业（详细讨论见田国强，1994）。

需要提到的是，仅仅进行产权明晰化改革是不一定够的，产权明确不一定导致资源的有效配置，比如股份合作制。所谓的股份合作企业就是由个人出资合股和合作创办的企业。企业的资产是全体股东按股共有。企业的分配是实行按劳分配和按资分配相结合的分配办法。股份合作制的主要特征是内部持股，外部人员不能入股，合资又合劳，股份只能转让给企业内其他持股人。在现阶段的政治、经济及社会环境下，股份合作制发展迅速，被人们更容易接受。它虽具有产权相对明确、机制灵活、利益直接等特点，但也有阻碍了外部资本的进入和企业资本流动差的弊端。随着企业的发展、规模的扩大、横向联系的加强，资本越来越成为企业发展的主要因素，资本的要求也越来越迫切，股份合作制最终应须转为股份制。

五、结束语

在本文中，我们讨论了乡镇企业的各种所有制形式和结构，回答了为什么乡镇企业会比国营企业的效率要高的原因。我们给出了不同于以往的两种解释。我们认为乡镇企业之所以比国营企业的效率要高的原因主要是由于一个经济机制运行良好的四项先决条件——承认人的自利性、给予人们经济上的选择自由、实行分散化决策、引进激励机制——更好地得到了实行。我们还分析了现有阶段乡镇企业比其他所有制企业发展迅速的原因。现阶段乡镇企业发展迅速，只能说明现有的经济条件、政策环境、收入层次更适应乡镇企业的发展。我们认为当人们的经济能力提高和政策环境更宽松之后，作为发展趋势，乡镇企业必定会逐步地向股份化、民营化方向转变。现有形式的乡镇企业只是经济机制转型过程中的一种过渡产物，不是终极结果。我相信随着经济机制的转型完成，乡镇企业将会转为产权明确的现代企业。当然，这种转型对不同的地区和不同的收入水平层次，会有所不同，这个过程可能会是一个相当长的时期。

（1995年3月）

参考文献

［1］田国强、张帆. 大众市场经济学［M］. 上海人民出版社，1993.
［2］田国强. 中国国营企业的改革与经济体制平稳转轨的方式和步骤——中国经济改革的三阶段论［J］. 经济研究，1994，11：3～9.
［3］颜春友. 中国乡镇企业产权明晰化的技术处理［C］."乡镇企业产权明晰化的理论与实践国际研讨会"论文，浙江杭州，1994.
［4］林瑞荣. 产权改革，势在必行［C］."乡镇企业产权明晰化的理论与实践国际研讨会"论文，浙江杭州，1994.
［5］赵永发. 乡镇企业的产权制度创新［C］."乡镇企业产权明晰化的理论与实践国际研讨会"

论文，浙江杭州，1994.
[6] 马津龙. 温州股份合作企业的制度结构及其发展趋势 [C]. "乡镇企业产权明晰化的理论与实践国际研讨会" 论文，浙江杭州，1994.
[7] 崔荣法. 台州地区乡镇企业产权制度的实践与探索 [C]. "乡镇企业产权明晰化的理论与实践国际研讨会" 论文，浙江杭州，1994.
[8] R. H. Coase. The Problem of Social Cost [J]. *Journal of Law and Economics*，1960，21：1~44.
[9] L. Hurwicz. On Informational Decentralization and Efficiency in Resourse Allocation Mechanism [M]. //S. Reiter. *Studies in Mathematical Economics*. Mathematical Association of America，1986.
[10] J. S. Jordan. The competitive Allocation Process in Informationally Efficient Uniquely [J]. *Journal of Economic Theory*，1982，28：1~18.
[11] M. Pitt and L. Putterman. Employment and Wages in Township, Village, and Other Rural Enterprises [C]. Bown University，1992.
[12] J. Svejnar. Productive Efficiency and Employment [M]. //W. Byrd and Q. Lin. *China's Rural Industry: Structure, Development and Reform*. Oxford University Press，1990.
[13] G. Tian and Q. Li. An Implementable and Informationally Efficient State-Ownership System with General Varible Returns [J]. *Journal of Economic Theory*，1994，64：286~297.
[14] G. Tian and Q. Li. Ratio-Lindahl Equilibria and an Informationally Efficient and Implementable Mixed-Ownership System [J]. *Journal of Economic Behavior and Organization*，1995，forthcoming.
[15] H. R. Varian. *Microeconomic Analysis* [M]. W. W. Norton and Company，third edition，1992.
[16] M. L. Weitzman and C. Xu. Chinese Township-Village Enterprises as Vaguely Defined Cooperatives [J]. *Journal of Comparative Economics*，1994，18：121~145.

7

论中国经济制度转型中的中央政府、地方政府和分散决策的关系^{*}

一、引　言

从 1979 年开始的以经济自由（松绑）和分散决策（分权）为先导的中国经济改革取得了很大的成就。这 15 年来的经济改革给中国带来了高速度的经济增长和人们生活水准的大幅度提高。经济制度也发生了很大变化。国有经济在整个国民总产值（GNP）中的比重迅速下降，从 1978 年国有经济占 GNP 的 78％下降到 1993 年只占 GNP 的 44％。同时，在这十几年的改革中，中央政府的权力、职能和作用，中央政府和地方政府的关系也发生了很大的变化。其主要表现在中央政府在经济活动中的权力及作用越来越小，财政收入在国民总产值中所占比重不断下降，对地方政府的控制能力减弱。与此相反，地方政府在各方面的作用和势力却越来越大。这种变化导致了中央政府与地方政府包括权、利在内的各种矛盾，使得中央政府和地方政府的关系日趋紧张。于是便有一些人对此种状况表示担忧，他们认为这种经济政治权力的分散化及多元化的改革已严重削弱了国家的

---

*　本文载于《当代中国研究》，1995 年第 2 期（总第 46、47 期）。

能力，中央政府已成为一个"弱政府"，国家能力的下降将成为未来发展的重要隐患（见王绍光、胡鞍钢，1993）。他们认为导致这些问题的根源是由于实行了"松绑和放权"的经济自由化和决策分散化的改革方针，从而对经济自由和决策分散的改革方式持怀疑或否定的态度，并认为解决问题的办法应是提高国家财政税收的比重，加强中央政府的控制和重新集权。但无论是从理论上还是从实际经验来看，这些办法似乎都是行不通的，都将有害于经济的长期增长。改革前的中央集权计划经济体制的实践和1989～1991年企图加强控制和重新集权的措施都说明了此点。那么如何评估这15年的改革方式、如何看待中央政府财政比重和权力的下降、如何解决中央和地方的紧张关系，以及如何界定中央政府在经济机制转轨中的作用呢？在本文中我们将回答这些问题，并分析造成这些问题的原因。

以下，在第二部分中，我们将讨论如何看待和评估经济自由和分散决策的改革方式及是否应加强中央政府的控制和重新集权等问题。我们将给出实行经济自由化和决策分散化改革的理由，讨论集权的种种弊病，并分析经济自由化和决策分散化是一个经济体制运行良好的先决条件。在第三部分中，我们将讨论国家能力及财政比重下降问题。我们将从理论上和通过对实际经济资料的考查来分析较低的财政比重对一个早期发展中国家的经济长期增长也许是必要的。在第四部分中，我们将分析造成中央政府和地方政府关系紧张的原因，并提出解决问题的办法。第五部分将讨论和界定中央政府在经济机制转轨中的各项作用，阐明哪些是政府应该做的，哪些是政府不应该做的。第六部分是结束语。

一、关于经济自由化和决策分散化的改革方式问题

1993年以来的经济过热和通货膨胀及国营企业亏损日益严重等因素，导致了对国家财政的压力大大增加，使国家财政能力显得不足。于是，以王绍光和胡鞍钢

为代表的一些学者认为,这是由于分权的改革带来的后果,从而对经济自由化和决策分散化的改革方式持否定态度。王绍光、胡鞍钢在他们的国情报告的观点提要中谈到当前中国经济改革状况时写道:"经济决策权极度分散,中央政府控制各级政府的能力极其有限,而地方政府已经形成独立于中央的利益主体,财力过分膨胀,权力过大,经济干预过多……经济政治权力的分散化及多元化,严重削弱了国家能力。国家能力迅速下降,反过来又加速了中国经济与政治的多元化,成为未来发展的隐患。"同时,他们还把改革以来出现的投资急剧膨胀、消费需求膨胀、经济周期波动、连年的财政赤字及中央宏观能力的下降归咎于国家汲取财政能力的下降。也就是说,他们认为所有这些问题都是由于国家的财政能力及权力下降造成的,而国家的财政能力及权力的下降又是由于"松绑""分权"的改革方式造成的。为了说明集权和高比重财政政策的好处,作为例子,他们把20世纪50年代"一五计划"时期经济高速增长归因于实行了集权和高比重财政政策。他们认为,一个国家的能力主要是由国家财政比重大小来决定的。但笔者认为,他们的所有这些观点都是值得商榷的。由于他们的看法牵涉到改革的基本方式问题,因此笔者觉得首先有必要搞清楚为什么要实行"松绑""分权"的改革方式。为此,笔者想先简单地讨论一下一个经济机制运行良好的先决条件,[①] 即经济上的四项基本原则。

对经济机制转换的要求并不完全是基于标准微观经济学理论中的两个福利经济学基本定理——主张实行市场机制的主要理论基础,[②] 而是基于实践中指

[①] 详细讨论参见田国强、张帆合著的《大众市场经济学》。
[②] 这两个定理讲的是市场机制与所导致资源配置的有效性(最优性)之间的关系。第一福利经济学定理阐明完全竞争的市场机制导致了帕累托有效配置。它预先假定不存在外部效应及某种个人偏好的非充分满足(自利性)的特性。第二福利经济学定理阐明任何帕累托有效配置都可以作为一种在经过合适的资产再分配后由完全竞争的市场机制导致的配置而达到。它也预先假定不存在外部效应及某种个人偏好的非充分满足的特性。但还要加另外一些重要假定,例如个人偏好的凸性及生产技术不存在按报酬规模递增的现象等假设。帕累托有效(最优)配置指的是这样的一种配置:如果不存在能改善社会中某个成员的福利而又不损坏其他人的福利的可供选择的可行的资源配置的话,那么这种资源配置就被说成是帕累托有效配置。详细讨论,参见田国强、张帆(1993)及Varian(1992)。

令性计划经济所带来的令人难以接受的低效率,① 没有一个以计划经济为主的国家的经济是繁荣的。那么是什么导致了这种低效率和落后呢？最根本的原因是什么呢？答案是一个经济机制运行良好的四个先决条件——承认人的自利性、给予人们经济自由选择的权利（所谓的松绑）、实行分散化决策（即中国所说的分权）、引进激励机制——都没有满足。然而，指令性经济下无法解决的许多问题，在市场机制下却能得到较好的解决。其根本原因就是市场机制以上述四个先决条件为基础。市场经济机制以承认人的"自利性"作为出发点，以建立在自愿交换和自愿合作基础上的自由选择和分散化决策为基本前提，以能否提供正确激励为检验一个经济机制成功与否的基本标准。事实上，上述四个条件是任何经济机制运行良好的四项基本原则。

承认人的自利性是承认个人决策行为的基本权利。在市场经济学中，在论证竞争市场经济机制导致最优资源配置时,② 一个最基本的行为权利假设是：每个人都是自利的（或说理性的），每个人、每个企业都会在给定的法规、政策条令、预算约束、生产技术条件和价格等约束条件下争取自身的最大利益。承认人的自利性是解决人类社会问题的一种现实的、负责的态度。相反，如果把利他性当作前提来解决社会经济问题（例如生产的组织问题），像改革前那样否认人的自利性，认为人们都是大公无私，只要强调为国家、为集体就能够调动人们的积极性，其后果可能是灾难性的。即使有效，也只是暂时的，不能用来解决社会和经济的长期协调问题。每一个普通的、正常的、有理性的个人都是从自身的角度出发，来协调个人利益和社会利益。每个人的视野毕竟有

---

① 在谈到经济效率（经济效益）时，要区分企业经济效率、行业经济效率及社会资源配置的经济效率这三个不同的概念。企业经济效率指给定生产投入使产出最大，或者反过来，给定产出使投入最小。行业是所有生产某种商品的企业的总和，因此行业经济效率可类似企业经济效率来定义。需要注意的是，一个企业有效率不等于整个行业有效率。即使整个行业的生产是有效的，社会资源配置也可能不是有效的。但反过来，社会资源配置有效则一定意味着行业有效和企业有效。

② 参见 124 页脚注②。

限，不可能也不愿意长期无条件地牺牲个人利益，也不可能预料自己行为的长期结果。"自利"是经济发展、社会前进的动力。中国农村"生产承包制"就是承认了农民的个人利益，即人的自利性后才调动了农民的积极性。包产以前，他们之所以没有积极性，是因为怕别人分享自己的劳动成果或想自己不劳动也能分享别人的劳动成果。分田到户后，农民认识到是为自己劳动，所以农民的生产积极性就大大地提高了。

经济上的选择自由是个人的基本选择权利，应该让每个人在不危害他人利益的前提下有更多的经济上的选择自由，即人们所说的"松绑"。建立在自愿合作、自愿交换基础上的经济上的自由选择在分散化决策的市场机制中起着根本性的作用，是市场机制正常运行的先决条件，也是保证竞争市场经济机制导致资源最优配置的一个最基本的前提条件。在过去十多年时间中，中国经济改革者做了许多事，但最重要的是：放宽政策，即给生产者和消费者较多的选择自由。其结果是使得中国经济改革取得了很大成就。人们可以看到，哪里政策宽松，哪里人们经济选择自由度大，哪里的经济就得到发展。农村改革的成功是如此，沿海经济发展迅速也是如此。例如，尽管中央政府未曾给予沿海地区财政上什么大的优惠，但宽松的经济政策和领导人的思想解放使得人们有了更多的经济上的选择自由，沿海地区的经济因此得到迅速发展。

一个经济机制运行良好的第三个基本原则是分散化决策：由当事人（企业部门或个人）做出生产消费决策而不是由上级主管部门做出决策，即人们所说的"放权"或"分权"。由于这个问题和本文所讨论的问题密切相关，笔者想较详细地讨论一下。从决策的方式来看，无论做什么事，都有两种决策方式：一种是集中化决策，由组织主管做出决策；另一种是分散化决策，由下面的部门或个人做出大部分决策。不难看出，指令性经济机制主要是用集中化决策方式，而市场机制主要是用分散化决策方式。笔者想大多数人对集中化决策的利弊都有一个比较清楚的认识。在做重大改变的决策时，集中化决策比分散化决策来得迅速。不过这种重大改变可能带来很大成功，也可能带来重大失误。例如，在20世纪80年代初，由于中共领导人的搞经济建设的正确决策，使中国走上了经济改革、对外开放之路，从而经济得到高速发展。另外，由于毛泽东同志发动"文化大革命"的错误决策，使中国有了"十年动乱"，经济几乎走向崩溃的边缘。但更严重的是，集中化决策在收集信息、鉴别信息等方面存在着很大问题。高层决策者没有、也不可能掌握下面部门和个人的所有信息，从而在指导社会经济活动时会遇到很大的问题。如果决策者能够掌握全部有关信息的话，直接控制或强制命令的集中化决策（例如像计划经济）就不会有问题。正是由于信息不可能完全被上级部门掌握，就有做出错误决策的风险，产生无穷无尽的问题，所以人们才希望分散化决策。用激励机制或规则这种间接控制的分散化决策方式往往会比直接要求或命令来得更有效，它们能促使（激发）人们做决策者想做的事，或实现决策者想达到的目标。大多数非经济学家往往没有充分认识到这种直接控制的局限性和间接控制激励机制的威力。分散化决策方式同时也大大地降低了所要求的信息和信息传递的成本，所以更有效地利用了各种信息。

一个经济机制运行良好的第四个基本原则是引进激励机制。由于信息不可能完全被上级部门掌握，直接或命令控制不是一个有效方法。一个经济制度要解决的一个关键问题就是如何调动人们积极性的问题，即如何通过某种制度或规则的安排来诱导（促使）人们努力工作。激励机制能够把人们的自利和互利有机地结合起来。一个人做的每一件事都涉及利益与代价（收益与成本）。这种利益和代价可以是有形的或无形的。只要利益和代价不相等，就存在着激励问题。既然个人、社会和经济组织的利益不可能完全一致，激励问题就在每一个社会经济单位中都会出现。由于每个人从所要做的事中获得利益与付出代价，因此在自利的动机下，每个人将做出合理的激励：利益大于代价，就做这件事，或把它做好；否则就不做，或不想把它做好。这样，检验一个经济机制或规则是否运行良好的一个基本标准是看它能否提供内在激励（动力）使人们努力工作或做出高质量的工作，能否提供内在激励使人们爱护和保养公家财物，能否提供内在激励使决策者做出有利于他主管的经济组织的好决策，能否提供内在激励使企业尽可能有效益地生产，能否提供内在激励使经济能健康成长。一个经济制度如果不能激发其成员的积极性，反而却压抑了其成员的创造力，制造出一批又一批的懒人、闲人，这个制度就不可能长期存在下去。以往的事实说明，原有的指令性计划经济不能提供内在的动力使人们努力工作，不能使企业有效率地生产。市场机制成功地解决了激励问题，即如何调动人的积极性的问题。市场机制给主观为自己的个人以激励，使他们客观为社会而工作。市场机制所提供的激励，使自利的个人和人们之间的互利统一起来了，这也就是经济学中所说的激励相容。能否实现激励相容，关系到任何一个经济体制的存亡。

在最近 15 年的中国经济改革中，中国之所以有这么高的经济增长速度，主要就是因为上述四个先决条件被改善，即是与实行上述四项基本原则分不开的。这一阶段的改革使得人们已逐渐认识到人的自利性是不可回避的现实。通过这些年的改革，经济上的选择自由已有了很大的改善。在农村，农民获得了土地的使用权（尽管没有拥有权），基本上可以决定种哪种农产品。在城市，人们既可以选择继续留在国营企业吃大锅饭，也可以选择辞职到非国营企业去工作并承受随时可能失业的风险。通过这十几年的经济改革，分散化决策方式在中国已取得了很大进步，例如，权力下放、岗位制、取消各种计划、让个人和企业做出消费和生产的决策。另外，中国现在已经在许多部门和行业建立了各种激励机制，它们大大地调动了人们的生产积极性。

需要提醒大家的是，我们强调分散化决策，并不是说政府什么也不管，放任自由。政府要管，关键是以什么方式去管，即是用间接式的，或诱导式的方式去管，还是以直接式的或命令式的方式去管。我们强调的是政府应该用间接控制的、诱导式的方式去管，用激励机制、法规、规章制度去诱导人们做政府想要做的或想要达到的社会目标，并且这些机制、法规、规章制度要有权威性，不能朝令夕改。

三、关于中央政府财政比重减弱的问题

从上面的讨论可以看出，无论在什么经济制度下，一个国家要想实现经济的繁荣昌盛，就必须运用分散化的决策方式，就要给人们经济上的选择自由，承认个人或地方部门的利益，引进各种激励机制。这些是比产权制度更基本的因素。中国这 15 年的改革已经说明了这一点。现代经济学中一个前沿——经济机制设计理论就是以前述的经济上的四项基本原则作为前提，在给定所有制条件下，探讨设计导致资源有效配置或其他社会经济目标的各种激励机制的可能性[①]。

这样，在是否决策分散化（分权）的问题上就归结为政府的目标是什么，即是要更多的经济长期增长还是要更多的集权或较多的均等配置。只要人们的目的是经济长期高速增长、国家繁荣昌盛，就需要决策分散化。想要通过取消分权的改革回到集权的老路而达到目标是根本行不通的。所以分权的改革应是中国的基本国策，不能动摇。那么，怎么看待国家财政能力下降的问题呢？这里面牵涉两个问题。一个是国家财政能力是否真正下降，或是否严重？另一个是财政的比重如果下降，是否一定是一件坏事？

（一）关于国家财政能力下降的问题

首先，对于如何评估国家财政能力下降的问题，笔者认为不能只看财政收入在国民总产值比重是否下降，而更应看财政收入是否比以前下降。虽然中国的财政收入比重从 1978 的 31% 左右下降到 1993 年的 14% 左右，下降一半之多，但国民总产值上升了 280% 左右，从而 1993 年总的财政收入与 1978 年相

---

① 对竞争市场经济机制利用信息的有效性和唯一性的一般性讨论见田国强、张帆（1993）。严格的证明见 Hurwicz (1986)、Jordan (1982)。

比已上升了 85％ 左右。这样，经济自由和分散决策的经济改革使得国力（GNP）和国家财政收入都大幅度地增加了。如果没有这种经济自由和分散决策的改革，就没有大幅度的经济增长，财政收入的比重再高也没有用。因此，关键是要经济长期高速增长，以及在保证经济长期高速增长、不明显影响人们的生产积极性的前提下来提高税收的比重。

其次，更重要的是，中国的财政比重目前为 14％，虽说将其与已经工业化的国家相比低很多。但不要忘记，中国不是一个已经工业化的国家，而是一个发展中国家。让我们也来考查王绍光、胡鞍钢所引用的关于主要工业化国家财政比重的表格，但我们看表的方式不一样，从而得出不同的结论。从表 1 中，人们可看出，当这些国家在工业化的早期阶段，国家财政的比重也是非常低的。在 1880 时，除法国有 15％ 之外，其他工业化国家平均只有 9％。到 1920 年时，美国和瑞典的比重只上升了 2 个百分点，分别达到 10％ 和 8％。其他国家上升比较快。但把此表的数据和这些国家的国力（GNP）相比较就可得知，国家的财政比重越低，发展得就越快，例如美国。日本的情况也很有说服力。在 20 世纪早期时，日本由于起步晚，比其他工业化国家落后。但第二次世界大战之后，它的税收比重和财政比重比其他工业化国家都要低，所以发展得反而更快，迅速赶上或超过其他工业化国家。另外，笔者认为这些工业化国家在最近几十年的高比重财政支出是由于第二次世界大战之后实行高福利政策而导致的，而不是经济成长的动力。不断递增的社会福利和安全保障方面的财政开支导致了国家财政支出的不断上升。最近这些年来，高福利的工业化国家已经认识到国家财政支出太大、税率太高、福利太多影响了经济的发展。减税、减少财政支出和福利的呼声也越来越高。美国的税率从 20 世纪 80 年代中期以来已下降了很多。"东亚四小龙"经济发展也说明了这一点。这些国家或地区的经济迅速发展是与税率、财政收入比重较低分不开的。现有的经济理论也说明了此点，要想经济增长和激励人们努力生产，就不要有太高的福利和税率。刺激经济增长的一个常用的办法就是降低税率和保持适度福利。为了维护社会稳定、维持失业或无能力解决自己生活着落的人的基本生活需求，我们不得不需要牺牲一些经济效益来增加福利，但要有一个限度和恰当比例。所以，无论从理论还是实际经验来说，要想经济发展、国家富强，就要采用较低的税率和财政比重。我们谈这问题，并不是说现有的财政比重不低，从全面的角度考虑它也许低了点，我们主要想说的是大幅度增加财政比重对经济的长期增长是要付出代价的。中国还处于经济发展的早期阶段，应首先强调的是经济增长，而不是太高的经济福利和太高的财政支出。因此，较低的税率和财政比重也许是必要的。中国这 15 年的改革也说明了这点。中国经济高速增长是与经济自由化、决策分散化、税收比重下降化分不开的。

表 1　　　　　工业化国家财政支出占 GNP 或 GDP 百分比重变化

年份	法国（%）	德国（%）	日本（%）	瑞典（%）	英国（%）	美国（%）
1880a	15	10	11	6	10	8
1920a	19	31	19	8	24	10
1960a	35	32	18	31	32	28
1985b	52	47	33	65	48	37

注：a 指在 GNP 中的比重，b 指在 GDP 中的比重。
资料来源：World Bank. *World Development Report* 1991 [M]. Oxford University Press, 1991, 139.

（二）关于国家财政能力严重下降和其他经济问题的关系

为了强调国家财政高比重的重要性及加强政府的作用，王绍光、胡鞍钢在他们的国情报告中把改革以来所发生的投资急剧膨胀、消费需求膨胀、经济周期波动、连年的财政赤字及中央宏观能力的下降归结于是由于国家汲取财政能力的下降导致的。对于此问题，笔者不敢苟同。无论是从经济学的理论还是实际中来看，这几个问题与国家汲取财政能力下降之间没有必然的因果关系,很难看出这些问题是由于国家财政能力下降造成的。正相反,只要还想维持原有体制、不进行体制转换,只要政府的开支或福利的成分占太大的比例(像大多数高福利国家一样),那么即使增加国家财政能力也不可能解决所有这些问题。这是因为这些问题无论是在财政比重高的计划经济时期的中国还是在现代西方工业化市场经济国家都普遍发生过。例如,经济周期波动和连年的财政赤字在美国就非常严重。即使高福利的国家有很大财政能力去不断地加大财政的比重,但为了维持不断扩大的庞大福利体系而发生连年的赤字。投资急剧膨胀和消费需求膨胀正是计划经济体制下预算软约束造成的一大特征。中国正处于从计划经济向市场经济的转型,市场和计划的成分在现阶段都占很大比例,因此同时出现这些问题也就不足为奇了。解决或减轻这些问题的关键,[①] 不是在于增加政府的财政收入,而是在于制度的变革。中国应根据自身的国情建立适当规模的福利保障制度,而不是过度的福利制度,否则,不但会增加一大批懒汉,也会增加政府的财政负担,从而影响经济增长。

四、关于中央政府权力的减弱及中央政府和地方政府关系紧张的问题

这 15 年来的以市场为取向的经济改革过程本身就是经济自由化和决策分散化的改革过程。它使得中央政府的权力、职能、作用、财政比重及中央政府与地方政府之间的关系都发生了很大的变化:中央政府在经济活动中的权力及作用越来越小,财政收入在国民总产值中的比重越来越低,中央政府对地方政府的控制能力越来越小。这种变化导致了中央政府与地方政府的各种矛盾,使

---

① 对其中一些问题所产生的原因的讨论及解决这些问题的办法见田国强(1993)。

得中央政府和地方政府的关系显得紧张。上一部分我们讨论了中央政府财力减弱的问题。在这一部分，我们会讨论中央政府权力减弱的问题及中央政府与地方政府关系紧张的问题。

我们已经在前面讨论了为什么要实行"松绑和分权"的经济自由化和决策分散化的改革方针。这是资源达到有效配置、经济长期增长的先决条件。分权的改革就意味着中央政府直接指导和参与经济活动的权力必然要减少，而不能加强。经济权力的分散化应有利于经济的增长和国家能力的增强。当然，我们并不是说中央政府什么都不管，政府在经济制度的转型中和在市场经济中发挥着不可替代的重要作用（详见下一部分）。不过，政府对微观经济活动的所有作用都应是间接控制的作用，即制定适当的激励机制（规则、法律条令）来指导人们的经济活动。也就是说，要让规则发挥作用而不是政府直接指导经济活动。

那么如何看待中央政府与地方政府的紧张关系问题呢？造成这种紧张关系的原因是什么？如何解决或缓解中央政府与地方政府的紧张关系呢？

我们不认为中央政府与地方政府的紧张关系是由于分散化改革造成的。我们认为，主要的原因恰恰是"松绑和放权"的政策贯彻不彻底、不完善、不平衡；是政府本应在市场经济加强作用的地方没有加强作用，而不应加强作用的地方却加强控制和集权；是政府对经济活动控制太多，对不同地区给予不同的政策和待遇的倾斜性政策；而不是经济自由和分散决策太多这些原因使得政策宽松或地方领导人思想开明而又工作大胆的地方经济发展迅速，势力大增，而其他地方经济落后，形成了地区间的不平衡和地方与地方、地方与中央的矛盾。因此我们认为解决问题的办法是经济活动要进一步放松，要更进一步完善以上提到的一个经济机制运行良好的四个先决条件（四项基本原则）——承认人的自利性、给予人们经济自由选择的权力（松绑）、实行分散化决策（分权）及引进激励机制。要让市场发挥作用，只要市场能解决的，就要让市场去做。而只对那些政府在市场机制中应发挥作用的地方才加强作用，例如在制定法规、税制、完善社会保障体系、公共设施等方面，政府的作用要大大加强。并且政府要对所有地方同等相待、对所有企业一视同仁，给予同等的政策和待遇，进一步地实行经济自由化和决策分散化，通过自愿交换、自愿合作实现互利。一般来说，越是经济自由的地方、经济高速增长的地方越没有可能导致地方自治和分裂。的确如此，作为一种趋势，为了更多经济自由贸易和共同的利益，人们想着各种形式的联合。例如，探讨在亚洲形成大中华经济圈、在欧洲形成共同市场的愿望。在北美，已形成由美国、加拿大和墨西哥组成的经济自由贸易区。

五、政府在经济机制转轨中的作用

竞争的市场机制是以承认人的"自利性"作为出发点，通过建立在自愿交换和自愿合作基础上的自由选择和分散化决策方式来协调人们的经济活动，并导致了资源的最优配置。但市场不是万能的，也有一定的局限性，并不能解决经济和社会中的所有问题。在市场机制失灵时（例如不能导致资源的有效或公平配置），就需要对它进行修正和补充，在这方面政府能发挥重要作用。政府被看成一个能够合法利用强制的威胁工具的垄断机构。通过这种强力工具，社会中一些人能合法地对另外一些人施加限制。政府在市场经济机制中的主要经典作用有以下几个方面[①]：

（1）政府保护社会成员免受外来或本社会其他成员的强迫。没有这种保护，不会有真正的选择自由。在这里，军队和警察被用来阻止外来的和内部的

[①] 对政府古典作用及局限性的一般性讨论见陆丁（1993），汪翔、钱南（1993）。对政府的财政政策和货币政策的一般性介绍见欧阳明（1993）的《简明宏观经济学》。

强迫。

（2）政府制定各种法律和规定，并设立法律机关来解决各种争议问题。它保护私人财产和个人的自由选择，也保护市场的良性循环和促进自愿合作。

（3）建立社会福利保障制度来保护在竞争市场下失业或无生存能力的个人。尽管福利与经济效率或激励一般是呈反向关系，但为了保持社会的稳定和公平，人们经常不得不牺牲一些经济效益。制定出一个适当的福利政策并保持尽可能好的经济效益，是每一个国家要解决的重要问题。

（4）提供不可缺少的公共服务并征收税款。由于这些服务的性质，因此让私人企业提供这些服务是不合适的。例如，修筑公路、架设路灯等等。为了提供政府支出（例如提供公共服务、保卫国防），政府需要征收税款来偿付。在这里，就有一个重要的强制成分：不管你消费不消费，公民都被强制以一定的税率交给政府一定数量的税款来维持政府的各种活动。

（5）进行宏观调控，制定财政政策和货币政策来控制和调节经济的增长。

（6）限制垄断及对竞争难以生存的行业进行管制。

（7）在市场失灵的情况下对经济活动加以干预。市场机制一般不能解决穷富差别（收入不平均）、生产活动的外部性、公共物品、科学技术的研究与开发、公共教育事业的兴办、失业、经济周期及具有不完全信息的市场等问题，这时政府可通过制定规则、税制及设计激励机制来解决这些问题。

中国政府除了要发挥以上政府的经典作用，还应在经济机制的转型中发挥以下几个作用：

（1）建立市场机制运行良好的先决条件，例如前面提到的经济上的四项基本原则，破除与市场不相协调的规章、条令、政策。

（2）启蒙大众对改革的支持和参与意识。从指令经济向市场经济的转变，不仅是制度的转变，也是观念的转变，都不是一下子能改变的。旧体制下形成的思想观念和思维方式在人们的潜意识中已经根深蒂固，与新体制下的许多变化格格不入。例如，人们对改革带来的好处期望过高，而对于价格的波动、竞争的压力、失业的可能、收入分配的变化等转型必然带来的阵痛缺乏足够的认识，难以承受。各行各业的领导人也遇到类似的问题，其中一些人身在商品经济的大潮中，头脑仍在指令经济的框架下，用指令经济的方式搞商品经济。因此，政府要帮助人们更新思想方法和思维方式，正确地理解市场经济，剖析和揭示不同经济体制的利弊，正确引导民众理解市场经济、支持市场经济、推动经济改革。

（3）建立市场体系。一个完善的现代市场经济体制不仅仅是放开价格、开放产品市场、给予人们自由就可以了，而是由一系列系统组成的，包括市场价格体系、宏观调控体系、现代企业制度体系、税制（收入分配）体系、社会保障体系、法规体系、反垄断（不公平竞争）体系、开放的劳动和金融要素市场体系等。在培育和完善这些体系方面，政府还有大量的工作要做。

（4）制定改革的策略和方针。从计划经济向市场经济的转型是从一个均衡发散到另外一个均衡的转移。仅仅通过放任自由的方式是不大可能实现的，政府需要通过它的权威推行一系列改革措施和方针来实现。

（5）制定各种激励机制。对由于各种原因一时还不能引进市场的或进行产权改革的原有计划经济体制下的企业或单位，要制定各种激励机制或规则来调动人们的生产积极性。

（6）逐步用激励机制、规章或制度的方式来取代政策的作用。要认识到政策的时间局限性和作用的有效性。由于政策多变，因此大多数政策只有短期效应。现在政府通过政策、下文件的控制方法还是太多，并且政策多变会失信于民众，使得政府的威信越来越低。政策多变非常影响和打击经济稳定性和人们的生产积极性。例如，农业政策的多变会影响和打击农业生产的稳定性和农民的生产积极性。几年前，当粮食丰收后，政府不愿收，说让粮食价格放开，由市场来决定，结果出现农民卖粮难。1994年底、1995年初当粮食价格上升时，政府却又要控制和限制粮食价格，农民得不到粮食涨价的好处，反而要承受农业生产资料大幅度涨价的负担。另外,根据合理期望学派的观点,政策的作用往往是非常有限的。[①] 人们往往可以通过改变自己的行为方式来减低或对付政策的作用。这点在中国的实际中得到了证明,中国老百姓对此有较大的体会。中国的老百姓已在实践中总结出用"上有政策,下有对策"的策略来减低政策的有效性和政府的作用。一个文件或一个政策往往只有几个月或更短时间的作用,不是被人们的反应对策减低其作用,就是由于没有权威性而被人们忽视或忘掉。政府不得不又发新的文件,人们又做出新的对策。这种反复的过程使得文件和政策的作用及权威性越来越低。人们的"上有政策,下有对策"行为方式是现代西方合理期望学派的一个基本核心论点。

(7) 逐步解决不公平竞争问题。不公平竞争是目前存在的严重问题之一。这是中国老百姓对现实感到最不满意的地方。不公平竞争是由于转轨期间法规不完善、产权没有界定清楚及市场分散化决策(权力下放)已引进、计划经济和市场经济都占有相当成分的体制造成的。这种竞争的不公平表现在许多方面,但人们最有意见的是干部利用自己手中的权力谋取私利、凭关系走后门。如果手中有权力,就可能搞到批文或指标,利用他人或自己之手换取金钱;由于价格的双轨或多轨制,如果手中有权力,就可买到计划内价格商品,然后再转手高价卖出;如果手中有权力,可贷到款搞房地产买卖。这些问题都要尽快加以解决。

六、结束语

在本文中,我们讨论了经济制度转型中的中央政府、地方政府和分散决策

---

① 政府政策的局限性见欧阳明 (1993)。

的关系问题。我们分析了经济自由化和决策分散化的改革方式的重要性。我们也讨论了国家能力及财政比重下降问题。从理论上和通过对实际经济资料的考查来分析了较低的财政比重对一个早期发展中的国家的经济长期增长也许是必要的。我们还分析了造成中央政府和地方政府关系紧张的原因。我们认为解决问题的办法是更进一步完善一个经济机制（特别是市场机制）运行良好的四个先决条件——承认人的自利性、给予人们经济自由选择的权力（松绑）、实行分散化决策（分权）及引进激励机制。要完善市场体系，让市场发挥作用：只要市场能解决的，就要让市场去做。我们强调分散化决策、让市场发挥作用，并不是说政府什么也不管，放任自由。我们强调的是政府应该用间接控制的、诱导式的方式去管、去做，用激励机制、法规、规章制度去诱导人们做政府想要做的或想要达到的社会目标。政府在这方面有许多事可做。除了要发挥政府在市场经济中的古典作用（例如在制定法规、税制、完善社会保障体系、公共设施等方面要大大加强）之外，我们也给出了政府在机制转型中还应发挥哪些作用。

（1995 年 2 月）

参考文献

[1] 王绍光、胡鞍钢. 加强中央政府在市场经济转型中的主导作用——关于中国国家能力的研究报告 [D]. 北京：中国科学院，1993.
[2] 田国强、张帆. 大众市场经济学 [M]. 上海：上海人民出版社，1993.
[3] 田国强. 中国经济改革的前景和问题 [J]. 当代中国研究，1994，40（1）：9～23.
[4] 欧阳明. 简明宏观经济学 [M]. 上海：上海人民出版社，1993.
[5] 陆丁. 看得见的手——市场经济中的政府作用 [M]. 上海：上海人民出版社，1993.
[6] 汪翔、钱南. 公共理论选择导论 [M]. 上海：上海人民出版社，1993.
[7] T. Groves and J. Ledyard. Incentive Compatibility since 1972 [M].//T. Groves, R. Radner,

and S. Radner. *Information, Incentive, and Economic Mechanisms*. Univeristy of Minnesota Press, 1987.

[8] L. Hurwicz. Optimality and Informationally Efficiency in Resource Allocation Processes [M].//K. J. Arrow, S. Karlin, and P. Suppes.*Mathematical Methods in the Social Sciences*. Stanford University Press, 1960.

[9] L. Hurwicz. Incentive Aspects of Decentralization [M].//K. J. Arrow and M. D. Intriligator. *Handbook of Mathematical Economics*. Vol III. North — Holland, Amsterdam, 1986.

[10] L. Hurwicz. On Informational Decentralization and Efficiency in Resourse Allocation Mechanism [D].//S. Reiter. *Studies in Mathematical Economics*. Mathematical Association of America, 1986.

[11] J. S. Jordan. The competitive Allocation Process in Informationally Efficient Uniquely [J]. *Journal of Economic Theory*, 1982, 28, 1~18.

[12] G. Tian. Implementation of Linear Cost Equilibrium Allocations [J]. *Journal of Economic Theory*, 1994, 64.

[13] G. Tian and Q. Li. An Implementable and Informationally Efficient State — Ownership System with General Varible Returns [J]. *Journal of Economic Theory*, 1994, 64, 286~297.

[14] G. Tian and Q. Li. Ratio — Lindahl Equilibria and an Informationally Efficient and Implementable Mixed — Ownership System [J]. *Journal of Economic Behavior and Organization*, 1995, forthcoming.

[15] H. R. Varian. *Microeconomic Analysis* [M]. W. W. Norton and Company, third edition, 1992.

8

经济全球化、中国市场化改革与中国经济发展[*]

提要：本文主要探讨经济全球化、中国市场化改革与中国经济发展三者之间的关系。通过对经济全球化利弊的讨论及如何看待和评价它对中国经济发展和中国市场化改革的影响，本文将回答中国如何参与经济全球化这一重要问题。为此，我们首先讨论了经济贸易全球化和金融市场全球化的利弊及应如何减少贸易和金融全球化所带来的风险、波动及金融危机。我们将回答这种危机是来源于经济全球化本身还是来源于正处在向经济自由化和市场化改革转型过程中的国家或地区和其他新兴国家或地区的经济体制本身的不完善。我们的结论是：减少风险和避免金融危机的最佳办法是通过经济自由化和市场化的改革方式进一步完善市场经济体系和改进经济制度环境，而不是采取更多政府干预和控制的办法来减少金融危机的发生。尽管这种经济制度环境的改进不能完全避免经济危机的发生，但它能够减轻和缓和经济危机的程度，并且经济全球化所带来的好处是长远的，而它的代价却是短期现象。

---

[*] 本文载于《WTO与中国：走经济全球化发展之路》，中国人民大学出版社，2001年8月。本文合作者周晓娟。

然后，我们将回答应如何看待和评价经济全球化及中国加入世界贸易组织对中国经济发展的影响，以及各行业所受影响的程度。最后我们讨论了经济全球化和市场化改革的互动关系，同时对如何减少经济全球化对中国经济发展所带来的负面影响给出我们的对策和政策性建议。我们认为，减少经济波动最有效的办法是不断改进经济制度环境，使得市场能更有效地运作，以及允许民间资金通过追求最大收益的动机而得到更有效的利用。

一、引　言

无论是在中国，还是在其他国家或地区，经济全球化已成为当今学术界、政界及其他各界最热门的争议话题之一。在过去半个世纪中，国际贸易壁垒和国际金融投资障碍在发达国家中已基本瓦解或消除，在新兴国家或地区中也大为削弱。发达国家的投资者在新兴国家或地区进行直接投资或购买各种证券几乎没有什么限制，而新兴国家或地区中一些大型企业也能在发达国家股市上进行融资，使得贸易量和资本流通量大幅上升。当这些新兴国家或地区从国际贸易和国际金融流通自由化中得到巨大好处的同时，它们也发现贸易的自由化会导致本国行业、产业危机及就业困难，特别是金融自由化对资本流通会产生巨大影响。例如，在 1996 年，流入东南亚的新兴国家或地区资金高达 624 亿美元；而在 1998 年，从这些国家或地区流出的资金也高达 462 亿美元（IMF，1999）。这种剧烈波动使得人们对经济自由化和全球化的评价产生了很大争议，不少赞成它的人把它看成是经济发展的"万能药"；而许多反对它的人却认为经济自由化走得太远，是导致全球性经济波动和经济危机的主要根源，从而认为解决问题的办法是：应对产品的贸易和资本的流通重新进行控制和限制。国内学术界和各部门，及西方学术界、世界银行、国际货币基金组织对此问题的争论，以及发生在美国西雅图反对世界贸易组织（WTO）大会的游行抗争示威活动说明了人们对全球化看法的巨大分歧。尽管不少经济学者认为贸易的自由化应被鼓励，但同时他们却认为金融自由化不应被鼓励（Stiglitz，1998；Krugman，1998）。

　　本文主要探讨经济全球化所带来的整体利益是否大于它所付出的代价，以及如何看待和评价经济全球化对中国经济发展和中国市场化改革的影响问题，进而回答中国应如何参与经济全球化这一重要问题。我们将讨论经济贸易全球化和金融市场全球化的利弊及应如何减少贸易和金融国际化所带来的风险、波动及金融危机。我们将分析产生这种危机的根源是来源于经济全球化本身还是来源于正处在向经济自由化和市场化改革转型过程中的国家或地区和其他新兴国家或地区经济体制本身的不完善。我们认为是后者，并且，减少风险和避免金融危机的最佳办法是通过经济自由化和市场化的改革，进一步完善市场经济体制和改进经济制度环境，而不是采取更多政府干预和控制的办法来减少金融危机的发生。尽管这种经济制度环境的改进不能完全避免经济危机的发生，但它能够减轻和缓和经济危机的程度。经济全球化所带来的好处是长远的，而它的代价却是短期现象。我们还将分析应如何看待和评价经济全球化和中国加入WTO对中国经济发展的影响，同时讨论各行业所受影响的程度。本文还将讨论经济全球化和市场化改革的互动关系，以及就如何减少经济全球化对中国经济发展所带来的负面影响，提出我们的对策和政策性建议。我们认为，减少经济波动最有效的办法是不断改进经济制度环境，使得市场能更有效地运作，以及允许民间资金通过追求最大收益的动机而得到更有效的利用。

二、经济全球化的利弊及其评估

　　经济全球化主要包括国际贸易自由化和国际金融自由化两个方面。我们在本节分别对国际贸易自由化和国际金融自由化的利弊作一大致讨论,并评估其所带来的利弊大小。

(一) 国际贸易自由化的利弊及其评估

1. 国际贸易自由化的好处

西方学术界对国际贸易自由化的争议不是很大,无论是亚当·斯密的绝对比较优势理论、李嘉图的相对比较优势理论、新古典贸易理论,还是克鲁格曼等人的规模经济和不完全竞争现代贸易理论等经济理论,都告诉我们从社会福利最大化和资源有效配置的角度来说自由贸易是最佳选择。由于生产的绝对差别或相对差别、生产要素比例的差别、生产规模的差别、生产技术的变化和转移、各国收入水平及对产品需求偏好的差别、政府政策或者经济制度环境方面的差异等因素,就会出现生产成本和产品价格的差别,使得各国在不同的产品上具有相对比较优势,或对商品有不同的需求,从而使得国际分工和国际贸易成为可能,进而促进本国的经济发展和提高本国的社会福利。

2. 国际贸易自由化的代价

既然经济贸易理论告诉我们,从社会福利最大化和资源有效配置角度来看自由贸易是最佳选择,任何干预贸易的政策都会给本国或世界带来一定的经济利益损失,那为什么几乎所有的国家还要实行贸易保护呢? 其主要原因就是担心自由的国际贸易可能对本国的进口竞争行业、幼稚工业、民族工业造成伤害。对发展中国家来说,许多工业处在落后或新生阶段,如果允许自由贸易和自由竞争的话,这些工业可能被打垮,被或扼杀在摇篮之中,永远没有成长起来的希望。如果政府对这些工业实行一段时间的保护,等它们成熟后再开放,就不怕竞争了。尽管保护这些企业在短期有代价,从长远利益考虑可能是必要的。对贸易自由化的担心还有:认为它们会影响本国的就业水平,增加贸易赤字。除了经济上的代价,许多人还担心非经济上的代价。他们担心自由贸易可能会对本国的政治、文化、社会造成不愿意看到的影响,比如影响到民族自尊、造成社会不公及危害国家安全。

3. 国际贸易自由化利弊大小的评估

贸易保护可以保护国内行业免受国外行业的竞争，但代价是消费者利益和社会生产效率的损失，这种损失往往大于生产者所得和政府保护关税所得。由于企业受到保护，没有必要竞争，从而没有提高经济效率的必要。并且贸易保护的社会成本也非常大，即没有激励去引进先进的生产技术和学习新的知识。例如，近年来电信、通讯网络等高科技突飞猛进的发展无疑会提高整个社会的生产效率，对这些行业的保护，尽管保护了这些行业的收益，但拖延的是整个社会生产效率的提高，其损失会远远超出所得。还有，即使贸易保护在理论上说得通，由于信息的不完全和非对称，具体实施起来也会出现如何选择保护对象和技术手段上的困难，在实施中其结果往往是弊大于利。总之，各国的发展机会最终要靠经济效率的提高，而不是靠保护落后来争得。对外开放、让自己的经济直接参与国际竞争，是提高本国经济效率最有效和最根本的手段。

（二） 国际金融自由化的利弊及其评估

1. 国际金融自由化的好处

学术界对国际贸易自由化应得到鼓励并没有什么大的分歧，但对国际金融自由化却存在着很大分歧。直到1997年发生亚洲金融危机之前，西方学术界对金融市场的整合和全球化基本上是持肯定的态度。一般来说，金融自由化主要能带来三个好处：(1) 资金的流动可增加资本利用的效率，从而能加速一国的经济发展。通过吸引外商投资能使得一个国家的资本投资增加，从而增加本国生产。(2) 外国直接投资的国际化及国际有价证券的分散化可导致投资风险的分散化和减少使用资本的成本。(3) 资金的流动能改进本国公司的治理，国外先进的经营管理技术和手段能够通过外国者的投资被引进，从而改善了本国公司的经营和管理水平（Stulz，2000）。

首先，资本的自由流动导致发展中国家投资的增加。如果各国的消费在其总收入中的比重相同，并具有相同总和生产函数，则因有更高的产出，故必定拥有更多资本总量。根据边际产出递减规律，这些国家资本投资的边际生产率比发展中国家要低，因而，发达国家就具有较低的资本回报率。由于发展中国家的资本回报率高，就会激励发达国家的投资者到发展中国家去投资，其结果是，资本的自由流动增加了发展中国家的外资，从而增加了发展中国家的财富。由于发达国家投资者的投资回报率和发达国家的财富都增加了，从而整个世界的福利水平也提高了。

其次，资本的自由流动导致投资风险的减少。一个国家向国外的投资者开放它的金融市场，也允许本国企业和居民在国外集资或投资，本国的投资者就不一定需要承担经济活动中的所有风险，因为外国投资者也承担了部分风险。同样，本国企业或投资者在国外上市或购买国外证券也分担了他国经济活动中的风险。每个投资者可根据不同国家的投资风险程度来决定他的投资组合，使其具有较小的风险，但却至少有相同的投资回报率。

最后，资本的自由流动导致公司治理的改善。资本在国际间流动还能改进一国的生产水平和公司管理效率。国外先进的经营管理技术和经营管理专家能够通过外国人的投资或合资被引进，从而改善了本国公司的经营和管理水平。发达国家通过对外直接投资，把新开发的产品、先进的生产技术、有效的管理机制等引进资本输入国，使发展中国家的未开发资源或闲置劳动力等资源充裕的优势得到发挥，由此带来经济发展和经济起飞。资本的流动还可以降低发展中国家资本密集型产品的比较劣势和劳动密集型产品的比较优势，从而减少资本密集型产品的进口和劳动密集型产品的出口。另一方面，外商如果是投资在劳动密集型产品上，资本的流动则加强了发展中国家劳动密集型产品的比较优势，促进了出口。此外，国外资金和外企的进入可增加金融市场和产品市场的竞争程度，从而提高了资金利用和生产的经济效率。资本的自由流动对一个国家的经济法规完善和与世界经济法规体系接轨也有促进作用。市场经济机制能否正常运作，从一定意义上讲，取决于完善的法制体系和规章制度。为了更多地吸引外资，还需要创造良好的投资环境，保证投资者和股东的利益不受侵犯，这就需要有一个具有权威性的完善法律体系和规章制度作为保障。如果法律体系和规章制度没有权威性或不完善，企业合同、契约就不能被严格地执行，企业的经营者就可能滥用手中的权力为自己谋私利，从而增大投资者利益被损害的风险。

2. 国际金融自由化的代价

国际金融自由化所带来的好处比较容易理解，但它的代价和导致这种代价的原因却较难界定和评价。新兴国家或地区开放金融市场最主要的负面作用是可能会导致经济上的巨幅波动，即投资的激增及随后的大幅度减少，也即大量资金的流入及随后同等规模的大幅流出。这种资金的巨大波动可能会导致全球或区域金融危机，即一国的货币危机、银行危机可能会迅速地波及其他国家和地区。一旦这种危机发生，大量外资外逃，利率上升，本国货币急剧贬值，外币储备急剧下降，大批企业倒闭，工人失业，人民生活水平下降，经济增长放慢。几年前发生的拉丁美洲和亚洲金融危机能够说明这一问题的严重性。

3. 国际金融自由化利弊大小的评估

由于金融危机的破坏性，从而使得不少人对金融全球化产生了怀疑，认为新兴国家或地区金融市场的自由化所带来的问题可能超过它所带来的收益。他们呼吁终止或放慢金融市场自由化和全球化的过程。当一些人认为应有步骤地进行金融自由化改革时，不少人却要求对资金的流动重新实施控制及对金融市场实行干预。那么，反对金融自由化的呼吁是否合理？为了回答这个问题，我们需要首先回答导致金融危机的内在原因是什么，只有回答了这个问题，人们才能回答金融自由化的代价是否抵消了金融自由化的好处。

对金融自由化的主要担心是资本的流动造成了经济上的波动。下面我们将回答资本的流动是否造成了经济的不稳定及为什么会造成不稳定。

资金大致可通过三种形式的投资进行流动：外国直接投资、股票市场投资及债券市场投资。一般来说，资金通过外国直接投资和股票市场投资对经济所造成的波动在短期内不是非常直接或显著。外国直接投资一般都是中长期的,当经济环境突然发生变化时,由于受契约合同的约束及投资已转变成实物,外商很难将资金一下子撤走,因而对经济的波动不会造成太大的影响。实际的经济数据也说明了此点,在亚洲金融危机发生期间,东南亚国家的外商直接投资实际上不是减少了而是增加了,从1996年的134亿美元增加到1997年的166亿美元和1998年的182亿美元(IMF,1999)。

资金的流动可能会对股市造成波动,从而可能危害经济发展和增长。但是最近不少学者的实证研究分析表明,金融市场的开放与股票市场的波动没有显著统计关系。并且,从平均意义上来说,金融自由化不是增加而是减少了证券市场的波动(Behaert and Harvey,1997,2000;Richards,1996;Kim and Singal,2000)。

尽管外国直接投资和股票市场投资对经济所造成的波动在短期内不会造成很大的危害,但银行债务和短期债券却可能对经济造成巨大的波动。从1988~1997年,流向新兴国家或地区的债务达10 000亿美元~20 000亿美元,其中多数是短期外债。由于短期外债在墨西哥和亚洲金融危机中的作用,许多人建议对短期外债进行管制或限制,提倡多发行中长期外债。我们认为,一味地对短期外债进行管制或限制并不是解决问题的最好办法,并且,企业并不能做到想发行多少中长期外债就能够发行多少。这种建议只看到了问题的表面现象,并没有找出问题的根本原因所在。在给出理由之前,我们先讨论为什么短期外债会对经济造成不稳定。

股票的流动和债券的流动有一个本质的不同。这就是当外国投资者抛售股票时,企业不必付出现金,只是造成股票价格的下降,不会对企业的经营立即造成影响。相反,当债券的债权者离开时,企业必须用资金偿还债务给债权者,企业于是需要寻找新的资金来取代已偿还的债务。这样,股票的抛售在短期内不会导致违约、拖欠和破产,但债券却会。当债券必须要偿还时,企业却可能借不到资金,从而导致企业倒闭。在新兴市场中,这种情况尤其可能。在经济危机发生时，由于市场上的资金短缺，使得利率过高，或者企业已经大量负债而不能承受如此高的利息，或者金融机构对企业偿还能力发生怀疑，认为违约的风险太高而不愿借出。当然，企业为了减少这样的风险，可采用多样化的短、中、长期的债务组合。如果企业认为它的经营情况在短期内会改善，企业当然愿意借短期债务，因为他们期望这样做在重新借贷时可能会得到更好的信贷条件，否则企业愿意负担中、长期债务。然而，尽管中、长期债务给予企业更大的灵活性，但银行却要承受由于时间长企业经理可能会滥用资金，而债权人却无法控制，以及企业经营不佳、违约或破产的更大风险，因而长期债券利率一般会比短期债券利率要高，从而使得企业无法承受。即使企业能承受，由于信息的不对称，银行可能担心风险太高而不愿意借给企业长期债务。当然，企业为了能以较低成本发行长期债券，可能会附上保证债权人的契约条款。但只有当契约条款能够被严格执行时，它才能具有价值。当契约条款不能被严格地执行时，它就不能被用来减少长期外债的成本，企业就不得不发行短期债券。短期债券对债权人的风险较小，因为债权人可以通过随时买卖短期债券的方式更好地控制企业的行为，从而不愿购买长期债券。这就是为什么短期债券是新兴国家或地区的主要融资渠道。由于新兴经济国家或地区的金融体制不够完善，因此企业得不到更多的长期债券而不得不借短期债务。不幸的是，当一个国家或地区的外币储备有限或采用固定汇率时，大量外资出逃的挤兑现象就会在以短期债券为主的国家或地区发生。一旦这种情况发生，就会出现大量企业贷不到款而违约或为了偿还债务而不得不破产，同时也会导致贷款利率大幅上升，从而导致股票市场剧烈波动。这就是导致墨西哥和亚洲金融危机的主要原因。于是许多人建议减少短期外债、增加长期外债，但是由于以上所讨论的原因，新兴国家或地区不够完善的金融体制不支持长期外债的借贷方式。长期外债的债权人对企业经营只有很有限的影响，却要承受更大的风险，因此不愿意购买长期债券。从而，增加发行长期债券的建议由于成本太大而变得不可行。解决问题的根本办法不是限制金融自由化，而是要改进适应市场经济的金融体系、法律法规体系等。为了让发行长期债券成为可能和债权人的利益能够得到保证，同时还应当具有合理的破产制度、较低的通货膨胀率、稳定的政治和经济环境等条件。

从以上讨论我们可看出，经济全球化的好处是显著的，它的代价大小依赖于经济制度环境是否完善。贸易保护可以保护国内行业免受国外行业的竞争，但代价是消费者利益和社会生产效率的损失，这种损失往往大于生产者所得和政府保护关税所得。由于企业受到保护，没有必要竞争，从而企业没有激励机制来提高效率。并且，贸易保护的社会成本也非常大，企业没有引进先进生产技术和更新知识的动力。对行业的保护尽管能多少提高这些行业的收益，但往往拖延的是整个社会生产效率的提高，其损失会远远超出所得。还有，即使贸易保护在理论上说得通，由于信息的不完全和非对称，具体实施起来会出现如何选择保护对象和手段的技术上困难，实施中往往是弊大于利。总之，各国的发展机会最终要靠经济效率的提高，而不是靠保护落后来争得。对外开放、让自己的经济直接参与国际竞争，也是提高本国经济效率最有效和最根本的手段。金融危机的发生是痛苦的，减少这些问题产生的根本办法是健全开放性金融体系及改善经济制度环境。具有不健全的金融结构的经济由于不支持长期债券，从而在抵制经济危机方面是比较脆弱的。与世界隔离的金融市场即使能解决资金流动的巨大波动，但对经济的长远发展不见得有利。资金大量的流出对一个国家的经济当然是非常不利的，然而，这并不意味着没有这种资金大量流动的经济会更加繁荣（想象一下改革开放前的中国经济，以及世界上没有任何一个封闭的国家能把经济搞上去这么一个事实）。相反，资金大量流出的反面是资金的大量流入，这使得这些国家以更快的速度增长，资本在世界范围更有效地流动。这样，从长远看，资本的流动所带来的利益会超过所付出的代价。因此，一个国家需要考虑的问题不是如何最佳地限制资本的流动，而是让资本流动能更好地运行，尽量减少发生资金大量外逃的机会和减少当这种情况发生时所带来的代价。

三、经济全球化与中国经济的发展

以上我们已经讨论了经济全球化的利弊及其大小。一旦理解了经济全球化利弊所在,就不难分析经济全球化对中国经济的影响。随着中国积极参与全球化过程的加快,中国在经济全球化大潮中如何定位,中国经济结构的承受力如何及结构调整带来的冲击如何,是中国学术界和政策部门需要研究的重要问题。分析中国加入世界贸易组织(WTO)的决策动机、社会政治心理、经济结构承受能力,以及中国经济全球化对世界经济与政治格局的影响,也是国际问题研究的热点。本节我们将着重分析经济全球化与中国加入 WTO 对中国经济发展的影响。

(一) 经济全球化对中国经济发展的影响

用什么来判断中国参与经济全球化的得失呢?我们认为最基本的是看能否发挥中国人的聪明才智、提高中国经济效率和促进中国经济的发展。经济全球化对中国经济发展具有下列有利的影响:

1. 有利于加快企业结构的调整

中国会引入更开放的竞争机制,使经济和企业更加具有活力。开放将迫使企业寻找出路,加快国有企业的经济结构调整和改革,以及产品结构的调整,激发出企业深层次发展潜力。在改革开放初期,我们向海外开放了家电市场,当时也有人说冲击太大了,但从目前的情况来看,我们的彩电、冰箱已经向海外出口了,参与国际竞争了。

2. 有利于中国贸易出口

中国参与经济全球化更加有利于国际贸易和开拓国外市场及引进外资。改革开放以来,中国对外经济贸易发展迅速,在世界贸易中的地位不断上升,经济发展与对外贸易的相关性越来越强。在自由竞争条件下,劳动密集型产品在国际市场上具有较强的竞争力,出口一直保持着一个相对较快的增长速度。

3. 有利于外资的引进

参与经济全球化会为国外投资者创造一个更好的投资环境。由于中国的劳动力相对廉价，一旦外商的权益、资金及知识产权能受到更好的保护，必然会增加外商的投资兴趣。

4. 有利于创造更多的就业机会

由于外资企业、合资企业的增多及出口贸易的扩大，必然会创造更多的就业机会。改革开放以来，外企已为中国提供了大约1 000万个就业机会，并且随着中国即将加入WTO，必然有更多外资企业来华投资或经营，从而会提供更多的就业机会。

5. 有利于国际外贸环境的改善

随着经济全球化在世界的扩展，中国的对外贸易受国际贸易环境的影响越来越突出。由于中国的出口产品普遍具有低劳动成本的优势，因此，中国已成为一些国家，尤其是一些发达工业化国家采取歧视性贸易措施的重要目标。现在，各主要的工业发达国家都不同程度地对中国实行有条件或有限度的最惠国待遇，以及滥用建立在歧视性标准基础上的反倾销和反补贴措施等贸易限制政策。通过加入WTO，中国就可以在履行相应义务的基础上依据有关条款保护自己的利益，要求其他国家改变对中国的歧视性贸易政策，从而在根本上改善贸易环境，促进国民经济的发展。

6. 经济全球化可推动中国的金融改革

中国现有的金融系统，特别是国有银行系统已经成为中国经济发展的主要障碍。中国不仅需要对外开放，也应对内开放，允许各种所有制在产品市场、金融市场及其他要素市场中竞争。应逐步取消私人办民营银行、民营保险公司的限制，取消私人经营主要农产品的限制，鼓励中国民营企业与外国企业在同一舞台上竞争。

中国参与经济全球化当然也要付出一定的代价。实行贸易的自由化，降低关税，以及取消非关税壁垒，不少行业的产品的进口必然大增，从而受保护的行业将会受到冲击，例如汽车工业、农业、电信业、金融业、保险业等。另外，还有人担心电信业、银行业、保险业的开放会导致其被外国公司或政府控制。我们认为，没有必要去担心，由于企业都是以经济利益（能否赚到钱）作为行事标准的，如果中国的国有企业大部分在亏损，又有多少银行敢对这些亏损的企业贷款？俄罗斯的银行业已开放多年了，请外国银行去，大多数银行都不敢去。至于保险业，外资企业会慎之又慎。目前国内一些地区法制观念还不太强，可能会出现不少弄虚作假的现象，可以预料，在初期不会有太多的外国保险公司到中国来经营。不过，即使外国银行和保险公司到中国开业，也是好事，在中国缺乏资金、保险业务还非常落后的形势下，这样做对中国经济的发展和社会的稳定是有正面作用的。最让人们担心的是金融自由化可能会导致金融危机，中国作为一个新兴经济国家，开放金融市场有可能导致类似东南亚的金融危机。从上面的分析可知，只要不断完善经济制度环境，这种担心是没有必要的，金融危机的内在原因并不是由金融自由化所导致的，而是由于经济体制本身不完善所造成的。为了减少这种危机发生的可能性，应更进一步改革开放，继续进行经济自由化和市场化的改革，早日完善市场经济体系。

（二） 加入 WTO 对中国经济的影响

中国为了加入 WTO，已经持续进行了 14 年的谈判，真可谓是世界级的马拉松谈判，过程艰难曲折，历尽风霜。中美于 1999 年 11 月签定了双边贸易协定。2000 年 5 月 24 日，美国国会通过的由美国政府推动的给予中国永久正常贸易关系地位法案使得美国政府签订的协议基本上得到了落实，中国可望在 2001 年如愿加入 WTO。虽然过去 14 年的谈判艰苦漫长，但却促进了中国更快速地推进经济自由化和市场化的改革，更加自觉地遵守国际贸易规范。中国加入 WTO 后，权利和义务的核心内容将是通过市场开放、非歧视性和公平贸易等原则，达到推动实现世界贸易自由化的目标，它将既包括中国对外国的出口，也包括中国对外国的进口。这对中国的经济发展和社会经济结构将会产生很大的影响。从长远来看，它会改进和提高中国经济中的产业结构、产品质量、人员素质，以及促进中国经济发展。改革开放以来，中国家电行业、服务行业在国际市场竞争中异军突起就是明证。为加入WTO，中国已完成了与众多WTO成员方的双边关税减让谈判，在加入WTO后，中国还将取消大部分非关税壁垒和出口补贴，增加贸易政策的透明度，开放服务贸易，扩大对知识产权的保护范围及放宽对引进外资的限制等。可以看出，中国加入WTO标志着中国在经济全球化的过程中立下一个新的里程碑，必将对中国经济的发展和经济结构的改变与升级产生重大影响。不过，在加入WTO初期，中国将遇到两方面的问题：一是贸易法规与国际接轨将会遇到重重阻力，至少有一个相当困难的适应期和过渡期。由于中国幅员广阔，中央政府虽然从整体上规划实施WTO协议的条款和新规章，但难以在地方上严格执行，很难排除国内各社会职能部门的自卫性反应。无论是国有企业、私营部门，还是法律仲裁机构和地方政府，都可能因无法适应日益增多的法规而出现反应。二是国际竞争将促使中国产业结构发生变化。中国加入WTO必定会导致更多的国外产品和企业进入中国国内市场，从而会冲击中国的部分行业。除了上面分析的经济全球化对中国经济发展的一般利弊影响外，还有下列具体影响：

1. 有利于出口和降低原材料进口的成本

中国加入WTO将为出口型的企业提供广阔的出口空间和巨大的国际舞台，非常有利于这些企业的成长和壮大。尤其对我国具有比较优势的行业更是如此，例如机电、纺织行业等。加入WTO后，西方发达国家限制我国的配额将被逐步取消，这不但使一批企业（例如纺织企业）重新获得生机，也有利于增加就业机会。加入WTO将会降低以进口产品为原材料的企业的生产成本，提高它们的效益。

2. 对于以国内市场为主且与国外产品构成竞争的企业，加入WTO，对它们是个严峻的考验

随着关税的进一步下降，以及各种非贸易壁垒的取消，这些企业不可避免

地受到国外产品的冲击，有可能失去已经占有的国内市场份额，尤其是那些处于发展初期的"幼稚产业"，例如汽车工业、高科技产业等。不过，这也不一定就是坏事。配额许可证等非关税壁垒的存在会造成进口的随意性，且易于产生腐败。真正妨碍中国民族工业发展的根子在于腐败、在于生产技术的落后及缺乏竞争。从长远看，配额起不到保护民族工业的作用，相反，缺乏竞争的企业会永远长不大。另外，高新技术产业的全球化，要求其零部件在全球自由流通，如果关税太高，人家就不会到你这里来生产和投资，也就谈不上高新技术产业的发展，如此，又怎么赶超发达国家呢？不过，从短期来看，中国加入WTO后，受关税下降和非贸易壁垒取消影响的主要行业有：

（1）高科技产业。高科技产业是我国成长最快的行业。加入WTO后，将实行零关税，还将取消外资高科技企业为获取国内市场份额而必须向我国企业转让技术和出口配额的做法，使高科技外商投资企业的投资环境更加宽松，将吸引更多的外商来中国投资和生产，从而带来资金、高新技术和先进的管理方法，这将有利于高新技术在中国的发展及让消费者受惠。例如，目前中国的电话费约为美国的7倍，为什么会有这么大的差距？就是因为垄断，因为既得利益集团的阻碍，很多人不能参加竞争，服务质量因垄断经营而提高得很慢，与国际水平差距很大，消费者的意见也较大。这个问题别的行业也存在，但电信行业表现得特别明显。现在是知识经济时代、互联网时代、全球化时代，电信费用过高对经济发展是一个很大的阻碍，因为知识、信息的传播越来越多地依赖电信通道，而国民掌握知识、信息的多寡直接决定着国家竞争力的强弱。加入WTO后，将使我国电信市场由垄断转向激烈竞争，我国电信业提高技术和服务质量及降低价格的压力将加大。这对于通信、电信等行业的影响，是复杂而深刻的。一方面，国外的通信设备影响着它们的销售和市场份额；另一方面，高居不下的服务费将大幅下降，可以刺激电信业的需求增长，从而进一步带动对这些企业产品的需求。另外，加入WTO也有利于这些企业到国外竞争，将市场延伸到世界各地。例如，一些通信上市公司已经开始到国外参与大型电信项目的投标，并取得了成功。

（2）汽车业。加入WTO后，外国轿车将大量涌入。目前汽车进口关税为80%～100%，加入WTO后，整车关税到2005年前将降至25%，汽车零部件进口的平均关税将降到10%，并取消汽车进口配额。这将加大外国汽车企业和汽车零部件企业在国内市场上与我国企业的竞争。中国汽车工业前13家企业生产量占总产量的91%多，已形成了一定的生产规模，一些国产车（例如夏利）的价格只比国外同类轿车高20%～25%（据1999年7月29日《大公报》报道，在由国家信息中心邀请国家部委与专家、学者召开的"WTO与中国经济高级研讨会"上，国家机械行业管理司司长董扬指出，当前，中国的轿车价格只比国际市场价格高出20%～50%），考虑到对进口车实行25%的进口税，进口轿车的价格将会和国产车差不多。在未来几年内，可通过股份制改造、合并、转行、破产等方式进一步解决汽车行业的规模经济和效率问题。其实，中国主要的汽车企业早已通过合资的方式，在一定程度上与国际汽车行业接轨，形成了初步的竞争能力。通过与外国公司的结合，不仅解决了资金和技术上的一些问题，而且也能发挥中国劳动力便宜的优势。所以，中国加入WTO对汽车工业的影响也许没有人们想象的那么大。

（3）农产品。目前农产品关税高达45%。加入WTO后，在4年内根据农产品的不同种类，将降到14%～17%。减让关税的农产品有三种类型：一是竞争性很强的产品，例如水果；二是原产地价格很高的产品，例如肉类；三是消费习惯不同的产品，例如奶酪。第二类产品压力不大，第三类产品即使大幅度减让关税，消费量也不会上升。另外，关税配额下的粮食配额只占中国粮食总产量的5%，压力可以承受。不过，对油、棉产品的压力比较大。对于中国来说，土地密集型农产品（例如粮、棉、油）不是优势，劳动密集型农业（例如养殖、水产、园艺）才是优势。加入WTO，对中国农业的产业转向、农村劳动力转移及中国城镇化转型会有很大的促进作用。中国从事农业的人口大概是70%。中国经济要想现代化，农业人口一定要大量减少。美国农业人口大概是5%，他们除了供应自己之外，还有很多出口。中国台湾在发展经济的过程中将农业人口从80%减到了15%。所以中国大陆农业人口一定要减少，转向工业部门。当然建工厂就要占农地，这样一来农产品靠自给自足一定不行。假如我们需要工厂的话，部分农产品只好靠外面进口，这其实没有什么可怕的。不用担心没人卖给我们，外国的农场只要想赚我们的钱，他们就会卖。如果美国不卖给我们，我们可以向欧洲买；如果欧洲不卖，我们可以向越南买、向泰国买。怎么可能全世界没有一个国家愿意卖给我们农产品呢？

（4）家电业。加入WTO对家电业影响不会太大，国产家电在质量上已逐步赶上或接近国外产品，而价格则大大低于它们。加入WTO后，家电产品的进口关税被削减，这样国内产品的价格优势可能被削弱。这时，国外品牌在质量上的优势便会弥补价格上的劣势，对国内产品重新构成威胁。但另一方面，国内一批具有规模经济、资本密集和有先进技术的家电类企业，基本上已经成功地度过了产业保护期，部分产品已经在国际市场上崭露头角，加入WTO，反而使其更容易进入国际市场，拓展市场空间。

（5）化工业。外国大公司的开发研究和产品质量优势明显，这也是我国化工产品一直处于贸易逆差的原因。我国造纸业面临的是双重影响，木材和纸制品进口关税将从目前的12%～25%降低到5%～7%，进口木浆价格下降，将有利于我国造纸业的发展，但外国纸制品将冲击国内纸品市场。

（6）商业与服务业。我国将撤销对外国企业批发商品的禁令，这对我国国有商业企业的批发业务形成激烈竞争。旅游、酒店、外商独资饭店将在3年后进入我国市场，它们在跨国经营和国际标准管理上存在竞争优势。

3. 对于曾经模仿国外技术作为技术进步手段的企业，加入WTO后，这些企业的技术进步将受到考验

中国加入WTO意味着必须扩大对知识产权的保护。例如医药行业，加入WTO后，医药产品的进口关税将降至5.5%～6.5%的水平，进口药品会大量增加。许多医药类企业缺乏开发新药的能力，加入WTO意味着扩大对知识产

权的保护范围，国内医药企业有可能不得不向国外医药公司支付巨额的专利费来获取技术，这对我国医药企业是个挑战。

4. 有利于非国有经济大发展

加入WTO，外商投资领域、地域、股权更加开放，有利于中国加快全方位、多领域、多层次的对外开放。跨国公司及外国投资将会更多地进入中国，这对国内企业也有好的促进作用。外资能进入的领域没有理由不让国内的民营企业进入，这样会更有利于非国有经济的发展。

5. 有利于金融全球化在中国的深入

参加WTO后，中国将允许外商独资银行经营银行零售业全方位服务业务，并且允许外国银行在2005年后开办人民币业务，允许外国保险公司拥有50％的股权，并增加设立外国银行和保险公司的城市。因此随着银行及保险市场的进一步开放，将有利于我国证券市场资金来源的扩大。金融业是资金高速流动的行业，为使不同部门之间协调发展，国家应有限度地进行中外合作基金等试点，并在试点成功的基础上逐步在证券市场中引进国外投资型资金，发挥国际资金支持我国股份制改造的功能。另外，加入WTO后，利率等货币政策工具的运用需要综合考虑国内外利率水平的对比及市场状况，股票市场对利率的变动不再会像1998年那样麻木。随着市场化程度的不断提高，国家通过有关政策工具调控证券市场的有效性将逐渐加强。作为市场经济重要组成部分的股市，必将对入世做出积极反应，入世成功将是中国股市走向活跃的重要契机，并将对股市健康发展起到积极作用。

6. 有利于企业经济效率的提高

可以预计，加入WTO后，在未来的几年里，中国企业将有一个明显的分化过程，市场竞争的"优胜劣汰"法则将发挥作用，只有经历了国外竞争者考验的企业，才能够在竞争中生存下来，一些低效率的企业将不可避免地被淘汰。

四、中国的市场化改革与经济全球化

在本节，我们将讨论中国市场化改革与经济全球化的互动关系，同时对如何减少经济全球化对中国经济发展所带来的负面影响提出我们的对策和政策性建议。

从前面的讨论可以看出，中国积极参与经济全球化对中国经济的发展和市场化改革具有很大的促进作用。中国即将加入 WTO 将给中国经济的发展提供前所未有的机遇，同时，也将会遇到巨大的挑战。经济全球化的好处是显著的，但弄得不好将会付出巨大的代价。当人们从国际贸易自由化和国际金融自由化中得到巨大好处的同时，也要警惕国际贸易自由化和国际金融自由化可能导致的本国的行业、产业危机及就业困难，特别是金融自由化可能导致金融市场的剧烈波动，从而加大发生金融危机的风险。中国不仅面临经济全球化带来的竞争挑战，更严峻的是，中国经济体制自身的结构性弱点将暴露出来，那么，中国在经济全球化的过程中如何才能将它的代价减少到最小呢？

我们认为，最重要的就是要继续深入地进行自由化和市场化的经济改革，逐步完善和建立适合经济全球化的市场经济体系。通过市场化经济制度的转型使得中国的经济发展在经济全球化的大潮中获得最大收益，同时让经济全球化对中国经济波动所造成的损失减少到最小。一个完善的现代市场经济体制不仅仅是放开价格、开放产品市场和金融市场、给予人们自由就可以了，它是由一系列经济制度环境组成的，其中包括市场价格机制、自由流通的生产要素（例如劳动和金融）市场、各种经济法规、明晰的产权制度、现代企业制度、宏观调控系统、税收体系、反垄断体系、社会保障体系等。如果没有这么一个完善的市场体系作为制度保证，国际贸易和国际金融的自由化就不能产生人们所希望的结果。这是由于价格机制能有效、迅速地传递经济信息（供给和需求方面），明晰的产权制度能激励投资者为了追求利润最大化而进行最有效的生产，竞争的市场使得消费者能以最便宜的价格买到自己满意的商品和服务。如果没有竞争，企业也没有动力来提高经济效率，从而需要反垄断法来保证竞争。这样，产权明晰的自由竞争市场机制使得人们在自由选择和自愿合作的基础上交换产品和生产要素，从而导致了资源的有效配置。当然，市场能正常运转和公平竞争需要有规范的法律和法规，保证投资者和股东的利益不受侵犯，保证契约合同条款得以执行，以及在公平的条件下进行竞争，这对吸引外资非常重要。我们在前面已经分析到，如果没有一个权威的法律体系和法规，企业合同和契约就不能被严格执行，企业的经营者就可能滥用手中的权力为自己谋私利，从而增大国外投资者利益被损害的风险。在这样一个不健全的经济制度环境下，国外投资者一般是不愿意进行长期投资的，从而在抵制经济危机方面显得很脆弱。因而，我们可以说，中国经济的全球化能否取得经济平稳、健康、高速的发展，将取决于中国经济自由化改革和市场化的改革能否更深入地进行，经济制度环境最终是否适应于经济全球化的要求取决于中国经济的竞争能力。为此，我们提出以下政策建议：

（一）健全和完善开放性金融体系，以及相关配套法律和法规

金融危机的发生对一国经济发展的损害是巨大的。减少经济的波动和发生金融危机的根本办法就是健全和完善开放性金融体系，以及相关配套法律和法规。由于不健全的金融体系和不完善的法律和法规将增大外国投资者的投资风险，使得他们不愿意投资或不愿意作长期投资，从而在抵制经济危机方面比较脆弱。

（二）对国有企业进行产权明晰化的改革，大张旗鼓地进行民营化的产权改革

国有企业效率不高是一个世界性的问题，其根本原因是产权不清，因为用别人的钱无论如何都不如用自己的钱来得小心。由于国企的厂长、经理不是企业的真正主人，他们大多没有什么开拓和创新精神，国有资产的经营风险和盈

利也就无人真正负责。而大量的国有资产又是被少数特权者占有、调动、支配，其结果是破坏了整个市场的公平竞争，造成财富被少数人占有，整个社会不公平的现象也就愈演愈烈。国有企业的问题一定要在经济全球化和市场化的前提下解决。中国加入WTO后，国有企业的日子将会更难过，国有企业所有制改革将会更为迫切。应对国有企业建立现代企业制度，实行股份制改造。本文的作者之一在好几年前就曾建议过对中小型国营企业实行民营化，对大中型国有企业实行特别股份制，让政府拥有的股份是一种特殊股，它可以具有优先的分红权或补偿权，但不能参与企业的经营管理，不能直接左右企业的决策。换言之，国有资产的股份享有剩余权，但没有监督控制权。应当真正让投资人或者职工持有股份和决定企业的命运。这种方法的优点是，既能保证国家占有大多数股份，又能让真正关心企业前途和经营好坏的投资人来监督和控制企业（田国强，1994，1996）。

（三）尽量减少政府的干预

只要市场能做的，就要让市场去做，当市场失灵时，政府才需要发挥作用。许多人对市场的功能仍然认识不够。市场是最有效的激励机制和传递信息的机制，它能够提供人们需要什么商品，从而生产什么商品的信息。当经济运作不好的时候，政府不需要直接参与经济活动，而是要提供一个环境，让企业能够按照市场规则运行，例如制定规范的股票市场及产权交易市场规则，制定有关法律和法规，从而保证契约和合同条款得以执行及在公平的条件下进行竞争等。

（四）注重技术人才的培养和使用，制定更开放的人才使用政策，吸引留学生回国工作或创业

经过20年改革开放，许多先进的生产技术和管理方法被引入到中国。入世之后，由于国外的知识产权将会得到更严格的保护，中国获得新技术转让的

成本将会增大，在这种情况下，中国就应充分利用现有的人才资源及注重人才的培养。如果不解决人才的培养和使用问题，中国在经济全球化潮流中将难以依靠本国智力资源来达到富民强国的目标。在中国，许多人才被中国的社会经济结构本身所窒息，没有得到充分的利用。自中国 20 年前派出留学生以来，不断放宽留学政策，使得大批的学子得以出国留学，他们在各自的领域里学到和掌握了最新的科学知识和技术，但由于种种原因，他们中的大多数还滞留在海外。如果中国政府能制定出更宽松的吸引留学生回国服务和创业的政策，这将是一大批可利用的宝贵人力资源。

（五） 制定出更宽松的吸引外资的政策，不要怕让国外投资者赚钱

想通过外资创汇或赚钱，你就需要让国外投资者能赚到钱，否则他们就不会来投资。古人说得好：将欲取之，必先予之。你如果想要赚别人的钱，或者从别人那里得到好处，你就要让别人也能赚到钱或得到好处，也就是互利，这是一条非常重要的经济学原理。经济全球化和加入 WTO 就是互利和双赢。世界上最可靠的赚钱方法就是让人家也赚到钱，最可靠的获得供给的方法就是让人家能赚到钱的方法。假如别人赚不到你的钱，他就不会供给你东西。加入 WTO 就是让人家赚我们的钱，这是一件好事情，因为人家也让我们赚他们的钱。实际上，国外投资者到中国来做生意对我们是很有好处的，我们是竞争性地去借钱，他们是竞争性地借钱给我们。所以，我们只要有好项目和能保证契约条款得到落实的法律、法规，就不怕别人不借给我们钱，他们反而会求我们借他们的钱。国外的证券公司到中国来也是一个道理。我们都知道，现在中国股票市场有很多不诚实的行为，如果中国投资人能够买卖外国股票，如果外国证券公司能到中国来，跟中国的证券公司形成竞争，就可以促使中国的股票市场规范起来。与此同时，中国的企业可以更容易地到国外去上市筹资，国外规范的证券监管体系也会迫使国内企业规范自己的行为。从长远来讲，这对我们是很有好处的。

五、小　结

本文探讨了经济全球化、中国市场化改革与中国经济发展三者之间的关系。从本文的分析我们可以看出，经济全球化对中国经济发展所带来的好处将是长远的，而它所带来的问题只是短期的、可解决的。减少经济全球化所导致问题的最佳办法，是通过经济自由化和市场化的改革方式进一步完善市场经济体系和改进经济制度环境，而不是采取更多政府干预和控制的办法来减少经济波动的发生。尽管这种经济制度环境的改进不能完全地避免这些问题，但能够减轻和缓解发生的程度。中国经济在过去 20 年之所以有高速的增长，主要靠两条基本国策：对内改革与对外开放。对内"松绑、放权"的经济自由化改革，以及引入竞争市场机制的市场化改革，大大调动了人们的生产积极性，促进了非国有经济的蓬勃发展；对外开放的政策使得大量外资、先进的科学技术及管理经验涌入中国，外贸大幅度地增长，从而大大提高了生产力和人们生活水平。自改革开放以来，中国的外贸出口增长迅猛，成为中国经济增长的重要因素之一。我们相信，对内改革和对外开放还将是中国的基本国策。当今的世界处在高科技与信息时代，中国不可能在封闭的条件下搞好市场经济，必须更进一步对外开放与交流。通过对外开放，中国能在世界范围内进行经济技术交流，不仅可以与国外进行优势互补，而且还可以引入国际规则，完善市场体系，促进经济的高速发展。

中华民族的重新崛起是一个艰巨的历程。在新千年伊始，世界正处在经济全球化、信息网络化、生物技术工程革命化的大潮中，这次浪潮来势凶猛的程度是前所未有的。对中国来说，这是一个机遇，我们要抓住这个千年不遇的历史机遇。加入经济全球化的浪潮将迫使中国面对适应现代知识经济的挑战。现在有一种观点，说中国是无法与发达国家竞争的，一旦中国加入经济全球化的浪潮，中国就会沦为发达国家的经济附庸，这种观点是太看不起中国人了。其实，中国人的竞争力不比任何人差，只要给人们一个自由竞争的机会，我们中国人就一定能赢,海外华人在经济、科学等领域的杰出表现已经证明了这一点。中国人吃苦耐劳、聪明能干,怎么可能输给外国人?只要建立起一个能够发挥人们才干的经济制度环境,中国的经济就不愁搞不上去。当然,中国的经济体制转型和全球化过程在短期内可能是痛苦的,将会给许多企业、行业和个人带来巨大的压力和痛苦,但我们没有退路,只有一个选择,就是向前走,继续进行经济全球化和市场化的改革,否则将意味着中国经济的停滞和落后,中华民族又将失掉一次重新崛起的良机。

(2001年8月)

参考文献

[1] 田国强.中国国有企业的改革与经济体制的平稳转轨的方式和步骤——中国经济的改革三阶段论[J].经济研究,1994,11:3~9.

[2] Bekaert, G., and C. R. Harvery. Immerging Equity Market Volatility [J]. *Journal of Financial Economics*, 1997, 43: 29~77.

[3] International Monetary Fund. *International Capital Markets: Developments, Prospects, and Key Policy* [R].1998.

[4] Kim, E. H. and V. Singal. Stock Market Openings: Experience of Emerging Economies [J]. *Journal of Business*, forthcoming, 2000-9.

[5] Krugman, P. Saving Asia: It's Time to Get Radical [J]. *Fortune*, 1998-9-7.

[6] Richards, A. J. Volatility and Predictability in National Stock Markets: How Do Emerging and Mature Markets Differ? [J]. *IMF Staff Papers*, 1996, 43: 461~501.

[7] Stiglitz, J. Boats, Planes and Captial Flows [J]. *Financial Times*, 1998-3-25.

[8] Stulz, R. M. *Should We Fear Capital Flows?* [C].Ohio State University, 2000.

9

中国民营经济发展的前景[*]

提要：在中国经济长期持续性高速发展的过程中，民营经济发挥了不可替代的作用。本文从中国经济体制转型的方式切入，论述了民营经济发展的现实与可能，并从对经济的拉动作用、风向标作用、劳动力载体作用三个方面阐释了民营经济将在中国经济转型中发挥的重要作用。然而，现阶段的民营经济发展仍然面临诸多体制上的制约因素，技术创新能力弱，投资布局不合理，对此，本文有针对性地提出了应对之举。

民营经济从最初个体户的资本积累到目前私营经济的蓬勃发展经历了一段顽强的发展过程，它在我国由计划经济向市场经济转轨的过程中发挥着不可替代的作用。2002年中国经济增长的2/3来自非国有经济。在对外贸易方面，自1999年政府放宽了对民营企业进出口经营权的限制后，出口供货100万美元以上的私营企业开始进入外贸领域，成为中国经济的主体部分和中国经济长期持续性高速发展最主要的推动力。

---

[*] 本文载于《国际技术经济研究》，2004年1月。本文合作者崔伟。

一、民营经济的发展与中国经济体制转型模式

中国民营经济主要指的是民有、民营、民收益的经济实体。民营经济自筹资金，自己创业，不仅涵盖了私营经济与股份制经济形式，也包括非国有控制企业，例如被租赁、托管的国有企业等。民营经济与其他经济形式相比有两个明显的优势：第一，纯市场化运作方式，竞争意识强，机制灵活，市场反应灵敏；第二，股份制企业可以让劳者有其股，激励机制明显，个人利益与企业利益结合，具有完全的经营自主性。

中国经济发展取得如此巨大的成就和民营经济会如此迅速增长是与中国经济体制转轨的方式和次序分不开的。现今经济转型国家主要采用两种转型方式。一种是激进式的，像许多东欧国家，包括俄罗斯采用的方式，主要采用同时实行大规模的私有化、自由化及市场化改革。激进式的转型方式主要是基于标准的现代经济学产权理论，它认为清晰界定的产权是经济繁荣的先决条件。由于私有化通过将剩余收入与控制权转移到私人投资者手中的方式，限制了收入的再分配，改善了努力工作的激励，从而导致一个广泛的看法，相信界定清楚的私有产权制度安排在任何情况下都是最优的经济制度安排。正是基于这个结论，迅速地私有化被认为是计划经济向市场制度转型的首要步骤。但这个结论是基于经济制度环境是完善和规范化的。而中国采取的是另外一种方式，即渐进式的转型方式。它主要是通过经济自由化和市场化的改革来改善经济环境，使得民营经济得到蓬勃发展，直到最近还没有对国有企业实行大规模的私有化。这两种转型方式的差别很大，但殊途同归。实行大规模私有化的大多数国家在经济增长与稳定方面出现了严重的问题，经历了产出的显著下降及高通货膨胀率，而中国却保持了经济的快速增长及较低的通货膨胀率。为什么会出现如此大的差别呢？

中国经济改革要平稳地完成向市场经济体制转轨的过程需要经过三个阶段：经济自由化、市场化、民营化。中国经济改革早期阶段主要进行的是经济

自由化改革。改革的取向主要是建立并改善一个经济机制良好运行所需要的基本先决条件和环境,承认个人利益,给予人们更多的经济自由。由于经济自由化将生产与交易决策分散到企业和家庭,因此即使在市场体系没有完全建立或完善情况下,也导致了非国有经济特别是乡镇企业的蓬勃发展。这种间接的、自发的、不知不觉的体制转换过程是一种让非国有经济发展壮大的过程,而不是直接针对国有企业所进行的改革。这就避免了在改革的早期阶段和国有经济发生正面冲突。通过让各种所有制企业竞争,市场体系和非国有经济得到了发展,同时对国有企业也有明显的示范和推动效应,国有企业的经济效率相对改革前也大大提高了。它使得国有企业在没有大规模私有化的情况下,所占国家经济比重大幅度下降,从而保证了社会经济的持续性高速增长,为随后的改革提供了物质基础,也提高了人们对改革的支持和参与意识。在实行经济自由化的同时,建立完善市场体系势在必行。一个完善的现代市场体系包括自由竞争、市场价格调节体系、宏观调控系统、现代企业制度体系、税制(收入分配)体系、社会保障体系、法规和法治体系、反垄断(反不公平竞争)体系、开放的劳动和金融要素市场体系等。随着市场经济环境的不断改进,它更有利于非国有经济,特别是民营经济更迅速的发展。

平稳转型的首要步骤是实施经济自由化与市场化改革,而不应该是大规模地实施私有化。这是由于在经济自由化与市场化的转型期间,不仅经济制度环境而且政府体制都是不完善的。非常规的集体所有权的安排成为相对有效或"次优"(second best),成为一个在转型与发展过程中不可避免的中间形式。由于不同经济制度环境影响不同产权所有制安排,因此,国有、集体、民有产权所有制在不同经济制度环境下都可能具有相对优势。当经济自由化和市场体系完善的程度非常低下时,政府的指令性经济活动很强,国有企业将比民营和集体合作企业更具有相对优越性;当经济自由化和市场体系完善的程度处于某种中间状态,经济制度环境和政府制度环境都处于非规范状态,则集体企业将比国有企业和民营企业具有相对优越性;而当具有高度的经济自由化和完善的市场体系时,民营企业将是最优的产权安排形式。

当制度环境足够规范时,私有产权安排不仅相对而且绝对有效,是最优。事实上,制度环境并不是规范的,这就要使企业承受更高的交易成本,而且要求使用额外资源来提高获取能力。如果外部管理技能及与政府干预相关的成本对于生产运营不再必要,则私人所有权将更有效率。经济自由化与市场化不仅能够让许多新企业进入最佳经济,而且能将制度环境改善到更适于私有产权安排。但是,建立完善的市场体系是一个漫长的动态过程,市场制度和政府制度都在不停地演变,有时甚至处于某种"失灵"状态,而且在转型早期和中期阶段,非规范的集体所有权安排是一个相对有效的中间制度,不能很快跳过这一阶段,只有当经济制度环境显著改进后,民营化才应进行。

二、民营经济在促进中国经济发展中的作用

现实环境为民营经济的发展提供了广阔的空间,民营经济将在中国经济转型中发挥重要的作用。

(一) 对经济的拉动作用

由于社会投资具有"乘数效应",能够起到放大经济增长的作用,因此投资一直被看作是经济增长的助推器。近年来,政府投资和外商投资一直比较活跃,民间投资由于多种原因没有受到重视,也没有发挥应有的作用。民间资本由于其分散性与灵活性的特点因而具有较强的投资弹性。民间投资不仅可以弥补国有投资的不足,还可以分散金融风险。如果政府利用好流散于民间的资本金,灵活操作,调节社会投资总量,就能够增加对宏观经济调控的弹性。"九五"期间私营经济注册资本的年均增长速度处于36.3%~43.1%之间,总产值的年增长速度在21.6%~49.2%之间。民间资本的高速增长为民营经济的发展

提供了有力保证。2002年，计委主任曾培炎曾提出"赞成部分讲信用、有实力的私营企业发行债券"。中共十六大在肯定民营经济的地位与作用时强调：放宽民营资本的市场准入领域；在投融资、税收、土地使用和对外贸易等方面采取措施，使民营企业与其他国企和外企实现公平竞争。这些政策为民营经济的发展创造了良好的投资环境，对启动民间投资发挥了积极作用。在民间资本的高增长过程中，对固定资产的投资比例偏低，这不仅说明民间资本投入形式分散化、多样化并具灵活性，另一方面也说明民间资本投资更具风险性。

从影响国民经济增长的因素来看，固定资产投入对GDP增长的贡献率最大。由于民间资本对固定资产的投入比例偏低，一定程度上弱化了民间资本对产业的推动作用，大部分民间资本活跃在具有"中间投资"色彩的金融市场中。当然，造成这种现象的原因从积极方面看，是由于投资领域的拓宽导致了投资重点的转移，进而"摊薄"了固定资产投资；从消极方面讲，固定资产的减少在一定程度上制约了产业发展和产业的技术升级，增加了社会投资的风险。因此，民间资本投入，应重视其结构的合理性。

（二）风向标作用

由于民营经济具有经营灵活、与市场经济接轨程度高、对政府的依赖性弱的特点，可以直接反映出中国市场经济改革的广度与深度，因而可将民营经济视为中国向市场经济体制过渡的风向标。中国政府提出国有经济应有进有退。但是，民营经济如何进、国有经济如何退是产业结构调整中的关键。在国有经济应当退出的领域，为了实现公平竞争，国有企业无论大小好坏都要通过产权转让，将国有资本退出竞争性领域，针对这一点，在具体操作过程中能否完全做到，也是一个关键问题。无论如何，今后国有经济有可能完全退出竞争性行业，这一趋势为民营经济的发展提供了更大的发展空间。中国经济在进行产业结构调整过程中，要舍弃国有经济中的一部分传统产业，大力扶持高新技术产业。民营企业可以成为国企调整后的传统产业的接受者,充当"接力棒"的角色,积极进入竞争型市场,实现国有大中型企业与民营中小企业的优势互补。

(三) 劳动力载体作用

民营经济的投资方向以劳动密集型产业为主,它将成为就业市场中吸纳劳动力的主要载体。民营企业还将成为社会稳定的基本力量和解决失业压力的主力军。随着新增劳动力、农村剩余劳动力和失业下岗人员的剧增,就业问题成为影响社会稳定的主要因素。然而国企仍处于减员增效的改革期,不仅不能成为吸纳就业的主体,反而成为下岗人员的主要来源。而非国有经济正处于上升阶段,民营经济涉足的领域又以劳动密集型企业为主,因此它将成为劳动力就业的主要渠道。1995年,国企就业人数1.1亿人,2000年下降到8 000万人,这意味着有3 000万工人下岗。同期城镇新增劳动力每年400万~500万人。国家统计局公布的数据,1990~1999年私营企业职工净增2 796万人,外资企业净增546万人,个体从业人员超过6 000万人。自1998年以来,民营企业每年吸收就业人数为1 200万~1 500万人。中国是个劳动密集型的发展中国家,然而国家不可能有这么大的投入来实现生产资料与劳动力的结合,要开辟新的就业渠道,必须大力发展民营经济。

三、民营经济面临的问题与对策

(一) 问题

1. 民营经济仍然面临诸多体制上的制约因素

民营经济在中国发展20多年了,但民营企业在中国500强工业企业中仅占2个席位,主要原因在于民营经济虽然在产权所有制上具有优势,但其产权运行的外部环境约束力强,即体制上的制约因素较多,严重阻碍了其资本积累与规模扩展的速度。尽管国家政策对民营经济已全面放开,但由于金融服务体系不够完善,民间资本运营仍存在操作上的障碍。另外,民间资本运营机制尚不成熟,企业信用体制尚未完全建立起来。这种情况使得民营企业之间竞争存在不平等现象。有实力的大型民营企业与小企业相比,无论在融资和投资上,还是在市场准入上均具明显优势。而且对于投资方来讲,即便政策环境上没有障碍,投资者出于对风险规避的理性考虑,仍会谨慎行事。

政府一直强调"民资民用,民用民资",积极鼓励民间资本向公有和非公有经济投资,但对民营企业如何从国有机构获得融资仍保持比较低调的态度。这样就形成一个矛盾,民营经济与国有经济的发展容易断裂为两个系统,而且民营经济承受了比国有经济更大的压力和风险,使民营经济与国有经济仍然处于不公平竞争状态。

2. 技术创新能力弱,投资布局不合理

大部分民营企业起点低,产业形式以劳动密集型为主,科技含量低,投资布局不合理,抵御风险的能力差。尽管国家鼓励民营中小科技企业的发展,但由于融资难,因而多数民营企业涉足资金少、门槛低的传统行业,特别是劳动密集型企业仍占主导地位,占整个民营企业的73.1%。对于科技含量高的高新技术领域,由于资金需求大、技术要求高、风险大,民营企业进入的较少。投资布局不合理,金融投资比重大于产业投入,固定资产投入比例更低。

(二) 对策

1. 继续深入地进行自由化和市场化的经济改革,逐步完善和建立适合经济全球化的市场经济体系

市场化经济制度的转型更有利于中国民营经济的发展。由于价格机制能有效、迅速地传递经济信息(供给和需求方面),产权明晰的自由竞争市场机制

使得人们在自由选择和自愿合作的基础上交换产品和生产要素,从而导致了资源的有效配置。

2. 对竞争性行业进行民营化的产权改革,大力发展民营企业

中国要搞市场经济,真正地做到富民强国,首先就要彻底地解放思想,让国有企业从竞争行业中退出,果断地表明市场化与民营化应是改革的最终目标和经济发展的根本出路。当非国有经济比重大大提升后,才能提供广大的空间来吸收国企的下岗和失业人员。如果不打破传统的思维方式和落后的行为观念,不放弃低效率的经济体制,就不可能从根本上解决长久、持续性的经济发展问题。如果要经济保持长久、持续性的高速增长,对竞争性行业国有经济民营化将是最佳选择。

3. 通过法治减少政府干预,提高政府效率

尽量减少政府的干预,只要市场能做的,就要让市场去做,当市场失灵时,才需要政府发挥作用。许多人对市场的功能仍然认识不够,市场是最有效的激励机制和传递信息的机制,它能够提供人们需要什么商品从而生产什么商品的信息。当经济运作不好的时候,政府不需直接参与经济活动,而是要提供一个环境,让企业能够按照市场规则运行,例如制定规范的股票市场及产权交易市场规则,制定有关法律和法规,从而保证契约和合同条款得以执行及在公平的条件下进行竞争等。我们不仅需要法制,也需要法治。政府以法律为工具来管制经济人,但政府行为也必须受到约束。如果政府不受约束,就容易用手中的权力换取利益。因此,通过法治和舆论监督的手段来约束政府的行为就显得非常重要。我们不应强调规范化而增加政府干预经济的程度,而应通过法治的方式来减少政府干预经济的程度,使政府成为一个有限的、有效的政府。

(2004年1月)

参考文献

[1] 文玫. 民营化（私有化）的理论和实证分析 [M]. 田国强. 现代经济学与金融学前沿发展. 北京：商务印书馆，2002，564~609.
[2] 田国强. 中国国有企业的改革与经济体制的平稳转轨的方式和步骤——中国经济的改革三阶段论 [J]. 经济研究，1994，11：3~9.
[3] 田国强. 内生产权所有制理论与经济体制平稳转轨 [J]. 经济研究，1996，10：11~20.

10

和谐社会构建与现代市场体系完善

效率、公平与法治

提要：本文从现代经济学的角度，探讨了构建和谐社会与建立现代市场经济体制两者的内在一致性问题。文章首先讨论了对和谐社会目标如何理解，并结合和谐社会的特征与内涵讨论了其与效率、公平和法制的关系。然后通过将现代经济学中的一些深刻思想和理论结果，与中国改革的实践相结合，论证了和谐社会的构建与现代市场体系的相容性。本文的基本结论是，构建和谐社会的过程应是一个以市场化改革为取向的制度变迁或体制创新的过程。由此本文给出了相应的政策性建议，并讨论了经济学家在构建和谐社会中应尽的责任。

始于1978年以市场化为导向的中国经济改革已经走过了28年的历程，无论是在经济增长还是经济体制转型等方面都取得了举世瞩目的成就。中国经济近30年持续的快速增长使得中国的综合国力和人民生活的总体水平都得到了显著提高，经济改革与对外开放使得中国的经济制度环境及其经济体制发生了

---

* 本文载于《经济研究》，2007年第3期。

深刻的变化。但是，一些深层次的矛盾和问题也随之凸显，人们越来越发现只是从考虑经济发展、注重经济效率的角度推行经济改革是远远不够的，需要更深层次地从经济、政治、社会和文化等多个方面综合地来研究中国经济体制转型和制度建设问题，挖掘并解决其内在的矛盾，这也许就是为什么中共中央在十六届四中全会上提出了构建和谐社会这一宏伟目标。

通过近30年的改革，经济增长了，同时也出现了不少问题，其中有些还越来越严重，如分配不公、机会不均、贫富差别过大、社会矛盾激化、国有资产流失、贪污腐败、欺诈现象增多、诚信危机、环境污染和国民基础教育薄弱等。这些问题导致了某种程度上的社会不和谐及潜在的社会危机，对和谐社会的建设构成了重大挑战，从而使得中国的改革和发展正面临着新的攻坚阶段和十字路口。事实的确如此，有人对中国的经济改革开放国策，对市场化改革的方向产生了怀疑，甚至持否认的态度。一些学者对这些改革中出现的问题进行了反思，提出了一些观点和建议。对改革进行反思是必要的，但矫枉过正，反思过头了就不是好事，令人担心，有人基于利益分配的不满甚至将问题意识形态化，以至于产生了怀疑甚至是否定市场化改革方向的思潮。有人认为中国的产权改革和市场化改革的方向错误是造成贫富差距巨大和大量国有资产流失的根本原因，认为中国的改革应该停下来，至少应该思考三年以后再说。但是，中国日益严重的贫富差距应该归咎于市场化改革吗？

我们该如何看待这些疑问？笔者认为这些反对改革的观点可能误导民众，不利于市场化改革的进行。这些反对市场化改革的看法具有很大的片面性及危害性。当前社会诸多不和谐的深层次原因是体制性原因，有相当多的社会矛盾与现在正处于转型过程中有关，与农村土地制度、国有企业产权制度、收入分配制度、社会保障制度、税收制度及政府管理制度等方面的不完善和现代市场体制的不完善有关。

本文主要讨论和谐社会的构建与现代市场体制完善的关系问题。和谐社会的核心本质是效率、公平与法治。本文的基本结论是：由胡锦涛主席所给出的和谐社会的六大特征，即民主法治、公平正义、诚信友爱、充满活力、安定有序、人与自然的和谐，都可以通过建立和完善现代市场经济体制来达到。对和谐社会与改革的关系已有了许多讨论，如常修泽（2005）、高尚全（2005）、李义平（2005）、刘吉（2005），本文则从现代经济学的视角探讨了现代市场经济制度与和谐社会是内在一致的，是相容的。因而，实现和谐社会的办法不是回到传统的国家所有制和政府管制经济，而应是加速市场化改革和建立与完善民主法治政治制度。构建和谐社会的过程，是一个以市场化改革为取向的制度变迁或体制创新的过程。通过深化改革，切实克服影响社会和谐的体制弊端，建立新的社会制度规范，为和谐社会提供新的体制保障。在经济活动中把效率放在第一位，在社会分配领域把公平放在第一位，在政治管理体制领域把民主法治放在第一位，从而形成有效、公正和民主法治的和谐社会。

以下讨论将分为三部分：首先，对和谐社会做出了明确界定，并结合和谐社会的特征与内涵讨论了其与效率、公平和法治的关系。然后，通过将现代经济学中的一些深刻思想和理论结果，与中国改革的实践相结合，论证了和谐社会的构建与现代市场体系的相容性。一个基本结论是，构建和谐社会的过程应是一个以市场化改革为取向的制度变迁或体制创新的过程。最后，给出相应的政策性建议，讨论经济学家对和谐社会的构建所能发挥的作用。

一、和谐社会的基本特征

中共中央在十六届四中全会上提出了要构建社会主义和谐社会的目标。要构建和谐社会，我们首先要弄清什么是和谐社会。它的内涵或特征是什么？在这里，不妨援引权威的定义。国家主席胡锦涛明确地给出了构建社会主义和谐社会的六大特征：民主法治的社会、公平正义的社会、诚信友爱的社会、充满活力的社会、安定有序的社会，以及人与自然和谐相处的社会。

民主法治的社会就是民主决策得到充分发扬，依法治国基本方略得到切实落实，各方面积极因素得到广泛调动；公平正义的社会就是社会各方面的利益关系得到妥善协调，人民内部矛盾和其他社会矛盾得到正确处理，社会公平和正义得以切实维护和实现；诚信友爱的社会就是全社会互帮互助、诚实守信，全体人民平等友爱、融洽相处；充满活力的社会就是能够使一切有利于社会进步的创造愿望得到尊重，创造活动得到支持，创造才能得到发挥，创造成果得到肯定；安定有序的社会就是社会组织机制健全，社会管理完善，社会秩序良好，人民群众安居乐业，社会保持安定团结；人与自然和谐相处的社会就是生产发展、生活富裕和生态良好。

这样，和谐社会讲的是人与自然、人与人、人与社会之间的和谐，建立和谐社会就是建立一个在这三方面之间没有根本冲突的社会，也就是要建立一个物质文明、精神文明、政治文明高度发达的社会。人与自然之间的和谐主要是通过提高经济效率和增加经济活力来体现的，属于物质文明方面的范畴，强调的是资源的有效配置和环境的有效保护，因为一个和谐的社会不可能建立在资源浪费和环境恶化的基础上，所以，应该保持经济持续稳定和高速发展。通过提高经济效率，促进经济发展及保护生态环境来不断增强和谐社会建设的物质基础。

人与人之间的和谐主要是通过公平正义、诚信友爱来实现，属于精神文明建设的范畴。公平和正义是人类追求美好社会的永恒主题。公平正义就是要妥善处理和协调人与人之间的利益和矛盾，它不仅仅表现为收入分配的公平，更重要的是表现为人们在经济政治社会方面的机会均等及在法律条件下人人平等；诚信不仅是现代社会所要求的重要道德规范之一，也是中国传统文化最基本的道德规范之一，强调诚信友爱，就是全社会诚实守信，全体人民平等友爱、融洽相处。强调公平正义、诚信友爱，就须以国家法治作为基础，以政府经济政策制度作为保障，以社会道德文化作为支撑。通过提倡人与人之间的平等和诚信友爱不断增强和谐社会建设的精神基础。

人与社会之间的和谐主要是通过完善民主法治制度建设来实现，社会安定有序，属于政治文明建设的范畴。法治意味着整个社会的运转服从于法律的权威，做到法律面前人人平等，法律高于人情、法律高于权力。为了做到真正的依法治国、依法办事，法治要与民主相结合，以民主作为保障。制定法律要保证充分尊重民意，尊重人们民主权利，尊重并维护公众的社会参与权、意志表达权及民主监督权，使社会各方面积极因素得到广泛调动。为了社会安定有序，需要健全和完善社会组织机制和社会公约管理制度来维护社会稳定及处理各种社会矛盾。通过建设安定有序的社会，使人民群众安居乐业，社会保持安定团结。完善民主法治的制度建设，保证社会安定有序，不断增强和谐社会建设的政治基础。

因而，人与自然、人与人、人与社会之间的和谐分别对应着效率、公平与法治的改进与完善，分别属于物质文明、精神文明和政治文明三方面建设的范畴。和谐社会的构建就是要对这三方面给出实质性的内涵，进而通过进一步深化和完善这三方面的建设进行具体实施。具体说来，和谐社会就是通过经济不断发展来加强物质文明方面的建设，通过发展先进文化来进行精神文明方面的建设，通过完善民主法治制度建设不断加强政治文明方面的建设。应当指出，以上基本特征是相互联系、相互作用的，它们共同构成一个完整的和谐社会体系。对此，在构建和谐社会的进程中应加以系统把握。

这六大特征是对和谐社会的一个基本的定义。一旦了解了和谐社会与效率、公平与法治的关系以及属于物质文明、精神文明和政治文明三方面的范畴，我们就可以很清楚地认识到以下三个方面是不和谐社会的具体表现。[①]

贫穷落后不是和谐社会的特征，中国改革开放前的那种积贫积弱肯定与和

---

① 刘吉教授（2005）也进行过大致的阐述。刘吉教授在2005年9月29日《社会科学报》撰写的《建造社会主义和谐社会宏伟大厦》一文中，提出"贫穷不是和谐社会"，"阶级和阶级斗争不是和谐社会"，以及"无差别、无矛盾不是和谐社会"。

谐社会不一致。贫穷落后是人与自然之间没有达到和谐的具体表现，不是物质文明现象，因而不是和谐社会的特征。我们之所以要搞改革开放，搞经济建设就是要改变这种社会面貌。

上纲上线，戴帽子、打棍子，搞阶级斗争，相互批斗不是和谐社会的特征。这一点作为学者应该特别关心。因为如果你发表一种论点就会有人来上纲上线，如果大家都用非学术探讨的方式来互相批斗，又有什么诚信友爱与和谐而言呢？这些都不是精神文明现象，因而不是和谐社会的特征。

机会不均、社会不公不是和谐社会的特征。笔者相信当前改革造成的一些问题在很大程度上是可以避免的也是可以解决的，都可以并且必须通过深化市场化改革来解决。

下面我们来具体论证具有这六大特征的和谐社会可以通过建立与完善现代市场经济体制来达到。

二、和谐社会的构建与建立现代市场经济体系的相容性

既然目标被确立为建立和谐社会，那么是否存在某种制度安排能实现它呢？这样的制度安排是存在的，这就是现代市场经济体系。为什么说构建和谐社会可以通过建立与完善现代市场经济体系来达到呢？因为一个相对完善的市场经济体制可以达到和谐社会所应满足的六大特征。和谐社会的构建与现代市场体系的建立与完善是一致的。因而，为了构建和谐社会，改革的大方向仍然是建立与完善现代市场经济制度。下面根据现代经济学的一些基本理论结果和中国经济改革取得的成就来论证现代市场经济体系的建立与完善能够实现和谐社会的构建这一宏伟目标。

（一） 现代市场经济制度能较好地解决民主法治的问题

和谐社会的首要特征是民主法治社会，没有民主法治就没有和谐社会。现代市场经济本质上是法治经济，如果没有一个良好的法治环境，市场经济是不能够良好运行的，为了建立市场经济体制，我们一定要强调法治。法治和人治的区别不在于有没有法制，而在于法治是否建立在民主基础之上。法治是一个以多数人和多元利益并存为基础的社会调整机制，是和谐社会的本质内涵。现代市场经济体制区别于传统市场经济体制的一个基本特征在于其制度的基础是法治（the rule of law），也就是依法治国。为什么要强调依法治国？法治是建立现代市场经济制度的根本制度基础，主要是用来约束政府以及个人的行为。法治的第一个作用是约束政府对经济活动的任意干预；否则，如果政府行为不受法律约束，独立的企业制度和自由交易就没有根本的保障，那么现代市场经济的基础就不存在了。法治的第二个作用是约束经济人行为，其中包括产权界定和保护，合同和法律的执行，维护市场竞争。对经济发展来说，最重要的，是合同要得到执行，财产要得到保护。保护产权的意思，就是合法产权神圣不可侵犯，谁也不能掠夺别人的合法财富。有了法治，产权就能得到保护，人们就会把自己的资源和精力全部投入于创造财富，经济才能发展，整个社会才能走向富裕。[①] 因而，对一个国家经济长远发展的保证就是依法治国。

那么对依法治国的保证又是什么呢？是民主。要建立好的法治体系，就需要民主作为保障。尽管民主不是经济发展的必要或充分条件，但民主一般能保证法律的公平和合理。法治有个自身无法解决的难题是：谁来监督执法者？对执法者如何执法？如果执法者本身不受法律的约束，法律只是统治者用来制约公众的，这样的社会就不能称之为法治社会，而是法制（rule by law）社会，即统治

[①] 对法治与市场的紧密关系的详细讨论见钱颖一（2000）。

者以法去管制他人的社会。在这种状态下，统治者自己可以不受法律的约束，独立于法律的权威之外，享有不遵守法律的特权。[①] 中国古代"刑不上大夫"的司法理念，就说明中国在封建主义时期不是法治社会，最多只能算是法制国家。世界上其他国家在封建社会时期也都一样，这与市场经济体制是根本不相容的，所以现代市场经济国家都不得不由法制转向了法治。那么，怎样才能制约执法者，使法制（rule by law）变成法治（rule of law）？这就是民主。民主能制约执法者，防止执法者成为法治的破坏者，从根本上保证法治，这就是民主的好处。因此，民主和法治是和谐社会的基础和制度保障，是和谐社会的首要特征。

民主要靠什么来保证呢？靠分权，分权保障了一定的民主。具体来说，包括政府部门之间分权，上下级政府之间的分权，政府和民间的分权，以及民间内部、不同群体、不同人之间的分权，即不让财富和权力集中在少数人或利益集团手上。分权对保证民主非常关键。为了保证民主，需要有分权，包括分享国家权力和经济资源，不允许政府中间的任何一部分人、社会上任何一部分人，掌握过多的资源和过大的权力。中国经济改革一开始提出的"松绑、放权"改革就是一种分权式的改革，它大大地提高了经济效率和促进了中国的经济发展，为随后的市场化改革创造了良好的条件和打下了坚实的制度性基础。王一江教授在《国家与经济》一文中详细讨论了民主对现代市场经济的建立与完善的重要性，谈到了法治、民主和分权三者之间的关系。对经济发展和经济繁荣来说，法治是最重要的。但现代国家制度作为一个整体，从长治久安和经济长远发展来看，分权、民主与法治一环扣一环，三者缺一不可。

（二）现代市场经济制度与政府适当发挥作用能较好地解决人与自然和谐相处的问题

和谐社会第二个特征讲的是人与自然的和谐，就是生产发展、生活富裕、

---

① 对法制与法治的详细讨论，参阅 Olson（1965，1982，2000）。

生态良好。生产发展、生活富裕实质上讲的是经济效率的问题。在现代市场经济制度下，人们为了追求利益，相互竞争，可以很好地解决效率问题。学过高级微观经济学中的一般均衡理论的人都知道，一般均衡理论中有一个论证市场最优性的定理，即福利经济学第一基本定理，它是亚当·斯密（Adam Smith，1976）"看不见的手"的正式表述，认为自由竞争的市场可以导致社会福利的最大化。该定理指出，当人们追求个人利益时，如果每个经济人对商品需求的欲望是无止境的，永不满足（non-satiation assumption），并且同时满足一些技术性约束条件时，竞争的市场制度导致资源的有效配置。[①]

资源有效配置在现代经济学中指的是帕累托有效（Pareto efficiency）或帕累托最优（Pareto optimality）。帕累托有效配置指的是没有任何改进余地的资源配置（即总的初始禀赋给定的情况下，不存在其他的资源配置，使得至少有一部分人变好而没有人变差）。如果一个社会的资源配置不是帕累托有效，就存在浪费，那么人就不会与自然保持和谐关系，经济就不能得到和谐发展，人们生活就不会富裕。而一个经济不发达和不富裕的社会是很难持续的。从这个结果可见，通过改进或完善现代市场经济体系能够消除贫穷和落后。当然，单纯的市场制度在解决垄断和生态环境方面也许会失灵，这时需要与政府共同发挥作用，而不是取消市场制度。我们需要政府制定反垄断法，引入竞争机制，来避免个别企业垄断市场。当企业对生态环境可能会产生破坏作用时，我们需要政府恰当的干预，现代经济学提出了许多方法，如政府可以制定税收制度、采用规制方法、设计激励机制、明晰产权等，用来解决生态环保的问题。

从理论上来讲是这样，那么实践上是不是也是这样呢？我们每一个中国老百姓，应该信服这一点，通过中国经济29年的改革，经济增长非常迅速，与改革开放前相比，绝大多数家庭的收入水平大大提高，中国的经济和国际地位

[①] 参见 Mas-Colell, Whinston, and Green（1995）或 Tian（2006）对一般均衡理论讨论的章节。

发生了翻天覆地的变化，事实胜于雄辩，实践证明了这一点，市场经济确实在人与自然的和谐方面发挥了巨大作用。中国的转型过程中虽然在人与自然方面还存在一些不和谐因素，比如说中国在环境保护方面有所欠缺，但这是政府部门没有充分重视的问题，是政府政策不到位所致。总的说来，市场制度和政府的共同作用可以解决人与自然方面的和谐问题。

（三）现代市场经济制度与政府的适当作用能较好地解决社会公平正义的问题

和谐社会的第三个重要特征是把公平和正义作为核心社会价值取向，追求平等友爱、和睦融洽的社会。尽管现代经济学对资源配置平等注意较少，但并不意味着现代经济学的基本分析框架不能用来研究如何导致资源配置的公正结果。尽管当前市场化改革暴露出来的不少问题是由于体制转型处于非均衡状态，在改革过程中不可能完全避免，但也有许多是人为因素造成的。比如，许多社会不公和结果不平等（inequality of outcome）的严重现象在很大的程度上是由于机会不均过大造成的。政府采取恰当的措施和政策可以大大减轻社会不公的程度。机会均等是社会公平与正义的重要体现，是实现社会和谐至关重要的必要条件，因为个人的发展不应当因为他控制能力之外的环境（例如出身、性别）的不同而受到影响。现代市场体系的一个基本条件就是要尽量地创造机会均等的条件。其实，许多人所反对的并不是结果的不平等，而是对机会不公，对政府官员寻租行为泛滥的不满。机会不均是与市场体系运行良好的要求根本相悖的，市场经济体系的发展恰恰要求机会均等。在这种情况下，机会均等和经济效率是可以一致和相容的。

不过，资源的有效配置与平等配置是两个非常不同的概念，它们代表了不同的价值取向。尽管一个资源配置是帕累托有效的（例如，一人占有社会上所有资源而其他人不占有任何资源的配置是帕累托有效配置），但从社会平等的角度看，却是极端的不公正。"结果平等"（equality of outcome），即所有人对资源的配置相等，也是一个社会想要达到的理想目标。[①] 市场制度尽管能很好地解决效率的问题，一般不能解决结果公平问题。只要人们追求个人利益，在经济活动中存在着风险和机遇，经济效率与结果平等一般来说就会发生冲突，处于一种权衡取舍的状态。由于一个人的能力有大小，主观努力不同，机遇不同或所面临的风险也可能不同，为了激励人们努力工作从而增进效益，必然会造成某种程度的收入结果不平等。如果无论干多干少和贡献是大是小，收入都一样多，那么，会有多少人去努力工作呢？

这样，完全靠市场的作用不能解决收入和财富分配公平的问题，资源的有效配置也可能导致资源配置结果的不公平，这意味着市场在解决结果不公平方面也许会失灵，于是就需要政府发挥作用。结果平等是一种绝对平均的概念，只是考虑了客观因素，完全没有考虑个人主观偏好。每个人的爱好会不一样，把所有的商品平等地分给每一个人虽然看起来公平，但不见得大家都满意。因而更合理的公平标准应该将主观和客观因素综合起来一起考虑。例如，按照每个人都不嫉妒其他人的资源配置结果或不嫉妒其他人的平均资源配置结果来定义公平结果（equitable outcome），则以上结果公平的概念也许更加合理，因为这些概念不仅考虑到了个人偏好和人们愿意得到他喜爱的商品组合，同时也考虑到结果也需要相对平等，否则每种资源相对较少的人会嫉妒每种资源都相对较多的人。更重要的是，按这样定义的结果公平不仅合理，而且更加具有政策指导意义和可操作性。

这样，一个和谐社会应是公平（equitable）有效的社会，其中资源的有效配置保证了人与自然之间的和谐，而资源公平的配置保证了人与人之间的和

[①] 罗尔斯（1971）给出了一个公正社会的理性原则，所谓的"第二优先原则（正义对效率和福利的优先）"。它要求"公平机会平等原则"要优先于"差别原则"。这个原则的要义是平等地分配各种基本权利和义务，同时尽量平等地分配各种基本权利和负担。罗尔斯的正义论具有一种平等主义的倾向。

谐。一个资源公平配置的社会未必是帕累托有效的，反之亦然。在经济学的分析框架下具备上述两个特征的社会就是资源配置公正（fairness）的社会。① 一个社会的资源配置只有同时满足帕累托有效和公平配置标准，该社会才是资源公正配置的社会。因此，和谐社会中的资源配置必须是公平的而且有效的。帕累托有效仅是按一个社会资源配置是否有效作为衡量标准，但没有涉及收入和财富分配问题。资源配置的帕累托有效也可能意味着严重的收入分配不均。然而，通过政府和市场的共同作用，至少在理论上就能较好地解决结果公平的问题。

这与现代微观经济理论中的结果是一致的，可称之为结果公正定理（outcome fairness theorem）。② 结果公正定理讲的是：只要每个人的初始禀赋的价值相等，通过竞争市场的运作，在一些技术性约束条件下，如局部不满足性条件和信息完全条件等，就可以导致既有效率也是公平的资源配置结果。

因而，这个结果的政策性含义是，一个和谐社会理所当然要保证社会成员的基本权利，保证他们享有大致相同的基本发展机会，保证他们都能够接受教育，都能够平等地参与市场竞争、参与社会生活，都能够依靠法律和制度来维护自己的合法权益。政府应通过真正的义务教育，通过调节税制，通过遗产税的办法，为大众创造一个尽可能公平竞争的起点，然后让市场去运作，我们就可以达到既是公平的，也是有效率的资源配置。这个结果对解决当今社会的越来越大的贫富差别和社会不公，具有重大的现实指导意义。现在中央为有效解决"三农"问题提出了建设社会主义新农村的一些政策，如增加农业基础设施投入、免征农业税、减免中西部地区的贫困家庭学生的学杂费以及课本费，这些都是有利于建立平等起点的强有力措施，是公平和平等概念的具体体现。

---

① 对现代经济学的基本分析框架与研究方法的讨论，见田国强（2005）。
② 现在的教科书基本不讲，但 Varian 1982 年版本的《高级微观经济分析》和笔者的高级微观经济学讲义（第九章）都花了较大篇幅讨论该定理。

（四） 现代市场经济制度能较好地解决诚信为本的问题

和谐社会的第四个重要特征是诚信友爱。诚信是一种传统美德和良好的社会风气。笔者认为任何成型的社会风气实质上都是一种均衡。这种社会风气或习俗一旦建立就不会有任何个人有单方面偏离这种规范的激励。现代经济学中的博弈论告诉我们：如果需要做出选择的进程可以分为前后相继的步骤，则理性行为将考虑所有人的初始行为对后续选择及最终结果的影响，这就是所谓的动态博弈。这一类博弈的中心问题是可信性，即当背离行为发生后，惩罚措施是否确实被执行。而这正是现实社会建立诚信的关键所在。在一个人人都尔虞我诈的社会中，如果有谁选择诚实守信则他的利益必然受损，所以相互欺骗是一个纳什均衡。而在一个人人讲求诚信的社会中骗人是会受到法律制裁和舆论指责的，所以诚信也是一个纳什均衡。博弈论中的无名氏定理（folk theorem）告诉我们：如果经济个体（市场经济中主要是企业）的生存期足够长，他们之间进行的不是静态博弈而是无限期的重复博弈，而他们又有足够的远见（其贴现因子接近1），则信守诺言将成为纳什均衡。这样，人人尔虞我诈和人人讲求诚信都可以是纳什均衡。只要适当设计规则，使对背离行为的惩罚是可信的，并且惩罚的力度足以抵消背离行为带来的额外收益，人们就不会有激励去背离规则的约束。那么靠什么使得信守诺言将成为纳什均衡呢？主要靠的是法治，而这一点在"现代市场经济制度能较好地解决民主法治的问题"那一部分里已经做了论证。

现代市场经济体系的经济活动必须是以诚信为本的，否则不可能长期生存下去。诚信未能在当今社会广泛建立，其原因就是市场体系没有完全规范，信号机制、信息机制和舆论机制还没有很好地发挥作用。在现有的规章制度下，所期望的人们的诚信行为方式不构成均衡，致使许多人不按规则行事，使得不讲诚信的人没有受到惩罚。之所以在市场体制下不时有欺骗现象的发生，原因有以下几点：一是由于法律和制度的约束力不够，使得惩罚不能成为可置信的威胁。二是由于经济主体缺乏远见，而长期来看这种短视的经济个体必将被市场竞争所淘汰。三是由于政府的干预政策太多而且常常朝令夕改缺乏一致性，使人们缺乏对未来的合理预期。这一点是可以通过市场化改革进程的加深而解决的。所以虽然表面看来当今经济生活中发生的欺骗现象多于原有的计划经济时代，但这并不是市场制度本身造成的，从理论上讲这些都是市场制度可以解决的。市场制度的"法治性"和"竞争性"充分保证了这一点。

现代信用制度是现代市场经济体制运行良好的文化基础和社会规范。传统的计划经济的本质是垄断，它不仅导致了低效率，而且也影响了社会的道德基础和人们的诚信水平。在成熟的市场经济制度中，信誉是企业的生命。企业只有重视信誉才能长期生存，才能创造品牌效应，只有品牌好了，消费者才肯出高价钱购买他们的商品。越是市场经济成熟的地方，在经济活动中出现欺骗的可能性就越小，假冒伪劣就越少（温州的发展历程也说明了这一点）。在相对完善的现代市场经济体系下，人们会有较稳定的预期和长期投资行为，社会成员守信用、重合同，市场的作用会使得失信者在经济上得到惩罚，守信者从长远则会得到回报，所以现代市场制度能够解决诚信为本的问题。

当然诚信也是中国传统文化所提倡的，是一种传统美德和良好的社会规范。通过建立现代市场体系所构建的和谐社会能让诚实守信的传统美德得以恢复和发扬，各种欺诈行为逐渐得以消除，经济、政治、文化等各个领域的生活得到净化。

（五）现代市场经济体系的完善和成熟会让社会充满活力

这是和谐社会的第五个特征。在现代市场经济体制下，人们为了追求个人利益和财富，需要与他人进行竞争，因而会有巨大的激励进行创造、创新和发明活动，人们的创造活动和创造才能会得到充分的发挥，各种创造成果会得到回报和肯定。前面提到的第一福利经济学定理已经论证了竞争的市场制度导致资源的有效配置。而经济机制设计理论则更进一步地论证了在人们的思想觉悟还不是那么高的情况下，也就是说在每一个人或者至少有一部分人以追求个人利益最大化为目标的情况下，产权明晰的竞争市场机制是唯一的最节省信息且产生了有效配置的机制（参见 Hurwicz，1972，1973，1979，1986；田国强，2002，2003）。

这个结果的一个重要推论是：无论是指令性计划经济体制，还是其他的经济体制，它所实现的资源有效配置所需要的信息一定比竞争市场机制所需要的要多，从而这些机制不是信息有效率的，即需要花费更多的成本来实现资源的最优配置。这个结果不难理解，在计划经济体制下存在着多层委托代理关系，所以会出现道德风险、逆向选择等问题，人们会偷懒、会欺诈，同时上级部门为了做决策，需要知道许多关于生产和消费的信息，但事实上这一般不太可能，因而决策错误的可能性大幅度增加。而在市场体制下，产权明晰了，每个人都是自己的代理人，或者委托代理链条大大缩短了，所以一些信息问题也就相应地解决了。不会再有人偷懒、说谎了。生产的积极性大大提高了，所以经济会充满活力。因此，只要竞争市场机制能够解决资源的最优配置问题，应该让市场去解决。只有在竞争市场无能为力的情况下，才设计其他一些机制来补充市场机制的失灵。这个理论结果对中国为什么要搞市场化的经济改革和国有经济民营化提供了一个重要的理论基础。

中国的 29 年的市场化改革也已经充分地说明了此点。中国的市场化改革，大大地调动了人们的生产积极性，让整个社会充满了活力，人们的创造活力得到了激发、社会财富的创造源泉也得到了充实。在完善的现代市场体系下，由于产权的明晰，个人利益的保护和驱动，社会将会更进一步尊重知识、尊重人才、尊重创造，一切积极因素得到充分的调动，各行各业人们的创造活力得到充分激发，社会的开放性和竞争的活力在现代市场制度环境下将会得到充分保证。

（六）现代市场经济制度能较好地解决社会安定有序问题

我们最后要讨论的和谐社会的第六个特征是社会安定有序。在一般均衡理论里面有一个结果,国内很少有人谈及,但与社会安定有序有关,这就是微观经济学里面关于竞争市场机制与经济核(economic core)关系的一个结果。学过现代经济学的人中,有人可能会觉得经济核这个概念比较抽象,但实际上这个概念从政治经济学的角度来看,有较强的现实意义。经济核的基本含义是,当一个社会的资源配置处于经济核状态时,就不存在任何小集团,不存在对这个资源配置不满,从而想控制和利用自己的资源来提高他们自身的福利。这样,当资源配置处于经济核状态时,不存在什么势力,或什么小集团对社会造成威胁,从而这个社会就比较安定。经济核定理告诉我们当市场达到竞争均衡后,在一些规范性的条件下,如在偏好的单调性、连续性及凸性(效用的边际替代率递减)假设下,市场均衡所导致的均衡配置就处于经济核状态。这就是为什么具有发达的现代市场经济国家的社会秩序一般都比较安定,经济发展平稳,人们的生活安居乐业,很少有社会不稳的情况发生。

另外,现代市场经济社会,是以中产阶级作为主流的社会,他们基本上都有产有业,能够安居立业,享受到现代社会带来的好处,这是社会安定有序的重要因素。

三、经济学家的责任与构建和谐社会的政策性建议

经济学家有责任弄清楚,通过什么样的改革能够促进社会和谐。政府构建和谐社会的目标设定后,作为经济学家我们能做些什么呢?从以上讨论,我们知道和谐社会的构建与现代市场经济体系的建立是紧密相关的,因此我们必须坚定不移地坚持市场化改革的基本方向。但是,和谐社会的构建与现代市场经济体制的相容性并不是无条件的,只有在规范的制度环境及一些特定的约束条件下现代市场经济体制才能实现和谐社会所具有的特征。竞争当然可以提高经

济效率，但如何在提高竞争的同时尽可能保持公平；如何改善制度环境条件，以实现有效的资源配置。这些都是我们经济学者所要思考和解决的问题，为我们经济学家提供了研究方向。

严格意义上的和谐社会是我们所追求的一种理想社会，但这种社会并不是空想，现代经济学中一些理论结果为我们追求和谐社会提供了现实的和可操作的政策依据。我们无论做研究还是提出政策建议都应该从这方面入手，我们经济学家有责任弄清楚，通过什么样的改革能够促进社会的和谐。福利经济学第一定理、经济核定理、结果公正定理以及博弈论中关于信用的无名氏定理等结果对建立现代市场体制和构建和谐社会的相容性提供了理论根据，但这些理论结果的具体实现是有许多制度性和技术性约束条件的，如偏好关系是单调连续且满足边际效用递减、信息完全、市场竞争、交易成本为零、产权明晰、公平竞争的起点、初始收入相同、不存在外部性和公共产品等等。在现实中满足上述条件的市场经济体制几乎是不存在的，但这并不意味着这些理论结果没有了现实意义。尽管这些理论结果只是理想的状态，在现实中永远不可能完全达到（像物理学中自由落体运动在现实中永远不存在），但它们是基准，是参照系，是我们需要追求的理想目标。正如我们每个人都很难达到雷锋的标准，但不能因此就不要学雷锋，我们还是要学雷锋来不断地向这个标准靠近。理解了这一点，在进行理论研究和制定政策的时候，就要尽量改善和消除这些制度性和技术性约束条件，凡是有益于现代市场经济体系建立的条件我们都要尽量创造，使实际经济制度环境不断逼近理想状态。正是由于现实社会制度环境与理想状态存在着很大差异，才需要改善现实制度环境，使其不断接近这些理论所要求的规范制度环境。

尽管如此，对现代经济学的应用方面也要注意与中国的国情和现实环境相结合。经济学家在改革开放过程中提出了很多富有建设性的政策建议，但也有许多不足，有些问题我们没有考虑清楚。比如说，国有资产的流失，我们也讲产权明晰，但对产权明晰的过程和办法考虑的不是那么周到，产生了不少问题,这在某种意义上也是我们经济学家的失职,对现代经济学中的一些精髓思想和理论结果理解得不是那么透彻,有时是生搬硬套。中国和谐社会的建立需要考虑到中国的具体国情和民俗,因而对现代经济学的应用方面要注意与中国的国情和现实环境相结合,经济学者的任务之一就是继续为中国市场化改革给出好的政策建议,根据中国的现实环境,要因人、因事、因时、因地,具体情况具体分析,灵活地应用现代经济学中一些理论结果,或按照现代经济学的基本分析框架和研究方法发展出适合中国现实环境的经济理论,来解决现实问题。

既然市场经济体制与和谐社会相容,而且是现有社会经济和技术约束条件下的最优选择,那么建立和谐社会就要继续坚持改革开放的国策,确立建立市场经济体制的改革目标,进一步完善市场经济体制,充分发挥市场对资源配置的基础性作用。回顾中国 29 年以来改革的历程,人们有充分理由为改革所取得的巨大成就和社会进步而感到鼓舞,它充分证明了市场化改革的目标是完全正确的,是坚定继续深化改革信心的基础。但由于中国正处于经济体制转型的过程中,人们也普遍感受到了现实中的若干深层次矛盾依然对经济社会发展构成明显的障碍或制约,其中有些矛盾只是传统体制基本矛盾的延续或进一步显现。当然,有些是因为改革中出了失误,是由于经济转轨和社会转型中社会利益分化和调节机制不足而产生的。但无论如何,这些矛盾的存在并不能否定市场化改革的基本方向,不能构成否定改革成就和道路选择的依据,只是说明中国改革的艰巨性。归根结底,这些问题只是源于当前的市场经济体制的不完善,市场化的改革还没有完成。

从而,我们必须继续深化市场化的改革,逐步地完善和建立现代市场经济体系。一个完善的现代市场经济体制不仅仅是放开价格、开放产品市场和金融市场、给予人们自由就可以了。它是由一系列经济制度环境组成的。这包括市场价格机制、自由流通的生产要素(如劳动和金融)市场、各种经济法规、明晰的产权制度、现代企业制度、宏观调控系统、税收体系、反垄断体系和社会保障体系等。如果没有这么一个完善的市场体系作为保证基础，不可能达到构建和谐社会的目标。价格机制能有效和迅速地传递经济（供给和需求方面的）信息，让经济充满活力。明晰的产权制度能激励投资者为了追求最大利润而进行最有效的生产，竞争的市场使得消费者能以最便宜的价格买到自己满意的商品和服务。如果没有竞争，企业也没有动力来提高经济效率，从而需要反垄断法来保证竞争。这样，产权明晰的自由竞争市场机制使得人们在自由选择和自愿合作的基础上交换产品和生产要素，从而导致了资源的有效配置。当然，市场能正常运转和公平竞争需要有规范的法律和法规作为保证，保证投资者和股东的利益不受侵犯，保证契约合同条款得以执行及在公平的条件下进行竞争。如果没有一个权威的法律体系和法规，企业合同和契约就不能严格地被执行，企业的经营者就可能滥用手中的权力谋私，从而增加有损投资者利益的风险。可以说，中国和谐社会能否构建，中国经济能否保持持续稳健的高速发展将取决于市场化的改革能否更深入地进行，能否最终建立完善的现代市场制度。为此，笔者给出以下具体政策性建议。

（一）减少政府干预，发挥市场作用

只要市场能做的，就要让市场去做，当市场失灵时，政府才需要发挥作用。许多人对市场的功能仍然认识不够。市场是最有效的激励机制和传递信息的机制，它能够提供人们需要什么商品，从而生产什么商品的信息。当经济运作不好的时候，政府不需直接参与经济活动，而是要提供一个环境，让企业能够按照市场规则运行。如制定规范的股票市场及产权交易市场规则，制定有关法律和法规能保证契约合同条款得以执行及在公平的条件下进行竞争等。减少直接干预微观经济主体的行为，致力于创造一个有利于各市场主体平等竞争的市场环境。重视来自政府"外部"的监督，特别是新闻的监督。中国改革已经进入全面向市场经济体制转轨的时期，对政府权力与责任的有效监督，是以个人产权保护为基础的公民基本权利的切实保障。

(二) 实行依法治国，改善制度环境

现在社会中发生的由"仇腐"到"仇富"的现象与法治不完善有很大关系。由于法治不完善，政府官员的行为缺乏有效约束，产生诸如政府官员寻租、地方保护主义、官商勾结侵吞国有资产、人为制造垄断以获取垄断利润等非基于劳动的财富分配结果。因此，减少当前"仇腐"和"仇富"问题的根本办法是依法治国，通过市场化的改革方式来进一步完善市场经济体系和改进经济制度环境，而不是采取更多政府干预和控制的办法来减少这些问题的发生。

(三) 保证机会均等，创造公平起点

构建和谐社会需要尽量保证起点公平，政府就应该依法通过政策调节财富和收入分配，以尽量保证每个公民的起点公平。在当前的社会中，现有诸多在特定背景下制定的制度非但不能改进起点公平，而且很大程度上在制造起点不公平，比如城乡差别、外资企业的各种优惠措施等政策在特定历史条件下曾起过积极的作用，但随着我国开放程度的提高，进一步维持这些歧视性的政策已经不合时宜，此外，还有一些政府部门和地方政府基于部门或地区利益对经济主体实行歧视政策。上述政策都与构建和谐社会的目标相冲突，因此要构建和谐社会，就必须首先废止这些与创造起点公平和构建和谐社会的目标背道而驰的政策和法规。

(四) 继续产权改革，提高经济效率

国有企业效率不高是一个世界性的问题，其根本原因是产权不清，因为用别人的钱无论如何都不如用自己的钱来得小心。在之前的一段历史时期，由于国企的经营者并不是企业的所有权人，他们大多不具备开拓和创新精神，其资产的经营风险和盈利也就无人真正负责，而大量的国有资产又被这类人占有、调动、支配，其结果是可能阻碍了整个市场的公平竞争，造成财富被少数人占

有，整个社会不公平的现象也就愈演愈烈。国有企业的问题一定要在市场化的前提下解决。对国有企业应进行建立现代企业制度改造，不仅要改造，而且要规范，改制时要采用公开、公平和公正的方式。

（五）打破政府垄断，推行行政改革

行政性垄断使权力直接介入市场，不仅难以通过市场力量来打破，而且往往构成市场经济体制进一步完善的主要障碍。在市场经济条件下，行政性垄断只应存在于非营利性公共产品。而竞争性行业，应通过规范的企业改制、扩大民营成分的市场准入，形成公平的市场竞争。

四、结　论

本文的基本结论是，和谐社会的构建和现代市场体系的建立与完善是高度一致的。现代市场经济本质上是法治经济，如果没有完善的法治保障，市场制度是不可能运行良好的。当前市场化改革暴露出来的许多问题有些是改革过程中不可完全避免的问题，但不少问题是可以避免的问题，至少可以减轻问题的严重程度。社会不公和结果不平等在很大程度上是由于机会不均等问题造成的。许多人所反对的并不是结果不均，而是对机会不均、对政府官员寻租行为泛滥的不满。机会不均与现代市场体系的运作根本相背，而市场经济体系的发展恰恰要求机会均等。同时，现代市场经济体系的经济活动必须以诚信为本，否则经济主体不可能长期生存下去。在市场经济体制下，人们为了追求利益，相互竞争，使得经济充满活力，很好地解决效率问题，现代市场经济制度也是以中产阶级占主体作为一个基本特征的，它能较好地解决社会安定有序问题。

这样，和谐社会的构建和国家的长治久安应以市场取向的改革为根本方向，改革的大方向仍然是建立与完善现代市场经济制度，以实现社会公正为着

力点。构建和谐社会就是要建立和完善现代市场经济体系，现代市场体系的建立与完善是一项宏大的系统工程，涉及社会的各个方面。因此，经济学家在进行这方面的探索和研究，帮助政府在制定决策时尽量为建立现代市场体系创造有利条件，尽可能地为市场的公平竞争提供一个公平的起点。改革中出现的问题，都必须并且可以通过深化市场化改革来解决。非常令人鼓舞的是，胡锦涛主席在今年两会期间参加上海代表团审议时强调了坚持改革方向毫不动摇。胡锦涛主席明确指出，要深化改革、扩大开放，毫不动摇地坚持改革方向，进一步坚定改革的决定和信心，不断完善社会主义市场经济体制（新华社，2006）。

总之，构建和谐社会的过程是一个深刻的以市场化改革为取向的制度变迁或体制创新的过程。要以市场化改革为动力，通过深化改革，切实克服影响社会和谐的机制弊端，建立健全新的社会制度规范，为和谐社会提供新的体制保障。因此，**通过建立现代市场经济体系完全能够实现和谐社会的构建这一宏伟目标！**

（2007 年 3 月）

参考文献

[1] 常修泽. 和谐社会的价值、特征和构建思路 [N]. 人民日报，2005-3-18.
[2] 高尚全. 改革是推动社会主义和谐社会的根本动力 [OL]. 第二届"中国改革论坛"论文稿. http：//www.hbdrc.gov.cn/website/hbdrc/content.jsp？contentId=4528.
[3] 李义平. 构建和谐社会的经济学思考 [N]. 中国经济时报，2005-3-14.
[4] 刘吉. 建造社会主义和谐社会宏伟大厦 [N]. 社会科学报，2005-9-29.
[5] 钱颖一. 市场与法治 [J]. 经济社会体制比较，2000，3.
[6] 王一江. 国家与经济 [J]. 比较，2005，18.
[7] 王一江、田国强. 不良资产处理、股份制改造与外资战略——中日韩银行业经验比较 [J].

经济研究，2004，11.
[8] 王一江、田国强. 中国银行业：改革两难与外资作用[J]. 比较，2003-10，157～178.
[9] 田国强. 现代经济学的基本分析框架与研究方法[J]. 经济研究，2005，2.
[10] 田国强. 经济机制理论：信息效率与激励机制设计[J]. 经济学（季刊），北京大学出版社，2003-1，271～308.
[11] 田国强. 经济机制设计：信息效率与激励机制设计[M].//现代经济学与金融学发展前沿，商务印书馆，2002.
[12] 田国强. 一个关于转型经济中最优所有权安排的理论[J]. 经济学（季刊），北京大学出版社，2001-10，45～75.
[13] 田国强. 经济全球化、中国市场化改革与中国经济发展[M].//WTO与中国：走经济全球化发展之路，中国人民大学出版社，2001.
[14] 田国强. 内生产权所有制理论与经济体制的平稳转型[J]. 经济研究，1996，11.
[15] 田国强. 中国乡镇企业的产权结构及其改革[J]. 经济研究，1995，3.
[16] 田国强. 中国国营企业改革与经济体制平稳转轨的方式和步骤——中国经济改革的三阶段论[J]. 经济研究，1994，11.
[17] 中共中央党校经济学教研部课题组. 构建和谐社会的经济学思考[N]. 人民日报，2005-3-18.
[18] 胡锦涛强调坚持改革方向毫不动摇[EB/OL]. 北京：新华社，3月6日. http：//tgs.ndrc.gov.cn/gzdt/t20060307_62264.htm.
[19] Hurwicz, L.. On Informationally Decentralized Systems[M].//R. Radner and C. B. McGuire, eds.. *Decision and Organization in Honor of J. Marschak*. North Holland，1972，297～336.
[20] Hurwicz, L.. The Design of Mechanisms for Resource Allocation[J]. *American Economic Review*，1973，63：1～30.
[21] Hurwicz, L.. On the Dimension Requirements of Informationally Decentralized Pareto-Satisfactory Processes[M].//K. Arrow and Hurwicz, L.. *Studies in Resource Allocation Processes*，ed. Cambridge University Press，1979.
[22] Hurwicz, L.. On Informational Decentralization and Efficiency in Resource Allocation Mechanism[M].//S. Reiter. *Studies in Mathematical Economics*，ed. Mathematical Association of America，1986.
[23] Mas-Colell, A., Whinston, M. D. and Green, J. R.. *Microeconomic Theory*[M]. Oxford University Press，1995.
[24] Olson, M.. *The Logic of Collective Action*[M]. Cambridge：Harvard University Press，1965.
[25] 曼瑟尔·奥尔森著，陈郁等译. 集体行动的逻辑[M]. 上海三联书店，1995，1965年版.
[26] Olson, M.. *The Rise and Decline of Nations*[M]. New Haven：Yale University Press，1982.
[27] 曼瑟尔·奥尔森著. 国家兴盛探源[M]. 商务印书馆，1995.
[28] Olson, M.. *The Power and Prosperity*，*Outgrowing Communist and Capitalist Dictatorship*[M]. New York：Basic Books，2000.
[29] Rawls, J.. *A Theory of Justice*[M]. Cambridge：Harvard University Press，1971.
[30] 约翰·罗尔斯著，何怀宏等译. 正义论[M]. 中国社会科学出版社，1988年.
[31] Adam Smith. *An Inquiry into the Nature and Causes of the Wealth of Nations*[M]. London：W. Strahan and T. Cadell. Reprinted，Oxford Clarendon Press，1976.

[32] 亚当·斯密著,郭大力、王亚南译. 国民财富的性质和原因的研究. 商务印书馆,1972.
[33] Tian, G.. *Microeconomic Theory* [OL]. Lecture Notes, Department of Economics, Texas A&M University, 2006-3. http://econweb.tamu.edu/tian/micro1.pdf.
[34] Varian, H. R.. *Microeconomic Analysis* [OL]. W. W. Norton and Company, 1982, first edition.

11

美国金融危机对中国经济改革与发展的影响及启示*

　　提要：本文首先介绍了美国次贷危机是如何逐步演化为金融危机（乃至经济危机）的，进而分析了导致这次金融危机的深层原因——过分强调市场自由和金融创新，忽视金融市场失灵，政府监管严重不足。那么，这是否意味着中国经济改革与发展的方向需要做出调整呢？笔者认为，中国的问题正好恰恰相反，政府干预太多，市场自由不足。因而，本文的一个基本结论就是美国金融危机和中国当前所面临的问题，都可以归因于没有合理界定好政府与市场的边界及正确处理好二者之间的关系。最后，本文对政府应该如何发挥作用，如何界定政府与市场的边界，以及如何进行政府职能的转变和政府管理模式的创新进行了讨论，认为要围绕建立有效政府和有效市场进行，这也是处理好效率、公平与和谐发展的关键。

　　需要说明的是，本文的主旨不在于提出具体化的政策建议，而是希望给那些想提政策建议的专家、学者，提供一个审视自身方案内在逻辑合理

---

* 本文根据作者 2008 年 12 月 6 日在上海市社会科学界联合会第六届年会经济管理专场上的演讲整理而成。

性的经济学理论分析框架。只有对所涉及的经济学基本理论有一个较好的掌握，才有可能使所提出的经济政策应对得当。

自2007年8月美国次贷危机全面爆发以来，美国陷入20世纪30年代大萧条以来最为严重的金融危机，并进一步引发全球金融形势持续恶化，世界经济衰退现象已开始显现。面对潜在的全球性经济危机，包括中国政府在内的各国政府积极出台大规模的经济刺激计划，经济学家也纷纷给出莫衷一是的政策性建议，然而，如果对这场危机的根源和本质不搞清楚的话，政府现在所做的一切很可能又将为下一次危机埋下隐患。

一切还得从次贷危机说起。2000年美国互联网泡沫破灭再加上次年遭受"9·11"恐怖袭击，使得美国经济出现衰退迹象。美国联邦储备委员会（以下简称"美联储"）为了刺激经济，采取了极具扩张性的货币政策，连续13次降息，2003年6月25日更是降到从1958年开始计算的45年以来的最低点1%，并维持了大约1年之久。

美联储的宽松货币政策环境反映在房地产市场上就是房贷利率的同期下降，过剩的流动性导致很多放贷机构开始瞄向那些信用记录较差、违约风险较大的购房人，以"三无"（无稳定工作、无收入证明、无足够资产）人群为主要客户群的次级按揭贷款开始大行其道。放贷机构再把次贷打包卖给房利美（Fannie Mae）和房地美（Freddie Mac）之类的住房抵押贷款机构。"两房"作为准政府机构，拥有国家信用作为担保，这样放贷机构在转移风险的同时，又获得重新放贷的资金，住房抵押贷款机构则又通过资产证券化的方法将次债资产卖给华尔街的银行（包括商业银行和投资银行），华尔街进而将其衍生成各种金融产品，以证券、债券的形式出售给各类投资者，来分散和转移风险。在房地产不断升值的诱惑下，购买持有次级债券的各类银行、基金投资机构，为了眼前的报表业绩，也乐于进行高风险高收益的投机，并且投行高管的收入跟财务报表业绩挂钩，而不承担什么风险。可以说，正是美联储的超低利率刺激经济的政策带动了21世纪以来美国房地产市场的持续繁荣和次级房贷市场的泡沫泛起。

然而,随着2004年以来美联储的货币政策转向,连续17次调高联邦基准利率(见表1所示),每次加息25个基点,这使得美国连年膨胀的房地产泡沫开始受到力度逐渐强烈的挤压,房地产价格开始持续下跌。一旦房地产市场升值的前提不复存在,次级按揭贷款违约率就开始急剧上升,次贷资产及其衍生产品的价值大幅缩水,从而导致持有次级债券的金融机构的财务状况不断恶化。

表1　　美联储2004年6月至2006年6月间的连续17次加息利率表

美联储加息情况	日　　期	利　率
第一次加息	2004年6月30日	1.25%
第二次加息	2004年8月10日	1.50%
第三次加息	2004年9月21日	1.75%
第四次加息	2004年11月10日	2.00%
第五次加息	2004年12月14日	2.25%
第六次加息	2005年2月2日	2.50%
第七次加息	2005年3月22日	2.75%
第八次加息	2005年5月3日	3.00%
第九次加息	2005年6月30日	3.25%
第十次加息	2005年8月9日	3.50%
第十一次加息	2005年9月20日	3.75%
第十二次加息	2005年11月3日	4.00%
第十三次加息	2005年12月14日	4.25%
第十四次加息	2006年1月31日	4.50%
第十五次加息	2006年3月29日	4.75%
第十六次加息	2006年5月11日	5.00%
第十七次加息	2006年6月29日	5.25%

以 2007 年 4 月美国第二大次贷供应商新世纪金融公司（New Century Financial Corporation）申请破产保护为肇始，次贷危机不断蔓延和升级，已经演化为空前的金融危机和恐慌。美国的许多重量级金融机构纷纷陷入破产或者被收购的困境：美国前五大投资银行中，贝尔斯登被摩根大通收购，美林证券被美国银行收购，雷曼兄弟宣布破产，高盛和摩根士丹利转型为银行控股公司；美国最大的两家住房抵押贷款机构——房利美（Fannie Mae）、房地美（Freddie Mac）和最大的保险集团美国国际集团（AIG）被收归国有；美国昔日最大的银行花旗银行面临庞大的债务压力，接受了美国政府 200 亿美元的注资纾困及高达 3 000 多亿美元的担保……

并且，这一流动性短缺危机已经开始波及实体经济。金融的基础是信心，信心一旦崩溃将造成金融市场的非理性恐慌，加速实体经济滑向萧条的轨道。以美国的金融市场为例，它可以分为三个层次：第一层次是资本市场，主要进行股票与中长期债务工具及其衍生品交易，其主要机构是投资银行；第二层次是资金市场，主要进行货币产品和商业票据的交易，其中商业票据为实体经济提供流动资金，所有金融机构都参与这个市场；第三层次是信贷市场，它为实体经济提供中长期贷款，其主要机构是商业银行。2007 年下半年美国次贷危机的全面爆发首先是严重打击了资本市场，继而随着雷曼兄弟的破产又穿透到资金市场，恐慌的投资者纷纷抽离资金，使得资金市场借贷利率急速攀升到历史高点。如果金融危机进一步恶化，穿透到第三个层次，整个经济将不能获得正常运转所必需的资金，实体经济将不可避免地出现大衰退。

面对空前的金融危机，美国政府也出台了空前的大规模金融拯救计划。2008 年 11 月 25 日，继此前美国国会批准通过财政部推出的 7 000 亿美元金融援助方案之后，美联储又宣布了总计规模高达 8 000 亿美元的最新救市方案，以提振消费信贷及抵押贷款担保证券市场。然而，这两个大规模的经济刺激计划是否能唤起投资者的信心？是否能真正阻止美国经济的进一步下滑？我个人对此并不十分乐观，我觉得美国的经济衰退还没有触底，还可能进一步恶化。

一、美国金融危机的深层原因

我本人也是一个市场经济的坚定支持者,但是市场经济导致资源的有效配置这一结论是有许多先决条件的,其中之一就是没有经济的外部性。某个行业一旦有经济的外部性,市场就会失灵,政府就必须对此行业进行适当规制,而不是放任不管。金融市场就是这样的行业,具有非常强的外部性(传递性),一旦出问题就会危及整个经济。此次美国金融危机背后的深层次原因就在于盲目相信市场的自我调节和自我纠错能力,过分强调市场自由和金融创新,而忽视了金融市场失灵,政府监管严重不足,促使华尔街精英在逐利天性下进行了大量的金融衍生操作,而忽视了自我风险控制。这样一旦金融链条的个别环节的问题蔓延开来,就很可能导致整个金融体系的运作遭到破坏,进而传递到实体经济部门,对其造成灾难性的损害。

金融系统的外部负效用性和传递性要求政府必须进行有效监管。事实上,早在 2000 年,美国经济学家、前美联储委员会委员爱德华·葛兰里奇(Edward M. Gramlich)就已经向当时的美联储主席格林斯潘指出了快速增长的居民次级住房抵押贷款可能造成的风险,希望美国有关监管当局能够"加强这方面的监督和管理"。[①] 然而,当时很少有人在意这样的警报,以自由市场理论的坚定拥趸格林斯潘领衔的绝大多数美联储官员,忽视了市场失灵的地方,过分相信市场的自我调节作用,相信放贷机构的自我风险控制能力。格林斯潘一再声称,银行是比政府当局更好的风险管理者,私人监管在限制额外的风险负担方面相比政府监管更为优越。这样,美国在 21 世纪头几年的超宽松货币政策环境及金融监管环境的交互作用下,让大批无支付能力的低收入者通过抵押贷款的方式拥有了住宅。

---

① 廖岷. 美国金融监管反思 [J]. 财经,2008,4.

正如 2007 年诺贝尔经济学奖获得者马斯金在接受媒体采访时所言，美国犯了一个常识性的错误：银行把钱借给了本来就还不起钱的人。过去很多年间，美国的大量房屋抵押贷款发放都相当宽松，但实际上其中很多根本不应该批准。这个错误又是由美国政府、美联储、提供政策咨询的经济学家及华尔街精英们共同造成的。经济学理论已经实实在在地指出了市场失灵的地方，但是美国政府或者金融监管者的思维却依然沉浸在市场万能的迷思中，华尔街精英就利用现有制度无法跟上华尔街金融创新和金融衍生品市场的发展步伐，才使得像次贷衍生产品在内的华尔街金融衍生品市场在放松监管的情况下大肆发展起来，进而使得金融系统性风险不断集聚。

二、对中国经济改革与发展的影响及启示

由于中国金融的国际参与度不高，因此美国金融危机对中国的直接影响相对有限，无论是中国政府持有的数千亿美国国债，还是中国商业银行投资的美元资产损失都不大，更大的影响可能来自金融危机对于经济气候和市场信心的间接影响，其表现就是出口下滑和市场恐慌。并且，在此过程中的政策应对也有一些颇为值得检讨的地方。

先谈经济气候的影响。美国金融危机已逐步演变为世界经济衰退，这将严重打击中国的出口。按照通常定义，如果连续两个季度出现经济负增长即为经济衰退。从中国的三大主要贸易伙伴看，美联储 2008 年 11 月 20 日公布了美国联邦公开市场委员会（FOMC）2008 年 10 月 28 日到 29 日政策制定会议的纪要。纪要显示，美联储理事预计美国经济的负增长将持续一年时间，并有进一步延长的风险。欧盟委员会的秋季经济预测报告则称，继 2008 年第二季度环比出现 0.2% 的负增长后，欧元区经济 2008 第三季度和第四季度将分别出现 0.1% 的负增长。日本政府 2008 年 11 月 17 日发表的 2008 年第三季度 GDP

公报,也承认日本经济再度步入衰退期。

世界经济衰退对于中国出口的打击已经开始显现,中国 2008 年前三季度的出口额为 8 785.8 亿美元(见表 2 所示),同比增长 22.2%,比 2007 年同期回落了 4.9 个百分点(见图 1 所示)。特别是部分劳动密集型产品出口增长出现不同程度放缓,其中鞋类出口增长 15.1%,玩具、服装及衣着附件分别仅增长 3.7% 和 1.8%,比 2007 年同期回落了 13.1 个和 21.2 个百分点。

表2 2008 年前三季度中国月度出口情况表

金额单位:亿美元

月份	当月出口			累计出口		
	金额	2007 年同期	同比增长(%)	金额	2007 年同期	同比增长(%)
1 月	1 095.8	865.9	26.5	1 095.8	865.9	26.5
2 月	873.0	821.3	6.3	1 968.8	1 687.3	16.7
3 月	1 089.0	835.6	30.3	3 057.8	2 522.9	21.2
4 月	1 187.2	974.7	21.8	4 245.0	3 497.6	21.4
5 月	1 205.3	940.7	28.1	5 450.3	4 438.3	22.8
6 月	1 211.4	1 033.6	17.2	6 661.7	5 471.9	21.7
7 月	1 366.1	1 077.1	26.8	8 027.8	6 548.9	22.6
8 月	1 348.5	1 113.9	21.1	9 376.3	7 662.9	22.4
9 月	1 364.3	1 122.9	21.5	10 740.6	8 785.8	22.2
10 月		1 076.9			9 862.7	
11 月		1 175.2			11 037.9	
12 月		1 143.3			12 181.2	

数据来源:商务部网站。

外部市场的萎缩加上因《劳动合同法》实施带来的劳动成本激增,以及无法短期内成功实现往国内市场的转向,使得不少出口导向的劳动密集型中小企业面临关门歇业的局面。根据国家发改委公布的数据,2008 年上半年有 6.7 万

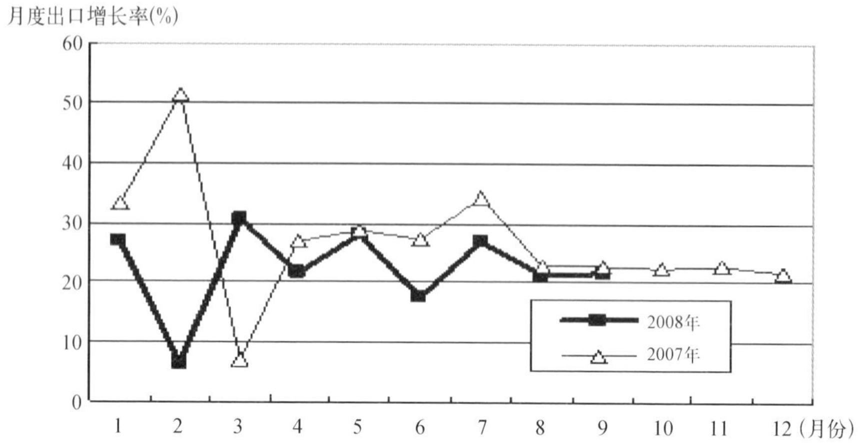

月度出口增长率(%)

图片来源：商务部网站。

图1 2008年前三季度中国月度出口增长率

家中小企业破产倒闭，珠三角、长三角等沿海地区的一些出口企业纷纷出现停产、半停产的状况，湖南、河南、四川等一些劳务输出大省出现农民工成批返乡的现象，由此引发的社会潜在不稳定因素不容忽视。

其次就是对市场信心的影响。一是对经济景气的信心，据国家统计局的数据显示，消费者信心指数已经由2007年9月的96.9降到2008年10月的92.4（见表3所示），这是近两三年来的最低点。二是对于市场化改革的信心开始动摇。这场由美国次贷危机所引发的全球性金融危机给那些质疑市场经济和缺乏现代经济学理论基础训练的人提供了攻击口实，他们将危机归咎于市场经济，并且以各国政府干预市场为指证，断言自由市场已经终结。笔者认为，尽管美国金融危机与大量衍生产品的推出不无关系，但是这绝不意味着我们要禁锢市场改革和金融创新。中国的问题恰恰在于市场化程度不足，政府过度干预金融市场，阻碍了金融创新，降低了金融系统的效率。只有合理界定好政府和市场的边界，正确处理好金融创新和金融监管的关系，才能兼顾整个金融系统的效率性和安全性，使得中国经济获得持久发展的动力。

表3　　　　　　　　　2007年9月以来的消费者信心指数情况

日　　期	消费者预期指数	消费者满意指数	消费者信心指数
2007年9月	99.6	92.9	96.9
2007年10月	99.2	92.4	96.5
2007年11月	98.7	92.0	96.0
2007年12月	99.5	93.1	96.9
2008年1月	98.6	91.2	95.6
2008年2月	96.8	90.5	94.3
2008年3月	97.1	90.7	94.5
2008年4月	96.6	90.1	94.0
2008年5月	97.0	90.2	94.3
2008年6月	96.5	90.6	94.1
2008年7月	96.9	90.8	94.5
2008年8月	96.0	90.2	93.7
2008年9月	95.6	90.0	93.4
2008年10月	94.2	89.8	92.4

数据来源：国家统计局网站。

当然，只要中国应对得当，危机也可以变为转机。比如1998年亚洲金融危机中国坚持人民币不贬值，依靠扩张性货币和财政政策安然度过了危机，而且显著提升了在亚洲的政治经济地位。这一次美国金融危机正在使国际金融格局和世界政治经济格局发生巨大的变化，中国一方面可以乘此机会积极推动国际金融组织改革、提高自身在国际金融组织中的话语权，另一方面可以通过危机倒逼自身转变经济发展方式，改变过去过于依赖出口的经济失衡局面，转到主要依靠内部需求的道路上来。

近期，我国政府调整了宏观政策取向，财政政策由稳健转向积极，货币政策由从紧转向适度宽松，并计划在今后两年时间内安排4万亿元资金，通过 10 项措施来进一步扩大内需，促进经济稳定增长。这与笔者早在 2008 年 6 月完成的一篇文章《治理通货膨胀，更要警惕经济大幅下滑风险——关于解决扩大内需和抑制通货膨胀两难的政策建议》中所做的经济形势分析和提出的"慎紧缩、稳股市、拉两头、控中间、停升值、缓提价"等六大综合治理措施颇有不谋而合之处。实际上，中国本可以未雨绸缪，做得更早，做得更好。

从此次金融危机，我们可以得到几个启示：

第一，**经济学基本理论训练非常重要**。任何一个理论都有它的适用范围，即边界（先决）条件，许多政府官员和经济学家在应用经济理论时往往忘记了这些先决条件。包括这次金融危机很大程度上，就是美国政府的官员和美联储的经济学家忽视了自由市场经济理论的一个简单的先决条件，即忽视了金融行业的巨大外部性（传递性），放松了金融监管，导致机会主义者疯狂逐利，而使市场泡沫不断膨胀。因此，政府应该多在经济学、管理学等教育方面投资，来培养一大批高素质、具有扎实基本理论训练的经济学、管理学人才。

第二，**不能够太看重和相信经济数据**。数据在许多情况下对短期预测和检验理论当然有用。但经济数据在有些方面，如在预测经济景气的情况下，可能有它的局限性。其原因就是用经济数据来预测经济景气时往往有滞后性，往往需要 3~6 个月才能反映出来。并且数据只是已经发生事件的量化。例如，中国经济数据 2008 年上半年从各方面来说都很好，但只要用这些数据来说话，就会得出中国的经济仍然在过热、需要抑制通货膨胀这一有问题的结论。结果到 2008 年下半年，几乎所有的宏观经济政策都来了个 180 度的大转弯，造成了政策的不稳定性和非逐渐变化性。而且，继国务院推出 4 万亿元刺激经济方案后，地方政府上报项目投资计划也接近 18 万亿元。这样规模的刺激经济方案当然很有必要，不过如何合理进行投放不得而知。需要注意的是，这么多项目一拥而上，不仅可能会带来重复建设、资源浪费，而且会降低刺激消费、提振经济的效果。

那么，我们的政策怎样才能具有前瞻性呢？靠什么来让我们得出事前的结论呢?这就是经济理论的逻辑技术分析。也就是说,只要将经济现实环境充分地把握住,就会通过经济理论得出逻辑的结论。例如,上述拙作就是通过经济环境所具有的三大成因,得出了经济大幅下滑的风险正不断累积这一结论。这也同样说明了,经济学基本理论的重要性。

第三,**市场化改革方向坚决不能动摇**。改革开放 30 年是中国从高度集中的计划经济体制转向充满活力的社会主义市场经济体制的 30 年,也是中国取得如此巨大成就的重要原因,我们千万不能再回到依靠人治的、扼杀效率和创造性的经济体制。这场金融危机并不是自由市场制度的失败,而是政府缺位、政府失灵的一个结果。正是由于近年来美国政府的金融市场监管范围和力度严重不足,不能够弥补市场失灵导致的维持市场正常运行的合理需要,才导致了市场泡沫的不断集聚、膨胀,直至破灭。

毋庸置疑,一个最好的市场就是不受政府干预的自由市场,这一观点在西方经济理论界已经有几百年的历史,在大多数情况下都基本成立。然而,自由市场亦有其有效作用边界,它存在诸如外部负效应、公共产品供应不足、不完全竞争、信息不对称、收入差距过大、经济周期等市场失灵的地方。面对这些缺陷和失灵,政府不能缺位,必须发挥"看得见的手"的功能,来矫正市场机制的扭曲。但是,这些缺陷和失灵也不能成为政府过度干预市场的理由。在那些本该让市场发挥作用的领域,政府没有退出或没有完全退出。过多地使用行政手段来干预经济活动,不仅不能弥补市场的缺陷,反而会妨碍了市场机制正常发挥作用。

从历史经验来看,中华人民共和国成立以来,在经济增长上曾出现过八次大的波动,跌入谷底,分别是 1954 年(4.2%)、1957 年(5.1%)、1961 年(-27.3%)、1967 年(-5.7%)、1976 年(-1.6%)、1981 年(5.2%)、1990 年(3.8%)和 1999 年(7.6%)(具体见图 2 所示)。其中,有 6 次是由于天灾人祸造成的:1954 年是由于天灾——自然灾难所致,而另外 5 次的经济低迷则是由于人祸——政治干扰或社会动荡所致,即 1957 年由于发动"反右"运动所致，1961年由于"大跃进"的严重后续影响所致，1967年由于"文化大革命"高潮所致，1976年由于"割资本主义尾巴"所致，1990年是由于相关政治风波所致。当然，我们不可能再回到过去的计划经济老路，但是政治运动对于经济活动的无限干涉，放到市场经济条件下，其破坏性也同样不容小视。

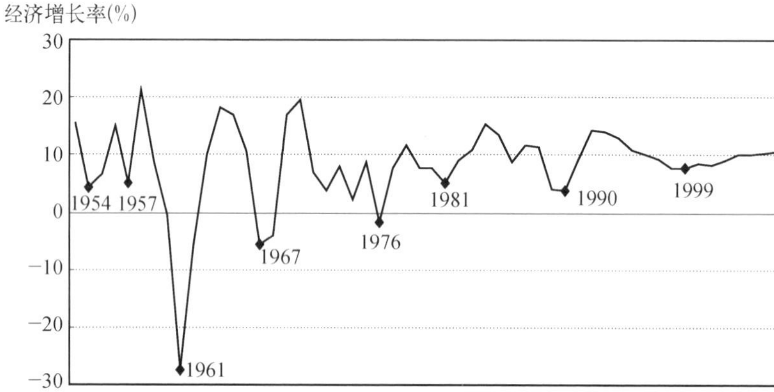

图2 中华人民共和国成立以来的经济增长波动示意图

中国当前存在的几乎所有深层次问题，如分配不公、机会不均、城乡差距和贫富差距的持续扩大、国有资产的流失、不公平竞争、政府行政效率低下、诚信危机、国民基础教育投资不足、环境污染、犯罪案件与经济和民事纠纷激增、社会结构呈不稳状态、人们幸福感下降等等，几乎都是由于没有处理好政府与市场的关系，以及合理地界定二者的边界所造成的。

三、如何合理界定政府和市场的边界

市场经济分为好的市场经济和坏的市场经济，经济的差异和社会的和谐与否就决定了好的或坏的市场经济。好的市场经济是可以与和谐社会一致。要使中国的制度变革向"好的市场经济"方向发展，解决当前存在的深层次问题，就需要严格界定政府和市场边界，需要转变政府职能，需要创新政府管理模式，从而建立有效政府和有效市场，使之能同时达到效率、公平与和谐发展。一个全能的政府不会是有效政府，它只会给市场运行设置重重障碍，滋生寻租空间。一个有效的政府必须是一个受约束的有限政府，不被约束的政府至多只能是个具有封建性质的法制社会。当然，由于政府职能转变和政府管理模式创新涉及权力调整、利益冲突，将会损害很多人的既得利益，改革的难度因而会非常大。

那么，怎样转变及如何创新？那就是，只要市场能做好的就应该让市场去做，政府不直接参与经济活动（但需要政府维护市场秩序，保证合同及各种法规得到严格执行）；市场不能做的，或者说从国家安全或者其他因素考虑，市场不适合做的时候政府才直接参与经济活动。也就是说，在考虑和谐社会的构建和经济的和谐发展的时候，在政府职能的转变和管理模式的创新的时候就应该根据市场和政府各自界定的边界来考虑，比如说，至少在竞争性的行业，政府应该退出，即使政府不退出也不可能长久生存下去。只有在市场失灵的时候，政府才发挥作用，单独或者是与市场一起去解决市场失灵的问题。

为什么计划经济搞不好，或坏的市场经济导致政府或市场无效率，其根本原因有两个：

第一个就是信息不对称导致交易成本过大。计划经济搞不好就是因为信息不对称，政府不可能了解到这些信息，不可能做到全面的监督。不要说是政府，就是一个小小的经理或者车间主任也很难通过直接监督保证让员工每时每刻努力工作，不偷懒。为什么很难解决偷懒问题呢？就是因为信息不对称，很难了解到底这个人是能力不好，还是不愿努力做事？作为一个领导在解决问题的时候，很多情况是不清楚的，就要求充分的调研。把问题是什么，把当前管理的地方的情况摸透，哪些地方必须要做，哪些地方要放开，给人们自由去做的。所以说，信息不对称就导致交易成本过大，如果没有一个合理的游戏规则或制度安排就会导致政府、市场和个人激励的扭曲。

第二个就是激励不相容导致政府、市场和个人的激励的扭曲。所谓激励不相容就是每个人都有自己的个人利益,从而发生利益冲突。当信息不对称时,最好用激励机制。比如,解决职工努力工作的一个激励机制就是多劳多得。做生意的话,除了交给国家的税收,剩余都是个人的,由于个人利益的驱动,就会尽力去做。如果没有一个好的制度安排就会导致激励不相容。在竞争行业领域,就要靠市场或者说亚当·斯密的"看不见的手"。当每一个人都追求个人利益的时候,只需要按照目标管理模式,具体操作过程交给个人或者地方政府,往往会取得更好的效果。在正常的经济情况下,政府和经济人的行为一样,都是机会主义者。只有界定好政府和市场的边界,约束政府也同时约束经济人行为,才有可能导致好的市场经济,让社会和谐。因此,合理界定政府和市场之间的界限是极其重要的,政府职能的转变及管理模式的创新必须围绕着此点进行。

西方经济学经常被批评为庸俗的,是由于它主要强调个人利益。怎么看待这个问题?其实政治经济学和现代经济学中所讨论的问题和目标是不矛盾的,它们是在不同层次、不同时期、不同制度安排下考虑问题。比如,只要在人们思想水平不高的情况下,就要用市场经济体制进行资源配置,只有当人们不追求私利的时候,市场就失灵了,就有可能实行按需分配的共产主义模式了。现代经济学中的福利经济学第一定理,基本行为假设是局部不满足性(Local Non-satiation),人们的欲望不满足的话市场不会失灵,但是如果欲望满足的话,物质极大丰富,市场就会失灵,换句话说,我们就不需要市场了。当然,改变人的思想水平是很难的,可能需要几百年、上千年,甚至更长的时间。但是不管怎么样,这是一个目标,是一种理想的追求。

需要指出的是,在考虑政府和个人行为及其活动时,首先要区分常规环境和非常规环境。

(1)突发特殊情况——非常规环境,表现为大公无私行为。非常规环境就是突发的天灾人祸环境,如地震、洪水、台风、战争、社会动乱等。在突发事件下,人的自利行为假设可能会失灵,这种情况要单独考虑。面对战争,政府和个人行为都可能成为非经济人，人们会为了国家的安危、民族的存亡而抛头颅、洒热血，不惜献身；面对天灾，人们也会投身于抗灾救人的活动中去，奉献出自己的钱财，表现出大公无私精神。这种情况即使是动物都会表现出非动物性，如野山羊被猎人追到悬崖边，老山羊自愿献身，先跳下去，让年轻山羊后跳下去，踏着他们的身子逃生。动物尚且如此，况且有情感的人类。这时，利己假设和理性人假设都可能不再成立，市场会失灵，追求利己和采用市场方法导致有效结果的结论也就不再成立。

（2）一般常规情况——正常环境，表现为自利理性人行为。天灾人祸这种突发事件一般都是暂时的、短期的，一旦时间变长，人们又会重新表现出经济人的行为，也就是古人的所谓"救急不救穷"的说法。在常规情况下，假定经济人是理性，其风险最小。当然，随着思想慢慢进步，可能人的思想会改变，到最后，经济人假设也许就不成立了。

如果我们把这个区分弄清楚以后，许多问题就比较容易理解了。因此，我们主要只是针对正常环境（可能非规范）情形下来讨论政府与市场关系。

（一）造就有效市场

政府职能转变的一个目标在于造就有效市场，就需要采用市场这只"看不见的手"的功能，政府应该少管，但要确保经济人受到约束。这种约束至少包括三项内容：产权的界定和保护、合同的实施及适当的监管。否则，市场就是无秩序的，经济人为了各自的个人利益将互相伤害，而不是互相有利，无法形成有效市场。

那么，怎样和由谁来约束或引导经济人的行事方式？可以通过三种基本方式：(1) 强制性的治理（Governance）和规制（Rule），这是基本的制度安排和规则。(2) 诱导性的激励机制（包括声誉、诚信等）。由于经济人追求个人私利，信息不对称时就必须制定诱导性的激励机制，使得他们主观上为自己、为个人，客观上为他人、为社会努力工作。市场制度就是这样，每个人发家致富了,国家也就强大了,经济水平就提高了。(3) 既不需强制,也不需激励,无欲无刚的社会规范和文化。此点非常重要,长期坚持按强制性的法规和诱导性的激励机制来解决问题,慢慢就形成了一种既不需要强制也不需要激励的社会规范、信仰和文化,比如我们经常讲的企业文化、民风、宗教信仰、意识形态、理念追求。这是最节省交易成本的方式,但是对于那些将个人利益凌驾于理念之上的人而言,也可能发挥不了作用。

这三种方法就是通常说的"动之以情,晓之以理,诱之以利",分别由政府、市场和社会来实现和实施。"动之以情"就是情感激励,信仰一致,比如通过关系、友情、感情有时会解决很大的问题,是一种文化、社会的东西,特别是信仰和理念一致,将会极大地减少交易成本;"晓之以理"就是道理、法理激励;"诱之以利"就是通过奖惩制度激励,通过收入和工作努力程度挂钩,这都是激励机制,比如按件计算、按产量计算等。这三种基本方式应该综合应用,要因人、因地、因时、因事而异,具体情况,具体分析。采用何种方式的标准是由法规的重要性、信息对称的程度,从而监督和执法等交易成本的多少决定的。具体解释如下:

(1) 无欲无刚的社会规范和文化,这是一种无须任何制度安排的完美情况。在这种情况下,既不需要强制性的法律规定,也不需要利诱性的激励机制,交易成本最小,保持时间更长。特别当理念一致时,会大大地减少办事的困难,极大地提高工作效率。大家可能会有深刻体会,当理念不一致时,即使采用大棒式的强迫命令这一刚性方式,胡萝卜式的诱导性激励机制或友情关系,解决了一件事,但遇到新的事情和问题,又需要重新再来,这样会造成很大实施成本。尽管社会规范、企业文化、理念一致可以起很大的作用,但在现代市场经济中,它们对维持大量、复杂的交易是远远不够的,并且对于那些非常看重个人利益、个人利益总是大于理念的人来说,是不起作用的,从而需要采用强制性和诱导性的制度性措施。

(2) 强制性的治理(Governance)和规制(Rule),即政府的基本法则和经济组织的法则,是否制定这样的法则和规制主要看是否容易判断(信息透明和对称),了解信息及监督和执法成本的大小。产权的保护、合同的实施、适当的监管都需要制定规制,从而需要一个监督执行规则的第三者。这个第三者便是政府。为了维持市场秩序,引入政府是必然的。需要指出的是,由于政府也是经济人,既当裁判员又当运动员,这就要求对政府的行为应有明确的程序和规则,这些程序和规则的制定应该是:宜细不宜粗,越明确越好。对经济人和市场的规制则相反,应该是:宜粗不宜细,就是给人们更多的经济上的选择自由。从这个意义上,我们发现许多误区都可以得到解答。比如说,现在一谈到市场经济是法治经济,就说要规范,对企业制定更多的政策和法律来规范企业的行为,什么都要制定得详详细细,有时候太详细是不可行的。法律在管制市场的时候,要管基本的规则,而不要把具体怎么去做也规范得细细的,因为信息不对称。具体的运行规则应该由市场用诱导性的激励机制去安排,来调动经济人的积极性,实现激励相容。

(3)诱导性的激励机制。在适当的激励机制下,每个经济人为了自己的利益,有积极性去遵守某种规制和秩序,从而达到他人或社会的目标。早在500年前,中国古代思想家王守仁(王阳明)所提出的"知行合一"的观点类似于激励相容的思想,他否定了朱熹的"存天理,去人欲"观点,承认人欲存在的客观现实。"知行合一"讲的就是理论结合现实,学以致用,要学理论知识,也要在实践中应用与总结。正像前面提到的,声誉和诚信都是一种激励机制。做生意都靠诚信,并不是说这样企业主很愿意讲诚信,而是不得不讲诚信。因为诚信能节省他的经济成本,降低他的交易成本。所以做领导或作为管理人员,要调动手下的积极性,就应该动之以情、晓之以理、诱之以利。这三种基本的工作方式,如果领导人能够综合地、有机地运用好,可以提高自己的行政能力。

(二) 造就有效政府

为了实现市场"看不见的手"的功能,市场经济必须解决的另一大问题是政府必须被约束，成为有限政府。如果政府不受约束，最多只是一个具有封建性质的法制社会，而不是一个现代市场的法治社会，政府就容易滥用自己的权力换取利益，它所做的事情很可能会对社会不利。通过法治的方式来约束政府，通过预先制定的规则来划分政府和个人的权力范围及政府和市场的边界，是现代社会的创新。

但是，约束政府的权力冲动、造就有限政府只是一种手段，真正的目的在于建立有效政府。市场经济是由一个个利益主体构成的，每个利益主体的逐利冲动构成了社会进步的天然推动力。但有推动力并不必然导致进步，这是因为各个利益主体的利益是不同的，有时甚至相互构成抵消的力量。要让这种推动力能走上社会进步的轨道，需要一种外在的保障，也就是前面提到的：产权的界定和保护、合同的实施、适当的监管。产权明晰是第一位的，只有这样才能保障经济主体的利益，合同的实施则是达致这一结果的必然途径。利益本身具有膨胀的特性，如果不加以限制，可能会危及别人的利益，因此，必须加以适当的监管。而这样的秩序保障并非市场能够自动生成的，政府的存在由此显示出了重要性。

政府干预经济造成一个后果，就是"关系"成为做好一件事的重要因素。"关系"在中国仍然是一个很重要的生产要素，这说明中国的市场化程度还相对较低。为什么现在这么多贪污腐败？就是因为政府干预经济的活动太多了，有太多的法规和政策，需要变通，就必须找关系、开后门，规避法规和政策。所以，规定得太多，太细，那么人们想要赚钱，就要去行贿。所以政府管制必须宜粗不宜细。政府管不了这么多，管的越多，效率会越低，造成的腐败也会越多。我们经常说要提高干部的素质，提高只是一个方面——晓之以理，但是更重要的是要压缩权力寻租的空间，降低干部犯错误的可能性。如果没有严格的财务会计制度，将会大大增加贪污的可能性，有了严格审计制度，则会大大减少贪污的可能性。这样，一个全能的政府绝对不会是一个有效政府，它只会给市场运行设置重重障碍，滋生寻租空间。所以，有效政府的存在是合理划分了政府与市场边界的结果。

四、结　论

美国金融危机的问题根源并不在市场经济本身，它在很大程度上与政府政策失当和监管缺位有关，而中国则刚好相反，市场化程度还相对不足，政府干预经济活动太多。因此，无论是美国金融危机还是中国当前所面临的问题，都可以归因于没有合理界定好政府与市场的边界及正确处理好二者之间的关系。

笔者认为，辅之以合理、必要的政府干预，市场经济相对而言仍是中国最好的制度安排，中国千万不能再回头走原有经济体制的老路。美国金融危机是一场危机，同时也是一次转机。中国完全可以以此为契机，尽快破除制约中国经济改革与发展的瓶颈，着力完善市场经济体制，不断加强法治建设，约束政府的权力冲动、造就有限政府和有效政府，并通过提供产权的界定和保护、合同的实施及适当的监管来维护市场竞争，形成有效市场。

总之，只要我们合理界定好政府和市场的边界，正确处理好政府和市场的关系，则不仅当前中国经济领域里的一些突出问题将会迎刃而解，也必将在推动中国经济发展模式转变和经济结构优化调整方面发挥积极作用，以促进中国经济的持续、快速、健康发展。

（2008 年 12 月）

12

中国经济发展中的深层次问题

提要：中国经济正面临何去何从的方向性问题：是进一步深化改革，抓大放小，无为而治，让市场发挥越来越多的作用；还是国进民退，让政府主导经济，发挥更多的作用？答案无疑是前者。基于以上判断，中国经济的长期深层次根本问题在于：深层次制度障碍未破除，深层次市场化改革滞后，政府、社会与市场的治理边界界定不清晰、不合理。这就导致了"三重三轻"的不科学发展观：重政府、轻市场，重国富、轻民富，重发展、轻服务。要解决这些深层次问题，下一步改革的关键在于深入推进政府职能的两个根本性转变：第一，从发展型政府向服务型政府转变；第二，从全能型政府向有限型政府转变。

一

改革开放以来，在中国的初始资源禀赋条件和政治、经济、社会、文化结

---

* 本文载于《学术月刊》，2011年第3期。

构下，中国迄今为止走出了一条适合自身国情的市场导向的经济转轨道路，并取得了巨大成功。尽管其他亚洲国家或地区在20世纪60～80年代也曾经历过类似的持续高速增长，但作为一个超10亿量级人口规模的经济体，中国能实现持续32年接近10%的增长，并使约2.5亿人口摆脱贫困（脱贫人口几乎相当于美国全国的人口），这是前所未有的巨大成就，恐怕也是人类历史上有文字记载以来前所未有的纪录。与此同时，中国经济体制也实现了由原先铁板一块的计划经济体制向社会主义市场经济体制的平稳转型，非国有经济的工业总产值占比从改革初期的8.78%发展到目前的超过80%，成为中国经济增长的动力引擎。经过30多年的渐进转轨和跨越发展，从总量上看，中国经济的诸多指标已跃居世界数一数二的位置，成为世界政治经济舞台上一支举足轻重的重要力量。

在笔者看来，中国在从传统计划经济体制向现代市场经济体制转轨过程中，创造出持续高速经济增长的根本原因，不外是推行放开和开放的松绑放权型改革，满足了一个经济机制良好运行的四个先决条件[①]：承认个人利益、给人们更多的经济自由、实行分散化决策、引入各类激励（包括市场）机制，从而很好地解决了信息和激励的问题。当然，中国改革之所以取得如此巨大的成就，原因还包括实行对外开放融入国际社会、地方政府分权鼓励区域竞争及采用渐进改革体制平稳转型，特别是正确处理好了改革、发展与稳定的关系：稳定条件下的改革推动发展，发展让老百姓获利（松释了参与性约束条件）而促进稳定，从而创造了加大改革力度的条件，推动进一步经济发展。

回顾30多年来中国经济改革的动态演进过程可以发现，尽管其是以市场为导向，但是由于市场的力量是从无到有，"大政府、小市场"的格局依

---

① 田国强.中国国营企业改革与经济体制平稳转轨的方式和步骤——中国经济改革的三阶段论[J].经济研究，1994：11.

然没有改变。正如一个孩子的成长历程一样,在婴儿时期,家长的抚育、引导、帮助(甚至是干预)有其必要性和合理性。但是,随着孩子逐渐长大,这种来自家长的介入就需要逐渐减少,让孩子独立和自我发展。当前,中国经济同样需要逐渐减少这种来自政府的家长式的干预和约束,让市场机制而不是政府在经济发展中发挥主导和更多的作用,这理应成为中国下一步改革的方向。

然而,由于市场化改革与开放所激发出来的巨大动能和势能,就像正在高速腾空的火箭,尽管有很大的内外部阻力和摩擦,但所带来的正面效应远大于转轨过程中各种问题的负面效应,包括政府主导经济发展和社会治理所导致的负面效应。一些短识者、短视者或既得利益者便误把阻力当动力,误把刹车当油门,误把缺点当优点,使本末倒置、似是而非的论调屡见不鲜。比如,将中国改革的成功归因于政府主导下的经济发展路径、社会管理方式及其政治治理结构,过分地强调政府的作用,认为已经找到一个与现代西方发达社会不同的相对稳定的、成熟的、具有推广价值的终极发展模式,这是一种"致命的自负",误将"次优"当"最优",误将过渡性制度安排当作终极性制度安排。从而,其政策药方就是不断弱化放开和开放的松绑放权型改革,不断扩大政府规模及其对于经济的介入,有可能将下一步改革的方向与改革开放的长期导向弄反,使得政府行政体制改革和政治体制改革步履蹒跚。

二

当前中国经济的一个突出特征就是政府介入经济的范围和程度有扩大和强化的趋势,这与改革开放以来的长期导向是相违背的。尽管在此次金融危机中,中国经济增长成功实现甚至超额完成了"保八"任务,但是其代价也是不菲的,以巨额经济刺激和政府强力干预所导致的后果是:当前通货膨胀和经济增长的两难困境,以及深层次经济结构的更进一步的扭曲和制度障碍的加大。不可否认,中国经济短期内也不能立即下降很多,因为在社会保障机制迟迟未健全的现状下,传统的依靠大量低成本劳动投入和巨大物质资源投入的粗放式低效率经济发展方式还有其必要性,否则"一刀切"地拉低经济增长率可能造成大量失业和社会不稳。

尽管如此,从长期看,这种经济发展方式是不可持续的,中国经济也不可能永远保持8%以上这么高的增速。根据边际收益递减规律,随着中国从低中等收入国家向中等收入国家的跃迁,中国的经济增长速度一定会逐步放缓,应是一个渐进下调的过程。届时,如何实现达到长期平衡增长轨道下经济低速增长下的社会平稳运行和社会稳定,关键在于当下的深层次市场化改革,转变发展方式,满足人们更强的参与性和激励相容约束条件,增加经济效率,最终让市场有效。

反观中国在宏观经济政策上存在一种倾向,就是一味地崇尚凯恩斯的宏观调控经济理论,随时、随地、随处都在用,宏观调控频繁,导致行政权力干预价格、干预市场供需的势头增强,使得市场传递信息、提供激励和决定收入分配的三个基本功能[①]扭曲,市场配置资源的基础性作用被削弱。从经济思想的角度看,凯恩斯的政府干预思想用多了不好,是强心针,是激素,最多只能起到"头痛医头、脚痛医脚"的作用,不是基于一般均衡的综合治理。要建立长效机制,实现长治久安,还是应当采取亚当·斯密、熊彼特、哈耶克、赫维茨等从经济自由、创新、信息和激励等方面论证市场最优性的经济思想。亚当·斯密从经济自由导致资源有效配置的角度论证了市场的最优性;熊彼特从创新的角度,论证了市场而不是政府最能激发创新和企业家精神,而创新和企业家精神才是经济可持续发展的核心动力;哈耶克从所需信息量大小的视角,论证

---

① 田国强、张帆. 大众市场经济学 [M]. 上海:上海人民出版社,1993,34.

了市场制度优于计划经济制度；而赫维茨则给出了一个分析不同制度优劣的统一框架，从信息和激励的角度进一步证明了竞争市场机制是唯一的利用最少信息且导致资源有效配置的经济机制，并提出了正是由于信息不对称，要采用激励相容的机制设计来解决市场和政府失灵问题。这些经济学家的深邃思想对中国今后的改革将起到至关重要的作用。

因此，中国经济需要从"道、势、术"三个方面进行综合治理。"道"即基本原则、客观规律、正义，必须遵循；"势"即指环境、大势、气势、优势；"术"即实施的具体方式、方法。中国经济改革首先要遵循现代市场经济基本客观规律，这是大的原则，同时也要考虑国内外现实发展环境，善于取势、借势、树势，在以上两点的基础上还要注意经济短期治理的方式和方法。中国经济需要标本兼治，短期热点、难点问题处理不好，可能使长期深层次根本问题恶化；忽视长期深层次根本问题，可能对短期热点、难点问题的解决形成新的藩篱。所以，应该理性看待经济增长，不能为了短期的保增长目标，延宕深层次经济结构调整和发展方式转变的机会，应该在经济基本恢复常态的情况下，认清和解决中国经济面临的长期深层次根本问题。

根据笔者的观察和思考，中国经济的长期深层次根本问题在于：深层次制度障碍未破除，深层次市场化改革滞后，政府、社会与市场的治理边界界定不清晰、不合理。导致"三重三轻"的不科学发展观：重政府、轻市场，重国富、轻民富，重发展、轻服务。

第一，重政府、轻市场，深层次改革滞后。中国经济过去30多年的巨大成就，关键在于通过市场化的改革使得非国有经济发展起来，政府不断从本不应该管的地方退出，使得市场化程度显著提高。但是，由于在这个市场化改革的动态过程中，"大政府、小市场"的格局依然没有改变，于是一些人便将政府主导而不是市场导向当成了所谓"中国模式"的精髓，使得政府在不该管的许多地方抓着不放，该管的许多事却没有去管或没有管好，越位、错位和缺位的现象越来越多：政府控制了太多的生产要素和重要资源，控制了太多的市场准入，已从市场秩序维护者蜕变为市场参与主体，使得民营经济和企业家精神受到很大限制。而由于政府主导所致的体制性障碍依然严重，民营经济的生存和发展空间受到限制，其动力引擎的作用被削弱，也导致民营企业向公权力所有者输送私人利益的腐败行为屡禁不绝。

当前中国面临的诸多深层次矛盾和问题都与政府职能的越位、错位和缺位有关。比如，政府与民争利、行政干预增多、经济结构不合理、收入分配不公、产业结构失衡、消费驱动偏弱、机会不均、生态破坏、环境污染、城乡差距和贫富差距持续扩大、腐败和违法乱纪屡禁不止、利益集团影响变大；其他如社会诚信危机，教育投入严重滞后，国民基础教育薄弱，犯罪案件、经济纠纷、民事纠纷增多，社会结构不稳状态有扩大化趋势；等等。

随着社会利益主体的多元化、利益矛盾的复杂化、利益冲突的尖锐化，改革已然越过普惠的帕累托改进阶段，进一步深化改革难免会触犯一些既得利益集团，包括政府由于高度介入经济而形成的自身庞大的利益存在。这使得改革的动力在减弱，改革的共识在减少。很多人沉湎于过去改革的成功，停滞于过去发展的经验，殊不知过去在政府主导下的成功并不必然确保未来的成功，过去在政府主导下的发展经验也可能成为未来发展的桎梏。在此背景下，要确保改革深入推进，更需要政府行政体制的改革，乃至政治体制改革的配套跟进。

第二，重国富、轻民富，市场作用欠发挥。政府与民争利主要体现在两个方面：其一是政府的税收增长居高不下。自20世纪90年代以来，中国城乡居民收入年均增幅保持10%以内，而同期的政府财政收入年均增幅则接近20%，近些年两者之间的增幅差距又有明显拉大的趋势，其中个人所得税征税起点过低、税率过高的现状更与早期作为发展中国家的美国不收个人所得税形成鲜明对比：美国直到1913年成为世界最强大的发达国家，才专门通过《宪法修正案》，允许国家征收个人所得税。其二是政府的发展型属性过强。政府依然在许多本应由市场发挥资源配置作用的地方占据主导地位，成为市场利益主体，挤压了居民的市场激励收益机会。例如，低价向农民征用土地，转手以商业化手段拍卖，形成极为普遍和巨额的地方土地财政；一些垄断行业的国营企业靠垄断利润过得很滋润，而一旦发生亏损却由全民分担；对要素价格进行管制，人为压低，使得市场价格传递信息、提供激励及决定收入分配三个基本作用被严重扭曲，等等。

国民收入分配过于向政府倾斜，导致了两方面的不良后果。一是导致中国国内消费总上不去，只能靠投资和出口拉动经济增长。2009年，中国的最终消费率仅有48%，不但低于世界发达国家（例如美国超过80%），而且也低于其他新兴经济体国家或地区（例如2008年巴西是80.9%，俄罗斯是63.7%，印度是67.1%）（见图1）。即使是追溯到主要发达国家相同的发展阶段看，中国的消费率也是偏低的（见表1）。二是使得与制度性利益冲突相关的各种社会经济官民矛盾增多，成为越来越多的群体性社会冲突事件的直接源头，并开始影响到社会稳定的大局。

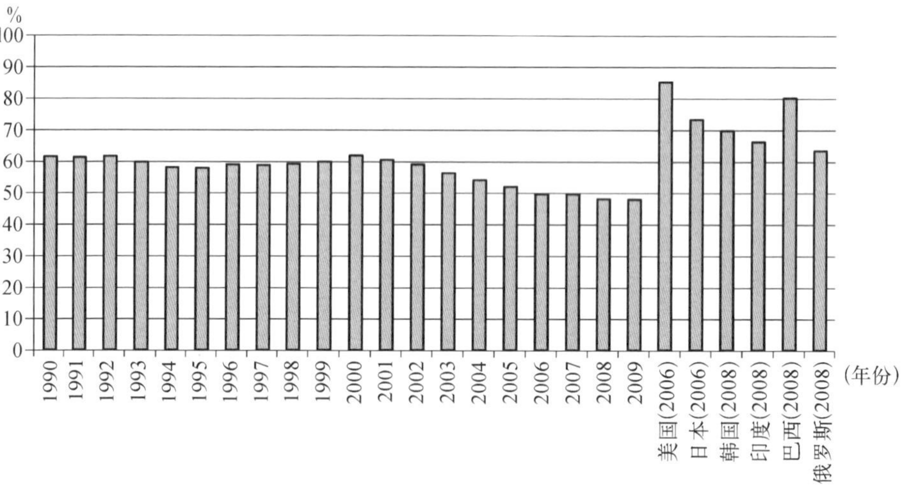

数据来源：World Bank WDI Database。

图1 低于世界水平的最终消费率（最终消费占GDP比重）

表1　　　　　主要发达国家人均GDP在3 000美元和
　　　　　　　10 000美元时的最终消费率变化①

国家	人均GDP达到3 000美元		人均GDP达到10 000美元	
	年份	最终消费率（%）	年份	最终消费率（%）
美国	1962	78.6	1978	78.7
日本	1973	61.9	1984	69.1
德国	1971	74.8	1979	80.2
法国	1971	73.7	1979	76.5
英国	1973	79.8	1986	82.7

中国早期改革"让一部分人、一部分地区先富起来"的历史告诉我们：千重要，万重要，给老百姓更多经济上的选择自由最重要。从农村到城市的改革实践都已表明，哪里的政策一松动，哪里的自由度更大一些，哪里的经济效率和民众福祉就更高。从这个意义上讲，要想实现国富民也富的根本出路在于，在降低税赋、还富于民的同时，进一步加强深层次市场化改革。有论者将十七届五中全会的最大亮点归结为从国富到民富的转变，这是一个非常令人期待的转变。但如果不将富民的内在逻辑弄清楚，国民收入分配的鸿沟可能难以有效弥合，将损及一个有效制度安排所应满足的两个基本约束条件——参与性条件与激励相容条件，不利于社会和谐稳定和经济可持续发展。从产权的视角切入，富民的内在逻辑应该是"欲富民需先赋私权，欲保私权需先限公权"，关键还是要归结到合理界定政府与市场的治理边界，让市场充分发挥作用上来。

第三，重发展、轻服务，政府定位不准确。这一问题与前两个问题紧密相关，相互耦合。如前所述，由于中国长期以来都存在重政府、轻市场，重国富、轻民富的倾向，政府长期居于资源配置的主导地位，并将其掌握的资源主

---

① 赵萍. 从全球视角看我国消费率走势[J]. 中国经贸导刊，2010：17.

要运用于经济发展领域而不是公共服务领域，因此逐步形成了一个"与民争利的发展型政府"模式：一方面是政府越位，充当了经济建设主体和投资主体的角色，挤压了居民从市场中获得激励收益的空间；另一方面是政府没有将从居民激励收益中抽取的高税收更多地用于提高福利，忽视了社会保障、医疗卫生、教育、生态环境等公共服务基础设施的建设，影响了居民的福利收益。

近年来，中国在教育、扶贫、社保、医疗卫生等方面的支出虽逐年增加，但这些支出在财政支出总额中的比重仍非常小。比如，2009年，国家财政支出为76 299.93亿元，其中教育支出10 437.54亿元，社会保障和就业支出7 606.68亿元，医疗卫生支出3 994.19亿元，环境保护支出1 934.04亿元，四项支出总额仅占当年国家财政支出的30％左右[①]；而同期美国的相关支出比例超过50％。实践也表明，经济与社会发展失衡、城乡发展失衡、区域发展失衡、经济发展与生态环境失衡等，都与这种政府主导模式和政府的缺位、错位、越位有关。

特别是城乡发展失衡的问题愈演愈烈，中国城乡居民收入在总体稳步增长的同时，城乡居民之间的收入差距却在拉大。城乡居民收入之比已经由1978年的2.57倍（尽管到1983年曾降至1.82倍）增至2009年的3.33倍（见图2）。从这个意义上看，民富的内涵有二：一是居民收入水平的整体提升，二是居民收入分配结构的相对合理。

收入分配的经济问题如果不加以重视，随时可能向深层次的社会问题转变。显然，没有上述那些社会公共基础设施的发展，没有一个相对合理的社会财富分配体系，公民参与市场竞争的起点公平条件将难以得到保障，社会的公平正义将无法实现。罗尔斯曾经说过："正义是社会制度的首要价值，正像真理是思想体系

[①] 中华人民共和国国家统计局编. 中国统计年鉴（2010）[M]. 2010.

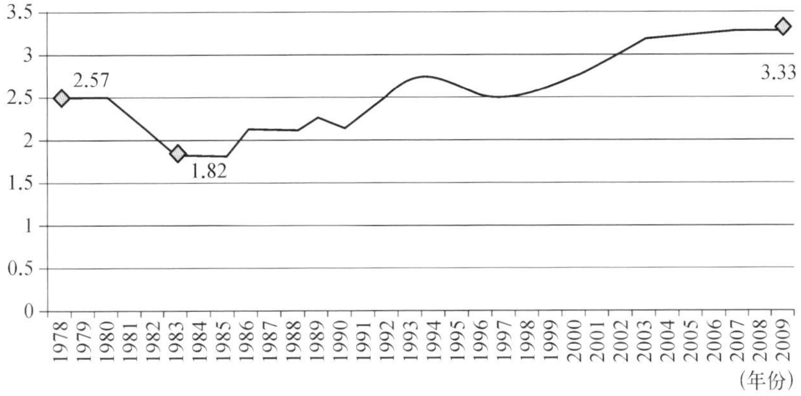

数据来源：中经网统计数据库.

图 2　不容乐观的城乡收入比变化趋势

的首要价值一样。"① 温家宝总理 2010 年在十一届全国人大三次会议记者会上也曾说过，"公平正义比太阳还要有光辉"②。对现阶段的中国而言，要实现兼顾效率与公平的包容性增长，关键是政府的定位必须做出重大转变。

三

基于以上对于中国经济"三重三轻"长期深层次根本问题的分析，笔者的一个基本判断是：中国要真正转变发展方式和调整经济结构，需要进一步解放思想，理清改革方向，继续保持忧患意识和危机意识，凝聚改革的共识与内生动力，切实有效地推进深层次市场化改革。市场的本质是无为而治，而无为而治的必要条件是通过完善市场制度让市场有效，而让市场有效的必要条件是要有一个有

---

① [美]约翰·罗尔斯著，何怀宏等译. 正义论 [M]. 北京：中国社会科学出版社，1998.
② 温家宝. 公平正义比太阳还要有光辉 [EB/OL]. http://news.163.com/10/0314/12/61O2GUV40001124J.html.

效的政府，而要有一个有效的政府的必要条件是要有一个有限和定位恰当的政府。

因而，下一步改革的关键在于实现政府职能的两个根本性转变，即从与民争利的发展型政府向为公共利益服务型政府转变，从行政干预过多的全能政府向让市场充分发挥作用的有限政府转变，建立让市场机制充分发挥作用的基本规则，实现无为而治和科学发展。

第一，从发展型政府向服务型政府转变。在现代市场经济条件下，政府的主要作用应该是为作为微观经济主体的企业创造良好的经济社会环境，以提供经济发展所需的软件和硬件基础设施，这是政府公共服务的经济维度。除此之外，还有很大一块是市场机制失灵，对此，政府也必须发挥作用，这是政府的社会性公共服务部分，它是指政府通过转移支付和财政手段支持教育、科技、社会保障、公共医疗卫生、环境保护等社会发展项目，为全体公民参与市场竞争创造公平的起点。

因此，政府要最大限度地缩小自身的经济人角色，扩大公共服务范围和力度，而不是经济建设甚至牟利，这才是政府的本质。这样，在考量政府绩效的时候，单单依靠国内生产总值指标是不全面的，社会公共服务指标应成为硬约束，这就要求政府多伸"援助之手"，采用"无为之手"，让财富更多地流向百姓，以最大化社会经济福利。只有这样才能从根本上改革政绩评价体系，引导地方政府更多地关注科学发展，形成可持续的平稳较快发展和最终建成和谐社会。

第二，从全能型政府向有限型政府转变。政府的触角无所不至，过度干预经济，使得规则让位于"关系"，这本身说明中国的市场化程度还不是非常成熟。放眼世界，选择市场经济的国家占绝对多数，但真正建立起规范的市场经济的国家并不多，就是因为没有建立起法治环境和民主制度，容易陷于权力设租、寻租的泥淖中。所以，建立有限政府，关键是要让公共权力的行使受到法律的约束和民众的监督，也就是民主法治问题。

从这个意义上看，中国要实现更深层次的改革突破和发展创新，还必须进一步加快推进政治体制改革，至少是行政体制的改革，这应该成为未来 30 年改革开放的重要议程，是国家真正实现长治久安和现代化的根本保障。然而，政治体制改革是一个系统工程，不能故步自封，也不能好高骛远，需要循序渐进、扎实推进。当务之急，是将行政体制改革这一政治体制改革的重要内容做实、做好。一个政府是否真正有作为，不在于其管得到底有多宽，而在于管理的范围和程度是否合理，管理的方式和结果是否有效，是否让市场、让政府有效。按照老子的观点，也就是要"以正理国，以奇用兵，以无事取天下"[①]（即"行得正，用得活，管得少"）。

实践表明，中国在计划经济时代的全能政府管理模式所遗留的一系列深层次问题，正是造成当前社会一些不和谐现象的一个重要原因，迫切需要把本不该由政府管的事情交给企业、社会组织和中介机构，更多地发挥市场在资源配置中的基础作用，同时把本该由政府管的事情坚决管好，切实提高行政效能和工作效率。因此，在构建和谐社会的进程中，政府应加快转变全能政府管理模式，建立有限政府和有效政府管理模式，由微观管理为主转为宏观管理为主，由直接管理为主转为监督管理为主，从而为经济体制改革、社会体制改革奠定坚实可靠的基础。

总之，实现政府职能的两个根本性转变，目的在于合理界定政府、社会与市场的治理边界，从而从根本上改变政府越位、错位、缺位的现象，充分发挥市场机制作用。具体而言，只有正确处理好"政府与市场、国富与民富、效率与公平、投资与消费、内需与外需、农村与城市、沿海与内地、发展与稳定、发展与教育、发展与生态"这十大基本辩证关系，加强深层次改革和长效制度建设，才能真正实现市场经济条件下基于合理健全规则的无为而治，以及推动科学发展，最终构建和谐社会，实现长期可持续的发展。

（2011年3月）

---

① ［唐］赵蕤. 长短经［M］. 北京：中华书局，2010，1.

13

论要素价格改革*

合理界定政府边界

提要：1995年中国政府提出转变经济增长方式的目标，2010年又提出了加快转变经济发展方式的方针。从增长方式转变到发展方式转变，这样的口号已经喊了有十多年，但成效十分有限，并没有落实到实际的微观经济行为和宏观经济表现中来，高投入、高耗能、高排放、高污染、低经济效益、低劳动力回报、低创新附加值的粗放式发展方式依旧没有得到根本性的扭转。问题的根源何在？一个重要原因是市场体系、价格机制在促进发展方式转变方面的基础性作用没有得到充分发挥，特别是要素价格市场化改革滞后，而要素价格扭曲带来的经济后果就是发展中不平衡、不协调、不可持续的问题依然突出。

一、要素改革关乎全局

邓小平同志早年曾说："理顺物价，改革才能加快步伐。"那么，在改革动

---

* 本文载于《东方早报》（"再改革——南方谈话20周年"特别报道），2012年1月18日。

力愈益消弭的今天，理顺要素价格，则是进一步深化改革的必要之举，也是加快发展方式转变的关键之举。为什么这么讲？因为要素价格的扭曲具有很强传导性和扩散性，宏观经济的失衡背后是一连串微观行为的扭曲，很多问题追根溯源总能归结到要素价格的扭曲上来。

从中国经济发展的现状中，我们观察到的事实是，中国许多要素市场如水、电、煤、气、成品油等资源性产品和要素处于明显的非市场化状态，而要素价格作为市场配置要素资源最重要的工具和手段，因行政性定价机制而被扭曲，使得市场价格传递信息、提供激励和决定收入分配的三大基本功能也发生了扭曲。

首先，稀缺生产要素的升值压力和资源环境的紧约束，大多被价格行政管制消解或隔断在政府层面，政府的屏蔽作用阻碍了要素稀缺程度信息以市场价格信号向社会正常传递。由此在一个非市场化的要素低价环境下，企业的生产决策即其要素投入组合和技术路线选择必然受到失真信息的影响，而使得扭曲越来越严重，造成要素资源无效率配置。

其次，既然资源、能源、环境等要素的成本依然低廉，那么高资源投入、高能源消耗、高环境污染的企业依然有利可图。这样，缺乏市场价格、成本、收益等经济变量带来的利益倒逼和激励引导，对"三高"企业的行政性关停也无法从根源上治理和杜绝。并且，在此前提之下，企业也没有太强的激励去花费巨大的资金、冒着先行的风险进行技术研发和创新。

再次，我们看到一些生产要素如资源市场上的供应商往往是垄断的国企，如石油、天然气、电力等，这些领域内企业的巨额垄断利润并没有转化为实实在在的国民福利，很多被企业内部化了，这从近年来频频曝光的"天价酒"、"天价吊灯"、畸高福利等新闻报道可见端倪，由此也造成了产业之间、部门之间、阶层之间的收入差距拉大。这与中国社会结构的优化和经济社会的长治久安目标是不相容的。

总体而言，政府掌握过多的要素资源配置权和定价权，会抑制市场在资源配置中的基础性作用，使得价格传递信息、提供激励和决定收入分配这三大相互关联的基本功能引致经济结构扭曲的负向结果，而转变经济发展方式恰恰应该是要素稀缺约束条件下市场作用和市场主体自主选择的结果。所以，在要素资源领域引入市场机制将是对中国经济结构的一种根本性调整，也是对中国经济发展方式的一种内生性转变，由此将推动中国经济增长的动力实现由"要素价格红利"向"制度红利""生产率红利"的转变。

二、历史的启迪

价格改革必然涉及对旧有利益格局的调整，而这种调整不必然是帕累托改进，对发展到今日之中国而言，更是如此。如何在新形势下积极、稳妥、有效地推进要素价格改革？这是一个值得深思熟虑的问题。当我们对未来不甚有把握的时候，历史也许可以给我们一些启示。

1988年7月，中央财经领导小组会议确定了5年理顺价格方案，其总体思想和目标是前3年走大步，后2年微调，计划5年物价总计上升70%～90%，工资上升90%～100%。同年8月中旬，中共中央政治局讨论并原则通过了《关于价格、工资改革的初步方案》，随即在民众强烈的通胀预期下全国各大中城市开始出现大规模抢购风，并愈演愈烈。面对此情势，1988年8月底国务院即决定暂停物价改革方案，将工作重点放到治理环境、整顿秩序上来。

从经济的角度看，1987年CPI已经高达8%，1988年上半年的价格放开更带来两位数的物价上涨，在此背景下再出台物价和工资改革方案，物价上涨，工资上调，货币供应量上升，必然使得通货膨胀预期进一步自我实现，堵塞了价格改革的空间。邓小平同志在总结第一次价格闯关失败的经验教训时指出，"速度快本来是好事，但太快了也带来麻烦。""十亿人口的大国，要力求稳定。走一步，总结一下经验，有错误就改，不要使小错误变成大错误，这是我们遵循的原则。"

1988年9月，中共十三届三中全会正式通过"治理经济环境，整顿经济秩序，全面深化改革"的方针，由此拉开了为期三年的治理整顿。当然，在这三年里，价格改革并没有完全停滞，而是采取了放调结合、稳步推进、双轨过渡、逐步并轨的思路。尽管三年治理整顿对经济发展带来了一定的消极影响，经济增长出现大幅波动，曾跌到只有4%左右的水平，但是却将CPI控制到了1991年2.9%的低水平，为价格改革创造了良好的外部条件。

到了1992年，邓小平同志南方谈话进一步加快了市场化改革及其价格改革的步伐。这一年是价格放开最多的一年。当年，国家管理的生产资料和交通运输的价格由737种减少至89种，农产品收购价格也由60种减少至10种，同时取消了治理整顿过程中颁布实施的许多产品的全国最高出厂价或统一限价措施。到1993年，政府直接定价的比重已经很小了。政府放开的力量是巨大的，1992年、1993年中国的GDP增幅再度回到双位数增长。

价格闯关正反两方面的经验告诉我们，改革的道、势、术非常重要。从道的方面看，市场本身有一个发育和组织的过程，有它基本的客观规律。在计划为主、市场为辅的经济环境下，单纯推行价格改革的基础并不是十分牢靠的，没有其他深层次的市场化改革，如产权改革、税收制度改革、社会福利保障制度等配套措施的同步推进，在市场体系的框架没有基本建立的环境下，价格改革的空间非常狭窄，简单地放开价格的改革就不可能成功。从势的方面看，前一次价格闯关的时机明显不成熟，无论是从当时的经济发展和制度环境来看，都非常不合时宜，市场体系的基本框架没有建立，甚至市场化的改革在理论上都没有达到共识。第二次价格闯关时，计划与市场的争论反让市场经济的大方向更加明确。价格改革的外部环境尽管还不是非常完善，但是已基本成熟，形成了一种趋势。从术的方面看，社会公众对于价格市场化及其价格水平上升会有一个理性预期。但是对于公众这种预期的刺激不能太过激烈，大轰大鸣，试图一蹴而就、一劳永逸往往是不现实的，相反需要有一个适应和缓冲的过程。否则其对社会经济的破坏力将是十分巨大的。

其实，这与中国经济改革的整体思路也是一致的，即采取的是一种"摸着石头过河"的增量渐进式改革路径，而非毕其功于一役的"休克疗法"。前者尽管也有一些摩擦和矛盾，但是比起后者那种欲速则不达的一揽子攻关跨越的代价往往要小得多，当然前者也会留下一些深层次的问题需要在日后的发展中以深化改革的办法来解决。

三、改革的切入

时至今日，中国市场经济的基本框架已经基本建立，尽管尚存诸多不完善之处，但是与20世纪80年代末、90年代初相比已不可同日而语，要素价格改革推进的许多要件已经具备或大大改进。不过，与物价改革相类似，要素价格改革不是单纯的价格调整，在新的历史情境下，它还需要对政府与市场边界有一个合理的界定，否则要素定价机制可能依然是扭曲的，改革也不能得到实质推进。

从资源市场看，在很大程度上是自然垄断行业。一要加快资源垄断行业改革的步伐，以国有产权改革引领要素价格改革，逐步引进民营经济力量，同时进行适当的规制，特别是要对价格进行规制，降低垄断价格，以此实现改进企业效率和改善社会福利的双重效果。二要建立与国际要素市场价格的联动机制，以开放促改革，在经济全球化和贸易自由化的今天，要素价格均等化是必然趋势，这也是赫克歇尔、俄林、勒纳、萨缪尔森等经济学家在国际贸易理论研究中所得到的基本结论。这样，从内部和外部形成两股力量，促进政府有序放开对水、电、成品油、矿产等稀缺资源价格的实际控制，建立符合市场经济要求、反映市场供求情况、体现资源稀缺程度的资源要素价格形成机制，使各类企业在市场竞争压力下形成提高资源利用效率的内在动力。

从劳动力市场看，户籍制度和社保制度的改革长期陷于停顿，使得进城农民工的工资收入和社会福利处于一个严重的不平等状态。这对于劳动力价值的低估和歧视负有难以推卸的责任。当然，这种廉价劳动力与早期劳动人口供过于求有一定关系，但是随着中国人口红利的减弱，人口的刚性供给将转为弹性供给，以非歧视为原则的户籍制度和以均等化为导向的社保制度的联动改革亟待深入，通过对"生（生计）、老（养老）、病（治病）、居（居住）、教（基础教育）"等基本生存权和发展权的落实及人力资本的投资，实现对全体公民的赋权增能，强化居民基本能力的建设，为劳动力市场的公平竞争提供基本制度保障。

从土地市场看，问题更为严重，目前我国土地资源配置的非市场程度依然很高，政府的角色是多重的，特别是农地征用过程中，政府既是农地的控制者、最终处置者，又是农地的征用者，权力很大，而农民只有土地使用权，并且利益博弈双方的力量悬殊。到了城市商业用地开发市场，政府完全垄断商业用地市场，即使集体的土地也不能在市场上交易。并且政府对土地供应采用双轨制。一方面，政府无偿划拨国有土地给使用单位，这既不公平，也无效率，使土地资源不能合理利用，也可能造成土地寻租，为腐败形成了巨大空间。另一方面，政府通过市场化手段有偿出让国有土地，变成了一个垄断的卖方市场，政府成为唯一的卖家。于是，很多地方政府以此获得了巨大的土地财政，这已经对中国经济带来了严重的扭曲，也是造成国富民穷的一个重要根源。

土地制度不是一朝一夕即可改变的，但是中国的城市化还要进行二三十年，如何让失地农民充分享受土地要素增值的长远收益？"欲富民，需赋私权"，必须赋予农民对土地更多的权利。首先，要对农户承包经营的土地及宅基地进行确权颁证；其次，是对农户土地承包经营权和宅基地及宅基地上的附着物赋予物权属性，允许其抵押、入股、继承和转让交易；再次，应建立农村土地产权市场交易平台和规则，允许农户在自愿基础上，交易其土地承包权、承包经营权、宅基地权及宅基地上的房屋权。

"十二五"规划的蓝图已经铺开并进入实际操作阶段,在进一步完善市场制度体系的同时,以市场化为基本导向的要素价格改革必须尽快进入实质阶段。唯其如此,转变经济发展方式才是真正可期的,才能真正落实到微观经济行为上来。

(2012年1月)

14

中国经济转型的内涵特征与
现实瓶颈解读[*]

提要：中国经济转型的目标需要进一步聚焦到建设现代市场经济体制上来，而这不仅要靠经济体制改革本身，还需要政治体制改革、社会体制改革、文化体制改革的整体推进。与此同时，我们要注意改革的目标和路径之间的差异，选取好改革的切入口和关键点，审慎、渐进、坚定地推进整体改革取得成功。

中国的经济社会发展正处于一个关键时期。一方面，中国正面临着全方位崛起和成为世界领导者的重大战略机遇；另一方面，中国所面临的国际经济环境依然严峻复杂，自身内部诸多深层次的问题和矛盾也亟待解决。在这样一种机遇与挑战并存的形势下，如何选择未来转型之路，已成为一个日益紧迫的重大问题。越来越多的学者、专家和有识之士已认识到，中国经济转型已不单单是一个经济命题，需要经济、政治、社会、文化的联动改革和综合治理，需要建立和完善符合中国国情的政治、经济、社会、文化体制，转变经济社会发展

---

[*] 本文载于《人民论坛》，2012 年第 35 期。

方式。然而，对于中国经济到底为什么要转型、中国经济转型到底转的是什么、中国经济到底怎么转型等等问题，却是众说纷纭，仍有很多误区和混淆不清的地方，需要在学理上进行系统梳理。为此，需要对中国经济转型的特点、难点与未来之路有一个准确的认识和把握，从而弄清中国经济转型的内在演化过程及其路径。

一、在历史回溯中把握中国经济转型内涵特征

一般而言，任何国家的经济转型都离不开三个基本要素：转型的初始条件、转型的目标模式、转型的过程方式。以此来分别检视过去30多年来的中国经济转型，我们可以窥见中国经济转型的独特性及与其他转型经济体的共通性。

其一，从转型的初始条件看，1978年中国经济转型的基本背景是，由于信息不对称和激励扭曲，中央集权计划经济体制所导致的低效率已经暴露无遗，而以往依靠行政性分权方式来纠正苏联式经济发展模式的弊端也没有取得实质性成效。同时，"文化大革命"对中国经济也造成了极其严重的损害，经济几乎到了崩溃的边缘。尽管经过了1977年和1978年的恢复性增长，但中国积贫积弱的现实并没能在短期内得到很大的改观，1978年中国的人均GDP只有300美元左右，是世界最贫穷的国家之一，内外巨大落差使得人心思变，不改革无法生存，转型的必要性和迫切性由此成为共识。

其二，从转型的目标模式看，由于受传统文化、意识形态及计划经济思想所限，再加上没有先例可循，1978年中国经济转型其实一开始并没有非常清晰的目标和路线图，所采取的是一种"摸着石头过河"的改革策略，是一种"不管白猫黑猫，抓到老鼠就是好猫"的哲学。随着改革的深入，中国经济体

制的目标才逐步从计划经济体制发展到有计划的商品经济体制,进而再转变到社会主义市场经济体制上来。这是与苏联、东欧国家最大的不同,后者一开始就有一个明确的目标,就是建立运行良好的市场经济。

其三,从转型的过程方式看,1978年中国经济转型路径有两大基本特点:一是经济中心主义和单一的经济改革。这在很长一个时期甚至直到今天依然在政府治理理念中占据了很重要的位置。二是渐进性。它不是像苏联、东欧国家那样实行政治、经济、社会全方位的、大爆炸式的、休克式的激进改革,而是依赖于一系列逐步的、渐进的转变。

综合以上三个方面的全面考察,中国经济转型最初的现实考虑是由于初始经济禀赋和财富水平过低,可以动用的资源非常有限,不可能进行一步到位的全方位系统改革,并且由于中国传统文化影响和计划经济对于社会发展的严重扭曲,政府和大众对所谓民主政治、法治社会、市场经济等现代社会发展目标的确认必然是一个长期的过程,这就决定了中国走的是一条经济改革优先推进,通过试错、试验、试点等方式进行探索进而确定适合自己特色的道路转型发展路径。今天来看,中国依然是沿着这条路径在走,尽管会有波折。这样的转型特点及其过渡性制度安排是与中国的国情和阶段相适应的,并发挥了非常大的作用,特别是推动中国经济实现持续30多年的高速增长,成长为世界第二大经济体。

那么,我们应该如何看待中国经济转型方式选择和发展成就取得的根本原因?这样的经济改革政策和措施是中国独特的吗?笔者认为,之所以取得这么大的成效,其根本原因不外是推行放开和开放的松绑放权型改革,让个体充分发挥作用。当然,中国改革之所以取得如此巨大的成就,原因还包括实行对外开放、融入国际社会、地方政府分权、鼓励区域竞争及采用渐进改革等以实现体制平稳转型,特别是正确处理好了改革、发展与稳定的关系:稳定条件下的改革推动发展,发展让老百姓获利(松释了参与性约束条件)而促进稳定,从而创造了加大改革力度的条件,推动经济进一步发展。这些才是中国经济改革取得巨大成就最根本的原因。

根据现代经济学特别是转型经济学、制度经济学理论,以及中外各个不同转型经济体这么多年来的实践,我们大致可以对经济转型的实质内涵有一个比较清晰的认知,经济转型不仅仅是当前社会各界所热衷讨论的经济发展观念、经济增长模式、经济运行状态的转换,这些都是转型的结果,没有触及问题的实质内涵。经济转型的根本是体制机制的转型,本质是资源配置方式的转型,核心是政府、市场与社会边界的合理界定问题。

二、正确理解中国经济转型面临的问题与难点

尽管中国的经济改革取得了不容否认的巨大成就,但也出现了诸多深层次的问题和矛盾,其中一些深层次问题和矛盾的解决已经到了刻不容缓的地步。其根源是政府权力过多,公共服务过少,政府主导经济发展和社会治理过度,政府角色的越位、缺位和错位大量存在,其实质是没有合理界定和理顺政府、市场与社会的治理边界,必须深化和进一步改革,通过政治、社会、文化等领域体制改革和制度完善以推进市场化改革的进一步深化,建立有效市场和有限政府。

(一)政治体制改革滞后及其导致的问题

毫无疑问,改革开放以来中国政治体制改革的成就是显著的,但是与经济体制改革和经济社会发展的需要相比还有一定差距。现代经济学的寻租理论告诉我们,在政治—经济失衡的体制转型中,往往会存在政府的公共权力及其衍生带来的资源再分配权力,在进入市场的过程中,逐渐衍化为一种设租、寻租的能力,与市场中资本的不当联系越来越紧密,并且这种关系在体制转型中不

断自我强化，使得权力—资本利益集团逐渐形成和壮大，导致了权钱交易等腐败现象的产生。事实上，这是许多国家在转型过程中都曾经遭遇过的问题，政府主导经济的制度模式似乎更严重。

在政府主导经济的情况下，如果没有民主法治的制约，政府官员手中权力过多、过大，公权力就有被滥用的可能性。现实中出现的所有贪腐大案、要案及腐败基层化等问题，无不告诫我们此点。这种滥用导致的后果不仅仅是腐败，还有垄断和对经济的过度干预。目前，要素市场、基础资源市场基本上被国企所垄断，形成对民企的挤出效应，在金融危机背景下很多民营企业在内外双重压力下倒闭。企业家跑路潮、移民潮等等，从某种程度上都是对突破这种体制桎梏缺乏信心的表现。

实际上，邓小平在20世纪80年代中期曾经说过的，中国"提出改革时，就包括政治体制改革。现在经济体制改革每前进一步，都深深感到政治体制改革的必要性。不改革政治体制，就不能保障经济体制改革的成果，不能使经济体制改革继续前进"[①]。现在看来，这一论断依然具有重要现实意义，并且这个问题越来越紧迫。

（二） 社会体制改革滞后及其导致的问题

尽管几乎所有的家庭和个人都从过去30多年的改革中获利，生活大大改善，但为什么对当今社会有这么多怨气呢？其根本原因就是，一旦进入到小康社会，解决了温饱问题以后，老百姓更在意政府提供社会公共产品的情况。一方面，尽管政府管理的范围非常大，但是其重心在发展经济上，没有很好地履行其公共服务的基本职能，整个社会保障制度没有很好地建立起来；另一方面，政府长期居于资源配置的主导地位，并将其掌握的资源主要运用于经济发

---

① 邓小平文选（第三卷）. 北京：人民出版社，2001，176.

展领域而不是公共服务领域,由此逐步形成了一个"与民争利的发展型政府"模式,城乡收入差距、贫富收入差距也有拉大的趋势。此外,还存在着由社会结构和阶层日益刚化、缺乏社会流动性而造成的起点不公、机会不均等问题。

机会不公、社会保障问题和收入分配问题如果不加以解决,随时可能向深层次的社会问题转变,影响到社会的安定有序。没有社会公共基础设施的发展,没有一个相对合理的社会财富分配体系,公民参与市场竞争的起点公平条件将难以得到保障,社会的公平正义将无法实现,一个社会结构固化、社会流动停滞的社会也不可能充满活力。

(三) 文化体制改革滞后及其导致的问题

这里,我们更加关注的是文化的社会伦理道德价值,而不是从文化产业的角度来考察文化体制改革。文化体制改革与政治、经济、社会体制改革都是相互关联的,政府的强制性治理和市场的诱导性激励,久而久之就会形成一种社会规范、规则意识和价值观。如果能导向正面,就会大大降低市场活动的交易成本。

以社会诚信为例,之所以诚信未能在当今社会广泛建立,没有发挥激励作用,其根本原因就是市场体系没有完全规范,信号机制、信息机制和舆论机制还没有很好地发挥作用。究其根源无不是由于政府、市场和社会的边界界定不清晰、不合理,以及政府角色的错位、缺位、越位造成的,而其背后则是经济、政治、社会、文化非均衡的体制转型。特别是政治—经济失衡的体制转型使得既得利益格局中的一些特殊利益集团,将某些有利于其个体利益最大化的过渡性制度安排定型化,将既有的发展路径锁定,使之出现改革的共识减弱、改革的勇气缺乏、改革的动力下降、改革的难度增加等问题。与此同时,许多反对改革的也很可能是做出过贡献、甚至重大贡献的能人,这些人具有很大话语权。但是或由于理念的不同,或由于相对地位、名声、利益下降,或由于既得利益被改革触动,当然也可能是改革的方式、方法有问题,他们可能会对改革产生强烈抵触情绪，政治上无法形成上下一致的改革共识、改革动力和改革勇气。这就是中国经济转型所面临的最大难点和艰巨性所在，改革是需要大智慧和冒大风险的。那么，怎么走出困境呢？需要国家、政府、政党发挥独有的权威、核心作用，在改革方面起到引领和主导作用，让上下形成共识，认识到危机，有步骤、有理念地推动政治、经济、社会及文化和综合配套整体改革。

目前，以解决权力过于集中为目标的政治体制改革相对滞后，已经成为中国整体改革中的短板，社会体制改革和文化体制改革因此也难以深入进行。如果传统的单一经济改革和发展路径不能被突破，可能会导致经济社会问题的持续积累和社会矛盾的不断激化。

（四） 面临经济发展驱动方式转型和经济结构亟须调整的问题

中国经济转型发展，不仅仅是解决社会问题和矛盾以避免偏离现代市场经济体系的必要之举，也是中国转变发展方式和调整经济结构，促进中国从外需、要素驱动向内需、效率和创新驱动转变的必然之举。当前，一些过去曾经支持中国经济取得持续高增长的优势和动力正在衰减。中国所面临的国内外经济环境，与改革开放初期的1978年、确立市场经济体制改革目标的1992年、加入世界贸易组织的2001年等关键的改革时间节点相比，显然已不可同日而语，这几次重大改革所带来的制度红利也面临边际收益递减。经济环境一旦发生变化，很多过渡性制度安排、阶段性发展模式的有效性就要面临考验。如果不能适时做出调整，中国经济的可持续发展和向高收入国家的迈进将面临严重障碍。

从外部看，外需红利已经不复如从前。当前，在国际经济金融危机、欧洲主权债务危机等连环负面冲击下，各国特别是发达国家的执政者出于政治考虑，促使投资和贸易保护主义逐渐抬头，中国长期受益其中的全球贸易自由化正面临政治因素的掣肘，此其一。其二，尽管从长期看，全球化的趋势仍不可逆转，但是世界经济格局已经发生深刻调整，中国作为世界第二大经济体初步完成了从追赶者到领跑者的转变。中国制造业产能已经开始向东南亚、非洲、东欧等地区及北美墨西哥、南美巴西等国家的转移,但是,长期以来政府主导的、出口导向的赶超型经济发展模式还没有很好地扭转过来。

从内部看,要素红利面临趋势性衰减。长期以来支持中国高投入、高耗能、高排放、高污染、低经济效益、低劳动力回报、低创新附加值的粗放型经济发展方式的前提条件是人口、资源、能源、环境等要素资源的相对富余,但现在这些层面正在逐步收缩成为紧约束。特别是中国长期以来享有的巨大的人口红利正在逐渐消减。在此背景下,中国经济从要素驱动向效率驱动、创新驱动的紧迫性越来越强,但是这种驱动力的转换也面临着政府角色错位、缺位、越位的阻碍,市场在提升效率、激发创新上的作用不能得到很好的发挥。

三、未来之路在于全面改革和综合治理

随着市场经济体制基本框架的确立,中国经济体制改革的重点、难点正与政治、社会、文化等领域的问题相互交织和关联。因此,中国经济的深层次转型要求改革必须也能够超越现有经济层面的单兵突进,转而进入到一个包括政治、经济、社会和文化在内的全面改革推进阶段,这需要顶层设计和综合治理。市场的本质是无为而治,无为而治的必要条件是完善的市场制度和有限的、定位恰当的政府。有限就是恰当,多了不好,少了也不行。因此,要建立现代市场制度,让市场有效,必须要合理界定和理清政府、市场和社会的治理边界。

(一) 政治体制改革可以为深化经济体制改革提供重要保障,行政管理体制改革应成为政治体制改革突破口,其核心在于政府职能的两个根本转变

随着市场经济的深入发展、中产阶层的出现和不断扩大、公民权利意识和

公共参与意识逐渐觉醒，转型国家所面临的政治体制改革压力会逐渐增大，及时把握政治体制改革的关键期，审慎、扎实地推进政治体制改革，非常必要。需要强调的是，改革的目标和达到目标的路径是两个概念，不能混淆。任何违反既有制度生态系统完整性而进行的盲目制度移植都是有很大风险的，对于政治体制改革尤其如此。苏联、东欧国家的转型实践显示，由于政治体制的复杂性和深刻性，其变迁成本是非常大的，必须坚持审慎、渐进原则，但是改革的决心和力度不能动摇，并且要找准切入口和有实质性措施。

由于政府在政治体制改革中扮演了双重角色，既是改革的对象，又是改革的主要推动力量，所以政府自身的改革也就成了政治体制改革的关键。因此，政治改革，不妨先从政府行政管理体制改革、从政府职能转变入手，大力推动政府从全能型政府向有限型政府的转变，从发展型政府向服务型政府的转变。政府无所不在的"有形之手"放开了，社会体制改革和文化体制改革才能深入进行，合理界定政府、市场和社会之间的治理边界才是可期的。

（二）社会体制改革可以为深化经济体制改革提供有利条件，以收入分配和社会保障为抓手，通过完善社会政策实现包容性发展是社会体制改革的重要着力点

毋庸置疑，收入分配改革必须要谋划长远，但久拖不决肯定不是解决问题的办法，还是应该尽快拿出若干能够起到实效的具体方案措施。政府要下大决心从国企改革、财政税收政策改革等硬骨头入手，促进政府从与民争利的发展型政府向为公共利益服务型政府转变，从行政干预过多的全能政府向让市场充分发挥作用的有限政府转变。首要的是，将大部分税收收益真正转移到公共支出领域，让全民真正享受到实实在在的公共服务。其次，应该提高税收起征点、降低税率、建立必要的减免退税机制，切实降低中产阶级和工薪阶层税负，同时开征（或加大）资源税、房产税、遗产税等国际经验表明可有效缩小收入差距的税种等，让税收真正起到调节收入分配的功能。

与此同时，我们要积极规划出台面向未来5～10年的涵盖就业、养老、医疗、住房、教育等涉及居民"生（生计）、老（养老）、病（治病）、居（居住）、教（子女教育）"的具有全局性的一揽子社会福利改革计划。不过，要有一个度，避免出现像欧洲由于福利过多造成巨大财政赤字问题。我们需要的是必要的社会救济制度，而不是像美国现在实施的现支现付的社会保障制度，也不是西欧、北欧国家的那种高福利政策。一方面，从长期趋势看，随着人均寿命的延长和出生率的下降，美国的社会保障体系很可能将会破产，届时美国政府面对的将是更大规模的财政赤字；另一方面，在福利非常发达的国家，可以看到一个非常明显的现象，就是高福利培养了劳动者的惰性和对政府的依赖，也使得原本勤奋工作的人容易失去努力工作的激情。

（三）文化体制改革可以为深化经济体制改革提供价值指向，以高等教育为载体，加强大学的文化传承创新能力建设是文化体制改革的重要切入口

马克思·韦伯等社会学家非常强调文化在解释制度和经济变迁中的重要性，许多经济学家也对为什么同一制度在不同文化的经济体中可能会产生不同的绩效做出了各种解释。文化对于经济发展的作用虽然不是立竿见影的，却是非常深远的。

发展市场经济如果过于强调指向现代化的工具理性，而忽略与现代性有关的价值理性，则诚信缺失、道德滑坡等问题会使得整个社会的文化价值体系崩塌，一个高度撕裂、断裂乃至溃败的社会无法成为和谐社会。毫无疑问，大学不仅仅是作为学术共同体、知识共同体、思想共同体而存在，也承担着道德共同体、价值共同体、文化共同体的角色，应该成为人类精神资源传递和知识创造的殿堂，成为努力用思想和价值呼唤社会良知、引领社会前行的精神家园。那么，当下中国的大学如何才能真正履行好文化传承和创新的历史使命呢？无疑，只有遵循陈寅恪所指出的"独立之精神，自由之思想"方针，大学才能真

正成为文化创造和创新的前沿阵地，乃至成为推动整个文化体制改革的尖兵。同时，既然要求大学成为社会创新的基础，政府就应该在有所为有所不为的原则下维护大学的独立性和自主性，在高等教育中引入"松绑放权"的改革，与大学保持"一臂之距"。从而，才能在学术上"百家争鸣、百花齐放"，让知识分子更具有使命感、道义感和历史责任感。这是一个渐进的过程，但无疑应成为我们始终不懈努力的方向。

中国这样一个规模巨大、结构复杂的经济体在其转型过程中，无疑会遇到许多前人、旁人所没有遇到过的风险、困难和挑战。何以应对？唯有改革。客观而言，当下的中国经济还缺乏市场化改革全面成功所必需的一些制度环境，包括政治、法律、社会、文化环境，还需要更加积极正面的改革动力、决心和勇气。不仅需要经济体制改革的进一步深化，更需要社会体制改革、文化体制改革和政治体制改革的整体跟进，特别是政治体制改革的深入推进必将进一步引领经济体制改革走向另一片广阔天地。只有这样，才能使得国家达到大治，经济社会得到和谐科学发展，中华民族的伟大复兴才能实现，才能让国家长治久安。

（2012 年 7 月）

15

全面深化改革开放　推进经济持续健康发展[*]

学习贯彻十八大精神笔谈（下）：
十八大与中国改革的未来之路

当前中国改革又到了一个关键时期和十字路口。一方面，中国正面临着全方位崛起的前所未有的重大战略机遇，如能把握住这一机遇，必定会深刻影响世界政治经济的未来格局。另一方面，中国所面临的国际经济环境依然严峻复杂，自身内部诸多经济、政治、社会、文化和生态领域的深层次问题和矛盾也亟待解决。由于产生这些问题的原因错综复杂，不同观念在尖锐交锋，有的认为这是改革的失误造成的而否定改革，有的根据现有改革取得巨大成就而否定进一步进行深层次改革的必要性，有的则根据政府在改革的过程中发挥了重要作用，强调要进一步加强政府的主导作用。

在这样一种机遇挑战并存、思想交锋激烈、内外环境调整的新形势下，如何选择中国改革的未来之路，已成为人们日益关注的紧迫重大理论和现实问题。越来越多的有识之士正认识到，中国改革已不单单是一个经济命题，而是一个需要联动经济体制、政治体制、社会体制、文化体制、生态体制的全面改

---

[*] 本文载于《经济研究》，2013年第3期。

革的综合治理命题，需要从制度建设层面上解决问题。

十八大报告将经济体制改革的核心问题归结到"处理好政府和市场的关系"上来，并强调"必须更加尊重市场规律，更好发挥政府作用"。这个提法抓住了问题的要害，笔者在2008年就曾论及，"当前改革的重点和亟待解决的重大问题在于合理界定政府与市场的边界，这也是处理好效率、公平与和谐发展的关键"。[①] 不过，单单考虑政府和市场的关系可能还不全面。如果再进一步深入挖掘下去，可以发现，在经济体制改革的力量博弈中还应加入社会的一方，需要处理好政府、市场和社会的关系，这三者正好对应的是一个经济体中的治理（Governance）、激励（Incentive）和社会规范（Social Norms）三大基本要素。在政府、市场和社会这样一个三维框架中，政府作为一种制度安排，有极强的正负外部性，既可以让市场有效，成为促进经济改革发展的动力，让社会和谐，实现科学发展，也可以让市场无效，导致社会矛盾重重，成为巨大的阻力。

尽管世界上几乎所有的国家都实行市场经济，但大多数市场经济国家没有实现又好又快的发展。有许多其他原因，但最根本的原因就是没有合理地界定和理清政府、市场与社会的治理边界，政府的角色出现了过位、缺位或错位。当前中国经济社会发展所面临的许多亟待解决的重大问题都与此有关，比如经济干预过多、贪污腐败盛行、民营企业挤出的问题，增长动力衰减、经济结构扭曲、发展方式转变的问题，公共服务缺位、收入差距拉大、公平正义不足的问题，伦理道德滑坡、社会诚信缺失、信任关系瓦解的问题，生态系统退化、环境污染加重、资源约束趋紧的问题。这五个方面的问题彼此交织，有些可能是发展过程中必然经过的，有些则是人为造成的，是由于"重政府轻市场、重

---

① 参见田国强. 从拨乱反正、市场经济到和谐社会构建——效率、公平与和谐发展的关键是合理界定政府与市场的边界［D］.《文汇报》、《解放日报》及上海管理科学研究院"中国改革开放与发展30年"征文优秀论文稿，2008-7.

国富轻民富、重发展轻服务"①的"三重三轻"不科学发展观导致的，其背后则是经济、政治、社会、文化、生态文明非均衡的体制转型。

当制度之间在很大程度上可以互补时，如果还是只在某些方向上进行零碎的制度变迁是不可能成功的②，就像一个水桶缺了一块或有漏洞而装不满水一样。况且，目前实施配套改革、综合治理的基础条件也基本成熟，中国改革发展最初的初始经济禀赋和财富水平过低、改革目标不明晰、对现代市场制度了解有限等约束条件已大大松弛或消失。

中国几千年以来的改革和变革，基本上都是被推到了一个死角，不改不行，才想到去改，这往往要付出巨大的代价。当前的社会经济发展状态基本上也处于这样一个临界点。随着问题和矛盾积压越深、越多，改革的成本和难度往往会越大，使改革无法进行，而不进行改革，最终往往导致了社会停滞不前，这就造成了改革的两难困境。当然，所有的改革和变革都是有社会进步意义的，但是为什么大多都不成功呢？

实际上，改革非常残酷，影响到所有的人，改革者往往是吃亏不讨好，因而改革创新需要大智慧、大勇气，勇于牺牲和冒风险。许多反对改革的很可能就是为这个单位做出过贡献，甚至重大贡献的好人和能人，这些人具有很大的话语权。但是，或由于理念的不同，或满足于现状，认为没有改革的必要，或由于相对地位、名声、利益下降，或自己的东西被改掉无法高兴，当然也可能是改革的方式方法有问题，而可能会对改革产生强烈抵触和反对，使之无法形成上下一致的改革共识、改革动力和改革勇气。这就是中国改革所面临的最大难点和艰巨性所在，改革需要大智慧和冒巨大风险。

那么，如何走出这个改革的困境，使改革成功呢？需要满足两个必要条

---

① 关于"三重三轻"的详细讨论，参见田国强. 中国经济发展中的深层次问题［J］. 学术月刊，2011：3.
② 参见热若尔·罗兰. 理解制度变迁：迅捷变革的制度与缓慢演进的制度［J］. 南大商学评论，2005：5.

件。首要的是中央政府要发挥独有的权威、核心作用,在改革的顶层设计方面起到引领和主导作用,让上下形成共识,认识到危机,有理念、有步骤地推动政治、经济、社会、文化、生态和综合配套整体改革。历史上的很多变法如商鞅变法、王安石变法、戊戌变法之所以功亏一篑,最根本的就是失去了中央政府的支持,无法取势、树势、借势、顺势将改革引向深入,反而使改革者自身身陷囹圄。而邓小平推动的改革之所以能成功,除了改革符合民心民意、顺应世界潮流之外,还因为邓小平同志有巨大的威望,在政府和军队里建立了无法撼动的威望,为改革起到保驾护航的作用,凝聚了改革的力量,让反对改革的人知难而退,起到了扶正压邪的作用;其次就是要解决好改革的政策目标落地、具体实施的问题,而这必须要靠政绩考核激励机制、动力机制改革的跟进。否则,就像长期以来许多好的政策目标和愿景由于没有与地方政府及其官员的政绩挂钩,就往往只是一种口号,基本上只是出现在文件中、媒体上、口头上,而没有形成中央与地方、政府与政府官员的激励相容,没有真正地被实施和落地,所以动力机制非常重要。

  具体到中国下一步的改革,笔者认为,只有政府无所不在的"有形之手"放开了,政府的职能得到了科学合理的界定,经济建设、政治建设、社会建设、文化建设和生态文明建设才能得到深入和发展,合理界定政府、市场和社会之间的治理边界才是可期的。那么,如何合理定位政府的基本职能呢?哈耶克主要从两方面来界定:一方面,政府必须承担实施法律和抵御外敌的职能;另一方面,政府必须提供市场无法提供或无法充分提供的服务。同时,他也指出,必须将这两方面的职能和任务明确地界分开来,"当政府承担服务性职能的时候,我们不能把我们在政府实施法律和抵御外敌时赋予它的权威性也同样赋予它"[①]。

[①] 参见(英)弗里德利希·冯·哈耶克著,邓正来等译.法律、立法与自由(第二、三卷)[M].中国大百科全书出版社,2000,333.

从这个意义上看，政府最基本的作用可以用两个词来概括，就是"维护"和"服务"，也就是制定基本的规则和保障社会秩序的稳定，以及供给公共产品和服务。因而，中国下一步改革的关键也在于要实现政府职能的两个根本转变：一是从行政干预过多的全能政府向让市场充分发挥作用的有限政府转变；二是从与民争利的发展型政府向公共利益服务型政府转变。这样，在中国下一步改革中政府扮演着双重角色，它既是改革的对象，又是改革的主要推动力量，从而政府自身的改革特别是政府职能的转变也就成了改革的关键和重要突破口。这也是下一步改革的最大难度之所在，需要更大的政治智慧和勇气来推动。

(2013年3月)

16

中国改革的未来之路及其突破口[*]

提要：中国的经济发展进入到一个全新的历史阶段，在机遇与挑战并存、思想交锋激烈、内外环境调整的新形势下，政府自身的改革特别是政府职能的转变成了改革的关键和重要突破口。本文从梳理中国改革历史和现状入手，论及中国改革所面临的问题与难点，究其根源无不是由于政府、市场和社会的边界界定不清晰、不合理，以及政府角色的错位、缺位、过位造成的，为此，提出中国下一步改革的关键在于要实现政府职能的两个根本转变：其一，从行政干预过多的全能政府向让市场充分发挥作用的有限政府转变；其二，从与民争利的发展型政府向公共利益服务型政府转变。同时，也探讨了如何应对中国社会经济发展短期内面临的动力不足问题，指明了下一步改革发展的一个重要切入点，即遵循政府职能转变的根本要求，以新型城镇化再造中国经济改革发展引擎。

中国的改革与发展是世界热门话题，其走过的历程、当前的状况及未来的走向无不牵动着世界的目光。现在又到了一个关键时期和十字路口。一方面，

---

[*] 本文载于《比较》，2013年第1期，总第64辑。

中国正面临着全方位崛起和成为世界领导者的前所未有的重大战略机遇,如能把握住这一机遇,必定会深刻影响世界政治经济的未来格局。在世界竞争日益激烈的环境下,中国要实现中华民族的伟大复兴,从世界经济大国向世界经济政治强国崛起,必须赢得国家间关于资源、人才、制度和话语权的竞争,尤其要在根本的制度竞争中占据主动。另一方面,中国所面临的国际经济环境依然严峻复杂,自身内部诸多经济、政治、社会、文化和生态领域的深层次问题和矛盾也亟待解决,例如经济发展中不平衡、不协调、不可持续的问题日益突出,经济增长面临趋势性减缓;公权力过度介入市场,导致贪污腐败现象严重,国富民穷、国进民退、内需不足;机会不公和收入差距过大带来社会流动性缺乏和裂痕加深;社会基本伦理道德体系在经济利益的冲击下遭到严重扭曲;生态环境破坏使得环境群体性事件频发;等等。由于产生这些问题的原因错综复杂,不同观念在尖锐交锋,有的认为这是改革的失误造成的而否定改革,有的根据现有改革取得巨大成就而否定进一步进行深层次改革的必要性,有的则根据政府在改革过程中发挥了重要作用强调要进一步加强政府的主导作用。

在这样一种机遇与挑战并存、思想交锋激烈、内外环境调整的新形势下,如何选择中国改革的未来之路及其突破口,以推动中国经济社会的深层次转型和发展,已成为人们日益关注的紧迫而重大的理论和现实问题。然而,中国到底为什么要转型?转的是什么:制度?体制?发展方式?经济模式?或是思想理念?中国到底怎么转型?转型的核心是什么?实质是什么?转型会经历怎样的过程?其特点和难点是什么?政治、社会现实与转型发展的关系是什么?下一步改革的突破口和切入口在什么地方?对以上问题的回答众说纷纭,仍有很多误区和混淆不清的地方,需要在学理上进行系统梳理,对中国转型发展的特点、难点与未来之路有一个准确的认识和把握,从而弄清中国转型发展的内在演化过程及其路径,才能成功实现转型。

越来越多的有识之士正认识到,中国改革已不单单是一个经济命题,而是一个需要联动经济体制、政治体制、社会体制、文化体制、生态体制的全面改革的综合治理命题。当然，全面改革并不代表改革应该是休克式的和一步到位的，依然要有规划、有步骤、有重点地推进。一个可行的路径是，从这样一个改革系统工程中找到牵一发而动全身的突破口和切入点，并通过这个突破口将扩展、深化全面改革的"涟漪效应"生发开来，真正激发和释放改革的红利。十八大报告将经济体制改革的核心问题归结到"处理好政府和市场的关系"上来，并强调"必须更加尊重市场规律，更好发挥政府作用"。这个提法抓住了问题的要害，笔者早在2008年就曾论及："当前改革的重点和亟待解决的重大问题在于合理界定政府与市场的边界，这也是处理好效率、公平与和谐发展的关键。"[①] 明确了这一点，有助于我们从中找寻到下一步改革的突破口所在。不过，单单考虑政府和市场的关系可能还不全面。如果我们再进一步深入挖掘下去，可以发现，在经济体制改革的力量博弈中还应加入社会的一方，需要处理好政府、市场和社会的关系，这三者正好对应的是一个经济体中的治理（Governance）、激励（Incentive）和社会规范（Social Norms）三大基本要素，强制性的公共治理和激励性的市场机制等正式制度安排相互交叠、长期积淀，会对社会的规范性的非正式制度安排形成一种导向，可以增强社会经济活动的可预见性和确定性，大大节约交易成本。

在政府、市场和社会这样一个三维框架中，政府作为一种制度安排，有极强的正负外部性，起着非常关键的作用，既可以让市场有效，成为促进经济改革发展的动力，让社会和谐，实现科学发展，也可以让市场无效，导致社会矛盾重重，成为巨大的阻力。尽管世界上几乎所有的国家都实行市场经济，但大多数市场经济国家没有实现又好又快的发展。虽然有许多其他原因，但最根本

---

① 田国强. 从拨乱反正、市场经济到和谐社会构建——效率、公平与和谐发展的关键是合理界定政府与市场的边界 [R]. 文汇报、解放日报及上海管理科学研究院"中国改革开放与发展30年"征文优秀论文稿，2008‐7.

的原因就是没有合理地界定和理清政府、市场与社会的治理边界，政府的角色出现了过位、缺位或错位。这样，在中国下一步改革中政府扮演着双重角色，它既是改革的对象，又是改革的主要推动力量，从而政府自身的改革特别是政府职能的转变也就成了改革的关键和重要突破口。这也是下一步改革的最大难度之所在，需要更大的政治智慧和勇气来推动。为此，我们不妨先从梳理中国改革历史和现状入手，理清改革的路径及其内在逻辑，这有助于我们更好地辨明改革的未来方向。

一、在历史回溯中正确把握中国改革的内涵特征

为了更好地关照当下和谋划未来，有必要先回头看看中国改革发展已经走过的路。任何改革都脱离不开三个基本要素：改革的初始条件、改革的目标模式、改革的进程方式。以此来分别检视过去30多年来的中国经济改革，我们可以窥见中国改革的独特性及与其他转型经济体的共通性。

其一，从改革的初始条件看，1978年中国改革发展的基本背景是，中央集权计划经济体制由于信息不对称和激励扭曲所导致的低效率已经暴露无遗，而以往依靠行政性分权方式来纠正苏联式经济发展模式的弊端也没有取得实质性成效。同时，"文化大革命"对中国经济也造成了极其严重的损害，国民经济几乎到了崩溃的边缘。尽管经过了1977年和1978年的恢复性增长，但是中国积贫积弱的现实并不可能在短期内得到很大的改观，1978年中国的人均国民收入只有300美元左右，是世界最贫穷的国家之一，内外巨大落差使得人心思变，几乎倒逼到了一个死角，不改革无法生存，转型的必要性和迫切性由此成为共识。

其二，从改革的目标模式看，由于受传统文化、意识形态及计划经济思想

所限，对现代市场经济缺乏了解，再加上没有先例可循，1978年中国经济改革其实一开始并没有非常清晰的目标和路线图，所采取的是一种"摸着石头过河"的改革策略，是一种"不管白猫黑猫，抓到老鼠就是好猫"的哲学。随着改革一步步地深入，中国经济体制的目标才逐步从计划经济体制逐步发展到有计划的商品经济体制，进而再转变到社会主义市场经济体制上来。这是与苏联、东欧国家最大的不同，后者一开始就有一个明确的目标，就是建立运行良好的市场经济。

其三，从改革的演进过程方式看，1978年中国改革路径有两大基本特点：一是经济中心主义和单一的经济改革。邓小平就指出："经济工作是当前最大的政治，经济问题是压倒一切的政治问题。不只是当前，恐怕今后长期的工作重点都要放在经济工作上面。"[①] 这在很长一个时期甚至直到今天依然在政府治理理念中占据了很重要的位置。二是渐进性。它不是像苏联、东欧国家那样实行政治、经济、社会全方位的、大爆炸式的、休克式的激进改革，而是依赖于一系列逐步的、渐进的转变[②]。这两个基本特点都与前面提到的初始经济发展条件太差有很大关系，在改革之初有它们的合理性和内在逻辑性，归结于经济发展的紧迫性和避免经济大幅度下降的可能性（否则，以中国当时只有300美元左右人均国民收入的水平，如果再大幅下降会让老百姓无法承受，从而导致社会动荡）。

需要说明的是，在激进式和渐进式两种不同路径的比较中，我们不能简单地非黑即白、非此即彼、厚此薄彼。在各自政治、经济、社会和文化的基本初始条件下，也许都是相对最佳选择。中国的渐进式改革和单一经济改革策略确实在一定程度上缓解了激进变革可能引发的社会失序和动荡。但是，如同温水

---

① 邓小平文选（第二卷）.[M].北京：人民出版社，1994，194.
② [美]劳伦·勃兰特、托马斯·罗斯基编，方颖、赵扬等译.伟大的中国经济转型[M].上海：格致出版社、上海人民出版社，2009，2.

煮青蛙，这也将很多问题和矛盾在不知不觉中慢慢累积起来，很多人身在其间却浑然不觉。而俄罗斯的激进式改革虽然没有取得如中国这样显著的经济增长绩效，短期内也造成了非常大的社会问题和经济下滑，但是却通过综合全面整体改革，短短20年就奠定了长远持续发展的制度框架，也不是人们想象的那样糟糕，各方面的发展势头十分显著，已经开始多方位崛起。

综合以上三个方面的全面考察，中国改革发展最初的现实考虑是由于初始经济禀赋和财富水平过低，可以动用的资源非常有限，不可能进行一步到位的全方位系统改革，并且由于中国传统文化影响和计划经济条件对于社会发展的严重扭曲，政府和大众对所谓民主政治、法治社会、市场经济等现代社会发展目标的确认必然是一个长期的过程，这就决定了中国走的是一条经济改革优先推进，并通过试错、试验、试点进行干中学的正确转型发展路径。事实上，笔者早在1994年曾经提出的中国经济制度平稳转型的三阶段论——经济自由化、市场化、民营化。其要义是在经济转型过程中，由于支撑市场体系各种相关制度不是短期内所能完成的，因此首先应当进行的是经济自由化和市场化的改革而不是大规模的私有化[1]。今天来看，中国依然是沿着这条路径在走，尽管有波折。这样的转型特点及其过渡性制度安排是与中国的国情和阶段相适应的，并发挥了非常大的作用，特别是推动中国经济实现持续30多年的高速增长，成长为世界第二大经济体和中等收入国家。需要指出的是，这三个阶段正好分别对应着任何一个新型国家成为发达国家需要经过的三个发展阶段：要素驱动阶段、效率驱动阶段、创新驱动阶段[2]。如何从要素驱动向效率驱动，进而向创新驱动转型是当前转型发展所面临的重大问题，也是本文关注的问题。

那么，我们应该如何看待中国改革发展取得巨大成就的根本原因？所采取

---

[1] 田国强. 中国国营企业改革与经济体制平稳转轨的方式和步骤——中国经济改革的三阶段论 [J]. 经济研究，1994－11.
[2] 田国强. 中国下一步的改革与政府职能转变 [J]. 人民论坛·学术前沿，2012，3.

的具体经济改革政策和措施是中国独特的吗？答案基本是否定的。笔者认为，之所以取得这么大的成效，其根本原因不外是推行放开和开放的松绑放权型改革，在一个逐步向国际社会开放兼容的环境下让个体充分发挥作用，满足了任何一个经济机制良好运行的四个先决条件：承认个体利益、给人们更多的经济自由、实行分散化决策、引入各类激励（包括市场）机制，市场在资源配置中的基础地位逐步得到确认和推广，从而很好地解决了信息和激励的问题。这些都体现了经济学的内在逻辑，也是被东亚乃至西方发达国家一再验证的共同经验，具有共通性，从这个意义上讲，中国经济改革并没有多大的特殊性。当然，中国改革之所以取得如此巨大的成就，原因还包括实行地方政府分权鼓励区域竞争及采用渐进改革体制平稳转型，特别是正确处理好了改革、发展与稳定的关系：稳定条件下的改革推动发展，发展让老百姓不断获利（满足和不断松释了参与性约束条件）而促进稳定，从而创造了加大改革力度的条件，推动经济进一步发展。这些才是中国经济改革取得巨大成就最根本的原因。

根据现代经济学特别是转型经济学、制度经济学理论，以及同时期各个不同转型经济体的实践，我们大致可以对改革发展特别是经济转型的实质内涵有一个比较清晰的认知，经济转型不仅仅是当前社会各界所热衷讨论的经济发展观念、经济增长模式、经济运行状态的转换，这些都是改革和转型的结果，没有触及问题的实质内涵。经济改革和转型的根本是体制机制的转型，随着改革的深入和改革进程的演进，改革的关键和最终目标就是要合理地界定和理清政府、市场与社会的治理边界[①]。这是由于市场的本质是无为而治，无为而治的必要条件是完善市场制度，让市场有效，而让市场有效的必要条件是要有一个有效的政府和一个和谐的社会。一个有效政府的必要条件是这个政府必须是有

---

① 关于政府的作用，以及合理界定和理清政府、市场和社会的治理边界的讨论，详见田国强. 世界变局下的中国改革与政府职能转变 [J]. 学术月刊, 2012: 6.

限和定位恰当的，有限就是恰当，多了不好，少了也不行。而一个和谐社会应该是民主法治、公平正义、诚信友爱、充满活力、安定有序、人与自然和谐相处的社会，它与现代市场经济体制是完全兼容的①。一个"强政府、弱市场"和"大政府、小社会"的组合会衍生出许多问题，包括导致社会的不和谐。因此，要建立现代市场制度和让市场有效，必须要通过深化改革，进一步合理界定和理清政府、市场和社会的治理边界。

当前中国改革进程中出现的所有问题基本都是由于没有弄清和遵循政府、市场和社会之间的这种内在逻辑关系，下节论及的中国改革所面临的问题与难点，无不与此有关。只有合理界定和理清政府、市场和社会的治理边界，才有可能让中国经济向好的现代市场经济转型，才能实现从要素驱动、外需驱动向效率、内需和创新驱动转型，推动和谐社会的构建，才能实现国家的长治久安和科学发展，奠定更加全面和系统的制度基础。

二、非均衡改革路径下中国改革面临的问题与难点

尽管中国的经济改革取得了不容否认的巨大成就，但也出现了前面提到的诸多深层次的问题和矛盾，其中一些深层次问题和矛盾的解决已经到了刻不容缓的地步。如果要对这些问题进行一个分类，其实不外乎是"民主法治、公平正义、诚信友爱、充满活力、安定有序、人与自然的和谐"的问题。当前中国的经济社会发展状态，距离和谐社会的这六大基本特征还有很大的距离。这与

---

① 田国强. 和谐社会的构建与现代市场体系的完善——效率、公平与法治[J]. 经济研究，2007-3.

长期以来中国经济体制改革单兵突进，经济发展压过一切，政治、社会、文化、生态等其他领域的改革缓步推进甚至不进的非均衡改革路径有关，一个好的现代市场经济所应具备的制度基础还没有很好地建立和健全。如前所述，好的现代市场经济完全可以与和谐社会的这六大基本特征吻合，二者是激励相容的。

这种过渡性的制度安排和演化路径在转型的早期阶段有其合理性和必要性，也取得了前述的巨大社会经济发展绩效，需要充分肯定。然而，随着制度环境的调整、约束条件的改变，这种非均衡改革路径所带来的副作用也越来越明显，一个最严重和关键的副作用就是政府、市场与社会的治理边界还没有得到清晰而合理的理顺和界定。特别是政治—经济失衡使得政府权力过多和主导经济发展和社会治理，导致政府角色的过位、缺位和错位大量存在，当前中国经济社会发展所面临的许多亟待解决的重大问题都与此有关。

一是经济干预过多、贪污腐败盛行、民营企业挤出的问题。中国经济过去30多年的巨大成就，关键在于通过市场化的改革使得非国有经济发展起来，政府不断从本不应该管的地方退出，使得市场化程度显著提高。但是，由于在这个市场化改革的动态过程中，"大政府、小市场"的格局依然没有改变，于是不少人便将政府主导而不是市场导向当成了所谓"中国模式"的精髓，使得政府在不该管的许多地方抓着不放，该管的许多事却没有去管或没有管好，出现了大量政府角色过位的现象：政府控制了太多的生产要素和重要资源，要素市场、基础资源市场基本上被国企所垄断，控制了太多的市场准入，从市场秩序维护者蜕变为市场参与主体。由此也导致了国企有很大的能力和意愿进入一般性竞争领域，使得民营经济的生存和发展空间受到限制，形成对民企的挤出效应，国进民退的现象趋于严重，企业家精神受到很大束缚，其创新的动力引擎作用被严重削弱。特别是在世界经济金融危机的背景下很多民营企业在内外双重压力下倒闭，出现企业家跑路潮、移民潮等，这些从某种程度上都是对突破这种体制桎梏缺乏信心的表现。

不仅如此，政治—经济失衡的体制转型往往会使得政府主导经济这种体制下的公共权力及其衍生带来的资源再分配权力，在越位进入市场的具体运行过程中，逐渐衍化为一种设租、寻租的能力，与市场中资本的不当联系越来越紧密，并且这种关系在体制转型中不断自我强化，使得权力—资本利益集团逐渐形成和壮大，导致了权钱交易等腐败现象的产生。

更严重的是，这种政治—经济失衡的体制转型使得既得利益格局中的一些特殊利益集团，即所谓"权力—资本利益集团"或"特权利益集团"有很大的意愿和能力来阻止进一步变革，将某些有利于其个体利益最大化的过渡性制度安排定型化，将既有的发展路径锁定，致使出现改革共识减弱、改革勇气缺乏、改革动力下降、改革难度增加等问题。

二是增长动力衰减、经济结构扭曲、发展方式转变的问题。经济环境和过去支撑中国经济高速增长的一些传统优势（特别是外需对接优势和低要素成本优势）正在发生变化。与改革开放初期的1978年、确立市场经济体制改革目标的1992年、加入世界贸易组织的2001年等关键的改革时间节点相比，当前中国所面临的国内外经济环境，显然已不可同日而语，这几次重大改革所带来的制度红利也面临边际收益递减的制约影响。

从外部看，外需红利已经不复如从前。当前，在国际经济金融危机、欧洲主权债务危机等连环负面冲击下，各国特别是发达国家的执政者出于政治考虑，促使投资和贸易保护主义逐渐抬头，中国长期受益其中的全球贸易自由化正面临政治因素的掣肘，此其一。其二，尽管从长期看，全球化的趋势仍不可逆转，但是世界经济格局已经发生深刻调整，中国作为世界第二大经济体初步完成了从追赶者到领跑者的转变。中国制造业产能已经开始向东南亚、非洲、东欧等地区及北美墨西哥、南美巴西等国家转移，这是经济、资本、市场的逻辑使然，也为经济史上的实践所一再昭示，不是哪国政府可以左右的。

从内部看，要素红利面临趋势性衰减。长期以来支持中国高投入、高耗能、高排放、高污染、低经济效益、低劳动力回报、低创新附加值的粗放型经济发展方式的前提条件——人口、资源、能源、环境等要素资源的相对富余，正在逐步收缩成为紧约束。特别是中国长期以来享有的巨大人口红利正在逐渐消减。据国家统计局《2011年我国人口总量及结构变化情况》报告，2011年中国15~64岁劳动年龄人口比重自2002年以来首次出现下降。并且，与日本历史上劳动年龄人口占比和人口绝对数双双下降不同的是，中国在劳动年龄人口占比出现向下变化时，还伴随着人口绝对数和社会需供养人口规模的双双扩大，中国的人口负担比率正在进入一个快速上行的区间，社会养老负担趋于严峻。

在此背景下，中国经济从外需驱动向内需驱动，从要素驱动向效率、创新驱动转换的紧迫性越来越强，但是这种转换也面临着政府角色错位、过位、越位的阻碍。特别是由于政府与民争利，使得内需在很大的程度上无法充分发挥作用。政府与民争利主要体现在两个方面：其一是政府的税收增长居高不下。自20世纪90年代以来，中国政府财政收入年增幅基本维持在城乡居民收入年增幅的2倍左右，近些年两者之间的增幅差距又有拉大的趋势，其中个人所得税征税起点过低、税率过高的现状更与早期作为发展中国家的美国不收个人所得税形成鲜明对比：美国直到1913年成为世界最强大发达国家，才专门通过《宪法修正案》，允许国家征收个人所得税。其二是政府的发展型属性过强。政府依然在许多本应由市场发挥资源配置作用的地方占据主导地位，成为市场利益主体，挤压了居民的市场激励收益机会。例如，低价向农民征用土地，转手以商业化手段拍卖，形成极为普遍和巨额的地方土地财政；一些垄断行业的国营企业靠垄断利润过得很滋润，而一旦发生亏损却由全民分担；对要素价格进行管制，人为压低，使得市场价格传递信息、提供激励及决定收入分配三个基本作用被严重扭曲，等等。

国民收入分配过于向政府倾斜，导致了两方面的不良后果：一是居民消费和政府消费占最终消费相对比重的此消彼长。居民消费比重从改革开放初期的78.6%下降至2000年的74.5%，继而又下降到2011年的72.4%。与之相对应的是，我国居民消费率已从 2000 年的 46.4% 一路下降到 2011 年的 34.9%，明显低于世界平均水平。按照世界银行的统计数据，低收入国家居民消费率平均约为 75%，高收入国家平均约为 62%，中等收入国家则平均约为 57.5%。二是使得与制度性利益冲突相关的各种社会经济方面的官民矛盾，成为越来越多的群体性社会冲突事件的主要源头，并开始影响到社会稳定的大局。

中国早期改革"让一部分人、一部分地区先富起来"的历史告诉我们：千重要，万重要，给老百姓更多经济上的选择自由最重要。从农村到城市的改革实践都已表明，哪里的政策一松动，哪里的自由度更大一些，哪里的经济效率和民众福祉就更高。从这个意义上讲，要实现国富民也富的根本出路在于，在降低税赋、还富于民的同时，进一步加强深层次市场化改革。如果不将富民的内在逻辑弄清楚，国民收入分配的鸿沟可能难以有效弥合，将损及一个有效制度安排所应满足的两个基本约束条件——参与性条件与激励相容条件，不利于社会和谐稳定和经济可持续发展。从产权的视角切入，富民的内在逻辑应该是"欲富民需先赋私权，欲保私权需先限公权"[①]，关键还是要归结到合理界定政府与市场的治理边界，让市场充分发挥作用上来。

三是公共服务缺位、收入差距拉大、公平正义不足的问题。如前所述，由于中国长期以来重政府、轻市场，重国富、轻民富的倾向，政府长期居于资源配置的主导地位，并将其掌握的资源主要运用于经济发展领域而不是公共服务领域，由此逐步形成了"一个与民争利的重发展、轻服务的政府"模式：一方面是政府越位，充当了经济建设主体和投资主体的角色，挤压了居民从市场中获得激励收益的空间；另一方面政府本应将从居民激励收益中抽取的高税收用于提高福利，却忽视了社会保障、医疗卫生、教育、生态环境

---

① 田国强、夏纪军、陈旭东. 破除中国模式迷思坚持市场导向改革——中国下一步改革的关键在于政府职能的两个根本转变 [J]. 比较，2010：50.

等公共服务基础设施的建设，影响了居民的福利收益。这些本来是市场失灵、需要政府充分发挥作用的地方，但政府在这些方面缺位了，没有充分发挥其应起到的作用。

尽管几乎所有的家庭和个人都从过去 30 多年的改革中获利，生活大大改善，"端起碗来吃肉"，但为什么很多人对当今社会有这么多怨气、"放下碗来骂娘"呢？其根本原因就是，一旦解决了温饱问题、进入到小康社会以后，老百姓更在意政府提供社会公共品的情况，更在意公平正义的问题。尽管目前政府管理的范围非常大，但在其公共服务的基本职能上严重缺位，居民的"生（生计）、老（养老）、病（治病）、居（居住）、教（子女教育）"的公共需要难以得到很好的、均衡的满足，就业难、养老难、看病难、住房难、上学难等现象不是个例，整个社会保障制度没有很好地建立起来。没有健全的社会保障制度作为支撑，短期的、临时性的扩大内需、刺激消费的政策也不可能取得长期效果。

另一方面，政府长期居于资源配置的主导地位，使国民财富分配格局的不合理程度日益加深，主要表现在三个方面：

其一是国与民的收入差距拉大，我国居民收入比重由 1988 年 70.5％ 的最高点降至当前的 43％ 左右，国家财政收入在 1994～2011 年之间增加了近 20 倍，而同期 GDP 仅增长了近 10 倍，且财政支出又大多用在推动 GDP 增长和自我消费上，而不是涉及公共利益的教育、医疗、社保、环保等事业上。

其二是贫与富的收入差距拉大，我国基尼系数已经由 1982 年的 0.249 提高到 个危险的高水平[①]，使得社会阶层分化、刚化的趋势日益严重。在改革

---

① 2012 年 12 月初，西南财经大学中国家庭金融调查与研究中心在其发布的一份调查报告中称，2010 年中国家庭的基尼系数已经达到 0.61，其中城镇家庭内部的基尼系数为 0.56，农村家庭内部的基尼系数为 0.60。无论是从全国、城镇还是农村来看，中国贫富差距都过大。不论其数据是否准确，至少揭示了一种趋势。

之初,社会流动性非常大,各阶层基本平等,没有像现在这么大的社会阶层落差,无论是干部子女,还是农民子女,在就学、经商、就业等方面,大家基本上处于一个起跑线上,机会相对公平,收入差别也没有像现在这么大,形成了改革的共识和动力,让社会充满活力。但时至今日,由于过度单一地追求经济发展,而没有与时俱进地逐步进行综合治理,造成当前收入差别过大、权钱勾结,形成了所谓的"富二代""官二代"的特殊阶层,在就业、养老、看病、住房、上学等方面缺乏基本平等的竞争起点,造成起点不公、机会不均、社会阶层分化,社会结构和阶层日益刚化,社会流动性不足。

其三是城与乡的收入差距拉大,我国城乡居民收入之比由1978年的2.57倍增至2011年的3.44倍,城乡二元结构问题非但没有缓解,反而有固化和加剧的趋势,由此也衍生出老弱农民问题、失地农民问题、留守子女教育问题等一系列的问题。这些问题不解决,都将严重阻碍中国经济转变发展方式和调整经济结构的进程。

现代经济学理论中的结果公正定理(outcome fairness theorem)告诉我们:只要个体的初始禀赋的价值相等(即起点公平、均等),即使他们都追求自身利益,通过自由竞争市场的运作,就可以导致既公平又有效率的资源配置结果,也就是导致又好又快的结果。显然,没有上述那些社会公共基础设施的发展,没有一个相对合理的社会财富分配体系,公民参与市场竞争的起点公平条件将难以得到保障,社会的公平正义将无法实现,一个社会结构固化、社会流动停滞的社会也不可能充满活力。

四是伦理道德滑坡、社会诚信缺失、信任关系瓦解的问题。这里,我们更加关注的是文化的社会伦理道德价值,而不是从文化产业的角度来考察文化体制改革。其实,文化体制改革与政治体制改革、经济体制改革、社会体制改革都是相互关联的,政府的强制性治理和市场的诱导性激励,久而久之就会形成一种无欲则刚的社会规范、规则意识和价值观。如果能够将这些非正式制度安排导向正面,将会大大降低市场活动的交易成本。当前中国社会层出不穷的"毒奶粉""瘦肉精""地沟油""有色馒头""佛山小悦悦事件"等所表征出来的诚信缺失、道德滑坡、人情冷漠，都已经到了触目惊心的地步，导致市场活动的显性和隐性交易成本都非常大。一些社会学家则将这种社会状态界定为"社会溃败"，喻作社会肌体的细胞坏死，机能失效。

特别是诚信，作为市场经济的一个基本准则至今未能在社会上广泛建立，没有发挥激励作用，其根本原因就是市场体系没有完全规范，信号机制、信息机制和舆论机制还没有很好地发挥作用。在现有的规章制度下，所期望的人们的诚信行为方式不构成均衡，致使许多人不按规则行事，使得不讲诚信的人没有受到惩罚。之所以在市场体制下不时有欺骗行为的发生，原因有以下几点：一是由于法律和制度的约束力不够，使得惩罚不能成为可置信的威胁；二是由于政府的干预政策太多，而且常常朝令夕改，缺乏一致性，使人们缺乏对未来的合理预期；三是由于经济主体缺乏远见，而长期来看这种短视的经济个体必将被市场竞争所淘汰。

五是生态系统退化、环境污染加重、资源约束趋紧的问题。过去 30 多年的中国经济发展，基本上走的是一个先发展后治理的道路，经济理性被绝对化、教条化，生态环境的红利基本被消耗殆尽，其瓶颈约束越来越呈现缩紧态势。目前的生态环境危机，例如水土流失加重、土地退化和沙漠化严峻、生物多样性丧失、自然灾害频繁、各类环境污染剧增等，造成了子孙后代的生存危机。问题的根源是政府在生态环境保护这个市场有可能失灵、需要政府发挥作用的领域没有很好地发挥作用。近年来，越来越多的群体性事件，其导火索也就是环境污染的问题，社会希望通过自组织来代替或推动政府解决问题。生态濒于崩溃、资源相对欠缺、环境容量有限，已经成为影响中国经济可持续发展和人居生活环境的一块"短板"。

上面提到的这五个方面的问题彼此交织，有些可能是发展过程中必然经过的，有些则是人为造成的。不管怎样，究其根源无不是由于政府、市场和社会的边界界定不清晰、不合理,以及政府角色的错位、缺位和过位造成的,归结到一点就是"重政府、轻市场,重国富、轻民富,重发展、轻服务"[①]的"三重三轻"不科学发展观,而其背后则是经济、政治、社会、文化、生态文明非均衡的体制转型,以及没有合理界定和理清政府、市场与社会的治理边界,从而没有形成有效市场和有限政府。

三、全面改革的未来之路及其突破口

正如前面所提到的,改革根本上还是一系列体制和机制的转型,是制度的大规模变迁。制度通常被定义为一组行为规则的集合,这些规则与社会、政治、经济活动有关且相互关联,支配和约束着社会各阶层的行为[②]。随着市场经济体制基本框架的确立,中国经济改革的重点、难点正与政治、社会、文化、生态等领域的问题相互交织和关联。这样,当制度之间在很大程度上可以互补时,如果还是只在某些方向上进行零碎的制度变迁是不可能成功的[③]。况且,目前实施配套改革、综合治理的基础条件也基本成熟。在中国改革发展最初时,初始经济禀赋和财富水平过低,改革目标不明晰,对现代市场制度了解有限,不能进行全方位系统改革,但经过30多年的改革,这些约束条件已大大松弛或消失。

因此,中国经济的深层次转型要求改革也必须能够超越现有经济层面的单

---

① 关于"三重三轻"的详细讨论,参见田国强. 中国经济发展中的深层次问题 [J]. 学术月刊,2011:3.
② Schultz, T. W.. Institutions and the Rising Economic Value of Man [J]. *American Journal of Agricultural Economics*,1968,50:1 113～1 122.
③ 热若尔·罗兰. 理解制度变迁:迅捷变革的制度与缓慢演进的制度 [J]. 南大商学评论,2005:5.

兵突进，打破既得利益集团的阻碍和干扰，转而进入到一个包括政治、经济、社会、文化、生态在内的全面改革推进阶段，这需要顶层设计和综合治理，但其关键在于中央政府发挥权威和关键作用，否则无法成功。看看中国历史上所有的改革就会明白此点。中国几千年以来的改革和变革，基本上都是被推到了一个死角，不改不行，才想到去改，这往往要付出巨大的成本。当前的社会经济发展状态基本上也处于这样一个临界点。随着问题和矛盾积压越深、越多，改革的成本和难度往往会越大，使改革无法进行，而不进行改革，最终往往导致了社会停滞不前，这就造成了改革的两难困境。当然，所有的改革和变革都是有社会进步意义的，或者说是"明道"的，否则不叫改革、变革，而叫动乱。并且，改革对大多数老百姓来说都是好的，但是为什么不成功呢？

实际上，改革是非常残酷的，影响到所有的人，改革者往往是吃亏不讨好，因而改革创新需要大智慧、大勇气，勇于牺牲和冒风险。真正反对改革的很可能就是为这个单位做出过贡献，甚至重大贡献的好人和能人，这些人具有很大的话语权。但是，或由于理念的不同，或满足于现状，认为没有改革的必要，或由于相对地位、名声、利益下降，或自己的东西被改掉无法高兴，当然也可能是改革的方式、方法有问题而导致其可能会对改革产生强烈抵触和反对，因此无法形成上下一致的改革共识、改革动力和改革勇气。这就是中国改革所面临的最大难点和艰巨性所在，改革需要大智慧和冒巨大风险。

那么，如何走出这个改革的困境呢？首要的就是，中央政府要发挥独有的权威和核心作用，在改革的顶层设计方面起到引领和主导作用，让上下形成共识，认识到危机，有理念、有步骤地推动政治、经济、社会、文化、生态和综合配套整体改革。这是改革取得成功的必要条件之一。历史上的很多变法，例如商鞅变法、王安石变法、戊戌变法之所以功亏一篑，最根本的就是失去了中央政府的支持，无法取势、树势、借势、顺势将改革引向深入，反而使改革者自身身陷囹圄。

其次就是要解决好改革的政策目标落地和具体实施的问题，而这必须要靠政绩考核激励机制、动力机制改革的跟进。这是改革取得成功的第二个必要条件。否则,就像一直以来许多好的政策目标和愿景一样,由于没有与地方政府及其官员的政绩挂钩,往往只是一种口号,基本上只是出现在文件中、媒体中、口头中,而没有形成中央与地方、政府与政府官员之间的激励相容,没有真正地被实施和落地,所以动力机制非常重要。中国经济之所以实现持续30多年的快速增长,与"放开"的松绑放权改革和对外"开放"环境下所形成的地方政府"为增长而竞争"的政绩考核激励机制密不可分,而GDP作为一个量化指标成为政绩考核的最重要指标。由此,地方官员无论出于为官造福一方的考虑,还是出于自身仕途的考虑,都有很大的激励把地方经济搞上去,因而会想尽一切办法来改善和创造有利于本地经济发展的宽松环境,没钱、没能人,就极力改善招商引资和招才引智的投资和工作环境。GDP主义确有其不合理性,需要其他综合指标作为配套,但不管怎样却是改革开放后中国经济实现腾飞的重要原因之一,也为国家在更高水平上实现均衡提供了基础。

邓小平的改革之所以能成功。首先在于他做了正确的事,符合民心、民意,符合国家发展的内在逻辑和客观现实,也就是"明了道",这是基本点。但关键的是,他让上面提到的两个必要条件得到了满足:其一是"取了势",他有巨大的威望,在政府、军队里建立了无法撼动的威望,为改革起到保驾护航的作用,凝聚了改革的力量,让反对改革的人知难而退,起到了扶正压邪的作用;其二,细节决定成败,也就是"优了术",他正确处理了发展与稳定的关系,进行放开和开放的改革,方式、方法对路,形成了为增长而竞争的激励相容的体制机制。

在理清了改革的内在逻辑理路之后,具体到中国下一步的改革,笔者认为,只有政府无所不在的"有形之手"放开了,政府的职能及其治理边界得到了科学合理的界定,合理界定政府、市场和社会之间的治理边界才是可期的。那么,如何合理定位政府的基本职能呢?哈耶克主要从两方面来界定:一方面,政府必须承担实施法律和抵御外敌的职能;另一方面,政府必须提供市场无法提供或无法充分提供的服务。同时，他也指出，必须将这两方面的职能和任务明确地界分开来，"当政府承担服务性职能的时候，我们不能把我们在政府实施法律和抵御外敌时赋予它的权威性也同样赋予它"[①]。所以，从这个意义上看，政府最基本的作用可以用两个词来概括，就是"维护"和"服务"，也就是制定基本的规则和保障社会秩序的稳定，以及供给公共产品和服务。因而，中国下一步改革的关键也在于要实现政府职能的两个根本转变[②]：

其一，从行政干预过多的全能政府向让市场充分发挥作用的有限政府转变。一个政府是否真正有作为，不在于其管得到底有多宽，而在于管理的范围和程度是否合理，管理的方式和结果是否有效，是否让市场、让政府有效。政府的触角无所不至，过度干预经济，使得规则让位于"关系"，这本身说明中国的市场化程度还不是非常成熟。为什么世界上绝大多数国家是实行市场经济，其经济绩效和社会效果会有非常大的差异？其原因也是在体制转型的系统中，其他体制改革对于经济体制改革的配套和支撑难以满足，没有建立起法治环境和民主制度，陷于权力设租、寻租之中。所以，有效市场的必要条件是有限政府，即大量减少直至消除政府角色越位和错位的现象。建立有限政府，关键是要让公共权力的行使受到法律的约束和民众的监督，也就是民主法治问题。

如果从富民强国的目标出发，我们也可以发现其中蕴含着环环相扣的经济学内在逻辑，即欲强国，必先富民；欲富民，必赋私权；保私权，必限公权。显然，以解决权力过于集中为目标的政治体制改革相对滞后，已经成为中国整体改革中的"短板"，社会体制改革、文化体制改革、生态体制改革

---

① [英]弗里德利希·冯·哈耶克，邓正来等译. 法律、立法与自由（第二、三卷）[M]. 北京：中国大百科全书出版社，2000，333.
② 关于政府职能的两个根本转变，在笔者另一篇文章中也有论及。参见田国强. 中国下一步的改革与政府职能转变 [J]. 人民论坛·学术前沿，2012：3.

因此也难以深入进行。但是，改革的目标和达到目标的路径是两个概念，不能混淆。任何违反既有制度生态系统完整性而进行的盲目制度移植都是有很大风险的[1]，对于政治体制改革尤其如此。苏联、东欧国家的转型实践显示，由于政治体制的复杂性和深刻性，其变迁成本是非常大的，必须坚持审慎、渐进原则，但是改革的决心和力度不能动摇，并且要找准切入口和有实质性措施。因此，不妨先从政府行政管理体制改革、从政府职能转变入手，大力推动政府从全能型政府向有限型政府的转变。

那么，如何以民主法治的理念为原则来推动政府实现从全能型政府向有限型政府的这一转变呢？预算民主建设也许是一个很好的切入点。全能政府之所以能够将公权力的触角深入到社会经济生活的各个角落，其背后是政府财政收支的极度膨胀和自由裁量权的不受约束。因此，从某种意义上讲，有限政府的一个核心要义就是要管住政府的钱袋子，使其行为在法律和预算所确定的范围内活动，一旦超出这个范围则动辄得咎。预算民主对政府有极高的要求，一是预算必须数字准确、细致和完整，覆盖和反映其全部的公共收支活动，而不允许有在预算管辖之外的政府财政活动，最大限度地减少政府行政行为的随意性；二是预算的基本内容和执行过程必须保持高度透明，让人民的知情权、监督权得到充分保障。

其二，从与民争利的发展型政府向为公共利益服务型政府转变。政府要最大限度地缩小自身的经济人角色，扩大公共服务范围和力度，弥补直至消除政府角色缺位的现象。一方面，为作为微观经济主体的企业创造良好的经济社会环境，提供经济发展所需的软件和硬件基础设施，这是政府公共服务的经济维度。另一方面，通过转移支付和财政手段支持教育、科技、社会保障、公共医

---

[1] 热若尔·罗兰. 理解制度变迁：迅捷变革的制度与缓慢演进的制度 [J]. 南大商学评论，2005：5.

疗卫生、环境保护等社会发展项目，为全体公民参与市场竞争创造公平的起点，这是政府的社会性公共服务部分。

随着中国进入中等偏上收入国家，我们应该在继续做大"蛋糕"的同时，注重分配好"蛋糕"，实行总量和结构性减税，并积极规划出台面向未来5～10年的涵盖就业、养老、医疗、住房、教育等涉及居民"生（生计）、老（养老）、病（治病）、居（居住）、教（子女教育）"的具有全局性的一揽子社会福利改革计划，真正做到藏富于民、还富于民。遍览古今中外，我们找不到一个忽视富民却取得国家富强的成功例子。只有富民，才能国安、国定、国富、国强、国大。中国自鸦片战争以来历次失败的变革图强，其根本原因也就是在寻求强国过程中忽略了富民这一环节。实际上，早在3 000多年前，周文王问姜子牙如何治世时，后者给出的答案是："王者之国，使民富；霸者之国，使士富；仅存之国，使大夫富；无道之国，使国家富。"文王于是开仓济穷，减税富民，西周日益强盛。

当然，凡事要有一个度，过犹不及，要避免出现由于福利过多造成负激励和巨大财政赤字的问题。我们需要的是必要的社会救济制度，而不是西欧、北欧国家的那种高福利政策。在福利非常发达的国家，可以看到一个非常明显的现象，就是高福利培养了劳动者的惰性和对政府的依赖，也使得原本勤奋工作的人容易失去努力工作的激情。

并且，如前所述，改革目标和计划还会衍生出一个执行的问题，亦即是否可以设计出一个激励相容的机制来实现目标。这正是执行理论（implementation theory）所要解决的问题，即机制的多重均衡性将导致一种机制产生不同结果，对于给定的目标函数，我们需要设计机制来保证所有的均衡结果都是最优的。现实中，中国政府行政方面最大的一个问题是中央的政策目标往往设计得都非常好，但是不能落地，执行不到位，使得结果偏离了最优目标很远，其根源就是下面的官员缺乏执行政策的激励和动力。

所以，必须在官员政绩考核评价体系改革上下大文章。为了促进政府职能和社会经济发展方式的转变,在考量政府及其官员绩效的时候,仅仅依靠GDP指标就是非常不全面的,社会公共服务指标应成为硬约束,以此来引导政府少伸"掠夺之手"[①],多伸"援助之手",采用"无为之手",让财富更多地流向百姓,以最大化社会福利。如果政府绩效体系能够将地方官员的经济单一发展观彻底扭转,转而更多地关注科学发展、关注人的发展本身,必定会有利于中央政策目标的落地,形成平稳、较快的可持续发展和最终建成和谐社会。

需要指出的是,一个好的改革方案,既要照顾到中长期的发展议题,也要解决当下面临的短期挑战。如果说政府职能转变是应对中长期转型发展的改革突破口,那么如何应对中国社会经济发展短期内面临的动力不足的问题呢?当前,中国正处于新旧政治经济周期的交替期及"中等收入陷阱"的时间窗口,受诸多短周期因素和中长期因素重叠的共同作用,中国经济进入了一个新的发展阶段,经济潜在增长率正面临趋势性下滑,亟待找到新的内生增长动力和经济发展引擎,城镇化被各界寄予了很大的厚望。刚刚闭幕不久的中央经济工作会议提出了2013年中国经济发展的六大主要任务,其中之一便是"积极稳妥推进城镇化,着力提高城镇化质量"。这其实也指明了下一步改革发展的一个重要切入点,即遵循政府职能转变的根本要求,以新型城镇化再造中国经济改革发展引擎。

那么,如何检测城镇化的质量呢?此次中央经济工作会议提出了三条标准和要求:一是大中小城市和小城镇、城市群布局的合理度;二是农业转移人口市民化的推进度;三是城镇化全过程生态文明理念原则的融入度。这三条实际上也揭示了新型城镇化与以往城镇化的关键区别,但是要真正达到这些标准和要求,不进行一些深层次的改革是不行的。唯其如此,新型城镇化才能接过推

---

① 对"掠夺之手"的详细讨论,参见安德烈·施莱弗,罗伯特·维什尼编著,赵红军译. 掠夺之手——政府病及其治疗(中文版)[M]. 中信出版社,2004.

动中国经济持续健康发展的接力棒。

其一，政府主导型的城镇化要让位于市场导向型的城镇化。好的城镇化应该是主要通过市场机制，用价格信号吸引劳动、土地和资本等要素，在自由流动和自由组合过程中基于追求自身价值的极大化的动因，完成高效率的优化配置和重新组合。我们不妨以城镇化为突破口和切入点，在合理理顺和界定政府与市场的边界、推进政府职能从全能型向有限型的转变方面做出一些具体探索和尝试，为全面推广提供经验借鉴。

目前，相对于劳动市场和资本市场而言，土地市场受到僵硬的现行土地制度的严重束缚，已成为扭曲最大、发育最畸形的要素市场。要素市场的扭曲，特别是竞争性土地市场的缺失，使产品市场、货币市场、劳动市场、资本市场和地方财政体系均发生扭曲，进而引起经济结构的扭曲而无法自行调整。同时，在没有真正的竞争性土地市场的情况下，政府无从知道土地的真实价格，也就无从获得足够的信息决定何种大中小城市和城镇的比例为最佳，人为干预城市的规模反而会阻止集聚效应的穷尽。当然，这里也不是否认不同城镇的发展定位和愿景目标差异，但不应是政府人为地划一条线就把规模限定死，而应该根据不同产业导向的政策通过市场来决定城市的规模，形成内生的城镇化。

其二，自我现代化的城镇化要让位于包容性发展的城镇化。2011年中国的名义城镇化率虽然已经达到51.3%，首次突破50%关口，然而这是按城镇常住人口统计的，其中包括1.6亿没有城镇户籍的农民工；如按户籍来算，人口城镇化率只有35%左右。农民工参与了城镇建设，却没有享受到与城镇户籍居民同等条件的福利，市民化面临重重障碍。这也就是一些学者所称的"伪城镇化""半城镇化"现象，如这种现象能从根本上得到扭转，将会产生非常显著的经济增长绩效。考虑到未来10年还有2亿以上的新增城镇人口，如果按较低口径，以农民市民化人均10万元的固定资产投资计算，意味着能够带来36万亿元以上的投资需求，分摊到10年里每年也接近2008年的4万亿元投资刺激计划规模。

上述"伪城镇化""半城镇化"现象,究其根源不在城镇化本身,而在于现行的户籍制度、公共服务制度、财税制度、社会管理制度等与新型城镇化不相适应的制度体系,它们严重阻滞了农民的市民化转型,并造成了具有中国特色的、随着经济形势变化而周期性出现的庞大的"民工返乡潮"和"民工荒"。因此,对于农业转移人口市民化需要制度层面的顶层设计和综合治理,需要政府真正落实其公共服务的职能。特别是户籍制度,建议因地制宜地推进户籍制度改革,建立城乡统一的户籍管理制度,参照美国"社会安全卡"的管理办法,用身份证取代户口簿作为社会管理凭证,保障农民享有平等的生存权和发展权,享受城市居民的同等待遇。

其三,粗放式发展的城镇化要让位于精益式发展的城镇化。集约、智能、绿色、低碳,这些概念不应是虚设的,也不应是通过政府主导的方式去推进,而是要与城镇化过程中的各类市场主体特别是企业和家庭相挂钩,建立相应的实实在在的激励约束机制,将传统城镇化道路下的简单的"铁公基"建设乃至居民生产生活方式,朝着更为高效、更为智慧、更为环保的方向牵引,为经济转型和消费升级搭好平台。从这个意义上讲,新型城镇化有望成为拉动新兴产业需求、推动经济结构转型升级的重要载体。我们不能只看到城镇化的潜力,却看不到市场化改革特别是新形势下政府职能转变的必要性和迫切性,这样的结果只能是临渊羡鱼,并不能让潜力真正转化为实力。新型城镇化,从某种意义上将二者有机地结合起来了,有望成为中国经济下一步改革发展的新引擎,从而也是中国转型发展的重要切入点。

四、余　论

作为一个总体规模巨大、内部结构复杂的经济体,中国在其转型过程中无疑会遇到许多前人、旁人所没有遇到过的风险、困难和挑战。何以应对?唯有改革，而且是综合治理的改革。客观而言，当下的中国经济还缺乏市场化改革全面成功所必需的一些制度环境，包括政治、法律、社会、文化环境，还需要更加积极正面的改革动力、决心和勇气。政府在下一步中国经济改革中发挥着特殊且重要的作用，因为政府作为一种制度安排有很大的外部性，其自身的改革必然会牵动政治、经济、社会、文化、生态等方方面面的体制、机制变革，由此可以带动全面改革走向深入，也才能推动中国经济实现又好又快的发展，实现公平与效率的均衡。

未来中国进一步深化改革，需要正确处理"政府与市场、国富与民富、效率与公平、投资与消费、内需与外需、农村与市场、沿海与内地、发展与稳定、发展与教育、发展与生态"这十大基本辩证关系[①]。特别是推动政府职能的两个根本转变，可以承担起改革突破口的角色。关于政府职能的定位，除了前面提到的基于现代经济学理论和中国经济改革发展实践给出的解释之外，我们也可以从中国国学思想中汲取智慧。司马迁在其以至治为鹄的《史记·货殖列传》中就曾言道："故善者因之，其次利道之，其次教诲之，其次整齐之，最下者与之争。"这里的"善者"与亚当·斯密的"守夜人"有异曲同工之妙，以之衡量，当下的中国政府还有很大差距，还存在很多"最下者"与民争利的情况。政府职能转变已经成为未来中国经济社会和谐发展、科学发展的一个必要条件。只有过了这一关，中国通往民族复兴和长治久安的道路才会走得更加顺畅。

（2013 年 7 月）

---

① 详细讨论参见田国强. 下一步改革要理顺十大关系［J］. 同舟共进，2011：3.

17

富民才能强国的经济学内在逻辑[*]

提要：根据经济机制设计理论的基本原理，从个体自利性和信息不对称性两个客观现实出发来考察，任何一项改革或制度安排的成功执行都必须同时满足参与性约束条件和激励相容约束条件，这也是正确处理好"改革、发展与稳定"的良性互动关系，从而实现富民强国的逻辑起点。富民强国的内涵在于，富民是实现社会动态稳定的必要条件，富民才能实现更高水平的经济可持续发展。富民优先命题的背后，实质是公权力与私权力的边界划分问题，其内在逻辑是"欲富民，需赋私权；保私权，需限公权"。根据这一逻辑，对中国过去30多年的改革实践进行解读，可以进一步推演出政府职能转变和深化市场化改革的结论。中国改革实践所取得的巨大成就，也正是源自遵循了这一基本内在逻辑，而发展过程中出现的种种问题恰恰是源自对内在逻辑的违背。从这个角度而言，中国经济奇迹的创造并没有特殊性和例外性。

1978年以来改革开放的探索实践，引领中国走上了一条经济市场化和对

---

[*] 本文载于《学术月刊》，2013年11月。本文合作者夏纪军。

外开放兼容的强国道路，书写了中国历史上最辉煌的篇章。时至今日，中国已发展成为世界经济格局中一支举足轻重的重要力量，社会主义市场经济的基本框架初步形成。但与此同时，由于没有及时调整国民财富分配格局，使得政府与民争利、国富民弱等问题和现象日益突出。这导致的一个后果就是国民财富过多地集中在政府和大型国有企业手上，民众并不能充分地分享经济改革的发展成果和国企垄断带来的庞大资产和收益，这也是造成居民消费持续得不到充分释放的根本原因，已成为经济可持续发展的极大阻碍[①]。同时，与制度性利益冲突相关的各种矛盾，也成为很多群体性社会冲突事件的直接源头，并逐渐影响到社会稳定的大局。

为了破解经济发展与财富分配的难题，十八大明确提出了以"两个倍增"（即2020年国内生产总值和城乡居民人均纯收入比2010年翻一番）和"两个同步"（即居民收入增长和经济发展同步、劳动报酬增长和劳动生产率提高同步）为内容的富民发展目标，这是一个十分令人期待的转变。不过，如何才能富民？富民与富国、强国之间是什么关系？对这些问题的正确回答要求对中国过去30多年的改革实践给出合理的解读和清醒的反思。国内已有一些学者从历史纵向或国际横向比较的角度论述了民富为本、民富为先的思路，但很少有文献从经济学内在逻辑对其予以论证，同时对如何富民没有给出系统的解答。如果缺乏科学、系统的理论分析和指导，那么就会出现"头痛医头、脚痛医脚"的政策陷阱，同时无法从体制上、根源上实现制度性改革。本文从经济学的最基本原理出发提出"只有富民才能强国"的命题，并进而提出"欲富民，需赋私权；保私权，需限公权"这一富民的内在逻辑。根据这一逻辑，本文随后对中国改革实践的经验进行解读，并揭示了

---

① 田国强. 从国富到民富——从发展型政府转向公共服务型政府 [M].// 王一江. 民富论——关于发展和分配问题的探讨. 中信出版社，2010.

进一步转变政府职能和深化市场化改革的必要性。

一、富民才能强国的逻辑起点及内涵

自 1840 年鸦片战争以来，中国先后经历的洋务运动、民主革命、计划经济三次变革图强尝试失败的根本原因就是在寻求富国、强国的过程中忽略了富民这一环节，国家机器的财富创造和财富积累被赋予了优先地位。反之，只有把富民放在首位，给予个人追求和创造财富的机会与激励，国家才能富强。无论是中国汉代的"文景之治"、清代的"康乾盛世"或当下的改革开放[①]，还是美国的强国实践都不同程度地说明了此点，这一历史结论有其必然的内在经济学逻辑。

（一）富民才能强国的逻辑起点：有效制度安排的两个基本条件

富民才能强国内在逻辑的基本出发点是任何政策或制度安排必须面对两个基本客观现实：个体自利性与信息不对称性。通常情况下，个体（无论是国家、企业还是个人）总是追求自身利益最大化[②]，这是处于目前发展阶段的社会最大客观现实，也是现代经济学最基本的行为假设。承认人的自利性是解决人类社会问题的一种现实的、负责的态度，就像需要党纪国法一样，可以避免

---

① 封建时代下的治世、盛世并非现代社会意义上的民富社会，但是放入当时的历史条件下，其休养生息、轻徭薄赋等政策正是其实现治、盛的必要条件，也使其实现了相对意义上的民富。中国改革开放所取得的巨大成就也是相对而言的，尽管还远远没有达到现代社会的民富（实际上现在老百姓相对政府是民穷，但相对于 30 年前是大大地富裕了）。当然，以现阶段的美国为基准，中国无疑还有很长的路要走。

② 利己假设尽管在绝大部分情况下，特别是常规情况下基本成立，但像任何一个理论和假设一样，也有其适用边界。在非常规情况下，例如天灾人祸、战争、地震、他人遇到危机时，往往表现出利他、无私性，甚至是愿意付出生命，否则将会走向极端个人主义或利己主义。反对这个假设的人往往忽视了这种差别。

那些钻基于人们都是大公无私假设下制度空子的机会主义者。相反，如果把利他性当作前提来解决社会经济问题，例如生产的组织问题，像改革开放前那样否认人的自利性，认为人们都应该是大公无私，只要强调为国家、为集体就能够调动人们的积极性，其后果可能是灾难性的，导致大家都想钻制度的空子，吃大锅饭，憧憬着别人为自己创造美好的共产主义社会。与此同时，决定资源有效配置所需要的信息是分散的，没有一个全知全能的管理者能够知道无数个人的偏好及生产成本信息，也不可能及时掌握分散发生的难以计数的各类资源的相对稀缺程度。

在确认了这两个基本客观现实之后，一项改革或制度安排要取得良好效果就必须满足机制设计理论中所界定的两个基本约束条件：参与性约束条件和激励相容约束条件[1]。参与性约束条件意味着经济人能够在改革中或新的制度安排中获利，至少不受损，否则就会反对这个改革或这个制度安排。所以，满足参与性约束条件的机制在现代经济学中也称作个人理性（individually rational）机制。因为追求自身利益的个体不会自动接受某一制度安排，而是会在接受与不接受之间作出权衡取舍，只有当一个制度安排下个人的收益不小于其保留收益（不接受该制度）时，个体才愿意根据这一制度安排进行生产、交易、分配和消费。激励相容约束条件要求所采用的改革措施或制度安排能极大地调动人们生产和工作的积极性，使得个人最优化主观选择与决策者的目标客观上相一致，从而推动社会经济的整体发展。这两个条件是现代经济学的机制设计理论的一个分支，也是最优机制设计理论中委托人（例如改革者）选择制度安排时所必须满足的两个基本条件[2]。不仅适用于企业中的委托代理关系，也适用于

---

[1] Hurwicz, L.. On Informationally Decentralized Systems [M].// R.Radner and C.B.McGuire, eds. Decision and Organization in Honor of J. Marschak. North Holland, 1972, 297～336.

[2] Myerson, R.. Optimal Auction Design [J]. Mathematics of Operations Research, 1981, 6: 58～73.

政府宏观经济、产业政策的制定，它要求政府目标与政策下的个人与企业最优行为一致，即政策的激励相容性。

这两个约束条件非常清晰地说明了改革、发展与稳定之间的辩证互动关系，同时也构成了"富民才能强国"这一命题的逻辑起点。一个国家要摆脱极度贫困、实现国富目标，必须实现经济的高速发展，而发展的关键是调动个人的财富创造积极性，就要求改革原有抑制或扭曲个人致富动力的制度，让新的制度安排满足激励相容约束条件，使得个人利益最大化行为与强国发展目标一致。所以，要强国、要发展就必须改革，但是改革必须要以社会稳定作为前提，因而改革成功的必要条件是满足参与性约束条件。在国民收入比较低、传统制度处于绝对主导地位的背景下，为了使大多数人不因改革而受损，保持社会稳定，第一步改革往往是增量、局部的改革。这种改革将极大地释放旧体制下被抑制的生产力，促进经济的高速发展，但第一步改革只是局部或渐进的，对财富创造激励的扭曲与抑制因素仍然存在，如果没有进一步的改革，发展就会受到瓶颈制约，从而无法实现持续的发展。而可以带来民富的经济发展，则恰恰是稳定的最佳保障，收入水平的提高、市场力量的壮大，使原有的部分参与性约束条件逐渐成为强参与性约束条件，这为加大改革力度提供了可能。

所以，这种"改革—发展—稳定—深化改革—持续发展—动态稳定"就构成了"改革、发展与稳定"的互动辩证关系，这一关系的良性运行可以使一个国家走上社会和谐、经济持续发展之路，从而为实现强国提供必要的经济基础和条件。而这一互动关系的核心是富民，只有不断地富民才能不断激发居民创造财富的积极性，也只有富民的发展才可能因为发展而松释参与性约束条件，形成强参与性的势能，从而使加大改革力度、实现进一步发展成为可能，这才是邓小平"发展是硬道理"和"压倒一切的是稳定"论述的精辟所在和真正的内涵。

（二）富民才能强国的稳定维度：富民是实现社会动态稳定的必要条件

参与性约束条件与稳定之间的关系澄清了当前人们对稳定理解的极大误区，使我们正确地理解什么才是稳定的真正内涵。那种靠堵和一味地靠强力压制下的社会刚性稳定，只是一种表象稳定，不能让老百姓获利或满意，从长远来看，只会造成更大的不稳定。只有那种靠疏，满足以上参与性约束条件，也就是那种让人们真正满意和获利的改革或制度安排所导致的稳定，从而不致使变革引发社会不稳甚至动荡的稳定，才是真正意义上的稳定。这样，社会稳定不是短期的刚性静态稳定，而是长期的动态韧性稳定。

首先，在一个社会制度下居民不能富裕，尽管在短期内有可能维持基本稳定，但是在一个动态和全球化竞争的背景中，如果制度安排始终不满足激励相容条件，不能解决发展问题，让老百姓富裕起来，那么参与性约束条件也会在全球化竞争和人口压力下被破坏。所以，一个制度不能富民、没有发展，就不可能长久地维持社会的稳定，也就谈不上强国。

其次，经济发展要以富民为本，不能让大多数群众受益的发展最终会破坏参与性约束条件，导致社会不稳定。如果大多数居民不能分享到改革和经济发展所带来的成果和收益，只有少数人获利或国家获利，就会导致收入差距过大。这种不合理的收入分配格局会导致弱势群体对改革的质疑，使其参与性约束条件得不到满足而反对改革。因此，让每个居民都有富起来的机会，实现机会均等才是解决收入差距问题的根本[1][2]，才是实现社会稳定的根本解决之道。

---

[1] 田国强. 和谐社会的构建与现代市场体系的完善——效率、公平与法治 [J]. 经济研究，2007，3.
[2] 沈凌、田国强. 贫富差别、城市化与经济增长——一个基于需求因素的经济学分析 [J]. 经济研究，2009，1.

和谐社会的构建、社会稳定的维护,既不能靠堵、靠压,也不能靠简单的平均化的收入再分配,而是应该通过设计激励相容的制度安排这样的改革给予每个人致富的平等机会和激励,这样的制度才能保证稳定目标与发展目标激励相容。否则,如果以牺牲长期的发展来换取短期的稳定,最终也会导致长期的不稳定。所以,要获得长期动态韧性的社会稳定,同时实现强国目标,必须先富民。

(三) 富民才能强国的发展维度:富民才能实现更高水平的经济可持续发展

国家的富强除了要有一个稳定的环境外,更重要的是要有持久的经济发展,而且没有发展也不可能有真正的稳定。而一个经济体的持久繁荣则取决于它的创新能力及可持续、平衡的经济增长方式。中国经济在过去30多年维持了接近10%的高速增长,但是这种高速增长方式存在内在的失衡,不具有可持续性,突出体现在以下两点:

一是经济增长更多地依靠要素驱动而非效率驱动和创新驱动,但是要素红利正面临趋势性衰减,过去相对宽容的人口、资源、能源和环境等约束正在逐渐收紧。特别是中国长期受益的巨大人口红利正逐步消退,人口绝对数和社会需供养人口规模双双扩大(见图1),中国的人口负担比率正在进入一个快速上行的区间,社会养老负担趋于严峻。

二是经济增长主要靠投资和出口拉动,内需特别是消费贡献不足。一些研究者认为,消费低迷的主要原因是居民部门收入占比的持续下降[①②](见图2),加之社会保障、医疗卫生、教育、生态环境等公共服务基础设施的建设滞后,

---

① 谢伏瞻. 提高消费率需调整国民收入分配总体格局 [OL]. 中国发展高层论坛学术峰会发言, 2007, http://www.chinanews.com.cn/cj/news/2007/03-17/893861.shtml.
② 王春雷. 进一步扩大居民消费的税收政策研究 [J]. 财政研究, 2010, 5.

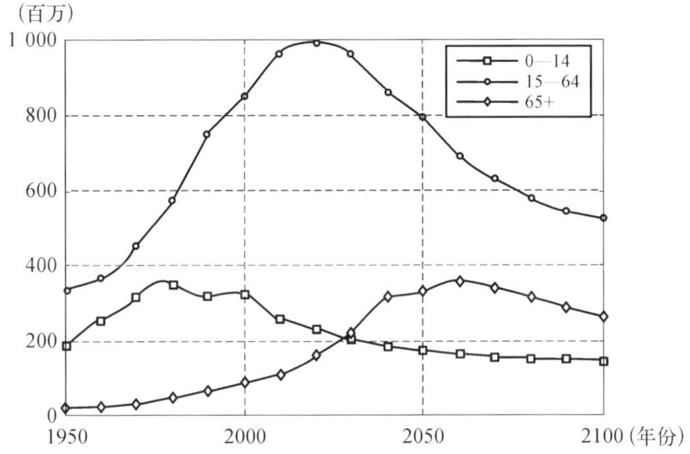

数据来源：联合国人口署.

图1　按年龄分组的中国总人口变化趋势（1950~2100）

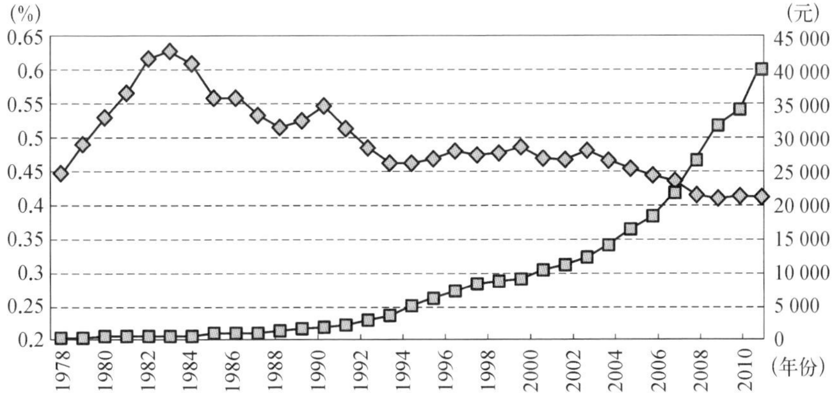

■：人均国内生产总值　◆：居民收入占比

数据来源：毛雁冰、薛文骏.居民收入占比的结构性因素与趋势[J].改革，2012，5.

图2　1978~2010年中国居民收入占比与人均GDP变化趋势图

这样居民的绩效性收入和福利性收入的实质性提升都非常有限，使得居民预防性储蓄倾向提高。所以，要扩大内需和拉动消费，关键还是要富民，要还富于民、藏富于民，而且给老百姓提供必要的社会保障。用微观的术语讲，让老百姓放心消费要求相应的收入分配和社会保障制度激励相容,如果一方面要老百姓消费,而另一方面则是降低居民在国民收入初次分配中的比重,同时又不提供相应的社会保障,显然制度安排与政策目标不相容。但是,也不能一味地强调增加福利性收入而忽视培育绩效性收入。

二、富民与政府权力边界重构

富民是强国的基础。中共十八大提出了富民目标,但是关于如何才能富民,目前从上到下仍缺乏明确的认识。许多政策还是"头痛医头、脚痛医脚",只关注表象而忽视根本性制度安排[①]。这种负面政策不仅不能从根本上做到富民,反而成为富民的障碍。我们认为,根据经济学的基本逻辑,要富民,首先要赋予公民基本的私权,其中最核心是基本生存权、经济自由选择权、私有产权三种权利。而要真正确保公民能够履行这三种权利,则要求限制公权,一方面要求政府向市场放权、政府向社会放权,另一方面要求对政府权力施加约束与限制。需要指出的是,从长期均衡来看,民富和国强是基于公平、正义和个人幸福等价值元素之上的,否则不可能有长期的、持续性的民富,因而也不可能有长期的国富。

(一) 欲富民,需赋私权

计划与市场是两大基本的资源配置机制。计划经济的实质,是把整个社会组织成为单一的大工厂,由中央计划机关用行政手段来配置资源。它能够有效运

---

① 楼继伟也认为,中国针对发展中出现的很多不平衡、不协调、不可持续的问题,所采取的措施主要还是政策性的,需要进一步从体制上、根源上进行制度性改革。参见楼继伟. 中国需要继续深化改革的六项制度 [J]. 比较,2011,6.

转取决于两个前提假设：一是完全信息假设，即中央计划机关对全社会的一切经济活动，包括资源状况、技术可行性、需求结构等拥有全部信息；二是单一利益主体假设，全社会利益是一体化的，不存在相互分离的利益主体，也不存在个人不同的价值判断，他们能"自觉地把他们许多个人劳动力当作一个社会劳动力来使用"①。而在现实的经济生活中，信息不对称性与个体自利性恰恰是我们不得不面对的两个基本客观现实约束条件。在人类社会发展现阶段，大多数人还不会"自觉地"把自己当作社会劳动力来使用，同时也不会自觉地真实披露私人信息，所以由此导致的信息成本和激励成本使得计划体制难以实现资源的有效配置。

亚当·斯密在《国富论》中提出，市场作为"看不见的手"能够引导资源实现有效配置。现代经济学中的福利经济学第一定理，严格证明了市场经济能够实现资源的有效配置，其基本行为假设是个人欲望的局部不满足性，并且同时满足一些技术性约束条件时，自由竞争市场制度导致资源的有效配置②。经济学说史上的一些经济学大家分别从不同角度论证了市场最优性的经济思想③：熊彼特从创新激励角度论证了市场机制的有效性④；哈耶克则从解决分散知识和信息的问题角度论证了市场机制下价格体系相对于计划经济的优越性⑤；德布鲁和斯卡夫则通过对埃奇沃思首先考察过的"经济核"（economic core）⑥ 概念的证

---

① 参见马克思. 资本论（第 1 卷）[M]. 北京：人民出版社，1975，95.
② 参见 Mas-Colell、Whinston、Green（1995）或 Tian（2010）对一般均衡理论讨论的章节。
③ 参见田国强. 中国经济发展中的深层次问题 [J]. 学术月刊，2011，3.
④ Schumpeter J. A.. *The Theory of Economic Development*, *Cambridge* [M]. MA: Harvard University Press, 1934.
⑤ Hayek, F. A., The Use of Knowledge in Society [J]. *American Economic Review*, 1945, 35: 519~530.
⑥ 经济核（economic core）定理具有非常深刻的经济思想和较强的政策意义，它说明了竞争市场制度的内生性和演化性。其基本含义是，当一个社会的资源配置处于经济核状态时，就不存在任何小集团对这个资源配置不满，从而想控制和利用自己的资源来提高他们自身的福利。这样，当资源配置处于经济核状态时，不存在什么势力，或什么小集团对社会造成威胁，从而这个社会就会比较安定。如果用经济学的术语讲，就是经济核状态同时满足了帕累托最优和参与性约束条件。

明，论证了在非常一般的技术条件下，即使事先不决定任何制度安排，一旦个人拥有了基本的私权，让他们充分竞争、自愿合作和自愿交换，所得到的结果和竞争市场配置结果一样，从而实现资源的有效配置和市场制度的自然性和客观性[1]；赫维茨则最终证明了市场机制的唯一性和有效性，即在信息不对称性约束下，只要每一个人或者至少有一部分人以追求个人利益最大化为目标，那么产权明晰的竞争市场机制是唯一的最节省信息且产生了有效配置的机制[2][3][4][5]。

市场机制的核心特征就是要求明晰产权、经济自由和充分竞争，在这三个条件下资源交换就能够实现资源的有效配置。所以，市场机制不是人为发明的，不是资本主义的专属，而是一种有其内在逻辑的社会选择结果，是全人类的共同财富。以自愿交换为基础的市场机制有效运行的基本前提之一是个人拥有最为基本的私权。所以，在个体自利性的客观现实下，"欲富民，需赋私权"是唯一符合经济学内在逻辑的富民途径。所谓私权，从广义上看主要体现在三个方面的权利：个人的基本生存权、经济自由选择权与私有产权。

第一，要实现富民，首先就是要保障人们的基本生存权利，这既是履行其他私权的前提，也是实现社会和谐稳定，确保经济平稳发展的必要条件。如果个人连基本的生存权都难以得到保障，那么就谈不上自由选择与私有产权，所

---

[1] G Debreu, H Scarf.. A Limit Theorem on the Core of an Economy [J]. *International Economic Review*, 1963, 4: 235~246.

[2] Hurwicz, L.. On Informationally Decentralized Systems [M].// R.Radner and C.B.McGuire, eds. Decision and Organization in Honor of J. Marschak. Amsterdam: North Holland Publishing Co., 1972, 297~336.

[3] Hurwicz, L.. The Design of Mechanisms for Resource Allocation [J]. *American Economic Review*, 1973, 63: 1~30.

[4] Hurwicz, L.. *On Informational Decentralization and Efficiency in Resource Allocation Mechanism* [M].// S.Reiter Mathematical Association of America. Studies in Mathematical Economics. 1986.

[5] 田国强. 经济机制理论：信息效率与激励机制设计 [J]. 经济学（季刊），2003, 2.

以这一权利是最为基础的。同时，由于自身的能力有限或机遇不佳，不可避免会存在一些人在竞争中无法生存，这时就需要政府和社会施予保护，来保障每个人的生存权利，否则个人的参与性约束条件不满足，这个社会就不可能安定有序，市场也就不可能有效运行，经济也就不可能得到发展。

第二，在保障个人生存权的基础上，富民要先让每个人在不危害他人利益的前提下有更多的经济上的选择自由，即常说的"松绑"。在分散化决策的市场机制中，建立在自愿合作、自愿交换基础上的经济上的自由选择起着根本性的作用，是保证竞争市场机制导致资源最优配置的一个最基本的前提条件。中国经济改革30多年做对了许多事，但最重要的是：放宽政策，即给生产者和消费者较多的选择自由。从农村到城市的改革实践表明，哪里的政策一松动，哪里的自由度更大一些，哪里的经济效率就更高，由此带来居民收入水平的大幅度提升。

第三，要富民还要给老百姓拥有私有产权的权利并给予保障。所谓私有产权，指的是财产权利完全界定给个人行使，个人在行使该权利时就排斥了其他人行使同样的权利。这样，它的产权是明晰界定的。私有产权在信息与激励方面具有极大优势：一旦个人产权得到保护，个人利益与产权一致，劳动成果和产权收益不被他人分享，个人利益得到了充分保护，就极大地调动了个人发家致富的愿望，激励人们努力工作，竞争意识强。同时，私有产权必然导致分散决策的市场化运作方式，由此信息更容易对称，机制灵活，市场反应灵敏，从而形成了激励相容的结果，为国家的富强提供了必要条件。中国经济发展之所以会取得如此巨大的成就，其根本因素就是民营经济成了中国经济的主体。

（二）保私权，需限公权

"保私权，需限公权"，这是保护私权的必然内在逻辑结果，也是非洲、拉美等地区的许多发展中国家所面临或经历过的发展陷阱给我们的教训。个人的生存权、经济自由选择权、私有产权的真正落实，市场经济的有效运行，不是单靠简单的放任自由,也不是单靠简单的民主政治。要确保个人拥有真正的自由及产权和契约得到强力保护,必须要有一个有效的政府,它具有维持基本的法律秩序、社会秩序和经济秩序方面的权威和国家能力,可以防止无政府主义的无限放任,防止外来的侵略,维护国家的安全和稳定,并且有相应激励履行自己的职责。对此,福山曾以美国为例探讨了国家之于发展的角色,他认为,缩小国家活动范围和增强国家能力必须同时进行。这就要求一个有效的政府一定是有激励、有能力保护私权,确保市场有效运行,为民富提供有效的制度环境①。

而对于一个追求自身利益最大化、拥有强制力和行政垄断力的政府而言,要成为一个有效的政府又必须是一个定位恰当的有限政府。有限政府的必要性源于政府特殊的属性。首先,政府拥有其他经济个体所没有的国家强制力,这种强制力是政府在履行其职责、扮演"援助之手"时所必需的,但这一工具也可能被滥用、误用导致对私权的侵犯与掠夺,成为"掠夺之手"背后的支撑。其次,政府同时是参与资源配置的经济人,政府在经济中占有资源、雇佣劳动力、有大量的消费,同时也生产出许多物品,既包括国防、警察之类的公共物品,也包括私人物品,所以政府具有经济人的属性,也就是具有自利性。再次,政府作为一个组织是由许多有着不同目标的个人组成,政府职能需要这些官僚来执行完成,在自利性和信息不对称约束下就存在激励相容问题,即如何使这些政府工作人员运用公权有效地为公民服务、保障私权,而不是滥用和误用公权。

这样,作为规范参与经济资源配置的政府,一方面拥有国家强制力和行政垄断力,另一方面存在严重的激励问题。所以,要确保政府有激励、有能力做对事情,就必须是一个有限的政府。首先,必须明确定位、合理界定政府与市

---

① [美]弗朗西斯·福山著,黄胜强、许铭原译. 国家构建:21世纪的国家治理与世界秩序 [M]. 北京:中国人民大学出版社,2006.

场的治理边界。对于治理边界的界定，现代经济学文献中已有了大量的讨论，弄清楚了它们之间的边界。简而言之，凡是市场能做好的，例如竞争性的行业，就让市场充分发挥作用，只有在市场失灵的时候才需要政府或社会发挥作用，单独或者是与市场一起去解决市场失灵的问题，例如收入不平等的问题。如果边界不清，允许政府参与竞争性行业，那么，政府凭借其行政垄断力可以轻易攫取垄断利润，或者给市场运行设置重重障碍，滋生寻租空间，挤压民富空间。同时这种倾向还会导致政府行为的结构性扭曲，将更多的资源投入到能够获取直接收益的用途，而忽视民生问题，导致政府一方面与民争利，一方面在公共品供给领域出现不作为，这正是当前社会矛盾突出的一个主要原因。其次，政府权力必须受到制约和监督，限制公权被滥用的可能性。由于委托代理问题的存在，政府公权很容易被滥用和误用，一个缺乏监督和约束的公权必定会被沦为公权拥有者谋取私利的工具。

放眼世界范围内，选择采用市场经济的国家也是占了绝对多数，但是真正建立起规范的市场经济的国家并不多，就是因为其没有建立起法治环境和民主制度，仍然陷在权力设租、寻租的泥淖中。所以，建立有限政府，关键是要让公共权力的行使受到法律的约束和民众的监督。通过法治的方式来约束政府，以预先制定的规则来划分政府和个人的权利范围及政府与市场、政府与社会的治理边界，这是现代社会的创新。所以，只有限公权，才可能保私权，只有私权得到保障，民才可能富。

三、让历史照耀中国改革未来之路

一些学者曾基于中国改革开放以来的经济成就提出"中国经济奇迹"[①]，近

---

① 林毅夫. 现有经济学理论难以解释中国经济奇迹 [N]. 人民日报，2007-12-20.

年来，国内外思想界和学术界又出现了关于"中国模式"争论，其中赞成"中国模式"的论者要么根据现有改革取得巨大成就而否定进一步进行深层次改革的必要性，要么根据政府在改革过程中发挥了重要作用，强调要进一步加强政府的主导作用。当然，也有许多学者对此持否定意见，认为中国经济发展并没有特殊性[1][2][3][4]，中国的深层次制度转型还远未到位，不能将过渡性制度安排固化。目前，这一争论已不仅仅是如何解读中国过去30多年改革实践，更重要的是关系到对中国改革所处阶段的判断，以及关于中国改革往何处去的方向性问题。

　　本文认为，从改革与发展的内在逻辑来讲，中国实践并不存在特殊性和例外性，中国的成功正是遵循了这一逻辑的基本要求，而发展过程中出现的种种问题恰恰是源自对内在逻辑的违背。改革开放初期实行的一系列松绑放权、让利于民、鼓励民营经济发展的政策举措都一定程度上体现了富民为先的改革逻辑。而与民争利、弃民于市的政策与制度安排则违背了富民为先的发展逻辑，同时政府权力缺乏民主监督、法治发展滞后使得公权滥用、私权得不到保护，违背了"限公权、保私权"的富民先决条件。这种对富民强国内在逻辑的违背已经严重威胁到中国经济发展的可持续性，而且由此形成的既得利益集团成为进一步富民改革的强大阻力。尽管中国的改革实践所遵循的内在逻辑没有特殊性，但是中国在探索一条有中国特色的"富民强国"路径上积累的宝贵经验，对于世界经济发展，尤其是需要体制改革的发展中国家具有借鉴意义。

---

[1] 德怀特·帕金斯. 中国经济发展的国际比较 [M].// 林毅夫、姚洋主编. 中国的奇迹：回顾与展望. 北京：北京大学出版社，2005.
[2] 钱颖一. 理解中国经济增长 [N]. 21世纪经济报道，2010-10-16.
[3] 田国强. 破解中国改革之谜 [J]. 同舟共进，2010，12.
[4] 吴敬琏. "中国模式"，还是过渡体制？[R]. 在以"跨越中等收入陷阱——未来10年的中国"为主题的第72次中国改革国际论坛上的演讲，2011-10-30，海口.

（一） 充分考虑约束条件，正确处理好改革、发展与稳定的关系

面对中国原有的计划经济体制，必须进行改革才能实现发展，但是引进一个新的改革措施或制度安排必须具有可行性、可实施性，满足客观约束条件，同时也希望将实施风险控制到尽可能小，不致引起社会政治和经济的动荡。这里实际上牵涉到"制度改革和经济发展究竟应该谁先开始"这样一个互动问题。从发展和动态的角度来看，如果一国经济尚未取得初步发展之际，初始收入水平很低（例如中国改革之初人均才 300 美元左右），非常贫穷落后、发展水平很低下的时候，制度转型的力度不能太大，因为大的改革势必会牵涉到许多人的利益，但可以通过松绑放权的自主化增量改革让经济先发展起来。

为什么中国的改革能取得巨大成功？就是因为这种改革充分地满足了前面反复提到的经济机制设计中的两个基本条件：一个就是参与性约束条件，让绝大多数老百姓从改革中得到好处；另一个就是激励相容约束条件，让大家都有积极性创造财富。而发展要有社会稳定作为前提条件，如果贸然实行以"休克疗法"为特征的全盘私有化，试图一步跨入市场经济，必然会造成巨大的社会矛盾冲突和社会资源浪费，招致大多数人的反对，从而是不可能成功的。即使收入水平较高、国家相对富裕，也必然会造成比较大的社会矛盾冲突和社会资源浪费，俄罗斯和东欧国家是这方面典型的负面案例。

所以，可行性或是否满足约束条件是判断一个改革措施或制度安排是否有利于经济发展和经济体制平稳转型的必要条件。在一国经济转型中，一个制度安排之所以具有可行性，是因为它符合了该国特定发展阶段的制度环境。具体到中国，就是改革必须适应中国的国情，才可能实现稳定和发展。可行性也就是做好事情必须要考虑所面临的各种约束条件，否则就没有可实施性。在约束条件下做事是经济学中一个最基本的原理。只有充分考虑约束条件才能正确处理好改革、发展与稳定之间的关系。如果一项改革或制度安排不满足参与约束，就没有稳定，也就谈不上发展，这样在制度变革中首先要解决稳定问题，

让所有个体愿意参与新的制度。

但是,光有稳定而不满足激励相容约束条件,大家都没有激励去做有利于社会、有利于效率提高的事,那么也就没有发展。这样的制度也许能够实现一时的稳定,但是从长远动态角度来看,如果没有发展,随着人口的增长、资源的衰竭及外部竞争的加剧,参与性约束条件也很难被长期维持,这会使得参与性约束条件变得难以满足,自然会影响到稳定。所以,没有发展不可能有长久的稳定。中国历史上其他的变革或改革之所以难逃失败的结局,就是因为没有很好地满足参与性和激励相容这两个约束条件,不能很好地解决个人理性和激励相容这两个必要条件。所以这两个约束条件完整说明了"改革—发展—稳定"之间的互动关系:稳定条件下的改革推动发展,发展让老百姓获利而促进稳定,创造加大改革力度的条件,推动进一步经济发展。

改革、稳定与发展之间的辩证关系,也决定了中国的改革和体制转型需要采取渐进的方式。尽管改革的目标非常明确,但目标不等于实施过程,改革必须要考虑到中国的国情,也就是要适应于当时的中国社会物质初始条件和经济制度环境。中国之所以与俄罗斯等东欧国家选择了不同的改革路径,一个主要原因是因为物质初始(禀赋)条件的差异。首先,中俄两国本身的初始经济条件不一样。改革之初,俄罗斯等东欧国家的人均GDP比中国高出许多倍,经过激进式改革,它们的GDP掉了50%甚至更多,人均仍然还有1 000多美元。而中国刚开始改革的时候人均GDP只有300美元左右。前面谈到,经济发展的一个必要条件是社会的稳定和国家政权的稳定,所以中国没有条件进行激进式的改革。其次,中国与西方有不同的历史、文化传统。俄罗斯属于西方文明,相对更注重民主、法治,做事情先讲规则。而中国在很多情况下则更强调对于传统的尊重,儒家文化所强调的中庸,做事情总是讲平衡,而不是先强调民主和法治。所以从根本上来讲,这两个初始条件的差异决定了中国与俄罗斯改革路径的差别,而从理论和实际上,也都说明了中国改革模式的选择是合理的、正确的。

另外一个主要原因是制度环境在短期是参数，是约束条件，一时无法改变，只能逐步地改变，逐步地内生化，所以需要制定各种过渡性的制度安排，要根据实际情况选择相应的变革路径，因而中国的改革和经济体制的平稳转型一定是渐进式的，不能一步就达到改革目标。例如，在20世纪70年代末期，中国经济面临全面短缺，人均收入极低，不可能采用像苏联、东欧等国使得GDP大幅下降的激进改革方式，如果实行剧烈的变革，导致原有生产和交换秩序被破坏，而任何新秩序建立都需要时间，如果变革导致相当一部人收益大幅下降，破坏其参与条件，那么社会就会陷入不稳定状态，新制度得不到广泛的认同，那么也就无法顺利运行和产生相应效率，发展也就谈不上。

需要说明的是，在激进式和渐进式这两种不同路径的比较中，我们不能简单地非黑即白、非此即彼、厚此薄彼。在各自政治、经济、社会和文化的基本初始条件下，也许都是相对最佳选择。中国的渐进式改革和单一经济改革策略确实在一定程度上缓解了激进变革可能引发的社会失序和动荡。但是，如同温水煮青蛙，也将很多问题和矛盾在不知不觉中慢慢累积起来。而俄罗斯的激进式改革虽然没有取得如中国这样显著的经济增长绩效，短期内也造成了非常大的社会问题和经济下滑，却通过综合全面整体改革，短短20年就奠定了长远持续发展的制度框架，也不是人们想象的那样糟糕，各方面的发展势头十分显著，已开始多方位崛起。

（二）承认个人利益，以市场机制激发民众创富的积极性

中国改革开放在传统计划经济体制向现代市场经济体制的转轨中，在保障生活总体稳定的基础上，之所以能够创造出持续、快速的经济增长的重要原因是承认个人利益，赋予个人致富的权利，在此前提下赋予经济自由，并实行分散决策和引入激励机制。

一是承认个人利益，允许老百姓劳动致富，并且提出允许让一部分人先富起来。计划经济中平均主义思想主导着平常百姓间的收入分配，将个人利益完

全置于集体利益之下，任何致富的想法或努力都会被当作"资本主义尾巴"受到批判，结果大家都等着吃集体的大锅饭，导致集体贫困。中国农村家庭联产承包责任制、鼓励个体经济和民营经济的发展、允许一部人先富起来等一系列的政策，就是承认了农民、个体户、企业家的个人利益，即人的自利性后才调动了个人创造财富的积极性。

二是给予人们更多的经济自由。在承认个人利益基础上，要充分发挥个人财富创造的潜力，就要给予个人的经济自由，让每个人在不危害他人利益的前提下有更多的经济上的选择自由，即人们所说的"松绑"，给生产者和消费者较多的选择自由，政府逐渐退出竞争性领域，并减少对市场的行政干预。中国经济增长奇迹的创造恰恰是源于政府向市场的放权，而现实中市场不健全，则是源于政府过多的干预及政府监管、制度供给的不到位。

三是实行分散化决策。由企业或个人做出生产消费决策而不是由上级主管部门做出决策，即人们所说的"放权"或"分权"。正是由于信息不对称，信息不可能完全被上级主管部门掌握，人们才希望分散化决策。用激励机制这种间接控制的分散化决策方式来促使（激发）人们做决策者想做的事，或实现决策者想达到的目标。分散化决策方式大大地降低了信息处理和传递的成本，所以更有效地利用了经济信息。指令性经济机制主要是用集中化决策方式，而市场机制主要是用分散化决策方式。

四是引入激励机制。面对个体的自利性及信息的不对称性，要使每个人都努力投入到财富创造，而不是寻租、搭便车或对他人利益的侵害上，那么就要求制度安排满足相应的激励相容条件，使个人利益与社会目标相容。改革开放过程中，哪一个领域在人事制度、福利制度改革上做到了激励相容，哪个领域就发展得好，反之，诸如高等教育、医疗等领域仍然存在激励不相容的制度安排，此时给予个体以经济自由反而导致激励扭曲，损害学生和患者的利益。

(三) 促进地方竞争与对外开放，建设有效政府和有效市场

市场经济的有效性要求有限而有效的政府来保障私人产权和市场竞争秩序。而在中国政府治理结构中，中央与地方之间的制衡与激励是改革过程中的一个中心问题①。中华人民共和国成立后，中央政府多次通过向地方分权来调动地方政府的积极性，但是由于缺乏来自市场或基层的约束，分权导致地方政府为中央政府的资源或银行的信贷等公共资源而展开激烈竞争，导致公地悲剧，一直陷于"一放就乱、一收就死"的两难局面。直到20世纪90年代后的市场化改革及对外开放，尤其是外国直接投资（FDI）的大规模进入及私人资本的发展，使得地方政府之间为FDI及私人资本而竞争，从而对追求GDP增长的地方政府构成了来自资本市场的约束，使地方政府行为趋于效率导向，才使中央—地方关系走出"乱—死"恶性循环。对外开放在对政府行为构成约束的同时，扩大了个人与企业交易的自由度，能够在全球市场上进行资本、劳动力与技术的流动和配置，尤其是为中国引进和模仿国外先进技术打开了大门，极大地弥补了自身创新能力不足所带来的持续增长源泉问题。

但是，"政治集权—财政分权"的治理结构在推动中国经济增长的同时所导致的问题也越来越突出，这一治理结构解决了短期内的经济增长问题，但导致了政府行为的结构性扭曲。地方政府以GDP增长为首要任务，而民生问题被忽略、居民权益得不到保护，甚至出现官商勾结损害私权的情形，社会矛盾激化，社会趋于不稳定。其根源在于地方政府虽然受到来自资本市场的约束，但是中国社会法治仍然不健全，民主监督还不到位。如果私权得不到保障，民生问题就不可能被政府切实重视，民富也就成为少数人的富裕，而大多数人不能分享经济增长带来的利益，参与性约束条件越来越紧，难以满足，发展与稳

---

① 参见 Chenggang Xu. The Fundamental Institutions of China's Reforms and Development [J]. Journal of Economic Literature, 49 (4): 1 076~1 151.

定的矛盾日益突出。

这样,中国经济的增长奇迹源自改革开放遵循了富民强国的内在逻辑和路径,经济增长源自对个人利益的承认、对私权的保护及政府对市场干预的减少,因而让市场逐步发挥主导作用而政府的作用相应逐步减少的改革方向不能变。而当前种种问题则恰恰是源自对这一内在逻辑没有充分遵循,例如,政府过大、政府对经济干预过多、公权力缺乏限制。政府过大同时造成政府和市场都出现无效性,政府本身由于拥有过多无约束的权力而出现滥用和误用,尤其在GDP激励下更是出现政府行为扭曲;同时政府与民争利的行为导致市场无效,形成目前国富民穷的局面。因此,今后的改革方向应该是进一步扩大公民权利,限制政府公权,促进从发展型的全能政府向为公共利益服务型的有限政府的根本转变,从而建立"大市场、小政府",这样才能确保市场和政府同时有效。

四、结　论

本文的基本结论是"富民才能强国",而要实现富民必须"限公权、保私权"。这是中国30多年改革取得成功的基本经验,也是应对改革过程中出现的诸多问题的解决之道。中国从封闭半封闭的计划经济中走出后,对内改革、对外开放所激发出来的动能和势能都非常大,其所带来的正面效应远远超过政府主导经济发展、社会治理所导致的负面效应。从而,尽管政府有过度介入和干预经济的负面作用,但中国改革的成功之处恰恰在于它是立足中国的具体国情,基本遵循了富民强国的内在逻辑,充分学习和借鉴世界各国文明优秀成分的结果,其经验本身并不具有特殊性和例外性。政府在经济中的主导作用仅仅是中国改革过程的一个阶段性特征,远不是一个稳定的、成熟的长期发展模式。中国的改革还远远没有完成,今后中国仍要严格遵循"欲富民,需赋私权;保私权,需限公权"这一富民强国的内在逻辑推进市场化改革。

当前中国所面临的深层次矛盾,特别是国富民弱的矛盾,都是源自对上述这一内在逻辑的违背。解决国富民弱的矛盾,决不能通过简单增加社会福利来处理,在福利制度安排上一定要解决好福利性收入与绩效性收入之间的适度比例。一方面要通过必要的福利制度来解决基本保障问题,另一方面更重要的是通过深化改革,限制公权、保障私权,同时建设有效市场和有效政府,培育和提高绩效性收入,激励人们努力工作,发展经济,这样才能真正解决好改革、发展与稳定及效率、公平与法治之间的辩证关系,确保中国经济的持续繁荣,真正富民强国,实现中华民族的伟大复兴和长治久安。

(2013 年 11 月)

18

论中国深化改革面临的四个转变[*]

提要：中国正处于全面深化改革的重要历史关口，改革的路径是经济、政治、社会、文化和生态文明体制的联动改革，改革的关键是要合理界定政府与市场、政府与社会之间的治理边界，解决政府职能越位、缺位和错位并存的问题，由此才能实现中国经济发展驱动力的切换，获得持续的国际竞争优势。整体上，中国下一步改革发展要努力实现"四个转变"，即从要素驱动向效率驱动乃至创新驱动转变，从单一的经济改革向全方位联动改革转变，从发展型全能政府向服务型有限政府转变，从国际体系参与者向国际体系改革的积极引导者转变。

1978年邓小平创导的改革开放的战略决策与实践探索，引领中国走上了一条坚持市场经济和对外开放的强国道路，拉开了中国170多年来最辉煌的历史篇章。尽管亚洲其他国家或地区在20世纪60～80年代也曾经历过类似的持续高速增长，但作为一个超10亿人口规模的经济体，中国能实现持续30多年接近10%的增长，并使约5亿人口摆脱贫困[①]（接近当前整个欧盟的人口规

---

[*] 本文载于《中国高校社会科学》，2014年2月。本文合作者陈旭东。
[①] 参见世界银行、国务院发展研究中心联合课题组. 2030年的中国：建设现代、和谐、有创造力的社会［M］. 中国财政经济出版社，2013，1.

模），这是前所未有的巨大成就。与此同时，中国经济体制也初步实现了由原先的计划经济体制向现代市场经济体制的平稳转型，非国有经济的工业总产值占比从改革初期的8.78%发展到目前的超过80%，成为中国经济增长的重要引擎。

然而，中国经济同时也面临着诸多深层次的问题和矛盾，例如经济发展中不平衡、不协调、不可持续的问题日益突出，经济增长面临趋势性减缓；政府过度干预市场，存在很多寻租腐败现象，贫富差距拉大，内需不足。这些深层次的问题和矛盾亟待以改革创新的精神，通过进一步发展来加以解决，并且进行全方位的深层次改革，实现从要素驱动向效率驱动和创新驱动转换。与发展驱动力切换相伴的问题，是中国下一步的改革往何处去？十八届三中全会对此做出了旗帜鲜明的历史性选择，决定让市场在资源配置中发挥决定性作用，全面深化经济、政治、社会、文化和生态文明等各领域的改革。也就是说，面向未来，中国改革的路径必须从经济单一改革转向全方位联动改革，通过深化市场导向的改革牵引社会经济各项制度的合理化和现代性转型，尤其是重新思考和界定政府的基本职能所在，最终理顺政府与市场、政府与社会之间的合理治理边界。归纳起来，中国下一步的改革发展要实现"四个转变"，即从要素驱动向效率驱动乃至创新驱动转变，从单一的经济改革向全方位联动改革转变，从发展型全能政府向服务型有限政府转变，从国际体系参与者向国际体系改革的积极引导者转变。

一、从要素驱动向效率驱动乃至创新驱动转变

与改革相伴的是发展驱动力的转换。世界经济论坛在其《全球竞争力报告（2006～2007）》中曾将世界各国划分为三个特定的发展阶段：要素驱动、

效率驱动、创新驱动,这是非常富有洞见性的战略判断。市场经济体制的不健全、不完善,效率驱动还有很大的提升空间,垄断过多、干预过多、竞争不足,使得创新驱动做得不够,因此中国目前还处于一个主要依靠要素驱动的发展阶段。这三个阶段具有一定的递进关系,表现在随着发展驱动力的转换,经济运行的复杂程度会显著上升。在经济转轨过程中,由于支撑市场体系各种相关制度不是能在短期内所能完成的,因此首先应当进行的是经济自主化和市场化的改革而不是大规模的民营化①。时至今日,中国依然是沿着这条路径发展,尽管期间有所波折。这样的转型特点及其过渡性制度安排是与中国的国情和阶段相适应的,并发挥了非常大的作用。

第一个阶段是要素驱动阶段。通过"放"和"开"的改革开放政策打破不合理的政策束缚,给老百姓更多的自由,给市场更多的自由,内外部劳动力、资本和土地等要素充分流动起来,从而使中国经济快速发展起来。然而,从长远看,要素驱动的发展模式是不可持续的,不符合边际收益递减的基本规律。因为要素驱动本身是在要素市场发育不充分的前提下,通过非市场行为压低要素价格而产生的不合理却阶段性有效的竞争优势,它易于导致高投入、高耗能、高排放、高污染、低经济效益、低劳动力回报、低创新附加值的粗放式经济发展方式。随着人口红利、资源红利、环境红利等内部要素红利的衰减,以及人民币升值、国际贸易壁垒高筑、其他新兴经济体崛起等外在持续压力,这一发展模式显然无法继续推动中国从中等收入国家向高收入国家迈进。

尽管转变经济增长方式或转变经济发展方式的政策已经提出多年,但尚未完全落实到实际的微观经济行为和宏观经济表现中来,其重要原因之一是政府规定了过多的市场准入限制,掌握了过多的资源配置权和定价权,抑制了市场

---

① 田国强. 中国国营企业改革与经济体制平稳转轨的方式和步骤——中国经济改革的三阶段论[J]. 经济研究,1994:11.

在资源配置中的基础性作用,使得价格传递信息、提供激励和决定收入分配这三大相互关联的基本功能紊乱,没有形成激励相容,引致经济结构扭曲的负向结果,而转变经济发展方式恰恰应该是资源稀缺约束条件下市场作用和市场主体自主选择的结果。这必然要求在要素市场进一步深化市场导向的改革,需要对政府与市场的治理边界有一个合理的界定,否则要素定价机制可能依然是扭曲的,改革也难以得到进一步推进。

第二个阶段是效率驱动阶段。主要是建立现代市场经济的基本框架体系,让市场在资源配置中发挥基础性和决定性的作用,让竞争产生效率。但是,要让市场有效,其先决条件是合理界定和理顺政府与市场、政府与社会的治理边界。现实所存在的问题及其所给出的应对之策说明,这方面还存在着许多误区、误会和误解。有观点认为,中国取得的成绩主要不是市场机制的作用,而是政府的作用,是国有经济的作用。若是如此,中国当初就没有必要进行改革。计划经济时代就是政府和国有经济在发挥主导作用,其基本结果就是资源配置的低效率。另外,极度原教旨市场主义者则认为,不需要政府发挥作用,不要干预。他们认为,市场经济的功能没有边界,没有外部性,不会失灵,基本是万能的。这两种两极化的极端观点都不可取。当然,作为治理国家的基本制度安排,除了政府与市场之外,还要加上社会。

之所以会有种种的误区和争论存在,与看待中国经济的不同视角有很大关联。从宏观上看,中国取得了前所未有的巨大成就,成为世界第二大经济体,并正在向世界第一大经济体迈进。但是,从微观上看,中国经济发展中的问题还有很多,其中一些矛盾和问题甚至已经到了非常尖锐的地步,其深层次的原因在于没有合理地界定政府与市场、政府与社会的治理边界。中国经济正处于一个非常关键的阶段,继续往前走,最后可能成为一个现代性社会,但是向旧体制倒退回去也很容易。中国的市场化改革和经济体制转型,不仅决定着中国的未来,也将极大地支持世界经济发展。

第三个阶段是创新驱动阶段,即成为创新型国家。要形成创新的土壤,鼓励和保护创新，在完善国有经济创新机制的同时，还需发挥民营经济的创新能力。由于追求自身利益的强烈动机，民营经济具有高度的创新精神、创新意识和创新能力。创新指的是熊彼特所说的那种破坏性的、革命性的、颠覆性的创新，这种创新与企业家的才能结合起来，形成企业家精神，往往会对经济发展具有巨大的推动作用。熊彼特认为，"付诸实施的创新是企业家的职能，它根本没必要必须是任何一种发明。"[①] 他将企业家的才能也纳入创新的基本范畴和必备要素。然而，从当前中国的经济现实来看，国有资本在一般竞争性领域依然分布过广，垄断行业的改革进展缓慢甚至有些还尚未破题，民营经济的发展环境有待进一步改善，企业家精神无法得到充分释放。

企业家对于合理利润的追求是市场进步的力量源泉。产品的定价能力从哪里来？产品的垄断就是最大定价能力。产品垄断能力靠什么？除了政府保护导致垄断外（经济学理论早已证明，这往往导致低效率及激励扭曲），就要靠创新和独特性，抢占市场先机和战略制高点。创新，是灵光一闪的结果，但又不是搞一次头脑风暴就能想出来的，实质上是由很多已经存在的想法组成的。企业家非常重要，他的职能"并不包括去'寻找'或者'创造'新的可能性。这些可能性一直在那里，被各种各样的人大量地积累起来"[②]。企业家的职能是在这些可能性消失之前，通过构思和制定新的要素组合，将可能性付诸实施，变为现实。所以，要营造创新精神、创新机制和创新能力的激励机制，重要手段就是大力发展民营经济。民营企业为了追求利润，就必须要有竞争的优势，就必须创新，不断抢占创新制高点，不断打破自己的优势，形成新的竞争优势、价格优势，以此应对快速变化和激烈的竞争，否则即使自身一时有优势，

---

① ［美］约瑟夫·阿洛伊斯·熊彼特著，叶华译. 经济发展理论——对利润、资本、信贷、利息和经济周期的探究［M］. 北京：中国社会科学出版社，2007，113.
② ［美］约瑟夫·阿洛伊斯·熊彼特著，叶华译. 经济发展理论——对利润、资本、信贷、利息和经济周期的探究［M］. 北京：中国社会科学出版社，2007，112.

最终将被他人超越。

中国为什么缺少能够站在战略高度创新的具有强大创新活力的公司,重要原因在于创新和企业家精神被束缚,有利于创新和创业的制度环境还没有或至少是没有完全建立起来,使得新技术难以大量涌现或难以产业化。这一束缚的主要特征,就是行政权力对于技术创新的过度干预。企业作为技术创新的主体地位没有明确,政府取代市场、企业对产业与技术创新路线进行判断和选择的倾向被强化,由此带来一系列激励扭曲行为。例如,企业不是根据市场需求、价格信号而是根据政府的政策优惠、补贴来选择技术开发活动,使得技术发展方向可能发生偏差,企业的发展不具可持续性,并且获得政府政策优惠、补贴的企业往往是国有企业,使得民营企业处于不平等竞争的位置,同时由于技术创新活动的高风险和不确定性,又可能会加重预算软约束问题。

二、从单一的经济改革向全方位联动改革转变

中国的改革从根本上来说,是一场大的社会变革,因而必定是一系列体制和机制的转型,是大规模的制度变迁。制度是由一系列规则的集合组成,这些规则与社会、政治、经济活动有关且相互关联,支配和约束着社会各阶层的行为[①]。随着改革不断深入和市场经济体制基本框架的确立,各领域、各环节改革的关联性和互动性明显增强,每项改革都会影响到其他方面的改革,每项改革又都需要其他方面改革协同配合。当前中国经济改革的重点、难点正与政

---

① Schultz, TW.. Institutions and the Rising Economic Value of Man [J]. *American Journal of Agricultural Economics*, 1968, 50: 1 113~1 122.

治、社会、文化、生态文明等领域的问题相互交织和关联,因而它是一场深刻而全面的社会变革,必须增强系统性、整体性、协同性。这样,当制度之间在很大程度上可以互补时,如果还是只在某些方向上进行零碎的制度变迁是不可能成功的[①]。况且,目前实施配套改革和综合治理的基础条件也基本成熟。中国改革发展最初的经济禀赋和财富水平过低,对现代市场制度了解有限,不能进行全方位系统改革,但经过 30 多年的改革,这些约束条件已大大松弛或消失。

因此,中国经济的深层次转型要求必须加大市场化改革力度,改革必须超越现有经济层面的单兵突进,冲破利益固化藩篱,转而进入一个包括经济、政治、社会、文化、生态文明在内的全面深化改革推进阶段。需要指出的是,在中国经济、政治、文化、社会、生态文明五位一体的总体建设布局中,文化是一个具有价值引导、人文塑造功能的关键环节,对于人与人、人与社会、人与自然、人与自我的关系的和谐具有重要作用,进而对于其他四个方面的建设都会起到非常大的影响,因此不能不给予高度重视。中国社会的发展迫切需要共同价值观的引领,而一个社会共同的核心价值观的塑造,要关注人本身,使之具有最大的包容性,形成最大的共识。

全方位联动改革需要耦合和整合好政府、市场与社会这三个基本协调机制之间的关系,以此规制和引导个体经济行为,实行综合治理。如前所述,政府、市场和社会,这三者正好对应的是一个经济体中的治理(governance)、激励(incentive)和社会规范(social norms)等三大基本要素。强制性的公共治理和激励性的市场机制等正式制度安排相互交叠、综合治理、长期积淀,会对规范性的非正式制度安排形成一种导向和型塑,增强社会经济活动的可预见

---

① 参见热若尔·罗兰. 理解制度变迁:迅捷变革的制度与缓慢演进的制度[J]. 南大商学评论,2005,5.

性和确定性，大大节约交易成本。例如，在生态文明建设和环境污染治理中，由于环境资源具有外部性、公共资源和公共物品的特性，因此政府在环境污染治理中的宏观控制和监督是环境资源可持续利用的重要保障，同时由于信息不对称、道德风险等原因，需要通过市场手段将环境外部性内在于企业和地区经济发展中，这是有效降低环境污染和合理使用资源的重要途径。此外，还要形成大众都关心和保护环境的社会规范。

在下一步的改革中，我们还应根据信息成本、激励相容和外部性程度的原则，来合理界定和理清政府与市场、政府与社会的治理边界，进行综合治理，同时还需要在兼顾效率与公平的前提下处理和平衡好改革、发展、稳定、创新四者之间的辩证关系，把改革力度、发展速度、社会可承受程度及创新驱动（包括体制和机制创新、理论创新）有机地统一起来，使之相互作用，确保全面深化改革顺利进行。其中，财政税收体制改革是中国经济体制、政治体制、社会体制、文化体制、生态文明体制改革的一个交汇点和突破口，也是触及政府与市场、政府与社会关系的核心改革议题，需要重点推进。我们需要对政府现有的基本职能进行筛选，其目的是弄清楚哪些责任必须由政府来承担，哪些责任可以由市场和社会来分担或承担，并通过法律来予以明确，这样才能让政府角色归位。

三、从发展型全能政府向服务型有限政府转变

在理清了改革的内在逻辑理路之后，政府职能的转变是中国下一步改革的重要突破口，即从发展型全能政府转向服务型有限政府，并将各级政府机关和官员置于民众的监督之下。只有政府无所不在的"有形之手"放开了，政府的职能及其治理边界得到了科学合理的界定，才能促进科学发展和和谐社会的构建。那么，如何合理定位政府的基本职能呢？政府最基本的作用可以用两个词

来概括，就是"维护"和"服务"，也就是制定基本的规则和保障社会秩序的稳定，以及供给公共产品和服务。这正如哈耶克所指出的那样，政府的职能有二：一方面，政府必须承担实施法律和抵御外敌的职能；另一方面，政府必须提供市场无法提供或无法充分提供的服务。同时，他也指出，必须将这两方面的职能和任务明确地界分开来，"当政府承担服务性职能的时候，我们不能把我们在政府实施法律和抵御外敌时赋予它的权威性也同样赋予它"。① 因而，中国下一步改革的关键也在于要实现政府职能的两个根本转变②：

其一，从行政干预过多的全能政府向让市场充分发挥作用的有限政府转变。政府是否真正有作为，不在于其管得到底有多宽，而在于管理的范围和程度是否合理，管理的方式和结果是否有效，是否让市场和政府有效。老子的"以正治国，以奇用兵，以无事取天下"体现了一种治理大到一个国家小到一个单位甚至一个家庭的思想。这些国学智慧蕴藏了很深远的现实意义。从全能型政府向有限型政府转变，就是要把本不该由政府管的事情交给企业、社会组织和中介机构，更多地发挥市场在资源配置中的基础性和决定性作用。所以，有效市场的必要条件是有限政府，大量减少直至消除政府角色越位和错位的现象。建立有限政府，关键是要让公共权力的行使受到法律的约束和民众的监督，也就是民主法治问题。随着中国改革开放的深层次发展和一系列矛盾问题的不断涌现，法治建设正变得日益紧迫，并成为中国顶层设计中刻不容缓的议题之一。

改革的目标和达到目标的路径是两个概念，不能混淆。任何违反既有制度生态系统完整性而进行的盲目制度移植都是有很大风险的③，对于政治体

---

① 参见［英］弗里德利希·冯·哈耶克著，邓正来等译. 法律、立法与自由（第二、三卷）[M]. 中国大百科全书出版社，2000，333.
② 关于政府职能的两个根本转变，参见田国强. 中国下一步的改革与政府职能转变[J]. 人民论坛·学术前沿，2012，3.
③ 参见热若尔·罗兰. 理解制度变迁：迅捷变革的制度与缓慢演进的制度[J]. 南大商学评论，2005，5.

制改革尤其如此。由于政治体制的复杂性和深刻性,其变迁成本是非常大的,必须坚持审慎、渐进原则,但是改革的决心和力度不能动摇,并且要找准切入口和有实质性措施。因此,可以先从政府行政管理体制改革及政府职能转变入手,大力推动政府从全能型政府向有限型政府的转变。

其二,从发展型政府向公共利益服务型政府转变。政府要最大限度地缩小自身的经济人角色,扩大公共服务范围和力度,弥补直至消除政府角色缺位的现象。一方面,为作为微观经济主体的企业创造良好的经济社会环境,提供经济发展所需的软件和硬件基础设施,这是政府公共服务的经济维度。另一方面,通过转移支付和财政手段支持教育、科技、文化、社会保障、公共医疗卫生、环境保护等社会发展项目,为全体公民参与市场竞争创造一个相对公平的起点,这是政府的社会性公共服务部分。当然,在这些领域内,政府同样要处理好与市场和社会的关系,对政府发挥作用的边界、规模和限度进行科学设计。政府对于公共服务的有效供给保障不一定需要通过直接参与生产进行,而可以通过政府购买的方式进行。

随着中国进入上中等收入国家,我们应该在继续做大蛋糕的同时,注重分配好蛋糕,实行总量和结构性减税,并积极规划出台面向未来5~10年的涵盖就业、养老、医疗、住房、教育等涉及居民"生(生计)、老(养老)、病(治病)、居(居住)、教(子女教育)"的具有全局性的一揽子社会福利改革计划,真正做到藏富于民、还富于民。只有富民,才能国安、国定、国富、国强、国大。早在3 000多年前,周文王问姜子牙如何治世时,后者答曰:"王者之国富民,霸者之国富士,仅存之国富大夫,无道之国富君廪。"文王于是开仓济穷,减税富民,西周日益强盛。当然,凡事要有一个度,过犹不及,要避免出现由于福利过多,造成负激励和巨大财政赤字的问题。我们需要的是保基本的社会保障制度和必要的社会救济制度,而不是西欧、北欧国家的那种高福利政策。在福利非常发达的西方国家,可以看到一个非常明显的现象，就是高福利培养了劳动者的惰性和对政府的依赖，让原本勤奋工作的人容易失去努力工作的激情。

未来，中国进一步深化改革，需要正确处理"政府与市场、国富与民富、效率与公平、中央与地方、内需与外需、城镇与农村、沿海与内陆、发展与稳定、科教与人才、发展与生态"这十大基本辩证关系。特别是推动政府职能的两个根本转变，可以承担起中国下一步改革突破口的角色。关于政府职能的定位，我们也可以从中国国学思想中汲取智慧。司马迁在其以至治为鹄的《史记·货殖列传》中就曾言道："故善者因之，其次利道之，其次教诲之，其次整齐之，最下者与之争。"这里的"善者"与亚当·斯密的"守夜人"有异曲同工之妙，以之衡量，当下我们还有很大差距，还存在着许多"最下者"与民争利的情况。加快政府职能的转变，已经成为未来中国经济社会实现和谐发展、科学发展的一个必要条件。

四、从国际体系参与者向国际体系改革引导者转变

当今世界的格局正在发生大变化、大调整，从以美国主导的单极世界向两极或多极世界转型。由单极向两极或多极的迈进，实际上也就是大国、强国之间的竞争，就是资源、人才、制度和话语权的竞争，也是规则制定者的竞争。进入21世纪以来，"金砖五国"（中国、印度、南非、巴西、俄罗斯）和其他新兴经济体的崛起，以及世界金融、经济危机和欧洲主权债务危机的发生，使得美国的影响力下降，欧洲也前景黯淡。

回顾改革开放以来的发展历程，中国是在尊重和逐步融入现有的国际体系中不断取得成功的，特别是借助2001年加入世界贸易组织所释放的巨大红利，中国仅仅用了10年的时间，就在经济总量上先后将意大利、英国、法国、德

国和日本甩在了后面，于 2010 年成为世界第二大经济体。这也是邓小平当年制定韬光养晦①战略方针的要义所在："我们再韬光养晦地干些年，才能真正形成一个较大的政治力量，中国在国际上发言的分量就会不同。"② 在未来10～20 年里，中国真正实现从大国向强国的崛起，实现民族伟大复兴，不能仅仅满足于做一个参与者，应学会去担纲引导者，不能仅仅满足于做一个经济巨人，应对世界文明贡献有益的价值元素。只有这样，才有可能成为世界议事程序和规则的制定者，在世界范围内有利于本国利益的最大化。世界领导地位和领导力的竞争，其实质就是一场争取更多追随者的竞争，而要赢得追随者，除了要强化与其的利益纽带之外，还需增强自身的道德感召力和价值吸引力。

与此同时，中国也还要继续努力推动国际政治经济新秩序的建立。邓小平曾经说过："在国际问题上无所作为不可能，还是要有所作为。做什么？我看要积极推动建立国际政治经济新秩序。"③ 建立有利于自身的国际政治经济新秩序，其实质就是要在权力结构特别是话语权的竞争中占据优势地位。中国应坚持"与邻为善、以邻为伴"方针，同周边国家合作不断深化，在周边区域合作进程中保持有利地位。

整体上，中国要真正实现从国际体系参与者向积极引导者的转变，必须平衡好国家利益与国际道义、民族主义与国际主义、国家权利与国际义务之间的辩证互动关系。在这个过程中，中国就不仅仅是增加全球参与那么简单，而是要主动推进全球议程的制定。面向未来，中国可以在多边舞台上发挥负责任的

---

① 东欧剧变后，面对西方世界的强大压力，邓小平提出了"冷静观察、稳住阵脚、沉着应付、韬光养晦、绝不当头、有所作为"的战略方针。
② 参见中共中央文献研究室编. 邓小平年谱（一九七五——一九九七）（下）[M]. 北京：中央文献出版社，2004，1346.
③ 邓小平. 善于利用时机解决发展问题[M].//邓小平文选（第三卷）. 北京：人民出版社，1993，363.

大国作用。通过创建更多的多边国际机制和发起更多的国际援助计划，树立公道、正派、负责任，具有包容性的大国风范、大国风度，让国际政治经济新秩序朝着有利于自身和世界的方向发展。

（2014年2月）

19

改革的未来，关键是要用好人、用对人、搞对激励*

一、看中国改革一定要拉长视角

第一个关键词是历史。为什么要从历史切入？如前所述，目前理论界大家的思想依然非常混乱，缺乏方向感，特别是何去何从的方向性争论非常大，看不清楚。怎么办？我认为，看中国改革一定要拉长视角，否则不容易看清楚，同时要实现中国的长治久安，也必须要有历史纵深感，通过追溯前史、立足现史、放眼后史来深度透视中国改革。新加坡国立大学的郑永年教授最近提出三个30年的观点，认为习近平同志在做与毛泽东同志和邓小平同志不同的今后30年的战略布局，很有新意。其实邓小平同志在1985年的时候也曾经说过一句话，"改革不只是看三年五年，而是要看二十年，要看下世纪的前五十年"。

我也认为，看30年、50年还远远不够，必须看200年！大家都知道，中国有句古话，富不过三代，更有意思的是，人们可能也没有太注意的是，中国

---

* 本文为作者2014年10月30日在陆家嘴金融读书会上的演讲节选，发表于"澎湃新闻网"。

没有一个朝代强过 200 年（基本到不了 200 年，即使超过 200 年，要么就是两个朝代，如东汉西汉、北宋南宋，要么就是不到 200 年就弱下去了），为什么英国自"光荣革命"开始强大了 320 多年，美国自建国开始强大了近 240 年，还看不出任何衰败的明显信号？3 年、5 年，30 年、50 年，200 年，盯住的是短期目标，还是长期目标，其所对应的改革措施、方式可能会大不一样，所导致的结果也可能会大相径庭。这是由于目标是一回事，过程又是另一回事，哪些是过渡性制度安排，哪些是终极性制度安排，要区分清楚，万万不能以中国模式将一些过渡性制度安排固化下来。

与此同时，以史为鉴知兴替，中国历代社会经济变革也可以对当下的改革有所启迪。从中国几千年的历史来看，在大多数的时候，尽管改革和变革得到老百姓大多数支持，但基本都不成功，或者改革者没有好下场。既然改革有社会进步意义，但是为什么难以成功，很少有改革者能功成身退呢？实际上改革是非常残酷的，是需要大智慧和冒巨大风险的。许多反对改革的人很可能是做出过贡献、甚至重大贡献的好人和能人，这些人具有很大话语权。但是他们或由于理念的不同，或由于相对地位、名声、利益下降，更可能的是自己的东西被改掉，反正不高兴，当然也可能是改革本身的方式、方法有问题，从而使人会对改革产生强烈抵触和反对。比如，商鞅变法所创立的一套行政管理机制和体制沿用 2 000 多年，至今在中国的行政体制里面还有很深的烙印和痕迹，具有很大的社会进步意义。但是，商鞅没有树立起势，其改革得罪了旧贵族阶层。秦孝公去世后，旧贵族挑拨继位的秦惠王以谋反罪逮捕商鞅，商鞅被秦国发兵讨杀于郑国，死后还受车裂之刑。王安石、张居正、光绪皇帝所进行的变法，结局也大都悲惨，不是被流放、罢黜就是被囚禁。

另一方面，中国的改革和变革常常是被逼到崩溃的边缘，被逼到一个死角，才会有动力去改革，这其实是有很大问题的。因为问题和矛盾积压越深、越多，改革的成本和难度往往会越大，使改革无法进行，而不进行改革，最终往往导致了社会停滞不前，结果出现了中国朝代不断变更的现象。中国的改革需要借鉴中医的思想，进行综合治理。中医在病人身体好的时候就注重调理，认为平日的健康调理比治疗疾病更重要。但也有极大的差异，治病只是涉及一个人，而改革则具有极强的外部性，涉及许多人的切身利益而易于遭到反对，大家都在博弈，只有将大家逼到一个死角的时候，才会有动力去改革，这就是改革的艰巨性、残酷性，所以往往很难成功。

邓小平同志所倡导的改革为什么能成功？首先，他做了一件正确的事，走对改革的方向，符合国家的前途和客观现实，也就是"明了道"；其次，他有无法撼动的巨大威望，所以"树了势"，同时"顺了势"，顺应民心，顺应了世界潮流；再次，在技术层面方面，他正确处理了发展与稳定的关系，进行"放开"和"开放"的改革，方式和方法对路，也就是"优了术"；最后，他抓住了改革的时机和时间窗口，也就是"抓了时"。所以，做成事需要综合治理，需要做到道、势、术、时四位一体，即明道、树势（顺势）、优术、抓时（择时）。这是历史和实践给我们的启迪，同时邓小平的改革理论对中国今后的全面深化改革也依然具有很强的历史和现实指导意义。

二、制度不好，人变鬼；制度好，鬼变人

第二个关键词是逻辑。不深刻理解改革的逻辑、国家治理的逻辑，就不可能真正实现全面深化改革和国家治理现代化的目标。改革也好，治理也好，首先还是要立足人性、立足现实。个体（无论是国家、单位或个人）追求自身利益的自利性和信息不对称就是两个最大的客观现实，这也是机制设计理论的两个基本出发点。改革与治理，归结起来也就是制度、体制机制设计的问题。制度也有好坏之分，它的设计要顺从人的利己本性，而不是力图改变它，这也很难做到。人的利己无所谓好坏善恶之说，关键在于用什么制度、向什么方向引导。不同的制度安排将导致人们不同的激励反应，不同的权衡取舍结果，从而

可能导致非常不同的结果。这正如邓小平同志深刻指出的那样："制度好可以使坏人无法任意横行，制度不好可以使好人无法充分做好事，甚至走向反面。"说得更通俗和接地气一点，就是：制度不好可以让人变成鬼，制度好甚至可以让鬼变成人。

在国家治理的视域下，政府、市场与社会的关系处理如何，往往决定了一个制度实施效果的好坏。而政府、市场与社会这三者正好对应的是一个经济体中的治理（Governance）、激励（Incentives）和社会规范（Social Norms）三大基本要素。强制性的公共治理和激励性的市场机制等正式制度安排相互交叠、长期积淀，会对社会的规范性的非正式制度安排形成一种"无欲无刚"的导向和型塑，增强社会经济活动的可预见性和确定性，大大节约交易成本。十八届三中全会首次提出了国家治理体系和治理能力现代化的命题，并且对于正确处理政府与市场的关系多有着墨，但是对于政府与社会的边界界定和关系处理问题却说得很少。没有充分意识到它的重要性，处理不好社会与政府、市场的关系，也就不可能处理好政府与市场的关系。社会，应该与政府、市场一道，成为国家公共治理模式中不可忽视的重要环节。

当然，三种基本制度安排既有各自不同的作用，也有各自的适用范围和局限性，需要各就其位及互动互补的联动。道德说教的社会规范依靠对人性的改善，常常会缺乏约束力；强制性的法规治理或政府干预信息成本大，代价高，干预过多会有损个人自由；与其他两种方法相比，在信息不对称的情况下，激励机制的制度规范是最有效的，它能够诱导个体在追逐私利的同时所采取的是相容于总体目标的行动，但需要有信息对称的成本。尽管如此，法规治理是最根本、最基本的制度环境，激励机制的设计和社会规范的形成都基于包括法规治理这样的制度环境，好的治理更容易导致好的激励机制的产生和好的社会规范的形成，而坏的治理往往更容易导致坏的激励机制或激励扭曲和坏的社会规范，这就是法治的极端重要性。

这样，在政府、市场和社会这个三维综合治理框架中，政府作为一种制度安排，有极强的正负外部性，既可以让市场有效，成为促进经济改革发展的动力，让社会和谐，实现科学发展；也可以让市场无效，导致社会矛盾重重，成为巨大的阻力。只有政府这个无所不在的"看得见的手"放开，市场才能有效发挥作用，充满活力；只有政府维护和服务的"援助之手"发挥作用，社会才能变得公平正义、安定有序、和谐稳定。这样，政府既是改革的主要推动力量，更是改革的对象。因此，政府自身的改革，特别是政府职能的转变也就成了改革的关键和重要突破口。这也是下一步改革的最大难题所在，需要更大的政治智慧和勇气来推动。

当然，政府职能转变也只是一个原则方向，还需要抓住重点，纲举目张，更具体的改革抓手可以从政府施政的基础中寻找，其中一个就是财政税收的改革，今天在座的对话嘉宾韦森教授就一直在呼吁财政预算公开、透明制度方面的改革。各个部门中，财政是国家治理的基础，具有牵一发而动全身的战略重要地位，而政府间事权划分又是下一步中国财政体制改革的一个重中之重，对于政府切实从全能型的发展政府向有限型的服务政府的职能转变，对于国家治理体系和治理能力的现代化都具有重大影响，这就是一个非常现实和紧迫的机制设计问题。不同国家受各自历史、文化、政治等特定国情因素的影响，并没有一个统一的政府间事权划分模式，但是借鉴成熟市场经济国家的做法，中国下一步应围绕以下三个基本原则来处理此议题：

一是外部经济性。政府的基本职责可用两个词概括，就是维护和服务。这二者都需要公共产品来实现，而公共产品具有外部经济性，而这种外部经济性也存在着受益或影响范围的差异，从而就存在一个事权分布的最适度，即那些全体民众受益的公共服务如国防、外交等应统一由中央政府负责，而那些以特定区域民众为服务对象的公共服务如消防、治安等则由地方政府负责。对于外部性是跨区域的公共服务如环保、部分社保，则应该由中央政府和地方政府共同负责。

二是信息有效性。与中央政府相比，地方政府往往更加了解所辖区域内民众对于公共服务的特定偏好和不同需求。面对不同事项所对应的不同信息分散分布情况，其监督成本尤其是信息成本是不一样的。一个原则是信息越不易对称、处理越复杂的事项应该赋权由地方政府来单独或与中央政府合作管理。这也是乔治·施蒂格勒—夏普的最优分权论所持的基本观点，即地方政府分权的必要性。

三是激励相容性。在现有的国家结构和政府架构之下，大量的事权由中央政府和地方政府共同承担，容易出现权力责任错位、要权却不担责、互相扯皮推诿的现象，从而中央的很多政令也就得不到很好的执行，很多好的政策目标往往难以落到实处，难以实现激励相容。所以，一个好的事权划分体系，应该能够使所有参与主体按照自身的目标和利益动机去运作，也就是发挥了中央和地方的两个积极性，同时实现整体利益的最大化。

不难发现，机制设计理论的基本思想之于财政体制改革的重要性。当然，更加深入的改革对策研究还需要更扎实、更细致的专业研究，但是总的指导思想和原则应该是非常明确的。

三、中国改革的未来，关键还是要用好人、用对人、搞对激励

第三个关键词是未来。中国改革的未来往何处走？十八届三中全会的《关于全面深化改革若干重大问题的决定》和十八届四中全会的《关于全面推进依法治国若干重大问题的决定》是两个姊妹篇，分别提出了336项和180多项改革举措，它们是新一轮改革中的重要里程碑文件，提出了很多具有突破性的改革论述。改革千头万绪，但是下一步改革任务的目标和重点脱离不了以下"四个转向"的基本内涵要求。

一是从要素驱动转向效率驱动乃至创新驱动。中国目前还处于一个主要依

靠要素驱动的阶段,由于市场经济体制不健全、不完善,效率驱动还有很大提升空间,垄断过多、干预过多、竞争不足,再加之教育体系缺乏对于人们独立精神、自由思想、批判性思维的构筑,也使创新驱动的能力和动力严重不足。总体上,实现创新驱动必须让非国有经济特别是民营经济发挥更大作用。在一般竞争性领域内,民营经济是最有效率、最富创新能力的,是发展的主驱动。

二是从单一的经济改革转向全方位联动改革。从根本上来说,改革是一场社会变革,因而必定是一系列体制和机制的转型,是制度的大规模变迁。制度通常被定义为一组行为规则的集合,这些规则与社会、政治、经济相互关联,支配和约束着社会各阶层的行为。中国经济体制改革的重点、难点正与政治、社会、文化、生态文明等领域的问题相互交织和关联。如果还是只在某些方向上进行零碎的制度变迁是不可能成功的,这种全方位联动改革必须以法治为枢纽耦合和整合好政府、市场与社会这三个基本协调机制之间的关系,以此规制和引导个体经济行为,实行综合治理。

三是从发展型全能政府转向服务型有限政府。其一,从行政干预过多的全能政府向让市场发挥决定作用的有限政府转变。一个政府是否真正有作为,不在于其管得有多宽,而在于管理的范围和程度是否合理,管理的方式和结果是否有效,是否让市场、让政府有效。政府的触角无所不至,过度干预经济,使得规则让位于"关系",说明国家治理体系现代化还极不成熟。政府公布"负面清单"和"权力清单",有助于推进政府与市场边界的厘清,建立有限、有效政府。其二,从与民争利的发展型政府向公共利益服务型政府转变。政府要最大限度地缩小自身的经济人角色,消除政府角色越位和错位的现象,并扩大公共服务范围和力度,弥补直至消除政府角色缺位的现象。

四是从国际体系追随者转向未来世界领导者。中国已经被历史推到了这个角色,从一个事不关己的非领导者,变成一个主角,将面临更激烈的竞争和更严苛的要求。世界格局正在发生深刻变化,在未来10到20年里,中国真正实现从大国向强国的崛起,实现中华民族的伟大复兴,不能仅满足于做一个追随者，应学会去担纲世界的领导者，不能仅满足于做一个经济巨人，应对世界文明贡献有益的价值元素。因而，中国要真正实现从国际体系追随者向未来世界领导的转变，就不能被盲目自大民族主义和极端民粹主义冲昏头脑，必须平衡好国家利益与国际道义、民族主义与国际主义、国家权利与国际义务之间的辩证互动关系。

与此同时，有了目标和方案，也还面临如何化为实际行动、真正达成目标的问题。好的理念不落地或在落地的过程中走样变形，那么蓝图再好，也是枉然。现实中，我们常常看到很多对改革决定的歪曲解读，比如关于土地制度改革的种种解读。目标与过程是不一样的，往往是目标容易过程难，愿景目标的执行以及战略的落实，一要用好改革的方法论，二要用好改革的操盘手。

首先，面对全方位联动改革的稍纵即逝的机会窗口，我们要不失时机地加以推进，并按照老子的"以正治国、以奇用兵、以无事取天下"的治理之道来合理界定和厘清政府与市场、政府与社会的治理边界，建立长治久安的长效机制。具体到下一步的全面深化改革，应从以下六个方面着手建立成功改革的方法论：

一是允许理论探讨、理论先行，创造鼓励改革理论探讨的氛围条件，凝聚改革的学理共识，增加改革的前瞻性和战略性。这是成功改革必要条件之一。

二是发挥中央权威的引领和主导作用，对改革的大方向、大方略、大方针进行顶层设计和顶层推动，并通过中央决议、政策或法规确定下来。这是成功改革的必要条件之二。

三是满足改革的参与性约束条件和激励相容约束条件，让大众从改革中获利，形成上下一致的联动改革共识、势能和动力。这是成功改革的必要条件之三。

四是综合运用"情、理、利"三个制度安排，解决全面深化改革的政策目标落地和具体实施问题。这是成功改革的必要条件之四。

五是找准改革的切入点和突破口，并发挥其外部性和延展性，实现全面深化改革的新突破。

六是在"效率、公平、改革、发展、稳定、创新"这样一个六位一体的互动框架中来为国家治理现代化搭建支点。

其次，尽管改革方向、目标、愿景、战略的把握、顶层设计及领导的作用当然极端重要，但也需要一批操盘手和干将来具体推动、操作、落实改革的大计，否则也不可能成功。因此，中国改革的未来，关键还是要用好人、用对人、搞对激励，要将从理念到行动勇于改革创新的人放到重要领导位置。通过法律法规规制和政绩考核牵引，会形成一种有利于改革的氛围。但是，一个国家、一个单位、一个企业的改革、发展，最重要、最关键的取决于一把手，看他有没有改革意识，有没有改革智慧，有没有创新意识，有没有忧患意识，有没有解放思想。只要是一把手的事或工程，支持、赞同的人当然会主动尽力去做，即使不太支持的人或迫于压力或讨好上司也会去做，至少不会和领导过不去，公开反对去做。所以，一个单位一把手不支持的事情基本上干不成，至少难度极大。这是因为在中国的行政体制下，一把手的权力是很大的。

一把手重要，但是也不能一竿子到底，事无巨细。领导应该"抓大放小，无为而治"，充分放权，但无为而治、充分放权有两个必要条件，即制度和团队。领导力的本质在于选择做正确的事情（Do Right Things），正确地做事（Do Things Right）更多的是靠制度、靠团队来实现的。领导者的精力是有限的，必须高度聚焦于具有全局性、根本性、战略性意义的大事，将精力集中在关键任务上：制定中长期发展战略；评价可能对长期目标成败有决定影响的政策；保护和宣传能够体现想实行政策的典型。面对当今错综复杂的社会经济局面，领导者更加应该心无旁骛地推进改革的深化，不可在细节问题耗费太多精力。

（2014 年 10 月）

20

探寻富民强国的中国现代化之路[*]

富民强国、振兴中华，是经历了外辱内乱的近代中国发出的时代强音和萌生的理想夙愿。170多年来中国无数仁人志士孜孜以求、投身其中，不停地探索适合中国国情的现代化道路，以自立于世界民族之林。其间，中国经历了四个具有明显全局转折性意义的关键时点和事件：1840年的鸦片战争、1911年的辛亥革命、1949年的中华人民共和国成立、1978年的改革开放。毫无疑问，只有邓小平同志倡导的改革开放才真正让中国改变积贫积弱、闭关自守的局面，走上了一条以改革促进开放、以开放倒逼改革的开放兼容的跨越发展之路，并取得了巨大的发展成就，朝着富民强国、振兴中华这个中国梦的实现前所未有地接近了。

当前中国改革又到了一个关键路口，其未来走向牵动着世界目光。一方面，当今世界正处于大发展大变革大调整时期，全球政治经济格局正在发生重大变化，以美国为主导的单极世界正在向两极乃至多极世界转型，这给中国全方位崛起并成为世界领导者之一提供了前所未有的重大战略机遇。另一方面，

---

* 本文节选自田国强、陈旭东著《中国改革：历史、逻辑和未来》总论部分，2014年11月19日发表于"FT中文网"。

中国也面临着诸多重大挑战。在国际竞争日益激烈的环境下，中国要实现中华民族的全方位复兴，从大国向强国崛起，必须赢得国家间关于资源、人才、制度和话语权的竞争，尤其要在根本的制度竞争中占据主动。并且，中国要平衡好国家利益与国际道义、民族主义与国际主义、国家权利与国际义务之间的辩证互动关系，实现从追赶者到世界领导者的转型，这是当今中国所面临的历史使命。

然而，中国要真正实现 170 多年来一直追求的中华民族全方位复兴梦，实现国家长治久安，关键还在于自身。尽管在体制转型上中国已经初步建立起市场经济制度框架，但与充分发挥市场在资源配置中的决定性作用和更好发挥政府作用、实现社会公平正义为基本特征的现代国家治理制度相比，仍有相当大的距离，政府依然在资源配置中占据着支配性的主导地位，限制和压制了市场充分发挥作用，而在维护和提供公共服务方面显得非常不足。这种半市场、半统制经济的汲取性体制既带来了改革开放以来的巨大成就，也出现了资源配置无效率和社会公平严重不足及大量的权力寻租腐败现象，其根源就在于市场化改革不够深入，市场经济制度不够完善，没有合理界定和理顺政府与市场、政府与社会的治理边界，表现为政府不应有的权力和掌握的资源过多，本应肩负起的维护和服务的职责又做得很不够，越位、缺位和错位大量存在，使得新旧矛盾纠结，利益藩篱交错，严重地影响了社会稳定和国家的长治久安。

的确如此，随着社会转型变迁和市场化改革进入深水区，中国自身内部诸多经济、政治、社会、文化和生态领域的深层次问题和矛盾亟待解决，如经济发展中不平衡、不协调、不可持续的问题日益突出，经济增长面临趋势性减缓；公权力过度介入市场，导致寻租腐败猖獗，贫富分化加剧，国富民穷，国进民退，国强民弱，内需不足；机会不公导致贫富差距过大，带来社会流动性缺乏和各阶层间裂痕加深；社会基本伦理道德、人文价值观体系在经济利益的冲击下遭到严重扭曲；医疗卫生、食品安全危机频现；雾霾锁城，生态环境被破坏，环境日益恶化、濒于崩溃，环境群体性事件频发；公平正义不足、社会矛盾几乎到了临界点，再加上民族矛盾、周边关系紧张上升……所有这些为支持重返旧体制旧路线的人反对改革开放提供了机会，进而在错误舆论导向下获得部分弱势群体的支持。

随着中国国力日益强大，特别是近些年美国及其他发达国家由于世界金融经济危机出现经济衰退与动荡，而中国仍能维持远高于世界平均水平的增速，使得国内普遍产生了中国很快将取代美国成为未来世界霸主的幻觉，甚至无视自己的缺项和弱项，导致盲目自大的民族主义和极端的民粹主义倾向，忘记自身还处于发展中阶段（就像年轻人青春期长身体，发展中处于较高增速也是一种正常的客观现象），一味地拔高大众的福利预期，放松自身奋斗决心，国家统制主义和政府干预主义的思潮开始泛起，一些人重新祭出上纲上线的大旗，阶级斗争式的旧思维及遇事非黑即白，甚至动不动上升为意识形态、阴谋论、颠覆论、敌我矛盾、敌对势力、西方势力的大字报"文革"语言充斥在文章和媒体之中，给人仿佛隔世之感，如不加以扭转会导致极其严重的负面后果。正如习近平总书记曾指出的那样："中国是一个大国，决不能在根本性问题上出现颠覆性错误，一旦出现就无法挽回、无法弥补。"[①] 如果自乱阵脚，向改革之前的道路发展乃至"文化大革命"复归，必定是颠覆性的错误。

历史经验早已表明，改革的关键当口往往伴随着思想的交锋，甚至思想的混淆不清，使得中国改革大业面临着向何处去的极其复杂局面。许多理论误区亟待破除。有的人认为，当前出现的一些问题是改革的失误造成的进而否定改革；有的人认为，改革已经取得了巨大成就，没有必要进一步推进深层次改革；有的人认为，政府在改革过程中发挥了重要作用，强调要进一步加强政府的主导作用；有的人认为，中国走出了一条不同于大多数国家的具有普适价值的发展路径。此外，近些年来，讲改革的原因、好处、成就比较多，而开放提

---

① 习近平. 在APEG（亚太经济合作组织）工商领导人峰会上的讲话 [D]. 2013-10-7.

得相对较少，没有理解改革与开放是相互依托、相辅相成的内在逻辑关系：没有改革，开放无法展开，没有开放，关着门来搞改革，看不到世界的发展进步，改革一定也无法深入。

在这样一种机遇挑战并存、思想交锋激烈、内外环境调整的新形势下，如何坚持改革开放的根本大方向，避免走回头路，排除颠覆性错误，正确选择中国改革的未来之路及其突破口，以推动中国经济社会的深层次转型和发展，实现中华民族的全方位复兴，避免历史周期律，真正实现长治久安，已成为人们日益关注的紧迫而重大的理论和现实问题。中国到底为什么要转型？需要转型的内容是什么（制度？体制？发展方式？经济模式？思想理念？）？中国到底怎么转型？转型的核心是什么？实质是什么？转型会经历怎样的过程？其特点和难点是什么？政治、社会现实与转型发展的关系是什么？下一步转型的突破口和切入口在什么地方？中国改革的前途、命运及方向是什么？对以上问题的回答众说纷纭，仍有很多误区和混淆不清的地方，需要在学理上进行系统梳理，只有准确认识和把握中国转型发展的特点、难点与未来之路，从而弄清中国转型发展的内在演化过程及其路径，才能实现成功转型。否则，中国政治经济社会将有可能发生倒退，走回头路或进入权贵资本主义，有落入"中等收入陷阱"的风险。

作为一种概念和现象，"中等收入陷阱"是由世界银行的专家学者基于长期的历史视角，从众多国家的经济社会转型实际中整理概括出来的，主要是指进入中等收入阶段的经济体进一步的经济增长被原有增长机制锁定，经济增长回落或停滞，人均国民收入的提升进入瓶颈期，难以突破中等收入水平线上限，并伴随着其他一些特征，如民主乱象、贫富分化、腐败多发、社会公共服务短缺、就业困难、社会动荡、信仰缺失、金融体系脆弱等。虽然，"中等收入陷阱"不一定成为一种经济规律，但只要这种现象普遍到在统计上具有一定的显著性，就不能忽视它。

实际上，"中等收入陷阱"的本质是制度转型困境，根本原因是没有合理界定和厘清政府与市场、政府与社会之间的治理边界,使政府失效、市场扭曲(或失灵)、社会失范同时存在和相互牵绊,以致滞留在转型途中,不能完成从要素驱动向效率驱动乃至创新驱动转变的进程。探讨跨越"中等收入陷阱"的应对之策,中国需要从政府、市场、社会"三位一体"的国家公共治理层面来进行。转变政府职能、调整经济结构、转变发展方式,促进公平正义、加强生态保护、维持社会稳定,建立文化认同、建设创新国家、培养杰出人才,这些都是政府、市场与社会需要共同面对和解决的新难题。要从根源上解决这些难题,必须打破经济体制改革单兵突进的路径。

要实现中华民族伟大复兴和长治久安这样的宏伟目标,中国改革已不单单是一个经济命题,它是一场巨大的社会变革,涉及经济、政治、社会、文化和生态文明体制的各个方面,是一个全方位联动改革的综合治理命题。正如《人民日报》在十八届三中全会召开之际就全面深化改革刊登系列评述所总结的那样:"表象问题解决了,深层次问题凸显了;显性症结化解了,隐性风险浮现了;发展水平高了,诉求也更庞杂了。"当然,全面深化改革并不代表改革应该是休克式的一步到位,要充分重视改革理论探讨的先行性,正视改革的艰巨性,用好成功改革的方法论。在宏观层面、战略方向上,要有规划、有步骤地进行总体顶层设计,整体推进和重点突破相结合;同时处理和平衡好改革力度、发展速度、社会承受度及体制机制创新、理论创新之间的辩证统一关系。一个可行路径是,从改革系统工程中找到牵一发而动全身的突破口和切入点,并生发和扩展、深化全面改革的"涟漪效应",真正激发和释放改革红利。

以史为鉴,可知兴替。中国近代 170 多年的跌宕起伏变革史可以刻画出四个观察或典型性特征:一是以国有企业推动工业化有三次挫败,分别在洋务运动时期、抗日战争前后、社会主义改造之后,其基本特征是政府身兼"规则制定者"、"裁判"、"球员"三重角色,使国企效率低下、民营经济无法生存发展或导致权力寻租和贪腐猖獗,国有经济登峰造极的时候往往是危机最大的时候;二是改革开放以来的中国经济大发展主要靠的不是国有经济,而是非国有经济尤其是民营经济，后者对中国经济的贡献无论在产值还是就业方面都是巨大的，必将在向效率驱动乃至创新驱动的转型发展中发挥主导作用；三是政治干扰对经济的影响最为严重，新中国成立以来的九次经济大幅下滑有五次是政治原因造成的，为此要警惕盲目自大民族主义和极端民粹主义的合流，遇事上纲上线不可取；四是渐进式改革和激进式改革要辩证看待，不能绝对化，中国和俄罗斯的改革转型各有利弊，重要的是要适时推动全方位联动改革。这些观察对于当下中国的全面深化改革推进具有重要启示性意义。

十八届三中全会通过的《中共中央关于全面深化改革若干重大问题的决定》（以下称《决定》），围绕经济体制、政治体制、文化体制、社会体制和生态文明体制改革，提出了一系列改革任务部署，其中有许多具有新意和突破性的改革论述，如：首次提出让市场在资源配置中发挥决定性作用和更好发挥政府作用；推进国家治理体系和治理能力现代化；公有制经济和非公有制经济都是社会主义市场经济的重要组成部分和经济社会发展的重要基础；完善主要由市场决定价格的机制，建立城乡统一的建设用地市场；界定政府与市场的边界；全面深化改革；等等。

然而，其中也有不足和未尽之处，有些提法甚至存在着某些内在冲突，需要进一步解放思想。如，"要发挥国有经济主导作用，不断增强国有经济活力、控制力、影响力"。如前所述，改革开放以来，国有经济尽管发挥了重要作用，但中国经济的大发展主要靠的不是国有经济，而是非国有经济尤其是民营经济的大发展。今后中国向效率驱动、创新驱动转变更是如此。如果对这个历史事实都不能正确认识，下一步改革的设计可能还会偏离正确轨道。而且，如果国有经济占主导地位，必定会导致政府在资源配置中占据支配性的主导地位，必将挤压民营经济的发展，限制和压制《决定》提出的让市场发挥决定性的作用，导致资源配置无效率及大量的权力寻租和腐败猖獗共存的现象，从而无法真正实现国家治理体系和治理能力的现代化。可见，让国有经济发挥主导作用和让市场发挥决定性作用从根本上是相冲突和激励扭曲的，会导致产生一系列的严重问题。

与此同时,十八届三中全会通过的改革方案对系统性的经济改革谈得多,对政治、法治、社会、生态环境、文教卫方面的系统性改革则提得相对较少,没有形成真正意义上的全方位联动改革,这在很大程度上会增加综合治理的难度,就像水桶有洞或缺一片很难装满水,机器某个部件有缺陷无法运行良好一样。特别是对节省制度交易成本的社会治理和文化伦理的重要性认识不足,只是将处理好政府与市场的关系放到了深化改革的关键地位,没有充分意识到处理不好社会与政府、市场的关系,也就不可能处理好政府与市场的关系。社会,应该与政府、市场一道,成为国家公共治理模式中不可忽视的重要环节。政府、市场与社会,这三者正好对应的是一个经济体中的治理(Governance)、激励(Incentives)和社会规范(Social Norms)三大基本要素。强制性的公共治理和激励性的市场机制等正式制度安排相互交叠、长期积淀,会对社会的规范性的非正式制度安排形成一种在许多情况下既不需要"大棒"也不需要"胡萝卜"的、无欲无刚的导向和型塑,增强社会经济活动的可预见性和确定性,大大节约交易成本。

因此,不仅要合理界定和厘清政府与市场的治理边界,也需界定好政府与社会的治理边界,只有这样才能实现政府、市场与社会三位一体的综合治理,才能真正实现国家治理体系和治理能力现代化。在政府、市场和社会这个三维综合治理框架中,政府作为一种制度安排,有极强的正负外部性,既可以让市场有效,成为促进经济改革发展的动力,让社会和谐,实现科学发展;也可以让市场无效,导致社会矛盾重重,成为巨大的阻力。试图通过政府主导的粗放式发展,动用国家机器来遏制腐败,而不从制度根源上解决问题,必将陷入恶性循环的怪圈:政府的控制越是加强,寻租的制度基础就越大,腐败也就更加严重;腐败越是严重,在某种错误的舆论导向下,也越有理由要求加强政府的干预和对国有企业的控制,投入更多的社会资源以保持经济增长和发展,结果就是发展方式转变进程受阻,难以实现向包容性制度(Inclusive Institutions)

的深层次制度转型，导致社会经济问题复杂化、扩大化。

市场有效与否及社会公平正义与否，关键取决于合理界定政府与市场、政府与社会的治理边界。只有政府这个无所不在的"看得见的手"放开，市场才能有效发挥作用，充满活力；只有政府维护和服务的"援助之手"发挥作用，社会才能变得公平正义、安定有序、和谐稳定。在中国下一步改革中，政府既是改革的对象，又是改革的主要推动力量。因此，政府自身的改革，特别是政府职能的转变也就成了改革的关键和重要突破口。这也是下一步改革的最大难题所在，需要更大的政治智慧和勇气来推动。站在新的历史起点，我们有必要重新检视中国改革走过的道路，哪些是独特的，哪些是共通的，深刻剖析当前面临的问题和难点，进而探讨未来中国改革的目标方向和方法论，以更好地辨明改革的未来路向。

（2014年11月）

21

改革发展需要开拓良将（新论）*

6月30日，习近平总书记亲切会见了从2 800多名候选者中脱颖而出的优秀县委书记代表，并提出了明确要求，为广大干部指明了努力的方向、成长的途径。

党员干部是谋发展、干事业的重要人才，全面深化改革的共识已有，方案已定，但最终还需要靠地方各级领导干部去贯彻和落实。作为改革的具体执行者和中坚力量，县委等"一线指挥部"所具备的理念、胆识、担当、水平、能力，特别是思想解放程度极为重要。

当前不少基层干部怕犯错、怕担责，执行者的不作为，已经成为改革推进的严重障碍。在一些地方和部门，发展规范了，约束也比以前增多，财政拨款大量积淀；风气纠正了，办事越来越难得到"好处"，审批和办事效率低下。上面猛加油门，中层挂空挡，下面频踩刹车，最终令改革发展的力度耗散。增强改革的执行力和发展的驱动力，必须从法治、激励和理念三个维度推进综合治理，特别是要发现和培养改革人才。

---

* 本文载于《人民日报》，2015年7月2日第5版。

在现实中，一些政策目标往往设计得非常好，但只要这些目标没有和地方政府官员的政绩挂钩，效果就非常有限。有的仅仅存在于文件、宣传和口头中，有的只有几个月的短期成效，不能落地，执行不到位。基层干部缺乏执行政策的激励和动力，会导致偏离最优目标很远。因而，与全面深化改革相适应，必须改变干部的激励体系，通过法律规章、政绩考核及民主监督的牵引，形成一种有利于改革的氛围。

很多时候，改革氛围与改革人才是相辅相成的。改革方向、目标、愿景、战略的把握、顶层设计及领导的作用当然极端重要，但也需要一批良将来具体推动、实施、落实改革的大计。在现行体制下，一地一域改革的成败，主要是看一把手有没有改革意识，有没有改革智慧，有没有创新意识，有没有忧患意识，有没有解放思想。这就要求在干部人才的配置上下大功夫，尽可能把思想解放，勇于且善于改革创新，不唯上、不唯书、只唯实，敢闯、敢试、敢为人先的人放在重要岗位上，使之成为一个个改革发动机。

改革的贯彻执行，是把中央改革要求与人民呼声具体结合的过程，也是把行政力量和社会力量具体整合的过程。如何通过制度程序将社会认同度高、群众公认的改革者提到各级领导岗位上？如何让不善于乃至阻碍改革的人把位置腾出来？如何在确保行政高效率的同时，确保权力廉洁？这都需要用人者进一步思考和探索，努力形成有品质、有保证的人才供给，共同服务于全面深化改革和国家治理现代化的大局。

对于表彰优秀县委书记，习近平总书记特别指出，既是对大家工作成绩的肯定，也是为了形成学赶先进、见贤思齐的社会氛围，让更多党员领导干部学有榜样、赶有目标，更好为人民服务，更好干事创业。从中央党校对全国县委书记轮训，到遴选优秀县委书记；从给基层改革干部压担子，到给提拔重用改革人才树标杆，不难看出改革发展人才被寄予推动事业发展的厚望。

在改革开放初期，我们曾拥有一批善于在相关领域和区域推动具体改革的一线干部，他们直接推动着改革破浪前行，甚至成长为后续改革的操盘手。在全面深化改革的新时代,同样呼唤着无数具备更高理论水平,更强凝聚共识能力,更开阔发展视野的良将,他们肩上的责任更重,但干事创业的舞台也将更宽广。

(2015年7月)

22

以市场化改革破解转型与增长两难困境[*]

摘要：当前，面对经济下滑局面，中国需要加快深入理顺政府与市场、政府与社会之间治理边界的制度性和结构性改革，大力引入竞争机制，继续深化对外开放，消除不利于企业创业创新和挤压民营经济的制度性障碍，真正让市场在资源配置中发挥决定性作用和让民营经济发挥主要作用。

一、经济增长下滑的现实和潜在风险不可忽视

经过30多年要素驱动的发展，中国经济确实取得了非常大的增长和发展成就，但是由于要素收益递减的客观规律，中国经济增长的中枢已经下移，不过这个下滑不应像现在这么快，现实和潜在的政治、经济和社会负面后果和风险都不容忽视。根据对媒体公开报道的梳理，2015年以来珠三角地区有大量企业关门，其中东莞关门企业占比超过珠三角地区关门企业总数的1/3。

---

[*] 本文载于《人民论坛》，2016年2月（中）。

尽管在市场经济条件下,企业倒闭尤其是中小企业的破产倒闭并不鲜见,但是与经济增长下滑一挂钩,问题就会放大,极其不寻常。目前,实体经济增长减缓和企业倒闭叠加效应正在向银行业加速传导,银行不良资产风险有扩大的趋势。据《财经》报道,截至2015年第三季度末,中国16家上市银行不良贷款余额为9 080亿元,比2014年末增长了近三成,不良贷款率全线急速上升。尤其是许多产能过剩行业的企业债务负担沉重,杠杆率加速攀升。

同时,与20世纪90年代国有企业大量倒闭和工人下岗还有政府保底兜着不同,这一轮倒闭潮是民营企业批量倒闭和外资企业大量撤离,大量农民工返乡,形成了"逆城镇化"的现象,其中很多人又成为新的失业者或重新回到农地耕作,而国家的失业救济社会保障制度基本还没有建立健全,如果处理不好,基本的生存权都没有保障,就会带来一系列严重的政治、经济、社会方面的问题。

现在许多人将现有的农村土地制度作为失业农民工的一种救济制度的替代,但这种做法既没有考虑到效率(这种无法形成规模经济的现有土地制度使得中国农产品生产成本持续上升导致价格不断上升,导致中外粮食价格差别很大,超出50%以上),更没有考虑到对农民的公平,是政府职能错位、缺位的表现,背离了政府维护和服务的基本职能。

此外,我们也看到很多国有企业以降低效率为代价利用政府的补贴或垄断利润进行所谓的"稳就业"。特别是很多传统工业企业虽然库存高企、产销下降、开工率不足,但是并未裁员,而是通过减少薪水、无薪休假、缩减工时、在职培训、推迟入职等将显性失业转化为隐性失业。

更严重的是,国有企业以所谓的"稳就业"向政府表功、邀功和民营企业的"倒闭潮",容易给人们带来一种错觉,错认为还是国有企业好,民营企业靠不住,从而否定过去30多年让经济大发展的民营化改革方向。事实胜于雄辩,从经济数据看,2015年以来恰恰是那些国有经济比重越大的地方,经济受到的冲击越大,增长下滑越严重,如东北几个省份。

现在很多人都号称要反思改革,借改革中出现的这样那样的问题,怀疑甚至是否定改革开放的正确大方向，将经济问题上升为阶级斗争、政治层面和意识形态方面的问题，民族主义和民粹主义盛行，对改革方向及其深化改革形成了很大的干扰，使得从上到下对于改革还没有完全形成共识和内在动力机制。并且，一旦遇到问题，政府就想到或仍采用政府主导的方式去解决，不可能让市场发挥决定性作用，中国就仍然面临的是一个发展型的政府，仍然会一如既往地出现"重政府轻市场、重国富轻民富、重发展轻服务"的"三重三轻"现象。

但这样做会有效果吗？我们在总结中国30多年改革所取得的巨大成就和展望未来，进一步深化改革，一定弄清楚什么是新的因素导致了改革成就巨大。应像实验物理一样，要研究和找出两个变量之间的关系，一定要将其他变量固定。同理，对总结中国改革成就也应该是如此。但许多人在总结经验时，将改革取得巨大成就总结为，主要是政府主导、国企主要、党的领导、社会稳定所致。这些当然都是重要因素，不可否定，但笔者要问的是，这些不都是改革开放前就早已有的要素吗？

中国改革之所以取得巨大成就，还因为政府的干预大幅度地减少，民营经济大发展从而使国有经济比重不断下降而取得的。较大程度上的经济上的选择自由、松绑放权的改革、引入竞争机制（包括中央与地方政府、对内对外的竞争）、对外开放、民营经济大发展这样的基本制度性市场化改革下中国经济才取得发展。回到市场化改革开放这个基本共识上来，在这个基本共识上来谈经济下滑的问题，来谈顶层设计和改革的问题。按照十八届三中全会精神真正让市场在资源配置中发挥决定性的作用。因此，需要继续坚持改革开放，是具体行动上的坚持，而不是说的多、做的少的坚持，甚至是往回改的所谓改革。实际上，改革越往后推，代价越大，难度也越大。

二、制度转型滞后才是经济增长大幅下滑的肇因

面对中国经济增长的大幅下滑，如果不找出问题的内在根源，不分析深层

次的内在原因，仅仅只是指出问题的表象和我们需要做什么，而不是试图从根源上去找原因，从制度层面上去解决问题，那么很容易采用"头痛医头、脚痛医脚"的方式去解决问题，治标不治本。解决问题，当然首先需要清楚"做什么"这个问题，但这远远不够，更重要的是还需解决"谁去做"和"怎么做"的问题，否则就没有方向感，引起争议、歧义和思想的混乱。

因而，更重要的问题应该是谁去做、怎么做的问题，也就是方向性、原则性、制度性安排首先需要明确：是让市场发挥决定性的作用，还是让政府发挥决定性或主要作用？是让国有企业发挥主导作用，还是让民营经济发挥主体作用？这些问题不明确，就只会给政府进一步主导和干预经济提供空间。

当前中国经济下行有一定周期性的原因，但更多还是自身经济结构的问题。除了这两个原因，中国更面临发展驱动和经济体制双转型滞后的问题。发展驱动转型滞后是指从要素驱动向效率驱动乃至创新驱动的转型滞后，这一转型基本上是所有经济体必须经历的，但这个转型是内生的，还是要归结到体制转型滞后上来，所以制度变迁才是最根本的。从根本上说，中国改革方向不明确，向现代市场经济体制转型和变迁滞后，才是导致中国经济增长下滑更为关键的根源因素，再加上政府部门及其官员做事激励的缺损及对新常态理解的误区，使得问题雪上加霜。

历史经验表明，大规模制度变迁进程往往都是经济面临极大困境触发进行的。我的一个基本判断是，如不尽快进行实质性的、制度性的、深层次的市场化改革，从根本上改善制度供给，中国经济持续快速下滑的劣势很难止住，弄得不好会引发连锁反应的恶果，会危及政治、经济、社会的稳定。市场化改革不是靠制造出更多的名词，那样只会引起争议、歧义和思想上的混乱，或给政府进一步干预经济制造条件。

我们必须认识到，唯有深化制度改革和变迁，才能从根本上解决增长和转型两难，而转型发展和深化改革需要同时兼顾发展和治理两大逻辑，正确理解它们之间的内在辩证关系。发展的逻辑主要是提升一个国家的硬实力，而治理逻辑则注重软实力方面的建设，当然是多方面的治理，包括政府和市场的治理制度、社会公平公正、文化、价值观等方面的建设，其关键是政府、市场与社会的关系处理问题。

因此，中国需要加快深入进行理顺政府与市场、政府与社会之间治理边界的制度性和结构性改革，大力引入竞争机制，继续深化对外开放，消除不利于企业创业创新和挤压民营经济的制度性障碍，真正让市场在资源配置中发挥决定性作用和让民营经济发挥主要作用，这是中国顺利从要素驱动向效率驱动乃至创新驱动转变，跨越潜在"中等收入陷阱"的关键所在。

三、从经济学的基准点出发深化市场化制度改革

那么，如何深化市场化制度改革呢？自 2015 年 11 月中央财经工作领导小组会议首次提出"供给侧改革"之后，这个就成为一个热得炙手的词汇，引起了理论界和思想界的讨论热潮。其实，自 2013 年开始，学术界便有一种观点，中国新一轮改革需从供给端入手。贾康主编了一本题为《新供给：经济学理论的中国创新》的书，强调要以改革为核心，在供给侧入手推动新一轮制度变革创新。进入 2015 年，中国经济面临持续下滑的空前压力，理论界也进行了大量的思考和建言。以吴敬琏、钱颖一等为代表的经济学家也认为，目前中国经济的应对视角依然集中在短期的"三驾马车"理论，侧重货币政策和财政政策来解决内需不足的问题，但深层次的问题还是供给侧的不足。

中国经济从过于强调需求侧走向注重供给侧，这是一个进步。因为通过财政和货币短期政策及一味地通过投资拉动经济的需求侧管理，是不可持续的，并且有很大的负面作用，此方面已经开始逐一暴露，当前所面临的经济增长和发展困境及制度方面转型的滞后在很大程度上要归咎于此。但由于供给侧定义和内涵都非常不明确，各种解释都有，已经引起很大争议。有人认为供给侧改

革应该是进行深层次制度性的改革，如减税、简政放权、给企业更大自由和激励，也有人认为政府应该加大作用，解决供给不平衡的问题，如产能过剩。其实，改革不是造就更多的新名词，除了引起争议、歧义和思想上的混乱之外，还会为了争夺新名词的发明权而争功、邀功而无法形成合力，并且会给政府干预经济提供空间。也有不少人，包括笔者认为，供给和需求是一体两面的，不必纠缠所谓供给端还是需求端发力，关键是改革端，市场化的制度改革才是根本。事实上，十八届三中全会决定已经讲得很清楚，改革就是要让市场在资源配置中发挥决定性的作用，已经形成了上下的广泛共识，从而很多好的改革建议都可以纳入这个提法上来。中国要做的最大的供给改革是完善制度供给，提供一个好的市场经济制度环境，让市场在资源配置方面真正发挥作用。

改革需要回到经济学基本常识，同时在方法论上我们做任何事都是相对比较而言的，因此必须有一个基准点或参照系作为比较，否则无从着手。中国下一步推进深层次市场化变革，也还是要从现代经济学的基准点和参照系说起，违反经济学常识，改革只有失败。基础经济理论最基本、最重要的作用就在于给出目标、基准点和参照系，从而起到明道、指明方向的指导作用，通过理论指导改革、变革及创新来促使现实经济运行不断向理想状态逼近。

尽管许多经济理论不适宜直接用来描述当前中国经济制度环境，但是却为中国经济改革与发展的取向指明了长远方向，为我们研究各种问题提供了一系列的参照系和基准点，从而为逐步解决现实和理想状态之间的落差奠定了理论基础。现代经济学以理想经济环境为基准点，以自由竞争市场为参照系，严格地给出了市场导致有效配置从而成其为好的市场经济的前提条件，而这些前提条件正好是指明了改革的长远取向，从而起到明道、指明方向的前瞻性指导作用，通过理论指导改革、变革及创新来促使现实经济运行不断向理想状态逼近。

当前，面对中国经济增长持续下滑，国内各方面又提出了很多应对之策。但是，如果不能像诺斯那样找出问题的内在根源和从制度层面上去解决问题，只是堆列出众多看起来都非常正确的时髦词汇、动听语言及只是简单列出需要解决的问题，而没有给出任何主语，也就是没有明确前面提到的"谁去做"和"怎样做"这些最基本和根本的制度性问题，那么只能是政府主导具体经济活动，一拥而上的"大跃进"式政策出台。可是，如果主要靠政府、靠国企来做可行吗？以创新为例，创新是要容忍失败、承担风险的，成功率不到5%，政府和国企的领导不可能承担这样的失败风险，从而应该主要靠市场、靠民企。

所以，制度才是关键、才是根本。只有深化市场化方面的根本性制度方面的改革，才有可能解决增长与转型的两难。当然，在现实经济中市场也不是孤立存在的，它要运行良好及向理想状态逼近，还需要政府、市场与社会各归其位这样一个国家治理三维结构能够得到有效的耦合和整合才行，这就需要前面提到的合理界定和厘清政府与市场、政府与社会的边界。这里就涉及两个层次的问题：

第一个层次是治理边界的界定。我们首先要知道政府与市场及社会之间的合理边界在哪里。市场有效和社会规范的必要条件是需要一个有限而定位恰当的有效政府，这样政府的合理定位至关重要。其原则就是，市场能做的让市场去做，市场不能做或做不好的政府才去做。归纳起来，政府的基本作用就是两条、四个字：维护、服务。例如，前面提到的基本的社会救济制度就属于服务的范畴，中国做得还很不够。

第二层次是主次之分。谁是关键？答案是制度。我们一旦知道它们之间的边界后，还需要厘清。那么，谁去厘清呢？由于政府是主体，市场是客体，社会也是客体，从而当然也就是要靠作为主体的政府去做、去厘清。但政府、市场和社会，三者却正好对应一个经济体的治理、激励和社会规范三个基本安排。其中，政府的作用具有极大的正负外部性，从而需要合理定位，这就涉及著名的"诺斯悖论"——"国家的存在是经济增长的关键，然而国家又是经济衰退的根源"。那么，谁能规范主体（也就是政府的定位）呢？法治。这样，法规治理是最关键、最根本的，它奠定了最基本的制度环境，具有极强的正负外部性，决定了政府定位是否适度，从而决定了市场激励机制的效果和社会规范形成的好坏。人们可能会问，政府及其部门愿意去限制自己的权力吗？一般来说，当然不愿意去限制自己的权力，从而在中国现有国体之下也需要对权力进行适当的划分，行政部门、立法部门和执法部门要各司其职。

因此，最基本的治理制度是关键，是决定性的，只有从规范、制约和监督政府权力的制度、法治和公民社会这三个维度的综合治理着手，合理界定好政府与市场、政府与社会治理边界，才能同时解决好效率和社会公平正义的问题，才能从根源上根除腐败和行贿受贿现象，建立起健康的政府、市场、社会、企业及个人关系。这样，它们之间应当是良性互动的关系，唯其如此，政府方才可以不断通过法律法规的制定及执行，强化市场方的效率、效能。

整体而言，现代市场经济制度对正处于跨越"中等收入陷阱"关键阶段的中国来说依然是不可替代的，其建立健全需要在政府、市场和社会这样一个三位一体有机耦合的整体框架下完成，在合理界定和厘清政府与市场、政府与社会的治理边界方面需要有明显的改革进度，唯其如此才能真正推动中华民族的伟大复兴和国家的长治久安。

（2016 年 2 月）

23

中国经济增速放缓为何无须过度焦虑[*]

当前中国实体经济整体疲弱,并非也不可能是经济潜在增长率大幅下降的结果,更直接的原因是当前经济政策与治理管控氛围导致经济主体对未来经济信心不足,具体表现在居民消费倾向下降明显,民间投资出现断崖式增长下滑,民营企业出现倒闭潮,外企与民企外迁势头显著扩大,人民币贬值压力和资本外逃风险日益加剧,带来劳动力市场的就业和失业的压力加大,商业银行坏账上升,进而使得生产效率、投资收益及收入增速的预期都在下滑。

2016年一季度的经济反弹,主要是靠国有资本驱动的"铁公基"式的基建投资"大跃进"与系列楼市刺激政策带来的部分热点城市房地产暴涨,没有能对症下药解决经济主体信心不足问题。虽然国有背景的投资由于贷款可得性而在中央三令五申去过剩产能、去库存的任务要求下仍能出现爆发式增长,但其对经济增长的提升作用却比2008年的4万亿差很多,反而出现民间投资大滑坡,加之当前全球经济疲软,以及以英国脱欧和美国总统大选等事件所引发的外部环境不确定性的持续,使得中国经济在短期内很难借助外力回暖。

---

[*] 本文载于《人民论坛》,2016年7月(下)。

展望2016年下半年，经济形势依然不容乐观，压力重重。所有这些现象都表明，在经济发展机制没有理顺、市场化的经济发展动力受梏的背景下，内部经济结构的扭曲、外部经济环境的波动、内外金融风险的发酵，使得经济内生性下滑的压力仍在加剧，难以形成稳定的复苏基础。

一、中国潜在经济增长率并没有大幅下滑的三重判断

中国经济增长根本不应这么差。现在一个流行的观点认为，由于新常态，因此中国的潜在增长率也大幅度下降了，导致实际增长率下降，是这么回事吗？尽管潜在生产率无法严格确定，但可从三个方面判断它并没有大幅度下滑：

其一，一个简单的判断就是：即使要素边际收益递减规律发生作用，像任何国家的经济一样，其潜在增长率也一定是一个缓慢下降的过程，但绝不会在短短几年内就下滑到偏离了改革开放以来的经济增速均值约3个百分点，从而大大拉开了两者间的差距！

其二，民营经济的发展空间受到严重挤压，各类资源配置扭曲大幅度上扬使得其配置效率持续下滑，在原有低效率的情况下更是雪上加霜，配置效率怎么可能变好，加上民间投资、消费双双下滑，经济主体的信心没有改善，从而怎么可能使得实际增长率和潜在增长率更为接近呢？

其三，不要低估改革开放和民营经济大发展的威力。如要进行市场化深层次制度性改革，提高市场效率和激发人们的积极性是关键，会产生意外的极大效果。以下三个例子可作为佐证。一是20世纪80年代初，中央提出了到20世纪末实现工农业总产值翻两番的目标，那时几乎没有经济学家相信这能实现，其基本判断就是怎么可能在20年间将平均经济增长速度从4%一下子提高到7%左右呢？结果中国的改革开放和民营经济的大发展不仅实现而且超额

完成了这个目标任务。二是20世纪90年代初,中国经济也面临极大的困境,邓小平1992年南方谈话确立市场经济体制改革目标,又给中国带来了20多年的经济大发展,而这又是靠市场化改革和民营经济的大发展。因此,只要通过真正的制度性、市场化的深化改革和扩大开放,同等对待民营经济,社会和企业的信心肯定会为之一振,经济持续下滑的劣势就会逆转。三是在21世纪之初中国加入世界贸易组织(WTO)前后,许多人反对中国加入WTO,甚至动辄以卖国贼扣帽子,上升到意识形态上去,认为中国加入WTO后,农业、民族工业、汽车、纺织、医药等行业都会受到毁灭性影响,但结果却正好与这些没有内在逻辑的说法相反,加入WTO推动中国经济高速发展了10多年。

2015年7月,四位俄罗斯裔经济学家Anton Cheremukhin、Mikhail Golosov、Sergei Guriev、Aleh Tsyvinski在NBER工作论文"The Economy of People's Republic of China from 1953"中通过模型的量化分析也得出了类似结论。他们以标准的宏观经济分析工具对中国1953~2012年经济增长进行因素分析,并对2012~2050年的经济增长做了预测,分别以改革开放前后各因素的贡献作为假设,进行了预测比较,其结论就是,改革与不改革对经济增长的影响差别巨大,年增长率相差近3个百分点。中国突破经济增长困境有赖于进一步的改革。

表1　　　　　　　　对不同发展路径下中国经济增长的预测比较

	2012~2024	2024~2036	2036~2050
以改革开放后的发展路径	7.8%	5.2%	3.6%
以改革开放前的发展路径	5%	4.6%	3.9%

数据来源:http://www.nber.org/papers/w21397.pdf.

所以,无论是从内在逻辑分析,还是从历史视角的分析,或是量化的实证数据都得不到潜在生产率大幅下降的结论。因此,实际经济增长率降得如此之快一定是不正常的,是有其内在原因的,在一些关键性的地方出了问题,如不尽快扭转,弄得不好,将会导致和加剧一系列严重的社会经济问题和风险。笔者的基本判断是,如果供给侧结构性改革真正到位,现代市场制度建设不断完善,全要素效率不断提高,资源配置效率不断改进,中国经济增长完全有希望逼近潜在增长率而不是拉大负向缺口,并且中国未来5年的潜在增长率至少应该是7%以上,不会显著大幅下滑。那么,究竟是什么原因导致中国经济潜在增长率和实际增长率的差距在短短的几年时间内就变得如此之大且越来越大呢?这不得不让人反思,亟须弄清楚其背后的深层次原因究竟是什么?

二、中国经济增速下滑是短期内的具体举措出现偏差

中国经济增长下滑的根本原因是,在贯彻落实中央决议精神的执行力上和应对经济下滑的具体举措方面都有很大的问题,也就是,十八届三中、四中、五中全会所提出的决议精神和发展理念没能真正得到有效执行和落地,没有进行深层次市场化制度改革,许多领域改革推而不动,停歇不前甚至是倒退,不作为甚至反向作为的现象严重,民间信心不振,导致了决议和现实反差巨大的严重激励不相容,改革和发展及稳增长在打架,在稳增长短期方面的具体对策和举措上出现了偏差,发展的逻辑和治理的逻辑都出现了很大问题,没有解决好两者间的相辅相容的辩证关系,没有解决好是"政府还是市场,是国企还是民企"这样"谁去做"和"怎么做"的关键性、方向性问题,思维僵化,仍然还是一如既往的"重政府轻市场、重国富轻民富、重发展轻服务"。

当前中国很多不作为与反向作为现象的同时存在,与对"谁去做"和"怎么做"没有明确有很大关系,与对供给侧结构性改革的误解和误会有很大关系。2015年中央经济工作会议曾对供给侧结构性改革定调,并指出其目标是"矫正要素配置扭曲,扩大有效供给,提高供给结构适应性和灵活性,提高全

要素生产率",并将 2016 年供给侧结构性改革的五大任务界定为去库存、去产能、去杠杆、降成本、补短板这样的"三去一降一补"的任务。毫无疑问,中央对供给侧结构性改革的定调及其实现目标是非常精准和正确的。

然而,要完成"三去一降一补"的任务,首先需要弄清楚哪些部门情况最严重。不难发现,库存最严重的部门是国有企业,产能过剩最严重的部门是国有企业,高杠杆和高成本的部门也是国有企业,短板最严重的地方是政府提供公共服务不足的地方和民营经济没有平等对待的地方。如不弄清楚原因,不对高库存、过剩产能、高杠杆、高成本和短板背后的制度问题进行改革(如不打破行政垄断,不简政放权,不放松管制,不约束货币发行,不让各种所有制公平竞争,不让民营经济在就业和经济发展方面发挥主要作用),让市场发挥决定性作用和政府在维护和提供公共服务方面发挥好的作用,又怎能从根源上解决"三去一降一补"问题呢?即使短期解决了,也还会死灰复燃,不能从根本上解决问题,中长期还会反复。

三、深化供给侧结构性改革,为经济持续增长注入动力

中国经济中短期内要恢复较高增速,经济政策的科学制定仍然起到关键作用。如果财政政策和货币政策不与结构性改革相挂钩、相融合、相促进,其增长效应都是短期的,治标不治本,并且从实际效果看正呈现边际递减的趋势。当然,如果一定要以短期稳增长为前提来考虑宏观政策应对选项,笔者认为,在经济下行压力增大,且货币政策宽松的效果有限的情况下,当前最适宜的政策选项是通过财政政策的适度刺激和引导,控制风险,确保经济在合理区间运行。具体可实施更加积极的结构性减税、减费政策,对冲人口、土地成本刚性上涨对企业的负面冲击,同时加大对民生公共领域的投资并推广 PPP 模式,其代价是需要适度增加财政赤字。同时,由于当前物价水平相对比较稳定,还

存在一定的政策空间来进一步降低法定准备金率,向市场注入流动性,且其对投资促进的政策效果要比简单降息好,但要注意有效、定向降准,以防止普降可能带来的金融资源错配的进一步恶化。

中国经济要实现经济较高增长的长期可持续性,就必须推进供给侧结构性改革,尤其补上良性制度供给不足的短板。供给侧结构性改革首要任务应该是体制机制的改革及其改革落地的执行力问题。首先要解决好效率驱动的问题,改革影响市场效率的不合理制度环境和监管架构,解决政府职能定位的问题,以此解决好政府与市场和政府与社会的治理边界,使之成为一个好的市场经济。同时,不应人为地将发展的逻辑和治理的逻辑对立起来,将需求侧发力和供给侧改革拆分开来,将短期增长和中长期发展割裂开来,那样容易引起争议,甚至可能有反作用,反而使得改革的共识消解、动力耗散。中国必须要进一步解放思想,坚持改革开放,提高市场效率的供给侧结构性改革是关键,提振民间信心是关键,以此平衡好供给侧结构性改革和刺激需求端才是关键,建立有效市场和让政府要在维护和服务方面发挥好的作用,提供各种所有制公平自由竞争的环境,让民营经济大发展才是中国应对经济困境的指标和治本之策。

(2016 年 7 月)

24

供给侧结构性改革的重点和难点[*]

建立有效市场和维护服务型有限政府是关键

提要：在改革开放成就和问题两头都冒尖、改革进入深水区的艰难时刻，近些年来中国经济持续大幅下滑、继续下行是大概率事件。潜在增长率即使下降也是缓慢的，而实际经济增长率却在短短几年内大幅下滑，这极其不正常，如不尽快扭转，会导致一系列严重的社会经济问题和风险。原因在于十八届三中、四中、五中全会的决议精神和发展理念仍有待得到有效执行和落地，同时，在稳增长短期对策及供给侧结构性改革的长期治理方面都出现了一定的偏差，发展的逻辑和治理的逻辑都出现了问题，仍然一如既往地"重政府轻市场、重国富轻民富、重发展轻服务"。从理论、历史和统计三个维度而言，解放思想是关键，提高市场效率的供给侧结构性改革是关键，提振民间信心是关键，平衡好供给侧结构性改革和刺激需求端更是关键。建立有效市场，政府在维护和服务方面发挥好作用，提供各种所有制公平自由竞争的环境，让民营经济大发展，这才是中国应对经济困境的治标和治本之策。

---

[*] 本文载于《人民论坛·学术前沿》，2016年7月。

在改革开放成就和问题两头都冒尖、改革进入深水区的艰难关键时刻,近些年来中国经济却持续大幅下滑,形势仍不容乐观,压力重重。实体经济整体疲弱,更严重的是经济主体信心不足,表现在消费者信心下降明显,民间投资出现断崖式增长下滑,民营企业出现倒闭潮,劳动力市场的就业和失业压力加大,商业银行坏账大幅上升,致使生产效率、投资收益及收入增速的预期都在下滑,而国有背景的投资却由于贷款可得性即使在去过剩产能和去库存的任务下仍出现爆发式增长,但其对经济增长的提升作用要比 2008 年的 4 万亿差很多;出口增速持续低迷,且随着人民币国际化进程的加快和美联储加息周期的临近,以及中国要素比较优势的丧失,外企的外迁势头也显著增长,人民币贬值压力和资本外逃风险日益加剧。所有这些都表明,外部经济环境的波动和不确定性、内部经济状况的扭曲和恶化、金融风险的加剧和间断性的释放,使得经济内生性下滑的压力仍在加剧,没有形成稳定或复苏的基础,因此,中国经济持续下行的风险是大概率事件。

一、新常态下的中国经济潜在增长率真的大幅度下降了吗?

事实上,中国经济增长仍有很大潜力。但现在一个流行的观点认为,由于经济新常态,中国的潜在增长率大幅度下降了,从而导致实际增长率下降。真的是这么回事吗?尽管潜在生产率无法严格确定,不过还是可从三个方面判断它并没有大幅度下滑:

其一,一个简单的判断就是,即使要素边际收益递减规律发生作用,像任何国家的经济一样,中国的潜在增长率也一定是一个缓慢下降的过程,绝不会在短短几年内就下滑偏离改革开放以来的经济增速均值约 3 个百分点。

其二,中国经济由于政府行政垄断、主导经济、国企做大的现象愈演愈烈，民营经济的发展空间进一步受到严重挤压，各类资源配置扭曲大幅度上扬，使得其配置效率持续下滑，在原有低效率的情况下更是雪上加霜，效率怎么可能得到改进并变好？加上民间投资、消费双双下滑，经济主体的信心没有改善，从而怎么可能使得实际增长率和潜在增长率更为接近呢？

其三，不要低估改革开放和民营经济大发展的威力。如能进行市场化深层次制度性改革，提高市场效率和激发人们的积极性，会产生极为意外的效果。以下三个例子可作为佐证。一是20世纪80年代初，中共中央提出了到20世纪末实现工农业总产值翻两番的目标。笔者至今印象十分深刻的是，那时几乎没有经济学家相信这能实现，包括笔者的老师张培刚教授和林少宫教授都觉得不可能，其基本判断就是怎么可能在仅仅20年间将平均经济增长速度从4％左右一下子提高3个百分点到7％左右呢？结果，中国的改革开放和民营经济的大发展不仅实现而且是超额完成了这个目标任务。二是20世纪90年代初，中国经济也面临极大的困境，邓小平同志1992年南方谈话，确立市场经济体制改革目标，又给中国带来了20多年的经济大发展，而这又是靠市场化改革和民营经济的大发展。因此，只要通过真正的制度性、市场化的深化改革和扩大开放，同等对待民营经济，社会和企业的信心肯定会为之一振，经济持续下滑的劣势就会逆转。三是在21世纪之初中国加入WTO前后，许多人反对，甚至动辄扣以卖国贼的帽子，上升到意识形态层面，认为中国加入WTO后，农业、民族工业、汽车、纺织、医药等行业都会受到毁灭性影响。但结果正好相反，加入WTO推动中国经济高速发展了10多年，由此大大地提升了中国的国际政治经济地位，并由此改变了世界政治经济的格局：中国入世时经济总量只是世界第七，而现在超越了意大利、英国、法国、德国和日本这些强国，成为全球第二大经济体。

2015年7月，四位俄罗斯裔经济学家Anton Cheremukhin、Mikhail Golosov、Sergei Guriev、Aleh Tsyvinski（**也是笔者在美国明尼苏达大学的师弟**）在NBER工作论文"The Economy of People's Republic of China from 1953"中通过模型的量化分析也得出了类似结论。他们以标准宏观分析工具对1953~2012年中国经济增长进行因素分析,并对2012~2050年的经济增长做了预测,分别以改革开放前后各因素的贡献作为假设,进行了预测比较,其结论就是,改革与不改革,其对经济增长的影响差别巨大,在随后的10年内增长率相差近3个百分点(见表1)。改革开放前后的经济增长率差距恰恰也是3个百分点左右,所以改革不改革、改革到位不到位,相差巨大,中国突破经济增长困境有赖于进一步的改革。

表1　　　　　　　　对不同发展路径下中国经济增长差异的预测

	2012~2024	2024~2036	2036~2050
以改革开放后的发展路径	7.8%	5.2%	3.6%
以改革开放前的发展路径	5%	4.6%	3.9%

数据来源:http://www.nber.org/papers/w21397.pdf。

因此,无论是从内在逻辑分析,还是从历史视角分析,或是量化的实证数据都得不到潜在生产率大幅下降的结论。从而,实际经济增长率降得如此之快一定是不正常的,是有其内在原因的,可能在一些关键性的地方出了问题,如不尽快扭转,将会导致和加剧一系列严重的社会经济问题和风险。笔者的基本判断是,如果供给侧结构性改革真正到位,现代市场制度建设不断完善,全要素效率不断提高,资源配置效率不断改进,中国经济增长完全有希望逼近潜在增长率而不是拉大负向缺口,并且中国未来5年的潜在增长率至少应该是7%以上,不会显著大幅下滑的。那么,究竟是什么原因导致中国经济潜在增长率和实际增长率的差距在短短的几年时间内就变得如此之大,且越来越大呢?这不得不让人反思,亟须弄清楚其背后的深层次原因究竟是什么。笔者认为,主要有以下两个原因:

其一,经济增长下滑劣势难止是执行力和具体举措出了问题。笔者认为,其根本原因是在贯彻落实中共中央决议精神的执行力上和应对经济下滑的具体举措方面存在很大的问题，也就是说：十八届三中、四中、五中全会所提出的决议精神和发展理念的有效执行和落地仍有待改进，没有进行深层次市场化制度改革，一些领域的改革推而不动、停歇不前甚至是倒退，不作为甚至反向作为的现象严重，民间信心不振，导致了决议和现实反差巨大的激励不相容，改革和发展及稳增长在打架，在稳增长短期方面的具体对策和举措上出现了严重的偏差，发展的逻辑和治理的逻辑都出现了很大问题，没有解决好两者间的相辅相容的辩证关系，没有解决好"是政府还是市场，是国企还是民企"这样"谁去做"和"怎么做"的关键性、方向性问题，思维僵化，仍一如既往地"重政府轻市场、重国富轻民富、重发展轻服务"。

2016年7月19日，王岐山同志在《人民日报》发表题为《用担当的行动诠释对党和人民的忠诚》的文章中也指出，当前"一个突出问题就是贯彻党的路线方针政策不坚决、不全面、不到位，以官僚主义、形式主义的错误方式应对。有的以会议贯彻会议、以文件落实文件，更有甚者索性把党中央决策部署变成标语和口号、不贯彻不落实，有的贯彻执行不力，有的在贯彻中走样"。实际上，当前中国很多不作为与反向作为现象的同时存在，与对"谁去做"和"怎么做"没有明确有很大关系，与对供给侧结构性改革的误解、误会有很大关系。2015年中央经济工作会议曾对供给侧结构性改革定调，并指出其目标是"矫正要素配置扭曲，扩大有效供给，提高供给结构适应性和灵活性，提高全要素生产率"，并将2016年供给侧结构性改革的五大任务界定为"去库存、去产能、去杠杆、降成本、补短板"这样的"三去一降一补"的任务。毫无疑问，中央对供给侧结构性改革的定调及其实现目标是非常精准和正确的。

然而，要完成"三去一降一补"的任务，首先需要弄清楚哪些部门最严重。不难发现，库存最严重的部门是国有企业，产能过剩最严重的部门是国有企业，高杠杆和高成本的地方也是国有企业，短板最严重的地方恰是政府提供公共服务不足、民营经济没有得到平等对待的地方。如不弄清楚原因，不对高库存、过剩产能、高杠杆、高成本和短板背后的制度问题进行改革（如不打破行政垄断、不简政放权、不放松管制、不约束货币发行、不让各种所有制公平竞争、不让民营经济在就业和经济发展方面发挥主要作用），不让市场发挥决定性作用和政府在维护和提供公共服务方面发挥好的作用，又怎能从根源上解决"三去一降一补"问题呢？即使短期解决了，也还会死灰复燃，不能从根本上解决问题，中长期还会反复。

其二，改革大计方针难以落实造成社会舆论及思想方面的混乱。改革大计方针难以落实，使得潜在生产率和实际生产率落差巨大，决议和现实反差巨大，也让人迷惑并导致争论，出现了一股否定市场化改革及其现代市场制度的理论基础——现代经济学的思潮，使得社会上出现了各种声调，例如怀疑甚至否定改革开放的正确大方向，将市场化等同于私有化，将个体和民营经济等同于私有经济，将公有经济等同于国有经济。其实，正如邓小平同志所说，市场只是一种手段、方法，资本主义可以用，社会主义也可以用。

由于没有一个明确的说法，使得基层深化改革的具体执行者没了方向感，从而"多做多错、少做少错、不做不错"自然就成为最优的选择，其表现形式就是不作为，改革也就没有了方向，争辩四起，造成了社会舆论及思想上的混乱。在改革走向方面国家一旦没有了方向感，官员就会无所适从，精英就会没安全感，企业家、知识分子就会纷纷"跑路"或信心不足，大众就会没希望感，往往会过度关心政治，这对国家的经济、政治、社会稳定不是一件好事。这些问题需要引起警惕。

那么，应该如何走出这样的困境呢？下面将从理论、历史和统计三个维度论证要进一步解放思想、坚持改革开放，提高市场效率的供给侧结构性改革和提振民间信心是关键，而平衡好供给侧结构性改革和刺激需求端更是关键。建立有效市场，让政府在维护和服务市场方面发挥好作用，提供各种所有制公平自由竞争的环境，让民营经济大发展才是中国应对经济困境的标本兼治之策。

二、供给侧结构性改革最根本的是有效市场制度供给

供给侧结构性改革最根本的是有效市场制度供给。应以深层次市场化制度改革为内涵推进供给侧结构性改革，并让各种所有制公平竞争，以此提高市场效率，建立维护和服务型有限政府，提振民间信心和实现民营经济大发展，这才是中国同时处理好发展的逻辑和治理的逻辑，以及应对当前经济困境的标本兼治的必要之策。

这是由于制度才是最关键、最根本、最长效的，在个体（**无论是国家层面还是部门、企业及个人层面**）通常情况多为自身考虑的客观约束条件下，现代市场制度不可替代，其要在资源配置中发挥决定性作用。要建立有效市场，同时政府要在维护和服务方面发挥更好作用。

如同笔者与合作者 2015 年 10 月发表于《中共中央党校学报》的《新阶段中国经济的发展驱动转型与制度治理建设》一文中所分析的那样，当前经济下滑主要原因有五个：一是要素驱动红利衰减，向效率驱动乃至创新驱动的转型滞后；二是政府主导动力枯竭，地方财政不具有可持续性；三是国企产能过剩挤压民营经济，资金继续流向本来就充裕的国有企业，其后果就是重复投资、无效投资的不断累积，导致经济严重乏力，造血机制不足；四是政府施政过程中出现的严重不作为的问题；五是对"新常态"的理解有偏差。

可以看出，上述原因的背后都是市场化改革不够深入，政府与市场、政府与社会之间的治理边界不够合理，市场经济制度不够完善及政府治理出了问题造成的。如果不进行深层次的制度性方向的市场化改革，这五重导致经济增长持续大幅下滑的因素就不可能得到根本性的解决。但现实是，一些部门和地方政府没有真正遵循十八届三中、四中、五中全会的决议精神，特别是没有向让市场在资源配置中发挥决定性作用和更好发挥政府作用的方向改革，所给出的改革措施甚至和改革开放取得巨大成就的重要因素在很大程度上是背道而驰

的，导致了严重的激励不相容，以致当前许多改革的思路和举措都是反向的，政府行政垄断、主导经济、国企做大的现象愈演愈烈，民营经济的发展空间进一步受到严重挤压，导致民间、民企对当前政策手段和改革方式信心不足。

民间信心不足导致即使社会资金丰富也不愿投资。有一种观点认为，2016年1～4月份的民间投资增速下滑是由于整个经济增长率下降导致需求自然下降。如果是这样，那么为什么在2016年1～5月全国固定资产总的投资增速基本不变的情形下（**由2015年底的10%略降至9.6%**），但政府投资却由2015年底的9.5%猛增至20%，而民间投资却由10.1%继续大跌至历史新低3.9%呢？反差如此巨大，只能表明当前的中国经济仍是一个政府主导而不是市场发挥主要作用的经济，政府急于保增长而再次出台大规模投资刺激计划，且很多资金又流向国有企业，使国有企业肆无忌惮地横行于资金密集型行业，大量高负债国有企业大规模进军土地市场，近年来各地的"地王"基本上都是国有企业竞得，出现了国有银行和国有企业成为资本密集型行业供需双方的市场博弈主体这一世界奇观。另一方面，这也显示了民间资本的信心严重不足，即使社会资金丰富也不愿投资。同时，由于边际收益递减及政府主导下的投资低效率，这一轮规模更大的铁路、公路、基建投资，从对经济增长的拉动效果来看，要比2008年的4万亿投资效果差很多。

因而，对供给侧结构性改革的理解应统一到十八届三中全会所提出的让市场在资源配置中起决定性作用和更好发挥政府作用，以及十八届四中全会所提出的全面推进依法治国和十八届五中全会提出的创新、协调、绿色、开放、共享的五个发展理念上来，以市场化、法治化的结构性改革来同步解决做什么、谁去做、怎么做的问题，坚定不移地继续推行松绑放权、市场化制度性改革和有限政府职能改革才是关键。否则，供给侧结构性改革的内涵不明确，许多政府部门和部委就会要么选择不作为，要么选择根据各自的想法，甚至是自身的利益来实施所谓的供给侧结构性改革，出现激励不相容的反向作为。

如不尽快进行深层次市场化制度性方面的改革，中国经济唯一可能的趋势就是经济增长持续大幅下滑。现在简单套用、泛用、误用经济学理论及其经济政策现象严重,有人认为依靠重商主义政府来推动中国的"工业革命"就可以解决问题,更多人呼吁采用更大力度的财政政策和货币政策就可以解决当前经济下滑劣势。这些观点都以为不重视长期治理的市场化改革,就可以快速实现工业化,就能扭转经济增长持续大幅下滑困境。这只能是空想或短期有效,并不能从根本上解决问题,甚至有反效果。这是由于,许多现代经济学理论及基于这些理论发展出来的政策工具大多都是基于有一个成熟完善的市场经济制度环境的假定而给出的,因而都是基准经济制度环境下的基准经济理论和基准政策工具,不能直接照搬照用到中国这样一个市场经济体制还远没有完善的转型加转轨的新兴经济体。如果不考虑前提假设一味地泛用、误用,只能是作用有限,甚至起反效果。

当然,也还有不少人很不以为然地说,发达国家(例如美国)现在也只有2%~3%的经济增长,中国的经济增长哪怕低到6%也很不错了,从而沾沾自喜,缺乏忧患意识。殊不知,这种将不同发展阶段放在一起的简单类比是会误国的。用卫星做比喻,发达国家就像已进入预定轨道环绕飞行的卫星,总体已基本处于平衡增长轨道。中国则不同,作为一个仍处于发展中的经济体,就像处于腾空上升阶段的火箭上卫星一样,还需一定的速度保障,否则动力不足,就可能达不到预定目标轨道,会造成非常严重的灾难性后果。因此,中国在更为关键、更为根本的市场制度建设问题上一定不能出问题,否则可能非但会动力不足,还会出现阻力。

从历史和现实来看,靠政府主导、国企主体无法解决经济困境。观察自2015年以来中国各省的经济增长就可以发现,那些政府干预较多、国有经济占比较大的省份,往往也正是经济受冲击最大的省份。例如,在2015年全国31省、自治区、直辖市GDP增速排名中,有5个省份经济增速低于6.9%,它们是辽宁、山西、黑龙江、吉林和河北,其中辽宁以3%的增速位列倒数第一。而在2016年第一季度,这5个省再度位列GDP增速后5位,辽宁甚至出现负增长，以-1.3%的增速位列末位。已经被实践证明行不通的经济发展模式，难道我们还要重蹈覆辙？

改革开放以来，非国有经济尤其是民营经济的大发展对中国经济的发展做出巨大贡献，无论产值贡献还是解决就业方面均居于主要地位，并且越是民营经济发达的地方，地方政府无论是经济发展、社会稳定，还是其他方面，日子都会好过很多，少许多麻烦。更重要的是，中国向效率驱动乃至创新驱动的转型发展，还有赖于民营经济发挥主体作用。这样，历史和现实都告诉我们，国有经济主体、政府主导，很难解决其效率低下、创新不足、贪腐猖獗、民营经济受挤压、机会不均导致社会公平正义严重不足的问题，这与让市场发挥决定性作用是根本冲突的，也无法真正实现国家治理体系和治理能力的现代化。

为了避免歧义，需要着重指出的是，笔者并不是说不需要国有企业。国企的存在必要性主要是基于国家经济安全和政治方面的考虑，而不是基于效率的角度，从而必须有一个度，比重不能过高，不能过度强调它的作用，一个没有效率、经济不能有大的发展的社会是不可能长久稳定，也是不可持续的。

并且，如果什么都是由政府和国企兜着，中间没有"隔离带"和"防火墙"，一旦经济出事，责任自然就在政府、国企，从而矛盾立刻就集中在政府身上，这将会对中国政治、经济和社会稳定造成很大的风险。同时，这也非常不利于产业转型升级和破产。例如，我们能让那些高污染、高消耗的国有企业破产吗？而如果是民营企业，就不存在这个问题。例如，美国政府为了削减发电厂的碳排放，加快清洁能源的使用，以应对气候变化，制定了《美国清洁电力计划》的环境能源政策，短短几年，美国已有30多家煤炭公司申请破产，包括美国第二大煤炭生产商阿尔法等大型煤炭公司，当然这也是由于页岩气能源革命。中国国有煤炭企业，特别是那些夕阳企业能这样做吗？此外，许多人主张国有企业大量存在是基于解决民生和社会保障问题的考量，但国有企业是生产性单位，是要追求效率的，而民生和社会保障及社会稳定是应该由政府通过提供公共服务去解决的。

很多人也将国有企业当作党的执政之基,而忽视民营企业在这方面的重要作用,这其实是失之偏颇的。执政之基主要体现在人民对执政党的拥戴度及其执政的满意度,而这取决于执政党能否通过有效的治理,让经济持续发展,社会和谐稳定,来满足人民日益增长的物质、文化和公共产品的需求。改革开放以来,如没有非国有经济,特别是民营经济的发展,中国经济怎么能大发展,经济、政治及社会怎么可能这么稳定,怎么会取得举世瞩目的成就呢?显然,改革开放以前的实践已表明,计划经济条件下完全靠国有企业并没有很好地满足人民的需求,恰恰是改革开放后民营经济的大发展才使得人民的需求得到极大满足,极大地夯实了党的执政基础。

所以,最重要的还是要思想解放,打破思想的禁锢,坚定市场化改革的信心,树立鼓舞人心的改革和发展目标,并能坚实落地。前面列举的20世纪80年代初翻两番的目标、20世纪90年代初邓小平南方谈话和随后确立市场经济体制改革目标,及21世纪初加入WTO的例子都说明了只要通过真正的制度性、市场化的深化改革和扩大开放,同等对待非国有经济,社会和企业的信心肯定会为之一振,经济持续下滑的劣势就会逆转。

值得肯定的是,2016年6月14日,国务院发布《关于在市场体系建设中建立公平竞争审查制度的意见》,提出要初步清理废除和禁止出台妨碍全国统一市场和公平竞争的规定和做法。这个意见如能执行到位,对于降低制度性交易成本,调动各类市场主体的积极性和创造性,无疑是有正向作用的。

三、供给侧结构性改革的逻辑与政府定位

供给侧结构性改革必须注重两个逻辑:发展的逻辑和治理的逻辑,否则会造成各种问题和危机,其关键是政府的定位必须恰当。同时,建立一个维护、服务型有限政府离不开三要素:法治、执行力、民主监督。唯其如此,中国才

能实现经济可持续增长和发展，社会和谐稳定，国家长治久安。

中国改革已经进入深水区。改革在取得巨大成就的同时，问题也十分严重：社会公平正义严重不足，贫富差距过大，贪腐猖獗，生态严重恶化，没有处理、平衡好发展和治理逻辑，导致成就和问题两头都冒尖。当前，中国社会经济发展所面临的困境也是问题的表现之一。如果对导致发展成就的经验和问题的根源认识不清，错把缺点当成优点，把短处当成长处，中国经济的问题不可能得到根治，也不可能实现社会和谐与国家长治久安。

（一）要找准什么是导致中国改革成就巨大的新的因素

客观而言，中国改革之所以取得巨大成就（**当然由于只是遵循了发展的逻辑，没有注重治理的逻辑，问题很多、很严重**），就是因为基本放弃计划经济，实行松绑放权的改革，政府的干预大幅度地减少，民营经济大发展从而国有经济比重不断下降。因此，我们应该按照实验物理学的基本实验的基本方法论来谈什么是差异因素，那就是，除了坚持党的领导、坚持社会主义、保证社会稳定之外，新的因素是：较大程度的经济上的选择自由、松绑放权的改革、引入竞争机制（**包括中央与地方政府、对内对外的竞争**）、对外开放、民营经济大发展，中国的巨大成就正是在这样的基本制度性市场化改革下才取得的。

然而，现实中，许多的改革正在往回改，又回到政府主导的老路上，一旦遇到问题，就惯性思维式地回到老路，就想到或仍采用政府主导的方式去解决，负面作用很大。例如，由于对供给侧结构性改革与"三去一降一补"的机械理解，各级政府更是通过层层分解的任务指标以行政手段来越俎代庖地解决本应由市场和企业自主解决的问题，使得问题并没有从根源上得到实质解决，随时可能死灰复燃。

以去产能为例，一直在路上的去产能，产能却越去越多。2015年，中国平板玻璃、钢铁、水泥和造船等严重过剩行业的产能利用率均已下滑到70%以下，其中钢铁行业与2008年相比产能利用率下降达10%之多。为此，国务院 2016 年 2 月出台的 6 号文提出，5 年内要化解钢铁过剩产能 1 亿～1.5 亿吨，结果刚出台，3 月、4 月钢铁产量却连续增长，许多依靠政府补贴续命的钢铁企业又开始复产。与此相反，还是拿美国煤炭企业的生存危机作为例子，美国政府并没有出手干预市场让煤炭企业苟延残喘，而是让市场、让企业自己来决定自己的命运，其结果是 2015 年美国煤炭产量与 2008 年相比减少了 20% 多，成功实现了去产能。

（二）建立维护、服务型有限政府有赖于法治、执行力和民主监督

之所以会有上述这些问题，关键是政府的定位没有得到合理界定。中国的政府本质上还是一个发展型的全面政府，过于注重发展的逻辑，却忽视了治理的逻辑。政府在资源配置中仍然居于主导地位，大量越位和错位，大大限制和压制了市场作用的发挥，而政府却在维护市场秩序和提供公共服务方面大量缺位，没有发挥好应有的作用。因此，供给侧结构性改革首要任务应该是体制机制的改革，首先解决好效率驱动的问题，改革影响市场效率的不合理制度环境和监管架构，解决政府职能定位的问题，以此解决好政府与市场、政府与社会的治理边界，使之成为一个好的市场经济。

由于政府既是改革的主要推动力量，更是改革的对象，这就决定了中国下一步改革的艰难性。那么，如何将二者有机结合起来，并将全面改革引向深入呢？即如何从政府自身的改革入手，使之成为一个改革发动机？如何确保深化市场化改革的成功？如何在加强治理的同时，又不对发展产生太大的副作用？这些问题实际上就牵涉到政府治理本身，在笔者看来，一个维护、服务型有限政府的实现依赖于三要素——法治、执行力和民主监督。

其一，法治的首要作用是对政府行为的规范和约束，其次才是对市场经济个体的约束。这是"法治"和"法制"的本质差别。一个好的法治环境，可以有助于实现真正让市场发挥基础性和决定性的作用，而政府只是起到维护和服务的作用。只有这样，才能最大限度地压缩权力寻租和腐败的空间。

其二，增强改革的执行力和发展的驱动力，必须从法治、激励和理念三个维度推进综合治理，特别是要发现和培养改革发展的开拓良将，将那些不唯上、不唯书、只唯实，敢闯、敢试、敢为人先的人放在重要岗位上或一把手的位置上，使之成为一个个改革发动机。

其三，没有民主监督，没有问责，没有责任边界的划定，没有社会和媒体的监督，这样的政府治理体系将是涣散失效的。中国还需要有质量的量化指标作为目标，否则就没了努力方向，也就无法对官员加以问责，官员也就没有责任和动力关注发展、推动改革，不再勇于创新。

四、供给侧结构性改革的方法论问题

供给侧结构性改革要取得成功，必须正视改革的艰巨性和复杂性，用好成功改革的方法论，灵活运用"明道、树势（顺势）、优术、抓时（择时）"四位一体的方法论。并且，对于改革方案的制定方式也需要重新设计，以确保独立性、科学性和可操作性。

当前中国改革空间异常狭窄，来自利益集团和弱势群体的双重夹击，使之充满着对立和冲突，社会刚化和阶层分化严重，具有很大变数，需同时解决好让市场发挥决定性作用和社会公平正义问题。为此，我们要有十足的紧迫感，不能再滞后，越拖越麻烦，例如房产税和遗产税，如果在十多年前或二十年前基本没有房产和财产时就制定成法规，那是非常容易的一件事情，但现在制定已经是阻力重重。

由此，现在一些改革包括政府大力倡导的供给侧结构性改革，并没有从方案落实到制度、从制度落实到政策、从政策落实到行动。上面在"踩油门"、中间在"挂空挡"、下面在"踩刹车"，改革决议和文件在一些方面处于空转的状态，甚至由于目标、方向的混乱，反而出现文件与文件打架，令人十分忧虑。问题出在哪里？在笔者看来，至少有三个方面的因素。

其一，按照现在的改革做法，让部委自己来操刀给自己动手术，让地方政府来革自己的命，很难做到。即使国家发展和改革委员会也是发展的性质大过改革，给人的感觉就是在不断地审批项目，在改革上用力严重不够。一旦经济遇到问题，就想到用政府主导的老办法来解决。不像以前，中国设置国家体改委这样一个专门研究、制定、协调和指导体制改革的综合性、独立性专门权威机构，一旦形成决议和文件，中央部委不得不执行。正如曾任国家体改委主任的陈锦华所言："因为改革涉及利益格局的调整。有权力、有利益的部门都不想让步，都要别人改，自己不改。在这样的情况下，就需要一个超脱权力和利益格局之外的部门来研究、协调、仲裁、推动。"当前，中国改革的推进又面临相同的问题，因此有必要恢复国家体改委或成立类似的机构。

其二，缺乏鼓励改革理论探讨的氛围条件，无法凝聚改革的学理共识和增加改革的前瞻性、战略性。中国改革是一个庞大的系统工程，实践每向前推进一步，都会带来更多和更为复杂的理论和实际问题，这就对理论创新提出了新的更高要求。不过，理论探索离不开一个开明、宽松的舆论氛围和社会环境。理论探索需要求真务实，要尽量避免上纲上线，甚至动辄上升为意识形态、阴谋论、敌对势力的大字报"文革"语言，这样将造成很大的社会不和谐，导致极其严重的负面后果。

其三，目前中国的智库结构也还是官方色彩浓厚，缺乏独立性、客观性，民间智库很少，发展严重滞后。在现有的决策体制下，中央关于某个领域的政策往往是由相关部委负责制定的，而部委下属的研究机构往往通过写文件、做课题、报内参在决策中发挥作用，形成一种决策咨询上的渠道垄断。显然，这导致的结果只能是政策被部门利益、地方利益所裹挟，不是基于一般均衡、综合治理的考量。例如，国企改革"1＋N"的文件就是一种关门设计，没有很好地听取国企、地方政府和社会各方面的意见和建议，脱离国企实际严重，带有明显部门利益和视野上的局限。独立的政策研究机构是政府决策科学化的保障，中国需要大力发展民间智库。

五、基本结论

供给侧结构性改革的首要任务应该是体制和机制的改革及其改革落地的执行力问题。首先要解决好效率驱动的问题，改革影响市场效率的不合理制度环境和监管架构，解决政府职能定位的问题，以此解决好政府与市场、政府与社会的治理边界，使我国的市场经济成为一个好的市场经济。不应人为地将发展的逻辑和治理的逻辑对立起来，将需求侧发力和供给侧改革拆分开来，将短期增长和中长期发展割裂开来，那样容易引起争议，甚至可能有反作用，使得改革的共识消解、动力耗散。

因此，要打破改革停滞不前甚至倒退的僵局，需要进一步解放思想，让改革统一到中共十八届三中全会所提出的让市场在资源配置中发挥决定性的作用，更好地发挥政府作用，以及中共十八届四中全会所提出的全面推进依法治国和中共十八届五中全会提出的五个发展理念上来，以市场化、法治化的结构性改革来同步解决做什么、谁去做、怎么做的问题，坚定不移地继续推行松绑放权和市场化制度性改革。当然，面对经济增长持续大幅下滑的困境，中国也需要一些短期的政策手段，例如实行结构性减税、加强对国企的约束、放开对民企的壁垒等，以提振社会和大众对于中国经济的信心，激发企业发展活力和居民消费潜力，增强经济增长内生动力。这些才是应对当前经济下滑和解决供给侧结构性问题的正确举措，才能同时处理好发展的逻辑和治理的逻辑，实现经济又好又快的发展。

（2016年7月）

25

中国改革最基本的 12 个问题*

　　1978 年邓小平创导的改革开放的战略决策与实践探索，引领中国走上了一条经济市场化和对外开放兼容的发展强国道路，拉开了中国 170 多年来最辉煌的历史篇章。尽管其他亚洲国家或地区在 20 世纪 60 年代至 80 年代也曾经历过类似的持续高速增长，但作为人口规模超 10 亿量级的经济体，中国能实现持续 30 多年近 10％的增长，并使约 5 亿人口摆脱贫困（接近当前整个欧盟的人口规模），这是前所未有的巨大成就。与此同时，中国经济体制也初步实现了由原先铁板一块的计划经济体制向社会主义市场经济体制的平稳转型，非国有经济的工业总产值占比从改革初期的 8.78％发展到目前的超过 80％，成为中国经济增长的主要动力。

　　时至今日，中国的诸多经济总量指标已跃居全球数一数二的位置，发展成为世界政治经济格局中一支举足轻重的重要力量。然而，尽管中国的社会主义市场经济体制框架已初步建立，但与充分发挥市场在资源配置中的决定性作用为基本特征的现代市场经济制度相比还有相当大的距离，政府在资源配置中仍

---

* 本文节选自《中国改革：历史、逻辑和未来》自序；发表于《财新周刊》，2016 年第 46 期。合作者陈旭东。

然居于主导地位，大量越位和错位，大大限制和压制了市场作用的发挥，而政府却在维护市场秩序和提供公共服务方面大量缺位，没有发挥好应有的作用。这种半市场、半统制的汲取性体制，造成了改革开放以来成就巨大，但同时问题也十分严峻的"两头冒尖"状况。其根源是没有合理界定和理顺政府与市场、社会的治理边界，政府"过位""缺位"和"错位"大量存在，新旧矛盾纠结，利益藩篱交错。再加上思想界、学术界乃至整个社会在国家发展方向上众说纷纭，严重对立、交锋，中国改革大业面临着极其复杂的局面。其中，有的认为，问题是由改革造成的，继而否定改革；有的认为，改革已经取得了巨大成就，没有必要进一步进行深层次实质性体制、机制和制度方面的改革，就可以解决经济持续下滑问题和跨越效率驱动阶段而直接进入创新发展驱动阶段；有的则认为，政府在改革过程中发挥了重要作用，要进一步加强政府的主导作用；还有更多人根据自身利益受损或获利多寡来喜恶改革，使得改革停滞不前，就会按照惯性思维、惯性做法，仍然是一如既往地"重政府轻市场、重国富轻民富、重发展轻服务"的"三重三轻"不科学发展，没有真正让市场在资源配置中发挥决定性作用和更好发挥政府作用，造成了政府职能的越位、缺位和错位现象大量存在，这些恰恰也是所谓"中国模式"带来的问题。

改革行至中途，有两条不同的道路摆在国人面前：要么沿着进一步完善市场经济的改革道路前行，全面深化改革，抓大放小，无为而治，限制政府不应有的过多权力，建立完善国家现代治理制度，让市场发挥更大的作用，造就有限政府、有效市场和法治社会；要么沿着强化政府作用的道路前行，继续让政府统御市场，主导经济发展，维护从设租、寻租中获利的少数特殊既得利益集团，权力与资本在合谋中实现对社会财富的垄断。道路的不同，所指向的前景更是不同。

中国的改革开放仍处于正在进行时，依然充满着诸多的未知和挑战，难免会出现认识不足和舆论杂音。因此，理论探索需要先行，思想需要进一步的解放、再解放，促进理论创新。没有思想解放，没有理论创新，就没有改革开放的今天。现在和未来的改革也依然如此。鉴古可以知今，站在新的历史起点上，我们需要重新检视中国改革走过的道路，哪些是独特的，哪些是共通的，深刻剖析当前面临的问题和难点，进而探讨未来的改革路线图、关键点与突破口。

面向未来，我们还需要保持清醒头脑，忧患意识和危机意识不能丢，通过理性思考，充分考虑到各种风险和探寻解决应对之策。在将中国建设成创新型国家并构建和谐社会的总体目标下，如何避免坏的治理体系，走向好的治理体系，从而避免坏的市场经济，走向好的市场经济；如何避免坏的社会规范，走向好的社会规范，使之良性互动，实现科学发展？继而，如何建成公平正义的法治社会，实现民主政治，富民强国，让中国长治久安和实现现代化，使之全方位实现中华民族的伟大复兴？这需要政府官员、学者（特别是经济学家、法学家、政治学家、社会学家）、企业家等社会各界人士共同来理性思考和推动，也正是本书希望理清及回答的问题。

在注重理论内在逻辑、历史经纬爬梳和数据统计分析有机结合的坚实基础上，本书对如下12个最基本的理论和现实问题做出解答，希望能够抛砖引玉，激起思想界、理论界、学术界同仁共同来思考一些深层次问题：

1. **道格拉斯·诺思之问**：怎样才能从不利于经济发展的传统制度平稳过渡到有利于经济发展的好制度？在什么条件下，才能从非理想状态向理想状态过渡？制度改革与经济发展如何互动，谁应该先开始？如何看待渐进式改革和激进式改革的异同？

2. **计划与市场的本质差别**：计划经济与市场经济的本质差别在哪里？一个国家如何从高度集中的计划经济转变为竞争性的市场经济？为什么说市场体系建设与和谐社会构建是完全一致、激励相容的？

3. **中国改革之谜**：为什么在缺乏现代经济学公认的可促进经济发展的制度环境（如政府主导、产权界定不清晰、法治不健全等）下，中国经济能取得持续30多年的快速发展？为什么中国历史上一些大的变革，如王安石变法和清末维新变法无不以失败告终,而邓小平的改革开放取得了成功?中国改革贡献了哪些经验?

4. **中国模式与中国路径**:改革成就巨大是否意味着中国已找到一个与现代发达社会截然不同的现代化终极发展模式?政府对社会经济高度介入和干预的"中国模式"能让中国实现富民强国,长治久安吗?初始条件和改革路径的差异,是否意味着一国实现富民强国和现代化的终极发展模式也不同?

5. **富民强国的内在逻辑**:富民与富国,谁先谁后?富民强国的经济学内在逻辑是什么?为什么是非国有经济,特别是民营经济而不是国有经济导致了中国经济的大发展?

6. **顶层设计与基层探索**:为什么顶层设计与基层探索同等重要?如何促进顶层设计与基层探索("摸着石头过河")的上下互动和激励兼容?

7. **深层次问题及其对策**:中国未来发展面临哪些深层次矛盾和问题?如何应对?

8. **政策调控与制度治理之争**:指导和解决当前经济发展及所面临的贪腐问题主要是靠制度建设,还是靠频繁地使用凯恩斯主义的政府宏观调控措施和行政、党纪手段或国家机器?如何看待经济理论关于"看得见的手"和"看不见的手"的争论?

9. **联动改革的必要性**:为什么要进行系统的经济、政治、社会、文化、生态文明全方位的联动改革?

10. **政府、市场与社会**:为什么下一步改革的关键在于合理界定政府与市场、政府与社会的治理边界,而不只是政府与市场的治理边界?如何定位社会自我治理和文化伦理在国家公共治理中的作用?

11. **政府职能转变**:为什么政府职能的转变是界定政府与市场、政府与社会,全面深化改革及实现国家治理现代化的关键?改革的突破口是什么?

12. **改革、发展、稳定、创新**:为什么要在改革、发展与稳定的关系中加入创新的维度?如何实现从要素驱动向效率驱动乃至创新驱动,从国际体系追随者向未来世界领导者的转型？

　　中国正处于改革和发展的关键时期，由于当前经济持续下滑，经济社会发展进入新常态，由于整体改革的紧迫性、复杂性、系统性，传统的非均衡改革路径显然已经越来越难以为继。如果全方位联动改革的前进势头被扼制，许多方面、领域和部门的局部性改革也将不可能很好地进行下去。下一步，中国需要综合运用顶层设计和基层探索（"摸着石头过河"）的各自优势，以更全面、更平衡、更稳定的关联性改革组合，来推动中国经济从要素驱动转向效率驱动乃至创新驱动。全面深化改革的关键是按照老子的"以正治国、以奇用兵、以无事取天下"（即行得正、用得活、管得少，政府少干预，具体事务无为而治）的治理之道，来合理清晰地界定政府与市场、政府与社会的治理边界，促进国家治理体系和治理能力现代化，建立长治久安的长效机制。在继续深化经济体制改革的同时，积极稳妥地推进政治、社会、文化及生态文明体制的建设和改革，这是未来中国改革的主题，也关系到中华民族全方位的伟大复兴和每个中国人的根本利益。

（2016 年 11 月）

26

稳中求进关键在结构性的
体制和治理改革*

一、稳中求进关键在结构性的体制和治理改革

中国经济要实现稳中求进，关键在于结构性的体制和治理改革，解决好发展的逻辑与治理的逻辑间的相辅相容的辩证关系，并切实强化改革的执行力，有效释放改革红利。

改革的要旨是进一步明确和强化市场导向。有限政府核心作用就是：政府应该在有巨大的外部性的维护和服务方面大大地有为，不能缺位，同时在市场可以发挥决定性作用的方面大大地无为，不能越位和错位，为要素驱动转向效率驱动、创新驱动提供制度基础。

当前中国经济正处于 L 型探底阶段，在旧增长方式后继乏力、新增长方式尚未完全建立的关键转型时期，内部和外部一系列新的不确定因素叠加，使得中国经济在一系列稳增长政策之下虽有回稳态势，但基础尚不牢固，下滑的

---

* 本文载于《上海证券报》，2016 年 12 月 23 日"上证观察家"版面。

压力依然存在。

近年来中国经济增速持续下行，有经济潜在增长率下降的影响，但更重要的原因在于三个结构性失衡，即经济结构的失衡、体制结构的失衡和治理结构的失衡，使得实际增长率与潜在增长率的差距拉得越来越大。其中，经济结构的失衡是表象，表现为从要素驱动向效率驱动、创新驱动的转型滞后，深层次的原因在于体制结构上的"重政府轻市场、重国富轻民富、重发展轻服务"和治理结构上的执行落差，没有完全形成改革、发展、稳定、创新和治理的综合改革效应。刚刚闭幕不久的中央经济工作会议也指出，我国经济运行面临的矛盾和问题，根源是重大结构性失衡。为此，必须有忧患意识、危机意识，同时对症下药，实行结构性改革，才能实现稳中有进。

二、2017年中国经济面临的不确定性增多

面向2017年，需要充分认识到，需求侧刺激政策不仅其短期保增长作用已呈现边际递减趋势，且无法从根本上解决经济发展和改革中深层次的动力机制问题，由此带来的中长期副作用还会延滞供给侧结构性改革和向现代市场经济转型的步伐。尤其是房地产行业由于回报率过高，挤占了过多的金融资源，抑制和削弱了企业研发创新和从事实业的意愿，延滞了对供给侧结构性改革至关重要的实体经济的发展。再加上2016年以来的外部一系列"黑天鹅"事件，尤其是发达经济体中以欧盟内部动荡和美国总统换届可能政策大幅变化引发的外部环境不确定性增多，使得逆全球化的潮流有所抬头。2017年全球经济复苏前景不明，使得中国经济稳增长在短期内很难借助外力。

上海财经大学高等研究院"中国宏观经济形势分析与预测"课题组（以下简称"课题组"）最近发布的《2016～2017年中国宏观经济年度报告》显示，基于IAR-CMM宏观经济预测模型的情景分析和政策模拟进行的各种量化分析，预

计 2017 年中国宏观经济依然有较大的下行压力。在基准情景下，预测 2017 年全年实际 GDP 增速约为 6.50%，而经校正后的 GDP 增速约为 6.13%；CPI 增长 1.9%，PPI 增长 2.5%，消费增长 10.1%，投资增长 8.1%，出口下降 0.1%，进口增长 0.2%。由于外部不确定性因素增多，这是我们不可控的，从而需要充分考虑各种可能性，包括最坏的情况以便于前瞻应对和科学决策。

如我在 2016 年 12 月 12 日中央电视台《新闻联播》"新的改革　新的跨越——供给侧结构性改革：转型升级新方略"专题报道中接受央视记者采访时所表示的那样："从长期发展来看，标本兼治的任务是经济体制的改革、制度供给的改革、能不能够让市场发挥决定性作用的改革。"如果坚定不移地深化改革，让体制结构的失衡和治理结构的失衡得到有效改善和解决，渐进有序的经济自由化、市场化和民营化改革有实质性的进展，以及恰当采取应对经济增速下滑的财政和货币配套政策措施，社会和民间特别是民营经济的信心就会有大的提振，那么中国经济增长仍有望真正实现稳中求进和长远可持续发展。

三、改革是解决要素资源错配及缩小潜在与实际增长率之间落差的关键

无论是从内在逻辑分析，还是从历史视角的分析，或是量化的实证数据分析，都得不出潜在经济增长率大幅下降的结论。西方成熟市场经济国家研究潜在经济增长率主要就是考虑劳动力、资本及内生的技术进步，但是对于中国这样的转型市场经济国家，还要加入制度改革的因素。课题组通过一个两部门的一般均衡模型研究发现，尽管我国经济的潜在增长率已进入下行通道，但由于改革滞后所导致的上述"三个失衡"，使得实际增长率和潜在增长率在近些年差距过大，超过两个百分点。能否减小这样的不正常差距在很大程度上取决于体制性改革的成效。如果体制性改革能够在短期内得到有效的执行并且政策应

对恰当，则在"十三五"期间，平均潜在增长率仍能维持在7％左右，并且实际增长率可以有一个接近潜在增长率的增速。相反，如果改革陷入停滞，则实际增长率将出现较大的下滑。要素资源错配是导致增长落差的重要原因，根据我国的实际情况，体制性的资源错配问题主要体现在农业和非农业部门，以及国有和非国有部门两个层面上。以城乡改革和国企改革为突破口，进一步深化市场导向的经济体制改革，仍是当务之急。

保证中国经济稳增长，需要深化改革，解决好发展的逻辑和治理的逻辑间相辅相容的辩证关系，解决好"是政府还是市场，是国企还是民企"这样"谁去做"和"怎么做"的关键性、方向性问题，不能仍然"重政府轻市场、重国富轻民富、重发展轻服务"。

与此同时，中国经济得以平稳发展，经济政策包括产业政策的作用当然不可忽视，但需认识其治标不治本甚至有潜在后遗症的弊端，这么做只是为稳增长和深化改革赢得时间。财政政策和货币政策如不与深层次结构性改革相挂钩，其增长效应都将是短期的，治标不治本，且从实际效果看正呈现边际递减的趋势。随着中国市场经济的不断成长、成熟，经济增长要实现从要素驱动向效率驱动和创新驱动的转变，失败率较大的倾斜扶持性产业政策要少用、慎用，因为其很容易被利益集团左右，影响越来越重要的竞争性的市场环境的形成。尽管产业政策是一种垂直性的政策，其影响的领域相对会比较窄一点，但往往造成行业性的产能过剩，库存过度，制约经济的进一步发展和可持续发展。产业政策除了一方面要有度之外，另一方面也要对各类所有制企业放开，而不是歧视性对待民营企业。

四、稳中求进需增强结构性体制和治理改革的执行力

如前所述，中国经济要实现稳中求进，关键在于结构性的体制和治理改

革，并切实强化改革的执行力，有效释放改革红利。

增强改革执行力要重视目标方向感，正确理解导致改革取得成功的新的因素是什么。对这个问题，应该通过控制实验的科学方法，以辨析出哪些改革举措和政策是中国改革取得巨大成就的差异因素，而不是拿其他国家的经验来做对比（由于各国初始条件不同，可比性不大）。中国改革就是基本放弃计划经济，在很大程度上通过采用各种激励机制，实行渐进有序的、分阶段的经济自由化、市场化、民营化这样的松绑放权改革，使政府的干预大幅减少，促进民营经济大发展，从而使国有经济比重不断下降而取得的。按照控制实验科学方法的说法，也就是，除了固定的因素之外，新的因素是：较大程度的经济上的选择自由、松绑放权的改革、引入竞争机制、采用各种激励机制、对外开放、民营经济大发展、采用渐进式改革方式，中国的巨大成就正是对这样的基本经济制度予以市场化改革才取得的。从而，应该进一步明确和强化市场导向，坚持渐进有序和分阶段的经济自由化、市场化、民营化的改革方向不动摇。

增强改革执行力要明确政府边界感，要明晰政府在现代国家治理体系中的合理边界，推动政府、市场、社会三位一体建设。现实中所存在的问题及许多人所给出的彼此矛盾的应对之策说明，对于政府与市场在资源配置中各自究竟应发挥怎样的作用还没有弄清楚，没有合理界定和厘清政府与市场、社会的治理边界。有效市场的必要条件是有边界的有限政府，而不是无边界、事事有为的有为政府。事事有为、目标多重，其结果很可能就是执行不下去。我们要让政府职能恰当定位的根本目标，就是要合理界定和厘清政府与市场、政府与社会的治理边界问题。只有这样，才能建立有效市场和有限（从而有效）政府，才能让市场在资源配置和经济活动中发挥决定性的作用，以及让政府主要在维护和提供公共服务方面发挥好的作用。需要特别强调的是，即使政府在发挥作用的时候，也应是尽量通过制度或规则的适当设计，而不是直接干预经济活动或将干预减少到最少，从而需要通过制度来合理界定和厘清政府与市场、政府与社会的治理边界。

增强改革执行力要注重方案操作性，需认识到两个最大的基本客观现实：个体逐利性与信息不对称。在此前提下，一项改革或制度安排能够取得良好效果就要满足机制设计理论所界定的两个基本约束条件：参与性约束条件和激励相容约束条件，让大众从改革中获利，形成上下一致的改革共识、势能和动力。参与性约束条件，也称之为个体理性约束条件，意味着要求改革能符合大众的根本利益，尽量让所有人至少是绝大多数人从改革中获利，至少不受损，这是改革成功的必要条件之一。激励相容约束条件要求所采用的改革措施或制度安排能极大调动人们的生产和工作积极性，并且在个体逐利达到最优结果的同时，也实现改革者所希望达到的目标，这是提高效率的必要条件之一。这里的个体可以是地方政府、政府部门，也可以是产业、企业乃至最广大的老百姓。

增强改革执行力要有更多的担当者，要发现和培养改革发展的开拓良将，从法治、考核和监督三个维度推进综合治理。在现行体制下，一地一域改革的成败，主要是看一把手有没有改革意识，有没有改革智慧，有没有创新意识，有没有忧患意识，有没有解放思想。这就要求在干部人才的配置上下大功夫，尽可能把思想解放，勇于且善于改革创新，不唯上、不唯书、只唯实，敢闯、敢试、敢为人先的人放在重要岗位上，使之成为一个个改革发动机。同时，必须改变干部的激励体系，通过法律规章、政绩考核及民主监督的牵引，形成一种有利于改革执行的氛围。改革的贯彻执行，是把中央改革要求与人民呼声具体结合的过程，也是把行政力量和社会力量具体整合的过程。这都需要进一步深化政治体制和行政体制改革，努力形成有品质、有保证的改革人才供给，共同服务于全面深化改革和国家治理现代化的大局。

以上这些才是应对当前经济增速下滑和解决供给侧结构性问题的正确举措。改革的要旨是进一步明确和强化市场导向。有限政府核心作用就是：政府应该在有巨大的外部性的维护和服务方面大大地有为，不能缺位，比如维护国家安全、社会稳定、市场秩序、财产保护、提供公共服务、环境保护、解决贫富差距问题；同时在市场可以发挥决定性作用的方面大大地无为，解决越位和错位问题，为要素驱动转向效率驱动、创新驱动提供制度基础。

只有这样，才能同时处理好发展的逻辑和治理的逻辑，实现经济又好又快的发展，才能真正落实好近期中央经济工作会议提出的稳中求进总基调，让十八届三中、四中、五中、六中全会关于"四个全面"的综合、整体、深化改革的纲领性决议文件精神得到真正有效执行和落地，才可能实现十八大以来中央提出的各项宏伟目标，达到长治久安，实现民族伟大复兴梦。

（2016年12月）

27

正视改革艰巨性　用好改革方法论*

又到一年之春，又到全国两会时。改革，一直是中国鲜明的主题。2017年，改革的主题更加突出——这一年是实施"十三五"规划的重要一年。改革越向纵深推进，遇到的硬骨头就越多，用好成功改革的方法论极为重要。

一

方法论之一是创造鼓励改革理论探讨的氛围条件，凝聚改革的学理共识，增加改革的前瞻性和战略性。

改革的理论探索必须先行。中国的改革是一个庞大的系统工程，实践每向前推进一步，都会带来更多和更为复杂的理论和实际问题，这就对理论创新提出了新的更高要求。不过，理论探索离不开开明、宽松的舆论氛围和社会环境，因而要尽量避免上纲上线和阶级斗争式的旧思维及遇事非黑即白，甚至动辄上升为意识形态、阴谋论、敌我矛盾、敌对势力的"文革"大字报语言，这

---

* 本文载于《社会科学报》，2017年3月13日，第1549期。合作者陈旭东。

样将造成很大的社会不和谐，导致极其严重的后果。

理论探索无禁区，思想解放要先行，其重要性至少有两个：一是对已确立的改革方向和路径进行理论分析和论证，促进上下改革共识的凝聚和改革方案的执行；二是理论探索必须超前，对现有改革的不足之处进行理论剖析，通过内在逻辑的推演，指明下一步改革的方向和可能结果。虽然，当前也有质疑改革的声音，但总体上是肯定大过批评。对那些批评者、反对者，政府应该肯定他们的价值和作用，以弥补改革漏洞，完善改革措施。接下来，对于各个领域的改革深化，同样需要理论探讨先行，不断促进思想解放。

二

方法论之二是发挥中央权威的引领和主导作用，对改革的大方向、大方略、大方针进行顶层设计和顶层推动，并通过中央决议、政策或法规确定下来。

改革越是进入深水区、攻坚期，越是需要强有力的推动才能向前推进。对于中国这样一个集体主义、威权主义色彩较重的发展中大国来说，尤其如此。中央如果不下决心，很多事情就根本办不成。如果中央不发挥作用，不主动作为，不对改革进行推动，不对改革明确表态支持，不为改革保驾护航，那么可能导致的结果，要么是下面本来有改革想法的部门、地方可能会由于多做多错、少做少错、不做不错而选择不作为，要么是即使有改革的初步行动，也由于既得利益阶层的阻碍和牵绊，改革胎死腹中或无法真正贯彻落实。中央的重要作用之一，就是在改革的大方向、大方略、大方针上把住关，起到"定海针""指南针""北斗星"的作用，使之不能出现动摇反复。

中国共产党十八届三中全会的重要性即在于它通过集体决策、中央全会决议的形式将中央领导集体的权威贯之于全面深化改革方案之上，在顶层设计上起到了统御性的树势、引导作用,让全面深化改革成为上下共识,至少是成为行动的指南,使之有理念、有步骤地推动经济、政治、社会、文化、生态文明等各领域及综合配套整体改革。简而言之,对大的方面的改革,不仅要顶层设计,还要顶层推动。

三

方法论之三是满足改革的参与性约束条件和激励相容约束条件,让大众从改革中获利,形成上下一致的改革共识、势能和动力。

激励机制设计理论告诉我们,任何一项改革或制度安排的顺利推行要满足两个基本约束条件:参与性约束条件和激励相容约束条件。参与性约束条件要求改革能符合大众的根本利益,尽量让所有人至少是绝大多数人从改革中获利,至少不受损。只有如此,改革措施才能得到绝大多数个体的拥护,使他们支持改革,愿意参与改革,形成与改革一致的新的利益阶层,以此形成与中央相一致的改革共识和行动。激励相容约束条件,要求所采用的改革措施或制度安排能极大地调动个体的积极性,并且在个体逐利达到均衡结果的同时,也实现改革者所希望达到的目标。这里的个体可以是一个地方政府、一个政府部门,也可以是一个产业、一个企业,乃至最广大的老百姓。

四

方法论之四是综合运用"情、理、利"三个制度安排,实现法治、执行力和民主监督的良好平衡,解决全面深化改革的政策目标落地和具体实施问题。

有了改革的上下共识,最终还要靠地方政府和基层单位去执行、落实,所以最关键的是地方政府和基层领导特别是一、二把手愿意去落实。

那么，如何通过适当的制度安排将各层级的行动统一到改革的目标和任务上来呢？这就需要机制设计理论的参与。总体上，应该根据具体情境和信息是否容易对称，恰当、灵活地运用好"法规治理、激励机制、社会规范"这三个最基本的制度安排，实行"晓之以理、导之以利、动之以情"的综合治理，满足一个好的治理的三要素：法治、执行力和民主监督。

首先，要健全法治环境，将有关改革大的决议通过法律、法规确定下来。同时，从促进改革的角度来看，也需要法治的健全作为保障。如果仅仅是政策性的短期手段，而不触及那些与普遍规律相违背的、带有根本性的法规条文，改革便很可能会难以真正落实下去，因为政策宣示可能会被利益部门或个人根据自身的理解或理念而错误解读甚至反面解读。现实中，十八届三中全会关于土地改革的一些创新性提法，已被一些主管部门或一些有话语权的人解读得走形变样，其所造成的认识混乱极具破坏性。所以，要将有关改革大的决议通过法律、法规确定下来。否则，即使有中央决议，也可能得不到执行。中央通过的决议最终不能落地的例子比比皆是，如教育经费投入要达到 GDP 的 4％就讲了近 20 年，直到 2012 年才基本真正落实；和谐社会的构建提出来近 10 年，但有效的具体措施依然阙如。

其次，要加强执行力建设，将勇于改革创新的人放到重要领导位置。一个善治国家离不开政府的执行力，也就是所谓的国家能力。市场经济并不主张无政府主义，它需要的是一个有限而有效的政府，政府在最基本的维护和服务职能方面应充分发挥作用。如果连这两点都做不到，那就是典型的不作为。当然，这两者都需要公共产品和服务来实现，而公共产品具有外部经济性，这种外部经济性又存在着受益或影响范围的差异，从而也就存在一个中央政府与地方政府的事权和财权分布的最适度，不能将地方事权压得过重而财权统得过死，否则就必然还是"政令不出中南海"，政策得不到贯彻执行。

与此同时，改革方向、目标、愿景、战略的把握，顶层设计及领导的作用当然非常重要，但也需要一批操盘手和干将来具体推动、操作、落实改革的大计，否则改革也不可能成功。如果基层干部怕犯错、怕担责、不作为，改革推进必然会面临严重障碍。增强改革的执行力和发展的驱动力，必须从法治、激励和理念三个维度推进综合治理，特别是要发现和培养改革发展的开拓良将。这就要求在干部人才的配置上，尽可能选任思想解放、勇于和善于改革创新的人来担纲负责，把不唯上、不唯书、只唯实和敢闯、敢试、敢为人先的人放在重要岗位上或一把手的位置，使之成为一个个改革发动机。

再次，要完善监督问责，对政绩考核激励动力机制进行系统再设计。现实中，中国政府行政方面最大的一个问题是，中央的政策目标往往设计得都非常好，但只要没有与地方政府官员的政绩挂钩，官员缺乏执行政策的激励和动力，效果基本上就非常有限，只是停留于文件、宣传和口头上，执行不到位，政策目标就往往被偏离很远。因而，与下一步全面深化改革相适应的是，中国必须在官员政绩考核评价体系改革上下大功夫。

单一的GDP主义的政绩考核体系确有其不合理性，在带来经济高速增长的同时，也带来了很多问题和矛盾，但千万不能从一个极端走向另一个极端，不能说现在就可以完全不要GDP增长目标，在这方面不要作为了，当前更需要有质量的经济增长目标。

来自媒体和社会的外部监督也非常重要。媒体被称为是政治力量、司法力量和行政力量之外的监督政府的第四种权力，应该且完全可以起到朱镕基同志早在1998年就提出的"舆论监督、群众喉舌、政府镜鉴、改革尖兵"的作用，推动政府施政效率和行政效能的提升并极大压缩贪腐的存在空间。同时，对于地方政府的公共服务质量信息，当地的民众显然是更加了解的，而地方和中央政府则往往是信息不对称的。因此，政绩考核体系应该纳入当地民众的民意调查，让民众参与完善政绩考评机制，以使得信息更加充分。这样，通过自上而下的问责和自下而上的监督，将对政府及其官员的不作为、乱作为形成有效制衡。

五

方法论之五是找准改革的切入点和突破口，并发挥其外部性和延展性，实现全面深化改革和国家治理现代化的新突破。

全面深化改革千头万绪，如果眉毛胡子一把抓，不分主次，不明重点，可能会起反效果。所以，下一步的改革同样需要化繁为简，突出重点，积极寻找到能够牵一发而动全身的切入点和突破口。政府在下一步改革中发挥着特殊重要的作用，政府作为一种制度安排有很大的外部性，其自身的改革必然会牵动政治、经济、社会、文化、生态文明等方方面面的体制机制变革，由此可以带动全面深化改革走向深入，推动中国经济实现又好又快的发展，实现公平、效率与法治的均衡。这样，政府自身的改革特别是政府职能和国家治理体系的转变也就成了改革的关键和重要突破口。当然，这也正是下一步改革的最大难度之所在，需要更大的政治智慧和勇气来推动。政府自身的改革，一个总的方向是限制政府权力、减少权力腐败、确立政府公信、强化公共服务、降低政府成本、提高行政效率。

六

方法论之六是在"效率、公平、改革、发展、稳定、创新"这样一个六位一体的互动框架中来为现代化建设搭建支点。

在兼顾效率与公平的情况下，以改革谋发展，在发展中求稳定，在稳定中促发展，从而在发展中促创新，这是中国改革开放的基本经验。首先要强调的是，"发展是硬道理"，没有发展就没有稳定。发展依然是解决中国许多问题的一把总钥匙，要以改革为动力促进发展。与此同时，一个稳定的改革环境也是不可或缺的。在改革过程中一定要处理好改革的力度与民众的承受度之间的关系。在一项改革举措推出之前,要充分估计可能引发的各种潜在不安定因素,做到信息充分对称。实际上,许多对改革的不同意见,更多源自信息的不对称,对改革的宣传不够充分,由此产生许多误会。当然,改革必定会涉及一些既得利益和既有习惯的调整,这就要求改革措施的推出应该注意转型成本,给予转型时间,使民众逐渐适应改革。也就是说,改革措施的出台要有提前量,不搞突然袭击,让人们措手不及。否则,非但预期的改革成果无法实现,还会破坏稳定的发展局面,起反效果。

此外,创新是面向未来的,是创造性破坏,要求我们必须不断打破自己的既有优势,形成新的竞争优势,以此应对快速变化和激烈的国际竞争,否则即使自身一时有优势,如不继续创新,早晚会被超越。所以,向创新驱动转型是中国转型发展和建立创新型国家的必由之路,是必须经历、不可缺失的驱动转型。身为改革者应该在追求效率和社会公平的目标下按照"改革、发展、稳定、创新"这样一个四位一体的、互为促进的动态内在逻辑辩证关系的框架来系统思考和正确处理改革问题,促进发展驱动力从要素驱动逐渐向效率驱动乃至创新驱动的转变。

中国共产党十八届五中全会提出的"创新、协调、绿色、开放、共享"这五个发展理念,与十八届三中、四中全会的改革目标是相一致的,需要以市场化、法治化、和谐发展的结构性改革来同步解决做什么、谁去做、怎么做的问题,其关键是坚定不移地继续推行松绑放权和市场化制度性改革,正确理解发展的逻辑和治理的逻辑及处理它们之间的辩证关系,只有这样,中国经济才能实现又好又快的发展。

(2017 年 3 月)

上海市"十三五"重点图书出版规划项目

田国强学术文集

田国强 —— 著

2

中国改革、经济学理论与方法

上海财经大学出版社

目 录

第二篇　国企改革与银行改革 /381

28　中国台湾公营企业改革及其借鉴（1994年1月）/383

29　中国经济改革和国有企业改造的现状与前景（1995年5月）/394

30　俄罗斯私有化改革与中国经济改革的比较和评估（1996年8月）/413

31　国有企业股份制改革和中国制度的平稳转型（1998年2月）/434

32　中国银行业：改革两难与外资作用（2003年10月）/447

33　外资银行与中国国有商业银行股份制改革（2004年5月）/472

34　不良资产处理、股份制改造与外资战略
　　——中、日、韩银行业经验比较（2004年11月）/482

35　近现代中国的四次社会经济大变革
　　——国企改革的镜鉴与反思（2014年6月）/501

第三篇　中国经济与部门发展 /515

36　为什么中国的宏观调控政策仍未达到预期目的？（1999年11月）/517

37　中国经济低迷的困境、原因及其对策（2000年8月）/524

38　中国经济增长的实质性"拐点"未至（2007年6月）/548

39　治理通货膨胀，更要警惕经济大幅下滑风险
　　——关于解决扩大内需和抑制通货膨胀两难的政策建议（2008年6月）/560

40 贫富差别、城市化与经济增长
　　——一个基于需求因素的经济学分析（2008 年 6 月）／577

41 金融危机、经济增长与可持续发展
　　——关于中国经济短期增长和长远可持续发展的政策建议（2009 年 7 月）
　　／603

42 固本治源，缓急相济
　　——关于综合治理房地产危情的政策报告（2010 年 2 月）／621

43 中国经济如何走出"两难"困境（2010 年 10 月）／644

44 房产税改革的监管及长效机制的建立（2011 年 2 月）／647

45 基于财富分布 Pareto 法则估计我国贫富差距程度
　　——利用随机抽样恢复总体财富 Pareto 法则（2012 年 11 月）／653

46 财富分配视角下的中国经济转型（2012 年 12 月）／696

47 最低工资标准与我国企业的出口行为（2013 年 2 月）／699

48 人民币国际化倒逼金融市场改革（2014 年 3 月）／724

49 金融冲击和中国经济波动（2014 年 3 月）／727

50 政府支出乘数（2014 年 9 月）／755

51 互联网金融创新与中国经济发展驱动切换（2014 年 12 月）／787

52 中国房产的走势及其治理：房需与房价
　　——在 2015 年网易经济学家年会上的发言（2014 年 12 月）／794

53 当前中国经济增速的合理区间探讨
　　——发展和治理两大逻辑如何统筹兼顾（2015 年 3 月）／803

54 通缩来袭？（2015 年 8 月）／819

55 "十三五"中国经济
　　——如何开好增长新局和让发展理念落地（2015 年 12 月）／827

56 利率市场化、存款保险制度与银行挤兑
　　——基于动态模型的视角（2016 年 3 月）／834

第二篇

国企改革与银行改革

28

中国台湾公营企业改革及其借鉴[*]

提要：本文通过对中国台湾公营企业民营化背景、实施方式、存在的困难与问题的解读，结合中国大陆所有制改革情况，有针对性地讨论了中国台湾公营企业民营化的借鉴作用，具体归纳为五点启示：一要按市场规律办事，二要认识到具体实施起来的困难和艰巨性，三是中国大陆国营企业的所有制改革应进行体制内改革和体制外改革，四是要允许更多的经济上的选择自由和公平竞争，五是中国大陆民营化或股份的改革可从中小型国营企业着手，以此为我们的所有制改革和经济机制的转型提供借鉴。

在本文中，我想通过我今年夏天随中国留美经济学会赴中国台湾考察团到中国台湾参观访问所了解的一些情况和资料对中国台湾公营企业的民营化作一简单介绍，希望能对中国大陆所有制改革有所借鉴。由于我们与台湾同胞同种、同文化，并且政府的运行和操作在许多方面也比较接近，我认为无论是中国台湾的成功或失败经验对中国大陆都有很好的借鉴作用。我在中国台湾访问时，中国台湾的学者告诉我，中国大陆现在在经济机制转型期间遇到的许多问

---

[*] 本文形成于1993年。

题在中国台湾经济早期发展中也同样遇到过。作为比较,在本文中我也想谈一下关于中国大陆的所有制改革。

一、台湾公营企业的民营化

(一) 公营企业民营化的背景

中国台湾的经济发展在过去40年中已取得了引人瞩目的成绩,创造了所谓的"台湾经验"。中国台湾的经济与社会已从贫穷落后转变为繁荣进步。经济增长迅速稳定,个人所得从1952年的人均152美元增加到1992年人均10 215美元。物价也很稳定,在过去20年中具有非常低的通货膨胀率,仅有6.9%。中国台湾的失业率也很低,在过于20年中仅1.7%。此外,收入的分配也比较平均,并且外汇存底也是全世界最高的。取得这样的成就是非常不容易的,因为中国台湾既没有丰富的自然资源和能源,也没有很好的工业基础,但却有极高的人口密度(中国台湾的人口密度每平方公里高达553人)和极高的贸易依存度。

中国台湾取得如此辉煌成绩的原因是多方面的,这些包括中国台湾土地改革,从实现三七五减租到耕者有其田;提高农业部门生产力支持工业发展;保障私有产权,提高工作诱因;允许更多的经济自由和建立市场体系,减少管制扭曲;增加教育投资,提高国民素质和知识分子的待遇;以市场经济而非中央指令性计划经济为主;控制预算,减少物价上升的威胁等。此外中国台湾的公营企业也做出了一定的贡献。尤其是公营企业在经济早期发展阶段中在促进经济成长、稳定物价、增加财政收入及培养经建人才方面起到了积极作用。在促进经济成长方面,就资本形成毛额的结构比观察,中国台湾公营企业所占比例在20世纪50年代、60年代、70年代及80年代分别为34.9%、28.7%、32.9%及26.6%,就国民总产值而言,20世纪50年代、60年代、70年代、80年代公营企业产值占中国台湾生产总值的比例分别为19.6%、16.6%、14.2%及14.1%,其中制造业产值方面，公营企业所占比例分别达 40.3％、33.4％、14.7％及 12.4％。

中国台湾公营企业的存在有它的时代性和阶段性。对于中国台湾的公营企业的形成，一部分是抗日战争胜利后，从侵华日军和个人接收来的企业，另一部分是国民党政府到中国台湾后建立的企业。中国台湾经济发展的初期，由于私人企业较少，资金不充分，加上民间无能力主导一些基础工业，台湾当局认为有必要建立公营企业。但是随着经济发展以后，特别是随着民营企业的发展壮大，生产劳动密集型产品的中小企业自 20 世纪 60 年代起迅速发展并且其产品在国际市场上也颇具竞争力。这种以出口为导向的经济发展导致了中国台湾经济的迅速发展，从而收入和储蓄的连续增长加速了资本的积累。这样随着私人企业的相对重要性占主导地位后，公营企业的相对重要性也就越来越小了（从上面这些数据可以很清楚地看出这点）。另外，像中国大陆的国营企业一样，中国台湾的公营企业也有许多弊病，例如经济效率不如非公营企业，在人员和资源上产生了许多浪费。此外，中国台湾公营企业还有下列四个缺失：一是与民争利。许多公营企业具有利润高、风险小的特性，本可吸引私人投资，但因为公营，并受政府保护而形成垄断地位。二是与民争钱。公营企业比非公营企业有优先贷到款的权力，部分私人企业投资因金融机会减少而被挤出。三是民营企业负担较高利率，而公营企业利率贷款多为下限。四为民营企业对外竞争成本提高。由于公营企业效率较低，而偏偏此类事业又多为基础工业或相关产业的基础，以至增加了民营企业对外竞争的成本。以 1988 年度所有公营企业与 1987 年度民营制造业的固定资产投资效率来说（生产毛额除以固定资产净额），公营企业为30.54％，远低于民营制造业的85.5％（服务业更达127.8％）。这说明了中国台湾公营企业效率比民间企业的效率要低很多。因此台湾当局决定对公营企业进行民营化改革。

（二）公营企业民营化实施方式

中国台湾公营企业民营化直到 20 世纪 80 年代中期才被台湾当局正式提

出来。在此之前，只有 4 家公营企业在 20 世纪 50 年代被民营化。中国台湾公营企业民营化，一是由于以上提到的那些公营企业所具有的弊病，二是受国际上许多国家都在进行国有企业民营化大气候的影响。国有企业民营化的方式有许多种，主要有股票公开上市、直接拍卖资产和股权及开放特许权三种。所谓股票公开上市，即公司先以股票向投资大众公开发行后，再向证券交易所申请在交易市场上买卖，成为公开上市股票。所谓直接拍卖资产和股权，即对该企业的现有资产、负债及将来获利能力等进行评估，依照所估价值对外进行公开拍卖。所谓开放特许权指政府解除管制降低保护等措施，让一些享有独占特权的企业不再享有特许经营的权力而允许民间企业参与竞争的机会。英国是最早进行国有企业民营化的国家，1979 年以来出售了 40 家左右的国有企业，涵盖航空、电信、汽车、旅馆、运输等行业，民营化收入达 268 亿英镑，计有 65 万员工转为民营企业员工。民营化的方式大多采用股票公开上市或拍卖。

为了公营企业民营化，台湾当局在最近几年制定了一系列条例和法规。在此做一个大致介绍。中国台湾公营企业民营化的标准是如果一个企业已无公营的必要，就要把它转让民营。公营企业转让民营可以是全部或部分转让。转让的方式以两种方式进行。一种是一次或分次出售股权；另外一种是一次或分次拍卖资产。出售股权和拍卖资产的价格是由其企业的上级主管部门会同有关机关组织的评价委员会决定的。对于所在公营企业员工的处理方法是，愿随同移转的，应随同移转；不愿随同移转的，应办理退职手续，其退职的补偿按退职的标准付给，不受年龄和工龄的限制，并按移转时员工的工资标准加发六个月的工资和一个月的预告工资。转移为民营后继续留用人员，应于移转时由原单位办理退职手续，其退职的补偿按退职的标准付给，不受年龄和工龄的限制，但不发给预告工资。不过在移转后 5 年之内被退用者，应按移转民营时的工资标准加发 6 个月的工资和 1 个月的预告工资。公营企业转为民营出售股权时，保留一定的额度的股份，供该企业的员工优惠优先认购。公营企业转移民营所得资金均应上交台湾当局。

（三）公营企业民营化的困难和问题

尽管台湾当局决定了公营企业民营化的基本方向，但也遇到了许多困难和挑战。与其他发达的市场经济体相比，中国台湾的公营企业还是占有较大的分量。以 1987 年为例，中国台湾公营企业的资本形成毛额是 20.8%，但英国的国有企业的资本形成毛额只有 6.5%，日本只有 6.2%，美国更少，只有 3.8%。这说明了中国台湾的公营企业民营化的过程比这些国家将更为艰巨。另外，尽管有这种民营化的需要，中国台湾的民营化过程进行得非常缓慢。具体实施起来具有很大的困难和艰巨性。中国台湾的经历说明了公营企业成立容易，民营化、股份化难。尽管中国台湾的公营企业只有 60 家，只占国民生产总值的 12% 左右。即使把台湾当局参加民间投资的 45 家算进（台湾当局所占股份低于 50%），所有公营企业也只有 105 家。尽管中国台湾从 1984 年始已进行了 9 年的公营企业民营化（中国台湾公营企业民营化的定义是台湾当局占有的股份少于 50%），但到现在为此，还没有一家公营企业被民营化。原因是多方面的，主要有下列原因：（1）各种民营化所需的法则的设立或修正进程缓慢，比较完整的法则直到 1991 年和 1992 年才制定出来。（2）民营化的公营企业的员工和既得利益者的反对也是一个重要因素，很难满足员工提出的各种要求。（3）从金融方面的考虑，公营企业股份化并不是一件容易的事。由于公营企业的巨人资产，公营企业的股票　上市，股票的发行量一大，整个股票市场的价格就下掉很多。（4）由于台湾当局的股份还占有相当大的比例，企业的决策权还是被台湾当局（委派的人）掌握，人们担心这些企业的效率不高，风险比较大，因而不太愿意买公营企业的股票。（5）从财政的角度来考虑，也是一大困难，台湾当局需要巨大的经费来支付公营企业的退休人员的养老金和在民营化过程中的公营企业员工的退职费。

二、中国大陆的所有制改革

本节讨论中国大陆的所有制改革,并讨论台湾公营企业的民营化的经验教训对中国大陆所有制改革的借鉴作用。中国大陆所有制改革的经历和方式与台湾的民营化过程有一些相似的地方。

1978年以来的中国经济改革取得了引人注目的成就。这个成就是在经过"文化大革命"十年动乱,中国的经济几乎走向崩溃的边缘的状况下取得的。这十几年的经济改革给中国带来了高速度经济增长和人们生活水准大幅度提高。从1979~1992年,中国经济平均增长率为9%,居同时期世界各国经济发展速度之首,在中国历史上也许是前所未有的。这些成就本身就说明了中国传统的指令性经济机制需要从根本上加以改变。事实上,这一时期经济体制的确发生了很大变化,已从一个以公有制为主的中央指令性计划经济体制转变为一个非公有制总产值已占50%多的计划和市场混合的经济体制。中国这十几年取得的这些成绩是与引进市场机制,允许一定程度的经济自由,搞市场化的经济改革分不开的。这种向市场机制转换的过程显然会越来越快。

中国的所有制改革始于1979年。这种改革是以两种非常不同的方式进行的:一种是间接的、自发的、不知不觉的;另一种是直接的、人为的、公开的和有步骤的。我先谈间接的方式,然后再谈直接的方式。

间接方式并不是直接针对国营企业所进行的所有制改革。它是一种让非国营企业(包括集体企业、私人企业、乡镇企业、外资企业和合资企业)生存,通过竞争发展壮大的所有制改革过程。这种方式是由于通过改革开放,人们有了办企业的经济上的一些自由选择后而导致的。通过这种让各种所有制企业竞争的过程,非国营企业发展壮大了,国营企业的经济效率相对于改革前也相应提高了。事实上的确是如此。14年前,国民生产总值的80%左右是由国营企业生产的。然而到1992年,国民总产值的50%多是由非国营企业生产的。为什么会发生如此大的变化呢?难道在这14年中有30%左右的国营企业被民营化了或破产了吗？答案是否定的。在这期间，几乎没有什么国营企业被分掉或破产，而是大量的非国营企业，特别是乡镇企业诞生了。乡镇企业的蓬勃发展成为国民总产值急速上升的重要因素，导致了国营企业与非国营企业总产值比例的变化。并且在中国决定搞市场经济后，这种趋势的势头只会越来越强。目前中国非城市人口占总人数的80％左右。当中国发展成为一个现代工业化社会后，只需要10％左右的人进行农业生产。这样，剩余的60％～70％的人口就可进入工业社会。可以想象，到那时，即使现有的国营企业不倒闭，只要允许多种经济体制存在和自由竞争，而且经济政策不发生逆转，非国营企业的产值及非农业人口很可能达到很高的比重。广东省沿海地区的发展状况就指明了这种趋势。经过这十几年的改革，这些地区的非城市人口的比例已由改革前的80％下降到现在的20％左右了，况且这些地区还吸收了600万左右的外来劳力。中国台湾的工业化过程也说明了这点。

当然，这种间接式的改革可能只适应于像中国这样农业人口占大多数的国家，而不适应农业人口只占较小比例的一些前指令性经济国家（例如苏联和东欧等）。这也许是为什么苏联和东欧一些国家选择了激进式直接改革之路的主要原因。并且，这种间接式的、不知不觉的改革的方式也更适合中国的国情和文化，适合中国人的行为方式。由于文化的不同，行事的方式也许会不同。苏联及东欧一些国家的文化来源于古希腊并受东正教的影响，往往是先说了再干：先立了要私有化、市场化、经济选择的自由化的法，再名正言顺地干。而在中国，由于种种原因，中国这十几年来实际上一直在进行间接式所有制（非国营化）、市场化、经济选择的自由化的经济改革。

相对于直接所有制改革的方式，这种间接式的渐进改革方法是一种比较有效的改革方法，它具有较小的风险和阻力，比较稳妥，随其自然，不对任何所有制进行限制或打击，是一种不知不觉进行所有制改革的方法。除了对国营企业造成竞争的压力外，不对国营企业采取任何措施。唯一需要的就是给人们经济上的选择自由，让各种所有制自由竞争。在目前中国多种所有制并存的情况下，最重要的也就是要创造经济上的选择自由，让各种所有制、所有的人公平地竞争，让市场发挥作用。政府只应管理那些市场不能发挥很好作用的行业。但是只要市场能做的，就应让市场去发挥作用而政府不必去参与。此外，为了这种所有制改革方式的顺利进行，要尽快开放劳动市场，使人们有自由选择工作和就业的机会。同时还要给人们经营和独立创业的自由。当个人想转换工作时，个人与原单位的经济财物等关系应通过协商解决，不要一味地阻拦或设立重重关卡。人才的流动只会有利于劳动的有效配置。总之，只要有经济上的选择自由和恰当的激励机制作引导，无论是在公有制还是在私有制下，都可以导致资源的有效配置。这也是为什么具有选择自由（许可人才的流动）的西方国家中的大公司（许多人称为准公有制）有效益的根本原因。

间接式所有制改革方法的缺点是：转型的时间可能会拖得比较长，同时还必须容忍国营企业的低效率和亏损。例如，1991年明亏和暗损的国营企业就占了国营企业总数的2/3，只有1/3的企业略有盈余。这种亏损造成了金融改革的极大困难（这种亏损大多由国家政策性贷款来解决，为了让这些亏损的企业不倒闭，国家不得不贷款）。因此对国营企业的改革已迫在眉睫。解决的办法之一就是明确界定产权，国营企业民营化。随着改革的深入，人们对公有制企业特别是对中小型公有制企业进行民营化改革的要求会越来越强烈。这样，除间接式改革方式，另外一种改革方式就是直接对国营企业内部进行改革。这又有两种主要的改革方式：企业承包制和企业股份制。我们知道财产的产权包括财产的拥有权和使用权。产权的明确界定能激发企业的生产积极性从而激励企业尽可能有效地生产。农村的家庭联产承包责任制把土地的使用权或拥有权分开，结果取得很大的成功。鉴于农村改革的成功，在所有制改革的早期阶段，中国大陆的一些领导和经济学家就想把这种将拥有权和使用权分开的承包制的改革方式用到企业、商业及其他行业中去。他们想，这样做既保持了企业或生产资料的国有又能调动生产积极性。但效果不是那么如意。人们如何来解释这点呢？原因是复杂的，其中一个重要原因与土地的特性有关。这个特性就是土地几乎是无弹性的（其供给曲线几乎是垂直的，因而它的供给不会随着价格发生什么变化），又不能折旧，土地肥力的减少也是很缓慢的。这个特性使得人们能把土地的所有权和使用权分开。而对于那些折旧或贬值快的资产，例如机器、设备，如果没有所有权，使用者就没有激励去爱护它、保养它、维修它，而却有激励在承包期尽量使用它。

于是人们把承包制的兴趣转到了股份制改革上来。认为股份制是所有制改革的唯一出路。但我认为现有的股份制还是有问题。现有的股份制是通过认购股份的方式将产权分配给了持股的人们。由于中国要坚持社会主义的公有制，因此国家还持有很大的股份。以前规定国家最少要持有51%的股份。由于国家持有的股份大，企业效率还不是很好，最近据说已改为国家只要持有30%的股份就可以了。按照中国台湾民营化的标准，这应是民营化了。当然这里有一个很大的差别，中国台湾并没有规定台湾当局一定要持有多大的股份的下限，而中国大陆有30%的股份的下限。即使国家只持有30%的股份，国家很可能还是最大的股东，拥有最大的股份，政府有关部门仍掌握着企业的经营权和人事任命权，其他小股东仍是不能参与企业的决策。由于产权并没有完全地界定清楚，这种国家参与经营的企业的生产效率比完全民营的企业要低一些。可见，仅仅只是股份制还不能解决生产效率问题。我在这里给出一个既简单而又能有效解决这个问题的办法：这就是让政府掌握的只是一种特别股，例如说它有优先分红的权利，但企业的厂长、经理或董事会应由法人股和个人股东选举产生。我认为这是一种既保证了公有制占主体（政府是最大的股东），又能让企业有效地进行生产的可行办法。

三、中国台湾公营企业民营化对中国大陆所有制改革的启示

中国台湾与中国大陆同文化、同种族，中国台湾在经济发展中的成功与失

败，应有许多地方是中国大陆可以借鉴的。特别是中国大陆起步较晚，不必什么都从头摸索。许多地方可采用拿来主义，可借鉴中国台湾的经验取长补短，不至于浪费宝贵的时间。在所有制改革方面也有些地方可以借鉴。

首先，需要提到的是既然中国大陆已经决定了要搞市场经济，就应该按市场规律办事，本来有许多事可以让市场机制或民间去做而不需要政府去做的事，政府就不应当去做。我希望人们记住这么一条已被经济学理论和实践检验的规则：凡是市场能够做的事，应让市场去做，政府不要去做或管；只有市场不能或做不好的事，政府才应该要去做、去管。政府在经济活动中的角色主要是导演、裁判和啦啦队，而不是主角、队员和生力军。对国营企业的态度也应如此。许多国营企业是没有必要存在的，特别是对民营企业的效率比国营企业效率高的那些行业中的国营企业，应尽快民营化。这就是为什么国际上出现国营企业民营化趋势的原因。

其次，即使解决了股份化或民营化方面的意识形态问题，也要认识到具体实施起来的困难和艰巨性。这种困难比中国台湾公营企业民营化不知要大多少倍。会像中国台湾公营企业民营化一样，中国大陆国营企业成立容易，民营化、股份化难。中国台湾的公营企业只有区区 60 家并且没有任何意识形态方面的困扰，但到现在为此，还没有一家公营企业被民营化。由于中国大陆的国营企业占国民总产值的近一半，并且国营企业的数目要比中国台湾公营企业不知要多多少倍，实行股份化、民营化的困难可想而知要比中国台湾公营企业民营化大得多。上海的股市也出现过只要国营企业股票上市量一大，整个股票市场的价格就下降很多，这会使得国营企业股份化很难进行下去。并且由于国家的股份还占有相当大的比例，企业的决策权还是被政府（或政府委派的人）掌握，人们担心这些企业的效率不高，风险比较大，因而不太愿意买国营企业的股票。另外，在中国大陆有关股份化或民营化的法规与条令还没有完善，有的甚至还没有建立，需要尽快解决。这些问题不解决，国营企业股份化、民营化将很难进行。

再次，鉴于国营企业数量较多、资本庞大及股市吸纳能力有限等因素，民营并非立刻就可完成。因此在部分企业转为民营的同时，应采取一些提高国营企业效率的措施。对国营企业的所有制改革应进行体制内改革和体制外改革。体制内改革是相对于如何提高国营企业内部效率而言的，体制外改革是相对于如何把国营企业民营化而言的。对体制内改革，为了提高国营企业的效率，可采取如下措施：（1）对企业进行放权、让利，充分授权经营并加重国营企业主要负责人的成败责任，对企业主要负责人的薪水则从优加以调整使其主要负责人的报酬与经营成果发生密切关系。（2）逐步打破"三铁"（"铁饭碗""铁交椅""铁工资"）。对职工的雇用采取合同制，视业务的需要按合同雇用工人。此外，为了有效激励工人努力工作，让奖金的报酬与工作的成绩结合起来。而不是像以往和现在这样，奖金平分，形成固定性工资的一部分，失去了激励工人努力工作的效果。工资也应和劳动的报酬结合起来。

又次，民营化或股份化的改革可从中小型国营企业着手和从非基础型工业着手。这些企业多半都是民间可做的，政府没有必要去做，并且民营化的困难也会小得多，引起的社会震动也会小得多。

最后，要允许更多的经济上的选择自由和公平竞争。经济上的选择自由、自由交换和自愿合作在分散化决策的市场机制中发挥着根本性的作用，是市场机制正常运行的先决条件。在目前中国多种所有制（国营企业、集体企业、私人企业、乡镇企业、外资企业和合资企业）并存的情况下，最重要的是要创造经济上的选择自由，让各种所有制公平地竞争。不要对任何所有制实行优惠性的政策。

做到了这些，中国的所有制改革、经济机制的转型就能较顺利地完成。

（1994年1月）

29

中国经济改革和国有企业改造的现状与前景[*]

提要：本文讨论中国经济改革和国有企业改造的现状与前景。我们将通过讨论中国经济体制平稳转轨的方式和策略，来分析国有企业改造的各种可能措施并评价诸般改革策略与手段的利弊。我们认为中国向市场经济体制平稳转轨的整个改革过程要经过三个阶段。这三个阶段中所经过的三个基本步骤是：（1）经济自由化；（2）市场化；（3）民营化。在这三个基本步骤下，经济体制和国有经济变化的基本特征是：在第一阶段中，各种所有制企业的诞生和竞争导致了非国有企业的蓬勃发展和国有经济比重的下降。在第二阶段中，各种所有制企业的继续竞争和市场体系不断引入和完善将导致国有企业的本身衰减（国有企业的人员、资金和技术的外流），使得非国有经济比重占十分重要地位。在第三阶段中，进行民营化。中国经济改革过程已经历了经济自由化这一阶段，现已进入市场化阶段。经济自由化阶段始于1979年，以农村经济改革的开始作为标志。市场化阶段始于1992年。民营化阶段还未开始。笔者认为大致需要再等5～10年左右，

---

[*] 本文形成于1995年5月。

等到非国有经济占绝大比重,例如非公有制产值占国民总产值的80%以上时并且社会保障体系基本上建立起来后才有可能实施。我们还将讨论国有企业在每一阶段时期所应采用的改革策略与手段,并分析诸般改革措施在此阶段中的利弊。

一、中国经济改革的现状与国有企业的危机

以市场为取向的中国经济改革正处在制度转型的关键时刻。一方面,从1979年开始的中国经济改革取得了很大的成绩。中国进行的经济体制改革已促使中国的经济、政治、社会和文化形势与制度等各个方面发生了深刻且又广泛的变化。这15年的经济改革给中国带来了高速度经济增长。从1979～1994年,中国国民生产总值平均递增9.5%。中国经济体制转型也取得了引人瞩目的成绩。中国的改革与开放政策相结合,共同成功地推动了中国经济从计划经济体制转变为市场经济体制。由于允许了一定程度上的经济自由,承认个人利益,实行分权让利的政策,引进激励机制,让各种所有制生存、竞争等改革措施,导致了非国有企业(包括集体企业、私人企业、乡镇企业、外资企业和合资企业)蓬勃发展,使得经济体制发生了很大变化。国有经济在整个国民总产值的比率迅速下降。中国国有经济在整个国民总产值中的比重1979年为80%,1991却下降到52.4%,平均每年下降2个百分点。1992年实行市场化改革以来,下降的速度更进一步加快,1992年一年就下降了4.8%,1993年又下降了4.1%。到1994年底,国有经济在整个国民总产值中的比重已下降到40%。非国有经济已经成为中国经济增长的推动力量之一。1992年,非国有经济投资总额占全国投资总额的25%,但对国民生产总值增长的贡献却高达69%。此外,中国在引进市场机制和搞市场化的经济改革方面也取得了一

定的成绩。价格体制改革促使竞争的市场价格体系基本形成，90%以上的商品价格和农产品价格已经放开，大多数商品的供求已由市场来决定。股票市场、房地产市场、劳动力市场等已经初具规模，市场经济的各大要素开始成型。所有这些将为市场化奠定基础和积累经验，也将会加快向市场机制转换的速度。在经济自由化和市场化冲击下，中国开始承认非公有制经济和个人利益的合法性。中共十四大已决定中国要搞市场经济，这在意识形态上很大程度地排除了走市场经济的障碍。很显然，非国有经济的快速发展和基本完成的价格改革标志着中国市场经济的基本框架已经初步建立，市场经济发展的大趋势已不可逆转。并且，目前非公有制经济发展迅速。登记注册的个体工商户已达2 300多户，从业人员近4 000万人；私营企业近50万户，从业人员700多万人。个体及私营企业总产值达1 791.5亿元（《人民日报海外版》，1995年5月23日，第2版）。所有这些都表明无论是从改革的成果还是从改革的经验角度来看，至今为止中国经济体制向市场机制的转型取得了引人瞩目的成就。

但是另一方面，随着改革的深入和向市场机制转型的过程加快，改革的难度和强度也相应增加了，中国经济改革面临着许多深层次的问题和危机。解决不好，它们会阻碍或放慢中国经济市场化的进程，甚至导致混乱。在这些问题中，有些是改革前就存在的，有些却是转型期间出现的。这些问题包括市场体系仍处在很初始的阶段；价格在很大程度上仍没有正确地反映出经济关系；宏观调控机制远还没有完善；现代企业制度还没有建立；部分国有企业面临着越来越严重的危机；一些官员思想僵化、保守，用搞计划经济的方式和手段来搞市场经济，甚至对以市场为取向的改革有抵触情绪；老百姓越来越难承受最近几年高居不下的通货膨胀所带来的生活水平的下降；法规、条例、劳工市场、金融市场、土地市场（房地产市场）、产权制度和社会安全福利保障制度等都还不完善，有的甚至还没有建立。一些人，特别是一些政府官员利用市场体系及法规还没有完全建立、新老制度交接的空隙阶段进行不公平竞争，借用手中的权力或关系将国家的财物化公为私、贪污、挥霍公款、以权谋私。除此之外，还有在改革过程中出现的许多不协调问题参见本文参考文献[1]。

其中最引人瞩目的问题就是国有企业的亏损问题。现在一些国有企业面临着越来越严重的危机。国有企业面临的问题日趋严重，亏损面持续扩大。中国国有企业现有资产存量达 20 000 亿元人民币，尚不包括国有企业所占土地和房产的价值。但是国有企业资产流失和国有企业亏损十分严重。1992 年时，就已有大致 1/3 的国有企业亏损。至 1994 年上半年时，仅预算内国有企业亏损已达 16 000 多家，亏损面已上升到 46.3%，比 1993 年同期上升了 15.5%；亏损额达 219.7 亿元，增加了 26.8%，相对于 1985 年的亏损额 26.78 亿元上升了 700%左右。同期国有企业增长只占全国工业增幅的 6.6%，而非国有企业增长却占全国工业增幅的 93.4%。如 1994 年仅仅第一季度国有企业亏损面几乎达到五成，亏损比例高出非国有企业一倍多，共需政府补贴 157 亿元。现在许多效益不好的国有企业工人已生活在贫穷线上，收入很低，只能拿基本工资，有些企业甚至连基本工资都不能开出来，只能拿 60%左右的工资。对于严重亏损的国有企业，许多工人的日子更是十分难过，发不出工资，生活已陷入贫困状态。以重工业基地、国有企业云集的辽宁省为例，就有近 70 万职工发不出工资。黑龙江哈尔滨市的大中型国有企业各种挂账已达 63 亿元，欠账 13 亿元，一些企业已陷于停产、半停产状态。经过 1994 年政府事业单位工作人员的工资改革后，现在效益不好的国有企业工人的工资几乎是各行各业最低的，只有 200 元左右，已比事业单位职工低了差不多 50%左右。这造成了工人的心理不平衡。

这样，如何解决国有企业的危机问题已成为当前经济转型中一个既重要又紧迫的问题。由于国有经济问题的严重性，中国已把国有企业的改造问题列为 1995 年经济改革的重点。它也成为外界和学术界关注的热点问题。

那么，对国有企业的改造应采用什么样的措施？对此问题，人们提出了各种各样的解决方式：加强管理、实行分权让利、岗位制、承包制、产权改革、股份化、拍卖、对亏损的国有企业实行大规模的破产，等等。那么人们也许会问：这些改革的策略与手段有何利弊？如何权宜？对国有企业破产是否已成为当今中国经济改革的关键？中国现状是否已具备实行大规模的破产条件？工人大量失业是否对社会安定构成威胁？实行破产现阶段有哪些障碍？笔者想在下文中就这些问题进行探讨。尽管上面提到的许多其他问题也是非常重要的、需要解决，但对这些问题的一些讨论和研究见本文参考文献的［4］～［5］、［7］～［14］、［18］～［21］，我们在这里基本上不做讨论。

为了回答这些问题及比较对国有企业改造的各种改革策略与手段的利弊，我们认为有必要将这些问题和中国经济改革的过程与方式放在一起进行讨论。通过讨论中国经济体制平稳转轨的方式和策略，我们将分析国有企业改造的各种可能措施并评价诸般改革策略与手段的利弊。我们认为中国向市场经济体制平稳转轨的整个改革过程要经过三个阶段。这三个阶段中所经过的三个基本步骤是：(1) 经济自由化；(2) 市场化；(3) 民营化。在这三个基本步骤下，经济体制和国有经济变化的基本特征是：在第一阶段中，大力发展非国有企业。这是一种让各种所有制企业的诞生和竞争而导致非国有企业蓬勃发展的阶段，从而使得国有经济比重大幅度下降。它保证了社会经济的持续发展，为后阶段的改革顺利进行提供了物质基础，从而提高了人们对改革的支持和参与意识。在第二阶段中，各种所有制企业的继续竞争和市场体系不断引入和完善将导致国有企业的本身衰减（国有企业的人员、资金和技术的外流），使得非国有经济比重占十分重要地位。在第三阶段中，将进行民营化。按此三阶段的划分，改革的过程已经经历了经济自由化这一阶段，现已进入市场化阶段。第一阶段始于1979年，它是以农村经济改革的开始作为标志的。第二阶段始于1992年。第三阶段还未开始。笔者认为现在还不太可能、也不应该开始，需等到非国有经济占一定地位，例如非公有制产值占80％以上并且社会保障体系基本上建立起来后才能实施。我们估计这大致需要5到10年左右时间。这个估计是根据以往中国国有经济在整个经济的比重平均每年下降2～4个百分点而得出来的。在下面我们将分别讨论这三个阶段及每个阶段对国有企业的改造所应采用的步骤，并分析在中国现有的国情下这种对国有经济进行迂回包围和改造的渐进式转轨方式也许是一种既能够让中国经济快速增长又能保证社会相对稳定的可行的最佳转轨方式。我们还将讨论每个阶段时期，国有企业所应采用的改革策略与手段，并分析诸般改革措施在此阶段中的利弊。

二、经济自由化改革与非国有经济的蓬勃发展

中国经济改革的第一阶段（1979～1992年）主要进行的是经济自由化的改革。在这一阶段中，改革的取向主要是建立和改进一个经济机制（特别是市场经济机制）运行良好所需要的基本先决条件和环境。通过这十几年的改革，市场经济机制运行良好所需要的四个最基本的先决条件在中国已差不多具备或取得了长足的进步。这就是：（1）承认人的自利性（个人利益）；（2）允许经济上的自由选择；（3）实行分散化决策；（4）引进激励机制。中国所取得大多成就都是与实行这四项经济基本原则分不开的。这一阶段的改革使得中国老百姓的价值观念、思维方法和行为方式发生了根本性的变化，变得更为现实了。人们都在根据自己的特长和门路绞尽脑汁去赚钱（尽管也有人以非理性和非法的不正当手段去赚钱）。这种价值观和行为方式的根本性变化是在这一阶段中发生的。人们已逐渐认识到人的自利性及争取个人利益是不可回避的现实。通过这一阶段的改革，经济上的选择自由已有了很大的改善。在农村，农民获得了土地的使用权（尽管没有拥有权），基本上可以决定种哪种农产品。在城市，人们可以选择继续待在国有企业吃大锅饭，也可以辞职自己单干或到非国有企业去工作并承受随时可能失业的风险。通过这十几年的经济改革，分散化决策方式在中国已取得了很大进步，权力下放，岗位制，取消各种计划，让个人和企业做出消费和生产的决策。另外，中国现在已经在许多部门和行业建立了各种激励机制，大大地调动了人们的生产积极性。这些是导致中国高速度经济增

长的重要原因。

中国的这种经济自由化的改革首先是从农村开始的。以农村经济改革为先导的中国经济改革,首先切中了中国的要害和根本,成功地摧毁了计划经济的支柱——人民公社。农村的经济改革是从改善以上四个基本条件着手的。它是一种承认农民的个人利益、给农民生产自主权、提高农民生产积极性的改革。它经历了包产到组、包产到户以至包干到户的家庭联产承包责任制。以农户家庭为经营核心的家庭联产承包责任制,极大地激发了广大农民的积极性,促使了农业产量大幅度提高,使得中国的农业形势发生了很大的变化。同时,由于农民生产积极性(生产力)的提高,大量剩余劳动力从土地中解放出来,促使了乡镇企业的蓬勃发展,成功地吸纳了12 000万农村剩余劳动力。乡镇企业的迅猛发展,既提高了农民的生活水平,而且贡献了近一半的全国工业生产总值,使得国有企业在国民总产值中的比例发生了根本性的变化。不过,现所采用的联产承包责任制还存在着一些问题,其中最主要的是由于承包期过短,农民不愿意对土地进行长期投资,从而进行掠夺式生产,导致土地的肥力下降。解决的方法之一是给予农民更长的承包期。在这种情况,尽管农民没有土地的拥有权,但却在较长时间内拥有土地的使用权、产品的收益权及土地使用的转让(承包)权,因此也可调动农民的积极性。当然这主要是由于土地的特性所决定的。解决的办法之一是给予农民更长的承包期。土地的拥有权和使用权可以较好地分开,尽管其他的生产要素几乎不行。

农村经济改革的初步成功激励了中国城市经济改革的全面推动。从农业中释放的1亿多劳动力有力地促进了社会流动,推动了非国有经济的迅速发展。同时,由于农村这种允许个人利益存在、给农民生产自主权、提高生产积极性为取向的改革取得了很大成功,这种改革的方式很快被引用到城市经济改革中。这种经济自由化的改革允许了个体企业、合伙企业、私营企业、外资企业、合资企业和其他所有制形式的企业存在,为积极引进外资,给予外资、合资企业更优惠的待遇,给人们一定程度上经济自由选择权,给国有企业一定生产自主权，采用松绑、分权、让利、岗位制、承包制等改革措施创造了条件。

采用这种经济自由化改革的方式的结果使得经济迅速增长，导致了非国有企业产值在国民生产总值中的比重超过了国有企业，达到了60％，形成了农村包围城市、非国有经济取代国有经济的大趋势。非国有经济现已成为中国经济增长的主体力量。经济发展较快的沿海省市的经济增长主要是靠非国有经济的发展推动的。作为整体来看也是如此，1992年，非国有经济投资总额只占全国投资的25％，但对国民生产总值的贡献达69％。这种间接的、自发的、不知不觉的体制转换过程有一个好处，它是一种让非国有企业发展壮大的过程，而不是直接针对国有企业所进行的改革，是由于人们有了办企业的自由后而导致的结果。这避免了在改革的早期阶段和国有经济发生正面冲突。通过这种让各种所有制企业竞争的过程发展了市场体系和非国有经济。这也对国有企业有明显的示范和推动效应，国有企业的经济效率相对于改革前也相应提高了。现在中国的经济体制已从一个指令性计划经济体制转变为一个以市场为导向的经济体制。为什么会发生如此大的变化呢？难道在这16年中有40％的国有企业被私有或破产了吗？答案是否定的。发生这种比例变化的原因并不是由于国有企业的破产或私有，在这期间几乎没有什么国有企业破产。而是大量的非国有企业，特别是乡镇企业诞生了。乡镇企业的蓬勃发展成为国民总产值急速上升的重要因素，导致了国有企业与非国有企业总产值比例的根本性变化，并且国有企业总产值的比例最近连续3年以4个多百分点速度下降应说明了此点。目前中国非城市人口占总人数的70％左右。当中国发展成为一个现代工业化社会后，只需要20％左右的人进行农业生产。这样，剩余的50％左右的人口就可进入其他行业。可以想象，到那时，只要允许多种经济体制的存在和自由竞争，而且经济政策不发生逆转，非国有企业的产值及非农业人口很可能达到很高的比重。广东省沿海地区的发展状况就指明了这种趋势。经过这十几年的改革，这些地区的非城市人口的比例已由改革前的80％下降到现在的20％左右了，况且这些地区还吸收了600万左右的外来劳动力。

三、市场化改革与国有经济自身的衰减

中国经济改革的第二阶段是市场化的改革。1992年为中国经济改革史上至关重要的一年，中共十四大正式决定中国要搞市场经济。搞市场化的改革是由两方面的因素决定的。一方面中国在走市场机制为取向的改革中已取得了很大的成绩。如上所述，通过这十几年的改革，市场经济良好运行所需要的一些先决条件在中国已基本上具备或有了很大改进。例如承认人的自利性，允许经济上的自由选择，实行分散化决策，引进激励机制和竞争市场机制等。通过这些改革，中国经济结构已有了很大的市场成分，并且大多数人已认识到建立市场经济机制是富民强国的正确道路。人们承受市场经济所带来的风险的能力也大大加强。由于市场经济的不断引入，人们对经济体制全面市场化的要求也越来越迫切。另一方面，现阶段转轨过程中还面临着许多问题和困难需要去解决。其中大多数问题都是由于市场体系不完善引起的。因而继续搞经济自由化改革的同时，搞市场化的改革，完善市场体系是势在必行，是解决这些问题的根本措施。一个完善的现代市场经济体制不仅仅是放开价格、开放产品市场、给予人们自由就可以了，它还包括市场价格体系、宏观调控系统、现代企业制度体系、税制（收入分配）体系、社会保障体系、法规体系、反垄断（反不公平竞争）体系、开放的劳动和金融要素市场体系等。随着市场体系的不断改进，将会使国有经济本身不断地衰减。这是由于国营企业的相对低效率和亏损，使得国有资产和人员不断外流而导致的。

由于市场化的改革，把国有企业推向了市场，需要和其他各种类型的所有制企业竞争。尽管国有企业的效益相对于改革前已提高了很多，但国有企业的效益没有同行业非国有企业的效益高。出现了所谓的"老大（国有企业）不如老乡（乡镇企业），老乡不如老外（三资企业）"的局面。现在国有企业面临的问题日趋严重，亏损面持续扩大。造成国有企业亏损的原因除了企业效益不好以外，还有指令性计划指标的约束使得国有企业在市场中没有竞争力及由于政

府制定的计划价格的不合理造成的政策性亏损。受农村生产自主权、承包制改革成功的影响，早期的国有企业的改革方式主要也是采用给予企业一定的生产自主权，采用松绑、分权、让利、承包、岗位制等改革措施。但由于国有企业产权的不明确，本身背的包袱大，机制的不灵活性，政策规定或政策性的限制价格，其效果不像农村生产责任承包制那么如意。我们知道产权包括财产的拥有权和使用权。产权的明确界定能激发企业的生产积极性从而激励企业尽可能有效地生产。农村的生产责任承包制把土地的使用权和拥有权分开，土地还是归国家所有。这种承包制改革取得了很大的成功。鉴于农村改革的成功，在所有制改革的早期阶段中，人们就想把这种将拥有权和使用权分开的承包制的改革方式用到企业、商业及其他行业中去。人们以为这样做既保持了企业或生产资料的国有性又能调动工人的生产积极性。但在大多数情况下，其效果不尽如人意。原因是复杂的，其中一个重要的原因是工商业与农业生产资料的性质不同。农业承包制的成功与土地的特性有关。这个特性就是土地几乎是无弹性的（其供给曲线几乎是垂直的，因而它的供给不会随着价格发生什么变化），又不能折旧，土地肥力的减少也是很缓慢的。这个特性可使人们能把土地的所有权和使用权分开。例如我国香港的土地是属于我国香港政府所有的，人们向政府租赁。尽管人们没有所有权，但有使用权、收入权及转让权。而对于那些折旧或贬值快的资产，例如机器，设备，如果没有所有权，使用者没有激励去爱护它、保养它、维修它，而却有激励在承包期尽量使用它，出现了拼设备的情况。并且对承包者也没有强有力的法律和经济约束，一旦承包失败了承包者也没有能力承受全部损失。国有企业承包制的不成功使人们越来越认识到部分国有企业的所有制转换是不可避免的。

既然采用给国有企业一定生产自主权，采用松绑、分权、让利、承包等改革措施不能从根本上解决国有企业出路问题，那么应采取什么样的其他办法呢？是否应按照现代市场经济机制国家最常用的一种办法，马上进行大规模的破产或私有化？对国有企业实行大规模的破产或产权改革是否已成为当前中国经济改革的关键？现在中国一些学者和政府官员认为应马上对国有企业实行大规模的破产。中国现状是否已具备实行大规模的破产条件？笔者的答案是否定的。条件还不成熟。在竞争市场中，企业在竞争中由于经营不善，生产技术陈旧，产品质量低劣，机运不佳或其他原因造成亏损甚至倒闭，从而导致了部分或全部工人失业。但是对于一个成熟的现代市场经济体制而言，由于它有完善的社会安全保障制度和失业救济制度，使工人在没有找到新工作之前有起码的生活保障。工人的失业并不会造成社会动荡问题。然而，对于中国所处的现状来说，由于才开始搞市场经济，中国老百姓价值观念和思维方法还不能一下子完全适应市场经济的那一套，例如失业、通货膨胀，社会安全保障制度和失业救济制度还几乎没有建立或完善。由于国有企业工人数目庞大，国家现阶段也没有这个经济能力来建立足够负担巨大开支的社会保障系统。再加上劳动力市场也还很不发达，失业工人的出路问题不能解决。即使国有企业不破产，中国每年需要解决 1 200 万左右人的就业问题。其中 500 万人是从国有企业辞退的多余工人，700 万人是待业人员的就业人口。如果让国有企业大规模的破产，大量失业的工人就没有生活保障，这将会对社会的安定造成威胁，引起社会的动荡。由于生活困难，社会和经济地位下降，这将会导致工人心理失衡，引起对改革不满的情绪。因此，对全面破产一定要慎重。改革需要一个安定平稳的环境。我们认为，为了减少社会震荡，在经济机制的转型现阶段中，在劳动市场和社会安全保险制度还没有建立之前，不宜急于对国有企业进行大规模的破产。在这个时期国有企业本身就起着一种变相的社会保障作用。国有企业虽说在亏损，需要国家补贴，但这补贴的资金应会比负担完全失业工人的少得多，只要亏损国有企业创造的收益能抵消部分工资成本。况且由于要与其他所有制进行竞争，公有制企业的效率也会相应提高。现阶段要做的是给予国有企业工人更大的选择自由，例如给予工人重新选择工作（离开工厂）的自由。如果一个国有企业的工人自愿选择这种非常低薪但有安全保障和清闲的工作，那他可继续待在国有企业。如果他富于冒险精神，想有更高的收入和更好的发展机会，应允许他选择去非国有企业或自己创业。经济学的一个基本原理是：风险大，报酬大，或损失大。在现阶段，最好不要让国有企业因经营不善而大规模地辞退工人。在机制转型的过程中，要树立人们对改革的信心，减少社会振动，避免由于大量工人失业而他们又一时找不到工作而对向市场机制的转型持怀疑态度或抵触情绪。

事实上，在现阶段中，应让国有经济自行衰减而不是大规模破产或私有化。由于国有企业工人都基本上有了自由选择去或留的权力，越来越多的工人都不愿意继续吃这种没有什么油水的大锅饭了。现在效率不好的国有企业工人的工资几乎是各行各业最低的，差不多只有事业单位职工的工资的一半。这种情况在1993年国家事业单位工资调整后显得更为突出。这将迫使更多工人离开国有企业，自找出路，从而大大加快国有企业本身的衰减。据笔者最近几年在中国了解到的情况，发现相当一部分的出租汽车司机，摆摊、开店、办公司的人是从国有企业辞职跑出来的。

对国有企业的全面民营化的条件并不成熟。原因有以下几点：其一，国有企业的产值还占相当比例。全面民营化会导致国有企业的产值在最初几年下降，从而导致国民总产值的下降，人们的生活水平也要下降，会造成人们对改革的对立情绪。其二，全面民营化会导致国有企业职工的收入下降，许多工人要失业。而由于社会保障制度还没有建立，失业的工人就没有出路，这将会影响社会的稳定性。其三，由于文化传统和社会结构的因素，中国老百姓的心理承受能力不强。所以全面民营化的条件还没有成熟。

我们估计在今后的5到10年内还不宜对国有企业实行全面民营化，原因是：国有企业的产值还占相当比例。例如，俄罗斯、东欧一些国家全面私有化，国有企业的产值在最初几年下降，从而导致国民总产值的下降，为此人们的生活水平也要下降，会造成人们对改革的对立情绪，并且国有企业职工的收入一时也会下降，许多工人要失业。由于社会保障制度还没有建立，失业的工人就没有出路，这将会影响社会的稳定性。由于文化传统和社会结构的因素，中国老百姓的心理承受能力没有那么大。

在市场化的过程中，中国政府在允许国有企业由于不能辞退工人而亏损的同时，还应尽快地采用下列措施：（1）允许劳动力流动，从而形成劳动市场。（2）逐步完善社会安全保障制度，这是现代市场机制必不可少的一个重要内容。当然，在建立社会安全福利保障制度时，应根据轻重缓急分层次地逐步建立。（3）尽快设计出对国有企业的激励机制以提高经理和工人的生产积极性。例如对中小型国有企业特别是第三产业的国有企业实行长期承包制或租赁制等形式。根据激励机制设计理论，即使对公有制，也能制定出恰当的激励机制，以达到有效的生产和资源的有效配置（参见文献[22]、[23]）。（4）对于中小型国有企业可以进行拍卖、出售，实行股份合作或股份制。（5）对效益好的大中型国有企业实行股份制。（6）对一部分长期严重亏损的中小型国有企业，搞破产实验，让这批国有企业在最近几年分期分批破产。

事实上，许多国有企业已经开始了产权制度改革的实验，像租赁制、拍卖制、破产制、股份合作制、股份制、转轨、合并、与外资合资等改革措施都在积极进行当中。尤其是股份制企业发展迅速，到1994年为止，中国的股份制企业已达2.58万家，其中工业类占总数的48.03%，商业类占31.42%；同时，全国城镇股份合作制企业累计达到13.57万家，农村乡镇股份制企业也有285.33万家，占全国企业总数的10%（《人民日报·海外版》，1995年2月8日第一版），从而逐步明确了企业的责权利，提高了企业的生产效率，并促进了企业经营机制的转化。

四、产权改革与国有企业民营化

随着市场化改革的不断深入，市场体系不断引入和完善，各种体制的非国有企业不断发展，国有企业面临着越来越严重的生存危机。由于国有企业产权不清，经营者和生产者缺乏积极性，资金依赖于国家贷款。承包制、分权让利等经营改革措施给企业带来的短期行为也日益严重。变相地化公为私、公款吃喝、泛用企业资金已到了严重的地步。所有这些都在一定的程度上扭曲资源有效配置，使得国有企业越来越不适应市场经济发展的要求。除非进行产权制度的改革，要解决国有企业的这些种种问题，就需要有强有力的约束和监督机制。这些都需要大大增加国有企业的运行成本。这样，从经济效率和机制运行成本来衡量，国有企业的产权改革是必要的。尽管产权的明确界定并不是导致资源有效的唯一方法，但评价一个经济制度的好坏不仅仅用资源的有效性来评价，还有其他的评价指标。例如，人们还要考虑达到资源有效配置的操作成本。如果加上这一条标准，非市场的经济体制就不是最好的经济体制。从现代经济学中经济机制设计理论中的一些结果得知，市场经济机制是唯一既导致了资源有效配置又具有最小的运行成本的经济体制（参见参考文献［16］、［17］）。

因此中国经济改革过程还没有进行的最后一个阶段是民营化的改革。国有企业民营化是当今世界的一个潮流。不论是发达国家或发展中国家，市场经济国家还是指令性计划经济国家，纷纷加入了国营企业民营化的行列，以此促进经济发展。人们认为除了那些与公共设施和福利有关的企业，或市场机制不能发挥很好作用的企业，都应转为民营。不过，中国进行大规模的民营化还要经过一段时间。需要等到非国有企业的产值占了国民经济总产值的绝大比例，并且政府将有足够的财政收入能力来承受失业工人救济和社会保障负担后，才能对国营企业进行全面民营化。我们估计这大致需要5到10年左右时间。这个估计是根据以往国有经济在整个经济的比重平均每年下降2～4个百分点而得出来的。那么在条件成熟后如何进行民营化呢？在进入民营化前，人们要先做好准备，有必要把国有企业如何股份化、民营化、破产等问题研究清楚。

国有企业所有制的变更有多种方式，像出售、拍卖、分掉、股份合作制、股份制、破产等方式。出售或拍卖导致产权完全清楚的界定，从而根据科斯定理（见参考文献［15］），导致了有效的资源配置。但一个企业很可能被一个人或少数几个人所拥有，这样会导致较不均等的配置。现有的股份制是通过认购和配置股份的方式将产权出售给了持股的人们，结果比较公平。但现有的股份制配置方式还是有问题。就是国家持的股份太大，并且企业上级主管部门还是控制着企业的人事任命权和企业的经营管理权。许多已"股份化"的企业都是"换牌不转质，新瓶装旧酒"，经营机制和企业领导权都是照旧。现在有些企业都是采用强制性的参股的办法，工人们很不情愿。由于国家还是最大的股东，拥有最大的股份，政府仍是掌握着企业的经营权和人事任命权。厂长、经理还是由上级部门任命的，其他小股东仍不能参与企业的决策。企业的决策权还是被政府（委派的人）掌握。由于厂长、经理对经营好坏不承担什么风险，他们不会全力去关心企业效益的好坏，亏损与否。也就是说，由于产权并没有完全地界定清楚，这样的股份制企业的生产效率不会比以前好到哪里去。可见，仅仅只是股份制还不能解决生产效率问题。像我在其他文章中提到的那样，一个既简单而又能有效解决问题的办法是让政府掌握的只是一种特别股，例如说它有优先分红的权利，但企业的厂长、经理，或董事会应由法人股和个人股东选举产生。我认为这是一种既保证了公有制占主体（政府是最大的股东）又能让企业有效地进行生产的可行办法。笔者从最近对浙江一些地区的乡镇企业的考察中发现，许多乡镇企业就是用的非常类似的这种方法进行股份制或股份合作制的，取得了很好的效果。这也间接地证明了这个方法对国有企业的适合性。

需要提到的是即使进行产权完全明晰化改革也许还不一定充分（详细讨论见参考文献［6］）。例如股份合作制。所谓的股份合作制企业就是企业的资产全部由企业内部员工按股共有，外部人员不能入股，股份只能转给企业内其他员工。企业的分配是实行按劳分配和按资分配相结合的分配办法。在现阶段的政治、经济及社会环境下，股份合作制发展迅速，被人们更容易接受。它虽具有产权相对明确、机制灵活、利益直接等特点，但它也有弊端。它阻碍了外部资本的进入和企业资本的流动。它只适应小型工商企业和各种服务性企业。但随着企业的发展和规模的扩大，以及横向联系的加强，资本越来越成为企业发展的主要因素，资本的要求也越来越迫切，股份合作制最终应需转为开放性的股份制。

另外，即使解决了股份化或民营化方面的意识形态和经济条件方面的问题，也要认识到具体实施起来的困难和艰巨性。许多国家和地区的经历皆说明了国有企业成立容易，民营化、股份化难。原因是多方面的，主要有下列原因：(1) 各种民营化所需的法则的立法或修正进程缓慢。(2) 民营化的国有企业的员工和既得利益者的反对也是一个重要因素，很难满足员工提出的各种要求。(3) 从金融方面的考虑，国有企业股份化并不是一件容易的事。由于国有企业的巨大资产，国营企业的股票一上市，股票的发行量一大，整个股票市场的价格就下掉很多。(4) 由于国家的股份还占有相当大的比例，企业的决策权还是被政府（委派的人）掌握，人们担心这些企业的效率不高，风险比较大，因而不太愿意买国营企业的股票。(5) 从财政的角度来考虑，也是一大困难，政府需要巨大的经费来支付国有企业的退休人员的养老金和在民营化过程中的国有企业员工的退职费。

五、结　论

本文讨论了中国经济改革和国有企业改造的现状与前景。通过讨论中国经济体制平稳转轨的方式和策略，分析了国有企业改造的各种可能措施并评价诸般改革策略与手段的利弊，并分析了三阶段式的渐进改革方式的合理性。笔者分析了在中国的所处社会结构、经济条件、文化背景、历史传统和政治环境下，中国早期阶段所进行的经济自由化改革，即首先改善一个经济机制运行的良好的先决条件而不是首先进行市场化的改革的合理性。因为在改革的初期首先进行市场化的改革还不能被当时的意识形态和人们的思想所接受，而且可能还会引起政治上或经济上的动荡。而只搞改善这些先决条件的改革却比较能够被接受，因为它马上能够见效，能够保证经济不断高速增长。当市场环境还没有成熟，例如当劳动力市场、金融市场还没有建立或完善，政府的政策和条例对经济活动还存在着许多限制时，完全产权明确的民营经济显得难以生存或迅速发展。这也许是为什么产权不太明确的乡镇企业在过去十多年来比私有、个体、合资、外资等产权完全明晰的企业要发展得更为迅速的主要原因。

中国的经济改革无论是在方式策略上还是经济效果上与俄罗斯的大不一样。私有化在俄罗斯经济改革中扮演着最重要的角色，中国的改革过程不像俄罗斯及其他东欧国家那种激进式改革方式那样一开始就使经济下降很多。例如俄罗斯从1991年底决定搞私有化以来，在这短短的4年转型过程中，国民总产值已下降了60%左右，通货膨胀达8 000%以上。其主要原因就是使其私有经济生存的经济自由和市场体系几乎还没有建立，使得私有化不能立即见效。而中国这种先经济自由化、市场化的间接式渐进改革的方式是一种首先建立一个经济机制，特别是市场机制运行良好所需要的（四个）先决条件，从而使得非国有企业，特别是乡镇企业蓬勃发展，经济持续高速增长，人们生活水平也不断在提高。它使得老百姓在改革中尝到了改革的甜头，增加了他们对改革的信心，加强了人民对改革的支持和参与意识。然后，当时机成熟时，才进行民营化。尽管由于改革带来一些失误和转轨过程中不可避免出现一些问题，但取得的成就证明了这种改革方式的可行性和合理性。它是一种在保持经济不断增长的过程中发展和完善市场体系的，是一种对国有企业逐步进行体制转换的过程。只要继续照这种方式做下去，经济机制的转轨多半会平稳顺利地完成。

需要提到的是这种渐进改革方式可能只适应于像中国这样农业人口占大多数的国家，而不适应农业人口只占较小比例的一些前指令性经济国家（像苏联和东欧等国家）。由于国情不同，一个国家的改革经验不可能完全适应于另一个国家。例如，苏联和一些东欧国家用的是"大爆炸式"或称作为"震荡疗法"（急速）的改革方式，而中国用的则是渐进式的改革方式。这两种方式很可能对各自国家是合适的，但对另一国家却不一定可行。中国采用的这种间接式的，从体制外先改革，对国有企业实行迂回改革的方式也许更适合中国国情和文化背景，适合中国人的行为方式和经济条件。

（1995 年 5 月）

参考文献

［1］赵凌云. 经济体制改革的八大不协调现象——兼论"渐进式"改革道路的缺陷［J］. 双月经济观察，1994，1～8.

［2］经济学消息报［N］. 1994-1-20.

［3］周治平. 亏损三百多亿的国有企业——中国国有企业改革浅议［J］. 明报月刊，1994，6：41～43.

［4］田国强. 中国经济改革的前景和问题［J］. 当代中国研究，1994，1（40）：9～23.

［5］田国强. 论中国经济制度转型中的中央、地方和分散决策的关系［J］. 当代中国研究 1995，1（46）、2（47）：60～83.

［6］田国强. 中国乡镇企业的产权结构及其改革［J］. 经济研究，1995，3.

［7］盛洪. 寻求改革的稳定形式［J］. 经济研究，1991，1.

［8］盛洪. 市场化的条件、限度与形式［J］. 经济研究，1992，11.

［9］樊纲. 论改革的过程［M］.//改革、开放与增长——《中国经济论坛》，上海三联书店，1991.

［10］樊纲. 两种改革成本与两种改革方式［J］. 经济研究，1993，1.

［11］苗壮. 制度变迁中的改革战略选择问题［J］. 经济研究，1992，10.

［12］林义夫、蔡昉、李周. 论中国经济改革的渐进式道路［J］. 经济研究，1993，9.

［13］张军. 中央计划经济下的产权和制度变迁理论［J］. 经济研究，1993，5.

［14］吴敬琏. 市场经济的培育与运作［M］. 中国发展出版社，1993.

［15］R. H. Coase. The Problem of Social Cost［J］. *Journal of Law and Economics*，1960，21：1～44.

［16］L. Hurwicz. On Informational Decentralization and Efficiency in Resourse Allocation Mechanism［M］.//S. Reiter. *Studies in Mathematical Economics*. Mathematical Association of America，1986.

［17］J. S. Jordan. The competitive Allocation Process in Informationally Efficient Uniquely［J］. *Journal of Economic Theory*，1982，28：1～18.

［18］A. Hussain. Social Security in Present-Day China and Its Reform［J］. *The American Economic Review*，1994，84：276～280.

［19］G. H. Jefferson and T. G. Rawski. Enterprise Reform in Chinese Industry［J］. *Journal of*

Economic Perspectives, 1994, 8: 47~70.
[20] D. Perkins. Completing China's Move to the Market [J]. *Journal of Economic Perspectives*, 1994, 8: 23~46.
[21] T. G. Rawski. Chinese Industrial Reform: Accomplishments, Prospects, and Implications [J]. *The American Economic Review*, 1994, 84: 271~275.
[22] G. Tian and Q. Li. An Implementable and Informationally Efficient State-Ownership System with General Varible Returns [J]. *Journal of Economic Theory*, 1994, 63.
[23] G. Tian and Q. Li. Ratio-Lindahl Equilibria and an Informationally Efficient and Implementable Mixed-Ownership System [J]. *Journal of Economic Behavior and Organization*, 1995, forthcoming.
[24] H. R. Varian. Microeconomic Analysis [M]. W. W. Norton and Company, third edition, 1992.

30

俄罗斯私有化改革与中国经济改革的比较和评估[*]

提要：在从计划经济向以市场为取向的经济制度转型的过程中，形成了两种改革模式，其一是俄罗斯和东欧等国所采用的"激进式"改革方式，另一是中国所采用的"渐进式"改革方式，由此引起人们对两者好坏的争议。本文以考察者的身份，从对俄罗斯现状的感性认识起笔，进而结合苏联早期的社会主义经济改革及其1991年以来的私有化冲击介绍了俄罗斯的私有化过程。同时，对比介绍了中国经济改革过程的两个阶段：经济自由化和市场化。通过对两种改革方式的比较评估，结合事实得出结论——不认为"震荡疗法"一定比"渐进式"的改革方式要好，也不认为"渐进式"一定比"震荡疗法"的改革方式要好，采用哪种方法是根据各自的国情、所在国民众的愿望所决定的。

一、引　言

从计划经济向以市场为取向的经济制度转型的改革是当今世界的一个潮

---

[*] 本文形成于1996年。

流。大多数原计划经济的国家,例如苏联、东欧各国、中国、越南等都在进行着这种改革。尽管各个国家改革的方式都不太一样,但大致可分为两种模式。一种是中国所采用的"渐进式"的改革方式;另一种是俄罗斯和东欧等国家所采用的"激进式"改革方式(也被称为"震荡疗法""休克疗法"或"大爆炸式法")。这两种方式大相径庭,因此引起了人们对其好坏的争议,特别是对"激进式"改革方式异议更大。中国的渐进式改革在过去 15 年中取得了很大的成就,自从改革以来,中国经济就一直保持着高速度的增长和人们生活水平的不断提高。与此相反,俄罗斯、东欧等国家采用的激进式改革方式却遇到了很多困难和问题,例如国民经济大幅度滑坡、严重的通货膨胀、人们的生活水平下降、社会及政局的不稳定。如何看待这些问题呢?这些困难和问题到底有多大呢?是否能够克服和解决呢?这些国家改革的前景怎样?

带着这些问题,笔者 1994 年 7 月随中国留美经济学会赴东欧考察团到俄罗斯、波兰、捷克三国进行了为期 3 周的考察。主要目的是想通过实地的考察来更进一步地了解这些国家经济、政治制度转型的改革状况。当然,在此之前,通过报纸、广播、电视等渠道已了解到不少情况,但大多信息都是报道自从这些国家进行激进式的改革以来,无论是经济还是政治状况都非常糟糕。许多人,特别是中国经济学家对俄罗斯和东欧国家改革的方式持批评或否定的态度,认为这种改革没有什么希望。由于笔者主要的研究领域是关于经济机制的设计,有兴趣研究在各种条件下经济制度如何转型和新的机制如何建立等问题。故此,想亲赴俄罗斯和东欧国家考察,实地了解那里的改革状况究竟糟糕到什么样的地步,以及是如何进行私有化的。东欧、俄罗斯的改革经验特别是私有化的经验对中国的所有制改革是否有借鉴的方面?带着这些问题和其他种种疑问,笔者参加了这个考察团。对我们这次俄罗斯经济现况考察的介绍,张欣教授和本书其他作者已有详述,本文从略,只想简单地谈谈笔者个人的几点观感和感性认识。本文想着重介绍俄罗斯的改革过程和方式及私有化的情况。为了比较两种改革模式,笔者也将简单地介绍中国的渐进式改革方式。最后对这两种改革的模式进行比较和评估。

二、对俄罗斯现状的一些感性认识

笔者是 1994 年 7 月 3 日从美国动身经荷兰首都阿姆斯特丹去莫斯科参加这次考察的。由于笔者乘坐的飞机晚点，没能赶上要搭乘的从阿姆斯特丹到莫斯科的英国航空公司的飞机，所以临时改乘俄航飞往莫斯科，对俄罗斯的考察便从此开始。俄航飞机的设备如此陈旧，坐垫非常单薄，好像坐在铁板上一样。更让人担惊受怕的是飞机飞行时不知从哪里发出不停的金属碰撞声，使人担心飞机随时会散架掉了下去。所幸这种担心是多余的，飞行员的驾驶技术很好，飞机飞得很平稳，终于平安地抵达莫斯科。在莫斯科机场的上空往下看，没有什么建筑物，像是一遍荒野，完全不像到了大都市。心里不断发出感慨，昔日第二大超级强国的首都为什么会显得如此没落？

走出飞机后，马上就领教到了俄罗斯人经过 70 多年的计划经济后的教条和低效率。停机的地方到飞机大厅只有 30 米左右，走过去也就是那么半分钟，却要乘客乘机场的客车过去。结果上去后，不知为什么，等了 10 分钟左右车子才开过去。进去后，想找厕所方便，却发现厕所里面电灯坏了，一片昏暗，且臭气难闻，肮脏得难以下脚。排队等待出关的地方很小，拥挤且脏乱。由于海关人员少，花了近一个半小时才办妥出关手续。在放行出关处，一个海关官员开箱检查了笔者的行李，可那人不懂英文，叽叽咕咕和笔者讲了一大通，不知讲什么，笔者用英文问他讲什么，他也听不懂。最后两人连比带划地互相弄了一气，好不容易才让笔者出了海关。

随后，在访俄一个多星期中，我们发现所接触的绝大多数人都不会讲英文。即使我们下榻的莫斯科大酒店（莫斯科最大的对外旅馆之一，就在红场旁边），里面的工作人员也几乎都不会讲英文。感受到了如果没有懂俄语的人陪着，简直是寸步难行。为了在关键时应付一下，也是为了好奇，考察团成员们都在抓紧学一些俄语口语。其中考察团的张欣教授学俄语最为卖力，进步也最大，学了不少口语。在需要问个路或找个人时，张教授往往自告奋勇，急人所难，用他所学的俄语，还真成功地对付了不少次。不过他有时在讲俄语时，可能是由于俄语单词不够用，同时也夹带着一些英文，像是在和人说相声，连比带划，逗得我们往往开心大笑。记得有次在酒店存行李时，他和存行李工作人员用他所学的俄语讲了大半个小时，结果7件行李存进去，弄得取出时交了9件行李的钱。笔者语言能力差，只学了两个俄语单词："谢谢"和"再见"。同团的潘辉先生更有意思，只学了一个俄语单词："否"。在和街道上遇见陌生俄罗斯人交谈时，无论俄罗斯人对他谈什么，他都是用一个俄语单词"否"来作为回答。

其实，俄罗斯的教育水准是非常高的，大学毕业生占被教育人口的14％左右（而中国不到1％）。和我们接触的不少人就是大学毕业生，包括汽车司机，但他们大多不会讲英文。这和我们随后到波兰和捷克考察时发现那里大多数人都会讲英文成为鲜明对比。当然这可能是俄罗斯改革前闭门锁国，刚开放不久的结果。但笔者认为可能还是大国心态在作怪。大概俄罗斯人认为他们一般没有必要学其他外国语，什么东西都可以自己创造出来，应是外国人来学俄语而不是俄罗斯人学外国语。尽管目前俄罗斯人面临着严重的经济和政治上的困境，近些年生活水平不断下降，给笔者的感觉是俄罗斯人依然保持着一股非常强的大国沙文主义和民族自尊心及自豪感，是一个非常骄傲的民族，听不大进去批评意见，总认为俄罗斯民族是最伟大的民族。尽管俄罗斯的经济政治改革遇到了许多问题和困难，但大多俄罗斯人会非常不高兴你向他们指出这些问题。每当我们和俄罗斯人谈到俄罗斯改革的不足之处时，无论是学者，政府官员还是一般民众都不太高兴，都要为俄罗斯改革的得失极力袒护。例如，当我们在访问俄罗斯国家科学院远东研究所时，远东研究所盛情地接待了我们，并和我们举行了座谈会。远东所的所长季塔连科博士曾是苏共中央委员，担任过戈尔巴乔夫的顾问,同时也是位汉学家,讲得一口流利的中文,对我们非常热情,说了许多友好的话。当我们各自介绍了自己国家的改革情况,在谈到改革的前景时,他以一种自傲口气说,中国的改革尽管现在很不错,俄罗斯现在面临着许多问题,但中国的改革没有涉及政治改革和经济所有制改革,俄罗斯却已做到了这些,所以从长远来看,俄罗斯的改革可能比中国的改革更成功。笔者然后发言说:"你的结论可能是对的,我也有同感。不过,我认为由于俄罗斯人在计划经济体制下生活了 70 多年,对市场经济机制的意识比较淡薄,市场的成分很少,要建立起市场机制也是非常不容易的,应放下架子多学习外国的先进技术特别是经营管理方法,要采用优惠政策来吸引更多外资和外商来俄投资和办企业。这样可加快引进市场体系。"这时一直用中文发言的这位所长一下子激动起来了,中文也不用了,用非常快速的俄语反驳说美国政府资助俄国是想控制俄国,美国企业家到俄国来投资也是有政治目的的。如真想帮助俄国,就应该把钱给俄国,让俄国自己决定干什么就干什么。笔者当时就在想,幸好毛泽东主席当时受不了俄国人的骄傲和大国沙文主义,没有紧跟苏联学习,否则中国今天的改革将会更为艰难!

在我们在俄罗斯短短的一个多星期访问期间,我们感受到了俄罗斯的经济形势的确是严峻困难的。它不像中国的改革那样使得经济保持不断增长和人们的生活水平不断提高,俄罗斯这种激进式的改革方式已使得经济下降了很多。俄罗斯从 1991 年底决定搞私有化以来,在这短短的 3 年转型过程中,国民总产值已下降了 50% 多,通货膨胀达 16 000%,已严重地影响了俄罗斯人民的生活。据俄劳动部 1994 年 4 月的统计资料,俄罗斯职工的月平均工资水平 171 000 卢布,按当时的汇率不到 100 美元,而退休人员的工资加补贴仅 75 000 卢布。可俄罗斯的物价水平却非常高,除了面包和基本交通费用极低外,其他物价却高得惊人,据统计,莫斯科的价格水平在全世界大城市中位于第三。俄罗斯人不得不将绝大部分的收入都用在生活必需品上。知识分子的生活非常艰难,我们在俄罗斯国家科学院吃过一次午饭,一份饭菜简直没有什么东西，看到那些满腹学问的老知识分子也吃着这样简单而又少得可怜的东西，心里感到一种说不出的味道。即使如此简单的饭菜，许多研究人员还吃不起，需自带午餐。

俄罗斯的经济依然不太稳定。1994年上半年，人们都以为通货膨胀已稳定下来，7月份我们访俄时，月通货膨胀率达到最低点，只有3.1%，那时卢布与美元的比价大致是2 000比1。然而1994年下半年以来，卢布下跌之势又开始加速。出人意料，特别是到了10月份，由于俄罗斯联邦政府停止了干预外汇交易市场，卢布开始猛跌，卢布对美元的比价在10月份头10天就下跌了16.5%，跌破了4 000大关。1994年上半年，俄罗斯生产下降26%，机器工业减少50%。俄罗斯也开始面临失业问题，现有7%～8%的失业人口。稳定经济应是俄罗斯当前需要解决的一大问题。此外，在引进外资、吸引投资方面还存在着严重问题。由于俄罗斯政治社会形势不稳，且外国投资者在税收方面不但没有优惠，反而要付更高的税率，这样谁会来投资呢？

不过，经过最近2年的市场化和私有化的改革，物质比前几年丰富了许多，出现了许多设摊摆点的小商店，但市面上的东西还是不太丰富，并且市面上95%的食品及饮料都是进口的。许多日常用品和衣着也是进口的多。尽管俄罗斯的农业已基本上实现了私有化，农业问题还是非常严重，生产效率还没有提高。其原因是，经过70多年的计划经济，农民都不怎么会种地了，按一些俄罗斯人的话说，连爷爷辈的人都不会种田，何况现在这一辈的人。据统计，现在俄罗斯农民的收入是各行各业最低的，农民也没有动力去种田，年轻人都往城里跑。

由于生活艰辛，人们都在想尽办法捞外快。例如，在莫斯科的大街上跑着许多小汽车，但看不到挂牌的出租汽车。不过要坐出租车却非常方便。原因是街道上跑的每一辆小汽车都可能是出租汽车，需要车时，打个手势，很快就会有车停下来，谈好价钱，就可以坐上去。这些车可能是私人的，也可能是公家车。通过这种顺便拉客的办法，可赚一些外快。

给我感受最深的是俄罗斯人的理性和镇静。尽管俄罗斯人生活得艰辛,但外表上还看不出来,显得很健康、自信、稳重,穿着都很不错。对改革的前景,大多充满信心。他们认为困难只是暂时的,政治制度和经济体制都已转过来了,为了长远利益,愿意承受当前的困难。俄罗斯已出现了许多次政治经济危机,外界人都在为俄罗斯人担心,怕他们承受不了这些危机,但俄罗斯人却非常镇静,渡过了一个又一个危机和难关。我们考察团的俄罗斯翻译、远东研究所研究员奥尔嘉·波罗卡女士告诉我们,1993年夏天总统和议会之争引起总统命令部队用坦克大炮攻打国会大厦时,莫斯科人显得非常镇定,没有去围看,站在大街上议论,而是照常上班,秩序井然,汽车照常从国会大厦旁通过。俄罗斯人遵守秩序的态度确实到了让人感到惊讶的地步。我们在俄罗斯看到了世界上可能绝无仅有的一大奇景。在其他地方,可以看到人们有秩序地排队买东西,但却看不到人们有秩序地排着整齐长队卖东西。可在俄罗斯我们却看到了这一奇景。俄罗斯人手中拿着三四样东西,非常整齐地一横排站成一队卖着手中的东西。俄罗斯民族确实是一个非常优秀的民族,在文化、科学、技术、历史等方面曾创造了光辉的成就,为世界文明做出了重大贡献。大街上许多建筑物都显得非常壮观、雄伟。做事情也都是大手笔,气魄非凡。一夜之间推翻了资本主义制度,建立了世界上第一个社会主义公有制的国家,现在又是一夜之间取消了计划经济和公有制,实行非常彻底的市场经济和私有制。不过俄罗斯人那种高傲和不想虚心学习它国先进经验的行为不敢恭维,它将会影响俄罗斯引进市场机制及经济的快速发展。

三、俄罗斯私有化改革

以上谈到了笔者对俄罗斯的一些观感,在本节想简单地介绍一下俄罗斯的私有化过程。所谓私有化就是将国家资产重新配置给法人和个人。为了了解俄罗斯的私有化过程，有必要去检视苏联的早期的社会主义经济改革及其1991年以来的私有化冲击。

（一）早期经济改革的回顾

许多人以为苏联的改革一开始就是激进式的，其实不是如此。它们也进行过类似于中国的改革，但不成功后才采用激进式的改革方式的。尽管俄罗斯激进、大规模、根本性的市场化、私有化改革始于1991年苏联解体后，但经济体制的改革早在20世纪60年代中期就已开始。其中，苏联主要进行过的有60年代中期所推行的新经济体制改革和70年代末所进行的完善经济机制的改革。这些改革的目的在于增加经济效率。有趣的是所进行的这些改革的内容与中国早期所进行的改革内容类似。这些改革主要限于扩大企业自主权，减少指令性指标数目，对完成国家计划的企业和个人给予一定经济激励，对国民经济具体管理环节做一些改进。这些改革有一个共同点，都是在中央集中统一领导下，自上而下有计划地实施的改革措施，都没有对所有制做任何改变，只是在原有体制上做一些改进。这样的改革没有解决计划经济的根本弊病和危机，所以没有达到预期的效果。鉴于此，苏联在1987年通过了突破原有体制基本框架的改革体制的一系列文件，想从根本上消除旧体制的弊病。这些文件包括《根本改革的基本原则》、《国营企业法》、有关国家部门职能改革等10项决议。这些文件对企业的经济地位、计划和市场的关系、国家和企业的关系及国家管理经济的方式上都做了根本性的重新界定，构成了一个完整的综合配套改革方案。在企业的经济地位问题上，企业将从单纯的计划执行单位变为相对独立的、自负盈亏的经济实体。在计划和市场关系问题上，取消指令性计划制度，打破统一的计划调节的格局。在国家和企业的关系问题上，企业的经营活动脱离对上级行政部门的依附关系。在国家管理经济的方法上，由行政手段改为经济手段，运用多种经济杠杆协调经济利益关系。这些措施表明，苏联在1987年时就已决定实施从根本上抛弃旧的计划经济体制的改革，打算建立一种计划和商品货币关系相结合、国家集权与企业分权相结合的经济体制。这些改革内容与中国1992年以来所进行的市场化改革很类似。

苏联领导人想决心排除一切干扰,在最短的时期内迅速推进改革,打算自1989年开始,在两三年之内将上述改革目标完成。之所以制定如此紧迫的改革日程表,一方面反映了经济处在危机的边缘,迫切要求进行改革的客观要求,另一方面也是在理论上分析了以前改革失败教训后所得出的结论及其他社会主义国家经济体制改革的促进。但苏联领导人把改革的过程想得过于简单了。到1990年,政治和经济危机已相当严重,政局动荡不安、通货膨胀严重、生产下降、人们生活水平降低,改革并没有取得预期的效果。最后由于1991年8月的政变导致苏联的解体而夭折。失败的原因是多方面的,笔者想主要的原因是实行计划经济体制比中国长得多,人们的思维方法和价值取向不是一下子就能改变过来的,市场的意识,市场的规范及市场体系都还很差。尽管苏联早期的经济体制改革同中国的经济体制改革大致一样,都是从放权让利开始的,接着就探索计划与市场相结合的改革方式。但苏联的实践证明(原因还将在下面谈到),这种改革方式对俄罗斯不太有效,需要进行更加彻底的所有制改革。

(二) 私有化的方式

在以建立市场经济为目标的俄罗斯改革中,私有化扮演着最重要的角色,俄罗斯人认为私有化的目的就是要把人变成真正的主人。俄罗斯是先搞私有化,然后通过私有化的实现来建立市场环境和市场体系的。俄罗斯的私有化方式不是自发的,而是按照从上而下、先通过法律然后再实施的改革方式。俄罗斯的私有化始于1991年7月。俄罗斯政府和议会于1991年7月3日通过了《关于俄罗斯联邦的国有和市有企业的私有化》的法律,使得私有化有了法律基础。随后,制定了具体实行私有化的文件。把国家财产分成联邦、联邦主体(州、共和国及两个大城市)及地方三个层次。私有化具体运作始于1992

年。1992年上半年完成了所有私有化法律的制定和建立了国家资产委员会。整个私有化的过程进行得非常迅速。仅1992年下半年，在所有的222 000个注册国有企业中，就有102 000个企业申请了私有化。其中，当年被私有化的就有48 815个企业，在进行中的有46 628个企业，5 390家企业被认为不合格而被拒绝。这就意味着总数22.8%的国有企业在半年之内就被私有化了（与同样采用激进的改革方式的波兰相比较，那时波兰花了两年半的时间才对27.9%国有企业进行了所有制改造）。现在，大约50%的国有企业的资产属于产权明确的股份企业或成为私有企业。不过各个行业的私有化程度不太一样，有的行业比例高，例如商业、服务业、食品业等已达到74%左右。材料、轻工业达到65%～70%。汽车、交通及海运也比较高。

对国有企业私有化主要采用五种方式：（1）发放私有化券。在私有化的早期阶段，考虑到大多数人没有钱买国家资产，这一阶段主要是采用分的形式，实行发私有化券。每个公民分到了一万卢布的私有化券。这些私有化券可转化为股份或卖拿到钱。为此，政府建有专门的私有化基金会，人们可把私有化券交给基金会帮助购买股票。（2）通过拍卖直接出售企业资产。主要是对中、小型（1 000人以下）的国有企业进行拍卖。（3）通过竞争式经营或投资的投标形式出让企业。应标方（买方）要满足招标方（卖方）所要求的一些条件，例如要保证维持当前雇工的水平和生产规模，买方还需提交如何经营企业的计划等。（4）租赁企业资产。（5）股份化。1992年被私有化的企业中，拍卖的占41%，租赁的占28.7%，经营或投资招标的占24.9%，股份化的占5%。从企业的规模的角度来看，中小型的国营企业主要采用租赁、招标和拍卖的方式，大中型国营企业主要实行股份制，改为股份公司。通过个人向企业投资或出售股份的方法来减少国家、集体的股份。现主要采用三种形式进行股份化。一种是将企业的财产进行登记，按照价值发行股票。将一定比例的股份（大致25%）送给职工，这些股份没有投票权，但可拿红利。一定比例的股份（大致10%）以较低价格卖给企业职工，这些股份有权力投票。一定比例的股份（大致10％）按等值价卖给工人。一定比例的股份（大致5％）的股票卖给工厂的领导人。剩余股份向社会出售。第二种方式是51％的股份卖给企业内部，其余部分在市场上出售。所有的股份都有投票权。第三种方式是将20％的股份出售给那些被认为可以改善企业经营状况的团体或个人，20％的股份售给企业内部职工，其余在市场上出售。所有股份都是有投票权的。从理论上来说，第一种或第三种方式更有效益，但大多企业采用内部职工占多数股份的第二种方式。这主要是由于他们首先考虑到的是他们自己当前的物质利益和工作职位。他们担心新的主人会解雇他们。

为了使得私有化更深入地进行下去，俄罗斯有关部门不断推出许多不同的私有化模式。尽管如此，随着私有化的实施，其结果至今还不理想。生产还是在不断下降，生产效率还没有上升。大致有以下几点原因。第一，广大员工、企业主和经理阶层对如此剧烈的经济改革，尚未做好准备。他们大多还不能适应新机制下的雇主关系，企业主和经理还未具备在市场条件下现代化经营的技巧；其后果就是在公司被接收之后，通常就面临着立即破产的危机。第二，国营企业原有的经理阶层常在未支付合理的价格之情况下，就成为私有化后的企业拥有者。第三，一般民众并未预料到私有化所带来的重大社会冲击。因此，在心理准备不足的情况下，人们往往大肆批评任何可能带来生活水平短期退步的长期经济计划。

（三）农村私有化

农村的私有化进行得更为彻底。70多年的计划经济把俄罗斯由1913年前的出口粮食最大国变为最近几十年来粮食一直短缺、进口粮食最多的国家。在1992年开始实施私有化时，大致有26 000个国家或集体农庄，大部分土地归国家所有。现在，95％的国营、集体农庄已变成股份公司、合作社或个体农户，剩余的5％主要是农业技术推广部门。具体的私有化方式是采用自愿的形式选择不同的经营方式。将大约95％资产和大部分土地分给个人，然后由个人自愿成为个体农户、组成股份公司或新的合作社。每个人都有权分到钱和土地，同时也考虑到退休人员的利益及地区内服务人员，例如教师、医生、文化工作者的利益。剩余的5％的土地留给地区，照顾地区间的平衡，由俄罗斯土地委员会调节地区间的差异和解决争议问题。农村的私有化比城市更难进行下去。除农村私有化也遇到了类似于工业国营企业的那些问题外，最严重的是由于农民的生产力不高，种田收入很低，农民特别是青年农民都不太愿意种田，往城里跑。尽管每个农庄职工可以领到一份土地，成为个体农户，但大多数人不愿如此，私有化后只有15％左右的个体农户，大致30％左右的人又组成了新的集体农庄合作社，其他的人组成了股份公司。

四、中国经济改革

中国的经济改革无论是在方式策略上还是经济效果上与俄罗斯的都大不一样。私有化在俄罗斯经济改革中扮演着最重要的角色，而中国的改革方式主要是自发的，从下而上的改革方式，即取得了成绩，通过政府认可，然后再推广实施。

中国经济改革始于1979年，并持续至今。其已有的改革过程按概念和方法的演进可分为两个阶段：经济自由化和市场化。

改革的第一阶段（1979～1992）主要是经济自由化的改革。在这一阶段中，改革的取向（方针和策略）主要是建立和改进一个经济机制运行良好的最基本的先决条件和环境。通过这十几年的改革，一个经济机制（特别是市场经济）运行良好所需要的四个最基本的先决条件在中国已差不多具备或取得了很大的进步。这就是：（1）承认人的自利性（个人利益）；（2）允许经济上的自由选择；（3）实行分散化决策；（4）引进激励机制。中国所取得大多成就都是与实行这经济上的四项基本原则分不开的。

中国的这种经济改革首先是从农村开始的，是从改善以上四个基本条件着手的。这是一种承认农民的个人利益、给农民生产自主权、提高农民生产积极性的改革。它经历了包产到组、包产到户以至包干到户的家庭联产承包责任制。正是这种改革，大大调动了农民的生产积极性，使得中国的农业形势发生了很大的变化。不过联产承包责任制还存在着一些问题，其中最主要的是由于承包期过短，农民不愿意对土地进行长期投资，从而进行掠夺式生产，导致土地的肥力下降。

由于农村这种允许个人利益存在、给农民生产自主权、提高生产积极性为取向的改革取得了很大成功，这种改革的方式很快被引用到其他行业和地方。例如，允许个体企业、私营企业和其他所有制形式的企业存在，给予外资、合资企业更优惠的待遇，给人们一定程度上经济自由选择权，给企业一定生产自主权，采用松绑、分权、让利、承包等改革措施。采用这种经济自由化改革的方式导致了一个结果是非国营企业蓬勃发展。目前，非国有经济已成为中国经济增长的主体力量。经济发展较快的沿海省市的经济增长主要是靠非国有企业的发展推动的。作为整体来看也是如此，1992年，非国有经济投资总额只占全国投资的25％，但对国民生产总值的贡献达69％。国营企业的产值占国民生产总值由1978年的80％左右下降到1993年的44％。现在中国的经济体制已从一个中央指令性计划经济体制转变为一个计划和市场混合的经济体制。为什么会发生如此大的变化呢？在这15年中有30％多的国营企业被拍卖或破产了吗？答案是否定的，在这期间几乎没有什么国有企业破产或民营化。发生这种比例变化的原因并不是由于国有企业的破产或民营化，而是大量的非国有企业，特别是乡镇企业诞生了。乡镇企业的蓬勃发展成为国民总产值急速上升的重要因素，导致了国营企业与非国营企业总产值比例的根本性变化。并且这种趋势的势头只会越来越强，国有企业总产值的比例最近连续2年以4个多百分点速度下降应说明了此点。目前中国非城市人口占总人数的70％左右。当中国发展成为一个现代工业化社会后，只需要10％左右的人进行农业生产。这样，剩余的50％～60％的人口就可进入工业行业。可以想象，到那时，只要允许多种经济体制存在和自由竞争，只要经济政策不发生逆转，非国营企业的产值及非农业人口很可能达到很大的比重。广东省沿海地区的发展状况就表明了这种趋势。经过这十几年的改革，这些地区的非城市人口的比例已由改革前的80％下降到现在的20％左右了，况且这些地区还吸收了600万左右的外来劳动力。

总之，这一阶段的改革使得中国老百姓的价值观念、思维方法和行为方式发生了根本性的变化。人们已逐渐认识到承认人的个人利益是不可回避的现实。通过这些年的改革，经济上的选择自由已有了很大的改善。在农村，农民获得了土地的使用权（尽管没有拥有权），基本上可以自由决定种哪种农产品。在城市，人们可以选择继续待在国营企业吃大锅饭，也可以辞职到非国营企业去工作并承受随时可能失业的风险。通过这十几年的经济改革，分散化决策方式在中国已取得了很大进步。适度权力下放、岗位制、取消各种计划等，个人和企业在消费和生产的决策方面已有了很大的权力。另外，中国现在已经在许多部门和行业建立了各种激励机制，它们大大地调动了人们的生产积极性。这些都是导致中国高速度经济增长的重要原因。

改革的第二阶段是市场化的改革。1992年为中国经济史上至关重要的一年，中共十四大正式决定中国要搞市场经济。搞市场化的改革是由两方面的因素决定的。一方面中国在走市场机制为取向的改革中已取得了很大的成绩。如上所述，通过这十几年的改革，市场经济良好运行所需要的一些先决条件在中国已基本上具备或有了很大改进。例如承认人的自利性，允许经济上的自由选择，实行分散化决策，引进激励机制和竞争市场机制等。通过这些改革，中国经济结构已有了很大的市场成分，并且大多数人已认识建立市场经济机制是富民强国的正确道路。人们承受市场经济所带来的风险的能力也大大加强。由于市场经济的不断引入，人们对经济体制全面市场化的要求也越来越迫切。另一方面，在现有的阶段中，还面临着许多问题和困难需要去解决。其中大多数问题都是与市场体系不完善有关。因而继续搞市场化的改革、完善市场体系是势在必行，是解决这些问题的根本方法。一个完善的现代市场经济体制不仅仅是放开价格，开放产品市场，给予人们自由就可以了，它包括市场价格体系、宏观调控系统、现代企业制度体系、税制（收入分配）体系、社会保障体系、法规体系、反垄断（反不公平竞争）体系、开放的劳动和金融要素市场体系等。随着市场体系的不断改进，将会使国营企业本身不断地衰减。这是由于国营企业的相对低效率和亏损，使得国有资产和人员不断外流而导致的。

由于市场化的改革，把国营企业推向了市场，需要和其他所有制竞争。尽管它们的效益相对于改革前已提高了很多，但由于国营企业产权的不明确，本身背的包袱大，机制的不灵活性，政策规定或政策性的限制价格，国营企业的效益没有同行业非国营企业的效益高。出现了所谓的"老大（国有企业）不如老乡（乡镇企业），老乡不如老外（三资企业）"的局面。现在国营企业面临的问题日趋严重，亏损面持续扩大。受农村承包制改革成功的影响，早期的国营企业的改革方式主要也是采用承包制。但是效果不是那么如意。我们知道产权包括财产的拥有权和使用权。产权的明确界定能激发企业的生产积极性从而激励企业尽可能有效地生产。农村的生产责任承包制把土地的使用权和拥有权分开，土地还是归国家所有。这种承包制取得了很大的成功。鉴于农村改革的成功，在所有制改革的早期阶段中，人们就想把这种将拥有权和使用权分开的承包制的改革方式用到企业、商业及其他行业中去。他们想，这样做既保持了企业或生产资料的国有性又能调动生产积极性。但效果不尽如人意。原因是复杂的，其中一个重要原因是工商业与农业生产资料的性质不同。农业承包制的成功与土地的特性有关。这个特性就是土地几乎是无弹性的（其供给曲线几乎是垂直的，因而它的供给不会随着价格发生什么变化），又不能折旧，土地肥力的减少也是很缓慢的。这个特性可使人们能把土地的所有权和使用权分开。而对于那些折旧或贬值快的资产，例如机器、设备，如果没有所有权，使用者没有激励去爱护它、保养它、维修它，而却有激励在承包期尽量使用它，并且一旦承包失败了承包者也没有能力承受全部损失。国营企业承包制的不成功使人们越来越认识到国营企业的所有制转换是不可避免的。

中国改革过程还没有进行的一个阶段——第三阶段——就是民营化的改革。进入这一阶段还要一段时间。需要等到非国有企业的产值占了国民经济总产值的一定比例，并且政府将有足够的财政收入能力来承受失业工人救济和社会保障负担后，才能进行全面民营化。我们估计这大致需要 5 到 10 年左右时间。这个估计是根据以往国有经济在整个经济的比重平均每年下降 2~4 个百分点而得出来的。

五、两种改革方式的比较和评估

（一）两种改革方式的比较

从上面对俄罗斯和中国的以市场为取向的所有制改革介绍中可看出这两个国家的所有制改革方式是以非常不同的方式进行的。

中国的所有制改革主要是采用间接的、从下而上的、不知不觉的改革方式，而俄罗斯却采用是直接的、自上而下的、公开的和有步骤的改革方式。中国的间接改革方式并不是直接针对国营企业所进行的私有化所有制改革。它是一种让非国营企业（包括集体企业、私营企业、乡镇企业、外资企业和合资企业）生存，通过竞争发展壮大的所有制改革过程。这种改革方式避免了在改革的早期阶段和国有经济发生正面冲突。通过这种让各种所有制企业竞争的过程发展了市场体系和非国营经济，同时也对国营企业有明显的示范和推动效应，国营企业的经济效率相对于改革前也提高了。而俄罗斯却是直接针对国营企业所有制所进行的改革。另外，中国的所有制改革是自发的、从下而上的，是由于人们有了经济上的一些自由选择后而导致的。而俄罗斯的所有制改革是一种自上而下的改革，先制定私有化有关法律，然后再实施。

相对于直接所有制改革的方式，间接式的渐进改革方法是一种保持经济不断增长的改革方法，它具有较小的风险和阻力，比较稳妥，顺其自然，不对任何所有制进行限制或打击，是一种不知不觉进行所有制改革的方法。除了对国营企业造成竞争的压力外，不对国营企业采取什么措施。唯一需要的就是给人们经济上的选择自由，让各种所有制自由竞争。

间接式所有制改革方法的缺点是：转型的时间可能会拖得比较长，同时还必需容忍国营企业的低效率和亏损。现在中国国营企业面临的问题日趋严重，亏损面持续扩大，大多数国有企业已面临着越来越严重的生存危机。1991年时，就已有大致 1/3 的国营企业亏损（另外还有 1/3 的国营企业暗亏或持平），但 1994 年上半年亏损面已上升到 46.3%；亏损额达 2 197 000 多万元，相对于 1985 年的亏损 26.78 亿元上升了 700%左右。同期国有企业增长只占全国工业增幅的 6.6%，而非国营企业增长却占全国工业增幅的 93.4%。现在许多效益不好的国营企业工人已生活在贫穷线上，收入很低，只能拿基本工资，有些企业甚至连基本工资都开不出来，只能拿 60%左右。以重工业基地、国营企业云集的辽宁省为例，就有近 70 万职工发不出工资。经过 1994 年国家事业单位工作人员的工资改革后，现在效益不好的国营企业工人的工资几乎是各行各业中最低的，只有 200 元左右，比事业单位职工差不多低了 50%左右。这造成了工人很大的心理不平衡。国有资产的流失也非常严重，国有资产出现严重萎缩。据国有资产管理部门估计，1980 年到 1993 年，平均每天流失国有资产价值 1 亿元，累计流失已达 5 000 亿元左右。如何解决国有企业的亏损已成为中国改革中一大问题。

（二）两种改革方式的评估

从上面的讨论，对于向市场机制转型的方式和速度方面，俄罗斯和中国采用了极不相同的改革方式。为什么会采用如此不同的改革方式呢？如何评估这两种改革方式？我们的答案是这主要由一个国家的国情，由政治环境、经济基础、历史传统、文化背景、社会结构等因素决定的。由于国情不同，一个国家所采用的改革方式可能完全不适用于另外一个国家。世界上没有普遍有效的法则，跨越国界的经济改革或统一的所有制改革方式是不存在的。采用什么方式进行改革应根据各国的政治环境、经济基础、历史传统、文化背景、社会结构来决定。正是由于国情不同，中国选择了"渐进式"的改革方式，而东欧一些国家（例如波兰）和俄罗斯则选择了"大爆炸式"的改革方式。改革方式选择的这种不同并不是偶然的，而是有其社会结构、经济基础和其他方面的原因的。这两种改革方式如果互换到对方国家，则很可能对两国都行不通，这是由于：（1）渐进式的改革可能只适应于像中国这样农业人口占大多数的国家，而不适应农业人口只占较小比例的一些前指令性经济国家（例如苏联和东欧国家等）。这也许是为什么苏联和东欧一些国家先采用了渐进式的改革方法后不行，然后才选择了激进式改革之路的主要原因。东欧的一些国家，例如俄罗斯不存在着像中国这样发展乡镇企业和个体企业的条件。我们在上面提到，在改革之初中国有 80％左右的农业人口，基本上是一个农业社会国家。因此，中国的经济改革像中国革命那样，走的是"以农村包围城市"的道路。而俄罗斯的农业人口只占 13％左右，是一个高度的工业化（特别是重工业和军事工业）国家。因此在东欧国家和俄罗斯仅仅只搞农村改革是不够的，必须把用于重工业、军事工业的资源转一部分给小企业、消费品工业、交通服务等行业。所以俄罗斯不存在"走以农村包围城市"的条件，还是像十月革命那样，这场改革须从城市开始。（2）尽管"震荡疗法"风险大，但没有其他（包括"渐进式"）比"震荡疗法"更适合其国情的方法。东欧一些国家和俄罗斯的现状决定了它们需要选择一种激进的改革方式，也就是说，它们采取激烈的措施完全是由它们特殊的国情所逼迫出来的。正如我在前面介绍的那样，俄罗斯早在 20 世纪 60 年代、70 年代就已采用了类似于中国渐进式的改革做法，但成果不大，不能解决根本问题。到了 90 年代后，这些国家在经济上已面临着恶性的财政危机和通货膨胀，急需（而不是慢慢地）稳定经济。就像一个人的内脏出了严重的问题，医生必须采用动手术的激烈手段才能解决问题，而不是用温和的、慢慢调养的方法所能解决的。而中国基本上不存在这些问题。(3) 渐进式的改革方式更适合中国的国情和文化背景，适合中国人的行为方式。由于文化的不同，行事的方式也许会不同。苏联及东欧一些国家的文化来源于古希腊并受东正教的影响，比较崇尚于法制。他们往往是先说了再干：先立了要私有化、市场化、经济选择的自由化的法，再名正言顺地干。而在中国，由于种种原因，许多事只能干而不能说或时机不成熟而不能说（我们有老祖宗给我们的"百病从口入，百祸从口出"的古训）。中国这十几年来实际上一直在搞这种市场化、经济选择自由化的经济改革，但直到最近才明确地提出来。

当波兰在1990年采用"震荡疗法"时，许多人对"震荡疗法"的有效性持怀疑态度。现在事实证明"震荡疗法"在波兰已初见成效，基本上已经走出谷底了：到1993年底，尽管失业率还很高——15％左右（这比美国在大萧条时的20％多的失业率还低很多），但比1992年下降了2个百分点。经济从1992年下半年开始上升。1992年的国民总产值增长1％，1993年达到了4％，1994年将会更高，预期要达到4.5％。人们的生活水平已开始上升。物资短缺和通货膨胀等问题已基本解决，几乎所有的价格都是由市场决定的。在这短短的3年内，外销额已翻了一番多，使波兰有了贸易盈余。这些在3年前是不可想象的。捷克的情况比波兰还要好很多，机制的转轨基本上已经过来了。1994年的失业率预期只有3.5％，国民总产值将达到3％左右，60％国民总产值是由私有企业生产的，外国投资不断增加，通货膨胀只有10％左右。

上述事实和例子说明，采用哪一种改革方式，应像对待病人一样，即使病人患的是同样一类病，如果病的程度和病人的身体状况不一样，医生应采取不同的治疗方法，而不是采取一刀切的方法。可见，经济学不仅仅是一门科学也是一门艺术，不能生搬硬套。我们不认为"震荡疗法"一定比"渐进式"的改革方式要好，也不认为"渐进式"一定比"震荡疗法"的改革方式要好，采用哪种方法是根据各自的国情、所在国民众的愿望所决定的。此外，也不能以一时的得失进行比较。要比较两者的得失，也要等到"震荡疗法"再实行了几年以后才能比较。

从一个制度过渡到另外一个制度不是一件容易的事情。其他计划经济国家有困难，但俄罗斯的困难更大。其原因是俄罗斯集中化的程度比其他计划经济的国家要高，连农村都被公有化了，农民也是国家职工。俄罗斯的计划经济进行的时间也长得多。70多年的计划经济历史使得人们对市场许多方面完全陌生，并且许多东西在人们头脑都已根深蒂固，不能一下子就转变过来，高度化的公有化程度使得不可能像中国那样不打破国有经济的那块而另外发展出一块非国有经济，所以经济下降在转型之初是不可避免的。当然在下降的程度方面，还是有可能做得更好。许多经济学家都认为俄罗斯政府在执行政策方面犯了不少错误，犯了急于求成的错误。同时，许多政策制定者、改革家都是学者，对实际了解很少，他们对市场的认识也往往从书本方面得到，没有考虑到实际操作所需要的条件。

现在俄罗斯的经济形势在有些方面开始稳定，最困难的时候也许已经过去。绝大部分的物价已放开了，市场上的物质开始丰富起来。1991年时商店几乎没有什么东西，现在商店有许多东西可供选择。最近这一两年出口增加，进口大量减少。1993年有400亿美元的顺差。对贸易将要采用更为自由的方针，从1994年9月1日起对大多产品的出口已取消了配额限制，减少了关税。俄罗斯已认识到了在引进外资方面存在着政策方面的问题，正在修改外国投资方面的有关法律，修改税收条款，制定外商投资优惠条件，制定双方互利协定。

可以想见，俄罗斯若能在三五年内用"震荡疗法"摆脱目前的困境的话，它也会有一个不错的前景。俄罗斯的人均教育、科学技术水准及工业基础已达到相当高的水平，远比一般国家更高，况且拥有丰富的自然资源，加上较少的人口（相对中国来说），一旦走向市场机制的正轨，经济增长速度将会十分可观。我相信俄罗斯的经济市场化的前景也将是非常光明的。

（1996 年 8 月）

参考文献

［1］雷文勋. 前苏联的经济改革：理论与实践［J］. 当代中国研究，1994，2：65～75.
［2］经济学消息报［N］. 1994-1-20.
［3］周治平. 亏损三百多亿的国有企业——中国国有企业改革浅议［J］. 明报月刊，1994，6：41～43.
［4］田国强. 中国经济改革的前景和问题［J］. 当代中国研究，1994，1：9～23.
［5］田国强. 中国经济机制转轨期间所要解决的一些基本问题［D］. 中国走向市场经济理论与实际国际研讨会，海南：海口，1993.
［6］田国强. 论中国国营企业的改革和经济体制平稳转轨的方式和步骤——中国经济改革的三阶段论［D］. 1994-9.
［7］田国强. 论中国经济制度转型中的中央、地方和分散决策的关系［D］. 1994-10.
［8］田国强、张帆. 大众市场经济学［M］. 上海人民出版社，1993.
［9］樊纲. 两种改革成本与两种改革方式［J］. 经济研究，1993，1.
［10］林义夫、蔡昉、李周. 论中国经济改革的渐进式道路［J］. 经济研究，1993，9.
［11］张军. 中央计划经济下的产权和制度变迁理论［J］. 经济研究，1993，5.
［12］吴敬琏. 市场经济的培育与运作［M］. 中国发展出版社，1993.
［13］R. H. Dabrowski. *Lessons for Poland and Eastern Europe*［M］. Center for Social and Economic Research，Friedrich Ebert Foundation Warsaw Office，1993.
［14］A. Hussain. Social Security in Present-Day China and Its Reform［J］. *The American Economic Review*，1994，84：276～280.
［15］G. H. Jefferson and T. G. Rawski. Enterprise Reform in Chinese Industry［J］. *Journal of Economic Perspectives*，1994，8：47～70.
［16］D. Perkins. Completing China's Move to the Market［J］. *Journal of Economic Perspectives*，1994，8：23～46.
［17］T. G. Rawski. Chinese Industrial Reform：Accomplishments，Prospects，and Implications［J］. *The American Economic Review*，1994，84：271～275.
［18］G. Tian and Q. Li. An Implementable and Informationally Efficient State-Ownership System with General Varible Returns［J］. *Journal of Economic Theory*，1994，64：286～297.
［19］G. Tian and Q. Li. Ratio-Lindahl Equilibria and an Informationally Efficient and Implementable Mixed-Ownership System［J］. *Journal of Economic Behavior and Organization*，1995，forthcoming.

31

国有企业股份制改革和中国制度的平稳转型[*]

提要：对国有企业实行"抓大放小"和股份制改革，是中国经济制度转型过程中的一大重要步骤，本文将其视为民营化阶段起步的重要标志，并阐释了国有企业股份制改革的迫切性和必要性。对于中国应当实行什么样的股份制？随着市场化改革进一步地深入和市场体系进一步的完善，产权明晰、股民掌握控股权的股份制比国家或集体掌握控股权的股份制要更有效率，本文首先对此进行了认证；然后，分析股份制、民营化改革的适当速度和规模及在民营化改革过程中要注意和解决的问题；最后讨论了机关事业单位人员严重膨胀的问题。这是一个比国有企业改革更关键、更困难、但又必须解决的问题，而且还牵涉到政治体制改革，对中国制度的平稳转型具有举足轻重的意义。

中共十五大作了一个举世瞩目的决定，要对全国 35.4 万多家国有企业（其中有 24 万多家是小企业）实行"抓大放小"的改革措施，将股份制作为国有企

---

[*] 本文载于《当代中国研究》，1998 年第 2 期。

业改革的一个主要方向。所谓"抓大放小"就是抓活大的、放活小的,即在大中型骨干国有企业建立现代企业制度,实行公司制(股份制)改革,对中小型企业则实行多种所有制,包括私营(出售给个人)、职工所有(股份合作制)、合资,还准备采取兼并、改组、联合、租赁、承包经营、破产等措施,概括起来就是,"鼓励兼并、规范破产、下岗分流、减员增效和再就业工程"。由于党代会特定的政治动员效应,这一决定立即在中国大陆刮起了股份制、股份合作制改造的旋风。"一股就灵""国有企业股份制改革要大干、快上"的论调,很快就在许多地区冒了出来,把前几年那种一哄而上的房地产热、开发区热那一套用到了国企改革上。一些县市原来国企改革毫无动静,现在却突然宣布属下企业已有八九成变为股份制或股份合作制了。国外也有一些学者马上跟进,认为股份制是对社会主义市场经济的重大理论创新,而中小型企业的股份合作制采用职工董事会一人一票的决策方式,则是明显地超越西方式一股一票的制度创新。

究竟应当如何看待和评价中国国有企业股份制改革,实行什么样的股份制?是实行国家或集体掌握控股权的股份制,还是实行股民掌握控股权的股份制?我倾向于后者。本文首先论证,随着市场化改革进一步地深入和市场体系进一步的完善,产权明晰、股民掌握控股权的股份制比国家或集体掌握控股权的股份制要更有效率;然后,分析股份制、民营化改革的适当速度和规模,以及在民营化改革过程中要注意和解决的问题;最后讨论另外一个非常重要、但前几年在学术界中未引起足够重视的问题,即机关事业单位人员严重膨胀的问题。这是一个比国有企业改革更关键、更困难、但又必须解决的问题,而且还牵涉到政治体制改革,对中国制度的平稳转型具有举足轻重的意义。

一、国有企业股份制改革的迫切性与必要性

中共十五大把国有企业的改革看作是当前国民经济中最重要的任务,正式

决定对国有企业实行大规模的股份制改革，其影响重大、意义深远。1997年3月召开的八届全国人大五次会议上，李鹏同志的工作报告中就提出了对国有企业实行"抓大放小"的改革措施，十五大上又将股份制确定为国有企业改革的主要方向。十五大的这个决定无疑具有把国企改革推向一个新高潮的影响力。

毫无疑问，对国有企业实行"抓大放小"和股份制改革，是中国经济制度转型过程中的一大重要步骤，也可视为国有企业民营化阶段起步的重要标志。笔者在几年前就提出了中国经济制度平稳转型的三阶段论，即认为中国经济改革要平稳地完成向市场经济体制转轨的过程会经过三个阶段。第一阶段始于1979年的"松绑、放权"的经济改革，它以农村经济改革的启动为标志；第二阶段始于1992年邓小平的南方谈话，以十四大正式决定要实行市场经济为标志；第三个阶段，也是最后一个阶段，就是民营化阶段。这三个阶段的改革方针和策略应分别是经济自由化、市场化和民营化。

其实，从20世纪80年代中期开始，中国就在摸索国有企业产权制度的改革，试行了租赁、破产、出售、股份合作制、股份制、合并、与外资合资等一系列措施，到1994年为止，中国的股份制企业已达2.58万家（其中工业类占48%，商业类占31%），城镇股份合作制企业达到了13.57万家，农村乡镇股份制企业也有285.33万家，占全国企业总数的10%。但是，迄今为止国有企业产权制度改革的试验所取得的效果十分有限。随着经济市场化程度的加深、非国有经济的迅速发展，国有企业在市场上面临与其他所有制企业的越来越激烈的竞争。虽然已经实行的国企改革措施使国有企业的效率比改革前有所提高，但国有企业的效益仍然远远不及非国有企业，出现了所谓的"老大（国有企业）不如老乡（乡镇企业）、老乡不如老百姓（民营企业）"的局面。

结果，国有企业的问题日积月累，亏损面持续扩大，现在已面临着越来越严重的生存危机。首先，国有企业对全国工业增长的贡献越来越小，只占5%左右，而全国工业增长的95%靠的是非国营企业。其次，亏损面和亏损额持续扩大,大约三分之二的国营企业常年亏损,总体亏损额已大于盈利额,每年需要国家补贴几百个亿,造成严重的财政负担,国家已没有能力长期负担这么大的亏损。再次,不少国有工业企业已陷入停产、半停产状态,员工只能拿基本工资,有些企业甚至连基本工资都开不出来,许多工人收入很低,月收入只有200元左右,生活已陷入贫困状态。而且,这样的收入不仅是各类企业中最低的,而且比事业单位职工还少一半,造成了工人的心理不平衡。最后,由于未能建立对市场经济的有效调控与规范,国有企业资产以惊人的速度流失,资产总额严重萎缩。据有关部门估计,从1980年以来,平均每天流失国有资产价值1亿多元,累计已流失1万亿左右。如何解决国有企业的生存危机问题,已成为当前经济转轨中一个既重要又紧迫的问题。这也许就是为什么中共十五大把国有企业的改革列为当前经济工作中最主要的任务。

事实上,目前加大国有企业改革的力度,已具备越来越有利的制度条件。经济自由化和市场化的改革已使过去以国有经济为主体的中央计划经济体制转变成了非国有经济占主体、以市场为导向经济体制,由于采取允许一定程度上的经济自由、承认个人利益、引进激励机制、让各种所有制展开竞争等改革措施,非国有企业"包括集体、私人、乡镇、外资和合资企业"蓬勃发展,非国有经济已成为大陆经济增长的主体推动力量,国有经济在国民生产总值中比重已从1979年的80%降到1996年的30%左右。价格体制改革促使竞争的市场价格体系基本形成,90%以上的商品价格和农产品价格已经放开,大多数商品的供求已由市场来决定;决定市场经济运作的要素市场开始成形,股票市场、房地产市场、劳动力市场等已初具规模。所有这些,为国有企业的民营化奠定了基础,创造了加快向市场机制转型的条件。

尽管国内不少官员和学者对国有企业的民营化还持怀疑态度,但中国政府"抓大放小"的国企改革方针,其方向无疑是正确的,反映出认识上的一个很大的进步,说明中国领导人已经逐渐开始认识到,不采取坚决的和比较彻底的国有企业改革措施,是不可能从根本上解决国有企业的严重问题的。

二、股份制应该以什么形式为主？

当股份制的改革方向被确定之后，还必须考虑，中国应当实行什么样的股份制？是实行以国家或集体掌握控股权（从而控制经营决策权）的股份制，还是实行股民掌握控股权的股份制？从"十五大报告"的提法来看，中共目前想要实行的股份制主要是前者而不是后者，这似乎仍然反映出意识形态框框的束缚，并未真正按照邓小平的"猫论"原则行事。

中共十五大报告中所谈论的股份制，是一种以公有经济为主体、国有经济控制国民经济命脉、控股权掌握在国家（实际上就是国有资产代理人）手中的那种股份制。"报告"中提到，中国必须坚持公有制这个社会主义经济制度的基础，要在公有制为主体的条件下发展多种所有制经济。为此，"十五大报告"对公有制的含义做了新的解释，"公有制经济不仅包括国有经济和集体经济，还包括混合所有制经济中的国有成分和集体成分。公有制的主体地位主要体现在：公有资产在社会总资产中占优势；国有经济控制国民经济命脉，对经济发展起主导作用。"江泽民同志也提出，"股份制是现代企业的一种资本组织形式，有利于所有权和经营权的分离，有利于提高企业和资本的运行效率，资本主义可以用，社会主义也可以用。不能笼统地说股份制是公有还是私有，关键看控股权掌握在谁的手中。"

上述对股份制的看法认为，在市场经济体制下也能搞好公有经济。但这一观点恐怕无论在经济理论上还是在经济实践上都得不到支持。当然，这种提法也可能是为了避免极左派在意识形态上纠缠，从策略上的考虑出发而不得不这样提，以便减少改革的阻力；而具体操作时再采取"挂羊头、卖狗肉"的做法。但是即使如此，上述提法仍然会给国有企业民营化改革带来一定的困难。可以肯定，以国家或集体掌握控股权（从而控制经营决策权）的股份制，不是最优的产权安排形式，只是一种"走弯路"的选择，改革进行到最后阶段，还是要回到股民掌握控股权的那种股份制。下面从理论和实践的角度做简短的论证。

为了避免不必要的争议，首先要界定什么是私有产权和公有产权。现代产权理论认为，企业的产权（或称企业所有权）主要指对盈余的索取权和控制权的配置（划分），因而企业产权是一种契约关系。对企业产权（权利和义务）不同的划分，将决定不同的产权安排，从而产生不同的企业产权结构和产权制度。私有产权并不意味着所有与产权有关的权利都掌握在一个人手里，它可由两个或多个人拥有。例如，股东、经理和员工掌握的权利都是私人的权力，股东对资产具有占有权、有权阻止经理出让资产，经理对资产如何利用具有决定权，而员工有权力排斥股东或经理在契约期内为个人私利出让资产。所以，私有和非私有产权的区别在于，在私有产权情况下，当个人行使某种权利时，会排斥其他人行使同样的权利；而在非私有产权的情况下，当个人行使某种权力时，并不排斥他人行使同样的权利。因此，非私有产权，例如公有产权（包括国有、集体或混合所有制中的国家与集体部分），都是不能明确界定的。

股份制最大的好处在于，它可以促进和发展出一个完善的资本市场，客观地检验企业的表现和经济人员的业绩，能够起到公有制下上级部门考核所起不到的作用。因为，证券市场的正常交易会要求企业提供可靠的信息，只有当一个企业的业绩良好时，人们才愿意花钱买它的股票；通过股票的买卖过程，市场就筛选出有效率的企业，淘汰掉低效率的企业。

如果实行公有产权为主体的股份制，国家或集体仍然是最大的股东、拥有最多的股份，它自然就掌握了控股权，则企业的主管部门（不管它是国有资产管理部门、国有的行政性控股公司还是行业主管部门）仍然和过去那样，控制着企业的人事任命权和经营管理权。这样，既然厂长、经理还是由主管部门任命，而企业的其他小股东无法参与企业的决策，那么，企业的决策权就还是被政府（或它委派的人）直接、间接地控制着。由于在厂长、经理和政府的主管机构之间，必然会有很多非经济的复杂关系，厂长、经理就不会单一地、全力以赴地关心企业的效益；如果企业出现经营亏损，厂长、经理也可以利用与政府主管机构之间的非经济关系，来逃避个人责任。所以，一般来说，与那些产权明晰界定清楚的、自我承担风险的、由股民掌握控股权的股份制企业相比，产权没有完全地界定清楚的、以公有占主导的股份制企业的生产效率是比较低的，竞争力也比较差。以公有占主导的股份制企业刚实行股份制时，因增资或兼并的规模效益，短期内可能改善效率，但随着市场体制的成熟和竞争的深化，与产权明晰的非公有经济股份制企业相比，公有股份制企业的相对效率还是会下降的。

事实上，现在中国许多已"股份化"的企业都是"换牌不转质、新瓶装旧酒"，其经营机制和企业领导权都是一切照旧。目前，大多数工人对实行这种股份制并不热情，都不太愿意参股，效益不好的企业里职工尤其如此。他们认为，企业亏损主要是国家设定的制度造成的，现在政府搞股份制、让职工买股票，无非是变着法子要老百姓代替政府掏钱、去填补国有企业的亏损窟窿。因此，不少企业只好强迫职工入股，职工如不认购一定的股份就面临被开除的威胁，这会引起职工的进一步反感甚至反抗。1997年6月1日起施行的"上海市股份合作制企业暂行办法"规定，企业90%的在职职工必须成为企业的投资者。按照这一政策，如果不愿或没钱投资的职工超过了10%，就会发生强迫职工入股的情形。

工人们对这种"股份制"的担心实际上是有依据的。从已经上市的股份制企业的情况来看，尽管这些上市公司是中国各地企业中的佼佼者，但很多上市公司现在都经营不良，亏损相当严重。例如，1996年上海的股市中期报表显示，共有30家上市公司账面上出现亏损、或账面上每股收益不足一分钱，占上海股市全部上市公司的12%。从最近公布的全国上市公司1996年报表看，亏损情况更为严重。深圳股市全部上市公司中，报亏企业由上年的11家增加到17家，平均每股亏损由0.16元增加到0.36元；上海股市全部上市公司中，报亏公司由6家增加到14家，占上市公司总数的比重为4.5%，在当年新上市80家公司的情况下，这一比重还是比上年增加了1.4个百分点，报亏公司的亏损额则由每股 0.29 元增加到 0.49 元。

从反映企业实际经济效益水平的净资产收益率来看,深圳、上海两地上市公司的该项指标由 1995 年的 12.5％下降为 1996 年的 10.2％。值得注意的是,近两年来,深沪两地上市公司的季度的每股平均收益的下滑速度还在加快。从 1996 到 1997 年,上海股市的该指标依时间顺序为 0.39、0.25、0.21、0.17、0.15 元,深圳股市则为 0.37、0.20、0.18、0.11 元。所有的亏损公司都是 1996 年以前上市的老公司,显然,公司上市时间越久,效益就越差;只要几年时间,很多老一点的上市公司就可能被淘汰出局。1996 年全国新上市了 200 多家公司,一年之后他们当中就有 22 家公司的净资产收益率低于 10％,有些公司已进入微利或几近亏损的状态。

推动企业上市的初衷原本是为了解决企业资金不足和转换企业经营机制,使上市公司成为国有企业中建立现代企业制度的榜样。但上市公司表现欠佳的实况说明,由公有股份掌握控股权的这种对国有企业作有限的股份制改革的方式,是非常值得怀疑的。实行这种改革方式后,企业的控制权没有发生根本的变化,经营者只不过是把更多的精力放到资金的筹集上,并不十分关注企业经营机制的转换。如此下去,企业的不良资产还会不断增加,今后这些企业的亏损不仅是国家的损失,还将直接造成股民的损失。这种现象不仅造成了中国股票市场机制的扭曲,造成国有企业改革的严重后遗症,而且,因股市的可能崩盘所引发的社会震荡,将是非常危险的。

改造这种公有股份控股的股份制,可以有两种解决办法。第一种就是实行由股民掌握控股权的股份制。由于民有股份制需要个人承担风险,股份多的人将承担最大的个人风险,所以当他们掌握控股权时,会有最大的激励去关心企业的经营,这也是为什么西方现代企业公司比较有效率的主要原因。如果因为政治上或意识形态方面的束缚,不能实行这种民有股份制,还有一种解决办法,那就是笔者过去五六年来一直提倡的、既简单而又能有效解决公有股份制低效率问题的办法,即让政府只掌握一种特别股,它可以有优先分红的权利,但企业的厂长经理或董事会必须由法人股和个人股东选举产生。这是一种既保证了公有制占主体（政府是最大的股东）、又能让企业有效经营的可行办法。现在，已有一些企业、特别是乡镇企业，开始试行这种或类似的方法，取得了不错的效果。

在现阶段的政治、经济及社会环境中，股份合作制比较容易被人们接受。所谓的股份合作制企业，就是企业的资产全部由企业内部员工按股共有，外部人员不能入股，股份只能转让给企业内其他员工；这样的企业实行按劳分配和按资分配相结合的分配办法。股份合作制虽具有产权相对明确、机制灵活、利益直接等特点，但弊端也很大，它阻碍了外部资本的进入和企业资本的流动，只适合小型工商企业和各种服务性企业。股份合作制企业的发展需要扩大规模、加强横向联系、追加资本，最终很可能不得不转变为开放型的股份制。

如果实行一人一股的股份合作制，问题就更大了。除了上面已指出的弊病外，它还会造成持股少的人做了不恰当的决策、却让持股多的人承担较多风险或损失的结果。如果持股多的和持股少的人具有同等的控股权或企业经营决策权，那谁又愿意多持股呢？因为承担风险小的人，敢于冒更大的风险，从而也可能导致企业更大的亏损、甚至倒闭，这样，谁又愿意让别人拿自己的钱去冒风险呢？（请读者设想一下，你和笔者合伙，如果你有 1 万元的股份，而笔者只有 100 元的股份，你会愿意让我享有同等的企业经营决策权吗？）如果为了维持企业合作经营者的同等权利，只容许所有人持等量的股份，想多投资的人也不能多持股，这又导致资金的浪费，并且还可能减少能力强、努力工作的人的积极性。

以上关于各种股份制优越性的讨论还只是从经济效率标准出发的，但经济改革不单纯是为了增加经济效益，它还有其他目标，如增进社会公平和社会稳定等。经济效益和平等（公平）是从不同的角度来评价经济活动的社会效果的，代表了不同的价值取向。一般来说，资源的有效配置和公平配置呈"此消彼长"的反向关系。由于人的能力、机遇不同，面临的风险也可能不同，为了激励人们努力工作从而增进效益,必然会出现某种程度的收入(结果)不平等。如果干多干少、贡献大贡献小收入都一样,会有多少人去努力工作呢?在具有自利行为的人类社会中,尽管"结果平等"往往带来生产的低效率,但为了社会的稳定及增进社会公平,人们往往不得不牺牲一些经济效益而照顾到社会公平。中国改革前的体制是过度强调了"结果公平"(导致了吃大锅饭)、而基本上忽视了经济效益问题;现在,中国为了加快经济发展,核心的任务应该是减少"大锅饭",提高企业的经济效益,逐步建立产权明晰的现代企业制度。

这里,我还要强调,不同的经济环境将影响不同产权所有制安排的最优选择。在具体不同经济环境下,国有、集体、民有产权所有制都可能是最优的。笔者的一篇关于转型经济中产权所有制安排的文章谈过这个问题。文中证明了,当经济自由和市场体系完善的程度非常低时,国有企业比民有和集体企业更有效;如果经济自由和市场体系完善的程度处于某种中间状态,则集体企业将比国有企业和民有企业有效;如果具有高度的经济自由和完善的市场体系,则民有企业将是最优的产权安排形式。由于目前中国乡镇企业的蓬勃发展,一些人过分夸大了这种产权制度的长久优越性,其实,它只是一种过渡型产权制度。尽管许多产权模糊的乡镇企业和其他企业在现阶段是最优的产权安排,随着市场化改革的深入、经济自由化程度的进一步地提高和市场体系的逐步完善,它必定被产权明晰的现代企业制度代替。

三、国有企业股份制改革的速度和现阶段可采取的措施

如果明确了国有企业改革的形式,到底应不应该快速地大规模地完成国有企业的股份制改造或民营化呢?中国的经济现况是否能够承受企业大规模破产的压力呢?中国政府打算用三年左右的时间让目前亏损的国营企业走出困

境，笔者认为此估计也许过于乐观。由于中国目前的经济基础和社会条件还不成熟，对国营企业的大规模股份制改造和破产的速度不宜太快，应采取比较渐进的方式。

中国政府并不具备足够的财政能力去负担数目庞大的下岗工人的失业金，这必然会限制国有企业改组、破产的速度。即使现有国有企业不实行股份制改造、不破产，也有 5 000 万人（其中 1 300 万下岗工人、700 万待业人员、3 000 万退休职工）要财政负担。目前，国有经济的产值还占国民生产总值的 30％多，有相当大一批劳动力还依赖国有部门养活，社会安全保障、失业救济、失业工人的再就业培训等制度还处在初创阶段。如果像俄国东欧一些国家那样，快速推行国有企业的全面破产和民有化，会导致经济负增长、人民生活水平下降、国有企业工人大量下岗，他们的生活就没有保障，再就业问题也很难解决。这会威胁社会的安定，引起社会动荡。

中国城市居民的价值观念和思维方法，本来就不完全适应市场经济的要求，在机制转型的过程中，更应避免诱发人们对改革的抵触。如果国有企业改革的步伐过大、职工收入下降过快、工人下岗人数过多又一时找不到工作，由于生活困难、社会经济地位下降，会导致工人心理失衡和对改革的不满情绪，进而对向市场机制的转型持怀疑态度或抵触情绪。改革需要安定平稳的环境，为了减少社会震荡，在经济机制的现阶段转型过程中，在劳动力市场和社会安全保险制度还没有建立之前，不宜急于对国有企业实行大规模的破产政策。在这个时期，难以为继的国有企业本身还发挥着一种变相的社会保障作用，让那些没有能力或缺少出路的工人有一个短暂的过渡时期。尽管国家不得不补贴亏损企业，但这种补贴的数量未必比失业救济金多，因为即使是亏损的企业，也或多或少有一些收益，能支付部分工资成本。

在现阶段的国有企业民营化改革中，政府可以采取以下措施：第一，尽可能拨出资金建立社会失业基金，并帮助失业、下岗工人再就业，为他们在政策上提供方便和自由，加强就业培训、引导下岗职工转变择业观念、鼓励自谋职业。第二，鼓励和发展私营、集体及其他类型的产权明晰、自负盈亏的企业，让其创造更多的就业机会。第三，给予国有企业职工更大的择业自由，允许劳动力充分流动，从而形成劳动力市场。第四，完善市场体系，现在许多经济中的问题都与市场体系不完善有关。一个完善的现代市场经济体制不仅仅是放开价格、开放产品市场、给予人们自由就可以形成的，还应包括建立宏观调控系统、现代企业制度体系、税制（收入分配）体系、社会保障体系、法规体系、反垄断（反不公平竞争）体系、开放的劳动和金融要素市场体系等。第五，改革国有企业的经营机制，激励经理和工人的积极性，比如可以对中小型国有企业、特别是第三产业的国有企业，实行长期承包制、租赁制、拍卖、出售、实行股份合作或股份制等，而对效益好的大中型国有企业则实行产权明晰的股份制。对一部分长期严重亏损的中小型国有企业，可以在几年内分期分批地实施破产。

四、关于机关事业单位人员膨胀的问题

最近几年，中国出现的一个新现象是，随着经济机制的转型，城镇企业职工的人数不断减少，但拥有3 000多万在职干部的机关事业单位却在持续膨胀。1997年6月末全国城镇职工人数为14 671.5万人，比上年同期减少了18.7万人，其中国有企业职工减少了126.9万，机关事业单位在职干部却比上年同期增加了135.2万人（仅1997年上半年就增加了107.9万人），上涨幅度为0.8%，机关事业单位人员增加的幅度比国有企业职工减少的幅度还要大。也就是说，国有企业减少冗员的成果被机关事业单位人员的膨胀抵消了，这实际上背离了制度转型的目标，但在学术界却没有得到充分的讨论。

出现这一现象的原因之一是，由于国有企业经营不善、效益日益下降，导致职工收入不稳定，随时都有下岗或被辞退的危险，国有企业的职工现在端的

已经不是"铁饭碗"了。于是,机关事业单位的"饭碗"就相对更"铁"了,机关事业单位里不仅"旱涝保收",而且收入能稳中有增,因此越来越多的人想方设法使自己或亲友子女挤进机关事业单位。由于政治改革毫无进展,几乎每个机关事业单位的精简工作都不能真正推进下去,不少机关的所谓精简,只不过是换换牌子、改变一下行政经费拨款渠道的"游戏",还有些机关居然能在机构改革中乘机扩大地盘、增加人员、编制和经费。

国有企业的效率虽然低下,但毕竟它们还在创造一些价值,而机关事业单位则完全是消耗型单位,又不存在着竞争、亏损或倒闭的问题,因此政府不得不花费巨大的财力来维持这些机关事业单位的运转。机关事业单位的在职干部中有很多并不具有专业技能,如果这些人员被精简,可能不容易找到理想的出路。现在,机关事业单位又成了企业冗员的"避风港",这会大大增加制度转型的难度。不解决机关事业单位的冗员和无限膨胀问题,国有企业的改革就几乎是白忙一场。

改革机关事业单位的体制不仅比国有企业改革更困难,而且牵涉到政治体制改革的问题。应尽早推动政治体制的改革,从而创造大规模精简机关事业单位的政治社会条件。这个任务拖得越久,机关事业单位就会越臃肿,精简的难度就会越大。怎样才能平稳地改革机关事业单位,是一个急待研究解决的问题,应当引起更多学者专家的注意。中国的学者专家应当积极参与研究和推动机关事业单位的精简改革,使中国的经济机制转型成为真正有效率的自由竞争的市场机制,而不应当因为既得利益而阻碍这场不可避免的改革。

(1998年2月)

32

中国银行业：改革两难与外资作用[*]

提要：本文研究外资在中国银行业改革进程中的作用，提出了大力引进外资银行、加快推进金融改革的这一战略性建议。本文认为，中国银行业的改革举步维艰，主要原因在于存在两个"两难"：一是效益与整体风险的"两难"，二是改革紧迫性和完善制度环境长期性的"两难"。外资对于解决这两个"两难"有着特殊关键的作用。利用外资是我们提出银行业整体改革三个步骤中关键的第一步。在当前，中国应该尽快充分地利用外资，采用参股、合资先行，然后独资的方式和顺序进行改革。这种改革方式将有利于解决"两难"选择，推动和加快银行业的改革进程；有利于银行体系平稳转型及应对2006年的全面开放外资银行的冲击；有利于改善竞争环境，提高银行治理结构，引进现代金融管理人才；以及有利于建立与完善产权明晰的现代银行制度，实现商业化经营的目的，保持国民经济长期和稳定的发展。

---

[*] 本文载于《比较》，2003年总第10辑。合作者王一江。

一、中国银行业现状

在中国，四大国有银行拥有银行总资产的75％，在整个银行体系中占据着至关重要的地位。据业内人士指出，截至2003年6月底，四大国有银行各项贷款8.43万亿元，各项存款11.44万亿元，分别占全国金融机构贷款和存款的56.5％和58.9％，是中国经济建设的主要资金供应者；另外，四大国有银行吸收了65％的居民储蓄，承担着全社会80％的支付结算服务，四大国有银行中的任何一家倒闭或破产都将对中国经济社会产生巨大冲击。除了四大国有银行外，另外还有100多家各类银行已经成立，它们包括地方城市银行和股份制银行等中小银行，它们的资产规模达到1.3万多亿元。

这些银行普遍存在着不良资产比例大、资本金严重不足、公司治理结构落后、盈利能力差、经营效率低、存在危机感等问题。

（一）不良资产比例大

一份由花旗银行和所罗门美邦联合发布的名为"大中华观点：中国正在走向银行业危机吗？"的报告指出，中国的不良贷款和资本充足率在亚洲是最差的。业内估计，截至2002年12月底，四家国有商业银行不良贷款余额约1.7万亿元，不良贷款率为21.4％，若按五级分类则为26％。根据公开披露的信息，目前四大国有银行不仅与2000年世界前20家大银行3.27％的平均不良贷款率相去甚远，而且也远远高于亚洲危机前东南亚各银行的水平——东南亚各国银行在金融危机前不超过6％（钟伟、巴曙松，2003年5月）；相对于花旗银行2.7％和汇丰银行3.0％的坏账率比较，中国银行业也远远落后于国外竞争对手。中国商业银行面临的形势有多么严峻？不需多言，仅浦发银行董事长张广生的一句话就足以惊人——花旗作为世界最大的商业银行，其不良资产拨备率为200％，而在中国，即使拨备率最高的商业银行——浦发银行，也只有60％多。200％的拨备意味着它的坏账根本没有风险！（《北京青年报》，2003年1月）

(二) 资本金严重不足

中国银行系统的资本金理论上已经枯竭。以四大国有银行为例,其资产损失严重,不良贷款中损失约 9 000 亿元,非信贷损失 4 000 亿元,如果扣除这些损失,资本金就没有了。根据高盛 2002 年 12 月的报告,截至 2001 年底,如果不考虑剥离资产管理公司中的不良资产,则四大国有银行已经计提的贷款损失准备金仅仅为国有银行全部不良贷款的 6.1%,中国银行业所计提的贷款损失准备金仅仅为银行业全部不良贷款的 4.9%;四大国有银行的自有资产加上已经计提的贷款损失准备金,仅仅相当于其全部不良贷款的 40%,而中国银行业的自有资产加上已经计提的贷款损失准备金,仅仅相当于银行业全部不良贷款的 25.7%。因此,光是不良贷款就足以使得中国银行业整体处于资本金耗竭的地步(钟伟、巴曙松,2003 年 5 月)。

(三) 缺乏较好的盈利模式,盈利能力差

中国银行业整体上缺乏较好的盈利模式,盈利能力差。以四大国有银行为例,其盈利模式高度依赖于存贷款的利率差:其贷款利息收入占整个收入来源的 69%,存款利息支出占整个营业支出的 57%。2000 年,中国工商银行资产利润率仅为 0.13%,中国农业银行为 0.01%,中国银行和中国建设银行为 0.14%;而同年花旗银行和汇丰银行分别达到 1.5% 和 1.77%(钟伟、巴曙松,2003 年 5 月)。2001 年,四大国有商业银行人均利润 1 万元人民币,仅相当于境内外资银行的 1/25。

根据中国加入 WTO 的承诺,到 2006 年,中国将逐步取消外资银行办理和经营人民币与外汇业务的地域和客户限制,取消所有现存的对外资银行所有权、经营和设立形式进行限制的非审慎性措施。为此,中国的银行业改革已经迫不及待,已成为整个经济体制改革的重中之重。何种改革思路才能够有效解决中国银行业面临的困境成为当前国内外专家学者研究讨论的热点话题。

二、中国银行业现有改革思路

针对现有的银行业改革,有以下几种思路:

(一) 坚持国有,国有商业银行通过内部改造提高效益

一些人认为,各银行应该在坚持国有的前提下,通过内部改革提高自身效益。他们认为国有商业银行的主要问题是管理不严,只要进行内部结构改革、提高内部管理水平、加强外部监管措施就可以解决问题。这里所说的内部改革主要包括三个方面:第一,实行股份制改造(分为一级和二级法人两种情况);第二,改变银行的治理结构,例如成立董事会以监督行长的行为,银行人事上与政府级别脱钩,改变官本位等;第三,加强监管和审计工作:加强中央银行、银监会、财政部、审计署、金融工委对国有商业银行的监管。关于国有商业银行改革,中国政府已提出一项计划,拟用5年或者更长的时间,把四大国有商业银行改造成为"治理结构完善,运行机制健全,经营目标明确,财务状况良好,具有较强国际竞争力的大型现代商业银行"。改革的具体步骤分为三步:商业化经营、公司化和上市,即按照国有独资公司的要求,建立起商业银行的基本经营管理制度,化解历史财务包袱;在此之后,再将有条件的银行改革成为国家控股的股份制商业银行,最后将符合上市条件的银行上市。

另外,有学者提出银行改革产权无关论的观点。这种观点实际上也是认为国有大银行的产权无须变更,可以在坚持国有的前提下,仅加强银行的内部改造就能达到改革的目标。例如,郎咸平认为,银行的改革与产权无关。他对78个国家958家上市银行分析后得出的结论是:银行的收益与股权结构没有任何显而易见的相关性;不同所有制的银行,其利润在相当长的时间内,都在一个很大的范围内浮动。在国家控股的银行中存在高资金回报率的,而在民间控股和国外金融机构控股的银行中同样也有资金回报率低的。他的统计表明,全世界仅8个国家和地区没有国有银行。他还表示,一家银行的坏账率和

这个银行的产权并无关系。影响银行坏账率的是一个经济环境下的信托责任。而信托责任一方面需要社会中每个人信用观念的长期积累,另一方面更需要的是有效的监管(搜狐网,2002年12月23日)。

(二) 分拆国有大银行以加强竞争

李稻葵认为,中国银行业的改革,应该在坚持国有的前提下分拆大银行以加强它们彼此之间的竞争。中国银行改革可取的方案之一就是把四大国有商业银行的每一家银行拆小,即"拆成5到8家、5到10家资产规模相同,资产在各个地区分布均匀的,完全类似的小规模的商业银行来进行竞争。同时进行内部改革,进行内部合资、内部管理改革,甚至于可以破产"(大新闻网,2003)。

花旗银行和所罗门美邦联合发布的调查报告认为,中国必须将国有商业银行拆分成几个较小的单元,以便启动银行业的改革。报告称将国有商业银行拆分是化解其潜在风险的有效途径之一,是鼓励竞争和推动改革的必由之路。他们认为,期望四大国有商业银行在各方面都变得具有竞争力显然是不切实际的,但一旦将国有商业银行拆分成几个较小的银行,整个形式就会改变。今后,如果一些新成立的小银行破产,将不至于严重到破坏整个宏观经济的程度。此外,拆分还有助于吸引外国战略投资者和实现未来的公开上市(新华网,2002年12月20日)。

钟伟、巴曙松认为,国有银行应该考虑分拆上市。这意味着国有银行必须进行集团化改组,集团内部至少应该形成以侧重于未来发展的好银行、侧重于作为银行内部剥离不良资产的坏银行(资产管理公司)及侧重于混业发展的投资银行三大块,这样,作为好银行的一块,才有可能通过分拆的方式争取上市并获得外部融资(搜狐网,2003)。

(三) 发展地方政府银行

地方政府银行包括城市商业银行及农村信用合作社。作为地方性质的城市商业银行，成为全国性银行一直是他们"梦寐以求的事情"。近年来，针对城市商业银行，不少官员与学者提出对城市商业银行进行1995年以来的"第二次革命"：按市场或自愿原则进行体制联合，部分经营业绩较好的城市商业银行甚至可以尝试逐步走向全国的跨区域发展。他们认为不论是为了应对加入世贸组织后的竞争、摆脱地方行政干预，还是为了调整发展战略、完善公司治理、增强创新能力、有效控制成本、化解金融风险和提高规模、信誉，进行重组都是一种现实而有效的选择。

（四）发展国内民营银行

有人主张发展国内民营银行，其中发展国内民营银行又分为积极发展国内民营银行、对国内民营银行和外资银行同等开放两个思路。

徐滇庆和他的长城金融研究所是主张积极发展国内民营银行的先头军。他们认为，应当相信民间具有极大的制度创新能力；开放民营银行是中国经济改革的关键战役，风险很大，但是却非改不可；引入民营银行这一富有活力的因素，在给储户和投资者提供更多理财和投资机会的同时，势必能逐步消化吸收金融系统内的风险，促进竞争，减缓国有银行垄断局面所带来的资源配置效率低下等问题。

以上各种改革思路均有其可取的一面，但是能否真正有效解决中国银行业所面临的问题，我们对此仍持怀疑的态度。俗话说治病要"对症下药"。要想提出针对中国银行业的有效改革措施，也必须要先明确改革的难点到底在哪里。在下面，我们将给出一种银行改革理论。这个理论通过分析银行业的技术特点，得出中国银行业改革的两个"两难"困境；并逐一对以上改革思路进行分析，指出这些思路对解决这两个两难的缺陷；然后分析外资在推动和加快银行业改革中的重要作用，并给出相应的改革政策建议；最后通过国际经验来论证合理利用外资的可行性。

三、银行改革理论：银行业特性、改革"两难"与外资作用

银行业的技术特点所造成的三大风险：经营风险、道德风险、危害风险，以及两个"两难"的存在，决定了我们需要外资银行这样的金融机构尽快进入中国市场，通过参股、合资及独资来推动竞争、降低风险，促进银行业的改革进程。

（一）银行业技术特点

银行业的技术特点导致银行的三大风险：经营风险、道德风险、危害风险。首先，银行业特殊的行业性质，决定了其资产的高度流动性——大量资产非常容易且很快转移和流失，资产的安全问题比其他行业要严重得多，因而经营风险大。其次，容易出现追逐暴利，甚至出现圈钱、卷逃现象，从而道德风险大。另外，银行的经营是靠信用维持的，这意味着社会对银行的信心是支持其生存与发展的至关重要的因素，因此银行业的强大外部效应也不容忽视，并且一旦出现倒闭，将会产生连锁反应、出现挤兑现象，其影响将波及整个经济，导致经济上的巨幅波动，造成社会不稳，甚至社会动乱，从而社会危害风险大。上述这些技术特点共同决定了银行与其他企业相比，经营风险大、道德风险的可能性大，造成的社会危害性也大。

银行业的技术特点所造成的高风险，从而决定了银行业的发展对外部制度环境的高度依赖性。一个健康、高效运行的银行业，一定需要一个完善有效的外部制度环境。就中国而言，由于经济体制正处于转型阶段，存在着法制不健全、规章制度不完善、社会信用机制薄弱等问题，有法不依的现象十分严重，经济中的短期行为普遍存在，银行业的风险问题十分严重。因此，完善有效的外部制度环境对于改革中国银行业显得尤为迫切。

(二) 银行业改革中的两个"两难"

中国的银行业，无论是从银行内部而言，还是银行业的外部环境，都存在着十分严重的问题，这就导致了银行业改革进程中遇到了两个"两难"——效益与风险的两难、快与慢的两难：

1. 对内开放中效益与风险的"两难"

银行业对内（例如民营银行）开放，因道德风险问题和制度的不完善，银行业整体风险非但未减小，反而加大。但如果银行业不开放，则不能形成竞争的市场，无法促进国有银行的改造，提高效益，从而形成了第一个"两难"。

目前，中国的银行业主要由三部分组成：国有银行、地方政府银行和民营银行。

国有银行有"两低"：低效益和低风险。首先，国有银行为国家所有，其行为不是商业化模式，很容易受到行政干预，形成了大量不良贷款。同时由于有国家做"靠山"、软预算约束（每几年由财政解决一次），导致了国有银行的自我改造动力弱、低效益，并且也导致了企业行为的扭曲，造成三敢：敢借、敢花、敢不还，使得银行的经营状况雪上加霜。但同时也正是由于国家所有，政府承担着国有银行的经营风险，可以说国有银行在相当长的时间内具有无限负债的能力（Unlimited Liability），出了问题由政府顶着，因此这有利于维持社会信心、保持社会稳定，具有整体风险低的特征。从1998年以来已经初步实施的改革措施可以说明这些：1998年国家对国有银行注资2 700亿元，但很快又不够了；1999年剥离1.4万亿元不良贷款（财政可能需承担损失1万亿元）；总资产中购买国债近20%；1996～2002年在对6 000多户国有企业实施破产兼并过程中，允许四家银行直接冲销呆坏账3 115亿元；1998年以来还下降营业税税率3个百分点，以增加呆账核销等。

地方政府银行也是政府所有，难免存在政府行为，经营效益较差。而且，地方政府银行的本位冲动强烈，它们无需对整个经济和社会负责，损害全局利益的可能性（风险）也就相应增加了。例如，在城市商业银行改制过程中，地方政府并没有退出，反而在某些方面有所加强，甚至领导班子都由政府任命。一些地方政府甚至把这些商业银行看成发展本地经济的"提款机"。

民营银行具有"两高"：高效益和高风险。民营银行的产权明晰，采用商业化经营模式，其效益相对于国有银行要高。但同时，民营银行的风险也大。张兴胜指出："民营银行风险最高……一些民营企业热心办银行的初衷，就是为自己的企业融资，从成立之初就酝酿着内幕交易、关系放贷的极大风险。"易纲（博讯网，2003年2月28日）指出，私人企业家进入民营银行业的原因主要有三个：第一，进入银行业、证券业、保险业能够搭建一个平台，在更大的范围内利用金融资源。更直白地说，即进入以后能够更好地为自己的关联企业贷款，使得融资更便利；第二，进入银行证券保险，是因为将来它们可能上市，可以套现；第三，将金融业作为一个产业，看好金融业的利润前景，因此希望进入。的确，民营银行的盈利动机十分强烈，加之受政府行为影响较小、难以监督，这就导致了它们利用前述的制度不完善问题和短期行为骗钱，因为这样比赚钱来得容易，也快得多。因此，民营银行普遍存在着道德风险大、社会信用低、不良外部效应难以控制等问题。民营银行对外部制度环境的要求最高，因而对银行业的改革不能先制度而行。其实，即使制度环境完善，银行产权明晰，当银行只具有有限负债能力（Limited Liability），存在道德风险和信息不对称时，经济激励理论中的委托—代理人模型表明，人们所能达到的最好结果可能只是次优（Second Best），而不是最优（First Best）（Laffont和Martimort，2002）。因而，银行业不开放所形成的低效益与开放后可能造成的整体风险构成了银行业改革的第一个"两难"：效益与整体风险的矛盾。

2. 快与慢（银行业改革的紧迫性与制度建设的长期性）的"两难"

银行业问题严重，改革要求紧迫，需要快。这主要表现在两个方面：一方面，中国银行业改革拖的时间越长，改革成本越高。以四大国有银行为例，今后四家银行每年将新增1万多亿元贷款，每年需增加500亿～800亿元的资本金和准备金。这意味着银行业改革每推迟一年将增加 500 亿~800 亿元改革成本,况且还要产生新的不良贷款;另一方面,根据 WTO 的有关协议,自 2006 年起,取消外资银行经营人民币业务的所有地域限制;允许外资银行对所有中国客户提供服务;允许外资银行设立同城营业网点,审批条件与中资银行相同;取消所有现存的对外资银行所有权、经营和设立形式,包括对分支机构和许可证发放进行限制的非审慎性措施。这两个方面都说明中国的银行业改革要快、迫在眉睫、与时间赛跑。但是银行业的改革是无法脱离现有的制度环境而进行空中楼阁似的改造。我们都知道,中国银行业的制度健全尚需时日,制度能很快完善的期望是不现实的,它需要一个相当长的时期才能完成制度转型。因此,银行业改革的迫切性与其制度环境建设的长期性构成了银行业改革的第二个"两难":快与慢的矛盾。

明确了中国银行业改革中效益与风险、快与慢这两个"两难"之后,我们便不难得出结论:在本文第二部分中所列举的各项改革思路并非是解决当前中国银行业所面临的困境的有效途径。

首先,针对第一种思路"国有银行通过内部改造——商业化经营、公司化和上市提高效益",我们认为对国有银行进行内部改造的愿望是良好的,实行股份制改革的方向是正确的,它为今后外资和内资的参股、合资、独资和进一步明晰产权创造了条件。但是它不能解决以上提到的两个"两难"。即使国有银行实现其公司化改革,能够顺利上市,但由于原有企业机制并未改变,上市银行的控股股东和董事会主要成员仍摆脱不掉政府行政干预的框架,其行为模式也依然故我,终不能解决效益问题。另外,众所周知,四大国有银行的商业化经营、公司化改革已经提出将近 10 年,但是似乎未见有很大收效。整体内部改造国有商业银行是一个长期的过程,同时为了改造而需创建的制度环境也非朝夕之事,那么相对于迫切需要改造的中国银行业而言,又如何解决这快与慢的第二个"两难"呢?

郎咸平提出的银行产权无关论存在着几个理论与实践上的误区:首先,郎咸平认为，银行改革与产权无关，因为，在国家控股的银行中存在资金回报率高的，而在民间控股和国外金融机构控股的银行中同样也有资金回报率低的。其实，资金回报率高与高效率是两个概念。国有银行可能会因其政府垄断作用具有高的资金回报率，但是这种垄断利润对整个经济而言是没有效率的（帕累托无效）。并且，经济理论表明，在充分竞争的环境下，企业的利润趋近于零，但是对于整个经济来讲却是有效率的。其次，找出一个或者几个国有银行信托良好管理者并没有普遍意义，一个或几个雷锋式的管理者可能存在，但是要求所有的管理者都具有雷锋的精神显然是不大现实的。另外，郎咸平的论据中引用了一个统计数字：全世界仅有8个国家和地区没有国有银行。这个数字并不能说明产权与银行改革无关。首先我们要看国有银行在各个国家银行业中所占比重的大小。我们知道，几乎所有国家都有国有经济成分，只是比重的大小不同，例如美国的国有经济占10%左右、法国的国有经济比例近20%，但是大多数经济发达国家中的国有经济成分在整个经济中只是起辅助而非主导作用。要认识到尽管产权明晰不是经济有效的充分条件，它却是一个必要条件。国有经济成分的存在在许多情况下出于非经济因素的考虑，例如国家安全、社会稳定、政治因素等。从而，我们不能因为绝大多数国家都有国有银行就推导出我们无须对中国国有银行业的产权进行改革。对比外资银行、民营银行和国有银行在中国的实际经营业绩，也可看出产权明晰的外资要比产权不明晰的国有银行利润率高25倍之多！在下一节中，国际经验也说明了产权的重要性。其实，郎咸平所引用的统计数字本身就能说明问题，他所讨论的国有银行股权比重只占整体股权的27.8%。不管怎样，如何让国有银行走出当前的困境，克服银行改革的两个"两难"，是急待解决的问题，而不能等到环境改善后才去做。

对于分拆国有银行以加强竞争的思路，我们认同加强竞争确实是中国银行业改革的一个正确的方向。但需要指出的是，引入竞争也只是一个经济体制有效的必要条件，但不是充分条件，还需要明晰产权、完善制度及满足一些规范性经济制度环境条件，才能保证竞争导致效率。如果简单地认为将大银行分拆成小银行就能加强竞争、提高效益的话，那么为何在原来国企成群的很多行业，会出现行业整体效益低下的问题呢？国有大银行即使分拆成多个小银行，但如果分拆后各个小银行的产权结构仍没有什么变化，产权依旧不明晰，管理体制、经营机制等仍维持原有的状况，如何谈得上加强竞争、提高效益呢？

关于发展地方政府银行的思路其出发点是好的，但是其弊病类似于国有银行，在某些方面可能更严重。的确，2000年末，城市银行的不良资产率曾达到30.96%；虽然到2003年6月末，此比率降到了16.53%，但其实主要还是靠扩大总体规模和增发大量贷款进行稀释分母而达到的。由于各级地方政府与地方政府银行之间的紧密联系，在不明晰产权的情况下即使进行联合、重组或跨区域发展都不能解决其效益低下的根本问题。当初由城市信用社改变成了城市商业银行不就是变了形式和规模却没有明晰产权、增加效益吗？

尽快发展国内民营银行的思路也同样无法解决两个"两难"。民营银行的资金来自民间，产权非常清晰，不存在国有银行具有的那些弊端，因而易于达到经营的高效益。但是民营银行同时又有着很强的利益驱动机制，甚至追逐暴利的心态（例如，在5家拟建的民营银行方案中，有些银行提出"首先向股东提供丰厚回报"的说法）。高回报意味着高经营风险，而银行恰恰需要的是稳健经营。此外，银行业还有道德风险。徐滇庆说："民营企业最大的好处在于能关门。只要明确监管，如果经营不好，资本金2亿元，亏1.5亿元的时候就让它关门，留5 000万元清算。损失的是私营企业的钱，不是国家的钱"（《21世纪经济报道》，2003年7月）。民营银行的退出是否真的这般干脆？那监管部门何必要花大力气制定民营银行的准入规则呢？不是。这个说法最大的不准确在于，银行关门，损失的主要是居民的存款，而不是银行所有者个人的钱。银行不同于其他企业，它的风险具有很强的外部性，稍有疏忽，便会酿成大祸，造成社会不稳，甚至社会动乱。由此可见，民营银行的思路无法解决第一个"两难"：效益与风险的"两难"。那么发展民营银行能不能解决快与慢这个"两难"呢？徐滇庆说："现阶段全面开放民营银行的条件尚未成熟，要下力气制定准入法规、监管法规和退出法规。然后,通过试点来检验和完善这些法规,并且建立有效的金融监管机构和银行存款保险体系。有了法规和试点的经验才能够全面开放金融领域。开放民营银行的速度取决于金融制度创新的进展。"他又说:"不能因为难度大而不开放。"我们该如何理解这种"一方面、另一方面"的说法呢?这是否在说,在一段时间内中国不能将银行业总体开放,而只能进行试点工作?又是否意味着仍然要在全局上维持现状,这种缺乏竞争、缺乏效益的局面还将继续持续一段时间呢?显而易见,尽快发展民营银行这一思路也无法解决第二个"两难":当前金融改革的迫切性与外部制度环境建设持久性的矛盾。

(三) 外资作用

银行业的技术特点所导致三高风险:经营风险高、道德风险高和危害风险高,以及两个"两难"的存在,使我们希望寻找一种银行,它有着良好的盈利动机,坚持市场行为而不是政府行为,即使在中国这样制度不健全的环境下,短期行为和骗钱行为的冲动也比较弱。通过这种银行的进入,强化中国银行业的竞争,降低风险,从而走出银行业改革的困境,推动银行业的改革进程。我们认为外资银行恰恰最符合上述的两个条件(盈利动机和非短期行为)。通过外资银行的参股、合资及独资,可走出银行业改革的困境,提高中国银行业的效率,降低体系转型的风险,加速银行业的改革进程。从而,中国银行业向外资开放是克服两个两难的一个有效手段[①]。

为什么会如此呢?首先,外资银行的盈利动机强、政府行为弱。这是不言而喻的。2001年外资银行在中国的人均利润相当于股份制商业银行的2.5倍,

---

① 虽然我们不能贸然说向外资开放是克服两个"两难"的唯一手段,但目前尚无人提出其他有效手段。

相当于国有商业银行的25倍。其次，如果这些外资银行来自制度成熟和健全的国家，自身历史悠久，并以全球为经营范围，则其行为会受到母国的制度约束、全球利益的约束及长期利益的约束[①]，这就决定了它们出于自身长远利益，在中国的行为会受到自我实现合同的约束，道德风险的可能性较小。因而，外资银行并不是"狼"，它们是当前条件下中国银行业改革最需要的那一类银行，外资的进入必将给中国银行业的改革带来新的机遇。

四、银行业改革与对外开放的形式和次序：应对2006年及长远目标

（一）银行业改革的步骤与外资开放的形式和顺序

关于中国银行业整体的改革、开放的形式和次序，我们提出如下三个改革步骤建议。

（1）创造条件，尽快、全面对外资银行开放，首先积极鼓励外资参股、合资，进而按WTO协定向独资的外资银行开放，形成银行业竞争；

（2）在竞争的环境中改造国有银行，同时建立内资民营银行试点；

（3）待制度成熟后全面开放内资民营与外资银行。

这个整体思路包括两个目标：一个是短期目标，要减小外资银行对中国银行业，特别是对国有银行的冲击，同时推动国有商业银行的改革，提高银行业的整体经营效益，应对2006年按WTO协定对外资银行开放的冲击；另一个是长远目标，也就是最终建立现代银行制度，使得整个银行业达到产权明晰、商业化经营的目的。在实现短期目标时，主要是执行银行业整体改革第一步

---

① 岳峥提供这方面的一些经验材料。

骤，也就是主要对外资开放。在对外资开放的这一步骤中，应采取如下三种形式。

（1）参股：允许购买国有银行二级法人（未实行股份制前为二级机构）和地方政府银行的部分产权。这样做的第一个和最直接的好处是国有银行获得了资金，优化了国有银行资产负债的结构，减轻了国家和财政推动银行改革的经济负担。更重要的是，通过外资参股，国有银行在提高资产负债结构的同时，也在改变治理结构、提高经营管理水平的方向上，迈出了关键的一步。

（2）合资：合资创办新银行，这包括与国有和地方银行合资组建新银行，与外资合资创办新的银行，虽然不能直接解决国有银行现有的资金问题，但仍能通过两个途径，在资金问题和长远的效益上得到好处。首先，通过合资，国有银行可以更加方便地零距离学习先进的管理经验，熟悉新的金融产品，从而提高自身的经营效益。其次，合资银行按市场规律运行，依靠先进的管理经验，获得好的回报，国有银行可以按股分红，间接获得资金上的好处。

（3）外资独资：独资外资银行的进入，有利于在当前制度环境不完善的条件下，帮助中国尽快形成一个竞争的银行业，而在任何产业中，一个竞争的环境都是企业提高效益的必要条件。所以，独资外资银行的进入对中国银行业改革的重要性，主要在于为国有银行的改革增加压力，创造良好的外部环境。考虑到国有银行的现状，为了避免国有银行突然面临过大压力，短期内无法适应，我们建议将这种利用外资的形式排在稍后。

在这三种外资开放的形式中，开放的顺序非常重要。我们建议第（1）、（2）种先行，即出让产权及合资经营先行。

（二）引进外资的改革战略的四个"有利于"

我们这一大力引进外资银行、加快推动银行业改革的战略性建议有四个有利之处：一是有利于解决当前银行改革所面临的效益与风险和改革紧迫性和完善制度环境长期性的两个"两难"选择，既提高国有银行的经营效益，同时又防范和避免金融危机,从而推动和加快银行业改革的进程;二是有利于银行体系平稳转型,减少2006年外资全面开放对中国银行业的冲击;三是有利于形成竞争的市场,优化国有银行的资产资金结构,提高管理水平和改善银行治理结构,引入金融产品创新,引进现代金融管理人才,为国有银行的改革创造良好的内外部环境;四是有利于建立与完善现代银行制度,最终实现整个银行业的产权明晰,商业化经营的目的,从而最终有利于国民经济长期和稳定的发展。

1. 有利于解决两个"两难"、加快银行业改革进程

我们所建议的出让产权和合资先行的策略有利于解决当前银行改革所面临的上述两个"两难"。两个"两难"说明,国有银行的改革,既不存在外部条件(市场竞争和制度环境),也不存在内部条件(治理结构和非政府行为),因此实现自我完善非常困难。2003年全国贷款规模急剧扩大,很可能意味着资产质量的进一步恶化,也说明了改革的紧迫性。我们不能一拖再拖,用保护落后来防止问题的爆发,要打破问题严重不能改、不改问题更严重、问题越严重越不敢和不能改的僵局。这就需要有大量非政府行为、非短期行为的银行,形成竞争的市场。而两个"两难"恰恰说明了,要实现这点仅靠内资很难做到。另外,要解决国有银行的不良贷款问题,靠自身逐年盈利扣留太慢(业内人士估计需12～16年)或不可能,而靠行政手段(剥离、财政注资和政府许可的银行债券)又会进一步助长软预算约束问题。

通过外资的参股与合资,国有银行的产权形式将发生改变,其管理水平、行为规范、融资机制等等都能够得到改善或健全,从而提高经营效益。同时,外资银行参股国有银行不但拥有国有银行现有的经营网点、客户和人力资源,还承担了国有银行的不良贷款及其他经营风险,这样便降低了银行业改革的整体风险。这样,通过对外资出让产权便解决了我们在上文所提出的中国银行业改革的第一个"两难"——效益与风险的"两难"。另外,对外资出让股权的方案可以在现有的金融体制框架内实行,即可以先制度而行,并不受金融制度建设长期性

的约束;同时这一方案又可使得国内的银行尽早适应外资进入的影响,有利于推动和加快银行业改革的进程,为迎接WTO做好准备,适应金融改革迫切性的需要。这样便又解决了银行改革的第二个"两难":快与慢的"两难"。

2. 有利于减少冲击、面对2006年来临

在对外资开放的过程中,实行出让产权及合资经营先行这样一种改革顺序同时也可以减少2006年后按照WTO的承诺全面开放对中国银行业的震动。它既避免了那种激进式的"休克疗法",不会对中国经济带来高额的改革成本,在稳定的前提下对银行业进行改革;同时又能够解决大多数人所担心的国有银行改革的巨大困难与全面开放后对银行业冲击的问题。为什么这样说呢?

WTO银行业开放的时间表一公布,社会各界和大量媒体的第一反应便是,中国国有商业银行尚有3~5年左右的"宽限期"。许多人都表达了颇为明显的悲观情绪,他们认为3~5年内国有商业银行实现大的制度变革,困难巨大到几近无法克服。因为国有银行现存的高额不良贷款、低下的资本金水平、落后的管理水平、科技水平及落后的金融服务和金融产品等因素,都造成了它们无法承受全面开放的震动。不少人担心,当外资银行全面开展人民币业务之后,将对国有银行产生冲击:存款分流将导致信用危机、优质客户改换门庭,导致国有银行严重亏损;大量丧失中间结算、批发业务;在人才竞争中大量流失业务骨干,将造成非常严重的金融风暴,严重损伤国民经济和民众利益,其改革成本太高。因此,当前讨论问题的出发点不是要不要改革,而是如何在维持稳定的前提下改革(《长城金融研究通报》,第207期)。

我们提出的改革顺序,即参股、合资先行的改革思路,可以在很大程度上缓解2006年全面开放外资对国有银行可能造成的冲击。合资后存款还在原有的银行内,不会分流,也不会导致信用危机;优质客户也不会改换门庭,相反,外资股份还会利用更多的资源为合资银行争取新的优质客户;中间结算、批发业务不仅不会大量丧失,反而会因为外资先进技术、先进金融服务、金融产品的加入而不断扩大;业务骨干更不会大量流失,反而会在外资高效的人力

资源管理和培训水平下得到迅速成长与扩大。

有人担心，外资银行未必愿意尽早进入中国，理由是，进入中国的外资银行大多是国际著名的大银行，制度严谨，作风稳健。它们对于WTO的时间表是满意的。由于中国金融市场的经营环境不同于欧美，它们需要一段时间来熟悉环境，需要较长的时间来招募和培训员工。即使建议它们加快进入中国的速度，尽管这些外资银行会对此表示感谢，恐怕还是要按照它们的既定程序办事（《长城金融研究通报》，第207期）。其实对外资银行的这种担心也是没有必要的。我们所强调的在当前应当以出让国有银行股权促进外资参股国有银行为先头策略恰恰可以解决这种担忧。对外资银行而言，外资银行参股国有银行不但拥有国有银行现有的经营网点、客户和人力资源，还可以利用原先国资银行的各种资源，大大节省了熟悉环境和培训员工的时间。更重要的是，外资早已看中了中国巨大的潜在商机和在中国巨大的潜在金融市场。要知道中国有13亿人口啊！谁占有先机，谁便会在今后的竞争中站稳中国市场，占有一席之地，从而获利，外资银行何乐而不为呢？这样，出让国有银行股权对国有银行和外资银行是一个双赢的结果。

3. 有利于改善竞争环境、改进银行治理结构

我们提出改革步骤与积极利用外资的战略可以有利于形成竞争的市场，改善竞争环境，优化国有银行的资产资金结构，提高管理水平和改善银行治理结构，引进和培养现代金融人才，引入金融产品创新，为国有银行的改革创造良好的内外部环境。对外资银行的开放必然使得国有银行感到竞争压力，这将推动改革，增加银行业的改革动力，同时对中国银行业的发展也是一种机遇。若在竞争的环境中，注入外资可以在解决不良资产的同时，改造治理结构，既解燃眉之急，又保长久之利。外资引进的同时也会带进先进的管理技术、金融服务、金融产品，提高人力资源管理和培训水平。中国银行业与国际发展严重脱节，四大国有银行的业务范围仅局限于贷款为主，金融市场中的许多其他业务（例如公司收购、上市、金融理财、债券发行）都急需大规模发展。无论发展新业务，还是改

良旧业务，都以人才为第一条件。而通过参股和合资引进外资，外国银行可以很方便地从海外引进，既因为它们的实力可以给出丰厚的薪酬，也因为它们在海外的人才资源。据《世界经济报道》，中国银行业监督管理委员会主席刘明康日前在接受《金融时报》采访时表示欢迎国际人才到中国国有银行担任要职（参见《金融大整顿：中国将彻底整肃大型国有银行》）。因此，对问题严重的国有银行、对令人头疼和担忧的不良贷款问题、对公司的治理结构的改善、对银行业人才的引进和培养，利用外资也是代表改革方向的解决办法。

4. 有利于建立现代银行制度，促进国民经济长期发展

中国总理温家宝在 11 月 21 日接受《华盛顿邮报》执行编辑伦纳德·唐尼、助理总编辑菲利普·贝内特访问时谈道："金融体制改革是我们经济体制改革的重头戏。中国金融体系存在许多问题，最主要的就是银行不良贷款比例较高，存在着很大的金融隐患。主要原因在于体制，必须加快对银行体制的改革。我们的目标是建立现代银行制度，使银行能够成为自主经营、自负盈亏、真正的商业银行。要实行银行公司治理结构的改造，实行股份制，具备条件的，允许上市。"他还谈道："毋庸讳言，我们金融改革的任务还十分艰巨，我们在 1996 年才实行经常项目下的人民币可兑换，但是实行资本项目下的人民币完全可兑换，还需要长时间的艰苦努力。……我们一定要加快金融改革，而且在加快金融改革的进程中探索人民币面向市场浮动的合理的汇率形成机制。"

我们提出改革步骤与积极利用外资的思路可以有利于解决银行体制改革问题，有利于建立完善现代银行制度，最终实现整个银行业的产权明晰、商业化经营的目的，从而最终有利于国民经济长期和稳定的发展。允许外资银行的进入，还可以增加消费者剩余，这对于广大使用银行服务的企业和个人而言是十分有利的。而且，良好的银行业服务，可以增加整个经济的竞争力和长期稳定发展潜力。

中国政府已经允许并且计划扩大境外投资者持有中国银行股权。中国银监会主席刘明康日前在接受采访时称，在今后 5～7 年内使债务沉重的银行状况出现好转。他表示希望在这方面借助境外投资者的合作,并表示政府计划将允许境外投资者持有中国银行股权的最高比例由目前的15%调高至20%(新浪网,2003年10月17日)。毫无疑问,政府允许外资参股的决定是非常正确的。中国经济在过去25年之所以有高速的经济增长,主要靠"改革开放,引进外资"这一基本国策。不过,我们认为还可以进一步明确,外资参股的做法也适用于国有银行。同时,外资参股的比例也应该大幅度提高。

有人认为,敞开国有银行资本结构,允许外资进入国有商业银行体系成为股东将导致所有权的外国化,中国版图上或者说在世界银行体系中,将不再有中国国家资本甚至于民族资本控制和掌握的大商业银行。这种改造后的商业银行,已经不再是我们国家或民族的银行。我们理解这种民族情感,但认为这种担心是没有根据、没有必要的。首先,在外资参股和合资的过程中,股份的比例是需要双方共同决定的,中方总是可以根据具体情况,根据自己的需要灵活掌握,例如在关键的参股和合资项目中保持大股东的地位。其次,大家可以看看中国香港特别行政区和新加坡这些地区和国家的经验。这些地区和国家,对外资的进入持非常积极和开放的态度,结果不是民族银行被挤垮,而是当地银行和外资银行共同发展、平分秋色。还有,大家应该还记得,几年前中国申请加入世贸组织时,许多人对于汽车工业的开放感到忧虑,许多人认为这势必会使民族汽车工业被吞并甚至消灭。但是现在的事实却说明了这种担心是多余的:中国的民族汽车工业通过与外国汽车工业的合资参股,已经焕发出了巨大的生命力与增长潜力!其实,这样的经验何止在汽车行业,中国的家用电器和其他很多行业今天在国际上的竞争力令世人瞩目,有几个不是首先从对外开放、利用外资开始的?实践证明,中国改革开放、利用外资的基本国策是正确的,是中国民族工业走向振兴的最佳途径。

事实上,转型经济文献中的许多理论,例如魏兹曼和许成钢(Weitzman和Xu,1994)、李稻葵(Li,1995)、张春和王一江(Zhang和Wang,1995)、车嘉华和钱颖一(Che和Qian,1998)、田国强(Tian,1996,2001),都论证了与政府合营、合资或参股等产权不完全界定的企业在转型过程中是次优（相对于完全国有和民有的企业是最优）的产权安排。当然，这些理论只是表明了在经济制度转型过程中这样的合营企业的相对效率，而不是最优。尽管当制度环境不规范时这样的合作产权会优于民有产权，但在规范的制度环境下，它不会优于产权完全界定的民有产权。当制度环境足够规范时，产权明晰界定的民有安排将是最优。不规范制度环境要使得企业承受更高的交易成本，而且要求使用额外资源来提高获取能力。具体到银行业，为使金融市场有效运行，明晰产权将成为必要，但建立完善的金融市场制度是一个漫长的时间过程。在经济制度的转型阶段中，即使2006年以后，与政府合营或合资的银行仍将是一个相对有效产权安排制度，并且不能很快跨越这一阶段。

（三）利用外资的战略意义

我们是从中国银行业面临的两个"两难"出发，从中国银行业整体改革的战略高度，来看待银行业利用外资的。我们的建议，在两个关键之处，不同于依据WTO的协定或多哈会议上中国公布的银行业开放时间表。

首先，我们知道WTO协议的开放顺序并非是针对改善中国银行业整体水平的改革策略，仅仅是一种时间限定；而现在最迫切要研究实施的是在尊重WTO协议开放顺序的前提下，尽快拿出一个具体可行的方案和时间表，确定改革的思路与步骤，从现在起，就为提高中国银行业的整体水平采取措施，为提高中国银行业的整体竞争能力创造条件。因而，我们不应被动地等待外资从2006年开始进入中国，与中国的银行业竞争，而是主张从现在开始，主动利用外资，将利用外资看成推动中国银行业改革的积极因素，进一步扩大外资银行持股中资银行比例、在国有商业银行中引进外方管理层和行为规范等。虽然离开放只剩两年多的时间，但是如果能在这两年的时间里实施有效的改革措施，提高银行业的整体竞争能力和效益水平，那么到了2006年，全面开放对整个银行业的影响也会比什么都不做，静等外资上门要小得多（这也体现了前面所提到的银行业改革的第二个"两难":快与慢的矛盾)。

其次,在形式上,我们不是简单地将外资和中国银行业看成对立和竞争的关系,而是主张多种形式利用外资,形成你中有我、我中有你的局面,目的是利用外资,提高和充实自己,避免和防范金融风险,更加有效地应对2006年外资的进入和随之而来的激烈竞争,最终形成健康发展的中国银行业。

五、引进外资及银行业改革所要注意的几点问题

中国银行业有"百端待理、百废待举"之势,以利用外资作为改革的一个战略,我们认为是一个可行的突破口,但它不是"万应良药",弄得不好,也会带来风险和弊端。在美国的近期若干金融丑闻(安然公司、Freddie Mac 共同基金的买卖、安达信审计公司的作弊)中,美国的一些大银行(例如花旗、摩根、Chase 等)也参与其中,在这些丑闻中扮演了一定的角色。因此,尽管国际著名大银行制度严谨、作风稳健,也可能钻制度的空隙,造成危害。现代合同理论也表明,由于交易成本(特别是信息成本)和道德风险的存在,完备合同不可能存在,因而即使在制度环境完善的情况下,最好的结果也可能只是次优。不过不管怎样,在制度严谨的情况下出现问题的可能性及危害程度要比制度环境不完善的情况下要小得多,不在一个层次上,不可同日而语。这有如一家有信誉的企业在质量管理上发生的问题,不能和一家靠假冒伪劣产品为生的企业的质量问题相提并论一样。因此,不能因为外资银行也有一定的道德风险,就作为反对引进外资、反对银行改革的理由。而是在对外资银行引进和对银行业改革的同时,建立和完善各项公司治理规章制度,建立信用记录、监管机制及金融安全和风险管理法规与体制。

第一,信用记录的建立。中国现在既无个人信用的记录、检索、使用,也

无企业、公司信用的记录系统。这是一个商业社会所必需的。政府应努力促进其建立、发展和使用。

第二，监管与自我规范。金融、银行业是一个以营利为目的的智慧性产业，由于三类高风险，应尽快建立现代金融、银行监管体系。除此之外，也应努力促成其行业的自我规范、自我约束机制和传统。

第三，建立国家层次的金融安全和风险管理规则与制度。这些规则和制度的建立应与银行业改革同步进行。例如建立类似于美国 FDIC（Federal Deposit and Insurance Corporation）的国家强制储蓄保险，以保障小储户的生计安全。一旦银行业开放，必然出现大量的中小型银行（包括地方银行、城乡信用社、民营银行），而储户多为中低收入民众。银行的盈利和增长有如积露为饮，而一旦出事却似江河决堤。一旦有经营不善或恶意经营，对储户的影响可能是一生储蓄的损失，这将会造成民众的强烈不满，从而可能引起社会不稳。所以在开放银行业的同时，必须建立强制储蓄保险机制。

总之，为了提高国有银行的效率，减少改革的风险，实现整个银行业的产权明晰、商业化经营的目的，建立现代商业银行管理制度，从而最终有利于国民经济长期和稳定的发展，我们需要做到五个务必坚持：（1）务必坚持改革开放、积极引进外资的基本国策；（2）务必坚持平稳的银行改革方式；（3）务必坚持改善商业化经营的现代化公司治理结构，积极引进和培养现代金融管理人才；（4）务必坚持建立有效监管体系的改革方向；（5）务必坚持建立产权明晰的现代银行制度。

六、结　论

银行业改革是当前中国经济改革中一个最棘手、最紧迫和最重要的问题。本文从分析银行业的三高风险特点，中国国有银行和民营银行的两高两低的特点,以及中国银行业改革的两个"两难"出发,提出了大力引进外资银行、加快推动金融改革的战略,给出了银行整体改革的三个步骤及利用外资的三种形式。这种充分利用外资,采用参股、合资与独资的方式可以达到四个有利的短期和长期目标。

简而言之,本文所讨论的问题和结论可以用"实行一个战略、解决两个'两难'、分成三个步骤、达到四个有利"来概括:

一个战略:本文提出了大力引进外资银行、加快推动金融改革的战略。

两个"两难":这个战略的提出是为了解决中国银行改革举步艰难的两个"两难":效益与整体风险的"两难"及改革紧迫性和完善制度环境长期性的"两难"。

三个步骤:根据大力引进外资银行的改革战略,银行业整体改革要分为三个步骤:对外开放、改造国有、开放民营。第一步骤中对外资的开放应包含三种形式:参股、合资和外资独资。在次序上,参股与合资先行,独资稍微偏后。

四个有利:我们的改革战略建议可达到四个有利之处:(1)有利于解决当前银行改革所面临的效益与风险及改革紧迫性与完善制度环境长期性的两个"两难",既提高国有银行的经营效益,同时又防范和避免金融危机,从而推动和加快银行业改革的进程;(2)有利于银行业平稳改革,减少2006年外资全面开放对中国银行业的冲击;(3)有利于形成竞争的市场,优化国有银行的资产资金结构,提高管理水平,引入金融产品创新,引进和培养现代金融管理人才,为国有银行的改革创造良好的内外部环境;(4)有利于建立与完善产权明晰的现代银行制度,实现商业化经营的目的,从而最终有利于国民经济长期和稳定的发展。

(2003年10月)

参考文献

[1] 岳峥. 跨国反洗钱[J]. 新财富, 2003, 5 (25): 88~95.
[2] 张兴胜. 小企业融资难, 根本原因是企业素质不高, 民营金融机构风险最高[J]. 新财富, 2003, 7 (27): 22~24.
[3] 民营银行研究课题组. 尽快开放民营银行[OL]. 国研网, 2003-10-28.
[4] 钟伟、巴曙松、赵晓、高辉清. 不良资产如山大陆银行业的困窘状况[OL]. 博讯网, 2003-5-28.
[5] 钟伟、巴曙松. 无法回避的中国银行业改革[OL]. 搜狐网, 2003.
[6] 傅梓琨. 中国银行业改革的必由之路拆分国有商业银行[OL]. 世纪易网, 2003-1-15.
[7] 中国银行业改革已刻不容缓[OL]. 大新闻网, 2003.
[8] 联手外资银行业新锐争锋[OL]. 新华网, 2003-1-20.
[9] 城市商业银行面临第二次革命[OL]. 凤凰电视网, 2003-8-6.
[10] 香港教授郎咸平指出银行改革与产权无关. 搜狐网, 2002-12-27.
[11] 郎咸平. 银行改革无关产权[OL]. 新浪网, 2002-12-24.
[12] 银行业改革有待"路线图"[OL]. 搜狐网, 2003-9-18.
[13] 中国该不该搞民营银行[OL]. 博讯新闻网, 2003-2-28.
[14] 刘明康谈中国银行业改革外资持股可上升至20%[OL]. 新浪网, 2003-10-17.
[15] 徐滇庆. 长城金融研究通报[J]. 200、207.
[16] 金融大整顿：中国将彻底整肃大型国有银行[OL]. 世界经济报道, http://www.wenxuecity.com/BBSView.asp? SubID=newsdirect&MsgID=23486.
[17] 田国强. 内生产权所有制理论与经济体制平稳转轨[J]. 经济研究, 1996, 10: 11~12.
[18] 田国强. 一个关于转型经济中最优所有权安排的理论[J]. 经济学季刊, 2001, 1 (1): 45~70.
[19] Zhang, C. and Y. Wang. On the Nature of the Chinese Township and Village Enterprises [J]. *Journal of Comparative Economics*, 1995, 19: 434~452.
[20] Che, J. and Y. Qian. Institutional Environment, Community government, and Corporate Governance: Understanding China's Township-Village Enterprises [J]. *Journal of Low, Economics, and Organization*, 1998, 14: 1~23.
[21] Laffont, J.J. and D. Martimort. *The Theory of Incentives: The Principal-Agent Model* [M]. Princeton University Press, 2002.
[22] Li, D. A Theory of Ambiguous Property Rights: The Case of the Chinese Non-state Sector [J]. *Journal of Comparative Economics*, 23: 1~19.
[23] Weitzman, M. L. and C. Xu. Chinese Township-Village Enterprises as Vaguely Defined Cooperatives [J]. *Journal of Comparative Economics*, 1994, 18: 121~145.

33

外资银行与中国国有商业银行股份制改革*

提要：建立现代银行制度，是中国国有商业银行的必由之路。本文针对中国国有商业银行存在的"高、低、差"基本现状，结合现有改革思路探析银行股份制改造方案存在的三个问题，即国家控股导致外部监督不力、软预算约束问题，不能真正地改善现有银行内部治理结构及无法解决当前外部制度环境不完善与提高银行效率所面临的矛盾。同时，阐释了解决问题的良策，即大力引进外资战略投资者及一定的非国有资本。最后，结合国际经验更好地说明中国银行业对治理模式的选择。

中国国有商业银行改革的大政方针已定，打算采用三步走的战略：商业化、股份化、上市。坚持国有股份占主导的前提下实现商业化经营，通过内部改造来提高国有商业银行的效益。这次政府拿出450亿美元外汇储备注资建行和中行就是为了实现以上三个步骤而采取的重大措施，期望上市以后通过改变现有的股本结构来改善四大国有银行的公司治理机制，提

---

* 本文载于《经济学动态》，2004年5月。合作者王一江。

高国有银行的竞争能力。温家宝总理在两会记者招待会上言到:"这次改革同以往不同,就是我们确立了一个明确的目标,要使国有商业银行走市场化的道路,推进产权制度的改革,推进公司治理结构的改革,真正把国有商业银行变成现代的商业银行。"但照现有国有企业股份制的改革思路,这些目标可能达不到。

国有银行的基本现状可用"高、低、差"来形容:不良资产比例高,资本充实率低,营利能力差、公司治理结构落后。在注资之前,以四大国有商业银行为例,其资产损失严重,不良贷款中损失约9 000亿元,非信贷损失4 000亿元,如果扣除这些损失,资本金就没有了。2001年,四大国有商业银行人均利润1万元人民币,仅相当于境内外资银行的1/25。引用温家宝总理的话:"存在的问题依然是严重的。主要是不良资产的比重比较高,四家国有商业银行的不良资产高达20%,接近2万亿。第二,资本充实率比较低。第三,实现盈利状况也不够好。根本的原因在机制、在体制。"为了加快改革的步伐,2004年元月,国务院决定向中国银行和中国建设银行注资450亿美元来帮助这两家银行进行股份制改造、上市。温家宝总理在两会闭幕记者招待会上坦言,金融改革对中国而言是"背水一战。只能成功,不能失败""是一场输不起的实践"。为什么中国银行业的改革棘手、举步维艰呢?主要原因在于存在两个"两难":一是效益与整体风险的"两难",二是改革紧迫性和完善制度环境长期性的"两难"。不改,国有银行效率低下;改,改革的整体风险高。银行改革拖得越晚,改革成本越大,不能再拖,所以要快,但完善制度环境却要有一个相当长的过程。(两个"两难"具体论述参见作者《中国银行业:改革两难与外资作用》一文。)

本文主要想讨论三个问题:(1)现有国有银行股份制改造方案所存在的问题;(2)解决之道:大力引进外资战略投资者及民营投资者;(3)国际经验与未来银行治理模式的选择。

一、现有国有银行股份制改造
方案所存在的问题

首先我们必须承认对国有银行进行内部改造,实行商业化经营、股份制改革的大方向毫无疑问是正确的。但问题的关键是改革的具体内涵和公司治理的具体形式。要意识到实行股份化、上市来引入竞争只是一个经济体制有效的必要条件,但不是充分条件,还需要明晰产权,提高外部监督的力度,真正地按市场的要求改善公司内部治理结构,完善外部制度环境,才能保证提高银行的效率,建立现代银行制度。

可以断言的是,即使国有大银行上市,只要银行的产权结构仍没有什么变化,政府占大股,经营决策权由国有大股东的代理人来决定,就不可能有足够强的外部监督来制约,管理体制就不可能发生大的变化,就不可能提高效率。因而我们认为现有国有银行的改革思路将会遇到三个问题:(1)国有股东控股导致产权不清,从而导致外部监督不力、政府行为而不是市场行为、软预算约束;(2)导致银行内部治理结构与真正的现代银行治理结构"貌似神异",从而不能真正地改善现有银行内部治理结构;(3)现有的改革模式也不能解决当前完善外部制度环境的长期性和加速银行改革、提高银行效率所面临的矛盾。

(一) 国有控股将导致产权不清、外部监督不力、软预算约束问题

商业银行的改革应是建立现代财产关系,其主要特征是财产的多元与独立。如果国家占大股,产权不清(产权的利益与责任没有与个人挂钩),商业银行的软预算约束问题就不能解决,财产的制衡机制与利益的制约机制就无法产生并发挥作用,企业也就很难从行政机制的束缚下解脱出来并成为真正独立的银行,从而导致低效率。股票市场有两个基本功能:筹集资金和筛选企业。如果把这种机制转换仅仅或更多地理解为上市筹资,而不是通过外部监督来提高效率,终究会失败,被淘汰。看一下国有工商企业改革的经验,国有商业银

行能否在保持国家"一股独大"的情况下实现真正的商业化经营是非常值得怀疑的。

（二）将导致银行内部治理结构与真正的现代银行治理结构"貌似神异"，从而不能真正地改善现有银行内部治理结构

如果让国有股成为大股东，董事会会空有名，就不能形成真正意义上能发挥作用的董事会，治理结构和激励机制不会发生变化，从而也就不会从根本上改变银行的效率问题。不要天真地认为引进了董事制度、股份制度，就能解决问题，现在中国大多数上市企业只是貌似神异，不是真正意义上的现代企业。这点可以从许多上市国企效益仍然比较低下得到佐证。哪个中国上市国企没有董事会？都有董事会，但董事会的许多成员不持有股份，从而不太关心公司的经营好坏，不关心公司的治理。由于中国股市以散户投资者为主，在外部监督、公司治理及决策方面都起不到什么作用，光是让企业上市并不是解决问题的办法。目前中国 A 股市场 1 300 多家上市公司中，效益好的公司没有多少。如果以"税息前利润"与"上市公司总资产"之比作为衡量公司效益的指标，则上市公司整体效益不断下降。1992 年上市公司整体的效益指标是 12％，到 2003 年第三季度已下降到 3.6％，而同期的银行贷款利息是 5.3％。这说明，1 300 多家上市公司的平均资产经营收益是负效益。在这种情况下，银行的坏账将会越来越多。其原因就是，这些上市公司的治理结构没有发生什么变化，只是想着圈钱，股市没有起到筛选企业、筛选管理人员的作用。中国最大券商之一的南方证券因管理混乱、财政困难而被政府接管。这一事件再次表明，有名无实的股份制并不能帮助企业走向成功。光大银行的股价超跌也是因为盈利不好，而盈利不好则是因为股份制的形式和管理都出了问题。像这种盈利和股价不断下跌的上市银行，其经营者应该被淘汰，银行应该进行重组。

(三) 现有的改革模式也不能解决当前完善外部制度环境的长期性和加速银行改革、提高银行效率所面临的矛盾

有效银行业的建立是需要完善的制度环境作为保障的。但完善制度环境是一个长期的过程，那么，相对于迫切需要改造的中国银行业而言及2006年之后外国银行将进入中国全面经营人民币业务，就造成了快与慢的难题。观念的变革和制度环境的改善都不是一朝一夕所能完成的。因此，在现有的制度环境下，如何改善银行治理结构，提高经营管理水平，减低经营道德风险，提高国有银行的效率，推动和加快国有商业银行的改革呢？现有的国有银行股份制改革模式既不能提高外部竞争和监督能力，也不能改善内部治理结构，从而现有的改革模式也不能解决当前完善外部制度环境的长期性和加速银行改革、提高银行效率所面临的矛盾。

二、大力引进外资战略投资者，推动国有银行的改革

那么，如何解决以上三个问题呢？即如何解决国家控股导致外部监督不力、软预算约束问题，真正地改善现有银行内部治理结构，及解决当前外部制度环境不完善与提高银行效率所面临的矛盾呢？

首先要打破国有银行股份制改造走向"一股独大"的公司治理形式。积极引入多元战略投资者，这包括民营投资者，特别是大力引进外资战略投资者，从而真正营造起适应现代经济条件的治理制度。不如此，不能根本上解决银行效率问题和最终建立现代银行制度。

在现阶段，是否只需引进国内民间、非国有资本，让民间投资和非国有资本占主导地位呢？答案也是否定的。银行业的技术特点导致银行的三大风险：

经营风险大、道德风险大、外部危害性风险大。银行业的技术特点所造成的高风险，决定了银行业的发展对外部制度环境的高度依赖性。一个健康、高效运行的银行业，一定需要一个完善有效的外部制度环境。就中国而言，由于经济体制正处于转型阶段，存在着法制不健全、规章制度不完善、社会信用机制薄弱等问题，有法不依的现象十分严重，经济中的短期行为普遍存在，银行业的风险问题十分严重。银行业对民间投资者开放，因道德风险问题（关系贷款、圈钱、恶意经营等）和制度的不完善，银行业整体风险非但不会减小，反而还会加大。（具体论述参见作者《中国银行业：改革两难与外资作用》一文。）

那么，如何在银行业所具有的三高风险、当前银行改革存在着两个"两难"，以及对国有商业银行实行股份制改造这一大政方针已定的这些约束条件下，使得股份制改造后的国有商业银行具有良好的盈利动机，坚持市场行为而不是政府行为，真正改变银行治理结构，即使在当前经济制度环境不健全的条件下，降低改革的社会风险呢？**我们认为大力引进外资战略投资者及一定的非国有资本投资者，使得外资战略投资者和非国有资本的投资者二者共同成为国有商业银行大股东，可以解决国有商业银行改造中所存在的三大问题。**通过外资银行的参股与合资，可以大大改善外部监督力度，改善银行治理结构，提高国有商业银行的效率，同时也可减少银行制度转型的风险，加速银行业的改革进程。

为什么会如此呢？这是由于外资银行在经营中的高效率和低风险。首先，外资投资者的盈利动机强，政府行为弱。由于它的制衡和外部监督，可以大大减弱软预算约束问题。其次，如果这些外资银行战略投资者来自制度成熟和健全的国家，自身历史悠久，并以全球为经营范围，则其行为会受到母国的制度约束、全球利益的约束以及长期利益的约束，这就决定了他们出于自身长远利益，在中国的行为会受到自我实现合同的约束，道德风险的可能性较小。因而，应该创造条件，尽快、全面大力引进外资银行战略投资者，积极鼓励外资参股、合资来对国有银行实行股份制改造，进而按WTO协定向独资的外资银行开放,形成银行业竞争,在竞争的环境中进一步改造国有银行。引入外国战略投资者加入国有银行股份制改造,同时也可以给银行业带来先进的管理经验和知识,使国有银行能更加严格地遵守国际通行规则,提高贷款质量。

需要指出的是,我们的建议并不需要外国股份独大。所要求的是国有股份、外国战略投资者股份及非国有股份每一方都不超过总股份的50%。这样,由于它们之间的利益关联和冲突,使得它们在大多数的情况下既会相互合作,也会相互监督与制衡,形成一个稳定的三方制衡体系。国有股份、外国战略投资者股份及非国有股份的投资者组成商业银行股东,它们分别代表了不同的利益趋向与价值偏好。如果想要达到的目标是:高效益、低风险及国家安全和照顾民族感情的话,则通过国有、外资与非国有三方联合可以同时达到这三个目标。可以断定的是,在提高效益方面,由于外国投资者及非国有资本的主要目标都是为了追求利润,它们会联手抵制非市场行为,提高公司治理结构,从而真正达到温家宝总理在两会记者招待会上所提出的目标:"使国有商业银行走市场化的道路,推进产权制度的改革,推进公司治理结构的改革,真正把国有商业银行变成现代的商业银行。"但在银行的发展战略上,国有与外资两方会着重考虑银行的长期稳定发展,它们也会联手对非国有股东的追求短期利益行为进行牵制。另外,在涉及民族感情与国家利益的情况下,国有与非国有的民族资本又可联合起来对抗外资资本。

总之,我们这一大力引进外资银行战略投资者来参与国有商业银行股份制改造的建议有四个有利之处:(1)有利于解决国有股份制上市企业外部监督不力的问题;(2)有利于提高国有银行内部管理水平和改善国有银行内部治理结构,引入金融产品创新,引进现代金融管理人才;(3)有利于解决当前银行业改革所面临的效益与风险和改革紧迫性和完善制度环境长期性的两个"两难"选择,既提高国有银行的经营效益,同时又防范和避免金融危机,从而推动和加快银行业改革的进程;(4)有利于建立完善现代银行制度,最终实现整个银行业的产权明晰,商业化经营的目的,从而最终有利于国民经济长期和稳定的发展。

三、国际经验与银行治理模式的选择

最后谈谈国际经验与中国未来银行治理模式的选择问题。当今发达国家主要采用的两类公司治理模式：由股东起主要作用的英美治理模式和由银行起主要作用的德日治理模式。

在英美模式下，银行一般不能拥有自有资产的股权，不能控制股票，只有在破产重组时暂时拥有一个公司的自有资产。它的优点是投资比较稳妥、高效率，这是因为美国的企业主要依赖于资本市场，大企业必须在充满活力的股票市场的环境中经营，受到股民的监督，通过股票市场来评价、奖励和惩罚大公司的经营者，美国经理可以得到一些股权，在美国银行的经营好坏对经理阶层的激励机制要比其他治理机制更强，其缺点是具有投资不足的特点。

在日德模式下，大银行成为提供信贷的带头人，是对公司有控制力的股东。它的优点是能解决投资不足的问题，但容易造成过度投资，导致大量坏账。

中国未来的银行模式应接近哪一种呢？这是一个非常值得注意和研究的问题。这是由于一旦实施后，要改变治理模式的成本巨大。我们趋向选择更接近于英美的银行治理模式。

几十年的实践已经能够说明日德模式具有更多问题，特别是造成大量坏账的问题。自 20 世纪 90 年代经济泡沫破裂后，日本银行一直被巨大的坏账问题所困扰，就是由于日本银行与企业界的股权关系过于密切。日本在 20 世纪 80 年代使用扩张性货币政策，国内资金充沛，企业以高价资产向银行申请到抵押贷款，再用于支撑资产价格的进一步上涨。待到泡沫破裂时，资产价格一落千丈，企业破产，抵押物不值钱，银行被套牢。

德国是一个金融业相当发达的国家，目前全国拥有各类银行约 3 400 家，营业所约 6.4 万个。银行业实行"三根支柱"式的结构性：个人信贷银行、储蓄银行和合作社银行。同时，国家对银行影响较大。近年来德国银行业由于墨守成规，故步自封，经营和利润不断滑坡，与其他国家银行业相比差距在不断扩大。最近传闻德国最大的商业银行德意志银行将被美国花旗银行兼并。尽管德意志银行行长阿克曼本人否认了这个传闻，但他同时暗示该行已成为被收购目标，并且他强烈呼吁德国银行业加快改革步伐以迎接即将来临的银行兼并潮的挑战。除德意志银行外，有传闻说德国另外两家大银行商业银行和裕宝联合银行也同样面临着被收购的危险。德国银行的改革目标之一便是加速公法银行的私有化进程，尤其是要改革德国各联邦州的储蓄银行法。

为了更好地说明中国银行业对治理模式的选择，我们可借鉴韩国近年的银行改革经验。韩国在金融危机爆发之前，银企关系像日本一样十分密切，这是因为韩国产业经济的发展战略和做法在很多方面都效仿了日本高度成长期的成功经验。危机爆发以后，韩国金融业所面临的问题，例如银行不良债务问题、投融资能力问题等都和日本泡沫经济崩溃后所面临的问题非常相似，但开始采用英美银行模式后，大大激活了金融系统的投融资能力。（具体可参见《不良资产处理、股份制改造与外资战略：中、日、韩银行业经验比较》一文。）

四、结　论

银行业改革是当前中国经济改革中一个最棘手、最紧迫和最重要的问题。其原因是中国银行业改革有两个基本两难。现有的国有商业银行改革方式有三大问题：（1）国有股东控股导致产权不清、外部监督不力、软预算约束问题；（2）导致银行内部治理结构与真正的现代银行治理结构"貌似神异"，从而不能真正地改善现有银行内部治理结构；（3）现有的改革模式也不能解决完善外部制度环境的长期性和加速银行改革、提高银行效率的矛盾问题。我们认为可以通过大力引进外资战略投资者及民营资本来解决这三个问题。

简而言之，本文所讨论的问题和结论可以概括为"打破一种局面、引进两类股资、形成三方制约、达到四个有利"：

打破一种局面：打破国有股一股独大一种局面。

引进两类资本：引进外资和民资两类资本。

形成三方制约：引进外国战略投资者及非国有股份可以形成三方制约，从而同时达到三个目标：（1）提高效益。外国投资者及非国有资本会联手抵制非市场行为，提高公司治理结构。（2）避免短期行为。国有与外资两方会看重考虑银行的长期稳定发展，从而会对非国有股东的追求短期利益行为进行牵制。（3）维护国家利益及民族感情：国有与非国有的民族资本会维护民族感情与国家利益，从而又可联合起来对抗外资资本。

四个有利于：引进外资银行战略投资者来参与国有商业银行股份制改造的建议有四个有利之处：（1）有利于解决国有股份制上市企业外部监督不力的问题。（2）有利于提高国有银行内部管理水平和改善国有银行内部治理结构，引入金融产品创新，引进现代金融管理人才。（3）有利于解决当前银行业改革所面临的效益与风险和改革紧迫性和完善制度环境长期性的两个两难选择：既提高国有银行的经营效益，同时又防范和避免金融危机，从而推动和加快银行业改革的进程。（4）有利于建立完善现代银行制度，最终实现整个银行业的产权明晰、商业化经营的目的，从而最终有利于国民经济长期和稳定的发展。

（2004 年 5 月）

参考文献

[1] 王一江、田国强. 中国银行业：改革两难与外资作用 [J]. 比较，2003，10：157～176.

34

不良资产处理、股份制改造与外资战略[*]
中、日、韩银行业经验比较

提要：本文通过中、日、韩三国银行业的经验比较，以政府和银行之间的互动关系为切入点来具体说明强政府制度安排下的政银关系、银行不良贷款产生的原因和处理办法及银行治理结构的内容。在经验证据和理论分析的基础上得到结论：股份制的形式并不能改变强政府下政银关系的实质，为了实现国有银行的改革，引进外资是极其重要的战略选择。

一、引　言

加快银行业的改革是中国经济中最紧迫、最重要的任务之一。中国新一届政府上任后，温家宝总理就明确指出："存在的问题依然是严重的。主要是不良资产的比重比较高，4家国有商业银行的不良资产高达20%，接近2万亿。"金融改革对中国而言是"背水一战。只能成功，不能失败""是一场输不起的

---

[*] 本文载于《经济研究》，2004年第11期。合作者王一江。

实践"。新一届政府同时明确指出国有银行的改革方向是将其改造成具有良好内部治理结构的股份制商业银行。温家宝总理在两会记者招待会上言到:"这次改革同以往不同,就是我们确立了一个明确的目标,要使国有商业银行走市场化的道路,推进产权制度的改革,推进公司治理结构的改革,真正把国有商业银行变成现代的商业银行。"为了实现这一改革目标,国家要求四大国有商业银行,在获得国家帮助的同时,大幅度提高自身效益,在风险控制、不良资产比重和资本金等关键指标上,尽快达到国际公认的标准。其中,大幅度降低不良资产的比重,同时防止新的不良资产大量发生,在实现中央制定的国有银行以至整个银行业的改革的大目标中,是极其关键的一环。

不良资产的处理是解决银行危机和实行银行股份制改造的首要步骤,也是非常艰难的一步。1998年亚洲金融危机后的许多国家,例如韩国、日本、泰国、印度尼西亚等都同样面临着如何处理规模巨大的银行不良资产问题。信达、东方、长城、华融四家资产管理公司于1999年成立标志着中国正式地开始着手处理银行不良资产。对中、日、韩三国而言,处理好历史遗留的不良资产都是各自银行体系向现代商业银行转化的前提和必要条件。然而,这些国家在处置不良资产方面的手段和结果各异。本文是比较和讨论中、日、韩三国银行不良资产形成和处理方面的经验和教训,为中国银行业的改革提供参考和借鉴。通过韩国、日本银行业应对金融危机冲击的经验来说明外资在处理银行不良资产方面的重要作用及利用外资战略对中国银行业股份制改革的重要意义。

对银行业改革和银行不良资产的处理已有大量的讨论。本文与已有文献的最大不同是,我们主要强调政府与银行之间的互动和博弈关系。围绕这一关键的互动关系,我们分析了不良资产大量发生的原因、处理效果的差别,并在此基础上提出引进外资的战略措施,强调其战略意义。对这一互动关系的分析,我们得到造成大量不良资产的一些重要原因和几点结论。

首先,虽然三国不良资产形成有不同的具体原因,但在具体原因后面,却有着深层次的共同制度性原因。这就是政府与银行的密切关系,政府对银行业务和人事、对银行经营管理和决策的干预，我们把这种干预型的政府称为强政府。分析强政府如何导致银行决策不负责任和决策失误，从而导致不良资产的大量发生。

其次，一旦认识到强政府是银行不良资产大量发生的本质原因，人们就不能对银行改革形式上的措施寄予过高的期望。例如，国有商业银行的股份制改造虽然是一个积极的步骤，但若不赋予其更实质性的内容，不放弃国有股"一股独大"的改革方式，对其效果就值得怀疑。对强政府和银行关系的分析及其后果的认识，使我们必然要问：股份制银行能改变强政府经济制度安排中政府与银行的关系，帮助银行抵御政府的干预吗？日本和韩国经验对这一问题的回答是，尽管它们的政府都不如中国政府强势（对银行的干预相对较弱），尽管它们的银行早就实行了股份制，但股份制未能使它们的银行有效抵制政府干预、防范不良资产的大幅攀升和金融危机的发生。"前事不忘，后事之师"，对中国现有的股份制改造模式和思路本身寄予过高期望，是没有理论和经验根据的。

那么，应该赋予股份制这一形式什么实质性的内容，才能更好地处理政府与银行关系，防范新的不良资产大量发生，有效推动银行改革呢？我们认为，要重视外资在银行改革中的战略重要性。对这一问题，我们已做过中国银行业改革"两个两难"的理论探讨，有兴趣的读者可参考我们的《中国银行业：改革两难与外资作用》一文（王一江、田国强，2003）。日本和韩国的经验在这一问题上给了我们很好的正反两方面的启发。历史上，两国和中国一样，均属于对外资限制很严的国家。金融危机前，韩国银行业是世界上对外资开放程度最低的几个国家之一。对外资的限制并未使它们的银行业更加健康、高效和安全。但是，与中国和日本不同，韩国自1997年后，实施了非常积极的外资战略，使其成为三国中处理不良资产和防范新的不良资产发生最成功的国家。推动银行业改革，韩国在利用外资的深度和广度上、形式之全面和数量之大上，都值得我们借鉴。

下文主要分成三个部分，第二部分主要介绍和分析中、日、韩三国不良资产的产生原因和各自的处理办法；第三部分重点介绍韩国银行如何成功利用外资战略及最终的效果;第四部分总结全文。

二、不良资产的产生与处理方法

(一) 不良资产的规模与直接成因

从官方公布的数据看(参见表1)①,中、日、韩三国不良资产的数量有如下几个特征:(1)中国的不良资产相对规模(占银行业总资产的比例)比日本和韩国都要大很多,因此中国需要解决的问题难度更大。(2)近年来,中国和韩国银行不良资产比重下降较快,都下降了大约10个百分点。但是中国由于不良贷款的规模大,直到2002年3月中国不良贷款的比例仍与1997年金融危机冲击后的韩国银行不良贷款比例相当,为16%。从这个角度来讲,留给中国的任务仍旧相当艰巨。(3)日本的不良资产几乎没有得到有效的处理,其规模仍旧在不断膨胀——从1998年不到6%提高到2002年3月的8.5%。

表1　　　　　　　　　中、日、韩三国银行业不良贷款规模的比较

	20世纪90年代的某一年(占总资产%)	2002年3月(占总资产%)
中国	26(1999年)	16
日本	6以下(1998年)	8.5②
韩国	16(1997年)	6以下

---

① 不良资产包括信贷资产和非信贷资产两个方面。其中,不良贷款作为信贷资产是不良资产的最重要组成部分。本文并没有对规模进行细节上的分析,这里概念的区分对文章结论几乎没有任何影响。
② 一般认为日本不良贷款的报告数严重偏低。8.5%为日本13个主要银行的不良贷款数,其他银行的比例更大。见 Masaharu Hanazaki and Akiyoshi Horiuchi(2002)一文。

一般认为，中、日、韩三国不良资产的产生，有各自不同的具体原因。中国是改革开放的政策和历史原因；韩国是受到亚洲金融危机的影响；而日本则是由于房地产和股市泡沫的破灭。

（二）政府干预与不良资产的形成

在这些具体原因的背后，三个国家银行不良资产的形成还存在着共同的深层原因——强政府制度安排下特殊的政府与银行关系。在这种强政府制度安排下，首先是政府直接干预银行业的日常经营。同时，在政府的干预下，银行与企业形成非经济借贷关系。隐藏在这种制度安排背后的基本逻辑是：对于发展中国家或者新兴市场国家而言，资本在其经济起飞阶段都是相对更为稀缺的资源。在这种资源禀赋结构特征基础上，政府为了满足国家整体的经济发展战略（例如出口导向、资本积累导向等），需要通过对银行的控制，来控制稀缺资金的配置。

这种强政府制度安排，具体到中、日、韩三国，又有一些不同的演化细节。在中国，国家是四大商业银行的直接所有者，地方政府也在很多地方商业银行中占有相当的股份。政府决定对各类商业银行的高层人事任免。如此政府和银行关系，决定了银行不能在政府意志之外，独立自主地按商业原则运行。在这一框架下，不良资产不断膨胀的原因，主要可以归结为：（1）稳定压倒一切的政治战略和经济发展的路径依赖，决定了中国的银行系统不得不承担历史的负担——为国有企业融资。政治战略下的核心决策变量——就业及地区收入差异需要银行来协调。实际上，中国商业银行承担了补贴国有企业及向不发达地区转移资金两个政策目标。（2）政府的经济发展战略，仍旧希望中国的大型国有企业能够掌握经济的命脉，承担经济发展的重任。因此，大力推进国有企业改革成为历届政府的重中之重。与之相对应，银行业的很多资金被转移给效率亟待改善的国有企业。（3）东南亚金融危机的冲击及世界经济欠佳的整体影响，导致中国的出口需求波动。于是，拉动内需成为重要的经济增长支撑。这种宏观的经济政策，又刺激了国有商业银行继续扩大贷款规模。简而言之，就是政府为了自身的政治与经济目标介入了国有商业银行的经营，使得商业银行和国有企业之间形成非经济借贷关系，政策负担和影响导致资金配置效率低下，不良资产规模膨胀。

在日本，"主银行制度"是这种强政府制度安排的核心体现（Sang-yong Rhyu，2002）。在这种制度安排下，财政、通商、中央银行通过对银行和企业的"指导性计划"来推动特定产业，特别是出口型产业的发展，而不与政府配合的企业会受到各种形式的惩罚。同时，政府与银行之间形成默契，政府潜在保证主要银行不会破产。而银行和企业之间则形成了稳定的"内部人"关系。需要说明的是，这些银行都是由关联企业和银行控股的股份制商业银行，特殊的银企关系造就了以银行为中心的企业集团。为了保证主银行制度的稳定，政府需要控制银行业，分配产业利润。具体的手段包括：控制利率，限制竞争；限制进入银行业；限制单个银行及下属机构的业务范围；审批成立新分支及地点；分配财政存款。马自达公司的危机和复兴，就是体现日本这种制度安排的一个鲜明例子。20世纪70年代，当马自达汽车制造公司面临破产危机时，住友银行作为其主银行，立刻宣布无限承担马自达公司的所有债务。其他银行则对马自达公司的供应商和销售网络提供财务支持。同时，日本中央和长崎地方政府也以各种行政和立法手段，支持马自达公司，以财政存款保护住友银行。最后，马自达公司顺利度过了危机，做到了不破产、不裁员，银行也避免了马自达公司破产可能造成的损失。这种主银行制度，虽然不乏挽救企业的成功个案，但却造成了企业和银行整体的"预算软约束陷阱"，使企业投资过量，不讲效益，银行没有风险意识，使风险在银行体系中逐渐累积。

韩国银行业的发展在1997年金融危机之前就经历了国有化，然后再私有化的浪潮。20世纪60年代，韩国银行被收归国有，成为政府的信贷工具；在20世纪80年代银行又被私有化。虽然实行了私有化，银行在经营管理上并未实行自主。政府以低息贷款支持重点产业（例如出口型企业）的政策，使银行贷款利息大大低于市场利息,很多企业在获得银行贷款后,通过资金的转让获利。由于获得银行贷款即可获利,信贷资金严重短缺。企业为了获得银行贷款,不择手段,导致严重的腐败。银行与大财团关系密切,内部人贷款问题严重。一个典型的案例就是 Hanbo 公司曾通过腐败渠道获得 60 亿美元,去建一家毫无效益的钢厂,但 1997 年之前,该钢厂未建成即行倒闭。与此同时,银行为了获得政府的资金支持,紧密配合政府政策,按政府指令贷款,收取政府规定的利息。这种不讲经济规律、不讲财经纪律和腐败的政银关系和银企关系,形成韩国经济中的软预算大环境,导致不良资产规模在银行体系中的膨胀。

(三) 不良资产处理

中、日、韩三国对不良资产处理的主要手段,包括成立资产管理公司、对银行进行兼并或破产重组、国家注资与国有化及银行的自我消化。三国减少银行业不良资产的做法基本相同(见表2)。

表 2　　　　　　　中、日、韩三国银行业不良资产处理办法比较

处 理 方 法	中国	日本	韩国
成立资产管理公司	＊	Y	＊
银行兼并重组破产	Y	＊	＊
国家注资和国有化	＊	Y	＊
自我消化	Y	＊	＊

注:Y 使用方法,＊重要方法。

1. 成立资产管理公司

成立资产管理公司的做法是世界上非常流行的处理大量不良贷款的方法。中、日、韩三国都采用了这一方式,但其发挥的实际作用却大相径庭。

韩国资产管理公司（KAMCO）成立于 1962 年，当时依法成立的目的就是为了处理政策性银行——韩国发展银行（Korea Development Bank）的坏账。1997 年为了应对东南亚金融危机，KAMCO 重新拓展了其职能，成立了不良贷款管理基金，并且利用公共基金按照公允市场价值购买问题银行和其他金融机构的不良资产。韩国银行业不良资产的显著下降基本都可以归功于 KAMCO 的购买。在购得这些不良资产之后，KAMCO 的资产主要分为三大类：普通贷款（Ordinary Loans）、重组企业贷款（Restructured Corporate Loans）和待清算贷款（Workout Loans）。由于不良贷款的"冰棍效应"，尽快地、尽量按照最高的价值出售资产是处理不良资产的基本准则。为了贯彻这一准则，KAMCO 采用了如下的方法：(1) 组合销售（国际拍卖）；(2) 资产证券化（ABS）；(3) 公共拍卖；(4) 法院拍卖；(5) 单独贷款销售。如果资产不能够在现在的情况下出售，代理人必须通过价值提升过程提高资产的价值，以待日后按照合理的价格出售。除此之外，如果资产现在既没有办法出售也无法提升其价值，那么代理人必须确立在一个较低的价格上尽可能早地处理掉它们。截至 2001 年末，KAMCO 累计处理了 44.8% 的资产组合，同时资产回收率高达 42.7%。

与韩国的情况相比，中国四大不良资产管理公司的整体表现也很不错。银监会最新的数据显示，截至 2004 年第一季度，四大资产管理公司阶段处置资产进度为 41.04%，资产回收率为 38.23%，现金回收率为 31.78%。而且，费用率只占所购不良资产总额的 0.14%，只有美国清理信托公司（RTC）处理成本的 1/3。但是，中国处理不良资产的对象主要是政策性的不良贷款，对应的处理模式就是由政府组建的资产管理公司，集中处理和处置从国有银行剥离出来的金融不良资产。这种政策性处理业务模式存在着预算软约束的问题，不良资产管理公司的健康模式应该是具有硬约束的市场化处置业务。现在，国务院通过了针对四大资产管理公司的"两率"（现金回收率和现金费用率）承包方案，希望在政策性业务和市场化业务并存的时候，给资产管理公司以合适的激励。

日本 1995 年在大藏省成立自己的资产管理公司，当时的初衷是集中处理资不抵债的信用合作社的不良资产[①]。随着东南亚危机的冲击，日本银行业的大量不良资产并没有通过资产管理公司这一集中处理的形式来进行，而是寄希望各个银行自行分散消化处理。事实上，日本银行业的不良贷款处理的第一步——不良资产的识别就没有做好。

2. 兼并重组

危机中的银行业，不可避免地存在银行的破产。此时，兼并重组自然而然成为处理银行不良资产的一个重要手段。韩国和日本的银行业，在应对自身危机时，兼并重组方式体现得非常明显。需要说明的是，对韩国和日本政府而言，决定哪个银行关闭、哪个银行通过注资方式保留，是非常重要的。这在一定程度上取决于银行自身的规模及自身重建的方案。后者可以形成激励，前者存在道德风险。对于保存下来的银行，如何降低道德风险、形成有效的治理机制，是继兼并重组之后又一个需要解决的难题。实践证明，全国性银行对外资的开放，以及在健康的金融机构中成立金融控股公司，是解决这一问题的新的、可行的方式。

韩国是亚洲金融危机时期银行业兼并重组最快的国家。1997 年韩国存在 33 家银行，其中全国性的银行 17 家、地区性的银行 10 家、专业银行 6 家；到 2001 年底，银行总数只剩下 20 家，其中，全国性的银行 9 家、地区性的银行 6 家、专业性的银行 5 家。2002 年又有 2 家全国性的银行被合并。这样，韩国的银行数目已从金融危机前的 33 家减少至目前的 19 家。在韩国银行体系的重建中，兼并重组只是一个手段，这种方法和注资国有等其他方法，是齐头

[①] 1991 年，日本发生东洋信用社金库事情；1995 年东京最大的信用社宇宙信用社、日本最大的信用社木津信用社等相继破产。到 1996 年的阪和银行倒闭，日本实际上已有 22 家金融机构先后破产。

并进的。

日本银行业在面对金融危机冲击时，也进行了重组。到 2000 年，日本银行业由原来的 18 家大银行合并成为 4 家金融控股公司，分别是瑞穗集团（包括原来的日本兴业银行、第一劝业银行、富士银行）、旭日集团（包括原来的三和银行、东海银行、旭日银行）、三井住友集团（包括原来的住友银行和樱花银行）和东京三菱集团（包括原来的东京三菱银行）。银行业重组的思路基本都是先成立金融控股公司，然后在控股公司内部进行业务的重组，包括对不良贷款进行规模化的运作，提高处理的效率。

相对于韩国和日本的银行原来都是股份制的治理结构而言，中国的银行业比较特殊，中国银行业的主体原来都是国有独资银行，而且个数相对较少，规模庞大。近年来的改革并没有动摇四大国有银行在银行业的主体地位。加之，由于国家信用的支持和对资本流动的限制，各种突发事件，例如东南亚金融危机，并没有使国内银行业的潜在问题实际爆发。因此，基本还没有发生系统性的银行业大规模兼并重组现象[①]。

3. 国家注资和国有化

对于破产清算的银行，需要购买其资产并且清偿储蓄人。同时，在银行的兼并重组中，由于大量不良贷款的存在，需要对重组后的银行进行注资，使之达到 BIS 的 CAR 要求。这是以后进一步引入其他战略投资者和银行正常运作的前提。由于注资的结果往往就是产生国有银行，接下去的问题是如何形成有效的激励。

一般而言，政府以三种形式向有问题的金融企业进行注资，分别是购买资产（Assets Purchase）、重新资本化（Equity Participation）、清偿储蓄

---

① 在中国的全国性银行中（四大国有银行和其他新兴的股份制商业银行），也发生过兼并重组事件。1998 年 6 月，海南发展银行被关闭；同年 12 月中国投资银行被光大银行从国家开发银行手里兼并。如今，国内还有 11 家股份制商业银行。

人(Contribution)。

韩国行使注资职能的机构,主要是韩国存款保险公司(KDIC)[①]。1997年,政府通过对汉城银行、Hanvit银行、韩国外汇银行注资,将其收归国有。同时,外资或好银行收购问题银行时,需要由政府买单、注资使其资本充足率达到10%(例如,对Seoulbank实行资本注入)。如果银行被关闭,此时政府只是保护存款者的利益,其他的股东和管理者必须承担一定的损失。这样做的目的,是对管理者及股东形成了一定程度的激励,降低潜在的道德风险[②]。

日本政府对银行业的第一次注资是在1998年。当时,日本政府拨出30万亿日元的财政资金,作为金融安定资金,其中17万亿日元作为存款保险基金,13万亿日元作为增强银行自有资本的注入资金。1999年,政府又拨出60万亿日元财政资金,向商业银行进行第二次注资,注资的基本形式是购入银行优先股。这些做法使得银行的CAR达到BIS规定的要求。但是,实际上日本银行的不良资产问题仍旧没有解决。2002年底,政府提出要求,将1999年注入商业银行的政府资金,由没有表决权的优先股转为有表决权的普通股,以达到实际上将这些银行国有化的目的。由于国有化的本质是改变了银行的治理结构,必定涉及银行领域领导层更换、不良资产责任的追查等等,因此,银行既得利益集团对此方案抵触情绪严重,方案实施难度很大。[③]

在中国,1998年,财政部发行2 700亿元特别国债用于补充四大国有商业银行资本金。2004年,为了建设银行和中国银行的股份制改革和上市,国家对这两家银行直接注入450亿美元的外汇储备,以便达到BIS的CAR要求。中国的银行由于一直都是国有,因此不管是否注资,都存在道德风险的问题。

---

① 关于KDIC具体的注资行为可以参见Takatoshi Ito and Yuko Hashkmoto(2002)文。
② 中国不良资产网[OL]. 2003-5-20. www.chinanpa.com.
③ 中国不良资产网[OL]. 2003-5-20. www.chinanpa.com.

4. 自我消化

不论是韩国、日本还是中国，政府注资的一个基本前提是，银行自身提出可行的重建或改制计划，政府注资是为了帮助重建计划的落实和执行。因此，各个银行自身的重建，包括对不良资产的自身消化，是获得政府注资的必要条件。

为了防止新的不良贷款产生，中、日、韩三国都改革了信贷管理体制，实行了严格的资产风险分类，建立了更严格的内部转移价格和绩效考核评价制度[①]。2003年，韩国KorAm银行将年利润的80%用于消化不良资产。其他17家银行将利润的近50%用于消化不良资产[②]。同时，韩国废除了终身就业制，银行业就业人数从14.4万下降到不足10万。而日本，在人员方面没有多大改变[③]。中国目前的四大银行，也在努力减低成本、增加赢利方面做了大量的工作，包括开拓新业务、撤并没有效率的分支机构、进行人事改革、裁减冗员等。中国国有银行的实际运行利润，相当一部分用于处置自身的不良资产。

三、外资战略及效果

（一）中、日、韩银行业利用外资基本情况

历史上，中国和韩国的银行业，都属于世界上对外资开放程度最低的，但韩国自1998年以来在利用外资方面发生了巨大的变化。中国对银行业向外资开放的态度，近年来也有变化，但实际开放的程度至今仍然不高。日本银行业对外资的开放程度，历史上与其他发达国家相当，在过去10余年的经济不景

---

① 韩国银行业重组（危机处理）时期，不良资产的定义普遍比正常风险分类的定义更为严格。
② Bloomberge.com. 2004－2－22.
③ 中国不良资产网［OL］. 2003－5－20. www.chinanpa.com.

气中，也未发生大的变化。

亚洲金融危机之前，韩国是世界上银行业利用外资程度最低的国家之一，外资比重不足1％。根据世界银行对全世界91个国家的统计，韩国银行业利用外资的比重，当时属于最低的7个国家之一。但从1998～2004年，短短的几年时间里，外资在韩国银行业的比重，就激增到30％。韩国已成为世界上工业化国家中利用外资程度最高的国家之一。

中国银行业也一直对外资相当关闭。虽然根据加入WTO时所作承诺，中国银行业已逐步开放，并将于2006年全面开放，但从总体上说，政府对此并不持积极态度，也没有实际配套和支持的措施。因此，直至目前，中国银行业引进外资的水平仍然相当低，仅与韩国金融危机前的水平相当，估计在短期内也难以有较大的发展。

对世界上的经济和金融强国而言，外资在银行业的比重一般都不是太高，多数在4％（例如德国），5％（例如美国）至10％（例如瑞士）之间。日本银行业外资的比重为6％，处于发达国家的一般水平。

发达国家外资在银行业比重普遍较低，这一现象并不奇怪。发达的银行业，需要有强大的经济实力为基础，需要有完善的法制环境和很高的管理水平。发达国家具备这些条件，银行业务发达，是银行服务的主要输出国，因此外资所占的比重都比较低。但在这个大背景下，要看到日本政府对银行的干预是发达国家中最多和程度最深的。日本银行的软预算问题也是最严重的。特殊的政银关系和严重的软预算问题，使日本也像中国和韩国一样，有一个如何实行外资战略、促进银行业改革的问题。

（二） 韩国银行业的外资战略

大力引进外资战略，是韩国处理金融危机、推动银行业改革的一大特色，也是韩国在处理银行不良资产时短期内就取得重大成就，远比中、日两国更为成功的主要原因。的确，韩国的银行业的情况不断好转，韩国19家银行2004

年上半年净利润比2003年同期增长了4倍①。

外资占韩国银行业的比重,2004年已经增加到30%②。这一成绩是韩国银行业多种形式引进外资的结果。具体来讲,韩国银行业引进外资的形式,包括外资私人投资、外资银行独资、外资银行参股及外资银行控股。

1. 外资私人投资

1998年,随着韩国对外资进入银行业的解禁,外国私人投资公司开始投资于韩国银行。韩国第一大银行集团——韩国第一银行最大的股东就是来自美国的新桥公司,其获得该银行51%的股份,而政府仅仅持股49%。2002年,Morgan & Carlyle(美国)获得韩美银行40%的股权③。此外,2003年美国孤星基金(Lone Star Fund)以约12亿美元现金收购韩国外换银行51%的股份④。

2. 外资银行独资

所谓外资银行独资就是指外国银行在韩国设立自己的分支机构。现在,已有花旗银行、渣打银行等40多家外国银行在韩国设立分支机构⑤。

3. 外资银行参股

外资进入的参股形式比较普遍,不少西方集团持有韩国银行的股权,其中包括德国商业银行、荷兰国际集团、Caryle财团和巴黎银行等(参见表3)⑥。韩国外汇银行的第二大股东是来自德国的Commerz银行,政府是其第一大股东。渣打银行持有韩美银行9.76%的股份,同时Keb、Hana等都有外资银行股权。但直至2004年,未有外资银行直接在韩国银行控股。

---

① 国际金融报,2004-7-27.
② 2003年韩国银行市场总额为6 620亿美元,而花旗银行的总资产约为该数额的2倍。
③ Bloomberg.com,2004-2-22;新财富,2002-9,17.
④ finance.tom.com/1001/1003/2003827-19837.html.
⑤ Bloomberg.com,2004-2-22.
⑥ 网易商业报道,2003-9-9. http://biz.163.com.

表 3　　　　　　　　　　　外国资本在韩国银行的参股情况

银　行	1997 年		2000 年	
	外国股东的比例	主要的股东	外国股东的比例	主要的股东
韩国住房和商业银行	41.2	政府（22.4%）	65.4	纽约银行（13.1%） 世界银行集团（10%）
Kookmin	37.0	政府（15.2%） 纽约银行（8.4%）	58.2	高盛公司（11.1%）
韩国第一银行	0.1	韩国人寿保险公司（4.9%）	Over 51.0	新桥资本（51%）
Shinhan	23.4	在日本的韩国公民（42.9%）	48.9	在日本的韩国公民（27%）
韩美银行	29.4	BOA（18.6%）	61.5	Carlyle 财团（40.1%） BOA（10.1%）
韩国交换银行	2.7	BOK（47.9%）	26.4	Commerz 银行（31.6%）
Hana	21.3	Kyobo 人寿保险公司（7.7%）	20.3	Allianz 集团（12.5%） IFC（国际金融公司）（2.8%）

来源：三星经济研究协会.世界银行救助后的三年：1998 年以来韩国经济的的变化回顾［D］.2001-4，39～40.

4. 外资银行控股

2004 年 2 月，花旗银行同意出资 27.3 亿美元购买韩美银行（KorAm）80%的股份，成为首家在韩国控股的外资银行①。此前，外资已总计持有韩美银行股份约 90%。

（三）外资战略效果

不能说韩国银行改革已经大功告成，可以高枕无忧了②。但从表 4 可以看

---

① 韩美银行是韩国第 6 大银行。2001 年在亚洲地区居第 95 位。韩美银行的管理由高盛公司担任"顾问"。
② 韩国银行业的贷款组合，在危机处理期间发生了重要的变化。从主要的企业贷款过渡到居民贷款。但是，由于对个人信用的控制不到位，导致 2003 年居民贷款损失增大，银行不良资产比例又上升到 3.2%。但是，普遍认为韩国的企业已经走出困境，韩国的银行业不会重蹈覆辙。

出,以处理不良资产的下降,资本充足率和收益水平为指标(Thomas Byrne,2004),韩国的银行业改革,确实是中、日、韩三国中最成功的。

表4　　　　　　　　　　危机前后韩国银行业的整体业绩变化

不良贷款比例	8.3%(1999)	1.9%(2002)
CAR(资本充足率)	7.04%(1997)	10.52%(2002)
ROA(资产收益率)	0.6%(1991);−3.3%(1998)	0.8%(2001);0.6%(2002)

注:数字后的括号表示对应的年份。

当然不能将韩国银行改革的成就,全部归功于其外资战略。但是,中、日、韩三国银行业的问题本质相同,处理不良资产的具体措施也大同小异,在处理不良资产和改革的整体效果上有如此大的差别,不能不令人深思。我们前面所提供的资料表明,在相同和类似的具体措施后面,韩国赋予了这些措施新的实质性内容,即在改革的各个环节和措施中,都积极地、大量地和多种形式地利用外资。这一关键性的战略措施使韩国在银行业的改革中,既在相当程度上获得了新的资金来源,又在处理现有问题的同时,从根本上改造了银行业的产业结构,改革了银行的内部治理结构,改变了银行与政府的关系。从这个角度来看,不能不说外资战略对韩国银行业降低不良资产、防止新的不良资产的发生,以及整体改革的成功,发挥了不可替代的关键作用。

与韩国相比,日本在处理不良资产和银行改革的整个过程中,对外资采取了传统的排斥态度,想通过自身的努力来实现银行业的转型,主要利用内部的资源来进行银行和金融重建。在此前提下,日本对海外资产的出售及对外资的吸引都是贫乏的。尽管美国一再要求,日本仍旧坚持利用自己的方式,靠本身的资源来解决银行不良资产改革的问题。相比较而言,韩国政府通过向国外市场出售资产的方法很容易就解决了不良贷款问题。

中国的想法和做法与日本很接近,对引进外资不仅采取不鼓励的态度,而且采取了一些限制性措施。例如，国家对外资在中国银行中持股数量作了硬性的限制，规定单个外资银行持股不能超过19.9%，合计持股不能超过24.9%。这种不鼓励和限制性的措施，使中国在利用外资推动银行业改革方面，远远落在韩国后面。在此之外，中国也没有在解决强政府与银行关系这一最根本的问题上，找到和采取其他有效的实质性措施。所以，尽管近年来国家对银行业改革非常重视，并做了大量的投入，银行在降低不良资产的比重方面取得了一定的成绩，但从总体上来说，中国银行业的根本问题并未解决，不良资产的比例出现反复，存在再次大幅度上升的可能性。的确，只要仍然按照国有股"一股独大"的改革思路来对国有银行进行股份制改造，就不可能改善外部竞争环境及内部治理结构，从而也就不可能从根本上解决银行的不良资产和效率问题。

四、总　结

中、日、韩三国银行业面临同样的问题：如何从强政府制度安排框架下的运作模式，向市场化经营模式转化。在强政府制度安排框架下，政府通过多种手段干预银行的人事和其他管理决策，控制利息和其他变量，银行服从政府意志，丧失独立决策、独立经营的地位，也不对经营的后果独立负责，股份制的治理结构只留下空壳，不良资产的大量发生不可避免。

中、日、韩三国在解决不良资产时采取的措施，形式上是相同或类似的，但在利用外资这一实质性措施上，韩国与中国和日本相比，更加坚定积极，将这一措施融入其他措施之中，在处理不良资产的同时，用外资作为杠杆来推动银行业的重组和治理结构的改造，实现政府与银行关系的变化。韩国银行业在降低不良资产和提升总体效益方面的突出成就，显示了外资战略的重要性和可行性。外资战略在解决资金问题、治理结构问题，还有本文未涉及的人才问题等关键问题上，均发挥了其他措施难以替代的实质性作用。

本文的主要观点概括如下：

其一，中、日、韩三国银行不良资产膨胀有共同的重要原因，即强政府制度安排下特殊的政府和银行关系。

其二，股份制不是银行抵御行政干预的有效形式。日本主要银行早就实行了股份制。韩国自20世纪80代以来，也一直实行股份制。但在强政府制度安排的作用下，不良资产仍然大量发生，导致了金融危机。

其三，限制外资进入银行业不是防范金融危机的有效手段。防范金融危机，要从根本上解决和消除银行不良资产膨胀的制度性原因。

其四，积极的外资战略是强政府经济国家在处理不良资产的同时，改革政府和银行关系，推动银行业改革的有效措施。而唯有从根本上改变政府和银行的关系，才能在现有的不良资产得到处理的同时，防止新的不良资产大量发生。

其五，有效的外资战略要有广度和深度。首先，外资在整个银行业中所占的比重要大。此外，外资要以独资、合资、参股、控股、管理顾问等多种形式全面参与一国的银行业。

(2004年11月)

参考文献

[1] 田国强、王一江. 中国银行业：改革两难与外资作用[J]. 比较，2003-12，10.
[2] Masaharu Hanazaki and Akiyoshi Horiuchi. A review of Japan's Bank Crisis from the Governance Perspective [J]. *Pacific-Basin Finance Journal*, 2003, 11: 305~325.
[3] Sang-yong Rhyu. Unravelling the big bang: a comparative analysis of banking and financial restructuring in Japan and Korea [OL]. Rough Draft, 2002, www.isanet.org/noarchive/rhyu.html.
[4] Takatoshi Ito and Yuko Hashimoto. Bank restructuring in Asia: crisis management in the

aftermath of the Asian financial crisis and prospects for crisis prevention [OL]. Asian Development Bank Institute, http://www2.toyo.ac.jp/~yhashi/research_e.html.

[5] Thomas Byrne. The Korean banking system six years after the crisis, Financial institutions and market [OL]. 2004, www.keia.com/2004KoreaEconomy/Byrne.pdf.

35

近现代中国的四次社会经济大变革

国企改革的镜鉴与反思

提要：中国自明清之后逐步落后于西方的经济发展速度和水平，富民强国由此成为国人长期追求的梦想。近代以来具有明显转折性和全局意义的社会经济大变革区间有四个：从洋务运动到维新变法图强、辛亥革命与市场经济的探索、计划经济与社会主义的联姻、改革开放引领中国复兴之路。在全面深化改革的新时期，改革的关键是要全面推进国家治理体系和治理能力现代化，其先决条件是要合理界定政府与市场、政府与社会之间的治理边界，解决政府职能越位、缺位和错位并存的问题。三次以国有企业推动工业化的尝试，启示当下应让国有经济发挥重要作用，同时促进非国有经济的进一步发展，由此才能实现中国经济发展驱动力的切换。

翻看中国近代以来170多年的历史，可以发现四个具有明显转折性和全局意义的社会经济大变革区间：从洋务运动到维新变法图强、辛亥革命

---

* 本文载于《探索与争鸣》，2014年第6期。合作者陈旭东。

与市场经济的探索、计划经济与社会主义的联姻、改革开放引领中国复兴之路。① 中国的基本经济制度在不同的变革区间发生了显著的转换，与此相伴的是国有经济的地位与作用也出现了不同程度的起伏变化。其中，前三个变革区间内有过3次以国有企业推动工业化的尝试，直到改革开放阶段，由于非国有经济的持续发展壮大，推动国民经济持续、快速增长，中国才真正改变积贫积弱、闭关自守的局面，走上迈向富民强国、开放兼容的跨越之路。通过对这些变革实践进行系统梳理，我们可以找到有助中国当下经济改革乃至全面深化改革的有益经验和启示。

一、从洋务运动到维新变法图强

中国在第一次鸦片战争中以战败告终，此后，与世界的关系和格局出现前所未见的改变，进入李鸿章所言的"数千年来未有之变局"②。面对如此变局及巨大的内忧外患，中国如何自处？以曾国藩、左宗棠、李鸿章、张之洞等为代表的主张"经世致用"的"洋务派"，高举"中学为体，西学为用"和"师夷长技以制夷"的大旗兴起洋务运动，办工厂、修铁路、造兵器，重点放在学习西方发达国家的技术与工业化模式上，企图在封建政治体制和意识形态不发生根本性变革的前提下实现由富致强，拉开了中国历史上首次具有开放性的、向西方学习的变革尝试，尽管这种变革是一种抵到死角才开始的被动变革。

在洋务运动中，所有较为重要的试图有所作为的现代工业企业，无论是官

---

① 这种明确划分的最早讨论，见王一江的讨论稿《变革图强，以史为镜看改革》，后正式出版在王一江等著的书中。关于此问题的详细和系统讨论，亦可参见田国强、陈旭东即将出版的著作《中国改革：历史、逻辑和未来——振兴中华变革论》。
② 梁启超. 李鸿章传 [M]. 武汉：湖北人民出版社，2004，95.

办、官督商办、官商合办甚或是极少数的商办企业,都"依旧在国家或官僚个人手上"①,很多企业都是官员们一手创办和由其委派的"督办""总办""会办"和"帮办"直接管理的,这一特点延至清末。这是近代以来以国有企业推动工业化的第一次尝试,但这种变革方式扼杀了私人自由企业的发展。一方面,这种半官僚半商人的企业经营管理用人方式,使得官商可以充分调动行政资源为其企业获得垄断利益,破坏市场竞争秩序。另一方面,一些官僚出身的"督办"、"总办"等在出任企业经营管理者之前,既无经商历练和经验积累,也缺乏必要的经营决策修养,反而将传统官僚机构的裙带之风、贪污腐败、滥用资金等弊病带进企业,衍生出大量的挪用企业资金炒股和私人投资等假公济私、化公为私的激励扭曲行为,由此造成国有经济投资效率低下。时人对此曾揭露"利则归己,害则归公"②。这些都使得洋务企业的成效不彰,以致费正清发出"十九世纪晚期的工业化大体上是白忙一场"③的感叹。这与日本明治时期的变革路径相反。日本是国家以较大代价发展了企业的技术和管理,待各官营企业、半官半民企业具备一定的自生能力之后,再将其出售给民间资本。

显然,以自强为目的的洋务运动未能经受住中日甲午战争的考验。庚子以后,面对内外交困局面,清政府终于意识到不进行深层次的体制、机制变革,将面临政权存续危机,于是又启动了新政改革。清政府在《变法上谕》中表示,希望一改过去几十年只是学了些语言文字、制造机械等"西艺之皮毛",没有学到其"富强之始基"的弊病,试图通过改变制度安排来找到自强之制。在经济方面,清政府围绕"振兴商务,奖励实业"和"法制改革,修订新律"等新政内容,于1903年成立了地位仅次于外务部的商部,并先后颁布了《商人通例》、

---

① 陈锦江. 清末现代企业与官商关系 [M]. 北京:中国社会科学出版社,1997,164.
② 两江总督曾国荃等奏(光绪十五年十月十四日). 洋务运动(七)[M]. 上海:上海人民出版社,1961,451.
③ 费正清. 费正清论中国:中国新史 [M]. 中国台湾:正中书局,1994,243.

《公司律》、公司登记法、破产法、专利权法等法律和行政章程。这些改革举措已有扭转洋务运动中以国有企业为主体推动工业化之趋向。据统计,在1904～1908年期间,向清政府登记的公司约272家,其中153家都是近代的股份有限公司,而非传统的当铺、钱庄、中药铺等,且大部分为私人企业。[①]

清末新政是清政府为了化解晚清政治经济危机而实施的体制转型,在经济和商务上有很多不尽完善却值得肯定的具体变革举措,尤其是中后期试图以法制将私人企业引入发展轨道的改革尝试,并且在政治和行政层面也开始推行君主立宪、试办预算、地方自治等,但这些都已错过了改革的最佳时机,改革或变革不能等到了崩溃的边缘才进行。而从实现富强的路径来看,由于清政权的特殊性及当时中央与地方的权力格局,决定了清朝中央政府不会放手让地方政府和汉族民间资本发展,而是要在保持中央政府控制权的前提下,试图通过国家作为投资主体的国富方式来寻找强国之路。这种舍本求末的发展战略注定是要失败的,因为它忽略了民富的首要环节,背离了富民从而定国、安国、富国、强国的内在逻辑。同时,经济建设要想成功,也离不开一个进步政体的支持,离不开制度的正向演进和人文思潮的开化。

总之,这个时期尽管清政府的变革举措不可谓不多,但人文思想上极端保守,政治体制上亘古不变,国家在各类企业的兴办中充当了投资的主体,并直接介入到企业的具体管理运营中去,带来的只能是低效率、腐败和裙带资本主义。既没有"明道""取势""优术",也没有"抓时",导致了洋务运动、维新变法及清末新政等相继以失败告终。可见,改革是一个系统工程,没有适时的深刻制度变革的支持,仅仅在器物层面模仿和学习,这样的经济建设最终肯定不能成功。

[①] 费正清、刘广京. 剑桥中国晚清史(1800～1911)(下卷)[M]. 北京:中国社会科学出版社,1985,513.

二、辛亥革命与市场经济的探索

辛亥革命推翻了绵延几千年的帝制皇权统治，宪政这一于清末从国外引入并萌芽的现代国家制度开始在中国的土壤上生长。尽管有诸多的先天不足和曲折反复，但是这样一个在形式上体现了公权力委托—受托（委托—代理）关系，并将公权力置于全民监督之下的民主宪政尝试，还是给民国的经济发展带来了一些变化，使中国经济开始逐步纳入世界经济的发展潮流。在民初的宪政探索时期有一人不能不提，那就是清末状元、先后出任南京临时政府的实业总长和北洋政府的农商总长兼全国水利总长的张謇，他对民国初年中国的经济建设与发展主导力量民间化做出了重要贡献。

在张謇的经济改革计划中蕴含着许多现代市场经济的思想元素，他主张：第一，将建立健全经济法规作为振兴民族工商业的前提，指出农林工商部的第一计划即在立法，1914年一系列商业立法得以推出。第二，改变传统金融市场以钱庄、票号为主体的市场结构，建设以银行为主体的现代金融市场，让振兴实业建立在坚实的国家金融基础之上。第三，全面改革官办企业制度的官方政策，对于隶属于农工商部的官业全部停办或予以招商顶办，今后新办的矿冶企业由官民分类兴办，那些军需和铸币所需的矿，也是选择一两个富矿为官矿，作为民间开办的示范。第四，根据国家的财力重点奖励和补助那些重要产业的民营大企业，对幼稚产业进行保育，奖励之道是保息，在民营企业三年筹办期内予以补助。第五，开放门户利用外资以振兴实业，采用合资、借款、代办三种形式以化解国内资本严重短缺的局面，通过与外资利益共享实现激励相容。[①] 遗憾的是，张謇任职不长，很多经济改革措施并没有持续，在实施过程中也未得到很好的执行。

民族资本和民营企业真正取得快速发展是在1927~1937年间，亦即近代

---

① 虞和平. 张謇与民国初年的经济体制改革[J]. 社会科学家，2001，2.

民国经济史上的黄金10年。在此期间，国民政府形式上统一了全国，为经济建设和发展赢得了一个相对和平、稳定的社会环境。借此机会，国民政府通过撤销厘金制度、统一财政行政、确立预算制度、划分国税地税、实行关税自主、推动废两改元、施行法币改革、设立四行两局等一系列改革举措，试图从财政、货币、金融等方面为经济发展构建符合国家统制需要的制度架构。其间，尽管经历了世界经济大萧条的外部冲击，中国的工业发展还是取得了比较显著的进步。据美国学者张约翰的估计，整个中国1927～1936年的工业产值增长了83.2%。不过，近代工业的产值仅占全部国内产品总值的3%[1]左右，农业在整个经济中还是占据着压倒性的比重。

然而，从这10年国民政府所实行政策的实际内容和发展轨迹看，其已显示出统制经济的倾向。特别是在西方主要国家陷入大萧条之后的1934年，国民政府对经济的统制倾向已开始转化为经济政策，陆续出台了《战时燃料及石油统制计划》《运输动员与统制初步计划》《粮食存储与统制计划》《统制全国钨锑矿方案初稿》及对"食品及重要农产原料、矿产品、工业、贸易、交通、财政金融、人员等七大类数十项临时统制动员计划"[2]。随着日本发动全面侵华战争，国民政府将此前制定的一些统制计划真正付诸实施，以最大限度地保障战备供给。与经济统制相伴的，自然就是国有经济的发展壮大，由国民政府资源委员会、工矿调整处、金矿局等直接投资和经营的国有企业，在基础工业、重工业、金融行业等领域占据了绝对主导地位，在交通运输、商业外贸等方面也有了显著发展。这算是近代以来以国有企业推动工业化的第二次尝试。

尽管国民政府在抗战结束后提出经济政策要从战时状态向常规状态转变，

---

[1] 阿瑟·恩·杨格. 一九二七至一九三七年中国财政经济情况[M]. 北京：中国社会科学出版社，1981，343.
[2] 郑友揆、程麟荪、张传洪. 旧中国的资源委员会（1932～1949）[M]. 上海：上海社会科学院出版社，1991，21.

但是战后国家资本的垄断强化和扩大趋势并未得到有效遏制,诸如中国纺织建设公司、中国蚕丝公司、中国石油公司及资源委员会下属国有大企业批量涌现,将国家资本和国有经济的膨胀推到了历史高峰。

民族资本、民营企业不仅要面对国有资本对市场空间的侵蚀,在诸多方面还要受到政府的严格管制。随着国民党军队在战场上的失利,面对政治经济的困局,国民政府1948年陆续颁布了《财政经济紧急处分令》《整理财政及加强管制经济办法》等。这些条令、办法实施后,民营企业在原料采购和产品销售等环节均受限制,例如对纱布销售,政府不仅管价格,还管运销范围。荣德生对此十分愤慨,认为"事事限制,不啻无形之桎梏"。[①] 面对集规则制定者、裁判者和市场经济活动主体于一身的高度干预经济的政府,民营企业无法发挥优势。这样,民族资本、民营企业在夹缝中求生存、谋发展,难以有大的经济作为。

总体上,由于没有稳定的政权和社会环境,导致这个阶段的中国出现了许多政治、经济和军事上的动荡,极端、激进的变革思维和方法,也使得市场经济制度的社会稳定基础阙如,最终滑向了统制经济,国有经济再度成为濒临崩溃前执政当局的救命稻草;然则,事与愿违,经济的繁荣仍然可望而不可即。作为一种制度,中国经济20世纪中叶仍停留在"前现代"时期。[②]

三、计划经济与社会主义的联姻

中华人民共和国成立后,在经过了几年的恢复性国民经济发展之后,进入全面社会主义改造时期,苏联的集中计划经济模式成为新中国的基本参照系,

---

① 荣德生. 荣德生文集 [M]. 上海:上海古籍出版社,2002,196.
② John Fairbank and Albert Feaerwerker. The Cambridge History of China [M]. Republican China 1912~1949.New York: Cambridge University Press,1983,12.

开始推行近代以来规模最大的以国有企业推动工业化的第三次尝试。在政府主导下的有意识的以追赶和超越主要先进国家为目标的"赶超战略",成为建国初期指导中国经济建设的重要方针,其表现之一就是重工业优先发展战略,而计划经济体制则成为缓解初始要素禀赋不匹配矛盾,以集中力量办大事、推动此战略实施的重要体制保证。

从理论上看,计划经济体制要有效运转,必须满足两个先决条件:第一个条件是信息有效。即中央计划机关能够全面及时地掌握全社会的一切经济活动,包括生产要素状况、生产技术可行性、消费需求结构等相关的完全信息。第二个条件是激励相容。即人们能自觉地把他们的个人劳动力当作一个社会劳动力来使用,个体利益与公共利益是一致的。然而,由于信息不对称和个体追求自身利益的客观现实,这两个前提条件在绝大多数情况下无法满足,使得集中计划经济制度就会由于缺乏信息有效性和激励相容性而难以有效运转。

由此,与许多其他后发国家一样,中国的重工业优先这一超越发展阶段的赶超战略安排,并未真正实现其赶超目标,反而由于中央对地方及个体的信息不对称和个体逐利,造成了说假话、浮夸风、资源配置效率低下等激励扭曲现象。更重要的是,为了降低重工业发展的成本,政府人为地压低利率、汇率、能源、原材料价格,以及工资和生活必需品价格,整个宏观政策环境和微观经济机制被严重扭曲,其实践后果是经济短缺现象常态化,难以有效满足民众的实际偏好和生活需要,造成结构性失衡。顺便指出,尽管这一时期资源配置的效率极低和浮夸风严重,但由于价格基本上是由国家决定的,市场经济的元素很少,政府机构及其官员几乎没有寻租的空间,应该说贪污腐败的现象很少。

在此过程中,中国希望通过加强国家能力建设以实现独立自主,而在建国初期"一边倒"的外交策略之下,以苏联为首的社会主义阵营是中国获得国家经济建设经验和企业管理经验、技术支持的主要依靠,这也使社会主义与计划经济的联姻成为中国自上而下的一个约定俗成、没有或很少有疑问的定见,直到后来1992年邓小平的"南方谈话"才被真正打破。这样,尽管新中国政权稳定、统一，但经济上实行高度集中的计划经济和大一统的国有经济体制，加之政治严重干扰经济，基本的发展思想是在无产阶级专政下继续革命，一味压制人们追求自身利益的欲望和权利，削减经济自由和私有产权：从农业合作化，人民公社化上升到"文革"后期的"割资本主义尾巴"。其导致的后果是，在一个没有大规模外敌入侵、世界局势基本安定的环境下，中国痛失了发展机遇，"文革"期间国民经济一度接近崩溃的边缘。

机制设计理论表明，信息是否有效和激励是否相容是衡量一个体制、机制优劣的重要依据。这个时期由于没有充分认识人的自利性短期内难以改变，以及中央计划经济体制下地方政府和个体信息极难对称的客观现实约束，政府在城市大包大揽，在农村搞"一大二公"，高度干预经济，由于信息成本过大和微观激励扭曲，经济效率极其低下。其间，国有企业作为微观经济主体并没有经营自主权和收入分配权，尽管1958年和1970年有过两次有限的放权改革，但是由于根本的计划经济体制弊端未得到纠正，都限于"一放就乱、一乱就收"的结局。当然，这一时期的经济基础设施建设，客观上也为随后改革开放之初的发展奠定了一定的基础。

四、改革开放引领中国复兴之路

中共十一届三中全会，将中国的政治经济引入了一个新的时代。全会做出了一个具有战略意义的重大决定和顶层设计，就是将全党工作的着重点从阶级斗争转移到现代化、经济建设上来。会后公布的《十一届三中全会公报》指出："现在我国经济管理体制的一个严重缺点是权力过于集中。"[①] 在此基础上，

---

① 参见中国共产党新闻网 [OL]. http://cpc.people.com.cn/GB/64162/64168/64563/65371/4441902.html.

公报给出了有领导地大胆下放权力、精简各级经济行政机构、按经济规律办事、正确处理党政企关系等一系列改革的原则建议。这些建议从某种程度上对当下的改革依然是适用的。

这30多年的改革开放，在中华文明的历史长河中非常短促，却是中国近代以来最伟大、最成功的变革期，创造了前所未有的辉煌成就。归纳起来，政府其实就是做了两件最重要的改革措施：一是放开（即松绑放权），二是开放（即对外开放），大大改进了信息效率和激励相容问题。特别是政府充分尊重个体自利性和信息不对称这两个最根本的约束条件，通过实行松绑放权，引入竞争激励机制，放开搞活的改革举措威力巨大。市场自发秩序的扩展带来了各种所有制企业的诞生、成长和竞争，尤其是非国有企业的蓬勃发展和国有经济比重的大幅度下降。根据第二次全国经济普查的数据，2008年末全国所有企业法人中，国有企业14.3万个，占比2.9%，私营企业359.6万个，占比72.5%，两者分别比2004年减少3.6万个和增加161.4万个。[①]

然而，为了应对这一轮世界经济金融危机，中国实施了大规模经济刺激计划，由于政府主导经济的呼声和力度加大，国有企业的数量和规模又有所扩大。与之相伴的则是，国有企业对于私营企业市场活动空间的挤压，政府多次颁布的促进民营经济发展的新老"非公经济36条"也难以真正落到实处。更严重的是，国企的巨额垄断收益和监督机制阙如，容易诱发道德风险，权力没有制度性制约，贪腐就无法根除，大量的设租、寻租现象使得腐败问题越演越烈。在一定程度上，国有企业在某些领域成为阻碍改革的最大的既得利益集团之一。

中共十八届三中全会开启了中国全面深化改革进程，改革的关键是要全面

---

① 参见《第二次全国经济普查主要数据公报（第一号）》[OL]. http://www.chinanews.com/cj/news/2009/12-26/2039788.shtml.

推进国家治理体系和治理能力现代化，其先决条件是要合理界定政府与市场、政府与社会之间的治理边界，解决政府职能越位、缺位和错位并存的问题，由此才能实现中国经济发展驱动力的切换，获得持续的国际竞争优势。全会通过的《关于全面深化改革若干重大问题的决定》，提出了很多值得高度肯定的有突破性的改革论述。然而，决定也有未尽之处，乃至内在冲突之处，例如"要发挥固有经济主导作用，不断增强国有经济活力、控制力、影响力"，从某种意义上与"发挥市场在资源配置中的决定性作用"是目标不兼容的。

中国经济改革下一步的方向应该是让国有经济发挥重要作用，同时促进非国有经济的进一步发展，唯其如此，才可能真正发挥市场在资源配置中的决定性作用。基于此战略定位和全面深化改革的要求，国有企业改革作为下一步经济体制改革和经济结构转型的重要方面，其未来之路在于分类改革和治理，真正厘清在哪些领域和环节应由政府或国有经济发挥重要作用。

第一类是公益类国有企业，主要为政府供给公共产品和服务提供支持，例如国防、养老保障、医疗保障、国民基础教育、社会治安、环境保护等。由于公共产品和服务的消费具有非竞争性和非排他性，容易出现外部性和搭便车行为，需要政府有形之手的干预和国有企业的支持。当然，这些公共职能的实现不必然要完全由国有企业来承担和支持，其他市场力量、社会力量、私人力量也可作为补充提供支持。

第二类是垄断类国有企业，主要是处于自然垄断和行政垄断的资源、基础设施行业的国有企业。自然垄断行业具有规模报酬递增的特征，例如石油、电力电网、管道燃气、自来水、铁路运输等。基于此特征，其产品或服务价格不应由企业自行决定，而应由政府根据社会福利最大化原则进行规制和采用平均成本定价方法定价。同时，随着民间资本力量的发展壮大，这些垄断性行业也应在一些环节逐步向民营经济开放，通过引入适度竞争来打破国企滥用市场地位的局面。

第三类是竞争类国有企业，即处于竞争性行业的国有企业，这些行业应该是民间资本大量存在的领域,应由非国有经济发挥主导作用。如果没有政府大量的政策优惠和机会倾斜,国有企业在竞争性行业中的竞争力一般也不会长久,其在常规情况下是竞争不过私营企业的。产业结构的转型升级更多的还是需要靠市场力量来驱动,政府可以发挥引导的作用,但这种作用不一定要通过国有企业来实现。世界主要发达国家的科技创新很多就是发生在民营企业集中的地方。所以,这一领域的国有企业还需要退出,否则中国的市场经济转型依然是不成熟、不成功的。

在上述分类的基础上,结合历史经验的启示,下一步的国有企业改革需要从两个方面加快推进有关进程。

一是加快推进国有企业股权多元化进程。不同的经济环境将影响不同产权所有制安排的最优选择。随着市场化改革的深入推进,要使企业真正成为市场竞争主体,具有自生能力和竞争能力,就必须从产权制度上对国有企业进行多元化改造,政府逐步从公司治理和具体经营领域中退出。据统计,目前中央企业及其子企业引入非公资本形成混合所有制企业,已占到总企业户数的一半左右。这是一个非常积极的进展,但还有较大的提升空间。面向未来,应该在中央企业母公司的股权多元化方面为民营资本打开一个口子,发展混合所有制经济,这也是解决国有企业低效率、腐败、浪费问题的有效办法。

二是加快推进国有企业去行政化进程。实际上,1999年《中共中央关于国有企业改革和发展若干重大问题的决定》,就已明确指出要深化国有企业人事制度改革,"对企业及企业领导人不再确定行政级别"。但是,这一政策目标一直没有得到贯彻落实。行政级别和政府—国企旋转门的存在,使得国企领导者往往将行政性职务晋升作为目标,并将政府的官僚作风和权力关系引入公司内部治理,在垄断和与政府特殊关系的背景下,很容易导致寻租腐败。真正推进国有企业去行政化进程,一要在国企领导遴选上按照市场原则进行,而不是考虑行政级别是否匹配;二要按照市场通行做法改革国企高管薪酬体系,使之与市场挂钩、与企业绩效挂钩。

当然，中国在继续深化国有企业改革及至整个经济体制改革任务的同时，也要更加积极稳妥地推进政治、社会、文化及生态文明体制的建设和联动改革，否则经济体制改革也难以取得实质进展。从改革的方法论和战略锚点来看，中国下一步深化改革要实现"道、势、术、时"四位一体的综合治理，努力推动"四个转变"，即"从要素驱动向效率驱动乃至创新驱动转变，从单一的经济改革向全方位联动改革转变，从发展型全能政府向服务型有限政府转变，从国际体系参与者向国际体系改革的积极引导者转变"[①]。这些是未来中国改革的主题，也关系到中华民族全方位的伟大复兴和每个中国人的根本利益。

（2014年6月）

---

① 田国强、陈旭东. 论中国深化改革面临的四个转变[J]. 中国高校社会科学，2014，2.

第二卷

第三篇 中国经济与部门发展

36

为什么中国的宏观调控政策仍未达到预期目的？*

提要：在经济持续低迷的情况下，中国政府加大了宏观调控力度，然而仍未达到预期目的。本文分析了导致当前需求疲软的主要原因，由于人们对未来"生、老、病、住、育"等诸多方面的担忧，消费心理发生了根本性变化，即使收入上升也不敢大量消费。特别是国家正处于经济体制转轨过程中，经济体制结构问题比比皆是，因而简单地依靠财政与货币政策刺激经济回升，很难达到预期目标。本文同步解析了宏观调控政策失灵的原因，提出了标本兼治的对策和建议。

为了解决当前的通货紧缩和经济持续低迷问题，中国政府今年已连续采取了六项措施来刺激消费：一是在原预定1 500亿元人民币国债的基础上再追加400亿元人民币公共投资；二是两次降低利率；三是将公务员的工资、国有企业下岗人员及城镇最低生活保障对象的救济金大幅提高30%；四是大幅增加高校自费新生44%；五是推出多项刺激股市的措施；六是最近推出的征收

---

* 本文载于《国际经济评论》，1999年第6期。

高达20％的利息税。但从目前的经济状况看，中国政府采取这些措施后的效果并不明显，或只有短期效果，总之至今仍没有达到预期目的，经济状况还在朝恶化的方向发展。那么为什么会如此呢？还应采取什么措施呢？要回答这些问题，人们需要首先弄清消费不振的原因是什么，以及为什么宏观调控政策会失灵，从而才能提出更为有效的措施。由于篇幅所限，我们不准备在这里过多地探究经济低迷的深层原因，所提出的具体对策和建议也只作大致描述，而不作详细论证。详细讨论，可参考拙作《中国经济低迷的困境、原因及其对策》。

一、当前需求不振的原因

导致当前需求疲软的主要原因是人们的消费心理倾向在最近两年发生了根本性的变化。对未来支出可能上升的预期使得人们现在即使有钱也不敢开支。就在前几年，由于改革开放的正确决策，中国生产效率的大大提高使得经济得到了高速发展，人们生活水平大大上升，再加上城镇居民一直享有的优越的社会福利保障，没有什么后顾之忧，在改革能继续带来好处的预期期望下，导致前一阶段强劲的个人消费欲望。但最近几年，由于经济制度转型和改革力度的加大、深化，出台了一系列改革方案，使得人们对自己将来"生（生计）、老（养老）、病（治病）、住（居住）、育（子女的教育）"的费用是否能得到保障产生严重担忧。如果人们的这种担忧不能解除，就不可能刺激当前私人消费，除非个人收入足够高。人们为什么会对自己将来"生、老、病、住、育"的费用感到担忧而采取预防性储蓄，不敢现在就大量消费呢？这是由于：

担心一旦下岗、失业后生活费用没有保障。由于国有企业的亏损和低效率，给政府的财政和国家银行造成了很大的负担。中国政府最近几年对国有企业进行大规模裁员，强制性要求大批工人下岗，使得城镇职工人人自危，担心自己随时会下岗、失业，找不到新工作。另外，由于国家机关事业单位裁减人员的改革去年出台以后，机关事业单位人员也人心惶惶，担心自己被裁掉。人们普遍都对自己能否保住饭碗没有信心，对自己的预期收入不看好，因而尽量储蓄，不敢随意花钱，减少了当前消费开支。

担心老了后养老金没有保障。最近两年中国加大了社会保障体系改革的力度，许多地区基本上取消或决定将要取消退、离休养老金制度，对中、青年城镇职工和机关单位人员采取了个人集资和社会、单位集资的社会保障制度的办法。由于筹集的资金有限，再加上管理基金存在许多弊病，这些基金不足以用来养老，所以人们现在不敢消费，采取预防性储蓄，以备养老之用。

担心一旦病了后医疗费用没有保障。由于不少单位、企业效益不好，不能报销大笔医疗费用，现在许多单位公费医疗已经被取消或者是名存实亡。再加上像发达国家中那样的民间医疗保险公司在中国基本上不存在，不能进行医疗保险，使得人们不得不采取预防性储蓄以防不测，尽管这些储蓄也许永远用不到看病上去。

担心买房子的费用没有保障。现在实行房改，今后都要自己花钱买住房，因此需要储蓄，而不敢现在多开支。

担心子女的教育费用没有保障。受中国传统文化的影响，中国的父母都非常注重子女的教育。只要有可能，即使自己省吃俭用，也尽量让子女接受更多的教育。现在所谓的"中小学义务教育"，对许多家长来说已成为一句空话。现在许多公立的大、中、小学校和地区为了创收，只对优等生或计划内学生免收或少收学费，而相当一部分学生需要自己缴纳学费，从几千元到几万元不等。据笔者了解，有些好的初中、高中，交费生高达70％以上。作为中、低收入的中、青年父母，现在即使有钱谁又敢多花呢？他们要为准备子女的小学、中学及大学的费用而进行预防性储蓄，因为谁又能保证自己的子女在将来的各个求学阶段都是优等生呢？

二、宏观调控政策失灵的原因

一般来说，当经济处于周期性低谷且无重大经济结构问题时，刺激需求的做法能造成经济景气上升，令市场重拾信心，从而使经济重返增长轨道。但当一个经济体制有结构性问题时，特别像中国正处于经济体制转型过程中，经济体制结构问题比比皆是，再加上人们对未来消费需求担忧，要像市场体系完善的发达国家那样，简单地依靠财政与货币政策刺激经济回升，可能很难达到预期目标。弄不好还会越陷越深，即政府财政负担越背越重，经济结构性问题越来越大，对社会和经济的冲击变得难以承受。

中国政府自 1998 年以来已投入了大批财政资金，但由于老百姓对自己未来消费需求上升（相当于未来预期收入下降）的担心，使得他们现在即使收入显著上升也不敢多消费，这就是当前政府为了拉动内需所实施的一系列财政政策和货币政策作用有限或失灵的根本原因。这一现象表明，中国有可能正陷入"流动性陷阱"。这种现象一旦发生，消费者因恐惧未来收入水平下降，就会减少消费而增加预防性储蓄，导致经济更加萧条，从而使得经济学中的投资乘数原理失灵，不能带动民间的消费需求。根据投资乘数原理，政府增加开支是通过乘数效应刺激经济增长的。个人边际收入消费倾向越高，投资乘数就会越大。当预期收入下降时，当前的边际收入消费倾向就会减少，其结果导致政府增加投资的乘数效应难以体现，政府扩大公共开支投资来刺激经济的带动作用就会相当微小。

另外，值得指出的是，人们在应用财政政策和货币政策时（特别是采取扩大政府财政开支的做法，像给人们涨工资，增加政府工程，对大型国有企业大量输血）要慎重，不能简单地照搬发达市场经济国家的做法，即采用财政政策和货币政策来解决当前经济问题而不考虑本国国情及经济环境。即使对经济体制结构问题较小的发达市场国家来说，采用以上做法也要小心，弄不好将会同时出现高赤字、高通货膨胀、高失业率、低经济增长共存的困境，使得宏观调控政策无从下手。美国在20世纪50～60年代长期采用凯恩斯扩大政府开支的财政政策，结果在20世纪70年代陷入以上的困境。根据卢卡斯的理性预期学派理论，由于经济政策并不完全是一种不会影响人们行为方式的参数（外生）控制变量，它在某种程度上也是内生变量，人们会通过改变自己的行为方式来抵消或减少经济政策的作用。按中国的俗话来说，就是"上有政策，下有对策"，使得政策功效在短时间内就会失效。笔者认为中国应汲取这样的教训。

三、对策和建议

笔者认为解决目前经济低迷和萧条不仅要治标，更重要的是治本，从深层次体制和经济社会的基础软件落后方面找原因。不应该只顾眼前的短期经济增长，而牺牲长久的可持续性经济增长和发展。中国现在为了摆脱经济低迷，不顾成本，不顾代价运用各种财政和货币政策，大多只有短期效果，无法根除病患，从长远来说，对经济的发展没有什么好处，并且会带来许多后遗症，特别是政府的财政赤字问题。

从中短期来说，第一，要解决广大民众对生、老、病、住、子女教育费用的后顾之忧，从而解决消费者信心不足的心理问题。现在实行许多改革措施在大方向上大多是对的，但要考虑到实行这些改革的时机和步骤，在当前经济环境不好的情况下，要推迟某些重大改革步骤，等条件成熟后再逐步实施，让老百姓对改革、对自己的前途有信心，让老百姓的消费倾向由目前的保守型转为愿意开支。为此，不要大规模、强制性地让大量工人下岗；社会保障制度要采取多种形式，允许竞争，让民间机构参与经营和管理退休金；应允许民间建立和经营各种医疗保险公司；另外，要真正实行中小学免费教育。如果能实行所有这些措施，就能在很大的程度上解除老百姓对预期开支的后顾之忧。

第二，要刺激非国有企业的投资热情。中国现在国债，以及其他大量资金都用来给国有企业输血，多数资金给了没有什么效益的国有企业，但对集体企业的投资却是负增长，民营部门的投资增长也很少。为扩大税收，采取对私有企业多收税的办法，实际上起了相反效果。

第三，要解决外贸出口下降的问题。现在是认真考虑让人民币贬值的时候了。实行货币贬值的那些东南亚国家和地区现在都明显地走出了亚洲金融危机，只有坚持人民币不贬值的中国内地和坚持美元与港元挂钩的中国香港特区还在经济低迷中徘徊。

从长远来说，第一，刺激经济要从经济体制转型及经济制度建设方面着手，要大力提倡发展非国有企业，特别是民营企业，这才是根本出路。如果不打破传统的思维方式和落后的行为观念，不放弃低效率的经济体制，就不可能从根本上解决经济的持续发展问题。现在国有企业效率仍然低下，国有企业亏损面和亏损额持续扩大。占国有总资产70％左右的国有经济却只生产出26％左右的国民产值，70％以上的国有企业已资不抵债，98％的国有企业只能靠国家银行贷款维持，大量的呆账、坏账几乎要拖垮银行系统，耽搁了金融体制的改革。

第二，要解决好基础经济社会软件部分落后的问题及经济结构调整问题。现代经济增长理论和发展经济理论告诉我们，长久的持续性经济增长主要是靠生产科学技术的进步和人力资本的提高，而科学技术进步和人力资本提高的关键是以注重教育、保护知识产权、明晰产权、允许自由竞争等软件的社会经济制度作为基本条件的。目前中国的劳动生产率只有英国的1/30、美国的1/36、日本的1/40、德国的1/45。当前中国的经济增长因素中，72％依赖于资金和人力的投入，只有28％依靠生产技术的进步，而美国最近已持续7年多的经济强劲增长主要依赖于高科技。中国的人均产值、人均个人消费、人均教育经费、科技人员在总人口中的比例、基本教育普及率、文盲率等经济和社会发展的软件部分，在世界46国竞争力排名中，名列倒数第二。中国的教育经费大约占GDP的3％左右，并且直到1997年还在不断下降，是世界最低的少数国家之一。近年来，中国科研经费在 GDP 中所占比重不增反降，只占 0.5％左右，比中国更穷的印度都有 0.9％。中国 3 亿左右职工的技术素质低下，教育程度低，70％左右只有初中以下学历，受过中等专业训练者不足 4％。

因此，中国应不断调整经济结构、深化改革、加大教育和科研投入，通过技术进步来提高生产力和经济效益。

（1999 年 11 月）

37

中国经济低迷的困境、原因及其对策*

提要：虽然中国的经济改革和制度转型通过由易到难、由浅入深、由农村到城市、由体制外到体制内的改革方式使得中国的经济增长与发展、经济效率的改进和人们生活水平的提高在过去 20 年中取得了很大成绩，但随着经济改革的深化、市场化改革步骤的加大、亚洲金融危机的出现，以及某些经济政策的失误或不当，中国经济出现了生产过剩、需求疲软、消费者对自己未来的经济情况感到忧虑，使得中国的经济近两年来出现了明显的衰退和萧条。这些问题如果得不到很好的解决，将会严重影响人们的生活水平及社会稳定，会进一步激化政治、经济、社会中的一些矛盾，使人们对改革失去信心，从而加大经济制度转型的阻力，甚至可能会导致一场经济、政治、社会方面的危机。这些问题和危机主要表现在改革与经济发展的矛盾及提高经济效率与社会稳定的矛盾：国有企业、事业机关的改革导致了大量职工、机关人员的下岗失业，由于人们对自己未来的工作前景、经济状况、老年生活保障感到担忧而有钱也不敢消费，国有资产大量流失；社会不公加剧，贫富差别日益扩大，干部以权谋私、贪污腐败日益

---

* 本文载于《21 世纪中国与可持续发展的挑战研讨会论文集》，中国青年出版社，2000 年。

加重,民间不满日益剧增,社会公德日益低下。本文将分为三部分:第一部分讨论中国经济改革与中国经济当前所面临的现状和困境;第二部分讨论形成这些困境和问题的根本原因;最后一部分将对如何解决这些问题给出笔者的一些建议和看法。

中国经济自1997年下半年发生亚洲金融危机以来,社会总供求关系发生了历史性的转折,已经连续两年处于低迷状态:经济萧条取代经济繁荣,市场不振取代市场扩张,需求疲软取代需求强劲,通货紧缩取代通货膨胀。虽然亚洲金融危机现在已经基本结束,中国经济仍在继续恶化。社会商品零售价格指数和居民消费价格指数自1997年10月以来连续20多个月下降,作为经济景气先行指标的生产价格指数已经连续30多个月下降,且这些指数的跌幅不断加深。同时,需求疲软,供给过剩,越来越多企业处于半停产状态,大批的非国有企业相继倒闭,大批国有企业的工人下岗。如此严重的经济萧条是改革开放以来首次出现,它的出现也是完全出乎于许多经济学家的意料。出现萧条后,多数经济学家认为主要也只是集中在需求不足这一表面原因上。为此在过去两年多来,中国政府采取了一系列刺激需求为主的扩张性财政和货币政策,但效果相当有限,并没有扭转经济持续滑坡的趋势。为了解决当前的通货紧缩和经济持续低迷问题,仅1999年以来中国政府已连续采取了七项措施来刺激消费:一是在原预定1 500亿元人民币国债下再追加400亿元公共投资;二是两次降低利率;三是将公务员的工资、国企下岗失业人员及城镇最低生活保障对象的救济金平均提高30%,大幅提高离、退休人员的养老金;四是大幅增加高校自费新生44%;五是推出多项刺激股市的措施;六是推出的征收高达20%的利息税;七是决定追加发行600亿元的国债。但从目前的经济状况来看,采用这些措施后的效果并不明显,大多只有短期效应,至今尚未达到预期目的,经济状况还在朝恶化的方向发展。持续的经济萧条引起了企业经营情况继续恶化、失业人数不断增加、消费继续减少,持续的经济低迷已经对经济改革、发展和社会稳定造成了潜在的威胁,遏止经济低迷已经成为中国政府的当务之急。中国如要回到前几年经济高速发展的势头,就应该尽快解决当前经济低迷的问题。要解决这一问题,首先就需要弄清楚经济低迷的原因,从而制定出更为有效的综合治理方案。

本文分为三部分。第一部分讨论中国经济当前低迷的现状和困境及宏观调控政策的失灵。第二部分讨论形成这些困境和问题的主要原因及探讨为什么经济政策会失灵?第三部分给出短期和长期内应如何解决经济低迷问题的一些具体对策和建议。

一、中国经济低迷的现状和困境

(一) 经济低迷的现状:经济萧条

经济改革和制度转型通过由易到难、由浅入深、由农村到城市、由体制外到体制内的改革方式,使得中国的经济增长与发展、经济效率的改进和人们生活水平的提高在过去 20 年中取得了很大成绩。但近两年来,随着市场化改革的深化、各项改革措施的出台、亚洲金融危机的出现、经济周期低谷的进入及某些经济政策的失误等因素的相互作用和共同影响,中国经济出现了生产过剩、国有企业严重亏损、大量国企职工下岗、银行呆账大幅度上升、外国直接投资大幅下降、外贸出口严重恶化、社会整体消费水平下降、个人预期收入下降、消费欲望不振、增长速度放慢,使得中国经济继续朝着恶化的方向发展,已呈现出明显的通货紧缩现象,正处于经济衰退和萧条时期。具体表现如下:

(1) 生产过剩与开工不足。现在中国大部分行业都不景气,处于生产过剩状态,许多工厂严重开工不足,处于停产或半停产的状态。据国家内贸局中国商业中心最近指出,80%的主要货物种类面临市场饱和与产品积压的困境。605项的货物中，有484项供过于求。这些货物包括纺织品、消费商品、金属与化学制品。例如，照相机工厂的设备使用率不及20%，自行车工厂的运转率不及设备产能的一半。目前，国内库存积压已接近3万亿元。

(2) 国企低效与国企亏损。由于整个经济不景气，以及国有企业的产权不明晰所导致的低效率，使得国有企业比其他类型的所有制企业的处境更为艰难，面临着越来越严重的生存危机。国营企业亏损面和亏损额持续扩大。从1996年以来，国营企业总亏损额大于总盈利额，并且一年比一年严重。据统计，中国国有企业总体亏损额1996年为18亿元，1997年为293亿元，到1998年已上升为558亿元。相反，国有企业对全国工业增幅的贡献也越来越小。现在国有企业增长只占全国工业增幅的5%左右，而非国营企业增长却占全国工业增幅的95%左右。国有企业效率低下，占70%左右总资产的国有经济却只生产出26%左右的国民产值，70%以上的国有企业已资不抵债，98%的国有企业只能靠国家银行贷款维持。大量的呆账、坏账几乎要拖垮银行系统，耽搁了金融体制的改革。据统计，目前国有企业总资产为9.6万亿元，当中银行贷款就高达5.8万亿元，负债比例高达六成。全国29万户国有企业可用于经营的资本不足3万亿元。

(3) 财政赤字与银行呆账。国营企业的亏损和低效率也给国家造成了重大的财政困难及银行呆账和死账。中国大陆有四大银行，它们4/5的贷款是贷给了国有企业。在过去12年中，这些银行公布的利润下降了5/6，资产收益率仅为0.3%。由于国有企业连年大面积亏损，为了继续生产、维持工人的生活及社会稳定，银行不得不继续贷款，许多贷款由于企业倒闭而成为死账或长期亏损而成为呆账。据保守估计，这些坏账、呆账已占银行总资产的25%以上。呆账最终由国家承担，给国家造成了严重的财政负担和赤字。由于大规模的国企亏损，国家已越来越没有能力长期负担这么大的债务。更令人担忧的是目前居民存款已接近6万亿元，并还在以每年8 000亿元的速度增长，一旦发生全面性挤提现象，后果将非常严重。

(4) 工人下岗与失业严重。由于国营企业的亏损和低效率,给政府的财政和国家银行造成了很大的负担。为此中国政府最近几年对国有企业采取了大规模裁减人员的方式进行改造,强制性地要求大批工人下岗,使得中国的失业问题更为严峻。据 1999 年 5 月国家统计局出版的《中国统计摘要 1999》的数据,1998 年城镇就业人数净减少了 2 339 万人(其中国有单位减少了 12.3%、1 419 万人,城镇集体单位减少了 32%,约 920 万人)。另一方面,中国有 13 亿人口及 1% 的年增率,这就意味着每年至少有 750 万新劳动力需要就业(据新华社 8 月 28 日报道,1999 年新增劳动力为 800 万左右)。为此中国每年需要解决 3 100 万人的就业问题。但以 1998 年为例,当年私营、外商企业新增员工及新增个体户仅 570 万人,1998 年就有 2 500 多万城镇人口找不到工作,这还不包括历年遗留下来的下岗、待业人员及大量的农村剩余劳动力。大多数失去原有工作的职工处于停薪待岗、待业或强制提前退休等状态。

(5) 外资减少与出口恶化。由于亚洲金融危机及坚持人民币不贬值的政策,1998 年下半年以来,外国投资及出口贸易也不断恶化,出现大幅度下降趋势。据统计,1999 年上半年外商直接投资协议金额为 194 亿元,和 1998 年同期相比下降了 19.9%。实现利润 186 亿元,也下降了 9.2%。值得注意的是,这是外国对中国的直接投资 10 年来出现的首次下降。此外,据海关统计,由于进口大增,出口疲弱,外贸出口大幅度减少。尽管政府出台了鼓励出口的退税政策,但 1999 年上半年中国贸易盈余大幅萎缩至 80 亿美元(出口 830 亿美元,进口 750 亿美元),与 1998 年同期的 255.5 亿美元的顺差相比下降了 65%。出口减少一方面直接造成了经济增长率的下降,另外一方面也造成国内更多的库存积压,造成失业率的增加和人均收入下降,影响了企业的生产,从而进一步减少了国内需求。

(6) 收入下降与需求疲软。另外一个经济低迷和萧条的主要表现是社会整体消费水平的下降和萎靡不振的消费欲望。最近两年多来,民众消费增长率年年下降。1997 年是 10.2%,1998 年下降为 6.8%,1999 年上半年的统计数字是6.4％。造成消费水平下降的一个直接因素是城镇下岗、待业人数的大幅度上升，使得人们收入水平下降，从而减少了购买力。但笔者认为这还不是最主要的因素，收入水平下降的人毕竟不占多数。主要的因素是人们的消费心理和需求倾向发生了很大的变化。现在即使有钱、收入水平没有下降的人，由于对自己未来的收支状况感到担心，也不愿多消费。现在储蓄率已高达家庭总收入的42％，这说明了人们消费愿望的低下，其结果使得许多政府出台的经济政策失灵或作用有限。

（7）经济衰退与通货紧缩。由于生产过剩、消费需求持续不振、外贸出口和利用外资下降、固定资产投资增长放慢等原因，使得中国经济增长继续放慢，价格水平持续下降，处于经济衰退和萧条时期，并呈现出明显的通货紧缩现象。1999年上半年国内生产总值（GDP）虽达到7.6％，但比1998年全年增速已有所下降，1999年第二季度（7.1％）又比1999年第一季度（8.3％）有所下降，这和1998年的情况相反。1998年通过大力增加固定资产投资，给国有企业输血，使得当年的增长是先慢后快。由于固定资产投资对经济的拉动作用减少，并且中国的财政现状也不可能允许政府长期无止境地增加固定资产投资，1999年上半年的固定资产投资比例也在减少当中，再加上其他方面的因素（例如生产供给、个人消费及外贸出口）也没有发生实质性的变化，可以预见中国经济增长速度多半还将持续放慢下去。此外，通缩加剧，商品价格不断下降。1999年上半年，中国商品零售价格比上年同期下降3.4％，居民消费价格下降2.1％。直至1999年8月，商品零售价格已连续下降23个月，消费价格连续下降17个月。生产资料价格持续下降的时间更长。物价这样长时间、大范围地下降，造成了企业经营困难，影响了投资者信心，使下岗人数增加，人们收入降低，低价倾销和恶性竞争现象增加，这将会进一步放慢经济增长的速度。

如果以上经济萧条和经济持续低迷问题得不到很好的解决，再伴随着其他经济、社会问题，例如市场机制不完善、政府干预过多、国有资产大量流失、社会不公加剧、贫富差别日益扩大、干部以权谋私、贪污腐败、社会公德低下、干部监督机制不健全等问题,这将严重影响经济的发展、人民的生活水平及社会的稳定,会进一步激化经济、社会中的一些矛盾,使人们对改革失去信心,从而加大了经济制度转型的阻力,甚至可能会导致一场经济、社会方面的危机。

(二) 中国经济低迷的困境: 宏观调控政策的失灵

为了解决当前的经济衰退和萧条,中国政府把注意力主要集中在扩大内需、启动消费上。为此,采取了一系列宏观调控政策措施,包括加大财政投资、扩大国债发行、大幅度增加固定资产投资、进行广泛的基本建设、连续七次降低利率、增收利息税、拉动股市、提高中低消费群体的收入、宣布对事业单位人员加薪30%的计划、增加农民收入(通过加强农村基础设施建设,加快农村电网改造,实行农产品优质优价政策,安排有劳动技能的农民参加基础设施和生态环境建设等措施)、扩大高校自费招生等措施。这些措施在形式上多种多样,其目的是想通过扩张性的财政和以降息为主的货币政策,同时再通过加大对国企、社会保障体系、公费医疗、住房改革的力度来解决当前的经济低迷问题。但中国政府采取这些政策和改革措施后的效果非常有限,并没有达到预期目的,经济还在朝恶化的方向发展。难道中国这次出现的经济低迷不可避免,在近期内不可逆转的吗?要回答这个问题,我们首先需要弄清造成中国经济低迷和宏观调控政策失灵的原因。

二、经济低迷和宏观调控政策失灵的原因

(一) 经济低迷的原因

要解决经济持续低迷和萧条,首先应该把导致经济低迷的主要原因弄清楚。只有这样才能制定出行之有效的综合治理方案。简而言之,经济之所以低

迷，主要是由于前一时期改革开放所导致的经济高速增长的四大因素（"松绑放权"的改革促进了生产和经济的蓬勃发展；人们收入水平的提高导致了人们需求的大幅上升；开放政策导致了外贸出口的大幅增长；改革能带来好处，预期期望导致了人们消费欲望的强劲）在目前都存在着一定程度的问题。具体说来，笔者认为中国经济的低迷的主要原因是：

1. 经济周期低谷的进入及盲目投资导致生产能力过剩

中国经济经过5～6年（1992～1997）高速增长后，由于诸多因素的作用，现已处于经济周期的低谷。由于市场信息的不完全、盲目投资，以及从经济活动的决策到实施、从投入到产出、从生产到消费都有一定时间的滞后，并且经济内外部环境在不断发生变化，结果使得在以市场为导向的经济体制下，经济的增长和发展都是呈波浪式的周期性变化而不是直线上升的变化。当经济进入低谷时，就会导致供给过剩、工人失业、人们的收入减少，从而引起社会整体消费水平下降。况且目前正处于经济体制转型中，还存在着政府干预经济的情形，在许多政府官员还在用计划经济的头脑来搞市场经济的情况下，中国经济周期的特征也会更为明显。中国在过去一些年来，盲目上马了许多工程，存在着许多重复建设，造成了生产能力的过剩，这需要一段时间来消化。据《经济日报》报道，900多种主要工业产品有一半左右的生产能力利用率在60%以下，最低的只有10%。1995年彩电生产能力已达到4 467万台，当年产量只有2 058万台，利用率仅46%。但当年投资彩电项目又有14个，建设规模为541万台。自行车的需求降到不足2 000万辆，但生产能力却在1995年时就达到了8 200万辆，并且当年还有16个项目（建设规模为676万辆）投入建设。陕西长庆气油田，投资50亿元，设计年产气量为13亿立方米，但现在周围地区只需3亿立方米。上海的写字楼空置率高达70%。全国积压商品房继续增加，现已达9 000万平方米以上。珠海机场投资几十亿元，年客运量设计为1 200万人，可1997年只有70多万人。另外，许多国营企业生产出来的产品都是一些无用的或过时的，结果造成了库存和资源的浪费。

全国各个领域这种过度和重复建设造成的严重生产过剩和资源浪费导致了大量企业的倒闭、停产或半停产，工人下岗，人们的收入减少，也就引起了消费下降，这在一定的程度上抑制了正常的经济增长，从而扩大了经济低迷的程度。

2. 对未来收支的担忧导致了当前需求疲软

导致经济低迷和萧条的另外一个更重要的原因是人们的消费倾向发生了根本性的变化：由于人们对未来支出可能上升的严重担忧使得人们现在即使有钱也不敢开支。前几年，由于改革开放、生产效率大幅提高、经济高速发展、人们生活水平大幅上升，以及城镇居民一直享有优越的福利待遇，没有什么后顾之忧，在改革能继续带来好处的预期期望下导致了前一阶段强劲的个人消费欲望。但最近几年，由于国有企业的呆、坏账太多，银行系统面临着越来越大的金融危机的可能，为减轻难以承受的越来越重的财政负担，政府近两年开始全面调整和减少社会福利及加大经济制度转型和改革的力度，出台了一系列改革措施。但由于还没有形成新的机制来解决改革所带来的新问题，使得人们有了一种危机感，担心自己将来"生（生计）、老（养老）、病（治病）、居（居住）、教（子女的教育）"的费用得不到保障，从而不敢多消费，而采取预防性储蓄的措施。其原因是：

一是担心下岗后的生活费用没有保障。由于国营企业的亏损和低效率，给政府的财政和国家银行造成了很大的负担，政府最近几年对国有企业施行大规模裁减人员的方法进行改造，强制性地要求大批工人下岗，使得城镇职工担心自己随时会下岗，找不到新工作。另外，由于国家机关及事业单位也大量裁减人员，大家人心惶惶。这样，人们普遍都对自己能否保住饭碗没有信心，对自己的预期收入没有把握，因而尽量储蓄，不敢随意花钱，从而减少了当前消费需求。

二是担心退休后的养老金没有保障。最近两年来中国加大了社会保障体系改革的力度，许多地区基本上取消或决定将要取消离、退休养老金制度，对中、青年城镇职工和机关单位人员执行个人、社会和单位集资的社会保障制度。由于筹集的资金有限，基金管理上也有许多弊病，这些基金不足以用来养老。因而人们现在不敢多消费，均采取预防性储蓄，以备养老之用。

三是担心生病后的医疗费用没有保障。现在许多单位公费医疗已经被取消或者是由于单位效益不好，不能报销大笔医疗费用。而像发达国家那样的民间医疗保险公司在中国基本上不存在，不能进行医疗保险，使得人们不得不进行预防性储蓄。另一方面，医院由于不面临什么竞争，为了多拿回扣和创收，大量使用进口、中外合资或乡镇企业生产的药品，医生动不动就对病人进行B超、CT及全套检查，稍微大一点的病就要花上几千元，甚至上万元，使得老百姓感到医疗费用是一个很大的负担。

四是担心买房子的费用没有保障。实行房改制度后，老百姓都要自己花钱买住房。大城市一般房价要二三十万元，一般城市也要十多万元，但普通职工工资只有千元左右。由于个人贷款制度还不完善，又没有民间融资渠道，为了买房，老百姓只好节衣缩食，尽量储蓄，不敢多开支。

五是担心子女的教育费用没有保障。受中国传统文化的影响，作为做父母的都非常注重子女的教育。只要有可能，即使自己省吃俭用，也要让子女受到尽量多的教育。现在的"中小学义务教育"对许多家长来说已成为一句空话。许多公立的大、中、小学校和地区为了创收，只对优等生或计划内学生不收或少收学费，而相当一部分学生需要缴纳从几千到几万元不等的学费。据笔者了解，有些好的中学，交费生高达70%以上。作为中、低收入水平的中、青年父母，现在即使有钱谁又敢多消费呢？他们为了准备自己小孩从小学到大学的学习费用而必须进行预防性储蓄，因为谁能保证自己的子女在将来的各个求学阶段都是优等生呢？

如果人们对以上几方面的担心得不到解除，哪有闲情逸致上饭馆、逛商店、去旅游、送礼品、想高档，当然也就很难刺激民间消费，除非他的个人收入足够高。中国居民对前景存在的这种不良预期心理的确是当前消费需求的

"拦路虎"。据中新社报道，中国经济景气监测中心在1999年8月对北京、上海、广州、武汉、成都、西安六城市1 225名消费者的一项调查表明：居民对自己未来就业前景表现相当谨慎，对自己未来可支配收入的预期不很乐观，对社会保障的健全和完善较为担忧。

3. 亚洲金融危机导致外贸出口大幅下降

当亚洲金融危机发生后，东南亚各国和各地区为了从金融危机中解脱，纷纷将本国的货币贬值，其效果是非常显著的。由于一个国家或地区贸易量大，替代程度高的商品的贸易价格哪怕是微小的变动将会非常敏感地影响进出口量，结果该国家和地区的出口开始大幅上升，从而刺激了本国和本地区的生产，现在它们都不同程度地从金融危机的低谷中解脱出来，复苏迹象相当明显。韩国、新加坡、泰国、中国台湾等国家和地区都取得了相当可观的经济增长。例如，受惠于贬值的刺激，韩国1999年上半年的出口与1998年同期相比增长20%。韩国在出口增长的带动下，工业产值逐月强劲上升。中国台湾的经济也显得日益强劲，尽管1999年发生了大地震，但仍实现了5%的年增长率。而坚持港元与美元挂钩的中国香港和坚持人民币不贬值的中国内地，经济形势仍然不乐观。由于中国与东南亚各国和各地区的出口商品替代度高达五成，属于激烈竞争对手，这些国家和地区出口的大幅度增加已严重冲击到中国出口的竞争力，直接影响到中国的外贸出口，使得贸易顺差大幅度下降。中国在金融风暴过后至今，出口产品的价格亦下滑了5%～6%，但出口仍然大幅度萎缩。为了提高外贸出口，中国有关部门采取了多种措施以刺激出口。但没有阻止外贸出口的继续滑坡，从而阻止生产和就业的下降，使得经济仍在低迷状态中徘徊。

4. 经济体制基础软件的落后与硬件结构的不合理

经济体制软件部分的落后与硬件结构的不合理也是影响持续性经济增长、造成经济低迷的一个重要因素。中国过去十多年的经济高速增长主要是以大量物力和人力投入为动力的"粗放型经济"及通过靠"松绑、放权"的改革来提高人们的生产积极性和效率达到的，它是一种在很大的程度上没有科学技术作为根本动力的水平性经济增长。当这种经济发展到一定阶段时，增长效应就会减小，甚至会消失，不可能长久地保持高速增长。现代经济增长理论和发展经济理论告诉我们，长久的持续性经济增长主要是靠科学技术的进步和人力资本的提高，而科学技术的进步和人力资本提高的关键是以注重教育、保护知识产权、明晰所有产权、允许自由竞争等社会经济制度作为根本的基础条件。

据1997年2月12日《北京经济参考报》报道，目前中国的劳动生产率只有英国的1/30、美国的1/36、日本的1/4、德国的1/45。当前中国的经济增长因素中，72%依赖于资金和人力的投入，只有28%依靠技术进步，而美国最近这次已持续近9年的经济强劲增长则主要依赖于高科技。中国人均产值、人均消费、人均教育经费、科技人员在总人口中的比例、基本教育普及率、文盲率等经济社会基础软件部分在世界46个国家竞争力排名中，名列倒数第二。中国的教育经费大约占GDP的3%，并且直到1997年还在不断地下降，是世界最低的少数几个国家之一。近年来，中国科研经费在GDP所占比重不增反降，只占0.5%左右，而印度也有0.9%。中国3亿左右职工的技术素质低落，教育程度低下，70%左右只有初中以下学历，受过中等专业训练者不足4%。

经济体制结构的硬件部分也存在着许多问题。经过20年来以市场为导向的改革后，中国的市场体系仍然相当不完善：金融体系、劳动力市场体系、法制体系离市场机制的要求仍还有相当距离，所有制的改革还有相当的路要走。从《中国经济时报》的一篇对中国劳动力、资金、生产、价格的市场化及政府的干预程度的分析中得知，中国经济的总体市场化程度还没有超过50%。经济改革基本上只是部分地开放了市场竞争及给予人们有限的经济自由，并没有解决政府对经济活动干预过多的问题。结果，在过去几年的经济繁荣时期，各级政府和企业的盲目投资几乎在所有的行业中都形成了低水平的重复建设，使得中国国有企业效率、亏损面和亏损额每况愈下，背上了越来越重的财政包祛。但即使这样，为了刺激经济，直到现在，还在继续大量地给国有企业输血。1998年社会固定资产总投资达到28 650亿元，比上年增加3 700亿元，增幅达15%。这其中，对国有企业的投资大幅度上升，而非国有企业很难得到贷款，民间投资却在下降。

这样，导致经济低迷既有经济周期和盲目投资造成的生产能力过剩、消费心理倾向发生变化所引起的需求疲软、外部经济环境恶化导致的出口下降这些原因，也有经济体制软件落后及硬件结构不合理的原因。这些才是造成经济停歇的基本原因。此外，经济改革和经济政策失误和改革方式不当也在一定程度上加深和延长了经济的低迷。这些因素的共同影响和相互作用使得经济低迷的病灶变得错综复杂，从而对经济低迷的解决变得更为困难。当前持续的经济低迷和萧条就是人们没有把经济改革的长远目标与短期的经济增长、经济体制的变化与人们消费行为的变化、经济效率与社会公平、经济周期的变化与经济体制转型的力度和时机、供给与需求的互动、外贸与内需等方面的关系辩证地处理好，从而没有很好地将经济政策、经济体制转型的强度及改革的时机有机地结合起来，给出综合治理经济衰退的有效解决之道。如果不从解决这些导致经济低迷的原因着手，而去刺激股票市场，一味采用扩大政府开支的做法去刺激经济，其后果是后患无穷，从长远看，也不可能刺激民间消费。

（二） 宏观调控政策失灵的原因

一旦了解了经济持续低迷和萧条的主要原因，人们就不难找出中国宏观调控政策失灵的原因所在。中国至今对经济低迷所开出的药方主要是想通过宏观调控的财政政策和货币政策来拉动中国老百姓的当前消费需求。由于这些政策并不能解决人们对未来收支的担心，且这些政策也不是为了针对其他三个造成经济低迷的原因而实施的，中国宏观调控政策为什么会失灵也就不难理解了。

一般来说，当经济处于周期性低谷且并无重大经济结构性问题时，激发需求的做法能造成经济景气上升，令市场重拾信心，从而使经济重返增长轨道。

但当一个经济体制有结构性问题时，特别是像中国正处于经济体制转型的过程中，经济体制结构问题比比皆是，再加上人们对未来开支上升的担忧，完全靠像市场体系完善的发达国家那样简单地通过财政与货币政策来刺激经济的回升，可能很难达到预期目标，甚至还会越陷越深，即政府财政负担越背越重，经济结构性问题越来越大，对社会和经济的冲击将会变得更加难以承受。

中国政府自1999年以来已投入了大批财政资金，但由于老百姓对自己未来消费需求上升（相当于未来预期收入下降）的担心使得他们的收入现在即使显著上升也不敢多消费，从而使得当前政府为了拉动内需所实施的一系列财政政策和货币政策的作用有限或失灵。这一现象表明中国有可能正陷入所谓的"凯恩斯陷阱"（又称"流动性陷阱"）中。这种现象一旦发生，消费者因恐惧未来收入水平的下降，就会减少消费而增加预防性储蓄，从而导致经济更进一步地萧条，使得经济学中所谓的投资乘数原理失灵，不能带动民间的消费需求。根据投资乘数原理，政府增加开支是通过乘数效应来达到对经济增长的刺激作用。当个人边际收入消费倾向越高，投资乘数就会越大。当预期收入下降时，当前的边际收入消费倾向就会减小，其结果会导致政府增加投资的乘数效应难以体现，政府通过扩大公共开支和投资来刺激经济的带头作用就会相当微小。

事实上的确如此，1998年中国GDP的增长达到7.8％主要是靠政府工程和通过对大型国有企业投资的方式实现的，它并没有能真正激起民间投资热，尤其是民间消费热，使得1999年的经济增长又慢下来了。由于国家不可能长时间大兴土木，银行利息也不可能一直减下去，只要私人消费的热情不提高起来，经济低迷和萧条的问题就不可能被解决。目前固定资产投资对经济的拉动作用已经不断在减少，并且中国的财政现状也不可能允许政府长期无止境地增加固定资产的投资，2000年上半年的固定资产投资比例也在减少当中，再加上其他方面的因素（例如生产供给、个人消费及外贸出口）也没有发生实质性的改进，只要人们预期收入信心不足的问题不解决，可以预见中国经济增长的速度多半还将持续放慢下去。

另外，值得指出的是人们在应用财政政策和货币政策时（特别是采取扩大政府财政开支的做法，像给人们涨工资、增加政府工程、对大型国有企业大量输血）要慎重，不能简单地照搬像发达市场经济国家那样应用财政政策和货币政策来解决当前经济问题而不考虑财政状况、本国国情及内外经济环境。即使对发达市场、经济体制结构问题较小的国家来说，通过采取扩大政府财政开支的财政政策来刺激经济的做法也要小心，弄不好，将会同时出现高赤字、高通货膨胀、高失业率、低经济增长共存的困境，使得宏观调控政策无从下手。美国由于在20世纪五六十年代长期应用凯恩斯扩大政府开支的财政政策，结果在20世纪70年代出现以上描述的困境。根据诺贝尔经济学奖获得者卢卡斯的合理期望学派理论，由于经济政策并不完全是一种不会影响人们行为方式的政策参数（外生）控制变量，它在某种程度上也是内生变量，人们会通过改变自己的行为方式来抵消或减少经济政策的作用。按中国通俗的话来说，就是"上有政策、下有对策"，使得政策功效在短短的时间内就会失效，甚至会起相反效果。笔者认为中国应汲取这样的教训。现在政府不断降息和在短时间内采取如此众多的宏观调控政策，给老百姓的感觉就是：中国现在的通货紧缩和经济萧条肯定十分严重（否则政府不会采取如此众多的措施），自己将来的收入也许会下降，因而需要为将来的开支尽量多储蓄，以防不测，只要利率是正的，就应把钱放在银行去升值，结果老百姓当前反而更不愿花钱了。

三、对策和建议

在第二节里，我们给出了导致经济低迷的主要原因。在本节中，我们将针对这些原因，给出治理中国经济低迷和萧条的一些具体对策和建议。需要特别强调的是，为了有效地解决经济低迷的病患，人们不能只采取"头痛医头、脚痛医脚"这种片面的解决问题的方式。只解决一个或其中几个导致经济低迷的病因,而不从制度的根本变革着手是不可能解决中国经济的低迷和长久的经济发展问题的,人们需要针对所有的病因给出一整套根治经济低迷的综合方案。解决目前经济低迷和萧条不仅要治标,更重要的是要治本,从深层次体制和经济社会的基础软件落后方面找原因。不应该只顾眼前短期的经济增长,而牺牲长久的可持续性经济增长和发展。人们应该制止那种为了摆脱经济低迷,不顾成本、不顾代价运用各种财政和货币政策的做法。这样做,大多只有短期效果,无法根除病患,从长远来说,对经济的发展并没有什么好处,并且也会带来许多后遗症,例如政府的财政赤字问题。现在的宏观经济政策只关注眼前如何维持就业和收入,却忽视了支撑可持续发展的长远目标。那么应如何解决经济的持续低迷和萧条及通货紧缩问题呢?如何能让经济可持续长久发展呢?我们认为应分短期和长期来逐步解决这些问题。下面我们分别给出在中短期和长期内应解决的问题的对策和建议。

(一) 中短期内治理经济低迷的对策和建议

从短期来说,为了解决当前经济低迷的问题,人们应该尽快解决以下几个问题:

第一,为了提高人们的消费热情和解决内需疲软问题,要尽快解决广大民众对"生、老、病、居、教"费用的后顾之忧问题,从而解决消费者信心不足问题。现在实行的许多改革措施在大方向上来说是对的,但要考虑到实行这些改革的时机和步骤。在当前的经济环境恶化的情况下,政府可适当推迟某些重大改革步骤,等条件成熟或经济形势好转后再逐步实施,让老百姓对改革、对自己的前途、对国家经济发展具有信心,让老百姓的消费倾向由目前的保守型转为愿意开支。

具体来说,为了减少民众对个人生计的担忧,不应大规模、强制性地让大量工人下岗,而是有步骤地让工人下岗,做到让工人自愿下岗。过去3年来试行的下岗或强制提前退休等手段已为实践证明，既无法调动职工的积极性，也可能增加社会动荡。加快通过企业改革的措施必须有利于挖掘企业现有的人力、技术潜力，使企业恢复活力，而不能简单地把冗员推向社会。我们当然知道经济改革目的是为了增加经济效率，促进经济发展。为了减少社会不公、增加社会稳定、树立老百姓对改革的信心，避免由于大量工人失业而他们又一时找不到工作而对自己今后生计担忧及对市场化的改革持怀疑态度或抵触情绪，政府不应对国有企业进行大规模的甩包袱，强制性让工人大量下岗，而应根据政府财政承受能力、社会吸收劳动力程度，对国有企业逐步地进行所有制转换，逐步减少对国有企业输血，让工人自愿离开企业。由于国企的相对低效率，工人的相对收入必定会逐步减少，从而越来越多的工人将会自愿离开企业。如果现在就强制性地让工人大量下岗，首先就有让谁下岗的问题，其次国家也还没有这么大的财政能力负担数目庞大的下岗工人。另外，由于国有经济的比重还比较大，大量工人下岗及国企破产将会影响经济增长，且失业救济制度还处于初始阶段，这将会造成下岗工人的生活水平的下降或生活得不到保障，从而可能造成人们对改革的对立情绪，甚至会对社会的安定造成威胁，引起社会动荡。在经济机制的转型阶段中，在劳动力市场和失业保险制度还没有建立之前，国有企业本身就起着一种变相的社会保障作用。保障那些没有能力或出路、愿意继续待在国营企业的工人的起码生活水准。况且，尽管国有企业还在亏损，需要国家补贴，但补贴的资金应会比完全负担失业工人的救济金要少得多。因为企业或多或少在创造一些收益，亏损国有企业创造的收益也能抵消部分生产成本。

为了减轻人们对养老的担忧，就应尽快建立和完善养老保险制度。养老保险制度要采取多种形式，特别是要建立个人账户。养老金的管理要像企业一样来经营。要允许竞争，让民间机构参与经营和管理退休金。政府部门经营养老金的效率一般不会高于民营基金公司。现在在发达国家的个人养老金基本上都是由民间投资基金公司来经营管理。

为了消除人们对医疗费用的担心，应尽快实行医疗保险制度，进一步开放保险市场及扩大外国保险公司进入中国保险市场，建立各种形式的医疗保险公司，激发人们的医疗保险热情。看病的大部分或全部费用由保险公司来承担。应把医疗保险公司和医院作为企业来办，允许竞争，也应允许民间建立和经营各种医疗保险公司和医院。

为解决老百姓大量储蓄购房款的问题，应采用分期付款的方式。应建立和完善个人住房贷款制度，并允许成立民间贷款机构。

为了解决老百姓对子女教育费用担忧的问题，应真正实行中小学免费教育，尽量做到学生上学不交或少交学费。教育事业是一种公共事业，市场机制不能很好地解决国民基础教育问题，需要政府负责解决。

如果能实行以上措施，这将在很大程度上解除老百姓对预期收支的后顾之忧。

第二，为了促进经济增长和解决生产萧条问题，应调动非国有企业的投资热情及放宽对民营经济的限制。中国现在的国债、大量资金都用来补给没有什么效益的国有企业，建了许多豆腐渣工程，对集体行业的投资却是负增长，民营部门的投资增长也很少。据《广州日报》1999年9月6日的报道，1990~1998年的9年间，非国有的投资平均增幅为27.3%，高出国有经济近9个百分点，但自1997年以来，非国有经济的环境大为恶化，当年集体和个人经济投资仅增长5.8%和6.7%，分别比1996年降低了5.5%和18.7%，远远低于同期国有经济11.3%的投资增长率，而1998年更比国有经济降低了11.6%，1999年延续了上两年的下降趋势，这严重影响了经济的增长。现在，政府为了解决因扩大财政开支而导致的收入不足问题，采取了对民营企业多收税的政策，这对民营企业非常不公平，过去两年内增税幅度达30%~40%，客观上压制了非国有经济的发展和放慢了经济增长。这种谁发展最快，谁就被课以更重的税，那么企业怎么可能愿意扩大投资呢？现在民营企业既要交企业所得税，也要交个人所得税，而外企和国企不交个人所得税，这实际上对解决经济低迷起了相反的作用。另外，由于长期向国有经济倾斜的投资政策，非国有经济难以进入具有较高预期投资的领域。并且，民营企业很难通过正规金融渠道融通资金，只能依靠个人储蓄或者以高出国家法定利率许多的成本从黑市拆借。为此，政府应最大限度地放宽民营经济的生存范围，同等对待民营经济。

第三，为了解决经济增长速度放慢问题，同时也要解决外贸出口下降的问题。现在是认真考虑让人民币是否贬值的时候了。中国经济在过去20年之所以有高速的增长，主要靠两条基本国策：对内改革与对外开放。对内"松绑、放权"的经济自主化改革及引入竞争市场机制的市场化改革，大大调动了人们的生产积极性，促使了非国有经济的蓬勃发展；对外开放的政策使得大量外资、先进的科学技术及管理经验涌入中国，外贸大幅度增长，从而大大地提高了生产力和人们的生活水平。自改革开放以来，中国的外贸出口增长迅速，成为中国经济增长的重要因素之一。亚洲金融危机发生以前，中国几次货币贬值，都令出口大幅度上升。例如，1994年1月中国将人民币贬值后，当年出口即大幅上升32%。外贸出口以往每年拉动中国的GDP两到三个百分点，然而，1997年发生的亚洲金融危机和坚持人民币不贬值的政策却导致了中国外贸出口的大幅度下降，制约了GDP的增长。现在所有实行货币贬值的东南亚国家和地区（尽管它们的经济结构还有待于调整）都从亚洲金融危机中迅速走了出来。只有坚持人们币不贬值的中国内地和坚持美元与港元挂钩的中国香港地区还在经济低迷中徘徊。我们认为，作为一个国家，在制定政策时，首先考虑到的应是国家的利益，国家利益应是最高利益。世界或亚洲经济形势恶化，应由各国一起来解决，共同承担风险、责任和代价，而不能只由中国一国来承担。对人民币是否贬值的问题也应该如此，而不是只为维持所谓的亚洲经济的稳定，让中国老百姓承受痛苦，使中国经济陷入经济低迷之中，而其他国家和地区却从中得到解脱。由于人们普遍认为人民币最终会贬值，从而使得外国投资者不敢轻易投资，导致外国直接投资下降。现在，越来越多的国内外经济学家开始认识到人民币应该贬值，世界银行首席经济学家斯蒂格里茨最近也公开表示，人民币贬值对中国经济有好处。世界著名经济学家库克曼（Paul Krugman）也认为，由于通货紧缩持续存在，生产力过剩也在加剧，人民币应该贬值，他并不认为人民币的适度贬值会对其他国家造成很大影响，至多只会引起一时的波动而已。其实美元的持续疲软，就相当于人民币变相贬值，实际上在一定的程度上促进了近两个月中国外贸出口的回升，也间接地证明了人民币贬值对刺激出口、促进经济增长的作用。

第四，为了提高人们对市场化改革的认同感和政府的威信，从现在起要加大打击贪污腐败的力度。一般来说，在经济制度转型的过程中，贪污腐败是很难避免的。在转型的过程中，既存在着计划经济的成分，也存在着市场经济的成分，政府干预经济活动情况还会大量存在，同时又有一定程度上的经济自由空间，这就会给那些以权谋私利的人提供许多机会，也给贪污腐败造成了一种生存空间。随着市场化改革的深入，经济自由化程度更进一步地提高，市场体系的逐步完善，贪污腐败的破坏作用变得越来越大，已成为改革的阻力。现在贪污腐败日益严重，使得国有资产大量流失，严重影响了经济的发展和人们对改革的信心。因此，从现在起，应采用各种办法加大打击贪污腐败的力度，例如充分发挥新闻的监督作用。这样，对内可提高人民对改革的信心、增加政府的威信，加快经济体制转型的速度，对外能增加公平贸易的程度。随着经济全球化的深入，人们对经济领域中的腐败现象越来越关注，在进行国际贸易时，各国都希望其他国家的官员遵守贸易法规，这是公平贸易的基础，而腐败则是阻碍执行这些法规的最大障碍。

（二） 长远根治经济低迷的对策和建议

从长远来说，要根治经济低迷和保证经济持续性增长，政府需要从经济制度建设和改善经济社会发展的基础软件部分着手。具体说来，要解决好以下几方面的问题：

第一，刺激经济应从经济体制转型及经济制度建设方面着手，要加快市场化（特别是金融体制和国有企业所有制）改革的进程和大量减少政府部门干预经济活动的程度。同时，要大力提倡发展非国有企业，特别是民营企业，这才是经济持续发展的根本出路。但至今民营企业还没有得到法律的严格保护，在许多地方，民营企业如不行贿就有可能遭到地方官员查封的威胁。中国要搞市场经济和真正地做到富民强国，首先就要彻底地解放思想，明确和果断地表明市场化与民营化应是改革的最终目标和经济发展的根本出路。只有迅速地发展非国有经济，当非国有经济比重大大提升后，才能提供广大的空间来吸收国企下岗人员。如果不打破传统的思维方式和落后的行为观念，不放弃低效率的经济体制，就不可能从根本上解决持续性的经济发展问题。笔者曾在几年前一篇文章中论述过中国经济改革要平稳地完成向市场经济体制转轨的过程需要经过三个阶段。在这三个阶段中所要采用的改革基本步骤（方针和策略）应分别是：经济自由化、市场化、民营化。这是由于不同经济环境将影响不同产权所有制安排的最优选择。国有、集体、民有产权所有制在具体不同经济环境下都有相对优势。笔者在另外一篇关于转型经济中产权所有制安排的文章中证明了当经济自由和市场体系完善的程度非常低下时，国有企业将比民有和集体合作企业更具有相对优越性；如果经济自由和市场体系完善的程度处于某种中间状态，则集体企业将比国有企业和民有企业具有相对优越性；如果具有高度的经济自由和完善的市场体系，则民有企业将是最优的产权安排形式。经济改革前的社会不公主要表现在农村和城市之间的差别。国有经济创造的财富主要被城市居民分享，占80％左右的农村人口没有享受到什么好处。经济改革后国有经济所导致的社会不公的程度和幅度都大大增加，主要表现在城市职工与掌握各种权力官员之间的收入巨大差别和机会不平等。现在由于中国的经济体制还没有形成强有力的市场和政府有序的调控与规范，国有资产出现严重萎缩。贫富差别也越来越大，导致了收入巨大的不平等。

若要经济继续增长，就必须开辟新的增长来源，在国企效益日益低下及外国投资减少的情况下，民营企业是中国经济增长的最佳希望。浙江省的改革实践就说明了这点。据《人民日报》1999年7月29日报道，在全国大多地区面临经济困难的情况下，浙江经济却一枝独秀。1998年全省国内生产总值增长10.1%，外贸出口增长7.7%。1999年来继续稳定增长。浙江之所以取得这样骄人的成绩，是近几年大力发展非国有经济的结果。目前国有和国有控股经济在工业产值中所占比重只有11.5%，而集体经济、私有经济、外商投资和其他经济类型所占比重却分别为40.3%、42.5%和5.7%。现在，全省私营工业企业总户数已超过20万家。在全国500家最大私营企业中，浙江占了112家，总量居全国第一。在短短20年间，浙江从一个"资源小省"迅速发展成为"经济大省"，成为中国东部沿海地区经济发展最快、最具活力的省份之一。之所以会这样，个体、私营经济发挥了重要作用。全省人均GDP增长最快的20个县市中，2/3以上县市个体私营工业产值比重超过50%。在中国过去20年中出现了许多经济改革模式："江苏苏南模式""广东珠江金三角模式""浙江温州模式"和其他模式。从现有的改革实践结果来看，温州模式似乎最具活力。现在温州基本没有下岗问题，只有换岗问题。温州的社会保障做得也很有成绩。

第二，要解决好经济社会基础软件部分落后及经济结构的调整问题。应不断调整经济结构，深化改革，特别要加大教育和科研投入，通过技术进步来提高生产力和经济效益。真正实行中小学免费教育，而不是看到近期教育消费比例增大，就认为找到了拉动内需的突破口，麻木不仁地坐看各类学校滥收费。现代经济增长理论和发展经济理论及各国经济发展好坏的实践告诉我们，长久的持续性经济增长主要靠科学技术的进步和人力资本的提高，而科学技术的进步和人力资本的提高的关键是以注重教育、保护知识产权、明晰所有产权、允许自由竞争等软件的社会经济制度作为根本的基础条件。目前中国的经济增长因素中，72%依赖于资金和人力的投入，只有28%依靠生产技术的进步。中国技术工人占工人总人数的比例只有3%，而德国和日本的这一比例都在25%。现在中国的经济成长是一种在低层次上的增长，处于生产链的末端，主要是靠拼劳力而不是靠拼脑力实现的。中国的外贸增长也主要是靠出口加工实现的，制造出口产品的设备和原料许多都是从国外进口，干死干活，付出的是人家的百倍，赚了只能拿小头。当然，在经济发展的早期阶段，为了积累资本，我们不得不如此。但是，只要想有长远的持续性经济高速增长，就必须靠教育来提高人力资本生产率及掌握和开发先进的科学生产技术。如果科学技术不能迎头赶上，哪能谈得上赶超世界先进水平。美国最近这次已持续8年多的经济强劲增长在很大程度上归功于高科技（特别是计算机的开发和信息技术的发展），一旦一个新产品开发出来，以微小的边际成本，创造出千百倍的利润（像微软的计算机窗式操作系统，它的生产边际成本几乎接近零，这就是为什么比尔·盖茨能在短时间内成为世界首富的原因）。

第三，应保持政策和规章制度的稳定性，只有这样才能增加人们对政府的信心和法规的权威性。一个国家的大政方针起码要管一二十年。如果一年，甚至几个月就换一种方案，只会造成混乱。人类发展了这么多年，社会进步这么大，即使中国的国情和文化与其他国家不同，但由人类所创造的一些基本经济制度如能在其他国家和地区特别是在华人居住的地区和国家取得成功，凭着中国老百姓的聪明才智，它也应该能应用于中国，而不需要总是"摸着石头过河"，不断地改变政策和采用新机制。

四、结束语

总之，笔者以为财政政策和货币政策必须与改变民众预期收入信心不足的措施互相配套，才有可能刺激广大民众的消费需求。与此同时，采用各种刺激企业（特别是非国有企业）的投资热情及扩大外贸出口等措施，并从长远解决好基础经济社会软件部分落后的问题及经济结构调整问题，给予人们更多的经济自主权，国家应尽快从经济活动领域，特别是竞争领域中退出，尽量减少政府干预经济活动的程度。其实,国家决策部门只要管好宏观调控政策(例如管好利率、货币发行量)、搞好教育、促进科学发展,其他的事不用操心,经济就会发展,也就是老子所说的无为而治。只有这样,才能达到解决经济低迷事半功倍的效果,促使经济持续发展。

(2000 年 8 月)

参考文献

[1] 田国强. 中国国营企业的改革与经济体制平稳转轨的方式和步骤——中国经济改革的三阶段论 [J]. 经济研究,1994,11:3~9.
[2] 田国强. 内生产权所有理论与经济体制的平稳转型 [J]. 经济研究,1996,11:11~20.
[3] 戴相龙. 努力发挥货币政策对经济增长的促进作用 [N]. 人民日报,1999-8-15.
[4] 中国统计局. 中国统计摘要 1999,1999-5.
[5] 浙江经济正看好 [N]. 人民日报,1999-7-29.
[6] 中国经济市场化程度到底有多高? [N]. 中国经济时报,1999-8-13.
[7] 通货紧缩前因后果你说我说 [N]. 广州日报,1999-8-30.
[8] 民间投资不振危及中国经济 [N]. 广州日报,1999-9-6.
[9] C. Jones. *Introduction to Economic Growth* [M]. W. W. Norton & company, New York,1998.
[10] P. Romer. Endogenous Technological Change [J]. *Journal of Political Economics*,1992,98:71~102.

38

中国经济增长的实质性"拐点"未至[*]

引 言

中国经济自1999年以来一直保持着高于9%的高速度经济增长,至今已经近9年了。2003年以来的GDP增幅更是维持在两位数水平,且持续上升。从2003年到2006年的经济增长率依次为10.0%、10.1%、10.4%、10.7%,及至2007年第一季度又升至11.1%,而2017年从3月到5月连续三个月的CPI同比涨幅均已超过3%的警戒线。面对这些持续高速的经济增长指标及宏观运行数据,有学者预测中国经济已经或即将到了经济周期的拐点。

从2006年起,就有人预测中国经济已运行到了一个"拐点",即将进入收缩期,2007年这种观点就更多了。例如,首都经贸大学经济学院张连成教授认为,"中国经济已经在波峰运行了一段时间,向下调整不可避免,最晚明年上半年出现"。那么拐点出现在什么时候?收缩将持续多长时间?收缩期的中国经济增长速度为多少?这些问题已引起人们越来越多的关注。

---

[*] 本文为2007年6月在北京参加"中国经济增长与周期(2007)高峰论坛"上的发言整理稿。

笔者认为，中国的经济增长周期不能单凭标准的经济理论和经济数据说话，现有的经济、政治、社会制度环境也是需要考虑的因素。由此，笔者的一个基本判断是：基于旺盛的总需求和总供给，以及市场化改革带来的经济活力和经济效率提高的现状，只要国家政策和经济大环境不变，政府不大幅度地干预经济，不出现重大的天灾人祸，中国经济增长的实质性"拐点"就很难出现，至少未来3年的经济增长率仍将维持在9%以上。

一

基本判断一：我们不能仅仅凭借经济方面的数据，简单地应用现代经济学中标准宏观经济理论及技术实证分析方法，就得出中国经济增长面临拐点的结论。中国过去近58年经济大的波动结果往往不是单纯由经济因素决定的，而是经济、政治、社会制度环境综合作用的结果，其中大多是由于人为干扰经济活动过多所造成的。

其一，我们不能仅仅简单地凭借现代经济学中标准理论及其技术分析方法进行判断，中国经济处于经济体制转型这一制度环境也是必须考虑的因素。与国外成熟市场经济体系下规范的制度环境相比，中国尚处于从计划经济体制向市场经济体制转型过程中，虽然破除了一些脱离现实的体制藩篱，但是适应现代市场经济需要的制度环境还不完善、不规范。也就是说，现代经济学理论工具的一些前提假设尚无法与中国的现实相契合，因而把中国处于转型阶段的市场经济混同于西方成熟阶段的市场经济，推测中国经济增长周期面临拐点，是缺乏充分性的。

其二，我们不能仅仅凭借统计数据进行判断，一直以来，统计数据普遍存在人为拔高或平抑的现象。近年来，国有企业通过自身改革和与其他类型的企业竞争，其效率已经大大提高，但是为了实现数据上平滑的增长，即使有较好效益，其也会低报，而有些民营企业出于逃税的考虑也可能会压低销售收入报表里的数据，再加上经济转型过程中的一些"灰色地带"无法纳入核算体系。因此，公布的GDP增幅与实际的GDP增幅相比，在最近一些年只会低而不会高，未来一个时期还会保持这一状态。

其三，中华人民共和国成立58年以来，大多数经济低谷都是由于人为干扰经济活动过多所造成的，并且所造成的低谷程度都大于只是由于经济波动所造成的低谷程度。从历史经验来看，中华人民共和国成立以来，在经济增长上曾出现过八次大的波动（见表1和图1所示），跌入谷底，分别是1954年（4.2％）、1957年（5.1％）、1961年（－27.3％）、1967年（－5.6％）、1976年（－1.6％）、1981年（5.2％）、1990年（3.8％）和1999年（7.6％）。其中，可能是由于经济周期波动的原因所导致的增长遽降，只有1981年和1999年这两次，且波动的程度都低于人为干扰或天灾所造成的低谷。其余6次，1954年是由于天灾——自然灾难所致，而另外5次的经济低迷则是由于政治干扰或社会动荡所致，1957年是由于发动"反右"运动所致，1961年是由于"大跃进"严重后续影响所致，1967年是由于"文化大革命"高潮所致，1975年是由于"割资本主义尾巴"所致，1990年是由于相关政治风波所致。

表1　　　　　　　　　　GDP增速（1953～2006）

年份	GDP增速（％）	年份	GDP增速（％）	年份	GDP增速（％）
1953	15.6	1960	－0.3	1967	－5.6
1954	4.2	1961	－27.3	1968	－4.1
1955	6.8	1962	－5.6	1969	16.9
1956	15	1963	10.2	1970	19.4
1957	5.1	1964	18.3	1971	7
1958	21.3	1965	17	1972	3.8
1959	8.8	1966	10.7	1973	7.9

续 表

年份	GDP增速（%）	年份	GDP增速（%）	年份	GDP增速（%）
1974	2.3	1985	13.5	1996	10
1975	8.7	1986	8.8	1997	9.3
1976	－1.6	1987	11.6	1998	7.8
1977	7.6	1988	11.3	1999	7.6
1978	11.7	1989	4.1	2000	8.4
1979	7.6	1990	3.8	2001	8.3
1980	7.8	1991	9.2	2002	9.1
1981	5.2	1992	14.2	2003	10
1982	9.1	1993	14	2004	10.1
1983	10.9	1994	13.1	2005	10.4
1984	15.2	1995	10.9	2006	10.7

图1 GDP增速（1953～2006）

由此可见，中国经济发生波动不只是单纯由经济波动本身决定的，而是经济、政治、社会、自然环境综合作用的结果，是政治过多干预经济活动所致。实际上，中国过去167年所发生的四次大的变革也充分地说明了这点。"以史为镜，可知兴替"，我们不妨将视角再拉长，考察自1840年鸦片战争以来的几次大变革,就可以对此有更清晰的认识。

如王一江教授总结的那样,自1840年以来,中国经历了四次大的变革阶段,即洋务运动阶段、革命阶段、无产阶级专政与计划经济阶段,以及现阶段的"改革开放与市场经济阶段"。

(1)洋务运动阶段(1840~1894年)。在此阶段,把向西方学习的重点放在技术上,意在"师夷之技以治夷"。以李鸿章为代表的洋务派发起了洋务运动,修铁路、造洋船、办兵工厂、建立了新式军队。但与此同时,在人文思想和政治体制上,清朝统治者依然明确将西方文艺复兴以来的人文和政治成果拒之门外。

此阶段的特征体现为"中学为体,西学为用"。"体"表现在人文思想和政治体制上,就是万世一统、亘古不变的封建体制;"用"则表现在对于西方的技术学习、运用和改造上。在社会经济主体的角色分配上,国家充当了经济投资的主体,民间力量只充当了无关紧要的配角。而以国家为投资主体所兴办的各类企业不计成本、不讲效益,基本都是亏损的。"中学为体,西学为用"的变革思路随着北洋舰队的覆灭和中国在中日甲午战争的彻底失败而寿终正寝。

因而教训是人文思想极端保守,政治体制亘古不变,国家几乎充当了全部投资的主体,民间力量只充当了无关紧要的配角,导致了洋务运动的失败。这个阶段的变革给我们的启示就是,没有政治进步的经济建设肯定不能最终成功。

(2)革命阶段(1894~1949年)。在这段历史中,逐步成为变革主导思想的,不是改良主义、维新运动或君主立宪,而是以孙中山先生为代表的革命思想。孙中山先生为中国设计的变革图强路线图是,先通过革命改变政治体制,然后在新的政治体制下,建立民主共和,实现三民主义,这样才能建设一个民主富强的新中国,实现孙中山先生"建国方略"中的经济建设宏伟蓝图,使国家走向富强。但革命成功换来的却不是孙中山先生所设想的为三民主义而奋斗的新的国家政权和经济建设的高潮,而是一个国家分裂、军阀混战、个人野心家和独裁者先后登场的政治动乱时代,导致了国弱被人打的局面,特别是这个阶段后期日本对中国的侵略,使得中国人开始重新思考变革的旗帜到底应该是什么。中国共产党提出新民主主义革命路线和团结各阶层的广泛统一战线,讲民主、讲自由,赢得了民心,最后取得了政权。

其教训是极端变革方法代价高昂。尽管给人们带来了一定的民主、自由,实行私有市场经济,国家不再是投资的主体,私有经济发展迅速,但没有稳定的政权和有许多大的政治与军事动荡,经济就不会繁荣。分裂的政治局面不会导致国家强盛,变革的结局仍然是失败。这个阶段的变革给我们的启示是,没有稳定和统一政治环境的经济建设肯定不能最终成功。

(3) 无产阶级专政与计划经济阶段(1949~1978 年)。中华人民共和国的成立使中国终于重新实现了政治上的统一和独立,为经济建设创造了必要的政治条件。

但在中华人民共和国成立后的 29 年期间,在无产阶级专政条件下继续革命的理论指导下,人们无法专注于经济建设,经济建设只能在突出政治的前提下,通过"抓革命,促生产"来实现。与继续革命理论相适应的经济体制是"一大二公"和中央集权的计划经济。无产阶级专政条件下的继续革命,使中国在政治统一,又没有大规模外敌入侵的条件下,痛失发展良机,中国的国防虽然由于政治上的统一比过去强大,人民却没有脱离贫困。这一时期,中国与世界先进国家的收入差距不是缩小,而是扩大了,到"文化大革命"结束的时候,中国的经济基本走到了崩溃的边缘。

其教训是尽管政权稳定、统一,只要政治干扰经济,搞阶级斗争,事事上纲上线,就要付出巨大的经济代价。政府大包大揽,"一大二公"的经济模式效率低下。热情和良好愿望不能代替经济规律,最终导致了继续革命职能以失败告终。这个阶段的变革给我们的启示是,一个受政治严重干扰、政府高度介入的经济建设也是不能成功的。

(4) 改革开放和社会主义市场经济阶段（1978年至今）

自1978年邓小平同志提出改革开放的变革思路以来，中国终于进入了中华民族最有希望、最具成功的变革阶段。

1978年中国共产党十一届三中全会，总结了历史经验，终止了无产阶级专政条件下的继续革命的错误路线，提出了党的工作要以经济建设为中心，特别是逐步明确了中国要"改革""开放"，即通过走市场化改革和对外开放的道路赶超世界先进国家，把中国建设成一个富强的现代国家。党的路线的这一转变，终于使中国政治统一这一有利的政治条件，得以转化成实际的经济成果。

十一届三中全会以来的29年，虽然短暂，却是中国167年来图强史上最辉煌、最伟大的一章。在此前138年的三个阶段中，中国变革图强的所有努力，哪怕是从最良好的愿望出发，即使是付出了最巨大、最痛苦的代价，却未给人民带来多少实惠，有时反而造成了人民更加贫穷的后果。而改革开放以来短短的29年中，国家的总体经济实力和人民的收入水平增加了数倍。就在这短短的29年中，中国从世界上最贫穷国家的行列建设成为基本实现小康的国家，跨入了偏低中等收入国家的行列。虽然中国要成为高收入国家，仍然有很长的路要走，但167年来，中国人民已经第一次得到了实实在在、相当可观的好处，看到了未来更加美好的希望。

中国的经济建设能在改革开放后的29年中取得如此巨大的成就，下面几个方面的原因是显而易见的。

① 在政治稳定的前提下，放弃阶级斗争，将工作重心转移到经济建设上来。自那时以来，即使在最困难的时候，这个总的方针也始终没有动摇过。这就为29年的顺利发展提供了最根本、最重要的政治保证。从而，我们在处理经济建设与政治建设关系的大问题上，就表现了很高的智慧。在保持政治稳定的前提下，集中精力发展经济，尽量不把经济政治化，不把市场、股份制等概念与"姓资"挂钩，不在"姓社姓资"问题上争论不休。

② 在经济发展的基础上，对政治体制和法律体制进行适应性改革和完善。

经过政府和民间共同努力，既不是消极地维护原有的体制，也不冒可能影响安定团结局面的风险做剧烈的制度变革，而是在过渡性体制安排方面做了大量的创新，使政治制度和法律制度能基本适应经济发展的需要，并在经济发展的过程中逐步完善政治和法律制度。改革开放时期的制度创新包括政府内部通过分权调动地方政府的积极性、加强党内民主、废除领导干部终身制、加强政府内部审计监督和制衡、政府职能转换，等等。

③ 在改革开放的大思路下，一方面，对内改善经济制度环境，引进一个经济运行良好的四个先决条件：承认个人利益，容许一部分人通过辛勤劳动率先发家致富；在经济上给予人们更多的自由选择；实现分散化决策；引进竞争机制以及其他各种激励机制。适应当时制度环境和经济发展需要制定各种过渡性制度安排，直至建立完善的现代市场制度。值得一提的是，我们也充分发挥了地方政府的积极性。虽然中国经济仍然没有根本改变政府主导的特点，但在改革开放时期，地方政府在推动经济发展方面发挥了非常大的作用。与中央政府不同，地方政府掌握的资源更加有限，操纵价格、市场的能力较低，且互相存在竞争关系，因此，与中央政府相比，地方政府的行为与市场行为也更加接近一些。同时，地方政府对当地经济形势的把握也有着信息方面的优势，更容易因地制宜，制定出适合当地特点的经济发展的有效政策。十一届三中全会以来的29年中，凡是经济发展迅速的地方，都离不开地方政府在招商引资、扶持民营经济发展、提供基础设施和社会环境等方面所做的巨大努力和贡献。另一方面，对外实现由点到面的开放，在改革开放时期，中国经济第一次通过积极主动地对外开放，学习国外的先进技术和管理方法，利用外资，开拓海外市场，使用世界的矿产和其他自然资源，取得了很大的成果。中国在对外开放和与世界经济更加紧密接轨的过程中得到的好处是巨大的。

④ 在渐进平稳的原则下，采用合乎现实的正确的经济体制转型策略，采用经济制度平稳转型三阶段：(a) 经济自由化，给人们更多的自由选择，调动了人们积极性；(b) 市场化，建立现代市场体系；(c) 民营化，鼓励和引导非

国有经济的发展。

总之，要研究中国的经济周期，预测未来的发展走势，必须从中国的经济、政治、社会制度环境出发，并结合现代经济学理论以及实证方法，才能较为准确地把握中国经济增长周期的规律和特点。

二

基本判断二：只要在国家政策、经济大环境不变的情况下，不出现重大的天灾人祸，政府不大幅度干预经济、经济市场化改革进程不断推进的条件下，中国经济增长的实质性"拐点"很难看到，至少未来三年的经济增长仍将维持在9%以上。

笔者的判断基于以下三大理由：

第一，政府对于财政政策和货币政策的运用已经越来越熟练，这些政策对于经济产生影响的机制也在不断健全，市场机制而非政府干预在宏观经济运行中的调节作用将越来越占据主要位置。当然，为了避免经济的"硬着陆"，出现大的经济波动，政府在加强和完善宏观调控的过程中，还需对经济形势有充分了解，具有更准确的遇见性，使得市场对调控政策有充裕时间做出适应性反应。

第二，宏观经济的总供给和总需求依然处于两旺的局面。从供给方面看，中国拥有世界上最庞大的富余劳动力群体，尽管部分地区和行业出现了劳动力短缺、工资大幅上涨的现象，但是由于工资基数低及生产率的迅速提高，我国仍然具有劳动力价格方面的比较竞争优势；中国拥有巨额的居民储蓄和外汇储备，随着中国资本市场的逐步开放和日趋完善，资本的利用效率将得到大大提升，与此同时，在人民币升值压力不断增加及经济持续增长的前景下，外资正源源不断地涌入内地，中国的资本充裕度前所未有；原材料和自然资源由于贸易越来越自由化和充分的资金作为后盾不会造成生产瓶颈。

从需求方面看，随着居民收入水平的不断提高和社会保障的日益完善，居民的预防性储蓄倾向开始松动，从而城乡居民消费结构不断升级，恩格尔系数逐年下降，教育、购房、买车正成为中国居民新时期的消费大件，消费结构升级将成为带动经济增长的重要引擎；一直以来，中国维持着40％以上的高储蓄率，资金供给充裕，加上我国城市化、工业化的长期性，这就决定了中国的高投资需求的长期存在；虽然面临着人民币升值的压力，中国产品的价格在今后相当长时间内在国际市场上保持竞争性，国际上对中国产品的需求，仍然会保持旺盛；2006年，中国财政收入超过3.9万亿元，支出超过4万亿元，但是教育、医疗卫生、最低生活补助和养老金等公共财政支出占GDP的比重仍然很低，随着政府职能的转变，政府的财政支出结构将随之发生变化，政府对于公共性的产品和服务的需求将越来越旺盛，高速公路、城市建筑和发展、电网等公共设施的建设，仍然会在相当长一段时间内需要旺盛。

第三，中国经济仍然处于经济发展的早期阶段，还远未达到增长的长期均衡轨道，在将来的20年内，还将保持高速增长。由于中国制度环境的不断改进和完善及适应当前经济环境的各种制度性安排将持续增加经济的活力和提高经济效率，将会保证经济高速增长。

基于以上三大理由，笔者认为至少在未来三年内，中国的潜在经济增长率应该保持在9％以上。

当然，从一些宏观经济数据看，当前中国经济增长确实存在由偏快向过热的迹象。据国家统计局最新发布的公告显示，2007年5月全国居民消费价格总水平延续自2006年底以来的上涨之势，同比上涨了3.4％，这已经是CPI连续3个月同比上涨超过3％；外贸出口增势迅猛，贸易顺差仍然过大，2007年前5个月累计的贸易顺差已达到857.2亿美元，比2006年同期增长了80％；固定资产投资增速仍然在高位运行，2007年1～5月城镇固定资产投资与2006年同期相比增长25.3％。

毫无疑问，中国经济的"低烧"需要引起注意，但仍处于基本正常阶段，并不需要政府强力干预。只要改革的大方面不发生逆转，政府继续减少对经济活动的干预，不出现大的天灾人祸，采用适当的宏观调控政策，随着一系列宏观调控措施的出台，中国经济的"低烧"将会渐渐退去，中国经济仍将以不低于9%的增长率继续发展。

三

基本判断三：中国经济要实现长期平稳、快速增长，必须进一步深化经济市场化改革，不断改善经济制度环境，做出与现代市场经济相适宜的制度安排，建立长效机制。

从整个国际范围看，由于现代市场的规范性，经济周期的更替已经表现得越来越不明显，中国的本轮经济增长繁荣期亦将持续一段时间，暂时不会到达拐点。然而，没有一个规范的社会经济制度环境作为基础支撑的经济增长肯定是缺乏可持续性的。现代经济增长理论和发展经济理论告诉我们，长久的持续性经济增长主要是靠科学技术的进步和人力资本的提高，而科学技术的进步和人力资本提高的关键是以注重教育投入、保护知识产权、明晰所有产权、允许自由竞争等社会经济制度作为根本的基础条件。[1]

随着社会主义市场经济改革步入深水区，对于高质量的创新性制度需求也越来越大。比如将于2007年10月1日开始施行的《物权法》，就是市场经济发展到一定程度后催生的一项法律制度创新。现代产权理论告诉我们，只要产

---

[1] 田国强.中国经济低迷的困境、原因与对策[M].//21世纪中国与可持续发展的挑战研讨会论文集.北京：中国青年出版社，2000，139~149.

权明确界定并得到法律保护，自由市场机制便能够导出最有效率的结果。《物权法》第四条就规定：国家、集体、私人的物权和其他权利人的物权受法律保护，任何单位和个人不得侵犯。对于各市场主体权利的界定、确认和保护是经济发展和市场平等竞争的发动机，它将能够确保市场效率的提高和社会福利的增进，是促进经济持续、健康向前发展的动力。

当然，根据当前中国经济制度环境的各种过渡性制度安排，不需要完全照搬西方成熟市场经济国家的模式，而应基于中国自身的国情和发展需要做出通盘考虑。事实上，中国近30年来的经济改革和发展模式中制定的各种过渡性制度安排与西方国家在主流经济学理论指导下发展成熟的市场经济制度有着显著差别。因而，现代经济学的许多标准理论，不能直接应用到中国经济制度转型，需要改进，需要发展出适应中国当前过渡经济制度环境的经济理论。

中国在向市场经济体系转型的过程中，必然会遇到许多特殊的新现象、新问题，我们的经济学者必须紧密结合中国的改革和发展实际进行理论创新，不断推进现代经济学的中国化，发展出一套适合中国国情、与国际接轨的宏观经济理论和政策工具。

(2007年6月)

39

治理通货膨胀，更要警惕经济大幅下滑风险*

关于解决扩大内需和抑制通货膨胀两难的政策建议

提要：随着全球经济增长趋缓，国际通胀压力不断加大，我国经济正面临着两难局面，即在扩大内需以防止经济大幅下滑风险的同时，又要抑制通货膨胀的双重任务。然而，两者的风险是非常不对称的。我们认为，只要维持较高的经济增长速度，通货膨胀高一些也许可以承受，但是一旦经济出现大幅下滑，无论是低通胀还是高通胀，经济及社会的深层次问题都会集中显露，造成很大被动。因此，当前的政策目标不应该优先放在抑制通货膨胀上，简单地由央行出台单一的从紧货币政策，而应该是主要防止经济大幅下滑，同时兼顾抑制通货膨胀，采用更高层级的基于一般均衡的综合治理。为此，我们提出了"慎紧缩、稳股市、拉两头、控中间、停升值、缓提价"18字的综合治理方针。所谓"拉两头、控中间"指的是：加大对第一产业——农业投入，提高农产品供给和农民的需求；促进第三产业——服务业发展（房地

---

* 本文系上海财经大学高等研究院政策建议书，2008年6月提交。合作者黄晓东。

产行业除外）；要适度控制原材料消耗大的第二产业——制造业发展。

当前，在美国次贷危机蔓延、国际大宗商品价格持续走高、美元大幅贬值等因素的作用下，世界经济已经进入本轮经济周期的下行区间。特别是美国次贷危机的影响已远远超出金融和地域限制，对全球金融市场和世界经济稳定构成空前挑战。美联储前主席格林斯潘称，美国经济可能陷入滞胀，次贷危机的影响目前已波及亚太地区。最近，国际货币基金组织做出预测，2008年世界经济增长率将由2007年的4.9％降至3.7％，比2008年1月份时的预计下降0.5个百分点，并可能进一步下滑。

世界经济增长的放缓已经使我国的出口增速出现明显回落，社会总需求和投资都出现下降，经济面临下滑风险，国务院已经将防止经济下滑的风险纳入工作重点，这就迫切需要通过扩大内需来拉动经济增长。然而，由于国际市场上的资源、能源类产品和初级产品价格的高涨，给我国构成了一定的输入型通货膨胀，加上国内基本原材料价格上涨、劳动力和环境成本上升等所引发的成本推动型通货膨胀，二者交互作用，使得我国面临着通货膨胀不断上升的压力。

面对扩大内需和抑制通货膨胀这一两难困境，如果政策处理不当，中国经济长期以来的"低通胀、高增长"局面有可能被"低增长、高通胀"所替代。从一些经济数据看，中国经济已经具备了"滞胀"的一些初步特征，如不加以充分重视，未雨绸缪，对已经出台或即将出台的政策措施不加以慎重的检视，对政策的效应不进行准确的评估，则有可能滑向"滞胀"的泥潭。我们的亚洲邻居越南已给我们敲响了警钟。

当前我国的经济形势与1998年亚洲金融危机造成的经济低迷不一样的地方，就在于当前我们正面临巨大的成本推动型通货膨胀压力，政府的可操作空间不大，不能再像1998年那样靠大兴基础设施建设来扩大内需，拉动经济增长了。那么，我们到底应该如何解决这个两难问题呢？我们将在分析导致该两难问题的三大成因及风险不对称之后，给出6条综合治理的政策建议，希望可以为政府解决当前复杂、困难的经济难题提供一些参考意见,以实现经济的持续、快速、健康发展。

一、造成两难问题的成因

首先,当前的通货膨胀压力不仅来自货币市场供求失衡,而且更有结构性和成本推动性方面的原因,这就要求我们的政策应对不是简单由央行出台单一的紧缩性货币政策,而应该是一个一般均衡的综合治理,由此需要出台更高层级的整体性配套政策措施。

如果仅仅是货币供求失衡引致的通货膨胀,那么紧缩性的货币政策应该发挥作用,但事实并非如此。2008年以来,实际上是从2007年开始,央行就出台了一系列的紧缩性货币政策,但是不仅M1没有降下来,而且M2[①]还在持续上升,并且2008年5月份还超过了M1的增幅(见表1)。与此同时,CPI也一直处于高位运行(见表2),5月份的PPI更是超出CPI 0.5个百分点,达到108.2%,初级产品和资源类产品价格普遍高涨还会陆续传递至中下游产品,通货膨胀压力依然巨大。

表1　　　　　　　　　2007年以来M1/M2同比增速一览

日　期	货币和准货币 (M2)(万亿元)	M2同比 增速(%)	货币(M1) (万亿元)	M1同比 增速(%)
2007年1月	35.15	15.79	12.85	19.80
2007年2月	35.87	17.78	12.63	20.99

---

① 通常通货膨胀与更广义的货币供应M3关系可能更为紧密,但由于中国并没有采用更广义的M3作为货币供应衡量指标,因此在此采用M2作为观察数据。

续表

日　　期	货币和准货币(M2)(万亿元)	M2同比增速(%)	货币(M1)(万亿元)	M1同比增速(%)
2007年3月	36.41	17.27	12.79	19.81
2007年4月	36.73	17.09	12.77	20.01
2007年5月	36.97	16.74	13.03	19.28
2007年6月	37.78	17.06	13.58	20.92
2007年7月	38.39	18.48	13.62	20.94
2007年8月	38.72	18.09	14.10	22.77
2007年9月	39.31	18.45	14.26	22.07
2007年10月	39.42	18.47	14.46	22.21
2007年11月	39.98	18.45	14.80	21.67
2007年12月	40.34	16.73	15.25	21.02
2008年1月	41.78	18.88	15.49	20.54
2008年2月	42.10	17.39	15.02	18.95
2008年3月	42.31	16.19	15.09	17.97
2008年4月	42.92	16.94	15.17	19.05
2008年5月	43.62	18.07	15.33	17.93

表2　　　　　　　　　　　2008年1～5月份CPI/PPI

时　　间	CPI	PPI
2008年1月	107.1	106.1
2008年2月	108.7	106.6
2008年3月	108.3	108.0
2008年4月	108.5	108.1
2008年5月	107.7	108.2

M2居高不下，我们分析有两大原因：一是由于对人民币升值的预期，导致热钱持续大规模流入中国。数据显示，2008年1～4月外汇储备新增2 284

亿美元，而同期贸易顺差和 FDI 仅为 756 亿美元，"不可解释性的外汇流入"达 1 528 亿美元。德意志银行最新的研究报告更是大胆估算，2008 年前 4 个月，实际流入中国的热钱规模甚至超过了官方外汇储备增量，达到 3 700 亿美元。不管具体数量是多少，其规模十分巨大这一点上大家没有异议。这就导致我国外汇占款的增加和货币的大量投放，带来了广义货币供应量（M2）的持续反弹，进一步加剧了通货膨胀。二是由于信贷增速的上升。2008 年 5 月末，金融机构人民币各项贷款余额 28.29 万亿元，同比增长 14.86%。自 2007 年 12 月份以来，中国的定期储蓄存款直线上升，近 5 个月的月均增加额超过 3 000 亿元。

其次，以提升存款准备金率和信贷规模控制①为主要手段的紧缩性货币政策，增加了企业从银行贷款的融资难度，给企业的经营状况带来负面影响，加上世界经济环境的整体恶化，中国经济进入下行区间，使公众形成上市企业的利润即将下降的心理预期，并在一次次应验中不断强化这一心理预期，而从 2008 年开始并将持续到 2009 年的大规模的大小非减持，以及不减的增发扩容压力，此外由于管理部门监管不力带来的金融腐败、金融失范，例如内幕交易及市场操纵行为，也伤及了金融稳定性，破坏了金融运行环境。这些都打击了投资者的信心，带来了中国股市的整体短时间大幅度下挫。

虽然自 2007 年 10 月以来前几次股市大跌在一定程度上是对股市泡沫的修正，是市场机制的内在作用。然而，近期来不断实施的紧缩性货币政策对于本已处于低迷的股市而言，就如同雪上加霜，使得投资者更加确认自己悲观的心

---

① 目前，信贷规模控制比存款准备金率对企业的负面影响更大，在 2008 年原材料、燃料、动力购进价格大幅增长的情况下，如果新增贷款还维持在去年的 3.6 万亿，企业的间接融资规模将紧缩，加上股市不景气造成的直接融资减少，企业将面临巨大的资金缺口。

理预期,从而用脚投票,纷纷逃离股市[①]。2008年6月7日,央行年内第5次(也是2007年以来第15次)宣布调高存款准备金率,公布后的首个交易日(6月10日)沪指从开盘3 202.11点下跌至收盘3 072.33点,下跌7.73%。其后的6月12日上证指数轻松跌破3 000点。6月15日,存款准备金率上调0.5个百分点,上证指数大幅下跌,跌破2 800点。截至本文完成之日(7月1日),股市一路飞速下滑,跌破2 700点,达2 651.60点,为2007年10月来新低。恐慌和悲观的情绪正在蔓延,投资者对于市场前景普遍感到不确定,对于政策风险的担心也越来越强烈,使得基金、机构等大股东投资者大量减仓,引致居民的恐慌性抛筹,大量资金包括热钱纷纷进入银行,寻求固定收益。

表3　　　　　　　　　　2007年以来存款准备金率的调整情况

次数	时间	调整前	调整后	调整幅度
1	2008年6月25日	17%	17.5%	0.5%
2	2008年6月15日	16.5%	17%	0.5%
3	2008年5月20日	16%	16.5%	0.5%
4	2008年4月25日	15.5%	16%	0.5%
5	2008年3月25日	15%	15.5%	0.5%
6	2008年1月25日	14.5%	15%	0.5%
7	2007年12月25日	13.5%	14.5%	1%
8	2007年11月26日	13%	13.5%	0.5%
9	2007年10月25日	12.5%	13%	0.5%
10	2007年9月6日	12%	12.5%	0.5%
11	2007年8月15日	11.5%	12%	0.5%
12	2007年6月5日	11%	11.5%	0.5%
13	2007年5月15日	10.5%	11%	0.5%

① 虽然对于股市影响更为直接的利率并没有上调,但是以存款准备金率和信贷控制为主要手段的从紧货币政策所发出的信号,还是应验并强化了股民对于经济的悲观预期,从而加速了股价的下跌。

续 表

次数	时间	调整前	调整后	调整幅度
14	2007年4月16日	10%	10.5%	0.5%
15	2007年2月25日	9.5%	10%	0.5%
16	2007年1月15日	9%	9.5%	0.5%

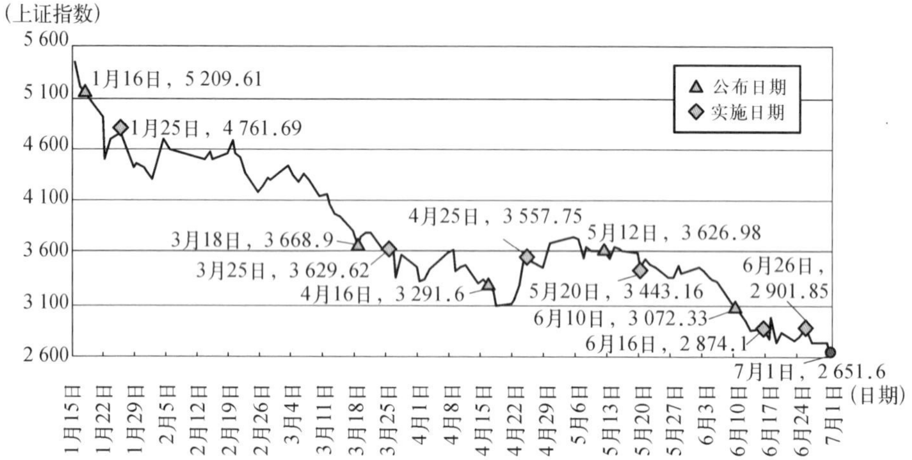

图1 法定存款准备金率调整与股市变化的相关图

再次，股市的不景气，使得居民的现期财产性收入大幅下降，不少人损失过半，而基于担心将来"生（生计）、老（养老）、病（治病）、居（居住）、教（子女的教育）"等费用得不到保障，从而不敢多消费的考虑，居民对于将来的消费预期会不断增加，这就使得居民会减少现期的消费，会造成内需下降。

随着居民消费和投资趋向于保守，居民的储蓄意愿大幅增强。截至5月底，我国居民储蓄高达19.07万亿元，占2007年我国GDP的77%左右。5月份，储蓄存款大幅增加，比2007年同期多增加了5 000多亿元，为近年来同比增加额度最大的月份。这从一个侧面反映出消费增长缓慢，内需不足的事实，再加上世界经济环境的恶化、人民币升值和通货膨胀导致出口利润下降，使得我国的出口大幅度放缓，使得外需不振，总需求下滑的风险非常大。

表4 2008年以来存款准备金率调整与股市(沪市)变化情况一览

日期	开盘	收盘	当日涨跌	三天后	五日后	公布到实施涨跌	公布间涨跌	实施间涨跌	备注
1月16日	5 355.28	5 209.61	-153.18	-335.28	-884.04		-1 654.23		公布日
1月25日	4 716.98	4 761.69	43.96	-259.79	-334.34	-726.81		-1 157.79	实施日
3月18日	3 789.56	3 668.9	-151.15	-16	-193.86		-470.12		公布日
3月25日	3 559.94	3 629.62	3.43	-214.7	-153.48	-260.11		-53.64	实施日
4月16日	3 349.93	3 291.6	-56.75	-253.68	-200.56		200.26		公布日
4月25日	3 572.55	3 557.75	-25.28	-61.62	175.98	224.2		16.52	实施日
5月12日	3 548.61	3 626.98	13.49	43.94	10.74		-411.38		公布日
5月20日	3 601.55	3 443.16	-161.6	-119.13	-240.22	-11.94		-728.47	实施日
6月10日	3 202.11	3 072.33	-257.34	-372.14	-455.57				7日公布
6月16日	2 876.29	2 874.1	5.3	72.31	-37.06	-453.38			15日实施
6月25日	2 734.04	2 905.01	101.99	-54.59		-535.63		-74.76	实施日
7月1日	2 743.16	2 651.6	-91.56						

二、两难的风险不对称

扩大内需和抑制通货膨胀双重任务并行,不仅仅是中国面临的困境,而且已经成为一个全球性的难题。当前美元贬值、通胀压力加大、经济增长减缓使得各国货币当局都面临着一个两难选择:一方面,控制通货膨胀的目标要求各国政府减少货币发行,控制货币供应增长率;另一方面,世界经济增长放缓可能带来的衰退要求各国中央银行增加货币投放。对此,一些主要发达国家,例如美国、加拿大、英国央行为防止经济衰退和稳定股市,还是选择了顶住通胀压力,实行从松的货币政策来刺激经济增长,直至最近连续大幅降息,向市场大量注入流动性。欧洲央行和日本央行则选择了维持现行利率不变,以保证中长期价格水平和公众预期的稳定。只有澳大利亚和瑞典等国央行选择了加息以应对通货膨胀的风险。

在当前国内外经济增长趋缓的背景下,如果继续紧盯"低通胀"目标,有可能雪上加霜,进一步加大经济下滑的风险,带来"低增长"的经济后果。另一方面,如果我们将政策调控的重点聚焦在稳定"高增长"上来,则有可能需要冒"高通胀"的风险。

尽管如此,但两者的风险是非常的不对称。从历史和现实的角度观察,我们认为前者的风险要显著高于后者:(1) 20世纪80年代中后期和90年代早中期,中国曾出现20%左右的通货膨胀,但是由于经济依然保持两位数的增长,通货膨胀的问题也在经济增长中得到逐步缓解;(2) 中国当前的经济增长方式仍然是一个比较粗放的增长方式,必须依靠较高的增长速度(我们认为至少不能低于8%)来维系,否则经济、社会及至政治等各领域的深层次问题都会集中显露。

两害相较取其轻。我们认为,在这样的情势下,当前的政策取向应该是在优先保证较高增长速度的前提下,来合理控制通货膨胀水平,而不是盯住过去10年高增长、低通胀这样极其罕见的理想目标不放,继续坚持从紧的货币政策,否则会加大经济大幅下滑的风险。只要经济出现大幅下滑,无论是低通胀还是高通胀,后果都十分严重。

事实上,由于一些外生的不可控因素及内生的政策失灵因素的叠加负面效应,经济大幅下滑的风险正不断累积。之所以得出这样的判断,我们是基于以下三点理由:

其一,1997~1998年仅仅只是局部的东亚金融危机,已对中国经济造成了重大影响,导致了中国经济的低迷。这一次我们面临的却是由世界经济的领头羊,也是中国最大的外部市场——美国的次贷危机而引发的全球性金融危机,美国经济可能正在陷入衰退,欧元区、日本经济也出现疲态。世界经济一旦出现大幅度下滑,对于外贸依存度超过60%的中国而言,这无疑是一次重大考验。数据显示,2008年以来,我国的出口增长特别是贸易顺差增速已经出现大幅回落(见表5),如果再剔除美元贬值和国内物价上涨的因素,2008年外贸出口增长已经降至近10年来的最低水平。

表5　　2008年1~5月份与2007年同期出口增速与贸易顺差增速对比

	出口额同比增速(%)	贸易顺差同比增速(%)
2008年1月/2007年1月	26.6/33	22.6/67.31
2008年2月/2007年2月	6.5/51.7	-63.97/880.07
2008年3月/2007年3月	30.6/6.9	95.12/-38.59
2008年4月/2007年4月	21.8/26.8	-1/61.1
2008年5月/2007年5月	28.1/28.7	-10.07/72.82

面对着美国次贷危机影响持续蔓延和世界经济出现下滑甚至萧条的外部局势,我们一定要充分估计国际风险,未雨绸缪,制定宏观经济政策应相机抉择,科学把握宏观调控的节奏和力度。

其二,人民币的快速、大幅升值及全球性的成本推动型通货膨胀也对我国的出口部门带来了沉重的压力。2008年以来,人民币升值幅度大大加快(见图2),单第一季度人民币升值幅度就达4.27%,相当于2006年以前平均一年的升值幅度。与此同时,由于国际市场资源、能源类产品和初级产品价格的高涨给我国构成了一定的输入型通货膨胀,加上国内基本原材料价格上涨、劳动力和环境成本上升等所引发的成本推动型通货膨胀,二者交互作用,使得我国面临巨大的通货膨胀压力。2008年以来CPI一直处于高位运行,5月份的PPI更是比CPI还要高。这两项因素叠加使得我国企业的出口成本抬高了30%左右,这在世界经济形势正常的情况下也是不可想象的,何况是在当前世界经济形势持续恶化的环境下。

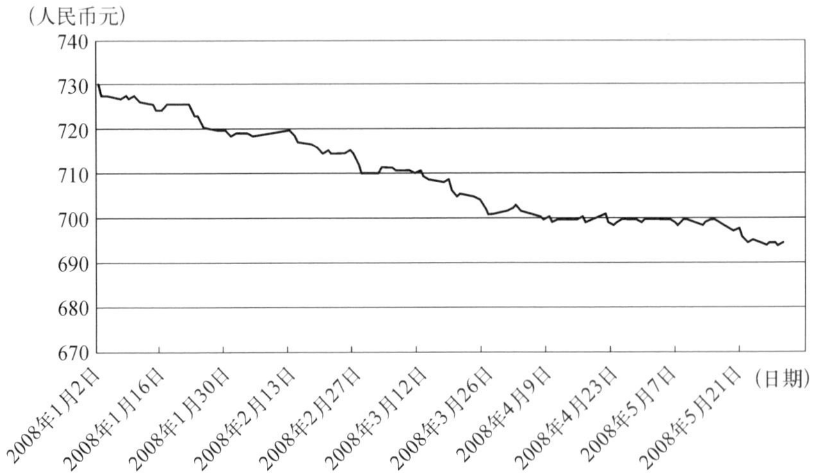

图2 2008年1~5月份人民币汇率中间价变化趋势图(人民币元/100美元)

如果再将因劳动合同法实施带来的用工成本上升考虑进来,生产成本的大幅上升已经导致很多出口型企业,特别是那些传统的劳动密集型及从事低附加值的加工贸易型企业面临或倒闭或外迁的选择,一些产业甚至濒临凋零。这一方面会带来大量失业人口的严重社会问题,另一方面也会导致因国内外消费需求萎缩从而使投资需求萎缩的严重经济问题。

其三，股市的全面、连续下行，造成投资者财产性收入的大幅缩水，股市的负财富效应正在逐步显现。目前，经济半小时栏目对四家网站发起调查，截至 6 月 19 日上午 11 时，共有 764 588 名投资者参加了调查。调查显示，从 2007 年 1 月 1 日起至今，参与调查的投资者中，亏损者的比例达到了 92.51%，盈利的投资者仅有 4.34%，勉强保本的投资者为 3.15%。亏损的投资者中有 59.98% 的人目前亏损占其金融资产的 50% 以上，14.50% 的人亏损占其金融资产的 40%。如果说现有的 1.1 亿多个股票账户代表了中国的中产阶层，在他们的资产大幅缩水后，再指望他们来拉动内需，恐怕多少有些力不从心了。德意志银行大中华区首席经济学家马骏认为股票市场的调整可能令城镇居民消费增长下降 1.7 至 2.2 个百分点，这意味着 GDP 增长可能会放缓 0.5 个百分点。

上述三大因素中，外部世界环境是不可控变量，但是人民币升值及从紧货币政策是政策当局可以相机抉择的。因此，鉴于单一的从紧货币政策并未起到治理通货膨胀的预期效果，相反却对经济造成了雪上加霜式的打击，加上人民币快速升值之后对出口部门产生的负面效应开始释放，进一步加大了经济下滑的风险，这有可能在未来几个月或者一两年内得以显现。我们认为，政府当前的政策目标不再应该优先放在抑制通货膨胀上，简单地由央行出台单一的从紧货币政策，而应该是放到防止经济大幅下滑上来，采用更高层级的基于一般均衡的综合治理。

三、政策建议

第一，慎紧缩。我们建议实行稳健的货币政策，对是否应该继续实施从紧的货币政策持谨慎态度。如上所述，无论是提升存款准备金率或者加息，都会对企业利润、股市、房市形成打压，导致基金、热钱流出股市、房市，进入银行寻求固定收益，从而既不能解决M2持续高速增长和通货膨胀的问题，也会引起需求下跌，加大经济下滑风险。

因此，我们认为应该保持货币政策的稳定性和连续性，以促进国民经济结构战略性调整和实现经济持续快速增长为目标，调整和优化信贷结构，引导银行加大对于农业、服务业、节能环保和自主创新的信贷支持，继续控制中长期贷款，严格限制对高耗能、高污染企业贷款。

第二，稳股市。我们认为政府当前的首要任务是稳定股市。如果股市不能稳定，又没有更好的投资渠道，居民的现期收入上不去，生、老、病、居、教等消费预期不断增加，现期的消费就会受到挤压，内需不足的情况会不断恶化。

这就要求我们对于进一步采取紧缩性的货币政策要谨慎，以存款准备金率为主要手段的宏观政策现已被证明是失灵的，它不仅没有很显著地解决通货膨胀的问题，而且还使企业的融资成本提升，让投资者对于企业利润形成悲观的心理预期，进而打击股市，对于进一步扩大内需形成了阻碍。需要指出的是，利率更是动不得，提升利率带来的负面效应更大。一方面加息将会吸引更多的国际热钱涌入中国，进行投机套利活动，加剧国内的流动性过剩，抵消加息的反通胀效果；另一方面加息将会直接造成企业的筹资困难，进一步打压股市。在这方面，我们应该学习美国，在经济形势一旦好转就择机逐步提升利率，从而为未来经济出现逆转时，进行政策调整预留空间，而不是在经济形势坏的时候，为了过低的通货膨胀目标而提升利率，成为压死骆驼的最后一根稻草，美联储前主席格林斯潘曾经谈到尽管他的操作目标不是股票价格，但他不得不关心股市的上涨是如何转化为消费支出的增长和对商品服务需求的增长。

我们建议管理层要改变对股市发展的含糊态度，采取有力措施缓冲大小非减持的压力，限制增发扩容的圈钱行为，打击金融腐败，规范金融市场，通过稳定政府政策和规范市场，建立人们对政府、对股市的信心，从而稳定股市。需要指出的是，我们所指的稳定股市，不是短期行为的救市，不是像某些专家所建议的采取平准基金或动用社保基金的方式，由政府通过财政部或证监会等特定的机构以法定的形式建立基金，来进行逆向操作，进行所谓的救市。因为这些只是短期化的措施，只会让基金、热钱在股市的反弹中外逃。在当前中国经济形势恶化、股市不断大幅下降，房市萎缩，而美国经济一旦开始复苏，美元重新转向走强的情况下，采用这种方式救市最可能的结果就是引发国内热钱的大量出逃。这对于一个国家的资本市场，乃至于一国的金融体系和金融秩序将会产生致命的打击。20世纪末爆发的东南亚金融危机和目前越南的危机都清楚地说明了这一点。

第三，拉两头。首先，我们认为要增加对农业的投入，使粮食供给保持稳定增长，建立让农民增收的长效机制，增强8亿农民的消费能力，有效激活农村消费市场。这无论是对于确保粮食安全，还是对于摆脱当前两难困境，都是重要的一环。

近一两年来，中国及世界范围内的农业生产资料（例如柴油、化肥之类）价格在不断上涨，这严重挫伤了农民的生产积极性。已有迹象表明，一些农民不愿种地，不愿增加投入。我们建议政府应该向农民预先承诺在一段时期内以一个高于现行市场价的收购价收购今后的粮食，提高农民的生产积极性。粮食收购价格的提升是粮价将要上涨的一个重要信号。只要收购价上升幅度明显，将增强农民对来自农业的收入会有所上升的预期，扩大自己的粮食生产。与此同时，政府再出台一些对农业投入要素进行补贴的政策优惠举措，以抵消农资价格过快增长的负面效应，就能有效激发农民种粮积极性，增加粮食供给，确保农民增产也增收。（详细建议可见上海财经大学高等研究院另一份关于粮食安全的政策建议书。）

其次，我们认为要大力促进服务业发展。相对而言，服务业（房地产除外）对能源、资源等要素的消耗较低，它并不会像需要大量基本原材料投入的行业一样，由于当前持续高企的原材料价格而显著地引致结构性和成本推动型通货膨胀。相反地，促进服务业发展对于有效增加就业、扩大消费需求具有显著的带动作用。

因此,要加大对于教育、医疗、卫生事业等这些不用太多原材料行业的投入,也要加大对于R&D的投入,这不但解决了短期发展问题,而且对国民素质的整体提高有显著的正面影响,增强中国的长期竞争力。特别是像基础教育、高等教育和科学技术等对于推动中国的长期科学发展,以及医疗、卫生等对于促进和谐社会的构建,都具有十分重要的作用。这与1998年中国大兴基础设施建设,修建大量高速公路有点类似,既可以拉动了当期的内需,又为其后10年乃至更长时期的发展奠定坚实基础。同时,政府要出台政策便利居民出国旅游、出国留学,鼓励企业走出去投资,这虽然没有直接增加内需,但是对于减缓国际上人民币升值压力和国内的通货膨胀压力却有好处。

第四,控中间。中国经济的主体是第二产业,这决定了资源、能源消耗的主要部门是工业。随着国内煤、电、油、水、气等资源能源要素价格的持续上涨,如果再不出台政策适当控制第二产业中基本原材料消耗大的工业部门的发展,那么成本推动型通货膨胀将难以得到有效缓解。与此同时,我们还要出台政策鼓励工业部门加大科技投入,提升工业生产技术水平和能源利用水平,推动中国经济实现由高能耗、高污染为基础的"高碳"经济向低能耗、低污染为核心的"低碳"经济的转变。总之,在当前,凡是基本原材料消耗比较大的行业要控制发展,凡是基本原材料消耗小的行业要鼓励发展。当然,将来还是要通过市场化的手段,让资源能源要素价格逐步与国际市场并轨,通过价格杠杆来抑制过度的能源资源消费需求,使产业结构自动优化调整和升级换代。

关于房地产市场,我们建议政府在谨慎使用从紧货币政策,使得股市稳定之后(否则这个政策措施不会有效),除了控制房地产行业新增投资,还要制定相应措施去消化市场上大量出现的空置房,这样不仅可以刺激消费,增加GDP,还可能促使开发商将回收的资金转向稳定后回报率更高的股市。

第五,停升值。我们认为中国政府要顶住国际压力,稳定人民币汇率,避免人民币短期过快升值,遏制人民币升值预期,一方面,堵住热钱的继续涌入，避免制造新的流动性过剩和通货膨胀压力。庞大的热钱在投机人民币升值的同时，催生了金融市场和房地产市场泡沫，加剧了我国国际收支失衡，给政府宏观调控施加了巨大的压力。另一方面，停止人民币升值将缓解中国企业的出口成本的进一步上升。因此，有必要从源头上打破人民币短期内大幅升值（特别是对美元）的预期。当然，稳定人民币汇率只是为解决两难问题而制定的一个过渡性制度安排。从长期来看，人民币汇率应由市场来决定。

第六，缓提价。在当前，为了控制由成本推动的通货膨胀，我们认为中国的电力、煤炭、成品油等国家控制的能源价格要严格控制，暂缓提价或逐步提价，而不能一步提升。原因有二：首先，国际油价近期的连续走高主要由于美元大幅贬值所致，中国成品油市场目前尚不具备市场定价条件，如成品油价格迅速和国际油价接轨，国内用油企业将难以承受；其次，目前解禁电力、成品油价格不利于控制CPI，作为重要的能源、电力物资，成品油、煤炭和电力价格如果大幅上涨必将传导到居民消费品生产部门，从而推动CPI上涨。

四、结　论

总体而言，我们认为宏观政策要体现及时性和前瞻性，在近期经济增长面临下滑的背景下，仍然盯住过低的通货膨胀目标，继续实施单一从紧货币政策，显然是不合时宜的，这有可能将近10年来形成的良好经济增长势头压下去。

因此，在面临扩大内需以推动经济增长和抑制通货膨胀双重任务并行的两难局面时，我们不应该采用见效不大，甚至可能导致经济大幅度滑坡的单一宏观紧缩政策，而是应该采用更一般的综合治理措施，如本文提出的"**慎紧缩、稳股市、拉两头、控中间、停升值、缓提价**"的综合治理方针，来推动中国经济的持续、快速、健康发展。

需要指出的是：第一，这六大综合治理措施是针对当前我国经济发展面临的两难困境，而提出的过渡性政策建议，重在"治标"，"治本"还要靠市场化的改革。长期而言，一旦经济的两难问题得到解决，经济发展状况恢复正常后，就需要加速深层次的改革，特别是要素市场的改革，并允许国内原材料价格、能源价格、粮食价格和国际水平逐渐接轨，人民币汇率也要向均衡水平调整，以真正增强中国经济在全球经济中的生存能力。然而，在经济大幅下滑、风险愈加凸显的情况下，当前显然并非推进这些改革的最佳时机。第二，我们分析的逻辑和解决两难的政策建议是基于对本文中提出的两难成因符合现实这一先决条件的。但是由于我们手中数据有限和不权威，还需要有关部门进一步研究、确认。

（2008年6月）

40

贫富差别、城市化与经济增长*
——一个基于需求因素的经济学分析

提要：贫富不均是近几年来我国经济发展相伴而来的一个重要现象。我们除了对它作价值判断，讨论公平与否之外，更加重要的是，确切地了解它对经济增长和经济效率的客观影响。本文从需求分析的角度讨论贫富差距扩大对经济增长的影响。我们引入熊彼特的观点，认为经济增长的动力来自创新性研究，它可以提高商品质量并推动经济增长。通过构建一个基于二元结构（城市和农村）的两部门（消费者和厂商）模型，贫富差距就可以由农民的人口比例 $N>1$ 和农民的相对贫穷程度 b^p 来衡量。由于高收入者对于优质商品有更强的支付意愿，收入分配状况影响在普通商品和优质商品之间进行的消费决策和厂商选择，进而影响为生产优质商品而进行的创新活动。结论是：在达到分离型均衡时，减少低收入者数量所引致的贫富差距缩小有利于创新，而提高低收入者收入所导致的贫富差距缩小则不利于创新。因此，推进城市化以减少农村人口比单纯增加农民收入更有利于经济的发展，是解决"三农"问题的根本方法。在经济发展水平和

---

* 本文载于《经济研究》，2009 年第 1 期。合作者沈凌。

基尼系数给定的情况下,对跨国和跨地区数据实证分析也支撑了我们的理论结果。

一、引 言

我国在经济快速增长的同时出现了贫富差距迅速扩大的现象。从城乡差别的角度来看,我国的贫困现象主要集中在农村。[①] 很多实证研究也表明,贫富差距扩大的一个主要原因是城乡差距的拉大 (Yang,1999;Wu and Perloff,2004;Benjaminetal,2004;Wan,Lu and Chen,2006),因此我国的贫富差距在很大程度上表现为城乡差距。虽然有研究表明经济增长可以减少农村的贫困现象(林伯强,2003),但是对于城乡收入差距扩大对经济增长的影响,国内的研究还很少。国外关于经济增长的研究指出,普遍意义上的收入分配不均对经济增长有不利的影响,[②] Benabou (1996) 概括了三种主要的理论机制:资本(信贷)市场具有不完美性,政治制度通过税收实现的影响,以及社会动荡。另外,家庭生育率和人均教育水平 (Croix and Doepke,2004) 也受到了重视。这些理论基本属于供给层面的分析,[③] 强调人力资本在经济增

[①] 虽然国企改革及下岗引起的城市贫困现象日益引起人们关注,但城市贫困远不如农村严重。见林伯强 (2003)。

[②] 有关一国的收入分配和经济增长的关系的研究,目前还远远没有达成一致。很多实证(例如,Berg 和 Sachs,1988;Persson 和 Tabellini,1994;Alesina 和 Rodrik,1994;Clarke,1995)显示,收入分配不均对经济的长期增长有负面的影响。然而,还是有其他的研究指出,分配不均对经济的中短期增长有正面的作用 (Forbes,2000),或者说,这种关系是非线性的 (Chen,2003;Banerjee 和 Duflo,2003)。

[③] 类似的研究还有 Galor and Zeira (1993)、Fishman and Simhon (2002)、Benhabib and RustichinI (1996)。Benabou (2002) 提供了一个模型来解释收入分配不均和经济增长的关系可以是非线性的。Li and Zou (1998) 的模型提出了收入分配不均对经济增长有利的作用。

长中的作用。需求因素对经济增长的作用,被许多经济学家忽视了。①

本文沿用内生经济增长理论,建立了一个基于需求分析的理论模型,来讨论城乡收入差距对长期经济增长的影响。虽然短期政府投资增加(例如刚刚推出的 4 万亿政府投资计划),或者外部环境的变化(例如这次发轫于美国的世界金融危机)等都可能导致短期经济增长率的波动,但是从长期来看,可持续的经济增长只能由知识的积累和技术的进步来获得,而这一切都是创新活动的结果。这是近代内生经济增长理论的基本思想。对于创新活动的决定因素,可以从两方面考察:一个是供给方面,例如考虑人力资本的积累、产权制度的完善等等,这些影响渠道在上面提到的文献中多有论述,另一个是考虑需求刺激对创新专利的垄断利润的影响。这就是本文基于需求分析的理论模型的基础。

由于我们主要的目的是从理论上来分析,即使人力资本相等,但由政策人为所造成的城乡收入差距也会通过消费需求对经济增长造成影响,为此我们假设,劳动力是唯一的生产要素,生活在城市与农村的人口在人力资本和生产率上并无区别,每个人无弹性地提供一个单位的同质劳动力。由此,我们假定厂商在雇用工人的时候并不区分他是农村人还是城市人。但是由于我国在分配体制上向城市倾斜,城市人口拥有更多的社会财富,例如公共医疗、公园、公共交通等,因而城市人比农村人口更富有。这种城乡差距在我国是特有的户籍制度的产物(Yang and Zhou,1999),但是也不仅存于中国。一般发展中国家都有社会公共资源集于城市的问题。所以,我们这里的理论研究发轫于中国,但是不仅仅服务于中国。由于这种贫富差别完全不同于由人力资本等供给面差异造成的收入差距,使我们得以提炼出收入不均通过消费影响经济的逻辑关系。

从需求上讲,高收入者比低收入者更有能力和意愿出高价购买优质商品。

---

① Zweimuller(2000,2005)提供了一个与本文类似的研究视角,但是他的结论也是单一的,即收入不均对经济增长有负面影响。

所以，厂商喜欢给不同的消费者提供不同质量的商品，以便弱化价格竞争，获得最大利益。[①] 本文的模型在一般均衡的框架内体现了这种垂直性的差异化竞争。借用熊彼特的观点，我们模型的经济增长由创新推动，[②] 创新成功率也就是经济增长率。优质产品首先通过研究活动被发明出来。在专利期内厂商对这个最新优质产品有垄断权。在专利失效以后，人人都可以生产该产品，于是变成完全竞争市场。所以，专利期内的垄断利润是厂商进行创新的动力。根据Aghion 和 Howitt（1992）的假设，创新的出现服从泊松进程。创新者可以通过增加生产要素的投入来提高创新的成功率。因此，收入分配可以通过影响垄断利润来影响在创新方面的要素投入，最终影响经济发展。

收入分配不均对创新与经济增长有双重影响。一方面，收入分配不均可以导致进一步的质量分化，由于高收入者会为新产品支付更多，因此这给厂商带来更强的创新动机。另一方面，收入分配不均也会导致新产品的市场狭小，从而不利于激励厂商创新。本文的主要结论是，在一个分离型均衡中，高收入者消费优质商品，低收入者消费普通商品。如果贫富差距是由低收入者变得相对更穷而导致的，那么对厂商的创新是有利的；如果贫富差距是由低收入者的人口比重增加而导致的，那么对创新是不利的。由此可见，如果只关注基尼系数所衡量的贫富不均程度，而忽视贫富差距的不同成因对经济增长的不同甚至相反的作用，那么在致力于消除贫富差距的政策实践中很有可能会产生偏差。

中国现处的经济发展阶段，正在从"让一部分人先富起来"向共同富裕转变。然而我们对共同富裕的关注，往往出自社会主义社会对于社会公正的诉求，似乎为了缩小贫富差别，就必须牺牲经济增长。这是鱼和熊掌不可兼得的选择。本文的主要结论给我们考虑贫富差别和经济增长的关系提供了一个新的

---

① Shaked 和 Sutton（1982，1983）在研究产业组织时首先提出了这种垂直性的差异化竞争模型。
② 本文所指的创新包括全新优质产品的发明与现有产品的质量提高。

视角。其实，在某些特定条件下，效率和公平是一对可以两全的目标。所以对于共同富裕的追求，还可以理解为经济增长的内在要求。我们政策的制定，就需要考量它对于经济增长和共同富裕的两方面的影响，力争做到既有利于经济增长，又有利于共同富裕。

就城乡差别来讲，为了缩小农村人和城市人的生活水平的差别，我们很显然有两类政策可以运用。一类政策是直接的转移支付，增加对农村的投入，给农民补贴，来提高农村人的收入，缩小城乡差距。这类政策的例子很多，例如前段时间有部分地区试行对家电下乡进行财政补贴。这是很典型的从需求方面改善城乡差距的政策。但是，从本文模型和结论来看，下乡的家电都是城市里面卖不出去的"低质"商品，补贴农民增加他们的购买力，只能降低厂商对于高质量商品的研发冲动，降低创新和经济增长。所以这样的政策，或许有改善城乡差别的功效，但是是以牺牲经济增长为代价的。另一类政策是扩大城市化，减少农村人口。这类政策不仅可以直接减少城乡差距，在本文的模型里面，它还能扩大厂商的高质量商品的市场份额，因为高质量商品的消费者是城市人口。因为需求的增加，厂商加大研发力度，提高产品质量，促进经济增长和效益的提高。这样，减少城乡差距是经济增长的内在需要。推进城市化以减少农村人口比单纯增加农民收入更有利于经济的发展。

我们的实证研究也支持了我们的理论预测。我们用国别（地区）面板数据，选取收入的分段数据和农村人口比例作为理论模型里面的收入分配两个变量的指标。处于各个发展阶段的不同国家或地区构成的国别（地区）数据，将会展示一个普遍的理论趋势，而我国的发展正处其中某个阶段，其轨道可能从其他国家或地区得到验证。比如发达国家或地区农村人口占比很低给了我们一个预测：城市化是符合经济发展的总趋势的。因此，国别（地区）数据的选用正是为了更好地揭示我们国家的未来趋势。

为了讨论方便，我们的理论模型运用熊彼特的创新是经济增长动力的思想，实证时将GDP增长率视作创新率的指标。一方面是因为创新率和经济增长率本来就是高度相关的。内生增长理论认为，经济的长期增长率取决于技术创新。另外一方面也部分地反映了现实。在现实里面，人们可能总以为经济增长就是数量的增长，似乎和我们的创新率并不相符，其实不然。例如，我们的汽车销量增长带动GDP增长，貌似数量的增长，但是如果考虑它就是一个出行工具，在没有汽车以前，我们出门坐马车轿子，现在被汽车替代，我们所有的还是一个单位的出行工具，但是它的质量得到了提高。所以，汽车的销量增长可以看作出行工具的质量增长。因此我们选取GDP的增长率也不是和模型完全没有联系的。

本文结构如下，首先第二部分通过一个简单例子说明我们的问题，第三部分是理论模型，第四部分为均衡，第五部分提供一些简单的实证支持，最后是总结。

二、一个例子

为了进一步说明我们的思路，在具体展开模型之前，我们先考察一个简单的例子。假设我们有一个社会，一半人口生活在农村，是低收入阶层；一半人口生活在城市，是高收入阶层。这个城乡差异是历史给定的，作为外生的环境存在。我们假设低收入者的收入是1，高收入者的收入是4。那么我们这个社会的劳伦斯曲线如图1，其基尼系数是0.3。[①]

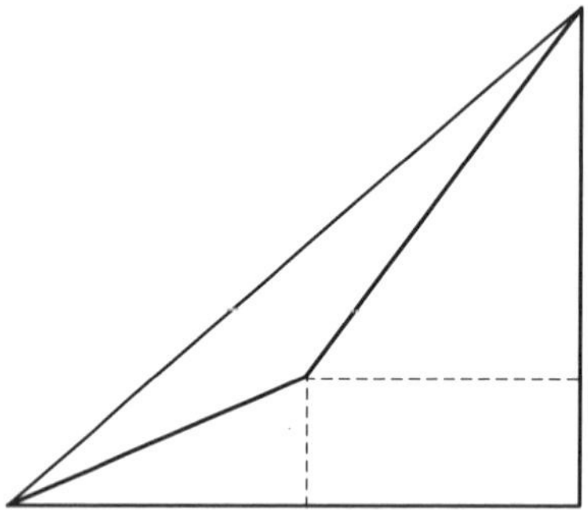

图1 一个例子：基尼系数0.3

现在假设我们为了减少城乡差别，有两个政策可供选择，它们都能将基尼系数下降

---

① 基尼系数的计算即是劳伦斯曲线的上部的三角形除以整个三角形的面积（此处为0.5），所以此例中的基尼系数 $= [0.5 - 0.5 \times 0.2 \div 2 - 0.5 \times 0.2 - 0.5 \times (1-0.2) \div 2]/0.5 = 0.3$

到0.1：其一是保持双方的人口比例不变，直接对城市人征税，通过转移支付给农村人。使得农村人的收入达到2，而城市人的收入为3；其二是保持农村人的收入不变，但是推进城市化，使得城市人口比例达到0.922。这样，城市人的人均收入会下降到2.63。这两类政策在降低基尼系数上的效用一样。也就是说，都是旨在实现收入分配平均化的政策，在极限情况下都能够彻底消除城乡差别。我们的问题是：这样的政策在实现"共同富裕"的同时，它们对经济发展的长远影响如何呢？

在我们下面的模型里面，我们通过探讨不同的收入分配结构（即使它们的基尼系数是一样的）对厂商的垄断利润的影响，来讨论它们对创新的影响。我们看到，上述两个政策，对需求的影响是不同的。如果农村的人口不是很多，或者农村人的收入相对来讲比较低［具体的条件见下面式（6）］，那么厂商愿意通过高定价，将高质量商品仅仅卖给城市人，而农村人只能买得起低质量商品。这就是下面讲的分离型均衡。在这个均衡中，政策一改善了农村居民的收入而降低了城市居民的收入，同时并没有扩大城市人口。高质量厂商能够从高质量商品里面获得的利润下降，所以它不太愿意加大创新的投入来发明更高质量的产品以获得垄断利润。厂商从事创新的冲动下降，对经济增长不利。政策二虽然也降低了城市人的收入，但是扩大了城市人口，也就是说对于生产高质量商品的厂商来讲，市场份额大了。按照下面模型的结论，总的来讲，对高质量产品的垄断利润的影响是好的。所以，厂商从事创新的冲动加强，对经济增长有利。

从动态过程看，在经济获得增长之后，人们可以设计相应的配套政策，使得城市和农村居民的收入都得以提高。也就是说，城市居民的收入水平可从发展和动态角度看，不会因为城市化的推进而下降。城市人口扩张带来的公共物品不足可以通过经济增长带来的额外收入弥补。这样就可以在不断提高城市人口比重的情况下取得经济增长。当然，城市化改革从短期看，可能会损害现有城市居民的自身利益（尽管长期由于经济发展所有人的福利都可能增长），从而现有城市居民可能会反对一些具体的城市化的改革措施。这就需要立法机构或上级部门制定法规或政策，运用政府的权威来强力推行。本文重点研究两种政策原则对经济发展的不同影响，不对这些相应政策的设计进行具体讨论。①

三、模　型

本文的一般均衡模型涉及两类参与者——消费者和厂商；消费者生活在两个地区——城市和农村；厂商生产两类商品——普通商品和优质商品。为了生产优质商品，厂商必须进行创新研究活动。

（一）基本假设

假设总人口固定不变并标准化为1。根据户籍制度，农村人口的比例为 β（$0<\beta<1$），城市人口的比例为 $1-\beta$。每个人都工作，提供同质的一个单位的劳动力，而劳动力是生产消费品所需要的唯一生产要素。劳动力市场是完全竞争的，因此每个人的劳动所得（即工资 w）都是一样的。除了劳动所得，个人 i 还可以获得社会福利 θA_i，其中 θ 是固定的利息率，A_i 是个人 i 所分享到的社会财富，而 $i=p$，r 分别代表农村人和城市人。因此个人 i 的全部收入是 $y_i=w+\theta A_i$。由于我国偏向于城市的分配政策导致城市人比农村人享有更多的社会财富（$A_r>A_p$），城乡之间的收入差距也由此形成（$y_r>y_p$），因此

---

① 尽管如何进行城市化改革的具体政策不在本文讨论范围之内，我们在实际生活中还是可以找到很多相应的例子，例如征地造成的农转非，这说明这里讨论的政策原则并非天方夜谭。由于城市化给城市原有居民带来的短期的福利降低，可以理解他们的抵触情绪。例如给予农民工以同城待遇，就是一个没有实现的推动农民进城的政策。或许这就是顾及城市人利益的结果。这也正是需要政府运用强制力的时候，一如征税的强制力。毕竟我们的政府不仅仅代表城市人的利益，因此，推进短期来看不利于城市人利益的某些政策并非完全没有可能。

城市人等同于高收入者,而农村人等同于低收入者。这是我们模型的外生环境。

我们假设 $A_p=dV$,其中 d ($0<d<1$) 衡量农村人均财富相对于全社会平均水平的比例,这是一个给定的外生变量,[①] V 是全社会人均社会财富,而且 $V=\beta A_p+(1-\beta)A_r$。我们可以推导出 $A_r=\dfrac{1-d\beta}{1-\beta}V$。由于 $\partial A_r/\partial \beta>0$,给定 d 和 V 不变,城市人口越多,其人均财富就越少。社会财富 V 的积累来自垄断企业支付研究成本和个人社会福利后的剩余利润。

消费商品分为普通商品和优质商品两类。其中普通商品的质量被标准化为 1,数量记为 x。我们假设,普通商品在完全竞争市场上交易,所以价格 P_x 等于其边际成本。普通商品的边际成本为 wb,其中 w 是工资,b 是生产一单位普通商品所需要的劳动力投入。这个边际成本也可以标准化为 1,于是有 $P_x=wb=1$。

优质商品可以进一步分为高档与低档两类。如以 q_j 表示质量水平,则 $j=0$,-1 分别代表高档与低档优质商品。高档优质商品的质量是低档优质商品质量的 k ($k>1$) 倍:$q_0=kq_{-1}$。但是它们的边际成本是一样的,都是 wa,其中 $a\in(0,1)$ 是生产一个单位优质商品所需要的劳动力投入。

每一种优质商品都是通过研究活动发明出来的。一旦发明成功,厂商就能够制造出比现有高档优质商品好 k 倍的新的高档优质商品(记为 q_0),它可以有专利保护而得以按照垄断价格 P_0 出售,而原先的高档优质商品退而成为低档优质商品(记为 q_{-1}),其原有的垄断性生产专利失效。[②] 由于任何人都可以

[①] d 其实是代表社会福利的政府在社会福利函数里面给予农村居民的权重,所以是一个相对模型经济体的外生变量。
[②] 可以假设原先的低档优质商品现在属于普通商品,从而使贫困人口也能享受技术进步带来的好处。

生产低档优质商品，所以 q_{-1} 的市场是完全竞争的，其价格 P_{-1} 等于边际成本 wa。我们假设发明的成功与否具有随机性，因此，对于高档优质商品的生产垄断的持续时间是不确定的。厂商如果想永远保持这个垄断地位，就必须每次购买最新发明出来的高档优质商品的专利权。

（二） 消费者的决策

我们不考虑储蓄，所有收入都用于消费。为了考虑收入对优质商品的价格的影响，我们假设，无论贫富，每个消费者都只消费一单位优质商品。在本文的模型中，消费品的数量和质量分别由普通商品和优质商品来代表。优质商品代表的是消费者对消费品的质量的关注，所以在考虑对质量档次的选择时，我们不必同时考虑数量。消费者对数量的偏好是由对普通商品的消费来体现的，所以对于普通商品的消费，没有专门针对数量（x_i）的限制。当然消费者决策必须满足预算约束：$y_i = 1 \cdot x_i + P_j \cdot 1$，$j=0, -1$。

消费者的效用函数是：

$$u_I(x_i, q_j) = \ln x_i + \ln q_j \quad i = p, r, \quad j = 0, -1 \tag{1}$$

也可以记为：$u_i = \ln(y_i - P_j) + \ln q_j$。我们假设，当两种商品带给消费者的总效用一样时，消费者选择质量较好的商品。这种假设只是为了简化分析，对结果没有影响。

（三） 厂商的垄断价格决策

由于厂商无法辨别消费者的贫富状况，所以只能制定单一价格。我们只考虑价格不随时间变化的稳定状态（Steady State）。前面的分析表明 $P_{-1} = wa$。现在我们考虑垄断厂商对 q_0 的定价。因为 q_{-1} 的潜在竞争，q_0 的价格不能定得太高。最高价格 $\overline{P}_0$ 必须满足：

$$\ln(y_i - \overline{P}_0) + \ln q_0 = \ln(y_i - wa) + \ln q_{-1} \tag{2}$$

等式左边是消费者 i 消费 q_0 所产生的效用，右边则是他消费 q_{-1} 的效用。只有当消费 q_0 所产生的效用至少等于消费 q_{-1} 的效用时，他才会选择购买 q_0。代入 $q_0 = kq_{-1}$ 并且重新调整等式，我们可以求得垄断厂商能够制定的最高价格：

$$\overline{P}_0 = \left(1 - \frac{1}{k}\right)y_i + \frac{wa}{k} \tag{3}$$

可见，高档优质商品的价格取决于厂商确定的目标客户的收入。理论上，垄断厂商可以有两个定价策略：混合定价（Pooling）和分离定价（Separating）。混合定价是指把价格定得很低，以至于低收入者也能够消费。分离定价意味着定价很高，从而只有高收入者才会购买。具体选择哪个定价方法，取决于哪个带来的利润大。如果采取混合定价，厂商所获得的垄断利润是：

$$\pi^{pool} = \left(1 - \frac{1}{k}\right)(y_p - wa) \tag{4}$$

其中 π 是选择不同定价策略带来的垄断利润。采取分离定价带来的利润是：

$$\pi^{sep} = (1-\beta)\left(1 - \frac{1}{k}\right)(y_r - wa) \tag{5}$$

结合中国实际，我们假设分离定价更优，亦即假定 $\pi^{pool} \leqslant \pi^{sep}$，这就要求满足下面的条件：

$$y_r - y_p \geqslant \beta(y_r - wa) \tag{6}$$

这个条件比较复杂，一下子不是很容易看出它的内涵。不过，当 β 充分小时，(6) 式总是成立。另外，(6) 式成立的一个必要条件是 $d(1+\beta) \leqslant 1$，[①]

---

① 在 (6) 式代入城市人和农村人的各自收入，我们得到：$1 - d(1+\beta) \geqslant \beta w(1-a)/\theta V$，所以，一个成立的充分条件是 $\beta \to 0$。一个必要条件是 $1 - d(1+\beta) \geqslant 0$。

也就是说：分离定价要求这个社会的低收入者（农村人）的人口比例不能太大，它们的相对收入不能太高。总的来说，它们对于高质量商品的生产者来讲，不是很重要。因此，该生产者会把销售目标盯在了高收入者（城市人）身上。图2显示30年的改革历程中 $d(1+\beta)$ 这一数值的变化轨迹。除了改革初期（1978～1985年）这个数值有短暂上升，代表了农民在消费者中间的重要性略有增加以外，随后，这一数值一直呈现下降态势，特别是进入21世纪以后，它明显低于1代表着上述必要条件的具备。所以，对我们现在来讲，考虑分离均衡更加有实际意义。当然，在不能满足上面（6）式所述的条件时，厂商会采取混合定价策略。在这个情况下，高质量商品会卖给所有人。因此，本文开始提出的问题就不太合适了。因为单纯的调整城市人口比例，不会改变高质量商品的市场份额，对经济增长没有影响。当然，提高农村人的收入，必定会增加厂商的创新动力，对经济增长有利。这个情况或许比较适用于我国过去20多年的情况。那时，我们的农村人口比例高，而城乡的收入差距也没有现在大。有关混合均衡的情况（Pooling Equilibrium）见 Shen（Forthcoming）。

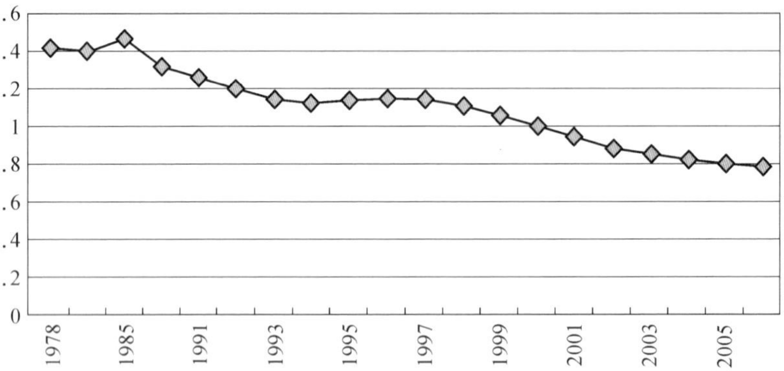

数据来源：《中国统计年鉴 2007》。

图2　近30年来中国的 $d/(1+\beta)$ 值

(四) 创新

优质商品需要通过研究活动创造出来。如果创新成功，新的优质商品的质量就可以提高到原先高档优质商品质量的 k 倍。沿用 Aghion 和 Howitt (1992) 的假设，我们将创新看作是一个服从泊松分布的随机过程，其参数是 ϕ。这是创新的成功率，我们假设它只取决于当前的研究投入 λn，其中 λ 为每个研究人员在创新方面的生产率，n 为研究人员数量。为简化分析，假设这一研究投入可以确保 ϕ 的成功率，即 $\phi = \lambda n$。研究的成本流是 wn，而它的收益流是 ϕB，其中 B 是当创新成功后能带来的所有未来的利润的现值：

$$B = \sum_{t=1}^{\infty}\left[\frac{\pi}{(1+\theta)^t}\Pr(0 \mid t)\right] = \sum_{t=1}^{\infty}\left[\frac{\pi(1-\phi^e)^{t-1}}{(1+\theta)^t}\right]$$

$$\Rightarrow B = \frac{\pi}{\phi^e + \theta} \tag{7}$$

其中 t 表示时间，$\Pr(0 \mid t)$ 表示在 t 之前没有创新的概率，$\phi^e = \lambda n^e$ 是预期的未来的创新成功率，n^e 是未来的在研究部门工作的工人数。

现在我们可以对平均社会财富 V 的来源做出说明。厂商在扣除支付给个人的社会福利和研究成本后的剩余垄断利润，就构成社会财富。即：

$$\Delta V = \pi - wn - \theta V \tag{8}$$

其中 ΔV 代表财富增量。由于厂商将剩余垄断利润全部返还给消费者，我们可以将其看作全民拥有的企业，于是 V 就是人均拥有的产权。[①] 一种更符合我国现实的做法是将垄断厂商看成国有独资企业，V 是国有资产，用于为财政开支提供融资，那么 θV 就是每年能够保证的人均公共开支。由于我国目前仍在执行户籍制度，城市人口享受的公共福利多，而农村人口享受的少，因此 V

---

① 由于总人口被标准化为 1，人均产权等于产权总额。

在国民间的分配不平均。d 就是用来衡量这种分配不均的。这种由制度造成的贫富差距，是本文模型之外给定的，所以是外生变量。

四、均　衡

（一） 均衡条件

我们要研究下列两个变量的均衡水平：创新的成功率 ϕ 和社会财富 V。ϕ 的大小，代表了消费质量提高的快慢。在本文的模型里，每个人只能消费一个单位优质商品，所以经济增长不是由消费数量的增加来体现，而是由质量水平的提高来体现。因此 ϕ 其实就是一般意义上的经济增长率。社会财富 V 是模型的状态变量。在达到稳定状态时状态变量不再变动，由此我们可以从等式（8）得到：

$$\pi = wn + \theta V \tag{9}$$

从劳动力市场的出清条件也可以得到这个均衡条件。在均衡状态下，劳动力的总供给应该等于总需求。根据本模型的假设，劳动力总供给为1。劳动力需求来自三个方面：其一，创新活动需要 n 单位的劳动力；其二，生产优质商品需要 a 单位劳动力；其三，生产普通商品的劳动力需求等于 $b[x_p\beta + x_r(1-\beta)]$，其中 x_p 和 x_r 分别代表贫困人口与富裕人口对普通商品的需求。于是劳动力市场的出清条件是：

$$1 = n + a + b(x_p\beta + x_r(1-\beta)) \tag{10}$$

代入 $x_r = y_r - P_0$ 和 $x_p = y_p - wa$，我们会发现，它等同于等式（9）。

我们假设研究部门可以自由进入（Free Entry），因此其均衡条件是研究部门的成本等于收益，即 $wn = \phi B = \lambda n B$。我们还假设研究人员具有完美预见性（Perfect Foresight），因此 $\phi = \phi^e$（亦即 $n = n^e$）。这样，我们有了另外一个均衡条件：

$$\frac{w}{\lambda} = \frac{\pi}{\phi + \theta} \tag{11}$$

这个等式左边是每个成功率百分点对应的成本，等式右边是成功后能带来的利润的现值。研究的成本随着研究人员效率（λ）的提高而降低，所以，它对创新率 ϕ 的作用是正的。创新成本的降低，有利于促进更多的劳动力进入研究部门，从而提高创新率。利息率 θ 对经济增长的作用有两个方面：一方面，利息率是一个折现率，它越高，那么未来利润的现值就越低，从而抑制创新动机；另一方面，利息率的提高，意味着社会财富能够提供的福利增加。这样消费者的收入增加，垄断者可以定价更高，由此带来利润的增加会促进创新。

（二）均衡条件下收入分配对创新的影响

利用等式（5）、（9）和（11），我们可以得到均衡解：

$$V^* = \frac{w}{\lambda} \tag{12}$$

$$\phi^* = \left(1 - \frac{1}{k}\right)[\lambda(1-\beta)(1-a) + \theta(1-d\beta)] - \theta \tag{13}$$

命题一：在满足条件（6）的情况下，高级优质产品的定价为分离型，也就是说，城市人购买高级优质产品，而农村人购买低级优质产品。在这个分离性均衡里，低收入者的相对收入（d）和低收入者的人口比例对创新率的影响都是负的。

证明：由上述（13）求 d 和 β 对 ϕ^* 的偏导即可。

结论一表明，收入分配对创新的影响是复杂的，致力于改善分配不均和缩小贫富差距的措施对经济增长的影响会互相抵触。按照 Shen（2004，Forthcoming）的计算，反映本模型中贫富差距的基尼系数等于 $(1-d)\beta$。提高农村人口的相对收入（d）或降低农村人口的比例（β），这两种措施都能起到降低基尼系数、缩小贫富差距的效果，但是两者对经济增长的影响截然相反。给定农村人口的比例不变，提高农村人口的相对收入（d），收入分配变得平均。这是我们在前面第二部分的例子里面谈到的第一类政策。但是由于 $A_r = \dfrac{1-d\beta}{1-\beta}V$ 随着 d 的上升而下降,城市人口的收入就会减少。但是城市的人口并没有改变。这使垄断价格下降,由专利带来的垄断利润变薄,从而抑制厂商的创新动力,造成 ϕ^* 下降。此外,由于农村人口在优质商品上的支出是固定的,d 的上升只能使他们增加对普通商品的消费。这将使整个社会的劳动力配置向普通商品倾斜,研究部门的劳动力投入减少,从而导致 ϕ^* 下降。因此,提高农村人口收入对经济增长有负面影响。与此相反,推进城市化的政策可以通过减少农村人口的比例(β)来缩小贫富差距,那么尽管城市人口的收入也会减少(因为 $dA_r/d\beta>0$),但是由于他们的数量在增加,优质商品的市场也扩大了。因为总的城市人的社会财富($1-d\beta$)是随着 β 减少而增加的,从等式(5)可以知道,上述两者的净影响是提高了垄断利润,① 这有助于提高创新率(ϕ^*),从而对经济增长有正面影响。这个结论意味着,同样有利于减少城乡差异的政策有可能对经济增长有不同的影响。推进城市化,减少农村人口,比单纯的增长农民收入,更加有利于创新和经济增长。城市化的推进,即 $\beta \to 0$。在极限情况下,即在趋向百分百的城市化时,农村的贫困度不再对厂商的创新冲动构成影响,但是我们的结论仍然成立。也就是说,与其增加农村人口的收入,不如使农村人进城,让他们享受和城市人一样的生活水平,这样对经济增长更有正的作用。

五、实　证

我国近几年的发展也印证了这个预测:贫富不均对经济发展的好坏不能笼

---

① 在等式(5)内代入 $y^r = w + \theta \dfrac{1-d\beta}{1-\beta}V$,我们有 $\pi^{wp} = \left(1-\dfrac{1}{k}\right)[(1-d\beta)\theta V + w - wa]$。所以,$\beta$ 对垄断利润的净影响是负的。也就是说,减少农村人口,将会提高垄断利润。这个和模型的其他假设无关。

统而言。低收入者数量的增长对经济发展有负作用,而高收入者变得更富则对我们的经济发展有正面的作用。目前我国的大部分高新消费品都是采取了分离定价策略,目标消费者定位为城市居民。于是,城乡收入差距的扩大和高新商品的热销并行不悖。根据《中国统计年鉴 2007》的数据,农民收入相对于全社会平均收入的比例,从 1980 年的 0.78 降到 2006 年的 0.50。但是与此同时,我国城市人口比例从 1980 年的 19.39% 增加到 2006 年的 43.9%。d 的减少和 $1-\beta$ 的增加,从两方面支持着需求的提高。因此,尽管贫富差距日益扩大,基尼系数不断升高,国民经济却仍然高速增长。这种现象无法用 Benabou(1996)的不完美资本市场理论来解释,但是如果用本文的需求效应来分析,就可以得到解释。

下面我们将提供一个更加系统的实证研究结果,来验证我们的理论预测。首先从世界银行的世界发展指标(The World Development Index,World Bank)找到各国的农村人口,把它作为我们模型里面的 β 的数据。最好的反映相对贫困度的指标当然是农村人均收入和社会平均收入的比例了,它是我们模型里面 d 的定义。但是我们不能直接找到这样的数据。所以,我们根据 Deininger et al.(1996)提供的分段数据(The Quntile Data),这个数据库是最近 10 年来涉及收入分配的实证研究用得最多的,例如 Forbs(2000)。这个分段数据告诉我们,$q1$ 是最低收入的 20% 的人口的收入占整个社会收入的比例,$q2$ 是最低收入的 40% 的人口的收入占整个社会收入的比例,依此类推。我们最后从联合国的数据库里面取得各国和各地区的 GDP 的数据,据此算出各国和各地区的增长率。

我们需要的收入分配的分段数据比较缺乏。为了得到尽可能多的数据,我们选择 20 世纪 90 年代初的数据。其次,由于分配的数据是相对来讲比较稳定的,所以我们不拘泥于某个年份。如果有 1990 年的数据最好,没有的话,我们选最靠近 1990 年的 3 年内的数据,这样我们共找到 80 国(或地区),他们有 20 世纪 90 年代初的收入分配的分段数据。这其中,我们又删除了 13 个刚刚成立的国家或地区的数据，以防这样的数据由于社会变动导致的不精确，妨碍了我们的结果。表1显示了这80国（或地区）的收入分配的数据，其中第一部分是我们需要的67国（或地区），第二部分列出了我们将予以舍弃的13国（或地区）的数据。表2给出了67国（或地区）的城市人口比例的统计数据。基本的OLS的回归结论则列在了表3里面。

表1　　　　　　　　　　　各国（或地区）的收入分配
Part 1:　　　　　　　　　67 included countries or regions

Country or regions	Year	Gini	Quntile 1	Quntile 2	Quntile 3	Quntile 4
Algeria	1988	38.73	0.068 0	0.177 7	0.327 1	0.534 5
Australia	1990	41.72	0.046 0	0.143 0	0.298 0	0.536 0
Bahamas	1989	44.54	0.030 3	0.120 7	0.276 6	0.523 2
Banglades	1989	28.85	0.095 0	0.228 0	0.398 0	0.614 0
Belgium	1988	26.63	0.084 8	0.227 0	0.413 7	0.649 2
Bolivia	1990	42.04	0.056 2	0.152 8	0.298 1	0.517 7
Brazil	1989	59.60	0.024 8	0.074 0	0.165 5	0.348 2
Canada	1990	27.56	0.075 4	0.211 1	0.465 7	0.661 5
Chile	1989	57.88	0.037 0	0.105 0	0.208 0	0.370 0
China	1990	34.60	0.070 1	0.189 0	0.350 4	0.590 2
Colombia	1991	51.32	0.036 0	0.123 9	0.252 8	0.456 5
Costa Rica	1989	46.07	0.040 0	0.131 0	0.274 0	0.493 0
Cote d'Ivoire	1988	36.89	0.067 8	0.179 6	0.337 4	0.559 2
Denmark	1992	33.20	0.054 8	0.175 4	0.367 0	0.621 7
Dom. Rep.	1989	50.46	0.042 0	0.121 0	0.246 0	0.443 0
Egypt	1991	32.00	0.087 1	0.212 0	0.374 7	0.589 1
Finland	1991	26.11	0.077 8	0.224 1	0.421 2	0.662 0
Ghana	1989	36.74	0.069 7	0.183 1	0.340 7	0.558 6
Greece	1988	35.19	0.061 9	0.177 8	0.348 2	0.588 2

续 表

Country or regions	Year	Gini	Quntile 1	Quntile 2	Quntile 3	Quntile 4
Guatemala	1989	59.06	0.021 0	0.079 0	0.184 0	0.370 0
Guinea Bissau	1991	56.12	0.020 6	0.085 3	0.205 5	0.411 4
Guyana	1993	40.22	0.062 7	0.169 5	0.319 3	0.530 9
Honduras	1992	52.63	0.038 4	0.118 1	0.241 3	0.436 7
China Hong Kong	1991	45.00	0.048 9	0.150 7	0.294 4	0.506 3
Hungary	1989	23.34	0.108 7	0.256 2	0.436 0	0.655 7
India	1990	29.69	0.091 0	0.222 0	0.391 0	0.609 0
Indonesia	1990	33.09	0.092 0	0.213 1	0.374 7	0.580 5
Ireland	1987	34.60	0.049 3	0.146 4	0.304 8	0.554 0
Italy	1989	32.74	0.083 5	0.215 2	0.388 4	0.619 0
Jamaica	1990	41.79	0.059 8	0.158 6	0.303 1	0.516 3
Jordan	1991	40.66	0.064 7	0.167 6	0.313 7	0.523 1
Kenya	1992	54.39	0.033 9	0.101 1	0.208 4	0.381 6
Korea, R.	1988	33.64	0.073 9	0.196 8	0.359 5	0.577 6
Lesotho	1987	56.02	0.028 7	0.092 7	0.205 2	0.400 1
Madagascar	1993	43.44	0.058 5	0.156 5	0.297 8	0.501 6
Malaysia	1989	48.35	0.045 8	0.129 1	0.259 0	0.462 7
Mauritius	1991	36.69	0.067 0	0.183 0	0.340 0	0.566 0
Mexico	1989	54.98	0.032 0	0.102 0	0.217 0	0.407 0
Morocco	1991	39.20	0.065 7	0.170 2	0.319 9	0.537 0
Netherlands	1991	29.38	0.069 2	0.210 7	0.399 7	0.636 4
New Zealand	1990	40.21	0.045 8	0.151 0	0.314 1	0.552 7
Nicaragua	1993	50.32	0.042 0	0.122 0	0.248 0	0.449 0
Niger	1992	36.10	0.074 8	0.193 0	0.347 7	0.558 8
Nigeria	1992	41.15	0.066 0	0.168 7	0.312 6	0.517 1
Norway	1991	33.31	0.054 0	0.165 7	0.335 8	0.584 5
Pakistan	1991	31.15	0.084 0	0.212 7	0.381 4	0.603 0

续 表

Country or regions	Year	Gini	Quntile 1	Quntile 2	Quntile 3	Quntile 4
Panama	1989	56.47	0.020 0	0.083 0	0.199 0	0.402 0
Philippines	1988	45.73	0.052 0	0.143 0	0.276 0	0.475 0
Poland	1990	26.24	0.095 2	0.235 4	0.414 7	0.642 8
Portugal	1990	36.76	0.057 0	0.169 0	0.338 0	0.576 0
Puerto Rico	1989	50.86	0.029 0	0.100 0	0.234 0	0.468 0
Senegal	1991	54.12	0.035 0	0.104 8	0.220 7	0.413 8
Singapore	1988	41.00	0.065 2	0.172 7	0.306 3	0.534 1
South Africa	1993	62.30	0.020 2	0.068 7	0.163 5	0.351 3
Spain	1989	25.91	0.083 9	0.227 1	0.413 9	0.647 2
Sri Lanka	1990	30.10	0.089 2	0.220 5	0.389 4	0.606 6
Sweden	1990	32.52	0.074 0	0.201 0	0.368 0	0.618 0
Tanzania	1993	38.10	0.068 5	0.177 5	0.330 3	0.545 6
Thailand	1990	48.80	0.040 0	0.123 0	0.248 0	0.448 0
Tunisia	1990	40.24	0.058 6	0.162 7	0.315 4	0.536 7
Turkey	1987	44.09	0.052 4	0.148 5	0.289 1	0.500 6
Uganda	1989	33.00	0.085 2	0.206 1	0.365 8	0.580 7
UK	1990	32.30	0.077 8	0.203 7	0.362 6	0.590 1
USA	1990	37.80	0.046 0	0.154 0	0.320 0	0.558 0
Venezuela	1990	53.84	0.036 1	0.106 7	0.223 2	0.415 9
Zambia	1991	43.51	0.055 7	0.151 5	0.293 1	0.502 9
Zimbabwe	1990	56.83	0.039 8	0.102 7	0.202 8	0.376 6

Part 2: 13 excluded countries or regions

Country or regions	Year	Gini	Quntile 1	Quntile 2	Quntile 3	Quntile 4
Armenia	1989	39.39	0.017 0	0.135 0	0.325 0	0.594 0
Bulgaria	1990	24.53	0.105 4	0.257 8	0.428 3	0.654 3

续 表

Country or regions	Year	Gini	Quntile 1	Quntile 2	Quntile 3	Quntile 4
Czechoslovakia	1991	24.60	0.108 6	0.248 4	0.423 0	0.645 0
Kazakhstan	1993	32.67	0.074 9	0.198 1	0.367 2	0.596 1
Kyrgyz Rep.	1993	35.32	0.067 0	0.182 0	0.346 2	0.577 4
Laos	1992	30.40	0.095 5	0.224 7	0.387 3	0.597 6
Latvia	1993	26.98	0.096 0	0.232 0	0.406 8	0.632 7
Lithuania	1993	33.64	0.080 9	0.204 3	0.366 5	0.579 2
Romania	1989	23.38	0.099 8	0.248 8	0.436 0	0.667 7
Slovak Rep.	1992	19.49	0.118 6	0.277 0	0.464 5	0.686 5
Slovenia	1992	25.95	0.101 2	0.241 4	0.416 9	0.638 7
Ukraine	1992	25.71	0.095 4	0.236 6	0.417 0	0.646 2
Vietnam	1992	35.71	0.078 0	0.192 0	0.346 0	0.570 0

Data：from Deininger et al. (1996)。

表2　　　　　　　　　　　　　　描述性统计指标

	N	Minimum	Maximum	Mean	Std. Deviation
GDP90	67	144.00	28 059.00	6 164.403 0	8 265.590 2
GROWTH（%）	67	−6.147 425	9.549 096	3.367 228 35	2.696 691 96
GINI90	67	23.34	62.30	41.163 0	10.019 8
$q1$（%）	67	2.00	10.87	5.802 1	2.163 8
β（%）	67	.000 000	89.088 800	45.806 188 06	23.316 172 48

注：GDP90 是 1990 年的 GDP，来自联合国统计网页。
　　GROWTH 是 1990 年到 2004 年的 GDP 的年平均增长率。
　　GINI90 是 20 世纪 90 年代初的基尼系数，来自 Deininger et al. (1996)。
　　$q1$ 是 20 世纪 90 年代初的第一个分段收入数据，即最穷的 20% 的人的收入总和占整个社会的收入的比例。来自 Deininger et al. (1996)。
　　β 是 1990 年的农村人口比例。来自世界银行的世界发展指标。

表3　　　　　　　　　　　　　　回归结果

	$d=q1$	$d=q1$	$d=q2$	$d=q1(1-q4)$
(Constant)	4.163 (3.257)	24.538 (3.238)	36.479 (3.045)	15.931 (2.342)
GDP90	$-4.40E-05$ (-0.816)	$-1.71E-04$ (-2.463)	$-1.63E-04$ (-2.524)	$-1.12E-04$ (-1.798)
Gini90		-0.298 (-2.724)	-0.436 (-2.767)	-0.185 (-1.700)
β	-0.0463 (-2.432)	-0.0553 (-2.998)	-0.0589 (-3.187)	-0.0530 (-2.813)
d	0.275 (1.812)	-0.916 (-1.988)	-0.715 (-2.239)	-0.136 (-0.909)
R^2	0.131	.224	0.236	0.185

注：Dependent Variable：GROWTH。
小括号内数据是 t 值。

我们首先选 $q1$ 作为我们模型里面的相对贫困变量 d 的指标来回归，所以，它是 20% 最低收入人群的相对贫困度。在表 3 的第一列，我们回归的独立变量就是期初的 GDP 和农村人口比例 β，以及作为相对贫困变量 d 的代表的 $q1$。结果显示，在控制了收入分配的变量之后，GDP 的增长的确显示出明显的收敛性，但是，统计不显著。这个基本符合发展经济学里面的条件收敛的一般结论。其次，我们也看到，农村人口比例对经济增长的作用是负的。这个说明，由于低收入者的数量增长导致的贫富分化的确不利于经济增长。这个和我们的理论预测相符。但是，我们的相对贫困指标的系数是正的，这个显示低收入者的收入相对高收入者递减导致的两极分化，也对经济增长不利。这个和我们的理论预测不符。为此我们猜测：我们的理论模型只是解释了收入分配不均对经济增长的众多作用渠道之一，而不是事情的全部。所以，为了控制收入分配不均对经济增长的其他可能作用，我们引入了基尼系数。在表 3 的第二列，我们显示了引入基尼系数之后的回归结果,它和第一列只有两点不同:第一,条件收敛的回归结果显示为统计显性。可见收入分配对经济增长的重要性。只有控制住它,条件收敛的结果才让人信服。第二,代表相对贫困度的 $q1$ 的系数由正转变为负。这是相当有趣的结论。因为它显示了我们理论预测的结果:由于低收入者收入增加所导致的两极分化的减少是不利于经济增长的。但是,这个结论是在控制了两极分化对经济增长的其他作用后得到的。如果考虑收入分配不均对经济增长的总的作用,我们回归的结果显示基尼系数的回归系数是负的,也就是说,收入分配不均是不利于经济增长的。这个结论告诉我们,不要再谈空洞的效率和公平不可兼得了,我们现在的社会显示出,公平和效率在某种意义上面是可以兼得的!

为了考察我们结论的有效性,我们用 $q2$ 取代 $q1$ 作为 d 的指标。这是最穷的 40% 的人群的相对贫困度。显然,这个指标比 $q1$ 来得弱。我们的回归结论在表3的第三列。我们的结果仍然成立。即使我们使用了 $d=q1/(1-q4)$ 这样和我们的理论模型的定义相对差距较大的指标,即是最穷的 20% 的人群的收入和最富的 20% 的人群的收入之比。我们的结论还是基本成立。但是,这个回归的结果在 d 上没有显示统计显性。基尼系数和 GDP 初始值的统计显性也下降了。由于这个 $d=q1/(1-q4)$ 是放大了的相对贫困度,而它的结论弱于我们的正常的 $q1$ 和 $q2$ 的结论。我们认为,这说明了通过需求探讨的收入分配不均对经济增长的影响只是其全部影响的一个部分,也许存在着其他相反的作用力。所以,不能片面强调这个需求渠道的影响力。

六、结 论

本文区分了衡量贫富差距的两个指标:农村人口的比例和农村人的相对贫困度。然后通过收入分配对需求的影响,分析了它们对创新和经济增长的不同作用。我们的结论是：由于低收入者的相对贫穷程度的改善而导致的贫富差距缩小对经济发展不利，而由于低收入者人口比例的减少而导致的贫富差距缩小对经济发展有利。这个结论也表明，仅仅关注基尼系数，不区分影响基尼系数的不同因素的动态变化，就不能对我们的政策实践提供明确的指导。

我们的结论在政策上面的体现，就是强调了一个能够同时达成城乡差距减少和促进经济增长的双赢的可能。减少农村人口，加快城市化，比单纯地给农民补贴、增加他们的收入，在同样有利于减少城乡差距的前提下，更加能促进经济增长，是解决"三农"问题的根本方式，兼顾效率和公平的两全。当然，推进城市化，短期来看会影响城市人的福利，这个和现在有利于城市人的收入分配政策看上去是矛盾的。但是，由于能够促进经济的长期增长，并且，基于创新的增长是可持续的，这就给我们的政策制定提供了帕累托改进的空间。当然限于篇幅，本文没有对具体的政策提供太多的讨论。

本文的结论建立在一个需求拉动的内生经济增长模型基础上。它有别于一般从供给角度分析的新古典经济增长模型。本文的模型更加类似于熊彼特的创新型经济增长模型，强调需求对经济增长的作用。如何联系这两类模型，从供给和需求两方面同时探讨收入分配对经济增长的影响，是未来的研究方向。

（2008 年 6 月）

参考文献

[1] 林伯强. 中国的经济增长、贫困减少与政策选择 [J]. 经济研究，2003，12.
[2] 中国国家统计局. 中国统计年鉴 [M]. 中国统计出版社，2007.
[3] Aghion, Philippe and Howitt, Peter. A Model of Growth through Creative Destruction [J]. *Econometrica*，1992，60（2）：323～351.
[4] Alesina, Alberto and Rodrik, Dani. Distributive Politics and Economic Growth [J]. *Quarterly*

Journal of Economics, 1994, 109 (2): 465~490.

[5] Banerjee, Abhijit V. and Duflo, Esther. Inequality and Growth: What can the Data say? [J]. *Journal of Economic Growth*, 2003, 8 (3): 267~299.

[6] Benabou, Roland. Inequality and Growth [M]. //Ben S. Bernanke and Julio J. Rotemberg, eds.. *NBER macroeconomics annual 1996*. Cambridge, MA: MIT Press, 1996, 11~74.

[7] Benabou, Roland. Tax and Education policy in a Heterogeneous-agent Economy: What levels of Redistribution Maximize Growth and Efficiency? [J]. *Econometrica*, 2002, 70 (2): 481~517.

[8] Benhabib, J. and A. Rustichini. Social Conflict and Growth [J]. *Journal of Economic Growth*, 1996, 1 (1): 129~146.

[9] Benjamin, Dwayne, Loren Brandt and John Giles. The Dynamics of Inequality and Growth in Rural China: Does Higher Inequality Impede Growth? [D]. Working Paper, University of Toronto.

[10] Berg, A. and Sachs, J. The Debt Crisis: Structural Explanations of Country Performance [J]. *Journal of Development Economics*, 1988, 29: 271~306.

[11] Chen, Been-Lon. An Inverted-U Relationship Between Inequality and Long-run Growth [J]. *Economics Letters*, 2003, 78: 205~212.

[12] Clarke, George R.. More Evidence on Income Distribution and Growth [J]. *Journal of Development Economics*, 1995, 47 (2): 403~427.

[13] Croix, De La, David and Matthias Doepke. Inequality and Growth: Why Differential Fertility Matters [J]. *American Economic Review*, 2004, 93 (4): 1091~1113.

[14] Deininger, K and Squire L.. New Data Set Measuring Income Inequality [J]. *World Bank Economic Review*, 1996, 10: 565~591.

[15] Fishman, A. and A. Simhon. The Division of Labor, Inequality and Growth [J]. *Journal of Economic Growth*, 2002, 7: 117~136.

[16] Forbes, J. Kristin. A Reassessment of the Relationship between Inequality and Growth [J]. *American Economic Review*, 2000, 90 (4): 869~887.

[17] Galor, Oded and Joseph Zeira. Income Distribution and Macroeconomics [J]. *Review of Economic Studies*, 1993, 60: 35~52.

[18] Li, Hongyi, and Heng-fu Zou. Income Inequality is not Harmful for Growth: Theory and Evidence [J]. *Review of Development Economics*, 1998, 2 (3): 318~334.

[19] Persson, Torsten and Tabellini, Guido. Is Inequality Harmful for Growth? [J]. *American Economic Review*, 1994, 84 (3): 149~187.

[20] Shaked, Avner and Sutton, John. Relaxing Price Competition through Product Differentiation [J]. *Review of Economic Studies*, 1982, 49: 3~13.

[21] Shaked, Avner and Sutton, John. Natural Oligopolies [J]. *Econometrica*, 1983, 51: 1469~1483.

[22] Shen, Ling.. Education, Income Distribution and Innovation" [J]. *Discussion paper of Bonn Graduate School of Economics*, 2004, 11.

[23] Shen, Ling.. Urban-rural Disparity: the Demand Analysis [J]. *the Journal of Developing Areas Forthcoming*.

[24] Wan, Guanghua, Ming Lu and Zhao Chen. The Inequality-Growth Nexus in the Short and Long Runs: Empirical Evidence from China [J]. *Journal of Comparative Economics*, 2006, 34 (4): 654~667.

[25] Wu, Ximing and Perloff, M. Jeffrey. China's Income Distribution over Time: Reasons for Rising Inequality [D]. home page of the Jeffrey, 2004.

[26] Yang, Dennis Tao and Zhou, Hao. Rural-urban Disparity and Sectoral Labor Allocation in China [J]. *Journal of Development Studies*, 1999, 35 (3): 105~133.

[27] Yang, Dennis Tao. Urban-biased Policies and Rising Income Inequality in China [J]. *American Economic Review*, 1999, 89 (2): 306~310.

[28] Zweimuller, Josef.. Schumpeterian Entrepreneurs Meet Engel's Law: The Impact of Inequality on Innovation-Driven Growth [J]. *Journal of Economic Growth*, 2000, 5 (2): 185~206.

[29] Zweimuller, Josef and Brunner, K. Johann. Innovation and Growth with Rich and Poor Consumers [J]. *Metroeconomica*, 2005, 56 (2): 233~262.

41

金融危机、经济增长与可持续发展[*]

关于中国经济短期增长和长远可持续发展的政策建议

摘要：当前，由美国次贷危机引发的国际金融危机仍在蔓延和深化，全球实体经济受到的影响也许还没有见底。中国经济在这一轮经济危机中也无法独善其身，从2008年下半年特别是10月开始中国经济增长进入急剧下滑阶段。其实，早在中国经济大幅度下滑之前的2008年6月，笔者和黄晓东教授在《治理通货膨胀，更要警惕经济大幅下滑风险》一文中，就预见了经济大幅下滑的可能性，并针对当时的经济情况提出了"慎紧缩、稳股市、拉两头、控中间、停升值、缓提价"18字的综合治理方针。危机也意味着机遇，我们应查找内外成因，解决短期经济大幅下滑问题，借此机会制订长期可持续发展战略。本文认为中国经济这次之所以出现如此大幅下滑，是由于自身周期性调整、国际金融危机冲击和宏观经济政策缺乏前瞻性和稳定性这三方面因素共同作用造成的。为解决当前的经济困境，实现保增长和调结构的有机结合，本文提出一个新18字的综合治理方针——"增信心、稳两市、拉两头、优中间、扩内需、激出口"。当然，从

---

[*] 本文形成于2009年7月。

长远来看，中国经济的可持续发展还是靠进一步深化市场化改革，建立长效机制，其改革的关键是合理界定政府与市场的边界，增强政策的前瞻性和稳定性。

近两年来，美国次贷危机引发的国际金融危机持续蔓延和深化，已经演变成自1929年大萧条以来最严重的金融、经济危机和全球经济衰退，造成了严重的社会、政治和经济影响。为此，世界各主要经济体纷纷出台大规模的经济刺激计划。2008年9月以来，我国政府也大幅调整了宏观政策取向，财政政策由稳健转向积极，货币政策由从紧转向宽松，并决定安排4万亿元资金，通过十项措施来进一步扩大内需，2009年初又出台了十大产业振兴规划。

从一些先行数据来看，中国和世界经济已开始出现企稳回升的迹象（当然不是所有数据都向好，一些数据还有背离）。但是，如果不搞清楚这场金融危机的根源和本质，不搞清楚中国经济大幅下滑的内在原因，不搞清楚推动中国经济可持续发展的长效机制所在，那么现在所做的一切，很可能又会为下一次的金融危机、经济危机埋下隐患。

一、金融危机的背景及演变过程

美国次贷市场泡沫的破灭是这次国际金融危机的源头。2000年美国互联网经济泡沫破灭再加上次年遭受"9·11"恐怖袭击，使得美国经济出现衰退迹象。为了刺激经济，美联储采取了极具扩张性的货币政策，连续13次降息，2003年6月25日更是降到45年以来最低点的1%，并维持了大约1年之久。

美联储的宽松货币政策环境反映在房地产市场上就是房贷利率的同期下降，过剩的流动性导致放贷机构瞄向那些信用记录较差、违约风险较大的购房人。放贷机构再把次贷打包卖给住房抵押贷款机构，住房抵押贷款机构则又通过资产证券化的方法将次债资产卖给华尔街的商业银行和投资银行,华尔街进而将其衍生成各种金融产品,以证券、债券的形式出售给各类投资者,来分散和转移风险。

在房地产不断升值的诱惑下,购买持有次级债券的各类银行、基金投资机构,为了眼前的报表业绩,也乐于进行高风险高收益的投机,并且投行高管的收入跟财务报表业绩挂钩,而不承担什么风险。可以说,正是美联储的超低利率刺激经济的政策带动了21世纪以来美国次贷市场的泡沫泛起。

然而,随着经济的过热,2004年6月以来美联储的货币政策转向,在短短两年时间内,联邦基准利率由1.25%调高到5.25%,这使得美国连年膨胀的房地产泡沫开始受到力度逐渐强烈的挤压,房地产价格开始持续下跌。一旦房地产市场升值的前提不复存在,次级按揭贷款违约率就开始急剧上升,次贷资产及其衍生产品的价值大幅缩水,从而导致持有次级债券的金融机构的财务状况不断恶化。2007年4月,美国第二大次贷供应商新世纪金融公司申请破产保护,流动性几乎一夜之间由高度过剩变成极度不足,导致次贷危机不断蔓延和升级。美国的许多重量级金融机构纷纷陷入破产或者被收购的困境,世界金融业版图也随之出现大幅震荡调整。

金融的基础是信心,信心一旦崩盘将造成金融市场的非理性恐慌,加速实体经济滑向萧条的轨道。据世界银行的最新预测,受国际金融危机影响,2009年世界经济将负增长2.9%。其中,发展中经济体的经济增长率仅为1.2%,远低于2008年的5.9%和2007年的8.1%。报告预计,如果不包括中国和印度,2009年发展中经济体经济增长将下降1.6%,失业和贫困人口将进一步增加。

二、全球金融危机的经济学根源分析

现代经济学理论告诉我们,市场经济导致资源的有效配置这一结论是有许多先决条件的，其中之一就是没有经济的外部性。某个行业一旦存在经济的外部性，市场就会失灵，政府就必须对其进行适当规制，而不是放任不管。金融市场就是这样的行业，具有非常强的外部性（传递性），一旦出问题就会危及整个经济。这次美国金融危机背后的深层次原因就在于盲目相信市场的自我调节和自我纠错能力，过分强调市场自由和金融创新，而忽视了金融市场失灵，政府监管严重不足，促使华尔街精英在逐利天性下进行了大量的金融衍生操作，而忽视了自我风险控制。

金融系统的外部负效用性和传递性要求政府必须进行有效监管。然而，早在20世纪80年代初，美国前总统里根就开始了过度自由化改革，将20世纪30年代大萧条后对金融行业所制定的一些规则解除。以美联储前主席格林斯潘领衔的绝大多数美联储官员，忽视了市场失灵的地方，过分相信市场的自我调节作用，相信放贷机构的自我风险控制能力。这样，美国在21世纪之初的超宽松货币政策及金融监管的交互作用下，让大批无支付能力的低收入者通过抵押贷款的方式拥有了住宅。

三、中国经济大幅下滑的原因

中国经济增长为什么从2008年下半年突然出现大幅下调，笔者认为主要有三个方面的原因：

一是中国经济增长周期自身正好即将面临一个下行的拐点。从图1可以看出，改革开放以来中国经济增长明显呈现出三个周期。第一个周期是从1981年到1990年；第二个周期是从1990年到1999年；第三个周期是从1999年到2009年。这三轮周期的时间跨度大致相同，因此从经济周期的角度来看，2008年以来的经济大幅下滑部分原因是中国经济自身的周期性回落因素发挥了作用。如果仔细分析各周期内的波动情况，可以发现前两个周期从波峰回落到波谷的时间分别用了6年和7年,年平均GDP增幅下降都在2个百分点以内,但是第三个周期经济增长率回落之快,幅度之大,与前两次有很大区别。

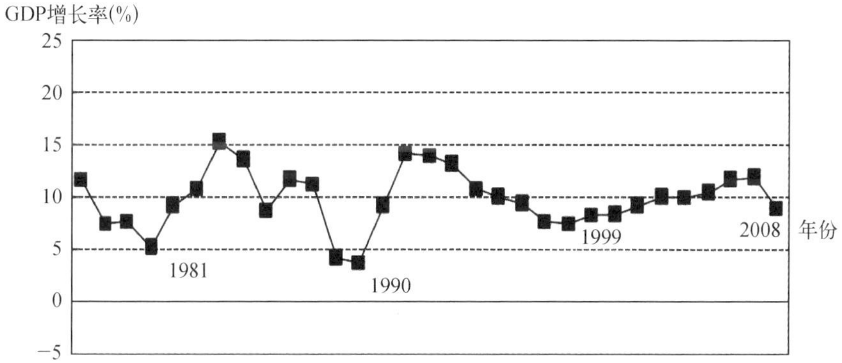

图1　改革开放以来的经济增长波动示意图

二是美国金融危机引发的世界经济衰退的负面冲击。这使得外部需求突然收缩,加速了经济的下滑。2008年7月,中国出口贸易的同比增长率即开始下滑,2008年11月突然从10月19.2%的增长跌落为－2.2%,到2009年6月这个增长率一直是负数,并曾达到－26.5%的历史新低(见表1和图2所示)。这是近10年来都没有的事情。需要指出的是,外贸出口之所以在短期内出现如此之大的降幅,这其中与人民币过快升值和劳动合同法的出台也有关联。

表1　　　　　　　2008年7月以来中国月度出口情况表

金额单位:亿美元

年　份	月　份	当月出口		
		金额	上年同期	同比(%)
2008年	7月	1 366.0	1 077.1	26.8
	8月	1 348.2	1 113.9	21.0
	9月	1 364.1	1 122.9	21.5
	10月	1 283.3	1 076.9	19.2

续 表

年 份	月 份	当月出口		
		金额	上年同期	同比（％）
2008年	11月	1 149.9	1 175.2	−2.2
	12月	1 111.6	1 143.3	−2.8
2009年	1月	903.7	1 095.8	−17.7
	2月	648.7	873.2	−25.8
	3月	902.2	1 089.3	−17.2
	4月	919.3	1 187.6	−22.8
	5月	887.4	1 205.7	−26.5
	6月	955.1	1 211.7	−21.3

数据来源：中国海关总署网站。

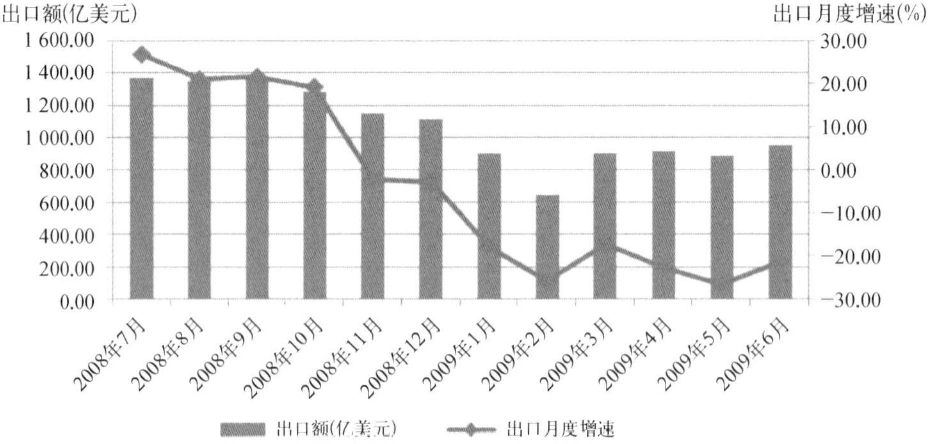

图2 2008年7月以来中国月度出口额和出口月度增速

三是宏观经济政策的不稳定更进一步地加深了经济的下滑。治理经济的政策本来应该近似于中医治疗手段，除非特殊情况，一般应采用温和稳健的综合治理手段。但我国近一年的宏观政策手段具有较大的盲目性和急躁性。

2008年，上半年宏观调控政策简直像是大泻药，如央行曾6次上调存款准备金率至17.5%的历史高点。当时的政策基调重在应对通货膨胀的风险，而忽视了经济可能出现的大幅下滑风险。根据货币政策一般有6个月至12个月时滞的特征，宏观紧缩政策在下半年开始发挥作用。而这时刚好美国金融危机开始发酵，对中国经济形成了强大的负面冲击。于是，2008年下半年特别是9月以后，宏观调控政策又开始180度大转弯，就像是用了一剂大补药。政策缺乏前瞻性、连续性和稳定性，大起大落，这就增加了经济运行的风险。

事实上，早在2008年上半年就已有一些经济学家开始意识到该问题的严重性。比如笔者在2008年6月的一篇题为《治理通货膨胀，更要警惕经济大幅下滑风险——关于解决扩大内需和抑制通货膨胀两难的政策建议》的研究报告中通过分析当时国内外经济状态及其成因后就指出，经济大幅下滑和通货膨胀的风险是不对称的，政府政策的重心应该是主要防止经济大幅下滑，兼顾抑制通货膨胀，采用更稳健的基于一般均衡的综合治理。为此，在报告中提出了"慎紧缩、稳股市、拉两头、控中间、停升值、缓提价"18字的综合治理方针。我国政府2008年底出台的一些经济刺激方案和政策转向，基本与该综合治理方针的方向和内容吻合。

在上述三方面原因中，前两方面一个是经济周期的内在规律，另一个是外部的因素，都是不可控的。但这两个方面在一定程度上也是可预测的，对其风险和后果可以由经济理论的内在逻辑性做大致判断，由此所采用的经济政策应该具有一定的前瞻性。经济学不能拿社会做实验，更需要依靠其内在逻辑性。现实中政策最需要的是前瞻性，不是说问题出现了才解决，而应该有一个事先的预警机制。因而，需要充分了解内外经济环境，问题成因，从而根据经济学理论的内在逻辑，对经济走势做出科学判断。从中长期来讲，经济学理论对于经济发展的指导，也许比普通的数据统计、分析和预测更加有用、更加准确。第三方面则是主观的、内部的因素，是可控的，应该具有稳定性。邓小平同志的"发展是硬道理""稳定压倒一切"蕴含着深刻的经济学思想，正确处理发展和稳定的关系，要求我们在发展中求稳定，在稳定中图发展。稳定不只是国家、社会和政治的稳定，还包括政策的稳定。当然政策稳定应该建立在前瞻性基础之上。

从历史经验看，政府行为对于中国经济周期的影响巨大，并且往往加大了它的振荡幅度，人为拉大了高峰和低谷。从图3可以看出，中华人民共和国成立以来，在经济增长上曾出现过八次大的波动，跌入谷底，分别是1954年（4.2%）、1957年（5.1%）、1961年（-27.3%）、1967年（-5.7%）、1976年（-1.6%）、1981年（5.2%）、1990年（3.8%）和1999年（7.6%）。

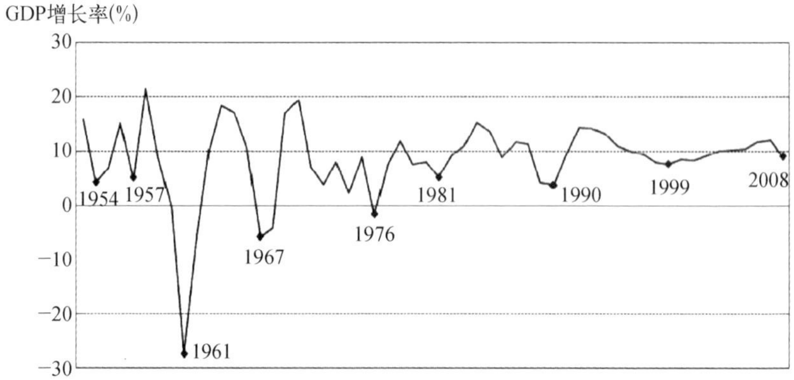

图3 中华人民共和国成立以来的经济增长波动示意图

从2008年第四季度以来的经济表现看，2009年也许又是一次谷底，2010年、2011年中国经济很可能早于世界经济复苏。那么，我们可以发现这9次经济波动中只有两次完全是由不可控因素所致：1954年的天灾和1998年亚洲金融危机，而另外7次的经济低迷则或多或少与政治或者政策不稳定有关，1957年的"反右"运动，"大跃进"之后的1961年，"文化大革命"高潮的1967年，1975年"割资本主义尾巴"，1981年是首次对国民经济进行较大规模的宏观调整和紧缩措施，相关政治风波后的1990年，以及这次"大泻大补"的宏观调控。并且，政治或政策越不稳定，下降越快、幅度越大（如1957年、1967年、1976年、1990年）。政府行为对于经济活动的干涉，尤其是一个缺乏具有前瞻性和稳定性的政策取向，放到市场经济条件下，其破坏性同样不容小觑。如果政策不稳，会严重地影响经济活动，特别是打击人民对政策的信心，造成经济上大幅波动。

四、对中国经济改革与发展的启示

尽管美国金融危机与大量衍生产品的推出不无关系，但是这绝不意味着我们要禁锢市场化改革和金融创新。中国的问题恰恰在于市场化程度不足，政府过度干预金融市场，阻碍了金融创新，降低了金融系统的效率。只有合理界定好政府和市场的边界，正确处理好金融创新和金融监管的关系，才能兼顾整个金融系统的效率性和安全性，使得中国经济获得持久发展的动力。

从此次金融危机，我们也许可以得到一些启示：

（1）经济学基本理论训练非常重要。任何一个理论都有它的适用范围，即边界（先决）条件的，许多政府部门和经济学家在应用经济理论时往往忘记了这些先决条件。这次金融危机很大程度上就是美国政府的官员和美联储的经济学家忽视了自由市场经济理论的一个简单的先决条件，即忽视了金融行业的巨大外部性（传递性），放松金融监管，导致机会主义者疯狂逐利，而使市场泡沫不断膨胀。

（2）做预测时不能太看重经济数据。经济数据在许多情况下对短期预测和检验理论当然有用，但在有些方面如预测经济景气的时候，可能有它的局限性。其原因，就是用经济数据来预测经济景气时往往存在滞后性，往往需要3~6个月才能反映出来，并且数据只是已发生事件的量化。这就是为什么中国经济数据2008年上半年从各方面来说都很好，如果完全依靠这些数据，就会得出中国的经济仍然在过热、需要抑制通货膨胀这一有问题的结论。结果到下半年，几乎所有的宏观经济政策都来了一个180度的大转弯，政策应有的稳定性和连续性完全没有得到体现。

（3）要保持政策的稳定性和前瞻性。在经济发展的外部环境仍然十分严峻的情况下，更加需要坚持财政和货币政策的稳定性，不能大起大落，但是稳定性必须是建立在前瞻性的基础之上。那么，我们的宏观经济政策怎样才能具有前瞻性呢？靠什么来让我们得出事前的结论呢？这就是经济理论的内在逻辑分析。也就是说，只要将经济现实环境、问题成因充分地把握住，就可以通过经济理论得出逻辑自洽的合理结论。

五、中国经济实现可持续发展的政策性建议

这一次美国金融危机使国际金融格局和世界政治经济格局正在发生巨大的变化，中国一方面可以乘此机会积极推动国际金融组织改革、提高自身在国际金融组织中的话语权，另一方面可以通过危机倒逼自身转变经济发展方式，改变过去过于依赖出口的经济失衡局面，转到主要依靠内部需求的道路上来。

具体来说，一方面要防止短期经济下滑，恢复经济增长；另一方面更要着眼于长期的可持续发展，实现效率、公平与和谐发展，需要调整结构，进行市场化的改革，这就要求我们应该采用基于一般均衡的综合治理。无论是短期还是长期的对策，都需要增加政策的前瞻性和稳定性，在稳定中图发展，在发展中求稳定。

（一）针对中国经济短期增长的政策建议

为了在短期内恢复经济较快增长，促进经济结构优化调整，我们在此提出"增信心、稳两市、拉两头、优中间、扩内需、激出口"新的18字综合治理方针，来推动中国经济恢复到一个较快的增长速度，以应对庞大的就业压力。

第一，增信心。信心是经济繁荣发展的最重要因素之一，解决当前最大问

题的办法,首先就是要增加老百姓对中国经济发展的信心,而这要靠政策的稳定、社会的稳定。从这一点上讲,2008年底以来中央政府推出的4万亿经济刺激计划、十大产业振兴规划、扩大商业银行信贷规模及地方政府配套20万亿经济刺激计划等一系列政策措施有其积极意义。

然而,我们也要充分注意政府的一些短期刺激经济的做法所可能带来的后果,比如中央、地方政府的24万亿投资计划,基本上是政府行为拉动,庞大的民间投资并没有被激活;粗放式的经济发展模式死灰复燃,一些高污染、高能耗的项目又重新获批开工;银行信贷投放急剧增加,2009年上半年货币信贷快速增长,上半年新增人民币贷款7.37万亿元,同比多增4.92万亿元,这一规模已超过此前央行"5万亿元以上"的全年信贷增长目标。银行信贷的过度投放将大大增加潜在通货膨胀风险。并且,由于中小企业和消费者对于经济形势的观望态度,使得老百姓的消费信心还是低迷不振。从表2可以看出,消费者信心指数自2008年7月达到最高点后,基本上一直是下行的,近期依然在86左右徘徊。增信心的任务还十分艰巨。

表2　　　　　　　　　　2008年4月以来的消费者信心指数情况

日　　期	消费者预期指数	消费者满意指数	消费者信心指数
2008年4月	96.6	90.1	94.0
2008年5月	97.0	90.2	94.3
2008年6月	96.5	90.6	94.1
2008年7月	96.9	90.8	94.5
2008年8月	96.0	90.2	93.7
2008年9月	95.6	90.0	93.4
2008年10月	94.2	89.8	92.4
2008年11月	90.8	89.2	90.2
2008年12月	87.6	86.8	87.3

续 表

日　　期	消费者预期指数	消费者满意指数	消费者信心指数
2009 年 1 月	86.9	86.6	86.8
2009 年 2 月	86.7	86.3	86.5
2009 年 3 月	85.9	86.1	86.0
2009 年 4 月	86.5	85.6	86.1
2009 年 5 月	87.1	86.1	86.7
2009 年 6 月	86.9	86.0	86.5

数据来源：国家统计局网站。

第二，稳两市。即稳定股市和楼市，不要大起大落，这对于恢复信心、刺激消费、促进投资和产业升级具有重要作用，需要保持稳定。如果股市不稳，大幅度下滑，会大幅减少家庭资产，加上居民的现期收入上不去，生（生计）、老（养老）、病（治病）、居（居住）、教（子女的教育）等消费预期不断增加，现期的消费就会受到挤压，内需不足的情况会不断恶化。房地产行业则是中国的重要支柱产业，并且直接关乎建材、基建、家居、服务等多个上下游行业的景气，对于当前中国经济的发展阶段来说，仍然是扩大内需的头号主力。因此，稳定和提振股市、楼市依然是走出经济困境的重要途径。

但是，我们也要注意到，由于 2009 年上半年 7 万多亿新增贷款中的部分资金大量流入股市和房地产市场，使得当前股市和房地产市场存在一些虚热迹象，值得警惕。因为虚幻财富效应的增加，可能会再度吸引各方资金包括信贷资金大举进入，进一步吹大资产泡沫，推高金融风险。并且，也可能会抽干实体经济投资所需资金。因此，政府必须对激增的信贷资金进行适度引导，避免产生虚拟资产泡沫。

第三，拉两头。首先，农业是国民经济的基础，稳定农业即等于稳定民心。要增加对农业的投入，稳定农产品价格，使粮食供给保持稳定增长，建立让农民增收的长效机制，增强 8 亿农民的消费能力，有效激活农村消费市场。

这对于确保粮食安全也是重要的一环。其次，要大力促进服务业发展，这是转变经济发展方式的重要抓手。数据显示，从2003年开始我国第三产业增加值占国民经济的比重就一直停滞在40％左右，远低于主要发达国家70％以上的比例，这一块还有很大的成长空间。相对而言，服务业对能源、资源等要素的消耗较低，并且对于有效增加就业、扩大内部消费需求具有显著的带动作用。

第四，优中间。经济危机的一个作用就是利用市场机制进行深层次的结构优化调整。对中国经济的主体第二产业而言，一方面我们要出台政策鼓励工业部门加大科技投入，提升工业生产技术水平和能源利用水平，推动中国经济实现由高能耗、高污染为基础的"高碳"经济向低能耗、低污染为核心的"低碳"经济的转变，淘汰落后产能，实行产业升级；另一方面我们要改变垄断行业封闭、单一的所有制结构，扩大民营资本市场准入，为民营企业提供一个公平竞争的投资环境，让其进入原由国家垄断的行业，促进市场竞争，让生产要素向最有效率的地方集中，以提升整个经济的效益和效率。

第五，扩内需。长期以来，中国经济一直是出口依赖型经济。从经济可持续发展的角度看，必须向内需驱动型经济调整。这场世界金融危机对中国出口的打压非常明显，正好给经济结构的内向调整提供了一次比较难得的外部机遇。近期中央接连出台一系列政策措施，在扩大内需方面起到了一定的作用。但是，单靠政府的短期经济刺激，经济增长难以维持很长时间，可能只是昙花一现，关键在于盘活民间的投资和消费需求，这对于经济增长的拉动作用更加直接而持久。

纵观当前各地的投资数据，一个最为明显的特点就是政府投资主导，民间投资不振。分析其中原因，民营企业的观望情绪和政府设置的进入壁垒等主客观因素，共同阻碍着社会资本和民营资本的进入。这迫切需要政府营造一个良好的经济发展环境，给民营资本公平参与市场竞争的待遇，让它们良性发展。与此同时，我们要加大对于研发和教育的投资，提高自主创新能力，促进经济结构优化调整，以提高投资的长期经济和社会效益。

针对消费需求，我们认为当前扩大消费的途径有四个：一是调整国民收入分配结构，加大居民可支配收入的比重，提高国内居民购买力，扩大消费需求；二是加快建立覆盖城乡居民的失业、医疗、退休等社会保障体系，提振消费信心，撬动居民储蓄；三是积极培育若干消费热点，比如住房、旅游、文化等；四是完善促进消费的政策措施，实行必要的减税、补贴和贷款优惠政策。

第六，激出口。尽管2008年以来出口增幅下降很快，但是外需这一块依然不能忽视。自金融危机爆发以来，中国出口退税率已经被7次调高，这对于缓解劳动密集型出口企业的现金流吃紧局面，保持成本优势，维持一定的国际市场份额，非常重要。我们要继续运用财政、信贷、外贸基金等多种手段，为企业降低出口成本，克服贸易壁垒，支持具有竞争优势的产品出口，帮助企业不断开拓欧美市场以外的其他市场。

与此同时，一方面我们要顶住国际压力，稳定人民币汇率，停止人民币升值，这将缓解中国企业的出口成本的上升，帮助出口依赖型的企业稳住一定的外部市场；另一方面我们要清理和取消不适应形势变化的限制出口的政策规章，避免困难时期增加企业的成本。政府在制定法律和政策时，要充分考虑到中国当下面临着的庞大就业压力的现实国情，以及经济大幅下滑的实际情况，实行分阶段、分层次、分行业的逐步产业升级，而不是急剧的腾笼换鸟式的政策取向。

（二） 针对中国经济长远可持续发展的政策建议

以上只是一些关于短期内如何走出困境的应急措施。长远来看，我们还是应该进一步深化市场化改革，有序推进产业转型升级，大量培养各方面高层次创新型人才，加快城镇化建设进程，实现中国经济的可持续发展。

1. 深化市场化改革，合理界定政府与市场的边界

市场经济分为好的市场经济和坏的市场经济，这是由法治完善程度决定的，最终会体现到经济的绩效差异和社会的和谐与否上来。在正常的经济情况

下，政府和经济人的行为一样。只有界定好政府和市场的边界，用法治来约束政府也同时约束经济人行为，才有可能避免使中国滑入"坏的市场经济"，走向"好的市场经济"，实现经济社会的效率、公平与和谐发展。因此，合理界定政府和市场之间的边界，建立有效政府和有效市场极其重要，政府职能的转变及政府管理模式的创新必须围绕此点进行。

那么，怎样转变及如何创新？那就是，只要市场能做好的就应该让市场去做，政府没有必要直接参与经济活动（但需要政府维护市场秩序，保证合同及各种法规得到严格执行）；市场不能做的，或者说从国家安全或者其他因素考虑，市场不适合做的时候政府才直接参与经济活动。也就是，在考虑和谐社会的构建和经济的和谐发展的时候，在政府职能的转变和管理模式的创新的时候就应该根据市场和政府各自界定的边界来考虑。比如说，至少在竞争性的行业，政府应该退出，只有在市场失灵的时候，政府才发挥作用，单独或者是与市场一起去解决市场失灵的问题。

2. 有步骤产业升级，加大对人力资本的投资力度

随着劳动力成本的逐步提高，劳动密集型产业及低端科技产业将逐步失去成本优势，因而我们需要促进这些产业内的企业放弃过去靠低成本扩张的策略，努力提高管理效率和劳动生产率，加快技术积累和产品研发，向高技术含量、高附加值的高端产品升级，推动产业结构升级。但是，产业升级应该是有步骤的，既不能够完全停下来，也不能够是一刀切的产业升级。在这个过程中，必须加大对人力资本的投资力度，逐步提高劳动力素质水平。因为只有高素质的劳动者才能把资本和技术更高效地结合起来，熟练掌握科学技术和运用复杂机器设备，提高资源使用效率和劳动生产效率，是产业结构升级至关重要的人才保障。这就涉及一个更深层次的问题，也就是如何培养高素质的创新型人才，这是一个更加重要的问题。

人才培养是贯彻和实现国家长期发展战略的关键，必须具有前瞻性。虽然通过短期增加投资可以提高经济增长率，但从长期来看，可持续的经济增长与

发展只能依靠知识的积累和技术的进步来推动,而这一切都是创新活动的结果。中国经济发展到今天这一阶段,不能再简单地通过"引进+模仿"的知识进步模式来支撑持久的经济增长与社会经济改革,必须提高自主创新能力。胡锦涛总书记在党的十七大报告中明确指出,提高自主创新能力、建设创新型国家是国家发展战略的核心。而培养一大批高素质杰出创新型人才是实现这一国家发展战略的关键所在,也是中国大学现阶段必须承担的历史使命。从总体上看,当今中国大学培养模式还远远不能满足培养大批杰出人才这一国家发展战略的需要,与我国全面落实科学发展观、构建和谐社会的人才需求存在着严重的脱节。那么,如何在中国的国土上办成世界一流的研究型大学?如何才能培养出一大批德才兼备的高素质创新人才和厚德博学的学术大师?在最近的一篇研究报告"对中国大学办学理念和杰出人才培养模式的思考——如何才能培养厚德博学的高层次创新型人才?"中,笔者专门就这些问题进行了探讨。

3. 加快城镇化进程,努力扩大国内投资消费需求

经过30年的改革开放,农民收入大幅度提高,但中国城乡收入差别仍然过大,贫富差距的问题没有得到改善,农村生产责任制的改革一度使得城乡差距大幅度缩小,但现在又扩大到改革开放之初。收入不平等是一个很大的问题,会造成社会不稳及难以扩大内需。这个问题怎么解决?一种方法就是保持现有的做法,农村的土地不能减少,采取新农村运动,给予农村更大的支持力度,但这种方法治标不治本,不是综合治理的一般均衡方法。农村生产责任制尽管大大调动了农民的生产积极性,生产效率大幅度提高,包括用科技、农药、机械来提高农村生产力,但从整个农业来说,还有很大的不足,没有发挥规模经济的作用。

任何一个发达国家都找不出农民占大多数的例子。新农村建设固然重要,但是中国要实现工业化和现代化,要完成向市场经济体制的转型,提高农民的收入水平,提高生产效率,缩小城乡二元结构差距,农村人口城镇化是必然趋势,是实现城乡一体化发展的根本出路。因而,农民要有移动的自由,政策方

面没有歧视,其关键还是要思想解放。城镇化也有好的城镇化和坏的城镇化,好的城镇化就是应该减少那些约束农民迁徙的自由和就业的自由,农民工子女能够像城市居民子女一样享受到同等教育,享受到同样的基本国民待遇。

从经济发展的角度看,加快城镇化建设是促进我国经济快速增长、经济结构优化、人民生活水平提高的基本途径。第一,由于工业部门的劳动生产率明显高于农业部门,因此农业富余劳动力人口不断向城镇转移,向工业劳动力人口转移,意味着现有劳动生产率的提高;第二,农村人口的减少使土地相对集中,农业的规模经济就可以发挥出来,农民在土地上的收入就可以增加,而农民转变成城镇人口,进入工业部门后也会带来收入的提高;第三,城市化与工业化相互促进,能撬动巨大的投资和消费需求,有助于产业结构升级和经济结构优化。在城镇化建设的过程中,最需要最迫切的就是加快中心城镇建设,要规划建立一批地域布局合理、人口规模较大、基础设施完善的中心城镇,形成具有相当规模的城市群,解决好农村人口城镇化的载体。

六、结　论

总体而言,笔者认为这次金融危机的经济学根源在于忽视了任何一个经济理论都有其边界条件,不能盲目运用。这次金融危机的启示有三个:经济学基础理论训练非常重要、做预测时不能太看重经济数据、要保持政策的稳定性和前瞻性。

关于中国经济此次之所以出现大幅下滑,笔者认为是自身经济周期调整、国际金融危机冲击和一些经济政策不当共同作用的结果,其中前两方面一个是内在规律,另一个是外部因素,都是不可控的,但在一定的程度上,可以通过经济学理论的内在逻辑分析提前预测到,但政策大起大落、欠缺前瞻性和稳定性也是重要原因之一。因而,中国经济要实现可持续发展,实现效率、公平与和谐发展，应该采用基于一般均衡的综合治理，应该是一种平稳的调理，而不是疾风骤雨式的调整。也就是说，无论是短期还是长期的对策，都需要增加政策的前瞻性和稳定性，在稳定中图发展，在发展中求稳定。

需要指出的是，本文旨在探讨这次金融危机的内在根源和中国经济大幅下滑的原因所在。一旦将经济发展面临的问题找准了，运用经济理论制定应对措施就相对容易多了。为此，笔者在文中给出了"增信心、稳两市、拉两头、优中间、扩内需、激出口"的新18字综合治理措施，但这只是过渡性的政策建议，重在"治标"，"治本"还要靠进一步深化市场化改革，合理界定政府与市场的边界，有序推进产业转型升级，加大高层次人才培养力度，加快城镇化建设进程，实现中国经济的可持续发展。

（2009年7月）

42

固本治源,缓急相济[*]

关于综合治理房地产危情的政策报告

房地产是中国国民经济支柱产业,上关国计,下系民生。房价问题从而成为政府、开发商和老百姓等利益相关方普遍关注的热点问题。近10年多来,尽管中国房价有所起伏,但总体呈现出快速上涨的势头。特别是2009年全国住宅商品房销售均价为4 673元/平方米,全年涨幅达到23.55%,创下住房制度改革以来的最高纪录,引起了政府的极大担忧和社会舆论的质疑。

于是,不少人包括一些著名经济学家认为,中国房地产市场存在巨大泡沫,甚至有人认为"中国版"的次贷危机即将到来,从而建议政府大力打压房市。政府最近也用了"遏制"这样的词语来表达对房价高企的关注,有关政策并已开始付诸实施。这很可能将使中国房地产行业甚至整个宏观经济,再度陷入"大泻—大补—再大泻—再大补"这样一个循环反复的怪圈。事实上,当前房价上涨过快并不一定构成必须大力打压和行政干预的理由。不可否认,当前中国房地产市场还有许多深层次的矛盾和问题没有得到根本解决,特别是造成

---

[*] 本文形成于2010年2月,为上海财经大学高等研究院2010年度政策建议书之二。合作者沈凌、陈旭东。

了很大的贫富差距问题并已导致了明显的资源低效配置问题，偏离了效率、公平与和谐发展的轨道。但是，频繁的价格管理和政策手段不是治理良策，不利于房地产市场的稳健发展，且可能会带来更严重的"后遗症"，治本之策还在于破除制度性障碍，大力加强长效制度建设，建立商品住房有效市场。否则，房地产市场永远摆脱不了政策市的桎梏。

本报告从动态一般均衡分析的视角出发，首先通过国际横向比较（运用现代经济学中的跨期平滑消费的持久收入假说理论）和国内纵向比较（近10多年来房价上升速度和收入增长速度的比较），得出从总体和平均意义上看，当前房价水平仍处于可控和可承受范围之内的结论。继而，我们阐述了对当前房价问题表象的两大基本认识：一是房价在短期内上涨太快，二是房地产市场存在结构性失衡。随后，我们分析了造成中国房价增速居高不下的三大主要原因（需求拉动、供给不足及投机（资）带动），以及结构失衡背后的制度原因（财政体制、二元结构、社会管理、风险控制、住房保障等）。

根据问题的成因，按照中医通过刺激和健全自身免疫系统来固本强身治病机理的说法，我们认为综合治理当前房地产危情的根本方法是加强长效制度建设，而不是头痛医头、脚痛医脚的短期宏观调控。为此，我们建议从土地流转制度、财政税收制度、金融监管制度、住房保障制度、租房市场建设、土地招拍挂制度等涉及面广、影响面大的制度建设方面入手，多管齐下，综合治理，建立有效市场，让市场充分发挥作用，兼顾经济效率与社会公平，引导有效供给与需求，从而促进房地产市场稳定健康发展。

一、对当前中国房价水平的两个基本判断

国际上衡量房地产是否出现泡沫有多个不同的角度和不同的标准，其中房价收入比（即住房价格与居民家庭年收入之比）是一个代表性指标，主要用于

衡量房价是否处于居民收入能够支撑的合理水平。这关系到民众的安居乐业，在我国当前构建和谐社会的特定历史背景下，有必要深入分析和研究我国的房价收入比。

近期，由九三学社经济工作委员会副主任、国泰君安证券研究所所长李迅雷等人所做的《上海房地产发展趋势分析》（以下简称《分析》）透露，2008年上海房价收入比是12倍。根据《分析》，美国的房价收入比是5倍，而英国的相应数字是4倍。无独有偶，中国社科院的《经济蓝皮书》也表示全国城镇居民房价收入比达到8.3倍，他们认为该指标的合适区间应该在3～6倍。由于《分析》引用的国际比较数据正好落在该范围内，或许我们可以合理猜测：这个"合适"区间就是国际对比得来。

此外，2010年1月19日，国家统计局公布的《2009年全国房地产市场运行情况》显示：2009年全国商品房平均价格为4 695元/平方米。那么100平方米的一套房大约是47万元。而由国家统计局公布的2009年城镇居民人均可支配收入是17 175元[①]，那么按照一家三口计算，家庭年收入就是51 525元。由此，2009年我国城镇居民的房价收入比就是9.1倍。这与上述数据基本吻合。

这些数据一时间被人广泛引用，却较少根据经济制度环境的差异认真地分析数据。给定中国平均房价和家庭年收入比为9.1倍，而美国是5倍。如果只是直观地横向比较，很容易得出"大部分中国人买不起房"或"中国的房价比美国、英国高很多"的结论，进而被放大为中国房地产市场存在大量泡沫，引起人们认识上的误区。然而，尽管以上中国房价收入比的数据表面看来大大高出国际通常标准，如果用动态和发展的眼光来看中国的房价，同时考虑中外房地产税收

---

① 有学者建议，"应该用包括全体农民在内的全国人均可支配收入，而不仅仅是城镇居民的人均可支配收入"。那么，这样一来，我们也许需要包括全国所有的住房，也就是还要包括农村的住房，包括小产权房。国际上也都是用一国所有房子的平均房价的，而不只是城市里面的房子。如果是这样，中国的平均房价肯定非常低了。即使只让小产权房进入市场，房价一定会下来不少。鉴于数据的可获得性，此处使用城镇居民的人均可支配收入。

制度的差异,即使采用同样的数据来分析,我们也许会得出不一样的判断。

基本判断1:从国际横向比较的视角考察,如果用动态的眼光看,即考虑收入增幅的显著差异①,中国的真实(理性预期)房价收入比也许并不比美国等发达国家高多少。

因为普通民众购房需要贷款②,而贷款又是由未来若干年的名义收入偿还的,将来的收入会影响当前的消费(也是现代经济学持久收入假说理论平滑消费的基本结论)。考虑中国依然处于经济高速增长的起飞阶段,预计未来一二十年间居民个人收入的增幅将明显高于发达国家。显然,如果不考虑贷款限制,在利息等其他条件都相同的前提下,与预期年收入增长4%的消费者相比,预期年收入增长10%以上的消费者将会有更大的负债和偿还能力。

运用经济学的惯常假设:存在这样一个地球人,无论他选择中国还是美国生活,今年他的年收入是10万元,想在当前购买一套房子,那么他的理性决策是什么呢?根据上述房价收入比,现在中国的平均房价91万元,美国的平均房价则为50万元。如果他选择生活在中国,他的收入按照平均年增长速度10.19%增长③。那么他未来15年的总收入将会是322万元左右(由于是相对比较,可以不考虑收入的贴现)。按照现在的房价和未来15年的总收入相比,中国人面对的倍率就是大约0.28。那么美国呢?过去10年美国的年均增长率大约是4%。按照这个速度计算未来15年的总收入是大约200万元。那么其房价收入比就是0.25。由于两国的房价收入比没有什么明显差异,其结论

---

① 除此之外,中国还存在大量未被纳入统计口径的隐性收入。据中国经济改革研究基金会国民经济研究所王小鲁(2007)的一项研究判断,"中国居民收入中的隐性收入可能高达4.8万亿元,按现有统计数据约相当于2006年GDP的26%"。这一数字大约占当年居民收入总量的50%。
② 现实中,住房按揭业务的存在、金融工具的使用对于解决中等收入阶层的买房问题起到了非常重要的作用。
③ 这也是过去11年来我国城镇居民人均可支配收入的年均增幅,它介于同期实际GDP和名义GDP年均增幅之间。其中,2004年到2008年更是连续5年保持两位数增长。

就是，只要他有购房意愿，无论是生活在美国或中国，他都会选择买房子。

看了这个数字，我们还能够得出"中国目前的房价比美国高很多，以至于我们大多数人买不起房子"的结论吗？而这样的计算，要求的唯一假设就是人们的期望是未来的中国增长率至少15年内能够维持目前的水平，而这并非过于乐观的臆测，工业化和城市化特别是后者将成为中国经济高增长的核心推动力。众多经济学家认为中国目前的增长至少还能维持20年甚至更长时间不变。

这个结论（0.28[①]比0.25）和表面数字（9.1比5）的差异就是因为考虑了中美两国完全不同的增长率[②]。这给我们的启示就是，在全面衡量居民对于住房的可支付能力时，应该把居民收入的预期增长考虑进去（实际上，不少购房者也是这么考虑的），如果忽视动态而简单静态地对比发达国家数据，不仅会带来个人理财决策上的错误判断，也会给宏观经济政策的制定提供错误的依据。

如果进一步考虑中美两国房地产税收制度的差异，中国的房价收入比也许反而是低于美国的房价收入比的。在房地产税收方面，美国每年都要交地产税，而中国则是70年一次性预交制。这里暂不讨论这两种制度的优劣，我们不妨先看看这个制度的差异如何体现在前述案例的房价收入比上。

美国的地产税大约是每年1%～3%，以2%计。如果房价没有任何上升，70年每年都要交10 000元。若按照5%的利率折现，总额接近20万元。这笔钱与物管费有点类似。它是拥有了这个房产之后所使用的城市公共物品的费用。而在中国这笔费用已经包含在房价里面了。这样，可供对比的美国房价

[①] 如果再加上如前所述的未列入统计口径的隐性收入（即使只取现有收入25%的比例），那么按照此种方式计算的中国的房价收入比将只有0.22左右，反而低于美国了。
[②] 这种不同的增长率在其他方面用来判断两国的经济是否运行正常的指标也会非常不一样。例如，4%的GDP增长率，对于美国来说已经是非常高的增长率了，但对于中国来说则是非常低的增长率，意味着经济处于极度低迷状态，并可能造成社会的不稳。而8%的增长率放到美国却可能是极度过热，但对于中国这样一个粗放型的发展经济体而言则是一个需要保证经济增长的基本目标。这种差异实际上表明了两国处于不同发展阶段，美国作为现代发达国家已经处于一个长期均衡的增长轨道，而中国仍是一个处于发展中阶段的赶超型的经济体。

收入比实际是0.35，即（50＋20）/200，超过中国相应指标数值25％。由于有这种比较和预期，就造成了当前房价快速上升的原因之一。

基本判断2：从国内纵向比较的视角考察，自1998年住房制度改革以来，住宅商品房平均销售价格的年均增速明显低于居民可支配收入的年均增速，从而房价的可承受能力总体上是逐步增长的。1998年以来住宅商品房平均销售价格增长了141.3％，年均增长6.15％；而城镇居民人均可支配收入增长了216.6％，年均增长10.19％。

当然，从表2可以看出，2009年出现了住宅商品房平均销售价格增速超过城镇居民人均可支配收入增幅的现象。但是，从长期趋势看，我们不认为这是一个决定此消彼长的拐点，预计未来收入增速还会实现超越。关于2009年的房价暴涨，有三个因素不可忽视：一是政府大量的投资和贷款进入了房地产市场。在国家4万亿投资计划中，与房地产业有直接关系的就约占32％[①]。同时，银行对房地产行业的授信门槛也大大降低，开发商资金来源中银行贷款较2008年猛增了48.5％，为历史最高水平。但是，部分资金并未被用于建楼，而是成了购地款，造就了全国各地为数众多的"地王"。二是过于宽松的货币政策使得居民对通货膨胀及经济即将好转，从而对房价上涨的预期不断强化。一旦加入预期，就会使短期波动幅度加大。数据显示，2009年个人购房贷款新增1.4万亿元，约为2008年的5倍，为2007年的2倍。[②] 这导致大量社会资金流入房地产市场，买房成为一个规避风险、保值甚至是增值的极佳投资渠道。三是2008年的房地产市场低迷造成的低基期效应。2008年全国商品房和住宅商品房平均销售价格同比分别下降了1.66和1.89个百分点（见表1、图1、表2所示）。

---

① 参见上海证券报［OL］. http://money.163.com/09/0317/03/54IV9MO600252G50.html.
② 参见中国人民银行网站. 2009年第四季度中国货币政策执行报告［OL］. http://www.pbc.gov.cn/detail.asp? col＝100&id＝3513.

表1　1998~2009年商品房平均销售价格与城镇居民人均可支配收入情况[①]

年份	商品房平均销售价格（元/平方米）	住宅商品房平均销售价格（元/平方米）	城镇居民人均可支配收入（元）
1998	2 063	1 854	5 425.1
1999	2 053	1 857	5 854
2000	2 112	1 948	6 279.98
2001	2 170	2 017	6 859.6
2002	2 250	2 092	7 702.8
2003	2 359	2 197	8 472.2
2004	2 778	2 608	9 421.6
2005	3 168	2 937	10 493
2006	3 367	3 119	11 759.5
2007	3 864	3 645	13 785.81
2008	3 800	3 576	15 780.76
2009	4 695	4 473	17 175

图1　1998~2009年城镇居民以住房面积为测度单位的购买力水平
（当年城镇居民人均可支配收入/住宅商品房平均销售价格）

---

① 数据来源：中经网统计数据库、国家统计局。其中，2009年商品房销售价格、住宅商品房销售价格是根据国家统计局公布的有关销售额和销售面积算出。

表2　　1999年以来商品房平均售价、城镇居民人均可支配收入与GDP增幅

年份	商品房均价增幅	住宅商品房均价增幅	城镇居民人均可支配收入增幅	名义GDP增幅（按现价计算）	实际GDP增幅（按不变价格计算）
1999	−0.48%	0.16%	7.91%	6.25%	7.60%
2000	2.87%	4.90%	7.28%	10.64%	8.40%
2001	2.75%	3.54%	9.23%	10.52%	8.30%
2002	3.69%	3.72%	12.29%	9.74%	9.10%
2003	4.84%	5.02%	9.99%	12.87%	10.00%
2004	17.76%	18.71%	11.21%	17.71%	10.10%
2005	14.04%	12.62%	11.37%	14.60%	10.40%
2006	6.28%	6.20%	12.07%	15.67%	11.60%
2007	14.76%	16.86%	17.23%	21.41%	13.00%
2008	−1.66%	−1.89%	14.47%	22.05%	9.60%
2009	23.55%	25.08%	8.84%	6.79%	8.70%
年均增幅	5.71%	6.15%	10.19%	13.36%	9.6%

综上所述，我们的一个基本结论就是，从总体和平均意义上看，无论是横向比较还是纵向考察，当前中国的房价还没有高到即将崩盘的局面，虽然短期内向上波动的幅度比较大，但是依然处于一个可控和可承受的上行轨道。特别需要指出的是，房价应该是一个关于经济增长与发展水平的函数。用发展和动态的眼光来看，只要中国的经济增长与发展持续向好，未来房价还有进一步合理上涨的空间。

二、对当前房价问题表象的两个基本认识

尽管房价水平可控可承受，但这并不表示中国目前的房地产市场不存在严

重问题。无论从资源配置效率还是公平角度来看，目前市场所表现出的一些特征，都使得老百姓对当前房价的意见特别大。我们判断，房价的表象问题主要表现在以下两个方面。

基本认识1：房价在短期内上涨太快，从而引发了居民的恐慌心理和预期调整。实事求是地讲，2009年的房价确实增长太快，但这是增速过高问题，而不是水平问题。有人认为，当前中国的房价增长已接近20世纪90年代初日本房地产泡沫破裂前的状况。1987年至1990年日本47个都道府县所在地的最高临街地价的平均值比上一年的上涨幅度分别达到19.6%、23.7%、28.0%和28.7%。也有人指出，美国在此次房地产泡沫开始破裂之前的2000年到2006年，房价年均增幅接近9%，而在20世纪90年代年均增幅不到3%。

不过，这种简单的比较和担心可能是不完全的。如前所言，对于处在不同发展阶段的国家而言，即使是相同的高增长率，其意义也是不完全一样的。从而需要综合考虑上述差异和各方面事实，"望闻问切，辨证施治"。

基本认识2：房地产市场存在多种结构性的失衡，从而导致了严重的资源低效配置和社会不公。其一是地域结构失衡。我们感受到房价畸高而增速也高的地方基本是北京、上海等一线城市。其二是风险控制结构失衡。我国很关心居民个人住房抵押贷款的风险，却没有遏制房地产开发商土地囤积方面的风险。比如，价值几十亿元的土地，用几千万元的押金就拍下来。在地价看涨的形势下，囤积土地、待价而沽就成了几乎"无风险"的套利。这进一步助长了对土地的需求，但对住房的供给并没有提高多少。其三是收入结构和房价结构失衡。我国的收入差距非常大，但是对应的住房消费却是基本单一的商品房模式。这造成社会最底层的居民也形成了通过自身努力来购买商品房解决居住问题的预期。这不可避免地会形成恐慌，不利于和谐社会的构建。其四是租房买房结构失衡。买房市场过于活跃，而租房市场发展不够。与此相关的一个典型事实就是，2009年上海的住房销售价格暴涨，而住房租赁价格却几乎保持不变。

实际上，中国的房地产市场所出现的这些问题和许多未提及的问题，在很大程度上都是一些深层次的制度性障碍造成的，从而不能过度寄望于短期的宏观调控和政府干预手段来解决，关键的关键仍然是需要合理界定政府和市场的边界，从而建立有效政府和有效市场。政府的过度干预不会造就一个有效政府，只会让市场低效，并且滋生寻租和腐败的空间。

三、对当前房价表象背后的若干因素分析

在市场经济条件下，住宅商品价格是由成本和供求决定的。具体到中国高速增长的房价，同样也是需求拉动、供给不足、成本推动及投机（资）带动等多重因素共同造成的结果。与此同时，房地产市场的结构失衡问题背后也存在着更深层次的制度性障碍。如果不引起重视并加以解决，可能会进一步演化为全局问题。

（一）房价增速高企背后的原因

首先，持续扩张的住房刚性需求和住房改善需求，使得房价上涨预期不断加强。这又是由三个方面的基本因素共同决定的。这些因素相互交织，在过去、现在及今后相当长的一个时期内，一直都会在不同程度上为需求扩张，从而为房价上涨提供源源不断的内在动力。

其一是被束缚已久的城市化需求。无论是与中国工业化的迅猛发展相比，还是与世界各主要经济体的同类指标相比，以城镇居民占总人口的比例来衡量，中国的城市化水平是相对滞后的[①]。尽管城乡二元结构的各种制度藩篱依

---

① 2008年中国的城市化率为45.68%，仍远低于世界发达国家，这些国家的城市化水平大多超过80%，有的甚至接近90%。中国的情形即使在发展中国家中也属于低水平，如拉美地区城市化水平也在75%左右。

然高筑，但是市场导向的城市化道路是大势所趋[①]。由于目前中国的城镇居民仅占总人口的46%左右，未来20年中国必须以每年1个多百分点的增速提升城市化水平，即城镇人口每年以千万以上的速度增加，才能达到现今发达国家的同等水平。这对于城市房地产和公共基础设施的需求肯定会有很大的发展空间。

其二是日益壮大的中产阶层群体。根据发达国家的经验，年人均国民收入一旦超过3 000美元，将会出现一个中产阶层迅速扩大，消费需求大幅上升的时期。而据世界银行统计，中国2008年的人均国民收入为2 770美元，按照2009年8.7%的GDP增长率粗略计算，预计2009年的人均国民收入将首次超过3 000美元。不同的收入水平决定了对不同产品的需求，中产阶层群体的迅速膨胀将使居民消费类型和行为发生重大转变，对耐用品的消费需求会大幅上升，"居者有其屋"及"居者优其屋"将成为许多中产阶层家庭生活中的主要诉求，有利于进一步带动房地产市场的繁荣景气。

其三是中国的传统文化价值观念。中国几千年的农耕文明形成了牢固的"耕者有其田、居者有其屋"的传统思想。我国现在城镇居民住房自有率超过70%[②]，这可能是世界上最高的，也是我国房屋租赁市场不发达的原因之一。并且，与西方个体伦理文化不同，中国有着浓厚的传统家庭伦理文化。随着独生子女一代特别是每年五六百万的大学毕业生开始进入城市工作和进入婚嫁阶段，双方长辈都会拿出积蓄来帮助子女在城市中购房。目前，许多在一、二线城市购置首套住房的年轻人都动用了父母的积蓄，有些人甚至还动用了爷

[①] 对此问题的详细讨论，参见上海财经大学高等研究院2009年度政策建议书之三. 解决"三农"问题的根本出路在于坚持市场导向的城市化道路——关于加快消除城乡二元结构的政策建议[D].

[②] 2009年12月《上海证券报》《中国国土资源报》的数据分别是87.8%和83%。2007年建设部的数据是83%，考虑这两年的城市新增人口，这里70%的数据取的是非常保守的估计。

爷辈的养老钱。

其次，制约性的土地供给政策[①]，**使得房价中地租价的绝对量和相对量不断扩大**。由于中央政府控制了非农用地总量，加上地方政府对土地资源的垄断性供给，造就了近年来全国各地络绎不绝的"地王"。来自国土资源部的统计数据显示，2006年、2007年及2008年全国土地出让金总额分别是7 000亿元、1.3万亿元及9 600亿元，2009年全国土地出让金总额更是达到1.59万亿元，同比增长63%，约占全国财政收入6.85万亿元的23%。目前，不少省市的土地出让金占地方财政收入的比例普遍超过了1/3，一些地方甚至达到50%左右。如果再加上与房地产有关的税费收入，这个比例还会更大（一些地方估计会达到70%），尝到利益甜头的地方政府亦成为地价、房价上涨背后的一个重要推手。

这不可避免会带来两方面的后果：一方面，开发商为了获得土地投资回报，肯定会把高额的地租成本转嫁到房价上去[②]，大量建设中高价位的商品房，造成住房售价的快速上涨；另一方面，"地王"的频繁出现，也提升了自住购房者和投资购房者对未来房价还将上涨的预期，蜂拥入市必然会助推房价继续上涨，造成预期的自我实现和进一步强化[③]。

很显然，如果用地需求由于以上原因持续扩大而土地供应又无法跟进，其结果只会带来地价进而是房价的快速上扬（见图2（a））。一个新近的例子就

---

① 国家划定了18亿亩耕地不可逾越的红线，并在土地使用政策方面明确规定，若要将农用土地转为非农建设用地，必须通过国家的征收或征用。

② 尽管2009年国土资源部曾对房地产成本进行了摸底调查，认为地租价占房价的比例在15%～30%之间，平均是23.3%。但是，2009年两会期间全国工商联公布的一份调研报告则显示，在房地产开发企业项目开发中，土地租用成本占直接成本的比例最高，达到58.2%。不管怎样，不可否认的是，租地价格的快速上涨是导致当前房价上涨的基本影响因素之一。

③ 根据国家统计局2009年四季度中国消费者信心调查报告，67%的消费者认为房地产价格将"上升"，比三季度提高了6个百分点。

是，海南建设国际旅游岛上升为国家战略之后，一度被质疑低价甩卖土地的海南省政府突然宣布暂停土地供应，致使该省房价在政府调控大局下一天一价地暴涨。价格上涨的预期一旦形成，人为的掐断供应链，只会进一步加强这种预期。

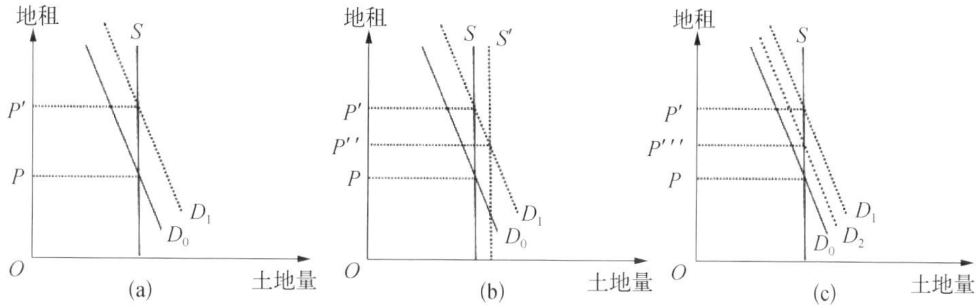

图2 土地供应、需求、税收与地租价格变动①

第三，社会投资渠道的狭窄，使得房价中"投资品稀缺租"的成分被不断增加。如前所述，"让一部分人先富起来"的政策是带领中国摆脱均贫局面的重要方针，但是在客观效果上也带来了收入差距的不断扩大。伴随着收入向部分人群的集中，促使这部分人群开始对能够实现资产保值增值的投资品有了强烈的偏好。

在过去10多年来中国地租价和房价不断增长的大背景下，房产几乎成为国内唯一可以保证高回报的投资品。由于持有房产的维护费用不多（比如不用

---

① 由于中国的土地供给不是完全由市场价格决定的，而是由政府控制，土地供给无弹性，导致了如图示的垂直供给曲线S（或有微弱弹性，则供给曲线向右上倾斜）。图2 (a)：在偏好不变的前提下，随着城市人口的扩张、居民收入的上升及房产投资的需求加强，对土地的需求会进一步扩张（$D_0 \rightarrow D_1$），若土地供给不变，地租价格会快速上升（$P \rightarrow P'$）。图2 (b)：如果扩大土地供给（$S \rightarrow S'$），则地租价格会有所下降（$P' \rightarrow P''$）。图2 (c)：如果增加房产税，相当于房价上升或收入减少，对土地的需求会收缩（$D_1 \rightarrow D_2$），则地租价格也会有所下降（$P' \rightarrow P'''$）。

交物业税、地税，管理费也几乎没有），从而一方面促使居民在投资组合中不断加大房产这一高回报的投资品种的比重，另一方面却没有把这种投资品转化为消费品，投入到租赁市场中实现居住消费功能。这样造成了严重的资源浪费。

实际上，像美国中产阶级很少有人将房产作为投资品的。因为持有多套房产的成本过高，除了房屋管理费，每年都要交房产税。一套40万美元的房子，平均每年的持有成本在1万美元左右[①]，使得人们尽管买得起高价房，却交不起高赋税。这与中国大量存在的"一户多房"现象有很大不同，其背后就是税制设计上的差距。

（二）市场结构失衡背后的原因

地域结构差异（或者失衡）问题有其客观性，像北京、上海等一线城市的建设定位是国际化大都市，经济发展水平和外向程度非常高，面临很多境外高管人士、中国港澳台常住人士及中国大陆外省市流入的富裕阶层的住房需求等。但是，还有一个不可忽视的原因在于我国的公共物品资源配置不均匀，这其中也涉及财政体制问题及城乡二元结构问题。北京、上海等一线城市集中了相对较多的社会公共资源，而这是房价的构成之一。对此，我们不做价值判断，只是作为一个现象在此指出来。

风险控制结构的失衡是泡沫最可能被放大直至破灭的环节。其实在整个生产链上任何一环出问题，都会导致金融危机式的结果。国外是在个人住房抵押贷款上，但是中国有了三成到四成的高首付条款，加上房贷的债券化程度较低，金融衍生品不发达，使得这方面的风险已经被大大地降低。然而，我们的

---

① 这一笔钱是通过美国地方政府收取的，用于投资于当地公共基础设施特别是教育的建设，以调节社会财富分配，为居民提供更公平的竞争起点。并且，不同的地方税率也非常不一样，最大可能相差好几倍。

土地市场类似于零首付，潜在的风险很大。这可能造成极大的风险失控问题。

收入结构和房价结构的失衡是造成社会总效率下降和公平缺损的一个重要因素。由于收入差距悬殊加上房价上涨趋势明显，使得一些人手中有几套房子，自住一套，其他可能空置，从而浪费资源。这还会产生马太效应，穷者越穷，富者越富，大大地拉大了拥有房产和没有住房阶层之间的巨大贫富差距。更为关键的是，我们的住房保障体系建设滞后，使得即使是社会最底层的居民也形成了通过自身努力来购买商品房解决居住问题的预期。实际上，即使发达国家也不是所有居民都拥有属于自己的商品房，底层民众的居住需求往往通过廉租性、保障性住房来满足。

租房买房结构失衡是制度和文化方面的因素共同造成的。一是建立在以户籍制度为基础的城乡二元结构上的社会福利不平衡上。城乡二元户籍制度使得很多没有城市户口的进城劳动力，享受不到与原有市民同等的社会福利。进而由于我国把过多的社会福利捆绑在拥有住房上，即使拥有了城市户口，如果一直租房，一些社会福利享受起来还是面临种种限制。买房而非租房，也就成了进城劳动力跨越社会福利障碍的一种现实途径。这样既造成了社会福利分配不公的问题，也扭曲了住房的价格信号，不利于市场有效地配置资源。二是"居者有其屋""有恒产者有恒心"的传统观念根深蒂固。与国外居民流动性非常大不同，中国人安土重迁，一旦决定在一个城市扎下根来，拥有一套属于自己的住房就会被列入首要计划之一，租房度日从来都不会是长久之计。现在所谓的"丈母娘需求""婚姻刚需"等等，其实都是上述制度和文化问题的反映。

四、对加强房地产业长效制度建设的建议

房价问题不仅是房地产行业自身的问题，上关乎数万亿元的房地产开发贷

款和个人住房贷款①，下牵涉数十个上下游相关行业，中间还夹杂着千家万户的普通百姓。因而，房地产市场的调控不能一味盯住高房价，依靠行政手段打压房价，这不仅于事无补，还会影响经济稳定发展的大局。因为在中国经济增长长期趋势不变，以及住房需求持续旺盛而供应相对不足的大背景下，中国的房价在高位运行将是一个由市场内生决定的长期趋势。

我们认为，影响中国房地产市场稳健发展的主要症结不在于高房价，而在于长效机制的缺乏，没有让市场充分发挥作用。尽管近年来政府规制房地产业不遗余力，但仔细分析各类规制措施，总是给人"头痛医头、脚痛医脚"的印象，造成了"三多三少"的现象：零散性、短期性规制措施多，全局性、前瞻性规划措施少；行政手段多，市场行为少；政策干预多，制度保障少。导致的一个后果就是，房地产业总是陷入"大泻—大补—再大泻—再大补"的轮回困境，并不可能从根本上解决我国房地产的问题。

实际上，房地产问题错综复杂，牵涉到方方面面（如土地自由流转问题、税制问题、效率问题、收入差异过大问题、城市化问题、城乡二元结构问题、寻租问题等众多问题），真的要彻底解决，又是一个综合治理问题。并且，中国一个省份的地域就相当于欧洲一个主要大国的幅员，各个地区在经济发展水平、自然和文化资源及城市建设发展方向方面存在巨大差距。因此，应该分轻重缓急、分层次、分类别，采取一种基于一般均衡的综合治理。

不过，本报告不准备也不可能事无巨细地列出一个涵盖到方方面面的详细方案，最根本的问题还在于如何充分发挥市场的作用，加强房地产市场制度建设。为此，我们建议应在土地流转制度、财政税收制度、金融监管制度、住房

---

① 上海银监局发布的2009年上海房地产信贷运行分析表明，以2009年9月30日数据为基准，在房价下跌10%、20%和30%的情景下，个人住房按揭贷款不良率将分别达到1.18%、1.15%和2.08%，比正常情况下分别上升0.73、1.06和1.63个百分点。房价下跌10%情景下的不良率是正常情况的2.6倍。

保障制度、房屋租赁市场建设、土地招拍挂制度六大制度建设方面入手，多管齐下，综合治理，建立有效市场，兼顾经济效率与社会公平，引导有效供给与有效需求，促进房地产市场稳定健康发展。需要指出的是，这六大制度建设一环扣一环，构成了一个相互配套、内在逻辑联系紧密的综合治理体系。当然，在具体可操作性方面它们可能有所差异，前四项涉及面大、影响力深，改革的难度可能会更大，后两项可能相对容易，可以立即推动。

建议1：促进土地城乡流转。正确处理好保护耕地基本国策和城市化用地（包括房地产开发用地）的关系，促进土地要素在城乡间自由而有序地流转，这是从供给方面平抑地价和房价的根本举措。当然，保护耕地存量与房地产开发用地增量之间存在一定的此消彼长关系，但是从优化土地使用结构、提高土地集约水平的角度来看，二者又是相辅相成的。

其一，深入分析我国近10年来耕地减少的原因，退耕还林、还草是主要因素，另有农业结构调整、各项基础设施用地等原因，城镇建设用地只占少数。数据显示，"十五"期间我国耕地面积净减少了9 240万亩，平均每年减少1 848万亩。造成耕地大幅减少的主要原因是生态退耕数量大，减少耕地8 065万亩，占整个耕地减少量的70%。而在同期全国城乡新增建设用地的3 285万亩中，建设占用耕地1 641万亩，占不到一半。[①]

其二，目前我国农村居民点的人均用地水平明显高于城镇居民人均居住用地[②]，合理的房地产开发显然是更加集约地用地。特别是在当前城市化加速时期，建立基于一般均衡的城乡土地流转制度，满足合理的房地产用地需求，不仅是满足进城农民基本居住需求和城镇居民住房改善性需求的条件，也是能够

---

① 中国农业网. 我国耕地面积逼近 "红线" [OL]. http://www.agronet.com.cn/News/Detail_202683_1.aspx.
② 2009年12月，住房和城乡建设部村镇建设司司长李兵弟表示，目前我国城镇人均建设用地约80多平方米，而农村人均建设用地达到180平方米。参见搜狐焦点网：http://house.focus.cn/news/2009-12-29/827604.html。

使城市化的成本大大下降,使农民获得分享城市化带来的集聚效应和经济繁荣的权利和渠道,同时极大地提高土地的利用效率。

其三,有人也许会担心耕地面积18亿亩红线的突破会出现所谓粮食安全问题。其实,每个国家都面临各种安全问题,例如军事安全、粮食安全、能源安全、饮用水安全、卫生安全等。犹如水桶的容积由最短的那条边决定,一个国家总的安全水平也取决于安全最为薄弱的那个变量。对中国来说,目前粮食的自给自足差不多达到100%,并不是"水桶"上最短(可能是最长)的一块木板,以较粮食战略更加严峻的石油安全为例,10多年前中国还可自足,而现在石油的自给率已经降到50%以下,并且还在继续下降。何况粮食可以再生,只要有半年时间又可以获得新粮,而石油是无法再生的[①]。面对远为严峻的石油安全局势,即使对安全问题忧心忡忡的人,大概也不会以此要求限制工业发展。

建议2:开征房产物业税种。采用国际通常方法,将集中在住房开发和销售环节的税费,整合成或增加房产物业税[②],每年征收。这既有利于提高效率,也更能彰显公平。通过提高持有环节的成本,让投资者把房子投放到租赁市场和二手房市场上去,形成真正的消费品,降低高空置率,此其一。其二,通过此项税收可以调节社会财富分配和平衡收入差距。

当前世界上大多数成熟市场经济国家,房产物业税一般是地方政府的主要税种和收入来源,以此解决当地公共开支。例如,美国物业税一般占地方财政收入的40%到50%,这与我国地方财政收入过度依赖土地出让收入形成鲜明反差。并且,中国在住房开发和销售环节征收了名目繁多的税费,而在住房保

---

① 上海财经大学高等研究院2009年度政策建议书之三. 解决"三农"问题的根本出路在于坚持市场导向的城市化道路——关于加快消除城乡二元结构的政策建议[D].
② 尽管中国总体税赋已经很高,但不表示房产的赋税也是很高,正好相反,在中国比国外,如美国,低很多。合理的税率是调节需求,解决公平,兼顾效率的重要手段之一。当然,我国开征房产物业税并没有改变土地国有的前提,它只是对土地使用权的取得、保有所征收以及房产本身除此之外价值所征收的一种税,并未涉及土地产权制度的深层变革。

有环节则几乎没有什么税费。这导致的一个现象就是一些高收入群体手上有两套以上的房屋，甚至四五套房屋，使得在许多城市中的住宅小区，晚上黑灯率高、入住率低，造成了严重的资源浪费。按年征收房产物业税有助于改变这种现状，促使空置房进入租房市场或二手房市场。更重要的是，像美国政府对于这笔税收的用途是很明确的，即投入地方公共基础设施特别是教育的建设，这对于为当地民众提供公平竞争起点和防止社会结构固化具有重要意义。

反观国内各界关于征收房产物业税的讨论，争议主要有三点：一是认为缺乏法理基础，因为土地的所有权归国家所有，居民个人只拥有使用权；二是认为会造成重复征税，理由是开发商在购地时已一次性缴足了70年土地出让金，买房者也在购房款中缴纳了土地税费；三是认为面临技术上的难题，如房产评估能力、税务机关征收能力等的制约。

其实，上述问题都不难解决。一种可以考虑的征收方式是，将现在买房时房价中包括一部分成本（也就是政府拍卖土地所得收入）看作为是一次性征收的土地使用税，那么就可像美国一样，由地方政府每年根据所在区域同质房屋销售市场的平均价格（这种信息都有记录，并电脑化了的，很容易决定）进行收税[1]。由于房产物业税是地方税种，不必全国统一税率，因而非常适合在局部地区特别是那些房价收入比高、房屋空置率高的城市先行先试，初期的税率可以稍低一些[2]。然后，在实施过程中，逐步降低土地开发环节的土地出让金及有关税

---

[1] 为了减少缴税时房主对房价的争议，美国许多地方政府，如新泽西州的许多城镇，将房价估计的很低（如房价的60%左右），使之无法争议，而将房产税率制定得很高（有的地方甚至高达6%以上）。

[2] 即使以0.1%的税率收取，这也是一笔不小的数目。以上海为例，2008年城镇居民人均住宅建筑面积是33.4平方米，城镇居民（非农户口）为1 216.56万人，住宅商品房平均价格为8 182元/平方米（全年住宅商品房销售额1 608.47亿元除以住宅商品房销售面积1 965.86万平方米），也就是有3.3万亿元以上的存量房。那么，就是33亿元左右的税收。如果日后税率提高到1%，总额达到330亿以上的规模，将可以解决未来由于土地出让金分摊之后的财政收入来源缺乏的问题。

费的比重,并提高相应的税率,将其分摊到未来的按年计缴的房产物业税中去。

这也许是一种比一步削减土地出让金及有关税费更具可操作性的方式。一来可以改变鼓励土地垄断和高价拍卖的逆向激励机制,逐步将地方政府对于土地的收益分摊于未来70年内收取,使政府获得长期稳定的收入来源。二来可以将长期在公共财政体系外循环的巨额土地出让收入纳入预算管理,让地方政府从土地市场的重要交易者真正回归到房地产市场的监管者角色。

建议3:加强银行风险管理。改进银行的风险管理系统,让银行能够更好地共享客户的信用资讯,让银监会能够更好地监控银行的贷款风险,让整个社会能够建立起一个有效控制房地产贷款(特别是土地抵押贷款)风险的制度。这个方面的改进,不是针对投资性购房的,但却是比"遏制"投资性购房更能抵御次贷危机式金融风暴的制度。

这个制度设计指向的正是从美国的次贷危机中汲取到的一个教训:买者自负。我们不能让投机者"赚了归自己,亏了大家分担"。这次美国次贷危机的实质是,有人亏得太多了,需要全部的纳税人为他的失败买单。买者自负并不是用来改良市场的政策,它本来就是市场经济的重要原则。我们的灾难是因为破坏了这个市场经济的原则而导致的。所以,需要的是重建这样的原则,并能够有效维护它的运转。

当前,特别需要注意的就是土地抵押贷款和房地产开发贷款。这部分的贷款如果因为抵押不足而变为坏账,同样会带来类似金融危机的危险局面。同时,加强保障房建设也是给银行不动产贷款提供了一个退出机制。否则,倾向于"自有住房"的抵押贷款面对市场风险时,银行是很难"平仓出货"的。

建议4:构建住房保障体系。明确公民的居住权及政府在保障居者有其所[①]方

[①] 这与居者有其屋有明显区别。拥有产权的住房作为一种财产形式,已超越了基本的住房需求,只能通过合法劳动获取。否则,会造成"养懒汉"现象。

面承担的责任,并通过法律对保障性住房的资金来源给予保证。当然,这不意味着要制定超越发展阶段和公共财政支持能力的住房保障目标,或让大多数人得到住房保障的预期,这些只能诱发思想认识上的混乱。

中国的住房保障体系应该是一个多层次的体系。第一个层级[①]是占比10%的最低收入家庭及10%的低收入家庭进入政府提供的廉租房,通过这种方式来保证社会最弱势群体的居住权。第二个层级是占比从20%到80%的中等(以及偏下、偏上)收入家庭,政府应该通过货币补贴、利率优惠、税收优惠等优惠条件增强他们的住房支付能力,让他们进入普通商品房市场。当然,有关优惠程度在这个层级内部也需要有所区分。

不过,国外的经验表明,要做到这一点,政府还需要用法律手段和经济手段来引导国内住房市场生产出足够多的民众有支付能力购买的住房。比如,美国住宅法公法体系的特点主要就是面对中低收入家庭,其重点是考虑中低收入家庭的经济承受能力。同时,采取各种各样鼓励私营机构参与的计划,并借助强有力的金融保障体系支持其相关政策,以实现为每一个美国家庭提供在适宜住宅中舒适生活环境的目标。

建议5:推进房屋租赁市场建设,形成租售并举的合理、健康的住房消费模式。培育壮大房屋租赁市场,一可极大满足中低收入家庭住房需求;二可降低住房空置率,扩大市场有效供给,提高住房资源配置效率。

首先,应该对房屋租赁市场实行有效规制。现在政府很难知道房屋租赁情况,缺乏对租赁市场的信息收集和有效规制。其中一个原因就是对出租房的收入有名义上的税收,但是目前情况下,这种税收又很容易规避。这使得政府既

---

① 按照国家统计局的城镇家庭收入分组方法,将城镇家庭住房人均可支配收入由低到高排队,按10%、10%、20%、20%、20%、10%、10%的比例依次分成:最低收入户、低收入户、中等偏下收入户、中等收入户、中等偏上收入户、高收入户、最高收入户等七组。

收不到税，也疏于对租赁房的信息掌控。现在如果推行减免税，放弃本来就难以征收到的一些税种，既不会影响政府财政收入，还能有助于规范管理租赁市场。

其次，应该改革社会福利与自有住房相捆绑的现有社会管理模式。比如学区就可以和居住地相挂钩，而不必和自有住房相挂钩。当然，这样的改革需要对租赁市场的有效规制为基础，这也是我们上面建议的缘由。

最后，应该加强房屋租赁市场的法制法规建设。在德国，有关于租赁市场的完备法规，比如对于出租方的维修义务，租住方的卫生维护义务等等的规定，这有利于减少租房双方的交易成本。这一系列措施，加上物业税的改革，将有利于把空置房推向市场，激活租房需求，平抑购房需求。最终完成住房由投资品向消费品的转化。

建议6：完善土地拍卖制度。 改革现有的单纯以价高者得为原则的土地招拍挂制度。这不是目前的行政性地清理"地王"政策，而是设计合理的拍卖制度。此项改革需要拍卖机制专家参与制度设计，而不是由行政长官"拍脑袋"决定，更不是倒退到过去没有拍卖的"协议转让"阶段。

一方面，应该细化商业用地的用途。对商业、酒店、旅游、高档公寓住宅等的用地，可以采取价高者得的"招拍挂"方式。而对普通住宅建设用地则应采取综合指标"招拍挂"方式，即综合地块设计方案、公众利益、企业自有资本、企业信誉、资质业绩、消费者评价、纳税情况和社会责任等多种指标，选拔出真正能够为公众提供品质高的可支付住房的企业。

另一方面，应该建立土地供应信息发布和披露制度。由于这方面制度建设的滞后，令房地产开发商对土地市场供应的信息不是十分了解，对未来缺乏预期准备，导致许多开发商盲目参加竞拍。政府应加强在土地储备、规划调整、征用、回收、出让等各个环节的土地信息公开，并且要根据出让情况及时更新。

五、结束语

我们的一个基本观点就是，促进房地产市场稳定健康发展的关键不在于盯住房价起伏的短期宏观调控，而在于进一步完善房地产资源配置的市场体制，让市场而不是政府发挥更大的作用，这是让市场有效，实现资源有效配置的基本原则和客观规律。只要市场能做好的就应该让市场去做，政府没有必要直接参与经济活动，而是提供市场有效运转的保障，例如维护市场秩序，保证合同及各种法规得到严格执行，清除资源在行业中流动的障碍，设计激励引导型税制解决收入差距过大的问题等。

总之，在具有竞争性、没有太大外部性及风险个人承担的先决条件下，从效率的角度出发，现阶段政府没有全面打压房价的必要性和可行性，而应该在根源性的制度问题上多做文章，兼顾经济效率与社会公平，引导有效供给与有效需求，建立健全促进房地产市场稳定健康发展的长效机制。否则，政府不停地采用行政干预的手段，永远不会有一个成熟的房地产市场。

需要指出的是，本政策建议书旨在廓清和理顺各项基本建议之间层层相扣的内在逻辑关系，从而得出一种综合配套的治理思想。这只是解决问题的第一步。一旦原则和方向确定之后，还需要大量专业和细致的研究跟进，充分考虑中国国情和所面临的各种经济社会环境这样的约束条件，以给出科学而合理的具体机制设计和实际操作方案及其适应的边界条件。

（2010年2月）

43

中国经济如何走出"两难"困境[*]

2010年7月4日,温家宝总理在长沙主持召开湖北、湖南、广东三省经济形势座谈会时指出,国际金融危机影响的严重性和经济复苏的曲折性都超过了人们的预期,当前宏观调控面临的"两难"问题增多。这些"两难"问题包括:经济刺激政策如何进退;房地产调控和经济增长之间如何平衡的难题;收入分配改革与转变经济发展方式之间的矛盾;资源价改与通货膨胀之间的压力;人民币汇率调整与出口企业之间如何协调;外贸出口与国内经济结构调整之间的"两难"。

事实上,市场已经普遍对2010年下半年经济形势表示担忧。自2010年第二季度以来,中国经济一改第一季度高位运行的态势,各项经济指标先后出现下滑:规模以上工业增加值增速减慢、贸易顺差下降、城镇固定资产投资下滑、采购经理人指数下降、资产价格减低。此外,发电用电量和交通运输指标也开始徘徊不前。

针对2010年下半年不确定性和复杂性增加的国内外形势,尽快走出"两难"困境迫在眉睫。一个基本的思路应该是在稳定经济增长中调整经济结构,

---

[*] 本文载于《时事报告》,2010年第10期。

在破解发展难题中转变发展方式、在风险最小化下追求效益最大化,这就需要采取与中医医理相近的综合治理,不能有所为有所不为。因为宏观经济就像一部机器,每一个零件都要发挥其作用才能有效、良好地运转。具体而言,围绕当前中国经济结构失衡现状和经济发展方式转变的需要,须以"稳政策、调分配、拉两头、优中间、扩内需、促出口"的18字为导向来治理中国经济。

第一,稳政策。中国经济总是陷于大起大落困局的一个重要原因,就是宏观经济政策大起大落,其根源在于市场经济的体制和机制还不完善。保持政策相对稳定的核心就是要减少政府的过度干预,强化长效的市场机制。

第二,调分配。改革的实质就是利益关系的重新调整。改革开放30多年来,中国经济持续高速增长带来了社会财富投入的快速增长,但是国民财富分配格局的不合理程度却日益加深。收入分配改革必须要谋划长远,久拖不决会让问题变得更加棘手。因此必须审时度势,尽快推出一些能够起到实效的具体措施。

第三,拉两头。首先,要增加对农业和农村教育的投入,加快发展现代农业,使粮食供给保持稳定增长,建立让农业增产、农民增收的长效机制,增强8亿农民的消费能力,有效激活农村消费市场。其次,要大力促进服务业发展,以缓解劳动力过剩问题,同时减轻资源密集型制造业过度膨胀所导致的资源耗竭、环境恶化等不利影响。另一方面,发展智力密集型的现代服务业有助于提升中国在国际产业价值链中的位置,实现由"中国制造"向"中国智造"的升级转变。

第四,优中间。金融危机的一个作用,就是促使我们下决心要转变发展方式,充分利用市场机制进行深层次结构优化调整,推动我国经济的主体——第二产业实现产业结构的优化升级和转型升级。必须对国有垄断行业的所有制结构进行改革,继续扩大民营资本市场准入,不断完善对中小企业的政策扶持体系,为民营企业和中小企业提供公平竞争的投资环境,促进市场竞争,让生产要素向最有效率的地方集中,以提升整个经济的效益与效率。

第五，扩内需。由于主导全球经济消费需求的发达国家特别是美国居民家庭当前都面临着去杠杆化和重建储蓄等重要任务，可以预期，一直以来支持中国增长模式的外部需求在未来几年内都将会比较疲软。因此，当务之急是促进从外需支撑的出口型发展模式向内需驱动的消费型发展模式转变。

第六，促出口。在社会保障和医疗改革等公共福利政策还处于改革摸索阶段的情况下，经济由出口导向向内需驱动的转变无法一蹴而就。当前政府应该在扩内需的同时，在促出口方面同样有所作为，以保持经济的平稳较快发展和缓解沉重的就业压力。

当然，上述治理方针重在治标。从国家长治久安、科学发展、重新崛起和民族振兴的根本目标出发，治本之策还在于加强倡导长效制度建设，在此过程中需要正确处理好"政府与市场、国富与民富、效率与公平、投资与消费、内需与外需、城市与农村、沿海与内地、发展与稳定、发展与教育、发展与生态"十大关系。

其中，关键是界定好政府、市场与社会的治理边界，促进政府从发展型向服务型政府转变，从行政干预过多的全能政府向让市场充分发挥作用的有限政府转变，从而建立有效政府和有效市场，使之能同时实现效率、公平与和谐发展。这也是中国经济长远可持续发展的需要和根本之路。

（2010 年 10 月）

44

房产税改革的监管及长效机制的建立*

提要：在完善房地产市场制度建设的过程中，房产税试点的出台迈出了关键性的一步。通过房产税的改革，能够解决房子空置所造成巨大的效率缺损问题，本文对此进行了阐释，并就加强对房产税改革的监管提出切实举措。文章在讨论完善房产税制度的同时，提出了从土地流转制度、金融监管制度、住房保障制度、住房租赁市场建设、土地拍卖制度五大制度建设方面入手，多管齐下，综合治理当前我国房地产市场的危情。

房产税改革试点已进入实质性操作阶段，这无疑是解决囤房、炒房的必要手段，也是一项完善城市公共财政建设的重大改革。然而，从社会各界的反应来看，还有不少人对于房产税改革的作用和意义缺乏正确认识，亟待厘清。同时，如何对房产税改革实行有效的监管，使得改革的成效落到实处，也是一个非常重要的问题。

需要指出的是，与频繁的房地产宏观调控政策相比，房产税试点的出台是朝着完善房地产市场制度建设方向迈出的重要一步，但不能就此却步，相关的

---

* 本文载于《改革》，2011年第2期。

配套改革和制度建设也要快步跟进。唯其如此,才能真正以长效机制实现房地产市场的长治久安。在此将对以上这些问题展开论述。

一、房产税改革的真正使命

不可否认,当前中国房地产市场还有许多深层次的矛盾和问题没有得到根本解决,特别是房屋空置的问题非常严重,如果购房者购买房子不以自住为目的,根本不准备装修而作为投资放在那里不用,那么这个购房者实质上已经转变为房子的供给者。既然是供给者,而房子又被空置,那就是房子资源没有得到合理配置,因而是无效率的。

解决房子空置所造成巨大的效率缺损问题,让空置的房子动起来,就必须增加持有多房或大房的成本。从而,房产税是解决炒房产、囤住房,从而降低房价的必要手段。但它要解决的不是价格上涨的问题,而是效率和公平的问题,因为从长远来说房价是往上走的。如果不用房产税怎么解决这个问题?

我国目前有些税要大大地降下来,但是有些税是必须要收的,不收税就不能解决效率问题。为什么房子会增值?其中一个原因就是市政府改善城市环境和房子周边的公共设施使得房子增值了。如果是这样,就应该收税。如果要让空置的房子动起来,除了收房产税,似乎没有什么其他解决问题的办法。

反过来看,不收房产税,则会加剧不公平和贫富差距问题。尽管收入造成了一定的贫富差距,但真正的贫富差距就是拥有住房和没有住房的差距。在房产税改革试点正式出台之前,不少人说征收房产物业税有困难或者不适合,其实是有既得利益的问题。许多反对收房产税的人往往是有两套以上房子的人。

当前世界大多数成熟市场经济国家,房产物业税一般是地方政府的主要税种和收入来源,以此解决当地公共开支。例如,美国物业税一般占地方财政收入的40%到50%,这与我国地方财政收入过度依赖土地出让收入形成鲜明反差。并且，一直以来中国在住房开发和销售环节征收了名目繁多的税费，而在住房保有环节则几乎没有什么税费。这导致的一个现象就是一些高收入群体手上有两套以上的房屋，甚至四五套房屋，使得在许多城市中的住宅小区，晚上黑灯率高，入住率低，造成了严重的资源浪费。按年征收房产税将有助于改变这种现状，促使空置房进入租房市场或二手房市场，由于供给增加，从而会缓解房价上升过快的问题。更重要的是，像美国政府对于这笔税收的用途是很明确的，即投入地方公共基础设施特别是教育的建设，这对于为当地民众提供公平竞争起点，防止贫富差距拉大和社会结构固化都具有重要意义。

在实施过程中，应逐步降低土地开发环节的土地出让金及有关税费的比重，并提高相应的税率，将其分摊到未来的按年计缴的房产物业税中去。这是一种比一步削减土地出让金及有关税费更具可操作性的方式。一来可以改变鼓励土地垄断和高价拍卖的逆向激励机制，逐步将地方政府对于土地的收益分摊于未来70年内收取，使政府获得长期稳定的收入来源。二来可以将长期在公共财政体系外循环的巨额土地出让收入纳入预算管理，让地方政府从土地市场的重要交易者真正回归到房地产市场的监管者角色。

二、如何加强对房产税改革的监管

第一，对房产税的税源予以确认，加快推进各类住房的信息系统的建立。这关系到产权的明晰和信息的对称，而此两点恰恰是财产税合理、准确的两个重要保证。2010年6月，住房和城乡建设部明确了个人住房信息系统建设的工作思路："以城市住房信息系统建设为重点，以房屋登记数据为基础，建立部、省、市三级住房信息系统网络和基础数据库，全面掌握个人住房的基础信息及动态变化情况，为科学制定相关政策提供技术支持，为实施房地产市场宏观调控政策、提高行业管理和社会服务水平创造条件。"无论是以套数还是以面积为确定征收对象的基准,都将可以通过住房信息系统锁定征收人群。全国范围内住房信息系统的建设将为房产税试点的推广,提供重要的技术支持。

第二,对房产税的用途予以明确,优先用于公共产品与公共服务的提供。一般而言,教育是国外绝大多数国家房产税或物业税的主要用途,例如美国地方政府将房产税大部分用于支付学区义务教育(即"学区税"),其他部分用于改善治安环境和公共服务等,从而使得学区的环境得到改善,房价自然而然也就随之上涨,而房产税中的"县税"和"城市税",也被用于与居民房屋有关的支出维护。美国政府在税收的使用方面接受居民的严格监督,税收所有支出全部有非常详细而清晰的记录,居民可以随时上网查询。我国也应该以房产税推出为契机,全面推进地方政府的预算公开,建立可问责的地方政府。

作为国内房产税首批试点的城市,重庆和上海对于房产税的用途也做出了规定,前者明确"个人住房房产税收入全部用于公共租赁房的建设和维护",后者明确"对房产税试点征收的收入,用于保障性住房建设等方面的支出"。考虑到长期以来我国在保障性住房上的欠账,这一优先回补政策对于保障居民基本居住需要非常重要,在未来房产税在全国铺开的过程中也应予以推广。

目前试点城市的房产税税率相对较低,其对于抑制房产投机有一定作用,但作用有限。未来,房产税率应当逐步提高,使得投资房产的回报率和其他行业相差不至太大,从而实现一般均衡。这样,随着房产税收的不断增加,应该将其税收用到地方公共基础设施特别是教育的建设当中去。

三、以长效机制奠定楼市长治久安

政策是短期效应,根本问题是在制度建设。市场经济条件下,要让市场充分发挥作用,让市场作为配置资源的主要手段。政府应从实现行政干预过多转向让市场发挥重要作用的有效政府转变,从制度建设入手综合治理当前我国房地产市场的危情。

尽管房产税是房地产市场制度建设的重要一环,有助于增加持有高端房和多套房的成本,影响购买决策,抑制部分需求,但这并不是答案的全部,相关的制度建设亟须跟进。解决问题的根本办法在于增加商品房市场土地有效供给,考虑到与之相配套的风险控制、住房保障、租房体系、拍卖机制等,建议在完善房产税制度的同时,从土地流转制度、金融监管制度、住房保障制度、住房租赁市场建设、土地拍卖制度五大制度建设方面入手,多管齐下,综合治理,建立有效市场,兼顾经济效率与社会公平,引导有效供给与有效需求,促进房地产市场稳定健康发展。

(一) 促进土地城乡流转

正确处理好保护耕地基本国策和城市化用地(包括房地产开发用地)的关系,促进土地要素在城乡间自由而有序地流转,保证住房土地的有效增量供给。增加供给是解决当前市场供求关系的最简单、最有效的办法。当然,保护耕地存量与房地产开发用地增量之间存在一定的此消彼长关系,但是从优化土地使用结构、提高土地集约水平的角度来看,二者又是相辅相成的。

(二) 加强银行风险管理

改进银行的风险管理系统,让银行能够更好地共享客户的信用资讯,让银监会能够更好地监控银行的贷款风险,让整个社会能够建立起一个有效控制房地产贷款(特别是土地抵押贷款)风险的制度。这个方面的改进,不是针对投资性购房的,但却是比"遏制"投资性购房更能抵御次贷危机式金融风暴的制度。因为最大的风险不在买房者30%~60%的首付,而是开发商。开发商的风险最大,这个地方出了问题才是大问题。

（三） 完善住房保障体系

明确公民的居住权及政府在保障"居者有其所"方面承担的责任，并通过法律对保障性住房的资金来源给予保证。当然，这不意味着要制定超越发展阶段和公共财政支持能力的住房保障目标，或让大多数人得到住房保障的预期。房产税的征收为城市保障性住房提供了一个重要的资金来源。

（四） 发展房屋租赁市场

租赁市场发展滞后有可能与我国的传统文化及法律规则不完善有关。让所有人都居者有其房，这肯定是无法实现的。美国"次贷危机"的爆发，在很大程度上就是毫无节制地吹大了"居者有其屋"的梦想，让很多不具备买房能力的人去买房。有鉴于此，"租售并举"应该是我国需要长期坚持的基本住房政策，也是一个成熟的房地产市场应具备的基本特征。积极培育壮大住宅租赁市场，既可极大满足当前中低收入家庭迫切的居住需求，也可降低住房空置率，扩大市场有效供给，提高住房资源配置效率。

（五） 完善土地拍卖制度

改革现有的单纯以"价高者得地"为原则的土地招拍挂制度。这不是目前的行政性清理"地王"政策，而是设计合理的拍卖制度，在土地拍卖过程中综合地块设计方案、公众利益、企业自有资本、企业信誉、资质业绩、消费者评价、纳税情况和社会责任等多种指标，筛选出真正能够为公众提供品质高的可支付住房的企业。当然，此项改革不是要倒退到过去没有拍卖的"协议转让"阶段。

（2011 年 2 月）

45

基于财富分布 Pareto 法则估计我国贫富差距程度[*]

利用随机抽样恢复总体财富 Pareto 法则

提要：本文利用胡润百富榜数据验证了财富分布 Pareto 法则在我国的成立。基于财富分布 Pareto 法则，本文尝试计算了 2000~2010 年我国财富分布的基尼系数即贫富分化程度。结果表明，在这段时间内，我国贫富差距水平总体上呈现先降低后增加的趋势，且贫富差距程度同我国政府的社会和经济政策存在密切的联系。本文还证明了我们可以通过样本方法恢复总体财富分布 Pareto 法则，并给出了相应方法。本文证明样本按升序排列后所得序列服从随机的财富分布 Pareto 法则，基于该法则的普通最小二乘估计渐近无偏且一致地收敛到总体财富分布 Pareto 法则的参数。对应的 Bootstrap 分析表明这个方法是可行且有效的。

---

[*] 本文载于《世界经济文汇》，2012 年第 6 期。本文合作者为孙楚仁。

一、收入不平等和贫富差距

近年以来，随着改革开放的逐渐深入，我国的贫富差距程度逐渐增大，目前已经到了非常危险的地步。贫富差距问题是经济中十分重要的问题。经济中的贫富差距程度或者财富分配不均等程度对于一国经济政策的制定具有重要的参考价值。首先，财富代表了人们的生活条件。财富决定了人们的消费、投资和代际转移（遗产和继承）活动，家庭居住的安全性、家庭成员的健康和保险、人们在困难时期保证消费、退休后保持充分的消费水平等都与财富有关。其次，财富影响和决定了人们参与各种社会活动的机会起点。财富可以影响和决定孩子的教育机会，影响人们参与各种社会和经济活动的机会，例如就业、信贷、参与政治过程和影响法律政策和制度的制定。财富还可以通过遗产、赠与等方式转移给他人，从而改变人们参与社会经济活动的起点。极端的财富不平等会导致人们在从事经济和社会活动时起点的严重不公平性，从而影响人们经济行为和经济发展速度，带来经济的不稳定性，导致人们对社会资源分配的不满，损伤人们之间的信任，造成各种社会问题甚至是社会危机。正因为如此，我国许多学术期刊和媒体报纸对我国日益严重的贫富差距问题给予了高度的关注，许多学者不断呼吁政府采取各项政策解决贫富差距过大问题，而中央政府也的确制定了各项政策来改善这一问题。

但是，尽管人们普遍感觉中国的贫富差距悬殊，但贫富差距到底有多大，并没有多少学者对此进行测度。即使有一些学者对某几个时点的中国贫富差距程度进行了估计，但这种估计只是有限的几个时点，并没有反映出经济体贫富差距的连续变动，因而难以反映经济发展及政策变化对我国贫富差距的影响。这种估计有时限于数据的来源并不太可靠。因此，我们需要更为一致和连续的贫富差距程度，这对于我们实时掌握居民贫富差距变动，制定合理的政策，防止贫富差距过大，确保人们起点公平，具有重要的意义。

此外，目前许多媒体和学者在讨论贫富差距的时候将贫富差距问题和收入不平等问题混淆了。事实上，两者并不等同。收入和财富是两个完全不同的概念，尽管两者在某些方面是联系在一起的。首先，收入是一个流量的概念，它是某个时点的劳动、资本或者其他资产所获得的以该时点价格水平衡量的现金流总合；而财富是存量的概念，它是一段时间内个人收入在财富计算时点的价值总和。因此，两者是不能互相替代的。其次，收入是实现了的现金流，因而通常比较容易测度；而财富是实现的现金流和未实现现金流的总和，其中某些现金流表现在各种资产上。要测度财富，我们需要对个体所有资产在测度时刻点进行估值。但这是难以做到的。再次，在短时间内，个体的收入分布从经济总体上来说通常比较稳定，从而经济的收入不均等程度变动比较微小，但个体的财富则可能因为资本市场、房地产市场等的变动或者经济政策〔例如货币政策（通胀）、财政政策（个人所得税、资本税等）〕的变动而发生极大变动，从而导致财富分布的剧烈变动。经济中的贫富差异程度一般来说要高于收入不平等程度（Feldstein，1976），收入分布和财富分布的规律是不同的（Coelho et al.，2008），即使收入和财富之间存在密切的关系，但也不会有明确的正向或负向的关系（Wolff，1998）。收入和财富的这些区别，意味着我们不仅需要对收入不均等进行考察，也需要对财富分配变动进行考察。

因为贫富差距问题如此重要，很多国外的学者利用各国居民财富和收入数据对各国的财富不平等程度、财富构成、成因等进行了估计和分析。由于美国居民财富数据比较完善，因此大部分研究集中在对美国相关情况的分析，例如Lamp（1962）、Wekher（1995）、QuardrinI（2000）、Wolff（1987a，1992b）、Keist 和 Moll（2000）、Heathcote. et. al.（2010）、Juster 和 Kuester（1991）。也有学者对其他国家例如瑞典（Domeij 和 Klein，1998；Barger，Sjogren 和 KlevMarken，1998）、德国（Frick 和 Grabka，2009）、加拿大（Morissette et. Al.，2002；Brzozowski et. al.，2010）的财富不平等程度、构成和变动趋势（多用基尼系数衡量）进行了分析。还有一些学者对各国财富不平等状况进行了比较。例如 Banks et. al.（2000）和 Banks et. al.（2001）对美国和英国，

Bover et. al. (2005) 对英国、美国、西班牙和意大利，Bover (2010) 对美国和西班牙，Wolff (1996) 对 OECD 八个国家（澳大利亚、加拿大、法国、德国、日本、瑞典、英国和美国）的财富不平等程度及其变动、财富构成、财富流动性等方面进行了比较。

若干学者对中国的贫富差距程度、家庭财富构成和决定因素等问题采用样本方法进行了分析。例如，Pudney (1993) 利用 1987 年中国城市和农村居民现有财富和 1986 年收入调查数据，估计了生命周期（年龄）因素对收入不平等和财富积累的影响。Mckinley 和 Wang (1992) 利用中国社科院和一些西方学者于 1988 年所调查的 10 258 个农村家庭的财富数据估计了中国农村家庭净财富构成和不同资产的基尼系数。Mckiney (1993) 利用上述数据进一步对中国农村家庭的财富分布进行了分析。Gustafsso et. al. (2006) 利用中国社科院和中国统计局 1996 年调查的中国家庭收入数据考察了 1995 年中国农村和城市家庭财富的结构、不平等和决定因素。前面的分析都是利用某一年的调查数据进行分析，因而难以看出中国贫富差距的变化趋势。为此，李实等（2000a，2005b）及 Li 和 Zhao (2007) 利用国家统计局 1996 年和 2003 年所调查得到的 1995 年和 2002 年中国家庭财富数据分析了中国城市和农村居民财富分布和整个中国财富分布状况。他们发现，1995 年和 2002 年所有家庭在这两年的净财富基尼系数分别为 0.40 和 0.55，说明整个国家家庭财富集中程度在上升。利用不同的数据源，陈彦斌 (2008) 和陈彦斌等 (2009) 计算了中国城镇居民 2005 年和 2007 年财富分布基尼系数，发现两年的基尼系数分别为 0.56 和 0.58。

但是，利用样本调查方法来计算经济中的贫富差距至少会带来如下几个方面的问题：第一，局部无法代表总体，样本方法所基于的基本假设即样本是均质的可能并不成立。抽样方法假定所有人获得财富的能力是一样的，但显然现实并非如此。该方法假定能通过样本收入分布确定整体收入分布，但若不同收入水平的人获取财富的能力不一样，则我们不可能通过某些收入水平的个体财富分布确定整体财富分布。第二，在现实中因为样本收集成本和便利性问题，抽样完全随机很难做到。例如，在 Mckinley 和 Wang（1992）的研究中，调查居民仅限于 7 个省，而 Gustafsso et. al.（2006）所使用的数据中，调查居民仅限于 19 个省。[①] 第三，调查样本家庭的财富采用的是随访方式，财富以被调查家庭所估计的为准，但显然很多家庭没有能力充分准确地估计自己的财富，因为财富包含了多个方面，例如房子、土地、生产性资产、金融资产、债务等，其估计涉及复杂的估价技术。何况在 1995 年中国尚未有完善的房地产市场，农村土地也未能流通，作者认为房子和土地构成了居民财富的重要部分，但在无完善房地产市场和流通土地市场的情况下来估计房子和土地的价值是十分困难的。第四，不同地区的物价指数不一样，即使家庭能准确估计自身的财富，但要获得这些物价指数的信息也是困难的，但只有根据这些物价指数来对财富进行调整，所计算得到的财富分布才是较为真实的。第五，对居民数据进行抽样调查需要巨大的人力、物力，因而难以连续进行，从而我们难以获得居民财富动态的信息。因此，上述学者们对我国贫富差距的估计是否准确并未有确定的保证。

本文将在个人财富分布 Pareto 法则即个人财富总量同其在整个经济中的排序成对数线性关系的基础上给出我国个人财富分配基尼系数的计算方法。我们利用胡润富豪排行榜 2000～2010 年的数据验证了该法则在中国的成立[②]。根据这一法则，本文设计了一种计算经济财富分布基尼系数的方法，该方法只需要经济体最富裕个体群及其排名的相关数据，据此即可计算经济中的基尼系数。同前面学者的方法相比，本文方法的优点是只需获得最富裕群体的财富数据，而这相对于获得经济体所有个体财富的数据容易得多，甚至也比大规模从

[①] 事实上，从抽样的多层样本调查的设计方案来看（见 Li 和 Zhao（2007）对此的详细介绍），多层次抽样方法本身就会带来随机性（有关此的讨论，足可以写成一篇论文）。
[②] 2003 年除外，因为胡润百富榜未提供该年数据。

总体中抽样获取样本个体财富数据容易且准确。本文利用胡润富豪榜 2000~2010 年的数据估计了这些年间我国贫富差距的基尼系数。根据我们的估计，2000 年、2005 年和 2007 年我国贫富差距程度为 0.826、0.548 和 0.767，而李实（2000a，2005b）及 Li 和 Zhao（2007）所得 2000 年贫富差距估计为 0.55，而陈彦斌（2008）和陈彦斌等（2009）所得 2005 年和 2007 年贫富差距估计为 0.56 和 0.58。从数值上来看，我们的估计同他们的估计并无一致的趋势偏差。但本文的结果则更加符合对转型经济体贫富差距变动的直觉。根据他们的结果，我国贫富差距程度在过去 10 年内变动十分微小（从 2000 年的 0.55 变化到 2007 年的 0.58），这意味着我国已经是贫富差距变动稳定的经济体，但这显然同人们对我国近 10 年贫富差距变化的感觉不相符合，也同我国作为转型经济体的现实不相符合[①]。更为重要的是，本文提供了 2000~2010 年我国贫富差距程度共 10 年的估计结果，这一结果反映了经济总体贫富差距的连续变动。根据本文第三部分的分析，我们估计所得的贫富差距连续变动同我国过去 11 年来经济发展的总体趋势、政策变动及人们对贫富差距的感觉十分吻合，因而我们相信这一估计是比较合理的，具有一定的政策参考价值。

本文所得估计的缺点是利用了胡润富豪榜对最富裕群体财富及排名的估计数据来估计 Pareto 法则，而这些数据的准确性可能会受到质疑。更为合理的估计是利用抽样数据来估计贫富差距。虽然大量研究表明 Pareto 法则可能对任意群体的财富分布都成立，但并未证明总体和局部个体群的财富分布 Pareto 相同，因而我们不能直接利用抽样数据来估计总体财富分布 Pareto 法则。为了解决采用抽样数据来估计财富分布 Pareto 法则的问题，我们给出了局部群体同总体财富分布 Pareto 法则的关系，并证明了，只要样本分布在总体样本

---

① 事实上，如前面所介绍的研究结果，即使在西欧国家例如瑞典、英国、法国、德国等国家，贫富差距的变动也比这些估计结果所得的变动要大。而在我国，政府政策和各种内外部冲击对贫富差距影响极大，极大地改变财富分配。

中是完全均匀的,则我们可以采用随机抽样和对样本进行恰当的回归来估计财富分布的 Pareto 法则。利用此关系,我们可以直接估计总体财富分布 Pareto 法则。这一结果意味着本文的方法并不受数据来源的限制。对这一结果的两个 Bootstrap 分析表明结果是正确的。此外,本文的方法还可以推广到财富服从其他分布情形。

本文结构安排如下。在第二部分,我们将利用 2000~2010 年胡润财富排行榜的数据说明财富分布 Pareto 法则在中国成立的可能性。在第三部分,我们基于该规律设计一种计算基尼系数的方法,并利用 2000~2010 年胡润财富排行榜的数据对中国基尼系数进行了计算,结果表明中国的基尼系数总体上呈现着先递减后递增的趋势。在此基础上所计算得到的基尼系数同目前有关中国收入不平等基尼系数的结果不大相同。在第四部分,我们证明了我们可以通过随机抽样方法来估计财富分布 Pareto 法则,并给出了利用局部 Pareto 法则恢复总体财富分布 Pareto 法则的方法。在第五部分,我们对第五部分的结果给了两个 Bootstrap 分析,一个是以 2009 年胡润排行榜的 999 富豪相关数据作为总体,另外一个是给出 Pareto 法则但随机产生总体。两个结果都表明第四部分的方法是有效的。第六部分总结全文,并说明未来可以拓展的研究方向。

二、财富分布 Pareto 法则

财富分布 Pareto 法则最早可追溯到 Pareto (1897) 的研究。Pareto (1897) 对 15~19 世纪欧洲几个国家、王国和城市居民家庭收入进行了研究,发现居民收入在样本中的排序 i 同其收入存在明确的关系,即 $i \propto w(i)^{-\alpha}$。后人又将 Pareto 的结果表述为"居民收入的累积分布(即居民收入大于给定值的概率)$P(w)$ 呈现幂指数函数形式",即 $P(w) \propto w^{-\alpha}$,该指数 α 又称为

Pareto 指数①。许多利用现代数据的研究表明，这一规律对很多国家的居民和企业收入分布也成立。由于 Pareto（1897）还将其推广到了家庭财富情形，因此也有一些研究对某些国家例如澳大利亚（Matteo et. al. 2003）、印度（Sinha，2006；Jayadev，2008）和英国（Coelhoa et. al.，2005）等国的个人财富分布的 Pareto 法则进行了研究。这一规律甚至对古埃及（Abul 和 Magd，2002）和中世纪的欧洲（Hegyi et. al.，2007）也成立。

由于财富数据难以获得，很多研究根据居民缴纳的个人所得税来估计其财富或者收入。也有一些研究直接估计居民财富。有的研究者利用继承税或资本转移税对财富进行了估计；有的则利用土地、奴隶等替代变量来估计财富（Hegyi et al.，2007）；有的则直接利用居民财富调查数据，例如 Jayadev（2008）；还有的利用杂志所调查的富豪数据验证 Pareto 法则的成立，例如 Sinha（2006）。Klass et al.（2006）、Klass et al.（2007）和 Coelho et al.（2008）利用福布斯富豪榜 1988~2003 年的数据也验证了 Pareto 法则的成立。Ding 和 Wang（2007）对中国《新财富》杂志 2003~2005 所调查的中国富豪数据（作者所使用的这 3 年的富豪数据分别为 200 个、315 个和 300 个）的考察也表明财富分布 Pareto 法则在中国的成立。这些研究表明，个人财富分布可能遵循 Pareto 法则②。

财富分布 Pareto 法则具有如此的普遍性，③ 使我们猜想这一规律可能对

---

① 中低收入居民的收入的累积分布也可以近似用指数分布或对数正态分布描述。
② 但这些研究却没有意识到财富和收入的 Pareto 法则可能是不同的。此外，这些研究也未将财富分布 Pareto 法则同财富分布不平等程度的估计联系起来。其原因在于这些研究所考察的样本为抽样样本，或者是来自多国的富豪数据，因而难以根据其计算一国财富分布不平等程度。
③ 来自物理学、经济学和统计学众多的研究者对 Pareto 法则产生的机理做了深入的研究，提出了众多的理论。这些理论可以总结如下：在个体交互影响的复杂市场体系下，个体行为的随机相互作用、财富累积的规模性质、非线性性和随机性质（不可预测性），决定了稳态系统财富分布的 Pareto 法则。有关财富 Pareto 法则成立机理的完整介绍，可参见 \cite{gabaix2008} 的综述。该文章对更为一般的自然和社会现象的 Pareto 法则给出了经验工作和机理研究的完整综述。

中国这样整个经济体的财富分布也成立。设 $w(i)$ 为某经济体中财富排序在第 i 位个体的财富总量。则若财富分布的 Pareto 法则成立，则等价地，我们有

$$\ln w(i) = \alpha + \beta \ln i, \quad i = 1, \cdots, N \tag{1}$$

其中，N 为该经济体中的个体总数。[①]

为了验证上述结果，我们需要有整个经济体个体财富及其排名的数据。我们采用的数据来自胡润中国富豪排行榜。胡润自 1999 年发布中国富豪榜以来，目前总共已经发布 11 年。胡润的中国富豪榜收集了大量资料来对中国富豪的资产总值进行估计。[②] 这意味着胡润富豪排行榜所估计得到的富豪数据相对来说是比较准确、可靠的，至少不比单纯的抽样调查个体收入所得到的数据可信度要差。而后者还有数据一致性问题，因为在后者中个体财富是由不同个体对自己财富估值得到的。

图 1 给出了 2000~2004 年中国最富裕富豪的财富及其排名的对数线性关系，其中缺少了 2003 年的图，其原因在于笔者不能从胡润富豪榜网站上获得该组数据。胡润富豪榜 2000 年、2001 年、2002 年分别给出了最有钱的前 50 个人的财富估计及其富裕程度排名，2004 年则给出了 100 个人的相关排名。从图中我们可以看到，个体财富同其排名呈现着比较密切的对数线性关系。

图 2 和 3 给出了 2005~2008 年中国最富裕富豪的财富及其排名的对数线性关系。胡润富豪榜 2005~2008 年分别给出了最富裕的前 400、499、812 和 999 个人的财富估计及其富裕程度排名。从图中我们可以看到，个体财富同其排名呈现着比较密切的对数线性关系。

[①] 这里给出的法则是 Pareto 法则的等价变形，它又可称为 Zipf 法则。该法则最先由 Zipf (1949) 推广到一般的自然和人类社会现象。
[②] 见胡润百富榜榜单编制说明。

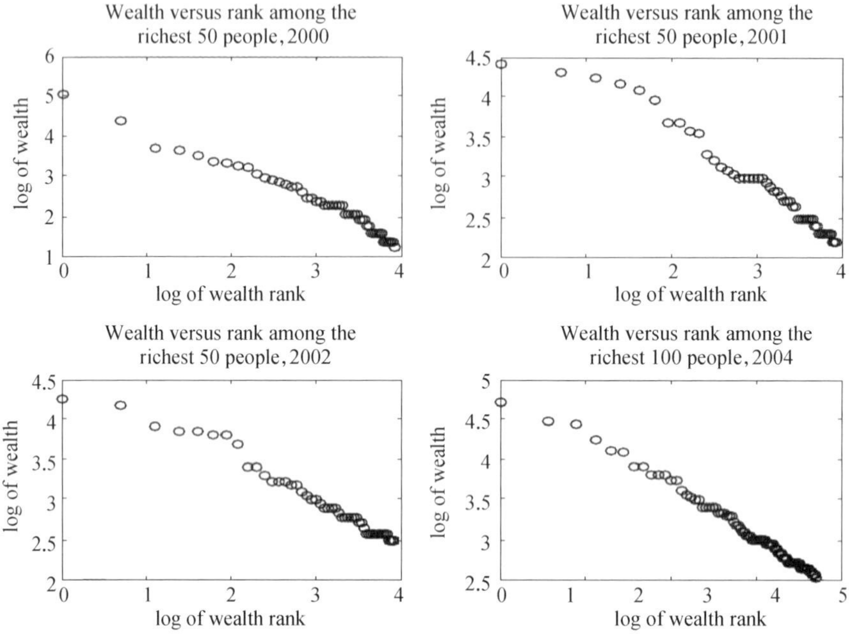

数据来源：胡润百富榜（http://www.hurun.net/）。

图 1　财富分布 Pareto 法则：2000～2004 年每年中国最富裕的富豪财富同其排名呈对数线性关系

财富和排名之间的对数线性关系不仅对总体排名是成立的，对样本中的排名也是成立的，只是对数线性关系可能会发生改变。图 4 给出了 2009 年低碳、创业板、房地产、能源产业四个行业排名分别在前 20、33、50 和 50 的富豪财富及其排名。图 5 给出了 IT、零售、钢铁和金融行业排名分别在前 49、30、31 和 25 的富豪财富及其排名。图 6 和图 7 分别给出了医药、套现、服装、餐饮、矿产及工业制造业财富排名分别在前 25、25、11、31、30 和 50 的富豪财富及其排名。从中我们可以看出这一点。我们看到，尽管这些不同行业富豪的排名并非其在经济中的总体排名，但财富和排名之间的对数线性规律仍然是成立的。

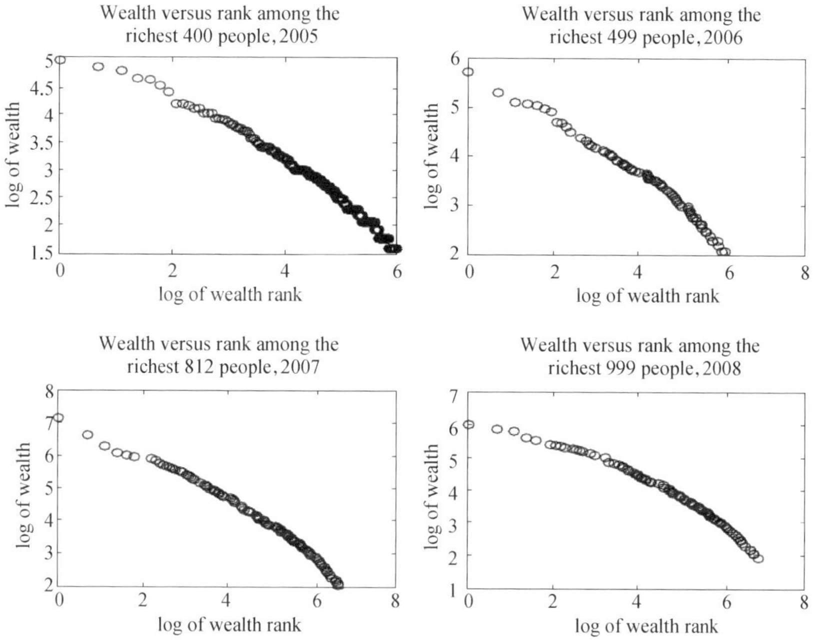

数据来源：胡润百富榜（http://www.hurun.net/）。

图2　财富分布Pareto法则：2005～2008年每年中国最富裕的富豪财富同其排名呈对数线性关系

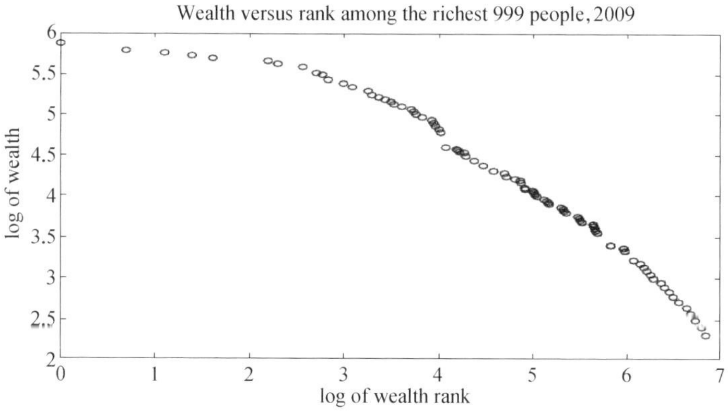

数据来源：胡润百富榜（http://www.hurun.net/）。

图3　财富分布Pareto法则：2009年中国最富裕的富豪财富同其排名呈对数线性关系

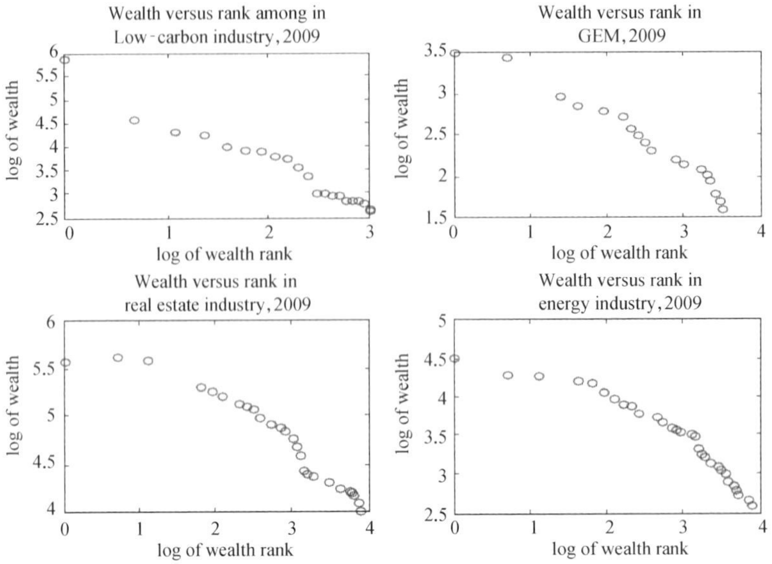

图 4 财富分布 Pareto 法则：2009 年中国低碳产业、创业板市场、房地产和能源产业最富裕的前 20、33、50 和 50 位富豪财富同其排名呈对数线性关系

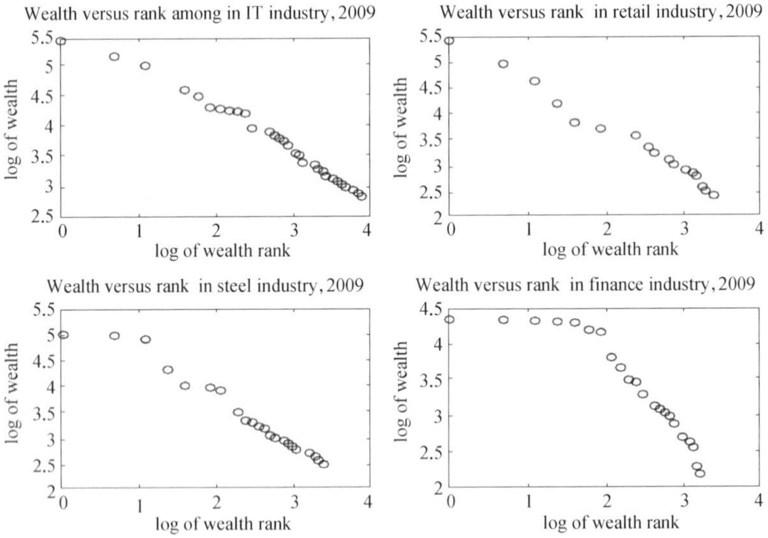

图 5 财富分布 Pareto 法则：2009 年中国 IT、零售、钢铁和金融行业最富裕的前 49、30、31 和 25 位富豪财富同其排名呈对数线性关系

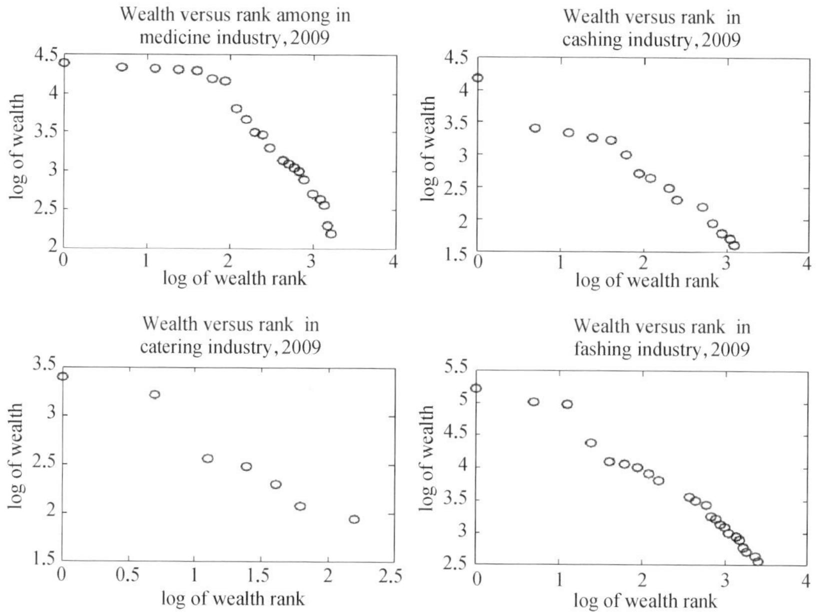

数据来源：胡润百富榜（http://www.hurun.net/）。

图6 财富分布Pareto法则：2009年中国医药、套现、服装和餐饮业最富裕的前25、25、11和31位富豪财富同其排名呈对数线性关系

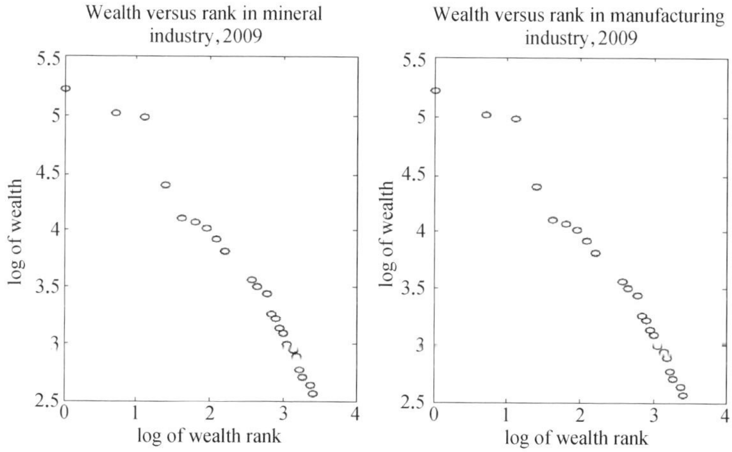

数据来源：胡润百富榜（http://www.hurun.net/）。

图7 财富分布Pareto法则：2009年中国矿产，以及工业制造业最富裕的前30和50位富豪财富同其排名呈对数线性关系

为了更好地认识上述关系,我们对2000～2010年胡润中国富豪榜的富豪财富及其排名进行了简单的对数线性回归分析,结果如表1所示。表1的结果说明,财富分布Pareto法则比较好地描述了个体财富及其在经济中排序的关系。

表1 2000～2010年胡润中国富豪排行榜分行业富豪财富及其排名的对数回归分析结果

年 份	α	β	拟合优度(R^2)	样本数
2000	5.15	−0.930 4	0.972 5	50
2001	4.953 3	−0.684 2	0.962 7	50
2002	4.585	−0.535 4	0.969 7	50
2004	4.949 8	−0.518	−0.989 7	100
2005	5.941 9	−0.706	0.972 5	400
2006	6.409 9	−0.697 1	0.970 2	499
2007	8.285 5	−0.895 3	0.966 3	812
2008	7.636 7	−0.790 2	0.959 7	999
2009	7.794 1	−0.768 8	0.958 8	999
2010	8.050 2	−0.771 2	0.965 7	1 350

我们对2009年胡润中国富豪榜各行业富豪财富及其在行业财富排序进行了简单的对数线性回归分析(如表2所示),结果也说明了这一点。有兴趣的读者还可以利用胡润百富榜更多的富豪排行数据对此进行验证。

表2 2009年胡润中国富豪排行榜分行业富豪财富及其排名的对数回归分析结果

行 业	α	β	拟合优度(R^2)	样本数
低 碳	5.555 7	−0.931 1	0.956 7	20
创业板	3.713 1	−0.534 7	0.964	33

续 表

行　业	α	β	拟合优度（R^2）	样本数
房地产	6.229 3	－0.537 7	0.926 8	50
能　源	5.131 8	－0.605 9	0.896 3	50
IT	5.796 3	－0.745 9	0.984 3	49
零　售	5.420 9	－0.852 7	0.977 5	30
钢　铁	5.479 2	－0.870 9	0.965 8	31
金　融	5.134 1	－0.764 2	0.833 7	25
医　药	5.135 6	－0.632 8	0.936	31
套　现	4.286 6	－0.826 8	0.967 3	25
餐　饮	3.470 7	－0.724	0.954 6	11
服　装	5.602 1	－0.849 3	0.968 8	31
矿　产	5.131 7	0.738 5	0.945 3	30
工业制造	5.909	0.687 7	0.973 2	50
均　值	5.138 4	－0.731		1 350

上面的经验分析表明，我们在本节开始所给出的财富分布Pareto法则可能是成立的。在本文中，我们假定这一规律对财富分布来说是成立的。在此假定下，我们将利用该规律设计基尼系数的计算方法，并基于胡润百富榜的数据对中国2000～2010年的基尼系数进行计算，估计贫富分化的程度。

三、Pareto法则和基尼系数的计算

若我们假定第二部分中的Pareto法则成立，则很容易基于此设计出一种贫富差异程度的计算方法。本部分所介绍的方法反映的是真正的贫富差距，

而非收入分配的不平等问题。[①] 在本文中我们以基尼系数为例进行分析。我们当然还可以在财富分布 Pareto 法则的基础上对其他贫富差异程度指标进行计算。

若（1）成立，当经济中的人口总数相当大时，我们可以推得经济体的基尼系数 g（见附录）：

$$g = 1 - 2\int_0^1 r(x)\mathrm{d}x = \frac{\frac{2}{2+\beta} - 2}{1 - N^{-(1+\beta)}} + 1 \quad (2)$$

基尼系数对 β 的敏感度为：

$$\frac{\mathrm{d}g}{\mathrm{d}\beta} = \frac{-\frac{2}{(2+\beta)^2}(1 - N^{-(1+\beta)}) = \left(\frac{2}{2+\beta} - 2\right)N^{-(1+\beta)}\ln N}{(1 - N^{-(1+\beta)})^2} \quad (3)$$

当 N 很大而 $1+\beta$ 大于零而小于 1 时，基尼系数近似为 $g = \frac{2}{2+\beta} - 1$，上述敏感度近似为 $\frac{\mathrm{d}g}{\mathrm{d}\beta} \approx -\frac{2}{(2+\beta)^2}$。该值在 1 到 2 之间。这意味着 β 的估计值误差对基尼系数的误差影响不大。若我们能较为精确地估计 β，则我们能比较精确地估计 g。

注意到根据附录中（16）式，g 是 β 的增函数。我们重新对 2000~2010 年胡润百富榜的数据采用可行广义最小二乘法进行对数线性回归分析，得到了每年 α 和 β 的估计。然后根据估计得到的结果计算了每年的基尼系数。此外，我们还可以对 2000~2010 年胡润富豪榜的数据根据基尼系数的定义采用梯形

[①] 目前很多对所谓贫富差距计算得到的基尼系数其实是对收入分配的不平等而非贫富差异程度所做的计算，例如本部分后面讨论基尼系数结果时所引用的各种基尼系数。

法计算出每一年基尼系数的值。[①] 相关结果如表3所示。

表3 对2000~2010年胡润财富榜相关数据用Pareto法则估计法计算得到的基尼系数、敏感度以及用梯形法计算所得的基尼系数

年份	α	β	基尼系数 g	$\dfrac{\mathrm{d}g}{\mathrm{d}\beta}$	g（梯形法）
2000	5.202	−0.944	0.826	−2.327	0.515
2001	4.970	−0.689	0.522	−1.152	0.373
2002	4.590	−0.537	0.367	−0.934	0.289
2004	4.949	−0.518	0.349	−0.910	0.296
2005	5.970	−0.711	0.548	−1.187	0.436
2006	6.407	−0.696	0.531	−1.163	0.431
2007	8.277	−0.892	0.767	−1.499	0.565
2008	7.634	−0.789	0.641	−1.308	0.494
2009	7.820	−0.773	0.622	−1.284	0.481
2010	8.0534	−0.772	0.628	−1.325	0.490

由表3可知，Pareto方法估计基尼系数对参数β的导数是较小的。因此只要数据可靠，估计所得的β精确度高，Pareto方法所估计得到的基尼系数置信区间是比较窄的。

图8基于表3给出了2000~2010年基于梯形法和Pareto法则法所估计得到的各年中国居民基尼系数对比图。若将梯形法视为样本估计方法得到的结果，我们可知两种方法所得的结果差异还是较大的，最大相差0.311。这里，梯形法所得结果本质上反映的是富豪之间的贫富差异程度，但Pareto法则方

---

① 即在计算近似洛伦茨曲线时采用公式 $g = 1 - \dfrac{1}{N} - \dfrac{2\sum_{i=1}^{N}\alpha_i}{N}$，其中$\alpha_i$为最贫穷的$\dfrac{i}{N}$部分人的财富在总财富中所占比例。

法所得结果反映的是整体经济所有个体的贫富差异程度。二者的本质是不同的。[①] 总的来看，2000～2010 年，中国的贫富差距程度呈现着先递减后递增的趋势。从图中可知，中国的贫富差异程度在 2004～2007 年之间呈现着急剧上升的趋势。事实上，2004 年股市和房市的大幅度上涨导致了财富分配的急剧变化，导致了贫富分化的进一步加深。而 2007～2010 年贫富差异程度则有缓和的趋势，其原因可能在于美国次贷危机所导致的逆向财富分配效应，也可能是中国政府在认识到贫富差距过大之后采取的一系列政治经济措施效应的体现。

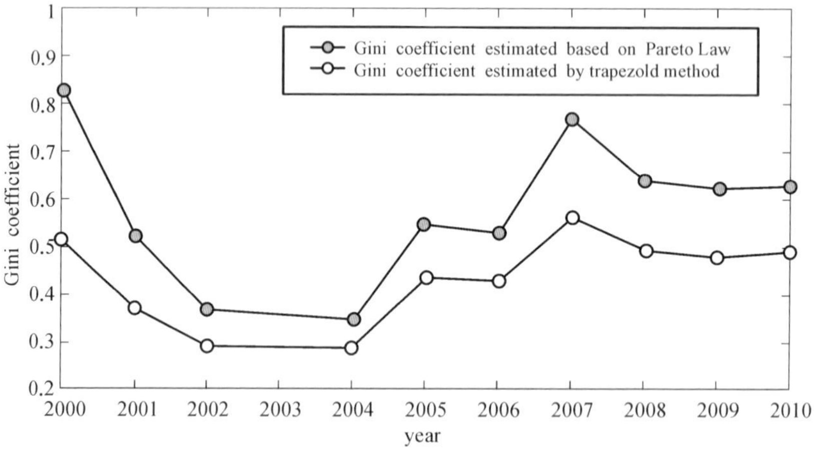

图 8 基于 2000～2010 胡润百富榜数据用梯形法和 Pareto 法则法计算所得的基尼系数对比图

从图 8 来看，财富分布基尼系数（贫富差距）同收入分布基尼系数存在明显的差别。大量的研究表明，我国收入不平等的基尼数呈逐年递增状态（见李实（2003），世界银行（2006））。但我国财富分布基尼系数却并非呈现此状态，它会随机波动。从 2000 年开始（除了无数据的 2003 年），有时财富分布基尼

---

① 这同样本是随机抽取的情形不同。我们将在后面讨论这一问题。

系数超过收入不平等基尼系数(例如除了2002、2004的两年),有时前者小于后者。这说明财富分布和收入分布是不同的两个概念。而财富分布随政策变化而变化,而收入不平等则呈现稳步增长状态,这意味着两者形成的机制和影响因素也是不同的。因此,对两者进行区分并进行研究、考察两者关系是十分重要和有意义的。

图8的一个主要特点是基于财富分布Pareto法则估计所得的基尼系数要大于梯形法所得的基尼系数。这是容易理解的。首先,所有居民的贫富差异程度应该小于富人之间的贫富差异程度。其次,梯形法本质上是低估了样本贫富差异的程度。否则我们要对所得结果进行质疑了。由图我们可知,富人之间的贫富差异程度本质上体现了总体经济的贫富差异程度。从图上来看,2004年是贫富差异最小的时候,而2000年和2007年则是财富差异最大的时候。从公平角度来看,2002~2004年间是总体经济发展比较良好的时候。根据表3,我们可以看到目前中国财富分布的基尼系数(贫富分化程度,而非收入不平等程度)。如果胡润百富榜的数据准确可靠,则2007年以来我国贫富差距的程度已经较高。而其肇因,则可能是近年来随着我国经济高速发展,土地、资源、资本这3种生产要素发挥的巨大的财富调整力量。房地产[①]、矿产、证券等成为"最赚钱"的暴利行业,少部分人借此一夜间站到社会财富的顶端。[②]

---

① 据2009年福布斯中国财富排行榜统计,前400名富豪中,房地产商占154名;在前40名巨富中,房地产商占19名,在前10名超级富豪中,房地产商占5名。房地产行业已经成为中国财富的主要集中地。
② 在这里,2000年的基尼系数看起来十分高,笔者认为原因不在于Pareto法则而在于胡润排行榜数据的问题。胡润自1999年开始发布富豪排行数据,当年发布数据所给出的50位富豪的财富估计是十分粗糙的(没有精确数字而只有资产大于某个数值的估计)。而其到2000年才有精确数据(以亿元为单位)。笔者认为由于研究团队及研究准备不太充分,胡润富豪榜在2000年所得到的富豪财富数据不会太准确。但随着其研究积累越来越厚,其对富豪财富的估计应该会越来越准确。

将这里的结果同 Ding 和 Wang（2007）的结果进行局部比较是有意思的，我们可以看出我国贫富差距的变动趋势——尽管数值上存在差异。Ding 和 Wang（2007）基于《新财富》杂志 2003 年、2004 年、2005 年所调查的中国富豪数据（并非对所有富豪的排名数据，而是对富豪财富调查所得的数据）对财富分布 Pareto 指数的估计结果分别为 2.285、2.043 和 1.758，基于此所计算得到的基尼系数分别是 0.280、0.324 和 0.397，尽管该结果同我们的结果存在数值上的差异，但可以看出贫富差距的趋势是相同的（这里我们缺少 2003 年的数据）。他们的估计是基于调查而非完全的富豪数据，因而估计结果同本文的存在差异。但这也恰好说明了局部个体的 Pareto 法则是不同的。这也是本文第四部分给出从局部随机样本数据恢复总体 Pareto 法则的原因。

四、样本方法及财富分布 Pareto 法则的可复性

第三部分给出了财富分布的 Pareto 法则，且我们利用胡润中国富豪榜的数据计算了中国 2000～2009 年的基尼系数。尽管不少研究认为财富分布 Pareto 法则对任意群体成立，但它们大多忽略了总体和局部的差别，直接认为可以并通过局部样本来估计总体 Pareto 法则，但这样做可能是有问题。[①] 例如，本文第三部分表明，尽管财富和排名之间的对数线性关系不仅对总体排名是成立的，对样本中的排名也是成立的，但两者的对数线性关系是不同的。复

---

① 这些研究中包括统计中经常使用的 Pareto 分布，它直接认为个人财富服从 Pareto 分布，也忽略了局部和总体的差别。

杂系统理论认为，当个体相互作用的范围不同时，最终总体财富分布规律是不同的（Matteo et. Al.，2003）。因此，若利用 Pareto 法则来估计基尼系数时只能依赖可得的个体财富及其在总体经济中排行的数据，则 Pareto 法则对基尼系数的估计没有特别大的用处。本部分证明，事实并非如此。我们也可以利用对经济个体财富随机抽样的数据来估计 Pareto 法则，从而计算基尼系数，只要抽样完全随机即可。

假设经济中有 N 个个体，且财富分布 Pareto 法则成立。其财富在总体经济中第 i 大的个体财富量为 $w(i)$，则有 $\ln w(i) = \alpha + \beta \ln i$。假设我们通过随机抽样共获得 n 个个体的财富数据，将其按从小到大的顺序排列之后其指标分别为 $k=1$，$\cdots$，n。设这 n 个个体的财富在整个经济中的排序分别为 i_1，$\cdots$，i_n，则显然有 $i_1 \leqslant i_2 \leqslant \cdots \leqslant i_n$。若我们能获得 i_k 与 k 的关系，则我们即可通过抽样方法来估计 Pareto 法则的参数，从而应用其计算基尼系数。根据附录中的引理 1，若我们将在 [0，1] 上随机抽取的 n 个随机变量 X_1，$\cdots$，X_n 按从小到大的顺序排列成 $X_{(1)}$，$\cdots$，$X_{(n)}$，则对任意的 $i=1$，$\cdots$，$n-1$，$L_i = X_{(i+1)} - X_{(i)}$，具有相同的分布，其分布函数如上所示。这意味着其密度函数为 $f(t) = n(1-t)^{n-1}$，因此 L_i 的期望长度为

$$E(L_i) = \int_0^1 tn(1-t)^{n-1} dt = \frac{1}{n+1} \tag{4}$$

现在我们考虑将经济中财富排名分别为 1，$\cdots$，N 的个体对应于 [0，1] 区间上的 $\frac{1}{N}$，$\cdots$，1。现在考虑在 1，$\cdots$，N 上随机抽取 n 个点。不妨假想我们是在区间 (0，1] 上随机抽取 n 个点 X_1，$\cdots$，X_n，并规定如下对应于抽取 1，$\cdots$，N 上点的规则。对每个随机抽取的点 X，若其在区间 $\left(\frac{i-1}{N}, \frac{i}{N}\right]$，$i=1$，$\cdots$，$N$，则认为我们抽取点 i。更一般地，若抽取到点 X，则我们认为我们抽取到了数 $\lceil NX \rceil$，它表示大于等于 NX 的整数。显

然，若 $X \in \left(\dfrac{i-1}{N}, \dfrac{i}{N}\right]$，则我们抽取到了数 i。抽取完这些数之后，将其按大小排列，并给其新的序号 $1, \cdots, n$，其对应的 $[0, 1]$ 上的点记为 $X_{(1)}, \cdots, X_{(n)}$。新序号 k 所对应的原来的数为 $i_k = \lceil NX_{(k)} \rceil$。根据上面的结果，对所有的 $k = 0, \cdots, N-1$，$L_k = X_{(k+1)} - X_{(k)}$，是独立同分布随机变量，且 $E(L_k) = \dfrac{1}{n+1}$，其中我们设 $i_0 = 0$。若 $i_{k+1} - i_k$ 也是独立同分布的随机变量，则我们将会发现可以通过样本数据恢复总体经济的财富分布 Pareto 法则。事实的确如此，根据引理 2，我们可知随机抽样所得的 n 个数中重新排序后编号相邻的两个数 $k+1$ 和 k 其所对应的原来的序号 i_{k+1} 和 i_k 的差的期望 $(i_{k+1} - i_k)$ 相同，不妨设为 L。这意味着我们可以将 $i_{k+1} - i_k$ 写为 $i_{k+1} - i_k = L + \mu_k$，其中 μ_k 为期望为零的独立同分布随机变量，其密度函数为 $n(1-t)^{n-1}$。因此，新排序中序号为 $1, \cdots, n$ 的样本其原来的序号 $i_1, \cdots, i_n$ 分别可以写为

$$i_0 + L + \mu_1, \ i_0 + 2L + \mu_1 + \mu_2, \ \cdots,$$
$$i_0 + kL + \sum_{j=1}^{k} \mu_j, \ \cdots, \ i_0 + nL + \sum_{j=1}^{n} \mu_j$$

或者简单地，

$$i_k = i_0 + kL + \sum_{j=1}^{k} \mu_j = kL + \sum_{j=1}^{k} \mu_j, \ k = 1, \cdots, n$$

于是

$$\ln i_k = \ln L + \ln\left(k + \dfrac{\sum_{j=1}^{k} \mu_j}{L}\right) = \ln L + \ln k$$
$$+ \ln\left(1 + \dfrac{\sum_{j=1}^{k} \mu_j}{kL}\right), \ k = 1, \cdots, n \tag{5}$$

将上式代入财富分布 Pareto 法则,并记 $\gamma = \alpha + \beta \ln L$、$\varepsilon_k = \beta \ln(1 + \nu_k)$,则我们有

$$\ln w(i_k) = \gamma + \beta \ln k + \varepsilon_k, \quad k = 1, \cdots, n, \tag{6}$$

其中 ν_k 是均值为零、方差为 $\dfrac{\beta^2}{k} + o\left(\dfrac{n+1}{kN}\right)$ 的随机变量,且 $\operatorname{cov}(\nu_j, \nu_k) = \dfrac{\beta^2}{k} + o(1)$,$\forall_j \leqslant k$。

方程 (6) 意味着对抽样数据,财富分布 Pareto 法则在随机的意义上仍然成立。但上式意味着直接对财富和新排名进行回归所得的估计是有偏非有效估计,因为随机项存在异方差和误差序列相关问题。

方程 (6) 还意味着我们可以通过对抽样中的个人财富及其新排序进行对数线性回归以获得原来参数 α 和 β 的估计,其回归模型为

$$\ln w(i_k) = \gamma + \beta \ln k + \epsilon_k, \quad k = 1, \cdots, n \tag{7}$$

其中,$\epsilon_k = \varepsilon_k + \eta_k$,$\eta_k$ 与 ε_k 相互独立,且 η_k 为均值为 0、方差为常数的独立同分布随机变量。当然,由于 $(\epsilon_k) = (\varepsilon_k) \neq 0$,该估计是有偏的。但根据附录定理 3 的结果,当 n 充分大时,估计结果是一致的。为利用定理 3,我们只需对验证该定理的假设成立即可。对回归方程 (7),有 $X_k = \ln k$。由于对任意给定的 $q \in (0, 1)$,$\lim\limits_{k \to +\infty} \dfrac{\ln k}{k^q} = 0$,因此存在 M 使得 $|X_k/k^q| \leqslant M$。由于对任意的 $p \in (0, 1)$,有 $\lim\limits_{n \to +\infty} \dfrac{\overline{X}}{n^p} = \lim\limits_{n \to +\infty} \dfrac{\sum\limits_{k=1}^{n} \ln k}{n^{1+p}} = 0$,因此存在 $0 < p < 1$ 和 $V > 0$,使得 $|\overline{X}| \leqslant V n^p$。此外,容易验证 $\lim\limits_{n \to +\infty} \dfrac{\sum\limits_{k=1}^{n} (X_k - \overline{X}_k)^2}{n} = +\infty$。因此定理 3 的条件成立,从而方程 (7) 的估计是渐近无偏和一致的。

现在我们可以回过头来重新审视一下第三部分我们对 2000~2009 年中国基尼系数估计结果。如果胡润百富榜漏掉了某些其未能观察到的富豪,或者其对富豪的财富估计存在较大偏差,从而导致其对最富裕个体的财富排名存在错误,则这种对最富裕个体的非完整排序将使得我们在第三部分的估计结果存在一定的偏差。但我们相信,随着胡润研究院对中国最富裕部分的人口的信息了解越来越多,其对富豪的财富估计和排序将会越来越精确。因此,我们相信最近几年的基尼系数估计可能具有一定的准确性。

根据本节的结果,如果财富分布的 Pareto 法则成立,只需充分随机地获取样本、样本规模足够大及总体样本规模的信息,从随机抽样所得的样本数据,我们可以通过恰当的估计获得整体经济个体财富分布的 Pareto 法则,从而用它来计算基尼系数。这就为基尼系数的计算提供了可靠的理论框架。

五、从样本数据恢复总体财富分布 Pareto 法则的模拟结果

为了说明第四部分的结果,我们可以做一些模拟。我们的模拟分为两部分。在第一部分,我们取胡润百富榜 2009 年的数据作为总体样本数据,从中随机抽取 n 个样本,然后采用如下回归方程对样本数据进行回归分析:

$$\ln w(k) = \gamma + \beta \ln k + c_k, \quad k = 1, \cdots, n \tag{8}$$

其中, $c_k = \varepsilon_k + \eta_k$, $\varepsilon_k = \ln\left(1 + \dfrac{\sum_{j=1}^{k}\mu_k}{kL}\right)$, 如第四部分方程(6)所定义, η_k 为

均值为 0、方差为常数 σ^2 的正态分布随机变量,且对所有的 k,ε_k 与所有的 η_j 无关。显然,回归方程(8)存在异方差问题和误差序列相关问题[①]。在第二部分,我们按照给定的总体样本财富分布规律(即给定财富分布 Pareto 法则中的 α 和 β),随机生成大规模总体数据,然后对每个样本规模,我们随机抽取 10^5 次样本,并对每个抽取的样本按方程(8)进行回归。对两部分模拟,我们最后都要计算得到给定样本规模下 α 和 β 估计的期望。然后观察样本规模同参数估计精度的关系。

对第一部分的仿真,我们作了考虑消除异方差问题的回归。我们的方法是可行广义最小二乘法。它分为两个阶段。在第一阶段,我们直接对(8)回归,得到残差序列 $e=(e_1,\cdots,e_n)^T$ 的估计。在第二阶段,我们对如下回归方程进行回归:

$$\frac{\ln w(k)}{|e(k)|}=\gamma\frac{1}{|e(k)|}+\beta\frac{\ln k}{|e(k)|}+\tilde{\varepsilon}_k, \quad k=1,\cdots,n \quad (9)$$

其中,$\tilde{\varepsilon}_k=\dfrac{\varepsilon_k}{|e(k)|}$。根据计量分析中的结论,这种方法能消除异方差问题。

模拟结果如下:首先,总体样本数为 $N=999$。我们设定了不同水平的样本数目 n 来对上述两种回归进行样本回归分析。对每个 n,抽样次数共 10^5 次,因此对每种回归共得 10^5 次回归结果。我们取其参数估计的平均值作为最终对总体样本财富分布 Pareto 法则的估计值。模拟结果如下面表 4、表 5 所示。

---

① 这里的误差序列相关看起来使人困惑,因为样本并不涉及时间问题。事实上,这里的误差序列相关来自随机抽样和对样本重新排序后相邻两个序号之间产生的相关性,而非时间上的相关性。

表 4   分别考虑异方差的模拟抽样回归结果

				考虑消除异方差的估计			
n	α	β	基尼系数	n	α	β	基尼系数
200	8.008	−0.797	0.658	150	8.062	−0.806	0.670
100	8.155	−0.821	0.689	35	8.502	−0.876	0.761
90	8.183	−0.826	0.695	30	8.571	−0.886	0.775
80	8.212	−0.830	0.701	25	8.656	−0.900	0.792
70	8.252	−0.837	0.710	20	8.772	−0.917	0.815
60	8.295	−0.843	0.718	15	8.924	−0.941	0.843
50	8.364	−0.854	0.733	10	9.191	−0.981	0.887
40	8.448	−0.867	0.750	8	9.367	−1.008	0.911

表 5   样本总数分别为 $N=10^7$ 和 $N=10^9$、不同样本数目下的参数估计均值

n	α	β	基尼系数	α	β	基尼系数
50	8.645 1	−0.825 7	0.703 1	8.912 1	−0.826 9	0.703 4
100	8.378 2	−0.808 8	0.679 0	8.548 3	−0.809 1	0.679 4
150	8.264 3	−0.801 6	0.668 9	8.388 2	−0.801 2	0.668 3
200	8.187 7	−0.796 7	0.662 1	8.297 2	−0.796 7	0.662 1
250	8.142 3	−0.793 8	0.658 1	8.232 6	−0.793 5	0.657 7
300	8.097 4	−0.790 9	0.654 1	8.190 2	−0.791 4	0.654 8
350	8.078 5	−0.789 7	0.652 5	8.151 6	−0.789 5	0.652 2
400	8.055 3	−0.788 2	0.650 4	8.126 4	−0.788 3	0.650 6
450	8.036 7	−0.787 0	0.648 8	8.105 1	−0.787 2	0.649 1
500	8.023 4	−0.786 2	0.647 7	8.085 1	−0.786 2	0.647 7
600	8.001 9	−0.784 8	0.645 8	8.056 7	−0.784 8	0.645 8
700	7.983 7	−0.783 6	0.644 2	8.031 5	−0.783 6	0.644 2
800	7.969 6	−0.782 7	0.643 0	8.011 6	−0.782 6	0.642 8

续 表

n	α	β	基尼系数	α	β	基尼系数
900	7.959 2	−0.782 0	0.642 0	7.997 7	−0.781 9	0.641 9
1 000	7.946 4	−0.781 2	0.641 0	7.986 1	−0.781 3	0.641 1
1 100	7.940 5	−0.780 8	0.640 4	7.975 8	−0.780 8	0.640 4
1 200	7.932 5	−0.780 3	0.639 7	7.964 8	−0.780 2	0.639 6
1 300	7.925 4	−0.779 8	0.639 1	7.956 1	−0.779 8	0.639 1
1 400	7.920 4	−0.779 5	0.638 7	7.945 9	−0.779 3	0.638 4
1 500	7.916 5	−0.779 3	0.638 4	7.945 4	−0.779 3	0.638 4

表4给出了两种回归的回归结果。仔细观察两种回归结果，我们发现第一种回归结果总是存在截距向上偏、系数向下偏的趋势，即截距估计结果总是大于而系数估计结果总是小于总体样本真实的参数值 $\alpha = 7.820$ 和 $\beta = -0.773$，即使在样本规模达到总体样本 $\frac{1}{3}$ 以上时也是如此。这是符合附录定理3中给出的结果（32）的，这种均值非零问题导致了估计所得的参数 $\hat{\beta}$ 小于真实参数 β，因此对应地导致估计所得的 $\hat{\gamma}$ 大于真实参数 γ。

当然，采用2009年胡润富豪榜的数据来进行模拟可能仍然不具有特别的参考意义。因为在实际计算基尼系数时，我们抽样的样本数目只能达到总体样本的很小比例。例如，中国人口在2009年已经达到13.35亿人。在实际抽样时，能从中抽取20 000个样本就已经很困难、成本很高了。而20 000个样本在总体样本中只占0.001 5%的比例。因此，模拟产生大规模样本，然后再模拟从中抽样进行、对本文第四部分的理论进行进一步分析仍然是有必要的。为此，我们做了第二部分的模拟。我们对财富分布参数为 $\alpha = 7.820$、$\beta = -0.773$，总体样本数分别为 $N = 10^7$ 和 $N = 10^9$ 两种情形采用消除异方差法进行了模拟。① 同前面的模拟一样,对每个样本规模 n,我们回归 10^5 次以计算回归系数的均值,从而得到从抽样样本中计算所得参数期望的估计。该期望越接近所设定的参数 $\alpha=7.820$、$\beta=-0.773$ 则表明从抽样中恢复总体财富分布规律越有效。我们的模拟结果如表 5 所示。从表 5 中可以看出,估计结果仍然存在系数下偏、截距上偏问题,这符合附录定理 3 中给出的结果。它同时说明,本文第四部分所提出的通过抽样恢复总体财富分布律的方法是有效的。样本数目越大,估计精度越高。而即使总体规模迅速变大(从 10^7 增加到 10^9),为保证给定估计精度,样本数目几乎无须增加。

总的来说,从上面的模拟来看,本文第四部分的理论结果是正确的。为了恢复总体经济的财富分布律,我们只需从经济中随机抽样,然后对这些样本数据按(6)回归即可。

六、结　论

本文区分了贫富差距和收入不平等两个概念,并利用胡润百富榜数据验证了财富分布 Pareto 法则在我国的成立。基于财富分布帕累托法则,本文尝试计算了 2000~2010 年我国财富分布的基尼系数即贫富分化程度。我们发现贫富分化程度同我国政府的社会和经济政策存在密切的联系,这说明政策会影响财富分配。为了避免依赖于富豪排名估计经济总体财富分布 Pareto 法则、计算总体经济的贫富分化程度,本文给出了通过随机抽样的方法从局部个体群财富恢复总体财富分布 Pareto 法则的方法。我们证明,样本按升序排列后所得

---

① 我们没有对消除误差序列相关情形进行分析,因为该方法会产生不确定的偏差,而消除异方差情形则产生稳定的系数下偏、截距上偏的偏差。因此,对后者进行分析,我们可以观察到抽样样本同估计精度之间的关系。

序列服从随机的财富分布 Pareto 法则，且基于该法则的普通最小二乘估计渐近无偏且一致地收敛到总体财富分布 Pareto 法则的参数。对应的 Bootstrap 分析表明该方法是可行且有效的。

本文的缺陷是明显的。我们没有充分的数据来证实财富分布 Pareto 法则对于中等收入人群和穷人也成立，尽管大量的理论研究和系统模拟结果表明其可能是成立的。为了验证本文所计算贫富分化程度的结果，我们只能通过对居民财富调查数据的分析来验证财富分布 Pareto 法则是否成立。另外，胡润富豪榜的数据也是不完全的，其对富豪的排名只是基于其了解的富豪数据，可能还有大量隐性富豪被漏掉了。这意味着我们所计算得到的结果只是一个近似的结果。

未来有很多工作可做。首先，我们可以通过调查来分析不同财富和收入群体的财富分布规律及收入分布并进行比较，以辨别收入不平等和贫富差距的区别。其次，我们可以对我国居民收入来源和财富构成进行调查，从而分析影响贫富差距变化的因素。这个研究对于切实的政策和法规制定十分重要。再次，我们还可以研究我国居民财富构成和分布变动的机理，考察复杂系统理论所得结果是否符合实际财富分布变动，并根据实际调查结果修正理论。

（2012 年 11 月）

参考文献

[1] Abul-Magd, A. Y.. Wealth Distribution in an Ancient Egyptian Society [J]. *Physical Review E*, 2002, 66.
[2] Banks, James, Richard Blundell, and James P. Smith. Wealth Inequality in the United States and Great Britain [D]. Working Papers of THE INSTITUTE FOR FISCAL STUDIES WP 00/20, 2000.

[3] Banks, James, Ricard Blundell, and James P. Smith. Financial Wealth Inequality in the United States and Great Britain [D]. Labor and Population Program Working Paper Series 01 - 01, 2001.

[4] Barger-Sjogren, Lars, and N. Anders Klevmarken. Inequality and Mobility of Wealth in Sweden 1983/84 - 1992/93 [J]. *Review of Income and Wealth*, 1998, 44 (4): 473~495.

[5] Bover, O., C. Martnez-Carrascal, and P. Velilla. The Wealth of Spanish Households: A Microeco-nomic Comparison with the United States, Italy and the United Kingdom [J]. *Economic Bulletin*, 2005, 1~23.

[6] Bover, Olympia. Wealth Inequality and Household Structure: U.S. vs. Spain [J]. *Review of Income and Wealth*, 2010, 56 (2): 259~290.

[7] Brzozowski, Matthew, Martin Gervais, Paul Klein, and Michio Suzuki. Consumption, Income, and Wealth Inequality in Canada [J]. *Review of Economic Dynamics*, 2010, 13: 52~75.

[8] Coelhoa, Ricardo, Zolta Neda, Jose J. Ramascoa, and Maria Augusta Santos. A Family-network Model for Wealth Distribution in Societies [J]. *Physica A*, 2005, 353: 515~528.

[9] Coelho, Ricardo, Peter Richmond, Joseph Barry, Stefan Hutzler. Double Power Laws in Income and Wealth Distributions [J]. *Physica A*, 2008, 387: 3847~3851.

[10] Ding, Ning and Yougui Wang. Power Law Tail in the Chinese Wealth Distribution [J]. *China Physics Letters*, 2007, 24 (8): 2434~2436.

[11] Domeij, David and Paul Klein. Inequality of Income and Wealth in Sweden [D]. unpublished manuscript, 1998.

[12] Domeij, David and Paul Klein. Public Pensions: To What Extent Do They Account for Swedish Wealth Inequality? [J]. *Review of Economic Dynamics*, 2002, 5: 503~534.

[13] Dragulescu, A. and V. M. Yakovenko. Evidence for the Exponential Distribution of Income in the USA [J]. *European Journal of Physics B*, 2001, 20 (4): 585~589.

[14] Dragulescu, A., V. and M. Yakovenko. Exponential and Power-law Probability Distributions of Wealth and Income in the United Kingdom and the United States [J]. *Physica A*, 2001, 299: 213~221.

[15] Feldstein, Martin. Social Security and the Distribution of Wealth [J]. *Journal of the American Statistical Association*, 1976, 73 (356): 800~807.

[16] Feller, William. *An Introduction to Probability Theory and Its Applications* [M]. John Willey &-Sons, Inc, 1971.

[17] Frick, Joachim R. and Markus M. Grabka. Wealth Inequality on the Rise in Germany [J]. *German Institutefor Economic Research Weekly Report*, 2009, 10.

[18] Gabaix, Xavier. Power Laws in Economics and Finance [J]. *NBER Working Paper*, 2008, 14299.

[19] Gustafsso, Bjorn, Shi Li, and Wei Zhong. The Distribution of Wealth in Urban China and in China as a Whole in 1995 [J]. *Review of Income and Wealth*, 2006, 52 (2): 173~188.

[20] Heathcote, J., F. Perri and G. L. Violante. Unequal Westand: An Empirical Analysis of Economic Inequality in the United States, 1967 ~ 2006 [J]. *Review of Economic Dynamics*, 2010, 13 (1): 15~51.

[21] Hegyi, Geza, Zoltan Neda, and Maria Augusta Santos. Wealth Distribution and Pareto's Law in the Hungarian Medieval Society [J]. *Physica A*, 2007, 380: 271~277.
[22] Jayadev, Arjun. A Power Law Tail in India's Wealth Distribution: Evidence from Survey Data [J]. *Physica A*, 2008, 387: 270~276.
[23] Juster, F. Thomas and Kathleen A. Kuester. Differences in the Measurement of Wealth, Wealth Inequality and Wealth Composition Obtained from Alternative U.S. Wealth Surveys [J]. *Review of Income and Wealth*, 1991, 37 (1): 33~62.
[24] Keiste, Lisa A. and Stephanie Moller. Wealth Inequality in the United States [J]. *AnnualReview of Sociology*, 2000, 26: 63~81.
[25] Klass, Oren S., Ofer Biham, Moshe Levy, Malcaia, Ofer, and Solomon Sorin. The Forbes 400 and the Pareto Wealth Distribution [J]. *Economics Letters*, 2006, 90: 290~295.
[26] Klass, Oren S., Ofer Biham, Moshe Levy, Ofer Malcaia, and Solomon Sorin. The Forbes 400, the Pareto Power-law and Efficient Markets [J]. *The European Physical Journal B*, 2007, 55: 143~147.
[27] Kleiber, Christian. The Existence of Population Inequality Measures [J]. *Economics Letters*, 1997, 57: 39~44.
[28] Lampman R. J.. *The Share of Top Wealth-Holders in National Wealth*, 1922~1956 [M]. Princeton University Press, 1962.
[29] Li, Shi and Renwei Zhao. Changes in the Distribution of Wealth in China, 1995 - 2002 [J]. *UNU-WIDER Research Paper*, 2007, 3.
[30] Lorenz, M. O.. Methods of Measuring the Concentration of Wealth [J]. *Publications of the American Statistical Association*, 1905, 9 (70): 209~219.
[31] Matteo, T., Aste, T. Di, and S. T. Hyde. Exchanges in Complex Networks: Income and Wealth Distributions [OL]. Preprint cond-mat /0310544, http: //arxiv. org /abs /cond-mat/0310544, 2003.
[32] McKinley, Terry and Li Na Wang. Housing and Wealth in Rural China [J]. *China Economic Review*, 1992, 3 (2): 195~211.
[33] Mckinley, T.. The Distribution of Wealth in Rural China [M]. //K. Griffin and R. Zhao (eds). *The Distribution of Income in China*, Macmillan, 1993.
[34] Morissette, R., X. Zhang, and M. Drolet. The Evolution of Wealth Inequality in Canada, 1984~1999 [J]. *Statistics Canada working paper*, 2002, 187.
[35] Pareto, V.. *Cours d' economie Politique* [M]. Macmillan, 1897.
[36] Pudney, S.. Income and Wealth Inequality and the Life Cycle: A Non-Parametric Analysis [J]. *Journal of Applied Econometrics*, 1993, 8 (3), 249~276.
[37] Quadrini, V.. Entrepreneurship, Saving and Social Mobility [J]. *Review of Economic Dynamics*, 2000, 3 (1): 1~40.
[38] Sinha, S.. Evidence for Power-law Tail of the Wealth Distribution in India [J]. *Physica A*, 2006, 359: 555~562.
[39] Wekher, John C.. Changes in the Distribution of Wealth: Increasing Inequality? [J]. *FederalReserve Bank of ST. Louis*, 1995, 4~23.
[40] Wolff, Edward N.. Estimates of Household Wealth Inequality [J]. *the U.S Review of Income*

[41] Wolff, Edward N.. Changing Inequality of Wealth [J]. *American Economic Review*, 1992, 82 (2): 552~558.
[42] Wolff, E. N.. International Comparisons of Wealth Inequality [J]. *Review of Income and Wealth*, 1996, 42 (4): 433~451.
[43] Wolff, Edward N.. Recent Trends in the Size Distribution of Household Wealth [J]. *Journal of Economic Perspectives*, 1998, 12 (3): 131~150.
[44] Zipf, G. K.. *Human Behavior and the Principle of Least Effort* [M]. Cambridge: Addison-Wesley, Reading, MA, 1949.
[45] 陈彦斌. 中国城乡财富分布的比较分析 [J]. 金融研究, 2008, 12: 87~144.
[46] 陈彦斌、霍震、陈军. 灾难风险与中国城镇居民财产分布 [J]. 经济研究, 2009, 11: 144~158.
[47] 李实. 中国个人收入分配研究回顾与展望 [J]. 经济学季刊, 2003, 2 (2): 379~404.
[48] 李实、魏众、Bj. 古斯塔夫森. 中国城镇居民的财产分配 [J]. 经济研究, 2003, 3: 144~158.
[49] 李实、魏众、丁赛. 中国居民财产分布不平等及其原因的经验分析 [J]. 经济研究, 2005, 6: 4~15.
[50] 世界银行. 世界发展报告 2006 [D]. 2006.

附录

1. 根据财富分布 Pareto 法则推导经济体的基尼系数

若（1）成立，则我们有：

$$w(i) = e^{\alpha} i^{\beta}, \quad i = 1, \cdots, N \tag{10}$$

因此，经济中的总财富为：

$$W = \sum_{i=1}^{N} w(j) = e^{\alpha} \sum_{i=1}^{N} j^{\beta} \tag{11}$$

因此经济中财富排名在 I（包括 i）之后的个体数在人口总数中所占比例 x 及其财富在经济中总财富中所占比例 $r(x)$ 分别为：

$$x(i) = 1 - \frac{i}{N}, \quad r(x(i)) = \frac{\sum_{j=i}^{N} w(j)}{W} \tag{12}$$

因此我们有 $\frac{i}{N}=1-x$。根据黎曼积分中值定理,我们可以证明,当 N 充分大时,我们有[①]:

$$W \approx S \triangleq e^{a}\int_{1}^{N} j^{\beta} dj = \frac{e^{a}}{1+\beta}(N^{1+\beta}-1) \tag{13}$$

类似地,我们有:

$$r(x(i)) \approx \int_{i}^{N} j^{\beta} dj / W \approx \frac{1-(1-x(i))^{1+\beta}}{1-N^{-(1+\beta)}} \tag{14}$$

将 $(x(i), r(x(i)))$ 在 $x-y$ 坐标上的各点 $(i=1,\cdots,N)$ 连接起来,我们可以得到一条曲线。而根据基尼系数的定义,这条曲线近似逼近了洛伦茨(Lorenz)曲线。因此,我们可以将

$$y = r(x) = \frac{1-(1-x)^{1+\beta}}{1-N^{-(1+\beta)}} \tag{15}$$

视为洛伦兹曲线。[②]

这样,根据基尼系数的定义,我们可知经济体的基尼系数 g 为

$$g = 1-2\int_{0}^{1} r(x) dx = \frac{\frac{2}{2+\beta}-2}{1-N^{-(1+\beta)}}+1 \tag{16}$$

---

① 事实上,设 $I = \sum_{i=1}^{N} i^{\beta}$。当 $\beta < 0$ 时,我们有

$$I-1 = \sum_{k=2}^{N} k^{\beta} = \sum_{k=1}^{N-1}(k+1)^{\beta} \leqslant \int_{i=1}^{N} j^{\beta} dj = \sum_{k=1}^{N-1}\int_{k}^{k+1} j^{\beta} dj = \sum_{k=1}^{N-1}\theta_{k}^{\beta} \leqslant \sum_{k=1}^{N-1} k^{\beta} = I-N_{\beta}$$

这里,θ_{k} 是我们对每个积分 $\int_{k}^{k+1} j^{\beta} dj$ 利用积分中值定理所得的中值,显然有 $\theta_{k} \in (k, k+1)$。上述式子意味着我们有 $-e^{a} \leqslant S-W \leqslant -e^{a}N^{\beta}$。当 β 为小于零大于 -1,而 N 充分大时,W 的值将为 $O(\ln N)$ 级别的数,它远大于 e^{a}。因此这意味着 $S-W$ 的值相差很小。

② 这里我们没去省略 $N^{-(1+\beta)}$ 项,是因为 β 可能非常接近 -1,因而 y 可能较大。

2. 本文第四部分的引理和定理及其证明

引理 1 (Feller, 1971) n 个从 $[0,1]$ 随机抽取的独立同分布的随机变量 $X_1, \cdots, X_n$ 将 $[0,1]$ 分割成 $n+1$ 个区间,每个区间长度具有相同分布,其分布函数为:

$$Pr(L \geq t) = (1-t)^n$$

其中,L 为区间长度。

引理 2 对上面给出规则所获得的 $i_1, \cdots, i_n$,$i_{k+1} - i_k$ 是独立同分布随机分布。

证明:由于 L_k 是独立同分布的,因此我们只需证明 $\lceil NX_{(k+1)} \rceil - \lceil NX_{(k)} \rceil = \lceil N(X_{(k+1)} - X_{(k)}) \rceil = \lceil NL_k \rceil$ 即可。

设 $X \in \left(\dfrac{i-1}{N}, \dfrac{i}{N}\right]$, $Y \in \left(\dfrac{k-1}{N}, \dfrac{k}{N}\right]$,则有 $\lceil NX \rceil = i$,$\lceil NY \rceil = k$,其中 i 和 k 为不同的整数。而 $X - Y \in \left(\dfrac{i-k-1}{N}, \dfrac{i-k+1}{N}\right)$,因此有 $N(X-Y) \in (i-k-1, i-k+1)$ $\lceil N(X-Y) \rceil$ 为整数而 $(i-k-1, i-k+1)$ 这个开区间中只包含一个整数 $i-k$,因此我们推得:

$$\lceil N(X-Y) \rceil = i - k = \lceil NX \rceil - \lceil NY \rceil$$

将上式应用于 $X_{(k+1)}$ 和 $X_{(k)}$ 即得我们所需证明的结论。

引理 3 我们有:

$$\int_0^1 \lceil Nt \rceil n(1-t)^{n-1} = 1 + \sum_{i=1}^{N}\left(1-\frac{i}{N}\right)^n \tag{17}$$

$$\int_0^1 \lceil Nt \rceil^2 n(1-t)^{n-1} = 2\sum_{i=1}^{N} i\left(1-\frac{i}{N}\right)^n + \sum_{i=1}^{N}\left(1-\frac{i}{N}\right)^n + 1 \tag{18}$$

$$\int_0^1 \lceil Nt \rceil^3 n(1-t)^{n-1} = 3\sum_{i=1}^{N} i^2 \left(1-\frac{i}{N}\right)^n + 3\sum_{i=1}^{N} i\left(1-\frac{i}{N}\right)^n$$
$$+ \sum_{i=1}^{N}\left(1-\frac{i}{N}\right)^n + 1 \tag{19}$$

$$\int_0^1 \lceil Nt \rceil^4 n(1-t)^{n-1} = 4\sum_{i=1}^{N} i^3 \left(1-\frac{i}{N}\right)^n + 6\sum_{i=1}^{N} i^2 \left(1-\frac{i}{N}\right)^n$$
$$+ 4\sum_{i=1}^{N} i\left(1-\frac{i}{N}\right)^n + \sum_{i=1}^{N}\left(1-\frac{i}{N}\right)^n + 1 \quad (20)$$

证明：我们有

$$\int_0^1 \lceil Nt \rceil n(1-t)^{n-1} = \sum_{i=1}^{N} i\left[\left(1-\frac{i-1}{N}\right)^n - \left(1-\frac{i}{N}\right)^n\right]$$
$$= \sum_{i=1}^{N}(i-1+1)\left(1-\frac{i-1}{N}\right)^n - \sum_{i=1}^{N} i\left(1-\frac{i}{N}\right)^n$$
$$= 1 + \sum_{i=1}^{N}\left(1-\frac{i}{N}\right)^n$$

$$\int_0^1 \lceil Nt \rceil^2 n(1-t)^{n-1} = \sum_{i=1}^{N}(i-1+1)^2\left(1-\frac{i-1}{N}\right)^n - \sum_{i=1}^{N} i^2\left(1-\frac{i}{N}\right)^n$$
$$= 2\sum_{i=1}^{N}(i-1)\left(1-\frac{i-1}{N}\right)^n + \sum_{i=1}^{N}\left(1-\frac{i-1}{N}\right)^n$$
$$= 2\sum_{i=1}^{N} i\left(1-\frac{i}{N}\right)^n + \sum_{i=1}^{N}\left(1-\frac{i}{N}\right)^n + 1$$

采用类似的推导方法，我们可以证明（19）和（20），这里从略。

定理 1 从 $1, \cdots, N$ 中随机抽取 n 个数，然后将其按从小到大顺序排列，并赋予其序号 $1, \cdots, n$，其对应的原来的数分别为 $i_1, \cdots, i_n$。则有：

$$L = E(i_{k+1} - i_k) = \sum_{i=1}^{N}\left(1-\frac{i-1}{N}\right)^n = \frac{N}{n+1} + \theta, \quad \theta \in [0, 1]$$

因此我们可以将 $i_{k+1} - i_k$ 写为

$$i_{k+1} - i_k = L + \mu_k$$

其中：

$$E(\mu_k)=0, \quad Var(\mu_k)=L^2+o(L^2),$$
$$E(\mu_k^3)=2L^3+o(L^3),$$
$$E(\mu_k^4)=45L^4+o(L^4) \tag{21}$$

证明：根据引理 2，我们有：

$$L=\sum_{i=1}^{N}\int_{\frac{i-1}{N}}^{\frac{i}{N}}\lceil NX \rceil f(t)\mathrm{d}t=\sum_{i=1}^{N}i\int_{\frac{i-1}{N}}^{\frac{i}{N}}n(1-t)^{n-1}\mathrm{d}t=\sum_{i=1}^{N}\left(1-\frac{i-1}{N}\right)^n$$

当 N 非常大时，根据积分中值定理，我们可以证明 L 近似等于 $\dfrac{N}{n+1}$。

事实上，考虑函数 $g(x)=(1-x)^n$ 在 $[0, 1]$ 上的积分 $S=\int_0^1 g(x)dx=\dfrac{1}{n+1}$。对 $[0, 1]$ 进行 $N+1$ 等分，分点分别为 $0, \dfrac{1}{N}, \cdots, \dfrac{k}{N}, \cdots, 1$。记 $l=\sum_{i=1}^{N}\left(1-\dfrac{i}{N}\right)^n$。则根据定积分的定义，我们有：

$$\frac{1}{N}l \leqslant S \leqslant \frac{1}{N}L$$

注意到 $L-l=1$。再根据 $S=\dfrac{1}{n+1}$，我们可以推得：

$$\frac{N}{n+1} \leqslant L \leqslant \frac{N}{n+1}+1 \tag{22}$$

对 μ_k，显然有 $E(\mu_k)=\int_0^1(\lceil Nt \rceil-L)n(1-t)^{n-1}\mathrm{d}t=0$。此外，根据引理 3 我们有：

$$Var(\mu_k)=(i_{k+1}-i_k-L)^2=\int_0^1(\lceil Nt \rceil-L)^2 n(1-t)^{n-1}\mathrm{d}t$$
$$=2\sum_{i=1}^{N}i\left(1-\frac{i}{N}\right)^n+L-L^2 \tag{23}$$

采用类似上面的推导方法，我们可以求出：

$$\frac{N^2}{(n+1)(n+2)} \leqslant \sum_{i=1}^{N} i\left(1-\frac{i-1}{N}\right)^n \leqslant \frac{N^2}{(n+1)(n+2)}+L \quad (24)$$

由此可得 $\sum_{i=1}^{N} i\left(1-\frac{i}{N}\right)^n = L^2 + o(L^2)$。

结合（22）、（23）及（24），我们可以将 μ_k 的方差写为：

$$Var(\mu_k) = L^2 + o(L^2)$$

类似地，我们有：

$$E(\mu_k^3) = \int_0^1 (\lceil Nt \rceil - L)^3 n(1-t)^{n-1} dt = \int_0^1 (\lceil Nt \rceil^3$$

$$-3L\lceil Nt \rceil^2 + 3L^2\lceil Nt \rceil - L^3) n(1-t)^{n-1} dt$$

$$= 3\sum_{i=1}^{N} i^2 \left(1-\frac{i}{N}\right)^n + 3\sum_{i=1}^{N} i\left(1-\frac{i}{N}\right)^n$$

$$-6L\sum_{i=1}^{N} i\left(1-\frac{i}{N}\right)^n + 2L^3 - 3L^2 + L$$

$$E(\mu_k^4) = \int_0^1 (\lceil Nt \rceil^4 - 4L\lceil Nt \rceil^3 + 6L^2\lceil Nt \rceil^2 - 4L^3\lceil Nt \rceil$$

$$+L^4) n(1-t)^{n-1} dt = 4\sum_{i=1}^{N} i^3 \left(1-\frac{i}{N}\right)^n$$

$$+12L^2\sum_{i=1}^{N} i^2\left(1-\frac{i}{N}\right)^n - 12L\sum_{i=1}^{N} i^2\left(1-\frac{i}{N}\right)^n$$

$$-12L\sum_{i=1}^{N} i\left(1-\frac{i}{N}\right)^n + 6\sum_{i=1}^{N} i^2\left(1-\frac{i}{N}\right)^n$$

$$+4\sum_{i=1}^{N} i\left(1-\frac{i}{N}\right)^n - 3L^4 + 6L^3 - 4L^2 + L$$

利用积分定义，我们可以类似推得 $\sum_{i=1}^{N} i^3\left(1-\frac{i}{N}\right)^n = 6L^4 + o(L^4)$，再

利用前面得到的 $\sum_{i=1}^{N} i^2 \left(1-\frac{i}{N}\right)^n = 2L^3 + o(L^3)$，$\sum_{i=1}^{N} i\left(1-\frac{i}{N}\right)^n = L^2 + o(L^2)$，我们可以将 $E(\mu_k^3)$ 和 $E(\mu_k^4)$ 写为：

$$E(\mu_k^3) = 2L^3 + o(L^3), \quad E(\mu_k^4) = 45L^4 + o(L^4)$$

因此定理成立。

定理2 令 $\varepsilon_k = \ln(1+\nu_k)$，其中 $v_k = \dfrac{\sum_{j=1}^{k}\mu_j}{kL}$，$\mu_j$ 是密度函数为 $n(1-t)^{n-1}$、均值为零、相互独立的随机变量。则：

$$-\frac{1}{2}\left(\frac{1}{k} + o\left(\frac{n+1}{kN}\right)\right) \leqslant E(\varepsilon_k) \leqslant 0 \tag{25}$$

且存在 $\prod > 0$，使得

$$|Cov(\varepsilon_k, \varepsilon_l)| \leqslant \frac{\prod}{l}, \quad \forall k \leqslant 1 \tag{26}$$

证明：首先证明（25）。根据 μ_j 的性质，我们有 $E(v_k) = \dfrac{\sum_{j=1}^{k} E(\mu_j)}{kL} = 0$，$Var(\nu_k) = E(\nu_k^2)$。注意到对任意的 x，我们有 $x - \dfrac{x^2}{2} \leqslant \ln(1+x) \leqslant x$，因此有：

$$-Var(\nu_k) = E(\nu_k) - \frac{E(\nu_k^2)}{2} \leqslant E(\varepsilon_k) \leqslant E(\nu_k) = 0$$

将定理1中 $Var(\mu_k)$ 的结果代入上式并根据 $\dfrac{N}{n+1} \leqslant L \leqslant \dfrac{N}{n+1} + 1$，我们即可得（25）。

为证明（26），注意到根据 $x - \frac{x^2}{2} \leqslant \ln(1+x) \leqslant x$，我们可知对任意的 x，y，有：

$$\min\left\{xy,\ xy - \frac{x^2y}{2} - \frac{xy^2}{2} + \frac{x^2y^2}{4},\ xy - \frac{x^2y}{2},\ xy - \frac{xy^2}{2}\right\}$$
$$\leqslant \ln(1+x)\ln(1+y)$$
$$\leqslant \max\left\{xy,\ xy - \frac{x^2y}{2} - \frac{xy^2}{2} + \frac{x^2y^2}{4},\ xy - \frac{x^2y}{2},\ xy - \frac{xy^2}{2}\right\}$$
(27)

令 $x = \nu_k$，$y = \nu_l$，其中 $k \leqslant l$。则：

$$E(xy) = \frac{(\mu_j)}{lL^2},\ E(x^2y) = \frac{E(\mu_j^3)}{klL^3},\ E(xy^2) = \frac{E(\mu_j^3)}{l^2L^3},\ E(x^2y^2) =$$

$$\frac{1}{kl^2L^4}\left[E(\mu_j^4) + \left(\frac{k+1}{2} + l\right)Var(\mu_j)^2\right]$$

根据（22）和（21），当 $\frac{N}{n+1}$ 足够大时 $E(\mu_j^3) > 0$，从而有 $E(x^2y) > 0$，$E(xy^2) > 0$。此外，当 $x = \nu_k$，$y = \nu_l$ 时，根据（25），我们可知：

$$0 \leqslant E(\varepsilon_k)E(\varepsilon_l) \leqslant \frac{1}{4}\left(\frac{1}{kl} + o\left(\frac{1}{kl}\right)\right) \tag{28}$$

对（27）两端取期望，并将结果式减去（28），利用 $Cov(\varepsilon_k, \varepsilon_l) = E(\varepsilon_k\varepsilon_l) - E(\varepsilon_k)E(\varepsilon_l)$，我们有：

$$\frac{A}{l} \leqslant Cov(\varepsilon_k, \varepsilon_l) \leqslant \frac{B}{l} \tag{29}$$

其中：

$$A = \min_{l,\ k} \min\left\{\frac{Var(\mu_j)}{L^2} - \frac{E(\mu_j^3)}{2lL^3},\ \frac{(\mu_j)}{L^2} - \frac{(k+1)E(\mu_j^3)}{2klL^3}\right.$$

$$+\frac{1}{4klL^4}\Big[E(\mu_j^4)+\Big(\frac{k+1}{2}+l\Big)Var(\mu_j)^2\Big]\Big\}$$

$$-\frac{1}{4}\Big[\frac{1}{k}+o\Big(\frac{1}{kl^2}\Big)\Big]\Big]$$

$$B=\max_{l,k}\max\Big\{\frac{Var(\mu_j)}{L^2},\ \frac{Var(\mu_j)}{L^2}-\frac{(k+l)E(\mu_j^3)}{2klL^3}$$

$$+\frac{1}{4klL^4}\Big[E(\mu_j^4)+\Big(\frac{k+1}{2}+l\Big)Var(\mu_j)^2\Big]\Big\}$$

令 $\prod(n,N)=\max\{|A|,|B|\}$。由于 $\frac{N}{n+1}\leqslant L\leqslant\frac{N}{n+1}+1$, $k,l\geqslant 1$, 当 $\frac{N}{n+1}$ 足够大时，容易验证 $\prod(n,N)$ 有上界 $\prod$。由（29）即得（26）。

定理 3 对线性回归模型

$$Y_k=\gamma+\beta X_k+\epsilon_k,\quad k=1,\cdots,n \tag{30}$$

其中，$\epsilon_k=\varepsilon_k+\eta_k$, $\varepsilon_k=\ln(1+v_k)$, $v_k=\dfrac{\sum_{j=1}^{k}\mu_j}{kL}$, 而 μ_j 是密度函数为 $n(1-t)^{n-1}$、均值为零、相互独立的随机变量，η_k 为均值为零、方差为 σ^2 的独立同分布随机变量，X_k 是确定性的变量，且对任意的 k, j, η_k 与 μ_j 相互独立。设存在 $0<q<1$ 和 $M>0$, 使得 $|X_k/k^q|\leqslant M$, $\forall k$, 另设

$$\lim_{n\to+\infty}\frac{\sum_{k=1}^{n}(X_k-\overline{X}_k)^2}{n}>Q>0,$$ 且存在 $p>0$ 和 $V>0$, 使得 $|\overline{X}|\leqslant Vn^p$, 则该线性回归模型的普通最小二乘估计 $\hat\beta$ 和 $\hat\gamma$ 都是渐近无偏和一致的。

证明：首先，线性回归模型（30）的普通最小二乘估计 $\hat\beta$ 和 $\hat\gamma$ 为：

$$\hat{\beta}=\beta+\sum_{k=1}^{n}\omega_{k}\epsilon_{k}, \quad \hat{\gamma}=\gamma+\sum_{k=1}^{n}\bar{\omega}_{k}\epsilon_{k} \tag{31}$$

其中，$\omega_{k}=\dfrac{X_{k}-\bar{X}}{\sum_{k=1}^{n}(X_{k}-\bar{X})^{2}}$，$\bar{\omega}_{k}=\dfrac{1}{n}-\bar{X}\omega_{k}$。

我们只证明 $\hat{\beta}$ 的渐近无偏性。$\hat{\gamma}$ 的渐近无偏性证明是类似的，这里从略。

由于 $E(\eta_{k})=0$，因此：

$$E(\hat{\beta})=\beta+\sum_{k=1}^{n}\omega_{k}E(\varepsilon_{k})$$

根据定理 2，我们有

$$\beta-\frac{1}{2}\sum_{k=1}^{n}\omega_{k}\left(\frac{1}{k}+o\left(\frac{n+1}{kN}\right)\right)\leqslant E(\hat{\beta})\leqslant\beta \tag{32}$$

由于：

$$\sum_{k=1}^{n}\omega_{k}\left(\frac{1}{k}+o\left(\frac{n+1}{kN}\right)\right)$$
$$=\frac{1}{n}\frac{1}{\sum_{k=1}^{n}(X_{k}-\bar{X})^{2}/n}\bigg[\sum_{k=1}^{n}X_{k}\left(\frac{1}{k}+o\left(\frac{n+1}{kN}\right)\right)$$
$$-\bar{X}\sum_{k=1}^{n}\left(\frac{1}{k}+o\left(\frac{n+1}{kN}\right)\right)\bigg]$$

注意到：

$$\sum_{k=1}^{n}\left(\frac{1}{k}+o\left(\frac{n+1}{kN}\right)\right)=\sum_{k=1}^{n}\frac{1}{k}+o\left(\sum_{k=1}^{n}\frac{1}{k}\right)=\ln n+o(\ln n)$$

以及

$$\left|\sum_{k=1}^{n}X_{k}\left(\frac{1}{k}+o\left(\frac{n+1}{kN}\right)\right)\right|\leqslant n^{q}M\sum_{k=1}^{n}\left(\frac{1}{k}+o\left(\frac{n+1}{kN}\right)\right)$$
$$=Mn^{q}\ln n+o(n^{q}\ln n)$$

因此根据定理的假设 $\lim\limits_{n\to+\infty}\dfrac{\sum\limits_{k=1}^{n}(X_k-\overline{X}_k)^2}{n}>Q>0$、$|\overline{X}|\leqslant n^p$ 及极限的性质，我们可推得：

$$\lim_{n\to+\infty}\sum_{k=1}^{n}\omega_k\left(\frac{1}{k}+o\left(\frac{n+1}{kN}\right)\right)=0$$

根据该结果和（32），我们立刻推知 $\hat{\beta}$ 是渐近无偏估计。

下面证明 $\hat{\beta}$ 是一致估计，$\hat{\gamma}$ 的一致性可类似证明。首先，我们有：

$$Var(\hat{\beta})=\sigma^2\sum_{k=1}^{n}\omega_k^2+\sum_{k=1}^{n}\sum_{l=1}^{n}\omega_k\omega_l Cov(\varepsilon_k,\varepsilon_l) \tag{33}$$

根据定理2，我们知道存在正数 $\prod>0$，使得 $|Cov(\varepsilon_k,\varepsilon_l)|\leqslant\dfrac{\prod}{l}$，$\forall k\leqslant l$。根据初等不等式结果，我们有：

$$\left|\sum_{k=1}^{n}\sum_{l=1}^{n}\omega_k\omega_l Cov(\varepsilon_k,\varepsilon_l)\right|\leqslant\prod\sum_{k\leqslant l}\frac{\omega_k^2+\omega_l^2}{l}=\prod\sum_{i=1}^{n}\omega_i^2\sum_{l=1}^{n}\frac{1}{l}$$

$$\leqslant\prod\sum_{l=i}^{n}\frac{1}{l}\sum_{k=1}^{n}\omega_i^2$$

将 $\omega_k=\dfrac{X_k-\overline{X}}{\sum\limits_{k=1}^{n}(X_k-\overline{X})^2}$ 代入（33）并根据上述不等式结果，我们有：

$$Var(\hat{\beta})\leqslant\frac{1}{n}\frac{\sigma^2}{\sum\limits_{k=1}^{n}(X_k-\overline{X})^2/n}+\frac{\sum\limits_{l=1}^{n}\dfrac{1}{l}}{n}\frac{\prod}{\sum\limits_{k=1}^{n}(X_k-\overline{X})^2/n} \tag{34}$$

根据 $\sum\limits_{l=1}^{n}\dfrac{1}{l}=\ln n+o(\ln n)$ 以及定理假设 $\lim\limits_{n\to+\infty}\dfrac{\sum\limits_{k=1}^{n}(X_k-\overline{X}_k)^2}{n}>Q>0$，对（34）两端关于 n 取极限，我们可得：

$$0 \leqslant \lim_{n \to +\infty} Var(\hat{\beta}) \leqslant 0$$

即$\hat{\beta}$是一致的。

基于同样的方法,我们也可证明$\hat{\gamma}$也是渐近无偏和一致估计。定理得证。

46

财富分配视角下的中国经济转型*

摘要：下一步中国经济转型的关键是要合理界定和厘清政府、市场和社会的治理边界，这一原则如能贯彻到一些具体领域的改革中去，将能产生很好的财富均衡分配效应。

经济转型已成为当前中国的一个重要命题和热点话题。越来越多的有识之士正认识到，中国经济转型已不单单是一个经济命题，而是一个需要联动经济体制、政治体制、社会体制、文化体制的多方改革的综合命题。当然，这是从宏观的视角得出的基本共识，那么从微观的视角来看，如何有力推动和有效检测中国经济转型的进度呢？

我以为，不妨以均富为目标、从财富分配的角度来加以考察。这也是任何进入中等收入阶段的国家在其发展过程中必然要面对的一个问题。改革开放 30 多年来，我国经济持续高速增长，中国社会总体财富的"蛋糕"快速变大，但是国民财富分配格局的不合理程度却日益加深，主要表现在三个方面：

一是国与民的收入差距拉大，我国居民收入比重由 1988 年 70.5％的最高

---

* 本文载于《千人》，2012 年 12 月。

点下降至当前的43%左右,国家财政收入在1994年至2011年之间增加了近20倍,而同期GDP仅增长了近10倍,且财政支出又大多用在推动GDP增长和自我消费上,而不是涉及公共利益的教育、医疗、社保、环保等事业上,使得老百姓捂住钱袋子不愿消费。

二是贫与富的收入差距拉大,我国基尼系数已经由1982年的0.249提高到一个较高水平,使得社会阶层有分化、刚化的趋势,在就业、养老、看病、住房、上学等方面缺乏基本平等的竞争起点,造成起点不公、机会不均、社会流动性不足,很多群体性社会冲突事件与此有关,如不加以重视,有可能会影响社会稳定的大局。

三是城与乡的收入差距拉大,我国城乡居民收入之比由1978年的2.57倍增至2011年的3.44倍,城乡二元结构问题有固化和加剧的趋势。由此也衍生出老弱农民问题、失地农民问题、留守子女教育问题等一系列的问题。这些问题不解决,将严重阻碍中国经济发展方式的转变,并影响我国经济结构调整的进程。

上述这些收入结构、财富结构的不合理布局与体制性制度障碍未破除,深层次市场化改革滞后,与政府、社会与市场的治理边界界定不清晰、不合理有很大关系。所以,下一步中国经济转型的关键是要合理界定和厘清政府、市场和社会的治理边界,这一原则如能贯彻到一些具体领域的改革中去,将能产生很好的财富均衡分配效应。具体来看,我们需要思考以下几个关键问题。

第一是如何促进政府职能的转变。政府要最大限度地缩小自身的经济人角色,扩大公共服务范围和力度。在考量政府绩效的时候,仅仅依靠GDP等增长性指标就是非常不全面的,不利于政府职能和社会经济发展方式的转变,社会公共服务等发展类指标应成为硬约束,这就要求政府少伸"掠夺之手",多伸"援助之手",采用"无为之手",让财富更多地流向百姓而不是政府自身,实现社会福利的最大化。

第二是如何促进中产阶层的崛起。提高中等收入者比重是解决贫富差距的必由之路，也是促进社会稳定的基础。从某种意义上看，中产阶层是现代公司的产物，没有公司群体的崛起就没有中产阶层的崛起。反过来说，大量企业的倒闭，将会拖垮一批中等收入者。所以，关键还是政府要向市场让渡本应属于市场、企业的那些权力和权利，破除行政性垄断及斩断与之相关的灰色收入渠道，让企业特别是民营中小型企业的力量充分生长。

第三是如何促进市场导向的城镇化。要真正解决"三农"问题，只有让农村人口在总人口中的比例大幅减少，而做到这点的唯一途径是坚持市场导向的城镇化道路。好的农地制度可以使城镇化的成本大大下降，使农民获得分享城镇化带来的集聚效应和经济繁荣的权利和渠道，同时极大地提高土地的利用效率。所以，应该在市场化、城镇化的导向下，让土地在城乡间自由而有序地流转。

（2012 年 12 月）

47

最低工资标准与我国企业的出口行为[*]

提要： 本文构建了一个包含企业异质性和最低工资在内的两国、两要素贸易模型，从理论及实证上考察了最低工资和企业生产率对企业出口行为的影响。理论分析表明，最低工资的提高将通过选择效应（即迫使低效率企业退出出口市场）降低企业的出口概率，劳动力成本提升所导致的价格效应将降低企业的出口额，而企业出口概率和出口额都随着其生产率增加而增加。本文也进行了实证分析。利用中国制造业工业企业1998~2007年相关数据及所搜集的我国相关城市最低工资相关数据，对最低工资和企业生产率对我国企业出口行为的实际影响进行了估计。

一、引　言

中国自改革开放以来，国民生产总值实现了持续30多年近10%的高速经济增长，成为世界上第二大经济体和贸易国。之所以取得这样的成就，国

---

[*] 本文载于《经济研究》，2013年第2期。合作者孙楚仁、章韬。

际贸易起到了重要作用。出口导向型贸易战略的成功可归结于中国大量充裕的廉价劳动力。然而,自 1994 年开始,各省地级政府纷纷实行最低工资制,且最低工资逐步提高。2008 年,中国颁布实施了《劳动合同法》,明文规定,劳动者有权要求用人单位向其支付不低于当地最低工资标准的工资。由于最低工资制影响整体经济的投资、就业、消费和国际贸易等各个方面,且随着中国"人口红利"的逐渐消失,人们越来越多地担心"最低工资"上涨是否会严重影响到外贸出口。学术界从各方面对最低工资对我国对外贸易的积极和消极效应进行了讨论。一些学者认为最低工资上涨将提高总需求和促进经济增长,促进中国出口。另外一些认为最低工资上涨对生产、波动、就业和出口的影响很小。还有一些学者则认为最低工资上涨将导致生产成本和失业的增加,加重企业负担。由于我国的出口多为劳动密集型产品且处于全球价值链的低端,企业利润微薄,最低工资标准必将增加出口企业的生产成本、减少企业出口,甚至可能迫使大量企业退出出口市场或直接倒闭,造成大量失业。[①] 就最低工资对国际贸易的影响来说,最低工资到底以何种机制影响了我国企业的出口、其影响到底有多大,对这一问题的分析,无论对于解决《劳动合同法》所引发的争论还是对于后续宏观政策的制定和调整都具有重要的参考意义。

然而,上述关于最低工资对我国贸易影响的讨论很少有理论和实证的支持。在国际文献中,从企业层面上,就最低工资对企业出口的作用机制和定量影响进行理论和实证分析的研究基本没有。目前国内外有关最低工资政策与对外贸易关系的分析主要是从行业层面上进行研究的。这类文献可分为两类:一类是行业间工资差异被扭曲但真实工资具有弹性的情形,另一类是所

---

① 一些学者认为,2009 年底、2011 年初我国出现了中小企业倒闭潮,这除了与 2008 年美国次贷危机及 2011 年美国债券信用危机导致的国际贸易环境恶化有关之外,可能还与我国《劳动合同法》的实施带来的国际贸易比较优势减弱有关。

有行业工资均被扭曲的情形。对前一类问题，Hagen（1958）、Bhagwati 和 RamaswamI（1963）、Magee（1976）等作了考察。其结论是，若本国出口资本密集型产品，进口劳动密集型产品，则最低工资将导致资本密集型产业出口增加和劳动力密集型产业进口减少。若该国出口劳动密集型产品，进口资本密集型产品，则结论相反。对后一类问题，Brecher（1974a，1974b）进行了讨论。Brecher（1974a，1974b）的研究结果表明，若本国是资本密集型国家，则最低工资的上升将导致资本密集型产品出口减少，劳动密集型产品进口增加。若本国是劳动密集型国家，则最低工资水平的上升将减少劳动密集型产品的出口，增加资本密集型产品的进口。降低最低工资可能会改变贸易方向，从出口资本密集型产品转向出口劳动密集型产品。Brecher（1974a，1974b）的研究结果被 Schweinberger（1978）推广到多种产品和多种要素的情形。借鉴 Schweinberger（1978）的方法，Brecher（1980）考察了资本、土地和劳动三要素和两种产品的小国开放经济。他发现，如果一种产品的资本/劳动比率和劳动/土地比率比另一种产品更大，且本国的专业化不完全、生产技术规模报酬不变，则最低工资将导致本国就业下降，同时增加本国前一种产品的出口。Neary（1985）进一步考察了价格灵活变化的要素种类大于产品数的情形，却得出了类似 Brecher（1974a，1974b）的结论。Inoue 和 ItsumI（1992）在 Brecher（1974a，1974b）的分析基础上在消费者效用函数中加入闲暇，也得到类似 Brecher（1974a，1974b）的结论。若考虑到最低工资影响一国禀赋结构，禀赋结构又反过来影响该国贸易结构，则相关结论将有所差异（Flug 和 Galor，1986）。然而，据我们所知，由于数据的缺乏，目前为止尚无最低工资对行业出口影响的实证分析对上述结果进行验证。

另外，上述所有的研究都是在行业层面上，也就是在企业同质的假定下进行的，所得的结论仅对应行业层面。但自 20 世纪 90 年代以来，很多实证学者发现企业在是否出口、出口多少种产品、对多少国家出口及出口额等方面都存在很大差异[①]，而这与企业的生产率水平、规模、资本密集度、研发投入等有密切的关系（Bernard 和 Jensen，1995，1997；等等）。企业出口行为的差异意味着一项政策对于不同企业的影响可能不同，因而现有对行业的理论分析不可能解决最低工资对企业出口影响这一问题。若要深入企业层面考察最低工资对企业贸易行为的影响，我们需要考虑企业异质性。事实上，目前从企业层面考察最低工资与贸易关系的理论和实证分析文献非常少。因而，从企业层面上对最低工资和贸易之间的关系进行理论研究及其对中国贸易出口影响进行实证分析都显得非常必要和重要。

为此，本文构建了一个两国包含企业异质性和最低工资的贸易模型来分析最低工资标准和企业生产率对企业出口行为的影响，并得到以下主要结论：在开放经济情形下，最低工资上升所带来的产品价格上升将导致外国对本国产品需求减少，使所有企业的出口概率和出口额下降，但同时它也会使无效率企业退出出口市场。我们的模型不同于 Melitz（2003）和 Bernard et al.（2007）的设定。由于 Melitz（2003）假定了国家对称性，因此其模型不能直接应用于最低工资和企业出口的分析。而 Bernard et al.（2007）则假定劳动力价格由劳动力市场出清条件决定，因而企业的出口行为只由两国要素禀赋和其生产率决定。在本文的模型中，国家是非对称的，且生产要素有两种（资本和劳动），但由于两国劳动力市场高于市场均衡工资的存在，只有资本市场出清，因而最低工资也会影响企业出口行为。本文的模型也不同于 Egger et al.（2009）的模型。在他们的模型中，只有劳动一种生产要素，因而整个经济的要素市场并不出清，且假定存在一种最终产品和内生决定数目的中间产品，而在本文中并不假定存在着这样的中间产品。此外，他们的分析目标也不同于本文。Egger

---

① 他们发现：（1）大部分企业不出口，出口量和出口额集中在少数企业；（2）大部分出口企业的出口比率很小；（3）很少企业会出口多种产品和出口到多个国家。后来很多学者的研究表明，上述发现对进口也成立。

et al. (2009) 在企业生产率异质性概念及垄断竞争下考察了最低工资对开放经济中劳动力市场的影响，但未考察最低工资对企业出口行为的影响。

为了验证我们的理论及考察最低工资与企业生产率对企业出口的真实影响，我们利用了中国工业企业数据库 1998~2007 年数据和我国 282 个地级城市相关宏观经济数据和最低工资数据匹配并做了实证分析。在控制了企业生产率等企业特征及行业、区域特征后，发现最低工资标准的增加对企业出口概率和出口额均有显著的负向影响。这一结果对于政府部门估计最低工资对出口企业的影响具有重要的参考价值。据笔者所知，这是首篇关于最低工资和国际贸易关系的实证文献。[①]

本文第二部分建立了一个开放经济模型，从理论上分析最低工资标准对异质性企业出口行为的影响。第三部分讨论计量模型设定、本文使用的工业企业数据库、变量和对应指标说明、最低工资数据及其处理方法、基本变量的描述性统计结果。第四部分是实证分析结果。第五部分总结全文。

二、最低工资和异质性企业的开放经济模型

在我们的模型中，假设只存在两个国家（即本国和外国）。每个国家都有 M 个垄断竞争行业，其中每个行业生产 N 种产品，每种产品都只由一个企业生产。这样，本国的每个行业中有 N 个企业生产产品，而在外国则有 N_* 个企业（下文均用带"*"下标的符号表示外国相应变量）。每种产品的生产会

[①] 对行业层面的实证分析需要各国要素禀赋和最低工资（或失业率）的数据，但各国的最低工资和要素禀赋都难以获得。只利用一国数据进行分析会造成遗漏解释变量问题。而企业水平的实证则可以通过控制国外效应或者时间效应来消除这一问题。

用到两种生产要素：资本（K）和劳动力（L），其中资本是行业专用的，而劳动力可以在行业间自由流动。本文不考虑国家规模对企业出口行为的影响，因此假定每个国家都只有一单位无限可分的劳动力，且两国居民的偏好相同，它可由如下效用函数表示：

$$U = \prod_{l=1}^{M} \Big(\sum_{i=1}^{N_l} x_{li}^{\rho_l} \Big)^{\frac{\beta_l}{\rho_l}}, \quad 0 < \beta_l, \quad \rho_l < 1, \quad \sum_{l=1}^{M} \beta_l = 1 \qquad (1)$$

其中，M 表示经济中产业的个数，β_l 表示居民在行业 l 中消费支出在总支出中所占比例，$\rho_l = (\sigma_l - 1)/\sigma_l$，其中 σ_l 表示行业 l 中产品种类的替代弹性，x_{li} 表示居民对行业 l 中产品种类 i 的消费数量。每个居民的收入仅来自其工资（在经济达到均衡时，企业期望长期利润为零，因此居民的资本收入为零）w。由于我们要考虑最低工资标准的影响，即经济中劳动力工资 w 至少大于等于最低工资，因此（也为了简化分析），我们做如下假设。

假设 1：本国和外国的最低工资水平都高于该国的市场均衡工资，且最低工资设定在能保持该国所有劳动力都获得最低工资收入的水平上。

在假设 1 下，最低工资高于市场均衡工资，因此经济中存在劳动力失业。由于厂商是理性的，因此若不存在不完全信息或者劳动力市场粘性等制度性障碍，则所有厂商支付给劳动力的报酬必然都是最低工资。

由于每个行业的市场结构类似，因此只考虑代表性行业 l 中代表性企业的生产，因而在后面的叙述中我们略去企业下标 i。假设代表性行业中代表性企业的生产函数为 $y = \theta K^{\alpha_l} L^{1-\alpha_l}$（这里资本产出弹性 α_l 也因行业不同而不同），其中 y、K、L 分别为企业的产出、资本投入和劳动投入，θ 为其生产率水平。在每个行业 l 中，企业的生产率是异质的，行业生产率分布函数为生产率下界为 $b_l > 0$、形态参数为 $k_l > 2$ 的 Pareto 分布函数 $G_l(\theta)$。每个企业在进入市场之前，并不知道其生产率水平。它在支付一定的沉没成本 F_l 后才能观察到其生产率 θ。在这里，行业进入成本 F_l 只与行业特点有关，而与企业特点无关。

在观察到其生产率水平之后，它决定是否开始产品的生产和销售，若它决定生产和销售产品，它还需另外支付一个固定成本 f_l。记 $P_l = \left[\sum_{i=1}^{N_l} p_{li}^{1-\sigma_l}\right]^{\frac{1}{1-\sigma_l}}$，$l = 1, \cdots, M$ 为行业 l 的价格指数，$Q_l = \frac{\beta_l w}{P_l}$，它可看作居民消费行业 l 的总产品，$\bar{\omega}_l = \left(\frac{r}{\alpha_l}\right)^{\alpha_l} \left(\frac{w}{1-\alpha_l}\right)^{1-\alpha_l}$ 为行业 l 的单位生产成本，则行业 l 中生产率为 θ 的该企业在每一期生产并在国内销售的净利润为：

$$\pi_l = (1-\rho_l)D_l - f_l \tag{2}$$

其中，$D_l = M_l \theta^{\frac{\rho_l}{1-\rho_l}}$ 为该企业的国内销售额，$M_l = \rho_l^{\sigma_l-1} P_l^{\sigma_l} Q_l \bar{\omega}_l^{1-\sigma_l}$。定义加权生产率水平为 $\bar{\theta}_l = \left[\int_0^{+\infty} \theta^{\sigma_l-1} \mu_l(\theta) d\theta\right]^{\frac{1}{\sigma_l-1}}$，这里 $\mu_l(\theta)$ 为行业 l 中在位企业的生产率分布密度函数。企业开始生产产品，且其利润 $\pi_l \geqslant 0$，由此我们可得企业的临界销售额 $\underline{D}_l$ 和临界生产率水平 $\underline{\theta}_l$ 即使净利润为零的销售额和生产率水平为：

$$\underline{D}_l = \sigma_l f_l, \quad \underline{\theta}_l = \left(\frac{\sigma_l f_l}{\beta_l w}\right)^{\frac{1}{\sigma_l-1}} N_l^{\frac{1}{\sigma_l-1}} \bar{\theta}_l \tag{3}$$

由此可见，行业加权平均生产率水平越高，行业中的临界生产率水平越高。

假设行业 l 中的企业为进入出口市场，需要支付一个进入出口市场的固定成本 κ_l，然后它决定是否出口。假设行业 l 中从本国市场出口到外国的冰山运输成本都是 τ_l。为简化问题，假设外国产业 l 中的企业进入出口市场所需支付的固定成本 κ_l^* 及从外国市场运输到本国的运输成本 τ_l^* 同本国对应变量相同。本国行业 l 中企业的出口利润为 $\pi_{Xl} = (1-\rho_l)M_{Xl}^* \theta^{\frac{\rho_l}{1-\rho_l}} - \kappa_l$，其中，$\kappa_l$ 为行业 l 出口的固定成本，$M_{Xl}^* = \rho_l^{\sigma_l-1} P_l^{\sigma_l^*} Q_l^* \bar{\omega}_l^{1-\sigma_l} \tau_l^{1-\sigma_l}$ 为由外国市场需求、出口运输成本和本国该行业单位生产成本所决定的参数，$P_l(P_l^*)$、$Q_l(Q_l^*)$ 分别为本（外）国行业 l 的价格指数和购买的加总产品。企业会选择出口，当且 $\pi_{Xl} \geqslant 0$，由此可得本国和外国行业 l 中的企业出口的临界生产率水平 $\underline{\theta}_{Xl}$ 和 $\underline{\theta}_{Xl}^*$ 分别为：

$$\underline{\theta}_{Xl} = (N_l^* + N_{Xl})^{\frac{1}{\sigma_l - 1}} \frac{\kappa^{\frac{1}{\rho_l - 1}} \rho_l \tau_l \frac{\bar{\omega}_l}{\bar{\omega}_l^*}}{\left[(1-\rho_l)\beta_l w^*\right]^{\frac{1}{\sigma_l - 1}}} \tilde{\theta}_{Tl}^*,$$

$$\underline{\theta}_{Xl}^* = (N_l + N_{Xl}^*)^{\frac{1}{\sigma_l - 1}} \frac{\kappa^{\frac{1}{\rho_l - 1}} \rho_l \tau_l \frac{\bar{\omega}_l^*}{\bar{\omega}_l}}{\left[(1-\rho_l)\beta_l w\right]^{\frac{1}{\sigma_l - 1}}} \tilde{\theta}_{Tl} \tag{4}$$

其中，N_{Xl} 和 N_{Xl}^* 分别是本国和外国的出口企业数，$\tilde{\theta}_{Tl}$ 和 $\tilde{\theta}_{Tl}^*$ 分别为本国和外国行业 l 的加总生产率，形式如下：

$$\tilde{\theta}_{Tl}^{\sigma_l-1} = \frac{k_l}{k_l + 1 - \sigma_l} \frac{N_l^* \underline{\theta}_l^{\sigma_l-1} + N_{Xl}^* \underline{\theta}_{Xl}^{*\sigma_l-1}}{N_l + N_{Xl}^*},$$

$$\tilde{\theta}_{Tl}^{*\sigma_l-1} = \frac{k_l}{k_l + 1 - \sigma_l} \frac{N_l^* \underline{\theta}_l^{*\sigma_l-1} + N_{Xl} \underline{\theta}_{Xl}^{\sigma_l-1}}{N_l^* + N_{Xl}} \tag{5}$$

在知道本国和外国进入出口市场的临界生产率水平之后，容易求出本国和外国出口企业的生产率分布 $\mu_{Xl}(\theta)$ 和 $\mu_{Xl}^*(\theta)$。当 $G_l(\theta)$ 为 $b_l > 0$、形态参数为 $k_l > 2$ 的 Pareto 分布函数时，由（5）我们可推得 $\tilde{\theta}_{Tl}^{\sigma_l-1}$ 和 $\tilde{\theta}_{Tl}^{*\sigma_l-1}$ 的表示式，并从中解得：

$$\underline{\theta}_{Xl}^{*\sigma_l-1} = \frac{\kappa_l}{f_l} \left(\frac{\rho_l \bar{\omega}_l^*}{\bar{\omega}_l}\right)^{\sigma_l-1} \underline{\theta}_l^{\sigma_l-1}, \quad \underline{\theta}_{Xl}^{\sigma_l-1} = \frac{\kappa_l}{f_l} \left(\frac{\rho_l \bar{\omega}_l}{\bar{\omega}_l^*}\right)^{\sigma_l-1} \underline{\theta}_l^{*\sigma_l-1} \tag{6}$$

根据企业出口的利润最大化条件，我们可求得其为出口所投入的资本和劳动。在大于市场均衡工资水平的最低工资 w 下，只有资本市场出清。根据资本市场出清条件、$P_l(P_l^*)$、$Q_l(Q_l^*)$ 的表示式及（4），可得：

$$\frac{r}{\alpha_l} = \frac{\rho_l k_l \bar{K}_l^{-1} \tau_l^{\sigma_l-1}}{(1-\rho_l)(k_l+1-\sigma_l)} [f_l N_l + \tau_l^{1-\sigma_l} \kappa_l N_{Xl}],$$

$$\frac{r^*}{\alpha_l} = \frac{\rho_l k_l \bar{K}_l^{*-1} \tau_l^{\sigma_l-1}}{(1-\rho_l)(k_l+1-\sigma_l)} [f_l N_l^* + \tau_l^{1-\sigma_l} \kappa_l N_{Xl}^*] \quad (7)$$

在行业企业生产率分布 $G_l(\theta)$ 为 Pareto 分布的假定下，容易求得出口企业在存活在国内市场中企业的比重即企业事前出口概率为：

$$\varsigma_l = \frac{N_{Xl}}{N_l} = \frac{1-G_l(\underline{\theta}_{Xl})}{1-G_l(\underline{\theta}_l)} = \left(\frac{\underline{\theta}_l}{\underline{\theta}_{Xl}}\right)^{k_l}$$

$$= \left[\frac{\kappa_l}{f_l}\left(\frac{\rho_l \bar{\omega}_l}{\bar{\omega}_l^*}\right)^{\sigma_l-1}\right]^{\frac{k_l}{\sigma_l-1}} \left(\frac{\underline{\theta}_l}{\underline{\theta}_l^*}\right)^{k_l} \quad (8)$$

假设本国行业 l 中企业退出市场的概率为 δ_l，则存留在市场中企业的平均利润为 $\bar{\pi}_l = \bar{\pi}_{dl}(\bar{\theta}_l) + \varsigma_l \bar{\pi}_{Xl}(\bar{\theta}_{Xl})$，因此 $\bar{\pi}_l = \frac{\sigma_l-1}{k_l+1-\sigma_l}(f_l + \varsigma_l \tau_l^{1-\sigma_l}\kappa_l)$。两国行业 l 中所有企业利润之和等于两国在该行业的支出，因此我们可知 $N_l \bar{\pi}_l + N_l^* \bar{\pi}_l^* = \beta_l(w+w^*)$。从而有：

$$f_l N_l + \tau_l^{1-\sigma_l} \kappa_l N_{Xl} + f_l N_l^* + \tau_l^{1-\sigma_l} \kappa_l N_{Xl}^* = \frac{k_l+1-\sigma_l}{\sigma_l-1}\beta_l(w+w^*) \quad (9)$$

此外，根据长期利润为零的条件，有 $(1-G_l(\underline{\theta}_l))\frac{\bar{\pi}_l}{\delta_l} = F_l$，从而有：

$$f_l N_l + \tau_l^{1-\sigma_l}\kappa_l N_{Xl} = \frac{(k_l+1-\sigma_l)\delta_l F_l}{(\sigma_l-1)h_l^{k_l}} N_l \underline{\theta}_l^{k_l} \quad (10)$$

根据（10）可知，当本国行业进入临界生产率 $\underline{\theta}_l$ 上升时，企业出口概率 ς_l 将上升，企业出口概率 ς_l 下降当且仅当国内企业退出市场的临界生产率 $\underline{\theta}_l$ 下降。根据（10）和（8），将本国的上述式子除以外国的上述式子，最终我们可解得：

$$\Omega_l \triangleq \left(\frac{\underline{\theta}_l}{\underline{\theta}_l^*}\right)^{k_l} = \frac{f_l - \tau_l^{1-\sigma_l}\kappa_l \left[\frac{\kappa_l}{f_l}\rho_l^{\sigma_l-1}\right]^{-\frac{k_l}{\sigma_l-1}} \left(\frac{\bar{\omega}_l}{\bar{\omega}_l^*}\right)^{k_l}}{f_l - \tau_l^{1-\sigma_l}\kappa_l \left[\frac{\kappa_l}{f_l}\rho_l^{\sigma_l-1}\right]^{-\frac{k_l}{\sigma_l-1}} \left(\frac{\bar{\omega}_l}{\bar{\omega}_l^*}\right)^{-k_l}} \quad (11)$$

根据（11），若 $\omega_l = \bar{\omega}_l/\bar{\omega}_l^*$ 为 w 的增函数，则 Ω_l 为 w 的减函数，这意味着本国最低工资的提高将导致本国相对于外国行业进入临界生产率水平的下降。再根据（8），我们可得如下引理。

引理1：若 ω_l 为 w 的增函数，则 ς_l 为 w 的减函数，即最低工资的增加将导致企业出口概率的降低。

引理1的结论是容易理解的，若本国相对于外国行业单位生产成本为最低工资的增函数，则根据下面的引理3，最低工资增加将导致本国相对于外国同行业企业产品价格上升得更快，因而其在国外市场的竞争力和销售利润降低，这就迫使低效率企业退出出口市场，因而企业事前出口概率会降低。

将（6）代入（4）和（5），整理可得 N_l 和 N_l^* 的方程组。根据（8），将 $N_{Xl} = N_l\varsigma_l$，$N_{Xl}^* = N_l^*\varsigma_l^*$ 代入上述方程组，我们可求得 N_l 和 N_l^* 的表示式。根据（9）和（10），我们可解得：

$$\underline{\theta}_l^{k_l} = \frac{\beta_l b_l^{k_l}}{\delta_l F_{El}} \frac{w + w^*}{N_l + N_l^* \Omega_l^{-1}}, \quad \underline{\theta}_l^{*k_l} = \frac{\beta_l b_l^{k_l}}{\delta_l F_{El}} \frac{w + w^*}{N_l \Omega_l + N_l^*} \quad (12)$$

利用 N_l 和 N_l^* 的表示式，我们可以证明如下引理。

引理2：$\underline{\theta}_l^*$ 为 w 的增函数。

引理2意味着本国最低工资的上升将迫使其低效率企业退出出口市场，从而提高本国出口企业的平均生产率，而这又将导致外国市场上的低效率企业退出市场，从而提高外国的出口临界生产率。在外国的最低工资制度下，引理2意味着本国最低工资增加将导致外国失业的增加，这与 Egger et al.（2009）的结论相同。

最后，为了获得本国最低工资增加对企业出口行为的影响的结论，需要最终获得 $\bar{\omega}_l/\bar{\omega}_l^*$ 与 w 的关系。根据（7）和（10）及 $\bar{\omega}_l,\bar{\omega}_l^*$ 的定义，有：

$$\frac{\bar{\omega}_l}{\bar{\omega}_l^*} = \left[\frac{w}{w^*}\right]^{1-\alpha_l} \left[\frac{\bar{K}_l^*}{\bar{K}_l}\right]^{\alpha_l} \left[\frac{N_l \underline{\theta}_l^{k_l}}{N_l^* \underline{\theta}_l^{*k_l}}\right]^{\alpha_l}$$

$$= \left[\frac{w}{w^*}\right]^{1-\alpha_l} \left[\frac{\bar{K}_l^*}{\bar{K}_l}\right]^{\alpha_l} \left[\frac{N_l}{N_l^*}\Omega_l\right]^{\alpha_l} \quad (13)$$

根据上式我们可以分析 $\bar{\omega}_l/\bar{\omega}_l^*$ 与 w/w^* 的关系，并证明如下结果。

引理 3：$\omega_l = \dfrac{\bar{\omega}_l}{\bar{\omega}_l^*}$ 为本国和外国相对最低工资水平 $\dfrac{w}{w^*}$ 的增函数，或者说，两国相对最低工资差异的增加将导致两国同行业相对单位生产成本差异的增加。

引理 3 说明最低工资增加对本国和外国同行业单位生产成本的影响程度是不同的，前者相对于后者增加得更快。这一结论符合经济直觉。根据 M_{Xl}^* 的表示式，（4）意味着本国最低工资标准的提高将使企业选择出口的临界生产率水平上升。当企业选择出口时，其出口额为：

$$X_l = \frac{f_l}{1-\rho_l}\left[\frac{\bar{\omega}_l^*}{\bar{\omega}_l}\right]^{\sigma_l-1}\left[\frac{\theta}{\underline{\theta}_l^*}\right]^{\sigma_l-1} \quad (14)$$

根据引理 3，给定外国最低工资水平 w^*，ω_l 为本国最低工资水平 w 的增函数。根据引理 2，$\underline{\theta}_l^*$ 为 w 的增函数，从而根据（14）及引理 1，我们可得如下的主要命题。

命题：在开放经济情形下，若假定 1 成立，则企业的生产率水平越高，其出口额越大，出口可能性越高。最低工资的增加将导致企业事前出口概率和出口的减少。

对命题的结论作几点说明。首先，企业生产率越高，其单位生产成本越低，因而其产品竞争力越强，因此其出口可能性和出口额都将越大。这一结果与 Melitz（2003）及其他各种考察企业生产率对企业出口行为影响的结论相似。其次，作为本文的主要结论，最低工资上升将导致企业事前出口概率的降低和出口额的减少。这一结论较容易理解。其原因在于最低工资的上升将改变两国比较优势的结构，本国将更加密集使用资本，从而推动本国行业资本成本的上升，并从整体上推高企业出口产品的价格。另一方面，本国最低工资增加将导致对外国企业需求增加，从而推高其产品价格。根据引理3，两种效应综合的结果是本国和外国相同行业的单位生产成本差距增大，从而本国将更多进口外国产品，外国将更少需求本国产品，即本国企业的出口将减少。基于同样原因，最低工资上涨所带来的成本增加还将导致低效率企业退出出口市场，进而导致本国行业出口临界生产率上升，从而降低企业出口概率。

三、实证分析

本节我们利用中国工业调查数据库和中国城市统计数据，分析对企业出口行为的影响。首先估计每个企业的生产率，继而在控制企业生产率及地方—行业—企业特征下，对企业出口选择和出口额关于最低工资进行回归。

（一）企业出口行为分析

需要估计如下模型：

$$DX_{rjit} = \tau_r + \eta_j + \gamma_i + \lambda_t + \psi \ln w_{rt} + \zeta \ln \hat{\theta}_{rjit} \\ + \varphi Z_{rjit} + \nu_{rjt} + \varepsilon_{rjit} \tag{15}$$

$$\ln X_{rjit} = \tau_r + \eta_j + \gamma_i + \lambda_t + \psi \ln w_{rt} + \zeta \ln \hat{\theta}_{rjit} \\ + \varphi Z_{rjit} + \nu_{rjt} + \varepsilon_{rjit} \tag{16}$$

公式（15）和（16）表示企业出口选择和出口额回归方程，$\hat{\theta}_{rlit}$表示i企业在l行业、r地区时间t的生产率，λ_t、η_l、γ_i和τ_r表示时间、行业、企业和区域固定效应，Z_{rlit}是企业i的特征向量，包括其他地区和企业水平的控制变量。ν_{rli}和ε_{rli}分别为i.i.d.均值为零、方差为σ_ν^2和σ_ε^2的随机变量。DX_{rlit}表示企业出口状态项，出口为1，不出口为0。X_{rlit}表示企业出口销售额。

可以通过Probit和Logit模型来估计公式（15），其估计结果相似。为了避免结构变差和删截数据问题，使用Tobit模型来估计公式（16），其结果与仅估计含有出口额为正的样本模型差异显著。

（二）数据来源及描述、一致性、缺失变量、缺失值和相关处理

本文的实证数据库主要有两类数据来源：中国城市和企业水平数据。城市水平数据有三大主要来源：《中国城市统计年鉴》《中国统计年鉴》《中国区域统计年鉴》（1990～2009）。企业数据来自中国国家统计局1998～2007年度《中国工业企业年度调查数据库》（ASIF）。该数据库完全反映了中国工业企业的真实经济指标。一些基于该企业数据库的研究指出，整个工业企业数据的加总结果实际上是《中国统计年鉴》《中国市场年鉴》等指标的结果（Lu和Tao，2009；Brandt et al.，2011）。

出于研究需要，根据企业经营、管理和金融统计指标的设定规范，我们对数据库中出现定义变动的企业特征变量进行了一致性处理，并将所有与企业有关的指标按照2002年新国家标准（GBT/4757）进行转换。除此之外，本文对数据缺失问题进行了处理，对历年数据库中企业登记成立年份、省地县码、注册类型、控股类型、企业类型、营业状态、隶属关系、企业规模等指标存在缺失值或错误的企业逐一进行了核对和匹配。我们还对代码重复的企业进行了处理，在核对法人代码时依次根据企业的省地县码、法人姓名和主要产品进行逐一核对，修正了历年重复的法人代码。与同样使用ASIF数据库的其他研究处理方式相比，我们不对企业金融投入、产出字段信息中包

含 0（总资产、固定资本净值、销售额和总产值）或雇佣员工小于 10 人（Cai 和 Liu，2009）的企业进行删减。由于绝大部分（除了不变价工业总产值指标外）企业指标均采用当年价核算，因此对所有企业金融数据用 GDP 平减指数进行平减，得到以 1978 年为基期的实际值。所有价值量指标均以人民币"千元"为计量单位。凡以外币形式计算的价值量指标，均以报告期末汇率折合成人民币填写。[①]

（三）企业生产率估计

有关企业生产率的估计方法众多，最常用的是 Olley 和 Pakes（1996）所提出的 OP 方法。[②] 考虑到微观企业数据估计中出现的联立性和选择性偏差问题，Levinshon 和 Petrin（2003）提出了利用中间品投入作为状态变量，通过半参数方法估计企业资本存量及生产率的估计方法（称为 LP 方法）。LP 方法不再假定企业规模报酬不变，要素价格并非完全由边际产品决定。该方法相对混合 OLS 估计具有多项优势。但为了得到一致和稳健的微观企业资本存量核算和生产率估计结果，同时也为了数据的一致性和可比较要求，我们分别通过混合最小二乘法和 LP 方法估计企业生产率并用两种生产率作了实证分析。[③]

（四）最低工资与城市外部性指标

宏观层面的数据主要包括中国城镇最低工资（1998～2007 年）和城市宏观经济指标（1990～2007 年）数据。本文使用的最低工资数据来自各省级劳动保障部门提供的各省地级市的月最低工资数据。通过对各省级、地级

[①] 对详细处理过程有兴趣的读者可向作者发送邮件索取相关说明。
[②] 见田巍和余淼杰（2011）对该方法的介绍。
[③] 限于篇幅，本文只报告了 LP 生产率的相关结果。读者可向作者索取 OLS 生产率相关结果。

市及县乡政府公开发布的含有最低工资信息的历年政府公报及相关政府工作网站数据来补齐了相关缺失年份的最低工资数据。最终，我们一共得到2 850个最低工资数据（1998～2007年），覆盖全国334个地级市的85.33%。我们收集了各地级市基础设施数据，其中包括人均公共交通、公路面积、邮局数、政府财政支出和人均土地面积等指标。同时根据教育经年法估计了各地级市的人力资本指标，各地级市的人力资本＝小学受教育人数×5＋中学受教育人数（含中职教育）×12＋在校大学生数×15。本文还利用樊纲、王小鲁（2010）所调查的"中国市场化指数"来衡量各省、市、自治区的制度水平。① 我们将企业—城市—省级指标和最低工资数据匹配到一个综合数据库之中。最终我们得到2 096 899个企业观测样本（1998～2007年）。

在本文中，我们仅使用2004至2007年数据样本进行实证分析。这样做出于以下考虑：首先，很多研究者指出，最低工资在2004年以前相对过低，甚至有可能比"市场均衡工资"还要低；第二，在2004年，中国新一届政府开始了新一轮经济改革，整体经济指标和公共政策出现较大调整；第三，从2004年起，中国工业企业数据核算指标发生改变，很多民营企业进入企业调查范围。②

表1给出了全国历年企业平均工资和地方最低工资的描述统计结果。从表1可以看出，最低工资在2004～2007年间（最大值、最小值、均值等）均呈上涨态势（事实上1998～2007年也是如此）。同时，历年企业平均工资均高于最低工资水平。这一结果对分省和分地级市数据的统计描述也成立。这意味

---

① 参见樊纲、王小鲁（2010）。樊纲和王小鲁从1997年起出版了一系列《中国市场化指数》报告。该报告估计了省级制度水平，其中包括6个大项和其他众多小项。本文使用该报告中2004至2007年数据。
② 在稳健分析中我们也对1998～2007年样本数据集进行了估计，结论与2004～2007年高度相似，有兴趣的读者可以向作者索取相关结果。

着地方最低工资是企业工资的下界。①②

表1　2004～2007年企业平均工资、最低工资的最小、最大、均值和中间值

年　份	企业平均工资（元）	最低工资最小值（元）	最低工资最大值（元）	最低工资均值（元）	最低工资中间值（元）
2004	2 821.893	240	635	465.835	450
2005	2 979.58	280	690	521.495	520
2006	3 173.668	320	810	588.613	580
2007	3 590.009	400	850	643.62	620

资料来源：作者根据搜集《中国工业企业数据库》和自行搜集所得到的最低工资数据统计而得。

（五）统计描述

本文最小地理单元为地级市，具体地级市内的指标均指市辖区A内的统计指标。考虑到影响企业出口行为的相关变量，我们控制了企业特征指标例如所有权（国有、集体、私营控股企业等等）、隶属关系（中央、地方、省级、市级等）、企业规模（大、中、小型企业）及运营状态（开业等）；也控制了地级市特征指标例如人均人力资本、税收和财政支出、城市基础设施（包括人均公共交通、公路面积和邮局数等）及省级制度指数。考虑到企业出口受到行业—区位的影响，本文也控制了行业、地区哑变量的影响。考虑到异质性企业

---

① 这并不意味着最低工资对于企业决策而言是紧的。事实上，关于最低工资对企业工资而言是否为紧的假定难以在实证上进行检验，其众多影响因素包括垄断力量、劳动力技能差异、劳动力对工资的预期差异和就业搜寻摩擦等等都会影响企业支付给员工的工资。此外，van den Berg（2003）研究发现劳动力市场的搜寻成本和劳动技能异质性使得最低工资将市场均衡工资提高。这意味着在实际中企业支付给员工的工资并非恰好在最低工资水平上。
② 我们还进一步对数据中31个省、市、自治区1998～2007年、全国八大区域最低工资的变差进行了作图分析，对制造业40个行业各城市最低工资1998～2007年间的最大最小值进行了统计分析，发现最低工资在这些年间的变化十分大。因此我们认为最低工资的变差可以解释地区企业出口的变化。有兴趣的读者可以向作者索取这些结果。

贸易理论的基本结论即企业出口行为受到企业全要素生产率的影响，在估计中必须考虑到企业的生产率的作用，否则会导致缺失解释变量的问题。本文的基准估计所采用的全要素生产率是用 LP 方法估计得到的企业水平全要素生产率。①

表 2 报告了本文实际估计中使用的主要变量指标。表 2 反映出从 2004 至 2007 年，城市最低工资增长 460.75 元，出口增长 24.8%。平均出口销售额为 3 517.3 万元，样本平均全要素生产率为 0.236。各变量的标准差显示企业间的差异巨大。

表 2　　　　　　　　描述性统计结果（2004~2007 年）

变量	均值	标准差	最小值	最大值	观测数
出口虚拟变量	0.248	0.432	0	1	2 226 422
出口额（万元）	3 517.303	77 606.032	0	32 300 000	2 226 422
月最低工资（元）	460.757	160.565	140	850	2 096 895
LP 全要素生产率	0.236	0.565	—2.176	1.968	2 091 117

资料来源：作者根据搜集《中国工业企业数据库》和自行搜集所得最低工资数据统计而得。其中，LP 全要素生产率指该生产率是用 LP 方法估计所得。

四、实证结果

我们首先对式（15）采用 Probit 模型进行回归，观察最低工资对企业出口选择的影响，继而对式（16）采用 Tobit 模型来估计最低工资对企业出口销售

---

① 我们在稳健分析中使用 OLS（olstfp）估计方法得到的企业全要素生产率对企业出口行为进行估计。结果性质不变。读者可向作者索取相关结果。

额的影响。之后我们进行稳健性检验。

(一) 最低工资对企业出口选择和出口额的影响

本部分报告最低工资对企业出口选择行为和出口额的影响。表3和表4表明,在控制了个体效应和时间效应和各种控制变量的情况下,在离散选择模型和删截回归模型中,最低工资对企业出口选择和出口额的影响均在10%水平下显著。具体而言,如表3所示,在出口选择模型(回归方程(15))的面板Probit回归中,在逐次控制了企业全要素生产率、城市面积、城市财政支出、城市人力资本、反映企业空间组织特征等的集聚经济指标①及各企业个体特征之后,最低工资对企业出口选择的影响显著为负,这一结果验证了本文命题的预测。②

表3　　　　　　　　最低工资对企业出口选择的影响

	(1)	(2)	(3)	(4)	(5)
月最低工资对数	−0.081 0*** (−7.10)	−0.136*** (−11.18)	−0.178*** (−14.80)	−0.142*** (−11.20)	−0.040 1** (−2.78)
LP生产率	−0.090 0*** (−11.10)	−0.084 1*** (−10.21)	−0.124*** (−14.89)	−0.101*** (−11.72)	−0.044 8*** (−5.15)
城市建成区面积对数	−0.059 6*** (−7.75)	−0.031 4*** (−3.66)	−0.262*** (−29.54)	−0.262*** (−29.56)	−0.291*** (−33.47)
财政支出对数	0.279*** (48.71)	0.317*** (49.52)	0.180*** (28.24)	0.180*** (28.06)	0.154*** (24.29)

---

① 类似于Martin et al. (2011),在我们的实证分析中,我们也考虑了集聚效应包括地方化经济、多样化经济、分散经济和竞争经济四种效应对企业出口行为的影响。这四种效应都是基于制造业就业来计算得到,分别用loc、urb、div和com表示。其定义和计算方法见Martin et al. (2011)。
② 限于篇幅,本文略去了控制税收、城市基础设施(包括人均公共交通、公路面积和邮局数等)及省级制度指数(institute)等因素的估计结果的报告。

续 表

	(1)	(2)	(3)	(4)	(5)
人力资本对数		−0.108*** (−12.78)	−0.187*** (−22.01)	−0.190*** (−22.33)	−0.278*** (−32.47)
分散经济				−0.600*** (−8.12)	−1.058*** (−13.92)
竞争经济				−0.004 82*** (−7.91)	−0.005 36*** (−8.88)
城市化经济			0.537*** (77.54)	0.533*** (76.36)	0.436*** (62.62)
专业化经济			0.192*** (60.03)	0.189*** (58.64)	0.188*** (59.46)
所有权虚拟变量	No	No	No	No	Yes
隶属关系虚拟变量	No	No	No	No	Yes
经营状态虚拟变量	No	No	No	No	Yes
规模虚拟变量	No	No	No	No	Yes
注册类型虚拟变量	No	No	No	No	Yes
产业虚拟变量	No	No	No	No	No
样本数	1 102 037	1 089 076	1 089 076	1 089 076	1 089 076
Rho	0.953	0.952	0.941	0.941	0.897

注：括号内的值为对应估计值的t—统计量，＊＊＊、＊＊、＊分别表示对应估计值在1％、5％和10％水平下显著。

在回归方程（15）的回归分析中，除了控制企业的个体特征、行业特征、区域特征等变量外，还考虑了企业基础设施各变量及集聚各变量的影响。我们认为，城市基础设施、公共服务、教育和医疗水平以及环境质量对于外商直接投资、企业集群和出口、劳动力迁移均有积极的影响。因此，在考虑"最低工资—出口"企业选择效应基本模型的基础上，需要充分控制城市间工资对企业区位选择的"分选"效应和城市内企业"自组织"所导致的集聚效应，对企业生产乃至出口行为的影响。为此，我们在控制城市外部性的基础上就对最低工资对企业出口行为的影响进行了回归。表3中的（4）和（5）显示，在控制了地方财政支出、城市规模、人力资本及各种城市外部性之后，最低工资对企业出口选择的影响仍为负。

在考虑最低工资对企业出口额影响时，直接对出口企业出口额关于最低工资回归会造成选择性偏差问题。因此为了规避这一问题，我们使用了 Tobit 模型。① 表4给出了回归模型（16）的面板 Tobit 回归结果。从中看到，在控制了个体效应、时间效应和各种控制变量的情况下，最低工资对企业出口额的影响均显著为负，这一结果验证了本文命题的预测。

（二）稳健性分析

在上面的估计中，企业全要素生产率由 Levinshon-Petrin 方法估计得到，其最低工资为月度最低工资。这需要考虑以下几个方面是否对估计结果产生影响：生产率估计方法、最低工资指标及城市外部性特征差异。出于稳健性考虑，我们采用混合 OLS 估计得到的生产率、城市小时最低工资及不同城市外部性特征作为指标，考察了最低工资对企业出口行为的影响，结果发现最低工资对企业出口行为的影响方向不变。

本文还对劳动密集型行业和资本密集型行业的两个代表性行业进行了回归。发现，最低工资对企业出口行为的影响在不同劳动密集型行业结果不同，

---

① 另外一种处理选择性偏差问题的方法是 Heckman 两步回归法。我们对数据进行了 Heckman 回归，实证估计结果显示，在控制最低工资可能存在的选择性偏差下，最低工资对企业出口状态的影响仍然显著为负。有兴趣的读者可向作者索取这一估计结果。

表 4　最低工资对企业出口额的影响（Tobit 估计）

lnexport	(1)	(2)	(3)	(4)	(5)	(6)	(7)
月最低工资对数	-0.522*** (-18.02)	-0.426*** (-12.57)	-0.838*** (-23.44)	-1.890*** (-46.63)	-1.708*** (-40.58)	-3.854*** (-66.44)	-3.886*** (-66.26)
LP 生产率		0.003 92 (0.16)	0.082 6*** (3.40)	-0.005 69 (-0.23)	0.129*** (5.18)	-0.394*** (-13.25)	-0.338*** (-11.11)
城市建成区面积对数			0.641*** (49.91)	0.051 8*** (2.84)	-0.066 4*** (-3.46)	-0.433*** (-21.83)	-0.381*** (-19.10)
财政支出对数				0.895*** (59.24)	0.641*** (34.96)	-0.287*** (-14.03)	-0.196*** (-9.34)
人力资本对数					0.714*** (25.21)	-0.762*** (-23.64)	-0.678*** (-20.81)
分散经济						0.032 3*** (17.31)	0.029 6*** (15.75)
竞争经济						-3.153*** (-11.77)	-1.466*** (-5.33)
城市化经济						2.554*** (95.03)	2.124*** (73.74)

续 表

lnexport	(1)	(2)	(3)	(4)	(5)	(6)	(7)
专业化经济						0.704*** (60.87)	0.569*** (40.62)
所有权虚拟变量	Yes	Yes	Yes	Yes	Yes	No	Yes
隶属关系虚拟变量	Yes	Yes	Yes	Yes	Yes	No	Yes
经营状态虚拟变量	Yes	Yes	Yes	Yes	Yes	No	Yes
规模虚拟变量	Yes	Yes	Yes	Yes	Yes	No	Yes
注册类型虚拟变量	Yes	Yes	Yes	Yes	Yes	No	Yes
产业虚拟变量	Yes	Yes	Yes	Yes	Yes	No	Yes
截距	−7.254*** (−39.83)	−7.301*** (−34.83)	−7.799*** (−37.15)	−9.994*** (−47.40)	−11.00*** (−50.34)	−10.33*** (−29.40)	−7.739*** (−19.97)
sigma_u	12.80*** (549.96)	12.51*** (539.46)	12.45*** (539.23)	12.22*** (536.74)	12.23*** (534.72)	9.139*** (478.37)	8.494*** (453.98)
sigma_e	2.873*** (623.31)	2.834*** (612.10)	2.837*** (611.39)	2.837*** (610.52)	2.836*** (607.84)	2.882*** (593.62)	2.899*** (596.35)
样本数	1 148 949	1 102 238	1 102 037	1 102 037	1 089 076	1 089 076	1 089 076

注：括号内的值为对应估计值的t—统计量。***、**、*分别表示对应估计值在1%、5%和10%水平下显著。

行业越是劳动密集型，最低工资对该行业企业的出口行为（选择和出口额）的影响越大。但影响方向在不同劳动密集型行业中仍为负。事实上，本文的模型预测到了这一结果的出现，根据方程（13），我们可知最低工资对于行业单位生产成本的影响在不同劳动密集度行业（由 $1-\alpha_l$ 的大小衡量，该值越大，行业越劳动密集）中是不同的，行业劳动越密集，本国该行业单位生产成本相对于外国上升得更快。而由式（14），我们可知，该行业（生产率为 θ 的）企业的出口额下降得越快（注意到根据本文引理2，θ_l^* 为最低工资 w 的增函数）。

对于企业、地方出口行为而言，如果最低工资可观测且被视为生产前提条件的话，最低工资可能与企业和城市出口特征存在因果关系。[①] 为了解决这种可能的内生性问题，我们对最低工资对出口的影响机制进行了系统 GMM 估计。结果表明，最低工资对企业的出口仍然保持负面影响。估计最低工资对企业的两种影响途径在系统 GMM 估计结果中均显著为负，与理论模型中得到的结论是一致的。

有兴趣的读者可以向作者索取上述稳健分析结果。

五、结　论

本文在企业生产率异质假定下构建了一个非对称两国贸易模型来分析最低工资对企业出口行为的影响。结果表明，最低工资对企业出口可能性和出口额均有显著的负向影响。本文利用中国工业企业数据库的实证研究支持了上述结果。这些结果有助于决策者了解最低工资制度对企业出口行为的影响方向和定

---

① 例如，有些企业看到其他省市因实施最低工资后利润（出口）下降，有可能会游说政府拖慢实施最低工资标准，因而最低工资反过来受到城市出口的影响。

量影响,从而为各种后继政策的制定提供参考,为各地政府最低工资的调整提供参考。本文的研究也为《劳动合同法》所引发的争论提供了一个参考结果。

(2013 年 2 月)

参考文献

[1] 田巍、余淼杰.企业生产率和企业"走出去"对外直接投资:基于企业层面数据的实证研究 [D].CTRG 工作论文 No.2011/015.

[2] Bernard, Andrew B. and J. B. Jensen. Export, Jobs and Wages in U. S. Manufacturing, 1976~1987 [J]. *Brooking Papers on Economic Activity*, *Micro economics*, 1995, 137: 67~119.

[3] Bernard, Andrew B. and J. B. Jensen. Why Some Firms Export: Experience, Entry Costs, Spillovers, and Subsidies [J]. *mimeo*, Yale University, 1997.

[4] Bernard, Andrew B. and B. Jensen and P. Schott. Comparative Advantage and Heterogeneous Firms [J]. *Review of Economic Studies*, 2007, 74: 31~66.

[5] Bhagwati, J. N. and V. K. Ramaswami. Domestic Distortions, Tariffs and the Theory of Optimum Subsidy [J]. *Journal of Political Economy*, 71: 44~50.

[6] Brandt, L., J. Van Biesebroeck, and Y. Zhang. Creative Accounting or Creative Destruction Firm-level Productivity Growth in Chinese Manufacturing [J]. *Journal of Development Economics*, 2012, 97 (2): 339~351.

[7] Brecher, Ricard A.. Minimum Wage Rates and the Pure Theory of International Trade [J]. *Quarterly Journal of Economics*, 1974, 88 (1): 98~116.

[8] Brecher, Richard A.. Optimal Commercial Policy for a Minimum-wage Economy [J]. *Journal of International Economics*, 1974, 4: 139~149.

[9] Brecher, Richard A.. Increased Unemployment from Capital Accumulation in a Minimum—wage Model of an Open Economy [J]. *Canadian Journal of Economics*, 1980, 13 (1): 152~158.

[10] Cai, Hongbin and Qiao Liu. Competition and Corporate Tax Avoidance: Evidence from Chinese Industrial Firms [J]. *Economic Journal*, 2009, 119: 764~795.

[11] Egger, H., P. Egger and J. R. Markusen. International Welfare and Employment Linkages Arising from Minimum Wages [J]. *NBER Working Paper Series*, 2009, 15196.

[12] Flug, K. and O. Galor. Minimum Wage in A General Equilibrium Model of International Trade and Human Capital [J]. *International Economic Review*, 1986, 27 (1): 149~164.

[13] Hagen, E.. An Economic Justification of Protectionism [J]. *Quarterly Journal of*

Economics, 1958, 72 (4): 492~514.
[14] Inoue, Tadashi and Yoshitaka Itsumi. A Note on International Trade with a Minimum Wage and Endogenous Labor Supply Economy [J]. *International Economic Review*, 1992, 33 (1): 239~244.
[15] Levinsohn, J. and A. Petrin. Estimating Production Function Using Inputs to Control for Unobservables [J]. *Review of Economic Studies*, 2003, 70: 317~342.
[16] Martin, Philippe, Thierry Mayer and Florian Mayneris. Spatial concentration and plant-level productivity in France [J]. *Journal of Urban Economics*, 2011, 69: 182~195.
[17] Lu, J. and Z. Tao. Trends and determinants of China's industrial agglomeration [J]. *Journal of Urban Economics*, 2009, 65: 167~180.
[18] Magee, P. S.. International Trade and Distortions in Factor Market [M]. New York: Marcel Dekker, 1976.
[19] Melitz, Marc J.. The Impact of Trade on Intra-Industry Reallocations and Aggregate Industry Productivity [J]. *Econometrica*, 2003, 71 (6): 1695~1725.
[20] Neary, J. Peter. Intenational Factor Mobility, Minimum Wage Rates, and Factor-price Equalization: A Synthesis [J]. *Quarterly Journal of Economics*, 1985, 100 (3): 551~570.
[21] Olley, Steven and Ariel Pakes. The Dynamics of Productivity in the Telecommunications Equipment Industry [J]. *Econometrica*, 1996, 64 (6): 1263~1297.
[22] Schweinberger, Albert G.. Employment Subsidies and the Theory of Minimum Wage Rates in General Equilibrium [J]. *Quarterly Journal of Economics*, 1978, 92 (3): 361~374.

48

人民币国际化倒逼金融市场改革*

随着人民币作为支付和结算货币被越来越多国家所接受,人民币正逐渐在国际货币体系中发挥日益重要的作用,人民币国际化作为一项国家战略,既是我们对高度激烈的国家间货币竞争的一个正面回应,也是借外部压力倒逼国内新一轮经济金融改革的契机,从而成为未来金融体制改革的主要方向之一。一些国家的实践已经表明,一国主权货币国际化的难关是资本账户开放,应该在风险可控的前提下进行,可以考虑边试点边推广的策略路径,先在与中国已签署自由贸易区的其他新兴经济体或中国(上海)自由贸易试验区先行先试,并力争在2020年之前实现完全可兑换。人民币国际化的推进,需要汇率市场化、利率市场化、资本市场深化这三者的联动推进,它们相互之间是紧密联系在一起的。

汇率市场化方面,2005年的人民币汇率改革在一定程度上改变了行政干预汇率的传统模式,形成了一套参考一篮子货币进行调节、有管理的浮动汇率制度,增加了市场化的元素,但是尚未从根本上建立市场化的汇率价格形成机制。中国银行间外汇市场的交易规模与整体经济规模不相称,规模偏小,进入

---

* 本文载于《胡润百富》,2014年3月。

外汇市场的非金融企业还相对很少,境外金融机构则没有参与进来。下一步需要进一步放开外汇管制,放开市场准入,加快建立更健全活跃的外汇交易市场、更透明合理的汇率形成机制,而非仅仅限于扩大人民币兑美元中间价的波动幅度,可以考虑在自由贸易区框架内先行先试建立人民币对新兴经济体和周边国家的双边直接汇率形成机制。

利率市场化方面,其要义在于让各类经济主体可以自由地进行不同资金的交易融通,从而由市场决定不同期限、不同风险特点资金的价格。中国人民银行关于自2013年7月20日起全面放开金融机构贷款利率管制的决定,是朝市场化方向迈进的重要一步。但是,利率市场化不仅仅是存贷款利率定价的问题,它取决于整个资金市场、金融市场的竞争度,能否让国有银行与民营银行、外资银行在一个平台上公平竞争、充分竞争,是否具有一定的金融市场交易规模和创新程度。只有拥有大量的市场参与者、交易者,并可以自由定价,才能真正实现资金交易价格的市场化。当然,利率市场化不是一蹴而就的,需要有序推进,中央银行作为利率调控主体要疏通利率传导渠道,并依托上海银行间同业拆放利率建立健全利率定价自律机制。

资本市场深化方面,建立多层次市场结构、多元化投资主体和多样化投资品种的市场结构是未来发展方向。一要完善主板、中小企业板、创业板及新三板体系,特别是要依托新三板为成长型、创新型中小企业提供股份转让和定向融资服务,让社会、企业和个人有更多的投资渠道。可以逐步从上市审批制转变到注册登记制,并进一步增强市场的透明度,让良币来驱逐劣币。二要扭转重股轻债的现象,进一步扩大债券发行,逐步实现债券市场互通互融,推动金融债、信贷资产证券化产品、公司债在银行间市场和交易所市场交叉挂牌,并充分发挥债券市场在疏导资金使其流向城镇化建设尤其是基础设施建设方面所能够起到的重要作用。三要深化期货品种上市审批机制改革,支持期货市场品种创新,充分发挥期货市场的定价和风险对冲功能。此点在《关于全面深化改革若干重大问题的决定》中并未提及，实际上期货市场的作用正变得越来越重要，它能够使得市场经济下的无限风险有限化，在实体经济发生衰退时进行对冲，使得经济发展更加持续和稳定。

(2014年3月)

49

金融冲击和中国经济波动*

提要：最近的金融危机及其引发的经济危机突出了金融部门和实体经济之间存在着某种联系。而这也让学者清楚地意识到在对宏观经济建模时不能忽视源自金融市场上的摩擦和冲击。本文尝试将金融冲击引入到动态随机一般均衡模型，以此来解释金融冲击对实际经济变量和金融变量的动态影响，探讨金融冲击的重要性及其作用机制，并通过贝叶斯方法估计模型的结构参数。结果发现：金融冲击是驱动我国经济周期波动的最主要力量，它在解释产出增长、投资增长、债务增长、工资增长和就业的波动方面体现出非常重要的作用。即使存在其他多个冲击，金融冲击仍然能够解释近80%的产出增长波动。进行脉冲反应分析时发现，金融冲击会使产出、消费、投资和就业等出现大幅下降。

一、引　言

从最近美国爆发的次贷危机及随后发生的欧债危机等重大经济事件中，我

---

* 本文载于《经济研究》，2014年第3期。合作者王国静。

们可以看出金融部门在影响经济周期波动中扮演着非常重要的角色。而国内目前正发生的银行业"钱荒"事件也警示我国的金融系统可能存在着一定的风险。这也让学者清楚地意识到在对宏观经济建模时不能忽视金融市场上的摩擦。所谓金融摩擦（Financial Frictions）就是指金融市场上的摩擦，是由于金融市场的不完全所导致的，金融市场的作用是将资金剩余者手中的闲置资金转移到资金短缺者手中，当存在摩擦时，交易的难度也随之加大。虽然宏观经济学对金融摩擦进行建模有较长的传统，例如金融加速器模型、银行垄断模型、抵押限制模型和信贷配给模型等，但这些研究主要对金融部门进行建模，只关注于金融部门对经济体其他部门中的冲击所产生的放大作用，例如，对生产率冲击和货币冲击等所起的放大作用。所以它们并未考虑对金融市场本身造成的冲击，如对金融部门产生的扰动。此外，已有的研究大部分都没有对实际经济总量和金融总量这两项数据同时予以考虑。本文将在这些方面做出一些有益的尝试。

虽然大量的微观实证研究表明，企业所面临的融资约束会对企业的经济活动造成非常显著的影响。但利用宏观数据对此进行论证的研究还较少。本文首先对固定资产投资资金来源数据进行分析，发现我国企业的固定资产投资资金来源中国内贷款占比在趋势上呈现出逐渐下降的态势，在经济周期频率上呈上下波动，且波动十分剧烈。这说明我国企业所面临的融资约束压力越来越大，可获得的贷款越来越少，而且企业的借贷能力由一个强制约束所限制，该强制约束受到随机扰动的影响。由于这些扰动影响着企业的借贷能力，且直接源自金融部门，故将其称为金融冲击（Financial Shocks）。

另外，由于中国企业主要通过信贷市场来进行融资，本文也对信贷数据进行了分析。虽然企业可以通过发行企业债券和股票进行融资，但直接融资的比例相对于间接融资来说还是太低。据统计，2011年我国各类金融机构的贷款占社会融资规模的比例高达75％左右，同期企业债券和股票融资占比只有14%，尽管以人民币贷款为主的间接融资规模在2012年有了大幅下降，但新增人民币贷款占社会融资总量的比例仍达52.03%。由此可见，信贷市场的规模对中国经济的发展至关重要。本文对金融机构贷款总量这项数据进行分析，发现实际贷款余额波动与实际产出波动之间存在较强的正相关性。

在利用金融数据得到关于中国经济周期的一些实证结论之后，本文接着来考察金融冲击对中国宏观经济数量上的影响。我们建立一个标准的包含有多种冲击来源的动态随机一般均衡（DSGE）模型，然后对该结构模型进行贝叶斯最大似然估计以得到关键参数的估计值。该模型最关键的假设在于厂商贷款时面临一个强制约束，而且该强制约束受到外生的金融冲击的影响。此外，本文尝试在该经济模型中引入五种实际刚性，分别为：消费习惯、可变资本利用率、投资调整成本、劳动力市场上的不完全竞争和权益支出调整成本。冲击来源除金融冲击外，还包括中性技术冲击，投资专有技术冲击，政府支出冲击和工资加成冲击，加入这些冲击的原因在于这些冲击在已有的文献中被证明对经济周期波动的解释非常重要，而且将更多的冲击加入模型中也可以更好地考察金融冲击的相对重要性。

本文模型中的金融摩擦与很多已有的研究文献之间存在着某些共同之处，例如 Bernanke 和 Gertler（1989）、Carlstrom 和 Fuerst（1997）、Kiyotaki 和 Moore（1997）、Aiyagari 和 Gertle（1999）、Bernanke et al.（1999）、Cooley et al.（2004）、Iacoviello（2005）、Meier 和 Muller（2006）、Mendoza 和 Smith（2006）、Christensen 和 Dib（2008）、Fernandez-Villaverde（2010）及 Mendoza（2010）。这些文献将金融市场上的不完美性纳入到主流宏观经济模型中，并分别从不同层面和机制出发，对金融摩擦和宏观经济波动的关联性展开讨论，以分析金融摩擦在经济周期中的重要性和作用机制。这些文献主要讨论了金融部门的引入会放大其他部门外生冲击对宏观经济的影响。最近，也有不少学者对直接影响金融部门的冲击进行研究。例如，Benk et al.

(2005，2008）就考虑了类似的冲击，尽管冲击的类型和模型的结构与本文有所不同。Gilchrist 和 Leahy（2002）考虑了对资产净值的冲击，这些冲击将直接影响到企业的借款能力和消费者的贷款能力。Nolan 和 Thoenissen（2009）、Christiano et al.（2010）、Del Negro et al.（2010）、Kiyotaki 和 Moore（2012）、Jermann 和 QuadrinI（2012）也考虑了源自于金融部门的冲击，并发现这些冲击在引起经济周期波动的过程中扮演着非常重要的角色。与这方面相关的另一篇文献为 Gertler 和 KaradI（2011），他们对金融中介部门中的摩擦进行了详细的建模。

目前国内学者对金融市场与经济周期相关性的研究也不少，一部分学者是从流动性约束或借贷约束出发研究中国的经济波动，例如胡永刚和刘方（2007）、陈晓光和张宇麟（2010）、王文甫（2010）及吕朝凤和黄梅波（2011），他们的研究发现流动性约束或借贷约束是解释中国经济波动特征的一个重要传导机制，引入这些约束之后可以更好地解释中国的经济周期波动。另一部分学者则分别从理论和实证的角度分析了银行信贷对中国经济波动的影响，如刘涛（2005）、穆争社（2005）及许伟和陈斌开（2009）。此外，还有相当一部分学者着重分析了经济周期波动中的金融加速器效应，例如杜清源和龚六堂（2005）、崔光灿（2006）、赵振全等（2007）、袁申国等（2011）及梅冬州和龚六堂（2011a，2011b），他们分别从不同角度证实了中国信贷市场确实存在金融加速器（Financial Accelerator）效应。另外，许志伟等（2010）扩展了传统的货币先行约束，分析企业的内部融资问题，引入投资的融资约束冲击，并在动态一般均衡框架内探讨该冲击的动态特性，但与他们不同的是，本文考虑了企业的外部融资，突出企业所受外部环境的影响，即有可能会发生这种情况：即使企业愿意支付更高的利息，但由于金融摩擦、市场状况不好等原因无法从外部获得所希望得到的融资资金。虽然鄢莉莉和王一鸣（2012）分析了金融市场冲击对中国经济波动的影响，但他们所定义的融资效率冲击与 Fisher（2006）、Justiniano et al.

（2010，2011）及本文所定义的投资专有技术冲击并无实质差异，该冲击反映的只不过是将投资品转化为物质资本品的效率，并非金融市场冲击，只代表企业内部使用投资的效率，且他们定义的其他两种金融市场冲击也并不能准确地刻画企业所面临的金融市场环境和所受到的金融冲击。罗时空和龚六堂（2014）的研究发现金融抑制和金融摩擦这两种机制对于解释中国企业负债的经济周期性具有关键作用。

与现有研究相比，本文的贡献和结论主要包括以下几点：

第一，本文结合中国的宏观金融数据，以分析中国的实际经济问题，得到有关中国金融波动与中国经济波动的经验事实。

第二，通过建立符合中国经济特征的动态随机一般均衡模型，并对其结构参数进行贝叶斯估计，利用方差分解发现，金融冲击是驱动我国经济周期波动的最主要力量，它能够解释我国近80%的产出增长波动。目前国内还没有文献从数值上测度金融冲击对我国经济波动的重要性，本文弥补了这一空白。此外，国外学者对美国经济的研究发现，这一比重不到50%，这一重大差异也说明金融冲击对我国宏观经济的影响更大。

第三，通过脉冲响应分析发现，金融冲击会对我国实体经济造成非常严重的影响，当冲击大小为一单位负的标准差时，金融冲击会使产出、消费、投资和就业等出现大幅下降，经济陷入衰退，而且衰退持续的时间非常长久。

本文余下的结构安排如下：第二部分进行实证研究，结合中国的金融数据分析企业的融资波动；第三部分建立一个带有金融摩擦、包含金融冲击及其他摩擦和冲击的动态随机一般均衡模型；第四部分利用中国宏观数据采用贝叶斯方法对该模型进行估计；第五部分分析金融冲击驱动经济波动的传导机制及其动态特征，并通过方差分解分析其重要性；最后第六部分总结全文。

二、经验事实

（一）基于固定资产投资数据的经验事实

首先，本文利用固定资产投资资金来源的分类数据[①]来分析企业所面临的融资约束。按照固定资产投资的资金来源不同，可以分为国家预算内资金、国内贷款、利用外资、自筹资金和其他资金来源五项。本文着重考虑"国内贷款"[②]该项。"国内贷款"是指报告期内企事业单位向银行及非银行金融机构借入的用于固定资产投资的各种国内借款。从上述定义中可以看到，"国内贷款"表示企业能够从金融机构获得的融资额度。我们考察国内贷款与总资金之比这个时间序列，数据的时间区间为从 1996 年第一季度到 2011 年第二季度。图 1 画出了经过季节调整[③]的该时间序列。

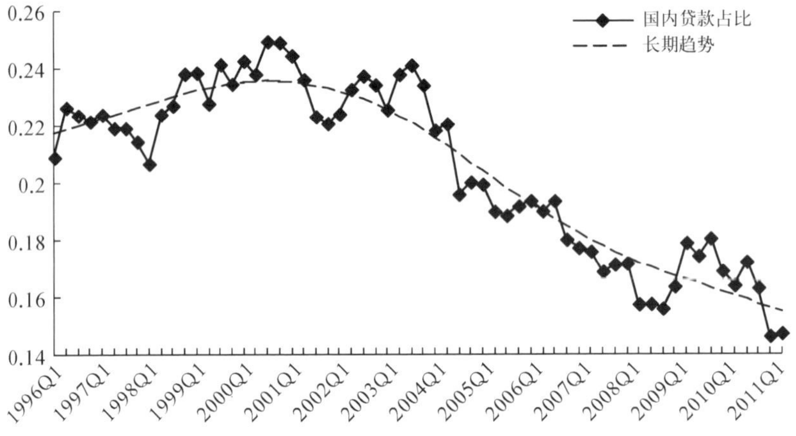

图 1 国内贷款占总资金比例

[①] 数据来源为中经网统计数据库。文中数据如未做特别说明，均来自中经网统计数据库。国家统计局对固定资产投资额有详细的解释，请参见网址：http://www.stats.gov.cn/tjzd/tjzbjs/t20020327_14286.htm。
[②] 许志伟等（2010）通过分析"自筹资金"该项来考察企业的内部融资问题。
[③] 由于该数据具有明显的季节性特征，本文利用 Eviews 对数据进行季节性调整，调整的方法为 Census X12。

从图1中可以看出，从1996年到2011年，国内贷款占总资金的比重呈逐渐下降的趋势。通过计算该序列的均值，我们发现其为0.2左右，这说明企业的投资资金大约只有20%能从金融机构处获得。这一低比重也反映了企业的贷款难问题。而逐渐下降的趋势也说明企业面临的融资约束（来自金融机构）压力越来越大。

接着，我们利用HP滤波器，提取出国内贷款占总资金比例的周期部分，见图2。该序列表示的是国内贷款占总资金比例偏离长期趋势的短期波动，如图所示，该周期项的波动非常剧烈，通过计算发现其波动的标准差达0.91%。

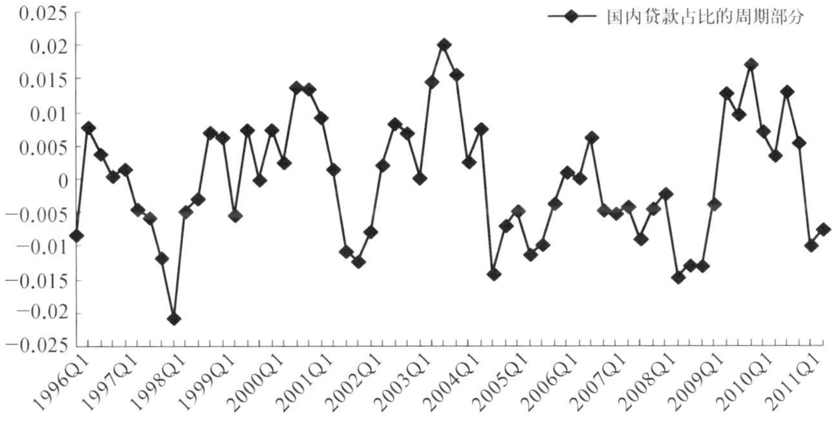

图2 国内贷款占总资金比例的周期部分

（二）基于金融机构贷款数据的经验事实

信贷管理一直都是政府稳定经济的重要措施之一，很多宏观调控政策在某种程度上可以通过银行来影响信贷的供给总量。此外，由于中国资本市场发展相对滞后，导致中国金融市场上的主体实际上是银行。而中国企业的大部分外部融资都通过银行来获得，这使得信贷市场对中国宏观经济的稳定和发展非常重要。

下面，我们利用金融机构贷款总量这项数据来说明信贷规模对中国宏观经济的重要性。对实际贷款余额和实际产出分别利用 HP 滤波器提取出它们的波动部分，如图 3 所示。

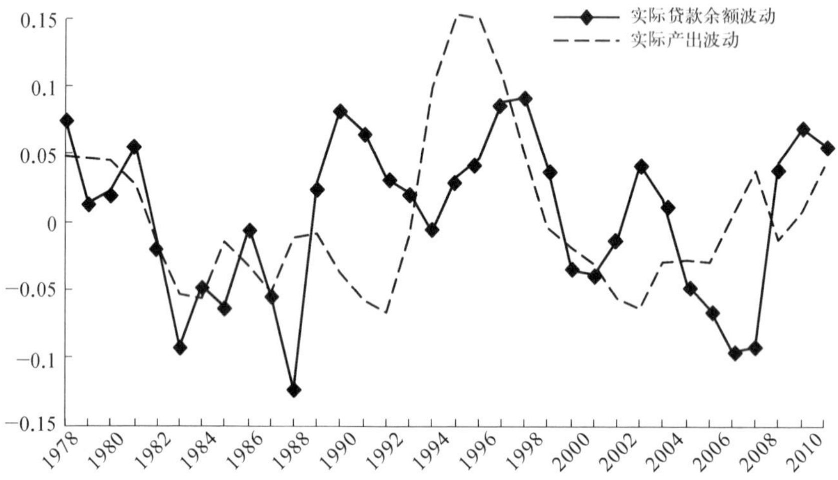

图 3 实际贷款余额和实际产出波动

从中国 1978 年至 2011 年的数据来看，实际贷款余额波动与实际产出波动之间存在较强的正相关性。这说明信贷供给可能是中国经济周期波动的重要影响因素。

金融机构调整自身的信贷供给可能出于货币政策或其他原因，而这会影响到经济中企业的正常生产活动，从而影响到总产出和总投资等。当出现信贷配给[①]时，一部分企业可能即使愿意支付更高的利息也根本无法获得贷款，还有一部分企业虽然能够获得贷款，但获得的贷款数额低于它所希望获得的数额，即使它愿意支付更高的利率也不能满足全部资金需求。这样，来自金融部门的扰动会对实体经济产生重大的影响。而中国的金融改革进入史无前例的深化期

---

① 信贷配给是指在确定的利率条件下，信贷市场上的贷款需求大于供给。

和加速期,因此,研究金融冲击对我国经济波动的重要性和传导机制显得格外具有现实意义。

三、模　型

本文将金融摩擦和金融冲击引入到标准的实际经济周期模型中。首先,我们描述单个厂商所处的环境,而这也是本文模型有别于标准模型之处。然后我们再介绍家庭部门、劳动力市场和政府部门,最后定义一般均衡。

(一) 厂商

经济系统中存在着$[0,1]$区间上连续统的同质性厂商,其总量生产函数Y_t的形式为$F(z_t,u_t,K_t,L_t)=z_t(u_tK_t)^\alpha(L_t)^{1-\alpha}$。其中变量$z_t$表示中性技术冲击,它对所有的企业都相同。$u_tK_t$为有效资本存量,物质资本的拥有者可以控制资本存量被利用的程度,本文用u_t度量时期t的资本利用率。而L_t则表示劳动投入。与传统的时间设置保持一致,资本存量K_t由$t-1$期决定,即在t期该变量是前定的。而劳动投入L_t在时期t可自由变动。

假设资本的积累方程为:$K_{t+1}=[1-\delta(u_t)]K_t+a_tI_t[1-S(I_t/I_{t-1})]$。其中变量$a_t$表示投资专有技术冲击,$I_t$为以消费品为单位衡量的总投资量,$\delta(u_t)$表示折旧率,是一个关于资本利用率$u_t$的严格递增凸函数,即$\delta'(u_t)>0$,$\delta''(u_t)>0$。假定其函数形式表达如下:$\delta(u)=\delta_0+\delta_1(u-1)+\delta_2(u-1)^2/2$。其中$\delta_0$为稳态时的折旧率,$\delta_1$和$\delta_2$为严格正的实数。

此外,我们假定投资的调整会给企业带来一定的成本。我们用函数$S(\cdot)$表示投资的调整成本。并假设投资的调整成本函数具有以下性质:$S(1)=S'(1)=0$,$S''(1)>0$。具体地,我们假定投资的调整成本函数的形式如下:

$S(x)=\kappa_I(x-1)^2/2$。

企业使用债务和权益进行融资。债务由 B_t 表示，在融资时债务优于权益是因为其具有税收优势。给定利率 r_t，厂商面临的实际总利率为 $R_t = 1 + r_t(1-\tau)$，其中 τ 表示税率。

除了跨期债务 B_t 外，企业还需通过期内贷款 l_t 来筹资，以对营运资金进行融资。营运资金用来支付期初的应付款项与实现的收入之间的现金流差额。期内贷款将在本期末进行偿还，故没有利息。

企业由跨期债务 B_t 开始进入时期 t。在生产之前，企业需决定劳动投入 L_t，投资 I_t，权益支出 D_t[①]，以及新的跨期债务 B_{t+1}。由于对工人、投资的提供者、股东和债权人的支付在收入的实现之前，故企业所需的期内贷款为：$l_t = W_t L_t + I_t + D_t + B_t - B_{t+1}/R_t$。而企业的预算约束为：$B_t + W_t L_t + I_t + D_t = F(z_t, u_t, K_t, L_t) + B_{t+1}/R_t$。由以上两式可以得到期内贷款等于企业的收入，即 $l_t = F(z_t, u_t, K_t, L_t)$。这种构造的关键之处在于营运资本和期内贷款与产出规模有关，尤其是劳动投入。

由于企业可以对其债务进行违约，故其借贷能力由一个受限的债务合同所控制。决定是否违约发生在收入实现之后，但在偿还期内贷款之前。此时企业的总负债为 $l_t + B_{t+1}/(1+r_t)$，即期内贷款和新的跨期债务，而企业仍然拥有收入现金流 $l_t = F(z_t, u_t, K_t, L_t)$。但由于现金流可以很容易地被转移，违约发生时贷款人将无法找回这部分资金。因此，结算时唯一有效的资产为物质资本 K_{t+1}。

假设制定贷款合同时物质资本的清算价值是未知的。贷款人能够恢复资本 K_{t+1} 其全部价值的概率为 ξ_t，不能恢复的概率为 $1-\xi_t$。重新谈判后，基于可

---

① 这里，我们并不限定权益支出必须为正，而是允许企业有负的权益支出，即不是进行权益分红派息，而是发行新股票。

预测的结果，企业将面临强制借贷约束：$\xi_t[K_{t+1} - B_{t+1}/(1+r_t)] \geqslant l_t$。

一方面，更高的负债，例如期内贷款或跨期债务，会使上面的强制约束更加严格，而另外一方面，更高的资本存量则会放松该强制约束。这些与文献中出现的大多数强制或抵押品约束所具有的性质一样。概率ξ_t是随机的并依赖于市场状况。下面，我们探讨如何来解释ξ_t。假定厂商卖掉其资本需要找到合适买家。在这种情况下，变量ξ_t可以解释为找到买家的概率。或者如果假定售价形式为要么接受要么放弃，那么ξ_t可以解释为贷款人（卖家）开价的概率。当市场状况改善时找到合适的买家或卖家开价的概率会增加。Eisfeldt和RampinI（2006）提供了一些关于ξ_t周期性质的证据。他们将资本的流动性加入到经济周期模型中，并发现为匹配资本重置的数量，该流动性一定是顺周期的。许志伟等（2010）也证实了他们所定义的投资融资约束冲击（与本文ξ_t的定义类似，但解释正好相反）与产出之间存在着负相关性。

因为该变量影响着强制约束的松紧程度，也即厂商的借贷能力，所以我们将其随机更新称为金融冲击，并注意到ξ_t对所有的厂商都是一样的。由于不存在异质性冲击，故我们将注意力集中在厂商都一样时（代表性厂商）的对称均衡。

为描述债务与权益之间的替代刚性，假定厂商的权益支付面临着调整成本。给定权益支出D_t，厂商的实际成本为：$\varphi(D) = D + \kappa_D(D - \bar{D})^2/2$，其中$\kappa_D \geqslant 0$，$\bar{D}$为稳态时的权益支出水平。

下面考虑厂商的最大化问题，我们以递归的形式给出。厂商的单个状态变量包括上一期的投资I_{-1}、资本存量K_t和债务B_t。用S表示厂商的全部状态变量。最优化问题为：

$$V(S; I_{-1}, K, B) = \max_{D, L, u, I, K', B'} \{D + Em'V(S'; I, K', B')\} \quad (1)$$

并满足如下约束：

$$F(z, u, K, L) + \frac{B'}{R} = WL + B + \varphi(D) + I \tag{2}$$

$$\xi\left(K' - \frac{B'}{1+r}\right) \geqslant F(z, u, K, L) \tag{3}$$

$$K' = (1 - \delta(u))K + aI\left[1 - S\left(\frac{I}{I_{-1}}\right)\right] \tag{4}$$

即厂商在满足预算约束、强制约束和资本积累方程的情况下最大化其价值。其中函数 $V(S; I_{-1}, K, B)$ 表示企业的总市场价值，m' 为随机贴现因子。变量 W 和 r 分别表示工资水平和利率，$R = 1 + r(1 - \tau)$ 为厂商面临的实际总利率。随机贴现因子、工资和利率由均衡条件决定，对单个厂商而言为给定。

（二）家庭

经济体中存在着连续统的同质家庭，其最大化如下形式的期望终身效用：

$$E_0 \sum_{t=0}^{\infty} \beta^t \left\{ \log(C_t - hC_{t-1}) - \psi \frac{L_t^{1+\eta}}{1+\eta} \right\} \tag{5}$$

其中 C_t 为消费，L_t 为劳动时间，β 为主观贴现因子，$h \in [0, 1)$ 测量内在的消费习惯程度，η 为劳动供给弹性。令时期 t 的效用函数为 $U(C_{t-1}, C_t, L_t)$。家庭为企业的拥有者（股东）。除了拥有权益，家庭还持有企业发行的确定性债券。

代表性家庭的预算约束为：

$$\frac{W_t}{\mu_t} L_t + B_t + s_t(D_t + P_t) = \frac{B_{t+1}}{1 + r_t} + s_{t+1} P_t + C_t + T_t \tag{6}$$

其中 r_t 为利率，B_t 为一期的债券持有量，s_t 为权益份额，D_t 为拥有一单位权益而获得的权益支付，P_t 为权益份额的价格，T_t 为支付给政府部门的一次性税收。$\mu_t \geqslant 1$ 表示外生的工资加成冲击。该加成为一种由劳动者工会所产生的工资楔子，表示厂商支付的工资 W_t 和家庭得到的工资 W_t/μ_t 之间的差距。这个楔子也反映了劳动者工会的垄断势力。

根据家庭最优化问题关于 L_t、B_{t+1} 和 s_{t+1} 的一阶条件，并利用向前迭代可以得到：$P_t = E_t \sum_{j=1}^{\infty} [\beta^j (U_{2,t+j} + \beta U_{1,t+j+1}) / (U_{2,t} + \beta U_{1,t+1})] D_{t+j}$。由于厂商的最优化问题与家庭的最优化问题保持一致（家庭为企业的实际拥有者），因此，由上式可以得到厂商随机贴现因子的表达式为 $m_{t+j} = \beta^j (U_{2,t+j} + \beta U_{1,t+j+1}) / (U_{2,t} + \beta U_{1,t+1})$。

（三）劳动力市场

在基于 DSGE 框架研究经济周期问题时，文献往往对工资引入外生的时变加成（例如 Smets 和 Wouters，2007；Schmitt-Grohe 和 Uribe，2012；Justiniano et al.，2010、2011）。研究表明该冲击在经济周期中劳动时间和工资的波动方面有较强的解释能力。为引入上文中的时变工资加成，我们将劳动力市场建模为不完全竞争型，目前国内已有不少文献分别从理论和实证角度证实了中国劳动力市场的不完全性。首先看该市场上的劳动需求方。最终产品厂商的劳动需求为 L_t^d，该劳动为劳动者工会提供的差异劳动的加总，即 $L_t^d = \left[\int_0^1 L_{jt}^{1/\mu_t} dj\right]^{\mu_t}$，其中 L_{jt} 表示存在差异的劳动种类 $j \in [0, 1]$。令 W_{jt} 表示厂商对第 j 类工会支付的工资。厂商的工资总成本最小化问题为：$\min_{L_{jt}} \int_0^1 W_{jt} L_{jt} dj$，且需满足 $\left[\int_0^1 L_{jt}^{1/\mu_t} dj\right]^{\mu_t} \geqslant L_t^d$。该成本最小化问题的解意味着对第 j 种劳动的需求为 $L_{jt} = L_t^d (W_{jt}/W_t)^{-\mu_t/(\mu_t-1)}$，其中 $W_t = \left[\int_0^1 W_{jt}^{-1/(\mu_t-1)} dj\right]^{-(\mu_t-1)}$ 表示一单位加总劳动投入的成本。

劳动的供给方由垄断竞争的劳动者工会组成，工会为厂商提供各种不同种类的劳动服务。工会 j 的问题为：在劳动需求给定的情况下选择 W_{jt} 以最大

化 $(W_{jt}-W_t^*)L_{jt}$，其中 W_t^* 为工会支付给代表性家庭的工资。将第 j 种劳动需求代入，得到劳动工会 j 的最大化问题为：$\max_{W_{jt}}(W_{jt}-W_t^*)L_t^d(W_{jt}/W_t)^{-\mu_t/(\mu_t-1)}$。该问题的最优化解条件为 $W_t^*=W_{jt}/\mu_t$。从该式可以清楚地看到工会支付给家庭的工资小于厂商支付给工会的工资。从该式还可以发现所有的工会索取的工资价格 W_t 相同。根据这一结果，再结合不同种类劳动的需求函数可以得到，厂商对每种劳动的需求量相等，即对所有的 j，$L_{jt}=L_t^d$。假定工会 j 的利润 $(\mu_t-1)/\mu_t W_{jt}L_{jt}$ 一次性地返还给家庭。最终，达到均衡时，由工会提供的总劳动时间等于总的劳动供给，即 $\int_0^1 L_{jt}dj=L_t$。由于 $L_{jt}=L_t^d$ 对所有的 j 都成立，故 $L_t^d=L_t$。

（四）政府部门

政府部门面临的预算约束为：$G_t+B_{t+1}[1/R_t-1/(1+r_t)]-T_t=0$。其中 G_t 表示实际政府购买，是一个外生的随机变量，r_t 为利率，$R_t=1+r_t(1-\tau)$ 为厂商所支付的实际总利率。利息减免的成本为 $B_{t+1}/[1/R_t-1/(1+r_t)]$。总支出由家庭所支付的一次性税收所融资。

（五）外生冲击

本文假定经济中除了金融冲击 ξ_t 之外，还包括另外四种常见的平稳冲击：中性技术冲击 z_t、投资专有技术冲击 a_t、政府支出冲击 g_t 和工资加成冲击 μ_t。假设这些外生冲击所服从的随机过程如下：$\ln X_t=\rho_X \ln X_{t-1}+\sigma_X \varepsilon_t^X$，其中 X_t 表示 z_t、a_t、$G_t/\bar{G}$、$\mu_t/\bar{\mu}$ 和 $\xi_t/\bar{\xi}$。假定扰动项 ε_t^X 服从均值为 0、标准差为 1 的相互独立正态分布。参数 $\bar{G}$ 和 $\bar{\xi}$ 分别表示 G_t 和 ξ_t 稳态时的值。

（六）均衡系统

整个经济系统的均衡定义如下：各经济主体在给定初始状态和预算约束的

条件下实现自身的最优化。代表性家庭实现其预期加总效用最大化，劳动加总生产者实现其成本最小化，厂商实现总价值最大化，各个市场均出清。即在给定外生随机过程$\{z_t, a_t, g_t, \mu_t, \xi_t\}$和初始条件的情况下，系统均衡由家庭最优化问题的一阶条件及其预算约束，厂商最优化问题的一阶条件及其需满足的预算约束和强制约束，以及政府部门的约束预算组成。

四、模型的估计

本文对模型中的部分参数利用标准的校准技术并基于稳态时的目标来进行校准。其余的结构参数利用贝叶斯方法进行估计。模型中的时间单位为一个季度。对部分结构参数的校准结果详见表1。以下依次说明。

表1　　　　　　　　　　　　参数校准

参　数	校准值	说　明
α	0.5	资本份额
β	0.98	折现因子
ψ	20.606 4	休闲的效用比率
δ_0	0.025	稳态时折旧率
μ	1	稳态时资本利用率
$\bar{\mu}$	1	稳态时工资加成
τ	0.25	税率
B/Y	1.029 9	稳态时债务与产出之比
G/Y	0.165 4	稳态时政府支出与产出之比

关于代表性家庭的贴现率β，根据Zhang（2009）的计算方法，从1992年

到 2011 年的年平均名义利率约为 0.08，则稳态时的季度利率可折算为 0.02，由 $\beta=1/(1+r)$，计算可得 $\beta=0.98$，这也与国内大多数传统文献的设定保持一致。稳态时的工资加成取为 $\bar{\mu}=1$。稳态时的劳动供给按通常做法取值为 $1/3$，根据此值并利用均衡系统的稳态条件可将参数 ψ 进行校准。

接着，对厂商技术的相关参数进行校准。关于中国经济的资本份额 α，已有大量文献进行了研究。例如王小鲁和樊纲（2000）估计的资本份额为 0.5；Chow 和 LI（2002）利用中国 1952～1998 年的数据对总量生产函数进行估计，发现规模报酬不变的 Cobb-Douglas 函数完全适用于中国，他们估计的资本份额为 0.55；张军（2002）估计的资本份额为 0.499；He 等（2007）估计的结果为 0.6。本文取资本份额 $\alpha=0.5$。稳态时，我们取资本利用率 $u=1$。对于稳态时资本的季度折旧率 δ_0，学者的估计各不相同，Chow 和 LI（2002）估计的资本折旧率为 0.04～0.056，王小鲁和樊刚（2000）及胡永刚和刘方（2007）均设定为 0.05，陈昆亭等（2004）、陈昆亭和龚六堂（2006）及王文甫（2010）均设定为 0.1，本文选取的年折旧率为 0.1，取其季度平均值，表示季度折旧率 $\delta_0=0.025$。折旧率参数 δ_1 的校准根据稳态时的均衡条件得到。关于税率 τ，根据中国企业所得税法规定的税率①，本文取值为 0.25。

稳态时债务与产出之比 B/Y、政府支出与产出之比 G/Y 分别根据其平均值计算为 1.029 9 和 0.165 4。

具体地，通过计算经济系统稳态时的表达式，得到经济系统稳态时的均衡解，再对整个经济系统在稳态附近做一阶对数线性化，将上述的方程组转化为

---

① 新企业所得税法及其实施条例已于 2008 年 1 月 1 日正式生效，新税法将企业所得税率统一为 25％。尽管原税法对内外资企业分别规定不同的税率：内资企业税率一般为 33％，另有 27％、18％的两档照顾税率；外资企业税率为 30％，并有 3％的地方所得税率，同时对一些特殊区域的外资企业实行 24％、15％的优惠税率，综合考虑，企业平均实际税负为 25％左右，故本文将税率取值为 0.25。

线性系统。根据 Blanchard 和 Kahn（1980），可以把均衡系统的状态空间表示成如下形式：$X_t = \Gamma X_{t-1} + \psi \varepsilon_t$，$Z_t = \phi X_t$。其中 X_t 表示模型中的内生和外生状态变量所组成的列向量，Z_t 表示模型中观测变量所组成的列向量，ε_t 表示扰动项组成的列向量。另外，系数矩阵 Γ、Ψ 和 ϕ 为模型中结构参数的函数，且其函数形式已知。

本文选取的观测数据包括实际产出、消费、投资和债务的增长率，时间范围为 1992 年第一季度到 2011 年第四季度。对这四组数据取对数后发现，数据具有明显的季节性特征，利用 Eviews 对数据进行季节性调整，调整的方法为 Census X12。另外，通过 ADF 方法和 PP 方法对调整后的数据进行平稳性检验之后发现，以上序列均为一阶单整序列，具有长期趋势项而非平稳，但是一阶差分的序列，即各变量的增长率是平稳的。故本文采用差分法去掉实际数据中的时间趋势，使其与模型中去势后的变量相吻合，并对一阶差分数据去掉均值以对应于模型中的变量。最终，使用到的观测变量为：$Z_t = [\Delta \log Y_t, \ \Delta \log C_t, \ \Delta \log I_t, \ \Delta \log B_t]$，其中 Δ 表示一阶差分算子。

由于不同的模型结构及不同的参数设定会对消费习惯 h 和劳动供给弹性 η 的校准产生较大的影响，而且已有文献对这两个参数的校准值差别较大，故本文对这两个参数也进行贝叶斯估计。假定消费习惯 h 服从均值为 0.5、标准差为 0.2 的 Beta 分布，劳动供给弹性 η 服从均值为 2、标准差为 0.75 的正态分布。

关于资本的折旧率参数 δ_2、投资调整成本参数 κ_I 和权益支出调整成本参数 κ_D，由于其取值均大于零，故本文假设它们都服从 Inverse Gamma 分布，且前两个的均值为 0.2，后一个的均值为 0.4。

最后还需估计出五个外生冲击过程的 AR（1）系数 ρ_x 和标准差 σ_x。此外，政府支出的平滑参数 ρ_{gz} 也有待估计。由于四个外生冲击过程的 AR（1）系数和政府支出的平滑参数 ρ_{gz} 一般在 [0, 1) 区间上，故我们假定它们均服从均值为 0.5、标准差为 0.2 的 Beta 分布。对于标准差参数 σ_x，假设其服从均值为 0.01 的 Inverse Gamma 分布。表 2 列出了参数的先验分布和后验估计结果，其中中间三列分别为预先设定的先验分布、先验均值和标准差，最后两列是估计得到的后验均值及其 90% 的置信区间。

表 2　　　　　　　　　　　先验分布与后验估计结果

参数	先验分布	先验均值	标准差	后验均值	90%置信区间
h	Beta	0.5	0.2	0.438 8	[0.320 4，0.554 9]
η	Normal	2	0.75	2.232 9	[1.826 3，2.656 2]
δ_2	InvGamma	0.2	0.3	0.069 8	[0.043 3，0.095 0]
κ_D	InvGamma	0.4	0.1	0.430 4	[0.283 8，0.573 5]
κ_I	InvGamma	0.2	0.3	0.258 9	[0.118 0，0.391 9]
ρ_z	Beta	0.5	0.2	0.900 2	[0.843 0，0.965 2]
ρ_a	Beta	0.5	0.2	0.928 3	[0.887 2，0.971 8]
ρ_g	Beta	0.5	0.2	0.517 1	[0.203 3，0.829 8]
ρ_{gz}	Beta	0.5	0.2	0.575 4	[0.277 2，0.882 9]
ρ_μ	Beta	0.5	0.2	0.777 3	[0.687 6，0.864 0]
ρ_ξ	Beta	0.5	0.2	0.960 1	[0.936 1，0.985 7]
σ_z	InvGamma	0.01	2	0.023 8	[0.019 1，0.028 4]
σ_a	InvGamma	0.01	2	0.044 4	[0.032 6，0.056 2]
σ_g	InvGamma	0.01	2	0.008 7	[0.002 4，0.015 7]
σ_μ	InvGamma	0.01	2	0.041 7	[0.036 1，0.047 2]
σ_ξ	InvGamma	0.01	2	0.018 5	[0.016 0，0.021 0]

从表 2 中的估计结果可以看出，大部分参数的后验均值明显不同于参数的先验均值，且其 90% 的后验置信区间也明显不同于其相应的先验置信区间，

这说明我们的估计结果在先验分布这个维度上是稳健的，也说明我们所使用的数据包含有关于待估参数真实值的信息。

下面，我们重点讨论参数 κ_D 和 ρ_ξ。权益支出调整成本参数 κ_D 的估计值为 0.430 4，其 90% 的置信区间为 [0.283 8，0.573 5]，显著不等于零，这意味着本文引入的金融冲击 ξ_t 能够对宏观经济产生实际影响，这是因为权益支出的调整存在成本，当企业面对金融冲击且强制约束变紧时，企业不仅仅需要调整权益支出，同时也需要对劳动投入进行调整，进而对总产出产生影响。金融冲击 ξ_t 其随机过程的 AR（1）系数 ρ_ξ 估计值为 0.960 1，90% 的置信区间为 [0.936 1，0.985 7]，显著不等于零，这说明该冲击过程具有非常强和非常明显的持续性。

五、结果分析

本文根据上节贝叶斯估计的结果，将从方差分解和脉冲反应两个方面来分析金融冲击对我国宏观经济波动的动态影响。

（一）金融冲击的重要性：方差分解

本文所引入的金融冲击在解释我国经济周期波动中所起到的作用到底有多大？为了回答这一问题，我们根据贝叶斯估计的结果，通过数值模拟对 DSGE 模型中的关键宏观经济变量进行方差分解，以便定量地考察每一种冲击对各宏观经济变量的影响。表 3 给出了各种冲击解释产出增长、消费增长、投资增长、债务增长、工资增长和劳动的无条件方差的比例，这些冲击既包括金融冲击 ξ_t，也包括其他四种冲击，即中性技术冲击 z_t、投资专有技术冲击 a_t、政府支出冲击 g_t 和工资加成冲击 μ_t。

表 3 方差分解（%）

	z	a	g	μ	ξ
产出	12.88	7.38	0.01	1.67	78.05
消费	3.99	76.97	0.07	15.40	3.56
投资	4.59	31.51	0.19	33.40	30.31
债务	40.50	27.76	0.01	2.74	29.00
劳动	39.15	19.44	0.00	6.30	35.11
工资	26.29	15.42	0.06	24.13	34.11

从表 3 中可以得出本文最重要的一个结论：金融冲击 ξ_t 是驱动我国经济周期波动的最主要力量，它在解释产出增长、投资增长、债务增长、工资增长和就业的波动方面体现出非常重要的作用。即使存在其他多个冲击，金融冲击 ξ_t 仍然能够解释近 80% 的产出增长波动。这一结论与现有文献的结论形成鲜明的对比，传统文献在解释经济波动时，大多数只考虑企业生产过程中的中性技术冲击 z_t 和投资专有技术冲击 a_t，而并没有考虑到企业生产时可能面临着严重的融资约束，从而忽略了金融冲击及其重要性，而将讨论集中在中性技术冲击和投资专有技术冲击两者对经济周期的解释能力孰轻孰重这一问题上[1]。从表 3 中可以发现，相比金融冲击 ξ_t，单个的中性技术冲击 z_t 或投资专有技术冲击 a_t 对产出增长波动的解释能力明显不足，两者对产出增长波动的解释能力之和也只有 20% 左右，约为金融冲击解释能力的 1/5。这说明在研究我国经济周期波动的来源时，并不能忽视我国金融市场上的金融冲击和企业所面临的融资约束等因素。尽管中性技术冲击 z_t 和投资专有技术冲击 a_t 对我国产出增长波动的解释力度有限，但它们对其他宏观经济变量的重要性却不容忽视，这

---

[1] 例如 Hubrich 等（2013）指出不包含金融摩擦的 DSGE 模型可能会高估其他波动来源的重要性。

一结论与传统文献保持一致。

值得一提的是,Jermann 和 QuadrinI(2012)在利用美国数据对金融冲击和经济周期波动相关性进行研究时发现,虽然相对于其他冲击而言,金融冲击同样是驱动美国经济周期波动的最重要引擎,但其对美国产出增长波动的解释能力只有 46%[①],不及金融冲击对我国产出增长波动的影响(78%)。这也从侧面反映了我国由于金融市场不够发达,经济发展受金融冲击的影响较大。由于金融市场上的信息不对称,中小企业融资难的问题已是一个世界性的难题,而发展中国家受到的影响尤甚。如何解决这一问题已成为世界各国政府工作的重中之重。

从表 3 中还可以发现,金融冲击 ξ_t 对消费的波动鲜有贡献,这与中国居民的消费习惯有关,面对金融市场上的波动,中国居民的高储蓄足以应对这种冲击,从而使消费较为平滑,波动较小,此外,中国居民的消费水平本来就很低,较少地依赖于借贷,故金融冲击 ξ_t 难以解释消费的波动。另外,政府支出冲击 g_t 对我国经济周期波动的贡献则微乎其微,这一结论与已有文献有所差别(黄赜琳,2005;王文甫,2010;王文甫和王子成,2012),因为本文并未考虑政府支出对私人消费的外部性。最后,工资加成冲击 μ_t 对消费增长、投资增长和工资增长具有一定的解释能力。

(二) 脉冲响应分析

当发生金融危机或经济危机时,往往是金融部门最先受到影响,而后蔓延到实体经济。而金融部门受到扰动后的直接表现就是 ξ_t 发生改变,市场状况变差时,概率 ξ_t 的水平会降低。下面,为了方便分析金融冲击 ξ_t 对宏观经济的影响,解释金融冲击作用下模型的传导机制和动态特征,本文根据贝叶斯估计的结果模拟模型在金融冲击 ξ_t 下各主要经济变量的脉冲反应,结果如图 4

---

① 详见 Jermann 和 QuadrinI(2012)表 4。

所示，图中画出了主要经济变量对负的金融冲击（更低的 ξ_t）的脉冲反应，冲击大小为一单位负的标准差。

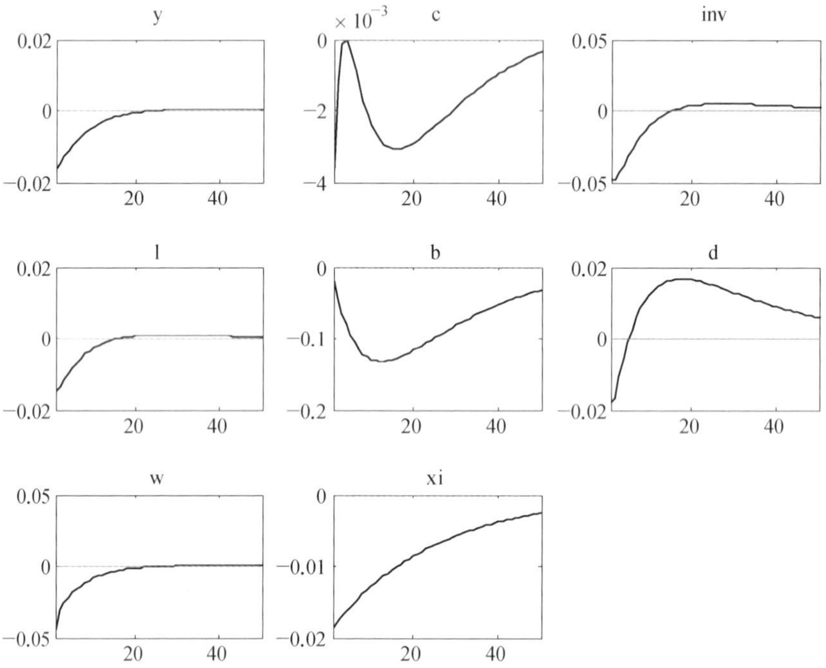

注：图中 y、c、inv、l、b、d、w 和 xi 分别对应于模型中对数线性化后的 Y、C、I、L、B、D、W 和 ξ。

图 4　主要经济变量对金融冲击 ξ_t 的脉冲反应

我们结合图 4 来说明金融冲击 ξ_t 驱动我国宏观经济周期波动的传导机制。从图中可以看到，金融冲击 ξ_t 具有非常强的持续性。由方差分解可知，金融冲击 ξ_t 对就业波动的贡献（35%）尤为重要，故我们从劳动市场上厂商的边际收益和边际成本及其均衡条件入手进行分析。由厂商最优化问题的一阶条件（关于 D 和 L）可得：$F_L(z, u, K, L) = W/[1-\Lambda\varphi_D(D)]$。其中变量 Λ 为强制约束的拉格朗日乘子，$\Lambda\varphi_D(D)$ 这一项决定了厂商劳动投入的边际收益和支付的工资即边际成本两者之间的差距，称之为劳动楔子。负的金融冲击使得厂商面临的强制约束更加严格，这会使 $\Delta\varphi_D(D)$ 这一项有所增加，因此，劳动楔子也会上升。为平衡此时劳动的边际收益和边际成本，厂商选择较低的劳动投入量。

为了更清楚地看到金融冲击 ξ_t 是如何影响厂商的融资和生产决定，我们将厂商的强制约束改写为更简单的形式。为简化起见，我们假定 $I_t = K_{t+1} - (1-\delta)K_t$，且 $\tau = 0$，则 $R = 1 + r$。利用厂商的预算约束消掉 $K_{t+1} - B_{t+1}/(1+r_t)$，再将 $l_t = F(z_t, K_t, L_t)$ 代入厂商的强制约束，我们得到：
$\xi_t(1-\xi_t) \cdot [(1-\delta)K_t - B_t - W_tL_t - D_t] \geqslant F(z_t, K_t, L_t)$。

在 t 期初，K_t 和 B_t 对厂商而言为给定。此时，厂商能够控制的变量只有劳动投入 L_t 和权益支出 D_t。因此，如果当前的状态处于强制约束是紧的，且厂商希望保持生产计划不变，即维持生产规模，雇用原有数量的工人，则负的金融冲击（更低的 ξ_t）会导致权益支出 D_t 的减少。即厂商被迫增加其权益并减少其跨期债务。然而，如果厂商不能减少权益支出 D_t，那么它只能减少工人雇用数量。由于权益支出的变动会产生调整成本，因此厂商最终选择部分地减少权益支出和部分地减少劳动投入。从图中可以看到，面对负的金融冲击，权益支出 D_t 和劳动投入 L_t 都有所下降，其下降的幅度与 ξ_t 相仿。

另外，从图4中还可以看到，金融冲击 ξ_t 使得消费 C_t 和投资 I_t 也有所下降。当负的金融冲击 ξ_t 发生时，市场状况变得很差，且恢复的速度非常慢，无论是债务融资还是权益融资都已变得非常困难，企业无法获得足够的资金以维持正常的生产周转，因此，企业大量减少其投资 I_t，其下降的幅度近达 5%。消费 C_t 虽有下降，但幅度较小，这也与上文中的方差分解分析保持一致：消费波动受金融冲击 ξ_t 的影响很小。由于本文所建立的模型中引入了内在的消费习惯，故消费呈倒驼峰形态回复到均衡水平。

最后，由于当期的资本存量 K_t 保持不变，而劳动投入 L_t 大幅下降，产出 Y_t 也随之下降，下降水平约 2%。在随后的时间里，由于投资 I_t 持续处于较低的水平，劳动投入 L_t 缓慢地回到其均衡水平，产出表现出非常强的持续性。综上所述，金融冲击 ξ_t 会在数量和时间这两个维度上对整个经济系统产生非常大的影响。

六、结　论

近年来的金融危机及其引发的经济危机突出了金融部门和实体经济之间存在着某种联系。而这也让学者清楚地意识到在对宏观经济建模时不能忽视源自金融市场上的冲击和摩擦。如何从数量上测度影响企业借贷能力的金融摩擦及金融冲击对我国宏观经济波动的重要性，这是本文尝试回答的问题。本文研究的主要目的不是解释或预测金融部门中出现的问题，本文所做的主要工作是提供一个分析框架来帮助我们理解这些问题对宏观经济所产生的后果。

首先，本文利用固定资产投资资金来源数据进行分析，发现我国企业的固定资产投资资金来源中国内贷款占比在趋势上呈现出逐渐下降的态势，在经济周期频率上呈上下波动，且波动十分剧烈。这说明我国企业所面临的融资约束压力越来越大，可获得的贷款越来越少，而且企业的借贷能力由一个强制约束所限制，该强制约束受到随机扰动的影响。另外，对金融机构贷款总量这项数据分析发现，实际贷款余额波动与实际产出波动之间存在较强的正相关性。这说明信贷供给可能是中国经济周期波动的重要影响因素。而金融市场上的信息不对称和各种摩擦会影响到企业真正获得的贷款。

在利用金融数据得到关于中国经济周期的一些实证结论之后，本文接着来考察金融冲击对中国宏观经济数量上的影响。我们建立一个标准的包含有多种冲击来源的动态随机一般均衡（DSGE）模型，然后对该结构模型进行贝叶斯最大似然估计以得到关键参数的估计值。该模型最关键的假设在于厂商贷款时面临一个强制约束，而且该强制约束受到外生的金融冲击的影响。此外，本文尝试在该经济模型中引入五种实际刚性，分别为：消费习惯、可变资本利用率、投资调整成本、劳动力市场上的不完全竞争和权益支出调整成本。冲击来源除金融冲击外，还包括中性技术冲击、投资专有技术冲击、政府支出冲击和工资加成冲击，加入这些冲击的原因在于这些冲击在已有的文献中被证明对经济周期波动的解释非常重要，而且将更多的冲击加入模型中也可以更好地考察金融冲击的相对重要性。

最终，通过方差分解得到：金融冲击是驱动我国经济周期波动的最主要力量，它在解释产出增长、投资增长、债务增长、工资增长和就业的波动方面体现出非常重要的作用。即使存在其他多个冲击，金融冲击仍然能够解释我国近80%的产出增长波动。进行脉冲反应分析时发现，金融冲击能对我国实体经济产生非常严重的影响，会使产出、消费、投资和就业等出现大幅下降，经济陷入旷日持久的衰退期。

当然，理解造成冲击的原因同样重要。但是本文的目的在于更好地理解这些冲击所造成的后果。一旦清楚地认识了这些后果，我们也就可以开始着手制定相应的政策了。将金融冲击与我国的货币政策、财政政策等实际情况相结合还需要进一步的研究。将宏观经济数据和金融数据的波动性同时结合起来考察还存在很多问题需要解决（目前已有不少文献开始将金融变量加入标准的宏观经济VAR模型中以对其进行扩展），如何从大量的金融数据中实际识别和直接提取金融冲击的序列面临诸多困难。此外，大量的实证研究表明金融数据中存在明显的时变性[1]和非线性，未来的研究还应将这些时变性和非线性融入带金融摩擦的DSGE模型中，并采用非线性方法对模型求解，以分析经济中的非线性放大效应、非对称性和不稳定性等。而且中国经济不仅仅受到金融摩擦的影响，金融市场亦相当不完备，其中一个重要的表现就是普遍存在于发展中国家的金融抑制问题。综合考虑金融摩擦与金融抑制等因素将是未来进一步的

---

[1] 时变性包括参数随时间变化和方差随时间变化。

研究方向。需要说明的是,本文从本质上讲考虑的是一个封闭的经济模型,为分析的方便,该DSGE框架模型不含货币且没有考虑改革开放对中国经济的影响,故无法讨论诸如全球性因素引起的各种外生冲击对中国宏观经济波动的影响,这些都需要另加研究。

(2014年3月)

参考文献

[1] 陈昆亭、龚六堂.粘滞价格模型以及中国经济的数值模拟——对基本RBC模型的改进[J].数量经济与技术经济研究,2006,8.
[2] 陈昆亭、龚六堂、邹恒甫.基本RBC模型模拟中国经济的数值试验[J].世界经济文汇,2004,2.
[3] 陈晓光、张宇麟.信贷约束、政府消费与中国实际经济周期[J].经济研究,2010,12.
[4] 崔光灿.资产价格、金融加速器与经济稳定[J].世界经济,2006,11.
[5] 杜清源、龚六堂.带"金融加速器"的RBC模型[J].金融研究,2005,4.
[6] 胡永刚、刘方.劳动调整成本、流动性约束与中国经济波动[J].经济研究,2007,10.
[7] 黄赜琳.中国经济周期特征与财政政策效应——一个基于三部门RBC模型的实证分析[J].经济研究,2005,6.
[8] 刘涛.中国经济波动的信贷解释:增长与调控[J].世界经济,2005,12.
[9] 罗时空、龚六堂.金融抑制、金融摩擦与企业债务融资的经济周期性[J].经济研究,2014,1.
[10] 吕朝凤、黄梅波.习惯形成、借贷约束与中国经济周期特征——基于RBC模型的实证分析[J].金融研究,2011,9.
[11] 梅冬州、龚六堂.货币错配、汇率升值和经济波动[J].数量经济技术经济研究,2011,6.
[12] 梅冬州、龚六堂.新兴市场经济国家的汇率制度选择[J].经济研究,2011,11.
[13] 穆争社.论信贷配给对宏观经济波动的影响[J].金融研究,2005,1.
[14] 王文甫.价格粘性、流动性约束与中国财政政策的宏观效应——动态新凯恩斯主义视角[J].管理世界,2010,9.
[15] 王文甫、王子成.积极财政政策与净出口:挤入还是挤出?[J].管理世界,2012,10.
[16] 王小鲁、樊刚.中国经济增长的可持续性——跨世纪的回顾与展望[M].经济科学出版社,2000.
[17] 许伟、陈斌开.银行信贷与经济波动:1993~2005[J].经济学(季刊),2009,3.
[18] 许志伟、薛鹤翔、罗大庆.融资约束与中国经济波动——新凯恩斯主义框架内的动态分析

[J].经济学（季刊），2010，10：1.

[19] 鄢莉莉、王一鸣.金融发展、金融市场冲击与经济波动——基于动态随机一般均衡模型的分析［J].金融研究，2012，12.

[20] 袁申国、陈平、刘兰凤.汇率制度、金融加速器和经济波动［J].经济研究，2011，1.

[21] 张军.资本形成，工业化与经济增长：中国的转轨特征［J].经济研究，2002，6.

[22] 赵振全、于震、刘淼.金融加速器效应在中国存在吗？［J].经济研究，2007，6.

[23] Aiyagari, S. Rao, and Mark Gertler. Overreaction' of Asset Prices in General Equilibrium [J]. *Review of Economic Dynamics*, 1999, 2 (1): 3~35.

[24] Benk, Szilard, Max Gillman, and Michal Kejak. Credit Shocks in the Financial Deregulatory Era: Not the Usual Suspects [J]. *Review of Economic Dynamics*, 2005, 8 (3): 668~687.

[25] Benk, Szilard, Max Gillman, and Michal Kejak. Money Velocity in an Endogenous Growth Business Cycle with Credit Shocks [J]. *Journal of Money Credit and Banking*, 2008, 40 (6): 1281~1293.

[26] Bernanke, Ben, and Mark Gertler. Agency Costs, Net Worth, and Business Fluctuations [J]. *American Economic Review*, 1989, 79 (1): 14~31.

[27] Bernanke, Ben, Mark Gertler, and Simon Gilchrist. The Financial Accelerator in a Quantitative Business Cycle Framework [M]. //Taylor, J. B. and M. Woodford (editors). *Handbook of Macroeconomics*. Volume 1C, chapter 21, Amsterdam: Elsevier Science, 1999.

[28] Blanchard, O., and C. Kahn. The Solution of Linear Difference Models under Rational Expectations [J]. *Econometrica*, 1980, 48 (5): 1305~1311.

[29] Carlstrom, Charles, and Timothy Fuerst. Agency Costs, Net Worth, and Business Fluctuations: A Computable General Equilibrium Analysis [J]. *American Economic Review*, 1997, 87 (5): 893~910.

[30] Chow, G. and K. Li. China Economic Growth: 1952~2010 [J]. *Economic Development and Cultural Change*, 2002, 15, 247~256.

[31] Christensen, I., Dib, A.. Monetary Policy in an Estimated DSGE Model with a Financial Accelerator [J]. *Review of Economic Dynamics*, 2008, 11, 155~178.

[32] Christiano, Lawrence, Roberto Motto, and Massimo Rostagno. Financial Factors in Business Cycle [D]. Northwestern University and European Central Bank, Working Paper, 2010, No. 1192.

[33] Cooley, Thomas, Ramon Marimon, and Vincenzo Quadrini. Aggregate Consequences of Limited Contract Enforceability [J]. *Journal of Political Economy*, 2004, 112, 817~847.

[34] Del Negro, Marco, Gaudi Eggertsson, Andrea Ferrero, and Nobuhiro Kiyotaki. The Great Escape? A Quantitative Evaluation of the Fed's Non-Standard Policies [D] Unpublished manuscript, Federal Reserve Bank of New York, 2010.

[35] Eisfeldt, Andrea L., and Adriano A. Rampini. Capital Reallocation and Liquidity [J]. *Journal of Monetary Economics*, 2006, 53 (3): 369~399.

[36] Fernández-Villaverde, Jesús. Fiscal Policy in a Model with Financial Frictions [J]. *American Economic Review*, 2010, 100 (2): 35~40.

[37] Fisher, Jonas D. M.. The Dynamic Effects of Neutral and Investment-Specific Technology Shocks [J]. *Journal of Political Economy*, 2006, 114, 413~451.

[38] Gertler, Mark, and Peter Karadi. A Model of Unconventional Monetary Policy [J]. *Journal of Monetary Economics*, 2011, 58 (1): 17~34.

[39] Gilchrist, S., Leahy, J. V.. Monetary Policy and Asset Prices [J]. *Journal of Monetary Economics*, 2002, 49 (1): 75~97.

[40] He, D., W. Zhang and J. Shek. How Efficient Has Been China's Investment? Empirical Evidence from National and Provincial Data [J]. *Pacific Economic Review*, 2007, 12, 597~617.

[41] Hubrich, Kirstin, Antonello D' Agostino, Marianna Cervená, Matteo Ciccarelli, Paolo Guarda, Markus Haavio, Philippe Jeanfils, Caterina Mendicino, Eva Ortega, Maria Teresa Valderrama, Marianna Valentinyiné Endrész. Financial Shocks and the Macroeconomy: Heterogeneity and Non-linearities [D]. Northwestern University and European Central Bank, Working Paper, 2007, No. 143.

[42] Iacoviello, Matteo. House Prices, Borrowing Constraints, and Monetary Policy in the Business Cycle [J]. *American Economic Review*, 2005, 95 (3): 739~764.

[43] Jermann, Urban, and Vincenzo Quadrini. Macroeconomic Effects of Financial Shocks [J]. *American Economic Review*, 2012, 102 (1): 238~271.

[44] Justiniano, Alejandro, Primiceri, Giorgio, Tambalotti, Andrea. Investment Shocks and Business Cycles [J]. *Journal of Monetary Economics*, 2010, 57, 132~145.

[45] Justiniano, Alejandro, Primiceri, Giorgio, Tambalotti, Andrea. Investment Shocks and the Relative Price of Investment [J]. *Review of Economic Dynamics*, 2011, 14, 102~121.

[46] Kiyotaki, Nobuhiro, and John H. Moore. Credit Cycles [J]. *Journal of Political Economy*, 1997, 105 (2): 211~248.

[47] Kiyotaki, Nobuhiro, and John H. Moore. Liquidity, Business Cycle, and Monetary Policy [D]. Unpublished manuscript, Princeton University and Edinburgh University, 2012.

[48] Meier, A., Muller, G. J.. Fleshing Out the Monetary Transmission Mechanism: Output Composition and the Role of Financial Frictions [J]. *Journal of Money, Credit and Banking*, 2006, 38, 2099~2134.

[49] Mendoza, Enrique G.. Sudden Stops, Financial Crisis, and Leverage [J]. *American Economic Review*, 2010, 100 (5): 1941~1966.

[50] Mendoza, Enrique G., and Katherine A. Smith. Quantitative Implications of a Debt-Deflation Theory of Sudden Stops and Asset Prices [J]. *Journal of International Economics*, 2006, 70 (1): 82~114.

[51] Nolan, Charles, and Christoph Thoenissen. Financial Shocks and the US Business Cycle [J]. *Journal of Monetary Economics*, 2009, 56, 596~604.

[52] Schmitt-Grohe, S., and M. Uribe. What's News in Business Cycle [J]. *Econometrica*, 2012, 80: 2733~2764.

[53] Smets, F., and R. Wouters. Shocks and Frictions in US Business Cycles: A Bayesian DSGE Approach [J]. *American Economic Review*, 2007, 97 (3): 586~606.

[54] Zhang, W.. China s Monetary Policy: Quantity Versus Price Rules [J]. *Journal of Macroeconomics*, 2009, 31 (3): 473~484.

50

政府支出乘数[*]

提要：本文考察了动态随机一般均衡（DSGE）框架下估计政府支出乘数时所不能忽视的三个重要特征。这三个特征分别为：政府消费和私人消费之间的埃奇沃斯互补性、政府投资的外部性和财政政策规则的内生性。本文首先利用一个简单的理论模型说明政府消费乘数和政府投资乘数的不同，并指出忽略掉财政政策规则中的内生性会对支出乘数的估计造成严重的偏误。然后在简单模型的基础上构建了一个引入以上三个特征的大型DSGE模型，并利用贝叶斯方法对模型的结构参数进行估计。对不同设定的模型进行比较发现，包含以上三种特征的模型能最好地拟合中国经济。估计得到的长期政府消费乘数和政府投资乘数分别为 0.790 4 和 6.113 0。脉冲反应分析表明政府消费冲击和政府投资冲击对经济的影响有着很大的不同。

一、引　言

随着 2007 年美国金融危机的爆发，各国政府纷纷出台大规模的财政计划以

---

[*] 本文载于《经济研究》，2014 年第 9 期。合作者王国静。

刺激经济。例如，美国签署了"美国复苏与再投资法案"，欧盟公布了一个为期两年的欧洲经济复苏计划，日本也大力推行了QQE，这些方案以用来刺激经济增长、提升消费和商业信心。而中国政府在危机爆发后更是制定了四万亿的投资计划，以扩大内需，推动国民经济的稳步增长。如此大规模的财政刺激计划势必会对民生和总体经济造成非常重大的影响。这些举措随后引起了学术界和政策界的广泛讨论，争议的焦点集中在刺激性财政政策对总体经济的影响及其有效性、政府支出乘数到底有多大这两个古老的话题上。这两个问题相对于中国经济更为重要。当前中国经济发展已进入转型升级的新阶段，中国政府必须更加谨慎地使用大型刺激计划，并合理地评估财政政策的有效性。因此，研究中国的政府支出乘数就显得格外具有现实意义，但国内在这方面的研究基本上是个空白。

关于财政政策效应和政府支出乘数的研究在国外非常多，先看实证研究方面。从简约形式（Reduced-form）出发的实证研究在对财政乘数的估计上表现出非常大的差异，这不仅体现在财政支出乘数上，税收乘数也是如此。例如Blanchard 和 Perotti（2002）、Hall（2009）估计得到的乘数为正，而Christiansen（2008）、Giavazzi 和 Pagano（1990）及 Hemming et al.（2002）则为负。尽管不少证据都表明正确执行的全球财政刺激会对世界经济的总需求造成相当可观的增长，但在对财政工具的选择问题上却存在着分歧，这些分歧体现在对减税和增加政府支出的选择上，代表性的研究有 Mountford 和 Uhlig（2009）、Blanchard 和 Perotti（2002）、Galí et al.（2007）、Perotti（2007）、Mertens 和 Ravn（2009）、Romer 和 Romer（2010）和 Favero 和 Giavazzi（2009）等。也有文献考虑了财政政策中的预期效应，因为很多财政政策执行前，政府会公布其具体的执行内容和执行时间，例如美国的"复苏与再投资法案"和中国的四万亿投资计划。他们认为预期会对乘数的估计产生影响，这方面的文献有 Leeper et al.（2013）、Blanchard 和 Perotti（2002）、Mertens 和 Ravn（2009）、Corsetti et al.（2012）、Ramey（2011）及 Auerbach 和 Gorodnichenko（2010）。

虽然这些基于计量分析的实证研究极大地加深了我们对财政政策如何影响

总体经济这一问题的认识,也为本文的研究提供了参照对象,但这些实证文献的估计结果非常依赖于识别条件的假设,也不允许财政政策选择的多样性,而且参数的估计往往从简约形式出发,这样得到的结果既不能较好地解释政策冲击内在的传导机制,也存在"卢卡斯批判"的问题。

鉴于以上问题,基于微观基础的结构模型提供了另一种研究方向,大量的论文通过利用理论模型来研究财政刺激效应。在基于标准的凯恩斯模型研究中,政府支出乘数有可能大于1,也有可能小于1,其估计结果取决于行为人偏好的具体设定形式,例如Galí et al. (2007)、Monacelli和Perotti (2008)。在无摩擦的实际经济周期模型中,该乘数典型地小于1,例如Aiyagari et al. (1992)、Baxter和King (1993)、Ramey和Shapiro (1998)、Burnside et al. (2004)。最近,有不少文献开始研究当经济处于零利率下限时的政府支出乘数,例如Hall (2009)、Christiano et al. (2011)、Eggertsson (2011, 2012)、Davig和Leeper (2011),他们发现零利率下限时会有更高的乘数效应。还有一些文献强调了政策执行和融资项目中的实际问题,并认为这些因素会大幅地减少刺激的潜在效果,例如Cogan et al. (2010)、Davig和Leeper (2011)、Chung和Leeper (2007)、Leeper和Yang (2008)、Leeper et al. (2010)、Drautzburg和Uhlig (2011)。

从以上文献中可以看出,结构模型有其自身的优势。结构模型中不仅可以反映财政政策的变化,还能由此推断出财政政策变化后的影响,因此,能为研究提供更多的证据。这一认识可以通过模型自身结构的选择来体现,凭实证经验得到的关于关键宏观经济变量的正确关系,可以调整模型以融入模型中并反映出来,此外,在对结构模型进行校准时,也是基于大量的经验事实。从这方面来说,通过结构模型估计得到的乘数一般都在实证研究的估计范围内,这点也就不足为奇。当然,结构模型也有其缺点。主要的缺点来自可能引起争议的结构特征和未达成共识的参数校准,而这些有可能会对结果产生严重的影响。

反观国内的研究,我们发现国内的文献对我国的长期政府支出乘数鲜有估计，而对政府支出按照政府消费和政府投资进行分类的乘数估计更是没有，本文尝试弥补这一空白。本文所要做的就是通过构建一个比较能够体现中国经济特征的动态随机一般均衡模型来研究中国的政府支出乘数和财政政策影响，并利用该模型来说明若忽略掉某些关键特征会对政府支出乘数的估计造成很大的偏差。此外，估计的结果发现政府消费支出乘数和政府投资支出乘数两者的差别非常大，这也说明不能将政府消费支出乘数和政府投资支出乘数混为一谈，而是应进行分类分析。国外的文献大多数只考虑了其中一种情况，没有综合考虑，虽然有少量的研究同时讨论了政府消费支出乘数和政府投资支出乘数，但这些论文又忽略了财政政策规则中的内生性问题，本文的研究发现，忽略财政政策规则中的内生性也会对政府支出乘数的估计造成偏误，无论是内生性的产出反应还是内生性的债务反应。本文同时考虑政府消费的互补效应、政府投资的外部效应和财政政策规则的内生效应，这也为解释乘数估计的差异提供了一个新的视角。

本文余下的结构安排如下：第二部分建立一个简单的理论模型以说明区分政府消费和政府投资的必要性，并分析忽略财政政策规则内生性对参数估计的影响；第三部分对简单模型进行扩展，在其基础上建立一个引入了政府消费互补性、政府投资外部性和财政政策规则内生性的大型动态随机一般均衡模型；第四部分利用中国实际经济数据采用贝叶斯方法对该模型的结构参数进行估计，并比较不同模型设定下的估计结果；第五部分分析我国政府支出乘数的大小，并利用脉冲反应分析政府消费冲击和政府投资冲击作用下模型的传导机制和动态特征；最后总结全文。

二、一个简单的理论模型

在本部分，我们将通过求解一个简单的均衡模型来得到关于政府支出乘数的闭式解，以此来分析政府消费和政府投资对产出的影响。假定政府消费性支出直接进入代表性消费者的效用函数，政府投资性支出则通过政府资本直接进入代表性厂商的生产函数。对中国经济来说，国有经济仍然在发挥重大作用，政府大量参与经济活动，这样的假设显然是非常合乎现实的。

（一）政府投资

假设经济中存在大量无限期生存的同质家庭，他们通过选择消费、劳动供给和债券持有量以最大化其折现的期望效用函数。代表性家庭的最优化问题如下所示：$E_t \sum_{i=0}^{\infty} \beta^i \{\log C_{t+i} - \psi L_{t+i}^{1+\eta} / (1+\eta)\}$，满足预算约束：$C_t + B_t = W_t L_t - T_t + R_{t-1} B_{t-1}$，其中 $\beta \in (0, 1)$ 为主观折现因子，C_t 为私人消费，L_t 为劳动供给，W_t 为实际工资水平，T_t 为一次性税收。Frisch 劳动供给弹性为 $1/\eta$ 且 $\eta \geqslant 0$，$\psi > 0$ 为规模参数。B_t 为 t 期的债券持有量，其实际收益率为 R_t。

假定政府投资所起的作用类似于私人投资，即政府投资积累为政府资本，政府资本对经济中的厂商造成外部性，即直接进入到代表性厂商的生产函数，具体形式如下：$Y_t = z_t L_t (GK_t)^{\alpha_{GI}}$，其中 z_t 为全要素生产率冲击，假定其对数形式服从独立同分布，即 $\ln z_t \sim N(0, \sigma_z^2)$，$GK_t$ 为政府资本，α_{GI} 为政府资本的产出弹性。

假设政府资本的积累过程为：$GK_t = (1-\delta)GK_{t-1} + GI_t$，其中 GI_t 为政府投资性支出。为简化分析起见，我们假定 $\delta = 1$，则政府资本的积累方程变为 $GK_t = GI_t$，产出函数转化为 $Y_t = z_t L_t (GI_t)^{\alpha_{GI}}$。政府投资行为完全由税收进行融资：$T_t = GI_t$。

越来越多的文献开始强调财政政策规则的稳定性作用，例如 McGrattan (1994)、Jones (2002)、Cúrdia 和 Reis (2010)、Leeper et al. (2010)、Zubairy (2012)。本文假定政府投资采取如下形式的自动调节规则：$GI_t = \overline{GI}(Y_t/\overline{Y})^{-\varphi_{GI}} u_{GI,t}$，其中$\overline{GI}$为稳态时的政府投资水平，$\overline{Y}$为稳态时的产出水平。参数$\varphi_{GI} \geqslant 0$刻画政府投资对产出的反应程度。随机项$u_{GI,t}$表示外生的财政政策冲击，假定其对数形式服从独立同分布，即$\ln u_{GI,t} \sim N(0, \sigma_{GI}^2)$。最后，产品市场的市场出清条件为：$Y_t = C_t + GI_t$。均衡时的债券市场出清条件为：$B_t = 0$。

本文将长期的政府投资支出乘数$\Delta Y/\Delta GI$定义为稳态时增加一单位政府投资支出产出所增加的量，即$\Delta Y/\Delta GI = d\overline{Y}/d\overline{GI}$。这样，我们可以得到长期政府投资支出乘数的有关性质。

命题1：给定以上经济的设定，该经济中的长期政府投资支出乘数$\Delta Y/\Delta GI$为：$\dfrac{\Delta Y}{\Delta GI} = \dfrac{1 + \alpha_{GI}(1+\eta)(1/s_{GI} - 1)}{1 + \eta - \eta s_{GI}}$，其中$s_{GI} \equiv \overline{GI}/\overline{Y} \in (0, 1)$为稳态时的政府投资产出占比，且该乘数是关于$\alpha_{GI}$的增函数。当$\alpha_{GI}(1+\eta)/\eta \geqslant s_{GI}$，$\Delta Y/\Delta GI \geqslant 1$。①

该命题说明长期政府投资支出乘数由政府投资产出占比（s_{GI}）、Frisch劳动供给弹性的倒数（η）、政府资本的产出弹性（α_{GI}）所决定。该乘数是关于α_{GI}的增函数，这是因为更高的α_{GI}意味着更大的政府投资外部性，而这会直接增加产出，导致更高的乘数。尽管加入了政府投资的外部性，但是这并不能保证长期政府投资支出乘数一定大于1，这是因为政府投资对消费存在挤出效应是否大于1取决于两种效应的比较。

下面考虑财政政策规则内生性对长期政府投资支出乘数估计的影响。为方便下文的讨论，我们定义参数ξ：$\xi \equiv s_{GI} \Delta Y/\Delta GI$。基于本文的设定，我们可以从中看出，长期政府投资支出乘数$\Delta Y/\Delta GI$或者参数ξ，与内生的财政政策规则参数φ_{GI}并无直接关系。但φ_{GI}会间接地使长期政府投资支出乘数的估

---

① 文中命题的证明和推导过程请参考经济研究网站《工作论文》。

计发生偏误。这种偏误是由两种不同的因素引起的：一是政府投资的外部性，二是财政政策规则的内生性。

命题2：给定以上经济的设定，ξ 的最大似然估计量 $\hat{\xi} = \dfrac{\xi\sigma_{GI}^2 - \varphi_{GI}\sigma_z^2}{\sigma_{GI}^2 + \varphi_{GI}^2\sigma_z^2}$，当 $\varphi_{GI} > 0$ 且 $\sigma_z > 0$ 时，该估计量是有偏的，且偏误大小为 $-\dfrac{\varphi_{GI}(1+\xi\varphi_{GI})\sigma_z^2}{\sigma_{GI}^2 + \varphi_{GI}^2\sigma_z^2}$。

该命题说明，遗漏政府支出政策中的内生性部分会对参数 ξ 造成有偏估计，这也意味着长期的政府支出乘数估计将是有偏的。只有当 $\varphi_{GI}=0$ 或者 $\sigma_z=0$ 时，偏误才会消失。当 $\varphi_{GI}=0$ 时，偏误为零是因为模型被正确地识别。若 $\sigma_z=0$，$\hat{Y}$ 的波动全部由政府支出冲击造成，在这种情况下，由于没有其他的波动来源，偏误也不会发生。当 $\varphi_{GI} > 0$ 且 $\sigma_z > 0$ 时，ξ 的估计不仅有偏，且其偏误大小是关于 φ_{GI} 的函数。

（二）政府消费

我们考察私人消费和政府消费之间的埃奇沃斯互补性或替代性，以此来研究其传导机制。现有文献中考虑的其他机制还包括：不可分离的效用（Linnemann，2006；Bilbiie，2009，2011）、偏好和技术中的外部性（Benhabib and Farmer，1994，2000；Devereux et al.，1996）、深度习惯（Ravn et al.，2006，2008）等。但不论考虑何种机制，对数线性化的均衡条件都采取下文中给出的形式。

假设政府消费直接进入私人的效用函数，此时代表性家庭的最优化问题为：$E_t \sum_{i=0}^{\infty} \beta^i \{\log(C_{t+i} + \alpha_{GC} GC_{t+i}) - \psi L_{t+i}^{1+\eta}/(1+\eta)\}$，其中 GC_t 为政府消费，并满足相同的预算约束。这里，私人消费和政府消费采取的形式根据 Christiano 和 Eichenbaum（1992）、McGrattan（1994）、Finn（1998）、Ganelli 和 Tervala（2009）、Fève et al.（2013）。另外，本文对采用 CES 形式

（McGrattan et al.，1997；Bouakez 和 Rebei，2007；Mazraani，2010）的效用函数也进行了分析，发现得到的对数线性化均衡条件与本文的结果保持一致。关键参数 α_{GC} 表示私人消费 C_t 和政府消费 GC_t 之间的互补性或替代性。如果 $\alpha_{GC} \geqslant 0$，政府消费对私人消费有替代作用，当 $\alpha_{GC}=1$ 时，两者完全替代，例如 Christiano 和 Eichenbaum（1992）。在这种情况下，政府消费的永久增加对产出和劳动供给没有影响，但会通过完全的挤出效应来减少私人消费。当 $\alpha_{GC}=0$ 时，即还原为标准的经济周期模型，此时，政府消费对劳动供给存在负的收入效应，例如 Aiyagari et al.（1992）、Baxter 和 King（1993）。当 $\alpha_{GC}<0$ 时，政府消费和私人消费之间存在互补关系。在这种情况下，面对未预期到的政府消费突然增加，私人消费也将增加（增加的幅度取决于劳动供给弹性）。

代表性厂商以劳动作为单一的要素投入生产同质的最终产品 Y_t，其生产技术保持规模报酬不变：$Y_t = z_t L_t$。假定政府消费采取如下形式的自动调节规则：$GC_t = \overline{GC}(Y_t/\overline{Y})^{-\varphi_{GC}} u_{GC,t}$。

为保证稳态时消费的边际效用为正，我们对参数施加限制约束：$\alpha_{GC} > (s_{GC}-1)/s_{GC}$，其中 $s_{GC} \equiv \overline{GC}/\overline{Y} \in [0, 1)$ 为稳态时的政府消费产出占比。同时，我们排除政府消费对私人消费具有超完全替代时的情形，即假定 $\alpha_{GC} \leqslant 1$。

将长期的政府消费支出乘数 $\Delta Y/\Delta GC$ 定义为稳态时增加一单位政府消费支出产出所增加的量，即 $\Delta Y/\Delta GC \equiv d\overline{Y}/d\overline{GC}$。这样，我们也可以得到长期政府消费支出乘数的有关性质。

命题 3：以上经济中的长期政府消费支出乘数 $\Delta Y/\Delta GC$ 为：$$\frac{\Delta Y}{\Delta GC} = \frac{1-\alpha_{GC}}{1+\eta[1-s_{GC}(1-\alpha_{GC})]}$$，且该乘数是关于 α_{GC} 的减函数。

该命题说明长期政府消费支出乘数由政府消费产出占比（s_{GC}）、Frisch 劳动供给弹性的倒数（η）、私人消费和政府消费之间的埃奇沃斯互补（替代）程度（α_{GC}）所决定。注意到根据上文中的参数限制约束，该乘数的取值范围为 $[0, 1/s_{GC})$。上述命题的另一个结论为该乘数是关于 α_{GC} 的减函数。事实上，当 α_{GC} 增加时，私人消费和政府消费之间变得更加容易替代，因此，政府消费的挤出效应机制意味着更低的乘数。另外，该乘数是关于 η 的减函数，更高的 η 意味着更低的劳动供给弹性，而更低的劳动供给弹性减缓了政府支出负的财富效应，从而导致较低的乘数。最后，该乘数是关于政府消费产出占比的增函数，在给定弹性倒数 η 的情形下，参数 s_{GC} 控制着政府支出总的负财富效应，因此，较高 s_{GC} 的结果为较低的乘数。

同样地，对该经济的均衡系统在其稳态附近进行对数线性化，我们发现得到的结果与政府投资时的情形一致，这意味着忽略政府消费支出的内生性规则也会导致长期政府消费支出乘数的估计发生偏误。这也说明我们在估计政府支出乘数时不能不考虑其内在的自动调节机制。

从命题1和命题3中可以看出，长期的政府投资支出乘数和长期的政府消费支出乘数完全不同，政府投资和政府消费对产出的影响机制存在着根本的差异。这种差异是由两种不同的效应导致的：政府投资的外部性和政府消费的互补性（替代性）。

三、扩展的数量模型

本部分对上一部分的基本模型进行扩展，并利用我国的经济数据对模型的结构参数进行估计，以分析我国的政府投资支出乘数和政府消费支出乘数。

（一）家庭

经济体中存在着连续统的同质家庭，其最大化如下形式的期望终身效用：

$E_0 \sum_{t=0}^{\infty} \beta^t \{\log(C_t^* - hC_{t-1}^*) - \psi L_t^{1+\eta}/(1+\eta)\}$，其中总消费 C_t^* 是私人消费 C_t 和政府消费 GC_t 的组合，即 $C_t^* = C_t + \alpha_{GC} GC_t$，$h \in [0, 1)$ 测量内在的消费习惯程度。

假设家庭拥有经济中的物质资本。资本存量 K_t 的积累过程如下：$K_{t+1} = [1-\delta(u_t)]K_t + a_t I_t [1-S(I_t/I_{t-1})]$，其中变量 a_t 表示投资专有技术冲击，I_t 为以消费品为单位衡量的总投资量。物质资本的拥有者可以控制资本存量被利用的程度。本文用 u_t 度量时期 t 的资本利用率。则在第 t 期家庭提供给厂商的有效资本存量为 $u_t K_t$。$\delta[u_t]$ 表示折旧率，是一个关于资本利用率 u_t 的严格递增凸函数，即 $\delta'[u_t] > 0$，$\delta''[u_t] > 0$。假定其函数形式表达如下：$\delta(u) = \delta_0 + \delta_1(u-1) + \delta_2/2(u-1)^2$，其中 δ_0 为稳态时的折旧率，δ_1 和 δ_2 为严格正的实数。此外，我们假定投资的调整会给企业带来一定的成本。我们用函数 $S(\cdot)$ 表示投资的调整成本。并假设投资的调整成本函数具有以下性质：$S(1) = S'(1) = 0$，$S''(1) > 0$。具体地，我们假定投资的调整成本函数的形式如下：$S(x) = \kappa/2(x-1)^2$。代表性家庭为厂商提供劳动 L_t 和有效资本 $u_t K_t$，并对政府按收入税率 τ_t 支付税收。代表性家庭的预算约束为：$C_t + I_t + B_t = (1-\tau_t)(W_t L_t/\mu_t + R_t^k u_t K_t) + R_{t-1} B_{t-1} - TR_t$，其中 R_t^K 表示资本的租金率，TR_t 表示政府对家庭的一次性税收和转移支付的净值。变量 $\mu_t \geq 1$ 表示外生的工资加成冲击。该加成为一种楔子，表示厂商支付的工资 W_t 和家庭得到的工资 W_t/μ_t 之间的差距，也反映工会的垄断势力。

（二）劳动力市场

为引入上文中的时变工资加成，我们将劳动力市场建模为不完全竞争型。首先看该市场上的劳动需求方。最终产品厂商的劳动需求为 L_t^d，该劳动为劳动者工会提供的差异劳动的加总，即 $L_t^d = \left[\int_0^1 L_{jt}^{1/\mu_t} dj\right]^{\mu_t}$，其中 L_{jt} 表示存在差

异的劳动种类 $j \in [0, 1]$。令 W_{jt} 表示厂商对第 j 类工会支付的工资。厂商的工资总成本最小化问题为：$\min_{L_{jt}} \int_0^1 W_{jt} L_{jt} dj$，且需满足：$\left[\int_0^1 L_{jt}^{1/\mu_t} dj \right]^{\mu_t} \geqslant L_t^d$。该成本最小化问题的解意味着对第 j 种劳动的需求为：$L_{jt} = L_t^d (W_{jt}/W_t)^{-\mu_t/(\mu_t-1)}$，其中 $W_t = \left[\int_0^1 W_{jt}^{-1/(\mu_t-1)} dj \right]^{-(\mu_t-1)}$ 表示一单位加总劳动投入的成本。

劳动的供给方由垄断竞争的劳动者工会组成，工会为厂商提供各种不同种类的劳动服务。工会 j 的问题为：在劳动需求给定的情况下选择 W_{jt} 以最大化 $(W_{jt} - W_t^*) L_{jt}$，其中 W_t^* 为工会支付给代表性家庭的工资。将第 j 种劳动需求代入，得到劳动工会 j 的最大化问题为：$\max_{W_{jt}} (W_{jt} - W_t^*) L_t^d (W_{jt}/W_t)^{-\mu_t/(\mu_t-1)}$。该问题的最优化解条件为 $W_t^* = W_{jt}/\mu_t$。从该式可以清楚地看到工会支付给家庭的工资小于厂商支付给工会的工资。从该式还可以发现所有的工会索取的工资价格 W_t 相同。根据这一结果，再结合不同种类劳动的需求函数可以得到，厂商对每种劳动的需求量相等，即对所有的 j，$L_{jt} = L_t^d$。假定工会 j 的利润 $(\mu_t - 1)/\mu_t W_{jt} L_{jt}$ 一次性地返还给家庭。最终，达到均衡时，由工会提供的总劳动时间等于总的劳动供给，即 $\int_0^1 L_{jt} dj = L_j$。由于 $L_{jt} = L_t^d$ 对所有的 j 都成立，故 $L_t^d = L_t$。

（三）厂商

经济系统中存在着 $[0, 1]$ 区间上连续统的同质性厂商，在给定政府资本水平下，他们以有效资本 $u_t K_t$ 和劳动 L_t 作为要素投入生产最终产品 Y_t，其生产函数的形式为：$Y_t = z_t (u_t K_t)^{\alpha} (L_t)^{1-\alpha} (GK_t)^{\alpha_G}$，其中 α 为有效资本的产出弹性。

假设政府利用政府投资支出 GI_t 进行资本积累，其积累过程为：

$GK_{t+1}=(1-\delta)GK_t+GI_t$。代表性厂商的利润最大化问题为：$\max z_t(u_tK_t)^\alpha(L_t)^{1-\alpha}(GK_t)^{\alpha_{GI}}-W_tL_t-R_t^Ku_tK_t$。

(四) 政府部门

政府部门利用债务和税收进行融资,其面临的预算约束为：$B_t+\tau_tY_t+TR_t=GC_t+GI_t+R_{t-1}B_{t-1}$,上式左边为政府部门的收入,右边为政府部门的支出。

根据上文分析的结果,忽略财政政策中的自动调节规则将会使长期政府支出乘数的估计发生严重的偏误,故我们设定财政政策变量会对产出做出自动反应,反映在财政政策规则中即反应函数包括当期产出偏离稳态的部分。基于同样的理由,我们在财政政策变量的反应函数中还加入对债务的反应(Sims,1998；Leeper 和 Yang,2008；Traum 和 Yang,2013)。政府投资支出 GI_t、政府消费支出 GC_t、税收 τ_t 以及一次性税收和转移支付 TR_t 规则的具体形式如下(Leeper,Walker 和 Yang,2010；Leeper,Plante 和 Traum,2010；Coenen et al.,2012；Zubairy,2012)：$GI_t=\overline{GI}\left(\dfrac{Y_t}{\overline{Y}}\right)^{-\varphi_{GI}}\left(\dfrac{B_{t-1}}{\overline{B}}\right)^{-\gamma_{GI}}u_t^{GI}$, $GC_t=\overline{GC}\left(\dfrac{Y_t}{\overline{Y}}\right)^{-\varphi_{GC}}\left(\dfrac{B_{t-1}}{\overline{B}}\right)^{-\gamma_{GC}}u_t^{GC}$, $\tau_t=\overline{\tau}\left(\dfrac{Y_t}{\overline{Y}}\right)^{\varphi_\tau}\left(\dfrac{B_{t-1}}{\overline{B}}\right)^{\gamma_\tau}u_t^\tau$, $TR_t=\overline{TR}\left(\dfrac{Y_t}{\overline{Y}}\right)^{\varphi_{TR}}\left(\dfrac{B_{t-1}}{\overline{B}}\right)^{\gamma_{TR}}$。其中 u_t^{GI}、u_t^{GC} 和 u_t^τ 均表示外生的财政政策冲击。反应参数 $\varphi_i\geqslant 0$ 和 $\gamma_i\geqslant 0$ 分别刻画了财政政策变量对产出和债务的反应程度,其中 $i=\{GI,GC,\tau,TR\}$。

(五) 外生冲击

本文考虑的外生冲击包括：中性技术冲击 z_t、投资专有技术冲击 a_t、工资加成冲击 μ_t 及财政政策冲击 u_t^{GI}、u_t^{GC}、u_t^τ。假设这些外生冲击所服从的随机过程如下所示：$\ln u_t^i=\rho_i\ln u_{t-1}^i+\sigma_i\varepsilon_t^i$,其中参数 $\rho_i\in(0,1)$ 为 AR(1) 系

数，σ_i 为标准差，并假定扰动项 ε_t^i 服从均值为 0、标准差为 1 的相互独立正态分布，即 $\varepsilon_t^i \sim N(0, 1)$，$i=\{z, a, \mu, GI, GC, \tau\}$。

（六）均衡系统

结合代表性家庭的预算约束，代表性厂商的利润最大化条件，以及政府部门的预算约束，我们可以得到最终产品市场的出清条件：$Y_t = C_t + I_t + GC_t + GI_t$。

整个经济系统的均衡定义如下：各经济主体在给定初始状态和预算约束的条件下实现自身的最优化。代表性家庭实现其预期效用最大化，劳动加总生产者实现其成本最小化，厂商实现其利润最大化，各个市场均出清。

四、模型的估计

（一）数据和方法

本文选取的观测数据包括实际产出、消费、政府投资、政府消费、工资和税率，时间范围为 1992 年第一季度到 2011 年第四季度。数据来源为中经网统计数据库。消费数据为社会消费品零售总额。由于对政府投资没有一个明确的定义，且统计年鉴中基本建设支出的数据并不完整，故本文使用固定资产投资资金来源中国家预算内资金作为政府投资性支出。政府消费性支出则由政府财政支出减去政府投资性支出得到。

具体地，通过计算经济系统稳态时的表达式，得到经济系统稳态时的均衡解，再对整个经济系统在稳态附近做一阶对数线性化，将上述的方程组转化为线性系统。根据 Blanchard 和 Kahn（1980），可以把均衡系统的状态空间表示成如下形式：$X_t = \Gamma X_{t-1} + \Psi \varepsilon_t$，$Z_t = \phi X_t$。其中 X_t 表示模型中的内生和外生状态变量所组成的列向量，Z_t 表示模型中观测变量所组成的列向量，ε_t 表示扰动项组成的列向量。另外,系数矩阵 Γ、Ψ 和 ϕ 为模型中结构参数的函数,且其函数形式已知。然后,利用贝叶斯方法对其进行估计。对实际数据进行观察后发现,数据具有明显的季节性特征,利用 Eviews 对数据进行季节性调整,调整的方法为 Census X12,然后取自然对数。另外,通过 ADF 方法和 PP 方法对调整后的数据进行平稳性检验之后发现,以上序列均为一阶单整序列,具有长期趋势项而非平稳,但是一阶差分的序列,即各变量的增长率是平稳的。故本文采用差分法去掉实际数据中的时间趋势,使其与模型中去势后的变量相吻合,并对一阶差分数据去掉均值以对应于模型中的变量,如实际数据中去掉均值的 $\Delta \log Y_t$ 对应于模型中的 $\Delta \hat{y}_t$。最终,使用到的观测变量为:$Z_t = [\Delta \log Y_t,\ \Delta \log C_t,\ \Delta \log GI_t,\ \Delta \log GC_t,\ \Delta \log W_t,\ \tau_t]$,其中 Δ 表示一阶差分算子。

(二) 基本参数校准

本文对模型中的部分参数利用标准的校准技术并基于稳态时的目标来进行校准。其余的结构参数利用贝叶斯方法进行估计。模型中的时间单位为一个季度。对部分结构参数的校准结果如下,校准值及说明详见表 1。

表 1　　　　　　　　　　　　　　参数校准

参　数	校准值	说　　明
α	0.5	资本份额
β	0.98	折现因子
ψ	20	休闲的效用比率
δ_0	0.025	稳态时私人资本折旧率
δ	0.025	稳态时政府资本折旧率
u	1	稳态时资本利用率
μ	1	稳态时工资加成

续表

参　　数	校准值	说　　明
τ	0.142 1	稳态时的税率
B/Y	0.136 5	稳态时政府债务与总产出之比
GI/Y	0.021 1	稳态时政府投资支出产出占比

关于代表性家庭的贴现率 β，根据 Zhang（2009）的计算方法，从 1992 年到 2011 年的年平均名义利率约为 0.08，则稳态时的季度利率可折算为 0.02，则由 $\beta R = 1$，计算可得 $\beta = 1/R \approx 0.98$，这也与国内大多传统文献的设定一致。稳态时的工资加成取为 $\mu = 1$。

接着，对厂商技术的相关参数进行校准。关于中国经济的资本份额 α，已有大量文献进行了研究，例如 Chow 和 LI（2002）利用中国 1952~1998 年的数据对总量生产函数进行估计，发现规模报酬不变的 Cobb-Douglas 函数完全适用于中国，他们估计的资本份额为 0.55，本文按照通常的做法，将资本份额取为 $\alpha = 0.5$。稳态时，我们取资本利用率 $u = 1$。对于稳态时资本的季度折旧率 δ_0，Chow 和 LI（2002）估计的资本折旧率为 0.04~0.056，本文选取的年折旧率为 0.1，取其季度平均值，表示季度折旧率 $\delta_0 = 0.025$。折旧率参数 δ_1 的校准根据稳态时的均衡条件得到。另外，我们没有对政府资本引入利用率，故其折旧率与私人资本稳态时的折旧率相同。

最后，我们对政府部门的有关参数进行校准。稳态时的税率 τ、政府消费支出产出占比 GC/Y 和投资支出产出占比 GI/Y 均通过计算其相应的数据均值得到。稳态时的政府债务与总产出之比 B/Y 用 1992 年全 2011 年国债余额[①]与名义总产出之比的平均值校准。

---

① 其中国内债务余额的计算公式为：余额（内债）＝上年余额＋本年发行额－本年本金偿还额。国债总余额由内债和外债相加得到。

(三) 待估参数的先验分布设定

由于不同的模型结构及不同的参数设定会对消费习惯 h 和劳动供给弹性 η 的校准产生较大的影响，而且已有文献对这两个参数的校准值差别较大，故本文对这两个参数也进行贝叶斯估计。假定消费习惯 h 服从均值为 0.5、标准差为 0.2 的 Beta 分布，劳动供给弹性 η 服从均值为 2、标准差为 0.5 的正态分布。关于资本的折旧率参数 δ_2 和投资调整成本参数 κ，由于其取值均大于零，本文根据通常的做法，假设前者服从均值为 0.1 的 Inverse Gamma 分布，后者服从均值为 4，标准差为 1 的 Gamma 分布。

下面，本文重点介绍两个关键参数的先验分布。关键参数 α_{GC} 表示私人消费 C_t 和政府消费 GC_t 之间的互补性或替代性，根据上文的解释，当 $\alpha_{GC} \geqslant 0$，政府消费对私人消费有替代作用，此时政府消费会通过挤出效应来减少私人消费；当 $\alpha_{GC} = 0$ 时，即还原为标准的经济周期模型，此时，政府消费对劳动供给存在负的收入效应；当参数 $\alpha_{GC} < 0$ 时，政府消费和私人消费之间存在互补关系，在这种情况下，面对未预期到的政府消费突然增加，私人消费也将增加。由此可见，参数 α_{GC} 的符号对本文的研究至关重要，由于我们并不知道它的符号，因此本文假定其服从均值为 -1，标准差为 1.33 的均匀分布，即取值范围约为 [-3.3, 1.3]，这也与 Fève 和 Sahuc（2013）的设定保持一致。关于政府资本的产出弹性 α_{GI}，无论是国内学者还是国外学者，对其取值都存在很大的分歧，其中一种观点认为政府资本对产出具有显著的正效应，而另一种观点则认为政府资本对经济增长的影响很小甚至为负，本文无意于倾向何种观点，因其会直接影响到政府投资支出乘数的估计，故对 α_{GI} 的先验分布所做的假设为其服从均值为 0.04，标准差为 0.03 的正态分布，该分布 95% 的置信区间大致为 [-0.02, 0.1]，覆盖了大多数传统文献估计的结果。

关于财政政策变量对产出和债务的反应程度参数 φ_i 和 γ_i，其中 $i = \{GI, GC, \tau, TR\}$，本文假定它们服从均值为 0.4，标准差为 0.2 的 Gamma

分布。最后还需估计出六个外生冲击过程的 AR（1）系数 ρ_x 和标准差 σ_x。由于六个外生冲击过程的 AR（1）系数一般在 [0，1] 区间上，故我们假定它们均服从均值为 0.5，标准差为 0.2 的 Beta 分布。对于标准差参数 σ_x，假设其服从均值为 0.1 的 Inverse Gamma 分布。

（四）估计的结果

表 2 列出了参数的先验分布和后验估计结果，其中中间三列分别为预先设定的先验分布、先验均值和标准差，最后两列是估计得到的后验均值及其 90% 的置信区间。

表 2　　　　　　　　先验分布与后验估计结果——基准模型（M0）

参 数	先验分布	先验均值	标准差	后验均值	90%置信区间
h	Beta	0.5	0.2	0.588 0	[0.514 4，0.665 5]
η	Normal	2	0.5	2.359 2	[1.618 1，3.105 3]
δ_2	InvGamma	0.1	2	0.092 5	[0.034 9，0.151 3]
κ	Gamma	4	1	4.227 1	[2.215 9，6.176 9]
α_{GC}	Uniform	−1	1.33	−0.419 3	[−0.590 1，−0.245 7]
α_{GI}	Normal	0.04	0.03	0.059 4	[0.009 4，0.112 3]
φ_{GI}	Gamma	0.4	0.2	0.399 9	[0.096 2，0.693 0]
γ_{GI}	Gamma	0.4	0.2	0.234 0	[0.064 7，0.383 8]
φ_{GC}	Gamma	0.4	0.2	0.600 5	[0.173 2，1.027 6]
γ_{GC}	Gamma	0.4	0.2	0.297 7	[0.099 8，0.489 6]
φ_τ	Gamma	0.4	0.2	0.118 6	[0.031 2，0.208 0]
γ_τ	Gamma	0.4	0.2	0.015 9	[0.004 0，0.026 1]
φ_{TR}	Gamma	0.4	0.2	0.381 7	[0.094 5，0.654 5]
γ_{TR}	Gamma	0.4	0.2	1.884 8	[1.138 9，2.671 6]

续 表

参　数	先验分布	先验均值	标准差	后验均值	90%置信区间
ρ_z	Beta	0.5	0.2	0.961 8	[0.929 6，0.995 1]
ρ_a	Beta	0.5	0.2	0.435 8	[0.159 2，0.694 5]
ρ_μ	Beta	0.5	0.2	0.897 4	[0.839 8，0.958 6]
ρ_{GI}	Beta	0.5	0.2	0.949 3	[0.911 6，0.986 7]
ρ_{GC}	Beta	0.5	0.2	0.928 2	[0.881 2，0.973 6]
ρ_τ	Beta	0.5	0.2	0.729 2	[0.518 5，0.947 2]
σ_z	InvGamma	0.1	2	0.020 5	[0.017 0，0.023 9]
σ_a	InvGamma	0.1	2	0.414 8	[0.164 7，0.659 7]
σ_μ	InvGamma	0.1	2	0.112 0	[0.082 0，0.141 7]
σ_{GI}	InvGamma	0.1	2	0.129 9	[0.112 4，0.146 9]
σ_{GC}	InvGamma	0.1	2	0.091 9	[0.077 9，0.105 6]
σ_τ	InvGamma	0.1	2	0.012 9	[0.011 8，0.014 0]

从表 2 中的估计结果可以看出，大部分参数的后验均值明显不同于参数的先验均值，且其 90% 的后验置信区间也明显不同于其相应的先验置信区间，这说明我们的估计结果是稳健的，也说明我们所使用的数据包含有关于待估参数真实值的信息。

下面，我们重点讨论参数 α_{GC} 和 α_{GI}。参数 α_{GC} 的贝叶斯估计结果为 $-0.419\,3$，且其 90% 的置信区间为 [$-0.590\,1$，$-0.245\,7$]，显著地取负值，这说明政府消费 GC_t 和私人消费 C_t 之间存在明显的互补关系。而参数 α_{GI} 的贝叶斯估计结果为 0.059 4，同样地，该参数也显著地不等于零，这意味着政府投资对产出具有明显的正外部效应。根据前文的推导，忽略掉参数 α_{GC} 或者 α_{GI} 将会对政府支出乘数的估计造成严重的偏误，而国内的文献往往并没有考虑政府消费与私人消费之间的互补性和政府投资的外部性，国外文献却通常只考虑单一的政府消费或政府投资，而没有对政府消费和政府投资进行区分，上文所给的命题也已指出，政府消费支出乘数和政府投资支出乘数完全不同。值得注意的是，其他大部分参数的估计值与现有国内文献所给出的估计结果也比较接近，这说明本文的参数估计结果能较好地反映中国经济的现实。

(五) 模型的比较

虽然我们利用贝叶斯方法完成了对整个模型的估计，但这并不能说明我们对模型中关于政府消费和政府投资的设定比传统文献要好，能更好地符合中国经济的现实状况。对模型不同的设定进行甄别比较有力的工具就是进行边际数据密度的比较，而贝叶斯估计的一个好处是可以通过比较不同模型设定下的边际数据密度来选择哪种模型能更好地拟合实际数据，边际数据密度越高的模型，说明模型对数据的拟合度越高。边际数据密度是基于贝叶斯信息准则的一种判断方法，它利用似然函数来作为对模型拟合和惩罚的综合测量，以此对模型的比较做出稳健的选择。

因此，为了探讨在估计 DSGE 模型时引入政府消费互补性和政府投资外部性的重要程度，本文还估计了针对参数 α_{GC} 和 α_{GI} 施加不同约束条件时的模型。具体地，我们将上面没有参数约束的模型称为基准模型，记为 M0，即 $\alpha_{GC} \neq 0$ 和 $\alpha_{GI} \neq 0$。然后，我们对参数施加约束：$\alpha_{GC} = 0$ 和 $\alpha_{GI} = 0$，即此时模型不具有政府消费的互补性和政府投资的外部性，退化为传统的 DSGE 模型，记为 M1。接着，对参数施加约束：$\alpha_{GC} \neq 0$ 和 $\alpha_{GI} = 0$，即模型只引入政府消费的互补（替代）性，没有引入政府投资的外部性，记为 M2。最后，我们考虑模型中只存在政府投资的外部性，不存在政府消费的互补性，即 $\alpha_{GC} = 0$ 和 $\alpha_{GI} \neq 0$，此时模型记为 M3。此外，前文还阐述了财政政策规则内生性对长期政府支出乘数估计的影响，为了考虑这种影响，本文还估计了以下情形时的模型，M4：$\varphi_{GI} = 0$，即政府投资不具有自动调节机制；M5：$\varphi_{GC} = 0$，即财政政策规则中政府消费对产出不做相应的调整；M6：$\varphi_{GI} = 0$ 和 $\varphi_{GC} = 0$，此时政府投资和政府消费对产出都不做反映。最后，本文考虑综合情况，即政府消费互补性、政府投资外部性和财政政策规则内生性都被忽略时的情形，M7：$\alpha_{GC}=\alpha_{GI}=\varphi_{GI}=\varphi_{GC}=\gamma_{GI}=\gamma_{GC}=0$。贝叶斯估计的结果见表3。

表3　　　　　　　　　　　不同模型设定下的贝叶斯估计结果

参数	M0	M1	M2	M3	M4	M5	M6	M7
h	0.5880	0.5696	0.5855	0.5619	0.5835	0.5878	0.5830	0.5615
η	2.3592	2.2886	2.3589	2.2541	2.3311	2.4090	2.3723	2.1387
δ_2	0.0925	0.1539	0.0877	0.1509	0.0881	0.1071	0.0958	0.1743
κ	4.2271	4.7362	4.1636	4.6186	4.0667	4.3433	4.1845	3.6147
α_{GC}	−0.4193	—	−0.4248	—	−0.4247	−0.3623	−0.3716	—
α_{GI}	0.0594	—	—	0.0587	0.0587	0.0557	0.0561	—
φ_{GI}	0.3999	0.3811	0.3918	0.3907	—	0.3965	—	—
γ_{GI}	0.2340	0.2703	0.2282	0.2641	0.2293	0.2397	0.2379	—
φ_{GC}	0.6005	0.4358	0.6116	0.4324	0.6230	—	—	—
γ_{GC}	0.2977	0.4135	0.3008	0.4119	0.2782	0.3011	0.3182	—
φ_{τ}	0.1186	0.1143	0.1169	0.1166	0.1205	0.1178	0.1182	0.1258
γ_{τ}	0.0159	0.0171	0.0160	0.0171	0.0166	0.0152	0.0157	0.0096
φ_{TR}	0.3817	0.3864	0.3952	0.3786	0.4006	0.3849	0.3820	0.4193
γ_{TR}	1.8848	2.1564	1.9008	2.1499	1.8339	1.8184	2.0210	0.7331
ρ_z	0.9618	0.9678	0.9670	0.9624	0.9639	0.9632	0.9638	0.9725
ρ_a	0.4358	0.4018	0.4487	0.3994	0.4450	0.4239	0.4546	0.5803
ρ_μ	0.8974	0.8989	0.8991	0.9018	0.9005	0.8987	0.8996	0.8967
ρ_{GI}	0.9493	0.9413	0.9415	0.9454	0.9465	0.9471	0.9433	0.9017
ρ_{GC}	0.9282	0.9421	0.9286	0.9400	0.9247	0.9329	0.9336	0.7852
ρ_τ	0.7292	0.7011	0.7230	0.7010	0.7412	0.7226	0.7114	0.7992
σ_z	0.0205	0.0212	0.0205	0.0209	0.0202	0.0205	0.0204	0.0202

续 表

参数	M0	M1	M2	M3	M4	M5	M6	M7
σ_a	0.4148	0.4952	0.3978	0.4802	0.3941	0.4460	0.4030	0.3285
σ_μ	0.1120	0.1040	0.1111	0.1012	0.1103	0.1121	0.1113	0.0991
σ_{GI}	0.1299	0.1278	0.1298	0.1280	0.1287	0.1295	0.1289	0.1295
σ_{GC}	0.0919	0.0872	0.0924	0.0870	0.0926	0.0877	0.0872	0.0916
σ_τ	0.0129	0.0129	0.0129	0.0129	0.0130	0.0129	0.0129	0.0129

从估计的结果可以看出，大部分参数在不同的模型设定下其估计结果都比较接近，这也说明本文的模型构建、含有真实信息的数据筛选和贝叶斯估计值都是比较稳健的。有意思的是，在 $\alpha_{GC} \neq 0$ 的设定模型下（M2、M4、M5 和 M6），其贝叶斯估计值都显著地异于零，且为负，这再次说明我国经济中政府消费对私人消费有着明显的互补作用。同样地，参数 α_{GI} 在其设定不为零的模型中（M3、M4、M5 和 M6），其贝叶斯估计值都为正，且显著地异于零，也说明我国政府投资对产出有明显的正外部效应。

表 4 列出了模型不同设定下的边际数据密度。常用的近似计算方法有两种（具体的计算方法可参看 Geweke，2005），我们对这两种计算方法都进行了考察。

表 4　　　　　　　　　　　　边际数据密度

模型	Modified Harmonic Mean	Laplace Approximation
M0	863.1664	863.2426
M1	856.4247	857.2781
M2	861.8565	852.5189
M3	857.3905	858.2785

续　表

模型	Modified Harmonic Mean	Laplace Approximation
M4	863.011 4	863.168 4
M5	860.863 0	851.859 4
M6	860.344 8	852.012 0
M7	859.478 4	859.535 9

从表4中列出的结果可以看到，无论是何种算法得到的边际数据密度，基准模型得到的边际数据密度值均为最高，这说明我们所选择的基准模型设定是最优的，这种设定下模型与实际数据的拟合程度最好。这样，我们得到了本文最重要的结论之一：在分析政府支出乘数和财政政策的影响时，不能忽略政府消费的互补性、政府投资的外部性和财政政策规则的内生性。

五、政府支出乘数

在本部分我们将从两个方面考察政府消费互补性、政府投资外部性和财政政策规则内生性对政府支出乘数的影响，其中一方面是通过长期政府支出乘数估计值的大小，另一方面是通过模型的脉冲响应。为便于比较和量化参数取值的重要性，所有的参数值都根据上文中贝叶斯估计的后验均值进行校准。

（一）长期政府消费支出乘数和长期政府投资支出乘数

为得到长期的政府支出乘数，我们根据上文推导出的长期政府消费支出乘数和长期政府投资支出乘数计算公式，并将参数值取为相应模型贝叶斯估计的后验均值，代入后得到的结果见表5。

表5 政府支出乘数

模型	政府消费乘数	政府投资乘数
M0	0.790 4	6.113 0
M1	0.481 9	0.512 4
M2	0.709 5	0.548 6
M3	0.537 0	6.012 7
M4	0.798 8	6.052 1
M5	0.736 5	5.752 1
M6	0.750 5	5.795 9
M7	0.494 7	0.526 9

仔细分析表5，我们可以得到很多有意思的结论。首先，基准模型M0中蕴含着我国的长期政府消费支出乘数和长期政府投资支出乘数分别为0.790 4和6.113 0。我国的政府消费支出乘数与国外的相差不大，但政府投资支出乘数略高于美国和日本，一个合理的解释是目前我国的政府资本存量比较低，政府投资对总产出产生的边际效应在初期会比较大。

其次，通过比较基准模型M0和模型M1（$\alpha_{GC}=\alpha_{GI}=0$）、M2（$\alpha_{GI}=0$）、M3（$\alpha_{GC}=0$）可以发现，忽略掉政府消费的互补性或政府投资的外部性将会对长期乘数的估计造成严重的偏差。若只忽略政府消费的互补性，即M3，将会低估长期的政府消费支出乘数；若只忽略政府投资的互补性，即M2，将会严重地低估长期的政府投资支出乘数；若两者都被忽略，即M1，此时，长期的政府消费支出乘数和长期的政府投资支出乘数两者同时被低估，乘数大小仅为0.481 9和0.512 4。然后，通过比较基准模型M0和模型M4（$\varphi_{GI}=0$）、M5（$\varphi_{GC}=0$）、M6（$\varphi_{GI}=\varphi_{GI}=0$）可以看出，忽略财政政策规则中的内生性也会对长期政府消费支出乘数和长期政府投资支出乘数形成偏误，这一结论也与前文的理论结果分析保持一致。但与忽略政府消费的互补性或政府投资的外部性相比，此时造成的偏误较小。最后，我们比较基准模型 M0 和模型 M7（$\alpha_{GC}=\alpha_{GI}=\varphi_{GI}=\varphi_{GC}=\gamma_{GI}=\gamma_{GC}=0$。）。由于 M7 中没有考虑政府消费的互补性和政府投资的外部性，也就没有对政府消费和政府投资进行区分，所以长期的政府消费支出乘数应与长期的政府投资支出乘数比较接近，乘数的估计值分别为 0.494 7 和 0.526 9，与基准模型 M0 相比存在较大程度的低估。值得一提的是，尽管模型 M1 也忽略了政府消费的互补性和政府投资的外部性，但 M1 中的乘数与 M7 仍然存在较小的差异，这也从侧面说明了财政政策规则内生性的重要性。

（二）脉冲响应分析

下面，为了方便分析政府消费冲击和政府投资冲击对宏观经济的影响，解释政府消费冲击和政府投资冲击作用下模型的传导机制和动态特征，本文根据贝叶斯估计的结果模拟基准模型 M0 分别在政府消费冲击和政府投资冲击下各主要经济变量的脉冲反应，结果如图 1 和图 2 所示，图中画出了主要经济变量分别对政府消费冲击 ε_t^{GC} 和政府投资冲击 ε_t^{GI} 的脉冲反应，冲击大小均为一单位正的标准差。下面，我们分别对图 1 和图 2 展开分析。

首先观察图 1。由于私人消费 C_t 和政府消费 GC_t 之间的埃奇沃斯互补性，政府消费 GC_t 的增加使得私人消费 C_t 也立即增加。这说明短期内政府消费 GC_t 的增加能挤入私人消费 C_t，这一结论与较多的传统文献不具有一致性，例如 Christiano 和 Eichenbaum（1992）、Baxter 和 King（1993），他们认为政府消费的增加所导致的负的财富效应会使代表性家庭减少其消费。还有一些研究学者认为在完全竞争的情形下无法解释政府支出的挤入效应，例如 Fatas 和 Mihov（2002）、Gali et al.（2007），而本文引入政府消费的埃奇沃斯互补性同样能挤入私人消费，这也与 Ganelli 和 Tervala（2009）、MazraanI（2010）、

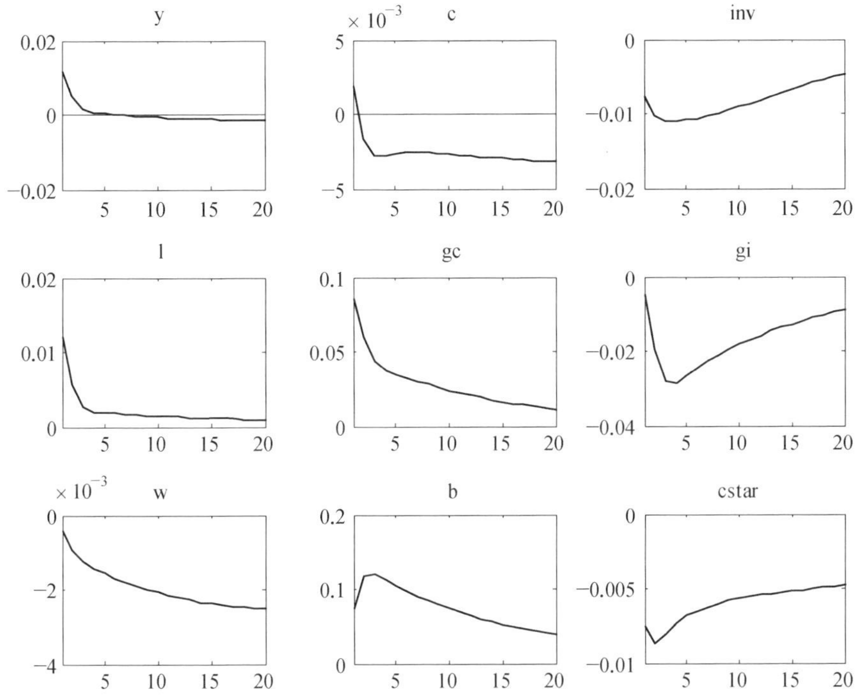

注：图1和图2中 y、c、inv、l、gc、gi、w、b 和 cstar 分别对应于模型中对数线性化后的 Y、C、I、L、GC、GI、W、B 和 C^*。

图 1　基准模型 M0 下主要经济变量对政府消费冲击 ε_t^{GC} 的脉冲反应

Fève 和 Sahuc（2013）及 Iwata（2013）的结论保持一致。但是由于政府融资引起的负财富效应，政府消费 GC_t 会挤出私人投资。同样地，代表性家庭会增加其劳动供给 L_t。而私人消费 C_t 的短暂增加是因为政府消费 GC_t 的埃奇沃斯互补性和负的财富效应两种不同力量角逐的结果，前者的效应更大。在随后的时期里，私人消费 C_t 逐渐减少，长期来看，私人消费 C_t 最终被挤出。需要指出的是，尽管私人消费 C_t 最终被挤出，但由于政府消费 GC_t 的埃奇沃斯互补性，其被挤出的幅度比不存在互补效应时的幅度低。最后，由于当期的资本存量 K_t 由前一期决定而保持不变，劳动投入 L_t 的大量增加会导致总产出 Y_t 的上升。由于劳动供给 L_t 的增加，实际工资 W_t 也会有所下降。由于政府消

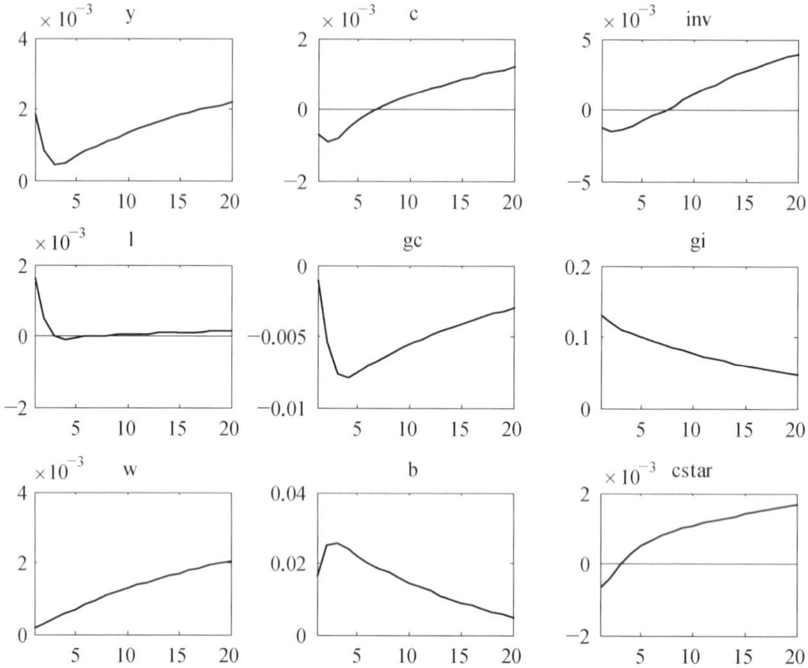

图 2　基准模型 M0 下主要经济变量对政府投资冲击 ε_t^{GI} 的脉冲反应

费 GC_t 的增加，政府部门为保持其预算平衡，其债务 B_t 也会相应地增加。根据我们给定的财政政策规则，政府投资 GI_t 会盯住产出 Y_t 和债务 B_t 做出自动反应，调整的结果即为下降以稳定产出 Y_t 和减少债务 B_t。正是由于财政政策规则的内生性，如政府消费 GC_t、政府投资 GI_t、收入税率 τ_t 和一次性税收和转移支出的净值 TR_t 盯住债务 B_t，产出 Y_t 在长期内有可能会有所下降，这也与 Uhlig（2010）的结论保持一致，而很多传统文献却忽视了这一潜在问题。此外，私人消费 C_t 和政府消费 GC_t 的组合即进入到消费者效用函数中的总消费 C_t^* 随着政府消费 GC_t 的增加呈下降趋势，并缓慢地恢复到均衡水平。

再来看图 2。在初期，面对正的政府投资冲击 ε_t^{GI}，政府投资 GI_t 增加。政府投资 GI_t 增加意味着政府支出增加，政府部门最终会通过增加税收和债务来进行融资以保证预算平衡，这样就会使代表性家庭的收入减少，即造成负的财富效应。负的财富效应会使代表性家庭减少其私人消费 C_t 和私人投资 I_t，并增加其劳动供给 L_t。虽然此时政府投资 GI_t 也会通过政府资本 GK_t 对产出 Y_t 形成正的外部性，但此时负的财富效应要大于政府投资的正外部性，故对私人消费 C_t、私人投资 I_t 和劳动供给 L_t 起主导作用的仍然是负的财富效应。由于我们对政府消费 GC_t 和政府投资 GI_t 进行了区分，此时政府投资 GI_t 的增加并不会对私人消费 C_t 带来埃奇沃斯互补性，故私人消费 C_t 并不会增加，而是完全地由负的财富效应导致其减少。和图 1 中的情形类似，由于当期的资本存量 K_t 由前一期决定而保持不变，劳动投入 L_t 的大量增加会导致总产出 Y_t 的上升。在随后的时期里，由于政府投资冲击过程具有较强的持续性，其 AR（1）过程的系数为 $\rho_{GI}=0.9493$，政府投资 GI_t 仍然会持续增加。而政府投资 GI_t 通过进一步的资本积累形成政府资本 GK_t，直接进入到厂商的生产函数，对总产出 Y_t 形成巨大的正外部性。此时这种巨大的正外部性远远超过负的财富效应，使得厂商更愿意投资 I_t。产出转化为收入后，代表性家庭也会增加其私人消费 C_t。这样，私人消费 C_t 和私人投资 I_t 都有较大幅度上升。由于私人要素生产率的提高，实际工资 W_t 也会增加。相应地，劳动需求 L_t 也会增加，但由于前期劳动投入已大量增加，此时上升的幅度较小。最终，总产出 Y_t 大幅增长，其增长幅度甚至超过最初时期。最后，债务 B_t 随着政府投资 GI_t 的增加而增加。政府消费 GC_t 由于其内在的财政政策规则，即稳定产出与 Y_t 和减少债务 B_t，会有所下降。总消费 C_t^* 由私人消费 C_t 和政府消费 GC_t 的组合变化呈现先降后升的趋势。

根据图 1 和图 2 并结合以上的分析可以发现，主要经济变量例如总产出 Y_t、私人消费 C_t 和私人投资 I_t 等对政府消费冲击 ε_t^{GC} 和政府投资冲击 ε_t^{GI} 的脉冲反应完全不同，其传导机制也不尽相同，这再次提醒我们在考虑政府支出的影响时有必要对政府消费和政府投资加以区别对待。

六、结 论

国内的文献对我国的长期政府支出乘数鲜有估计,而对政府支出按照政府消费和政府投资进行分类的乘数估计更是没有,本文尝试弥补这一空白。本文考察了在 DSGE 框架下估计政府支出乘数时所不能忽视的三个重要特征。这三个特征分别为:政府消费和私人消费之间的埃奇沃斯互补性、政府投资的外部性和财政政策规则的内生性。本文首先利用一个简单的理论模型说明政府消费乘数和政府投资乘数的不同,并指出忽略掉财政政策规则中的内生性会对支出乘数的估计造成严重的偏误。然后在简单模型的基础上构建了一个引入以上三个特征的大型 DSGE 模型,并利用贝叶斯方法对模型的结构参数进行估计。对不同设定的模型进行比较发现,包含以上三种特征的模型能最好地拟合中国经济。估计得到的长期政府消费乘数和政府投资乘数分别为 0.790 4 和 6.113 0。脉冲反应分析表明政府消费冲击和政府投资冲击对经济的影响有着很大的不同。

最后需指出的是,关于经济中的其他一些重要特征,例如不同种类的扭曲税率、执行时滞、零利率下限、不同的财政政策和不同的货币政策组合、繁荣和衰退时期的政府支出乘数等,都还需要进一步的研究。

(2014 年 9 月)

参考文献

[1] Aiyagari, S., L. Christiano and M. Eichenbaum. The Output, Employment, and Interest Rate Effects of Government Consumption [J]. *Journal of Monetary Economics*, 1992, 30: 73~86.
[2] Auerbach, Alan J., and Yuriy Gorodnichenko. Measuring the Output Responses to Fiscal

Policy [D]. NBER Working Paper, 2011, No. 16311.
[3] Baxter, M., and R. King. Fiscal Policy in General Equilibrium [J]. *American Economic Review*, 1993, 83: 315~334.
[4] Benhabib, Jess, and Roger Farmer. Indeterminacy and Increasnig Returns [J]. *Journal of Economic Theory*, 1994, 63 (1): 19~41.
[5] Benhabib, Jess, and Roger Farmer. The Monetary Transmission Mechanism [J]. *Review of Economic Dynamics*, 2000, 3: 523~550.
[6] Bilbiie, Florin. Non-Separable Preferences, Fiscal Policy Puzzles and Inferior Goods [J]. *Journal of Money, Credit and Banking*, 2009, 41 (2-3): 443~450.
[7] Bilbiie, Florin. Non-Separable Preferences, Frish Mabor Supply and the Consumption Multiplier of Government Spending: One Solution to a Fiscal Policy Puzzle [J]. *Journal of Money, Creditand Banking*, 2001, 43 (1): 221~251.
[8] Blanchard, O., and C. Kahn. The Solution of Linear Difference Models under Rational Expectations [J]. *Econometrica*, 1980, 48 (5): 1305~1311.
[9] Blanchard, Olivier, and Roberto Perotti. An Empirical Characterization of the Dynamic Effectsof Changes in Government Spending and Taxes on Output [J]. *Quarterly Journal of Economics*, 2002, 117 (4): 1329~1368.
[10] Bouakez, Hafedh, and Nooman Rebei. Why Does Private Consumption Rise After a Government Spending Shock? [J]. *Canadian Journal of Economics*, 2007, 40 (3): 954~979.
[11] Burnside, Craig, Martin Eichenbaum, and Jonas Fisher. Fiscal Shocks and Their Consequences [J]. *Journal of Economic Theory*, 2004, 115 (1): 89~117.
[12] Chow, G. and K. Li. China Economic Growth: 1952 – 2010 [J]. *Economic Development and Cultural Change*, 2002, 15: 247~256.
[13] Christiano, Lawrence, and Martin Eichenbaum. Current Real Business Cycles Theories and Aggregate Labor Market Fluctuations [J]. *American Economic Review*, 1992, 82: 430~450.
[14] Christiano, Lawrence, Martin Eichenbaum, and Sergio Rebelo. When Is the Government Spending Multiplier Large? [J]. *Journal of Political Economy*, 2011, 119 (1): 78~121.
[15] Christiansen, Lone. Appendix II: Fiscal Multipliers-A Review of the Literature [D]. //Fiscal Policy for the Crisis. International Monetary Fund (IMF) Staff Position Note 08/01, Antonio Splimbergo, Steve Symansky, Olivier Blanchard, and Carlo Cottarelli, 2008, 17~21.
[16] Chung, Hess, and Eric M. Leeper. What Has Financed Government Debt? [D]. NBER Working Paper, 2007, No. 13425.
[17] Coenen, Günter, Roland Straub, and Mathias Trabandt. Gauging the Effects of Fiscal Stimulus Packages in the Euro Area [D]. Working Paper Series 1483, European Central Bank, 2012.
[18] Cogan, John F., Tobias Cwik, John B. Taylor, and Volker Wieland. New Keynesian versus Old Keynesian Government Spending Multipliers [J]. *Journal of Economic Dynamics and Control*, 2010, 34 (3): 281~295.
[19] Corsetti, Giancarlo, André Meier, and Gernot Müller. Fiscal Stimulus with Spending Reversals [J]. *Review of Economics and Statistics*, 2012, 94 (4): 878~895.
[20] Cúrdia, Vasco, and Ricardo Reis. Correlated Disturbances and U.S. Business Cycles [D]. NBER Working Paper, 2010, No. 15774.

[21] Davig, Troy, and Eric M. Leeper. Monetary-Fiscal Policy Interactions and Fiscal Stimulus [J]. *European Economic Review*, 2011, 55 (2): 211~227.
[22] Devereux, Michael B, Allen C Head, and Beverly J Lapham. Monopolistic Competition, Increasing Returns, and the Effects of Government Spending [J]. *Journal of Money, Credit and Banking*, 1996, 28 (2): 233~254.
[23] Drautzburg, Thorsten, and Harald Uhlig. Fiscal Stimulus and Distortionary Taxation [D]. NBER Working Paper, 2011, No. 17111.
[24] Eggertsson, Gauti B.. What Fiscal Policy is Effective at Zero Interest Rates? [M].//Daron Acemoglu and Michael Woodford. *NBER Macroeconomics Annual 2010*, Vol. 25, ed. Chicago: University of Chicago Press, 59~112, 2011.
[25] Eggertsson, Gauti B.. Was the New Deal Contractionary? [J]. *American Economic Review*, 2012, 102 (1): 524~555.
[26] Fatas, Antonio, and Ilian Mihov. The Effects of Fiscal Policy on Consumption and Employment: Theory and Evidence [D]. Working paper, INSEAD, 2002.
[27] Favero, Carlo A., and Francesco Giavazzi. How Large Are the Effects of Tax Changes? [D]. CEPR Discussion Paper 7439, 2009.
[28] Fève, Patrick, and Jean-Guillaume Sahuc. On the Size of the Government Spending Multiplier in the Euro Area [D]. Working paper, 2013.
[29] Fève P., Matheron J., and J.-G. Sahuc. A Pitfall with Estimated DSGE-Based Government Spending Multipliers [J]. *American Economic Journal: Macroeconomics*, forthcoming, 2013.
[30] Finn, Mary G.. Cyclical Effects of Government's Employment and Goods Purchases [J]. *International Economic Review*, 1998, 39 (3): 635~657.
[31] Gali, Jordi, J. David López-Salido, and Javier Vallés. Understanding the Effects of Government Spending on Consumption [J]. *Journal of the European Economic Association*, 2007, 5 (1): 227~270.
[32] Ganelli, Giovanni, and Juha Tervala. Can Government Spending Increase Private Consumption? The Role of Complementarity [J]. *Economics Letters*, 2009, 103: 5~7.
[33] Geweke, J.. *Contemporary Bayesian Econometrics and Statistics* [M]. John Wiley and Sons, 2005.
[34] Giavazzi, Francesco, and Marco Pagano. Can Severe Fiscal Contractions be Expansionary: Tales of Two Small European Countries [M].//Olivier Jean Blanchard and Stanley Fischer. *NBER Macroeconomics Annual 1990*, Vol. 5, ed. 1990, 75~111. Cambridge, MA: MIT Press.
[35] Greene, William H.. *Econometric Analysis*, 3nd edition [M]. Prentice Hall, 1997.
[36] Hall, Robert E. By How Much Does GDP Rise if the Government Buys More Output? [D]. NBER Working Paper, 2009, No. 15496.
[37] Hamilton, James D.. *Time Series Analysis* [M]. Princeton: Princeton University Press, 1994.
[38] Hemming, Richard, Michael S. Kell, and Selma Mahfouz. The Effectiveness of Fiscal Policy in Stimulating Economic Activity-A Review of the Literature [D]. International Monetary Fund (IMF) Working Paper 02/208, 2002.
[39] Iwata, Yasuharu. Two fiscal policy puzzles revisited: New evidence and an explanation [J].

Journal of International Money and Finance, 2013, 33, 188~207.

[40] Jones, John Bailey. Has Fiscal Policy Helped Stabilize the Postwar U.S. Economy? [J]. *Journal of Monetary Economics*, 2002, 49 (4): 709~746.

[41] Leeper, Eric M., and Shu-Chun Susan Yang. Dynamic Scoring: Alternative Financing Schemes [J]. *Journal of Public Economics*, 2008, 92, 159~182.

[42] Leeper, Eric M., Michael Plante, and Nora Traum. Dynamics of Fiscal Financing in the United States [J]. *Journal of Econometrics*, 2010, 156: 304~321.

[43] Leeper, Eric M., Todd B. Walker, and Shu-Chun Susan Yang. Government Investment and Fiscal Stimulus [J]. *Journal of Monetary Economics*, 2010, 57: 1000~1012.

[44] Leeper, Eric M., Todd B. Walker, and Shu-Chun Susan Yang. Fiscal Foresight and Information Flows [J]. *Econometrica*, 2013, 81 (3): 1115~1145.

[45] Linnemann, Ludger. The Effect of Government Spending on Private Consumption: A Puzzle? [J]. *Journal of Money, Credit and Banking*, 2006, 38: 1715~1735.

[46] Mazraani, Samah. Public Expenditures in an RBC Model: A Likelihood Evaluation of Crowding-in and Crowding-out Effects [D]. Working paper, 2010.

[47] McGrattan, Ellen R.. The Macroeconomic Effects of Distortionary Taxation [J]. *Journal of Monetary Economics*, 1994, 33 (3): 573~601.

[48] McGrattan, Ellen R., Richard Rogerson, and Randall Wright. An Equilibrium Model of the Business Cycle with Household Production and Fiscal Policy [J]. *International Economic Review*, 1997, 38 (2): 267~290.

[49] Mertens, Karel, and Morten O. Ravn. Empirical Evidence on the Aggregate Effects of Anticipated and Unanticipated US Tax Policy Shocks [D]. National Bank of Belgium Working Paper 181, 2009.

[50] Monacelli, T., Perotti, R.. Fiscal Policy, Wealth Effects, and Markups [D]. NBER Working Paper No. 14584, 2008.

[51] Mountford, Andrew, and Harald Uhlig. What Are the Effects of Fiscal Policy Shocks? [J]. *Journal of Applied Economics*, 2009, 24 (6): 960~992.

[52] Perotti, Roberto. In Search of the Transmission Mechanism of Fiscal Policy [D]. NBER Working Paper No. 13143, 2007.

[53] Ramey, Valerie. Identifying Government Spending Shocks: It's All in the Timing [J]. *Quarterly Journal of Economics*, 2011, 126 (1): 1~50.

[54] Ramey, Valerie A., and Matthew D. Shapiro. Costly Capital Reallocation and the Effects of Government Spending [J]. *Carnegie-Rochester Conference Series on Public Policy*, 1998, 48, 145~194.

[55] Ravn, Morten, Stephanie Schmitt-Grohé, and Martin Uribe. Deep Habits [J]. *Review of Economic Studies*, 2006, 73 (1): 195~218.

[56] Ravn, Morten O., Stephanie Schmitt-Grohé, and Martín Uribe. Macroeconomics of Subsistence Points [J]. *Macroeconomic Dynamics*, 2008, 12 (S1): 136~147.

[57] Romer, Christina D., and David H. Romer. The Macroeconomic Effects of Tax Changes: Estimates Based on a New Measure of Fiscal Shocks [J]. *American Economic Review*, 2010, 100 (3): 763~801.

[58] Sims, C.A.. Econometric Implications of the Government Budget Constraint [J]. *Journal of Econometrics*, 1998, 83 (1-2): 9~19.
[59] Traum, Nora, and Shu-Chun S. Yang. When Does Government Debt Crowd Out Investment? [J]. *Journal of Applied Econometrics*, forthcoming, 2013.
[60] Uhlig, Harald. Some Fiscal Calculus [J]. *American Economic Review*, 2010, 100 (2): 30~34.
[61] Zhang, W.. China's Monetary Policy: Quantity Versus Price Rules [J]. *Journal of Macroeconomics*, 2009, 31 (3): 473~484.
[62] Zubairy, Sarah. On Fiscal Multipliers: Estimates from a Medium Scale DSGE Model [D]. Working paper, 2012.

51

互联网金融创新与中国
经济发展驱动切换*

所谓虚拟经济，一般有两种定义：一是指与虚拟资本有关、以金融系统为主要依托的经济循环运动，也就是俗称的以钱生钱的活动；二是信用制度膨胀下，金融活动与实体经济（人类的生产、服务、流动和消费活动）相偏离的那一部分形态。我的一个基本判断和论断是，由于互联网金融创新的出现，无论是按照虚拟经济的哪种定义，钱生钱和金融活动与实体经济偏离的程度都会不断减弱，从而会促进现实市场经济越来越趋向于亚当·斯密、哈耶克、阿罗-德布鲁及科斯等人所描述的市场经济的理想状态。这些经济学家认为，完全竞争的市场导致了帕累托所说的资源有效配置和社会福利最大化。但完全竞争的市场经济在现实中是不存在的，因为信息沟通成本、交易成本不等于零，这其中包括最主要的金融融资的成本。当前，由于互联网金融的创新和发展，从某种意义上来说，市场经济活动将更加接近于理想中的完全竞争状态，因为它使得信息沟通的成本大大降低了。

中国实在是幸运，改革开放和市场化改革让中国及时地搭上信息时代的列

---

* 本文载于《探索与争鸣》，2014年第12期。

车。互联网金融创新是中国经济在从要素驱动向效率驱动、创新驱动转型的关键历史阶段出现的一种新的业态，与中国经济转型发展的目标和方向是相一致的，并将会更有利于这样的驱动转型。创新驱动也是今天主要发达市场经济国家经济发展的主驱动，这里的创新，就是熊彼特所谓的毁灭性的、革命性的、颠覆性的创新。一般来说，由于追求自身利益的强烈动机，民营经济是最具有创新意识和创新力的。互联网金融创新，就是来自民企、来自民间、来自草根，其对于国有部门依然占据主导的传统金融将带来巨大的改变，从而会对中国经济发展的驱动力切换形成有力支持。

一、互联网金融的冲击

我于2014年5月去连云港给当地各银行的行长们做报告时谈到"由于互联网金融方面的创新，传统的、垄断的、没有什么竞争和创新的好日子差不多已经过去了"。这些年来，银行业每年有20%~30%的垄断利润，这是很不正常的，里面有着很大的创新和竞争空间。金融业发展的过程，实际上也是一个不断进行金融创新发展的过程。正是经过持续不断的金融创新发展，才出现了一系列新事物，例如新的金融工具、新的衍生产品、新的融资形式、新的支付手段及新的金融组织形式、新的金融管理方法、新的金融管理理念等。

互联网金融的大发展，特别是阿里巴巴的大发展，真正算起来是从2008年开始，也就是世界金融危机发生后的最近5年发展起来的。实际上，它是跟时代背景结合在一起的，与大数据、云存储、云计算等技术革新相伴生，是创新理念和创新技术结合的产物。自工业革命以来，几乎每隔几十年就会出现一次技术革命，包括这次网络信息革命，以及刚开始的生物基因革命。阿里巴巴等公司的互联网金融正好赶上了这个时代。可以说，如果没有大数据、云计算这样的技术革命，互联网金融是很难如此惊人地发展起来。同时，互联网金融给中国金融部门这个依然处于高度垄断的行业部门引入了竞争元素和创新精神，这二者是中国经济转型实现效率驱动、创新驱动所必需的要素。在这个新的金融概念之下，其与实体经济相差的所谓偏离，将会更加缩小。互联网金融从传递信息、提供激励、决定收入分配等方面，与其他市场的基本功能是一致的，但是在促进信息对称、减少交易成本方面，其优势是更加明显的。

互联网金融是一个革命性颠覆和重构性的创新。目前，中国在互联网金融领域聚集了两个方面的主要力量：一是来自电商，像阿里巴巴、京东商城和苏宁云商等，已经成为今天互联网金融的市场新兴中坚力量；二是来自传统金融机构，例如银行、券商、保险等。前者作为竞争和替代，对于后者形成冲击和带动。总的来说，互联网金融一定会造成传统金融的颠覆和重构。例如，实体网点作为传统银行业的重要优势，会逐渐失去价值。随着支付宝、微信支付等移动互联网支付手段的普及，ATM机的存在价值会失去，银行卡的存在价值也会失去，POS机也会被取代，甚至货币的形态和存在方式都会发生革命性的改变。

从某种意义上讲，互联网金融已渗透到生活里的各个角落。从第一次、第二次工业革命的经验来看，那些真正意义上的创新，必然是对人们的生产生活方式带来大变革、大调整的东西。借助蓬勃发展的互联网技术及中国庞大的互联网用户群体，中国经济很有可能实现弯道超车，在新一轮的全球创新潮流里走到前列。尤其是互联网金融与电子商务的结合，有助于促进直接融资的快速发展，建立普惠金融，扩大社会消费，为我国经济结构调整提供有力支撑。我们的政府和国有银行必须要看清楚这一点，现在人们已经越来越不太去银行了，不太用现金了，不太去商店了，越来越多地在网上进行交易活动，传统的理财、传统的金融、传统的实体网点、传统的货币需要做出改变。互联网金融未来发展程度如何尽管未知，我们的思维还是必须有充分的、超前的想象力。

二、互联网金融的两大优点

互联网金融本质上还是一种金融，只是让现实市场和理想状态下市场越来越接近了。互联网、金融与实体经济，这三个要素的结合本身就是一种转型升级，与中国工业化与信息化融合的发展战略方向是一致的。

其一，它降低融资交易成本，尤其是会大大解决中小微企业贷款难的问题。中国经济结构转型最大的问题也正是金融未能有效地去支持那些高效率的企业，尤其是创新能力强的民营企业，其中大部分又是中小微企业。西南财经大学中国家庭金融调查与研究中心2014年5月发布的《中国家庭金融调查》报告显示，民间有息平均利率高达36.2%。当然，中小微企业众多，信息难对称，倒闭风险大，没有多少资金进行抵押和形成品牌，所以融资难的问题是一个从古到今的世界难题。

我们可以看看银行业的发展。银行业最早的出现是由于贸易的需要而产生支付需求，支付直到现在仍然是银行最重要的基本功能。随后，由于社会大生产的出现而产生了对融资的需要，于是银行的融资功能就成为其重要功能。风险投资是最近几十年出现的金融创新，但由于信息不对称所导致的风险，融资主要是针对大型企业。由于个人的收入和资产比较容易信息对称，20世纪六七十年代信用卡的出现一举解决了消费者的融资问题。但还有最大的一个融资问题没有解决，就是中小微企业融资难的问题，银行一直未能有效解决。

互联网金融的出现，使得融资的风险得以由众多的债权人分担，同时由于苹果公司等所创新的智能手机的出现，加上大数据、云计算等技术革命，使得个人的消费行为、中小微企业的市场行为和信用记录越来越为外人所知，信息越来越对称。按照科斯的讲法，市场交易成本大大减小，越来越接近于零了。网上交易越来越普遍，甚至说交易是在瞬间完成，买家和卖家的物理距离不再是障碍，而信息技术的成熟又使得市场信任体系得以建立。互联网金融企业特别是那些有电商背景的企业，在以往的电商平台服务中积累了海量的信用记录，通过大数据、云计算等技术手段，能够在一定程度上对资金需求者的信用状况做出分析、判断，破解征信记录缺失这个造成中小微企业融资难的症结。

其二，它解决了不正常的资本回报率过高的问题。托马斯·皮凯蒂的《21世纪资本论》中一个最重要的观点是，资本的回报比GDP增加多几个百分点，不是一时，而是在过去300年都是如此。如不加以解决，现代市场经济会出大问题。而他给出的药方是在世界范围内征收高额财富税。为什么会出现这个现象呢？其中一个重要原因就是由于金融行业有很大的外部性、经济规模性，以及信息很大程度上的不对称性，这就导致市场失灵，导致风险性巨大（例如欺诈、投资失败的风险），从而促成传统融资的高风险下的高回报，使得金融业中一个本科生经理的年薪收入动辄几百万、几千万，甚至上亿美元。

一直以来，中国经济的资本回报率也是居高的，整体上依然是一个投资驱动型的经济。这带来的一个结果就是，资本所有者报酬的高增长、劳动者报酬的低增长及国民收入占比的不断下降，收入差距也因此不断扩大。如此发展下去，中国经济将是不可持续的，也会激发越来越严重的社会矛盾。面向中长期的未来，中国经济发展模式需要由资本单极驱动转向全要素均衡驱动。也就是说，在资本、劳动、技术、企业家精神等生产要素之中，资本的作用和贡献应该逐步让步于人力资本提升、技术进步、企业家精神培育等，这也是中国经济转型和结构调整的主要方向。

然而，中国要促成这种转变，不应该是简单地对资本、对高风险的回报征收高额财富税，那样谁还有动力去进行创新、创业呢？皮凯蒂对现代市场制度的悲观既没有必要，所给的药方更是不能采用。我的看法和结论非常不一样，我认为现代市场制度依然是不可替代的，互联网金融创新作为一种普惠金融，可能会是一剂良药，会让市场更为有效。同时，互联网作为目前效率最高、成本最低、发展最快的一种信息交流和处理方式，它使得互联网金融机构比传统金融机构搜集信息和进行匹配的成本要低，使得市场交易信息沟通更加充分、交易更加公开透明，这样融资的风险及交易成本将会大大地降低，从而也会降低金融资本的回报率。

三、互联网金融的有序发展

互联网金融是一个新生事物，而政府的监管经验很多还是比较固定而成型的东西，要对这个新生事物有全面而透彻的认识显然还需要有个过程，同时，互联网金融创新价值的充分体现也需要有个过程。但是，互联网金融的实质还是金融，其关键要求还是风险控制、资金安全问题。现在还不能说已经有控制互联网金融风险的万全之策，从上到下各方面都还在摸索过程中。不管怎样，互联网金融需要从野蛮生长走向规范发展，需要在发展中促规范，在创新中控风险，而这需要政府监管、行业自律和社会监督三管齐下。

一是政府监管。金融是特殊的行业，它具有很大的外部性，会让市场失灵，能产生很多系统性风险，对金融机构、金融体系、宏观经济，甚至是社会稳定都会带来灾难性的影响，所以需要政府监管。但要及早完善互联网金融规制、法律规章，并非易事。监管要恰当，不能以此用来压制金融创新，至少要允许试，不能根据原有的经济环境一棍子将它打死。一旦被传统约束过头了之后，金融创新很可能就会被扼杀了。创新不是靠一味地政府监管和政府加大作用就能够搞上去的，民营企业才是创新的主要来源。所以，对互联网金融监管的理念也要创新，要用开放的心态，充分理解和尊重互联网开放自由的精神，相信互联网金融机构自担风险的能力和自我保护能力。

二是行业自律。互联网金融行业发展日新月异，政府的监管匹配显然还需要一定的时间。但是，在行业内部实际上对于什么样的行为会带来什么样的风险会有一些基本的判断，所以互联网金融行业通过建立一些自律组织、协会或联盟组织等，先于政府部门制定一些自律规范、自查机制、自纠办法，来防范行业的普遍风险或是重大风险，很有必要。

三是社会监督。这对于保障互联网金融健康发展也很重要。俗话说"太阳是最好的防腐剂"，互联网金融本身就是太阳底下的产物，是互联网开放精神的产物，它从某种程度上讲是民间金融的公开化，而与互联网技术的嫁接，则使得规则公开、收费透明、信息及时披露、全方位展示资金的来源和去向等等，都变得更加容易操作和实现。

（2014年12月）

52

中国房产的走势及其治理：房需与房价[*]

在 2015 年网易经济学家年会上的发言

首先感谢网易经济学家年会的邀请，给我这个机会就中国房地产市场的现状和走势谈谈自己的看法。我没有准备 PPT，但花了点时间把这写成了一篇文章。今天，我主要基于这篇文章从短期和长期来谈，我发言的题目是"中国房产的走势及其治理：房需与房价"，也可能都是大家非常关心的。

实际上谈房地产总是吃亏不讨好的，无论你说涨还是掉，都是要被人骂的，被人甩鞋的。刚才任总讲了很多数据，对当前的走势也谈了自己的看法，我觉得挺好。我是做经济学理论分析的，所以今天我主要是想对中国房地产市场的发展进行内在逻辑的分析。中国房地产市场这些年来表现出许多激励不相容的地方，根源在于很多制度设计和政策制定没有逻辑，违背市场规律。特别是上届政府规制房地产业可谓不遗余力，但仔细分析各类规制措施，总是给人"头痛医头、脚痛医脚"的印象，造成了"三多三少"的现象：零散性、短期性规制措施多，全局性、前瞻性规划措施少；行政手段多，市场行为少；政策干预多，制度保障少。

---

[*] 本文为作者 2014 年 12 月 16 日在 2015 年网易经济学家年会上的发言。

导致的一个后果就是，房地产业总是陷入"大泻—大补—再大泻—再大补"的轮回困境，并不可能从根本上解决我国房地产的问题。十八届三中全会谈要让市场在资源配置中发挥决定性的作用，我看房地产市场如何摆脱政策市的大起大落，就是检测这个目标实现情况的一个指标。今天，我们这个分论坛的主题是房地产新系统、新秩序，这个秩序是否合理，关键就看政府的定位是否恰当，政府与市场的边界界定是否合理。

在讨论问题之前，我还想先辨析一下人们经常混淆的两个概念。一是房产的需求和价格是不尽相同的两个概念。比如尽管房产的需求增加很多，房产远未饱和，但房产的价格可能变化不大，它还受其他许多因素的影响。二是我这里谈的价格是真实价格（Real Price）或相对价格，而不是名义价格（Nominal Price）或绝对价格，比如有通货膨胀、有泡沫的价格就是名义价格，是偏离了真实价值的价格。同时，谈未来的房市，也要对当前的房市有一个基本判断。我的基本判断是，从整体或平均来看，中国过去五年及至当前的房市没有大的泡沫。

我还记得在 2009 年 12 月下旬，跟当时国务院政策研究室的主要负责人谈宏观经济和房地产市场。那时候还没出台"新国四条"和"新国十条"。他担心中国楼市有泡沫，问我的意见和看法，我当时就明确告诉他，没有泡沫。随后 2010 年 4 月就连续出了"新国四条"、"新国十条"。如果有泡沫的话，一捅就破，现在打压了四五年，也没有打下去，还是泡沫？我看用核武器也打不破。我当时为什么判断说房地产没有泡沫呢？大家动不动就拿日本的例子来吓唬政府，说你看看，日本由于房地产泡沫导致它的股市暴跌，经济不是低迷 20 多年吗？从 1988 年左右开始。中国的情况跟它是不一样的。在过去这些年基本上接近 10% 的经济增长率，而日本经济增长才 2% 左右，但房价却每年 10%～20% 的上升，这肯定大大偏离了经济增长的轨迹。中国房地产的价格和经济增长基本同步，我们有一个测算，基本上是没有超过，甚至是略低于 GDP 的增长速度。

国际上衡量房地产是否出现泡沫有一个代表性指标，就是房价收入比（即住房价格与居民家庭年收入之比），它主要用于衡量房价是否处于居民收入能够支撑的合理水平。如果只是直观简单地横向比较，很容易得出"大部分中国人买不起房"或"中国的房价比美国、英国高很多"的结论，进而被放大为中国房地产市场存在大量泡沫，引起人们认识上的误区。然而，如果用动态和发展的眼光来看中国的房价，我们也许会得出不一样的判断。

基本判断1：从国际横向比较的视角考察，如果用动态和发展的眼光看中国的房价（因为住房是一种高值的耐用消费品，需要跨期消费。房价所对应的收入就不应是当期收入，而是长期收入），即考虑中外收入增幅的显著差异，中国的真实（理性预期）房价收入比也许并不比美国等发达国家高多少。

基本判断2：从国内纵向比较的视角考察，自1998年住房制度改革以来，住宅商品房平均销售价格的年均增速明显低于居民可支配收入的年均增速，从而房价的可承受能力总体上是逐步增长的。

所以，在全面衡量居民对于住房的可支付能力时，应该把居民收入的预期增长考虑进去（实际上，不少购房者也是这么考虑的），如果忽视动态而简单静态对比发达国家数据，不仅会带来个人理财决策上的错误判断，也会给宏观经济政策的制定提供错误的依据。并且，中国房地产的资产证券化程度很低，又有着全世界最高的首付比例，这两条与美国房地产资产高度证券化和零首付、低首付形成了鲜明对比。所以，中国房地产市场不会给银行带来大的系统性风险。

下面，我主要围绕房价未来走势（包括所谓的泡沫论、拐点论）、房产税、长效机制等3个方面来谈谈自己的看法。

第一，关于中国房产、房价的走势。我对房产、房价的基本判断是：从长期和整体看，中国住房需求还远没有饱和（这对开发商是好消息），但房价不太会像前些年那样的飞速上涨（因此获取暴利的情况基本上很难出现了），当然更不可能会大跌，特别对一二线城市是如此（所有想等待房价掉下来再去买的基本上无法实现，反而弄巧成拙）。从而，其基本结论是，从长期看，尽管有波动，房价整体将会保持温和上涨的趋势，不会出现房价下降的真正拐点。

经济学研究房价，首先还是把住房市场作为一个市场进行考虑，可用最基本的供求分析方法来研究住房市场的均衡状况，包括均衡数量和均衡价格的形成。不过，中国是一个正在发生转型的国家，因而观察中国住房市场，还要注意具体区分，是看：短期还是长期，整体还是局部，一二线城市还是三四线城市。所得到的结果可能是大不一样的。各界关于房地产问题之所以那么多误解、误会，很大程度上跟所持的角度不同有关。

我们先讨论短期情况。从短期看，房价进一步上升会有较大压力。原因有三个：（1）中国住房市场目前处于供大于求的状态。当前，房地产企业的库存在不断加大，预售面积已超过6亿平方米，达到历史高峰，库存压力不仅出现在大城市，二三四线城市更为严重。（2）需求面有许多负面因素，包括经济增速下滑、居民的收入增速有所下降，面对房地产景气指数的历史新低和持续下滑，受买涨不买跌意识驱使，人们待价而沽的观望心态浓厚。（3）改革牛带来的股市大涨，尽管也有大的震荡，但还是分流了大量的资金进入股市，民间资本有了替补投资渠道更不愿意投资楼市。以上这些因素都会导致需求曲线左移。

房价下行也有阻力，一些反向因素推动着需求曲线向右平移，支撑着房价。其主要原因是人们的收入增长不会大幅度下滑，政府由于各种考虑也不容许它大幅度下滑。2013年城镇居民人均可支配收入增长9.7%，农村居民人均纯收入增长12.4%。2014年中国经济增长下滑，老百姓的收入增速可能也会下降，但估计不会下降太多。同时，作为住房互补品的医疗、教育、商业资源等不断完善，城市面临巨大的居住改善性需求。

最近，穆迪下调了对中国2015年经济增长的预测，预测会低于7%，这跟其对中国房地产负面的展望有很大关系。房地产行业下滑确实会对GDP增长带来负面影响，但是我认为总体影响还是有限的，房地产销量或者是价格的下跌幅度不会高于预期。并且，如果经济增长真正放缓到 5.5％至 6％的水平，会对当前就业造成严重影响，影响到社会稳定。中央政府肯定会且有足够的政策工具做出应对来刺激经济增长，以重新把经济增长推到一个相对更高些的轨道上去。

并且，过去两年里，中央政府强力反腐，力推简政放权，重在治理"乱作为"，但也导致政府"脸好看了，门好进了"，但事并不是好办了，以前很快可以解决的问题，现在得"研究研究再研究"，行政效率明显降低。2015 年，中央政府可能会转向治理"不作为"，早前习近平同志曾厉声告诫"为官不为"者要"在其位谋其政"，李克强同志亦批评"不作为的懒政就是腐败"。中央政府向"不作为"开刀，预计政府行政体系的运行效率会比 2014 年有所提升。所以，如果能将发展和治理的关系处理好，2015 年的经济增长应该也不会太差。

所以，其结论是：就全局和平均而言，房价不会大涨，也不会大跌。当然房价的涨跌不是整齐划一的，一二线和三四线城市有较大的差异。从地市看，2014 年 1 月至 11 月土地出让整体量价齐跌，呈现分化趋势，一线城市与核心二线城市的地价一直在涨，而三四线城市土地价格的涨幅及成交却并不明显。这是由需求决定的，一二线城市的人口导入量依然较大，所以无论是楼市还是地市均能得到一定支持。从楼市看，一二线城市虽然也处于调整中，但需求基础依然庞大，三四线的很多城市库存积压已比较严重，特别是人口新增放缓的城市，一些空置率较高的三四线城市楼市风险仍在集聚。

我们再看看长期情况。从长期看，中国住房市场还远没有饱和，发展空间依然很大。特别是在制约性、垄断性的土地供给制度之下，持续扩张的住房刚性需求和住房改善需求，使得房价上涨预期不断加强。这又是由三个方面的基本因素共同决定的。这些因素相互交织，在过去、现在及今后相当长的一个时期内，一直都会在不同程度上为需求扩张，从而为房价上涨提供源源不断的内在动力。

其一是被束缚已久的城市化需求，使得买房的需求很大。无论是与中国工业化的迅猛发展相比，还是与世界各主要经济体的同类指标相比，以城镇居民占总人口的比例来衡量，中国的城市化水平是相对滞后的。中国的真实城镇化率还只有40%左右，到2030年要达到70%，年均2个百分点的增长对应的城市居住需求是相当可观的。

其二是日益壮大的中产阶层群体，使得换房的需求很大。不同的收入水平决定了对不同产品的需求，中产阶层群体的迅速膨胀将使居民消费类型和行为发生重大转变，对耐用品的消费需求会大幅上升，"居者有其屋"及"居者优其屋"将成为许多中产阶层家庭生活中的主要诉求，有利于进一步带动房地产市场的繁荣景气。

其三是中国的传统文化价值观念，使得置房的意愿很强。中国几千年的农耕文明形成了牢固的"耕者有其田、居者有其屋"的传统思想。尽管住宅地不归私人所有，但房子是当前人们唯一所拥有的不动私产。并且，与西方个体伦理文化不同，中国有着浓厚的传统家庭伦理文化。随着独生子女一代特别是每年五六百万的大学毕业生开始进入城市工作和婚嫁阶段，双方长辈都会拿出积蓄来帮助子女在城市中购房。

第二，关于征收房产税。面向下一个十年、二十年，中国房地产市场要实现效率与公平兼顾的健康发展，征收房产税是一个必选项。通过提高持有环节的成本，让投资者把房子投放到租赁市场和二手房市场上去，形成真正的消费品，降低高空置率，此其一。其二，通过此项税收可以调节社会财富分配和平衡收入差距。这是大方向。

过去这些年，中国之所以出现大量房叔、房姐，除了腐败使得这些人有资金大量投资房产之外，一个重要原因就是房屋持有环节几乎没有什么成本。征收房产税、物业税可以在很大程度上杜绝这种现象。美国的不动产税大约是每年1%到3%，它是拥有了这个房产之后所使用的城市公共物品的费用，真正是买得起房子、交不起税。所以，你让我买，我也不买。

美国不动产税一般占地方财政收入的40%到50%，有些地方甚至更高，这与我国地方财政收入过度依赖土地出让收入形成鲜明反差。更重要的是，像美国政府对于这笔税收的用途是很明确的，即投入地方公共服务基础设施特别是教育的建设，这对于为当地民众提供公平竞争起点、防止贫富差距拉大和社会结构固化都具有重要意义。

目前，我国房产税扩围已转向房产税立法，这符合税收法定的原则。未来，要将房产税作为地方的主要税种，这是税制改革的重要环节。在此过程中，应该对房产税的用途进一步予以明确，如将房产税大部分用于支付学区义务教育，其他部分用于改善治安环境和公共服务等，从而使得学区的环境得到改善，房价自然而然也就随之上涨。地方政府的财源从而也得到保障。不过，说归说，开征房产税真正实行起来，阻力将会十分巨大，说不定弄不成，或弄的不规范。像房产税、遗产税本应该在大家都没有房子，都没有什么财产时就进行立法，这样更容易被接受。

第三，关于长效机制建设。政策是短期效应，根本在制度建设。尽管房产税是房地产市场制度建设的重要一环，但这并不是答案的全部，相关的制度建设亟须跟进，应该从土地流转制度、金融监管制度、住房保障制度、住房租赁市场建设、土地拍卖制度五大制度建设方面入手，多管齐下，综合治理，建立有效市场，兼顾经济效率与社会公平，引导有效供给与有效需求，促进房地产市场稳定健康发展。

（一）促进土地和人口城乡的自由流转

正确处理好保护耕地基本国策和城市化用地（包括房地产开发用地）的关系，促进土地要素在城乡间自由而有序地流转，保证住房土地的有效增量供给。增加供给是解决当前市场供求关系的最简单也最有效的办法。当然，保护耕地存量与房地产开发用地增量之间存在一定的此消彼长关系，但是从优化土地使用结构、提高土地集约水平的角度来看，二者又是相辅相成的。

新一轮农村土地制度改革试点似乎已经箭在弦上，但依然是只有符合规划和用途管制的农村集体经营性建设用地才能入市。这个规划和用途管制，还是一道可松可紧的"紧箍咒"，能在多大程度上增加有效供给，还未可知。同时，还需要从根本上消除城乡二元结构。

（二）加强银行风险管理

改进银行的风险管理系统，让银行能够更好地共享客户的信用资讯，让银监会能够更好地监控银行的贷款风险，让整个社会能够建立起一个有效控制房地产贷款（特别是土地抵押贷款）风险的制度。这个方面的改进，不是针对投资性购房的，但却是比"遏制"投资性购房更能抵御次贷危机式金融风暴的制度。因为最大的风险不在买房者30%～60%的首付，而是开发商。开发商的风险最大，这个地方出了问题才是大问题。

（三）完善住房保障体系

要明确公民的居住权及政府在保障居者有其所方面承担的责任，并通过法律对保障性住房的资金来源给予保证。当然，这不意味着要制定超越发展阶段和公共财政支持能力的住房保障目标，或让大多数人得到住房保障的预期。房产税的征收为城市保障性住房提供了一个重要的资金来源。

（四）发展房屋租赁市场

租赁市场发展滞后有可能与我国的传统文化及法律规则不完善有关。让所有人都居者有其房，这肯定是无法实现的。此次美国"次贷危机"的爆发，在很大程度上就是毫无节制地吹大了"居者有其屋"的梦想，让很多不具备买房能力的人去买房。有鉴于此，"租售并举"应该是我国需要长期坚持的基本住房政策，也是一个成熟的房地产市场应具备的基本特征。积极培育壮大住宅租赁市场，既可极大满足当前中低收入家庭迫切的居住需求，也可降低住房空置、空住率，扩大市场有效供给，提高住房资源配置效率。

（五）完善土地拍卖制度

改革现有的单纯以"价高者得地"为原则的土地招拍挂制度。这不是目前的行政性清理"地王"政策，而是设计合理的拍卖制度，在土地拍卖过程中综合地块设计方案、公众利益、企业自有资本、企业信誉、资质业绩、消费者评价、纳税情况和社会责任等多种指标，筛选出真正能够为公众提供品质高的可支付住房的企业。当然，此项改革不是要倒退到过去没有拍卖的"协议转让"阶段。

（2014 年 12 月）

53

当前中国经济增速的合理区间探讨

发展和治理两大逻辑如何统筹兼顾

  提要：中国经济正面临空前的放缓压力。为了防止经济增长继续下滑，中国人民银行近期实施了三年以来的第一次全面降准。货币政策的调整，无疑具有正向作用，然而如果对于中国经济增速下滑的基本原因缺乏正确认知，所采取的应对措施可能也将作用有限。造成当前中国经济增速下滑的基本原因除了周期性和结构性因素外，目标管理缺失、弱化所导致的不作为也不可忽视。过去的 GDP 中心主义的政绩考核方式有其问题，但不能从一个极端走向另一个极端，完全不要 GDP 目标，而应形成更多维的考核。抛开深化改革治理等带来的红利不论，从劳动力、资本和全要素生产率等基本面看，中国经济潜在增速不会大幅下滑。中国还需借重 GDP 目标的牵引和参照作用，但应秉持"区间管理，中线把握"原则，缩窄负产出

---

* 本文载于《人民论坛·学术前沿》，2015 年 3 月。在写作过程中与中国留美经济学会多位海外大学任教的资深老会长孙涤、文贯中、尹尊声、张欣教授及也是学会老会员的上海发展研究基金会副会长、秘书长乔依德等专家进行了大量讨论，文中吸取了他们的许多真知灼见，我们对短期对策和长期治理制度建设并重的标本兼顾，特别是发展治理应两手抓的意见高度一致。

缺口。中国经济增速问题的背后是发展方式转变和制度体制转型的难题，要正确理解和兼顾发展的逻辑与治理的逻辑及其之间的内在关联、辩证关系。

2014年，中国经济增长7.4%，延续了前两年的增长下滑态势，且跌幅又有所拉大，创下1990年以来的新低，也是自2010年以来连续第18个季度的增长减速，是自改革开放以来从没有过的。从月度指数上看更不容乐观，2014年第四季度GDP增速为7.3%。并且，全国20多个省份的增速未达预期，其中落差最大的竟达4%，使得本来完全可实现的7.5%预期增长目标没有达到。更严重的是，经济走势还在下滑，通缩预期大幅上升。2015年1月汇丰制造业采购经理人指数（PMI）为49.7，仍处于枯荣线以下，这预示一季度经济将要差于2014年四季度，PPI连续34个月为负，加上资本外流和最近制造业倒闭潮加剧，GDP趋势增长率应已下行至7.1%附近，逼近7%政策底线。如继续下降，将会导致包括就业困难、收入下降、资金外流、金融安全（大量坏账）、预期恶化从而影响社会、经济稳定等一系列严重问题。

是什么原因造成这种颓势，拉大了实际增长率和潜在增长率的差距？这种持续的实际经济增长率迅速下滑真的是新常态下的态势，是潜在增长率放缓造成的吗？这里所谓潜在增长率指的是资源基本达到有效配置这一理想状态下的增长率（即生产因素充分发挥作用，现代市场制度建设基本到位）。现有一些量化实证分析认为，至2020年中国潜在增长率仍会在8%以上，从而认为目前盛行的潜在增长率明显放缓是新常态未免夸大其词。[①] 这个数字也许有些高估，但其论证方法是量化的、严肃的。

为此，本文想探讨的是当前中国实际经济增速下滑的主要原因，是周期性

---

① 屈宏斌.中国潜在增长率究竟几何[OL].财新网专栏，2014-12-9.

的、结构性的,还是其他?如何缩小新常态下的中国经济实际增长率与潜在增长率之间的负产出缺口(包括其合理区间的界定)?下一步深化改革、改善治理、促进发展究竟往何处去?这些问题至关重要,因为一旦发生方向上、认识上的误区,会造成大的政策或改革失误,包括人为地造成经济增速大幅度下滑,这必将会影响到社会经济稳定和改革大局。中国仍需要保持一定的经济增速,以为结构性改革和驱动方式的改变赢得时间、提供空间。为此,本文秉承着标本兼治的原则,不仅仅只是对当前经济下滑给出短期对策的建议,更重要的是对长期治理的根本性制度建设给出我们的看法。

笔者认为,在兼顾长期治理和转型发展的前提下,发展仍然是硬道理,这个战略方针在任何情况下都不能丢,必须长期坚持,发展治理两手抓、两手都要硬,形成改革、发展、稳定、创新互动互补的良性递进态势。通过短期对策和长期治理制度建设并重的标本兼顾的应对,同时处理好发展和治理的互动互补的内在逻辑,在未来3～5年内中国经济完全既可维持一个相对较高的增速(7.2%～7.5%),又可进行发展方式转变和长期治理制度方面的改革,为实现从要素驱动向效率驱动乃至创新驱动的转型发展,以及为国家治理体系和治理能力现代化创造条件,最终实现长治久安和民族复兴大业。

一、什么导致当前中国经济实际增速下滑超出预期

一般而言,经济增长放缓主要有两种:一是周期性的,二是结构性的。在世界经济尤其是美国经济总体向好、国内基本经济环境大致良好的情形下,当前持续4年多下行的性质基本上不是周期性的。通过短期宏观调控对周期性放缓有一定成效,且只能适当采用(如适时适量降息、降准、发行国债),否则有后遗症(如2007年后动用几万亿的强刺激和大规模投资抬拉增长速度所造成的后遗症),不能解决更为根本的结构性问题和治理问题,而这需要通过制

度的改革、治理的改革、结构性的改革,从要素驱动转向效率驱动乃至创新驱动的改革来推动,也就是从长期治理的角度入手加以解决。尽管结构性的治理改革难以短期见效,但这是根本出路,现在主要靠要素驱动的中国制造业正面临具有高新技术发达国家和更廉价劳动力发展中国家"前后夹击"的双重挑战,必须尽快进行结构性的改革,实现驱动转型升级。

不过,除了前两种原因和其他不可控因素外,对在很大程度上还处于"**重政府轻市场、重国企轻民企、重国富轻民富**",简政放权改革还有很长的路要走的体制转型之中的当前中国经济而言,也许还要再增加显得非常重要的一个类别,那就是目标管理缺失所导致的不作为,包括政策不作为和做事不作为。由于政府与经济活动至今密切相关,市场仍未发挥决定性的作用,政商关系仍密不可分,"跑项目、拿批文"是其一大特征。当前各级政府对从事经济活动的各种程序审批、项目审批、准入壁垒依然众多,维护和服务性的有限政府、有效政府的目标还远未达到,从而政府部门(无论是否该管的)办事效率的高低成为影响发展包括经济发展的重要因素。2014年经济增长没有达到预期目标,经济目标管理缺失从而办事不积极、不作为恐怕是导致中国经济实际增速与潜在增速的缺口扩大,最终跌破7.5%的关键因素,起到最后一根稻草压垮骆驼的作用。其实,只要稍加作为完全应能够跨过这个点。

之所以如此,一个重要原因是对"新常态"的理解出现偏差。"新常态"是指粗放式的高投资、高消耗、高污染所支撑的高速增长不能再继续下去了,而是在提高市场效率与社会公平正义安定有序治理方面要有新作为,使得仍处于提升发展阶段(还没有进入平衡增长轨道)的中国经济保持一个中高速增长。由此,放弃粗放式高速增长的旧常态和提倡政府简政放权及减少政府的过位,决不应与不作为、放任经济放缓划等号,更不意味着经济增长的大幅、过快放缓,从而自我放松对实现经济增长目标的坚定承诺和责任心态,出现学生考试只想追求及格结果往往导致不及格,亦即取上得中、取中得下、取下必败的现象。这种认知上的误区如不清除,继续放任这种做法,按照这样的下降速度持续发展下去，实际经济增长率很快掉到6％都大有可能。

气可鼓而不可泄！如同正在腾空的火箭、起飞提升的飞机需要保证足够的动力一样，中国经济还没有达到均衡增长的轨迹，如中央一旦降低要求，自我减压，那么地方就更没有动力去寻求增长与发展。2015年两会期间各省市下调乃至取消GDP增长目标，其多米诺骨牌效应令人担忧。同时，当前空前力度的正风肃纪，无疑是正确和必要的，但由于视新常态下经济增长下滑是自然的，没有经济增速目标和上面政策执行力的压力，使得许多政府官员没了敢闯敢试的劲头，怕担风险，怕出事，其结果是发展、治理两头落空，既不着力于经济发展，也不进行大胆改革，说得多，做得少，"宁不作为，也不犯错；宁少做事，也不出事"成为普遍现象，重严治、轻发展、办事难的趋向十分明显。

人们常在议论的是，现在官员廉洁了，但办事也难了。在中国直至当前的经济发展模式中，由于政府主导经济，部门和官员有很大的审批权（截至2015年年初，国务院有关部门取消和下放行政审批事项1/3以上，但仍有近1 000项行政审批），除了责任心和政绩考核的压力之外，拿钱给办事的寻租设租贪腐行为在客观上作为一种"润滑剂"也曾在短期内对经济增长起到一定作用。当然这种公权力不受限制所导致的腐败和不正之风，对于中国政治、经济和社会的长远健康发展无疑是非常不利的，各方面的危害性极其大，需要在制度建设和政府的定位上加以扭转和根治。在当前对政府官员过去的乱作为的治理已经收到明显成效的同时，接下来重点要治理不作为，为官不为也是最大的腐败。

这样，在当前全面深化改革背景下就提出了一个新的课题，即在治理现代化的过程中如何在政府官员中形成新的促进经济增长和发展及勇于改革创新的激励，实现标本兼治。也就是，后文将会论述到的如何正确处理好发展和治理的内在逻辑关联的问题，无论是治理还是发展，其关键是政府职能必须定位恰当，其核心指标是建成一个公共服务和维护型的有限政府而不是发展型全能政府治理结构。要两手都要抓，在求发展的同时，不能忽视治理，在抓治理的同时，也不能忽视发展，否认发展的重要性。

二、发展是第一要务仍不能丢,但应多维度考核

之所以出现以上问题,就是对发展与治理两大治理逻辑的认知上出现了偏差,没有做到两手抓。过去 30 多年,中国经济发展在取得了巨大成就的同时,由于治理没有相应跟上,出现许多严重问题,如经济粗放发展、贪腐猖獗、贫富差距过大、社会公平正义不足、政府公共服务不到位等问题,不少人由此认为这些都是经济增速过高造成,将发展和治理两者简单对立起来,认为改革深化、治理优化就必须要以经济增长的大幅下滑为代价,现在各级政府基本不谈经济增长,不愿作为、不敢作为现象比较普遍,给人们的感觉其主要工作就是廉政和加强意识形态控制,改革深化、治理优化究竟在多大程度上得到了推进,人们普遍存疑。

其实,中国经济的快速发展本身并不是问题的根源所在,发展中出现的问题也不是改革的大方向错误造成的,更多是方式方法的原因,如经济单一改革,重数量轻质量的粗放式经济增长,没有经济、政治、社会、文化、生态全方位综合改革所造成的,其背后又是政绩考核体系的偏颇。许多现有问题都是关联的,必须综合治理。过去的 GDP 中心主义(当然还加上维稳)的政绩考核方式,给中国社会经济发展带来了很多问题和矛盾,但千万不能从一个极端走向另一个极端,**不能说现在就可以完全不要 GDP 增长目标了,在这方面不要作为了,而是需要有质量的经济增长目标**。没有有质量的量化指标,就没了努力方向,也就无法对官员加以问责,从而官员也就没有责任和动力去着重经济发展和勇于创新。

无论怎样,"发展是硬道理""发展是第一要务"等战略方针仍不能丢,发展和治理两手都要硬,处于发展阶段中的中国经济还不能承受增长率过大、过快的下滑,否则会对经济、社会和深化改革方面带来一系列严重问题。最近,上海在 2015 年市政府工作报告中首次取消了 GDP 年度增长目标。按照世界银行标准,如果将上海作为一个单独经济体来看,其已达到"高收入国家"水

平，即便如此，取消经济增速目标的做法也还需要慎重对待。有上海市的代表就指出，GDP增速作为衡量发展的重要参照标准和指标，仍不可或缺。确实，没有量化指标，没了努力方向，就更加无法对官员加以问责，从而官员也就没有责任和动力去着重经济发展，着力包括提高经济效率和可持续发展方面的治理。

中国正处于从上中等收入国家向高收入国家迈进的时间窗口，要避免陷入"中等收入陷阱"，仍需保持一定的经济发展速度。当前我国每年新增的就业岗位超过1 000万（2014年是1 322万），而现在GDP每增长一个百分点可带动150万左右就业岗位，这也需要维持一个中高速的经济增长。因而，在新时期，我们应该着力研究探讨的是如何将过去政绩体系中被忽视的教育、环保、卫生等民生性公共服务指标纳入进来，与GDP指标一道形成效率与公平兼容的新的促进科学发展的多维度的全面考核体系，而不是完全放弃对GDP经济增长的承诺。

作为一个参照，美国在20世纪90年代初就曾以立法的形式确立了对于政府绩效的考核制度，地方政府需按照联邦政府的统一要求建立绩效报告制度。由此，很多地方政府均成立了与政府绩效评估相关的委员会，如"俄勒冈州进步委员会"（Oregon Progress Board）就对州政府设立了达150多项的具体、明确、量化、可检测的政府绩效指标体系，涵盖了经济发展、就业平等、财政收支、社会和谐、教育、卫生、居住、环保、交通运输、公共安全、公民参与等重大公共事务[①]。政绩考核体系的转变，对于发展方式的转变具有牵引作用。

---

① 倪星.地方政府绩效评估指标的设计与筛选[J].武汉大学学报（哲学社会科学版），2007，3.

三、中国经济潜在增速在今后 5~8 年内仍可达 7%以上

由于要素收益递减客观经济规律,中国经济增长的中枢已经下移,或者说中国经济的潜在增长率已经下滑。笔者不像一些人那么乐观,认为未来 20 年中国还能实现 8%的经济增长(当然,靠一味消耗资源和危及生态环境的粗放式发展也许可达到,但代价巨大)。但是,这个下滑是否又像另一些人所说的,来得那么快、那么大?即使抛开深化改革治理等制度建设方面带来的红利不论,从劳动力、资本和全要素生产率等方面看,中国经济潜在增长率真的会大幅下滑吗?

劳动力方面,中国的人口老龄化及劳动参与率的下滑,传统的人口红利面临衰退,从而对经济增长会有一定拖累,但这种拖累是有限的,即使未来 5~8 年间就业人口以每年 0.6%的幅度递减,拖累 2022 年的潜在增长率也只降 0.7%左右。然而,近些年政府教育投资增加,受教育年限持续增长,其所带来的人力资本增加则有望部分弥补潜在增长率的下降。如再加上能像绝大多数国家一样,尽快将免费国民义务教育从 9 年增加到 12 年(笔者一直在呼吁①),则完全可抵消 20 年间人口老龄化的负面影响。同时,以解决户籍和土地制度问题为关键(至今基本没做)的城市化辅以大规模开展民工技能培训,其所带来的劳动力从低效率部门向高效率部门的转移,也将是一种劳动力结构的优化调整。从而,如处理得当,劳动力方面的正反两方面因素在未来 10 年内至少是相互抵消的,甚至正面因素有望大过负面因素,形成高质量人力资本驱动的第二次人口红利。

资本方面,中国近几年资本回报的下降有边际收益递减的内在规律使然,

---

① 田国强.普及十二年义务教育是实现教育现代化和建设人力资源强国的基石[D].上海财经大学高等研究院 2010 年度政策建议书之三.

也源于投资结构方面由制造业向基础设施的转移。基础设施投资的特点就是回收期长,但是其正外部性会随着时间的推移而扩大,例如,"高铁"对单位劳动生产率的提升就是非常明显的。中国大部分地区的路网基础设施依然短缺,同时环保和节能降耗的投资需求也十分巨大。此外,"一路一带"倡议带来的新增需求,对于现有制造业过剩产能的化解和输出也有一定的作用。

全要素生产率方面,它体现了一种将资本和劳动有机组合使用资源的能力,有赖于技术进步、技术效率、企业治理结构、管理体制创新等方面的内容,要求企业在发展过程中既要注重量,更要注重质。目前,中国的全要素生产率大概还不到美国的 $1/5$,还有很大的提升和增长空间。由要素驱动转向效率驱动乃至创新驱动的结构性改革是提升全要素生产率方面最有效的手段。中国过去 20 年的经济快速增长,在很大程度上得益于朱镕基同志在 20 世纪 90 年代中后期所推行的结构性市场化改革及 21 世纪初加入世界贸易组织后的对外开放所带来的全要素生产率大幅提升。本届中央领导集体和政府上任以来,对于转型驱动的结构性改革也有所筹划,形成了改革的势能,当然在行动上落实下去还存在诸多困难。

当然,谈论中国经济增长也不能忽略世界经济发展的大背景,这也是外部约束条件。根据经济合作与发展组织(OECD)最新发布的经济展望报告,未来两年 OECD 国家的产出缺口虽然依然为负,但将由 2014 年的 -2.3%,缩窄至 2015 年的 -1.9% 和 2016 年的 -1.4%。与此同时,报告预测,除了日本以外,美国、英国和欧元区国家在未来两年的潜在经济增长率均将有比较明显的提升。尤其是美国,2015 年开年以来的经济活动继续保持扩张势头,个人消费和就业水平稳步增长。所以,中国面临的是一个持续向好的世界经济发展环境。

这样,在深化市场化改革的同时,应进一步坚持和扩大对外开放这一让中国取得巨大成就的国策。但最近有关政府部门由于对意识形态的担心对互联网所采取的不断收紧的绝对隔离措施(如对 GMAIL 邮件系统和对国外大学普遍用的虚拟专用网络VPN系统的封锁),采用的就像泼脏水连小孩一起倒掉的方式,使正常的对外学术交流和研究资料的获取受到很大影响。此外,大学不仅没有去行政化,而是不断恶化,是改革开放以来前所未有地管的多,将大学视作为政府部门来进行管理。比如,简单套用"国八条"来对待国际、国内学术活动(如一些学校规定,招待外宾住宿不能超过350元,建议两个外宾住一个房间,每次饭费不能超过50元人民币等)。这些收紧措施已引起了国内外广泛的议论和担心,严重影响了正常的对外学术交流和形象,对科技发展和学术水平提高的负面作用及中国经济增速都不可低估。长久下去,怎么能建设成一批世界一流大学,培养大批转型发展所需要的创新型人才呢?

在当前的互联网时代,如借助蓬勃发展的互联网技术及中国庞大的互联网用户群体,中国经济则有较大可能实现弯道超车,在新一轮的全球创新潮流里走到前列,而互联网金融就是技术与经济结合带来创新变革的一大枢纽,与中国经济从要素驱动向效率驱动乃至创新驱动的驱动转型目标方向是相一致的。互联网是目前效率最高、成本最低、发展最快的一种信息交流和处理方式,它使得互联网金融机构比传统金融机构搜集信息和进行匹配的成本要低,使得市场交易信息沟通更加充分、交易更加公开透明,从而降低了由于信息不对称带来的额外成本,这样融资的风险及交易成本将会大大地降低(当然,也还存在着包括欺诈在内的许多问题需要解决)。

基于以上分析判断,结合学术界一些量化实证研究,笔者认为中国经济在未来5~8年内的实际增长率依然可维持在7%以上。此外,政府应大力鼓励民营企业和中小微企业发展,加大民众共识,避免遇事上纲上线到敌对势力或阶级斗争层面上来,减少意识形态方面的争议,厘清和界定好与市场、社会的治理边界,这样的改革和长期治理所带来的红利将是巨大的。

当然,由于经济总量的扩大,中国经济不可能长时间地保持高速度增长,但通过这段时间的高速度增长,能为深化改革和创新驱动转型发展的治理赢得时间和创造条件。

三、对未来3到5年经济增长实行区间管理、中线把握

前面讨论了在未来一个时期内和一定程度上,中国的经济发展还需要借重GDP增速目标的牵引和参照作用。然而,目标应该是设定在一个合理区间,而不是某个具体的数字上,应秉持"区间管理,中线把握"原则。

区间管理的要旨是避免政府为了熨平一时的经济波动,而采取强刺激或强紧缩的政策,反而倒过来强化了经济的波动。这也是2008年前后"过山车"式的宏观政策之问题所在,至今后遗症仍未消除。而中线把握的意义则在于为经济增长和发展中期目标的实现提供一个短期的战略锚点,是实现规划阶段最终目标的一个中位线。政府可以围绕这个区间内的中位线进行适时适度预调、微调(特别是预调,如调整存准和发行国债,现在经济体量大了,惯性也比以前大,必须预先动作),把自己摆在一个进可攻、退可守的位置,上下均留有一些可回旋的余地,同时也给市场主体比较明确的预期。

按照"区间管理,中线把握"原则及前面我们对于中国经济潜在增速的分析,建议将未来3到5年中国经济增长的目标区间定在7.2%至7.5%,围绕中线进行预调、微调,止住过去这两年的经济增长跌势。也就是说,中国经济就像一个长身体的年轻人,不要人为压制他的成长,还是应该树立一个鼓舞人心的目标和对经济中高速增长的坚定承诺。同时,如前所述,为了纠正GDP中心主义的弊端,应该在政绩考核体系中同时纳入社会公共服务的指标,如教育、社保、生态环保等公共服务指标。

其实,"区间与中线"思维在美联储的有关经济数据预测中也有所体现。美联储每年3月、6月、9月和12月召开4次联储公开市场委员会会议,每次会后会根据与会相关政策制定者的预测数据发布有关实际GDP、失业率和通胀率的预测,包括对当年、未来两三年及长期的预测。在美联储公布的表格中,就有区间范围(Range)和中间趋势(Central Tendency)的说法。市场各方主体会依据美联储定期做出的预测,来调整自己的预期和行为。这也是值得中国吸收和借鉴的。

四、深化改革需要兼顾发展和治理两大逻辑

前面谈到的基本上都是短期对策的问题。着眼短期目标,还是长期目标,其所对应的改革措施、政策方针及制度安排有可能大不一样,所导致的结果更会大相径庭。中国更需要、更重要的是长期治理的制度建设。要实现经济可持续发展,社会和谐稳定,国家长治久安,建立伟业,更需要的是国家治理体系现代化的顶层设计,只着眼几年,乃至 30 年、50 年都远远不够。中国历朝历代没有强过 200 年(或亡或弱或西东汉、北南宋式的断裂)已经充分说明了问题,因而起码需要着眼于 200 年,甚至更长。要知道,这些历朝历代的更迭对中华民族无论是在财产损失还是人口巨幅下降方面都带来了极大的损害,中国需要的是政体稳定、社会和谐、人民富裕的长治久安。由此,中国下一步改革的核心是国家治理体系和治理能力现代化。在此过程中,需同时解决好让市场发挥决定性作用和社会公平正义的问题,也就是实现效率与公平兼容的又好又快的发展。不难发现,发展与治理是其中的两大关键词。这就是,必须同时注重两个逻辑:发展的逻辑和治理的逻辑,需要正确理解它们之间的内在辩证关系。如果不能很好地平衡二者,而偏颇任何一方,都可能会带来一系列严重问题和危机。

从治理的逻辑来说,治理有好的治理和坏的治理之分,不能简单将其等同于统制、管制或管理,将发展和治理简单地对立起来,顾此失彼。由于在过去 30 多年主要只注重经济发展的逻辑,而在很大程度上忽视了治理的逻辑,使得中国出现改革成就巨大同时问题也十分严峻的"两头冒尖"状况,改革大业面临着极其复杂的局面。治理当然是多方面的治理,包括对政府、市场和社会的治理,政府与市场和社会的关系处理如何,往往决定了国家治理效果的好坏。**市场有效和社会规范的必要条件是需要一个有限而定位恰当的有效政府,这样政府的合理定位至关重要,其最根本的定位就是维护和服务**。在目前半市场、半统制的双重体制下,政府不应有的权力过多,而本应肩负起的维护和服

务的职责又做得很不够,使之政府角色过位、缺位和错位大量存在,没有合理界定和理顺政府与市场、政府与社会的治理边界,导致"重政府轻市场、重国富轻民富、重发展轻服务"。

这样,在治理方面的改革就是要解决当前政府的大量过位、缺位和错位共存的现象和问题,实现市场主体"法无禁止即可为",政府部门"法无授权不可为",造就有限政府、有效市场、法治社会。哪些是过渡性制度安排,哪些是终极性制度安排,要区分清楚,不能将一些过渡性制度安排固化下来。当然,要政府自我革命、自我改革尤其困难,这是改革的艰巨性所在,从而与经济活动正好相反,需要发挥中央权威主导作用。

从发展的逻辑方面来说,**当前中国经济同时面临发展方式转变和制度转型的双重难题**,社会各界普遍没有真正意识到挑战和危机的存在。许多有利于经济发展的各种红利和环境正在逐渐衰弱,过往的发展速度难以持久维系,许多人仍然沉浸在中国高速发展带来的成果中沾沾自喜。要真正破解发展难题、挑战和危机,不能完全靠过去的老经验、老办法,特别是粗放式发展模式的那些做法(但有利于经济发展的松绑放权改革方式不能丢)。中国仍还处于一个主要依靠要素驱动阶段,由于市场经济体制不健全、不完善,效率驱动还有很大提升空间,垄断过多、干预过多、竞争不足,再加之教育体系缺乏对于人们独立精神、自由思想、批判性思维的构筑,也使创新驱动的能力和动力严重不足。为此,需要更深刻地理解发展的逻辑,理解富民强国的内在逻辑,从而以创新的精神通过改革、发展来加以解决,进行全方位的深刻转型,实现从要素驱动向效率驱动乃至创新驱动的转换,实现可持续的发展。与之相伴的是,中国经济制度改革的路径需要实现从经济自由化向市场化、民营化的跃迁。

因而,下一步发展改革的要义是强化竞争和明晰产权。竞争才是生产率增长最为重要的推动因素,它会迫使企业不断改进和创新,并且这个竞争和创新的过程也会通过知识的扩散传播而使得全社会都受益,因而应放开行业准入,减少垄断,大力发展民营企业。国有企业改革的根本出路在于产权多样化,否则不能从根本上解决国有、国营企业所带来的效率低下、寻租或利益输送、挤压民营经济及造成不公平竞争的四大弊端。

基于历史上国内外几千年的强国实践,结合现代经济学理论可以得知,富民强国的内在逻辑在于:欲强国,必先富民;欲富民,必赋私权;保私权,必限公权。这里的私权包括生存权、经济自由选择权和财产权。其中,产权的明晰和保障至关重要。其实秦商鞅就曾以野兔被捕前后的区分为例阐述产权明晰可以起到"定分止争"的至关重要的作用。产权是否明晰决定了不同的行为模式。当前贪腐猖獗除了那些干部本身的素质外,一个重要的原因就是由于公有产权没有明晰界定及公权力的大量过位,就可通过手中的公权力进行寻租所造成的,是造成腐败的根本原因,这种通过公权力的腐败对政体和社会造成的危害性及其后果尤其严重。从而,需要从制度上进行根绝,应尽快让大量依靠行政垄断而存在的无效率国企退出市场,这一有利于从根源上斩断腐败的利益输送链条,"反腐"运动中被捕的老虎、苍蝇其背后往往均有国有企业的利益输送。二有利于释放出优质的金融资源和人力资源,使得生产资源流入更有效率的民营企业。三有利于向创新驱动的转型。创新驱动必须依赖于非国有经济特别是民营经济发挥主要作用。创新不能仅仅停留在思想和制度上,要大量转化为行动和结果,其背后则是民营经济和现代公司的高度发展,以及现代企业家作为一个群体的崛起。由于逐利的内在驱动,民营经济是最有效率、最富创新能力的,是发展的主驱动。

在20世纪70年代西方主要国家相继发生滞胀危机后,它们应对危机的手段就是用市场化、社会化的方法来分担政府压力,对内放松管制,允许市场中的众多主体共同参与公共产品和公共服务的供给,创造一种良性竞争环境,迫使其在市场竞争的压力下不断提高自身效益。同时,用全球化、一体化来共同应对挑战,对外消除贸易和投资壁垒,推动形成新的全球贸易体系、投资体系和金融体系,以开放来促改革、促发展。在此过程中,并没有多少国家说是因为民营化本身,而危害了国家的安全,民营化恰恰是现今那些发达国家在当时条件下进一步强大的动力所在。在这个过程中，自然也就解决了政府的过位问题，政府不再深度地嵌入市场经济活动中去，而是在维护和服务方面进行补位，更加专注于公共服务质量和公共福利的提升，专注于市场的秩序和社会的公平正义。

当然，在中国正处于全面深化改革的关键时期，改革从来就是一把手工程，因而需要强有力的推动力。面对改革阻力巨大的情况，为了改革，短期内有一定的必要将集权作为手段，以此来打破旧的均衡，但这只是作为改革的手段，而不能当作长久的制度安排固化下来。经济上，无论从短期还是长期来看，要做的恰恰是放权和分权，将政府的公权限制起来，市场的私权才能得到保障，市场的生机和活力从而才能被充分地激发出来。

这样，经济发展、国家治理效果的好坏，系于政府与市场、社会的关系处理如何，而政府、市场与社会正好对应国家治理中的三个基本要素，法规治理（Governance）、个体激励（Incentives）和社会规范（Social Norms）。只有三者联动和互补，方能真正推动国家治理体系和治理能力的现代化。强制性的公共治理和激励性的市场机制等正式制度安排相互交叠、长期积淀，会对社会的规范性的非正式制度安排形成一种"无欲无刚"的导向和型塑，增强社会经济活动的可预见性和确定性，大大节约交易成本。近几年出现的企业家移民潮、港资外资撤离等现象，在很大程度上与政治、意识形态领域的不确定性有一定关联。

当然，三种基本制度安排既有各自不同的作用，也有各自的适用范围和局限性，需要各就其位及互动互补的联动。三者中法规治理（也就是法治）还是最根本的，它奠定了最基本的制度环境，具有极强的正负外部性，决定了政府定位是否适度，从而决定了激励机制设计的效果和社会规范形成的好坏。好的法规治理，不是管制、统制，更容易导致好的激励机制的产生和好的社会规范的形成。此外，我们也不能忽视文化的重要性。文化是一个具有价值牵引、人文塑造功能，且具有基础性和战略性的关键环节，对于人与人、人与社会、人与自然、人与自我的关系的和谐具有重要作用。①

中国有源远流长的历史和丰富厚重的文化,其中不乏足以支撑社会道德重建的思想资源,值得今天的社会重建汲取。我们要珍视中国自身的文化资源,对中国传统文化中的精粹如道家道法自然思想、儒家仁爱忠恕思想、墨家兼爱非攻思想等加以综合运用,并赋予它们新的时代特征和内涵,可以形成中国文化、中华民族的凝聚力。当然,在珍视自身历史文化资源的同时,我们也不能盲目自大、自我陶醉、自我膨胀、自我封闭,自外于世界体系,我们需要的自信是一种开放兼容的自信,真理只有在理性探讨和辩论中才会愈辩愈明,而不是动不动用阶级斗争的语言来上纲上线,这样做只能使得民众的分歧强化和尖锐化,无法形成最广泛的共识。因而,中国需要充分汲取世界其他文明体在民主、法治、自由、平等、博爱等方面带有共通性的有益价值元素,将其与国情现实相契合,达到大多数人都能认同的最大公约数的共识。

(2015年3月)

---

① 对以上这些问题的详细论述,见笔者与陈旭东合著的《中国改革:历史、逻辑和未来——振兴中华变革论》。

54

通缩来袭？*

当前中国宏观经济形势远未如许多人认为的正在好转，并没有那么乐观。今年中国经济增长率要达到7%难度很大；并且，财政政策和货币政策都是短期的，治标不治本。创新和结构性改革的制度性安排匮乏，关键还在于正确理解、兼顾发展的逻辑与治理的逻辑，以及二者之间的内在逻辑关联、辩证关系，深入推进理顺政府与市场、政府与社会之间治理边界的制度性和结构性改革，鼓励竞争，消除不利于企业创业创新和挤压民营经济的制度性障碍。

一、经济走势及主要问题

目前的经济走势及主要问题包括以下几个方面：

1. 通缩风险显现。尽管CPI目前还没有出现负值，且根据我们的分析和预测2015年下半年CPI和PPI会有所好转，但这并不表明经济没有通缩风险。我们认为，2015年下半年CPI和PPI好转主要是受以猪肉为代表的食品价格

---

* 本文载于《中国经济报告》，2015年8月。合作者黄晓东。

及大宗商品价格回暖（以及2014年下半年较低的基数效应）影响。从经济增长的需求面来看，消费、投资和进出口的价格指数均处于下降趋势，并且投资价格和进出口价格已出现负增长，如果这种趋势持续下去，经济全面通缩将成为现实。根据我们计算的GDP平减指数和预测，2015年一季度GDP平减指数是－1.05%，后两个季度预计依旧为负，通货紧缩的风险非常严峻。

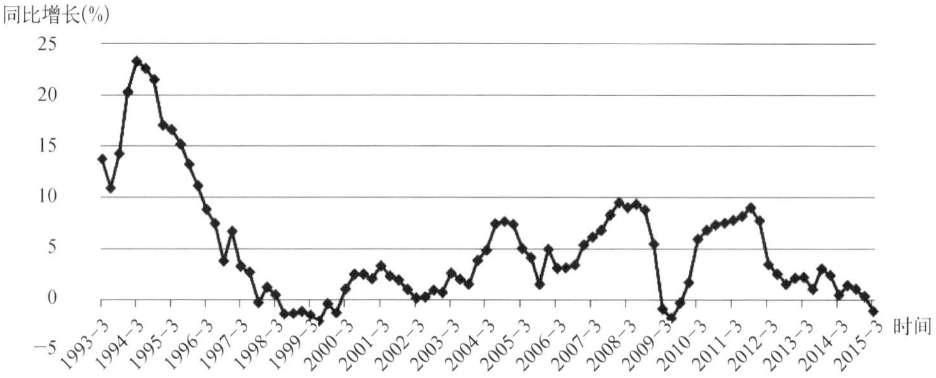

图1 中国GDP平减指数非累计同比增长变化情况（1993～2015）

2. 消费总体比较稳定。根据分析，消费呈现一定的结构性变化，传统产业从趋势看增速有所下降，新兴产业（如通信器材）增速保持较高的水平。然而由于其占比不高，尽管增速较快，短期内依然对消费乃至整个经济很难有实质性的影响。

3. 工业生产需求持续低迷，企业利润转负，亏损数增加；投资需求收缩，民间投资增速下滑的速度快于总投资增速下滑速度。投资价格于2015年一季度转为负增长，投资数量增速和投资价格增速双双下滑，若不加以引导，投资领域的通缩将进一步恶化投资者预期，并使经济增长陷入恶性循环。

4. 出口增速大幅放缓，源于成本上升、外需收缩和外部竞争激烈；进口数量和价格均大幅下滑，源于内需不足和国际大宗商品价格下跌；贸易顺差被动增加；国际收支出现新态势，经常账户对国际收支差额的影响正逐渐减弱，波动性强的短期金融账户的影响在增加；净误差与遗漏项下滑严重，需警惕热钱和资本外逃。

5. 社会融资结构发生变化，股票融资增长较快，但企业债券融资稍有回落，直接融资占比并未发生明显变化。近期居民储蓄减少近5万亿元，而非银行金融机构存款增加近15万亿元。在利率下行的形势下，货币并没有流入实体经济，而是流入金融市场。股市波动有进一步加大的趋势，股市泡沫一旦破灭，散户财富将大幅缩水，从而进一步拖累消费的增长。

6. 鉴于用电量、贷款发放量与铁路货运量这三大关键指标分别涉及电网、银行和铁路的具体业绩，易于核实，受地方政府干涉造成虚报的可能性较小，且使用月度数据，在监测实体经济运行走势时具有天然的优势。我们据此构造克强综合增长指数，经测算发现校正的2015年一季度真实GDP增速显著低于官方统计数据，约为6.5%。用电量与货运量在2015年4月和5月继续迅速下滑显示经济已进入下行通道。

7. 金融系统风险主要在银行，据保守估计，表外业务余额转入表内可能造成的坏账损失在0.14万亿元至0.28万亿元之间，这将侵蚀掉2015年一季度银行利润的31.8%～63.6%，银行暗藏巨大的风险。同时，由于整体经济处于减速的形势下，因此表内资产质量没有改善，进一步恶化的风险正逐渐增大。

8. 地方债置换暗含长期金融风险。地方政府即将到期债务体量巨大，短期来看，进行债务置换不仅有利于化解地方政府资金链断裂的危险和减轻其付息的负担，同时也有利于优化银行资产组合结构。但长期进行债务置换，截至2018年至少还需置换4万亿元人民币的债务，当央行降准降息空间有限时，长期利率将被大幅提高。这不但会对维持稳健的货币政策提出极大的挑战，还会大大提高企业融资成本。长期来看，持续进行债务置换将对我国产业升级转型产生巨大阻力。

二、主要指标预测及政策模拟

基准预测原本假设 2015 年三季度初央行将会降准 50 个基点、降息 25 个基点。此预测已于 2015 年二季度末的 6 月 27 日在央行宣布的政策中实现了，因此我们将基准预测中对于三季度央行的货币政策假设修正为无额外的政策力度。以年中报告中的两种情景分析作为预测的高低临界值：（1）乐观："一带一路"政策实施成功，假设 2015 年下半年对第二产业增加值增长的预期上调 2%，投资增长的预期上调 2%，政府支出增长的预期上调 2%；（2）悲观：美联储加息力度与速度快于预期，假设 2015 年下半年新兴市场对于我国的出口需求降低 15%，但忽略可能更严重的由于国际游资特别是热钱出逃所引起的对整个金融系统的负面冲击。

表 1 中国 2015 年情景假设下第三、四季度各主要经济指标增速的预测

	单位	2014Q1	2014Q2	2014Q3	2014Q4	2014全年	2015Q1	2015Q2	2015Q3	2015Q4	2015全年
GDP	%	7.4	7.5	7.3	7.3	7.4	7.0	7.0	6.6	6.8	6.85
投资	%	17.6	17.3	16.1	15.7	15.7	13.5	11.4	13.7	14.6	14.6
消费	%	12.0	12.3	11.9	11.7	12.0	10.6	10.2	10.7	10.6	10.5
进口	%	1.5	1.4	1.0	−1.8	0.5	−17.8	−13.6	−9.0	1.1	−9.7
出口	%	−3.5	5.0	13.0	8.6	6.0	4.6	−2.2	3.1	2.1	1.9
CPI	%	2.3	2.2	2.0	1.5	2.0	1.2	1.4	1.5	1.7	1.5
PPI	%	−2.0	−1.5	−1.3	−2.8	−1.9	−4.6	−4.7	−4.5	−4.0	−4.5
M1	%	5.4	8.9	4.8	3.2	3.2	2.9	4.3	5.8	4.3	4.3
M2	%	12.1	14.7	12.9	12.2	12.2	11.6	11.8	13.8	11.2	11.2
新增出口											
贷款	万亿元	3.0	2.7	2.0	2.1	9.8	3.6	3.0	3.0	3.3	12.9
社会融资总量	万亿元	5.6	4.9	2.4	3.6	16.5	4.6	4.2	4.1	5.4	18.3

数据来源：上海财经大学高等研究院中国宏观经济形势分析与预测课题组。

在假定的基准情景下,我们预测 2015 年实际 GDP 增长 6.85%,同比下降 0.55 个百分点;固定资产投资增长 14.6%,同比下降 1.1 个百分点;社会消费品零售总额增长 10.5%,同比下降 1.5 个百分点;进口总额下降 9.7%,同比下降 10.2 个百分点;出口总额增长 1.9%,同比下降 4.1 个百分点。具体预测结果见表 2。

表 2　　　　各情景假设下实现经济指标增速目标所需调控的政策力度

情　　景	乐观预测	基准预测	悲观预测
全年实际 GDP 增速	6.95%	6.85%	6.70%
全年实际校正 GDP 增速	6.4%	6.3%	6.2%
假设经济增长目标	7%	7%	7%
假设校正增长目标	6.5%	6.5%	6.5%
下半年货币政策所需力度	降息 25 个基点	降准 50 个基点,或是降息两次各 25 个基点	降准 50 个基点及降息两次各 25 个基点
下半年财政支出(万亿元)	9.42	9.47	9.56
其中预算外支出(亿元)	0	478.5	1 435.6
下半年财政支出增长率	9.66%	10.22%	11.34%

数据来源:上海财经大学高等研究院。

根据上海财经大学高等研究院中国宏观经济预测模型(IAR-CMM)的分析,若要实现 7% 的目标增速,需要加大货币政策与财政政策力度。在不同情景下所需的政策力度分别为:(1)基准情景下,2015 年下半年需降准 50 个基点或降息 50 个基点,财政支出需达到 9.47 万亿元,超出预算 478.5 亿元;(2)如果"一带一路"政策顺利实施,2015 年下半年需降息 25 个基点,财政支出需达到 9.42 万亿元,与预算持平;(3)如果美联储提高加息的速度和力度,2015 年下半年不仅需降准 50 个基点,同时还需降息 50 个基点,财政支出需达到 9.56 万亿元,超出预算 1 435.6 亿元。财政政策方面,在经济下行风险较大的情况下，税收收入难以获得大幅增长，需通过适度增发债券进行融资。为了实现政策执行效果，可通过定向财政政策与货币政策相结合的方式等引导政策促使投资有效流向实体经济，包括推动新一代基础设施建设，如城市管网升级改造、城际铁路、新一代互联网及教育、医疗、文化基础设施等。

三、改革与治理方向

由于要素收益递减客观经济规律的影响，中国经济增长的中枢已经下移，或者说中国经济的潜在增长率已经下滑。真实情况也许不像人们想象的那么乐观，认为未来二十年中国还能实现7%乃至8%的经济增长。但是，这个下滑程度不应该像当前这样来得这么快、这么大；即使抛开深化改革治理等制度建设方面带来的红利不论，从劳动力、资本和全要素生产率等方面看，中国经济潜在增长率并没有大幅下滑。

事实上，造成当前中国经济增速下滑的基本原因除了周期性和结构性因素外，目标管理缺失、弱化所导致的不作为，包括政策不作为和干部不作为，使银行的钱难以贷出去、财政的资金难以用出去、各种审批手续难以批出去的"三难"现象凸显。没有处理好发展和治理之间的内在逻辑、辩证关系，是政府执行力、法治及问责制度三要素都缺失导致的问题；简单地将发展与治理对立起来，也是不可忽视的重要消极因素。有鉴于此，为了纠正GDP中心主义的弊端，应该在政绩考核体系中同时纳入社会公共服务的指标，如教育、社保、生态环保等公共服务指标。

前面所提到的财政政策和货币政策都是短期的，治标不治本，关键还在于治理方面的改革，也就是理顺政府与市场、政府与社会之间治理边界的制度性改革、结构性改革。一直以来，中国这方面的改革没有跟进或进行，甚至出现倒退，如国企改革。中国经济需要从要素驱动转向效率驱动乃至创新驱动，前者需要进行市场化的国家治理改革，后者则关键要靠民营经济的发展。无论从短期还是长期来看，中国要做的是放权和分权，将政府的公权限制起来，市场的私权才能得到保障，竞争机制也才能发挥作用，市场的生机和社会的活力才能被充分激发出来，从而真正让创新与企业家精神成为新的发展动力。总之，经济发展、国家治理效果的好坏，系于政府与市场、政府与社会的治理边界是否界定合理。

法治、政府执行力和问责（社会监督及干部问责）是一个好制度的三要素。三管齐下并进行结构性改革，才是正确处理好上述关系的重要抓手，也是促进中国经济实现均衡、可持续发展的根本对策。

其一，法治的首要作用是对政府行为的规范和约束，其次才是对市场经济个体的规范和约束。这是"法治"和"法制"的本质差别。一个好的法治环境，可以支持和增进市场，真正让市场发挥基础性和决定性的作用，而政府只是起到维护和服务的作用，这样才能最大限度地压缩权力寻租腐败的空间。

市场的本质是"无为而治"，"无为而治"的必要条件是让市场有效，而让市场有效的必要条件是要有一个有效的政府，一个有效政府首先得是一个有限和定位恰当的政府，其定位需要由法治来规范化、有序化、制度化。

其二，一个善治国家离不开政府的执行力，也就是所谓的国家能力。市场经济不是无政府状态，它需要的是一个有限而有效的政府，政府在最基本的维护和服务职能方面应充分发挥作用。与此同时，对于当下中国而言，全面深化改革的共识已有，方案已定，但最终还需要靠各级地方政府及其领导干部去贯彻和落实。当前不少基层干部怕犯错、怕担责，执行者的不作为，已经成为改革推进的严重障碍。增强改革的执行力和发展的驱动力，必须从法治、激励和理念三个维度推进综合治理，特别是要发现和培养改革发展的开拓良将。

其三，没有问责，没有社会和媒体的监督，没有责任边界的划定，这样的治理体系将是涣散失效的。没有有质量的量化指标，就没了努力方向，也就无法对官员加以问责，从而官员也就没有责任和动力关注经济发展，不再勇于创新。同时，社会监督也很重要。对于地方政府公共服务质量信息，当地的民众显然更了解，地方政府和中央政府往往是信息不对称的。因此，政绩考核体系应纳入当地民众的民意调查，让民众参与完善政绩考评机制，以使得信息更加充分。通过自上而下的问责和自下而上的监督，将对政府及其官员的不作为、乱作为形成有效制衡。

四、力促民营经济大发展

中国经济改革下一步的方向应该是让国有经济发挥重要作用而非主导作用，促进非国有经济的进一步发展，提高经济领域的自由度和竞争度，唯其如此，才可能真正发挥市场在资源配置中的决定性作用。从长期看，中国经济从要素驱动向效率驱动乃至创新驱动的转变依然要靠民营经济的大发展、大繁荣，包括中小微企业的发展；并且，借助现代互联网技术，可以使这一转变更加顺畅。

为了促进经济结构调整，中国政府近年来先后提出了"一带一路""京津冀一体化协同发展""长江经济带"国家发展战略，近期又公布了《关于积极推进"互联网＋"行动的指导意见》，将"互联网＋"提升至国家发展战略层面，其中也包括"互联网＋普惠金融"。应该说，"互联网＋"，尤其是"互联网＋金融"与中国今后调整经济结构和推动创新驱动的国家发展战略是最为契合的。一般来说，由于追求自身利益的强烈动机，民营经济是最具有创新意识和创新力的。互联网金融创新，就是来自民企、来自民间、来自草根，它对于国有部门依然占据主导地位的传统金融会带来巨大改变，是中国经济从要素驱动向效率驱动、创新驱动转型的关键历史阶段出现的一种新业态。它与中国经济转型发展的目标方向是相一致的，并将更有利于驱动这种转型。

（2015 年 8 月）

55

"十三五"中国经济

如何开好增长新局和让发展理念落地

今天会议的主题"聚焦'十三五':创新驱动·共享发展"非常好,刚才三位嘉宾的主旨发言也非常好,我都赞同。我们这个分论坛的主题是"把脉'十三五'中国经济"。在我看来,要把脉好"十三五"中国经济,应该是聚焦到两点:一是首先要稳增长,止住中国经济增长持续大幅度下滑;二是对焦十八届五中全会提出的五个发展理念:创新、协调、绿色、开放、共享。这五点归纳得非常全面,其中创新和开放需要遵循发展的逻辑,协调、绿色和共享需要遵循治理的逻辑,从而这些发展理念的背后是要正确理解发展的逻辑和治理的逻辑,以及处理好二者之间的内在关系。

这些理念都很好,现在各界在媒体上的讨论也很多,但给我的感觉是,大多只是提到需要按照这五个发展理念去做,但很少谈到谁去做、怎么做的问题。我认为,无论是解决稳增长的问题,还是五个发展理念的问题,最关键还是要真正地按照十八届三中全会和四中全会的决议来做。十八届三中全会历史

---

* 本文为作者 2015 年 12 月 20 日在东北财经大学首届"星海论坛"之"把脉十三五中国经济"论坛上的发言。

性地提出了要处理好政府与市场的关系，使**市场在资源配置中起决定性作用和更好发挥政府作用**，前者旨在解决政府在经济活动中越位和错位的问题，后者旨在解决政府在维护和提供公共服务方面缺位的问题，从而以此推进国家治理体系和治理能力的现代化。十八届四中全会则提出了全面推进依法治国的蓝图，这对建立法治的市场经济意义重大。从这个意义上讲，五中全会是跟三中、四中全会一脉相承的，五中全会提出五个发展理念目标，而三中全会和四中全会则是给出了实现这五个发展理念目标的实施和执行手段。

为此，我下面谈的三个问题，都是"十三五"时期中国需要着力解决的，同时归根结底又都是需要按照十八届三中全会和四中全会这两个全会的决议精神来做的问题。

第一点要谈的是开局问题，也就是"十三五"首先要解决的是止住中国经济增长持续大幅下滑势头的问题。我对现在的经济下滑非常担忧，可以说改革开放以来我从来没有像现在这么担心的。当前中国经济宏观经济形势确实不容乐观，如果仅是经济增长下滑还好，但在下滑的过程中伴随着通货紧缩特别是债务通缩的可能性大为增加，实体经济整体走势疲弱，消费信心下降明显，投资整体增速下滑，进出口增速持续低迷，民营企业倒闭潮、外迁势头扩大，并加速向银行业传导，使得银行坏账持续大幅增加，而人民币国际化和资本项目开放进程的加快及美联储加息周期的即将开启，使得人民币贬值的压力和资本外逃的风险日益加剧。所有这些都表明，中国经济增长还继续处于探底的过程中。

我们上海财经大学高等研究院即将完成的 2015 年中国宏观经济形势分析与预测年度报告给出了预测，2015 年第四季度中国经济增长率将继续下探，在基准情景下的预测是全年 GDP 增速约为 6.9%，2016 年全年 GDP 增速约为 6.7%。当然，在全球经济普遍不景气的情况下，中国经济增长还是比较亮眼的。除了结构调整因素之外，中国经济增长率下滑很大程度上是受到实体经济整体走势疲弱的影响。按照目前发展态势，2017 年中国进一步经济增速放缓是大概率事件。

并且还有一个大的政治任务要完成,这就是"十三五"时期中国的核心目标之一——全面建成小康社会,本届政府要实现 GDP 和人均收入在 2010～2020 年之间翻番的政治承诺,从而今后几年需要确保实现以 6.56％ 为底线的经济增长目标。我觉得,这是一个非常艰巨的任务。即使继续保持宽松的货币政策(如一两次降息,四五次降准)和稳增长的财政政策(如对基建项目的支持),但此类政策的效果,即使从短期来看,已进入边际递减状态,更不要说它们在中长期的副作用了。

找准病灶,才能开好药方。中国经济下滑的原因是多方面的,我和我的合作者在 2015 年 10 月的《中共中央党校学报》上曾专门发表文章,探讨了经济增长下滑的五重原因,即发展驱动转型滞后、政府主导动力枯竭(地方政府土地财政不可持续)、国企产能过剩挤压民营经济(国有经济比重较大的省份如东北三省、山西的经济增速在全国是排在后面的)、政府施政严重不作为(中央的决议都很好,问题是整个地方政府不作为,中央改革的决议和下发的文件基本上在空转),以及对于"新常态"的理解偏差(认为经济增长像这么下降是正常的,美国的经济增长也就 3 个百分点左右,但中国就像一个腾飞火箭,必须有推动力)。这五点归根结底是由于目前中国的市场经济体制还不完善,还没有达到十八届三中全会所提出的让市场在资源配置中发挥决定性的作用,政府在经济活动中出现大量的越位和错位。

第二点要谈的是创新驱动转型及进一步开放的问题,也就是要通过市场化改革及开放来解决发展逻辑的问题。与任何一个经济体一样,中国经济要从要素驱动向效率驱动乃至创新驱动转型。由于边际收益递减的客观经济规律,要素驱动仅仅是阶段有效的,中国经济的可持续增长和发展依赖于向效率驱动、创新驱动的转变。但是,这样的转型驱动是有前提的,有赖于市场经济的完善,否则驱动转型不可能成功。当前中国经济在很大程度上还处于要素驱动阶段,效率驱动还没有真正占据主导,更不要说创新驱动,因为中国市场经济体制还没有真正健全。

中国经济向效率驱动和创新驱动的转型需要依靠民营经济的发展。改革开放以来的实践告诉我们，中国经济的大发展无论是在产值方面还是就业方面主要靠的不是国有经济，而是非国有经济尤其是民营经济的大发展，并且越是民营经济发达的地方，地方政府无论是经济发展、社会稳定还是其他操心事方面，日子都比较好过，少许多麻烦。辽宁、山西经济增速之所以垫底，从根本上来说，就是国有企业比重太大。当然，为了避免歧义，我在这里声明，我并不是说我们不需要国有企业，而是要有一个度。我认为，**我们需要国企主要是基于国家经济安全和政治方面的考虑，而不是基于效率的角度。国有企业如不能解决效率低下、寻租腐败、挤压民营、不利创新、机会不公这五个问题，就很难能搞好。** 此外，许多人主张国有企业大量存在是基于解决民生和社会保障问题的问题考量，但国有企业是生产性单位，是要追求效率的，而民生和社会保障及社会稳定是应该由政府通过提供公共服务去解决的，我们下面第三点中将会谈到这个问题。

效率驱动从根本上是基于完善现代市场制度才能实现的，而创新驱动是要靠民营企业发挥主要作用。我们不能想当然，基础性研究及航天卫星主要靠政府和公立高校、科研院所，但世界上企业创新（非基础性研究）的成功率不到5％，能指望国企去进行技术方面的创新吗？哪个国企的老总敢冒这样大的风险去创新？即使他想这样，上级主管部门愿意他拿国有资产去冒这么大的风险吗？

所以，创新一定靠民企，只有民营经济、民营企业由于竞争压力才最具有创新精神、创新动力，才是中国创新驱动需要主要依靠的对象。只有民营企业才能够发生革命性的、颠覆性的、毁灭性的创新，国外的例子比比皆是，像美国苹果公司智能手机这样的创新不说，国内公认最具有创新的阿里巴巴、腾讯、华为等企业，也都是民企。任正非的华为就特别具有创新性，很有可能在不远的将来会超过苹果公司。

相反，如果继续让国有企业比重过大，势必会导致政府在资源配置中占据支配性的主导地位，没有按照十八届三中全会精神决议去做，限制和压制市场决定性作用的发挥，从而阻碍中国经济向效率驱动和创新驱动的转变。历史上，洋务运动时期、抗日战争前后、社会主义改造之后三次以国有经济推动工业化的尝试都没有取得实质成功，以政府高度干预经济为特色的民国政府统制经济和新中国前 30 年计划经济的问题丛生，也都没能将经济发展引入正途，值得反思。

中国之所以在过去 30 多年取得了举世瞩目，甚至在人类历史上没有的高速的经济增长速度，变成世界上数一数二的经济体，毫无疑问是因为遵循了发展逻辑，最重要的两个关键字，就是"放"和"开"，也就是邓小平同志的对内放开、对外开放这样放与开的改革所取得的。所以，我觉得一定要坚定不移地按照十八届三中全会、四中全会的精神落实这些改革的任务。在今后的转型驱动发展仍然是如此，需要让市场和民营经济在效率和创新驱动发展中发挥决定性作用。

第三点要谈的是协调、绿色和共享等治理的问题，也就是中国经济需要遵循治理的逻辑，从汲取性增长向包容性发展转型。由于没有充分重视治理的逻辑，当前中国经济面临发展成就巨大，但同时问题突出的两头冒尖现象。例如，机会不均、生态破坏、环境污染、雾霾围城、城乡差距和贫富差距持续扩大、腐败和违法乱纪增多、利益集团影响变大、社会诚信危机、教育投入严重滞后、国民基础教育薄弱、社会结构不稳状态呈扩大化趋势、人们的幸福感在下降，等等。这些问题与中国政府主导型的汲取性经济增长和发展模式有关，其本质是政府职能的缺位和错位。前面提到十八届五中全会所提出的五人发展理念里面，协调、绿色、共享主要就是针对这些问题的。

上面提到的这三点关键的落脚点是合理界定政府与市场、政府与社会的治理边界，破除思想误区和理论迷思，在根本性的市场化制度改革上下功夫，真正发挥市场在资源配置中的决定性作用和更好发挥政府作用。这里面，有三点需要我们引起关注和重视。

首先,我们在谈到中国改革发展的时候,在总结中国过去30多年改革所取得的巨大成就和进一步深化改革的时候,一定要弄清楚是哪些新的因素导致了改革成就巨大,但有很多人对此没有总结清楚。对此,我们应该像实验物理检验方法一样,要研究和找出两个变量之间的关系,一定要将其他变量固定。基于这样的方法论,我们不难发现坚持党的领导、坚持社会主义、社会稳定是改革开放之前就有的。那么,什么是新的因素导致了中国经济大发展呢?那就是:较大程度上的经济上的选择自由、松绑放权的改革、引入竞争机制(包括中央与地方政府、对内对外的竞争)、对外开放、民营经济大发展这样的基本制度性市场化改革下才取得的。由此得出,我们必须真正按照十八届三中全会的决议要处理好政府与市场的关系,使市场在资源配置中起决定性作用和更好发挥政府作用,解决政府越位、缺位及错位的问题,以此推进国家治理体系和治理能力的现代化。

其次,在现实中,中国所面临的严重问题是很多改革并没有从方案落实到制度,从制度落实到政策,从政策落实到行动。基本上是上面在踩油门、中间在挂空挡、下面在踩刹车,整个在地方部门不作为,改革决议和文件在许多方面处于空转的状态。并且,现在的改革有往回走的趋势,令人十分忧虑。为什么会这样呢?按照现在的做法,让部委自己来操刀给自己动手术,革自己的命,这是很难的,因为屁股决定脑袋。这样,一旦经济遇到问题,就想到用政府主导的老办法来解决。而不像以前,中国设置国家体改委这样一个专门研究、制定、协调和指导体制改革的综合性、独立性专门权威机构,一旦形成决议和文件,中央部委不得不执行。因此,有必要恢复国家体改委或成立类似的机构。

再次,现在普遍强调供给侧改革,这个提法当然是一个进步。长期以来,中国受凯恩斯主义的影响过深,太过注重从需求侧发力来强化宏观调控,其结果是不仅没有平抑经济的波动,反而加强了波动。但是,不应人为地将需求侧发力和供给侧改革拆分开来，将短期增长和中长期发展割裂开来，那样容易引起争议，甚至可能有反作用，反而使得改革的共识消解、动力耗散。从而，应统一到十八届三中全会所提出的让市场在资源配置中发挥决定性的作用和更好发挥政府作用，使之前者解决政府在经济活动中越位和错位的问题，后者解决政府在维护和提供公共服务方面缺位的问题，以及十八届四中全会所提出的全面推进依法治国上来，以市场化、法治化的结构性改革来同步解决做什么、谁去做、怎么做的问题，坚定不移地继续推行松绑放权和市场化制度性改革才是关键，正确处理好发展的逻辑和治理的逻辑及它们之间的辩证关系才是关键。只有这样，中国经济才能实现又好又快的发展。

以上是我的发言。谢谢！

（2015 年 12 月）

56

利率市场化、存款保险制度与银行挤兑*
基于动态模型的视角

摘要： 在推进利率市场化的过程中，避免银行挤兑和实现金融体系的平稳运行是中国在转型过程中面临的重要理论和现实问题。基于多轮次噪音信息传递市场环境，本文构建了一个银行挤兑动态模型。通过综合考虑存款者对银行持有资产收益率的预期、信息加工和传播效率及不同类型的提前取款动机等方面，本文探讨银行挤兑的动态过程，给出了各轮次银行挤兑的比例和数量，并刻画出相应的动态均衡。进一步地通过引入存款保险制度对基准模型进行扩展，探讨实施存款保险制度与银行挤兑之间关系的作用机理。结果表明，实施存款保险制度通过影响存款者的两类提前取款动机，具有稳定预期和道德风险两个方向相反的效应；存款保险制度的实施效果取决于两种效应的力度对比，而两者之间的比较内生于制度环境。得到如下政策启示：在实施存款保险制度时，需要建立和健全相应的制度建设配套措施，强化市场约束和完善银行内部治理机制的监督作用来减弱潜在的道德风险问题；继续深化金融体制改革，提高信息的加工和传播效

---

* 本文载于《经济研究》，2016年第3期。合作者赵禹朴、宫汝凯。

率，促使存款者形成稳定的取款预期，从而增强稳定效应。

一、引　言

改革开放以来，金融业发展的相对滞后被视为中国经济转型面临的主要问题之一；启动金融体制改革、提高资金的配置和利用效率变得越来越迫切，利率市场化改革是金融体制转型的重要举措（易纲，2009）。然而，国际经验表明，金融市场化在提高金融资源配置效率的同时，可能会加剧金融体系的脆弱性，导致银行危机甚至经济危机的发生（Bekaert et al.，2005；Daniel 和 Jones，2007）。IMF 统计表明，在 20 世纪 90 年代盛行金融自由化以来，全世界发生了 100 多起银行危机事件，在 IMF 的 181 个成员国中，其中的 130 个发生过不同程度的银行危机。如何在推进利率市场化的过程中避免出现银行危机、实现金融体系的平稳运行是转型经济体面临的重大理论和现实问题。

各国的经验和研究表明，考虑到金融行业具有很强的外部性，在推进利率市场化等体制改革的同时，需要建立一系列的配套制度，例如存款保险制度，以促使金融体制改革的平稳进行[①]。中央决策层一直在探讨和推动存款保险制度的出台，作为稳步推行利率市场化的配套条件[②]。2015 年 3 月，国务院公布《存款保险条例》，并于 5 月 1 日正式施行，标志着我国由隐性全额担保过渡到显性存款保险制度。现有的研究和实践表明，存款保险制度的出现主要源于银行对存款者发生挤兑的担心；存款者之间潜在的信息不对称问题会进一步导致银行体系的恐慌，扩大挤兑的连锁反应，引发系统性的银行危机，对经济发展

[①] 鉴于金融行业具有很强的外部性，即使是在成熟的发达市场经济体中，金融业也是受管制最多的行业。
[②] 关于推行存款保险制度的论证过程，请参见苏宁（2005）的研究。

造成极其不利的影响。存款保险制度则可以有效地约束存款人的行为,减少存款人挤兑行为的出现,对于金融体制改革具有稳定效应(Fama,1980;Diamond 和 Dybvig,1983)。不过,存款保险制度也可能会导致银行出现严重的道德风险问题,主要体现在三个方面:第一,存款保险制度使银行不必为投资的额外风险而向存款人支付更高的利率,银行为了获得更高的收益,有动机投资高风险的项目,进而增大银行经营的不稳定性;第二,存款保险机构为面临流动性危机的银行提供还款保障,进而弱化银行的内部治理机制,降低银行的风险管理能力,增加银行倒闭的概率;第三,存款人预期到存款保险机构提供取款保障,减弱监督银行投资行为的激励,导致市场约束力弱化,促使银行偏好于选择高风险的投资项目(Demirgüç-kunt et al.,2002,2004)。基于此,各国在推行存款保险制度时均面临着防止银行挤兑的稳定效应与潜在的道德风险之间的权衡。此外,存款保险制度是否能够被有效实施往往与制度环境密切相关。在金融制度较为完善的经济体,政府对银行业务的干预及提供的担保较少,挤兑行为对银行的威胁很大,因此,实施存款保险制度能够保障存款人的利益和银行体系的稳定;而在转型经济体的金融市场上,存在着大量的政府干预行为,同时,政府通常作为隐性担保者对银行业务施加影响,实施存款保险制度可能会导致严重的道德风险问题。随着金融体制改革的逐步推进,政府隐性担保机制的局限性凸显,将不再适用,显性存款保险制度已成为世界通行的制度安排。那么,在金融制度转型时期,如何建立和有效地实施显性存款保险制度是值得深入研究的问题。

现有的研究表明,显性存款保险制度会增加银行危机发生的概率,在考虑存款保险的设计特征后,这一正向效应变得更加显著(Demirgüç-kunt et al.,2002)。一个自然的问题是,为什么在金融体制不完善经济体进行利率市场化的过程中,实施存款保险制度的同时往往会伴随着银行挤兑呢?这就有必要在利率市场化的背景下来讨论存款保险制度与银行挤兑之间的关系。就事实而言,存款保险制度最先出现于欧美发达国家,其面临的经济环境与需求机制与处于转型期的发展中国家存在着显著的差异（范小云、曹元涛，2006）。以美国为例，美国建立显性存款保险制度时面临着1929～1933年的金融危机，其需求机制是"金融危机→建立存款保险制度→维护金融稳定"，而在转型国家，以中国为例，在推行存款保险制度时则面临着金融体制改革，对应的需求机制是"金融体制改革→建立显性存款保险制度→建立市场化的风险管理机制"，其中，金融体制改革的主要措施之一是利率市场化改革。不同的需求机制必然面临着不同的作用机制，因此，我们在讨论存款保险制度与银行挤兑之间的关系时，有必要紧扣这一制度背景。

有鉴于此，本文构建了一个一般性的银行挤兑动态模型来分析利率市场化过程中存款者出现银行挤兑的基本逻辑，并进一步地将存款保险制度引入基准模型，考察存款保险制度对银行挤兑的影响。主要工作分两步进行：首先，为了清楚地刻画银行挤兑的过程，在动态模型中，我们将存款者挤兑过程分解为多个轮次，并将挤兑行为分为两类动机，即给定预期长期资产收益率降低的情形，在挤兑的第一轮，存款者在两期消费的边际替代率出现变化，引致存款者提前取款，而这会释放一个信号，存款者会将其获取的信号进行加工形成新的判断，决定在下一轮是否挤兑，这一过程持续若干轮次，银行将面临耗尽全部流动性的风险。需要说明的是，第一轮的挤兑往往与以后发生的挤兑不同：在第一轮的挤兑中，存款者通过取出长期存款用于第一期消费，实现个人福利的改进，定义为第一类动机；而在其他轮次的挤兑中，存款者取出长期资产用于未来消费，是一种恐慌行为，定义为第二类动机。此外，信息不对称导致的误差具有持久的影响力，其内生于存款者在加工信息时所选择的权重，这往往与政府干预程度和利率市场化水平等制度环境有关（Demirgüç-kunt et al.，2008）。然后，将存款保险制度引入基准模型，分析实施存款保险制度对银行和存款者行为的影响，通过讨论其分别对存款者两类提前取款动机的影响来研究实施存款保险制度对银行挤兑过程和动态均衡的影响机理。

本文余下部分安排如下：第二部分对相关的研究文献进行评述；第三部分

构建一般性的银行挤兑基准理论模型,并求解和分析动态均衡;第四部分引入存款保险制度对基准模型扩展,探讨存款保险制度对银行挤兑的作用机制;最后为全文总结和政策启示。文中引理和命题的证明均在附录中展示。

二、文献评述

在 2008 年世界金融危机之后,银行挤兑问题再次成为学术研究的热点,相关的文献主要集中于两个方面:一是由 Bryant(1980)最先提出,强调实际性冲击,即银行资产真实收益率降低,导致银行挤兑的出现;二是由 Diamond 和 Dybivg(1983)最先提出(下称 DD 模型),认为银行挤兑是基于"太阳黑子(Sunspot)"引发的羊群行为,即不完全市场下个体行为的不确定性导致的,"先到先取"(First-come,First-served)的存款合同规则促发银行挤兑的出现,"依次服务"存款者的限制导致负的支付外部性效应;Postlewaite 和 Vives(1987)把银行挤兑描述成为一个不完全信息静态博弈的均衡现象;Wallace(1988)指出,活期存款和"先到先取"的排序规则是导致银行挤兑的两个本质因素;Jacklin(1988)比较了由恐慌和真实收益降低所导致的两类银行挤兑模型,在采用平方根效用函数和给定消费者对长期资产收益率期望不变的模型设定下,证明银行挤兑发生的临界点依赖于长期资产收益的方差;Schotter 和 Yorulmazer(2009)建立一次信息传递的动态银行挤兑模型,考察银行挤兑过程中信息的外部性和羊群效应对均衡结果的影响。与此同时,还出现一系列讨论存款保险制度与银行挤兑风险之间关系的研究。Diamond 和 Dybivg(1983)认为,活期存款带来的银行挤兑风险会导致健全银行的倒闭和实际经济的损失,而实施存款保险制度则会改进这种均衡;Chen(1999)提出了一个能够消除银行挤兑恐慌和引导存款者关注精确信息的存款保险制度设计思路;Martin(2006)指出,存款保险制度在防止银行挤兑的同时可能会产生道德风险问题，而流动性支持政策可以防止银行挤兑，并且减弱道德风险问题；Starr 和 Yilmaz（2007）通过研究 2001 年土耳其的银行挤兑指出，新兴市场经济国家采用存款保险制度能够减少缺乏信息的存款者在银行流动性状况不确定时的取款行为，有利于防止银行挤兑行为的发生。可见，现有的研究对银行挤兑及存款保险制度对银行挤兑的影响做出了有益的探讨，但是，这些模型大多是在静态信息传递的环境下进行的，并未考虑到现实中信息传递的动态过程，尤其是没有涉及转型经济体在金融体制改革过程中潜在的银行挤兑问题。以下我们将基于动态视角来构建银行挤兑模型，考虑存款人不同的提前取款动机与对预期偏差的加工和传播过程，深入分析银行挤兑的过程，作为现有研究的有益补充。

随着近年来中国积极推进利率市场化改革和存款保险制度的建设，国内许多学者开始对利率市场化及引入和实施存款保险制度等问题进行了初步的研究。谢平等（2001）详细介绍了存款保险制度的相关理论研究和国别差异；黄金老（2001）把利率市场化带来的风险分为阶段性风险和恒久性风险，指出在利率市场化之后，存款利率在短期内必将显著升高；钱小安（2004）指出建立有效的存款保险制度所需要的先决条件，包括完善银行治理结构、审慎银行监管和普遍的存款保险理念等，并提出有效存款保险设计的制度安排措施；苏宁（2005）结合我国金融发展中存在的现实问题，对存款保险机构的性质、资金来源和赔付方式等方面提出建议；王自力（2006）在研究和归纳美国联邦存款保险公司（FDIC）运作经验的基础上，对我国存款保险机构的设置和监管职能等问题提出建议；汤洪波（2008）结合各国存款保险制度的具体情况，研究了如何从完善公司治理机制角度来克服引入存款保险制度潜在的道德风险问题；姚志勇等（2012）在对德国、巴西和俄罗斯等国家实施存款保险制度进行经验分析的基础上，提出实现成本最小化和具有激励相容性质的存款保险制度设计思路；姚东旻等（2013）基于委托代理模型的分析框架，从商业银行内部治理水平的视角，探讨考虑系统性风险情形下隐性和显性存款保险制度的优劣性。可见，现有国内研究主要集中于借鉴国际经验，探讨引入存款保险制度的必要性及提出相应的设计思路，而很少涉及在利率市场化环境下，存款保险制度与银行挤兑之间的关系研究，而这正是本文的关注点。

综上所述，现有研究主要考虑到发达经济体面临的经济环境，较少地考虑到转型经济体对存款保险制度的需求机制及引入存款保险制度的经济环境。此外，现有研究大多采用经典的 DD 模型的研究框架，即探讨以社会效用最大化或存款人效用最大化为目标的存款保险制度实施思路，而缺乏对银行自身行为的考虑；更为现实的情况是，银行作为独立的决策主体，具有追逐自身效用最大化的行为特征。再者，在存款者的行为设定方面，DD 模型假设存款者在期初不知道自己是在第一期还是第二期消费，而在现实中，存款者会通过不断地收集和加工信息形成最优的消费计划。

有鉴于此，本文将从两个方面对现有模型进行扩展：首先，对参与人的行为假设进行扩展：一是假定银行的目标是最大化自身的期望效用，且附加一个流动性管理策略；二是将存款者的消费决策进行内生化处理，取决于其对不同时期存款利率的预期。然后，对现有银行挤兑模型进行扩展：一是建立多轮次噪音信息传递的银行挤兑动态模型，将存款者的提前取款动机分为两类，分析长期资产收益率的分布、信息加工和传播效率对均衡的影响；二是在动态模型中定义排序法则，并提出强均衡的概念，以刻画存款者在每一轮次挤兑中所得信号的不确定性对均衡结果的影响，进而增加银行挤兑均衡的现实性；三是将存款保险制度引入模型，分析制度实施对动态银行挤兑的影响机制。本文结果表明，实施存款保险制度通过影响存款者（两类）提前存款的动机，具有形成稳定预期和导致道德风险两个方向相反的效应，而两种效应的力度对比取决于制度环境。引入和实施存款保险制度能否提高社会融资效率、降低银行挤兑概率和促进金融制度平稳转型依赖于建立和健全市场约束、银行内部治理机制和市场信息的加工和传播效率等与金融市场化改革的配套制度建设。

三、动态的银行挤兑模型

本部分对现有的模型进行扩展，建立更为一般的银行挤兑动态模型。具体分析思路为：首先，描述经济环境，以及存款者和银行等参与人的决策时序；其次，刻画银行和存款者的行为假设；然后，具体分析银行挤兑的动态过程；最后，定义和讨论动态均衡。

（一）经济环境

考虑一个含有 (0，1，2) 三期的经济环境，市场上存在一家银行和分布在 [0，1] 区间上连续统的存款者。银行专有将期 0 的资产转换为期 1 和期 2 的消费品的技术，并将取得的存款投资于两类资产：短期安全资产和长期风险资产，其中安全资产可以被视为一种储存技术，将期 0 的一单位资产转换为期 1 的一定单位的资产；长期风险资产由特定而具有不确定性的技术决定，在期 2 产生 r 单位的消费品，这里，r 是随机变量。

在开始阶段，存款者拥有全部资产，且资产没有被分类和转换。在期 0，银行提供两类契约：第一类契约是活期存款，若银行具有充足流动性，在期 1 单位资产将获得 R_1 单位的消费品；若银行存在流动性不足，则银行的流动性资产将会在存款者之间平均分配；第二类契约为定期存款，如果银行持有长期资产的收益率较高，在期 2，单位资产将会获得 $R_2(>R_1)$ 单位的消费品，或在第一期接受 R_1 单位的消费品；若银行在期 1 的流动性不足，将在期 1 所有的取款者之间进行平均分配。考虑利率双轨制的中国现实，长期风险资产的收益率 r 是随机变量，可被视为可贷资金市场上的均衡利率，是利率市场化的体现，相应的概率密度函数为 $q(r)$。考虑到利率管制的现实情形，银行在两期提供的存款利率 R_1 和 R_2 的变动较小，且受到贷款利率下限和存款利率上限的约束（易纲，2009；何东，2011），随着利率市场化的逐步推进，R_1 和 R_2 将会更加富有弹性。银行和存款者的决策时序如图 1 所示。

|　t=0　|　t=0.5　|　t=1　|　t=2　|
银行提供活期存款和定期存款两类契约；存款者做出存款决策　银行将获得的存款做出投资决策：确定安全资产和风险资产的数量　存款者判断银行所投资资产的收益率，决定是否提前取款，用于当期或未来消费　存款契约到期，存款者获得本息，并做出消费决策

图 1　银行和存款者的决策时序

（二）参与人的行为设定

1. 银行

在期 0，银行提供活期和定期两类存款契约来吸收存款，并将获取的存款分别投资于 L 单位的短期（流动）资产和 X 单位的长期（风险）资产。假设银行是风险中性的，目标是通过将吸收的存款进行资产配置来实现期望效用最大化。假设在期 0，银行面临的信息集为 I_0，给定长期资产的收益率为 r 的情形下，银行面临的期望效用最大化问题为：

$$\max_{(L, X)} \mathrm{E}[L - D_1 R_1 + \sigma(Xr - D_2 R_2) \mid I_0]$$

$$s.t. \ L + X \leqslant D$$

其中，σ 为银行的跨期风险调整因子，度量银行对长期投资的期望收益和风险偏好，并满足 $\sigma \geqslant \dfrac{1}{r}$，即对长期风险资产的收益调整至少实现贴现值。进一步地将银行面临的最优化问题表述为：

$$\max_{(L, X)} \mathrm{E}[(1 - \sigma r)L + \sigma Dr - D_1 R_1 - \sigma D_2 R_2]$$

由 $1 - \sigma r \leqslant 0$，且 r 和其他变量无关，直接推断出银行会偏好于投资长期风险资产，即存在"期限错配"（Mismatch）问题。为了保证经营的安全性，假设银行实施一个流动性管理策略，$\rho(E_1 R_1 + E_2 R_2)$，其中，参数 ρ 表示银行对挤兑行为发生概率的预判，也可用于间接刻画存款者对长期资产收益率的信念。故可将短期流动资产表示为 $L = \max\{\rho(D_1 R_1 + D_2 R_2), D_1 R_1\}$，对应

于政府对银行业管制政策所要求的资本金。参照《巴塞尔协议》对银行资本金的相关规定，满足 $\rho D_2 R_2 > (1-\rho) D_1 R_1$，则得到，$L = \rho(D_1 R_1 + D_2 R_2)$。这样，银行的投资决策就变成为附加流动性管理策略的期望效用最大化问题。

2. 存款者（消费者）

根据参与人的决策时序图 1，面对银行提供的两类存款契约，存款者将选择 D_1 单位的活期存款和 D_2 单位的定期存款；D_1 和 D_2 均是 R 的函数，D 为存款总额，两种资产配置具有一定的替代性，$D = D_1(R_1, R_2) + D_2(R_1, R_2)$。假设代表性存款者具有高曼形式的效用函数，$u(c_1) + \beta u(c_2)$，其中，满足稻田条件，$\beta$ 为存款者的跨期折现因子。在期 0，存款者与银行具有同一信息集 I_0，基于这一信息集，可将代表性存款者面临的期望效用最大化问题表达为：

$$\max_{(D_1, D_2)} E[u(c_1, c_2) | I_0] = [u(D_1 R_1) + \beta u(D_2 R_2)]$$

$$s.t. \ D_1 + D_2 \leqslant D$$

求解以上最大化问题，得到欧拉方程为：$u'(c_1) = \beta u'(c_2)$，即 $u'(D_1 R_1) R_1 = \beta R_2 u'(D_2 R_2)$，这表明，存款者在两期消费的边际效用相等，即存款者将资金配置于短期还是长期的边际效用相同，实现期望效用的最大化。

（三）银行挤兑的动态过程

现实和研究表明，银行挤兑的出现往往涉及长期资产收益率降低和错误的契约安排两个方面。首先，定义两类提前取款动机：面对预期长期资产收益率降低的情形，存款者提前取出长期存款用于第 1 期的消费，定义为第一类动机；由于存款者担心银行存款的安全性，将选择在第 1 期提前取款，而在未来的第 2 期消费，定义为第二类动机。可见，尽管存款者均是因为预期长期资产的收益率降低而提前取出存款，但对比而言，第一类动机将会增加存款者在第1期的消费，改进自身福利，而第二类动机则可能会引起挤兑恐慌，导致经济扰动。以下将分两个阶段分别考察存款者的两类提前取款动机所引致的银行挤兑过程。

考虑如下情形：存款者对银行持有长期资产的收益率 r 具有不完全信息，参考 Goldstein 和 Pauzner（2005）的思路，将代表性存款者 i 获取的信号表达为，$\hat{r}_1^i = r + e_1^i$，其中，e_1^i 为存款者对信息解读潜在的误差，具有定义在支撑 $[-e_1, e_1]$ 上的概率密度函数，相应地，$\hat{r}_1^i$ 的概率密度函数为定义在 $[r-e_1, r+e_1]$ 上的 $q_1(\hat{r}_1^i - r)$，且 $q_1(\cdot)$ 满足条件，$\int_{r-e_1}^{r+e_1} q_1(\hat{r}_1^i - r) d\hat{r}_1^i = 1$。以下引理1给出存款者对信息判断的长期资产收益条件概率密度函数的性质。

引理1：对于任意存款者 i 和 j 来言，若推断误差的概率密度函数和相互独立，则存在一个正数 δ，使得 $f_2^i(\hat{r}_j \pm \delta) = f_2^i(\hat{r}_j)$，即对于存款者 i 和 j 来讲，推断长期资产收益的信息具有对称性。

在第一阶段，将存款者 i 在短期和长期存款的资产配置表示为：$D_1^i + D_2^i = D^i$。倘若存款者 i 观察或预判长期资产收益率降低，基于第一类动机，将在期1提前取出部分长期存款，$\Delta_1^i \geqslant 0$，用于第1期的消费，由存款者期望效用最大化问题的欧拉方程得到：

$$u'((D_1^i + \Delta_1^i)R_1)R_1 = E[\beta R_2 u'((D_2^i - \Delta_1^i)R_2)] \tag{1}$$

这里，可将等式右边表示为：

$\int_{r-e_1}^{r+e_1} \beta u'[(D_2^i - \Delta_1^i)R_2]R_2 q_1(\hat{r}_1^i - r) d\hat{r}_1^i$，其中，$R_2 = \dfrac{X \hat{r}_1^i}{(1-\rho)D_2^i} - \dfrac{D_1^i}{D_2^i} R_1$。

对于任意的长期资产收益率，由以上（1）式推断得到，$\Delta_1^i = g(r, e_1, D_1^i, R_1^i)$。这里仅考虑第一类动机导致存款者提前存款的情形，因此，Δ_1^i 只出现在存款者在期 1 的期望效用函数中，且提前取款的数量 Δ_1 唯一地被等式 $\Delta_1 = \int_0^1 \Delta_1^i(\cdot) \mathrm{d}i$ 所决定。具体而言，在存款者 i 将信号 r_1^i 视为资产收益率分布中心的情形下，将 r_1^* 表示存款者恰好（不）发生银行挤兑所要求的长期资产收益率临界值，由 $D_2 R_2 = \rho(D_1 R_1 + D_2 R_2) - D_1 R_1 + X r_1^*$ 决定。如下分三种情形来讨论发生银行挤兑的数量：

(1) $r \geqslant r_1^* + 2e_1$ 则 $\Delta_1 = 0$，即当长期资产收益足够高时，则不会发生银行挤兑；

(2) $r_1^* \leqslant r < r_1^* + 2e_1$，则 $\Delta_1 = \lim\limits_{D_1^i \to 0} \int_{r_1^* - e_1}^{r_1^* + e_1} \Delta_1^i q_1(\hat{r}_1^i - r) \mathrm{d} \hat{r}_1^i = \lim\limits_{D_1^i \to 0} \int_{r_1^* - e_1}^{r_1^* + e_1} g(r, e_1, D_1^i, R_1^i) q_1(\hat{r}_1^i - r) \mathrm{d} \hat{r}_1^i$；

(3) $r < r_1^*$，则 $\Delta_1 = \lim\limits_{D_1^i \to 0} \int_{r - e_1}^{r + e_1} g(r, e_1, D_1^i, R_1^i) q_1(\hat{r}_1^i - r) \mathrm{d} \hat{r}_1^i$。

在给定存款契约的情况下，进一步地有，$\Delta_1 = h(r, e_1)$，且 $\dfrac{\partial \Delta_1}{\partial r} < 0$，$\dfrac{\partial \Delta_1}{\partial e_1} > 0$，表明银行挤兑的数量与长期资产收益率成反向变动，而与存款者对收益信息的解读误差成同向变动。

在第二阶段，存款者 i 接收到一个带有噪音的挤兑信号，对长期资产收益率的判断更新为 $r_1^{'i}$。存款者采用与上述相同的方法来加工信息，但其对信号的预期发生变化。此时，存款者 i 预期长期资产收益率为 $r_1^{'i} = r + e_2^i$，其中 e_2^i 表示存款者 i 根据上一轮信息做出推断的误差，具有定义在 $[-e_2, e_2]$ 上的概率密度函数 $q_2(e_2^i)$，则 $r_1^{'i}$ 的概率密度函数为定义在 $[r - e_2^i, r + e_2^i]$ 上的 $q_2(r_1^{'i} - r)$。为了清楚地刻画存款者对信息的更新过程，考虑存款者采用适应性预期方程来加权相邻两个时期的信息，即 $r_2^i = t_1 r_1^i + (1 - t_1) r_1^{'i} = r + u_2^i$，从中得到新的推断，其中，$u_2^i = e_1^i + (1 - t_1) e_2^i$ 为加总误差，t_1 为存款者在信息加工时赋予第一轮次信息的权重。

以下将考虑第二类动机下存款者的银行挤兑行为。假设银行挤兑数量为 Δ_2，将进入存款者在第 2 期的消费决策，即 $E[\beta u((D_2 - \Delta_2 - \Delta_1)R_2 + \Delta_2 R_1)]$。定义 r_2^* 为存款者在第一轮次恰好（不）发生银行挤兑的长期资产收益率的临界值，满足如下条件：

$$\int_{r_2^i-u}^{r_2^i+u} [X\hat{r}_1^i + \rho(D_1 R_1 + D_2 R_2) - E_1 R_1 - \Delta_1 R_1] \\ f_2^i(\hat{r}_1^i \mid r_2^i = r_2^*) \mathrm{d}\hat{r}_1^i = (E_2 - \Delta_1)R_1 \quad (2)$$

这里，$f_2^i(\hat{r}_1^i \mid r_2^i = r_2^*)$ 表示给定信息 r_2^i 的情形下存款者 i 预期长期资产收益率的条件概率密度函数，且满足归一化条件，$\int_{r_2^i-u_2^i}^{r_2^i+u_2^i} f_2(\hat{r}_1^i \mid r_2^i) \mathrm{d}\hat{r}_1^i = 1$。

考虑信息传递具有同质性，即每个存款者对银行持有的长期资产收益率具有同样的判断。通过以上（2）式可以得到 r_2^*，即若长期资产收益率低于 r_2^*，则会引发银行挤兑。根据引理 1，可将发生银行挤兑的比例表示为截断累计分布函数，整理得到以下命题 1。

命题 1：给定恰好发生与不发生银行挤兑所要求的长期资产收益率临界值 r_2^*，存款者出现银行挤兑的比例为：$\lambda_1(r_2^*, u) = \int_{r-u}^{r_2^*} f_2(\hat{r}_1 \mid r_2 = r_2^*) \mathrm{d}\hat{r}_1$，相应的银行挤兑数量为：$\Delta_2 = (D_2 - \Delta_1)\lambda_1$。

由命题 1 直接得到，存款者在第 2 期的定期存款余额为：$D_2 - \Delta_1 - \Delta_2 = (1 - \lambda_1)(D_2 - \Delta_1)$。类似地，存款者可以根据 Δ_2 进一步地更新其在第 3 期关于对 r 的预判信息。

考虑更为一般的情形，在第 $t \geq 2$ 轮次，存款者根据历史信息对长期资产收益率信息的预期为：$\hat{r}_t^i = r + e_t^i$，其中，e_t^i 具有定义在 $[-e_t, e_t]$ 上的概率密度函数 $q_t(e_t^i)$，如下将定义排序法则来刻画存款者在不同轮次获取的信息结构。

定义1（排序法则）：存款者 i 在第 t 轮次获得信息为 $r_t^i = r + e_t^i$，且在第 $t+1$ 轮次接收的信号为 $r_{t+1}^i = r + e_{t+1}^i$，则称其代表一个排序法则 ω，采用 Ω 表示排序法则的集合。

特别地，若存款者在第1轮次接收了最差的信号，$e_1^i = -e_1$，并且以后各轮次均接收到最差的信号，$e_2^i = -e_2$，$e_3^i = -e_3$，$\cdots$，$e_n^i = -e_n$，则称为最差排序法则，记做 ω^*。根据排序法则，存款者采用适应性预期方程的加权方法来估计长期资产收益率，即：

$$r_3^i = t_2 r_2^i + (1 - t_2)(r + e_3^i)$$

$$r_4^i = t_3 r_3^i + (1 - t_3)(r + e_4^i)$$

$$r_t^i = t_{t-1} r_{t-1}^i + (1 - t_{t-1})(r + e_t^i)$$

……

对于任意 n 轮次，有 $r_n^i = t_{n-1} r_{n-1}^i + (1 - t_{n-1})(r + e_n^i) = r + u_n$，其中，$u_n$ 为存款者在第 n 轮次对长期资产收益预判的综合误差，即：

$$u_n = \prod_{i=1}^{n} t_i e_1 + \prod_{i=2}^{n} t_i (1 - t_1) e_2 + \prod_{i=3}^{n} t_i (1 - t_2) e_3$$
$$+ \cdots + (1 - t_{n-1}) t_n e_n + (1 - t_n) e_{n+1}$$

我们将 $\phi = \{e_1, e_2, e_3, \cdots\}$ 定义为噪音序列，表示存款者在不同轮次对长期资产收益率的推断误差；同时，将 $T = \{t_1, t_2, t_3, \cdots\}$ 定义为权重序列，表示存款者在加工信息时对不同轮次获取信息的权重选择，两者均是构成 Ω 的基本元素。也就是说，存款者对长期资产收益率的预期往往受到 Ω 的影响，即受到噪音序列 ϕ 和权重序列 T 的共同影响。

与以上的分析相似，讨论任意轮次长期资产收益条件概率密度函数的性质，整理为如下引理2。

引理2：对于任意轮次 n，$n \geq 2$ 及任意存款者 i 和 j，若推断误差的概率密度函数 $q_1(\hat{e}_1)$，$q_2(\hat{e}_2)$，$\cdots$，$q_n(\hat{e}_n)$ 相互独立，则存在一个正数 δ，使得

$f_2^j(\hat{r}_i \pm \delta) = f_2^i(\hat{r}_j)$，即对于任意两个存款者 i 和 j 而言，推断长期资产收益的信息具有对称性。

定义 r_{n+1}^* 为存款者第 n 轮次恰好（不）发生银行挤兑长期资产收益率的临界值，满足如下条件：

$$\int_{r-u}^{r+u} [X\hat{r}_n^i + \rho(D_1 R_1 + D_2 R_2) - D_1 R_1 - \sum_{i=1}^{n} \Delta_i R_1]$$
$$f_{n+1}(\hat{r}_n^i \mid r_{n+1}^i = r_{n+1}^*) d\hat{r}_n^i = (D_2 - \sum_{i=1}^{n} \Delta_i) R_1 \tag{3}$$

其中，$f_{n+1}(\hat{r}_n^i \mid r_{n+1}^i = r_{n+1}^*)$ 表示存款者 i 第 n 轮次对长期资产收益率推断误差的条件概率密度函数。

考虑更为一般的情形，对于任意的轮次 n，$n \geqslant 2$，通过以上（3）式可以得到存款者恰好（不）发生银行挤兑长期资产收益率的临界值为 r_{n+1}^*，即当长期资产收益率低于 r_{n+1}^* 时，就会引发银行挤兑。结合引理 2，将存款者出现银行挤兑的比例表达为截断累计分布函数，整理为如下命题 2。

命题 2：对于任意轮次 n，$n \geqslant 2$，给定恰好（不）发生银行挤兑所要求的长期资产收益率临界值 r_{n+1}^*，存款者发生银行挤兑的比例为 $\lambda_n(r_{n+1}^*, u) = \int_{r-u}^{r_{n+1}^*} f_{n+1}(\hat{r}_n \mid r_{n+1}^i = r_{n+1}^*) d\hat{r}_n$；相应的银行挤兑数量为 $\Delta_n = (D_2 - \sum_{i=1}^{n-1} \Delta_i) \lambda_n$。

命题 2 是命题 1 更为一般性的刻画。考虑信息传递的同质性，每个存款者对长期资产收益率具有相同的推断。由命题 2 可以直接得到存款者在第 n 轮次存款的剩余数量为：

$$E_2 - \sum_{i=1}^{n+1} \Delta_i = \prod_{i=1}^{n} (1 - \lambda_n)(E_2 - \Delta_1)$$

综合以上命题 1 和命题 2，得到，在 $n \geqslant 2$ 轮次累计的银行挤兑数量为 $\Delta = \sum_{i=1}^{n} \Delta_n = \Delta_1 + (D_2 - \Delta_1) \prod_{i=2}^{n} (1 - \lambda_{i-2}) \lambda_{i-1}$，其中，$\lambda_0 = 0$。

需要说明的是，在分析银行挤兑的动态过程时，要特别关注存款者对长期资产收益的推断误差（噪音）序列 ϕ 和加工信息的权重序列 T。两者均是由存款者的信息加工能力及经济体自身的信息传播效率来决定，往往与资产收益率 r 不相关，可被视为刻画金融制度环境的变量。本文主要涉及利率市场化，在不同的市场化水平，存款者和银行对信息的解读和传播效率不同，加工能力也存在差异，即采用不同的噪音序列与权重序列来描述。

（四） 动态均衡

先定义银行挤兑的动态均衡，然后提出一个寻找动态均衡的思路。

定义 2（动态均衡）：存在轮次 t^*，在 $t \geqslant t^*$ 轮次时，任意的存款者 i 将不再出现银行挤兑，即 $\Delta_t^i = 0$。具体而言，若给定该轮次信号的分布信息，对于任意存款者 i 来说，满足如下条件：

$$\int_{r+u}^{r+u} [X\hat{r}_n^i + \rho(D_1 R_1 + D_2 R_2) - D_1 R_1 - \sum_{i=1}^{n} \Delta_i R_1]$$
$$f_{n+1}(\hat{r}_n^i \mid r_{n+1}^i = r_{n+1}^*) \mathrm{d}\hat{r}_n^i \geqslant (D_2 - \sum_{i=1}^{n}\Delta_i) R_1 \tag{3}$$

将这种状态称为动态均衡。

但是，以上（3）式条件可能不能保证上一期获得较低收益信息的存款者能够在这一轮得到一个较高的收益信息。因此，需要考虑这种不确定性带来的问题。特别地，当在任意 t 轮次，存款者接收的信号均为 $e_{it} = -e_t$ 时，按照最差排序法则 ω^*，存在某一轮次之后任意的存款者将停止挤兑，则我们将之称为强均衡状态，将其总结为如下定义。

定义 3（强均衡）：若均衡状态和排序规则无关，则称之为强均衡。

需要说明的是，强均衡状态只能发生在长期资产收益率 r 足够大且推断误差 e_t 的概率密度函数在积分区间右边具有足够高的集中度时，即存款者存在更大可能地获取较高的信号时，可将其视为对排序法则的一种约束。对某一特定的存款者而言，其将得到更高的长期资产收益率期望值。

命题 3：给定噪音序列与权重序列及误差的概率密度函数 $q_t(\hat{e}_t)$，当且仅当排序规则是最差排序法则时，存在一个动态均衡，并且是一个强均衡。

命题 3 提供了一种寻找强均衡的思路，为了得到强均衡，我们只需要验证存款者对长期资产收益率的预期偏差是否满足最差排序法则。给定其他变量形同的情形，推断误差概率密度函数 $q_t(e_t)$ 会影响临界值方程（3）左边部分的期望值，可见，存款者获取信号的概率密度函数形式也会影响到均衡结果。

根据以上分析可知，影响存款者发生银行挤兑的因素主要涉及三个方面：(1) 改变存款者信息加工的权重序列 T。(2) 改变存款者对长期资产收益率信息的解读和传播误差序列 ϕ；两者内生于金融制度环境，在市场化程度高的环境下，市场参与主体对信息的解读和传播精确，误差小；同时，对信息的加工趋于明确和理性，特别地，即使存款者赋予下一期信息更多的权重，若市场信息传播效率很低时，仍然不能阻止挤兑的发生。(3) 改变存款者预判信息的概率密度函数 $q_t(\hat{e}_t)$。此外，排序规则往往是由存款者的属性内生决定的，不容易被银行和政策设计者精确地识别和度量，所以，这种不确定性也可能会导致银行体系的不稳定性。

四、引入存款保险制度的模型扩展

本部分将引入存款保险制度对基准模型进行扩展，考察实施存款保险制度对银行挤兑动态均衡的潜在影响。假设存款保险管理机构为银行（存款者）提供存款保险的数量为 $F = \gamma \times D$，$0 \leqslant \gamma \leqslant 1$，即当出现银行挤兑时，银行（存款者）可获取总量为 F 的资金救助，其中，γ 表示存款保险制度的覆盖范围（比例），是存款保险制度设计中关键的元素之一。假设政府是否实施存款保险制度及具体的存款保险契约对存款者和银行等所有参与人均是共同信息。实施显性存款保险制度将会通过对银行的投资决策、存款者对长期资产收益率变动的预期和行为及市场约束机制对银行经营决策的作用等方面产生影响，进而影响银行挤兑的动态过程和均衡。

（一）参与人行为的变化

在利率市场化的金融体制改革背景下，实施存款保险制度会引起存款者和银行等参与人的行为发生变化，进而会影响到存款者预期银行持有长期资产收益率变化时导致的银行挤兑的过程。具体体现在刻画参与人决策时序的图 1 中：在 $t=0$ 时，政府开始实施存款保险制度，其将在 $t=0.5$ 时影响银行的投资决策；在 $t=1$ 时对存款者的取款行为产生影响。

1. 存款者行为的变化

当实施存款保险制度之后，主要在两个方面对存款者行为产生影响：一是由于存款得到保障，存款者可能会减弱对银行的投资决策进行监督的激励，导致市场约束机制弱化；二是存款者对长期资产收益率变动影响的预期发生变化，即 $q(\bar{r}, F)$。随着利率市场化的推进和完善，存款者对信息的加工能力提升，信息解读和传播的效率也会提高，从而减小存款者对长期资产收益率推断误差序列 ϕ，同时，在信息加工过程中采用的权重序列 T 也较为明确和理性，这些都将会增强存款者解读和加工信息的精确性，使其对于银行持有长期资产收益率的变化更具耐心，更容易形成稳定的取款预期和决策。

2. 银行行为的变化

实施存款保险制度对银行投资决策产生的影响主要体现在如下两个方面：一是影响银行的投资资产配置，促使银行减少流动资产的持有数量，增加风险资产的投资量；同时，随着利率市场化的推进，短期和定期存款利率将更为富有弹性，考虑到银行业竞争性的增加，存款利率将会提升，而贷款利率将会下降，导致银行的息差收益出现降低，促使银行更加具有从事投资高收益且高风险项目的激励。二是存款保险制度代为偿还存款的保障使得银行放松自我约束，尤其对于转型经济体而言，银行内部治理机制尚不完善，随着显性保险制度的实施,银行投资高风险项目的动机将会越发强烈。可见,以上两个方面均强化了银行出现道德风险行为。

此时,银行实现期望效用最大化的投资决策行为发生变化。当存款保险数量为 F 时,银行面临的期望效用最大化问题变成为:

$$\max_{(L,X)} \int [L - D_1 R_1 + \sigma(X\bar{r} - D_2 R_2)] q(\bar{r}, F) d\bar{r}$$

$$s.t. \ L + X \leqslant D$$

其中,$q(\bar{r}, F)$ 为引入存款保险制度时长期资产收益率的概率密度函数。

进一步地,将银行面临的期望效用最大化问题重新表达为:

$$\max_{(L,X)} \int [(1-\sigma\bar{r})L + \sigma D\bar{r} - D_1 R_1 - \sigma D_2 R_2] q(\bar{r}, F) d\bar{r}$$

与基准模型的结果相同,由于 $1-\sigma\bar{r}<0$,银行实现期望效用最大化的资产配置为 $L=0$,即银行偏好从事高风险的投资项目。因此,政府通常通过管制政策要求银行实施一个流动性管理约束,即 $L=\rho(D_1 R_1 + D_2 R_2)$。不同的是,存款保险制度的实施会使得此约束条件减弱,具体表现为参数 ρ 的降低,使银行调低对挤兑行为发生概率的预判或者银行内部治理机制弱化,将导致银行减少流动性资产的持有量,而增加投资风险资产的数量。加上利率市场化过程中潜在息差收益的缩小,增加银行从事高风险业务追求高收益的激励,导致严重的道德风险问题。此外,当存在加工信息能力不足时,银行会对存款保险制度的稳定作用产生过分乐观的估计,进而导致银行放松自我约束,投资高风险的项目。可见,有限的信息加工能力也可能会导致道德风险问题。

综上所述,实施存款保险制度将会对银行的投资决策和存款者的行为产生影响,带来防止挤兑和道德风险两个方向相反的效应:第一,存款保险制度带来的支付保障将减缓存款者对银行破产预期的形成过程,对银行挤兑具有抑制作用;第二,实施存款保险制度直接改变银行的资产配置决策,同时减弱银行和存款者的监督力度,两者均带来银行更多地投资高风险资产的道德风险问题，并且这些影响均具有一定的持续性。以下将分析实施存款保险制度对银行挤兑过程和动态均衡的影响。

(二) 银行挤兑和动态均衡

延续第三部分的分析思路，以下将考察实施存款保险制度对存款者两类提前取款动机产生影响，进而影响到银行挤兑的过程和动态均衡。

1. 银行挤兑过程

首先分析在实施存款保险制度这一新的经济环境下银行挤兑的过程，具体分两个阶段展开：

在第一阶段，存款者对长期资产的收益率 r 具有不完全信息，对信息的解读存在误差 e_1，且具有定义在 $[-e_1, e_1]$ 上的概率密度函数。将存款者 i 获取的信号为 $r_1^i = r + e_1^i$，则 r_1^i 的概率密度函数为 $q_1(\hat{r}_1^i - r, F)$。在新的经济环境下，存款者恰好（不）发生银行挤兑长期资产收益率的临界值发生变化。将新的临界值定义为 r_d^*，由 $D_2 R_2 = \rho(D_1 R_1 + D_2 R_2) - D_1 R_1 + X r_d^* + F$ 决定。

当存款者 i 观察到或预期长期资产收益率降低时，基于第一类动机，其将在期1提前取出部分长期存款以实现期望效用的最大化。根据基准模型的分析，对于任意的长期资产收益 r，给定存款者的存款安排，均可得到 $\Delta_1^i = g(r, e_1, L; F)$。需要说明的是，$e_1$ 和 L 均会受到存款保险数量 F 的影响（下文将做出具体分析）。考虑如下三种情形来讨论在第一轮次存款者基于第一动机发生的银行挤兑数量：

(1) 当 $r \geqslant r_d^* + 2e_1$ 时，则 $\Delta_1^i = 0$；

(2) 当 $r_d^* \leqslant r < r_d^* + 2e_1$ 时，则 $\Delta_1^i = \lim_{D_1^i \to 0} \int_{r_d^* - e_1}^{r_d^* + e_1} g(r_i, e_1, L) q_1(\hat{r} - r, F) \mathrm{d}\hat{r}$；

(3) 当 $r < r_d^*$ 时，则 $\Delta_1^i = \lim_{D_1^i \to 0} \int_{r - e_1}^{r + e_1} g(r_i, e_1, L) q_1(\hat{r} - r, F) \mathrm{d}\hat{r}$。

可见，存款者的提前取款数量 Δ_1^i 只出现在期 1 的期望效用函数中，且唯一地被等式 $\Delta_1 = \int_0^1 \Delta_1^i(\cdot)di$ 决定。

以下将分析实施存款保险制度对第一类提前取款动机的影响机制，主要涉及两个方面：一是实施存款保险制度会影响存款者恰好（不）发生银行挤兑的长期资产收益率临界值。由于存款保险制度为偿还存款提供保证，存款者针对长期资产收益率下降幅度的可承受程度增加，使得长期资产收益率临界值下降，可以进一步推断，随着存款保险覆盖比例 γ 的增加，临界值的下降幅度会增加，由于 r_d^* 是存款者恰好出现银行挤兑的上限，即当低于 r_d^* 时将会促发银行挤兑，故 r_d^* 的下降将减小银行挤兑发生的概率；二是银行的资产配置结构发生变化，引发道德风险问题。银行预期到存款者对长期资产收益率波动的态度出现变化，加之利率市场化推进带来的息差缩减，将会更加偏好从事投资高收益且高风险的业务，即加强了银行减少流动性资产而增加风险资产的投资激励。根据以上分析，将两个方向相反的效应表示为：

$$\frac{\partial \Delta_1^i}{\partial F} = \underbrace{\frac{\partial \Delta_1^i}{\partial r_d^*} \cdot \frac{\partial r_d^*}{\partial F}}_{A: \text{稳定效应}(-)} + \underbrace{\frac{\partial \Delta_1^i}{\partial L} \frac{\partial L}{\partial F}}_{B: \text{道德风险效应}(+)} \quad (4)$$

其中，等式（4）右侧的第一部分（A）表示实施存款保险制度通过对存款者恰好（不）发生银行挤兑的长期资产收益率临界值的影响，进而影响到存款者提前取款的数量。由 $\frac{\partial \Delta_1^i}{\partial r_d^*} > 0$ 和 $\frac{\partial r_d^*}{\partial F} < 0$，得到，$A < 0$，即实施存款保险制度有助于抑制银行挤兑的发生，称为稳定效应；第二部分（B）表示实施存款保险制度通过影响银行的资产配置变化进而影响存款者发生银行挤兑的概率，由 $\frac{\partial L}{\partial F} < 0$ 和 $\frac{\partial \Delta_1^i}{\partial L} < 0$，得到，$B > 0$，即实施存款保险制度会促发银行从事高风险业务的激励，导致道德风险的负向效应。

在第二阶段，存款者 i 收到带有噪音的挤兑信号，对长期资产收益率的判断更新为 $r_1'=r+e_2^i$，其中，e_2^i 代表 i 根据上一轮信息做出推断的误差，具有定义在 $[-e_2, e_2]$ 上的概率密度函数 $q_2(e_2^i, F)$，相应地，长期资产收益率的概率密度函数为定义在 $[r-e_2, r+e_2]$ 上的 $q_2(\hat{r}_1-r, F)$。与第三部分的分析过程相同，存款者采用适应性预期模式来加权相邻两个时期的信息，形成新的推断。考虑更为一般的情形，定义 $r_{d, n+1}^*$ 为存款者在第 n 轮次恰好（不）发生银行挤兑长期资产收益率的临界值，满足如下条件：

$$\int_{r_{n+1}^i-u}^{r_{n+1}^i+u} [X\hat{r}_i + \rho(D_1R_1+D_2R_2) - D_1R_1 - \sum_{i=1}^n \Delta_i R_1]$$
$$f_{n+1}^i(\hat{r}_n^i \mid r_{n+1}^i = r_{n+1}^*)\mathrm{d}\hat{r}_1 = (D_2 - \sum_{i=1}^n \Delta_i)R_1 + F$$

其中，$f_{n+1}^i(\hat{r}_n^i \mid r_{n+1}^*, F)$ 表示存款者 i 在第 $n \geqslant 2$ 轮次对长期资产收益率推断误差的条件概率密度函数，且 $\hat{r}_n^i = r + u_n$。

给定存款者的存款结构安排，根据以上等式左侧的单调性，可推断得到 $r_{d, n+1}^* < r_{n+1}^*$，即实施存款保险制度后会使得存款者恰好发生银行挤兑的长期资产收益率临界值下降，这将会降低银行挤兑发生的概率。进而得到存款者在任意轮次发生银行挤兑的比例和数量，表达为如下命题。

命题 4：在实施存款保险制度的情形下，对任意轮次 n，$n \geqslant 2$，给定恰好（不）发生银行挤兑的长期资产收益率临界值 r_{n+1}^*，存款者发生银行挤兑的比例为 $\lambda_n(r_{d, n+1}^*, u_n, F) = \int_{r-u_n}^{r_{d, n+1}} f_{n+1}(\hat{r}_n^i \mid r_{n+1}^*, F)\mathrm{d}\hat{r}_i$，相应的银行挤兑数量为 $\Delta_n - (D_2 - \sum_{i=1}^{n-1} \Delta_i)\lambda_n(r_{d, n+1}^*, u_n, F)$。

在利率市场化的背景下实施存款保险制度对存款者第二类提前取款动机的影响涉及三个方面：一是实施存款保险制度会影响存款者恰好（不）发生银行挤兑的长期资产收益率临界值，这与第一类动机的影响相似；二是存款者对长期资产收益率的推断误差将减小，同时，对信息的加权过程也较为理性和明确，即考虑到出现较大偏差的概率较小，将其赋予较小的权重，反之，将较小的偏差赋予较大的权重，进而形成稳定的取款预期和决策；三是银行可能会调整资产配置结构，减少流动资产，增加风险投资，引发道德风险问题，与第一类动机的影响相似。具体而言，在任意轮次，可将实施存款保险制度对银行挤兑比例的影响分解为三个部分：

$$\frac{\partial \lambda_n(r_{d,n+1}^*, u_n, F)}{\partial F} = \underbrace{\underbrace{\frac{\partial \lambda_n(\cdot)}{\partial r_{d,n+1}^*} \frac{\partial r_{d,n+1}^*}{\partial F}}_{A} + \underbrace{\frac{\partial \lambda_n(\cdot)}{\partial u_n} \frac{\partial u_n}{\partial F}}_{C}}_{D:\text{稳定效应}(-)} + \underbrace{\frac{\partial \lambda_n(\cdot)}{\partial L} \frac{\partial L}{\partial F}}_{B:\text{道德风险效应}(+)} \tag{5}$$

其中，第一部分（A）表示实施存款保险制度通过直接影响存款者恰好（不）发生银行挤兑的资产收益率临界值，进而影响到存款者发生银行挤兑的比例，由 $\frac{\partial \lambda_n(\cdot)}{\partial r_{d,n+1}^*}>0$ 和 $\frac{\partial r_{d,n+1}^*}{\partial F}<0$，得到 $A<0$；第二部分（C）分析实施存款保险制度对存款者预判偏差序列和权重序列。作为影响银行挤兑比例的渠道，由 $\frac{\partial \lambda_n(\cdot)}{\partial u_n}>0$ 和 $\frac{\partial u_n}{\partial F}<0$，得到 $C<0$。可见，两者均显示实施存款保险制度对银行挤兑起到抑制作用，即 $D=A+C<0$，共同形成稳定效应；第三部分（B）表示实施存款保险制度后银行出现道德风险的传导路径。在实施存款保险制度之后，由于预期存款保险机构为潜在危机提供偿还保障，银行将更加偏好于投资高风险资产，同时，利率市场化的推进带来的银行息差缩小将会强化这一效应，在其他条件不变的情形下，势必会增加银行挤兑的概率和比例，即 $B>0$。

综上，根据（4）和（5）式的分析结果，实施存款保险制度具有稳定取款预期和道德风险两个方向相反的效应，主要体现在如下三个方面：一是实施存款保险制度可以降低存款者在预期长期资产收益率变化时出现银行挤兑的临界值,降低发生银行挤兑的概率和比例,体现在影响第一动机(4)式和第二动机(5)式的第一部分;二是随着利率市场化过程的推进,实施存款保险制度会使得存款者对长期资产收益率推断误差序列将减小,同时,加工信息所采用的加权权重序列也变得较为理性和明确,进而减低存款者预判的总体偏差,降低存款者发生银行挤兑的概率和比例,体现在第二动机(5)式的第二部分;三是实施存款保险制度促使银行具有更大的激励去从事高风险业务,以实现更大的收益,加之预期存款保险制度会提供全部或部分的存款支付保障,进而弱化存款者对银行的监督,更加促使银行出现道德风险行为。这体现在影响第一动机(4)式的第二部分和第二动机(5)式的第三部分。第一方面和第二方面表明,实施存款保险制度对银行挤兑具有稳定效应,而第三方面则会引发银行出现的道德风险问题,总效应取决于两者的力度对比。

以下分析实施存款保险制度对银行挤兑动态均衡的影响,由动态均衡的定义,我们需要确定一个临界轮次 t^*,在 $t \geq t^*$ 轮次之后,任意的存款者均不再发生银行挤兑。从以上分析,存款保险制度的实施会影响到存款者恰好(不)发生银行挤兑的临界轮次。具体来看,实施存款保险制度带来的稳定效应,减少临界轮次,使得银行挤兑提早结束;而道德风险效应则相反,会增加银行挤兑发生的概率和比例,最终延迟挤兑的结束轮次。因此,政策制定者在引入和实施存款保险制度时需要在稳定效应和道德风险之间进行综合和权衡考虑。

五、结论与政策启示

存款保险制度作为金融安全网的三大支柱之一,与审慎监管、央行最后贷款人职能共同促进金融体系的健康发展,有助于及时防范和化解风险,维护金融体系的稳定。2015 年 5 月,《存款保险条例》正式施行,标志着政府和学界讨论多年的存款保险制度正式进入实施层面。那么,在利率市场化的背景下,如何使得存款保险制度有效地"落地",并实现预期目标是亟待研究的问题。

在利率市场化的背景下,综合考虑银行的投资决策和存款者的消费决策的经济环境,基于动态视角,本文构建了一个多轮次噪音信息传递的银行挤兑模型,分阶段讨论银行挤兑的动态过程,并且分别考虑存款者的两类提前取款动机,由银行持有的长期资产收益率变动、存款者预判误差的排序法则,以及信息不对称情形下信息的加工和传播效率等元素推理得到银行挤兑的比例和数量,并刻画出相应的动态均衡。进一步地将存款保险制度引入基准模型,我们描述了实施存款保险制度对银行和存款者行为决策的影响,然后,通过分析对存款者两类提前取款动机的影响来研究对银行挤兑过程和动态均衡的影响机理。研究结果表明,实施存款保险制度具有稳定预期和道德风险两个方向相反的效应,主要体现为:降低存款者在预期长期资产收益率变化时恰好(不)发生银行挤兑的临界值,降低存款者发生银行挤兑的概率和比例;在利率市场化过程中,存款保险制度的实施会减小存款者对长期资产收益率推断误差序列,同时,对加工信息所采用的加权权重序列趋于理性和明确,进而减低存款者预判的总体偏差,降低存款者发生银行挤兑的概率和比例;存款保险制度的实施使得银行具有从事高风险业务的激励,加之存款保险制度为存款提供保障,减弱银行的内部治理机制和存款者对银行本来的监督,进而引发银行出现道德风险的行为。实施存款保险制度的效果取决于稳定效应和道德风险的力度对比,而两者之间的比较取决于制度环境,也就需要政策制定者在引入和实施存款保险制度时综合考虑稳定效应和道德风险,并进行权衡处理。

存款保险制度是国家金融重要的基础性制度建设,为金融体制改革,特别是推进利率市场化提供制度保障,提高金融市场的运行效率。但在存款保险制度的实施过程中特别需要兼顾考虑配套政策措施不完善引发的道德风险问题,这就需要恰当地处理利率市场化、存款保险制度和金融转型发展的动态关系。该研究具有如下政策启示：在实施存款保险制度时，一方面，加强金融管制机制建设，强化市场约束和完善银行的内部治理机制的作用，减弱潜在道德风险的负面影响；另一方面，进一步深化金融体制改革，提高信息的加工和传播效率，减小存款者对银行收益率信息预判的偏差，促使存款者在面对银行长期资产收益率变动时形成稳定的取款预期，从而增强存款保险制度的稳定效应。

（2016 年 3 月）

参考文献

［1］范小云、曹元涛.银行导向的存款保险体系：一个适用于欠发达国家的存款保险制度［J］.经济学（季刊），2006，1.
［2］何东、王红林.利率双轨制与中国货币政策实施［J］.金融研究，2011，11.
［3］黄金老.利率市场化与商业银行风险控制［J］.经济研究，2001，1.
［4］陆桂娟.存款保险的经济学分析［J］.金融研究，2006，5.
［5］钱小安.存款保险的道德风险、约束条件与制度设计［J］.金融研究，2004，8.
［6］苏宁.借鉴国际经验，加快建立适合中国国情的存款保险制度［J］.金融研究，2005，12.
［7］汤洪波.存款保险制度与银行公司治理［J］.金融研究，2008，7.
［8］王自力.FDIC 经验与我国存款保险制度建设［J］.金融研究，2006，3.
［9］谢平、王素珍、闫伟.存款保险的理论研究与国际比较［J］.金融研究，2001，5.
［10］姚东旻、颜建晔、尹烨昇.存款保险制度还是央行直接救市——一个动态博弈的视角［J］.经济研究，2013，10.
［11］姚志勇、夏凡.最优存款保险设计——国际经验与理论分析［J］.金融研究，2012，7.
［12］易纲.中国改革开放三十年的利率市场化进程［J］.金融研究，2009，1.
［13］Allen, Frankli and Douglas Gale. Financial Intermediaries and Markets［J］. *Econometrica*, 2004, 72: 1023～1061.
［14］Bryant, John. A Model of Reserves, Bank Runs, and Deposit Insurance［J］. *Journal of Banking and Finance*, 1980, 4: 335～344.
［15］Chen, Y.. Banking Panics: The Role of the First-come, First-served Rule and Information Externalities［J］. *Journal of Political Economy*, 1999, 107 (5): 946～968.
［16］Diamond, Douglas W. and Philips H. Dybvig. Bank Runs, Deposit Insurance, and Liquidity

[J]. *Journal of Political Economy* 1983, 91: 401~419.

[17] Demirguc-Kunt, Asli, and Edward J. Kane. Deposit Insurance around the Globe: Where Does it Work? [J]. *The Journal of Economic Perspectives*, 2002, 16 (2): 175~195.

[18] Demirguc-Kunt, Asli, et al. Deposit Insurance around the World: A comprehensive database [J]. *Deposit Insurance around the World: Issues of Design and Implementation*, 2008, 11: 363.

[19] Demirgüç-Kunt, A., and Detragiache, E.. Does Deposit Insurance Increase Banking System Stability? An Empirical Investigation [J]. *Journal of Monetary Economics*, 2002, 49 (7): 1373~1406.

[20] Goldstein, Itay and Ady Pauzner. Demand-Deposit Contracts and the Probability of Bank Runs [J]. *Journal of Finance*, 2005, 60: 1293~1327.

[21] Jacklin, Charles J., and Sudipto Bhattacharya. Distinguishing Panics and Information-based Bank Runs: Welfare and Policy Implications [J]. *Journal of Political Economy*, 1988, 96: 568~592.

[22] Peck, J., and Shell, K.. Equilibrium Bank Runs [J]. *Journal of Political Economy*, 2003, 111 (1): 103~123.

[23] Postlewaite A. and X. Vives. Bank Runs as an Equilibrium Phenomenon [J]. *Journal of Political Economy*, 1987, 95: 485~491.

[24] Rochet, J. and X. Vives. Coordination Failures and the Lender of Last Resort: Was Bagehot Right After All? [J]. *Journal of the European Economic Association*, 2004, 2: 1116~1147.

[25] Schotter, A., and Yorulmazer, T.. On the Dynamics and Severity of Bank Runs: An Experimental Study [J]. *Journal of Financial Intermediation*, 2009, 18 (2): 217~241.

[26] Wallace, N.. Another Attempt to Explain an Illiquid Banking System: the Diamond and Dybivg Model with Sequential Service Taken Seriously [J]. *Federal Reserve Bank of Minneapolis Quarterly Review*, 1988, 12: 3~16.

附录

1. 命题 1 的证明

证明：由方程（1），记 $B_i = \int_{(r_i^2-u)}^{(r_i^2+u)} \hat{r}_i f_2^i(\hat{r}_i \mid r_i^2 = r_2^*) d\hat{r}_i$，由引理 1 可知，对存款者 i 和 j，我们有 $f_2^j(\hat{r}_j - \delta) = f_2^i(\hat{r}_j)$。这里，$\delta = t_1 e_1^i + (1-t_1) e_2^i - t_1 e_1^j - (1-t_1) e_2^j > 0$，从而有 $B_i = \int_{r+t_1 e_1^i + (1-t_1) e_2^i - u}^{r+t_1 e_1^i + (1-t_1) e_2^i + u} \hat{r}_i f_2^i(\hat{r}_i) d\hat{r}_i$，$B_j = \int_{r+t_1 e_1^j + (1-t_1) e_2^j - u}^{r+t_1 e_1^j + (1-t_1) e_2^j + u} \hat{r}_j f_2^j(\hat{r}_j) d\hat{r}_j$；令 $\hat{r}_i = \hat{r}_j + \delta$，且代入方程 B_j 得到：

$$B_j = \int_{r+t_1 e_1^j + (1-t_1)e_2^j - u}^{r+t_1 e_1^j + (1-t_1)e_2^j + u} (\hat{r}_j - \delta) f_2^j (\hat{r}_j - \delta) \mathrm{d}\hat{r}_j$$

$$= \int_{r+t_1 e_1^j + (1-t_1)e_2^j - u}^{r+t_1 e_1^j + (1-t_1)e_2^j + u} (\hat{r}_i - \delta) f_2^i (\hat{r}_i) \mathrm{d}\hat{r}_i = B_i - \delta < B_i$$

因此，对拥有信号 $r_i^2 < r_2^*$ 的存款者来言，有 $\int_{r+t_1 e_1^j + (1-t_1)e_2^j - u}^{r+t_1 e_1^j + (1-t_1)e_2^j + u} \hat{r}_i f_2^i (\hat{r}_i) \mathrm{d}\hat{r}_i = B_i < B^*$，这里，$B^* = \int_{r_2^* - u}^{r_2^* + u} \hat{r}_i f_2^i (\hat{r}_i) \mathrm{d}\hat{r}_i$，$r_2^*$ 是一个挤兑的临界值。且 $f_2(\hat{r}) = \int_{(1-t_1)(r-e_2)}^{(1-t_1)(r+e_2)} q_1 (\frac{r-y}{t_1} - r) q_2 (\frac{r-(1-t_1)r}{1-t_1}) \mathrm{d}y$。从而得到，存款者进行银行挤兑的比例为 $\lambda_1 = \int_{r-u}^{r_2^*} f_2(\hat{r} \mid r) \mathrm{d}\hat{r}$。

2. 命题 2 的证明

证明：考虑 $n=2$ 的情形，令 $C_i = \int_{r_3^i - u}^{r_3^i + u} \hat{r}_i f_3 (\hat{r}_i \mid r_3^i = r_3^*) \mathrm{d}\hat{r}_i$。这里，$u = t_1 t_2 e_1 + (1-t_1)t_2 e_2 + (1-t_2)e_3$。

根据引理 2，令 $\delta = (1-t_2)e_3^i + t_2[t_1 e_1^i + (1-t_1)e_2^i] - (1-t_2)e_3^j - t_2[t_1 e_1^j + (1-t_1)e_2^j] > 0$，有 $C_i = \int_{r+(1-t_2)e_3^i + t_2[t_1 e_1^i + (1-t_1)e_2^i] - u}^{r+(1-t_2)e_3^i + t_2[t_1 e_1^i + (1-t_1)e_2^i] + u} \hat{r}_i f_3^i (\hat{r}_i) \mathrm{d}\hat{r}_i$，$C_j = \int_{r+(1-t_2)e_3^j + t_2[t_1 e_1^j + (1-t_1)e_2^j] - u}^{r+(1-t_2)e_3^j + t_2[t_1 e_1^j + (1-t_1)e_2^j] + u} \hat{r}_j f_3^j (\hat{r}_j) \mathrm{d}\hat{r}_j$；将 $\hat{r}_i = \hat{r}_j + \delta$ 代入方程 C_j，得到：

$$C_j = \int_{r+(1-t_2)e_3^j + t_2[t_1 e_1^j + (1-t_1)e_2^j] - u}^{r+(1-t_2)e_3^j + t_2[t_1 e_1^j + (1-t_1)e_2^j] + u} (\hat{r}_i - \delta) f_3^j (\hat{r}_i - \delta) \mathrm{d}\hat{r}_i$$

$$= \int_{r+(1-t_2)e_3^j + t_2[t_1 e_1^j + (1-t_1)e_2^j] - u}^{r+(1-t_2)e_3^j + t_2[t_1 e_1^j + (1-t_1)e_2^j] + u} (\hat{r}_i - \delta) f_3^i (\hat{r}_i) \mathrm{d}\hat{r}_i$$

$$= C_i - \delta < C_i$$

所以，对拥有信号 $r_3^i < r_3^*$ 的存款者来说，有 $\int_{r+(1-t_2)e_3^j + t_2[t_1 e_1^j + (1-t_1)e_2^j] - u}^{r+(1-t_2)e_3^j + t_2[t_1 e_1^j + (1-t_1)e_2^j] + u} \hat{r}_i f_3^i (\hat{r}_i) \mathrm{d}\hat{r}_i = C_i < C^*$，其中，$C^* = \int_{r_3^* - u}^{r_3^* + u} \hat{r}_i f_3^i (\hat{r}_i) \mathrm{d}\hat{r}_i$。$r_3^*$ 是挤兑的临界值且

满足：

$$f_3(\hat{r}) = \int_{(1-t_2)(r-e_2)}^{(1-t_2)(r+e_2)} f_2\left(\frac{\hat{r}-y}{t_2}\right) q_3\left(\frac{y-(1-t_2)r}{1-t_2}\right) \mathrm{d}y$$

因此，存款者参与银行挤兑的比例 $\lambda_2 = \int_{r-u}^{r_3^*} f_3(\hat{r} \mid r) \mathrm{d}\hat{r}$。对于 $n>2$ 的情形，根据以上类似的分析过程，得到 $\lambda_n(r_{n+1}^*, u) = \int_{r-u}^{r_{n+1}^*} f_{n+1}(\hat{r}_n \mid r_{n+1}^i = r_{n+1}^*) \mathrm{d}\hat{r}_n$。

3. 命题 3 的证明

证明：($\Leftarrow$) 显然成立。($\Rightarrow$) 对信号满足 $e_1^i = -e_1$，$e_2^i = -e_2$，$e_3^i = -e_3$……，的存款者来讲，可以推断没有人能够得到更差的信号。因为所有存款者会依据相同的方法加工信息，所以由引理 2 和命题 2 的证明过程可知，最差排序法对应的存款者的长期资产收益率的期望值是最低的。如果该存款者没有挤兑的话，则其他存款者一定不会挤兑，并且是一个强均衡。

上海市"十三五"重点图书出版规划项目

田国强学术文集

田国强——著

3

中国改革、经济学理论与方法

上海财经大学出版社

目 录

第四篇　制度转型与综合治理 /863

57　论中国经济制度转型中的中央、地方和分散决策的关系（1995年2月）/865

58　退休社会保障模式的比较与中国养老保障制度的选择（1999年4月）/883

59　经济增长的制度环境（2009年4月）/899

60　破除中国模式迷思　坚持市场导向改革
　　——中国下一步改革的关键在于政府职能的两个根本转变（2010年12月）
　　/921

61　中国下一步的改革与政府职能转变（2012年5月）/956

62　法治：现代治理体系的重要基石（2013年12月）/968

63　现代国家治理视野下的政治体制改革（2014年3月）/983

64　文化体制改革与文明价值认同（2014年3月）/1000

65　医疗卫生体制改革：回顾、镜鉴与建议（2014年3月）/1007

66　如何实现科学有效的体制机制重构与完善
　　——机制设计理论视角下的国家治理现代化（2014年10月）/1022

67　中国环境污染治理八策（2015年1月）/1035

68　重构新时期政商关系的抓手（2015年3月）/1044

69　中国如何跨越"中等收入陷阱"
　　——基于制度转型和国家治理的视角（2015年5月）/1052

70　中国经济新阶段的发展驱动转型与制度治理建设（2015年10月）/1073

71　司马迁的因俗以治思想及其现实镜鉴（2016年7月）/1097

第五篇 教育改革及其治理 /1117

72 求实创新　打造一流
　　——就任上海财经大学经济学院院长的讲话（2004年7月）/1119

73 关于改善学风、教风的建议（2006年1月）/1127

74 在"北美华人学术精英论坛"的主题发言（2006年11月）/1141

75 在上海财经大学研究型大学建设工作会议上的发言（2006年12月）/1152

76 对中国大学办学理念和杰出人才培养模式的思考
　　——如何才能培养厚德博学的高层次创新型人才？（2008年12月）/1161

77 关于促进企业界参与教育改革和发展的政策建议（2009年7月）/1201

78 对引进海外顶尖、领军和高层次优秀人才的若干建议（2009年12月）/1213

79 关于建立海外高层次尖端人才引进长效机制的建议（2010年1月）/1228

80 破解制度难题，打造中国特色的世界一流大学（2010年1月）/1234

81 扩大和落实高校自主权的关键是实行开放式竞争办学
　　——对《国家中长期教育改革和发展规划纲要》的建议之二（2010年3月）/1239

82 普及十二年义务教育是实现教育现代化和建设人力资源强国的基石
　　——对《国家中长期教育改革和发展规划纲要》的建议之一（2010年3月）/1247

83 关于充分重视商学和经济学高层次创新人才培养的建议（2010年4月）/1254

84 在中组部人才局一行来财大调研海外人才引进工作座谈会上的发言（2010年6月）/1261

85 以国际化推动大学改革、发展与创新（2011年3月）/1266

86 对人才工作的一些思考和建议
　　——在中组部人才工作座谈会上的发言（2011年12月）/1279

87 对中国大学及其学科评价体系的反思与建议（2013年5月）/1287

88 让院士制度回归学术本质（2014年11月）/1298

89 创新高校人事制度　建设一流师资队伍
　　——上海财经大学"常任轨"制度十年探索（2004~2014）（2015年6月）/1302

90 中国经济学教育需解决三方面问题
　　——在东北财经大学首届"星海论坛"之"论中国经济学教育"分论坛上的发言（2015年12月）／1319

91 教育公平与效率缺失的制度根源及其改革
　　——在"以供给侧改革促进教育公平"高峰论坛上的发言（2016年5月）／1326

92 经济学拔尖创新人才培养模式的理念与实践
　　——以上海财经大学为例（2017年6月）／1335

93 为师者应当如何培养优秀的经济学人才？
　　——在第11届全国高校教师暑期课程进修班暨第9届全国研究生暑期学校开学典礼上的讲话（2017年7月）／1344

94 谈提升大学院系治理能力经验
　　——在湖北经济学院党委中心组学习会上的报告（2017年6月）／1352

第三卷

第四篇

制度转型与综合治理

57

论中国经济制度转型中的中央、地方和分散决策的关系[*]

  提要：本文从改革的基本方式切入，讨论了经济运行机制良好的四个先决条件——承认人的自利性、给以人们经济自由选择的权力（松绑）、实行分散化决策（分权）及引进激励机制。结合中国 15 年来以市场为取向的经济改革过程，就如何看待中央财政比重和权力的下降、解决中央和地方的紧张关系及如何界定中央政府在经济机制转轨中的作用等方面问题分别做出回答，并分析了造成这些问题的原因。最后，指出在经济自由化和决策分散化的改革过程中，要完善市场体系，让市场发挥作用，并不是说政府什么也不管，放任自由，而是通过间接控制的、诱导式的方式去管、去做，用激励机制、法规、规章制度去诱导人们做政府想要做的或想要达到的社会目标。

一、引　言

  从 1979 年开始的以经济自由（松绑）和分散决策（分权）为先导的中国

---

* 本文载于《当代中国研究》，1995 年第 2 期。

经济改革取得了很大的成就。这15年来的经济改革给中国带来了高速度的经济增长和人们生活水准的大幅度提高。经济制度也发生了很大变化。国有经济在整个国民总产值（GNP）的比重迅速下降，从1978年国有经济占GNP的78%下降到1993年只占GNP的44%，已基本从一个中央指令性计划经济体制转变为一个市场经济体制。同时，在这十几年的改革中，中央政府的权力、职能和作用，中央和地方的关系也发生了很大的变化。其主要表现在中央政府在经济活动中的权力及作用越来越小，财政收入在国民总产值中所占比重不断下降，对地方的控制能力减弱。与此相反，地方在各方面的作用和势力却越来越大。这种变化导致了中央与地方包括权、利在内的各种矛盾，使得中央和地方的关系日趋紧张。于是便有一些人对此种状况表示担忧，他们认为这种经济政治权力的分散化及多元化的改革已严重削弱了国家的能力，中央已成为一个"弱政府"，国家能力的下降将成为未来发展的重要隐患，可能会出现"分裂割据"的自治局面（见王绍光、胡鞍钢，1993）。他们认为导致这些问题的根源是由于实行了"松绑和放权"的经济自由化和决策分散化的改革方针，从而对经济自由和决策分散的改革方式持怀疑或否定的态度，并认为解决问题的办法应是提高国家财政税收的比重，加强中央政府的控制和重新集权。但无论是从理论上还是从实际经验来看，这些办法似乎是行不通的，这将有害于经济的长期增长。改革前的中央集权计划经济体制的实践和1989~1991年企图加强控制和重新集权的措施都说明了此点。那么如何评估这15年的改革方式，看待中央财政比重和权力的下降，解决中央和地方的紧张关系，以及如何界定中央政府在经济机制转轨中的作用呢？在本文中我们将回答这些问题，并分析造成这些问题的原因。

以下，在第二部分中，我们讨论如何看待和评估经济自由和分散决策的改革方式及是否应加强中央的控制和重新集权等问题。我们将给出为什么要实行经济自由化和决策分散化改革的理由，讨论集权的种种弊病，并分析经济自由化和决策分散化是一个经济体制运行良好的先决条件。在第三部分中，我们讨论国家能力及财政比重下降问题。我们将从理论上和通过对实际经济资料的考查来分析较低的财政比重对一个早期发展中国家的经济长期增长也许是必要的。在第四部分中，我们分析造成中央和地方关系紧张的原因，并提出解决问题的办法。第五部分讨论和界定中央政府在经济机制转轨中的各项作用，阐明哪些是政府应该做的，哪些是政府不应该做的。最后一部分是结束语。

二、关于经济自由化和决策分散化的改革方式问题

由于1993年以来的经济过热和通货膨胀及国营企业亏损日益严重，导致了对国家财政的压力大大增加，显得国家财政能力不足。于是以王绍光和胡鞍钢为代表的一些学者认为这是由于分权的改革带来的后果，从而对经济自由化和决策分散化的改革方式持否定态度。王绍光、胡鞍钢在他们的国情报告的观点提要中谈到当前中国经济改革状况时写道："……经济决策权极度分散，中央政府控制各级政府的能力极其有限，而地方政府已经形成独立于中央的利益主体，财力过分膨胀，权力过大，经济干预过多。……经济政治权力的分散化及多元化，严重削弱了国家能力。国家能力迅速下降，反过来又加速了中国经济与政治的多元化，成为未来发展的隐患。"同时他们还把改革以来出现的投资急剧膨胀，消费需求膨胀，经济周期波动，连年的财政赤字及中央宏观能力的下降归咎于是由于国家汲取财政能力的下降导致的。即他们认为所有这些问题都是由于国家的财政能力及权力下降造成的，而国家的财政能力及权力的下降又是由于"松绑""分权"的改革方式造成的。为了说明集权和高比重财政政策的好处，作为例子，他们把20世纪50年代"一五"时期经济高速增长归因于是由于实行了集权和高比重财政政策的结果。他们认为一个国家的能力主要是由国家财政比重大小来决定的。笔者认为所有这些观点都是值得商榷的。由

于他们的看法牵涉到改革的基本方式问题，笔者觉得首先有必要搞清楚为什么要实行"松绑"、"分权"的改革方式。为此，笔者想先简单地讨论一下一个经济机制运行良好的先决条件，即经济上的四项基本原则。①

对经济机制转换的要求并不完全是基于标准微观经济理论中的两个福利经济学基本定理——主张实行市场机制的主要理论基础。②而是基于实践中指令性计划经济所带来的令人难以接受的低效率，③没有一个以计划为主的国家的经济是繁荣的。那么是什么导致了这种低效率和落后的呢？最根本的原因是什么呢？答案是产生这种低效率和落后的根本原因是一个经济机制运行良好的四个先决条件——承认人的自利性，给予人们经济自由选择的权力（所谓的松绑），实行分散化决策（即中国所说的分权）及引进激励机制——都没有满足。然而对指令性经济下无法解决的许多问题，市场机制却能较好地解决。其根本原因就是市场机制以这四个先决条件作为基础。市场经济机制就是以承认人的"自利性"作为出发点，建立在自愿交换和自愿合作基础上的自由选择和分散化决策是市场经济机制的基本前提，能否提供正确激励是检验一个经济机制成功与否的基本标

---

① 详细讨论参见田国强、张帆合著的《大众市场经济学》。
② 这两个定理讲的是市场机制与所导致资源配置的有效性（最优性）之间的关系。第一福利经济学定理阐明完全竞争的市场机制导致了帕累托有效配置。它预先假定不存在外部效应及某种个人偏好的非充分满足（自利性）的特性。第二福利经济学定理阐明任何帕累托有效配置都可以作为一种在经过合适的资产再分配后由完全竞争的市场机制导致的配置而达到。它也预先假定不存在外部效应及某种个人偏好的非充分满足的特性。但还要加另外一些重要假定，例如个人偏好的凸性及生产技术不存在按报酬规模递增的现象等假设。帕累托有效（最优）配置指的是这样的一种配置：如果不存在能改善社会中某个成员的福利而又不损坏其他人的福利的可供选择的可行的资源配置的话，那么这种资源配置就被说成是帕累托有效配置。详细讨论，参见田国强、张帆（1993）及 Varian（1992）。
③ 在谈到经济效率（经济效益）时，要区分企业经济效率、行业经济效率及社会资源配置的经济效率这三个不同的概念。企业的生产是有效的，是指给定生产投入使产出最大；并且反过来，给定产出，使投入最小。行业是所有生产某种商品的企业的总和，它的经济效益可类似地定义。注意一个企业有效率不等于整个行业有效率。即使整个行业的生产是有效的，对社会资源配置也可能不是有效的。但反过来，社会资源配置有效一定意味着行业有效和企业有效。

准。这四个条件事实上是任何经济机制运行良好的四项基本原则。

承认人的自利性是承认个人决策行为的基本权力。在市场经济学中,在论证竞争市场经济机制导致最优资源配置时,[①] 一个最基本的行为权力假设是:每个人都是自利的(或说理性的),每个人、每个企业都会在给定的法规、政策条令、预算约束、生产技术条件和价格等约束条件下争取自身的最大利益。承认人的自利性,是解决人类社会问题的一种现实的、负责的态度。相反,如果把利他性当作前提来解决社会经济问题例如生产的组织问题,像改革前那样否认人的自利性,认为人们都是大公无私,只要强调为国家、为集体就能够调动人们的积极性,其后果可能是灾难性的。即使有效,它也只是暂时的,不能用来解决社会和经济的长期协调问题。每一个普通的、正常的、有理性的个人都是从自身的角度出发,来协调个人利益和社会利益。每个人的视野毕竟有限,他们不可能也不愿意长期无条件地牺牲个人利益,也不可能预料自己行为的长期结果。"自利"是经济发展、社会前进的动力。中国农村"生产承包制"就是承认了农民的个人利益,即人的自利性后才调动了农民的积极性。包产以前,他们之所以没有积极性,是因为怕别人分享自己的劳动成果或想自己不劳动也能分享别人的劳动成果。分田到户后,农民认识到是为自己劳动,所以农民的生产积极性就大大地提高了。

经济上的选择自由是个人的基本选择权力。让每个人在不危害他人利益的前提下有更多的经济上的选择自由,即人们所说的"松绑"。建立在自愿合作、自愿交换基础上的经济上的自由选择在分散化决策的市场机制中起着根本性的作用,是市场机制正常运行的先决条件,也是保证竞争市场经济机制导致资源最优配置的一个最基本的前提条件。在过去 10 多年时间中,中国经济改革者做了许多事,但最重要的是:放宽政策,即给生产者和消费者较多的选择自

---

① 参见田国强、张帆合著的《大众市场经济学》。

由。其结果使得中国经济改革取得了很大成就。人们可以看出,哪里政策宽松,哪里人们经济选择自由度大,哪里的经济就得到发展。农村改革的成功是如此,沿海地区经济发展迅速也是如此。例如,尽管中央政府未曾给予沿海地区财政上什么大的优惠,但宽松的经济政策和领导人的思想解放使得人们有了更多的经济上的选择自由,沿海地区的经济因此得到迅速发展。

一个经济机制运行良好的第三个基本原则是分散化决策:由当事人(企业部门或个人)做出生产消费决策而不是由上级主管部门做出决策,即人们所说的"放权"或"分权"。由于这个问题和本文所讨论的问题密切相关,笔者想较详细地讨论一下。从决策的方式来看,无论做什么事,都有两种决策方式:一种是集中化决策,由组织主管做出决策;另一种是分散化决策,由下面的部门或个人做出大部分决策。不难看出,指令性经济机制主要是用集中化决策方式,而市场机制主要是用分散化决策方式。我想大多数人对集中化决策的利弊都有一个比较清楚认识。在做重大改变的决策时,集中化决策比分散化决策来得迅速。不过这种重大改变可能带来很大成功,例如,在20世纪80年代初,由于中共领导人的搞经济建设的正确决策,使中国走上了经济改革、对外开放之路,从而经济得到高速发展;但也可能带来重大失误,例如,由于发动"文化大革命"的错误决策,使中国有了十年动乱,经济几乎走向崩溃的边缘。但更严重的是集中化决策在收集信息、鉴别信息等方面存在着很大问题。高层决策者没有也不可能掌握下面部门和个人的所有信息,从而在指导社会经济活动时会遇到很大的问题。如果决策者能够掌握全部有关信息能的话,直接控制或强制命令的集中化决策(例如计划经济)就不会有问题。正是由于信息不可能完全被上级部门掌握,就有做出错误决策的风险,产生无穷无尽的问题,所以人们才希望分散化决策。用激励机制或规则这种间接控制的分散化决策方式往往会比直接要求或命令来得更有效,它们能促使(激发)人们做决策者想做的事,或实现决策者想达到的目标。大多数非经济学家往往没有充分认识到这种直接控制的局限性和间接控制激励机制的威力。分散化决策方式同时也大大地降低了所要求的信息和信息传递的成本，所以更有效地利用了各种信息。

一个经济机制运行良好的第四个基本原则是引进激励机制。由于信息不可能完全被上级部门掌握，直接或命令控制不是一个有效方法。一个经济制度要解决的一个关键问题就是如何调动人们积极性的问题，即如何通过某种制度或规则的安排来诱导（促使）人们努力工作。激励机制能够把人们的自利和互利有机地结合起来。一个人做的每一件事都涉及利益与代价（收益与成本）。这种利益和代价可以是有形的或无形的。只要利益和代价不相等，就存在着激励问题。既然个人、社会和经济组织的利益不可能完全一致，激励问题在每一个社会经济单位中都会出现。由于每个人从所要做的事中获得利益与付出代价，在自利的动机下，他将做出合理的激励：利益大于代价，就做这件事，或把它做好；否则就不做，或不想把它做好。这样，检验一个经济机制或规则是否运行良好的一个基本标准是看它能否提供内在激励（动力）使人们努力工作、做出高质量的工作，激励人们爱护和保养公家财物，激励决策者做出有利于他主管的经济组织的好决策，激励企业尽可能有效益地生产，从而使经济能健康成长。一个经济制度如果不能激发其成员的积极性，反而却压抑了其成员的创造力，制造出一批又一批的懒人、闲人，这个制度就不可能长期存在下去。以往的事实说明，原有的指令性计划经济不能提供内在的动力使人们努力工作，不能使企业有效率地生产。市场机制成功地解决了激励问题，即如何调动人的积极性的问题。市场机制给主观为自己的个人以激励，使他们客观为社会而工作。市场机制所提供的激励，使自利的个人和人们之间的互利统一起来了，这也就是经济学中所说的激励相容。能否实现激励相容，关系到任何一个经济体制的存亡。

在最近15年中国经济改革中，之所以有这么高的经济速度，主要就是因为这四个先决条件被改善的原因，是与实行这四项经济基本原则分不开的。这一阶段的改革使得人们已逐渐认识到人的自利性是不可回避的现实。通过这些年的改革，经济上的选择自由已有了很大的改善。在农村，农民获得了土地的使用权（尽管没有拥有权），基本上可以决定种哪种农产品。在城市，人们可以选择继续待在国营企业吃大锅饭，也可以辞职到非国营企业去工作并承受随时可能失业的风险。通过这十几年的经济改革，分散化决策方式在中国已取得了很大进步，权力下放，岗位制，取消各种计划，让个人和企业做出消费和生产的决策。另外，中国现在已经在许多部门和行业建立了各种激励机制，它们大大地调动了人们的生产积极性。

需要提醒大家的是我们强调分散化决策，并不是说政府什么也不管，放任自由。政府要管，关键是以什么方式去管。是用间接式的或诱导式的方式去管，还是以直接式的或命令式的方式去管。我们强调的是政府应用间接控制的、诱导式的方式去管。用激励机制、法规、规章制度去诱导人们做政府想要做的或想要达到的社会目标，并且这些机制、法规、规章制度要有它的权威性，不能朝令夕改。

三、关于中央政府财政比重减弱的问题

从上面的讨论可以看出，无论在什么经济制度下，一个国家要经济上繁荣昌盛，就必须运用分散化的决策方式，就要给人们经济上的选择自由，承认个人或地方部门的利益，引进各种激励机制。这些是比产权制度更基本的因素。中国这15年的改革，已经说明了此点。现代经济学中一个前沿——经济机制设计理论就是以这四个经济基本原则作为前提，在给定所有制条件下，探讨设计导致资源有效配置或其他社会经济目标的各种激励机制的可能性[1]。

---

[1] 对竞争市场经济机制利用信息的有效性和唯一性的一般性讨论见田国强、张帆（1993）。严格的证明见 Hurwicz（1986）、Jordan（1982）。

这样在是否决策分散化（分权）的问题上就归结为政府的目标是什么，是要更多的经济长期增长还是要更多的集权或较多的均等配置。只要人们的目的是经济长期高速增长、国家繁荣昌盛，就需要决策分散化，想要通过取消分权的改革，回到集权的老路而达到目标是根本行不通的。所以分权的改革应是基本国策，不能动摇。那么怎么看待国家财政能力下降的问题呢？

（一）关于国家财政能力下降的问题

这里面牵涉两个问题：一个是国家财政能力是否真正下降，或是否严重？另一个是财政的比重如果下降，是否一定是一件坏事？它和经济长期增长是什么关系？

首先，对于如何评估国家财政能力下降的问题，笔者认为不能只看财政收入在国民总产值比重的下降，而更应看重的是财政收入是否比以前下降。虽然中国的财政收入比重从1978年的31%左右下降到1993年的14%左右，下降一半之多，但国民总产值上升了280%左右。从而1993年总的财政收入与1978年相比已上升了85%左右。这样，经济自由和分散决策的经济改革使得国力（GNP）和国家财政收入都大幅度地增加了许多。如果没有这种经济自由和分散决策的改革，就没有大幅度的经济增长，财政收入的比重再高也没有用。关键是要经济长期高速增长。在保证经济长期高速增长，不明显影响人们的生产积极性的前提下，提高税收的比重。

其次，更重要的是，中国的财政比重目前为14%，虽说将其与已经工业化的国家相比低很多。但不要忘记，中国不是一个已经工业化国家，而是一个发展中国家。让我们也来考查王绍光、胡鞍钢所引用的关于主要工业化国家财政比重的表格，但我们看表的方式不一样，从而得出不同的结论。从表1中，人们可看出，当这些国家在工业化的早期阶段，国家财政的比重也是非常低的。在1880年时，除法国有15%，其他工业化国家平均只有9%。

到1920年时，美国和瑞典的比重只上升了2个百分点，分别达到10％和8％。其他国家上升比较快。但把此表的数据和这些国家的国力（GNP）相比较就可得知，国家的财政比重越低，发展的就越快，例如美国。日本的情况也很有说明性。在20世纪早期时，日本由于起步晚，比其他工业化国家落后。但第二次世界大战后，它的税收比重和财政比重比其他工业化国家要低，所以发展得反而更快，迅速赶上或已超过其他工业化国家。另外，笔者认为这些工业化国家在最近几十年的高比重财政支出是由于第二次世界大战后实行高福利政策的结果而导致的，而不是经济成长的动力。不断递增的社会福利、安全保障的财政开支导致了国家财政的不断上升。最近这些年来，高福利的工业化国家已经认识到由于国家财政支出太大，税率太高，福利太多，已影响了经济的发展。减税、减少财政支出和福利的呼声也越来越高。美国的税率从20世纪80年代中期以来已下降了很多。"东亚四小龙"经济发展也说明了这一点。这些国家或地区的经济迅速发展是与税率、财政收入比重较低分不开的。现有的经济理论也说明了此点，要想经济增长，激励人们努力生产，就不要有太高的福利和税率。刺激经济增长的一个常用的办法就是降低税率，保持适度福利。为了维护社会稳定，维持失业或无能力解决自己生活着落的人，我们不得不需要牺牲一些经济效益，增加福利。但要有一个限度，有一个恰当比例。所以无论从理论还是实际经验来说，要想经济发展、国家富强，就要采用较低的税率和财政比重。我们谈这问题，并不是说现有的财政比重不低，从全面的角度考虑它也许低了点，我们主要想说的是大幅度增加财政比重会影响经济的长期增长。中国还处于经济发展的早期阶段，应首先强调的是经济增长，而不是太高的经济福利，从而太高的财政支出。因此，较低的税率和财政比重也许是必要的。中国这15年的改革也说明了这点。中国经济高速增长与经济自由化、决策分散化、税收比重下降化分不开的。

表1　　　　　工业化国家财政支出占 GNP 或 GDP 百分比重变化

年	法国	德国	日本	瑞典	英国	美国
1880a	15	10	11	6	10	8
1920a	19	31	19	8	24	10
1960a	35	32	18	31	32	28
1985b	52	47	33	65	48	37

注：a 指在 GNP 的比重；b 指在 GDP 的比重。
资料来源：World Bank. *World Development Report 1991* [M]. Oxford University Press, 1991, 139.

(二) 关于国家财政能力严重下降和其他经济问题的关系

王绍光、胡鞍钢在他们的国情报告中为了强调国家财政高比重的重要性及加强政府的作用，他们把改革以来所发生的投资急剧膨胀、消费需求膨胀、经济周期波动、连年的财政赤字及中央宏观能力的下降归结于是由于国家汲取财政能力的下降导致的。对于此问题，笔者也是不敢苟同。首先无论是从经济学的理论还是实际来看，它们没有必然的因果关系，很难看出这些问题是由于国家财政能力下降造成的。相反，只要还想维持原有体制，不进行体制转换，只要政府的开支或福利的成分占太大的比例（像大多数高福利国家），即使增加国家财政能力也不可能解决所有这些问题。这是因为这些问题无论是在财政比重高的计划经济时期的中国还是在现代西方工业化市场经济国家都普遍发生过。例如经济周期波动和连年的财政赤字在美国就非常严重。高福利的国家即使有很人财政能力不断地加大财政的比重，为了维持不断扩大的庞大福利体系却还是发生连年的赤字。投资急剧膨胀和消费需求膨胀正是计划经济体制下预算软约束造成的一大特征。中国正处于从计划经济向市场经济的转型，市场和计划的成分在现阶段都占很大比例。同时出现这些问题也就不足为奇了。解决或减轻这些问题的关键，[①] 不是在于增加政府的财政收入，而是在于制度的变革和经济的长期增长。根据中国的国情建立适当规模的福利保障制度，而不是建立过度的福利制度，否则不但会增加一大批懒汉，也会增加政府的财政负担，影响经济增长。

四、关于中央政府权力的减弱及中央和地方关系紧张的问题

这15年来的以市场为取向的经济改革过程本身就是经济自由化和决策分散化的改革过程。它使得中央政府的权力、职能、作用、财政比重及中央与地方之间的关系都发生了很大的变化：中央政府在经济活动中的权力及作用越来越小，财政收入在国民总产值的比重越来越低，对地方的控制能力越来越小。这种变化导致了中央与地方政府的各种矛盾，使得中央和地方的关系显得紧张。第三部分我们讨论了中央政府财力减弱的问题。在本部分，我们会讨论中央政府权力减弱的问题及中央与地方关系紧张的问题。

我们已经在前面讨论了为什么要实行"松绑和分权"的经济自由化和决策分散化的改革方针。这是资源达到有效配置、经济长期增长的先决条件。分权的改革就意味着中央政府直接指导和参与经济活动的权力必然要减少，不能加强。经济权力的分散化应有利于经济的增长和国家能力的增强。当然我们并不是说中央政府什么都不管，政府在经济制度的转型中，在市场经济中发挥着不可替代的重要作用（详见第五部分）。不过，政府对微观的经济活动的所有作用都应是间接控制的作用。制定适当的激励机制（规则、法律

[①] 对其中一些问题所产生的原因的讨论及解决这些问题的办法见田国强（1993）。

条令）来指导人们的经济活动。要让规则发挥作用而不是政府直接指导经济活动。

那么如何看待中央与地方的紧张关系的问题？造成这种紧张关系的原因是什么？如何解决或缓解中央与地方的紧张关系呢？

首先，我们并不认为中央与地方的紧张关系是由于分散化改革造成的。我们认为主要的原因恰恰是由于"松绑和放权"的政策贯彻不彻底、不完善、不平衡而造成的，而不是由于经济自由和分散决策太多造成的；是由于政府本应在市场经济加强作用的地方没有加强作用，而不应加强作用的地方却加强控制和集权造成的；是由于对经济活动控制太多，对不同地区给予不同的政策和待遇这种倾斜性政策造成的。结果使得政策宽松或地方领导人思想开明而又工作大胆的地方经济发展迅速，势力大增，而其他地方经济落后，形成了这种地区间的不平衡和地方与地方、地方与中央的矛盾。因此我们认为解决问题的办法是经济活动要进一步放松，要更进一步完善以上提到的一个经济机制运行良好的四个先决条件（四项经济基本原则）——承认人的自利性，给以人们经济自由选择的权力（松绑），实行分散化决策（分权）及引进激励机制。让市场发挥作用，只要市场能解决的，就要让市场去做。而只对那些政府在市场机制中应发挥作用的地方才加强作用，例如在制定法规、税制，完善社会保障体系、公共设施等方面，政府的作用要大大加强。加强税制建设，要建立加强税制的权威性，加强立法工作。并且政府要对所有地方同等相待，对所有企业一视同仁，给予同等的政策和待遇。进一步的实行经济自由化和决策分散化。自愿交换、自愿合作导致互利。一般来说，越是经济自由的地方、经济高速增长的地方越没有可能导致地方自治和分裂。的确如此，作为一种趋势，为了更多经济自由贸易和共同的利益，人们想着各种形式的联合。例如，探讨在亚洲形成大中华经济圈、在欧洲形成共同市场的愿望。在北美，已形成美国、加拿大和墨西哥经济自由贸易区。

五、政府在经济机制转轨中的作用

竞争的市场机制是以承认人的"自利性"作为出发点,通过建立在自愿交换和自愿合作基础上的自由选择和分散化决策方式来协调人们的经济活动,并导致了资源的最优配置。但市场不是万能的,也有一定的局限性,并不能解决经济和社会中的所有问题。在市场机制失灵时(例如说不能导致资源的有效或公平配置),就需要对它进行修正和补充,在这方面政府能发挥重要作用。政府被看成为一个能够合法利用强制或强制的威胁工具的垄断机构。通过这种强力工具,社会中一些人能合法地对另外一些人施加限制。政府在市场经济机制中的主要经典作用有以下几个方面[①]:

(1) 政府保护社会成员免受外来或本社会其他成员的强迫。没有这种保护,不会有真正的选择自由。在这里,军队和警察被用来阻止外来的和内部的强迫。

(2) 政府制定各种法律和规定,并设立法律机关来解决各种争议问题。它保护私人财产和个人的自由选择。它也保护市场的良性循环,促进自愿合作。

(3) 建立社会福利保障制度来保护在竞争市场下失业或无生存能力的个人。尽管福利与经济效率或激励一般是呈反向关系,但为了保持社会的稳定和公平,人们经常不得不牺牲一些经济效益。制定出一个适当的福利政策并保持尽可能好的经济效益,是每一个国家要解决的重要问题。

(4) 提供不可缺少的公共服务并征收税款。由于这些服务的性质,让私人企业提供这些服务是不合适的。例如,修筑公路、架设路灯,等等。当政府支出时(例如提供公共服务、保卫国防),它需要征收税款来偿付。在这里,就

---

① 对政府古典作用及局限性的一般性讨论见陆丁(1993),汪翔、钱南(1993)。对政府的财政政策和货币政策的一般性介绍见欧阳明(1993)的《简明宏观经济学》。

有一个重要的强制成分：不管你消费不消费，公民被强制以一定的税率交给政府一定数量的税款来维持政府的各种活动。

（5）进行宏观调控，制定财政政策和货币政策来控制和调节经济的增长。

（6）限制垄断及对竞争难以生存的行业进行管制。

（7）在市场失灵的情况下对经济活动加以干预。市场机制一般不能解决穷富差别（收入不平均）、生产活动的外部性、公共财产、科学技术的研究与开发、公共教育事业的兴办、失业、经济周期及具有不完全信息的市场等问题，这时政府可通过制定规则、税制及设计激励机制来解决这些问题。

中国政府除了要发挥以上政府的经典作用，还应在经济机制的转型中发挥以下几个作用：

（1）建立市场机制运行良好的先决条件，例如说前面提到的经济上的四项基本原则。破除与市场不相协调的规章、条令、政策。

（2）启蒙大众对改革的支持和参与意识。从指令经济向市场经济的转变，不仅是制度的转变，也是观念的转变。这些都不是一下子能改变的。旧体制下形成的思想观念和思维方式在人们的潜意识中已经根深蒂固，与新体制下的许多变化格格不入。例如，人们对改革带来的好处期望过高，而对于价格的波动、竞争的压力、失业的可能、收入分配的变化等转型必然带来的阵痛缺乏足够的认识，难以承受。各行各业的领导人也遇到类似的问题，其中一些人身在商品经济的大潮中，头脑仍在指令经济的框架下，用指令经济的方式搞商品经济。因此，政府要帮助人们更新思想方法和思维方式，正确地理解市场经济，剖析和揭示不同经济体制的利弊，正确引导民众理解市场经济，支持市场经济，推动经济改革。

（3）建立市场体系。一个完善的现代市场经济体制不仅仅是放开价格，开放产品市场，给予人们自由就可以了。它是由一系列系统组成的。这包括市场价格体系、宏观调控体系、现代企业制度体系、税制（收入分配）体系、社会保障体系、法规体系、反垄断（不公平竞争）体系、开放的劳动和金融要素市场体系等。在培育和完善这些体系方面，政府还有大量的工作要做。

（4）制定改革的策略和方针。从计划经济向市场经济的转型，是从一个均衡发散到另外一个均衡的转移。仅仅通过放任自由的方式是不大可能实现的，政府需要通过它的权威推行一系列改革措施和方针来实现。

（5）制定各种激励机制。对原有计划经济体制下的企业或单位，由于各种原因一时还不能引进市场的或进行产权改革的，要制定各种激励机制或规则来调动人们的生产积极性。

（6）逐步用激励机制、规章或制度的方式来取代政策的作用。要认识到政策的时间局限性和作用的有效性。由于政策多变，大多政策只有短期效应。现在政府通过政策、下文件的控制方法还是太多，并且政策多变会失信于民众，使得政府的威信越来越低。政策多变非常影响和打击经济稳定性和人们的生产的积极性。并且这种政策的多变越来越严重。例如，农业政策的多变会影响和打击农业生产的稳定性和农民的生产的积极性。几年前，当粮食丰收后，政府不愿收，说让粮食价格放开，由市场来决定，结果出现农民卖粮难。1994年底、1995年初当粮食价格上升时，政府却又要控制和限制粮食价格，农民得不到粮食涨价的好处，反而要承受农业生产资料大幅度涨价的负担。另外根据合理期望学派观点，政策的作用往往是非常有限的。[①] 人们往往可以通过改变自己的行为方式来减低或对付政策的作用。这点在中国的实际中得到了证明，中国老百姓对此有较大的体会。中国的老百姓已在实践中总结出用"上有政策，下有对策"的策略来减低政策的有效性和政府的作用。一个文件或一个政策往往只有几个月或更短的作用，不是被人们的反应对策减低其作用，就是由于没有权威性而被人们忽视或忘掉。政府不得不又发新的文件，人们又做出新的对策。这种反复的过程使得文件和政策的作用及权威性越来越低。人们的"上有政策，下有对策"行为方式是现

---

① 政府政策的局限性见欧阳明（1993）。

代西方合理期望学派的一个基本核心论点。

（7）逐步解决不公平竞争问题。不公平竞争是目前存在的严重问题之一。这是中国老百姓对现实感到最不满意的地方。不公平竞争是由于转轨期间法规不完善、产权没有界定清楚及市场分散化决策（权力下放）已引进，计划经济和市场经济都占有相当成分的体制造成的。这种竞争的不公平表现在许多方面，但人们最有意见的是干部利用自己手中的权力谋取私利、凭关系走后门。如果手中有权力，就可能搞到批文或指标，利用他人或自己之手换取金钱；由于价格的双轨或多轨制，如果手中有权力，就可买到计划内价格商品，然后再转手高价卖出；如果手中有权力，可贷到款搞房地产买卖。这些问题都要尽快加以解决。

六、结束语

本文中，我们讨论了经济制度转型中的中央、地方和分散决策的关系问题。我们分析了经济自由化和决策分散化的改革方式的重要性。我们也讨论了国家能力及财政比重下降问题。从理论上和通过对实际经济资料的考查来分析了较低的财政比重对一个早期发展中的国家的经济长期增长也许是必要的。我们还分析了造成中央和地方关系紧张的原因。我们认为解决问题的办法是更进一步完善一个经济机制（特别是市场机制）运行良好的四个先决条件——承认人的自利性，给以人们经济自由选择的权力（松绑），实行分散化决策（分权）及引进激励机制。要完善市场体系，让市场发挥作用，只要市场能解决的，就要让市场去做。我们强调分散化决策、让市场发挥作用，并不是说政府什么也不管，放任自由。我们强调的是政府应用间接控制的、诱导式的方式去管、去做，用激励机制、法规、规章制度去诱导人们做政府想要做的或想要达到的社会目标。政府在这方面有许多事可做。除了要发挥政府在市场经济中的古典作用，例如在制定法规、税制、完善社会保障体系、公共设施等方面要大大加强外，我们也给出了政府在机制转型中还应发挥哪些作用。

（1995 年 2 月）

参考文献

[1] 王绍光、胡鞍钢.加强中央政府在市场经济转型中的主导作用——关于中国国家能力的研究报告 [D].北京：中国科学院，1993.

[2] 田国强、张帆.大众市场经济学 [M].上海人民出版社，1993.

[3] 田国强.中国经济改革的前景和问题 [J].当代中国研究，1994，1（40）：9～23.

[4] 欧阳明.简明宏观经济学 [M].上海人民出版社，1993.

[5] 陆丁.看得见的手——市场经济中的政府作用 [M].上海人民出版社，1993.

[6] 汪翔、钱南.公共理论选择导论 [M].上海人民出版社，1993.

[7] T. Groves and J. Ledyard. Incentive Compatibility since 1972 [M]. //T. Groves，R. Radner，and S. Radner. *Information，Incentive，and Economic Mechanisms，ed*. Univeristy of Minnesota Press，1987.

[8] L. Hurwicz. Optimality and Informationally Efficiency in Resource Allocation Processes [M]. //K. J. Arrow，S. Karlin，and P. Suppes. *Mathematical Methods in the Social Sciences，ed*. Stanford University Press，1960.

[9] L. Hurwicz. Incentive Aspects of Decentralization [M]. //K. J. Arrow and M. D. Intriligator，eds.. *Handbook of Mathematical Economics*，Vol. Ⅲ North‐Holland，Amsterdam，1986.

[10] L. Hurwicz. On Informational Decentralization and Efficiency in Resourse Allocation Mechanism [M]. //S. Reiter. *Studies in Mathematical Economics，ed*. Mathematical Association of America，1986.

[11] J. S. Jordan. The competitive Allocation Process in Informationally Efficient Uniquely [J]. *Journal of Economic Theory*，1982，28：1～18.

[12] G. Tian. Implementation of Linear Cost Equilibrium Allocations [J]. *Journal of Economic Theory*，1994，64.

[13] G. Tian and Q. Li. An Implementable and Informationally Efficient State‐Ownership System with General Varible Returns [J]. *Journal of Economic Theory*，1994，64：286～297.

[14] G. Tian and Q. Li. Ratio‐Lindahl Equilibria and an Informationally Efficient Implementable Mixed‐Ownership System [J]. *Journal of Economic Behavior and Organization*，1995，forthcoming.

[15] H. R. Varian. *Microeconomic Analysis* [M]. W. W. Norton and Company，third edition，1992.

58

退休社会保障模式的比较与中国养老保障制度的选择*

提要：建立和完善符合中国国情的社会保障体系是当前中国经济社会制度转型中最重要的任务之一，具有深远、重大的历史性意义。这将关系到中国长期社会稳定和持续性经济增长。为此，本文将讨论以下几个问题：(1) 对世界上几种主要的退休社会保障模式进行大致介绍，比较其优缺点，并探讨其经验教训；(2) 中国应采用什么样的退休社会保障模式？是实行现收现付式的全民享有的养老制度，还是采用完全积累式的个人储蓄积累式养老制度。本文将论证，在主要强调经济发展并兼顾到社会稳定的条件下，可行的最佳养老模式应是一种主要以个人储蓄积累为主，政府和社会对确实需要帮助的人进行福利补贴为辅的混合式退休保障体系；(3) 当养老资金储蓄体系基本形式确定之后，应采用什么样的筹集方式？是采用强制性储蓄方式还是自愿式的储蓄方式；(4) 应采用什么样的养老基金的管理和经营方式？是国营还是民营，社会成员是否有管理或经营方面的选择权；(5) 在建立社会保障体系的实施过程中要注意和解决什么样

---

* 本文载于《中国社会保障体制改革》，经济科学出版社，1999年4月。合作者林少宫。

的问题?

一、中国养老问题所面临的严峻挑战与建立养老保障体系的紧迫性

目前以市场为取向的中国经济制度转型正处在关键时刻。一方面,中国经济改革在过去 20 年中取得了巨大成就,使得中国经济形势发生了举世瞩目的变化。这 20 年的经济改革给中国带来了高速度经济增长和人们生活水准的大幅度提高。1979 年到 1997 年,中国国民生产总值平均递增 9.5%,居同时期世界各国经济发展速度之首,这在中国历史上也许是前所未有的。经济体制转型也取得了引人瞩目的成就。由于经济自主化的改革,导致了非国有企业(包括集体企业、私人企业、乡镇企业、外资企业和合资企业)蓬勃发展,使得经济体制发生了巨大变化。国有经济在整个国民总产值的比率迅速下降,已从一个以国有经济为主的中央指令性计划经济体制转变为一个非国有经济已占国民总产值 60% 多的经济体制,非国有经济已经成为中国经济的主体推动力量之一。此外,中国在引进市场机制、搞市场化的经济改革方面也取得了较大的成绩。现在,大多数商品的供求是由市场来决定,各种要素市场已初具规模。非国有经济比重的上升和市场价格机制的建立标志着中国市场经济的基本框架已经初步建立。

然而,市场经济体系的建立不仅仅只包括市场价格机制的建立和所有制的转变。一个完善的现代市场体系还包括许多辅助体系的建立。除了法制、税收、宏观调控等辅助体系,还有一个非常重要的辅助体系就是社会保障制度的建立。建立和完善符合中国国情的社会保障体系已成为当前中国经济改革的当务之急,也是中国向现代市场经济机制转型所要解决的最重要任务之一。养老体系的具体选择影响深远、重大,它将关系到中国是否能长期社会稳定和持续

性经济增长。

中国的养老问题面临着严峻的挑战，形势不容乐观。中国正面临世界人口史上最大规模的老年人口增长，两三年之内即将进入老年化社会。按照国际上通行的标准，一个地区60岁以上的人口超过这个地区总人口的10%，这个地区便进入了老年化社会。北京、上海、天津、江苏、浙江、四川、山东已先于中国其他地区成为老年型省市。目前，中国60岁以上的老年人口已达到1.2亿，占全国总人口的9.7%，并且正以3.2%的速度递增；预计到2000年，将达到1.3亿，占总人口的10%以上，成为人口老年化的国家；而到21世纪中叶，将达到4亿多，占总人口的比重高达27%。

从"成年型"社会（60岁以上的人口占总人口的7%～10%）向"老年型"社会过渡，发达国家一般经历了几十年甚至上百年，他们的人口老年化是伴随工业化、现代化进程而进行的，这为人口结构的转变奠定了必要的经济基础。中国即将进入"老年型"社会，不过十数年就完成了过渡，而现有的经济基础、意识观念、社会保障体系、社会服务等条件尚不能适应人口结构如此迅速的变化。这种"未富先老"、非自然转型的养老问题不论对个人、家庭，还是社会、国家，都显得尤为严重。

中国目前的老人群按所在地域，大致可分为城镇老人群和乡村老人群两大部分。随着经济机制的转型，城镇离退休人员中，老有所养解决得比较好的是那些从国家机关、事业单位及从部队离退下来的老人，而从企业离退下来的老人，其生活保障完全依企业效益而定。有些效益不好的企业，退休工人的退休金、医药费支出往往断档。在中国1亿多老人中，有8 000多万人生活在农村，而为数众多的农村老人则始终遵循"养儿防老"式的血缘家庭养老模式，子女是否有"孝心"似乎就决定了老人们的养老状况。这种传统的养老功能现正趋于弱化。"四二一"结构式家庭（一对夫妻上有四个老人、下有一个孩子）的增多，意味着家庭可以为老年人提供照料的资源越来越少，传统家庭所发挥的照料老人的作用在逐步减弱，这将更会加重社会保障的压力。

那么，人们应当如何解决中国的养老问题和选择什么样的养老保障制度呢？为此，本文将首先大致介绍世界上几种主要的退休社会保障模式，比较其优缺点，并探讨这些模式在执行过程中的经验教训。然后，本文将回答中国应采用什么样的退休社会保障模式的问题。是实行现收现付式的全民享有的养老制度，还是采用完全积累式的个人储蓄积累式养老制度？本文将论证，在主要强调经济发展并兼顾到社会稳定的条件下，可行的最佳养老模式应是一种主要以个人储蓄积累为主，政府和社会对少数人进行适当补助为辅的混合式退休社会保障体系。当养老资金储蓄体系基本形式确定之后，我们将讨论筹集养老金和经营管理的方式问题，是采用强制性储蓄方式还是自愿式的储蓄方式，是采用国营还是民营的方式，社会成员是否有管理或经营方面的选择权？最后我们将讨论在实行建立社会保障体系的实施过程中要注意和解决的问题。

二、世界上主要几种退休保障模式的介绍及其利弊的比较

现在世界上大致流行以下几种退休社会保障制度。下面分别对这些模式作一简单介绍，并指出其利弊。

（一）现收现付式（欧美模式）

"现收现付"（Pay-as-you-go）全民享有的养老制度是由德国"铁血首相"卑斯麦首先引进、实施的，到现在已有过百年的历史，但它在现代工业化国家被广泛采用，只是最近四五十年间的事。它的主要特点是政府向所有工作的人微征社会保障税，分发时将考虑个人资产的多少，将收到的现款相对平均地分发给现时的退休老人。在欧美，多数是雇主与员工都要按薪酬的一定百分比缴纳社会保障税。它的优点是全体退休老人都能得到社会保障，多交社会保障税

的且资产不太多的人从政府得到的养老金到退休时比其他退休的人要相对高一些。

这种方式易于操作,基金不受通货膨胀和利率波动的影响。但它的代价也是相当大的,很难长期维持下去。它的弊病有以下几点:

其一,税率不断上升,增加年轻人负担。从这些国家几十年的实际操作情况来看,所缴纳的社会保障税的比重越来越大。以美国为例,美国是于1934年开始实行"现收现付"的社会保障制度。开始时,只向雇主和员工各收工资1%的现款。其后,老人寿命不断延长,生育率又有所下降,政府不得不逐年将社会保障税提高,现在雇主和雇工一共要缴其雇工交税前薪酬的15.3%。美国一些著名学者估计,在30年左右内税率若不提高至30%,"现收现付"制就有破产的危险。其他国家也大致如此。

其二,由于税率不可能一直提高下去,它在财政上潜伏着很大的危机。当政府入不敷出时,便唯有加税,对政府和社会造成极大负担。还是以美国为例,老人金在1950时只占国民生产总值的0.3%,1960年时已经上升到1.0%以上,到1987年时,更已上升到4.4%。法国政府前几年被财政赤字逼得要减老人福利及加税,立即引发大规模的示威罢工,陷入进退维谷的境地。这种制度一旦实施,政府财政上不可避免地会出现困难,这与退休老人的捍卫福利和纳税人的反对加税交织在一起,必然会导致深刻的社会矛盾。

其三,制度的不稳定性,不太可能长期维持下去。当年轻人多交了税后,到他们退休时,自然要求提高福利,以补偿过去的高税率,恶性循环,直至整个制度的崩溃。

其四,"现收现付制"会降低经济增长的速度。交社会保障税有如投资,养老金是其回报。这样,衡量此制度优劣的一种方法便是计算其内在回报率的大小。但按此制度收上来的资金没有被用来投资,这就影响经济的增长。另外,由于"现收现付"的回报率主要是由工资的增加速度和人口的变化来决定的,并非来自投资,故其回报率要比资金投资的回报率低(是因为几乎所有的国家和地区都是劳动力过剩，而资金短缺）。

其五，对后代的不公平。一旦"现收现付"崩溃，到时的纳税人将一无所得，即惠及的只是现在的老人，其代价之一将是祸延后代。

其六，财富的分配也不合理，即使亿万富翁在理论上也可以领取退休金。这样，在短短几十年，它已经衍生出来许多问题，在所有实行此制的国家所暴露出来的问题已经十分严重，使得它甚至到崩溃的边缘，因此不少论者对"现收现付"制喻之以"计时炸弹""糖衣毒丸""饮鸩止渴"等。

（二）储蓄积累式

"储蓄积累式"的主要特征是把退休金的来源转移到社会成员本身的储蓄积累，强调自我保护，建立个人账户，要求人们在工作期间逐年积累，退休后使用。由于储蓄积累式以参加者本人为核心，建立个人账户，故能避免吃大锅饭，它以效率为主导，激励性强，鼓励人们努力工作，多储蓄。"储蓄积累式"按自愿与否又可分为"强制性储蓄积累式"和"自愿性储蓄积累式"。强制性储蓄积累式的主要目的是为了保障人们退休后的基本生活，以防备一些人有依赖和侥幸心理，故意把钱用光，迫使政府或社会在他们年老时给予救济。政府强制雇主和雇员共同缴纳雇员薪水的一定百分比储蓄供养老用。通过这种强制性储蓄，社会就不会对这些人的退休承担责任。而自愿性的储蓄则取决于个人的消费偏好，假定人们对长远的消费有一个正确的认识并能做出理性的选择，通过对退休储蓄免税的激励方式，让人们自愿储蓄，供自己养老用。强制性储蓄按经营方式又可分为"国营强制性储蓄积累式"和"民营强制性储蓄积累式"，这两种方式分别为新加坡和智利所采用。

1. 国营强制性储蓄积累式（新加坡模式）

"国营强制性储蓄积累式"的特征是由政府集中经营和管理个人储蓄，由政府有关部门来投资，买债券或股票。新加坡的社会保障制度主要以这种模式为主。新加坡在1955年开始运作此模式，称之为中央公积金（the Central

Provident Fund）。尽管"国营强制性储蓄积累式"比"现收现付"制有许多优点，它主要的缺点是投资效率低，没有私营投资基金公司表现好。其原因有二：一是由于它是国家垄断经营，没有竞争性；二是由于它不是福利制度，其性质只是强迫人们把储蓄从私人户口转到政府设立的个人账户里去，个人没有自由选择投资基金的权力。除非政府理财能力高，其效率通常会比民营基金低。

事实上，由于国营强制性储蓄积累基金是由政府人员管理，也是一种国营企业，它的经济效率低下也就不足为奇了。如果给人们自由选择基金的权力，过不了多长时间，人们不会把大量资金留在国营储蓄基金单位。这可以用新加坡的实践来说明。新加坡开始采用此制度时，只要求雇主和雇员共同缴交雇员薪水的10%，但现在已增至40%，20世纪80年代中期曾一度上升到50%。其回报率也是由政府决定的。自1986年后，政府将其回报率确定为该国四家银行的一年定期及储蓄存款的平均利息率。由于银行定期存款具有较小风险，其回报率一直都比较低，最近几年其回报率只有2%~3%，如此低的回报率当然不大会受欢迎。在1992年，新加坡政府大幅度地改变了国营强制性储蓄式政策，容许人们在某些中央公积金户口中提走高达80%的款项，自行在房地产、股票市场投资，其结果，人们不断把大量的资金从中央公积金中调出作私人投资用，从而刺激了新加坡的股票市场和经济增长。

2. 民营强制性储蓄积累式（智利模式）

民营强制性储蓄积累式是由民营或非营利投资公司经营和管理的个人老年储蓄积累，但由政府部门对投资公司的选择、回报率的最低保证做出政策性管制。智利等南美国家主要采用这种模式。在1981年5月前，智利像欧美大多国家一样也采用"现收现付"保障模式，结果导致了以上所提到的问题，特别是财政上的困难。遂决定将"现收现付"制私有化，给人们自由选择，让人们自己决定是否退出"现收现付"制，转到"私营强制性退休金制"。结果人们争相退出"现收现付"制，纷纷加入私营退休计划。现在，选择私营基金的人数,是十数倍于选择"现收现付"制的人。此计划的特点是,人民仍有权采用"现收现付"制,若他们退出,则必须参加某个民营的退休基金。如对其回报率不满意,可随时将退休金提出,转到其他基金内。雇员须交出自己薪金的10%,但政府和雇主不用负担。倘若某人收入低微,参加基金多年后,积累仍低于某最低数额,政府调查后,可以承担部分退休金。政府规定基金公司要保证可达到某起码的最低回报率,若达不到,基金要拿出它的储备金去补救,若储备金用光后,仍达不到,该基金会将被解散。智利退休保障私营化后,效果显著。智利的私营退休基金平均年实际回报率高达10%以上,数倍于选择"现收现付"制度的人。智利的成功,不但鼓动其他南美国家跟着仿效,甚至欧洲一些备受"现收现付"制度困扰的国家(例如意大利)也正在考虑加入退休保障私营化的潮流。

民营强制性储蓄积累制度的主要缺点是它不能够解决所有人的养老问题(当然,国营强制性储蓄积累制度也有此缺点)。对那些低收入职工,他们可能只有很少的储蓄作为养老金。对那些没有正式工作或没有工作的人,甚至可能没有任何储蓄供养老用。一般来说,这部分人的比例不高,随着时间的推移和经济的发展,这部分人的比例也将会更进一步地减少,但不管怎样,社会需要解决这部分人的生存及养老问题。

(三) 社会福利救济金模式(中国香港模式)

社会福利救济金(Social Assistance)模式的特征是只照顾真正有需要帮助的老人,而不是对所有老人提供帮助。救济金从政府财政收入中开支。通过设立资产审查的福利制度,对申请人的家庭经济情况进行审查以确定是否给予救济。这种制度也许只对老年化程度比较低且较富裕的国家和地区比较适应。中国香港主要就采取这种模式,澳大利亚在1992年社会保障制度改革之前也主要采用这种模式。中国香港和澳大利亚都是相对年轻型且较富裕的社会,符合领取社会福利救济金标准的老人在全体老人中所占比例比较低，实行这种制度的困难现在还不大。例如在中国香港，领取救济金的老人，拥有的比较流动的资产低于2.5万港元的，只有7万多人。当然，一旦中国香港成为一个老年性社会后，需要救济的老人将会增多，社会福利救济金模式也许就不太适应。

（四）社会福利救济与个人储蓄混合模式（澳大利亚模式）

在任何情况下，单一的老年保障制度也许是不足的，总会有这样或那样的优缺点。例如，强制性储蓄积累制度（无论是国营还是民营）的一个缺点就是它不能够解决所有人的养老问题。这时，就有必要引进其他辅助制度，同时采用多种老年保障制度，以弥补单一制度的缺陷。社会福利与个人储蓄混合模式就是为了互补这两种模式的不足而采用的。它的特征是以个人储蓄养老金为主、社会福利救济为辅而相结合的一种养老保障制度。主要采用这种模式的有澳大利亚，并取得了很好的效果。澳大利亚于1992年引进个人储蓄养老金制。引进个人储蓄养老制的目的是为了最终减少对社会福利救济的依靠和增加储蓄，从而增加投资。通过资本的积累和增加投资，以此加快经济增长的速度。为了达到这些目的，让人们多储蓄，个人储蓄的养老退休金都可以减免税金并由民营基金公司经营养老金。养老退休金由强制性储蓄和自愿性储蓄两部分组成。到退休时，人们可以一次性地提出全部养老金或逐年提取。通过税制的方法，政府试图鼓励人们逐年提取。

（五）社会保险与个人储蓄——社会救济双轨制（英国模式）

许多西方工业化国家的全民社会保障或社会保险制度都面临着越来越大的财政困难，甚至危机，从而减慢了经济增长速度。于是这些西方国家或早或迟已经开始了社会保障的改革。在保持原有的社会保障模式下，开始引进民营个人储蓄退休金制度或对确实贫穷的退休老人多补助。英国于20世纪70年代中期开始采用这样的双轨制。在这种新的模式下，像以往一样，所有工作的人们都需缴交社会保障税，在退休后从政府那里得到养老金，这是第一轨。第二轨，如果按照一定的标准个人在退休时具有足够储蓄退休金，政府不再提供额外的社会福利补助，只对剩下的那部分人提供社会福利补助。据统计，在1993年和1994年时，51％的社会保障开支来自于第一轨（社会保险金），而49％来自于第二轨（其中个人储蓄养老金占17％，政府的社会福利救济占32％）。随着财政困难的加大，可预测到个人储蓄养老金所占的比例将会越来越大。

（六）就地取材社会保障制（肯尼亚模式）

除了以上介绍的各种社会保障模式外，还有一些发展中国家是采用由家庭、社区、非政府组织援助的就地取材方式（Indigenous Paterns）的社会保障制度。由于这些国家主要的着重点是发展，而不是对他人的赡养义务（Maintenace），这些发展中国家的社会政策强调的是经济增长、改变和进步，而不是强调消费性的社会福利。肯尼亚主要就是采用这种类型的社会保障制度。通过自助组织、教会、信用社、合作社、社区、社会组织等各种形式，对需要提供帮助的老人提供救济。

三、中国退休保障制度的选择

我们介绍了世界上几种主要流行的退休保障模式，并讨论这些模式的优缺点。现在主要探讨中国退休保障制度的选择问题。这是关系到中国的社会稳定、经济制度是否能平稳转型、经济能否持续长期高速增长的一个重要问题。其实，从上节对各种基本模式的讨论，读者也许已经有了自己的一个大致答案。

（一）中国应采用什么样的基本退休保障模式？

首先我们认为，中国不应该采用的退休社会保障制度是"现收现付式"的全民享有的养老制度，因为它既不可行、也不现实，且后患无穷。我们说它不可行、也不现实，是因为即使在强调社会福利的计划经济时代，全民享有的养老社会福利也从来没有实现过。例如，占大多数的农民就没有得到任何养老金，况且现在的改革过程正在不断减少城市职工的福利。中国现正处在经济发展的早期阶段，所发生的财政困难也不允许政府采用此种制度。即使中国今后经济发展了，也不能采用这样的退休保障制度。因为采用此制度意味着影响经济增长、低效率、高税制，并将导致财政危机，先天的不稳定性和对后代的不公平，甚至财富分配的不合理。这就是为什么几乎所有那些以"现收现付"社会保障制度为主的国家都遇到了以上提到的问题（特别是财政危机问题），都或迟或早地已经开始了改革现有的社会保障体系或引进其他辅助社会保障模式。

如果中国采用这一模式，问题将会更为严重。其一，中国还不是一个发达的国家，人们的收入与发达国家的人民相比，还非常低，中国现有的经济基础使得采用此制度必定会带来更大的财政困难。尽管政府现在只对那些从国家机关、事业单位及从部队离退下来的老人发放离、退休金，就已经背着很大的财政包袱，有点吃不消。对全民进行养老福利发放就变得更加吃不消了。其二，由于中国正面临世界人口史上最大规模的老年人口增长，两三年之内即将进入老年化社会，并且由于中国的"四二一"家庭结构及人们的寿命会更进一步延长，可预测到中国老年化的程度将会比任何国家要严重。

中国60岁以上的老年人口正在以3.2%的速度递增，而到21世纪中叶，占总人口的比重将高达近30%。如果现代生物医学更进一步发展，可预测到人们的寿命将会大大提高（这是非常可能的，据报道，科学家已经发现了鱼类的老化因子，人的老化因子的发现也许是指日可待，一旦发现了控制人的寿命的老化因子，人的寿命将会大大提高），并且教育进步后，生育率将会越来越低，这将会使得老年化的比例更高。在这么高的比例下，年轻人将付高达40％甚至更高的社会保障税（还不包括其他税）才能维持"现收现付"社会保障制度。

既然我们要汲取实行"现收现付式"国家的经验教训而不要采用这一模式，那么，中国应采用什么样的基本退休保障模式？我们认为，在主要强调经济发展并兼顾到社会稳定的条件下，可行的最佳养老模式应是一种主要以个人储蓄积累为主，政府对少数人进行适当补助及就地解决为辅的混合式退休保障体系。

采用个人储蓄积累养老金最大的好处是它能避免或减轻"现收现付式"所具有的所有缺点。它能减少对社会福利救济的依靠和增加储蓄，从而增加投资。通过资本的积累和增加投资，以此可加快经济增长的速度。它把退休金的来源转移到社会成员本身的储蓄积累，强调于自我保护，以参加者本人为核心，建立个人账户，要求人们在工作期间逐年积累，退休后使用，它具有能避免吃大锅饭，以效率为主导、激励性强、鼓励人们努力工作、多储蓄等优点。个人储蓄积累应以强制性储蓄积累和自愿性储蓄积累两种方式同时进行。这样，一来可以防备一些人有依赖和侥幸心理，故意把钱用光，迫使政府或社会在他们老了后对他们实施救济；二来，通过减免税金、雇主补加等方法，可鼓励愿意多存放养老金的人多储蓄。

由于个人储蓄积累不能解决所有人的养老问题。中国的现状更是如此，有相当部分人的收入很低，他们到老时可能还没有足够的储蓄作为养老金。还有许多人没有正式工作，他们甚至可能没有任何储蓄供养老用。这时，政府和社会需要对这些人进行救济。由于个人储蓄已经解决了相当部分的养老金部分，并且通过就地解决的非政府社会方式，政府财政上的压力要比"现收现付制"小得多，有能力做到。况且，随着经济的转轨和发展，这部分人的比例也将会再进一步减少。

(二) 养老退休金经营的方式

当养老资金储蓄基本形式确定之后,那么应该采用什么样的经营管理方式呢?是采用国营还是民营的方式,社会成员是否有管理或经营方面的选择权?如果一定要由国家经营退休储蓄基金,我们认为为了提高基金的投资回报率和增加经济增长速度,同时也应允许民间经营储蓄基金,使之产生竞争机制,并且允许人们在选择投资基金和转移资金方面有自由决定权。如果人们对政府更具有信心,不愿承担高风险,可以选择国营储蓄基金来投资,买债券或股票。如愿承担更大风险,追求高回报率,就去参加民营的投资基金。其道理和国有企业的改革一样,由于有了市场竞争,就会增加国营投资基金的效率。当然,国家应对民营储蓄积累投资公司的经营和管理做出具体的政策性管制,例如对民营基金公司成立的审核和批准要做出具体规定,从严要求。像智利模式一样,政府应规定基金公司要保证可达到某个起码的最低回报率,若达不到,基金要拿出它的储备金去补救,若储备金用光后仍达不到,该基金会应被解散。

四、建立社会保障体系的实施过程中要注意和解决的问题

建立和完善一个社会保障制度是一项非常复杂和长期的任务。在建立多种形式的社会保障体系的过程中,我们认为要注意和解决以下几个问题:

(1) 不要指望新的老人社会保障制度就能在短时期内发挥作用。改革原有的老人退休制度和建立新的养老社会保障制度,并使其发挥作用都需要相当长的时间,不可能几年就发挥作用。因此不应一下子取消原有的老年退休制度,而应让它逐步退出。当新的制度逐步发挥作用后,就会不断减少对它的依靠。

(2) 要保证和维持城镇现有和即将离、退休人员的既定福利,新的老年人

制度不适应现有和即将退休的老人。不但要维持那些从国家机关、事业单位以及从部队离退下来的老有所养解决得比较好的老人的福利，也要解决好那些从企业离退下来的老人的福利。现在企业退休职工的福利和生活保障完全依企业效益而定，许多效益不好或破产的企业的退休职工的退休金、医药费支出往往断档，此一问题需要加以解决，否则将会引起社会的不安定。

（3）为了鼓励人们多储蓄养老金，政府应该引进激励机制。例如通过减免税金，要雇主以一定比例相应地为雇工付个人储蓄养老金等办法，让人们多储蓄。

（4）要尽快制定社会保障制度方面的政策和法律。例如对企业和职工所要求强制性储蓄的比例做出规定，制定出对国营和民营基金公司的各种规章制度，以及对最低回报率的要求等做出规定。此外，为了减少不必要的社会救济，对社会救济要建立严格的收入审查制度，尽可能做到只对真正需要救济的人实行补助。

（5）无论是国营基金还是民营基金的管理都要有独立性，不能挪用。人们把钱放在国营基金，是为了保障自己退休之用，当资金数额庞大时，对各级政府官员具有莫大的引诱力，激励其想插手这些资金。这就是为什么当前在中国从中央和地方许多部门都想把管理老人退休金的权力归到自己手下的原因。美国联邦储备银行制度的独立性对此很具有参考价值。

五、结束语

我们讨论了中国建立退休社会保障体系的紧迫性和养老保障制度模式的选择问题。为此，我们首先大致介绍了世界上几种主要通行的退休社会保障模式，并比较它们各自的优缺点。世界各国社会保障制度的实践和执行过程中的经验教训对中国具有很好的借鉴作用，它能使中国在建立自己的社会保障制度时少走许多弯路。因为它一旦建立,就很难改变或需要巨大的代价才能改变。因此社会保障制度模式的选择问题是一个异常重要的问题,它关系到社会的稳定和经济的长期增长,需要慎重对待。

本文对中国应采用什么样的退休保障模式的问题给出了我们的看法。我们认为,在主要强调经济发展并兼顾到社会稳定的条件下,可行的最佳养老模式应是一种主要以个人储蓄积累为主,政府和社会对少数人进行适当补助为辅的混合式退休保障体系。我们也讨论了筹集养老金和经营管理方式问题。我们认为,为了提高基金管理和基金投资效率及促进经济增长,除了让政府经营管理外,也应允许民间经营储蓄基金,使之产生竞争机制,并且允许人们在选择投资基金和转移资金方面有自由决定权。

由于社会保障体系不能很快发挥作用,它需要数年甚至十数年才能真正发挥作用,中国需要尽快地建立和完善适应本国国情的社会保障体系。中国经济的高速发展和市场化改革及世界各国实施社会保障的经验教训,也为中国建立社会保障体系提供一个良好的时机。

(1999 年 4 月)

参考文献

[1] 雷鼎鸣.风眼中的经济学 [M].汇讯出版有限公司,1997.
[2] Borzutsky, S.. Privatizing Social Security: relevence of the Chilean Experience [M]. //J. Midgley and M. Sherraden. *Alternaives to Social Security*, eds. Auburn House, 1997, 75~90.
[3] Evans, M. and D. Piachaud. Social Security in Britain: The Challenge of Needs Versus Costs [M]. //J. Midgley and M. B. Tracy. *Challenges to Social Security*, eds. Aubrun House, 1996, 123~140.
[4] Karger, H. J.. The Challenge of Financing Social Security in the United States [M]. //J. Midgley and M. B. Tracy. *Challenges to Social Security*, eds. Aubrun House, 1996, 19~34.

[5] Midgley, J.. Challenges Facing Social Security [M].//J. Midgley and M. B. Tracy. *Challenges to Social Security*, eds. Aubrun House, 1996, 1~18.

[6] Owen, M., and F. Field. Pension Reform in Britain: Alternative Modes of Provision [M].//J. Midgley and M. Sherraden. *Alternaives to Social Security*, eds. Auburn House, 1997, 91~104.

[7] Rosenman, L. S.. The Social Assistance Approach and Retirement Pensions in Australia [M].//J. Midgley and M. Sherraden. *Alternaives to Social Security*, eds. Auburn House, 1997, 17~32.

[8] Sherraden, M.. Provident Funds and Social Protection: The Case of Singapore [M].//J. Midgley and M. Sherraden. *Alternaives to Social Security*, eds. Auburn House, 1997, 32~60.

[9] von Benda-Beckmann, F., Gsanger, H, and J. Midgley.. Indigenous Support and Social Security: Lessons from Kenya [M].//J. Midgley and M. Sherraden. *Alternaives to Social Security*, eds. Auburn House, 1997, 105~120.

59

经济增长的制度环境*

提要：本文研究经济增长的制度环境，特别是考察政治体制的不同集中度对于经济增长的不同影响。我们的研究显示：在经济发展的早期阶段，民主政治制度也许并不能给发展中国家提供一条赶超发达国家的路径，但集中的政治体制却又带有很大的风险性。"好的"集中政治体制之所以能给一些发展中国家带来较高的经济增长率，这与它们具有一个稳定的政治、社会环境和相对贫乏的自然资源是密切相关的。在一个陷入"贫困性陷阱"的发展中国家，只要行政事业人员占总人口的比例不太高，一个即使只谋求私利的政府也往往会客观上采取有利于经济长期增长的投资政策。我们的研究更进一步指出，当经济发展到一定水平时，进一步加强民主法治建设更有利于经济实现长久而稳定的可持续增长。这个研究不仅为中国过去30年改革开放为什么取得如此大的成就给出了一个理论解释，也为今后的改革重点和方式提供了某种启示。

中国30年的改革开放所带来的巨大而持续的经济增长，已成为世界范围

---

* 本文形成于2009年4月。合作者沈凌。

内的"奇迹",也掀开了我国近代以来最为辉煌的历史篇章。在承认巨大经济成就的同时,大多数学者也往往认为中国"经济体制改革先行,而政治体制改革滞后"。这作为一个事实客观存在。但是为什么会如此,却缺乏相应的理论解释。政治体制改革和大力发展社会主义民主制度是否必要?如果必要,应该如何发展?我们讨论政治体制改革,常常是单纯从政治学角度出发讨论民主的意义,将政治体制的改革和经济体制的改革割裂开来,没有意识到经济的发展必然需要一个合适的政治体制作为保障。我们30年的经济奇迹,是和我们现有的政治体制密切相连的。总结中国的经济发展经验,就必须从理论上回答:我们现有的政治体制是经济增长的助推器,还是阻力器?我们是不得不将政治体制改革延后,还是我们需要这样一个相对集中的政治体制作为经济增长的保障?随着经济的增长,我们的政治体制需要做何改变,去适应业已提高的经济水平?

理解改革开放的成功及辨明仍然存在的问题,离不开对历史的深刻体会。"以史为鉴,可知兴替",我们首先分别从政治体制和经济体制两个方面进行对比,来追溯改革开放的历史渊源。①

第二次鸦片战争结束后,清政府中的"洋务派"高举"中学为体,西学为用"大旗,维持亘古不变的政治体制,重点学习西方先进生产技术,开始了中国近代史上第一次改革。在洋务运动阶段,国家充当了经济投资的主体,其结果以中日甲午战争的惨败而告终。由孙中山先生所倡导的近代民主革命则主张以暴力革命建立新的民主共和政治体制,经济上实行以私有制为基础的市场经济。但随后而来的军阀混战、四分五裂的政治局面,并没有给中国带来稳定和发展。这个历史阶段给我们的经验教训是:激进的变革代价高昂,由于没有一个稳定的政权,就存在着政治和军事上的动乱,经济不可能繁荣,国家就不可

---

① 对中国近代以来变革阶段划分的详细讨论见王一江(2007)。

能强盛。

中华人民共和国成立后，实行无产阶级专政，政权稳定统一，但是经济上实行高度集中的计划经济体制。由于高度集中的计划经济体制从根本上否定个人行为的经济动因，经济的运行效率越来越低。结果，在一个没有大规模敌人入侵、世界基本安定的环境下，中国痛失了发展先机，到"文革"末期国民经济已几近崩溃的边缘。

十一届三中全会否定了"无产阶级专政下继续革命"的错误理论，做出把工作重心转移到经济建设上来的决策。在经济制度上，逐步明确了"改革"、"开放"的基本国策，即通过走市场化改革和对外开放的道路，来缩小与世界先进国家的差距，实现富民强国目标。这一转变终于使中国政治稳定统一这一有利的政治条件，得以转化成实际的经济成果。30年，在中国文明的历史长河中非常短促，却是近代以来这170年间最伟大的一章，也是中华民族前所未有的辉煌。甚至在世界历史上，如此大规模的经济体，在这长达30年内国内生产总值（GDP）维持近10%的年平均增长率也是从未发生过的。由此看来，总结中国经济增长的原因所在，离不开稳定的政治制度环境和自由开放的市场经济制度的完美结合。从较长时间来看，无论是政治制度还是经济制度都是内生变量。因此，对于中国这样的发展中国家来讲，发展不是给定制度环境下的产出增长，而是在制度变革和完善的同时实现经济增长。因此，考察经济增长的制度环境，从中国变革图强的历史中寻找客观规律，就变得十分有意义。这也将会是中华文化影响世界的重要组成部分。

在简单的历史回顾中，我们发现：集中统一的政治制度保障了经济增长。但同时，民主自由也是西方文明的重要特质。长久以来，民主作为一个相对先进的人类社会组织形式，被认为是发达国家之所以发达的原因之一，也成为发展中国家的发展目标之一。就像我国的民主革命阶段，多少仁人志士，抛头颅、洒热血，就是为了结束封建帝制，创立民主共和。这样对于大多数发展中国家而言，构成了一个悖论性的发展议题：究竟是应该先发展经济再完善政治？还是应该先发展民主政治再考虑经济增长？抑或二者同时运行？这就是本文试图探讨的基本问题。

考虑到这个问题的宏大，不可能在一个文章范围之内解决。我们首先希望厘清的是：先进的政治制度并不仅仅包括民主原则。一般来讲，民主在政治经济学范畴内，就是多数原则。而现代政治制度，除了民主原则，还有法治原则，体现保护少数利益的自由主义原则，等等。即使在民主原则的制度实现上，现代政体也有很多形式，例如代议制。多数原则也有很多，例如简单多数，2/3多数、多轮末尾淘汰的奥林匹克多数，等等。讨论政治制度和经济绩效的关系，就需要将各种因素区别开来，分别考虑，而不是将所有制度混为一谈。这是现代经济学的基本分析框架和研究方法。因此，为了研究政治和经济增长的关系，在本文范围内所讲的政治制度环境，仅仅考虑民主与集中的表决机制对经济的影响。这样，我们只需要采用民主政治最本质的民主集中制原则中的集中程度来衡量和刻画政治制度环境。其次，这个制度对经济的影响渠道也是多种多样的。我们在这里只是研究了不同政治集中度通过资本积累对经济产生的影响。

其次，政治制度不是一个量化的指标，在涉及实证部分往往较难处理。在现有文献中，自Barro起，常常引用自由之家（Freedom House）每年颁布的一个由专家对各国的影响经济绩效的制度考评作为政治集中度的度量，即公民自由指标（Civil Liberty Index）。一般来讲，集中度高的制度环境给经济人的经济行为留下的自由空间较少，因此，这个评价指标就会较高（它的取值是1～7，越高表示政治集中度越高，或者说民主程度越低）。本文以下也采用这个指标。

研究这个课题，对于我国经济增长的持续性有着非常强的实际意义。众所周知，我国的发展，在地区上是十分不均衡的。东部沿海地区的GDP已经进入中等发达国家的水平，而部分内陆省份，还停留在联合国规定的极不发达水准。那么，总结东部经济发展的经验，对于西部的发展，就不仅是一个经济问题，还有着政治上的重大意义。如果东部的发展是地理沿海的缘故，那么西部就没有复制东部成功的可能。如果东部是靠大量的资本投入拉动的增长，那么西部要发展就是一个简单的资本投入的过程。如果东部的经济发展是建立在引入市场机制、完善政府职能的政治体制改革之上，那么西部要做的首先就是政府职能的转变。

一、文献回顾

经典经济增长理论，自 Solow（1956）、Cass（1965）、Koopmans（1965）以来，强调的都是要素的投入对经济增长的贡献。他们认为，经济的增长就是由要素投入的增加所致。至于哪些要素起到决定性的作用，则至今未有定论。按照索罗理论，经济水平的差异，是由不同的储蓄率决定的。但是，储蓄率的提高只能带来短期的增长，提高均衡状态下的人均产出，却无法产生一个持久的长期增长率。换句话说，经济增长的源泉，是在索罗的增长模型之外决定的。

此后，经济学家把目光投到索罗模型所不能解释的技术进步上。Lucas（1988）强调了人力资本在生产中的决定性作用，而 Aghion et al.（1992）则继承了熊彼得的创新论，强调技术创新，特别是破坏性创新在经济增长中的作用。在这些增长模型里，均衡状态下的增长率是正数了。也就是说，这些内生性经济增长理论至少部分解释了经济增长的内在机制。但也有不同看法，例如 North 和 Thomas（1973，p. 2）指出："我们在这里列出的（增长的）因素：创新、经济规模、教育、资本积累，等等，并不是经济增长的原因；它们本身就是增长。"在他们眼里，一个经济赖以存在的制度环境，才是经济增长的根本源泉。因为正是制度环境，影响和铸就了经济系统内的经济主体的"行为激励"（Incentive）。

一个经济人为什么做出这样或那样的选择，是和他所处的制度环境息息相关的。一个最近的例子就是我国的房地产，在原有的福利分房制度下，不存在房地产的个人需求（只有对住房的需要，通过指令计划实现），所以投资方也没有动因去加大产出。在取消福利分房之后，对住房的需求迅速形成。于是，资本也迅速向房地产行业聚集，相关的人力资本、创新行为顿如泉涌。从表面来看，我国的经济增长是投资拉动的，但是，这样的投资难道不是制度的变革所决定的吗？制度因素在最近的经济增长研究中，越来越被主流经济学家所接受。特别是，Acemoglu et al.（2004）更进一步地指出，经济制度是由赖以存在的政治制度决定的。所以，现代的经济学家，把探索经济增长的根本动因的目光渐渐聚集到政治制度上来了。

目前国内的经济学文献对于这个问题的探讨比较少，完整的理论模型就本文作者所知，基本没有。李景鹏（2002）探讨了政治体制改革的滞后，是因为我们的政治体制改革的目的是为了促进经济发展。似乎民主和促进经济发展是鱼和熊掌，不可兼得。中共中央党校研究室课题组（2003）有研究报告探讨了从经济发展角度来设计政治体制改革的问题。这个研究提出，政治体制改革可分为两种：一种是以建设民主政治体制为目标的，另外一种是以促进经济发展为目标的。似乎促进经济发展和建设民主制度也不是可以耦合的目标体系。其实该报告提出的后一种政治体制改革思路，就是为了经济增长的需要而调整具体政治体制的改革思路。所以它是一个如何改革的问题，并不能回答为什么需要有这样的政治体制改革的问题。而李英田（2004）提出的经济增长和政治合法性的关系，又仅仅做了初步的探讨，而没有完整的理论模型。并且，他更多的是从政治学的角度看政治合法性问题，而我们主要的研究兴趣在于经济增长的原动力及其与政治体制的关系。

本文不可能对这个宏大课题做全方位的探讨。本文研究的目的，就是希望首先回答一个相当基本的问题：我们现有的相对集中的政治体制，究竟是我们经济增长的内在需要呢？还是由于历史原因，我们不得不接受的现实选择？即使把问题缩小到这里,我们还是不能做出完整的回答。这里只是试图从实证和理论两个方面初步涉猎这个问题的可能答案,为以后的研究抛砖引玉。下面第二部分用数据说明政治体制和经济增长的关系,提出民主并不能提供一条赶超发达国家的路径,而集中的政治体制蕴含着极大的风险,好的和坏的集中政治体制意味着经济增长率的巨大差异。第三部分综述先前文献,来解释第二部分的实证结果揭示的问题:什么是一个好的集中政治体制出现的条件?第四部分介绍我们的理论模型,用来解释集中政治体制对于陷入"贫困性陷阱"的发展中国家的必要性。即使这个集中制的政府只关心自己的私利,它仍然会做出有利于经济增长的政策安排。这是前人的研究所没有揭示的。第五部分总结全文。

二、现有数据说明了什么?

在西方的经典经济理论里面,自由的市场常常意味着民主政治体制的制度环境。西方国家由于历史的原因,把民主政体作为一个暗含的假设[①],放在经济理论里面,却忽视了大部分发展中国家需要发展的,不仅仅是 GDP 的提高,还有一个社会政治体制问题。所以,发展中国家的增长就不可能在一个与西方发达国家一样完善的制度环境假设里面实现。那么在集中和民主之间,政治体制对经济发展的影响究竟是怎么样的呢?

表 1 展示了政治体制和经济发展的可能联系。我们从联合国数据库里引用

---

① 其实没有哪一本现代经济学教科书开篇就说"本书假设民主自由的政治制度……",不过我们的经典教材在讨论财政税收的时候,一般都是假设平衡预算和政府的目标函数是社会福利最大化的。这些其实都隐含了假设政府是民众意愿的代表而没有自己的特殊利益。而这其实就是一种民主制度下的理想状态。

了各国的 GDP。衡量政治体制的集中度的指标来自自由之家（Freedom House）的公民自由指标（Civil Liberty Index），这是一个非营利的非政府组织，每年报告一些有关公民自由度、政治权利和经济自由的相关调查结果。这个自由指标表示了一个经济体内的经济主体，能够在多大范围内做出自由的经济和政治选择。一般来讲，一个政治权利集中度很高的国家，留给经济人的自由度空间就会较小，所以，它衡量了政府权力的集中度。这个指标现在被很多经济学家（例如 Barro）引用，作为研究经济发展和民主集中原则为代表的政治体制的桥梁。这个指标的范围从 1 到 7。1 代表了集中度最低，7 代表了最高的集中度。总共有 145 个国家的数据可以找到。在表的第一部分，我们按照 1970 年的人均 GDP 数据，选取那些低于世界平均水平的国家作为发展中国家来研究，总共有 110 个，其余的为发达国家。这样的分类有助于我们看到发展中国家有别于发达国家的一些特征。在表的第二部分，我把这全部的 145 个国家按照这个公民自由指标在 1972 年到 1974 年的平均值（这样做是为了多保留一些样本，因为很多国家缺损部分年份的数据）分成六类。这样可以看到政治体制和经济增长之间的一些联系。由于我们在这里考察具有相似政治体制的不同国家的增长率的方差，所以，可用的数据就很少而不能做回归分析了。所以下表给出的结论都是提示性的，其准确性有待新的研究。

表 1　　　　　　　　　　　　政治体制和经济增长

	样本数（145）	公民自由度（1972~1974）	人均 GDP [1990USD]		1970 到 2008 年间的平均年增长率（%）	增长率的方差
			1970	2008		
发展中国家	110	4.72	1 101	2 950	1.77	4.35
发达国家	35	2.47	15 987	31 355	1.72	1.24
C.L. 7-6	40	6.38	1 643	3 250	1.54	4.41
C.L. 5.9-5	29	5.22	2 572	5 990	1.90	4.49

续 表

	样本数（145）	公民自由度（1972~1974）	人均GDP [1990USD]		1970到2008年间的平均年增长率（%）	增长率的方差
			1970	2008		
C.L. 4.9 – 4	16	4.29	1 784	3 402	1.28	4.14
C.L. 3.9 – 3	20	3.33	4 617	5 881	1.99	4.24
C.L. 2.9 – 2	22	2.08	8 368	19 407	1.79	2.61
C.L. 1.9 – 1	18	1.02	13 076	28 847	2.15	0.65
平均值		3.72	5 343	11 129	1.77	

注：人均GDP（1990USD）数据来自联合国统计局，它们的网页上公布了GDP的总量（以1990USD的实际GDP和人口数），我们计算出了人均数字。公民自由度Civil Liberty Index（C.L.）来自Freedom House。指标的定义和解释请看正文。

我们有如下发现：

首先，发展中国家有着较高的政治集中度。表1里面，发展中国家的平均制度集中度是4.72，而发达国家只有2.47。其次，根据该表，在过去30多年里，发达国家的平均年增长率（1.72%）和发展中国家（1.77%）没有很大差别。所以，我们在此看不到所谓的收敛性，或者说这样的绝对收敛很弱，这和很多研究的结论是一致的，这在巴罗的《宏观经济学——一个现代观点》（第85页）已有总结。更进一步，我们发现，政治集中度高的发展中国家有着较大的增长率的方差（4.35），发达国家的增长率方差只有1.24。这反映了这样一个事实：在过去30多年里，尽管发展中国家作为一个整体，其增长速度和发达国家差不多，但还是有一些发展中国家，他们获得了相对较快的经济增长率。

那么是不是可以就此得出结论：政治体制越集中，增长的方差就越大呢？我们可以在表格的第二部分看一看。这里按照政治体制的集中度分类，我们可以较为明确地看到，随着CL值的下降（代表集中度的下降），集中度类似的国家越来越有相同的经济增长率（即一个组别的各国长期增长率的方差越来越小）。在集中度最低的18个国家里，30多年来的平均增长率是2.15%，而增长率的方差只有 0.65。由此几乎可以得出这 18 个国家的长期增长率完全一样的结论。但是，反观集中度相对较大的国家，方差都是相当的大。这说明，政治集中度高的国家的增长率非常发散，没有什么一致性。所以从这个表格里面，我们不仅能够得出民主制度比集中制度好的结论（反映在民主程度高的国家的增长率也高），还可以知道民主制度比集中制度来得稳定。

由此，我们可以初步回答刚才提出的问题，即集中和民主的不同政治体制对经济发展的影响究竟如何：

在西方经济学的范畴里，民主自由的政治环境，被认为是市场经济天然的制度保证。但是从上述表格的结论中我们可以看出：从赶超的角度来讲，如果民主自由意味着稳定的增长率，那么较早地引入民主自由制度，就会和一个稳定和发达国家类似的增长率相关联，也就失去了赶超的机会。但是如果选择相对集中的政治制度，就会冒相当的风险，因为高度集中的政治体制，隐含着悬殊的经济增长率。

如果发展中国家的政治集中度高，而高的政治集中度又伴随着完全不同的经济增长率，那么对于发展中国家来讲，就显得非常有意义去研究：在什么条件下高度集中的政治体制能带来较高的经济增长率。如果我们能了解什么是"好的"集中的政治体制，什么是"不好的"集中的政治体制，以及它们的存在条件和对经济的影响机制，我们就能给发展中国家的发展提供一个有关"经济增长的制度条件"的理论。

当通过"好的"集中的政治体制获得较快的经济增长率，从而实现赶超发达国家的发展战略目标之后，是否能够保持这样的发展成果，就要看该国的政治体制能否及时转型，实现较高程度的民主自由原则，从而取得较为稳定的增长率了。在赶超之后是否能够及时实现国家治理现代化，是能否保持稳定而高速的经济增长率的关键。

从第二次世界大战之后各个发展中国家和地区的实际情况来看，我们也的确能找到"好的"和"不好的"（从对经济增长率的影响来讲的好坏）集中政治体制。东亚的经验就是一个典型的"好的"例子。无论是早在第二次世界大战之前就奠定了发展基础的日本,还是"二战"之后起飞的"四小龙",到后来的"四小虎"、中国大陆,集中的政治体制虽然也伴随着一些腐败的不好现象,但是根本上讲,经济增长的巨大成功是不可抹杀的。在发展中国家整体上没有迅速缩小和发达国家的距离的大环境下,东亚国家或地区却以超乎寻常的速度一个个地脱身发展中国家或地区的行列,加入富裕俱乐部。由于东亚国家或地区具有相似的文化背景、民族习性和政治制度,所以东亚模式的成功,需要从理论上给予总结,进而为全世界发展中国家或地区的未来提供希望。其中重要的一点就是为什么集中的政治体制能在东亚带来良好的经济增长?同一时期,我们也能在世界其他地区观察到"不好的"集中政治体制的例子,例如非洲的民主刚果,该国1970年的人均GDP还有643美元,到了2008年,就只有403美元了。

三、理论上的前期研究:"好的"集中政治体制的条件

在现有的经济学文献里面,涉猎这一领域的文章不是很多,有代表性的是McGuire和Olson的思想。他们在1996年的文章里指出,政府或执政者的行为选择迥异,并不代表了政府官员的个人品德的好坏。一个政府最后能否贯彻一个有利于经济增长的政策,取决于政府和民众之间的博弈。如果一个政府感觉到它的统治相对稳定,那么就有冲动投入较大的资本到公共物品的建设上去,也就有激励去执行一些有着长远收益的对经济增长有好处的政策。而政府这些有利于经济增长的政策的贯彻,反过来又促进了社会的稳定。所以从这个意义上讲,中国主张的稳定的政治环境是经济建设的保证,正符合了McGuire和Olson的思想。

政治环境的稳定,可以促进投资。不仅是私人的投资,还包括政府作为投资主体的公共投资。私人投资希望看到回报的保障,所以,稳定的政治环境才

能吸引国外投资,这在过去20多年的改革开放中,早就被实践所证明。我们有时候忽略了的,是稳定的政治环境也会促进政府公共投入的增长。我们这里说的政府投资,是指能够带来实际经济增长的有效的公共物品的投入,而不是好大喜功的政绩工程。事实上,大量的政绩工程的出现,正是政治环境不稳定的表现。地方政府换届过于频繁,在还是"人治"的条件下,就会促进官员不舍得投入到回报周期长的真正有效益的公共物品投资上去,而是把钱花费到看得见的政绩工程上,尽管这对长远的经济增长并没有什么贡献。所以说,如果我们需要进一步促进地方政府加大有效的公共物品投入,就需要更进一步稳定地方政府的政治环境,减少过于频繁的换届。即使需要换届,也应该通过合理的考评体系,维护每届政府投资长期有效公共建设的积极性。

除了稳定的政治环境,还有什么能决定政府的行为呢?

在McGuire和Olson(1996)基础之上,我们的前期研究讨论了自然资源和政府行为的关系,以及执政时间内生化之后的情况(见Shen 2007)。经济的增长动力来自于私人投资。私人投资包括了实物投资和人力资本投资,而人力资本的正外部性则是持续增长的动力。当一个地区拥有较为丰富的自然资源,它的私人资本的投资回报率较高的时候,政府就有较少的动力继续大量投入到公共物品的建设,或者说,有较少的动力去大量补贴私人投资。而当一个地区的自然资源不是很丰富的时候,政府就有较大的动力去通过补贴私人投资,加大公共物品建设来拉动经济增长。这个时候,集中的政治制度就对经济增长有十分正面的作用了。这个理论模型预测的结果比较符合我们观察到的东亚模式,因为东亚的自然资源相对于中东非洲南美等发展中国家或地区来讲,的确是算少的。而东亚的集中的政治体制的确在推动经济增长方面有着有目共睹的成绩。这个理论结果也符合Ross(2001)提出的自然资源对经济增长的负效应的实证结果。

在中国30年的改革进程中,我们也能看到能够体现上述理论的实例。例如,中国农村的改革是在相对落后的安徽开始的。事实上,当时的地方政府推动(或者说默认)土地承包改革的基本动因,还是为了政局的稳定,为了给人们找饭吃。资源的相对贫乏，使得在既有体制下，私人的投资冲动不足（原来人民公社下的劳动投入，也可以看作是私人的人力投资）。所以，这里的地方政府就有动力扩大公共物品的投入，或者说，补贴私人投资。这里的补贴，可以广义地理解为包括了像承包一样的体制改革。因为土地承包的本质就是减少最终农民收益的上缴比例。或者说是无偿地将原来公有的土地分配给农民使用。这就像一种投资补贴一样，给农民的私人人力投资提供了巨大的激励。

浙江的发展，也是一个体现了上述理论的实例。浙江在原来的计划经济体制下是中央政府投资的盲点。因为既没有丰富的矿产，中央的投入又少，在这样的条件下，可以说，相对其他地区，例如东北、西南、上海等，资源十分缺乏。这里的资源，不仅是指自然资源，还指包括中央投入在内的资本和公共物品投入等，这些不是地方政府能够左右的来自中央的投资，所以对于地方政府来讲，和自然资源没有本质的不同。因此，当地的私人资本投资，也就成为能够拉动经济增长的主要动力，或者说，是地方政府利益的主要来源。所以，相对上述其他地区，浙江地方政府的市场化改革一直默默地走在全国的前列。这样的改革，我们也可以看作是一种对私人的投资补贴和公共设施建设。浙江的公共设施建设好，不仅体现在实物投资上，例如良好的高速公路和通讯线路；还体现在软环境上，例如市场体系的完善，和政府不与民争利的指导思想，这样的软环境，难道不是激励私人资本的重要因素吗？

四、理论上的初探：发展中国家是否需要一个集中的政治体制？

上述前期的研究，是在给定了集中政治体制的前提条件下，来讨论什么时候集中的政治体制会表现得比较好，什么时候它表现得不太好（都从对经济增长的作用来讲）。但是这些研究没有讨论集中政治体制的必要性。也就是说，如果发展中国家可以选择不同的政治体制,集中政治体制在什么条件下是值得引入的?

沿用新制度经济学的思想,本文解释一个集权政府对一国经济增长的必要性,甚至当它只关心自己的私利时也是如此。在这里,政府和私人构成博弈双方。政府人口为 1,私人人口不变,记为 $N>1$。每个私人存活两期,年轻时,他的父辈为他提供教育投资,记为 b^p。成年期,他提供一个单位的劳动力,获得收入,用于消费 c^p 和为下一代的投资。政府不会生产,但是有权力按照税率 $\tau \in (0,1)$ 征税。假设税率为常数。政府的收入和私人一样,也被用于消费 c^g 和投资 b^g。政府的投资,可理解为公共教育,形成人力资本,也可以理解为基本设施。总之,它和私人投资一样,能够提高个人产出 y_t。为了简单起见,我们假设私人投资和政府投资是完全替代的,从而产出只取决于人均拥有的资本量。我们假设第 t 期个人的生产函数是:

$$y_t = A k_t^\alpha \tag{1}$$

其中,A 是社会的技术水平,独立于个人。k_t 是第 t 期的人均资本量,我们假设 $k_t = k_0 + b_{t-1}$,其中 k_0 是每个人的基本劳动能力,无须后天的教育也为个人拥有。b_{t-1} 是上一代的总投资,由上所述,它是私人投资和政府投资共同构成的,$b_{t-1} = b_{t-1}^p + b_{t-1}^g / N$。整个社会的产出是:

$$Y_t = NA k_t^\alpha \tag{2}$$

那么政府的收入就是

$$\tau Y_t = \tau NA k_t^\alpha \tag{3}$$

无论是私人还是政府,其效用函数形式都是一样的:[①]

[①] 一般来讲,我们看到文献中有关完全自利的效用函数是 $U_t^g = \ln C_t^g + \ln(\theta + y_{t+1}^g)$,其中 y_{t+1}^g 是下一届政府的收入。本届政府关心下一届政府的收入,体现了 Olson 坐寇思想。

但是由于有 $y_{t+1}^g = \tau N y_{t+1}^p = \tau NA (k_0 + b_t)^\alpha$,所以政府关心下一届政府的收入(完全自利)等同于关心本期的总投资(貌似利他)。为了计算的方便,我们将该效用函数简化为文中的形式,这是单调递增变化,不失一般性。这样的效用函数在文献中也是常见的(例如 Galor et al. 2004)。

$$U^i = \beta \ln c^i + (1-\beta)\ln(\theta + B^i) \quad i \in \{p, g\}, \quad 0 < \beta < 1, \theta > 0 \quad (4)$$

B^i 是 i 所关心的对自己下一代的投资。对于个人（$i=p$）来讲，B^p 就是他本人的后代所能享受到的投资，$B^p = b = b^p + b^g/N$；对于集权政府（$i=g$）来讲，下一届政府能够有多少收入是和社会总投资有关的，所以 $B^g = Nb = Nb^p + b^g$。

这个效用函数在两个方面有别于一般的假设，需要特别说明。

第一，我们假设了无论是私人还是政府，他们都只关心自己的利益。对于私人来说，这很自然，个人的效用取决于他的消费和给下一代的投资。对于政府来讲，我们这里考虑的政府，并不是一个不食人间烟火的"圣人"。这样的"圣人"常常以社会福利的最大化为己任，是经济学经典理论的假设。现在的新制度经济学，则抛弃了这样的假设，退而把政府看成是和私人一样的有物欲的个体。那么这样的政府又何以关怀着给下一代的教育投资呢？我们可以这样理解：这里的下一代的教育水平，代表着下一代的生产力。如果政府可以延续权力（正如我们这里假设的，政府权力不会转移给他人），它会和私人一样关怀下一代政府的收入，而下一代的生产力，则是下一代政府收入的保障，因为我们这里假设了政府没有生产的能力，只能通过征税获得收入。所以，关怀下一代私人的教育投资，实质上就是关怀下一代政府的收入，从而也就关心了国力和国家的强大，进而体现了政府的执政能力和水平。这和私人对下一代的关怀是一个道理。

第二，我们假设存在一个正的常数 θ，其实就是隐含了这样的含义：父辈对下一代的关爱不是无限制的。如果父辈的收入低于一定程度，他将不会给下一代任何投资，而把全部收入都用于自己的消费，这样 θ 可被解释为父辈的最低生存收入水平。也就是说，存在角解 $b=0$。这是符合常理的假设。现实中我们常常看到这样的例子，比如贫困人家的孩子常常不能念书，贫困地区的生态恶化常常是由于当地人不顾一切，涸泽而渔的开发方式而造成的。这样的效用函数在类似的经济增长文献中常常出现，例如 Galor et al. (2006)。

一期内的博弈时序（Timing）：

每一期开始，成年期的个人利用已有的 k_t 生产出 y_t；政府征税，形成自己的收入 $\tau Y_t = \tau N A k_t^\alpha$，而个人的税后收入是 $(1-\tau)A k_t^\alpha$，大家分别决定自己的消费和投资；年轻的个人利用成年人的投资 b_t 形成下一期的资本 k_{t+1}。

这里状态变量是资本量 k_t。投资 b_t 和产出 y_t 相关，那么一旦某一期有正的投资，k_t 提高导致 y_t 提高。而 y_t 的提高又会进一步提高下一期的 k_{t+1}，从而形成一个可持续的增长路径。由此，我们下面的制度比较可以集中在起初的投资比较上。多期动态比较简化为单期静态比较，这是我们上面的简化假设所致。

我们首先考虑一个遵循简单多数民主原则的政府的情况，作为参照系。在这个简单模型里，因为没有个体的异质性，所以，代表性私人的最优化选择也就是政府的选择。那么该私人的效用最大化问题如下：

$$\max_b U = \beta \ln c + (1-\beta)\ln(\theta + b)$$

$$s.t. \quad y = c + b$$

求解得到：

$$\frac{dU}{db} = \frac{\beta}{y-b}(-1) + \frac{1-\beta}{\theta+b} = 0$$

$$\Rightarrow b^* = \begin{cases} 0 & y \leq \dfrac{\theta\beta}{1-\beta} \\ (1-\beta)y - \theta\beta & y > \dfrac{\theta\beta}{1-\beta} \end{cases}$$

由此可知，如果该经济体的初始产出值很低（低于 $\dfrac{\theta\beta}{1-\beta}$），那么私人就没有动力进行投资。如果这一期没有投资，那么下一期的产出和这一期一样，都是 Ak_0^α，增长率为 0。这里，经济没有增长的原因就是因为穷，而除了第一期以外的穷又是因为没有经济增长。这样，我们提供了一个"贫困性陷阱"的合理解释。这里我们假设了一个理论上的民主政府，它的目标函数是社会福利的最大化。它有关征税和公共开支的决策完全由简单多数原则决定，如果条件满足（初始产出值低于 $\frac{\theta\beta}{1-\beta}$），所有的私人都会选择不征税。因为征税，再把税负收入用于公共物品的投资，这与私人投资是完全替代的。既然私人投资对他们来讲不是最优的选择，他们当然也不会赞同公共投资了。

结论一：如果存在一个遵循简单多数原则的纯民主政府，在条件 $Ak_0^\alpha \leqslant \frac{\theta\beta}{1-\beta}$ 满足时，该经济体陷入"贫困性陷阱"，增长率为零。

现在我们考虑引入一个拥有集中性政治权力的政府，这个政府并不是为了社会福利最大化而来，它仅仅为了谋求私利。那么，这样一个拥有集中性政治权力的政府会对经济体产生什么样的作用呢？

首先考虑私人的效用最大化问题。

$$\max_{b^p} U^p = \beta \ln c^p + (1-\beta)\ln(\theta+b)$$

$$s.t. \quad (1-\tau)y = c^p + b^p$$

$$b = b^p + b^g/N$$

求解得到：

$$b^{p**} = \begin{cases} 0 & y \leqslant \frac{(\theta+b^g/N)\beta}{(1-\beta)(1-\tau)} \\ (1-\beta)(1-\tau)y - (\theta+b^g/N)\beta & y > \frac{(\theta+b^g/N)\beta}{(1-\beta)(1-\tau)} \end{cases}$$

不难看出，在引入了一个只谋求私利的政府之后，由于私人的可支配收入下降（$(1-\tau)y < y$），而私人又期待政府为下一代投资（$b^g \geqslant 0$），所以，私人进行投资的收入临界值上升 $\frac{(\theta+b^g/N)\beta}{(1-\beta)(1-\tau)} > \frac{\theta\beta}{1-\beta}$，说明他更加不愿意投资了。

结论二：在引入一个只谋求私利的政府之后，私人的投资欲望降低。这一方面是因为私人的可支配收入下降，另一方面是因为政府投资的"挤出效应"。

下面我们考虑政府的效用最大化问题：

$$\max_{b^g} U^g = \beta \ln c^g + (1-\beta)\ln(\theta + Nb)$$

$$s.t. \quad \tau N y = c^g + b^g$$

$$Nb = Nb^p + b^g$$

求解得到：

$$b^{g**} = \begin{cases} 0 & y \leqslant \dfrac{(\theta + Nb^p)\beta}{(1-\beta)\tau N} \\ (1-\beta)\tau N y - (\theta + Nb^p)\beta & y > \dfrac{(\theta + Nb^p)\beta}{(1-\beta)\tau N} \end{cases}$$

在上面讨论到的"贫困性陷阱"情况下，也就是说 $Ak_0^\alpha \leqslant \dfrac{\theta\beta}{1-\beta}$ 条件下，$b^{p**}=0$。所以，我们有：

$$b^{g**} = \begin{cases} 0 & y \leqslant \dfrac{\theta\beta}{(1-\beta)\tau N} \\ (1-\beta)\tau N y - \theta\beta & y > \dfrac{\theta\beta}{(1-\beta)\tau N} \end{cases}$$

这意味着，只要满足条件 $\dfrac{\theta\beta}{(1-\beta)\tau N} < y_0 = Ak_0^\alpha \leqslant \dfrac{\theta\beta}{1-\beta}$，$b^{g**} = (1-\beta)\tau N y_0 - \theta\beta > 0$。而 $b^{g**} > 0$ 意味着下一期的资本 $k > k_0$，产出 $y > y_0$。我们因此得到一个正的经济增长率。由此，该经济体得以跳出"贫困性陷阱"。而我们假设的 $k_t = k_0 + b_{t-1}$，$b_{t-1} = b_{t-1}^p + b_{t-1}^g/N$ 保证了这样的增长的持续性。这是一个只谋求私利的政府实际上做到的有利于经济增长的政策效果。从这个意义上讲，它是一个好的只谋求私利的政府。我们上面的实证部分讨论的是政府的相对集权。集权往往意味着腐败和低效，尽管并不尽然。有时候集权政府也常常有着崇高的理想，例如社会福利的最大化。但是，本模型给出了一个可能：即使集权政府由于缺乏监督，仅仅为了个人私利而存在，它也会客观上起到有利于经济长期增长的好作用。

结论三：在满足条件 $\dfrac{\theta\beta}{(1-\beta)\tau N} < Ak_0^\alpha \leq \dfrac{\theta\beta}{1-\beta}$ 下，一个谋求私利的政府将能够把经济带出"贫困化陷阱"。它向私人强制性征税，投资在公共物品上，使得经济得以增长。

上述条件并非很难满足。事实上，如果一国的人口 N 足够大，$\dfrac{\theta\beta}{(1-\beta)\tau N}$ 往往是很小的数值。注意，这里的人口 N 是相对于政府的人口比例，或者可以理解为官民人口比例。所以 $\dfrac{\theta\beta}{(1-\beta)\tau N} < Ak_0^\alpha$ 不难成立。而 $Ak_0^\alpha \leq \dfrac{\theta\beta}{1-\beta}$ 则是"贫困性陷阱"的条件。所以，不太严格地讲，在一个陷入"贫困性陷阱"的国家，只要人口足够多，往往需要引入一个只谋私利的政府来带动经济走出"贫困性陷阱"。

如果初始条件不满足 $Ak_0^\alpha \leq \dfrac{\theta\beta}{1-\beta}$，或者随着经济的发展，在某个时间突破了这个条件，那么经济就脱离了"贫困化陷阱"。私人投资转而为正。在这种状态下比较集中和民主的政治制度对经济增长的影响，可以体现出发展中国家发展了之后的制度选择。从上述模型可以看出，集中政治体制的代价是政府的消费 C^g。这个相当于现实生活里面的行政成本和贪污腐败。如果私人的投资意向增长，那么对于社会的 GDP 增长来讲，政府的税收扣减掉政府消费之后的投资越来越不如私人投资来的有效率。所以我们可以推出，随着经济的增长，总有一天民主的政治体制会比集中的政治体制更加有利于经济增长。这个结论在我们前期的文章中已有讨论（Schiffbauer and Shen 2010）。

五、结束语

本文提出的问题,主要在于探讨经济增长的制度保证。相对于发达国家而言,发展中国家需要完善的不仅仅是经济发展水平,还有制度环境。我们的实证研究揭示,发展中国家普遍具有相对集权的政治体制。所以,本文希望重点说明的就是,这样的集权体制究竟是我们经济增长的助推器,还是阻力器?我们首先用数据说明了,民主带来的不是通向高增长的"赶超之路",而是一条稳定发展之路。对于希望赶超发达国家的发展中国家而言,或许赶超比稳定来得更加有吸引力。但是,相对集权的政治体制对经济增长的影响相当的不同。好政府和坏政府的差别很大。作为东亚模式的一员,我们的好政府行为如能得以解释,这将是我们对经济理论的贡献,也是对发展中国家的实际发展的贡献。

我们首先回顾了有关文献。这类文献尽管不多,但是这些理论还是在中国的实际情况中得到了很好的检验。McGuire 和 Olson(1996)解释了稳定统治的必要性,Shen(2007)谈了自然禀赋对政府行为的作用,以及在政府治理时间内生化情况下的政府行为。然后,在此基础之上,我们提出了一个新的模型。它继承了新制度经济学的基本思想,引入了 Galor 有关父辈关爱的有限性的假设,考察了在一个陷入"贫困性陷阱"的发展中国家,一个即使只谋求私利的集权国家,也会做出有利于经济增长的投资政策的内在机理。这个理论,提供了一个发展中国家往往具备相对集权的政治体制,而其经济增长又极不相同的可能解释。从不太严格的角度讲,它也是一个好的集权国家的必要性的解释。

我们的研究从数据方面也得到了印证,相对集中度较低的民主制度往往代表着稳定的增长,同时,它的平均增长率也比集中的政治制度来的高。因此,上面得出的好的集权国家的必要性这一结论应该是阶段性的。我们的研究也表明,当经济发展到一定阶段的时候,我们可以预见,私人的投资冲动增加,集权型政府的强制投资变得越来越没有必要，而它的成本将会凸显。所以，对于增长来讲，及时地健全民主法治制度将不仅有利于政治上满足人们的需要，而且从经济上看，也是有利于经济实现长久而稳定的可持续增长。我们的这个研究不仅对中国过去30多年改革开放为什么取得如此大的成就给出了一个理论解释，也为今后的改革重点和方式提供了某种启示。中央提出来的和谐社会的构建，其首要特征就是民主法治，也表明了这点。田国强（2008）阐述了解决中国目前所面临的深层次问题及构建和谐社会的关键在于合理界定政府与市场的边界，其中的一个关键就是民主与法治建设。

需要指出的是，本文的研究刚刚起步，有关经济发展之后的制度选择的具体条件，还没有被纳入本文的正式框架中。但是马克思主义政治经济学原理告诉我们，经济基础决定上层建筑。经济的发展虽然很大程度上受政治制度的影响，但经济的发展最终也会影响政治体制。所以，我们将来的研究会更进一步，不仅考虑经济增长所需要的政治体制环境，还要考察经济增长将会带来的对政治体制的影响。我们希望能够运用马克思主义政治经济学原理和现代西方经济学的方法论，来构建一个经济增长与政治、社会发展相互作用的基本理论，从而真正总结出以中国为代表的东亚模式的理论贡献。

（2009年4月）

参考文献

［1］巴罗.Robert J.宏观经济学：一个现代观点［M］.圣智学习出版社，2008.
［2］李景鹏.政治体制改革为什么会滞后？［J］.国家行政学院学报，2002，3.
［3］李英田.经济增长和政治合法性的关系探析，理论与改革，2004，1.
［4］田国强.从拨乱反正、市场经济体制建设到和谐社会构建——效率、公平与和谐发展的关键是合理界定政府与市场的边界［D］.上海市社会科学界第六届学术年会论文.

［5］王一江.国家与经济：关于转型中的中国市场经济改革（经济学名家论丛）［M］.北京大学出版社，2007.

［6］中共中央党校研究室课题组.从经济发展角度冷静地思考和设计政治体制改革［J］.经济研究参考，2003，48.

［7］Acemoglu, Daron, Simon Johnson and James Robinson. *Institutions as the Fundamental Cause of Long Run Growth* ［J］. *NBER Working Paper*，2004, No: w10481.

［8］Aghion, P. and P. Howitt. A Model of Growth through Creative Destruction ［J］. *Econometrica* 1992, 60: 323～351.

［9］Cass, David. Optimum Growth in an Aggregate Model of Capital Accumulation ［J］. *Review of Economic Studies*, 1965, 32: 233～240.

［10］Galor, Oded and Omer Moav. from physical to human capital accumulation: inequality and the process of development ［J］. *The Review of Economic Studies*, 2004, 71 (4).

［11］Galor, Oded and Omer Moav. Das Human-Kapital: A Theory of the Demise of the Calss Structure ［J］. *Review of Economic Studies*, 2006, 73 (1): 85～117.

［12］Koopmens, Tjalling C.. On the Concept of Optimal Economic Growth ［J］. *The Economic Approach to Development Planning*, Amsterdam: North-Holland, 1965.

［13］Lucas, R.. On the mechanics of economic development ［J］. *Journal of Monetary Economics*, 1988, 22 (1): 3～42.

［14］McGuire, M.C. and M. Olson. The Economics of Autocracy and Majority rule ［J］. *Journal of Economic Literature*, 1996, 34: 72～96.

［15］North, Douglass C., and Robert P. Thomas. *The Rise of the Western World: A new Economic History* ［M］. Cambridge University Press, 1973.

［16］Ross, L. Michael. *Does oil hinder democracy?* ［M］. World Politics, 2001, 53: 325～361.

［17］Schiffbauer, Marc and Ling Shen. Democracy vs. dictatorship: comparing the evolution of economic growth under two political regimes ［J］. *The Economics of Transition*, 2010, 18 (1): 59～90.

［18］Shen, ling. When will a dictator be good? ［J］. *Economic Theory*, 2007, 31 (2): 343～366.

［19］Solow, Robert M.. A Contribution to the Theory of Economic Growth ［J］. *Quarterly Journal of Economics*, 1956, 70: 65～94.

60

破除中国模式迷思　坚持市场导向改革*
中国下一步改革的关键在于政府职能的两个根本转变

提要：中国改革再次走到十字路口，面临着改革方向何去何从的问题：是进一步深化改革，抓大放小，无为而治，让市场发挥越来越多的作用；还是国进民退，让政府主导经济，发挥更多的作用？这是关系到改革能否成功一个根本的方向性问题。本文所给出的答案是前者。为此，我们首先破析了理论和现实中的深层次误区和错误的观点，然后分别破解和破除了理论界和思想界关注、争论较多的两个命题："中国改革之谜"和"中国模式之辩"，探讨了改革开放和富民强国的经济学内在逻辑。随后，本文提出中国下一步改革的关键在于政府职能的两个根本转变，即从与民争利的发展型政府向公共利益服务型政府转变；从行政干预过多的全能政府向让市场充分发挥作用的有限政府转变，从而解决政府职能越位、缺位和错位同时并存的状态，建立有效政府和有效市场，合理地界定政府、市场和社会的治理边界，使之能同时达到效率、公平与和谐，实现科学发展。最后，本文分析了政府职能转变及未来改革应正确处理

---

* 本文载于《比较》，2010年第5期，总第50辑。本文合作者夏纪军、陈旭东。

好的经济社会发展的十大辩证关系。

30多年来，改革开放这一由邓小平同志创导的战略决策与实践探索，引领中国走上一条以经济市场化、政治民主化、社会法治化为导向的对外开放兼容的发展道路，并由此拉开了中国近170年来最辉煌的历史篇章，中国迄今为止走出了一条适合自身国情的转型道路，并取得了巨大成功。经过32年高速增长，从总量上看，中国经济的诸多指标已跃居世界数一数二的位置，从而成为世界政治经济舞台上一支举足轻重的重要力量。

一、破析理论深层误区

改革开放所取得的巨大成就自不待言。然而，由于市场化改革与开放所激发出来的巨大的动能和势能，就像正在高速升空的火箭，尽管有很大的内外部阻力和摩擦，其所带来的正面效应远大于转型过程中各种问题的负面效应，包括政府主导经济发展、社会治理所导致的负面效应。由此造成了许多理论上和现实中诸多深层次的混淆、误区和错误的观点。一些短识者、短视者或既得利益者便误把阻力当动力，误把刹车当油门，误把缺点当优点，使本末倒置、似是而非的论调屡见不鲜。

例如，将中国改革成功归于政府主导下的经济发展路径、社会管理方式及其政治治理结构，从而认为已经找到一个与现代发达社会截然不同的终极发展模式，即一些人所宣称的"中国模式"①，这是一种"致命的自负"，误将"次

---

① 近期，海内外思想界和学术界关于"中国模式"的辩争甚嚣尘上，持认同论者有之，持否定论者也大有人在，隐现改革开放以来"第四次思想交锋"之势。争论本身并非坏事，真理越辩越明。实践也表明，过去三次思想交锋对中国改革起到了极大的推动作用。

优"当"最优",误将过渡性制度安排当作终极性制度安排。从而,其政策药方就是不断弱化放开和开放的松绑放权的改革,不断扩大政府规模,提高政府财政收入,不断加大政府干预经济的力度和垄断,不遗余力地鼓吹政府主导经济,使得政府行政体制改革和政治体制改革裹足不前,造成了国进民退和国富民穷的局面。例如,央企垄断了资源,垄断了经营,靠政策倾斜,靠垄断利润过得很滋润,其资产规模已从21世纪初的7万亿增加到2009年的21万亿,而民企投资则遭遇了各种名目的政策瓶颈,进入壁垒虽略有缓和但仍大量存在。并且,国家财政收入在1993年至2008年之间的平均增速超过19%,大大超过整个经济发展和老百姓收入的增长速度,使得政府财政收入与居民收入增幅之间的差距拉得越来越大。这既不公平,导致了国进民退、国富民穷、收入不公,又没有激励去激发创新和提高效率,这些都与早期的市场化改革方向背道而驰,令人十分担忧。政府寻租及不少官员的腐败未得到有效遏制,成为贫富差距和社会不公平越来越严重的症结之一,造成了严重的效率和公平问题。还有,一味地通过物质资源投资拉动经济,而不注重人力资源的开发,导致了人力资本的报酬上不去,再加上过低的征税起点,也造成了民穷和巨大的贫富差距和社会不公平。

然而,不少人没有认识到以上所有这些问题基本上都是由于政府权力太大,干预过多、过大,征税太多,使得政府和市场的治理边界没有合理地界定造成的,却反而认为是政府管得不够,希望用扩大政府权力的办法去解决矛盾,结果形成恶性循环。例如,在经济政策上,一味地崇尚凯恩斯的宏观调控经济理论,当成神丹妙药,随时随地在用,"头痛医头,脚痛医脚",本末倒置,舍本求末,宏观调控几乎快变成了微观调控,行政权力干预的势头有增无减,市场配置资源的基础性作用被严重削弱。这些似是而非、颠倒是非的观点正从不同方面干扰着市场化、民主化、法治化的改革路向,严重干扰了中国改革究竟应该何去何从的方向问题。如果政府主导一切的治理思维不加以扭转,就有可能会滑入权贵资本主义的泥淖,从而改革也会失去内生动力。

这些体制上的矛盾正以各种方式呈现出来，使发展中的当代中国遭遇到深层次的困惑。往"左"或往"右"都可能走入歧路，后退没有出路，只有继续向前。因此，需要进一步解放思想，理清改革方向，继续保持忧患意识和危机意识，凝聚改革的共识与内生动力，以切实有效地推进改革开放。从这个意义上看，中国要实现更深层次的改革突破和发展创新，还必须进一步加快推进经济体制改革，以及与之相适应的行政体制和政治体制改革，这应成为未来30年改革开放的重要议程，是国家真正实现长治久安和现代化的根本保障。温家宝总理在深圳特区成立30周年之际的讲话，强调"不仅要推进经济体制改革，还要推进政治体制改革，没有政治体制改革的保障，经济体制改革的成果就会得而复失，现代化建设的目标就不可能实现"[1]。实际上，邓小平早在20世纪80年代就曾对此有过一番精辟论断："不改革政治体制，就不能保障经济体制改革的成果，不能使经济体制改革继续前进，就会阻碍生产力的发展，阻碍四个现代化的实现。"[2]"要把政治体制改革提到日程上来。"[3]

那么，下一个30年，在将中国建设成创新型强国和构建和谐社会的总体目标下，如何深入推进经济体制改革、行政体制改革和政治体制改革，实现科学发展，避免坏的市场经济，走向好的市场经济？继而，如何建成公平正义的法治社会、实现民主政治，富民强国，让中国长治久安和实现现代化，使之全方位实现中华民族的伟大复兴？这需要政治家、经济学家、法学家、社会学家、企业家等共同来思考和推动。本文是笔者作为经济学家的一己之见，希望能够起到抛砖引玉的作用，激起学术界、理论界和思想界同仁共同来思考这些问题。

---

① 参见胡舒立.温家宝深圳讲话为何受关注[J].新世纪周刊，2010，35.
② 邓小平文选（第三卷）[M].北京：人民出版社，1993，176.
③ 邓小平文选（第三卷）[M].北京：人民出版社，1993，244.

二、破解中国改革之谜

历史是最好的老师,新一轮的改革开放不能忽视历史经验传承。为什么中国几千年历史上一些大的变革都没有成功,例如商鞅变法、王安石变法及至清末维新派变法,最终都以失败告终,甚至一些变法者本人的生命都无法得到保证,而只有邓小平领导的改革开放这一伟大的变革取得了巨大成功?到底是制度创新最重要,还是经济发展最重要,哪一个应该先行?有学者认为,现有经济学理论无法解释中国经济的改革和发展的成功之处,不能解释其"背后因果关系"(林毅夫,2007a,2007b),从而也一直被主流经济学界当作中国改革之谜①:为什么在缺乏现代经济学公认的可促进经济发展的制度环境的情况下,中国经济能取得持续 30 多年的快速发展?这是"中国特殊论"(The China Uniqueness)在经济学家中的一个翻版。

其实不是这么回事,之所以有现有经济学理论无法解释中国经济的改革和发展的成功之处,有中国改革之谜的说法,是没有正确理解改革开放的经济学内在逻辑。中国改革完全可以运用现代经济学的基本原理、分析框架及其内在逻辑来解释。下面,笔者尝试给出中国改革成功的经济学内在逻辑分析,从而人们完全可以运用经济学的基本原理、现代经济理论及其分析框架和研究方法,来解释中国经济的改革和发展的成功原因。

(一) 充分考虑约束条件才能做成事

面对中国原有的计划经济体制,必须进行改革才能实现发展,但是引进一个新的改革措施或制度安排必须具有可行性、可实施性,满足客观约束条件,同时也希望将实施风险控制到尽可能小,不致引起社会政治和经济的大动荡。

---

① 许成钢(2008)从政治集权和经济分权的角度对中国改革之谜进行了剖析。

这里实际上牵涉到"制度改革和经济发展究竟应该谁先开始"这样一个互动问题。从发展和动态的角度来看，如果一国经济尚未取得初步发展之际，初始收入水平很低（例如中国改革之初，人均才 300 美元左右），非常贫穷，非常落后、发展水平很低下的时候，需要先发展起来，因为改革势必会牵涉到许多人的利益。为什么中国的改革能取得巨大成功？就是因为这种改革充分地满足了经济机制设计中的委托代理理论中两个约束条件中的参与性条件，让绝大多数老百姓从改革中得到好处。如果贸然实行以"休克疗法"为特征的全盘私有化，试图一步跨入市场经济，必然会造成巨大的社会矛盾冲突和社会资源浪费，招致大多数人的反对，从而是不可能成功的。即使收入水平较高，国家相对富裕，也必然会造成比较大的社会矛盾冲突和社会资源浪费，俄罗斯和东欧国家是这方面典型的负面案例。

所以，可行性或是否满足约束条件是判断一个改革措施或制度安排是否有利于经济发展和经济体制平稳转型的一个必要条件。在一国经济转型中，一个制度安排之所以具有可行性，是因为它符合了该国特定发展阶段的制度环境。具体到中国，就是改革必须适应中国的国情，才可能实现稳定和发展。可行性也就是做好事情必须要考虑所面临的各种约束条件，否则就没有可实施性。在约束条件下做事是经济学中一个最基本的原理。

需要着重指出的是，当承认考虑约束条件极端重要的同时，也不能不加分析地拿约束条件来说事。例如，一味地反对民主法治，反对行政和政治体制的改革。不少人对国情这个约束条件的理解有很大的误区，以至于对于市场改革、对于民主法治一概排斥。这里主要存在着两方面的误区。一是将约束条件长期刚性化、静态化。其实，从长远看，随着改革的深入，经济的发展，约束边界和参与性条件也是在不断推移和扩大的。许多 30 年前不可想象的事情，今天看来都不成其为问题。民主法治也是这样，随着社会经济的发展和人们生活水平的提高，国情（国情也在慢慢演变）对于民主法治这样精神文明和政治文明的需要也会越来越强。二是将原则问题和方法问题混淆。民主法治要不要，肯定要，这是原则问题。至于怎么实现，这是方式方法问题。因为所谓国情特殊，而抛弃大原则，这显然是不可取的。但是，目标不等于过程，民主法治也不是立等可得的，需要有一个过程和采用适当的方式、方法和步骤，一步步去实现，这都是可以并且需要探讨和摸索，但这并不表示不能做。

（二）承认个人利益推进市场化改革

在通常的情况下，经济人或单位总是追求自身利益[①]。这是我们必须面对的最大客观约束条件，在此前提下赋予经济自由，并实行分散决策和引入激励机制。满足这四个先决条件，推行放开和开放的松绑放权的改革，是中国改革开放在传统计划经济体制向现代市场经济体制的转型中，创造出持续、快速的经济增长的重要原因。当然，另外一个重要的因素就是稳定（不折腾），包括政治和社会的总体稳定[②③]。

第一个先决条件是承认个人利益，允许老百姓发家致富。在市场经济学中，在论证竞争市场经济机制导致最优资源配置时，一个最基本的行为假设是：每个人、每个单位、每个企业、每个国家都是利己的，都会在给定的法规、政策条令、预算约束、生产技术条件和价格等约束条件下争取自身的最大利益。承认人的自利性，是解决人类社会问题的一种现实的、负责的态度，就

---

① 利己假设尽管在绝大部分情况下，特别是常规情况下，都基本成立，但像任何一个理论和假设一样，也有其适用边界。在非常规情况下，例如天灾人祸、战争、地震、他人遇到危机时，往往表现出利他、无私性，甚至是愿意付出生命（动物都有的本能，况且人），否则将会走向极端个人主义或利己主义。反对这个假设的人往往忽视了这种差别。详细讨论，见笔者的《经济学的思想与方法》一文。

② 更完整和确切地说，按笔者的观点看，中国改革之所以取得如此巨大成就，有5大原因：① 正确处理发展与稳定的关系；② 推行松绑放权市场导向改革；③ 实行对外开放融入国际社会；④ 地方政府分权鼓励区域竞争；⑤ 采用渐进改革体制平稳转型。详细讨论，见田国强（2010）。

③ 关于什么是稳定的真正内涵，及其与发展的关系的讨论，详见后面"发展和稳定的经济学内在逻辑"部分。

像需要党纪国法一样，可以避免那些钻基于人们都是大公无私假设下制度空子的机会主义者。相反，如果把利他性当作前提来解决社会经济问题例如生产的组织问题，像改革前那样否认人的自利性，认为人们都是大公无私，只要强调为国家、为集体就能够调动人们的积极性，其后果可能是灾难性的，导致大家都想钻制度的空子，吃大锅饭，憧憬着别人为自己创造美好的共产主义社会。

"自利"是经济发展、社会前进的动力。中国农村"生产承包制"就是承认了农民的个人利益，即人的自利性后才调动了农民的积极性。包产以前，他们之所以没有积极性，是因为怕别人分享自己的劳动成果或想自己不劳动也能分享别人的劳动成果。分田到户后，农民认识到是为自己劳动，所以农民的生产积极性就大大地提高了。所以，好的制度能让懒惰人变勤快，自私的人做好事，不好的制度会让勤快的人变懒惰，无私的人迟早变坏。一个建立在利己（利本身、本家、本国）基础上的体制不一定就会使人们变得更贪婪。同样，一个建立在人们思想觉悟基础上的体制也未必会使人们的觉悟不断提高。这正如邓小平精辟指出的那样："制度好可以使坏人无法任意横行，制度不好可以使好人无法充分做好事，甚至会走向反面。"①

第二个先决条件是给予人们更多的经济自由。让每个人在不危害他人利益的前提下有更多的经济上的选择自由，即人们所说的"松绑"。建立在自愿合作、自愿交换基础上的经济上的自由选择在分散化决策的市场机制中起着根本性的作用，是保证竞争市场机制导致资源最优配置的一个最基本的前提条件。中国经济改革30多年做了许多事，但最重要的是：放宽政策，即给生产者和消费者较多的选择自由。例如，尽管中央政府未曾给予沿海地区什么财政上的优惠，但宽松的经济政策和领导人的思想解放使得人们有了更多的经济上的选择自由，沿海地区的经济因此得到迅速发展。

---

① 党和国家领导制度的改革 [M].// 邓小平文选（第二卷）.北京：人民出版社，1994，333.

第三个先决条件是实行分散化决策：由当事人（企业部门或个人）做出生产消费决策而不是由上级主管部门做出决策，即人们所说的"放权"或"分权"。正是由于信息不对称，不可能完全被上级主管部门掌握，人们才希望分散化决策。用激励机制这种间接控制的分散化决策方式来促使（激发）人们做决策者想做的事，或实现决策者想达到的目标。分散化决策方式大大地降低了信息处理和传递的成本，所以更有效地利用了经济信息。指令性经济机制主要是用集中化决策方式，而市场机制主要是用分散化决策方式。

第四个先决条件是引入激励机制。一个经济制度要解决的一大问题是如何调动人们积极性的问题，即如何通过某种制度或规则的安排来促使人们努力工作。一个经济制度如果不能激发其成员的积极性，反而却压抑了其成员的创造力，制造出一批又一批的懒人、闲人，这个制度就不可能长期存在下去。市场机制成功地解决了激励问题，即如何调动人的积极性的问题，给主观为自己的个人以激励，使他们客观为社会而工作。市场机制所提供的激励，使自利的个人和人们之间的互利统一起来了，这也就是经济学中所说的激励相容。能否实现激励相容，关系到任何一个经济体制的存亡。

（三）发展与稳定的经济学内在逻辑

改革初期的中国所面临和需要满足的基本客观现实约束条件有二：一是社会物质资源严重匮乏约束条件，二是人们的思想水平整体不高，还很注重个人利益的自利性约束条件。基于这两点，改革的顺利推行就要满足两个基本约束条件：参与性约束条件和激励相容约束条件。参与性约束条件要求改革的措施能得到绝大多数人们的拥护，让老百姓获利，符合老百姓的根本利益，使他们支持改革，愿意参与到改革当中去。激励相容约束条件，要求所采用的改革措施或制度安排能极大地调动人们的生产和工作的积极性。这两个约束条件也就是现代经济学的机制设计理论的一个分支，最优机制设计理论中委托人（例如改革者）所面临的两个基本约束条件。

参与性约束条件意味着经济人能够在改革中或新的制度安排中获利，至少不受损，否则就会反对这个改革或这个制度安排。所以，满足参与性约束条件的机制在现代经济学中也称作个人理性（Individually Rational）机制。因为追求自身利益最大化的个体不会自动接受某一制度安排，而是会在接受与不接受之间做出选择，只有当一个制度安排下个人的收益不小于其保留收益（不接受该制度）时，个体才愿意根据这一制度安排进行生产、交易、分配和消费。如果一个改革或制度安排不能满足参与约束条件，个人可能放弃、大家都不愿接受这个改革措施或制度安排，就不可能成功推行，那么意味着失去政治经济基础，甚至通过正式或非正式手段颠覆该制度安排。强制改革反而导致反对改革，造成社会的不稳定，从而也就谈不上发展。这样，参与性约束条件和社会稳定密切相关，其是否得到满足是发展中是否稳定的基本判断。也就是，不满足参与约束，就没有稳定，也就谈不上发展，这样在制度变革中首先要解决稳定问题，让所有个体愿意参与新的制度。所以，邓小平"压倒一切的是稳定"这一论断非常精辟和深刻，具有深邃的经济学思想，是对"经济发展首先需要满足参与性约束条件"的一个很直白而具体的解释。

以上关于参与性条件与稳定关系的讨论，可以澄清当前人们对稳定理解的极大误区，帮助人们正确地理解什么才是真正的稳定及稳定的内涵。那种靠堵，不能让老百姓获利或满意，一味地靠强力压制下的社会刚性稳定，只是一种表象稳定，从长远来看，只会造成更大的不稳定。只有那种靠疏，满足以上参与性约束条件，也就是那种让人们真正满意和获利的改革或制度安排所导致的稳定，从而不致使变革引发社会不稳甚至动荡的稳定，才是真正意义上的实质稳定。这样，社会稳定不是短期的刚性静态稳定，而是长期的动态韧性稳定。真正的稳定是开放社会条件下内生稳定的真实状态，而非基于权力部门内部感受的稳定状态，以及为了以社会绝对安定为目标的所谓"维稳"，一味去堵，那只会暂时掩盖问题却无法根本解决问题。所以，对稳定理解误区的根源还是在改革和发展过程中没有真正理解邓小平关于稳定论断的经济学内在逻辑，即首先要满足参与性约束条件。社会不稳定的背后其实是社会不公正，而社会不公正的背后则是利益结构的失衡，由此导致了收入分配不公、收入差距过大及畸高攀比效应，使得一些个体和群体的参与性约束条件得不到满足，那么他们不是选择沉默接受就是起来抗争。

稳定还应该包括政策的稳定。当前，由于对凯恩斯主义和政府大力干预经济的过度热衷，使得政策缺乏连续性和稳定性，由此导致市场信息失真（市场中充斥着不确定性及与政策的博弈，引发投资者和消费者要么持续观望要么大肆投机）、激励机制扭曲和经济大起大落，从而造成了社会不稳。如果一项政策总是被引向其反面，这不得不使人怀疑政策设计背后的逻辑。显然，政策的稳定应该是建立在科学性和前瞻性基础上，靠长效制度建设来保障的稳定，是建立在遵循经济学理论内在逻辑基础之上的稳定。

现实中稳定问题的存在也说明，"个体自利性"是我们不得不面对的现实约束条件。在给定制度安排下，追求自身利益最大化的个人会做出自己最优的选择，但是该选择不会自动满足改革的目标，而信息的不完全性使得社会最优很难通过指令方式来执行。所以，要执行改革的社会目标，要求一个制度安排下个体的最优选择与改革的目标相一致，即激励相容。一个好的制度是能够引导自利的个体主观上为自己，但其客观效果在为社会服务，尽管每个人都是有私心的，但事实上做了有益于社会的事。相反，一个不满足激励相容的制度安排，则是好人、能人、勤人得不到好报，坏人、庸人、懒人反而得到奖赏。在自利性社会约束下，我们不可能期望人人都像雷锋一样具有自我牺牲精神，大部分人在大多数时候都是追求自身利益最大化的，而且这也是社会进化的法则。在这种约束下，一个能够实现社会最优的制度必须满足激励相容条件，能够实现人人为自己，同时也人人为他人。所以，满足激励相容约束条件的机制也被称作可实施机制。

这样，一个改革或制度安排要求满足激励相容约束条件。光有稳定而不满足激励相容约束条件，大家都没有激励去做有利于社会、有利于效率提高的事,那么也就没有发展。即使这样制度也许能够实现一时的稳定,但是从长远动态角度来看,如果没有发展,随着人口的增长、资源的衰竭,以及外部竞争的加剧,参与性条件也很难被长期维持,这会使得参与性条件难以满足,自然会影响到稳定。所以,没有发展不可能有长久的稳定。这其实就是邓小平的"发展是硬道理"和"压倒一切的是稳定"的经济学内涵,深刻地刻画了稳定与发展之间的内在逻辑关系。中国历史上其他的变革或改革之所以难逃失败的结局,就是因为没有很好地满足参与性和激励相容这两个约束条件,不能很好地解决个人理性和可实施这两个必要条件,而邓小平深刻地理解和在改革开放过程中自始至终把握住了发展是最大的硬道理和稳定压倒一切的内在逻辑关系。

稳定与发展之间的辩证关系也决定了中国的改革和体制转型需要采取渐进的方式。尽管改革的目标非常明确,但目标不等于实施过程,改革必须要考虑到中国的国情,也就是要适应于当时的中国社会物质初始条件和经济制度环境。中国之所以与俄罗斯等东欧国家选择了不同的改革路径,一个主要原因是因为物质初始(禀赋)条件的差异。首先,中俄两国本身的初始经济条件不一样。改革之初,俄罗斯等东欧国家的人均 GDP 比中国高出许多倍,经过激进式改革,他们的 GDP 掉了 50% 甚至更多,人均仍然还有 1 000 多美元。而中国刚开始改革的时候人均 GDP 只有 300 美元左右,掉 50% 就只剩下 150 美元左右了,试想如果中国的人均 GDP 真的掉了 50% 将会导致什么样的结果?前面谈到,经济发展的一个必要条件是社会的稳定、国家政权的稳定,所以中国没有条件进行激进式的改革。其次,中国与西方有不同的历史和文化传统。俄罗斯属于西方文明,比较强调民主、法治,做事情先讲规则。而中国在很多情况下则更强调对于传统的尊重,儒家文化所强调的中庸,做事情总是讲平衡,希望有一个好的皇帝或领导人,而不是先强调民主和法治。所以从根本上来讲,这两个初始条件不一样决定了中国与俄罗斯改革路径的差别,而从理论和实际上,也都说明了中国改革模式的选择是合理的、正确的。

另外一个主要原因是制度环境在短期是参数，是约束条件，一时无法改变，只能逐步地改变，逐步地内生化，所以需要制定各种过渡性的制度安排，要根据实际情况选择相应的变革路径，因而中国的改革和经济体制的平稳转型一定是渐进式的，不能一步就达到改革目标。例如，在20世纪70年代末期，中国经济面临全面短缺，如前所述，人均收入极低，不可能采用像苏联、东欧等国使得GDP大幅下降的激进的改革方式，如果实行剧烈的变革，导致原有生产、交换秩序被破坏，而任何新秩序建立都需要时间，如果变革导致相当一部人收益大幅下降，破坏其参与条件，那么社会就会陷入不稳定状态，新制度得不到广泛的认同，那么也就无法顺利运行和产生相应效率，发展也就谈不上。

所以，当初中国体制变革的初始条件决定了改革必须是渐进式的，并且先从变革负面影响最小的农村开始，而城市改革先从增量改革开始，等非国有经济发展到一定水平，市场制度逐渐成形，才开始真正意义上的所有制改革。尽管这一变革路径不是谁一开始就设计好的，而是"摸着石头过河"，一步步走出来的，但之所以能够走出来，关键是在探索过程中坚持处理好了稳定与发展之间的辩证关系，实现了制度平稳转型和经济快速发展的良性互动。

（四）促进地方政府竞争与对外开放

市场经济的有效性不仅需要赋予个人自主权，而且需要保障竞争的有序。这一逻辑同样适用于中央与地方政府之间的关系界定中。在中国历次分权改革中，地方政府之间是有竞争，但却是为竞争中央政府的资源或银行的信贷等公共资源而竞争，导致公地悲剧，缺乏来自市场或基层的约束。如果地方政府的竞争没有来自资本市场、劳动力市场的约束，公有产权无法做到界定明晰，那么就不可避免地要出现"一放就乱、一收就死"的两难局面。直到20世纪90年代后的市场化改革，尤其是外国直接投资（FDI）的大规模进入及私人资本的发展，使得地方政府之间为FDI及私人资本的竞争开始替代对国有资本的竞争，成为地方政府行为的主要因素，这种资本市场约束使地方政府行为趋于效率导向,才使中国政府治理结构走出"乱—死"恶性循环。

但是,在这种治理结构下,当经济领域政府行为趋于有效的同时,民生问题被地方政府忽略、居民权益得不到保护,社会趋于不稳定,存在种种乱象。其根源在于地方政府虽然受到来自资本市场的约束,基本不受劳动力市场的约束,中国居民不具有用手投票和用脚投票的权利。所以,今后的改革方向应该是进一步扩大公民权利,限制政府公权,从而建立有限政府,维护私权。

对外开放也是发展市场经济的必然要求。因为市场经济作为一种资源配置方式,其目的是实现有限资源的效益极大化,这就必然要求资本、劳动、技术等要素的自由流动和优化配置。在中国融入世界、世界走向中国的过程中,一个最大的好处就是打破了过去信息封闭、闭门造车的局面,使得信息对称了,从国家领导人到普通百姓都真切体会到了中国与世界发展的落差,从而有了比学赶超的外部参照系和内在驱动力。一个很小却很能说明问题的例子就是,1978年10月邓小平访日乘坐新干线列车时,陪同人员在列车上问他的感受,他说:"快,真快!就像后边有鞭子赶着似的!这就是现在我们需要的速度。""我们现在很需要跑。"他还说,"这次访日,我明白什么叫现代化了。"①

从以上分析可以看出,中国的改革实践很好地回答了在中国制度环境下的道格拉斯·诺思之问,即在当时中国的国情下,怎样才能从不利于经济发展的传统制度过渡到有利于经济发展的好制度,以及在什么条件下才能从非理想状态向理想状态过渡。当然,其他国家由于初始条件不一样,可能会有不一样的解答。

三、破除中国模式迷思

时至今日,随着社会利益主体的多元化、利益矛盾的复杂化、利益冲突的

---

① 王锦思. 邓小平开创中国改革开放先河与学习日本[N]. 日本新华侨报,2008-12-18.

尖锐化，改革已然越过普惠的帕累托改进阶段，进一步深化改革难免会触犯一些既得利益，包括政府自身庞大的利益存在。在此背景下，要确保改革深入推进，既需要满足更强的参与性和激励相容约束条件，更需要政府行政体制及政治体制改革的配套跟进。然而，现实的情况却是，改革的动力在减弱，改革的共识在减小，很多人沉湎于过去改革的成功，停滞于过去发展的经验，殊不知过去的成功并不必然确保未来的成功，过去发展的经验也可能成为未来发展的桎梏。

（一） 中国模式的弊病所在及出路

毋庸置疑，在中国的初始资源禀赋条件和政治、经济、社会、文化结构下，中国走出了一条适合自身国情的转型道路，并取得了巨大成功。但如果因此而故步自封，将中国改革成功归功于政府主导下的经济发展路径、社会治理方式及其政治权力结构，归结于一个与现代发达社会截然不同的所谓"中国模式"的终极发展模式，这是一种夜郎自大、盲目自信，没有区分好"次优"办法和"最优"办法、过渡性制度安排和终极性制度安排的表现。也正是由于大量存在的关于"中国模式"的误读、误导、误区，使得中国改革面临着一个方向性的问题：是进一步深化改革，抓大放小，无为而治，让市场发挥越来越多的作用，还是国进民退，让政府主导经济，发挥更多的作用？答案无疑是前者。

首先，为什么会出现所谓"中国模式"的谬论？这是因为中国从封闭半封闭的计划经济中走出后，对内改革、对外开放所激发出来的动能和势能都非常大，其所带来的正面效应[①]远远超过政府主导经济发展、社会治理所导致的负面效应。于是，一些短识者、短视者或既得利益者便误把阻力当动力，误把摩擦力当动力，误把刹车当油门，误把缺点当优点，从而使其十分满足于发展现状，改

---

① 当然，从边际上看这种正面效应增加也许是递减的。

革的共识和内生动力大大削弱。如果这种政府主导一切的治理思维不加以扭转，中国很可能会滑入权贵资本主义的泥淖。如上所述，所谓"中国模式"的成功之处（尽管政府有过度介入和干预经济的负面作用），恰恰在于它是立足中国的具体国情，基本满足让经济运行良好的四个基本条件，充分学习和借鉴世界各国文明优秀成分的结果。然而，这个学习和借鉴的过程远没有终结。现在就匆下结论，认为"中国模式"已经是一条成熟的现代化路径，为时尚早。

其次，为什么说从长远看以政府主导为核心论调的"中国模式"是不可取的？因为在政府直接介入经济推动经济增长的过程中，会不知不觉地逐步积累起相当多的经济矛盾和社会风险，很多人却如同温水中的青蛙，浑然不知其害。当前，我国面临的诸多深层次矛盾和问题，无不可以从政府身上找到源头。例如政府与民争利、政策朝令夕改，经济结构不合理、收入分配失衡、机会不均，生态破坏、环境污染，城乡差距和贫富差距持续扩大，国有资产流失，贪污腐败、违法乱纪增多，利益集团影响变大，其他例如社会诚信危机，教育投入严重滞后，国民基础教育薄弱，犯罪案件、经济纠纷、民事纠纷剧增，民间上访增长速度也很快，社会结构不稳状态呈扩大化趋势，人们的幸福感在下降；等等。

再次，从经济思想的角度看，凯恩斯的政府干预思想用多了不好，是强心针，是激素，最多只能起到"头痛医头、脚痛医脚"的作用，不是基于一般均衡的综合治理。要建立长效机制，实现长治久安，还是应采取亚当·斯密、熊彼特、哈耶克的自由市场思想，用赫维茨激励相容的机制设计解决市场和政府失灵问题。亚当·斯密从资源有效配置的角度论证了市场的最优性；熊彼特从发展和动态的角度，论证市场而不是政府最能激发创新和企业家精神，而创新和企业家精神才是经济可持续发展的核心动力，从而导致创新型国家，市场是最优的；而哈耶克从信息与激励的视角论证市场制度优于计划经济制度，赫维茨进一步证明市场是唯一的利用最少信息，且导致资源的有效配置的制度安排，并提出采用激励相容的机制设计来解决市场和政府失灵问题。这些经济学家的深邃思想将对中国今后的改革起着至关重要的作用。

不可否认,不同国家具有各自的文化、历史特征,但这种差异并不表示终极目标没有任何共同之处。从转型和发展路径上讲,由于初始条件、内生状况、外部约束不同,后发国家不可能重复先发国家走过的老路,因而需要也只能另辟蹊径。但这并不意味着这条道路的指向与现代性社会的终极目标的偏离或背离。从这个意义上讲,中国的最终目标仍应是构建起以市场经济、民主政治、法治社会为基本特征的现代化国家。这是着眼于保持经济社会的长远发展和长治久安考虑,建设富强、民主、文明、和谐的现代化强国的内在要求。

(二) 富民强国的经济学内在逻辑

那么,如何在兼及现代世界强国发展的一般规律和中国自身历史现状的具体国情基础上,开创有中国特色的现代性发展道路,实现上述目标呢?笔者认为,这条道路有其经济学内在逻辑,即欲强国,必先富民;欲富民,必赋私权;保私权,必限公权。反推回去论证,通过建立有限从而有效政府,建设强效的国家能力,赋予并保障个人自由选择权,私人拥有财产权及个人生存权。那么,基于个人自愿交换为主导的市场经济就能够以最少的信息成本实现资源的有效配置,使经济充满活力和创造力,实现经济的繁荣和富裕,提升国家政治经济实力。

1. 欲强国,必先富民

欲强国,必先富民。这是总结几千年来中国和世界各国强国实践的经验教训而得出来的基本结论。无数的个人追求和创造财富而使自己致富,国家就会富强,无论是中国汉代的文景之治、清代的康乾盛世或现在的改革开放[①],还

---

① 尽管封建时代下的治世、盛世并不是现代社会意义上的民富社会,但从历史回溯、纵向比较的视角看,在封建社会中,其休养生息、轻徭薄赋等政策正是其实现治、盛的必要条件,也使其实现了相对意义上的民富。中国改革开放所取得的巨大成就也是相对而言,尽管还远远没有达到现代社会的民富(实际上现在老百姓相对政府是民穷,但相对于30年前是大大地富裕了)。当然,以现阶段的美国为基准,中国无疑还有很长的路要走。

是美国的强国实践都不同程度地说明了此点,反之就不可能成功。中国自鸦片战争以来历次变革图强的失败,其根本原因就是在寻求强国的过程中忽略了富民这一环节。民不富何以求国富,国不富何以求国强。就如邓小平反复指出的"贫穷不是社会主义","贫穷落后就要挨打",充分认识到人们追求自身利益这一客观现实,提出了具有高度胆识和魄力的"让一部分人先富起来"这一改革策略和路径,结果取得了巨大成功。所以民富是根本,改革开放成功的关键就是让个人追求和创造财富,老百姓富裕了,国家财政实力自然增加,同时凭借中国的人口和经济规模,世界政治经济大国地位自然就形成了。

需要注意的是,如前所述,这个论断涉及一个最基本的行为假设,基本上也就是追求国家富强的一个约束条件,这就是经济人的自利行为,即个人或多或少都有私心。在社会发展现阶段,人们的思想境界不可能达到共产主义社会的理想境界的背景下,我们必须承认和尊重个人自利性权利——个人在法规、制度、技术等环境约束下追求自身利益最大化的权利。追求个人利益最大化是个人在一般情况下的基本选择倾向,但如前所述,这并不否认在危机时刻或特殊情景下,个人会表现出利他倾向或奉献精神。

2. 欲富民,必赋私权

欲富民,必赋私权。这是唯一正确的富民途径。由于一个经济社会受到个人私心的约束,受到资源的约束,受到信息非对称的约束,要实现富民,必须先赋予私权,然后基于自愿交换的市场经济,才能够实现经济的繁荣。所谓私权,从广义上看主要体现在三个方面的权利:保障老百姓经济上自由选择的权利,拥有私有产权的权利并给予保护,以及基本的生存权利。

要富民强国,首先要赋予老百姓经济上的充分自由选择权利。分析中国经济改革的成功经验,千重要,万重要,给老百姓更多经济上的选择自由最重要。从农村到城市的改革实践表明,哪里的政策一松动,哪里的自由度更大一些,哪里的经济效率就更高,由此带来居民收入水平的大幅度提升。

要富民强国,同时还要给老百姓拥有私有产权的权利并给予保障。所谓私有产权,指的是当个人行使某权利时就排斥了其他人行使同样的权利,它是经济自由的保证。这样,它的产权是明晰界定的。私有产权在信息与激励方面具有极大优势:一旦个人产权得到保护,个人利益与产权一致,劳动成果和产权收益不被他人分享,个人利益得到了充分保护,就极大地调动了个人发家致富的愿望,激励人们努力工作,竞争意识强。同时,私有产权必然导致分散决策的市场化运作方式,由此信息更容易对称,机制灵活,市场反应灵敏,最后导致了国家的富强,从而形成了激励相容的结果。中国经济发展之所以会取得如此巨大的成就,其根本因素就是民营经济成了中国经济的主体。要保持中国经济长久持续发展,从根本上说,仍要进一步地大力发展非国有企业,特别是民营企业,这才是经济长久发展的根本出路。

除了上述两点权利,还要保障人们的基本生存权利,这也是实现社会和谐稳定,从而确保经济得到平稳发展的必要条件。由于自身的能力有限或机遇不佳,不可避免会存在一些人在竞争中无法生存,这时就需要政府和社会施予保护,来保障每个人的生存权利,否则这个社会就不可能安定有序。没有一个稳定的社会环境,经济就不可能得到发展。所以,"发展是硬道理"和"稳定压倒一切"是一体两面、密切相关的。

一旦个人拥有了这三种私权,让他们充分竞争、自愿合作和自愿交换,即使事先不决定任何制度安排,根据微观经济学中的经济核(Economic Core)极限定理,在非常一般的技术条件下,其结果也能得到和竞争市场一样的配置结果,从而实现资源的有效配置。所以市场机制不是人为发明的,而是一种有其内在逻辑的社会选择结果,是全人类的共同财富。正如邓小平曾精辟指出的那样,市场经济只是一种手段,资本主义国家可以用,社会主义国家也可用。

3. 保私权,必限公权

保私权,必限公权。这是保私权的必然内在逻辑结果,也是许多非洲、拉美等地区的发展中国家所面临或经历过的发展陷阱给我们的教训。个人的自由选择权、财产的拥有权和生存权利的真正落实,市场经济的有效运行,不是单靠简单的放任自由,也不是单靠简单的民主政治。要确保个人拥有真正的自由及产权和契约得到强力保护,必须要有一个有限而又强有力的政府,既要防止来自政府对私人权利的侵害、防止私人之间的权利的相互侵害,又要保证政府在维持基本的法律秩序、社会秩序和经济秩序方面的权威,防止无政府主义的无限放任,防止外来的侵略,维护国家的安全和稳定。

所以,要保障个人自由选择权,一方面要对政府行为进行限制,限制政府进入竞争性领域,限制政府对私人选择权与交换权、财产权的干预和侵害,防止政府部门自身成为阻碍改革的既有利益集团,建立有限政府从而有效政府。另一方面,要求政府要有足够强的国家能力对市场进行必要的规制,健全市场规则,维护市场秩序,防止私人之间权利的相互侵害,包括解决公共品供给中的"搭便车"行为、外部性问题中的权力侵害与保护问题;并通过提供教育、医疗、失业等社会保障体系来维护个人公平的参与权等。所以,要切实地维护个人的权利,必须要限制政府公权力,使其有所不为而同时有所为,在有限政府的前提下拥有强效的国家能力,其有限性确保私权不被公权侵犯,而强效的国家能力则能够保障私权及国家的安全和稳定。

那么,靠什么来建立有限政府呢?现代经济学家和法学家的一个共识就是,要靠法治(Rule of Law),而不是法制(Rule by Law)。从法制走向法治,是中国进一步推进改革开放需要实现的一个重大飞跃。现代市场经济本质上是法治经济。法治是建设好的市场经济的重要制度基础,是现代市场经济体制区别于传统市场经济体制的一个基本特征。如果没有一个良好的法治环境,市场经济则不能够运行良好,为了建立市场经济体制,我们一定要强调法治。法治和人治的区别不在于有没有法制,而在于法治是否建立在民主基础之上。法治是一个以多数人和多元利益并存为基础的社会调整机制,是和谐社会的本质内涵。为什么要强调依法治国?其要义就是限制公权、保障私权。

法治的第一个作用是约束政府对经济活动的任意干预;否则,如果政府行为不受法律约束,独立的企业制度和自由交易就没有根本的保障,那么现代市场经济的基础就不存在了。法治的第二个作用才是约束市场经济人行为，其中包括产权界定和保护，合同和法律的执行，维护市场竞争。对经济发展来说，最重要的是合同要得到执行、财产要得到保护。保护产权的意思，就是产权神圣不可侵犯，谁也不能掠夺别人的财富。有了法治，产权就能得到保护，人们就会把自己的资源和精力全部投入于创造财富，经济才能发展，整个社会才能走向富裕[1]。因而，对一个国家经济长远发展的保证就是依法治国。

继而，对依法治国的保证又是什么呢？是民主。要建立好的法治体系，就需要民主作为保障。尽管民主不是经济发展的必要或充分条件，但民主是建基在规则制定（而不是执行）中少数服从多数、多数尊重少数的原则基础上的，一般能保证法律的公平和合理。法治有个自身无法解决的难题是：谁来监督执法者？对执法者如何执法？如果执法者本身不受法律的约束，法律只是统治者用来制约公众的，这样的社会就不能称之为法治社会，而是法制社会，即统治者以法去管制他人的社会。在这种状态下，统治者自己可以不受法律的约束，独立于法律的权威之外，享有不遵守法律的特权。中国古代"刑不上大夫"的司法理念，就说明中国在封建主义时期不是法治社会，最多只能算是法制国家。世界上其他国家在封建社会时期也都一样，这与市场经济体制是根本不相容的，所以现代市场经济国家都不得不由法制转向了法治。那么，怎样才能制约执法者，使法制（Rule by Law）变成法治（Rule of Law）？这就是民主。民主能制约执法者，防止执法者成为法治的破坏者，从根本上保证法治，这就是民主的好处。因此，民主和法治是和谐社会的基础和根本制度保障，这也许是为什么胡锦涛主席将"民主法治"放在和谐社会六大特征："民主法治、公平正义、诚信友爱、充满活力、安定有序、人与自然的和谐"的首位的原因。这样，民主的作用主要在于让司法制度设计更加合理化。需要特别着重指出的

---

[1] 对法治与市场的紧密关系的详细讨论见钱颖一（2000）。

是，法律一旦制定就应严格执行，不能在执行的过程中又采用民主，法律的严肃性被民意、媒体、网络舆论所干预，让多数人剥夺少数人的权利。

随之，民主要靠什么来保证呢？靠分权，分权保障了一定的民主。具体来说，包括政府部门之间的分权，上下级政府之间的分权，政府和民间的分权，以及民间内部、不同群体、不同人之间的分权，即不让财富和权力集中在少数人或利益集团手上。分权对保证民主非常关键。为了保证民主，需要有分权，包括分享国家权力和经济资源，不允许政府中间的任何一部分人、社会上任何一部分人，掌握过多的资源和过大的权力。中国经济改革一开始就提出的"松绑、放权"改革就是一种分权式的改革，它大大地提高了经济效率和促进了中国的经济发展，为随后的市场化改革创造了良好的条件和打下了坚实的制度性基础。为什么要分权呢？是基于信息和激励问题。由于经济活动方面的信息往往是不对称的，因而需要采用分散化决策的方式。可以看出，现代国家制度作为一个整体，从经济长远发展来看，法治、民主与分权一环扣一环，三者缺一不可[①]。

最后，分权靠什么呢？为什么要分权？靠自由选择、自由合作和竞争！其最终最根本和最本质的原因，就是人们当前思想境界还没有那么高，人在常规情况下基本是利己的，仍然注重个人利益，再加上为了调动人们的积极性，需要给予人们尽可能多的经济上的自由选择权，同时让他们充分竞争，所以需要分权。按邓小平的话说，中国仍处于社会主义初级阶段，从而需要搞市场化的改革，走社会主义市场经济之路。

综上所述，建立有限政府和有效政府以维护个人选择权利、建立有效激励机制，基于个人自由选择的市场经济就能够以最低的信息成本实现资源的有效

[①] 王一江教授在《国家与经济》一文中详细讨论了民主对现代市场经济的建立与完善的重要性，谈到了法治、民主和分权三者之间的关系。

利用，实现经济的繁荣与创造力，推动居民富裕实现均衡发展，继而实现国家能力的提升，这是基于历史上世界强国的实践经验并根据经济学理论得到的富民强国的内在逻辑。

四、关键是政府职能的两个根本转变

深刻理解改革开放的内在逻辑和"中国模式"的实质要害，不难得出一个基本判断：中国改革已经进入到"深水区"。而政府既是问题的来源，也是问题的答案，其自身的职能必须做出重大转变，从长远看政治体制改革也有极大必要性。唯其如此，政府、市场与社会之间的合理边界才有可能得到重新界定并界定清晰，也才有可能在经济市场化、社会法治化、政治民主化的道路上大大向前迈进。沈凌、田国强（2009）建立了严格的经济学理论模型，其理论和实证研究显示，在经济发展的早期阶段，民主政治制度也许并不能给发展中国家提供一条赶超发达国家的路径，但是集中的政治制度又带有极大的风险性。不过，当经济发展到一定水平时，民主政治制度更有利于经济实现长久而稳定的可持续增长。

然而，政治体制改革是个系统工程，不能一蹴而就，也不能裹足不前，要有一个切入口，这个切入口可以从行政体制开始。在现有约束条件（包括参与性约束条件的）和发展形势下，政府职能的转变是可以做和必须做的。从而，下一步改革的关键是政府职能的两个根本转变，即改变政府职能越位、缺位和错位同时并存的状态，促进政府从与民争利的发展型政府向公共利益服务型政府转变，从行政干预过多的全能政府向让市场充分发挥作用的有限政府转变，从而建立有效政府和有效市场，使之能同时达到效率、公平与和谐，实现科学发展。简言之，即从发展型政府向服务型政府转变、从全能型政府向有限型政府转变。这两个根本转变也是政治体制改革的落脚点，应该成为下一步改革的首要议程。

（一）从发展型政府向服务型政府转变

我国在改革发展过程中，逐步形成了一个"与民争利的发展型政府"的模式，政府长期居于资源配置的主导地位，并将其掌握的资源主要运用于经济建设领域而不是公共服务领域，这使得政府充当了经济建设主体和投资主体的角色，在应该发挥主要作用的公共服务领域中却严重缺位。近年来，国家在教育、扶贫、社保、医疗卫生方面的支出虽有所增加，但这些支出在财政支出总额中的比重仍非常小。例如，2008年，中央财政支出为13 344.17亿元，其中教育支出491.63亿元，社会保障和就业支出344.28亿元，医疗卫生支出46.78亿元，环境保护支出66.21亿元，四项支出总额约仅占当年中央财政支出的7.1%左右。实践也表明，经济与社会发展失衡、城乡发展失衡、区域发展失衡、经济发展与生态环境失衡等，都与这种政府主导模式有关。

与之相反，公共利益服务型政府抛弃了政府将主要精力用于搞投资、搞建设的做法，主张政府为作为微观经济主体的企业创造良好的经济社会环境，以提供经济发展所需的软件和硬件基础设施，这是政府公共服务的经济性公共服务维度。除此之外，还有很大一块是市场机制失灵的一块，政府必须发挥作用，这就是社会性公共服务部分，它是指政府通过转移支付和财政手段支持教育、科技、社会保障、公共医疗卫生、环境保护等社会发展项目，以为全体公民参与市场竞争创造公平的起点。

因此，政府要最大程度地缩小自身的"经济人"角色，不能将主要心思参与到具体的经济活动，更不能设租敛财以致国富民穷，而应该大大扩大公共服务范围和力度，这才是市场经济对政府职能的本质规定。这样，在考量政府绩效的时候，单单依靠GDP指标就是不应取的，社会公共服务的指标应成为硬约束，这就要求政府要少伸"掠夺之手"，多伸"援助之手"，采用"无为之手"，让财富更多地流向百姓，以最大化社会经济福利。

从发展型政府向服务型政府转变,也是破解当前中国经济发展和财富分配难题的必然选择。尽管中国经济持续高速增长带来了社会财富"蛋糕"的快速变大,但国民财富分配格局的不合理程度也日益加深,主要表现在三个方面:一是国与民的收入差距拉大,我国居民收入比重由1988年70.5%的最高点下降至目前的36%左右,国家财政收入在1993年至2008年之间的平均增速超过19%,大大超过整个经济发展的速度,政府从经济发展中得到的好处远远多于居民,且财政支出又大多用在推动GDP增长和自我消费上,而不是涉及公共利益的教育、医疗、社保、环保等事业上,使得老百姓捂住钱袋子不愿消费;二是贫与富的收入差距拉大,我国基尼系数由1982年的0.249拉大到2008年的0.47,社会各阶层的差距越拉越大,因制度性利益冲突和不均等而产生各种矛盾趋于尖锐化,已成为很多群体性社会冲突事件的主要直接源头,如不加重视将影响社会稳定的大局;三是城与乡的收入差距拉大,我国居民收入之比,由于农村早期改革一度曾由改革开放初期1978年的2.57倍大幅缩小到1984年的1.71倍,到2009年却反增至3.33倍,城乡二元结构问题非但没有得到有效缓解,反而有固化乃至恶化的趋势。这些问题不解决,都将严重阻碍中国经济转变发展方式和调整经济结构的进程。

政府应该下大决心从国企收入分配改革、财政税收政策改革等硬骨头入手,促进政府从与民争利的发展型政府向公共利益服务型政府转变。首要的是,改革现有的国有资产收益分配制度,将大部分国有收益真正转移到公共支出领域,例如充实到社保、教育和公共卫生方面去,让作为国有资产名义所有者的全民,真正享受到实实在在的收益。其次,应该大幅度提高收税起征点[①]、降低税率、建立必要的减免退税机制,切实降低中产阶层和工薪阶层税

[①] 美国直到1913年成为世界最强大国家后,才开始征收收入所得税,反观中国,还是一个发展中国家,人均收入很低的时候就开始收税,并且税率很高。

负,同时开征(或加大)资源税、房产税、遗产税等国际经验表明可有效缩小收入差距的税种等,让税收真正起到调节收入分配的功能。

(二) 从全能型政府向有限型政府转变

政府的触角无所不至,严重越位、错位,把不该管的事抓着不放,而该管的事又没有管或管不好,这依然是典型的全能型政府特征。特别是政府过度干预经济,使得规则让位于"关系",这本身说明中国的市场化程度还不是非常成熟。放眼世界,选择市场经济的国家占绝对多数,但真正建立起规范的市场经济的国家并不多,就是因为没有建立起法治环境和民主制度,陷于权力设租、寻租的权贵资本主义的泥淖中。所以,建立有限政府,关键是要让公共权力的行使受到法律的约束和民众的监督,也就是民主法治问题。

从这个意义上看,中国要实现更深层次的改革突破和发展创新,还必须进一步加快推进政治体制改革,至少是行政体制的改革,这应该成为下一个30年改革开放的重要议程,是国家真正实现长治久安和现代化的根本保障。然而,政治体制改革是一个系统工程,不能故步自封,也不能好高骛远,需要循序渐进、扎实推进。当务之急是,将行政体制改革这一政治体制改革的重要内容做实、做好[1]。一个政府是否真正有作为,不在于其管得到底有多宽,而在于管理的范围和程度是否合理,管理的方式和结果是否有效,是否让市场、让政府有效。

实践表明,我国在计划经济时代的全能政府管理模式所遗留的一系列深层次问题,正是造成当前社会不和谐的一个重要原因,迫切需要把本不该由政府管的事情交给企业、社会组织和中介机构,更多地发挥市场在资源配置中的基

---

[1] 对此刘吉教授(2010)也进行过大致的阐述。他在《经济观察报》2010年8月28日《先易后难地推进政治体制改革》访谈中,提出"当务之急而同时又不太难的政治体制改革,应是行政管理体制改革"。

础作用，同时把本该由政府管的事情坚决管好，切实提高行政效能和工作效率。因此，在构建和谐社会的进程中，政府应加快转变全能政府管理模式，建立有限政府和有效政府管理模式，由微观管理为主转为宏观管理为主，由直接管理为主转为监督管理为主，从而为经济体制改革、社会体制改革和更高层次的政治体制改革奠定坚实可靠的基础。

五、两个根本转变需要理顺十大关系

未来，中国进一步深化改革，特别是推动政府职能的两个根本转变，需要正确处理好政府与市场、国富与民富、效率与公平、投资与消费、内需与外需、农村与市场、沿海与内地、发展与稳定、发展与教育、发展与生态这十大基本辩证关系。这些关系处理得好不好，也是政府、市场与社会的治理边界是否得到合理界定的重要表征，关系到政府的两个根本转变是否能得到真正实施，从而需要引起充分重视。

（一）正确处理政府与市场的关系，加快推进深层次市场化改革

中国经济在这次金融危机中一枝独秀，让很多人产生或加强了一个认识上的误区，以为金融危机证明了自由市场制度的失败，应该继续高擎凯恩斯主义大旗，加大政府介入经济的程度，认为金融不需要进一步市场导向的改革等观点不一而足。这是一种极具误导性的、短视的看法。在非常规情况下，政府出手救市是必要的，但这只是一种短期的应急措施，是一种强心针、兴奋剂、激素，常打不好，更不意味着政府和市场的合理边界发生了新变化。政府行政干预手段的运用范围过大、直接控制和配置的资源过多，这种"类计划经济模式"本身与市场经济大方向是背道而驰的。

在常规情况下，中国还是要进一步加快推进深层次市场化改革。从长远来

看，中国要真正实现政府提出的经济结构调整和发展方式转变两大战略目标，就必须改变政府主导经济结构调整和产业结构升级的思维，率先打破政府自身带来的行政垄断和行政管制，为市场机制发挥更大作用提供更为广阔的空间。当然，由于政府职能转变和政府管理模式创新涉及权力调整、利益冲突，将会损害很多人的既得利益，改革的难度因而会非常大，但不能由此放弃这样的改革，这个坎是躲不过去的，所以应该进一步解放思想，勇往直前，充分利用中央政府的权威作用推行政府职能转变和政府管理模式创新。

（二）正确处理国富与民富的关系，加快推进财政税收体制改革

改革开放30多年来，尽管其间经历了一些波折起伏和思想交锋，中国经济还是在市场化的道路上快速发展，带来了国民经济总量的空前增长和中国终于重新崛起的基本实现。然而，由于没有及时调整国民财富分配格局，使得政府与民争利、国富民弱等问题和现象日益突出，已成为经济可持续发展的极大阻碍。特别是近年来我国政府财政收入与居民收入增幅之间的差距又有明显拉大的趋势，其中个人所得税征税起点过低、税率过高的现状，与早期作为发展中国家的美国不收个人所得税形成鲜明对比。且在国富的名义下，国营企业往往已蜕变为部门垄断利益集团，亏损却由全民分担。同时，与制度性利益冲突相关的各种矛盾，也成为很多群体性社会冲突事件的主要直接源头，并开始影响到社会稳定的大局。

如何破解当前中国经济发展和财富分配的难题？其实，亚当·斯密在《国富论》中所研究的也是国民财富（Wealth of Nation），而不是国家（政府）财富（Wealth of State），并进一步阐述了国富的根本在于民富，同时古今中外正反面的例子也告诉我们，改革无疑应该首先从财政税收体制入手。目前，我国的财税体制就是以轻国民消费，而重投资为前提的。政府从民间收缴的税收，一方面以超过整体经济和居民个人收入的速度增长，另一方面并没有全部转化为可供国民消费的福利，而是大量地转变为投资。这导致的一个后果就是

国家财富过多地集中在政府和大型国有企业手上,财政支出的绝大部分被用于贡献GDP增长的经济再投资和政府的自我消费,民众并不能充分地分享经济改革的发展成果和国企垄断带来的庞大资产和收益,造成了"国富民弱"的不良局面,这也是造成居民消费持续得不到充分释放的根本原因。

改革的方向主要有四个:一是改变政府财政收入空前膨胀、增速居高不下的特点,逐步提高居民收入在国民收入分配中的比重;二是扭转政府财政支出集中于参与经济投资和自我消费的局面,提高教育、卫生、社保、环保等方面的投入;三是提高个人所得税起征点、降低税率、建立合理的减免退税制度,扩大中产阶层在社会中的比例;四是增加对畸高收入群体的税收,将其作为用税收杠杆来调节社会收入分配的重点。

(三) 正确处理效率与公平的关系,加快推进收入分配体制改革

毫无疑问,消费高增长的可持续性需要收入高增长的持续性来保证,这需要在收入分配体制上着手改革和完善。改革开放以来,我国城乡居民收入在总体稳步增长的同时,不同群体、不同阶层之间的收入差距却在拉大。我国2008年的基尼系数已达0.47,超过0.4的国际公认警戒线。如不加以重视,收入分配的经济问题随时可能向深层次的社会问题转变。这可以从近几年来急速攀升的群体性事件得到例证。

现代微观经济理论表明,只要每人的初始禀赋的价值相同,亦即只要有一个公平的竞争起点(政府可以通过税收和向每个国民提供同等基础教育达到这种起点平等),然后通过市场运作就可以达到既有效而又公平的社会结果。但是,在当前财收税收和国民教育体制与社会公平起点目标还有一定差距,市场经济体制远未完善的时候,中国需要确立一个兼顾效率与公平的收入分配秩序,把经济社会发展的成果更加合理地分配到群众手中,使全体社会成员逐步实现共同富裕。

从而,收入分配体制改革需要注意处理好市场、政府和社会三者之间的关

系。从初次分配调整看,由于市场是配置资源的基本渠道和激励机制,必须尽可能地通过完善市场体系来改善初次分配格局,发展经济,将"蛋糕"做大,从而还是要首先注重效率原则。从二次分配调整看,其要义在于政府还富于民,以弥补贫富差距过大这一市场失灵问题,从而应该更加注重公平原则,保障起点公平和机会公平,增加国民的向心力和凝聚力。从三次分配调整看,引导全社会关注和参与慈善事业发展,不仅可缩小贫富差距,而且能净化社会生态,促进社会和谐。在一些发达国家,慈善事业等再分配的总量大概占GDP的8%左右,而我国目前只占0.05%。

(四) 正确处理投资与消费的关系,加快推进内需结构均衡发展

中国经济发展一直受困于投资率过高、消费率过低所造成的需求结构失衡问题。2008年中国居民消费率(居民消费占GDP的比重)为35.3%,不仅大大低于发达国家(例如美国为70.1%、日本为55.38%、德国为54%),也低于发展中国家(例如印度为54.7%、俄罗斯为49%、巴西为61%)。与此相伴的一个现象是,中国的储蓄率高达50%,远超美国3%左右的水平,形成了两个极端。

如果说美国是要增加储蓄并去杠杆化,中国则是要扩大消费并降低储蓄率。生产的出发点和落脚点是消费,如果消费需求不足,投资所带来的再生产将找不到出路,必会导致资金和经济循环链条断裂。特别是在当前国外消费得不到保证的情况下,只有进一步扩大国内消费,才能使中国经济得到快速、健康和可持续发展。这不是单纯依靠投资或出口可以做到的。单纯依靠投资拉动经济增长,容易导致投资效率的低下和大量资源的消耗,经济增长模式和发展方式过于粗放;单纯依靠出口拉动经济增长,容易致使国际贸易摩擦日益增多,经济增长动力机制受制于人。只有生产出来的产品大多为本国国民所消费,变成在流通中增值的财富,才能推动经济实现真正的健康持续增长。

（五） 正确处理内需与外需的关系，加快推进需求结构均衡发展

中国经济的内需不足是个"慢性病"，久治不愈，此轮经济危机之前的世界经济繁荣周期又让"病情"进一步加重。所以，一碰到世界金融和经济危机，这个问题就显露无遗。从发展的趋势看，外需对于中国经济的边际收益正在递减。中国必须有前瞻眼光和改革魄力，下大决心、花大力气解决内需不足的问题，挖掘民间投资和居民消费的潜力，建立自我驱动的内生增长动力机制。

但是，这绝不意味着要放弃外需，对外需还是要稳中有拓，内需、外需完全可以并行不悖。即使是像美国这样的主要依靠内需（2008年内需占总需求的比重为92%）特别是消费驱动（私人消费支出占GDP近70%）的发达国家，同样也保持着世界上数一数二的对外贸易量。这次金融危机就引致了一个认识误区，认为出口下降、外需萎缩对中国经济的影响似乎也不大，中国已经到了可以不需要外需支撑的阶段。这其实也是严重脱离中国当前实际的，中国还是一个中等收入水平国家，还有庞大的就业压力存在，外需还是我们解决就业岗位、提高居民收入的一个重要管道。

（六） 正确处理城市与农村的关系，加快推进市场导向的城市化

在中国走向现代化的过程中，农村人口城市化是不可回避的重大问题。只有大量减少农民，才能真正富裕农民。我们必须突破就农村解决农村问题的改革思路，从长治久安的大视角来观察和思考解决"三农"问题的根本有效途径，那就是坚持市场导向的城市化道路，为农村剩余劳动力不断创造新的城市就业机会，促进土地、劳动、资本等各种生产要素在城乡间和农村内部自由而有序地流转。

并且，从经济增长的角度看，城市化也是中国经济中长期保持一个较快增长速度的动力源。城市化水平每年提高一个百分点，就意味着1 000多万农民

进入城镇,这将会带动住房、水电、公路、学校、医院等一系列重大民生工程和基础设施的投入。这种从农村向城市、从农本社会向工业社会的动态演进,不仅具有巨大的经济价值,也有着重要的社会意义。

(七) 正确处理沿海和内地的关系,加快推进区域经济协调发展

时至今日,邓小平于20世纪80年代初提出的"两个大局"战略构想,应该进入到深入推进第二个大局的阶段了,即沿海地区经过大力推进改革开放,已经实现了经济社会的率先发展,从而需要拿出更多的力量来加大对中西部地区的反哺力度,形成东中西部地区相互促进、共同进步的均衡发展格局。

当然,由于东、中、西部地区在要素禀赋、地理区位、生产力水平、基础设施和社会文化等方面存在较大差异,客观上存在着经济发展的"梯度推移",不能搞大锅饭式的平均主义和恶性的同质竞争,而应该充分发挥各个地区的比较优势和独特的资源禀赋,实现错位竞争、互利合作、协调发展。

(八) 正确处理发展与稳定的关系,加快推进社会福利系统改革

"发展是硬道理"和"稳定压倒一切",既是中国过去32年改革开放取得成功的基本经验,也是指导中国未来进一步改革、发展与创新的重要指导思想和方针。首先,中国的问题是发展中出现的问题,还是要靠发展来解决。同时,中国之所以取得这么大的成就,没有一个稳定的社会,没有一个稳定的政府和政权是不可能实现的。越是在形势复杂、任务繁重的时候,越是要切实关注社会的真正稳定及其内涵。

真正的稳定靠疏,而不是靠堵。只有让人们真正满意和获利的改革或制度安排所导致的稳定,从而不致使变革引发社会不稳甚至动荡,才是满足参与性约束条件下的真正稳定,让社会稳定建立在合理的利益均衡结构和经济发展结构基础上,从而形成一种动态内生的韧性稳定,而不是一味去堵、一种靠外部

压制的刚性稳定。一味去堵和刚性稳定只会暂时掩盖问题而无法根本解决问题。实际上,尽管当前中国发生了一系列的社会矛盾、社会冲突事件,但是中国政治统治的权威性和社会管治的有效性并没有从根本上发生动摇。这样,造成稳定误区的根源还在于我们在改革和发展过程中没有真正理解邓小平关于稳定论断的经济学内在逻辑,即首先要满足参与性约束条件。

(九) 正确处理发展与教育的关系,加快推进科教兴国战略实施

所谓"不谋长远者,不足谋一时",我们一定要立足长远来指导当前。那么,长远的事情是什么呢?最重要的是教育和科技,而教育、科技高度发达的背后则是杰出人才的涌现。因此,中国要真正崛起为世界政治经济强国,必须科教兴国和人才强国。短期来看,"引进+模仿"的知识进步模式还可以在一段时期内支撑中国的经济增长,但是从长期来看,可持续的经济增长与发展只能依靠知识的积累和技术的进步来推动。

为此,一要尽快恢复和实施20世纪70年代就已实行过的12年制义务教育。从国内需要看,国民九年义务教育根本不能满足现代化和市场化的要求。从世界范围看,欧美发达国家都已实行12年制义务教育,这要求我们必须具有前瞻眼光,从战略高度对此项工作予以充分重视。二要充分重视高层次创新型杰出人才培养,以满足中国经济全面接轨世界及自身产业升级和经济结构调整的需要。培养一大批高层次创新型杰出人才是实现建设创新型国家这一国家发展战略的关键所在,也是中国大学现阶段必须承担的历史使命。三要建立和完善能引进人、留住人和用好人的长效机制,采用多种引进方式,分层次、分功能、分步骤地引进三类人才,下大决心引进真正的海外顶尖华人科学家、实职聘任海外杰出学术领军人物及大批引进海外高层次的优秀博士回国或为国服务,形成一支达到世界顶尖水平的庞大科研队伍,以及一批能够按照国际先进标准培养大批创新型杰出人才的世界一流大学和强大师资阵容。

（十）正确处理发展与生态的关系，加快推进生态环境保护工程

改革开放取得了举世瞩目的成就，但是在经济快速增长的同时，也为此付出了巨大的生态环境代价，水、大气、土壤、噪声等污染问题日益严峻。根据世界银行估计，中国每年环境污染和生态破坏造成的损失与GDP的比例高达10%。如果这种情况不能得到根本扭转，不仅会影响和制约我国改革开放和现代化建设全局，而且会危及人类生活质量甚至是生存问题。

为此，在政府决策层面，环境系统决策应与社会系统、经济系统紧密地结合在一起。一方面，要充分运用市场机制的激励作用，通过利用市场这只"看不见的手"来引导经济行为主体促进污染治理和生态建设，并加快推进绿色和低碳经济发展。另一方面，由于环保是一个外部性十分明显的行业，不能单纯依靠市场，要充分发挥政府的作用，进行必要的规制监管，同时加大生态建设和环境保护投入。此外，要转变思维方式，实现环境治理模式从末端治理向源头和全过程控制的转变；要加快经济结构的战略性调整，在加快转变经济增长模式和发展方式的总体框架下设计合理机制，实现环境管理目标。

六、结束语

中国改革再次走到十字路口，面临着改革的方向问题：是进一步深化改革，抓大放小，无为而治，让市场发挥越来越多的作用，还是国进民退，让政府主导经济，发挥更多的作用？本文所给出的答案是前者。其基本结论是，中国下一步改革的关键在于政府职能的两个根本性转变。无论是中国特殊论，还是中国模式论，都存在极大的误区。当前中国所面临的深层次矛盾和问题，其根源都在于政府职能的缺位、越位和错位，特别是政府替代市场对经济的强力干预，导致国进民退、国富民穷，危害严重且深远。由此，政府必须从与民

争利的发展型政府向公共利益服务型政府转变，从行政干预过多的全能政府向让市场充分发挥作用的有限政府转变，从而建立有效政府和有效市场，使之能同时达到效率、公平与和谐，实现科学发展。

总之，开弓没有回头箭，改革没有回头路。中国要真正实现长治久安和现代化，使之全方位实现中华民族的伟大复兴，必须坚定不移地在经济市场化、社会法治化、政治民主化的道路上继续阔步前行！

（2010 年 12 月）

参考文献

[1] 邓小平文选（第二卷）[M].人民出版社，1994.
[2] 邓小平文选（第三卷）[M].人民出版社，1993.
[3] 林毅夫.现有经济学理论难以解释中国经济奇迹[N].人民日报，2007-12-20.
[4] 林毅夫.中国经济学：机遇和挑战——林毅夫教授在北京大学的讲演[N].文汇报，2007-4-1.
[5] 刘吉.先易后难地推进政治体制改革[N].经济观察报，2010-8-28.
[6] 钱颖一.市场与法治[J].经济社会体制比较，2000，3.
[7] 田国强.中国国营企业改革与经济体制平稳转轨的方式和步骤——中国经济改革的三阶段论[J].经济研究，1994，11.
[8] 田国强.和谐社会的构建与现代市场体系的完善——效率、公平与法治[J].经济研究，2007，3.
[9] 田国强.改革开放 30 年回顾：从拨乱反正、市场经济到和谐社会构建[J].当代财经，2008，12.
[10] 田国强.从国富到民富——从发展型政府转向公共服务型政府[M].//干一江.民富论——关于发展和分配问题的探讨.中信出版社，2010.
[11] 田国强.中国社会主义市场经济改革的理论与实践：基于信息与激励的视角[OL].讲义稿，http://econweb.tamu.edu/tian/lecture-notes-china-reform.pdf，2010.
[12] 王一江.国家与经济[J].比较，2005，18.
[13] 王一江.民富论——关于发展和分配问题的探讨[J].中信出版社，2010.
[14] 许成钢.政治集权下的地方分权与中国改革[J].比较，2008，36.

61

中国下一步的改革与政府职能转变*

提要：中国改革面临诸多深层次问题和矛盾。要解决，关键靠深化改革。从外部看，世界格局和外部环境正在发生深刻变化，对中国的改革形成一种倒逼；从内部看，真正实现中华民族崛起的愿景决定改革必须深化。当前，要依靠市场化和民营化，实现从要素驱动向效率驱动、创新驱动转变；要合理界定和理顺政府与市场、社会的治理边界，实现政府从全能型政府向有限型政府的转变，从发展型政府向服务型政府的转变。

改革开放 30 多年所取得的巨大成就是毋庸置疑的。著名经济史学家麦迪森研究[①]表明，按实际购买力计算，中国的人均 GDP 在过去 1 000 年里几乎是水平发展的，1978 年是一个拐点，此后人均 GDP 近乎垂直提升，而中国经济从此也步入了年均近 10％的经济增长快车道，推动中国成长为世界第二大经济体，并有望在未来一二十年内晋升为世界第一大经济体。另一方面，按照购买力平价计算，公元 1820 年时，中国的 GDP 就曾占到世界的 1/3 左右，是世

---

* 本文载于《人民论坛·学术前沿》，2012 年第 3 期。
① ［英］安格斯·麦迪森著，伍晓鹰、许宪春、叶燕斐、施发启译. 世界经济千年史［M］. 北京：北京大学出版社，2003，30.

界第一大经济体。所以，从某种意义上看，中国经济30多年来的巨大发展是向昔日世界经济大国的复归和中华民族的重新崛起。

然而，当前的发展模式是否具有可持续性？过去的发展经验能否支持我们继续往前走？对于这个问题，现在的争论很大。由于市场化改革与开放激发出来的巨大动能和势能，就像正在高速升空的火箭，尽管有很大的内外部阻力和摩擦，但所带来的正面效应远大于转型过程中各种问题的负面效应，包括政府主导经济发展和社会治理所导致的负面效应。这造成了理论上和现实中诸多深层次的混淆、误区和错误的观点，隐现改革开放之后第四次思想交锋之势。交锋的焦点是，政府主导的发展模式是否应该继续下去？对这个问题的不同回答，将指向截然不同的发展路径。

所以，中国经济当前又走到了一个十字路口。笔者的基本观点是，中国改革的成就不容否认，但依然面临诸多深层次的问题和矛盾亟待解决，其根源是"重政府轻市场、重发展轻服务、重国富轻民富"的"三重三轻"，其实质是没有合理界定和理顺政府、市场与社会的治理边界。并且，从某种意义上来看，其中一些深层次问题和矛盾的解决已经到了刻不容缓的地步。那么，如何去解决呢？关键靠改革，靠进一步深化市场导向的改革。

一、进一步深化改革的必要性

为什么我们必须深化改革？这是由内外部环境共同决定的。从外部看，世界格局和外部环境正在发生深刻变化，这对中国的改革形成一种倒逼。

第一，世界正在经历从美国的单极霸权向双极、多极体系的转型。经常有人说，我们不要当老大。从目前的世界格局演变来看，中国成为世界关键一极不是愿不愿意的问题，而是已成客观现实和所面临的历史使命。中国的发展需要一个稳定的外部环境，必须平衡好国家利益与国际道义、民族主义与国际主义、国家权利与国际义务的辩证关系，实现从追随者到领导者的转型。

第二，随着"金砖五国"其他国家及越南、印度尼西亚等其他新兴经济体的崛起，国家之间的竞争，也就是资源的竞争、人才的竞争、制度的竞争和话语权的竞争，正变得越来越激烈。这要求我们必须重新省视自身社会经济发展中所面临的深层次问题和体制困境，以改革创新的精神和实际举措来应对外部激烈的全方位竞争态势。

第三，中国所面临的外部经济环境已经发生了巨大变化。在世界金融危机、欧洲主权债务危机的持续影响之下，全球经济仍处于不确定的震荡调整之中，经济复苏之路并不平坦，各国也纷纷祭出了形式各异的贸易保护主义手段，使得长期受益于全球经济一体化和开放国际贸易体系的中国经济所面临的外部经济环境堪忧。这样，中国经济必须实现向内需驱动的转变，这一转变不是一蹴而就的，依赖于一系列相配套的改革制度安排来推动实现。

从内部看，中国也有自己的愿景，希望变成世界政治经济强国，真正实现中华民族的重新崛起。改革开放使得中国距离这一愿景的实现更加接近了，但中国经济也同时面临发展方式转变和制度转型的双重难题，面临着诸多深层次的问题和矛盾。因而，亟待以创新的精神，通过改革、发展来加以解决，进行全方位的深刻转型，实现从要素驱动向效率驱动、创新驱动转换。与之相伴的是，中国经济制度改革的路径需要实现从经济自由化向市场化、民营化的跃迁，通过深化市场导向的改革牵引经济社会制度的合理化转型，最终理顺政府与市场及社会三者之间的合理治理边界。这些是中国顶层设计必须考虑的。

要素驱动，是一国经济发展初级阶段的普遍特征，其实现手段就是通过经济改革来达到。通过"放"和"开"的政策打破不合理的政策束缚，给老百姓更多的自由，给市场更多的自由，内外部劳动力、资本和土地等要素就充分流动起来了，中国经济在改革开放之初正是这样发展起来的。不过，随着人口、资源、环境等要素红利和全球化红利的衰减，根据边际收益递减规律，中国经济依靠粗放式的巨额投资驱动和外需驱动的发展模式已经不能继续维持，无法继续推动中国从中等收入国家向高收入国家的跃迁。其次，要素驱动本身是在要素市场发育不充分的前提下，通过非市场行为压低要素价格而产生的不合理却阶段有效的竞争优势，易于导致高投入、高耗能、高排放、高污染、低创新附加值的粗放式经济发展方式。所以，从长远看，要素驱动的发展模式是不可持续的。再次，这一发展模式所伴生的社会机会不均、收入差距过大、国民基础教育薄弱、民事纠纷上升、贪污腐败盛行的问题都没有得到很好的治理和解决。所有这些问题，都是市场化改革不彻底，没有合理界定和理顺政府、市场和社会的边界所带来的。

效率驱动，主要是通过市场化改革，建立现代市场经济的基本框架体系，让市场在资源配置中发挥基础性作用，让竞争产生效率。应该说，中国经济已经进入了市场化这个阶段，并取得了相当程度的进步和成效，但是还远远没有成熟，市场在资源配置中的基础性作用没有得到充分发挥，"重政府轻市场"的现象非常突出，离一个有效市场还有很大的差距。特别是世界经济金融危机以后，中国政府在应对危机中起到了很大的作用，但也进一步加大了政府对经济的直接参与力度和控制力，越位和错位现象值得警惕。

一方面，政府宏观调控随时随地随处都在用，而且现在已经发展到开始对微观经济也进行调控了，导致行政权力干预价格、干预市场供需的势头增强，市场价格传递信息、提供激励和决定收入分配的三个基本功能出现扭曲，市场配置资源的基础性作用被削弱。另一方面，政府在强力介入市场的过程中，已从市场秩序维护者蜕变为市场参与主体，控制了太多的生产要素和重要资源，控制了太多的市场准入，并且国有企业也进入了一般性竞争行业，使得民营经济的生存和发展空间受到限制，其动力引擎的作用被削弱。

不可否认，中国改革开放之初包括当下，政府都发挥了很好的作用。但是，随着中国的转型，政府的作用主要应该是服务和维护这两个功能，且不能混淆。由于我国政府长期居于资源配置的主导地位，并将资源主要运用于经济发展领域而不是公共服务领域，由此逐步形成了一个"重发展轻服务"的模式。政府本应将从居民激励收益中抽取的高税收用于提高福利,但实际上却没有做好社会保障、医疗卫生、教育、生态环境等公共服务和基础设施的建设,形成制度性缺位,使得居民的福利收益得不到应有保障。

创新驱动,是今天主要发达市场经济国家经济发展的主驱动,而其创新所依靠的不是国有部门,而是民营部门。一般来说,由于追求自身利益的强烈动机,民营经济是最具有创新意识和创新力的。然而,从当前中国的经济现实来看,国有资本在一般竞争性领域依然分布过广,垄断行业的改革进展缓慢甚至还尚未破题,民营经济发展环境堪忧。这些都是需要着力推进改革的。民营经济、创新经济最强的是美国,而其东西部也有差异,东部大谈政治,西部搞创新。这里的创新,就是熊彼特所谓的毁灭性的、革命性的、颠覆性的创新,与企业家才能结合起来,形成企业家精神。

民营化也是扭转"重国富轻民富"的重要手段。自20世纪90年代中后期以来,我国政府财政收入年增幅一直高于城乡居民收入年增幅。尽管2007年之后受金融危机影响,二者之间的增幅差距有所缩小,但近几年来增幅差距又有明显拉大的趋势,其中个人所得税征税起点过低、税率过高的现状,更与早期作为发展中国家的美国不收个人所得税形成鲜明对比:美国直到1913年成为世界最发达国家后,才专门通过宪法修正案,允许国家征收个人所得税。因此,减税和民营化应成为未来发展的重要议题。

这样,对外我们需要应对时局变迁所带来的机遇和挑战,肩负起世界大国、强国的使命、责任,崛起成为世界的领导者。对内我们需要应对发展过程中面临的诸多深层次问题和矛盾,解决发展驱动方式和科学发展的问题,因而进一步改革非常必要。遗憾的是,不是所有人都意识到深化改革的必要性。由于中国在应对世界经济金融危机时表现积极,效果不错,使得学术界产生了很大的争议,不少人将中国的成功归功于政府主导下的经济发展路径、社会治理方式及政治权力结构,并主张将现有的一些过渡性制度安排固定下来。这也是当前改革动力逐渐消弭的一个重要原因。

二、改革面临的艰难性

根据前面的分析，中国经济改革现在正处于一个十字路口，沿着改革开放的道路继续往前走是法治的市场经济，但是也很可能退回到政府统制型经济。之所以说中国经济正面临新的十字路口，与关于"中国模式"的争论有很大关联。下面我们先来理清理论上的误区，探讨改革的艰难性。

一是理论上的误区。理论指导原则，理论上的偏误会导致方向性的错误。如前所述，当前中国最大的争论是围绕"中国模式"论展开的。究竟有没有中国模式？所谓模式需要具备相对的稳定性。但无论是从终极目标的相同性、转型路径的差异性还是成功原因的共通性来看，尚不存在完全成熟的"中国模式"，只有"中国路径"或至多"中国经验"可言。

首先，中央十六届四中全会确立下来的构建和谐社会的宏伟远景目标，以现在的社会经济状态来看，离目标的实现还相差得很远。按照和谐社会六大特征（民主法治、公平正义、诚信友爱、充满活力、安定有序、人与自然的和谐）的内涵来看，还做得非常不够，和谐社会的政策目标并没有得到很好的执行。所以，"中国模式"还未成其为一个终极意义上的成熟模式，仍处于塑形和优化过程之中，中国离真正意义上的现代化强国与现代性社会发展目标还有相当的距离。

其次，从转型和发展的过程上讲，由于初始禀赋条件、内生状况、外部约束不同，没有任何后发国家可以完全复制先发国家的发展经验，因而既需要也只能另辟蹊径。由于中国转型初期计划经济的极度扭曲，政府在促进社会经济实现效率、公平与和谐发展方面发挥了重要作用，但是一旦政府越过了自身的合理边界，过度且持续介入本应由社会、市场解决的事务，其后果将是十分严重的。

再次，中国经济取得迄今为止的巨大成就，其根本原因是承认个体利益，赋予经济选择自由，激发老百姓发家致富，引入竞争机制，以及对外开放，体现了经济学的内在逻辑,也是被东亚乃至西方一些国家一再验证的共同经验。当然还包括正确处理好发展和稳定的辩证关系,及采用适应中国国情的渐进转型方式。这些才是中国经济改革取得巨大成就最根本的原因。

之所以产生这些误区,可能是由三方面的误识所导致的[①]:一是没有区分好不同的改革发展阶段。在不同的改革发展阶段,政府主导的过渡性安排所起的作用是不一样的。政府主导只是从计划经济向市场经济转轨过程中的一个阶段性特征。二是没有区分好常规和非常规情况,常规情况下的治理方式和非常规情况下的治理方式是非常不一样的。三是没有区分好发展的动力和阻力。

这些误区、误解是缺乏经济学基本训练的结果。说到经济学基本训练的重要性,有人说经济学理论完全没有用,约束条件太强。如果30年前有人发表这样的观点,笔者认为情有可原,但现在说就不合适了。市场经济理论本身没有错误,它为经济发展提供了一个参照系,是非常有用的,但也有其适用范围和边界条件。笔者坚定支持我们国家的社会主义市场经济道路,但是也不否认有市场失灵的地方从而需要政府发挥作用。就像药本身是好的,但如果用的不对,再好的药也会药死人。同理,经常有人说经济理论都是错的,笔者对此很不以为然,经济理论没有错,除非有逻辑错误,更多情况下是用的人误用了。

二是改革本身的艰难性。改革和变革,从中国五千年的历史来看,老百姓基本上都是支持的,但几乎都不成功。有人说改革是社会进步,但是为什么难以成功呢?实际上改革是非常残酷的,是需要大智慧和冒巨大风险的。真正反对改革的很可能是做出过贡献甚至重大贡献的好人和能人,这些人具有很大话语权。但是他们或由于理念的不同,或由于相对地位、名声、利益下降,当然也可能是改革的方式方法有问题,而可能会对改革产生强烈抵触和反对。例

---

① 详细讨论参见田国强.中国经济发展中的深层次问题[J].学术月刊,2011,3.

如，商鞅变法所创立的一套行政管理机制体制沿用两千多年，至今在中国的行政体制里面还有很深的烙印和痕迹，具有很大的社会进步意义。但是，商鞅没有树立起势，其改革得罪了旧贵族阶层。秦孝公去世后，旧贵族挑拨继位的秦惠王以谋反罪逮捕商鞅，商鞅被秦国发兵讨杀于郑国，死后还受车裂之刑。王安石、张居正、光绪皇帝所进行的变法，结局也大都悲惨，不是被流放、罢黜就是被囚禁。

另一方面，中国的改革和变革常常是被逼到崩溃的边缘，被逼到一个死角，才会有动力去改革，这其实是有很大问题的。因为问题和矛盾积压越深、越多，改革的成本和难度往往会越大，使改革无法进行，而不进行改革，最终往往导致了社会停滞不前，结果出现了中国朝代不断变更的现象。中国的改革需要借鉴中医的思想。中医在病人身体好的时候就注重调理，认为平日的健康调理比治疗疾病更重要。但话说回来，治病只是涉及一个人，而改革则具有极强的外部性，涉及许多人的切身利益而易于遭到反对，大家都在博弈，只有将大家逼到一个死角的时候，才会有动力去改革，这就是改革的艰巨性、残酷性，所以往往很难成功。

邓小平所倡导的改革为什么能成功？首先，他做了一件正确的事，符合民心民意，符合国家的前途和客观现实，也就是"明了道"；其次，他有巨大的威望，所以"取了势"；最后，他正确处理了发展与稳定的关系，进行"放开"和"开放"的改革，方式方法对路，也就是"优了术"。所以，做成事需要综合治理，也就是"明道为本，取势为导，优术为用"。

三、下一步的改革关键所在：政府职能的两个根本转变

中国经济改革的目标是建立和完善社会主义市场经济体制。市场的本质

是无为而治，无为而治的必要条件是完善市场制度，让市场有效，而让市场有效的必要条件是要有一个有效的政府，要有一个有效政府的必要条件是有一个有限和定位恰当的政府。有限就是恰当，多了不好，少了也不行。前面的讨论已经说明，中国社会经济平稳转型需要顶层设计，需要合理界定和理顺政府、市场与社会的治理边界，改变政府角色缺位、错位、越位并存的现状，建立有效市场、造就有限政府、构建和谐社会，提高人们的幸福感，实现科学发展。

那么，如何合理定位政府的有限职能呢？哈耶克主要从两方面来界定：一方面，政府必须承担实施法律和抵御外敌的职能；另一方面，政府必须提供市场无法提供或无法充分提供的服务。同时，他也指出，必须将这两方面的职能和任务明确地界分开来，"当政府承担服务性职能的时候，我们不能把我们在政府实施法律和抵御外敌时赋予它的权威性也同样赋予它"。[①] 所以，从这个意义上看，政府最基本的作用可以用两个词来概括，就是"维护"和"服务"，也就是制定基本的规则和保障社会秩序的稳定，以及供给公共产品和服务。

为此，中国下一步改革的关键在于实现政府职能的两个根本转变：

第一，从行政干预过多的全能政府向让市场充分发挥作用的有限政府转变。政府的触角无所不至，过度干预经济，使得规则让位于"关系"，这本身说明中国的市场化程度还不是非常成熟。放眼世界，选择市场经济的国家占绝对多数，但真正建立起规范的市场经济的国家并不多，就是因为没有建立起法治环境和民主制度，陷于权力设租、寻租的权贵资本主义的泥淖中。所以，有效市场的必要条件是有限政府。建立有限政府，关键是要让公共权力的行使受

---

① 参见［英］弗里德利希·冯·哈耶克，邓正来等译. 法律、立法与自由（第二、三卷）［M］. 北京：中国大百科全书出版社，2000，333.

到法律的约束和民众的监督,也就是民主法治问题。

在此要强调的是,这里并不是反对早期政府的干预。笔者认为,到现在为止,政府的干预,政府主导经济仍有一定的合理性。但是,随着市场化改革的深入推进,政府应该逐步放手,让市场和社会力量充分发育,否则与政府主导相伴生的深层次问题和矛盾会不断累积,而又不能得到市场和社会力量的缓冲,这会使得后面改革的成本越来越大,所以迟改不如早改。

第二,从与民争利的发展型政府向公共利益服务型政府转变。政府要最大限度地缩小自身的经济人角色,扩大公共服务范围和力度。一方面,为作为微观经济主体的企业创造良好的经济社会环境,提供经济发展所需的软件和硬件基础设施,这是政府公共服务的经济维度。另一方面,通过转移支付和财政手段支持教育、科技、社会保障、公共医疗卫生、环境保护等社会发展项目,为全体公民参与市场竞争创造公平的起点,这是政府的社会性公共服务部分。

这样,在考量政府绩效的时候,仅仅依靠GDP指标就是非常不全面的,不利于政府职能和社会经济发展方式的转变。所以,社会公共服务指标应成为硬约束,这就要求政府要少伸"掠夺之手",[1]多伸"援助之手",采用"无为之手",让财富更多地流向百姓,以使社会福利最大化。只有这样才能从根本上改革政绩评价体系,引导地方政府更多地关注科学发展,形成可持续的平稳较快发展和最终构建成和谐社会。

中国古代思想中也有很多至今仍闪烁着智慧光芒的政府治理哲学。正如太史公司马迁在《史记·货殖列传》中所言:"故善者因之,其次利导之,其次教诲之,其次整齐之,最下者与之争。"其喻意就是,最好的办法是顺其自然,

---

[1] 对"掠夺之手"的详细讨论参见[美]安德烈·施莱弗、罗伯特·维什尼编著,赵红军译.掠夺之手——政府病及其治疗[M].北京:中信出版社,2004.

其次导之以利,再次加以道德教化,又次用规定加以约束,最坏的做法就是与民争利。司马迁还有句名言"天下熙熙,皆为利来;天下攘攘,皆为利往",他认为人们对欲望和财富的追求带有普遍性的特征。司马迁的这一论断与亚当·斯密在《国富论》中的观点颇有共通之处。自利性假设加上信息不对称,这也正是必须充分发挥市场机制的两大根本原因。所以,对于市场能够充分发挥作用的地方应该管得越少越好,要相信市场,依靠市场。相反,对于政府则应该是管得越多越好,因为政府是唯一具有强制力的经济人,这种强制力如果不加约束可能会导致经济滑向国家资本主义和坏的市场经济。

四、结 论

本文考察了中国改革所面临的内外环境,明晰了下一步改革的目标和手段,同时也阐明了改革所面临的艰难性。在此基础上,本文认为下一步改革的关键在于政府自身,在于政府职能的两个根本转变,即从全能政府向有限政府的转变和从发展型政府向公共服务型政府的转变。只有这样才能改变政府角色缺位、错位、越位并存的现状,才能合理界定和理顺政府、市场与社会的治理边界,建立有效市场、造就有限政府、构建和谐社会,提高人们的幸福感,实现无为而治和科学发展。

当然,中国要实现更深层次的改革突破和发展创新,还必须进一步加快推进政治体制改革,这应成为未来30年改革开放的重要议题,是国家真正实现长治久安和现代化的根本保障。但是,政治体制改革是一个系统工程,不能故步自封,也不能好高骛远,需循序渐进、扎实推进。当务之急,是将行政体制改革这一政治体制改革的重要内容做实做好。一个政府是否真正有作为,不在于其管得到底有多宽,而在于管理的范围和程度是否合理,管理的方式和结果是否有效,是否让市场、让政府有效。按照老子的观点,改革和治理之道在于

"以正理国,以奇用兵,以无事取天下",也就是要"行得正,用得活和管得少"。所谓"行得正"就是遵循普适正道,按客观规律办事;"用得活"就是因时、因地、因事,具体情况具体分析;"管得少"是政府要少管,但要确保经济人受到约束。

(2012年5月)

62

法治：现代治理体系的重要基石*

提要：法治改革与法治建设具有全局性、关键性、战略性意义，是国家治理体系和治理能力现代化的重要基石。在全部领域的改革中，法治改革先行是其他领域改革能够规范有序实施、最终实现改革目标的重要保障。长期以来，人们的目光主要投放在经济领域的改革上，法治改革的步伐及具体法律的制定严重滞后，实质法治更为滞后。没有一个良好的法治环境，市场经济无法长期良好运行，建立现代市场经济体制，需要完善法治。在全面深化改革的大局中，迫切需要以法治凝聚改革力量，以此形成"自上而下、自下而上"上下联动的改革势态以及最大公约数的改革共识。

法治建设是中国未来深化改革至关重要的核心内容，是全方位综合联动改革中其他领域改革的关键枢纽，是国家治理体系和治理能力现代化的重要基石。这是由于界定和理清政府与市场、政府与社会治理边界的关键是政府职能和权力边界的界定，而政府职能和权力边界的界定，关键靠法

---

* 本文载于《人民论坛·学术前沿》，2013年12月上。

治。在"法规治理、激励机制、社会规范"这三大基本制度安排中,"法规治理"是最为核心和基本的制度安排。因此,法治改革与其他领域改革之间具有很强的动态互动内在逻辑关系。在全部领域的改革中,法治改革先行是其他领域改革能够规范有序实施、最终实现改革目标的重要保障。只有通过法治改革、完善立法,才能使各个领域的改革规范化、有序化和制度化。如果法治改革不推进,必定会严重影响其他领域的深层次改革。

可见,法治改革与法治建设具有全局性、关键性、战略性意义。中国共产党十八届三中全会《关于全面深化改革若干重大问题的决定》(以下简称《决定》)专门用一个章节论述"推进法治中国建设",并将改革和法治同时向"全面"的层次升级,一方面是"全面深化改革",另一方面是"全面推进依法治国","坚持法治国家、法治政府、法治社会一体建设",将"法治"的至关重要性提升到一个前所未有的战略高度。

长期以来,人们的目光主要投放在经济领域的改革,法治领域的改革常常处于从属和被忽视的地位。过去30多年中国的法治发展受制于政治、社会、经济体制结构和经济发展等诸多因素,法治状况只能随着外部环境起伏,而外部环境在相当程度上取决于改革的方向和力度。法治建设和法治改革尽管在中央文件和媒体中屡被提及,但法治改革的步伐及具体法律的制定较为滞后,实质法治也相应滞后,具体执行同样遇到种种困境[①],影响到了其他领域的改革,由此难以形成政治、经济、社会、文化、生态文明的全方位联动改革和综合治理。

---

① 例如,土地流转在中国共产党十七届三中全会的《中共中央关于推进农村改革发展若干重大问题的决定》中就已给出,但到现在还没有制定法律条款来具体执行;教育经费投入要达到GDP的4%,讲了近20年,直到上届政府才基本上真正落实。

一、法治的市场意义

法治①为什么至关重要？一个好的法治环境，可以支持和增进市场，真正让市场发挥基础性和决定性的作用②。市场的本质是"无为而治"，"无为而治"的必要条件是完善市场制度，让市场有效，而让市场有效的必要条件是要有一个有效的政府，一个有效政府首先得是一个有限和定位恰当的政府，因此，政府职能转变成为关键。市场有没有效，关键取决于政府职能是不是有效界定，其定位需要由法治来规范化、有序化、制度化。"无为而治"不是什么都不管，而是基于法治的政府治理，现代市场经济本质上是"无为而治"的法治经济。如果没有一个良好的法治环境，市场经济是不能够良好运行的，建立现代市场经济体制，需要完善法治。

法治和人治的区别不在于有没有法制，而在于法治是否建立在民主基础之上，民主是中国跳出兴亡历史周期律③的必由之路。法治是一个以多数人和多元利益并存为基础的社会调整机制，是和谐社会的本质内涵。十八届三中全会《决定》将市场提高到在资源配置中起"决定性作用"的地位，但当前中国市场化严重不足，在制度上有许多限制，再加上政府本不应该有的权力过多，市场活动往往受到权力干扰。前者要求在立法上改革现有制度，后者则要求完善执法和司法体制，建立更为有效的监督体系，两者都呼唤法治体制的建设与改革。

---

① 法治的对应英文翻译是 Rule of Law，而不是 Rule by Law。中国共产党十五大报告首次提出"依法治国"时，官方翻译还是用的后者。
② 关于法治与市场的关系的讨论详见吴敬琏. 呼唤法治的市场经济 [M]. 北京：生活·读书·新知三联书店，2007；钱颖一. 市场与法治 [J]. 经济社会体制比较，2000，3.
③ 对于1945年黄炎培的兴亡周期律之问，毛泽东表示："我们已经找到新路，我们能跳出这周期律。这条新路，就是民主。只有让人民来监督政府，政府才不敢松懈。只有人人起来负责，才不会人亡政息。"民主能保证长治久安的这一论断给政治体制改革指明了方向。

法治的两个主题是限制政府权力和赋予公民个人权利，界定和划清公民权利和政府权力的边界。其首要作用就是制约政府的行为，约束其对经济活动的任意干预，限制政府的权力就是为了保护市场不受"看得见的手"随意干扰。现代市场经济体制区别于传统市场经济体制的一个基本特征在于其制度的基础是法治（Rule of Law），也就是依法治国，这是现代法治社会和传统法制（封建法家）社会的本质根本差别。在传统的法制社会状态下，政府及其领导者可以不受法律的约束，独立于法律的权威之外，享有不遵守法律的特权[①]。中国古代"刑不上大夫"的司法理念，就说明中国在封建主义时期不是法治社会，最多只能算是法制国家。为什么要强调依法治国？法治是建立现代市场经济制度的根本制度基础，主要用来约束政府及个人的行为。如果政府行为不受法律制约和约束，独立的企业制度和自由交易就没有根本的保障，那么现代市场经济的基础也就不存在了。

当然，法治还要赋予公民个人权利，同时约束经济人行为，其中包括产权界定和保护，合同和法律的执行，维护市场竞争。对经济发展来说，最重要的是合同要得到执行，财产要得到保护。保护产权，就是产权神圣不可侵犯，谁也不能掠夺别人的财富。有了法治，产权就能得到保护，人们就会把自己的资源和精力全部投入于创造财富，经济才能发展，整个社会才能走向富裕。[②] 因而，一个国家经济长远发展的保证就是依法治国。

与此同时，法治与民主政治也是密切相关的，是民主深化发展的需要。邓

---

① 对法制与法治的详细讨论参阅 Olson, M.. *The Logic of Collective Action* [M]. Cambridge: Harvard University Press, 1965；Olson, M.. *The Rise and Decline of Nations* [M]. New Haven: Yale University Press, 1982；Olson, M.. *The Power and Prosperity, Outgrowing Communist and Capitalist Dictatorships* [M]. New York: Basic Books, 2000.

② 对法治与市场的紧密关系的详细讨论见钱颖一. 市场与法治 [J]. 经济社会体制比较，2000，3. 此外，法学界与经济学界这些年来曾有过多次对话，例如，2002年11月27日吴敬琏与江平在中国政法大学举行的关于市场经济与法治的对话，2010年7月24日田国强与季卫东在"文汇讲堂"的对话。

小平1986年9月3日在会见日本公明党委员长竹入义胜时就曾提到:"进行政治体制改革的目的,总的来讲是要消除官僚主义,发展社会主义民主,调动人民和基层单位的积极性。要通过改革,处理好法治和人治的关系,处理好党和政府的关系。"① 如前所述,法治是一个以多数人和多元利益并存为基础的社会调整机制,民主制度的不健全往往会带来法治上的欠成熟。当前,中国还是一个关系社会,而不是一个契约社会、法治社会。其根源是政府的触角无所不至,过度干预经济,使得规则让位于"关系",这本身就说明中国的市场制度还不是非常成熟。

那么,民主要靠什么来保证呢?靠分权(或放权),分权保障了一定的民主。具体来说,包括政府部门之间分权,上下级政府之间的分权,政府和民间的分权,以及民间内部、不同群体、不同人之间的分权,即不让财富和权力集中在少数人或利益集团手上。分权对保证民主非常关键。为什么要分权呢?是由于信息不对称和个体逐利。由于经济社会活动方面的信息是不对称的,因而往往需要采用分散化决策的方式,再加上个体的自利性,为了调动人们的积极性,需要给予人们尽可能多的自由选择权。②

只有民主与法治、分权相结合,才有可能跳出历史周期律支配。只有重视大众对政府的监督,用制度来约束政府及其领导人,才能彻底解决长期执政和实现国家长治久安的制度和体制问题。为什么世界上绝大多数国家都实行市场经济,其经济绩效和社会效果会有非常大的差异?一个重要的原因就在于,有些国家在体制转型的系统中,其他体制改革难以满足对经济体制改革的配套和支撑,没有建立起相应的法治环境、民主制度,权力过于集中,陷于权力设租、寻租的权贵资本主义的泥淖中难以自拔。所以,有效市场的必要条件是有

---

① 关于政治体制改革问题[M].//邓小平文选(第三卷).北京:人民出版社,1993.
② 法治、民主和分权三者之间内在逻辑关系的详细讨论见王一江.国家与经济[J].比较,2005,18.

限政府，大量减少直至消除政府角色越位和错位的现象。建立有限政府，关键是要让公权力的行使受到法律的约束和民众的监督。随着中国改革开放的深层次发展和矛盾问题的不断涌现，法治建设正变得日益紧迫，成为中国顶层设计中刻不容缓的议题之一，随之而来的还有如何让法治落地，用法治精神筑牢中国梦的问题。

二、改革开放以来中国的法治建设进程回顾

改革开放以后，经历了十年"文革"梦魇的中国，开始重新擎起民主法制的旗帜，对过去否定法律、轻视法律、以言代法、有法不依、政策就是法律等错误思想和做法进行系统纠偏。1979年，中共中央在《关于坚决保证刑法、刑事诉讼法切实实施的指示》中强调，刑法、刑事诉讼法等7部法律通过后，"它们能否严格执行，是衡量我国是否实行社会主义法治的重要标志"。这是中华人民共和国成立后，包括十一届三中全会以来，在党和国家的重要文件中首次使用"法治"这一概念。自此以降，中国的法治建设走上了一条崭新的道路。

首先是宪法核心统帅地位得到彰显。宪法是国家之磐石、九鼎之重器，带有根本性、全局性和长期性。现行宪法颁布于1982年[①]，数亿人参加了对新宪法草案的讨论，这也是中国立法史上第一部公开表决结果的法律，其后又经历

---

① 这部宪法并恢复了被1975年宪法和1978年宪法所取消的司法独立和法律平等原则。对于这些民主法治基本原则和价值的追认，也是现行宪法的生命力得到保障的重要原因。其实，中国第一部宪法性文件是1908年清政府颁布的《钦定宪法大纲》，由宪政编查馆参照1889年的《日本帝国宪法》制定，内容上有"君上大权"和"臣民权利义务"两部分组成。但是，由于错过了改革的时机，并且其只是使君权宪法化而没有给人民带来民主权利，所以终究阻挡不了清朝政权的灭亡大势。

了四次修宪，内容涉及对基本国情和国家根本任务、经济体制、非公有制经济的宪法地位、完善保护公民合法私有财产的制度、尊重和保护人权、基本治国方略等重大问题认识的不断深化[1]，将改革开放中的一些成功经验肯定下来并上升为国家意志，为民主政治和社会经济的发展提供了根本保障。如同习近平2012年12月在现行宪法颁布30周年纪念会上指出的，"宪法的生命在于实施，宪法的权威也在于实施"。宪法不仅是一个文本，不能只停留在纸面上，其中规定的公民权利、对超越宪法和法律的特权的约束等如果不能在实践中真正落到实处，那么法治还是空谈。

其次是法律法规体系逐渐建立健全。"有法可依、有法必依、执法必严、违法必究"是十一届三中全会就确定了的法治方针，而其中有法可依则是改革开放之后填补法制空白或盲区的首要方针，由此进入了一个立法爆炸期。据统计，截至2011年8月底，中国已制定现行宪法和有效法律共240部、行政法规706部、地方性法规8 600多部，涵盖经济、政治、社会、文化和生态文明等各个方面。这还是2009年国家对法律法规全面清理之后的数据，其间全国人民代表大会废止了8部法律、国务院废止了7部行政法规，地方各级人民代表大会及其常务委员会废止了地方性法规455部。[2] 这里就涉及两个问题：一是法律是不是越多越好？不尽然。当法律干预了不该干预的领域，例如过多地

---

[1] 例如1988年宪法修正案规定，国家允许私营经济在法律规定的范围内存在和发展；土地的使用权可以依照法律的规定转让。1993年宪法修正案规定，国家实行社会主义市场经济；中国共产党领导的多党合作和政治协商制度将长期存在和发展。1999年宪法修正案规定，国家实行依法治国，建设社会主义法治国家；国家在社会主义初级阶段，坚持公有制为主体、多种所有制经济共同发展的基本经济制度，坚持按劳分配为主体、多种分配方式并存的分配制度。2004年宪法修正案规定，国家鼓励、支持和引导非公有制经济的发展，并对非公有制经济依法实行监督和管理；国家建立健全同经济发展水平相适应的社会保障制度；公民的合法的私有财产不受侵犯，国家依照法律规定保护公民的私有财产权和继承权；国家尊重和保障人权等。

[2] 中华人民共和国国务院新闻办公室. 中国特色社会主义法律体系[M]. 北京：人民出版社，2011.

介入个人私域,反而可能会造成人们的行为扭曲。二是法有良法、恶法之分,只有基于善法之上的治理才是真正的法治。也就是亚里士多德在其《政治学》一书中所指出的:"法治应包含两重含义:已成立的法律获得普遍服从,而大家所服从的法律又应该本身是制订得良好的法律。"①

第三是政府依法行政得到一定推进。法治政府是法治国家最重要、最核心的部分,改革开放以来政府对这一定位的确认越来越明晰。1999 年,国务院就曾颁布《国务院关于全面推进依法行政的决定》,将依法行政界定为依法治国的重要组成部分,并明确了建设廉洁、勤政、务实、高效政府的内在基本要求。2004 年 3 月,国务院又颁布了《全面推进依法行政实施纲要》,明确提出了建设法治政府的任务,并争取 10 年内基本实现这一目标。2008 年 2 月,十七届二中全会通过《关于深化行政管理体制改革的意见》,提出"遵守宪法和法律是政府工作的根本原则"。2010 年 11 月,国务院又发布了《关于加强法治政府建设的意见》。然而,三令五申的背后则是法治政府建设进度的迟缓:政府职能转变不到位,对微观经济运行干预过多,公共服务比较薄弱;政府机构设置不尽合理,部门职能交叉、权责脱节、效率不高、效能不好;滥用职权、以权谋私、贪污腐败等现象未得到有效遏制。

第四是司法体制改革持续深化推进。一般认为,在法治结构体系中,立法"分配正义",行政"运送正义",司法"矫正正义"。② 司法制度作为实现社会正义的最后一道防线,直接维系着社会的公平正义与稳定和谐。十五大报告首次提出"推进司法改革",其后在历次重大决议中都可以看到有关表述,十六大提出"推进司法体制改革",十七大提出"深化司法体制改革",十八大提出"进一步深化司法体制改革",十八届三中全会则做出了更为全面的司法体制改

---

① [古希腊]亚里士多德,吴寿彭译. 政治学 [M]. 北京:商务印书馆,1965,152～153.
② 参见余和平. 关于司法体制改革的思考 [J]. 民主法制建设,2003,12.

革部署，涉及司法管理体制、司法权力运行机制、人权司法保障制度，等等。不过，目前看来，我国在司法独立、司法公正、司法权威、司法公信上依然存在一些深层次问题。

三、历史与国际视角下的法治建设启示

（一）中国古代法家思想及其现代意义

从春秋战国到秦朝，从李悝著《法经》到商鞅变法，法家思想逐渐成为主导的治国理念渊源。所谓"汉承秦制"[①]、"百代皆行秦政"[②]，这里的秦制、秦政，很大程度上就是法家之制，特别是商鞅变法形成之制。尽管作为一个改革者商鞅连自身的性命都不保，但正如汉代王充所说的："商鞅相孝公，为秦开帝业。"（《论衡·书解篇》）商鞅在变法过程中意识到，如果新法得不到老百姓的信任和支持，那么贯彻执行起来就势必会遇到重重困难，于是通过"立木取信"和"刑太子傅"这一赏一罚，很快就树立起了政府的威信，保证了新法令自上而下在官员、百姓中的顺利推行。

在商鞅之后，法家思想的集大成者韩非子则提出了法、术、势三位一体的法制治理思想体系。法，就是统治者颁布的法令、政策、制度，赏罚都要以之为据，通过严刑厚赏使之成为整个社会的行为准则和规范。并且，要做到"法不阿贵""刑过不避大臣，赏善不遗匹夫"（《韩非子·有度》）。术，就是国君通过分权制衡来统御群臣的权术，法和术必须结合起来。势，就是国君统治所

---

① 商鞅在国都集市南门外竖起一根三丈高的木头，招募民众谁能把这根木条搬到集市北门，就奖十金。百姓感到奇怪，没有人敢来搬动。于是，商鞅将奖励标准提高到了五十金。有人应召把木头搬到北门，商鞅立刻命令给他五十金。
② 当时秦太子犯法，商鞅执法不避贵势，对其师傅公子虔、公孙贾施以刑罚，在秦国引起巨大震动，由此上下都能奉公守法。

依托的权力和威势。韩非子认为，要推行法令和使用权术以实现变法强国，必须依靠和利用权势。商鞅之所以在国君更替之后落得车裂结局，最根本原因就是大势已去，原有的皇帝不在了，又失去了新的中央最高掌权者的支持，无法取势、树势、借势、顺势将改革引向深入，反而使其自身身陷囹圄。

可见，中国古代法家的思想对于秦始皇统一六国、建立中央集权的封建专制国家起到了非常重要的作用，也为后世所一再仿效。中国的统一和国家统治体制的建立，可以说是法家的功劳。封建时期的中国其统治管理体制没有多大变化，从而就有了所谓"百代皆行秦政"。然而，法家的思想有一个最大的问题，就是只看到了人在争权夺利时的残酷，而忽略了血缘关系对人的情感和行为的影响。其实，任何动物都有两重性，既有残酷争夺的一面，也有舐犊之情。如果一味地用法家的思想，不考虑其他制度安排，往往导致高压和强权，不能形成和谐社会，这个政权是维持不了多长时间的，因此秦始皇去世之后秦朝二十年就结束了。尽管之后的每一个朝代都在采用其基本的制度，但是还要吸收其他的制度安排。

实际上，儒家、道家、法家的思想各有所长，但也各有所短，如果独尊一家、单独使用都会带来非常严重的不良后果。相反，管子的思想则讲求综合，并用以治，主张采取"拘之以利，结之以信，示之以武"①（《国语·齐语》）的综合治理政策，这也是为什么其后的诸子百家的学说都可以从管子这里找到思想渊源的原因，后世李斯、萧何、桑弘羊、诸葛亮、王安石、张居正等历朝名相，也无不从管子的治国之道中汲取了思想力量。但是，管子的综合治理思想对制度建设和法治没有给予足够的重视。在现代市场经济环境中，要治好国、做成事、做大事，人们必须同时采用法规治理、激励机制、社会规范这三

---

① 这与我们所提倡的"待之以利、动之以情、晓之以理"三个制度安排也有一定对应，但也有差异。

个基本制度安排。关于综合治理的思想，老子其实也谈到了，也就是："以正治国，以奇用兵，以无事取天下。"需要指出的是，不能误解老子无为而治的意思，不是要我们完全不管，其前提就是建立团队，政府要发挥作用，同时要建立规则，就是基本的法律制度安排。

（二）西方国家转型期的法治建设

西方各国大多也曾先后经历过社会经济转型的过程，其法治建设进程随之也发生了深刻变革。这里，我们简要论述这些国家不同转型时期法治建设的基本特征及其启示。

一是在立法进程上，从私法到公法。以美国为例，其社会经济转型最为剧烈的时期大致是 19 世纪末到 20 世纪前期（与中国当前所处的转型期较为相似），当时的法治建设重点是保护财产权和个人自由，健全市场竞争的法治要素。自罗斯福新政时期开始，在其以救济（Relief）、复兴（Recovery）和改革（Reform）为核心的政策下，则形成了以《联邦紧急救济法》（1933）、《国家劳动关系法》（1935）、《社会保障法》（1935）等一大批与公民福利相关联的社会法，开始更加关注社会公平。但与此同时，以总统为代表的行政机关的权力也日益膨胀，于是作为保障私权不受随意干预和破坏而存在的公法开始逐渐全面崛起。第二次世界大战之后，《联邦行政程序法》（1946）、《司法审查法》（1950）、《信息自由法》（1967）、《政府公开法》（1976）等相继颁布实施。

二是在权力分配上，限公权、保私权。随着市场经济的发展、市民社会的形成，特别是 20 世纪六七十年代的经济滞胀，里根经济学、撒切尔主义开始兴起，里根在其总统就职典礼上说："政府并不是解决问题的方法，政府本身才是问题所在。"由此，政府对市场的干预、对公民权利的侵犯开始受到限制。同时，公民的基本权利则从基本人身权扩展到经济、政治、社会和文化等各个方面，市场和社会的自治力在此过程中也开始得到培育，大量涉及环保、医疗、宗教、慈善等各领域的维护私人和团体利益的非政府组织开始出现。在这个转型过程中，国家公共权力的分配也发生变化，立法权、行政权和司法权之间的相互制约关系被进一步强化，大陆法系国家也开始相继建立司法审查制度。

三是在行政改革上，破官僚优服务。20世纪70年代之后，西方各国的行政管理体制普遍陷入结构僵化的官僚格局，公共行政改革被引入改革议程。例如1978年美国颁布《文官制度改革法》，首次用法律形式确立政府文官的竞争择优机制，这对其提高政府行政效率、调动公务员积极性等起到了一定的作用，而前面提到的《信息自由法》《政府公开法》《联邦咨询委员会法》（1972）等则赋予了公民对于公共行政过程的知情权和参与权。同时，公共服务开始成为现代政府职能的核心，建设服务型政府成为各国法治建设和国家治理体系建设中的一个重点。无论是英国1991年颁布的《公民宪章》，还是美国1994年颁布的《顾客至上：服务美国民众标准》，都是旨在提升公共服务质量和水准的重要措施。

四、以法治改革促进国家治理体系和治理能力现代化

在中国进入全面深化改革的新的历史时期，法治改革也要与时俱进，并贯穿到经济体制、政治体制、文化体制、社会体制和生态文明体制的全方位联动改革之中，真正做到法治国家、法治政府、法治社会的一体化建设，实现国家治理体系和治理能力现代化。具体而言，应该从以下几个方面着力推进法治改革和法治建设。

（一）加强宪法实施，维护宪法权威

除了完善立法，更重要的是实施。宪法的生命在于实施。第一，可以考虑

在全国人民代表大会机构中设立与其他专门委员会平行的宪法委员会，专门负责对法律、行政法规和地方性法规的合宪性审查和备案审查。第二，可以通过经常性的宪法解释，来保持宪法的稳定性和动态适应性，帮助人们统一、深化对宪法的认识和运用，确立宪法价值体系的共同基础。第三，应根据十八届三中全会精神积极稳妥地修改宪法，将全面深化改革的有关决议通过国家根本大法固化下来、推广开来，通过宪法的权威来确保改革不因政府换届或人员变动而出现停滞或倒退。

（二）推进民主立法，重塑公法价值

与中国下一步全面深化改革相适应，立法工作也应适时跟进，尤其要加强在社会、文化和生态文明等重点领域的立法，并拓展公众参与立法的途径。立法的民主化是要调整不同利益群体之间的关系，以便做出公共决定。与此同时，需要注意的是，对于市场的立法不是越多越好、越细越好，而是宜粗不宜细，因为这里面是信息高度不对称的，如果一个法律难以执行、监督成本过大，那么就没有存在的必要。相反，对于政府的立法则应该是越细越好，因为政府的公共行政有巨大的外部性，所以，随着中国政府从发展型全能政府向服务型有限政府转变，与之相应的公法建设也要跟进。没有一个成熟发达的公法制度体系，中国的民主政治建设也难以得到保证。

（三）深化司法改革，保证司法独立

司法独立是现代法治概念的基本要素之一，我国宪法第126条和第131条也对法院和检察院之于行政机关的独立性做了明确规定，如何真正落实到法治体系中去则需要深入研究探讨。首先，要正确处理好人大与司法、中纪委与司法、政法委与司法、媒体与司法、公众与司法及公、检、法之间的关系，确保审判机关、检察机关能够真正依法独立公正地行使权力。其次，要正确处理行政与司法的关系，防止司法行政化及行政对于司法的干预，按照十八届三中全会《决定》提出的要求"探索建立与行政区划适当分离的司法管辖制度"，司法机关的垂直化管理将斩断其与地方权力部门之间的利益输送纽带。再次，要进一步增强司法的透明度、民主性和专业化，拓宽民众的司法参与渠道，充分发挥司法在国家和社会公共治理中的救济作用。

（四）全面依法行政，建设法治政府

一个成熟的现代市场经济，要求政府领导方式和行政运行方式必须向规范化、有序化、制度化、法治化转变，同时这个转变要牵住"牛鼻子"，这样才能起到事半功倍的效果。第一，要按照十八届三中全会《决定》要求，"普遍建立法律顾问制度"，"完善重大决策合法性审查"，为政府立法项目和行政决策提供法律咨询。第二，要加强对现有行政法规、规章和规范性文件的定期清理，对于与简政放权、政府职能转变、服务型政府建设不相适应的法规要及时予以废止，让政府行政建基在良法之上。第三，要对法治政府的内在要求进行分解、细化和量化，将法治政府建设用量化的指标体系固化下来，让法治建设也成为政绩，突破考核体系的唯GDP主义。

五、结语：让法治深入人心

总之，中国要真正充分发挥依法治国的全部优势，实现"法治国家、法治政府、法治社会"的一体化建设，还有很长的路要走，这也是十八届三中全会多次强调建设法治中国的原因。在全面深化改革的大局中，迫切需要以法治凝聚改革力量，以此形成"自上而下、自下而上"上下联动的改革势态及最大公约数的改革共识，也即是：由中央权威确定法治改革的方向、方针、战略、愿景、整体方案的顶层设计和顶层推动，由立法机关来推动法律法规的更新和完

善，促进司法独立和严格执法；同时，以社会公众的意志为导向，以公众诉求和市场需要为基础，推动自下而上的法治改革，让法治理念落到基层，深入人心。

（2013 年 12 月）

参考文献

［1］吴敬琏.呼唤法治的市场经济［M］.北京：生活·读书·新知三联书店，2007 年.
［2］钱颖一.市场与法治［J］.经济社会体制比较，2000，3.
［3］Olson，M.. *The Logic of Collective Action* ［M］. Cambridge：Harvard University Press，1965.
［4］Olson，M.. *The Rise and Decline of Nations* ［M］. New Haven：Yale University Press，1982.
［5］Olson，M.. *The Power and Prosperity*，*Outgrowing Communist and Capitalist Dictatorship*［M］. New York：Basic Books，2000.
［6］关于政治体制改革问题［M］.//邓小平文选（第三卷），北京：人民出版社，1993 年.
［7］王一江.国家与经济［J］.比较，2005，18.
［8］中华人民共和国国务院新闻办公室.中国特色社会主义法律体系［M］.北京：人民出版社，2011‐10.
［9］［古希腊］亚里士多德著，吴寿彭译，政治学［M］.北京：商务印书馆，1965，152～153.
［10］余和平.关于司法体制改革的思考［J］.民主法制建设，2003，12.

63

现代国家治理视野下的政治体制改革*

提要：在全面深化改革的时代潮流下，与国家治理体系和治理能力现代化的目标任务相适应，当前中国政治体制改革的重要性和迫切性正日益凸显。政治体制改革的实质在于要解决民主、法治及宪治的问题，其核心是解决权力过于集中、监督制衡不足的问题。中国要跳出历史兴亡周期律实现长治久安，就必须在权力资源的再配置上着力，通过有效分权制衡，极大地压缩权力寻租和腐败的空间。经历了三十多年的改革开放，中国对于现代国家治理四大要素"分权、民主、法治、宪治"系统建设的认知，尤其是在中国宪法框架下，宪治对于民主政治的根本法治保障作用，正在逐步明晰。然而，目前中国政治体制改革仍面临着惯性思维和利益集团阻滞两大关键瓶颈，亟待从权力制衡架构、国家治理结构、分权框架体系等三个方面，进行多重意义上的分权改革，以切实解

---

* 本文载于《学术月刊》，2014年3月。合作者陈旭东，上海财经大学经济学院博士生、高等研究院助理研究员。本文为上海市哲学社会科学规划课题"和谐社会构建、现代市场制度完善与政府治理模式创新"，上海财经211工程四期建设项目和上海财经大学研究生创新计划项目科研创新基金（2013110430）的阶段性成果。本文另载于《中国改革——历史、逻辑和未来》一书中，中信出版社，2016年9月，第2版。

决权力过于集中这个"总病根"。

改革开放以来,中国经济体制改革取得了巨大成就,政治体制改革也取得了一定的进步,但是在经济中心主义的渐进式改革模式下,政治体制改革的步伐相对滞后于经济体制改革和经济发展需要,影响了其他方面的改革,由此没有形成政治、经济、社会、文化、生态文明的联动改革。这在很大程度上增加了实行综合治理的难度,其所累积起来的矛盾和问题已经成为中国下一步改革和发展需要加快突破的瓶颈因素。其实,对于政治体制改革的必要性,邓小平早在1986年就曾深刻指出:"现在经济体制改革每前进一步,都深深感到政治体制改革的必要性。不改革政治体制,就不能保障经济体制改革的成果,不能使经济体制改革继续前进,就会阻碍生产力的发展,阻碍四个现代化的实现。"[1] 这一振聋发聩的政治体制改革呼声,目前看来依然是适用的,并且在全面深化改革的背景下显得更为迫切。

一、兴亡周期律与现代国家治理四要素

我们不是为了政治体制改革而政治体制改革,其重要性和迫切性在于,如果政治体制改革步骤继续与经济改革、社会发展相脱节和失衡,权力没有被关进制度笼子里而得到有效制约,会导致一系列更严重的问题,不仅难以有效解决旧的不合理体制机制的弊端,无法保障经济改革的成果和继续推进经济体制改革,合理界定和理清政府与市场、政府与社会的治理边界,更严重的是权力制约没有制度性保障,使得腐败就无法根除,从而失去公信力,造成民怨载

---

[1] 邓小平:关于政治体制改革问题[M].//邓小平文选(第三卷).北京:人民出版社,1993,176.

道、社会不稳。的确,当前最大的危险就是腐败①越演越烈的问题。这个问题解决不好,会使得权力寻租、设租活动不断滋生和蔓延,腐败政治力量的发展就得不到有效制约和遏止,那么经济体制改革也必将无法进行下去,无法向好的市场经济发展,实现资源的有效配置和创新驱动的转型发展,最终使政治垮台,人亡政息,难以实现长治久安,无法跳出黄炎培1945年与毛泽东在延安窑洞所论及的"其兴也勃焉,其亡也忽焉"的历史兴亡周期律。② 2012年12月,习近平走访民主党派中央和全国工商联,针对贪污腐败问题,重提了毛泽东的历史周期律谈话,提出要高度警惕跳不出兴亡周期律的问题。③

兴亡周期律是一个经验规律,但规律也有其适用边界。那么,如何创造一个能够跳出历史兴亡周期律支配的政体,实现长期执政和国家的长治久安呢?毛泽东指出了路径——民主。毛泽东给黄炎培的回答是:"我们已经找到了新路,我们能跳出这周期律。这条新路,就是民主。只有让人民来监督政府,政府才能不敢松懈。只有人人起来负责,才不会人亡政息。"④ 民主能保证长治久安的这一论断为政治体制改革指明了方向。2004年,十六届四中全会再次尖锐提出:"我们必须居安思危,增强忧患意识,深刻汲取世界上一些执政党兴衰成败的经验教训,更加自觉地加强执政能力建设,始终为人民执好政、掌好

---

① 吴敬琏是国内最先引入寻租理论从经济体制框架特征角度来研究腐败问题的经济学家之一,他将腐败的根源归结于"旧的行政权力垄断"。参见吴敬琏:《〈腐败:权力与金钱的交换〉再版前言》,《经济社会体制比较》1995年第4期。
② 中国历朝历代很少有超过200年的。尽管汉朝有426年,但分为西汉和东汉,中间出现了王莽篡权;宋朝有319年,但分为北宋和南宋,中间出现了皇帝被掳;唐朝有289年,其中有武则天执政的周朝。明朝(276年)和清朝(268年)尽管超过了200年,但已经进入了末期,衰亡的迹象非常明显,一直到最后分崩离析,土崩瓦解,被下一个朝代(政权)所取代,最终都没有办法打破"人存政举,人亡政息"的历史魔咒。
③ 参见"'社会主义民主政治道路会越走越宽广'——记习近平总书记走访各民主党派中央和全国工商联",新华网,http://news.xinhuanet.com/2012-12/27/c_124153180.htm,2012年12月27日。
④ 参见黄炎培:《延安归来》,载黄炎培《八十年来》,北京:文史资料出版社,1982年,第148—149页。

权。"十八大报告在关于"推进政治建设和政治体制改革要抓好的重要任务"的论述中,也将民主政治提到了前所未有的高度。

加强执政能力建设,可以解决短期执政的问题,但要真正跳出历史周期律,解决长治久安的问题,还必须从制度和体制入手。尽管民主是国家长治久安的必要条件,但是并非充分条件。从世界发展史来看,民主政府也可能会滥用、错用权力。如果没有强有力外在的法律监管、舆论监督,没有制度作为保障,失去制衡,民选政府也一样地可能凌驾于法律之上,走向腐败和专制(如南美一些国家),甚至是反人类(如法西斯的希特勒政府)。邓小平深刻地认识到了制度和体制的重要性,他指出:"我们过去发生的各种错误,固然与某些领导人的思想、作风有关,但是组织制度、工作制度方面的问题更重要。这些方面的制度好可以使坏人无法任意横行,制度不好可以使好人无法充分做好事,甚至会走向反面。……这种制度问题,关系到党和国家是否改变颜色,必须引起全党的高度重视。"[①] 这就凸显了法治(the rule of law)的重要性。

那么,法治靠什么保证呢?靠民主!要建立好的法治体系,就需要民主作为保障,制定合理有效的法律和规定,需要充分尊重民意。尽管民主不是经济发展的必要或充分条件,但民主一般能保证法律的公平和合理。民主要靠什么来保证呢?靠分权,分权保障了一定的民主。具体来说,包括政府部门之间分权,上下级政府之间的分权,政府和民间的分权,以及民间内部、不同群体、不同人之间的分权,即不让财富和权力集中在少数人或利益集团手上。分权对保证民主非常关键。为什么要分权呢?是由于信息不对称和个体逐利。由于经济社会活动方面的信息是不对称的,因而往往需要采用分散化决策的方式,再加上个体的自利性,为了调动人们的积极性,需要给予人们尽可能多的自由选

[①] 邓小平. 党和国家领导制度的改革[M].//邓小平文选(第二卷). 北京:人民出版社,1994,333.

择权。

这样，民主只有与法治和分权相结合，力行宪治，才有可能跳出历史周期律支配。只有厉行法治和分权，重视民众对政府的监督，用制度来约束政府及其领导人，切实确立宪治，才能彻底解决长期执政和实现国家长治久安的制度和体制问题。当今世界上最长寿的政治体制是英国在1688—1689年"光荣革命"后确立的君主立宪制，迄今已运转320多年，对内实现了长期和平发展。美国宪治立国基本也是如此，在短短不到240年时间里，一跃超过其他所有国家，拥有世界上各种最先进的高科技，聚集了世界上各领域最优秀的人才，几乎每个行业都占据着世界战略制高点，是世界最大经济体。稳固的政治体制为美国经济发展提供了稳定的环境，只发生过一次南北战争。

这样，政治体制改革的实质在于要解决民主、法治及宪治的问题，其核心是权力过于集中、监督制衡不足的问题，而不是许多人误解的，要解决轮流"坐庄"的问题。所有这些不仅要求政府权力必须是有限的，而且还要求国家权力的配置必须科学合理、协调高效，应该根据本国的历史、文化、国情、民情、地理、资源禀赋及经济社会状况来落实宪治。其实，如同邓小平曾指出的市场没有社会主义和资本主义之分一样，民主政治作为人类文明的一个核心价值也同样是如此，是中国跳出兴亡周期律的必由之路。民主政治、法治社会、宪治国家的落地，最重要的就是要建立起配置合理的权力架构和治理结构。

那么，如何才能建立这样一个权力架构和治理结构呢？关键要靠以法治作为保障的分权，因为政治过程是一个信息不对称和有外部性的过程，需要通过权力和资源的分散来对权力建立起制约和制衡机制，用制度来确保权力不被滥用。从中国的现实看，这个分权应该是多重的，首先是国家权力机构之间的分权，其次是政府、市场与社会之间的分权，再次是中央政府与地方政府之间的分权，这样的分权体系将大大压缩权力寻租和腐败的空间。其切入点是政府行政体制的改革，关键是要合理界定和厘清政府与市场、政府与社会的治理边界，让政府转型为有限政府和服务政府。然而，由于"把权力关进制度的笼子里",所涉及的范围广、领域宽、问题复杂,尤其是会触动到方方面面的人事关系和利益关系,所以要充分认识到政治体制改革的异常艰巨性和困难性。同时,政治体制改革也需要其他配套改革的跟进,比如财政体制改革、法治体制改革等。

十八届三中全会对中国政治体制下一步改革的总体部署是,"以保证人民当家做主为根本,坚持和完善人民代表大会制度、中国共产党领导的多党合作和政治协商制度、民族区域自治制度以及基层群众自治制度,更加注重健全民主制度、丰富民主形式,从各层次各领域扩大公民有序政治参与"。我们知道,衡量政治民主化的一个重要指标是政治参与度的扩大,并真正落到实处,让法律和政策落地,而不只是停留在文件、口号及媒体中。当然,我们也要注意到,政治民主化是一个渐进的过程,激进而又不适当的政治参与扩大会引发不稳定因素。邓小平曾强调说:"政治体制改革很复杂,每一个措施都涉及千千万万人的利益。"[1] 也就是说,其外部性是巨大的,改得好利国利民,改得不好则有可能会造成社会动乱,危及社会稳定和经济发展。

因此,对于中国这样一个人口庞大、内部结构复杂的大国而言,政治体制改革还是应该走一个循序渐进的过程,各项改革举措有先有后,有主有次,分步推进实施,落到实处,以解决权力过于集中这样一个久治不愈的"总病根"。这样,现代国家制度作为一个整体,从长治久安和经济长远可持续发展来看,在个体逐利和信息不对称这两个客观现实约束条件下,分权、民主、法治与宪治一环扣一环,四者缺一不可,它们共同构成现代国家治理的基本要素,需要联动改革和系统建设,这对以"四个转向"为基本内涵要求的中国下一步的改革发展路向,即从要素驱动转向效率驱动乃至创新驱动,从单一的经济改革转向全方位联动改革,从发展型全能政府转向服务型有限政府,从国际体系追随

---

[1] 邓小平. 一切从社会主义初级阶段的实际出发 [M].// 邓小平文选(第三卷),252.

者转向未来世界领导者,至为重要。

二、回望中国政治体制改革的历史进路

纵观 1978 年以来的这三十多年中国的政治体制改革,大致可以划分为以下五个阶段:

一是前期探索阶段(20 世纪 70 年代末至 80 年代中期)。改革开放之前,中国的政治体制脱胎于革命战争年代,带有较深的革命党的烙印,加上形成于社会主义改造时期,部分借鉴了苏联等社会主义国家的经验,是一种与传统计划经济体制相适应的政治体制,存在党政不分、职权交叉、权责不清、权力过于集中等弊端。"文化大革命"更是将这些弊端推到了一个极端,对国家、民族和人民造成了空前的浩劫。因此,原有的政治体制也成了改革开放之后拨乱反正的对象之一。这个时期,中国政治体制改革的一个纲领性文献是邓小平于 1980 年 8 月 18 日在中央政治局扩大会议上所做的题为"党和国家领导制度的改革"的重要讲话,其着眼点是探讨如何从党和国家领导制度这个层面进行改革以防止类似"文化大革命"的历史悲剧重演,从而实现国家的长治久安。

这一历史文献剑指改革开放之前党和国家民主生活中存在的"一言堂、个人决定重大问题、个人崇拜、个人凌驾于组织之上一类家长制现象",并将其作为实现党内民主和社会主义民主必须彻底消灭的现象。讲话还提出了六项重大改革:一是修订宪法,使之"能够切实保证人民真正享有管理国家各级组织和各项企业事业的权力,享有充分的公民权利";二是设立中顾委,腾出位置,让中央和国务院日常工作班子知识化、年轻化;三是真正建立并强化政府工作系统,解决党政不分问题;四是工厂、公司、院校等各单位的党委摆脱日常事务,主抓思想政治和组织监督;五是推广和完善企事业单位职工代表大会或职工代表会议制度;六是各级党委真正实行集体领导和个人

分工负责相结合的制度。①

二是全面部署阶段（20世纪80年代中后期）。随着1984年十二届三中全会做出《关于经济体制改革的决定》，中国经济体制改革开始由农村改革转向以城市为重点的全面改革。在此过程中，经济体制改革的全面和深入推进越来越受到政治体制改革滞后的掣肘，后者成为亟待突破的关键瓶颈约束。为此，邓小平在这个时期多次提出将政治体制改革列上议事日程并且需要一个蓝图将之具体化的必要性问题，他同时指出"我们所有的改革最终能不能成功，还是决定于政治体制的改革"②。1986年9月，根据邓小平的建议，中共中央成立了中央政治体制改革研讨小组，开始酝酿和设计政治体制改革的总体方案。1987年10月，十二届七中全会原则同意了《政治体制改革总体设想》，这一方案也明确了一条底线，即"决不能搞西方三权分立、轮流坐庄那一套"。

中共十三大做出了"把政治体制改革提上全党工作日程的时机已经成熟"的判断，并提出了实行党政分开、进一步下放权力、改革政府工作机构、改革干部人事制度、建立社会协商对话制度、完善社会主义民主政治的若干制度、加强社会主义法制建设共七个方面的具体改革部署。其中，党政分开是政治体制改革的重点，明确党的领导是政治领导、大政方针的领导，而不是具体政府行政事务的领导，这些确实是适应经济体制改革深化客观要求的改革。1987年11月和1989年12月，全国人大常委会先后通过了《村民委员会组织法（试行）》和《居民委员会组织法》，开始在基层社会生活中

---

① 邓小平. 党和国家领导制度的改革 [M].// 邓小平文选（第二卷），339~341页. 在这篇讲话中，邓小平还指出了一条今天看来依然存在的问题："我们的各级领导机关，都管了很多不该管、管不好、管不了的事……谁也没有这样的神通，能够办这么繁重而生疏的事情。这可以说是目前我们所特有的官僚主义的一个总病根。"当然，当时这更多是针对党政不分提出的，放到今天来看，更多的则是政府职能的越位和错位。
② 邓小平. 在全体人民中树立法制观念 [M].// 邓小平文选（第三卷），164.

逐步实现直接民主①，对于缺乏民主传统的中国人尤其是农民来说，这样一套民主规则和程序，无疑是一种民主的启蒙和开化。总体上，在这一改革蓝图的指引下，中国政治体制改革继续向前推进，取得了一定成效。

三是渐进调整阶段（20世纪80年代末至90年代中期）。受苏联解体、东欧剧变和政治风波的内外冲击，中国政治体制改革的思路和内容难免会受到一些影响，改革的进度也有所放缓。一些人将东欧剧变的原因归结于改革，特别是政治体制改革。这种思潮很有一定的市场，由此原来的以解决权力过分集中这个原有体制的"总病根"为重点的党政分开、下放权力等，也逐步演变成了进一步完善全国人民代表大会制度，完善中国共产党领导的多党合作和政治协商制度等。尽管如此，邓小平还是顶住了来自"左"的方面的巨大压力，强调十三大报告一个字也不能改，要毫不动摇地坚持十一届三中全会以来的基本路线和一系列基本方针、政策。

为了扭转"极左"思潮甚嚣尘上、改革开放基本陷于停顿的状况，1992年邓小平发表了一系列重要讲话，为中国市场经济体制的探索和建立拨开了云雾。这个时期比较重要的一项改革是适应建立市场经济体制的建设和发展需要，部分借鉴西方文官制度②建立了国家公务员制度，部分响应了邓小平在《党和国家领导制度的改革》中提出的"健全干部的选举、招考、任免、考核、弹劾、轮换制度"要求，也是十三大报告中提出的一项关于干部人事制度的改革重点，属于政治体制改革的大范畴。

四是引入法治阶段（20世纪90年代中后期至21世纪初）。1997年9月召开的中共十五大，在大会报告中将政治体制改革和民主法制建设并列论述，并

---

① 之所以农村村民自治先行，这也是鉴于人民公社制度在20世纪80年代初就逐渐解体这一政治现实而选择的填补权力真空的做法。其实，这在中华人民共和国成立之前的中国共产党的历史上也是有迹可循的。1941年陕甘宁边区为改选及选举乡、县和边区政府三级参议会发出指示信，信中指出："民主的第一着，就是由老百姓来选择代表他们出来议事管事的人。"参见徐鸿武. 社会主义民主建设与政治体制改革 [M]. 北京：人民出版社，2003，222.
② 其实，西方文官制度的创立也曾从中国的科举考试制度中汲取过一些有益的经验元素。

首次明确提出了"依法治国,建设社会主义法治国家"的目标和任务①。法治,是一个以多数人和多元利益并存为基础的社会调整机制,是现代国家治理体系中最核心的要素之一,也是区分好的市场经济和坏的市场经济的关键指标之一。法治的第一个作用是约束政府行为,其次才是约束经济人行为,归结起来也就是限制公权、保障私权。这也正是中共十五大报告提出的,要"维护宪法和法律的尊严,坚持法律面前人人平等,任何人、任何组织都没有超越法律的特权"。

要建立好的法治体系,就需要以民主作为保障,制定合理有效的法律和规定,需要充分尊重民意。民主②,特别是立法环节的民主同时也能制约执法者,防止执法者成为法治的破坏者,从根本上保证法治,这就是民主的好处③。中共十五大明确了今后一个时期政治体制改革的主要任务是"发展民主,加强法制,实行政企分开、精简机构,完善民主监督制度,维护安定团结"。十五届五中全会对政治体制改革的内容增加了两项:一是推进决策的科学化与民主化,二是扩大公民有序的政治参与。这个时期,进一步扩大城乡基层民主建设的政治体制改革得到推进,尤其是试行10年多的《村民委员会组织法》得到九届全国人大常委会的修订通过,村民自治得到了极大的推广。

五是民主深化阶段(2002年至今)。2002年11月召开的中共十六大提出了政治体制改革的三条原则:一是立足中国国情,二是借鉴但不照搬,三是加

---

① 不过,新华社、《人民日报》等国家媒体当时和后来一个时期在翻译"依法治国"时,还是采用的"rule by law"(法制)。对于法制和法治的区别,还没有很好的认知。直到后来的十七大报告,其英文翻译才被调整为"rule of law"(法治)。
② 许多人一谈到"民主",就狭义地理解为只是政治上的民主制度,这很不全面。所谓"民主"应有三重含义:(1)民主是保护自由的一系列原则和行为方式,是自由的体制化表现;(2)民主是以多数决定、同时尊重个人与少数人的权利为原则,尊重多数人意愿,并保护个人与少数群体的基本权利;(3)民主覆盖了社会的各个方面,从而民主的形式受本国的历史、文化、国情、民情、地理、资源禀赋及经济社会状况影响而有所差异,不是绝对的。
③ 2010年7月,田国强曾与季卫东在《文汇报》的"文汇讲堂",就中国市场经济下的法治秩序建立、司法制度设计等议题展开对话。

强制度建设。其中，关于中国要借鉴人类政治文明的有益成果，建设社会主义政治文明的提法，在党的重大文献中是首次提出。这次会议并将民主、法治、人权等政治制度的基本要素，从以往的"精神文明"范畴中独立出来，并以政治文明定义，成为与物质文明、精神文明相并列的一种文明形态，赋予其现代化全面发展的支柱性战略地位。

2007年的中共十七大，将基层民主提到了一个前所未有的战略地位，基层群众自治制度与人民代表大会制度、中国共产党领导的多党合作和政治协商制度、民族区域自治制度一道，被确定为中国社会主义民主政治的四大支柱。在推行以民主选举为核心的基层民主的同时，以党内民主带动人民民主的政治体制改革路径也得到了重新采纳。这一民主深化和发展策略其实早在中共十三大的时候就曾被提出来[①]。

在2012年12月召开的首都各界纪念现行宪法公布施行30周年大会上，习近平提出要"要更加自觉地恪守宪法原则、弘扬宪法精神、履行宪法使命""宪法的生命在于实施，宪法的权威也在于实施"。[②]这些论断都是值得高度称述的，民主政治的根本法治保障就是宪治。

其实，在中国宪法框架下，宪治的根本是制度之治、法律之治。所以，"宪治"就是建立在宪法基础之上的政治，既有法律之维，也有科学之维，也就是"法律之治"和"科学之治"的结合。这样，宪治就不只是属于西方、属于资本主义，但是要实现"科学之治"，还是应根据本国的历史、文化、国情、民情、地理、资源禀赋及经济社会状况等约束条件来决定宪治实现路径。其次，民主、法治与宪治应该协调改进和系统建设。最长治久安的理想政体是宪

---

① 中共十三大报告指出："以党内民主来逐步推动人民民主，是发展社会主义民主政治的一条切实可行、易于见效的途径。"
② 习近平. 在首都各界纪念现行宪法公布施行30周年大会上的讲话. http://news.xinhuanet.com/politics/2012-12/04/c_113907206.htm，新华网，2012-12-1.

治、法治和民主，三者兼而有之；其次是只有宪治和法治，民主不足；再次是只有民主而没有宪治和法治；最糟糕的则是既没有民主，也没有宪治和法治。也就是说，一个国家的民主可以不是那么完美，但不能没有宪治和法治，宪治、法治的缺失比民主缺失的长期后果要严重得多。由此而言，建设社会主义现代化国家还得借鉴人类文明的优秀成果，其中包括宪治中的合理因素。

回顾中国政治体制的改革起点和30多年来的改革进路，可以发现历届领导人为解决历史兴亡周期律问题逐步给出了明确的答案：毛泽东同志指出可以通过"民主"打破周期律，尽管在实践民主方面走了一些弯路；邓小平同志给出了答案的另一部分"法制"，提出"民主和法制两手都不能削弱""要加强民主就要加强法制"等；江泽民同志和胡锦涛同志则进一步把"法制"上升为"法治"，明确提出"依法治国首先要依宪治国，依法执政首先要依宪执政"[①]；习近平同志进一步提出宪法的生命在于实施，全面贯彻实施宪法，是建设社会主义法治国家的首要任务和基础性工作。世界潮流浩浩荡荡，中国舍宪治、法治之路将难以达至真正的民主政治，难以实现全面深化改革和构建和谐社会的战略目标。

三、下一步政治体制改革如何走出瓶颈

现有政治体制面临的核心问题，依然是改革初期就已经提出来的权力过于集中这一最大弊病。那么，为什么政治体制改革一直进步迟缓呢？首先，传统的政治体制依然有着较强的整合社会资源、动员各方力量的作用，特别是具有

---

① 邓小平. 党和国家领导制度的改革 [M].// 邓小平文选（第二卷），第189页；胡锦涛. 在首都各界纪念全国人民代表大会成立50周年大会上的讲话. http://news.xinhuanet.com/zhengfu/2004-09/16/content_1987867.htm，新华网，2004-9-15.

集中力量办大事的优越性。这种体制当然有其弊端所在,但是由于新的政治体制还在不断探索之中,远未完善,而受各种因素影响,尤其是政府与市场、政府与社会的治理边界界定不清晰、不合理,使得社会组织、市场力量在公共治理中的作用发挥又非常有限,难以填补公权力退出而留下的空白。如果破旧、除旧而新又未立,这就会给社会经济发展带来冲击,所以两害相权取其轻,接受现有体制的弊端并逐步改善之,成为政治体制改革的一种惯性思维。其实,不破不立,改革需要壮士断腕的勇气和决断。

其次,则是对于政治体制改革的路向缺乏共识,难以抉择。这与受到"左"的思想和盲目自大民族主义的干扰有很大关联,与前几年对于"中国模式"的争论有较大的相似性,很多人掉入了逢西方必反的窠臼,对于正常的学术探讨也首先考虑是不是一种阴谋论。并且,争论的双方常常又是处于两套不同的话语体系之中,难以实现有效对话。其实,宪治的本质是权力的制约,是"科学之治"。"把权力关进制度的笼子里",这个"制度的笼子"就是宪治、法治与民主。

无论来自哪个方面的阻碍,这种政治—经济失衡的体制转型,已经使得政府主导经济这种体制下的公共权力及其衍生带来的资源再分配权力,在越位进入市场的具体运行过程中,逐渐衍化为一种设租、寻租的能力,与市场中资本的不当联系越来越紧密,并且这种关系在体制转型中不断自我强化,使得权力—资本利益集团逐渐形成和壮大,导致了权钱交易的腐败现象的大量产生,成为当前最大的危机。如不解决,将导致亡党亡国,从而无法跳出周期律魔圈。与此同时,这也已经使得既得利益格局中的一些特殊利益集团,有很大的意愿和能力来阻止进一步变革的过程,将某些有利于其个体利益最大化的过渡性制度安排固化,将既有的发展路径锁定,使之出现改革的共识减弱、改革的勇气缺乏、改革的动力下降、改革的难度增加等问题,成为政治体制改革的最大阻力。

中国下一步的发展要解决经济效率同时又避免腐败,唯一手段就是采用市场经济、法治社会与民主政治这样的制度组合，当然还要合理界定和厘清它们之间的治理边界，这些都需要发挥中央权威政府的作用，实行顶层设计与"摸石过河"的联动改革。

正如邓小平所言，"改革，应该包括政治体制的改革，而且应该把它作为改革向前推进的一个标志。"① 当前中国的全面深化改革要向前推进，离开了政治体制改革同样也是难以实现的。十八届三中全会公报指出，中国的未来需要"发展更加广泛、更加充分、更加健全的人民民主"。下一步要继续以党内民主带动人民民主、以基层民主推动人民民主的路径继续前行，尤其是可以在目前村民自治制度业已取得显著成效的基础上，以县乡长直选民主制度建设为突破口，依法进行政治改革和民主深化。然而，民主政治的真正落地，最重要的还是要建立起"宪治、民主、法治、分权"四位一体的一整套的配置合理的公共权力架构和国家治理结构，只有在这样一个权力架构和治理结构下，我们才能最大限度地从制度上根治权力腐败。那么，如何建立这样一个公共权力架构和国家治理结构？关键要靠分权，并且应该是多重意义上的分权。②

第一，要建立与现代国家治理相适应的权力制衡架构，使人大、政协、政府部门、司法机关之间有效制衡又合理分工。按照依宪治国、依宪执政的要求，全面贯彻实施宪法，确保公权力的分配和运行得到监督和制衡，而不被滥用，实现法律之治和科学之治的结合，这样才能从制度上预防和治理腐败。首先，要真正赋予全国人民代表大会在宪法中所规定的最高权力，不能让行政权力凌驾于立法、司法机关的权力之上，将行政机关的权力装进宪治、民主和法治的"笼子"里。其次，要运用好人民政协这一政治组织和民主形式，研究如

---

① 邓小平. 在听取经济情况汇报时的谈话 [M].// 邓小平文选（第三卷），160.
② 周天勇等也曾建议政治体制改革应"沿着分权和放权的方向改革"。参见周天勇、王长江、王安岭. 攻坚：十七大后中国政治体制改革研究报告 [M]. 乌鲁木齐：新疆生产建设兵团出版社，2007，11~12.

何进一步提高人民政协的地位和作用，赋予政协更大责任和使命，使其同人民代表大会有机合作，对政府施政进行实质监督、审查。再次，政府行政机关要主动向人大、政协负责，自觉接受其监督，并维护监督的权威性，要形成可检测的制度性安排，避免流于形式，建立真正的问责式政府。此外，要进一步加强司法独立、司法公正，设置一个强大的司法系统，杜绝党政机关以任何形式干预法官的独立审判。这是一套兼顾了中国基本现实国情，吸收了西方民主政治有益要素，但又并未完全照搬、具有自主性的政治体制框架设想。

第二，要建立由国家政权机关、公民社会组织、市场经济个体构成的现代国家治理结构，发挥公民、社会组织及新闻媒体的监督作用。首先需要说明的是，"治理"与"统治"是两个不同概念，内涵殊异。治理是指随着公民社会组织和市场经济力量的发展壮大，由公民社会组织、市场经济主体单独或与国家政权机关一起对公共事务进行参与式治理的过程。也就是说，治理是由具有关联性、互补性的多个治理主体上下互动的过程，其权力向度是多元、互动、互补的。从某种意义上讲，治理概念是高于国家姓"资"姓"社"这些属性的一个中性概念。而在统治的概念中，国家政权机关的地位至高无上，其权力运行方向则是自上而下的，主要靠运用政府的政治权威和行政命令，来对市场、社会公共事务实行单一向度的管理，公民社会组织和市场经济主体的治理作用则得不到有效发挥。所以，统治概念往往又是与威权体制相关联的。

实际上，目前中国公民社会组织和市场经济主体的力量正在日益发展壮大，它们在从事公益事业和公共服务方面可以发挥的作用越来越不可忽视，完全可以并且已经开始对政府起到一定的补位作用。所以，政府、市场和社会三者在国家公共治理中并非零和博弈的关系，应该善加利用和引导。其关键就是合理界定政府与市场、政府与社会之间的治理边界，还权市场、赋权社会。并且，市场力量、社会力量的觉醒，特别是公民社会以及新闻媒体作为社会公器的崛起，也有助于对政府公权力形成有力的制约和监督。通过公民社会组织的利益整合、利益表达作用，可以成为在市场和政府之间进行制度化沟通的平台载体，避免市场与政府的直接接触，从而可以在一定程度上减少权钱交易腐败的发生，而新闻媒体的舆论监督也将使得腐败无所遁形。

第三，要建立中央政府和地方政府之间的分权框架体系，跳出"集权—放权—集权—放权"的循环，实现国家治理模式转型。这就需要厘清中央政府与地方政府的权力与责任边界，确保各层级政府的权力与其对民众的责任相对称，促进有限政府和服务政府的形成。那么，如何划分这个权力与责任边界呢？应该按照外部性、信息复杂性和激励相容性等基本原则来科学界定中央政府和地方政府的公共服务责任，并通过税制和政府间转移支付制度来保证这些责任有相应的财力支撑。政府间事权和支出责任的划分标准主要有三条[1]：（1）如果外部性主要发生在地方，其事权就应放权给当地政府处理。（2）如果信息分散程度越大，越不容易对称，越适合由地方基层来处理；信息分散程度相对较小，相对容易对称，且外部性属于全局的问题则适合由中央政府来处理。（3）一个激励相容的制度安排应该是中央政府和地方各级政府都按照划定的职能尽力做好自己的事情，可使全局的利益最大化。并且，有必要在法律上对中央政府和各级政府的财政权限、权利和义务关系做出规定，以增加权威性、稳定性和透明度。

可以期待，在上述以分权和放权为导向的公共权力架构和以政府、市场、社会三位一体为主体的国家治理结构的基础上，中国政治体制中权力过分集中这样一个"总病根"将能够得到有效根治，权力寻租、设租和贪污腐败的空间将得到大大压缩，民主将在宪法和法治的框架内得到深化发展，政府与市场、政府与社会之间的治理边界将得到合理界定，法规治理、市场激励、社会规范

---

[1] 关于此问题，楼继伟（2013）有比较详细的讨论。参见楼继伟. 中国政府间财政关系再思考[M]. 北京：中国财政经济出版社，2013，23~24.

三大制度安排将各归其位,中央政府和地方政府的权力与责任边界将得到科学划分,从而可以对社会经济生活起到更好的综合治理效果,对以政府职能转变为关键切入口的经济体制改革深化起到保驾护航的作用,推动中国国家治理体系和治理能力的现代化。

(2014年3月)

64

文化体制改革与文明价值认同[*]

十八届三中全会通过的《中共中央关于全面深化改革若干重大问题的决定》中有关"推进文化体制机制创新"的内容，为下一步我国文化体制改革指出了方向。

在中国经济建设、政治建设、文化建设、社会建设、生态文明建设五位一体的总体建设布局中，文化建设是一个具有价值牵引、人文塑造，且具有基础性和战略性的关键环节，对于人与人、人与社会、人与自然、人与自我的关系的和谐具有重要作用，从而对于其他四个方面的建设也会起到非常大的影响。因此，文化的发展、文明的进步，还需要打破一些不合理体制机制的束缚和过渡性制度安排的约束，以世界眼光和历史视角来重新规划下一步的改革方向，在一些基本原则和基本关系的处理上做出选择。

一、中国文化体制改革与发展轨迹

文化的发展不是孤立的，它是与整个社会的发展进程相伴随的。整体上，中国文化体制改革经历了三个阶段。

---

[*] 本文载于《文汇报》，2014年3月10日"文汇学人"版面。合作者陈旭东。

一是"文革"后的拨乱反正与20世纪80年代人文主义的复兴阶段（1978~1989）。改革之初，在经历了"文革"的极大破坏之后，文化体制改革的重要性已经呼之欲出。邓小平同志对文艺工作也提出了一些战略方向上的指示，"文艺的路子要越走越宽，在正确的创作思想的指导下，文艺题材和表现手法要日益丰富多彩，敢于创新。要防止和克服单调刻板、机械划一的公式化概念化倾向"①。

进入20世纪80年代后，随着国门的打开，新文化、新知识、新思想不断地冲击着国人的视听，一些传统的禁锢开始逐步被打破。在横向与纵向重新定位的新的精神参照系下，不同的价值观念、价值体系相互交织、相互碰撞。传统的集体主义、国家意识的价值观念开始松动，"个人""自我""自由""尊严"等价值诉求开始兴起，这从某种意义上其实也为其后90年代以个体理性为基础的市场经济的兴起奠定了价值基础。如果没有20世纪80年代的思想、意识形态与文化方面的大解放，从而形成上下改革的共识，很可能就没有随后将建立现代市场经济作为国策的可能性。

二是市场经济体制建设背景下的对内改革与对外开放阶段（1990~2005）。随着邓小平同志南方谈话的发表，以及市场经济体制建设目标的不断明确，文化体制改革也相应在探索中发生了转向。1996年十四届六中全会通过了《中共中央关于加强社会主义精神文明建设若干重要问题的决议》，决议提出"改革文化体制是文化事业繁荣和发展的根本出路"，改革要"遵循文化发展的内在规律，发挥市场机制的积极作用"，"改革要区别情况、分类指导，理顺国家、单位、个人之间的关系，逐步形成国家保证重点、鼓励社会兴办文化事业的发展格局"。市场机制在文化体制改革中的作用被赋予了应有的重视。

三是从四位一体到五位一体建设布局下的文化体制改革阶段（2006年至今）。2006年，中国首次提出了政治建设、经济建设、文化建设和社会建设"四位

---

① 邓小平. 邓小平文选（第2卷）（第二版）[M]. 北京：人民出版社，1994，211.

一体"的建设布局，到了2012年十八大上"生态文明建设"被写入建设布局之中，形成了"五位一体"的建设布局，并提出了"树立尊重自然、顺应自然、保护自然的生态文明理念"的明确要求，这反映了我们对文明内涵认知的深化。其实，中国传统文化中也有着非常丰富的生态文明思想元素，值得进一步挖掘。其间，在全球金融与经济危机冲击的背景下，中国第一部文化产业专业规划《文化产业振兴计划》于2009年由国务院常务会议审议通过，由此文化产业也被上升到国家战略性产业。

2011年4月，文化部颁布了《关于促进文化产品和服务"走出去"2011~2015年总体规划》，其目的一是服务国内文化建设，使其成为国民经济新增长点，二是服务外交大局，提升国家文化软实力。在《关于促进文化产品和服务"走出去"2011~2015年总体规划》中明确了一条基本原则，即"坚持政府为引导、企业为主体、市场运作为主要方式"，这条原则抓住了问题的要害，在文化产业、文化市场的建设上政府更多是起导向作用，文化在民间、在基层。同年10月，《中共中央关于深化文化体制改革推动社会主义文化大发展大繁荣若干重大问题的决定》得到十七届六中全会通过，为其后的改革提供了一个总纲。

在中共十七届六中全会的决定对当前中国文化发展中面临的突出矛盾和问题的概括中，有一条讲到"一些领域道德失范、诚信缺失，一些社会成员人生观、价值观扭曲"。这一概括对道德失范、诚信缺失、人生观和价值观扭曲的判断是准确的，当前中国已经到了必须加快重构社会共同价值观的重要时期。这不仅仅是大众的需要，也是对政府官员的需要。当然，这些需要从制度根源上入手来解决。而制度的建立和健全需要一定的时间，这样内在的基本价值观的建立和导引，作为正式制度的补充也是非常重要的。

二、进一步改革的重要性和必要性

目前，中国的文化体制改革发展与社会经济发展和民众文化需求还不完全适应，主要问题和矛盾表现在以下一些方面：

一是共同的价值基座有待夯实，很多人既没有对法律的敬畏，也没有对伦理的遵循，社会的人文关怀没有建立起来。这个构建之中的价值观体系应该起到稳定、凝聚和导向的作用，不能大一统、一刀切，要分层次、分类别，建立同心圆或相交圆的价值观体系。这个圆心或相交的部分，应该是最基本的做人的道理、共同人文价值理念，比如诚信、包容、感恩、奉献。"对人以诚，处事以信"是为人处事的基本准则，也是中国传统价值观的一个核心内容；包容心态也很重要，用经济学解释，很多矛盾都是由于信息不对称引起的，因此凡事不斤斤计较，抱着包容的心态一定能化解许多误解、误会，让这个社会更加和谐；感恩的意识，就是要感恩父母、感恩社会、感恩国家；奉献的精神，主要是要在别人需要帮助的时候多做雪中送炭的事情，当然做好自己的事情也是一种奉献。党的十八大提出以"三个倡导"为主要内容的社会主义核心价值观，对进一步促进国家主流价值观的形成，凝聚全国人民的思想共识将产生十分巨大的作用。

二是"百花齐放，百家争鸣"的双百方针需要进一步落到实处，以鼓励创新想法的思想形成。其实，在1979年10月召开的第四届全国文代会上，邓小平同志曾发言指出，"文艺这种复杂的精神劳动，非常需要文艺家发挥个人的创造精神。写什么和怎样写，只能由文艺家在艺术实践中去探索和逐步求得解决，在这方面，不要横加干涉"。这不仅仅是文学艺术发展需要遵循的方针，也是整个文化体制改革的一个重要指导原则。但现实是越来越多的报刊和网络文章简单地将东西方政治、经济、社会和文化对立起来，将富裕阶层和低收入阶层对立起来，造成了社会阶层、思想方面的分化，无法形成改革和发展的共识，这不仅会影响思想文化的创新创造，而且会让错误、偏激的思想得不到纠偏，从而可能影响整个改革的大局。

三是文化发展中政府与市场、政府与社会的关系没有完全理顺，政府缺位、越位、错位现象同时存在。例如，公益性文化事业与经营性文化产业的界定还不清晰，一些文化产业集团是"事业化体制、产业化运营"的二元体制结构，这样作为市场经济主体的趋利性与作为政府公共文化产品和服务提供者的社会公益性就存在着某种内在矛盾。此外，政府在公共文化产品和服务体系中面临主导乏力、引导不力的问题，这与其官办不分、政企不分、政事不分、职能交叉、行政管理成本过高有很大关联。

三、文化体制改革需理顺三大关系

在我们看来，文化体制改革的重点和关键是要理顺三大关系，即民族文化与世界文明的关系，文化传承与文化创新的关系，政府主管和市场主导的关系。

（一）民族文化与世界文明

现代化的交通工具和通信技术，导致不同文明背景下的民众之间的交流越来越频繁、全面、强烈、对称，这就带来了异质文化之间的相互激荡、交融和重构。中华文明、中国文化，是世界文明的一个重要组成部分，在民族文化和世界文明的关系处理上，应取的一个基本态度是兼容并包，不走极端，既不盲目自大，也不妄自菲薄。

实际上，中国有源远流长的历史和丰富厚重的文化，其中不乏足以支撑社会道德重建的思想资源，值得今天的社会重建汲取。我们一方面要汲取世界其他文明的有益元素，与中国的国情现实相契合，另一方面要珍视中国自身的文化资源，对如儒家、道家等这些中国传统文化中的精粹加以综合运用，并赋予它们新的时代特征和内涵，可以形成中国文化、中华民族的凝聚力，达到大多数人都能认同的最大公约数的共识。这样，也将有利于中国在全球意识形态领域的竞争中争取话语权，建立能够得到世界各国尤其是发展中国家认同的基本人文价值观体系，从而形成更为稳固和强大的国家软实力。

当然，在珍视自身历史文化资源的同时，我们也不能盲目自大、自我陶醉、自我膨胀。自信来源于实力，中国的国际文化竞争力还有长足的提升空间。

（二）文化传承与文化创新

文化创新是在文化传承的基础上完成的，我们对传统文化需要进行有组织的传承和保护，如果只是一味地开发利用，最终可能会导致传统文化的庸俗化、低级化甚至消亡。当然，文化传承也不意味着对传统文化不加批判，照单全收。传统文化中有精华，也有糟粕，不加辨别、取舍，其后果将是不堪设想的。随着生活水平的提高，人们对文化繁荣、文化创新的需求已经变得越来越迫切，而文化创新最需要的就是鼓励多元化、多样性，也就是真正落实"百花齐放、百家争鸣"的双百方针。只有这样，才能有不同思维的交流碰撞，才能有新思路、新想法、新理念的产生。

另一方面，文化与现代科技如通信信息、互联网、计算机、移动终端、可视互动等技术手段的融合，正成为实现文化产业整体转型升级的重要突破口。实际上，美国苹果公司的 iPhone、iPad 等产品也是基于人文精神与现代科技的碰撞、融合才得以诞生的。在这一发展趋势之下，一批以高新技术手段为依托、以数字信息内容为主体、以自主知识产权为核心的新兴文化业态正在中国出现。在这些新生事物诞生的过程中，必然会伴随产生许多新现象、新问题、新矛盾，如何看待和解决这些问题和矛盾，考验着政府的政策智慧和治理水准。

（三）政府主管与市场主导

随着中国进入中等收入国家行列，人民群众的精神与文化需求持续不断增长，各领域的各类文化现象千姿百态、层出不穷，但是目前的文化发展与繁荣尚未达至现实需要。分析这里面的因素，政府与市场的关系还需进一步理顺。政府要管的是公共文化服务体系建设，以此来确保民众所能享受到基本文化权益，并且这个基本文化权益的供给者也不一定完全是由政府来承担，市场力量、社会力量也应该参与进来，政府可以通过购买来实现其公共职能。此外，政府要做的还应该包括防止过度的商业化瓦解文化的公共性，使得公共文化资源作为公民基本权益被削减。政府要尊重文化发展、文艺创作的规律，积极引导市场和社会力量提供公共文化服务。这就需要政府推动文化管理部门转变职能，加快实现政企分开、政事分开，主动打破文化市场行政壁垒，并鼓励各类文化产品和生产要素广泛参与开放竞争的文化市场体系建设，回归政府本位。

（2014年3月）

65

医疗卫生体制改革：回顾、镜鉴与建议*

摘要：医疗卫生作为我国整体改革事业中比较滞后的一个部门，迫切需要抓住全面深化改革的时间窗口。长期以来，由于没有弄清政府、市场与社会在医疗卫生发展中的治理边界，医疗行业基本上仍在走计划经济、政府主导模式和垄断的老路。从公平和效率两个维度看，"医疗服务、医疗保障、公共卫生、药品生产流通"四个方面都存在着很大的问题。基于对国外不同医疗卫生服务供给机制和模式的综合考察，文章提出建立和健全医疗服务和医疗保险市场机制、实现基本医疗保障制度转换衔接、构筑均等化基本公共卫生防线、通过市场机制来激发医药创新等方面的建议。

一、引　言

国民健康是衡量一个社会发展进步的极其重要的基本指标之一，也是一国人力资本存量中的重要组成部分。改革开放以来，中国在国民健康方面取得了

---

* 本文为上海财经大学高等研究院 2014 年度政策建议书之二。合作者陈旭东。

非常显著的进步,来自国家卫生与计划生育委员会的数据显示,2010年人均预期寿命提高到74.83岁,比1980年提高接近8岁,婴儿死亡率则下降到13.1‰,5岁以下儿童死亡率下降到16.4‰,主要健康指标总体位居发展中国家前列。[①] 所谓"身体是革命的本钱",用经济学的逻辑来阐释就是,对国民健康的投资是一国人力资本保值增值的基本前提,可以带来与物质资本投资相类似乃至更高的投资回报。反过来讲,对于像中国这样一个10亿量级的人口大国而言,如果不能对国民健康进行持续的维护和改善,那么庞大的人力资源也很有可能会转化为巨大的人口负担和负资产,这将引致经济的波动、停滞甚至是衰退,以及社会的不稳定。

医疗卫生关系亿万国民的健康和生活质量,关系千家万户的幸福,是重大民生问题。这样,医疗卫生体制改革意义十分重大,但同时也是一项涉及面广、难度大的社会系统工程。再加上医疗卫生服务是一个既包括有一般商品属性的医疗服务(没有什么外部性,传染性很低,从而具有很强的排他性和竞争性,如癌症、心脏病、糖尿病等,绝大部分医疗服务是属于此类,从而市场应该发挥作用),也包括有公共商品属性的公共卫生服务(具有很强的外部性,从而市场会失灵,政府应该发挥作用)的双重属性行业,难以界定好政府与市场、政府与社会对医疗卫生的治理边界。这就导致改革难上加难,许多政策制定者和学者在医疗卫生体制改革的大方向甚至在学理上都没有弄得很清楚,没有明道,还处在市场好(由市场发挥决定性作用)还是政府好(由政府主导)的大争议中。特别是在传统计划经济思想和实践的影响下,后者往往占了上风。

由于理论探索没有先行,思想解放不够彻底,使得中国医疗卫生体制改革

---

① 国家卫生和计划生育委员会. 卫生事业发展"十二五"规划 [OL]. 2012-10-19, http://www.gov.cn/zwgk/2012-10/19/content_2246908.htm.

严重滞后,至今还没有一套比较系统的科学厘清政府、市场与社会三维关系的医疗卫生顶层设计整体方案出台。特别是由于没有弄清政府、市场与社会在医疗卫生发展中的治理边界,过度强调医疗卫生的公益性质而忽视了其一般商品属性的市场性质,使得医疗行业基本上仍然在走计划经济、政府主导模式和垄断的老路,"医疗服务、医疗保障、公共卫生、药品生产流通"四个方面都存在着很大的问题,导致了老百姓极为不满的"看病贵、看病难"现状和社会问题,使得公平和效率方面存在着严重问题。

具体说来,首先,医疗服务市场依然还是政府补贴的公立医院占主导的格局,这本应该是让市场充分发挥基础性和决定性作用的地方,垄断和不公平竞争导致的后果是医疗服务的有效供给严重不足,导致看病难的问题。其次,在医疗保障方面,目前中国的医疗保险网比较碎片化,有始建于1998年的城镇职工基本医疗保险,有始建于2007年的以城镇未成年人和没有工作的城镇居民为主要参保对象的城镇居民基本医疗保险,有始建于2002年的覆盖农村居民的新型农村合作医疗,前两者由人力资源和社会保障部门主管,后者由卫生和计划生育委员会管理。相对割裂的体制安排带来效率不高、制度衔接不顺、资源重复建设等突出问题,真正具有一定支付能力的常规稳定医保是城镇职工基本医疗保险,它只覆盖了全国1/4左右的人口,其他10亿多人特别是一些弱势群体则得不到稳定医保支持,导致看病贵的问题。再次,在公共卫生方面,自2009年才开始启动国家基本公共卫生服务项目,真正开始落实预防为主的卫生方针及促进基本公共卫生服务的均等化。最后,在药品生产流通方面,工业和信息化部负责生产,商务部负责流通,发改委负责药价调控,卫计委分管医院,药监局负责监管,存在多头管理、政出多门问题,同时,中国医药研发投入主体依然是国家和科研院所,新药研制与市场严重脱节,这与公立医院居于垄断地位和以药养医体制有很大关系。

在这些因素的共同作用下,导致目前中国的看病难,特别是医疗费用高昂,一些大城市的三甲医院,平均每次住院费用已超过年人均收入水平。"看病难、看病贵"已成为社会焦点议题，因病致贫、因病返贫现象还比较突出，农村乃至城镇普通职工家庭往往一个人得大病，全家都会陷入困境。然而，在高收费之下，人们还是选择去大型公立医院排长队就医，说明这还是一个竞争不足、供不应求的具有垄断性的市场，难以保证基本医疗服务的可及性和可负担性。与此相伴的则是，医患关系出现空前紧张，患者和医生之间的信任关系变得异常脆弱，暴力伤医案频频发生，单2012年全国就共发生恶性伤医案件11起，造成35人伤亡，其中7人死亡，28人受伤[①]。医患纠纷已成为社会不和谐的重要影响因素。这是由于医疗卫生领域的长年积弊所致，不是单靠加强安全防护所能根治的，需要医疗卫生体制改革的深化。

从下一步改革的方向上看，医疗卫生体制改革的重点和主要思路应该是让市场发挥基础性和决定性作用的条件下，开放医疗市场，引入竞争机制，增加医疗服务的供给，以此满足不断高涨的医疗服务需求。按照卫生和医疗的特殊规律来构建相应的体制和政策体系，进一步明确政府与市场、政府与社会在医疗卫生发展中的责任边界，以尊重市场规律为新改革的基点，用开放和竞争来提高医疗服务市场的有效供给，同时增强政府在医疗保障和公共卫生中的作用，合理界定政府与市场在药品生产流通中的治理边界。凡是市场、社会能够胜任的地方，就交由市场和社会去做；政府仅做那些社会需要而存在市场失灵和社会力量无法触及或不能持续的地方，多做雪中送炭的事情。也就是说，政府首先要努力确保人民群众基本公共医疗卫生服务的可及性和可负担性，保障公民最基本的健康权，这里可能会出现市场失灵，需要政府的介入，但政府要更好发挥作用不应是越位直接参与医疗服务供给，而是弥补医疗服务筹资上的缺位。公共医疗卫生服务完全可以通过政府购买等手段来实现，在信息不对称条件下补贴供方不如赋权需方。

---

① 李松. 医患冲突倒逼医改深化[J]. 瞭望新闻周刊，2013-11-2.

二、中国医疗卫生体制改革基本历程回溯

1978年之前，中国在计划经济体制背景下实行的是一种由公费医疗、劳保医疗、合作医疗组成的福利性医疗保障制度，这是在"面向工农兵、预防为主、团结中西医"的卫生工作方针下仿照苏联模式制定的。总体上，这是一个低水平的医疗卫生发展均衡。随着国有企业改革和农村包产到户的推进，原有的基于企业劳动福利的城镇居民医疗保障制度和基于人民公社的农村基层医疗体系亟待改革。1984年8月，卫生部起草了《关于卫生工作改革若干政策问题的报告》，提出"必须进行改革，放宽政策，简政放权，多方集资，开阔发展卫生事业的路子，把卫生工作搞好"。正是在这一政策的催动下，1985年以"给政策不给钱"的方式启动了医改，改革的主线还是放权让利，扩大医院的自主权，这差不多也是当时国有企业改革的思路。改革取得了与初期国有企业改革相类似的效果，即医院的效率极大改善和服务量持续增长，而财政对卫生的投入占比也开始逐步减少，个人医疗费用支付比例逐步提高。

在确立了社会主义市场经济体制的改革目标之后的1992年9月，国务院下发《关于深化卫生改革的几点意见》，其中曾提出要"遵循价值规律，改革医疗卫生服务价格体系，调整收费结构，保证基本医疗预防保健服务，放开特殊医疗预防保健服务价格。基本服务部分，适当调整技术劳务项目的收费标准，逐步实现按成本收费；特殊服务部分，分别情况实行浮动定价、同行定价或自行定价"。同时，要"积极推广形式多样、项目不同、标准有别"的医疗保险制度。1994年底，国务院率先在江苏镇江和江西九江进行了社会统筹与个人账户相结合的社会医疗保险制度试点，为全国性的医疗保险制度改革探路。经过1996年和1997年的试点扩围，1998年国务院颁布《关于建立城镇职工基本医疗保险制度的决定》，要求在全国范围内建立覆盖全体城镇职工的社会统筹与个人账户相结合的基本医疗保险制度。

2000年，为了解决医疗保险制度改革中面临的体制性障碍，国务院又做

出医疗保险制度、医疗卫生体制和药品流通体制三项改革同步推进的决策和部署。以 2000 年江苏宿迁公开拍卖卫生院为肇端,医院产权改革成为这个时期最为明晰的一条主线。2002 年 10 月,《中共中央、国务院关于进一步加强农村卫生工作的决定》明确指出:要"逐步建立以大病统筹为主的新型农村合作医疗制度","到 2010 年,新型农村合作医疗制度要基本覆盖农村居民"。2003 年,"非典"疫情在全国蔓延,政府开始反思医疗卫生体系和公共卫生体系的漏洞,进而开始检讨整个医疗卫生体制,市场主导和政府主导的争论也由此逐渐深入,不少人认为商业化、市场化不应该是医疗卫生体制的方向[①]。其实,中国面临的不是市场化过度的问题,而是政府定位不准、市场出现扭曲的问题,医疗保障制度的功能缺失与医疗服务的竞争性不足并存,其核心是政府与市场、政府与社会的治理边界没有得到合理界定。

"非典"更重要的意义在于,它使得政府意识到,在社会经济的发展中如果只偏重经济发展而忽视卫生、医保、社保等民生问题,这不是一种科学的发展观,会带来巨大的社会代价,从而也为新一轮的全方位医药卫生体制改革埋下了伏笔。2007 年,为了实现基本建立覆盖城乡全体居民的医疗保障体系的目标,国务院决定从该年起开展城镇居民基本医疗保险试点,其筹资方式以政府为主导,以居民个人(家庭)缴费为主,政府适度补助。2009 年 4 月,《中共中央、国务院关于深化医药卫生体制改革的意见》《医疗卫生体制改革近期重点实施方案(2009~2011 年)》相继正式出台,由此拉开新一轮医疗卫生体制改革的大幕。这两份文件确立了改革总体目标,即近期缓解人民群众"看病难、看病贵"的问题,远期建立覆盖全体城乡居民的基本医疗卫生制度,并遵循"保基本、强基层、建机制"的原则要求,明确了近期医改的五大重点:扩

---

① 相关讨论参见国务院发展研究中心课题组. 对中国医疗卫生体制改革的评价与建议(概要与重点)[J]. 卫生政策,2005,9:4~9;王绍光. 政策导向、汲取能力与卫生公平[J]. 中国社会科学,2005,6:101~208.

大医保覆盖面、建立基本药物制度、社区卫生机构建设、基本公共卫生服务均等化及推行公立医院改革试点，也涉及前面提到的"医疗服务、医疗保障、公共卫生、药品生产流通"四个方面。

不过，2009年的这一医改方案依然是建立在城乡二元结构基础之上的，虽然实现了基本全覆盖，但城乡居民分属不同的医疗保险体系，二者的医疗保障水平相差悬殊，公平价值难以实现，效率问题也比较突出。并且，方案依然强调"公立医疗机构为主导、非公立医疗机构共同发展的办医原则"，这一原则与医疗服务这样一个竞争性的市场属性是不相适应的，仍然没有确定市场化改革的大方向，医疗服务本应该放开给全民来做，打破垄断让市场来做。2010年，走市场化改革的方向终于露出了曙光，国务院印发《关于进一步鼓励和引导社会资本举办医疗机构的意见》，提出"鼓励和支持社会资本举办各类医疗机构"，"鼓励社会资本参与公立医院改制"，"适度降低公立医院的比重，促进公立医院合理布局，形成多元化办医格局"。应该来说，这一政策是与市场化改革的方向相一致的。但是，与其他很多好的政策一样，也遇到执行和落实的问题。

三、医疗卫生体系建设的国际镜鉴与启示

中国医疗卫生体制改革再次站到了一个十字路口之上，通过对国外医疗卫生服务供给机制的考察，可以为下一步改革提供一些有益的启示。目前，国外医疗卫生服务大致可以分为三大类。

一是政府主导型，以英国、瑞典为代表。英国国民医疗卫生服务体系（National Health Service）是欧洲最早也是最大的公费医疗体系，于"二战"后凯恩斯主义盛行的1948年建立，主要特点是强调政府责任和对弱势群体的公平，居民可以免费或以廉价方便获得基本卫生服务，卫生资源配置带有

很强的国家计划性。这一医疗服务体系由社区基本护理机构、地区医院和中央医疗服务机构组成,其中社区基本护理机构主要由开业医生和开业护士等自我雇佣者提供最基本的医疗保健服务,政府是通过合同购买的形式来采购其提供的全部医疗服务,这部分费用占到国家卫生服务体系总预算的75%[①]。显然,由政府完全兜底的垄断体制往往是低效率的,其带来的后果是看病难、效率差及过度医疗的问题,医疗服务需要长时间的排队等待,以及缺乏异质竞争作为提高服务质量的驱动力。

二是市场主导型,以美国为代表。美国的医疗保险,由公立医保(Medicaid与Medicare)、私营医保和管理式医保组成,医保覆盖率为85%左右[②]。2010年3月,美国发布了《患者保护和可负担的医疗保健法案》,试图通过强制购买医疗保险和降低医疗成本等提高医保覆盖率。目前而言,整个体系还是建立在市场化、私有化基础上的,政府也是通过向私有的保险公司和医疗服务机构购买服务来实现其相关职能的,而各种医疗保险制度对医疗服务有较大的导向和规范作用。美国医院以私立医院、私人诊所为主,医生以家庭医生为主,在其私立医院中的绝大部分又是由教会或慈善机构设立、以社区利益为宗旨的非营利医院,而其公立医院约占医院总数的1/4,主要是针对弥补卫生服务的不公平而设立的,其服务对象主要是现役军人、退役老兵、印第安人及老年人、贫困人口等弱势群体。美国的非营利私立医院的发展对中国有较强的借鉴意义,同时美国的市场主导的制药体系也是最具创新能力的,每年全世界新药中有一半是美国研发出来的。不过,美国也面临一些问题,最根本的问题就是医生供给市场的高度垄断,即美国医疗联合会等排他性的行业协会对医疗市场的

---

① 顾海、鲁翔、左楠. 英国医保模式对我国医保制度的启示与借鉴[J]. 世界经济与政治论坛, 2007, 5: 106~111.
② "中国路"与"中国梦"——中美医改面面观[OL]. 新华网, http://news.xinhuanet.com/world/2012-09/23/c_113175619.htm.

垄断，导致了看病贵的问题，其医疗保健费用畸高，个人和政府都不堪其重负。

三是复合并举型，以德国为代表。德国的医疗保险是双元并立、结构互容的，以法定强制保险为主、私人自愿保险为辅，年收入超过法定界限的就业者和自由职业者可在两类保险中自由选择。一方面，德国政府很重视政府在医疗服务市场的作用，对公立医院由政府直接管理或交给大学代管，但同时也鼓励各种形式的医院展开竞争，对非政府医院政府给予一定补贴和税收优惠，对营利性医院由政府建立然后委托给私人机构经营。另一方面，社会自治作为一个有益补充也被引入，德国医疗服务的各个层面均建有自律性的自治管理组织，在联邦和州层面均设有医院联盟和医生联盟。可见，在德国的社会市场经济制度下，这是一种综合运用政府、市场和社会三种制度安排来提高医疗服务有效供给的发展模式。德国并没有统一的医疗保险经办机构，政府不参与医保具体事务，其主要作用就是制定相关法律和设计制度、政策，居中协调处理各方面的利益矛盾[①]。

四、中国下一步医疗卫生体制改革的方向

首先要明确的是，我们不能将医疗卫生体制改革中出现的问题统统归咎于市场化的改革方向。民众医疗负担重、医保作用有限、医疗资源不均衡等这些问题在很大程度上恰恰是由于市场化改革不够，再加上政府在服务和维护方面缺位，从而没有合理界定和厘清政府与市场、政府与社会的治理边界，是政府

---

① 周益众、曹晓红、李力达等. 德国医疗服务和医疗保障与监管模式及其启示 [J]. 中华医院管理杂志，2012，5：396~400.

主导医疗行业，未形成多元办医、有序竞争的格局所致。中国医疗卫生存在的问题，与政府角色的缺位、错位、越位有关，并非简单向里面砸钱就能解决问题的。并且，随着政府财政收入增速的放缓，财政资金投入能否有效应对由于老龄化和医疗成本上升造成的未来财务缺口，还值得进一步研究评估。

面向未来，中国依然是要在"医疗服务、医疗保障、公共卫生、药品生产流通"这四个方面的改革中取得突破：一要进一步充分放开社会资本服务区域和领域，大力促进社会资本办医的发展，增加医疗卫生服务市场的有效供给和均衡性；二要加快实现城乡居民在基本医疗保险制度上的公平和公共资源上的共享；三要在公共卫生方面建立标准化的服务体系，由公共卫生部门提供服务，政府财政买单；四要进一步完善医药价格形成机制，从根子上消除以药养医问题，建立激励相容的医患利益关系和基于需求的市场导向的医药创新。

十八届三中全会对于医疗卫生体制改革也列出了一些具体的改革清单，这里更多的是希望对一些改革的难点和切入点给出论证，提供一些大的方向性、原则性的思考和改革建议。

第一，政府要从直接参与医疗服务供给方面退出，大力发展非公立、民营医院，推进公立医院改革，扩大社会力量办医，建立健全医疗服务市场机制。公立医院的改革核心是要解决三个问题：一是人事体制的问题，二是资金来源的问题，三是服务转轨的问题。首先，要打破现有人事体制的束缚，目前公立医院的医生如同准公务员，这种人身依附关系是计划经济时代的产物，已经越来越不适应社会经济发展的需要。从国际经验看，医生多点执业是绝大多数国家普遍实行的一种市场化手段，在中国现实中也有不少医生已"暗度陈仓"走上了这条道路，监管部门不能视而不见，或一棍子打死[①]。改革，就是将人民群众自发的合理行为合法化，如同早期农业改革中的包产到户一样。所以，应

---

① 相关讨论参见刘国恩、李玲. 激辩新医改 [N]. 经济观察报，2009-6-12.

该通过试点逐步推广,让医生从僵化的人事制度中走出来,流动起来,这有助于有效解决医疗资源分布非均衡的问题。其次,与最初的国有企业一样,目前公立医院不上缴营业税,国家给予了大量的优惠政策,包括工资福利及在药品采购上的部分补贴。由于财政投入不足和预算软约束的问题,公立医院的财务难以持续,面向社会融资势所必然,而社会资金的进入也有助于促进其改善服务态度、提高服务能力、提升服务品质。再次,公立医院应逐步转轨,主要解决公共卫生服务及医疗卫生服务不公平的问题,其服务对象主要是老年人、贫困人口等弱势群体。

除了存量改革,更重要的是增量改革,这也是国有企业改革和民营经济发展给我们的启示。尽管民营医疗机构从无到有、从少到多,取得了巨大发展,市场竞争性有所增强,但目前中国超过半数以上的医疗机构依然是由政府设置的公立医疗机构。据国家卫生和计划生育委员会的统计,截至2013年8月,全国医院24 106个,其中公立医院13 420个,占比55.7%[1]。长期以来,公立医院实际是在自收、自支、自养的环境下运行的,其公益性更多是靠国家的政策优惠多创收,继而再为国家承担更多的公益性任务。其实,真正的公益性应该是建立在完善的国民基本医疗保障体系,国家成为国民健康服务的主要支付者基础上来实现的。因此,在公立医院的改革中需要进一步解放思想,真正认清医疗服务公益性的本质所在及政府财政支持的有效性,只有大幅减少公立医院数量才能建立起真正意义上的公立医院,现有的递减变化趋势应该继续下去。

并且,如果公益性应主要体现在医疗服务上的话,那么医疗机构也不一定必须是公立的,完全可以与美国的做法类似,通过政府向社会办医疗机构购买

---

[1] 国家卫生和计划生育委员会. 2013年8月底全国医疗卫生机构数[OL]. 2013-10-17, http://www.nhfpc.gov.cn/mohwsbwstjxxzx/s7967/201310/65581817c2a94b2faa1887bf84ca83aa.shtml.

服务、招标采购等途径来实现，应该允许民办医疗机构纳入医保定点范围，用竞争机制激活公立医疗机构的活力，促进医疗卫生服务产出和医疗卫生资源的优化配置[①][②]。这是由于绝大部分医疗卫生服务是具有一般商品属性的医疗服务，没有什么外部性，具有很强的排他性和竞争性，从而应该让市场发挥基础性和决定性的作用。

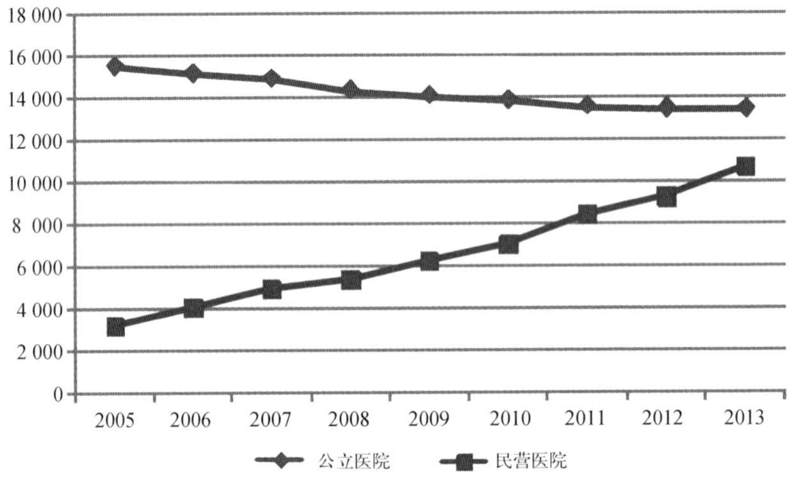

数据来源：国家卫生和计划生育委员会，2013年的数据为当年8月底的统计数据。

图1　2005年以来公立医院与民营医院的数量变化趋势图

第二，实现基本医疗保障制度的转换衔接，增强保障水平的公平性和支付能力，推进医疗保险市场化。随着新型城镇化的推进和城乡户籍制度的改革，对于目前的多种医疗保险制度的并轨提出了越来越迫切的要求。人力资源和社会保障部门与卫生计生部门两套经办机构管理城镇职工基本医疗保险、城镇居

[①] 潘杰、秦雪征、刘国恩等. 市场竞争可以促进医疗产出吗？[D]. 北京大学经济学院工作论文，2013-4-15.
[②] 刘国恩. 医改应尊重市场经济基本规律[N]. 21世纪经济报道，2012-3-3.

民基本医疗保险、新型农村合作医疗三种医保制度的做法，带来的效率不高、制度衔接不顺、资源重复建设等问题正变得越来越突出，迫切需要减少部门之间的职责交叉和分散。从长期看，"三保合一"是未来发展的方向，这也是2013年3月《关于国务院机构改革和职能转变方案的说明》明确的一项目标任务。从短期看，可以先将现行的新型农村合作医疗制度和城镇居民基本医疗保险制度进行整合，这两类筹资水平、资金来源和政策待遇方面性质比较接近，可整合为统一的城乡居民基本医疗保险制度，并积极稳妥地扩大大病救助保障范围。

在此基础上，应该大力发展商业健康保险民营保险机构，以此建立由政府出资的基本医疗保险、政府与社会共同出资的国民医疗救助，以及市场化商业健康保险为主体的三种机制构成的医疗卫生保障体系，促进和强化各种机制的有机衔接。2012年8月，国家发改委等六部委出台《关于开展城乡居民大病保险工作的指导意见》，其中提出要"支持商业保险机构承办大病保险，发挥市场机制作用，提高大病保险的运行效率、服务水平和质量"，这应是在中国的医疗保障制度设计中首次正式地引入商业保险和市场机制。在此基础上，应进一步允许和引导商业健康保险公司参与公立医院改制重组乃至兴办医疗机构，这样医院可以从医疗保险中分享利润，共担损失，从而有效降低医疗服务费用，提高医疗服务效率。

第三，增加政府基本公共卫生投入，合理划分事权，充实卫生人员，加强卫生立法，构筑均等化基本公共卫生防线。首先，在下一步的改革中应在合理划分中央政府与地方政府的事权和支出责任的大框架之下，根据卫生公共产品效用外溢范围的大小来进一步明确界定各级政府在基本公共卫生服务供给中的事权和支出责任，促进事权与财力的匹配。对于民众最迫切需要且外部性比较明显的基本公共卫生服务，应彻底改变以基层财政为主安排公共卫生支出的制度设计，加大转移支付力度，增加中央和省级政府的支出比重，将支出重心上移。同时，应进一步加强基层公共卫生队伍建设和基本公共卫生服务标准化建设,提升基层专业卫生人员待遇水平、业务能力和专业水平,以吸引、充实和稳定基层卫生服务队伍,这支队伍的水平在很大程度上决定了基本公共卫生服务供给的水平。此外,应加强基本公共卫生服务领域的法律法规建设,制定系统的《公共卫生法》[①],以法治切实保障人们享有基本公共卫生服务的权利和政府在基本公共卫生服务上的投入。

第四,进一步完善药品价格形成机制,根治以药养医问题,形成激励相容的医患关系,并通过市场机制来激发医药创新。中国现有的医药定价机制依然是政府定价占主导,这使得价格机制的三大功能,即传递信息、提供激励、决定分配均发生扭曲,也是导致以药养医问题的根源。作为拥有定价权的发改委,既未承担保障医疗服务有效供给的责任,也不承担支付医疗费用的经济风险,其目标是盯住和控制物价,这就使得政府单方面定价带来市场扭曲,衍生了医务人员过度用药、滥用高价药、拿药品回扣等问题。从国际经验看,改革方向是建立价格谈判机制,通过组建包括医疗服务方、药品生产方、医保机构、专家、消费者等在内的各利益相关方构成的医药定价委员会,进行协商谈判。与此同时,中国目前承担初级卫生保健服务的各类专业公共卫生机构和社区卫生服务机构、农村卫生室与大型综合医院之间,以及各类疾病预防、治疗、康复和护理机构之间还没有建立起有机协作的关系。通过充分利用信息化现代手段建立协作网络,有助于为民众提供从预防到治疗、康复和长期护理的不同病程中的纵向全程医疗保健服务,有效减少医疗服务市场中供需双方的搜索成本,适度解决信息不对称问题,通过整合和竞争来降低个人和社会的医疗支出,改进医疗服务质量,减少医患之间的潜在冲突。

此外,从国际经验看,医药研发创新的主体主要有三类:大学和非营利科

---

① 1875年英国政府颁布《公共卫生法》标志着英国建立起了世界上第一个公共卫生体系。中国目前的卫生立法比较零散,很多单行法律存在相互脱节、内在冲突的现象,迫切需要一部卫生基本法来统领这个卫生法律体系。

研机构、技术创新型中小公司、大型制药公司，后两类主要是民营的医药公司。其中，大型制药公司是核心力量，它们集中了一大批一流的科学家和工程技术人员，有着较为成熟的技术研发平台和极其精细的技术专业分工，并大量承接了前两类创新主体的研发成果，推动其进入临床试验及商业化阶段。中国迫切需要形成这样一个共生的医药研发生态体系，而巨大的医药消费需求特别是医保市场是中国最大的药品消费市场，完全可以支撑起这个体系，政府应该借鉴美国、日本、英国等发达国家的做法，建立创新药物准入医保目录的机制，鼓励和支持国内医药企业的创新。同时，政府对于新药定价也应给予更为宽松的政策环境，使研发企业有一定的市场回报作为保障，提高医药创新积极性。

(2014 年 3 月)

参考文献

[1] 周益众、曹晓红、李力达等. 德国医疗服务和医疗保障与监管模式及其启示 [J]. 中华医院管理杂志，2012，5：396~400.
[2] 潘杰、秦雪征、刘国恩等. 市场竞争可以促进医疗产出吗？[D]. 北京大学经济学院工作论文，2013-4-15.
[3] 刘国恩. 医改应尊重市场经济基本规律 [N]. 21 世纪经济报道，2012-3-3.

66

如何实现科学有效的体制机制重构与完善*

机制设计理论视角下的国家治理现代化

摘要：当下中国正在推进以实现国家治理体系和治理能力现代化为目标的全面深化改革，如何避免诸种机制之间的内在冲突及其潜在的激励扭曲结果，是改革过程中一个非常值得重视的问题。为此，有必要对机制设计理论进行回顾梳理及介绍，注重成功改革的方法论及其工具，以更好地指引中国国家治理现代化的未来。

机制设计理论是近30多年微观经济学领域内发展最为迅速的分支之一，与之相关的信息经济学、激励理论、委托—代理理论、合同理论、拍卖理论、匹配理论、市场设计理论、网络理论等成为当前经济学中最为重要和活跃的研究领域，在经济现实中尤其是成熟市场经济国家也得到了极为广泛的应用。用通俗的话来讲，机制设计理论所讨论的问题是：在个体自利性和信息不对称这两个最大的客观现实条件下，对于任意一个大到一个国家的顶层设计，小到一个单位或家庭的委托代理关系所想要达到的既定目标，能否并且怎样设计一个

---

* 本文载于《人民论坛》，2014年第26期。

机制（即制定什么样的方式、法则、政策条令等规则）使得个体即使主观上追求自身福利、利益或效用，其客观结果也可达到社会、集体、改革者、上级或设计者所想达到的目标。①

当下中国正在推进的以实现国家治理体系和治理能力现代化为目标的全面深化改革，从某种意义上讲是一场非常深刻的制度变革，因而会涉及一连串的各式各样机制的设计，包括中央顶层机制设计。那么，大机制嵌套着小机制，旧机制伴生着新机制，如何避免诸种机制之间的内在冲突呢？这是在改革过程中一个非常值得重视的问题。为此，有必要对机制设计理论进行回顾梳理及介绍，注重成功改革的方法论及其工具，以更好地指引中国国家治理现代化的未来。

一、社会主义大论战与机制设计理论体系的奠基

机制设计理论给出了一个高度抽象和一般化的基本分析框架，使得研究各类不同机制如何影响参与人之间的互动行为及最终配置结果成为可能，而市场机制、计划机制都只是其中的一种机制对象。之所以产生这样一个理论分析框架体系，是受到20世纪二三十年代社会主义大论战②的影响。当时，一批经济学家特别是奥地利学派主要代表人物米塞斯（Ludwig von Mises）和哈耶克（Friedrich August von Hayek）密集发表文章，试图证明计划经济的社会主义在理论和实践上是行不通的。他们对计划经济的社会主义最大的批评是，

---

① 田国强. 经济机制理论：信息效率与激励机制设计 [J]. 经济学（季刊），2003（1）：271～308.
② 参见田国强、陈旭东. 中国改革：历史、逻辑和未来——振兴中华变革论 [M]. 北京：中信出版社，2014，109～111，176～177.

计划经济不可能获得维持经济运转所需要的充分信息。在其分析框架中，社会主义经济机制是一个高度集中的中央计划，每一个基层单位或企业向中央机构传送有关生产技术、运营成本、消费需求等方面的信息，再由中央计划机构制定非常详细的生产计划，并下达给企业。制定这样一个计划的前提是，中央计划机构需要知道消费者的偏好结构、需求及企业的生产技术条件，并且建立和解出数以千万乃至亿计以上的供给和需求联立方程组，这是当时的计算技术条件所无法达到的，现在也基本上不太可能。即使可以解出，但由于收集数据和计算所需时间过长，人们的消费偏好和企业的生产技术条件早已改变。所以，他们认为，中央经济决策部门不可能全面、及时、准确地获得中央计划所需要的信息并合理地使用这些信息。

论战另一方的主要代表人物是兰格（Oskar Ryszard Lange）和勒纳（Abba P. Lerner）。他们认为，即使在社会主义条件下人们仍然可以利用市场机制，从而做出了将市场机制导入计划经济的首次理论尝试。他们的主张是：虽然生产资料收归国有，但消费品和劳动力价格还是通过市场来定价，而生产资料的价格则由计划机关模拟市场，按照与竞争性市场机制相同的"试错法"（Trial-and-Error Method）来决定。这就是著名的兰格模式。对于企业而言，每个企业应根据边际成本等于中央计划委员会所制定的产品价格来确定生产水平。在一定的生产技术条件下，在数学上可以证明这种机制可导致资源的有效配置。兰格和勒纳所建议的是一种分散化的社会主义经济机制，或者说是市场社会主义经济机制。这种机制旨在解决信息问题，却被米塞斯形容为像一个有"三角的四方形"观念一样自相矛盾。

兰格的这种分散化社会主义机制并不能解决随之而来的激励问题，也就是在个体逐利和信息不对称的现实约束条件下，怎样激励基层单位完成中央计划机构下达的任务，并且是严格按照边际成本等于价格来组织生产。由于生产成本和边际成本都是私人信息，如果不追求利润最大化，为了较容易地完成计划，企业就有足够的激励来高报成本，减少生产。并且，在规模报酬递增的生产情况下（例如对具有规模经济的国营企业），生产的边际成本小于平均成本，按照边际成本定价的企业就会亏损，长久下去，企业就要破产。但是，如果这种生产是必要的，即使在资本主义国家也必要对企业进行补贴。但这会引起许多其他的问题，其中之一是公平问题，因为这些补贴是来自于其他企业上缴的利润（或税）。并且，政府对亏损企业进行补贴，企业就没有激励和压力去努力提高效率。这种情况说明：为了使整个经济有效而对企业进行补贴，客观上反而降低了企业内部的效率。分散化的社会主义经济或者是市场社会主义经济，尽管产生了有效的资源配置，但并没有解决激励相容的问题。

显然，论战的核心是关于分散决策的市场机制和中央决策的计划机制孰优孰劣，关键词则是效率及与之相关的信息、激励。但是，这场大论战中辩论双方对于许多关键术语都缺乏精确界定，并且双方也都缺乏科学、规范的定量分析工具（例如博弈论、数学规划等）来给出形式化的有数理逻辑支撑的明确结论。为此，赫维茨试图对相关概念和问题进行数理公理化，并给出一系列明确定义和一般分析框架。1960年，赫维茨以一篇题为《资源配置中的最优化与信息效率》的著名学术论文拉开了机制设计理论的研究序幕。后来，他又陆续写了《无须需求连续性的显示性偏好》《论信息分散系统》等一系列著名论文，进一步完善了机制设计的思想和理论基础，并使之得到规范表达。1973年，赫维茨又在《美国经济评论》杂志上发表论文《资源配置的机制设计理论》，从而奠定了机制设计理论基本框架。

二、机制设计理论的核心概念和理论分支

其后至今，围绕分散决策的三个关键要素——信息、激励和经济人的有限理性，机制设计理论发展出或丰富了现代经济学的一系列论题。

(一) 信息、信息效率与信息经济学

基于信息的角度考察，一个经济机制可以被看作是一个信息的交换和调整过程。在现实经济中，信息是分散于各个生产者和消费者的，人们需要根据对需求和供给等活动的信息交换和传递来做出生产和消费决策。如同市场活动的调整过程一样，当信息交换处于一个稳态（Stationary）的位置时，一种资源配置结果也就被决定了。[①] 机制设计所要考虑的一个重要问题就是尽量简化信息交换和传递过程中的复杂性，或使一个机制合理运行而使用较少的信息，因为这意味着较少的机制运行（交易）成本。

如果一个信息分散且导致了资源有效配置的机制，其信息空间在所有导致资源有效配置的信息分散化机制中是最小的，则该机制被称为是信息有效的。赫维茨证明了对一个纯交换的新古典经济环境类，没有任何其他经济机制既能导致资源有效配置而又比竞争市场机制使用更少的信息。[②] 同样是对一个纯交换的新古典经济环境类，乔丹（Jordan，1982）进一步证明了竞争性市场机制是唯一的利用最少信息且产生资源有效配置的机制。[③] 但是，纯交换经济是脱离现实的，那么在包括生产的经济环境类情况下类似的结论是否成立呢？笔者（Tian，2006）给出了肯定的答案及严格的证明。[④]

然而，新古典完全竞争市场暗含着一个假设，即完全信息假定及经济人个数是无穷多。也就是说，经济决策主体由于市场需求和供给的完全竞争能推断

---

① [美] 赫维茨、瑞特著，田国强等译. 经济机制设计 [M]. 上海：格致出版社、上海三联书店、上海人民出版社，2014，5.
② Hurwicz L. On informationally decentralized systems [M].// C. B. McGuire and R. Radner, eds.. *Decision and Organization: a Volume in Honor of Jacob Marshak*. North-Holland, 1972.
③ J.S Jordan. The competitive allocation process is informationally efficient uniquely [J]. *Journal of Economic Theory*, 1982, 28: 1~18.
④ Tian, Guoqiang. The Unique Informational Efficiency of the Competitive Mechanism in Economies with Production [J]. *Social Choice and Welfare*, 2006, 26: 155~182.

出进行最优决策所需要的一切信息,不存在任何虚假、不确定信息,或者说其获取信息的成本为零。这显然是与经济现实不相符的。信息经济学的创始人乔治·斯蒂格勒(George J. Stigler,1961)在一篇题为 The Economics of Information 的论文中就对信息的价值及其对工资、价格及其他生产要素的影响进行了研究,他认为经济决策主体获取信息是要付出成本的,不完全信息会导致资源的不合理配置。[①] 从而,机制设计理论与信息经济学的联系越来越紧密,形成了你中有我、我中有你的耦合发展局面。

随后,在乔治·阿克尔洛夫(George Akerlof)、迈克尔·斯宾塞(Michael Spence)、迈克尔·罗斯柴尔德(Michael Rothschild)和约瑟夫·斯蒂格利茨(Joe Stiglitz)等关于信号理论和信息不对称市场的研究,奥利弗·哈特(Oliver Hart)、让·雅克·拉丰(Jean-Jacques Laffont)、詹姆斯·莫里斯(James Mirrlees)和舍温·罗森(Sherwin Rosen)等关于委托—代理理论和契约理论的研究,以及罗依·拉德勒(Roy Radner)和奥利弗·威廉姆森(Oliver Williamson)等关于组织理论的研究中,信息经济学的重要作用都得到了进一步的运用和发挥。沿着信息效率和信息不对称这个机制设计理论的方向,上述这些理论分支的延展和拓深,进一步丰富了机制设计理论的工具箱,增强了机制设计理论对于经济现实的解释力。

(二) 激励、激励相容与激励理论

如果说信息因素主要影响的是实现(Realization)的问题,那么激励因素则主要影响的是实施(Implementation)的问题。一个理性经济人做出任一决策,都会涉及对获得收益(利益)与付出代价(成本)的衡量,只要二者不相

[①] George J. Stigler. The Economics of Information [J]. *Journal of Political Economy*, 1961, 69: 213~225.

等，就存在激励问题。在信息不对称的情况下，因为不同的经济人有不同的利益权衡和信息空间，在自利的驱动下他会选择做或不做某个事情，以及做事情投入程度的多或少。如何使个体目标和社会目标相一致就成了重要的问题，这就是激励相容的问题。机制设计要解决的就是如何避免激励扭曲，应该设计怎样的机制使得每个个体即使在追求自身利益的同时，也会使既定的社会目标得以实现。一项政策方案如果不能实施，除了物质和技术条件的阻碍或限制之外，还有一个重要因素就是可能方案本身不是激励相容的而是激励扭曲的。

在具有公共物品的经济环境下，通常会出现激励扭曲的问题。如果政府只是简单地根据个人报出的对公共物品的受益程度而决定摊派成本，或自报对成本分摊的份额，这一机制会导致每个人有激励去低报受益程度或分摊份额，从而导致"搭便车"的激励扭曲无效配置。在文献中，对于此类问题的解决办法是通过转移支付的方式来诱导人们真实地显示自己的偏好，VCG（Vickrey-Clark-Groves）机制就是这样一种激励相容的机制（Tian，2002）。[1] 赫维茨则给出了著名的"真实显示偏好"不可能定理，他证明了即使对私人商品的纯交换经济环境类，只要经济个体数是有限的，那么在参与性约束条件（即导致的配置是个人理性的）下，就不可能存在任何分散化经济机制，既导致帕累托最优配置又使每个经济参与人有激励去真实报告自己的经济特征。[2]

在激励相容概念的基础上，迈尔森（Roger B. Myerson）和马斯金（Eric S. Maskin）分别对机制设计理论进行了深化和拓展，也就是显示原理（Revelation Principle）和实施理论（Implementation Theory）的提出。显示原理告诉我们，如果一项社会选择规则能够通过一种特定机制的博弈均衡来付

---

[1] Tian, Guoqiang. Lecture Notes: Microeconomic Theory [D]. Revised. Texas A & M University, 2014-11.
[2] Hurwicz L. On informationally decentralized systems [M].//C. B. McGuire and R. Radner, eds.. *Decision and Organization: a Volume in Honor of Jacob Marshak*. North-Holland, 1972.

诸实施，那么它就是激励相容的，并且一定可以通过一种直接显示私人信息的直接机制来付诸实施。迈尔森（Roger B. Myerson，1979）证明了在寻找最优机制时，只需考虑直接机制，因为它是与所有一般机制都是等价的。[1][2][3][4][5][6]实施理论则主要解决这样一个问题，即给定一个社会目标，当经济人按照某种既定的行为方式行事时（不见得一定是真实显示，例如按照纳什策略行事），是不是可以设计出相应的激励相容机制来实现这一目标？通常在一个机制下有多重均衡，有的均衡能实现社会目标，有的则不能，马斯金（Eric S. Maskin，1977）在其研究中对一般的社会目标对应给出了它是纳什激励相容的充分必要条件。从社会选择的角度看，在任何"环境"下通过某个社会选择规制选出的结果都与通过某个激励机制诱导出的结果完全相同，则称该社会选择规则可以被这个机制"执行"。

这里，从激励的视角出发就涉及机制设计理论的第二个理论方向，即激励理论。激励理论主要研究为了使经济代理人付出高水平努力及真实地显示自身拥有的与社会目标相关的信息，如何对规则和制度进行设计（Jean-Jacques Laffont，1996）。它首先由威廉·维克里（William Vickrey）提出，后被罗纳德·科斯（Ron Coase）、杰利·格林（Jerry Green）、西奥多·格罗夫斯（Theodore Groves）、让·雅克·拉丰（Jean-Jacques Laffont）等应用于公

---

[1] Roger B. Myerson. Incentive Compatibility and the Bargaining Problem [J]. *Econometrica*, 1979, 47: 61~73.
[2] Eric S. Maskin. Nash Equilibrium and Welfare Optimality [J]. *Review of Economic Studies*, 1999, 66: 23~38.
[3] Jean Jacques Laffont. William Vickrey: A Pioneer in the Economics of Incentives, Lecture, December 27 [OL]. http://www.nobelprize.org/nobel_prizes/economics/laureates/1996/vickrey-lecture_laffont.pdf.
[4] 参见 Daniel McFadden. The human side of mechanism design: a tribute to Leo Hurwicz and Jean-Jacque Laffont [J]. *Review of Economic Design*, 2009, 13: 77~100.
[5] http://www.nobelprize.org/nobel_prizes/economic-sciences/laureates/2007/press.html.
[6] 参见田国强. 政府间事权划分事关国家治理体系全局 [N]. 21世纪经济报道，2014-8-16.

共物品的社会决策问题,并被保罗·米尔格罗姆(Paul Milgrom)和罗伯特·威尔逊(Robert Wilson)及罗斯(Roth)等应用于拍卖设计和产业组织理论及匹配理论。

(三) 有限理性、行为经济学与实验经济学

新古典经济学范式还有一个与现实较远的前提假设——完全理性假设。按照这种假设,经济人掌握完全的信息、具有完全的精确计算和选择能力。这一假设比亚当·斯密和穆勒的自利假设又更进一层,使得对经济人的研究进入到科学思维层面,也使得经济学从具有伦理道德属性的描述性学科,转变为一种具有工具性质的分析性学科。但是,在非个人交换的、分散化决策的现实经济环境中,人们面临的是一个复杂的、不确定的世界,完全理性假设面临客观和主观的双重挑战。客观上交易越多,不确定性就越大,信息也就越不完全和不容易对称;主观上个人对环境的认识能力和计算能力是有限的,并且受到具体情境的影响。认识和了解到人们的有限理性,是设计更好、更可行机制的基础。

一些经济学家从有限理性的视角切入,就推动产生了机制设计理论的第三个理论方向——有限理性分析,主要研究经济人在处理信息时能力有限的情况下的经济行为和机制设计。自赫伯特·西蒙(Herbert Simon)对这一主题的早期研究后,行为经济学和实验经济学也逐步发展起来。恩斯特·费尔(Ernst Fehr)、丹尼·卡尼曼(Danny Kahneman)、戴维·莱布森(David Laibson)、马修·拉宾(Matt Rabin)和阿莫斯·特沃斯基(Amos Tversky)等对行为经济学的发展做出了杰出的贡献,他们将心理学的特别是关于不确定条件下人的判断和决策的研究思想整合进了经济科学的研究中。

而弗农·史密斯(Vernon Smith)、查尔斯·普鲁特(Charles Plott)、埃尔文·罗斯(Alvin E.Roth)和普雷斯顿·麦卡菲(Preston McAfee)等则对实验经济学的发展贡献卓越。这使得机制设计理论不再是停留在数学符号的堆

砌和数学模型的推导上，而是在一个可控的仿真经济环境下进行政策模拟运行，将完全理性、自利的经济人还原到有限理性乃至可能非理性、有利他倾向的社会人，离现实走得更近了一步。这样，通过对实验环境下实验参与者行为和均衡结果的观察，可以对不同市场机制的效率进行研究比较，从而对经济学理论进行检验，或者对一项政策可能产生的国民福利和市场效率影响进行预检验，推动了机制设计理论的现实应用。

正如麦克法登在2007年庆祝赫维茨90大寿时所言，机制设计理论可以系统分析资源配置制度和过程，揭示信息、沟通、控制、激励和经济人的处理能力在分散化资源配置中的重要作用，对现代经济学近三四十年的发展起到了非常重要的奠基作用。并且，机制设计理论在实际经济中特别是西方成熟市场经济国家，从宏观到微观各个层面也均已经得到了非常广阔的应用和实践的检验，在正处于深层次制度转型途中的中国则更是拥有越来越广阔的应用空间。

三、机制设计视角下的中国国家治理现代化

当下中国的时代命题是全面深化改革，其关键是合理界定政府与市场、政府与社会的治理边界，重点是国家治理体系和治理能力现代化。这本质上也就是一个体制机制重构的过程，机制设计理论完全可以提供深刻的借鉴启示。如同瑞典皇家科学院对于机制设计理论的评价，它极大程度地提升了我们对于个体激励和私人信息环境下最佳配置机制的理解，使人们得以辨别令市场运转良好或相反的各种情况，帮助政府、企业和经济学家确定有效的交易机制、规制框架和投票程序。

中国下一步改革的重点任务之一是要在资源配置中发挥市场的决定性作用和更好地发挥政府的作用，这显然是机制设计理论可以发挥用武之地的地方。同时，需要指出的是，如能设计出好的机制，不仅可以解决当前改革过程中遇

到的现实问题,而且能为进一步的改革深化扫除障碍,使改革不致走弯路,付出更少的代价。从宏观的层面来看,中国下一步全面深化改革仍需要认识到两个基本客观现实:个体逐利性与信息不对称。在此前提下,一项改革或制度安排能够取得良好效果就要满足机制设计理论所界定的两个基本约束条件:参与性约束条件和激励相容约束条件,让大众从改革中获利,形成上下一致的改革共识、势能和动力。

参与性约束条件意味着要求改革能符合大众的根本利益,尽量让所有人至少是绝大多数人从改革中获利,至少不受损。只有如此,改革措施才能得到绝大多数个体的拥护,使他们支持改革,愿意参与改革,形成与改革一致的新的利益阶层,以此形成与中央相一致的改革共识和行动。所以,满足参与性约束条件的机制在现代经济学中也称作个人理性(Individually Rational)机制。因为,只有当制度安排使得个人的收益不小于其保留收益(不接受该制度)时,追求自身利益的个体才愿意根据这一制度安排进行生产、交易、分配和消费。激励相容约束条件要求所采用的改革措施或制度安排能极大地调动人们的生产和工作积极性,并且在个体逐利达到最优结果的同时,也实现改革者所希望达到的目标,例如实现社会经济的发展。这里的个体可以是地方政府、政府部门,也可以是产业、企业及至最广大的老百姓。这两个条件也是现代经济学的机制设计理论的一个分支,是最优机制设计理论中委托人(例如改革者)选择制度安排时所必须满足的两个基本条件。

参与性条件非常重要,因为改革或体制机制创新从本质上讲是利益格局的重新调整,这也是社会经济现实中的诸多矛盾和问题的源头。对于这些矛盾和问题的解决,就是要形成与改革方向相一致的新的利益均衡,充分调动不同利益阶层的改革参与积极性,汇聚支持改革的力量,形成最大限度的改革共识。起始于30多年前的中国改革开放,之所以能够很快地凝聚起共识、形成改革的势能和动力,很大程度上就是因为积重难返的极端旧体制成为众矢之的。当前新一轮的改革所面临的既定利益格局已经不那么容易打破,基于市场和权力结合形成的利益集团有很大的意愿和能力来阻止和延宕改革。所以，下一步首先当然还是要让一些掌握话语权的利益阶层不反对改革，一方面利益上尽量做到帕累托改进，另一方面还要从理念上影响他们、团结他们。不过，改革深水区难免会遇到既得利益包括权力资本联盟的阻碍，这就需要通过中央的权威、通过法治来规制他们，阻断权力和资本的合流，为深化改革铺平道路。其次是要通过增量改革来满足普通的民众阶层的利益增长需要，通过边缘突破，以星星之火逐渐形成改革的燎原之势。只有这样，才能形成"自上而下"与"自下而上"的良性互动，以及上中下齐心协力的改革局面。

当然，全面深化改革千头万绪，还需要抓住重点，纲举目张。在各个部门中，财政是国家治理的基础，具有牵一发而动全身的战略重要地位，而政府间事权划分又是下一步中国财政体制改革的一个重中之重，对于国家治理体系和治理能力的现代化具有重大影响，这就是一个非常现实和紧迫的机制设计问题。不同国家受各自历史、文化、政治等特定国情因素的影响，并没有一个统一的政府间事权划分模式，但是借鉴成熟市场经济国家的做法，中国下一步应围绕以下三个基本原则来处理此议题：

一是外部经济性。政府的基本职责可用两个词概括，就是维护和服务。这二者都需要公共产品来实现，而公共产品具有外部经济性，而这种外部经济性也存在着受益或影响范围的差异，从而就存在一个事权分布的最适度，即那些全体民众受益的公共服务（例如国防、外交等）应统一由中央政府负责，而那些以特定区域民众为服务对象的公共服务（例如消防、治安等）则由地方政府负责。对于外部性是跨区域的公共服务（例如环保、部分社保），则应该由中央政府和地方政府共同负责。

二是信息有效性。与中央政府相比，地方政府往往更加了解所辖区域内民众对于公共服务的特定偏好和不同需求。面对不同事项所对应的不同信息分散分布情况，其监督成本尤其是信息成本是不一样的。一个原则是信息越不易对称、处理越复杂的事项应该赋权由地方政府来单独或与中央政府合作管理。这也是乔治·施蒂格勒、夏普的最优分权论所持的基本观点,即地方政府分权的必要性。

三是激励相容性。在现有的国家结构和政府架构之下,大量的事权由中央政府和地方政府共同承担,容易出现权力责任错位、要权却不担责、互相扯皮推诿的现象,从而中央的很多政令也就得不到很好的执行,很多好的政策目标往往难以落到实处,难以实现激励相容。所以,一个好的事权划分体系,应该能够使所有参与主体按照自身的目标和利益动机去运作,也就是发挥了中央和地方的两个积极性,同时实现整体利益的最大化。

不难发现机制设计理论的基本思想之于财政体制改革的重要性。当然,更加深入的改革对策研究还需要更扎实、更细致的专业研究,但是总的指导思想和原则应该是非常明确的。其实,如同前面已经提到的,机制设计理论的发展,一直是与社会选择、公共物品提供、产业规制、双边交易、拍卖等社会经济发展中的诸多现实问题紧密联系在一起的。因此,其他领域包括许多具体部门的改革也均可受益于机制设计理论的指导及其所提供的分析工具。

此外,作为前面提到的机制设计理论的第三个分支——实验经济学对于中国下一步全面深化改革也具有十分重要的意义。通过经济学的实验,可以对不同的环境、不同的政策、不同的机制进行比较,也可以对新兴的一些市场机制进行设计,是全面深化改革过程中值得借重的理论和政策分析工具。需要指出的是,如前所述,现实生活中的人并非处于完全理性状态,有限理性或非理性就会使人的行为出现与理论假设和预期不尽一致的变异,从而实验数据也会呈现出一定的概率分布状态。所以,实验评估所得出的结论不可能按照形式逻辑的模式,非黑即白,非此即彼,更多可能是要用结论与其概率密度的乘积来表示,以捕捉不同政策的风险或收益分布情况。

(2014年10月)

67

中国环境污染治理八策[*]

中国改革开放30多年取得了举世瞩目的巨大成就，实现了年均近10%的经济增长，并跻身上中等收入国家行列。然而，由于没有吸取国外"先污染后治理"的惨痛教训，没有注意到生态环境的治理和保护是对市场失灵的重要补位，一再忽视政府的大力作为，一味地追求经济高增长，使得快速发展背后的环境代价十分高昂，局部地区的自然环境和生态系统已濒于崩溃，成为影响中国可持续发展的最短板。特别是2013年以来的雾霾锁城，给人们的身体健康和正常生活带来了极大的影响。

其实不仅是环境污染问题，回望过去这30多年不难发现，由于主要只注重经济发展的逻辑，而在很大程度上忽视了治理的逻辑，使得中国在取得巨大成就的同时，也面临着许多其他方面的严重问题和危机，特别是社会公平正义严重不足，生态环境污染严重，贫富差距巨大，贪腐猖獗，社会风气、文化伦理滑坡等。因而，必须同时注重两个逻辑：也就是发展的逻辑和治理的逻辑，正确理解它们之间的内在逻辑、辩证关系。

不理解治理的逻辑、经济发展的逻辑，不能很好地平衡二者，而偏颇任何

---

[*] 《中国经济报告》，2015年第1期。

一方,都可能会带来很大的问题和危机,最后导致发展的不平衡,社会不公,人与自然的不和谐,无法实现长治久安。平衡和处理好这两者间的内在逻辑关系,其关键是政府的定位必须恰当。只有合理界定政府与市场、政府与社会之间的治理边界(不只是政府与市场的边界),通过三者各归其位又互动互补的综合治理,才能真正实现经济持续稳健发展及国家治理体系和治理能力的现代化。

在环境污染治理的议题上也是如此。十八届三中全会通过的《关于全面深化改革若干重大问题的决定》提出,要"用制度保护生态环境",这就需要合理设计体制机制,而机制设计的核心问题是在个体自利性和信息不对称这两大根本前提与现实约束下,所设计的机制究竟要激励什么行为、约束什么行为。面向未来,中国要在加快经济结构战略性调整和加快转变经济发展方式的总体框架下设计合理的体制机制,实现环境污染治理目标,关键就是要合理界定和厘清政府与市场、政府与社会的治理边界,充分发挥政府、市场和社会各自的作用,尤其是政府的定位要恰当。

一方面,由于环境资源具有外部性、公共资源和公共物品的特性,因此政府在环境污染治理中的宏观控制和监督是环境资源可持续利用的重要保障。另一方面,由于信息不对称、道德风险等原因,需要通过市场手段将环境外部性内部化于企业和地区经济发展中,这是有效降低环境污染,实现合理使用资源的重要途径。同时,还要形成大众都关心和维护、保护好环境的社会规范。这三种制度安排就是政府治理、市场激励和社会规范,即通过"晓之以理和导之以利"的"胡萝卜加大棒",久而久之,慢慢形成一种无欲则刚的大家都自觉遵守的社会规范这一制度安排。

一是强制性的行政手段,制定法律、政策,也就是"大棒"。政府采用目标管理模式,比如对污染排放进行总量控制、强制关闭污染企业等。二是诱导性的市场激励机制,也就是"胡萝卜"。这主要是通过市场的价格机制,来诱导利益主体在追求私利的过程中,同时也能达到社会价值最大化的目标。但是，由于个人的利益不一样、目标不一样，就会发生利益冲突，同时信息又可能不对称，能不能让人心甘情愿去做，这就是激励机制、市场机制之外社会规范的作用。这三种制度安排应该有机结合，单纯靠某一种都难奏效，只有将三者结合起来，引入机制设计理论的指导和唤起民众的共识和重视，才能有效调节市场失灵，合理发挥政府和社会的作用，实现环境污染的科学治理。

据此，笔者提出如下八条政策建议：

第一，**组建超部委环境污染治理协调机构**。污染的治理是一项复杂的、系统性的、涉及方方面面的综合治理工程。仅仅依靠环保部等少数部委来治污，权威性不够，需组建高规格的环境治理委员会，该委员会应由更高权威机构和领导挂帅。原因有三个：

首先，对于地方大员，环保部等部委管不了、也没法管。当面临地方发展和环境保护矛盾的时候，就需要有一个强势的环境治理委员会来督促地方政府不能继续以牺牲环境来换取经济增长。

其次，多部门的多头环境管理机制缺乏效率。当前中国环境治理涉及环保部、发改委和财政部等部委，部委间的分工、协调合作是个大问题，因为各部委的职能目标不尽一致，从而需要一个超越部委的议事协调机构来统筹安排环境政策制订、环境绩效考核。

再次，将环境治理上升到国家政策层面的需要。高规格的环境治理委员会可体现中央对环境前所未有的重视，将大大地促进部委领导、地方大员从根本上转变思路，更加重视环境治理和经济转型。

第二，**完善环保法监督**。为了保证环境监管部门的独立性，厘清环境监管的关系，环保执法监督体制应当打破现有行政区划的限制，废除以往环境管理中的双重领导体制，实现国家对整个环境管理工作的垂直领导。环保部应该在各地设有完全独立于当地政府的派出机构，环保部及其派出机构最重要的任务就是执行好对地方空气质量的监测和监管，而不必太多地过问企业排污。把企业留给地方政府去监管，地方政府可以自由地监督处罚企业的排污行为、决定是否批准新增排污的生产项目,但是前提是不要让空气中的污染物超过相应的标准。

以空气质量作为监管目标,使地方政府作为被监管者的模式也是解决中国当前环境执法难的问题的一个根本出路。在具体工作方式中,不仅要用行政手段,还有要运用市场调节的方式加强环境执法监督。

应该由地方环境监管拓展为互查互管机制。地方环境监管常常受体制的制约,违法不究、执法不严现象时有发生。目前这种状况还没有从根本上得到转变,主要是利益使然。如在流域管理中流域下游对流域上游环境监管的逆向互查制度,下游对上游环境违法行为实行直接查处或交由共同上一级环保部门查处,则能有效打破体制局限。

同时,应将现行对话合作方式提升为派驻环境督察员制度。开展两地政府之间的对话与合作是必须或必要的工作措施,但由于地方经济发展竞争激烈,不容易全面了解地方具体经济政策和发展方式、环境保护措施等。因此,有必要派驻政府间的环境督察员,参与了解地方经济发展和环境保护,及时掌握动态信息。特别是在区域规划及重大项目建设中,可能对周边环境产生影响的,必须在环评审批中附有相关方环保部门意见,实行有针对性的干预,打破地方保护主义。

第三,将环保指标纳入政绩考核。任何政策要起作用都离不开地方政府的参与和执行;再好的政策,如果没有有效的监管和激励机制,只能成为空谈。因此,需要自上而下在各级政府间理顺监管和激励机制。地方政府多年来形成的以经济发展为先,侧重短期GDP增长的思维惯性短时间内很难改变,不将环境保护纳入地方政府及官员的政绩考核指标中去,光靠中央政府,由于信息不对称和地方政府没有压力和动力去贯彻,作用必定会非常有限。

只有建立科学的政绩考核标准体系,才能扭转地方政府仅仅追求GDP的政绩观,充分发挥干部政绩考核在环保和发展中的重要作用;如通过绿色GDP考核指标将资源环境纳入地方政府考核体系内,鼓励依靠科技进步,发展"循环经济"、生态工业，落实清洁生产，实现经济增长方式从粗放型向集约型的转化。

同时，及时有效地进行环境信息披露，减少中央与地方政府之间关于资源环境信息的不对称，有助于建立科学的环境决策体系。

并且，应进一步加强跨区域、跨流域的综合管理与协调，从整个生态承载力的角度出发，突破地区和部门之间的障碍，综合考虑自然资源的合理开发与保护。

第四，形成具有激励约束的环境经济政策。环境经济政策是指按照市场机制的内在规律，综合运用各种经济手段，来调节市场主体具有环境外部性的经济行为，实现经济建设与环境保护协调发展的政策体系。一般而言，环境经济手段主要采用两类手段：（1）庇古税。包括税收、收费、补贴和押金退款；（2）科斯手段。包括自愿协商和排污许可证交易。庇古手段与科斯手段的共同之处是，它们都是为了使环境问题的外部效应实现内部化，都允许经济当事人为了实现环境目标通过成本收益的比较选择一种最佳方案，都可以实现将外部不经济内在化。在实际中，采用何种方法主要依据具体情况，在环境收益一定的情况下，选择边际管理成本或边际交易成本最小的方法。

在征收自然资源开发的资源税费和生态环境税费的同时，也要注重其他经济手段的运用，为环境保护创造市场，如实行资源开发权拍卖和交易。对一些缺乏税费征收标准或难以专门制定标准的开发项目，可在对资源进行价值评估的基础上，对开发权进行招标拍卖，将拍卖所得资金作为生态环境的恢复费用；并逐步建立开发权的交易市场。需要指出的是，由于对经济主体的信息不对称，这两类手段也有它的局限性，因而需要采用激励机制设计的方法来解决问题。

要继续拓宽现有经济手段的应用范围。中国环境保护经济手段的应用虽然已初步形成多元化格局，但部分重要的经济手段仅局限于某些地域，这影响了环境质量的整体改善和环境保护总目标的实现，建议在总结试点经验的基础上逐步拓宽。

政府尽快制定和完善自然资源开发项目的环境影响评价规范，应对自然资源的价值、开发活动的效益及其生态环境破坏损失做全面估算，并进行比较，为项目决策提供依据，同时为改革现行的排污收费标准提供科学依据。

应构建完整的环境税收体系，健全排污权交易的法律法规。排污权的成功交易有赖于明确的排污权归属和污染物排放总量控制标准。应规定排污权交易的具体措施、交易程序及环保部门和排污企业的责任、权利与义务等，明确排污企业违规后的处罚措施与处罚权限，减少执法的随意性和不规范性。

第五，开展科学论证、顶层设计和环境政策研究。环境治理存在长期性、复杂性，雾霾问题仅仅是中国凸显的众多环境污染问题中的冰山一角，土壤和地下水的污染随时有可能成为严重危害公众健康的定时炸弹。前期的政策层面的科学设计，要远比开发研究某种后期污染治理的技术重要得多。如果缺乏科学合理的激励机制的设计，政策手段非但发挥不了治污的重要作用，甚至可能事与愿违！

以北京推出的机动车限行措施为例，同样的政策墨西哥城在1989年就采用过，然而，研究表明该政策导致该城的汽车保有量大幅增加，汽车尾气污染大增，改善空气质量无从谈起，原因是限行导致更多的家庭购买第二辆车。有效的政策，需要在大量研究的基础上不断修订形成。拉夫运河灾难事件后，美国旋即颁布了超级基金法案，至今已出台六大类关于土壤污染防治的法案。经济学家围绕超级基金法案展开了大量研究，这些研究也促成了该法案的数次修订。

当前，我们尤其需要既懂中国国情、又了解发达国家环境管理理论与实践的研究力量，在学习和吸取发达国家的经验教训的基础上，结合中国的实际，为国家主管部门提供政策咨询。一方面，与美国环保署科学咨询委员会类似，现有的国家环境咨询委员会应扩大环境经济学特别是机制设计和环境政策研究方面的委员比重。另一方面，应该充分发挥高校科研机构在集聚海内外研究力量方面的优势，重点扶持若干国际化程度较高的国内高校建立环境保护研究基地。

第六，建立公众和社会组织参与机制，提供强有力的外部监督。环保机制的最终效果就是能够在社会形成良好的资源环境保护的道德规范，促使各行为主体能够形成自觉的自我约束。现阶段，除了继续增强公众的环境保护知识、提高环境保护意识外，也要注意发挥公众和环保社会组织的作用，建立起良好的公众参与机制，发挥社会监督的作用。因为环境问题关系到每一个人，且是关系到基本的健康权和生存权问题。政府可以加强引导和培训，提高公众和各类环保社会组织积极、有序、理性参与环境保护公共事务的能力。实际上，在中国环境危机不断爆发的同时，环保领域的民间组织就一直紧密关注着环境问题和环境治理，并开始发挥积极作用。在一系列"环评风暴"中，处处可见环保民间组织发挥的影响力。

与此同时，要进一步规范和深化环保信息公开工作，建立公共环境信息披露制度；强制环保部门和污染企业向全社会公开重要环境信息，切实保障公众对环境事务的知情权、参与权和监督权，为公众参与污染减排工作提供制度性平台。多管齐下，避免环境污染群体事件的频发、爆发。公众参与不仅在实践中塑造着治理机制，也有利于完善公众参与规则。落实公众的知情权和表达权，为公众监督提供平台，也为多元治理这一崭新模式奠定基础。在这个意义上，推动环保事业，既要从民众素质和公德层面去强调环保意识，但更重要的是，应当完善环保的信息披露机制和公众利益表达机制，形成一系列具体的、可操作的制度保障，引入积极、理性、有序的公众参与，从而为环保事业提供自下而上的持续推动力。

第七，建立权威的、更加透明的空气质量监测体系。目前，中国针对雾霾等大气污染制定了《大气污染防治行动计划》，其中也明确了监测预警、信息公开等要求，这方面可以借鉴美国的经验。美国环保署在全国范围内设立数以千计的空气污染物检测站点，同时还有很多流动的空气质量监测车，通过流动的取样来监测各地的空气质量,从而为执法监管提供权威准确的数据。

"透明"则包括三个方面:(1)空气质量数据公开;(2)污染物排放总量数据公开;(3)主要排污企业排放数据公开。只有公开透明,经得起监督,数据才会权威。这三类的信息,在美国环保署的官方网站可以实时查询。对于主要排污企业数据公开方面,中国环境监管部门做得还很不够。将主要排污企业数据公开首先能够督促企业关注环境,其次能够利用市场的力量促使企业改善其环境绩效。

第八,**为了解决雾霾污染问题,要直接针对空气质量立法**。针对大气污染治理问题,不仅要靠政策,还要靠法律。伦敦的污染事件直接推动了1956年英国清洁空气法案的通过,美国于1963年开始实施清洁空气法案。在这些关于空气质量的法案通过之后的数十年间,英国和美国的空气质量获得了极大的改善。美国的清洁空气法案规定,如果一个县的空气质量连续未达到法律规定的标准,那么该县就会被美国环境保护署划为环境未达标县,未达标县在企业废气排放标准方面要比达标县来得严格得多,同时还会在申请联邦建设基金等方面受到严格限制。很多相关的研究表明,这一政策对空气质量改善有很大的促进作用。

中国在1987年就已制定《大气污染防治法》,并分别于1995年和2000年进行了两次修订,但是该法主要是对大气污染物控制手段进行了规定。与英美国家的清洁空气法案相比,中国是从污染物控制手段的角度来立法,而不是从空气质量的角度来立法。显然,中国的立法关心的是过程,而英美国家关心的是结果。关于结果的立法具有刚性的约束力,但关于过程的立法很难对结果有约束力。这是为什么我们的《大气污染防治法》实施近30年,而空气质量却越来越糟糕的根本原因。另外,只有将空气质量的结果作为立法的对象才能避免环境监管部门和居民关于环境治理成效的感受不一。

从国外的经验来看,我们也需要以结果为立法标的的"清洁空气法案",可以通过立法规定各城市和各地应达到的空气质量标准,可设定一个缓冲时间，要求空气质量在这段时间内必须逐步提高。

为此，应该依靠"从量"的气体污染物控制手段，即对每生产一个单位的产品都有与之对应的污染物排放标准，如排放的上限是多少。这些在法规上都要有规定。如果某个企业违背了该标准，需要从其他企业购买污染物的排放指标或接受环境监管部门的处罚。然而，中国企业污染物排放的控制主要是通过"从价"的手段，即企业根据排放量的高低向环境监管部门交纳排污费，这存在一个严重的问题是监管部门对于总的污染物排放量不可控，因为企业只要付费就可排污。

尽管"十一五"总量减排计划是"从价"到"从量"的污染物控制手段的尝试，应该说取得了一定的成效，工业二氧化硫排放开始下降。但五年的减排计划时间跨度过长，容易出现前松后紧，地方官员会有这样的想法：到时间搞好就行了，所以，为达标拉闸限电都来了，过后又照排不误，之前压制的项目再上马放行。

（2015 年 1 月）

68

重构新时期政商关系的抓手[*]

摘要：建立良好的政商关系，对促进当前中国企业以至中国社会的健康发展具有极其重要的意义。在新的时代背景下，只有以规范、制约和监督政府权力相结合的综合治理手段，从合理界定好政府与市场、政府与社会治理边界入手，才能建立起健康的政商关系，并同时解决好效率和社会公平正义的问题，真正推动中华民族的伟大复兴和长治久安。

如何处理好政商关系，是中国古代及至近当代历史上商人阶层求得生存、发展必须考虑的现实问题，也是改革开放以来一直困扰中国企业家和社会的难题。在新时代，如何认识和评价中国历史上及至当前的政商关系？在逐步走向成熟的现代市场经济体制的过程中，决定健康政商关系和根除腐败的关键因素究竟是什么？对于上述这些问题的全面认识和正确解答，具有十分重要的理论和现实意义。本文认为，只有规范、制约和监督政府权力，合理界定好政府与市场、政府与社会治理边界，才能从根源上根除腐败和行贿受贿现象，建立起健康的政商关系，才能同时解决好效率和社会公平正义的问题，真正推动中华民族的伟大复兴和长治久安。

---

[*] 本文载于《人民论坛》，2015年第5期。合作者陈旭东。

一、中国历史上的政商关系

著名汉学家费正清在《美国与中国》一书中曾提出一个问题，在中国历史上，"为什么中国的商人阶级不能冲破对官场的依赖，以产生一股独立的创业力量呢？"[1] 确实，在春秋尚有孔子弟子子贡的"结驷连骑，束帛之币以聘享诸侯，所至，国君无不分庭与之抗礼"，然而自秦商鞅最先明确提出"事本而禁末"之说后，农本工商末、重农抑工商即成为历代封建政权奉行不替的经济指导思想。由此，面对位列"士农工商"四民之末这样一个不断延续、长期沿袭的传统社会位序，商人群体在中国古代农本社会中的地位大多时候是处于底层的，这就使得其常常缺乏安全感。在此背景下，政府掌握着绝对权力和大量资源，富有的非统治者通过谋求统治阶层的荫庇、寻求政治权力联姻以维持生存和发展。

基于对中国古代史的考察，商人对于权力的依附无非三途：一是贿赂官员；二是纳捐买官；三是考取功名。这些都使得官商合流、政商一体得到不断强化。

鸦片战争以后，曾国藩、李鸿章、左宗棠等晚清重臣力推洋务运动，更是使近代中国的政商一体化得到极大推动。在实业救国的口号下，近代军事工业和民用工矿业、运输业、电报业等大量涌现，然而无论是官办、官督商办、官商合办，其实际控制和经营基本都依旧是在国家或者官员个人手上，这一特点延至清末。[2] 由此，在个人和制度层次上也形成了政商关系的新范例。官吏与商人的交汇逐渐改变了商人阶层的构成及其社会地位，并形成了一种官员和商人之间封闭的利益共同体。政府对于商业尤其是大型商业事业的垄断、公权力

---

[1] ［美］费正清. 美国与中国 [M]. 北京：世界知识出版社，2000，46.
[2] 田国强、陈旭东. 近现代中国的四次社会经济大变革——国企改革的镜鉴与反思 [J]. 探索与争鸣，2014，6.

无孔不入的介入和私有产权保护的阙如,也带来了大量的寻租设租机会。在这种国家机会主义之下,政府身兼规则制定者、裁判和球员三重角色,使得私有经济的成长空间异常狭窄,清末工商改革终以失败告终。

随后北洋政府和国民政府的先后统治,就整体而言并没有扭转这一态势,反而使政商关系进一步得到强化,官僚资本主义渐趋成型。

二、从计划向市场转型中的政商关系及其症结

保护民族工商业,让各种经济成分在国营经济的领导下分工合作、各得其所,是新民主主义的三大经济纲领之一。新中国成立初期,在此经济纲领之下私有的民族工商业得到了一定的扶助和支持,生产得以恢复和发展。随后,社会主义改造使得国有经济和集体经济成为国民经济的全部经济成分,真正意义上的独立企业家不复存在,国有企业的日常运转在很大程度上是靠行政命令而不是市场推动的,企业在人事、财务、生产、分配等方面几乎没有任何自主权。政府权力高度集中,对于微观经济活动的干预过多,企业和个人在经济上的自由选择权被严重削弱,主体性缺失。

在信息不对称和个体追求自身利益的客观现实下,集中计划经济制度借由计划行政命令和要素价格扭曲,短期内可以集中力量办大事,对新中国工业体系特别是重工业体系的建立客观上起到了推动作用,但是由于缺乏经济上的选择自由、信息有效性和激励相容性而使得经济难以实现长期持续有效运转。不过,由于市场被极度弱化,价格基本上是由国家决定的,自利性不被鼓励,基本没了可以且愿意输送利益的独立商人群体,市场经济的元素很少,政府机构及其官员几乎没有寻租的机会,没能形成政商关系市场,即使有供给,但没有行贿需求,贪污腐败、行贿受贿的现象自然就很少了,这一现象成为当前许

多人怀念计划经济时代、反对市场化改革的重要原因之一。这从反面证明了，政商关系是与官员寻租和贪污腐败成正比的。

改革开放以后，非国有经济在松绑放权的方针下发展迅速，中国企业家群体开始再次登上社会舞台。"松绑放权"的改革再加上对外开放使得中国经济具有空前活力，在经济发展方面取得了前所未有的巨大成就，在过去30多年来以接近年均10％的速度增长，使中国成为世界第二大经济体。然而，无论是"国家调节市场，市场引导企业的体制""有计划商品经济的体制"，还是"使市场在国家宏观调控下对资源配置起基础性作用的体制"，政府和国有企业都在经济活动中发挥着主导作用，使得政商关系前所未有的密切和普遍，这也是当前贪腐发生的重要原因，造成了经济发展成绩巨大和社会公平严重不足的两头冒尖现象。最根本和关键的原因是政府的定位不合理，没有界定好政府与市场、政府与社会的治理边界，导致了政府角色的过位和错位，其具体现象有二：一是政府本不应该有的权力过多、过大，对于经济活动的介入太深、太频繁，无论是资本的获得还是运作，都和掌握着政治和行政权力的公权力紧密相关，从而造就了大量的寻租设租机会。二是国有企业占比依然偏大并且是官本位的，由政治和政府主导开启了体制性的政商旋转门，一些政府官员和国企领导游走其间，交流交叉任职，埋下了政商勾结、权钱交易、化公为私的极大隐患，成为贪腐、挥霍、乱用公款的重灾区。

从2002年十五大到2007年十七大再到2012年十八大，中国共产党逐步将经济体制改革的核心问题聚焦到了处理好政府和市场的关系上来，并在十八届三中全会《中共中央关于全面深化改革若干重大问题的决定》中提出，要"使市场在资源配置中起决定性作用和更好发挥政府作用"，这意味着部分公权力的转移让渡和对私权利的确认与尊重。其所指向的，恰恰是过去一个时期里在处理政府与市场关系上尚存有的种种不足之处，这些问题也正是导致当下政商关系紊乱、错杂的根源所在。

三、重构新时期政商关系举措

从以上对中国各时期沿袭演变而来的政商关系困局的回顾,可看出其肇因是共同的,政府和经济活动的关系密切,干预过多,使之掌握着政治权力和行政权力的公权力过位导致了效率低下、寻租或利益输送、民营经济受挤压及造成不公平竞争等四大弊端。制度的缺陷才是导致这些弊端的根本、根源,没有合理的制度来划分政府与市场、政府与企业的边界,没有法治来约束政府的公权力膨胀冲动,没有规范来约束政府的行政行为和划定政府与社会的边界,不可能根除贪腐。

理论和几千年的实践告诉我们,没有合理界定政府职能制度方面的建设,只是简单地停留在治标层面而不进行真正治本,是不可能从根子上去除政商勾结、滋生腐败的脓瘤的。为了造就有效市场、和谐社会、根除贪腐,最关键的就是要建立一个服务型的有限政府。

许多人将现行的政商关系乱局归结为市场化改革带来的,从而反对让市场发挥决定性作用的改革。这是一个极大的误区。所导致的问题并非是由于过去改革的方向有误,更多是改革方式方法有误所导致的,并且它反过来又制约着进一步的制度变革。如何突破这一羁绊?需要标本兼治,从短期对策和长期治理两个角度加以应对和调整。近两年来的反腐倡廉对政府官员寻租设租、乱作为的治理收到了较好的成效,对于政商关系的净化有明显拉动作用,但这只能限制一时和减少寻租、贪腐的现象,很难彻底消除,要根本、彻底地消除贪腐现象还需要从根源上解决问题,也就是要着手深层次的制度性改革,健全法治体制,壮大公民社会,从源头上进行治理。

第一,要切实推进简政放权,推进市场导向的制度建设。把政府不该有的权力还给市场,让政商各归其位,政府与市场的边界得到合理界定,同时政府在维护市场秩序和提供服务方面发挥的作用不能缺位,例如对于私有产权的明晰、保护等。私有产权的明晰是法治市场经济的重要前提,有助于市场秩序的建立。当前的政商勾结除了部分干部本身的素质外,一个重要的原因就是由于公有产权没有明晰界定及公权力的越位、寻租所造成的,这是造成腐败的根本原因,公权力腐败对政体和社会造成的危害性及其后果尤其严重,例如导致严重的机会不公,造成民怨,从而产生官与民、政府与社会严重对立的政治和社会危机。这就需要从制度上予以根绝,尽快让大量依靠行政垄断而存在的无效率国企退出市场。

需要指出的是,在中国直至当前的经济发展模式中,由于政府主导经济,部门和官员有很大的审批权(截至2015年年初,国务院有关部门取消和下放行政审批事项1/3以上,但仍有近1 000项行政审批),除了责任心和政绩考核的压力之外,拿钱给办事的寻租设租贪腐行为在客观上作为一种"润滑剂"也曾对经济增长起到一定作用。当然,这种公权力不受限制所导致的腐败和不正之风,对于中国政治、经济和社会的长远健康发展无疑是非常不利的,各方面的危害性极其大,从而需要从制度建设和政府的定位上加以扭转和根治。

第二,要切实加强法治建设。法治的两个主题是限制政府权力和赋予公民权利,界定和划清政府权力和公民权利的边界。其首要作用是制约政府的行为,约束其对经济活动的任意干预,限制政府的权力就是为了保护市场不受"看得见的手"随意干扰,使政府成为维护市场秩序和提供服务的政府而不是发展型政府。好的法治环境,可以支持和增进市场,真正让市场发挥基础性和决定性作用。从而,法治也为政商关系的厘清和重构提供了准绳。当然,法治建设也是中国未来全方位综合联动改革中其他领域改革的关键枢纽,是国家治理体系和治理能力现代化的重要基石。

基于此,短期内应加快国有企业人事制度改革,特别是去行政化的步伐,并将政商身份切换纳入法治轨道,通过财产申报制度等阻止"旋转门"腐败,但是从长远来看还是应坚持民营化的改革方向,进一步壮大民营经济的力量。早在1999年十五届四中全会通过的《关于国有企业改革和发展若干重大问题的决定》就曾提出,要"深化国有企业人事制度改革","对企业及企业领导人不再确定行政级别"。但是,时至今日这一改革推进力度仍然有限,借助当前反腐之势,着力推进此项改革,有望取得进展突破。

其实,像美国也有政商"旋转门",但是其通过一系列法律规定来严防私人利益对公共利益的侵蚀。美国先后制定了《官员任职法》《美国政府道德法》《1989年道德改革法》《行政部门雇员道德行为准则》《正直领导和开放政府法》等法律,对礼品、财务冲突、职权行使、职外活动、兼职等做了非常具体的、可操作的规定。面对离职官员加入游说集团,国会制定了《游说公开法》,让游说行为透明化。其中,《正直领导和开放政府法》还规定,政府部长离职后两年内不得游说原任职部门、参议员离职后两年内不得游说国会。此外,在任高级官员每年对上一年度收入财产状况的申报和公开,也是很好的"防腐剂"。

在20世纪70年代西方主要国家相继发生滞胀危机后,它们应对危机的手段就是用市场化、社会化的方法来分担政府压力,对内放松管制,允许市场中的众多主体共同参与公共产品和公共服务的供给,创造一种良性竞争环境,迫使其在市场竞争的压力下不断提高自身效益。在此过程中,并没有多少国家说是因为民营化本身,而危害了国家的安全。民营化恰恰也是现今那些发达国家在当时条件下进一步强大的动力所在。整体而言,中国市场经济的发展对于法治的需求正变得越来越大。法治,是对"政"之权力和"商"之权利的约束和保障。没有法治约束的公权力,会使得缺乏自律的政府官员有很大的激励去染指经济、交媾资本,以设租寻租谋取私利。同样,没有法治保障的私权利,会使得企业家不得不屈服于公权力的侵犯,乃至会滋生依附于、俯身于权力的恶性资本势力。如此就会形成一个坏的循环和均衡,而要打破这个循环和均衡,必须靠法治。唯有法治,才能将权力关进制度的笼子,将政商关系引领到正向健康互动的路径上来。这不仅将影响当下,也必会深刻影响未来,是走向国家治理体系和治理能力现代化的必由之路。

第三，要健全新闻舆论监督体制，让政商关系运行在阳光之下。为此，首先要依法保障新闻媒体的独立报道权，从而保障宪法赋予公民知情权，降低委托人（公民）与代理人（政府）之间的信息不对称。其次要大力培育和发展非政府组织和非政治化社会有机体，建立基于社会主体权利之上的社会自我管理机制。由于非政府组织承担一定的公共责任，从而其应该被约束在法律框架内并享有相应的政策优惠。然而，从我国现行的立法理念来看，对于非政府组织还是一种控制性管理，建立在监管和不信任基础之上。所以，要真正促进非政府组织的发展，在立法理念层面要加强信任，以促进真正意义上的政府与社会合作模式，使非政府组织成长为与政府、企业共同支撑经济社会生活的力量。

（2015 年 3 月）

69

中国如何跨越"中等收入陷阱"

基于制度转型和国家治理的视角

摘要:"中等收入陷阱"是一个在统计上具有显著意义的现象,有可能较快地跨越或避免,也可能长时间没能跨越,其关键看处理陷阱的方式是否有效和得当,因而有着极其重要的理论和现实意义,关系到一国经济社会的转型和可持续发展,轻易否定它,弄得不好可能对转型发展的国家带来重大的失误。尽管"中等收入陷阱"主要是以经济增长和经济发展的量化指标来衡量的,但其内在本质还是制度转型困境,没有正确处理好发展与治理这两大内在逻辑关系,使政府失效、市场扭曲或失灵、社会失范同时存在和相互牵绊,以致滞留在转型途中。中国避免及跨越"陷阱"的治理之道在于国家治理模式重构,即通过合理界定和理清政府与市场、政府与社会的治理边界,来实现从发展型的全能政府向公共服务型的有限政府的转型,从要素驱动向效率驱动乃至创新驱动的转型,从传统社会向现代公民社会的转型,建立政府、市场与社会"三位一体"的国家公共治理模式,实现国家治理体系和治理能力的现代化。

---

* 本文载于《学术月刊》,2015年第5期。合作者陈旭东。

一、引 言

2007年，中国经济总量从全球第六位跃居第四位，人均GDP也达到世界银行所定义的中等收入国家平均水平。恰此当口，由美国"次贷"危机触发的新一轮世界经济金融危机迅速蔓延开来并逐步影响到中国，中国经济增长出现较大幅度下滑，政府的宏观经济政策也经历了一次大调整[①]，使得经济"体质"受到一定程度的损害。伴随着近些年来世界经济特别是发达国家经济的持续震荡调整，全球贸易保护主义方兴未艾，国际间贸易竞争、货币竞争性贬值等也愈加激烈，中国长期受益其中的全球化红利受到极大压制。当然，更加严峻的还是中国自身社会经济发展所面临的一些深层次挑战，包括增长动力衰减、经济结构扭曲、公共服务缺位、收入差距拉大、社会流动弱化、环境污染严重、资源约束趋紧等一系列亟待解决的问题和矛盾。这些因素都使得"中等收入陷阱"风险在中国凸显。

"中等收入陷阱"作为一种概念和现象，是由世界银行的专家学者因德米特·吉尔和霍米·卡拉斯（Indermit Gill and Homi Kharas）基于一个长的历史视角从众多国家和地区的经济社会转型实践中整理和概括出来的，最主要是指进入中等收入阶段的经济体其进一步的经济增长被原有增长机制锁定，使之经济增长回落或停滞，人均国民收入难以突破中等收入水平线上限[②]，并伴随着一些其他特征，例如民主乱象、贫富分化、腐败多发、过度城市化、社会公共服务短缺、就业困难、社会动荡、信仰缺失、金融体系脆弱等。最典型的例子是以阿根廷、智利、墨西哥等为代表的拉美国家。当然，世界银行也并未否

---

① 关于2008年宏观经济治理的讨论，详见田国强、黄晓东. 治理通货膨胀更要警惕经济大幅下滑风险 [D]. 上海财经大学高等研究院2008年度政策建议书.
② Indermit Gill and Homi Kharas. *An East Asian Renaissance: Ideas for Economic Growth* [M]. World Bank Publications, 2007.

认跨越"中等收入陷阱"的可能性,在同一份报告内并列举了韩国等以高新技术产品见长的也就是创新驱动的东亚国家或地区成功跨越中等收入阶段、进入高收入阶段的例子。国内外学术界从不同的视角对"中等收入陷阱"问题进行了探讨,达成了一些共识,但同时也有许多分歧[1]。有人认为"中等收入陷阱"是经济增长的问题,也有人认为是经济发展的问题。当然,还有学者认为社会经济发展有自身的规律,不存在所谓的"中等收入陷阱",它仅是人们对"现代化陷阱"的一种错觉[2]。

虽然"中等收入陷阱"不一定成其为一种经济规律,但是只要这种现象普遍到在统计上具有一定的显著性,我们就不能忽视它。如果轻易地否认这种在统计上具有显著意义的现象,弄得不好,可能会给一个面临转型发展的国家带来重大的失误。首先,要明确"中等收入陷阱"定义中的词义及其内涵。所谓"陷阱",其词义并不表示就是绝路,一定或永远走不出。既然是陷入陷阱,有可能走得出,也有可能走不出。如果走得出,时间也可能会很长,也可能较短。所有这些,关键是看是否能找到走出陷阱的方式。其次,是陷阱,就有可能较快地跨越或避免,也有可能没能跨越,其关键看处理陷阱的方式是否有效和得当。根据这两点,"中等收入陷阱"不是一个确定性事件,不能说成是一定不存在或存在,从而能否跨越"中等收入陷阱"都是正概率事件。

对中国而言,陷入"中等收入陷阱"既非必然如此,也非绝无可能。特

---

[1] 蔡昉."中等收入陷阱"的理论、经验与针对性 [J]. 经济学动态,2011,12;马岩. 我国面对中等收入陷阱的挑战及对策 [J]. 经济学动态,2009,7;Harpaul Alberto Kohli and Natasha Mukherjee. Potential Costs to Asia of the Middle Income Trap [J]. *Global Journal of Emerging Market Economies*, 2011, 3: 291~311; Kenichi Ohno. Avoiding the Middle-Income Trap: Renovating Industrial Policy Formulation in Vietnam Avoiding the Middle-Income Trap: Renovating Industrial Policy Formulation in Vietnam [J]. *ASEAN Economic Bulletin*, 2009, 26: 25~43.
[2] 刘福垣. 中等收入陷阱是一个伪命题 [J]. 南风窗,2011,16.

别是近年来随着中国经济增长持续减速、一些社会矛盾激化、人口红利不断削弱、制度转型滞后等都使得中国落入"中等收入陷阱"的可能性大为增加，需要引起充分的警惕。即使部分拉美国家近年来的经济发展和收入提升也是其制度变革和政策调整的结果，不能因为前些年的经济好转就忽视其经济长期停滞这一事实，就否认其历史上曾长期陷于中等收入阶段。"中等收入陷阱"，无论从理论依据、经验根据、统计证据等方面看都是存在的，对中国面临转型驱动的关键时刻，特别具有现实针对性，不能轻易就否定掉。为了避免陷入并跨越"中等收入陷阱"，我们首先必须认清"中等收入陷阱"的本质是什么。如果仔细考察那些曾经和依然陷入"中等收入陷阱"的国家，可以发现"中等收入陷阱"往往是由多方面因素共同造成的，而不是某个单方面的原因，很多学者分别从社会建设滞后、经济转型失败、社会流动性不足、发展模式缺陷、过多社会福利、消费不足等角度进行了论证，但对"中等收入陷阱"本质的探讨似乎很少。到底什么是造成"中等收入陷阱"最主要、最根本的因素？如何总体把握？各个影响因素之间的内在逻辑关系是什么？只有追溯到问题的根源所在，才能避免"中等收入陷阱"并给出有效的治理和跨越之道。

归根到底，"中等收入陷阱"是由两方面因素造成的：一是既有经济发展方式遇到瓶颈[①]，不足以支撑经济实现从早先的要素驱动向效率驱动乃至创新驱动的新跨越，而经济发展方式转变的核心又被归结到经济结构的转型升级问题上来[②]；二是从汲取性制度（Extractive Institutions）向包容性制度

[①] 持此观点的有刘伟、马克等。参见刘伟. 突破"中等收入陷阱"的关键在于转变发展方式［J］. 上海行政学院学报，2011，1；马克. 高度警惕"中等收入陷阱"［J］. 人民论坛，2010，19.
[②] 蔡昉. 中国经济如何跨越"低中等收入陷阱"？［J］. 中国社会科学院研究生院学报，2008，1；马晓河. 迈过"中等收入陷阱"的需求结构演变与产业结构调整［J］. 宏观经济研究，2010，11；周学. 总量调控与局部调控优劣比较——对现代宏观经济学的反思［J］. 经济学动态，2012，2.

（Inclusive Institutions）的深层次制度转型遇到障碍①，尤其是政府与市场、政府与社会的边界界定不合理、不清晰，难以有效推动经济发展方式的转变和经济结构的转型②。两者中前者是直接原因，后者则是更为根本的，会涉及政治、经济、社会方方面面的改革，这比简单地通过要素驱动的经济自由化改革可能要更为艰难。这也是世界银行所强调的、即跨越这个阶段"所必需的那些政策和制度变化在技术、政治和社会方面更复杂、更加具有挑战性"。③ 中国过去一个时期和当前所面临的关键问题也正在于此，从而加大了中国陷入"中等收入陷阱"的可能。十八届三中全会通过的《关于全面深化改革若干重大问题的决定》，对于正确处理政府与市场的关系有了一定的论述，但是对于政府与社会的关系还缺乏一些系统思考和战略判断。其实，要真正实现国家治理体系和治理能力的现代化，合理界定政府与社会的治理边界，也是一个不可或缺的理论和实践环节。

与传统研究不同的是，本文并没有将大量的篇幅放在经济增长与发展层面，而是更多地从制度转型、国家治理的视角来研究"中等收入陷阱"问题。过去30多年来正是由于主要只注重经济发展的逻辑，而在很大程度上忽视了国家治理的逻辑，使得中国在取得巨大成就的同时，也面临着许多严重的问题和危机。同时，与传统的研究大多仅仅关注政府与市场的关系不同，本文将政府、市场与社会放入一个互联、互动的统一框架中来考虑，以获得对于"中等收入陷阱"本质的更全面、更深刻的认识，继而基于此给出中国通过合理界定政府与市场、政府与社会之间的治理边界，构建以法治为枢纽的政府法规治理、市场激励疏导与社会规范自治三位一体的国家公共治理模式，从而跨越

---

① 参见 Daron Acemoglu and James A. Robinson. *Why Nations Fail: The Origins of Power, Prosperity, and Poverty* [M]. Crown Business, 2012.该书的作者之一詹姆斯·罗宾森在接受《时代周报》采访时也认为，中国最大的挑战是如何去实现朝包容性制度的转变。
② 田国强.中国经济转型的内涵特征与现实瓶颈解读 [J].人民论坛，2012，35.
③ The World Bank. 10 Years after the Crisis [J]. *World Bank East Asia and Pacific Updated*. Washington D.C.: The World Bank East Asia and Pacific Region, 2007，4：3.

"中等收入陷阱"的改革方向。

二、"中等收入陷阱"的本质与国家公共治理的逻辑

一国的经济发展从低收入阶段[①]到中等收入阶段所遇到的挑战,与从中等收入阶段到高收入阶段所遇到的挑战是有所不同的。许多在早先阶段能够有效应对和解决发展挑战的制度安排往往只是过渡性制度安排,不一定持续有效,也就至多是短期、局部的次优,而不是长期、全局的最优。衡量一个政策的有效性或制度安排优劣有两个最基本的判断标准,分别是信息有效性和激励相容性,即个体信息是否容易对称使之实现某个社会目标的运行成本不大,具有可操作性,以及个体理性与集体理性是否相兼容,使之产生内在动力的激励约束机制让其政策或制度安排落地,从而具有可执行性[②]。随着内外部经济环境和现实条件的变化,一些曾经发挥重要作用的制度安排的效率可能会出现衰减,信息低效、无效及激励不相容的现象频现,从而退化为无效制度安排乃至负效制度安排。这样,如果不能适时适度地进行制度转型,反而将一些临时性、过渡性的制度安排定型化和终极化,就会使得有效制度供求重新处于一个非均衡状态,无法应对和解决社会经济转型发展过程中出现的新挑战、新问题、新矛

---

① 低收入阶段的挑战一般是"贫困陷阱",主要是指长期陷入贫困的恶性循环或低水平均衡而跳不出来,有些经济体甚至连要素驱动也没有很好地建立起来,需要靠自由化、市场化来解决。Costas Azariadis and John StachurskI (2005) 评述了各种导致"贫困陷阱"的自我强化机制。参见 Costas Azariadis and John Stachurski. Aghion & Durlauf (eds.) [M]. *Handbook of Economic Growth*, Vol. 1A. Elsevier, Amsterdam.
② 在经济学文献中,一般用"实现"(Realization) 和"执行"(Execution) 来分别表示一个经济机制在达到某个社会目标时的信息和激励因素。

盾，进一步的经济增长和经济发展从而会受到严重制约。这也是近年来关于"中国模式"的争论中所聚焦的一个问题。

雅诺什·科尔奈认为，人类社会有若干规制经济行为的基本协调机制，其中最基本的三种分别是作为强制性官僚协调机制的政府，作为自利性交易关系总和的市场，以及自愿互惠的联合性协调机制或公民社会①。国家公共治理效果的好坏，系于政府与市场、社会的关系处理如何，而政府、市场和社会这三者正好对应的是一个经济体中的治理（Governance）、激励（Incentive）和社会规范（Social Norms）三大基本要素。只有三者联动和互补，方能真正推动国家治理体系和治理能力的现代化。

法规治理是强制性的，是最基本的制度安排和管理规则。是否制定这样的法则和规制，其基本标准就看是否容易界定或判断清楚（信息透明和对称与否），了解信息及监督和执法成本是否太大。如果一个法规的监督成本太大，这样的法规就不具有可行性。产权的保护、合同的实施、适当的监管都需要制定规制，从而需要一个监督执行规则的第三者。这个第三者便是政府。为了维持市场秩序，引入政府是必然的。由于政府同时也是经济人，既当裁判员又当运动员，具有巨大的外部性，这就要求对政府的行为应有明确的程序和规则，并且这些程序和规则的制定应该是宜细不宜粗，越明确越好。然而，对经济人和市场的规制则相反，这主要是由于常态情况下的个体自利性而经济信息又极度分散、不容易对称，所以采用分散决策的市场机制是必然的，它是适用范围最大的一种制度安排，政府规制宜粗不宜细，尽量少干预、不干预，给人们更多的经济上的选择自由和政策空间，让市场在资源配置中发挥基础性和决定性作用。此两种正式制度安排相互交叠、长期积淀，会对规范性的非正式制度安

---

① Kornai, Janos. *The Socialist System: The Political Economy of Communism* [M]. Princeton University Press, 1992.

排形成一种导向和型塑,增强社会经济活动的可预见性和确定性,大大节约交易成本。

不过,三者中法规治理还是最根本的,它奠定了最基本的制度环境,决定了政府定位是否适度,从而决定了激励机制和社会规范形成的好坏。好的法规治理更容易导致好的激励机制的产生和好的社会规范的形成,反之亦反之。因此,在政府、市场和社会这样一个三维框架中,政府作为一种制度安排,是一个可设计和控制的变量,有着极强的正负外部性,起着非常关键的作用,它既可以让市场有效,成为促进经济发展的动力,避免"中等收入陷阱",让社会和谐,实现科学、可持续的发展;也可以让市场无效,陷入"中等收入陷阱",导致社会矛盾重重。从这个意义上看,"中等收入陷阱"所表现出来的诸多负面特征只是一种表象或结果,其内在本质和根由是陷入了制度转型困境,没有处理好政府与市场、政府与社会的关系,从而没有处理好发展与治理的内在逻辑关系[①],政府的角色、职能和治理边界发生过位、缺位或错位,难以从汲取性制度转型为包容性制度。许多中等收入国家曾经面临及当前中国所潜在面临的就是这样一种制度转型困境,一旦陷入这一桎梏的束缚而无法挣脱,会导致政府—市场—社会这样一个国家公共治理的三维结构难以得到有效耦合和整合,从而会形成以下一些具有普遍性的负面表现:

第一,政府失效。主要是政府对于经济社会转型缺乏必要的驾驭能力和充分的治理能力,自身角色定位不合理,使之非但不能提供本来应该承担的适应经济社会发展进入新阶段后所必要的充足的公共产品和服务以弥补市场失灵,造成角色缺位,而且另一方面,由于政府在经济活动中的越位、过度地参与或

---

① 关于此问题的详细讨论,参见田国强. 改革需兼顾发展和治理两大逻辑 [N]. 第一财经日报, 2014-12-31.

干预经济活动，导致了部门或私人利益压倒公共利益，而政府作为维护者的角色错位又引致了大量的设租、寻租和腐败现象。尤其值得警惕的是所谓"政府俘获"（State Capture）现象，它是指经济主体通过向政府官员进行非法和不透明的私人利益输送来影响法律、规则、政令和规制等的形成，使得该主体可以不经由市场环境下的自由竞争就将自身的相关偏好转化成整个经济博弈规则的基础，从而形成大量的能够为特定个体产生高度垄断利益的政策安排[①]。这就失去了法规治理应有的中立性和公正性，而其背后则是以巨大的社会成本和政府公信力的下降及经济活动中的巨大激励扭曲作为代价的，使得与政府相捆绑的利益集团的力量越来越大，公共选择中的局部有效率而整体无效率的均衡得以长期延续，社会的公平正义和福利也由此受到极大的缺损。根据2013年全球清廉指数对全球175个国家的清廉指数的排名可以看出，一些长期陷于"中等收入陷阱"的国家，其世界排名往往也都是较靠后的，例如阿根廷（106）、墨西哥（106）。[②]

第二，市场扭曲/失灵。此两者均反映了市场在配置资源中的作用受损，但背后的原因和作用机理是不同的。市场扭曲的原因是政府越位，而市场失灵主要是指由于经济中存在着垄断、外部性、公共产品和信息不对称等因素，导致市场在资源配置中的低效或失效，这就需要政府的矫正和补位，单独或与市场一道发挥作用。但是，政府的介入应该是有限度的，一旦越位进入竞争性领域，就会由于信息和激励的问题而导致市场扭曲，表现为资源配置的低效或无效。机制设计理论已经揭示，在将外部性排除的非公共产品的经济类下，基于

---

① Stigler, G. J.. The Theory of Economic Regulation [J]. *Bell Journal of Economics and Management Science*, 1971, 2（1）：3～21；Hellman, J.. Strategies to Combat State Capture and Administrative Corruption in Transition Economies [O]. Economic Reform and Good Governance. Fighting Corruption in Transition Economies, 2002 - 4 - 11～12, Beijing, China.
② Corruption Perceptions Index 2013 [OL]. http：// cpi.transparency.org/ cpi2013/ results/.

官僚化和集中化决策解决问题的制度，其所需的信息处理和规则实施成本与分散化决策相比是极高的[①]。一个有效的市场，应该是建立在法治基础上的。法治的作用有二：一是约束政府对市场经济活动的任意干预，这是最基本的；二是更进一步对市场起到支持和增进作用，包括产权的界定和保护、合同和法律的执行、维护市场的公平竞争，等等。如果将市场理解为一种自发社会秩序，这一秩序要真正有效地发挥作用，必须要引入哈耶克所言的作为"一般性规则"的法治。由于受传统体制的影响较深，转型国家的一个突出特点，就是政府介入经济活动太广、太深，这种不受法律约束的外在的高度干预使得内生的市场经济规律难以在提升效率、激发创新方面很好地发挥作用。

第三，社会失范。失范是转型国家中的一种比较突出和普遍的社会现象，主要指社会个体或群体偏离、违反约定俗成的社会规范的行为，难以形成一个具有较强利益协调能力和自我约束机制的独立自治公民社会。赵若辉和曹立群（Ruohui Zhao and liqun Cao）曾应用涂尔干的社会转型理论对世界上30个国家的社会失范现象进行了比较研究，发现那些长期处于中等收入阶段的国家例如菲律宾、巴西、墨西哥等普遍存在着相对较高程度的社会失范。[②] 这是因为在一个开放环境下，急剧的经济转型和社会变迁往往会使得一个社会的传统非正式制度体系，包括价值信念、习俗、文化传统、道德伦理、意识形态等都面临强力的外部冲击而趋于弱化或消解。加之，由于前述的政府失效、市场扭曲/失灵，使得一个社会的正式制度演化和变迁受到既得利益者的干扰而无法适时有效推进。这样，正式制度安排和非正式制度安排都处于严重的供求不均衡状态，这种制度非均衡的混沌状态就很容易滋生各种失范乃至犯罪行为，增加制度环境中的不确定因素和社会经济活动的交易成本，而降低社会经济发展

---

① ［美］赫维茨、瑞特，田国强等译. 经济机制设计［M］. 上海：格致出版社，2009，7.
② Ruohui Zhao and Liqun Cao. Social Change and Anomie: A Cross-National Study［J］. *Social Forces*，2010，88（3）：1209～1229.

的效益和效率。当然,正如兰斯·戴维斯和道格拉斯·诺斯(Lance E. Davis and Douglass C. North)曾指出的,制度创新的过程本身就是一个制度失衡与制度均衡交替变化的过程。在一个制度失衡状态下,对现存一些制度的变革可能会获得新的潜在经济利益,其中蕴藏着制度创新的机会。[1]

值得警惕的是,当前中国社会经济的发展距离上述这三大基本特征并非十分遥远,其根源是政府与市场、政府与社会的治理边界没有得到合理界定,从要素驱动向效率驱动乃至创新驱动的动力转换机制没有真正建立健全。首先,尽管中央政府提出了加快政府职能转变的目标,但是受传统利益格局和路径依赖的影响,政府依然无法摆脱传统计划经济体制下全能型政府和发展型政府的影子,导致政府角色越位、缺位、错位的现象屡见不鲜。这也使得现实中的腐败现象呈现出一些新的特点和趋势,其中一个重要变化就是腐败行为已渗透进入政策制定的过程中[2],扰乱了正常的市场秩序。其次,市场在资源配置中的基础性作用还远没有得到充分发挥,遑论决定性作用,从而使得价格传递信息、提供激励和决定收入分配的三大基本功能也出现扭曲。由于政府长期居于资源配置的主导地位,高度介入经济活动,使得国民财富分配格局的不合理程度日益加深,国与民、贫与富、城与乡的收入差距都呈拉大趋势[3]。与之相关,在利益阶层的分化和固化过程中,社会流动性也呈现下降趋势。再次,层出不穷的"毒奶粉""瘦肉精""地沟油""有色馒头"等事件所表征出来的诚信缺失、道德滑坡、人情冷漠问题,也揭示了社会发展在经济利益冲击下的严重激励扭曲。而基本的信任链条一旦中断,会导致市场活动的显性和隐性交易成本都非常大,从而大大加大落入"中等收入陷阱"的风险。

---

[1] Lance E. Davis and Douglass C. North.. *Institutional Change and American Economic Growth* [M]. Cambridge University Press, 1971.
[2] 对当前我国腐败的发展趋势,详见过勇. 当前我国腐败与反腐败的六个发展趋势 [J]. 中国行政管理, 2013, 1.
[3] 对此问题的讨论,详见田国强. 中国改革的未来之路及其突破口 [J]. 比较, 2013, 64.

三、中国跨越"中等收入陷阱"的
发展与治理之道

与中国同处儒家文化圈的日本和亚洲"四小龙"（中国香港、韩国、新加坡和中国台湾）是第二次世界大战后顺利从中等收入经济体步入高收入经济体的成功典范。尽管这五个经济体在要素禀赋、制度环境、技术发展等初始条件上不尽相同，但正如林重庚和斯宾塞指出的，它们至少有五个方面的相似之处[①]：一是充分利用了世界经济，从外部世界引入了大量新理念、新技术、新知识，并为产品开拓了全球市场；二是维护了宏观经济稳定、通胀适度和财政可持续；三是保持了高储蓄率和高投资率，为经济增长提供了资金来源；四是重视市场在资源配置中的基础作用；五是拥有负责、可信和有能力的政府，政府对经济增长有坚定承诺并具备有效治理能力。政府和市场在这些相似点中都扮演着各有侧重的不同作用，发展与治理的元素都得到了一定的重视。

如果以上述这些经济体的经验为观照，可以发现十八届三中全会通过的决定将经济体制改革的核心问题归结到"处理好政府和市场的关系"上来，并强调改革要"使市场在资源配置中起决定性作用和更好发挥政府作用"这样的提法抓住了问题的要害，其实这也是其他许多领域改革需要注意的。笔者早在 2008 年即曾论及："当前改革的重点和亟待解决的重大问题在于合理界定政府与市场的边界，这也是处理好效率、公平与和谐发展的关键。"[②] 不过，如果进一步分析改革发展的内在逻辑，单单考虑政府和市场的关系可能还是不够全面的，在改革的力量博弈和国家的公共治理中还应加入社会的一方，必须正

---

① 林重庚、斯宾塞主编. 中国经济中长期发展和转型：国际视角的思考和建议 [M]. 北京：中信出版社，2011，5.
② 田国强. 从拨乱反正、市场经济到和谐社会构建——效率、公平与和谐发展的关键是合理界定政府与市场的边界 [D]. 2008 年《文汇报》《解放日报》及上海管理科学研究院"中国改革开放与发展 30 年"征文优秀论文稿.

确处理好政府与社会的关系，合理界定政府与社会的治理边界，只有健全的社会才可能支持健全的政府和健全的市场，形成良性互动。社会组织可以作为政府和市场之间的一个缓冲带、稳定器，涉足后两者无力涉足的领域，将广大公民分散的利益诉求聚合起来、表达出来，实现社会的利益整合、利益疏导和利益调节，是国家公共治理中不可或缺的一环。

一个转型国家要避免陷入"中等收入陷阱"，实现效率、公平与法治的良好均衡，有赖于深层次的制度创新和转型，这是一个复杂而艰难的过程，关键是正确处理好发展与治理的内在逻辑关系，要理清和合理界定政府与市场、政府与社会之间的治理边界，以此来重构国家公共治理模式，有效回应因政府失效、市场扭曲/失灵和社会失范所提出的制度变迁需求。今后一个时期直至 2020 年，是中国能否跨越"中等收入陷阱"，为进入高收入国家行列奠定基础的关键时期。中国需要通过政府、市场与社会"三位一体"的整体设计[①]和综合治理，以及长期积淀后所形成的文化这一更为持久的因素，来不断推动中国经济社会的全面、协调和可持续发展。如果我们回过头来考察中国改革开放以来所经历的转型历程，实际上也就是一个传统体制下的全能型政府和发展型政府逐步收缩和调整其权力、职能范围，同时市场、社会的自组织治理范围不断扩展和自我治理能力不断提升的过程，当然其中也曾有过反复，但大的趋势是显而易见的。

转型是一个动态的长期演化过程，由于各种约束条件，不可能一步到位地理清政府与市场、政府与社会的合理治理边界，需要一些过渡性制度安排，包括政府主导的制度安排来培育市场、扶助社会。但是，对于政府主导的显性和

---

① 谈到整体或顶层设计，许多人以为是要在各个方面，进行面面俱到的详细设计，这是一个极大的误解和误区。所谓整体或顶层设计，其实质是，要对体制转型中最核心、最本质、最根本的方面，例如改革目标、方向、内容、战略及愿景，给出原则性的综合考虑，对改革的步骤和方式及改革的轻重缓急有一个全盘考虑和设计。

潜在负效应，我们一定要有清醒的认识，对于市场和社会的自组织管理能力，也要有足够的信心。所以，未来改革的方向是，以法治对政府的权力进行限制和约束，让政府进一步从市场和社会可以自我管理的领域有序退出，向市场、社会放权，最大限度地激发市场和社会的活力。① 这也是中国进一步发展以实现富民强国的内在逻辑指向②。这样，结构性的经济改革和深层次的经济转型才是有保障的。从这个意义上讲，中国能否成功避免陷入"中等收入陷阱"，关键取决于制度的内在合理调整及其供求能否处于新的均衡状态，实现从汲取性制度向包容性制度的转型。具体来说，就是能否实现从发展型的全能政府向公共服务型的有限政府的转型，从要素驱动向效率驱动乃至创新驱动的转型，从传统社会向现代公民社会的转型。

第一，重新定位政府角色，促进有限政府和服务政府的加快形成。只有政府无所不在的"有形之手"放开了，政府的职能及其治理边界首先得到科学合理的界定，有效克服了政府职能越位、缺位和错位，合理界定政府与市场、政府与社会之间的治理边界才是可期的。那么，如何合理定位现代市场经济条件下政府的基本职能和角色，更好地发挥政府的作用呢？政府最基本的职能与作用归纳起来可以用两个词来概括，就是"维护"和"服务"，也就是制定基本的规则和保障社会秩序的稳定，以及供给公共产品和服务。尽管在公共产品和服务领域，政府主导的机制的信息成本会变大，但是考虑到其巨大的正外部性，即使付出较大的信息成本、运行成本也是必要的。其实，哈耶克主要也从两方面来界定政府职能：一方面，政府必须承担实施法律和抵御外敌的职能；另一方面，政府必须提供市场无法提供或无法充分提供的服务。同时，他也指

---

① 2013年以来的政府简政放权改革，例如负面清单、权力清单等，与此导向是相一致的。但是，法治建设的进程还显迟缓，而政府职能和权力边界的界定，关键靠法治。
② 基于历史上国内外几千年的强国实践，结合现代经济学理论，我们认为富民强国的内在逻辑在于：欲强国，必先富民；欲富民，必赋私权；保私权，必限公权。参见田国强、夏纪军、陈旭东. 富民才能强国的经济学内在逻辑[J]. 学术月刊，2013，11.

出，必须将这两方面的职能和任务明确地区分开来，"当政府承担服务性职能的时候，我们不能把我们在政府实施法律和抵御外敌时赋予它的权威性也同样赋予它"①。

具体到中国，这就要求我们的政府首先应转变自身的治理理念，治理不能等同于管制、统制，应加快从对生产、分配和资源配置的直接干预中退出步伐，以信息效率、激励相容和外部经济为准则，向市场和社会分权，努力实现从行政干预过多的全能政府向有限政府转变，从与民争利的发展型政府向公共利益服务型政府转变②。这样，一方面，一个政府是否真正有作为，不在于其管得到底有多宽，而在于管理的范围和程度是否合理，管理的方式和结果是否有效，是否让市场、让政府有效。按照老子的观点，也就是要"以正治国，以奇用兵，以无事取天下"（《道德经》第五十七章），即"行得正，用得活和管得少"。所谓"行得正"，就是遵循普适正道，按规律办事；"用得活"，就是因时、因地、因事，具体情况具体分析；"管得少"，就是政府的权力边界应该是受到严格限制，不是完全不管，因为理性的经济人需要受到一定的规制约束，否则它可能破坏社会市场秩序，无法形成有效的市场。

另一方面，为了促进政府职能的根本转变以实现善治、良治，在考量政府及其官员绩效的时候，仅仅依靠 GDP 指标就是非常不全面的，政绩考核激励机制要从促进"为经济增长而竞争"转换到"为公共利益服务而竞争"上来，这样社会公共服务指标就应该成为硬约束，以此来引导政府少伸"掠

---

① ［英］弗里德利希·冯·哈耶克著，邓正来等译. 法律、立法与自由（第二、三卷）［M］. 北京：中国大百科全书出版社，2000，333.
② 关于政府职能的两个根本转变的讨论，详见田国强. 中国下一步的改革与政府职能转变［J］. 人民论坛·学术前沿，2012，3. 实际上，中国古代也不乏政府治理的经济思想渊源，例如汉武帝时期太史公司马迁所提出的"善因论"，即《史记·货殖列传》中的"善者因之，其次利导之，其次教诲之，其次整齐之，最下者与之争"。其中蕴含着的一种理念，就是如果顺应人的天性和社会的自发秩序来进行治理就能以最小的成本实现国家的善治。反之，"整齐之"、"与之争"的治理手段都是下策。

夺之手"①，多伸"援助之手"，让财富更多地流向百姓，以实现社会福利最大化。同时，应该在干部任免中反映出当地民众一方的评价，让地方和基层官员真正对当地居民负起责任，而不仅仅是向上负责。如果政府绩效考核体系能够将地方官员的经济单一发展观彻底扭转，转而更多地关注科学发展、关注人的发展本身，必定会有利于中央政策目标的落地，实现激励相容，形成平稳较快的可持续发展。同时，在官员任用上应该通过党内选拔加人民选举的形式，引入竞争机制，健全民主程序，真正有机地融政党于社会，也就是真正地融政于人民。

第二，尊重市场经济规律，构筑效率驱动和创新驱动的内生机制。效率驱动和创新驱动，都是市场主导的结果，与价值规律、供求规律、竞争规律等市场经济的内在基本规律密切相关，而究其根源还是信息和激励因素的影响。经济机制设计理论已证明：在通常情景下，竞争性市场机制是唯一的利用最少信息且导致资源有效配置的经济机制②。而创新则是除了行政垄断和自然垄断之外在市场竞争中合理获取垄断收益的唯一途径。中国经济现实中由于对这些基本规律和内在逻辑的忽视和背离，使得公平竞争、契约意识、信托责任、企业家精神等有助于推进效率和创新的市场经济要素也受到压制。哈耶克也曾在《致命的自负》一书中借用李约瑟的说法，形容中华帝国在政府控制暂时受到削弱的时期，个人的首创精神往往能够得到一定的释放，从而文明和精巧的工业技术也容易获得巨大进步。相反，一旦政府控制恢复之后，这些"脱离常规

---

① 对"掠夺之手"的讨论，详见 Andrei Shleifer and Robert Ward Vishny. *The Grabbing Hand: Government Pathologies and Their Cures* [M]. Harvard University Press, 1998.
② Hurwicz, L. *On Informational Decentralization and Efficiency in Resource Allocation Mechanism* [M]. Studies in Mathematical Economics, S. Reiter, ed., Mathematical Association of America, 1986; Jordan J. S.. The competitive allocation process is informationally efficient uniquely [J]. *Journal of Economic Theory*, 1982, 28: 1～18; Tian, G.. The Unique Informational Efficiency of the Competitive Mechanism In Economies with Production [J]. *Social Choice and Welfare*, 2006, 26: 155～182; Walker, M.. On the informational size of message spaces [J]. *Journal of Economic Theory*, 1977, 15: 366～375.

的表现，无一例外地被国家的力量所窒息"①。

值得警惕的是，过去相当一个时期，在中国一些竞争性的市场，政府的宏观调控在相当程度上已变成了微观调控，很多出于善意的价格干预措施由于忽视了市场经济的内在规律，反而起到或潜伏着反效果。而要素市场、基础资源市场基本上还是被国企所垄断，政府控制了太多的市场准入②，从市场秩序维护者蜕变为市场参与主体，这不利于激发市场在竞争中提升效率方面的作用。并且，由于要素价格的扭曲具有很强传导性和扩散性，导致了宏观经济的失衡背后一连串的微观经济行为的扭曲。当前正在推进的转变经济发展方式，恰恰应该是要素稀缺约束条件下市场作用和经济主体自主选择的结果。政府如能有序放开对水、电、成品油等稀缺资源价格的实际控制，建立反映市场供求情况、体现资源稀缺程度的资源要素价格形成机制，让市场在资源配置中发挥基础性和决定性作用，将有利于促进各类企业在市场竞争压力下形成提高资源利用效率的内在动力。

建立在高度的市场效率基础之上，创新驱动也已成为今天主要发达市场经济国家实现经济发展的主驱动，其创新所依靠的不是国有部门，而是私人部门。一般来说，由于追求自身利益的强烈动机，民营经济、私有企业是最具有创新意识和创新力的。这里的创新，既包括熊彼特所谓的破坏性的、革命性的、颠覆性的创新，也包括那些于细节之处点滴改进的微创新。创新需要转化为行动和结果，这就需要企业家来系统化地管理创新，为社会创造新的价值，企业家精神的要义就在于此。中国过去 30 多年的经济蓬勃发展，本质上也是由于备受束缚的创新精神和企业家精神得到释放导致的结果。中国经济的未来可持续发展，在很大程度上依然有赖于创新和企业家精神的充分释放。在高度

---

① ［英］弗里德利希·冯·哈耶克著，冯克利、胡晋华等译. 致命的自负 [M]. 北京：中国社会科学出版社，2000，322.
② 当然，随着新一届政府对于与市场合理边界界定认识的逐步深化，以及行政审批改革的深化和负面清单管理模式的探索，这方面的情况正在有所好转。

竞争的市场环境下，企业唯有靠不断抢占创新制高点，不断打破自己的优势，形成新的竞争优势、价格优势，才能应对快速变化和激烈的竞争，否则即使自身一时有优势，如不持续创新，早晚都会被超越。

第三，发挥社会力量作用，为转型发展深化奠定稳固的社会基础。社会力量自身也是推动社会经济发展的内在原动力。从不同国家的转型实践看，转型必然会带来社会结构的分化及利益群体的重组，早期这也许是社会经济发展的"助推器"，但是"大政府—小社会"的格局如果一直得不到扭转，这种分化和重组有可能会使社会走向断裂和崩溃，反过来又会阻碍社会的健康发展并产生负面的经济后果。这就要求国家公共治理理念和治理体系的同步再调整，合理界定政府与社会的治理边界，适应转型发展的需要逐步向社会下放权力，大力培育社会的自我组织、自我管理、自我服务能力。实际上，1978年小岗村的18户农民冒着重大风险秘密订约分田单干，其实质也是他们从自身利益出发而采取的一种自我组织和自我管理。

可以说，一个没有良好社会自治的国家公共治理，难以称得上是一个成熟的国家公共治理。面对转型过程中信息极度分散、复杂的社会矛盾和日益繁重的社会管理、服务任务，仅仅依靠政府的力量显然已经远远不够，并且可能会起反效果，将矛盾的焦点引向政府自身。国际经验已经表明，社会可以作为平衡和控制政府与市场之间张力的关键要素，社会组织在协调各方利益、共享公共资源、促进公平正义等方面可以对政府形成很好的补充和替代作用，这就要求政府从具体的、微观的社会管理环节中抽身出来，将自身管不好也管不了的领域交给社会组织来自我管理，同时也要求政府转向社会治理，更多地依靠制定明确的规则、采取一定的措施让公众参与社会公共政策的讨论，允分反映自身的意愿和诉求，确保政府决策的科学、民主、公正和激励相容，夯实公正的公共利益基础，使之成为社会发展的润滑剂和催化剂，减少社会摩擦，降低发展成本。

当然，在增强社会自组织、自协调的同时，还需要扭转日趋严重的社会失范的问题。社会失范的背后，是人们普遍缺乏共同的价值观基座，既没有对法律的敬畏，也没有对伦理的遵循，社会的人文关怀没有建立起来。这个构建之中的价值观体系应该起到稳定、凝聚和导向的作用，不能大一统、一刀切，要分层次、分类别，建立同心圆或相交圆的价值观体系。这个圆心或相交的部分，应该是最基本的做人的道理、共同人文价值观，例如诚信、包容、感恩、奉献、责任、荣誉。价值观的型塑，不仅仅需要苦口婆心的说教，还需要通过加强法理约束、市场激励等制度安排来引导。例如诚信，传统文化有很多关于此的教条，但它未能在当今社会广泛建立，原因就是市场体系没有完全规范，再加上政府干预市场太多，导致信号机制、信息机制、舆论机制及资源配置机制等还没有很好地发挥作用。在现有的规章制度下，所期望的人们的诚信行为方式还不构成最优均衡，致使许多人不按规则行事，不讲诚信的人没有受到惩罚反而获利，就导致了大量寻租、假大空的现象。通过建立现代市场体系所构建的和谐社会，有助于让诚实守信的传统美德得以恢复和发扬，各种欺诈行为得以消除，经济、政治、文化等各个领域的生活得到净化。

与此同时，社会力量要真正成为促进国家发展的具有理性、建设性的内在推动力，当然还需要政府的扶持和引导，特别是要大力培育和壮大中等收入群体，他们是确保一个社会实现稳定和发展的重要因素。从日本、韩国等邻国的发展经验来看，它们在跨入高收入国家行列之前，中等收入群体在总人口中的占比均已达到70%以上，而当前中国中等收入群体所占的比重还不到30%，这也是成熟公民社会迟迟无法构建起来的原因之一。所谓"有恒产者有恒心"，中等收入群体普遍拥有一定规模的财产，对保证私有财产权利有强烈诉求，同时一般接受过良好教育，具有一定的独立思考能力和判断能力，对个人的权利和义务有较好认知，是中国建设民主法治社会的必要基础。并且，中等收入群体也更加渴望多样化的产品和服务，这将为全要素生产率的增长提供强大的动力。①

---

① [美]霍米·卡拉斯著：中国向高收入国家转型——避免中等收入陷阱的因应之道[M]；林重庚、斯宾塞.中国经济中长期发展和转型：国际视角的思考和建议[M]. 471.

无疑，中等收入群体的壮大，必将为中国的转型深化、经济发展和向高收入国家的迈进构筑稳固的社会基础，这首先需要对阻碍这一群体壮大进程的社会福利体制进行深入的改革，进一步理顺政府、企业与个人的分配关系。现代微观经济学理论中的结果公正定理（Outcome Fairness Theorem）告诉我们：只要每个人的初始禀赋的价值相等，通过竞争市场的运作，即使个体追求自身利益，也可以导致既有效率也是公平的资源配置结果[①]。所以，我们应该在继续做大蛋糕的同时，注重分配好蛋糕，为经济个体参与市场竞争和公共生活提供起点公平，实现更高水平的均衡发展。通过实行总量和结构性减税，并积极规划出台面向未来五到十年的涵盖就业、养老、医疗、住房、教育等涉及居民"生（生计）、老（养老）、病（治病）、居（居住）、教（子女教育）"的具有全局性的一揽子社会福利改革计划，可以真正做到藏富、还富于民。不过，在这个方面的体制改革中也要注重具有自我约束机制、能够防范道德风险的制度设计，避免出现西欧、北欧国家由于福利过多，造成严重负激励和巨大财政赤字的问题。

四、结　语

中国正处于跨越"中等收入陷阱"向高收入国家迈进的关键期。本文的研究揭示，"中等收入陷阱"的外在表现是经济增长的放缓和人均收入提升的受阻，但内在本质则是制度转型困境，其根本原因是没有合理界定和理清政府与市场、政府与社会的治理边界，从而没有正确处理好发展与治理的内在逻辑关

---

① Tian, G.. Lecture Notes on Microeconomic Theory［OL］. http：//econweb.tamu.edu/tian/class.htm.，2013.

系，使之政府失效、市场扭曲/失灵、社会失范的同时存在和相互牵绊，以致滞留在转型途中，不能完成从要素驱动向效率驱动乃至创新驱动转变的进程。针对中国避免及跨越"中等收入陷阱"的治理之道，本文提出了国家公共治理模式重构的建议，即通过合理界定和理清政府与市场、政府与社会的治理边界，来实现从发展型的全能政府向公共服务型的有限政府的转型，从要素驱动向效率驱动乃至创新驱动的转型，从传统社会向现代公民社会的转型，建立政府、市场与社会"三位一体"的国家公共治理模式，实现国家治理体系和治理能力的现代化。

（2015年5月）

70

中国经济新阶段的发展驱动转型与制度治理建设[*]

摘要：尽管现有的发展模式让中国经济在过去30多年取得巨大成就，但它只是一种追赶式发展模式，展望未来，之前的成功模式对从要素驱动转向效率驱动乃至创新驱动的发展模式不可能延续。从理论、历史和统计三位一体进行学理性分析，中国经济超预期大幅下滑的深层次原因更多是制度层面上的问题，是市场化改革不够深入、政府与市场及社会治理边界不够合理、市场经济制度不够完善造成的。中国需要尽快从要素驱动转向效率驱动、创新驱动，其关键是进一步地解放思想，推进改革开放，让中国沿着经济市场化、民营化道路前进，让市场在资源的配置中真正发挥决定性作用和让民营经济发挥重要作用。市场化改革千头万绪，民营经济大发展、金融市场自由化、土地要素市场化是三大重要切入口。与此同时，为了增强改革的执行力和发展的驱动力，还需要从法治、执行力和民主监督三个维度加强综合治理，推动政府善治，建设有限、有为政府。

---

[*] 本文载于《中共中央党校学报》，2015年第5期。合作者陈旭东。

一、导　论

中国正处于经济发展驱动转型与国家治理现代化的关键阶段。当前实体经济却面临着非常棘手的发展困境和挑战，2014年中国经济延续了前两年的增长下滑态势且跌幅不断拉大，经济增速创下1990年以来的年度增速新低，2015年上半年经济增速又进一步大幅下滑至7%，且有很大可能会进一步下滑，并伴随着通货紧缩加大的风险[①]。如果任由这种下滑势头发展下去，将必定导致包括改革滞后、产能过剩、就业困难、收入下降、资金外流、金融安全（大量坏账）、预期恶化从而严重影响社会、经济稳定等一系列严重问题。

在当前世界经济形势基本面总体不错、国内政治经济形势稳定，那么是什么因素造成了这种持续下行的颓势呢？这种实际经济增长率的持续过快下滑，难道真的是"新常态"下的态势，是潜在增长率的极速放缓所造成的吗？毫无疑问，由于要素收益递减客观经济规律，中国经济增长的中枢已经下移。但是，这个下滑程度不应像当前这样来得那么快、那么大。即使抛开深化改革治理等制度建设方面带来的可能红利不论，仅从劳动力、资本和全要素生产率等方面看，中国经济潜在增长率并未大幅下滑，仍有保持中高速增长的潜力。那么，又是什么原因拉大了实际增长率与潜在增长率之间的差距？继而，如何缩小二者之间的差距，使潜在增长率得到充分释放？

如果不找出问题的内在根源，不分析深层次的内在原因，而仅仅只是指出问题的表象和我们需要做什么，不是试图从根源上去找原因、从制度层面上去解决问题，那么很容易采用治标不治本，"头痛医头、脚痛医脚"的方式去解决问题。因而，更重要的问题应该是怎么改、谁去做、怎么做的问题，也就是

---

① 上海财经大学高等研究院"中国宏观经济形势分析与预测"课题组. 2015年中国宏观经济形势分析与预测年中报告：风险评估、政策模拟及其治理[D]. 2015-7.

方向性、原则性、制度性安排首先需要明确：是让市场发挥决定性的作用，还是让政府发挥决定性或主要作用？

尽管现有的发展模式让中国经济在过去30多年取得骄人的巨大成就，但它只是一种追赶式的发展模式，展望未来，之前的成功模式对从要素驱动转向效率驱动乃至创新驱动的发展模式是不可能延续的。我们的分析表明，随着要素驱动红利衰减，单纯靠要素驱动、政府发挥主要作用的经济发展方式不再具有可持续性，再加上政府施政过程中出现的一些不作为的问题及对"新常态"的理解偏差等多重因素叠加，导致当前中国经济增长持续大幅度下滑，其背后的深层次原因是市场化改革不够深入、政府与市场及社会治理边界不够合理、市场经济制度不够完善造成的。

实际上，党的十八届三中全会的定论十分正确，即要让市场在资源配置中发挥决定性的作用，推动国家治理体系和治理能力的现代化。中国经济要实现又好又快的可持续性发展和长治久安，关键还在于正确理解发展的逻辑与治理的逻辑，并正确处理二者之间的内在逻辑关联、辩证关系。现代市场制度不可替代，市场须发挥基础性和决定性作用，其关键是政府的定位必须恰当，除非市场失灵，或处于危机情况，政府不应该去干预。只有合理界定政府与市场、政府与社会之间的治理边界，通过三者各归其位又互动互补的综合治理，才能真正实现又好又快的发展[①]。

但是，决议和现实反差巨大。一遇到情况，一些地方仍然是一如既往地按照惯性思维、惯性做法（例如政府主导经济发展模式）去处理问题。不知道治理有个度，也有好的治理和坏的治理之分，简单地将治理等同于统治或管制。一旦遇到问题，就想到或仍采用政府主导的方式去解决，其负面作用很大，不

---

① 详细讨论，见田国强、陈旭东. 中国改革：历史、逻辑和未来[M]. 北京：中信出版社，2014-7.

可能让市场发挥决定性作用，中国就仍然面临的是一个发展型的政府，仍然会一如既往地出现"重政府轻市场、重国富轻民富、重发展轻服务"的"三重三轻"现象。

由于没有明确怎么改、谁去做、怎么做的问题，一旦缺乏了方向感，就很容易导致急病乱投医，甚至引起争论，让人们在中国的改革和走向及国家发展方向上众说纷纭，使改革充满着对立和冲突，具有很大的风险和变数，中国改革大业面临着极其复杂的局面，政治干扰经济，借改革中出现的问题，怀疑甚至是否定改革开放的正确大方向，将经济问题上纲上线到阶级斗争、政治层面和意识形态方面的问题，这将无法形成上下一致的改革共识，影响社会和谐稳定。例如许多人混淆概念，将市场化等同于私有化，将个体和民营经济等同于私有经济，将公有经济等同于国有经济，然后利用这些混淆，曲解中央政策例如将让市场在资源配置中发挥决定性作用简单认为是私有化，从而一味地反对进一步深化改革，大肆上纲上线，使人们无法达成改革共识，深层次的改革更加谈不上。由于对这些没有一个明确的态度，让大众感到迷惑，好不容易凝聚起来的改革共识正在涣散，这就使得基层深化改革的具体执行者没了方向感，在这种情况下，"多做多错、少做少错、不做不错"自然就成为最优的选择，其表现形式就是不作为，改革也就没了主心骨。据最近《人民论坛》一项调查显示，在8 000多份调查问卷中超过70%的受访者认为，"想改革、谋改革、善改革的干部比例不到40%"。

并且，由于中国仍然是一个政府主导的经济，各级政府对从事经济活动的各种程序审批、项目审批、准入壁垒依然众多，维护和服务性的有限政府、有效政府的目标还远没达到，从而政府部门办事效率的高低成为影响发展包括经济发展的重要因素。尽管强力反腐肃贪非常必要，但由于深层次的市场化制度性改革没有完成，有效市场和有限政府没有到位，其副作用及目标管理欠缺等造成了政府官员的不作为，也就成为经济增速下滑的另外一个重要影响因素。经济增长的"新常态"应该是中高速，即使下降，也是缓慢下降，这样大幅度下降肯定不正常。我们需要纠正 GDP 中心主义，因为它造成了环境污染、公共服务不足等问题。但是，我们不能完全不要 GDP 指标，而是把教育、社保、生态、环境等公共服务指标同时放入政绩考核体系。

党的十一届三中全会和十八届三中全会的决议都是纲领性文章，都有重大历史性意义，但让人感觉还是有些差异，其最大区别就在于前者决议中要做的事情很快就落实下去了，对于改革有高度的共识，且从上到下提升了一批改革的干将作为改革破题者、推动者和操盘者，很快就形成了改革开放的大好局面。而十八届三中全会的决定则需要进一步推动落实。中国改革开放关键过程中都是理论探讨先行，在关键的时候往往能得到中央高层的权威表态和一锤定音。十一届三中全会对关于真理标准问题的大讨论、1992 年邓小平南方谈话对关于计划与市场关系问题讨论的一锤定音，就是对于改革方向的确认和定向，很快统一了思想，形成了上下联动的共识，对其后的市场化改革开放有不可磨灭之功。从这个意义上讲，中国经济的可持续发展关键不是靠众多短期性的政策组合，而必须要在根本性、制度性、方向性的问题上取得共识，同时形成为改革发展而竞争的良好态势。否则，出台的政策也可能是与长远发展目标不兼容的，或者得不到贯彻执行。

中国是一个转型加转轨的经济体，不仅需要进行经济结构的调整，更需要进行经济体制的结构和制度转换。一个发展经济体转向发达经济体的过程一定是从要素驱动向效率驱动升级，这就需要让市场发挥决定性作用，然后再到创新驱动，这需要民营经济起重要作用。技术创新、商业创新主要靠民企，靠市场激励驱动，而不应由政府主导。因此，需要深入进行理顺政府与市场、政府与社会之间治理边界的制度性和结构性改革，消除不利于企业创业创新和挤压民营经济的制度性障碍，真正让市场在资源配置中发挥决定性作用，是顺利跨越潜在的"中等收入陷阱"、促进中国经济向效率驱动乃至创新驱动转变的关键所在。

二、增长瓶颈的根源在于发展驱动和
经济体制双转型滞后

一般而言,一个经济体在一定的时期内增长放缓主要有两种,一是周期性的,二是结构性的,亦即因经济社会发展、科学技术发明和创新导致的结构性变化。当前中国经济持续下行有一定周期性的原因,但更多的是来自自身经济结构的问题,例如产业升级,产业结构、需求方式转变等问题。除了这两个原因外,中国更面临着发展驱动和经济体制双转型滞后的问题,这才是导致中国实际经济增长低于潜在经济增长更为关键的根源因素。

首先,中国作为一个发展中国家,与其他任何一个发展中国家一样,都面临发展驱动的转型问题,都需要经过三个特定的发展阶段:要素驱动、效率驱动和创新驱动。由于边际收益递减的客观经济规律,要素驱动仅仅是阶段有效的,未来中国经济的可持续增长和发展依赖于向效率驱动、创新驱动的转变。但是,这样的转型驱动是有前提的,有赖于市场经济的完善,否则驱动转型不可能成功。需要指出的是,在中国经济从要素驱动向效率驱动乃至创新驱动的转变过程中要素的作用依然不可或缺,只是不能再过多地依靠规模投入,而要通过一系列体制机制尤其是土地制度、户籍制度和金融制度方面的改革深化,使土地、劳动力、资本这三大基本要素在企业家精神和创新精神的驱动下自由流动、优化组合,进而实现效率提升和创新激活。

其次,更关键的是中国还面临体制转型的问题。这是由于,效率驱动乃至创新驱动能否实现,关键还在于经济体制向现代市场体制转型能否成功。

尽管与改革开放之前的计划经济体制相比,中国的市场经济已取得了长足的进步,但与成熟市场经济发达国家相比,现代市场经济体制还远未完善建立。通过短期宏观调控对经济增长放缓的治理有一定成效,但治标不治本,只能适当采用,否则有后遗症。更为根本的结构性问题和治理问题,是长期以来以要素驱动、政府主导、国企挤压为特征的经济发展模式造成了经济增长的动力枯竭、行业垄断、政府负债、产能过剩、效率低下、民营经济发展不足、企业竞争力低下、国富民穷、贪腐猖獗、腐败消费、民间消费疲软等突出问题，由此也导致社会不公、矛盾激化。这些都需要从长期治理的角度入手通过进一步完善现代市场经济制度来加以解决。

三、五重原因叠加导致中国经济增长超预期大幅下滑，追赶式经济发展方式已不再具有可持续性

归纳起来，要素驱动红利衰减、政府主导动力枯竭及国企产能过剩、挤压民营经济的发展方式不再具有可持续性，再加上政府施政过程中出现的一些不作为的问题及对于"新常态"的理解偏差，这五重原因的叠加，导致了当前中国经济增长持续大幅度下滑，具体如下。

其一是要素驱动红利衰减、增长中枢下移。要素驱动在过去相当长的一个时期里为中国经济增长做出了巨大贡献，这是客观事实。然而，从长远看，由于边际收益递减的客观经济规律，在生产率下降的同时伴随着要素的成本会不断上升，要素驱动的发展模式是不可持续的。因为要素驱动本身是要素市场发育不充分的前提下，通过非市场行为压低要素价格而产生的不合理却阶段性有效的竞争优势，易于导致高投入、高耗能、高排放、高污染、低经济效益、低劳动力回报、低创新附加值的粗放式经济发展方式。随着人口红利、资源红利、环境红利等要素红利的衰减，加上国际贸易壁垒高筑、其他新兴经济体崛起等外在持续压力，这一发展模式显然无法继续推动中国从中等收入国家向高收入国家迈进。

需要指出的是，由于区域差异、个体的生产力差异及经济发展驱动的转换需要一个过程，发展驱动转换不应是一刀切或一蹴而就的。由于对中国经济发

展驱动转变的认识不清,误以为从要素驱动转向效率驱动、创新驱动,就是完全不要发挥要素规模投入的作用了,一些地方政府过早、过快地通过"腾笼换鸟"、"机器换人"等使得一些产业或主动或被动地转移到东南亚一些国家去了。这恐怕也是造成中国经济增长大幅下滑的一大原因。实际上,从要素驱动转向效率驱动、创新驱动,不是一个简单的单向迭代、完全替换的过程,它反映的是占据主导驱动的变化,后一阶段同样需要前一阶段的高度发展作为奠基,原有驱动因素作为存量和重叠还依然要发挥重要作用。否则,两头落空也会使经济增长失去动力。

并且,尽管由于要素收益递减客观经济规律,中国经济增长的中枢已经下移,但是这个下滑程度不应像当前这样来得那么快、那么大。即使不考虑深化改革和加强治理等制度建设可能带来的改革红利,从劳动力、资本和全要素生产率等要素的中长期基本面看,中国经济潜在增长率没有出现大幅下滑,5~8年内有望继续保持在7%以上。当然,我们也不像一些论者想象的那么乐观,认为未来20年中国都还能实现7%乃至8%的经济增长。靠一味消耗资源和危及生态环境的粗放式发展这也许可达到,但其长远代价也是更为巨大的。

其二是政府主导动力枯竭、公共服务功能欠缺、内生增长匮乏。中国依然是一个政府主导型的市场经济,这是因为在过去以GDP增长为主要衡量指标的晋升锦标赛中,地方政府官员有很强的激励来拉动经济增长以取得政绩回报。在1994年分税制改革之后中国的财政体制是"上面千条线,底下一根针";地方政府的财力和事权本身是不匹配的。1997年土地招标及住房制度改革重塑了中国的发展模式,由于土地要素市场的政府垄断供给,使得"以地生财"的土地财政,再加上地方抵押借债成为地方政府的重要财政手段。于是,以城镇化为背景,土地要素的城乡流转成为中国过去20年经济增长的主要动力,一定程度上起到了"加速器"的作用。但是,在此过程中也产生了一些问题,例如暴力强拆、破坏生态、破坏古迹、破坏文物等等,成为社会矛盾的一大导火索。

对于政府本身而言，这也带来了一个恶性循环。一方面，政府凭借垄断的土地征用权，形成了以土地作抵押的新的融资渠道。2007~2013年间，84个重点城市的土地抵押面积从192.5万亩增加到605.9万亩，抵押贷款从1.33万亿上升到7.76万亿[1]。借助金融和资本的杠杆，中国经济在高速增长的同时也形成了高杠杆和泡沫化。另一方面，这些抵押贷款包括其他地方政府债务很大一部分又是靠土地出让收入来偿还的，这就使得地方政府有很大的激励来做大土地财政。2014年地方土地毛收入已经占到地方一般公共预算本级收入的近六成。如果土地市场发生较大波动，地方政府的融资平台的不良贷款率就可能较快上升，其中蕴含着巨大的地方债务和金融风险，是不可持续的，使得政府主导经济发展的动力枯竭。

同时，政府的发展属性过强、服务功能欠缺还带来一个后果就是使得居民消费意愿和消费能力不足。政府依然在许多本应由市场发挥资源配置作用的地方占据主导地位，成为市场利益主体，挤压了居民的市场激励收益机会。政府财政用于固定资产投资、行政管理支出、"三公"消费方面的支出太多，而用于公共服务和社会保障方面的支出不足，基本公共产品的供给严重不足和不均衡，这就使得居民预防性储蓄过多，消费异常孱弱，无法形成真正内生的发展驱动力。2014年中国居民消费的GDP占比仅约38%，还不到美国的一半，与俄罗斯55%的水平相比也有不小差距。中国经济的可持续发展，要求中国必须从生产型社会向消费型社会转型，当然这有一个渐进的过程。

其三是国有企业产能过剩，经济活力下降。时至今日，国有经济的规模依然很大，国有企业在一些地区和重要行业中的垄断地位非但没有削弱，并且还在加强。观察2015年上半年各省经济增长数据，可以发现一个现象，即国有经济比重越大、民营经济越不发展的省份往往经济增速越靠后，下降得越快，

---

[1] 邵挺.别了，土地财政[J].中国发展观察，2009-3.

例如东北三省的辽宁仅为2.6%,黑龙江、吉林也是倒数几位,均滑出了经济增长合理区间,越是民营经济活跃的地方,经济增速下降较小,例如浙江、广东等省。在国有企业比重过大的地区,国有企业往往凭借控制资源能源与优先获取金融资源的优势而占据过多要素,而这些地区的民营中小微企业则面临比其他地区民营经济更为突出的融资难、生产成本高问题,发展严重受限,这就使得当地市场没有一个良性的竞争机制,经济活力下降。

2008年中央"四万亿"经济刺激计划很多资金就是流向了本来就资金充裕的国有企业,这带来的一大后果就是重复投资、无效投资的不断累积,经济的造血机制不足。国家统计局统计显示,2013年末我国工业企业产能综合利用率基本低于80%,近一两年来进一步降低,一些行业已属于绝对过剩行业。以钢铁产业为例,目前我国大约有12亿吨粗钢年产能当量,按照2015年上半年的粗钢产量粗略计算,全年产能利用率不足70%。这仅仅是冰山一角,中国产能过剩的行业远不止于此,此外像煤炭、电解铝、水泥、平板玻璃、造船等等都有超过30%以上的产能过剩率,行业利润大幅下滑。这些都是自我循环的结果,为了要追求更高的增长,就用增长来刺激增长,用资源生产资源,这样的反复循环的结果就产生了大批过剩产能,企业大面积亏损。此外,各地方政府大都照搬中央政府2009年提出的七大战略新兴产业及其后扩展的九大战略新兴产业振兴规划,由政府财政补贴扶持和指定技术路线,使得风电设备、光伏电池等许多战略新兴产业一哄而上,同样出现了严重的产能过剩。这些过剩产能如化解不及时、不到位,通货紧缩的风险就会进一步上升,加剧经济下行的趋势。

政府主导型经济和国企垄断不仅导致产能过剩、效率低下,同时也导致了贪污腐败猖獗、腐败消费旺盛和民间消费疲软。客观而言,过去相当长一个时期来自政府部门的奢侈性消费、铺张性消费本身及其相关产业拉动效应,也曾经是中国经济增长的一大动力,但这是一种畸形消费。在"八项规定""十五条禁令"等出台和落实之后,许多最浮华、利润极大的高档消费行业就受到很大打压,例如高档酒店、饭店、会所、化妆品、营养品及金银财宝、古玩字画等出现生产过剩,消费需求远没有以前旺盛,并影响了其他相关产业。

其四是政府自身的目标管理缺失、不作为现象严重。新一届中央领导集体看到了腐败问题的严重性,将其提升到了亡党亡国的高度,于是深入推进反腐倡廉,这对于整顿吏治、净化政风、制约权力无疑是非常必要和及时的,但由于中国依然是一个政府主导型经济,还不是一个市场发挥决定性作用的经济,驱动转变所需的市场制度要件还不健全,没有跟上,对在很大程度上仍还处于"重政府轻市场、重国企轻民企、重国富轻民富",简政放权改革还有很长路要走的体制转型中国经济而言,如果仅仅重反腐倡廉而轻目标管理,就容易导致不作为,包括政策不作为和做事不作为,使得"银行的钱难以贷出去、财政的资金难以用出去、各种审批手续难以批出去"的"三难"现象比较普遍。

政府与经济活动至今密切相关,市场仍未发挥决定性的作用,政商关系仍密不可分,"跑项目、拿批文"是其一大特征。当前各级政府对从事经济活动的各种程序审批、项目审批、准入壁垒依然众多,维护和服务性的有限政府、有效政府的目标还远没达到,从而政府部门(无论是否该管的)办事效率的高低成为影响发展包括经济发展的重要因素。一旦影响了政府官员的办事积极性,增长动力就会衰减,从而进一步地加剧了经济增长的下滑。2014年中国经济增长没有达到预期目标及2015年上半年经济增长的进一步下滑,经济目标管理缺失从而办事不积极、不作为,直接导致中国经济实际增速与潜在增速的缺口扩大。

其五是对"新常态"的理解出现偏差。这也是一个重要原因。"新常态"是指粗放式的高投资、高消耗、高污染所支撑的高速增长不能再继续下去了,而是在提高市场效率与社会公平正义安定有序治理方面要有新作为,使得仍处于提升发展阶段(还没有进入平衡增长轨道)的中国经济保持一个中高速增长。由此,放弃粗放式高速增长的旧常态和提倡政府简政放权及减少政府的越位,绝不应与不作为、放任经济放缓划等号,更不意味着经济增长的大幅、过快下滑，从而自我放松对实现经济增长目标的坚定承诺和责任心态。这种认知上的误区如不清除，继续放任这种做法，按照这样的下降速度持续发展下去，实际经济增长率继续大幅下滑也大有可能。

以上提及的五大原因导致了中国经济增长持续过快地大幅下降，不过其背后，是制度层面的原因，归根结底还是市场化改革不够彻底，说明了合理制度安排的至关重要性。不同的制度安排将导致不同的激励反应，不同的权衡取舍，进而导致不同的结果。还是邓小平说的好："制度好可以使坏人无法任意横行，制度不好可以使好人无法充分做好事，甚至走向反面。"[①] 中国经济的效率由于现代市场制度远未建立而非常低下，靠民营经济为主的创新驱动还根本谈不上，如不及时应对，就会大大地增加滑入"中等收入陷阱"的可能。这些解决了，加上政府施政效率和行政效能的提升，未来5～8年内中国保持一个中高速的经济增长是完全可能的。

四、市场机制不可替代，创新驱动、转型发展呼吁深层次市场化的改革

如前所述，中国经济增长突然失速背后的深层次根源是制度的原因，是政府与市场之间的治理边界尚未得到合理界定，市场在资源配置中的决定性作用和民营经济的重要作用远未得到充分发挥，使得原有的经济发展方式不具有可持续性。在从政府主导型经济向市场决定型经济转变的这个过渡阶段中，政府的不作为、乱作为又使得经济增长过快过大地偏离了潜在增长率。**潜在经济增长率的释放需要通过发展驱动转变和结构性、制度性改革，从要素驱动转向效**

---

① 邓小平.党和国家领导制度的改革[M].邓小平文选（第二卷）.人民出版社，1994，333.

率驱动、创新驱动，与之相伴的是，中国经济制度改革的路径需要实现从经济自由化向市场化、民营化[①]的跃迁，通过深化市场导向的改革进一步完善现代市场经济制度，牵引经济社会制度的合理化转型。

为了推动向效率驱动、创新驱动转变，中央政府近年来先后提出了"一带一路""京津冀经济圈""长江经济带""中国制造2025""自贸区""大众创业、万众创新"等国家层面的经济战略。近期又将"互联网＋"提升至国家发展战略层面，这与中国今后的发展方向也许是最为契合的。这是因为互联网技术手段作为一种信息交流和处理方式，可以使得信息沟通的成本大大降低，有助于促进现实市场经济向亚当·斯密、哈耶克、阿罗·德布鲁及科斯等人所描述的市场经济的理想状态进一步逼近，从而带来运行效率显著提升。

不过，在我们看来，如果没有深层次的制度性、结构性改革作为支撑，这些战略举措仍然没法落地，对于经济增长与发展的拉动作用也将是有限的。由于社会流动性的刚化、阶层的分化和利益集团的强大，使得中国深层次改革的空间越来越狭小，越来越艰难。尽管我们不像许多人那样悲观，认为"改革已死"，但也不像另一些人那么乐观，因为改革从来都是非常艰难，是需要大智慧的。不管怎样，改革首要的是明道，要对大原则、大方向形成高度共识。这要求进一步解放思想，坚持改革开放，发挥现代市场制度不可替代的作用。

中国过去30多年改革之所以取得巨大成就最重要的两个关键字，就是"放"和"开"，对外开放和对内放开。中国未来在这两个方面还有很长的路要走，现代市场经济制度是不可替代的。如果不把这个问题搞清楚，就做不到让市场发挥决定性作用，也就无法实现经济发展动力的转换与重构。现实中所存

---

① 田国强. 中国国营企业改革与经济体制平稳转轨的方式和步骤——中国经济改革的三阶段论[J]. 经济研究，1994-11.

在的问题及许多人所给出的彼此矛盾的应对之策说明，这方面还存在着许多误区、误解。有人认为，中国过去取得的成绩主要不是市场机制的作用，而是政府的作用，是国有经济的作用，从而提出了所谓的"中国模式"，甚至认为国企改革就是要把国企合并，变为唯一的、绝对的垄断，好让国有企业相互间不竞争。但是，竞争产生效率，一旦国有企业垄断市场，国有企业的效率（而不是垄断利润，很多人分不清它们间的差别）就会下降。此外，垄断了，民营企业如何能进入？这个问题不解决就不能做好中长期发展，无法实现从要素驱动转向效率乃至创新驱动的发展转型。近期面对经济波动、股市波动，很多人又开始鼓噪此类杂音，并落实在行动中。如果是这样，中国当初就没有必要改革了。计划经济时代就是政府、国有经济在发挥主导作用，其基本结果就是资源配置的极度低效率。另外，极度原教旨市场主义者则认为，不需要政府干预，市场经济的功能发挥没有边界，没有外部性，不会失灵，基本是万能的。这两种极端观点都不可取。

五、民营经济、金融市场、土地要素是三大重要改革切入口

市场化改革千头万绪，针对前面所提到的问题及现实中存在的种种认识上的误区，我们认为下一步在一些重要、关键领域的改革方向至少有三——民营经济大发展、金融市场自由化、土地要素市场化。这三点其实也都是跟政府与市场在资源配置中究竟应该分别发挥怎样的作用这条主线有关的，涉及如何合理界定政府与市场之间的治理边界，其要旨还是进一步深化市场导向的改革，将政府最基本的作用和职能尽量限定在"维护"和"服务"上，也就是制定基本的规则和保障社会秩序的稳定及供给公共产品和服务，充分发挥市场在资源配置中的决定性作用，促进中国从政府主导型经济转向市场决定型经济，为中

国从要素驱动转向效率驱动、创新驱动提供制度基础。

一是民营经济大发展。在这里民营经济大发展主要指的是在就业岗位、产值贡献、创新驱动等方面起到主要作用和占主要部分。改革开放以来的实践告诉我们，中国经济的大发展无论是在产值还是就业方面主要靠的不是国有经济，而是非国有经济尤其是民营经济的大发展，并且越是民营经济发达的地方，地方政府无论是经济发展、社会稳定还是其他操心事方面，日子都比较好过，少许多麻烦。从历史视野的分析角度来看，洋务运动时期、抗日战争前后、社会主义改造之后三次以国有经济推动工业化的尝试均未取得实质成功，以政府高度干预经济为特色的民国政府统制经济和新中国前30年计划经济弊窦丛生，均未能将经济发展引入正途，值得殷鉴[1]。

所以，中国经济改革下一步的方向应该是让国有经济发挥重要作用，提高经济领域的自由度和竞争度，让民营经济发挥重要作用。唯其如此，才可能真正发挥市场在资源配置中的决定性作用。前面说过，任何一个经济体一定是从要素驱动向效率驱动升级，也就是让市场发挥决定性作用，然后再到创新驱动，使民营经济发挥重要作用。尤其是如果不能实现创新驱动，经济增长就只有数量的变化而无法产生质的飞跃。从各国经验及中国自身历史经验来看，中国经济从要素驱动向创新驱动的转变，不可或缺民营经济的大发展、大繁荣。

所谓创新，首先就意味着打破循规蹈矩，这就必然蕴含高风险，尤其高科技创新更具有高风险特征，创投成功的比例非常低，但一旦成功，就会有相当可观的盈利回报，从而能吸引更多的资金前仆后继地往里投。不过，对国企而言，由于先天缺了承担风险的激励机制，国企领导怕担责，也担不了这样的责，加上无论盈利多大，自身不可能获什么利，是不可能去冒这样的高风险，

---

[1] 参见田国强、陈旭东. 近现代中国的四次社会经济大变革——国企改革的镜鉴 [J]. 探索与争鸣，2014，6.

国企创新的风险偏好较低。对于民营经济,由于追求自身利益的强烈动机,是最敢于冒风险的,从而最具有创新意识和创新力。因此,从各国来看,企业创新(非基础性科学研究)的主体都是民营企业。国内公认最具有创新的阿里巴巴、腾讯、华为等企业,也都是民企。余额宝等互联网金融的出现是不让民营经济进入金融行业倒逼的结果,是置之死地而后生导致的结果。国有企业如不能解决效率低下、寻租腐败、挤压民营、不利创新、机会不公这五个问题,就不可能搞好。

需指出的是,混合所有制尽管比当前大多国有企业的模式要好得多,但它至多也只是个次优制度安排,说不定会造成两难。如果让国有成分占主导地位,民营企业或个人能放心将自己的资金让国企的主管去管理吗?在国企的比重不占优的前提下,又如何保证国有资产不流失?即使能做到,其制度交易成本,包括监督成本一定会很大,效果会有限。此外,通过国企合并形成规模效应,对于应对国际市场竞争也许有帮助,但这也有副作用,不利于国内经济发展和竞争,就是其在国内市场上的垄断势力的加强,对民营经济会形成挤压。并且,民营企业参与国际市场竞争同样可以取得更大、更持久的竞争优势,比如 1988 年创办的华为如今已发展成为本土企业自主创新和全球运营双轮驱动的最佳样板。总之,**面向未来,中国要真正实现富民强国的目标也有赖于民营经济的发展**。根据国内外的经济实践和经济学的基本逻辑,可以发现:欲强国,**必先富民**;欲富民,**必赋私权**;保私权,**必限公权**。其实,姜子牙早在 3 000 年前就深刻地认识到此点,说出了"王者之国富民,霸者之国富士,**仅存之国富大夫,无道之国富君廪**"的名句。通过建立有限从而有效的政府,赋予并保障个人自由选择权、私人财产权及个人生存权。那么,基于个人自愿交换基础上的市场经济就能以最少的信息成本实现资源的有效配置,使经济充满活力和创造力,实现经济繁荣、人民富裕,提升国家政治经济实力。尤为重要的是,受个体逐利的约束、资源的约束、信息非对称的约束,要实现富民,首先要赋予公民基本的私权,其最核心是基本生存权、经济自由选择权、私有产权。只有对私权尽一切可能去保护，同时对公权力尽一切可能去制约，才能为长治久安奠定制度基础。

其中，产权的明晰和保障至关重要。秦商鞅就曾以野兔被捉前后的区分为例来阐述产权明晰可起到"定分止争"的至关重要的作用："一兔走，百人逐之，非以兔为可分以为百，由名之未定也。夫卖兔者满市，而盗不敢取，由名分已定也。故名分未定，尧、舜、禹、汤且皆如鹜而逐之；名分已定，贪盗不取。"当前贪腐猖獗除了那些干部本身的素质外，一个重要的原因就是由于公有产权没有明晰界定及公权力的大量越位，就可通过手中的公权力进行寻租。在防贪、反贪方面，采用孙子兵法中的"不战屈人之兵"才是上策，这是由于即使贪官是少数，也破坏了政府的形象，造成了很坏的社会影响。历史经验早已告诉我们此点。反腐现在应该已到了治本的时期，反腐的根本出路在于进一步推进市场化的改革和民营化，通过合理界定政府治理边界让官员没有机会贪，通过法治让官员不能贪，通过问责和社会监督不敢贪。

二是金融市场自由化。"金融很重要，是现代经济的核心。"[①] 金融只有在为实体经济发展服务的过程中，才能成为经济的中心，中国经济的长远可持续发展需要金融改革发展动力的支持。目前，中国的金融市场还是一个政府监管过度、干预过多的市场，准入壁垒森严的国有垄断市场，由此导致了金融资源配置的扭曲，金融进入实体经济的管道没有打通，迫切需要进一步加大改革开放的力度。这有赖于利率市场化和资本市场深化方面的配套改革，前者的要义在于让各类经济主体可以自由地进行不同资金的交易融通，从而由市场决定不同期限、不同风险特点资金的价格，后者则要求建立多层次市场结构、多元化投资主体和多样化投资品种的市场结构。所以，**金融体制改革的下一步目标应该是建立现代化的金融体系，形成各种所有制，特别是大力发展非国有、民营**

---

① 邓小平. 视察上海时的谈话 [M]. 邓小平文选（第三卷）. 人民出版社，1993，366.

金融机构，具有足够广度和深度的金融市场，丰富金融产品种类和投资选择，提高金融资源配置效率，同时要使金融更好地服务于实体经济，尤其要增强对民营中小微企业的支持力度，促进消费金融的健康持续发展。

互联网金融作为金融业的新生事物，来自民企、来自民间、来自草根，已经并将继续对国有部门依然占据主导的传统金融带来巨大改变，是中国经济在从要素驱动向效率驱动、创新驱动转型的关键历史阶段出现的一种新的业态，与中国经济转型发展的目标方向是相一致的，并将会更有利于这样的驱动转型。智能手机的出现，加上大数据、云计算等技术革命，使得中小微企业的市场行为和信用记录越来也为外人所知，信息越来越对称，同时使得融资的风险得以由众多的债权人分担，这样就既可以降低融资交易成本，尤其是会大大解决中小微企业贷款难的问题，也可以解决皮凯蒂在《21世纪资本论》中所指出的不正常的资本回报率过高的问题。

此外，需要重点指出的是，尽管几年前全球金融危机与包括美国银行业在内的金融体系大量衍生产品的推出不无关系，但这绝不意味着我们要禁锢金融业的市场化改革和创新。**中国面临的问题关键还在于金融市场化程度不足，开放竞争程度不高，政府过度干预金融市场，使之缺乏自由度，阻碍了金融改革和创新，损害了金融系统的效率和公平。**这次股市的暴涨暴跌，不能简单地归咎于所谓的"做空势力"或金融创新，其更多与政府通过短期政策刺激而非长期结构性改革刺激有很大关联。面对这次断崖式的股市下跌危机，政府无疑应该行使一定的行政职权，首先做到止血，然后尽快恢复市场应有的有效交易功能，但不应将目标放在要把股市推到一定点位上，否则会陷入一种囚徒困境。更重要的还是在金融领域进行结构性的改革，而不是一刀切地让所有改革创新尝试停摆乃至往回走。只有合理界定好政府和市场的治理边界，正确处理好金融创新和金融监管的关系，才能兼顾整个金融系统的效率性和安全性，使中国经济获得持久发展的动力。

三是土地要素市场化。城镇化依然是中国经济发展的重要动力，但是要转换到市场导向的、开放型的城镇化道路上来，首先还是必须提供这种城镇化的必要条件——由真正的土地市场来配置土地。无恒产者无恒心，且由于土地无法形成规模经济，中国农产品生产成本持续上升导致价格不断上升，使得中外粮食价格差别很大，并将会继续扩大，这充分说明了中国土地制度存在着大的问题和隐患，需要尽快进行土地要素市场化的改革。**通过构建开放和包容的土地市场，让市场在土地要素资源的配置中发挥更重要的作用，使土地真正得以在农户间和城乡间自由流动和自由组合，让民众（尤其是农民）分享更多土地红利，可以为经济社会构筑更牢固的发展基石。**因为如前所述，要素市场的扭曲特别是竞争性土地市场的缺失，已经使产品市场、货币市场、劳动市场、资本市场和地方财政体系均发生扭曲，进而引起经济结构的扭曲，正在破坏中国经济和社会稳定的基础，瓦解民众对改革和法治社会的信心。政府应该回归到维护和服务的基本职能上，只管城市规划、区划，管理土地市场的外部经济性，提供公共产品和服务，放手让市场配置土地，促进市场导向的城镇化早日完成。

土地要素的市场化改革还需要财政体制改革的配套跟进，因为前者意味着地方政府将有很大一部分预算收入需另辟财源。可以采用国际通常方法，将集中在房地产开发和销售环节的税费，整合成或增加房产物业税，每年征收。这既利于提高效率，也更能彰显公平。通过提高持有环节的成本，让投资者把房子投放到租赁市场和二手房市场上去，形成真正的消费品，降低高空置率，此其一。其二，通过此项税收可以调节社会财富分配和平衡收入差距。对于地方政府而言，这也许是一种比一步削减土地出让金及有关税费更具可操作性的方式。一来可以改变鼓励土地垄断和高价拍卖的逆向激励机制，逐步将地方政府对于土地的收益分摊于未来 70 年内收取，使政府获得长期稳定的收入来源。二来可以将长期在公共财政体系外循环的巨额土地出让收入纳入预算管理，让地方政府从土地市场的重要交易者真正回归到房地产市场的监管者角色。

当然，在新型城镇化的背景下，与之相关的还有户籍和社保制度改革。

当前中国数量型人口红利不断下降，唯有进一步提高劳动力市场的灵活性、流动性及进一步加大人力资本投资，才能带来劳动生产率的提升。这首先要打破传统户籍制度的刚性，而户籍制度改革其背后的实质是公共服务、公共福利的均等化，这也就涉及社会保障制度改革的问题。在这方面，应以保障基本生存权为根本，以人力资本投资为纽带，通过赋权增能来强化居民基本能力的建设，提供起点公平的机会，这样才能真正地让转移的农村劳动力真正稳定到城市里去。同时，积极推出面向未来 5~10 年的涵盖就业、养老、医疗、住房、教育等涉及居民"生、老、病、居、教"的具有全局性的一揽子社会福利改革计划，真正做到藏富于民、还富于民，这样才能形成内生的消费驱动发展模式。

六、健全政府善治三要素：法治、执行力和民主监督

一旦基本的制度、改革方向和大政方针决定之后，无论将政府与市场、政府与社会之间的合理治理边界是否界定清楚，随之而来的就是具体的举措和执行。如前所述，十八届三中全会具有重大历史意义，但是对于如何将决议精神尤其是国家治理体系和治理能力现代化的总体目标落实到改革发展的具体行动中去，依然对政府执政能力提出了新的更高要求。由于政府既是改革的主要推动力量，更是改革的对象，这就决定了中国下一步改革的艰难性。那么，如何将二者有机结合起来，将全面深化改革引向深入呢？即如何从政府自身的改革入手，来使之成为一个个的改革发动机？如何确保深化市场化改革的成功？如何在加强治理的同时，又不对发展产生太大的副作用？这些问题实际上就牵涉到政府治理本身，在我们看来一个政府的善治实现依赖于三要素——法治、执

行力和民主监督①。

其一，健全法治环境。法治的首要作用是对政府行为的规范和约束，其次才是对市场经济个体。这是"法治"和"法制"的本质差别。一个好的法治环境，可以支持和增进市场，真正让市场发挥基础性和决定性的作用，而政府只是起到维护和服务的作用，只有这样才能最大限度地压缩权力寻租腐败的空间。在现代社会，产权的明晰和保护，更需要法治的保障。市场的本质是"无为而治"，"无为而治"的必要条件是完善市场制度，让市场有效，而让市场有效的必要条件是要有一个有效的政府，一个有效的政府首先得是一个有限和定位恰当的政府，其定位需要由法治来规范化、有序化、制度化。因此，政府职能从全能政府向有限政府的转变成为关键。

同时，从促进改革的角度来看，也需要法治的健全作为保障。如果仅仅是临时调整那些政策性的短期手段，而不触及与普遍规律相违背的、带有根本性的法规条文，那么改革往往很可能会难以真正落实下去、持续下去，因为政策宣示很可能会被利益部门或个人根据自身的理解或理念而错误解读甚至反面解读。现实中，十八届三中全会后的土地制度改革就由于许多部门和个人的错误解读，而走了很多弯路。所以，对于那些从理念上根本反对改革的人特别是有话语权、公权力的人也有必要以法治进行规制和制约，从法理上阻塞其阻挠改革深化的空间。

其二，加强国家能力建设。一个善治国家也离不开政府的执行力，也就是所谓的国家能力。市场经济不是无政府状态，它需要的是一个有限而有效的政府，政府在最基本的维护和服务职能方面应充分发挥作用。如果连这两个都做

---

① 福山在其著作《政治秩序的起源：从前人类时代到法国大革命》中，提出所谓良好的政治秩序应该具有三个基本要素：强大的国家、法治和负责制政府（民主），并将其结合在一个稳定的平衡之中。但是，笔者认为法治才是首要的和至关重要的，在此前提下才有政府维持和服务职能的发挥及其问责。参见福山、马国川. 国家、法治与负责制政府 [J]. 财经，2012-12-3.

不到，那就是典型的不作为。当然，这两者都需要公共产品和服务来实现，而公共产品具有外部经济性，这种外部经济性又存在着受益或影响范围的差异，从而也就存在一个中央政府与地方政府的事权和财权分布的最适度，不能将地方事权压得过重而财权统得过死，否则就必然还是"政令不出中南海"，政策得不到贯彻执行。

与此同时，对于当下中国而言，全面深化改革的方案已定，但最终还需要靠各级地方政府及其领导干部去贯彻和落实，特别是当前政府仍然在主导经济的情景下，需要有执行力。当前不少基层干部怕犯错、怕担责，执行者的不作为，已经成为改革推进的严重障碍。增强改革的执行力和发展的驱动力，必须从法治、激励和理念三个维度推进综合治理，特别是要发现和培养改革发展的开拓良将。这就要求在干部人才的配置上要下大的功夫，尽可能让思想解放、勇于改革创新、善于改革创新的人来担纲负责，不唯上、不唯书、只唯实，敢闯、敢试、敢为人先的人放在重要岗位上或一把手的位置上，使之成为一个个改革发动机。

其三，完善民主监督机制。 没有民主监督，没有问责，没有责任边界的划定，没有社会和媒体的监督，这样的政府治理体系将是涣散失效的。尤其是对于中国而言，中央政府对于地方官员晋升具有权威性和主动权，如果没有有质量的量化指标，就没了努力方向，也就无法对官员加以问责，从而官员也就没有责任和动力关注经济发展，不再勇于创新。过去的 GDP 中心主义（当然还加上维稳）的政绩考核方式，在带来经济高速增长的同时，也带来了很多问题和矛盾，但千万不能从一个极端走向另一个极端，不能说现在就可以完全不要 GDP 增长目标，在这方面不要作为了，当前更需要有质量的经济增长目标。

来自媒体和社会的外部监督也很重要。媒体被称为是政治力量、司法力量和行政力量之外的监督政府的第四种权力，应该且完全可以起到朱镕基早在 1998 年就提出的"舆论监督、群众喉舌、政府镜鉴、改革尖兵"的作用，推动政府施政效率和行政效能的提升并极大压缩贪腐的存在空间。同时，对于地方政府的公共服务质量信息，当地的民众显然是更加了解的，而地方和中央政府则往往是信息不对称的。因此，政绩考核体系应该纳入当地民众的民意调查，让民众参与完善政绩考评机制，以使得信息更加充分。这样，通过自上而下的问责和自下而上的监督，将对政府及其官员的不作为、乱作为形成有效制衡。

七、余 论

未来10年，是中国改革和发展的关键时期。十八届三中全会对未来的改革做了许多战略部署和目标定向，但是战略需要战术的支撑，目标需要执行的落实，还需要进一步明确。如果不主动作为，不对改革进行推动，不对改革明确表态支持，不为改革保驾护航，可能导致的结果，要么是下面本来有改革想法的部门、地方可能会由于多做多错、少做少错、不做不错而选择不作为，要么是即使有改革的初步行动，也由于既得利益阶层的阻碍和牵绊，改革胎死腹中或无法真正贯彻落实。如前所述，这一轮中国经济的大幅下滑，在很大程度上也要直接归因于此。突破僵局，需要中央在改革的大方向、大方略、大方针上持之以恒，不出现动摇反复。

面对改革的艰巨性和困难性，必须用好成功改革的方法论，在效率与公平的前提下，解决好改革、发展、稳定和创新的互动关系问题，以改革谋发展，在发展中求稳定，在稳定中促发展，从而在发展中促创新。邓小平创导的改革的成功和中国历来改革的失败给我们提供了很深刻的启迪。要让改革成功，将一件事情办成，必须实现"道、势、术、时"四位一体的综合治理。也就是，在明了改革的方向和路线这个"道"之后，改革者还需要充分认识到任何一个重大改革或变革成功还有三大必要条件：一是"树势"，必须发挥中央顶层的独有的权威；二是"优术"，细节决定成败，改革的方式、方法要对头；三是

"抓时",要抓住稍纵即逝的改革时机,现在改革的空间越来越狭窄,越往后,改革将越艰难。因此,需要在正确的时间做正确的事情。为了将事情做成,把握做事的时机非常重要,也就是所谓"道有时,事有势",如果错过了改革或变革的最佳时机,就可能难以挽回大局。

(2015 年 10 月)

71

司马迁的因俗以治思想及其现实镜鉴*

提要：作为一种非正式制度，习俗在国家的社会经济发展和治理中起着非常重要的作用，在我国的古代社会尤其如此。司马迁较早注意到了俗与治的内在关联，但学术界忽视了其在司马迁经济思想中的重要地位。本文对司马迁的经济思想谱系中"俗"与"治"两大重要范畴进行了关联阐述，介绍了司马迁"因俗以治"治道思想的源流和主张，并结合现代经济学理论对其进行延伸与扩展，探讨其现实意义。研究发现：（1）司马迁的治道思想兼容了道家与儒家的无为而治思想的不同侧面，而其"善因论"的要义正在于"俗之所欲，因而予之"。（2）因俗以治的核心是因循人"生有欲"和"皆为利"的本性及民间习俗来因地制宜、因时制宜地立俗施事，以达至"事少而功多"的理想治理效果。（3）由于司马迁的经济思想带有浓厚的经验色彩和朴素性质，而且中国古代社会缺乏良好的市场环境，因此其在近代以前始终未得到重视和采纳。（4）司马迁"因俗以治"思想给现代国家治理带来了众多启示：一是要尊重风俗习惯并加以因势利导；二

---

* 本文载于《财经研究》，2016年第7期。合作者陈旭东，上海财经大学高等研究院助理研究员。

是要注重习俗等非正式制度与正式制度的兼容；三是要让好的习俗成为一种稳态均衡而固定下来并延续下去。本文不仅是对司马迁经济思想研究的丰富和拓展，而且对中国国家治理能力的提升也提供了有益的历史借鉴。

一、引 言

随着现代市场经济的兴起和发展，习俗等非正式制度的经济意义及其与国家的善治、良治有何内在关联，逐渐成为值得研究与挖掘的重要经济学课题。[①] 制度经济学的代表人物康芒斯（1962）早在20世纪30年代就对习俗做过大量论述，他认为"习俗的势力超过个人，甚至国家"，"现代经济社会没有从习俗变化到契约——它已经从原始的习俗变化到商业的习俗"。[②] 在现代市场经济条件下，习俗与市场行为规范之间确已建立起不可分割的内在关系。Young（1993、1996）则开创了利用演化博弈论研究制度的先河，他所强调的制度主要就是非正式制度，即一个社会的习俗、传统和行为规范，其起源与变迁均是在一个稳定的博弈结构中进行的。

其实，早在现代市场经济远未形成的"前现代社会"，习俗就在社会经济发展中起着非常重要的作用。英国著名经济学家约翰·希克斯（1987）曾将非市场经济的典型纯粹经济模式分为两种：习俗经济和指令经济。封建制度是两类经济的一种混合类型；而典型的官僚政治则是另一种混合类型，其特征是指令性更强一些。汉朝是中国封建社会的第一个鼎盛期，也是中国古代社会从贵

[①] 按照制度演变的时间长短，威廉姆森（2000）将制度划分为：第一层次是"嵌入"的非正式制度；第二层次是正式制度；第三层次是治理制度；第四层次是资源的配置和使用。按照 Davis-North（1971）的划分方法，制度则可分为制度环境和制度安排。
[②] 引自［美］康芒斯. 制度经济学（下）[M]. 北京：商务印书馆，1962，368、373.

族政治向官僚政治的过渡期。在这一时期，习俗在社会经济运行中发挥着重要作用。

西汉中期，司马迁在其鸿篇巨制《史记》的撰写过程中，曾根据文字记载和实地采风所获得的大量民俗资料来构筑宏大的历史图景，并在此基础上以其"究天人之际、通古今之变"的宏阔学术视野，寓论断于序事，提出了一种"俗之所欲，因而予之；俗之所否，因而去之"的国家治理观，[1] 笔者称之为"因俗以治"。[2] 据统计，"俗"字在《史记》中共出现 168 次，在全书不同篇目、不同语境中互文显义，特别是在专论经济、治生问题的《史记·货殖列传》中就出现了 23 次之多。司马迁在《史记·货殖列传》里还比较集中地阐述了民间各地的不同风俗、习惯及其不同经济后果。由此可见，习俗作为非正式制度在司马迁治道思想中所处的重要地位。如此关注习俗与经济社会发展的关系问题，这在中国古代经济思想中并不多见。本文的研究显示，司马迁的"因俗以治"治道思想兼容了道家与儒家的无为而治思想的不同侧面，其核心是因循人"生有欲"和"皆为利"的本性及民间习俗来因地制宜、因时制宜地立俗施事，如此才能达到"事少而功多"的理想治理效果。

事实上，学界对于司马迁经济思想的研究已有不少成果，例如胡寄窗（1963）、叶世昌（1978）、赵靖和石世奇（1991）等的通史性专著中均曾列专节阐述，韦苇（1995）、朱枝富（1999）、王毅和刘立（2004）等则通过专著来系统论述，石世奇（1989）、刘社建（1996）等都对司马迁的国民经济管理

---

[1] 司马迁在《史记·管晏列传》中对管仲执政理念进行评点，认为齐桓公之所以能够"九合诸侯，一匡天下"，全赖管仲之谋，以至管仲死后，"齐国遵其政，常强于诸侯"。在对史实的叙述中将自己的论点表达出来，这也是《史记》的一大特色。
[2] 这里借用了我国古代历代政权对边疆民族治理的独特制度概念，更加突出其在国家整体社会经济治理中的作用。龙登高（2012）也认为，司马迁的经济论述中有一种理念，即"顺着人的天性与民间的习俗来进行治理，这样才能因势利导，以最小的成本实现国家治理、维护社会秩序"。引自龙登高. 历史上中国民间经济的自由主义朴素传统 [J]. 思想战线，2012, 3.

思想——"善因论"做过专文分析,但大多并未与司马迁经济思想中俗的范畴相关联。张大可(1983)曾注意到司马迁考察过经济与道德民俗的关系,张俊(2008)则运用制度变迁理论对司马迁的因俗变迁经济观进行了系统探讨。这些研究很有启发性,但均未进一步延展至治理层面来展开论述。与本文的结论相似的是,杜长征(2007)也认为,至治思想在司马迁整个思想体系中是"统摄性和指引性"的,同时"俗"在其治道思想中也不可忽视;曹应旺(1996)也对因民之俗与长治久安进行了阐述,但对于习俗在司马迁经济思想中的重要地位则认识不足。两者对于俗与治的内在关联的研究也均比较薄弱。本文系首次对司马迁的经济思想谱系中"俗"与"治"这两大重要范畴进行关联阐述的专题研究,并将司马迁的治道思想置于国家治理体系和治理能力现代化的时代背景下,结合现代经济理论对其进行延伸扩展,探讨其现实意义。

接下来,本文尝试从介绍司马迁"因俗以治"治道思想的源流和主张切入,研究和把握习俗对于建构和优化国家治理模式的作用。人类社会有若干规制经济行为的基本协调机制,包括作为强制性官僚协调机制的政府、作为自利性交易关系总和的市场以及自愿互惠的联合性协调机制或公民社会(雅诺什·科尔奈,1992)。政府、市场和社会,对应一个经济体中的治理、激励和社会规范三大基本要素。[①] 强制性的法规治理和激励性的市场机制等正式制度安排相互交叠、长期积淀,会对包括习俗在内的规范性的非正式制度安排形成一种导向和型塑,从而增强社会经济活动的可预见性,并大大节约交易成本。从中短期来看,习俗则是作为既定制度环境中一个不可忽视的基本范畴而给定的,是政府制定社会经济政策需要充分考虑的约束条件。正确理解和认识习俗既是

---

① 虽然关于政府与市场之间关系的论述并不少见,但如果进一步分析改革发展的内在逻辑,单单考虑政府和市场的关系可能还是不够全面的,在改革的力量博弈和国家的公共治理中还应加入社会一方,必须正确处理好政府与社会的关系。只有健全的社会才可能支持健全的政府和健全的市场,才能形成良性互动。详细讨论参见田国强,陈旭东.中国如何跨越"中等收入陷阱"——基于制度转型和国家治理的视角[J].学术月刊,2015,5.

作为"俗之所欲"所面临的制度环境约束，又是可发挥重要作用的制度安排，将有助于我们更加清晰地认识到其作为现代国家治理中需要考虑的约束条件应该发挥的作用。因此，政府善治需尊重既有制度环境中的风俗习惯并因势利导，尽量少干预、不干预，而市场自发秩序的扩展，可以让正式制度安排和习俗等非正式制度安排在诱致性制度变迁中兼容，促进经济绩效的提高；社会道德规范的重建则需要借助一个法治的市场经济环境，让好的习俗成为一种稳态均衡而固定下来并延续下去。

二、司马迁治道思想的源流：从无为而治到因俗以治

自春秋、战国到西汉前中期，文化和学术思想经历了一个从百家争鸣走向大一统、大综合的过程，而"百年之间，天下遗文古事靡不毕集太史公"[①] 则为司马迁博览今古文献、完成"厥协六经异传，整齐百家杂语"[②] 而成"一家之言"的学术使命提供了得天独厚的条件。因此，司马迁经济思想的哲学谱系是丰富多元且兼容并蓄的。当然，如果从班固对司马迁"论大道先黄老而后六经"[③] 的评价来看，其父司马谈独褒道家的六家要旨解说应该对司马迁产生了重要影响，使得后者的国家治理和经济治理观念有着浓厚的道家哲学基础。

不过，司马迁并非执迷固守的道家信徒，而是对传统道家思想有所批判和扬弃。他在《史记·货殖列传》开篇引《老子》第八十章而斥之，认为那种不

---

① 引自《史记·太史公自序》。
② 引自《史记·太史公自序》。
③ 引自《汉书·司马迁传》。

用器、不远徙、不乘舟舆、不陈甲兵、结绳而用的"小国寡民"对近世而言无疑等于闭塞民众耳目，已行不通。① 汉初以"无为而治"为中心的"黄老学说"则将消极的道家传统思想改造成了相对积极的促进经济发展的思想。如Dorn（1998）所认为的，这里的"无为"已经由不作为演化为不采取违反自然的行为。司马迁对"黄老学说"是非常认同的，这从他对习用"黄老之学"的汉初相国曹参"参与休息无为，故天下俱称其美矣"②的记载及对汲黯任地方官"治务在无为而已"③的评述中就可见一斑。

其实，"无为而治"并非道家的专利，在儒家的思想源流中也有迹可寻。早在《论语·卫灵公》中，就有"子曰：无为而治者其舜也与！夫何为哉？恭己正南面而已矣"的叙述。在汉初学术走向融合的大背景下，"黄老之学"的"无为而治"思想在道家"无为"学说基础之上，也融入了儒家"无为"思想的成分，特别是到了后期儒家思想趋于独尊的时期。在老子《道德经》所呈现的图景里，只要绝圣弃智、绝仁弃义、绝巧弃利，使民无知无欲，就可实现"为无为，而无不治"，④然而这一治国蓝图过于看重清净无为的一面。儒家的"无为而治"则更注重"治"的一面，且有着相对现实些的目标作为参照系，其最高目标当然是要达到尧舜之治，次优也是要恢复周政。儒家的治国目标在《礼记·礼运》中有一些基本的阐述，孔子所描述的尧舜之治是大同之世，⑤即天下为公、选贤与能、讲信修睦，而禹、汤、文、武、成王、周公之治则是小康之世，即人人为己，所以希望通过君主修身而致天下治，靠上行下效的礼

---

① 当然，也有学者（李埏，1999）认为，《史记·货殖列传》断句应该在"必用此为务"处结束，后句"几无可行"并非指称所引述的老子的观点。参见李埏.《史记·货殖列传》引《老子》疑义试析 [J]. 历史研究，1999，4.
② 引自《史记·曹相国世家》。
③ 引自《史记·汲郑列传》。
④ 引自《道德经》第三章。
⑤ 《易经》对黄帝、尧、舜时期的治理之道概括为"垂衣裳而天下治"（《易·系辞下》），这其实也是对远古帝王不干涉、因任臣民、无事安逸为政方式的一种肯定。

来匡正社会秩序。

儒家思想在司马迁的治道思想中占据了很大的比例，尽管不是唯一的。从《史记》中"国之将兴，必有祯祥，君子用而小人退"① 和"导之以德，齐之以礼，有耻且格"② 等诸多类似评述或引述中可看出，其评价政治兴衰、人物善恶、事务是非的标准基本是依据儒家的价值观点。实际上，司马迁是遵从父愿怀着"承五百年之运、继春秋而纂史"的使命来创作《史记》的，不可避免会受到孔子及儒家史观的影响。司马迁个人的成长也受儒家学风的熏染颇深，十岁便习诵古文，二十岁北渡往齐鲁两地研讨学问，考察孔子遗风，曾问故于孔子后人孔安国，③ 也曾向大儒董仲舒习《公羊春秋》。司马迁对孔子也推崇备至，在《史记·孔子世家》篇末曾以"虽不能至，然心向往之"表达对孔子的敬仰之情。《史记》的其他篇章也对儒家学派的代表人物和思想给予了大量篇幅，例如《仲尼弟子列传》《孟荀列传》《儒林列传》等。这一尊儒倾向与司马迁所处的时代特征是相吻合的。

从孔子的"今大道既隐"④ 到司马迁的"俗之渐民久矣"⑤，我们依稀可以看到两者对于现实社会与远古理想社会渐行渐远的类似感叹。那么，如何在新的历史条件下实现"民各甘其食，美其服，安其俗，乐其业"的至治目标呢？⑥ 司马迁给出的答案是："善者因之，其次利道之，其次教诲之，其次整齐之，最下者与之争。"⑦ 其中最理想的经济政策是顺应经济发展的自然规律，听任人民自由从事经济活动。"善因论"是司马迁基于"无为而治"的治道思想，针

---

① 引自《史记·楚元王世家》。
② 引自《史记·酷吏列传》。
③ 参见《汉书·儒林传》。
④ 引自《礼记·礼运》。
⑤ 引自《史记·货殖列传》。
⑥ 引自《史记·货殖列传》。
⑦ 引自《史记·货殖列传》。

对汉武帝时期"与百姓争荐草,与商贾争市利"的现实弊病而提出的朴素的自由放任治理观,① 与儒家早期的"因民之所利而利之"② 观点有异曲同工之妙,③ 其要义在于"俗之所欲,因而予之",给予并保护私人从事农虞工商等经济活动的自由以为其自身谋利,从而实现民殷国富、长治久安的最终目的。这与亚当·斯密的"看不见的手"论断有异曲同工之妙,在个体自利的现实之下实行"简单的合乎自然的自由的制度"(Simple System of Natural Liberty)就会内在而有逻辑地达到一个可能不是自利个体本意的结果,实现利己和利他的激励相容与共融,导致社会福利的提升。

三、因俗以治思想的具体主张:
从人性出发立俗施事

习俗的经济重要性在于,它可以降低市场交易成本和增进经济体制效率(Arrow,1971;Young,1996)。衡量交易成本、决定经济效率则有两个关键要素——激励和信息,这也是机制设计理论的两大基本元素。在Young(1996)看来,习俗作为一种社会博弈均衡,本身与激励高度相关,正是由于个体没有激励来背离这个均衡,使得习俗具有某种自我维系性和持续性,而不需太多的政府干预与监管,这样就可以在经济活动中较好地协调预期和减少不确定性,在一定程度上避免由于信息不对称所造成的市场失灵,从而大大地节省交易成本,使效率得到改进。亚当·斯密(1972)也曾谈到习俗的稳定性,指出:"他们原来的统治的性质使他们的风俗习惯变成了这个模样。后

---

① 引自《盐铁论·轻重》。
② 引自《论语·尧曰》。
③ 马涛(2001)也认为,司马迁的经济思想是对孔孟自由经济思想的继承。

来,这种统治大大改变了,他们的风俗习惯却仍没有多大改变。"①

通过对《史记》的文本解读不难发现,司马迁语境中的"俗"有两层含义:一是一个社会普遍流行的民众心理状态,例如"其俗宽缓阔达"②;二是人们生产、生活中的普遍行为习惯,例如"其俗纤俭习事"③。习俗正是人们在长期生产生活中积习而成的、扎根于民间的社会心理、信念和惯例,它往往决定了一个社会的价值取向、行为模式和合作范式等。由于习俗有其自身变化发展的规律,在中短期内难以发生变化,因此当政者最好能把它作为制定政策的根本依托和坚实基础。从这个角度出发,可对前述司马迁的"善因论"有更进一步的解读:在制定政策时,最理想的策略是将习俗作为经济制度环境中的重要因素给定而随俗而动;④ 其次是用利益来诱导习俗朝着当政者所希望的方向发展;再次就是进行苦口婆心的说教、教诲;继后则是制定规范,强制性地对习俗进行改造,使之进入当政者所制定的规范之中;最不可取的做法是与习俗针锋相对,强用自己的一套东西来代替习俗的功能,以争利于民。

(一) 因俗以治的人性起点:"生有欲"与"皆为利"

欲望是人类"经济生活的已知条件",⑤ 是社会经济运行的内在动力,也是现代经济学理论分析的逻辑起点。司马迁对欲望也有精辟论断,曾指出:"人生有欲,欲而不得则不能无忿,忿而无度量则争,争则乱。"⑥ 从某种意义上讲,这就是对资源的有限性和欲望的无限性这一基本经济矛盾的古典阐释。因此,

---

① 这里的风俗习惯,对应的就是英文版中的"manners and customs"。引自[英]亚当·斯密. 国民财富的性质和原因的研究(上卷)[M]. 北京:商务印书馆, 1972, 349
② 引自《史记·货殖列传》。
③ 引自《史记·货殖列传》。
④ 梁启超(1988)在对"因之"进行解释时,也认为"苟易其俗则不能良"。并且,他认为《史记·货殖列传》"与西士所论,有若合符,苟昌明其义而申理其业,中国商务可以起衰。千年湮没,致可悼也"。
⑤ 引自[日]桑田幸三. 中国经济思想史论[M]. 北京:北京大学出版社, 1991, 3.
⑥ 引自《史记·礼书》。

"因其欲然"① 也就成了司马迁语境中实现止乱达治的必然要求。那么,"俗之所欲"包括哪些内容呢?司马迁对此有一个高度的凝练概括,他形容"至若诗书所述虞夏以来,耳目欲极声色之好,口欲穷刍豢之味,身安逸乐,而心夸矜势能之荣使"。② 这些都是人的本能和本性,如果没有外部条件的限制,它将尽情发挥,追求极致,这与新古典经济学理论的永不餍足假设别无二致。

与欲望相关联的一个概念是利己性。在通常情况下,个体都是逐利的。这也正是现代经济学之父亚当·斯密研究人类经济行为,进而建构其经济理论和经济制度设想的伦理前提。无独有偶,司马迁早在2 000多年前就提出了"天下熙熙,皆为利来;天下攘攘,皆为利往"。③ 这一"皆为利"的假设更是对客观现实的描绘,可与现代经济学理论所持守的"经济人"假设相媲美。由此也导致了《史记·货殖列传》中提到的"人各任其能,竭其力,得其所欲"和"不召而自来,不求而民出之"的激励相容局面。④ 司马迁形容这是"道之所符,自然之验",⑤ 与斯密和哈耶克等的自然、自发秩序观形成了一种跨越历史时空的辉映。

(二) 因俗以治的治道方针与治理主张

司马迁认为,良治之道应遵循"与时迁移,应物变化,立俗施事"⑥ 的方针,即当政者在制定社会经济政策时,应该立足于既有制度环境中习俗惯例的

---

① 引自《史记·律书》。此为司马迁对汉文帝治国之道的评点之语。
② 引自《史记·货殖列传》。
③ 引自《史记·货殖列传》。桑弘羊在与"贤良文学"辩论时也曾引用此句:"司马子言:'天下攘攘,皆为利往。'赵女不择丑好,郑姬不择远近,商人不愧耻辱,戎士不爱死力,士不在亲,事君不避其难,皆为利禄也。"(《盐铁论》毁学第十八)
④ 引自《史记·货殖列传》。
⑤ 引自《史记·货殖列传》。
⑥ 引自《史记·太史公自序》。这也是司马迁之父司马谈在《论六家要旨》中对道家的评价。

基础上，并随着时间推移、事物变化而发展，如此才能达到"无所不宜，指约而易操，事少而功多"①的理想治理效果。在《史记》中，司马迁对不同地区、不同时期的大量历史事件和经济实例进行了剖析和点评，我们大致可以看到内含其中的关于因俗以治的若干主张。

第一，不同地区的习俗差异与各自的土地、人口等自然资源禀赋和历史、人文、地理环境息息相关，反过来又对当地生产、生活的资源配置和经济结构产生重要影响。所谓"一方水土养一方人"，讲的也就是这个道理。司马迁在《史记·货殖列传》中对此有大量描述。例如在"膏壤千里"的齐地，"其俗宽缓阔达"，而在"地薄人众"的中山地区，"民俗懁急，仰机利而食"则是对相对恶劣自然环境的民俗响应。另外，正是由于掌握了中山的民俗特性，又使得温、轵"北贾赵、中山"，促进了区域之间的商品交换。在种、代地区，"人民矜懻忮，好气，任侠为奸"，则导致"不事农商"，社会经济畸形运转。

第二，由于不同地区的风俗有所差异，如不顺应当地的习俗，也不因地制宜和具体情况具体分析，而采取一刀切的治理策略，则是不合宜的。在《齐太公世家》和《鲁周公世家》两个篇目中，司马迁分别介绍了太公望在齐国"因其俗，简其礼，通商工之业，便鱼盐之利"而使齐国崛起为大国的故事，以及周公的儿子伯禽到鲁国后强行用周人的礼制来"变其俗，革其礼"而使得"政不简不易，民不有近"的故事。在这里，司马迁提出了因俗而简礼与简政的主张，并以归民与近民激励向当政者直陈了这一治理策略的好处。

第三，习俗不是一成不变的，也不是单一向度的，有厚薄之分和善恶之分。如果因薄俗、恶俗而治，就会造成严重的社会经济危机；反之，如能加以

---

① 引自《史记·太史公自序》。

适当引导，破除恶俗，树立善俗，则有助于实现社会经济的安宁太平，即所谓"移风易俗，天下皆宁"。[①]司马迁在《史记·货殖列传》中记述了关中地区的风俗从周朝的"好稼穑"到秦朝的"多贾"，再到汉朝的"益玩巧而事末"。这种具有某种内在一致性的自发性演变导致的结果是"关中之地，于天下三分之一，而人众不过什三，然量其富，什居其六"。这种符合人性且具有内在一致性的演变不是他所批判的那些主张"制俗"的人就能制得了的，从而需要因时制宜。

第四，在习俗与礼仪制度之间存在转换关系，即所谓"因民而作，追俗为制"[②]，也即从非正式制度安排向正式制度安排的转换。司马迁在《礼书》中曾论及"古者太平，万民和喜，瑞应辨至，乃采风俗，定制作"，并对"至矣"之礼进行了阐述，称其要做到"至文有以辨，至察有以说"，既富于文采但又有节制，明察秋毫而又不细苛。因此，司马迁对于礼制主张采取一种节制的态度。并且，司马迁对于礼制与法制也有所区分，并给出了初步的治理边界。他指出："夫礼禁未然之前，法施已然之后；法之所为用者易见，而礼之所为禁者难知。"[③]

四、司马迁治道思想陷于绝响困境之根由

司马迁因俗以治的治道思想并未被当世执政者所真正接纳和实施，也不为后世学人所广为传播和扩展，特别是在董仲舒提出"正其谊不谋其利，明其道不计其功"的治国之道及班固在《汉书》中对司马迁做出"迹货殖则崇势利而

---

① 引自《史记·乐书》。
② 引自《史记·礼书》。
③ 引自《史记·太史公自序》。

羞贱贫"① 等批判性评价之后，几成绝响。对于司马迁经济思想的挖掘，直至近代才开始有学者进行系统的论述。现今一些学者更是将其地位上升到了与亚当·斯密等相比拟甚至更超前的高度。② 那么，是什么造成了司马迁的经济思想在近代以前那么长的历史时空中得不到重视和采纳呢？原因无非两类：一类是外生性的，一类是内源性的。

自汉武帝开始，空前统一的国家机器就开始极力试图以行政力量干预民间习俗的走向，使之更加符合封建政治统治和意识形态的需要，以确保大一统的中央集权政治体制能够得到有效巩固和延续。这对随后汉朝的民间习俗和官家法律的内容和形式都产生了极其深刻而又深远的影响，也是汉以后中国社会经济发展中习俗与政治互动关系的一个基本模式。作为此模式的肇端，汉武帝时期处于一个从与民休息向与民争利、从无为而治向有为施政的转折期。为了应对因对内大兴土木、对外大举征伐而造成的财政危机，总管国家财政数十年的桑弘羊陆续实行了盐铁官营、酒榷、均输、平准、算缗、告缗等一系列"与之争"的政策，对社会经济生活进行广泛干预，使之"商贾中家以上大率破"。③ 在桑弘羊为官府广开利孔之后，后世大多所谓贤君良臣也是因循此道而不能罢。

这样，古代社会财产权的确认和分配实际上还是被置于政府的最终实际管控之下，因此自由竞争的商品经济和市场经济也就难以真正得到充分发展。然而，在因俗以治的治理框架下要实现帕累托效率，恰恰对"俗"的初始条件和市场环境要求较高。按照演化博弈论的观点，习俗被定义为"在有两个以上演化稳定策略的博弈中的一种演化稳定策略"，具有自我维系性（Sugden，1989）。但是，作为社会经济博弈多重均衡中的某一均衡解，它可能是集休理

---

① 引自《汉书·司马迁传》。
② 持此类观点的学者包括张维迎、韦森、Leslie Young 等。例如张维迎（2011）将司马迁誉为"人类历史上第一个自由市场主义者"。
③ 引自《史记·平准书》。

性的,也可能是集体非理性的,从而不一定能够实现帕累托效率。如果初始的习俗条件本身就处于一个集体非理性的均衡点,如何打破这个均衡或实现移风易俗呢?司马迁寄望于礼乐在"善民心"方面的作用,即所谓"其感人深,其风移俗易,故先王著其教焉"。[①] 这大致可以归入"教诲之"的门类,但这还远远不够,更重要的是"利导之",发挥市场调节的作用,让社会秩序向帕累托有效的稳定状态自发演进。

显然,中国古代社会缺乏这样一种市场环境,司马迁的自由放任经济思想(包括其因俗以治的治道观)从而也就得不到真正的重视和实施。尽管我们不应以今日今时的眼光过分苛责于前人,但是司马迁的经济思想(包括因俗以治治道思想本身)也有其不足之处或者与社会经济发展不相适应之处,带有浓厚的经验色彩和朴素性质,缺乏对于政府、市场与社会各自的治理边界和适用范围的科学界定。同时,虽然司马迁对许多经济现象、经济问题(特别是对"俗"与"治"的辩证关系)有独到乃至深刻的见解,散见于《史记》之中,但其经济洞见被淹没在大量的史实叙述之中。如果不加以全面梳理和深入分析,就难以使之得到系统化、体系化和立体化的呈现,遑论科学化。相较而言,亚当·斯密的《国富论》则更多是对国民财富的性质和原因的考察,已进入规律和内在逻辑层面的探讨,比司马迁基于史实做出的经验总结更进一层。并且,司马迁依然是站在统治立场来看待经济社会的治理问题,这意味着其所论述的经济自由和社会自由等也仅仅是实现有效统治的工具而已。

五、因俗以治思想的现代国家治理启示

应该来说,经过了30多年来的改革开放,中国的市场经济体制建设已取

---

① 引自《史记·乐书》。

得了很大的进步，但由于更注重发展的逻辑，而对治理的逻辑没有引起充分重视，使之出现了"成就巨大，但各方面的问题也十分突出"这样"两头冒尖"的现象。现代市场制度还远未臻成熟，市场在资源配置中的基础性作用尚未得到充分发挥，遑论决定性作用。在相当长的时期内，我国的政府在"与之争"、"整齐之"、"教诲之"方面做得较多，而"利导之"、"因之"的治理手段则用得不够。这与我们长期受传统计划经济体制影响而持守的全能型政府和发展型政府理念有很大的关联，政府职能在转型过程中没有得到合理的定位，政府角色缺位、越位、错位同时存在，市场和社会的力量没有得到充分的发挥。当前中国社会经济发展中所表现出来的政府主导干预经济、与民争利、伦理道德滑坡、社会诚信缺失、信任关系瓦解等负面特征，无不与此有关，其经济后果就是使得整个社会的交易成本畸高，经济发展向更高水平的迈进也面临严重阻碍。

因此，党的十八届三中全会提出国家治理体系和治理能力现代化的命题，确实非常具有现实性和必要性。与现代经济学理论相结合，司马迁的因俗以治治道思想可以带给我们一些有益的启示。

一是政府善治目标的实现。要求政府在公共治理中必须充分考虑约束条件，包括尊重既有制度环境中的风俗习惯并因势利导，尽量少干预、不干预。否则，反而可能会引起易俗向恶的负面效应。过去一段时期我国房地产市场频繁调控中曾出现的"假离婚""假结婚""假社保"等即为例证。政府的很多出于善意的政策设计并未实现预期目标，反而不同程度地扰乱了市场的确定性和可预见性，导致经济个体利益调整的紊乱和社会伦理的扭曲，也增加了国家治理的成本。政府要实现从发展型的全能政府向服务型的有限政府的转变，应慎用自上而下的强制性制度变迁模式，最大限度地减少直接干预微观经济主体的行为，而应致力于创造一个有利于各市场主体平等竞争的市场环境。只要市场能做的，就要让市场去做；当市场失灵时，政府才需要单独或与市场一道发挥作用。同时，在社会领域政府也要有所不为，可以依靠风俗习惯来调整许多法律等正式制度涉及不到或治理成本大的社会生活问题，可以发挥信念、习惯和舆论等的社会自我治理功能。

二是市场自发秩序的扩展。可以让正式制度安排和习俗等非正式制度安排在诱致性制度变迁中兼容，促进经济绩效的提高。市场经济不是人们刻意设计而成的，其本质是人们在长期的社会交往中自发演进和扩展而形成的一种社会秩序，内含着包括习俗在内的许多约定俗成的非正式制度安排。在现代成熟的市场经济国家中，当交易双方在多种约束中选择一种来保证协议的执行时，他们通常也还是会首先考虑非正式制度安排，例如习俗，因为它适合于市场经济环境下的"补充性因素或者一般性交易"。[1] 随着交易的扩大和分工的发展，为了防止非正式制度安排失效，正式制度安排作为非正式制度安排的明确化才应运而生。这种基于市场需求的诱致性制度变迁模式才是经济创新和发展的重要动力。哈耶克（2000）也曾借用李约瑟的说法，形容"中华帝国"在政府控制暂时受到削弱的时期，个人的首创精神往往能得到释放，从而文明和精巧的工业技术也容易获得巨大进步。无论是制度变迁还是技术进步，经济自由都非常重要。如此看来，司马迁在《史记·货殖列传》中关于给予并保护私人从事农虞工商等经济活动自由以为其自身谋利，从而实现民殷国富、长治久安的倡言，依然值得记取。

三是社会道德规范的重建。需要借助一个法治的市场经济环境，让好的习俗成为一种稳态均衡而固定下来并延续下去。诚信作为一种传统美德和良好的社会风气，按照博弈论的观点，其实质就是一种均衡。在一个人人讲求诚信的社会中，骗人是会受到法律制裁和舆论指责的，所以每个人都遵守诚信法则是一个纳什均衡；而在一个人人都尔虞我诈的社会中，谁选择诚实守信则他的利益也必然受损，所以相互欺骗是一个纳什均衡。这样，恶俗

---

[1] 引自张雄. 习俗与市场 [J]. 中国社会科学，1996，5.

环境下的人人尔虞我诈和良俗环境下的人人讲求诚信都可以是纳什均衡。那么，靠什么来导向信守诺言的好的纳什均衡呢？靠的就是法治和市场激励的双重手段，久而久之就会潜移默化地导俗向善。人们常将公序与良俗并列，在现代市场经济之下，好的习俗的形成离不开一个好的公共秩序环境。

如前所述，政府、市场和社会是人类社会存在的规制经济行为的三种基本协调机制，而与之相对应，经过强制性的法规治理和激励性的市场机制等正式制度安排的长期熏染，久而久之就会形成一种"无欲则刚"的社会规范、规则意识和价值观，让规范性的非正式制度安排（包括好的习俗）作为一种内在规约嵌入社会运行中，将可以对正式制度安排形成有效补充，极大地增强市场经济活动的可预见性和确定性，从而大大降低交易成本。不过，三者中法规治理还是最根本的，它奠定了最基本的制度环境，决定了政府定位是否适度，从而决定了激励机制设计的效果和社会规范形成的好坏。好的法规治理更容易导致好的激励机制的产生和好的社会规范的形成；反之亦反是。并且，法治的首要意义是人民对天然具有膨胀倾向的政府公权力的限制以确保经济自由，其次才是对市场经济个体行为的规约以维护市场竞争。基于此，才能让自生自发的社会秩序产生助益性。这就是法治的重要性。

党的十八届三中全会通过的《关于全面深化改革若干重大问题的决定》，在全面深化改革的总体布局中提出了国家治理体系和治理能力现代化的时代命题，达成这一目标需要合理界定政府与市场、政府与社会之间的治理边界。在这个过程中，包括习俗在内的文化的社会经济意义也显得尤为重要。在中国的经济、政治、文化、社会、生态文明"五位一体"的总体建设布局中，文化是一个具有价值牵引、人文塑造的基础性和战略性的关键环节，对于人与人、人与社会、人与自然、人与自我的关系和谐具有重要作用。从这个角度来考察，当前我国所倡导的文化体制改革和文化建设，其意义倒不只在于文化产业的壮大，更为重要和关键的在于通过文化传承和创新，重塑社会的伦理道德观念，构建真正的具有最大公约数的共同价值观体系，将习俗等非正式制度安排导向正面，带来社会制度环境和制度体系的完善发展。

六、结　论

习俗在社会经济治理中具有重要作用，中国需要从历史和传统经济思想中汲取智慧。本文以司马迁的治道思想为研究对象，发现其治道思想兼容了道家与儒家的无为而治思想，而其"善因论"的要义正在于"俗之所欲，因而予之"，强调不采取违反自然的行为而不是不作为。因此，司马迁因俗以治的治道思想的核心就是要因循人"生有欲"和"皆为利"的本性及民间习俗来因地制宜、因时制宜地立俗施事，以达至"事少而功多"的理想治理效果。作为司马迁经济思想中不可或缺的重要组成部分，因俗以治的治道思想尽管有着一些未能超脱于其所处时代的局限性，在历史上也一度陷于绝响困境，但也有着许多未被中国传统社会所重视和实施的经济治理乃至国家治理元素，其中不乏至今仍闪烁着智慧光芒的、具有普遍意义和现代价值的观点。

当前中国社会经济发展中的种种扭曲现象与政府的过度干预有很大关系，司马迁的因俗以治治道思想对矫正这一治理困境提供了历史借鉴与启示。在中国下一步的改革发展中，中国如何将习俗的自发秩序和市场的自发秩序相互耦合、相互促进，真正做到尊重民众在经济上的自由选择权，遵循社会自生自发秩序生成及其演化的内在规律，因势利导，充分发挥市场在资源配置中的决定性作用和更好地发挥政府作用，合理界定政府与市场、政府与社会之间的治理边界，实现政府、市场与社会三位一体的综合治理，久而久之让好的习俗成为一种稳态均衡，成为维系社会和谐稳定和经济良好运行的"润滑剂"，是一个值得更深入研究的课题。当然，随着国际学术界对于习俗经济研究的兴起，如何引入和构建一个理论模型来准确阐述司马迁及中国历史上其他的习俗治理思想，也是值得进一步深入推进的课题。

（2016 年 7 月）

参考文献

［1］曹应旺. 司马迁经济思想研究中的几个问题［J］. 苏州大学学报（哲学社会科学版），1996，1：92～97.

［2］杜长征. 司马迁经济自由主义新诠：宏旨、结构及困境［J］. 贵州财经学院学报，2007，2：101～105.

［3］［英］弗里德里希·冯·哈耶克著，冯克利、胡晋华等译. 致命的自负［M］. 北京：中国社会科学出版社，2000.

［4］胡寄窗. 中国经济思想史（中）［M］. 上海：上海人民出版社，1963.

［5］［美］康芒斯著，于树生译. 制度经济学（下）［M］. 北京：商务印书馆，1962.

［6］梁启超. 史记·货殖列传今义［A］. 梁启超. 饮冰室合集（文集之二）［C］. 北京：中华书局，1988.

［7］刘社建. 善因论：司马迁的经济理论［J］. 唐都学刊，1996，3：28～31.

［8］龙登高. 历史上中国民间经济的自由主义朴素传统［J］. 思想战线，2012，3：84～91.

［9］马涛. 论司马迁的自由经济思想及对儒道的态度［J］. 河北学刊，2001，1：94～98.

［10］石世奇. 司马迁的善因论和对治生之学的贡献［J］. 北京大学学报（哲学社会科学版），1989，6：66～74.

［11］田国强、陈旭东. 中国如何跨越"中等收入陷阱"——基于制度转型和国家治理的视角［J］. 学术月刊，2015，5：18～27.

［12］韦森. 习俗的本质与生发机制探源［J］. 中国社会科学，2000，5：39～50.

［13］韦苇. 司马迁经济思想研究［M］. 西安：陕西人民教育出版社，1995.

［14］［英］亚当·斯密著，郭大力、王亚南译. 国民财富的性质和原因的研究（上卷）［M］. 北京：商务印书馆，1972.

［15］［匈］雅诺什·科尔奈著，张安译. 社会主义体制：共产主义政治经济学［M］. 北京：中央编译出版社，1992.

［16］叶世昌. 中国经济思想简史（上）［M］. 上海：上海人民出版社，1978.

［17］［英］约翰·希克斯著，厉以平译. 经济史理论［M］. 北京：商务印书馆，1987.

［18］张大可. 司马迁的经济思想述论［J］. 学术月刊，1983，10：38～44.

［19］张雄. 习俗与市场［J］. 中国社会科学，1996，5：33～43.

［20］赵靖、石世奇. 中国经济思想通史（第一卷）［M］. 北京：北京大学出版社，1991.

[21] 朱枝富. 司马迁经济思想通论 [M]. 延吉：延边大学出版社，1999.
[22] Arrow K J. Political and economic evaluation of social effects and externalities [A]. Intriligator M. Frontiersof quantitative economics [C]. Amsterdam：North Holland，1971.
[23] Davis L，North D C，Smorodin C. *Institutional change and American economic growth* [M]. Cambridge：Cambridge University Press，1971.
[24] Dorn J A. China's future：Market socialism or market Taoism? [J]. *Cato Journal*，1998，18（1）：131～146.
[25] Smith A. *An inquiry into the nature and causes of the wealth of nations* [M]. New York：P.F. Collier & Son Company，1909.
[26] Sugden R.Spontaneous order [J]. *Journal of Economic Perspective*，1989，3（4）：85～97.
[27] Young H P.The evolution of conventions [J]. *Econometrica*，1993，61（1）：57～84.
[28] Young H P. The economics of convention [J]. *Journal of Economic Perspectives*，1996，10（2）：105～122.
[29] Young H P.Social norms and economic welfare [J]. *European Economic Review*，1998，42（3-5）：821～830.
[30] Young L. The Tao of markets：Sima Qian and the invisible hand [J]. *Pacific Economic Review*，1996，1（2）：137～145.
[31] Williamson O E. The new institutional economics：Taking stock, looking Ahead [J]. *Journal of Economic Literature*，2000，38（3）：595～613.

第三卷

第五篇

教育改革及其治理

72

求实创新　打造一流

就任上海财经大学经济学院院长的讲话

各位老师、各位领导、各位朋友：

今天我就职演说的题目是"求实创新、打造一流"。

中国正面临着千载难逢的发展机遇，上海具有得天独厚的地利优势，而我们上海财经大学则正承担着前所未有的历史责任。

我今天的演说着重讲三点：第一，机遇、优势与责任。第二，学院发展战略：求实创新、打造一流。第三，因应对策：六项具体任务。

一、机遇、优势与责任

1. 中国正面临着千载难逢的发展机遇

中国正面临着千载难逢的发展机遇，经济体制正处于向市场经济转型的关键时刻，市场化改革已经不可逆转。中国要和世界经济体制接轨，就需要大量熟

---

* 本文为作者2014年7月12日就任上海财经大学经济学院院长时所做的就职演讲。

悉现代经济、金融、财会、工商管理等方面的理论和应用性人才。中国具有她自己的国情和特色，与时俱进培养一批掌握现代经济理论前沿并能根据中国的国情和实际问题进行理论研究、参与中国经济改革实践，并能提出政策性建议的各种人才成为当务之急。这些都要求经济学的教育和研究跟上发展的大势。

在这个大的背景下，对各个高校的发展来说，既是机遇也是挑战。谁都力图掌握先机，在竞争和挑战中胜出，率先占据理论研究和实际人才的培养的领先地位。当今的全国高校，已有几个重点院校在经济学科建设与教学改革上采取了较大动作：如清华大学从海外一次聘请了 20 多位学有所成的经济、金融、管理学方面的华人教授，全面讲授现代经济、金融、管理等方面的课程；北京大学光华管理学院和中国经济研究中心也聘任了不少海外教授；武汉大学校方提供了大量的财力和优惠政策举办数学、经济金融双学位试验班，现在每年都有一批优秀学生被国外一流大学录取，进一步深造；华中科技大学自 1999 年起开始办数学与经济学双学位试验班，希望能够为培养世界一流的经济学人才打好基础，也已经取得很好的效果。另外，中国人民大学财政金融学院、中山大学经济学院、浙江大学经济学院、山东大学等也开始有所动作。

在这样的机遇和挑战面前，我们上海财经大学也应立即行动起来，时不我待，竞争图存，使我们更上一层台阶。

2. 上海具有得天独厚的地利优势

那么，在这样千载难逢的机遇面前，上海具有什么优势呢？了解中国经济史的人都知道，自东晋南迁以后，中国的经济中心就向长江流域转移。南宋以后直到近代，江浙成为中国的经济重心区已是公认的不争事实。20 世纪 30 年代上海成为亚洲的明珠并非偶然，因为上海位居长江出海口，在亚洲有着任何城市所无可取代的得天独厚的地理优势：长江流域之广阔，资源之丰厚，劳力之充足，产业之齐全，贸易之发达，交通之顺畅，是任何一个亚洲国家出口海岸城市都无法与之比拟的。

随着中国改革开放和经济发展的深入和上海优越的地利优势，上海必定会发挥更大的作用,上海的发展和改革会深深地影响中国经济发展的全局。长江流域,特别是上海已具备成为中国经济中心、金融中心与贸易中心的条件,它对周边乃至整个中国具有巨大的经济辐射效应。作为资金、贸易、金融机构、人才的集聚地,随着中国国力的不断强大和经济的高速发展,可以预见在不久的将来,上海将会取代中国香港甚至日本成为亚洲的金融中心。这样,上海所具有无可取代的得天独厚的优势和作用将充分展现。

不断拓展的发展空间和经济前景必定会产生巨大的人才需求,需要培养出大量经济、金融、管理方面的人才。同时中国经济制度和结构转型过程中遇到许多理论和实际问题,也需要熟知现代市场理论且对国情有深刻了解的学者们研究并解决。

3. 上海财经大学承担着前所未有的历史责任

正因为中国面临千载难逢的发展机遇,正因为上海得天独厚的优势与作用,上海财经大学需要承担一个重大的历史任务:那就是,培养出一流的理论经济学家、一流的应用经济学家、一流的企业家、一流的金融家、一流的工商管理和财经人才。只有这样,才能满足上海、长江流域乃至中国经济发展和中国经济改革的需要。

从世界的趋势来看中国,从中国的发展来看上海,从历史的趋势和上海的作用来看上海财经大学,就向上海财经大学提出了必需肩负前所未有的重大历史责任的要求,正是在这种背景下,我愿意就任经济学院院长,愿意为学校的发展贡献自己一份绵薄之力。

在接受担任经济学院院长之前,我已经知道上海财经大学是国内拔尖的财经类高校,金融、会计、经济学等专业是国内最好的专业之一,生源也非常好。同时有一批研究水平较高、知识面较宽的老、中、青教师队伍。这些都是搞好经济学院的重要因素。另外,我也感受到了学校领导和同仁们都有决心把上海财经大学办成中国,乃至亚洲一流的大学的愿望。我知道一个团结、信任、精诚合作的优秀团队是事业成功的必要条件。

上海财经大学的众多校友遍布华东地区政府部门、银行、金融、财政业，这是上海财经大学的宝贵资源。如果我们能够抓住这次中国经济高速发展的机遇，顺应中国市场化改革的大势，利用上海如此优势的地理环境，充分利用校友资源，抓住先机从加强经济学学科建设入手，就可以带动整个上海财经大学院校提升，并使之成为上海乃至华东地区，甚至全国高校在经济、金融、财政理论研究与实际人才培养方面的一流院校。

二、学院发展战略：求实创新，打造一流

在面临着如此重大的机遇和挑战面前，承蒙校领导和经济学院同仁们的支持，我荣任经济学院的院长。虽然上海财经大学前景很好，我也有信心搞好经济学院，但是我们经济学院，乃至整个学校和亚洲一流，特别是和世界一流相比还有一定的差距。试想如果没有一个长远的战略、具体的规划，没有同仁们的群策群力，要完成这样的历史重任，是不可能的。但是，只要我们努力，充分利用中国经济高速发展的机遇和上海的优势，争取成为亚洲一流，甚至世界一流也不是不能企及的。

为此，我提出学院发展战略。那就是"求实创新、打造一流"。求实，就是从实际出发，了解我们站在哪里，起点在什么地方，与亚洲一流、世界一流大学有些什么差距。只有求实，我们才能够有所创新，才能解决中国经济发展和中国制度转型中所面临的各种难题，才能解决在世界经济一体化中所面临的各种问题。只有创新，我们才能领先，才可能成为亚洲的一流，乃至于世界的一流。为了实现这个目标，我们需要具有全局性、前瞻性的战略，以及灵活的策略，需要做出具体规划，制定短期、中期以及长期目标。

我们的短期目标是：奠定基础，初见成效；中期目标是：扩大战果，重点突破；长期目标是：全面创新，打造一流。

我们可以在加强基础学科建设，增强对外学术交流，扩大学院、学校影响等方面多做工作。用两到三年时间达到短期目标。为了扩大战果，我们需要大力引进和培养优秀人才，集聚一批中国一流的经济学者，对某些经济学领域实行重点突破，在理论上有所创新，在经济改革实践中能提出重要政策性建议。希望能用三至五年时间达到中期目标。最终，用五至八年时间将上海财大打造成中国乃至亚洲一流的财经类大学。

这是因为，无论国际上还是国内的著名高校，其经济学学科本身的发展必然是走在前列的。如果一个著名院校的经济学科研水平名列前茅，那么必然会大大提升整个学校的知名度和学术水平。并且，科研、教学水平的提高，为培养优秀的人才奠定了基础，同时也增强了学校整体研究水平和综合实力，将会在经济理论研究、参与实际经济改革、政策咨询等方面发挥更大的作用。此外，经济学科也是其他财经类学科的理论基础。财经类的其他相关学科的发展与经济学理论研究的发展是分不开的。因此，一个学校如果能够提升其经济学学科自身的科研、教学水平，这将会带动整个其他相关学科的发展。尤其对财经院校来讲，整个学校的专业组成均为财经相关的学科，如果能够提高经济学科的整体水平，那么它也将会支撑和提高其他院系乃至整个学校的学术水平。通过学院间学术、科研及教学之间的互动和交流，可将学校老、中、青教师骨干用不同方式凝聚起来，并组成学校可持续发展的不同梯队。

三、因应对策：六项具体任务

具体来讲，为了实现"求实创新、打造一流"的发展战略，我们需要大家共同努力，做好以下六个方面的工作。

第一，**狠抓学科建设**。为了把学院打造成一流经济学院，培养出好的经济理论家，好的经济实际工作者，优秀的经济高级管理人才，我们必须努力抓好学科建设，参照国际经验，制定经济学科重点发展方向。除了规定的公共课程外，对经济学的课程进行重新规划和设计。特别要抓好大学和研究生阶段中的四个方面课程的教学：（1）数理基础，（2）微观经济学，（3）宏观经济学，（4）计量经济学。为学生真正地打好数理和经济理论的基础，只有这四个方面的课程学好，才有可能在这个基础上去学好其他专业课程，去综合，去研究，去创新，去开拓。为培养出一批中国乃至世界一流经济学家打好坚实基础，为了在国内突显我们的亮点，我们需要尽快办数学和经济学的双学位班。应该强调的是，在学科方向的发展上，必需提倡"兼容并蓄"的办学方针，尊重每个人的学术自由，鼓励不同观点，不同学派，不同研究方法，在教学、科研和实践中百花齐放、百家争鸣。为此，我们要处理好两个关系：一是学院内部各专业之间的协调关系，给每个学科以发展的平台和空间。二是经济学院各学科与其他院系学科之间的发展关系，相互促进，共同发展。

第二，**提升师资水平**。培养一流的学生，必须有一流的师资队伍。在目前的情况下，首要之务就是要提升现有师资的教学和科研水平。这包括：自修、交流、培训、实践。自修，每一个人除了教好自己本专业课程之外，都应该对经济学其他门类有所触类旁通，通过自修提高自己的水平。交流，这包括本院教师之间的交流。比如，一年每位教师应有一两次示范教学或讲座。除了本校的交流，还需与外校、国际的交流。培训，应有提高现有的师资队伍水平的计划。我们可以考虑在财力许可的前提下，挑选一些师资骨干轮流去国外大学进行短期进修、深造，开阔其眼界并吸收优秀科研教学经验，提高学院的整体教学科研水平。这样，通过各种方式不断提高中青年师资的学术水平。由于经济学是其他各类财经学科的基础，本学院的优秀科研教师还可以与学校其他学院的教师共同合作进行学术课题研究，由此凝聚带动整个学校学术水平。实践，自己主动承担教学、科研与社会实践提出的重要课题，向财团、政府、基金会积极申请。如有可能，应仿效国外研究性大学教学五年，可有半年的学术假期的办法，以期给教师提供总结与提高的机会。总之，要通过各种方法来提高教师的研究水平，多出优秀成果，并力争在国内核心经济学刊物以及国际一流学术刊物上发表文章。

第三，**引进优秀人才**。拥有一支优秀的中青年师资队伍是学院快速稳定发展的中坚力量。要引进熟悉世界经济发展、了解中国的实际情况，在国际社会中已取得一定声望的中青年教师。从海外招聘优秀人才是十分必要的。这些人才接受了海外正规严格的经济学系统教育，他们不仅能够自己进行现代经济学的研究，同时能够帮助学院培养学生，开设新课，并带动整个学院的研究与教学水平。

第四，**扩大学术交流**。尽量多地邀请海内外著名学者来经济学院讲座或不定期授课，甚至可以帮助我们培养一些优秀的博士生。从中聘请一些作为学院的兼职教授，以此增加学校的知名度。另外，应尽量争取在上海财经大学举办学术研讨会或经济学年会。这样不仅可以扩大经济学院的影响，还可以使得学院师生增加与海内外优秀学者交流的机会。促进学院了解最新的研究动向及方法，开阔眼界，尽快与国际接轨。要提倡国际化教学和研究，强化国际化教育理念，拓展国际化办学空间，加强国际交流与国际合作，这包括到海外招生，互访，与国外大学合作联合招生，联合培养硕士生和博士生，联合进行研究课题和项目等。

第五，**争取各类课题**。要支持学院教师积极向企业、基金会及政府机构申请各种研究课题和项目，积极支持教师参与政府部门各类咨询工作。这不仅能提高学校的影响力和知名度，提高教师们的研究水平，并且也能提高教师的收入水平。特别是要支持教师参加本地区和国内各类攻关项目，参加国际合作攻关项目。经济社会在发展，经济学在发展。我们不仅要有坚实的理论基础，而且要激活创新精神，就必须想方设法解决经济中的各种热点和难点问题。以中国之大，在经济发展和经济改革过程中一定会面临着许多需要我们亲身参与解决的技术、策略和战略方面的重大课题。

第六，**广拓资金来源**。除了要有战略眼光和明确的目标，要吸引大量的人才，就需要庞大的资金。需要经济学院发掘更多创收方式。除了现有的资金来源要扩大之外，通过每一个人的智慧，和国际财团合作，和国内财团合作，与政府研究机构合作，和国内民营企业合作，和其他的研究机构和大专院校合作以至于用培训班，提高班，外地办学，与国外大学联合招生等各种方式来扩大我们的创收来源。如果每一位教师和员工都能运用自己的聪明智慧争取到财源，才能使我们的事业迈出坚实的一步。我们应该制定奖励办法，鼓励大家争取各种财源，做出重大贡献的可以给予重金奖励。

资源到位后要合理使用，要改善教师的工作和生活环境。要提高教师的积极性，就需要尽力提高他们的生活待遇。要吸引优秀人才来学院任教或者知名学者进行访问授课也需要我们提供较为丰厚的物质条件。

当然，确定这些工作目标后，还需要构造出适应于我们学院展开工作的管理结构，制定出各种明确有效的激励机制、规则与制度，进一步完善制度建设，令工作制度化，透明化，要建立起务实而又和谐的团队精神。当然，还需要认识到学生工作的重要性，注重学生的基本品德和诚信教育，不仅要教书还要育人，通过自己的言行来引导学生做一个正直、诚实、守信、上进、爱国、爱民、有作为的人。

总之，搞好经济学院，我们要有：远大而可行的工作目标，科学而精练的管理结构，明确而有效的运作规则，优秀而融洽的师资队伍，良好而宽松的工作条件，和谐而务实的团队精神。这也是我们的工作方针，其中涉及操作和执行方面的具体细节需要我们共同研究、制定、落实。只要我们务实创新，大家群策群力，广开思路，团结一致，共同努力，我们经济学院就会办得日新月异，欣欣向荣，两至三年初见成效，出现一个新的局面，五至八年大见成效，将上海财经大学经济学院打造成一流的经济学院！

谢谢大家！

（2004年7月）

73

关于改善学风、教风的建议[*]

一、重要意义与紧迫性

纵观世界知名研究型大学，它们在拥有一流研究水平的同时，也具有一流的教学水平。一流大学建设的国际经验告诉我们：教学是立校之本、研究是强校之策，教学、研究相辅相成。所以，切实提高教学水平是中国建设研究型大学所要解决的首要问题和根本所在。

教学水平的提高源自好的师资和良好的学风。这里好的师资不仅仅是学问做得好，作为教师更重要的是具有好的教风。而具有良好教风的教师一定是教学认真，对学生负责，让学生学得扎实，以提高学生综合素质为己任，能够结合实际将前沿的知识与分析方法融于教学，培养学生的学习兴趣，使得学生不断提高他们的学习能力和自我更新能力。同时，良好的学风使得学生总是保持旺盛的学习干劲，刻苦学习，上课认真，努力掌握

---

[*] 本文载于《中国大学教学》，2006年第1期，根据给上海财经大学校领导的关于改善教风、学风的建议书修改而成。

课程内容，课外还能积极钻研，主动学习，从而形成良好的学习习惯和学习方式。

很大程度上，学风取决于教风。好的教风滋生培养刻苦勤奋，脚踏实地，上进求真的良好学风；不良教风则惯纵助长得过且过，不求上进，浮躁放纵的坏的学习风气。严师才能出高徒。如果教师能够以高的标准要求学生，选用一流教材，补充课下阅读材料，定期布置作业，强化考试和测验，学生很自然就会认真对待学业，抓紧学习，消化教学内容，查阅资料，完成作业，积极准备考试。

树立良好的教风与学风对学生的培养意义重大。学习不仅仅只是知识存量的增加，而且也是学生自我学习能力和基本素质的提升，要培养学生具有根据自己的需要高效率获取和探索知识的方法和能力。只有具备了这种自我学习和自我更新的能力，我们的学生才能具有较高的素质，才能够积极面对知识爆炸时代的各种挑战。尽管教材上的知识是有限的，而且不少内容滞后，但通过扎实的课程学习和自我学习可以训练学生的思维方法和自我更新能力，让他们终身受用，使他们走出校门后具有竞争力。我们要求他们的所学不仅仅能适合现有市场、适合岗位的需要，而且还希望他们具有不断自我更新、自我学习和探索新知识的能力，这样才能够始终站在知识进步的前沿，即使10年、20年后，甚至更长的时间内，他们仍然还具有相当竞争力。

这样，改善教风与学风就显得异常重要。但学风和教风的好坏在很大的程度上则依赖于学校教学管理制度及相关规则和措施的设计是否合理，使之能调动教师教学和学生学习的积极性。好的教风导致好的学风，好的教学制度措施导致好的教风与学风，从而导致好的教学质量。提高教学质量不仅重要，而且紧迫。现在中国高校普遍开展了本科教学工作水平评估，其中教学质量是关键的一环，而且随着中国高校与国外大学合作办学的深入，国外大学对中国高校教学质量的评估将会影响中外高校合作办学的前景及国外对中国高等教育的看法。所以，如何以切实的制度和措施改善教风与学风，保证教学质量，而且是可以向外界证实的质量，是摆在我们面前的一件头等大事。经过多年的努力，中国许多高校的教学质量尽管有较大的提高，但是与现实的需要、与建设研究型大学的要求相比仍然存在着很大的差距。

二、现状与问题

目前国内许多高校，特别是国内文科院校，在教学和教风方面存在着许多问题，需要加以解决。这些问题并非表明我们学生和教师的素质差，而是在很大的程度上是教学要求，教学考核制度，教学管理制度及相关规则不完全、不合理所造成的。

首先，目前的教学缺乏好的教风，没有形成良好教师职业精神与岗位规范。反映在教师教学投入不高，教学手段单一，课程设计粗糙，教学内容滞后，更严重的是对学生基本上采取放任态度，平时只管自己在课堂上讲，疏于对学生学习的督促与考查，教师的"教"与学生的"学"这两个环节相互脱节。许多课程，即使是基础理论和专业课程的学习，学期间没有给学生作业，没有考试，放任学生逃课，即使布置作业而学生不交作业也没人管。

这种放羊式教学直接导致学风的低下。这种现状很大程度上源于缺乏有效制度来引导和鼓励。最关键的就是我们的教学缺乏有效的考核体系，难以对教师的教学水平进行直接的监控与考核，就是通常所说的教学考核不少都是软指标，不硬，考核难以反映真实问题。在缺乏有效考核的情况下，任何鼓励教学的措施都没有实质性的效果。目前做得比较好的是"学生评教"，对教师形成一定的压力。但是，评价内容过于抽象，导致质疑，得不到许多任课教师的认同，在许多院系难以纳入对教师的正式考核之中。在缺乏有效考核制度支撑的情形下，教师对教学的热情受到抑制，导致教风的逆向选择，大家都只注意不出错，缺乏教师的责任心和主动创新精神。

其次，通过纵向比较，我们会发现，对大多数大学生来说，高考一般是学习努力程度的顶点。学生一旦进入大学后，学习努力程度就进入了抛物线的后半段，持续下滑，由于没有什么学习压力，大部分学生的学习努力程度就一路下滑，以往在小学、中学和高中所形成的努力学习的优良传统逐渐消失。这完全违背了学习边际成本（也就是学习的努力程度）应该不断上升的客观规律。本来，随着掌握知识的难度不断增加（本科生所学比中学生所学难，硕士生所学比本科生所学难，而博士生所学又比硕士生难），并且进入大学以后的学习阶段是人生学习的黄金时段（精力最充沛，记忆力最强，思维最活跃，学习时间最集中，没有工作、家庭、社会负担），学习的努力程度（即学习的边际成本）应该是不断地增加，但实际情况却是相反，这种学习努力程度不断下降说明了高校教学水平的异常低效率，导致了放羊这一怪异现象（但在国内这已是见怪不怪了）。

学校放学生的"羊"，而大多学生却没有自我努力学习的习惯，反而沉醉于大学的自由，放任自己，相当时间耽误在上网、餐厅、歌厅、咖啡厅等娱乐时间上，而不是刻苦学习。因为中国学生从小学到中学一直在外力监督和压力下学习，没有自主学习的习惯和风气，进入大学后一旦直接进入这种让学生自愿学习的教学方式，没有了压力、管理与监督，大部分学生就不可避免地放任自己，不努力学习，大学成了镀金、混文凭的地方。在中国当前的教育环境下，完全凭着学生自身的自觉性和市场力量的督促只能对少数学生有用，但对于大部分学生而言，只会害了他们。

这种学习努力程度像抛物线后半段的持续下滑，说明了教学产出的低效率。对于这种现象，我们当前的教学方式及管理制度难脱其责，很大程度上也说明我们高校体制存在着问题。这些问题的产生并非是我们的教师和学生的素质差及教师待遇低。从根本上，笔者不同意"高校缺乏人才"及"教师收入低"是教风不好的原因。教师尽责是其教书育人的职责所在，学校应该加强要求，难道收入低，就该不负责吗？学风不好的根源在很大程度上是由于教学要求、教学考核制度、管理制度及相关规则不完全、不合理所造成的。对学生负责，让学生学到扎实的知识，培养他们自我更新的能力，是我们的义务和责任。

这种与研究型大学不相称的学风与教风，严重制约着中国高校教学水平和学生素质的提高。尤其是不少大学正在积极引进海外优秀人才，他们在海外形成了较好的教风与教师行为规范，如果国内缺乏良好的制度环境来鼓励这种好的教风，那么他们也终将被国内现行的不良教风所同化，导致人才引进效果的下降。所以说人才的引进，不仅仅是引进人，还要创造实际相应的制度环境加以鼓励和引导，进而留住人，发挥他们最大的作用。如果教风和学风得不到大的改善，很难让一所学校成为真正的研究性大学。

三、解决措施

要扭转这种学风和教学，迫切需要我们加强教学管理，设计出切实可行的教学监控制度和改善学风、教风的激励机制，为此建议采用以下改进教风、学风的措施。这些措施具有很大的可行性和可操作性，不仅投入少、容易执行，而且见效快、效果大。即使学校投入不多的资源，在现有师资水平和客观现实条件下，也能大大地改善教风和学风，大幅度提高教学质量，能激励学生努力学习，最终培养出高素质的学生。

1. 规范课程提纲，细化课程要求

尽管给学生课程提纲（Course Syllabus）在国外是对教师在教学中的一个基本要求，完全是教师职责范围内的事，已经成为规范，但在国内一直忽视这一工作。尽管目前我们也有教学大纲，每年公布在"教学一览"中，但该大纲过于简单，而且不是由任课老师提供，与具体任课教师的教学内容没有实质性的联系，学生在选课时也不会去看这些信息，所以没有起到应有的作用。这一现状严重不合国际教学规则和惯例，在我们与国外大学开展合作培养教学时，对方首先索要课程提纲，并将之作为教学质量的重要评估标准。所以我们在改善教风上可以首先从要求每门课必须给出教学课程提纲这件事着手。

目前，国内高校教学服务市场实际上很不规范，教师担任某一门课程教学后，不向消费者和监管部门说明服务的具体内容、安排。而作为消费者的学生在上课前、选课时对教学内容与安排几乎一无所知，知道的仅仅就是这是什么课，用什么教材，直到学期结束才大概知道个所以然，消费者不明不白。只要期末有个好成绩就皆大欢喜，也就不管教师讲了什么，只要给的成绩高就是好教师。对于监管方同时也是雇主的校方而言，知道的比学生更少，到监管时才发现无从下手，因为自己的雇员并没有向自己承诺服务的具体内容和方式。

这里的关键就在于课程聘任合同很不完全，除了一纸聘任书外没有其他约定。但是，我们完全可以通过一个简单的制度安排将契约设计得更完全一点，那就是要求教师在接受一门课程教学任务后，上课之前编写较详细的课程提纲，并将该课程提纲公布在网上或至少让学生和校监管部门知道。一些高校，如上海财经大学现在也有类似的工作，那就是每学期期末要求教师填写一张教学计划表。但问题就在于事后，而且填了之后谁也没看，流于形式，没有任何实质作用。

建议学校制定出一个统一规范的课程提纲，设计包含许多具体要求，比如课程目标、课程教材、参考书目、阅读材料、预前知识、教学内容、教学进度、课后答疑、课程作业、习题课时、考核方式、评分标准等等，在学生上一门课程之前就给他们一个尽可能完整的课程教学提纲，同时将这些内容挂到校园网上，并提交给院（系）一份供存档，以便学生和院系在需要的时候随时获得这些信息，最大程度地减少学生、院（系）及监管部门（教务处）的信息不对称。在此基础上评估每一项的落实情况，一方面让学生事前可预计，并做相应准备，这也会降低执行成本。同时监管部门也可据此随时进行抽查，并在学期结束前对照教学提纲进行考核,此时学生评教的内容就可以很具体地让学生判断教学内容、教学方式是否吻合课程教学提纲等,让学生帮助监督、考核教师,可以减少考核、监督成本,使得供需求双方有效地互动。

这样,要求任课教师提供教学课程提纲可以成为学校提高教学质量、改善学风的有力手段,作为学校对教师考核的基本依据,部分解决当前教学考核软化,没有硬指标的问题,而推行提供教学课程提纲的要求对学校几乎没有什么成本,不需要什么额外资源,完全可行,在改进教风上就可以起到事半功倍的作用。当然,刚开始执行时,在教师潜规则中这一项工作可能会被认为是额外的工作和负担,精品课程建设其实已经折射出这个问题。为此可以设立一定的基金以支持和鼓励教师进行这一工作。这笔基金的数额要远远比现有的精品课程建设经费来得小,但收效却要大得多。

2. 引进先进教材,传授前沿知识

好的教材对于学生把握一个学科的基本内容与前沿知识至关重要,而且能够激发学生的学习兴趣,引导学生努力学习,同时也能够带动教师教学水平的跟进。反过来,差的教材反而起到反面的效果,误导学生,打击学习兴趣。目前在教材选用方面基本上由任课教师指定,随意性很大,在缺乏相关配套措施的情况下,教师往往不会主动选用内容丰富、有一定难度的优秀教材,因为这会增加他们的备课成本。所以在条件许可或合适的情况下,应该鼓励积极采用国内外一流教材,对部分课程指定使用教材,特别是对一些基础课程和学科基础课程,以便为提升教学水平和保证教学质量创造有利条件。当我们的学生具有了坚实基础,掌握了前沿知识,他们走出校门后就具有很强的竞争力,就能适合社会和市场的需要。

3. 规范成绩考核,全程式多样化

高考一考定终生,它的流弊已为人们所诟病。然而,目前不少大学课程的考核也是单一模式,学生成绩仅仅取决于一次考试,即期末考试,就显得更加不合理。学生可能因为某一道题准备不充分,或临场发挥不好而影响期末成绩，反映不出真实的水平。理论和实践已经证实，全程式多样化的考核能够分散一次性考试的风险，准确把握学生的真实成绩。

并且，单一考核模式还存在诸多负面效应。教师对学生成绩的考核仅凭一次期末考试，所以学生也就只关心期末的成绩，而文科课程的特点是突击起来相对容易，而且考前要求老师引领复习，划定考试范围等等都助长了让学生平时"放羊"、心存侥幸，期末突击式学习的风气。更为严重的是，这种"毕其功于一役"的考试制度，也为学生考场作弊提供了很大的激励，许多学生由于种种原因，来不及复习，便不得不求助于这种严重违反考场纪律的做法。凡此种种，都说明大学学习仍然没能摆脱应试学习，无助于学生扎实地掌握知识和自我更新能力的提高。同时，课程学习也失去了培养学生基本素质和综合能力的作用，得不到市场的认可。迫使学生到外面考各种各样的证书，以提高市场竞争力，导致最宝贵的青春时光的浪费。

为了改变这一现状，我们需要改变现在的单一考核模式，引入形式更多样的全程式考核。除了期末考试，还应添加一些辅助考核措施。学生的课程成绩可由期末考试及以下辅助考核成绩综合地决定。这些辅助措施也是国外正规大学考核学生成绩的一些基本措施。

（1）加入期中考试

如果只有一次期末考试，一方面，这助长了学生平时"放羊"，期末突击式学习的风气，另一方面，由于中国学期普遍较长，教学内容较多，如果集中在期末考试，学生复习量比较大，而且前半学期学过的内容到期末复习，忘得差不多了，复习成本比较高，所以通过期中考试，引导学生及时复习，同时也减轻期末的复习量和难度。期中考试在国外大学，特别是本科课程一般是1至2次，甚至3次，这样可以让学生一直保持旺盛的学习状态，减轻学生"放羊"的程度或机会，减少由于学生自己不努力学习，拿不到好分数，到时反怪老师没有教好的可能性。期中考试可以利用教学时间采取随堂考的形式，尽管难以做到像期末考试那样严密，但是在教师和助教的监控下可以基本保证考试秩序。即使考试作弊的现象也许会上升，但这不能成为不给期中考试的理由，而是应该通过加强学生的诚信道德教育和课堂检查力度等方法减少作弊的现象。这样的随堂考不会冲击现有的教学安排，也不会增加对教室的需求。同时，通过期中考试，教师也可以及时较全面地了解学生的学习情况，并做出相应的调整。

（2）课堂小测验

教师可以不时地在日常上课时安排一两道题目进行小测验（Quiz），这种小测验有多方面的好处。首先，课堂小测验能够督促学生及时复习。一般而言，现在大多数学生已经没有了课前预习、课后复习的习惯，而这是掌握知识最好的学习方法之一。一旦有了随时给出的小测验，就会增加学生及时复习的积极性，同时也是对及时复习同学的奖励；其次，它可减少学生逃课的几率，这也是一种间接的点名。据了解，学生的逃课现象非常严重，一般为了避免学生的反感，同时也为了节约时间，教师都不点名，这导致任由学生旷课的现象。但通过小测验，教师可以准确把握学生出勤情况，能够督促学生上课，减少旷课。第三，通过小测验，教师也能够把握学生对前面课程学习的情况，以便做出相应的调整，提高教学效果。

（3）平时作业与课程论文

在部分课程中，比如数学，平时作业较为通行，但是国内的多数文科课程，平时很少布置作业。其实，作业是督促学生复习，帮助更好地理解教学内容的一种很好的方式，而且通过作业也可以拓宽知识面，提高分析应用能力，而不只是记忆和默写。如果一门课程不太适于给出作业，作为替代，可以要求学生提交课程论文（Term Paper），它可以帮助学生更好地理解教学内容，活跃思路，让学生学会如何写作论文。通过课程论文的写作，可以拓宽学生的知识面，提高他们分析问题、思考问题及解决实际问题的能力。所以应该在中国高校推行作业和课程论文制度，成为一种教学规范之一。这对于改善学风，提高教学质量具有很大的作用。

（4）阅读报告

为了让学生能够活学活用，锻炼他们收集和组织信息以及表达能力，教师可以适当给学生安排各种形式的阅读报告（Presentation），让学生走向讲台。可以由教师安排题目，将学生分组进行准备，通过团队作业，可以培养学生的团队精神，四年下来，对于提高学生的团队合作及个人表达能力就会有显著的成效，能提高我们的学生适应市场和社会的能力。

4. 采用助教制度，提高教学效果

上面的这些教学制度安排，势必增加教学工作量，没有助教制度，多半会引起一些教师的反弹，采取消极应付，甚至是抵触行动，从而增加实施以上措施的阻力和减少实施以上措施的效果。要保证这些措施的顺利实施，并产生实质性的效果，而又不太引起教师们的反弹，得到教师的支持，就应恢复及实行全面的助教制度。有助教协助教师实施各项考核工作，使各项制度具有实质性的意义，而不至于流于形式。

同时，助教的辅导、答疑能够切实提高学生的学习效果，并且帮助学生拓宽视野，指导他们完成教师布置的学习任务，引导学习风气的改善。而且对助教的考核可以成为对教师教学考核的一个重要补充，因为助教的工作就是协助教师执行教学计划，助教的工作内容与形式很大程度上受教师的指导与督促。所以助教工作的好坏，反映了教师教学计划的执行力度。最后，如果将助教岗位纳入奖学金体系，以奖学金方式分配助教，并将助教岗位分成不同的等级，那么就能激励研究生认真学习，端正研究生的学习风气，也为研究生提供了实践的机会，提升其自身的能力，增加研究生的教学与工作经验，使得他们走向工作岗位后能很快适应工作环境。同时，推行助教制度也可以减轻学生和家长的经济负担，增加学生报考研究生的机会。研究生担任助教的制度在国外研究型大学是必不可缺少的组成部分，是一个很好的制度安排。

所以推行全面的助教制度对于提高教学质量具有重大的战略意义，而且推行成本也不高，100人次的助教费用一学期也不会超过30万元。这远比精品课程建设或双语计划的成本低、效率高。助教制度是我国研究型大学今后必定采用的措施,希望我校具有战略性眼光,下决心率先走在前面。

5. 拟定评分比例,突出排序作用

建议对学生的课程考核成绩采用国际通用的相对评分制度,即拟定分数比例段。所谓相对评分制度,主要是为了强调学生考核成绩的排序作用,并且如果必要的话进行适当加分,使得各分数段具有较为合理的比例。

相对评分标准具有许多优点:(1)学生的成绩具有横向可比性。它能避免由于老师讲的内容深,学生也努力了,但是所得到的分数却比老师授课简单、出题简单而学生所得到的分数低这种不合理的情况发生。这样,按照绝对分数评分,在许多情况下是不具有横向可比性的,可能还会打击老师讲授学生学习高深前沿知识的积极性,形成逆向选择,导致老师授课容易、出题简单,学生轻松拿高分,最后是师生皆大欢喜,而实质上学生没有学到什么知识的情况。另外也不会由于绝对分数太低,对学生今后的就业找工作、出国留学造成影响。(2)激励学生之间进行学习竞争。由于每个分数段具有一定比例,要想拿到高分,必须努力学习,在同学间的竞争中胜出,这便会激励学生扎实地学习。(3)有利于老师传授高深前沿知识,对学生严格要求。相对评分机制可以打消老师由于传授高深知识,对学生严格要求而可能导致学生对老师抱怨的顾虑。如果采用相对评分机制,即使所教的内容难,但学生的成绩是相对决定的,每个分数段具有一定比例,因而不太会由于同学间的竞争所造成的分数低而抱怨教师。教师也不用担心传授高深知识,对学生严格要求而遭到抱怨。

因此,像国外大多正规大学那样,尽快采用相对评分机制,制定出各个分数区间的大致合理比例,以此增加学生成绩的横向比较的可行性,在学生中间形成有效的学习竞争机制,以及激励教师对学生严格要求,传授高深前沿知识。

6. 强化教学考核,规定硬性指标

有了以上措施,还需要对教师的考核和监督给出硬性指标和措施,需要将教师教学考核、提职、提岗紧密地联系起来，否则不会有实质性的作用。以往对教师考核比较抽象，考核中缺乏硬指标，考核结果往往遭到部分教师的质疑。导致各院系在对教师综合考评时难以将评教结果纳入进去，使得评教本身的意义，或对教学质量的提升效果不大。所以，我们需要强化教学考核，规定一些硬性要求和指标，让考核科学化、程序化、度量化。比如，要求教师每一学期提供所教课程的课程提纲给院系存档，同时要求教师保存所教课程的课程提纲、讲义、作业、试卷，以作为将来用于教学考核、聘任、提职等方面的依据，也可作为职能部门平时抽查所用。要在助教制度和教学提纲的基础上将考核内容量化、具体化。比如，细化学生对教师的教学评价，在教学评价表上，就不再是简单的优良程度判断，而是要加上"是否按教学提纲授课"，以及"助教工作是否到位？是否有作业？是否有习题课？课后答疑是否满意？"等等，这些问题都是可以量化的硬指标，考核结果参考价值比较高。合理量化的考核结果也容易纳入教师的综合考评之中，与教师的职称待遇挂钩，使得教师对教学授课的质量真正重视起来，推动良好的教学风气。

以上六大措施具有很强的内在联系，需要将这些措施综合地实施才会更有效果。通过以上措施，可以做到投入少，见效快，可大大改进学生的学风及教师的教风，帮助学生更好地掌握和理解课程内容，促使学生学好所教的课程。当然，这些措施只是改善学风和教风的一些基本措施，有了这些措施之后，就可推行更高层次的措施，以便更进一步地改进教学质量，让学生更努力地学习。

除了以上六大措施，也有必要在院（系）成立本科课程委员会（Undergraduate Curriculum Committee）和研究生项目委员会（Graduate Program Committee），由分管本科和研究生教学的院（系）领导分别牵头，对所设置的课程进行年度评议，并提出改进意见，对增设新的课程或删减原有课程提出建议，供全院（系）教师讨论通过，或提请院（系）和上级主管部门批准。

四、结　论

可能有人认为以上所提出的措施没有给学生更多的自主学习自由。不少人认为学生在大学里应当给予其大量的自由学习思考的机会，减少课堂授课及考试的数量，使得学生能够发挥其创造性。这种想法不现实，事实上大多数学生会利用给予他们自己的时间去做其他方面的事，而不去进行有创造性的思考。全世界的学生都一样，对大多数学生来说，能轻松拿到好成绩，多半不会去努力学习。其实以上这些措施事实上都是北美正规大学的基本教学要求，实践证明效果很好，世界上最好的大学大多在北美就证明了此点。

学习方式可分为被动学习和主动学习两种。从本科、硕士，甚至博士前期阶段，对学生学习模式的设置主要还是以被动学习方式为主，以学习考核大量的现有知识结构为主，通过大量的课堂教学与考核使得学生牢固地掌握各门基础知识，为今后的自主学习与科研奠定一个坚实的基础。其实，任何一个创造性观点或理论的产生都建立在长期大量的知识积累基础上。大学校园中的本科学生，他们有旺盛的精力与活跃的思维，如果采用科学的措施积极培养，便可以使他们掌握大量的知识，打下牢固的基础。但是如果我们盲目强调给学生自主学习的自由，而在给予学生自由的同时，缺乏相应的激励机制和监督管理手段，那么除了一小部分自律性及求知欲旺盛的学生外，大部分的学生都会"放羊"，放任自流，白白耽误大好的学习机会与时光。这正是我们现在高校教育所普遍存在的问题。

中国大学生的基本素质是相当好的。他们也是愿意学习的，而且肯努力学习，现在问题的关键是我们如何激励他们努力学习，在教学服务与管理上对他们抓紧。笔者在美国教过和接触了许多中国学生，尽管他们在国内学习松懈，不努力，一旦到了美国以后，在学习的压力下，他们都能很快适应这些措施，学习异常地刻苦、努力，好于大多数其他学生。他们都普遍感受到，相对于国内"放羊"的学习模式，他们在美国的大学中确实踏实地学到了许多知识，练就了扎实的基本功底。这些方法在美国高校教育的成功,特别是中国留学生在美学习异常刻苦、表现优越的现象使笔者相信这些基本措施是合理的、可行的,只要我们去做,可以取得很好的效果。因此,笔者相信,一旦大学生的优良基本素质与适当的教学管理制度安排及良好的教风相结合,不用多费什么额外资源,就会让大学生的整体水平大大提高,最终为国家培养出大批的高素质人才。

事实上,上海财经大学经济学院已经从 2005 年秋季学期开始实施以上的大多措施,狠抓学风、教风,并聘请了近 60 名研究生作为助教协助教师推行新的教学计划。新的措施得到了大多数教师的支持,学生反映良好。笔者相信一切切实有利于学生的做法终究会受到学生的欢迎,一切有助于教师提高教学质量的措施都会受到教师的欢迎,一切有助于提升学生培养质量,提高学校声望的提案都会受到学校与家长的首肯与支持。这些措施在上海财经大学经济学院的初步实行就取得了很好的效果。现在,经济学院大多数学生学习努力程度大大提升,整个学风焕然一新。

总之,优秀的教风、上进的学风是任何一所知名研究型大学所具有的必不可少的条件。文中所谈的是一个基本的问题:就是不管一个教师的水平如何,都应该对学生负责。文中建议采用的六大措施是:(1)规范课程提纲,细化课程要求;(2)引进先进教材,传授前沿知识;(3)规范成绩考核,加入期中考试;(4)采用助教制度,提高教学效果;(5)拟定评分比例,突出排序作用;(6)强化教学考核,规定硬性指标。我们可以不费大的成本,就可大大改进学风、教风。

(2006 年 1 月)

74

在"北美华人学术精英论坛"的主题发言*

各位同学,老师:

非常感谢主办这次论坛的同学们,这是一个盛会。我在 TAMU 工作近 20 年,还是第一次看见有四五个大学的中国学生学者联合主办这样的大会,由 TAMU、UT-Austin、Rice、Houston 等大学的中国学生学者联谊会主办。我觉得论坛举办得非常成功,同时也非常感谢白教授对我的个人介绍。大会给我的演讲时间是 40 分钟,其中 10 分钟用来给同学们提问。正如白教授介绍所言,我在上海财经大学担任经济学院院长这一行政职务,其实也就是为学生打工。我想尽量在 30 分钟内讲完,留更多的时间给同学们提问,与你们沟通、互动。

这次论坛的主题非常好,有特色,都是同学们非常关心、涉及自身发展的问题。上午的主题是:是否在美国当官,从事行政工作。下午的主题是:是否回国发展。个人觉得是否回国发展比是否在美国当官是一个更为重大的决定。大会的主持者希望我对这个选择给出建议,我觉得我很难给在座的各位一个肯

---

* 本文根据作者 2006 年 11 月 19 日在"北美华人学术精英论坛"上所作的主题发言整理而成。

定的建议。但是，我想从三个方面谈，希望能帮助各位对是否回国做出一个理性的、正确的、最佳的选择。我事先指出，我在这里不想唱高调，说什么在你们作选择时应大公无私，而只是希望我们的同学们今后在做事、做人、做选择时，尽可能做到于国、于民、于己、于公、于私都能照顾到。

我要谈的第一点，就是做选择时所需考虑的基本因素，也就是做选择的基本思维方式是什么。按经济学家的思维，一个人做选择的时候，总希望能做出最优选择，我也三句话不离本行。做出一个决定，是一个选择的过程，是一种思维方式的体现，即使很多人读过经济学，在自己做选择时，却也往往忽视了最根本的选择因素。做选择时所需考虑的两个最基本因素是：自己的主观愿望或兴趣，以及客观现实约束条件。做出一个决定，从经济学的角度来说，有2个因素：一是主观愿望，即经济学中所指的效用、偏好、幸福度或满意度。这个最重要的因素往往被大家忽视。经常有学生在选择博士论文的时候来问我："田老师，哪个经济专业最火，最好找工作？什么样的论文题目在美国能找到好的工作，Pay 得高？"我觉得这些同学注重了一些外在的东西，如专业赚不赚钱，却忘记了自己是否有兴趣，在主观愿望上愿不愿意，即做选择时忘记了经济学上所说的自己主观的偏好、幸福度或满意度。我觉得这是一个错误思维，至少是不全面地思考问题。为什么这么说？正如上午讲的，当不当官，可以选择当官或不当官；对于回不回国的问题，可以选择回国或不回国。如去公司或做学问，或许将来能像杨振宁那样取得巨大的学术成就。或回国，像邓稼先那样为社会或国家做出巨大贡献。这样，回不回国的问题，对自己来说，就是能不能让自己更加充分地体现人生价值的问题。如何决定主要取决于自己的兴趣或幸福度这一主观想法。大家是否知道以下这一方面的数据调查？在所有的行业里面，根据满意度，自己给自己打分，哪一个行业的得分最高？答案是教授。（听众大笑）怎么会是教授？即使拿到终身教职的教授们天天也在忙，没有周末，下班后也在工作，整天可能待在实验室，简直是 Crazy，书呆子，怎么会 Happy？其实，教授是最 Happy 的，因为他们在做自己感兴趣的事情，做自己喜欢的研究，当然最 Happy。对于回不回国的问题，应当从兴趣、性格来考虑。

除此之外，还要考虑客观现实环境是否适合你，承担风险的能力怎样，还要从长期和短期效应等多方面来考虑问题，即下面我着重要谈的第二个内容。所以回国的时候既要考虑到自己的兴趣、爱好，这个专业是不是很火，以及是否有个好心情等。在考虑主观愿望的同时，一定还要结合客观因素——这正是我说的第二因素。借用经济学的术语，将效用和约束条件一起考虑，这样才可能有最佳选择。客观环境，就是看环境是不是适合你发展。作为过来人，我自己的经历比较复杂，工农兵学商都经历过。我以前当过工农兵，下过乡做过农民，上过工农兵大学，即工农兵学员，现在在农工大学工作。我们 A&M 大学也有军校，我现在在这个工农兵大学工作。因此对于美国和中国双方的情况，我个人认为还是比较了解的。

第二个想谈的问题是"知彼"问题，即要对两国现实环境有一个尽可能充分的了解。知己知彼，方能百战不殆；知己不知彼，一战一败；不知己也不知彼，什么事也干不成。对于回不回国这个选择做出决定，要对中国和美国的社会、学术、政治、文化等方方面面的环境因素通盘进行考虑。因而，做出决定前，应对客观环境和具体情况摸透。我下面提出的这些不见得给出了一个完全准确的描述，只是个人想到的一些环境因素，其他的还有待于在随后的圆桌专题上由其他几位教授补充。

我觉得，回不回国，确实是个重大的问题，也是近些年来才出现的问题，才引起大家，尤其是中国留学生的关注。我 1983 年来美国，至今 20 多年了。在当时的情况下，可以说，绝大部分的学生对回不回国这个问题，答案是非常明确的：就是肯定不想回国。并且想尽一切办法不回国，比如通过与美国公民结婚等措施，想尽一切办法留下来。所以在 20 世纪 80 年代，大多数学生的选择就是不回国。为什么不回国？因为当时美国的学术环境、生活条件跟当时的中国这些方面比，有很大的差别。但是通过 28 年的改革开放，中国的国际地位、经济实力、人民的生活水平等已经发生了翻天覆地的变化。几乎在美国可以买到的东西，在中国都可以买到；美国有的东西，中国都有；美国基本没有的东西或不普遍，中国也有或非常普遍，如众多、各式各样、遍地开花的餐馆和娱乐场所，如洗脚（听众大笑）。在过去的28年的改革开放中，经济一直以9.5％增长率向前发展。我相信这个速度发展还会继续一二十年。中国的巨大发展前途，中国走向富强、发展迅速的大势，会吸引大批中国留学生回去，感觉回去更有成就感。当然，该不该回国，具体到某个人，是有些差别的。我在上海财经大学担任经济学院院长，虽然很辛苦，但感觉到有一定的成就感。我希望能够推动中国的经济学教育。担任这个职务已有2年多时间，进行了一些改革，还是取得了一些成效的。我们学院已从北美招了20多个人回去了，并且是全职回去的，有些是在美国从事多年教学的副教授，有些是刚毕业的。他们中有哈佛、伯克利、普林斯顿、牛津的，我们TAMU也有，加拿大多伦多等世界名校拿到博士学位的也有。我们对这些人实行双轨制，给这些应聘的教授较高的待遇。

是否回国当然还要看你的性格是否适应中国或美国的现实环境。因此自身的性格对是否回国起着非常重要的决定性作用。性格方面，如果喜欢安定的环境，不愿冒风险，喜欢阳春白雪的研究，不浮躁地平稳地生活，至少在现在，美国的学术和生活环境比中国的状况还是强得多。从做研究的角度看，如纯粹的研究，在美国可能做出更大的成绩，如杨振宁拿了诺贝尔奖，当然这很难，绝大部分人做不到。但另外一方面，你若追求更大的成就感，希望自己受到社会更多的重视，让自己所学和所做的研究具有更大的外部效应性，想培养学生，那么在美国，有很多的人做得比你好，你的社会地位、学术地位没有那么高。但在中国，当你带着前沿的知识回国，在你的所学领域，就会受到很大的尊重。你很可能在一个学校，一个学院，一个系，发挥巨大的带头作用，就是所谓的学术带头人和学科带头人的作用，从而使你的Social Value得到实现。在美国，也有人做得非常好，如学术上的杨振宁，如在咱们学校当官、从事行政工作的赵伟教授。但如果回国的话，如周济，就做到了教育部部长。什么样的人适合回国，什么样的人不适合回国，要因时、因地、因人、因事而异。国外留学回去，使所学知识得以普及，具有重大的社会外溢效应。如果你想获得成就感，回国就可能把所学发挥出来。现在有越来越多的学经济学的人回去了，像我这种兼职的在国内也是越来越多了。现在国内招聘了很多国外留学生回去。如想担任一些行政职务，经过一段时间，你也许很快就能成为系主任、院长、校长。

当然，要回国的话，一定要做好充分的思想准备，能够吃苦耐劳，拿下身价、放下脸面做人、做事，甚至你的理想也许不能实现。中国的情况跟美国确实不一样。在美国大学工作很单纯，对绝大多数人来说，不需要看上级领导的眼色行事，只要做好研究，就可以了。但在中国，这不行，见了领导，见了上级，要像其他人一样，要尊敬他们。在一个社会中，无论是合理不合理，或好坏，你需要随大流，否则总是会吃亏，因此我们的同学们回国后，一定要谦虚谨慎，不要显得清高自大，不合群，其结果会影响到自己做事。

还有，在中国，一方面可以是学科带头人，促进中国的科学研究发展，另一方面，如果要影响一大批学生，一批学校，也可能需要做行政工作。当然，在中国要做好一件事情，也需要充分意识到它的艰巨性，比如说，我决定去上海财经大学担任经济学院的院长，是经过慎重考虑的。总结了一下，做好一个院长，需要满足8大必要条件：3大客观条件与5大主观条件。第一个客观必要条件就是要得到校领导的大力支持。把美国先进的教育理念应用到中国去，就一定要得到校级领导的支持，否则很难做出大的事业。上海财经大学的校长是中国十多年来最好的校长。财大的校领导有很好的眼光，我们上海财经大学现在做的事，所具有的先进的教育理念，正在影响国内越来越多的学校。

第二个客观必要条件就是需要有"三权"：财权、事权（行政权）及人权（人事权）。在美国，总统、州长、参众议员虽是以民主方式选举出来的，但一旦当选后，就有很大的自主权。学校也是如此，一旦职位确定后，在学校是校长说了算,在学院就是院长说了算。在中国就不大好做,大多事情是集体讨论决定的。学院还好,是院长负责制,当然还是需要服从上级的领导。所以,需要三权。一是财权,没有财权是不行的,钱也许花不到你想要花的地方;二是人事权,有引进什么样的教师的权力;三是行政权,对学科调整的权力。这就是说,要办成一流的大学,要重视 1 个 F(Faculty)和 2 个 S(Student 和 Stuff)。没有一流的教师和先进而又合理的课程设置,怎么能出一流的人才,成为一流的大学!当然也需要一流的学生。中国有很好的学生,素质好,也很好学,就是缺少一流的师资和配套的课程设置,你没有引进老师的权力,没有从事教学改革的行政权力,你怎么能做这些。我不知道别的学科怎么样,至于学文科的学生,如学经济类的学生,大多数学生的学习是在浪费时间,整天就是三厅——歌厅、舞厅、餐厅。学期末才来一次考试,好多学生就在最后一个星期才开始复习,背一背书就考试。学生时代一定要珍惜时间学习,人生最好的学习时光是在大学。这个时候没有家庭负担和行政事务,是学习的黄金时间。但你怎么让学生去这样做,你就需要又能抓教学教风的行政权力。现在我们上海财经大学的学生不一样了。我们要求像在美国学校一样,有 term paper,homework,midterms。上海财经大学有 800 多学生在学高级宏观、高级微观等三个系列。现在北京大学、清华大学、中国人民大学、中央财经大学、西南财经大学和厦门大学都开始大举从海外招聘人才。如果有这三权,并且也了解中国国情的话,确实可以把事情做起来。

另外一个客观必要条件是要有充足的编制,允许你能招许多国内外非常优秀的人才,这可以改善学院整体素质水平。同时,还需要吸取许多学校每次招一个、两个海归人才的"添油"战术,结果很快被同化,随大流做事,弄项目,讲课赚钱,许多人不太做前沿研究。因此,要在短期内招尽可能多的海归人才,以致形成规模。上海财经大学经济学院在 2 年内已从海外招了 20 个,在管理和考核上按北美研究型大学看齐,取得了很好的效果,很快地形成了规模效益、影响效益、凝聚效益和带动效益,越来越多的人都在申请我们上海财经大学。2007年准备再招10个，这样就有30个，将大大提高教师的整体水平。如果没有充足的编制，没有校领导的大力支持，没有进人的权力，这些都谈不上。

另外回国的话，也许还需要满足5大主观必要条件。要做好以下几方面的准备：(1) 具有较强学术水平，否则在学术上不会受到充分重视，所以同学们现在要刻苦学习，学好本领；(2) 具有一定的行政能力，否则做不出成绩来。因此你们在学校的时候，要适当地参与和组织一些社会活动，比如在中国学生、学者联谊会的活动中担任组织者；(3) 要有必要的各种关系。关系在中国非常重要，由于还有许多事情不是严格按法律规定做的，因而关系在中国就显得非常重要，所以要学会与人相处和善于与人相处；(4) 舍得投入，要舍得花很多的时间执着地去做事情。我每天要为上海财经大学花10多个小时，要尽心尽力地去做好每一件事情；(5) 要甘当韩信，需要低头的时候就要低头。这一点在中国做事非常重要，要放得下脸面做事。如果你觉得你是留学回去的，瞧不起人的话，那就啥事也干不成。应当谦虚谨慎，相信每个人至少在某个方面还是有特长的，比你强。所谓"人低为王，水低为海"，你放下脸面做事，谦虚谨慎，做事认真负责，就会大大增加你成功的可能性。你如果成功了，就有很大的社会效益，就会感觉到很大的成就感。在中国，教授现在早已不是臭老九了，而是最富裕的阶层（除企业家和贪官外）之一。除工资外，他们大多有科研课题，还有各种创收渠道，如顾问费、演讲费、专家评审费等，另外还可拥有很多资源。一个比较优秀的回国人员，如想承担一下行政工作，很容易能担任研究所所长、研究中心主任、院长、系主任等。一旦如此，你就可以发动一批人和你一起做事。比如我，在这里只是一个教授，好多事情都得自己动手；在上海财经大学，有一批人帮我一起推动经济学的教育改革和学科建设，如副院长、党委书记、院长助理、行政管理人员及院里的教师等，很快形成了一个团队，都在帮助我把一些想法发挥出来并变成现实。

总之，回不回去，我觉得确实要看个人的性格和承担风险的能力区别对待。回国是一个不可逆的过程,尤其是对于刚毕业就回去的同学,很难再回来。因此这是一个重大的决定,充满了希望又需要冒险。只有冒风险,才可能取得更大的成功;不担风险,就不可能成功。就生活而言,在美国是安定的,在中国可能是浮躁的。生活是多姿多彩,卡拉 OK,洗脚,桑拿浴,都很 Popular,人人忙于发财。这不只是中国人所具有的性格,外国人也一样。美国教授去中国洗桑拿浴,高兴得不得了(听众大笑)。在中国,人们的生活水平(不是所有的人),比如回国后干得不错的经济学家,收入比我们这里当教授的高多了,甚至有些人年收入达到几百万,名气也很大。国内的环境发生了很大变化,所以回国,有得有失,就是一个取舍的过程。如在这方面没做好准备,就会遇到挫折,即使学得非常好,也是很难成功的。

这样,自自然然我要谈到的第三点就是要做到"知己":也就是要充分了解自己,看在国内做事是不是很符合自己的性格,自己要了解自己,要知道怎么样才能让别人了解自己。我发现许多学生,跟社会没有来往,心理素质不好,承受不起任何打击。国内总出现学生跳楼的现象。我经常跟上海财经大学的学生讲,一定要有较好的心理素质,我不希望看到发生跳楼的事件。发生这样的悲剧,往往是由于那些人性格封闭,不愿与人交流沟通,受不了打击,许多事情只是一时想不开,过后,就没有过不去的坎,但这些想不开而自寻短见的人可能不知道这点。我觉得让别人了解你的最好途径就是与人沟通,遇到问题,遇到困难,要与人沟通。人生会遇见很多挫折和磨难,不要想不开,一定要与人交流,这样才能想得清楚,想得透彻。我在上海财经大学担任行政职务后,才发现以前的我可能就属于领导不喜欢的一类——不太与领导沟通,喜欢挑刺。如果只是做研究和教学,这问题不大,可能会好得多。但在政府部门和企业,我觉得与人沟通,向领导汇报非常重要。通过沟通与汇报,让领导以及其他人了解你,了解你的人品和性格。诚实做人,认真做事,领导和别人一定会相信你,重用你。这些说难也难,说易也易,但绝大部分学生做不到,就是不知道如何与人沟通,任性做事。我通过上下两个层次,既做老百姓又做行政,了解领导和大家会喜欢什么样的人。现在在上海财经大学的经济学院做事,我很快就相信了一批人,也重用了一些人。一个人做事要取得成功,就要舍得付出,没有舍,哪有得?老老实实做人,认认真真做事的人,最后总能得到领导的重用和大家的信任,即使从功利的角度来看,也是值得的。

因此,我觉得不论做人还是做事,要按下面20个字行事:"对人以诚、处事取信、取长补短、存异求同、区别对待。"(1)对人以诚,诚实非常重要,我看到一些人,当面一套,背后一套,做事情讨价还价。老子说:"欲得之,先予之。"经济学家讲,要想有产出,就要有投入。在座的各位,你要想想你愿意为社会、企业和单位付出什么,不要轻易与老板讨价还价。你要得到什么,就要先付出。老实人从长期来说会获得好处,狡猾的人越到后来越吃亏。对于挑三拣四的人,我就不用你,有好处就是不给你。所以对于老实人来说,我们都会说这个人很好。(2)处事取信。做事一定要讲信用,说过的话一定要算数,做过的事要承认,否则没有人愿意与你共事、做生意或合作。我就经常对人说,我许诺的事,往往比签合同还厉害,我会认真遵守。对人以诚、处事取以信,确实太重要了。不要掩盖什么东西,一个谎话用十个谎话来掩盖,十个谎话用一百个谎话来掩盖。诚信,无论是对自己的朋友、家人,尤其是对自己的老公和老婆特别重要。我经常开玩笑地说:"我经济学是副业,社会学是博导,家庭婚姻学是超级博导。"这些问题在这里我就不多谈了。(3)取长补短。每个人都有长处和短处,但往往只看得见自己的长处,却看不到自己的短处。很多人自以为了不起,而认为别人不行,就是没有看见或不承认别人的长处和自己的短处。这是由于信息不对称,而又不愿意了解别人、让信息尽可能对称所造成的。人当然对自己的东西最了解,对别人的不太了解。有时对别人没有充分了解就想当然地得出结论:我的东西最好,理论最妙,我是最行等等。由于没有了解别人的长处和优点,就容易把自己的长处与对别人不完全了解的情况下,也就是信息不对称的情况下做比较,从而得出自己比别人强的结论,也就成为所谓的"井底之蛙"。但是我觉得任何人都有他的特长。上午赵伟老师谈过每个学校都有特色，所以我们 A&M 与 MIT 一样好，可能在有些方面我们比他们强，我也可以说，我们上海财经大学也跟北大清华一样好，至少在某些方面甚至还好。无论是谁，我们都可以从他们身上取长补短。对于自己的缺点和错误，一定要清楚。(4) 存异求同，保留各自差异，一起追求大家共同的东西和兴趣。Team Work 在美国非常重要，特别是在公司。有些工作就不太要求 Team Work，如做教授，特别是经济学教授，不要计算机，不要各种人工。还有数学系教授也是如此。但在很多情况下，Team Work 是非常重要的，大家要求同存异，才能合作做好事情。(5) 区别对待。对于不同的情况、不同的事情、不同的时间、不同的地点、不同的人，处理的时候可能需要区别对待，也就是具体问题要具体分析、具体解决。

总的来说，选择回国，是一个重大的决定。我把我的想法、我所知道的讲出来，供同学们参考。由于时间关系，不能非常详细地讨论这一重大选择问题，只是根据自己的体会，对选择的思维方式做了一个大致的介绍。要多与别人沟通，这无论是在学术界，还是在企业界，个人的沟通能力都是非常重要的。我觉得在不少情况下，国家间的战争，家庭战争，人与人之间的争论、斗争，很大程度是缘于没有充分沟通，是由于信息不对称，由误解误会所造成的，当然也有许多是由个人或一个单位的本性所决定的，没有办法的是，需要面对，且作为外部所添加的成本来考虑。怎样消除误解，沟通和谈判就是最好的方法。经济学家对信息不对称的解决方法就是让信息更加清楚，消除误解，达成与人一致。如果做到这一点，在国内办事情还是比较容易的。做事或与人打交道时，首先要尽可能消除误解、误会。误解和误会消除后，通过沟通达到理念上的一致。实在达不成一致，别人也能理解你，尽可能照顾你的情绪。或者由于你求他，他就不好意思反对你去做，这样你就能按照自己的想法去做。这个 Idea，是从我的学生经常请求我办事而体会到的。有些学生，请我写推荐信，我本来不想写，可是他们经常求我，就写了。所以，真诚地与人沟通，尽量地与人交流，对社会、家庭消除误会，放下面子，达成一致。通过这种方法，我很快就与上海财经大学的不少老师、领导关系处得较融洽。我下过乡，当过农民，能喝一些白酒，所以我就与他们喝，距离很快就拉近了。他们愿意帮我，一方面是他们认为我的想法不错，另外一方面是觉得我很愿意和他们交朋友，觉得我是性情中人，就把距离拉小了。不少人说我能放得下面子做事。我想，为个人的事，我很少能放下面子，要低下头是很难做到的。但我觉得经济学教育改革和学科建设是让学生受惠的，是对国家、对社会、对学生有用的，我就会去做，不存在什么掉面子的问题。比如学生可能不知道他们想要什么，他们以为读大学是为了镀金，为了好玩，为了文凭。我就告诉他们要看得远一点，要好好学习，尽管上海财经大学培养的学生不见得都做教授。但是，只要学到真本事，到任何企业或者单位，就会有很好的素质把事情做好。我经常跟我上海财经大学经济学院的学生说，尽管上海财经大学95％的学生毕业后不是从事研究的，可是有必要把你们培养成为社会、企业、政府部门需要的，具有自我学习、自我创新能力的领导型人才。通过这样的交流沟通，越来越多的学生支持我们的改革，由此可见沟通是非常重要的。

我希望，这些演讲和讨论能对你们的人生抉择，对做事和学习有所帮助。我想我就讲到这里。谢谢大家！

(2006年11月)

75

在上海财经大学研究型大学
建设工作会议上的发言[*]

各位领导、各位老师:

由于发言的时间限定在 12 分钟内,时间紧,不能展开,我简单讲几句。

这次会议非常重要,学校的定位关系到我校未来的发展方向和长远规划。我一直在思考,今天主要谈三点,主要是针对一些误区和误解来讨论。

一、研究型大学应该如何理解和定位?

1. 研究型大学的人才培养目标是什么?

许多人对研究型大学的理解和定位有一个典型的误区,以为研究型大学主要只是为大学和研究机构培养研究型人才。研究型大学真的只是培养研究型人才吗?实际上不只是如此,研究型大学无论怎样强调教学还是科研,归根结底,研究型大学人才培养的目标,尤其是一流的研究型大学的目标,就是为政

---

[*] 本文根据作者 2006 年 12 月 15 日在上海财经大学研究型大学建设工作会议上的发言整理而成。

府、社会、企业、大学、研究机构等行业培养出大批具有自我学习能力、自我更新能力、后劲足的高素质、具有领导才能的创新型人才，而不只是，也不主要是为了培养研究型人才。

不少学生认为在大学所学的东西大都是理论方面的，没有实用价值。我们的学生之所以不重视基本理论的学习，不重视基础的东西，没有这方面的需求，就是由于绝大多数学生没有从长远看问题，看问题比较短视，看的仅仅是短短的几年就业情况。也是由于我们没有很好地讲明道理，大学不可能根据一个就业热点来设置一个专业。我们培养的模式是通识教育，基础素质的教育，目的是把基础打好，使学生有自我学习的能力、自我创新的能力和更新自我知识的能力。因为我们处于知识大爆炸时代，知识日新月异地发展，更新非常迅速。让我们的学生能不能走上工作岗位以后5年、10年、20年甚至是30年还能够跟上时代的步伐？要如此，必须打好基础，培养自我学习、自我更新知识的能力。

2. 教学与科研的关系是什么？

许多人以为，办研究型大学就是只注重研究，而不注重教学，将教学和科研截然分开、人为对立起来，这是一个误区，实际上教学与科研的关系不是如此。我们不应把教学和科研完全地对立起来，它们的关系应该是相辅相成。办研究型的大学并不是说我们不重视教学，因为教学是必要而根本的。但是，要把一个大学办强，就要强调科研。可以说，教学是立校之本，科研是强校之策，只有这样才能培养出高素质的创新式的精英型人才。如果没有科研，那就不可能把大学办强。

3. 现实中的研究型大学与一流大学的关系如何？

事实上，世界上任何一所一流优秀大学都是研究型大学。其实，我们只要看看哈佛大学培养的本科生、硕士生是否都去做研究，答案就明了了。哈佛大学培养了那么多优秀的本科生和研究生。难道哈佛大学期望这些本科生今后都是读博士做研究吗？不是。那些硕士生是用来做研究的吗？也不是。只有博士生、教授才是做研究的。本科生和硕士生是为政府、企业、社会培养高素质的精英式的具有领导才能的人才。一个大学能否把学生培养成高素质的人才，对这个大学的教学与研究水平就有一个高的要求，这就是要这个大学办成研究型大学。

所以，一流大学，也就是研究型大学是为社会培养精英式、创新式的各个领域和阶层的领导型人才。当然，对于博士生培养来说，主要是培养研究型人才，但是这些人才除了面向研究领域，也面向社会。因此，研究型大学的关键不仅仅在于其最终的培养产品是否流向科研渠道，更重要的是在于创新文化、科研氛围、精英导向是否贯穿教学培养的始终。

二、上海财经大学是否应该定位为研究型大学？

1. 如果上海财经大学不定位为研究型大学，能够培养出什么样的学生呢？答案是，很难大规模地培养高素质人才

由于中国的市场经济需要大量的高素质人才，从而很有必要办一批一流大学，办一批研究型大学。如果从这么一个高度来说，上海财经大学就必须定位于研究型大学，将我们教育质量大大改善，我们上海财经大学要为企业、为政府、为社会和为大学本身大量培养具有自我更新、自我学习这种创新式的高素质的具有领导才能的人才和精英，否则就会退化成一个地方性大学、社区性大学，只是培养一般的技术型人才，一旦如此，就将会落后于其他研究型大学。

当然，作为一个事实，现今的大学生面临着很大的就业压力，这对他们形成了很大的冲击。不少学生感觉在找工作时似乎还比不上一些中专生，那么办研究型大学是不是会对我们学生的就业造成更大的压力呢？

的确，在短时期内会存在大学生就业不如中专生的情况。因为中专生毕业于技校，他们学的就是短平快的东西，技术性方面的东西多，基础理论少，他

们当然能很快适应工作，进行具体的操作。但是对于一个基础熟知的大学生而言，虽然他没有学过技术方面的具体操作知识，但是他有分析问题的能力，逻辑思维强，以及具有较强的自我学习和更新知识的能力，使他们能够很快地适应工作并且在未来获得快速发展。这有点像金庸武侠小说所谈论的内功和外功差别一样，练好内功可能比较慢，但是以后你能达到更高的武功境界。学生踏上社会只是你人生中的第一步，今后的人生还会很长，所以我们应该告诉我们的学生没有必要担心今后是否能适应具体的工作。从短期来讲，具有技术特长的中专生、大专生也许更能适应工作，但从长期来看，由于研究型大学的大学生整体素质比较高，必将在不长的时间内会超过中专生。

误区：上海财经大学的学生现在就业率较高，收入也比较可观，因此没有必要办研究型大学。是这样的吗？经过一段时间的工作以后，他们又是什么样的状况呢？根据我掌握的情况，尽管现今的上海财经大学的学生非常好找工作，基本上都能就业，但后劲一般不足，基本功不扎实，没有自我学习和自我更新能力。我们大多数的学生毕业工作后，基本处于低层次的竞争中，是单位的底层。这显然是需要改进的。

2. 如果上海财经大学不定位为研究型大学，则科研上不去，今后在竞争中会落伍，不可能成为名校

如果不将上海财经大学的发展目标定位为研究型大学，那么老师的水平无法提高。研究型大学主要要求教师都要有一定的研究能力，出成果，掌握前沿知识。若一个教师只是简单地满足于应用现有教材的知识而不谋进取之道，就可能远远落后于前沿知识。要想培养创新型人才，老师的素质和研究能力必须提高，否则其授课只能照本宣科，没有创新，没有思路。

这里也有一个误区：认为我们学校的学科大多数是应用型的，无须学习太多理论，无须学什么基础课程。其实不然。只有夯实基础，学好理论，才能做好工作。举例说，我们最近去北京国家统计局汇报工作，也会见了我们的校友许宪春副局长、郑京平总工程师等七八人，他们都是国家统计局司级以上的领

导。为什么国家统计局能够涌现出这么多上海财经大学培养出的人才？事实上，他们都是一个班的同学，是国家统计局与上海财经大学在20世纪80年代中期联合举办的硕士研究生班，其授课教师均为一流师资，包括许多聘自海外的学者和国内的一流学者。据他们反映，最受益的是几门最基础的课程，只要学好这几门课，打下基础，后面的课也就都能学好，且相对容易。尽管他们是学数理统计的，在学期间，没有学到太多的具体的专业知识，但是由于基础扎实，他们很快就自学掌握了工作中所需要的专业知识，现在他们对经济统计和国家经济的运行情况非常了解。我当时就邀请许宪春副局长，希望他能来上海财经大学给我们的学生讲一讲，讲清楚研究基础理论与实证的关系，判断自己是否有后劲。就那一届一下子培养出七八个国家统计局领导，在国内也是屈指可数的，说明了一流师资的重要性。

因此，学好理论，打好基础并不是我们不重视学生的实际的应用，而是随着科学技术的发展、知识的日益更新，我们必须给学生一个很好的基础的训练。

另外，从功利的角度，我们也必须有知名的一流师资。如果没有一流的师资，不可能成为名校。怎样成为名校呢？一个必要条件就是需要有许多知名的学者和大师级的教师，知名的学者和大师会大大增加学校的知名度。如果一个大学科研水平名列前茅，那么必然会大大提升整个学校的知名度和学术水平。并且，科研、教学水平的提高，为培养优秀的人才奠定了基础，同时也增强了学校整体研究水平和综合实力。

3. 如果上海财经大学不定位为研究型大学，则学校的生存、发展、竞争也许都会存在问题

现在教育部对高校财政上的支持力度有着明显的政策取向性，拨款多数明显在于看一个学校是否是名校，是否是研究型大学。财力上支持力度主要是倾斜于"985"大学和"211"大学，这些大学基本上都定位于研究型大学。我们正在建立"经济学创新平台"建设项目，就是想通过引进一流师资，大抓学科

建设等措施将我们上海财经大学打造成研究型大学，出产高水平的研究成果，培养高素质的创新型人才。如果上海财经大学不定位为研究型大学，可能就会退化为社区性大学、地区性大学，其重点辐射范围也就仅能限于华东地区乃至上海周边，这恐怕绝不是在座诸位希望看到的。研究型大学的发展目标不是以个人意志为转移的，而是由客观压力、竞争压力、发展压力、生存压力所决定的，迫使我们必须这样定位。

三、将上海财经大学办成研究型大学的对应之策

靠什么来支撑上海财经大学成为研究型大学？在具体操作中，这需要考虑到可行性、现实性、可操作性。办好一所大学，要满足三个必要条件：一是一流的学生素质，二是一流的师资，三是先进而合理的课程设置。当然，还有其他必要条件，但这三点最重要。我觉得能够考上大学，特别是像上海财经大学这样的大学，学生素质应该是非常不错的。但是这个不归功于我们的大学教育，而是归功于我们的高中、初中、小学教育。但是中国高校的整体师资水平不高，课程设置落后，教学、教风需要大大改进，否则我觉得会影响到学生的培养。课程的设置，教学、教风这些方面都需要大大改进。

在如何将上海财经大学办成研究型的一流大学，可以借鉴采用经济学院所推进的三个方面的六大措施，推进科研和教学的全方位、多层次、高起点的改革，核心内容是：打造一流师资、加强学术研究、全方位教学改革、狠抓学风教风、严化教师考核、规范行政管理。

第一，引进一流师资、加强学术研究。招收一流的学生，引进一流的师资，对于一流大学的发展至关重要。国家统计局的一批担任司局级领导职位的校友获得如此的成功，就是由于当年一流师资给他们授课。现在学校领导非常重视师资这一块，这非常必要。财政部、教育部、国务院学位办及国家统计局

的领导们都对"经济学创新平台"和高等研究院寄予了高度的期望,看重的就是上海财经大学引进的优秀人才。

加强对教师学术研究方面的要求,无论是理论研究,抑或是实证研究,对学科建设和理论创新做出较大的贡献。高等研究院数据调研基地就是对应用方面的研究。只有将理论与实际、定性与定量相结合,才能够出高水平的研究成果。因此上海财经大学要谋生存之道,树立影响力,打造品牌,就必须有一流的师资,否则就没有话语权,没有知名度,也就争取不到资源。

第二,全面推进教学改革和学科建设,狠抓教风学风。中国大学学生的基本素质可以认为是世界一流的,他们也是愿意学习的,而且肯努力学习。一旦有了掌握着前沿知识、具有一流研究水平的强大师资队伍,我们需要做的就是全面推行教学改革,提高教学质量,设计出先进而又合理的课程设置。为此,经济学院已全面推行教学改革,打通本科生、研究生和博士生培养方案,具体为12项教学改革措施:(1)强化马克思《资本论》原著的学习;(2)加强现代经济学理论基础教学,经济学院硕士研究生必修"高级微观经济学Ⅰ、Ⅱ""高级宏观经济学Ⅰ""高级计量经济学Ⅰ、Ⅱ"和"经济数学";(3)数学基础课程改革,全面推行"数学分析"以代替"高等数学";(4)经济学—数学双学位项目,帮学生打下良好的数理基础;(5)经济学基础人才培养基地班;(6)硕博连读项目;(7)改革硕士研究生招生方案,实行大口径招生,分数知晓后填报志愿,分专业录取;(8)改革博士研究生录取制度,取消导师报考制,采用专业方向报考制;(9)全面打通本科生、硕士研究生和博士生培养体系;(10)取消硕士研究生文章发表要求;(11)优化与完善学科建设;(12)搭建实验经济学基地,服务研究教学。

同时,学风、教风这个问题之所以重要,是因为它是让大多数学生学好基本知识的一个必要条件。为改善学风教风,经济学院推行了以下六大措施:(1)规范课程提纲,细化课程要求;(2)引进先进教材、传授前沿知识;(3)规范成绩考核,加入期中考试;(4)采用助教制度,提高教学效果；（5）拟定评分比例，突出排序作用；（6）强化教学考核，规定硬性指标。这些措施都是北美研究型大学的基本教学要求，具有很大的可行性和可操作性，不仅投入少，容易执行，而且见效快，效果大。即使学校投入不多的资源，在现有师资水平和客观现实条件下，也能大大地改善教风和学风，大幅度提高教学质量，能激励学生努力学习，最终培养出高素质的学生。

第三，**严化教师考核，改革教师和行政管理制度**。为了充分激励海归人才，同时稳定现有师资队伍，经济学院建立了开放式的双轨制人事管理制度。一方面，对新进海外博士的考核主要根据其国际学术论文发表数量和质量进行评价，并设定职位晋升和聘任的基本要求，完全采用北美模式，以此激励新进博士紧跟国际学术前沿，多在国际一流刊物发表论文，从而成为经济学院打造国际一流平台的中坚力量。另一方面，改革现有教师岗位提升制度，鼓励提升教学质量，创造一流科研成果，多出精品。同时，现有教师可以申请进入与国际接轨，接受相应的条件并享受相应待遇。

为了提高原有教师认真教学和出高水平的科研成果的积极性，经济学院特制定了《经济学院教学科研人员年度考核、聘期考核试行办法》，从教学工作量、课程提纲和学生评教等几个方面对教师进行考核。

同时，为了提高行政管理效率，建立与国际接轨的现代高等教育规范管理体系，也需要狠抓行政管理工作的规范化、国际化和职业化，力求建立一个高效率、信息畅通，能为早日办成研究型大学提供强力支持的现代行政管理系统。我们的改革主要是以信息对称为基础，以环节疏通为主线，着力健全和完善院系行政管理系统。通过打通信息渠道，努力建立信息对称系统。主要采取两方面措施：一是建立会议纪要制度和院系领导之间的沟通制度，加大横向信息的对称性；二是建立行政人员汇报制度和院系领导与员工的沟通制度，加大纵向信息的对称性。为了保证工作的连续性，经济学院和高等研究院暑假要求行政人员一律上班。

以上这些措施其他学院可以借鉴，为了取得更大的效果，建议学校最好能从学校的层面上推行。

总之，我们需要务实创新，大家群策群力，广开思路，团结一致，共同努力。我们要从理念、具体的目标、精神面貌、团队精神等方面抓起。我们要有具体的工作方针，我们要有远大而可行的工作目标，科学而精练的管理结构，**明确而有效的运作规则，优秀而融洽的师资队伍，良好而宽松的工作条件，和谐而务实的团队精神**。

同时注重资金的支持。经济支持跟不上，则研究型大学的建设也就会遇到重重阻碍，因此需要国家、社会和学校共同投入。比如学校可以通过校友建立基金，或者向国家相关部门申请。争取上海财经大学按"经济学创新平台"进入"985"项目，否则就没有可持续性发展。没有财政上一定的支持力度，发展与改革就无从谈起。因此，既要对外客观地宣传、推介和展示自己，让别人信息对称，了解我们所做的工作，又要以实干作为基础，认认真真扎扎实实地做好每一件事，把学校做大、做强，得到社会的认可，得到上级部门的认可，从而把我校打造成国内一流、国际知名的财经大学！

谢谢大家！

（2006年12月）

76

对中国大学办学理念和杰出
人才培养模式的思考*

如何才能培养厚德博学的高层次创新型人才？

摘要：随着我国进入建设创新型国家、构建和谐社会的伟大历史进程，迫切需要中国大学能够培养出一大批厚德博学的高层次创新型杰出人才，这已成为我国高等教育贯彻落实科学发展观，实现国家长期发展战略的关键之关键。从这一要求来看，中国大学的办学理念和人才培养模式还有很大不足，其直接表现就是当今大学生在"德"和"才"两方面都存在较大欠缺，不利于培养大批杰出人才这一国家发展战略。

本文首先从我国当前的人才培养困境出发，对中国大学办学理念和人才培养模式进行了反思，总结了四大问题成因：办学理念趋僵化，难以激发创新创造；行政主导办教育，难以形成办学特色；教育过度短视化，难以冒出杰出人才；校长聘任短期化，难以铸就大学精神。进而，笔者根据在美国大学从教21年和近5年来担任上海财经大学经济学院院长的亲身经

---

* 本文为上海财经大学高等研究院2008年度政策研究报告之三，初稿完成于2008年12月，修订于2010年1月。

历和思考，尝试在现有约束条件下进行教育改革探索，提出了如何解决问题的一些措施：形成优良学风校风，树立诚信、宽容、感恩、奉献的基本社会规范；改革人才培养模式，提高人才培养质量；完善师资管理体制，打造一流师资队伍；优化大学治理结构，提高行政工作效率。本文最后讨论了任何一个改革方案都应充分注意正确处理好稳定与发展、个人利益与整体发展、改革目标与改革路径、外部资源与内部力量等几大关系，确保改革的激励相容性、渐进性和可持续性。

一、引　言

人才培养是贯彻和实现国家长期发展战略的关键，必须具有前瞻性。纵观世界所有发达国家不难发现，一个国家和民族的兴旺很大程度上归功于杰出人才的大量涌现。虽然通过短期增加投资可以提高经济增长率，但从长期来看，可持续的经济增长与发展只能依靠知识的积累和技术的进步来推动，而这一切都是创新活动的结果。中国经济发展到今天这一阶段，大量杰出人才的培养已经到了刻不容缓的地步，不能再简单地通过"引进＋模仿"的知识进步模式来支撑持久的经济增长与社会经济改革，必须提高自主创新能力。胡锦涛总书记在党的十七大报告中明确指出，提高自主创新能力、建设创新型国家是国家发展战略的核心。而培养一大批高素质杰出创新型人才是实现这一国家发展战略的关键所在，也是中国大学现阶段必须承担的历史使命。我们既需要能够引领国际学术创新前沿、厚德博学的学术大师，也需要能够引领行业发展、德才兼备的商界领袖、政治精英等杰出应用型人才。我们培养的人才不仅要具有自我学习能力和创新能力，而且要有社会意识和社会责任感，遵守基本诚信规范，对社会、对他人怀有感恩意识、宽容心态和奉献精神。司马光在《资治通鉴》

中就曾精辟指出:"才者,德之资也;德者,才之帅也。"说明了"德育"在人才培养中的极端重要性。

中国大学教育在过去近60年来取得巨大成绩,发展迅速,为国家培养了大量的人才,这一点我们需要充分肯定。但是,根据我在国内受教育至研究生毕业,于国外知名大学留学从教20多年,以及对国内高校的了解,尤其是最近6年多来在上海财经大学经济学院担任院长职务,处于教学、科研一线的亲身经历和体会,从更高更长远的要求来看,我个人对国内大学人才培养现状深感忧虑。虽然清华、北大等知名高校能够培养一些优秀人才,但总体上看,当今中国大学生在"德"和"才"两方面都存在较大欠缺,远远不能满足培养大批杰出人才这一国家发展战略的需要,与我国全面落实科学发展观、构建和谐社会的人才需求存在着严重的脱节。

在"才"的培养方面,中国的许多大学发展到今天,尽管硬件设施方面已经不比国外大学差多少,但是,在大楼林立的校园中始终欠缺一种一流大学所特有的东西,那就是"大师",以及培育大师所需要的土壤。具体而言,就是师资队伍和人才培养质量的差距,其实质就是创新能力的差距。虽然,国内许多知名高校都定位于建设一流的研究型大学,近几年各高校在国际刊物上发表的论文数量也在不断增加,但是在整体上,不仅缺少大师和具有国际影响力的学术团队,缺少有重大影响的标志性成果,更严重的是缺乏培养大师和批量产出满足国家发展战略与重大需求的学术成果的大学环境。而众多一般性高校,则更是在市场导向下,人才培养趋于短视化,注重一时技能的掌握,忽视对学生自我学习与知识自我更新能力的培养,使得学生缺乏创新精神及基本理论素养。虽然这样培养出来的学生很受市场欢迎,能够很快找到工作,工作上手也快,但是在全球化、知识快速更新的社会环境中,往往缺乏长远发展的后劲和潜力。

因此,虽然中国大学每年都为社会培养了数以百万计的城市白领,却始终"冒不出杰出人才",不管是学术大师、商界领袖,还是政界精英。用钱学森老人的话说:"一个重要原因是没有一所大学能够按照培养科学技术发明创造人才的模式去办学,没有自己独特的创新的东西,老是'冒'不出杰出人才。"如何建设一支一流的师资队伍,如何提高人才培养的质量是摆在我们面前的一个紧迫问题,同时也是中国大学发展遇到的一个普遍性的瓶颈问题。这个问题已经不是简单地通过增加经费投入、强化自上而下的教育评估所能解决的,而是一个亟待解决的体制性问题。

在人文和"德"的培养方面,往往是课堂上讲的是一套,而学生生活中碰到的却是另一套,学校"德育"缺乏生活的现实基础,使得学生对社会、对他人,甚至对家庭父母缺乏"宽容""感恩""奉献"的意识,缺乏对社会道德规范的认同,过于"自我"、短视,没有什么远大理想。而学校对此要么熟视无睹,要么束手无策。这是很危险的,古人云:"挟才以为善者,善无不至矣;挟才以为恶者,恶无不至矣。"(司马光,《资治通鉴》)

胡锦涛同志曾深刻指出:"一个民族的文化,往往凝聚着这个民族对世界和生命的历史认知和现实感受,也往往沉淀着这个民族最深层的精神追求和行为准则。"一个人的德与才是他的文化的集中凝现。因此,面对当前的人才培养现状,中国大学责无旁贷,急需进一步解放思想,按照邓小平同志早在20世纪80年代初就提出的"教育要面向现代化、面向世界、面向未来"的总体要求,系统反思现行的办学理念,破解当前人才培养的困境,从更为广阔的国际视野中吸取对中国教育改革有益的经验,借鉴国外一流研究型大学的办学理念和人才培养模式,结合中国实际国情进行制度创新,勇于突破体制机制性障碍,把大学打造成为一个自由开放的知识创新平台和社会公共道德的示范基地,为德才兼备的高素质创新型杰出人才的成长提供土壤。

作为一个在国外从教20多年、同时也是中国教育改革的亲历者,我也时常在思考"为什么会造成现在这种局面"、"如何在中国的国土上办成世界一流的研究型大学"、"如何才能培养出一大批德才兼备的高素质创新人才和厚德博学的学术大师"等问题。下面是我在这几年里通过观察,不断思考、试图找出问题成因，尝试在现有约束条件下进行教育改革探索，从实践中得到的一些想法，供领导和同仁们参考，希望能够形成共识、凝聚力量，共同推动我国整个高等教育水平和人才培养质量的飞跃，使之更加适应经济社会发展的需要。

二、现状与问题成因

（一）人才培养现状

根据我的观察，目前大学人才培养存在以下几个方面的问题。

1. 浮躁自我的校风，欠缺宽容感恩奉献

现在的大学校园给人的感觉就是浮躁，没有安心读书做学问的氛围，学生过度考虑自我，对他人苛求抱怨多，对自己要求低。当代中国大学生最大的特征就是"务实"，"务实"本身没有错，我们在日常生活工作中，的确应该追求实际效果，而不被各种教条所束缚，而且正是这种务实精神，成就了今天中国改革开放的良好局面。

然而，不少学生的"务实"观念却过于狭隘，表现为过度追求物质利益、毕业后找一份好的工作、拿一份高工资。在这种追求中，对他人（包括父母）、对社会，更多的是抱怨、苛求，而缺乏对社会、对他人的"感恩"和"宽容"之心。而在日常生活和工作中，恰恰正是感恩和宽容的心态才是实现生活和谐、团队合作的必要元素，才是"务实"的本质。没有和谐、没有团队合作根本谈不上"务实"。我们的"务实"不是一个人埋着头谈务实，而是在一个团队、一个群体中务实。"感恩"和"宽容"是实现团队或群体和谐，提高实际效果的基本前提。在我们完善制度安排、设计良好机制的同时，如果每个人都多一丝"感恩"和"宽容"之心，少一些"苛求"和"抱怨"之音，那么合作效率就会大大提高。

这迫切要求我们在崇尚"务实"的校风中注入"感恩"和"宽容"的新元

素，只有当我们的学生具备了这种"感恩"和"宽容"之心，我们才能形成团结友爱、尊师重教、自由学术的氛围，我们培养的学生才是身心健康、正气坦荡、心怀宽阔、充满阳光的人。只有富有同情心和社会责任感的人，才会积极融入社会，投身于国家、社会建设和中华民族的伟大复兴，才不会视自己的个人利益高于一切，也不会只是一个为自己谋"一席之地"的劳动力出售者。

2. 松懈散漫的学风，欠缺诚信勤奋严谨

人才培养质量的提高，关键在于树立学生的良好学风。只有在学生自觉主动、认真努力学习的情况下，我们推出的各项教学改革措施和投入的大量资源才能够取得实质效果。否则，如果学生不努力、不认真学习，再多的投入也是白费力气。我在2005年的《关于改善上海财经大学教风、学风的建议书》中就一再强调学风的重要性。通过这几年的改革和观察，不仅验证了我当年的判断，而且发现校园中的学风问题实际上比当初指出的更为严重，除了学生对学习投入时间不足外，实际上校园中还普遍存在"应试学习"、"抄袭成风"等不良学风，严重抑制了学生自我学习、知识自我更新能力的培养。具体来讲，主要有以下几点。

(1) "应试学习"在高校蔓延。校园中到处都是考G、考托、考研，以及各类考证的培训班，许多学生为了给找工作添加一份筹码，早早就忙于考各种证书，或者准备考研，或者为了能够保研忙于拼绩点（考研和保研大多也是为了找一份好工作而不是想从事研究），把主要精力花在了各种"应试"上，牺牲了综合素质和创新能力的培养。而且这种现象在优秀学生中更是突出，很是可惜。所以，表面上看，中国学生很努力，成绩也很好，但是应试学习的过程对于他们的综合素质和创新能力却是一种抑制。

(2) 在许多优秀学生忙于"应试"的同时，许多缺乏自觉性的学生则大多"玩在校园"，而现行的管理体制使得他们乐在其中，尤其是把大量时间耗在了网络上。

(3) 抄袭现象泛滥。抄袭也是一种作弊，是缺乏诚信的一种表现。学校对考试作弊的确抓得很严，但是对抄袭却基本上听之任之。据我了解，目前抄袭现象可以说是已经到了熟视无睹、司空见惯的程度，从平时作业抄袭、课程论文抄袭到毕业论文抄袭等，不一而足。比如，毕业论文这一安排的本意是鼓励学生进行一定的创新，但网络的普及使得抄袭更加容易，让问题更为严重，几乎在学生中成为一种常态，而作业、课程论文的抄袭更是普遍。

抄袭行为的普遍存在将会导致一系列严重的后果。首先，这对认真学习的学生极不公平，其认真自主学习和研究的积极性将受到打击。因为一份抄袭的作业、一篇抄袭的论文往往可以得到比自己认真做的作业或论文更高的分数，如果学校或老师不加以规范，那么只会导致抄袭蔓延。最终只有少数学生才会认真自己做。其次，抄袭的存在使得作业布置、课程论文、毕业论文的考核和培养环节流于形式，达不到预期的目标，却因此而浪费了大量人力和财力。再次，由此在学生中形成一种不诚信、不尊重知识的行为习惯。一个抄袭成风的校园何来创新氛围？如果把这种行为习惯带到社会工作中，那么后果就会更为严重。一个习惯于抄袭的人怎么会有诚信和创新，只会养成不尊重知识、不尊重他人劳动，做事总想投机取巧、弄虚作假的恶习。校园中的抄袭可以说是社会上盗版盛行、假冒产品泛滥的一个缩影，后患无穷。要培养创新能力，就必须严刹抄袭风气，必须加强创新管理和教育。

3. 重技能轻视理论，欠缺自我创新能力

现在的毕业生就业时往往具有上手快的特点，很受企事业单位的欢迎，但是往往缺乏长远发展的后劲和潜力，这不得不令我们反思。

我们这个时代的特征是"变"，尤其是对于处在快速转型时期的中国社会而言，不管是我们的工作、生活环境还是信息或知识，都处于快速的变化、更新之中。在一个不断发生变化的环境中，要站住脚、获得良好的发展，需要我们具有扎实的基本功、长远的眼光，以及不断自我学习和知识自我更新的能力，使我们不仅能够通过自我学习跟上知识更新的步伐，而且能够透过纷杂的变化判断最新发展方向，只有这样才不至于被时代所淘汰。在此基础上，如果能够加入到知识创新的行列，则不但可以避免自己作为时代跟随者总是面临落伍的威胁，更能成为领跑者之一，这样才有可能获得个人更大的发展空间。

反观我们的人才培养却存在"浮躁"和"短视"问题。仔细看一下我们的培养方案和我们学生平时的阅读书单，马上就会发现其中的问题。课堂教学和课外阅读都侧重于专业知识，学生在学一门课程时，"有没有用"，"在以后工作中能不能派上用场"成了他们是否感兴趣的标准。学生对如何写各种文书很有兴趣，对论文写作则没有兴趣，而后者恰恰是培养一个学生自我学习、逻辑分析、判断能力的重要载体。这种所谓的"务实"风气其实是一种"浮躁"和"短视"的表现。这种培养模式的确能够使我们的学生在就业时具备较多的专业知识，工作上手很快，但问题是学生在学校的几年时间里能够学到的专业知识总是有限的，而在全球化瞬息万变的当前社会中，恰恰是专业知识更新速度最快。我们的培养模式必须更加重视基础理论的训练和创新素养的培育，这些才是学生获取自我学习和知识自我更新能力的关键，才是他们获得长远发展的基石。

（二）问题成因

上述情况的普遍存在，使得中国大学人才培养质量令人担忧。事实上，进入大学学习的中国学生素质在全世界不说最好，也是一流的，一流素质的学生进了中国大学，出来的却是二流、三流，甚至不入流的人才。这是值得我们深思的。我认为，造成我们人才培养现状的主要原因还是在于我们的办学理念、人才培养模式、高校管理体制不尽完善，脱离了科学发展观"以人为本"的核心。

1. 办学理念趋僵化，难以激发创新创造

当前，我国对高等教育有着比较严格的控制，其初衷是使大学更好地为国家、为社会服务，但是由于缺乏对教育内在规律和大学办学逻辑的系统思考，使得许多大学失去了自我管理和自我发展的空间。导致的一个结果就是，国内大学的办学理念趋于僵化和保守，不仅与大学自身的一些优良办学传统相悖离，而且与世界一流大学的教育理念差距拉大。

一方面，缺乏像蔡元培的"思想自由，兼容并包"的教育理念、陈寅恪的"独立之精神，自由之思想"的学术精神等传统的优良理念；另一方面，缺乏像哈佛大学的"与真理为友"、耶鲁大学的"真理和光明"等崇真求实的理念信条。这种在办学理念上的缺陷，使得当今国内大学培养出的学生普遍缺乏独立思考和批判思维能力，从而没有大的创新创造能力。

2. 行政主导办教育，难以形成办学特色

每个大学都有着自己的传统与风格，基础条件也不尽相同，而且地方需求存在很大差异。在这种背景下，应该实行松绑放权的教育改革，鼓励每个大学根据自身特点找准定位，办出自己的特色，鼓励大学办学模式的多样化，形成多层次、多种模式和多种所有制的高校共同发展的格局，在私立和公立、教学型和研究型、通才教育型和职业教育型之间有所分工。

但是，中国目前实行的不是目标管理模式，而是自上而下指导性很强的"行政主导型"的教育管理体制，其突出的特征就是以行政力量对大学教学质量进行监管与评估，而且大多数资源也控制在政府行政管理部门。依靠行政手段抓质量，最终只能通过一些"一刀切"的量化指标来衡量，每个大学都没有自己独特的创新，容易导致办学模式和人才培养模式的单一化，失去各自特色。

同时，教育质量本身很难指标化，尤其是学生的创新能力，是无形的，大学四年往往难以产生有形的成果。所以，如果过度地用量化指标来评估和监管高校教育质量，就会由于信息对称非常困难，导致监督成本巨大，并且也会导致基层管理组织激励扭曲，迫使基层部门过度追求各类指标，造成短视行为，浮躁发展。

当前，这种行政主导的教育质量管理体系背后是教育管理认识上存在误区，管理层总是认为：上面不管，下面就会乱来，忽视甚至抑制自下而上的教育创新，很少思考如何通过目标管理模式，用激励机制设计方法使教师、学生、院系利益与学校发展目标相一致，形成一股合力来提高大学教育质量。实际上，在基层，不管是教师，还是校、院系领导，有许多人都认识到问题所在，而且愿意投身改革，但是限于体制约束，难以汇聚成为一种改革力量。

所以，在大学的治理中，我们应该辩证地认识"监管"与"长效机制建设"之间的辩证和互动关系。在大学教育活动中，必要的监管有利于规范教学活动，确立良好的教风与学风，而且应该严格执行。但是过度监管却无助于创新氛围的形成与创新能力的培养，只会扼杀基层组织的创新活动。相反，应该引入竞争机制和国际同行学术标准，建立健全一整套适应国际化办学需要和学科自身发展规律的学术标准和规范，形成面向国内外的开放式办学竞争格局。

3. 教育过度短视化，难以冒出杰出人才

大学人才培养要适应社会需求，这一基本原则没有错。但是，在当下社会的浮躁、短视、功利等风气的感染与引导下，中国大学的人才培养趋于短视化，特别是当前博士学位信号的极度扭曲，这使得目前无论是外部环境和条件，还是内在激励与取向，都不支持顶尖学术大师和杰出领军人物的培育和成长。这种扭曲主要反映在三个方面：

（1）教育过度市场化误区

大学教育经费来源多元化，应该是一个方向，尤其是在加大政府投入的前提下，要重视教育经费筹集的社会化，比如建立校友基金、学校发展基金等，并通过相应的政策鼓励校友和社会力量捐赠，使之成为政府投入的重要补充。但在实践中，尤其是20世纪90年代以来，国内高校经费不足，迫使学校将教育办成一种产业，过度市场化，导致两个具有中国特色的现象：

其一，国内许多大学的各院系成为创收单位，一个院系想提高本院系教师福利，必须自己想办法。根据我的所见所闻，国外没有一所一流大学的院系要为办学经费和提高教师待遇如此煞费苦心，经费筹集都是学校的事情，院系就是全心全意地负责学科建设、人才培养和学术研究。

其二，各高校都把非学历教育的学费作为创收主要来源。在教育产业化、市场化办学的旗号下，通过举办各类名目繁多的培训班或进修班来收取高额学费，以此来反哺院系发展。

大学肩负着为国家培养高水平人才的历史使命，因而大学教育具有很强的外部效用性，人才培养从某种意义上来说，属于一个国家的公共品，大学教育的过度产业化，会导致大学教育市场失灵，从而造成一系列严重的后果。

第一，影响正常教学的资源保障。现在高校教师都在忙着给各种培训班上课，这已经严重影响他们在正常学历、学位教学中的投入，影响他们的科研投入，而且影响师德、教风。以往老百姓一谈教师，联想到的是站在讲台上教书育人的师长，而现在一谈高校教师，很多人想到的却是四处讲课挣钱的高收入者。

第二，在校内转移支付不完善的情况下，部分院系独享一个学校品牌带来的收益，导致各院系贫富不均，加剧校内不合理的收入差距，影响师资队伍的稳定和平衡发展，从而影响办学效率。

第三，耗费有限的行政资源。各高校由于仍是行政主导办教育，又有自身的教学和科研工作，使得院系行政工作非常繁重，大多数人都是双肩挑，非常辛苦。但是，为了提高教师福利，稳定师资队伍，每个院系基本都需要安排专人负责创收，这自然会影响到正常教学管理工作的进行。

第四，高校为了增加创收，往往放松管理，导致各类"学位"含金量下降，甚至出现买卖学位的现象，严重败坏了社会风气，影响了大学的形象和声誉。而且，往往是质量、声誉越差的学校管理越松，问题越大，甚至出现违法违规行为，后果严重。

第五，在教育产业化和市场化办学的背景下，有的高校或院系单位，不仅通过举办非学历教学来创收，而且把正规的学历、学位教育的学费作为办学经费的来源。尤其是在政府按人头拨款的教育财政制度下，许多高校都大讲所谓的规模效应。而且是质量越差的学校，扩招动机越强。因为不管什么学校收费都一样，但质量越差的学校成本越低，因而边际利润更大，扩张动机也就越强。这就造成大量低层次毕业生涌入市场，总体水平下降，同时也造成人才识别机制的失灵。需要强调的是，我并不是说培养具备一定文化素质和技能的普通劳动者不重要，这也非常重要，而是说它主要应由职业技术学校、专科学校、一般性大学而不是由所有大学，特别是由知名大学来完成。

(2) 对就业率的过度追求

这种追求的确有着现实的压力，尤其在扩招后就业压力剧增。抓就业率的初衷是好的，尤其是对那些有持续扩张冲动的高校来讲，拿就业率作为考核指标，看上去能够抑制它们不合理的扩张。但事实上效果并不显著，而且会造成不良后果。首先，以"就业"为导向设计培养方案及教学管理。开设更多应用性课程，删去基础和理论课程；在教学质量把关上，为求高毕业率和就业率，能放的就放了。其次，许多学生就业并不理想的高校，面对就业率硬指标，并不是从提高人才培养质量着手，往往通过各种方法在就业率上作假，干扰毕业生就业市场，甚至损害学生权益。尤其是向市场传递了虚假需求信息，误导后面的学生。

在这种短视、浮躁的办学风气下，很少有人去思考办学模式的改革，即使有个别有识之士认识到问题的严重性，但是在推动改革时却困难重重。这直接导致人才培养质量非但没能得到提高，反而在追求规模效应、创收利益驱动下出现总体质量的下降，更谈不上一流人才和学术大师的培养，也冒不出"杰出人才"。

(3) 博士学位信号的极度扭曲

数据显示，我国的博士年授予数量已经超过美国，跃居世界第一，但许多人的博士文凭是混出来的。一方面，国内大学的学习边际成本（也就是学习的努力程度）是不断下降的。本来，随着掌握知识的难度不断增加（本科生所学比中学生所学难，硕士生所学比本科生所学难，而博士生所学又比硕士生更难），学习的努力程度应该是不断地增加，但实际情况却是相反，越往高层次学位读越轻松。另一方面，正如中国人民大学校长纪宝成所抨击的，"中国最大的博士群体并不在高校，而是在官场"。一些党政干部为了博士学位的光环，凭借着手中的权力，不上课，不做论文，毫不费力就拿到了博士文凭。这些都导致了博士培养质量的良莠不齐，从而导致学位作为甄别人才质量高低这一制度安排严重失灵。

与博士培养数量的增长与培养质量的下降相伴的，就是"博士不值钱了"，博士的待遇明显过低。一些博士毕业之后，甚至达不到本科毕业生的工资标准，连基本的养家糊口都非常困难，这是非常值得警惕的现象，会对人们形成一种负向的激励作用，使得真正有潜力做学问、做研究的人不愿意去读博士，钻研学术、扎根学术，而是转移到政府、企业等可能更能带来利益回报的部门去。这样，整个社会就没有一个鼓励顶尖学术大师和杰出领军人物"冒出来"的氛围和环境。实际上，在发达国家博士的待遇是非常高的，基本上处于社会的中高层。这是由于其博士培养环节的高标准、严要求，特别是像美国一流研究型大学的经济学博士资格考试及淘汰机制，这些都使得博士学位的含金量大增。

4. 校长聘任短期化，难以铸就大学精神

教育家陶行知先生曾经说过："校长是一个学校的灵魂，要评论一个学校，先要评论它的校长。"同样的道理，要建设一所一流的大学，首先要有一个高瞻远瞩、心胸开阔、有改革魄力的教育家来做校领导，让大学拥有一个伟大的灵魂。但是，当代中国许多大学就是缺乏这样的教育家，中国现行的校长聘用体制下任期短期化与岗位官员化，不仅扼杀了教育家的成长，难以让大学拥有一个稳定而伟大的灵魂引导其发展，而且导致大学内部管理的官僚化，抑制了基层的改革创新活力，导致大学精神缺失。

（1）校长任期短期化

中国大学校长，往往是频繁更换。据统计，中国大学校长的平均任期只有4.1年，北大、清华等著名研究型大学校长任期稍长一点，平均为5.9年，而国外著名大学的校长平均任期则要长得多，多达十多年。中国很多大学校长往往在年富力强的黄金时期就离开了岗位，短暂的"灵魂"怎能成就得了一所常青的大学？

首先，无论一个校长做得多么好，最多任期两届，这很可能打断大学发展的连续性，使得大学难以形成稳定的办学理念与发展思路；其次，短期任期下，校长们更关心短期内出政绩，而较少关心大学的长远发展，尤其是预期到自己的发展理念在自己离任后不一定能够得到坚持。这种校长任期短期化在一定程度上加剧了大学人才培养的短视化和浮躁气氛。

（2）职能部门定位不清

学科建设及培养计划的设定，本应该由各院系根据学科发展与社会对人才的需求来设计培养方案。但在目前行政主导的管理体制下，尤其是校长频繁调动的情况下，直接导致学校职能部门的异化，甚至出现官僚化倾向。职能部门对院系自主权限制太多，指挥太多。本来应该是各院系提出改革设想方案，职能部门协助实施，现在反过来是院系恳请职能部门批准，对许多改革或变动总是以权威的口吻加以否决，同时又时不时向各院系下达各种指标或任务。这一方面与当前全国教育管理模式相关，职能部门把相关的任务指标传递到各院系，但更重要的是缘于职能部门对自身的错误定位。

职能部门应该扮演好两方面的角色：一方面，要维护教育部制定的政策和学校制定的规则的严肃性，规范人才培养各环节的流程管理；另一方面，是为院系、老师、学生提供服务，而不应根据自身的偏好与观点来指挥院系。而目前的职能部门已经异化为全校师生的领导和各院系的主管。因为他们是行政办教育的基层执行部门，往往为了完成上级指标，少出错误，便于管理，就对院系的学科建设、人才培养的改革及行政事务决策进行干涉。在具体工作中，不是以提高人才培养质量、服务院系与学生为宗旨，而是以方便自己管理、避免出错为原则，对院系行政决策干涉和对改革施加自行规定的种种约束，同时也使得学校总体改革思路难以得到有效落实。

三、解决问题的措施

要解决当前大学人才培养中存在的问题,提高人才培养质量,从长远来讲应该对现行高校管理体制进行系统的改革。但短期内,即使在既定教育制度体系的约束下,各高校还是有广阔的改革空间。根据大学教育发展的内在逻辑,借鉴国内外高校的改革经验,结合上海财经大学经济学院的改革经历,我认为可以从以下四个大的方面着手。

(一) 形成优良学风校风,诚信宽容感恩奉献

优良的校风、学风是德育过程中最顶层的设计,是一种无形的精神力量和人文氛围,对于学生具有潜移默化的训导、教化作用。一届届不同时代、不同经历、不同个性的学生,都将带着从优良的校风、学风中得到的陶冶和启迪,步出学校,走上工作岗位,这对他们将是终身受益的。因此,形成诚信、宽容、感恩、奉献的学风校风,对于学生优良道德品行和健全人格修养的塑造就显得尤为重要。

1. 严格管理,信息对称,树立诚信规范

当前大学之所以没有形成良好的学风,很大程度上是源于校方和学生缺乏沟通,信息不对称,对学生行为缺少规范与引导,疏于管理所致。比如课程考核松散、论文抄袭普遍等,导致学生行为的逆向选择,认真写的论文成绩不如抄袭的论文,如果上课听与不听都能够考一个不错的成绩,又有谁还会认真听课,认真写论文?实际上,大部分学生还是很希望学校能够管一管,尤其对那些少数不认真学习的学生。正因为学校不管,使得少数人的行为在多数人中蔓延,败坏学风。其实,只要做到信息对称,让学生知道什么是可以做的,什么是不可以做,做了会有怎样的后果,明确了其中的利害关系,学生是很愿意好好学习的。确实如此,我在上海财经大学五年多来,无论多么忙,每学期至少一次,给全院学生介绍学院的改革与发展。只要给学生讲清楚了道理,知道是

为他们好，学生们都非常能理解，支持学院的各项改革工作和对他们的教育。在学院，我们推出了一系列严格管理的措施，来端正学风，引导学生认真学习。

(1) 严格课程考核体系

现在，教师和学生对自主学习的认识有一个很大的误区。一谈到自主学习，就以为是学生想学什么就应放任自由让他们学什么，其实不是，自我学习和知识自我更新能力的训练主要是通过完成任课教师的学习要求来达到的。对学生进行多种形式的严格课程考核是激励学生努力学习和培养他们自我学习和知识自我更新能力的关键。国外老师对一门课讲得很少，但考核的要求很严，这样就逼迫学生需要大量的自我学习才能通过考试。而在中国，文科专业学生往往都过得很潇洒，平时听课自由，期末考前突击复习一下就可以得个满意的分数。这种平时放羊、考前突击的学习方式学习效果非常差，学生难以通过课程学习提高他们的自我学习能力，考的也只是记忆力。为此，上海财经大学经济学院自2004年以来就提出严格课程考核，彻底改变放羊状态，要求每门课程都要安排平时作业、随堂考试、期中考试、期末考试，以及课程论文，进行全程式的课程考核，同时恢复助教制度，推动新考核体系的顺利实施，学生努力学习的积极性马上被全面地调动起来，没有太多时间去休闲了，整个学习风气焕然一新。

(2) 分类要求，狠抓诚信管理

关于毕业论文，首先有一点必须明确，只要是论文撰写就不能抄袭，抄袭就是作弊。如果纵容抄袭，其影响是十分恶劣的。所以，在给定现有教育部规章下，针对当前学生论文抄袭严重的问题，教学管理单位应该采取果断措施，强化毕业论文的诚信检查。尤其是对本科和硕士毕业论文，对论文写作时间节点管理、学术诚信管理、答辩环节管理、论文合格标准及奖惩办法进行详细规定。在抓的时候，要注意"事前告知，信息对称"，务必让学生知道不能抄袭，以及抄袭的后果。同时，要把相关规定和信息传达给学生家长，让他们配合学校做好督促工作。避免事后学生或学生家长以不知道为由要求放一马。

与此同时，我们也认为应该根据学生培养目标和学生知识准备，对不同培养层次的学生，适当调整其毕业论文的要求。比如对以研究型人才培养为目标的博士项目，我们就应该提高对论文质量的要求；而对应用型人才培养为目标的硕士项目，则可以让学生选择做论文或者多修课程；处于本科阶段的学生，对大多数本科生而言，并没有做学术论文的知识储备，而且多数人也没有做研究的打算，所以，最好取消毕业论文的要求，代之以社会实践或义工服务等项目。同时对那些有学术潜力的优秀学生，则鼓励他们在导师指导下做一些研究，并对好的研究成果进行奖励。这样不仅可以端正学风，而且可以培养一些真正有学术兴趣的学生做高质量的研究，这样也大幅度减少了教师的不必要的工作量。不然，看上去是所有学生都在做论文，但其实都是在做重复劳动，甚至逼得学生抄袭，得不偿失，还浪费了教师大量的时间。

2. 尊重差异，宽以待人，形成宽容心态

"严于律己，宽以待人"是中国传统文化中知识分子修身养性的重要信条，宽容一直是被中国传统文化所推崇的一种美德。随着社会的多元化与日益开放，每个人都日益重视个性发展，人与人之间也多了几分竞争，我们更加需要宽容的心态，同时给宽容注入新的内涵。不然，生活中充满抱怨与指责、处处患得患失，不仅会导致人际关系紧张、身心疲惫，也会损害自由的学术气氛。根据当前的现状，我们现在营造宽容氛围可以从"尊重差异"和"宽以待人"着手。

在当前多元化的社会中，即使是校园中也存在着不同的价值观、行为方式，但只要这些差异是在社会基本规范的范围内，我们都应该给予充分尊重。并且，在我们要求别人尊重自己的个性与权益的同时，也要多给别人一些尊重。个人的权益只有在相互尊重中才能得到真正的保障。在这方面，管理当局应该首先身体力行，做到对学生、老师权利的尊重。这种相互尊重就是一种宽容，不会因为别人与自己观点相反而感到恼怒，不会因为别人的批评而感到气愤。学会了宽容，也就有了博大的胸怀，只有这样，才能开展真正的学术争论，也才会有百家争鸣、百花齐放，才会有学术的繁荣，才可能营造出有利于大师成长的学术环境。

在生活中，只要在行动，就有可能犯错，而且在创新、改革过程中更是有犯错的风险。所以，我们对他人的错误也应该持有宽容的心态，否则哪有人愿意创新，愿意说真话、办实事，结果就会形成大家都说假话、大话、空话的习气。当然，这种宽容并不意味着姑息违规行为。对于违反法律规章的行为我们不能失去原则，要加以惩戒。只是在坚持原则的前提下，我们还是应该给他人以更多的宽恕和机会。

3. 义工活动，服务社会，培养感恩意识

古人云，"谁言寸草心，报得三春晖""滴水之恩，当以涌泉相报"。我们每个人受教于家庭、社会，应该对他人、父母和社会存感恩、回报之心。这样社会才会团结，才会进步。而学生义工活动是对学生进行感恩教育的良好方式。把义工活动列入培养方案，时刻提醒学生应该以自己的行动来回报、感恩社会，学生也可以从义工活动中得到锻炼。在美国，从小学到大学，每个学生都有做义工的责任，而且这已经成为美国学校的一个传统，也是美国大学录取学生的一个考察指标。我们知道美国是一个非常强调个人主义的社会，但是，他们通过类似义工服务等教育形式培养青年一代的感恩意识，以及为社会服务的精神，两者并没有截然相悖，而是通过感恩、服务教育来克服个人主义价值观所带来的负面影响。这是非常值得我们借鉴的，尤其是在独生子女一代成长过程中这个问题更为突出。

其实，作为社会新生力量的青年学生富有朝气，充满活力，虽然经验少，但学得很快。他们可以给社会做很多有益的工作，比如中小学、医院、图书馆、福利院、慈善、环保等，这些都是大学生力所能及的。同时，为了配合和支持学生的义工活动，学校、各类组织，以及公司都应该积极组织和提供各种义工机会。比如，暑假里组织学生参加各种夏令营，为社区、中小学（尤其是农民工子弟学校）举办文化、科学、音乐等讲座，而不仅仅是用来学习。

4. 加强教育，注重引导，倡导奉献精神

在当前社会生活日益多样化的市场经济条件下，奉献精神这一中华传统美德的核心品质越来越稀缺。当然，在这里我们不是要一味地强调大公无私。在常规情况下，每个人都表现出一定的自利性，本无可厚非。但是，如果在非常规的情况下，比如在别人遇到需要帮助的时候，在民族面临生死存亡的时候，在国家面临天灾人祸的时候，就需要我们个人做出一些牺牲、奉献。即使是动物也有这种奉献精神。比如，野山羊被猎人追到悬崖边，老山羊自愿献身，先跳下去，让年轻山羊后跳下去，踏着它们的身子逃生。连动物都愿意牺牲，何况人？

因此，大学要教育学生在掌握未来生存和发展技能的同时，引导学生认识"在个人财富的累积上，社会才是真正的幕后功臣"的道理，对他人、对社会应该怀存一种感恩心态、奉献精神，在力所能及的范围内多做一些"雪中送炭"的事情，只有这样才能走得更远。

（二）改革人才培养模式，提高人才培养质量

改革人才培养模式涵盖教学理念、培养方案和管理机制的全方位创新，目的就在于形成有利于多样化创新型人才成长的培养体系，提高人才培养质量，满足国家对社会紧缺的高层次创新型杰出人才和应用性人才的需要。根据上海财经大学经济学院的教学改革经验，建议从以下几点步步为营，渐进推行改革。

1. 夯实学科基础，提高理论素养

"路遥知马力"，基础训练的重要性并不一定体现在能直接用上这些知识，而在于基础训练有利于学生自我学习其他知识、为实际问题的分析和判断提供

理论上的指导和逻辑分析。所以，对任何一个学科，要培养有发展潜力的创新型人才，必须打下扎实的学科基础，培养他们的理论素养，即使对于那些应用性比较强的专业，理论训练同样不可缺少。

现在许多大学的博士生培养，都不上基础理论课，一进校就写论文。没有最基本的理论训练，怎么可能写出高质量的论文？所以除了少数硕士基础打得好外，大多数学生基本处于放羊状态，毕业时也很松。这样做怎么能培养一流人才？更谈不上培养出学术大师。所以，每个学科应该根据自身专业特点，进行课程设置梳理，首先根据国际一流大学的标准因地制宜地安排必要的基础理论训练，然后进入专业课程训练和论文写作。

2. 改革培养模式，实行分类施教

人才培养在注重通识教育的同时，也要注重因材施教，在设计培养模式时要实行分类施教，进而提高教学质量。比如在本科阶段，可以通过各种形式的双学位项目来丰富学生的知识结构，同时也可以部分解决目前学生不能随意转换专业所带来的限制。而当前较为突出的问题是，现行的研究生培养模式定位模糊、应用型与研究型混合培养。

国内现行研究生培养体制一般是 2（3）+ 3（4）体制，即 2 或 3 年硕士，再加上 3 或 4 年的博士培养。在这一体制下，博士项目主要定位于研究型人才培养，而硕士阶段的教育承担着两个任务：培养应用型人才，同时又要为博士项目输送候选人。但是，这一体制显然无法适应当前已经发生巨大变化的人才培养环境。一方面为了培养出高质量的博士研究生，必须要求他们在硕士阶段接受严格的系统训练，为今后的专业训练和科研打下扎实的学科基础；另一方面，在硕士研究生规模不断扩大的背景下，大部分硕士研究生将直接进入社会，服务于应用型岗位，这又要求在培养时更多地侧重于应用能力的培养。但这两方面的要求使得目前的研究生培养体制面临两难困境：硕士阶段的学习既要为博士研究生打基础，从而要求根据研究型人才培养设计基础课程训练，但大部分学生又是面向市场的应用型人才，两者存在着很大的矛盾。如果按前者的要求培养硕士，不仅占用大量基础课程师资，而且也占用硕士研究生学习时间，难以系统训练他们的应用分析能力；如果按后者的要求培养硕士，则难以系统地为博士学习打好坚实的理论基础。所以，要打造高水平的研究生培养项目，培养出高质量的应用型人才和研究型人才，迫切需要对现有培养体制进行改革，不是硕士学习和博士学习简单的对接，而是对应用型为导向的硕士项目与研究型为导向的博士项目做适当的分离。

借鉴国外一流大学经验，我们的大学也应设立独立招生的硕博连读项目和硕士项目。

（1）分别独立招生。硕博连读与一般硕士项目的招生分离，明确进入该项目学生的培养目标就是研究型人才培养，定位于应用型的学生则进入硕士项目。

（2）对硕博连读项目学生进行严格系统的基础训练，根据国际一流大学的标准设置本学科的基础课程；对硕士项目学生在进行必要的理论训练的前提下，更侧重应用性训练。

（3）对硕博连读项目学生实行严格的淘汰机制。通过资格考试对学生进行筛选，不能通过资格考试的学生，在修满学分后直接拿硕士学位毕业，不能进入博士阶段。同时对进入博士阶段的学生给出高质量的科研要求，包括高质量论文发表要求和博士毕业论文要求。

（4）对硕博连读研究生提供良好的科研支撑。为了保证学生能够安心学习、做科研，有必要为学生提供必要的生活和科研条件的支撑。包括充裕的奖学金、科研活动资助、组织学生科研交流平台（比如午间学术研讨会）、鼓励和资助学生参加国内外高水平的学术会议，以及提供到国外一流大学学习和进修机会等。

3. 培养自学能力，强化创新意识

面对知识爆炸式增长的环境，教育不再是"传道、授业、解惑"，更主要的是培育他们自我学习和知识自我更新的能力。美国未来学家阿尔温·托夫勒曾精辟指出"未来的文盲不再是目不识丁的人,而是没有学会怎样学习的人"。所以,我们在人才培养模式和培养方案设计上更要侧重于对学生自我学习能力、知识自我更新能力的培养。

而目前的培养方案侧重于课程训练,课程训练又侧重于课堂教学,但对课程内容的教学和对学生考核的要求又不高(在国外学位学习越往上走,课程要求越高,对学生自我学习的压力越大和创造性的要求越高,同样是中国学生,一到国外学习,无论是课内还是课外,学习都异常刻苦、认真),从而对课外学习的激励比较缺乏,学生主观上由于要求不高缺乏动力进行课外自主学习,而学生在课外自主学习恰恰是培养学生自我学习和创新能力的重要途径。我们很少见到学生在一起讨论学术问题或一起探讨与课程学习相关的问题。这导致我们的学生虽然修了很多课程,却因没有大的考核压力,对课堂所学的知识消化、吸收的不多,更难说准确、灵活的应用。为此,建议:(1)丰富考核方式。加大课程考试和考核目标管理的力度,让学生形成一定的学习压力,督促学生在课外通过自我学习方式获取知识,比如撰写课程论文,读书报告等。(2)基础课程增设辅导课。由助教组织,通过讲解习题、案例分析的形式辅导学生掌握课堂教学知识;同时增加学生之间的课外讨论,营造良好的学习氛围。(3)专业课程鼓励小班上课。课堂师生互动对于提高学习效果非常重要,班级人数一多互动就变得非常困难,所以在条件允许的情况下,鼓励小班上课。(4)开设学生学术课堂(Seminar)。比如本科生的学术报告会,以及研究生的午间研讨会等。(5)引导学生从事严谨的学术创新活动。比如配备指导老师、给予经费资助等,但这些资助一定要强调质量导向。

4. 抓中间顾两头,提升整体水平

我们的学生素质总体上不错,但能力及兴趣爱好总是存在差异,要求所有的人都成为杰出人才也不切实际。所以,针对人才培养的多样性,我们提出"抓住中间,照顾两头"的培养策略。中间部分是大多数(80%的学生),要抓好,他们将是我们众多应用型人才培养的重点。同时要照顾好两头,其中一头是比较差的,而另一头则是最优秀的,两头都要给予照顾。对于比较差的一头,由于兴趣与能力方面的约束,我们不宜强求他们按高标准去培养,对他们主要是规范,要求他们达到基本要求,同时,告诉他们"你可以差,但不要最差",这样迫使学习较差的学生为了不当最差,而必须多学习。这样使所有学生都有出路,不至于逼得学生穷途末路,影响稳定;同时也激励他们努力学习,对他们的行为要进行必要的规范,不能因为他们而带坏了整个学风和校风。另一头则是我们要照顾的拔尖学生,对他们不宜按照一般学生那样培养,应该给予他们自由发展的空间,更多的指导、学习和做研究的机会,少些约束,多些宽容与引导以便从中培养一批杰出的创新型人才。

对大学办学,同样应该采取"抓住中间,照顾两头"的策略。中间部分是中国1 800多所大学中的大多数,要抓好,它们是我们众多应用型人才培养的基地。同时要照顾好两头,其中一头是中国少数最好的大学,它们的目标应该是成为世界一流大学或国际知名的高水平研究型大学,在培养拔尖创新人才、提高自主创新能力方面发挥着重要作用,要特别抓好。并且,应该像培养学生一样,允许和鼓励竞争,对于一些高校特色和优势都非常显著的学科,就给予更多的扶持。比如,像上海财经大学"经济学创新平台"建设项目就是学校充分依托经济管理学科的优势和特色,实施重点突破战略,试图探索打造具有国际竞争力的一流经济学科的大胆创新,该项目现已被列入国家优势学科创新平台项目。此外,对于另外一头,那些少数水平较差的大学,也不能放任自流,特别是在教学质量和人才培养质量上要把好关。

5. 恢复助教制度,推进教学改革

推进一系列的教学改革,势必增加教学工作量,所以要保证这些措施的顺利实施,并产生实质性的效果,建议全面恢复助教制度。与以往不同之处在于,像国外一样,主要由博士生承担。由助教协助教师实施各项考核与教学辅导工作,使各项制度具有实质性的意义,而不至于流于形式。

同时,助教的辅导、答疑能够切实提高学生的学习效果,指导学生完成教师布置的学习任务，并且帮助学生拓宽视野，引导学习风气的改善。对助教的考核可以成为对教师教学考核的一个重要补充，助教的工作就是协助教师执行教学计划，助教的工作内容与形式很大程度上受教师的指导与督促，助教工作的好坏，反映了教师教学计划的执行力度。

最后，如果将助教岗位纳入奖学金体系，以奖学金方式分配助教，并将助教岗位分出不同的等级，这样能激励研究生认真学习，端正学习风气。同时也为研究生提供了实践的机会，有助于提升自身的能力。助教制度的推行对于提高教学质量具有重大的战略意义，而且推行成本也不高，100个人次的费用，一学期也不超过30万元，但成效却非常大。

根据现有的经验，在实施过程中一定要注意助教工作的落实，尤其是助教工作到位率与质量，不然助教本身也会成为流于形式的一种制度安排。

(三) 完善师资管理体制，打造一流师资队伍

无论是创建世界一流大学和高水平大学，还是培养高层次的创新型杰出人才，如果没有一支具有国际水平的一流师资队伍，一切都将无从谈起。那么，如何来建设一支高水平的师资队伍呢？结合最近几年上海财经大学的改革实践，我认为，这需要我们完善人才的引进、培育和退出机制，打造一支结构合理的人才梯队，特别是要充分利用好海外高层次人才的外部资源，分层次分功能地引进顶尖、领军和高层次优秀人才[1]；同时，在提高师资队伍科研与教学水平的同时，要在教师中建立必要的职业规范，建立良好的教风和师德，如果没有后者，即使专业水平再高也难以转化为高素质人才培养中的生产力，反而会对学生形成错误的引导。所以，我们建议从以下几方面着手。

---

[1] 关于此点，详见笔者另外一份政策建议书《对引进海外顶尖、领军和高层次优秀人才的若干建议》。

1. 建立配套体系，长效引进顶尖人才

对真正顶尖的海外华人科学家，需要以超常规的胆略、决心和魄力来加大引进力度。参照国际惯例，从"情、礼、利"三方面着力营造优越的工作环境和生活待遇，形成综合配套体系，真正做到能够吸引、留住和用好顶尖人才。

首先，纵观国内外发展史，对于各类真正的顶尖人才，很少是他们自己找上门来，而是需要动之以情，以三顾茅庐的精神主动和真诚地邀请和挖掘而来的（国外一流大学基本上也是采用这种方式吸引和挖掘顶尖人才的）。

其次，对于顶尖人才，需要礼贤下士，待之以礼，甚至给予国士、国宝级待遇，从政治上给予充分的信任、工作上提供充分的支持、生活上显示充分的人情关怀。这些人都是国家培养多年之后出国留学的，绝大部分人是热爱祖国，希望祖国强大的，不能将他们视为雇佣军，而应该当成自己人信任和大胆使用。

再次，对于真正的顶尖人才，需要安之以利，给予国际同等水平甚至有所超越的高规格待遇和安置，这也是"情和礼"的具体体现，是政府尊重知识、尊重人才的表现。

2. 改革评价标准，灵活引进领军人物

领军人物的办学理念、学术水平、眼光视野的高低，在很大程度上决定一个学科、学院乃至学校的整体建设水平。引进海外杰出学术领军人物从事科研，推动教育改革与管理，需要具有前瞻眼光，打破陈规陋习，注重尽职与绩效，而不是一味地以在国内所呆时间长短作为评价标准。当前和今后一个时期，国内高层次人才队伍建设仍将以海外引进为主、自主培养为辅，但要逐渐转换成自主培养为主。

如今，中国已经拥有一大批任教于世界一流大学多年，活跃于国际学术舞台，既了解中国基本国情和高教现状，又对国际先进教育理念和教育管理模式有亲身经历，从而非常熟悉其内在机制与杰出人才培养模式的海外知名华人学术领军人物和担任国外大学行政职务的管理者，这些优势是国内现有大学很多行政主管有所欠缺的地方，从而构成了中国高等教育的重要外部资源。但是，由于家庭、子女、国籍等客观条件的约束，再加上国外优厚的待遇和终身教职等各种原因，这些海外杰出学术领军人物往往又不能全时待在国内、校内。

2004年以来，上海财经大学在改革发展过程中，大胆探索，积极尝试，在规模引进海外杰出学术领军人物，担任非全时的体制内实聘院长，参照国际先进标准，结合国情校情实际，狠抓学科建设和人才引进的体制内全方位教育改革，走出一条具有鲜明特色的人才强校之路。这是目前既要引进海外优质教育与管理资源、又不具备大规模引进海外知名学者担任全时院长的成熟条件时期，相机采取的一种具有现实可行性的过渡性措施，也是引进海外领军人才从"为国服务"到最终"回国服务"的现实举措。

3. 实施双轨管理，规模引进优秀人才

引进优秀人才是提升师资队伍，优化梯队结构的有效途径。在增量开拓中要同时注重国内与国外两个市场，但最为关键的是要把好人才引进的质量关，并制定相应的薪酬考核体系，实现类型的有效甄别。为此，上海财经大学经济学院首先在校内推出了开放式的人事双轨制。原则上，对海外引进人才实行"国际轨"，纳入"常任轨"（Tenure Track）教职管理，参照北美大学的考核与薪酬标准引进、使用；对国内人才引进适用"国内轨"。但两个轨道是互通的，如果国内人才达到进入"国际轨"要求，可以申请进入"国际轨"，而海归人才如果不能达到"国际轨"考核要求，那么就会被转入"国内轨"，甚至被辞退。通过这一制度安排保证了人才引进制度实现激励相容，为海归与本土人才和谐相处提供制度保障。

需要指出的是，在引进海归人才时要注重规模效应。过去很多高校采取的是每次招一个、两个海归人才的"添油"战术，结果海归很快被同化，随大流做事，弄项目，讲课赚钱，许多人不太做前沿研究。上海财经大学经济学院近些年来，从哈佛大学、耶鲁大学、加州大学伯克利分校、牛津大学等世界名校引进了35位全职海归博士。在管理和考核上向北美研究型大学看齐，形成规模，取得很好的效果和带动效应，国内一些大学纷纷跟进。这些海归教师的批量引进不仅可以给我们带来当前的国际前沿知识，而且可以用国际标准来审视从人才遴选、课程设置、教学方法、师资考核、科研评价甚至学校的管理体制等高等教育的各个方面。

除了全职引进海外留学人才，还要勇于打破在使用海外优秀人才中的观念束缚，敢于、善于突破在引进和使用海外优秀人才过程中遇到的瓶颈，探索建立更为灵活多样的机制来引进、聘用海外优秀人才。比如，上海财经大学高等研究院一大特色和创新之处就是建立一个公共平台，一个课题研究项目不能只靠本院、本校，甚至国内的研究力量就能做得很好的。但是，可以通过项目的形式来凝聚海内外研究力量，发挥群体作战的规模优势，联合攻关，来研究中国改革发展中出现的重大战略性问题和当前难点、热点经济问题。

4. 培养青年教师，优化人才梯队建设

青年教师是一个大学发展的希望所在，也是学术大师成长的后备库，并且他们的成长环境也会直接影响人才的后续引进。所以，各高校在大力"开拓增量"的同时，也需注重存量，尤其是新进青年师资的培养。针对青年教师教学任务重、资源少的问题，我们可以推出一系列政策来扶持优秀青年教师的成长。

(1) 适当减免教学工作量。可以考虑在师资充裕的条件下，减少优秀青年教师的教学工作量，给予他们更多做科研的时间。

(2) 提供科研经费资助。中国现行的经费配置体制倾向于将资源配置给创新高峰已过的资深教授，而正处于创新高峰期的青年却得不到多少资源，但这些青年教师正是学校的生力军和希望所在。为此，建议在校、院两级层面上的资源配置向青年教师倾斜。比如设立青年科研资助基金，最简单的办法就是加大优质论文的奖励力度，对优秀的青年教师要破格提拔，大幅度地提高他们的生活待遇和工作条件。

(3) 给予青年教师更多出国访问、交流的机会，并给予他们出国进行学术交流的经费资助。

（4）对存量青年师资进行基础理论训练，使得他们有能力与国际接轨，尽快转型。比如，我们上海财经大学从 2007 年开始每年开设免费的暑期高校青年师资进修班，效果非常好。

5. 严化教师考核，完善人才退出机制

我相信青年是有潜力的，如果在青年时期不抓紧，那么就如学生放羊一样，再有潜力的青年也难以成长为优秀人才。尽管少数青年师资具有自觉性，对学术的热情足以推动他们全身心投入科研，但是对于大多数青年而言，尤其是在师资队伍日益扩大的背景下，如果没有外在约束，就会导致教师队伍中的逆向选择，造成事实上的鼓励不做学术。所以，我们除了在引进人才时要把好质量关，同时也要注重人才成长过程中的淘汰机制设计。为此，我们上海财经大学设计了高标准的考核体系，这一体系有以下特点：

（1）长周期考核，鼓励老师做高质量学术研究。比如，上海财经大学对"常任轨"的青年教师按照国际标准进行 3 年中期考核，6 年是否给予常任教职的全面考核。

（2）高质量导向的考核。根据国际一流大学的要求进行考核，要求教师发表高质量的论文。在同行评议制度还不是很完善的背景下，可以对国内、国际本领域的刊物进行分级，引导教师向高级别刊物发表论文。尤其是针对国内目前核心刊物或 CSSCI 刊物鱼龙混杂的局面，更需要把那些花钱就能发的杂志剔除出去。比如，我们上海财经大学就对国际、国内刊物进行了分类，明确规定通过 6 年考核要求至少在国际一类刊物发表 1 篇，国际二类发表 2 篇，国际三类发表 1 篇。

（3）标准明确，严格执行淘汰。对未达到标准的教师，严格执行合同规定，退出"常任轨"，或转入国内轨，或辞退。

同时，对本土师资也应逐步提高考核标准，特别是在职称提升中大幅度提高学术成果质和量的标准，并执行淘汰制度。淘汰制度的实行不仅有利于提高师资队伍整体质量，而且有助于激励青年师资在其黄金时期投入更多时间从事科研，获得更高的学术成就。

6. 规范教学服务，树立良好教风师德

随着师资队伍的快速扩张和更替，除了少数高校外，目前国内高校普遍缺乏良好的教学服务规范，许多过去积累的优良传统随着新老交替而逐渐消失。即使是许多985高校，教学也极不规范，教学计划是1周上一次课，教师却2周上一次，而一些基础课甚至出现一个月老师讲一次，其余时间都让学生讨论或报告，等等。在这方面，这几年上海财经大学通过一系列措施，使得教学活动日趋规范，有效保障了教学质量的稳步提高，不过实际操作中还需要进一步深化落实。具体措施有：

(1) 强化大教学服务意识

传统观念中，人们习惯于将教学服务理解为课堂教学。但实际上教师的教学服务贯穿于学生培养各个环节，而且更多是在课外。所以，我们要向教师明确提出大教学服务概念，包括提高对学生考核的要求、每周答疑、本科生创新活动指导、毕业论文、答辩、面试、监考等。我们要为每个老师的教学服务建立服务档案，并将其纳入教师聘期考核体系，逐渐形成一种教学服务规范。

(2) 编写课程提纲，规范教学管理

目前，高校教学服务市场实际上很不规范，教师担任某一门课程教学后，不向消费者和监管部门说明服务的具体内容、安排。而作为消费者的学生在上课前、选课时对教学内容与安排一无所知，知道的仅仅是这是什么课，用什么教材，直到学期结束才知道个所以然，消费得不明不白。对于监管方同时也是雇主的校方而言，知道的则比学生更少，到监管时往往发现无从下手，因为自己的雇员并没有向自己承诺服务的具体内容和方式，至于学生满意度那是可以通过多种方式达到的，评价指标过软。

实际上，只要通过一个规范的课程提纲就可以将许多要求量化，比如作业、习题课、教学计划、考核方式、教材、参考书、阅读材料等。这一方面让学生事前可预期，并做好相应准备；同时要求教师保留所有考核记录，以便查对，并在学期结束前对照教学大纲进行考核，此时学生评教的内容就可以很具体让学生判断教学内容、教学方式是否与课程提纲相吻合等。所以，课程提纲可以成为学校提高教学质量、改善教风学风的有力抓手，作为学校对教师考核的基本依据，部分解决当前教学考核软化，没有硬指标的问题。

（3）建立导师问责制，督促教师认真指导学生

为了保证导师指导学生质量，确保有足够的时间投入，我们需要对导师指导学生给予一定的约束或激励。针对现有师生比，对导师所带本科、硕士，以及博士学生的数目进行必要限制。比如，我们上海财经大学经济学院就规定原则上每个博导每一年度最多只能带 2 名博士，同时所带的在读博士生总数不能超过 7 名。并且，建立导师问责制，将教师指导博士生的数量与质量纳入教师的考核体系，尤其是国际轨的教师。博士毕业论文的质量主要依据该学生投稿论文的匿名评审报告。此外，我们还对优秀毕业论文（含院级及以上奖励）的导师进行奖励，对那些认定不合格毕业论文的导师要适当给予惩罚，以鼓励导师指导学生写作高质量的论文。

（4）强化导师与学生的双向选择，提高指导质量

过去研究生（包括硕士和博士）都是按导师报考和招生，学生与导师选择余地比较小，并且也容易造成通过找关系，走后门而被录取的腐败。而且许多学生为了能够考上，会选择一些不一定很匹配的导师，也导致不同导师招进来的学生质量参差不齐，影响学校整体生源质量的提高。而国外大学，不管是本科、硕士还是博士，都是进校后到一定阶段才开始双向选择，以保障生源的整体质量，同时也有利于提高学生兴趣与导师研究方向的契合程度，从而提高指导质量。所以，应该在学生论文指导方面强化双向选择。比如，上海财经大学经济学院从 2005 年开始取消博士按导师报考，而是按大专业口径报考和招生，学生通过资格考试后进行双向选择，确定导师。同样，在本科指导中，我们也尽可能扩大双向选择范围，允许学生在全院 60 多名导师中双向选择，而不是

局限在本教研室或本专业,尽可能给优秀学生配备优秀的导师,为培养一批冒尖的人才创造条件。

(四) 优化大学治理结构,提高行政工作效率

以上提出的各项改革措施是对大学教育科研的一项全方位、多层次的系统改革,要保证改革的顺利推进,并得到有效执行和贯彻,需要强有力的领导团队和高效的行政工作。为此,需要对大学治理结构进行必要的改革,根据上海财经大学教育改革的经验,稳定而又支持改革创新的强有力的校领导班子,具有国际视野、充满活力的院系改革团队,服务型的职能部门,以及高效的行政系统是改革成功的四个必要条件。

1. 校长长期任职,造就常青大学

针对当前中国大学校长频繁更换对大学产生的不利影响,我们建议,根据一个校长的能力和表现,实行灵活机动的校长任期制,对确有能力的校长,能给以长期任职,这样也可激励校长更长远地考虑大学的发展和创新,也会更努力地工作。根据国际经验,闻名世界的大学没有哪个是频繁换校长换出来的。实际上,像美国"常青藤"大学之所以现在享有盛誉,很大程度上都得益于具有战略眼光和胆识的优秀校长的长期领导。有调查表明,美国著名的大学的校长平均任期为12.2年。早在6年前,时任哈佛大学校长的劳伦斯·萨莫斯在北京大学演讲时就说:"我坚信,哈佛大学之所以成为世界上最优秀的大学,原因之一就是实行校长长期任期制,由颇具魄力的领导长期任职能使学校更为适应变化的新时代的需要,而在现有体制的基础上不断更新和改进,这是哈佛办学的悠久传统。"

事实上,上海财经大学能够在过去的20多年中获得持续稳定的发展,并在近几年实现跨越式发展,正是得益于校长的稳定性,有一个非常优异的担任过两届书记,又担任过两届校长,总共担任校领导(包括担任副校级领导)近20年的谈敏校长。这种稳定性确保了上海财经大学能够坚持其一贯

的发展理念，保障了发展思路与政策的连续性，使得各项改革能够深入推行。

2. 发挥院系作用，推动高校改革

最终决定学科发展战略、设计培养方案的还是落在院系一级，所以在有了坚定的校领导支持的前提下，还要组建一支具有国际化视野、充满活力的院系改革团队。首先，要从海内外选聘真正具有改革创新精神、国际化视野，热心教育事业的院长作为团队领头人。被选聘的院长一定要有自己先进的办学理念与清晰的改革思路，并能够保证足够的时间投入到改革中。其次，要落实院长的权力，保证院长（系主任）有足够的权限在本单位推行教学科研改革。再次，给院长、系主任配备能够与他们进行有效合作的学院领导班子。如果配套的班子不能与院长有效合作，那么院长施展才能的空间将会受到很大的限制，也谈不上他们权力的落实，同时也会影响他们的投入积极性。所以，在聘任院长时，应该让院长根据自身需要和要求配备领导班子。

只要能够落实以上三点，即使是非全职的外聘海归院长，那么也能够切实推进改革，这是上海财经大学近5年来引进五大海归院长得出的宝贵经验。

3. 明确部门定位，强化服务意识

在现有体制下，大学职能部门要承担监管与协调的职能，但更主要的还是要服务于教学科研。不可否认，为了保证办学秩序，职能部门应该根据国家法律、规章规范人才培养各环节，并维护规则的严肃性，保证教育环境公平有序。在此基础上，职能部门作为面向院系、老师、学生的服务窗口，应该本着提高教学管理效率、人才培养质量的原则做好服务，在不违反国家、学校相关规定的前提下尽可能支持院系的改革，而非根据自身的偏好与观点来指挥院系，应该在维护规则严肃性的同时，思考规则的合理性，而非做一个简单的守夜人的角色。对于来自上级的各种指标，更不能一刀切地传递给各院系。而目前的职能部门更多的是简单地分解指标与任务，把责任推到下面，有时甚至为了确保完成考核指标，抑制院系的改革创新。

4. 规范行政管理，提高行政效率

行政管理效率会直接影响改革的执行力度及成效。为此，我们在过去几年逐步建立了一套与国际接轨的现代高等教育规范管理体系，端正行政管理人员为教师和学生良好服务的态度，狠抓行政管理工作的规范化、国际化和职业化，力求建立一个高效率、信息畅通的现代行政管理系统。这一改革具有以下特征：

（1）以信息对称为基础

建立会议纪要制度，加大校院纵向信息的对称，使得上级的指示、精神和布置的工作任务能及时地传达到学院，做到信息共享，让所有院领导班子成员有一个全面、及时的了解，有利于相互间的工作支持和展开，同时抄送校领导让他们知道学院任务完成情况，监督指导学院更好地开展工作；建立行政管理人员汇报制度，加大院内横向信息的对称，使领导班子可以及时掌握学院工作开展情况，并且从中也可了解到行政管理人员的工作表现。

（2）以环节疏通为主线

根据每个人的特长和职责进行分工协作，避免脱钩环节；理顺工作流向，杜绝扯皮贻误；建立每周总结展望制度，保证工作有序进行。

（3）以制度建设为保障

整合分散力量，建立统一团队；制定工作流程，减少人为干扰；建立周五例会制度，安排下周工作。此外，我们还要求行政团队树立"大行政"观念，并强化"服务"意识，从思想上提高对团结协作、服务教学的认识。

以往一到假期，老师想办点事，学院想组织一个活动，但就是找不到人，因为大家都放假了，一般只有一个值班的。为了纠正这一弊端，有必要改革现行的行政人员休假制度。比如，上海财经大学经济学院和高等研究院从2006年暑假开始，将原有的行政人员暑期值班制改革为上班制，将原有的行政人员假期全休制改为轮休制；经济学院的行政管理人员暑假一半时间需要工作，高等研究院的行政管理人员暑期2/3的时间需要工作。这样保证学院在假期里能够正常运转，尤其能保证完成各项外事交流活动。

一个可喜的现象是，经济学院的轮休制度改革已推广到学校层面上了，寒暑假仍然能保证学校、院系工作正常运行，这一改革取得了很好的效果。

5. 以竞争促发展，多种形式办学

当前，中国各大学的办学方向基本上是围着政府的指挥棒转。政府强调研究型大学建设，各高校就纷纷修订自己的目标，着力向研究型大学转型；政府说要强化通识教育，各高校就纷纷修改培养方案，加强通识教育课程教学等等。在围着政府转的过程中逐渐丢失了自己的特色和定位，使得全国高校几乎是一个模子出来的，这严重违背了人才培养的多样性、多层次的特点。只有每一所大学都自觉实践个性化发展的理念，才能够形成中国大学的国际影响力，才能够形成充满生机和活力的适合中国国情的高等教育体系。

这里的根本问题在于，政府对高校建设干预过多，高校的资源又大多依赖于政府，而政府在配置资源时就是根据对各种指标的考核结果。这就迫使各高校为了得到生存和发展所需的资源围着政府转。解决这一问题需要从以下几个方面着手：

（1）减少具体干预，培育市场监督机制

目前政府对高校办学的干预非常细，细到对一个专业培养方案都要进行指导，比如要开哪些专业课，哪些必修，哪些选修等。如果全国所有高校都按这么一个方案来培养，那么何谈特色。干预过多过细的背后是不相信市场力量，不相信外界力量对高校行为的约束。但事实上，我们可以通过制度设计充分调动市场、教师、学生的力量来规范高校行为，不能因为不相信市场力量或是为了便于管理，而简单采取这种过度干预政策。

（2）改革教育财政体制，培育竞争机制，优化财政资金的配置

目前高校的建设与发展经费基本上都源自政府，而政府配置经费又存在两个基本特征：① 按学生人头拨放基本教育财政资金；② 教育发展经费被少数高校垄断。在这种体制下，一方面迫使高校要紧跟政府的指挥棒，另一方面，那些国内知名的高校由于总是垄断着优势教育资源，没有竞争压力，缺乏改革

进取的动力；而一般院校在得不到类似"985"或"211"经费的情况下，只好追求规模效应，拿学费或者搞体制外创收来弥补经费缺口。

因此，要改变目前按人头发放基本教育经费的方法，可以改为核定目标招生人数，按该数量确定年度经费规模，从而切断高校扩招的经济动机。同时，在发展经费下拨时要注意重点扶持部分有发展潜力的高校，让其与传统知名高校竞争，以竞争促发展。

（3）加强规范，放松进入管制，鼓励社会力量参与办学

经济社会发展对于高等教育的需求总量和层次都在不断增加，而且越来越呈现多样性的趋势，这注定单靠财政经费难以满足高等教育发展的需要。应该逐步建立政府办学为主体、社会各界共同参与、公立教育和民办教育相互竞争、共同发展的办学体制。切实采取措施积极鼓励社会力量以多种形式参与大学建设。比如，对企业、个人对高校的捐款给予所得税减免等。

四、改革的可行性

以上所提出的改革方案是我总结过去10多年对中国大学教育的观察和实践，以及国外20多年从教经验，尤其是最近6年多来在上海财经大学经济学院改革实践基础上提炼出来的建议。这一系统的改革可以正确地处理好稳定与发展、个人利益与整体发展、改革目标与改革路径、外部资源与内部力量等几大关系，确保改革的激励相容性、渐进性和可持续性，保证各项改革措施切实可行，以更好地实现科学发展观提出的全面协调可持续的基本要求。

（一）坚持在稳定中促发展，在发展中求稳定，处理好稳定与发展的关系

在稳定中促发展，在发展中求稳定，这是中国改革开放30年的一个基本

经验，也是我们在推进教育改革过程中应该严格遵循的。

首先要强调的是"发展是硬道理"，没有发展就没有稳定。这跟行进中的自行车不走肯定不稳是同样一个道理。那么，教育改革如何才能取得大发展？我个人觉得校领导的眼光和魄力非常重要。因为改革中存在很多约束条件，如果没有很好的办学理念，没有办事魄力，这个学校就不可能有大的发展。"兵熊熊一个，将熊熊一窝"说的就是这个道理。这也碰不得，那也动不得，那么改革只能是小打小闹，出不了什么大成效。比如，上海财经大学就有一个比较支持改革创新的校领导班子，2004年以来他们创新既有干部选聘制度，开辟了一条倚重在海外取得学术成就的著名华人学者回国直接领导和重塑体制内经济学教育的道路，并对海归院长们给予充分的信任、支持和授权：（1）对海归院长的工作全力支持，尽力解决海归院长在工作中遇到的困难和问题；（2）按照目标管理的模式，充分信任海归院长，授予充分的权力，包括财权、行政权及人事权；（3）给予充足的编制，使之能成规模地引进全职海外优秀教师，为他们在教学管理和人才引进方面提供了良好的条件。

与此同时，一个稳定的改革环境也是不可或缺的。邓小平同志曾经不止一次强调："没有稳定的环境，什么都搞不成，已经取得的成果也会失掉。"因此，在教育改革过程中一定要处理好改革的力度与师生的承受度之间的关系。在一项改革举措推出之前，一定要充分估计可能引发的各种潜在不安定因素。实际上许多对改革的不同意见，更多的源自信息的不对称，由此产生许多误会。所以在改革过程中首先要信息对称，做好沟通工作，尽可能达成理念一致，让学生知道教学改革的必要性，是为了提高培养质量，为了提高他们的自我学习和知识的自我更新能力，让教师知道改革有利于学校的长远发展，有利于教师福利的提高等。

当然，改革必定会涉及一些既得利益和既有习惯的调整，这就要求改革措施的推出应该注意转型成本，给予学生和老师充分的转型时间，帮助他们逐渐适应改革。也就是说，改革措施的出台要有提前量，不能对学生和老师搞突然袭击，让他们措手不及。否则，非但预期的改革成果无法实现，还会破坏稳定的发展局面，起反效果。

（二）坚持改革的激励相容性，处理好个人利益与整体发展之间的关系

在人们思想水平还没有达到理想社会状态的前提下，所推出的一系列改革举措必须充分尊重和照顾到教师和学生的个人利益，给所有人机会。我们所期望的是具有宽容的心态、感恩的意识，奉献的精神，做一些于国、于民、于己、于公、于私都有利的事情。在人们追求个人利益的同时，也能为国家、为社会做一些有益的事情。所以，我们提出的改革一定要满足激励相容性，尽可能让大多数老师和学生从改革中获益，只有这样学校才能稳定，才能发展。尤其是涉及存量师资利益的改革，一方面我们在待遇方面坚持"帕累托改进"，不让存量师资在改革过程中收益下降，而且保证一定速度的增长；同时，在提高考核标准时，要注意事前告知，给予老师充分的准备时间，对存量师资，还要为他们的转型提供资源上的支持。总之，让大家都能够接受改革。

而我们对学生提出的学风要求、对老师提出的师德要求也都是基于中国社会现实的基本行为规范。我们并不要求每个学生和老师都成为圣人，成为道德楷模。但我们希望我们的学生和老师能够遵守基本的社会规范，比如诚信、宽容、感恩、奉献，这些都是中国社会几千年历史沉淀下来的精神财富，对于社会的和谐发展具有重要作用。

在规范的建立过程中，只要做到信息对称、管理到位，实际上我们的大多数老师和同学都会非常自觉地按规范去做，并且能够从这种规范的遵守中得到身份认同，享受快乐（成为一个"好"老师或"好"学生而快乐）。关键就是要注意防止极少数机会主义者破坏行为规范，这就要求我们管理到位，及时纠正违规者的行为，必要时给予适当的惩罚。时间一长，良好的规范自然就成为大家默认的准则，成为校园文化和大学精神的一部分，对新生和新进教师自然而然地产生影响，并不断地传承下去。

(三) 坚持改革的渐进性，处理好改革目标与改革路径选择之间的关系

改革中我们既不要冒进，全盘接受国外模式，也不要畏首畏尾，遇到阻力就退缩。我们要明确改革目标，认准方向。只有这样才能凝聚力量，形成合力。但在改革过程中必须随时随地充分考虑到现实约束条件，选择一条在现有约束下能够最大程度上推进改革的路径。正确处理好改革目标与改革路径选择之间的关系，不能因为局部的妥协而否定目标，同时在改革中，不能将目标和实施过程等同起来，目标容易确定，关键是实施过程，不能只顾目标而不注意改革策略。同时注意各项改革的相互顺序关系，要尊重教学、科研活动本身的客观规律，先易后难、分阶段逐步推动改革。比如，对于教学改革，先要求规范教学活动，引进先进教材，优化课程设置，提高教学质量，然后再拓展学生自主空间，着力培养创新能力。在教师队伍建设方面也一样，先要给存量师资转型的机会和时间，然后逐步提高考核标准。不能一下子就提高，如果不给别人空间的话，自己改革的通道也会被堵上。注重改革的渐进性，许多约束条件短期是硬约束，但长期是可变，可内生化的。在现有约束下寻找改革突破口，这是中国30年改革实践得出的基本经验，也是我在上海财经大学亲身参与经济学教育改革经历的切实体会。

(四) 坚持改革的持续性，处理好外部资源与内部力量整合之间的关系

办好一所大学，引进优秀人才，不仅需要大量资金作为支持，还会牵涉各个方面的利益。所以，要保证改革的成功，可持续性是决定改革可行性的一个首要因素。如果外界或市场对改革不能形成可持续的预期，那么将难以吸引到好的人才，也难以获得外界财力或舆论的支持。在改革中只有正确地处理好了这方面的关系，才能获得可持续发展的基础。

首先是不辜负国家的期望，用有限的资金做出实实在在的成绩，我坚信做出成绩才是可持续的根本所在。在中国最缺的不是资金，也不缺机会，而是缺

乏能够把钱用好、干出成效的人。比如，上海财经大学校长谈敏教授就曾指出，尽管上海财经大学资金有限，但只要是对于学校发展有重要意义的海外人才引进和教育科研改革，都要倾力去做，资金问题总可以想办法通过各种渠道得到解决的。事实证明了谈敏校长的断言是正确的，我们的改革不仅获得了教育部、财政部、上海市政府的支持，而且也得到校内各单位的支持。

其次，在做出成绩，获得外部资源支撑的同时，要认识到内部资源的整合才是改革持续进行的真正后盾，要注重校内长效机制建设。在一开始，当改革存在不确定性，校内资源的动员可能比较有限，但一旦改革获得初步成功，就要抓紧机会整合校内资源。第一，利用良好的改革开局，在学校层面，包括职能部门，统一认识，形成改革共识；第二，注意将在局部进行的改革经验及时在全校推广，让先进的教育体制落地生根；第三，构建支持改革持续进行的制度性内部资金来源。实际上就是将局部改革试点转变成为全校范围改革，并将资金纳入学校统筹范围。比如，2008年上海财经大学在经济学创新平台建设基础上，决定将引进海外人才的资金改由学校统筹，并在校长办公会、校党委常委会和校教代会上讨论通过，纳入学校"十一五"发展规划，作为基本校策定下来了。这样人才引进就有了一个长期的资金保障。

五、结束语

伟大的时代呼唤杰出的人才，杰出的人才推动伟大的时代。在当前我国建设创新型国家、构建社会主义和谐社会、推进全面建设小康社会的伟大历史进程中，我们更加迫切地需要一大批厚德博学的高层次创新型杰出人才，这就需要对我国大学办学理念和人才培养模式在充分肯定成绩的同时，也要按照科学发展观的要求进行系统反思。

本文从我国当前的人才培养困境出发，对中国大学办学理念和人才培养模式进行了反思，总结了四大问题成因：办学理念趋僵化，难以激发创新创造；行政主导办教育，难以形成办学特色；教育过度短视化，难以冒出杰出人才；校长聘任短期化，难以铸就大学精神。进而，根据笔者在海外知名大学从教 20 多年和近 6 年来担任上海财经大学经济学院院长的亲身经历和思考，尝试在现有约束条件下进行教育改革探索，提出了如何解决问题的一些措施：形成优良学风校风，树立诚信、宽容、感恩、奉献的基本社会规范；改革人才培养模式，提高人才培养质量；完善师资管理体制，打造一流师资队伍；优化大学治理结构，提高行政工作效率。最后，讨论了任何一个改革方案应充分注意正确处理好稳定与发展、个人利益与整体发展、改革目标与改革路径、外部资源与内部力量等几大关系，确保改革的激励相容性、渐进性和可持续性。

总之，如何使我国大学办学理念和人才培养模式，更加适应国家发展战略和社会重大需求对于厚德博学的高层次创新型杰出人才提出的要求，这是一个亟待破解的时代命题。

（2008 年 12 月）

77

关于促进企业界参与教育改革和发展的政策建议[*]

教育关系国家长远可持续发展，必须具有前瞻性，从战略高度和全局角度予以重视。特别是经过三十年来的改革、开放和发展，中国已经进入了建设创新型国家和构建和谐社会的伟大历史进程，这样的时代背景对教育提出了新的更高要求。这个要求就是，我们的教育能不能为国家、为社会、为企业培养出具有扎实理论基础、高效生产力、自我学习能力和知识自我更新能力的德才兼备的高素质创新型人才。这是一个历史性的任务。为什么这么说？因为没有一个国家会永远充当最低成本的世界制造车间，中国经济发展到今天这个阶段，已经不能再单纯地依靠那种原始的、低端的产业部门来稳定外需和扩大内需，抑或是简单地通过"引进＋模仿"的知识进步模式来支撑稳定出口和持久的经济增长，中国制造要向中国创造、中国设计、中国服务升级，向产业链"微笑曲线"的两端延伸，这才是中国经济实现长远可持续发展的动力所在。

当前，世界正面临着20世纪30年代大萧条以来最严重的国际金融危机，这为中国的重新崛起和现代化建设，为中国经济发展模式的转变，提供了一个

---

[*] 本文为上海财经大学高等研究院2009年度政策建议书之二。合作者郭玉贵、陈旭东。

难得的外部机遇。但是,我国的教育是否能够胜任产业升级和市场化对于大量高技术人才的需要?是否能够适应向知识经济时代转型对于高素质创新人才的需要?在这个升级和转型的过程中,作为教育需求方的社会、企业又应该在新一轮的教育改革和发展中发挥怎样的作用? 2009 年 6 月 24 日,上海财经大学高等研究院全球教育研究中心与 21 世纪教育发展研究院共同召开了"借鉴美国经验——中国企业界参与教育改革和发展的现实必要性和历史必然性"专题研讨会[①],对上述问题进行了深入研讨,并形成了此份政策建议书,希望能够为国家和地方中长期教育改革和发展规划纲要的编制,为中国教育事业的发展提供一些建议,贡献一份力量。

一、现状与问题

高等教育是科教兴国战略和人才强国战略的中坚力量,在我国国民教育体系中处于龙头地位,在国家创新体系中承担着人才培养和知识创新的重要职能。中国大学教育在过去 60 年中取得了巨大成绩,发展迅速,培养出来的大学生数量及其增长速度堪称全球第一,为国家培养了大量人才,这一点我们需要充分肯定。然而,大学办学理念和人才培养模式还有很大不足,其直接表现就是人才培养质量与中国产业升级的迫切要求和用人单位特别是企业的现实需

---

① 参加此次研讨的有,上海财经大学经济学院和高等研究院院长田国强教授、上海财经大学高等研究院全球教育研究中心郭玉贵教授、华东理工大学高等教育研究所潘艺林教授、21 世纪教育发展研究院王胜执行院长、复旦大学高等教育研究所张晓鹏教授、同济大学高等教育研究所黎君教授等专家学者,来自宝钢教育基金会、长江平民教育基金会、上海汽车工业教育基金会、南都公益基金会、赛扶 SIFE(中国)、正泰集团有限公司、上海百联集团、威望科技(苏州)有限公司、零点研究咨询集团、思创教育集团等基金会代表和企业界的老总,以及来自十余家媒体的代表。

要极不相称。①

根据瑞士洛桑国际管理发展研究院近年发布的主要国家和地区《国际竞争力年度报告》，中国在49个重要国家和地区中的"是否有合格的工程师"指标排名第49位。而麦肯锡全球研究院与麦肯锡中国分公司在一份题为《应对中国隐现的人才短缺》的研究报告中指出，跨国公司发现大学毕业生当中极少有人具备从事服务业的必备技能，平均只有不到10%的中国求职者适合在外国企业中担当他们所研究的九种职位：工程师、财务人员、会计、定量分析员、通用类人才、生命科学研究人员、医生、护士和辅助人员。

可以看出，教育的人才供给与用人单位的人才需求之间的脱节现象比较严重。如果不加以重视，高素质劳动力的短缺很可能会阻碍经济增长，而且会影响经济迁移到更高的价值链环节。那么，问题的症结在什么地方？我们认为，这与作为教育需求方的用人单位在参与教育改革和发展方面，没有得到足够重视，从而缺乏相应的沟通渠道和话语权有很大关联。

教育生产的是一种特殊的产品——人才，教育产品的生产由学校承担，学校培养出来的人才的评判者应该是社会，按照国际经验来讲主要是企业，企业在社会上占了重要的位置。比如，领导美国各级各类学校、教育机构和教育委员会的理（董）事会的成员大多是由包括企业家在内的社会各界人士组成。正是这些所谓的"外行"将社会各界的"用户"对教育的需求和对学校生产的特殊产品——"人才"——的满意度及时反馈给教育系统。

反观国内的教育改革，有来自民众的压力，有来自受教育者的压力，有来自政府的压力，但是恰恰缺少了来自用人单位的压力，忽视了用人单位特别是企业界参与教育的重要性和紧迫性。在2008年9月12日《国家中长期教育改革与发展规划纲要》调研内容和重点问题（修订稿）中确定进行深入调研

---

① 关于大学办学理念和人才培养模式，在田国强（2008）的《对中国大学办学理念和杰出人才培养模式的思考——如何才能培养厚德博学的高层次创新型人才》研究报告中，有详细讨论。

的 10 个重大专题、36 个子课题中没有这一内容。2009 年 2 月 6 日教育部发布的关于就研究制定《国家中长期教育改革和发展规划纲要》若干重大问题继续公开征求的 4 个方面、20 个问题的公告中依然没有这一内容。

如果没有人才需求方企业等用人单位的深入参与，中国教育能走出前述的困境吗？我们对此持怀疑态度。

二、企业界参与教育改革：中国的实践与美国的经验

（一）中国的实践

事实上，中国企业界参与教育实践的活动已开始逐渐兴起。特别是公司基金会作为联系企业与教育的纽带，已基本覆盖了高等教育、职业教育、义务教育等不同层面。比如本次研讨会邀请到的一些基金会，宝钢教育基金会、长江平民教育基金会、上海汽车工业教育基金会、南都公益基金会等。

但是，总体上看国内的公司基金会还处于起步阶段，无论在基金规模、资助范围还是社会效益上都不可与发达国家比拟。并且，当前国内企业对于教育的参与还仅仅停留在捐赠办学、捐资办学等器物层面，缺乏有意义的深层次参与，未真正触及教育的理念和需求层面，在推动教育改革和重塑教育政策方面的实质性影响十分有限。比如，对教育体制改革本身的参与基本没有，对学校的办学理念转变的影响也基本没有，对教育如何满足人才需求方的要求没有，对学校尤其是对高校的课程设置和专业设置的改革更少参与。在这些层面上，如果依然没有人才需求方的共同参与的话，教育与社会、企业的供求失衡局面也许还是无法得到改善。

（二）美国的经验

对于我国教育事业的发展而言，美国的经验教训值得借鉴。事实上，美国

企业界对于教育的观念转变,即从配角转向积极参与教育改革和发展主角也是经历了一定的发展过程。

在早期的农业经济和工业经济时代背景下,美国的企业界往往也只是通过设立各类基金会,以捐赠办学、捐资助学等形式参与教育实践。应该说,在整个工业经济时代,美国的教育基本上满足了企业的用人需求。但是,自20世纪80年代中期美国率先进入知识经济时代后,这种相对平衡开始被打破。美国教育——尤其是中等教育——无法在数量和质量上为美国新的产业革命提供充足和合格的人力资源。这种情况恰恰发生在美国近90%的新增工作需要大学或以上学历的知识经济时代,既不利于美国的全球竞争,也造成严重的社会问题。

不同于工业经济的生产要素主要依赖于如自然资源、交通、廉价劳动力与土地及优惠的财税政策,知识经济时代成功的关键在于能提供受过良好教育和高效生产力的人力。对于转型为知识经济的企业来说,如果教育不能提供高质量的人力资源,美国企业据此发展乃至生存的基础将会荡然无存。在其生存受到威胁的关头,美国企业界开始走上了教育改革的前台,主动积极参与到教育改革与教育政策的制定中。其中,尤其值得注意的是,近20年来美国企业界积极参与和组织了5次全国教育高峰会议,在推动教育改革和重塑美国教育政策的过程中发挥了关键作用。

1. 第一次"全国教育高峰会议"(1989年)

1989年9月,在美国独立宣言撰笔者杰斐逊所创建的弗吉尼亚大学的所在地夏洛特维尔(Charlottesville)召开了美国历史上首次由前总统老布什牵头和49个州州长参加的共商教育方针大计的"全国教育高峰会议"。第一次全国教育高峰会议的最大成果是与会者达成了制定全国教育目标的共识,一致认为教育改革的方向是应向注重提高学业质量和教育结果的方向推进。

2. 第二次"全国教育高峰会议"(1996年)

自第一次"全国教育高峰会议"召开后的7年内,仅有14个州制定了参差不齐的州一级的学术标准，改革举步维艰。处在全球竞争第一线的美国企业界感到因美国教育改革滞后对美国全球竞争力的负面影响。于是，他们开始更进一步地参与了教育的改革。

1996年3月，美国IBM公司首席执行官路易斯·郭士纳（Louis Gerstner）主动承办第二次"全国教育高峰会议"。40个州的州长和45个大公司的老总齐聚位于纽约州的IBM总部。与企业界的积极参与形成鲜明对比的是教育界的态度，与会的教育界人士寥寥无几（部分教育界人士作为顾问应邀出席）。

与会者通过3点共识：各州继续制定高水平的学术标准、制定各种测试和评价标准、建立学校绩效责任制。多年来，企业界对教育系统的低效、惰性、不作为等弊端深有体会，他们希望把管理企业的方式运用到学校管理上，引进企业的奖惩制度，以便从根本上提高教育系统的投入与产出效益。

3. 第三次"全国教育高峰会议"（1999年）

1999年，为声援两党的教育改革，平衡教师工会等利益集团的阻挠，IBM公司再次召集企业界召开了第三次"全国教育高峰会议"。本次会议的最大特点是教育界的积极参与，包括各州州长、企业界领导和教育界代表共100多名与会者集聚在一起共商全国教育事务。

由于全国已有45个州制定了学术标准（2000年增加到49个州），因此与会者除了重申各州应继续制定、完善和执行严格的学术标准和测试评价标准之外，与会者主要讨论了诸如向教师提供培训以便提高他们的质量、向所有学生提供公正的机会使他们达到较高的标准及加强学校的绩效责任制等一些共同关心的议题并达成了一定的共识。

4. 第四次"全国教育高峰会议"（2001年）

2001年，在两党对于"不让一个儿童掉队"法案争执处于僵持不下的关键时刻，企业界和民众的支持又起了重要的推动作用。企业界通过公开发表声明、召开研讨会等各种形式表示支持教改，并专门于该法案通过前夕的11月再次在IBM总部召开第四次"全国教育高峰会议",对该法的通过发挥了重要作用。在民意的压力和企业界的声援下,最终在两党妥协的基础上通过了"不让一个儿童掉队"法。

5. 第五次"全国教育高峰会议"(2005年)

2005年2月由比尔·盖茨等基金会赞助的第五次"全国教育高峰会议"在华盛顿召开,针对美国高中教育未能向大学和社会提供高质量的人才(资料显示:美国只有70%的高中生能获得毕业证书,在发达国家中,从原来高中生毕业比例第一下降到第17位、只有3/10的高中毕业生已准备好升大学、进入大学的高中生只有40%最终可拿到学位),会议主题即是要重新设计美国的教育制度。比尔·盖茨在主题报告中强调"美国的教育制度是近100年前建立起来的,是针对那时的社会发展状况而设计的,已不能适应今天的时代要求,要求对其进行根本的变革"。与会者据此提出了10点行动纲领。

与前几次高峰会议不同,第五次"全国教育高峰会议"不再纠缠于诸如制定标准和择校改革等难有结果的老问题上,而是提出更为大胆的主张,并要求直接诉诸行动。

自20世纪80年代后期以来的20多年中,作为制衡利益集团的力量,企业界强力声援美国各州和全国的教育改革。其典型的事例是企业界积极参与和组织了历次全国教育高峰会议,并在多次推动教育改革的过程中发挥了关键作用。由于企业界的积极参与,因此美国形成了政界、教育界和企业界共同商讨重大教育问题的局面。

三、我们的建议

只要我们继续走市场经济道路,而且是全球化背景下的市场经济道路,必然有很多东西要趋同。昨天、今天在美国教育领域发生的事情,明天、后天都会在中国教育领域发生，只是在表现的程度、方式和形式上会有所不同。所以，考察美国的发展轨迹对我们应该会有很多的启示，在我国从工业经济时代向知识经济时代的转型过程中，企业界参与到教育改革和发展中来也是一个必然的趋势，具有现实必要性和历史必然性。

事实上，这些年来作为需求方的企业界对于教育改革的呼声其实是很大的，不过基本上只是停留在外部呼吁的阶段，并没有实质参与到教育改革进程中来。但是，我们认为政府要有战略高度和前瞻眼光，要主动打破企业界和教育界的隔阂，形成明确的政策导向和可操作的具体措施，积极促进和支持企业参与教育改革和发展。为此，我们提出以下一些政策性建议。

（一）要广泛征求企业界对教育规划纲要的意见，给予参与渠道和话语权

作为用来指导未来十二年教育改革和发展的纲领性文件，国家中长期教育改革与发展规划纲要更应该体现全局性和长远性，更应该体现战略高度和前瞻眼光，把握社会经济发展的大势，尊重教育自身发展的规律，科学理性地推动教育事业又好又快发展。

我们常常讲我们要办的是人民满意的教育，但是评价教育最权威的不是政府，更不是学校本身，而是用人需求方的社会和企业。但是，正在征求意见中的国家中长期教育改革与发展规划纲要所公布的各大专题和课题，并没有涉及企业参与教育这一部分的内容。而且，教育部规划纲要座谈会基本上在政府部门和教育系统内循环，企业界根本就没有参与进来。如果中国教育改革离开社会，尤其是离开社会的主体（为社会创造财富的主动力企业）的话，教育改革很可能依然无法改变当前教育与社会、教育与企业脱节的困境。

我们建议教育部门应该将企业参与教育改革作为全民参与教育改革的一部分和过程，特别是要体现到当前正在制定国家和地方中长期教育改革和发展规划纲要中来，并形成实实在在的政策措施，以更好地指导企业有序有效地参与和推动教育事业的科学发展。

（二）要鼓励企业界把参与和支持教育改革作为自身社会责任的重要部分

创造就业岗位和财富是企业最基本的社会责任，但不是全部。一个企业要赢得社会的尊重和认可，就要承担起比单纯的经济责任更为宽泛的社会责任，要为教育、慈善等公益事业的发展做出贡献。特别是支持教育事业发展关系到国家的未来发展，是企业履行社会责任的重要载体，不能因为外在环境一时的变化而有所荒废。我们应该认识到，国家能否持续繁荣下去关键在企业，企业能否做大做强关键在人才，人力资源变为人才优势的关键在教育。

我们建议政府在推进企业社会责任建设的过程中，要着力帮助企业树立正确的义利观和教育观，要帮助企业明确自己既是教育的最大用户，也是教育的最大受益者，着力引导企业关注教育、参与教育、推动教育，着力加强对企业承担教育有关社会责任的表彰。

（三）要促进企业界建立基金会，对教育捐赠给予税收减免等财政的激励

在外国特别是美国等发达国家，民间捐赠在办好高等教育中发挥重要作用。无论公立大学还是私立大学，单靠政府财政拨款和收取学费远远不够，相当部分的资金来源于民间。为此，每个大学都有校产基金会，校长的主要责任就是为学校筹集资金，美国哈佛大学之所以能办成世界顶尖大学，与它在全球大学中具有最多校产（达300多亿美元）是分不开的。此外，在国外，基金会对教育政策的制定、改革与发展发挥着重要作用，不少有关研究型大学的发展政策和评价标准，都是由它们提供或在它们的资助下产生的。就像美国著名社会学家刘易斯·科塞所言，在美国"任何规模的重要文化或教育项目，都直接或间接地受到基金会的影响"。

我国企业基金会事业的滞后有多方面原因，暂不论历史传统和文化氛围方面的因素，政策方面的障碍应该首先清除。税收优惠政策是包括美国在内的世界主要发达国家推动基金会等公益事业发展的一种重要的制度安排。总体来

看，我国目前还没有形成一套系统而可行的针对基金会的税收优惠政策，对于不同类型的基金会减免的税种和减免的幅度并未做出具体规定。显然，既没有话语权，又缺乏税收激励，企业建立基金会去资助和推动教育创新的意愿就会大打折扣。

我们建议教育部会同财政部、民政部、国家税务总局等有关部门尽快就此进行研究协商，根据《企业所得税法》的相关规定，统一并明确对教育、慈善基金会等公益组织的收入实行税收优惠政策。

（四）要建立校企人员的双向交流制度，加大企业界与教育界之间的互动

一面是找不到工作的毕业生，一面是招不到人才的企业。这种极不正常的现象背后隐藏着三种矛盾：一是个人求职期望与企业实际需求的矛盾，二是人才专业结构与企业实际需求的矛盾，三是人才学历层次与企业实际需求的矛盾。这些矛盾怎么解决？没有企业界的参与，单靠教育界的闭门造车，恐怕无济于事，必须让人才的供给方和需求方信息对称。

我们建议教育部门要建立校企人员双向交流制度，鼓励并组织企业适度参与高等院校特别是工程类、经管类高校的董事会、顾问委员会或教学指导委员会，企业界人士应当对专业与课程设置、人才素质与能力结构、实践与实习环节建设甚至师资队伍建设等给予建议和提供咨询。同时，对于工科类、经管类专业的师生应该制定企业实践培训计划，将其纳入师资培养和人才培养的整体工作规划。因为相比之下，企业尤其是大中型企业最熟悉技术、管理的现状和变化趋势，最清楚自己需要什么样的人才。这种交流机制一旦建立起来，企业也会更加乐意接受学生实践和实习，从中发现可以为己所用的人才。

（五）要创建长效机制，倡导企业界建立支持教育改革和发展的常设机构

我们的报告最重要的理论突破是指明了知识经济时代企业界参与教育改革和发展的现实必要性和历史必然性，这是以往农业经济时代和工业经济时代所

不可能存在的新现象和新趋势，是由人类社会发展到知识经济时代的生产特征所决定，因此是一种历史发展规律。

基于这一前提与理论的指导，我们认为应避免将引导企业参与当前正在制定的国家中长期教育改革和发展规划纲要的行动仅仅视为应时的权宜之计，我们必须在对社会未来发展规律和趋势的深刻洞察的基础上，未雨绸缪地建立起可逐步过渡到以企业界引领的全民参与教育改革和发展的社会氛围和运行机制。这种具有良性互动和长效的机制一旦形成，相对封闭的教育界和相对开放的企业界这两个处于不同"世界"的供求方的轮子就能协调和平稳地推动整个世界正常和高速地向前滑行。

我们建议政府应鼓励和倡导企业界建立支持教育改革和发展的常设机构或组织，可先由知识经济含量相对高的大中企业率先或牵头联合教育界和社会各界召开一些有关教育改革和发展的研讨会和论坛，从理念上凝聚共识，在此基础上可创建一些由企业或基金会赞助并有各方参与的教育研究智库，既可独立参与教育实践和政策的研究，也可与各级政府和教育界合作进行研究。这种基于民间又代表了教育界最大用户企业界的研究成果将会持续不断地提供更为客观、切实和独特的视角和建言，这就有可能使我国在向知识经济时代过渡的过程中，让教育真正成为政府、企业界和教育界等全社会共同参与的事业。

四、结束语

总之，中国企业界参与教育改革和发展具有现实必要性和历史必然性。在中国建设创新型国家和构建和谐社会的历史进程中，产业升级换代和向知识经济的转型是必然趋势，这要求我们的教育必须能够培养出越来越多的具有扎实理论基础、高效生产力、自我学习能力和知识自我更新能力的德才兼备的高素质创新型人才。在此过程中，企业界作为人才最大的需求方之一，不应该也不能够缺席教育改革和发展。要打破企业界和教育界的隔阂,政府必须有所作为。

为此,我们提出了五点政策性建议:第一,要广泛征求企业界对教育规划纲要的意见,给予参与渠道和话语权;第二,要鼓励企业界将参与和支持教育改革作为自身社会责任的重要部分;第三,要促进企业界建立基金会,对教育捐赠给予税收减免等财政的激励;第四,要建立校企人员的双向交流制度,加大企业界与教育界的互动频度;第五,要创建长效机制,倡导企业界建立支持教育改革和发展的常设机构。以上建议供国家和地方教育部门决策参考,希望能够形成共识、凝聚力量,共同推动我国教育事业又好又快发展。

这些政策建议的实施,不仅有利于摆脱当前人才供需脱节的困境,而且有利于增加教育的经费投入来源,减轻政府财政压力。此外,随着更多掌握企业所需知识和技能的人在城市高端产业链中找到自己的栖身之地,有利于进一步发展和壮大中国的中产阶层,保持社会稳定。需要指出的是,我们支持企业界参与教育改革和发展,并不是支持教育产业化。相反,我们认为教育是一项公益性事业,需要全社会的共同参与。如果没有企业界等需求方的参与,教育改革和发展的成效值得怀疑,政府应该在这方面加以引导和规范。

(2009年7月)

78

对引进海外顶尖、领军和高层次优秀人才的若干建议[*]

引 言

中国正在崛起为世界政治经济强国,要真正实现这一宏伟目标,就必须科教兴国和人才强国,拥有一支达到世界顶尖水平的庞大科研队伍,以及一批能够按照国际先进标准培养大批创新型杰出人才的世界一流大学和强大师资阵容。然而,正如温家宝总理今年在北京市第三十五中学的谈话中所指出的,"建国以来培养的人才尤其是杰出人才,确实不能满足国家的需要,还不能说在世界上占到应有的地位"。这与中国的科技和教育体制,特别是当前中国大学的办学理念和人才培养模式有很大关系,按照钱学森教授的说法,"没有一所大学能够按照培养科学技术发明创造人才的模式去办学,没有自己独特的创新的东西,老是冒不出杰出人才"。[①]

随着中国全面走向世界和人才国际化的不断深入,中国科教兴国和人才强

---

[*] 本文为上海财经大学高等研究院2009年度政策研究报告之四。
[①] 对此,笔者在2008年底递交给教育部的题为《对中国大学办学理念和杰出人才培养模式的思考——如何才能培养厚德博学的高层次创新型人才》的政策建议书中,曾有过详细阐述。

校、强国战略的实现,同样需要充分利用好"两个市场、两种资源",即国际和国内人才市场及国际和国内人才资源。在中国政治经济文化社会全方位与世界接轨和走向世界的过程中,海外留学人才群体是一个巨大的高层次人才库,特别是在当前国内杰出人才匮乏的情况下,我们更加需要具有前瞻性的眼光、魄力与胆略,作为举国之策,从极高的战略高度重视海外高层次人才引进工作。

目前,中组部正在组织实施的"千人计划",计划在今后5到10年内,围绕国家发展战略,重点引进2 000名左右能够突破关键技术、发展高新技术产业、带动新兴学科的科技创新创业领军人才。这是国家层面的人才引进重点计划,具有重大的战略意义,引起了社会各界特别是广大海外人才的广泛关注,对国内用人单位也起到了良好的指导和促进作用,值得充分肯定。

不过,根据笔者最近两次担任"千人计划"评审专家所了解到的实际情况,很多海外真正顶尖的华人科学家和领军人物还没有被吸引进来。并且,与国内其他人才引进计划一样,客观上只是重短期引进使用,缺乏长效机制保证,在吸引海外杰出人才长期留在国内安心工作并充分发挥其实质作用的制度安排方面还有待完善。与长江学者特聘和讲座教授等项目一样,"千人计划"短期会起到很好的作用,但长期留住人才的作用有限,大多海外高层次人才很可能三年合同到期之后又再度回到国外,从而不能长久留住这些人才。

因而,我们需要更进一步探索建立与国际接轨的吸引和利用海外高层次人才的内在机制和模式,采用多种引进方式,分层次、分功能、分步骤地引进,既要引进数量本来不多的顶尖华人科学家和杰出的学术领军人物,也要大批引进资历相对较浅的高层次优秀人才。"千军易得,一将难求",特别是对于如何引进前者,需要有长远的战略高度和极大魄力,进一步解放思想,充分考虑客观现实,与时俱进,建立和完善能引进人、留住人和用好人的长效机制。

以下根据笔者在海外留学、国外知名大学从教20多年的经历体验和最近五年多来在上海财经大学经济学院担任院长职务,处于教学、科研一线的实际工作经历，结合自己对海内外大学体制、管理机制和高层次人才市场内在机制以及对海外高层次优秀人才真实想法的深入了解，就国家如何更有针对性、更有效地不只是引进更要留住和用好海外优秀人才，谈谈我的一些思考和具体建议，供有关部门和上级领导参考。

一、建立综合配套体系，长效引进海外顶尖人才

国内外的历史经验表明，真正顶尖的人才不是招来的，而是请来的。因此，对真正顶尖的海外华人科学家，需要以超常规的胆略、决心和魄力来加大引进力度。参照国际惯例，从"情、礼、利"三方面着力营造优越的工作环境和生活待遇，形成综合配套体系，真正做到能够吸引、留住和用好顶尖人才。

科技是第一生产力，要使中国真正走在世界的前列，必须依靠强大的前沿科学技术力量，必须拥有一支富于创新的世界级顶尖科学家队伍，这是中国可持续发展和强大的后劲所在。世界科技日新月异，中国必须将教育和科技摆在重要战略地位，从而需要更加重视引进海外顶尖华人科学家的工作。

在新中国科技发展史上，一批杰出的留学归国科学家和学者为国家科技进步、高等教育和经济发展做出了重大贡献。比如，物理、导弹火箭领域的"三钱"（钱学森、钱三强、钱伟长），数学领域的华罗庚、苏步青、吴文俊，地质领域的李四光，生物领域的童弟周，桥梁领域的茅以升，地理农学领域的竺可桢，建筑领域的梁思成等。这些顶尖科学家和学者都在所属科学领域取得了具有世界影响的杰出成就，并从实际应用方面对中国的科技和经济发展做出了奠基性贡献，他们往往一个人就能够带动一个领域的跨越发展。像钱学森回国后，从无到有，带领一批大多连火箭都没有见过的科技工作者，为中国研制出了"东风"系列导弹，而其后中国在此基础上发展起来的"两弹一星"、核工业及整个航空航天科技事业，其价值和重要性都是不言而喻的。

新中国百废待举、百业待兴，当时的工作和生活条件与海外相比差距悬殊，但是这些著名科学家还是凭借着知识报国、科技兴国的梦想和夙愿，回国投身国家科技事业。可以说，经过新中国成立60年来特别是改革开放30年来的发展，这些著名科学家希望国家强大的梦想已基本得到实现。

那么，在新的时代环境下，如何才能进一步引进海外高层次人才中的顶尖华人科学家？笔者认为，单靠海外顶尖华人科学家内在的爱国热忱，是远远不够的，他们更加需要在情、礼、利三方面综合应用和真诚对待，有一个尊重人才、尊重知识、心情舒畅的社会环境，一个能够激发和鼓励创新的宽松的科研和工作环境，一个可以让他们专心科学研究而无后顾之忧的待遇保障，能够让其攀登世界科学高峰，从而在更高层次上实现自身价值。因此，对于这些已得到世界公认的杰出科学家，建议采取12字的政策方针：**动之以情、待之以礼、安之以利**。

首先，对真正的顶尖人才需要动之以情，以三顾茅庐的精神主动和真诚地去邀请和挖掘（这也是国外一流大学吸引、挖掘顶尖和杰出人才普遍采用的方式）。目前，国内引进人才的方式主要还是靠自己申请，或靠大学和科研机构出面联系的愿者上钩方式。但这种方式很难找到或吸引到真正的顶尖高手，并且还有可能存在激励扭曲。因为大学和机构为了争排名和经费或考虑到不少经费是由国家买单，有可能会将一些不是那么顶尖的人才推荐上去。

笔者认为，可从以下两个方面来解决这个问题，引进真正顶尖的华人科学家和学者。一方面，广泛征求同行专家，特别是海外同行专家学者的意见（此点非常重要，更有利于信息对称，确定候选人，同时也不存在利益冲突，评价会更客观和公正，是消除激励扭曲的根本方法），决定本领域的佼佼者；同时建立人才储备库，国家驻外机构在这方面可以发挥很重要的作用，通过平时收集和开座谈会的方式，发现和推荐海外顶尖华人科学家。另一方面，大学和科研机构应该承担一定比例的薪酬和科研经费支持，提高道德风险行为的成本，同时也减少国家的财政负担（当然此措施的缺点是，增加校内教师间的攀比心态，会增加实施的阻力）。

其次，对真正顶尖的人才需要**待之以礼**，甚至给予国士、国宝级待遇，从政治上给予充分的信任，不能将他们视为雇佣军，而应该当成自己人信任和大胆使用。这些人都是国家培养多年之后出国留学的，绝大部分人是热爱祖国，希望祖国强大的。同时，要在工作上提供充分的支持、生活上显示充分的人情关怀。一方面，在工作上应该少干预和重长效。引进这些海外华人顶尖科学家的初衷在于重视基础研究和应用基础研究，鼓励原始创新。只有原始创新才是建设创新型国家的核心环节，才是增强国家科技竞争力的源泉。因而，对于那些已经在国际上有重大影响，成果被广泛引用的海外华人顶尖科学家，应不受短期成果和论文数量的限制，而是实行一种长周期、高质量的考核评价体系，以创造条件支持他们安心基础研究和前沿创新研究工作。另一方面，这些顶尖科学家的创造力和科研水平是得到世界公认的，不会回国之后就突然下降。

再次，对真正的顶尖人才需要**安之以利**，给予国际同等水平甚至有所超越的高规格待遇和安置，这也是"情和礼"的具体体现，是政府尊重知识、尊重人才的表现。实际上，早在"千人计划"实施之前，笔者就曾对一些海外顶尖华人科学家做过一些非正式的调查：如果给他们比国际市场现有工资水平高出20%到30%，即每人20万到25万至多不超过30万美元的年薪，按照国际惯例，承诺持续多年直至退休地给予这样的终身待遇，同时给他们一定数量（比如5个到8个）的高层次研究人员编制，按照国际通行的人才评价标准，继续从海内外引进同领域的教授、副教授和助理教授（或研究员、副研究员和助理研究员），来组建研究团队、实验室，并给予稳定的经费支持和长久待遇，他们是否愿意全职回到国内从事科学研究？得到的绝大部分答案是肯定的。

需要特别指出的是，给这些海外顶尖科学家配备精干的研究团队非常重要。在美国即使是航天飞机这样的大项目，经常也是一些关键科学家带领各自团队做起来的。在国外科研机构和研究型大学，很多杰出科学家都有自己独立的实验室，并基于自己的学术评价标准选聘研究人才，组成攻关团队。实际上，在基础科学研究领域，许多重大的发现和创造往往是少数几个科学家组成的研究团队做出来的。

笔者曾就此向中国驻外机构和国内领导提出过建议，即国家应该每年投入5亿元到10亿元来全职引进海外华人顶尖科学家。一方面，改革开放30年后的今天，中国完全有这个财力来做这个事情，一年投入5个亿到10个亿占国家财政收入的比例很小（据了解，单"985"高校存积没有用完的经费就高达近60亿元，这相当于5~10年用来引进顶尖人才的经费），但是将其投入到全职引进、留住和用好海外华人顶尖科学家身上，其所带来的长远巨大价值和效益远远超过投入本身。另一方面，在国力衰弱和民生凋敝的年代，很多海外科学家与革命先辈和广大民众一样，投身于保卫祖国和建立新中国的建设之中，是凭着一股爱国热情，但是在国家和平、安定和人民相对富裕的年代，如果单靠呼唤顶尖华人科学家的爱国热情和牺牲精神，而不给予与其科学价值和市场价值相等的利益待遇，就很难吸引大批顶尖人才为国服务，同时这也是对知识和人才没有给予足够重视的表现。

实际上，给顶尖人才高的待遇和礼遇，也是对其从事基础研究，而非商业性研究的机会成本所实施的一种利益补偿，因为后者可能会让他们赚更多的钱（据笔者了解，国内有少量教授通过各种途径一年所得收入超过几百万元，所以给予国宝级的顶尖人才这种待遇完全不为过）。同时，海外人才市场已经高度成熟，这种基于利益考量的高层次人才流动也越来越成为国际惯例。由于经济的快速增长和国力的持续增强，我国迟早也会采用这种招聘人才的方式，但作为国家根本发展战略，迟做不如早做。

这些顶尖人才全职回国，就意味着要放弃长久的优厚待遇和终身教职，因而要吸引他们回国，就需要一个与长周期、高质量的考核评价体系相对应的、长期化、终身制的人事制度安排，提供一个具有国际竞争力的工资待遇保证。比如，直接将他们纳入中国科学院、中国工程院的院士人选，并给予相应国际标准待遇等。当然，由于是全职引进这些已经在海外扎下根来的华人顶尖科学家，还需要在住房提供、配偶就业、子女入学、医疗社保等方面做出统筹安排，以解决他们的后顾之忧。上述种种高规格的安置有着鲜明的价值导向和极强的正向激励作用，有利于激发更多的人才自觉向这种顶尖标准靠拢，努力攀登世界科学高峰。

此外，引进这些华人顶尖科学家贵在精、尖，并且每个领域本身也不多，必须严格评审标准，他们应该是海外广大同行公认的顶尖人才（这在同行中基本上是公共信息），并得到国家驻海外机构的推荐，成熟一个，引进一个。用发展和动态的眼光看待这个问题，只要能够真正引进50个到100个这样的顶尖华人科学家，那么其背后可能就会有几百个、成千上万个海内外优秀科学人才，进一步加入到由他们领衔的学术梯队和团队中来，以及培养出一大批博士生、博士后，来共同进行重大科技攻关，形成巨大的"滚雪球"效应和网络效应。一旦如此，一大批卓有建树的海外华人科学家和学者，甚至是非华人的顶尖科学家和学者也将会进一步被吸引和带动回国或为国效力。这是一项具有长远意义的战略投资，希望能够引起国家和有关部门的充分重视。

二、改革绩效评价标准，灵活引进海外领军人才

领军人物的办学理念、学术水平、眼光视野的高低，在很大程度上决定一个学科、学院乃至学校的整体建设水平。引进海外杰出学术领军人物从事科研和学科建设，推动全方位教育改革与管理，需要具有前瞻眼光，打破陈规陋习，注重尽职与绩效，而不是一味地以在国内所呆时间长短作为评价标准。当前和今后一个时期，国内高层次人才队伍建设仍将以海外引进为主、自主培养为辅，但要逐渐转换成自主培养为主。因而大力引进海外杰出学术领军人物担任大学校级和院系行政职务的重要目的，就是借助其国际的先进教育理念和学术评判标准，优化中国大学的办学理念和杰出人才培养模式，为国家培养出大

批高层次杰出人才。

正如温家宝同志最近在首都科技界大会上的讲话中所提到的,"创新型人才不足是现行教育体制的严重弊端,也是制约科技发展的瓶颈",我们必须"更加关注教育改革和发展,注重培养具有创新能力的人才"。那么,教育到底如何改革和发展?实际上,早在20世纪80年代,邓小平同志就曾从教育发展的战略高度提出,"教育要面向现代化、面向世界、面向未来"。这深刻反映了改革开放背景下,中国高等教育改革和发展的内在逻辑。中国大学的发展不能满足于现有的国内标准,必须具有战略高度和前瞻眼光,瞄准国际上先进的人才评价和学术评价标准,推动高等教育领域的改革开放。

办世界一流大学和高水平大学离不开高水平领军人物,领军人物的办学理念、学术水平、眼光和视野的高低,在很大程度上决定了一个学科、学院乃至学校的学科建设水平。尽管国内大学校长和院系院长(主任)中大多数人都曾有过留学经历,但基本上是作为留学生或实验室访问研究人员学成后立即回国,对国外一流大学的内在机制没有太多亲身体验和了解。但如今,中国已经拥有一大批任教于世界一流大学和高水平大学多年的海外知名华人学术领军人物和担任国外大学行政职务的管理者,他们活跃于国际学术舞台,既了解中国基本国情和高教现状,又对国际先进教育理念和教育管理模式有亲身经历,从而比较熟悉其内在机制与杰出人才培养模式。

这也正是与一般行业不同的地方,教育服务行业引进海外优质资源不能靠简单地引进技术,而要靠引进那些熟悉世界一流大学内在运行机制的杰出学术领军人物。这些海外知名华人学术领军人物和行政主管大都是在国内接受了多年教育直至本科或研究生教育之后才出国的,绝大部分都热爱祖国,希望祖国强大,有着强烈的报效祖国之志,并且他们普遍在海外高水平大学任教一二十年,对于世界一流大学到底如何办,从理念层面到实践层面都有着更加真切和深刻的理解(这些优势是国内现有大学很多行政主管有所欠缺的地方),从而构成了中国高等教育的重要外部资源。

但是，由于家庭、子女、国籍等客观条件的约束，再加上国外优厚的待遇和终身教职等各种原因，这些海外杰出学术领军人物往往又不能全时待在国内校内。那么，如何解决这个问题呢？笔者认为，首先要明确引进海外杰出学术领军人物的主要目的，就是希望借助他们的国际视野、对学科建设的前瞻眼光和学科发展的战略高度、研究前沿、学术标准和学术网络关系，来进行学科建设和全方位教育改革，帮助引进顶尖、领军和高层次杰出人才，并批量培养出优秀杰出人才，而不是拘泥于待在国内时间多少和一般的具体行政事务上。并且，只要尽心工作和注重绩效，由于现代通信技术等其他方式的支撑，即使在校外和国外依然可以与学校保持密切的工作联系，充分了解学校的有关政策、计划和安排，及时做出重大决策和具体决定。

这样，即使是非全时引进这些海外杰出学术领军人物和担任国外大学行政主管的高层次人才，也完全可以利用其国际的先进教育理念和学术评判标准，来切实提高中国大学的办学理念和改进杰出人才培养模式。而且，让他们留在国外及时向国内传递学科前沿信息，向国外宣传国内改革动态，可能更有助于把握学科发展方向和吸引海外留学人才的批量回归。从这个角度来看，这对于国家而言也可说是一项低投入、高成效的人才投资。因此，对于这些海外杰出学术领军人物的要求，应该从强调"回国服务"更多地转变到"为国服务"上来。并且，对这些人而言，这也可能是一种过渡方式，一旦熟悉国内的工作和生活环境，并且随着国内富裕程度的增加和待遇条件的改善，他们将有可能选择长期回国工作。从而，国内高校应该尽快形成与国外优厚待遇和终身教职相衔接的常任机制，并将引进的海外学术领军人物纳入干部管理体制，以充分发挥海外杰出学术领军人物的作用。

上海财经大学近5年在引进海外领军人才方面就走出了这样一条具有鲜明特色且成效显著的成功之路，所采取的一系列创新做法和改革措施以及取得的成效，值得总结、借鉴和推广。2004年以来，上海财经大学在规模引进海外杰出学术领军人物，担任非全时的体制内实聘院长，参照国际先进标准，结合国情校情实际，狠抓学科建设和人才引进的体制内全方位教育改革，走出一条具有鲜明特色的人才强校之路。这是目前既要引进海外优质教育与管理资源、又不具备大规模引进海外知名学者担任全时院长的成熟条件时期，相机采取的一种具有现实必要性的过渡性措施，是在目前约束条件下实现引进海外领军人才从"为国服务"到最终"回国服务"的一种极具可行性的战略性安排。

目前，在这些海外实聘院长中已经有4位成为教育部长江学者讲座教授，2位中组部千人计划入选者（占现有全国高校6名经济管理类入选者的1/3）。通过借助这些海外高层次领军人物的国际视野、对学科建设的前瞻眼光和学科发展的战略高度、研究前沿、学术标准和学术网络关系，上海财大在进行学科建设和引进大批海外杰出人才，并批量培养出创新型杰出人才方面，进行了卓有成效的改革探索，且效果显著。通过全方位的教育改革，使得人才培养质量、学生就业质量和比例、出国留学数量和大学层次以及行政管理、长效机制制度建设发生了显著和深刻的变化，引起了国内外同行的广泛兴趣、关注和跟进。

在此过程中，作为学科建设和全方位教育改革载体的上海财经大学"经济学创新平台"建设项目也得到上级部门的认可，被教育部、财政部列为首个国家"优势学科创新平台项目"，这一模式并被推广到全国18个行业特色型大学。此外，中央财经大学、西南财经大学、上海交通大学等也纷纷跟进，聘请海外著名华裔学者担任实职（非全时）院长，大力引进海外人才、展开教学改革、教风学风建设等。2009年10月，上海市委组织部沈红光部长专程到上海财经大学进行了调研，对上海财经大学鲜明特色的改革探索给了了充分的关注和较高的评价。

上海财经大学的这一改革方式有其内在需求和内在逻辑。总结起来，该模式之所以在上海财经大学较为成功，效果显著，就是对决定任命院长这个角色，辩证地处理好了三个方面：尽职绩效定位、选拔判断标准、管理制度创新。

1. 尽职绩效定位

对院长的考核，是以其为学院和学校在校内外和国内外所付出的时间和精力及所取得的绩效作为是否尽职的基本判断标准和定位，而不是一味以待在学校实际时间作为基本判断标准。一直以来，不少人对上海财经大学的这项改革存在判断误区和怀疑它的可行性就是由于以院长待在学校的时间，而不是以是否真正付出足够的时间和精力，是否真正带来实在的科研教学实绩，为尽职的判断依据。这个标准无论是从尽职标准还是从绩效标准来看都不尽合理。

上海财经大学打破了这一传统做法和认识，让海外实聘院长在学院的体制内行使院长的真正职责，在大的决策权方面完全授予与国内全时院长同样的权利，激励他们进行学科建设、引进杰出人才和海归教师，并批量培养出优秀杰出人才，但由于客观约束条件又不要求他们在短时间内全时待在国内，不过可以通过现代通信技术等其他方式，使得他们即使在校外和国外也进行工作加以弥补。

2. 选拔判断标准

选拔院长实际上是一个双向选择过程。一方面学校希望选拔出的院长愿意真正投入足够的时间和精力来领导学院的学科建设和教育改革，实实在在地为学校做事，有利于引进海外优秀和杰出人才，另一方面应聘人由于自身机会成本大（时间宝贵，精力有限，对他的需求大，选择余地大），自然也会非常慎重考虑花了时间和精力后，在这个学校是否能做成事情，是否值得去做。因此，根据笔者对上海财经大学模式的经历和考察，个人认为对想做事而不只是为了名利的应聘人来说，对学校作选择时会采用3个判断标准，同时学校增加招聘到好的院长人选的可能性应采用5个判断标准。简言之，要增加采用这个模式成功做成事的可能性，应该需要具备8大必要条件：3大客观必要条件和5大主观必要条件。

学校所应具备的三大客观必要条件：(1)学校领导大力支持（需要校领导的眼光和魄力）。(2)按全时院长充分授权（行政、人事、财务等）。(3)能充分发展（成规模引进海内外优秀人才）。当然，在当前举国重视人才引进的大环境下，中央领导和部委都非常重视，连党管干部的中组部现在也非常重视大规模的海外人才引进的大背景下，满足这3个条件的学校越来越多。院长人选所应具备的5大主观必要条件：国际的学术水平、先进的办学理念、尽职的工作干劲、较强的行政能力、谦虚的工作态度。笔者认为，这是挑选院长人选时应采用的基本标准。

3. 管理制度创新

通过选拔具有共同理念与良好执行力的党政行政班子、规范管理职能与程序等相应制度和现代通信技术手段的支持，尤其是海外院长基于权责一致的实聘制所表现出来的责任心、工作能力和积极性，用事实和成效回应了海外院长无法领导学科建设和进行日常管理的质疑，不仅保证了学院院务工作的顺利开展，还明显提升了院务管理与服务的质量和水平。这也为学校进一步探索聘任海外知名经济学者担任体制内非全时院长的制度创新，奠定了坚实基础。

三、实施双轨人事管理，规模引进海外优秀人才

无论是科技的发展，还是教育的发展，未来都属于青年。中国必须引进和培养出一大批具备广阔世界眼光、熟悉国际学术前沿、掌握国际通行规范的青年领军人才，海外留学青年博士具有这方面的优势，在海外顶尖科学家和杰出学术领军人物的指导和带领下，他们有希望成长为未来的杰出人才，甚至是领军人物和顶尖人才。从而，应该大规模地引进海外高层次的优秀博士回国服务。

中国大学要办成世界一流大学和高水平大学，实现按照国际质量标准、适应国家战略需要批量培养杰出人才的重要目标，师资队伍和科研队伍的国际化程度必须要有显著的提高。改革开放以来，中国各类出国留学人员总数高

达139万余人，而留学回国人员仅有约37万人，这100余万滞留海外的留学人才是一个巨大潜在的人才库，是中国大学面向全球配置师资队伍的特殊重要资源。这也正是我国香港和台湾地区早期大学教育取得跨越式发展的一个主要经验，非常值得借鉴。比如，香港科技大学能够在短短10多年时间内办成一所全球知名的研究型大学，其成功的主要经验，就是在世界范围内配置师资（80%的教员博士学位来自世界闻名的顶尖大学），并参照世界一流大学的标准评价师资。

可以预见，由于引进海外顶尖科学家和杰出学术领军人物的指标意义和示范效应，加上国内经济的迅速发展和国家的日益强大，将会有越来越多的海外优秀留学人才选择回国工作。然而，近年来国内一些大学对于海外留学人才在招人、留人、用人、走人以及待遇和人性化管理方面都存在某些不足，会影响到海外优秀人才的回流。一个极端的例子，就是前段时间发生在浙江某高校的海归博士自杀事件，实在让人扼腕痛心！这固然可能跟其个人的心理素质有关，但是依然非常值得警醒。

与此同时，从高级知识分子整个群体考察，他们的身心健康、工作条件和生活待遇值得关注。一项在中国科学院和北京大学的调查表明，大学和研究所的教授以及研究员的平均寿命只有58岁，低于全国人均寿命15岁！这是十分不正常的现象，需要高度警惕，并加以解决。否则会造成人们不愿意从事研究和高等教育的强大负面激励扭曲，会极大地损害国家的可持续发展战略和未来长远利益。像大学教师以及研究员这样的高级知识分子，在世界发达国家都是受到充分重视的，无论是社会地位还是收入水平都是属于高层，但在国内的现状是，许多优秀杰出教师和研究人员却不能得到一个良好的工作和生活条件、较高的工资待遇，这是很不正常的，容易造成整个社会激励扭曲，亟待纠正。

笔者认为，对于高级知识分子的待遇提高问题，可以借鉴中国经济双轨制的改革思路，以及国外大学常任轨（Tenure Track）与非常任轨教职并行，并双向打通的管理办法，新人新办法，旧人旧办法。一方面，对于新引进的海归优秀博士，将其纳入类似北美一流研究型大学的常任教职轨，并提供具有国际竞争力的工资待遇，目的就是激励他们紧跟国际学术前沿，多在国际著名刊物上发表论文，让他们在国内大学环境下做出世界级的成果，让他们的成长和中国的发展联系在一起。另一方面，对于存量的本土教师和研究员，将其纳入非常任教职轨，依然沿用传统的考核管理办法和工资待遇标准。但是，这两个轨道应该是双向打通的，即不符合常任教职轨考核要求的海归博士，不得享受相应的高待遇，可转入非常任轨，同时达到常任教职轨考核要求的存量教员，也可以申请进入常任轨，并享受相应待遇。

上海财经大学是国内大学中最早利用海外成熟人才市场（美国经济学年会期间的经济学家市场），进行大规模海归博士招聘，也是最早实行上述双轨制人事管理改革探索的学校之一。自2005年以来，学校已经相继从哈佛大学、耶鲁大学、普林斯顿大学、加州大学伯克利分校、牛津大学、多伦多大学、筑波大学等世界著名学府引进了近80位海归博士，其中仅经济学院就引进了35位，海归人才队伍规模效应十分明显。这些海归教师已经在包括 *American Economic Review*、*Econometrica*、*Review of Economic Studies* 等国际顶尖期刊在内的国际知名经济学刊物上发表了113篇论文。其中，单经济学院教师就发表了96篇国际刊物论文，从发表文章的数量和质量这两个标准来看，不仅在国内大学同类院系中居于前列，而且达到了北美50名左右研究型大学的经济学院（系）的水平。

四、结束语

中国正处于建设现代化强国的历史征程，这实际上就是一个不断追赶世界发达国家的过程。在全球化日益深入的背景下，充分利用后发优势，大胆探索改革路径，积极借鉴已经被证明非常成功的成熟模式来全方位推进现代化进程，已被证明是一条可以少走弯路的捷径。同时，这也为广大海外留学人才回国创新创业提供了非常广阔的天地。可以说，这是一个需要海归的时代，也是一个成就海归的时代。笔者相信，只要政府进一步重视和改进海外高层次人才引进计划，引进人才的政策恰当，随着国家的日益富裕和生活、居住条件的改善，将会有越来越多的海外华人顶尖科学家、杰出学术领军人物和高层次优秀博士选择回国创新创业。

(2009年12月)

79

关于建立海外高层次尖端人才引进长效机制的建议*

中国要真正成为世界政治经济强国，就必须坚持科教兴国和人才强国战略，拥有一支达到世界顶尖水平的庞大科研队伍，以及一批能够培养大批创新型杰出人才的世界一流大学和强大师资阵容。当前，中组部正在组织实施的"千人计划"的海外高层次人才引进重点项目，具有重大战略意义，引起了社会各界特别是广大海外人才的广泛关注，值得充分肯定。

不过，根据笔者20多年来在海内外大学的实际工作经历和近两次担任"千人计划"评审专家所了解到的实际情况，很多海外高层次尖端人才还没有被吸引进来。并且，与国内其他人才引进计划一样，客观效果上重短期引进使用，在吸引海外杰出人才长期留在国内安心工作并充分发挥其实质作用的制度安排方面还有待完善。因而，需要建立、健全能够引得进、留得住和用得好海外高层次尖端人才的长效机制，采用多种方式，分层次、分功能、分步骤，下大决心引进海外高层次尖端人才回国或为国服务。

---

* 本文为作者应总理办公室之约而作，后经改编刊载于相关部门刊物。

一、人才界定：确立海外高层次尖端人才遴选评判标准

本报告提及的海外高层次人才主要是科技和教育领域的创新人才，涵盖以下三类人群：

一是海外顶尖华人科学家。这些人才应该是得到海内外广大同行公认的顶尖人才（这在国外同行中基本上是公共信息），并且在每个领域本身也不多，他们在所属科学领域已做出具有世界影响的杰出成就，所从事的研究处于国际科学技术创新的发展前沿。这些人才的引进将大大推进国内相关领域的科技水平，如同新中国科技史上的"三钱"（钱学森、钱三强、钱伟长）、李四光、竺可桢、华罗庚等一批杰出的留学归国科学家和学者，为国家科技进步、高等教育和经济发展做出了重大贡献。

如果能够真正引进50个到100个这样的海外顶尖华人科学家，其背后可能就会有几百个、成千上万个海内外优秀科学人才，进一步加入由他们领衔的学术梯队和团队中来，以及培养出一大批博士生、博士后，来共同进行重大科技攻关，形成巨大的鲇鱼效应、"滚雪球"效应和网络效应。

二是海外杰出学术领军人物。这些人才应该是在国际知名大学任教多年的资深教授，对世界一流大学的办学理念、管理模式和内在机制均有着更切身和深刻的理解与领悟。由于办一流大学有其内在规律，学科建设、师资队伍、教学科研、人才培养、行政管理等环环相扣，是一个综合的改革系统工程，需要在体制和机制上作相应的配套改革。因而，当务之急是需要慎重选聘、重用一大批真正懂得世界一流大学的办学规律和运行机制的教育管理人才。

三是海外优秀青年创新人才。与此同时，也必须引进和培养出一大批具备广阔世界眼光、熟悉国际学术前沿、通晓国际先进学术标准的青年创新人才。海外留学青年博士具有这方面的优势，在引进的海外顶尖科学家和杰出学术领军人物的指导和带领下，他们有希望成长为未来的顶尖人才和领军人物。从而，应该大规模地引进海外高层次的优秀博士回国服务。

不过，第三类人才的引进及其成长，在很大程度上取决于第一、二类人才即海外高层次尖端人才的引进和使用情况。因此，以下本报告将侧重就前两类人才的引进提出建议。

二、建议措施：建立海外高层次尖端人才引进长效机制

引进海外高层次尖端人才回国或为国服务，应该从引得进、留得住和用得好三方面同时入手，探索建立与国际接轨的吸引和利用海外高层次尖端人才的模式和长效机制。为此，笔者从引、留、用三方面各提出 2 点具体建议，共 6 点。

1. 如何引得进

引得进高层次尖端人才的核心是如何发现和吸引真正的顶尖和领军杰出型人才回国或为国服务。目前，国内引进人才主要还是靠自己申请，或靠大学和科研机构出面联系的愿者上钩方式。这很难找到和吸引到真正的顶尖高手，并可能存在激励扭曲。

建议一：建立海外高层次人才储备库，并采用海外同行专家评审机制。依托国家驻外机构，加强与高层次尖端人才的联络，以平时收集和开座谈会等方式，发现和推荐海外顶尖和杰出人才。同时，广泛征求同行专家，特别是海外同行专家学者的意见（此点非常重要，更有利于信息对称，也不存在利益冲突，评价会更客观和公正，是消除激励扭曲的根本方法），遴选确定本领域的佼佼者。

建议二：采取"动之以情、待之以礼、安之以利"的 12 字引人方针。在新的时代环境下，引进海外顶尖和杰出人才需要在情、礼、利三方面综合应用和真诚对待。其一，需要"动之以情"，以三顾茅庐的精神主动和真诚地去挖掘和邀请。真正的好的人才不是招来的，而是请来的。其二，需要"待之以

礼",对于顶尖人才甚至给予国士、国宝级待遇,从政治上给予充分的信任,当成自己人信任和大胆使用。其三,需要"安之以利",给予国际同等水平甚至有所超越的高规格待遇和安置,这也是"情和礼"的具体体现,是政府尊重知识、尊重人才的表现。

我们特别建议国家每年投入5个亿到10个亿来全职引进、用好和留住50个到100个海外顶尖华人科学家,给予他们比所在领域国际市场高出20%到30%的工资水平,比如每人20万到25万至多不超过30万美元的年薪。同时,给他们一定数量(比如5个到8个)的高层次研究人员编制,按照国际通行的人才评价标准,继续从海内外引进同领域的研究人员,来组建研究团队、实验室,并给予稳定的经费支持和长久待遇。

2. 如何留得住

留得住高层次尖端人才的根本是如何解决可持续性问题,消除工作、生活和政治上的后顾之忧。一要建立长期化、终身制的人事制度,二要任人唯贤,打破不合理的行政层级限制。因此,我们建议:

建议三:与长周期、高质量的考核评价体系相对应,建立一个长期化、终身制的人事制度安排。 海外顶尖和杰出人才基本都获得了国外大学的终身任期资格或者巨额的长期科研经费支持,这也构成了他们全职回国的机会成本。因此,应按照国际惯例,承诺持续地给予至少引进时的待遇直至退休,对于全职引进的海外顶尖华人科学家,不妨考虑直接将其纳入中国科学院、中国工程院院士人选等安排。

同时,在住房提供、配偶就业、子女入学、医疗社保等方面做出统筹安排,提供优惠政策保障。这些海外顶尖和杰出人才基本都已经在国外扎下根来,如果全职回国,往往需要举家迁移到国内,原有的生活网络都会断掉,从而需要予以周到的补偿,以解决后顾之忧。

**建议四:在科研教育领域内更高的行政层级上任用海外杰出学术领军人物,这也是借鉴大型国有企业面向全球招聘正职的一种做法,从而需要解决他们由于已入外籍无法从事高层行政管理工作的制度性障碍。在当前国内懂得建设世界一流大学管理人才资源相对稀缺的情况下，引进在国外知名大学工作多年的资深海外杰出学术领军人物担任国家和地方教育部门、大学校级或院系行政职务，有助于优化国内大学的办学理念和人才培养模式，推动建立一套在中国创办世界一流大学的体制机制。

出于国际间学术交流的便利考虑（如免签证），这些海外的尖端人才绝大多数已经加入了外国国籍。中国目前尚不承认双重国籍，这也许是造成中国流失的高层次尖端人才数量在世界居于首位的原因之一。

3. 如何用得好

能否引得进、留得住，特别是用得好高层次尖端人才的关键在于科研教育管理体制和制度。没有一个有利于科学发展的好的制度环境，引进再多的海外人才也无法真正发挥他们的作用。当前，我国现有教育科研体制的一个显著特点就是行政主导，大学和科研机构的官本位意识浓厚。特别是大学之间封闭办学，没什么竞争，缺乏主动对接国际标准的压力和动力。如果教育体制不做配套改革，已引进的各类优秀人才发挥作用的鲇鱼效应就会受到很大制约，从而影响"滚雪球"效应和网络效应。同时，真正懂得按邓小平的"三个面向"要求办学的行政管理人才欠缺，学术和人才评价标准没有真正与国际先进标准接轨。这些也是导致中国没有一所世界一流大学以及培养不出杰出人才的制度性障碍。

建议五：实行松绑放权的教育改革，允许并鼓励基层的教育制度创新，引入开放式竞争机制、国际学术标准和国际同行评审制度等，以真正发挥引进的海外高层次尖端人才的作用。

建议六：如果在松绑放权的教育改革条件还不成熟或有顾虑的情况下，可以像经济改革早期一样，先搞一些改革试点，办教育特区，给出一些特殊政策，让试点大学先行先试，摸索出一套经验出来。建议花半年左右时间，到引进海外人才推动国际化办学成效明显的国内大学进行调研，探讨其可行性，利用一年左右的时间挑选 8 所到 10 所大学进行试验,给予特殊的政策支持。(详细讨论见笔者的建议书:《破解制度难题,打造中国特色的世界一流大学》)

最后,给出实践检验上述建议措施具有显著效果的一个实例。早从五年前,我们上海财经大学就在颇有魄力和战略眼光的谈敏校长的领导下,在力所能及和国家政策允许的范围内,围绕上述 6 点建议措施做了一系列大胆探索和改革尝试,包括引进了多达 7 位海外著名华人经济学家担任学院院长,并大规模引进海外知名大学博士,取得非常显著的成效。目前,在全校教师中,海归博士的比例超过 19%,笔者所在的经济学院更是占大多数,达到 40 名,占 55% 左右,率先实践了国家重视海外高层次人才引进的发展战略。短短几年间,学校在学科建设、师资队伍、教学科研、行政管理、学生就业留学、对外交流合作等方面都发生了显著的变化。特别是从国际研究成果看,经济学院基本达到了北美五十名左右研究型大学经济学院(系)的水平。

(2010 年 1 月)

80

破解制度难题，打造中国特色的世界一流大学*

中国要成为真正的世界政治经济强国，就必须切实把教育摆在优先发展的战略地位，坚持科教兴国和人才强国战略。其实，早在20世纪80年代初，邓小平同志提出改革开放的同时，也对教育提出了"面向现代化，面向世界，面向未来"三个面向的改革发展方向。不过，与经济改革的进程和巨大成就相比，教育改革在相当程度上是滞后的，与人们的期望有很大的差距。

过去一年里，温家宝同志曾在多个场合就教育问题发表重要讲话，在海内外引起很大的反响。国务院和教育部也曾多次围绕《国家中长期教育改革和发展规划纲要》制定召开座谈会，重要的主题包括大学的管理体制的改革及如何办具有中国特色的世界一流大学。以下，笔者将结合自己20多年来在海内外大学的实际工作经历，着重就这方面内容谈一些看法。

笔者是20世纪80年代初留学美国的，师从诺贝尔经济学奖获得者、激励

---

* 本文为上海财经大学高等研究院2010年度政策建议书之一。

机制设计理论创始人赫维茨教授。20多年来任教于海外知名大学,一直关注和研究国内经济改革及其制度转型,最近6年来又在国内高校一线——上海财经大学经济学院担任院长和教研工作,应该说对国内外大学体制和管理模式均有比较深刻的了解和切身的体会。根据笔者的观察,中外教育体制和大学管理模式存在三大主要差距,这些差距的背后则是我国建设世界一流大学所面临的制度性障碍。进而,借鉴中国经济改革开放的成功模式,笔者提出了破解制度难题的三条基本措施。

一、三大主要差距

笔者认为,与人们的期望和国际先进水平相比,我国教育体制和大学管理模式的差距主要体现在以下三个方面:

其一,**缺乏良好的办学理念**。如缺乏像蔡元培的"思想自由,兼容并包"的教育理念和陈寅恪的"独立之精神,自由之思想"的学术精神等办学理念,使得当今国内大学培养出来的学生普遍缺乏独立思考和批判思维能力,从而没有大的创新创造能力。

其二,**教育体制行政化,缺乏开放式竞争**。我国教育体制的一个典型特点就是行政主管教育,像管干部一样在管教育家和教育工作者,使得大学官本位意识浓厚。并且,大学之间封闭办学,没有什么竞争,缺乏主动对接国际标准的压力和动力。

其三,**行政管理模式和学术评价标准落后**。真正懂得按邓小平的"三个面向"要求办学的行政管理人才欠缺,学术和人才评价标准没有真正与国际先进标准接轨,而是停留在应付上级部门各式各样的考核指标和频繁的评价活动上。

二、三条基本措施

上述这些差距,在很大的程度上是造成"钱学森之问"的制度性障碍,使得"没有一所大学能够按照培养科学技术发明创造人才的模式去办学,没有自己独特的创新的东西,老是'冒'不出杰出人才"。笔者认为,在现有环境下,要走出一条建设有中国特色的世界一流大学道路,首先必须消除这些制度性障碍。借鉴中国经济改革开放的成功模式,笔者就此简要地提出三大基本措施(详细谈论见笔者最近完成的2份万言建议书及其缩写版):

1. 实行松绑放权的教育改革,引入竞争机制、国际学术标准和国际同行评审制度

首先,与中国经济改革的成功经验类似,建议在国家和中央部委的宏观指导下,充分考虑中国国情,进行松绑放权的教育改革。如老子所说,"治大国如烹小鲜",办教育也是如此,应该无为而治。要摆脱像计划经济那样管得太细太死的做法,在办学模式、学科建设、课程体系设置等方面给大学更多的自由度和自主权,根据大学所处的不同行业、区域、层次形成各自的办学特色。就像温家宝同志2009年初在科技领导小组会上的讲话中提到的:"不能把学校办成千篇一律,千人一面,学校还是要有自己的特色,自己的风格。"

其次,建议引入竞争机制、国际学术标准和国际同行评审制度,形成面向国内外的开放式办学竞争格局。师资水平的高低和大学办学的好坏,应该参照国际先进标准来评判,并且要找国际同行评审专家来参与评价,以建立健全一整套适应未来国际化办学需要和学科自身发展规律的学术标准和规范,这是建设世界一流大学的必由之路。

再次,建议实行大学校长任期弹性制,对真正有胆识、有魄力的优秀校长赋予长期任职,以保持办学理念和发展思路的连续性和稳定性。比如,美国著名大学的校长的平均任期为12.2年,而哈佛大学26任校长的平均任期更接近14年,这是其办成世界第一的重要原因之一。反观我国目前大学校长的平均任期还

不到美国的一半,也明显短于中华人民共和国成立初期大学校长的任期。

2. 大量引进海外优秀人才,从事科研教学和行政管理工作

与经济对外开放引进外资和先进管理经验相类似,教育改革也需要引进海外人力资本和先进管理人才。中国现有100余万出国留学人员滞留海外,这是一个巨大的人才库。要建立和完善能引进人、留住人和用好人的长效机制,采用多种引进方式,分层次、分功能、分步骤,采取"动之以情、待之以礼、安之以利"的12字方针,下大决心引进真正的海外顶尖华人科学家、杰出学术领军人物及大批引进海外高层次的优秀博士回国或为国服务。

同时,办一流大学有其内在规律,学科建设、师资队伍、教学科研、人才培养、行政管理等环环相扣,是一个综合的改革系统工程,需要在体制和机制上作相应的配套改革。这就需要真正懂得世界一流大学的办学规律和运行机制的教育管理人才。当前这方面的人才资源在国内相对稀缺。因此,建议以多种方式引进在海外知名大学工作多年的海外杰出学术领军人物,担任教育部门、大学校级或院系行政职务,并且在政治上充分信任,借助其国际的先进教育理念和管理机制、学术评判标准及学术网络,优化大学办学理念和人才培养模式,尝试推动和引导建立一套在中国创办若干世界一流大学的体制和机制。

3. 鼓励改革创新尝试,办教育特区

如果在松绑放权的教育改革条件还不成熟或者有顾虑的情况下,可以像经济改革早期一样,先搞一些改革试点,允许教育改革和制度创新的试验,办教育特区,给出一些特殊政策,让试点大学先行先试,摸索出一套经验出来。实际上,抗战时期的最接近世界水平的西南联合大学,也好比是当时的一所特区大学,建议花半年左右时间,到国际化办学成效明显的国内大学进行调研,探讨其可行性,利用一年左右的时间挑选8所到10所大学进行试验,给予特殊的政策支持。

作为一个实例,早从五年前开始,我们上海财经大学在颇有魄力和战略眼光的谈敏校长的领导下,做了一系列大胆探索和改革尝试,包括引进了多达7

位的海外著名华人经济学者担任体制内实聘院长,并大规模引进海外知名大学博士,使得在全校教师中,海归博士的比例近18%,笔者所担任院长的经济学院更是超过50%,率先实践了国家重视海外高层次人才引进的发展战略。短短几年间,学校在学科建设、师资队伍、教学科研、行政管理、学生就业留学、对外交流合作等方面都发生了非常显著的变化。特别是从国际研究成果看,经济学院基本达到了北美五十名左右研究型大学经济学院(系)的水平。

三、结束语

总之,办中国特色的世界一流大学,在宏观上需要我们的教育主管部门松绑放权,在充分考虑约束条件和可行性的前提下,允许并鼓励基层的教育制度创新,引入开放式竞争机制、国际学术标准和国际同行评审制度,形成百花齐放的大学办学新局面;在微观上要求我们的大学要有海纳百川的胸怀,从世界范围内配置师资和管理人才资源,让真正懂教育的人来办教育,推动办学理念、人才培养模式以及相配套的体制和机制的深刻变革。由此,笔者想借用清代思想家龚自珍的一句诗来结束本报告:"我劝天公重抖擞,不拘一格降人才。"

(2010年1月)

81

扩大和落实高校自主权的关键是实行开放式竞争办学*

对《国家中长期教育改革和发展规划纲要》的建议之二

中国高等教育在过去60年里发展迅速,取得了非常显著的成就,为国家和社会培养了大量的人才。然而,在高等教育国际化趋势日益加强的新形势下,国内高校在主动对照国际先进标准进行学科建设和教育改革方面,在满足国家和社会对大批高层次杰出人才和高水平知识成果的需要方面,与人民的期待还有很大的差距。分析其中原因,高校办学开放式竞争不足和自主权缺乏是问题的关键所在。

尽管1998年颁布实施的《高等教育法》赋予高校相当大的自主权,但《高等教育管理职责暂行规定》等条例却将大部分权限归于教育主管部门,使得高校自主权在主管部门的指导下变得残缺不齐。近年来,社会各界增加高校办学自主权的呼声不断。然而,主管部门管得过细过死的局面没有什么大的改变。一个典型的例子就是,前几年搞得轰轰烈烈的本科教学质量评估工作,对

---

* 本文为上海财经大学高等研究院2010年度政策建议书之四。合作者包括:艾春荣、胡永刚、程霖、龚关、夏纪军、杨卫东、谭继军、王昉、常进雄、肖俊极、齐新宇、张沁悦、陈旭东。

教师试卷打分方式甚至都有具体规定和要求。

值得欣喜的一个进展是,《国家中长期教育改革和发展规划纲要》(简称《纲要》)在第三十九条专门提出要"落实和扩大学校办学自主权",鼓励"高等学校按照国家法律法规和宏观政策"自主办学。不过,我们发现,可能是由于《纲要》受篇幅所限,有关问题似乎还没有说清说透。为此,本报告将结合我院和我校在基层一线的教育改革、学科建设和办学过程中遇到的实际困难和问题,就如何进一步落实和扩大高校办学自主权,围绕基本的原则和具体的措施谈谈我们的建议,供《纲要》修改和有关部门参考。

一、改革的原则方向

真正落实和扩大高校办学自主权,关键的关键在于充分遵循高等教育办学规律,合理界定政府行政监管与大学自主办学的边界,最大限度地减少行政干预,按照邓小平同志早在20世纪80年代就提出的"面向现代化,面向世界,面向未来"的要求,实行开放式竞争办学,建立激励相容的教育体制机制,以此避免高等教育陷入"一收就死,一放就乱"的局面,为大学长远发展奠定可靠的基础。

为此,政府部门所应采取的管理方式,应该是宏观指导下注重绩效的目标管理模式,而不是微观层面上事无巨细的过程控制模式。比如:(1)只管那些考虑中国现实国情而必须管的大原则、大方向上的事情(如社会主义办学方向、公共政治课开设等)。(2)根据国家发展战略,制定教育发展规划和学科建设导向政策,以此满足国家、社会对人才和知识的需要。(3)根据学科特色,分层次,分区域,制定绩效考核标准。比如,办世界一流大学和高水平大学,就应该参照国际先进办学标准进行绩效考核,引入开放式竞争机制,以此激励高校主动瞄准世界一流大学进行办学。(4)建立全国性的高等教育信息发布及共享平台，加大信息公开力度，健全信息披露机制。

如老子所说，"治大国如烹小鲜"，办教育的具体实施方式和过程也是如此，应该无为而治。一旦目标和标准由教育部确定之后，由于信息不容易对称，上级部门无法也没有必要抓具体实施过程，具体的实施和管理应该交给大学自己，特别是那些非常具体的、信息不容易对称的方面的管辖权限应该尽快有序放开，充分调动大学自主办学的积极性、主动性。这样才能真正推动中国高等教育按照"三个面向"的要求深化改革，促进发展。

二、具体的建议措施

根据以上提出的改革的原则方向，下面我们将就如何真正落实和扩大高校办学自主权，提出四大基本建议和若干具体措施。

第一，建议适时修订相关法规制度，并废除违背高校办学自主权上位法的法规制度，政府相关部门应按照有利于高校依法自主办学的原则，对现有法规制度进行梳理、修订和完善（有关问题在建议二中将有详细阐述）。随着我国教育事业的发展，高等教育发展环境的变化及高教体制改革的深入，现行《高等教育法》中显现出不相适应之处，有必要适时予以修订，同时对其他相关条例也应做出相应调整和完善，从依法自主办学的"依法"角度，切实保障大学自主权的落实。

第二，与中国经济改革的成功经验类似，建议在国家和中央部委的宏观指导下，充分考虑中国国情，进行松绑放权的教育改革。可以从招生、学科专业设置、课程设置、教材选用、培养方案设计、对外合作办学等方面入手逐步给大学更多的自由度和自主权，根据大学所处的不同行业、区域、层次形成各自的办学特色。《纲要》中谈了部分，这里我们从自身的办学实践出发做一些细化和补充，以供参考。

1. 进一步扩大高校招生的自主权。高校应有权根据市场需求和自身条件，确定自身的招生规模和录取条件。国家可颁布"招生指南"引导学校招生工作，并通过办学条件和质量评估、预警系统等措施调节高校的办学规模。并且，办学质量较好、有较好生源的高校，应有权在提高奖学金额度和扩大获奖面的基础上，在一定范围内提高学费标准。在物价和审计监督下，允许高校在实行学分制下采取有别于学年制的学费收取标准。

具体到高校招生考试录取方面，目前对大多数高校而言，招生计划（规模和地区分布）、考试科目、分数线等都由主管部门决定，高校无法根据自身特点实行多样化考核。建议：（1）凝练入学考试科目，基本科目考试常规化（类似美国SAT、GRE等考试），改变一考定终生；同时，国家对各类学校录取学生时的基本科目成绩设定基本线。（2）在基本线以上，由高校各专业自主决定选拔方式。（3）招生实行弹性规模控制，给予高校或院系在核定规模上下一定幅度的浮动，只要求若干年的平均规模达到要求即可。这样可以避免高校在生源质量好的时候无法扩大招生规模，而在生源质量差的时候为完成招生规模而滥招，确保生源质量的稳定。同时，将相关经费与年度招生规模适当脱钩，更多地与核定计划规模挂钩，多招不补，少招不扣。

2. 落实学科与专业设置的自主权。当前，国家设了一个专业目录，目录内外设置专业都必须经过主管部门审批，甚至规定专业招生人数必须在60人以上。一些专业的设置也十分狭窄，带有明显的计划经济烙印。高校在专业设置上毫无自主权，导致高校的专业设置和招生名额分配与当前学科发展趋势和人才需求错位严重。

高校应该可根据市场需求和跨学科交叉培养的需要自主设置和调整学科（包括博士点和硕士点）与专业，并报教育部和所在省市教育主管部门备案。改革统一设置专业目录、审批高校学科点和专业的做法，教育部制定学科（专业）设置指南和基本规范条件，体现分类指导原则，并据此对高校新设专业进行评估指导。根据逐步推进的原则，可先在所有国立大学如教育部直属高校范围内，推广试行由高校自行审批博士点和硕士点，并报教育部备案的制度。

同时，引入配套的大口径招生制度（以一级学科招生），学生在大口径内自主选择专业，对多年招不到学生的专业不予财政支持、暂停甚至取消，以增强专业设置的市场性，这对于应用性人才培养和本科层次培养领域尤其重要。对于基础性专业，通过其他方式给予政策扶持与财政支持。特别是重点放在研究生阶段的研究型人才培养，可以适当给予招生名额的保护，但是应该强调研究型人才培养，而不是普通硕士的培养。

3. 进一步落实课程体系的自主权。目前，这一本应归属于高校的权力的运行时常受到来自主管部门管制或以指导为名的干预。比如，教育主管部门一方面要求增加选修课学分，另一方面又要求改革课程必须达到1/3。所以，建议：(1) 除了规定若干体现国情的课程外，其他课程设置比例归高校自主决定，同时学校也给予各院系更多的自主权；(2) 主管机构可以提供课程设置的建议或经验，但不宜以此要求各高校推行建议的课程体系，应该允许各高校探索适合本行业、本地区的课程体系，发展多样化的人才培养方案。

4. 进一步落实培养方案设计的自主权。目前，高校本科毕业都要求完成毕业论文或设计。在当前高校本科扩招、教育大众化，人才培养重点倾向应用型的背景下，这一规定日益凸显出对现行资源配置和人才培养的负面影响，应该给予各高校自主决定是否要求学生撰写毕业论文或设计，或给予学生选择修读课程还是写论文的选择权，让各专业和学生根据自身特点来选择培养方案，避免一刀切所导致的资源浪费。这一条也应该适用于硕士研究生。当前应用型和研究型人才分类培养的趋势加强，就业导向的应用型硕士同时面临毕业实践、论文要求以及找工作的多重压力，毕业论文不仅占用了学生大量时间（几乎一年时间），且效果不好，使许多学生铤而走险大量抄袭。这与美国大学形成鲜明对比，现在美国的大学本科生不要求写论文，硕士研究生或不要求写论文，或对是否写论文给予学生选择权。

5. 进一步落实高校对外合作办学的自主权。建议规范、收缩中外合作办学审批权，逐步将其下放给各高校，高校参照教育部制定的相关规范性规定，可根据自身特色，依法灵活地与国外高校开展各类形式的合作办学。

6. 落实机构设置与人事的自主权。建议教育部直属的所有高校，均有权设置研究生院。校内各类人员的编制、岗位及专业技术职务的数量和比例，在国家原则性规定的指导下，高校可根据自身情况自行设置。

进而，考虑到办世界一流大学有其内在规律，学科建设、师资队伍、教学科研、人才培养、行政管理等环环相扣，是一个综合的改革系统工程，需要真正懂得世界一流大学的办学规律和运行机制的教育管理人才。建议以多种方式引进和使用在海外知名大学工作多年的海外杰出学术领军人物，并且在政治上充分信任，借助其国际的先进教育理念和管理机制、学术评判标准及学术网络，优化大学办学理念和人才培养模式。比如，根据1992年"16条"扩大办学自主权的意见中关于"学校可按有关规定，提名并考察副校长人选，报国家教委批准任免"一条，将其中有关副校长的人选范围，扩大到有志于投身国内高等教育事业的海外人士及外籍人士。

第三，建议引入竞争机制、国际学术标准和国际同行评审制度，形成面向国内外的开放式办学竞争格局。当前，国内高校的有效竞争严重不足，主要体现在以下四个方面：其一，国内优质生源和办学、研究经费向综合性高校集中的趋势逐步加强。这既抑制了行业和区域性特色高校的发展，也弱化了综合性高校的改革发展动力。其二，主管部门将高校人为地分为三六九等，并赋予不同的权限与资源，使得各高校处于不公平竞争地位，抑制有潜力学校的发展。其三，非营利性民营高校的进入门槛高，较难触动公立高等教育的竞争意识和改革动力，与美国私立大学群体引领高等教育发展的格局形成鲜明对比。其四，缺乏主动参与国际竞争的意识。当前国内高校学术评判、人才评价都是以各高校圈内的标准来衡量，导致"山中无老虎，猴子称大王"。

我们认为，增强高等教育领域内的有效竞争，可先从以下三点做起：

(1)改进高校经费拨款及管理方式,在增加生均拨款标准的同时,增加专项绩效拨款,扩大专项结余经费使用的自主权。关于绩效评价指标体系,应避免简单地以某一类标准如自然科学成果去衡量所有学校,而采用同类、同行业的评价标准。(2)取消大学的行政级别,实现大学管理由分等管理转向分类管理。(3)规范直至减少或暂停各级教育主管部门直接或间接组织的各类评估、评奖活动。确需保留的评估、评奖项目,应建立其客观科学的依据和标准,依靠国内外学术同行,或借助中介机构等社会力量,按照公平、公正、公开原则开展评价活动,同时向社会公开评价标准及其细则。

尤其需要指出的是,在当前经济全球化和高等教育国际化趋势不断加强的背景下,师资队伍和教育管理资源的配置应该具有全球视野,而师资水平的高低和大学办学的好坏也应该参照国际先进标准来评判,并且要找国际同行评审专家来参与评价,以建立健全一整套适应未来国际化办学需要和学科自身发展规律的学术标准和规范,这是建设世界一流大学的必由之路。美国主要研究型大学保持教授水平的关键也就是,在招聘和晋升过程中实行了极其严格的国际同行专家评审制度(Peer Review)。

第四,如果在松绑放权的教育改革条件还不成熟或者有顾虑的情况下,建议可以像经济改革早期一样,先搞一些改革试点,允许教育改革和制度创新的试验,办教育特区。这也是考虑到高等教育体制的改革是一项艰巨复杂的系统工程,需要有一个探索、实验并逐步完善的过程,需要采取积极试点、分步实施的方式进行探索。

近年来,上海财经大学在教育部、财政部和上海市人民政府的领导和支持下,在建设优势学科创新平台、推进国际化办学、优化学校内部治理结构等方面取得了明显效果。短短几年间,学校在学科建设、师资队伍、教学科研、行政管理、学生就业留学、对外交流合作等方面都发生了非常显著的变化,已经具备试点的基础和条件。目前,在全校教师中,海归博士的比例超过19%,我们经济学院更是占大多数,达到40名,占55%左右,率先实践了国家重视海外高层次人才引进的发展战略。从国际研究成果看，我们经济学院已经基本达到北美五十名左右研究型大学经济学院（系）的水平。实践充分表明，教育部、财政部和上海市"三方共建"的模式是卓有成效的，应不失时机予以深化，我们也希望能够继续得到各上级部门的指导和支持。

三、结束语

归结到一点，高等教育领域内的制度变迁，应该由政府划一式管理控制转为高校自主式探索尝试，应该由封闭式办学模式转为开放式竞争办学。政府主管部门应该只管目标和标准，具体的实施和管理应该交给大学自己，以充分调动大学自主办学的积极性、主动性。并且，应该以开放促竞争，以竞争促发展，让高校在开放竞争的环境中充分用好自主权，推动中国高等教育科学发展、跨越发展。实际上，这与过去30多年来中国经济体制改革之所以取得显著成就的基本经验是相通的，也是中国高等教育走出"一收就死，一放就乱"困局的出路所在。

（2010年3月）

82

普及十二年义务教育是实现教育现代化和建设人力资源强国的基石[*]

对《国家中长期教育改革和发展规划纲要》的建议之一

教育现代化是国家现代化的基石。按照十七大关于"优先发展教育,建设人力资源强国"的战略部署,作为指导我国未来十年教育改革发展的纲领性文件,《国家中长期教育改革和发展规划纲要》(简称《纲要》)提出了"基本实现教育现代化,基本形成学习型社会,进入人力资源强国行列"的战略目标,是一件值得欢欣鼓舞的事情。然而,《纲要》所提出的"**巩固提高九年义务教育水平;普及高中阶段教育**"子目标,却在一定程度上与上述战略目标有较大偏差,且与《纲要》所提出的"促进公平"的国家基本教育政策也有所背离。笔者认为,这可能是《纲要》的最大不足。

教育作为一国各项事业基础的基础,对它的重视应该充分体现出高度的战略眼光和前瞻性,真正做到教育先行。义务教育年限在很大程度上反映了国民的受教育水平和整体素质,是经济社会可持续发展的必要条件。一方面,市场化、城市化、全球化、知识经济和信息经济的深入发展,对不同领域不同层次

---

[*] 本文为上海财经大学高等研究院2010年度政策建议书之三。

的劳动者基本素质和能力结构都提出了新的更高要求。经济的可持续发展有赖于人力资源强国的建设。另一方面，维护社会和谐稳定，缩小贫富差距，迫切需要我们创造起点公平以更好地促进社会公平。这些都不是短短的九年义务教育所能承载的。

从国际经验来看，世界绝大部分国家和地区的义务教育年限都超过九年。这样，无论从满足中国经济发展和社会和谐的现实需求，还是从跟上世界教育发展潮流的战略需要出发，十二年义务教育都应成为新形势下政府追求的最基本的教育目标之一，其作为一个导向性的总体战略目标，应该在《纲要》中旗帜鲜明地提出来。笔者认为，如果到2020年，依然继续执行九年义务教育，而不是十二年义务教育，将会造成巨大的战略失误。

为此，建议将上述子目标调整为"基本普及十二年义务教育"。这不仅有其现实必要性，而且已具备较强可行性。

一、现实意义：适应新形势下经济社会发展的需要

未来十年，我国经济发展的主基调是城市化、市场化、信息化、国际化，经济结构的优化升级将对国民整体素质尤其是中青年劳动者素质提出新的更高的要求。高中阶段教育既直接为高等教育输送高质量生源，又直接为社会输送较高素质劳动者，是各方需求的重要联系纽带。实施十二年义务教育，为我国社会经济的快速稳定发展构建一个良好的人力资源支撑平台，为所有国民适应经济社会发展的需要而提供一个公平竞争的基本起点，是在更高水平上实现社会公平的有力推手，是建设人力资源强国的必要措施，理应成为当前我国教育改革和发展的战略选择。

对广大农村居民和城市农民工子女而言，十二年义务教育显得尤为重要和紧迫。首先，农村劳动力素质较低的现状已经严重制约"三农"问题的解决，

农业增效、农民增收和农村发展迫切需要农村劳动力素质有一个显著的提高。其次，对农民工子女来说，一方面在城市里初中以后的升学制度（加上高昂的学费）是关闭的，另一方面又无法融入农村家乡的教育和升学系统。不少孩子面临着初中毕业就失学的情况，这些孩子带着不完整、不充分的教育步入社会，使之在市场经济竞争的环境下，具有较低的生存能力和缺乏竞争能力，造成了先天的个人内在禀赋的匮乏，这耽误的不仅是他们个人的前途，还可能会成为未来社会的不稳定因素。

然而，高中阶段学生失学情况不容乐观。根据教育部《2008年全国教育事业发展统计公报》显示，2008年全国高中阶段教育（包括普通高中、成人高中、中等职业教育）在校学生4 576.07万人，毛入学率74％。尽管毛入学率有所提高，还是有大约1 600多万的孩子未享受到接受高中阶段教育的机会。不少孩子初中刚毕业就被推上了就业市场（其中大部分是农民子女，严峻的是农村高中普及率仅50％左右）。带来的现实后果就是，即使他们走入社会、走入城市，也只能从事一些非常低层次的职业，由于低教育水平带来的学习能力的欠缺，难以适应更高岗位和产业升级的需要，无法获得向社会上层流动的机会，不能适应现代社会的生存和发展。因此，将高中阶段教育纳入义务教育，更能体现促进教育公平和实现社会公平的宗旨。

这样，**政府与其在结果公平上做文章，持续不断地耗费巨额的财政投入，来弥合日益拉大的收入差距，不如在起点公平上下功夫**。因为收入不公平背后是机会不公平，机会不公平背后是教育不均等。实行十二年义务教育则是新形势下实现教育现代化、建设人力资源强国和缩小社会贫富差距的一个有力推手，对于为最广泛的普通民众提供在市场经济和知识经济环境下自食其力、自我发展的能力，至关重要。从这个意义上讲，实行十二年义务教育是从源头上缓解和消除两极分化的根本方法。

二、国际镜鉴：追随世界教育发展潮流的重要选择

从图1和表1可以看出，欧美主要大国都至少实行了十一年义务教育，实行十二年义务教育的有美国、英国、阿根廷、新西兰等18个国家，更有如德国、荷兰、比利时等一些国家实行的是十三年义务教育，一大批发展中国家包括发展水平位居中国之后的国家，也已开始实施十年以上的义务教育。上述这些（95个）国家和地区占据了全球地理版图的大部分，这与我国人均国民收入排名世界100位开外的现状，不能说没有一点关联。

资料来源：参见 http://chartsbin.com/view/xo6.

图1　世界各国/各地区不同义务教育年限的示意图

表1　　　　　　　　义务教育年限超过九年的国家/地区一览

年限	国家/地区	数目
13年	德国、荷兰、比利时、多米尼加、特克斯和凯科斯群岛	5
12年	美国、英国、阿根廷、新西兰、百慕大、巴哈马、乌克兰、古巴、文莱、格林纳达、安提瓜及巴布达、纽埃、安圭拉、英属维尔京群岛、开曼群岛、蒙塞拉特、圣基茨&内维斯、毛里求斯	18

续　表

年限	国家/地区	数目
11年	加拿大、法国、澳大利亚、西班牙、挪威、以色列、冰岛、马耳他、巴巴多斯、秘鲁、加蓬、亚美尼亚、摩尔多瓦、不丹、哈萨克斯坦、危地马拉、阿塞拜疆、突尼斯、圣文森特和格林纳丁斯、瑙鲁、阿鲁巴、直布罗陀、圣马利诺、布基纳法索、加蓬、库克群岛	26
10年	日本、新加坡、芬兰、丹麦、瑞典、爱尔兰、匈牙利、卢森堡、墨西哥、安道尔、摩纳哥、捷克、中国澳门、俄罗斯、朝鲜、委内瑞拉、哥伦比亚、哥斯达黎加、吉尔吉斯斯坦、阿尔及利亚、多哥、乌拉圭、波多黎各、多米尼加共和国、基里巴斯、厄瓜多尔、塞舌尔、萨摩亚、斐济、黎巴嫩、法属波利尼西亚、斯洛伐克、圭亚那、科特迪瓦、荷属安的列斯、约旦、博茨瓦纳、纳米比亚、利比里亚、伯利兹、圣卢西亚、中非、刚果、吉布提、巴勒斯坦	45

资料来源：根据 Nation Master 网站及联合国教科文组织统计研究所（UNESCO）网站材料整理。

非常明显，九年义务教育已经落后于世界教育发展潮流。如果再从我国教育发展水平较高的港澳台地区看，香港已通过公营学校实行十二年免费教育，澳门在十年义务教育的基础上实行了十五年免费教育，台湾也实施了所谓"十二年国民基本教育"。我国虽已步入中等收入国家行列，但是要真正崛起为世界政治经济强国，离不开教育强国和人才强国的支撑。这要求我们必须具有前瞻眼光，下大的决心，克服一切困难，包括财政方面的困难，从战略高度对全面推进十二年义务教育的工作予以充分重视。

三、可行探讨：兼具发展的内在基础以及外在保障

如果从1985年《中共中央关于教育体制改革的决定》提出"实行九年制义务教育"算起，我国用了15年的时间于2000年基本普及九年义务教育。迄今为止，九年义务教育已经实施近25年，这为未来10年实现基本普及十二年义务教育的目标奠定了坚实的内在基础，而国家丰厚的财力资源和地方成功的试点经验则提供了重要的外在保障。

一是我国已经具备了逐步实施十二年义务教育的经济实力，基本不存在财力不足的问题。经过30多年的改革开放，我国经济规模不断壮大，已经跃居世界第二大经济体。但是，2009年我国财政性教育经费占GDP的比例却只有3.48%，不仅低于高收入国家5.5%的平均水平，而且低于低收入国家3.6%的平均水平。所以说，发展教育事业不是有没有钱的问题，关键要看政府的重视程度。

早在1993年的《中国教育改革和发展纲要》中就曾提出"逐步提高国家财政性教育经费支出占国民生产总值的比例，在本世纪末达到4%"。遗憾的是，时隔17年这一目标仍未实现。如果今次《纲要》提出的财政性教育经费占GDP比例到"2012年达到4%"的目标能够得到保证，即使以2009年33.535 3万亿元的GDP计算，也意味着比现在增加投入1 700多亿元。进而，如果我国国民经济保持8%的年增幅的话，到2012年，财政性教育经费将比2009年增加投入5 000多亿元。我国实施十二年义务教育的经费保障应该没有问题，关键是看能否下大的决心。事实上，早在"文革"期间，在大部分农村地方就曾实行过十二年免费义务教育（尽管资金缺乏和教育质量不是那么高）。

如果财政确有困难，至少可以根据地方差异和收入阶层分步实施，比如，至少在农村地区实行高中免费义务教育，其后扩大到进城农民工和城市贫困家庭子女，直至最终实现城乡全覆盖；也可以先从高中低年级开始，分层次逐步实施，直至最终实现高中三年免费义务教育。需要特别指出，目标与过程是有区别的，具体实施过程可以复杂，但是普及十二年义务教育的目标应该坚定不移。

二是我国一些地区已经进行了十二年义务教育的改革试点，积累了许多有益的经验。目前，广东珠海、四川成都、山西沁源、辽宁鞍山甚至是新疆喀什等地区都已经进行了十二年免费义务教育改革试点，这里面既有沿海经济发达地区，也有经济欠发达地区，甚至是边远经济落后地区。建议国家在总结这些地区的相关经验的基础上，尽快制定在全国范围内逐步实施直至基本普及十二年义务教育的具体办法。

这里面涉及的一个关键问题就是，如何进一步完善义务教育投入经费保障机制，合理划分中央和地方政府的分担比例。之所以4%的目标提出10多年而无法完成，中央和地方在经费问题上相互扯皮，缺乏实现目标的具体途径是一个重要原因。因而，中央和地方政府的分担具体比例需要明确下来。为了减少中央财政负担，促进地方竞争办教育，可以逐步提高地方政府提供教育经费比例的要求。实际上，在美国，义务教育经费主要是由地方政府通过收上来的房产税等来承担的，其要义就在于调节社会财富分配，为当地居民提供更公平的竞争起点。

建议此项工作可分类承担：对东部发达地区，主要由地方政府来承担；对中部一般发达地区，实行由中央和省级政府共同负责，以地方政府为主的义务教育经费保障体制；对西部欠发达地区，主要由中央财政来承担。当然，这个经费投入分担比例应该是根据当地经济发展水平动态调整的，最终目标应该是主要由地方政府来承担。

教育兴则国家兴，教育强则国家强。义务教育的改革不能只停留在查漏补缺、巩固提高的阶段，不能不回应经济社会发展带来的现实需求，不能无视义务教育发展的世界性趋势，而应该向更高的目标迈进。当前对我国而言，延长义务教育年限，基本普及十二年义务教育，是建设人力资源强国和奠定经济发展与社会进步的重要基础，是在更高水平上实现教育公平和社会公平的有力推手，更是政府的应尽责任和努力方向。

（2010年3月）

83

关于充分重视商学和经济学
高层次创新人才培养的建议*

中国正处于重新崛起这一最重要的历史性转折时期。经济体制变革和发展方式转变，使中国面临着前所未有的挑战和机遇。在市场化和国际化的进程中，商学和经济学的研究与教学为国家提供智力支持和人才培养起着举足轻重的作用。理性辨析世界发达国家的发展经验也不难发现，中国要真正崛起，成为经济政治强国和先进发达国家，就离不开世界一流的商学和经济学教育与研究作为支撑，而其核心指标之一就是能否培养出大批具有参与国际合作和国际竞争能力的经济、金融、管理、保险、贸易、营销、会计、商务等方面的高层次创新人才。

商学是以现代经济学作为理论基础，主要研究在市场经济环境下人们商业行为和商业现象及其商业活动的一门学科，在高等教育体系中自成体系，与传统的财经学科、政治经济学及以工程背景发展出来的管理学科都有很大的不同。改革开放以来特别是近十多年来，我国商学和现代经济学教育事业从无到有，稳步发展，为不断破解改革发展难题和提升国民创富能

---

* 本文为上海财经大学高等研究院2010年度政策建议书之五。

力,指导国家宏观经济调控,提供了重要的理论依据和人力资本支撑。时至今日,商学和现代经济学已成为我国高等教育体系中发展速度最快、在校学生最多、生源质量最好的学科之一。截至2008年底,我国经济学和管理学类本、专科和研究生在校生已占全部在校生人数的24.16%,近1/4。

然而,与这一现象极不相称的是,各方面对商学和经济学的研究与高层次人才培养的重视还非常不够,研究投资不足。尽管学生素质一流,但由于课程体系落后,大多教师水平低下,没有受到正规的现代经济学和商学教育,使得所培养出来的学生虽然规模庞大,但质量却远远不能满足当前国家对高层次经济、金融和其他商学人才的需求,且表现得越来越突出,这已成为当前我国高等教育的最大"短板"之一。

这个问题如果不解决,不利于中国现代市场经济体系的成熟和完善,从而有可能阻碍未来中国的经济发展、产业升级和经济结构的调整。少数顶尖人才和领军人物的确可以靠引进解决,但是大批紧缺的高端商科(如金融)人才还是亟待自己培养。并且,商学和经济学教育的正负外部性都非常大。可以说,没有现代商学和经济学理论在中国的启蒙、发展、传播和应用,以建立社会主义市场经济为导向的中国改革开放可能无法取得如此巨大的成就。反之,如果(现代市场或西方)经济学理论和商学被决策者误解和误用,其政策后果则可能带来巨大经济灾难,这次全球金融危机就是一个典型的负面例证。

这迫切要求我们要站在战略和全局的高度,充分重视和科学规划我国商学和经济学高层次创新人才培养工作。根据笔者的观察,我国商学和现代经济学教育之所以一直难以培养出高层次创新人才和贡献出高水平研究成果,是因为在其发展进程中始终存在着三大突出症结。为此,笔者提出了破除问题症结的三大基本建议。

一、三大突出症结

影响和制约我国商学和现代经济学教育发展的因素很多,但笔者认为,值得我们特别关注的主要是以下三大亟待破除的突出症结:

症结1:**教育理念相对落后,学科封闭发展脱节。**新中国成立后,我国商学和经济学教育发展曾出现一个断层,传统财经教育的培养重点是计划经济体制下的财经类国民经济从业人员。改革开放直至近年,大多高校的经管学院的主体学科基本上是以工程背景发展出来的管理学科,大致对应为国外大学工程学院中的工业工程管理学科(Management in Industry Engineering),而国内经管学院的早期教师也基本上是由工科背景的教师转行过来的。真正意义上的商学和现代经济学教育,则是最近十来年才开始迅速发展起来的。

尽管如此,现代商务管理教育理念依然没有很好地建立起来,缺乏与国际接轨的良好办学理念及与之配套的体制机制,使得我们培养出来的仅仅是中低层次的经济、金融和其他商学人才,普遍缺乏参与国际合作和国际竞争能力,最后真正成为高端人才的非常少,远远不能满足中国改革开放和驾驭全球化浪潮的需要。

症结2:**科研投入严重不足,基金学部划分缺失。**这与我国现有的学科分类体系和科研资助序列有很大的关联。尤其是现代经济学作为商学的根源和重要理论基础,基本被划入到人文社会科学及其科研资助体系,一直得不到充分重视(目前,国家社科基金资助总额还不及国家自科基金面上项目总额的10%,现代经济学课题的立项数再多,也是僧多粥少)。实际上,现代经济学是非常注重引入自然科学的研究方法和分析框架来研究社会经济、行为和现象,强调从假设到推理再到结论的内在逻辑,强调用数学和数理模型作为基本逻辑分析工具,强调以数理统计和计量经济学为基础的实证研究,具有很强的应用性、实证性和自然科学性,与其他具有很强意识形态和价值观念的人文社会科学有很大不同。这也许是经济学和商学能够在改革开放中发挥重要作用,且其作用得到各界公认的原因之一。

另外，我国现有的国家自然科学基金学科分类体系及其科研资助序列是25年前（1986年）设立的，尽管当时添加了管理科学部，但如前所述，它并没有涵盖真正意义上的商科的全部内容，尽管有工商管理类的资助范围，但是由于评审和评议专家中国际同行的比例过低，使得评价体系迥异，大多商学和现代经济学学科方面的海外归国人员很难拿到资助。即便如此，以面上项目为例，无论立项数还是资助金额，管理科学部在所有七个科学部中都居于末位，占比均不到5%。这与商学和经济学的人才培养规模极不相称。并且，作为商学重要基础的现代经济学却被划入到国家社会科学基金的学科分类体系及其科研资助序列，即使有一些课题能够得到国家自然科学基金资助，总体科研投入还是严重不足。这样的学部设置已经不能反映国内商学和现代经济学从无到有、从小到大的学科高速变化趋势，落伍于时代的发展需要，亟待做出适应性调整。

症结3：整体师资力量薄弱，课程体系设置落后。尽管目前经济、管理类专业几乎遍布国内每一所高等院校，但与之配套的教师队伍的建立和成长并没有很好地跟上来，普遍存在知识陈旧、研究方法落后、交流创新不足等问题。即使是国内顶尖大学的教师队伍，与国际先进水平相比也还有相当大的差距，比任何其他自然科学大得多。

这当然与我国商学和现代经济学教育的发展才短短十多年时间，真正接受过正规现代经济学和商学教育的师资储备不足有关。缺乏一支能够在国际竞争中站得住脚的优秀教师队伍，课程体系设置的合理性及前沿性自然也难以得到保证，大多数高校的师资力量都不足以支撑开设与国际接轨的商学和现代经济学前沿、高级课程，这严重地阻碍了商学和经济学的教育、研究与应用。没有优秀的一流人才走上基层教学岗位，培养商学和经济学高层次创新人才只能是奢谈。

二、三大基本建议

在现有环境下，我国商学和现代经济学教育要取得大的发展，为中国经济积极务实而灵活高效地融入经济全球化的浪潮提供强有力的人才和智力支持，笔者认为首先必须破除上述这些突出症结，就此提出三条建议措施：

建议1：将作为商学重要基础的现代经济学从国家社会科学基金序列中分离出来，与商学一道纳入国家自然科学基金资助序列中去，将现有的管理科学部扩充为经济与商学科学部（或经济与管理科学部）。

一方面，将现代经济学与商学一道纳入国家自科资助序列，也许可以减少因担心意识形态而产生的不必要干扰。另一方面，扩充现有管理科学部则是按国际标准建设商学和现代经济学学科的需要，也是借鉴了"千人计划"的学科分组评审办法。

如果担心这样的调整幅度过大，退而求其次，可以将管理科学部扩充为商学科学部，并在国家社会科学基金中将现代经济学单列资助。总之，无论将现代经济学归入哪个体系，都应该更加重视现代经济学的研究。像任何一个学科一样，一个没有理论基础的商学就是无本之木，无源之水。不培养理论基础扎实的商科、经济学科和其他方面的人才，国家建设就没有高水平人才可用，长此以往，国家的兴旺发达从何谈起，最终将会受制于人。

建议2：加大对于商学和现代经济学教育科研的支持力度，扩大受资助范围和人数，并在科研评审中大幅增加国际同行评议的比重。

商学和经济学教育的现代化，必然是建立在高水平的科学研究基础上的，这离不开强有力的资金支持。这也是扭转学生规模近1/4，而研究投入却处于边缘地位的极不对称现象的需要。近些年来，国内许多一流高校引进的大批高层次的海归教师，但由于学科划分的不合理，基本上处于非国际标准同行评审状态，致使大部分商学和现代经济学方面的海归优秀人才的前沿重大课题拿不到资助，这非常不利于真正地留得住和用得好海外高层次人才。为此，应该在有关科研项目特别是国家级课题申请的会议评审环节，大幅增加国际同行评议的比重。

建议3：加大海外人才引进力度和本土师资培训力度，整合政府、高校、社会等多方面资源，打造与国际接轨的高层次师资队伍集聚和人才培养平台。

目前，尽管一些地区和高校也正在做这方面的努力，但是不免存在零星分散、各自为战的现象，缺乏国家层面的指导和引导。笔者就此提出3点具体建议：

(1) 依托"千人计划"这样的国家级海外高层次人才引进项目，更多地引进一批商学和经济学教育领域活跃于世界舞台的具有国际一流水平的海外学术领军人物。

如同任何其他学科一样，领军人物的办学理念、学术水平、眼光视野的高低，在很大程度上决定一个学科、学院乃至学校的整体建设水平。目前，"千人计划"在商学和现代经济学教育领域内引进的领军人物相对较少，短期看引进这类人才没有直接引进行业创新创业人才见效快，但教育是有外部性的，长远看投资收益会更大，有助于带动国内同类教育领域内的学科建设、专业设置、课程体系等，真正按照世界一流大学的办学规律和运行机制实行全方位的教育改革。

(2) 依托重点高校的商学和现代经济学优势学科，面向全国高校同类师资，举办各种形式和时间长短不一的高层次师资培训班，国家给予常规性的项目经费投入。

根据需要，培训时间可长可短。短至一个月左右的高强度暑期课程进修或培训班，长至一到两年的全脱产回炉深造，授予学位。当一个训练有素的教师回到所在学校，就会将商学和经济学教育理念和前沿知识贯彻到教学内容、教学手段、教学管理等一系列过程中，受益的就不仅仅只是教师本人，而是成百上千个学生。

(3) 设立全国性或区域性的高层次商学人才培养基地，聘请一批国际名校一流师资授课，培养掌握现代商学和经济学前沿理论、技术、工具和方法，具有国际视野，熟悉国际惯例，精于本土化运作的与国际接轨的大批高端人才。

高层次商学人才培养基地可以新建。当然，为了节省成本和见效快，可以将国际化办学、商学和现代经济学海归教师多的学校作为培养基地，采用中央部委、地方政府和学校共建的方式进行，培养高层次商学人才，有重点地对高校教师、政府公务员、行业精英等进行培训。这将是一个具有极大正外部效应的战略性举措，有助于形成对国内传统高校商学和现代经济学教育的有力竞争和补充提升，推动国内商学和现代经济学教育的跨越式发展。

作为上述建议的一个成功实例，我们上海财经大学近五六年来，以世界一流商学院和经济学院系作为参照系，充分考虑中国国情，通过大批引进海归优秀人才，加强学科建设和改革课程体系，狠抓教学和科研，实行了全方位的教育改革。为此，学校先后引进多达 7 位的海外著名华人经济学者担任体制内实聘院长，并大规模引进海外知名大学博士，使得在全校教师中海归博士的比例为 19％左右，近 1/5，笔者所担任院长的经济学院更引进了近 40 名海归博士，达到 55％左右，率先实践了国家重视海外高层次人才引进的发展战略。

短短几年间，学校在商学和现代经济学方面的学科建设、师资队伍、教学科研、行政管理、学生就业留学、对外交流合作等方面都发生了非常显著的变化。特别是从国际研究成果看，经济学院基本达到了北美五十名左右研究型大学经济学院（系）的水平。同时，上海财经大学经济学院即依托强大海归师资阵容，自发三年来连年举办现代经济学暑期师资进修班，按照北美前 20 名研究型大学的现代经济学课程体系和标准授课，已有 130 多所高校的近 500 名教师接受培训。

（2010 年 4 月）

84

在中组部人才局一行来财大调研海外人才引进工作座谈会上的发言

中组部的领导终于来了！我们一直非常盼望中组部的领导能来上海财经大学考察和调研，来了解上海财经大学关于引进和培养高层次创新人才的改革与制度创新方面的上财实践。时间很紧，领导也很忙，我非常简短地对周校长的汇报做些补充。

首先，我校为什么要进行这些改革？

1. 从国家的发展战略来看，要培养高层次的人才，强国兴国。这就要求高校肩负起办世界一流大学，为国家培养一流人才的历史使命，这也是我们学校想做的。但是不管做什么事情都有约束条件，办大学需要一批懂得并且遵照世界一流大学办学的内在规律和机制及内在发展逻辑的人才，但是这方面的人才目前在我们国家还很少，所以我们国家还没有一所世界一流大学。

2. 谈敏校长所做的一个伟大创举就是在体制内，并且充分考虑约束条件的情况下，让真正懂得办大学的人回来，形成了高层次创新型人才引进的上财特色，可用八句话概括：**以用为本**、**注重绩效**（就是千重要万重要把事情做好最重要，绩效包括领军人物能否把工作做好）、**高端引领**（做任何事情都要有决策者，俗话说"将熊熊一窝"，所以一定要有一位好的校长，能引进高端领军人才，利用他们丰富的教学管理经验和学术资源来进行学科建设、人才引进)、**批量引进**(产生凝聚效应、影响效应、示范效应和带动效应。我校现在共有120多名海归教师,其中90多名常任轨教师),还有"**引得进、留得住、用得好、走得掉**"(走得掉是后来加上去的,包括两个方面,一方面在我校做出了一流成果的好人才能被世界其他名校挖走,这并不是坏事,另一方面,经过实践证明不是我们所需要的人才也能走得掉)。

竞争产生绩效。经济学院在我来之前,学生生源和就业率在全校的排名都比较靠后,但是现在我们的就业率差不多是全校最高的,今年博士生100%就业,硕士生、本科生就业率接近100%,而且我们培养的人才不但是要找到工作,还要高质量就业,到政府部门、国内知名高校、国外知名大学、世界500强企业中去。我刚来经济学院的时候,只有极少的学生出国,但近年来学生出国留学的人数都呈加速度增加,学校层次也有了很大提高。以今年为例,经济学院仅本科生就有35位同学出国留学。我们学生去留学到许多世界知名大学,诸如斯坦福大学、哥伦比亚大学、康乃尔大学、密歇根大学等世界名校。以前我院政治经济学的博士就业比较困难,现在不但全部就业,而且还出现一位学生被复旦大学、华东师范大学等多所高校争抢的现象。为什么这些高校会争抢我们的学生?因为我们有培养人才的上财特色,这个特色就是:(1)强化《资本论》原著学习。经济学院的硕士生本科生都要学习《资本论》,政治经济学的博士生上一年的《资本论》原著,现在国内任何一所高校基本上没有这样做的。(2)加强现代经济学理论基础教学。现代经济学的课程都是按照北美前20名大学的课程体系设置,因为中国现在坚持社会主义市场经济,必须培养高层次创新型人才经济学和现代商学方面的人才,所以要这样设置课程,让学生有充分的现代经济学理论训练。(3)重视数理基础课程。数理基础非常重要,像金融市场方面的期货、衍生产品、风险管理等都需要有深厚的数学基础,美国华尔街的很多金融人才是学习数学出身的。但现在国内没有真正意义上的现代商学的概念,传统财经教育的培养重点是计划经济体制下的财经类国民经济从业人员,大多高校的经管学院的主体学科基本上是以工程背景发展出来的管理学科，国内经管学院的早期教师也基本上是由工科背景的教师转行过来的。现在上海财经大学就是想培养真正意义上的高层次经济、金融等方面的商学人才。

另外，我们非常重视对学生道德方面的教育。我不会讲思政方面的大道理，但是我感觉到教师课堂上讲的和学生在现实生活中体会到的不同，因而不太愿意去学，我在经济学院对学生德育教育方面，主要就是强调8个字：**诚信、宽容、感恩、奉献**。我们不要求学生做锦上添花的事情，但希望我们的学生能多做雪中送炭的事。就是因为我们这样的培养特色，学生无论在就业还是出国等方面，都反映出我们近年来改革的内在逻辑。

找一个好的院长，也需要这样的逻辑，不是所有的人都能做好，关键要有一个好校长。就像李源潮同志在上个星期的上海市入选"千人计划"专家学者座谈会上，肯定我们上海财经大学的成绩时，提到我们有一位非常好的校长。因为一个校长，一个领军人物必须要有国际视野、前瞻性的眼光、战略高度和办一流大学的气魄，这四方面缺一不可。

第二，我们在国家优势学科"经济学创新平台"总结报告中总结了改革的八大创新举措，这些举措是构成适合于中国实际国情的高层次创新型人才引进与培养的充分必要条件，缺一不可。

把人才引进来之后不进行合理的管理就没有成效，不采取打通的双轨制，我们就没有足够的资金引进高质量的人才。刚才周校长也谈了，为什么要实行双轨制，主要是待遇和要求都不同。也许有存量老师抱怨这样会导致大家起点不公平，为什么在国外学习后工资就高，国内学习工资就低。我的回答是：（1）为什么到国外学习？我们的海归教师都是生在红旗下，长在红旗下，都是中国人，由于邓小平改革开放的国策，有机会到国外学习，为什么到国外学习就被当作外人看了呢？（2）这些人出去花了大量的时间攻读博士学位，特别是前两年，非常辛苦，他们的报酬是由市场决定的，而我们国内的博士学位相对来说比较容易拿。（3）更重要的是，我们国家要民族复兴、重新崛起，必领吸引、培养更好的人才,这是符合国家利益、民族利益的,同时更符合学生的利益。现在就是因为某些人的个人利益问题而加以反对和阻挠,是不对的。我一直这样对学院的老师说,大学最根本的目标就是一切为学生服务。

我们在学院进行了一系列改革:打造一流师资、强化学术研究、深化教学改革、狠抓学风教风、严化教师考核、规范行政管理等。以"规范行政管理"为例,我们建立了一整套制度安排,开任何会议都要形成会议纪要,发给全院领导。以前学校开会,只有某个分管领导去,回来后,不传达,只有他自己知道会议内容,但是学院就像一部机器一样,各个部位运作起来应该是协调的,只有信息对称、相互配合才能更好地运作,教学的事情只有管教学的人知道,科研的事情只有管科研的人知道,工作怎么能做好?因此我们就做了相关规定,任何人代表学院参加学校的会议,必须做会议纪要,在一天之内把学校的相关指示和精神传达给全院的领导。我们的行政人员每周五都要向领导汇报本周的工作情况,给出下周的工作展望,以便学院领导了解各方面的情况,发现问题,让信息更加对称。这一制度非常有用,并且激励相容,只有大家汇报工作,领导才会知道你做了什么事情,工作努力不努力,现在大家都踊跃汇报;对于我来说,也非常有用,只花几分钟时间看汇报,但几乎学院发生的许多事情我都能知道。

最近几天,我院连续举办了两场高端研讨会,邀请了多位世界宏观经济学和微观经济学领域顶尖的经济学家,他们对我们给予了高度评价,没有想到我们在短短5年内会办成这么高水平的学院,高水平的国际研讨会,会给学院老师提供这么好的教学、科研条件,创造这么好的学术交流氛围。我一直和学院的师生说我不将自己当作一个院长,我在出国前也当过老师,在国外又当了20多年的教授,我知道一个老师真正需要什么,只要你提供了,自然就会出成果,这就是内在逻辑。就像谈校长当初把我引进来的时候,并不知道艾春荣教授、谭国富教授等会跟着都过来。我们经济学院这几年在国际知名经济学期刊上的论文发表数量现在已经超过香港科技大学经济学系了,科大经济学系可是在世界排名前 50 的。

第三，在中国做事情要充分考虑中国的国情，因此我们总结了改革、发展与创新需处理好的六大辩证关系即发展与稳定、个人利益与整体发展、改革目标与改革路径、外部资源与内部力量、公平与效率及一般规律与办学特色。

我在经济学院做事情一直是综合考虑校情和国情，即充分考虑约束条件，短期是硬约束，但长期希望能内生化。我经常跟谈校长讲，国家、学校的育人政策、措施，尽管有很多不合理的地方，我们百分之百地遵守，但学校的一些不合理的规定，可以当作软约束，能突破有时候突破了，这需要领导们的魄力。改革一定要保证老师、学生的基本利益，让师生在改革中实实在在地获利。

隔行不隔理，不管是什么学科，"理"都是一样的，但是要有特色，必须找到突破点。上海财经大学不是一个综合性的大学，但我们一样地办得很好，就是因为我们找到了自己的特色，拥有创新。

(2010 年 6 月)

85

以国际化推动大学改革、发展与创新[*]

摘要：国际化是高校响应国家发展战略的需要，是高校参与国际教育竞争的需要，是高校实现自身改革创新的需要。报告建议，国内高校应吸取世界一流大学、学科国际化发展战略的好的思路与规划，借鉴其培养具有全球视野和国际竞争力的高素质创新型人才的理念与措施，将其作为自身国际化发展的某种参照系，在师资队伍、课程设置、制度创新三个着力点上大力推进高校国际化。同时，高校以国际化为导向的改革要从道、势、术三方面推进："道"就是要做正确的事，"势"就是建立共同愿景，"术"就是要正确地做事。最后，报告对上海财经大学以国际化推动改革、发展与创新的探索和实践做了介绍，特别是重点推介了学校当前正在进行的推进商学教育教学改革、打造现代商学创新平台的尝试。这一改革一旦做成，也许会对国内其他高校特别是财经类高校的商学教育改革具有借鉴作用。

---

[*] 本文根据作者2011年3月16日在首都经贸大学党委中心组的报告整理、修订而成。

一、高校国际化的必要性分析

1. 国际化是高校响应国家发展战略的需要

教育兴国、人才强国是国家发展战略。随着中国经济市场化改革的不断深化以及经济全球化的日益深入、中国的全面崛起和走向世界，要求我们高校培养的人才能够适应全球化市场环境，胜任跨国度、跨文化情境下的岗位，在全球人才市场上具有强大的竞争力。因为一个企业的人才需求不再局限于本地或本国人才，而是全球招募。这种国际化趋势要求高校人才培养在坚持本国特色的同时要与国际接轨，使人才培养具有国际竞争力，更好地适应全球一体化环境下的现实发展需要。在这个大的时代背景下，高校继续按传统封闭的固有思维和办学模式，显然已无法满足国家深度融入经济全球化和高等教育国际化对于高层次创新人才和成果的需要。

近期，胡锦涛总书记就做好当前教育改革和发展工作提出了"四个着力"：第一，着力提高人才培养水平；第二，着力深化教育体制改革；第三，着力推进教育内涵式发展；第四，着力建设高素质教师队伍。这对高等教育也提出了新的更高要求，中国高校必须对此做出响应。事实上，近些年来笔者所在的上海财经大学就一直是围绕着这几个方面来推进经济学教育教学改革的。

2. 国际化是高校参与国际教育竞争的需要

高等教育国际化是全球一体化的重要组成部分。世界知名大学对于国内优质生源的争夺已经深入到家门口，国内一些顶尖大学的国际化也高歌猛进，清华、北大已经进入世界学术声誉排行榜前 50 名。与此同时，包括哈佛大学、斯坦福大学等在内的世界知名大学也纷纷响应这一变化趋势，比如在课程设置和教学内容方面，加入了不少全球视野的课题、案例和讨论。从这个意义上讲，国内任何其他有志于成为高水平大学的高校，要在国际教育竞争中占据有利地位，都必须在办学中牢固树立国际观，以全球化应对全球化，同时要形成自己的特色，实现差异化竞争，这是大势所趋。

3. 国际化是高校实现自身改革创新的需要

高校的改革创新一定要放置到国际同行评价体系中考量，实施接轨国际培养规范和质量标准的教育教学改革，从根本上改进和提升教育质量。在此过程中，可能会涉及学科规划、队伍建设、科学研究、学术交流、课程设置、学生培养、行政管理等方方面面的具体改革措施，需要注意改革推进的优先顺序，把握好节奏和重点。

基于以上分析，笔者得出两点基本判断：一是随着国家对教育进一步加大投入，国内高校将在国际化道路上形成更为激烈的竞赛。二是今后国内高校新一轮的重新洗牌，在很大程度上将取决于高校的国际化程度。因而，高校必须加快以国际化为导向的改革，而这需要从道、势、术三方面三管齐下：所谓"道"，就是要做正确的事。改革要紧跟国家发展战略和世界趋势，明确目标方向。所谓"势"，就是建立共同愿景。目标一旦明确后，就要树势、取势和借势，最大限度地凝聚共识，形成一致的理念和强大的改革动力。所谓"术"，就是要正确地做事。改革的方式方法要对，要争取得到大多数人的支持，让大家都能获得好处，进行帕累托改进的改革，使得参与性条件和激励相容性条件得到满足。

二、高校国际化的参照系选取

国内高校在创建高水平乃至世界一流大学的进程中，在充分尊重中国的国情和现实约束条件的同时，主动吸取世界一流大学、一流学科国际化发展战略的好的思路与规划，借鉴其培养具有全球视野和国际竞争力的高素质创新型人才的理念与措施，将其作为自身国际化发展的某种参照系。这无疑是求得更好更快发展的有效路径之一。

其一，通过与合适参照系的比较，可以对国际标杆高校的高素质人才培养的目标和要求，有一个更加中观、微观的认识和更加深入、深刻的理解。

其二，通过与合适参照系的比较，可以对自身的长处和短处有更清晰的认知，特别是可以发现问题、找准瓶颈，为全方位教育改革、发展和创新提供指导。

其三，通过与合适参照系的比较，有助于以一个可预期的共同愿景来凝聚力量，以若干可实现的短期、中期和长期目标来激发干劲。

上海财经大学很多院系、学科都树立了国际参照系，如香港科技大学经济学系和伦敦政治经济学院经济学系之于经济学院、宾夕法尼亚大学沃顿商学院之于商学院。特别是上海财经大学在最近进行商学教育改革的过程中，通过与相关参照系的比较，我们发现除了与市场经济下的商业实践最为接近这一特征之外，现代商学的最新发展还体现出很强的学科交叉性和国际化两大特征：

首先，商学学科的交叉综合性。现代商学的发展早已经超越专业界线，具有高度的学科交叉性和综合性。这要求在人才培养中，充分重视通识教育，不仅在课程设置上强调学科交叉，而且要求在更大平台上培养学生，而不是局限于单一的专业，甚至是专业方向。大平台、通识教育、交叉培养是国际一流商学人才培养的一大特征。

其次，商学人才市场的国际化。伴随着中国的市场化和经济全球化，中国全面崛起和走向世界，要求我们高校培养的人才能够适应全球化市场环境，胜任跨国度、跨文化情境下的岗位，在全球商学人才市场上具有强大的竞争力。一个企业的人才需求不再局限于本地或本国人才，而是全球招募。这种国际化趋势要求商学人才培养在坚持本国特色的同时要与国际接轨，使所培养的人才具有国际竞争力。

与此同时，经过对国内外顶尖商学院人才培养方案的调研发现，它们普遍认为商学高层次创新型人才需要具有以下综合素质：国际化视野（International Vision）、社会责任意识（Social Responsibility，或伦理道德）、沟通能力和领导力（Business Essentials）、批判性思维（Critical Thinking）能力、分析能力（Analytical Foundation，即数学、统计、经济学）、终身学习和自我完善能力（Lifelong Learning & Self-improvement）、商学核心知识（Core Business Fundamentals）、专业知识（Concentration）。这些基本商学素养为我们的商学教育改革特别是课程设置改革设立了目标。

三、高校国际化的主要着力点

根据前面所谈及的国际化和改革的必要性、愿景、使命、目标、要求，我们需要找准高校国际化的着力点。从笔者这些年来从事经济学教育改革的实践体会来看，师资队伍、课程设置、制度创新是三个至关重要的着力点。

1. 按国际公认的学术标准在全球范围内配置师资队伍

面对国际化的现实迫切需要，要求高校必须按照国际公认的学术标准，在开放竞争的环境下选拔和引进优秀人才，特别是引进学术领军人物和学科紧缺人才。首先，院长、系主任和学科带头人作为学术掌舵人，一定要具备广阔的国际学术视野、前瞻的学科发展思路、广泛的国际学术人脉。其次，也要汇聚一批具有国际视野、熟悉国际前沿学术动态、掌握先进学术本领、富于创新能力的青年优秀人才。这方面海外著名高校汇聚了一大批优质人才资源。

2. 参照国际通行的课程设置改造不合理人才培养方案

办一流大学要满足三个必要条件：一流的师资、一流的生源和一流的课程设置。有了一流的师资，还要求一流的生源和一流的课程设置。中国大学生的生源素质可以说是世界一流的，课程设置的欠合理就成为最关键的瓶颈。而这是可以通过课程设置的改革，依靠一流的师资来扭转的。

3. 借鉴国际先进做法实行全方位制度创新和接轨国际

国际著名大学很多先进的办学理念都凝结在其所创设的各项制度中。比如，北美一流研究型大学普遍采取的非升即走（Up or Out）的 Tenure 制度、国际同行评议制度等。所以，国际化改革也就是一个制度学习和制度创新的过程，需要打破很多固有思维和传统做法。当然，也要充分考虑国情，考虑约束条件。

四、以国际化推动大学改革、发展与创新
——上海财经大学的探索与实践

1. 上海财经大学尝试的国际化切入点

上海财经大学将有专业特色和优势的几大学院的院长面向全球招聘，先后聘请7位依然活跃在世界学术舞台上的海外知名华裔学者来担任相关院系的院长，赋责赋权使其成为学科的掌舵者。在学院的体制内行使院长的职责，但又不是全时的；非全时的，但又完全授予与国内院长同样的权利。其目的有二：一是借助这些海外院长们参照发达国家一流研究型大学的标准进行学科建设和人才引进；二是在人才引进方面，这些海外院长能起到标杆和海绵的凝聚作用。在此过程中最重要的是人才的引进，上海财经大学的做法是批量引进海外优秀博士。为了尽快缩小与国际先进水平的差距，必须批量引进那些在国外大学那种质量环境中得到系统科学训练和潜移默化熏陶的人才，达不到一定的量就很难做起来。

海外实职院长的聘任和海归全职教师的批量引进，是上海财经大学"经济学创新平台"项目的特色创举和尝试。这个尝试被纳入国家制度安排，成为首个国家优势学科创新平台项目。在"经济学创新平台"项目取得明显成效的基础上，上海财经大学当前另外的一个重要战略举措就是组建商学院，打造"现代商学创新平台"。这两大平台具有不同的定位和作用，其中"经济学创新平台"是为整个学校的学科建设起支撑作用的，是为商学院和整个上海财经大学的发展奠定基础，而"现代商学创新平台"则是为了推进校内学科资源优化重组，是推动整个上海财经大学的腾飞的战略平台。

上海财经大学商学院的组建及人才培养（本科、硕士及博士）方案的调整，正是按照胡锦涛总书记关于做好当前教育改革和发展工作提出的"四个着力"要求进行的，是贯彻落实《国家中长期教育改革和发展规划纲要》的重要举措，也是上海财经大学启动教育部"财经特色的创新人才培养模式改革"试点的切入点。

2. 对经济学教育改革的回顾总结[①]

（1）改革的三大发展成效

——形成了**高层次创新型人才引进的上财特色**：以用为本、注重绩效、高端引领、批量跟进，引得进、留得住、用得好、走得掉，凝聚了一批懂得世界一流大学办学内在规律和管理规范的领军人物和高层次创新人才（目前全校海归博士师资比例已接近20%，而经济学院这一比例达到55%，有43名海归博士），国际科研成果卓著。

——形成了**高层次创新型人才培养的上财特色**：注重马克思主义经济学基本原理的学习（《资本论》必修）、现代经济理论基础的训练和数理定量分析方法的传授三者的和谐和辩证统一，使之培养出来的学生无论是在高层次的就业、升学和出国各领域均具有独特的竞争力。

——形成了**与国际接轨的内生性办学长效机制**：高层次的战略引领、高质量的学术导向、高强度的基础训练、高效率的执行体系和高激励的创新环境，使之高层次创新型人才的引进和培养，以及以高水平研究型大学为目标的内涵建设有了强有力的制度保障。

（2）改革的八大创新举措

——**创新人才开发机制，打造一流师资队伍**。坚持教育要面向现代化、面向世界、面向未来的根本方针，本着"注重存量，开拓增量，全面提升，打造

[①] 详细内容，参见《改革、发展与创新——高层次创新型人才引进与培养的上财实践》。

一流"的原则，通过海外人才引进和自主培养开发相结合的方式打造一流师资队伍。

——**创新人才管理机制，实行双轨人事管理**。为了充分激励海归人才，同时稳定现有师资队伍，学校借鉴中国经济体制改革所采取的双轨制、渐进式模式，建立了开放式的双轨制人事管理制度和质量导向、长周期绩效考核体系。

——**创新科研体制机制，强化高端学术研究**。明确"顶天立地"的科研发展方略，瞄准国际经济学科发展前沿，抓住创新型国家建设的有利时机，不断推进科研体制机制创新，建立以学术创新绩效为主导的资源配置和学术发展模式。

——**创新人才培养模式，深化教育教学改革**。以北美一流大学现代经济学课程设置和培养要求为参照，结合中国国情和财大实际，推进基础课程改革、招生制度改革、培养计划改革等系列改革，为创新人才脱颖而出创造了优良环境。

——**狠抓教风学风建设，强化论文质量管理**。教学改革的目的就是为了提高人才培养的质量，体制创新为其提供了空间，但真正的提高还需各环节特别是教风学风建设与论文质量管理两个方面的跟进。为此，上海财经大学尤其是经济学院制定了相应的政策，具体化这两个环节的管理，既体现人性化管理又具有可操作性。

——**创新行政管理体制，提高行政服务效能**。狠抓行政管理工作的规范化、国际化和职业化，通过建立与国际接轨的现代高等教育规范管理体系，端正行政管理人员为教师和学生良好服务的态度，加强信息对称、环节疏通、团队协作，取消寒暑假以年假代替，力求建立一个高效率、信息畅通的现代行政管理系统。

——**完善硬件基础设施，改善科研教学环境**。教师教研工作环境与学生学习环境的改善，是确保人才培养质量和提高教学研究水平的保障。目前，校内以经济学院为领头羊，会计学院、金融学院、国际工商管理学院、统计与管理学院、公共经济与管理学院等都拥有了独栋办公楼，大大扩展和优化了科研教学环境。

——共享改革创新成果，扩大外部受益范围。作为体制内的经济学教育科研改革，创新平台项目的顺利开展，摸索出了一条实现内在跨越式发展的新路径，为其他兄弟院校积累了宝贵经验，起到了积极的示范作用。在上海财经大学改革取得成功后，国内高校聘请海外知名教授担任体制内的兼职或全职院长、成规模引进海外人才、展开全方位教学改革等，蔚然成风，掀起了中国经济学教育科研改革事业的新一轮高潮。

(3) 改革、发展与创新需处理好的六大辩证关系

上财实践一个最宝贵的经验就是，自发主动地融入国际教育发展潮流，借鉴国际先进办学经验，遵循世界一流大学办学的内在基本规律，引入国际通行学术评判体系，在充分考虑国情和约束条件下，找到了一条引进海外优质教育资源特别是海外高层次人才资源为我所用，按照世界一流大学的办学内在逻辑优化大学办学理念和人才培养模式的发展路径。

在此过程中，主要正确处理好了一系列辩证关系：坚持在稳定中促发展，在发展中求稳定，处理好发展和稳定关系；坚持改革的激励相容性，处理好个人利益与整体发展之间的关系；坚持改革的渐进性，处理好改革目标与改革路径选择之间的关系；坚持改革的持续性，处理好外部资源与内部力量整合之间的关系；坚持"教育以学生为本"的原则，处理好公平与效率之间的关系；坚持走特色办学发展道路，处理好一般规律与办学特色间的关系。

3. 对新一轮商学教育改革的思考①

对于上海财经大学而言，商学学科是立校之根、强校之本。商学学科在国

---

① 本部分内容主要基于上海财经大学校内关于商学教育改革必要性和重要性的共识，以及正在推进的商学人才培养方案改革，应该说是集体智慧的结晶。

内外的地位直接决定了上海财经大学的国际地位。但是，与综合性高校已经基本转型成功或者转型相对容易不同，财经类高校包括上海财经大学发展商学学科，恐怕或多或少都面临着以下一些内部环境的局限性：

（1）把商科大体系按照里面的小学科分割成一个个学院。这带来了很大的壁垒，而且现有的行政分割化管理又固化了这一壁垒，将原来的学科体系分割开来。这一壁垒对之后的工作（尤其是大学科本身的科学合理性及其整合）造成了很大的困扰。

（2）商科领域中的独立院系，学科形形色色，一个学院可以跨很多学科，一个学科可以跨两个甚至好几个学院。与国外比商科培养水平，统计口径不一样，我们是在原有计划经济的内容中增加了市场经济的内容，形成了各个学科之间一些既不科学且不合理的交叉。然而，不同口径教给学生的知识是不一样的，不可能让学生真正奠定商学的知识基础，这是违背现代高等商学育人规律的。

（3）一旦形成分割的体制之后，就不是以能否培养一个合格的商学人才为标准，而往往以是否有利于院系为标准。存在部门、小团体的利益（学术利益，岗位利益，经济利益等），这些局部利益和全局利益不是激励相容的，尤其是在整体和局部发生矛盾，触动到他们既有利益的时候，往往只关注自己的利益。

（4）同一个商学学科分在几个学院之后，发展不均衡，学生很难选择，选择范围很窄。如果跨学院选课，但又存在课程基础不同，教师很难协调教课等现象。如果维持现有的与商学学科相关的院系框架，只调整课程，效果不大，从商学学科教育来看，商学教育应有的知识空缺，和已有知识的重复的矛盾并存。

面对这些内部环境的局限性，上海财经大学作为国内顶尖的财经高校，有责任有必要率先认真思索在中国现实国情下，财经类院校如何适应国家发展战略需要，在培养具有国际竞争力的人才、探索创新人才的培养规格、完善课程体系设计等问题上,梳理出内在逻辑和关键环节,提炼出具有自身特色的人才培养路径,从而继续更好地发挥学校在财经类院校中的带头和示范作用。

为此,上海财经大学于今年初正式决定组建成立商学院,试图实现更高起点上的跨越发展。按照上海财经大学商学院建设方案,商学院的愿景是"成为国内顶尖、亚洲一流的商学院,经过若干年努力,跻身世界一流商学院之列",使命是"致力于为中国及世界培养高层次、创新型的商业领袖、领导者及管理者,贡献商学新知,为中国经济与世界经济的交融和发展贡献力量"。

目前,商学院正以清华大学经济管理学院和沃顿商学院为基本参照系,并结合自身的优势特色和所面临的约束条件,对本科生、硕士生(包括 MBA、EMBA)、博士生项目人才培养方案进行全方位改革。实际上,自 2008 年金融危机之后,国内外主要著名商学院(如宾夕法尼亚大学沃顿商学院、加州大学伯克利分校 Hass 商学院、哈佛大学商学院、哥伦比亚大学商学院、清华大学经管学院、中欧国际工商学院等)纷纷对传统商学教育模式不断进行反思,这些思考引发了国内外顶尖商学院的新一轮课程改革浪潮。新一轮改革除了继续强调商学教育的应用性之外,对全球思维能力、分析能力、终身学习和自我完善能力、综合性思维能力的培养正在成为新的焦点。因此,商学院在人才培养方案调整过程中将坚定不移地坚持以"国际一流"和"上财特色"作为改革的标准。

——瞄准国际一流:在建设一流商学院的过程中,上海财经大学将以沃顿商学院作为基本参照系,同时充分考虑国情和校情及现有约束条件,致力于为中国以及世界培养具有鲜明上财特色和高度自我知识更新和终身自我完善能力的高层次创新型商业领袖、领导者及管理者。根据这些原则和既定目标,我们需要给学生打好坚实的数理、计算机和经济学基础,同时制定国际一流,供商学院所有院系本科生必修的商学院平台(共同)课程,以替换现有的学校平台课程。商学学科结构、商学核心课程结构与课程内容、目标上尽可能与沃顿商学院看齐。这种调整不仅是中短期内实现国际认证目标所必须进行的调整,而且也是建设国际一流商学这一长远目标所必需的。

——凸显上财特色：要实现跨越式发展,单纯一味地模仿国内外一流商学院的人才培养模式,不满足现实约束条件,至多只能永远跟在别人的后面,无法实现超越。首先,在市场环境方面,中国的市场体系和市场机制还处于不断完善的转型过程中,商业伦理和诚信建设还有待发育,亚洲和中国的商业模式与西方发达市场经济体有显著差异,单纯的模仿没有意义。其次,在商学传统方面,长期的计划经济使得中国的商学教育传统出现了历史性断层,计划经济条件的商学教育固有思维还没有完全退出,新的市场经济条件下的现代商科体系还未成熟。传统体制下培养的师资队伍,与中国特色社会主义市场经济建设的客观要求之间,还不能完全适应,遑论应对经济全球化挑战。

在这样的客观条件下如何将上海财经大学商学院建设成为国内顶尖、亚洲一流,经过若干年努力,跻身世界一流商学院之列的愿景呢？那就是改革创新、发扬自身优势和建立特色。现有的培养模式和课程体系是可以通过改革创新而改变的。同时,上海财经大学的一大优势是,本科生源素质和世界一流商学院生源相比毫不逊色,并且在数理方面具有更大的优势。这样,改革的内在逻辑选择是从人才培养方案入手,通过大量引进海归优质师资,培养出一流的人才。在商学人才培养模式方面,为了形成鲜明的上财特色,打算在人才培养过程中进一步加强和发挥学生的数理基础和专业理论基础优势,确保学生能够具备终身学习的基础性条件,培养他们预见和解决未来发展中不断出现的新情况、新问题的能力。这既是现代商学发展的最新趋势,也是应对瞬息万变的人才市场所必需的。

需要指出的是,商学人才培养方案的改革只是上海财经大学缩小与国际商学人才培养先进水平系统性差距的第一步,不可能在短期内做到根本性的转变。但是,不走这第一步,改革永远无法启动,且第一步迈出之后,后面还面临着诸多环环相扣的改革需求。未来,上海财经大学仍需坚定不移地聚焦国际、对标一流、彰显特色，逐步把商学学科建设和管理的体制机制理顺，实现上财商学教育品牌的再造与提升。

（2011 年 3 月）

86

对人才工作的一些思考和建议[*]

在中组部人才工作座谈会上的发言

当今世界格局正在发生大变化、大调整，美国主导的单极世界向两极或多极世界转变的大趋势已经形成。在这一世界变局中，国家之间的竞争日趋激烈，而国家的竞争归根结底是人才的竞争。立足中国自身的发展来看，中国的政治、经济、社会和文化正在经历全方位的深刻转型，需要由要素驱动、效率驱动阶段，向创新驱动阶段迈进。所有这些都需要在世界范围内吸引和凝聚大量具有创新精神和能力的人才，尤其是中高端人才。我国政府很早就敏锐地观察到这一点，对人才的引进、培养和使用高度重视，提出"人才是科学发展的第一资源"，构建和谐社会的愿景目标和科学发展观的发展战略，这是极具前瞻眼光和战略高度的。

很高兴地看到，近年来，国家对于高层次领军人才资源的配置打破了国界、国籍的限制，将人才工作，人才的培育和引进提到了前所未有的战略高度，使得海外高层次人才的引进也进入了一个蓬勃发展的历史阶段，这对于全球化背景下中国的重新崛起和复兴，是一个具有重要战略意义的转折。两年多

---

* 本文为上海财经大学高等研究院 2011 年度政策研究报告之四，是作者 2011 年 12 月 10 日在中组部人才工作座谈会上的发言稿。

前，笔者曾向中央有关部委领导呈递了《对引进海外顶尖、领军和高层次优秀人才的若干建议》政策建议书。非常高兴和感动的是，此报告被有关部委以《引进海外尖端人才：引得进、留得住、用得好》为题刊发，其中一些建议措施并得到采纳。

然而，目标和执行过程是两个概念，往往是目标容易过程难，愿景目标的执行以及战略的落实，需要大批真正具有改革创新精神、开放国际视野、前瞻发展眼光、卓越领导力的领导人才。人才引进虽然已经有了很大的改善，但所引进高层次人才的使用以及后续的人才引进必须由基层来完成，因此我国人才工作成功的关键最终取决于基层部门，尤其是基层主要领导，是否也像中央领导一样认识到人才的重要性，是否也具有中组部领导一样的魄力，是否也能够在破解制度难题上进行大胆尝试，为创新型高层次人才最大程度地发挥作用提供一个长期、稳定、宽松和公平的环境。这恰恰是当前中央人才政策没有很好落地的问题所在。

这里，笔者着重根据自己在国内基层工作所遇到的困难、问题及各个方面所了解的情况，谈一谈一个基层单位的关键岗位领导的领导力和制度创新环境这两个方面，对于人才的发现、引进、凝聚、用好及其培育，对于人才政策落地的问题的解决，有着极其关键的重要性。

第一是领导力的问题。政治路线确定之后，干部就是决定的因素。这就意味着，无论是一个单位、一个企业还是一个学校，在国家既定的大政方针下，最为关键的是要由具有领导力的领导来掌舵，这个领导力包括领导者的远见卓识、国际视野、前瞻眼光、战略高度、人格力量、专业水平等，也就是他的道、势、术的综合水平。改革创新是需要大智慧和冒巨大风险的，中国上下五千年，大的改革和变革之所以极少成功，往往是因为具有话语权的实力阶层或由于理念的不同，或由于相对地位、名声、利益下降而可能引起强烈抵触和反对，而导致失败，尽管反对改革的这些人，可能也是为这个单位做出贡献，甚至重大贡献的好人和能人。

当前中国的改革、发展和创新急需真正地将"人才是科学发展的第一资源"的中央精神贯彻、执行下去，需要一大批想做事、敢做事、能做事、做成事、做大事的干部人才，需要一大批具有方略、战略、胆略、谋略、策略这样的"五略"型和战略家、思想家、改革家、创新家、组织家这样"五家"型的卓越型领导。仅从高等教育领域来看，这样的领导也是十分缺乏的。国内某一流大学经济管理学院院长曾对我感慨，中国大学多几个像上海交通大学马德秀书记这样的领导就好了，而我们这些任职于上海财经大学的海外学者也觉得，如果我校谈敏校长能多做几年就好了。

之所以大家不约而同会有这样的感慨，是因为虽然优秀的科技、社科人才是稀缺资源，但具有改革创新意识，真正具有领导力的好校长、好书记现在看来更是稀缺资源。如果仅仅因为年龄问题而一刀切，或者因为论资排辈而不得用，这实际上是一种极大的资源浪费。并且，大家普遍的担心是，如果领导一换，新领导的理念、眼光、和能力不同，改革可能会陷于停顿甚至倒退，即使已经取得的成果也可能会失去，已引进的有市场的高层次创新人才也可能迅速流失。因此，即使引得进，也可能用不好、留不住，这已经成为当前人才工作中的一个突出问题。

第二是制度环境的问题。目前改革创新的空间非常狭窄，面临的人才培养和引进的体制机制障碍比较多。其实，《老子》第五十七章的"以正治国，以奇用兵，以无事取天下"的综合治理哲学，是成大事者应明白的最高法则。这也是治理大到一个国家小到一个单位甚至一个家庭的根本之道和方略，用通俗的话说，就是要：**行得正、用得活、管得少**。"管得少"是老子无为而治的核心思想，只要建好领导团队，建好规则，建立长效机制，就应该少管事，充分授权，使之充分发挥每个单位、每个人的主观能动作用。如果管得太多、太死，一定会扼杀下面单位和个体的积极性，不利于发展、改革与创新和人才的引进。中国经济发展之所以取得如此巨大的成就，笔者认为最重要和最英明的政府措施，可以用两个字高度概括："放"和"开"，也就是邓小平的对内放开的松绑放权改革和对外开放。我认为，我国人才工作也应在这两个字上做文章，进一步松绑放权，鼓励基层改革创新尝试，同时进一步对外开放，凝聚国际优质人才资源。

当然，当前人才工作中还存在着其他一些问题，但我以为由于前面提及的领导力资源稀缺和制度创新环境阙如，以及因之而造成的人才"只说不引""只引不用""只用不育"等问题，归根结底是人才政策落地的问题，是最重要和亟待解决的。目前，国内很多单位看到中央重视，只注重表面功夫，而不真正关注人才的引进，所关心的只是如何瓜分附着在人才计划项目背后的国家资源，但是拿到了资源、引进了人才，却由于单位领导力的缺乏或者激励制度的不兼容，而不能很好地使用这些人才，这就造成了很大的资源浪费，使得人才计划项目不能产生与资源投入相匹配的效益。

基于以上对于当前我国人才工作存在的主要问题的认识和判断，建议国家未来着重从以下几个方面来进一步推进人才工作的发展。

1. 建议国家打破对高校中高端领导岗位的用人所设的诸多限制，如年龄、任期、论资排辈等，将勇于改革创新和具有远见卓识、领导力的德才兼备的领导人才提到行政和专业关键岗位上，采用多种形式在世界范围内凝聚人才。

一个没有领导力的领导，不会真正重视如何充分发挥人才作用的问题，因为其不具备引领和指导这些人才沿着正确方向向愿景目标进发的能力要素。更有甚者，可能会对高层次人才的待遇产生嫉妒心理。人才引进的最终目的，是要最大限度地发挥他们的作用。但要有效地发挥他们的作用，必须根据他们的特殊情况，提供特殊的条件和一个长期、稳定、宽松的环境。由于思想认识、理念观念的差异，这往往会引起其他人的妒忌和不满。这时，作为改革创新的基层单位的领导者的作用就显得尤为重要，一方面要具有眼光，看到他们的价值，了解他们的特殊性，另一方面要有魄力，力排众议，勇于给他们提供所必需的特殊条件，创造他们所需的宽松制度环境。

鉴于真正具有领导力的领导人才的稀缺性，国家现有的对于中高端领导岗位的用人所设的诸多限制,如年龄、任期、论资排辈等,其实不是一种唯才是举的用人理念。甘罗十二岁任宰相。姜子牙八十遇周文王,其后灭殷兴周,建立不世之功。而美国之所以成为世界第一强国,正是由于其对于世界各国人才的强大凝聚力和包容性。所以,应该增强对具有领导力的领导人才的包容性。这里的包容,并不是否认德才兼备。行得正,是一个必要条件。包容,主要是指对年龄、任期、国籍等外在的因素应该逐步放宽,真正做到在世界范围内凝聚人才。当然,领导力也不是天生的,可以通过培训得以提升的,建议在国内干部培训中加入领导力提升课程。笔者曾经给包括长江商学院 EMBA 及江西省财政局正处级以上干部上过关于领导力提升和国学智慧的课程,学员普遍感觉对于领导力提升课程是非常有需要和有帮助的。

对一个大学而言,校长是一个灵魂式的人物。一个大学成其为一流,首先要有一流眼光的校长,以一流的校长去聘任一流领军人物的院长,以一流的院长再去聘任一流学科带头人的教员,以一流的教员去引进和培育一流的人才,如此才能形成一流人才的滚雪球效应和凝聚效应。这与苹果公司前总裁乔布斯永远聘用最好的人才的理念是共通的。建议实行大学校长任期弹性制,对真正有胆识、有魄力的优秀校长赋予长期任职,以保持办学理念和发展思路的连续性和稳定性。美国著名大学的校长平均任期为 12.2 年,而哈佛大学 26 任校长的平均任期更接近 14 年,这是其办成世界顶尖的重要原因之一。反观我国目前大学校长的平均任期还不到美国的一半,也明显短于建国初期大学校长的任期。

2. 建议实行松绑放权的人事制度改革,允许并鼓励基层单位的人事制度创新,形成与国际接轨的长期、宽松、稳定的工作环境和考核机制,避免短期化和急功近利心态,注重人才引进和使用的长期效果,以吸引更多和用好高层次领军人才和创新人才。

下一步人才工作体制的转变,应该主要围绕建立用好人才的长效机制这个主题做文章。因为领导可能是会发生变化的,特别是国内的领导换届、轮岗比较频繁，缺乏连续性，而制度是相对稳定的，长效机制的建立，有助于人才工作从人治到法治的转变。实际上，制度的问题不是一般地写在纸上的，而是和很多东西配套的，和理念、习惯等都相联系。一点点做，一点点积累，慢慢地就进入到程序，形成制度文化了，从而具有一定的可持续性。

为了充分发挥创新人才的主观能动性和作用，基层单位应着力营造宽松的制度环境。对于高层次领军人才和创新人才应该给予长期、稳定、宽松的与国际接轨的工作环境，而不能一味地沿袭旧有的制度安排，应该给予公平的竞争机会，而不是人为地设置障碍（如，一些重大项目申请必须有院士领头等），应该采取长周期、高质量导向的考核评价机制，而不能过于短视和急功近利。因为创新是一项风险性很高的事情，对创新人才的投资也是一项风险投资。如同企业风险投资一样，需要有一定的耐心和容忍度。如果给予足够的时间和资源支持，其回报将是非常大的。与此同时，我们也要容忍失败，容忍局部的失误，不能一竿子打翻一船人，做事情要看主流。只有这样，他们才能有积极性努力工作，才会更加注重长期绩效和高水平，不追求短期效益和低水平。

3. 建议如果在大范围的人事制度改革条件还不成熟或者有顾虑的情况下，可以像经济改革早期一样，允许看，但坚决试，选择一些牵涉面不是很广，行业性质比较单一的单位先搞局部的改革试点，以人才实验特区的形式鼓励人事制度创新的试验，给出一些特殊政策，让试点单位先行先试，摸索出一套经验来。

从教育领域来看，综合性大学由于学科布局广、专业门类多，改革面临的掣肘因素比较多，容易出现船大掉头难的现象，改革起来也许比较难。相对而言，行业特色类高校学科门类集中，人事改革的协同作用相对明显，容易出成果、出机制。作为一个案例，早从2004年开始，我们上海财经大学在颇有魄力和战略眼光的谈敏校长的领导下，做了一系列大胆探索和改革尝试，包括引进了多达7位海外著名华人经济学者担任体制内实聘院长，并大规模引进海外知名大学博士，使得在全校教师中海归博士的比例超过20%，笔者所担任院长的经济学院更是超过60％，率先实践了国家重视海外高层次人才引进的发展战略。与此同时，借鉴世界一流研究型大学的终身教职制度在国内高校率先探索实行了常任轨教职制度，按照国际通行的学术评价标准、程序对所引进的人才进行长周期、高质量的考核评价。改革的成效十分显著，按照一项对国内高校在世界一流经济学期刊论文发表数的统计，上财跃居国内高校第一。2011年底，上海财经大学成为中组部海外高层次人才创新创业基地。

4. **建议克服人才工作和教育工作中重理轻文的倾向，加大对于人文社会科学的重视程度和投入力度。如一时难度较大，可像"千人计划"项目一样，将作为商学重要基础的现代经济学，与商学一道纳入国家自然科学基金资助序列，将现有的管理科学部扩充为经济与管理科学部，加大支持力度。**

目前，重理轻文的倾向非常严重，比如从科研投入来看，国家社科基金资助总额只有国家自科基金面上项目总额的10％左右。自然科学重要，但是人文社会科学也很重要，甚至更重要。从某种意义上来讲，也许没有哪一个自然科学理论对于中国发展的重要性，能够比得上邓小平改革开放的社会科学理论。然而，目前国家对于人文社会科学的投入与其重要性是非常不匹配的，应该对那些相对具有较强现实性，且又急需大量这方面创新人才的学科，加大支持力度。

以商学和经济学为例，目前我国经济学和管理学类高校在校生人数占全部在校生的比例已经超过1/4。但是，人才培养质量却远远不能满足当前国家对于高层次经济、金融、管理创新人才的需要，其原因之一就是国家对于商学、经济学教育科研投入的经费太少。以国家自科基金面上项目为例，无论立项数还是资助金额，管理科学部在所有七个科学部中都居于末位，占比只有5％左右。建议将作为商学重要基础的现代经济学，与商学一道纳入国家自然科学基金资助序列中去，与现有的管理科学部合并为经济与商学科学部（或经济与管理科学部），加大支持力度。

随着人才工作已经被提升到国家发展战略的高度，我们相信本报告所论及的问题是发展中的问题,一定会得到妥善应对和解决。同时,我们这些海外学者普遍感受到了国家对于海外高层次人才的积极召唤,也感受到了国家发展中个人自身的历史使命和责任感。真诚希望在中国重新崛起的历史进程中,能够立足自身工作岗位,做中国特色教育、科技、人才体制机制的改革者和建设者,为实现中华民族共同的梦想贡献一份力量。

(2011 年 12 月)

87

对中国大学及其学科评价体系的反思与建议[*]

近期,国内外媒体、社会特别是科学界、教育界纷纷热议的一个话题是在2011年中国科学院院士增选中落选的清华大学施一公教授,却于今年先后当选美国科学院和美国人文与科学院双料外籍院士。无独有偶,在荷兰蒂尔堡大学公布的2012年全球经济学科最新排名中,有948所大学榜上有名,上海财经大学和清华大学分别以世界第69(亚洲第6、大中华地区第1)和第88(亚洲第8、国内第2)的排名跻身世界百强,而在2012年全国一级学科评估中两校理论经济学却分别仅列第10和第16。与此形成鲜明对比的是,一些在此榜上无名的学校在国内的评价体系中却非常靠前,而国际排名比较靠前(国际161、国内第5)的上海交通大学在国内一级学科排名中却未进榜,国内大学两种排名的情况及巨大差异见表1。此外,首批2011协同创新中心评选也在普选环节中把那些以国际化为特色和优势的协同体筛下来了,最终清华大学、上海交通大学、上海财经大学等牵头的协同体一个都没上。

---

[*] 本文载于上海财经大学高等研究院2013年第3期《专家视点》。

表1　荷兰蒂尔堡2012年排名与理论经济学一级学科评估排名比较

学　校	荷兰蒂尔堡排名 Tilburg Economics Ranking			国内理论经济学一级学科评估
	国内排名	亚洲排名	世界排名	
Shanghai U. of Finance and Econ.（上海财经大学）	1	6	69	10
Tsinghua University（清华大学）	2	8	88	16
Peking University（北京大学）	3	10	114	2
Xiamen University（厦门大学）	4	16	142	7
Shanghai Jiao Tong University（上海交通大学）	5	19	161	未进榜
Zhejiang University（浙江大学）	6	21	176	7
Renmin University of China（中国人民大学）	7	25	201	1
Fudan University（复旦大学）	8	28	233	4
Beijing Normal University（北京师范大学）	9	44	337	13
Nanjing University（南京大学）	9	44	337	4
Nankai University（南开大学）	11	52	418	4
Sichuan University（四川大学）	11	52	418	16
Wuhan University（武汉大学）	未进榜	未进榜	未进榜	3
Zhongshan University（中山大学）	未进榜	未进榜	未进榜	9

　　一个人、一个学科、一个学校，为什么在国内外得到的学术评价会有如此大的差别呢？为什么国内官方搞的类似评选和排名总是引致媒体和社会的种种质疑，而国际上学科排名的质疑则要少得多？其根本原因就是，国内的学术和学科评价体系基本没有与国际接轨，没有将对学科本身的发展做出基础性、原创性贡献放在首要、关键及核心地位，对学科发展贡献度的导向激励严重不足，从而导致中国没有一所世界顶尖或一流大学，这很不利于中国抢占国际学术话语权，也不利于理论创新、工具方法创新；再加上行政化教育管理，将大

量政府拨款与现有大学及学科评价体系挂钩，使中外教育科研评价体制和方法存在着巨大差异。

以经济学科为例，我们可以看到那些真正按国际标准，以追赶世界一流为己任，鼓励对学科做出原创性贡献的高校如上财、北大、清华、厦大、上海交大，其经济学科的国际排名都比较靠前。这种国际国内不兼容的体系如不调整，必定会阻碍科教兴国和人才强国国家发展战略的实施。中国经济如果只有对内改革调整，没有对外开放兼容，是不可能取得如此巨大的成就的。同理，教育也要遵循邓小平同志早在20世纪80年代初就提出的"面向现代化、面向世界、面向未来"的远见卓识，进一步加强对外开放。

现在全国都在谈中国梦、谈中华民族的伟大复兴，中国要崛起，就必须在教育强国之林占有一席之地，积极抢占国际学术话语权，打造一批世界顶尖和一流大学，成为顶尖先进科技和文化大国，就必须与国际学术评价体系接轨，将学科发展的原创性研究（包括基础理论创新、工具方法创新）放在首位，至少与解决中国具体问题研究放到同等重要的位置，对教育科研评价体制和体系进行大刀阔斧的改革，建立鼓励创造性和多样性的、与国际接轨的、开放竞争的包容性教育科研评价体制。

一、两大根本原因

（一）现有的学术和学科评价体系基本没有与国际接轨，没有将具有世界共性和对学科本身发展做出基础性、原创性贡献放在首要核心关键地位，在学科评价中对学科发展的贡献度的权重远远不足，这不仅没有鼓励反而打击了那些对学科发展真正做出原创性贡献的学校及其学科，导致中国没有一所世界顶尖或一流大学

中国要从大国崛起成为强国，需要拥有一批世界一流大学、一流学科。如

果在学术上没有话语权，对人类共同面临的知识方面没有创新，没有一些基础性的研究，没有原创性的研究，对学科的发展没有贡献，怎么能说是世界一流呢？世界一流必须放置到世界学术舞台上去评判，而不是自说自话，按照自定而非国际可比的标准来建设世界一流只能是闭门造车，难以得到国际学术共同体的认可。

当然，国外对于高校的评价分两种：一类是高度重视本科教育、为社会培养精英人才的大学（如美国的达特茅斯学院、威廉姆斯学院、威斯利学院等），这类好的大学不多；另一大类则是看重研究的大学。而对一个学校的学科评价就只有一类，关键看对这个学科原创性研究及其贡献度。从目前国内学科评价指标体系看，对应用性、国家急需的研究强调得比较多，而对世界学科的发展及其贡献度基本没有进入评价体系中去，世界一流的研究强调得较少，打分的权重比重过小。这里不是要以前者否定后者，或以后者否定前者，两者应该而且完全可以并行不悖。随着中国的崛起，中国的问题也越来越成为世界的问题，但是如果对世界共性、学科共性的理论、研究工具及其方法的原创性研究创新方面没有什么贡献，是不可能成为国际学术界和社会认可的世界一流学科的。

这种厚此薄彼的学术评价体系对于以追求学术卓越、励志打造世界一流的大学和学科的发展非常不利，再加上与此挂钩的国家和地方对教育资源的行政性配置，由此产生了重应用性研究、轻原创性研究的严重倾斜性，对追求卓越和有志于世界共性、学科共性的原创性研究及其贡献度的个人和学校造成非常大的负激励，打击了这些人才和学校的积极性。比如，许多首批追求创新型研究、打造世界一流学科的 2011 协同创新中心的评审认定，像施一公的协同体、上海财大包括上海很多高校的协同体一个都没有选上。

此次施一公的院士评比事件在海内外引起了较大的震动和讨论，而上海财经大学经济学科在国内外的排名落差也产生了不好的信号和负面效应，包括造成近 8 年来引进的六七十名优秀海归人才的人心惶惶，仅今年上半年就流失了 7 位，被英国、法国、新加坡等国高校和国内一些 985 高校挖走。多数人觉得国内的整体学术环境还是难以让他们充分施展才能,对上海财大的国际化师资队伍稳定和发展造成了严重损害,严重地影响了上海财大追求卓越、打造世界一流的战略目标。

(二) 教育科研评价指标体系的科学性和客观性都值得商榷,主观和客观指标比重严重失调,学科投入与产出不分的混合评价及行政任命的专家评审形式,也衍生出了许多不是基于学术优劣进行专业判断和评判等方面的问题,而现有的教育行政拨款又是与这些不合理评价结果相挂钩的

一是国内的教育科研评价指标体系纷繁复杂,更多还是在比拼谁掌握的资源多、谁的话语权多、谁的规则制定权多、谁的国家投入多,往往是一系列既往主观评价及一般成果与高端成果的简单叠加,得不出一个客观评价,对国际上通行的对一个学科本身的贡献度的客观性评价指标重视远远不够。在国际上,看一个学科是否是一流就看两个最关键的核心指标:(1)学科成员在国际顶尖和一流期刊的论文发表及其引用率情况如何,这也是检测其理论创新贡献度的客观指标;(2)学科所汇聚的本领域内公认的有影响力、有重大理论创新、对学科发展做出重要贡献的世界知名学者有多少,如以经济学为例包括诺贝尔经济学奖获得者、世界计量经济学会会士等。这些在国际学术同行中基本都是公共信息,根本不需要什么专家认定和政府部门来评价,更不会将政府部门对学科的评价和排名与政府拨款挂钩。然而,在教育部对大学和学科评价体系中,这两个指标基本没有作为核心导向指标体现出来,即使是应用性研究也没有对追求卓越、尖端的激励和牵引。现有的评价体系如不改变,中国不可能有世界一流大学和一流学科。

国内的学科评价体系,一方面纳入了很多的人才和项目计划,而这些往往是国内话语权垄断的结果,没有或很少是国际同行公认的;另一方面对于学术论文质量也没有一个很好的区分度,良莠不齐,对于国际顶尖和一流期刊论文的权重放得很低，甚至是和国内一般核心期刊同等权重，没有意识到一块金牌的影响力等于数十块银牌、铜牌甚至更多的简单道理。香港科大丁学良教授在2005年提出的"中国合格的经济学家最多不超过5个"的论断，之所以引起海内外众多学子的共鸣，其主要依据的标准也就是中国经济学家对学科发展本身做出的世界公认的学术贡献而言，尽管说法极端却说出了基本现状。国外非常重视一个教授的理论创新贡献，即使是格林斯潘、萨默斯等曾担任过美国财经高官的经济学家回到大学，也一定不会对后者的经济学科排名增加任何影响。即使是政府、国家急需的东西，只要不是原创性的发明，比如跟着制造大飞机或载人飞船上了天，对一个学科的评价也不会产生什么影响。

二是学术评价指标体系没有考虑学科差异性。比如，学科评估中所采取的只计算第一作者或通讯作者的办法，这是一些学科的通常惯例，但还有另外一些学科则完全不是这样。因而，应该根据不同学科采取国际通行惯例，而不是一刀切。比如，在经济学和商学领域，国际上通行的做法是按照姓氏拼音顺序署名。这样一个没有考虑学科差异性的评价标准一旦确立，将形成上行下效的指挥棒效应，对那些追求世界一流，但不按第一作者或通讯作者的学科造成致命性的影响，对这些学科的发展非常不利，极度不利于协同创新，会人为造成老师与学生抢排名，资深教授与青年教师抢排名，院长、系主任、所长与教师抢排名，从而影响青年学者对做高水平研究的积极性和师资队伍的稳定性，特别是对高校基层做国际性研究的海归教师队伍会产生非常不利的影响。加上其他因素，前些年好不容易建立起来的海外高层次人才回流潮也可能会中断。又比如，对于一些应用性不强的基础学科、理论学科，也将领导批示、重大课题等作为关键指标考量，这显然是不合理的。并且，将社会咨询和科学研究混为一谈，将获得领导批示作为重要目标，也会冲淡大学最重要的使命主题，即科研创新和培养有创新力的人才。

三是评价指标体系设计的利益捆绑及重大项目评审专家组的构成问题。目前，我国很多教育科研评价指标体系的设定征求了相关领域内位高权重的国内专家的意见，而考虑到评价指标与后期教育资源划拨的关联性，这些专家往往会出于这背后的利益考量将有利于自身学校获取更多资源的指标、规则放进去，而没有以高学术标准为准绳，即使是应用性的知识贡献也应坚持高标准。而到了评审环节，邀请的很多专家又是教育部各种指委会、委员会的主任、委员，知名大学的退休老校长、老院长等曾经担任过行政职务的人，这就很容易导致屁股决定脑袋，站在本位立场上为自己的单位争取资源或进行利益交换，而忽视了基于学术本身的优胜劣汰。并且，这也使得一些项目申请人往往能够通过各种渠道拿到评审专家名单，进行攻关。所以，很多学术评审已沦为跑关系、走后门、利益交换的场所，这本身也是一种严重的学术失范。

由于目前国内中央和地方政府的教育资源配置与这样的学科评价及其排名紧密挂钩，这无疑会极大地打击大学追求学术卓越、打造世界一流的积极性。

二、三条建议措施

与取得巨大成就的中国经济改革一样，教育也需要以开放促改革，以改革促发展，首要的就是学术评价体系的国际接轨和进一步引入开放竞争机制。唯其如此，才能真正建设起一批世界一流大学和世界一流学科。这里提出三条建议措施：

（一）**建议在学科评估、项目评审中，每个学校或学科可以对致力打造世界一流和服务国家急需两类导向实行分类申报和分类评价，都可以被评为一流，从各个方面给予大力支持。** 同时，**明确将对学科发展本身的原创性贡献作为评价打造世界一流研究型大学和学科的必不可少的最重要、最关键、最核心的根本性判断指标**

在国际上对研究型大学和学科的评价中都将对学科的贡献度作为必不可少

的第一指标,在某种意义上几乎是充分指标,非常强调对国际顶尖学术大师和国际顶尖学术论文的衡量。什么是世界一流大学、世界一流学科?其指标和标准当然多重,不是唯一的,但是归根结底一个最公认、最关键和不可或缺的量化指标就是在公认的国际顶尖和一流期刊的论文发表及其引用率,这个相对客观的指标代表了一个大学的知识贡献水平,是国际学术共同体的重要评议依据。

世界上找不到一所一流大学和一流学科在这方面不是靠前的,并且所有其他指标,如大学声誉及明星教授等都由此体现。它起到"导火索"的作用,触发几乎所有其他方面的变革和发展,如学科建设、一流师资队伍建设、人才培养体制、科研管理体制等。指标导向的作用非常重要,就像地方政府的官员们,中央政府在相当一段时期内对他们评价的最主要的指标一是发展(GDP),二是稳定(维稳)。由此,不管他们是为人民服务的好干部,还是为人民币服务、为仕途服务的贪官,都会想尽千方百计把GDP搞上去,改善投资环境引才引项目。同理,如果现在对高校的评价指标是以在世界一流的期刊上发表论文为核心考核指标,我断定各个大学的激励反应肯定不一样,没钱也会想法找钱引进人才,后面的评比体系、评价指标都会跟着改变。

因而,国内大学特别是研究型大学能否加快建成世界一流大学和世界一流学科,其关键切入点就看在公认的国际顶尖和一流期刊的论文发表及其引用率能否向世界前列快速挺进。比如,施一公教授回到清华大学后所领导的研究团队之所以能在与世界上一流的生物物理和结构生物学研究团队的竞争中脱颖而出,就在于这个团队在短短的几年时间里,在世界顶尖学术期刊《科学》《自然》和《细胞》上发表了二十多篇论文,而他的实验室被国际同行公认为世界一流,从而也形成了凝聚一流人才的正循环。

上海财经大学经济学科也是如此,只用了短短几年时间,就从国际上籍籍无名、国内中流到目前科研实力达亚洲前列、世界知名,所依靠的也正是以在国际顶尖和一流期刊上发表论文为主要指标导向,从国外引进和凝聚了大批优质海归经济学人才，抢占了国际学术舞台的话语权。按照前述的蒂尔堡大学排名研究，2012年上海财经大学已经与约翰·霍普金斯大学、波士顿学院等国际著名研究型大学并列，领先于德州大学奥斯汀分校、南加州大学、密西根州立大学、宾夕法尼亚州立大学等许多世界名校（当然，我们也意识到自身的不足，由于海归老师都较为年轻，在文章引用率上肯定不高，且没有世界级的明星教授，但随着时间的推移，这些都可能会改进）。

因此，强烈建议对在国际化方面做得非常优秀，对提升国内学科在国际上学术话语权的高校、学科，与那些在做中国问题研究方面做得非常突出的高校、学科进行分类评价，在项目申报时也明确区分是世界一流导向的，还是服务国家急需导向的，给予至少同等重要的重视和支持力度。两方面相互促进提高，相互砥砺前行，而不是相互掣肘。这就涉及评价体系中评审专家的构成问题，下面会论及。

（二）建议对国家级项目和人才的评比与挑选，只要有可能就应采用回避制度，避免利益冲突，加大海外评审专家比重，广泛邀请活跃在国际学科前沿的专家学者参与同行评议，促进我国科学发展特别是社会科学发展加快融入世界主流行列

现有的学科评价体系中，国家项目和资深专家教授占了较大权重。对项目和人才的评比，建议参照"千人计划""长江学者"讲座教授海外评审专家库的做法，在其他国家级支持项目中也加大力度、加快引入海外学者包括我国港台地区的学者参与同行评议和建设海外评审专家库，以消除国内过去因学派不同、观点差异、与被评审人的关系亲疏或者从本位利益出发交换选票等原因而产生的影响评审公正性的问题，让良币驱逐劣币，形成基于国际先进学术标准的良性评价体系，推动自然科学和社会科学学术研究同步走向国际前沿。自然科学领域可能在这方面相对好一些，社会科学领域做得还十分不够。

当然，人文社会科学内部也有不同的学科属性，有一些学科如政治学的意

识形态色彩比较浓厚，有一些学科如国学的中国国别属性也十分突出。这些学科也许不适宜过度朝向国际标准靠拢，不适宜大规模引入国际同行评议制度，但是社会科学，特别是研究市场经济规律和机制的现代经济学和商学，意识形态和国别属性就很弱，可以作为提升人文社会科学学科建设水平的突破口，在引入国际同行评议制度、参照国际先进学术标准建设方面进行大胆尝试。

当前国内经济学和商学的研究和教学整体水平之所以落后于世界先进，一个重要原因是一直沿用计划经济时代的老眼光来看待专门研究市场经济规律和市场经济制度的现代经济学。邓小平同志曾指出，市场只是一种手段，资本主义可以用，社会主义也可以用。实际上，现代经济学也只是一种手段，是研究和建设市场经济的一个工具，没有资本主义和社会主义的属性区分，应该在学科评价体系中进一步加大各校经济学科对学科本身发展所做出的基础理论和方法论原创性贡献的引导，如像将经济与管理纳入"千人计划"那样，在国家自然科学基金项目等的评审中也将经济与管理并列，引导中国经济学科朝着科学化、规范化方向发展。

（三）建议破除行政主导，将行政配置资源（如行政拨款）与行政性主导评价和排名分开，加强基于学术共同体自治和社会评价体系的多元化教育科研评价体系，让学术市场和社会的独立评价体系参与进来，有利于促进学术评价的开放性、竞争性和客观性，并以此进行资源配置

从长期看，要打造世界一流大学及一流学科，行政主导的教育科研评价体系必然要让位于学术市场，让位于社会。因此，我们应该确立学术共同体在学术评价中的主体地位，建立公开、开放、具有吐故纳新功能的专家库，以此杜绝学术评审中的不端行为。鉴于在目前的教育科研管理体制下，政府是出资方，学术共同体是受资方，由哪一方来主持评价可能都难以做到置身事外、公允持中，这就是为什么建议应该按照国际通常惯例进行评价，并基

于此进行资源配置。

三、结束语

中国高等教育正处在一个蓬勃发展的路向上,但是如果没有一个以追求卓越和世界一流为导向的教育科研评价体制为牵引,其结果可能是像中国经济发展那样受制于粗放式发展模式,而不能尽快地切换到内涵式发展模式上来,也不能很好地实现"国家急需、世界一流"的战略指针。正如中国加入WTO以开放倒逼改革一样,通过以国际通行标准为参照的宏微观改革所形成的红利,使得那些认为加入会对中国民族工业或安全造成影响的担心(如中国汽车、农业、银行等行业形成毁灭性打击的预期)均未变成现实。中国高等教育改革同样需要进一步加强对外开放,以国际通行的学术标准来推动国内学术生态的重建,加快实现教育强国梦。

(2013年5月)

88

让院士制度回归学术本质*

中国现行的院士制度与教育、科技体制机制密切相关，而后者又受苏联模式的影响较大，整体上行政色彩大过学术。与之相关的教育、科技资源的配置也是行政化的，在较大程度上不是基于学术规律和追求学术卓越。目前院士制度种种弊端均脱离不掉此问题根源。下面，我主要结合自己对中美两国院士制度的一些了解，对如何让中国院士制度回归学术本质提出几点建议。

一、将与院士称号捆绑的行政级别和待遇等制度安排脱钩

为什么中国许多政府官员挤破头想被增选为院士？一个重要的原因就是院士背后实质性的副部级行政级别待遇安排，使之具有经济和行政双重意义，也成为行政升迁与学术加码的一条路径。同时，近些年来，随着隐藏在院士头衔背后的过多附加值，以及来自学科、部门、行业、地区、单位等的种种利益叠

---

* 本文载于《千人》，2014年11月刊。

加，如院士楼、配专车、高年薪等，也使得院士增选丑闻不断。另一方面，则是一些得到同领域国际公认的华人顶级学者在国内院士近几轮增选中被淘汰，墙内开花墙外香。这是一种劣币驱逐良币的现象，如不加以遏制，将使得院士群体的整体质量和声誉下滑。

显然，剥离与院士头衔相关联的行政级别和待遇等制度安排，强化院士称号的荣誉性、学术性、纯粹性，势在必行。美国国家科学院院士就是一个单纯的荣誉性称号，并且是由学术共同体评出的，而不是某个行政机构认定的。院士身份是对他们科研工作的承认，同时科学院会为院士的科研活动和交流提供一些便利。除此以外，别无更多的附加利益，英国、澳大利亚等国也大致如此。并且，与中国院士制度还有一个较大的不同是，美国国家科学院的院士每年需向科学院缴纳会费，连续三年到期会费未付，则将转成荣誉退休院士，失去选举院士和高级管理人员的投票权。

二、在大学评价和学科评价中淡化和降低院士指标的权重

目前，国内很多评价体系中如教育部学位与研究生教育发展中心2012年的学科评估，在"师资队伍与资源"指标中，院士就被作为最高职衔，所占比重非常大，而一些国际公认的学术荣誉，如经济学领域的世界计量经济学会会士等则根本未列入。在一些国家和教育部重点实验室的评比中也是如此。同时，很多评审又是由院士主导或参与的。这种过度重视院士的指标评价体系及与之相关联的科技教育资源配置方式，带来的后果就是各高校、科研机构乃至企业对院士身价的哄抬，竞相给出高价码来拉院士加盟，抢夺话语权和资源。很多院士在这种利益追逐中也是身兼数职甚至数十职，根本没有时间和精力专注于科学研究。在美国，一个国家科学院院士给所在单位带来的更多是学术声

誉，而不是政府的直接的科技教育资源倾斜。

并且，在学术领域内设置一个最高的职衔，是有悖于学术自由和创新创造的，应该鼓励科研体制的分散性和竞争性。具体到大学评价和学科评价，最重要的一个指标还是原创性研究。师资当然重要，但是这个师资质量的衡量更多的不应该是靠头衔、称谓，而是靠对知识大厦的贡献，那些基础性、原创性的贡献。如果院士作为中国最高学术荣誉之一的群体，在学术上没有较强的国际话语权，对人类共同面临的知识方面没有创新，没有一些基础性的研究，没有原创性的研究，对学科的发展没有贡献，那显然是不利于世界一流大学和一流学科建设的。

三、以经济科学为试点将社会科学逐步纳入院士制度体系

在将院士制度回归学术本质的同时，中国也需要将社会科学逐步纳入到院士制度体系中，促进自然科学和社会科学体系的平衡发展。自然科学重要，社会科学可能更重要，因为它是决定方向、战略、愿景的，牵涉面非常广。在社会科学中，经济学则是经历了范式革命后最具科学属性的学科，这也是其在1969年被新增为诺贝尔奖学科门类的重要原因。经济学科类似医学学科，医生是治病救人，需要具有比较好的基础，找准病因、掌握病理、熟悉药性。庸医医死一个人，庸经济学家的危害性更大。经济学是要治理社会经济，给政府提建议，如不弄清楚适应范围、治理边界，盲目地照搬，将造成很大的负面社会影响。

并且，经济学的分析框架和研究方法具有广泛的适用性，可以应用到其他社会科学门类乃至自然科学的研究中去。所以，经济科学最具有纳入院士制度体系的必要性和可行性。当然，直到20世纪60年代初，美国国家科学院的成

员资格主要也还是限制在物质科学家和生物科学家范围之内的。自60年代中期起,美国国家研究理事会人类及心理学处才开始积极推荐当时受种种限制未能当选美国国家科学院院士的社会科学家进入到其主管部门,这就为经济学家入选科学院院士创造了机遇。

1967年,决策理论学派创始人之一赫伯特·西蒙当选国家科学院院士,其后他于1978年获得诺贝尔经济学奖。据统计,已故美国国家科学院院士或外籍院士中至少有34位当代经济学家,加上目前健在的70位左右经济科学领域的院士或外籍院士,先后当选为美国国家科学院院士或外籍院士的经济学家大约有100余位。其中,有一半左右同时还是诺贝尔经济学奖获得者。

(2014年11月)

89

创新高校人事制度　建设一流师资队伍[*]

上海财经大学"常任轨"制度十年探索（2004～2014）

摘要：进入21世纪后，中国高等教育亦步入向内涵式发展转变的关键阶段，人事制度改革因其内在的发展驱动而成为高校改革发展的重中之重。在此背景下，国内高校陆续开始以世界一流大学通行的 Tenure-track 制度为参照进行人事制度创新。本文主要介绍上海财经大学自2004年起即率先开始实行的以"常任轨"教职管理制度为切入点的人事制度改革探索，从改革的核心要素、实践成效、经验体会等方面对其进行了系统梳理。上海财经大学的"常任轨"制度改革，对国内其他学校也具有一般性的参考价值，尽管具体的改革过程和机制设计可能会因各校校情实际不同而有所差异，但其背后的基本理念、原理和改革的内在逻辑应该是相通或基本相同的。

教育兴国、人才强国是国家根本发展战略。在经济发展全球化和高等教育国际化的时代背景下，国际间人才竞争日趋激烈，中国要从大国崛起为世界公

---

[*] 本文载于《高等教育评论》，2015年第2期。合作者陈旭东、刘艳辉。

认的强国，具有国际竞争力的高层次创新人才培养和储备至关重要。为了积极响应国家发展战略需要，上海财经大学（简称"上财"）自2004年起即率先打破过去国内高校为海外高层次人才开辟体制外特区的传统做法，把在全球范围内配置的高层次领军、杰出和优秀人才资源直接纳入体制内建制，施行了旨在对接国际先进学术标准提升人才培养质量和知识贡献水平的全方位教育教学改革。在此过程中，上财以经济学院为人事制度改革先行先试区，积极引入世界一流大学特别是北美一流研究型大学普遍采用的"常任轨"（Tenure-track）制度，并逐步向学校其他优势学科及至全校推广，取得了比较显著的成效。

一、作为国际化切入点的"常任轨"制度创新考量

进入21世纪之后，我国高等教育面临双重压力：一方面是来自国际教育同行更加激烈的外部竞争压力，发达国家的高等教育机构纷纷进入我国，抢占优质生源，获取教育资源；另一方面来自中国社会经济发展的实际需求压力，具有全球化视野、熟悉国际交流合作惯例、有国际交往能力的高层次创新人才的供给严重不足。在此背景下，国内众多高校纷纷开始加快国际化建设和转型，并将人事制度改革作为突破口。然而，在中国高等教育的既有人事制度和发展情境下，不同的改革路径和方式往往会导致不同的结果。如，北京大学2003年公布的人事制度改革方案，其中所包含的"聘任制和分级流动制"和"学科实行'末尾淘汰制'"，实质上也就涵涉了"Tenure-track"制度的基本内涵。清华大学则在同年批准物理系率先试点对所有新聘教师实行"Tenure-track"制度。结果是，前者涉及面过广而使改革夭折，后者采取的增量改革办法使得制度移植得以生根。

从上海财经大学的发展来看，随着中国加入WTO，越来越多的中央国企和上海大型企业走向海外发展，希望从学校现有教师和培养的毕业生中挑选能

适应国外商业环境的中高级管理人才，最终能被选中者寥寥无几。此后，虽然学校培养出来的人才也开始越来越多地到我国的大型企业、中外合资企业、外资独资企业或者国外去工作，但是总感觉学校的教育与国际名校有差距，这种差距是从上至下公认的。为此，学校在"十五"发展规划中确立了一流大学的奋斗目标及"现代化、国际化、信息化"的发展框架，其中将国际化作为学校应对全球化挑战、开拓办学空间、全面提升竞争力的发展方向。

国际化发展路径的提出，在逻辑上是一件非常清晰明了的事情，这个逻辑就是：在国家逐步融入经济全球化的前提下，学校提供的经济管理人才培养和研究成果应当是适应国际化需求的。那么，如何适应国际化需求，这是个发展难题，也是个改革难题。上财尝试的改革路径是：学校主要的有专业特色和优势的几大学院院长作为学科的掌舵者，直接从国外聘请知名华裔学者来担任，以2004年首开先河聘请田国强教授担任经济学院院长为始，先后聘任近十名海外院长。这些海外院长在学院的体制内承担院长的职责，但又不是全时的；非全时的，但又完全享有与国内院长同样的权利。这样的改革探索，目的就是激励他们参照国际一流研究型大学的标准进行学科建设和人才引进、培养。改革的载体上海财经大学"经济学创新平台"得到教育部、财政部和国务院学位办的联合立项，其后并作为先导被凝练推广为国家"优势学科创新平台项目"的战略性制度安排。

在此过程中，最重要的是人才引进与培育，特别是海外高层次人才的批量引进。这种引进模式的特点是打破高校师资引进的传统做法，原本一般都是少量的、梯次的、一点点引进。为了尽快缩小与国外先进水平的差距，不批量引进经过系统训练和在国外著名大学学术环境中熏陶过的人才，达不到一定的量，就很难形成良性竞争的同群效应（Peer Effect）和支持创新的学术生态。为了用好引进的海外优秀人才，同时在不冲击存量师资队伍的前提下逐步提升整体师资水平，学校在先期理论经济学科试点取得初步成效的基础上，于2007年出台《上海财经大学"常任轨"教师管理办法》，将对全校各优势学科新引进的海外人才的管理都纳入与国际一流研究型大学接轨的制度化轨道，进行增量改革。

对于通过"经济学创新平台"引进的海外人才，学校遵循国外著名大学教师的管理办法进行考核管理，并给予与国内轨道教师不同的待遇。原有教师的管理在学校现行轨道运行，同时出台《上海财经大学教师申请"常任轨"教职管理办法（试行）》，符合条件者可申请进入常任轨，承担相应岗位考核标准并享受相应待遇，实现"双轨互通"。在实践中，已有两个轨道的双向流通案例。学校逐步将国际轨道的学术管理经验引入国内轨道，将国内轨道的思想教育经验引入国际轨道，积极推动海外人才本土化和本土人才国际化，力求"双轨融合"，逐步形成学术管理上符合国际惯例、思想教育上具有中国特色的师资管理模式。

二、"常任轨"制度的优点、核心要素及其实施

如前所论，"常任轨"制度改革的参照系为世界一流大学的"Tenure-track"制度。"Tenure"概念最早由美国大学教授联合会（AAUP）在1915年12月31日发表的关于学术自由和学术终身教职原则和行动建言的1915年声明中提出。[①] 1940年，美国大学教授联合会与美国大学联合会又共同发布关于学术自由和终身教职原则的声明，指出高校教师在经过一段试用期（一般不超过7年）的考核合格之后，就应该被长期雇用，除非有正当的理由或由于年龄的缘故而退休，否则不得解雇。这份声明对于终身教职制度在美国大学中的实施产生了广泛而深远的影响。[1] 此后，"Tenure-track"制度逐渐发展成为美国高校普遍执行的一种选拔和激励教师最有效的制度安排。[2]

---

① 即 AAUP's 1915 General Declaration of Principles and Practical Proposals，美国大学教授联合会于同年成立，首任会长为哥伦比亚大学约翰·杜威教授。参见 http://www.campus-watch.org/article/id/566。

这一制度除了给予教师工作保障和学术自由之外，也要有利于形成大学各核心利益相关者的激励相容，促使教授与大学这个学术共同体休戚与共，激励教授追求学术创新，至少做出与学校学科地位相匹配的学术成果，使之让教授的学术发展与学校学科地位打造目标相一致，实现双赢。其核心是构建有利于促进教师自我实现的制度激励模式，主要优点是：在青年学者创造力相对最为旺盛的时期即给予其较优厚的工作条件和较大的研究压力，促使其做出与学校学科地位打造目标匹配的学术创新成果，并为其可持续的研究能力和水平提升奠定基础；经过试用期的非升即走筛选，留下的教师其独立研究能力、学术活跃程度、研究学术水准得到国际同行认可从而较为优秀，同时空出的编制又为后续引进更优秀的人才预留了空间，有利于实现师资队伍的动态平衡和整体质量提升；已取得 Tenure 教职的教师拥有相对宽松自由的学术研究环境，没有频繁短期考核的压力，研究往往已成为其自我实现的内在需要，有利于开展原创性较强、难度较大和较深入的研究。[3]

目前，国内高校乃至有关学校内部对"Tenure-track"制度进行本土移植和再造时，进行了各具特色的翻译解读。清华大学物理系 2003 年开始对所有新聘教师实行"终身教授预备制度"①，上海交通大学 2007 年开始为新引进的青年教师试点实行"长聘教轨体系"，清华大学生命学院 2010 年 7 月进行此项改革时则对此英文词组未做翻译，清华大学经济管理学院 2012 年 1 月 1 日起在全体教师中实行"准聘长聘制"。上财在对"Tenure-track"制度进行吸收和借鉴时，创设了"常任轨"中文制度提法。该提法也得到上海市教委相关教育政策文件的采用，学校"常任轨"制度实践并被形成专报呈送上海市委组织部和中共中央组织部。

上财推动"常任轨"这一制度创新的核心就是，希望通过激励与约束机制的重构，推进传统的高校人事管理向现代人力资源管理转变，以充分激发学校

---

① 后改称为"准长聘制"。

师资队伍活力，促进队伍学术水平的整体提升，实现学科打造目标。从刚开始实施这一制度时，学校就深刻认识到，其成功有效的关键是，首先要有学科打造目标，即要有阶段性打造目标或参照系。上财经济学科打造目标就是最终成为世界一流，成为经济学人才培养和研究的学术重镇，从而这也决定了应该招聘什么层次的人才、给予什么样的薪酬安排、制定什么样的考核标准及设定什么样的常任教职授予基本要求。

（一）市场化年薪制

每年元月初在美国经济学会（AEA）年会期间召开的经济学博士毕业招聘会是一个非常成熟的国际性经济学家人才市场，北美、欧洲、亚洲很多高校都循此通道面向全球招聘师资。上财是国内率先在此进行大规模、成建制招聘的高校，自2004年就开始在AEA年会上发布招聘广告，首批就招聘了10人，已连续开展10年。时至今日，国内每年已有约50家的高校组团前去招聘，形成了引进海外优秀经济学人才的竞争热潮。在国内，这样一个高端经济学海归人才市场已得到一定程度的发展。薪酬制度对师资队伍的建设和教师激励带有决定性的作用，由于中国经济学海归人才市场与全球人才市场接轨，所以普遍实行的是年薪制且高于传统人事分配制度下的薪酬水平，以避免新引进的海归教师迫于生活压力而在教学、科研之外赚外快，被原有体系所同化，激励其将时间和精力更多地聚焦在学术创造和人才培养上。

（二）国际同行评议

对"常任轨"教师的考核是教学[①]、研究和服务的综合考核，但要以研究

---

① 就教学而言，上海财经大学要求"常任轨"教师应在终期考核中提交"教学理念以及在上海财经大学教学有效性的自我评估"、"研究生和本科生课程的全体学生教学评估的复印件"、"所有讲授课程的课程提纲、作业、考试、课程项目等"、"指导的本科和研究生的姓名"等材料，占所有指标的1/3强。

作为最大权重的考核指标。考虑"常任轨"教师的研究主要是国际性和原创性导向,上财在对这些教师的三年中期考核和六年终期考核等学术评价所采取的一个基本制度安排,就是国际同行评议制。通过邀请活跃在世界同学科领域前沿的专家学者参与同行评议,形成基于国际先进学术标准的良性评价体系,以避免以往国内传统的学术评价活动中往往存在的重人情关系和本位主义等不良现象,影响评价工作的客观性、严谨性与公正性。如,经济学院教师申请"常任教职",学院会将申请人的申请报告,以通讯评审的方式,邀请至少3名国际知名专家学者对他们的研究方向、已有研究成果、未来发展潜力及在评审人所在机构所能获得的职务等进行评议。

为了使评价与晋升更加规范、科学、有据可依,学校还分别对经济学、统计学、会计学、工商管理等不同学科制定了国际高水平期刊分级目录,分别由主流学科所在学院来主导制定。各学院承认大学科学院主导的目录分类或降级处理,但不可升级。以经济学为例,其由经济学院主导制定,主要以北美排名前50名的经济学系为目标参照系(学院正计划将目标调高至北美前30名),并以参照系学校是否能拿到常任教职的标准制定出了期刊的分级。除了国际公认的五大经济学顶尖期刊外,对经济学一类期刊坚持少而精原则,在较大的经济学研究分支领域只将最好的一本期刊纳入一类期刊。国际上评价学科好坏的依据是根据大学科,根据学科的综合实力,细的学科排名也有,但不是主流,影响力也不大。

(三) 常任教职授予

为了保证对"常任轨"教师的续约、晋升和授予"常任教职"(Tenure)进行公平、全面的考核,上财要求各学院成立晋升与常任教职评审委员会和评审分委员会。晋升与常任教职评审委员会由学院所有具有"常任教职"资格的教师组成。如学院"常任教职"教师少于3人,可由校内其他学院中具有境外"常任教职"的院长或教授,和(或)在采用类似"常任教职"制度的同等或更好的境内外院校获得过"常任教职"的相关领域教授担任委员。在实践中，学校将获得"常任教职"的起始职称设定在副教授这一级上，在审核"常任轨"教师提出的续约、晋升和"常任教职"申请时，只有职称高于申请人的具有"常任教职"的教师才能参与投票。在约定年限内达不到"常任教职"标准的教师将面临离职或转岗的选择，亦即"非升即走"或"非升即转"。同时，在借鉴国外知名大学的经验做法的基础上，学校制定出台了《上海财经大学常任教职教师考评办法》，以激励已获"常任教职"的教师能够继续努力，在教学、科研和社会服务等方面取得优异成绩。

此外，为了给以海外引进人才为主体的"常任轨"教师创造一个良好的学术氛围和工作环境，学校打破常规，借鉴国际经验，为引进的海外人才配套相应的学术制度。第一，参照北美研究型大学助理教授即可带博士生的经验，在"经济学创新平台"项目内特聘具备条件的海外人才为博士生导师，助理教授也可直接指导博士生。第二，全面推行助教制度。助教们通过协助海归学者的工作，可以充分感受到海归学者严谨的治学态度和扎实的学术功底，也有助于教研活动的国际化和本土化的结合。第三，实行相对灵活的学术休假制度。鼓励老师在完成授课量的前提下，抽出时间到国外高水平研究机构访问交流，在学术上进行深入的思考、学习和提高。第四，吸收已获得"常任教职"的海归学者进入学校各类学术治理委员会，使之在学校重大学术决策上拥有话语权和投票权。当然，一些"常任轨"助理教授在学校相关院系中也被赋予了所在系日常事务决策的资格，这是传统体制下新晋讲师所不具备的。随着改革的落地和成效的显现，这些制度创新也逐渐从"常任轨"教师向国内轨教师扩展适用。

三、十年改革发展实践的成效

建设世界一流大学和高水平大学，关键是要通过以制度激励为核心的系列改革来打造一支高水平的师资队伍。[4]经过近十年来的大胆探索、砥砺前行，上财借鉴国际一流研究型大学的师资管理经验，创新人才工作体制机制，率先推行"常任轨"制度，探索融入国际、立足国情、符合校情的师资队伍建设模式，构建"以用为本、注重绩效、高端引领、批量跟进、引得进、用得好、留得住、流得动"[5]的良性机制，形成了一支具有国际显示度和竞争力的师资队伍。在大规模、成建制引进的海外人才的带动和直接参与下，学校对传统的师资、教学、科研以及行政管理模式进行了全面的综合改革，取得比较显著的成效。

师资队伍结构改善，国际化人才体系初步形成。借鉴国际主流师资管理模式和学术评价标准，学校进行以"常任轨"为核心的师资管理制度创新，同时辅之以海外院长"非全时实聘"和海外特聘教授等制度为引领和支撑，汇聚了一批具有国际视野、熟悉国际规则、具有国际学术影响力的领军人才、学术骨干和优秀青年教师，先后从哈佛大学、牛津大学、普林斯顿大学、加州大学伯克利分校、斯坦福大学、多伦多大学等海外名校引进200多位优秀博士，聘请9名具有国际学术影响力的领军人才担任院长，邀请70余名海外知名专家学者担任特聘教授，形成了具有国际化视野和办学能力的管理层、海外特聘教授和"常任轨"教师三位一体的国际化师资队伍。

近十年来，上财共有198名优秀人才进入"常任轨"，由于"非升即走""非升即转"或其他学校的竞争性聘用，共33人离职或转岗，目前"常任轨"教师在岗165人。"常任轨"教师中累计有72人晋升副教授或教授，12人获得常任教职，70余人入选"长江学者"特聘教授、新世纪百千万人才工程国家级人选、国家杰出青年科学基金获得者、国家优秀青年科学基金获得者、新世纪优秀人才、上海千人计划、上海高校特聘教授、上海市领军人才等省部级以上高层次人才计划，成为学校高层次人才队伍的主要来源和重要增长点。

"常任轨"制度的建立和推行，有力地带动学校师资队伍整体结构实现不断优化。根据2014年12月的数据，学校师资队伍的学历结构显著提升，

82.3%的教师具有博士学位（其中海外博士学位28.9%）；学缘结构更加开放，80.4%的教师最终学历在外校取得；年龄更趋于年轻化，超过64.3%的教师年龄在45岁以下；国际化水平显著提高，接近67.9%的教师具有半年以上海外学习或工作经历。

参照"常任轨"制度，学校也大胆变革"国内轨"教师管理模式，积极探索教师岗位分类管理、"新聘研究人员"和新进教师首聘期退出机制，建立健全开放型、互通式的双轨师资管理制度，通过骨干教师进修计划、双语师资培养计划、高级课程进修计划及双轨教师合作研究计划等不断完善国际化师资培养体系，推动了海外人才的本土化和本土教师的国际化转型，搭建"并轨运行、同台竞技"的学术竞争与合作平台，推进双轨师资的良性互动和融合发展，实现师资队伍的整体提升。

原创研究成果涌现，国内外学术声誉显著提升。开放的环境和制度吸引一流人才，一流人才创造一流成果，一流成果推动一流学科发展。学校始终以贡献高水平学术成果和培养高层次创新型人才作为高层次人才引进和培养的出发点和落脚点，引导教师关注国际学术前沿、关注国家发展战略、关注创新人才培养。2004年以来，学校经济学和商学学科以"常任轨"教师为主体，先后在 *American Economic Review*、*Annals of Statistics*、*Journal of Finance* 等国际顶级和著名期刊发表论文300多篇，形成了促进原创性高水平成果大量涌现的学术氛围，大大提高了学校的国际学术声誉与影响力。特别是经济学院全职教师已实现在 *American Economic Review*、*Econometrica*、*Review of Economic Studies*、*Journal of Political Economy* 及 *Quarterly Journal of Economics* 等5大国际顶尖经济学期刊均有论文发表的"大满贯"记录，在国内尚属首例。

据荷兰Tilburg大学"全球经济学研究机构排名"数据显示，按照在国际重要经济学期刊的论文发表统计，2012年度上财在中国（含港台地区）排名第1位，亚洲第6位，世界第61位；2013年，学校会计和金融类学科首次进入QS（Quacquarelli Symonds）"世界大学学科排行榜"前150名；2014年，学校经济学/商学首次跻身上海交通大学"世界大学学术排名"前151～200位。学校还鼓励"常任轨"教师与国内轨教师一道，围绕国家改革和发展中的重大战略性问题和当前难点热点问题进行联合攻关，积极为国家建言献策，形成一系列关于经济、农业和教育等方面的研究报告，得到有关部门的高度评价。

教学改革得到深化，人才培养的质量日益提高。教学，与研究和服务一道，构成了"常任轨"教师的三项基本职责，被要求在其年度报告、中期报告和终期报告中都要加以说明。借助海外人才的批量引进，学校实施了一系列接轨国际培养规范和质量标准的教育教学改革，推动人才培养范式转变，如参照北美一流大学博士生培养模式，在经济学院、会计学院、国际工商管理学院、金融学院、统计与管理学院和公共经济与管理学院等普遍进行了"硕博连读"等一系列人才培养模式改革；经济学院、金融学院等学院围绕本科生培养在课程体系再造和实验班举办等方面做出了有益的探索，从根本上改进和提升人才培养质量，复合型、外向型和创新型人才培养的上财特色得到了进一步彰显，获得良好的社会反响。

学校生源质量在国内高校中居于前列，近年来在全国各省市的高考招生中录取分数居于前列，研究生考录比高居上海首位；学生培养质量和毕业生的就业竞争力也在不断提升，学生在国际高水平期刊发表论文、赴海外著名大学深造、到985高校任教、到500强企业就业等正成为越发普遍的现象；博士生研究水准日益接近国际先进水平，研究生培养质量逐年提高，毕业生任教世界一流大学也成为现实；就业率基本保持在95%以上，在盖洛普就业能力排名中，毕业生就业能力处于全国领先地位，是教育部全国毕业生就业50所典型经验高校，学校社会声誉显著提升。

过去十年，上财以"常任轨"制度为核心深化人事制度改革，努力探索开放环境下高校师资队伍建设模式，取得了一定成效，但改革是对传统的突破和革新，总会遇到这样或那样的困难与障碍，这些也为各层面进一步深化改革提出了方向。

首先，国家层面要进一步加强规则体系对"常任轨"制度的兼容。就全国而言，"常任轨"制度还属特例，在不少高校尚处于改革试点探索阶段，在面对国家教育和社会体系的一些制度和规则时，仍存在诸多不适之处。如，由于我们参照国际上通行的职称评定和考核标准，许多"常任轨"教师刚入职时只有助教授职称，他们在申请国家、地方各类科研项目和人才计划时，往往因职称问题而失去申请资格，无法公平地参与学术竞争。又如，有些教师由于是外籍人士，享受不到充分的国民待遇，各类社保手续的办理周期较长，对他们的生活产生了不少负面影响。

其次，学校层面要进一步优化引才结构、制度环境，关注人才流动。以往学校"常任轨"教师引进主要定位于具有一定潜力的海外应届博士或工作不满一年的新人，具有领军作用的学科带头人相对不足，近十年引进副高及以上的"常任轨"教师20余人，仅占全部"常任轨"教师的10%左右；十年来，学校逐步建立起一套比较完备的"常任轨"教师管理制度，但是在实践过程中，仍有需要健全和完善之处，如各院系"常任轨"引进的程序和标准、晋升与常任教职委员会的构建与运作、各学科国际学术期刊目录的制定与调整等；通过"常任轨"制度，学校引进和培养了一批高层次人才，但是在国内外高校的激烈竞争之下学校同时也面临着留才的严峻考验。

四、改革的几点体会

上海财经大学"常任轨"制度的推行，是学校全方位经济学教育改革中的重要一环，也是对高校传统人事管理制度的革故鼎新。十年改革历程殊为不易，如同上财前任校长谈敏所言，"改革既是理论问题，更是实践问题，培育和积累改革的成效,十分艰难,这里面需要思想的解放、理念的更新、眼界的开拓、利益的调整、制度的完善等,缺少或疏漏任何一个环节都有可能功亏一篑"。[6]与国内其他兄弟高校的改革一样,上财的改革尽管也遇到了一些争议和困难,但总体上仍能够比较顺利地推进,并取得不错的成效,应该说与上述这些环节的协同推进是有密切联系的。基于此,我们主要有以下几方面的体会。

(一) 坚持改革开放、与时俱进

与取得巨大成就的中国经济改革和开放一样,高等教育也需要以开放促改革,以改革促发展。30余年来,上财从一所单科类院校,逐步发展成为在国内同类院校中有一定学科优势,跻身国家高水平大学建设行列的重点大学,关键就在于抓住了国家改革开放所带来的历史性机遇,始终坚持和贯彻解放思想、改革开放、实事求是、与时俱进的精神,不尚空谈,重在实践,在不断的探索过程中求取真知。近些年来,学校推行引进海外优秀人才及相关的改革,是学校一直坚持改革探索的延续和发展,是学校根据新时期建设创新型国家的战略要求,为了满足国家对大批优秀人才和大量知识创新成果的迫切需要,为了缩小与国际同类型一流大学、一流学科的差距,而实施的有的放矢之举。

(二) 坚持从体制内突破创新

在经济全球化和高等教育国际化的开放竞争时代,高校的人才培养、教学科研和社会服务,绝不能故步自封,小富即安,也不能关起门来谈发展和特色,要以"国家急需、世界一流",以是否符合教育规律,作为衡量的标准。长期在计划经济体制内形成的传统的理念、制度、做法和习惯,往往成为束缚高等教育进一步改革与发展的障碍。上财为了更好地发挥海外引进人才的优势和作用,弥补原有师资和管理者的不足,在聘任海外院长和引进海外人才方面,没有采取游离于现有体制外的"特区"模式,而是将其嵌入现有体制之中，借鉴国际先进经验和立足国情、校情并重，试点探索与面上引导并行，对现存师资、教学、科研及行政管理的模式和制度进行变革，寻求体制内的突破和创新。面对传统办学体制下的理念隔阂和既得利益，这样一种单刀直入的综合治理式改革是要冒一定风险的，很多人当时并不看好，但是上财平稳走过来了，并取得了比较显著的成效。体制内的改革，初期困难多、风险大，然而一旦取得成效，影响更大、受益面更广。

（三）坚持立足学校自身实际

改革必须从学校自身实际情况出发，选择最适合自己的道路。上财所选择的体制内突破创新这条路，与自身的一些特点、传统有很大关系。如，不同于综合性大学，上财学科门类相对比较集中和单一，优势学科之间相互关联度高，互为补充，互为依托，各个学科在理念、思想上比较集中，容易形成共识，然后资源配置相互集中，做出安排。这样，需要平衡的牵涉因素相对不多，若处得当，可以降低改革的成本，减少发展的阻力，即使改革过程中出现失误，也比较容易得到纠正。又如，上财独特的历史沿革，曾两度被撤销，严重影响学术文脉的传承，但加以正确引导，反而可以打破论资排辈、近亲繁殖、门户之见等传统弊端，从而形成唯才是举、海纳百川的局面，促进海内外优秀人才的相互融合。同时，上财也有海纳百川的传统。中华人民共和国成立前，学校前身是国立上海商学院，约80％的师资毕业自国外大学。

（四）坚持追求长远学术卓越

创建一流大学、一流学科必须追求学术卓越，且应该是长远学术卓越，而不能单纯地着眼和服务于当下，过于急功近利。在高等教育国际化的环境下，学术卓越的关键指标就是看一个大学在人类科学研究的某个或某些领域是否做出了有奠基性、开创性的研究贡献，其往往一般又是以在国际公认的顶尖和一流期刊的原创性论文发表为标志和导向，从而成其为长远学术卓越。这是一个先导性的指标，会触发高等教育其他方面的变革和发展，如学科建设、师资队伍建设、人才培养体制建设、科研管理体制建设等。从上财的实践来看，追求学术卓越，首要的是要求大学必须以世界眼光在全球范围内汇聚高层次顶尖、领军和优秀创新人才，并创造优良宽松的科研教学工作环境，使之能够安心聚焦于带有根本性的基础研究和教书育人上。

（五）坚持以制度建设为基础

现代大学制度建设是大学发展至关重要的方面。如何形成能够保障并能促进学校可持续发展的完善、有效的制度体系和保障机制？这是高等教育改革发展中非常重要的课题。上财的改革，正是针对传统教育科研体制下的制度弊端，旨在摸索出一套既能适应中国社会经济的发展需求，又能借鉴和吸收国际先进教育经验和良好学术规范，并在经济管理学科建设方面行之有效的教育科研体制与机制。实践证明，只有给予优秀人才以充分施展其才能的空间，其引入的教学、科研、院系管理等改革举措，才能及时落实到制度层面，方才具有长效的操作性和推广性，夯实大学发展方式转变的制度基础。制度建设的稳定性，也有利于化解人为权宜措施的不稳定性，提高透明度和可预期性。

通过创新性实施"常任轨"制度，上财大力引进海外高层次人才，推进全方位教育教学改革，产生了广泛影响。2010年，"常任轨"教师管理制度被正式纳入国家教育体制改革试点项目——"探索开放竞争环境下的师资队伍建设模式"；2011年12月，学校被中共中央组织部批准为第三批海外高层次人才创新创业基地；2012年12月《教育系统干部人事人才工作创新案例》一书收录《上海财经大学创新"常任轨"制度推进师资国际化》，重点介绍学校在探索开放环境下师资队伍建设方面取得的成效；2013年3月，学校两个项目：《优化退出机制、完善聘用体系，提高师资队伍质量》、《以国际化为抓手、完善激励机制，提高青年教师队伍质量》入选教育部教师工作司加强教师队伍建设改革试点项目。国内众多高校纷纷仿效上财进行大规模引进海外优秀人才和高水平学科建设的改革尝试，各校之间相互借鉴和交流，良性竞争，各具特色的改革路径和模式在逐步形成。

五、结　语

人事制度改革是大学内部管理体制变革和发展方式转变的重要枢纽，是以改革助推中国高校一流大学建设的关键环节。也正因如此，其牵涉面非常广，改革要真正做成，需要明道、树势（因势）、优术、抓时（择时）的综合运用。尤其是要"明道"，明确改革理念，明晰改革逻辑，同时也要正视做事、改革、创新的艰巨性、方法论，二者缺一不可。这是由于，"明道"决定眼光，眼光决定目标，而目标决定方向、战略、愿景、使命、格局和未来；方法决定策略，策略决定举措，举措决定细节，而细节决定成败。也就是老子所说："天下难事，必作于易，天下大事，必作于细。"[①]

上海财经大学以"常任轨"制度为切入点的教师人事制度改革，与国家发展战略需要和时代发展趋势潮流是相一致的。尽管需要克服的难点问题还不少，但只要做好充分的长期坚韧不拔努力的思想准备，继续秉承长期以来形成的培养人才、延揽人才、善用人才的优良校风，本着"改革创新、高端引领、国际竞争、引培并重"的改革思路，勇于实践，大胆试、大胆闯，在实践中不断总结经验和汲取教训，大力推进人才队伍建设的改革创新，一定能够加快具有鲜明财经特色的高水平研究型大学建设步伐。同时，上海财经大学的改革经历对国内其他学校也具有一般性的参考价值，尽管具体的改革过程和机制设计

---

① 老子《道德经·第六十三章》。

可能会因各校校情不同而有所差异，但其背后的基本理念、原理和改革的内在逻辑应该是相通或基本相同的。

（2015 年 6 月）

参考文献

［1］周文霞. 美国教授终身制及其对中国高校教师任用制度改革的启示［J］. 中国人民大学学报，2003，5：77~82.
［2］顾建民. 美国大学终身教职制度改革［J］. 清华大学教育研究，2006，2：39~47.
［3］王敏. 清华大学物理系准长聘制十年实践的思考［J］. 清华大学教育研究，2014，8：101~106.
［4］Jie Zhang. Developing excellence：Chinese university reform in three steps. *Nature*，Vol（514），2014，Issue 7522：295~296.
［5］经济学创新平台建设办公室. 改革、发展与创新——高层次创新型人才引进与培养的上财实践［R］. 上海：上海财经大学经济学院，2010 年 6 月.
［6］田国强、陈旭东、秦广艳. 中国教育改革：理念、策略与实践——前沿视点"问切"与上财改革实录［M］. 北京：经济科学出版社，2014：3.

90

中国经济学教育需解决三方面问题

在东北财经大学首届"星海论坛"之"论中国经济学教育"分论坛上的发言

首先感谢主办方,这个分论坛邀请了国内主要高校经济学院的院系领导来共同讨论中国经济学教育这个主题,非常好。我觉得通过大家的讨论,能够化解一些误会,形成一些共识。今天,我主要谈三个方面的问题:一是经济学学科和经济学教育的包容性问题;二是经济学专业人才培养的标准问题;三是经济学人才培养中的基本人格和品质塑造的问题。

一、中国经济学教育需要坚持开放性、包容性

我首先谈对经济学各学科要有包容性的问题。最近一段时间来,我跟许小年等不少人在关于现代经济学的一些领域(如新古典、凯恩斯宏观经济学)及其分析方法(数学性)如何看待方面有许多被动的争论,其争辩的焦点包括:原创性研究与中国问题研究、理论与实际、基准理论与现实差距、学术性与思想性、国际化与本土化、教学与科研,它们之间是否有冲突和是否要将其对立起来的问题,其本质是在争辩经济学的包容性问题。其实,这种包容性不仅对于一个学科内部非常重要,学科之间也是如此。比如,关于政治经济学和现代

经济学（我不太喜欢用西方经济学，马克思主义经济学也是从西方引入中国的）的学科包容性。经常听到许多学生甚至老师、领导将政治经济学和现代经济学或西方经济学对立起来，这实在是一个存在很大误区的问题。

其实这二者并没有不可调和的矛盾。一方面，中国坚持马克思主义，马克思主义政治经济学非常重要，它是从一个宏观的、动态的、长远的视角来考察经济。最近，习近平总书记也在中共中央政治局学习会上谈到了马克思主义政治经济学的重要性。我们上财经济学院不是现在才开始重视马克思政治经济学，我们从2005年开始就要求本科生选修、研究生必修《资本论》。《资本论》是马克思主义基本原理，且很有逻辑性，对现代市场制度起到了很大的促进作用。当然，其中可能也有一些假设跟现实有差别，这是由于百多年来经济社会发展已经发生了很大变化。不管怎样，我希望学生能够接触和了解马克思主义的原典、经典，然后再考虑如何发展的问题。于是，要求学生上政治经济学，它跟现实相对更贴近一些。我们将政治经济学的课程也分为初级、中级和高级三个层次，而高级部分又分为Ⅰ、Ⅱ、Ⅲ的系列。由于学生对政治经济学的学习兴趣相对低些，对于政治经济学的学科建设，包括学术会议的召开等，学院都给予了额外的支持力度。昨天，我们刚开了第九届"全国现代政治经济学数理分析研讨会"，我和程恩富教授分别致辞。

另一方面，中国目前处在社会主义初级阶段，客观现实是人们的思想境界还不高，还没达到共产主义的高度。这也是为什么现阶段的国策是搞社会主义市场经济，为什么十八届三中全会对市场在资源配置中的决定性作用进行确认。现代经济学主要就是研究市场制度的，它有没有意识形态？答案当然是有，只要是社会科学，或多或少都涉及意识形态。不过，现代经济学相对少些，这是由于现代经济学主要是研究市场经济运行的客观规律的，而市场机制是配置资源的一个必要手段。按照邓小平同志的说法，市场是手段，社会主义也可以有市场。十八届三中全会高度肯定了市场在资源配置中的决定性作用。所以，对现代经济学的课程，我们的学生也都要掌握。其实，我们很多做现代经济学研究的海归，也是生在红旗下，长在红旗下，都曾经在国内受过教育，包括我自己，父辈参加过抗战，自己下过乡，土生土长，都有希望国家强大的心结。

回到前面提到的最近关于现代经济学的一些争论，其关键就是许多人对现代经济学的理解太过狭隘，将新古典经济学等价于现代经济学，认为新古典考虑的理想状态与现实世界不符合，就将现代经济学看作是固化的从而否定现代经济学，这是极大的误区。实际上，新古典理论只是现代经济学的一个（重要）组成部分，是基准理论，提供基准点和参照系。就像物理学里的一些基本定律、原理是在无摩擦的理想状态下成立的，现实中有吗？没有，但是这些定律、原理的重要作用谁能否认？新古典以理想经济状态为基准点，以自由竞争市场为参照系，可以为我们的改革提供了一个方向。但是，也不能陷入原教旨主义泥淖，要承认市场有不足、会失灵的地方，比如现实中的贫富差距过大的问题、生态环境污染的问题等，这些政府缺位的地方需要政府更好地发挥作用。

我举一个例子来说明，现代经济学是一个具有极大包容性和开放性的处于动态发展中的学科。诺斯的新制度经济学和赫维茨所开创的机制设计理论都对新古典理论进行了革命性的发展，新古典是将制度作为给定，而诺斯和赫维茨却将制度内生化，视作为可变化、可塑造、可设计的，都成为现代经济学中极其重要的组成部分。在我看来，只要采用严谨内在的逻辑分模型（不见得是数学模型），并且采用理性假设（包括有限理性假设），这样的研究都属于现代经济学的范畴。

所以，我们从事经济学教育尤其是作为一个院长在指引学科建设和人才培养的时候，不能偏废，不要轻易地否定一个学科，一个领域，而要有包容性，要百家争鸣。任何一个理论都有其适用边界，有的是提供基准点或参照系的，而另外一些提出是想解决某个现实问题，但不能因它远离现实或不能解决所有现实问题，而由此否定它。因此，对经济学各学科和领域一定要有包容性而不是轻易否定它，这样一个基本认识，应该成为我们经济学教育工作者的共识。

二、经济学人才培养需从理论、统计和历史训练三管齐下

我想谈的第二个问题是经济学人才的专业素质问题。一个好的经济学人才、科学的经济学家应具备三个方面素质：

首先，接受过专业的理论和逻辑训练，具备严谨的内在逻辑理论分析能力。任何一个理论都有前提假设、边界条件，没有一个理论可以解决所有问题，经济学等社会理论用于社会可能会产生很大的正能量，但也有可能带来灾难性后果，这是成为训练有素经济学家的前提。

其次，经济学的应用与政策制定往往需要有数据统计的计量分析加以实证检验和考察。也就是，我们不仅需要理论的内在逻辑定性分析，也有数据统计的量化分析。

再次，经济学作为社会科学绝大部分情况下不能用社会来做实验，因而需要有历史的大视野、大视角来进行纵横向比较分析。

因此，这就要求我们培养出来的学生，既要有很好的内在逻辑的理论训练，也要有大视野的历史比较分析，及有数据统计的实证计量分析方面的训练，三者缺一不可。的确，在最终的分析中，所有知识皆为历史，所有科学皆为逻辑，所有判断皆为统计。

正是基于这样的考量，学院非常重视培养学生在这三方面的能力，无论是本科、硕士还是博士生培养方面都会在理论、统计和历史这三方面对学生加强训练，人才培养也是围绕这三个要素展开。本科生有九门核心课程，包括要按照数学系对本科生的要求上满17学分、3个学期的数学分析课，数学分析与

微积分的差别是数学分析不仅让你知道是什么还要知道为什么;此外,还要上微观经济学和宏观经济学,甚至对有些专业,如数理经济实验班还要上高级微观经济学和宏观经济学方面的课程,这些课程是用来培养同学们严谨的内在逻辑分析能力和理论功底的;统计培养包括概率论、数理统计、计量经济学等;历史视野培养包括经济史课、经济思想史课。前面也提到了,本科生学习《资本论(选读)》,博士生都要学习《资本论》,因为学习了《资本论》之后会让你更了解市场经济,从而更好地改善市场经济制度。这样的课程设置正是为了培养学生具有内在逻辑、实证分析和历史视角的综合素质。

三、经济学教育不能只培养经济人而要培养全面发展的人

我要谈的第三个问题是关于学生的基本品质、人格塑造方面的问题。经济学的理性或有限理性假设是与社会现实最接近的,对于个体的自利性我们不应该指责,它是社会进步的动力。但是,我们经济学教育不能只培养出一个个精致的短视功利主义的经济人,而应该是培养全面发展的社会人,让这些学生带着正能量进入社会。于是,我们上财经济学院对学生的人格品质的塑造非常重视,凝练出六条院训:"诚信、责任、包容、感恩、奉献、荣誉",每年我都会跟全院学生开见面会强调这些,12年了,我基本是坚持下来了。

第一,诚信,诚信的规范,要对人以诚、处事以信。对此,我们要求非常严格。我们时刻提醒同学们考试一定要诚信,千万不要作弊,会影响到他们的人生发展,这就是一旦被发现作弊,最低限度的惩罚就是退学,没有任何商量余地!如果我们上报给学校,那就是开除和取消学位。上学期,我们刚刚处理了一个硕士研究生,她非常优秀被保送到我校,每门考试都是90分左右,但是她还想拿更高的分,考试作弊被抓住,其结果就是无一例外,她被劝告退学

了，让我感到非常痛心和遗憾。人们都愿意和诚信的人打交道，我们不培养短期的功利主义者，因此诚信是首条。考得不好还有机会，一旦作弊就没有机会了。学院对学生严格要求，一是树立学院从严教学的品牌声誉，二是对学生的家长、对学生今后的人生发展负责。

第二，**责任，责任的准则，有责任之心，要勇于担当**。一定要有责任感，没有责任心的人往往是会被人瞧不起的，不会受人尊敬的。如果一个人没有责任心，如何能做成事情？谁会将事情放心交给他呢？学生毕业后要成立家庭、要走上工作岗位，一定要担负起责任，对自己负责、对家庭负责、对单位负责、对社会负责。特别是到了工作中，有多大担当才能干多大的事业。这也是最基本的道德准则，是中国传统文化的精髓。

第三，**包容，包容的心态，要有宽阔的胸怀和肚量**。现在社会比较浮躁，对他人严，对自己松，这样难以在社会上立足，每个人都有每个人的想法，大家对于不一致的观点要有包容之心，"海纳百川，有容乃大"，我对同学们最基本的要求是要阳光、大气。

第四，**感恩，感恩的意识，要学会感恩**。首先要感恩父母，感恩母校，回馈社会。父母都不求回报，如果你哪怕为他们多做一点事，多关心一点点，他们都会非常幸福和满足。

第五，**奉献，奉献的精神，要不吝奉献**。在世界上任何一个国家，无论是个人、集体还是单位，在常规的情况下都是逐利的，为了本国的利益、自身的利益、本学院的利益、本单位的利益，这本身没错，是社会前进的动力。但是它也有边界条件，那就是，在国家面临危机、危难时，同胞面临艰难时，当身边的人需要帮助之时，要回报社会，怀有同情之心，要有奉献的精神。2008年汶川大地震后，我们发动师生积极捐款，当时经济学院的捐款一度占了全校很大比例。

第六，**荣誉，荣誉的感召，对自己自强自信，对自身人格品行要有强烈的荣誉感，对学院、学校要有强烈的集体荣誉感**。很多道德败坏的事情，其背后都是由于没有荣誉感、没有廉耻感造成的。相反，有了这种荣誉的感召，则会形成巨大的正能量。美国西点军校的院训只有三条，就是"责任、荣誉、国家"，我们借鉴了前面两条。

此外，我们还实行了本科生导师制，从大一新生入学开始就配备导师，从人生、生活和学习多个方面进行全方位的指导、辅导。学院从上到下每个老师都有这个义务，我本人就带了18个本科生，并建立了微信群。这不仅对学生有帮助，对我做工作也有帮助，尤其是信息对称方面，从他们那里我也能掌握学生的动态及对学院各项工作的反馈，从中发现学院工作存在的不足。

以上是我的发言。谢谢！

（2015年12月）

91

教育公平与效率缺失的
制度根源及其改革[*]

在"以供给侧改革促进教育公平"高峰论坛上的发言

首先,感谢主办方的邀请,参加今天论坛的讨论,其主题异常重要。教育兴国、人才强国是国家根本发展战略,世界主要强国之间的竞争就是资源的竞争、人才的竞争、制度的竞争和话语权的竞争,其中最重要的是制度的竞争和人才的竞争,它们都是与教育有关的。如果没有教育的公平和效率,就没有教育的崛起,从而中国的崛起也是难以企及和不可持续的。

实际上,教育改革是中国所有改革中起步较早的。邓小平作为改革开放的总设计师,具有一般政治家所达不到的远见卓识、雄伟胆识和战略眼光,尽管他有很多大事要思考,却对教育前所未有的重视,将其提到极其重要的战略地位。早在1977年,邓小平第三次复出工作不久,他就自告奋勇抓科学、教育,恢复了高考并提出了教育要面向现代化、面向世界、面向未来的战略方针。

---

[*] 本文为作者在"以供给侧改革促进教育公平"高峰论坛上的主题演讲,其缩略版曾发表于2016年5月13日的《文汇报》。

然而，遗憾的是，目前教育部门却差不多是各个部门中在改革及其体制机制的转型方面最为滞后的，在某些方面甚至是倒退，与"三个面向"的要求相比，还有很大的差距。今天高峰论坛的主题是"以供给侧改革促进教育公平"。在我看来，最重要的关键词还是关键性、制度性的体制机制改革。当然，今天会议的落脚点似乎是公平，但从经济学的角度来看，公平问题不可能脱离效率来谈，两者都很重要，都是我们在考虑资源配置包括教育资源配置问题时需要给予充分关注的，事实上也是可以达到一致的。我本人是做激励机制设计或制度设计研究的，在国外高校留学从教30多年，这10年多来也一直在国内高校体制内从事经济学教育改革。对于教育改革发展中的制度设计问题从理论求真到实际求实都有一些切身的体会和思考。

所以，我今天的发言题目是"教育公平与效率缺失的制度根源及其改革"。

一、制度决定教育公平与效率

效率与公平，是经济学家总想解决，看似也是需要权衡取舍的两个基本问题，在现实生活中常常会存在着不一致，有时为了提高效率会影响到公平，有时为了维护公平则要牺牲一定的效率。过于强调教育效率的增进往往会引致教育的不公平，过于追求公平则常常会造成教育领域的效率缺损。所以，当两者发生矛盾时，就存在有一个优先抉择的过程。对此，罗尔斯主张应该把优先权交给公平，而米尔顿·弗里德曼则选择将优先权交给效率。

其实，对于这个问题，我认为是有解的，这个解也正好对应了政府与市场、社会在教育中的各自作用发挥的问题。现代微观经济理论中的公正定理告诉我们，只要每人的初始禀赋（包括物力资本和人力资本）的价值相同，则市场自由竞争机制将可同时导致资源的帕累托有效和公平配置。这里的公平是指每个人都满足自己所获得的东西，这种既考虑主观也考虑客观的公平也是经济学中所定义的公平。也就是说,在理论上,只要尽可能有一个平等的竞争起点(政府可以通过税收和给每个国民同等基础教育尽可能达到这种起点平等),然后通过自由竞争的市场运作就可以达到既有效率而又相对公平的社会公正结果。

那么,在现实中,我们的教育起点公平做得怎么样呢?说实话,做得很不怎么样,无论是质还是量都做得不太到位,政府严重缺位。刚才听到湖北人大常委会副主任周洪宇教授包括十二年义务教育的"新三免"我感到特别高兴。这一二十年来我也一直在向各级领导极力建言十二年义务教育,但没有结果。从义务教育的年限量来说,到现在我们还只是九年义务教育,而世界上110个左右的国家和地方是超过九年义务教育的。九年义务教育使得许多低收入地区,特别是农村青少年无法完成高中教育,导致了很大的起点不公平,从而导致了一系列严重后果,包括社会流动性不足的问题,现在考进好的大学来自农村大学生的比例不断下降说明了此点。此外,义务教育年限在很大程度上反映了国民的受教育水平和整体素质,是经济社会可持续发展的必要条件。一方面,市场化、城市化、全球化、知识经济和信息经济的深入发展,对不同领域、不同层次的劳动者基本素质和能力结构都提出了新的更高要求。经济的可持续发展从要素发展驱动转为效率驱动乃至创新驱动发展,而创新驱动则有赖于人力资源强国的建设。另一方面,维护社会和谐稳定,缩小贫富差距,迫切需要我们在更大的范围内创造起点公平以更好地促进社会公平。大家知道,国家治理体系和治理能力的现代化是基于法治市场经济和法治社会,而这都有赖于公民整体素养的全面提升。这些都不是短短的九年义务教育所能承载的。

从教育的质量来说也是不尽如人意,从教学方式、教师待遇乃至教育基础设施都有很大的欠缺,城乡和地方间差别很大,没有引起充分重视,与国外,甚至是和民国时期相比,反差很大。比如,日本这次大地震,最坚固的建筑物是学校的建筑物,甚至可以作为地震的避难所,而2008年发生汶川大地震中死人最多地方却是学校教室,形成了特别强烈的对比。民国时期,贵州、山西、山东等地方都非常重视国民基础教育,贵州有地方甚至规定学校的建筑物一定要是最好的,如果政府建筑物好于学校的建筑物,当地县长不仅要免职,甚至是死罪,而反观我们现在许多地方的政府大楼比学校的建筑物不知要好多少,最近网上有人将中国许多地方政府大楼和美国的地方政府大楼相比,得到的结论是赶超世界,超过美国50年以上。所以,政府在教育公平方面是严重缺位。

如果说义务教育主要是政府严重缺位导致教育公平不足的话,高等教育则主要是效率不足的问题,是政府在教育管理方面严重过位的问题,导致教育效率极其低下的问题。中国对高等教育投入了大量的资金,但是至今没有一所得到世界公认的世界一流大学,培养不出钱学森所说的"杰出人才",投入产出严重不对称。这是教育资源配置的效率问题,其背后的根本则是教育制度问题。我认为,与人们的期望和国际先进水平相比,中国教育体制和大学管理模式的差距主要体现在以下两个方面:

其一,教育体制高度行政化,缺乏开放式竞争。尽管文件和媒体宣传报道都在谈教育要去行政化,但实际情况是教育行政化越来越厉害,形成了像许多其他方面一样的口头和实际严重落差。当前教育体制的一个典型特点就是行政主管教育,像管干部一样在管教育家和教育工作者,使得大学官本位意识浓厚。并且,大学之间封闭办学,没有什么竞争,缺乏主动对接国际标准的压力和动力。

其二,行政管理模式和学术评价标准落后。真正懂得按邓小平同志的"三个面向"要求办学的行政管理人才欠缺,学术和人才评价标准没有真正与国际先进标准接轨,而是停留在应付上级部门各式各样的考核指标和频繁的评价活动上。

这种来自政府的对于教育的过度干预导致的后果就是,大学没有自主权,没有独特性,千校一面,使得大学教育理念落后,教师和学生都缺乏自由之思想,独立之精神,而这是科技创新、思想创新从而中国要成为创新型国家必不可少的。我曾经形象地说过,中国高校的现状是,好像全中国就只有一所大学,其他都是分校,无论从体制、从校长的任命,学科的设置、评估、管理千篇一律,怎么能有创新驱动。中国高等教育的改革发展,如果不明道,不从根本上搞清高等教育的内在规律,把握正确的目标方向(也就是做正确的事),那么再多的头痛医头、脚痛医脚的措施的作用都是非常有限的,说不定起反作用,正确地做了"错误"的事情。

为什么民国时期却能有一批世界一流大学,培养出了一批一流的大师呢?我认为,简单讲,与中国经济改革的成功类似还是两条。一是放开,民国时期军阀割据、战乱频仍,政府对高等教育管不了那么多、那么深,索性就放开,由此一大批国立、私立、教会大学如雨后春笋纷纷成立、发展和相互竞争。当时,尤其是一些教会大学如燕京大学等一度达到世界一流水平。二是开放,如北洋大学在建校之初,其课程设置、教材选用等方面均以哈佛大学、耶鲁大学为蓝本。同样,钱学森曾回忆道,1935年秋他刚到美国麻省理工学院航空工程系学习,就发现在国内交通大学学习的课程安排连实验课的实验内容也是与麻省理工学院一样的。他认为,"当时交通大学的教学水平是属于世界先进行列的"。

反观现在我们在高等教育对内放开和对外开放上做得还很不够,并且是管得越来越多,越来越紧。最近教育部学位中心出台的权威A类期刊列表就是一个活生生的例子。尽管出发点是好的,想配合国家的"双一流"建设,但还是沿用计划经济的思维在办教育,吃力不讨好,引起各界,甚至包括一些人从意识形态方面进行攻击和上纲上线。前两天我还在跟友人说,很可能得不偿失,引起倒退,结果被我不幸言中,昨天(5月6日)被叫停了,成为中国另一"熔断"机制事件。其实,最近十年来中国经济学教育的国际化,尽管没有官方评估和官方指定的国际化标准,许多知名大学都在做,并且取得了很大成绩。像大学和学科的评估完全应该和可以由社会民间智慧力量来办,但是一旦由教育主管部门来主导和评估,就容易把大学的手脚给框死了,因为它是与学科评估结果及之后的教育资源分配相挂钩的。并且，将良莠不齐的中外期刊混于一炉，很可能会导致劣币驱逐良币的结果，导致短板效应，机会主义者肯定会选择其中的差期刊"灌水"，同时也不利于新兴学科、交叉学科的发展。

过去一个时期，我们有很多经济政策的出台看上去似乎都缺乏细致的论证，逻辑上经不起推敲，常常导致的结果是激励不相容或更坏的反效果。比如之前的股市熔断机制的出台，现在教育领域也出现这样的情况。

二、中国教育改革发展的方向

明道，即明做正确事及正确方向面之道非常重要。明道决定眼光，眼光决定理念，理念决定目标，从而决定方向、战略、愿景、使命、格局和未来。当然，优术，优正确地做事之术也很重要。优术决定方法，方法决定策略，策略决定举措，举措决定细节，而细节决定成败。对于中国教育改革发展，同样也是如此，首先方向要对路，否则会走偏甚至南辕北辙，走很多冤枉路。

整体而言，中国急需高度重视教育，遵循办教育的客观规律，进行全方位深层次的教育改革，其关键是要处理好政府与市场、政府与社会、政府与学校的治理边界，进行三位一体的综合治理，充分调动政府、学校和社会办教育的积极性。改革的方向是遵循办学的基本规律，提供资金支持和基本规范办学，教育的具体事项就是少管，破除教育的高度体制化，大力放手办教育，培育社会参与力量，增加教育的多元性和选择性，提高公共教育服务水平，尤其是要提升义务教育的覆盖和高等教育的质量，扭转政府在教育领域角色的缺位和越位现象。这里，我仅提两点。

一是以十二年义务教育落实教育起点公平。义务教育的改革不能只停留在查漏补缺、巩固提高的阶段，不能不回应经济社会发展带来的现实需求，不能无视义务教育发展的世界性趋势（从国际经验来看，世界绝大部分国家和地区的义务教育年限都已经超过九年），而应该向更高的目标迈进。对于当前的中国而言，延长义务教育年限，基本普及十二年义务教育，是建设人力资源强国和奠定经济发展与社会进步的重要基础，是在更高水平上实现教育公平和社会公平的有力推手，更是政府的应尽责任和努力方向。我认为，如果到2020年，依然继续执行九年义务教育，而不是十二年义务教育，将会造成巨大的战略失误。

一些人可能会担心经费从何而来。实际上，由于年龄结构的原因，目前我国高中阶段在校生正呈逐年下降的趋势，而毛入学率则逐年上升，2015年已达到87％。同时，在不少经济发达省市，也已经陆续实行了12年免费义务教育的改革试点，并且试点范围有所扩大。也就是说，按照高中阶段在校生规模和生均财政投入测算，我国实现高中阶段100％毛入学率的任务所需的财政资金规模实际上已经不大。目前我国的教育财政投入是26 000亿元左右，只要能够保证国家财政性教育经费增长幅度高于财政收入的增长幅度，普及高中阶段教育完全有保障。

二是以赋权高校多元办学，开放式办学，以此实现高等教育效率提升。中国"双一流"建设不是靠规划、靠管理、靠评估，就能够成功的。按照计划经济的传统做法，中国不可能有世界一流大学和一流学科。所以，政府与学校要权、责分明，摒弃在行使教育行政职责过程中所出现的越权、越位，从传统的干预过多的管理型政府中解放出来，实现向无为而治的现代服务型政府的转变。

为此，政府部门所应采取的管理方式，应该是宏观指导下注重绩效的目标管理模式，而不是微观层面上事无巨细的过程控制模式。比如：（1）只管那些考虑中国现实国情而必须管的大原则、大方向上的事情（如社会主义办学方向、公共政治课开设等等）；（2）根据国家发展战略，制定教育发展规划和学科建设导向政策，以此满足国家、社会对人才和知识的需要；（3）建立全国性的高等教育信息发布及共享平台，加大信息公开力度，健全信息披露机制。

如老子所说，"治大国如烹小鲜"，办教育的具体实施方式和过程也是如此，应该无为而治。一旦目标和标准由教育部确定之后，由于信息不容易对称，上级部门无法也没有必要抓具体实施过程，具体的实施和管理应该交给大学自己，特别是那些非常具体的、信息不容易对称的方面的管辖权限应该尽快有序放开，充分调动大学自主办学的积极性、主动性。这样才能真正推动中国高等教育按照"三个面向"的要求深化改革，促进发展。当然，大学要有办学自主权，还必须在办学经费上要断奶。所以，我非常同意刚才孙冶方经济科学基金会理事长李剑阁教授所讲的，教育不能仅靠财政拨款，也要积极拓展社会捐赠。一份报告显示，目前中国高校1980年至今累计获得的社会捐赠仅750多亿元，而美国高校仅在2014财年就获得各种捐赠总值374.5亿美元，差距非常巨大。

与中国经济改革的成功经验类似，可以在国家和中央部委的宏观指导下，充分考虑中国国情，进行松绑放权的教育改革，从招生、学科专业设置、课程设置教材选用、培养方案设计、对外合作办学等方面入手逐步给大学更多的自由度和自主权，根据大学所处的不同行业、区域、层次形成各自的办学特色。如果在松绑放权的教育改革条件还不成熟或者有顾虑的情况下，可以像经济改革早期一样，先搞一些改革试点，允许教育改革和制度创新的试验，办教育特区。这也是考虑到高等教育体制的改革是一项艰巨复杂的系统工程，需要有一个探索、实验并逐步完善的过程，需要采取积极试点、分步实施的方式进行探索。

最后，我想再次强调的是，要更为长久地实现教育公平与效率的兼容，建立行之有效的制度才是其根本，政府的调节与规制只能是治标。制度是实现教育科学化、规范化和现代化的有力手段，是实现教育公平与效率的根本路径。科学的制度既可以保证教育资源的充分使用，又能最大程度地实现教育公平。在法规治理、市场激励和社会规范三大制度安排中，法规治理是最根本和具有导向性的制度安排,也是教育公平与教育效率的法制保障。中国需要进一步促进教育制度的法治化,而法治的首要要义是限制政府的闲不住的手,让教育按照自身的内在规律去发展。

(2016年5月)

92

经济学拔尖创新人才培养模式的理念与实践*

以上海财经大学为例

摘要：随着中国在20世纪90年代初确立社会主义市场经济目标，以及新世纪加入WTO带来的经济体制改革深化，迫切需要大批掌握现代经济学基础理论、分析框架、先进研究方法和前沿进展，具有较强理论研究能力、科学精神和创新能力，具有国际竞争力的经济学和商学拔尖创新人才。本文主要对上海财经大学自2004年以来在经济学拔尖创新人才培养模式理念与实践上的探索做了一个案例介绍，其中以"理论、历史与量化分析"三位一体为课程设置导向，注重马克思主义经济学、经济史学学习，现代经济理论基础训练和数理定量分析方法传授这三者的辩证统一是最大特色，走出了一条面向世界、面向未来、面向现代化的经济学拔尖创新人才培养之路，并实现了培养、就业和招生之间的良性循环。

---

* 本文载于《高等教育评论》，2017年第2期。

经济学和经济学教育在中国改革开放进程中肩负着民族复兴的重大历史责任使命。国家之间的竞争，就是人才的竞争、资源的竞争、制度的竞争和话语权的竞争，其中最根本的是人才的竞争。随着中国在20世纪90年代初确立社会主义市场经济目标，以及新世纪加入WTO带来的经济体制改革深化，迫切需要大批掌握现代经济学基础理论、分析框架、先进研究方法和前沿进展，具有较强理论研究能力、科学精神和创新能力，具有国际竞争力的经济学拔尖创新人才。中国学生的素质世界一流，但长期以来国内经济学教学水平及人才培养质量与上述目标一直有较大差距，学生的研究能力、创新能力、自我学习以及知识更新能力与国际学生相比处于明显劣势，各个学校不得不大量引进海外人才。造成这种现象在很大程度上是由于缺乏崇高教育目标、先进教育理念和全球视野，使得课程体系及能传授最新前沿知识的师资队伍，培养要求、考核制度、管理体制及相关规则都有较大欠缺，因而必须依靠全方位的经济学教育教学改革来取得突破。

上海财经大学依托首创首批经济学国家"985工程"优势学科创新平台，按照面向世界、面向未来、面向现代化的要求，借鉴世界一流大学的先进理念和经验做法，在经济学拔尖创新人才培养方面进行大胆改革创新，积极探索和实践适应我国国情的国际化的人才培养模式与教育管理体制。2005年，学校经济学院推出"硕博连读"项目，以增量改革推动存量优化，推动学校经济学拔尖创新人才培养模式的改革创新进入一个新的阶段。近些年来，学院遵循一流经济学人才培养的基本规律，在培养理念优化、优质生源选拔、师资国际化、课程体系改革、教学方法创新、教育管理科学化等方面不断探索，突破经济学拔尖创新人才培养的瓶颈，跻身国内一流，并逐步缩小与世界著名大学的差距，其国际化的拔尖创新人才培养模式和成功经验在国内各高校经济学相关领域产生广泛影响，并辐射到国际学术界。

一、经济学拔尖创新人才培养模式的基本理念和方案的形成

无论是单位还是个人，明道（即了解做事情的客观规律及其内在逻辑）异常重要，这是由于明道决定了眼光高低，眼光的高低决定了理念优劣，理念优劣决定了目标大小，目标一旦决定后，也就决定了方向、战略、愿景、使命、未来和格局。上海财经大学于2004年以经济学院为创新发展理念、转变发展方式的改革切入口，大胆尝试聘任在海外知名大学从教经历达一二十年的著名华人经济学者直接担任体制内的实职院长，参照国际同类学科的先进水平和经验，围绕学科建设、师资队伍、教育教学、科学研究、行政管理等进行全方位的改革创新尝试。改革载体"经济学创新平台"作为首创于2006年被列入首批国家"985工程"优势学科创新平台项目，后者作为一项国家教育战略制度安排被推广到全国20多所高校及写入《国家中长期教育改革和发展规划纲要》。在此平台下，经济学院着力"汇一流学生、聚一流教师、设一流课程、育一流人才、建一流学科"，以此为核心基点实现人才培养模式再造和培养质量提升。

经过对世界一流经济学科的人才培养方案的调研，结合中国的国情和学校的校情，上海财经大学形成了一整套受国内外高校瞩目的具有鲜明特色及造成影响效应和跟进效应的经济学教育模式：以"理论、历史与量化分析"三位一体为课程设置导向，注重马克思主义经济学、经济史学学习，现代经济理论基础训练和数理定量分析方法传授这三者的辩证统一，特别是10多年从未间断一直面向所有本硕博学生开设《资本论》，是所有专业博士生的必修课，在全国是唯一这么长期坚持下来的，同时强化对学生国际视野、社会责任意识、沟通能力和领导力、批判性思维、分析能力、终身学习和自我完善能力的培育，走出了一条面向世界、面向未来、面向现代化的经济学拔尖创新人才培养之路，并实现了培养、就业和招生之间的良性循环。

在此过程中，2005年上海财经大学率先实行经济学"硕博连读"项目，

按照世界一流大学经济系培养博士生的标准开设现代经济学系列基础课程——包括高级微观经济学Ⅰ、Ⅱ、Ⅲ，高级宏观经济学Ⅰ、Ⅱ、Ⅲ，高级计量经济学Ⅰ、Ⅱ、Ⅲ，经济数学等；这些课程选择英文原版教材并由国际著名经济学家和经历过系统现代经济学训练的新聘海归教师授课。2006年开始通过全国大学生夏令营选拔项目生源，并实行严格的博士生资格考试分流退出机制。上财一直走在我国经济学人才培养模式创新的前列。2009年作为发挥上财经济学拔尖人才培养改革成效外溢效应的现代经济学暑期师资进修班获批教育部研究生教育创新计划项目（始办自2007年，其后北大、人大等高校也纷纷开展类似项目），2010年政治经济学教学团队入选国家级教学团队，2010年至今研究生暑期学校7次获批上海市研究生教育创新计划项目，2011年获批"数理经济学"教育部重点实验室，2012年"经济学理论与应用拔尖创新人才培养平台"入选上海市首批"交叉学科研究生拔尖创新人才培养平台"。

二、经济学拔尖创新人才培养模式的实践探索与创新

依托经济学国家"985工程"优势学科创新平台的系统优势，上海财经大学经济学院围绕师资建设、培养方案、课程体系、教学平台、教学方法、教学管理等大胆探索，为我国经济学拔尖创新人才培养模式的建立积极探索经验[1][2]，取得显著成效。

1. 建设一流国际化教师团队，夯实拔尖创新人才培养的师资基础

学院依托创新平台三管齐下，在全球范围内配置师资资源，着力构建适应经济学拔尖创新人才培养需要的一流国际化师资，教师中拥有海外著名大学博士学位的占比达64%，基于卓越的科研教学为学生提供学术导航和标杆引领。学院旨在引进经济学领域海外高层次人才的"经济学前沿理论与方法学科创新

引智基地"并成功入选 2016 年度国家 111 计划。

一是柔性引进大批国际著名经济学家。包括美国人文与科学院院士、比较历史制度分析理论创始人、斯坦福大学经济系教授格雷夫等 10 多位现任教于世界一流大学的国际著名经济学家被聘为特聘教授,其中 4 人被聘为"海外联席系主任",在与国际接轨的经济学拔尖创新人才培养方面提供咨询和指导。

二是批量引进常任轨(Tenure-track)教师。自 2005 年始秉持"高端引领、批量跟进、以用为本、注重绩效,引得进、用得好、留得住、流得动"战略方针,连续 13 年开展海外高层次人才引进,全职引进毕业于斯坦福大学、普林斯顿大学、加拿大多伦多大学等世界一流大学博士 60 多名并纳入常任轨轨道,形成一整套国际化、标准化、规范化的人才招聘流程和体制机制[3],得到南京大学等许多兄弟高校的借鉴。

三是加强非常任轨教师队伍建设。通过各种渠道和方式,输送学院非常任轨的青年教师到欧美著名大学访问进修,开展合作研究。近年来,非常任轨教师也陆续在国际一流经济学期刊上发表论文,其中近年新增新世纪优秀人才 3 人,马克思主义理论研究和建设工程专家 1 人。

2. 明确培养定位,实施分类培养,严格项目准入标准和淘汰机制

一是根据拔尖创新人才培养定位实施分类培养。在研究生层面设立硕博连读项目,定位为培养学术拔尖创新人才。学生根据自身的兴趣选择是否进入这些项目,进入后可根据情况选择退出,进入应用型拔尖创新人才培养项目,如金融硕士(金融计量经济学方向)。在明确了各专业方向的目标定位后,进而设计专门的招生和培养方案,配备师资力量,指导招生工作。

二是建立优中选优的拔尖创新人才选拔机制。生源质量直接决定项目质量,不仅要招到优秀学生,而且要有浓厚的学术兴趣。学院通过多年探索逐渐形成一整套选拔机制,包括:举办大学生夏令营,选拔优质生源进入硕博连读项目;在硕博连续招生中,实行大类招生;实行博士招生审核制改革。

三是实行严格创新人才培养考核与淘汰机制。严格的考核与淘汰机制是激

励学生努力学习、确保培养质量的重要方式。我们根据培养定位,探索形成一套考核与淘汰机制:硕博连读退出须承担一定成本,减少投机;严格实行资格考试,淘汰不合格博士候选人;提高博士毕业论文发表要求,引导学生做高质量的、国际水平的研究,让水平不高的投机考生知难而退。

3. 参照世界一流大学的标准设置课程体系,构建研究性教学平台

在参照世界一流大学培养经济学拔尖创新人才经验的基础上,学院重新设计了科学的课程体系,注重"经济理论、历史比价与量化分析"三位一体的人才培养理念。同时,在学术型研究生课程中,采用国际顶尖和一流期刊发表的论文、最新 Working Paper 等作为课程辅助材料。课程体系着力加强以下三个方面:

一是马克思《资本论》原著的教学。中国的国家体制是坚持马克思主义和走社会主义道路。在这个先决条件下,学院在教学改革中强调让学生掌握马克思主义经济学的基本原理。"《资本论》是马克思主义政治经济学的奠基之作,其完整的思想体系有助于开拓视野、启迪思维。"[4]为此,在原有的马克思主义经济学相关课程基础上,自 2005 年起坚持面向本硕博学生全面开设《资本论》原著(所有博士生的必修课)及其选读系列课程,并将《资本论》经典研读课程区分为通识、初级、中级和高级不同层次,这一长期坚持的教学举措在全国高校中独树一帜。

二是现代经济学理论基础教学。中国的国策是改革开放,走市场经济之路。为了让学生掌握更多市场经济的理论分析工具,更好地服务中国的市场经济建设,系统开设了高级微观经济学Ⅰ、Ⅱ、Ⅲ,高级宏观经济学Ⅰ、Ⅱ、Ⅲ,高级计量经济学Ⅰ、Ⅱ、Ⅲ,这些全系列现代经济学课程完全与国际接轨,使得中外联合培养的研究生也能很平滑地进入国外世界一流大学的课程体系中去。

三是数理量化分析课程的教学。现代经济学理论创新对于数理分析基础和量化实证分析的要求越来越高。鉴于此,学院在博士生招生考试中实行了数

学、经济学专业课考试二选一的策略，选拔更多具有扎实数理基础的生源，并在培养方案中设立《经济数学》等必修课程，加强数理分析、量化实证及计算机编程等方面的课程教学。

4. 严格教学与学术进程管理，完善拔尖创新人才培养的体制机制

一是建立全方位的教学质量保障制度体系。在经济学拔尖创新人才的培养过程中，基础理论课程的教学是非常重要的一环。学院在学校的教学质量保证制度基础上进行了一系列探索：每门课程学院设计课程提纲，作为所有任课老师课程教学的指导性纲要；同时要求任课老师编写教学大纲，规范老师的教学行为，同时也对老师的教学进行约束；要求每门课程安排期中考试和平时作业，避免课程考核单一化；全面推行助教制度，要求安排习题课、学生答疑；完善学生评价制度，引进助教评价制度；实行课程成绩分数段比例限制；实行补考重修制度，取消原有期初补考方式，要求学生重修，参与该课程的全程考核拿到相应成绩。

二是建立国际化学术交流与科研训练体系。学术创新能力的培养有赖于学术交流的熏陶与科研训练的导引。学院秉持海纳百川、兼容并包的学术传统，搭建"Seminar、Workshop、Lecture、Forum、Conference"五位一体国际化学术交流网络，开拓学生国际视野，营造良好学术氛围，注重培养跨文化、跨语言交流能力，着力提升国际话语权。其中，微观经济学、宏观经济学、计量经济学、应用经济学、实验经济学、经济史学、政治经济学7个系列的每周定期 seminar 主要邀请国内外知名学者面向青年教师和研究生做学术报告，过去10年来已累计举办超过了800期；微观经济学、宏观经济学、计量经济学和经济史学等3个系列的上海 Workshop，分别邀请国际上的青年学者和资深专家来校报告最新研究成果，及时向硕博连读生和博士生传播学科最新前沿动态；实行博士生中期报告制，整合全院不同专业老、中、青三代教师的优质资源，从研究意义、文献、实证、理论包括报告技巧等方面对博士论文写作和宣讲进行"会诊"。

三、经济学拔尖创新人才培养模式的推广应用效果

上海财经大学经济学院"理论、历史和量化分析"三位一体的经济学拔尖创新人才培养理念和模式,获 2016 年中国学位与研究生教育学会研究生教育成果奖二等奖。近年来,上财经济学院研究生在国内外学术市场上的竞争力明显增强,学院自主培养的博士生在国际知名经济学期刊上大量发表学术论文,已有 5 位在国际一类期刊发表论文,形成了较高的人才培养质量和良好的学术声誉。如焦振华博士在博弈论顶级期刊 *Games and Economic Behavior*、模糊决策国际顶级期刊 *Fuzzy Sets and Systems* 等国际期刊发文多篇;黄超博士在 *Games and Economic Behavior* 和国际二类期刊 *Social Choice and Welfare*(含接受)发表论文多篇。

1. 经济学拔尖创新人才培养模式得到社会认可

经济学拔尖创新人才培养模式受到新闻媒体高度关注和社会普遍认可。经济学拔尖创新人才培养模式、理念及其成就数十次得到了包括 *China Daily*、《人民日报》《光明日报》《中国教育报》等主流媒体的专题报道。如 *China Daily* 头版以"Battle for the brightest"为题报道上财经济学科 10 余年坚持引进海外高层次人才推动教育改革;《人民日报》以"上财改革博士培养制度 学生选博导入门后再定"为题对本项目的博士人才培养模式改革进行报道;《中国教育报》采访报道上财经济学院 10 余年坚持面向本硕博学生全面开设《资本论》原著(所有博士生的必修课)及其选读系列课程的独特做法。

2. 经济学拔尖创新人才培养模式得到专家认可

经济学拔尖创新人才培养模式得到了许多高校的肯定和效仿,在中国经济学年会"院长系主任会议"、上海财经大学"高层次创新型人才引进与培养交流会"、"中国教育改革校院长交流研讨会"、南开大学"经济学学科建设与科研评价研讨会"等重要会议中,经济学拔尖创新人才培养模式的改革和建设成效得到

大家的认可。学院教学管理人员和教师也非常注重深入开展与拔尖创新人才培养相关的教育教学研究，形成并发表了《深化博士生教育改革 培养学术型研究人才》、《本科学术型创新人才培养模式的探索研究》等一系列研究成果。

3. 经济学拔尖创新人才培养模式得到应用推广

经济学拔尖创新人才培养模式的成果，被部分应用于"现代经济学"全国高校暑期师资课程进修班（自2007年开始举办，计免费培训1 400余名教师）、全国和上海市研究生暑期学校（自2009年开始举办，计免费培训940余名研究生）等公益性项目。很多高校教师表示，非常高兴分享到上财经济学教育改革的成果和优质资源，会将一些好的经验做法带回各自学校进行参考借鉴。有研究生暑期学校学员也表示："在研究方法、研究内涵上均有所收获，老师深厚的学术造诣，严谨的教学态度，优良的教学方法，均对本人有很好的收益，因此本人希望上财能在以后继续举办相关的活动。"[5]南开大学、中山大学、山东大学、山东财经大学等一些兄弟高校同行也将我们的研究生培养手册及制度汇编带回研讨借鉴。

（2017年6月）

参考文献

［1］田国强、陈旭东、秦广艳. 中国教育改革：理念、策略与实践——前沿视点"问切"与上财改革实录［M］. 经济科学出版社，2014.
［2］经济学院课题组. 深化博士生教育改革 培养学术型研究人才［J］. 财经高教研究，2012，2.
［3］田国强、陈旭东、刘艳辉. 创新高校人事制度 建设一流师资队伍——上海财经大学"常任轨"制度十年探索（2004～2014年）［J］. 高等教育评论，2015，1.
［4］董少校. 上海财大：《资本论》系列课开了12年［N］. 中国教育报，2017-6-26.
［5］经济学院课题组. "现代经济学"研究生暑期学校的实践与思考［J］. 财经高教研究，2012，3.

93

为师者应当如何培养优秀的经济学人才？

在第 11 届全国高校教师暑期课程进修班暨第 9 届
全国研究生暑期学校开学典礼上的讲话

一、为师者的教育使命

首先，我想谈谈我们所从事的教育事业的重要性。大国，特别是强国之间的竞争，主要是四个方面的竞争：资源的竞争、制度的竞争、人才的竞争和话语权的竞争，话语权竞争就包括了学术话语权竞争。当然其中最重要的竞争，我认为是制度的竞争和人才的竞争，这是一个大背景，是我们办大学的使命之一。同时具体到商学和经济学来看，肩负着经济发展及民族复兴的任务，我认为这方面更重，因为按照十八届三中全会精神，我们要解决怎样让市场在资源配置中发挥决定性作用及更好发挥政府的作用，在之后的讲座中我会具体谈这方面。除了这个艰巨的任务，当然还包括国家治理体系和治理能力现代化。对这两方面的研究，经济学都能发挥极其重要的作用。

你们知道我们国家高校的商学和经济学本科生占全国本科生总数的多少吗？近 1/4，有近 25％的学生在学商学、经济学，并且几乎各个学校最好的学生都在学商学和经济学，比如全国的高考状元基本在北大和清华，而这些状元相当多的在学经济学和商学。然而，与之形成对比的是，我们的课程体系、教材和师资队伍比较薄弱，高层次师资严重匮乏，这就是为什么现在很多高校都在大规模地引进海外教师的原因。但是人才引进的成本是巨大的，有很多学生盲目地跑到国外求学，可是在国外一般的二流及其以下的学校基本上难以培养出高层次创新型经济学和商学人才，特别是高层次研究型人才。在这样一个背景下，上海财经大学引领做了一些事，其中就包括经济学创新平台建设。

我是2004年来到上海财大担任经济学院院长的。很多人说：上海财经大学经济学院会在中国经济学的教育改革历史上留下一笔，为什么？就是它在全国引领和推进了中国经济学教育改革，产生了很大的影响效应、凝聚效应、带动效应和外溢效应。其实北大、清华早于上海财经大学就在引进海归教师，但作为中国顶尖大学，它们的做法为什么没有形成这么大的推动作用和影响力呢？其原因就是由于人们想当然地认为它们是高不可攀的，认为其经验是不可模仿，不可复制的。北京大学、清华大学是中国最有名的高校，它们得到的国家资源和各方面的支持最多，物力、财力、实力、势力、社会影响力，都是一般普通大学无法比拟的，从而认为无法效仿。但像上海财大这样一般性的大学一旦做出成绩，就对好学校形成了巨大的压力和一般的学校形成了很大的动力，从而纷纷跟进。

的确如此，在来上财之前，我本来是清华大学经济管理学院首批特聘教授，但我知道，总要有人第一个吃螃蟹、总要有人甘当垫脚石。当有人介绍我来上海财经大学时，说实话那个时候我根本不了解这所学校，也不知道这个学校咋样。在受邀访问上财时，时任校长谈敏教授是一个非常好的校长，我认为是那时全国最好的校长，没有之一，对我说："田教师，我们请你来，不是要求你八点上班，五点下班，这种人多的是，我们请你来是希望你帮我们搞学科建设，帮我们引进一些人才。"有这样想法的人很少，当时985学校把国家给的资源大多用来修房子、买设备，没有用于引进人才。当时我就想，国内居然有这样开明和这么高战略眼光的校长，本来想谈的条件和待遇都不重要了。

刚才我说了"国家间最重要的竞争是制度的竞争和人才的竞争",就像毛主席说的:只要方向对了,路线对了,制度对了,没有人也有人,没有枪也有枪,小米加步枪赶走了小日本,打败了国民党,建立了共和国。的确如此,很简单的道理,隔行不隔理,我们上财近13年的改革发展也说明了这个道理。政治路线确定之后,干部就是决定性因素。上财那时是一所很一般的学校,我们经济学院当时更差,在学校属于中下流,学生基本是校内调剂进来的,当时学院账户中只有6万多元,起点很低。我到任后,在学校领导,特别是谈敏校长的大力支持下,让我们大胆探索、先试先行,尽全力支持我们的改革和发展,包括学校出资引进海归教师,我们推行的学科建设、师资队伍建设、人才的引进和培养、科学研究、学术交流、制度建设、体制机制创新等全方位的经济学教育改革很快就取得了很大成效和反响。

特别在引进人才方面,我上任仅半年后就从海外引进了10位人才(随后两年又引进了近20位人才,三年引进近30位人才),我们全方位的改革措施和人才大量的引进在全国高校一下子就引起了很大的震动和好的反响,比我们好和差不多的学校一下子都坐不住了,可能就是这么一个想法:上财是一般学校都能做,我们也能做,于是纷纷效法。我是海外第一个拿到终身教职回到国内当经济或经管学院院长的人,我之后,很快,大致半年后,洪永淼被任命为厦门大学王亚南经济研究院的院长,西南财经大学请到了甘犁当院长,随后上海交通大学马德秀书记把周林教授请到安泰经济与管理学院当院长。北大和清华,这下子坐不住了,北京大学把张维迎从常务副院长提升为院长,清华大学把钱颖一提升为常务副院长,两年以后当上了院长。这就是杠杆作用,阿基米德说给我一个支点我能撬动整个地球,就是这么一个道理,也就是我前面说的上财的改革对顶尖学校形成了巨大的压力和一般的学校形成了很大的动力,从而纷纷模仿和跟进。只有像我们财大这样一般的学校来做"垫脚石",就像小平同志建设深圳特区一样,它更有说服力。

二、要培养什么样的人才？

其次，我们要培养什么样的人才呢？我们为什么首先考虑开办暑期师资班？因为做好一个事情需要做到四个关键：信息、激励、效率和外部性，为全国高校教师提供公益培训就是外部性，自2007年开始举办，至今已经整整办了11届，累计免费培训教师1 436人次，分别来自336所高校和科研单位。今年共收到来自全国71所高校和科研单位的101名青年教师报名，经过审核，全部予以录取。"现代经济学"全国高校教师暑期师资课程进修班费用全部由经济学院负担，上海市教委的支持只是给研究生暑期学校，后者是从2009年开始举办，包括今年共举办了9届，总计已培训967人次，分别来自125所高校和科研单位。今年"现代经济学"研究生暑期学校共有来自全国138所高校的511人报名，经过严格审核，最终录取了119名学员。其实，更应该支持高校教师来培训，因为一个高校老师学成回去后一年要教几百个学生，十年下来，数千位老师至少让几百万学生受益。咱们经济学家谈的是效率、效益、成效，支持教师培训效应更大。当然我们也要培养人才，很多在座的研究生愿意来暑期学校来学习，非常好！

同学们，我经常谈"明道"，一个人的眼光的大小决定了理念的优劣，理念的优劣决定了目标的大小，你人生的目标，工作的目标，一旦决定后，就决定了你今后的发展，然后才是"优术"。大家要知道学好知识，即使主观上为了我们自己，但客观效果上是为了国家和社会发展。我们希望培养的是高层次创新型人才，具有国际竞争能力的人才，能为社会经济、国家的发展做出贡献的精英型人才，而不能关着门说自己是第一。现在我们想多做些事情很难，并且有很多风言风语，甚至有人会给你上纲上线，但是只要国家发展起来，民族完成伟大复兴，这个才是最实在，个人受点误解甚至是委屈又算得了什么呢？

我认为真诚待人是最重要的，我们的经济学院做事就是很实在，很真诚。我看到的其他讲习班、暑假课程班，基本都是几天，最多一个星期。而我们经济学院对你们是整门整门课程的培训、学习，你们课程是48学时的课程。我们计划是开设七门课，经济数学、高级微观（Ⅰ、Ⅱ）、高级宏观（Ⅰ、Ⅱ）、高级计量（Ⅰ、Ⅱ），但是Ⅱ开出来很难，说明咱们的经济学研究生教育还处于相对初级阶段，对更高级的课程还没有什么需求，这是一个大问题。

为什么要开四大类的课程？这也是我的一个理念，培养科学的经济学家，培养高层次的经济学人才，培养能解决实际问题的经济学家，需要具备三要素：有内在逻辑的理论训练，有纵横向历史逻辑视野的比较分析的训练和实证量化分析的训练，只有进行"三要素"训练才能成为好的经济学家，而不是说话没有边际。要知道任何一个理论，一个政策，一个制度都是有适用范围的，弄不好就成了语不惊人死不休的经济学家，一旦被接受成为政策，弄不好就会影响国家经济社会的发展。很多人不喜欢学术，认为只要有思想就可以，但你怎么知道其适用范围呢？我现在经常强调要立有学术的思想和做有思想的学术，两者辩证统一。光有思想没有学术，在中国的传统国学里有很多。

这方面我有很多思考，把中国的传统国学与经济学里的很多思想一一对应起来，可以找到相似点，但是这些都是一些经验式的总结，不知道适用边界和范围在哪里，没有边界就很难做到善用，泛用就会产生很大问题，有时误用甚至会对社会、国家造成很大危机，这就是我为什么提倡要立有学术的思想的根本原因。另外一方面，只有学术没有思想很可能导致关起门来自说自话，无法为国家社会服务，所以必须要把学术转化为普通老百姓和政府官员能听得懂的知识和语言，包括具体的实际应用。我们为你们提供的课程就是经济学院为博士生开设的课程，任何理论、学术、思想都有边界，你们一定要打好理论基础。

经济学院的本科生学习压力很大，但是很值得。我刚到经济学院任院长时，学院本科生基本没有人出国，生源也基本上是学校其他专业调剂过来的。企业评价我们的学生：上手快、好用、实际，但是后劲不足。为此我很着急，随着社会发展，科技进步，知识更新，我们的学生怎样才能适应时代发展和有社会责任感,要如何培养才能让他们成为行业精英、社会领袖和国家栋梁?除了重视学生的基本品质和道德规范及其综合素质的培养,在专业方面就是我前面提到的三要素培养,三要素的具体训练是指:

第一,理论训练,要有内在逻辑分析。数理逻辑与经济理论逻辑是高度嵌连的。给本科生开设数学分析课程,全国高校要求经济学本科生上数学分析课程的只有两所高校,一个是我的母校华中科技大学经济学院,另一个就是上财经济学院。同时,与中国社会主义的国体和改革开放的国策相适应,我们也注重对于学生马克思主义经济学和西方经济学的理论训练,两手抓两手硬。

第二,历史视野,要有历史视野的分析。就像欣赏一幅油画,站得太近,看不清楚,需要在更远的地方才能欣赏到全景。经济社会发展看30年、50年是看不清楚的,要站在人类历史的长河上看。我们要培养学生历史视野远大的眼光,要求他们学习《资本论》,学习政治经济学、经济史、经济思想史。记得刚在经济学院推《资本论》课程时,遭到了不少人的质疑,但我仍然坚持,要求开设,因为我们要为国家培养人才,他们要有基本的理论训练,其中就包括马克思主义理论训练,《资本论》的逻辑性很强,它在某种情况下大大改进了现代市场制度,有很大的功绩。很多大学最近两三年才开设这样的课程,我们已经开设了十几年,现在《中国教育报》、教育部网站等都进行了报道。

许多人来这里学习可能是想考上研究生、博士生,这很好。但我要明确指出的是,想混文凭的学生千万不要选择上财经济学院,我们的研究生、博士生培养非常严格,现在不少博士生已经在国际知名期刊上批量发文,平时他们的学习任务非常重,我们的培养质量不会弱于美国二流大学的博士生。"明道"非常重要,今天选择来这里上课的学生,你们的投入不会白费。我记得,每次在我人生关键点,往往是某个人,某一句话影响了我的选择和人生,我之所以很愿意花些时间谈和写些人生哲理、思想方面的东西,和我们的学生分享,就是希望能给你们一些启迪。任何话、任何事情走极端都不行,经济学的理论及其训练就是告诉你,任何理论和制度都是有其边界,所以不能走极端。最近两三年我与不少知名教授辩论，大多是因为他们的不少说法走极端，走极端往往容易失败，很难做出事情。

第三，量化分析，要有数据、实证的分析。时间是检验真理的唯一标准，学生学习数理统计、计量经济学、计算机等课程非常有用，因为现在大数据、云计算、人工智能已越来越成为社会发展的趋势。通过三个维度的设置，使我们的人才培养与时俱进。

三、未来的期许

我之所以花这么长的时间和你们谈我们所从事的事业及我们的想法和做法，就是希望增加你们学习的兴趣和动力，给你们打气，让你们更加重视和珍惜这次的学习机会。你们随后一个月的学习将会很辛苦，上海天气非常炎热，大家愿意把时间投入学习，我非常高兴，也觉得非常值得，我们学院的老师、行管人员和学生会将尽最大可能地为大家服务。今天，经济学院分管教学的副院长常进雄教授、副院长孙燕教授，分管研究生教学的海归教师院长助理杨有智副教授，还有分管暑期项目和本科生人才培养的院长助理冒佩华副教授都来参加开学典礼，显示了对大家的充分重视。我们推行的国际化改革，不仅是引进优秀人才，同时也带动了本土教师水平大幅上升，这就是改革的力量，这就是改革的内在逻辑。虽然过程中遇到了很多困难和阻碍，但不用怕，我们在约束条件下做事。我经常说国家法律是红线，教育部是底线。

我认为做这些事是有意义的。我们的行管人员也非常辛苦，他们没有寒暑假，和公司职员一样只有年假，这可能是全中国唯一这样做的学院，现在还没有一家学院或学校跟进。尽管我们像国外高校一样，行管人员是不放寒暑假的，但其他学院和学校都放寒暑假。如果不取消寒暑假放假这样的制度安排，我们怎么可能办暑期学校？为了国家的改革发展，学院和个人必须要做出牺性。当然，在他们受聘进入经济学院时，我们都事前说清楚了，我崇尚市场经济发挥决定性作用，崇尚个人自由选择，他们进来工作前都已经知晓了没有寒暑假这一规定，所以不会造成问题。

  老子的无为而治是有先决条件的，那就是制度和管理团队。经济学院有20多万字的制度文件，有很好的管理团队，他们很辛苦，我为经济学院的老师和行管人员感到自豪。我已经提醒他们了，要好好地为你们服务，在这随后的一个月的学习中，大家如果有什么问题，可以随时和为你们服务的老师和学生联系。希望大家好好学习，做到团结、紧张、严肃、活泼。大家聚在一起学习，团结就是凝聚力，紧张就是效率，严肃就是执行力，当然也要活泼，我们希望尽可能为大家提供一个和谐的学习环境，希望你们在上海过得愉快！

  谢谢大家！

（2017年7月）

94

谈提升大学院系治理能力经验

在湖北经济学院党委中心组学习会上的报告

核心观点：

- 大学的院系建设是"五位一体"的系统工程：改革、发展、稳定、创新、治理。学院治理要坚持公开、公平、公正原则，三者次序不能颠倒。治理中要高度重视沟通与交流，这是保持信息对称的关键。

- 单位领导在学院治理中发挥着重要作用，要学会在约束性条件下开展工作。好的领导，必须要具备"德、威、仁"三种素质。德，就是个人要行得正；威，就是要照章办事；仁，就是要有仁慈之心。

- 在学院综合治理中，要注意四个维度：道、术、势、时。道，要求我们要做正确的事，做应该做的事。术，要求我们工作中要讲求方式方法。势，要求我们要注意事物发展态势，顺势而为。时，要求我们把握时机，注意工作次序。

---

* 本文根据2017年6月8日上午作者在湖北经济学院党委中心组学习报告录音整理而成，主题为如何加强二级学院治理。湖北经济学院校党委委员、纪委委员，各二级学院全体班子成员、职能部门党政主要负责人、企业化实体主要负责人，以及2017年办公室主任培训班全体学员参加了学习。校党委书记温兴生主持会议。

- 讲话还指出，学院综合治理有正、活、少三大法则。正就是要求行得正；活就是要能用得活；少就是要管得少。具体工作中，还要注意三个要诀，就是理、利、情。要晓之以理，待之以利，动之以情。
- 事物发展是在具体情境中运行的，情境主要有五种情况：简单情境、复合情境、复杂情境、混乱情境、杂乱情境。每一种情境都有不同的应对之策。因此，二级学院改革与治理，必须要高度重视风险控制与安全稳定这两大关系。

各位老师、领导、同仁：

大家上午好！谢谢温书记的邀请和刚才对我的介绍。我和湖北经济学院有 10 年以上的来往，基本上每年至少来一次，与学校历届领导都建立了良好关系。这次温书记邀请我来，给了我一个任务，要我谈谈学校院系的管理和治理，也就是怎样搞好工作、当好领导、做好管理。今天和大家交流分享一下我在上海财经大学经济学院是如何当院长和管理学院的。当然，每所学校、每个学院都有不同的校情、院情，我讲的一些做法不见得都适合在座各位领导的具体工作，只是供你们参考，但隔行不隔理，治理的一些基本原则可能还是有其共性的。

无论是单位还是个人，明道（即了解做事情的客观规律及其内在逻辑）异常重要，这是由于做任何事情都有其客观内在规律，所以明道决定了眼光的高低，眼光的高低决定了理念的优劣，理念的优劣决定了目标的大小，目标一旦决定后，当然也就决定了方向、战略、愿景、使命、未来和格局。

作为大学和学院，我们的使命是什么呢？一个大背景就是，中国正在从大国向强国迈进。国家之间的竞争，特别是强国间的竞争，就是资源的竞争、制度的竞争、人才的竞争和话语权的竞争，其中最根本的是制度和人才的竞争。随着中国在 20 世纪 90 年代初确立社会主义市场经济目标，经济学和经济学教育在中国改革开放进程中肩负着民族复兴的重大历史责任使命，大学有近 1/4

的本科生是学习经济学和商学的。中国学生的素质世界一流，但长期以来国内经济学和商学教学水平及人才培养质量与上述目标一直有较大差距，不能满足国家发展战略的要求，学生的研究能力、创新能力、自我学习以及知识更新能力与国际学生相比处于明显劣势，各个学校不得不大量引进海外人才。造成这种现象很大程度上是由于缺乏崇高教育目标、先进教育理念和全球视野，从而导致课程体系及能传授最新前沿知识的师资队伍、培养要求、考核制度、管理体制及相关规则都有较大欠缺，因而必须依靠全方位的经济学教育教学改革来取得突破。这就是我们二级学院作为领导需要去面对和解决的。

中国大学的改革不是一件容易的事情，需要正视其改革的艰巨性，用好成功改革的方法论。将一件事情或改革做成、做好，既要有想法、有勇气、有担当、有智慧，也要有忧患意识，危机意识，特别是风险意识。由此，我提出无论是国家层面还是学院层面的建设，必须以改革、**发展**、**稳定**、**创新**、**治理**五位一体的综合改革治理框架去系统思考做什么，应不应该做、怎么做、谁去做，能不能做及怎么做才最优的问题。在这个过程中，有一条主线需要明确，那就是要坚持教育要"面向现代化，面向世界，面向未来"方针去办大学，绝不能故步自封，关起门来自我评价，一定要以国家战略和国际标准来衡量。

在二级学院治理中，做好学院治理要坚持公开、公平、公正原则，三者次序不能颠倒。治理中要高度重视沟通与交流，这是保持信息对称的关键。信息对称是做成事情、做好事情的前提条件。具体来说，就是要做好上下传达及横向的沟通与交流，这是保持信息对称的关键。学院的工作就像一部机器，是有内在联系的，做好工作的前提就是信息对称。因此，我们学院任何领导去学校开会，都要求要有会议纪要，并且这个纪要不只是让院长知道，而是发给党政班子的所有成员。为了了解学院工作情况，学院要求行政管理人员每周五都要提交本周工作汇报和下周主要工作安排。通过工作汇报，我们班子成员能了解学院工作的基本进展和所存在的问题，了解每个行政管理人员日常的主要工作情况、工作能力和工作表现。其实工作汇报很简单，简单罗列几条，用几百个字描述这周做了什么事情，出现了什么问题，下周准备做什么事。我有几个重点关注的领域，比如学生工作，我就非常关注。

为什么呢？我认为邓小平同志说得很好："发展是硬道理，稳定压倒一切。"我经常说的一句话，要做到《孙子兵法》说"不战而屈人之兵"那个境界，尽可能避免不好的事情发生，同时要做好应急方案，给出意外发生之后所应采用的应对举措，如果等出了事情才去解决，最多是中策，说不定是下策。因为有每周工作汇报，我对学院所发生的事情都比较了解和清楚，这就是为什么有些学生把我想得有点神乎其神了，说"田老师连学院门口飞个蚊子都知道"。还有个博士生说，田老师可能有个情报系统，其实，我哪有呀？所以说，信息对称很重要！这是做好工作的前提。

另外一个前提是依靠管理团队。我非常崇尚老子的"无为而治"。但是老子的"无为而治"是基于两个前提条件，一个是制度，另一个是管理团队。我们学院制度建设非常详尽和全面，所形成的汇编总共有20多万字，我们的行政管理团队也非常齐全，学院自己就聘了不少人员。一个真正好的领导，无论是校长还是院长，要懂得放权。许多领导管得特别多，特别细，不仅如此，还特别喜欢隔级领导，隔级指挥，结果造成副手和下级的不满。这种隔级领导的方式是对被越过的领导的不信任，会影响其积极性，也可能会对员工的工作造成不必要干扰。最好是隔级动员、隔级检查、隔级关怀，而不要隔级布置、隔级指挥、隔级责备。没想法又抓权不放，这是最差的领导，既提不出大的设想，又调动不了团队的积极性。如果一个院长把什么权力都抓在自己手上，那就麻烦了，不利于调动管理团队的积极性。你田老师能干，就一个人去做好了。这不利于学院的发展。西北农林科技大学前任党委书记作为教育部巡视组组长到学院巡查后，认为我们的管理做得非常规范，还专门找我们要了学院的制度汇编等材料。后来也请我去做了类似今天由院系领导及以上领导干部参加的讲座。

(一) 二级学院建设主要是 "五位一体"的系统工程

从以上这个引子讲起,我认为一个学院的发展,应该是五位一体的综合治理:改革、发展、稳定、创新、治理。温书记给我的任务是主要谈院系治理。实际上,十八大以来,中央的几个大文件,都体现了综合治理的纲领性理念。十八届三中全会文件有两个非常大的亮点,其中一个大家都知道,"让市场在资源配置中发挥决定性作用";另外一个,就是"国家治理能力和治理体系的现代化"。实际上,不仅仅只是国家层面上的治理,还需要各个单位、各级政府提高治理水平。比如,大学都要做好治理,院系作为学校的实体,更需要有一套治理体系。十八届三中全会指出"处理好政府与市场的关系",放到学院层面,就是要处理好领导与员工、学生、教师之间的关系。十八届四中全会提出要"依法治国",就是我们刚才讲的让规章、制度发挥主要作用。实际上,充分让规章制度发挥作用,我们的工作就会开展得很顺畅,并且会少很多麻烦,少得罪人。比如,上海财大经济学院现在做得好了,学院声誉和学生质量培养都很有知名度了,很多人,包括一些领导干部的小孩都想进我们经济学院。但如果没有硬性规定,很可能碍于情面就帮着把事情办了,规则和理念只是一个摆设,那我们学院还能发展和将事情做成吗?多半不行。于是,就必须要有一个公开、公平、公正的规则。我们对所有的入学考试都有一系列的要求,学生申请报考、入学、毕业,都有一整套规范的制度规范。若没达到基本条件,那我就说:"对不起,需要让你小孩或者亲戚好好准备,争取考上。只要达到要求,我们会尽量把事情办成。"因为大家都优秀,达到要求是必要条件,你必要条件都没达到我就没办法了。所以规定做到公开、公平和公正,就会少很多麻烦,减少许多来自不同方面的不满。由此可以看出综合治理的法治和规则的重要性。

十八届五中全会讲的"创新、协调、绿色、开放、共享"这五大发展理念,其中的创新发展对学院的发展非常重要。十八届六中全会的四个全面:全面建成小康社会、全面深化改革、全面依法治国、全面从严治党，也可相应地对应到学院的工作中。实际上，十八大以来的几次全会就是从政治、经济、社会、文化、生态、党建等多个方面来谈综合治理的，完全可以对应到学院的综合治理上来。

经济学的一个最基本原理就是在约束条件下做事。要做好改革，就必须要处理好改革与稳定的辩证关系。具体在工作当中，必须要考虑中国国情。同时，国家的法规，那是红线，教育部的政策也是底线。这实际和我们讲的排兵打仗一样，要有执行力，一旦形成决议，不管你同不同意，认不认可，都要执行，理解也要执行，不理解也要执行。所以，毛主席所提倡的"团结、紧张、严肃、活泼"就非常有道理，翻译成当下的语言，就是：团结就是凝聚力，紧张就是效率，严肃就是执行力，而活泼就是有一个轻松和谐的工作环境。而且学院的改革是综合改革和治理：学科建设、师资队伍、科学研究、人才培养、学术交流、行政管理等涉及方方面面。因此，也只有遵循"改革、发展、稳定、创新、治理"的综合治理理念来发展，学院才取得今天的成绩。

（二）领导艺术

上面谈了学院治理的一些基本原则，下面谈谈作为一个院长，个人的领导力是什么、领导力为什么重要、领导力如何提升等基本问题，强调人格魅力、愿景感召、战略谋划和沟通激励的重要性，从道、势、术、时四方面提升领导力和驾驭复杂形势的基本技巧。下面所谈到的领导之道（原则和技巧）是"阳谋"的运筹帷幄而不是"阴谋"的雕虫小技，是经济学思维与现代领导科学和艺术的有机结合，是建立在"**对人以诚、处事讲信、取长补短、存异求同、区别对待**"的做人做事五项原则基础上的，追求的是做成事，做大事，看重、追求的是学院的发展，而不是看重个人利益。《领导力》的作者，美国加州大学圣克拉拉分校的吉姆·库泽斯和巴里·波斯纳通过几十年对上万人调查后发现，尽管经历不同、行业不同、专业不同，一个优秀领导人身上有着四个突出的共有素质，那就是：真诚待人，远见卓识，胜任其职，鼓舞人心。

1. 卓越领导的三项品质：德、威、仁

卓越领导应具有行得正和真诚待人的高尚道德，及有威信和仁慈的品质。中国式领导的三个素质或手段：德行领导：领导者表现出很高的个人操守，赢得部属的景仰与效仿。威信领导：领导者强调规则不容挑战，要照章办事，部属要毫无保留地遵守，以便提高其领导力和执行力以及维持一个稳定的环境。仁慈领导：领导者应该仁慈，对部属和员工在工作和生活上予以关怀。

所以说，当好领导，首先要有德行，有职业道德，或者说忠诚教育事业，忠诚国家和民族。自己要清廉，同时还要有担当。忠诚、干净和担当也是我两年前在中央党校千人计划国家特聘专家短期学习班上刘云山校长对我们讲课谈到的要求。我在学院的民主测评得分在全校院长当中一直都是前列的。长久以来，不管改革力度多大，学院老师的收入差距多大，经济学院的老师为什么支持我们学院如此多和力度大的改革呢？实际上，就是邓小平同志所说的"发展是硬道理"。我记得2004年一上任当院长的时候就做了三个承诺，在我的三年聘期中：一是所有老师不因为学院改革而没有课上；二是所有老师不因为学院改革而丢掉工作；三是每年奖金保持20％涨幅。特别是第三条特别好，大家认为你这个院长就是站在学院老师的立场上把学院发展壮大，为大家谋福利。所以说，凡是为学院做了贡献的，我都力所能及地帮助他们，帮助他们发展。当然自己干得很辛苦，学院老师基本都认同，田老师是没有功劳有苦劳，没有苦劳也有疲劳。所以说，德行很重要。

其次，要有威信，或有一定的权威。如果说，你这个领导不想管事，不敢照章办事，什么都是和稀泥，那还有谁听你的呢？我是照章办事，也非常强调学院的文化就是照章办事，这样就会形成威信和领导力。举例来说，我们经济学院已经基本把本科论文抄袭或诚信的问题解决了。这是至少花了三年时间才逐步完成的。开始抓到本科论文抄袭时，是推迟三个月毕业，后来慢慢到推迟六个月、一年毕业。刚开始做的时候难度很大，因为这基本上是个普遍现象。

要整治这一现象，就必须要有严格的规章制度。当然制定了制度不是马上就实施，总要给学生一定的缓冲期，甚至是新人新办法，老人老办法。改革就是做增量改革，千万不要做减量改革。特别重要的是，要从一开始就做到事前信息对称。对于新生，我们把关于毕业论文诚信的要求和规章制度都讲清楚了，特别要让家长知道，要对知晓这一情况做纸质签收。开始时，还是有一些学生铤而走险，但我们照章办事，学生就来学院吵，甚至还有学生家长来跟我求情。我说不是我们故意为难你，我们向家长和学生都三番五次强调了，大家都签了字，还要去铤而走险，那我没办法。改革就是这么过来的。再举一个抓诚信的例子。我自己的一个博士生，最后一门考试课程，是一个教授的开卷考试，他还相互抄袭。学院规定，只要发现抄袭，自己退学。我们还是比较人性化地处理，没有上报给学校。因为只要上报给学校，学校按照教育部的规定，就是警告处分，警告处分就拿不到毕业证，甚至还会在你的档案里记一笔。那我们给他的选择就是，要么我们告诉学校，要么自己打一个报告申请退学。最后他选择了退学。我这个学生最后去了某个财经大学，现在博士毕业当老师了。这就是规矩。有时候处理起来真的很难受的。包括前年，我们处理了一个学生。一个知名大学考进来的，课程门门分都是九十分以上，但她可能还想拿更高的分，考试作弊被抓到了。我们班子开会讨论了很长时间，为她感到特别可惜和痛心，这么好的一个学生，到底抓不抓？如果不抓，这就形成了先例，那么这个规定基本就是作废了，改革白搞了。因为必须要对所有学生公平，这个事情不解决，那其他的学生、家长就会引用这个先例，你们为什么不处理她呀？而要处理我呀？不公平对待所有学生，学生及家长就会不满，弄不好会大吵大闹，严重影响学院形象。那我们的改革就白费了，所以最后大家一致同意，让她退学。所以，规则就是规则。但是在制定和执行规则的时候，一定要事先反复地讨论，要反复地跟学生讲清楚。

  第二是仁慈。人不要仗着手中的权力为所欲为，搞不好就会影响别人一辈子。处理人的时候，一定要小心再小心。我前面说了，每一个老师都有课上，每一个老师都不能失去工作。不能把这个矛盾推给社会，要自己把它消化。所以说，很多问题总是原则性加灵活性。比如，我们规定本科论文基本要求是，首先不能抄袭，其次希望学生能掌握一定的写作技巧和规范，因为无论是将来做研究，还是到业界、到企业去，如果连基本的分析报告都不会写，那就贻笑大方了。今年就发生了一件事，四个学生由于答辩没有通过，其中有些家长都找到我这里来了。其中有一个学生，平均的绩点是 3.89。我们学院，学的课程本来就已经非常难了，而且考试都是按照相对分数打分，最多只能 15% 得 A。在这种情况下，一个学生绩点都那么高且被国内某顶尖大学保研录取了。而且他论文诚信已经过关，只是在答辩时可能表述不好就被界定为论文答辩不通过，要延迟至少半年毕业。我听到这个事情就特别不安，弄不好就毁了学生的前程，甚至毁了学生一辈子。这样的规定就设计得不太合理，就需要走程序进行修改，从制度层面解决问题，最后这个学生的家长特别感激，还写邮件来感谢我。在影响到学生的人生和前程时，就要谨慎处理，千万不要滥用手中的权力。每一个人都活得不容易，我也活得不容易，要体谅，换位思考。所以，一方面要严格要求学生，另一方面也要帮助学生，领导的仁慈心特别重要。

2. 领导就是引领＋指导

所谓领导，就是引领＋指导。如果连方向都不清楚，根本就无法领导，甚至可以说是一个不称职的领导。过程的优化，则可以从信息、激励和效率三个方面来加以改进，尤其是信息对称、激励相容非常重要。

首先，如何做到信息对称，就是我一开始谈到的，我们要求每个行政管理人员每周都要写本周工作汇报和下周工作安排。这只是一个方面，沟通和交流也非常重要。作为二级院系，你尽管有不同的想法，但是一旦上级决定以后，你只能执行。但问题是，你跟领导提前沟通交流了吗？如果你都没有就这件事找过领导直接就上会讨论了，80% 以上的可能会被否定掉。我经常说开大会解决小问题，开小会解决大问题，不开会解决关键问题，然后花 99% 的时间和精力去走程序。为什么不开会是解决关键问题呢？显然，当过任何一个级别的领导在自己做决定之前，都需要首先了解情况。领导的决策需要建立在充分了解事情的基本情况之上的，才能做出支持你的决定。我刚到财大就任时，拜访了所有的校领导包括常委委员，还有十多个学校的职能部门，一下子就让所有校领导和职能部门的领导刮目相看，说从来没有其他院长这么做过。我之所以这样去做，就是希望能信息双向对称，让他们尽快了解我，得到他们的支持，显示尊重，建立友谊和良好的上下级关系。因为关系就是生产力，信息对称是做好事情的前提。信息对称首先能消除误解误会，其次可能达成你的意志，即便达不成你的意志，我求你帮忙可以吧。就是我经常说的一句话，亲戚不走也不亲了，朋友走得多比亲戚还亲。求领导，求朋友，找人帮忙的过程当中就是奠定感情和相互了解的过程。当时，我不但拜访了在任的领导，还拜访了前几任的校党委书记、校长、副校长和我们经济学院前任的领导、教授。当然首先我们要把工作做好，其次也要维护好关系网。

我每次提出一个改革措施，为了学院的发展和请求学校给予支持的时候，我都会在正式上会前，和校领导沟通，让他们了解事情的来龙去脉和这个事情的必要性、重要性。保护领导就是保护自己，即使跟领导汇报，我也分成几个层次：第一个层次就是让领导信息对称，不见得一定要领导表态，就是让领导知道，让他心里有个数；第二个层次是征求他的意见；第三个层次是遇到特殊情况，领导必须给一个答复。领导就是为人民服务的，肯定是希望你把工作做好，将学院发展起来。你真想做事，且敢做事，也能做事，还能做成事，做成大事，领导会不高兴吗？当然，什么事都有一个度，你老去烦领导，老要他们解决问题，那也不行，领导会烦你的。

其次，还要做到改革和发展让大多数人获利及形成激励相容。改革当然很重要，但是必须要满足参与性约束条件，也就是改革要让大多数人包括老师和学生获利，违背了他人利益的改革是行不通的。邓小平同志的改革也是这样的，尽管小平同志让一部分人先富起来，其他人收入和生活水平随之也都大有提高。当然，由于改革还有待深化（这不是邓小平同志的错），还没有解决好收入差距过大，贫富差距过大的问题，不少老百姓可能还是有意见的，但是至少可以说，中国的改革没有让老百姓利益受损。

改革当然也是由你所在的位置决定的，上财经济学院所推行的好多改革举措是和国际一流大学接轨的。但也要注意方式方法以及改革的顺序等问题。我们的第一项改革措施主要改的是本科课程，因为本科教学改革是跟我们老师的利益是相对最远的，比如说，我们本科首先改的就是让学院学生上数学分析，这个改革，有一定话语权的博士生导师就不太关心。但是，你如果一开始就直接把老师有自主招博士生的权力改掉，动了他们的奶酪，其中一些教师很可能会很不高兴了。其次，所进行改革必须要考虑中国的国情，同时还要有前瞻性，比如说，我们十多年来，从2005年以来就一直坚持上马克思的《资本论》，现在我们出名了。最近这些年，特别是习近平总书记都在强调要重视这方面，很多学校开始重视马克思主义经济学了。而我是从2004年当院长的那天起就筹划，下一年的课程所有的博士生必须上《资本论》。我们考虑的是，人才的培养要按国家的要求去做，那么中国是社会主义国家，肯定要坚持马克思主义，我们希望我们培养的人才有基本的政治素质，我是从这样一个角度考虑的。当时还有某个知名的老师不认同这个做法，认为马克思的《资本论》过时了。我就跟他讲，中国的国情就是马克思主义指导。《资本论》就是研究批判资本主义市场制度的绝对性，并且对现代市场的制度很有帮助。而且马克思的辩证唯物主义和历史唯物主义、唯物辩证法，逻辑性很强，对处理工作很有帮助。现在经过十几年的发展，效果出来了，教育部网站上已经刊登我们的相关做法了，《中国教育报》《中国青年报》很快会有相关报道。现在很多学者都专注于自己所学，学西经的很瞧不起学政经的，学政经的也瞧不起学西经的，认为对方是方向性的错误。其实，中国的国策是改革开放，是让市场在资源配置中发挥决定性的作用，所以说政经和西经两个学科都非常重要，不能偏废，偏废任何一方面都是以偏概全，是错误的。不管怎么样，我们改革的最终目的是在为国家培养人才，所以我们不应该把它们对立起来。

一个领导必须要做到引领和指导，具体到我作为学院院长来说，学科的发展不能由于我这个院长的专业知识不同而有所差异。我尽管是学西方经济学、现代经济的，但是我们学院政治经济学、经济史学、经济思想史等学科都发展起来了。我们2010年在全国各大院校都没有政治经济学系的时候就成立了政治经济学系，并且我们是双系主任制，一个国内系主任，一个海外联席系主任。此外，我们还成立了经济学系、经济史学系和数量经济系。我觉得一个科学的经济学家应该满足三要素，既注重有很好的内在逻辑的理论训练，也注重有大视野的历史比较分析，及有数据统计的实证量化分析方面的训练，三者缺一不可。

首先，要有很好的内在逻辑的理论训练，我们要学生加强数学学习，同时上好微观经济学、宏观经济学，因为需要解决现实问题，解决市场经济遇到的各种问题，你必须要有很好的理论分析，所以我们对数学课程和宏观经济学、微观经济学的学习抓得非常紧。第二要有大视野的历史比较分析。因为经济学它不能拿社会做实验，政策建议弄得不好就会危害到国家社会，所以我们要求学生有一个比较大的历史视野，也就是李世民所说的以史为鉴知兴替，特别强调的是上马克思的《资本论》，要把它作为经典研读，本科生、研究生都要上，博士生是必修课，政治经济学系的博士生要上三个学期的《资本论》。对于"政治经济学"，我们也分初级、中级、高级。此外，学生还要上经济思想史。上海财经大学的经济思想史就是这一领域唯一的全国重点学科。可以说经济思想史学科在全世界范围内能开设起来的高校很少。现在由于量化经济史学出现了，经济史学科又开始活起来。但是我们这边是十几年前就开始做了。第三个就是要有数据统计的实证量化分析方面的训练，所以说要上好概率论、数理统计、计量经济学及计算机软件和编程。

在这里，我实际上也是相当于在跟你们谈学科建设应该怎么样做、怎么样培养人才，我是把我的经验分享给大家。当然，我再次声明我讲的东西都不见得对，我讲的都不见得完全适合你们的校情，但是我想其中一些基本的原则、原理应该差不多的，至少部分会对你们有借鉴作用，但是不能完全照搬，因为每一个学院、每一个学校都有不同的地方。

学术研究中最强调的就是自由之思想、独立之精神，百家争鸣、百花齐放，我作为院长，要给每一个学科发展的空间，并且为了发展这个学科，必须要大力支持甚至给予政策倾斜。比如开始的时候凡是政经的会议和史学的会议，我都是全批的，还给额外的资金和支持，因为这个学科比较弱小，就像一个小孩一样的，他在成长阶段的时候需要扶持。现在我们政治经济学系培养的学生很火，他们既学习了政治经济学，也学习宏观、微观、计量等课程，基本上是全才了。到其他高校工作后，既能上政经课程，也能上"资本论"课程，还能上初级、高级的宏观、微观和计量方面的课程。

(三) 综合治理的四个维度：道、势、术、时

接下来，我想谈一下综合治理的几个维度，我觉得综合治理要讲究道、势、术、时。道就是说要做正确的事，合乎客观规律的事，就是做什么，应不应该做。术，做任何事情都是有方式、方法，怎么做才做到最佳，经济学基本上就提供这种优术的方案。道为什么重要？我经常说，刚开始也提到了，一个人的成就实质上是依赖这个人的眼光的，个人的眼光决定了你的理念的大小，理念的大小决定了你的目标的高低，你的目标想做什么，应不应该做决定，那后面才涉及战略、方向、愿景、未来和格局。所以，做事情，要考虑到约束条件，你的定位要分短期、中期、长期去做，应该有一个大致的规划和思想。势，就是我们讲的态势和实力，这个非常重要。

我觉得毛主席的两句话说得很好，就是笔杆子、枪杆子，夺取政权靠这两杆子，巩固政权也靠这两杆子。在和平年代，枪杆子就是你的实力，你能不能够招到好的教师，培养好的人才，能不能有非常好的教授，建立起强大的师资队伍，能不能使你学校有非常好的发展前景。所以，我们院长一个很重大的任务就是要把学科建设搞上去。同时，你如果光做，但不跟领导汇报，就不好

了。其实，找领导汇报工作，请领导解决问题的过程中，就是跟领导建立感情、增加友谊，甚至是让领导了解你的过程，只有领导真正地信任你、相信你，他才愿意支持你。如果领导只是有限地了解你，很难得到领导的大力支持。我们一方面需要跟领导信息对称，一方面也需要跟外界信息对称。所以说，我们的宣传工作也是非常重的，要让领导、让外界、让社会知道你所做的事情，所取得的成效，才能获得更大的支持。

我经常说中国的事情就是一把手的事情，领导不支持的事情，基本上是做不起来。你若要搞改革，书记校长不支持你能搞起来吗？首先反对的人，他更加反对，支持的也不敢支持，但如果得到领导的支持，下面的人无论是真心支持还是碍于领导面子给予支持，都会支持，这就是"势"。术，主要是指方式、方法、执行。还有一个"时"，时机很重要，改革的时机、改革的顺序都非常重要。比如说，博士导师双向选择不是一开始做，如果一开始就做，肯定会遇到很大阻力，要等时机成熟了，最后也就做了，我们的改革是渐进的，都是分期、分批做的。像我国目前的经济社会发展中应该要解决的房产税、利息税、遗产税，肯定要实施，但是现在能做吗？困难和阻力一定很大。错过了时机，如果20年前做，那时大家都没有房产，没有什么财富，做起来会很简单，但现在大家有房了、有财产了，谁愿意要交税？我觉得以上四点是综合治理的四个维度。

（四）综合治理的三大法则：正、活、少

综合治理的三大法则，即"正、活、少"。我们做事就要行得正、用得活、管得少。越往上走，越要管得少，领导的作用应该是引领和指导，无论是院长、校长还是哪个单位的领导，什么事都亲力亲为肯定不行。老子《道德经》的第57章"以正治国，以奇用兵，以无事取天下"，写得太精辟了，"以正治国"首先要做正确的事、人要行得正，这也是《道德经》中"德"方面的要求，家庭如此、单位如此、国家如此、个人的修身养性亦如此。之前有人对

"以奇用兵"的解释有误，认为是领兵打仗，其实这里三句话连在一起谈的是综合治理，"以奇用兵"应该是指把一件事办成，要因人、因事、因地、因时而异，具体情况具体分析。"以无事取天下"，院长、校长管事管得多了之后，是不利于调动属下的积极性的，不利于学校发展的，应该要发挥广大师生的积极性，包括管理团队的积极性，现在我们经济学院我不管具体事务，教学、财务、人事都有相关副院长具体负责，当然我是第一责任人，出了事我就要负责。我经常和我们班子成员说："任何事你们事先告知了我，我同意的，出了事由我负责；但如果没有提前告诉我，由你作的决定，那么出了事就是你们的责任。当然，哪些事该讲哪些事不该讲，你们看着办。但如果什么事都和我讲，说明你这个干部不合格。"长此以往，就形成了动态激励。一个好的制度安排或规则关键是要看是否较好地解决了信息、激励和效率这三点。我在6月9日中国留美经济学会会长论坛的主旨发言也将会谈到，经济发展的两个最大约束条件就是信息往往难以对称和个体逐利，弄清情况是做好一件事情的先决和前提条件。所以，我们要以信息、激励及效率这三个关键词作为准绳：一是信息的有效性，尽可能用最少的信息；二是激励相容性，让他人、个体即使逐利时，客观上也做了社会想做的事情；三是资源配置的有效性。所以，无论是中国的经济发展还是管理，都要有管理的素养，管理学中谈到，好的团队管理的最大幅度是最多不超过12人，再多就管不过来了，只有找好人帮你做事，这才是高手。

（五）综合治理的三个要诀：理、利、情

综合治理的三个要诀，就是"理、利、情"，要"晓之以理，动之以情，待之以利"。"晓之以理"就是要遵守一定的规矩、法规，必须要有基本的底线。比如我要处理一个学生，会把他叫到办公室谈话，首先就告诉他："某某同学，根据我们的规定，你不应该做这件事，你做了就是违规了。"这就是晓之以理，其次，也需要"动之以情"，"情"也是社会规范，它无欲无刚，比如理

念、校风、学风等，这类文化的东西是最重要的，一流的企业做出品牌、二流的企业做出技术、三流的企业才是生产产品，学校也一样。我会跟同学们说："你们看看，你爸爸妈妈把你们送到学校来，非常艰辛，父母亲对你们的爱无微不至，真正关心你才会对你要求严格。"同时，还要"待之以利"，好好学习会有一个好的前景，不能天天采取"大棒式"的管理模式，所以批评老师、批评同学千万不要搞太多，很多领导"专制""一言堂""横"的管理方式不可取，我们可以有，但要有个度。

当然，也不能一味地用"情"，"情"是儒家文化的范畴，对有血缘亲情的这样关系，很有作用，是很小的一块内容，但一味地运用到国家治理中就会出现问题。凡是把孔子的这套治理方式一味扩大到推向全面，就基本都不会成功。人类的竞争是在非常恶劣的环境下产生的，适者生存，所以产生了很难做到大公无私的基因。理想是丰满的，现实是骨感的，更是残酷的，大家如果都是雷锋肯定最好，都是勤勤恳恳、老老实实的员工，那就不需要任何制度安排了，你干嘛还要管他呢。但总存在相当部分人，更多考虑的是自身的利益，所以才需要好的治理，好的制度安排。邓小平同志说得真是深刻，制度好使"坏人"无法任意横行，制度不好使"好人"无法充分做好事，甚至走向反面。《邓小平文选》我至少看了三五遍，里面有非常深刻的观点和思想，邓小平同志真是一位非常了不起的领导人。隔行不隔理，松绑放权，给人们更多的自由选择也是一种制度安排，松绑放权的改革给了老百姓更多的自由不就是一种新的规则，也就是一种制度设计吗？在这种情况下，就要充分发挥老百姓的主观能动性。

光强调"利"当然不利于学生的成长，不能总是谈利益。我觉得全国财经类大学生有一个共同的问题，从好的方面来说，社会评价是上手快、好用。但也有一个问题，就是相对实际，不关心其他方面的事情，导致事业发展缺乏后劲。我们对上海财经大学学生非常强调公益性、社会服务和社区服务。如果第一次为社会服务给学生报酬了，下一次学生可能就会问，报酬呢？所以，光靠利益是不行的，要尽可能达成理念一致。亚当·斯密最后二三十年反复修改他写的《国富论》和《道德情操论》这两部书。个体逐利只是在常规情况下，才合理和现实，但是在非常规情况下出于同情心也会主动利他。比如在汶川地震的时候，我们经济学院教师初期的捐款基本接近学校的一半，原因就是理性假设是有边界条件的，如果国家遇到危难的时候，我们的同胞、同学有困难需要帮助的时候，那么你应该雪中送炭，我们不要总是做锦上添花的事情。

（六）卓越领导与情境的分析和互动：五种情境及其应对

最后再讲一下领导处理问题的情境分析和互动。在处理问题时，需要分轻重缓急，这点非常重要。事物发展是在具体情境中运行的，情境主要有五种情况：简单情境、复合情境、复杂情境、混乱情境、杂乱情境。每种情境的处理办法都是很不一样的，每一种情境都有不同的应对之策。这也是大到一个国家、小到一个家庭处理问题的方式。

最简单的一种就是简单情境，人人都能一眼看出来明显的因果关系，也就是说问题的正确答案不言而喻，无可争议，这种情况下领导就不用去管了。我经常讲，靠制度和管理团队至少可以管80％的事情，也就是照章办事。

第二种情境就是复合情境，可能会有多个正确的答案，尽管存在着明确的因果关系，但并不是所有人都能看到，作为领导就应该感知分析做出反应，这个时候就应该进行调研，甚至要建立一个专门委员会，现在我们经济学院就成立了19个委员会，尽量让教授治学，让老师有主人翁精神。对这种情况，作为院长，也不一定要去管，由副手或委员会去解决基本就可以了。前两种情况，基本上能解决95％的工作，而不需要院长亲力亲为。

第三种是复杂情境，在这种情境中，一时无法看清楚，无法找到正确答案，在大家还没有形成共识的时候，最简单的办法就是"等待"。为什么要做到信息对称、要和老师多沟通？就是要形成共识，改革的共识、做事的共识。如果大家都反对的事，我在没有足够理由说服他们的时候，我是绝对不会去做的。如果你做了就等于把自己孤立起来，把所有人都推到你的对立面。你想做成一件事，就需要得到大部分人的支持，所以"等待"并不见得一定是一件坏事。比如当前的改革，我们学者有多大的作用？老实说，没有什么作用。我经常说，我们的作用是"零"，有人说"零"没用，但我觉得"零"也是有用的。如果我们学者都不出来发表看法，领导人得不到支持的声音，这个领导多半也不敢去做，改革就倒退了。如果一大部分人说还要坚持市场化改革，另外一部分说不要坚持市场化改革，那么领导至少说，我们再等一等、看一看。所以说，"等一等、看一看"也是一种策略，领导还没有控盘，他自己没有想清楚，时机不成熟。所以说，复杂情境下要耐心等待，如果没有思路，就让时间来解决问题。

第四种情境就是混乱情境，所谓混乱情境就是事情已经失控了，领导首先要做的不是为了立刻解决这问题，而是要"止血"。就像我们看到一个人出了车祸，第一时间不是马上治疗，而是首先要止血，不让更多的血流掉。领导者必须第一时间采取行动进行"止血"，知晓哪些方面稳定有序、哪些方面混乱无章，努力将混乱情境转化为复杂情境。所以说，领导的危机意识和解决危机的能力就展现在这个时候。

第五种情境是杂乱情境，这种情境下会有多种观点相互争夺主导地位，不同派系的领导相互争辩、到处都是不和谐的声音。这是最麻烦的一种情境，比如说出现了动乱，出现了一种大的危急事件，并且这一事件已经失控，那么只能将这种情境逐一分解，分解到前四种情境下一个个解决。当然，我认为这都不是最高明的做法。不让事情发生才是最重要的，发生了，如前面所说，至多是中策，说不定都是下策了。《孙子兵法·谋攻篇》说："故上兵伐谋，其次伐交，其次伐兵，其下攻城。""不战而屈人之兵"的战略方针才是最高明，最重要的。所以，不让事情发生才是最重要，最高明的，这是我的座右铭和工作方针，也是一直在思考的，也是想做好的。所以我们做事情就特别小心，充分打足提前量。在做一件事情和进行某项改革时，我总会充分考量各种风险的大小，非常注重稳定。如何不让它发生？关键是要建立制度、建立管理团队，要有目标、要有设计,并且这种设计要充分考虑到愿景,并给出恰当的制度安排,当环境发生变化时制度也要适时做出变化。

我在搞改革讲发展的时候,总会强调风险意识、稳定意识。不只是政治上的稳定就稳定了,学生的思想稳定也至关重要,全国很多高校每年都会发生学生轻生的事件,我们经济学院这十几年来没有发生一起这样的事件。我经常说我的胆子极小,但也很大,胆子小是一定要把工作做到位,做到前面,胆子大是一旦发生了,那也没有办法了,不会改变什么了,也就死猪不怕开水烫,没有什么好怕的了。就应该沉得住气,应该去积极应对解决,按照前面分析对几种情景进行归类,去解决,将风险和坏的后果减少到最低。当然,如前所述,最重要的是如何让问题不发生。在学生工作方面,我们对学生的工作方式是,抓好中间,照顾两头,大部分学生的行为是规范的,因此要抓好大多数的中间部分的学生的教育,而照顾两头分别是特别优秀的学生和特别差的学生,需要特别关注。对于好学生,要给予他们一切尽可能的机会,包括提供奖学金,写好的推荐信帮助他们进入好的学校,因为他们代表着今后学校的品牌和声誉及其标杆。在经济上帮助困难学生。对于差生要给予鼓励,不能把学生推到我们的对立面。学生的成绩差、失恋等生活、学习问题,我都要求分管书记、辅导员跟踪,我主要向辅导员谈做事原则,具体操作由他们进行。

此外,每学期我都会开全院学生大会,全国像我们这样做的院系几乎没有,这样做就是因为我怕出事,家长把孩子送到学校就是对我们的一种信任,孩子是国家社会未来发展的希望。学生出事主要集中在两个问题,一是成绩不好,二是失恋。在做学生思想工作时,我也会和他们谈我的个人经历、现身说法。告诉他们,虽然失恋非常痛苦,但生命只有一次,要珍惜生命,失恋最多半年之内情绪会平复。对于学习成绩不好,我告诉他们我于1979年考上华中工学院研究生。由于各种原因,学校取消了我的研究生资格,这对我来说是一个天大的事,因为我是1976年工农兵学员,如果不考上研究生,就像被戴上"右派"帽子,不摘帽,就没有未来,没有希望。失去研究生资格对我打击特别大，坐在长江边思考了几个小时，最后决定哪里摔倒就从哪里站起来，今后要好好表现，继续考研究生，此后我任何课程、会议都不迟到早退，一年之后成为学校的优秀团员和三好学生，再次如愿考上了研究生。生命只有一次，我们要对学生负责，学生工作既要粗也要细，抓关键问题，领导就是做好引领和指导。

（七）互动

以上是我的发言，大家有什么问题可以提问。

问：田老师对于二级学院的治理讲得非常细致，对于二级学院而言，它的制度建设有哪几个方面，最重要的方面是什么？

答：你可以把你的联系方式告诉我，我开头说了，我们编辑了一本学院治理方面的制度汇编，总共有20多万字，有电子版可以发给你。治理主要是综合治理，例如，学生管理、课程设置、行政管理各岗位工作流程。学院行管的流动性比较大，因为有工作流程能保证新人很快接手。因此总体来说包括：学科建设、人才培养、人才引进、科学研究、学术交流、行政管理六块内容。在制定规则时，首先要求信息对称，且容易执行。在重要性上，行政管理方面强调信息对称，在学生培养方面强调学生课程设置体现对学生在历史、理论、量化分析三个维度方面的综合素质的培养。在科学研究方面对老师的科研考核方面也制定得非常细致。学院行政管理包括财务、用车、院务、信息等，这些工作我们在十多年前已经开始规范。我们的管理原则就是做到公开、公平、公正，尽可能做到信息对称。考生可以通过我们的网站详细了解学院的各项要求，他们对我们的评价也是"信息最公开的学院"。做成一件事情一定是要综合治理，这是管仲的"拘之以利，结之以信，示之以武"，与我们所提的"晓之以理，待之以情，动之以利"有一定的对应关系。设立规矩，调动积极性。

问：田老师，请问你如何看待行政管理？

答：这是一个非常好的问题，一方面，国务院、教育部都在推行负面清单管理，去行政化，但是另一方面，现在行政化是前所未有的收紧管理。在行政管理人员方面，我们除了学校的编制人员，还聘用很多院聘人员。我的思路是这样：学院的院领导要做到双肩挑，他们的科学研究已经非常出色，希望他们不被过多的行政事务所束缚，同时也希望我们的教师将更多的精力放到教学和科研上，因此我们聘了不少行政管理人员帮他们承担。例如：研究生教学秘书，学校只配备了一个编制，显然无法完成工作，我们就院聘了一位研究生教学秘书，本科生教学秘书也是如此。但还是不够用，于是又聘了两位学生助管。还有一个就是宣传工作，学校不配编制，于是我们自己院聘行管，组成4个人的宣传组，不仅是宣传工作，我们的很多学院的材料都由他们起草的，包括各类总结报告、文件的起草及会议纪要的整理。我不能经常参加学校院系主任例会，他们会派一个人去记录会议内容。学校的行政文件太多，我经常向学校抱怨，既然这么多行政方面的要求，就应该增加编制。我对学院的行政工作非常重视，行政人员的奖金不会低于老师的平均奖金，经济学院行政人员的奖金在学校数一数二。我们还有创收项目，这方面收入可以保持教师的奖金近些年每年10％左右的增长。行政管理人员非常重要，老师们的科研、会议发票都由行政管理人员负责，把我们的老师从这些琐碎的事务中解放出来。

问：现在我们的学生总是在课堂上玩手机，也不问问题，您是如何解决的？

答：这也是一个好问题，我到上海财经大学经济学院13年，教了13年的《高级微观经济学》。在近十年里，我每年都要跟本科生上《经济学思想与方法》课程，和另外两位海归教授一同授课，包括学院和外院两百多学生在听我们的课，上课率达到98％。如何做到的？还是靠制度，并且是简单的制度安排就能做到。除了将教学大纲按照学院的要求发给学生，第一次课，我还强调2条纪律：第一，必须上课要签到的，并且不能找他人代签。如果代签，这就是不诚信的表现，问题的性质变了，抓到后，至少是写检讨。第二，迟到五分钟后不要进课堂。我们经济学院明确要求每一门课程在开课前都要把课程大纲发到学生手上，这相当于是老师和学生的一份合约，教学大纲明确说明了课堂表现和课堂成绩占20％，这条规定对学生的约束性非常强，20％的占比很容易将学生的成绩拉开。

并且，我要求学生上课要将手机关机收好，不要让我看到。当然，没有检查，就可能存在代签和仍然上课看手机而不注意听讲的问题。那么，我是怎么轻松地解决了这两个问题呢？很简单，课堂小测验。我会不时地在下课5分钟前进行课堂小测验。这一条厉害，是一个很好的形成激励相容的制度安排，我早在2005年时写了《关于改善上海财经大学学风、教风的建议书》，后来发表在《中国大学教学》2006年第1期上。有了这一制度安排，学生就会有很大的激励去好好听课。如果上课玩手机，没有注意听讲，就多半答不出我本次课上所讲的内容。随堂课程小测试，不仅解决了学生上课玩手机的问题，也解决了诚信问题，找人代签，一个课堂随机小测验，就让他们显露原形。现在代签这样的事情已经比较少发生了，今年只出现了两例，一个是外院的本科生，一个是我经济学院的本科生。他们没有进行随堂测试，这就表明，他们一定没有到场，这绝对是欺骗行为。辅导员和分管学生工作的副书记都找他们谈话了，对其进行了严厉的批评，最后他们都写了检讨书。我看后觉得他们认识得很深刻，就没有进一步的处理了。

还有一个很有效的方法，检查学生是否课堂小测验作弊了。有一年我对学生进行小测验，不少学生的小测验成绩好的离奇，第二天我把十个满分学生全部叫到办公室，要求他们把同样的题目再做一遍，结果所有的人都答得不好，问他们是怎么回事。我告诉他们，我是很难被糊弄的，并且谈了诚信的重要性，特别是步入社会后诚信的重要性，没有人愿意和说谎话的人在一起。我们的学生还是非常不错的，当时都承认了他们的作弊行为，他们回去后写了检讨，写得非常深刻，我看了都被打动和感动了。今年给本科生上课，头一次整体成绩都很高，我怀疑有不少学生课堂小测验时可能看了讲义，于是讲了这个故事，我告诉学生，考试闭卷，如果考了高分，我可能让你到办公室再做一遍。随后的考试学生的整体平均分下降了十分。我就这样用了很简单的方法解决了诚信问题,信息对称问题,我在《关于改善上海财经大学学风、教风的建议书》一文中的很多做法被全国十多所学校直接采纳。当然我不搞突然袭击,我都是丑话说到前面的,把要求在第一课或教学大纲中说明的。前不久,我在一个微信群讲了这个故事,有人问我,这样做,是否评教会很低。我说,恰恰相反,我这样做反而教学评教一直都很高。其实,绝大多数学生都是很明事理的,知道你是真正为他们好,就像父母亲责备小孩,都是为小孩好一样。我总是在全院开大会时,和我们老师讲,对学生一定要负责,教学要尽心。是否用心,可以有一个参照系,那就是,如果你给你的小孩或弟弟妹妹上课,也是这样对待的吗?如都是一样,那你就知道你对教学尽心了。

(2017年6月)

上海市"十三五"重点图书出版规划项目

田国强学术文集

田国强 —— 著

中国改革、经济学理论与方法

4

上海财经大学出版社

目　录

第六篇　经济理论与制度学说 /1375

95　从参数唯一确定的观点论联立经济模型的识别问题（1982年10月）　/1377

96　激励、信息及经济机制设计理论（1989年9月）　/1388

97　内生产权所有制理论与经济体制的平稳转型（1996年11月）　/1414

98　一个关于转型经济中最优所有权安排的理论（2001年10月）　/1432

99　经济机制理论：信息效率与激励机制设计（2003年1月）　/1472

100　对"幸福—收入之谜"的一个解答：理论与实证（2006年11月）　/1525

101　密封价格拍卖或招标中的有限腐败（2008年5月）　/1549

102　网络外部性与补偿激励下的非线性定价（2009年1月）　/1572

103　类型相关情形下具有套利的非线性定价模型（2010年4月）　/1606

104　从新古典经济学走向机制设计理论
　　　——兼谈目标导向和执行过程的重要性（2017年1月）　/1635

105　不确定性下的高阶风险厌恶理论、实验及其应用（2017年8月）　/1640

106　赫维茨经济思想与奥地利学派的关联比较
　　　——基于知识、信息与理性认知的分析（2017年11月）　/1666

107　新古典经济学的创新与超越何以可能
　　　——纪念赫维茨百年诞辰（2017年12月）　/1688

108 制度的本质、变迁与选择
　　——赫维茨制度经济思想诠释及其现实意义（2018年1月）／1708

109 我对中国特色社会主义政治经济学的理解
　　——在清华大学政治经济学高端论坛上的报告实录（2018年1月）／1740

第六篇

经济理论与制度学说

95

从参数唯一确定的观点论联立经济模型的识别问题

提要：本文从待估参数应是唯一确定的基本观点出发，定义了向量可区分和可识别的概念，从而用统一的方法讨论了同期模型的识别问题，文中去掉了外生变量不由任何线性恒等式连接的通常假定[1][2]，把多重共线性问题归结为识别问题。此方法也同样适用于非线性模型、误差冲击模型和动态模型的讨论。

联立经济模型的识别问题是计量经济学的主要课题之一。目前已有的方法都是从观测上等价的角度得出的[3][4]。本文基于联立方程解的数学理论，论述了经济计量模型的识别问题，得到了更为系统而简洁的数学描述，获得了有意

---

* 本文载于《华中工学院学报》，1982 年 10 月第 10 卷，第 5 期。
[1] Fisher, F. M.. *The Identification Problem in Econometrics* [M]. New York: McGraw-Hill, 1966.
[2] Hsicao, C.. *Identification* [D]. Technical Report No.311, Stanford, California, 1980.
[3] Fisher, F. M.. *The Identification Problem in Econometrics* [M]. New York: McGraw-Hill, 1966.
[4] Hsicao, C.. *Identification* [D]. Technical Report No.311, Stanford, California, 1980.

义的结果。向量可区分和可识别的概念的提出，有可能沟通其他系统（例如控制系统、生物系统等）间的识别关系。

一、定义向量的区分和识别

定义1 当且仅当模型中所有未知参数能够根据观测信息和先验信息唯一地决定（或局部唯一地确定）时，我们说这个模型能识别（或局部地识别）。

此定义包含了1377页脚注①、②中的识别定义。

定义2 如果多于一组的参数使得模型中的内生变量具有同样的分布，则称这个模型不能识别。

定义3 模型在所有有利于识别的独立的先验信息下才能识别，我们称为恰好识别。

定义4 模型在部分而不是在全部有利于识别的独立的先验信息下能识别，我们称为过度识别。

定义5 如果模型以概率1能识别，称它几乎能识别。

定义6 既不能识别又不能几乎能识别的模型，称它完全不能识别。

几乎能识别是识别概念的推广。它和完全不能识别有本质上的差异。几乎能识别意味着本来有足够的先验信息可能使得它能识别，但由于观测和（或）计算误差的偶然性可能使它不能识别，而完全不能识别是由于事前信息不足，无论观测和计算多么精确，观测样本多么大，它也不能被识别。

为了便于研究，下面我们给出具有某些特征的向量的可区分和可识别的概念及有关定理。通过这样数学上的抽象，经济模型的识别可视为向量识别的一种特殊情况。

定义7 对于向量偶 (α, β)，$\alpha, \beta \in R^N$，如果 α 具有某些特征，而 β 也具有这些特征，则称仅凭这些特征 α 和 β 不能区分；否则说 α 和 β 能区分。

α 和 β 有序的关系。尽管 α 和 β 仅凭这些特征不能区分，但 α 和 β 仍然可能可区分。如 $\alpha=(A,B)$，$\beta=(A,B,C)$，A，B，C 分别代表某种特征。

定义 8 如果具有某些特征的向量 $\alpha \in R^N$，在 R^N 中的其他向量不具有这些特征，则 α 被唯一地确定了，称 α 是可识别的。

从定义 7 和定义 8，可推出：

定理 1 对给定的 $N \times K$ 阶矩阵 W（$N > K$），如果 A 是 W 的行核基（A 是 $G \times N$ 阶矩阵且 A 的行构成 $xW=0$ 的解向量的一组基），则当且仅当 α 不是 A 的行向量的线性组合时，根据 $xW=0$，A 的第 g 行 A_g 与 α 能区分。

定理 2 如果 A 是 W 的行核基，A_g 已规范化（即令 A_g 的某个分量为 1），则当且仅当 A_g 能与 A 的行向量的线性组合可区分时，A_g 可识别。

由定理 1 知，对于 A 的元素，如果没有其他限制，将任一非奇异的 $G \times G$ 阶矩阵 F 乘 $AW=0$ 的两边，则有 $F(AW)=(FA)W=0$。

令 $A^*=FA$，A^* 的第 g 行记为 A_g^*，得 $A_g^*=F_g A$。由于 A_g 与 A_g^* 都是 $xW=0$ 的解，故不能将 A_g 与 A_g^* 区分开来。如果对 A_g 加上某些限制，且 A_g^* 也满足这些限制，则说 A_g 与 A_g^*（$g=1,2,\cdots,G$）不能区分；否则可区分。这样就排除了许多经过可逆线性变换矩阵 F 的作用而产生的 A_g^*。

定义 9 如果 $G \times G$ 阶矩阵 A 是 W 的行核基，且 A 具有某些特征，而对于某个 $G \times G$ 阶可逆矩阵 F，FA 也具有这些特征，则称由 F 表示的线性变换为允许变换，对应的矩阵称为允许矩阵。

若 A_g 的约束足够多，以致允许矩阵 F 的第 g 行除了第 g 个元素等于 1 外，其余都为零，则由定理 2，A_g 能识别；反之也对。同理，当且仅当 F 为单位矩阵时，A 能识别。当一个方程有确定意义时，两边同时乘上一非零常数，不会改变这个方程的意义。所以加或不加规范化条件，对识别不会产生本质上的影响，于是只要允许变换矩阵 F 为对角矩阵，A 就算识别了。

定理 3 对于满足 $AW=0$ 的 $M\times N$ 阶行满秩矩阵 A 和秩为 K° 的 $N\times K$ 阶矩阵 W,如果 A 的第 g 行 A_g 的约束为:

$$A_g \phi_g = d_g \tag{1}$$

式中,ϕ_g 是已知的 $N\times R_g$ 阶常数矩阵;d_g 是已知的 $1\times R_g$ 阶行向量。

则 A_g 在约束 $A_g W=0$ 和(1)式下能识别的充要条件是:

$$秩(\overline{A}\phi_g) = \begin{cases} N-K^\circ & d_g \not= 0 \\ N-K^\circ-1 & d_g = 0 \end{cases}$$

这里 $\overline{A}$ 是 W 的行核基且 $\overline{A}$ 的前面 M 行组成的子矩阵就是 A,$d_g \not= 0$ 意味着至少有一个分量不为零,$d_g=0$ 表示所有的分量为零。

证明 由于秩$(A)=M$,知秩$(W)=K^\circ \leqslant N-M$。当 $K^\circ = N-M$ 时,A 是 W 的行核基;当 $K^\circ < N-M$ 时,A 不是 W 的行核基。于是,存在 $N-M-K^\circ$ 个与 A 的行线性无关的 $xW=0$ 的解向量 $C_1, C_2, \cdots, C_{N-M-K^\circ}$,使得 $\overline{A}=(A', C'_1, \cdots, C'_{N-M-K^\circ})'$ 构成了 W 的行核基。于是有

$$\overline{A}W = 0 \tag{2}$$

要证明 A_g 能识别,由定理 2,只要证明(2)式的允许变换矩阵 F 的第 g 行的第 g 个元素不为零,其余都为零即可。先考虑 $d_g \not= 0$ 的情况。对于 $F_g = e'_g$(e'_g 是单位矩阵的第 g 行),有 $\overline{A}^*_g \phi_g = e'_g \overline{A} \phi_g = A_g \phi_g = d_g$,所以 $F_g = e'_g$ 是方程 $F_g(\overline{A}_g \phi_g) = d_g$ 的解。要解唯一,充要条件是秩$(\overline{A}_g \phi_g)=N-K^\circ$(包括矛盾方程的解)。

同理可证,当 $d_g=0$ 时,要解成比例,充要条件是秩$(\overline{A}_g \phi_g)=N-K^\circ-1$。

推论 1 在约束 $A_g W=0$ 和(1)式下,A_g 可识别的必要条件是

$$R_g \geqslant \begin{cases} N-K^\circ & d_g \not= 0 \\ N-K^\circ-1 & d_g = 0 \end{cases}$$

我们将按两种方法研究识别问题。一种是把 A 的所有特征放在一起来识

别 A，称为一步识别法。另一种称为二步识别法，首先利用 $xW=0$ 将 A_g 与不是 $\overline{A}$ 的行向量的线性组合区分开来，然后再利用 A_g 本身的先验信息将它和 $\overline{A}$ 的行向量的线性组合区分开来。

二、同期模型的识别

根据经济理论，我们假定模型具有以下形式：

$$BY_t + \Gamma X_t = u_t \tag{3}$$

式中 Y_t，X_t 和 u_t 分别是在时刻 t 的 $G\times1$ 阶、$K\times1$ 阶和 $G\times1$ 阶的内生变量、外生变量和不可观测的随机项；B 和 Γ 分别是 $G\times G$ 阶和 $G\times K$ 阶待估系数矩阵。

假定 1　B 是非奇异的。

假定 2　$Eu_t=0$，$Eu_t X_t'=0$。

当 u_t 是序列无关时，X_t 可以包含滞后的内生变量，因为有 $P\lim \dfrac{1}{T}\sum_{t=0}^{T} X_t u_t'=0$。

令 $C_X=EX_t X_t'$，$C_{YX}=EY_t X_t'$，$C_Y=EY_t Y_t'$，$\sum=Eu_t u_t'$，则（3）式的所有二阶矩信息是：

$$BC_{YX} + \Gamma C_X = 0 \tag{4}$$

$$\begin{aligned}\sum &= E(BY_t+\Gamma X_t)(BY_t+\Gamma X_t)' \\ &= BC_Y B' + BC_{YX}\Gamma' + \Gamma C_{XY}B' + \Gamma C_X \Gamma'\end{aligned} \tag{5}$$

由（4）式，（5）式简化为：

$$BC_Y B' = \Gamma C_X \Gamma' + \sum \tag{6}$$

从（6）式可以看出，当 B 和 Γ 可识别时，$\sum$ 也能识别。先讨论如何利用二步识别法进行识别。

第一步，令 $A=(B, \Gamma)$，$W=(C'_{YX}, C'_X)'$，这里 $(G+K)\times K$ 阶矩阵 W 与 1377 页脚注①、②中的 W 的含义不同（C_X 也许是奇异的）。则（4）式可以写为：

$$AW=0 \tag{7}$$

由假定 1 知 A 是 $G\times(G+K)$ 阶行满秩矩阵。对于（7）式中 A 的第 g 行 A_g 也有：

$$A_g W=0 \tag{8}$$

记秩 $(W)=K°$。如果 C_X 是非奇异的，则由假定 1，$K°=K$。这时 A 构成了 W 的行核基；若 C_X 是奇异的，这时 $K°<K$，A 不是 W 的行核基，于是存在着 $K-K°$ 个与 A 的行线性无关的 $xW=0$ 的解向量 $C_1, C_2, \cdots, C_{K-K°}$。使得 $\bar{A}=(A', C'_1, \cdots, C'_{K-K°})$ 构成了 W 的行核基，即 $\bar{A}W=0$。

由定理 1，仅凭样本观测信息 W 可将 A_g 与不是 $\bar{A}$ 的行向量的线性组合区分开来，而不能将它同 $\bar{A}$ 的行向量的线性组合区分开来，这样，如果对（3）式的参数不加任何限制，则任一个 $(G+K-K°)\times(G+K-K°)$ 阶可逆矩阵都是允许矩阵。这时 $A_g (g=1, 2, \cdots, G)$ 是完全不能识别的。

第二步，如果 A_g 具有约束，即：

$$A_g \phi_g = d_g \tag{9}$$

式中，ϕ_g 是已知的 $(G+K)\times R_g$ 阶常数矩阵；d_g 是已知的 $1\times R_g$ 阶行向量。则由定理 3，有：

定理 4 在假定 1、2 及约束（8）式和（9）式下 A_g 能识别的充要条件是：

$$秩(\bar{A}\,\phi_g)=\begin{cases}G+K-K° & d_g\not=0 \\ G+K-K°-1 & d_g=0\end{cases}$$

推论 2 在定理 4 中的假定和约束下，A_g 能识别的必要条件是：

$$R_g \geqslant \begin{cases} G+K-K^\circ & d_g \not\equiv 0 \\ G+K-K^\circ-1 & d_g=0 \end{cases}$$

特别，当 C_X 为非奇异时，就得到了通常的秩条件和阶条件：

推论 3 当 C_X 为非奇异时，在定理 4 的假定和约束下，A_g 能识别的充要条件是：

$$秩(A\phi_g)=\begin{cases} G & d_g \not\equiv 0 \\ G-1 & d_g=0 \end{cases}$$

A_g 能识别的必要条件是：

$$R_g \geqslant \begin{cases} G & d_g \not\equiv 0 \\ G-1 & d_g=0 \end{cases}$$

定理 5 如果定理 4 的条件成立，则 A_g 能恰好识别的充要条件是：

$$R_g=\begin{cases} G+K-K^\circ & d_g \not\equiv 0 \\ G+K-K^\circ-1 & d_g=0 \end{cases}$$

A_g 是过度识别的充要条件是：

$$R_g > \begin{cases} G+K-K^\circ & d_g \not\equiv 0 \\ G+K-K^\circ-1 & d_g=0 \end{cases}$$

当 C_X 为非奇异时，便得到通常的结果。

如果阶条件成立，但通过计算，秩条件不成立，可以认为这是由观测误差和（或）计算误差的偶然性造成的。由于使得矩阵 $\overline{A}\phi_g$ 的 $(G+K-K^\circ)\times(G+K-K^\circ)$ 阶子矩阵的行列式等于误差零的点集的 Lebesgue 测度等于零，于是推得

定理 6 当且仅当阶条件成立时，A_g 能几乎识别。

上面讨论的二步法只适用于某个方程的参数间有函数关系的情况，对于方程组各方程间的参数有函数关系的模型宜用一步识别法进行判断。先看某个方程有约束的情况。

将 $A_g W = 0$ 和 $A_g \phi_g = d_g$ 合写为

$$A_g(W \vdots \phi_g) = (0 \vdots d_g)。 \tag{10}$$

定理 7 在假定 1、2 及约束（10）式下，A_g 能识别的充要条件是：

$$秩(W \vdots \phi_g) = \begin{cases} G+K & d_g \neq 0 \\ G+K-1 & d_g = 0 \end{cases}$$

现在讨论如何把 A 作为一个整体来识别。将 A 按行拉直，记为 $\vec{A} = [A_1, A_2, \cdots, A_G]'$，于是 $AW = 0$ 可以写为：

$$(I_G \otimes W')\vec{A} = 0 \tag{11}$$

式中符号 $\otimes$ 表示 Kronecker 积。这时 $(I \otimes W') = \begin{pmatrix} W' & & & \\ & W' & & \\ & & \ddots & \\ & & & W' \end{pmatrix}$ 是

$[GK \times G(G+K)]$ 阶矩阵。

假定在规范化条件下，$\vec{A}$ 的约束为：

$$\phi \vec{A} = d \tag{12}$$

式中，ϕ 是已知的 $R \times (G^2 + GK)$ 阶常数矩阵；d 是已知的 $R \times 1$ 阶列向量。令：

$$Q = \begin{pmatrix} I_G \otimes W' \\ \phi \end{pmatrix};$$

$$\vec{d} = \begin{pmatrix} 0 \\ d \end{pmatrix}$$

于是（11）式和（12）式可以合写为：

$$Q\vec{A}=\vec{d} \tag{13}$$

定理 8　在假定 1、2 和约束（13）式下，$\vec{A}$ 能识别的充要条件是秩$(Q)=G(G+K)$。

推论 4　在定理 8 中的假定和约束下，$\vec{A}$ 能识别的必要条件是 $R \geqslant G(G+K-K^{\circ})$；特别，当 C_X 非奇异时，$\vec{A}$ 能识别的必要条件是 $R \geqslant G^2$，即通常的阶条件[1]。

有时整个 $\vec{A}$ 不能识别，但 $\vec{A}$ 的部分元素能识别。我们可以利用类似 1377 页脚注②中的证明方法，得到类似的结果。

当 C_X 非奇异时，由（4）式有：

$$C_{YX}C_X^{-1}=-B^{-1}\Gamma=\Pi$$

所以诱导型的参数 Π 完全可由事后信息确定，这时 Π 能够被一致地估计。然而，当 C_X 奇异时，它不满足 Proximity 定理的条件[2]，仅凭样本观测信息不能得到 Π 的一致估计量，因 Π 对应着无数个参数估计量 $\hat{\Pi}$。从识别的观点看，这时 Π 不能识别。从上分析得知，当 C_X 为奇异时，对 Π 或 A 也要有先验信息，Π 才能识别。如果 (B, Γ) 能识别（即使 C_X 是奇异的），则由关系式 $\Pi=-B^{-1}\Gamma$ 知，Π 也能识别。这时，我们可以用工具变量加上 A 的事前约束来估计 A，从而由 $-\hat{B}^{-1}\hat{\Gamma}$ 来确定 $\hat{\Pi}$，这样得到的 $\hat{A}$ 和 $\hat{\Pi}$ 都是一致估计量。由于 C_X 是奇异的，故不能按照通常的估计方法（例如间接最小二乘法、二段最小二乘法）来估计 A 和 Π。

至此我们可以导出一个重要观点：多重共线性问题可以视为识别问题而不

---

[1] Hsicao, C.. *Identification* [D]. Technical Report No.311, Stanford, California, 1980.
[2] Fisher, F. M.. *The Identification Problem in Econometrics* [M]. New York: McGraw-Hill, 1966.

是变量间有线性关系或近似线性关系的问题。只要有足够多的事前信息，无论多重共线性多么严重，总可得到 A 的一致估计量；也可以从另一方式考虑多重共线性问题：有多重共线性，则必有某些外生变量能被其余的外生变量线性地或近似线性地表示，我们把这些外生变量看作内生变量。这些关系式和（3）式组成了一个新的模型，从而需要更多的关于 A 的事前信息才能识别 A。为了说明这些，考虑模型：

$$P_t = a_0 + a_1 W_t + a_2 L_t + a_3 I_t + e_t \tag{14}$$

式中 P_t、W_t、L_t、I_t 和 e_t 分别表示在时刻 t 的产量、工资、劳力、投资和误差项。假定 W_t 和 L_t 有线性关系：$W_t = K L_t$，则对任意常数 a_1^*，都有相同的 P_t，即：

$$\begin{aligned} P_t &= a_0 + a_1 W_t + a_2 L_t + a_3 I_t \\ &= a_0 + (a_1 - a_1^*) W_t + (a_2 + K a_1^*) L_t + a_3 I_t \end{aligned}$$

这样，无穷多组参数估计量对应着同样的 P_t，从识别的角度看，（14）式是完全不能识别的。将 $W_t = K L_t$ 代入（13）式有：

$$P_t = a_0 + (a_1 K + a_2) L_t + a_3 I_t + e_t \tag{15}$$

假定剩下的变量没有多重共线性，对（15）式进行回归，那么我们能够得到 a_0，$b \triangleq (a_1 K + a_2)$ 和 a_3 的一致估计量。于是对（13）式的参数有约束：

$$K a_1 + a_2 = b \tag{16}$$

因此在约束（16）式下，由定理 4 知，(a_0, a_1, a_2, a_3) 能够识别，从而能够得到它们的一致估计量。

我们再从另一种方式看这个问题，把下式：

$$\begin{cases} P_t = a_0 + a_1 W_t + a_2 L_t + a_3 I_t + e_{1t} \\ W_t = K L_t + e_{2t} \quad (e_{2t} \equiv 0) \end{cases} \tag{17}$$

看成联立方程组，这时：

$$B = \begin{pmatrix} 1 & -a_1 \\ 0 & 1 \end{pmatrix} \quad \Gamma = \begin{pmatrix} -a_0 & -a_2 & -a_3 \\ 0 & -K & 0 \end{pmatrix}$$

显然 $|B| \neq 0$。如果没有任何事前约束，则（14）式不能与（17）式的线性组合区分开来。因此（17）式的第一个方程完全不能识别，除非加上某些事前信息（例如 $Ka_1 + a_2 = b$）。

用上述方法，我们还分别对非线性模型、误差冲击模型和动态模型进行了识别，取得了与上类似的有意义的结果。

（1982 年 10 月）

96

激励、信息及经济机制设计理论[*]

提要：经济机制设计理论是西方经济学中一个正在迅速成长的新领域。简而言之，它所讨论的问题是：对于任意给定的一个社会目标，能否并且怎样设计一个经济机制（即制定什么样的经济体制）以达到既定的社会目标。一般说来，机制设计需涉及两个方面的问题：一个是信息问题，即所制定的机制是否是信息最有效的（也就是说，实现这个社会目标所需要的信息量能否减少到最少）；另一个是机制的激励问题（也就是积极性问题），即在所制定的机制下，每个人即使追求个人目标，其客观效果是否也能正好达到社会所要实现的目标。这两个问题正是中国经济改革想要解决的。

经济机制设计理论所用的方法和技术有助于分析研究中国经济改革中可能出现的各种问题，并可预测哪些问题可能带来或产生的一些后果。这个理论比较新且利用了较高深的数学。本文试图不用或少用数学语言，尽量用通俗易懂的文字，并结合中国的实际向读者介绍这一理论产生的背景、发展及一些重要概念和主要结果。

---

[*] 本文部分内容曾发表在《经济论坛》（原名《会员通讯》）第一卷第四期（1986年）和《知识分子》第三卷第二期（1987年）上。这次修改增加了较多内容。在本文的写作过程中，曾得到了赫维茨教授的指导，在此表示感谢。作者感谢 Alfred P.Sloan 基金会提供的博士论文奖学金资助使此文得以完成。

一、引　言

最近几年，特别是中国实行有计划的商品经济机制[①]以来，中国的经济改革有了很大的进展。毫无疑问，新古典经济学（市场机制理论、一般均衡理论等）对中国的经济改革有一定帮助，并能说明很多问题。然而，我认为现代数理经济学对中国改革的帮助可能更大。具体说来，资源配置经济机制理论（即机制的信息理论与激励理论）这一正在成长的领域可能更能说明问题。我这样说的主要根据是中国实行的是社会主义的有计划的商品经济机制，社会制度决定了中国无论怎样改革也不可能变成自由市场经济机制国家，从而不可能实行完全的市场经济机制。

众所周知，西方经济学是以微观经济学为基础的。微观经济学是一门以"自利"为出发点而去解释人类行为的科学。[②]它的一个最基本的假设是：每一个人（消费者）、每一个企业都会在某些约束条件下争取最大的利益。这些约束条件包括法规、政策条令、预算约束、生产技术条件、价格（例如考

[①] 在近代西方经济学中称"经济体制"和"经济制度"为"经济机制"（Economic Mechanism）（例如有计划的商品经济机制、市场社会主义经济机制），而"经济"（Economy）这一术语用来表示"经济环境"（Economic Environment）或"经济社会"。"经济环境"是由人们的偏好、初始资源、生产技术条件等所组成，它不包括价格；价格是"市场"型机制中的一个参数变量。在后面，我将对这些概念作较详细的讨论。在这里，我只是想提醒大家，这些术语的含义和人们已经在国内见到的不一样。

[②] "人是自利的"这一对人类行为的假设同样适用于中国的现况。可以说，如果人不是"自利"的，就不存在着经济学。因为世界上的资源是有限的（至少地球的质量是有限的），只要有一个人是"自利"的，并且他的物欲是无穷大（他拥有的资源越多越好），就不可能实现按需分配。我认为中国不应该回避这一现实。这是经济发展、社会前进的动力。例如，经常听见人们说在农村一包就灵。为什么一包就灵呢？有人回答这是调动了农民的生产积极性。但农民生产积极性的动力来自何方？是为国家、为集体、还是为个人？回答是：由于至少有些农民是自利的。以前自己所劳动的成果怕别人分享，或想分享别人的劳动成果而不努力工作；一旦包田（产）到户，他们认识到是为自己劳动，所以积极性就提高了。我们要把在法律、政策条令约束下的自利行为与违反法律、政策条令而损害他人的自利行为区分开来；对前者应该提倡，对后者才加以反对。

虑的是市场机制）等。对于消费者而言，就是如何分配自己有限的收入以极大地满足他个人的需要。对于企业而言，在给定的技术条件下，如何选择最优的投入产出组合以取得最大的利润或经济效益。然而直到最近，大部分结果都只是从市场的角度来解释人的自利行为的，从而是为市场或自由经济机制辩护的。

在微观经济学教科书中，许多命题和定理是证明市场如何导致了资源的最优配置（例如福利经济学第一定理）。但是在许多情况下，市场机制并不能导致资源的有效（最优）配置。这些情况有的是属于生产关系方面的，例如规模报酬递增的生产关系；有的情况是存在着共用商品（Public Goods）[①]或所谓的外部效应（Externalities）。这些情况都不满足福利经济学第一定理的条件。即使满足了这些条件，在证明市场最优性时，福利经济学第一定理包含了一个隐含的假定：每个单位（每个行为者）都没有左右市场供求的力量，他们都是把价格当作给定的参数。这就意味着市场中有许多行为者，每个行为者相对市场都是微不足道的。然而对于只有几个卖者或买者的市场，没有理由把价格看作是给定的。价格会受到每个单位的购买量或供给量的影响，例如国际贸易市场、垄断市场或寡头市场等。如果我们相信在这些市场中价格相对于每个行为者不是给定的，那我们就没有理由相信这些市场产生了有效的资源配置。无论是在社会主义经济机制中还是在资本主义经济机制中，市场到底起什么作用是一个很重要的问题。我们既要看到市场机制的优越性又要看到它的局限性。在讨论其局限性时，仅仅指出市场不能很好地运行是不够的，还需寻找其他方法或机制替代或改进市场的作用。这就是经济机制理论所要讨论的问题。

[①] "Public Goods" 这一术语在国内通常被译为"公共财产"或"公共商品"。香港大学经济学家张五常教授在他的《卖橘者言》一书的"灯塔的故事"一文中指出这一译法欠妥，建议译为"共用商品"。我很欣赏后一种译法。在后面我们将会解释"共用商品"这一术语。

经济机制理论是把所有的经济机制放在一起进行研究，但不是简单地把这些机制拼凑在一块。这种研究方法非常抽象和一般化。它可以把市场机制或计划经济机制作为对象进行研究，同时还可以把无穷种其他机制作为对象进行研究。这个理论是赫维茨（Hurwicz）在20多年前创立的。作为一个整体看，这个理论非常抽象，它能把任何一个经济机制作为对象进行研究；从局部看，它又非常具体，对于所要考虑的具体机制，它能得出非常详细的结果。例如，竞争机制所有的命题和定理都可以作为推论得出。它已得出了一批令经济学家和政治经济学家感到非常吃惊的结果。其中最有名的就是"激励相容"（Incentive Compatibility）[①]不可能性定理。这个定理是说在自利的行为下，有效的资源配置和人们如实报告他们的偏好即使在私有制的市场机制条件下也不可能同时达到。现在有一批优秀的经济学家和数学家正在研究和探讨这一成长中的新理论。他们试图设计各种不同的经济机制以实现或执行[②]所要达到的社会目标。例如，人们可以构造这样的机制：它介乎市场和计划之间，即混合经济机制。正是机制理论有很大的余地容纳这样的机制。例如，混合的办法是一些行业（例如农业、消费品行业）运用市场机制，另外一些行业（例如重工业、生产资料行业）运用计划机制（当然也可能是其他情况的混合经济机制）。可以预料，中国改革后的经济体制多半属于这一类型。国内经济改革（甚至政治体制改革）中存在的许多问题也能通过这一理论进行解释，而且也能在理论上引导改革。因此这一理论对中国的现行改革（无论是经济体制改革还是政治体制改革）将会有很大的帮助。

---

① 如果某种"行为型结构"（Configuration of Behavior Pattern）与人的"自然倾向"（Natural Inclination）相符合时，就称为"激励相容"。这一概念是属于对策论中的均衡概念然后被引申到行为科学中的一个概念。
② 在文献中，一般在考虑激励问题时，用"执行"（Implement）某个社会目标来表达在个人行为准则下达到了给定的社会目标；而用"实现"了某个社会目标来表示在不考虑激励因素时所达到的社会目标。"实现"这一词经常被用在信息机制理论中；而"执行"一词常被用在激励机制理论中。

机制理论是由信息理论（Information Theory）和激励理论（Incentive Theory）组成。由于信息理论和激励理论比较新并且用到高深的数学〔主要用到对策论（Game Theory）、微分拓扑（Differential Topology）等〕，一般微观经济学教科书不会介绍它。然而这一学科分析问题的方法和技术有助于分析研究中国经济改革中可能出现的各种问题及其后果，因此有必要对这一领域作一简单的介绍。首先，我们回顾一下产生这一领域的背景。

一、背　景

资源配置机制理论的产生与经济学史中的两条主线有关。一条是和资本主义经济有关，另一条与社会主义经济理论有关。

传统的经济分析是把经济机制看作给定的。在最早的文献中〔伯格森（Bergson，1938）、兰格（Lange，1942）、勒纳（Lerner，1944）、阿罗（Arrow，1951）、德布鲁（Debreu，1959）、阿罗和哈恩（Arrow 和 Hahn）1971〕，人们所讨论的中心问题是针对某个给定的机制（例如竞争机制、垄断机制）提出如下问题：它是否可能产生帕累托（Pareto）最优配置？[①] 如果可能的话，对于什么样的经济环境[②]，这个机制可以实现帕累托最优配置（帕累托最优配置有时也称为帕累托有效配置）？微观经济学所研究的机制都是从市场的角度研究最优资源配置的。众所周知，市场理论具有很大的局限性。对于非古典经济环境集合（即那些不能保证一般均衡存在或不能保证帕累托最优的那些经济环境类），例如不可分商品、非凸消费集、具有外部效果的

---

① 帕累托最优（有效）配置是资源配置的一个基本价值标准。一个配置是可行的（配置的资源不超出总的初始资源）并且不存在另外一个可行配置，使得至少一个人比原有的配置要好，而又不损害他人的利益，那么原有的配置就称为帕累托最优配置。
② "经济环境"是由经济社会中所有成员、成员的消费集、偏好关系（效用函数）、生产可能性集及初始资源所组成，也就是微观经济学教科书中所定义的"经济"。

经济活动、共用商品、报酬递增生产关系等，竞争机制产生了非帕累托最优配置或一般均衡不存在。于是针对传统的经济学问题，即什么样的经济环境类能使某个给定的机制产生帕累托最优配置，可以提出以下的反问题：对于给定的经济环境类（例如非古典的或者即使是古典的经济环境类），是否存在着一个经济机制，它能产生帕累托最优配置。更一般地说，对于给定的经济环境类和某个社会目标（这个社会目标可以是帕累托最优配置、某种意义下的公平或公正的配置[①]，或某个配置标准），是否存在着某个机制（分配规则），使得每个人即使追求个人目标，其客观效果正好能达到既定的社会目标。例如，我们知道对于古典经济环境类，竞争机制（市场机制）产生了帕累托最优配置。那么是否还存在其他机制（例如社会主义计划经济机制）同样也能产生帕累托最优配置呢？如果答复是肯定的，这个机制是否能用比竞争机制更少的信息来实现帕累托有效配置呢？这些问题的提出对机制设计理论，即信息理论和激励理论的产生有着直接影响。第一个问题实际上与激励理论有关；第二个问题则与信息理论有关。这些问题的提出最初也是由关于市场社会主义经济机制可能性的争论引起的，争论的内容恰与当前中国经济改革所遇到的问题类似。

从经济学的研究方法来看，经济分析可以分为两类：一类称为实证或描述性分析；另一类称为规范性或价值判断分析。实证性分析只解释经济是如何运行，它只给出客观事实，而不对经济进行评价或给出修正方法。规范性分析则要对经济进行评价。它不仅要解释经济是怎么运行，同时还要找出修正方法。因此，它往往涉及主观（个人）的价值标准。例如对大多数西方经济学家来

[①] 公平（Fair）配置在经济学文献中有许多不同的定义：（1）均等配置（Eguity Allocation），它是最极端的绝对平均主义；（2）所有的人在给定的配置下所获得的效用至少与均等配置下获得的效用一样大；（3）在给定的配置下，每个人都认为自己所获得的商品组合相对于别人所获得的商品组合要好或至少不会差（即每个人不羡慕别人的配置）；（4）每个人认为自己所获得的商品组合相对于剩下来的人经过均等配置所获得的商品组合要好，或至少不会差。对这些定义的讨论见 Thomson（1979）。

说，他们认为一个好的社会目标是帕累托有效的资源配置。一旦达到了这个目标，任何个人如还希望得到更大好处都会损害其他人的利益。他们不太关心平等（或公正）配置。然而对于社会主义经济学家来说，他们更关心的是平等配置。社会主义思想体系一开始就是规范性的。最早的代表人物可以追溯到1800年左右的欧文、圣西门等空想社会主义者。之后的代表人物是马克思、恩格斯和他们的追随者。但是他们主要是研究资本主义的发展及其经济规律，没有或很少讨论社会主义是如何具体运行和发展的。只是到了20世纪，人们才开始研究并且实践社会主义经济是怎样运行的及应该怎样运行。

20世纪20年代至30年代有一场非常著名的论战，称之为社会主义大论战。它是由米塞斯怀疑主义（Mises's Skepticism）挑起的。一批反对社会主义的经济学家试图证明社会主义在理论上是行不通的。这一派的主要代表人物是米塞斯和哈耶克（Hayek）。哈耶克现在还活着，是1974年诺贝尔经济学奖的获得者。他们批评社会主义，不是针对社会主义是否合理，而是认为社会主义不可能获得维持经济运转的信息。他们把社会主义经济机制当作一个高度集中的中央计划。每个基层单位或企业向中央机构输送有关技术、成本方面的信息，再由中央计划机构制定非常详细的计划并下达给企业。这样中央需要知道消费者的偏好①、企业的生产技术条

---

① 人的消费偏好或效用函数是指人们对于两个商品组合（向量）A和B能够比较并且总是选择对其较有利的一个商品组合。例如，在一个家庭的月收入给定的情况下，这个家庭能用这笔收入购买各种商品组合。对于一个会当家的主妇来说，她一定会选择对这个家庭最有利的一个商品组合（例如一定比例的食品、肉类、衣服、日常用品等）。人的消费偏好（效用）是经济学中一个很重要的概念。人们总是根据自己的消费偏好，在自己的预算约束（Budget Constraint）条件下选择对自己最有利的组合。以前国内经济学界总是否认"效用"这一概念，认为它是唯心的、不可测度的，其实这种观点是值得商榷的。因为我们并不需要去度量它，而只需用它来比较商品组合的优劣，即我们只需要序的关系而不是度量关系。另一方面，尽管"效用"（"偏好"）或许是不可度量的，但它的确存在。赫维茨等人（1971）从数学上证明了人的效用是存在的。大致思路如下：只要市场价格和需求量是成反比（这可用实际数据来检验），这个函数关系的二阶导数是负的，通过高等数学中的可积性定理，可证明存在着一个（效用）函数，使得在各种价格下的需求量是在预算约束条件和由这个效用函数所产生的偏好序下的最优选择，从而证明了偏好序的存在。

件,并且要有解出数以百万计以上的供给和需求联立方程组的能力,这似乎是不可能的。即使能解出,人们的消费偏好、企业的技术条件也许已经改变了。所以他们认为经济社会不可能获得社会主义计划所需要的信息并合理地使用这些信息。论战的另一方的主要代表人物是兰格和勒纳。他们认为即使在社会主义条件下人们仍然可以利用市场机制。他们的主张是:虽然生产资料收归国有,但资源的流动还应由供求关系确定(他们所说的资源不包括投资,仅仅是对消费领域而言)。对于企业而言,每个企业应该根据让边际成本等于中央计划委员会所制定的产品价格来确定生产水平。在数学上可以证明这种机制所导致的分配是帕累托有效的。兰格和勒纳所建议的是一种分散化的社会主义经济机制,或者说是市场社会主义经济机制。这种机制旨在解决信息问题。但是兰格的这种分散化社会主义机制本身又产生了激励问题,这就是怎样激励基层单位完成中央计划机构下达的任务并且按照边际成本等于价格组织生产。例如,在规模报酬递增的生产情况下,人们可以证明生产的边际成本小于平均成本。因而按照边际成本定价的企业就会亏损,长久下去,私人企业就要破产。如果这种生产是必要的,即使在资本主义国家,补贴也是必要的。但是对企业补贴会引起许多其他问题,其中之一就是财政问题。因为这些补贴要从其他企业上缴的利润(或税)中拿出来。另一个问题就是企业的积极性问题。如果企业认为他们的损失总会由政府弥补,他们对提高企业效率的积极性就不高了。这种情况说明:为了使整个经济有效而给予的补贴,反而使企业内部的效率降低了。分散化的社会主义经济或者是市场社会主义经济(尽管它产生了帕累托有效的资源配置)没有解决激励问题,因此哈耶克他们还是认为兰格设想是不可行的。可以看出,他们争论的问题和今天中国的改革是有关系的。

激励问题也就是积极性问题,它是和生产责任制紧密联系在一起的。这一问题现在在中国已引起普遍重视。在农村已得到了相当成功的解决,然而在城市,人们的工作积极性还没有很好地调动起来。据我所知,城市所取得的改革仍只有农村改革之前的水准。城市中大多数企业(特别是公有企业)只要职工不迟到、不早退，就发给工资和奖金，而不考虑每个人的工作效益（即只考虑了时间的投入，而没有考虑产出的多少）。这一点在农村改革之前就达到了。因此，我认为中国城市改革成功与否的主要标准之一就看积极性问题能否得以解决。

以上所谈到的积极性只是对一个给定的单位而言的。然而，即使资源的利用在每个单位或者每个企业都是有效的[①]，对于整个行业来说也可能不是有效的。国内有许多人以为，由于生产责任制对企业效率有十分积极的作用，便可以对整个行业有效，这种推断一般并不成立。另外，资源的配置即使对整个行业有效，也可能不是帕累托最优（有效）的。考虑帕累托有效一定要把消费和生产结合起来，这是因为人们不是为了生产而生产。当我们谈到资源的最优配置时，不仅指用最优的可能性进行生产，而且指所生产出来的产品能最优地（极大地）满足人们的消费需要。这样，帕累托有效是相对整个社会而言的。国内一方面有许多商品供不应求，另一方面又有不少商品供大于求（产品积压）。产生这些问题的原因从理论上来说就是没有考虑到怎样才能实现帕累托有效配置。事实上，国内目前有许多人还不知道帕累托有效配置这个概念。他们所谈到的经济效益只是对企业或整个行业生产而言的，而没有把消费者的偏好（需求）考虑进去。在"有效"前面冠以帕累托的名字是提醒大家这种"有效"是考虑了消费因素的。

"帕累托有效"这个概念对任何经济制度都是适用的。无论是市场经济机制还是计划经济机制；无论是社会主义经济机制还是资本主义经济机制，它只是从可行性和个人效用的角度来评价社会的经济效果；它只是说当一个配置达到帕累托最优时，就不存在另外的配置使得某个人比原有的配置好而又不损害

[①] 所谓生产是有效（益）的，是指对给定的投入使产出最大，或者反过来，对给定的产出使投入最小。通常，生产的有效分配是由生产可能性集合（Production Possibility Set）的前沿边界所组成的。

他人的利益。当我们讨论问题时，应仔细区分本企业有效、本行业有效及全社会有效这三种"有效"在概念上的差别。同时要注意帕累托最优配置和公平配置又是两个完全不同的概念。有些资源配置是帕累托最优的，但从社会的平等观点来看却是不公平的，甚至是极端不公平的。已经有定理从数学上严格证明了在个人理性（Individual Rational）[①]假设下，帕累托最优配置和社会公平配置一般不可能同时达到。通俗地说，除非采取强制手段重新分配人们手中已有的初始资源，否则经济效益和公平配置一般不可能同时达到。由于古典经济学几乎都是从帕累托最优的角度来研究资源配置问题的，因此它不能解决公平配置问题。然而机制理论却非常一般化，它有可能解决公平配置问题。事实上，已有人给出了这样的机制来解决公平配置问题，这也是机制理论优于一般均衡理论的一个方面。

机制理论不仅能把竞争机制作为特殊情况进行研究，还能提供并且研究许多（无穷多）其他经济机制，并能解决竞争机制不能解决的问题。尽管机制理论是受一般均衡理论影响而产生的，但它对经济学的贡献，无论在理论上、方法论上及解决问题的普遍性方面都优于阿罗-德布鲁的一般均衡理论模型。一般均衡理论最早是法国数理经济学家瓦尔拉斯（Walras）在1870年提出的。他是通过研究市场而提出的。瓦尔拉斯似乎不太懂数学，他认为只要方程的个数等于未知数的数目就有均衡解。但是一般并非如此。解决一般均衡解的存在问题需要用到拓扑学中的不动点定理（Fixed Theory），而不动点理论直到20世纪30年代才由数学家布劳威尔（Brouwer）和冯·纽曼（von Neumann）开创。所以瓦尔拉斯即使掌握了当时全部数学知识也不可能解决一般均衡解的存在问题。只在有了不动点理论后，解的存在问题才能得到解决。当然阿罗-德

[①] 个人理性意味着：如果一个人参加某项活动后得到的好处还不如不参加这个活动，他就不想去参加这项活动。

布鲁把一般均衡模型更规范、严谨、完善化了，但从理论和方法论的角度来看似乎没有什么创新。以上大概地介绍了资源配置机制理论产生的历史背景。下面将讨论经济机制的设计和一些可能性及不可能性结果。

二、激励问题，资源配置经济机制

对激励问题的探讨是当前经济学研究的主要课题之一。它所讨论的问题远远超出了古典经济学的范围。我们知道，人的利己行为是微观经济学的基础和基本概念之一。然而许多经济学家却只是从市场的角度来研究人的利己行为，例如消费者理论和厂商理论。早期对激励问题的探讨是由对社会主义经济机制的可能性争论所引起的，它导致了机制理论的产生。那么什么是激励问题呢？广义地说，假定主代理者（中央机构）有一个价值标准，或有一个社会目标，有时也称为社会选择对应，这个目标可以是帕累托最优配置的集合，或在某种意义下的公平资源配置集合，或是个人理性配置集合，主代理者认为这个目标是好的，想要达到它。那么每个参与者（消费者、企业、家庭、基层机构等）是否有激励按照这个目标去做呢？换句话说，主代理者应制定什么样的规则才能使社会中每个成员的自利行为的实际结果与给定的社会目标一致呢？或者说，应制定什么样的机制使得在每个人追求个人利益的同时社会达到既定目标呢？这个正在成长的新领域将回答这些问题。文献中已对许多机制进行了讨论，例如对中央计划经济机制、部分均衡机制、垄断限制机制、转换价格机制、合同理论、议价问题等进行了探讨，本文不打算综述这方面的结果（这是一本书的任务）。我们只考虑对整个社会的资源配置问题，即只对私人商品的经济环境类或共用商品的环境类，回答是否能和怎样设计某个经济机制，通过其运作以达到某个给定的社会目标。

激励理论或机制理论可以应用到中国的经济和政治体制改革当中去。对中国改革领导者来说，他们一般知道哪些社会目标是好的、值得实现的。例如，他们认为有效地分配资源、讲究经济效益、公平分配、减少企业亏损等这些目标是好的。经济学家或设计者的任务则是制定具体计划来实现这个目标。实际上，往往一些很具体的经济政策问题都是以一些很抽象的数学模型作为背景的。当我们认为某种方案不能实施时，我们应该要问究竟是什么阻碍它的实施。当然，一个明显的限制或障碍就是物质和技术条件。除此以外，还有两个因素：激励问题和信息问题。

激励问题在中国一直未得到重视，以致许多人的个人行为与社会目标实际上互不协调：大多数人都知道中国不改革没有出路，但自己又不想带头去做，怕搞不好犯错误；一些干部利用手中的权力谋取私利；"走后门"、"官倒"等不正之风还没有显著好转；许多国营企业和集体企业的经济效益还比较差；服务行业对顾客的态度不好；等等。这些个人或企业的行为显然违背了给定的社会目标。为什么个人、企业的行为与社会目标不一致呢？因为在旧的、已有的经济体制下，这些人或企业这样做可以得到好处或能减少犯错误的风险。那么我们应该采取什么样的机制（或规则）使得每个人的行为（不管利己与否）与社会目标一致呢？中国解决这些问题最常用的方法就是对当事人进行政治思想教育。除非对社会造成了严重损害，一般不对他们实行法律制裁。实践表明，这种方法对许多人无效，或者政治工作者要花很多时间和精力才暂时有效，这样做代价似乎太高了。今天中国似乎已经开始认识到这一点了。据《人民日报》海外版1987年12月24日报道："中共最近召开的一次座谈会认为，解决党风问题，不能靠政治运动，而要靠改革和制度建设。""……对某些助长以权谋私的不合理制度，要尽快进行改革，以减少滋生不良风气的土壤。""实行住房商品化，住房分配中的不正之风就会大大减少。"这说明中央已认识到了光凭政治思想工作有些问题是不能得到解决的，需要找出一个恰当的经济机制使个人、国家利益一致。那么采取什么办法（规则、机制）使得每个人的行为（无论是先进的，还是落后的；自私的，还是无私的）与社会目标一致？这就是机制理论所关心的问题。

这样的机制并不是不可能的。中国处理激励问题取得成功的一个很好的例子就是农村的生产责任制,或包田到户。在中共十一届三中全会以前,中国采用了很多办法想把农业搞上去,例如公社化、派工作组到生产队、抓典型、农业学大寨、政治思想教育、整天喊"以粮为纲",结果粮食还是没有搞上去,其他农副产品搞得更加糟糕,而且每年政府要用不少外汇进口粮食。而一旦包田到户,采用生产责任制,人还是这些人,地还是这些地,短短的几年,农业发生了根本性的变化,几十年来要把农业搞上去的这个社会目标基本实现了。为什么会发生这一根本性的变化呢?原因是采用生产责任制后,有激励使得农民的个人利益(发家致富、有饭吃)和社会目标(把农业搞上去)一致。另外一个例子是:在美国,上至总统,下至平民,他们都有为人民服务或为社会服务的觉悟或思想吗?并非如此。而是美国有一整套法律和制度(机制)使得那些即使最自私的人在追求个人利益时,也不得不为社会或他人服务。企业为了赚钱,有激励减少成本,引进新技术,讲究产品质量及经济效益;服务行业为了赚钱,有激励想尽办法方便顾客,对顾客服务至上;政府为了缓和贫富阶层的矛盾,不得不制定一系列经济福利法。总之,在美国有激励使得个人利益(为了赚钱、生活得更美好)与社会目标(国家富强、安定、经济效益高)一致。当然我们并不是说中国制定政策时,一定要完全学美国,而是应该根据中国的国情制定一个机制使得大多数人无论是在主观上,还是在客观上,有意识或是无意识地为社会或他人服务,尽管有些人主观上是为了个人利益。这就是机制设计者的任务。衡量中国经济和政治改革成功与否的一个重要标准就看是否调动了大多数人的工作积极性。

在讨论经济机制之前,我们需要一个统一的模型来研究什么是经济机制。这个模型最好能够包括市场经济机制和计划经济机制,因为仅仅把一个个机制(例如市场机制和计划机制)分别加以考虑是不够的。这个模型由四部分组成。它们是:(1)经济环境;(2)配置机制(包括信息空间和配置规则);

(3) 自利行为描述（行为型式结构的描述）；(4) 想要达到的社会目标。下面将简要地讨论组成这个模型的四部分。

首先我们要引入一些记号和符号。假定在一个经济社会中，有 N 个经济单位。这个单位可以是生产者或企业，也可以是消费者，例如一个家庭、政府的某一个局或机构。作为一个生产单位，企业有一个生产可能性集合（技术条件约束），而作为一个消费者，他有一个消费偏好（即对任何两个消费商品组合，他能比较哪一组商品对他更有利）。假定每个单位 $i=1, 2, \cdots, N$ 的特征是由他（它）的生产可能性集合 Y_i，效用偏好 R_i，及初始资源 W_i（物质条件）等组成的，记为 $e_i = (R_i, W_i, Y_i)$。一个经济社会就是由所有经济单位的特征组成的：记为 $e = (e_1, e_2, \cdots, e_N)$，它也被称为经济环境或简单地称为经济。经济环境的集合记为 E，这样 $e \in E$。假定在经济社会 e 中，只有自己知道自己的特征，别人不知道。从分散化角度来讲，一个经济机制就是如何把信息从一个单位传递到另外一个单位。信息是由经济环境决定的。每个成员的信息空间（Message Space）记为 M_i，每个成员可以传递他信息空间中的任何一个元素（信息向量）给经济社会中的其他成员（包括主代理者）。这个信息空间的元素可以是他自己对某种商品的需求或供给，或是报出自己对商品的偏好关系或效用函数，或是对产品成本的描述，等等。整个经济社会的信息空间（记为 M）是由这个社会所有成员的信息空间组成的。

另外我们令 Z 表示资源的配置空间。它表示了资源配置的一种形式，例如它表示所有投入产出组合及消费品组合的集合，从 $z \in Z$（z 是属于资源配置空间 Z 中的一个元素）能知道每一经济单位是如何进行投入产出及如何消费的。要想把信息的传递过程转化为物质资源的配置过程，就要有一个配置规则，即有一个对应函数，我们把这个函数称为结果函数，记为 h。它是从信息空间 M 到资源配置空间 Z 的一个映射 $h: M \to Z$。即对于信息空间 M 中的每一个元素 $m \in M$，对应着一个配置结果（规则）$z \in Z$，用函数的形式写出，就是 $z = h(m)$。经济激励机制是由两个分量组成的：一个分量是信息空间 M；另一个分量是配置规则（即结果函数）h。这样的一个机制记为 $\pi = (M, h)$。

我们已经描述这个模型的两部分：经济环境和经济机制。这个模型的第三部分是人的自利行为的描述，即对行为型式结构的描述，记为 b，它是从经济环境空间 E 到信息空间 M 的一个映射 $b: E \to M$，（即人按其自利的动机，根据自己的经济特征 e_i 构成他准备向其他成员传递的信息 m_i。——编者注）即对 E 中的每个元素 e，每个人的行为是按照规律 $b(e)$ 行事，这样 $m^* = b(e) \in M$。行为 b 可能依赖于结果规则 h，即对不同的分配规则有不同的利己行为。在文献中，人的利己行为 b 可能是占优策略（Dominant Strategy），即每个人所做的决定不受他人影响，而且每个人做出的决定对自己都是最有利的。如果每个人都使用这种占优策略，最后达到的均衡称为占优均衡（Dominant Eguilibrium）。人的利己行为也可以是纳什（Nash）策略，即把别人的策略视为给定，选择对自己最有利的策略。另外，还有许多种策略来表达人的个人行为。

这个模型最后一部分，是社会目标对应 F，从现在起，我们假定它是配置空间 Z 的一个子集合，$F \subseteq Z$，即想要达到的社会目标是某种资源配置的方案。这个目标是已知的、想要达到的。在文献中，F 一般是：帕累托有效配置；个人理性配置；经济核（Economic Core）配置[①]；瓦尔拉斯配置[②]；林

[①] 经济核配置概念是指：在一个资源配置方案中，在经济社会中不存在某些成员组成的小集团的情况下，人们只利用他们自己的初始资源进行重新配置，使得他们之中至少某个人或某些人的境况得到改善，而其他人都不比以前差，那么原有的配置就称为经济核配置。经济核配置也是一个政治性概念：如果有一组人，能够利用他们自己的初始资源进行重新配置而过更好的生活，但由于社会制度不允许这样做，那么他们就有可能反对原有的那个经济社会制度，这就可能对原有的社会制度造成一种威胁。如果这个社会其他成员采用强制性的方法不让他们退出这个社会，或这个社会也不作一定的改革，那么他们就可能采用暴力革命。如果这个社会是经济核配置的话，就不存在着这种潜在的暴力革命可能性。在一般均衡理论中，人们已经证明：市场竞争机制产生的配置是经济核配置。

[②] 瓦尔拉斯配置和通过完全竞争的市场所产生的一般均衡配置相同，尽管这个配置也许完全不是通过（竞争）市场而产生的。瓦尔拉斯配置和瓦尔拉斯机制是两个不同的概念，要注意区分，后者是指竞争的市场机制。

达尔配置[1]等。这个模型的第一部分和最后一部分来自一般均衡理论,因此经济学家是比较熟悉它的;这个模型的第二部分和第三部分来自对策论,因此对策论家是比较熟悉它的。对激励问题需要把这所有的分量结合在一起进行考虑。

在人的自利行为是由 $m^* = b(e)$ 决定时,是什么意味着"激励相容"呢?换句话说,个人的目标和社会的目标一致意味着什么呢?它意味着由配置规则 h 决定的配置 $h(m^*) = h[b(e)]$ 属于社会目标 F [即 $h(b(e)) \in F \subseteq Z$],并且对 E 中所有的元素 e 都是如此。用经济机制中术语说,机制 $\pi = (M, h)$ 执行了社会目标 F。也就是说,在资源配置规则 h 下,每个人在自利行为 b 下追求个人目标时达到了社会目标。[由于社会内每个成员的活动是根据他所得到的信息决定的,成员们活动的结果是决定各种资源的去向或配置,所以有 $z = h(m)$。如果每人都按自利的规则行动,最后造成的资源配置正好满足某个社会目标 F,则称"激励相容"。——编者注]

这样给定经济环境 e、配置规则 h 及所假设的自利行为准则 b,所导致的资源配置结果是配置规则 h 和自利行为准则 b 的复合函数,记为 $P_\pi: E \to Z$,并称它为表现函数。这样我们说激励机制 $\pi = (M, h)$ 执行了社会目标 F 就意味着:对任何的 $e \in E$,$z = P_\pi(e) = h[b(e)] \in F \subseteq Z$。(即对任一经济环境,在个人自利动机下都能使社会资源的利用达到某一预定目标。——编者注)这样一个执行社会目标 F 的过程可用图来表示(见图1)。

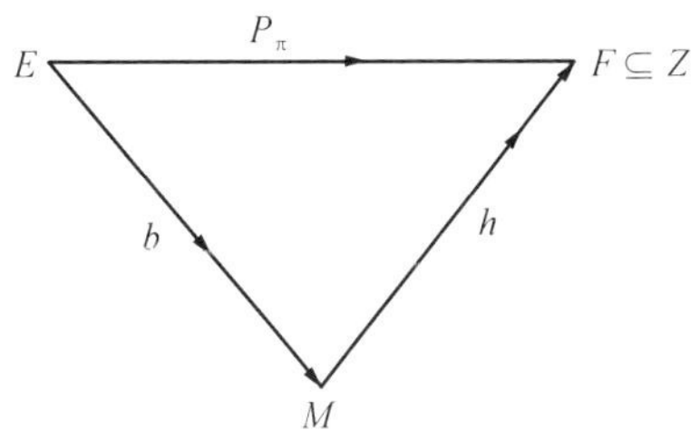

图 1

---

[1] 林达尔配置是指:在含有共用商品的经济社会中,如果每个人在指定给他的共用商品的价格(每个人的共用商品的价格也许是不一样的)及在私人商品价格下所导致总需求不超出总供给,这样的配置称为林达尔配置。

以前大多数经济学家的研究方法是沿着线段 $E \to M \to Z$ 进行的，然后通过一些数学的办法把机制作为已知（例如把市场机制作为给定），而把 P_π 作为未知（例如市场机制是否导致了资源的最优配置）。然而，对经济机制的设计者来说，他们提出来的问题往往是相反的，他们把表现函数 P_π 作为已知（即他们知道那个社会目标是好的、想要达到的），想找到什么样的经济机制能达到既定的社会目标。如果这样的机制存在的话，是否能找到一个信息最优的机制。例如经济机制设计者想要达到给定比例的社会福利和经济效益目标，是否存在着混合的市场计划经济机制来执行这个社会目标呢？如存在的话，设计者也许想要找出计划经济机制和市场经济机制最优混合经济机制。当然并不是所有表现函数 P_π 都行得通（即并不是所有的社会目标是可达到的）。经济机制理论的目标之一就是研究什么样的社会目标能达到，什么样的社会目标是不能达到的。通过对这一问题的研究，可以帮助解决经济理论中一些具有争论性的问题。

总结以上讨论，机制设计意味着：当社会目标 F、经济环境集合 E 及自利行为准则 b 给定后，机制设计者的任务就是要找到一个机制（即决定信息空间 M 和资源配置规则 h）使得它实现了给定的社会目标。如果这样的机制不存在，设计者就需要修改过高的社会目标（例如中共中央在十一届三中全会上修改了"大跃进"时提出的过高计划和目标）。从机制设计的要求看，即使每个人按自利行为准则行事，也应找出这样的机制使得它有激励让每个人的利己行为自动地与社会的目标一致。

三、激励理论中一些可能性结果和不可能性结果

本部分只打算给出经济机制激励理论中一些比较重要的结果，而不做出严格的叙述。如有读者感兴趣，建议参看格罗维斯（Groves）和莱迪亚德

(Ledyard，1985）合写的一篇关于激励理论产生 12 年的综述文章，也可以参考其他一些综述文章，如赫维茨（Hurwicz，1986）、波斯尔韦特（Postlewaite，1983）等人的文章。

世界上大致有两类商品：私人商品和共用商品。私人商品的特征是：它们在使用上是互相排斥的。一个人使用了它，另一个人就不能再使用它了。例如，有一个苹果，我吃了你就吃不到了。共用商品的特征是：一个人或一个经济单位对一单位这种商品的使用不降低另外一个人或另外一个经济单位对同一单位的这种商品使用的可能性。这个特征在使用上是一种非对抗性的关系，大家不需要通过互相竞争去使用这种商品。国防、电视台和广播电台都是共用商品的例子：国防保护了一个人同时也保护了其他人；一个人在自己家里收听广播不影响别人在其他地方收听。普通的市场可以很好地处理私人商品，但不能很好地处理共用商品。例如在处理国防开支这个问题时，就不能要求每一个人自愿购买国防支出的费用。因为在这种情况下，有些人可能愿为国防支出付钱，而有些人却不愿意，但后一部分人仍然可以同样地从国防建设中得到好处，长此以往就没有人对国防支出付钱感兴趣了。这与私人商品很不一样，你花钱为你自己买日常用品不会使别人得到利益。英文中有一个专有术语"免费搭车"用来描述那些想从别人对共用商品的贡献中得到好处的做法。"免费搭车"在中国是比较严重的。像中国的"大锅饭""铁饭碗"就属于这种现象：许多人不努力工作，但照样可以得到与那些努力工作的人一样的待遇。长此以往，每个人都怕别人分享自己的劳动成果或想分享别人的劳动成果，结果就没有人会再努力工作了。对国家（公有）财产，许多人也不会去爱护；私人的自行车用了许多年还很新，而公家的自行车用了不到一年就可能很旧或者不能用了。

除此以外，共用商品和私人商品还有什么其他的差别呢？在机制理论产生以前，一谈到共用商品和私人商品，大多数经济学家以为对于只有私人商品的经济社会，帕累托最优配置与个人的自利行为是一致的。认为在竞争市场中，价格是作为参数给定的（即每个人的购买量不会影响价格的高低），每个人没有必要不告诉自己的真正偏好,即没有必要讲假话;而对于具有共用商品的经济社会,帕累托最优配置与个人的自利行为不一致,因为每个人有激励想"免费搭车",想从别人对共用商品的贡献中得到好处,因而不愿报告自己对共用商品的真实偏好,即都宣称共用商品对他不重要以减少对共用商品的生产做出贡献。然而,赫维茨在1972年给出了著名的"激励相容"不可能性定理。他证明了:即使对只有私人商品的经济社会,只要这个经济社会中的成员的个数是有限的,就不可能存在任何经济机制(包括市场机制),它能导致帕累托最优配置并且使每个人有激励真实地告诉他自己的偏好。由于人们证明了激励相容配置与占优策略均衡配置是等价的,所以这个不可能性定理告诉我们:即使对于只有私人商品的经济环境,不可能存在任何经济机制(无论是市场机制,还是计划经济机制),当人们的行为按占优势策略决策时,它能执行帕累托最优配置。然而,当经济社会中的成员的数目与实数轴上的点一样多时(无穷不可数多个点),"激励相容"是可能的。不过这与现实相差太远。当我们要设计某种经济机制时,首先必须牢记这个定理。如果想要某个机制能产生帕累托最优配置,我们必须放弃占优均衡假设,即放弃每个人都说真话的假定。对于具有共用商品的经济社会,不管这个经济社会的人员的数目是多少,我们能够得到以上类似的不可能定理,即"激励相容"不可能性结果。从这一点说,这两种经济环境(即具有共用商品的经济环境与不具有共用商品的经济环境)没有差别。

现在假定人们的自利行为是按纳什均衡原则行事,激励相容也并不是不可能的。即使每个人都从个人的利益出发,只要我们用一定的规则去引导,也能够执行帕累托最优配置或其他社会目标。格罗维斯和莱迪亚德(1977)给出了第一个这样的经济激励机制。在纳什均衡的原则下,对具有共用商品的经济社会,他们的机制产生了帕累托最优配置。于是他们认为他们自己解决了"免费搭车"的问题。但经济学往往是复杂的:有的人认为他们的确解决了"免费搭车"问题,而另外一些人则不以为然。理由有两点:一是这个机制不能保证导致的配置是个人理性配置,即通过机制分配的结果对某些人来说比他们以前持有的初始资源的效用还要低，从而就有人可能不愿意参与这个机制进行资源再配置，因为参加后反而损害了自己的利益；二是对于非均衡策略，有可能导致个人不可行（Individual Infeasible）的配置，即通过机制配置的资源不属于个人的消费集里面。于是人们也许会问：能否设计这样的机制——它能产生帕累托最优配置，而这个配置又是个人理性的配置？我们知道林达尔配置既是帕累托最优也是个人理性的。赫维茨（1979）曾给出了一个机制，它执行了林达尔配置，因此这个机制产生了帕累托最优和个人理性配置。然而，有些人对赫维茨的机制仍不太满意，因为他的机制不能保证个人可行性条件，并且还利用了一个较大维数的信息空间。赫维茨在另外一篇文章里给出了一个保证个人可行性条件的配置机制。这个机制产生了帕累托有效配置。然而，它不是连续的，即即使微小的信息传递误差也许会导致较大差异的资源配置，这在实际应用中就会出现精确性问题；另外，它也不是平衡的，即通过机制配置的资源超过了社会的总资源。那么人们是否能够设计一个既是个人可行又是平衡的机制呢？赫维茨等人证明一个机制如果产生了个人可行同时又是平衡的机制，则信息空间必受初始资源的影响。同时他们还给出了一个个人既可行又平衡，同时又执行了林达尔配置的机制。然而他们的机制却不是连续的，并且利用了较大维数的信息空间。以上所提到的机制总有这样或那样的一些缺点令人不太满意。于是人们也许会问：是否存在着一个机制，它可产生帕累托有效、个人理性的配置，并且是连续的、个人可行的、平衡的，而且利用了最小维数的信息空间呢？本文作者在博士论文中回答了这个问题。作者对具有共用商品的经济环境类，在纳什行为下，证明并给出了这样的机制——它具有以上提到的所有性质。对于私人商品的经济环境类，本文作者也给出了类似的机制，它执行了瓦尔拉斯配置。如前所述，林达尔配置和瓦尔拉斯配置都是帕累托有效和个人理性的配置。以上提到的机制都是通过执行林达尔配置或瓦尔拉斯配置来达到帕累托最优和个人理性配置的。那么是否还存在其他社会选择对应使得这个集合中的每一个配置既是帕累托有效又是个人理性的配置呢？赫维茨（1979）证明：如果任何一个机制执行了帕累托有效和个人理性配置，则这个社会选择对应必定包含了所有瓦尔拉斯配置（对于只有私人商品的经济环境类）或林达尔配置（对于包含共用商品的经济环境类）。反之，如果帕累托有效和个人理性的配置的每个分量都严格大于零，并且能被某个机制执行，那么这个配置就是瓦尔拉斯配置（对只有私人商品经济环境类）或林达尔配置（对包含了共用商品的经济环境类）。这个定理说明：对于私人商品的经济环境类，通过任何经济激励机制所产生的帕累托有效和个人理性配置都可以和通过竞争市场机制所实现的配置一样。这个结果对于修补市场的局限性有很大的帮助。例如对于只有几个买者和卖者的市场，我们有充分的理由相信市场不是完全竞争的（即有的买者或卖者的需求或供给对市场的价格有影响，从而他们不是把价格作为参数给定的）。这样市场所导致的配置一般不是帕累托有效的。然而人们可以利用另外的经济机制，它的纳什均衡配置是与假定下的完全竞争市场机制所导致的配置一样，从而由福利经济学第一定理得知它导致的配置是帕累托有效的。

四、经济机制中的信息问题

以上我们介绍了机制理论中激励问题的一些可能性及不可能性结果。下面我们将简要介绍经济机制信息理论。在这里，我们只注意经济机制中的信息方面，而不考虑激励方面，或谁有权力、掌握什么信息等问题，[①] 也就是不考虑

---

① 直到最近，在经济机制理论中，都是把激励问题和信息问题分开来考虑的。激励理论只考虑在给定的自利行为准则下，一个表现函数或社会目标能被执行的条件，而不考虑运转机制的信息（成本）问题。信息理论只考虑实现一个社会目标所需要的信息量（即信息空间的维数）的问题，而忽略了机制的激励问题。最近，赖克尔斯坦（Reichelstein）和赖特（Reiter）（1988）把这两方面的问题放在一起进行考虑。他们证明了：在激励的条件下，执行一个社会目标所需要的信息量至少与不考虑激励问题而实现同一社会目标的信息量一样多。

人的自利行为是否和社会目标一致。

假定每个经济单位（$i=1,2\cdots,n$）的经济特征是 $e_i=(R_i,W_i,Y_i)$；每个单位只知道本单位的特征，而不知道其他单位的特征。从分散化的角度讲，所谓经济机制就是把信息从一个经济单位传递到另一个经济单位。从物质形态讲，信息的传播形式可以是一封信、一个电话、一个图像等；从数学的角度讲，传递的内容可以是一组数、一个向量或一个矩阵。在这里，涉及经济机制方面的一个重要问题就是简化传递过程中的复杂性，或使一个机制能运行但花费较少的信息。在实际中，交流或信息传递的内容通常是向量。于是从一个机制的信息空间 M 的维数的大小可以评价这个机制的好坏。当考虑实际机制时，我们也许会发现，有些经济机制需要传递非常多的指标，而有些经济机制只需传递很少的指标（即信息空间的维数很小）。从信息的观点来看，对于某个想要实现的社会目标[①]，人们总想找到一个既能实现某个给定的社会目标又具有尽可能小的信息空间的机制。例如，帕累托有效是被大多数人所能接受的一个社会目标，从前面已知，竞争的市场机制所导致的配置（即瓦尔拉斯配置）是帕累托有效配置。人们也许会问：是否还存在着其他机制（例如计划经济机制）在信息方面比竞争市场机制更有效（即比竞争市场机制利用了更少的信息）而实现了帕累托最优配置？赫维茨等人证明：没有什么经济机制，它有比竞争市场机制低的信息

---

① 当人们只考虑机制的信息问题而不考虑机制的激励问题时，在上一节给出的模型要经过适当的修改。首先，自利行为准则 b 不在模型里面了，但我们需要引进响应（Response）函数的概念：每一经济单位在不同时刻传递的信息也许是不一样的，下一时刻的信息也许依赖前一时刻的信息，同时还依赖于经济环境 e，这样，F 时刻的信息 m_{t+1} 可用向量函数表示为：

$$m_{t+1}=f(m_t,e)$$

当信息不随时间变化时，即 m 是响应函数的静态（不动）点时：$m=f(m,e)$，我们称 m 是均衡点。如果对于任意 $e\in E$，我们有 $h(m)\in F$，于是就称机制 $\in(M,h,f)$ 实现了社会选择对应。注意我们不用"执行"这一词而用"实现"来表示信息机制所达到的社会目标问题。

空间的维数[1],并且产生了帕累托有效配置。乔丹（Jordan,1982）已证明竞争市场机制是唯一地利用了最少信息并且产生了帕累托有效配置的机制。于是,我们得到了一个非常吃惊的推论:无论是计划经济机制,还是混合的有计划的商品经济机制,它所实现的帕累托有效配置所需要的信息一定会比市场机制所需要的多,从而这些机制不是信息有效的,即需要花费更多的成本（或代价）来实现资源的最优配置。

这个结果部分地回答了早期社会主义大论战所争论的信息问题。这个推论实际上是比较直观的。对于市场机制来说,人们只需要考虑两个向量:一个是价格向量,另一个是资源配置向量（商品供给和需求所组成的向量）。另一方面,当人们考虑中央计划经济机制时,要考虑下面的企业向上面（中央）汇报,传递信息,其中包括生产函数（它反映了企业的技术条件和生产能力）。即使假定生产函数都可由多项式函数来表示,就对这个函数的方次没有限制。这样,当一个企业向中央计划部门传递关于多项式生产函数的信息时,多项式函数可有任意高的次数,从而信息空间的维数可变得任意大。中央计划部分同时还可能需要消费者需求的情况。这样计划机制的信息空间的维数可能会变得非常大。

当然,对一个具有较小维数的经济机制,它的配置规则也许可能会变得非常复杂。这样运转这个机制总的代价也许比运转某个具有较大维数的机制的总代价还要大。不管怎样,对机制的最小维数信息空间的研究能够使我们知道运转一个机制到底至少需要多大的信息,这是对经济机制研究的第一步。当然,对探索机制的其他方面（例如机制的复杂性）也是重要的。现有的主要结果都是关于信息空间维数方面的。根据一个机制所用的信息量来评价一个机制,人们总会认为一个机制所用的信息量越少越好。信息量所用的多少是由信息空间的维数来测定

---

[1] 实现瓦尔拉斯配置所需要的信息空间的最低维数是 $(L-1)N$,这里 L 表示经济环境中私人商品的个数。而实现林达尔配置所需要的信息空间的最低维数是 $(L+K-1)N$,这里 K 表示共用商品的个数。

的。然而，信息量的大小不能总用空间的维数来测定或进行比较（例如无穷维的信息空间）。即使能比较空间的维数，人们也想知道空间的连续性或平滑性。这些性质不但依赖于空间的维数，也依赖拓扑空间的选择。由于定义信息空间的拓扑空间需要涉及很高深的数学，我们故不打算在这里深谈了。下面我想简要地谈一谈非古典的经济环境类下的信息空间的维数问题。

对于古典的经济环境类，赫维茨等人证明存在着某个机制（例如竞争的市场机制），它具有有限维的信息空间并且产生了帕累托有效的配置。对于非古典的经济环境类（例如非凸的生产集合），我们知道市场机制一般并不能产生帕累托有效配置。如想要得到帕累托有效配置，需要设计并利用其他机制。于是人们也许会问：对于所有非古典经济环境类，是否存在一个经济机制，它产生了帕累托有效配置并且具有有限维数的信息空间？答案是否定的。这个结果的一个直接推论是：对于包括了大规模生产关系（或报酬递增的生产技术）的经济环境类，不可能存在一个产生了帕累托有效配置并且具有有限维的信息空间的机制。当然，如果人们仅仅对报酬递增的经济环境讲，有可能存在一个产生了帕累托有效配置，并且具有有限维信息空间的机制（例如按边际成本定价的机制）。

还有许多有趣的结果我不打算在这里一一介绍了。我写这篇介绍性文章的主要目的是让大家知道经济机制理论这一正在迅速成长的新领域在讨论些什么问题。尽管设计出一个符合中国实际的经济机制是很难的，我们只是从哲学概念上、方法论上及可行性的角度对这一问题进行思考。它可以帮助我们非常清楚地理解现有的一些经济理论问题的争论，例如关于市场经济机制和计划经济机制之间的争论。它也许能启发我们如何思考中国改革中所遇到的问题。我相信它对指导中国的改革会有一定的帮助。

（1989年9月）

参考文献

[1] Arrow, K. J.. An Extension of the Basic Theorems of Welfare Economics [J]. *Proc. 2nd Berkeley Symp.*, University of California Press, 1951, 507~532.

[2] Arrrow, K. J. and Hahn, F. H.. *General Competitive Analysis* [M]. San Francisco: Holden Day, 1971.

[3] Bergson, A.. A Reformulation of Certain Aspects of Welfare Economics [J]. *QJE*, 1938, 52: 310~334.

[4] Debreu, G.. *Theory of Value* [M]. Wiley, New York, 1959.

[5] Groves, T. and Ledyard, J.. Optimal Allocation of Public Goods: A Solution to the 'Free Rider' Problem [J]. *Econometrica*, 1977, 45 (4): 783~811.

[6] Groves, T. and Ledyard, J.. Incentive Compatibility Ten Years Later [D]. Discussion Paper, Northwestern University 1985, 648.

[7] Hayek, F. A. von. The Present State of the Debate [M].//F. A. von Hayek, ed.. *Collectivist Economic Planning*. London, 1935, 201~243.

[8] Hayek, F. A. von. The Use of Knowledge in Society [J]. *American Economic Review*, 1945, 35, 519~530.

[9] Hurwicz, L.. On the Problem of Integrability of Demand Functions [M].//J. S. Chipman, L. Hurwicz, M. Richter, and H. Donnenschein. *Preferences, Utility, and Demand*. Harcourt Brace Jovanovich, Inc., 1971.

[10] Hurwicz, L.. Informationally Decentralized Systems [M].//Radner, R. and C. B. McGuire. *Decision and Organization* (Volume in Honor of J. Marschak). North-Holland, 1972, 297~336.

[11] Hurwicz, L.. Outcome Function Yielding Walrasian and Lindahl Allocations at Nash Equilibrium Point [J]. *Review of Economic Studies*. 1979, Vol. XLVL (2): 397~419.

[12] Hurwicz, L.. On Allocations Attainable Through Nash Equilibria [J]. *Journal of Economic Theory*. 1979, Vol. 21, No.1: 140~165.

[13] Hurwicz, L.. Balanced Outcome Functions Yielding Walrasian and Lindahl Allocations at Nash Equilibrium Points for Two or More Agents [M].//Jerry R. Greenand Jose A. Scheinkman (ed.). *General Equilibrium, Growth, and Trade*. New York: Academic Press, 1979.

[14] Hurwicz, L.. Incentive Aspects of Decentralization [M].//Arrow, K.J.and Intriligator, M. D.. *Handbook of Mathematical Economics*. Vol. III, ed. North-Holland, 1986.

[15] Hurwicz, L. and H. Uzawa. On the Integrability of Demand Functions [M].//J. S. Chipman, L. Hurwicz, M. Richter, and H. Donnenschein. *Preferences, Utility, and Demand*. Harcourt Brace Jovanovich, Inc. , 1971.

[16] Hurwicz, L. , Maskin, E. and Postlewaite, A.. Feasible Implementation of Social Choice Correspondences by Nash Equilibria [D]. mimeo, 1984.

[17] Jordan, J. S.. The Competitive Allocation Process in Informationally Efficient Uniquely [J]. *Journal of Economic Theory*. 1982, 28: 1~18.

[18] Lange, O.. *On the Economic Theory of Sccialism* [M]. Philadelphia: Lippincott, 1938.

[19] Lange, O.. The Foundations of Welfare Economics [J]. *Econometrica*, 1942, 10: 215~228.
[20] Lange, O. and F. M. Taylor. *On the Economic Theory of Socialism* [M]. New York: B. E. Lippincott, 1938.
[21] Lerner, A. P.. *Economics of Control* [M]. New York, 1944.
[22] Postlewaite, A.. Implementation in Nash Equilibria in Economic Environments [M]. //L. Hurwicz, D. Schmeidler, and H. Sonnenschein. *Social Goal and Social Organization Essays in Memory of Elisha Pazner*. Cambridge University Press, 1985.
[23] Reichelstein, S. and S. Reiter. Games Forms with Minimal Message spaces [J]. *Econometrica*, 1988, 56 (3): 661~692.
[24] Thomson, W. Comments on L. Hurwicz: On Allocations Attainable through Nash-Equilibria [M]. //J. Laffont. *Aggregation and Revelation of Presences*. North-Holland, New York, 1979.
[25] Tian, G.. *Nash-Implementation of Social Choice Correspondences by Completely Feasible Continuous Outcome Functions* [M]. Ph. D. Dissertation, University of Minnesota, 1987.
[26] Tian, G.. On the Constrained Walrasian and Lindahl Correspondences [J]. *Economics Letters*, 1988, 27.
[27] Tian, G.. Completely feasible and continuous Nash-Imp lementation of Lindahl Correspondence with A Message space of Minimal Dimension [J]. *Journal of Economic Theory*. Forthw ming, 1989.
[28] 田国强. 经济机制设计理论——一个正在成长的新学科 [J]. 经济论坛（原名《会员通讯》），1986，1 (3).
[29] 田国强. 经济机制设计理论——兼论中国经济改革 [J]. 知识分子，1987，3 (2).
[30] 张五常. 卖桔者言 [M]. 中国香港：信报有限公司，1984.
[31] 端正党风要靠改革和制度建设 [N]. 人民日报（海外版），1987-12-24.
[32] 党内确有不正之风要重视，社会上不少传闻须加分析 [N]. 人民日报（海外版），1987-12-24.

97

内生产权所有制理论与经济体制的平稳转型*

提要：中国最近十几年的经济高速发展，对传统经济理论提出了挑战，即现有的经济理论工具不能用来研究和指导制度转型中的经济问题。那么，是否存在一个更一般的经济理论框架，可用来研究在非规范经济环境下的企业产权所有制安排的选择问题，并能用来探讨制度转型的策略和方式问题呢？本文通过对传统理论的局限做出分析，给出了一个肯定的答案，并构建了理论模型框架，概括了非规范经济环境中的一些本质特征。在这个理论框架中，所有制的安排是内生的，经济自主化及市场体系完善的不同程度将决定所有制最优安排的不同选择。最优产权安排是通过对不同所有制的社会福利效益的比较来决定的。这样，新的产权理论推广和改进了传统的产权理论，可以用来讨论非规范经济，特别是转型经济中出现的一些问题及改革的方式与策略，新的理论结果表明：在经济体制转型的早期阶段，首先应改善经济环境。但企业的产权所有制随着经济环境的改善必然会随后发生变化。这一理论框架同时还从一种新的角度解释为什么集体所

---

* 本文载于《经济研究》，1996年第11期。

有制企业，特别是乡镇企业能够如此迅速地蓬勃发展。

转型经济学是当前经济学界的热门领域之一。然而这一领域至今还没有一个恰当的理论框架。转型经济中的企业产权结构还远未研究清楚。它所借用的理论工具主要依赖于新古典经济理论、传统的产权理论及当代微观经济学理论（例如现代企业理论、信息经济学理论、激励机制设计理论等）。这些理论主要是把现代西方经济制度作为对象进行研究，它相信界定清楚的私有产权制度安排是最优的经济制度安排。正是基于这个结论，迅速地私有化被认为是计划经济向市场制度转型的首要步骤。

然而，中国最近十几年的经济高速发展而至今仍没有进行大规模私有化的经济改革和东欧、俄罗斯采用迅速私有化改革后所导致的经济的负增长使得人们对这个结论的普遍性和适应范围感到怀疑。从1979年到1995年，中国经济保持9.5%以上的年平均增长率，位居世界前列。在此期间，非国有经济部分作为中国经济增长的主要动力，年平均增长率超过20%，在国民生产总值中占60%以上。在非国有经济成分中，尽管许多集体企业没有明确界定的产权，[①]但其经济效率接近产权明确的民有产权（Svejnar，1990；Pit t-Putterman，1992）。这种渐进的改革方式及与之伴随的经济高速增长使许多经济学家感到困惑，即为什么中国能在那些被认为是经济增长必不可少的条件并不存在的情况下，经济能持续高速增长（Blanchard-Fischer，1994，第4页）；另一方面，采用迅速私有化改革的大多数东欧国家和俄罗斯却问题重重，这些国家经历着持续的经济混乱和国民产值的严重下降。这样，产权模糊的中国非

---

① 参见笔者（1995）对此的讨论。注意，在产权理论文献中（例如 Demsetz，1967；Furubotn-Pejovich，1974），一个明确的产权包括下列三条：（1）有一个清楚界定的财产拥有权；（2）财产使用权和控制权；（3）对拥有的财产所带来的盈利支配权或亏损的承担权。如其中任一条件不满足，产权则被称为不明晰。不过，许多经济学家认为产权最重要的方面是它的使用权和控制权（参见 Grossman-Hart，1986；Hart-Moor，1990）。

国有企业的蓬勃发展与东欧和苏联采用迅速私有化之后却使得经济大幅度滑坡的强烈对比对传统经济理论提出了挑战。那么是否存在一个更一般的经济理论框架，在仍假定人是理性的条件下，可用来考虑经济自由化程度不高、市场体系不完善情形下的企业产权所有制安排选择问题，并能用来探讨制度转型的策略和方式问题呢？本文将给出一个肯定的答案。

一、传统理论的局限和本文要说明的问题

传统的经济学理论主要是为私有经济辩护的，其主要论断是认为私有产权安排是最佳的经济制度安排。但它的私有产权是最优的产权安排这一结论的成立是基于许多隐含前提条件，而这些条件是转型经济及其他非规范经济所不具备的。这些理论的一个普遍特征是假定经济制度（特别是产权所有制）是外生给定的。此外，所有这些理论模式都基于三个隐含基本假设：所考虑的经济社会具有充分的经济选择自由，采用分散化决策进行生产活动，具有一个完善的市场体系。[①] 然而，现实中的经济社会很少能与这些假设相吻合。尽管这些隐含假设条件较为接近现代西方经济制度，但这些假设条件对传统的计划经济、私有经济受到限制、政府大规模的干预经济活动、转型经济或经济自由受到严重限制的经济制度是非常不恰当和不现实的。由于人们的行为和制度的安排被假定是作为外生给定的，制度安排的最佳选择被排除在这些理论框架之外。这样，这些理论不能很好地用来解释经济自由化程度不高、市场体系不完善情形下的经济制度选择问题。而这些正是从计划经济向市场经济转型的过渡经济所具有的基本特征。因此，无论是传统的新古典经济理论还是产权理论都不能很

---

① 为方便起见，我们将满足这样条件的经济（制度）环境称为是"规范"的。

好地用来解释为什么至今还没有进行大规模私有化的中国渐进式改革方式比东欧、俄罗斯迅速私有化的激进改革方式要成功；以模糊产权为特征的乡镇企业为什么会在中国迅速发展，成为中国经济增长的主要因素。这也是为什么利用传统产权理论来进行迅速私有化的东欧、俄罗斯的改革至今还没有取得效果的主要原因。

既然现有的经济理论工具不能用来研究和指导制度转型中的经济问题，人们需要发展出一套新的经济理论框架，它可用来研究在非规范经济环境下的企业产权所有制安排的选择问题，并能用来探讨制度转型的策略和方式问题。本文的主要目的就是给出这样一个产权理论模型。在这个理论框架中，所有制的安排是内生的，经济自主化及市场体系完善的不同程度将决定所有制最优安排的不同选择。最优产权安排是通过对不同所有制的社会福利效益的比较来决定的。这样，新的产权理论推广和改进了传统的产权理论。此外，这个理论也为笔者曾提出的中国经济体制转型三阶段论（自主化、市场化、民有化）的合理性提供了一个严格的数学模型和理论基础（见田国强，1994）。

本文提出的模型概括了非规范经济环境中的一些本质特征。在模型中，除考虑通常的两种有形的投入资源——资本和劳动，还考虑了另外两种有用的非市场资源——管理能力和处理好政府关系能力。当存在大量行政干预、市场缺乏或远不完善的情况下，这两种资源对有效地进行生产将发挥实质性重要作用。与政府部门具有良好关系可使得一个企业得到更多受到政府部门掌握或控制的生产资料和资金。一般说来，民营企业家具有相对管理能力的优势，而由上级主管部门任命的管理人员（例如地方政府官员、国企经理）则具有处好政府部门关系的相对优势。[①] 在模型中，我们将用 ρ $(0 \leqslant \rho \leqslant 1)$ 这一参数来概

[①] 这种类似的想法可在经济学文献中找到。Reid（1977）首先利用这种思路来研究农业地租产权结构问题。他假定雇主一般具有管理方面的相对优势而佃农一般具有监督方面的相对优势。Eswaran-Kotwal（1985）更进一步将 Reid 的想法严格模型化了。

括市场完善、分散化决策及行政干预的程度。这个参数的引入刻画了这两种能力的相对重要性。ρ 接近于 0 表示经济环境是中央集权、经济管制、市场相当不完善。当 $\rho=0$ 时，经济系统退化成完全的指令性计划经济，所有生产活动由指令性计划来决定，此时管理能力不起作用。当 $\rho=1$，意味着市场体系完善，此时政府关系的能力已不再重要。模型中，我们考虑三种产权所有制安排形式：民有、国有、集体所有。① 民有制能发挥企业家的管理能力，国有制能发挥官方经理的政府关系能力，集体所有制（混合机制）有一种特殊性，即给企业家发挥管理能力的机会，同时又可以利用政府关系能力。本文想要回答的一个基本问题是：在既定的经济环境下，哪一种所有制安排从社会总收益的角度看是最优的。

我们将能证明：如果经济自由和市场体系完善的程度非常低下（即经济环境非常不规范），则国有企业将比民有和集体企业更有效，这样国有制将会是最佳的所有制安排形式；如果经济自由和市场体系完善的程度处于某种中间状态，则集体企业将比国有企业和民有企业有效；如果具有高度的经济自由和完善的市场体系，则民有企业将是最优的产权安排形式。我们还将能证明，当经济具有非规范性时，管理能力和政府关系能力的不同也将会影响企业产权的所有制安排。这三种所有制都可能是最优的，这将取决于民营企业家的政府关系能力和行政管理人员的管理能力的相对优势大小的比较。

新的产权理论可以用来讨论非规范经济，特别是转型经济中出现的一些问题及改革的方式与策略。例如，本文将回答是激进的还是渐进的民有化方式更适合指令性经济向市场经济的转型这一问题。我们将论证，在机制转型过程中，首先应该进行的是改善经济环境，即承认追求个人利益的现实，给人们更多的经济上的选择自由，尽量采取分散化决策方式，运用激励机制鼓励人们努

---

① 除去国有及集体所有之外的所有其他类型企业在本文中均称为民有企业。

力工作。笔者（1994）曾论证这是一个经济机制运行良好的四个基本条件。中国经济自主化（即所谓的松绑、放权）和市场化改革所带来的经济高速增长，以及俄罗斯和东欧国家迅速私有化之后的经济大幅度滑坡，也许验证了这些结论的可信性。

本文的理论结果也许可以用来解答最近中国大陆学术界有关国有企业改革方式的一场学术争论的是非（参见林毅夫、蔡窻、李周，1996；张维迎，1996）。在这场争论中，一方认为改革的重点应是改善企业的外部环境，另一方认为改革的重点应是改变企业的产权（剩余索取权和控制权制度）。我们的理论结果表明：在经济体制转型的早期阶段，首先应改善经济环境。但企业的产权所有制随着经济环境的改善必然会随后发生变化。

新的理论框架同时还从一种新的角度解释为什么集体所有制企业，特别是乡镇企业能够如此迅速的蓬勃发展。在经济学界，对乡镇企业的高效率已有四种不同的解释：一种从社会文化的角度，用传统的中国文化加以解释（参见Weitzman-Xu，1994）；第二种从行政结构的角度，基于中央和地方的关系和互相作用的角度进行解释（参见Chang-Wang，1995）；第三种是风险分担理论，讨论在灰色市场和模糊产权的经济环境中，集体所有制产权安排的合理性（参见Li，1995）；第四种是Che-Qian（1995）的解释，他们将乡镇企业的产权边界定义为乡镇社区而不是本企业。在本文中，我们将给出另外一种解释，它是基于在非规范经济环境下对某些非市场资源的利用，而政府行政官员或经济管理人员在这方面具有相对优势。

二、内生产权所有制理论模型框架

这里引入一个严格的数学理论模型，运用这个模型我们可以研究在给定经济制度环境条件下，不同产权制度类型（民有、集体、公有产权）的最优选择问题。为了描述模型和论证的方便，我们首先给出一些定义。

（一）一些相关的定义

制度通常被定义为一组行为规则的集合，这些规则与社会、政治、经济活动有关，支配和约束社会各阶层的行为（见 Schultz, 1968）。Davis-North (1971) 更进一步将制度划分成两个范畴：制度环境和制度安排。制度环境是一系列基本的经济、政治、社会及法律规则的集合，它是制定生产、交换以及分配规则的基础。在这些规则中，支配经济活动、产权和合约权利的基本法则和政策构成了经济（制度）环境。制度安排是支配经济单位之间可能合作和竞争的规则的集合。产权所有制安排是一种制度安排，它决定产权归个人、集体还是国家。与 Davis-North (1971) 的讨论方法一样，本文仅把经济环境作为一个外生变量，而着重考虑最优产权所有制安排问题。这样，尽管经济环境的变化可能发生，并且研究这种变化对经济体制的转型是重要的，但本文不打算对此进行讨论。

区分制度环境和制度安排这两个概念对理解本文以及转型经济研究中的一些争论是很重要的。有些经济学家把市场化和民有化这两个概念混淆起来。但根据以上划分，它们应属于两种不同的概念。市场化是将计划经济环境转变成市场经济环境的过程，因而是一种改变经济制度环境的过程。而民有化是将非民有所有制安排转变成民有制安排的过程，因而是一种改变产权制度的过程。了解到这两个概念的差别对理解本文的论证，理解为什么在经济环境改善之前不应进行大规模的民有化都是有帮助的。

（二）模型的描述

这里给出一个简单的模型，它概括了不完善市场、有限经济自由环境中的一些主要特征，并用来决定产权所有制的最佳选择问题。

在一个市场体系不完善、存在着大量行政干预、分散化决策程度不高的经济环境中，除了雇佣通常的有形生产要素（例如资金、劳动）以外，生产过程还需其他的资源。在本文中，我们主要考虑两种特殊资源：进行生产决策的管理能力及处理好政府行政部门关系的能力（简称为政府关系能力，即具有获得某种特殊优待政策的关系能力，例如优先获得政府拥有、控制的生产资料的能力，获得优惠政策的能力，以及解决与其他生产单位争端的能力）。

管理能力对有效地进行生产是非常重要的。当市场信息不完全、市场不完善时，寻求和采取正确的生产技术，选择和使用正确的生产投入对有效生产是重要的。好的生产决策基于正确的技术利用和市场信息的获得，成功的投入包括可获得的投入知识、价格和品质。

但当市场体系特别是生产资料市场缺乏或远未完善，经济自由、分散化决策的程度低下时，与政府部门保持良好关系的能力就显得尤其重要。这种非规范的经济环境奠定了行政部门干预生产的基础。许多生产活动将被政府控制。供给的瓶颈状态和短缺经常出现在生产资料市场上。在许多情况下，行政部门控制着短缺的生产资料。例如，在中国和东欧国家，银行仍属于国家，资金大多不能从资金市场上得到。许多生产原材料（例如钢铁、电力、交通运输）的供应、价格还没有全部放开。从生产资料市场上不能获得这些必要的生产资料，而需要得到行政部门的批准或得到购买配额才能获得所需资源。并且配额的数量往往不是固定的。如果一个企业有较强的政府关系能力，例如与控制资源的行政管理人员有较好的关系，它也许就能得到更多的物资。同时，管理和控制企业生产的许多规章、条例和政策也不是严格执行的。这些规章、条例和政策常常不是界定得很清楚。对政策的解释也可能是多样的。这样，行政管理人员在执行政策时拥有较大的自由度。制定和执行契约的能力对市场经济的正常运行是一个基本因素。但制定和执行契约是有代价的。在大多数情况下，契约不可能制定得非常详尽，就是因为制定和执行成本太高。在非规范经济的环境中这个问题更为突出。因为市场体系还不完善，法制系统还不健全，企业间的合同纠纷并不总能只通过法律的渠道得到很好的解决。此时，企业就需要与有关的行政机关具有良好的关系。由此可见,在非规范经济中特别在转型经济中,具有与政府管理机构良好关系是非常重要的。

这样,在非规范经济环境下,由于许多生产活动和交易的达成是人为的,获得某种稀有资源是需要关系的,政府关系能力对于成功的生产就显得非常重要。当然,市场完善、经济自由、分散化决策程度的不同,都会影响政府关系能力对有效生产的相对重要性。随着市场体系的完善,政府干预经济程度的减少,政府关系的作用将会下降。在模型中,我们将用 ρ ($0 \leqslant \rho \leqslant 1$) 来表示非规范经济环境的程度。这个变量可用来刻画政府关系在生产过程中的相对重要性。$\rho=0$ 意味着经济环境极端不规范(市场缺乏或极端不完善,没有经济自由,采用集中化决策)。这时,经济系统退化成指令性计划经济模式,生产活动完全由政府所控制,企业经营管理能力不再发挥作用。ρ 的上升表示经济环境的改善,管理能力的作用逐渐重要,政府关系能力的作用逐渐下降。当 $\rho=1$ 时,经济环境已经完善,此时政府关系能力成为生产过程中的不必要资源。[①]

以上解释了管理能力和政府关系能力在非规范经济环境下对有效生产的重要性。这样,我们假定在生产过程中需要投入四种资源:(1)资本,记为 K;(2)劳动,记为 L;(3)管理能力,记为 M;(4)政府关系能力,记为 R。于是生产函数可表达为:

$$q = F(R, M, L, K; \rho) \tag{1}$$

其中,我们假设 F 对于变量 R、M、L 是增和严格凸的,对前四个变量是一阶齐次的,可微并且满足:

[①] 为了集中本文的主要目的及保持一定的抽象水平,我们并不打算讨论如何确定 ρ 的大小问题。大致说来,ρ 应由政府干预的程度、要素市场、法规体系及其他市场系统的发达程度等综合指标来测定。

$$F(R, M, L, K; \rho) = \begin{cases} f(M, L, K) \text{ if } \rho = 1 \\ g(R, L, K) \text{ if } \rho = 0 \end{cases} \quad (2)$$

当 ρ 增加时，政府关系能力的相对重要性下降（即政府关系能力对管理能力的边际技术替代率下降）。这样，以上表达式包括新古典生产经济和计划经济生产技术作为特殊情况。注意，资金和劳动投入量较容易观测到，但一个人的管理能力和政府关系能力的水平却较难观测到。

我们假设管理能力和政府关系能力都是耗时过程，即在管理和政府关系上花的时间越多，生产决策和与政府部门的关系就越好。因此，我们把时间作为度量管理能力和政府关系能力的投入量。

在模型中，我们假设有两类经济主体。一个是民营企业家，或简称企业家，管理和经营民有企业。另一个是由有关政府部门任命的官方经理（国企经理或地方政府行政管理人员），管理和运行国有企业或参与运行集体企业。

因为民营企业家或自己拥有企业，或被企业的拥有者任命管理企业，一般说来，他的管理能力和努力工作的动力要比官方经理大。另一方面，官方经理因为与政府机构的联系，他们或直接控制着资源，或与政府机构有良好的关系，所以他更适于搞好政府关系的角色。因此，我们假设民营企业家有较强的管理能力，官方经理有较强的政府关系能力。我们用四个参数将这种相对优势特征化。用 λ_{me} 和 λ_{re}（λ_{mb} 和 λ_{rb}）分别表示民营企业家（官方经理）的有效管理能力和有效政府关系能力。如果民营企业家的管理能力的度量单位和官方经理的政府关系能力度量单位记为一小时，即 $\lambda_{me}=1$、$\lambda_{rb}=1$，则民营企业家投入政府关系的一小时时间其效果只等价于官方经理投入政府关系的一小时的部分时间，而官方经理投入管理的一小时时间其效果只等价于民营企业家投入管理一小时的部分时间，即 $0 \leqslant \lambda_{re} \leqslant 1$，$0 \leqslant \lambda_{mb} \leqslant 1$。

我们假设民营企业家和官方管理人员各有一个单位的时间用于生产和其他活动。民营企业家的机会收益是 u_e，官方管理人员的机会收益是 u_b。劳动力

投入的价格用 w 表示。假设有一定数量的初始资产，记为 $\bar{K}$，可通过三种不同形式的产权安排来进行生产。一种形式是 $\bar{K}$ 归个人或一组人。这是一种民有产权的安排形式。第二种选择是资产归国家所有。并由政府部门任命国企经理来运行，所获得的剩余利润由社会全体人员共享。这是一种国有制的安排形式；第三种选择是企业家和（或）地方政府拥有其资产，他们将共同经营和共享利润。这是一种集体产权安排形式。这种形式的经营方式可提供专业分工的优势，每个人承担其具有相对优势的角色。这种安排可以带来最大的生产投入效果，但企业家要与地方政府共享利润。一个基本的问题是：在非规范经济中，哪种产权安排形式效率最高？

（三）所有制安排

我们现在考虑产权所有制安排的最佳选择问题。由于生产函数被假定是一阶齐次函数，不失一般性，我们假定企业只用 $\bar{K}$ 单位的资本投入进行生产。在三种产权所有制安排下的最优选择问题分别表述如下。

1. 民有产权安排

在民有产权安排形式下，民营企业家利用 $\bar{K}$ 单位的资本，雇佣 L 单位的劳动力，并将他的一单位时间用于促进政府关系、管理企业以及其他活动方面，使得收益最大：

$$\prod\nolimits_p^e = \max_{R, M, L} \left[F(\lambda_{re}R, M, L, \bar{K}; \rho) - wL + (1-R-M)u_e \right] \quad (3)$$

其中 $R \geqslant 0$，$M \geqslant 0$，$R+M \leqslant 1$。$\lfloor F(\lambda_{re}R, M, L, \bar{K}; \rho) - wL \rfloor$ 是企业家从生产中得到的净收益（利润），$(1-R-M)u_e$ 是从事其他活动的收益。

官方行政人员的收入记为 $\prod\nolimits_p^b$，在民有产权下，他的收入等于他的机会收入，即 $\prod\nolimits_p^b = u_b$。这样，在民有产权安排形式下的社会总收益（社会总福利）是：

$$W_P = \prod\nolimits_p^e + \prod\nolimits_p^b = \prod\nolimits_p^e + u_b \qquad (4)$$

2. 国有产权安排

在国有产权安排形式下，国企经理将利用资金 $\overline{K}$，劳动力投入量 L，及将他的一单位时间考虑如何用在促进政府关系、管理企业以及其他活动之间来进行生产。由于这是国有企业，资产的净收益将由全体人民共享（由于本文只假设两种人，将由国企经理和企业家共享）。我们将国企经理的分享比例记为 δ。一般来说，国企经理有效管理水平依赖于 δ，较小的分享比例 δ 将给出较小的 λ_{re}，这意味着较小的分享比例对官方管理人员具有较小的激励去努力经营企业。这是由于他所创造的净收益（劳动成果）将和其他人一起分享。这也是为什么我们假定国企经理的有效管理参数 λ_{re} 的值比民营企业家低的主要原因。国企经理的贡献最大化的问题可表达为：

$$\prod\nolimits_s^b = \max_{R,\ M,\ L} \left[F(R,\ \lambda_{mb}M,\ L,\ \overline{K};\ \rho) - wL + (1-R-M)u_e \right] \quad (5)$$

其中 $R \geqslant 0$，$M \geqslant 0$，$R+M \leqslant 1$。$\left[F(\lambda_{re}R,\ M,\ L,\ \overline{K};\ \rho) - wL \right]$ 是国企经理对生产的贡献，$(1-R-M)u_b$ 是他从其他活动中的贡献。这样，国企经理的净贡献等于从 $\prod\nolimits_s^b$ 中减去他的机会收益，也就是 $\overline{K}$ 的净收益。于是，国企经理在国有产权安排下的期望收入为：

$$\prod\nolimits_s^b - \delta \left[\prod\nolimits_s - \mu_b \right] + u_b \qquad (6)$$

个体企业家的期望收入为：

$$\prod\nolimits_s^e = (1-\delta)\left[\prod\nolimits_s - \mu_b \right] + u_e \qquad (7)$$

这样，在国有产权安排形式下的社会总收益是：

$$W_s = \prod{}_s^b + \prod{}_s^e = \prod{}_s + u_e \tag{8}$$

3. 集体产权安排

在集体所有产权安排下，民营企业家和地方政府共同经营企业。为了发挥各自的相对优势，我们假设民营企业家提供管理资源，而地方政府官员提供政府关系资源，双方根据共同协商的比率共享利润。

我们首先定义一个条件利润函数 Ⅱ：对给定的 R 和 M，选择最优的劳动力投入，即由下式决定：

$$\prod(R, M; \rho) = \max_L [F(R, M, L, \bar{K}; \rho) - wL] \tag{9}$$

设 θ 是企业家的收益部分，$0 < \theta < 1$，企业家的条件净收益函数是：

$$\prod{}^e(R, M; \rho) = \theta \prod(R, M; \rho) \tag{10}$$

地方政府官员的条件净收益函数是：

$$\prod{}^b(R, M; \rho) = (1-\theta) \prod(R, M; \rho) \tag{11}$$

给定条件利润函数和官方管理人员的政府关系投入 R，企业家就会考虑如何在管理和其他活动之间分配他的时间使其收益最大：

$$\prod{}_c^e = \max_M [\theta \prod(R, M; \rho) + (1-M)u_e] \tag{12}$$

其中 $0 \leqslant M \leqslant 1$。同样，给定条件利润函数和企业家的管理能力投入 M，官方管理人员就会考虑如何在政府关系和其他活动之间分配时间使其收益最大：

$$\prod{}_c^b = \max_M [(1-\theta) \prod(R, M; \rho) + (1-R)u_e] \tag{13}$$

其中 $0 \leqslant R \leqslant 1$。这样，企业家和地方政府的收益最大化问题由方程（12）和（13）给出，并且构成满足纳什解的二人游戏。一个纳什解（R^*，M^*）应同时满足方程（12）和（13）。因为生产函数 F 是严格凸的，并

对 (R, M, L) 是连续的,所以由方程(10)和(11)给出的条件利润函数也是凸的(参见 Diewert,1973),并且对 (R, M) 是连续的。这样,由方程(12)和(13)给出的收益函数也是凸的并且对 (R, M) 是连续的。因为游戏的对策空间是 $[0,1]$,$[0,1]$ 对 (R, M) 连续,所以存在纳什均衡同时满足(12)和(13)(参见 Friedman,1977)。

这样,在集体产权安排形式下的社会总收益是:

$$W_e = \prod_c^e + \prod_c^b \tag{14}$$

在确定了三种产权安排下的社会总收益后,通过计算比较三种函数的最大值,我们可以确定最优的产权安排,即在 W_p、W_s、W_c 中选择最大的一个。

三、相关讨论及其政策含义

上述这个理论模型框架在两方面对传统的产权理论进行了改进:其一,新的产权理论扬弃了完全经济自由、分散化的决策方式,以及具有完善的市场体系这些在传统的经济理论中必不可少的假设条件。因此,本文发展和推广了传统的新古典经济理论、经典的产权理论和现代微观经济学包括非规范经济环境的情况。其二,本文所给出的理论框架并不是将产权外生给定的,而是作为对经济自由程度、市场不完善程度的一种有效对应。运用本文给出的模型容易证明,在经济自由程度低下、市场不完善的情况下,国有产权安排选择在三种产权所有制选择中是社会最优的,但当经济高度自由、市场接近完善的情况下,民有产权安排将占优国有和集体产权,成为一种最优的产权安排选择。当经济的自由程度、市场的不完善程度处于某种中间状态时,集体所有的产权安排形式将是最优的。

以上理论结果与中国的经济改革的实践相符合,并且能对如何从计划经济向市场经济转型给出一些启示。中国早期的经济改革和经济机制转型是进行所谓的"松绑、放权"的改革。也就是实行改善经济环境的改革,即进行经济自主化和市场化的改革,建立或改进经济运行良好的基本条件,例如提高经济自主化的程度,采取分散化决策方式进行生产,引入各种激励机制。这些举措导致了各种类型的企业,特别是乡镇集体企业的迅速发展。这些非国有产权、非民有产权的企业成为中国经济迅速增长的主要动力。本文所介绍的新的产权理论指明了最优的产权安排将取决于经济环境规范化的程度。根据本文的内生产权理论,我们能预测随着市场体系的完善,经济自主化、分散化决策程度的提高,产权不明晰的集体所有制会逐渐向民有产权(个体企业、私有企业、股份企业或其他产权明晰的企业)转变,从而公有经济的比重将会更进一步下降。

这些结果对从指令性计划经济如何向市场经济转型也许提供了一些启示。首先,本文理论结果表明:如果不改善经济环境,而仅仅改变产权的所有制形式不太可能导致经济体制的平稳转型,即如不进一步松绑放权,不进一步完善市场体系,产权明晰的企业是不可能有效地建立起来的,经济不可能高速发展。这个结论告诉我们在建立市场经济的过程中,要不断减少政府行政部门对生产活动的干预,提高经济自主的程度,完善市场体系,否则产权明晰的现代企业制度不能顺利地建立起来。民有化不仅是一个困难、长期的过程,而且在非规范经济环境下,也不是一个最好的产权制度选择。这样,在经济体制转型期间,对国有企业无条件的民有化是不合适的。在经济体制转型过程中,由于有效的市场体系还没有建立起来,经济自由仍存在许多障碍,不太明晰的产权安排(例如集体产权安排)也许是必要的和有效的。这一点我们可以从中国实行经济自主化、市场化改革后而导致的经济高速发展的经历,以及东欧国家和俄罗斯在大规模的私有化之后的经济滑坡的事实得到证实。在现有的非规范经济环境下,对国有企业实行大规模民有化会导致经济发展缓慢。这就是为什么俄罗斯许多私有化后的企业至今仍然经营不佳的原因。这也解释了为什么在当前的经济环境下中国经济,特别是中国乡镇企业迅速发展的原因。

其次,市场化是一个困难而又长期的过程。尽管也许能将国营企业在短期内全部民有化,但由于市场化这个转型的过程不能在短期间完成,集体产权安排是不可缺少的一种中间过渡产权安排,即当 ρ 不能很快接近于 1 时,这个中间产权安排过程必不可少。这是因为建立完善的市场体系是一个漫长的过程,仅仅放松价格、开放生产资料市场、允许经济自由,对建立完善的市场体系还是不够的。完善的市场体系由一系列子系统组成,例如价格系统、宏观调控系统、现代企业制度、法制体系、反垄断法体系、劳动和金融市场及社会保障体系等组成。建立这些体系不可能在短期内完成。并且,影响产权所有制的政治、社会、文化等方面的制度环境也是很难改变的。中国、东欧等转型国家所出现的许多困难都说明了这一点。法国、英国的国有企业民有化的实践也说明机制转型是困难重重、时间漫长的过程。这样,对一个从计划经济向市场为导向的经济体制转型的国家,在经济自由的诸多障碍还没有清除、市场体系还远未完善之前,人们不应该将国有产权大规模地民有化。相反,应该从建立和完善市场体系,允许更多的经济自由,采取分散决策方式入手来改善经济环境使得集体企业得到发展。伴随着经济环境更进一步的改善,当市场已经建立起来,经济自由足够充分时,国有产权和集体产权安排将不再会比民有产权更为有效,因为政府关系能力不再重要,也不再必要。只有这时,才能进行大规模的民有化。

经济制度环境决定了最佳产权制度的选择也可用中国在 20 世纪 50 年代初的国有化制度转型及 20 世纪 80 年代以来的市场化转型来说明。中国 20 世纪 50 年代初展开的国有化制度的转型并不是简单地通过没收私有财产、取缔私有企业来进行,而是通过逐渐减少经济自由、控制生产要素,干预市场使得私营企业的操作很难进行下去。当时采取的方式是取消股票市场,将银行收归国有。这样一来,私有企业就没有了通常的融资渠道。通过工商业改造运动,大多数私有企业,特别是其中的大中型企业不得不先后与政府实行"公私合营"。到"文化大革命"期间,经济的自由度更进一步减少,行政干预的程度更进一步加强，结果所有那些公私合营的企业都差不多变成了国有企业。在"文化大革命"结束时，工业总产值中的国有经济部分达到了80％。1978年经济改革开始之后，中国开始了一个逆向的向市场经济转轨的过程。但中国市场化制度转型并不是通过迅速私有化来进行，而是首先通过经济自主化改革（允许经济自由、承认人的自利性，采取分散化决策方式，引入激励机制等），将指令性计划经济为主体的经济体制逐步转变为各种产权企业共存的混合经济体系。1991年，非公有制部分在国民生产总值中占52％，同期国有企业部分所占的比率每年以2％的速度递降。1992年，这种趋势更加明显。在1992年中共十四大上，政府明确宣布采取以市场为导向的经济体制，从而为市场经济扫除了意识形态方面的障碍。到1995年，国民生产总值中国有经济部分所占的比率下降到40％以下，非国有经济部分已成为中国经济发展的主要动力。现在，随着经济改革的逐渐深入，持续和广泛引入市场机制，集体所有企业正在逐渐失去优势，越来越多的集体产权企业，特别是乡镇企业正在朝产权明确的股份制企业转变。这些现象正好验证了本文产权理论的结论。

（1996年11月）

参考文献

[1] 田国强. 中国国营企业的改革与经济体制平稳转轨的方式和步骤——中国经济改革的三阶段论[J]. 经济研究, 1994.
[2] 田国强. 中国乡镇企业的产权结构及其改革[J]. 经济研究, 1995, 3.
[3] 林毅夫、蔡昉、李周. 企业的改革的核心是创造公平竞争的环境[M].//徐庆、文贯中主编. 中国国有企业改革. 1996.
[4] 张维迎. 国有企业改革出路何在？[M].//徐庆、文贯中主编. 中国国有企业改革. 1996.
[5] Blanchard, O. J. and Fischer, S.. *NBER Macroeconomics Annual* [M]. Cambridge: MIT Press, 1993.

[6] Chang, C. and Wang, Y.. On the Nature of the Chinese Township and Village Enterprises [J]. *Journal of Comparative Economics*, 1994, 19: 434~452.

[7] Che, J. and Qian, Y.. Understanding China's Township-Village Enterprises [D]. Stanford University, Mimeo, 1995.

[8] Demset Z, H.. Tow ards a Theory of Propert Y Right's [J]. *American Economic Review*, 1972, 57: 347~359.

[9] Friedman, James W.. *Oligopoly and the Theory of Games* [M]. Amsterdam: North-Holland, 1977.

[10] Furubotn, E. G. and Pejovich, S.. Introduction: The New Property Rights Literature [M].// Eric G. Furubotn and Svetoz ar Pejovich, Eds.. *The Economics of Property Rights*. Cambridge MA: Bollinger, 1974.

[11] Grossman, S. J. and Hart, O.D.. The Costs and Benefit s of Ownership: A Theory of Vertical and Lateral Integration [J]. *Journal of Political Economy*, 1986, 94 (4): 691~719.

[12] Hart, O. and Moore, J.. Property Rights and the Nature of the Firm [J]. *Journal of Political Economy*, 1990, 98 (1).

[13] Li, D.. Ambiguous Property Rights in the Gray Market [D]. *Working Paper*, Department of Economics University of Michigan, 1995.

[14] Pitt, M. and Putterman, L.. Employment and Wages in Township, Village, and Other Rural Enterprises [D]. Mimeo, Brown University, 1992.

[15] Schultz, T. W.. Institutions and the Rising Economic Value of Man [J]. *American Journal of Agricultural Economics*, 1968, 50: 1113~1122.

[16] Svejnar, J.. Productive Ef ficiency and Employment [M].//W. Byrd and Q. Lin, Eds.. *China's Rural Industry: Structure*, Development and Reform. New York: Oxford University Press, 1990.

[17] Weitzman, M. L. and Xu, C.. Chinese Township-Village Enterprises as Vaguely Defined Cooperat ives [J]. *Journal of Comparative Economics*, 1994, 18: 121~145.

98

一个关于转型经济中最优所有权安排的理论*

提要：为什么是以乡镇企业为代表的集体所有制经济，而不是私有或与国有经济在过去20年中成为中国经济迅速增长的主要贡献因素？在转型经济中，大规模的民营化应该在什么样的时机与条件下实施？本文提供了一个在市场与政府制度环境不完善情况下（特别是转型经济中）决定最优所有权安排的理论模型。这一理论对预测如何从指令性经济向市场经济转型的发生过程提供了一种思路。文中论证了不同的经济制度环境将会给出不同的最优所有权安排（民有、集体或国家所有权安排）。文章表明只有当经济制度环境得到适当改变才能有效地变换产权所有制安排形式。

一、引　言

本文试图回答下述问题：（1）在经济体制转轨的过程中，什么是最优的所

---

* 本文载于《经济学》（季刊），2001年第一卷第1期。

有权安排与产权结构？在向市场经济转轨的过程中，私有产权安排一定是最有效的产权安排形式吗？（2）什么是向市场经济转轨的最优策略？也就是说，为实现经济的平稳转轨，经济自由化、市场化及民营化之间的关系、实施的时机及程序应该怎样？社会计划者（例如立法机构、政策制定者及改革者）应在何时和什么条件下建议实施国有企业的民营化？大规模的民营化应该在转轨的初期实施吗？（3）为什么以乡镇企业为代表的集体所有制经济（而不是私有经济）成为中国经济快速增长的主要贡献因素，从而成为从指令性经济向市场经济转型中不可缺少的中间所有权安排？（4）为什么转型经济中的腐败现象一般要比指令性及市场经济更为严重？通过发展一个转型经济中的最优所有权安排理论，我们将对这些问题做出回答。

近年来，处于转型期的国家的经济由中央计划型向市场导向型转轨已经成为不争的事实，这种转型将影响到约占世界1/3的人口。这使得制度转型的研究成为当前经济学界的热门领域之一。然而，转型中的最优产权结构及转型方式却远未为人所知，而且由于传统理论的关键假设在转型经济中一般得不到满足，它也许不适合用作分析工具。平稳转型中的一个基本问题是：大规模民营化应该在什么时候及如何实施？传统理论对此的回答是：清晰界定的产权是经济繁荣的先决条件。① 由于私有化通过将剩余收入与控制权转移到私人投资者手中的方式限制了收入的再分配及改善了努力工作的激励，所有权的迅速转换应该是有利的，从而导致一个广泛的看法，即界定清楚的私有产权制度安排在任何情况下是最优的经济制度安排。正是基于这个结论，迅速地私有化被认为是计划经济向市场制度转型的首要步骤。

---

① 清晰界定的产权一般包括三个要素 [参见 Demsetz（1967），Furubotn 与 Pejovich（1974）]：第一，每个财产分配给良好界定的一个或者一组所有者，而其他人不具有拥有权；第二，财产所有者可以根据其财产份额亨有剩余收入；第三，所有者对财产拥有控制权或决策权、重置权以及出售或租赁权。一些经济学家认为，所有权与产权的最重要方面是控制权（Grossman 与 Hart，1986；Hart 与 Moore，1990）。

表1　　　　　　　一些转型经济国家或地区的GDP的增长（百分率）

国　家	1977～1980年（年平均值）	1981～1989年（年平均值）	1990年	1991年	1992年	1993年	1994年	1995年	1990～1995年（总增长）
中　国	5.5	11.1	3.9	8.0	13.6	13.4	11.8	10.2	78.1
越　南	_a	4.4	4.5	6.0	8.6	8.1	8.6	9.5	54.6
俄罗斯	6.5	3.0	−3.6	−5.0	−14.5	−8.7	−12.6	−4.0	−40.0
格鲁吉亚	6.8	1.2	−14.8	−20.1	−40.3	−31.6	−28.2	−5.0	−81.0
塔吉克斯坦	4.9	3.3	−2.4	−8.7	−30.0	−27.6	−15.0	−12.0	−66.2
乌克兰	_a	_a	−3.8	−12.0	−12.5	−7.2	−24.3	−12.0	−54.2
立陶宛	4.6	1.8	−3.3	−13.1	−39.3	−16.2	2.0	3.0	−55.1
蒙　古	_a	5.7	−2.0	−9.9	−7.6	−1.3	3.3	6.3	−11.6
保加利亚	_a	4.9	−9.1	−11.7	−6.0	−4.2	0.0	3.0	−25.6
捷　克	_a	1.8	1.2	−14.2	−6.4	−0.5	2.6	5.0	−14.9
匈牙利	4.6	1.8	−2.5	−7.7	−4.3	−2.3	2.5	2.0	−12.0
波　兰	_a	2.6	−11.6	−7.0	2.6	3.8	5.5	7.0	−1.2
罗马尼亚	7.6	1.0	−5.6	−12.9	−13.8	1.3	2.4	7.0	−21.3

数据来源：世界银行，表 A.2 Indicators of economic growth, *From Plan to Market*, World Development Report 1996; p.173。

注：_a 表示没有数据。

由于这种看法，许多原东方阵营国家（特别是前苏联国家）采用了同时实行大规模的私有化、自由化及市场化改革的转型方式。但与此同时，中国与越南却采取了一种向自由市场经济渐进转型的改革方式。这两个国家主要实施经济自由化与市场化的改革，直到最近还没有进行大规模的私有化。令人吃惊的是，大多实行大规模私有化的国家在经济运行与稳定方面出现了严重的问题。从表1与表2中可以看到以下现象：第一，实施大规模私有化的国家（表中的第二与第三组国家）经历了产出的显著下降及高通货膨胀率，[①]而在转型中未实施大规模私有化的中国与越南却保持了经济的快速增长及较低的通货膨胀率。[②]第二，即使对采取相同规模私有化策略的国家而言，与集权程度较低的国家（在第三组中给出）相比较，转型前集权程度较高的国家（在第二组中给出）经受了较严重的产出下降和更高的通货膨胀。第三，转型结果的差异似乎并不取决于文化背景，而是更依赖于制度环境完善的程度。尽管蒙古同中国与越南有着相同的东方文化，但由于转型策略与制度环境完善的程度不同，转型结果存在着差异。中国与越南的转型似乎进行得更加平稳。

表2　　　　　　　　　　一些转型经济体的平均年通胀率（%）

国　　家	1990年	1991年	1992年	1993年	1994年	1995年
中　　国	1.6	3.0	5.4	13.0	21.7	17.0
越　　南	67.5	67.6	17.5	5.2	8.0	17.0
蒙　　古	0.00	208.6	321.0	183.5	145.0	75.0
俄罗斯	5.6	92.7	1 353.0	896.0	303.0	190.0
格鲁吉亚	3.3	78.5	913.0	3 126.0	18 000.0	160.0
塔吉克斯坦	4.0	111.6	1 157.0	2 195.0	452.0	635.0
乌克兰	4.0	91.2	1 210.0	1 735.0	842.0	375
立陶宛	8.4	224.7	1 020.3	390.2	72.0	35.0

---

① Blanchard与Kremer（1997）也提供了两个令人印象深刻的图形，图中展示了前苏联共和国内产出的急速下降。
② 尽管中国与一些东方阵营国家处于转型过程的不同阶段，但如果注意到中国在最近20年内维持了持续经济增长的事实，这样的比较仍然是有意义的。如果中国能做到在转型的后期阶段及国有经济仅占GNP的较小比例（例如GNP的15%）时再进行民营化的话，笔者预测中国仍可能会保持令人瞩目的经济增长。由于新的非国有企业大量涌现，再过一些年后中国的国有经济将会持续减少到15%左右。

续 表

国　家	1990 年	1991 年	1992 年	1993 年	1994 年	1995 年
保加利亚	22.0	333.5	82.0	72.8	89.0	62.0
捷　克	10.8	56.7	11.1	20.8	10.2	9.1
保加利亚	29.0	34.2	22.9	22.5	19.0	28.2
波　兰	586.0	70.3	43.0	35.3	32.2	27.8
罗马尼亚	5.1	174.5	210.9	256.0	131.0	32.3

数据来源：世界银行，表 A.3 Indicators of economic growth, *From Plan to Market*, World Development Report 1996：p 174。

中国的 GNP 在 1979 年～2000 年间的平均年增长率达到 9.5％左右，这种强劲的经济增长使得中国成为世界上经济增长最快的国家。以超过 20％的平均年速度增长，非国有部门现在占据了超过 60％的 GNP 份额。有趣的是，尽管集体所有制经济占据了非国有经济的 75％，从而成为经济迅速增长的主要动力，但它的产权却没有得到清晰地界定（参见 Jefferson 与 Rawski，1994）。许多经济学家对这种与经济高速增长相伴随的渐进式改革感到困惑：在缺乏许多人认为的增长的必要条件的情况下，是什么原因使得中国增长如此迅速呢（Blanchard 与 Fischer，1993）？

在转型过程中，中国非国有经济大多企业的产权并未得到良好界定，但经济却充满活力；而一些前东方阵营国家进行了迅速私有化，但经济却运行迟缓。这对标准的产权理论是一个严峻挑战，从而对传统理论的一般性与应用范围也许会产生疑问。事实上，私人所有权是最优的产权安排的结论是建立在一系列基本假设条件之上，而这些条件在转型或其他不规范经济中或许不能得到满足。经典理论假定所考虑的制度环境是规范的，也就是说它们提供了高度的经济自由与分权，以及存在着相对成熟与完善的市场体系。[①] 然

[①] 为简化起见，当经济制度环境不规范时，我们称之为不规范或不完美的制度环境。

而，经济现实很少接近这些假设。尽管这些假设对于先进的工业化国家近似成立，但它们与指令性经济与转型经济的现实非常不一致。在国家所有制占主导，以及存在着高度政府干预的经济中，这些干预阻止了许多有社会价值的交易并且限制了经济的自由。因此，人们有必要发展一个更一般的理论框架，它不仅能够用来解释规范经济中的现象，同时也能够解释非规范经济制度环境下的现象。

既然现有的经济理论工具不能很好地用来研究和指导制度转型中的经济问题，人们需要发展出一套新的理论框架，它可用来研究在市场及政府体系都不完善（经济自由有限，市场不能运行、不成熟或者不完善）的非规范经济环境下的最优所有制度安排的选择问题，并能用来探讨制度转型的策略和方式。本文的主要目的就是给出这样一个所有制安排理论模型。它试图回答的基本问题是：对于给定的经济制度环境的完善程度，拥有资本的最优方式是什么？文中的理论框架提供了一个分析经济与政治制度环境影响最优所有权安排选择的工具。这样，我们的理论包括了在不规范的经济制度环境下的所有制安排选择，从而改进与扩展了传统的产权理论。我们的理论对所有权与产权安排提供了一个合理的基础，同时将最优的所有权安排同自由化与市场化程度（制度环境的不完善）相联系。

在此基础上，本文用新的产权理论来回答文章开始提出的问题。我们将确定在经济体制平稳转型过程中经济自由化、市场化和民营化三者之间的关系、时机与程序。一种常见的看法认为，对于从中央指令性经济向分散化决策的市场经济制度转型过程而言，迅速私有化是必要的第一步。然而，我们认为平稳转型的第一步应该是通过实施经济自由化与市场化改革来改善经济制度环境，而不应该是大规模地实施私有化。经济自由化应是经济转型的第一步，由于它将生产与交易决策分散到企业与家庭，并且直接针对中央计划缺乏激励与信息这两个基本弱点，因而即使在缺乏有效市场的其他特征的情况下，经济自由化仍然可以很大地提高效率。这将导致非国有企业（其中多数为集体企业）大量的进入。① 由于转型经济缺乏高水平的经济自由、在不同程度上保持着某种中央集权及缺乏成熟的市场体系,这可能会阻碍(而不是促进)经济平稳地过渡到私有市场体系。相反地,在经济自由化与市场化的转轨过程中间,集体所有权的安排形式或许会相对更有效,从而在转型与发展过程中成为一个不可避免的中间形式的所有权安排形式。

这可以从以下实践中得到证实:实施市场经济的中国实现了高速经济增长,而实施私有化的一些前东方阵营国家则展示了 GNP 的急剧下降。因此,该理论解释了中国集体企业(特别是乡镇企业)发展迅速并成为经济迅速增长动力的主要因素。文献中存在着对中国乡镇企业相对高效率的四种不同解释。一种是由 Weitzman 和许成钢给出,它从社会文化的角度,用中国传统文化作为解释因素(Weitzman-Xu,1994)。第二种解释是由张春与王一江提出的,它从行政结构的角度及中央和地方的关系和相互作用的角度做出了解释(Chang-Wang,1995)。第三种是风险分享的解释,由李稻葵提出,它表明在灰色市场和模糊产权的经济环境中,集体所有制产权安排的合理性(Li,1995)。第四种解释由车家华与钱颖一提出,它从社区层面而不是企业层面来解释乡镇企业的企业边界(Che and Qian,1998a)②。与以上角度不同,我们强调在不规则经济中,行政官员在控制某些特殊资源方面具有比较优势,腐败可以看作某种类型的集体所有权安排(尽管它是非法的)。该理论也解释了转型经济中的腐败程度高于指令性经济与市场经济的现象。根据我们理论的预测,随着制度环境的改进,腐败的机会将会减少。

---

① 关于经济自由化的重要性与有效性的证据,请参阅田国强(Tian,1996)与世界银行合作出版的《1996 年世界发展报告》。
② 我认为该种解释并不能非常令人信服,而且它还可能有些问题。他们认为由于乡镇企业的产权在社区水平得到清楚界定,因此乡镇企业是更有效的。如果他们的论点成立,我们可以按此继续推理:由于国家所有权安排的产权在国家水平得到清晰界定,因此它将是更有效的。而后者显然在较规范的经济制度环境下不成立。

本文的理论结果还可以用来解答最近中国学术界有关国有企业改革方式的一场学术争论的是非（参见林毅夫、蔡昉、李周，1996；张维迎，1996）。在这场争论中，一方认为改革的重点应是改善企业的外部环境，另一方认为改革的重点应是改变企业的所有权（剩余索取权和控制权）制度。我们的理论结果表明：在经济体制转型的过程中（特别是早期阶段），首先应改善经济环境。但产权所有制随着经济环境的改善必然会随后向民有产权发生变化。

本文构建的模型尝试抓住市场与政府制度环境不完美的关键特征。除了资本与劳动之外，生产过程中的投入还包括进了内部与外部的管理能力（主要是用来取得政府所有或控制的资源的公共关系能力）。当政府干预严重、市场缺乏或者没有得到很好发展的情况下，外部管理能力将很重要。一般说来，企业家擅长内部管理，而官员经理则更擅长外部管理。经济自由化、市场化或市场与政府制度环境完善的程度由变量ρ表示，它在 0 与 1 之间取值，并且表示这两种能力的相对重要性。ρ 越接近于零，制度环境就越集权化、越受到约束及越不完善。当 ρ 为零时，经济体制退化为纯粹的指令性经济，其中每项生产活动都由中央政府所控制，因此管理能力将变为多余的。当 ρ 为 1 时，制度环境成为完善的，因此人际关系将不再是必要的。

为了表明集体所有权安排的相对优越性，我们将比较三种类型的生产所有权安排：一种是能够利用内部管理能力的私人所有权，还有一种是能够利用外部管理能力的国家所有权，第三种则是提供了专业化分工和同时利用内部与外部管理能力机会的集体所有权。定理 1 表明，在某些条件下（当这些条件影响到个人机会收入和利润分享额时），当经济自由化与市场化程度处于中间阶段时，集体所有权将优于国家与私人所有权。我们也能证明，对于制度环境的不同阶段，国家与私人所有权也可能成为最优的。定理 2 的结果更加直接易懂，它表明当自由化与市场化的程度足够高时，私人所有权将优于国家与集体所有权；反之，国家所有权将优于私人与集体所有权。定理 3 进一步表明，在给定经济不规则程度的前提下，内部与外部管理能力的相对效率也将影响最优所有权结构的选择。

这种类似的想法可在经济学文献中找到。它表明从在不同的非市场化资源中有着不同比较优势的各种类型的代理人的差异性，可以解释不同的产权安排形式。Reid（1977）或许是第一个使用这种想法来研究农业租佃中的合同结构的。他认为地主在取得市场信息方面（因此在管理方面）存在比较优势，而佃农则在劳动监督方面有着优势。Eswaran 与 Kotwal（1985）正式将 Reid 的想法模型化，并且研究了每种合同形式（例如固定工资合同、固定租金合同及分成合同）是如何需要不同类型的代理人（例如地主或佃农）提供非市场化的要素投入的。他们从地主利润角度对特定参数讨论了最优的合同结构。我们的模型在两个方面与 Reid（1977）及 Eswaran 与 Kotwal（1985）存在不同：第一，我们根据制度环境不同的完善程度来决定私人、国家及集体所有权安排的相对效率。我们使用总社会福利作为决定最优所有权安排的标准，这在假定事前参与方能够对所有权形式进行科斯谈判的产权理论中是标准的方法。[①] 因此，最优所有权安排由最大化参与方的事前联合支付来决定。作为一个比较，其他模型是在私人所有权安排的约束下决定产权组织形式的相对优越性，因此最优组织形式不是由最大化双方事前的总支付，而是由最大化企业家得到的支付来决定。第二，我们给出了决定最优所有权安排的一般化数学条件，而其他作者没有提供这样的条件。

经济学文献中还存在其他相关理论，这些文献包括 Laffont 与 Tirole（1993），Shleifer 与 Vishny（1993，1994），Schmidt（1996），Hart、Shleifer 与 Vishny（1997），Blanchard 与 Kremer（1997），以及车家华与钱颖一（Che and Qian，1998b）。这些论文给出了各种企业所有权理论，以及在不

---

① 例如，Hart、Shleifer 与 Vishny（1997），以及车家华与钱颖一（1998）使用总剩余来比较私人与公共所有权安排的相对优越性。

完全合同或不对称信息下的特定的政府所有权理论。其中一些研究了在特定制度环境下的最优所有权结构，并分析了决定公共与私人所有权相对效率的条件。与以上角度不同，我们明确地将最优所有权结构考虑为制度环境 ρ 函数，因此我们能够研究向市场经济平稳转型的策略。例如，我们的理论能够用来确定平稳转型中自由化、市场化与民营化之间的关系、时机及程序。一些作者（例如 Blanchard 与 Kremer，1997）提供了对转型方式（激进式与渐进式）的解释。

文中剩下部分组织如下：第二部分正式描述模型；第三部分讨论针对不同制度环境的最优所有权结构；第四部分使用文中发展的所有权理论来回答文章开头提出的问题，并提出一些政策方面的建议；第五部分总结全文。

二、理论框架

在本节中，我们将发展一个简单模型来识别给定制度环境下的最优所有权安排。为使本文框架和观点更易于理解，我们先来定义文中用到的一些术语。

（一）一些相关定义

制度在此定义为与社会、政治及经济行为相关的一套行为规则，它用来管理一系列的社会相互作用（参见 Schultz，1968；Ruttan，1978；North，1990）。Davis 与 North 更进一步将制度划分成两个范畴：制度环境与制度安排。制度环境是指基本的政治、社会与法律规则的集合，它们建立了生产、交换与分配的基础。管理选举、产权与签约权的规则是构成经济环境的基本规则的例子。经济制度安排是经济单位之间的一种安排，它管制这些单位进行合作或竞争的方式。所有权安排是一种经济制度安排，它将产权分配于个人、个人组成的群体或政府之间。在本文中，我们将经济制度环境视为外生，而集中讨论最优所有权安排的决定问题。由于文章的主要目的是研究根据什么样的条件，政府决定是否应该民营化国有部门，这种对制度环境的外生性假定是合理的。因此我们并不尝试研究制度环境的变化，尽管这样的变化确实出现在转型经济中，而且研究这些变化在转型经济文献中是重要的。①

区分制度环境与制度安排对于研究理解转型经济文献中的争论是重要的。例如，一些经济学家将经济自由化、市场化与私有化等同对待。然而根据上述区分，它们应该是不同的。经济自由化通常指放松或解除政府对经济活动的限制，其中包括放开价格、贸易和不同类型的新企业进入准则。市场化是指发展与创造市场配套制度，例如法律体制、金融体制、税收体制以及宏观经济管理体制。私有化是指将现存的国有或集体所有的企业、土地及其他资产进行私有化。根据上面对制度环境与制度安排的区分，经济自由化与市场化应该作为将中央计划经济制度环境向分权市场环境的转化过程；而私有化应作为将非私有所有权安排向私人所有权安排转化的过程。认识到这种区分，读者就能够更好地理解文中关于迅速私有化不应该在制度环境改进前实施的原因的论断。我们需要提醒读者的是，即使经济自由化与私有化能在短期内完成，由于市场化将涉及制度、技能、组织与观念的根本变化，它将需要花费更长的时间（数年甚至是数十年）。

（二）模型描述

本节给出一个简单的模型，它概括了不完善市场和有限经济自由环境中的一些主要特征，并且对于给定的经济制度环境，能够用来决定私人、国家及集体所有权安排的相对效率。

假定有两类从事生产活动的经理人：企业家（以 e 来表示）及官员经理（以

---

① 在研究制度变迁时，Davis 与 North（1971）采取了相同的角度。

b 来表示)。企业家可以是单个或一组投资者;官员经理可以是地方政府成员或由上级政府任命的国有企业经理。企业可以通过选择三种拥有资本投资的组织方式中的一种来建立。第一种方式是由 e 自己投资和管理企业;第二种方式是由国家投资,但由 b 为国家管理企业;第三种方式是由 e 与 b 共同投资和管理企业。我们称第一种为私人所有权安排下的私人所有制企业,第二种为国家所有权安排下的公共所有制企业,第三种为集体所有权安排下的集体所有制企业。

选择了组织形式后,企业家进行资本投资 $\overline{K}$。当企业为私有时,资本投资由企业家完成。当企业为公有时,资本投资由国家完成。然而,当企业为集体所有时,资本投资可以完全由地方政府完成,在这种情况下地方政府选择所有权;或者完全由企业家完成,在这种情况下企业家选择所有权;或者由二者联合完成,在此情况下两者共同选择所有权。这三种情况都可以在中国乡镇企业中找到。① 在集体所有权中存在着某种取舍关系。一方面它的生产的激励减小,但另一方面它却允许利用更广泛的技能并提供了专业分工优势的机会:每个代理人都选择他拥有比较优势的任务来执行。中国的乡镇企业代表了这种集体所有权的一个典型例子,其中外部管理由官员提供,而内部管理由企业家提供。田国强(Tian,2000)分析了存在上述官员与企业家之间合伙制的乡镇企业的组织结构。

我们同时假定在不完善的市场、有限经济自由或受限的分散决策环境中,除了通常的资本与劳动之外,投资利润水平还取决于其他两种资源:进行生产决策的内部管理能力与外部管理能力。后者包括通过私人关系获得由国家政府部门控制的稀缺资源的能力、得到优惠政策的能力,以及解决同其他生产组织单位冲突的能力。

---

① Weitzman 与许成钢(Weitzman and Xu,1994)称集体所有权为定义不清(vaguely defined)的所有权。由于在这样类型的集体所有权中控制权未得到清晰界定,李稻葵(Li,1995)称它为模糊所有权。

内部管理能力对于生产经营十分关键。在一个不完全信息市场或不完善市场中,发现与采纳恰当的生产技术,以及选择与使用恰当的投入对于成功生产都是必不可少的。这些活动涉及基于健全的技术与市场信息所做出的决策。进行好的投入决策要求了解投入品的质量、价格及哪些投入品是可以得到的。进行好的生产决策要求了解政府的税收和补贴项目,以及了解生产管制政策。

当市场(特别是要素市场)缺乏或者远非完善,以及经济自由与分权程度非常有限时,外部管理能力或许也将至关重要。在不完善制度环境中,与国家机构的私人关系显著影响个人的经营成功。在这种不规范的制度环境中,许多生产活动很大程度上受到政府控制,这使得管理官员能够干预生产。事实上,当管理官员控制生产投入的供给时,要素市场中更有可能存在供给瓶颈与短缺现象。例如,在中国以及其他转型中的东部阵营国家中,大多数银行仍旧由政府所有和控制。许多基本原材料(例如钢铁、电力与运输服务)的价格与供给不是完全自由的。企业可能无法在要素市场上取得生产必需的投入品。为购买投入品,企业或许还需要从管理官员处获得许可证或配额。购买某些投入品的配额并不总是固定的,而且企业能否取得配额经常取决于企业的获取能力及与控制资源的官员的关系。另外,还存在着许多控制与指导企业生产的规则、管制条例及政策,而且它们要么界定不清,要么范围受到限制。因此存在广泛的解释空间,从而管理官员对应用这些规则与管制有很强的随意性。

签署与执行合同的能力是市场经济的基本要求。然而,签署与执行合同需要成本,而且在许多情况下高昂的交易成本使得合同不完全。在不完善制度环境下这个问题甚至更加严重。Williamson(1975,1985)及 Grossman 与 Hart(1986)表明,在存在交易成本情况下政府结构(特别是资产所有权类型)十分重要。当合同中未预测到的情况发生时,由资产所有权引起的关系中的权威方将定义合同重新谈判的现状。在不完善的制度环境中,既然市场体系的基础设施并未完全建立,而且法律体系的发展远非完善,当卷入同其他组织单位的合同争端时,企业并不总是能够得到公正对待。所有这些问题都要求企业与各自的政府部门有着良好关系，从而在不完善制度环境内（例如转型经济中）同官方的联系变得极端有价值。这样，在不规则制度环境内，许多交易与生产关系都是人际化的，并且获得稀缺投入品成为某种特权，从而外部管理能力成为成功生产的关键。① 当然，保持与政府部门良好关系的重要性取决于经济自由化与市场化的程度。随着经济自由化与市场化程度的提高，外部管理能力的重要性降低。我们使用 ρ（满足 $0 \leqslant \rho \leqslant 1$）来表示经济自由化与市场化的程度，它用来表示外部管理能力（例如取得投入品）的相对重要性。如果 $\rho = 0$，则制度环境非常不规范，即市场体系缺乏或极端不完善，这时不存在经济自由与分权化。经济体系退化为完全的中央指令性经济，其中每个生产活动都由政府控制，因此管理能力变得多余。② 提高 ρ 意味着市场环境的改进，因此在内部管理能力的重要性提高的同时，外部管理能力的重要性减小。如果 $\rho = 1$，则会存在完善的市场与充分的经济自由，从而外部管理能力对生产过程不再必要。

以上解释了在不完善制度环境中内部管理能力与外部管理能力对于有效生产的重要性。这样，我们假定在生产过程中需要投入**四种资源**：（1）**资本**，记为 K；（2）**劳动**，记为 L；（3）**管理能力**，记为 M；（4）**政府关系能力**，记为 R。于是生产函数可表达为：

$$q = F(R, M, L, K; \rho) \tag{1}$$

其中假定 F 对前三个变量递增及严格凸、对前四个变量为一阶齐次、可

---

① 为了集中于我们的主要目的及保持一个合适的抽象性，我们并不试图讨论如何测量 ρ 的问题。读者可以在世界银行的《1996 年世界发展报告》中找到测量这样指数的方法。粗略地讲，ρ 取决于以下几方面的综合指数：政府干预程度、在价格、贸易及新企业进入方面的限制、劳动与金融市场的缺乏、法律体系的完美程度以及其他市场因素。
② 注意到纯指令性经济仅仅在理论上可能，在真实世界中从来不存在这样的经济。然而，由于我们主要关心 $0 < \rho < 1$ 的情形，而且我们的结果并不是专门在 $\rho = 0$ 时导出，考虑这种情形的目的仅仅是为了理论的完整性。

微，并且满足：

$$F(R, M, L, K, \rho) = \begin{cases} f(M, L, K) & \text{if } \rho = 1 \\ g(R, L, K) & \text{if } \rho = 1 \end{cases} \quad (2)$$

而且当 ρ 提高时，外部管理能力的相对重要性（即 R 对 M 的边际技术替代率 $\dfrac{F_R}{F_M}$，其中 F_R 与 F_M 分别表示 F 对 R 与 M 的偏导数）递减。传统的新古典生产经济与纯指令性经济是这种生产设定的特例。注意到尽管使用的资本与劳动投入品数量相对容易观测，但外部与内部管理能力难于观测。这个特点导致了道德风险问题，特别是当内部与外部管理能力不是由企业所有者提供时的偷懒问题。

内部与外部管理能力都是耗时的过程。越多时间花在内部与外部管理上，管理决策与公共关系的质量就越高。这样我们使用生产者花于二者上的时间来作为内部与外部管理投入的替代变量。

既然企业家或者自身拥有企业，或者由企业所有者任命，那么由于众所周知的原因，他组织生产的能力及努力工作的自身激励一般都高于政府官员。因此企业家在内部管理方面具有比较优势。另一方面，既然官员经理或者直接控制生产资源（如果他是地方政府机构代表），或者同政府部门有着良好的人际关系，他在外部管理方面拥有比较优势。我们用**四个参数** λ_{me} 与 λ_{re}（或 λ_{mb} 与 λ_{rb}）分别表示企业家（或官员经理）的内部或外部管理能力。如果企业家的管理能力的度量单位和官员经理的政府关系能力度量单位记为 1 小时，即 $\lambda_{me}=1$、$\lambda_{rb}=1$ 则企业家投入政府关系的一小时时间其效果仅仅等价于官员经理用于外部管理 1 小时的一部分，而官员经理用于内部管理的 1 小时时间仅仅等价于企业家用于内部管理 1 小时的一部分。**因此有** $0 \leqslant \lambda_{re} \leqslant 1$、$0 \leqslant \lambda_{mb} \leqslant 1$。

我们假定企业家与官员经理都拥有 1 单位时间，该时间可用于在生产与其他活动之间进行分配。企业家与官员经理的机会收入分别为 u_e 与 u_b。所有的机会收入都假定为外生决定。劳动投入的价格由 w 表示。我们将生产品的价格标准化为1。

既然所有权安排是一种制度安排,双方的总剩余应该作为比较不同所有权安排的准则。在给出制度转型的策略之前,立法机构、政策制定者及改革者等作为社会计划者,首先应该了解给定自由化与市场化程度时如何识别有效的所有权安排,特别是决定大规模民营化应该在什么条件下及何时实施。

在下文中,我们将决定在给定经济制度环境下的最优所有权安排。既然生产函数假定为对四种投入品为一阶齐次的,不失一般性,我们将假定企业生产中仅仅使用 $\bar{K}$ 单位资本投入品。在三种产权所有制安排下的最优选择问题分别表述如下。

(三) 私人所有权安排

在私人所有权安排下为了最大化收益,企业家使用资本 $\bar{K}$,雇佣劳动投入 L 并且分配时间于人际关系、管理及他的其他活动。即:

$$\prod_p^e = \max_{R, M, L} [F(\lambda_{re}R, M, L, \bar{K}; \rho) - wL + (1-R-M)u_e] \quad (3)$$

其中 $R \geq 0$,$M \geq 0$,并且 $R+M \leq 1$。注意到 $[F(\lambda_{re}R, M, L, \bar{K}; \rho) - wL]$ 为企业家来自生产的净收入,$(1-R-M)u_e$ 是来自其他活动的收入。

在私人所有权下,官员的收益为 $\prod_p^b = u_b$。私人所有权安排下的总剩余为:

$$W_p = \prod_p^e + \prod_p^b = \prod_p^e + u_b \quad (4)$$

(四) 国有所有权安排

在国家所有权安排下,官员使用资本 $\bar{K}$,雇佣劳动投入 L,且分配时间于人际关系、管理及他的其他活动。官员的贡献为：

$$\prod_s(R, M, L; \rho) = [F(R, \lambda_{mb}M, L, \bar{K}; \rho) - wL + (1-R-M)u_b] \quad (5)$$

其中$R \geqslant 0$，$M \geqslant 0$，并且$R+M \leqslant 1$。式$F(R, \lambda_{mb}M, L, \bar{K}; \rho) - wL$为企业家来自生产的贡献，式$(1-R-M)u_e$为来自任何其他服务活动的贡献。在$\prod_s$中减去官员的机会收入可以得到官员的净贡献（利润）。这些资产的剩余索取权将由官员与个人分享。定义官员的份额为δ（$0 < \delta < 1$），它测量了官员来自其贡献份额的收益。官员偏好于制造一个高贡献份额，这样不但有助于他的政治生涯，而且可以令他享受众多的物质好处及特权，例如乘坐公司的豪华轿车、居住华丽住宅、进出高级酒店等等。因此，在国家所有权下官员的最大化问题为：

$$\prod_s^b = \max_{R, M, L} \{\delta[\prod_s(R, M, L; \rho) - u_b] + u_b\}$$
$$= \delta \max_{R, M, L} \prod_s(R, M, L; \rho) + (1-\delta)u_b$$
$$= \delta \prod_s^* + (1-\delta)u_b \quad (6)$$

其中：

$$\prod_s^* = \max_{R, M, L} \prod_s(R, M, L; \rho)$$

私人企业家的预期收入为：

$$\prod_s^e = (1-\delta)[\prod_s^* - u_b] + u_e \quad (7)$$

国家所有权下的总剩余为：

$$W_{bs} = \prod_s^b + \prod_s^e = \prod_s^* + u_e \quad (8)$$

（五）集体所有权安排

在集体所有权安排下，企业家与官员经理联合经营企业。官员可能是通过政府政策明文规定的方式得到剩余份额，也可能是通过收取贿赂的形式得到。中国乡镇企业的组织形式证实了该假设的合理性。为了将专业化的比较优势模型化，我们假定企业家只提供管理，官员只提供人际关系，并且他们根据某种给定的比率分享利润，该比率取决于每一方的谈判能力。① 定义条件利润函数为 $\prod$，它通过给定 R 与 M 时选择最优的劳动投入数量而得到，如下式所示：

$$\prod(R, M; \rho) = \max_{L} [F(R, M, L, \bar{K}; \rho) - wL] \quad (9)$$

令 $0 < \theta < 1$ 为企业家的利润份额。企业家的条件净收入为：

$$\prod{}^{e}(R, M; \rho) = \theta \prod(R, M; \rho) \quad (10)$$

官员的条件净收入为：

$$\prod{}^{b}(R, M; \rho) = (1-\theta) \prod(R, M; \rho) \quad (11)$$

给定条件利润函数与官员的外部管理 R，企业家在管理与他的其余活动之间分配时间来最大化下式：

$$\prod{}^{e}_{c} = \max_{M} [\theta \prod(R, M; \rho) + (1-M)u_{c}] \quad (12)$$

其中 $0 \leqslant M \leqslant 1$。类似地，给定条件利润函数与企业家的内部管理能力 M，官员在管理与他的其余活动之间分配时间来最大化下式：

$$\prod{}^{b}_{c} = \max_{R} [(1-\theta) \prod(R, M; \rho) + (1-R)u_{b}] \quad (13)$$

其中 $0 \leqslant R \leqslant 1$。

---

① 利润份额的决定取决于外部管理与内部管理能力的相对效率（即 λ_{mb} 与 λ_{re}）、这些能力相对于其他投入的相对重要性、相对机会收入及他们之间讨价还价的能力等。它也许取决于 ρ。一般来讲，ρ 越小则官员会有越大的讨价还价的能力，因此他将得到越大的利润份额。我们可以从定理 1 到定理 3 中给出的条件看到这种相关性。

以上的方程（10）到（13）给出了企业家与官员的优化问题，它形成了一个存在纳什均衡解的二人非合作博弈问题。在纳什均衡组合 (R^*, M^*)，方程（12）与（13）同时得到满足。由于生产函数 F 为严格凸并且对 (R, M, L) 连续，因此由方程（10）与（11）给出的条件利润函数为凸并且对 (R, M) 连续（参见 Diewert，1973），从而由方程（12）与（13）给出的支付函数也为凸并且对 (R, M) 连续。既然博弈的策略空间 $[0, 1] \times [0, 1]$ 为紧的凸集合，我们知道存在能够同时求解两个参与人问题的纳什均衡（参见 Baye、Tian and Zhou，1993；Friedman，1977）。

集体所有权安排下的总剩余为：

$$W_c = \prod_c^e + \prod_c^b \tag{14}$$

一旦三种所有权安排下的总剩余得到确定，最优的所有权安排就会由产生最大总剩余（即 W_p、W_s、W_c 中的最大值）的安排给出。

三、模型的解及最优所有权安排

为简化起见，下面我们将生产函数限制为柯布-道格拉斯形式，这样我们就可以通过微分求出模型的显示解以及通过一阶条件来刻画解。[①] 进一步，根据 Eswaran 与 Kotwal（1985）的工作，我们假定生产函数为：

$$q = A R^{(1-\rho)\alpha_1} M^{\rho\alpha_1} L^{\alpha_2} \bar{K}^{\alpha_3} \tag{15}$$

---

① 下面定理1至定理3中的主要理论结果可以在更一般的条件下导出。特别地，导出的定理并不依赖于柯布-道格拉斯型生产函数假设，对生产函数的一个充分假设为 $F = F^{(1)}(f(M, R, \rho), L, K)$，其中在第一级复合 $F^{(1)}$ 可以能够展现任何良好定义的形式，仅对第二级复合 $f(M, R, \rho)$ 为柯布-道格拉斯形式。

其中 $A>0$、$\alpha_i>0$ 对所有 i 成立，以及 $\alpha_1+\alpha_2+\alpha_3=1$。

求解式（9）中的优化问题：

$$\max_L [AR^{(1-\rho)\alpha_1} M^{\rho\alpha_1} L^{\alpha_2} \overline{K}^{\alpha_3} - wL] \tag{16}$$

我们得到给定 R 与 M 下的条件利润函数，它由下式给出：

$$\prod(R, M; \rho) = BR^{a_1} M^{a_2} \tag{17}$$

其中：

$$B = (1-\alpha_2)(\alpha_2 w^{-1})^{\frac{\alpha_2}{1-\alpha_2}} A^{\frac{\alpha_2}{1-\alpha_2}} \overline{K}^{\frac{\alpha_3}{1-\alpha_2}} \tag{18}$$

$$a_1 = \frac{(1-\rho)\alpha_1}{1-\alpha_2} \tag{19}$$

$$a_2 = \frac{\rho\alpha_1}{1-\alpha_2} \tag{20}$$

（一）私人所有权安排的解

使用方程（17），（3）式中的企业家的支付最大化问题可以重新写为：

$$\prod_p^e = \max_{R, M} [\lambda_{re}^{a_1} BR^{a_1} M^{a_2} + (1-R-M)u_e] \tag{21}$$

其中 $0 \leqslant R$，$0 \leqslant M$，以及 $R+M \leqslant 1$。

情况 A：$R+M=1$。解由下面两式给出：

$$R_p^* = \frac{a_1}{a_1+a_2} \tag{22}$$

$$M_p^* = \frac{a_2}{a_1+a_2} \tag{23}$$

情况 B：$R+M<1$。解由下面两式给出：

$$R_p^* = \left[\lambda_{re}^{a_1} u_e^{-1} a_1 B \left(\frac{a_2}{a_1}\right)^{a_2}\right]^{\frac{1}{1-a_1-a_2}} \tag{24}$$

$$M_p^* = \frac{a_2}{a_1} R_p^* \tag{25}$$

将内点解（24）与（25）代入（21），我们得到：

$$\prod_p^e = (1-a_1-a_2)a_1^{-1}u_e R_p^* + u_e$$

$$= (1-a_1-a_2)[\lambda_{re}^{a_1} B a_1^{a_1} a_2^{a_2}]^{\frac{1}{1-a_1-a_2}} u_e^{-\frac{a_1+a_2}{1-a_1-a_2}} + u_e \tag{26}$$

因此总剩余由下式给出：

$$W_p = (1-a_1-a_2)[\lambda_{re}^{a_1} B a_1^{a_1} a_2^{a_2}]^{\frac{1}{1-a_1-a_2}} u_e^{-\frac{a_1+a_2}{1-a_1-a_2}} + u_e + u_b \tag{27}$$

（二）国家所有权安排的解

使用方程（17），（5）式中的官员最大化问题可以重新写为：

$$\prod_s = \max_{R,M}[\delta\lambda_{mb}^{a_2} B R^{a_1} M^{a_2} + (1-R-M)u_e] \tag{28}$$

其中 $0 \leqslant R$，$0 \leqslant M$，以及 $R+M \leqslant 1$。

情况 A：$R+M=1$。解由下面两式给出：

$$R_s^* = \frac{a_1}{a_1+a_2} \tag{29}$$

$$M_s^* = \frac{a_2}{a_1+a_2} \tag{30}$$

情况 B：$R+M<1$。解由下面两式给出：

$$R_s^* = \left[\lambda_{mb}^{a_2} u_b^{-1} a_1 B \left(\frac{a_2}{a_1}\right)^{a_2}\right]^{\frac{1}{1-a_1-a_2}} \tag{31}$$

$$M_s^* = \frac{a_2}{a_1} R_s^* \tag{32}$$

将内点解（31）与（32）代入（28），我们得到：

$$\prod_s = (1-a_1-a_2)a_1^{-1}u_b R_s^* + u_b \tag{33}$$

因此总剩余由下式给出：

$$W_s = \prod\nolimits_s + u_e$$
$$= (1-a_1-a_2)[\lambda_{mb}^{a_2} B a_1^{a_1} a_2^{a_2}]^{\frac{1}{1-a_1-a_2}} u_b^{-\frac{a_1+a_2}{1-a_1-a_2}} + u_e + u_b \qquad (34)$$

（三） 集体所有权安排的解

使用方程（17），（10）式中的企业家条件支付的最大化问题可以重新写为：

$$\prod\nolimits_c^e = \max_M [\theta B R^{a_1} M^{a_2} + (1-M)u_e] \qquad (35)$$

其中 $0 \leqslant M \leqslant 1$。求解该问题，我们得到企业家的反应函数：

$$M = \min\{1, \ [\theta u_e^{-1} a_2 B R^{a_1}]^{\frac{1}{1-a_2}}\} \qquad (36)$$

给定 M 下的官员经理的条件支付为：

$$\prod\nolimits_c^b = \max_R [(1-\theta) B R^{a_1} M^{a_2} + (1-R)u_b] \qquad (37)$$

其中 $0 \leqslant R \leqslant 1$。求解该问题，我们得到官员经理的反应函数：

$$R = \min\{1, \ [(1-\theta) u_b^{-1} a_1 B M^{a_2}]^{\frac{1}{1-a_1}}\} \qquad (38)$$

对内点纳什均衡求解反应函数，我们得到：

$$M_c^* = \left[u_e^{-1} a_2 B \theta^{1-a_1} (1-\theta)^{a_1} \left(\frac{a_1 u_e}{a_2 u_b}\right)^{a_1}\right]^{\frac{1}{1-a_1-a_2}} \qquad (39)$$

$$R_c^* = \left(\frac{(1-\theta) u_e a_1}{\theta u_b a_2}\right) M_c^* \qquad (40)$$

将（39）与（40）代入（35）与（37），我们得到：

$$W_c = \prod\nolimits_c^e + \prod\nolimits_c^b$$
$$= [1-(1-\theta)a_1 - \theta a_2][B \theta^{a_2}(1-\theta)^{a_1} a_1^{a_1} a_2^{a_2}]^{\frac{1}{1-a_1-a_2}}$$
$$\times u_b^{-\frac{a_1}{1-a_1-a_2}} u_e^{-\frac{a_2}{1-a_1-a_2}} + u_e + u_b \qquad (41)$$

（四）最优所有权安排

下面我们来决定给定制度环境下的最优所有权安排。我们仅仅讨论内点解的情况，角点解的情况可以类似地得到讨论。所有定理的证明在本文后的附录中给出。我们的主要结果由定理 1 给出，它表明当 ρ 近似处于 $(0，1)$ 中间的位置时，集体所有权安排为社会最优的。

定理 1 对于（15）中给出的柯布-道格拉斯形式的生产技术，假定 $\dfrac{\lambda_{mb}}{\theta^2} < \dfrac{u_b}{u_e} < \dfrac{(1-\theta)^2}{\lambda_{re}}$。则当 ρ 满足下面的条件时：

$$0 < \frac{\ln(1-\theta)}{\ln\dfrac{1-\theta}{\theta} + \ln\dfrac{\lambda_{mb}u_e}{u_b}} < \rho < \frac{\ln(1-\theta) - \ln\dfrac{\lambda_{re}u_b}{u_e}}{\ln\dfrac{1-\theta}{\theta} - \ln\dfrac{\lambda_{re}u_b}{u_e}} < 1 \quad (42)$$

集体所有权安排优于私人与国家所有权安排，即 $W_c > \max\{W_p，W_s\}$。

下面的定理 2 表明：当自由化与市场化程度足够低时（即制度环境足够不完善时），国家所有权是占据优势的所有权安排；当自由化与市场化程度足够高时（即当 ρ 接近 1 时），私人所有权是占据优势的所有权安排。

定理 2 对于（15）中给出的柯布-道格拉斯形式的生产技术，如果 $\lambda_{mb} \leqslant \dfrac{u_b}{u_e} \leqslant \dfrac{1}{\lambda_{re}}$，则当且仅当 ρ 满足不等式 $0 \leqslant \rho < \dfrac{\ln\dfrac{u_e}{\lambda_{re}u_b}}{\ln\dfrac{1}{\lambda_{mb}\lambda_{re}}} < 1$ 时，国家所有权安排优于私人与所有权安排。进一步说，当自由化与市场化程度足够低时，国家所有权安排优于私人所有权与集体所有权安排；当自由化与市场化程度足够高时，私人所有权安排优于国家所有权与集体所有权安排。也就是说，当 ρ 充分接近于零时，$W_s > \max\{W_p，W_c\}$；当 ρ 充分接近于 1 时，$W_p > \max\{W_s，W_c\}$。

上面两个定理表明：最优所有权安排的选择取决于自由化与市场化程度。它们表明当 ρ 由 0 至 1 变化时，最优所有权安排也随之改变。对于 ρ 由 0 至 1 的变化，图 1 给出了最优所有权安排的相应改变。

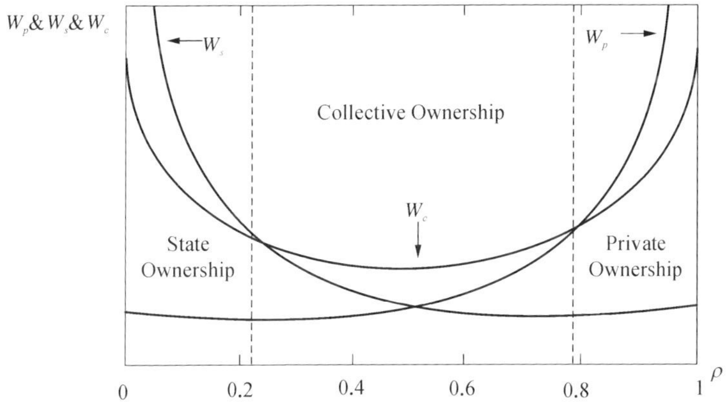

参数值：$a_1=\frac{2}{5}$，$a_2=\frac{2}{5}$，$a_3=\frac{1}{5}$，$u_e=u_b=1$，$\theta=\frac{1}{2}$，$\omega=\frac{2}{5}$，$A=2$，$K=1$，$\lambda_{me}=\frac{1}{5}$，$\lambda_{mb}=\frac{1}{5}$

图 1　ρ 对最优所有权安排的影响

尽管上面两个定理表明最优所有权安排的选择取决于制度环境的完美程度，定理 3 表明对于给定的制度环境的完善程度 ρ，内部管理能力与外部管理能力的相对效率影响最优所有权安排。下面定义由集体所有权安排转向私人所有权安排与国家所有权安排的两个临界值，它们分别为：

$$\bar{\lambda}_{re}=\left(\frac{u_e}{u_b}\right)\left[\left(\frac{1-(1-\theta)a_1-\theta a_2}{1-a_1-a_2}\right)^{1-a_1-a_2}\theta^{a_2}(1-\theta)^{a_1}\right]^{\frac{1}{a_1}} \quad (43)$$

$$\bar{\lambda}_{mb}=\left(\frac{u_b}{u_e}\right)\left[\left(\frac{1-(1-\theta)a_1-\theta a_2}{1-a_1-a_2}\right)^{1-a_1-a_2}\theta^{a_2}(1-\theta)^{a_1}\right]^{\frac{1}{a_2}} \quad (44)$$

定理 3　对于（15）中给出的柯布-道格拉斯形式的生产技术，假定

$\bar{\lambda}_{re} \leqslant 1$ 以及 $\bar{\lambda}_{mb} \leqslant 1$，则当且仅当 $\lambda_{mb} \geqslant \bar{\lambda}_{mb}$ 及 $\left[\dfrac{\lambda_{mb}u_e}{u_b}\right]^{a_2} \geqslant \left[\dfrac{\lambda_{rb}u_b}{u_e}\right]^{a_1}$ 时，国家所有权优于私人所有权与集体所有权安排（即 $W_s > \max\{W_p, W_c\}$）；当且仅当 $\lambda_{re} \geqslant \bar{\lambda}_{re}$ 和 $\left[\dfrac{\lambda_{mb}u_e}{u_b}\right]^{a_2} \leqslant \left[\dfrac{\lambda_{re}u_b}{bu_e}\right]^{a_1}$ 时，私人所有权优于国家所有权与集体所有权安排（即 $W_p > \max\{W_s, W_c\}$）；当且仅当 $\lambda_{re} \leqslant \bar{\lambda}_{re}$ 及 $\lambda_{mb} \leqslant \bar{\lambda}_{mb}$ 时，集体所有权优于国家所有权与私人所有权安排（即 $W_c > \max\{W_p, W_s\}$）。

该定理对内部管理与外部管理能力参数空间给出了一个分割。对较低数值的 λ_{re} 与 λ_{mb}，集体所有权的某些专业化能力将使得它对其他两种所有权占有优势。如果 λ_{re} 较大并且 λ_{mb} 较小，即当官员经理缺乏内部管理能力及私人企业家的外部管理能力相对不太弱时，私人所有权安排将可能占据主导。这对政府干预程度低及外部管理不重要的部门成立。这种部门的例子包括小规模生产部门、服务部门及劳动密集部门等等。如果 λ_{re} 较小并且 λ_{mb} 较大，即当企业家缺乏外部管理能力及官员的内部管理能力相对不太弱时，国家所有权安排将可能占据主导。

四、问题的回答以及政策含义

现在应用我们的理论来回答文章开始提出的问题，并且得出一些政策含义。

定理1与定理2对转型时期的最优所有权安排与产权结构提供了一个回答。根据这两个定理，当经济自由化与市场化程度很低时，国家所有权安排或许会优于私人与集体所有权安排；当经济自由化与市场化程度为中间阶段时，集体所有权安排或许会优于私人与国家所有权安排；当制度环境接近于正常时，我们的理论认为私人所有权是最优的所有权安排，这一结论与传统理论结果一致。但我们的理论同时也表明在转型与发展的初级或中间阶段，私人所有权安排却不是最优的产权结构。

定理 1 与定理 2 也对从指令性经济向自由市场经济转型的策略提供了一些启示。它们回答了以下问题：经济自由化、市场化与民营化的关系、时机与程序应该怎样；为实现平稳转型，我们应该如何调整所有权安排；社会计划者应在什么条件下及如何民营化国有企业。为了使民营制成为最有效的制度安排并且实现经济体制的平稳转型，我们首先应该通过实施经济自由化与市场化改革来改进制度环境（即提高 ρ），而不应在转型的早期阶段实施大规模的私有化。更具体地，转型的恰当时机与程序应为首先实施经济自主化，然后是市场化，最后再实施民营化，而且仅当 ρ 变得足够大时才应实施民营化。这是由于在没有减轻政府对市场活动的干预及改进经济自由与市场环境的情况下，根据定理 1 与 2，私人所有权安排或许不能恰当建立。不考虑经济环境是否完善就实施产权变化（即私有化），其代价将会很高。如果经济制度环境没有达到自由化与市场化的高级阶段，则私有企业没有生存能力。因此，国有企业的无条件大规模私有化将不利于经济制度的平稳转型。在有效运行的市场体系尚未恰当建立的经济制度转型过程中，以及当仍然还存在许多对经济自由的障碍时，集体所有权安排也许相对更加有效，而且会迅速发展。其结果，随着转型的发展及非国有部门的壮大，国有经济的比重将会减小。我们的理论进一步预测，随着经济自由化，尤其是市场化的不断提高，越来越多的集体企业将会失去它们的相对比较优势，从而开始向私人基础的所有权转变，这样国有经济的相对份额将会持续下降。只有当转型处于经济自由化与市场化的高级阶段，以及当国有经济占整个国民经济非常小的份额时（例如，大多数发达国家的水平约是 GNP 的 15％）时，才应实施大规模的私有化。

这些结论与中国经济改革的经验相一致，而且能够用来回答为什么是集体企业（特别是乡镇企业）而不是私有或国有部门成为中国经济增长的主要动力。中国经济改革与制度转型的早期阶段是以通过经济自由化与市场化改进制度环境的改革（所谓"松绑、放权，建立市场体系"的改革）为特征的。改革改进了经济机制运行良好所需的基本前提条件，例如改进了经济自由化程度、采用分散化决策及使用多种激励机制。这导致各种类型的企业迅速地进入生产领域，特别是如乡镇企业等集体所有企业的迅速发展，这其中的原因可以从定理 1 中得到。根据定理 1，集体所有企业在经济自由化与市场化的中间阶段是相对更为有效。① 这导致集体所有企业变为近 20 年来经济迅速增长的主要贡献力量。事实上，最近中国报纸上的一篇文章（《中国经济时报》，1999 年 8 月 13 日）给出了 ρ 的一个估计，估计是通过测量劳动市场、金融市场及产品市场的市场化程度，以及经济自由化与政府价格控制程度来完成的。中国现在的自由化与市场化程度 ρ 大致处于 0.45 与 0.5 之间。根据本文的理论结果，这样的经济制度环境程度使得集体企业在中国仍旧会优于私有企业，而且还解释了为什么在经济增长与稳定性方面，中国经济改革优于东欧国家。

本文的理论结果不仅能解释乡镇企业的蓬勃发展，同时也能用来解释为什么在经济制度的转型过程中，会出现比原有的计划经济体制和市场经济体制多得多的贪污、行贿、受贿等权力寻租现象。既然腐败能够看作某种类型的（非法）集体所有权安排（官员与企业家的联合所有权），在转型的早期阶段中，它能够增加经济效率。许多政府官员趁计划经济体制被打破，而新的市场体系又没有建立起来的空隙，通过手中的权力，将国家的资金、资源转移或审批给个人、企业或亲朋好友，以此分享利润或利益，双方都得到了好处（增加的经济效率），结果出现了许多贪污腐败现象。这也解释了在中国制度环境（ρ）不完善的现状下，为什么许多大公司寻求与中国国有企业

---

① 金和辉（音译）与钱颖一（Jin and Qian, 1998）的经验结果也支持了以下结论：当地方政府权力强大及市场未充分发展时，集体所有权优于其他两种所有权。

的合资，其原因是它们想利用中国官员经理来促进同政府的关系，使得这些企业更加有利可图。这些结果甚至能够用来解释工业化经济中的一些现象。例如，这能够用来解释甚至在工业化国家中，国有、公有及混合所有制企业能够共同存在。对于自然垄断行业（例如公用部门），公用设施的市场不完善而且存在许多政府管制。因此 ρ 在自然垄断行业相对较小，从而国有或公有企业很可能占据主导。

集体所有权安排不仅在转型与发展过程中是一个重要而有效的产权结构，而且它也是一个不可避免的中间产权安排，会在转型的过程中长期存在。这是由于市场化（将制度环境转变为市场导向的环境）是一个长期过程。尽管私有化（将所有权安排转化为私人所有权）能够迅速实施，市场化在短期内却不能完成。这是由于建立一个成熟的市场制度是十分耗时及艰难的过程。仅仅实施自由化政策（放松价格约束、开放产品市场或者给人们提供经济自由）对于成熟的市场体系是不够的。市场经济运行良好也取决于其他的配套性制度，例如金融体制、公共代理机构、财政与货币政策管理体系、现代企业制度、税收（收入分配）体制、法律体制、反托拉斯体制、劳动市场体系等等。由于发展这样的配套制度涉及法规、技能、组织与观念等方面的变化，它将会花费数年甚至数十年时间。另外，影响到所有权安排的政治与社会制度环境难于改变。还有一些通常存在的问题：搭便车、既得利益者的抵制、承担学习各种市场体制及规则的高额成本等问题。只有当市场体制几乎健全及经济几乎完全自由时，国有与集体所有企业才会变得相对效率较低，而这时我们才能实施大规模民营化。

最优所有权安排（无论是国有、集体所有，还是私人所有）取决于制度环境的结论能够从中国两次制度转型的实践中得到证实，其中一次是20世纪50年代初期开始进行的由市场型制度向中央集权的指令性经济的制度转型，另一次是最近20年来从集权经济向市场导向经济的转型。1949年中华人民共和国成立后，中国共产党并没有直接将私有经济体制转变为国家所有权（即并没有直接没收私人财产），而是通过改变制度环境这一间接的方式来达到改变所有制目的，其中包括逐渐减少经济自由、干预市场及控制原材料（所谓的工商业改造运动），从而使得大多私人企业最终不能生存。这些企业或者被驱逐出产业，或者转变为同中央或地方政府的集体所有权安排（一种称作公私合营的集体所有制企业）。随着政府的干预不断加强，大多数公私合营的企业转变为国有企业，在"文化大革命"末期的1976年，工业总产出中的国有比例达到了78%。"文化大革命"后，中国发生了一个相反制度转型过程，即从中央计划经济转变为市场导向经济。通过1978年开始的经济自由化与市场化改革，尽管直到最近为止未实施任何具有规模的私有化改革，国有部门的重要程度还是保持持续下降。产生许多新的非国有企业，同已有的国有企业竞争。由于集体所有企业的相对高效率，以乡镇企业为主的集体经济不断发展壮大，从而占据主导地位。这使得中国出现了从国有主导型经济向非国有主导型经济的转变，到1999年为止非国有部门生产了GNP的74%。[①] 随着经济自由化的进一步改进及持续地引入市场配套制度，集体所有企业正在失去它们的比较优势，目前更多的集体所有企业（特别是乡镇企业）已经转变为民营所有企业。值得注意的是，近来中国已经决定加速国有企业的民营化。中国政府已经提出了民营化国有企业的不同政策。所有这些情况都印证了我们的产权理论的合理性。

即使对于政治导向出现突然变化的一些东欧国家，私有化也并没有人们想象的那样迅速。根据 PerottI（1995）的研究，在匈牙利的国有企业最近出售给外国企业的过程中，尽管协议一般规定管理控制权的逐渐转移及最终的完全出售，但当时的所有交易都是部分出售（即为某种形式的集体所有制）。这些事实验证了我们的理论结果：当经济制度环境不断改善，其转型方向是从国家

---

① 关于对中国经济的详细介绍，请参阅 Cheung（1982），Perkins（1986），以及 Riskin（1987）。

所有权安排到集体所有权安排，然后最终转向私人所有权安排。

五、结　论

本文发展了一个内生所有权安排理论，它关注于不完善制度环境下私人所有权、集体所有权及国家所有权的相对效率比较问题，并对最优所有权安排的选择提供了一个理性化的解释。中国与前东欧国家转型经验的对比对本文的结论提供了支持。我们的理论模型的一个关键性假设是，当存在不规则制度环境时，有效生产需要一些特殊资源。理论预测了从指令性经济向自由市场经济的转型是如何发生的，并且对从国有到集体所有、最终到私人所有权的转型及相反方向的转型提供了一些有用的论断。通过应用这种所有权理论，我们能够对一些重要问题提供令人信服的解释，而传统理论却往往不能做到这一点。

这种理论框架在两个重要方面超越了已有文献。首先，我们的理论放弃了完全经济自由、分散化决策及市场完美性假设，而传统产权理论中则需要这些假设。它通过考虑一般性（规则与不规则的）制度环境而改进和丰富了传统理论，在这些制度环境中市场不是完善的，同时还存在着一些经济自由化与决策分散化的障碍。通过放宽经济制度环境的假设，它将转型经济的讨论引入到主流经济学理论的框架之中。

第二，它没有将所有权安排当作给定或由社会计划者直接进行选择，而是将它作为对经济自由化与市场化程度的有效反应。根据我们的理论，对于市场没有充分发展和政府仍具一定的影响力这两者共存的经济制度环境，集体所有权优于国家与私人所有权。外部管理能力（最好将其理解为寻租能力）不仅在企业层面上应看作是生产性投入，而且当经济制度环境非常不规则时，它对于总体经济的宏观层面仍然是生产性的。根据寻租理论，寻租从整个社会角度来看是无效的。然而，该结论成立的关键假设为所考虑的制度环境是规范的。当该假设不成立时,这种传统看法不再成立。当研究给定经济制度环境(ρ)下所有权安排的相对效率时,重要的是区分对于某个给定的制度参数 ρ 下外部管理能力的相对(局部)有效,与对于整个制度参数 ρ 区域下外部管理能力的绝对(全局)无效。即使寻租在 $\rho=1$ 的情况下是无效的,当 ρ 较低时它仍将会是生产性的。根据定理1,给定较小的 ρ,由于寻租现象,尽管集体所有权安排对 ρ 在整个区域上的选择不是绝对(全局)社会最优的,但它在 ρ 的中间某些取值范围内会比私人所有权安排相对更加有效。也就是说,当 ρ 较小时,私人所有权安排在微观与宏观层面上都相对缺乏生产性。否则的话,给定较小的 ρ,当每个私有企业在微观水平上都相对于其他类型所有权安排缺乏生产性时,私人所有权安排在宏观层面上如何能够富有生产性呢?这在逻辑上是不可能的。该结论具有相当的牢靠性,它且与中国经验事实相一致。在存在有限的经济自由及发展程度较低的市场体系的转型经济中,由于一些资源(例如促进人际关系)的获得成本及取得一些投入的成本必须得到支付,私人所有权安排或许不是最有效的所有权安排,因此集体所有权安排或许会优于私人所有权安排。官员在获得这些资源方面具有比较优势,而且对他们而言获取这些资源的成本较低。从政策应用角度,由于我们的理论与转型经济及存在不完善市场的经济更加相关,它将是有显著政策含义。既然 ρ 只能够逐渐提高,集体所有权安排会在较长时期内一直存在,而且在转型的中间阶段迅速私有化将不是最优选择。

本文中提出的一个基本问题是:在给定的经济制度环境 ρ 的程度下(它或许是非常不规则的),什么是拥有资本资产的最优方式?需要强调的是,我们的主要结果仅仅表明了某个所有权安排的相对效率,而不是在各种程度制度环境下的绝对效率。我们结果并不应用来说明集体所有权安排的绝对优势。正确的说法是,它们表明经济自由化与市场化的重要性,因而也表明改进总体制度环境的重要性。尽管当制度环境不规范时集体所有权会优于私人所有权,在规范的制度环境下,集体所有权安排并不会优于私人所有权安排。当制度环境足够规范时，私人所有权安排不仅相对而且绝对有效。事实上，不规范制度环境要使得企业承受更高的交易成本，而且要求使用额外资源来提高获取能力。如果外部管理技能及与政府干预相关的成本对于生产运营不再必要，则私人所有权将更有效率。在长期内为使市场有效运行，明晰产权及大规模地将所有权民营化将成为必要。这样，我们的理论与标准产权理论并不矛盾。我们的理论只是认识到在不规范经济的转型中期，有效的外部管理技能将会得到显著的回报。为达到资源的有效分配，私人所有权最终是一个更为优越和恰当的所有权制度。因此，从指令性经济向自由市场经济的最终转型将会是最优的。这样，我们为市场化的改革提供了一个理论依据，并且告诉人们市场化最终会导致民营化，那时私人所有权安排将达到绝对最优。一旦知道这点，那么平稳转型应如何实施。根据我们的理论及政策含义，达到这一目标的恰当程序不是迅速私有化国有企业，而应该首先改进制度环境。经济自由化与市场化不仅能够让许多新企业进入，而且将制度环境改进到适于私人所有权安排的程度。既然发展新的市场及建立成熟市场体系耗费时间而且成本高昂，对存在不完善制度的经济，完全与迅速私有化将不是最优选择。从而，在转型早中期阶段，集体所有权安排是一个更为有效的中间所有权安排制度，并且不能跳过这一阶段。只有当制度显著改进后，企业才应进行民营化。

需要强调的是社会计划者的是否存在对我们模型设定并没有影响，社会计划者仅仅是在讨论理论结果的政策含义时被提到，例如：如何进行平稳的制度转型；如何达到想要的所有权安排等。① 也就是说，我们模型中的最优所有权安排不是由社会计划者直接选择，但他们能够通过改变 ρ 而对所有权安排实行间接选择，这能够而且应该由社会计划者发挥作用。另外，当制度参数 ρ 没有

---

① 注意不要将官员经理与社会计划者相混淆。社会计划者可以是立法委员会、政策制定者，或者是一个能够影响转型过程的策略与目标、具有威望的改革者，例如前中国领导人邓小平。

得到恰当改变时，即使政策制订者直接选择某种所有权安排，它也许会相对无效。这样，区分直接选择和间接选择的差别对理解本文理论结果是很重要的。文中回答的基本问题是：在给定的经济制度环境程度 ρ 的前提下，所有权安排的最优方式是什么？在回答了对不同完善程度的经济制度环境相对应的各种所有权安排的相对效率这个问题后，我们可以通过改变 ρ 而达到想要的所有权安排。根据我们的理论，如果社会计划者想要取得占据优势的私人所有权安排的话，权威的改革者或政府部门应该采取改进经济制度环境的政策，而不应该仅仅直接改变所有权安排。仅当 ρ 在不断增加时，国家及集体所有权才会变得越来越不再有效，这时私人所有权安排会变得更有效率，因而能够得到迅速发展。

最后我们指出文章的一些局限性。第一，为简化起见本文并没有显性提到内部与外部管理资源市场。但是这些市场和交易并未完全受到忽视，它们会反映到 ρ 及机会收入中。第二，由于文章主要研究了拥有资本的最优方式，我们没有考虑关于资本投资市场。第三，我们的产权理论仅仅考虑了单个的占据优势的所有权安排。即便如此，它也许能用来解释不同所有权安排（例如国有企业、集体企业与私有企业）共存于相同行业中这一现象。由于官员与企业家的机会收入、分享规则及管理能力与外部管理能力的相对效率也能够影响最优所有权安排，这些参数在不同个人和企业间的差异将导致同一行业中不同所有权安排的共存。最后，本文未研究的一个有趣问题是：对制度环境转型，如何设计一个有效与平稳的过程。这样的从指令性经济向市场经济的制度转型的演化过程（也即自由化与市场化如何实施）没有在文中讨论。文中没有分析的另外一个有趣的问题是：改进中的制度环境与所有权安排的互动问题。同 Davis 与 North（1971）一样，我们将 ρ 作为外生变量对待，它描述了市场完善程度的现状、经济自由及经济的分散化程度；而将所有权制度安排作为内生变量对待。更精确与恰当的模型也许应该将经济制度环境 ρ 作为内生变量。当经济自由、政府干预及分权化的程度改进时，市场将会发展和成熟。然而，在不存在经济自由及不约束政府干预的情况下，仅仅私有化国有企业可能无法发展出一个成熟的市场。由于市场配套体系的发展是十分耗时的过程，而且本文主要关注于最优的所有权安排，我们可以将市场发展看作外生变量，特别是对于短时期而言更是如此。

附录

定理1的证明：首先证明 $W_c > W_s$。通过比较式（41）与式（34），并注意到 $1-(1-\theta)a_1-\theta a_2 > 1-a_1-a_2$，我们只需要证明：

$$\lambda_{mb}^{a_2} < \left(\frac{u_b}{u_e}\right)^{a_2}(1-\theta)^{a_1}\theta^{a_2}$$

通过对 ρ 求解该不等式，我们得到：

$$\rho\left[\ln\frac{\lambda_{mb}u_e}{u_b}+\ln\frac{1-\theta}{\theta}\right] < \ln(1-\theta)$$

由于 $\lambda_{mb} < \theta^2\frac{u_b}{u_e} < \theta\frac{u_b}{u_e} < \frac{\theta}{1-\theta}\frac{u_b}{u_e}$，我们得到 $\frac{\lambda_{mb}u_e}{u_b}\times\frac{1-\theta}{\theta} < 1$，因此：

$$\rho > \frac{\ln(1-\theta)}{\ln\frac{\lambda_{mb}u_e}{u_b}+\ln\frac{1-\theta}{\theta}} \equiv C > 0 \qquad (45)$$

为证明 $W_c > W_p$，我们比较式（41）与式（27）。当 $\lambda_{re}^{a_1} < \left(\frac{u_e}{u_b}\right)^{a_1}(1-\theta)^{a_1}\theta^{a_2}$ 成立时，我们有 $W_c > W_p$。通过对 ρ 求解该不等式，我们得到：

$$\rho\left[\ln\frac{1-\theta}{\theta}-\ln\frac{\lambda_{re}u_b}{u_e}\right] < \ln(1-\theta)-\ln\frac{\lambda_{re}u_b}{u_e}$$

由于 $\frac{u_b}{u_e} < \frac{(1-\theta)^2}{\lambda_{re}} < \frac{(1-\theta)}{\lambda_{re}}$，我们得到 $(1-\theta) > \frac{\lambda_{re}u_b}{u_e}$，因此有

$\dfrac{1-\theta}{\theta} > \dfrac{\lambda_{re}u_b}{u_e}$。于是，我们得到：

$$\rho < \dfrac{\ln(1-\theta) - \ln\dfrac{\lambda_{re}u_b}{u_e}}{\ln\dfrac{1-\theta}{\theta} - \ln\dfrac{\lambda_{re}u_b}{u_e}} \equiv D < 1 \qquad (46)$$

最后，我们必须证明 ρ 满足由式（45）与式（46）给出的不等式，即：

$$D - C = \dfrac{\ln(1-\theta) - \ln\dfrac{\lambda_{re}u_b}{u_e}}{\ln\dfrac{1-\theta}{\theta} - \ln\dfrac{\lambda_{re}u_b}{u_e}} - \dfrac{\ln(1-\theta)}{\ln\dfrac{1-\theta}{\theta} + \ln\dfrac{\lambda_{mb}u_e}{u_b}}$$

$$= \dfrac{\ln(1-\theta)\ln\dfrac{\lambda_{mb}u_e}{u_b} + \ln\theta\ln\dfrac{\lambda_{re}u_b}{u_e} - \ln\dfrac{\lambda_{mb}u_e}{u_b}\ln\dfrac{\lambda_{re}u_b}{u_e}}{\left[\ln\dfrac{1-\theta}{\theta} - \ln\dfrac{\lambda_{re}u_b}{u_e}\right]\left[\ln\dfrac{1-\theta}{\theta} + \ln\dfrac{\lambda_{mb}u_e}{u_b}\right]}$$

$$= \dfrac{\left[\ln(1-\theta) - \dfrac{1}{2}\ln\dfrac{\lambda_{re}u_b}{u_e}\right]\ln\dfrac{\lambda_{mb}u_e}{u_b}}{\left[\ln\dfrac{1-\theta}{\theta} - \ln\dfrac{\lambda_{re}u_b}{u_e}\right]\left[\ln\dfrac{1-\theta}{\theta} + \ln\dfrac{\lambda_{mb}u_e}{u_b}\right]}$$

$$+ \dfrac{\left[\ln\theta - \dfrac{1}{2}\ln\dfrac{\lambda_{mb}u_e}{u_b}\right]\ln\dfrac{\lambda_{re}u_b}{u_e}}{\left[\ln\dfrac{1-\theta}{\theta} - \ln\dfrac{\lambda_{re}u_b}{u_e}\right]\left[\ln\dfrac{1-\theta}{\theta} + \ln\dfrac{\lambda_{mb}u_e}{u_b}\right]}$$

$$> 0$$

首先注意最后一个不等式中的分母为负。另外，根据假设我们得到 $\ln(1-\theta) - \dfrac{1}{2}\ln\dfrac{\lambda_{re}u_b}{u_e} > 0$ 及 $\ln\theta - \dfrac{1}{2}\ln\dfrac{\lambda_{mb}u_e}{u_b} > 0$，因此 $\ln\dfrac{\lambda_{re}u_b}{u_e} < 0$ 及 $\ln\dfrac{\lambda_{mb}u_e}{u_b} < 0$。这样我们得到 $D - C > 0$。

因此，当 ρ 满足不等式 $\dfrac{\ln(1-\theta)}{\ln\dfrac{1-\theta}{\theta}+\ln\dfrac{\lambda_{mb}u_e}{u_b}} < \rho < \dfrac{\ln(1-\theta)-\ln\dfrac{\lambda_{re}u_b}{u_e}}{\ln\dfrac{1-\theta}{\theta}-\ln\dfrac{\lambda_{re}u_b}{u_e}}$,

以及当其他条件得到满足时，我们证明了 $W_c > \max\{W_p, W_s\}$。

定理 2 的证明：通过比较式（27）与式（34），$W_s > W_p$ 当且仅当：

$$\lambda_{mb}^{a_2} u_b^{-(a_1+a_2)} > \lambda_{re}^{a_1} u_e^{-(a_1+a_2)} \tag{47}$$

注意到 $a_1 = \dfrac{(1-\rho)\alpha_1}{1-\alpha_2} = (1-\rho)\beta$ 及 $a_2 = \dfrac{\rho\alpha_1}{1-\alpha_2} = \rho\beta$，这里 $\beta = \dfrac{\alpha_1}{1-\alpha_2}$。

对 ρ 求解不等式（47），我们得到：

$$\rho\ln\dfrac{1}{\lambda_{mb}\lambda_{re}} < \ln\dfrac{u_e}{\lambda_{re}u_b}$$

由于 $\dfrac{u_b}{u_e\lambda_{mb}} > 1$ 及 $\dfrac{u_b\lambda_{re}}{u_e} < 1$，我们得到：

$$0 \leqslant \rho < \ln\dfrac{1}{\lambda_{mb}\lambda_{re}} = \dfrac{\ln\dfrac{u_e}{\lambda_{re}u_b}}{\ln\dfrac{u_b}{\lambda_{mb}u_e}+\ln\dfrac{u_e}{\lambda_{red}u_b}} \leqslant 1$$

因此当且仅当以上不等式成立时，我们有 $W_s > W_p$。

下面我们来证明定理的第二部分。即需要证明：当 ρ 充分接近于 0 时有 $W_s > W_c$；当 ρ 充分接近于 1 时有 $W_p > W_c$。通过将式（41）同式（34）及式（27）相比较，$W_s > W_c$ 当且仅当：

$$\lambda_{mb}^{a_2} > \left(\dfrac{u_b}{u_e}\right)^{a_2}\left(\dfrac{1-(1-\theta)a_1-\theta a_2}{1-a_1-a_2}\right)^{1-a_1-a_2}(1-\theta)^{a_1}\theta^{a_2}$$

另外，$W_p > W_c$ 当且仅当：

$$\lambda_{re}^{a_1} > \left(\dfrac{u_e}{u_b}\right)^{a_1}\left(\dfrac{1-(1-\theta)a_1-\theta a_2}{1-a_1-a_2}\right)^{1-a_1-a_2}(1-\theta)^{a_1}\theta^{a_2}$$

当 $\rho \to 0$、$a_1 \to \beta$、$a_2 \to 0$、$\lambda_s^{a_2} \to 1$ 时，并注意到 $\varphi(0)=1$ 及 $\varphi(\theta)$ 严格递减（由于 $\varphi'(\theta)<0$），有：

$$\left[\frac{u_b}{u_e}\right]^{a_2}\left[\frac{1-(1-\theta)a_1-\theta a_2}{1-a_1-a_2}\right]^{1-a_1-a_2}(1-\theta)^{a_1}\theta^{a_2}$$

$$\to \left[\frac{1-(1-\theta)\beta}{1-\beta}\right]^{1-\beta}(1-\theta)^{\beta} \equiv \varphi(\theta) < 1$$

因此，当 ρ 充分接近于 0 时，我们得到 $W_s > W_c$。

另一方面，当 $\rho \to 1$ 时，有 $a_1 \to 0$ 及 $a_2 \to \beta$。注意到 $\phi(1)=1$ 及 $\phi(\theta)$ 严格递增（由于 $\phi'(\theta)>0$），有：

$$\left[\frac{u_e}{u_b}\right]^{a_1}\left[\frac{1-(1-\theta)a_1-\theta a_2}{1-a_1-a_2}\right]^{1-a_1-a_2}(1-\theta)^{a_1}\theta^{a_2}$$

$$\to \left[\frac{1-\beta\theta}{1-\beta}\right]^{1-\beta}\theta^{\beta} \equiv \varphi(\theta) < 1$$

因此，当 ρ 充分接近于 1 时，我们得到 $W_p < W_c$。

因此，当 $\rho \to 0$ 时，有 $W_s \to \max\{W_p,\ W_c\}$；当 $\rho \to 1$ 时，有 $W_p > \max\{W_s,\ W_c\}$。

定理 3 的证明：

根据 $\left[\left(\dfrac{1-(1-\theta)a_1-\theta a_2}{1-a_1-a_2}\right)^{1-a_1-a_2}\theta^{a_2}(1-\theta)^{a_1}\right]^{\frac{1}{a_1}} \leqslant \dfrac{u_b}{u_e} \leqslant$ $\left[\left(\dfrac{1-(1-\theta)a_1-\theta a_2}{1-a_1-a_2}\right)^{1-a_1-a_2}\theta^{a_2}(1-\theta)^{a_1}\right]^{\frac{1}{a_2}}$，能够很容易证明 $\bar{\lambda}_{mb} \leqslant 1$ 以及 $\bar{\lambda}_{re} \leqslant 1$。我们已经知道：$W_p > W_c$ 当且仅当 $\lambda_{re} > \bar{\lambda}_{re}$ 成立；$W_s > W_c$ 当且仅当 $\lambda_{mb} > \bar{\lambda}_{mb}$ 成立；$W_s > W_p$ 当且仅当：

$$\lambda_{mb}^{a_2} u_b^{-(a_1+a_2)} > \lambda_{re}^{a_1} u_b^{-(a_1+a_2)} \tag{48}$$

重新安排上面的不等式，我们得到 $\left[\dfrac{\lambda_{mb}u_e}{u_b}\right]^{a_2} > \left[\dfrac{\lambda_{re}u_b}{u_e}\right]^{a_1}$。因此有

$W_s > \max\{W_p, W_c\}$ 当且仅当 $\lambda_{mb} \geq \bar{\lambda}_{mb}$ 并且 $\left[\dfrac{\lambda_{mb}u_e}{u_b}\right]^{a_2} \geq \left[\dfrac{\lambda_{re}u_b}{u_e}\right]^{a_1}$ 成立;

$W_p > \max\{W_s, W_c\}$ 当且仅当 $\lambda_{re} \geq \bar{\lambda}_{re}$ 及 $\left[\dfrac{\lambda_{mb}u_e}{u_b}\right]^{a_2} \leq \left[\dfrac{\lambda_{re}u_b}{u_e}\right]^{a_1}$ 成立;

$W_c > \max\{W_p, W_s\}$ 当且仅当 $\lambda_{re} \leq \bar{\lambda}_{re}$ 及 $\lambda_{mb} \leq \bar{\lambda}_{mb}$ 成立。

(2001 年 10 月)

参考文献

[1] Baye, M., Tian, G., and J. Zhou. Characterizations of the Existence of Equilibria in Games with Discontinuous and Nonquasiconcave Payoffs [J]. *Review of Economic Studies*, 1993, 60: 935～948.

[2] Blanchard, O. and S. Fischer. *NBER Macroeconomics Annual* [M]. MIT Press: Cambridge, MA, 1993.

[3] Blanchard, O. and M. Kremer. Disorganization [J]. *Quarterly Journal of Economics*, 1997, 112, 1091～1126.

[4] Chang, C. and Y. Wang. On the Nature of the Chinese Township and Village Enterprises [J]. *Journal of Comparative Economics*, 1995, 19: 434～452.

[5] Che, J. and Y. Qian. Institutional Environment, Community government, and Corporate Governance: Understanding China's Township Village Enterprises [J]. *Journal of Low, Economics, and Organization*, 1998, 14: 1～23.

[6] Che, J. and Y. Qian. Insecure Property Rights and Government Ownership of Firms [J]. *Quarterly Journal of Economics*, 1998, 113: 467～496.

[7] Cheung, C-Y. *China's Economic Development* [M]. Westview Press, 1982.

[8] Davis, L. and D. C. North. Institutional Change and American Economic Growth: A First Step Toward A Theory of Institutional Innovation [J]. *Journal of Economic History*, 1970, 30: 131～149.

[9] Davis, L. and D. C. North. *Institutional Change and American Economic Growth* [M]. Cambridge University Press, 1971.

[10] Demsetz, H.. Towards a Theory of Property Rights [J]. *American Economic Review*, 1967, 57: 347～359.

[11] Diewert, W. E.. Functional Forms for Profit and Transformation Function [J]. *Journal of*

Economic Theory, 1973, 6: 284~316.

[12] Eswaran, M. and A. Kotwal. A Theory of Contractual Structure in Agriculture [J]. *The American Economic Review*, 1985, 75: 352~367.

[13] Friedman, J. W.. *Oligopoly and the Theory of Games* [M]. North-Holland, Amsterdam, 1977.

[14] Furubotn, E.G. and S. Pejovich. Introduction: The New Property Rights Literature [M]. // Eric G. Furubotn and Svetozar Pejovich, Eds.. *The Economics of Property Rights*. Bollinger: Cambridge MA, 1974.

[15] Grossman, S.J. and O. D. Hart. The Costs and Benefits of Ownership: A Theory of Vertical and Lateral Integration [J]. *Journal of Political Economy*, 1986, 94: 691~719.

[16] Hart, O. and J. Moore. Property Rights and the Nature of the Firm [J]. *Journal of Political Economics*, 1990, 98: 1119~1158.

[17] Hart, O., A. Shleifer, and R. W. Vishny. The Proper Scope of Government: Theory and An Application to Prison [J]. *Quarterly Journal of Economics*, 1997, 112: 1127~1161.

[18] Jefferson, G. and T. Rawski. Enterprise Reform in Chinese Industry [J]. *Journal of Economic Perspective*, 1994, 8: 47~70.

[19] Jin, H. and Y. Qian. Public Versus Private Ownership of Firms: Evidence from Rural China [J]. *Quarterly Journal of Economics*, 1998, 113: 773~808.

[20] Laffont, J-J. and J. Tirole. A Theory of Incentives in Procurement and Regulation [M]. MIT Press: Cambridge, MA, 1993.

[21] Li, D.. A Theory of Ambiguous Property Rights: The Case of the Chinese Non-state Sector [J]. *Journal of Comparative Economics*, 1995, 23: 1~19.

[22] 林毅夫、蔡昉、李周. 企业的改革的核心是创造公平竞争的环境 [M]. // 徐庆、文贯中. 中国国有企业改革. 1996, 49~75.

[23] North, D.. Institutions, Institutional Change, and Economic Performance [M]. Cambridge University Press: Cambridge, 1990.

[24] Perotti, E.. Credible Privatization [J]. *American Economic Review*, 1995, 85: 847~859.

[25] Perkins, D.. China: Asia's Next Economic Giant (The Henry Jackson Lecture in Modern Chinese Studies) [M]. University of Washington Press, 1986.

[26] Reid, J.D.. The Theory of Share Tenancy Revisited — Again [J]. *Journal of Political Economy*, 1977, 85 (2): 403~407.

[27] Ruttan, V. W.. Induced Institutional Change [M]. //H. P. Binswanger and V. W. Ruttan (eds). *Induced Innovation: technology, Institutions, and development*. Johns Hopkins University Press: Baltimore, 1978, 327~357.

[28] Schultz, T. W.. Institutions and the Rising Economic Value of Man [J]. *American Journal of Agricultural Economics*, 1968, 50: 1113~1122.

[29] Shleifer, A. and R. W. Vishny. Corruption [J]. *Quarterly Journal of Economics*, 1993, 108: 599~618.

[30] Shleifer, A. and R. W. Vishny. Politicians and Firms [J]. *Quarterly Journal of Economics*, 1994, 109: 995~1025.

[31] Schmidt, K.. The Costs and Benefits of Privatization: An Incomplete Contracts Approach [J].

Journal of Law, Economics and Organization, 1996, 32: 1~24.
- [32] 田国强. 内生产权所有制理论与经济体制平稳转轨 [J]. 经济研究, 1996, 11: 11~20.
- [33] Tian, G.. State-Owned Enterprise Reform and Smooth Institutional Transition in China — A Three-Stage Economic Reform Method [M]. //G. J. Wen and D. Xu (eds.). *The Reformability of China's State Sector*. World Scientific, 1996, 220~240.
- [34] Tian, G.. Property Rights and the Nature of Chinese Collective Enterprises [J]. *Journal of Comparative Economics*, 2000, 28: 247~268.
- [35] Weitzman, M. L. and C. Xu. Chinese Township-Village Enterprises as Vaguely Defined Cooperatives [J]. *Journal of Comparative Economics*, 1994, 18: 121~145.
- [36] Williamson, O.E.. *Markets and Hierarchies: Analysis and Antitrust Implications* [M]. The Free Press: New York, 1975.
- [37] Williamson, O. E.. Organization of Work: A Comparative Institutional Assessment [J]. *Journal of Economic Behavior and Organization*, 1980, 1: 5~38.
- [38] Williamson, O. E.. *Economic Institutions of Capitalism* [M]. The Free Press: New York, 1985.
- [39] 张维迎. 国有企业改革出路何在? [M]. //徐滇庆、文贯中: 中国国有企业改革. 1996, 76~89.

99

经济机制理论：信息效率与激励机制设计[*]

一、引 言

经济机制理论主要研究在自由选择、自愿交换、信息不完全及决策分散化的条件下，能否设计一套机制（游戏规则或制度）来达到既定目标，并且能够比较和判断一个机制的优劣性。世界上有许多（包括理论上）各式各样的经济制度，如市场经济机制、计划经济机制、公有制、私有制、集体合作制、混合所有制、边际成本定价机制等。那么，什么样的经济机制是好的呢？这是一个自20世纪二三十年代以来学术界一直在争论和想要回答的问题，并且在当今转型经济国家中还在争论的一个基本问题。比如中国自改革开放以来，成为全世界经济发展最快的国家，年平均增长率达到9.7%左右，其中，集体经济是中国经济增长的主要贡献力量。于是不少人相信非私有经济可像私有经济表现得一样好，或更好，而另外一批人却不同意此看法。

---

* 本文载于《经济学》（季刊），2003年第2卷第2期。

在讨论和判断一个经济制度优劣时，人们需要首先给出评价一个经济制度优劣的标准。在经济学文献中，经济学家通常认为一个好的经济制度应满足三个要求：它导致了资源的有效配置、有效利用信息、激励兼容。机制的有效资源配置要求资源得到有效利用，有效利用信息要求机制的运行具有尽可能低的信息成本，激励兼容要求个人理性和集体理性一致。这些要求是评价一个经济机制优劣和选择经济机制的基本判断标准。如果一个资源配置不是有效的，则存在着资源的浪费和改进经济效率的余地；如果信息的利用不是有效的，机制运行的成本就比较大；如果一个机制不是激励兼容的，个人在追求私利时可能会违背集体利益或影响社会目标的实施，从而个人理性与集体或社会理性不一致。由于不同的经济机制会导致不同的信息成本、不同的激励反应、不同的配置结果，因而人们需要知道什么样的经济制度能满足以上三个要求。这样，仅仅把一个个机制分开考虑是不够的。当各种经济机制共存、可供选择时，一个国家则需要对经济制度做出选择。在所实施的经济制度出现问题时，人们也总想知道是否还存在着其他更好的经济制度。另外，在现实中，经济环境总是在不断地发生演变，特别在经济、社会制度转型时期更是如此，从而人们需要对制度进行选择或创新。这样，我们需要有一个能研究和比较各种经济机制的更一般的理论来考虑制度的选择问题。在这个理论模型下，经济机制不必看成是给定的，而是未知、可设计的，并且在一定的标准下（如以上所提到的三个标准）可以研究和比较各种（已知和未知）经济机制的优劣。此外，人们所面临的是一个信息不完全的社会。由于任何人特别是上级部门没有、也不可能掌握其他人的所有私人信息，从而直接地指导社会经济活动时就会遇到很大的问题。（如果所有人个人信息能够被全部掌握的话，直接控制或强制命令的集中化决策（比如像计划经济）方式就不会有问题。它可归结为一个简单的优化问题。）正是由于所有的个人信息不可能完全被一个人掌握，人们才希望分散化决策。用激励机制或规则这种间接控制的分散化决策方式来激发人们做设计者（制度或规章制定者）想做的事情，或实现设计者想达到的既定目标。这正是经济机制设计理论所要探讨的问题。

机制设计理论能系统地比较各种经济制度的优劣和研究不同的经济制度是如何影响人们的相互行为和资源配置结果的。经济机制理论把所有的经济机制放在一起进行研究。研究的对象大到对整个经济制度的一般均衡设计,小到对某个经济活动的激励机制设计。这个理论的基本框架是由美国经济学家利奥·赫维茨(Leo Hurwicz)最先严格给出的。它可用来研究和探讨各种经济问题,特别是在不完全信息情况下探讨和设计各种激励机制,以实施(Implement)所要达到的社会或某个既定目标。概括地说,经济设计理论所讨论的问题是:对于任意的一个想要达到的既定目标,在自由选择、自愿交换的分散化决策条件下,能否并且怎样设计一个经济机制(即制定什么样的方式、法则、政策条令、资源配置等规则)使得经济活动参与者的个人利益和设计者既定的目标一致,即每个人主观上追求个人利益时,客观上也同时达到了机制设计者既定的目标。如可能的话,是否具有较小的信息运行成本。机制设计目标可以非常大,也可以非常小。大到可以是对整个经济社会的制度的设计,其目标是一个经济整体目标。也可以小到只是具有两个参与者的经济组织管理的主持人的目标,其目标只是他自己的最优利益。

本文对机制设计理论产生的背景、基本结果及最新发展作一大致介绍。需要提到的是,本综述不是非常完整,对文献的引用具有很大的取舍性,许多没有被提到的结果并不表示它们不重要,只是个人的偏好及篇幅所致。

二、背　景

我们前面提到经济机制的信息有效性和激励兼容性是评价一个经济机制优劣的基本标准。对一个机制的信息有效性和激励兼容性的研究是由 20 世纪 30 年代关于市场社会主义经济机制可行性的大论战引发的,争论的内容恰与当前中国经济改革所遇到的问题类似。20世纪20年代至30年代有一场非常著名的论战，称之为社会主义大论战。一批反对社会主义的经济学家试图证明社会主义在理论上是行不通的。他们的主要代表人物是米塞斯（Mises）和哈耶克（Hayek）。（Hayek是1974年诺贝尔经济奖的得主，1992年以90岁的高龄去世。）他们批评社会主义，不是针对社会主义理想是否合理，而是认为社会主义不可能获得维持经济有效运转的信息。他们把社会主义经济机制看作是一个高度集中的中央计划，每一个基层单位或企业向中央机构传送有关技术、成本、消费需求方面的信息，再由中央计划机构制定出非常详细的计划并下达给企业。这样，中央计划机构需要知道消费者的偏好和企业的生产技术条件，并且要有解出数以百万计以上的供给和需求联立方程组的能力，即使在计算机非常发达的今天，这也是一件很困难的事。即使能知道这些信息并能解出这些方程式，由于收集信息和计算供求结果所需时间过长，人们的消费偏好和企业的技术条件也许早已发生了变化。所以他们认为经济社会不可能获得社会主义计划所需要的信息并合理地使用这些信息。论战另一方面的主要代表人物是兰格（Lange）和雷纳（Lerner）。他们认为即使在社会主义条件下人们仍然可以利用市场机制。他们的主张是：虽然生产资料收归国有，但资源的流动还应由供求关系确定（他们所说的资源不包括投资，仅仅只对消费领域而言）。对于企业而言，每个企业应该根据边际成本等于中央计划委员会所制定的产品价格来确定生产水平。在一定生产技术条件下，在数学上可以证明这种机制可导致资源的有效配置。兰格和雷纳所建议的其实是一种分散化的社会主义经济机制，或者说是市场社会主义经济机制。这种机制旨在解决信息要求过大的问题。以米塞斯和哈耶克为首的一批人认为社会主义式的计划经济机制不可能获得维持经济正常运转的信息。而以兰格和雷纳为代表的另一批人认为可以通过边际成本定价的方式来解决信息成本巨大的问题。兰格的这种分散化市场社会主义机制可能解决了信息量要求过大的问题，但它本身又产生了另外一个问题，那就是激励兼容问题，也就是怎样激励基层单位完成上级计划部门下达的任务并且按照真实的边际成本订价来组织生产。由于边际成本是私人信息，上级部门不可能完全清楚。这样，企业为了更容易地完成上级下达的生产指标或利润，企业就会有激励高报生产成本，使得上级部门下达较低的生产指标，且能制定更高的产品价格。并且，当规模报酬递增的生产情况发生时，生产边际成本小于平均成本。如果按照边际成本定价，企业就会亏损，长久下去，企业就要破产。如果这种生产是必要的，即使在资本主义国家，也需实行补贴。但是对企业的补贴会引起许多其他的问题，其中之一就是财政问题，因为这些补贴要从其他企业上缴的利润（或税）中拿出来。另一个问题就是企业的激励（积极性）问题。如果企业亏损了，政府会给他们补贴，那企业就缺乏提高效率的激励。这种情况说明：为了使整个社会提高效率而给予企业的补贴在客观上反而降低了企业内部的效率。分散化的社会主义经济或者是市场社会主义经济（在理论上或许能导致有效的资源配置）并没有解决激励问题，因此哈耶克他们认为兰格的设想仍然是不可行的。可以看出，他们争论的问题和今天中国改革的走向有很大的关系。

另外，资源配置机制理论的产生不仅与社会主义经济模式有关，也与资本主义经济模式有关。传统的经济分析把经济机制看作是给定的。比如新古典微观经济学主要把市场机制作为对象来进行研究，它讨论市场机制如何运转，有什么样的优越性及局限性。对计划经济机制的讨论也是如此。在早期的文献中，如 Bergson（1938）、Lange（1942）、Lerner（1944）、Arrow（1951）、Debreu（1959）、Arrow-Hahn（1971），人们所讨论的中心问题是将某个给定的经济机制作为研究对象（例如给定竞争市场机制），探讨在什么样的经济环境（即对于什么样的生产技术、消费者偏好、初始资源）下，它能导致帕累托最优（有效）资源配置。西方现代经济学的大多数研究是从市场的角度研究最优资源配置的。然而，市场机制也有它的局限性。我们知道，在许多情况下（如不完全竞争市场、生产的外部性、公共商品、不完全信息市场、按规模报酬递增或不可分商品等），市场不能导致有效的资源配置。在微观经济学中有两个福利经济学定理给出了市场机制与所导致资源配置的有效性（最优性）之间的关系。第一福利经济学定理阐明完全竞争的市场机制导致了帕累托有效配置（正式定义在下面给出）。它假定不存在外部效应及某种个人偏好的非充分满足（自利性）的特性。第二福利经济学定理阐明任何帕累托有效配置都可以通过合适的资产再分配后由完全竞争的市场机制来达到。它假定不存在外部效应及某种个人偏好的非充分满足的特性。但还要加另外一些重要假定，如个人偏好的凸性及生产技术不存在按报酬规模递增的现象等假设。帕累托有效（最优）配置指的是这样的一种配置：如果不存在能改善社会中某个成员的福利而又不损坏其他人的福利的可供选择的可行的资源配置的话，那么这种资源配置就被说成是帕累托有效配置。因此，我们既要看到市场机制的优越性，又要看到它的局限性。在讨论其局限性时，仅仅只指出市场不能良好的运行是不够的，还需寻找其他方法或机制替代或改进市场的作用。于是人们想到也许有什么补救办法，即是否存在着其他的经济机制，它能产生资源的有效配置。更一般地说，对于给定的经济环境类和某个社会目标（这个社会目标可以是资源的有效配置，某种意义下的公平或公正配置，或某个其他配置），是否存在着某个机制（配置规则），使得每个人即使追求个人目标，其客观效果正好能达到既定的社会目标。例如，我们知道在一般的情况下，完全竞争市场机制产生了资源的有效配置。那么是否还存在其他机制（如社会主义计划经济机制）同样地也产生资源的有效配置呢？如果回答是肯定的，这个机制是否能用比竞争机制更少的信息或成本来实现资源的有效配置呢？这就是经济机制设计理论所要讨论的主要问题。这些问题的提出对机制的信息理论和激励理论的产生有着直接影响。以上的第一个问题实际上与激励理论有关；第二个问题则与信息有效理论有关。

这样，机制设计需涉及两个基本问题：一个是信息效率问题，即所制定的机制是否只需较少的信息传递成本，较少的关于消费者、生产者及其他经济参与者的信息；另一个是机制的激励兼容问题（也就是积极性问题），即在所制定的机制下，每个参与者即使追求个人目标，其客观效果是否也能正好达到设计者所要实现的目标。现在大多经济学家都已知道，当经济信息不完全并且直接控制的方式不可能或不恰当时，人们需要采用分散化决策的方式来进行资源的配置或做出其他的社会经济决策。这样，在制度或规则的制定者不可能了解所有个人信息的情况下，他所要掌握的一个基本原则就是所制定的机制能够提供给每个参与者某种激励使得参与者在追求个人的利益时也同时地达到了所制定的目标。这就是所谓的激励机制的设计。许多现实和理论问题都可归结为激励机制的设计。比如委托人—代理人（Principal-agent）问题、最优合同设计、规章或法规制定、公共财政理论、拍卖机制的设计、最优税制设计、行政管理、政治社会制度设计，甚至处理家庭关系问题等。激励兼容和信息成本是任何机制，特别是经济制度的设计所必须考虑的两个基本问题，人们把这两个因素作为判断一个经济机制优劣的标准。不同的机制会导致不同的信息成本、不同的激励、不同的配置结果。研究一个经济机制的信息有效性和激励兼容性可评价其制度的优劣性。机制理论系统地研究经济制度的设计和这些制度是如何影响人们的互动行为和配置结果的。下面我们分别就经济机制理论中的信息效率问题和激励兼容问题主要结果和最新进展作一大致介绍。

三、经济机制的信息效率问题

本节讨论一个经济机制实现某个目标所要求的最小信息量问题。在这里我们只注意经济机制的信息要求（即运行信息成本问题），而不考虑激励问题，即不要求个人自利行为（个人理性）与既定目标（集体理性）一致的问题。该问题放在下一节讨论。

（一）信息分散化经济机制模型

从信息的观点，一个经济机制可以看作为是一个信息交换和调整的过程。

像市场调整过程那样，当信息的交换处在平稳（Stationary）位置上时，一个配置结果被决定。分散决策从本质上来说是信息不完全的一种特征——信息分散于各个生产和消费决策者的一种特征。人们通过对需求和供给等经济活动的信息交换和传递来做出生产和消费的决策。信息分散化与亚当·斯密、哈耶克、费德曼所论证的竞争市场机制的最优性的特征紧密相关。那么，信息是什么？信息分散化的严格定义又是什么？它应包括哪些内容？在什么意义下认为信息成本是大还是小？在讨论这些问题时，人们需要一个统一的模型来研究什么是经济机制。这个模型最好能包括信息分散过程、信息集中过程、市场经济机制、计划经济机制，以及它们的各种混合形式的机制，因为仅仅把一个个的机制（如市场机制和计划机制）分别加以考虑是不够的。我们下面介绍一个非常一般的信息调整过程模型，它能研究各种机制的信息成本问题。

假定在一个经济社会中，有 n 个参与者，每个参与者可以既是生产者也是消费者，也可以只是生产者或只是消费者，或是一个家庭，政府的某一个部门或机构，所有参与者的集合记为 N。作为一个生产者，企业有一个生产可能性集合（生产技术条件约束），记为 Y_i。作为一个消费者，他有一个消费空间，记为 X_i，有一个消费偏好关系或效用函数（如存在的话），记为 R_i（或 u_i），即对任何两组商品组合，他能比较哪一组商品对他更为有利。每个单位 i 还有一个初始资源，记为 w_i。这样，消费空间、初始资源、消费偏好关系、生产技术这四项合起来就构成了这个参与者的经济特征，记为 $e_i = (X_i, w_i, u_i, Y_i)$。抽象地说，一个经济社会就是由所有参与者的特征组成的，它也被称之为经济或经济环境，记为 $e = (e_1, e_2, \cdots, e_n)$。所有可能的经济环境形成了一个集合，记为 E。所有资源配置的集合称为资源配置空间，记为 Z。从信息传播的角度讲，所谓经济机制就是把信息从一个经济单位传递到另一经济单位。从信息物质形态讲，信息的传播形式可以是一封信、一个电话、一个图像等；从信息量化的角度讲，传递的内容可以是一组数、一个向量或一个矩阵。机制设计所需要考虑的一个重要问题就是尽量简化传递过程中的复杂性，或使一个机制合理运行而使用较少的信息，因为较少的信息意味着较少的机制运行（交易）成本。由第 i 个人传递出的信息我们记为 m_i，也称为语言（Messages）。所有这些信息的集合称为第 i 个人的语言空间，记为 M_i。n 个人在时间 t 的一组语言记为 $m(t) = (m_1(t), \cdots, m_n(t))$。所有这些语言的集合称为语言空间，记为 M。由于人们根据所接收到其他人的信息不断调整和反馈自己所发出的信息，在一个简单的一阶差分模型中，第 i 个参与者在时间 $t+1$ 对时间 t 时的信息响应由下面的差分方程给出。

$$m_i(t+1) = f_i(m(t), e), \quad i \in N \tag{1}$$

这里，$f_i: E \to M$ 被称为响应函数。一旦这种调整过程达到平稳点，人们不在改变信息，即 m 是响应函数的不动点 $m_i = f_i(m, e)$，$i \in N$，或达到规定的终点时刻 T 时，通过某个资源配置规则（称为结果函数）$h(\cdot): M \to Z$ 来决定资源配置结果，即资源的配置由 $z = h(m)$ 来决定。这样的一个信息调整，资源配置过程决定了一个经济机制。它是由语言空间、响应函数及结果函数组成的，记为 $\langle M, f, h \rangle$。信息空间规定了每个人依据自己的特征送出什么样的信息；响应函数表示了下一时刻输出的信息，它反映了如何在接到前一时刻的信息以后以怎样的形式反映出来，当然这种响应与经济环境 e 有关，响应函数决定了平稳信息状态；配置规则 h 是依据各单位送来的信息做出资源配置。任何一个机制都是在一定的约束下运行的，约束的规则却是由政府或由立法机关制定，或由经济系统中每个参与人共同制定的。每一个人在这种约束下选择认为对他有利的信息。信息集合的元素可以是他自己对某种商品的需求或供给量；或是自己对商品的偏好关系；或是对产品成本的描述；等等。配置规则决定了资源的配置。这个规则把信息的传递过程转化为物资资源的配置过程。这样，它建立了从信息空间到资源配置空间的一个关系（映射）。它根据个人、企业或其他经济单位从信息集合中所选的信息来决定社会的生产及个人消费。

注意，式（1）中响应函数平稳点的集合定义了一个从经济环境空间 E 到

信息空间 M 一个对应，记为 $\mu_i: E \longrightarrow M$，即 $\mu_i(e)=\{m \in M: m=m_T$ 或 $m_i=f_i(m, e), i \in N\}$。令

$$\mu(e)=\bigcap_{i=1}^{n} \mu_i(e) \qquad (2)$$

我们得到了一个从 E 到 M 的多值对应：$\mu: E \longrightarrow M$，并且 $m \in \mu$ 当且仅当 m 是式（1）的平稳点。这样，一个信息调整机制可等价地定义为 $\langle M, \mu, h \rangle$，这里，$\mu = \bigcap_{i=1}^{n} \mu_i$ 称为平稳信息对应。

方程（1）所反映的调整过程包括了信息集中化调整过程，这是由于参与者 i 在下一时刻输出的信息，可能不仅与自己的经济特征 e_i 有关，也可能与其他人的特征有关。如果在一个经济机制中，每个经济单位只需要知道自己的经济特征，而不知道其他单位的经济特征来决定下一时刻所传递的信息，这样的机制将称为信息分散化机制。它是方程（1）的一个特殊情况，即当参与者 i 在下一时刻输出的信息只依赖于自己的经济特征 e_i，而与其他人的特征无关时，方程（1）成为：

$$m_i(t+1)=f_i(m(t), e_i) \qquad (3)$$

方程（3）定义了一个信息分散决策过程或称为隐私保障（Privacy-preserving）调整过程，相应的均衡信息对应成为 $\mu(e)=\bigcap_{i=1}^{n} \mu_i(e_i)$，这里 $\mu_i(e_i)=\{m \in M: f_i(m, e_i)\}$。

读者可能会觉得以上经济机制的定义比较抽象，不太好理解。下节关于市场竞争机制的信息有效性和唯一性的讨论也许会帮助读者了解经济机制的各个组成部分。我们将讨论如何将市场机制定义成一个信息分散化经济机制的具体步骤。市场机制的信息空间将由价格和净交换量所组成，且实现了市场竞争均衡。

在实际中，交流的信息内容通常是向量。这样，一旦调整过程和信息分散化被定义后，从一个机制的信息空间的维数的大小可以评价这个机制的好坏。当考虑实际机制时，我们也许会发现，有些经济机制需要传递非常多的指标，

而有些经济机制只需传递很少的指标。从信息的观点来看，对于想要实现的某个社会目标，人们总想找到一个既能实现这个社会目标又有尽可能小的运行成本（一种交易成本）的机制。

当信息空间是无限维时，人们不能通过信息空间维数来比较它的大小，从而需要更一般的比较信息空间大小的方法。一种方法是通过比较信息空间的拓扑空间的大小来决定所用信息量的大小。于是我们有下面比较信息空间大小的定义，它是由 Walker（1977）最先给出的。

令 S 和 T 是两个信息拓扑空间。空间 S 被说成至少用到像空间 T 一样多的信息，记为 $S \geqslant_F T$，如果 T 能够被同胚地嵌入在 S 中，即存在着 S 的一个子空间 S' 使得它与 T 同胚，也就是存在着一个从 T 到 S' 一一对应，其逆也是连续的连续函数。

一个信息分散且导致了资源有效配置的机制 $\langle M, \mu, h \rangle$ 被说成是信息有效的，如果它的信息空间 M 在所有导致了有效配置的信息分散化机制中是最小的。

一个从经济环境空间 E 到结果空间 Z 的信息机制 $\langle M, \mu, h \rangle$ 定义了一个对应，称作为机制的表现对应（Performance Correspondence），记为 G：

$$G(e) = \{z \in Z: z = h(m), m \in \mu(e) \text{ 对某个 } m \in M\}$$

给定一个社会选择对应 $F: E \twoheadrightarrow Z$ 和信息机制 $\langle M, \mu, h \rangle$，如果对所有的经济环境 $e \in E$，$G(e) \neq \emptyset$ 并且 $G(e) \subset F(e)$，我们称信息机制 $\langle M, \mu, h \rangle$ 实现了社会选择目标 F。如果对所有的经济环境 $e \in E$，$G(e) \neq \emptyset$ 并且 $G(e) = F(e)$，我们称信息机制 $\langle M, \mu, h \rangle$ 完全地实现了社会选择目标 F。[1]

---

[1] 在经济学文献中，人们一般用"实现（Realize）"和"实施（Implement）"来分别表示一个经济机制在达到社会目标时的信息和激励因素。

资源的有效配置（即帕累托最优配置）是被大多数人所能接受的一个社会标准（目标）。我们知道竞争的市场机制导致了资源的有效配置。那么人们也许会问：对新古典经济环境类（即商品是完全可分的，消费者偏好是连续的、单调的及凸的，生产集是闭的，没有规模报酬递增）是否还存着其他信息分散机制（如市场社会主义经济机制）在信息方面比竞争市场机制更有效〔即比竞争市场机制利用了更少的信息（交易）成本〕而实现了最优配置？赫维茨等人在 20 世纪 70 年代证明：对纯交换的新古典经济环境类，没有什么其他经济机制既能导致资源有效配置而又比竞争市场机制用到了更少的信息。美国数理经济学家乔丹（Jordan）在 1982 年更进一步证明了对纯交换的新古典经济环境类，竞争市场机制是唯一的利用最少信息并且产生了有效配置的机制。由于纯交换经济并没有考虑到包括生产的经济环境类，这显然离现实太远，从而这些理论结果从政治经济学的角度考虑就大大打了折扣：因为人们如果要想论证市场机制的信息有效性，就必须要证明即使在包括生产的经济环境类情况下，人们也会得到类似的结果。也许是由于在包括生产的经济环境类情况下证明类似的结果涉及更多的复杂技术和高深的数学，市场机制在一般的生产经济环境下是否也是信息最有效在过去 20 年成为一个一直没有解决的问题。笔者最近终于取得了进展。在 Tian（2000e）中，通过应用代数拓扑学等数学工具，证明了即使具有生产的私有竞争市场机制是唯一的利用最少信息并且产生了有效配置的机制。由于有生产的经济环境包括没有生产的经济环境作为一个特殊情况，我们只需对一般的生产经济环境做出讨论。

（二）市场竞争机制的信息有效性及唯一性

为了证明市场机制的信息有效性和唯一性，我们考虑一个特别的生产经济环境类，记为 $E^{cq} = \prod_{i=1}^{N} E_i^{cq}$，这里消费者的偏好关系是由 Cobb‐Douglas 函数给出，有效生产技术是由二次型生产函数给出。对 $i = 1, \cdots, I$，消费者

i 的经济特征的集合 E_i^{cq} 是由所有的 $e_i=(X_i,\ w_i,\ R_i)$ 给出,使得 $X_i=R_+^L$, $w_i>0$, $u(x_i+w_I,\ a_i)=\prod_{l=1}^{L}(x_i^l+w_i^l)^{a_i^l}$,这里 $a_i\in\Delta^{L-1}$。

对 $i=I+1,\ \cdots,\ n$,生产者 i 的经济特征的集合是由所有的 $e_i=Y_i=Y(b_i)$ 给出:

$$Y(b_i)=\{y_i\in R^L:\ b_i^1 y_i^1+\sum_{l=2}^{L}(y^l+\frac{b_i^l}{2}(y^l)^2)\leqslant 0$$

$$-\frac{1}{b_i^l}\leqslant y_i^l\leqslant 0 \text{ 对所有的 } l\neq 1\} \tag{4}$$

这里,$b_i=(b_i^1,\ \cdots,\ b_i^L)$,$b_i^l>\frac{J}{w_i^l}$。

给定初始资源 $\bar{w}\in R_{++}^{LI}$,定义子集合 $\bar{E}^{cq}\subset E^{cq}$ 如下:

$$\bar{E}^{cq}=\{e\in E^{cd}:\ w_i=\bar{w}_i\ \forall\ i=1,\ \cdots,\ I\} \tag{5}$$

即初始资源在 $\bar{E}^{cq}$ 中保持不变。令 E^c 为保证瓦尔拉斯均衡存在的所有生产经济环境的集合。

于是我们有下列定理。

[定理1] (信息有效定理)假定 $\langle M,\ \mu,\ h\rangle$ 是定义在生产经济环境上 E^c 的资源配置机制使得:

(i) 它是信息分散化的;

(ii) 它导致了帕累托有效配置;

(iii) M 是 Hausdorff 拓扑空间;

(iv) μ 在某点 $e\in\bar{E}^{cq}$ 有一个局部连续选择。

则,这个机制的信息空间 M 至少像竞争的市场机制的信息空间一样大,即我们有:

$$M\geqslant_F M_c=_F R^{(L-1)I+LJ} \tag{6}$$

这个定理说明了对包括生产的一般新古典经济环境类,没有任何其他经济机制既能导致资源有效配置而又比私有制下的竞争市场机制用到了更少的信息。下面的定理 2 更进一步证明了定义在 E^{cq} 上的市场机制是唯一信息有效的机制。

[**定理 2**] （唯一性定理）假定 $\langle M, \mu, h \rangle$ 是一个定义在经济环境集合 E^{cq} 的机制使得：

(i) 它是信息分散化的；

(ii) 它导致了帕累托有效配置；

(iii) 它相对于的给定保证分享结构 $\gamma_i(e; \theta)$ 是个人理性的；

(iv) M 是一个 $(L-1)I+LJ$ 维数的流型；

(v) μ 在 E^{cq} 上是一个连续函数。

则，存在一个从 $\mu(E^{cq})$ 到 M_c 上的同胚映射 ϕ 使得：

(a) $\mu_c = \phi \cdot \mu$

(b) $h_c \cdot \phi = h$

这样，这个定理证明了任何定义在 E^{cq} 上，有相同维数且导致了帕累托有效配置的机制事实上是和竞争机制等价的。由于 E^{cq} 是新古典经济环境类的一个子集合，于是我们有：

[**定理 3**] 假定 $\langle M, \mu, h \rangle$ 是定义在经济环境 E^{cq} 上的非竞争市场机制使得：

(i) 它是信息分散化的；

(ii) 它导致了帕累托有效配置；

(iii) 它相对于的给定保证分享结构 $\gamma_i(e; \theta)$ 是个人理性的；

(iv) μ 在 E^{cq} 上是一个连续函数。

则它的信息空间 M 一定会比竞争市场机制的信息空间大，即，$M >_F M_c =_F R^{(L-1)I+LJ}$。

对以上三个定理的证明，请参见 Tian (2000d)。

这样，私有产权的竞争市场机制是唯一的利用最少信息并且产生了有效配置和个人理性配置的经济机制。对公共商品的情况，笔者也得到了类似的结果。在 Tian（2000f）一文中，对具有公共商品的经济环境类，笔者证明了没有任何其他经济机制既能导致资源有效配置而又比林道机制用到了更少的信息，并且林道机制是唯一的利用最少信息并且产生了有效配置和个人理性配置的机制。[①] 对具有副产品的公共商品的经济环境类，笔者在 Tian（1994a）讨论了信息有效性机制设计的问题。由于篇幅有限，我们就不做详细讨论。

从以上的这些结果，我们可以得到一个重要的结论：无论是指令性计划经济机制、国有经济、集体经济，还是股份合作制，以及任何其他的非市场的经济制度，它为了实现资源有效配置所需要的信息一定要比竞争市场机制所需要的多，从而这些机制不是信息有效率的，即需要花更多的运行成本（或代价）来实现资源的最优配置。这个结果告诉人们，在竞争市场机制能够解决资源的最优配置的情况下，应让市场来解决。只有在竞争市场无能为力的情况下，才采用其他一些机制来补充市场机制的失灵。这个结果可能对中国为什么要搞市场化的经济改革、国有经济民营化提供了一个理论基础。它也部分地回答了早期社会主义大论战所争论的信息效率问题，这个推论实际上是比较直观的。从以上对竞争市场机制定义为一个信息分散化经济机制可看出，市场机制的信息空间是由两个向量组成：一个是价格向量，另一个是资源配置向量（商品供给和需求所组成的向量）。而当人们运用指令性计划经济机制时，下面的企业必须向上面汇报、传递各种信息，其中包括生产函数（它反映了企业的技术条件和生产能力）。比如，即使假定生产函数是用多项式函数给出，它可能有任意高的次数。这样当一个企业向中央计划部门传递关于多项式生产函数的信息时，信息空间的维数可变得任意大。中央计划部门同时还可能需要得到消费者

[①] 林道均衡配置是指：在具有公共商品的经济环境中，如果存在着一组私人商品价格及个人化公共商品价格（即公共商品的价格对不同的人也许是不同的）向量使得所导致的总需求等于总供给，这样的配置被称为林道均衡配置。我们在下面讨论公共商品经济环境下的激励机制设计时将会给出林道均衡的严格定义。

需求方面的情况。由于不同的人有不同的消费偏好,也就是具有不同的效用函数,这样计划机制的信息空间的维数可能会变得非常大,从而使得政府计划部门要做出生产和消费的决策所需要的信息就会变得非常大,使得机制的运行成本非常的大。

当然,对一个具有较少维数的经济机制,它的配置规则也许可能会变得非常复杂。运转这个机制总的代价也许比运转某个具有较大维数的机制的总代价还要大。不管怎样,对机制的最小信息空间的研究能够使人们知道运转一个机制至少需要多大的信息量或运行成本。当然对探索机制的其他方面(如机制的复杂性)也是重要的。

另外一个问题是,对更一般的包括非新古典的经济环境类(比如不可分的商品、非凸的偏好关系或生产可能性集),是否存在着导致了最优资源配置的信息分散决策机制?如果存在的话,它和所需信息(交易成本)的大小之间的关系是什么?赫维茨等人对非常一般的经济环境证明了这种机制的存在。但是这样的机制是以非常高的信息成本作为代价的。Calsamiglia(1977)和 Hurwicz(1999)证明了对一类非古典的经济环境类,特别是对非凸和具有外部性的经济环境类,需要一个无限维的语言(信息)空间使得一个机制导致了帕累托最优的资源配置。

四、经济机制的激励兼容问题

上节主要关心的是一个经济机制实现资源有效配置所需最小信息空间——信息成本问题,而忽视了机制的激励兼容问题,即参与者的行为是由响应函数或信息平稳对应描述而不是由参与者的偏好和对其他人的策略如何反应来决定的。对激励兼容问题的探讨是当前信息经济学研究的主要课题之一。我们知道人的利己行为、经济自由选择、分散化决策、引进各种激励机制是一个经济制度运行良好的先决条件。然而，经济学文献中的大多数研究只是讨论在市场制度下的各种激励问题。一个人所做的每一件事都涉及利益与代价（收益与成本）。这种利益和代价可以是有形的或无形的。只要利益和代价不相等，就存在着激励问题。既然个人、社会和经济组织的利益不可能完全一致，激励问题在每一个社会经济单位中都会出现。由于每个人从所要做的事中获得利益与付出代价，在自利的驱动下，他将做出合理的激励：利益大于代价，就做这件事，或把它做好；否则就不做，或不想把它做好。一个经济制度要解决的一个根本性问题就是如何调动人们积极性的问题，即如何通过某种制度或游戏规则的安排来诱导人们努力工作，使得努力工作的收益大于所付出的代价。这样的激励机制能够把人们的自利和社会利益有机地结合起来。这样，检验一个机制或规则是否运行良好的一个基本标准是看它能否提供内在激励（动力）使人们努力工作、做出高质量的工作，激励决策者做出有利于他主管的经济组织的决策，激励企业尽可能有效地生产，从而使整个经济能健康发展。一个经济制度如果不能激发其成员的积极性，反而却压抑了其成员的创造力，制造出一批又一批的懒人、闲人，这个制度就不可能长期存在下去。

我们在前面提到早期对激励问题的探讨是由对社会主义经济机制的可行性的争论所引起的，它导致了机制设计理论的产生。其实，激励机制设计的例子在历史上很早就存在。例如，圣经《旧约全书》就有一个关于以智慧著称的古以色列国王所罗门（Solomon，大卫之子）如何设计激励机制来解决两个妇女争夺婴儿所属权的著名故事。它讲的是两个妇女来到国王所罗门面前要求解决婴儿归属问题。两人都宣称自己是婴儿的真正母亲。尽管这两个妇女自己知道谁是小孩真正的母亲，但国王不知道谁在说谎。国王的目标是想要把小孩判给他真正的母亲。国王所采用的办法（所设计的机制）是对两个妇女采用威胁的方式：把这个活着的小孩砍成两半，一人分一半。听到国王的命令，孩子的亲妈赶忙说："把孩子给她吧，千万不要杀了他。"但另一个妇女说："这孩子不应属于我们中的任何一个，把他分成两半吧。"于是国王做出判决："这孩子归第一个女人，她是孩子的亲妈。"在得不到儿子的情况下，小孩的母亲不愿意看到自己的亲生儿子被杀死，而只好放弃。国王通过这种间接的方式达到了目标，确定了谁是孩子真正的母亲。读者将在后面看到所罗门国王的激励机制是有问题的，如果第二个女人聪明一点也要求不要把孩子杀了，把孩子给对方，则所罗门国王的激励机制不能解决问题。另外一个例子是几人分一个饼。如何把它分得公平使大家都没有意见？那么如何设计一种激励机制使得无论是谁分饼都可把饼分得尽可能均等？一个简单的激励机制是：动手分的人最后拿，不动手分的人先拿。采取这种方式，即使分饼的人非常想为自己多分一点，她一定有很大的激励想把饼分得均匀。

那么，什么是激励兼容问题呢？假定机制设计者（或称主持人）有一个经济目标，称为社会目标，这个目标可以是资源的帕累托最优配置，在某种意义下的资源公平配置、个人理性配置、某个经济部门或企业主所追求的目标，或在其他准则下的配置。设计者认为这个目标是好的，想要达到的。那么，是否能够激励每个参与者（消费者、企业、家庭、基层机构等）按照这个目标去做呢？换句话说，应制定什么样的规则才能使经济活动中每个成员的利己行为的实际结果与给定的社会或集体目标一致呢？或者说，应制定什么样的规则使得每个人在追求个人利益的同时也使既定的社会目标也被达到了呢？激励机制设计理论可以回答这个问题。应当注意，这里所指的设计者是一个抽象的设计者，并不一定指某个人。根据不同的问题，设计者可以是一个人、一组人、立法机构、政府部门、政策制定者、经理厂长、部门主管、提出各种经济模式的经济学家，甚至是约定都要遵守既定游戏规则的所有参与者，或其他制定规则或法则的某种机构。设计者知道哪些社会目标是好的和值得达到的。例如，他们认为有效地配置资源、公平分配、减少企业亏损等这些目标是好的。经济学家或改革者们的任务则是制定具体计划来实现这个目标。实际上，往往一些很具体的经济政策问题需要以一些很抽象的数学模型来严格描述。当我们认为某种方案不能实施时，我们应该要问究竟是什么阻碍了它的实施。当然一个明显的限制或障碍就是物资和技术条件。除此之外,还有一个因素:激励兼容问题。如果一个经济机制不是激励兼容,则会导致个人行为与社会目标的不一致。往往导致了所谓的"上有政策,下有对策"或者"和尚把经念歪了"的现象,使得制定的政策或制度不能发挥既定的作用。离开人的积极性、主动性,社会目标自然无从实现(至少是与理想的状态相差太远)。为什么经常个人或企业的行为结果与政策、法规制定者所想达到的目标不一致呢?就是因为这些规章制度不是激励兼容的。因为在所制定的规则下,个人或企业不按照设计者所制定的社会目标那样去做可以得到更大的好处。那么我们应该采取什么样的机制(或规则)使得每个人的行为(不管利己与否)与社会目标一致呢?这就是本节要介绍的激励机制设计理论所要回答的核心问题之一。

(一) 基本模型

在考虑激励兼容问题时,经济学家引进了一个基本理论模型来研究激励机制的设计。这个理论模型包括五个组成部分:(1)经济环境;(2)配置空间与社会目标;(3)经济机制;(4)个人自利行为策略均衡解假设;(5)社会目标的实施。

1. 经济环境

在所考虑的经济社会中,有 n 个参与者。像上节信息调整机制一样,参与者 i 的经济特征记为 $e_i = (X_i, w_i, R_i, Y_i)$,这里 X_i 是 i 的消费集,w_i 是 i 的初始资源,R_i 是 i 的偏好关系(如果效用函数存在,则用 u_i 表示 i 的偏好关系),以及 Y_i 是 i 的生产集。所有容许的经济特征的集合记为 E_i。所有参与者经济特征的一个组合 $e = (e_1, e_2, \cdots, e_n)$ 被称为一个经济或经济环境。假定 e 属于某个先验允许(Priori Admissible)集合 $E = \prod_{i \in N} E_i$。这里的 E 是经济环境的一般表达形式,根据所面临的不同问题,经济环境也许只是由参与者特征的某些分量组成。例如,经济环境只是由参与者的效用函数组成。假定机制设计者知道经济环境 E 的区域,但不知道各个参与者 i 的真实的经济特

征 e_i。每个参与者知道自己的经济特征,但根据所考虑的具体问题,可假定他知道或不知道其他参与者的经济特征。如果知道的话,我们称这种情况为完全信息(Complete Information)情况。如果不知道的话,我们称这种情况为不完全信息(Incomplete Information)情况。

2. 配置空间与社会目标

在给定的经济环境下,每个人都参与经济活动、做出决策,并从经济活动中得到配置结果。令 Z 表示所有配置结果的集合,称为配置结果空间。配置结果空间的点从社会的角度来看,也许并不都是可行的或最优的。令 $A \subset Z$ 表示所有可行的配置结果集合。在某种社会最优的标准下,可行集的某个子集构成了一个社会目标(或称为社会选择对应),记为 F。于是它是从经济环境空间到可行集的一个对应 $F: E \twoheadrightarrow A$。比如,对给定的经济环境 e,$F(e)$ 是帕累托有效配置的集合,个人理性的集合,市场一般均衡的集合,或是其他所期望达到的配置结果集合。当社会选择对应成为一个单值映射时,我们称它为社会选择函数,记为 f。设计者的任务是对所有的经济环境 $e \in E$,找出某种配置规则(经济机制)使得所导致的配置结果符合社会目标。

3. 经济机制

由于机制设计者缺乏关于个人经济特征方面的信息,设计者需要制定恰当的激励机制(游戏规则)以此诱导每个人能真实显示他们的信息。这样,为了实施某个社会目标,设计者可先告诉参与者他所收集到的信息将如何被用来决定配置结果(即先告诉游戏规则)。然后,根据游戏规则和参与者所报告或传递的信息,决定配置结果。于是一个机制是由信息空间 M 和结果函数(配置规则)h 两部分所组成,记为 $\Gamma = \langle M, h \rangle$。令 M_i 表示参与人 i 的信息空间,它是参与人 i 所有可能交换和传送信息 m 的集合。令 $M = \prod_{i \in N} M_i$。信息空间 M 规定了各参与者送出什么样的信息的范围,配置规则 h 则依据各参与者所报的信息 m 给出配置结果,于是结果函数 $h: M \to Z$ 是从信息空间 M 到结

果空间 Z 的一个映射。任何一个机制 $\langle M, h \rangle$ 都是在一定的规则下运行。需要指出的是，激励机制的设计与上节所考虑信息调整机制有所不同。在激励机制设计中，参与者的行为不再由响应函数或信息对应来描述而是由参与者根据他们的偏好和采用策略的方式所决定。不过，将激励机制看作为信息调整机制的一种方式是将激励机制的信息空间的所有点看作为信息调整机制的平稳点。

在经济学文献中，机制通常也称作为游戏形式（Game Form）。注意它和对策论中游戏不一样。在机制中，参与者策略的相互作用导致的是配置结果，而不是效用或支付量。当然，一旦个人的偏好被确定后，一个经济机制（游戏形式）导致了一个博弈，它的策略空间为 M，效用或支付函数为 $u_i(h(m))$。另外一个不同点是，对策论中参与者的偏好是给定的，而在机制设计中，机制设计者不知道参与者的真正的经济特征，只知道它属于某个集合范围，从而不是给定和不变的。

传统的经济学的研究方法是将机制作为已知，研究它能导致什么样的资源配置。例如，把市场机制作为给定，而把市场机制的运行结果作为未知，研究在什么样的经济环境下，市场机制导致了资源的最优配置。然而，对经济机制的设计者来说，他们提出来的问题往往是相反的。他们把社会目标作为已知，即设计者知道哪个社会目标是好的、想要达到的，而想找到一套经济机制能实现既定的社会目标，也就是找到一个机制使得人们自利行为的结果和想要达到的社会目标一致。当然并不是所有的社会目标都是可达到的。经济机制设计理论的一个目标就是研究什么样的社会目标能实现，什么样的社会目标是不能实现的。通过对这一问题的研究，可以帮助解决经济理论中一些具有争论性的问题。

4. 个人自利行为策略均衡解假设

在机制理论中，一个基本的假设是每个人在主观上都追求个人利益，根据个人私利行事。除非得到好处，他们一般不会真实地显示有关他们经济特征方面的信息。不同的经济环境和机制（游戏规则）将导致参与者个人自利行为的不同反应。每一个人在机制规则下选择认为对他最有利的信息。每个人行事的策略（即所送出的信息）取决于他的自利行为（行为方式）。个人的自利行为不仅取决于他的经济特征，也取决于经济制度或游戏规则，不同的规则显示出不同的利己行为。令 $b(e, \Gamma) \in M$ 表示在经济环境为 e 及机制 Γ 给定下的均衡自利行为策略解的集合。这样，给定经济环境 E、信息空间 M、配置规则 h、自利行为准则 b，所导致的所有均衡配置结果是由配置规则和均衡自利行为策略复合而成的，即 $h(b(e, \Gamma))$。

5. 社会目标的实施与激励兼容

激励机制设计的目的是要实施某个给定的社会目标 F。首先注意社会选择对应 F 依赖于经济环境。其次，给定一个经济机制 $\langle M, h \rangle$ 和均衡自利行为决策集 $b(e, \Gamma)$，社会目标的实施问题涉及 $F(e)$ 和 $h(b(e, \Gamma))$ 这两个集合相交的状态关系问题。我们有下列关于一个社会目标可实施的定理：

完全实施：如果对所有的经济环境 $e \in E$，有 (1) $b(e, \Gamma) \neq \emptyset$，(2) $h[b(e, \Gamma)] = F(e)$，我们就说机制 $\Gamma = \langle M, h \rangle$ 按策略行为 b 完全地实施了社会目标 F。

实施：如果对所有的经济环境 $e \in E$，有 (1) $b(e, \Gamma) \neq \emptyset$，(2) $h[b(e, \Gamma)] \subset F(e)$，我们就说机制 $\Gamma = \langle M, h \rangle$ 按策略行为 b 实施了社会目标 F。

弱实施：如果对所有的经济环境 $e \in E$，有 (1) $b(e, \Gamma) \neq \emptyset$，(2) $F(e) \cap h[b(e, \Gamma)] \neq \emptyset$，我们就说机制 $\Gamma = \langle M, h \rangle$ 按策略行为 b 弱实施了社会目标 F。

对于某个给定的社会目标对应 F，如果存在着某个经济机制，它按给定的均衡概念（完全或弱）实施了这个社会目标对应，我们就称这个社会目标按给定均衡概念是可（完全或弱）实施的。

如果一个社会目标 F 按给定均衡概念是可（完全或弱）实施的，我们称机制 Γ 与社会目标 F 按给定均衡概念是（完全或弱）是激励兼容的。

注意，在定义以上社会目标的可实施性和激励兼容性时，我们没有给出具体的均衡概念。读者将在后面看到一个社会目标是否可实施，在很大的程度上依赖于不同的自利行为均衡解假设。在文献中，当信息是完全时，对人的利己行为的均衡解假设通常包括优势策略（Dominant Strategy）均衡、纳什策略（Nash Strategy）均衡、强纳什均衡（Strong Nash Equilibrium）、子博弈完备纳什均衡（Subgame Perfect Nash Equilibrium）解、非优势纳什均衡（Undominanted Nash Equilibrium）等解的概念。我们将分别对这些均衡概念下的社会目标的实施问题进行讨论。在此之前，我们先给出一些例子。

6. 例子

具有公共商品的经济环境通常会导致激励不兼容的问题。世界上的商品大致可分为两类：私人商品和公共商品。私人商品的特征是他们在使用上具有相互排斥性：一个人使用了它，另一个人就不能再使用它了。例如有一个苹果，我吃了，你就再吃不到那个苹果了。公共商品的特征是一个人对同一个单位的商品的使用不降低另外一个人对同一单位的商品使用的可能性。这个特征在使用上是一种非对抗性的关系，大家不需要通过互相竞争而使用这种商品。国防、路灯、公路、公共设施、基础研究、电视台和广播电台都是公共商品或局部公共商品的例子。

［例1］（公共项目）假定政府需要决定是否应该修建某个成本为 C 公共设施，比如修建一个体育馆、公共图书馆、公园。假定公共项目的成本由所有居民平摊。配置结果空间为 $Y=\{0,1\}$ 是公共项目的集合。这里，0 表示不修建这个项目，1 表示修建。居民 i 从这个公共项目所获得的效益为 r_i。在这种情况下，项目不修建时居民 i 的净效益为 0，而修建的净效益为 $v_i \equiv r_i - \dfrac{C}{n}$。于是，$i$ 对公共项目的价值（Valuation）函数可写为：

$$v_i(y, v_i) = y r_i - y\frac{C}{n} = y v_i \tag{7}$$

［例2］（可分公共商品）在［例1］中，公共商品只能取两个值——0 和 1，因而并没有规模大小的问题。但在许多情况下，公共商品的大小取决于集资的多少，因而公共商品 $y \in R_+$ 可以是任意一个非负值。令 $C(y)$ 表示修

建规模为 y 公共商品的成本。这样，配置结果空间为 $Z = R_+ \times R^n$，可行集 $A = \{(y, z_1(y), \cdots, z_n(y)) \in R_+ \times R^n : \sum_{i \in N} z_i = C(y)\}$，这里 $z_i(y)$ 是为修建规模为 y 的公共商品居民 i 所分担的费用。居民 i 从修建这个规模为 y 的公共商品所获得的效益为 $r_i(y)$。假定 $r_i(0) = 0$。这样，项目不修建时居民 i 的净效益为 0，而修建的净效益为 $r_i(y) - z_i(y)$。于是，i 的价值函数可写为：

$$v_i(y) = r_i(y) - z_i(y) \tag{8}$$

[例 3] （分配某个物品）将某种不可分的物品分给经济社会中的某个人，比如将一个国有企业承包或拍卖给某个人，或将单位的一间房分给某个职工。在这种情况下，配置结果空间为 $Z = \{y \in \{0, 1\}^n : \sum_{i=1}^n y_i = 1\}$，这里 $y_i = 1$ 表示第 i 人得到这个物品，$y_i = 0$ 表示这个人没有得到物品。如果第 i 人得到这个物品，则他从得到这个物品所获得的净收益为 v_i。如果没得到物品，则他的净收益为 0。于是，i 的价值函数可表示为：

$$v_i(y) = v_i y_i$$

注意，在这里我们可以把 y 看作为一个 n 维的公共商品向量。

从以上这些例子，一个社会最优的决策显然依赖于个人的真实效用 $v_i(\cdot)$。比如，[例 1] 中公共项目应该被修建当且仅当所有人收益的总和超出它的修建成本，即如果 $\sum_{i \in N} r_i > C$，$y = 1$，而当 $\sum_{i \in N} r_i < C$ 时，$y = 0$。令 V_i 是所有价值函数 v_i 集合，令 $V = \prod_{i \in N} V_i$，令 $h: V \to Z$ 是一个决策规则。h 是有效的，当且仅当下列不等式成立：

$$\sum_{i \in N} v_i(h(v_i)) \geq \sum_{i \in N} v_i(h(v'_i)) \quad \forall v' \in V \tag{9}$$

一般来说，如果政府只是简单地根据个人报出对公共商品的受益程度来决定摊派成本或自报对成本分摊的份额，这样的规则会导致每个人在做贡献时有激励低报，从而导致无效配置，因而个人利益和社会目标是不兼容的。在文献中，解决激励不兼容的一个方法是通过采用转移支付（即对个人进行税收或补贴）的方式来诱导人们真实地显示自己的偏好。为了让读者了解转移支付的这个作用，考虑以上［例1］中的公共项目的实施问题。不难发现，任何收益小于平摊成本（$r_i < C/n$）的个人都不希望修建此公共项目，而任何收益大于平摊成本的个人却希望修建此公共项目。想象政府只是简单地根据人们所报出的总收益 $\sum_{i \in N} r_i$ 是否大于成本来决定是否修建这个公共项目。如果每个人报出他的真实收益，导致的收益将是有效的。但是，这种简单的方法不会给人们激励真实地报出他们的收益。这是由于对那些收益小于平摊成本的人来说，他们会有激励尽可能低报他们的收益，而对那些收益大于平摊成本的人来说，他们会有激励尽可能高报他们的收益，这将会导致一个错误的决策。这样，为了真实地显示个人的偏好 v_i，类似恰当的转移支付这样的调整是有必要的。后面要讨论的格罗夫斯（Groves）机制就给出了这样的激励兼容机制。

（二）优势均衡实施与真实显示机制

对利己行为最强的均衡解假设是所谓的优势策略（Dominant Strategy）均衡解。在优势均衡解假设下，每个人所做出的决策总是最优的而不管其他人的决策如何。在博弈论中的一个基本公理是，只要优势均衡解存在，游戏测参加者就会采用它。

对给定的 $e \in E$ 和机制 $\Gamma = \langle M, h \rangle$，$m^*$ 被说成是一个优势均衡，当且仅当对所有的 $i \in N$，我们有：

$$h(m*, m_{-i}) R_i h(m) \quad m \in M \tag{10}$$

这里，$(m_i^*, m_{-i}) = (m_1, \cdots, m_i^*, \cdots, m_n)$。令 $D(e, \Gamma)$ 表示机制 Γ 的所有优势均衡策略的集合。

在优势均衡假设下，由于每个人的最优策略的选择都不依赖其他人的策略选择及不需要知道其他人的经济特征，每个人做决策时所要求的信息最少。这样，如果优势均衡策略存在，它将是最理想的一种情况。并且，尽管一个机制的信息空间可以任意地决定，但下面的显示原理（Revelation Priniple）告诉人们在优势行为假设下没有必要寻找更复杂的机制，而只需要考虑所谓的直接显示机制（Direct Revelation Mechanism）就足够了，这将大大地减少了构造机制的复杂性。

一个机制 $\langle E, h\rangle$ 被称为直接显示机制，如果信息空间完全是由参与者的经济特征集合组成，即 $M_i = E_i$。

[定理4]（显示原理）如果一个机制 $\Gamma = \langle M, h\rangle$ 按优势均衡弱实施了社会选择函数 f，则直接显示机制 $\langle E, f\rangle$ 同样地按占优策略弱实施了 f。

对一个直接显示机制 $\langle E, h\rangle$，如果对每个 $e \in E$，e 是一个优势均衡，且 $h(e) \in F(e)$，则它被说成和社会选择对应 F 按优势策略是激励兼容的。当社会选择对应成为单值函数 f 时，$\langle E, f\rangle$ 能被看作为一个直接显示机制。如果对所有的 $e \in E$，e 是一个优势均衡，则直接显示机制 $\langle E, f\rangle$ 被说成在 E 上是激励兼容的。

由显示原理我们知道，对于任意给定的社会选择函数 f，如果一个机制 $\langle M, h\rangle$ 按优势均衡弱实施了 f，则直接显示机制 $\langle E, f\rangle$ 是按优势策略激励兼容的。真实显示优势均衡在文献中也称为强激励相容（Stongly Incentive Compatable）。

需要强调的是，显示原理只是对弱实施有效，而对实施或完全实施的结论却可能不成立。即当机制 $\Gamma = \langle M, h\rangle$ 有多个优势均衡时，可能对某些均衡策略 m，并没有 $h(m) = f(e)$。并且，显示原理只是将原机制一个优势均衡与直接显示机制 $\langle E, f\rangle$ 的真实显示均衡对应起来，这个直接显示机制也可能存在着其他非真实显示均衡，它并不对应原机制的任何均衡。这样，即使一个机制 $\Gamma = \langle M, h\rangle$ 按优势均衡实施了社会选择函数 f，直接显示机制 $\langle E, f\rangle$ 也可能只是按优势策略弱实施了，而不是实施或完全实施了 f。当然，原机制和直接显示机制都只有唯一均衡策略时,这个问题就不存在。在许多应用问题中,所考虑的机制就只有一个均衡,或所有均衡导致了等价的结果。

1. Gibbard-Satterthwaite 不可能性定理

显示原理表明了没有必要要求个人显示与自己无关的任何信息。显示原理在如何找到一个优势机制方面是非常有用的。如果人们希望社会选择目标 f 能按优势均衡被实施,人们只需要证明直接显示机制 $\langle E, f \rangle$ 是激励兼容的。但不幸的是,下面的 Gibbard-Satterthwaite 不可能性定理表明,当经济环境的区域不加任何限制时,按优势策略可实施的社会目标几乎不存在。我们先引进下列概念。

一个规则是独裁的,如果存在某个 i 使得 $f(e) \in \{z \in Z: u_i(z) \geqslant u_i(z'), z' \in Z\}$,也就是说个人 i 的最优选择完全地决定社会的最优选择。

[定理 5] (Gibbard-Satterthwaite 不可能性定理) 如果结果空间至少包括三个元素,经济环境空间没有限制,且社会选择函数 f 按优势均衡是可弱实施的,则 f 是一个独裁规则。

Gibbard (1973) 和 Satterthwaite (1975) 的不可能性定理是一个非常负面的结果,这个结果在某种意义上是非常接近阿罗(Arrow)的不可能性定理。不过,如果对经济环境的区域做出一定的限制,则对一些社会选择可能会得出按优势策略是激励兼容的正面结果(像后面要介绍的定义在拟线性效用集合上的格罗夫斯机制)。不幸的是,对导致了资源有效配置的社会选择对应,即使对于新古典的经济环境类,其结果也是否定的。这就是下面要介绍的著名的赫维茨不可能性定理。

2. 赫维茨不可能性定理——真实显示偏好与最优资源配置的不兼容性

在赫维茨不可能性定理给出之前,人们以为只是对具有公共商品的经济环境类,真实显示与导致了个人理性和帕累托最优配置的社会目标是激励不兼容的,而对私人商品的经济环境类不存在激励不兼容的问题。人们知道完全的竞争市场机制可以很好地处理私人商品,但不能很好地处理公共商品。其原因是，每个人都想"搭便车"，都想从别人对公共商品的贡献中得到好处。例如，从前面处理公共设施开支的那个例子可以看出，如根据每一个人所报的自己享受这个公共商品的程度（边际替代效用）来决定这个人所应付的税，那么就有些人可能为了少付而低报自己的真正偏好，但这些人仍然可以同样地从公共实施中得到同样的好处，长此以往就没有人对公共设施支出付钱感兴趣了。这与私人商品大不一样，你花钱为你自己买日常用品不会使别人得利。

在机制设计理论产生以前，一谈到公共商品和私人商品的其他差别时，大多数经济学家以为对于只有私人商品的经济社会，资源最优配置与个人的利己行为是一致的。认为在竞争市场中，价格是作为参数给定的（即每个人的购买量不会影响价格的高低），每个消费者没有必要隐瞒自己的真正偏好，即没有必要讲假话；而对于具有公共商品的经济社会，资源最优配置与个人的自利行为不一致，因为每个人都有激励想"搭便车"，想从别人对公共商品的贡献中得到好处，因而不愿报告自己对公共商品的真正偏好，即都宣称公共商品对他不重要以减少他自己对此应承担的贡献。这种不真实显示自己真正偏好的策略现象最初由 Samuelson（1954，1955）针对配置公共商品的林道均衡（Lindahl equilibrium）解的批评而提出的。他进一步猜想对具有公共商品的经济环境，不存在任何分散化经济机制，它能导致帕累托最优配置并且使每个人有激励去真实地告诉他自己的偏好。按以上直接显示机制和激励兼容的术语来说，Samuelson 的论断意味着每个参与者为了追求个人利益，不可能真实地显示自己的经济特征，即真实显示偏好策略不是优势均衡。令人吃惊的是这一论断不只对公共商品的环境类成立而且也对有限个人的私有商品的环境类成立。

赫维茨在 1972 年给出了著名的"真实显示偏好"不可能性定理。他证明了：即使对纯私人商品的经济社会，只要这个经济社会中的成员的个数是有限的，在参与性（Participation）约束条件下（即导致的配置应是个人理性的），就不可能存在任何分散化经济机制（包括竞争市场机制），它在新古典经济环境类下能导致帕累托最优配置并且使每个人有激励去真实地告诉自己的经济特征。正式的表述如下：

[**定理6**]（赫维茨不可能性定理）对于私人商品的纯交换经济环境类 E，假定下列条件成立：（1）n 是有限的，（2）效用函数是单调、凹及连续的。则任何导致了个人理性和帕累托最优配置的机制在 E 上不是激励兼容的。

证明见 Hurwicz（1972）。

以上赫维茨的不可能性定理告诉人们：即使对于只有私人商品的一般经济环境类，当参与人的个数是有限的，也不可能存在任何信息分散化经济机制（无论是市场机制，还是计划经济机制），使得当人们的行为按优势策略决策时，它实施了资源最优配置。其原因在于有限人数经济环境与完全竞争假设不兼容。不过，当经济社会中的成员数目与实数轴上的点一样多时（无穷不可数多个点），"真实显示偏好"是可能的，但这与现实相差太远。当我们要设计某种经济机制时，首先必须牢记这个定理。如果想要某个机制能产生帕累托最优配置，我们必须放弃优势均衡假设，即放弃每个人都说真话办真事的假定。对于具有公共商品的经济社会，无论这个经济社会的人员的数目是多少，我们也能得到类似的不可能定理，即"激励相容"不可能性结果。从这一点说，这两种经济环境（即具有公共商品的经济环境与不具有公共商品的经济环境）没有什么大的差别。

3. 格罗夫斯-克拉克-威科瑞机制与真实需求显示

以上的结果说明了真实显示偏好与资源的帕累托最优配置一般来说是不可能同时达到的。那么，如果人们放弃帕累托最优配置标准，比如只考虑解决某个公共商品的有效生产问题，是否有可能设计出激励机制使得每个参与人有激励真实地显示自己的偏好并能有效地生产出所需要的公共商品呢？答案是肯定的。对拟线性类效用函数（Quasi-linear Utility Function），所谓的格罗夫斯—克拉克-威克瑞（Groves‐Clark‐Vickrey）需求显示机制能够解决公共商品的有效生产问题。

为了说明问题，我们先考虑不可分公共商品的供应问题（见 [例1]）。假

定某个社区有 n 个人，修建某个公共设施所需费用是 C。这 n 个人为修建这个公共设施所愿做出的捐献记为 g_1，g_2，…，g_n。当且仅当 $\sum_{i\in N} g_i > C$，这个公共设施被修建。公共设施给这 n 个人带来的效用（好处）记为 r_1，r_2，…，r_n。不难看出，当且仅当 $\sum_{i\in N} r_i > \sum_{i\in N} g_i$ 时，这个公共设施应该被修建。既然修建公共设施带给第 i 个人的净效用为 $v_i = r_i - g_i$，于是这个公共设施应被修建的充分必要条件成为：$\sum_{i\in N} v_i > 0$。由于每个人的净效用 v_i 只有他自己知道，他可能有激励谎报他的净效用。那么，如何设计税制机制使得每个人都有激励报出他真正的净效用 v_i 呢？我们在前面谈到引入转移支付也许能解决说假话的问题。事实确实如此。假定参与者 i 的效用函数 $u_i(x_i, y)$ 为：

$$u_i(x_i, y) = x_i - w_i + r_i y \tag{11}$$

这里，$x_i - w_i$ 可解释为净消费增量。他的预算方程应满足：

$$x_i + g_i y = w_i + t_i \tag{12}$$

代预算式（12）到（11），并且注意 $v_i = r_i - g_i$，参与者 i 的 $u_i(\cdot)$ 效用函数于是成为：

$$u_i(t_i, y) = t_i + v_i y \tag{13}$$

格罗夫斯给出了以下真实显示机制，它很好地解决了说假话的问题。

首先，格罗夫斯机制要求每个人报出他的净效用。记每个人所报的净效用为 b_i。这样，信息空间为 $M_i = R$。由于每个人有可能真报或假报，b_i 不一定就等于 v_i。然后，根据所有个人总净效用的和是否大于总成本来决定这个公共设施是否被修建，即格罗夫斯机制规定，公共设施是否被生产由下式决定：

$$y(b) = \begin{cases} 1 & \text{如果} \sum_{i\in N} b_i > 0 \\ 0 & \text{如果} \sum_{i\in N} b_i \leqslant 0 \end{cases} \tag{14}$$

每个人的转移支付（Transfer Payment）记为 t_i（如果 $t_i < 0$，它被解释为附加税；如果 $t_i > 0$，它被解释为补偿）。t_i 由下式决定：

$$t_i(b) = \begin{cases} \sum_{j \neq i} b_j + d_i(b_{-i}) & \text{如果} \sum_{i \in N} b_i > 0 \\ d_i(b_{-i}) & \text{如果} \sum_{i \in N} b_i \leqslant 0 \end{cases} \quad (15)$$

这里 $d_i(b_{-i})$ 是一个独立于 b_i 可任意给定的函数。当参与者 i 的效用函数为 $u_i(t_i, y) = t_i + v_i y$ 时，将以上 $y(b)$ 和 $t_i(b)$ 代入到效用函数 $u_i(t_i, y) = t_i + y v_i$，我们得到了 i 的支付函数：

$$\phi_i(b) = \begin{cases} v_i + \sum_{j \neq i} b_j + d_i(b_{-i}) & \text{如果} \sum_{i \in N} b_i > 0 \\ d_i(b_{-i}) & \text{如果} \sum_{i \in N} b_i \leqslant 0 \end{cases} \quad (16)$$

我们现在来证明每个人真实显示他的净效用 v_i 是优势均衡策略，即每个人都有激励说真话。有两种情况需要考虑。

情况 1：$v_i + \sum_{j \neq i} b_j > 0$。这就意味着参与者 i 希望公共设施被修建，因为修建公共设施为第 i 个人所带来的效用要大于不修建时的效用（即 $v_i + \sum_{j \neq i} b_j + d_i(b_{-i}) > d_i(b_{-i})$）。当 i 真实地报出 $b_i = v_i$ 时，他能保证公共设施被修建。因为，如果 $b_i = v_i$，则个人的福利和修建公共设施这一社会目标一致，即它们都保证了 $\sum_j b_j > 0$。

情况 2：$v_i + \sum_{j \neq i} b_j \leqslant 0$。这就意味着参与者 i 不希望公共设施被修建，因为修建公共设施给第 i 个人所带来的效用要小于或等于不修建时的效用（即 $v_i + \sum_{j \neq i} b_j + d_i(b_{-i}) \leqslant d_i(b_{-i})$）。当 i 真实地报出 $b_i = v_i$ 时，他能保证公共设施不被修建。因为，如果 $b_i = v_i$，则个人福利和不修建公共设施这一社会目标一致，即它们都保证了 $\sum_j b_j \leqslant 0$。

这样，我们证明了真实显示是一个优势均衡解。由于 $d_i(b_{-i})$ 是一个独立

于 b_i 的任意给定的函数，如果我们特意地令：

$$d_i(b_{-i}) = \begin{cases} -\sum_{j \neq i} b_j & \text{如果} \sum_{i \in N} b_i > 0 \\ 0 & \text{如果} \sum_{i \in N} b_i \leqslant 0 \end{cases} \quad (17)$$

则支付转移结果函数成为：

$$t_i(b) = \begin{cases} -\left|\sum_{j \neq i} b_j\right| & \text{如果} \left(\sum_{i \in N} b_i\right)\left(\sum_{j \neq i} b_j\right) < 0 \\ 0 & \text{如果} \left(\sum_{i \in N} b_i\right)\left(\sum_{j \neq i} b_j\right) > 0 \end{cases} \quad (18)$$

这意味着，只对那些个人决策改变了总体决策的人增收附加税，即只对那些使得 $\left(\sum_{i \in N} b_i\right)\left(\sum_{i \neq j} b_j\right) < 0$ 的人收附加税。这种特殊情况的格罗夫斯机制成为所谓的克拉克机制或关键者（Pivotal）机制。

我们现在考虑具有不可分公共商品的经济环境。在这个经济环境中，有 n 个参与者，一种私人商品 x_i，K 种公共商品 $y \in R_+^K$。生产公共商品 $y \in R_+^K$ 的总成本为 $C(y)$。每个参与者 i 为生产 y 所需分担的费用为 $z_i(y)$，从而有 $\sum_{i \in N} z_i = C(y)$。于是他的预算方程应满足：

$$x_i + g_i(y) = w_i + t_i \quad (19)$$

参与者 i 的效用函数 $u_i(x_i, y)$ 假定是拟线性（quasi-linear）的：

$$u_i(x_i, y) = x_i - w_i + r_i(y) \quad (20)$$

这里，$x_i - w_i$ 可解释为净消费增量，$r_i(y)$ 为参与者 i 消费公共商品 y 所获的效益。代预算式（19）到（20），参与者 i 的 $u_i(t_i, y)$ 效用函数成为：

$$u_i(t_i, y) = t_i + v_i(y) \quad (21)$$

这里 $v_i(y) = r_i(y) - g_i(y)$，称为 i 对公共商品的价值函数（Valuation Function）。许多经济模型都具有拟线性的效用函数。例如，在信息经济学中的逆向选择模型中，有一个委托人和 n 个代理人。委托人想要实施某个项目

y，代理人 i 从这个项目的实施会得到的收益为 $v_i(y)$（或要负担的成本为 $-v_i(y)$）和支付（或收到）转移税为 t_i（或转移补偿支付 $-t_i$）。这样代理人的支付函数将会为拟线性函数。

从 $\sum_{i \in N} z_i = C(y)$，我们得到可行性条件为：

$$\sum_{i=1}^{n} t_i = 0 \tag{22}$$

我们知道，对于拟线性效用函数，帕累托最优配置完全由最大化 $\sum_{i \in N}[t_i + v_i(y, \theta_i)]$ 的配置 $(y, t_1, \cdots, t_n)$ 决定。这样，对以上所考虑的公共商品经济类，帕累托最优配置由总和最大化条件 $\max_{y \in Y} \sum_{i=1}^{n} v_i(y)$ 和可行性条件（22）所特征化。

我们假定机制设计者不知道真实的价值函数 $v_i(y)$。设计激励机制的目的是要选择最优的公共商品水平（即它是总和最大化条件的解），并且每个参与者有激励真实地显示他的价值函数。用直接显示机制 $\langle V, h \rangle$ 的语言来说，机制要求每个参与者报出他的价值函数 b_i，所报的价值函数可以是真实或非真实的，然后设计者给出配置的决策规则（结果函数），$h = (g, t_1, \cdots, t_n)$：$V \to R_+ \times R^n$ 使得 $y = g(b)$ 和 $t_i = t_i(b)$。

一个直接显示机制 $\langle V, g, t_1, \cdots, t_n \rangle$ 是一个格罗夫斯机制，当且仅当满足下列两个条件：

(i) $g(b)$ 是（22）的解，即：

$$\sum_{i=1}^{n} b_i(g(b)) \geqslant \sum_{i=1}^{n} b_i(y) \text{ 对所有的 } y \in R_+^K \text{ 和 } b \in V \tag{23}$$

(ii) 转移结果函数为：

$$t_i(b) = \sum_{j \neq i} b_j(d(b) + d_i(b_{-i}) \tag{24}$$

这里，$d_i(\cdot)$ 是任意一个从 V_{-i} 到 R 的函数。

与不可分的公共商品情况一样,我们可类似地证明每个人真实显示他的净效用 v_i 是优势均衡策略。同样,如果令:

$$d_i(v_{-i}) = -\max_{y \in R_+^K} \sum_{j \neq i} v_i(y) \tag{25}$$

则支付转移结果函数成为:

$$t_i(b) = \sum_{j \neq i} b_j(g(b)) - \max_{y \in R_+^K} \sum_{j \neq i} v_i(y) \tag{26}$$

我们就得到了对可分公共商品情况下的克拉克机制（关键者）机制。有趣的是,克拉克机制包括了著名的威克瑞拍卖机制（也称为第二价格拍卖机制）作为一种特殊情况。在威克瑞拍卖机制下,报价最高者获得拍卖品,但成交价等于第二高报价。为了看出威克瑞拍卖机制是克拉克机制的特殊情况,让我们回到前面 [例3] 关于拍卖某种物品的问题。在这种情况下,配置结果空间为 $Z = \{y \in \{0, 1\}^n : \sum_{i=1}^n y_i = 1\}$。$y_i = 1$ 表示第 i 人得到这个物品,$y_i = 0$ 表示这个人没有得到物品。第 i 人的价值函数可表示为:

$$v_i(y) = v_i y_i \tag{27}$$

由于我们可以将 y 看作是一个 n 维的公共商品向量,从以上克拉克机制,我们知道:

$$g(b) = \{y \in Z : \max \sum_{i=1}^n v_i y_i\} = \{y \in Z : \max_{i \in N} v_i\} \tag{28}$$

这样,如果 $g_i(b) = 1$,则 $t_i(v) = -\max_{j \neq i} v_j$。如果 $g_i(b) = 0$,则 $t_i(v) = 0$。这就意味着报价最高者获得拍卖品,但成交价等于第二高报价,这正好是威克瑞拍卖机制的结果。

需要提到的是,格罗夫斯机制一般不是平衡的。一个格罗夫斯机制是平衡的,如果对所有的 $b \in V$,有:

$$\sum_{i=1}^n t_i(b) = 0 \tag{29}$$

这样，尽管格罗夫斯机制可导致公共商品的有效配置，但以上等式一般来说不成立，它并不会导致帕累托有效配置。这是由于一个帕累托最优配置必须满足平衡条件和最大化条件。如果平衡条件不满足，它就不是帕累托有效的。将 t_i 代入 (29)，可看出一个格罗夫斯机制导致了帕累托最优配置当且仅当它是平衡的，即：

$$(n-1)\sum_{i=1}^{n} b_i(d(b)) + \sum_{i=1}^{n} g_i(b_{-i}) \equiv 0 \tag{30}$$

然而，当经济环境类特别小时（在效用函数空间上是无处稠密的），有可能存在着平衡的格罗夫斯机制。Green 和 Laffont（1979）及 Laffont 和 Mastin（1980）证明了存在一个平衡格罗夫斯机制的充分必要条件是价值函数满足下列微分方程：

$$\sum_{i=1}^{n} \frac{\partial^{n-1}}{\partial \theta_{-i}} \left[\frac{\partial V_i}{\partial y} \frac{\partial y^*}{\partial \theta_i} \right] \equiv 0 \tag{31}$$

这里 $\frac{\partial^{n-1}}{\partial \theta_{-i}}$ 表示 $\frac{\partial^{n-1}}{\partial \theta_1 \cdots \partial \theta_{i-1} \partial \theta_{i+1} \cdots \partial \theta_n}$。然而，直到 Tian（1993），人们只是对特殊的二次效用函数形式 $V_i(y, \theta_i) = \theta_i y - y^2/2$ 及参与人的个数大于 2 证明了这种可能性（参见 Groves and Loeb, 1975; Green and Laffont, 1979; Laffont and Maskin, 1980）。笔者（Tian, 1996a; Liu and Tian, 1999）对更宽类的价值函数 $\{V_i(y, \theta_i) = \psi_i(\theta_i)\phi(y) - (b\phi(y)+c)^a\}_{i=1}^{n}$ 和 $V_i(y, \theta_i) = \psi_i(\theta_i)\phi(y) - G_i(y) + \varphi_i(\theta_i)$ 研究了平衡的格罗夫斯机制的可能性。

（三）纳什均衡与纳什实施

以上所有的结果都是在优势自利行为策略解假设下，讨论一个社会目标的激励兼容性问题。赫维茨的不可能性定理说明了真实显示偏好（优势均衡）与资源的帕累托最优配置一般来说不可能同时达到。我们知道优势策略均衡是一个非常强的解的概念。如果我们采用较弱的纳什均衡解的概念来描述人的自利行为，是否能设计某个激励机制，它能导致帕累托最优配置呢？本小节回答这个问题。

学过博弈论的读者都知道所谓纳什策略是每个人将其他人的策略视为给定，选择对自己最有利的策略。一个策略是纳什均衡（Nash Equilibrium）当且仅当每个人的均衡策略是对其他人的均衡策略的最佳反应。

对给定的 $e \in E$，一个机制 $\Gamma = \langle M, h \rangle$ 被说成有纳什均衡 m^*，当且仅当对所有的 $i \in N$ 都有：

$$u_i[h(m^*)] \geqslant u_i[h(m_i, m^*_{-i})], \quad m_i \in M_i \tag{32}$$

$N(e, \Gamma)$ 表示机制 Γ 的所有纳什均衡策略的集合。

下面的定理证明，如果真实显示策略是一个直接显示机制的纳什均衡，则它也是一个优势均衡。这样，如果只是将注意力集中在直接显示机制，采用纳什均衡解并不会得到任何新的结果。

[定理7] 如果一个社会选择目标 f 可由一个直接显示机制按纳什均衡弱实施，则这个社会选择目标 f 可由一个直接显示机制按优势均衡弱实施。

证明见 Dasgupta、Hammond 和 Maskin（1979）。

由显示原理可知，真实显示纳什均衡与优势策略均衡配置是等价的。这样，只要人们坚持采用直接显示机制，就不会得到什么新结果。为了得到比优势均衡更满意的结果，人们就不能采用直接显示机制，而应采用具有更一般信息空间的机制，即策略空间不完全是由参与者的经济特征所组成。当采用一般的信息空间后，即使我们仍然假定人们的自利行为是按纳什均衡原则行事，激励相容与最优资源配置同时达到也并不是不可能的。即使每个人都从个人的利益出发，只要我们用一定的规则去引导，也能够导致资源的最优配置或其他社会目标。不过，如采用纳什均衡策略来描述人的自利行为，弱实施不是一个很有用的概念。为了说明这点，考虑任何社会选择目标 f 和下列机制：每个人信息空间完全由经济环境空间组成，即 $M_i = E$，定义结果函数 $h: E \to Z$ 如下：

如果所有人报出的经济环境相同，即 $m_i = e$ $\forall i \in N$，则 $h(m) = f(e)$，否则每个人都被惩罚得到一个最差的结果 $z_0 \in Z$，即 $h(m) = z_0$。很容易看出，真实地报出经济特征组合 e 是这个机制的纳什均衡，所以这个机制弱实施了社会目标 f。但是，这个机制还存在许多其他的纳什均衡。比如，大家合伙一齐谎报任何一个假的经济特征组合 e' 也是一个纳什均衡。显然，它是一个非常弱的实施形式，$D(e, \Gamma)$ 不仅包括了真实的 e，也包括了整个经济环境类 E，从而它有无穷不可数这么多个解。因此，在纳什实施时，人们要求一个社会目标被实施或完全实施。

1. 纳什可实施社会目标的特征化

在本节，我们讨论什么样的社会选择目标是可以通过纳什激励机制达到。Maskin 在 1977 年（直到 1998 年才正式发表）对一般的社会目标对应给出了它是纳什激励相容（可完全实施）的充分必要条件。Maskin 的研究不仅能帮助我们理解什么样的社会目标是纳什可实施的，而且也提供了在其他均衡假设下研究一个社会目标能否被实施的基本技巧和方法。

Maskin 给出了一个纳什实施的直观必要条件，称之为 Maskin 单调性条件。这个条件可以用两种不同方式来表述。不难证明它们是等价的。在严格陈述 Maskin 单调性条件之前，我们先讨论一个纳什可完全实施的社会对应需要满足什么样的条件。

假定一个社会选择对应是纳什可完全实施的。这就意味着存在一个可实施的机制 $\Gamma = \langle M, h \rangle$ 使得 $h[N(e, \Gamma)] = F(e)$ 对所有的 $e \in E$ 成立。考虑一个经济环境 e 和一个配置结果 $x \in F(e)$。既然 F 是纳什可完全实施的，于是存在着一个纳什均衡 $m \in N\langle e, \Gamma \rangle$ 使得 $h(m) = x$。如果存在另外一个经济环境 $\bar{e}$ 使得 $x \notin F(\bar{e})$，则 $\Gamma = \langle M, h \rangle$ 纳什完全实施了 F 这一事实就意味着 m 不可能是在经济环境 $\bar{e}$ 下的一个纳什均衡。这样，就必定存在一个 i 和 $\bar{m}_i$ 使得 $\bar{u}_i[h(\bar{m}_i, m_{-i})] > \bar{u}_i[h(m)]$。既然 m 是在经济环境 e 下的一个纳什均衡，于是有 $u_i[h(m)] \geq u_i[h(\bar{m}_i, m_{-i})]$。令 $y = h(\bar{m}_i, m_{-i})$，我们有下列条件：

(1) Maskin 单调性条件：如果对任何两个经济环境 e 和 $\bar{e}$ 及 $x \in F(e)$ 使得 $x \notin F(\bar{e})$，存在某个 i 及另外 y 使得 $u_i(x) \geqslant u_i(y)$ 并且 $\bar{u}_i(y) > \bar{u}_i(x)$，社会选择对应 F 被认为是 Maskin 单调的。

于是有以下定理：

[定理 8]（Maskin 定理（1998）） 如果一个社会选择对应 F 是纳什完全可实施的，则它是 Maskin 单调的。

为了较容易地验证 Maskin 单调性条件，我们介绍它的一个等价条件。考虑一个经济环境 e 和一个社会最优结果 $x \in F(e)$。假定 $\bar{e}$ 是另外一个经济环境使得 $u_i(x) \geqslant u_i(y)$ 对所有的 y 成立，就意味着 $\bar{u}_i(x) \geqslant \bar{u}_i(y)$ 对所有的 y 成立。既然 F 是纳什可完全实施的，于是存在着一个纳什均衡 $m \in N(e, \Gamma)$ 使得 $h(m) = x$，并且 $u_i[h(m)] \geqslant u_i[h(\bar{m}_i, m_{-i})]$ 对所有的 i 和 $\bar{m}_i$ 成立。这样，从 $u_i(x) \geqslant u_i(y)$ 对所有的 y 成立就得到 $\bar{u}_i(x) \geqslant \bar{u}_i(y)$ 对所有的 y 成立，我们必定有 $\bar{u}_i[h(m)] \geqslant \bar{u}_i[h(\bar{m}_i, m_{-i})]$ 对所有的 i 和 $\bar{m}_i$ 成立。因此，m 也是在 $\bar{e}$ 下的一个纳什均衡。于是我们有下面等价的 Maskin 单调性条件：

等价的 Maskin 单调性条件：如果对任何两个经济环境 e 和 $\bar{e}$ 及 $x \in F(e)$ 使得对所有的 $i \in N$ 和所有的 y，$u_i(x) \geqslant u_i(y)$ 意味着 $\bar{u}_i(x) \geqslant \bar{u}_i(y)$ 对所有的 y 成立，则 $x \in F(\bar{e})$，我们就说社会选择对应 F 是 Maskin 单调的。这个等价的 Maskin 单调性条件通常被用来检查一个社会选择对应是否满足 Maskin 单调性条件。

Maskin 单调性条件本身并不能保证一个社会选择对应是纳什可完全实施的。但是，如果再加上下面所谓的"个人无否决权"条件，Maskin 单调性条件成为纳什可完全实施的充分条件。

(2)"个人无否决权"条件：一个社会选择对应 F 满足"个人无否决权"（No Veto Power）条件当且仅当：对于任意的 i、e、$x \in Z$，使得 $u_j(x) \geqslant u_j(y)$ 对所有的 $y \in Z$ 和 $j \neq i$ 成立，则 $x \in F(e)$。"个人无否决权"条件意味着如果 $n-1$ 个人认为一个资源配置 x 对他们来说是最优的，则 x 是

属于社会目标集合 $F(e)$。这是一个相当弱的条件。例如，对具有至少三个参与者的私人商品经济，如果每个人的效用函数是单调的，则不存在任何资源配置，它对一个以上的参与者同时是最好的，从而"个人无否决权"条件显然满足。于是有下面定理：

[定理 9] （Maskin 定理）如果 F 是 Maskin 单调的，满足"个人无否决权"条件，及 $n \geqslant 3$（至少有三个参与者），则它是纳什完全可实施的。

证明见 Maskin (1999)。

前面提到的以色列国王所罗门解决两个妇女争夺婴儿所属权的例子可看成是一个纳什实施问题。这是由于这两个妇女自己知道谁是小孩真正的母亲，但国王不知道谁在说谎。然而，国王所罗门的机制却不满足 Maskin 单调条件，因而它不是纳什可实施的。如果第二个女人聪明一点也要求不要把孩子杀了，把孩子给对方，则所罗门国王的激励机制不能解决问题。现在我们将国王所罗门解决婴儿归属问题的方法用机制设计的语言来描述。

两个妇女分别叫 Anne 和 Bath。有两种状态（两种经济环境）：α 表示 Anne 是婴儿的真正母亲和 β 表示 Beth 是婴儿的真正母亲。国王有三种选择可能：(a) 将婴儿给 Anne；(b) 将婴儿给 Bath；(c) 将婴儿分割 (Cut) 成两半。他的目的是想要将婴儿判给真正的母亲这样一个目标：$f(\alpha)=a$ 及 $f(\beta)=b$。Anne 的偏好关系是：在状态 α 下有 $aP_A^\alpha b P_A^\alpha c$，而在状态 β 下有 $aP_A^\beta c P_A^\beta b$。Beth 的偏好关系是：在状态 α 下有 $bP_B^\alpha c P_B^\alpha a$，而在状态 β 下有 $bP_B^\beta a P_B^\beta c$。即，每个妇女都希望得到婴儿。如果她是婴儿的母亲，在得不到的情况下，她情愿放弃小孩，而不愿看到小孩被杀死。如果她不是婴儿的母亲，她宁愿小孩被杀死，也不愿意给与竞争对手。注意，$f(\alpha)=a$，并且对 Anne 来说，无论是在状态 α 还是在状态 β 下，a 相对于其他两种选择都是最佳选择。于是根据 Maskin 单调条件，我们应该有 $f(\beta)=a$，但显然这并不成立（因为 $f(\beta)=b$）。这样，国王的社会目标函数不是 Maskin 单调的，从而由 Maskin 定理，它不是纳什完全可实施的。所罗门国王所面临判决问题比《旧约全书》所给出方法要复杂得多。

2. 性质优良机制设计与资源有效配置的纳什实施

在证明纳什可实施社会目标的特征化的定理中所用到的机制一般来说非常复杂。比如，它用到了一个无穷维的信息空间，结果函数是不连续的。性质优良机制是指一个机制具有某些好的性质，包括信息空间的维数有限，甚至达到最小，机制是连续的、可行的等优良性质。如果一个机制具有以上提到的某些优良性质，它也许就更具有可操作性，可能被应用到实际当中去。

（1）格罗夫斯-利加德机制

格罗夫斯（Groves）和利加德（Ledyard）在1977年第一个给出了性质优良的非显示经济激励机制。在纳什均衡的原则下，对具有公共商品的经济社会，他们的机制产生了资源最优配置。

为了说明格罗夫斯-利加德机制的基本结构，考虑一个简单化的格罗夫斯-利加德机制。考虑一类公共商品经济环境，它只有一个私人商品 x_i，一个公共商品 y 和三个参与者（$n=3$）。生产公共商品的生产函数为：$y=x$。

格罗夫斯-利加德机制定义如下：

信息空间为：$M_i=R$，它的一个点可解释为参与者 i 为生产此公共商品所愿意做出的捐献。结果函数：$t_i(m)=m_i^2+2m_jm_k$，$i\neq j\neq k$ 是由机制决定的参与者 i 的实际转移支付；$y(m)=(m_1+m_2+m_3)^2$ 是由机制决定的公共商品水平，及 $x_i(m)=w_i-t_i(m)$ 是 i 的私人商品的消费量。由于 $\sum_i[x_i(m)+t_i(m)]=\sum_ix_i(m)+y(m)=\sum_iw_i$ 对所有的 i 和 $m\in M$ 都成立，这个机制是平衡的。参与者 i 的支付函数为：

$$v_i(m)=u_i(x_i(m),\ y(m))=u_i(w_i(m)-t(m),\ y(m)) \qquad (33)$$

从纳什均衡内点所满足的一阶条件，我们有 $\dfrac{\partial u_i/\partial y}{\partial u_i/\partial x_i}=\dfrac{m_i}{\sum_im_i}$。从而，

总括起来有 $\sum_i \left[\dfrac{\partial u_i/\partial y}{\partial u_i/\partial x_i}\right] = \sum_i \left[\dfrac{m_i}{\sum_i m_i}\right] = 1$。于是帕累托最优配置的一阶条件成立。当效用函数是拟凹时,一阶必要条件也是充分的。这样,格罗夫斯-利加德机制纳什实施了帕累托有效配置。

于是他们认为他们自己解决了"搭便车"的问题。但经济学往往是复杂的:有的人认为他们的确解决了"搭便车"的问题,而另外一些人则不以为然。理由有两点:一是这个机制不能保证导致的配置是个人理性配置,即通过机制分配的结果对某些人来说比他们以前持有的初始资源的效用还要低,从而就有人可能不愿意参与这个机制来进行资源再配置,因为参加后反而损害了自己的利益;二是对于某些非均衡策略,导致了 $x_i(m) < 0$,从而它是个人不可行配置,即通过机制配置的资源不在个人的消费约束集之内。于是人们也许会问:能否设计这样的机制——它能产生资源的最优配置,而这个配置又是个人理性的配置呢?答案是肯定的。我们知道林道配置及瓦尔拉斯配置导致了帕累托最优配置。赫维茨在 1979 年分别对公共商品的经济环境类及私人商品的环境类给出了这样的机制,它们分别实施了林道配置和瓦尔拉斯配置,从而它们导致了资源最优和个人理性配置。沃克(Walker)在 1981 年也给出了类似的机制。我们先给出林道均衡的定义。

对只有一个私人商品 x_i,一个公共商品 y 和 n 个参与者,生产函数为 $y = x$ 的经济环境类,资源配置 $z = (x, y) = (x_1, x_2, \cdots, x_n, y) \in R_+^n \times R_+$ 被称之为一个林道均衡配置,当且仅当它是可行的,并且存在着一组个人化价格向量 $(q_1, \cdots, q_n) \in R_+^n$ 使得:

① $x_i + q_i y = w_i$,$i = 1, \cdots, n$;

② 对所有的 $i = 1, \cdots, n$,$(x'_i, y') P_i (x_i, y)$ 意味着 $x'_i + q_i y' > w_i$;

③ $\sum_{i=1}^n q_i = 1$。

在单调性假设下,每个林道配置显然是个人理性的,同时也是帕累托最优的。我们现在简单介绍沃克机制。

(2) 沃克机制

信息空间为：$M_i = R$。结果函数：$y(m) = \sum_{i \in N} m_i$ 是由机制所决定的公共商品的实际水平；i 的个人化的林道价格为 $q_i(m) = 1/n + m_{i+1} - m_{i+2}$,显然有 $\sum_i q_i(m) = 1$,$t_i(m) = q_i(m) y(m)$ 是由机制决定的实际转移支付,及 $x_i(m) = w_i - t_i(m)$ 是 i 的私人商品的消费量。由于 $\sum_i [x_i(m) + t_i(m)] = \sum_i x_i(m) + y(m) = \sum_i w_i$ 对所有的 i 和 $m \in M$ 都成立,这个机制是平衡的。参与者 i 的支付函数为：

$$v_i(m) = u_i(x_i(m), \ y(m)) = u_i(w_i(m) - t(m), \ y(m)) \quad (34)$$

由纳什均衡内点所应满足的一阶条件,我们有 $\dfrac{\partial u_i / \partial y}{\partial u_i / \partial x_i} = q_i(m)$。这也是林道解的一阶条件。当效用函数是拟凹时,一阶必要条件也是充分的。这样我们知道沃克纳什完全地实施了林道配置。

然而,人们对赫维茨和沃克的机制仍不太满意,因为他们的机制不能保证个人可行性条件,并且赫维茨的机制利用了一个较大维数的信息空间。赫维茨在他的另外一篇文章里给出了一个保证个人可行性条件的配置机制,这个机制产生了资源有效配置。然而,它不是连续的,即使微小的信息传递误差也会导致较大差异的资源配置结果,这在实际应用中就会出现精确性问题；另外它也不是预算平衡的,即通过机制配置的资源超过了社会的总资源。那么人们是否能够设计一个既是个人可行又是预算平衡的机制呢？赫维茨等人（Hurwicz、Maskin 和 Postlewaite,1984）证明一个机制如果产生了个人可行同时又是预算平衡的机制,则信息空间必依赖于初始资源。

(3) 田氏机制

以上所提到的机制总有这样或那样的一些令人不太满意的缺点。于是人们也许会问：是否存在着一个机制，它可以产生有效、个人理性的资源配置，并且是连续的、个人可行的、平衡的？笔者在 Tian （1989）一文中回答了这个问题。对具有公共商品的经济环境类，在纳什行为下，笔者证明并给出了这样的机制——它具有以上提到的所有性质。在 Tian （1990）中给出了一个具有同样性质，但具有最小维数信息空间的激励机制。这个机制和沃克机制的其他地方都相同，除了对公共商品的结果函数由下式给出：

$$y(m) = \begin{cases} 0 & \text{如果} \sum_i m_i \leqslant 0 \\ \sum_i m_i & \text{如果} 0 \leqslant \sum_i m_i \leqslant a(m) \\ a(m) & \text{如果} \sum_i m_i \geqslant 0 \end{cases} \tag{35}$$

这里，$a(m) = \min_{i \in N(m)} \dfrac{w_i}{q_i(m)}$ 及 $N(m) = \{i \in N: q_i(m) > 0\}$。可以证明，这个机制完全实施了林道配置。

对非完全非传递的偏好关系、具有生产报酬递减或当个人初始资源是不完全信息时，笔者在一系列已发表的文章中给出了类似的机制（见 Tian (1991，1992)，Tian 和 Li （1991），Li、Nakamura 和 Tian （1995））。对于私人商品的经济环境类，笔者在 Tian（1992）中也给出了类似的机制。对以上这些结果的详细讨论见后面的参考文献书中那些论文，它们都已发表在欧美经济学主要期刊上。另外，有趣的是赫维茨在 1979 年的另外一篇文章中证明了对于新古典的经济环境类，通过任何经济激励机制所产生的资源有效和个人理性配置都可以通过实施瓦尔拉斯配置来达到。这个结果对于修补市场的局限性有很大的帮助。例如对于只有几个买者和卖者的市场，我们有充分的理由相信市场不是完全竞争的。这样，市场所导致的配置一般不是有效的。然而人们可以利用其他经济机制，使得它的纳什均衡配置与假定下的完全竞争市场机制所导致的配置一样，从而它导致的配置是帕累托有效的。

以上所设计的激励经济机制都是以私有制经济环境为前提的。前面我们已提到兰格针对公有制提出的边际成本定价机制不是激励相容的。人们也许会问，是否能为公有制设计出一些有效和个人理性的激励机制呢？答案也是肯定的。至少对公共商品的情况是如此。笔者一直从事着这方面的工作（见 Tian（1994b，2000b，2000c，2000d）、Tian 和 LI（1994，1995b））。笔者通过设计具体的机制证明了即使国营企业在不追求利润最大化的条件下，只要把生产公共商品的成本让消费者根据他们自己的偏好来分担，在适当的成本分担机制下，所设计的机制能导致资源的有效和个人理性的配置。这样，这些机制解决了市场机制不能很好解决公共商品的问题。如果把这些机制和市场机制结合起来，即使在具有公共商品的情况下，也能解决资源的有效配置问题。当然所给出的机制离实际应用还有一段距离，并且由前面的信息有效性结果，这些机制不可能是信息有效的。不过，这些模型说明，在具有公共商品的情况下，这种由国营企业生产、让消费者分担成本的方式，尽管不是信息有效的，至少在理论上能解决资源有效配置的问题。详细的讨论见相关文章。

需要提到的是，在经济机制设计理论中，大多都是把激励相容问题和信息效率问题分开来考虑的。激励相容理论只考虑在给定的自利行为准则下，一个既定目标可实施的条件，而不考虑机制的信息要求量问题。信息效率理论只考虑实现一个社会目标所需要的信息量（即信息空间的维数）的问题，而忽略了机制的激励问题。Reichelstein—Reiter（1988）同时考虑了这两个问题。他们证明了，在纳什激励相容的条件下，实施一个社会目标所需要的信息量不会少于与不考虑激励问题而实现同一既定目标所需要的信息量。事实上，对公共商品的环境类，实施林道机制的最小维数和实现林道配置的最小维数一样，Walker（1981）及笔者（Tian（1990，1991））给出了具体这样的激励机制。但是，对私人商品的环境类，Reichelstein—Reiter（1988）证明实施瓦尔拉斯机制的最小维数比实现瓦尔拉斯配置的最小维数要大。

(四) 精练纳什实施与近似纳什实施

尽管上面给出了一些纳什可实施的社会目标的例子及纳什可实施社会目标的充分必要条件，但有许多社会目标不是单调的（比如国王所罗门解决婴儿归属问题），因而在纳什均衡解意义上它是不可实施的。经济学文献中给出了可大大地扩大可实施社会目标范围的两种方法。一种是通过采用精练纳什均衡解的方法。利用纳什策略，可能导致多个纳什均衡解，精练纳什均衡解的概念给出了剔除那些缺乏说服力的纳什均衡点的方法。另外一种是采用近似地纳什实施一个社会目标的方法，它只要求结果配置任意地接近社会选择对应。

1. 精练纳什实施

什么样的社会目标在精练纳什均衡解的假定下是可实施呢？尽管纳什均衡结果的集合 $N(e)$ 可能不是社会目标集合 $F(e)$ 的子集合时（于是这个社会目标可能不是纳什可实施的），但由于精练纳什均衡结果的集合比纳什均衡结果的集合要小得多，精练纳什均衡结果的集合却可能是社会目标集合 $F(e)$ 的子集合，因而在精练纳什均衡解的情况下也许是可实施的。本小节介绍几种精练纳什可实施的概念。

一个精练纳什均衡的概念是强纳什均衡（Strong Nash Equilibrium）假设。它意味着：当一个策略处于强均衡状态时，对任何一组人所形成的小集团，当其他人策略给定时，这个集团中的每个人都不可能从合作中得到更大的好处。显然，强纳什均衡策略是比纳什均衡策略要求更强的均衡假设，每一个强纳什均衡显然是纳什均衡，反之却不成立。这样，强纳什均衡的集合是纳什均衡的一个子集合。由于这个均衡集合比纳什均衡集合可能要小，通过强纳什均衡实施的社会选择目标集合可能会更大。Maskin（1979）证明：对适当的偏好关系的集合类，任何导致了帕累托最优配置和理性配置的社会选择目标都是强纳什可实施的。

人的利己行为策略假设还可以是塞尔顿（Selton）所引进的子博弈纳什均

衡（Subgame Perfect Nash Equilibrium）策略假设或其他精练纳什均衡（Refinement of Nash Equilibrium）解。另外，还有许多种策略均衡解来表达人的个人利己行为，如非优势的纳什均衡（Non-dominanted Nash Equilibrium）或其他精练纳什均衡解给出。Moore 和 Repullo（1988）、Abreu 和 Sen（1990）等人证明了在子博弈纳什均衡解假设下，几乎所有的社会目标都是可实施的。Palfrey—Srivastava（1990）在非优势的纳什均衡的假设下也证明了同样的结果。

2. 近似纳什实施

人们也可通过近似地纳什实施一个社会目标的方法来扩大可实施社会目标的范围。尽管纳什均衡结果的集合 $N(e)$ 不能完全包含在社会目标 $F(e)$ 集合中，但只要每个纳什均衡配置可以任意地接近 $F(e)$ 中某个配置（即这两个配置的差（距离）可以任意小），我们就说这个社会目标是可近似实施的。Matsushima（1988）、Abreu 和 Sen（1991）等人证明了几乎所有的社会目标都是可近似实施的。

（五）双实施：纳什实施和强纳什实施

纳什均衡策略是一种非合作的策略均衡概念，它完全排除任何合作的可能性。尽管纳什均衡相对容易达到，但它也许是不稳定的：参与者往往会通过某种形式的合作来对付机制设计者，因为通过合作可能会得到更大的好处。这样，人的利己行为由纳什策略均衡来描述的假设也许是不现实的，从而采用强纳什策略均衡的假设也许会更合理。由于强纳什均衡的集合显然是纳什均衡的子集合，通过强纳什均衡实施一个社会选择目标的可能性会更大。

尽管强纳什均衡假设更为合理，但它也许不存在或较难被解出。为了能够相对容易达到，同时也是稳定的，人们自然要求一个社会选择目标能同时被纳什和强纳什均衡实施。这就是所谓的双实施（Double Implementation）。Suh（1997）给出了一个社会选择目标能被纳什和强纳什同时双实施的充分必要条件。

由于 Suh 的特征化结果只是考虑了一个社会选择目标被双实施的充分必要条件，而没有考虑机制的复杂性，Peleg（1996a，1996b）及笔者（Tian（1999a，2000a，2000b，2000c，2000d））给出了一系列激励机制，它们双实施了瓦尔拉斯配置、林道配置和其他导致了帕累托最优配置和理性配置的社会选择目标。

（六）不完全信息与贝叶斯实施

上面的纳什实施、精练纳什实施及近似纳什实施对信息的要求用到了一个非常强的假定。尽管机制设计者不需要知道所有参与者的经济特征，但纳什均衡及近似纳什均衡解的一个缺点是它假定各个参与者知道其他参与者的经济特征。在现实中这个假设难以满足。这个假设是否可去掉呢？答案是肯定的。人们可用海萨尼（Harsanyi）引进的贝叶斯-纳什均衡（Bayesian-Nash Equilibrium）解来假定参与者的利己行为。尽管各个参与者不知道其他参与者的经济特征，贝叶斯解假定每个人知道其他人的经济特征的概率分布情况。在这种情况下，人们仍然可以设计出某类激励兼容的机制。

为了简单起见，假定效用函数的变动只依赖于参数 θ_i 的变动。它可表示为 $u_i(x,\theta_i)$。假定所有的参与者和机制设计者都知道效用类型向量 $\theta=(\theta_1,\cdots,\theta_n)$ 在先验集 Θ 上按概率密度函数 $q(\theta)$ 分布。每个参与者知道他自己的类型 θ_i，并能够计算其他人属于什么类型的条件分布：

$$q(\theta_{-i}\mid\theta_i)=\frac{q(\theta_i,\theta_{-i})}{\int_{\Theta_{-i}}q(\theta_i,\theta_{-i})d\theta_{-i}} \tag{36}$$

像前面一样，一个机制是由 $\Gamma=\langle M,h\rangle$ 给定。给定机制 $\langle M,h\rangle$，每个参与者 i 信息 m_i 的选择是 θ_i 的函数：$\sigma_i:\Theta_i\to M_i$。令 $\sum_i$ 是 i 的所有策略的集合。给定 $\sigma=(\sigma_1,\cdots,\sigma_n)$，$i$ 在 t_i 类型下的期望效用为：

$$\prod_{(M,h)}^{i}(\sigma;\theta_i)=\int_{\Theta_{-i}}u_i(h(\sigma(\theta)),\theta_i)q(\theta_{-i}\mid\theta_i)d\theta_{-i} \tag{37}$$

一个策略 σ 是机制 $\langle M, g \rangle$ 的贝叶斯-纳什均衡，当且仅当对所有的 $\theta_i \in \Theta_i$，$\prod^i(\sigma; \theta_i) \geqslant \prod^i(\hat{\sigma}_i, \sigma_{-i}; \theta_i)$，$\forall \hat{\sigma}_i \in \sum_i$ 成立。

给定一个机制 $\langle M, h \rangle$，它的贝叶斯均衡集合依赖于经济环境，记为 $B(e)$。像纳什实施一样，贝叶斯激励兼容也涉及 $F(e)$ 和 $B(e)$ 这两个集合的关系问题。当对 E 中所有的经济环境 e，$B(e)$ 是 $F(e)$ 的一个非空子集时，我们称机制 $\langle M, h \rangle$ 贝叶斯实施（Implement）了社会目标 F。如果对于某个给定的社会目标对应 F，存在着某个经济机制贝叶斯实施了这个社会目标对应，我们就称这个社会目标是贝叶斯可实施的。

Pastlewaite 和 Schmeidler（1986）、Palfrey 和 Srivastava（1989）、Mookherjee 和 Reichelstein（1990）、Jackson（1991）、Dutta 和 Sen（1994）等人，以及笔者（Tian（1996a，1999b））中对一般的社会目标及各种经济环境类给出了它是贝叶斯可实施的充分必要条件。在各种技术性的条件下，他们证明了一个社会目标对应是贝叶斯可实施的充分必要条件是：F 是贝叶斯单调的并且是贝叶斯激励相容的。

同样的理由，人们可考虑精练贝叶斯实施及近似贝叶斯实施。Palfrey 和 Srivastava（1989）在非优势的贝叶斯均衡解的假设下证明了，对至少有三个参与者的经济环境类，一个社会目标对应是非占优贝叶斯可实施的充分必要条件是：F 是贝叶斯激励相容的。Abreu 和 Mastsushima（1990）、Matsushima（1993）、Duggan（1993）及笔者（Tian（1997））等人在各种技术性条件下证明了一个社会目标对应是近似贝叶斯可实施的充分必要条件是：这个社会目标是贝叶斯激励相容的。

五、结束语

本文大致地介绍了机制设计理论一些基本结果；讨论了自利行为、自由选择、不完全信息、分散决策、激励与经济机制设计的关系问题。激励机制设计理论所讨论的问题是：对于任何给定的社会目标，在自由选择、自愿交换、信息分散化决策条件下，能否设计、怎样设计一个经济机制来达到既定的社会目标或其他经济目标。由于篇幅有限，还有许多重要的结果没有或得不到详细介绍，有兴趣更进一步了解机制理论的读者，可阅读本文所列出的有关参考文献。笔者希望读者通过本文对所介绍的机制设计理论有一大致的了解，更希望所介绍的理论对读者在思考、分析和解决中国经济改革、制度转型和企业管理问题时有所帮助。

(2003年1月)

参考文献

［1］田国强、张帆. 大众市场经济学［M］. 上海：上海人民出版社，1993.
［2］田国强. 中国国营企业改革与经济体制平稳转轨的方式与步骤［J］. 经济研究，1994，11：3～9.
［3］Abreu, R. and A. Sen. Subgame Perfect Implementation: A Necessary and Almost Sufficient Condition［J］. *Journal of Economic Theory*, 1990, 50: 285～299.
［4］Abreu, R. and A. Sen. Virtual Implementation in Nash Equilibrium［J］. *Econometrica*, 1991, 59: 997～1 021.
［5］Arrow, K. J.. An Extension of the Basic Theorems of Welfare Economics［M］.// *Proceedings of the 2nd Berkeley Symposium*. University of California Press, 1951, 507～532.
［6］Arrow, K. J. and Hahn, F. H.. *General Competitive Analysis*［M］. Holden-Day. San Francisco, 1971.
［7］Bergson, A.. A Reformulation of Certain Aspects of Welfare Economics［J］. *Quarterly Journal of Economics*, 1938, 52: 310～334.
［8］Calsarniglia, X.. Decentralized Resource Allocation and Increasing Returns［J］. *Journal of Economic Theory*, 1977, 14: 263～283.
［9］Dasgupta, P, P. Hammond and E. Maskin. The Implementation of Social Choice Rules: Some General Results on Incentive Compatibility［J］. *Review of Economic Studies*, 1979, 46: 185～216.

[10] Debreu, G.. *Theory of Value* [M]. New York: Wiley, 1959.
[11] Duggan, J.. Virtual Implementation in Bayesian Equilibrium with Infinite Types [D]. Parts I and II, Mimeo, 1993.
[12] Groves, T. and Ledyard, J.. Optimal Allocation of Public Goods: A Solution to the Free Rider Problem [J]. *Econometrica*, 1977, 45 (4): 783~811.
[13] Groves, T and Ledyard, J.. Incentive Compatibility Since 1972 [M].//T. Groves, R. Radner, and S. Reiter, eds.. *Information, Incentive, and Economic Mechanisms*. University of Minnesota Press, 1987.
[14] Hayek, F. A. von. The Present State of the Debate [M].//F. A. von Hayek, ed.. *Collectivist Economic Planning*. London, 1935, 201~243.
[15] Hayek, F. A. von. The Use of Knowledge in Society [J]. *American Economic Review*, 1945, 35: 519~530.
[16] Hurwicz, L.. On Informational Decentralized Systems [M].//Radner, R. and C. B. McGuire, eds.. *Decision and Organization*. Honor of J. Marschak. North-Holland, 1972, 297~336.
[17] Hurwicz, L.. Outcome Function Yielding Walrasian and Lindahl Allocations at Nash Equilibrium Point [J]. *Review of Economic Studies XLVL* (2), 1979, 397~419.
[18] Hurwicz, L.. On Allocations Attainable Through Nash Equilibria [J]. *Journal of Economic Theory*, 1979, 21 (1): 140~165.
[19] Hurwicz, L.. Balanced Outcome Functions Yielding Walrasian and Lindahl Allocations at Nash Equilibrium Points for Two or More Agents [M].//Jerry R. Green and Jose A. Scheinkman, eds.. *General Equilibrium, Growth, and Trade*. New York: Academic Press, 1979.
[20] Hurwicz, L.. Socialism and Incentives: Developing a Framework [J]. *Journal of Comparative Economics*, 1979, 3: 207~216.
[21] Hurwicz, L.. Incentive Aspects of Decentralization [M].//K. J. Arrow and M. D. Intriligator, eds.. *Handbook of Mathematical Economics*. Vol. III, North Holland, 1986.
[22] Hurwicz, L.. On Informational Decentralization and Efficiency in Resource Allocation Mechanism [D].//S. Reiter, ed.. *Studies in Mathematical Economics*. Mathematical Association of America, 1986.
[23] Hurwicz, L.. On the Implementation of Social Choice Rules in Irrational Societies [M].// *Social Choice and Public Decision Making*. Essays in Honor of Kenneth J. Arrow, ed., Vol. I. Cambridge University Press, 1986.
[24] Hurwicz, L., Maskin, E. and Postlewaite, A.. Feasible Implementation of Social Choice Correspondences by Nash Equilibria [D]. Mimeo, 1984.
[25] Hurwicz, L. and M. Walker. On the Generic Nonoptimality of Dominant-Strategy Allocation Mechanism: A General Theorem that Includes Pure Exchange Economies [J]. *Econometrica*, 1990, 58: 683~704.
[26] Jackson, M. O.. Bayesian Implementation [J]. *Econometrica*, 1991, 59: 461~477.
[27] Jordan, J. S.. The Competitive Allocation Process in Informationally Efficient Uniquely [J]. *Journal of Economic Theory*, 1982, 28, 1~18
[28] Kreps, D.. Signalling [M].//R. J. Aumann and S. Hart, eds.. *Handbook of Game Theory*. Vol. II, North-Holland, 1994.

[29] Laffont, J. J. and E. Maskin. A Differential Approach to Expected Maximizing Mechanisms [M].//J. J. Laffont, ed.. *Aggregation and Revelation of Preferences*. North Holland, 1979.

[30] Lange, O.. On the Economic Theory of Socialism [J]. *Review of Economic Studies*, 1936~1937, 4.

[31] Lange, O.. *On the Economic Theory of Socialism* [M]. Philadelphia: Lippincott, 1938.

[32] Lange, O.. The Foundations of Welfare Economics [J]. *Econometrica*, 1942, 10: 215~228.

[33] Lange, O. and F. M. Taylor. *On the Economic Theory of Socialism*, B. E. Lippincott, ed [M]. New York, 1938.

[34] Lerner, A. P.. *Economics of Control* [M]. New York, 1944.

[35] Li, Q., S. Nakmura and G. Tian. Nash Implementation of the Lindahl Correspondence with Decreasing Returns to Scale Technology [J]. *International Economic Review*, 1995, 36, 34~50.

[36] Liu, L., and G. Tian. A Characterization of Optimal Dominant Strategy Mechanisms [J]. *Review of Economic Design*, 1999, 4: 205~218.

[37] E. Maskin. Nash Equilibrium and Welfare Optimality [J]. *Review of Economic Studies*, 1999, 66: 23~38.

[38] Matsushima, H.. A New Approach to the Implementation Problem [J]. *Journal of Economic Theory*, 1988, 45: 128~144.

[39] Matsushima, H.. Bayesian Monotonicity with Side Payments [J]. *Journal of Economic Theory*, 1993, 59: 107~121.

[40] Mookherjee, D. and S. Reichelstein. Implementation via Augmented Revelation Mechanisms [J]. *Review of Economic Studies*, 1990, 57: 453~475.

[41] Moore, J. and R. Repullo. Subgame Perfect Implementation [J]. *Econometrica*, 1988, 56: 1 191~1 220.

[42] Moore, J. and R. Repullo. Nash Implementation: A Full Characterization [J]. *Econometrica*, 1990, 56: 1 083~1 099.

[43] Mount, K., and S. Reiter. Informational Size of Message Spaces [J]. *Journal of Economic Theory*, 1974, 8: 161~191.

[44] Palfrey, T. and S. Srivastava. On Bayesian Implementable Allocations [J]. *Review of Economic Studies*, 1987, 54: 193~208.

[45] Palfrey, T. and S. Srivastava. Mechanism Design with Incomplete Information: A Solution to the Implementation Problem [J]. *Journal of Political Economy*, 1989, 97: 668~691.

[46] Palfrey, T. and S. Srivastava. Implementation with Incomplete Information in Exchange Economies [J]. *Econometrica*, 1989, 57: 115~134.

[47] Palfrey, T. and S. Srivastava. Nash Implementation Using Undominated Strategy [J]. *Econometrica*, 1991, 59: 479~502.

[48] Postlewaite, A.. Implementation in Nash Equilibria in Economic Environments [M].//L. Hurwicz, D. Schmeidler, and H. Sonnenschein, eds.. *Social Goal and Social Organization*. Essays in Memory of Elisha Pazner. Cambridge University Press, 1985.

[49] Postlewaite, A. and D. Schmeidler. Implementation in Differential Information Economies [J]. *Journal of Economic Theory*, 1986, 39: 14~33.

[50] Postlewaite, A. and D. Wettstein. Continuous and Feasible Implementation [J]. *Review of Economic Studies*, 1989, 56: 603~611.

[51] Reichelstein, S. and S. Reiter. Games Forms with Minimal Message Spaces [J]. *Econometrica*, 1988, 56 (3): 661~692.

[52] Repullo, R.. The Revelation Principle under Complete and Incomplete Information [M]. // Binmore, K. and P. Dasgupta, eds.. *Economic Organization as Games*. Oxford, Basil Blackwell, 1986.

[53] Samuelson, P.. A Pure Theory of Public Expenditure [J]. *Review of Economics and Statistics*, 1954.

[54] Samuelson, P.. Diagrammatic Exposition of a Theory of Public Expenditure [J]. *Review of Economics and Statistics*, 1955, 37: 360~366.

[55] Schmeidler, D.. Walrasian Analysis via Strategic Outcome Functions [J]. *Econometrica*, 1980, 48: 1 585~1 593.

[56] Tian, G.. Implementation of the Lindahl Correspondence by a Single-Valued, Feasible, and Continuous Mechanism [J]. *Review of Economic Studies*, 1989, 56: 613~621.

[57] Tian, G.. Completely Feasible and Continuous Nash-Implementation of the Lindahl Correspondence with a Message Space of Minimal Dimension [J]. *Journal of Economic Theory*, 1990, 51: 443~452.

[58] Tian, G.. Implementation of Lindahl Allocations with Nontotal-Nontransitive Preferences [J]. *Journal of Public Economics*, 1991, 46: 247~259.

[59] Tian, G.. Implementation of the Walrasian Correspondence without Continuous, Convex, and Ordered Preferences [J]. *Social Choice and Welfare*, 1992, 9: 117~130.

[60] Tian, G.. Implementing Lindahl Allocations by a Withholding Mechanism [J]. *Journal of Mathematical Economics*, 1993, 22: 169~179.

[61] Tian, G.. Implementation of Linear Cost Share Equilibrium Allocations [J]. *Journal of Economic Theory*, 1994, 64: 568~584.

[62] Tian G.. On Informational Efficiency and Incentive Aspects of Generalized Ratio Equilibria [J]. *Journal of Mathematical Economics*, 1994, 23: 323~337.

[63] Tian, G.. Implementation of Linear Cost Share Equilibrium Allocations [J]. *Journal of Economic Theory*, 1994, 64: 568~584.

[64] Tian, G.. On the Existence of Optimal Truth-Dominant Mechanisms [J]. *Economics Letters*, 1996, 53: 17~24.

[65] Tian, G.. Continuous and Feasible Implementation of Rational Expectation Lindahl Allocations [J]. *Games and Economic Behavior*, 1996, 16: 135~151.

[66] Tian, G.. Virtual Implementation in Incomplete Information Environments with General Sets of Alternatives and Types [J]. *Journal of Mathematical Economics*, 1997, 28: 313~339.

[67] Tian, G.. Double Implementation in Economies with Production Technologies Unknown to the Designer [J]. *Economic Theory*, 1999, 13: 689~707.

[68] Tian, G.. Bayesian Implementation in Exchange Economies with State Dependent Preferences and Feasible Sets [J]. *Social Choice and Welfare*, 1999, 16: 99~119.

[69] Tian, G.. Double Implementation of Lindahl Allocations by a Continuous and Feasible

Mechanism [J]. *Social Choice and Welfare*, 2000, 17: 125~141.

[70] Tian, G.. Incentive Mechanism Design for Production Economies with Both Private and Public Ownership [J]. *Games and Economic Behavior*, 2000, 33: 294~320.

[71] Tian, G.. Implementation of Balanced Linear Cost Share Equilibrium Solution in Nash and Strong Nash Equilibria [J]. *Journal of Public Economics*, 2000, 76: 239~261.

[72] Tian, G.. Double Implementation of Linear Cost Share Equilibrium Allocations [J]. *Mathematical Social Sciences*, 2000, 40: 175~189.

[73] Tian, G.. On Uniqueness of Informational Efficiency of the Competitive Mechanism in Production Economies [D]. Mimeo, 2000.

[74] Tian, G.. A Unique Informationally Efficient Allocation Mechanism in Economies with Public Goods [D]. Mimeo, 2000.

[75] Tian, G.. and Q. Li. Completely Feasible and Continuous Implementation of the Lindahl Correspondence with Any Number of Goods [J]. *Mathematical Social Sciences*, 1991, 21: 67~79.

[76] Tian, G. and Q. Li. An Implementable and Informational Efficient State-Ownership System with General Variable Returns [J]. *Journal of Economic Theory*, 1994, 64: 268~297.

[77] Tian, G. and Q. Li. On Nash-Implementation in the Presence of Withholding [J]. *Games and Economic Behavior*, 1995, 9: 222~233.

[78] Tian, G. and Q. Li. Ratio-Lindahl Equilibria and an Informationally Efficient and Implementable Mixed-Ownership System [J]. *Journal of Economic Behavior and Organization*, 1995, 26: 391~411.

[79] Thomson, W.. Maximum Strategies and Elicitation of Preferences [M]. //J. J. Laffont, ed.. *Aggregation an Revelation of Preferences*. North-Holland, 1979.

[80] Varian, H. R.. *Microeconomic Analysis* [M]. W. W. Norton and Company, 1992, Third Edition.

[81] Walker, M.. A Note on the Characterization of Mechanisms for the Revelation of Preferences [J]. *Econometrica*, 1978, 46: 147~152.

[82] Walker, M.. On the Nonexistence of a Dominant Strategy Mechanism for Making Optimal Public Decisions [J]. *Econometrica*, 1980, 48: 1 521~1 540.

[83] Walker, M.. A Simple Incentive Compatible Scheme for Attaining Lindahl Allocations [J]. *Econometrica*, 1981, 49: 65~71.

100

对"幸福—收入之谜"的一个
解答：理论与实证*

摘要："幸福—收入之谜或悖论"是指当国家变得更富裕时，平均幸福水平并未随之提高。本文构建了一个规范的经济学理论模型，在个人理性选择和社会福利最大化的假定下研究人们的幸福问题，从而将幸福经济学整合到主流经济学中来。该模型同时考虑了收入和非收入因素，将心理学和经济学中的攀比理论和"忽视变量"理论的基本思想统一起来，在现代经济学中最为基本的帕累托最优标准和个人自利性假设下，探讨了幸福—收入悖论问题并给出了相应的解决方案。我们的理论和实证研究表明，存在一个与非物质初始禀赋正相关的临界收入水平，当收入尚未达到这个临界水平之前，增加收入能够提高社会的幸福度；一旦达到或超过这个临界收入水平，增加收入反而会降低总体幸福水平，导致帕累托无效的配置结果。因此，随着社会收入水平的提高，政府应当提高非物质需要方面的公

---

* 本文载于《经济研究》，2006 年第 11 期。合作者杨立岩。作者感谢曹晓勇、甘犁、黄有光、秦承中、周林、R. Easterlin、John Helliwell、Erzo F. P. Luttmer、Tapan Mitra、Andrew Oswald 等人的有益评论和建议，感谢两位匿名审稿人提出的建设性意见。同时也对美国得州农工大学民营企业研究中心的资助，以及汪伟对文章的写作所提供的帮助表示衷心的感谢。

共支出，以提高整个社会的幸福度。这些非物质需要包括心理满足感、家庭生活质量、健康水平、生态环境、基本人权等。这个结论对当前中国想要进行的和谐社会的构建非常重要。我们的理论结果也表明了重视社会公平、减少贫富差距过大的重要性，否则人们会由于自己收入相对过少，导致个体幸福度下降，从而导致社会福利下降。

一、引　言

商品生产和政府政策的目的都是为了增加国民的幸福。在经济学中，幸福（Happiness）被定义为效用（Utility），在心理学中幸福被看作主观福利（Subjective Well-Being，简记为 SWB）。经济学家往往倾向于简化假设，将收入当做决定效用的唯一变量。在标准的现代经济学理论模型中，个人的效用被假定只是依赖于他自己的消费。这样，一个基本的结论就是，增加收入能够使消费者获得更高的效用，从而追求个人利益会增加社会福利。因而，收入水平的高低被视作间接度量福利水平高低的一个主要指标，所有提高社会福利和减少贫困的经济政策，最后都会归结于经济的长期增长。与之相反，心理学家倾向于直接测度主观福利。最流行的方法是进行大样本调查。例如，世界价值普查（World Values Survey，简记为 WVS）向被调查者提问如下问题："综合考虑所有因素，你如何评价这段时期的生活状况？"回答者可以从 1（不满意）到 10（满意）这 10 个数字中选择答案来评估其生活满意度。

然而，对 SWB 调查数据的实证研究表明，经济增长几乎不能提高发达国家的福利水平。这意味着我们应当反思现代经济学中的标准经济理论及其政策涵义。Carol Graham（2005，p.4）将相关经验研究结论总结如下："大多数幸福研究文献发现，在一国内部，从平均水平来看，富人的幸福水平高于穷人，同时跨国和跨时研究表明，人均收入的增加和平均幸福水平几乎不相关或即使相关也很小。平均来看，富国（作为一个群体）比穷国（作为一个群体）更幸福；幸福水平似乎随着收入上升到一个点，但不会超过这个点。然而即使是在幸福水平较低、较穷的国家，也不存在平均收入水平和平均幸福水平的明显相关性，这表明有许多其他的因素在起作用，其中包括文化特征。"

总的来说，这一现象即"幸福—收入之谜"：当国家变得更富有时，人们的平均幸福水平并未随之提高。由于经济学家 Easterlin 最早研究这一现象，所以"幸福—收入之谜"又被称作 Easterlin 悖论。Easterlin 悖论已在美国、英国、日本等很多发达国家出现，它同样开始适用于中国，"1980 年以来，中国的 GDP 以年均 9.4% 的高速度增长，在东亚创造了新的经济奇迹。经济成就举世瞩目，而整体的人文发展情况却呈现出与 GDP 增长不协调的逆态势……根据荷兰 Eramus 大学的 RuutVeenhov 教授对中国 3 次幸福指数的调查，中国 1990 年国民幸福指数为 6.64（1~10 标度），1995 年上升到 7.08，但 2001 年却下降到 6.60。数据表明，即使经济持续快速增长也并不能保证国民幸福的持续增加。"[1] 中国社会科学院最新的调查也显示，"2005 年，72.7% 的城乡居民感觉生活是幸福的，比 2004 年下降了 5 个百分点。另有一项调查表明，中国人的幸福感在过去 10 年中先升后降，与经济发展的曲线并不同步。"[2] 另外，中欧国际工商学院 2006 年 1 月 16 日发布的《2005 年中国城市及生活幸福度调查报告》表明，"此次城市总幸福度排行榜上名列前两位的杭州和成都，居民收入都不是最高的"[3]。奚恺元教授有段论述，概括了近几十年来中国经济发展与幸福提升的关系："发展经济很大程度上有助于增加幸福感，现在的中

---

[1] 陈统奎、刘劲. 从 GDP 到 GNH：中国经济增长但人民并不幸福 [J]. 新民周刊, 2005, 41.
[2] 戴廉. 幸福指数量化和谐社会 [J]. 瞭望, 2006 - 3 - 16.
[3] 黄庭钧. 国内 10 大城市幸福度调查：安居乐业是幸福之本 [OL]. 新华网上海频道, 2006 - 1 - 17.

国人比 20 多年前要幸福得多……不过，人们幸福与否很大程度上还取决于很多和财富无关的因素。经济越发展，非物质因素对幸福的影响就越来越大，例如人们身体的健康、工作的稳定、婚姻状况及人际关系等等。"[1]

实际上，心理学文献一直十分注重研究幸福及幸福的基本决定因素，但在现代经济文献中这个问题基本上被忽视了。直到最近心理学的研究才和经济学联系起来。Easterlin（1974）的开创性贡献现在引起了许多经济学家的注意，但在当初很少有经济学家愿意承认他的贡献。Easterlin 悖论意味着经济增长不等同于社会福利的提高，收入或经济增长以外的因素，比如心理满足感、家庭生活质量、健康水平、基本人权、失业与通货膨胀等，会显著地影响个人幸福水平，也同时影响到个人对经济政策的反应（Graham & Pettinato，2002）。因此，幸福而不是收入应当成为政策制订者的主要关注目标。其实，这个观点在发展经济学中也有论述。例如，Nordhaus 和 Tobin（1972）认为 GNP 不能够真正地衡量社会福利，应当使用经济福利测度（Measure of Economic Welfare，简记为 MEW)[2] 来代替。所谓 MEW，即对 GNP 进行适当的调整，扣除经济增长带来的污染、城市化带来的精神压力等因素，同时增加休闲、家庭劳动等未被 GNP 度量的因素。他们发现，使用 MEW 来度量的经济福利和 GNP 相差甚远，尤其是第二次世界大战以后这个偏差更大。Amartya Sen 在他的专著 *Development as Freedom*（1999）中倡导以自由为中心的发展观，认为自由是评判发展的基本标准，人们应当更多地关注自由而不是经济增长、工业化或者技术进步。事实上，一些国家也已经开始付诸行动。不丹已经使用国民幸福总值（Gross National Happiness，简记为 GNH）而不是国内生产总值（GDP）去度量其国家的发展水平。第二届 GNH 国际研讨会于 2005 年 6

---

[1] 戴廉. 幸福指数量化和谐社会 [J]. 瞭望，2006-3-16.
[2] Samuelson（1976，p.195）称之为"净经济福利"（Net Economic Welfare）。

月20日～6月24日召开,此次研讨会选择"重新思考发展:通向全球福利的地区途径"作为会议主题,倡导各国整合全球资源、实行经济可持续发展、保护环境、增强社会和文化凝聚力等[①]。

如前文所述,现代经济学的标准理论认为增加收入可以提升幸福,但是这一结论无法解释 Easterlin 悖论,据此提出的经济政策也有一定的局限性。因此,这一现象对福利经济学,乃至现代经济学的一些基本结论提出了挑战。许多心理学家和一些经济学家从不同的角度对现代经济学,特别是福利经济学中的一些基本结论、假设及其分析框架进行批评,甚至否定,认为现代经济学的基本分析框架不能用来研究人们的幸福问题。甚至有人极端地认为,经济学的个人自利性这一基本假设是不可取的 (Layard, 2003, p. 15)。同时,许多经济学家不认可幸福经济学的研究,因为目前关于 SWB 的研究要么是经验性的,要么是描述性的,并且这些解释都是基于心理学分析,很少有人使用规范的经济分析来研究幸福问题,从而被认为是非主流、边缘化的学问。本文的结论显示这两种完全相反的看法都过于极端,不利于幸福学的研究和发展。本文构建了一个规范的经济理论模型,应用现代经济学基本的分析框架和研究方法,在个人理性选择和社会福利最大化的假定下,来研究人们的幸福问题。该模型同时考虑了收入和非收入因素,整合了心理学和经济学中的攀比理论和"忽视变量"(Omitted Variables)理论,能够在解释幸福—收入悖论的同时,给出相应的解决方案。

在有关 Easterlin 悖论的现有文献中,至少存在两种不同的观点或理论。一种即上文提到的"忽视变量"理论。这一理论认为不仅收入影响人们的效用水平,而被 GDP 忽视的许多指标,特别是非收入因素,例如健康状况、婚姻质量、就业状态等,也影响人们的幸福。如果非收入因素与收入因素负相关,

---

[①] http://www.gpiatlantic.org/conference.

那么随着 GDP 的增长，许多影响幸福的非收入因素会下降，从而抵消收入因素带来的正面作用，使得效用水平持续不变。Diener 和 Seligman（2004）做过一个较为详尽的文献综述。但是，Di Tella 和 MacCulloch（2006）指出，在过去几十年里，许多非收入因素（例如闲暇）不但没有下降，相反却呈现增长的趋势，收入和许多非收入因素同时增长，这使得非收入因素带来的负面影响大打折扣，从而降低了这一理论的解释力。此外，这个理论没有对 Easterlin 悖论现象进行规范解释，尽管对如何解决此悖论提供了一种可能的药方。另一种观点则着重于从收入本身出发，认为个人的效用与自己的收入水平正相关，但是与社会的平均收入水平（攀比水平）负相关，当社会变得更富裕时，攀比水平也会随之提高，从而使得总效用水平保持不变（Easterlin，1995，2001）。人们称这种解释为相对收入理论、参照组理论（Reference Group Thoery）或攀比理论，它是社会比较理论（Social Comparison Theory）在心理学上的一个变体。但是，当研究者使用相对收入理论或攀比理论来研究幸福时，他们将攀比水平看作外生给定，因而无法解释非收入因素在提高幸福水平上的重要作用。甚至一些研究者认为幸福水平是由遗传和性格决定的，从而任何提高幸福水平的个人或社会行动是无效的[①]。尽管这个理论对 Easterlin 悖论现象进行了解释，对如何解决此悖论没有给出方法。

此外，对幸福经济学研究所提出来的几乎所有理论都是描述性或实证性的。在幸福经济学文献中，没有什么严谨和规范的经济理论，特别是从社会福利最大化的视角来研究人们幸福度问题的。据我们所知，除了黄有光等人做的一系列研究之外，多数研究都没有考虑最优选择问题，包括个体最优选择和社会幸福最大化。黄有光等（Ng and Wang, 1993；Ng and Ng, 2001；

[①] 这种理论叫做集点理论（Set Point Theory）。该理论认为随着时间的推移，人们的幸福都回到某个给定的水平。集点理论的公共政策涵义是任何旨在提高个体福利的计划都是无效的（Graham，2005）。

Ng，2003）建立了一个代表性消费者模型，解释了经济增长减少福利水平的可能性。在这类模型中，福利水平的降低主要来源于两个方面：生产产生的环境污染及相对收入效应[①]。这些研究依赖于代表性消费者的假设，没有关注帕累托效率，也没有在模型中给出一个经验研究中提到的临界收入水平。

本文构建了一个规范的经济学模型，将上述攀比理论和"忽视变量"理论的基本思想结合起来，规范和整合到我们的理论模型中，利用经济学中最为基本的帕累托最优的概念来解释幸福—收入之谜。我们将心理学的解释纳入到主流经济学中，在个人理性选择和社会福利最大化的假定下研究人们的幸福问题。在模型中我们同时考虑了收入和非收入因素[②]，根据攀比理论，我们假定个体的效用与他们的物质与非物质水平正相关，但与其他人的物质消费水平负相关。这样，我们的理论扬弃了传统经济理论在研究社会福利时的经典假设，即个人效用只依赖于他自己的物质消费。对于一个固定数量的非收入因素，模型给出了一个临界收入水平，在达到临界值之前，经济增长能够提高幸福水平，但是一旦达到这个临界值，经济增长会导致帕累托无效。这个结论为"幸福—收入之谜"提供了一种解释：在经济发展的早期阶段，当基本的需要在很大程度上未被满足时，提高收入水平对提高幸福水平有重要作用，当收入水平达到一个临界值后，进一步增加收入对提高幸福水平无效、效果很小或有反作用。我们的模型对如何克服幸福—收入悖论也具有很强的政策涵义，即当政策

[①] 相对收入效应指一些人收入的增加会直接降低其他人的效用。这种现象可以用心理学中的相对收入理论（Relative Income Theory）或攀比理论（Aspiration Theory）进行解释。在经济学中，Pollak（1967）提出了一种相互依存的偏好理论（Interdependent Preferences Theory）来解释人们的这类行为。

[②] 本文中收入因素是指物质因素，非收入因素是指非物质因素或精神因素。为了叙述的方便，在不同的场合我们会在论述中交替使用收入和物质两词。实际上，相应于我们的模型，对 m 商品一个更为精确的定义是有消费负外部性的商品，n 商品则为没有消费负外部性的商品。由于根据 Easterlin（2003）的研究，收入最容易产生消费负外部性，并且本文旨在为"幸福—收入之谜"提供一个经济学解释，所以我们用收入代表 m 商品。

制订者试图提高幸福水平时，收入因素和非收入因素具有同等的重要性。因此，与目前在经济学家中流行的观点相反，为了提升社会幸福度，政府不应当片面地追求经济增长，而应当增加非物质产品生产上的公共支出，这些非物质因素包括家庭生活质量、健康水平、基本人权、反失业与通货膨胀等。这个结论对当前中国想要进行的和谐社会的构建非常重要。我们的理论结果也表明了重视社会公平、减少贫富差距过大的重要性，否则人们会由于自己收入相对过少，导致个体幸福度下降，从而导致社会福利下降。其实，这一现象在我国已初现端倪：改革开放使得人们的绝对收入大幅度上升，但与此同时，收入差距也在拉大，从而出现了"端起碗吃肉，放下碗骂娘"的社会现象。

在下面的两节中，我们将构建一个规范的经济模型并给出主要结论，然后通过一些经验分析来支持我们的结论。

二、模型与理论结果

（一）经济环境

为了体现攀比理论和"忽视变量"理论的基本思想，我们假定在一个纯交换经济中有两个消费者和两类商品。商品 m 表示收入类商品，主要指能带来物质享受的商品，商品 n 表示所有的非收入类商品，比如健康、心理状态、婚姻、家庭生活、就业状态等，这些因素常常被心理学家用来解释 SWB 的跨国差异。将商品划分为物质商品和非物质商品，可以与现有文献中的两种商品界定联系起来。

一种分类方法的依据是看某种商品是否包括在 GDP 指数中，被 GDP 包括的所有商品称为收入商品，其他商品则称为非收入商品。这种分类方法主要为心理学和实证经济学文献所采用。Diener 和 Seligman（2004）详细讨论了未被 GDP 包括的、但对人们幸福度有重大影响的非收入商品。他们认为 GDP 可以作为测度物质商品的指标。这样，我们可将 m 大致解释为所有包括在 GDP 中的商品，而 n 则是未被 GDP 包括但影响人们幸福的商品。

另外一种分类方法主要在经济学文献中采用（Frank，1985，1991，1999，2005）。主要是根据一个商品的攀比程度的大小来区分。Frank（1999，2004，2005）认为社会攀比程度较大的商品会造成较大的社会福利损失。与此相对应，m 代表社会攀比程度较大的商品类，而 n 代表社会攀比程度较小的商品类。

事实上，这两种分类方式是一致的。如 Solnick 和 Hemenway（2006，p. 147）所总结的那样："（1）收入类商品比休闲具有更大的社会攀比度……（3）私人商品比公共商品具有更大的社会攀比度；（4）日常用品比健康和安全具有更大的社会攀比度。"在我们的模型中，即物质类商品比非物质类商品具有更大的社会攀比度。这些也已经被许多实证研究所验证（Neumark 和 Postlewaite，1993；Carlsson 等，2003；Luttmer，2005；Solnick 和 Hemenway，2006）。

正如 Di Tella 和 MacCulloch（2006）所指出的那样，只引入非收入因素并不足以解释 Easterlin 悖论，因为许多非收入商品在过去几十年间呈上升趋势，例如，法国在 1975 年到 1997 年间，人均工作时间下降了 14%，即闲暇时间有大幅提升，与此同时，健康状况和生态环境都有所改善。不过，结合收入商品比非收入商品具有较大的社会攀比度，就能够将攀比理论的机制引进来，即增加物质商品只能在有限的程度内增加社会福利，从而能够解释幸福—收入之谜。同时，非收入因素可以提高物质因素增加社会福利的潜力，为解决 Easterlin 悖论提供了药方。在下面的行文中，收入、收入因素、收入类商品、物质类商品、GDP 和 GDP 类商品都是指商品 m。

消费者 i 对两种商品的消费量由向量（m_i，n_i）表示，$i=1,2$。为了体现攀比理论的基本思想，我们假设收入商品的消费呈现负的外部性，即消费者 i 的消费 m_i 会对消费者 j 的效用产生负面影响。消费者 i 的效用函数表示为 $u_1(m_i,$

n_i，m_j），假设效用函数是连续可微的，我们有 $\frac{\partial u_I(m_i, n_i, m_j)}{\partial m_i} > 0$，$\frac{\partial u_I(m_i, n_i, m_j)}{\partial n_i} > 0$，$\frac{\partial u_I(m_i, n_i, m_j)}{\partial m_j} < 0$，$i, j = 1, 2, j \neq i$。注意，我们假定消费者在消费收入物品时有负外部性，但在消费非收入物品时没有外部性。因为根据攀比理论，消费的负外部性是社会比较的结果，并且社会比较并非对所有领域都是同等的。特别地，当考虑收入物品时，比较起来相对容易。然而，健康、家庭生活等这样的非收入因素则不容易进行社会比较（Easterlin，2003）。所以我们假定一种极端情形，即假定在非收入物品上不存在社会比较。进一步，假设消费者的效用函数为 $u_I(m_i, n_i, m_j) = m_i^\alpha n_i^{1-\alpha} - \beta m_j$，参数满足 $\alpha \in (0, 1)$，$\beta > 0$，$i \in \{1, 2\}$，$j \in \{1, 2\}$，$j \neq i$。假设经济中有固定的 $\bar{m}$ 单位收入商品和 $\bar{n}$ 单位非收入商品。

此外，我们对非收入商品有以下两点说明：首先，一些非收入物品可能是公共物品而不是私人物品，例如民主、通货膨胀等。在我们的模型中，为了简化分析，我们没有考虑公共物品的情况。不过，即使我们假定商品 n 是公共品，本文的主要定性结论也是成立的。其次，非收入商品的度量问题本身值得研究。但是，本文旨在定性研究收入物品和非收入物品的配置如何对社会总福利产生影响，所以我们没有探讨这个问题，而是假设在理论上已经存在某一个度量原则。事实上，在现实中，一些非收入商品也能够采用某些指标去近似，比如，我们可以用医生和护士的数量去近似代表健康状况禀赋。

（二）帕累托最优和社会幸福最大化

当经济学家评估经济系统时，他们喜欢使用帕累托最优（或者有效）这个标准。因为帕累托最优避免了对两个消费者效用的比较，所以它为我们进行福利分析提供了一个最基本的和没有争议的标准，任何社会最优结果都应符合这个原则。帕累托最优意味着不存在任何提高幸福的可能性。下面我们将正式地给出帕累托有效的定义。

[定义1] 如果配置 $(m_1, n_1, m_2, n_2) \in R_{++}^4$[1]满足 $m_1 + m_2 \leqslant \bar{m}$，$n_1 + n_2 \leqslant \bar{n}$，那么称其为可行的[2]。

[定义2] 称配置 (m_1, n_1, m_2, n_2) 为帕累托最优（有效）的，即不存在其他可行配置 (m'_1, n'_1, m'_2, n'_2)，使得 $u_I(m'_i, n'_i, m'_j) \geqslant u_I(m_i, n_i, m_j)$，对任意 i 成立，并且对至少某个 i，$u_I(m'_i, n'_i, m'_j) > u_I(m_i, n_i, m_j)$ 成立。

在我们的模型中，帕累托有效结果可通过求解下面的问题得到：

$$(\text{PE}) \begin{cases} \max_{(m_1, n_1, m_2, n_2) \in R_{++}^4} \quad m_2^\alpha n_2^{1-\alpha} - \beta m_1 \\ \text{s.t.} \begin{cases} m_1 + m_2 \leqslant \bar{m}, \quad n_1 + n_2 \leqslant \bar{n} \\ m_1^\alpha n_1^{1-\alpha} - \beta m_2 \geqslant u_1^* \end{cases} \end{cases}$$

这里，$u_1^* = m_1^{*\alpha} n_1^{*1-\alpha} - \beta m_2^*$，$*$ 表示帕累托有效配置，例如 u_1^* 表示相应于某个帕累托有效配置下的第一个消费者的效用。由于目标函数和约束条件在 R_{++}^4 上是连续可微和严格凹的，所以帕累托有效配置可以完全由一阶条件来刻画。

建立拉格朗日函数：

$$L = m_2^\alpha n_2^{1-\alpha} - \beta m_1 + \lambda_m(\bar{m} - m_1 - m_2) + \lambda_n(\bar{n} - n_1 - n_2) + \mu(m_1^\alpha n_1^{1-\alpha} - \beta m_2 - u_1^*)$$

一阶条件为：

$m_1: \quad -\beta - \lambda_m + \mu \alpha m_1^{\alpha-1} n_1^{1-\alpha} = 0$ (1)

$n_1: \quad -\lambda_n + \mu(1-\alpha) m_1^\alpha n_1^{-\alpha} = 0$ (2)

---

[1] 在这里，为了能够方便地利用 Kuhn-Tucker 定理，我们在此假设消费者的消费集是开集 R_{++}^2。

[2] 如果两个不等式都以等式成立，那么我们称配置是平衡的。

$$m_2: \quad \alpha m_2^{\alpha-1} n_2^{1-\alpha} - \lambda_m - \mu\beta = 0 \tag{3}$$

$$n_2: \quad (1-\alpha)m_2^{\alpha} n_2^{-\alpha} - \lambda_n = 0 \tag{4}$$

$$\lambda_m: \quad m_1 + m_2 \leqslant \bar{m}, \quad \lambda_m \geqslant 0, \quad \lambda_m(\bar{m} - m_1 - m_2) = 0 \tag{5}$$

$$\lambda_n: \quad n_1 + n_2 \leqslant \bar{n}, \quad \lambda_n \geqslant 0, \quad \lambda_n(\bar{n} - n_1 - n_2) = 0 \tag{6}$$

$$\mu: \quad m_1^{\alpha} n_1^{1-\alpha} - \beta m_2 \geqslant u_1^*, \quad \mu \geqslant 0, \quad \mu(m_1^{\alpha} n_1^{1-\alpha} - \beta m_2 - u_1^*) = 0 \tag{7}$$

由 (4),我们有 $\lambda_n > 0$,根据 (6) 我们得到下面的约束条件:

$$n_1 + n_2 = \bar{n} \tag{8}$$

使用条件 (1) ~ (4),我们可以消去 m、n 和 λ_n,可得:

$$(\lambda_m + \mu\beta)\mu^{1/\alpha} = \beta + \lambda_m$$

这意味着 $\mu = 1$[①]。

由 $\mu = 1$ 和 $\lambda_n > 0$,通过 (1) 和 (2) 可得:

$$\lambda_m = \lambda_n^{\frac{1-\alpha}{\alpha}} \alpha (1-\alpha)^{\frac{1-\alpha}{\alpha}} - \beta \tag{9}$$

由 (2)、(4)、$\mu = 1$ 和 $\lambda_n > 0$ 可知:

$$n_1 = (1-\alpha)^{\frac{1}{\alpha}} \lambda_n^{-\frac{1}{\alpha}} m_1 \tag{10}$$

$$n_2 = (1-\alpha)^{\frac{1}{\alpha}} \lambda_n^{-\frac{1}{\alpha}} m_2 \tag{11}$$

将 (10) 与 (11) 相加再利用 (8),可得:

$$\lambda_n = (1-\alpha)\left(\frac{m_1 + m_2}{\bar{n}}\right)^{\alpha} \tag{12}$$

由此进一步可得:

---

① 很明显,由 $\beta > 0$ 可得 $\mu > 0$。$\phi(\mu) = (\lambda_m + \mu\beta)\mu^{1/\alpha} - (\beta + \lambda_m)$。易知,$\phi(1) = 0$ 且 $\phi'(\mu) = \mu^{1/\alpha}\beta + \dfrac{\mu^{(1-\alpha)/\alpha}}{\alpha}(\lambda_m + \mu\beta) > 0$。所以,$\mu = 1$ 是 $(\lambda_m + \mu\beta)\mu^{1/\alpha} = \beta + \lambda_m$ 的唯一解。

$$n_1 = \frac{m_1 \bar{n}}{m_1 + m_2} \tag{13}$$

$$n_2 = \frac{m_2 \bar{n}}{m_1 + m_2} \tag{14}$$

将（12）代入（9）：

$$\lambda_m = \alpha \left(\frac{\bar{n}}{m_1 + m_2}\right)^{1-\alpha} - \beta \tag{15}$$

这个式子将用来决定与帕累托有效配置有关的临界收入水平。

因为在均衡时我们要求 $\lambda_m \geqslant 0$，所以有两种情形需要考虑：

1. 情形1：$\lambda_m > 0$

在这种情形，由（15）式，我们必有 $m_1 + m_2 < (\alpha/\beta)^{1/(1-\alpha)} \bar{n}$，并且由（5）式可知：

$$m_1 + m_2 = \bar{m} \tag{16}$$

因此，如果 $\bar{m} < (\alpha/\beta)^{1/(1-\alpha)} \bar{n}$，从帕累托有效的观点看，应当用光所有的收入商品，因为增加收入将提高个体的幸福（效用）。通过（13）和（14）可得：

$$n_1 = \frac{\bar{n}}{\bar{m}} m_1 \tag{17}$$

$$n_2 = \frac{\bar{n}}{\bar{m}} m_2 \tag{18}$$

2. 情形2：$\lambda_m = 0$

由（15）式，我们有 $m_1 + m_2 = (\alpha/\beta)^{1/(1-\alpha)} \bar{n}$。对任何 $\bar{m} \geqslant (\alpha/\beta)^{1/(1-\alpha)} \bar{n}$，由（13）和（14）以及 $\bar{m} \geqslant (\alpha/\beta)^{1/(1-\alpha)} \bar{n}$ 得：

$$n_1 = (\alpha/\beta)^{1/(1-\alpha)} m_1 \tag{19}$$

$$n_2 = (\alpha/\beta)^{1/(1-\alpha)} m_2 \tag{20}$$

总结上面的讨论，我们有关于下面的关于帕累托效率的结果。

[定理1]　当且仅当 $\bar{m} \leqslant (\alpha/\beta)^{1/(1-\alpha)}\bar{n}$，帕累托有效配置要求用光所有的收入商品。

特别地，我们有以下结果：

(1) 如果 $\bar{m} > (\alpha/\beta)^{1/(1-\alpha)}\bar{n}$，那么任何帕累托最优配置都要求一定数量的收入商品闲置（Free Disposal），即弃之不用。帕累托最优配置集合为：

$$\left\{\begin{array}{l}(m_1, n_1, m_2, n_2) \in R_{++}^4: n_1 = (\alpha/\beta)^{1/(1-\alpha)}m_1, n_2 = (\alpha/\beta)^{1/(1-\alpha)}m_2, \\ n_1 + n_2 = \bar{n}, (\alpha/\beta)^{1/(1-\alpha)}\bar{n} = m_1 + m_2 < \bar{m}\end{array}\right\}$$

(2) 如果 $\bar{m} \leqslant (\alpha/\beta)^{1/(1-\alpha)}\bar{n}$，那么任何帕累托最优配置都要求用尽所有的收入商品。帕累托最优配置集合为：

$$\left\{\begin{array}{l}(m_1, n_1, m_2, n_2) \in R_{++}^4: n_1 = \dfrac{\bar{n}}{\bar{m}}m_1, n_2 = \dfrac{\bar{n}}{\bar{m}}m_2, \\ n_1 + n_2 = \bar{n}, m_1 + m_2 = \bar{m}\end{array}\right\}$$

这样，从上面的结论可知，当 $\bar{m} > (\alpha/\beta)^{1/(1-\alpha)}\bar{n}$ 时，即当总收入超过了临界值 $(\alpha/\beta)^{1/(1-\alpha)}\bar{n}$ 时，社会幸福最大化要求闲置 $\bar{m} - (\alpha/\beta)^{1/(1-\alpha)}\bar{n}$ 单位的收入。否则，如果用尽所有的收入（在市场经济中通常出现这种情况），将会导致帕累托无效的结果。换句话说，增加收入可能不会提高社会的幸福，反而会减少福利。这解释了为什么提高所有人的收入并不一定增加所有人的幸福（Easterlin，1995）。参考图1。在图1中，横轴和纵轴分别表示经济的非收入商品总量和收入商品总量。假设经济的最初状态是点 A，并且政府通过某种机制已经将之调整为一个帕累托最优配置。在保持非收入水平恒定时，以任何方式增加每一个人的收入水平以至于使经济移到 B 点。根据［定理1］，如果用光收入商品的话，处在阴影区域的所有点都是帕累托无效的。帕累托有效配置要求经济恢复到 A 点。特别地，最初的配置在新禀赋下仍是帕累托最优的。所以，从 A 点到 B 点以任何方式的经济增长，可以使得每个人的收入都增加，但是至少会使某个人受到伤害。特别地，经济增长可能使得每个人的福利水平都绝对地下降。因此可以想象，在 SWB 时间序列数据中，受伤害的人群会选择福利下降的答案，从而使得整个社会的平均生活满意度持平，甚而下降，尽管与此同时每个人的收入水平持续攀升。为此，我们给出［定理 2］。

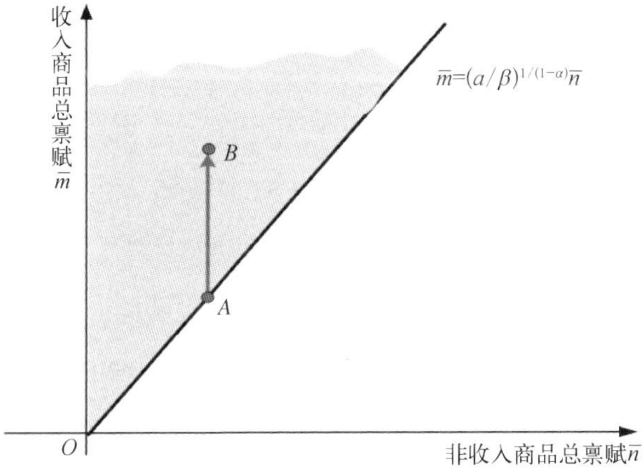

图 1　增加所有人的收入并不会增加所有人的幸福

［定理 2］　在我们所考虑的经济中，增加所有人的收入并不一定增加所有人的幸福。特别地，当收入超过某个临界值时，即当 $\bar{m} > (\alpha/\beta)^{1/(1-\alpha)} \bar{n}$ 时，如果没有收入闲置，资源配置是帕累托无效的，用任何指标衡量的社会总福利水平都可能下降。

［评注 1］　因为临界收入 $\bar{c} = (\alpha/\beta)^{1/(1-\alpha)} \bar{n}$ 是非收入水平 $\bar{n}$ 的增函数，所以提高非物质因素水平对提高人们的幸福水平变得十分重要。只有当非收入因素水平 $\bar{n}$ 足够大时，经济增长才会增加个人幸福。

［评注 2］　为了从总体上评估个人的幸福水平，即社会幸福或社会福利，我们会遇到人们之间的效用比较。在经济学中，解决这个问题的一种方法是用社会福利函数 $W(u_1, u_2)$ 代表社会福利。一般假设 $W(u_1, u_2)$ 是 u_i 的增函数。在现有资源约束下，一个理想的社会应该有福利最大化的配置安排。任何最大化社会福利函数的配置必定也是帕累托有效的。此外，假定效用函数是凹

的和在自己消费的商品上是严格单调递增的，帕累托有效配置也可以通过解一个线性社会福利函数最大化问题得出。这样，如果我们定义社会福利函数为：

$$W = a_1 u_1(m_1, n_1, m_2) + a_2 u_2(m_2, n_2, m_1)$$

可以证明，在资源约束下，最大化了社会幸福函数的所有可能配置都可以由［定理1］中的特征化条件给出。

心理学家通常使用"平均生活满意度"（Mean Life Satisfaction）度量幸福。平均生活满意度分析等价于采取一个简单的线性社会福利函数 $W(u_1, u_2) = u_1 + u_2$。特别地，在我们的模型中，拉格朗日乘子 μ 总是等于1。这样，任何帕累托有效配置也最大化了这个线性社会福利函数。我们无须担心在帕累托有效配置之间进行比较。在图2中，我们给出了美国的人均实际GNP和平均满意度时间序列。在图中，左边刻度度量人均实际GNP，以千元为单位，右边刻度生活满意度，最小为1，最大为10。

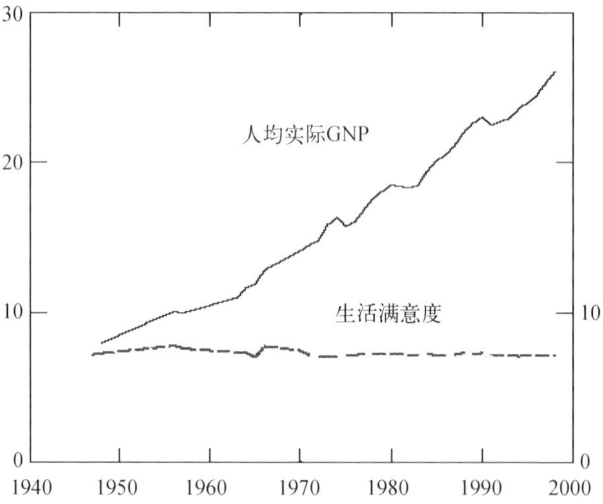

资料来源：Diener and Seligman, 2004, p3, Fig.1.

图2 美国人均GNP和平均生活满意度：1947～1998。

假定通过某些机制，社会总是能够执行帕累托效率结果。那么，根据[定理1]，将帕累托有效配置代入社会福利函数$W(u_1, u_2)$，社会福利的最大值将有下面的形式：

$$W = \begin{cases} \bar{m}^{\alpha}\bar{n}^{1-\alpha} - \beta\bar{m}, & \text{如果 } \bar{m} \leqslant (\alpha/\beta)^{1/(1-\alpha)}\bar{n} \\ \left[\dfrac{\beta}{\alpha} - \beta\right]\left(\dfrac{\alpha}{\beta}\right)^{\frac{1}{1-\alpha}}\bar{n}, & \text{如果 } \bar{m} > (\alpha/\beta)^{1/(1-\alpha)}\bar{n} \end{cases} \tag{21}$$

如果不允许闲置收入（这是在现实生活中很可能的情形），那么社会福利最大值由下式给出：

$$W = \bar{m}^{\alpha}\bar{n}^{1-\alpha} - \beta\bar{m}, \quad \text{任意 } \bar{m} > 0 \text{ 和 } \bar{n} > 0 \tag{22}$$

对于一个固定的$\bar{n}$，我们从图3能够直观地看到社会福利随收入水平变化的情况。

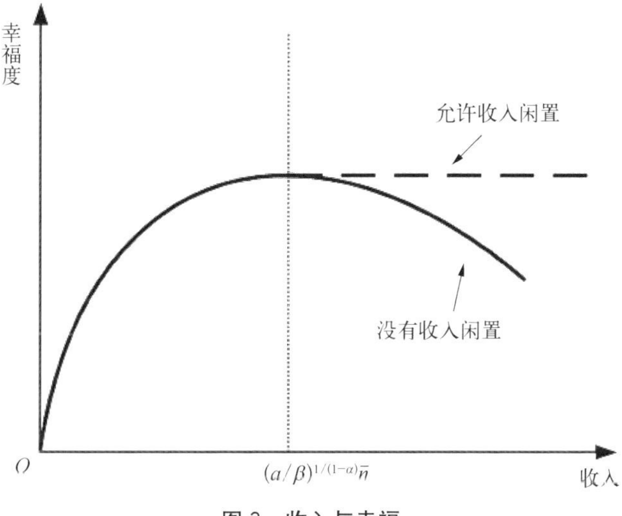

图3 收入与幸福

在图3中，我们用由（21）式和（22）式给出的社会福利最大值表示社会的总体幸福度。图3能够解释，在过去几十年期间，尽管收入急剧上升，但是发达国家的幸福基本持平，与之相反，增加收入却能提高穷国的幸福。在图3

中，收入水平 $(\alpha/\beta)^{1/(1-\alpha)}\bar{n}$ 是一个临界值点。当跨国间的非收入因素相同时，在穷国，收入水平低于 $(\alpha/\beta)^{1/(1-\alpha)}\bar{n}$，社会幸福在收入上是递增的。一旦达到临界收入水平 $(\alpha/\beta)^{1/(1-\alpha)}\bar{n}$，社会福利最大值不能仅仅通过增加收入来提高。提高社会福利最大值的唯一方式是提高非收入因素的水平，即增加 $\bar{n}$。如果配置结果是耗尽所有的收入禀赋，那么社会幸福将会递减（正如图 3 中实线所揭示的那样）。实际上，我们可以使用任何形式的社会福利函数，只要社会福利是个体效用的增函数，这个结论都不会改变。为此，我们给出定理 3。

[定理 3]　在具有上面特殊效用函数的纯交换经济中，如果我们使用社会福利函数来衡量社会总幸福水平，那么当经济相对贫穷时，即 $\bar{m} \leqslant (\alpha/\beta)^{1/(1-\alpha)}\bar{n}$ 时，增加收入将增加社会最大福利，即增加整个社会的幸福；当经济变得富裕时，即 $\bar{m} > (\alpha/\beta)^{1/(1-\alpha)}\bar{n}$ 时，那么仅仅增加收入不能增加社会的幸福，事实上，如果经济中没有收入闲置，社会幸福将递减。提高社会幸福水平的唯一方式是提高非收入因素的水平。

[评注 3]　在上面的定理中，非收入因素假定是外生给定的，以至于它导致了"幸福—收入之谜"。如果人们愿意拿出一定数量的收入商品来提高非物质水平，那么这个谜可能被解决。因此，上面定理的一个政策涵义是：当经济变得富裕时，政府应当将 GDP 中的一部分用于提高居民的非物质水平而不是将所有资源用于经济增长。

三、实证分析

在这一节，我们将利用 WVS 数据和 ERS（Economic Research Service）国际宏观数据来估计临界收入 $\bar{c} = (\alpha/\beta)^{1/(1-\alpha)}\bar{n}$。WVS 一共有四轮数据，分别是 1981～1982、1989～1993、1995～1998、1999～2003。不同轮数据覆盖

了不同的、但有重叠的国家。最近一次调查覆盖了70多个国家。我们进行横截面分析，每个国家的一次调查构成一个样本点。WVS提供了一个"生活满意度"变量。这是一个序数变量，按数字从1（不满意）到10（满意）进行排序。根据大多数心理学文献分析方法，如Diener和Seligman（2004），我们使用满意度的均值表示u。此外，Graham（2005）指出普通最小二乘法（OLS）估计的结果与离散选择方法中的序数probit和logit方法估计的结果几乎相同。因而我们采用便于直观解释的非线性OLS估计。

我们使用2000年美元不变价ERS人均实际GDP数据代表收入变量m。WVS调查数据是序数数据。我们在WVS数据中选择以下两个变量来表示非收入因素：人权状况和朋友聚会。为了使得非收入因素不依赖于序数的选择，我们用百分比来度量非收入因素。例如，使用回答1（对人权有很大尊重）的调查者的百分比来度量人权因素；在业余时间调查问卷中，使用回答1（一周与朋友会一次面）和2（一个月与朋友会一到两次面）的百分比来度量朋友聚会。由于文化和稳定因素对SWB有重要影响（Diener，2000；Diener and Seligman，2004），我们引入两个虚拟变量来控制文化差异和苏联解体的影响。具体来说，对于孟加拉国、中国、印度、印度尼西亚、新加坡、韩国、日本、菲律宾，虚拟变量D_1取1，其他国家D取0。如果某个国家属于苏联，虚拟变量D_2取值为1，否则取值为0。四次世界价值调查一起提供了68个样本点。数据主要指标总结在表1中。

表1　　　　　　　　　　　　　　数据描述

	最小值	最大值	均值	标准差
生活满意度	3.87	8.49	6.47	1.12
人均GDP（美元）	261.00	37 459.00	8 689.80	9 924.96
人权状况	0.41	61.90	14.57	12.01

续 表

	最小值	最大值	均值	标准差
朋友聚会	58.47	97.78	81.11	10.26
文化虚拟变量	0.00	1.00	0.13	0.34
苏联虚拟变量	0.00	1.00	0.09	0.29

具体说来,我们将估计下面的效用函数:

$$u = m^\alpha n_1^{\gamma_1} n_2^{\gamma_2} - \beta m + \delta_1 D_1 + \delta_2 D_2$$

这里 n_1、n_2 分别表示人权和朋友聚会,虚拟变量 D_1 表示东西方文化的差异,虚拟变量 D_2 控制苏联解体的负面影响。所以,我们在这里假定了非收入因素 n 由 C-D 生产函数计算:

$$n = n_1^{\frac{\gamma_1}{1-\alpha}} n_2^{\frac{\gamma_2}{1-\alpha}} \tag{23}$$

应用非线性最小二乘法,我们得到了下面的估计结果:

表2　　　　　　　　　　　　　估计结果

	系　数	标准差	t统计量	p值
GDP(非线性:$\hat{\alpha}$)	0.121 518	0.020 244	6.002 577	0.000 0
GDP(线性:$\hat{\beta}$)	4.81E-05	2.28E-05	2.112 066	0.038 7
人权状况($\hat{\gamma}_1$)	0.044 395	0.014 816	2.996 322	0.003 9
朋友聚会($\hat{\gamma}_2$)	0.184 032	0.034 979	5.261 289	0.000 0
文化($\hat{\delta}_1$)	0.376 130	0.256 030	1.469 085	0.146 9
苏联($\hat{\delta}_2$)	-0.522 267	0.314 655	-1.659 810	0.102 0
调整后的 R^2	0.648 818			

系数的符号与以前经验工作的结果是一致的。特别地,两个非收入因素的系数在1%的显著性水平下都显著。而且我们还可以看到收入的非线性部分的

系数 $\hat{\alpha}$ 及线性部分的系数 $\hat{\beta}$ 也都是高度显著。根据（23），我们可以估计复合非收入因素，即：

$$\hat{n} = n_1^{\frac{\hat{\gamma}_1}{1-\hat{\alpha}}} n_2^{\frac{\hat{\gamma}_2}{1-\hat{\alpha}}}$$

这个估计也能用来估计临界收入水平，它由下式给出：

$$\hat{m} = (\hat{\alpha}/\hat{\beta})^{\frac{1}{1-\hat{\alpha}}}\hat{n}$$

我们将这两个估计出来的变量的一些描述性统计结果列在表 3 中。

表 3　　　　　　　　估计出来的非收入因素与临界收入水平

	最小值	最大值	均值	标准差
非收入因素（$\hat{n}$）	2.340 759	3.118 416	2.819 338	0.175 832
临界收入水平（$\hat{m}$）（美元）	17 478.74	23 285.60	21 052.35	1 312.96

特别地，在 1999 年，美国的估计临界收入水平为 22 199 美元，而其实际收入为 33 717 美元；在 2000 年，日本的估计临界收入为 19 229 美元，而其实际收入为 37 459 美元。美国和日本都参加了四轮调查，但是我们只能得到最后一轮的非收入因素。不过，即使前三轮的非收入因素和最后一轮相同，他们的实际收入也超过临界收入水平。例如，美国在 1982 年人均收入为 22 518 美元，在 1990 年为 28 467 美元，在 1995 年为 29 910 美元，都超过了其在 1999 年的临界收入。所以，在 20 世纪 90 年代，美国和日本都处在无效率的区域，实际收入超过了临界收入水平，这解释了过去十年来水平的幸福轨迹。

如果我们固定非收入因素在表 3 中估计的非收入因素的均值水平，即，$\tilde{n} = 2.819\,338$，那么我们能获得幸福和收入之间的清晰关系，即：

$$u = \tilde{n}^{1-\hat{\alpha}} m^{\hat{\alpha}} - \hat{\beta}m$$

根据这个关系式，我们可以计算出收入增加的幸福弹性，列在表 4 中：

表 4　　　　　　　　　　　　幸福—收入弹性

收入（2000 年美元不变价）（美元）	1 000	2 000	3 000	5 000	10 000
幸福收入弹性	0.114 1	0.107 8	0.101 8	0.090 3	0.062 3
收入（2000 年美元不变价）（美元）	15 000	**21 052**	25 000	30 000	40 000
幸福收入弹性	0.034 4	**0.000 0**	−0.023 1	−0.053 2	−0.117 0

在表 4 中，收入对固定非收入因素的弹性是递减的。在收入水平攀升到 10 000 美元以前弹性变化不大。所以，在早期阶段收入对幸福的影响效果非常明显。与固定非收入因素 $\tilde{n}=2.819\,338$ 相对应的临界收入是 21 052 美元。收入一旦超过这个水平，弹性为负。增加幸福的唯一途径是提高非收入因素的数量。

四、结　论

本文从社会幸福最大化的视角出发，运用规范的经济学分析工具研究了幸福收入悖论：当国家变得更富裕时，平均幸福水平并不随之提高。我们的理论表明，当一个国家相对贫穷时，通过经济增长增加收入能提高社会的幸福水平。然而，当国家达到临界收入水平时，增加收入对增加人们的幸福不再有益，实际上增加收入很有可能会减少社会幸福，导致了帕累托无效结果。我们理论的政策涵义是，一个国家不能够片面地追求经济增长，在提高国民收入的同时，政府应当注重提高非物质（如心理满足感、家庭生活质量、健康水平、基本人权等）需要方面的公共支出。这个政策涵义对当前中国和谐社会的构建意义重大。当然，我们的实证分析还是很粗糙的。我们相信，如果能够精确地度量非收入商品，并且拥有充分的数据，我们会得到更为精确的结果。本文得出的协调发展的定性结论仍然是正确的。

(2006年11月)

参考文献

[1] 戴廉. 幸福指数量化和谐社会 [J]. 瞭望, 2006, 11.
[2] 黄庭钧. 国内10大城市幸福度调查: 安居乐业是幸福之本 [OL]. 新华网上海频道, 2006-01-17.
[3] 陈统奎、刘勍. 从GDP到GNH: 中国经济增长但人民并不幸福 [J]. 新民周刊, 2005, 41.
[4] Blanchflower, D., and A. Oswald. Well-being over time in Britain and the USA [J]. *Journal of Public Economics*, 2004, 88: 1 359~1 387.
[5] Carlsson, F., O. Johansson-Stenman, and P. Martinsson. Do You Enjoy Having More than Others? Survey Evidence of Positional Goods [D]. Göteburg University Working Papers on Economics No. 100, Göteburg, Sweden, 2003.
[6] Di Tella, Rafael, and Robert J. MacCulloch. Some Uses of Happiness Data in Economics [J]. *Journal of Economic Perspectives*, 2006, 20: 25~46.
[7] Diener, Ed. Subjective Well Being: the Science of Happiness and a Proposal for a National Index [J]. *American Psychologist*, 2000, 55: 34~43.
[8] Diener, E. and M. Seligman. Beyond Money: Toward an Economy of Well-being [J]. *Psychological Science in the Public Interest*, 2004, 5: 1~31.
[9] Easterlin, R.. Does Economic Growth Improve the Human Lot? Some Empirical Evidence [M]. //P. David and M. Reder. *Nations and Households in Economic Growth*. New York: Academic Press, 1974.
[10] Easterlin, R.. Will Raising the Incomes of All Increase the Happiness of All? [J]. *Journal of Economic Behavior and Organization*, 1995, 27: 35~47.
[11] Easterlin, R.. The Worldwide Standard of Living Since 1800 [J]. *Journal of Economic Perspectives*, 2000, 14: 7~26.
[12] Easterlin, R.. Income and Happiness: Toward a Unified Theory [J]. *Economic Journal*, 2001, 111: 173, 465~484.
[13] Easterlin, R.. Explaining Happiness [J]. *Proceedings of the National Academy of Sciences*, 2003, 100: 19: 111 76~111 83.
[14] Easterlin, R.. Diminishing Marginal Utility of Income? A Caveat Emptor [J]. *Social Indicators Research*, 2005, 70: 243~255.
[15] Frank, R. H.. The Demand for Unobservable and Other Nonpositional Goods [J]. *American Economic Review*, 1985, 75: 1: 101~116.

[16] Frank, R. H.. Positional Externalities [M]. //Strategy and Choice: Essays in Honor of Thomas C. Schelling. R. Zeckhauser, Eds. Cambridge, MA, MIT Press, 1991: 25~47.
[17] Frank, R. H.. The Frame of Reference as a Public Goods [J]. Economic Journal, 1997, 107: 445: 1 832~1 847.
[18] Frank, R. H.. Luxury Fever: Why Money Fails to Satisfy in an Era of Excess [M]. New York, Free Press. Princeton University Press paperback edition.
[19] Frank, R. H.. How Not to Buy Happiness [J]. Daedalus, 2004, 133: 2: 69~79.
[20] Frank, R. H.. Positional Externalities Cause Large and Preventable Welfare Losses [J]. American Economic Review, Papers and Proceedings, 2005, 95: 2: 137~141.
[21] Frank, R. H. and C. R. Sunstein. Cost-Benefit Analysis and Relative Position [J]. University of Chicargo Law Review, 2001, 68: 2: 323~375.
[22] Graham, C., and S. Pettinato. Frustrated achievers: Winners, Losers and Subjective Well-being in New Market Economies [J]. Journal of Development Studies, 2002, 38: 4: 100~140.
[23] Graham, C.. The Economics of Happiness [M]. //Forthcoming in Steven Durlauf and Larry Blume, eds.. The New Palgrave Dictionary of Economics, 2nd Edition, 2005.
[24] Helliwell, John F.. How's life? Combing Individual and National Variables to Explain Subjective Well-being [J]. Economic Modelling, 2003, 20: 331~360.
[25] Laffont, J. -J.. Fundamentals of Public Economics [M]. Cambridge, MIT Press, 1988.
[26] Layard, Richard. What Would Be Make a Happier Society? [OL]. Lecture 3 at LSE on the Theme of the Pursuit of Happiness. http://cep.lse.ac.uk/research/labour/happiness.asp.
[27] Neumark, David and Postlewaite, Andrew. Relative Income Concerns and the Rise in Maried Women's Employment [J]. Journal of Public Economics, 1998, 70: 1: 157~183.
[28] Ng, Yew-Kuang. From preference to happiness: Towards a More Complete Welfare Economics [J]. Social Choice and Welfare, 2003, 20: 307~350.
[29] Ng, Yew-Kuang and Jianguo Wang. Relative Income, Aspiration, Environmental Quality, Individual and Political Myopia: Why May the Rat-race for Material Growth Be Welfare-reducing? [J]. Mathematical Social Sciences, 1993, 26: 3~23.
[30] Ng, Siang and Yew-Kuang Ng. Welfare-reducing Growth Despite Individual and Government Opitimization [J]. Social Choice and Welfare, 2001, 18: 497~506.
[31] Nordhaus, W. and James Tobin. Is Growth Obsolete? [D]. Fiftieth Anniversary Colloquium V, NBER, Columbia University Press, 1972.
[32] Pollak, Robert A.. Interdependent Preferences [J]. The American Economic Review, 1976, 66: 3: 309~320.
[33] Samuelson, P. A.. Economics [M]. 10th ed, McGraw-Hill, 1976.
[34] Sen, A.. Development as Freedom [M]. Oxford University Press, 1999.
[35] Solnick, Sara J. and David Hemenway. Is More Always Better?: A Survey about Positional Concerns [J]. Journal of Economic Behavior and Organization, 1998, 37: 3: 373~383.
[36] Tian, G. and L. Yang. Theory of Negative Consumption Externalities with Applications to Economics of Happiness [OL]. Texas A&M University, website: http://econ.tamu.edu/tian/paper.htm.
[37] Varian, Hal R.. Microeconomic Analysis [M]. 3rd ed., W. W. Norton and Company, Inc., 1992.

101

密封价格拍卖或招标中的有限腐败[*]

提要：本文研究了密封价格拍卖或招投标中的有限腐败问题，探讨了当行贿者通过行贿招标主持人获得多次出标机会，而其他竞标者不知道这种有限腐败行为时，对拍卖结果所产生的影响。在第二价格拍卖机制下，由于竞标者按真实估价报价总是弱占优策略，该有限腐败行为在此拍卖机制下不会产生影响。但对于密封的第一价格拍卖机制来说，由于行贿者的多个标价中的最高标价比其他竞标者的标价更强势（Aggressive），导致其他竞标者获胜的概率减少，行贿者获胜的概率增加。而行贿者的其他出标机会所用的出标策略比其他竞标者的出标策略要弱势，所以在保证期望收益增加的情况下所付出的期望支付有可能比在没有腐败情形下的期望支付要低。特别地，当行贿者获得更多的出标机会时所采用的出标策略与我们的直觉是有差异的。有限腐败对于物品所有者来说是不利的，他的期望收益随着行贿者的特权的增强而减少。

---

[*] 本文载于《经济研究》，2008年第5期。

一、引 言

拍卖或招标,作为一种有效配置资源的机制,应用越来越广泛,已经深入到我们生活的方方面面。在现实中,许多巨额的物品或项目都是通过拍卖或招标的方式进行的。例如,在中国,为了防止政府官员的寻租或腐败,政府明确规定国家财产和资产的出售或建设项目,都必须采用拍卖或招标的方式进行。但在许多情况下,物品的所有者对拍卖本身了解很少,拍卖活动是在专业主持人代理的情况下完成的。但在理论研究中,总是假定主持人是一个廉洁的操作者。在现实中往往不是如此,主持人、物品所有者、竞标者之间的利益是冲突的,在利益的驱使下主持人会和物品所有者及竞标者中的一方进行共谋,以达到获取额外利益的目的。主持人这些超出职责范围的行为我们称之为腐败行为,腐败行为的存在对拍卖各方的行为策略及拍卖结果都会产生一定的影响。

不同程度的腐败对拍卖的影响当然是不一样的。那么,怎样来度量腐败的程度呢?一种方式是赋予行贿的竞标者一些绝对的特权(例如让行贿的竞标者知道所有其他竞标者的报价后再给出自己的报价),然后用这种腐败行为发生的概率大小来度量腐败程度的强弱。另一种方式就是直接赋予行贿者有限的特权(例如让行贿者获得同时出多个标的机会,用同时出标个数来度量腐败的程度),用特权的多寡或强弱来度量腐败的程度。相对于第一种情形下的绝对特权的存在,我们称第二种情况下的腐败行为为**有限腐败行为**。现有的文献主要研究第一种腐败方式,第二种方式也有人讨论过,不过他们是把行贿者获得的多个出标机会看成是参与人数的增加来处理,这样处理显然是不太准确。本文给出一种更为恰当的处理方式。

在很多拍卖或招投标活动中,往往需要对参与者的商业机密进行保密,因而采用拍卖或招标的方式需要尽量避免商业泄密。相对于公开拍卖的方式而言,密封价格投标(拍卖)的方式具有这方面的优势,因而采用密封价格投标方式有时是必要的。① 但由于采用密封价格投标方式，许多信息成为私人信息，发生腐败行为的可能性就会大大增加，从而对密封价格投标方式下的腐败行为的研究就显得尤其重要了。

近年来对拍卖和招投标中的腐败问题的研究逐渐多了起来，大多数都是考虑腐败比较严重的情况。即在知道其他竞标者的出标结果后，行贿者才给出自己的标价以谋求更高的获胜概率。其他竞标者不能从所获得的信息中来推断行贿者的竞标策略，只能根据竞标者所共有的估价分布来给出自己的竞标策略。Jones 和 Menezes（1995）讨论了竞标者不关心腐败是否发生的情况，所以竞标者的竞标行为并没有发生改变。Lengwiler 和 Wolfstetter（2004）及 Menezes 和 Monteiro（2003）考虑了主持人和获胜者达成协议，通过降低中标价格来换取一定的贿赂收入（即事后腐败）。Arozamena 和 Weinschelbaum（2005）讨论了在拍卖活动开始前行贿者和拍卖人达成协议、在拍卖发生后根据其他竞标者的标价增加或降低出标水平，并假定腐败按一定的概率发生，引入了随机性。

Burguet 和 Perry（2004）讨论了两个竞标者的情况，行贿者只允许在初始出标水平不能获胜时增加自己的出标水平以获胜，在初始出标水平获胜的情况下不能降低出标水平。Compte et al.（2007）考虑了当竞标者知道获胜者的标价后，将其对所有竞标者公开并允许他们重新报价来参与竞争，也就是关注的是腐败竞争行为。本文中所讨论的问题和上述文献中所讨论的问题的一个主要区别在于行贿者没有机会根据其他所有竞标者的出标结果来改变自己的出标策略，只能在拍卖发生前确定自己的出标策略。

本文讨论的这种有限腐败在现实中经常出现。密封招投标过程一般分以下

---

① 根据国内的习惯，密封的一次性报价机会一般称为投标而不称为拍卖，尽管英文中没有区分，谢谢审稿人指出这种差别。

几个过程进行：物品或项目拥有人发布招标公告、投标人提交标书、开标、评标、中标、签约等，其中提交标书这一过程则很容易产生腐败。据笔者了解，在国内，竞标者一般会在正式投标前独立地准备几份（2~3份）标书，根据情况提交给主持人或招标单位，不同的标书也许提供不同的施工方案，选用不同的材料，给出不同的标价，准备这些标书一般都要花费一定时间，不太可能随时改变。需要说明的是，行贿者贿赂的对象可能是招标办、保管标书的人员或公证人员（即我们这里的主持人是广义上的概念）。这种有限腐败的一个例子如在投标中腐败发生，主持人偷看其他投标人的标书后，可为行贿人换标书或告知其他应标人标书情况，使得行贿者能在已制定的标书中提交最佳的一份。所以无论是采取公开开标或秘密开标的方式，这种有限腐败在现实中都是存在的。

本文在价值信息是独立私有的框架下讨论拍卖中的腐败问题。拍卖的主要经济环境特征假定为：(1) 单一物品；(2) 密封投标；(3) 独立同分布的私有价值；(4) 竞标者和主持人为风险中性。我们主要考虑以下腐败行为所产生的影响：某个竞标者为了增加自己获胜的概率，通过和主持人私下达成协议，该竞标者可以同时出多个标价，与其他竞标者竞争，用获胜的最小标价作为公开标价。所有腐败是在竞标前发生的，只是出标后按事前约定的规则来实现。行贿的竞标者所获得的仅仅是同时出多个标的机会，从而我们所考虑的只是有限腐败。这一腐败行为可能被其他竞标者发现。本文只考虑其他竞标者完全不知道腐败存在的情况下拍卖机制的效率损失问题，其他情况在另文中讨论。

我们的研究发现，在其他竞标者不知道有限腐败存在的情况下，他们的出标策略将保持不变。因受贿者有多次出标机会，其他竞标者获胜的概率减少，同时他们的期望收益和期望支付都会随之减少。而对行贿者，他们的期望收益增加，期望支付减少。在行贿者获得同时出标个数很少的情况下，物主期望收益的变动不能确定，在某些经济环境下会减少，但在另外的经济环境下却会增加。但随着行贿者获得同时出标个数足够多时，其他竞标者的期望收益和期望支付不发生改变，物主的期望收益在减少。

需要指出的是，我们所讨论的情况和具有保留价的情况是有本质区别的。在保留价的模型中，保留价对竞标者出标策略的影响是外生的，它由主持人设定，对外公布或不公布，竞标者的估价分布对每一个竞标者而言都是一样的，没有随着保留价的设定而发生变化。在我们所考虑的拍卖中情况发生了本质的变化，主持人没有设定外生的保留价，而是行贿者的行为改变了拍卖的结果。这样似乎提高了竞争的激烈程度。

本文只是考虑单一商品拍卖，在多种商品拍卖中腐败也是个很严重的问题。特别是采购拍卖中，除了价格以外，要采购的物品的质量标准维度也影响采购者的福利。采购者把质量鉴定的问题代理给质量鉴定代理商（或质量鉴定部门），从而就有可能产生腐败。Celentani 和 Ganuza（2002）及 Burguet 和 Che（2004）讨论了在采购环境下不同形式的腐败所产生的影响。

我们的分析也和拍卖中关于扶持（Favoritism）的文献相关，在这些文献中，一些竞标者由于某种原因而不是因腐败受到扶持。例如，在采购过程中，国内或地方企业在面对外国竞争者的时候可能会给予特殊的对待。Laffont 和 Tirole（1991）及 Vagstad（1995）研究了多维信息拍卖（决定结果的不仅仅是价格，还有很多其他的信息）的情形，当竞标者评价产品质量时会发生扶持的情况。McAfee 和 McMillan（1998）、Branco（1994）及 Naegelen 和 Mougeot（1998）讨论了单一信息拍卖（即仅由价格来决定）的情况，在此价格的偏好可能会被利用。当某位竞标者可以同时出多个标是公共信息时，扶持可以看作我们用以研究方法的一种特殊形式。

本文余下部分结构如下：第二部分构建模型，给出有限腐败存在和不存在情形下的竞标者的出标均衡策略。第三部分讨论有限腐败对物品配置的有效性和期望收益的影响。第四部分讨论在腐败程度逐渐增强的情况下竞标者的出标策略及各方的利益会发生怎样的变化。第五部分是结论。

二、模　型

与文献中的讨论一样，本文只考虑物品的拍卖，项目招标的讨论完全类似。假定有一个不可分割的物品需要拍卖。所有者通过代理人组织的拍卖方式出售该物品。我们所考虑的经济环境是对称的独立私有价值情况，其经济环境特征描述如下：

（1）N 为参加拍卖的竞标者的人数；

（2）v_I（$i=1,2,\cdots,N$）为每个竞标者对该物品的估价；

（3）$\beta(\cdot)$、$\phi(\cdot)$ 分别为竞标者的竞价函数和其逆函数；

（4）$F(v)$、$f(v)$ 分别为所有竞标者的共同的估价分布函数和密度函数；

（5）$[0,\bar{v}]$ 为所有竞标者的共同的估价分布区间。

假定竞标者的估价是相互独立的，所有的竞标者、主持人和物品所有者都是风险中性。所讨论的拍卖机制是密封拍卖，且拍卖中不设保留价。由于主持人和物品所有者不是同一个人，这给腐败或寻租提供了空间。拍卖人可能会通过一定的方式支持某个或某些竞标者以获取一定的额外收益。本文主要讨论有限腐败行为所产生的影响，我们主要考虑一种特殊情况，假定其他竞标者都不知道腐败会发生，拍卖发生前主持人和行贿的某个竞标者达成协议：行贿者在出标完毕后，主持人根据行贿者所出的几个标价中能获胜的最低的标价来对外公布，如果都不能获胜则公布最高的标价（当然由于不能中标，哪一个都不影响配置结果）。因为主持人是按照从低到高的顺序来确定行贿者获胜的报价，但又没有递增价格拍卖中所有竞标者都根据其他竞标者的标价来调整自己的标价的过程。所以我们称之为虚拟的递增价格拍卖。

下面我们分析每个竞标者所采用的竞价均衡策略。由于其他竞标者都不知道有限腐败行为的存在，他们都不会改变自己的竞标策略，而行贿的竞标者可以根据其他竞标者既定的策略来给出自己的最优策略。

（一） 第二价格拍卖

在第二价格拍卖机制下，在没有腐败的情况下每个竞标者以自己的真实估价来出标的均衡策略是弱占优的。由于在第二价格拍卖机制下所导致的均衡是优势均衡，即使在腐败存在的情况下，对于其他竞标者而言他们的出标策略仍保持不变。对于行贿者而言他的竞标策略也最多是按自己的真实估价来出标。所以拍卖的结果将不会改变，也即我们所考虑的腐败形式对第二价格拍卖的结果不会产生影响。当腐败共谋在多个竞标者和主持人之间发生时，该结论将会改变，Lengwiler 和 Wolfstetter（2004）研究了该种情况。

（二） 第一价格拍卖

在第一价格拍卖机制下，腐败会产生显著的影响。为了分析的方便，假定第一个竞标者为行贿者，先假定行贿者只能出两个不同的标：b_l 和 b_h。为了表述方便，我们给出以下符号假定：

(1) V_j 为第 j 个竞标者的估价随机变量，$j = 1, 2, \cdots, N$；

(2) $Y_1 = Y_1^{(N-1)}$ 为 $N-1$ 个竞标者的估价随机变量的最大次序统计量；

(3) $G(\cdot)$ 和 $g(\cdot)$ 分别为 Y_1 的分布函数和密度函数；

(4) $\beta(\cdot)$、$\phi(\cdot)$ 和 b 分别为其他竞标者递增的竞标函数（Bidding Function）、竞标函数的反函数（Reverse Bidding Function）和标价；

(5) $\beta_l(\cdot)$、$\phi_l(\cdot)$、b_l、$\beta_h(\cdot)$、$\phi_h(\cdot)$ 和 b_h 分别表示行贿者的最低竞价函数、最低竞价函数的反函数、最低标价、最高竞价函数、最高竞价函数的反函数及最高标价。

(6) EU_0、Em_0、EU、Em、EU_c、Em_c、$E\prod_0$、$E\prod$ 分别表示没有腐败时，所有竞标者的期望收益和期望支付；腐败发生时，其他竞标者的期望收益和期望支付；腐败发生时，行贿者的期望收益和期望支付；没有腐败时物主的期望收益，腐败发生时物主的期望收益。

在其他竞标者不知道腐败存在的情况下，其他竞标者的竞标策略和没有腐败情形下的完全一样，每个其他竞标者的最大化问题是：

$$\max: (v-b)G(\phi(b))$$

一阶条件为：

$$(v-b)=\frac{F(\phi(b))}{(N-1)f(\phi(b))\phi'(b)} \tag{1}$$

在均衡时：$v=\phi(b)$，通过计算我们得到：

$$\beta(v)=v-\int_0^v \frac{G(x)}{G(v)}\mathrm{d}x \tag{2}$$

其中 $G(x)=(F(x))^{N-1}$。

由于行贿者标价的最高值不会超过其他竞标者标价的最高值，即 $\beta_h(v)\leqslant \beta(\bar{v})$、$v\in[0,\bar{v}]$，由竞价函数的单调性可知存在 $v^*\in(0,\bar{v})$ 使 $\beta_h(v)<\beta(\bar{v})$，$\forall v\in[0,v^*)$；$\beta_h(v)=\beta(\bar{v})$，$\forall v\in[v^*,\bar{v}]$。则行贿者的最大化问题如下[①]：

当 $v\in[0,v^*]$ 时为：

$$\max: (v_1-b_l)G(\phi(b_l))+(v_1-b_h)[G(\phi(b_h))-G(\phi(b_l))]$$

当 $v\in(v^*,\bar{v}]$ 时为：

$$\max: (v_1-b_l)G(\phi(b_l))+(v_1-b_h)[1-G(\phi(b_l))]$$

其中 $\phi(\cdot)$ 为其他竞标者的竞标函数的反函数（按已知条件对待），且 $b_l\leqslant b_h$。

---

① 这样表述经济意义比较直观，但表达和推导较为复杂，故而在后文中我们用其等价形式将其合二为一进行表述。

一阶条件为：

对 b_l 有：

$$(b_h - b_l) = \frac{F(\phi(b_l))}{(N-1)f(\phi(b_l))\phi'(b_l)} \tag{3}$$

对 b_h 有：

$$\begin{cases} (v-b)(N-1)\dfrac{f(\phi(b_h))\phi'(b_h)}{F(\phi(b_h))} + \left[\dfrac{F(\phi(b_l))}{F(\phi(b_h))}\right]^{N-1} = 1 & v \in [0, v^*] \\ 0 & v \in (v^*, \bar{v}] \end{cases} \tag{4}$$

其中 v^* 是方程 $\phi(b_h(v)) = \bar{v}$ 的解。在均衡时，我们有 $v_1 = \phi_h(b_h)$，若 $v \in [0, v^*]$。

比较（1）和（4），我们发现：$\phi_h(b) \leqslant \phi(b)$，进而：$\beta(v) \leqslant \beta_h(v)$。

命题 1 当其他竞标者不知道有限腐败存在的情况下，行贿者的出标策略由（6）和（7）给出，其他竞标者的出标策略不变由（2）给出；且有如下关系成立：

$$\beta_l(v) \leqslant \beta(v) \leqslant \beta_h(v) \tag{5}$$

$$\beta_l(v) = b_h - \int_0^{b_h} \frac{G(x)}{G(b_h)} dx \tag{6}$$

$$\beta_h(v) = \begin{cases} v - \left[1 - \dfrac{F(b_h)^{N-1}}{F(\phi(b_h))^{N-1}}\right] \int_0^{\phi(b_h)} \dfrac{G(x)}{G(\phi(b_h))} dx & v \in [0, v^*] \\ \beta_h(v^*) & v \in (v^*, \bar{v}] \end{cases} \tag{7}$$

证明：由（1）、（2）、（3）、（4）经过计算很容易验证 $\beta_l(\cdot)$ 及 $\beta_h(\cdot)$ 在区间 $[0, v^*]$ 的部分分别由（6）式和（7）式确定，对于 $\beta_h(\cdot)$ 在区

间 $(v^*, \bar{v}]$ 的部分由 (4) 显然成立。

不等式关系中只需证明 $\beta_l(v) \leqslant \beta(v)$ 即可。我们用反证法，若不等式 $\beta_l(v) > \beta(v)$ 成立，对不等式两边按其他人的策略取逆函数得：$v = \phi(\beta(v)) < \phi(\beta_l(v)) = \beta_h(v)$，与 $\beta_h(v) \leqslant v$ 矛盾，故命题成立。进一步而言，当 $\beta_l(v) > 0$ 时不等号严格成立。即证命题 1 成立。

三、有效性和收益的比较

下面我们讨论有限腐败的存在对物品配置效率及竞标者（行贿者和其他竞标者）的期望收益和物品所有者的期望收益产生的影响。首先，我们讨论由于腐败的存在会对配置效率产生怎样的影响。对于第二价格拍卖而言，由于腐败不影响任何竞标者的出标策略，所以不会影响配置的效率。但对第一价格拍卖却会发生影响，由于行贿者的最高竞价要大于其他竞标者的竞价，也即行贿者的最高出标策略比其他竞标者的出标策略更强势（Aggressive），所以会出现如下情况：当行贿者的估价不是最高的时候，只要他的最高标价比其他竞标者的高就能赢得物品，此时机制配置物品的有效性就会降低（示意图如图 1）。

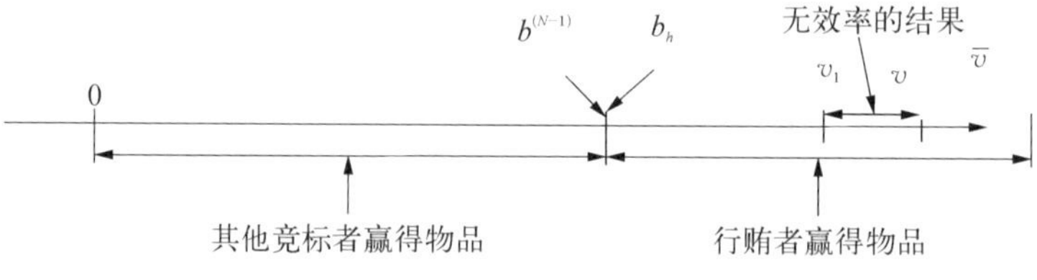

图 1

现在我们讨论有限腐败对物品所有者的期望收益、行贿者的期望收益和其他竞标者的期望收益会产生怎样的影响。我们先讨论其他竞标者的期望收益和期望支付会发生怎样的变化。由于其他竞标者要面对有两次出标机会的行贿者时，他们的标价必须大于行贿者的最高标价和其他非行贿者的最高标价时才能赢得物品，所以此时他们赢得物品的概率为 $p=F(\phi(b))^{N-2}F(\phi_h(b))$，那么他们的期望收益为：

$$EU=\int_0^{\bar{v}}(v-b)F(\phi(b))^{N-2}F(\phi_h(b))f(v)\mathrm{d}v \tag{8}$$

他们的期望支付为：

$$Em=\int_0^{\bar{v}}b(v)F(\phi(b))^{N-2}F(\phi_h(b))f(v)\mathrm{d}v \tag{9}$$

在没有腐败的情况下，每个竞标者的期望收益 EU_0 和期望支付 Em_0 分别为：

$$\begin{aligned}EU&=\int_0^{\bar{v}}(v-b)F(\phi(b))^{N-1}f(v)\mathrm{d}v\\&=\int_0^{\bar{v}}\left[\int_0^v G(s)\mathrm{d}s\right]f(v)\mathrm{d}v\end{aligned} \tag{10}$$

$$\begin{aligned}Em_0&=\int_0^{\bar{v}}bF(\phi(b))^{N-1}f(v)\mathrm{d}v\\&=\int_0^{\bar{v}}\left[vG(v)-\int_0^v G(s)\mathrm{d}s\right]f(v)\mathrm{d}v\end{aligned} \tag{11}$$

我们于是有以下命题：

命题2 当有限腐败存在的时候，其他竞标者不知道腐败存在的情况下，其他竞标者的期望收益和期望支付随着获胜概率的降低一起减少。

证明：在没有腐败存在的情况下，其他竞标者获胜的概率为：$p^*=F(\phi(b))^{N-1}$，因为 $\phi(b)>\phi_h(b)$，所以 $p^*>p$。比较（8）和（10）及（9）和（11），显然有 $EU<EU_0$ 和 $Em<Em_0$，也即是其他竞标者的期望收益和期望支付都减少了。

那么对于行贿者而言，他的期望收益和期望支付会发生怎样的变化呢？他获胜的概率增加了。因为只要他的最高标价高于其他竞标者的最高标价就可赢得物品，另外在赢得物品的前提下，可以通过比较其他竞标者的最高标价和自己的两个标价的大小用最小的能获胜的那个标价来支付，这样行贿者的期望支付又不会像获胜概率的变化那么大。

行贿者的期望收益为：

$$EU_c = \int_0^{\bar{v}} \{ (v_1 - b_h)F(\min\{\phi(b_h), \bar{v}\})^{N-1}$$
$$+ (b_h - b_1)F(\phi(b_1))^{N-1}\} f(v_1)\mathrm{d}v_1$$
$$= \int_0^{v^*} \left\{ \left[1 - \frac{F(b_h)^{N-1}}{F(\phi(b_h))^{N-1}}\right] \int_0^{\phi(b_h)} G(s)\mathrm{d}s + \int_0^{b_h} G(s)\mathrm{d}s \right\} f(v_1)\mathrm{d}v_1$$
$$+ \int_{v^*}^{\bar{v}} \{ (v_1 - b_h(v^*)) + (b_h(v^*)$$
$$- b_1(v^*))F(b_h(v^*))^{N-1}\} f(v_1)\mathrm{d}v_1 \tag{12}$$

行贿者的期望支付为：

$$Em_c = \int_0^{v^*} v F(\phi(b_h))^{N-1} f(v)\mathrm{d}v + \int_{v^*}^{\bar{v}} v f(v)\mathrm{d}v - EU_1 \tag{13}$$

由收益等价定理知：第一价格拍卖过程中有预设保留价 r 时，在没有任何腐败行为存在的情况下竞标者的对称的竞价函数为：

$$\beta_r(v) = E[\max\{Y_{(1)}, r\} \mid Y_{(1)} < v] = v - \int_r^v \frac{G(x)}{G(v)}\mathrm{d}x \tag{14}$$

命题 3 当有限腐败存在，而其他竞标者不知道该腐败存在的情况下，行贿者的期望收益会随着获胜概率的增加而增加。但是，期望支付就不一定也随着获胜概率的增加而增加。

证明：行贿者获胜的概率为 $F(\min\{\phi(b_h), \bar{v}\})^{N-1}$。由于 $\phi(b_h(v)) > v$，所以 $F(\phi(b_h))^{N-1} > F(\phi(b))^{N-1} = F(v)^{N-1}$，即行贿者获胜的概率增加了。

下面我们证明行贿者的收益也增加了。记 $\beta_h^*(v)$ 为在无任何腐败存在的

情况下保留价为 b_h 时竞标者的竞价函数。由（14）我们有：

$$\beta_h^*(v) = v - \int_{b_h}^{v} \frac{G(x)}{G(v)} \mathrm{d}x \tag{15}$$

显然有 $\beta_h^*(v) > \beta_h(v)$。同时我们有：

$$\int_{b_h}^{v} G(x) \mathrm{d}x = (v - \beta_h^*(v)) G(v) \tag{16}$$

由于 $v \in [0, v^*]$ 时有：

$$\begin{aligned}
U_c - U_0 &= \{(v - b_h) F(\phi(b_h))^{N-1} + (b_h - b_1) F(\phi(b_1))^{N-1}\} \\
&\quad - (v - b) F(\phi(b))^{N-1} \\
&= (v - b_h) F(\phi(b_h))^{N-1} + \int_0^{b_h} G(s) \mathrm{d}s - \int_0^{v} G(s) \mathrm{d}s \\
&= (v - b_h) F(\phi(b_h))^{N-1} - \int_{b_h}^{v} G(s) \mathrm{d}s \\
&= (v - b_h) F(\phi(b_h))^{N-1} - (v - b_h^*) F(v)^{N-1} \\
&> 0
\end{aligned} \tag{17}$$

同样地 $v \in (v^*, \bar{v}]$ 时有：

$$\begin{aligned}
U_c - U_0 &= \{(v - b_h) + (b_h - b_1) F(\phi(b_1))^{N-1}\} - (v - b) F(\phi(b))^{N-1} \\
&= (v - b_h) + \int_0^{b_h} G(s) \mathrm{d}s - \int_0^{v} G(s) \mathrm{d}s \\
&= \int_{b_h}^{v} (1 - G(s)) \mathrm{d}s > 0
\end{aligned} \tag{18}$$

所以 $U_c - U_0 > 0$，即行贿者的期望收益增加了。

由于 $v \in [0, v^*]$ 时有：

$$\begin{aligned}
m_c - m_0 &= \{b_h F(\phi(b_h))^{N-1} - (b_h - b_1) F(\phi(b_1))^{N-1}\} - b F(\phi(b))^{N-1} \\
&= b_h G(\phi(b_h)) - \int_0^{b_h} G(s) \mathrm{d}s + \int_0^{v} G(s) \mathrm{d}s - v G(v)
\end{aligned}$$

$$= b_h G(\phi(b_h)) + \int_{b_h}^{v} G(s)\mathrm{d}s - vG(v)$$

$$= b_h G(\phi(b_h)) + (v - b_h^*)G(v) - vG(v)$$

$$= b_h G(\phi(b_h)) - b_h^* G(v) \tag{19}$$

当 $v \in (v^*, \bar{v}]$ 时有：

$$m_c - m_0 = \{b_h - (b_h - b_l)F(\phi(b_l))^{N-1}\} - bF(\phi(b))^{N-1}$$

$$= b_h(v^*) - \int_0^{b_h(v^*)} G(s)\mathrm{d}s + \int_0^{v} G(s)\mathrm{d}s - vG(v)$$

$$= b_h(v^*) + \int_{b_h(v^*)}^{v} G(s)\mathrm{d}s - vG(v)$$

$$= b_h(v^*) + (v - b_h^*(v))G(v) - vG(v)$$

$$= b_h(v^*) - b_h^*(v)G(v) \tag{20}$$

所以，当 $b_h(v)G(\phi(b_h(v))) < b_h^*(v)G(v)$ 时，$Em_c - Em_0 < 0$，即行贿者的期望支付将会减少。但是要使行贿者的期望支付随着获胜概率的增加也增加则需要较强的条件：因为在区间 $v \in (v^*, \bar{v}]$ 总存在 v 使得不等式 $b_h(v^*) < b_h^*(v)G(v)$ 成立，所以在区间 $v \in [0, v^*]$ 使得不等式 $b_h(v)G(\phi(b_h(v))) > b_h^*(v)G(v)$ 成立的条件还不能保证 $Em_c - Em_0 > 0$。

那么有限腐败的存在对物品所有者是有利还是不利呢？要回答这个问题，需要讨论有限腐败对物品所有人期望收益的影响。在没有腐败的情况下，物品所有人的期望收益为：

$$E\prod_0 = NEm_0 = N\int_0^{\bar{v}} bF(\phi(b))^{N-1}f(v)\mathrm{d}v$$

$$= N\int_0^{\bar{v}} [vG(v) - \int_0^{v} G(s)\mathrm{d}s]f(v)\mathrm{d}v \tag{21}$$

有限腐败存在且没有被其他竞标者发现的时候，物品所有者的期望收益为：

$$E\prod = (N-1)Em + Em_c$$

$$= (N-1)\int_0^{\bar{v}} bF(\phi(b))^{N-2}F(\phi_h(b))f(v)\mathrm{d}v$$

$$+ \int_0^{v^*}[b_h F(\phi(b_h))^{N-1} - (b_h-b_l)F(\phi(b_l))^{N-1}]f(v)\mathrm{d}v$$

$$+ \int_{v^*}^{\bar{v}}[b_h(v^*) - (b_h(v^*)-b_l)F(b_l)^{N-1}]f(v)\mathrm{d}v$$

$$= \int_0^{\bar{v}}\{(N-1)bF(\phi(b))^{N-2}F(\phi_h(b))$$

$$+ [b_h F(\phi(b_h))^{N-1} - (b_h-b_1)F(\phi(b_1))^{N-1}]\}f(v)\mathrm{d}v$$

$$+ \int_{v^*}^{\bar{v}}\{(N-1)bF(\phi(b))^{N-2}F(\phi_h(b))$$

$$+ [b_h(v^*) - (b_h(v^*)-b_l(v^*))F(b_l)^{N-1}]\}f(v)\mathrm{d}v \quad (22)$$

命题4 在有限腐败存在而其他竞标者又不知道腐败存在的情况下,当 $b_h(v)G(\phi(b_h(v))) < b_h^*(v)G(v)$ 时,物品所有者的期望收益一定减少。当 $b_h(v)G(\phi(b_h(v))) - b_h^*(v)G(v) > 0$ ($v \in [0, v^*]$) 充分大时,物品所有者的期望收益才可能增加。

由命题3及(21)、(22)结论显然成立,可见这种有限腐败存在但又不被其他竞标者知道的情形下,结果对物品所有者而言并非一定不利。

四、腐败程度逐渐增强所产生的影响

下面我们讨论当腐败程度逐渐增强,即行贿者获得同时出标个数增加时,有限腐败行为对拍卖结果产生的影响。假定行贿者被允许同时出 $k(>2)$ 个标,记他的 k 个竞价函数为: $\beta_{(1)} \leqslant \beta_{(2)} \leqslant \cdots \leqslant \beta_{(k)}$;相应的标价记为: $b_{(1)} \leqslant b_{(2)} \leqslant \cdots \leqslant b_{(k)}$。其他条件都保持不变。则其他竞标者的最大化问题保持不变，而行贿者解下面最大化问题：

$$\begin{aligned}\max: \ & (v_1-b_{(1)})G(\phi(b_{(1)}))+(v_1-b_{(2)})[G(\phi(b_{(2)}))-G(\phi(b_{(1)}))] \\ & +\cdots+(v_1-b_{(k)})[G(\min\{\phi(b_{(k)}),\ \bar{v}\})-G(\phi(b_{(k-1)}))]\end{aligned}$$

于是有以下一阶条件：

关于 $b_{(1)}$ 有：

$$(b_{(2)}-b_{(1)})=\frac{F(\phi(b_{(1)}))}{(N-1)f(\phi(b_{(1)}))\phi'(b_{(1)})} \tag{23}$$

关于 $b_{(2)}$ 有：

$$(b_{(3)}-b_{(2)})=\frac{F(\phi(b_{(2)}))}{(N-1)f(\phi(b_{(2)}))\phi'(b_{(2)})} \tag{24}$$

……

关于 $b_{(k-1)}$ 有：

$$(b_{(k)}-b_{(k-1)})=\frac{F(\phi(b_{(k-1)}))}{(N-1)f(\phi(b_{(k-1)}))\phi'(b_{(k-1)})} \tag{25}$$

关于 $b_{(k)}$ 有

$$\begin{cases} (v_1-b_{(k)})(N-1)\dfrac{f(\phi(b_{(k)}))\phi'(b_{(k)})}{F(\phi(b_{(k)}))} \\ \quad +\left[\dfrac{F(\phi(b_{(k-1)}))}{F(\phi(b_{(k)}))}\right]^{N-1}=1 & v\in[0,\ v^*] \\ \min\{\phi(b_{(k)}(v)),\ \bar{v}\}\equiv\bar{v} & v\in[v^*,\ \bar{v}] \end{cases} \tag{26}$$

其中 v^* 是方程 $\phi(b_{(k)}(v))=\bar{v}$ 的解。于是在均衡时：

$$v_1=\phi_{(k)}(b_{(k)})\ v\in[0,\ v^*]$$

比较（1）和（26），我们有 $\phi_{(k)}(b)\leqslant\phi(b)$，进而：$\beta(v)\leqslant\beta_{(k)}(v)$。

由（1）、（2）、（23）～（26）经计算得行贿者的竞标函数如下：

$$\beta_{(1)}(v) = b_{(2)} - \int_0^{b_{(2)}} \frac{G(x)}{G(b_{(2)})} dx \qquad (27a)$$

$$\beta_{(2)}(v) = b_{(3)} - \int_0^{b_{(3)}} \frac{G(x)}{G(b_{(3)})} dx \qquad (27b)$$

……

$$\beta_{(k-1)}(v) = b_{(k)} - \int_0^{b_{(k)}} \frac{G(x)}{G(b_{(k)})} dx \qquad (27c)$$

$$\beta_{(k)}(v) = v - \left[1 - \frac{F(b_{(k)})^{N-1}}{F(\phi(b_{(k)}))^{N-1}}\right] \int_0^{\phi(b_{(k)})} \frac{G(x)}{G(\phi(b_{(k)}))} dx$$

当 $v \in [0, v^*]$ \qquad (27d)

命题5 当其他竞标者不知道有限腐败存在的情况下，行贿者的出标策略由（27a）～（27c）及（28）给出，其他竞标者的出标策略不变由（2）给出；且有如下关系成立：

$$\beta_{(1)}(v) \leqslant \beta_{(2)}(v) \leqslant \cdots \leqslant \beta_{(k-1)}(v) \leqslant \beta(v) \leqslant \beta_{(k)}(v)$$

$$\beta_{(k)}(v) = \begin{cases} v - \left[1 - \dfrac{F(b_{(k)})^{N-1}}{F(\phi(b_{(k)}))^{N-1}}\right] \int_0^{\phi(b_{(k)})} \dfrac{G(x)}{G(\phi(b_{(k)}))} dx & v \in [0, v^*] \\ b(\bar{v}) & v \in (v^*, \bar{v}) \end{cases}$$

$$(28)$$

证明：除（28）式外其他的出标策略已经由所求过程证明，当 $v \in [0, v^*]$ 时也已经由（27d）给出，所以只需证明（28）式中 $v \in (v^*, \bar{v}]$ 的部分即可，与命题1的证明过程类似可以证明（28）即为所求的均衡策略。不等式关系中只需证明 $\beta_{(k-1)}(v) \leqslant \beta(v)$ 即可。我们用反证法，若不等式 $\beta_{(k-1)}(v) \leqslant \beta(v)$ 成立，对不等式两边按其他人的策略取反函数得：$v = \phi(\beta(v)) < \phi(\beta_{(k-1)}(v)) = \beta_{(k)}(v)$，与 $\beta_{(k)}(v) < v$ 矛盾，故命题成立。进一步而言，当 $\beta_{(1)}(v) > 0$ 时不等号严格成立。

比较（6）和（28），我们发现当其他竞标者不知道有限腐败存在的情况下，被允许出标个数的大小对行贿者的最高出价函数没有影响，即是 $\beta_h(v) = \beta_{(k)}(v)$。那么行贿者在使用多次出标这一机会时，不是将其在区间$[0, v]$上按均匀分布分配，而是将所有的 $k-1$ 次出标机会都用在区间$[0, b(v)]$上，这与我们的直觉不一致。

下面讨论腐败程度的增强对拍卖结果所产生的影响，即讨论其他竞标者的期望收益和期望支付、行贿者的期望收益和期望支付及物品所有者的期望收益随着行贿者被允许出标个数的增加是如何发生变化的。我们把主要结论总结为如下命题：

命题6 当其他竞标者不知道有限腐败存在的情况下，其他竞标者的期望收益和期望支付与行贿者出标的个数的多寡无关；行贿者的期望收益会逐渐增加，而期望支付会逐渐减少；物品所有者的期望收益会逐渐减少。

证明：我们先证明其他竞标者的期望收益和期望支付与行贿者被允许出标的个数的多寡无关。由于其他竞标者面对有 $k(>2)$ 个出标机会的行贿者时，他们的标价必须大于行贿者的最高标价和其他非行贿者的最高标价时才能赢得物品，所以此时他们赢得物品的概率为 $p = F(\phi(b))^{N-2} F(\phi_{(k)}(b))$，那么他们的期望效用为：

$$EU^k = \int_0^{\bar{v}} (v-b) F(\phi(b))^{N-2} F(\phi_{(k)}(b)) f(v) \mathrm{d}v \tag{29}$$

他们的期望支付为：

$$Em^k = \int_0^{\bar{v}} b(v) F(\phi(b))^{N-2} F(\phi_{(k)}(b)) f(v) \mathrm{d}v \tag{30}$$

由于 $\beta_h(v) = \beta_{(k)}(v)$，进而有：$\phi_h(b(v)) = \phi_{(k)}(b(v))$，所以 $EU^k = EU$、$Em^k = Em$，即其他竞标者的期望收益和期望支付没有随着行贿者的出标个数的增加而发生变化。

我们现在证明行贿者的期望收益会随着他出标个数的增加逐渐增加，而期

望支付会逐渐减少。行贿者的期望收益为:

$$EU_c^k = \int_0^{v^*} \{ (v_1 - b_{(k)})F(\phi(b_{(k)}))^{N-1} + (b_{(k)} - b_{(k-1)})F(\phi(b_{(k-1)}))^{N-1}$$

$$+ (b_{(k-1)} - b_{(k-2)})F(\phi(b_{(k-2)}))^{N-1}$$

$$+ (b_{(k-2)} - b_{(k-3)})F(\phi(b_{(k-3)}))^{N-1}$$

$$+ \cdots + (b_{(3)} - b_{(2)})F(\phi(b_{(2)}))^{N-1}$$

$$+ (b_{(2)} - b_{(1)})F(\phi(b_{(1)}))^{N-1} \} f(v_1) dv_1$$

$$+ \int_{v^*}^{\bar{v}} \{ (v_1 - b_{(k)}(v^*)) + (b_{(k)}(v^*) - b_{(k-1)})F(\phi(b_{(k-1)}))^{N-1}$$

$$+ (b_{(k-1)} - b_{(k-2)})F(\phi(b_{(k-2)}))^{N-1}$$

$$+ (b_{(k-2)} - b_{(k-3)})F(\phi(b_{(k-3)}))^{N-1} + \cdots$$

$$+ (b_{(3)} - b_{(2)})F(\phi(b_{(2)}))^{N-1}$$

$$+ (b_{(2)} - b_{(1)})F(\phi(b_{(1)}))^{N-1} \} f(v_1) dv_1$$

$$= \int_0^{v^*} \left\{ \left[1 - \frac{F(b_{(k)})^{N-1}}{F(\phi(b_{(k)}))^{N-1}} \right] \int_0^{\phi(b_{(k)})} G(s)ds + \int_0^{b_{(k)}} G(s)ds \right.$$

$$\left. + \int_0^{b_{(k-1)}} G(s)ds + \int_0^{b_{(k-2)}} G(s)ds + \cdots + \int_0^{b_{(2)}} G(s)ds \right\} f(v_1) dv_1$$

$$+ \int_{v^*}^{v} \{ (v_1 - b_{(n)}(v^*)) + \int_0^{b_{(k)}(v^*)} G(s)ds + \int_0^{b_{(k-1)}} G(s)ds$$

$$+ \int_0^{b_{(k-2)}} G(s)ds + \cdots + \int_0^{b_{(2)}} G(s)ds \} f(v_1) dv_1 \tag{31}$$

行贿者的期望支付为:

$$Em_c^k = \int_0^{v^*} \{ b_{(k)} F(\phi(b_{(k)}))^{N-1} + (b_{(k)} - b_{(k-1)})F(\phi(b_{(k-1)}))^{N-1}$$

$$- (b_{(k-1)} - b_{(k-2)})F(\phi(b_{(k-2)}))^{N-1}$$

$$+ (b_{(k-2)} - b_{(k-3)})F(\phi(b_{(k-3)}))^{N-1} - \cdots$$

$$- (b_{(3)} - b_{(2)})F(\phi(b_{(2)}))^{N-1}$$

$$- (b_{(2)} - b_{(1)}) F(\phi(b_{(1)}))^{N-1} \} f(v_1) \mathrm{d} v_1$$

$$+ \int_{v^*}^{\bar{v}} \{ b_{(k)}(v^*) - (b_{(k)} - b_{(k-1)}) F(\phi(b_{(k-1)}))^{N-1}$$

$$- (b_{(k-1)} - b_{(k-2)}) F(\phi(b_{(k-2)}))^{N-1}$$

$$- (b_{(k-2)} - b_{(k-3)}) F(\phi(b_{(k-3)}))^{N-1} - \cdots$$

$$- (b_{(3)} - b_{(2)}) F(\phi(b_{(2)}))^{N-1}$$

$$- (b_{(2)} - b_{(1)}) F(\phi(b_{(1)}))^{N-1} \} f(v_1) \mathrm{d} v_1 \tag{32}$$

比较（12）与（31）及（13）与（32），由于 $b_{(k)}(v) = b_h(v)$，则显然有：$EU_c^k > EU_c$、$Em_c^k < Em_c$，即是随着行贿出标个数的增加，行贿者的期望收益在逐渐增加，而她的期望支付在逐渐减少。

最后证明物品所有者的期望收益随着行贿出标个数的增加逐渐减少。他的期望收益为：

$$E\prod{}^k = (N-1) Em^k + Em_c^k$$

$$= (N-1) \int_0^{\bar{v}} b(v) F(\phi(b(v)))^{N-2} F(\phi_{(k)}(b(v))) f(v) \mathrm{d} v$$

$$+ \int_0^{v^*} \{ b_{(k)} F(\phi(b_{(k)}))^{N-1} - (b_{(k)} - b_{(k-1)}) F(\phi(b_{(k-1)}))^{N-1}$$

$$- (b_{(k-1)} - b_{(k-2)}) F(\phi(b_{(k-2)}))^{N-1}$$

$$- (b_{(k-2)} - b_{(k-3)}) F(\phi(b_{(k-3)}))^{N-1}$$

$$- \cdots - (b_{(3)} - b_{(2)}) F(\phi(b_{(2)}))^{N-1}$$

$$- (b_{(2)} - b_{(1)}) F(\phi(b_{(1)}))^{N-1} \} f(v_1) \mathrm{d} v_1$$

$$+ \int_{v^*}^{\bar{v}} \{ b_{(k)}(v^*) - (b_{(k)} - b_{(k-1)}) F(\phi(b_{(k-1)}))^{N-1}$$

$$- (b_{(k-1)} - b_{(k-2)}) F(\phi(b_{(k-2)}))^{N-1}$$

$$- (b_{(k-2)} - b_{(k-3)}) F(\phi(b_{(k-3)}))^{N-1} - \cdots$$

$$- (b_{(3)} - b_{(2)}) F(\phi(b_{(2)}))^{N-1}$$

$$- (b_{(2)} - b_{(1)}) F(\phi(b_{(1)}))^{N-1} \} f(v_1) \mathrm{d} v_1 \tag{33}$$

同样由于 $b_{(k)}(v) = b_h(v)$，所以比较（22）与（33）显然有 $E\prod^k <E\prod$，也即是物品所有者的期望收益随着 k 的增大逐渐减少。

五、结　论

作为配置物品的有效机制，拍卖和招标在现实中的应用越来越多，对人们的影响也越来越大。由于很多拍卖和招标过程是在主持人的操作下完成的，也即是物品所有人和主持人之间存在委托—代理关系，在利益的驱使下主持人会做出违背职业道德的事情来。他们可能采用多种形式和部分竞标人结成利益共同体来获取额外的收益，而这是以其他竞标者的利益损失为代价的，且使得所采用的拍卖机制配置物品的有效性减弱。这样对拍卖或招标中的腐败行为进行研究就非常有必要。

按腐败发生的阶段可以分为事前腐败和事后腐败，按腐败的严重程度也可以分为有限腐败和绝对腐败。我们将拍卖发生前预设好拍卖形式，在拍卖过程中按事前预设的标准来执行的腐败形式称为事前腐败；相应地把在拍卖过程结束后配置结果公布前发生的腐败称为事后腐败。按行贿者在拍卖或招标中所获得的特权的多寡来区分有限腐败和绝对腐败，例如在我们所研究的腐败中行贿者仅仅得到多次出标机会而没有绝对的特权。在类似于优先弃权（The Right of First Refusal）的情景中在获得了其他竞标者的标价后，行贿者再决定要不要参与拍卖，此时行贿者拥有绝对的特权，那么相应的腐败也称为绝对腐败。密封拍卖的过程的非公开性特点，一方面有利于保护参与者的机密信息，另一方面也给腐败的产生提供了空间，所以对密封价格拍卖中的腐败行为进行研究尤为重要。

在这篇文章中我们主要研究了密封价格拍卖中的有限腐败行为。事实上，我们所采用的模型给出了一个研究腐败问题的另一种选择，前人的文献中是通过假定某个既定方式下腐败存在概率的大小来研究腐败程度对经济所造成的影响。但腐败发生与否还是一个未知数，仅仅考察了腐败确实发生时所产生的影响与没有腐败的结果的一种加权平均状态。而我们所研究的是腐败肯定存在且明确定义了腐败的程度的情况，并考察了腐败程度逐渐增强的过程对经济结果所产生影响的变化状况。我们的研究发现，在其他竞标者不知道有限腐败存在的情况下，行贿者获得的有限特权在一定的范围内变成了绝对特权，也即是在估价位于区间（v^*，$\bar{v}$）时行贿者肯定获得物品，这点和优先弃权的结果类似。该方法在研究其他问题时也同样适用，例如扶持问题，给被扶持者绝对特权还是有限特权更合适。

（2008 年 5 月）

参考文献

［1］Jones, C. and F. Menezes. Auctions and Corruption: How to Compensate the Auctioneer [D]. mimeo, Australian National University, 1995.
［2］Lengwiler, Y. and E. Wolfstetter. Auctions and Corruption [D]. mimeo, Humboldt-Universitat, 2004.
［3］Menezes, F. and P. Monteiro. Corruption and Auctions [D]. mimeo, Australian National University and EFGE)/FGV, 2003.
［4］Leandro, A. and F. Weinschelbaum. The Effect of Corruption on Bidding Behavior in First-Price Auctions [J]. *Working paper*, 2005.
［5］Burguet, R. and M. Perry. Bribery and Favoritism by Auctioneers in Sealed-Bid Auctions [D]. mimeo, Institut d'Analisi Economica and Rutgers University, 2004.
［6］Compte, O., A. Lambert-Mogiliansky and T. Verdier. Corruption and Competition in Procurement [J]. *RAND Journal of Economics*, *forthcoming*.
［7］Celentani, M. and J. Ganuza. Competition and Corruption in Procurement [J]. *European*

Economic Review, 2002, 43: 1273~1303.

[8] Burguet, R. and Y. Che. Competitive Procurement with Corruption [J]. RAND Journal of Economics, 2004, 35, 50~68.

[9] Laffont, J. and J. Tirole. Auction Design and Favoritism [J]. International Journal of Industrial Organization, 1991, 9, 9~42.

[10] Vagstad, S.. Promoting Fair Competition in Public Procurement [J]. Journal of Public Economics, 1995, 58, 283~307.

[11] McAfee, R.P. and J. McMillan. Government Procurement and International Trade [J]. Journal of International Economics, 1989, 26, 291~308.

[12] Branco, F.. Favoring Domestic Firms in Procurement Contracts [J]. Journal of International Economics, 1994, 37, 65~80.

[13] Naegelen, F. and M. Mougeot. Discriminatory Public Procurement Policy and Cost Reduction Incentives [J]. Journal of Public Economics, 1998, 67, 349~367.

102
网络外部性与补偿激励下的非线性定价[*]

提要：本文构建了一个一般性模型用以说明在非对称信息与网络外部性并存时，垄断厂商如何设计非线性价格合约甄别不同类型的消费者。模型表明两者的并存修正了经典逆向选择模型中"顶部无扭曲"和"单向扭曲"的基本结论。具体的消费量扭曲方式取决于网络是否存在拥挤：对于非拥挤性网络，消费量表现为单向扭曲；对于拥挤性网络，表现为双向扭曲；而对于中性网络则仍为顶部无扭曲。此外，本文还分析了引起双向扭曲的另一种原因，即由类型依赖的保留效用引起的补偿激励问题。

一、引　言

在经典逆向选择模型中，两条基本的规律是"顶部无扭曲"和"单向扭曲"，即在非对称信息下，对于最有效的代理人，其配置与完全信息下的最优

---

*　本文载于《经济学》(季刊)，2009年第1期。合作者孟大文。

情形无异，而其他类型代理人的配置都会发生同方向的扭曲。此规则为许多经典文献所支持，例如 Maskin 和 Riley（1984）、Baron 和 Myerson（1982）、Mussa 和 Rosen（1978）、Myerson（1981）等。但在两类情形下这一规律并不成立：一是出现外部性（Externalities）时，二是代理人面临补偿激励（Countervailing Incentives）时。在本文中，我们将讨论这两类现象对垄断厂商的非线性定价策略的影响。

外部性是指一个经济个体的福利或生产可能性依赖于另一些经济个体的活动。在消费领域中，外部性表现为某个消费者的福利受其他人消费行为的影响。例如由于某人良好的行为习惯为他人带来的愉悦和满足，或因对他人消费行为的嫉妒而产生的自身福利水平下降。在所有消费外部性中，网络外部性（Network Externalities）是比较典型的一种。当一种产品对使用者的价值随着相同产品或可兼容产品的总消费量变化而变化时，就会出现网络外部性。最典型的例子有电话、传真机、电子邮件、互联网、网络游戏等信息产品。

大多数关于委托—代理模型中消费外部性的研究得出的结论是："顶部无扭曲"结论不再成立，但次优消费量仍然呈现出单方向扭曲（One-way Distortion），即包括偏好最强类型在内的所有消费者的消费量都低于最优水平。Hahn（2003）建立了一个关于通讯网络的非线性定价模型，分析了网络中的呼叫外部性（Call Externalities）[1]对定价方式的影响，得出结论：在次优结果中所有类型消费者的消费量都严格低于最优水平。Segal（1999、2003）在一个多边交易模型中引入了外部性，证明了在正外部性下所有消费者的消费量都低于社会最优水平，并且指出消费者之间的策略互补性是导致这种单向扭曲的主要原因。在 Segal（1999、2003）中，消费者被认为是同质的[2]，此外，

---

[1] 在 Hahn（2003）中，呼叫外部性是指由于在网络中免费接听呼叫而为某个使用者带来的便利。
[2] 在 Segal（1999、2003）中，消费者没有偏好的差异，其"类型"是对他人消费量所形成的不同预期。

社会总福利（委托人和代理人的福利之和）仅取决于总消费量，而与其在消费者之间的分配无关。Csorba（2008）分析了非线性定价中的网络外部性问题，他放松了 Segal（1999、2003）的两点假设，引入了消费者的偏好差异，在策略互补性假设下，其结论仍然是所有类型消费者的消费量都会发生向下的扭曲。

对"顶部无扭曲"和"单向扭曲"规律的另一种修正出现在补偿激励情形中。当面对一个外部竞争性市场时，消费者可以选择绕过现有消费网络转而购买外部竞争者所提供的产品或服务，这使消费者具有类型依赖的保留效用。当不同类型代理人之间的保留效用之差高到一定程度时，就会使低效代理人产生模仿高效代理人的激励，从而引起补偿激励问题。当代理人的保留效用依赖于其"类型"时，不同于标准逆向选择模型，低效代理人会产生模仿高效代理人的激励，所以委托人必须考虑向上取紧的激励相容约束，这被称为"补偿激励（Countervailing Incentives）"。Lewis 和 Sappington（1989）最早研究此类问题，在他们的模型中，当受规制的企业具有类型依赖的固定生产成本时，其收益函数不再是其类型空间上的单调函数。低效厂商会产生向下谎报类型的激励，而高效厂商则会产生向上谎报类型的激励。为了防范这两类谎报行为，在委托人所设计的次优合约中，会产生产量的双向扭曲。其结果是最高效和最低效厂商及某个中间类型厂商所提供的产量是"最优"产量，而其他类型厂商提供的产量则会发生向下或向上的扭曲。所以，"单向扭曲"不再成立。Maggi 和 Rodriguee-Clare（1995）更为全面地分析了委托—代理模型中的补偿激励问题。他们的结论表明：配置扭曲的具体方式关键取决于代理人保留效用函数的形式。如果此函数为凹函数或者凸性不强，则低效代理人的配置量发生向上扭曲，而高效代理人配置则发生向下扭曲。如果保留效用函数凸性很强，则两类代理人的配置扭曲方向相反。

在本文中，我们将分析非对称信息、网络外部性及由类型依赖的保留效用引起的补偿激励并存时，垄断厂商所面临的非线性定价问题。首先，我们证明，Segal（1999、2003）和 Csorba（2008）的单向扭曲结论取决于消费者之间的策略互补性。如果消费者之间表现为替代性，则他们的结论将不再成立，配置呈现出双向扭曲。事实上，互补或替代性取决于消费网络是否存在拥挤。拥挤性消费网络是指消费者彼此之间表现为竞争性或替代性的网络；而非拥挤性消费网络是指消费者彼此之间表现为互惠性或互补性的网络[①]。网络拥挤现象是由网络的有限容量和网络提供商的有限技术维护水平决定的。我们发现，当网络不拥挤时，消费量表现为单向扭曲；当网络拥挤时，消费量会表现出双向扭曲；而在中性网络中，消费量仍然呈现出与经典模型相同的扭曲方式，即"单向且顶部无扭曲"。[②] 这样，对非对称信息下网络外部性的经济环境类，我们的结果对消费如何发生扭曲提供了一个更为完整的特征化描述。

本文还考虑了另一种修正"单向扭曲和顶部无扭曲"规律的因素，即补偿激励问题。在以 Lewis 和 Sappington（1989）及 Maggi 和 Rodriguee-Clare（1995）为代表的经典补偿激励文献中，假定保留效用函数的不同形式会影响合约形式[③]，而本文则进一步指出这种函数形式的差异源于潜在进入者的边际生产成本的差异，随着这一边际成本的变化，垄断在位者所提供的非线性价格合约形式也应发生相应的变化。这体现了潜在进入者竞争力强弱不同对在位厂商构成的威胁程度也不同。当其边际成本足够低从而其竞争力足够强时，就会引起补偿激励问题，从而使在位厂商必须实行与经典逆向选择问题相

[①] 在正文中我们将给出网络拥挤性的正式定义。
[②] 对于具有规模报酬递增生产领域中的外部性，Lockwood（2000）得到了类似的结果。他证明，次优合约中包括顶端在内的所有代理人的产量都会发生扭曲，且为双向扭曲（Two-way Distortion）。即对于边际成本较低的代理人，其提供的产量高于最优水平；而对于边际成本较高的代理人，其产量低于最优水平。
[③] Maggi 和 Rodriguee-Clare（1995）中主要讨论了这个函数为线性函数、凹函数、弱凸性函数和强凸性函数几种不同情况下的合约形式。

反的激励方案①。此外，与经典补偿激励和网络绕过（例如 Laffont 和 Tirole（1990））模型不同的是，在经典模型中厂商所提供的产品是普通消费品，不同类型消费者的消费量被各自独立决定，而本文中网络外部性和补偿激励问题交织在一起，使不同类型消费者的消费量呈现"互动关系"，从而使消费量扭曲的模式更为复杂。

本文余下部分安排如下：第二部分设定经济环境，给出无网络外部性时的基准模型，即 Maskin-Riley 模型。第三部分中考虑存在网络外部性时的非线性定价合约形式。第四部分讨论网络绕过和补偿激励问题。最后，在第五部分中给出主要结论。

二、经济环境

考虑一个委托—代理模型，其中委托人为某垄断厂商。他以边际成本 c 提供某种具有网络外部性的产品，其效用函数为 $V = t - cq$，t 代表消费者的支付，q 为消费者的消费量，也是厂商提供的产量。代理人为消费者，他们的偏好类型 θ 是私人信息，$\theta \in \Theta = \{\theta_1, \cdots, \theta_n\}$，$\theta_1 < \theta_2 < \cdots < \theta_n$，类型为 θ_i 的消费者所占的比例为 $f(\theta_i)$，$i = 1, 2, \cdots, n$。以 $\Delta\theta \equiv \theta_i - \theta_{i-1} > 0$ 表示相邻类型参数之差，记 $F(\theta_i) = \sum_{j \leqslant i} f(\theta_j)$。则依照大数定律，这相当于这样的情形：仅存在一个代理人，其类型 $\theta \in \Theta$ 为随机变量，θ 的分布函数和累积分布函数分别为 $f(\theta_i) = \Pr(\theta = \theta_i)$ 和 $F(\theta_i) = \Pr(\theta \leqslant \theta_i)$。在此我们假定单调风险率条件成立，即 $\dfrac{1 - F(\theta)}{f(\theta)}$ 单调递减。θ 类型消费者的效用（也称信息租

---

① 在经典非线性定价问题中，委托人需要考虑向下取紧的激励相容约束（Downward-binding Incentive Constraints），而当补偿激励现象出现时，他必须考虑向上取紧的激励相容约束（Upward-binding Incentive Constraints）。

金）为 $U=\theta V(q)+\Psi(Q)-t$，它不仅取决于私人消费 q，也取决于网络规模（Network Magnitude）$Q=\sum_i f(\theta_i)q_i$。$\theta V(q)$ 被称为消费的内在价值（Intrinsic Value），而 $\Psi(Q)$ 则被称为网络价值（Network Value）。注意到，我们假设对不同类型的消费者，网络效应是同质的，即网络价值与私人偏好 θ 和私人消费 q 都无关[①]。

假设 $V(q)$ 为严格递增的凹函数：$V'(q)>0$、$V''(q)<0$。在此假设下，如本文附录中图2～图6所示，不同类型消费者的无差异曲线只相交一次，所以Spence-Mirrlees条件满足。关于网络拥挤性我们给出如下定义：

定义1 如 $\Psi''(Q)<0$ 则称该网络为拥挤性网络（Congestible Network）；如 $\Psi''(Q)>0$，则称其为非拥挤性网络（Dis-congestible Network）；如 $\Psi''(Q)=0$，则称其为中性网络（Neutral Network）。

注释1 $\Psi''(Q)>0$ 意味着某个消费者消费量的增加将增加其他消费者的边际效用，如果网络容量足够大、网络维护技术足够先进则会出现这种情形；反之，$\Psi''(Q)<0$ 表示某个消费者的消费量增加会导致其他消费者边际效用的降低，这对应于网络容量和维护技术水平有限的情况；$\Psi''(Q)=0$ 则表明消费者在网络中所获的边际效用不受他人消费量的影响。

垄断厂商的目标是设计一组激励相容并由消费者自愿选择的合约菜单 $\{q(\hat{\theta}),\ t(\hat{\theta})\}$ 以最大化其自身收益，$\hat{\theta}\in\Theta$ 代表消费者向厂商申报的"类型"，行动的顺序如下：

阶段1：消费者观测到其自身"类型"θ。

阶段2：垄断厂商提供非线性定价合约 $\{q(\hat{\theta}),\ t(\hat{\theta})\}$。

阶段3：如 $\theta V(q)+\Psi(Q)-t\geqslant \hat{U}(\theta)$，则真实类型为 θ 的消费者选择"最

[①] 如将网络价值项设为更一般的形式例如 $\Psi(\theta,q,Q)$，则网络效应为异质性。

优申报"$\hat{\theta}(\theta) = \arg\max\{\theta V(q(\tau)) + \Psi(Q) - t(\tau)\}$①；否则，消费者不接受合约，获得保留效用$\hat{U}(\theta)$。

阶段4：合约执行，委托代理双方获得各自收益。

如同在经典逆向选择模型中一样，委托人在设计合约时必须考虑代理人的参与约束和激励相容约束，即合约$\{q_i, t_i\}_{i=1}^n$应同时满足以下条件：

$$IR_i: \quad \theta_i V(q_i) + \Psi(Q) - t_i \geq 0$$

$$IC_{ij}: \quad \theta_i V(q_i) + \Psi(Q) - t_i \geq \theta_i V(q_j) + \Psi(Q) - t_j, \quad \forall i, j$$

或者，等价地以代理人信息租金的形式表示为：

$$IR_i: \quad U_i \geq 0$$

$$IC_{ij}: \quad U_i \geq U_j + (\theta_i - \theta_j)V(q_j), \quad \forall i, j$$

此处代理人的保留效用被标准化为零。作为基准模型，我们首先分析无网络外部性即$\Psi(Q) = 0$时的情形，此时垄断厂商所面临的规划问题为：

$$(\text{p1}) \begin{cases} \max_{\{U_i, q_i\}} \left\{ \sum_{i=1}^n f(\theta_i)[\theta_i V(q_i) - cq_i] - \sum_{i=1}^n f(\theta_i) U_i \right\} \\ s.t.: \quad IR_i, \quad IC_{ij}: \quad \forall i, j \end{cases}$$

引理1 在次优合约中仅最低偏好类型的个体理性约束IR_1，以及向下的局部激励相容约束（The Downward Local Incentive Constraints）$IC_{I(i-1)}$，$\forall i = 2, 3, \cdots, n$取紧。

证明 见附录A。

应用引理1，求解（P1）可得基准的 MR（Maskin-Riley）合约：②

$$[\theta_i - H(\theta_i)]V'(q_i^{MR}) = c, \tag{1}$$

---

① 注意到，由于消费者数量无限多，单个消费者谎报类型对网络规模Q的影响可以忽略。
② 为保证取得内解$q_i > 0$，假设对$\forall i \in \{1, 2, \cdots, n\}$，$\theta_i - H(\theta_i) > 0$。

及

$$U_1^{MR}=0;\quad U_i^{MR}=\sum_{j=1}^{i-1}\Delta\theta V(q_j^{MR}),\quad \forall i\geqslant 2 \quad (2)$$

其中 $H(\theta)=\dfrac{1-F(\theta)}{f(\theta)}\Delta\theta$，$\dfrac{1-F(\theta)}{f(\theta)}$ 代表逆风险率（*Reciprocal Hazard Rate*）。容易验证，如果单调风险率条件 $H'(\theta)\leqslant 0$ 满足，则 $q_i^{MR}\leqslant q_{i+1}^{MR}$、$q_i^{MR}<q_i^*$，$\forall i<n$，$q_n^{MR}=q_n^*$，其中 q_i^* 代表从一阶条件 $\theta_i V'(q_i^*)=c$ 得出的最优消费量。显然，在非对称信息下，除偏好最强类型以外的所有消费者的消费量都发生向下的扭曲。这与经典模型中"单向且顶部无扭曲"的规律一致。

三、网络外部性下的非线性定价

（一）两种类型的情形

本节中，我们假设消费者只有两种类型，即 $\Theta=\{\underline{\theta},\bar{\theta}\}$。$\Pr(\theta=\underline{\theta})=v$、$\Pr(\theta=\bar{\theta})=1-v$，网络规模为 $Q=v\underline{q}+(1-v)\bar{q}$。在完全信息下，垄断厂商的最优化问题为：

$$(\text{p2})\begin{cases}\max_{\{(\underline{U},\underline{q});(\bar{U},\bar{q})\}} v[\underline{\theta}V(\underline{q})-c\underline{q}]+(1-v)[\bar{\theta}V(\bar{q})-c\bar{q}]\\ \qquad+\Psi(Q)-[v\underline{U}+(1-v)\bar{U}]\\ s.t.\ IR\ (\underline{\theta}):\ \underline{U}\geqslant 0;\ IR\ (\bar{\theta}):\ \bar{U}\geqslant 0\end{cases}$$

由此可得的最优消费量应满足：

$$\begin{cases}\underline{\theta}V'(\underline{q}^{FB})+\Psi'(v\underline{q}^{FB}+(1-v)\bar{q}^{FB})=c\\ \bar{\theta}V'(\bar{q}^{FB})+\Psi'(v\underline{q}^{FB}+(1-v)\bar{q}^{FB})=c\end{cases} \quad (3)$$

在非对称信息下，应在以上规划问题中添加代理人的激励相容约束，则可得：

$$(p3)\begin{cases} \max_{(\underline{U},\underline{q});(\bar{U},\bar{q})} v[\underline{\theta}V(\underline{q})-c\underline{q}]+(1-v)[\bar{\theta}V(\bar{q})-c\bar{q}] \\ \qquad +\Psi(Q)-[v\underline{U}+(1-v)\bar{U}] \\ s.t.\ IR(\underline{\theta}):\ \underline{U}\geqslant 0 \\ \qquad IR(\bar{\theta}):\ \bar{U}\geqslant 0 \\ \qquad IC(\underline{\theta}):\ \underline{U}\geqslant \bar{U}-\Delta\theta V(\bar{q}) \\ \qquad IC(\bar{\theta}):\ \bar{U}\geqslant \underline{U}+\Delta\theta V(\underline{q}) \end{cases}$$

由引理1，约束条件 $IC(\bar{\theta})$ 和 $IR(\underline{\theta})$ 为紧，则次优的消费量应满足下式：

$$\begin{cases} \left(\underline{\theta}-\dfrac{1-v}{v}\Delta\theta\right)V'(\underline{q}^{SB})+\Psi'(v\underline{q}^{SB}+(1-v)\bar{q}^{SB})=c \\ \bar{\theta}V'(\bar{q}^{SB})+\Psi'(v\underline{q}^{SB}+(1-v)\bar{q}^{SB})=c \end{cases} \quad (4)$$

我们将最优和次优消费量综合在以下规划问题的最优解中：

$$\max_{(\underline{q},\bar{q})} \prod(\underline{q},\bar{q},\alpha) \quad (5)$$

其中：

$$\prod(\underline{q},\bar{q},\alpha)=v[\alpha V(\underline{q})-c\underline{q}]+(1-v)[\bar{\theta}V(\bar{q})-c\bar{q}]+\Psi(Q)$$

如 $\alpha=\underline{\theta}$，则可得（3）中给出的最优消费量；而对 $\alpha=\underline{\theta}-\dfrac{1-v}{v}\Delta\theta$ 可得（4）式给出的次优消费量。通过两者的比较，可得以下命题。

命题1 当网络外部性和非对称信息并存时，设条件 $V'(q)>0$、$V''(q)<0$ 成立，则同最优情形相比，次优消费量的扭曲方式取决于网络的拥挤程度：

1. 如果网络轻度非拥挤（Mildly Dis-congestible），即 $\Psi''(Q)>0$ 且保证

对 $\forall \alpha \in \left[\underline{\theta} - \frac{1-v}{v}\Delta\theta, \underline{\theta} \right]$ 矩阵 $\prod_{qq}$ 为负定①，则次优消费量表现为单向扭曲（One Way Distortion）：$\underline{q}^{SB} < \underline{q}^{FB}$、$\bar{q}^{SB} > \bar{q}^{FB}$。

2. 如果网络拥挤（Congestible），即 $\Psi''(Q)<0$，则次优消费量表现为双向扭曲（Two Way Distortion）：$\underline{q}^{SB} < \underline{q}^{FB}$、$\bar{q}^{SB} < \bar{q}^{FB}$。

3. 如网络为中性（Neutral），即 $\Psi''(Q)=0$，则仍然可得经典的"单向扭曲且顶部无扭曲（One-Way Distortion And No Distortion On The Top）"结果：$\underline{q}^{SB} < \underline{q}^{FB}$、$\bar{q}^{SB} = \bar{q}^{FB}$。

无论网络是否拥挤，网络规模缩减：$Q^{SB} < Q^{FB}$。

证明 见附录 B。

注释2 可对以上结果做如下解释。为了压缩高需求消费者所获的信息租金，委托人必须降低低需求消费者的消费量。这是租金抽取与效率权衡的结果（Trade Off Between Allocative Efficiency And Rent Extraction）。然而不同于经典逆向选择模型的是，不同类型消费者的消费行为通过消费网络相互影响。如果网络非拥挤，则消费者彼此互惠互补，所以高需求消费者的消费量也发生向下扭曲；如果消费网络是拥挤的，则网络中的消费者互为竞争或替代关系，因此低需求者消费量减少所产生的"空间"可以通过增加高需求消费者的消费来"填充"，所以后者的消费量被向上扭曲；如果消费网络为中性，则各种类型消费者的消费量之间不存在相互影响，它们被各自独立决定，所以仍然得到与经典模型相同的结果。

（二）多类型情形

本小节中我们将模型推广到多类型情形。在完全信息下，委托人仅需考虑

---

① 如果网络具有很强的非拥挤性，即 $\psi''(Q)>0$ 且其值很大，则不能保证 $\prod_{qq}$ 为负定矩阵，从而不能确保规划问题（5）具有唯一的全局最优解。

消费者的参与约束 $U_i \geqslant 0$。同两种类型的情形类似，最优消费量满足：

$$\theta_i V'(q_i) + \Psi'(Q) = c, \quad \forall i \in \{1, 2, \cdots, n\} \quad (6)$$

在非对称信息下，需同时考虑到代理人的参与约束和激励相容约束，则委托人所面临的最优化问题为：

$$(p4): \begin{cases} \max_{\{U_i, q_i\}} \left\{ \sum_{i=1}^{n} f(\theta_i)[\theta_i V(q_i) - c q_i] + \Psi\left(\sum_{i=1}^{n} f(\theta_i) q_i\right) - \sum_{i=1}^{n} f(\theta_i) U_i \right\} \\ s.t.\ IR_i: U_i \geqslant 0 \\ \quad\ IC_{ij}: U_i \geqslant U_j + (\theta_i - \theta_j) V(q_j), \quad \forall i, j \end{cases}$$

由引理 1 可得 $U_1 = 0$，$U_i = \Delta\theta \sum_{j=1}^{i-1} V(q_j)$，$\forall i \geqslant 2$。则（p4）中委托人的目标函数可重新表示为：

$$\sum_{i=1}^{n} \left[\theta_i - \frac{1-F(\theta_i)}{f(\theta_i)}\Delta\theta\right] f(\theta_i) V(q_i) + \Psi\left(\sum_{i=1}^{n} f(\theta_i) q_i\right) - c \sum_{i=1}^{n} f(\theta_i) q_i$$

(7)

所以最优和次优消费量可看作是以下无约束最优化问题的解：

$$\max_{q \in R_+^n} \prod(q, \varepsilon) \quad (8)$$

其中：

$$\prod(q, \varepsilon) = \sum_{i=1}^{n} [\theta_i + \varepsilon H(\theta_i)] f(\theta_i) V(q_i)$$
$$+ \Psi\left(\sum_{i=1}^{n} f(\theta_i) q_i\right) - c \sum_{i=1}^{n} f(\theta_i) q_i \quad (9)$$

$\boldsymbol{q} = (q_1, q_2, \cdots, q_n) \in \mathbb{R}_+^n$，$\varepsilon \in [-1, 0]$。如 $\varepsilon = 0$，则可得最优消费；如 $\varepsilon = -1$ 可得次优消费。以下命题给出了次优合约的形式。

命题 2 如果单调风险率条件 $\dfrac{\mathrm{d}}{\mathrm{d}\theta}\left[\dfrac{1-F(\theta)}{f(\theta)}\right] \leqslant 0$ 满足，且在 $(q, \varepsilon) = (q^{SB}, -1)$ 处，海塞矩阵 $\prod_{qq}$ 为负定，则次优消费量满足：

$$[\theta_i - H(\theta_i)]V'(q_i) + \Psi'\Big(\sum_{i=1}^{n} f(\theta_i)q_i\Big) = c, \quad \forall i \in \{1, 2, \cdots, n\} \tag{10}$$

次优的信息租金为：

$$U_1^{SB} = 0, \quad U_i^{SB} = \Delta\theta \sum_{j=1}^{i-1} V(q_j^{SB}), \quad \forall i \in \{2, 3, \cdots, n\} \tag{11}$$

次优收费为：

$$t_i^{SB} = \begin{cases} \theta_1 V(q_1^{SB}) + \Psi(Q^{SB}), & i = 1 \\ \theta_i V(q_i^{SB}) - \Delta\theta \sum_{j=1}^{i-1} V(q_j^{SB}) + \Psi(Q^{SB}), & i \geqslant 2 \end{cases} \tag{12}$$

证明 见附录 C。

在以下命题中，我们对最优和次优消费量加以比较，从而得出消费量的扭曲方式。

命题 3 设条件 $V'(\cdot) > 0$、$V''(\cdot) < 0$ 及单调风险率条件 $\dfrac{\mathrm{d}}{\mathrm{d}\theta}\Big[\dfrac{1 - F(\theta)}{f(\theta)}\Big] \leqslant 0$ 成立。则次优消费量扭曲方式取决于网络的拥挤程度。

1. 如果消费网络轻度非拥挤，即 $\Psi''(Q) > 0$ 且保证对 $\forall q \in R_+^n$ 和 $\forall \varepsilon \in [0, 1]$，海赛矩阵 $\prod_{qq}$ 为负定，则次优消费量表现出单向扭曲：$q_i^{SB} < q_i^{FB}$，$\forall i$。

2. 如果消费网络拥挤，即 $\Psi''(Q) < 0$，则次优消费量表现出双向扭曲，这意味着存在某个临界值 $i^* \in \{1, 2, \cdots, n\}$，使当 $i > i^*$ 时，$q_i^{SB} > q_i^{FB}$；$i < i^*$ 时，$q_i^{SB} < q_i^{FB}$。

3. 如果网络为中性，即 $\Psi''(Q) = 0$，则次优消费量表现出"单向扭曲"且"顶部无扭曲"：$q_i^{SB} < q_i^{FB}$，$\forall i < n$ 且 $q_n^{SB} = q_n^{FB}$。

在以上几种情形下，消费网络规模都会缩减：$Q^{SB} < Q^{FB}$。

证明 见附录 D。

注释 3 在非拥挤性网络中，以上命题的结论与 Hahn（2003）、Segal

(1999、2003)和 Csorba（2008）的主要结论一致。在条件 $\Psi''(\cdot)>0$ 下，某个消费者增加消费量会提高其他消费者的边际效用，即 $\dfrac{\partial^2 \prod}{\partial q_i \partial q_j}>0$，$\forall i \neq j$。这与 Csorba（2008）文中的策略互补性假设（Strategic Complementarity Assumption）是一致的。由此，可根据比较静态分析方法（见 Topkis，1978；Milgrom and Shannon，1994 等）比较最优和次优合约。[①] 对拥挤性消费网络，命题3得出的双向扭曲结论与现有文献不同。对除最高偏好以外的任何类型 (θ_i)，委托人都会降低其消费量以抽取比其更有效的消费者 ($\theta>\theta_i$) 所获得的信息租金，我们称其为租金抽取效应（Rent-Extraction Effect）。另一方面，委托人也有激励增加所有类型消费者的消费量以增加网络价值，我们称其为网络增值效应（Network-Value Augmenting Effect）。如果网络不拥挤，则对任何类型，租金抽取效应占优，从而每种类型的消费量都会发生向下扭曲；如果网络是拥挤的，则对于高需求类型消费者，网络增值效应占优，而对于低需求类型消费者，租金抽取效应占优，因此，次优消费量表现出双向扭曲。当消费网络为中性时，不同类型消费者的行为彼此独立，所以次优消费量的扭曲方式与经典模型中相同。

四、拥挤性网络的进入阻碍与补偿激励问题

在本节中，我们来讨论另一种修正"单向扭曲和顶部无扭曲"规律的因

[①] 由 Topkis（1978）及 Milgrom 和 Shannon（1994）可知，定义在格（Lattice）Q 上的二阶连续可微函数 $\prod$ 的二阶连续可微函数 $\prod$ 挤性模式为超模函数（Supermodular），当且仅当对 $\forall i \neq j$，$\dfrac{\partial^2 \prod}{\partial q_i \partial q_j}>0$；进一步地，如果 $\dfrac{\partial^2 \prod}{\partial q_i \partial \varepsilon}>0$，$\forall i$，则称函数 $\prod$ 在 q 函数上具有严格递增的差。令 $q(\varepsilon)=\max\limits_{q\in Q}\prod(q,\varepsilon)$，对某个在 q 上具有严格递增差的超模函数，q_i 是 ε 的严格增函数。

素，即补偿激励问题。假设消费者可以绕过现有网络进入由许多同质性厂商组成的竞争性外部市场。这些外部竞争性厂商都是现有网络的潜在进入者。令参数 ω 表示这些厂商的边际生产成本。假设潜在进入者所提供的产品或服务与在位厂商所提供的不相容。[①] 并且他们还没有形成自己的消费网络。在外部竞争性市场中，厂商按照边际成本定价。如绕过现有网络，每个消费者所获的效用为 $G^*(\theta) = \max_q [\theta V(q) - \omega q]$。定义 $\underline{G} = G^*(\underline{\theta})$、$\overline{G} = G^*(\overline{\theta})$、$\Delta G = \overline{G} - \underline{G}$。本节中我们假定网络是拥挤的，即 $\Psi''(\cdot) < 0$。此外，命题 1 中导致双向扭曲的所有条件都成立。

绕过现有消费网络的可能性使消费者具有类型依赖的保留效用（Type-Dependent Reservation Utilities），因此，为了防止消费者绕过网络，在位网络提供商需考虑类型依赖的参与约束，他的最优化问题可表示为：

$$(\text{p5}) \begin{cases} \max_{(\underline{U}, \underline{q}); (\overline{U}, \overline{q})} v[\underline{\theta} V(\underline{q}) - c\underline{q}] + (1-v)[\overline{\theta} V(\overline{q}) - c\overline{q}] \\ \qquad\qquad + \Psi(Q) - [v\underline{U} + (1-v)\overline{U}] \\ s.t. \ IR(\underline{\theta}): \underline{U} \geqslant \underline{G} \\ \qquad IR(\overline{\theta}): \overline{U} \geqslant \overline{G} \\ \qquad IC(\underline{\theta}): \underline{U} \geqslant \overline{U} - \Delta\theta V(\overline{q}) \\ \qquad IC(\overline{\theta}): \overline{U} \geqslant \underline{U} + \Delta\theta V(\underline{q}) \end{cases}$$

求解以上的规划问题可得以下命题。

命题 4 在位厂商的最优进入阻碍定价合约（Entry-Deterrence Pricing Contract）取决于潜在进入者的边际成本，即存在正数 $\omega_1 < \omega_2 < \omega_3 < \omega_4$，使得：

1. 当 $\omega > \omega_4$ 时，$\Delta G < \Delta\theta V(\underline{q}^{SB})$，非线性定价合约为：$\underline{q} = \underline{q}^{SB}$、$\overline{q} =$

[①] 否则，进入者就可以与在位者共享现有网络。

$\bar{q}^{SB}$、$\underline{U}=\underline{G}$ 及 $\bar{U}=\underline{G}+\Delta\theta V(\underline{q}^{SB})$。

2. 当 $\omega_3 \leqslant \omega \leqslant \omega_4$ 时，$\Delta\theta V(\underline{q}^{SB}) \leqslant \Delta G \leqslant \Delta\theta V(\underline{q}^{FB})$，消费量 $\underline{q}$ 和 $\bar{q}$ 由下式决定：

$$\begin{cases} \underline{q} = V^{-1}\left(\dfrac{\Delta G}{\Delta \theta}\right) \\ \bar{\theta} V'(\bar{q}) + \Psi'(v\underline{q} + (1-v)\bar{q}) = c \end{cases} \tag{13}$$

其中 $\underline{q} \in [\underline{q}^{SB}, \underline{q}^{FB}]$、$\bar{q} \in [\bar{q}^{FB}, \bar{q}^{SB}]$。消费者所获的信息租金为 $\underline{U}=\underline{G}$ 和 $\bar{U}=\bar{G}$。

3. 当 $\omega_2 < \omega < \omega_3$ 时，$\Delta\theta V(\underline{q}^{FB}) < \Delta G < \Delta\theta V(\bar{q}^{FB})$，次优合约为 $\underline{q}=\underline{q}^{FB}$、$\bar{q}=\bar{q}^{FB}$、$\underline{U}=\underline{G}$ 及 $\bar{U}=\bar{G}$。

4. 当 $\omega_1 \leqslant \omega \leqslant \omega_2$ 时，$\Delta\theta V(\bar{q}^{FB}) \leqslant \Delta G \leqslant \Delta\theta V(\bar{q}^{CI})$，次优消费量 $\underline{q}$ 和 $\bar{q}$ 由下式给出：

$$\begin{cases} \bar{q} = V^{-1}\left(\dfrac{\Delta G}{\Delta \theta}\right) \\ \underline{\theta} V'(\underline{q}) + \Psi'(v\underline{q} + (1-v)\bar{q}) = c \end{cases} \tag{14}$$

且满足 $\underline{q} \in [\underline{q}^{CI}, \underline{q}^{FB}]$、$\bar{q} \in [\bar{q}^{FB}, \bar{q}^{CI}]$[①]。消费者所获得的信息租金为 $\underline{U}=\underline{G}$ 和 $\bar{U}=\bar{G}$。

5. 当 $0 < \omega < \omega_1$ 时，$\Delta G > \Delta\theta V(\bar{q}^{CI})$，次优合约是：$\underline{q}=\underline{q}^{CI}$、$\bar{q}=\bar{q}^{CI}$、$\underline{U}=\bar{G}-\Delta\theta V(\bar{q}^{CI})$ 及 $\bar{U}=\bar{G}$。其中 $\underline{q}^{CI}$ 和 $\bar{q}^{CI}$ 由下式给出：

$$\begin{cases} \underline{\theta} V'(\underline{q}^{CI}) + \Psi'(v\underline{q}^{CI} + (1-v)\bar{q}^{CI}) = c \\ \left(\bar{\theta} + \dfrac{v}{1-v}\Delta\theta\right) V'(\bar{q}^{CI}) + \Psi'(v\underline{q}^{CI} + (1-v)\bar{q}^{CI}) = c \end{cases} \tag{15}$$

---

① 进入者就表示"补偿激励"（Countervailing Incentives）。

证明 见附录 E。

注释 4 当 $\omega > \omega_4$ 时，消费量维持在次优水平：$\underline{q} = \underline{q}^{SB}$、$\bar{q} = \bar{q}^{SB}$。当外部竞争者效率不高时，对高需求消费者来说，绕过网络所得不如在现有网络中所获得的信息租金，所以外部市场不足以吸引高需求类型消费者，厂商仅需防止低需求者绕过网络和高需求者谎报类型，即 $IR(\underline{\theta})$ 和 $IC(\bar{\theta})$ 为紧约束。厂商定价合约中的消费量维持在原来的次优水平不变。

当 $\omega_3 \leqslant \omega \leqslant \omega_4$ 时，$\underline{q} \in [\underline{q}^{SB}, \underline{q}^{FB}]$、$\bar{q} \in [\bar{q}^{FB}, \bar{q}^{SB}]$。随着边际成本 ω 的降低，效用之差 ΔG 增加，高需求类型消费者会被外部机会吸引而产生绕过现有网络的激励。垄断者必须给予其更多的信息租金使其留在网络中，而其信息租金与低需求消费者的消费量同向变化，为此需要增加 $\underline{q}$，由于在拥挤性网络中不同类型消费者的消费量之间的替代关系，所以相对于上一种情形，高需求者的次优消费量 $\bar{q}$ 减少。潜在的进入威胁使 $\underline{q}$ 和 $\bar{q}$ 扭曲量减少，它们都更加接近于最优解。

当 $\omega_2 < \omega < \omega_3$ 时，$\underline{q} = \underline{q}^{FB}$、$\bar{q} = \bar{q}^{FB}$。随着 ω 的进一步降低和 ΔG 的进一步增加，$\underline{q}$ 达到最优水平，则厂商不会再为了增加高需求者的信息租金而进一步提高低需求者的消费量。这种情形下，对垄断厂商来讲，将两类消费者留在网络中是比防止他们谎报类型更困难的任务，因此只有两个参与约束 $IR(\underline{\theta})$ 和 $IR(\bar{\theta})$ 为紧，实现最优消费量。

当 $\omega_1 \leqslant \omega \leqslant \omega_2$ 时，$\underline{q} \in [\underline{q}^{CI}, \underline{q}^{FB}]$、$\bar{q} \in [\bar{q}^{FB}, \bar{q}^{CI}]$。外部厂商竞争力增强带来的较高的效用差额会使低需求类型消费者产生激励谎报自身类型，由此产生补偿激励问题。约束条件 $IC(\underline{\theta})$，$IR(\bar{\theta})$ 和 $IR(\underline{\theta})$ 为紧。两种类型的消费量将分别向相反方向扭曲。但这与第一和第二两种情形中导致双向扭曲的原因不同。在情形一、二中，厂商会降低 $\underline{q}$ 以减少 $\bar{\theta}$ 类型消费者所获得的信息租金，$\bar{q}$ 向上扭曲只是由于网络外部性引起的一种副效应（Side Effect）。而在这种情形中，为了防止低需求厂商谎报类型，必须给其信息租金，而这部分租金

与 $\bar{q}$ 成反比。所以为了尽量压缩租金，必须提高 $\bar{q}$。相应地，由于网络效应的存在，导致 $\underline{q}$ 的降低，这也是一种副效应。

当 $0<\omega<\omega_1$ 时，$\underline{q}=\underline{q}^{CI}$、$\bar{q}=\bar{q}^{CI}$。边际成本 ω 的减少会使高需求类型的消费量被进一步向上扭曲（低需求者的消费量则被进一步向下扭曲）。较大的配置扭曲迫使厂商不得不放松低需求者的参与约束，向其让渡一部分信息租金 $\bar{G}-\Delta\theta V(\bar{q}^{CI})$。这意味着只有 $IC(\underline{\theta})$ 和 $IR(\bar{\theta})$ 为紧约束。在位厂商会通过不断降低收费（$\underline{t}$ 和 $\bar{t}$ 的不断减少）来将消费者留在网络中，而消费量则始终维持在补偿激励水平 $\underline{q}^{CI}$ 和 $\bar{q}^{CI}$。

图1描绘了 ω 与次优消费量 $\underline{q}^{SB}$ 和 $\bar{q}^{SB}$ 间的关系。

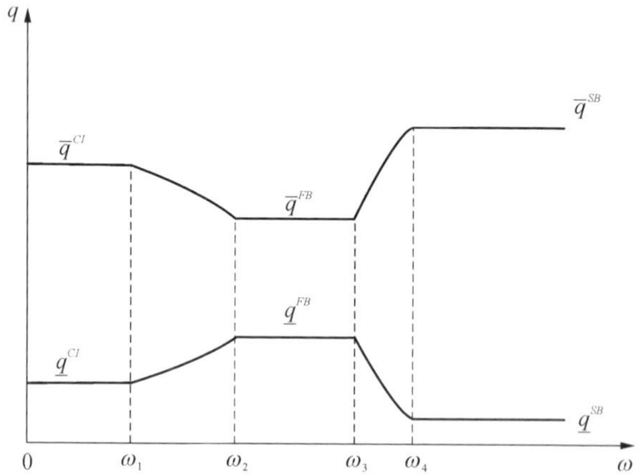

图1 潜在进入者边际成本 ω 对次优消费量的影响

五、结　论

本文建立了一个非对称信息和网络外部性并存时的委托代理模型，用以说明垄断厂商的非线性定价策略及进入阻碍策略。我们给出网络外部性下非线性价格合约的扭曲方式，给出了与现有文献中的单向扭曲（Hahn，2003；

Segal，1999、2003；Csorba，2008）结论不同的结果。我们发现网络的拥挤性是造成扭曲差异的关键所在：在轻度非拥挤性网络中，次优消费量表现出单方向扭曲；在拥挤性网络中，次优消费量则表现出双向扭曲；而在中性网络中，次优消费量仍然表现为"单向且顶部无扭曲"。

此外，本文还分析了由潜在进入威胁所导致的补偿激励问题。虽然潜在进入者没有形成其自己的消费者网络，但如边际成本足够低，他们仍然可能成为强有力的竞争对手。我们详细讨论了在拥挤性网络中，潜在进入者的边际成本如何影响在位垄断者的定价策略。当进入者的边际成本较高时，垄断者定价合约中的消费量不受影响。而随着这个边际成本的不断降低，消费量扭曲程度逐渐减小，在一定区间内两种类型的消费量甚至维持在完全信息下的最优水平。当边际成本足够低时，消费量会一直维持在补偿激励水平。而网络外部性与补偿激励并存时，不同类型消费者消费量的"互动"被认为是与经典补偿激励文献的主要区别。

附录

附录 A：引理 1 的证明

证明：首先，如果 IR_1 和 IC_{i1} 满足，则对 $i \geqslant 2$ 参与约束 IR_i 会自动满足。因为：

$$U_i \geqslant U_1 + (\theta_i - \theta_1)V(q_1) > U_1 \geqslant 0$$

其次，将 IC_{ij}：$U_i \geqslant U_j + (\theta_i - \theta_j)V(q_j)$ 和 IC_{ji}：$U_j \geqslant U_i + (\theta_j - \theta_i)V(q_i)$ 相加可得：

$$(\theta_i - \theta_j)[V(q_i) - V(q_j)] \geqslant 0$$

所以，在可实施的合约中，消费量函数 $q(\theta)$ 应单调不减。如 $i > j$ 则由向下激励相容约束 IC_{ij} 和可实施条件（Implementability Condition）：$q_i > q_j$

可推出向上激励相容条件 IC_{ji}，但反之不然，所以只有向下激励相容约束为紧。将 $IC_{I(i-1)}$：$U_i \geqslant U_{i-1} + \Delta\theta V(q_{i-1})$ 和 $IC_{(i-1)(i-2)}$：$U_{i-1} \geqslant U_{i-2} + \Delta\theta V(q_{i-2})$ 相加可得：

$$U_i \geqslant U_{i-2} + \Delta\theta[V(q_{i-1}) + V(q_{i-2})] \geqslant U_{i-2} + (\theta_j - \theta_{i-2})V(q_{i-2})$$

其中第二个不等式可由可实施条件 $q_{i-1} > q_{i-2}$ 得出。所以由局部激励相容约束（Local ICs）可推出非局部激励相容约束（Non-Local ICs）。

附录 B：命题 1 的证明

证明：问题（5）的一阶条件为：

$$\prod_q (q, \alpha) = 0 \qquad (16)$$

即：

$$\begin{cases} \alpha V'(\underline{q}) + \Psi'(v\underline{q} + (1-v)\bar{q}) = c \\ \bar{\theta} V'(\bar{q}) + \Psi'(v\underline{q} + (1-v)\bar{q}) = c \end{cases} \qquad (17)$$

将上式对参数 α 求导数，可得：

$$\prod_{qq} \frac{\mathrm{d}q}{\mathrm{d}\alpha} + \prod_{q\alpha} = 0 \qquad (18)$$

即：

$$\begin{pmatrix} \alpha v V''(\underline{q}) + v^2 \Psi''(Q) & v(1-v)\Psi''(Q) \\ v(1-v)\Psi''(Q) & (1-v)\bar{\theta}V''(\bar{q}) + (1-v)^2\Psi''(Q) \end{pmatrix}$$

$$\times \begin{pmatrix} \dfrac{\mathrm{d}\underline{q}}{\mathrm{d}\alpha} \\ \dfrac{\mathrm{d}\bar{q}}{\mathrm{d}\alpha} \end{pmatrix} = \begin{pmatrix} -vV'(\underline{q}) \\ 0 \end{pmatrix} \qquad (19)$$

求解以上方程，可得：

$$\begin{cases} \dfrac{\mathrm{d}\underline{q}}{\mathrm{d}\alpha} = \dfrac{-V'(\underline{q})[\bar{\theta}V''(\bar{q}) + (1-v)\Psi''(Q)]}{\alpha V''(\underline{q})[\bar{\theta}V''(\bar{q}) + (1-v)\Psi''(Q)] + v\bar{\theta}V''(\bar{q})\Psi''(Q)} \\ \dfrac{\mathrm{d}\bar{q}}{\mathrm{d}\alpha} = \dfrac{vV'(\underline{q})\Psi''(Q)}{\alpha V''(\underline{q})[\bar{\theta}V''(\bar{q}) + (1-v)\Psi''(Q)] + v\bar{\theta}V''(\bar{q})\Psi''(Q)} \\ \dfrac{\mathrm{d}Q}{\mathrm{d}\alpha} = v\dfrac{\mathrm{d}\underline{q}}{\mathrm{d}\alpha} + (1-v)\dfrac{\mathrm{d}\bar{q}}{\mathrm{d}\alpha} \\ \phantom{\dfrac{\mathrm{d}Q}{\mathrm{d}\alpha}} = \dfrac{-v\bar{\theta}V'(\underline{q})V''(\bar{q})}{\alpha V''(\underline{q})[\bar{\theta}V''(\bar{q}) + (1-v)\Psi''(Q)] + v\bar{\theta}V''(\bar{q})\Psi''(Q)} \end{cases} \quad (20)$$

因为海塞矩阵 $\prod_{qq}$ 为负定, 所以:

$$\bar{\theta}V''(\bar{q}) + (1-v)\Psi''(Q) < 0 \quad (21)$$

$$\det(\prod_{qq}) = v(1-v)\{\alpha V''(\underline{q})[\bar{\theta}V''(\bar{q}) + (1-v)\Psi''(Q)] \\ + v\bar{\theta}V''(\bar{q})\Psi''(Q)\} > 0 \quad (22)$$

从而可确定（20）式中各一阶导数的符号为: $\dfrac{\mathrm{d}\underline{q}}{\mathrm{d}\alpha} > 0$、$\dfrac{\mathrm{d}Q}{\mathrm{d}\alpha} > 0$, 这表明 $\underline{q}^{SB} < \underline{q}^{FB}$ 且 $Q^{SB} < Q^{FB}$。$\dfrac{\mathrm{d}\bar{q}}{\mathrm{d}\alpha}$ 的符号取决于 $\Psi''(Q)$ 的符号: 如 $\Psi''(Q) > 0$, 则 $\dfrac{\mathrm{d}\bar{q}}{\mathrm{d}\alpha} > 0$, 从而 $\bar{q}^{SB} < \bar{q}^{FB}$; 如 $\Psi''(Q) < 0$, 则 $\dfrac{\mathrm{d}\bar{q}}{\mathrm{d}\alpha} < 0$, 所以 $\bar{q}^{SB} > \bar{q}^{FB}$; 如 $\Psi''(Q) = 0$, 则 $\dfrac{\mathrm{d}\bar{q}}{\mathrm{d}\alpha} = 0$, 从而 $\bar{q}^{SB} = \bar{q}^{FB}$。

附录 C: 命题 2 的证明

证明:（10）式可直接从（8）的一阶条件得出。单调风险率条件 $H'(\theta) \leqslant 0$ 保证了可实施性条件 $q_i^{SB} \leqslant q_{i+1}^{SB}$, $\forall i \in \{1, 2, \cdots, n\}$ 满足。海塞矩阵 $\prod_{qq}$ 为负定使最优化的二阶充分性条件满足。所以（10）给出的是次

优消费量。次优信息租金和收费可相应求出。

附录 D：命题 3 的证明

证明：为了表述方便，我们引入以下符号：

$$\Gamma \equiv \begin{bmatrix} [\theta_1+\varepsilon H(\theta_1)]f(\theta_1)V''(q_1) & & & \\ & [\theta_2+\varepsilon H(\theta_2)]f(\theta_2)V''(q_2) & & \\ & & \ddots & \\ & & & [\theta_n+\varepsilon H(\theta_n)]f(\theta_n)V''(q_n) \end{bmatrix}$$

$$\gamma \equiv (f(\theta_1),\ f(\theta_2),\ \cdots,\ f(\theta_n))^T$$

则：

$$\prod\nolimits_{qq} \equiv \Gamma + \Psi''(Q)\gamma\gamma^T \tag{23}$$

$$\prod\nolimits_{q\varepsilon} \equiv (H(\theta_1)f(\theta_1)V'(q_1),\ H(\theta_2)f(\theta_2)V'(q_2),\ \cdots,$$
$$H(\theta_n)f(\theta_n)V'(q_n))^T \tag{24}$$

（8）式的一阶条件为 $\prod_q = 0$。海塞矩阵 $\prod_{qq}$ 为负定使最优化的二阶充分性条件满足，单调风险率使可实施条件 $q_{i+1} \geqslant q_i$，$\forall i$ 成立。

对以上的一阶条件两端关于参数 ε 求导可得：

$$\prod\nolimits_{qq} \frac{\mathrm{d}q}{\mathrm{d}\varepsilon} + \prod\nolimits_{q\varepsilon} = 0 \tag{25}$$

这表明：

$$\frac{\mathrm{d}q}{\mathrm{d}\varepsilon} = -(\prod\nolimits_{qq})^{-1} \prod\nolimits_{q\varepsilon}$$

将表达式（23）和（24）带入到以上表达式可得：

$$\frac{\mathrm{d}q}{\mathrm{d}\varepsilon} = -[\Gamma + \Psi''(Q)\gamma\gamma']^{-1} \prod\nolimits_{q\varepsilon}$$
$$= -\left[\Gamma^{-1} - \Psi''(Q)\frac{\Gamma^{-1}\gamma \cdot \gamma'\Gamma^{-1}}{1+\Psi''(Q)\gamma'\Gamma^{-1}\gamma}\right] \prod\nolimits_{q\varepsilon} \tag{26}$$

第 i 个方程为：

$$\frac{\mathrm{d}q_i}{\mathrm{d}\varepsilon} = -\frac{H(\theta_i)V'(q_i)}{[\theta_i + \varepsilon H(\theta_i)]V''(q_i)}$$

$$+ \frac{1}{[\theta_i + \varepsilon H(\theta_i)]V''(q_i)} \left\{ \frac{\Psi''(Q)\sum_{j=1}^{n}\dfrac{H(\theta_j)f(\theta_j)V'(q_j)}{[\theta_j + \varepsilon H(\theta_j)]V''(q_j)}}{1 + \Psi''(Q)\sum_{j=1}^{n}\dfrac{f(\theta_j)}{[\theta_j + \varepsilon H(\theta_j)]V''(q_j)}} \right\}$$

$$= \frac{\rho - H(\theta_i)V'(q_i)}{[\theta_i + \varepsilon H(\theta_i)]V''(q_i)} \tag{27}$$

其中：

$$\rho \equiv \frac{\Psi''(Q)\sum_{j=1}^{n}\dfrac{f(\theta_j)H(\theta_j)V'(q_j)}{[\theta_j + \varepsilon H(\theta_j)]V''(q_j)}}{1 + \Psi''(Q)\sum_{j=1}^{n}\dfrac{f(\theta_j)}{[\theta_j + \varepsilon H(\theta_j)]V''(q_j)}}$$

注意到，海塞矩阵 $\prod_{qq}$ 为负定，因此其逆阵 $\prod_{qq}^{-1}$ 同样为负定。所以对任何非零向量 γ 可得：

$$\gamma^T \prod\nolimits_{qq}^{-1} \gamma = \gamma^T \left[\Gamma^{-1} - \Psi''(Q)\frac{\Gamma^{-1}\gamma \cdot \gamma^T \Gamma^{-1}}{1 + \Psi''(Q)\gamma^T \Gamma^{-1}\gamma} \right] \gamma$$

$$- \frac{\gamma^T \Gamma^{-1}\gamma}{1 + \Psi''(Q)\gamma^T \Gamma^{-1}\gamma} < 0$$

因为 $V''(\cdot) < 0$，所以 $\gamma^T \Gamma^{-1}\gamma < 0$，因此 ρ 的分母为正，即：

$$1 + \Psi''(Q)\gamma^T \Gamma^{-1}\gamma = 1 + \Psi''(Q)\sum_{j=1}^{n}\frac{f(\theta_j)}{[\theta_j + \alpha H(\theta_j)]V''(q_j)} > 0$$

所以，参数 ρ 及 $\dfrac{\mathrm{d}q_i}{\mathrm{d}\varepsilon}$ 的符号由 $\Psi''(Q)$ 决定。

1. 如 $\Psi''(Q) > 0$ 则 $\rho < 0$，$\dfrac{\mathrm{d}q_i}{\mathrm{d}\varepsilon} > 0$，这表明 $q_i^{SB} < q_i^{FB}$。

2. 如 $\Psi''(Q) < 0$ 则 $\rho > 0$，因为 $H(\theta_1)V'(q_1) > H(\theta_2)V'(q_2) > \cdots > H(\theta_n)V'(q_n)$，所以：

$$0 = H(\theta_n)V'(q_n) < \rho < \frac{\sum_{j=1}^{n}\dfrac{f(\theta_j)H(\theta_j)V'(q_j)}{[\theta_j + \alpha H(\theta_j)]V''(q_j)}}{\sum_{j=1}^{n}\dfrac{f(\theta_j)}{[\theta_j + \alpha H(\theta_j)]V''(q_j)}} < H(\theta_1)V'(q_1)$$

因此存在唯一的 $i^* \in \{1, 2, \cdots, n\}$，使得 $i > i^*$ 时，$\rho > H(\theta_i)V'(q_i)$，$\dfrac{\mathrm{d}q_i}{\mathrm{d}\varepsilon} < 0$，故而 $q_i^{SB} > q_i^{FB}$；$i < i^*$ 时，$\rho < H(\theta_i)V'(q_i)$，$\dfrac{\mathrm{d}q_i}{\mathrm{d}\varepsilon} > 0$，故而 $q_i^{SB} < q_i^{FB}$。

3. 如 $\Psi''(Q) = 0$，则 $\rho = 0$，从而 $\dfrac{\mathrm{d}q_n}{\mathrm{d}\varepsilon} = 0$，$\dfrac{\mathrm{d}q_i}{\mathrm{d}\varepsilon} > 0$，$\forall i < n$，这表明 $q_n^{SB} = q_n^{FB}$，$q_i^{SB} < q_i^{FB}$，$\forall i < n$。

Q 相对于 ε 的一阶导数为：

$$\frac{\mathrm{d}Q}{\mathrm{d}\varepsilon} = \sum_{i=1}^{n}\left\{\frac{[\rho - H(\theta_i)V'(q_i)]f(\theta_i)}{[\theta_i + \varepsilon H(\theta_i)]V''(q_i)}\right\}$$

$$= \frac{\Psi''(Q)\sum_{j=1}^{n}\dfrac{f(\theta_j)H(\theta_j)V'(q_j)}{[\theta_j + \varepsilon H(\theta_j)]V''(q_j)}}{1 + \Psi''(Q)\sum_{j=1}^{n}\dfrac{f(\theta_j)}{[\theta_j + \varepsilon H(\theta_j)]V''(q_j)}}\sum_{i=1}^{n}\frac{f(\theta_i)}{[\theta_i + \varepsilon H(\theta_i)]V''(q_i)}$$

$$- \sum_{i=1}^{n}\frac{f(\theta_i)H(\theta_i)V'(q_i)}{[\theta_i + \varepsilon H(\theta_i)]V''(q_i)}$$

$$= -\frac{\sum_{j=1}^{n}\dfrac{f(\theta_i)H(\theta_i)V'(q_i)}{[\theta_i + \varepsilon H(\theta_i)]V''(q_i)}}{1 + \Psi''(Q)\sum_{j=1}^{n}\dfrac{f(\theta_i)}{[\theta_i + \varepsilon H(\theta_i)]V''(q_i)}} > 0 \quad (28)$$

故而，无论网络是否拥挤，$Q^{SB} < Q^{FB}$。

附录 E：命题 4 的证明

证明： 在规划问题（p5）中，可能出现的紧约束为 $IR(\underline{\theta})$、$IR(\bar{\theta})$、$IC(\underline{\theta})$ 和 $IC(\bar{\theta})$ 的任意组合，为了减少需要讨论的情形数，我们先给出以下引理。

引理 2 $\underline{q} = \bar{q}$，$\underline{t} = \bar{t}$ 的混同合约（Pooling Contract）不是最优的。

证明： 假设最优合约中具有相同的消费量和收费：$\underline{q} = \bar{q} = q$、$\underline{t} = \bar{t} = t$。则会出现两种情形：

1. $\bar{\theta} V'(q) > c$。将 $\bar{q}$ 增加 Δ，而将收费增加 $\bar{\theta} V'(q)\Delta$，则 $\bar{\theta}$ 类型消费者效用水平不变。$\bar{\theta}$ 类型的消费者在合约 (q, t) 中具有更高的边际替代率，所以这种新配置是激励相容的。然而，这个新配置会使厂商的收益增加 $(1-v)[\bar{\theta} V'(q) - c]\Delta$。

2. $\bar{\theta} V'(q) \leqslant c$、$\underline{\theta} V'(q) < c$。则使 $\underline{q}$ 增加 Δ，并且调整 $\underline{t}$ 以使 $\underline{\theta}$ 类型消费者处于相同的无差异曲线上。则企业的总收益将增加 $[c - \underline{\theta} V'(q)]\Delta$。以上两种情形与 (q, t) 为次优合约的事实相矛盾。因此混同合约非优。

引理 3 如果为两类消费者所提供的合约不同，则两个激励相容约束不可能同时为紧。

证明： 仍应用反证法。假设两种类型消费者的激励约束都为紧，则由 $\underline{\theta} V(\underline{q}) - \underline{t} + \Psi(Q) = \underline{\theta} V(\bar{q}) - \bar{t} + \Psi(Q)$ 和 $\bar{\theta} V(\bar{q}) - \bar{t} + \Psi(Q) = \bar{\theta} V(\underline{q}) - \underline{t} + \Psi(Q)$ 可得：$\underline{q} = \bar{q}$、$\underline{t} = \bar{t}$。从而出现混同合约，而这种情况已经被引理 2 所排除。

引理 4 同一种类型的激励相容约束和参与约束不可能同时松弛。

证明： 如 $IR(\theta)$ 和 $IC(\theta)$ 同时为松弛，则将 $t(\theta)$ 做微小增加不会破坏任何约束，但企业的收益将增加，从而得出矛盾。

应用以上三条引理，会出现以下五种可行情形，如表 1 所示：

表 1　　　　　　　　　　　　　五种可能情形

约　束	情形 1	情形 2	情形 3	情形 4	情形 5
$IR\,(\underline{\theta})$	B	B	B	B	S
$IR\,(\bar{\theta})$	S	B	B	B	B
$IC\,(\underline{\theta})$	S	S	S	B	B
$IC\,(\bar{\theta})$	B	B	S	S	S

表中的"B"代表"紧约束"（Binding Constraint），"S"代表"松弛约束"（Slack Constraint）。

随着效用之差 ΔG 增加，会依次出现情形 1 至 5，而 ΔG 本身随着潜在进入者边际成本 ω 的变化而变化。为了揭示参数 ω 对在位厂商非线性定价策略的影响，我们给出以下两条引理。引理 5 说明在五种可能情形下 ΔG 的不同取值。引理 6 则表明 ω 对 ΔG 的影响。

引理 5　在五种可能的情形下，最优非线性定价合约及效用之差 ΔG 分别为：

1. 对情形 1，问题（p5）的解为 $\underline{q}=\underline{q}^{SB}$、$\bar{q}=\bar{q}^{SB}$、$\underline{U}=G$、$\bar{U}=G+\Delta\theta V(\underline{q}^{SB})$。效用之差满足：$\Delta G<\Delta\theta V(\underline{q}^{SB})$。

2. 对情形 2，消费量 $\underline{q}$ 和 $\bar{q}$ 由下式决定：

$$\begin{cases}\underline{q}=V^{-1}\left(\dfrac{\Delta G}{\Delta\theta}\right)\\ \bar{\theta}\,V'(\bar{q})+\Psi'(v\underline{q}+(1-v)\,\bar{q})=c\end{cases} \quad (29)$$

其中 $\underline{q}\in[\underline{q}^{SB},\ \underline{q}^{FB}]$、$\bar{q}\in[\bar{q}^{FB},\ \bar{q}^{SB}]$。消费者所获的信息租金为 $\underline{U}=G$、$\bar{U}=\bar{G}$。效用之差满足：$\Delta\theta V(\underline{q}^{SB})\leqslant\Delta G\leqslant\Delta\theta V(\underline{q}^{FB})$。

3. 对情形 3，次优合约为 $\underline{q}=\underline{q}^{FB}$、$\bar{q}=\bar{q}^{FB}$、$\underline{U}=G$、$\bar{U}=\bar{G}$。效用之差满足：$V(\underline{q}^{FB})<\Delta G<\theta V(\bar{q}^{FB})$。

4. 对情形 4，次优消费量 $\underline{q}$ 和 $\bar{q}$ 由下式给出：

$$\begin{cases} \bar{q} = V^{-1}\left(\dfrac{\Delta G}{\Delta \theta}\right) \\ \underline{\theta} V'(\underline{q}) + \Psi'(v\underline{q} + (1-v)\bar{q}) = c \end{cases} \tag{30}$$

且满足 $\underline{q} \in [\underline{q}^{FB}, \underline{q}^{CI}]$、$\bar{q} \in [\bar{q}^{FB}, \bar{q}^{CI}]$。消费者所获得的信息租金为 $\underline{U} = \underline{G}$ 和 $\bar{U} = \bar{G}$。效用之差满足：$\Delta \theta V(\bar{q}^{FB}) \leqslant \Delta G \leqslant \Delta \theta V(\bar{q}^{CI})$。

5. 对情形5，最优合约是：$\underline{q} = \underline{q}^{CI}$、$\bar{q} = \bar{q}^{CI}$、$\underline{U} = \bar{G} - \Delta \theta V(\bar{q}^{CI})$、$\bar{U} = \bar{G}$。效用之差满足：$\Delta G > \theta V(\bar{q}^{CI})$。其中 $\underline{q}^{CI}$ 和 $\bar{q}^{CI}$ 由下式给出：

$$\begin{cases} \underline{\theta} V'(\underline{q}^{CI}) + \Psi'(v\underline{q}^{CI} + (1-v)\bar{q}^{CI}) = c \\ \left(\bar{\theta} + \dfrac{v}{1-v}\Delta\theta\right) V'(\bar{q}^{CI}) + \Psi'(v\underline{q}^{CI} + (1-v)\bar{q}^{CI}) = c \end{cases} \tag{31}$$

证明：

1. 在情形1中，$IR(\underline{\theta})$ 和 $IC(\bar{\theta})$ 为紧，求解（p5）可得次优合约：

$$\{\underline{q} = \underline{q}^{SB}, \quad \bar{q} = \bar{q}^{SB}; \quad \underline{U} = \underline{G}, \quad \bar{U} = \underline{G} + \Delta\theta V(\underline{q}^{SB})\}$$

其中 $\Delta G < \Delta U = \Delta \theta V(\underline{q}^{SB})$。

2. 在情形2中，$IR(\underline{\theta})$、$IR(\bar{\theta})$ 和 $IC(\bar{\theta})$ 为紧约束。则合约形式为：

$$\{(\underline{q}, \bar{q}, \underline{U}, \bar{U}): \Delta\theta V(\underline{q}) = \Delta G, \bar{\theta} V'(\bar{q}) + \Psi'(Q) = c; \underline{U} = \underline{G}, \bar{U} = \bar{G}\}$$

将 $IR(\underline{\theta})$ 和 $IR(\bar{\theta})$ 代入目标函数，则问题（p5）的拉格朗日函数为：

$$L(\underline{q}, \bar{q}) = v[\underline{\theta}V(\underline{q}) - c\underline{q}] + (1-v)[\bar{\theta}V(\bar{q}) - c\bar{q}] \\ + \Psi(Q) - [v\underline{G} + (1-v)\bar{G}] + \lambda[\Delta G - \Delta\theta V(\underline{q})]$$

其中 $\lambda > 0$ 是紧约束 $IC(\bar{\theta})$ 所对应的拉格朗日乘子。则消费量 $\underline{q}$ 和 $\bar{q}$ 由下式决定：

$$\begin{cases} \left(\underline{\theta} - \dfrac{\lambda}{v}\Delta\theta\right) V'(\underline{q}) + \Psi'(v\underline{q} + (1-v)\bar{q}) = c \\ \bar{\theta} V'(\bar{q}) + \Psi'(v\underline{q} + (1-v)\bar{q}) = c \end{cases} \quad (32)$$

因为 $\underline{\theta} - \dfrac{\lambda}{v} < \underline{\theta}$，从（20）容易验证 $\underline{q} < \underline{q}^{FB}$、$\bar{q} > \bar{q}^{FB}$。将 $IR(\underline{\theta})$ 和 $IC(\bar{\theta})$ 代入（p5）的目标函数并且令 $\delta > 0$ 表示紧约束 $IR(\bar{\theta})$ 所对应的拉格朗日乘子，可得拉格朗日函数如下：

$$L(\underline{q}, \bar{q}) = v[\underline{\theta}V(\underline{q}) - c\underline{q}] + (1-v)[\bar{\theta}V(\bar{q}) - c\bar{q}] \\ + \Psi(Q) - [v\underline{G} + (1-v)(\underline{G} + \Delta\theta V(\underline{q}))] \\ + \delta[\Delta\theta V(\underline{q}) - \Delta G]$$

$\underline{q}$ 和 $\bar{q}$ 决定如下：

$$\begin{cases} \left(\underline{\theta} - \dfrac{1-v-\delta}{v}\Delta\theta\right) V'(\underline{q}) + \Psi'[v\underline{q} + (1-v)\bar{q}] = c \\ \bar{\theta} V'(\bar{q}) + \Psi'[v\underline{q} + (1-v)\bar{q}] = c \end{cases} \quad (33)$$

因为 $\underline{\theta} - \dfrac{1-v-\delta}{v}\Delta\theta > \underline{\theta} - \dfrac{1-v}{v}\Delta\theta$，从表达式（20）可得 $\underline{q} > \underline{q}^{SB}$、$\bar{q} < \bar{q}^{SB}$。以上推导足以证明 $\Delta\theta V(\underline{q}^{SB}) \leqslant \Delta G \leqslant \Delta\theta V(\underline{q}^{FB})$。

3. 在情形 3 中，$IR(\underline{\theta})$ 和 $IR(\bar{\theta})$ 为紧约束。则次优合约为：

$$\{(\underline{q}, \bar{q}, \underline{U}, \bar{U}): \underline{q} = \underline{q}^{FB}, \bar{q} = \bar{q}^{FB}; \underline{U} = \underline{G}, \bar{U} = \bar{G}\}$$

因为两个激励相容约束都是松弛的，所以可以验证 ΔG 满足 $\Delta\theta V(\underline{q}^{FB}) < \Delta G < \Delta\theta V(\bar{q}^{FB})$。

4. 在情形 4 中，$IR(\underline{\theta})$ $IR(\bar{\theta})$ 和 $IC(\underline{\theta})$ 为紧。最优合约为：

$$\{(\underline{q}, \bar{q}, \underline{U}, \bar{U}): \Delta\theta V(\bar{q}) = \Delta G, \underline{\theta}V(\underline{q}) + \Psi'(Q) \\ = c; \underline{U} = \underline{G}, \bar{U} = \bar{G}\}$$

将 $IR(\underline{\theta})$ 和 $IR(\bar{\theta})$ 代入目标函数，令 $\mu > 0$ 表示与紧约束 $IC(\underline{\theta})$ 相对

应的拉格朗日乘子，则可构造如下拉格朗日函数：

$$L(\underline{q},\bar{q})=v[\underline{\theta}V(\underline{q})-c\underline{q}]+(1-v)[\bar{\theta}V(\bar{q})-c\bar{q}]\\+\Psi(Q)-[v\underline{G}+(1-v)\bar{G}]+\mu[\Delta\theta V(\bar{q})-\Delta G]$$

因此，$\underline{q}$ 和 $\bar{q}$ 由下式决定：

$$\begin{cases} \underline{\theta}V'(\underline{q})+\Psi'(v\underline{q}+(1-v)\bar{q})=c \\ \left(\bar{\theta}+\dfrac{\mu}{1-v}\Delta\theta\right)V'(\bar{q})+\Psi'(v\underline{q}+(1-v)\bar{q})=c \end{cases} \quad (34)$$

将 $IR(\bar{\theta})$ 和 $IC(\underline{\theta})$ 代入目标函数，以 $\eta>0$ 表示与紧约束 $IR(\underline{\theta})$ 相对应的拉格朗日乘子，则可构造如下函数：

$$L(\underline{q},\bar{q})=v[\underline{\theta}V(\underline{q})-c\underline{q}]+(1-v)[\bar{\theta}V(\bar{q})-c\bar{q}]+\Psi(Q)\\-[v(\bar{G}-\Delta\theta V(\bar{q}))+(1-v)\bar{G}]\\+\eta[\Delta G-\Delta\theta V(\bar{q})]$$

则 $\underline{q}$ 和 $\bar{q}$ 可由下式决定：

$$\begin{cases} \underline{\theta}V'(\underline{q})+\Psi'(v\underline{q}+(1-v)\bar{q})=c \\ \left(\bar{\theta}+\dfrac{v-\eta}{1-v}\Delta\theta\right)V'(\bar{q})+\Psi'(v\underline{q}+(1-v)\bar{q})=c \end{cases} \quad (35)$$

为了比较不同消费水平，我们进行如下的比较静态分析。令：

$$\begin{cases} \underline{\theta}V'(\underline{q})+\Psi'(v\underline{q}+(1-v)\bar{q})=c \\ \beta V'(\bar{q})+\Psi'(v\underline{q}+(1-v)\bar{q})=c \end{cases} \quad (36)$$

$\beta=\bar{\theta}$ 时，可得 $\underline{q}^{FB}$ 和 $\bar{q}^{FB}$；如 $\beta=\bar{\theta}+\dfrac{v}{1-v}\Delta\theta$，则其与补偿激励消费水平 $\underline{q}^{CI}$、$\bar{q}^{CI}$ 对应。

将式（36）两端对 β 求导得：

$$\begin{cases} [\underline{\theta} V''(\underline{q}) + v\Psi''(Q)]\dfrac{\mathrm{d}\underline{q}}{\mathrm{d}\beta} + (1-v)\Psi''(Q)\dfrac{\mathrm{d}\bar{q}}{\mathrm{d}\beta} = 0 \\ v\Psi''(Q)\dfrac{\mathrm{d}\underline{q}}{\mathrm{d}\beta} + [\beta V''(\bar{q}) + (1-v)\Psi''(Q)]\dfrac{\mathrm{d}\bar{q}}{\mathrm{d}\beta} = -V'(\underline{q}) \end{cases} \quad (37)$$

由此可得：

$$\begin{cases} \dfrac{\mathrm{d}\underline{q}}{\mathrm{d}\beta} = \dfrac{(1-v)V'(\underline{q})\Psi''(Q)}{\beta V''(\bar{q})[\underline{\theta} V''(\underline{q}) + v\Psi''(Q)] + (1-v)\underline{\theta} V''(\underline{q})\Psi''(Q)} < 0 \\ \dfrac{\mathrm{d}\bar{q}}{\mathrm{d}\beta} = \dfrac{-V'(\underline{q})[\underline{\theta} V''(\underline{q}) + v\Psi''(Q)]}{\beta V''(\bar{q})[\underline{\theta} V''(\underline{q}) + v\Psi''(Q)] + (1-v)\underline{\theta} V''(\underline{q})\Psi''(Q)} > 0 \end{cases}$$

$$(38)$$

因为 $\bar{\theta} + \dfrac{\mu}{1-v}\Delta\theta > \bar{\theta}$，$\bar{\theta} + \dfrac{v-\eta}{1-v}\Delta\theta < \bar{\theta} + \dfrac{v}{1-v}\Delta\theta$，所以容易验证：$\bar{q} > \bar{q}^{FB}$、$\underline{q} < \underline{q}^{FB}$、$\bar{q} < \bar{q}^{CI}$、$\underline{q} > \underline{q}^{CI}$。因此，$\Delta G = \Delta\theta V(\bar{q}) \in [\Delta\theta V(\bar{q}^{FB}), \Delta\theta V(\bar{q}^{CI})]$。

在情形 5 中，$IR(\bar{\theta})$ 和 $IC(\underline{\theta})$ 为紧约束，将 $\bar{U} = \bar{G}$ 和 $\underline{U} = \bar{G} - \Delta\theta V(\bar{q})$ 代入目标函数可得以下的一阶条件：

$$\begin{cases} \underline{\theta} V'(\underline{q}) + \Psi'(v\underline{q} + (1-v)\bar{q}) = c \\ \left(\bar{\theta} + \dfrac{v}{1-v}\Delta\theta\right)V'(\bar{q}) + \Psi'(v\underline{q} + (1-v)\bar{q}) = c \end{cases} \quad (39)$$

这是补偿激励消费水平。注意到，$\bar{\theta} + \dfrac{v}{1-v}\Delta\theta > \bar{\theta}$，因此由（38）可得：$\underline{q}^{FB} > \underline{q}^{CI}$，$\bar{q}^{FB} < \bar{q}^{CI}$。保留效用之差满足：$\Delta G > \Delta U = \Delta\theta V(\bar{q}^{CI})$。

以下图 2～图 6 是对以上五种情形的描述。

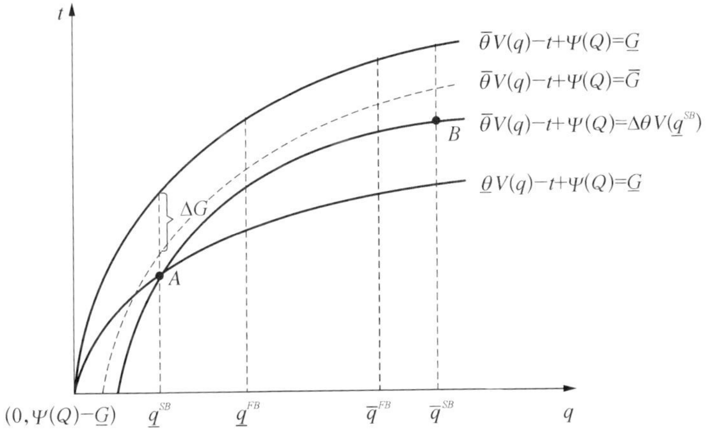

图2 情形1 $\Delta G < \Delta\theta V(\underline{q}^{SB})$

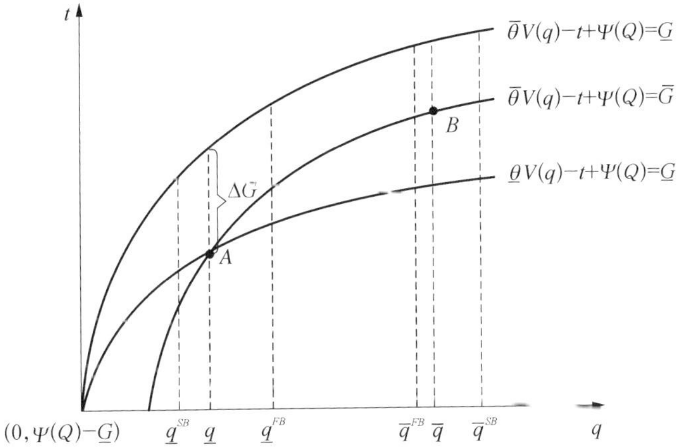

图3 情形2 $\Delta\theta V(\underline{q}^{SB}) \leqslant \Delta G \leqslant \Delta\theta V(\underline{q}^{FB})$

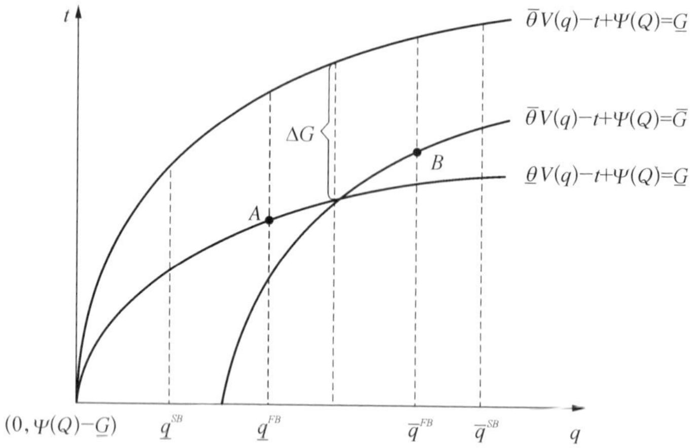

图 4　情形 3　$\Delta\theta V(\underline{q}^{FB}) < \Delta G < \theta V(q^{FB})$

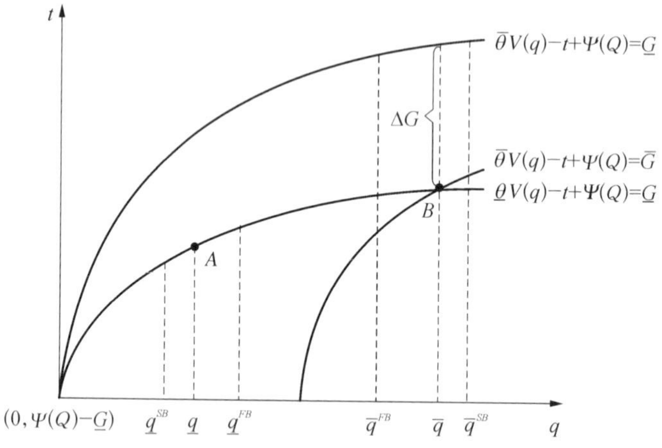

图 5　情形 4　$\Delta\theta V(q^{FB}) < \Delta G < \Delta\theta V(\bar{q}^{CI})$

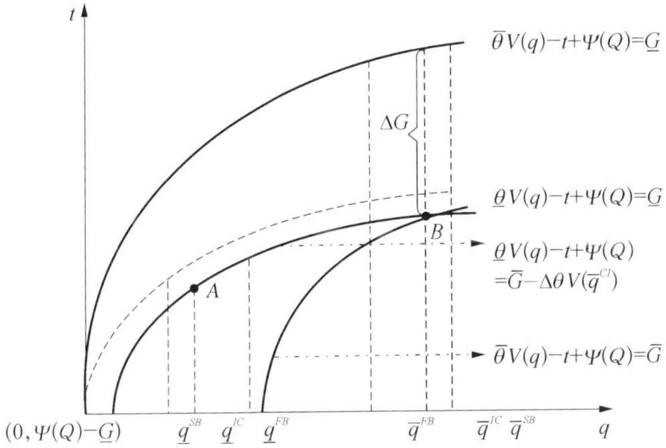

图6　情形5 $\Delta G > \theta V(q^{CI})$

引理6　设$V(0)=0$、$V'(\cdot)>0$、$V''(\cdot)<0$，且$V(\cdot)$满足标准的稻田条件（Inada Conditions）：$\lim_{q\to+\infty}V'(q)=0$、$\lim_{q\to 0}V'(q)=+\infty$。则效用之差$\Delta G = \bar{G} - \underline{G}$随着边际成本$\omega$的增加而递减。且$\lim_{\omega\to 0}\Delta G=+\infty$、$\lim_{\omega\to+\infty}\Delta G=0$。

证明：问题$G^*(\theta)=\max_q[\theta V(q)-\omega q]$的一阶条件为$\theta V'(q^*)=\omega$。所以绕过现有消费网络给消费者带来的最大效用为：$G^*(\theta)=\theta[V(q^*(\theta))-q^*(\theta)V'(q^*(\theta))]$。令$\phi(q)=V(q)-qV'(q)$。则$\Delta G = G^*(\bar{\theta}) - G^*(\underline{\theta}) = \bar{\theta}\phi(\bar{q}^*) - \underline{\theta}\phi(\underline{q}^*)$，其相对于参数$\omega$的一阶导数为：

$$\frac{\mathrm{d}\Delta G}{\mathrm{d}\omega} = \bar{\theta}\phi'(\bar{q}^*)\frac{\mathrm{d}\bar{q}^*}{\mathrm{d}\omega} - \underline{\theta}\phi'(\underline{q}^*)\frac{\mathrm{d}\underline{q}^*}{\mathrm{d}\omega}$$

$$= -\bar{\theta}\bar{q}^* V''(\bar{q}^*)\frac{\mathrm{d}\bar{q}^*}{\mathrm{d}\omega} + \underline{\theta}\underline{q}^* V''(\underline{q}^*)\frac{\mathrm{d}\underline{q}^*}{\mathrm{d}\omega}$$

$$= -\bar{\theta}\bar{q}^* V''(\bar{q}^*)\frac{1}{\bar{\theta}V''(\bar{q}^*)} + \underline{\theta}\underline{q}^* V''(\underline{q}^*)\frac{1}{\underline{\theta}V''(\underline{q}^*)}$$

$$= -\bar{q}^* + \underline{q}^* < 0$$

容易验证，当条件$V(0)=0$、$V'(\cdot)>0$、$V''(\cdot)<0$、$\lim_{q\to+\infty}V'(q)=0$和

$\lim\limits_{q \to 0} V'(q) = +\infty$ 满足时，$\lim\limits_{\omega \to 0} \Delta G = +\infty$、$\lim\limits_{\omega \to +\infty} \Delta G = 0$。

从以上引理可见，如果潜在进入者的竞争力增强，不同类型消费者之间的保留效用之差将从零增加到无穷。因而，存在正值 ω_i，$i = 1$，2，3，4，满足 $\omega_1 < \omega_2 < \omega_3 < \omega_4$ 且分别与 $\Delta \theta V(\bar{q}^{CI})$、$\Delta \theta V(\bar{q}^{FB})$、$\Delta \theta V(\underline{q}^{FB})$ 和 $\Delta \theta V(\underline{q}^{SB})$ 对应。其中 $\bar{q}^{CI}$、$\bar{q}^{FB}$、$\underline{q}^{FB}$、$\underline{q}^{SB}$ 由式（15）、（3）和（4）给出。

图 7 描绘了 ω 和 ΔG 之间的函数关系。

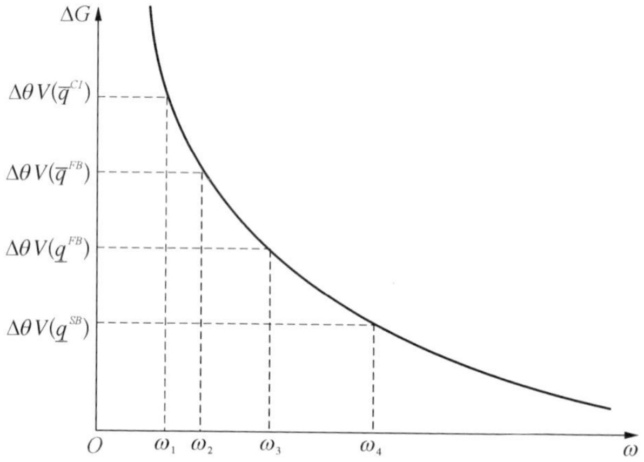

图 7　ω 和 ΔG 的影响

结合引理 5 和引理 6 我们可证明命题 4。

（2009 年 1 月）

参考文献

［1］Baron, D., and R. Myerson.. Regulating a Monopolist with Unknown Costs［J］. *Econometrica*，1982，50（4）：911～930.

[2] Csorba, G.. Screening Contracts in The Presence of Positive Network Effects [J]. *International Journal of Industrial Organization*, 2008, 26 (1): 213~226.

[3] Farrell, J. and Saloner, G.. Standardization, Compatibility, and Innovation [J]. *Rand Journal of Economics*, 1985, 16 (1): 70~83.

[4] Fudenberg, D. and Tirole, J.. Pricing a Network Good to Deter Entry [J]. *Journal of Industrial Economics*, 2000, 48 (4): 373~390.

[5] Hahn, J-H.. Nonlinear Pricing of Telecommunication with Call and Network Externalities [J]. *International Journal of Industrial Organization*, 2003, 21 (7): 949~967.

[6] Katz, M. and Shapiro, C.. Network Externalities, Competition and Contracting [J]. *American Economic Review*, 1985, 75 (3): 424~440.

[7] Laffont, JJ, and J Tirole. Optimal Bypass and Cream Skimming [J]. *The American Economic Review*, 1990, 80 (5): 1042~1061.

[8] Lewis, Tracy R. and Sappington, David E. M.. Countervailing Incentives in Agency Problems [J]. *Journal of Economic Theory*, 1989, 49 (2): 294~313.

[9] Lockwood, B.. Production Externalities and Two-way Distortion in Principal-multi-agent Problems [J]. *Journal of Economic Theory*, 2000, 92 (1): 144~166.

[10] Maggi, G. and A. Rodriguez-Clare.. On countervailing incentives [J]. *Journal of Economic Theory*, 1995, 66 (1): 238~263.

[11] Maskin, E. and Riley, J.. Monopoly with Incomplete Information [J]. *Rand Journal of Economics*, 1984, 15 (2): 171~196.

[12] Milgrom, P. and Shannon, C.. Monotone Comparative Statistics [J]. *Econometrica*, 1994, 62 (1): 157~180.

[13] Mussa, M. and Rosen, S.. Monopoly and Product Quality [J]. *Journal of Economic Theory*, 1978, 18 (2): 301~317.

[14] Myerson, R.. Optimal Auction Design [J]. *Mathematics of Operations Research*, 1981, 6 (1): 58~73.

[15] Rochet J-C, Stole L A.. Nonlinear pricing with random participation [J]. *Review of Economic Studies*, 2002, 69 (1): 277~311.

[16] Segal, I.. Contracting with Externalities [J]. *Quarterly Journal of Economics*, 1999, 114 (2): 337~388.

[17] Segal, I.. Coordination and Discrimination in Contracting with Externalities: Divide and Conquer [J]. *Journal of Economic Theory*, 2003, 113 (2): 147~181.

[18] Sundararajan, A.. Nonlinear Pricing and Type-dependent Network Effects [J]. *Economics Letters*, 2004, 83 (1): 107~113.

[19] Topkis, D.. *Supermodularity and Complementarity* [M]. Princeton: Princeton University Press, 1998.

103

类型相关情形下具有套利的非线性定价模型*

提要：在代理人类型相关的非线性定价环境中，代理人之间可能结成联盟操纵信息并进行套利，垄断厂商需要设计出同时防范信息操纵和套利的定价合约。对类型相关且代理人数 $n \geqslant 3$ 的情形，Che 和 Kim（2006）证明了包含信息操纵与套利的合谋行为可以无成本防范。对 $n=2$ 这一在激励机制设计问题中占有重要地位的情况，本文证明无成本防范这一结论不再成立：信息操纵行为会引起配置效率的扭曲，套利活动会引起配置的进一步扭曲。并且，类型正相关和负相关时配置的扭曲方式不同。负相关时的配置扭曲将随着类型相关度的逐渐减弱而消失，而正相关时的配置扭曲不会随着类型相关度的减弱而消失。扭曲方式的差异导致有套利情形下的配置效率随着信息结构呈现不连续变化。从而，本文也推广了 Laffont 和 Martimort（2000）的类型相关但无套利及 Jeon 和 ManicuccI（2005）的存在套利但类型无关情形下的结论。

---

* 本文载于《经济学》（季刊），2010 年第 3 期。合作者孟大文。

一、引 言

当厂商不完全了解代理人的偏好时,他们往往会向消费者提供差异化的合约菜单,通过消费者的自愿选择来甄别他们的类型。这种定价方式被称为非线性定价或二级价格歧视。显示原理(Revelation Principle)告诉我们,任何机制[①]所能实施的效率可通过一组直接显示机制实施,在这样的机制中,信息被上报给机制设计者,而指令被下传给分散决策的经济个体。根据这一原理,委托人需要代理人申报其偏好类型,然后据此向他们提供消费量并收取费用,通过一组激励相容的直接显示机制,委托人可以获得次优利润。

传统的委托代理理论假设代理人之间不存在合谋,但这个理想化的假设通常是不能成立的,除非委托人有能力完全控制代理人之间的沟通,或者代理人之间的沟通成本充分大。现实中代理人之间通常会以较低成本沟通,这就不可避免地诱发他们之间的合谋行为,而这种行为通常会损害委托人利益。代理人之间的合谋是机制设计理论中最受关注的问题之一,它是导致配置效率进一步[②]扭曲的主要因素。

代理人的类型相关度代表了他们之间的相似程度,它在很大程度上影响到机制所能执行的配置效率。当代理人之间类型相关且无合谋时,Crémer 和 McLean(以下简称 CM)(1985、1988)证明了委托人可以通过贝叶斯纳什均衡实施与完全信息下相同的最优配置结果。这个重要的结论被称为"完全抽租定理"(Full Rent Extraction Theorem)。值得注意的是,在任意非零相关度下,这个定理都成立,但如果类型相关度为零,即代理人类型之间相互独立时,则委托人必须向代理人支付一定信息租金,从而只能实现次优的配置效

---

① 本文中,"机制"和"合约"可以互换使用。
② "进一步"是相对于仅有非对称信息的情形而言。

率。这说明，随着信息结构由相关过渡到不相关情形，配置效率呈现不连续变化，在相关度为零处发生间断。

当代理人间存在合谋时，委托人不能再利用代理人之间的类型相关性无成本地诱导真实的信息显示，CM 的完全抽租结论不再成立。Laffont 和 Mortimort（以下简称 LM）（2000）在一个代理人类型正相关的委托代理模型中引入了合谋行为，创立了解决相关类型下防范合谋机制设计问题的基本方法。其中，一个无信息的第三方（Uninformed Third Party）充当合谋组织者的角色。他的目标是最大化代理人组成的联盟的总福利。第三方向代理人提供一组支契约（A Side Contract）[①]，其中包含对上报给委托人的信息的操纵规则和代理人之间的转移支付规则。这个支契约必须满足的条件是代理人的激励相容约束（IC Constraint）和参与约束（IR Constraint），即要求代理人在支契约中向第三方如实申报个人类型，同时他们在支契约中所获得的收益不应少于他们以非合作方式执行主契约的收益。如果代理人彼此了解对方的类型，则他们之间的合谋效率最高；如果代理人之间的信息是不对称的，则他们的合谋效率会因彼此的沟通障碍而降低。在一个公共物品提供模型中，他们得出以下结论：当代理人具有相互独立的类型时，所实现的配置效率仍然是次优的，合谋并不会带来配置效率的进一步扭曲；而当类型为弱正相关时，相对于无合谋的最优情形，防范合谋机制所实施的配置效率会产生向下扭曲；当相关度由正逐渐变为零时，防范合谋机制所实施的配置效率逼近于次优情形。

在非线性定价环境中，代理人之间会结成联盟，他们不仅会操纵信息而且会进行联盟内部的套利，即在联盟内部重新分配其购买的产品。此时，作为机制设计者的委托人不仅应保证其所设计的非线性定价合约防范信息操纵，还应防范套利活动。通过引入代理人之间的套利行为，Jeon 和 Menicucci（以下简

[①] 与之对应的，委托人所提供的契约被称为主契约（Grand Contract）。

称JM)(2005)拓展了LM(1997、2000)的结论。他们证明了当代理人之间类型不相关时，所实现的配置效率仍然为次优，同信息操纵一样，套利行为并不会减少委托人的利润。此外，与LM(2000)的两个代理人、两种类型模型不同，JM(2005)的结论可推广到多代理人和三种类型情形下。但他们的共同点是证明了仅在类型不相关情形下信息操纵或套利是可以无成本防范的。

Che和Kim(2006)(以下简称CK(2006))对同时包含信息操纵和套利这一更一般的合谋行为进行了讨论，在代理人个数$n \geq 3$的情形下，他们得出了与CM相同的结论：类型独立时合谋可以无成本防范，仍然可以实现次优结果；类型相关时，合谋也可以无成本防范，仍然可以实现最优配置。这表明即使存在合谋，委托人仍可以实现完全抽租，从而推广了CM(1985、1988)的结论[①]。

然而，他们的无成本防范结论依赖于$n \geq 3$这个假定。$n=2$这一情况在现实中非常重要，在激励机制设计问题中占有重要地位。[②] Hurwicz(1979)、Hurwicz和Weinberger(1984)、Reichelstein(1984)、Kwan和Nakamura(1987)、Maskin(1999)、Moore和Repullo(1990)、Dutta和Sen(1991)、Nakamura(1991)、Sjöström(1991)、de. Trenqualye(1992)、Busetto和Codognato(2009)等文献专门对$n=2$情形下的纳什执行(Nash Lmplementation)问题进行了讨论。$n=2$时所得到一些结论往往与$n \geq 3$不同。[③] 类似地，本文将证明，对$n=2$这一情况，无成本防范这一结论不再成

[①] 关于$n \geq 3$且类型相关情形下的完全抽租，CK(2006)中还有一点额外的要求，即如果恰好$n=3$则至少一个代理人的类型数多于2。

[②] Moore和Repullo(1990)认为："believe that this is important, since the two-agent model is the leading case for applications to contracting or bargaining."

[③] $n=2$时的执行难度往往会比$n \geq 3$时大，例如，Maskin(1999)、Moore和Repullo(1990)、Dutta和Sen(1991)、Sjöström(1991)等文献都证明了在$n \geq 3$时，无否决权(NVP)和单调性条件(Maskin Monotonicity)可保证纳什执行，但在两人情形下，这两个条件并不充分。再如Hurwicz和Weinberger(1984)、Reichelstein(1984)、Kwan和Nakamura(1987)等文献都证明了只有两个代理人时不能通过光滑连续的机制执行瓦尔拉斯或林道对应。

立，类型相关情形下的信息操纵与套利会导致配置的扭曲。

本文的贡献主要包括以下几点：

第一，我们对 $n=2$ 的情形讨论了配置效率的扭曲问题，这是对 CK（2006）结论的扩展。如上文所述，CK（2006）只是证明了在 $n \geqslant 3$ 时，信息操纵和套利都是可以无成本防范的[①]，但并没有给出 $n=2$ 情形下的合约形式和配置扭曲方式，而本文则着重讨论了这一点。

第二，本文所得到的结果从以下两个方面拓展了 LM（2000）的结论。首先，LM（2000）研究的是公共物品提供问题，而本文研究的是私人物品提供问题。两者的主要区别在于前者中所有代理人均以非排他的方式消费相同数量的公共物品，他们无法对此公共品加以分割和分配；而在后者中每人获得一个私人消费量，他们有可能为了最大化联盟收益而对总消费量加以重新分配，即进行套利活动。这便赋予了代理人更大的自由度，因此委托人需要面临更多的约束，从而导致配置的进一步扭曲。其次，LM（2000）只考虑了代理人类型正相关时的情形，而本文则同时考虑了正相关和负相关两种情形。我们发现，在这两种情形下配置扭曲方式的不同导致配置效率在相关度为零处不连续。

第三，本文同时也拓展了 JM（2005）的主要结论。在 JM（2005）中，虽然同时考虑了信息操纵和套利行为，但由于他们假定代理人类型不相关，所以这两种合谋行为都是可以无成本防范的。而本文则同时分析了类型正相关、负相关和不相关三种情形。因此，JM（2005）的结论是本文的特例。

[①] CK（2006）指出存在合谋时能否设计出与无合谋机制 $M=(t, q)$ 具有相同执行结果的防范合谋机制 $\hat{M}=(\hat{t}, q)$ 取决于两个因素：一是支付向量 $\hat{t}$ 的维数 D，这代表委托人所掌控的政策工具的多少或称委托人的"自由度"，因为委托根据不同自然状态对代理人做相机支付，所以 D 等于状态数目和代理人个数的乘积；另一个是 $\hat{t}$ 所受的约束条件的个数 C，这些条件要求无论代理人如何申报类型，$\hat{M}$ 带给代理人的期望支付与 M 相同，同时委托人在 $\hat{M}$ 中所获得的事后收益与在 M 中获得的期望收益相同。$n=2$ 时，$D<C$，所以委托人无法实施无合谋时的最优配置，随着代理人数 n 的增加，前者的增加速度远高于后者，只需 $n \geqslant 3$ 时，即可保证 $D \gg C$，所以无合谋配置可以被执行。

本文的余下部分安排如下：第二部分中介绍模型，第三部分给出无合谋时的基准情形，第四部分通过分析第三方所面临的问题给出防范合谋机制所必须满足的联盟激励相容约束和无套利约束，第五部分给出了无套利情形下的最优防范合谋机制，第六部分则给出了同时具有信息操纵和套利情形下的最优定价机制，最后在第七部分中给出结论。

二、模 型

（一） 偏好、信息和机制

一个垄断性厂商生产的边际成本为 c，两个买方的消费量为 q_i，$i \in \{1, 2\}$。假设代理人具有拟线性偏好，即当消费量为 q_i，向卖方的支付为 t_i 时，他们的效用为 $\theta_i V(q_i) - t_i$。$V(\cdot)$ 为递增的凹函数，即 $V'(\cdot) > 0$、$V''(\cdot) < 0$。代理人类型 $\theta_i \in \Theta_i = \{\underline{\theta}, \bar{\theta}\}$ 为其私人信息，设 $\Delta\theta \equiv \bar{\theta} - \underline{\theta}$。$p(\theta_1, \theta_2)$ 表示状态 $(\theta_1, \theta_2) \in \Theta^2$ 出现的概率，此分布为共同知识，简单起见，我们记：

$$p_{11} = p(\underline{\theta}, \underline{\theta}), \quad p_{12} = p(\underline{\theta}, \bar{\theta}) = p(\bar{\theta}, \underline{\theta}), \quad p_{22} = p(\bar{\theta}, \bar{\theta})$$

同时，以 $\rho \equiv p_{11}p_{22} - p_{12}^2$ 表示代理人之间的类型相关度。

垄断性卖方通过设计定价机制 M 来最大化其期望利润。根据显示原理，我们只需考虑下面的直接显示机制，该机制将代理人申报的类型 $(\hat{\theta}_1, \hat{\theta}_2)$ 与消费量以及支付对应起来：

$$M = \{q_1(\hat{\theta}_1, \hat{\theta}_2), q_2(\hat{\theta}_1, \hat{\theta}_2), t_1(\hat{\theta}_1, \hat{\theta}_2), t_2(\hat{\theta}_1, \hat{\theta}_2)\}, \quad (\hat{\theta}_1, \hat{\theta}_2) \in \Theta^2$$

由于买方是同质的，不失一般性，我们只考虑匿名机制（Anonymous Mechanism），其中买方的消费量和支付只与其申报有关而与其身份无关。这样，我们可以引入以下简化符号：

$$q_{11}=q_1(\underline{\theta},\ \underline{\theta})=q_2(\underline{\theta},\ \underline{\theta});\quad q_{12}=q_1(\underline{\theta},\ \bar{\theta})=q_2(\bar{\theta},\ \underline{\theta})$$
$$q_{21}=q_1(\bar{\theta},\ \underline{\theta})=q_2(\underline{\theta},\ \bar{\theta});\quad q_{22}=q_1(\bar{\theta},\ \bar{\theta})=q_2(\bar{\theta},\ \bar{\theta})$$

t_{ij} 可用类似方法定义，令 $\boldsymbol{q}=(q_{11},\ q_{12},\ q_{21},\ q_{22})\in\mathbb{R}_+^4$、$\boldsymbol{t}=(t_{11},\ t_{12},\ t_{21},\ t_{22})\in\mathbb{R}^4$ 分别表示消费量和支付向量。

（二）联盟形成

应用 LM（1997、2000）所开创的方法，我们设一个无信息的第三方向两个代理人提供支契约 S。第三方的目标是在代理人的激励相容约束和参与约束下最大化他们的总剩余。行动的时序如下：

阶段1：代理人了解其各自类型。

阶段2：卖方提供主机制 M。如任何一个代理人拒绝该机制，他们只能得到保留效用，我们设其为零。这样博弈结束。

阶段3：第三方向买方提供支机制（Side Mechanism）S。如任何一个买方拒绝该支机制，主机制 M 被以非合作方式执行。如两个买方都接受 S，他们向第三方汇报类型，第三方将经过加工的信息再传递给卖方并承诺实施相应的联盟内部转移支付（Side Transfers）和重新分配规则。

阶段4：信号被传递给主机制 M，消费量和支付被执行。S 所规定的联盟内再分配和转移支付（如果有的话）被实施。

具体的，S 具有如下形式：

$$S=\{\phi(\tilde{\theta}_1,\ \tilde{\theta}_2),\ x_1(\tilde{\theta}_1,\ \tilde{\theta}_2,\ \phi),\ x_2(\tilde{\theta}_1,\ \tilde{\theta}_2,\ \phi),$$
$$y_1(\tilde{\theta}_1,\ \tilde{\theta}_2),\ y_2(\tilde{\theta}_1,\ \tilde{\theta}_2)\},\ (\tilde{\theta}_1,\ \tilde{\theta}_1)\in\Theta^2$$

其中，$\tilde{\theta}_i$ 为买方 i 所申报的类型。$\phi(\cdot)$ 表示经操纵后申报给卖方的信息。$y_i(\tilde{\theta}_1,\tilde{\theta}_2)$ 表示买方 i 从第三方处获得的转移支付。$x_i(\tilde{\theta}_1,\tilde{\theta}_2,\phi)$ 表示当 ϕ 被汇报给卖方后，买方 i 从第三方处获得的产品转移数量，这代表联盟内部的产品重新分配规则。因为第三方既不生产产品也不拥有货币，所以支契约应满足如下事后预算平衡约束。

对货币转移支付：

$$\sum_{i=1}^{2} y_i(\tilde{\theta}_1, \tilde{\theta}_2) = 0$$

对产品再分配：

$$\sum_{i=1}^{2} x_i(\tilde{\theta}_1, \tilde{\theta}_2, \phi) = 0$$

以上两式对任何 $(\tilde{\theta}_1, \tilde{\theta}_1) \in \Theta^2$ 和 $\phi \in \Theta^2$ 成立。令 $U^M(\theta_i)$ 表示类型为 θ_i 的代理人以非合作方式执行主机制 M 时所获得的期望支付。第三方所提供的支机制必须保证代理人所获得的支付不低于 $U^M(\theta_i)$。

三、代理人之间无合谋时的最优机制

（一）类型相关的情形

为了方便进一步的讨论，我们先给出根据 CM（1985、1988）的完全抽租定理分析类型相关且无合谋时的基准情形。此时，卖方的期望利润为：

$$\pi(t, q) \equiv 2p_{11}(t_{11} - cq_{11}) + 2p_{12}(t_{12} + t_{21} - cq_{12} - cq_{21}) + 2p_{22}(t_{22} - cq_{22})$$

下面的贝叶斯激励相容约束（Bayesian Incentive Compatible Constraint）应被满足。对 $\underline{\theta}$ 和 $\bar{\theta}$ 类型的代理人分别有：

$$BIC(\underline{\theta}): \quad p_{11}[\underline{\theta}V(q_{11}) - t_{11}] + p_{12}[\underline{\theta}V(q_{12}) - t_{12}]$$
$$\geq p_{11}[\underline{\theta}V(q_{21}) - t_{21}] + p_{12}[\underline{\theta}V(q_{22}) - t_{22}] \quad (1)$$

$$BIC(\bar{\theta}): \quad p_{12}[\bar{\theta}V(q_{21}) - t_{21}] + p_{22}[\bar{\theta}V(q_{22}) - t_{22}]$$
$$\geq p_{12}[\bar{\theta}V(q_{11}) - t_{11}] + p_{22}[\bar{\theta}V(q_{12}) - t_{12}] \quad (2)$$

同时还应满足如下的中期参与约束（Interim Participation Constraints），对 $\underline{\theta}$ 和 $\bar{\theta}$ 类型分别有：

$$BIR(\underline{\theta}): \quad p_{11}[\underline{\theta}V(q_{11})-t_{11}]+p_{12}[\underline{\theta}V(q_{12})-t_{12}] \geqslant 0 \tag{3}$$

$$BIR(\bar{\theta}): \quad p_{12}[\bar{\theta}V(q_{21})-t_{21}]+p_{22}[\bar{\theta}V(q_{22})-t_{22}] \geqslant 0^{①} \tag{4}$$

委托人所面临的问题是求出使四个约束同时为紧的支付向量 t，在这样的支付下，代理人不能获得任何信息租金。[②] 如 $\rho \neq 0$，（1）至（4）同时取等号时的方程组有唯一解：

$$t_{11}=\frac{(p_{11}p_{22}\underline{\theta}-p_{12}^2\bar{\theta})V(q_{11})-p_{12}p_{22}\Delta\theta V(q_{12})}{\rho} \tag{5}$$

$$t_{12}=\frac{(p_{11}p_{22}\bar{\theta}-p_{12}^2\underline{\theta})V(q_{12})+p_{11}p_{12}\Delta\theta V(q_{11})}{\rho} \tag{6}$$

$$t_{21}=\frac{(p_{11}p_{22}\underline{\theta}-p_{12}^2\bar{\theta})V(q_{21})-p_{12}p_{22}\Delta\theta V(q_{22})}{\rho} \tag{7}$$

$$t_{22}=\frac{(p_{11}p_{22}\bar{\theta}-p_{12}^2\underline{\theta})V(q_{22})+p_{11}p_{12}\Delta\theta V(q_{21})}{\rho} \tag{8}$$

将以上各式带入卖方的期望利润 $\pi(t, q)$，然后对 q_{ij} 求一阶条件即可得次优消费量 $\boldsymbol{q}^{sb}(\rho)=(q_{11}^{sb}(\rho), q_{12}^{sb}(\rho), q_{21}^{sb}(\rho), q_{22}^{sb}(\rho))$，它们满足：

$$\underline{\theta}V'[q_{11}^{sb}(\rho)]=\underline{\theta}V'[q_{12}^{sb}(\rho)]=\bar{\theta}V'[q_{21}^{sb}(\rho)]=\bar{\theta}V'[q_{22}^{sb}(\rho)] \tag{9}$$

拟线性形式的效用函数表明代理人对支付是风险中性的。委托人正是利用这种风险中性在不同状态下对他们施加"奖励"或"惩罚"以确保所有约束条件满足。例如，ρ 为正且较小时，一个 $\bar{\theta}$ 类型代理人面临这样的奖惩规定： 如

[①] 为不失一般性，在此假设代理人的保留效用（Reservation Utility）为零。
[②] 实际上，Crémer 和 McLean（1988）指出激励相容约束可以为松弛约束。

其讲真话而另一个代理人申报为 $\bar{\theta}$，则会受到奖励（$t_{11}<0$）；如果另一个代理人申报为 $\bar{\theta}$ 则他会受到惩罚（$t_{12}>0$）。对 $\underline{\theta}$ 类型的代理人也有类似的规定。对于负相关的情形，奖惩方向相反。对任何不为零的相关度，一定存在可行的奖惩方案保证代理人总是会接受合约并如实申报自身类型。随着类型相关度不断减小，要求的奖惩额度越来越大，相关度趋近零时，要求委托人施以无限大的奖励或无限严厉的惩罚。这种机制背后的经济直觉是：虽然委托人不了解代理人的类型，但是可以根据他们之间的类型相关性对他们所申报的信息加以交互验证（Cross-Checking），以判断他们是否谎报，继而施以奖惩[①]。只要规定适当的奖惩额度，代理人都会接受合约且诚实申报信息。因此，委托人可以完全抽取代理人的信息租金。

（二）类型不相关情形

对类型独立情形，令 $v=\Pr(\theta_i=\underline{\theta})$，$i=1$，2，则：

$$p_{11}=v^2, \quad p_{12}=p_{21}=v(1-v), \quad p_{22}=(1-v)^2$$

此时，约束条件（1）至（4）不可能同时取紧，应用求解单个代理人逆向选择问题的标准方法可以确定 $\bar{\theta}$ 类型的激励相容约束（2）和 $\underline{\theta}$ 的参与约束（3）为紧约束，将这两个约束条件代入卖方的目标函数在对消费量加以优化可得 $q^{sb}(0)$，它满足：

$$\left(\underline{\theta}-\frac{1-v}{v}\Delta\theta\right)V'[q_{11}^{sb}(0)]=\left(\underline{\theta}-\frac{1-v}{v}\Delta\theta\right)V'[q_{12}^{sb}(0)]$$
$$=\bar{\theta}\,V'[q_{21}^{sb}(0)]=\bar{\theta}\,V'[q_{22}^{sb}(0)]$$
$$=C \tag{10}$$

[①] 在现实中这种做法很常见，例如对卖方底价完全不了解的买方往往通过"货比三家"的做法防止上当受骗；而一个完全没有专业知识的上级也可以通过"兼听则明"实现对下属的有效领导。

由本部分的分析可以发现，当代理人之间无合谋时，类型相关度会直接影响配置效率，并且在信息结构从相关逐渐过渡到不相关的过程中，委托人所能实现的配置效率呈现不连续变化。

四、具有信息操纵和套利的代理人最优化问题

上面的分析表明在类型相关时，代理人不会获得任何租金，这会使代理人产生通过结成联盟来操纵信息以便获得租金的激励。所以实现完全抽取的交互验证方法很容易诱发代理人间的合谋。在本部分中，我们给出第三方所面临的最优化问题，并导出防范合谋机制所应满足的条件。

定义 1 如支机制（Side Mechanism）

$S=\{\phi(\tilde{\theta}_1, \tilde{\theta}_2), x_1(\tilde{\theta}_1, \tilde{\theta}_2, \phi), x_2(\tilde{\theta}_1, \tilde{\theta}_2, \phi), y_1(\tilde{\theta}_1, \tilde{\theta}_2), y_2(\tilde{\theta}_1, \tilde{\theta}_2)\}$，$(\tilde{\theta}_1, \tilde{\theta}_2) \in \Theta^2$ 是以下规划问题（PT）的解，则称其相对于提供保留效用 $\{U^M(\underline{\theta}), U^M(\bar{\theta})\}$ 的激励相容主机制 M 为联盟中期有效（coalition-interim-efficient）的：

$$(PT): \max_{\phi(\cdot), xI(\cdot), yI(\cdot)} \sum_{(\theta_1, \theta_2) \in \Theta^2} p(\theta_1, \theta_2)[U^1(\theta_1) + U^2(\theta_2)]$$

其中：

$$U^i(\theta_i) = \sum_{\theta_j \in \Theta^j} p(\theta_j | \theta_i)[\theta_i V(x_i(\theta_i, \theta_j, \phi(\theta_i, \theta_j))) \\ + q_i(\phi(\theta_i, \theta_j))) + y_i(\theta_i, \theta_j) \\ - t_i(\phi(\theta_i, \theta_j))], \forall \theta_i \in \Theta, i, j=1, 2, i \neq j$$

$$(BIC_i^S): U^i(\theta_i) \geqslant U^i(\tilde{\theta}_i | \theta_i)$$

其中：

$$U^I(\bar{\theta}_i \mid \theta_i) = \sum_{\theta_j \in \Theta^j} p(\theta_j \mid \theta_i) [\theta_i V(x_i(\bar{\theta}_i, \theta_j, \phi(\bar{\theta}_i, \theta_j))$$
$$+ q_i(\phi(\bar{\theta}_i, \theta_j))) + y_i(\bar{\theta}_i, \theta_j) - t_i(\phi(\bar{\theta}_i, \theta_j))],$$
$$\forall (\theta_i, \bar{\theta}_i) \in \Theta^2, \ i, j = 1, 2, i \neq j$$

$$(BIR_i^S): U^i(\theta_i) \geqslant U^M(\theta_i), \ \forall \theta_i \in \Theta, i = 1, 2$$

$$(BB: y): \sum_{i=1}^{2} y_i(\theta_1, \theta_2) = 0$$

$$(BB: x): \sum_{i=1}^{2} x_i(\theta_1, \theta_2, \tilde{\phi}) = 0, \ \forall (\theta_1, \theta_2) \in \Theta^2, \ \forall \tilde{\phi} \in \Theta^2$$

以 $S^0 \equiv \{\phi(\cdot) = Id(\cdot), x_1(\cdot) = x_2(\cdot) = 0, y_1(\cdot) = y_2(\cdot) = 0\}$ 表示空契约（Null Contract），此契约不对信息做任何操纵，也不对消费量做任何重新分配。换言之，如果第三方向代理人提供 S^0，则主契约 M 不受任何影响。

定义 2 一个激励相容的主机制 M 为弱防合谋（Weakly Collusion-proof）机制当且仅当其为讲真话的直接显示机制（A Truth-telling Direct Mechanism）且给定此主机制时第三方的最优反应是提供空契约 S^0。

命题 1（弱防合谋原理）不失一般性，卖方可通过提供弱防合谋的主机制来实施博弈的任何精炼贝叶斯均衡。

证明：本命题的证明方法与 LM（2000）中命题 3 的证明方法类似，在此省略证明。

弱防合谋原理的经济学直觉与显示原理类似：由于第三方并不比卖方拥有更多信息，也无任何政策工具上的优势，所以卖方可以通过一个弱防范合谋的主机制模拟博弈的任何精炼贝叶斯均衡结果。

以下定理给出了弱防合谋主机制所必须满足的联盟激励相容约束（Coalition Incentive Constraints）。

命题 2 $\underline{\theta}$ 类型代理人的激励相容约束非紧时，当且仅当存在 $\iota \in [0, 1)$ 使得以下各式成立时，贝叶斯激励相容主机制 M 为弱防合谋机制：

(1) 联盟激励相容约束：

对 ($\underline{\theta}$, $\underline{\theta}$) 型联盟：

$$CIC\ (\underline{\theta},\ \underline{\theta};\ \underline{\theta},\ \bar{\theta}): 2\left[\underline{\theta}-\frac{p_{12}^2\epsilon\Delta\theta}{p_{11}p_{12}+\rho\epsilon}\right]V(q_{11})-2t_{11}$$
$$\geqslant 2\left[\underline{\theta}-\frac{p_{12}^2\epsilon\Delta\theta}{p_{11}p_{12}+\rho\epsilon}\right]V\left(\frac{q_{12}+q_{21}}{2}\right)-t_{12}-t_{21} \tag{11}$$

$$CIC\ (\underline{\theta},\ \underline{\theta};\ \bar{\theta},\ \bar{\theta}): 2\left[\underline{\theta}-\frac{p_{12}^2\epsilon\Delta\theta}{p_{11}p_{12}+\rho\epsilon}\right]V(q_{11})-2t_{11}$$
$$\geqslant 2\left[\underline{\theta}-\frac{p_{12}^2\epsilon\Delta\theta}{p_{11}p_{12}+\rho\epsilon}\right]V(q_{22})-2t_{22} \tag{12}$$

对 ($\underline{\theta}$, $\bar{\theta}$) 型联盟：

$$CIC\ (\underline{\theta},\ \bar{\theta};\ \underline{\theta},\ \underline{\theta}): \left[\underline{\theta}-\frac{p_{22}\epsilon\Delta\theta}{p_{12}}\right]V(\varphi_1(q_{12}+q_{21}))$$
$$+\bar{\theta}V(\varphi_2(q_{12}+q_{21}))-t_{12}-t_{21}$$
$$\geqslant \left[\underline{\theta}-\frac{p_{22}\epsilon\Delta\theta}{p_{12}}\right]V(\varphi_1(2q_{11}))$$
$$+\bar{\theta}V(\varphi_2(2q_{11}))-2t_{11} \tag{13}$$

$$CIC\ (\underline{\theta},\ \bar{\theta};\ \bar{\theta},\ \bar{\theta}): \left[\underline{\theta}-\frac{p_{22}\epsilon\Delta\theta}{p_{12}}\right]V(\varphi_1(q_{12}+q_{21}))$$
$$+\bar{\theta}V(\varphi_2(q_{12}+q_{21}))-t_{12}-t_{21}$$
$$\geqslant \left[\underline{\theta}-\frac{p_{22}\epsilon\Delta\theta}{p_{12}}\right]V(\varphi_1(2q_{22}))$$
$$+\bar{\theta}V(\varphi_2(2q_{22}))-2t_{22} \tag{14}$$

对 ($\bar{\theta}$, $\bar{\theta}$) 型联盟：

$$CIC\ (\bar{\theta},\ \bar{\theta};\ \underline{\theta},\ \underline{\theta}):\ 2\bar{\theta}V(q_{22})-2t_{22} \geqslant 2\bar{\theta}V(q_{11})-2t_{11} \tag{15}$$

$$CIC(\bar{\theta},\bar{\theta};\underline{\theta},\bar{\theta}): 2\bar{\theta}V(q_{22}) - 2t_{22} \geqslant 2\bar{\theta}V\left[\frac{q_{12}+q_{21}}{2}\right] - t_{12} - t_{21} \tag{16}$$

其中：

$$(\varphi_1(x), \varphi_2(x)) = \underset{x_1, x_2: x_1+x_2=x}{\arg\max}\left[\left[\underline{\theta} - \frac{p_{22}\epsilon\Delta\theta}{p_{12}}\right]V(x_1) + \bar{\theta}V(x_2)\right] \tag{17}$$

其表示异质性联盟内部的最优再分配规则。

（2）无套利约束（No-arbitrage-constraint）：

$$\left[\underline{\theta} - \frac{p_{22}\epsilon}{p_{12}}\Delta\theta\right]V'(q_{12}) = \bar{\theta}V'(q_{21}) \tag{18}$$

（3）如 $\epsilon > 0$ 则在支契约中 $\bar{\theta}$ 类型代理人的激励相容约束为紧；如 $\epsilon = 0$ 则此约束为松弛约束。

证明：略。见原文附录。

如所有联盟激励约束都被满足，则第三方不会对代理人所申报的信息加以操纵。例如，如 $CIC(\underline{\theta},\underline{\theta};\underline{\theta},\bar{\theta})$ 满足，则 $(\underline{\theta},\underline{\theta})$ 型联盟会讲真话而不是汇报成 $(\underline{\theta},\bar{\theta})$。如无套利约束（18）满足，则第三方不会在异质性联盟内部重新分配产品；在同质性联盟 $(\underline{\theta},\underline{\theta})$ 或 $(\bar{\theta},\bar{\theta})$ 内部第三方要求平分消费量，而对称性假设下两个买方在主契约中获得的消费量本来相同：$q_1(\underline{\theta},\underline{\theta}) = q_2(\underline{\theta},\underline{\theta})$、$q_1(\bar{\theta},\bar{\theta}) = q_2(\bar{\theta},\bar{\theta})$，所以在同质性联盟内部不会发生再分配。因此，对称性假设和条件（11）至（18）给出了所有防范合谋约束。

在非对称信息下的联盟激励约束中，代理人对产品的实际评价（Real Valuation）被实质性评价（Virtual Valuations）取代。一个 $\bar{\theta}$ 类型代理人的实质性评价总是与其实际评价相同：$\bar{\theta}^v = \bar{\theta}$。而 $\underline{\theta}$ 类型代理人的实质性评价则低于其实际评价：$\underline{\theta}^v \leqslant \underline{\theta}$。在同质性联盟 $(\underline{\theta},\underline{\theta})$ 中，$\underline{\theta}^v = \underline{\theta} - \frac{p_{12}^2\epsilon\Delta\theta}{p_{11}p_{12} + \rho\epsilon}$；

而在异质性联盟 $(\underline{\theta}, \bar{\theta})$ 中，$\underline{\theta}^v = \underline{\theta} - \dfrac{p_{22}\epsilon\Delta\theta}{p_{12}}$。显然，如 $\rho=0$，这两种联盟中的实质性评价相同。

如在第三方的规划问题中 $\bar{\theta}$ 类型代理人的激励相容约束为紧约束，则参数 $\epsilon > 0$，否则 $\epsilon = 0$。ϵ 反映了合谋的交易成本或称联盟形成过程中的摩擦因素。这是因为合谋双方都不能完全信任对方而与其分享信息，从而使合谋过程中产生交易成本而影响合谋效率。如果合谋双方可完全分享彼此的信息，则合谋在对称信息下进行，此时合谋效率达到最大，相应地，在约束（11）至（18）中 $\epsilon = 0$。

如果买方仅能对信息加以操纵而无法对消费量加以重新分配，则以上的条件（11）～（16）应作相应变化，我们有如下推论。

推论 1 $\underline{\theta}$ 类型代理人的激励相容约束非紧时，当且仅当存在 $\epsilon \in [0, 1)$ 使得以下各联盟激励约束成立时，贝叶斯激励相容主机制 M 为弱防合谋机制：

（1）对 $(\underline{\theta}, \underline{\theta})$ 型联盟：

$CIC\ (\underline{\theta},\ \underline{\theta};\ \underline{\theta},\ \bar{\theta})$: $2\left[\underline{\theta} - \dfrac{p_{12}^2\epsilon\Delta\theta}{p_{11}p_{12}+\rho\epsilon}\right]V(q_{11}) - 2t_{11}$

$$\geq \left[\underline{\theta} - \dfrac{p_{12}^2\epsilon\Delta\theta}{p_{11}p_{12}+\rho\epsilon}\right][V(q_{12}) + V(q_{21})] - t_{12} - t_{21}$$

(19)

$CIC\ (\underline{\theta},\ \underline{\theta};\ \bar{\theta},\ \bar{\theta})$: $2\left[\underline{\theta} - \dfrac{p_{12}^2\epsilon\Delta\theta}{p_{11}p_{12}+\rho\epsilon}\right]V(q_{11}) - 2t_{11}$

$$\geq 2\left[\underline{\theta} - \dfrac{p_{12}^2\epsilon\Delta\theta}{p_{11}p_{12}+\rho\epsilon}\right]V(q_{22}) - 2t_{22} \quad (20)$$

（2）对 $(\underline{\theta}, \bar{\theta})$ 型联盟：

$CIC\ (\underline{\theta},\ \bar{\theta};\ \underline{\theta},\ \underline{\theta})$: $\left[\underline{\theta} - \dfrac{p_{22}\epsilon\Delta\theta}{p_{12}}\right]V(q_{12}) + \bar{\theta}V(q_{21}) - t_{12} - t_{21}$

$$\geq \left[\underline{\theta} - \dfrac{p_{22}\epsilon\Delta\theta}{p_{12}}\right]V(q_{11}) + \bar{\theta}V(q_{11}) - 2t_{11} \quad (21)$$

$$CIC\ (\underline{\theta},\ \bar{\theta};\ \bar{\theta},\ \bar{\theta}): \left[\underline{\theta}-\frac{p_{22}\epsilon\Delta\theta}{p_{12}}\right]V(q_{12})+\bar{\theta}V(q_{21})-t_{12}-t_{21}$$
$$\geq \left[\underline{\theta}-\frac{p_{22}\epsilon\Delta\theta}{p_{12}}\right]V(q_{22})+\bar{\theta}V(q_{22})-2t_{22} \quad (22)$$

(3) 对 $(\bar{\theta},\bar{\theta})$ 型联盟：

$$CIC\ (\bar{\theta},\ \bar{\theta};\ \underline{\theta},\ \underline{\theta}):\ 2\bar{\theta}V(q_{22})-2t_{22}\geq 2\bar{\theta}V(q_{11})-2t_{11} \quad (23)$$

$$CIC\ (\bar{\theta},\ \bar{\theta};\ \underline{\theta},\ \bar{\theta}):\ 2\bar{\theta}V(q_{22})-2t_{22}\geq \bar{\theta}[V(q_{12})+V(q_{21})]-t_{12}-t_{21} \quad (24)$$

证明：略。见原文附录。

为方便进一步的表述，我们先引入一些新的符号。

$$\pi^{fb}(\rho)=\max_{\{t,\ q\}}\pi\ (t,\ q\mid\rho),\ s.t:\ (3),\ (4) \quad (25)$$

$$\pi^{sb}(\rho)=\max_{\{t,\ q\}}\pi\ (t,\ q\mid\rho),\ s.t:\ (1),\ (2),\ (3),\ (4) \quad (26)$$

$$\pi^{tb}(\rho)=\max_{\{t,\ q,\ \epsilon\in[0,\ 1)\}}\pi\ (t,\ q,\ \epsilon\mid\rho),\ s.t:\ (1),\ (2),$$
$$(3),\ (4),\ (19)\sim(24) \quad (27)$$

$$\pi^{fob}(\rho)=\max_{\{t,\ q,\ \epsilon\in[0,\ 1)\}}\pi\ (t,\ q,\ \epsilon\mid\rho),\ s.t:\ (1),\ (2),$$
$$(3),\ (4),\ (11)\sim(18) \quad (28)$$

$\pi^{fb}(\rho)$、$\pi^{sb}(\rho)$、$\pi^{tb}(\rho)$、$\pi^{fob}(\rho)$ 分别表示完全信息下、非对称信息但无合谋情形下、存在信息操纵但无套利情形下及既有信息操纵又有套利情形下卖方所获得的最大收益。相应地，分别以 $M^i(\rho)=(t^i(\rho)$、$q^i(\rho))$，$i=fb,\ sb,\ tb,\ fob$ 表示这几种情形下的定价合约。①

---

① 上标 fb、sb、tb 和 fob 分别代表 "first-best"、"second-best"、"third-best" 和 "fourth-best"。

比较约束条件（11）～（18）与（19）～（24）可得以下命题。

命题 3 以上几种情形下的卖方收益满足：$\pi^{fb}(\rho) \geqslant \pi^{sb}(\rho) \geqslant \pi^{tb}(\rho) \geqslant \pi^{fob}(\rho)$，$\rho \neq 0$ 时，第一个不等式取等号。

证明：略。见原文附录。

五、具有信息操纵的最优弱防合谋机制

当买方可能通过联盟操纵信息但不能对消费量进行重新分配（套利）时，最优弱防范合谋机制应为规划问题（27）的最优解。

以下三个命题分别给出了类型负相关、正相关和不相关情形下的最优弱防范合谋机制，它们推广 LM（2000）的结果。

命题 4 当代理人之间的类型为弱负相关[①]且条件 $V(\underline{q}) - V(\bar{q}) - \dfrac{c \Delta \theta V'(\bar{q})}{2 \bar{\theta}^2 V''(\bar{q})} < 0$ 满足时[②]，卖方应选取 $\epsilon = 1$，在最优弱防合谋机制 $M^{tb}(\rho) = \{t^{tb}(\rho), q^{tb}(\rho)\}$ 中：

（1）消费向量 $q^{tb}(\rho) \in \mathbb{R}_+^4$ 满足：$q_{11}^{tb}(\rho) < q_{12}^{tb}(\rho) < q_{22}^{tb}(\rho) < q_{21}^{tb}(\rho)$，具体的：

$$\left[\frac{\underline{\theta} p_{12} - p_{22} \Delta \theta}{\rho + p_{12}} + \rho \frac{\bar{\theta} - (1 - p_{11}) \left[\underline{\theta} - \dfrac{p_{12}^2 \Delta \theta}{p_{11} p_{12} + \rho} \right]}{p_{11}(\rho + p_{12})} \right] V'[q_{11}^{tb}(\rho)] = c \tag{29}$$

[①] 弱负相关是指 $\rho < 0$ 且充分靠近零。

[②] $\underline{q}$ 和 $\bar{q}$ 分别由 $\left(\underline{\theta} - \dfrac{p_{22} \Delta \theta}{p_{12}} \right) V'(\underline{q}) = c$ 和 $\bar{\theta} V'(\bar{q}) = c$ 给出。这个条件表明函数 $V(\cdot)$ 递增性足够强或者凹性足够强。

$$\left[\frac{\underline{\theta}p_{12}-p_{22}\Delta\theta}{\rho+p_{12}}+\rho\frac{(1-p_{11})\left(\underline{\theta}-\dfrac{p_{12}^2\Delta\theta}{p_{11}p_{12}+\rho}\right)-p_{22}\left(\underline{\theta}-\dfrac{p_{22}\Delta\theta}{p_{12}}\right)}{2(\rho+p_{12})p_{12}}\right]V'[q_{12}^{tb}(\rho)]=c \tag{30}$$

$$\left[\frac{\bar{\theta}\,p_{12}}{\rho+p_{12}}+\rho\frac{(1-p_{11})\left(\underline{\theta}-\dfrac{p_{12}^2\Delta\theta}{p_{11}p_{12}+\rho}\right)-p_{22}\bar{\theta}}{2(\rho+p_{12})p_{12}}\right]V'[q_{21}^{tb}(\rho)]=c \tag{31}$$

$$\left[\frac{\bar{\theta}\,p_{12}}{\rho+p_{12}}+\rho\frac{\bar{\theta}+\left(\underline{\theta}-\dfrac{p_{22}\Delta\theta}{p_{12}}\right)}{2(\rho+p_{12})}\right]V'[q_{22}^{tb}(\rho)]=c \tag{32}$$

（2）支付向量 $\boldsymbol{t}^{tb}(\rho)\in\mathbb{R}^4$ 使得（2）、（3）、（19）、（22）为紧约束。

证明： 略。见原文附录。

在负相关情形下，为了防范联盟 $(\underline{\theta},\underline{\theta})$ 谎报成 $(\underline{\theta},\bar{\theta})$，$t_{11}$ 不能随着相关度减小而无限增大；而为了防止 $(\underline{\theta},\bar{\theta})$ 谎报成 $(\bar{\theta},\bar{\theta})$，$t_{22}$ 也不可能无限减小。向上的联盟激励约束（19）、（20）和（22）与完全抽租机制中的无限奖惩方案冲突。条件 $V(\underline{q})-V(\bar{q})-\dfrac{c\Delta\theta V'(\bar{q})}{2\bar{\theta}^2V''(\bar{q})}<0$ 和 $q_{11}^{tb}(\rho)<q_{12}^{tb}(\rho)<q_{22}^{tb}(\rho)<q_{21}^{tb}(\rho)$ [1]满足时，局部联盟约束（19）比全局联盟约束（20）更难以满足，所以最优防范合谋机制要求（19）和（22）为紧约束。

在最优机制中，卖方应选择 $\epsilon=1$，选择严格小于 1 的 ϵ 只会使条件（19）更难以满足。这说明在由不同类型买方组成的联盟内部合谋交易成本比较大，这是由于合谋双方都推断对方很可能具有与自己不同的类型，所以不愿彼此分享信息。卖方虽然不能实施无合谋时的配置结果，但可以利用买方之间的这种

---

[1] 这个关于消费量的单调关系可求解后验证。

"分歧"尽量增加他们之间的交易成本以阻止合谋的发生。

命题 5 当代理人之间的类型为弱正相关时，卖方选取 $\epsilon=1$，在最优弱防合谋机制 $M^{tb}(\rho)=\{t^{tb}(\rho), q^{tb}(\rho)\}$ 中：

（1）消费向量 $q^{tb}(\rho)\in \mathbb{R}_+^4$ 满足：$q_{12}^{tb}(\rho)<q_{11}^{tb}(\rho)<q_{21}^{tb}(\rho)=q_{22}^{tb}(\rho)$，具体的：

$$\left[\left(\frac{\underline{\theta}p_{12}-p_{22}\Delta\theta}{\rho+p_{12}}\right)+\rho\frac{\bar{\theta}-p_{12}\left[\underline{\theta}-\frac{p_{22}\Delta\theta}{p_{12}}+\bar{\theta}\right]-p_{22}\bar{\theta}}{(\rho+p_{12})p_{11}}\right]V'[q_{11}^{tb}(\rho)]=c \tag{33}$$

$$\left[\left(\frac{\underline{\theta}p_{12}-p_{22}\Delta\theta}{\rho+p_{12}}\right)+\rho\frac{\underline{\theta}-\frac{p_{22}\Delta\theta}{p_{12}}}{\rho+p_{12}}\right]V'[q_{12}^{tb}(\rho)]=c \tag{34}$$

$$\bar{\theta}V'[q_{12}^{tb}(\rho)]=\bar{\theta}V'[q_{22}^{tb}(\rho)]=c \tag{35}$$

（2）支付向量 $t^{tb}(\rho)\in \mathbb{R}^4$ 应保证约束条件（2）、（3）、（21）、（23）为紧约束；

证明：略。见原文附录。

$\rho>0$ 且很小时，对联盟 $(\bar{\theta}, \bar{\theta})$ 和 $(\bar{\theta}, \underline{\theta})$ 的激励约束限制了卖方的政策选择，使其不能用完全抽租机制通过无限惩罚或奖励来无成本地诱导代理人真实的信息显示。欲实现完全抽取要求 t_{11}、t_{21} 无限减小，而 t_{12}、t_{22} 无限增大，这必然与向下的联盟激励约束（21）、（23）和（24）相冲突。当（21）取得等号时，在条件 $q_{11}^{tb}(\rho)>q_{12}^{tb}(\rho)$ [①] 下，（23）的右端大于（24）的右端，所以（23）比（24）更加难以满足，因此最优弱防合谋机制要求（21）和（23）为紧约束。

---

① 可以事先假设这种关系成立，待求解后再行验证。

在最优机制中，卖方应选择$\epsilon=1$，选择严格小于 1 的ϵ只会使条件（19）更难以满足。这说明在由不同类型买方组成的联盟内部合谋交易成本比较大，这是由于合谋双方都推断对方很可能具有与自己不同的类型，所以不愿彼此分享信息。卖方虽然不能实施无合谋时的配置结果，但可以利用买方之间的这种"分歧"尽量增加他们之间的交易成本以阻止合谋的发生。

在一个公共物品提供模型中，LM（2000）给出了与以上命题类似的弱正相关情形下的防范合谋机制（LM（2000）命题 5），但在他们模型中的产量向量 $\boldsymbol{x}=(\bar{x}, \hat{x}, \underline{x})$ 比本文中的 $\boldsymbol{q}$ 低一个维度，这是因为在状态 $(\underline{\theta}, \bar{\theta})$ 或 $(\bar{\theta}, \underline{\theta})$ 下，代理人面临统一的公共品提供量 $\hat{x}=x(\underline{\theta}, \bar{\theta})=x(\bar{\theta}, \underline{\theta})$。因为代理人之间的"分歧"较小，所以在他们的模型中，类型为弱正相关时合谋交易成本也较小（$\epsilon=0$）。而在本文中，在状态 $(\underline{\theta}, \bar{\theta})$ 或 $(\bar{\theta}, \underline{\theta})$ 下两个代理人所获得的消费量 q_{12} 和 q_{21} 不相等，这种固有的"分歧"加大了合谋交易的成本（$\epsilon=1$）。在 LM（2002）中，两个局部向下的激励相容约束取紧；而本命题中取紧的是向下的局部联盟激励约束（21）和全局联盟激励约束（23）。

命题 6 $\rho=0$ 时，选取任意 $\epsilon\in[0,1)$ 对卖方都是无差异的，最优弱防范合谋机制 $M^{tb}(0)=\{\boldsymbol{t}^{tb}(0), \boldsymbol{q}^{tb}(0)\}$ 为：

（1）消费量与无合谋情形下相同：$\boldsymbol{q}^{tb}(0)=\boldsymbol{q}^{sb}(0)$。

（2）转移支付向量 $\boldsymbol{t}^{tb}(0)$ 使得约束（2）和（3）为紧约束。

证明： 略。见原文附录。

命题 6 表明，在类型不相关情形下，买方间的信息操纵可以被无成本的防范。通过将命题 4、5、6 中给出的无套利情形下的最优弱防范合谋机制 $M^{tb}(\rho)$ 与最优 $M^{fb}(\rho)$ 和次优合约 $M^{sb}(\rho)$ 加以比较，我们容易得出以下推论。

推论 2

（1）同无合谋情形下相比，$\rho>0$ 时，$q_{11}^{tb}(\rho)$、$q_{12}^{tb}(\rho)$ 被向下扭曲，而

$q_{21}^{tb}(\rho)$、$q_{22}^{tb}(\rho)$ 不发生扭曲；$\rho<0$ 时，$q_{11}^{tb}(\rho)$、$q_{12}^{tb}(\rho)$ 被向下扭曲，而 $q_{21}^{tb}(\rho)$、$q_{22}^{tb}(\rho)$ 发生向上扭曲；

$$q_{11}^{tb}(\rho)\begin{cases}<q_{11}^{sb}(\rho)=q_{11}^{fb}(\rho) & \text{if } \rho>0\\ =q_{11}^{sb}(\rho)<q_{11}^{fb}(\rho) & \text{if } \rho=0\\ <q_{11}^{sb}(\rho)=q_{11}^{fb}(\rho) & \text{if } \rho<0\end{cases} \quad (36)$$

$$q_{12}^{tb}(\rho)\begin{cases}<q_{12}^{sb}(\rho)=q_{12}^{fb}(\rho) & \text{if } \rho>0\\ =q_{12}^{sb}(\rho)<q_{12}^{fb}(\rho) & \text{if } \rho=0\\ <q_{12}^{sb}(\rho)=q_{12}^{fb}(\rho) & \text{if } \rho<0\end{cases} \quad (37)$$

$$q_{21}^{tb}(\rho)\begin{cases}=q_{21}^{sb}(\rho)=q_{21}^{fb}(\rho) & \text{if } \rho>0\\ =q_{21}^{sb}(\rho)=q_{21}^{fb}(\rho) & \text{if } \rho=0\\ >q_{21}^{sb}(\rho)=q_{21}^{fb}(\rho) & \text{if } \rho<0\end{cases} \quad (38)$$

$$q_{22}^{tb}(\rho)\begin{cases}=q_{22}^{sb}(\rho)=q_{22}^{fb}(\rho) & \text{if } \rho>0\\ =q_{22}^{sb}(\rho)=q_{22}^{fb}(\rho) & \text{if } \rho=0\\ >q_{22}^{sb}(\rho)=q_{22}^{fb}(\rho) & \text{if } \rho<0\end{cases} \quad (39)$$

(2) $\rho\neq 0$ 时，合谋行为会严格降低卖方的收益，但 $\rho=0$ 时，合谋可被无成本防范：

$$\pi^{tb}(\rho)\begin{cases}<\pi^{sb}(\rho)=\pi^{fb}(\rho) & \text{if } \rho\neq 0\\ =\pi^{sb}(\rho)<\pi^{fb}(\rho) & \text{if } \rho=0\end{cases} \quad (40)$$

(3) 消费量 $\boldsymbol{q}^{tb}(\rho)$ 和卖方收益 $\pi^{tb}(\rho)$ 随着 ρ 的变化呈连续变化：

$$\lim_{\rho\downarrow 0}q_{ij}^{tb}(\rho)=\lim_{\rho\uparrow 0}q_{ij}^{tb}(\rho)=q_{ij}^{tb}(0)=q_{ij}^{sb}(0) \quad (41)$$

$$\lim_{\rho\downarrow 0}\pi^{tb}(\rho)=\lim_{\rho\uparrow 0}\pi^{tb}(\rho)=\pi^{tb}(0)=\pi^{sb}(0) \quad (42)$$

证明：略。见原文附录。

六、同时具有信息操纵和套利时的最优弱防合谋机制

当买方可以进行联盟内部套利时,最优弱防范合谋机制 $M^{fob}(\rho)$ 应为规划问题(28)的最优解。求解该问题之前我们需确定哪些约束为紧约束,为了简化计算,我们给出如下可实施性条件(Implementability Conditions)。

引理 1 在弱相关条件下,满足条件(11)~(16)的可实施消费量应满足以下不等式:

$$q_{11} \leqslant \frac{q_{12}+q_{21}}{2} \leqslant q_{22} \tag{43}$$

证明: 略。见原文附录。

如该条件成立,则在弱相关假设下求解规划问题(28)时,只需考虑 $\underline{\theta}$—类型买方的激励相容约束(2); $\underline{\theta}$—类型买方的参与约束(3);两个向上的局部联盟激励约束(11)、(14)或者两个向下的局部联盟激励约束(13)、(16);无套利约束(18)及可实施性条件(43)即可。则规划问题(28)可以简化为:

$$\max_{\{t,\ q,\ \epsilon\}} \pi(t,\ q,\ \epsilon) \ s.t.:\ (2),\ (3),\ (11),\ (14),\ (18)\ (43),\ \epsilon \in [0,\ 1) \tag{44}$$

或者

$$\max_{\{t,\ q,\ \epsilon\}} \pi(t,\ q,\ \epsilon) \ s.t.:\ (2),\ (3),\ (13),\ (16),\ (18),\ (43),\ \epsilon \in [0,\ 1) \tag{45}$$

以下两个命题指出规划问题(44)和(45)的最优解分别是负相关和正相关情形下的弱防合谋机制。

命题 7 在弱负相关情形下, $\epsilon = 1$ 是卖方的最优选择。在最优弱防合谋机

制 $M^{fob}(\rho)$ 中：

（1）消费量满足 $q_{11}^{fob}(\rho) < \dfrac{q_{12}^{fob}(\rho) + q_{21}^{fob}(\rho)}{2} < q_{22}^{fob}(\rho)$，具体的：

$$\left[\frac{\bar{\theta} p_{12}}{\rho + p_{12}}\right] V'(q_{22}) + \frac{\rho \bar{\theta} V'(\varphi_2(2q_{22}))}{\rho + p_{12}} = c \tag{46}$$

$$\left[\frac{\bar{\theta} p_{12}}{\rho + p_{12}}\right] V'(q_{21})$$
$$+ \frac{\rho \left[(1 - p_{11}) V'\left(\dfrac{q_{12} + q_{21}}{2}\right) \left(\underline{\theta} - \dfrac{p_{12}^2 \Delta\theta}{p_{11} p_{12} + \rho}\right) - p_{22} \bar{\theta} V'(q_{21})\right]}{2(\rho + p_{12}) p_{12}}$$
$$= c \tag{47}$$

$$\left[\frac{\underline{\theta} p_{12} - p_{22} \Delta\theta}{\rho + p_{12}}\right] V'(q_{12})$$
$$+ \frac{\rho \left[(1 - p_{11}) V'\left(\dfrac{q_{12} + q_{21}}{2}\right) \left(\underline{\theta} - \dfrac{p_{12}^2 \Delta\theta}{p_{11} p_{12} + \rho}\right) - p_{22} \bar{\theta} V'(q_{21})\right]}{2(\rho + p_{12}) p_{12}}$$
$$= c \tag{48}$$

$$\left[\frac{\underline{\theta} p_{12} - p_{22} \Delta\theta}{\rho + p_{12}} + \frac{\rho \bar{\theta}}{(\rho + p_{12}) p_{11}} - \frac{\rho (1 - p_{11}) \left(\underline{\theta} - \dfrac{p_{12}^2 \Delta\theta}{p_{11} p_{12} + \rho}\right)}{p_{11}(\rho + p_{12})}\right] V'(q_{11})$$
$$= c \tag{49}$$

（2）支付向量 $\boldsymbol{t}^{fob} \in \mathbb{R}^4$ 使得约束（2）、（3）、（11）、（14）取等号。

（3）卖方的收益严格低于无套利情形下 $\pi^{fob}(\rho) < \pi^{tb}(\rho)$。

当类型 ρ 为负且接近于零时，完全抽取机制要求 t_{11} 无限增大，而 t_{22} 无限减小，这必然与联盟激励约束（11）和（14）相冲突，这种冲突导致弱防范合谋机制中（11）和（14）为紧约束。

$\epsilon=1$ 是卖方的最优选择，减小 ϵ 只会增加约束（11）的满足成本。此时买方之间虽然可以进行套利，但由于联盟由相异类型者组成的可能性较大，所以联盟内部交易成本也是较大的。

命题8 买方之间类型为弱正相关时，卖方应选择 $\epsilon=0$。在最优弱防合谋机制 $M^{fob}(\rho)$ 中：

消费量向量 $\boldsymbol{q}^{fob}(\rho)$ 满足 $q_{11}^{fob}(\rho) < q_{12}^{fob}(\rho) < q_{21}^{fob}(\rho) < q_{22}^{fob}(\rho)$，具体的：

$$\left[\frac{\underline{\theta}p_{12}-p_{22}\Delta\theta}{\rho+p_{12}}+\frac{p\bar{\theta}}{(\rho+p_{12})p_{11}}\right]V'(q_{11})$$

$$-\frac{\rho(1-p_{11})}{p_{11}(\rho+p_{12})}\bar{\theta}V'(\varphi_2(2q_{11}))=c \tag{50}$$

$$\left[\frac{\underline{\theta}p_{12}-p_{22}\Delta\theta}{\rho+p_{12}}\right]V'(q_{12})+\rho\left[\frac{(1-p_{11})\underline{\theta}V'(q_{12})-p_{22}\bar{\theta}V'\left(\frac{q_{12}+q_{21}}{2}\right)}{2(\rho+p_{12})p_{12}}\right]$$

$$-\lambda\underline{\theta}V''(q_{12})=c \tag{51}$$

$$\left[\frac{\bar{\theta}p_{12}}{\rho+p_{12}}\right]V'(q_{21})+\rho\left[\frac{(1-p_{11})\bar{\theta}V'(q_{21})-p_{22}\bar{\theta}V'\left(\frac{q_{21}+q_{21}}{2}\right)}{2(\rho+p_{12})p_{12}}\right]$$

$$+\lambda\bar{\theta}V''(q_{21})=c \tag{52}$$

$$\bar{\theta}V'(q_{22})=c \tag{53}$$

其中：正值参数 λ 保证 $\underline{\theta}V'[q_{12}^{fob}(\rho)]=\bar{\theta}V'[q_{21}^{fob}(\rho)]$ 成立；

支付向量 $\boldsymbol{t}^{fob}\in R^4$ 保证约束条件（2）、（3）、（13）、（16）为紧约束；

卖方的收益严格低于无套利情形下 $\pi^{fob}(\rho)<\pi^{tb}(\rho)$。

证明：略。见原文附录。

完全抽租机制中对 t_{22} 无限增大和 t_{11} 无限减小的要求分别与联盟激励约束（16）和（13）相矛盾，这导致以上两约束为紧。卖方的最优选择为 $\epsilon=0$，

选择 $\epsilon>0$ 只会令（13）更加难以满足。类型为正相关且买方之间可以进行套利活动时，联盟内部的交易成本为零。此时联盟激励约束与完全信息下相同，但买方的个体激励约束和参与约束仍为中期形式，这与完全信息下的情形不同。同命题 4、5 和 7 比较发现，类型正相关和套利可能性是使联盟交易成本降为零的必要因素，二者缺一不可。

因为 $\epsilon=0$，仅在约束条件（1）～（4）及（11）～（16）下求出的最优解不能满足无套利约束（18）。一方面，套利可能性改变了联盟约束的形式进而降低了卖方的收益[①]；另一方面，存在套利可能性时买方应考虑额外的无套利约束（18），而这个约束与其他约束条件相冲突，这会进一步降低卖方收益。套利可能性和类型正相关导致合谋交易成本大大降低，这会使合谋更加难以防范从而使卖方的收益严格低于无套利情形下。

当 ρ 退化为零时，我们有以下结论。

命题 9 买方之间类型不相关时，存在支付向量 $t^{fob}(0)\in R^4$ 使弱防范合谋机制及卖方收益与无套利机制与无合谋机制相同：$M^{fob}(0)=M^{tb}(0)=M^{sb}(0)$，$\pi^{fob}(0)=\pi^{tb}(0)=\pi^{sb}(0)$。

证明：略。见原文附录。

以上命题的结论与 JM（2005）的主要结论相同，它说明如果买方之间完全不相关，则套利活动不会影响合约形式和卖方收益。

通过将有套利情形下的定价合约 $M^{fob}(\rho)$ 与无套利合约 $M^{tb}(\rho)$ 及无合谋合约 $M^{sb}(\rho)$ 加以比较可得以下推论。

推论 3

（1）与无合谋情形下的最优机制 $M^{sb}(\rho)$ 相比，$\rho>0$ 时，q_{11}^{fob}、q_{12}^{fob}、q_{21}^{fob} 被向下扭曲，而 q_{22}^{fob} 不发生扭曲；$\rho<0$ 时，q_{11}^{fob}、q_{12}^{fob} 被向下扭曲，而

[①] 11～16 的右端分别大于 19～24 的右端。

q_{21}^{fob}、q_{22}^{fob} 发生向上扭曲；

$$q_{11}^{fob}(\rho) \begin{cases} < q_{11}^{sb}(\rho) = q_{11}^{fb}(\rho) & \text{if } \rho > 0 \\ = q_{11}^{sb}(\rho) < q_{11}^{fb}(\rho) & \text{if } \rho > 0 \\ < q_{11}^{sb}(\rho) = q_{11}^{fb}(\rho) & \text{if } \rho < 0 \end{cases} \quad (54)$$

$$q_{12}^{fob}(\rho) \begin{cases} < q_{12}^{sb}(\rho) = q_{12}^{fb}(\rho) & \text{if } \rho > 0 \\ = q_{12}^{sb}(\rho) < q_{12}^{fb}(\rho) & \text{if } \rho > 0 \\ < q_{12}^{sb}(\rho) = q_{12}^{fb}(\rho) & \text{if } \rho < 0 \end{cases} \quad (55)$$

$$q_{21}^{fob}(\rho) \begin{cases} < q_{21}^{sb}(\rho) = q_{21}^{fb}(\rho) & \text{if } \rho > 0 \\ = q_{21}^{sb}(\rho) < q_{21}^{fb}(\rho) & \text{if } \rho > 0 \\ > q_{21}^{sb}(\rho) = q_{21}^{fb}(\rho) & \text{if } \rho < 0 \end{cases} \quad (56)$$

$$q_{22}^{fob}(\rho) \begin{cases} = q_{22}^{sb}(\rho) = q_{22}^{fb}(\rho) & \text{if } \rho > 0 \\ = q_{22}^{sb}(\rho) < q_{22}^{fb}(\rho) & \text{if } \rho = 0 \\ > q_{22}^{sb}(\rho) = q_{22}^{fb}(\rho) & \text{if } \rho < 0 \end{cases} \quad (57)$$

(2) 消费量函数 $q_{11}^{fob}(\rho)$、$q_{22}^{fob}(\rho)$ 在 $\rho=0$ 处连续；但 $q_{12}^{fob}(\rho)$、$q_{21}^{fob}(\rho)$ 在 $\rho=0$ 处仅左侧连续而右侧不连续：

$$\lim_{\rho \to 0} q_{ij}^{fob}(\rho) = q_{ij}^{fob}(0) = q_{ij}^{tb}(0) = q_{ij}^{sb}(0) \quad (58)$$

$$\lim_{\rho \to 0} q_{11}^{fob}(\rho) = q_{11}^{fob}(0) = q_{12}^{tb}(0) = q_{12}^{sb}(0) \quad (59)$$

$$\lim_{\rho \to 0} q_{22}^{fob}(\rho) = q_{22}^{fob}(0) = q_{22}^{tb}(0) = q_{22}^{sb}(0) \quad (60)$$

$$\lim_{\rho \to 0} q_{12}^{fob}(\rho) > q_{12}^{fob}(0) = q_{12}^{tb}(0) = q_{12}^{sb}(0) \quad (61)$$

$$\lim_{\rho \to 0} q_{21}^{fob}(\rho) < q_{21}^{fob}(0) = q_{21}^{tb}(0) = q_{21}^{sb}(0) \quad (62)$$

(3) 卖方的收益函数在 ρ 处左侧连续而右侧不连续：

$$\lim_{\rho \to 0} \pi^{fob}(\rho) < \pi^{fob}(0); \quad \lim_{\rho \to 0} \pi^{fob}(\rho) = \pi^{fob}(0) \quad (63)$$

在弱正相关情形下，(2) 和 (13) 要求 q_{11} 向下扭曲，(2) 和 (16) 要求 q_{12} 向下扭曲，而 (16) 要求 q_{21} 向下扭曲。类型正相关时，两个买方具有相同类型的可能性较大，无套利约束 (18) 要求 q_{12} 和 q_{21} 间的差异不应太大，所以相对于无套利合约 $M^{tb}(\rho)$，q_{12} 的扭曲较小，而 q_{21} 的扭曲量较大。

在弱负相关情形下，约束 (2) 和 (14) 要求 q_{11} 向下扭曲，而 (3) 和 (11) 要求 q_{11} 向上扭曲，当 ρ 很小时，前者的作用大于后者，所以 q_{11} 发生向下扭曲。类似地可解释 q_{12} 的向下扭曲和 q_{21} 与 q_{22} 的向上扭曲。这种扭曲使 q_{12} 和 q_{21} 产生了较大差异，而类型负相关时的无套利约束恰恰要求 q_{12} 和 q_{21} 存在较大差异，从而 (18) 可被自动满足。

从上文中 (42) 和 (63) 可见 $\rho<0$ 时，$\pi^{fob}(\rho)$ 和 $\pi^{tb}(\rho)$ 之间的差异将随 ρ 的减小而逐渐消失：

$$\lim_{\rho \to 0}[\pi^{fob}(\rho) - \pi^{tb}(\rho)] = 0$$

而 $\rho>0$ 时，这种差异不能消失：

$$\lim_{\rho \to 0}[\pi^{fob}(\rho) - \pi^{tb}(\rho)] < 0$$

七、结　论

根据 CM (1985，1988) 的完全抽租定理，在非线性定价环境中，卖方可以利用代理人类型的相关性完全抽取他们的信息租金，获得最优利润。而代理人会操纵信息和重新分配产品来保护其租金，这使卖方无法实现最优利润。此时，作为机制设计者的卖方要面临两项任务：一是防范信息操纵；二是防范联盟内部套利。这导致最优弱防范合谋机制偏离 LM (2000) 所提出的机制，因为在他们的问题中只需考虑第一项任务。我们发现，存在套利可能性时，弱防范合谋机制的形式取决于类型相关度的符号。类型不相关时，买方之间的套利活动不会影响买方利润，卖方仍然实现次优收益。当类型相关时，相对于无套利情形，收益发生向下扭曲。但是在正、负相关情形下，收益扭曲的方式不同。类型之间弱负相关时，虽然收益发生扭曲，但这种扭曲会随着类型相关度的减弱而趋于消失；而类型为弱正相关时，套利造成的配置扭曲不能因类型相关度的减弱而消失。

(2010 年 4 月)

参考文献

[1] Busetto, F., and G. Codognato. Reconsidering Two-agent Nash Implementation [J]. *Social Choice and Welfare*, 2009, 32 (2): 171～179.

[2] Che, Y.-K., and J. Kim. Robustly Collusion-Proof Implementation [J]. *Econometrica*, 2006, 74 (4): 1063～1107.

[3] Crémer, J., and R. McLean. Optimal Selling Strategies Under Uncertainty for a Discriminating Monopolist When Demands Are Interdependent [J]. *Econometrica*, 1985, 53 (2): 345～361.

[4] Crémer, J., and R. McLean. Full Extraction of the Surplus in Bayesian and Dominant Strategy Auctions [J]. *Econometrica*, 1988, 56 (6): 1247～1258.

[5] de Trenqualye, P.. Dynamic Implementation in Two-agent Economies [J]. *Economies Letters*, 1992, 39 (3): 305～308.

[6] Dutta, B., and Sen, A.. A Necessary and Sufficient Condition for Two-person Nash Implementation [J]. *Review Economic Studies*, 1991, 58 (1): 121～128.

[7] Hurwicz, L.. Balanced Outcome Functions Yielding Walrasian and Lindahl Allocations at Nash Equilibrium Points for Two Agents [M] //Green, J., and J. Scheinkman (eds.). *General Equilibrium, Growth and Trade*. New York: Academic Press, 1979, 125～137.

[8] Hurwicz, L., and H. Weinberger. On Smooth Balanced Nash Mechanisms Which Implement Pareto-Optimal Performance Correspondences in Pure Exchange Economies with Two Agents [D]. mimeo, 1984.

[9] Jeon, D., and D. Menicucci. Optimal Second-degree Price Discrimination and Arbitrage: On the Role of Asymmetric Information among Buyers [J]. *Rand J- ournal of Economics*, 2005, 36 (2): 337～360.

[10] Kwan, Y.-K., and S. Nakamura. On Nash Implementation of the Walrasian or Lindahl Correspondence in the Two Agent Economy [D]. Center for Economic Research Discussion

Paper No. 243, University of Minnesota, 1987.
[11] Laffont, J., and D. Martimort. Collusion Under Asymmetric Information [J]. *Econometrica*, 1997, 65 (4): 875~911.
[12] Laffont, J., and D. Martimort. Mechanism Design with Collusion and Correlation [J]. *Econometrica*, 2000, 68 (2): 309~342.
[13] Maskin, E. Nash Equilibrium and Welfare Optimality [J]. *Review of Economic Studies*, 1999, 66 (1): 23~38
[14] Moore, J., and R. Repullo. Nash Implementation: A Full Characterization [J]. *Econometrica*, 1990, 58 (5): 1083~1099.
[15] Nakamura, S.. Nash Implementation of Equilibria in the Two-agent in A Feasible Walrasian Economy [J]. *Economics Letters*, 1991, 34 (1): 5~9.
[16] Reichelstein, S.. Smooth versus Discontinuous Mechanisms [J]. *Economics Letters*, 1984, 16 (3~4): 239~242.
[17] Sjöström, T.. On the Necessary and Sufficient Conditions for Nash Implementation [J]. *Social Choice and Welfare*, 1991, 8 (2): 333~340.
[18] Tirole, J.. Hierarchies and Bureaucracies: On the Role of Collusion in Organizations [J]. *Journal of Law, Economics and Organization*, 1986, 2 (2): 181~214.
[19] Tirole, J.. Collusion and Theory of Organizations [M]. //Laffont, J. (ed.). *Advances in Economic Theory, Sixth World Congress*. Cambridge: Cambridge University Press, 1992, 71~155.

104

从新古典经济学走向机制设计理论[*]

兼谈目标导向和执行过程的重要性

自19世纪边际革命之后、新古典经济学创立以来,对新古典主义的批评就一直未曾停歇过。当下,中国也有不少学者对新古典经济学持批判态度,认为其离现实太远,不能"为现实的改进提供方向和目标"。然而,真的是这样吗?事实上,这些批评并没有导致新古典大厦作为基准理论的整体轰塌,反而通过不断放松新古典的严格假设和持续推进新古典的公理化分析,从而发展出许多更为相对现实的实用经济理论和工具及方法,使得现代经济学体系更加完善、对现实经济的解释力更加强大。2017年,在多个场合我一再指出,机制设计理论就是这样由此发展出来的经济理论,它不仅对现代经济学的发展起到了重要奠基作用,也可以为制度转型和政策制定提供好的理论指导。

---

[*] 本文载于 FT 中文网,2017 年 1 月 10 日,http://www.ftchinese.com/story/0010/0887?full=y.

一、不应忽视新古典经济学的目标参照作用

整体上,作为现代经济学基石的重要组成部分和基准理论,新古典经济学理论基于"经济信息完全、交易成本为零、消费偏好和生产集都是凸的等正则性条件"的假设,以理想状态下的经济作为基准点和参照系,论证了只要让个体逐利的自由竞争市场机制发挥作用就会导致资源的有效配置,从而对亚当·斯密的"看不见的手"做出了严谨的阐释,论证了竞争自由市场制度在资源配置方面的最优性(福利经济学第一定理)、唯一性(经济核极限定理)、公正性(公正定理)及有利于社会的稳定性(经济核定理)。

但让许多人感到十分不解和迷惑从而导致大量批评的是,为什么要追求像完全竞争市场这样现实中不存在的理想目标呢?其实,这正如古代孙子和孔子所说的"取其上,得其中;取其中,得其下;取其下,必败",以及跟当今的"高标准、严要求"和"榜样的力量是无穷的"道理一样,这种追求往往会得到更好、再更好的结果。这就像学生努力追求100分尽管基本得不到,但往往会得到高分从而获得A,而只是追求60分而往往不及格的道理一样,正因为有了新古典经济理论所给出的这样一个基本目标参照系,人们才可以对不同经济制度安排和权衡取舍后所导致的均衡结果进行价值判断与做出评估比较。当经济人做出选择后,人们希望对所导致的均衡结果进行评价,与理想的"最优"状态结果(例如资源有效配置、资源公平配置、激励相容、信息有效等)进行比较,从而可以进一步对经济制度安排给出评价和做出优劣的价值判断——判断所采用的经济制度安排是否导致了某些"最优"结果;还要检验理论结果是否与经验现实一致,能否给出正确预测,或具有现实指导意义;最后,对所采用的经济制度和规则做出优劣的结论,从而判断是否能给出改进办法。

中国经济制度的平稳转型,需要合理界定政府与市场、政府与社会的治理边界,让市场在资源配置中起决定性作用和更好而不是更多地发挥政府作用。

那么,为什么要发挥市场的决定性作用?又如何来判断这个边界划分的合理性?这就是由于市场作用的充分发挥能够使得资源配置的效率更加接近(或许永远达不到)完美状态,新古典经济学的标尺作用就在此时发挥作用。当然,由于种种现实摩擦单纯依靠市场是会出现效率或公平缺损的,从而需要发挥政府的作用,而不是像哈耶克—米塞斯范式下仅仅盲目强调自由市场竞争。

当然,也不能走向另一个极端,即过度强调政府的作用和政府的有为。有效市场的必要条件是有边界的有限政府,而不是无边界、事事有为的有为政府。政府事事有为、目标多重,其结果很可能就是执行不下去。有限政府的核心作用就是:政府应该在有巨大的外部性的维护和服务方面大大地有为,不能缺位,例如维护国家安全、社会稳定、市场秩序、财产保护,提供公共服务,维护生态环境,解决贫富差距问题方面;同时,在市场可以发挥决定性作用的方面大大地无为,解决越位和错位问题,为要素驱动转向效率驱动、创新驱动提供制度基础。

二、机制设计理论对突破改革困境意义重大

如前所述,新古典经济学的局限性为现代经济学的发展提供了拓展空间,由笔者导师赫维茨教授所开创的机制设计理论就是源于此。赫维茨在现代经济学的领域内发起了一场革命性的学术创新,颠覆性地改变了经济学家思考经济体制、机制的方式。这种新的研究思维,不像新古典经济学那样,将制度、机制(例如完全竞争、垄断)视为给定,寻求在什么样的经济环境条件下能达到资源最优配置或做出最优决策,而是进行逆向思维的情景研究,即将问题反过来,将经济环境视作给定(更符合现实),基于严谨方法来研究在期望目标下,如何创造一定的互动规则(即机制)来实现这个目标。

对于一个国家而言,机制设计理论不仅在国家层面上的制度选择上具有明

道的指导作用，同时更重要的也有优术的作用；既可用来研究大到整个国家层面上的顶层制度设计问题，也可用来研究小到家庭或企业的机制设计问题，从而设计出可执行既定目标的机制或过渡性制度安排。也就是，机制设计理论既重视目标，更重视执行问题和过程。不能偏颇目标和过程中任何一方，不能用目标否定过程，更不能没有目标去谈过程。机制设计理论的核心内容就是谈过程，也就是执行或执行力的问题。激励机制设计理论的同义词就是执行（Implementation）或执行力（Implement Ability）理论。

在现实生活中，与此相关的问题主要有两个：一是如果没有基本的目标感和方向感，那么只能是做得越多，错得越多；二是即使有了方向感，但是没有很好地执行，只是打口仗，那就是黄粱美梦一场空。近年来，中国经济持续下行，有经济潜在增长率下降的影响，有内外部不确定因素及经济周期的影响，但更重要的原因在于三个结构性失衡，即经济结构的失衡、体制结构的失衡和治理结构的失衡，这使得实际增长率和潜在增长率的差距拉得越来越大。其中，经济结构的失衡是表象，表现为从要素驱动向效率驱动、创新驱动的转型滞后，深层次的原因在于体制结构上的"重政府轻市场、重国富轻民富、重发展轻服务"和治理结构上的"中央决议和地方/部门执行落差"，使十八届三中、四中、五中、六中全会关于"四个全面"的综合、整体、深化改革的纲领性决议文件没能真正得到有效执行和落地，没有形成改革、发展、稳定、创新、治理"五位一体"的综合改革治理，发展的逻辑、治理的逻辑、改革的逻辑都有较大问题。许多领域改革到了下面就推而不动，不作为甚至反向作为的激励不相容现象突出，民间信心不振，导致了决议和现实反差巨大，没有解决好是"政府还是市场，是国企还是民企"这样"谁去做"和"怎么做"的关键性、方向性问题。

这样一个改革发展的现实困境，为以信息有效和激励相容为核心指标的机制设计理论提供了发挥作用的空间。由于个体逐利性与信息不对称这两个客观现实约束，一项改革或制度安排能够取得良好效果就要满足机制设计理论所界定的两个基本约束条件：参与性约束条件和激励相容约束条件。改革应该让大众从中获利或至少不受损，形成上下一致的改革共识、势能和动力。这是改革成功的必要条件之一。激励相容约束条件要求所采用的改革措施或制度安排能极大地调动人们的生产和工作积极性，并且在个体逐利达到最优结果的同时，也实现改革者所希望达到的目标，这是提高效率的必要条件之一。这里的个体可以是地方政府、政府部门，也可以是产业、企业乃至最广大的老百姓。

面向2017年及未来一个时期，中国应聚焦改革执行力，以市场化、法治化、和谐发展的结构性改革和真抓实干来同步解决做什么、谁去做、怎么做的问题，以有限政府而不是有为政府为目标，从根源上解决政府在经济活动中大量越位、错位及在维护市场公平和提供公共服务方面严重缺位的问题。这些才是应对当前经济下滑和解决供给侧结构性问题的正确举措和改革，才能同时处理好发展的逻辑和治理的逻辑，实现经济又好又快的发展。只有这样，才能让十八届三中、四中、五中、六中全会的纲领性决议文件精神得到真正有效执行和落地，才可能实现十八大以来中央提出的各项宏伟目标，达到国家治理体系和治理能力现代化，实现民族伟大复兴梦。

（2017年1月）

105

不确定性下的高阶风险厌恶
理论、实验及其应用*

摘要：传统风险厌恶理论在分析和研究最优经济决策问题方面具有较大局限性，在许多情形下，无法对个体的行为决策做出合理的解释。随着风险厌恶理论的不断发展，在期望效用分析框架下，越来越多的研究把更加高阶的风险厌恶行为（特别地，风险厌恶、风险谨慎、风险节制和风险急躁分别对应2阶、3阶、4阶和5阶风险分摊）纳入相应的分析框架，不断完善风险厌恶理论的分析内容，在一定程度上解释了传统风险厌恶理论无法解释的一些经济现实、金融行为和现象。与此同时，在非期望效用分析框架下，最近发展起来的高阶风险厌恶理论急需实验证据的支撑；反过来，在实证研究中所捕获的实验证据又为高阶风险厌恶理论提供了更加直观的解释。本文主要对当前高阶风险厌恶理论的前沿发展、实验证据及相关应用进行了梳理和评述，有助于我们对不确定性下风险厌恶领域的前沿发展有所了解。

---

* 本文载于《学术月刊》，2017年第8期。合作者田有功，上海财经大学经济学院博士生、兰州财经大学数学系讲师。

一、引　言

前不久刚过世的经济学大师、诺贝尔经济学奖获得者肯尼斯·阿罗（Kenneth Arrow）不仅在一般均衡理论、社会选择理论和福利经济学方面做出了奠基性贡献，而且还在现代经济学的诸多其他领域做出了富有开创性贡献，如风险决策理论、行为经济学及信息经济学等。尤其是阿罗和普拉特的个体风险厌恶理论的分析范式[①][②]已构成了现代经济学的一个不可或缺的部分，现在几乎在所有国内外的高级微观经济学和金融经济学教科书里，至少有一章的内容都致力于个体风险态度的分析[③]。

自决策中风险厌恶的思想被引入以来，早期的决策风险厌恶理论便奠定了研究风险和不确定性下经济决策问题的理论基石[④]。在期望效用分析框架下，个体的风险厌恶行为常常用严格凹效用函数来刻画[⑤]。然而，对个体风险厌恶行为的刻画不应只局限在期望效用分析框架下，在更一般的经济环境中，风险厌恶被描述为一种对保均值扩散的厌恶行为[⑥]。即使刻画个体风险厌恶的方式不尽相同，但

---

① Arrow, K.. Yrjojahnssonlecture Notes, Helsinki: Yrjojahnsson Foundation (1965) [M].// Arrow, K. J.. *Essays in the Theory of Riskbearing*. Markumpublishing Company, 1971.
② Arrow, K.. Yrjojahnssonlecture Notes, Helsinki: Yrjojahnsson Foundation (1965) [J].// Pratt, J.. Risk Aversion in the Small and in the Large. *Econometrica*, 1964, 32 (12): 122~136.
③ Mas-Cole11, A., M. WhinstonandJ. Green. *Microeconomic Theory* [M]. Oxford: Oxford University Press, 1995, 167~205; 黄有光、张定胜.高级微观经济学 [M].上海：格致出版社，2008, 49~70; 田国强.高级微观经济学 [M].北京：中国人民大学出版社，2016, 261~300.
④ Bernoulli, D.. Specimen Theoriae Novae de Mensurasortis [J]. *Comentarii Academiae Scientiarum Petropolitanae*, 1738, 5: 175~192; Translated by L. Sommer. *Econometrica*. 1954, 22: 23~36.
⑤ $u''<0$。全文假设个体的效用函数 u 是连续可微的函数，u'、u''、u''' 和 u'''' 分别表示其1、2、3、4阶导数；用 $u^{(n)}$ 表示其 n 阶导数，n 为正整数。
⑥ 均值相同，但方差更大。Rothschild, M. and J. Stiglitz. Increasing Risk: I. A definition [J]. *Journal of Economic Theory*, 1970, 2 (3): 225~243.

个体对风险厌恶的本质却出奇地一致：相比于任何均值相同的风险回报或预期，一个风险厌恶的个体总是偏好于更为确定的回报。长期以来，人们经常使用的风险厌恶的概念（2阶风险态度），在风险和不确定性下的经济决策问题中占有主导地位。

半个世纪前，经济学家逐渐认识到个体效用函数的高阶导数在经济决策分析中变得越来越重要。在预防性储蓄模型中，早期的文献就曾论证了个体的预防性储蓄动机，即未来劳动收入的不确定性致使个体增加储蓄，额外增加的储蓄称之为预防性储蓄，并且表明个体效用函数的3阶导数非负直接导致了个体增加储蓄①。然而，当时的研究并未将3阶导数的符号与个体的行为偏好联系起来。在预防性储蓄动机的研究中，在期望效用分析框架下，3阶风险态度的术语——风险谨慎（Prudence）被正式引入②。于是，风险谨慎的偏好行为就揭示了个体的预防性储蓄动机：未来劳动收入的不确定性并不能保证个体增加储蓄，除非该个体是风险谨慎者，而不谨慎的个体总是降低储蓄。尽管早期的研究结果就已经揭示了预防性储蓄动机与效用函数的3阶导数符号的联系，但引入3阶风险态度的研究却更令人关注，根本原因在于其开启了风险厌恶向高阶风险态度研究的逻辑之门。需要强调的是，早在3阶风险态度被引入以前，在一些投资决策问题中，一些实证研究结果就已意识到，个体一般来说总是表现出一种避免大起（高收益）大落（高损失）的投资情形，个体的这种倾向性被称为下行风险厌恶③。因而在均值和方差相同的情况下，一个下行风险厌恶

---

① Leland, H.. Saving and Uncertainty: The Precautionary Demand for Saving [J]. *Quarterly Journal of Economics*, 1968, 82: 3: 465～473; Sandmo, A.. The Effect of Uncertainty on Saving decisions [J]. *Review of Economic Studies*, 1970, 37 (3): 353～360.
② 如果个体的边际效用是凸的，则称该个体是风险谨慎者，即 $u''' > 0$；反之，如果 $u''' < 0$，则称个体是风险不谨慎的（Imprudent）。参见 Kimball, M.. Precautionary Savings in the Small and in the Large [J]. *Econometrica*, 1990, 58: 1: 53～73.
③ 下行风险增加的一个直观描述为：一个下行风险增加的风险总可以由任一个风险通过一系列的转移概率得到而又不改变风险分布的均值和方差，但风险的偏度却变小。参见 Menezes, C., C. Geissand J. Tressler. Increasing Downside Risk [J]. *American Economic Review*, 1980, 70: 5: 921～932.

的个体更偏好于偏度较大的风险。在期望效用分析框架下，下行风险厌恶又与效用函数的3阶导数非负对应起来，因而风险谨慎与下行风险厌恶同样刻画了3阶风险态度。进一步地研究结果表明：在一些风险和不确定性下的经济决策中，风险谨慎行为在风险和偏度之间的权衡上起了关键性作用[①]。

类似于风险谨慎，风险节制（Temperance）的概念同样在具体的经济决策问题中被引入，并且与效用函数的4阶导数的符号联系起来。在期望效用分析框架下，在投资组合的选择模型中，当个体在面对不可避免的风险时（例如利率风险、失业风险等），相应的效用函数的4阶导数为负，使得个体降低了暴露在其他独立风险中最优的投资水平，这是因为背景风险（不可避免的零均值风险）的存在，个体将变得更加厌恶风险。为此，刻画个体4阶风险态度的术语——风险节制被命名[②]。特别是，在预防性储蓄模型的研究中，风险节制行为正是将来劳动收入因下行风险增加以致个体增加储蓄的必要且充分条件[③]。

更进一步地，在背景风险存在的情形下，通过考察个体的风险谨慎行为是否会保持的问题，从而引入了5阶的风险态度——风险急躁（Edginess）[④]。对于更高阶的风险态度，基于个体对货币形式的彩票（Lottery）偏好的非期望

---

① Chiu, H.. Skewness Preference, Risk Aversion, and the Precedence Relations Onstochastic Changes [J]. *Management Science*, 2005, 51 (12): 1 816~1 828.
② 个体是风险节制的当且仅当效用函数的4阶导数为负，即 $u'''' < 0$；反之，如果 $u'''' > 0$，称个体是风险不节制的（Intemperance）。参见 Kimball, M.. Precautionary Motives for Holding Assets [M].// P., Newman, M. Milgateand J. Falwell, eds. *The New Palgrave Dictionary of Money and Finance*. London: MacMillan, 1992.
③ Gollier, C. and J. Pratt. Risk Vulnerability and the Tempering Effect of Background Risk [J]. *Econometrica*, 1996, 64 (5): 1 109~1 124; Eeckhoudt, L., C. GollierandH. Schlesinger. Changes in Background Risk and Risk-taking Behavior [J]. *Econometrica*, 1996, 64 (3): 683~689.
④ 个体是风险急躁的当且仅当效用函数的5阶导数满足：$u^{(5)} > 0$；反之，如果 $u^{(5)} < 0$，则称个体是风险不急躁的（Non-edgy）。Lajeri-Chaherli, F.. Proper prudence, Standard Prudence and Precautionary Vulnerability [J]. *Economics Letters*, 2004, 82 (1): 29~34.

效用的分析框架，系统地刻画高阶风险态度的一个术语被提了出来，称为 n 阶风险分摊。特殊地，风险厌恶、风险谨慎、风险节制和风险急躁分别对应 2 阶、3 阶、4 阶和 5 阶风险分摊[①]。尤其，后续的研究提供了一个对 n 阶风险分摊更加通俗的刻画方法，已经成为当今分析非期望效用分析框架下高阶风险偏好行为的主要研究方法[②]。

通过以上介绍，不难发现，风险厌恶并不能完全刻画个体的风险偏好行为，尤其在一些风险与不确定性下经济决策问题的研究中，仅凭风险厌恶根本无法获得一致的比较静态结果。然而，随着风险谨慎和风险节制甚至更高阶的风险态度相继被纳入相应的分析框架，不断完善传统风险厌恶理论的内容，从而在一定程度上揭示了个体的最优决策与其风险偏好行为之间的内在逻辑，使得大量涉及不同领域的研究开始关注高阶风险厌恶行为。为什么更高阶的风险态度在经济决策分析、风险管理、保险和金融研究以及其他领域变得越来越重要呢？通过对大量文献进行梳理和归纳，究其原因主要有以下四个方面[③]。

第一，在经济学甚至所有的社会科学的文献中，研究者普遍使用的效用函数绝大多数都是混合风险厌恶的[④]，也就是说，这些效用函数各阶导数的符号是正负交替的，从而基于这些效用函数刻画个体的风险偏好不仅仅是风险厌恶的，也有可能是风险谨慎、风险节制、风险急躁甚至是更高阶风险厌恶。

第二，通常用来量化风险厌恶、风险谨慎、风险节制、风险急躁等强度的

[①] 个体是 n 阶风险分摊的当且仅当效用函数的 n 阶导数满足：$(-1)^{n+1}u(n) > 0$，其中 n 是正整数。Eeckhoudt, L. and H. Schlesinger. Putting Risk in Its Proper Place [J]. *American Economic Review*, 2006, 96 (1): 280~289.

[②] Eeckhoudt, L., H. Schlesinger and I. Tsetlin. Apportioning of Risks Via Stochastic Dominance [J]. *Journal of Economic Theory*, 2009, 144 (3): 994~1 003.

[③] Eeckhoudt, L.. Beyond Risk Aversion: Why, How and What's Next? [J]. *Geneva Risk and Insurance Review*, 2012, 37 (2): 141~155.

[④] Caballé, J. and A. Pomansky. Mixed Risk Aversion [J]. *Journal of Economic Theory*, 1996, 71 (2): 485~513.

绝对指标都是相应效用函数的高阶导数的比率，当外生的冲击发生时（例如收入的变化、利率的变动等），比率的含义比各阶导数的含义往往更难解释。为此，对高阶风险厌恶的研究有助于我们理解绝对和相对风险厌恶强度指标的含义，以及更好地解释在风险决策模型和市场均衡模型中，由于高阶风险厌恶行为所导致的一些比较静态结果及其性质。

第三，高阶风险厌恶与一个风险的（分布）高阶矩之间有着紧密联系。现有的金融、经济及管理决策的实证研究结果表明：在许多经济决策问题中，个体不仅关注所面对风险的期望、方差，而且还关注风险的高阶矩，例如，偏度、峰度等。这是因为个体的期望效用的近似表达式为

$$E[u(w+\tilde{\varepsilon})] \simeq u(w) + \frac{\sigma_{\tilde{\varepsilon}}^2}{2!}u''(w) + \frac{Sk_{\tilde{\varepsilon}}}{3!}u'''(w) + \frac{K_{\tilde{\varepsilon}}}{4!}u''''(w) + \cdots$$

其中，$u(w)$ 表示个体关于财富 w 的效用函数；$\tilde{\varepsilon}$ 是零均值的风险；$\sigma_{\tilde{\varepsilon}}^2$、$Sk_{\tilde{\varepsilon}}$ 和 $K_{\tilde{\varepsilon}}$ 分别代表风险 $\tilde{\varepsilon}$ 的方差、偏度和峰度。上式说明，个体的期望效用依赖于风险的高阶数字特征的大小及各阶导数的符号。为此，在对风险的刻画中，对效用函数各阶导数符号的合理解释，是对风险各阶矩的作用的一种自然补充。

第四，最近涉及不同研究领域的大量文献都一致性地提到了效用函数的3阶导数的符号。在期望效用分析框架下，自最早将效用函数的3阶导数引入风险决策模型以来，在过去的很长一段时间，效用函数的3阶导数的符号也只是仅仅应用在预防性储蓄模型中。然而，时至今日，在经济研究的各个领域，效用函数的3阶导数的符号都扮演了举足轻重的角色。例如，当竞拍标的价值不确定和竞拍者是风险谨慎者时，在拍卖中存在预防性竞拍行为[①]；个体的风险

---

① Esö, P. and L. White. Precautionary Bidding in Auctions [J]. *Econometrica*, 2004, 72(1): 77~92.

谨慎行为对其预防性努力（即个体通过实施行动，从而降低了不利后果发生的概率）具有重要的影响[1]；在策略环境中存在讨价还价的风险谨慎行为[2]；在一个信息对称的竞争模型中，风险谨慎行为降低了寻租的努力[3]，等等。

大量的研究结果表明：高阶风险厌恶行为在现代经济分析、风险管理、保险和金融等研究领域变得越来越重要。因此，为了更好地解释现实中的经济和金融现象，也为了更全面、更深入地研究风险和不确定性下的经济决策问题，通过分析个体的高阶风险承担行为对具体的经济和金融决策结果的影响，有助于我们在现实的经济决策问题中做出理性的决策。为了使我们对个体的高阶风险厌恶行为具有充分的认识，本文就高阶风险厌恶理论的最新前沿发展、实验证据及其应用进行了梳理和评述，旨在引起研究者对这一领域的关注。

二、高阶风险厌恶的理论研究

在经济学和管理科学的研究领域中，个体效用函数各阶导数的符号一直倍受研究者的喜爱，对描述理性个体的行为有着极其重要的作用。在现代经济学的研究框架下，一个通常的假设是个体是逐利的和风险厌恶者，其效用函数满足：$u' > 0$ 和 $u'' < 0$。

基于风险厌恶的思想，在期望效用分析框架下，阿罗和普拉特引入了众所

---

[1] Eeckhoudt, L. and C. Gollier. The Impact of Prudence on Optimal Prevention [J]. *Economic Theory*, 2005, 26 (4): 989~994.
[2] White, L.. Prudence in Bargaining: The Effect of Uncertainty on Bargaining Outcomes [J]. *Games and Economic Behavior*, 2008, 62 (1): 211~231.
[3] Treich, N.. Risk-aversion and Prudence in Rent-seeking Games [J]. *Public Choice*, 2010, 145 (324): 339~349.

周知的绝对风险厌恶和相对风险厌恶的概念，基于这两个概念，他们不仅回答了个体是否是风险厌恶的问题，更重要的是，也回答了如何刻画个体风险厌恶强度的问题。为了刻画个体的风险厌恶强度，他们引入了绝对风险厌恶系数 $-u''/u'$ 和相对风险厌恶系数 $-wu''/u'$，并且为此提供了坚实的基于选择理论的基础。这样的量化指标自被引入以来，就被广泛地应用在许多具体的风险选择模型，例如，投资组合模型、保险模型、预防性储蓄模型等。然而，在其风险厌恶的意义下，对某些比较静态问题而言，一位个体相比于另一位个体是更加风险厌恶的却并不是一个充分条件[①]。例如，在保险问题中，为了合理地规避风险，个体可通过购买一定数量的保险（不是购买全额保险，而是对部分风险购买了保险）将部分风险转移出去。在阿罗和普拉特风险厌恶的意义下，若个体 A 比个体 B 更加厌恶风险，并不能保证更加风险厌恶的个体 A 购买的保险数量就一定比 B 多。为此，Ross 提出了一个更强的有关风险厌恶的概念——Ross 更加风险厌恶，从而弥补了之前的风险厌恶理论的不足。

（一）高阶风险厌恶强度的理论研究

需要指出的是，在对高阶风险厌恶强度的刻画中，在现有文献中主要存在两条研究主线。一条是基于阿罗和普拉特的研究范式展开。在对预防性储蓄问题的研究中，为了刻画个体的预防性储蓄动机的强度，类似于绝对风险厌恶系数的构造方式，刻画绝对风险谨慎（或者下行风险厌恶）强度的指标定义为 $-u'''/u''$。随后，绝对风险厌恶强度指标就被推广到 n 阶绝对风险厌恶的情形，即 $-u^{(n+1)}/u^{(n)}$，其中，n 是正整数。然而，由于绝对谨慎强度指标只是在具体经济决策问题中引入，这样的指标缺乏基于选择理论的支撑，为此，后

---

① Ross, S.. Some Stronger Measures of Risk Aversion in the Small and in the Large Withapplications [J]. *Econometrica*, 1981, 49 (3): 621~638.

续的研究先后为绝对风险谨慎和 n 阶绝对风险厌恶强度指标提供了基于选择理论的基础[1]。

另外的一条研究主线是基于 Ross 更加风险厌恶的研究范式展开。在研究下行风险厌恶的强度时，一些研究者从更强的 Ross 更加风险厌恶出发，论证了下行风险厌恶强度可以由 u'''/u' 来刻画并提供了有力证据[2]。然而，对于刻画风险谨慎（下行风险厌恶）强度的这两类指标，都是在研究具体经济问题的过程中被引入，究竟哪一个指标更好呢？需视情况而定。实际上，刻画绝对风险谨慎强度的两个指标 $-u'''/u''$ 和 u'''/u' 之间并不是竞争而是互补关系，即 u'''/u' 适合刻画均衡价格的变化，而 $-u'''/u''$ 更加擅长解释需求量或者供给量的变化。作为指标的推广，通过使用比较静态分析的方法，量化 n 阶风险厌恶强度的另一组备选的绝对指标被引入进来，即在 Ross 更加风险厌恶的意义下，对 n 阶风险厌恶强度的另一个备选的绝对指标为 $(-1)^n u^{(n+1)}/u'$，其中，n 是正整数[3]。最近，基于两种风险变化的替代率，高阶 Ross 更加风险厌恶的刻画已被推广，使得之前文献中所获得的结果都成为其特例[4]。

尽管刻画绝对和相对高阶风险厌恶的这两类指标都很有意义，但量化高阶风险厌恶强度的绝对指标 $-u^{(n+1)}/u^{(n)}$ 的最大优势在于，它与能够很好地解释经济含义的相对指标 $-wu^{(n+1)}/u^{(n)}$ 具有紧密的联系。特别是，当我们处理一些具体的经济决策问题时，更有可能运用 n 阶风险厌恶强度的相对指标

---

[1] Denuit, M. and L. Eeckhoudt. A General Index of Absolute Risk Attitude [J]. *Management Science*, 2010, 56 (4): 712～715.

[2] Modica, S. and M. Scarsini. A Note on Comparative Downside Risk Aversion [J]. *Journal of Economic Theory*, 2005, 122 (1): 267～271; Crainich, D. and L. Eeckhoudt. On the Intensity of downside Risk Aversion [J]. *Journal of Risk and Uncertainty*, 2008, 36 (3): 267～276.

[3] Jindapon, P. and W. Neilson. Higher-order Generalizations of Arrow-Pratt and Ross Risk Aversion: A Comparative Statics Approach [J]. *Journal of Economic Theory*, 2007, 36 (1): 719～728.

[4] Liu, L. and J. Meyer. Substituting One Risk Increase for Another: A Method for Measuring Risk Aversion [J]. *Journal of Economic Theory*, 2013, 148 (6): 2 706～2 718.

$-wu^{(n+1)}/u^{(n)}$ 来解释和分析具体的风险选择问题，这是由于：在一些保险、储蓄及投资组合的选择问题和市场均衡模型中，比较静态结果都往往依赖于高阶风险厌恶强度的相对指标的数值与基准值的比较。例如，在对投资组合问题的研究中，比较静态结果依赖于相对风险厌恶系数与基准值 1 的比较[1]；而相对风险谨慎的基准值为 2，若相对风险谨慎系数小于 2，则风险资产回报的二阶随机占优变化增加了对风险资产的需求[2]；在讨价还价的博弈模型中，最优的策略完全依赖于相对谨慎系数与 2 的比较。在预防性储蓄模型中，当将来的利率面临一个 n 阶风险增加的风险，个体是否增加当期的储蓄完全依赖于 n 阶相对风险厌恶强度的指标 $-wu^{(n+1)}/u^{(n)}$ 是否大于等于 n[3]。

（二）基于彩票对的偏好刻画的高阶风险厌恶

最近，在非期望效用框架下，基于个体对特定的彩票对的偏好行为，最新研究对相应的高阶风险态度提供了一个全新的解释。风险厌恶、风险谨慎、风险节制、风险急躁及高阶的风险偏好行为被刻画为个体对一种简易且机会均等的彩票对的偏好行为。更重要的是，这种非期望效用框架下对高阶风险态度的刻画，与在期望效用框架下借助效用函数各阶导数的符号对高阶风险态度的刻画是等价的。特别是，以这种方式来刻画个体风险态度的最大魅力在于其可操作性强，能够更直接、更客观地描述个体对风险的真实态度，而无需借助效用函数及其特征间接地、主观地刻画个体的风险偏好行为。正如后续研究对其贡献的评价中所感叹的：用彩票对刻画个体偏好行为

---

[1] Meyer, D. and J. Meyer. Relative Risk Aversion: What Do We Know? [J]. *Journal of Risk and Uncertainty*, 2005, 31 (3): 243~262.
[2] Choi, G., I. Kim and A. Snow. Comparative Statics Predictions for Changes in Uncertainty in the Portfolio and Savings Problem [J]. *Bulletin of Economic Research*, 2001, 53 (1): 61~72.
[3] Eeckhoudt, L. and H. Schlesinger. Changes in Risk and the Demand for Saving [J]. *Journal of Monetary Economics*, 2008, 55 (7): 1 329~1 336.

的方法由来已久，在过去的大量文献中就已使用，但如此简易的彩票对竟然可以解释期望效用框架下效用函数的各阶导数的符号，尽管其思想如此简单，但早期的研究为什么没有发现它，直到现在仍然是一个谜[①]。或许，这正是对他们研究工作的最高评价。

基于个体对彩票对偏好的分析框架，一套更加通俗的描述解释了个体的这种风险偏好行为。这种方法不是基于损失，而是考虑不同的结果（或状态），在某种刻画风险变化的意义下（例如风险增加或者随机占优），在每一个彩票的两种结果中，总有一个相对好的结果，另一个就是相对坏的结果。个体通过对彩票对中两种不同结果的不同结合（组合）方式的偏好，使得个体的风险态度被完全刻画了出来。需要强调的是，正是基于彩票对偏好分析框架的建立，才使得高阶风险偏好行为的研究有了快速发展，并应用到经济决策、风险管理及实验经济学等相关的领域。

首先，经济学中最基本的一个假设是所有个体都认为财富越多越好。此外，由于所考虑的只是具有等可能状态的二元彩票对，我们可以用 $[x, y]$ 来表示一个机会均等的彩票，即等可能地，要么收到结果 x，要么收到结果 y。

1. 风险厌恶（2 阶风险分摊）

给定一个财富为 w 的个体，设 k、$r > 0$ 是两个确定的货币数量。考虑一对彩票 $\{A_2, B_2\}$，其中 $A_2 = [w, w-k-r]$，$B_2 = [w-k, w-r]$。正如前面的假设，所有彩票的两个结果都是等可能发生且在每个状态上最终财富要求都是正数。个体是风险厌恶的当且仅当对所有可能的 w、k 和 r，个体总是认为 B_2 优于 A_2；反之，则称个体是风险喜好的，即个体总是认为 A_2 优于 B_2。换句话说，一个风险厌恶的个体偏好于将两个不可避免

[①] Schlesinger, H.. Lattices and Lotteries in Apportioning Risk [J]. *Geneva Risk and Insurance Review*, 2015, 40 (1): 1~14.

的损失分解在不同的状态上,而不是集中在同一个状态上。把这种 2 阶的风险态度称为 2 阶风险分摊。假设个体的财富将面临两次潜在的变化:在每次变化中,财富可能没有损失;也可能有一个确定的损失 k 或 r。 显然,对于任何个体而言,0 总是一个相对好的结果,而 $-k$ 和 $-r$ 总是相对坏的结果。于是,给定彩票 $A_2=[w+0+0,\ w-k-r]$,$B_2=[w-k+0,\ w+0-r]$,彩票 B_2 就是相对好与坏的结果(0 与 $-k$ 和 0 与 $-r$)相结合的彩票,而彩票 A_2 却是相对好与好和相对坏与坏的结果(0 与 0 和 $-k$ 与 $-r$)相结合的彩票。为此,个体对彩票 B_2 的偏好被描述为:个体更偏好于相对好与坏的结果相结合的彩票。从而,个体是风险厌恶者,当且仅当相对于任何相对好与好和相对坏与坏的结果相结合的彩票,个体总是偏好于相对好与坏的结果相结合的彩票。

2. 风险谨慎(3 阶风险分摊)

风险谨慎被刻画成一种将零均值风险和确定性损失分解在彩票的两个等可能状态上的偏好行为。为了定义 3 阶的风险态度——风险谨慎,在上述风险厌恶的定义中,将其中一个确定性损失 $-r$ 用一个零均值风险 $\tilde{\varepsilon}_1$ 代替,从而风险谨慎被定义为个体都认为彩票 $B_3=[w-k,\ w+\tilde{\varepsilon}_1]$ 优于 $A_3=[w,\ w-k+\tilde{\varepsilon}_1]$, 对所有的财富水平 w 都成立。也就是说,一个风险谨慎的个体总是偏好于将一个不可避免的零均值风险和一个确定的损失分解在彩票的不同状态,而不是集中在同一状态。相反地,若个体都认为 A_3 优于 B_3, 则称个体是风险不谨慎的。同样地,对于彩票 $[-k,\ 0]$,$-k$ 是相对坏的结果,而 0 是相对好的结果;对于彩票 $[\tilde{\varepsilon}_1,\ 0]$, 对风险厌恶者而言,$\tilde{\varepsilon}_1$ 是相对坏的结果,而 0 是相对好的结果,相比于相对好与好和相对坏与坏的结果(0 与 0 和 $-k$ 与 $\tilde{\varepsilon}_1$)相结合的彩票,一个风险谨慎者总是偏好于相对好与坏的结果(0 与 $\tilde{\varepsilon}_1$ 和 $-k$ 与 0)相结合的彩票,即 B_3 优于 A_3。

3. 风险节制(4 阶风险分摊)

风险节制被刻画成一种将两个在统计上独立的零均值风险分解在彩票

的两个等可能的状态上的偏好行为。为了定义 4 阶的风险态度——风险节制,在对风险谨慎的定义中,将另一个确定的损失 $-k$ 替换为另一个零均值风险 $\tilde{\varepsilon}_2$, 其中 $\tilde{\varepsilon}_1$ 和 $\tilde{\varepsilon}_2$ 在统计上独立。从而,风险节制被定义为个体都认为 $B_4=[w+\tilde{\varepsilon}_1,\ w+\tilde{\varepsilon}_2]$ 优于 $A_4=[w,\ w+\tilde{\varepsilon}_1+\tilde{\varepsilon}_2]$;反之,若个体都认为 A_4 优于 B_4, 则称个体是风险不节制的。同样地,对风险厌恶者而言,对于彩票 $[\tilde{\varepsilon}_1,\ 0]$,$\tilde{\varepsilon}_1$ 是相对坏的结果,而 0 是相对好的结果;对于彩票 $[\tilde{\varepsilon}_2,\ 0]$,$\tilde{\varepsilon}_2$ 是相对坏的结果,而 0 是相对好的结果,相比于相对好与好和相对坏与坏的结果(0 与 0 和 $\tilde{\varepsilon}_1$ 与 $\tilde{\varepsilon}_2$)相结合的彩票,一个风险节制的个体总是偏好于相对好与坏的结果(0 与 $\tilde{\varepsilon}_2$ 和 $\tilde{\varepsilon}_1$ 与 0)相结合的彩票,即 B_4 优于 A_4。

4. n 阶风险厌恶(n 阶风险分摊)

基于相对好与坏的结果,根据个体对不同结合方式的彩票对的偏好行为,以更加直观的方式刻画了高阶风险厌恶行为。更加一般地,给定两组风险(随机变量)$[\tilde{x}_m,\ \tilde{y}_m]$ 和 $[\tilde{x}_{n-m},\ \tilde{y}_{n-m}]$,$n>m$, 其中 $\tilde{y}_i$ 是比 $\tilde{x}_i$ 更加 i 阶风险增加的,$i=m,\ n-m$, 假设所有的风险在统计上都是相互独立。如果 $\tilde{y}_i$ 是比 $\tilde{x}_i$ 更加 i 阶风险增加的,则 $A_n=[\tilde{x}_m+\tilde{x}_{n-m},\ \tilde{y}_m+\tilde{y}_{n-m}]$ 比 $B_n=[\tilde{x}_m+\tilde{y}_{n-m},\ \tilde{y}_m+\tilde{x}_{n-m}]$ 是更加 n 阶风险增加的。显然,对于一个各阶风险分摊的个体而言,对每一个 $i=m,\ n-m$, 风险 $\tilde{x}_i$ 总是相对好的结果,而风险 $\tilde{y}_i$ 却是相对坏的结果,因而,对于一个 n 阶风险厌恶的个体而言,相比于相对好与好和相对坏与坏的结果相结合的彩票,总是偏好于相对好与坏的结果相结合的彩票。根据高阶风险分摊的定义可知,若个体是 n 阶风险分摊的,当且仅当个体认为彩票 B_n 优于 A_n。

在期望效用框架下,风险厌恶等价于 $u''<0$;风险谨慎等价于 $u'''>0$;风险节制等价于 $u''''<0$。更一般地,n 阶风险分摊等价于 $(-1)^{n+1}u^{(n)}>0$,其中 n 是正整数。需要说明的是,在非期望效用框架下,将个体对特定的彩票对的偏好行为与其效用函数各阶导数的符号紧密联系起来的纽带正是效用溢价。效用溢价的概念用以度量个体因风险引起的"痛苦"的程度[①],自引入以来,并未引起足够的关注,其根本原因在于效用溢价在个体之间的比较显得毫无意义,这是因为不同的个体所对应的效用函数可能完全不同。然而用作研究单个个体的决策问题却成为最新发现的一大亮点。以效用溢价为工具,个体对彩票对的偏好行为与其效用函数各阶导数的符号之间的等价关系为:$B_2 > A_2$ 等价于 $u'' < 0$;$B_3 > A_3$ 等价于 $u''' > 0$;$B_4 > A_4$ 等价于 $u'''' < 0$;$B_n > A_n$ 等价于 $(-1)^{n+1} u^{(n)} > 0$。

在经济学的文献里,经济学家普遍使用的描述风险厌恶行为的效用函数都是递增且相继各阶导数的符号正负交替的函数,即 $(-1)^{n+1} u^{(n)} > 0$,对任意的正整数 n 均成立。这样的性质后来被称为混合风险厌恶。混合风险厌恶个体的风险偏好完全是由其效用函数各阶导数的符号所决定的,当个体是混合风险厌恶的当且仅当其效用函数的奇数阶导数为正,而偶数阶导数为负,也就是说,效用函数的各阶导数的符号从正的 1 阶导数开始正负交替出现。在后期的研究中,进一步表明了风险分摊的偏好行为和混合风险厌恶概念之间的紧密联系[②]。相应地,基于彩票对偏好的分析框架建立了 n 阶风险分摊与混合风险厌恶之间的联系,即混合风险厌恶可以被描述成一种对相对好与坏的结果相结合的彩票的偏好行为。

长期以来,基于 2 阶风险态度,个体被划分为:风险厌恶者、风险中性者和风险喜好者,在期望效用框架下,相应的效用函数分别表现为凹性、线性和凸性,分别对应 $u'' < 0$、$u'' = 0$ 和 $u'' > 0$。实际上,风险厌恶者甚至风险中性者的行为都被大量的书籍和文献所阐释和研究,但对于有关风险喜好行为的研究却凤毛麟角,其根本的原因也许在于,在许多比较静态分析中,与风险喜好者相对

---

① Friedman, M. and L. Savage. The Utility Analysis of Choices Involving Risk [J]. Journal of Political Economy, 1948, 56 (4): 279~304.
② Ebert, S. and H. Schlesinger. Comparative Risk Apportionment [D]. Working Paper, 2014.

应的优化问题往往会导致角点解。最近的研究发现了在以往研究中的疏忽，他们应用非期望效用的分析框架，即风险喜好者总是偏好于相对好与好和相对坏与坏的结果相结合的彩票，通过对3阶和4阶风险态度的分析，他们惊奇地发现，风险喜好者也是风险谨慎的，从而风险厌恶者和风险喜好者共享风险谨慎行为，并且提出了风险喜好者可以既是风险谨慎的又是风险不节制的这一重大发现。

尤其，在经典的预防性储蓄问题的研究中，过去的研究都假设个体是风险厌恶者。如果个体是风险喜好者，个体的储蓄水平会有何变化呢？最近的研究结果表明：对于一个风险喜好且风险谨慎的个体，将来收入的不确定性致使个体不会降低现在的储蓄水平。进一步地研究发现，对相对好与好和相对坏与坏的结果相结合彩票的偏好行为对应相应的效用函数各阶导数都是正数，即 $u^{(n)} > 0$，对任意的正整数 n 均成立。类似于混合风险厌恶的描述，这样的行为被称为混合风险喜好，其被描述成一种对相对好与好和相对坏与坏的结果相结合的彩票的偏好行为[①]。后续的研究在理论上进一步分析了混合风险厌恶行为和混合风险喜好行为，并且设计实验检验了上述的理论结果：混合风险喜好者和混合风险厌恶者在奇数阶的风险态度上是完全一致的，但是在偶数阶的风险态度上却存在分歧。

三、多元高阶交叉风险厌恶的研究

在早期的经济决策模型中，仅将财富作为最重要的决策变量。然而，研究者逐渐认识到，人们做出的决策总是多个属性共同作用的结果。例如，时间、

---

① Crainich, D., L. Eeckhoudt, and A. Trannoy. Even (mixed) Risk Lovers are Prudent [J]. *American Economic Review*, 2013, 103 (4): 1 529～1 535; Ebert, S.. Even (mixed) Risk Lovers are Prudent: Comment [J]. *American Economic Review*, 2013, 103 (4): 1 536～1 537.

健康、利率、福利等。自早期的研究将多元效用函数的交叉（混合）偏导数纳入到航空保险需求的分析中以来[1]，大量的文献都屡次证明了多元效用函数的交叉偏导数的符号在风险决策分析中具有至关重要的作用。在对医疗服务需求的研究中，借助消费和健康状态的二元效用函数，医疗服务的需求很大程度上依赖于效用函数的2阶和3阶的交叉偏导数的符号[2]。在疾病对医疗决策的影响分析中，效用函数的4阶交叉偏导数的符号在最优的决策分析中起着很重要的作用[3]。最近，一些新的研究成果进一步强调：在一些比较静态分析中，多元效用函数的高阶交叉偏导数的符号极其重要[4]。

描述2阶交叉风险态度的术语——关联厌恶（Correlation Aversion），尽管在后来的文献中被正式引入，但其思想最早可追溯到理查德早期的研究，在某种意义上来说，理查德最先将一元风险厌恶的概念推广到二元风险厌恶的情形[5]。设 $(x, y) \in \mathbb{R}_+^2$ 表示参数的非负向量，为了便于理解，将 x 解释为财富，y 解释为健康；假设个体都偏好较高的财富水平和健康水平。在期望效用分析框架下，个体的偏好可用二元效用函数的交叉偏导数来表示。假设 $u(x, y)$ 表示个体关于财富和健康水平的二元效用函数，用 $u_1(x, y)$ 和 $u_2(x, y)$ 分别表示 $u(x, y)$ 关于 x 和 y 的偏导数，同样地，$u_{11}(x, y)$ 和 $u_{12}(x, y)$ 分别表示 $u_1(x, y)$ 关于 x 和 y 的偏导数，即2阶交叉偏导数，依次类推，可以定义更加高阶的交叉偏导数。

---

[1] Eisner, R. and R. Strotz. Flight Insurance and the Theory of Choice [J]. *Journal of Political Economy*, 1961, 69 (4): 355～368.

[2] Dardanoni, V. and A. Wagstaff. Uncertainty and the Demand for Medical Care [J]. *Journal of Health Economics*, 1990, 9 (1): 23～38.

[3] Bleichrodt, H., D. Crainich and L. Eeckhoudt. The Effect of Comorbidities on Treatment Decisions [J]. *Journal of Health Economics*, 2003, 22 (5): 805～820.

[4] Nocetti, D.. Robust Comparative Statics of Risk Changes [J]. *Management Science*, 2016, 62 (5): 1 381～1 392.

[5] Richard, S.. Multivariate Risk Aversion, Utility Independence and Separable Utility Functions [J]. *Management Science*, 1975, 42 (1): 12～21.

在对多元高阶交叉风险态度的研究中，因受到彩票对偏好行为分析框架的启发，同样基于个体对二元彩票对的偏好行为，后续研究定义并刻画了二元的高阶交叉风险态度：关联厌恶、交叉谨慎（Cross-prudence）及交叉节制（Cross-temperance），并且为关联厌恶、交叉谨慎（3阶的交叉风险态度）及交叉节制（4阶的交叉风险态度）提供了具体的经济学解释[①]。具体而言，若固定健康水平 y，通过应用基于彩票对偏好的分析框架，$u_{111}>0$ 和 $u_{1111}<0$ 分别被解释为关于财富是风险谨慎和风险节制；同样地，$u_{222}>0$ 和 $u_{2222}<0$ 分别被解释为关于健康是风险谨慎和风险节制。尤其，在期望效用框架下，已有的结果表明：对任意的 x、y，个体是关联厌恶的当且仅当 $u_{12} \leqslant 0$；个体关于健康是交叉谨慎的当且仅当 $u_{112} \geqslant 0$；个体关于财富是交叉谨慎的当且仅当 $u_{122} \geqslant 0$；个体是交叉节制的当且仅当 $u_{1122} \leqslant 0$。在非期望效用分析框架下，通过构造特定的二元彩票对，高阶交叉风险态度同样可以描述为个体对特定的彩票对的偏好行为，从而更加直观地描述了个体的高阶交叉风险偏好行为，并且建立了二元彩票对的风险偏好行为与相应的二元效用函数的高阶交叉偏导数的符号之间的等价关系，同时将单风险的有关结果及高阶风险分摊的定义推广到二元风险的情形[②]。

四、高阶风险厌恶的实验证据

由于基于彩票对偏好的分析框架在实验室更容易操作，便于在实验室中寻

---

① Eeckhoudt, L., B. Reyand H. Schlesinger. A Good Sign for Multivariate Risk Taking [J]. *Management science*, 2007, 53 (1)：117~124.
② Tsetlin, I. and R. Winkler. Multiattributeutility Satisfying a Preference for Combining Good with Bad [J]. *Management Science*, 2009, 55 (12)：1 942~1 952；Jokung, O.. Risk Apportionment via Bivariate Stochastic Dominance [J]. *Journal of Mathematical Economics*, 2011, 47 (4)：448~452；Jouini, E., C. Napp and D. Nocetti. On Multivariate Prudence [J]. *Journal of Economic Theory*, 2013, 148 (3)：1 255~1 267.

找支撑理论结果的实验证据。最近，大量的文献基于彩票对偏好的分析框架，在实验室中设计了相应的实验，检验和验证了个体的高阶风险态度。在期望效用分析框架下，个体是否常常表现出风险厌恶行为，已经被大量文献在实证中所研究[1]。在对风险谨慎行为的实证研究中，在期望效用分析框架下，风险谨慎的微弱证据被发现[2]。最先使用基于彩票对偏好的分析框架的研究，设计实验检验了个体的风险谨慎和风险节制行为，其实证结果为风险谨慎行为找到了有力的证据，但对风险节制行为不太支持，而对风险不节制的行为有所支持[3]。

更进一步地，后续的实验证据为风险谨慎和风险节制提供了更加确凿的支撑。在实验中所捕获的实验证据同时也表明：风险厌恶、风险谨慎和风险节制这种2阶、3阶和4阶风险厌恶行为更容易发生。这样的证据与早期的研究所提供的证据完全一致。最近所获的实验证据支持了5阶风险态度，尽管这种支撑已经相当微弱。同样地，对6阶风险态度也有微弱的支持，但是6阶的风险态度在统计上并不是无差异于随机选择下的决策。理论上来讲，完全可以考虑任何高阶的风险偏好，但是研究者认为把具有经济含义的分析仅仅限定在前4阶的风险厌恶行为是合理的。从5阶和6阶的风险态度的实证研究结果来看，检验的显著性非常弱，就参与者对彩票对的选择而言，随着刻画高阶风险态度的阶数越来越大（高于6阶），个体对风险的偏好似乎显得越来越具有随机性，

---

[1] Holt, C. and S. Laury. Risk Aversion and Incentive Effects [J]. *American Economic Review*, 2002, 92 (5)：1644~1655；Post, T., M. VDAssem, G. Baltussenand R.Thaler. Deal or no Deal? Decision Making Under Risk in a Large-payoff Game Show [J]. *American Economic Review*, 2008, 98 (1)：38~71.

[2] Tarazona-Gomez, M.. Are Individuals Prudent? An Experimental Approach Using Lotteries [D]. University of Toulouse Working Paper, 2004.

[3] Deck, C. and H. Schlesinger. Exploring Higher Order Risk Effects [J]. *Review of Economic Studies*, 2010, 77 (4)：1403~1420；Ebert, S. and D. Wiesen. Testing for Prudence and Skewness Seeking [J]. *Management Science*, 2011, 57 (7)：334~1349.

并不能反映真实的高阶风险偏好行为[1]。

此外，在经济学、金融学以及决策科学领域里，几乎所有的文献都假设个体是风险厌恶者或者是风险中性者。然而一些实验证据和实证的研究结果表明：风险喜好群体占据了研究总体中不可忽视的一部分。最近的实验证据表明：风险喜好者占据研究总体的15%～20%，对于某些从事特定经济活动的群体，这个比例甚至达到了30%[2]。相对于好与坏的结果相结合的彩票，风险喜好者总是更加偏好于相对好与好和相对坏与坏的结果相结合的彩票，风险喜好者是否的确表现出这样的行为，这是一个需要实证检验的问题。于是，在实验室中，最新的研究检验了风险厌恶者和风险偏好者的风险偏好行为，并且探讨了这样的行为与更加高阶的风险态度之间的联系。最新的实验证据表明：风险厌恶者一般都表现出对相对好与坏的结果相结合的偏好行为，而风险喜好者的确表现出对相对好与好和相对坏与坏的结果相结合的偏好行为。

五、高阶风险厌恶行为在预防性努力模型中的应用

最近，大量的理论文献和实证文献都对风险谨慎和风险节制等高阶风险偏好行为进行了研究。在风险和不确定性下的决策分析中，高阶的风险厌恶行为在不同的研究领域中都扮演了至关重要的作用。例如，预防性储蓄模型、投资

---

[1] Ebert, S. and D. Wiesen. Joint Measurement of Risk Aversion, Prudence, and Temperance [J]. *Journal of Risk and Uncertainty*, 2014, 48 (3): 231～252; Deck, C. and H. Schlesinger. Consistency of Higher Order Risk Presences [J]. *Econometrica*, 2014, 82 (5): 1 913～1 943.
[2] Noussair, C., S. Trautmannand G. Van de Kuilen. Higher Order Risk Attitudes, Demographics, and Financial Decisions [J]. *Review of Economic Studies*, 2014, 81 (1): 325～355; Boussemart J. -P., D. Crainichand H. Leleu. A Decomposition of Profit Loss under Output Price Uncertainty [J]. *European Journal of Operational Research*, 2015, 243 (3): 1 016～1 027.

组合选择模型、保险需求、拍卖理论、预防性努力模型等。在对预防性储蓄的分析中，如果将来不确定的劳动收入变得更差，那么个体最优的储蓄水平完全依赖于其高阶风险厌恶行为。具体地，当将来不确定的劳动收入面临一个保均值的扩散时，风险谨慎的个体增加其最优储蓄水平；当未来不确定劳动收入面临一个下行风险增加的风险时，风险节制的个体增加其最优的储蓄水平。

尤其，在预防性努力模型中，研究者开始运用预防性储蓄的分析框架转向研究风险管理中的预防性努力问题。在风险管理理论中，保险只是人们规避风险的一种工具之一，但保险并不能改变风险的本质，只是将风险通过金融市场完全转移给保险公司或者第三方。另一种常用的规避风险的工具就是个体通过投资或者实施预防性努力活动（自我保险或者自我保护）。具体地，假设某位个体的初始财富为 w，将面临一个损失为 L $(0<L<w)$ 的风险，损失发生的概率为 p $(0<p<1)$。为了规避风险，个体通过实施预防性努力降低损失的大小或者损失发生的概率。当预防性努力活动仅仅降低了损失的大小但并没有改变损失发生的概率时，称这样的预防性努力为自我保险（Self-insurance）；当预防性努力活动仅仅降低了损失发生的概率但并没有改变损失的大小时，称这样的预防性努力为自我保护（Self-protection）。在风险决策、保险需求甚至在卫生管理和环境政策等领域中，预防性努力被大量的文献所应用和研究[1]。

在单期的预防性努力模型中，个体投资的预防性努力活动和其效应是同时发生的，早期的研究结果表明：一个更加风险厌恶的个体往往会增加自我保险活动，但未必会增加自我保护活动[2]。后续的研究进一步说明：更加风险谨慎

---

[1] Ehrlich, I. and G. BeckerMarket. Insurance, Self-insurance, and Self-protection [J]. *Journal of Political Economy*, 1972, 80 (4): 625~648.

[2] Dionne, G. and L. Eeckhoudt. Self-Insurance, Self-protection and Increased Risk Aversion [J]. *Economic Letters*, 1985, 17 (1~2): 39~42.

的个体也未必会投资更多的自我保护活动,这是因为一个更加谨慎的个体总是希望通过减少支出对冲将来的不确定性。在两期的预防性努力模型中[①],个体投资的预防性努力活动发生在现在,而其效应却发生在将来。实际上,运用两期研究个体的预防性努力活动更加具有现实性。例如,现在对房屋、厂房等易燃场所安装喷洒器和报警器,降低了将来发生火灾时损失的大小;个体现在安装质量上乘的门锁、对窗户加装防盗栏等一系列的措施,大大降低了房屋将来被偷盗的可能性,等等。相比于单期的预防性努力模型,两期的预防性努力模型的最大特点是将预防性努力的成本和其收益分离开来(即预防性活动发生在现在,而其收益却发生在将来),从而决策的个体不得不在投资预防性努力的成本和收益之间权衡取舍。在独立的背景风险存在的情形下,最近的研究结果同样表明:对于风险厌恶的个体,风险谨慎行为致使个体增加了预防性努力活动。然而,最新的实验结果捕获了风险喜好者也是风险谨慎的证据。于是,后续的研究进一步证明:不管是风险厌恶者还是风险喜好者,在独立的背景风险存在的情形下,风险谨慎行为导致了个体在预防性努力方面的投资增加[②]。

此外,在两期的预防性努力模型中,早期的研究都具有一个共同的特征,即个体将来的财富状态空间只有两种状态:损失要么出现,要么不出现,损失的大小完全确定。最新研究已将状态空间推广到更加一般的情形,也就是说,个体将来的财富不止只有损失发生或者损失不发生这两种状态,而是在损失发生的情况下,现在投资的预防性努力活动不同程度地降低了将来的损失。对于这种损失有多个状态的情形,最新的研究也得到了类似的结论:在一定的条件

---

① Menegatti, M.. Optimal Prevention and Prudence in a Two-period Model [J]. *Mathematical Social Sciences*, 2009, 58 (3): 393~397.文中将两期看作现在和将来。
② Eeckhoudt, L., R. Huang and L. Tzeng. Precautionary Effort: a New Look [J]. *Journal of Risk and Insurance*, 2012, 79 (2): 585~590; Wang, J. and J. Li. Precautionary Effort: Another Trait for Prudence [J]. *Journal of Risk and Insurance*, 2015, 82 (4): 977~983.

下,风险谨慎的个体增加自我保护活动;风险不谨慎的个体降低了自我保护活动[①]。总之,不管是在预防性储蓄模型中,还是在预防性努力模型中,个体的高阶风险厌恶行为决定了个体的最优决策。

六、简要总结及研究展望

在前面几个部分,本文就高阶风险厌恶(在期望效用和非期望效用分析框架下)、多元高阶交叉风险厌恶、高阶风险厌恶的实验证据及其在预防性努力模型中的应用分别进行了梳理和评述,希望读者对高阶风险厌恶理论的前沿发展有一定的了解和认识。需要强调的是,在风险和不确定性下的研究中,高阶风险厌恶理论仍然是一个相对新生的研究领域。尽管风险厌恶的思想早在270多年前就已见雏形,但对高阶风险厌恶的研究却在近十年才得到迅速发展。确切地说,正是基于彩票对偏好的分析框架的建立,为风险和不确定下的研究领域注入了新的活力,重新激发了研究者极大的兴趣,越来越多的研究将高阶的风险态度纳入其分析框架,从而揭示了决策背后的行为逻辑,并在分析中运用效用函数的相关性质传递了个体风险承担行为的有关信息。

最近几年,对更加高阶的风险厌恶行为的刻画及相关分析等已成为风险和不确定性下研究中的一个热点。尤其,随着非期望效用框架下的分析方法被重新发现,研究者对高阶风险态度有了新的认识,并在实证研究中累积了个体风险厌恶行为的实验证据,在一定程度上支撑了以往在期望效用分析框架下所获得的理论结果,并在许多风险和不确定下的经济决策问题中得到了广泛应用。大量的研究结果表明,在经济研究的各个领域,高阶风险厌恶行为都扮演了至

---

① Lee, K.. Prudence and Precautionary Effort [J]. *Journal of Risk and Insurance*, Forthcoming, 2017.

关重要的角色。因此，在风险和不确定性的环境下，对高阶风险厌恶行为在决策领域中进行系统化、更深入的研究显得异常重要。可重点关注以下几个方面的研究。

（一）其他非期望效用框架下高阶风险偏好的刻画

由于基于彩票对偏好的分析框架并不依赖于任何模型：既不需要期望效用框架也不需要非期望效用框架下的任何假设，因而在其他非期望效用理论中也能够得以推广和应用。例如，对偶理论[1]、预期理论[2]、Choquet 期望效用理论[3]和损失厌恶理论[4]等。最近，正是由于受到基于彩票对偏好的分析框架的启发，在不确定性下对个体高阶风险偏好行为的刻画已经有了最新进展，模糊谨慎和模糊节制等高阶风险偏好行为相继提出，并用于风险选择模型和预防性储蓄模型[5]。类似地，在其他非期望效用理论中，是否也可以构造出相应的彩票对，通过个体对彩票对的偏好关系进一步引出高阶的风险偏好行为，并由此建立与相应的非期望效用理论之间的联系呢？

（二）实证研究

对于高阶的风险厌恶行为，尽管已经获得了丰硕的理论研究成果，但仍然需要大量的实验证据支撑现有的理论结果；反过来，现有的理论结果又需要这样的实验证据对个体风险承担行为提供更加直观的解释。最近，随着对拍卖实

---

[1] Yaari, M.. The Dual Theory of Choice under Risk [J]. *Econometrica*, 1987, 55 (1)：95～115.
[2] Kahneman, D. and A. Tversky. Prospect Theory: An Analysis of Decision under Risk [J]. *Econometrica*, 1979, 47 (2)：263～292.
[3] Schmeidler, D.. Subjective Probability and Expected Utility without Additivity [J]. *Econometrica*, 1989, 57 (3)：571～587.
[4] Tversky, A. and D. Kahneman. Loss Aversion in Riskless Choice: A Reference-dependent Model [J]. *Quarterly Journal of Economics*, 1991, 106 (4)：1 039～1 061.
[5] Baillon, A.. Prudence with Respect to Ambiguity [J]. *Economic Journal*, 2016.

验的实施，研究者发现了在拍卖中的确存在预防性竞标的强有力的实验证据，支撑了早期的理论研究结果[1]。受此启发，在其他的应用模型中，是否同样可以找到相应的实验证据支撑有关的理论结果呢？除此之外，对于高阶交叉风险态度——关联厌恶（关联喜好）、交叉谨慎（交叉不谨慎）及交叉节制（交叉不节制），有关实验证据亟待填补。尽管最新的研究正填补这一空白，但相比理论上的研究成果，仍然需要大量的实验证据检验和解释多元高阶交叉风险承担行为。

（三）高阶风险态度在其他领域的应用研究

自最初在预防性储蓄模型中将 3 阶风险态度纳入分析框架中以来，越来越多的文献将更加高阶的风险态度几乎应用到一切涉及个体行为的研究领域。例如，预防性储蓄模型、保险需求、投资组合选择模型、预防性努力模型等。需要提到的是，在预防性储蓄模型中，基于个体将来不确定收入的更加高阶的风险变化，我们引入的预防性补偿的概念刻画了个体的预防性储蓄动机的强度，从而补充和完善了现有文献对预防性储蓄动机强度的刻画方法[2]。此外，最新的研究已将高阶风险厌恶引入风险决策模型，重新研究了投资组合问题[3]。在委托—代理模型中，委托人的高阶的风险态度已经被纳入模型，用于分析最优的激励补偿合约[4]。在其他的研究领域，高阶风险态度在其中又扮演了怎样的角色，需要研究者们不断地去发现和尝试。

---

[1] Kocher, M., J. Pahlke and S. Trautmann. An Experimental Study of Precautionary Bidding [J]. *European Economic Review*, 2015, 78: 27~38.
[2] Tian, G. and Y. Tian. Characterization of Higher-order Ross More Risk Aversion Based on Risk Compensation [D]. Working Paper, 2016.
[3] Denuit, M. and L. Eeckhoudt. Risk Aversion, Prudence, and Asset Allocation: A Review and Some New Developments [J]. *Theory and Decision*, 2016, 80 (2): 227~243.
[4] Sinclair-Desgagné, B. andS. Spaeter. Incentive Contracts and Downside Risk Sharing [D]. Working Paper of BETA from Bureaud' EconomieThéorique et Appliquée, 2016.

(四) 风险喜好行为的研究

过去涉及风险态度的研究，只是认为一些特殊的环境和情景导致了风险喜好的行为，即风险喜好行为并不具有普遍性，因而风险喜好行为完全被忽视了。然而，最新捕获的大量实验证据表明：风险喜好者并不是小的完全可以忽略的群体，而是以一定的规模客观存在。因此，在经济学以往的有关研究中，那些对个体风险厌恶的前提假设，现在看来具有局限性，从而需要重新考证。特别地，基于彩票对偏好的分析框架，我们考虑了风险喜好者的风险谨慎行为，尤其在实证研究中，我们认为我们的结果对量化个体风险谨慎强度的实验方案设计具有理论上的指导意义[①]。总之，对于风险喜好行为在其他经济决策环境中的影响，现有的文献在认识上还远远不够，还需要研究者继续探索。

(五) 多元高阶交叉风险态度的研究

对于一元的高阶风险厌恶强度的刻画被大量理论文献所研究，也获得了丰硕的研究成果。尽管描述多元交叉高阶风险态度的术语已被引入，但对于多元的高阶交叉风险厌恶强度的刻画却迟迟未能建立。特别地，在一些具体的经济决策问题中，一元高阶风险厌恶强度的指标在比较静态分析中扮演了至关重要的角色。随着多元交叉高阶风险厌恶被逐渐引入相应的决策模型，目前的研究急需建立刻画多元交叉风险厌恶程度的指标。可喜的是，最新的研究正试图跨出这一步，尽管他们已经提供了刻画关联厌恶强度和交叉谨慎强度的方法[②]，但度量更高阶风险态度强度的方法仍然有待研究者继续研究。同样随着这些量

---

① Tian, G. and Y. Tian. On Risk Compensation for Prudent Decision Maker [J]. Working Paper, 2016.

② Crainich, D., L. Eeckhoudt and O. LE, Courtois. Health and Portfolio Choices: A Hyperplane Separation Approach [D]. Working Paper, 2016.

化强度的指标的出现,如何在具体的应用中给出相应的经济解释也仍然面临挑战。

(2017 年 8 月)

赫维茨经济思想与奥地利学派的关联比较

基于知识、信息与理性认知的分析

摘要：赫维茨是现代经济学发展史上一位重要代表人物，他奠定了机制设计理论的基本框架和学说内核。赫维茨的经济理论和思想谱系中既有对新古典经济学的继承与发展，也得到奥地利学派经济学说的启发和影响，但后者长期以来被学术界所忽视。本文主要研究奥地利学派与赫维茨经济思想的学术关联，并从知识信息与理性认知、建构理性与演化理性、自由放任与政府作用等不同视角，对两方面的经济思想进行异同比较及鉴别判断，探讨其对于中国深化改革以实现国家治理体系和治理能力现代化的现实镜鉴，尤其是对如何充分发挥市场在资源配置中的决定性作用和更好发挥政府作用的启示意义。

一、引　言

20世纪二三十年代的社会主义经济核算大论战及哈耶克与凯恩斯关于经

---

* 本文载于《经济学动态》，2017年第11期。合作者陈旭东。

济周期、货币等议题的论战，使得奥地利经济学派一度声名鹊起，但是从20世纪30年代罗斯福新政开始至70年代，西方主流经济学界基本处于凯恩斯主义思潮、统制经济思潮和计划经济思潮的交错控制之下，奥地利学派一直处于边缘地带，几乎完全被经济学界所遗忘。随着20世纪70年代西方社会再次面临滞胀的萧条局面，凯恩斯主义经济学的解释力及其干预政策开始受到怀疑，作为其曾经的对立面出现的奥地利学派再次登上历史舞台，一个重要的标志就是哈耶克于1974年获得诺贝尔经济学奖。无独有偶，也恰好是在这个时间段，孕育于20世纪50年代末、形成于60年代由赫维茨所开创的机制设计理论正式登上世界学术舞台。那么，赫维茨的经济思想及其机制设计理论与奥地利学派有无学术上的关联呢？两方面经济思想的主要异同是什么？国内外经济思想史学界一直以来对此还没有做过深入的专题研究。

事实上，赫维茨曾受教于哈耶克、米塞斯等，他在1938~1939学年就读于伦敦政治经济学院时就曾上过哈耶克的课，1939~1940年冬季学期入读瑞士日内瓦国际问题研究生院期间也曾参加过米塞斯在日内瓦组织的讨论会。赫维茨（Hurwicz，1984）不讳言自己受到哈耶克的影响，并表示后者的思想在其"思维形成中扮演了主要角色"。迈尔森（Myerson，2009）也指出，哈耶克曾抱怨自己所处时代的数理经济学家均未能有效承担关于市场体制中信息沟通重要性的研究，而在所有接受哈耶克这一挑战的数理经济学家中，赫维茨一直是一个领袖式的人物。Skarbek（2009）则通过对诺贝尔经济学奖获得者获奖演说稿的量化分析指出，包括赫维茨在内的许多著名经济学家都认为哈耶克的研究对于经济学的发展有着非常重要的影响。确实，赫维茨在其2007年度诺贝尔经济学奖获奖词中曾引用哈耶克1945年发表的《知识在社会中的应用》这一经典论文。

当前中国全面深化改革进入深水区，关于如何正确处理政府与市场的关系，发挥市场在资源配置中的决定性作用和更好发挥政府的作用成为经济学界的一个核心议题。在此背景下，一些言必称奥地利学派、言必称米塞斯或哈耶克的经济学家否定政府制定任何经济计划或产业政策的必要性，鼓吹市场万能论。这类言论且不说并没有完整理解奥地利学派的经济观点，更有囿于奥地利学派理论范式的认知局限之虞。中国的改革深化和制度转型，本质上是体制机制及规则的再设计、再调整，近年来屡获诺贝尔经济学奖的机制设计理论及其相关理论有极大的用武之地。通过追溯机制设计理论奠基者赫维茨经济思想与奥地利学派的学术关联并加以比较，不仅可以折射出被国内学术界所忽视的赫维茨的经济思想光谱，而且有助于准确理解政府与市场、政府与社会的内在逻辑关系，从而对于中国当下改革发展也有现实借鉴意义。

接下来，本文通过比较研究的手段，将赫维茨经济思想与奥地利学派的经济学说进行比对，着力揭示赫维茨关于知识信息与理性认知、建构理性与演化理性、自由放任与政府作用关系的基本认知。研究表明，尽管奥地利学派对市场经济分析的许多精辟论断已构成包括赫维茨在内的市场导向经济学家共同认识的重要组成部分，例如关于信息的不对称和分散本质，作为信息汇总载体的价格信号，市场机制之于计划机制的优越性等，但是受方法论所限，奥地利学派学说的严谨性还有所欠缺。从而，其对赫维茨经济思想的影响更多是思想倾向和哲学层面的，后者所用的分析工具和方法基本还是数理演绎推理式[1]的，而非奥地利学派基于个体主义的描述性方法。同时，中国下一步市场化改革的方案设计和执行需要借鉴机制设计理论的经济思想。

二、知识信息与理性认知

新古典经济学和奥地利学派其实有着共同的学术源头。例如，卡尔·门格

---

[1] 赫维茨（1985）认为在分析经济问题时采用数理方法和技术，有助于"研究经济改革的各种可能性和后果"，增强经济分析的前瞻性。

尔既是新古典边际革命的主要发起者,也是奥地利学派公认的奠基人。作为德国历史学派的有力批评者,门格尔(Menger,1883)对于德国历史学派关于"政治经济学的精确理论"的批判不以为然。在他看来,这种理论可以帮助人们以精确的方式探究并理解经济人在满足其自身物质需求的活动中所表现出来的关于自利人性的种种表现形态。同时他也认为,这种理论性的政治经济学应与实用性的政治经济学严格区分开来,不能以是否实用作为唯一标尺,否则会给纯粹理论探究带来不利影响,阻碍学科的进步。确实,现实中许多人将理想状态的基准经济理论与接近现实的相对实用经济理论相混淆,以前提假设与现实不符而一味批判基准经济理论,就是犯了这种错误。基准经济理论只是提供了一种方向性的相对精确和确定的参照系,可作为衡量标尺来判断与现实的落差,继而发展出相对实用的经济理论。

从某种意义上讲,门格尔对于以经济人的理性行为为基础进行简单刻画,以此来建立起复杂的市场结构理论的研究方法是认同的。需要指出的是,在新古典经济学的基本分析框架内,理性假设是一个比利己性更强的假设。理性经济人致力于追求自身利益的最大化,并掌握完全的信息、具有完全的精确计算和选择能力。但是,如同田国强(2014)所言,在非个人交换的、分散化决策的现实经济环境中,人们所面临的是一个复杂的、不确定的世界,理性假设面临客观和主观上的双重挑战。一方面,交易活动越多,不确定性就越大,信息也就越不完全和不容易对称;另一方面,个人对环境的认识能力和计算能力是有限的,并会受到不同具体情境的影响。基本上,门格尔也认为人的理性是有限的,不认同除了纯经济学的领域之外,人是全知全能、不会出错的(Menger,1883)。显然,他并没有否认理性假设对于纯经济学研究的意义。

尽管有着共同的学术源头,但随后的发展却使得新古典经济学和奥地利学派在理念和方法的道路上渐行渐远,乃至逐步走向对立。理念上,新古典注重均衡的资源配置结果,很大程度上忽视了其演变过程,而奥地利学派注重基本制度环境和演化过程,并将其与均衡结果对立起来。方法论上,在门格尔那个时代,主观主义是新古典经济学和奥地利学派共同的方法论基础，20世纪20年代庇古福利经济学出现之后，新古典经济学虽还保留有一定的主观主义，但在数量化、公理化、技术化的逻辑实证主义道路上越走越远。在随后的发展中，奥地利学派对主要提供基准理论的新古典经济学的完全信息假设、均衡理论及数理形式主义的分析方法，对绝对理性、理性至上的学说观点，越来越不认同并持强烈批判态度。奥地利学派不认同福利经济学关于个体效用可以理性排序和加总计量的做法，认为个体之间的异质性必须得到正视和尊重，个体目标不可能被简单汇总为集体目标，从而更加坚持方法论上的个人主义和主观主义，否定基于此建立社会福利函数的可能性。此观点也得到了社会选择理论中阿罗不可能定理的严格证明。

作为一种批判性观点，奥地利学派认为，经济行为分析的微观基础不应是理性。哈耶克（von Hayek，1960）就强调，"人们对其理性预期可达至目标的有意识追求，同制度、传统和习惯的运行是不断相互作用的，这常常会产生出一些同我们的目标大相径庭的东西"。并且，他还曾有一个得到阶段推进但未最终完成的以"理性滥用"为主题的研究计划，试图探讨理性在经济生活中被滥用及衰落的信念和社会过程。在《竞争的意义》一文中，哈耶克（von Hayek，1948）断言新古典均衡理论中作为静态分析基础的假设，将竞争动态过程的基本特点抹杀了，从而忽视了市场竞争的本质。所以，在经济分析中哈耶克更多是使用秩序，而不是均衡的概念。米塞斯（von Mises，1949）更是认为，如果相信基于对非均衡状态条件的了解就可以通过数学运算计算出均衡状态，这将是一个严重的错误。

在奥地利学派看来，以理性、均衡为基础的帕累托最优作为规范标准具有严重缺陷，没有考虑知识分散、信息不完全等问题，没有考虑均衡实现所需经历的非均衡的过程。哈耶克（von Hayek，1945）认为，社会经济问题的实质不是资源配置，而是如何运用不同情境下在各个体之间是彼此独立、分散存在的知识，从而主张从知识分工而不是资源配置的角度出发来发现市场秩序。知识又分为言传知识和默会知识，前者是系统化可言传的知识，后者则是一种非常重要却没有经过系统组织的知识。哈耶克（von Hayek，1989）强调，由于部分知识本身的不可言传及人类自身的有限理性，"人类不可能获得主宰事务进程的充分知识"。竞争机制下价格体系的作用就在于，提供了一个更具经济性的信息交流沟通机制，使得在这个体系下的个体只需知道分散的局部知识就能相互独立却彼此协调地采取正确行动。并且，均衡也不是个体简单加总后的市场出清，而是在相同环境下基于不同预期和知识的个体间的自发协调，促使各个体的预期能趋向一致的社会秩序规则。

不过，赫维茨（Hurwicz，1983）认为许多研究分析，包括在奥地利学派的研究情境里，并没有严格地区分知识与信息。例如，被奥地利学派视作不可整合的具有个体性和情境性的生产函数、偏好分布、资源禀赋等分散知识，在赫维茨看来就更多应该属于可编码、可传递、可整合的信息范畴，而一个资源配置机制则在某种程度上可被视作一个庞大的信息沟通处理系统，任何对于这些有用信息流动的限制，都将导致资源配置的低效率。赫维茨的落脚点是资源配置效率，而其前提则是信息效率。那么，什么又是信息有效的机制呢？其判断依据是该机制的信息成本在所有导致资源有效配置的信息分散化机制中是最小的。这是由于信息成本是参与人必须处理的信息量的增函数，如果机制的信息由较少数字构成或其空间是维数尽可能少的欧氏空间，那么其信息效率一般相对较高（赫维茨、瑞特，2014）。赫维茨（Hurwicz，1972）首次在一个纯交换新古典经济环境类下，严格证明了竞争市场机制是所有导致资源有效配置的机制中使用信息最少的。这是对前述哈耶克关于市场价格机制信息优势的一个严格证明，在同类研究中起到了引领作用。不过，赫维茨也强调这个结论是在新古典经济环境类这个条件下才成立的[1]。

---

[1] Calsamiglia（1977）严格证明了对一类非古典的经济环境类，特别是对非凸的经济环境类，需要一个无限维的信息空间，才能确保市场机制可带来帕累托最优资源配置的确定性结果。

关于知识，与奥地利学派强调知识的分散性不同，赫维茨更加强调知识的共享性，他将知识作为一种公共产品来对待，认为知识使用存在一定的非排他性或外部性，以及关于产出或结果有用性的事先不确定性（Hurwicz，1983）。他指出，对于现有知识的传递和非排他应用，容易形成福利影响上的两难局面。一方面，这将提升生产可能性和消费，以及促进产品和服务的合理分配，使一部分个体或整体的福利水平得到提升而没有显著的额外成本。另一方面，这并不必然保证每个人的利益都不受损，一些拥有排他性占有优势的知识垄断者可能会失去原来专属于他们的利益，出现福利水平下滑。这也可能会降低知识创造的激励。如果要实现帕累托改进，就必须对知识占优者进行利益补偿。当然，对于现存知识的有效利用也不是没有成本的，知识的传递需要一个教育和适应的过程。显然，由于坚持个体认知的复杂性和知识的不可量化整合，这使得奥地利学派的学说无法被建模测算和精准表达，而赫维茨则更多地延续了新古典经济学的信息观点，将其与一般意义上的知识相区分，同时也意识到新古典经济环境的非现实性，认为信息不对称及有限理性才是现实常态，从而引申出机制设计的必要性，并在新理论构建中继承了新古典经济学的公理化方法。

整体上，哈耶克等奥地利学派代表人物的一些经济思想无疑是具有洞见的。不过，正如弗农·史密斯（Smith，2008，p.105）所言，哈耶克的许多假设和论断"既没有被证明也没有通过实验得到验证，并没有一个基本的哈耶克定理能够阐明他的批判"。现代经济学的发展已超越了仅靠经济学直觉来产生思想的阶段，从经济学直觉到数理模型方法的严谨化、科学化提升，再到严格理论的通俗化、一般化，在后一个阶段同样可以产生深刻思想。冯·诺依曼的博弈论、阿罗的社会选择理论和赫维茨的机制设计理论等，无不是基于严谨的理论和方法模型基础上的发展创新，也激发了后续更多的经济学思想和学术贡献，而许多奥地利学派鼓吹者都只是在复述由米塞斯、哈耶克等人所给出的思想，很难有自己真正的思想创新，其严谨性、科学性及其适用边界就更加不要指望了。也正是由于对一些前置条件的交代不明、经济概念内涵的界定不清及缺乏数理逻辑上的严格证明,使得奥地利学派的经济观点存在诸多混淆不清的地方和有被无限扩大、泛用的可能,如市场万能论的出现,这最终也影响了其学派自身的发展。

与奥地利学派的基本观点一样,赫维茨的机制设计理论也承认个体的有限理性(乃至人性中的缺点),认识和了解到信息不对称背景下个体的有限理性,是设计更好、更可行机制的基础,这也是对新古典完全理性假设的突破。同时,受哈耶克等关于社会主义经济核算论战观点的影响和研究工具的限制,赫维茨早期也主要关注不同机制的信息处理和搜集成本。直到 20 世纪 70 年代,随着信息经济学和博弈论的发展,他才开始将这些分析工具引入来研究机制的激励问题(费剑平,2007)。赫维茨 1972 年在美国经济学联合会年会理查德·伊利(Richard T. Ely)讲座上就指出,如何将资源配置模型的信息维度和激励维度进行适当的整合,是机制设计理论在当时所面临的和需要解决的主要未解难题(Hurwicz, 1973)。他放松了新古典经济学关于完全信息的假设,将信息不对称及其带来的激励问题引入分析框架[①],着力探讨如何为拥有私人信息的理性经济人提供正确激励,真实显示自己的信息或得到与真实显示信息情况下同样的结果,使之达到激励相容的配置结果。与奥地利学派在社会主义经济核算大论战中主要立足于批判社会主义计划经济关于知识问题的无知、信息问题的无解不同,赫维茨(Hurwicz, 1984)在承认信息问题的同时,更强调这些学者对于激励问题重要性的忽视,在他看来这才是更为严重的问题。尽管如

---

① 需指出的是,不能忽视新古典经济理论的基准点和参照系作用。如果没有基准理论作为度量标尺,就无法知道现实和理想状态的差距所在。但是,目标不等于过程。由于许多基准理论提供的是在理想状态下的基础理论,所以尽管其具有指引改进或改革取向的作用,但和现实相差较远,不一定能照搬用来解决具体现实问题。因此,需要对基准理论进行修正,考虑有摩擦,更为接近现实的情形,发展出更多、更为接近现实的相对实用经济理论,以此解释现实中的经济现象和经济行为,解决具体现实经济问题。基准经济理论和相对实用经济理论是对立统一、缺一不可的。

此，二者的共同指向是中央计划鼓吹者往往无法达到他们所想要达到的目标。

三、建构理性与演化理性

尽管强调经济行为分析的微观基础是知识而非理性，但哈耶克等并非完全拒绝理性，而是反对那种将理性绝对化，认为通过理性设计就能设计出完美制度的观点。哈耶克在《自由秩序原理》（von Hayek，1960）中就这样写道："理性无疑是人类所拥有的最珍贵禀赋。我们的论辩仅旨在表明理性并非万能，且那种认为理性能成为其自身的主宰并能控制其自身发展的信念，却很有可能会摧毁理性。"在另一部著作《法律、立法与自由》（von Hayek，1973）中，哈耶克对建构理性和演化理性做出了严格区分。建构理性强调事先精密计算，试图以某种合意目标为导向对社会秩序进行设计，其所对应的是新古典主义的效用最大化思路，兰格是建构理性主义的代表①。而演化理性则认为个人理性是有限和不完全的，制度不可以人为设计和主观整体建构，现存制度是自然进化的产物，从而评价演化理性的视角只能是事后的、解释性的。根据著名哈耶克研究专家（Caldwell，2008）的解读，在哈耶克看来，"对于许多社会现象尤其是其中的市场机制，我们能做的充其量只是解释它们的运作原理"，永远无法做到准确的预测。以此观之，哈耶克也有将基准经济理论与相对实用经济理论相混淆的倾向，使之以基准经济理论所依据的理想状态与现实不符而否定前者在决定经济发展方向感上的作用。

不同理性认知的背后，是对于不同社会秩序生成机理及其潜在结果的理解

---

① 兰格被赫维茨（Hurwicz，1979）视为关于分散化社会主义经济体制设计的先锋人物，并认为自己的研究一直受惠于兰格这方面研究的灵感启发。

差异。建构理性倾向于一种人为制造的外源性秩序，这是一种有意识的秩序建构行为，为哈耶克所极力批判。哈耶克（Hayek，1988）指出，单纯依靠有限知识和有限理性而制定的组织命令所提供的种种人为秩序，对于复杂情势的控制力十分有限，常有可能会导致偏离组织者最初预期的意外结果，且其结果可能是致命的。计划经济就是这样一种过度强调建构理性的经济体制，这也导致了计划经济本身逃不脱破产及其向市场经济转轨的必然命运。演化理性则主张一种自我生成的自发秩序及其扩展秩序，这是更尊重和有利于自由伸张的内源性秩序，鼓励一定规则条件之下的竞争和试错，强调多样性和复杂性，而不是一致性和单一性。在笔者看来，这两种理性都只是部分揭示了人类理性，不应该完全割裂和孤立来看待。如果因为有限理性的存在就完全排斥建构理性的努力，这恐怕是从一个极端走到了另一个极端。

以法律的理性认知为例来看，无论一个经济体的基本经济体制如何，其经济运行都离不开法律的存在和作用发挥。在哈耶克的分析框架中，法律本身作为一种自发秩序，是先于立法就已经存在的。从而，立法只是一个旨在阐明规则（秩序），而不是创造规则（秩序）的过程。这个规则是立身于社会的个人被动遵循的，却没有明确意识到的一般性规则，立法只是将这个未意识到的隐性的规则形式化、明确化、文本化，这是一个由隐性到显性的揭示过程而不是从无到有的创造过程。哈耶克（Hayek，1973）认为，本质上并不存在一种"创造"或"设计"制度的行为，那种将一项制度的存在视作围绕某种人类目的的理性创造，从而主张人类应当重新设计社会及其制度以使人们的所有行动都完全受已知目的的指导的观点，容易导致理性的自负。

与哈耶克的法律自发秩序观①不同，赫维茨（Hurwicz，1987a）则认为，

---

① 对于哈耶克将自发秩序原理延伸到法律结构层面，布坎南（1989）多有批评，认为哈耶克没有"将文化进化形成的规则同制度严格区分开来"，也没有将存留下来的制度和有效率的制度进行区分。从而，布坎南认为，"社会哲学家有一种道德上的责任去相信，社会改革是可能的"。

许多看上去是纯粹演化现象的现象其实也"常常包含有重要的有意设计的元素"。在他看来，立法更是一个兼具"自然"进化与有意识的设计的叠加过程，并且其对于后续的社会经济博弈具有长久影响。的确，普通法系和大陆法系各有侧重，前者更多地体现了演化特征，而后者则不仅有对既有演化形成规则的确认，也包含有很大的人为理性设计因素在内。同时，作为一般法律立法基础的宪法往往是建立在不同利益集团的政治博弈基础上的人为设计，对政治、经济、社会具有根本性、长远性的决定作用。例如，最早的成文宪法是1787年美国经过异常激烈的立宪选择博弈后制定的联邦宪法，这一精巧设计的激励相容的宪法使各个州从孤立、对立走向联合、统一，对美国随后几百年的政治、经济和社会博弈起到了极其重要的作用。

基本和根本制度作为一种历史传统因素会内嵌于人们的社会经济活动之中，它们构成了规则的规则，使某个或某些制度能够得到执行。所以，表层制度的可执行性，可追溯到最基础的元制度的自我实施性，而这个制度往往由所有博弈者的历史禀赋（如最基本的知识水平、认知程度、技术能力、文化信念、地理条件和基本的政治经济制度环境等）所决定。这里要提醒读者的是，我们此处所论及的制度设计并没有忽视或抛弃包括文化信念和地理条件等最基本的制度环境因素。这样，赫维茨及其机制设计理论与奥地利学派一味反对制度设计的重大差别给我们的启迪是，要将基于现实、基本基础制度环境的制度安排的设计与忽视现状、国情及其基本制度的任意制度安排设计从根本上区分开来。

同时，赫维茨（Hurwicz，1992）也不认同制度变迁的达尔文主义，认为不像最优资源配置理论，在制度领域恐怕还找不到"看不见的手"的定理。这是由于在许多情形下，存在信息不对称和激励不相容问题，需要主动设计制度或机制来加以解决。当然，得到公认的是，不同制度安排之间应该存在竞争的空间，从长期看它们可能是可以互补共存的。问题是，对于这种竞争应该采取一种放任自由的态度，还是通过规则的制定发挥导向作用？自然进化所产生的制度虽然不能完全否定，但并不一定是单向改进和最有效率的。这是由于，一方面自然进化常常需要长期的历史积淀，如果原体制本身已高度扭曲，其慢慢进化的社会经济成本将会很大，另一方面被动的自然进化存在不确定性，市场在一些情景下会出现失灵，如果没有基于建构理性的规范约束，它不一定会导致好的制度均衡。这样，如果要达到一定的合意目标，通过规则制定以加速制度均衡的转换可能是必要的。当然，规则再制定设计不当也可能会使得前面提及的不同制度安排之间的竞争受到影响，因此了解机制设计的基本原理和准则就显得异常重要，这就是机制设计理论的重要性所在，否则弄得不好，会适得其反。

赫维茨的重要贡献就在于此点，他颠覆性地改变了经济学家思考经济体制机制的方式。这种新的研究思维，不像新古典经济学那样，将制度、机制视为给定，也不像奥地利学派将制度视作为无所作为被动的自然演化秩序。在赫维茨（Hurwicz & Sertel，1999）看来，即使是许多那些事后看起来像是自然进化的制度或组织，其实也包含有许多重要的事前的设计元素。也就是说，自发演进和人为设计、建构理性和进化理性是可以共同起作用、相互支持的，并且在一定条件下还可以互相转换。从而，二者应该是互补的，而不是现实中许多人所认为简单的是非此即彼的对立关系。赫维茨在《发明新制度：基于设计视角》（Hurwicz，1987a）一文中认为，设计问题不仅仅存在于一个国家或经济体的体制设计之中，也可见于企业内部的管理中，例如对于原本独立部门的水平一体化或垂直一体化设计，对于一体化公司集团内部的生产价格与数量指导的绩效比较，等等。这也是赫维茨的研究意图之一，即将关于资源配置机制的一般理论与关于公司、市场和等级制度等的经济制度的组织结构理论进行有机整合，以起到相互支持和增强的效果。

对于奥地利学派以一种原子式的个人行动来理解社会制度的视角，赫维茨显然是不认同的。在他所创导的机制设计理论里，要求存在一个具体或抽象（比如形成的共识或立法机构）的"社会工程师"、"改革者"或

"设计者"[①] 的角色，这个角色的重要作用就是针对现存制度安排或结构中不完备或不满意的地方，根据某种合意的社会目标和准则进行制度规则的再设计、调整，寻找可供选择的备择机制方案（可能是其他时期或地方已有的，也可能是需要重新设计制定的），并根据一些基本原则确定最优机制方案，使得在这样一个机制方案下社会经济活动参与者追求个人利益的努力能够与这个合意的社会目标相一致。也就是，当社会经济活动参与者最大化个人利益时，同时也实现了机制设计者所设定的希望达到的合意目标。这就是赫维茨所创设的激励相容概念的基本内涵，它决定了机制的自我可执行性。这和哈耶克等抨击社会主义经济目标的不可自我执行具有本质差异。赫维茨对社会目标的自我执行及其执行过程都非常强调，认为"如果执行是不可能的或其成本不可避免地高昂，那么再吸引人的制度也只能是乌托邦"（Hurwicz，2008）。也就是，激励相容与非强制性的制度自我实施属性是同义的，而这与哈耶克自发秩序理论所强调的非外在强制的自我调节机制也是相通的。从这个意义上讲，机制设计理论与自发秩序理论不是全然对立的，而是认为通过机制的恰当设计，让演化和合意结果有一种序贯的内在逻辑关系。

的确如此，机制设计必然要求对经济活动参与者的行为取向有一个基本假设。在赫维茨看来，预设人类所具有的利用私人信息获取不当利益（例如谎报个人偏好信息"搭便车"）动机的人性缺点是非常有必要的，以此为逻辑前提来开展激励相容的机制设计，虽然看上去显得比较消极和保守，但是在社会公共生活中采取这样的人性假设却是最稳妥的。否则，基于完美人性假设得到的结果很可能是灾难性的。这在古典经济学派的代表人物休谟关于政治制度的设

[①] 关于机制设计者有不同的解读：或作为社会博弈中的一个特殊博弈方，他的个人目标就是个人利益；或作为一个利益无涉的局外人，他的个人目标就是社会目标，为社会提供一个制度设计方案。机制设计所形成的机制并不对应集中或独裁决策机制，从某种意义上是整个社会或群体达成的一种共识、规则或契约。

计中就可见到,休谟(Hume,1875)认为:"在设计任何政府体制和确定该体制中的若干制约和控制机构时,应该把每个人都视为无赖——其全部行为,除了谋求一己私利之外,别无它图。"所以,制度设计不仅要对"无赖"行为进行事后的惩罚和约束,还要对那些损人利己的"无赖"冲动进行预防。这就是机制设计的重要性之所在。

综合前面两节的比较研究及进一步的分析可以发现,在赫维茨的机制设计理论框架下,制度可以是自然演化的,特别是社会风俗和规范及其整体社会制度,自然演化的成分占主要地位。因为在社会经济不同的博弈阶段,原本作为外生的政治、经济、社会、文化制度环境常常也会由于前期的博弈互动的不断积累而出现变化。所以在某一个阶段,新的制度设计就要根据已经变化了的制度环境来制定,在制度演化之外的人为设计的制度主要用以稳定个体间的信息交换过程,减少其间所产生的不确定性和激励扭曲,从而自我实施地达到合意的目标,如资源配置效率这一重要目标。这样,在制度的变迁中,演化和设计就形成了一种动态耦合。机制设计理论所给出的这样一个不走极端的整合性制度分析框架正是当下中国的改革发展特别需要和值得采纳借鉴的。

四、自由放任与政府作用

在社会主义经济核算大论战中,米塞斯和哈耶克对中央集权计划经济发起了严厉的批判,他们对自由放任市场经济持坚定不移的捍卫态度。这场论战对赫维茨的经济思想形成也有重要影响,使之对分散决策机制产生一种自觉偏好。事实上,自由放任思想最早源自法国。据考证,杜尔阁 1759 年的著作《古尔奈赞辞》中就有记载,路易十四时期法国重商主义财政大臣柯尔贝尔主持的通商咨询会上,曾有商人向力行国家干预政策的柯尔贝尔提出箴言:让我们想做什么就做什么(Laissez-nous faire)(李非,2001)。不过,真正将这一思想发扬光大的是后来的法国重农学派，魁奈等古典政治经济学家从自然法、自然秩序引申出了经济政策上的自由主义主张，明确提出了"自由放任"（Laissez faire，laissez passer）的口号，其具体含义包括"自然主义的个人自利观点、贸易上的自由通行原则、反对政府干涉、政府职能主要是认识和遵守并向国民灌输自然秩序的法则等"（谈敏，1990）。

与重农学派一样，亚当·斯密也反对重商主义、反对政府全面干预的政策体系。斯密在《道德情操论》（1759）和《国富论》（1776）中均有提及的"看不见的手"，是从自然法引申出来的一个理论假说，主张社会经济的资源配置应主要由市场来调节，充分尊重个体追求私利的正当性。但是，斯密并没有完全否定政府在公共产品的生产和提供、市场规则的制定和执行监督、市场失灵的弥补等方面应发挥的作用。因此，在斯密的著作中也并无"自由放任"的字眼。在大萧条前夕的1926年，凯恩斯出版了一本小册子[①]，对自由放任主义进行了思想史式的回顾，并对其进行了批评，但也没有完全否定经济自由的重要性。在凯恩斯（Keynes，1932）看来，对于政府来说，重要的不是去越俎代庖做那些个人已经在做的事，也不在于它是否做得更好或更差，而是去做那些目前根本无人去做的事情。同时，他建议重视和发展那些处于个体和现代政府之间的半自治团体，以实现社会进步。凯恩斯对于自由放任的批评及对于政府必要（但不是任意）干预[②]的强调在当时成了时代的潮流。

米塞斯虽否认法国重农学派所言自然法的存在，认为"自然法是十分武断

---

① 这本册子最早是凯恩斯1924年11月在牛津大学"The Sydney Ball Lecture"上开设的讲座课，后又于1926年6月在德国柏林大学做同名讲座，被凯恩斯收录于1932年出版的 Essays in Persuasion 文集。
② 与现实中许多经济学家对于自发秩序理论的泛用和极端化、推崇市场万能论一样，很多人也将凯恩斯的政府干预理论泛用和极端化了。事实上，凯恩斯（J. M. Keynes，1932）对于政府的越俎代庖也是持批判态度的，他认为政府最重要的任务"与那些个人已经在着手处理的事务无关，而与那些超出个人活动范围之外的职能有关，与那些如果不由政府来做出决定就无人过问的事务有关"。这与市场失灵下的政府必要介入有一定相通之处。

的"（von Mises，1949），但是却继承了后者的自由放任主义价值立场，即使在凯恩斯主义盛行的时代也没有任何动摇。不过，米塞斯（von Mises，1949）也没有完全肯定自由放任，认为自由放任并不意味着"放任那些没有灵魂的机械力量运作"，而是"让每个个人选择在社会分工中如何进行合作；让消费者决定企业家应生产什么"。在他看来，政府所采取的那些旨在"强迫企业家和资本家将生产要素用之于非市场所指向的用途"方面的干涉政策，恐怕达不到"干涉主义者所想要达成的目的"。其政策启示是，只有自由市场才是所有人的长期利益之所在，在其中，个人和企业家都保有自我选择、自我行为的权利，没有任何外部的强迫服从。哈耶克大抵也是如此，主张尽可能地利用市场竞争机制来协调人类经济行为。

整体上，奥地利经济学派对市场所固有的内在活力与变幻莫测的兴趣要远大于对市场的均衡稳定性的兴趣。他们更看重最基本、基础的元制度环境和演化过程，而不是均衡结果。在他们看来，市场不是对现有资源进行福利最大化分配的机制，而是一个企业家不断寻觅市场机会、满足人们需求、创造新财富的动态过程，在这一过程中对均衡的偏离才是常态，且不同均衡之间的切换常常伴随着阵痛，因为创新意味着突破旧体制及其利益格局。作为奥地利经济学派在美国后期的代表人物，柯兹纳（I. M. Kirzner）也主张经济学家应超越均衡状态，更加关注动态的市场过程。在奥地利学派看来，企业家在市场过程中的作用在于"均衡市场价格"（Vaughn，1998）。奥地利学派更强调创新和企业家精神。在笔者看来，如果不将（更没有必要将）最基本、基础的元制度及过程与结果对立起来，也可用新古典经济学的观点来阐释。的确如此，**市场竞争逼近均衡和企业创新打破均衡恰恰反映了矛盾的对立统一规律，是一个事物的两个方面，是经济发展不可分割的整体**。竞争导致企业利润的下降，会使竞争越发激烈，从而进一步激发企业的创新。而由创新发酵而成的垄断利润，又将吸引更多企业参与竞争，从而形成"竞争、创新、垄断、再竞争"的反复循环过程。通过这种市场和企业间的动态博弈，市场将保持活力，使社会福利增加，经济得到发展[①]。

赫维茨与后期奥地利学派学者的直接接触和学术碰撞，主要就是1984年跟柯兹纳的学术争鸣。在当年对柯兹纳的论文《经济计划与知识问题》（Kirzner，1984）的学术点评中，可以看到赫维茨（Hurwicz，1984）对于奥地利学派一些基本观点的看法。首先，赫维茨对奥地利学派的一个最基本的批评是后者关于一些经济概念界定的模糊性及忽视前提条件的结论泛用。例如，中央计划和自由市场有很多解释。如果要分析市场过程的优缺点，将完全竞争市场与垄断、寡头垄断及其他不完美市场区分开来，是非常重要的。否则，概念的分辨不清容易导致结论的适用边界泛化。赫维茨举了一个例子，在一个边际成本递减的产业里，即使放开市场准入，最终也只有少数公司能够幸存。也就是说，如果存在报酬递增，那么"自由市场"导致效率的论点很难得到证明，无论自由市场是被解释为完全竞争，或仅仅是自由进入。

市场机制会最小化所需的信息空间这一论断，只有建立在经典环境假设前提基础上才成立。这正是赫维茨所一再强调的，即市场机制是有适用边界的，不能泛用。在非经典环境或存在比效率价值更大、更优先的其他目标前提下，自由市场过程很可能是不够的，如前面提到的卡萨米格里亚（Calsamiglia，1977）指出在存在规模经济的环境下，通过自由市场就无法导致帕累托最优的资源配置，从而需要政府发挥一定的作用。但是，这种作用并不与中央计划等同，而应该被限定在游戏规则的制定和执行上。同样，政府通过税收和补贴所进行的收入再分配，也可以理解为政府的作用而不是中央计划。赫维茨（Hurwicz，1992）认为，"如果市场过程被证明是不够称心合意的话，那就应注意探索与市场机制一样具有分散经营特征的解决办法和机制"。在他看来，所谓政府计划常常是那种盯住微观目标的做法，直接干预经济活动

[①] 田国强（2016）对创新与竞争、垄断之间的关系做了辨析。

的做法，例如产业政策、价格控制等等。在这些活动中，政府围绕产出、投入、特定商品的价格或商品的组合来做出决策，这已经超出了政府应有的角色和作用。赫维茨的机制设计更多是主张对基本的制度规则的设计，而不是具体经济活动的干预。

所以，在赫维茨（Hurwicz，1984）看来，奥地利学派所主张的自由放任经济与其对立面所主张的全面中央计划经济两极之间其实存在一个很宽的体制"光谱"，有许多中间地带的体制机制安排可供选择。他认为，在"光谱"的两极找不到解决现实问题的良方，现实社会经济问题的答案常常是介于乌托邦和现状之间的。并且，赫维茨（Hurwicz，1987b）认为，对一个社会经济体制的评判，常常不仅仅是考虑效率维度，有时还会有其他方面的考量，例如对社会弱势群体的影响、经济不平等程度的控制等。赫维茨（Hurwicz，1993）非常强调基本制度的重要性，认为其作用就在于"限制可以接受的机制的种类。……这意味着指出哪一种选择域和结果函数是可接受的"。市场过程有其长处，但是也有不完美和失灵的地方，从而需要补充性制度措施，包括非常规情况下（比如经济发生恐慌性波动，如世界经济金融危机）的政府适当干预。在体制转型的不同阶段或者说在不同的体制环境下，可能需要政府制定聚焦于微观目标的计划举措，也可能需要政府从游戏规则层面进行干预。赫维茨对科兹纳关于现代许多国家的微观目标计划举措太多的观点表示认同，指出这些举措往往超过了最优水平，对效率导向的个体激励形成了阻碍，但他也并不认为自由放任就是一个万能的灵丹妙药，要正视市场失灵的存在和政府适当干预的必要性。所以，对市场和政府作用的恰当评价是一个复杂的问题。

现实中一些经济学家指称，市场本身不会失灵，是市场理论失灵。这导致的一个结果就是完全否定政府政策和制度设计的必要性，似乎单靠市场就可以搞定一切。真的是这样的？市场失灵作为现代经济学的一个术语已成为共识性语言，有其精确定义，主要表达的是当一些条件得不到满足（如信息不对称、存在外部性等）时，单靠市场机制会出现激励不相容和资源配置效率缺损，这是相对于理想状态而言的。面对市场失灵，如信息不对称导致帕累托无效配置时，通过一定的机制设计改进信息，诱导经济人真实显示信息，就能够带来帕累托改进，提高资源配置效率。另外，也包括政府过度干预经济活动导致人为的市场失灵，这正好指明了改革或制度建设的必要性。当然，自由市场和政府作用都应该是有其边界的，一旦超过了边界，不仅自身所设定的目标完成困难，还会影响另一方的运行。需要在具体的社会经济情境中根据信息、激励、外部性等因地制宜、因时制宜地界定这个治理边界。

五、结论与启示

赫维茨的经济思想与奥地利学派经济学说有很多相似之处，受到后者的影响，如对于分散信息、有限理性等的认同，对于市场机制、分散决策等的偏爱，但是两者在很多方面又存在着差异。在理论分析范式方面的差异尤其是根本性的：机制设计理论主要是规范分析的"设计范式"，预设目标并由因索果，在给定制度环境下寻找可执行的机制；而米塞斯-哈耶克范式是实证分析的"演化范式"，认为自发秩序主宰一切，虽然也是由因导果，但差异是后者强调自由放任，主张最大限度地放弃制度设计。在笔者看来，这两种范式都只是部分而不是全部解释了客观现实，规范和实证都不可或缺。现实中有些制度是演化的，如社会习俗或风俗这样的非正式制度安排都是演化的，而正式制度安排许多时候是设计的，如宪法等成文法的制定。并且，更多的制度是兼有演化和设计因素在内的。比如，制度环境由于演化或外部影响发生变化，可执行的机制当然相应地也应该发生变化。同时，在不同的经济环境和体制条件下，在社会经济的宏观、中观和微观不同层面，演化与设计的比重关系又是不一样的。

对于奥地利学派学说，赫维茨最大的批评是方法论层面的，认为其描述性方法存在概念定义的模糊性，理论边界也随之不是很清晰，特别是对于自由市场的概念及其适用边界的界定存在混淆不清的地方，这就为该学派埋下了盲目相信自由市场、完全杜绝人为制度设计的病根。相反，赫维茨崇尚市场，但不迷信市场，认为市场在一些情况下会出现失灵，不能完全靠演化理性的自发秩序，需要有意识地设计替代或补充机制，他更加推崇用公理化的逻辑推理方法来提升研究的科学性、逻辑性和严谨性，给出体制机制的适用边界。赫维茨的理论雄心是建立一个足够一般的基本分析框架，以覆盖从自由放任到乌托邦的完整政策频谱，他认为一个社会经济的发展常常需要在中间地带而非极端处才能找到解决方案。这种不走极端的治学态度和学术路线非常重要和有现实针对性。

反观中国当下一些学者，包括许多著名经济学家，根据奥地利学派的哈耶克自发秩序原理，而过分极端地解读奥地利学派的基本观点，将环境、过程与均衡结果机械地对立起来，一味否定制度设计（亦即改革或规则的重新制定）的重要性和必要性，强调自由市场万能，认为不存在市场失灵，政府没有干预的任何必要，这是一种以偏概全、一叶障目的做法。对于哈耶克所强调的以自由、竞争和规则为基本要素的自生自发社会秩序，赫维茨原则上也认同这些观点，但认为市场是有其适用边界的，一旦超出其边界就会出现失灵，因而不能盲目相信自由放任市场，而市场失灵也正是机制设计的一大必要性之所在。从这个意义上讲，对于市场可以发挥决定性作用的地方，政府应该避免干预，而主要着力于基本制度环境的构建与维护。同时，对于市场容易失灵，无论是自然失灵还是人为失灵的地方，政府都需要加大改革力度，努力维护市场、社会秩序和提供公共服务的力度，单独或与市场一道发挥好的作用，这才是让经济社会得到良性发展的根本之道。

（2017年11月）

参考文献

[1] 布坎南. 自由、市场与国家——80 年代的政治经济学[M]. 上海三联书店，1989.
[2] 费剑平. 2007 年度三位诺贝尔经济学奖得主学术贡献评介[J]. 经济学动态，2007，11.
[3] 赫维茨. 价格机制、分权和激励[J]. 现代外国哲学社会科学文摘，1992，6.
[4] 赫维茨. 经济机制与资源分配[J]. 数量经济技术经济资料，1985，7.
[5] 赫维茨、瑞特. 经济机制设计[M]. 格致出版社，2014.
[6] 李非. 无形之手与自由放任的异同——斯密与魁奈的对比[J]. 南开经济研究，2001，1.
[7] 谈敏. 重农学派经济学说的中国渊源[J]. 经济研究，1990，6.
[8] 田国强. 现代经济学的本质（上）[J]. 学术月刊，2016，7.
[9] 田国强. 如何实现科学有效的体制机制重构与完善——机制设计理论视角下的国家治理现代化[J]. 人民论坛，2014，26.
[10] Caldwell，B.. *Hayek's Challenge: An Intellectual Biography of F. A. von Hayek* [M]. The University of Chicago Press，2008.
[11] Calsamiglia，X.. Decentralized Resource Allocation and Increasing Returns[J]. *Journal of Economic Theory*，1977，14（2）：263～283.
[12] Hume，D.. On the Interdependency of Parliament[M].//D. Hume（ed）. *Essays，Moral，Political and Literary*. Longmans，Green，and Company，1875.
[13] Hurwicz，L. & M. R. Sertel. Designing Mechanisms, in Particular for Electoral Systems: The Majoritarian Compromise[M].//M. R. Sertel（eds）. *Contemporary Economic Issues: Economic Behavior and Design*. Palgrave Macmillan，1999.
[14] Hurwicz，L.. On the Concept and Possibility of Informational Decentralization[J]. *American Economic Review*，1969，59（2）：513～524.
[15] Hurwicz，L.. On Informationally Decentralized Systems[M].//C. B. McGuire & R. Radner（eds）. *Decision and Organization: A Volume in Honor of Jacob Marshak*. North-Holland，1972.
[16] Hurwicz，L.. The Design of Mechanisms for Resource Allocation[J]. *American Economic Review*，1973，63（2）：1～30.
[17] Hurwicz，L.. Socialism and Incentives: Developing a Framework[J]. *Journal of Comparative Economics*，1979，3（3）：207～216.
[18] Hurwicz，L.. Economic Issues in the Utilization of Knowledge[M].//K. E. Boulding & L. Senesh（eds）. *The Optimum Utilization of Knowledge: Making Knowledge Serve Human Betterment*. Boulder：Westview Press，1983.
[19] Hurwicz，L.. Economic Planning and the Knowledge Problem: A Comment[M]. *Cato Journal*，1984，4（2）：419～425.
[20] Hurwicz，L.. Inventing New Institutions: The Design Perspective[J]. *American Journal of Agricultural Economics*，1987，69（2）：395～402.
[21] Hurwicz，L.. On Modeling Institutions[D]. Presented at the American Economic Association Meeting in New York，Dec. 30，1987.
[22] Hurwicz，L.. Some Issues in the Transformation of Ownership Institutions in Poland: Comment[J]. *Journal of Institutional and Theoretical Economics*，1992，148（1）：66～68.

[23] Hurwicz, L.. Toward a Framework for Analyzing Institutions and Institutional Change [M].// S. Bowles (eds). *Markets and Democracy: Participation, Accountability and Efficiency*. Cambridge University Press, 1993.
[24] Hurwicz, L.. But Who Will Guard the Guardians? [J]. *American Economic Review*, 2008, 98 (3): 577~585.
[25] Keynes, J. M.. The End of Laissez-faire [M]. //*Essays in Persuasion*. Palgrave Macmillan, 1932.
[26] Kirzner, I. M.. Economic Planning and the Knowledge Problem [J]. *Cato Journal*, 1984, 4 (2): 407~418.
[27] Menger, C.. *Untersuchungen über die Methode der Sozialwissenschaften und der Politischen Ökonomie insbesondere* [M]. Duncker & Humblot, 1883.
[28] Myerson, R. B.. Fundamental Theory of Institutions: A Lecture in Honor of Leo Hurwicz [J]. *Review of Economic Design*, 2009, 13 (1~2): 59~75.
[29] Skarbek, D. B.. F. A. Hayek's Influence on Nobel Prize Winners [J]. *Review of Austrian Economics*, 2009, 22 (1): 102~109.
[30] Smith, V.. *Rationality in Economics* [M]. Cambridge University Press, 2008.
[31] Vaughn, K. I.. *Austrian Economics in America: The Migration of a Tradition* [M]. Cambridge University Press, 1998.
[32] von Hayek, F. A.. The Use of Knowledge in Society [J]. *American Economic Review*, 1945, 35 (4): 519~530.
[33] von Hayek, F. A.. The Meaning of Competition [M].//F. A. von Hayek. *Individualism and Economic Order*. The University of Chicago Press, 1948.
[34] von Hayek, F. A.. *The Constitution of Liberty* [M]. The University of Chicago Press, 1960.
[35] von Hayek, F. A.. *Law, Legislation and Liberty: vol. 1. A New Statement of the Liberal Principles of Justice and Political Economy* [M]. The University of Chicago Press, 1973.
[36] von Hayek, F. A.. *The Fatal Conceit: The Errors of Socialism* [M]. Routledge, 1988.
[37] von Hayek, F. A.. The Pretence of Knowledge [J]. *American Economic Review*, 1989, 79 (6): 3~7.
[38] von Mises, L.. *Human Action: A Treatise on Economics* [M]. Yale University Press, 1949.

新古典经济学的创新与超越何以可能*

纪念赫维茨百年诞辰

摘要：2017年是机制设计理论之父利奥尼德·赫维茨100周年诞辰。作为现代经济学发展史上一位重要代表人物，赫维茨一方面肯定新古典经济学作为基准理论的重要性和必要性，并对新古典基础理论的发展做出了两大重要贡献，包括对效用理论中的可积性和竞争性均衡的稳定性的严谨证明，另一方面也对新古典经济学进行了颠覆性、革命性的超越，不再将制度作为给定，并从信息不对称和个体自利性的基本现实约束出发提出信息效率与激励相容的经济学概念，奠基了机制设计理论的基本框架和分析范式，其信息和激励的基本思想及其理论也被应用到现代经济学的许多领域。赫维茨所倡导的机制设计理论，对于新古典经济学的创新与突破，以及今日中国经济理论的发展及其市场化制度改革，具有重要的镜鉴意义。

---

* 本文载于《探索与争鸣》，2017年第12期。合作者陈旭东。

> "我个人感觉新古典理论（即使是在我的解释①里）并没有达到经济学应该有的宽度，从而我自己的研究的一部分工作就是努力去突破那些限制。尽管我还使用其中的一些研究工具，但是我不将自己局限于新古典的世界里。"②
>
> ——利奥尼德·赫维茨（Leonid Hurwicz，1987）

自19世纪边际革命之后、新古典经济学创立以来，不同经济学流派对其的批评就一直不绝如缕。然而，这些批评并没有导致新古典大厦的整体性轰塌，反而通过不断放松新古典的严格假设和持续推进新古典的公理化分析，使得现代经济学的整个理论体系变得更加完善、对现实经济的解释力也更为强大。整体上，作为现代经济学基石性的重要组成部分，新古典经济学基于经济信息完全、交易成本为零、消费偏好和生产集都是凸的等正则性条件的假设，以理想状态下的经济作为基准点和参照系③，论证了只要让鼓励逐利个体自由竞争的市场机制发挥作用就会导致资源有效配置，从而对亚当·斯密（Adam Smith）的"看不见的手"给出了严谨的阐释，证明了竞争自由市场制度在资源配置方面的最优性（福利经济学第一定理）、唯一性（经济核极限定理）、公正性（公正定理）及有利于社会的稳定性（经济核定理）④。

新古典经济学作为基本参照系，为更贴近现实的其他经济理论的发展提供

---

① 赫维茨表示，当自己听到所谓的新古典模型，首先想到的就是一个从零点出发的严格凹、两次可微的生产函数，……一个拥有良好平滑曲线的模型，它不像瓦尔拉斯模型绝大多数都是线性的。参见 Hurwicz, Leonid. Arrow and the Ascent of Modern Economic Theory: Oral History III: An Interview [M].// George Feiwel. *Arrow and the Ascent of Modern Economic Theory*. New York University Press, 1987, 278.
② Hurwicz, Leonid. Arrow and the Ascent of Modern Economic Theory: Oral History III: An Interview [M].// George Feiwel. *Arrow and the Ascent of Modern Economic Theory*. New York University Press, 1987, 279~281.
③ 田国强对新古典经济学作为基准理论的地位和作用有详细讨论。参见田国强. 现代经济学的本质（上）[J]. 学术月刊, 2016, 7.
④ 田国强. 高级微观经济学（上册）[M]. 中国人民大学出版社, 2016, 13~14.

了理论基准，机制设计理论就是最初由赫维茨对新古典经济学进行拓展而形成的。对于新古典经济学，赫维茨充分肯定其公理化的演绎逻辑推理方法，以及作为基准参照的极其重要性，并在自己随后的研究中充分加以吸收借鉴。同时，他也明确指出新古典经济学理论框架在解释现实问题上的局限性，以及市场在处理一些经济问题上存在的失灵现象，从而需要找到替代或补充机制。总体而言，赫维茨对于新古典经济学秉持一种维护、拓展而不是推翻的态度，他一方面温和回应了学术界许多对新古典经济学的批评，对新古典经济学本身的发展也做出了重要贡献；另一方面则提倡要超越新古典，针对新古典经济学的不足，提出了自己的机制设计理论框架。

当前，我国绝大部分高校本科生和研究生关于现代经济学的课程，大多只涉及新古典的内容，对超越新古典的现代经济学内容包括机制设计理论所谈不多。从目前掌握的资料看，笔者1989年就在汤敏等主编的《现代经济学前沿专题》一书中最早对机制设计理论做了比较系统的介绍[1]。李军1990年对外部性理论与实践的介绍，是首篇明确提到机制设计理论的期刊论文，并指出该理论旨在"建立动机协调和行为均衡等"[2]，代表了经济学的新的方向。随后，1993年田国强和张帆在合著的《大众市场经济学》中进一步指出，机制设计理论"所提供的新方法和新观点有助于分析和研究中国经济改革中可能出现的许多问题，并可预测这些问题可能带来些什么后果。改革中出现的许多问题也能通过这一理论进行解释"[3]。不过，由于该理论用到许多高深数学分析工具，使之传播受到影响。

随着机制设计理论三位奠基人赫维茨、马斯金（Eric S. Maskin）和迈尔

---

[1] 田国强. 激励、信息及经济机制设计理论 [M].//现代经济学前沿专题（第一集）. 商务印书馆，1989.
[2] 李军. 外在性理论与实践 [J]. 天津社会科学，1990，4.
[3] 田国强、张帆. 大众市场经济学 [M]. 上海人民出版社，1993，258.

森(Roger B. Myerson)2007年获得诺贝尔经济学奖,国内对机制设计理论贡献的研究才逐渐增多。但是,这些研究也存在诸多不足之处。其一,大多将赫维茨的独特性贡献混杂于对其他两位获奖人的贡献介绍之中,缺乏可识别性。其二,对于机制设计理论与新古典经济学的内在逻辑关联缺乏明确阐述。其三,忽视了赫维茨在创设机制设计理论之前对于新古典经济学发展的贡献和省思。本文以下着力介绍赫维茨之于新古典经济学的思维进阶及其机制设计理论的创新突破,继而探讨其经济理论创新何以可能发生和实现,以及机制设计理论对当下中国市场经济发展乃至理论再创新的启示。

一、对新古典经济学基础理论的贡献与省思

赫维茨并非学经济学出身,他大学里是修读法律专业的,但是选修了经济学的课程,对其形成了最初的经济思想启蒙并使之对经济学产生了兴趣。大学毕业后,他进入伦敦政治经济学院攻读经济学博士学位,修读过哈耶克(Friedrich August von Hayek)、卡尔多(Nicholas Kaldor)等当时诸多经济学大家的课程。然而,由于"二战"的原因,赫维茨仅在伦敦政治经济学院修读了不足一学年,并没有完成学业就辗转移居美国,随后再也没有正式接受过正规的经济学教育,因而也就从未获得正式的经济学博士学位[①]。不过,在进入美国最初的几年里,赫维茨曾先后担任萨缪尔森(Paul A. Samuelson)、兰格(Oskar R. Lange)等以新古典经济学研究见长的经济学家的助研。这些经

---

① 不过,赫维茨由于其重要学术贡献先后获得了美国西北大学科学博士、芝加哥大学法学博士、日本庆应大学经济学博士等6个大学的荣誉博士学位。

历为他后期对新古典经济学的发展贡献奠定了基础。

19世纪50～70年代，杰文斯（William Stanley Jevons）、门格尔（Carl Menger）和瓦尔拉斯（Marie-Esprit-Léon Walras）等提出以人的效用作为分析对象的主观价值论，并揭示了边际效用递减规律，从而形成经济学说史上的边际革命，突破了古典经济学研究主要以土地、劳动、资本作为分析对象的客观价值论。马歇尔（Alfred Marshall）则将客观价值论和主观价值论整合到一个统一的分析框架中，形成新古典经济学的生产（供给）理论和消费（需求）理论。赫维茨的一大贡献是，通过对需求函数可积性问题的研究，证明了作为新古典经济学基本概念的效用的存在性，尽管其不可观测。与此同时，赫维茨对竞争市场均衡的稳定性进行了研究，从而进一步完善了一般均衡理论这一新古典经济学理论基石，阿罗（Kenneth J. Arrow）称许他为对现代一般均衡理论的四大主要贡献者之一[①]。

（一）效用理论中的可积性

新古典经济学将边际效用从古典经济学的效用概念中分离出来，并以之为基础通过效用最大化假设结合数学这一通用的科学语言，对市场需求和价格的变动做出了更基础和具体的解释，开启了经济学科学化的道路。然而，由于人们的效用通常是不可观测的，所以传统政治经济学一直批判效用是一个唯心概念，研究消费者行为的效用最大化方法也受到许多批评。尽管效用是一种不可直接观测的心理测度，但它是否确实存在呢？是否存在可形式化的效用函数？萨缪尔森最早运用新的数学工具提出了消费者显示偏好公理，揭示了效用最大化行为假设下消费者在预算约束条件下所能购买的最优商品组合所内含的个人

---

① 其他三位分别是阿罗自己、德布鲁和麦肯齐。参见 George Feiwel. *Arrow and the Ascent of Modern Economic Theory* [M]. New York University Press, 1987, p. xxxi.

内在偏好倾向[1]。

不过，显示偏好只是一个中间结果，还可进一步再往后推到需求函数。赫维茨与宇泽宏文（Leonid Hurwicz and Hirofumi Uzawa，1971）[2] 在从市场需求函数的存在来逆推效用函数的存在或关于效用函数可积性问题（Integrability Problem）的研究方面，做出了开创性和里程碑式的工作，进一步完善了新古典经济学的理论体系，这已成为标准的经济学教材中不可或缺的重要组成部分。他们在对效用函数可积性这个命题的证明中指出，斯拉茨基矩阵的对称性条件是关键，这意味着可以通过对需求函数积分来求得与所观测选择行为一致的支出函数。当然，除了对称性之外，需求函数还需要满足非负性、预算平衡、齐次性、斯拉茨基矩阵负半定等条件，这样就保证了一个与之对应的效用函数的存在。这就是所谓的赫维茨-宇泽宏文可积性定理。

他们认为，这些条件也反映了效用最大化假设对消费者行为所施加的一些可观测的约束条件，或者说界定了理性偏好与需求对应关系的充分必要条件。如果上面五个条件成立的话，那么就可以从需求函数逆推得出支出函数，继而对该支出函数求逆推，就可以得到作为反函数的间接效用函数，然后根据直接效用函数与间接效用函数之间的对偶性，就可以最终得出直接效用函数。这一经由支出函数逆推消费者偏好的做法实际想表明的是，消费者所购买的消费束就是给定收入水平下最偏好的消费束。货币测度的直接效用函数和间接效用函数包含了货币支出、价格、财富水平、偏好等信息，显然对于分析消费者福利评价的问题有很好的作用[3]。赫维茨对于完全理性、完全信息假设下消费者

---

[1] Samuelson P A.. A Note on the Pure Theory of Consumer's Behaviour [J]. *Economica*, 1938, 5 (17): 61~71.

[2] 宇泽弘文（Hirofumi Uzawa）是日本理论经济学奠基人，曾任日本经济学会会长、世界计量经济学会主席，在数理经济学领域做出了开创性贡献。

[3] Leonid Hurwicz and Hirofumi Uzawa. On the Integrability of Demand Functions [M].// John S. Chipman. *Preferences, Utility and Demand: a Minnesota Symposium*. New York: Harcourt Brace Jovanovich, 1971, 114~148.

理论的研究，为他后期与阿罗等聚焦以纯交换模型为主的竞争性均衡稳定性问题研究及信息不对称条件下经济机制信息和激励属性的突破研究奠定了基础。

(二) 竞争性均衡的稳定性

瓦尔拉斯在《纯粹经济学要义》一书中提出了一般均衡的基本思想，用联立方程组来描述经济变量间的相互依赖和彼此适应关系。瓦尔拉斯理论大致是牛顿力学原理在现代理论经济学中的一个运用，被熊彼特（Joseph A. Schumpeter）认为"精密经济学的大宪章（Magna Carta）"①。20世纪50年代，阿罗、德布鲁（Gerard Debreu）和麦肯齐（Lionel W. McKenzie）等利用不动点定理和拓扑学、凸分析的方法证明了一般均衡模型中竞争性均衡解的存在性。与之相关的竞争性均衡的唯一性和最优性，也得到许多研究者的关注。然而，关于竞争性均衡的稳定性问题自19世纪瓦尔拉斯和马歇尔等提出后，一直未得到系统研究。

传统经济学模型中的均衡是静态概念，这意味着如果经济系统的演化恰好是从这个点出发的话，那么系统将维持在这个点不动，而关于系统稳定与否的问题则是，如果经济系统不从均衡点出发，那么会发生什么情况？现实中经济经常会因受到战争、政治、技术或社会危机等因素的冲击而发生波动，那能否自动回复到原来的或某个新的均衡？② 动态均衡增加了经济分析的复杂性，却也使之更加贴近现实经济。如同熊彼特所言，"不管是静态的均衡或动态的均衡，都可以是稳定的、中性的或不稳定的"，"为了理解经济

---

① 约瑟夫·熊彼特. 经济分析史（第3卷）[M]. 商务印书馆，1995，319、322、324.
② 在赫维茨看来，稳定性均衡就是一个趋势点，即使没有机会到达那里。参见 Hurwicz, Leonid. Arrow and the Ascent of Modern Economic Theory: Oral History III: An Interview [M]. // George Feiwel. *Arrow and the Ascent of Modern Economic Theory*. New York University Press, 1987, 260.

系统的逻辑，弄清确保稳定的条件，弄清产生不稳定的条件，具有特别重要的意义"①。

赫维茨亦认为，关于竞争性均衡的稳定性研究是理解实际经济问题研究的第一步，其所提供的参照系，可为进一步发展相对实用经济理论提供平台起点。希克斯（John Richard Hicks）在1939年出版的《价值与资本》一书中曾经涉及竞争性均衡的稳定性研究，但其关于稳定性的概念是静态的。直到1941年萨缪尔森才在经济动态情境下来研究均衡的稳定性②，但是并没有讨论竞争性均衡的专有属性。阿罗和赫维茨的贡献在于将动态意义上的稳定性现代理论与区别于其他均衡的竞争性均衡的专有属性联系在一起，讨论了竞争性均衡的稳定性问题③。

在稳定性的问题中，有特定均衡点的局部稳定性和全局系统的稳定性之分。传统动态理论主要使用的是特定均衡点的局部稳定性概念，即如果从接近某个均衡点的其他位置出发，经济系统会趋向于这个点。赫维茨和阿罗不关心局部稳定性问题，他们研究的是如果经济系统从任意点出发，总能收敛到某个均衡点的话，那么这个系统就是全局稳定的。阿罗、布洛克和赫维茨（Arrow K J, Block H D, Hurwicz Leonid, 1959）严格证明了，在瓦尔拉斯律下，只要总超额需求函数满足总替代性或显示偏好弱公理，则竞争性均衡必定是全局稳定的④。随后，斯卡夫和戈尔分别构造了一些非稳定性的例子，包括互补品经济下竞争性均衡、具有替代效应的吉芬商品经济环境

---

① 约瑟夫·熊彼特. 经济分析史（第3卷）[M]. 商务印书馆，1995，319、322、324.
② Samuelson P A.. The Stability of Equilibrium: Comparative Statics and Dynamics [J]. *Econometrica*, 1941, 97~120.
③ 当然，在他们合作发表于 *Econometrica* 的第二篇关于竞争性均衡稳定性的论文中，一位数学家布洛克也做出了重要贡献并署名。
④ Arrow K J, Block H D, Hurwicz Leonid. On the Stability of the Competitive Equilibrium (II) [J]. *Econometrica*, 1959, 82~109.

下的价格调整过程等①②,这些放松总替代性假设后的反例,加深了人们对于均衡稳定性的认识。

在竞争性均衡的稳定性研究中,赫维茨等使用到对于标准拉格朗日梯度方法的调整,这有点类似于中央计划模拟竞争市场通过试错法确定均衡条件和价格体系的兰格模式。也就是说,如果经济是严格报酬递减(严格凸生产集)的,那么兰格和勒纳所设想的带参数化价格的经济机制将会运行良好。同时,普通的竞争机制将拥有收敛属性,能达到一定的均衡。但是,一旦出现报酬不变(线性情形)或报酬递增(非凸生产集),就需采用兰格和勒纳所建议的边际成本定价方法。这在静态下也许是可行的,但可能将不具备好的稳定属性,更会有激励问题存在,因为如果政府对所有亏损都予以补贴,那么企业没有理由变得更加有效。所以,在报酬递增的情形下,就需找到一个稳定的同时具有更好的激励属性的机制③。显然,这为赫维茨后期致力于激励机制设计研究埋下了伏笔。

(三) 对新古典经济学的维护与省思

任何科学的研究纲领一般都由"硬核"和"保护带"两部分组成,其中前者是不容否定的,后者则是可以调整的④。新古典经济学作为一个科学理论体系自然也不例外,它在一些可以调整的部分保留弹性使得理论得到了极大的推进,但在一些硬核部分则选择坚守不为批评所动。埃格特森(Thrainn Eggertsson)将新古典经济学的硬核界定为"稳定性偏好,理性选

---

① Scarf H.. Some Examples of Global Instability of the Competitive Equilibrium [J]. *International Economic Review*, 1960, 1 (3): 157~172.
② Gale D.. A Note on Global Instability of Competitive Equilibrium [J]. *Naval Research Logistics*, 1963, 10 (1): 81~87.
③ Arrow, K J. and Leonid Hurwicz. Some Remarks on the Equilibria of Economic Systems [J]. *Econometrica*, 1960, 28 (3): 640~646.
④ 拉卡托斯. 科学研究纲领方法论 [M]. 上海译文出版社, 1986, 67~68.

择和相互作用的均衡结构"①。这与贝克尔（Gary Stanley Becker）的观点有类似之处，后者认为经济分析的核心是"最大化行为、市场均衡和稳定偏好的综合假定"②。对于新古典经济学的内核赫维茨基本也是认同的，并在自己的经济分析中加以采纳。整体而言，在赫维茨看来，新古典经济学理论作为一个基准理论已经是一个非常完备、自洽的逻辑体系，里面充满具有内在一致性的想法。

新古典经济学在其发展初期主要考虑现有资源在不同用途之间的配置及其效率问题，这使得许多人刻舟求剑地持守新古典是非时变且局限于纯交换模型的解释。赫维茨不同意此点，尽管如前所述他本人早先关于消费者理论和竞争性均衡的研究主要也是关注纯交换模型，但他也指出新古典经济学的后续发展已有许多跨期动态研究，并将生产和资本的积累等经济面向纳入模型中。与此同时，赫维茨也指出，新古典设定了连续性、凸性等假设，并将外部性、不可分性和报酬递增等排除在外，从而是有局限性的③。当然，尽管那些假设不符合现实，但新古典模型却揭示了在那些假设之下世界将是如何运转的，从而具有重要的智识价值，并为放松假设后的理论创新提供了参照系和基准点。

整体上，在20世纪50年代中后期与阿罗的合作之后，赫维茨的研究看上去似乎变得更加抽象，但实际上他是将经济学研究的范围拓展到了一个更广、更一般的环境类，不再局限于更逼近新古典经济学环境的发达工业化的成熟市场经济体，而是将第三世界国家和一些具有社会主义元素的国家的情境也涵盖在内。他感兴趣的是如何构造类似于但不一定是市场经济的具有分散化特征的

---

① 埃格特森. 新制度经济学 [M]. 商务印书馆，1996，10.
② 贝克尔. 人类行为的经济分析 [M]. 上海三联书店、上海人民出版社，2003，8.
③ Hurwicz, Leonid. Arrow and the Ascent of Modern Economic Theory: Oral History III: An Interview [M].// George Feiwel. *Arrow and the Ascent of Modern Economic Theory*. New York University Press, 1987, 279~281.

有效机制。为此，他构造了信息分散经济的概念，新古典经济学所聚焦的完全竞争市场机制仅是其中一个特殊情形。从某种意义上讲，正是与阿罗关于竞争性均衡的研究才进一步触发了赫维茨对于完全竞争市场机制局限性的反思，从而触发了机制设计理论的提出。

二、从信息和激励维度推动基本经济理论创新

新古典经济学将制度、机制（如完全竞争等）视为外生给定，寻求在什么样的经济环境条件下能达到资源最优配置或做出最优决策。然而，现实世界所面临的经济制度、机制往往不是处于完全竞争或垄断两个极端，赫维茨在现代经济学的领域内发起了一场革命性的学术创新，颠覆性地改变了经济学家思考经济体制机制的方式。这种新的研究思维进行了逆向思维的情景研究，即将问题反过来，将更符合现实的经济环境视作给定，基于严谨方法来研究在期望目标下，如何创造一定的互动规则（即制度、机制）来信息有效、激励相容地执行和实现这个目标。从而，其创设的机制设计理论是既重视目标、也重视过程的，为经济学研究提供了新的基础性理论工具，同时对实践的指导作用也更为具体。

（一）信息效率与机制的实现

在早期的经济学文献中，信息问题较少被考虑。因为新古典完全竞争市场是有前提假设的，其中一个就是无穷多个经济人，没有人能控制商品的价格，从而如同前文提到的，通过价格信号就能够将经济人的消费和生产方面的信息完全显示出来，并且不存在任何虚假、不确定的信息，信息获取和处理的成本为零。按照这种假设，经济人不仅掌握完全的信息，还有完全的精确计算和选择能力。这一完全理性经济人假设显然比亚当·斯密和约翰·穆勒（John

Stuart Mill）的自利假设又更进一层。但这显然与经济现实不相符[①]，没有一个市场有无穷多个经济人，从而市场不可能是完全竞争的，由此价格信号不可能完全显示有关经济活动方面的信息。在分散化决策的现实经济中，人们面临的是一个充斥着复杂性和不确定性因素的世界，完全理性、完全信息假设面临主客观上的双重挑战。

20世纪二三十年代社会主义经济核算大论战的一个主要议题就是，聚焦于计划经济体制的信息处理和信息传递的问题。在这场争论中，两派学者对于一些期望的社会目标（如资源配置目标）事实上是有一致性的，但对于实现这些目标的经济体制机制选择或对执行这些目标的制度安排选择上出现了巨大分歧，这触发了赫维茨对于传统经济学研究思路的重新思考。传统的经济分析常常将某个经济机制作为外生给定，致力于讨论在什么样的经济环境（初始资源禀赋、消费者偏好、生产技术等）下，能导致帕累托最优配置，即约束条件下的最优化求解。后来这个问题被反转过来，即探讨在给定经济环境类下，去寻找一定的机制来实现合意目标，制度不再是外生的，而是根据目标要求和约束条件可设计、可调整的。

赫维茨在上述研究思路的转变上起到了引领作用。早在20世纪四五十年代，赫维茨就已开始关于机制信息属性的研究，其1960年的经典论文《资源配置最优性与信息效率》给出了信息效率的最初定义。他将经济环境处理为一组包括了技术、禀赋和偏好等给定数据的变量，资源配置机制则被定义为一种信息交流体制，参与者在其中互相传递信息，和/或传递至一个信息中心，而设定的规则将给每一个收到的信息集合决定一个对应的配置结果。如同市场调整过程一样，当信息的交换处于平稳（Stationary）位置时，资源配置结果及

---

① 但是，我们也不能忽视此类基准理论研究的意义。如完全竞争市场假定下的一般均衡理论就提供了一个参照系和基准点，基于此我们可以将对现实的分析纳入逻辑一致的分析框架之内，更好地理解信息不对称或不完全对资源配置效率的影响。

其效率情况就被决定了[①]。由于几乎不可能将分散于整体经济无数经济个体的信息集中到单一的机构手上，必须设计一种能够将复杂问题简单化、同时所需信息传递最小化的机制。

所谓信息分散化机制，其最大的特点就是在该机制中每个经济个体只需知道自己的经济特征，而不知道其他个体的经济特征来决定下一时刻所要传递的信息。赫维茨认为，对于既定目标函数，当经济环境的信息分散而经济人又没有策略性地利用私人信息的话，那么与机制有关的信息成本就给出了实施该目标函数所需的信息量的下界。这个信息成本主要包括观测成本、沟通成本及机制所需要的计算复杂性，其中观测成本是环境观测精确度的增函数，沟通成本是参与人必须处理的信息量的增函数。这个信息成本的大小，决定了机制的目标实现（Realization）问题。集中计划经济机制所面临的最大问题就是信息成本太大，使得其资源配置目标的实现被大大打了折扣，从而不得不向市场经济机制转型。

这样，如果以数集[②]来构成经济人之间传递的信息的话，那么信息效率的含义就是相应的机制用了尽可能少的数字构成的信息，或者机制的信息空间是具有尽可能少维度的欧氏空间[③]。当然，对于一个维数较少的机制，其资源配置规则也有可能会变得非常复杂，运行成本比一些高维数的机制还要大。但不管怎样，对机制最小信息空间的研究，可以帮助人们认知运转一个机制至少需要多大的信息量或成本。这正是为什么我们不能忽视新古典经济理论的基准点

---

① Leonid Hurwicz. Optimality and Informational Efficiency in Resource Allocation Processes [M].// Arrow, Karlin and Suppes. *Mathematical Methods in the Social Sciences*. Stanford University Press, 1960.
② 从信息传播的角度看，经济机制就是将信息从一个经济单位传递到另一个经济单位，传递的内容可以是一组数、一个向量或一个矩阵，其实质元素则可以是个体对某种商品的需求或供给、个体对商品的偏好关系、厂商对产品成本的描述等。参见田国强. 高级微观经济学 [M]. 中国人民大学出版社，2016，883、884.
③ Leonid Hurwicz, Stanley Reiter. *Designing Economic Mechanisms* [M]. Cambridge University Press, 2006, 64.

和参照系作用的原因所在。赫维茨（Hurwicz，1972）严格证明了在新古典经济环境类下，没有任何其他机制既能够实现帕累托最优配置而信息成本又低于竞争性市场过程[1]。同样是针对纯交换的新古典经济环境类，乔丹（J. S. Jordan，1982）进一步证明了竞争性市场机制是唯一的利用最少信息且产生资源有效配置的机制[2]。

许多崇尚奥地利学派学说的中国经济学家其弊端就在于，他们在经济分析中常常忽视了市场的有效边界，认为对更一般的包括非新古典经济环境类（比如不可分的商品、非凸的偏好关系或规模报酬递增的生产技术等），竞争市场机制也是信息最有效的，将市场在资源配置中的适用边界不恰当地扩大和泛用了。其实不然，尽管赫维茨等人对非常一般的经济环境证明了信息分散决策机制的存在，但这样的机制是以非常高的信息成本作为代价的。卡萨米格里亚（Calsamiglia，1977）证明了对一类非古典的经济环境类，特别是对非凸的经济环境类，需要一个无限维的信息空间来才使得市场机制导致帕累托最优的资源配置[3]。在这些情形下，就需要某些非市场的机制如政府的适当干预，来实现资源配置效率的改进或其他社会目标。

（二） 激励相容与机制的执行

赫维茨早期关于机制设计的学术讨论主要是强调经济机制的信息面向，研究经典经济环境类下不同机制的绩效及其纯粹信息属性，尤其主要集中于机制的信息成本和计算成本，而忽略了私人所报信息真伪的激励问题。对这一问题

---

[1] Leonid Hurwicz. On Informationally Decentralized Systems [M]. // Radner and McGuire. Decision and Organization. North-Holland, Amsterdam, 1972, 297~336.
[2] J. S. Jordan. The competitive Allocation Process in Informationally Efficient Uniquely [J]. Journal of Economic Theory, 1982, 28 (1)：1~18.
[3] Calsamiglia X.. Decentralized Resource Allocation and Increasing Returns [J]. Journal of Economic Theory, 1977, 14 (2)：263~283.

的关注，是随着博弈论工具的出现而得到推动的。也就是说，如果信息是分散和不对称的，拥有私人信息的经济主体可能会有激励提供虚假信息以获得更大的利益，那么设计者就需要通过机制设计来影响或改变参与博弈经济主体的外生参数空间，将自利行为导入社会目标的执行过程（Implementation）。对于某个给定的社会目标对应，如存在某个机制，其按给定均衡概念执行了该社会目标对应，那么这个社会目标就是可执行的，而这个机制与社会目标按给定均衡概念就是激励相容的[1]。

激励相容概念最初是由赫维茨1972年提出的，麦考斯基和奥斯特里（Louis Makowski and Joseph Ostroy，1993）形容其"有力地揭示了激励问题，如同拿掉了挡住人们视线的眼罩一样"[2]。在一个标准的埃奇沃斯盒交换经济中，赫维茨探讨了当假定交易遵守价格接受原则，同时另一交易者给出的是真实偏好，该交易者有没有可能给出一个错误、但是凸的且单调的偏好曲线，如果这比真实的偏好曲线带来的收益更大的话。答案是确定的，即在信息分散的私人物品经济环境下，即使是瓦尔拉斯市场机制也存在信息无效率和激励不相容的问题，因此无法实现资源最优配置[3]。这被称为赫维茨不可能定理。如果用规范化的表述就是，对新古典私人品经济环境类，只要参与人的个数是有限的，在参与性约束条件下（即导致的配置应是个人理性的），就不存在任何信息分散化经济机制，它按占优策略执行了帕累托有效和个人理性配置[4]。

---

[1] 田国强. 经济机制理论：信息效率与激励机制设计 [J]. 经济学（季刊），2003，2.
[2] Louis Makowski and Joseph Ostroy. General Equilibrium and Market Socialism: Clarifying the Logic of Competitive Markets [M].// K. Bardhan and J. E. Roemer, eds. *Market Socialism*. Oxford University Press, 1993, 69~88.
[3] Leonid Hurwicz. On Informationally Decentralized Systems [M].// Radner and McGuire. *Decision and Organization*. North-Holland, Amsterdam, 1972, 297~336.
[4] 其原因在于有限人数经济环境与完全竞争假设是相冲突的。当然，当经济活动中的成员数目与实数轴上的点一样多时（无穷不可数个点），真实显示偏好是可能的，但是这与现实又相差太远。

赫维茨不可能定理的本意当然不是要去否定个人理性和经济效率，而是为了探讨在什么情况下市场机制会失灵，从而找出替代性机制来矫正激励扭曲以解决市场失灵的问题。之所以会出现上述的问题，根源在于帕累托最优、激励相容和信息分散等机制的合意属性之间存在内在冲突。当然，在微观管理层面上，说真话并导致社会剩余最大化（但并非帕累托最优配置）的机制也是存在的。激励相容的概念最初主要局限在占优均衡策略上，随后也延展到许多其他博弈论中解的概念，如纳什均衡策略、贝叶斯均衡策略等。激励相容约束也逐渐与资源禀赋约束一道，成为经济学家分析经济问题的重要约束之一，充实了20世纪早期经济学家所不具备的对不同经济体制进行比较的分析工具箱。

至此，信息有效性和激励相容性被整合到机制设计理论框架之下，为各种不同的资源配置机制的设计和比较提供了一般性分析工具。机制设计理论被马斯金、罗斯等认为是经济理论的工程部分，已成为近30多年来微观经济学领域内发展最为迅速的分支之一，被广泛应用到与之相关的信息经济学、激励理论、委托—代理理论、合约理论、市场设计理论（拍卖理论、匹配理论）、实验经济学、行为经济学等中观和微观层面的理论，成为现代经济学中最为重要和活跃的研究领域。并且，在金融学、管理学、公司法、政治学、行政学等学科的各个领域，以及成熟市场经济国家的经济现实中，也得到了广泛的应用，为各类社会目标的执行和实现提供了重要理论支持。

三、赫维茨经济理论发展创新对中国的启示

一部现代经济学的发展史，就是一部经济理论的革故鼎新史。正是斯密革命与穆勒综合、边际革命与马歇尔综合、凯恩斯革命与萨缪尔森综合等一次次的范式转换推动了现代经济学的不断完善，使之对经济现实的解释力、

预测力和指导力不断增强。那么，与上述这些理论范式的革命与综合相比，赫维茨对新古典经济学的发展与超越及至机制设计理论的创新提出，有哪些独特之处？经济理论创新何以可能发生和形成？继而，赫维茨的机制设计理论对于中国特色的市场经济制度发展与完善乃至国家治理现代化有何启示？中国丰富的经济改革和发展实践是否蕴藏有在机制设计理论基础上的新的理论创新空间？

第一，赫维茨的机制设计理论创新建立在对新古典经济学优缺点辩证认知基础上，是根据现实世界对新古典理论的更一般化拓展，与社会思潮和研究工具的发展也息息相关。理论创新不是无源之水、无根之木，经济学的创新发展不是对旧理论体系的全盘否定，而更多是继承基础上的拓展。不仅前面提及的西方经济学范式革命如此，马克思的经济理论也是在继承了古典政治经济学的基本经济范畴和合理因素基础上，通过赋予新的科学内涵和逻辑推演而实现理论立场和方法手段的转变。赫维茨对于新古典经济理论同样有着深刻的认知和掌握，熟知其作为基准参照系的优势及严苛假设条件的不足之处，这有助于其建设性地从新古典理论内部寻找突破的关键点所在。

对于严苛前提假设条件的放宽，使之更贴近现实、更一般化，一直是相对实用经济理论基于理想状态基准理论进行创新发展的重要路径。机制设计理论所放松的新古典经济学的一个最重要前提假设就是完全信息假设，也就是信息是分散、不对称的，而且经济个体有可能谎报私人信息，这样每一个经济机制就都对应一定的信息有效性和激励相容性，从而对应不同的资源配置效率或其他社会目标执行结果。显然，这一假设条件的放宽是更符合现实的，并且机制设计理论具有更大的宽度和包容性，完全竞争市场机制或完全垄断机制都只是其机制频谱的一个特殊点。

当然，赫维茨的机制设计理论创新还得益于两点：一是20世纪二三十年代的社会主义大论战，论战虽然对经济机制的信息沟通问题有了较多讨论，但双方都没有对这个信息概念进行严格界定，哈耶克认为"与他同一时期的数理经济学家对于忽略市场体制中沟通的重要性负有重大责任"[1]。这一理论挑战触发了赫维茨对于构建一个基于基础性数学模型以纳入信息沟通问题的理论雄心。二是数学工具的发展，在冯·诺依曼（John von Neumann）和摩根斯坦恩（Oskar Morgenstern）1944年合著出版《博弈论和经济行为》后，赫维茨次年就曾在《美国经济评论》发表对该书的书评，也是最早将博弈论工具引入经济学研究的学者之一，新的数学方法使得机制的激励维度得以纳入理论模型进行整合性研究。

第二，赫维茨的机制设计理论创新对正处于国家治理体系和治理能力现代化进程中的中国而言，无论是在指导深化改革发展方面，还是在潜在的理论创新方面都有重要意义。中国发展和改革，与改革开放之初相比，尽管所需应对和解决的具体问题已出现很大变化，但面临的根本性问题仍具有一致性，其改革的经济学逻辑出发点没有变。任何社会现象归根结底都产生于下面两个最大的客观现实：一是个体自利性。无论是哪个层面，在通常情况下个体都是逐利的。二是信息不对称。个体间信息往往是不完备、非对称的，这也是集中计划经济之所以搞不好的根本原因。经济社会发展的好坏就在于，观察是否应对好这两个约束条件。承不承认这两个最大客观现实，关系到能不能通过制定出好的制度或政策来提高效率和勃发创新力，从而使得经济持续发展。

由于个体逐利和信息不对称这两大客观现实，有三个非常重要的关键词是我们在改革和发展当中，以及在制定制度和政策过程中必须要考虑的：一是信息有效性，尽可能用最少的信息。由于信息往往是分散、非完全及不对称的，人们才希望分散化决策，采用松绑放权的市场化改革，以此提高信息效率。二是激励相容性，让他人、个体即使逐利时，客观上做了社会想做的事情。个体

---

[1] 罗杰·迈尔森. 制度的基础理论：致莱昂尼德·赫维茨的演讲 [J]. 经济社会体制比较，2007，6.

能否做好某件事情,关键看是否搞对激励。三是资源配置有效性。与激励和信息有关,一个低效的制度机制常常与激励不相容和信息成本、制度成本过大联系在一起。这三个关键词正是机制设计理论关注的核心内容。

中国国家治理现代化目标下的全面深化改革过程,本质上就是一个制度变革或体制机制再设计、再调整的过程。在这个过程中,如何评判所设计制度安排的好坏,其关键就在于看其是否解决好了上面提及的信息有效性和激励相容性问题,这也决定了在一定的社会目标下该经济体制机制的可操作性与可执行性两大重要属性,以及最终的资源配置效率。这样,机制设计理论既重视目标设定,也重视执行过程,注重目标与过程的一致、兼容以确保机制的自我可实施性,从而对中国深化改革治理既有明道的作用,也有优术的作用。

首先,机制设计理论强调表层机制的可实施性源于更基础的元制度前提,从而要形成好的基础制度环境,需要协调处理好政府治理、市场激励和社会规范的关系,也就是要合理界定好政府与市场、政府与社会的治理边界;而在资源配置方面关键就是要让市场发挥决定性作用,更好发挥政府的作用。其次,合约理论、市场设计理论(拍卖理论、匹配理论)、实验经济学等作为一般机制设计理论的拓展理论在许多行业领域有着广泛的应用空间,例如政府层面的物资采购、土地拍卖、政府资源配置(政府项目、物品如公租房、干部岗位匹配)等,社会层面的学校招生、器官移植等,企业层面的小微信贷、劳动合约等。

中国经济改革发展日新月异,绝大部分是传统经济理论可以解释和预测的,但也有一些超过了传统经济理论的适用范围,这就蕴藏着边际创新的机会。机制设计理论中关于市场设计的理论与实验研究,在中国就有着极大的理论创新空间。中国还不是一个有效市场,主要是由于两方面原因造成:一是自然的市场失灵,如公共品和公共服务的提供,需要政府通过一定的制度、机制、政策设计来模拟市场进行补位;二是政府干预过多造成的市场失灵,需要政府的有序退出来实现配置效率的改进,这个退出过程同样需要制度、机制和政策设计的保障。中国作为一个转型经济体是一个天然的实验场,为升华理论、实践理论、检验理论提供了丰富的土壤环境,一定能够实现经济理论上的新的创新发展。

(2017 年 12 月)

108

制度的本质、变迁与选择*

赫维茨制度经济思想诠释及其现实意义

摘要：制度之于经济发展的基础重要作用，不仅得到新制度经济学派和比较制度分析学派的关注，也得到由赫维茨所开创的机制设计理论的重视，其重要性更是被古今中外的实践所印证。基于对赫维茨制度经济思想的诠释，本文的核心论点有三个：（1）制度的本质是具有自我实施性的规则或限制，主要用以稳定个体间的信息交换过程，减少其间所产生的不确定性和激励扭曲，从而达到合意的目标；（2）制度变迁是一个融合了自然演化与人为主动设计元素的叠加过程，制度演化有其客观存在性，但有效的制度设计有利于克服和避免人性弱点带来的负面效应，加速其合理化变迁，达到社会既定目标；（3）不同制度之所以有差异，是因为它们具有不同的制度交易成本（信息效率）、激励相容性，从而具有不同的制度落地能力，导致不同结果，如不同的资源配置效果。对于正处于深化改革、制度转型以推进国家治理体系与治理能力现代化进程的中国而言，了解制度的本质及其变迁具有重要现实意义。

---

* 本文载于《学术月刊》，2018 年第 1 期。合作者陈旭东。

> "也许一些制度变迁被视为纯粹的演化现象,由技术、政治或其他外生因素的变化导致。但是,实际上这些变化中常常包含重要的有意设计的元素,进而衍生了一个不同于既有框架的新的制度分析框架。"
>
> ——利奥尼德·赫维茨(Leonid Hurwicz,1987)

自 19 世纪末至 20 世纪 30 年代,以凡勃伦(Thorstein B. Veblen)、康芒斯(John Rogers Commons)、米切尔(Wesley C. Mitchell)等为代表的强调制度因素对经济发展作用的旧制度经济学派诞生以降,现代经济学对于制度问题的研究一直存在着因使用不同研究方法和分析工具而形成的两大类研究群组。其中,一类研究群组主要采用文本性研究推进模式,倾向于在研究中纳入更多来自真实经济世界经验观察的描述性细节而形成一种归纳推理。这种归纳式的内涵总结具有很强的思想性和洞察力,但不足的是不太重视理论演绎推理,在内涵和外延的科学严谨性方面,如经验观察所得到结论或理论的适应范围和边界方面有较大欠缺,其结论往往过于宽泛。科斯(Ronald H. Coase)是这类研究群体的代表人物,其具有非凡的洞察力,思想异常深刻,对现代经济学的发展影响深远,但其经济分析往往缺乏严谨表述[①]。另一类群组的研究则相对抽象、科学和严谨,通常是基于一定的前提假设包括控制其他相关变量不变的条件,通过大量运用数理逻辑分析工具的演绎推理,来厘清因果关系而得出结论,且理论结论的适用范围往往是具体和精确的。由于经济学及其理论在指导现实方面的巨大外部性和风险性,随着人类科学知识的不断增加,量化经济模型构建变得越来越严谨和成熟,数理分析工具的重要性和作用正越来越大。机制设计理论奠基人赫维茨大致可归为后面一类,肖特(Andrew

---

[①] 例如,科斯定理还是斯蒂格勒(George Joseph Stigler)帮助总结凝练的,科斯自己对其产权理论的真正适用边界也还缺乏足够的科学认知,许多方面有待进一步探讨。

Schotter)、格雷夫（Avner Greif）等的制度经济研究也是如此。

不过，这两类研究群组其实还有着另一共同的源头，即都是从新古典经济学传统拓展衍生而来的，同时在后期的发展中也越来越相互渗透、趋同，有殊途同归的倾向。基于前一类研究群组奠基人科斯早期对于旧制度经济学的理论突破及对新制度经济学的开创贡献，新制度经济学在随后的几十年里尤其是20世纪六七十年代以后经由诺斯（Douglass C. North）、威廉姆森（Oliver Eaton Williamson）、奥尔森（Mancur Lloyd Olson）、哈特（Oliver Hart）、霍姆斯特罗姆（Bengt Holmstrom）等大量经济学家从产权理论、交易费用理论、利益集团理论、合约理论等不同侧面的研究，且不少是通过数理理论模型或量化分析的研究而不断深化和扩展，取得了显著的发展进步，加深了人们对于制度与经济发展之间关系的认识和理解。继诺斯等人之后，当今这方面的代表人物是制度经济学家、美国麻省理工学院经济学教授阿西莫格鲁，其代表作是与哈佛大学政治学教授罗宾逊合著的有关人类社会大范围、长时段制度变迁研究的《国家为什么会失败：权力、繁荣与贫困的起源》一书，该研究的基本结论就是政治和经济制度对经济发展至关重要，并运用现代经济学分析工具结合大量历史事实给出了包容性和汲取性的制度二分解释论证[①]。

随着20世纪50年代末、60年代初机制设计理论的孕育、诞生和发展，关于其与新制度经济学这两大理论体系的异同、关联后来也一度成为赫维茨的研究重心，他对机制与制度的差异、制度的建模及制度的演化与设计等一系列

---

① 当然，也有学者如David Stasavage对他们的观点提出了挑战，通过分析中世纪行会内部的民主革命并没有带来经济增长的现象，指出包容性的民主政治对经济增长的影响如何还取决于社会结构的包容性与否。参见德隆·阿西莫格鲁、詹姆斯·A. 罗宾逊著，李增刚译. 国家为什么会失败[M]. 湖南科学技术出版社，2015；Acemoglu, Daron, and James Robinson. *Why Nations Fail: The Origins of Power, Prosperity, and Poverty* [M]. New York: Random House, Crown, 2012; David Stasavage. When Inclusive Institutions Failed? [D]. Lessons from the Democratic Revolutions of the Middle Ages, Working Paper, 2017.

课题进行了诸多研究探索，发表了大量学术论文。如迈尔森所言，赫维茨一直在"思考社会制度的基本问题"①。同时，赫维茨在建立机制设计理论与新制度经济学、比较制度分析等不同理论之间的逻辑关联和沟通机制上做出了大量探索，加深了人们对于制度的本质、变迁与选择的理解。赫维茨与威廉姆森、哈特、拉坦（Vernon W. Ruttan）等新制度经济学派的经济学家②形成了互动，建立了学术联系，经常参加制度经济学方面的会议，从机制设计的视角来探讨制度的生成、变迁、比较及其选择，亦曾专门撰文对科斯定理进行批评商榷③。与此同时，赫维茨所开创的机制设计理论也得到一些新制度经济学派代表性学者的关注和认同。例如，诺斯 2002 年在与中国学者的交流中就对赫维茨在机制设计方面的研究工作给予高度评价，他指出，"中国的改革，没有私有产权，没有西方法制，最初没有竞争，但有激励机制。Hurwicz 的激励机制的工作十分重要"④。拉坦 2007 年 10 月 23 日在美国明尼苏达大学庆祝赫维茨获得当年诺贝尔经济学奖的招待会上亦曾表示，"赫维茨的工作为激励相容制度安

---

① Myerson R B.. Fundamental Theory of Institutions: a Lecture in Honor of Leo Hurwicz [J]. *Review of Economic Design*, 2009, 13 (1~2): 59.
② 1989 年 2 月，威廉姆森曾写信给霍姆斯特朗、赫维茨、利伯凯普（Gray D. Libecap）、诺斯、温加斯特（Barry Weingast）五人，征求他们对其论文的评论意见；1987 年 11 月 13 日至 15 日，哈特曾受赫维茨之邀参加明尼苏达大学的"知识与制度变迁"研讨会；拉坦是赫维茨在明尼苏达大学的同事，是诱致性制度变迁理论提出者，二者曾共同组织"知识与制度变迁"研讨会。
③ 赫维茨证明了科斯定理适应范围的狭窄性，当产权明晰界定及交易成本为零时，导致资源有效配置的充要条件是效用函数为拟线性函数。即如果个体偏好不是由拟线性效用函数给出，那么关于外部性的均衡水平，就会与产权的初始配置有关。遗憾的是，这一结论并不成立，后来赫维茨的同事、学生合作通过反例指出其证明有误，并对比准线性假设更弱的情况给出了科斯定理成立的充分必要条件的证明。尽管如此，赫维茨关于科斯定理局限性的洞见依然是成立的，这一定理更适用于生产外部性而非消费外部性。参见 Leonid Hurwicz. What is the Coase Theorem? [J]. *Japan & the World Economy*, 1995, 7 (1): 49~74; John S. Chipman, Guoqiang Tian. Detrimental Externalities, Pollution Rights, and the "Coase Theorem" [J]. *Economic Theory*, 2012, 49 (2): 309~327.
④ 2002 年，诺斯在北京大学中国经济研究中心与陈平教授交流论及赫维茨，做出此评价。参见陈平. 纪念坚持科学精神的演化历史学家诺斯 [OL]. http://www.guancha.cn/chenping1/2015_12_02_343259_2.shtml.

排的设计（当然还没有完全实现）奠定了基础，而后者又是构建一个新的更有力量的制度经济学的基础"①。显然，这些评价更多关注的是赫维茨在机制的激励面向研究上的贡献，而忽视了其对于机制信息面向的研究和贡献，有失全面。

目前，国内经济学术界和思想界关于制度的本质、变迁及其比较选择还缺乏正确认识，存在着不少误区。比如，有人认为依靠政府来推动中国的"工业革命"就可解决问题，而忽视最基本的经济制度应作为前提条件，没有追根溯源，甚至是倒果为因。又如，不少中国经济学家仅根据奥地利学派代表人物米塞斯-哈耶克社会自发秩序及其机制是演化的观点，而否定制度设计（也就是改革或规则的重新制定）以此达到既定目标的重要性和必要性。这些认识上的误区、误会或源于宗教式的意识形态偏狭，或源于原教旨主义的市场万能认知，其现实危害性均不容忽视。这样，要形成具有科学性的正确认知，有赖于经济思想史和学说史的溯源式梳理和正本性厘清。

本文以下主要聚焦赫维茨的制度经济思想，来讨论制度的本质、制度的变迁、制度的比较及其选择，进而通过与新制度经济学及其发展而来的比较制度分析学派的异同比较研究和逻辑关联解析，着力呈现现代制度经济思想的整体频谱，并以此剖析其对中国下一步深化改革、制度转型和国家治理体系及其治理能力现代化的现实意义及其重要启示。

一、制度的本质是什么

绝大多数经济学家都认同制度之于经济发展的重要性，但是在不同流派的

---

① 参见 Vernon W. Ruttan, Leo Hurwicz. An Appreciation [M].// *Comments Presented at A Reception to Celebrate Leo Hurwicz's 2007 Nobel Prize in Economics*. Ted Mann Hall, University of Minnesota, 2007 - 10 - 23.

经济学家眼中制度的内涵和外延却不尽一致，也出现了对于制度的不同分类解读。首先，制度有制度环境和制度安排之分，在研究经济问题时前者主要指政治、社会、法律基础规则，常常是作为外生给定的，后者则是指特定领域内约束人们行为的一组规则，体现制度的目标和实施过程；其次，制度可以分为制度规则和制度实体，前者指特定的安排、规则或行为特征，如产权、市场、反垄断法等，后者指特定的组织机构，如大学、公司、议会等[①]；再次，制度规则又有正式规则和非正式规则之分，前者包括法律、合同、政府规制等，后者则包括习俗、惯例、社会规范等。

（一）对制度的博弈规则观解读与赫维茨的贡献

制度的不同分类，从不同的维度折射出了制度的本质。如果用博弈规则来界定什么是制度的话，诺斯的答案无疑是得到公认的，他（North，D. C.，1990，p.3）认为制度是"一个社会的博弈规则，更正式地说，是人为制定的用以规范人们互动行为的约束条件"。这种规则可经由追求个体私利的不同利益集团基于政治市场上的长期互动[②]而形成。那么，如何来形成这种约束呢？在笔者看来，这离不开三个基础制度要件的协调配合，即治理（Governance）、激励（Incentive）和社会规范（Social norms）。其中，治理主

---

① 这样的区分在诺斯看来是很有必要的。诺斯认为，"制度和组织间存在很重要的区别……从概念上讲，必须把比赛规则和运动员明确区分开来，规则的目的是界定所进行比赛的性质，但运动队的目的是在一定的规则约束下，通过技能、策略和合作来赢得比赛的胜利……将运动队的策略和技能模型化是一个与将规则的创立、演变及其结果模型化不同的过程"。参见 North D C.. *Institutions, Institutional Change and Economic Performance* [M]. Cambridge University Press, 1990, 213.
② 诺斯从政治和经济互动的角度来研究制度与经济增长、发展关系的研究视角，在阿西莫格鲁那里得到了延续和进一步发挥。参见 Acemoglu D.. *Institutions, Political Economy and Growth* [M]. Cambridge, MA: MIT, 2012; Acemoglu D, Johnson S, Robinson J A.. Institutions as A Fundamental Cause of Long-run Growth [J]. *Handbook of Economic Growth*, 2005, 1: 385~472.

要由政府强制力来保证实施，是刚性的；激励主要体现为经济上的内在诱因驱动，是柔性的；而社会规范则是理念、文化上的因素，是无欲无刚最节省交易成本的。这三者对应现代社会的政府、市场和社会，而好的治理决定了好的市场和好的社会规范，其关键就是政府的定位要恰当。

从博弈规则观的视角来看，制度本质上是理性经济人为了解决冲突、达至合作以减少不确定性而形成和发展出来的规则体系，它通过刚性的约束或柔性的激励对社会经济活动中人们的选择集合进行了确定和限制，长期积淀可形成无欲无刚的社会规范约束。与诺斯一样，赫维茨也是秉持制度的博弈规则观，强调制度对于经济发展的至关重要性，不过他重点考量的是治理和激励层面的制度，尤其是后者。所以，他的机制设计理论很多时候也被称作是激励机制设计理论。赫维茨基于制度的博弈论分析框架认为，"社会制度是由计划者界定的各种行为规则，这些界定决定了不同的 n 人博弈"[①]。赫维茨也主张制度既是可以演化的，也是可人为设计、可调整的，制度环境短期看是外生给定的，但从长远看也会随着具体制度安排的持续调整及不断累积而发生变迁。那么，与诺斯及新制度经济学的其他学者相比，赫维茨对于制度的本质理解的突破或差异之处主要体现在哪些方面呢？

其一，制度概念边界的严格界定与模型化。在赫维茨看来，制度是由一系列机制构成的集合，这个集合的边界限制了可接受的机制的种类，而一个经济机制则是一个信息交换和调整的过程。若仅考虑制度的运行成本而不考虑激励是否相容的情形下，机制设计主要就是探讨一个机制为了实现某个社会目标的最小信息量问题，其研究问题的重要性来自 20 世纪 20～30 年代米塞斯、哈耶克与兰格及勒纳之间关于社会主义计划经济能否获得维持经济有效运转所需信

---

① Leonid Hurwicz. Optimality and Informational Efficiency in Resource Allocation Processes [M].// Arrow, Karlin and Suppes. *Mathematical Methods in the Social Sciences*. Stanford University Press, 1960.

息的大论战。赫维茨早在 20 世纪四五十年代就已开始关于机制信息属性的研究，他 1960 年的经典论文《资源配置最优性与信息效率》给出了信息效率的最初定义。赫维茨将经济环境处理为一组包括了技术、禀赋和偏好等给定数据的变量，资源配置机制则被定义为一种信息交流体制，参与者在其中互相传递信息，和/或传递至一个信息中心，而设定的规则将给每一个收到的信息集合决定一个对应的配置结果。如同市场调整过程一样，当信息的交换处于平稳（Stationary）位置时，配置结果就被决定了[1]。

正式地，赫维茨将一个信息调整机制定义为 $\langle M, \mu, h \rangle$，其中 M 代表信息空间、μ 表示均衡信息对应、h 代表结果函数。由于不是任意制度都能使得个体利益和社会利益一致，若在信息效率的维度基础上再纳入激励相容维度的考量[2]，设计者则需要设计某种规则、机制，来诱导追求自身利益的个体，使其在客观效果上实现某个想要达到的社会目标，如帕累托最优配置，或在某种意义上的资源公平配置，等等。这样，在激励机制设计中，参与人的行为就不是由信息反馈过程来描述的，而是由参与人根据他们的偏好和采用战略的方式所决定的。一种将激励机制看作前述信息调整机制的方式是，将激励机制的信息空间的所有点看作信息调整机制的平稳点。在赫维茨看来，制度的作用就在于"限制可以接受的机制的种类。……这意味着指出哪一种选择域和结果函数是可接受的"[3]。也就是，希望所设计的制度具有信息有效性和激励相容性。

---

[1] Leonid Hurwicz. Optimality and Informational Efficiency in Resource Allocation Processes [M]. // Arrow, Karlin and Suppes. *Mathematical Methods in the Social Sciences*. Stanford University Press, 1960.

[2] 当然，在此种情形下，制度或机制的制度的运行成本将会变得更大。参见 Reichelstein, S., and S. Reiter. Game Forms with Minimal Message Spaces [J]. *Econometrica*, 1988, 56(3): 661~692.

[3] Leonid Hurwicz. Toward a Framework for Analyzing Institutions and Institutional Change [M]. // *Markets and Democracy: Participation, Accountability and Efficiency*. Cambridge University Press, 1993.

制度所应具有的这两大属性捕捉了由基本人性决定的客观现实,麦克法登在一篇致敬赫维茨的论文中就将经济人收集处理信息和对激励做出反应的行为形容为机制设计的人性面[①]。

其二,制度分析范围的极大拓展与包容性。赫维茨在现代经济学的领域内发起了一场革命性的学术创新,颠覆性地改变了经济学家思考经济体制机制的方式。这种新的研究思维,既不像奥地利学派将制度视作为无所作为被动的自然演化秩序,更不像新古典经济学那样,将制度、机制视为给定,寻求在什么样的经济制度环境条件下能达到资源最优配置或做出最优决策,而是进行逆向思维的情景研究,即将问题反过来问,将经济环境视作给定(这样更符合现实,比如充分考虑国情和现状),基于科学严谨方法来研究在期望目标下,如何创造一定的互动规则(即机制或制度)来实现这个目标呢?并且将信息不完全及其激励问题作为基本约束条件来考虑良性制度的设计问题,从而大大地超越了新古典经济学。这种分析框架更为基础、一般和宽广,可以系统分析和比较任何制度及其变迁过程,研究大到国家、小到单位乃至两人间的委托代理制度设计问题,揭示了信念、偏好、知识、信息、沟通、激励和经济人的信息处理能力等在分散化资源配置中的重要作用,有助于政府与市场、政府与社会之间治理边界的厘清和理顺。

从这个意义上来看,在机制设计理论中,合约(Contract)、机制(Mechanism)及制度(Institution)大体是同义词,都是指博弈规则,描述了个体什么样的行动是被允许的,以及这些行动所导致的结果又是什么。当然,如前所述,新制度经济学与机制设计理论有互相渗透、融合的倾向。例如,从交易成本理论框架的基础上发展起来的不完全合约理论,也是机制设计理论在

---

① McFadden D.. The Human Side of Mechanism Design: a Tribute to Leo Hurwicz and Jean-Jacque Laffont [J]. *Review of Economic Design*, 2009, 13 (1): 77~100.

微观领域方面的延伸和拓展，从后者那里汲取了许多理论养分和元素，为微观的企业理论和公司治理结构中控制权的配置对激励和信息获得的影响研究，提供了重要分析工具。又如，比较制度分析学派的奠基人青木昌彦[①]早期求学美国明尼苏达大学期间曾在赫维茨的指导下从事机制设计理论研究，其关于日本经济与日本企业微观制度结构的研究主要也是从信息结构、激励方式的角度切入的，尽管他着重强调制度的文化信念层面及其作用，但也是从现代经济学的一般性分析工具角度来进行的。

其三，制度的目标和过程并重与自我实施性。在笔者看来，既要重视目标设定，也要重视执行过程，二者其实是分析和解决问题的不可分割统一体，从而既不能偏废决定目标方向的基准理论，也不能偏颇应对具体实施过程的相对实用理论。遗憾的是，直至当前许多人仍没有理解这两类理论的辩证统一性，而否定基准理论的重要性。比如，一个误区就是否定均衡的重要性，由于预期和认知的有限性及现实和理想的差异性，训练有素的经济学家都知道决定理想基准目标的均衡状态和实施过程不可能完全一致。尽管基准理论有指明改进方向的作用，但在许多情况下不能直接套用来解决现实问题，从而需要发展出解决实施过程的相对实用理论，但不少人没有明白这个内在逻辑，将其对立起来，以为强调基准理论重要性的人不知道要发展相对实用理论，甚至一些人将现代经济学等同于主要提供基准理论的新古典经济学而加以否定。

赫维茨在考虑制度或规则的制定时，既重视目标，更重视执行问题和过

---

① 青木昌彦博士学习期间主要研究当存在外部性和规模经济等导致市场失灵时，政府如何设计机制以克服市场失灵，提高资源配置效率。青木博士毕业后，随阿罗辗转斯坦福大学、哈佛大学任教，继续从事机制设计理论研究，后又任教于日本京都大学，并将研究转向企业制度的博弈论分析。1971年，青木再次访问哈佛大学，其间与当时同在哈佛访问的赫维茨共同主持过"比较制度理论"研讨班。当时赫维茨对机制设计的信息效率问题已有较多研究，正借助博弈论的框架思考解决机制设计的另一个相关的问题，即激励相容问题。参见黄少卿. 青木昌彦的学术思想及其对中国改革的影响[J]. 比较，2015，4.

程，这可以从他对待新古典经济学的态度和对机制设计理论的开创中窥见。对于新古典经济学，赫维茨充分肯定其公理化的演绎逻辑推理方法及作为基准参照的极其重要性，并在自己随后的研究中加以吸收借鉴，同时，他也指出了新古典经济学理论框架在解释现实问题上的局限性，尤其是市场在处理一些经济问题上存在的失灵现象，从而需要找到替代或补充机制，由此开创了机制设计理论。机制设计理论的核心内容就是谈过程，亦即执行（Implementation）或执行力（Implementability）的问题。激励机制设计理论的同义词就是执行或执行力理论，主要就是希望找到能协调不同经济主体的利益激励相容机制，即使得个体利益与期望会最优结果一致的机制。赫维茨在2007年诺贝尔经济学奖获奖演说中强调，"如果执行是不可能的或其成本不可避免地高昂，那么再吸引人的制度也只能是乌托邦"[①]。

（二） 制度的博弈均衡特征观与策略观及其执行力

在科斯、诺斯、威廉姆森等经典代表人物之后，新制度经济学在不同分析工具的驱动下取得了新的发展，与赫维茨的制度经济思想形成了互动和可比之处。例如，以演化博弈理论研究社会制度著称的制度主义者肖特给出了与赫维茨稍微不同的制度定义，更强调均衡特征及其演化的自发秩序生成制度的观点。肖特认为，社会制度是"从其规则所描述的博弈之中发展出来的可供选择的均衡的行为标准或行为惯例"，从而"制度是博弈均衡的特征而非对博弈的描述特征"[②]。他将自己的研究目的限定在试图描述在某种给定环境中可预期产生的社会制度的类型，即在均衡处实现某种类型的资源配置，但对设计最

---

① Leonid Hurwicz. But who will guard the guardians? [J]. *American Economic Review*，2008，98（3）：577～585.
② 安德鲁·肖特，陆铭、陈钊译. 社会制度的经济理论 [M].上海财经大学出版社，2003年，216；Schotter A.. *The Economic Theory of Social Institutions* [M]. Cambridge Books，2008，154～155.

优制度[1]或考察任一特定类型制度的性质并不关注。在肖特的分析中并不存在任何居于超然位置的、能组织经济的计划者，所有参与者都是致力追求自身利益最大化的理性经济人。而赫维茨的研究则更注重规范性，他试图描述何种制度应当被设计出来，这种制度的最优性或优先性又是由于具有某些信息和激励上的优势所赋予的。需要指出的，赫维茨制度经济研究的规范性是一种弱规范，即并没有认为某个目标一定是好的，是应该达到的，而主要是进行情景分析。也就是，对一个社会或单位想要实现某个目标，那么能否通过某个满足一定性质的机制或制度设计达到呢？

沿着肖特的思路，青木昌彦、格雷夫等比较制度分析学者则将制度定义为博弈参与者的均衡策略，其特点是着重强调文化信念等主观认知的成分，而忽视制度设计的主动性。格雷夫就认为："在博弈规则技术上给定的前提下，作为对人们互动行为非技术性约束的制度由两个彼此相关的部分组成：文化信念（个体如何在不同情况下预期别人的行动）和组织（可以改变博弈规则的内生人类架构）。"[2] 青木昌彦虽也不否认不同领域的博弈规则中或多或少均已含有某种人类设计的机制，但认为制度更多属于一种演化的自组织体系或社会自发秩序，是人们在重复博弈过程中逐步形成并得到反复修正确认的、关于他人将如何进行博弈互动的共同主观认知，这种认知会上升为一种所有博弈参与者的共有信念，从而融入博弈均衡策略中，正是这种共有信念的存在使得制度成

---

[1] 对于经济学家在最优经济机制方面的研究，科斯也多有批评。科斯认为，"对最优体制的详细思考，……从总体上看，它的影响是有害的。它致使经济学家的注意力指向偏离了主要问题，即备选的制度安排在实践中是如何实际运作的。它还导致经济学家仅根据对市场状况的抽象研究就推断出经济政策结论"。在本文作者看来，科斯的批评其实就是担心所设计的最优机制不是激励相容的，使之在实践中不能实实在在地运作，但赫维茨的激励机制设计理论其实正好回答了如何解决科斯这样的担心，现实中大量激励机制的应用及比比皆是的实例也说明了此点。参见 Coase, Ronald. H.. The Regulated Industries: Discussion [J]. *American Economic Review*, 1964, 54 (3): 194~197.

[2] Greif A.. Cultural Beliefs and the Organization of Society: A Historical and Theoretical Reflection on Collectivist and Individualist Societies [J]. *Journal of Political Economy*, 1994, 102 (5): 912~950.

其为一种自我维持系统①。显然，比较制度分析对于制度应不应该、可不可以被设计并没有深入辨析，未能在明确区分制度的设计方面和演化方面的基础上揭示制度变迁的内在逻辑，而这恰恰是赫维茨所关注的，我们会在下节从多方面来回答这个问题。

基于上述比较研究不难发现，无论是制度的博弈均衡特征观，还是制度的博弈均衡策略观，都离不开博弈规则的前提条件，所以基础规则至关重要。在赫维茨的制度分析框架中，制度正是一个社会自然演化或人为制定设计的基本限制，它限制了可以接受的机制的种类，以稳定个人之间的信息交换过程，好的制度可以减少其间所产生的不确定性和激励扭曲，具有自我实施性（也就是激励相容性），从而达到合意的社会目标，如资源效率、公平配置目标。信息、激励和合意社会目标是关于制度机制的三个非常重要的关键词。然而，并不是所有制度都具有自我实施性及与整体目标兼容，有效制度的甄别和设计从某种程度上具有决定性意义，不好的制度会对一个国家或单位带来严重的激励扭曲和负面影响。正如邓小平曾言，"制度好可以使坏人无法任意横行，制度不好可以使好人无法充分做好事，甚至会走向反面"②。

经济社会发展的关键取决于制度本身的优劣，很多转型国家之所以陷入发展陷阱，偏离自身所设定的发展目标，在很大程度上就是制度从设计到执行都出了问题，缺乏激励相容性，从而难以执行下去和发挥预期作用。**政府执行力可以由两种方式体现**。一种执行力是由激励相容的具有内在诱因的制度来体现，主要是一种自我实施、"胡萝卜"式的柔性、有执行力的经济制度，其范畴主要体现在经济活动方面的制度，如建立良性市场制度。激励相容的概念最早也是由赫维茨给出的，他论证指出如果某个机制或博弈形式使得真实显示偏好策略成为占优

---

① 青木昌彦著，周黎安译. 比较制度分析 [M]. 上海远东出版社，2001；Aoki M.. *Toward a Comparative Institutional Analysis* [M]. MIT press, 2001.
② 邓小平. 邓小平文选（第2卷）[M]. 人民出版社，1994，333.

均衡策略，那么这一机制就是激励相容的①。随后这一激励相容的概念不仅局限在占优均衡，也延展到许多其他博弈论中解的概念，如纳什均衡策略、贝叶斯均衡策略等。显然，不是所有机制都是激励相容的。现实中，激励扭曲的政策、规则和制度比比皆是，这更加凸显出制度激励相容的极端重要性。

除了上面提到的市场方面具有内在激励诱因的包容性经济制度外，另外一种政府执行力就是来自政府方面由强制力保障和驱动的执行力，如依法治国，规章制度及政策得到严格执行，严格起到维护（包括保护社会秩序、个体经济自由选择和财产等）和服务的作用等，这也是决定良性经济社会发展的一大重要因素和指标。中国经济改革之所以取得巨大成就，除了归因于大量激励机制的松绑放权的经济改革，还有一个重要原因就是相对于许多后发展国家而言，中国政府具有强有力的执行力。地方政府官员的晋升锦标赛治理模式②可以部分解释这一现象，但这一模式本身也存在缺陷从而需要纠正，例如，重经济建设轻公共服务的政府职能错位。不管怎么样，较强的制度落地能力是经济良性发展的必要条件，也许中央集权制和联邦分权制在政治体制架构上有所差异，但是两类政体国家中都有经济发展良好的案例。

二、制度是如何变迁的

一部人类经济史，就是一个制度变迁史。作为新制度经济学中的一个重

---

① 对于赫维茨所定义的激励相容概念，麦考斯基和奥斯特里（Louis Makowski and Joseph Ostroy, 1993）形容其"有力地揭示了激励问题，如同拿掉了挡住人们视线的眼罩一样"。参见 Louis Makowski and Joseph Ostroy. General Equilibrium and Market Socialism: Clarifying the Logic of Competitive Markets [M].// K. Bardhan and J. E. Roemer, eds.. *Market Socialism*. Oxford University Press, 1993, 69～88; Leonid Hurwicz. On Informationally Decentralized Systems [M].// C. B. McGuire and R. Radner, eds.. *Decision and Organization: a Volume in Honor of Jacob Marshak*. North-Holland, 1972, 297～336.
② 详细讨论参见周黎安. 中国地方官员的晋升锦标赛模式研究 [J]. 经济研究, 2007, 7.

要概念，制度变迁是诺斯在新经济史研究中对于影响和决定长期经济绩效的制度因素作用进行重新挖掘而形成的，加深了人们对于制度和历史变迁的理解。以诺斯为代表的新制度经济学派认为，制度变迁的本质是产权界定和配置的改变，它可经由不同利益集团在政治市场上竞争取得利益均衡的过程而达到。制度变迁过程存在着某种报酬递增和沿着既定路径自我强化的倾向，这会带来两种可能结果：(1) 政治经济制度变迁进入良性轨道，给生产性经济活动带来正激励，从而带来经济效率和社会福利的持续优化、改进；(2) 政治经济制度变迁滑入错误轨道，既得利益集团成为制度变革的阻碍，给生产性经济活动带来负激励，社会被锁定于某种无效率的状态而陷于停滞，甚至出现倒退[①]。这样，由于现实世界的高度复杂和信息的不完全、不对称，制度变迁也并不总是完全按照初始状态或起初设计的方向演进，可能会由于偶然的外生冲击而改变演进方向。从而，一味放任自由不可取，人为的制度设计和矫正就成为必要。

新制度经济学之所以对制度变迁的研究议题感兴趣，主要缘于两方面原因：一是 20 世纪 70 年代以后，亚洲和欧洲许多国家发生了重要的制度变革，却呈现出巨大的社会经济发展绩效差异，二是传统的新古典经济学在解释、处理这些转型经济体所面对的经济现象和问题时力有不逮，需要经济学理论和方法上的创新突破。传统经济学的做法是预设一个特定的机制或制度集合，继而分析哪些经济环境假设之下市场均衡能实现及其属性。也就是说，在分析处理问题时，一个经济的制度通常作为外生变量给定，被认为是不可修正的，新制度经济学突破了这一局限。赫维茨在题为《制度变迁与机制设计理论》的论文中，则通过一系列概念如调整过程、经济机制和制度等扩展传统的研究方法，

---

① North D C.. Institutions, *Institutional Change and Economic Performance* [M]. Cambridge University Press, 1990；道格拉斯·C.诺斯著，刘守英译.制度、制度变迁与经济绩效 [M].上海三联书店出版社，1994.

提供了一个分析框架使得在其中关于制度的经济分析能够开展，在这个框架中制度也是可设计、可调整、可变化的，从而建立起新制度经济学与机制设计理论之间的某种内在联系。①

（一）制度变迁中演化和设计的关系

制度变迁是内生演化和人为设计共同作用的结果。事实上，赫维茨在1992年就曾撰写过一篇未发表的论文《制度变迁：内生演化与设计》，主要探讨制度变迁与制度的本质。在他看来，"自然"演化与有意识的设计，在许多社会制度安排和组织结构的产生与变化方面，均起着十分重要的作用，都捕捉到了现实的重要方面，从而两者应该是一种互补而不是竞争的关系②。立法就是这样一个兼具双重属性的例子，不仅仅是哈耶克所说的只是阐明规则（秩序）的过程，也包括有创造规则（秩序）的元素在其中。对于奥地利学派一味排斥建构理性、人为制度设计的观点，赫维茨是不认同的，在他看来，即使是那些事后看起来是自然进化的制度或组织，其实也包含有许多重要的事前的设计元素③。

从国家层面上来看，政府确实需要充分尊重社会自发秩序，尊重符合人性的基本制度演化，避免权力过于集中、经济干预过多，计划经济的失败已充分证明了这一点。问题是，面对传统计划经济遗留的坏的初始制度均衡，如何打

---

① 这篇论文后来曾在中国台湾"中央研究院"进行宣讲。Leonid Hurwicz. Institutional Change and the Theory of Mechanism Design [J]. *Academia Economic Papers*, 1994, 22 (2): 1～27.
② 当然，对于制度变迁中设计与演化的比例关系，赫维茨并没有像波普尔那样给出明确的说明。后者认为，"只有少数的社会建构是人们有意识地设计出来的，而绝大多数的社会建构只是生长出来的，是人类活动的未经设计的结果"。参见 Popper K R.. *The Poverty of Historicism* [M]. Psychology Press, 2002, 59；卡尔·波普著，杜汝辑等译.历史决定论的贫困 [M].华夏出版社, 1987, 51.
③ Leonid Hurwicz. Institutional Change: Endogenous Evolution and Design [D]. Leonid Hurwicz Papers, David M. Rubenstein Rare Book & Manuscript Library, Duke University, 1992.

破旧均衡让经济重新收敛到干预较少的市场经济结构,让政府回归到维护和服务的基本职能?由于制度有很大的外部性,制度的变迁不总是存在一个"看不见的手"让其自然演化,单靠制度演化而不进行主动改革(即制度或规则的重新设计)恐怕耗时过长,社会成本过大,从而需要新的制度设计来纠错、矫正以加速打破旧均衡。中国的改革开放就是这样一种制度设计,日本明治维新之后及亚洲"四小龙"20世纪70年代之后的体制转型和经济崛起,也与政府的主动制度调整和设计有很大的关系。反面的例子也很多,非洲许多国家在旧制度下变得越来越贫穷,如政府不思改革,任其持续下去,恐只会距好的均衡越来越远。

赫维茨这种不走极端的治学态度和学术路线非常重要和有很强的现实针对性,反观中国当下一些人包括许多著名经济学家根据奥地利学派哈耶克自发秩序原理,而过分极端地一味否定制度设计的重要性和必要性,强调自由市场万能,认为不存在市场失灵,政府没有干预的任何必要,这是一种以偏概全、一叶障目的做法。对于哈耶克所强调的自生自发社会秩序以自由、竞争和规则为基本要素的观点,赫维茨原则上也认同,但认为市场是有其适用边界的,一旦超出就会出现失灵,因而不能盲目相信自由放任市场,而市场失灵也正是机制设计的一大必要性之所在。如果从微观治理如公司治理层面来看,由于信息不对称现象和激励不相容问题的普遍存在,合约设计、制度设计的必要性及例子更是比比皆是。这也构成现代经济学中非常重要的一块,近些年来诺贝尔经济学奖得主的理论贡献大多与此相关。

制度变迁的演化与设计兼容性,也可以通过博弈论的分析框架来加以解释。赫维茨(Leonid Hurwicz, 1993)即将制度变迁看作是一个动态博弈的序列,第一个博弈的结果空间构成下一个博弈的规则的规则,如此迭代下去,后一个博弈的规则始终由前序博弈的结果函数所不断累积增加的细节而决定,直至最后博弈的实质性资源配置结果被确定下来。由于许多事物发展的轨迹是路径依赖的,从而决定起始点的第一个博弈的优先性是无可比拟的。比如,1787

年美国费城制宪会议上异常激烈的立宪选择博弈[①]为未来的美国设计了一种新的国家制度——联邦,并以一部经过反复辩论、精巧设计的激励相容的联邦宪法使各个州从孤立、对立走向联合、统一,这对于美国随后几百年的政治、经济和社会博弈起到了极其重要的作用。这些基本和根本制度作为一种历史传统因素会内嵌于人们的社会经济活动之中,它们构成了规则的规则,使某个或某些制度能够得到执行。

从这个意义上来讲,表层制度机制的可实施性源于更具基础性的元制度前提的决定性作用,即元博弈的结果决定了后续博弈的结构(策略空间和结果空间),前者中的博弈者随之变为后者中的执行者。以是观之,导致经济社会发展的企业家精神和创新或工业革命这一表层制度并不是基础性元外生变量,它还有更基本、基础的制度环境源头,而这往往由所有博弈者的历史禀赋(如最基本的知识水平、认知程度、技术能力、文化信念、地理条件和基本的政治经济制度环境等)所决定。同时,在不同的博弈阶段,政治经济社会文化制度环境常常会由于前期的博弈互动积累而出现变化,这样新的制度设计就要根据变化了的制度环境来制定,不能凭空想象或刻舟求剑,演化和设计由此形成一种动态耦合。

(二) 机制设计的必要性及其重要性

当然,也有学者提出了所谓机制设计、制度设计的必要性问题,这不仅仅有来自前面提及的奥地利学派学者的质疑,也有来自其他制度经济学者的质疑。例如,肖特就认为,人们基于共有信念,即使能够也不选择去撒谎获利,

---

[①] 政治、政府层面的制度设计,常常是基础性的。美国立宪制度的奠基者在《联邦党人文集》的开篇就提出了这样一个问题:"人类社会是否真正能够通过深思熟虑和自由选择来建立一个良好的政府,还是他们永远注定要靠机遇和强力来决定他们的政治组织。"参见汉密尔顿、杰伊、麦迪逊等著,程逢如、在汉、舒逊译. 联邦党人文集. 商务印书馆, 1980, 3.

而政府基于同样的认知确信人们会这样去行事的话,那么就没有必要以"信息处理者和协调人之外的任何方式干涉这里的配置过程。然而如果很显然公民的预期行为是搭便车,那么政府就必须毫不含糊地介入配置过程",以引导人们真实显示其偏好,防止那些社会中的非良性均衡惯例导致次优结果[①]。肖特的观点是,虽然谎报私人偏好信息的激励问题在理论上是可能的,在现实中也是潜在的,但是在经验上却不一定显著,也就是说可观察到的实际发生的情况并不多见,从而居于超然地位的制度设计者的介入是不必要的。

笔者认为,肖特的这种强调制度的社会规范要素而忽视治理、激励要素的观点大大值得商榷。首先,即使谎报偏好的激励问题在成熟发达的现代市场经济体不一定显著,但对后发的发展中转型经济体,特别是原有的计划经济体,也是如此不显著的吗?如果不显著,为什么许多转型经济体的激励扭曲现象比比皆是而最终都难以达到发展?为什么几乎所有的原计划经济体都实行了向市场经济的主动转型?其次,政府与市场经济主体之间往往是信息不对称的,如何预判作为市场经济主体的公民或企业的预期行为呢?如果一个制度、机制事先未实施之前就存有明显的漏洞,那么其在运行过程中有很大的可能会出现信息失真、激励扭曲和效率缺损,又怎么能忽视治理不到位而危及经济社会发展及其稳定的风险呢?况且,即使以隐藏私人信息为逻辑前提假设来开展机制设计,也不会造成严重后果;相反,一旦假设有误,所造成的后果要比前者严重得多。

的确如此,预设人类所具有的利用私人信息获取不当利益(例如谎报个人偏好信息"搭便车")动机的人性缺点有其必要性,以此为逻辑前提来开展激励相容的机制设计,虽然看上去显得比较消极和保守,但在社会公共生活中采

---

① 安德鲁·肖特著,陆铭、陈钊译. 社会制度的经济理论 [M]. 上海财经大学出版社,2003,217; Schotter A.. *The Economic Theory of Social Institutions* [M]. Cambridge Books, 2008, 155~156.

取这样的人性假设却是最稳妥的。否则,基于完美人性假设得到的结果很可能激励扭曲和低效率,甚至是灾难性的。奥尔森也曾指出,如果不存在一定的"安排或环境"来解决搭便车问题,"由理性个体组成的大集团,就不会为集体利益行事"[①]。文化信念、社会规范的作用毫无疑问是重要的,也是最节省制度交易成本的,但不能将其适用边界无限扩大,对于人性中的自利倾向应该顺应而非试图逆向而行。

资源的有限性和欲望的无限性是经济学的一个基本矛盾,人类正是在对有限资源的争夺与分配中适者生存,产生了利己的基因或本性。如果所有人都有好的信念,又都是勤勤恳恳的雷锋式人物,那就不需要任何制度安排了。但现实中总存在相当一部分人,更多考虑的是自身的利益,利己没有好坏善恶之分,关键是追求私利的手段和过程不能妨害他人利益,所以才需要治理,才需要激励,需要制度安排的约束。这在古典政治经济学派先驱人物休谟的思想中也可见到。休谟认为:"在设计任何政府体制和确定该体制中的一些制约和控制机构时,应将每个人都视为无赖——其全部行为,除了谋求个人私利之外,别无它图。"[②] 所以,制度设计不仅要对"无赖"行为进行事后的惩罚和约束,还要对那些损人利己的"无赖"冲动能够起到事先的预防和制止作用,起到不战而屈人之兵的作用。这就是刚性治理和柔性激励相结合的机制设计的重要性之所在。现实中,许多现存的重要制度也都经历了一个有意识的设计决策过程。

从这个意义上讲,诺斯和赫维茨所开创的经济理论都对新古典经济学的传统理论进行了革命性的发展。在新古典经济学的前提假设中是将制度作为给

---

① 奥尔森著,李增刚译. 国家的兴衰: 经济增长、滞胀和社会僵化 [M]. 上海人民出版社, 2007, 18; Olson M.. *The Rise and Decline of Nations: Economic Growth, Stagflation, and Social Rigidities* [M]. Yale University Press, 1982, 18.
② Hume, David. On the Interdependency of Parliament [M].// T. H. Green and T. H. Grose. *Moral, Political and Literary*. Longmans, 1882, 117~118.

定,忽略了能够导致基础性的激励结构变化的制度调整过程,而诺斯和赫维茨却将制度内生化,视作为制度安排,是可变化、可塑造、可设计的,分别推动新制度经济学和机制设计理论都成了现代经济学中极其重要的组成部分。新制度经济学与旧制度经济学的差异就在于后者多是描述性的,分析性严重不足,而要有深入的分析离不开较强的理论基础和严谨的分析工具。这同样也是机制设计理论所强调的。稳定匹配理论和市场设计实践更是将一般机制设计理论进一步拓展和应用,研究在当价格机制受到其他条件(如伦理道德因素)制约而不能很好发挥作用的市场环境下,如考虑公共品或不可分物品的提供,如何通过设计出一套匹配机制,让市场参与方能够真实显示其偏好并在此机制下进行匹配、协调,从而达到改进市场效率的目的。

(三) 机制设计者角色的两面性

马斯金曾将机制设计理论喻作经济理论里的"工程学"[①]。确实,在赫维茨所最初创导的机制设计理论里,天然地要求一个"社会工程师""改革者"或"设计者"的角色存在。关于机制设计者有不同的解读,它可以是作为社会博弈中的一个特殊博弈方,其个人目标就是个人利益(如委托—代理模型中的委托人),也可以是作为一个利益无涉的局外人(如顶层设计者),其个人目标即为社会目标,为社会提供一个制度设计方案。这个角色的重要作用就在于根据某种合意的社会目标和准则,针对现存制度安排或结构中不完备或不满意的地方进行制度规则的再设计、调整,寻找可供选择的备择机制方案并根据一些基本准则确定最优方案,使得在这样一个机制方案下社会经济活动参与者追求个人利益的努力能够与这个合意的社会目标相一致,从而实现制度的良性变迁。

---

① Maskin E S.. Mechanism Design: How to Implement Social Goals [J]. *American Economic Review*, 2008, 98 (3): 567~576.

需着重指出的是，**机制设计者从某种意义上是超越具体的人之上的，更多是整个社会或者群体达成的一种共识、约定、规则或者契约**。根据不同的问题，设计者可以是个人、一组人、立法机构（如美国国会、中国人大）、政府部门、政策制定者、改革者、经理厂长、部门主管、提出各种经济模式的经济学家等，甚至是约定都要遵守既定游戏规则的所有参与者，或其他制定规则或法则的某种机构。在国家层面这个角色常常由政府来扮演，但需要注意的是，政府一方面可以对市场制度起到增进和补充作用，另一方面也可能会由于自身的职能错位和部门利益而阻碍市场的发展。从而，合理界定政府与市场、政府与社会的治理边界就显得异常重要而厘清治理边界最关键的又是政府的定位要准确。这是由于政府在体制转型中具有重大的外部性，其如何定位决定了中国是走向好的市场经济和好的社会规范，还是坏的市场经济和坏的社会规范。

基于这样的考量，政府应以有能、有为、有效、有爱的有限政府为目标推进改革，在经济、社会中起到维护和服务的作用。所谓有能主要是讲政府执行力的问题，有为就是政府在应该作为的地方不缺位，有效是政府行政的效能和效率的问题，这三个主要是政府与市场的关系问题，以促进有效市场形成为导向。只有这样，才能为企业家精神提供良好的市场土壤。有爱则主要讲的是政府要关注民生、促进社会和谐，解决生态环境、贫富差距、诚信友爱、安定有序等方面问题，是政府与社会的关系问题，以促进和谐社会构建为导向。至于有限，主要是强调政府的职能边界应该限定在维护和服务及如何让市场有效上，从而它的治理边界一定是有限的。

如果反对有限政府的说法，那么其必然是认为政府的治理边界是无限的。当然，对不同的发展阶段、不同的体制，作为有限政府其维护和服务以解决市场失灵方面的具体作用、内涵及其程度会有很大的不同。比如，对理想极限状态，有限政府的边界是最小的，基本就是"守夜人"的作用，而对一个发展中的国家，特别是转型经济体，市场还不是一个有效市场，归因于两方面的失灵，一方面是标准经济学教科书中所界定的市场本身的失灵，而政府又没有去补位，另一方面是由于政府的过位、错位所造成的人为市场失灵，而政府又没有从中抽身。这时，政府就比"守夜人"政府需要发挥更大、更好、更有执行力的作用。比如政府启动和主导改革，建立和完善有利于经济发展、创业创新的现代市场制度，以及提供对新兴行业和基础行业等政策（包括适度产业政策）方面的支持等。这些都是由于发展过程中或转轨过程中的市场还不是一个有效市场，因此政府应该发挥更多这方面的维护和服务作用。

在市场经济环境下，企业家是经济活动的重要主体，在要素资源的优化重组和社会财富的增殖创造方面发挥着不可或缺的作用，企业家精神因而变得至关重要。但是，如同前文也提到的，创新和企业家精神的确立依赖于基本制度的选择，从而是内生变量。如果没有基本制度环境（包括政府治理、市场激励和社会规范）的改善，如果影响企业家行为配置的基本游戏规则是非生产性乃至破坏性的，创新和企业家精神也得不到释放，而基本、基础性制度的建立离不开有意识的设计[1]。需要指出的是，制度设计不能等同于管制、统制，不等于政府要集权于一身，给人们经济自由的松绑放权改革也是一种制度设计。改革开放的经济增长红利正是源于此。

制度机制的设计问题不仅存在于一个国家或经济体的宏观体制设计之中，也可见于中观的产业规制及微观的企业内部结构治理与管理，例如对于原本独立部门的水平一体化或垂直一体化设计，对于一体化公司集团内部的生产价格与数量指导的绩效比较，等等。这也是赫维茨在《创造新制度：基于设计视角》中的一个研究意图，即将关于资源配置机制的一般理论与关于公司、市场

---

[1] 鲍莫尔扩展了熊彼特的创新理论，强调市场机制和制度安排对于将企业家引向生产性创新活动的重要性。详见 Baumol W J.. *The Free-market Innovation Machine: Analyzing the Growth Miracle of Capitalism* [M]. Princeton University Press, 2002；威廉·鲍莫尔著，郭梅军等译.创新：经济增长的奇迹[M].中信出版社，2016.

和等级制度等的经济制度的组织结构理论进行有机整合，以起到相互支持和增强的效果①，这大大提高了机制设计理论的范畴。这在青木昌彦关于日本企业公司治理的研究中也得到一定的呼应。青木昌彦认为，在现存的工商业组织中仍然存在着自觉设计的因素，"日本公司的管理就是通过明确设计内部集团的协作机制，把强调的重点从资历转移到通过提升标准所体现的贡献上"②。

不过，如前所言，在制度的治理、激励和社会规范三要素中，比较制度分析学派更重视社会规范即共有信念的决定作用。在其制度分析框架中，人们会在博弈互动的过程中不断调整其信念体系的心智型构过程，当原有的共有信念不能产生预期结果而失效时，在博弈的参与者当中就会逐步产生和扩散一种信念危机，原有博弈均衡就会由于信念的分化不一致而被打破，直到基于新的共有信念之上的新的博弈均衡出现为止。青木昌彦认为，由于涉及文化信念调整及制度递嬗之间的关联性、互补性、耦合性，制度变迁是一个非常复杂的适应性进化过程，也是一个极其缓慢的渐进式动态过程③。问题是，对于一个转型国家而言，如果单纯依靠这样的制度变迁机制，需要一个长久积淀的过程，而且还不一定是一个收敛的过程。因此，他们的制度及制度变迁观恰恰支持了制度设计不可或缺的观点。

三、制度比较及其选择的维度

第二次世界大战结束后，东西方许多国家的社会经济基本制度和体制机制

---

① Leonid Hurwicz. Inventing New Institutions: The Design Perspective [J]. *American Journal of Agricultural Economics*, 1987, 69 (2): 395~402.
② 青木昌彦. 关于日本公司的经济模式 [J]. 经济社会体制比较, 1992, 3; Aoki, M.. Toward an Economic Model of the Japanese Firm [J]. *Journal of Economic Literature*, 1990, 28 (1): 1~27.
③ 青木昌彦著，周黎安译. 比较制度分析 [M]. 上海远东出版社, 2001; Aoki M.. *Toward a Comparative Institutional Analysis* [M]. MIT press, 2001.

都经历了巨大的变迁,制度的多样性及其不同经济绩效,使得经济学家希望能够找到一些更具解释力的新的理论框架和分析工具,以用来研究不同制度、体制、机制的可比较性质,从而对区分什么是好的制度和什么是坏的制度,以做出更好的制度选择,至少能够在一定程度上形成理论共识。这些新的理论框架和分析工具需要能够对传统新古典经济学的基本市场类型之外的,更贴近现实、更趋于多样的其他体制机制安排的差异,给出更具有说服力的内在逻辑自洽的解释。前面论及的新制度经济学、机制设计理论及与这两种理论均有密切联系的比较制度分析理论,都从不同侧面对制度的比较及其选择问题给出了各自的理论阐释。

(一) 制度比较的两大重要维度:信息与激励

新制度经济学在其发展初期,主要从信息角度来对制度的交易成本进行比较。在《企业的性质》中,科斯提出交易成本是利用价格机制的成本,至少包括发现相关价格的成本、谈判与履约的成本[①]。其中,前者就是一个获得可靠市场信息的成本,出售这些信息的专门人员出现会使得信息费用成本降低,但不会完全消除。在诺斯看来,人类社会制度的主要作用就是建立一个稳定(但不必然有效)的结构来降低人们互动时的不确定性。那么,这个不确定性又是从何而来?诺斯指出其是由人类互动过程中其他相关行为人活动所引起的不完全信息及个人信息计算处理能力的局限性所致[②]。这就引入了激励的因素。

在新制度经济学概念提出者威廉姆森的理论分析框架里,制度同样也是为了降低社会经济活动的交易成本而存在的,制度的优劣常常就取决于交易成本的高低,一个好的制度安排应能够极大地降低交易成本,而更重要的是,他进

---

① Coase, Ronald. H.. The Nature of the Firm [J]. *Economica*, 1937, 4 (16): 386~405.
② North, D.C.. *Institutions, Institutional Change and Economic Performance* [M]. Cambridge University Press, 1990, 6, 25.

一步指出交易成本在很大程度上则源于信息不对称所导致的有限理性困境及机会主义倾向这两大人类固有天性[①]。这也正对应了赫维茨在机制设计理论中所指出的，机制设计主要关注的是在面对信息不对称和个体自利性这两个最大客观现实条件下，如何设计一个或一组具有信息效率的机制，来激励相容地达到一个给定的经济或社会目标。从而，信息和激励是彼此相关、不可分割的，构成了制度比较的两大重要维度。

这样，当对不同制度进行比较分析以着力探求能够达至既定目标或合意属性的最优机制时，必须同时考虑这些制度机制的信息属性和激励属性。尤其需要指出的是，在机制设计时单单考虑激励相容约束是不够的，因为满足激励相容条件的机制有很多，这就需要加入信息效率（尽可能减少由于信息不对称所带来的信息租金）、参与性约束等来进一步全面认识机制的可比较属性，从而做出更好甚至是最优的制度选择。尽管制度机制还有其他维度的属性，但信息和激励这两个属性最为根本，对于资源配置效率也是最具有决定性意义的。之所以要让市场在资源配置中发挥决定性的作用，在很大程度上就是由于市场在处理信息有效性和激励相容性从而在资源配置效率的问题上所具有的决定性优势。

（二）机制优劣取决于信息有效性与激励相容性

由于几乎不可能将分散于整体经济无数经济个体的信息集中到单一的机构手上，必须设计一种能够将复杂问题简单化同时所需信息传递最小化的机制。所谓信息分散化机制，说的是这样一种机制，在其中每个经济个体只需知道自己的经济特征，而不知道其他个体的经济特征来决定下一时刻所要传

---

① Williamson O E.. *Markets and Hierarchies: Analysis and Antitrust Implications* [M]. New York: The Free Press, 1975, 26~33.

递的信息。赫维茨认为，对于既定目标函数（或社会选择函数），当经济环境的信息分散而经济人又没有策略性地利用各自的私人信息的话，那么与机制有关的信息成本就给出了实施该目标函数所需要的信息量的下界。这个信息成本主要包括观测成本、沟通成本及机制所需要的计算复杂性，其中观测成本是环境观测精确度的增函数，沟通成本是参与人必须处理的信息量的增函数。

这样，如果以数集[①]来构成经济人之间传递的信息的话，那么信息效率的含义就是相应的机制用了尽可能少的数字构成的信息，或者机制的信息空间是具有尽可能少维度的欧氏空间[②]。当然，对于一个维数较少的机制，其资源配置规则也有可能会变得非常复杂，运行成本比一些高维数的机制还要大。但是不管怎样，对机制最小信息空间的研究可以帮助人们认知运转一个机制至少需要多大的信息量或成本。这也正是为什么我们不能忽视新古典经济理论的基准点和参照系作用的原因所在。赫维茨严格证明了在新古典经济环境类下，没有任何其他机制既能够实现帕累托最优配置而信息成本又是低于竞争性市场过程的。同样是针对纯交换的新古典经济环境类，乔丹进一步证明了竞争性市场机制是唯一的利用最少信息且产生资源有效配置的机制[③]。

但是，纯交换经济是脱离现实的，那么在包括生产的经济环境类情况下类似的结论是否成立呢？笔者通过应用微分拓扑、代数拓扑等数学工具，给出了

---

① 从信息传播的角度看，经济机制就是将信息从一个经济单位传递到另一个经济单位，传递的内容可以是一组数、一个向量或一个矩阵，其实质元素则可以是个体对某种商品的需求或供给，个体对商品的偏好关系，厂商对产品成本的描述等。参见田国强. 高级微观经济学 [M]. 中国人民大学出版社，2016，883、884.
② Leonid Hurwicz, Stanley Reiter.. *Designing Economic Mechanisms* [M]. Cambridge University Press, 2006, 64; 田国强. 高级微观经济学 [M]. 中国人民大学出版社，2016，884、885.
③ J. S. Jordan. The competitive Allocation Process in Informationally Efficient Uniquely [J]. *Journal of Economic Theory*, 1982, 28 (1): 1~18.

肯定答案及严格证明[①]。这也呼应了米塞斯和哈耶克在社会主义大论战中的观点。不过，许多崇尚奥地利学派的中国经济学家认为新古典经济环境过于狭窄，以为对更一般的包括非新古典经济环境类（比如不可分的商品、非凸的偏好关系或规模报酬递增的生产技术），传统的市场机制也是信息最有效的。其实不然，尽管赫维茨等人对非常一般的经济环境证明了信息分散决策机制存在，但这样的机制是以非常高的信息成本作为代价的。卡萨米格里亚证明了对一类非古典的经济环境类，特别是对非凸的经济环境类，需要一个无限维的信息空间来才使得市场机制导致帕累托最优的资源配置[②]。

如本文前面提到的，直到赫维茨 1972 年提出激励相容概念之后，机制的激励面向才得到研究者的广泛关注，激励相容约束也才逐渐与资源约束一道成为经济学家分析经济问题的重要约束之一，充实了 20 世纪早期经济学家所不具备的对不同经济体制进行比较的分析工具箱。在考虑激励机制的设计时，有一幅非常经典的原理图示，其基本含义是要达到我们的社会选择目标，激励机制的设计必须要以制度环境作为前提，要充分考虑现实约束条件，再根据个体的激励反应和所显示的信息来制定规则，并执行规则实现法治。现实中，许多人包括政策制定者想当然地认为制度设计或政策制定是任意的，而不清楚制度设计的前提是基于政治、经济、社会、文化乃至地理条件等初始禀赋所决定的制度环境，并且要根

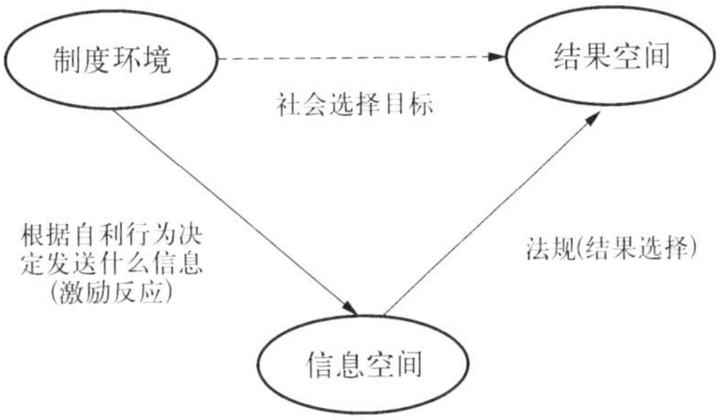

图 1 机制设计原理

---

① Tian Guoqiang. The Unique Informational Efficiency of the Competitive Mechanism in Economies with Production [J]. *Social Choice and Welfare*, 2006, 26 (1): 155~182.
② Calsamiglia X.. Decentralized Resource Allocation and Increasing Returns [J]. *Journal of Economic Theory*, 1977, 14 (2): 263~283.

据这些基本制度环境的新变化而对制度安排做出相应的变化调整。

实际上,激励相容的思想在亚当·斯密的《道德情操论》中就能找到。斯密将人类社会喻作一个大棋盘,在这个棋盘上每个人都有自己的移动原则,这个原则可能与立法机关或许会选择强迫其接受的那个原则完全不同。这样,如果个体移动原则与外部设定原则及其运动方向一致的话,人类社会的棋局将会进行得顺畅而和谐,且很可能会快乐而成功。相反,如果两个原则的运动方向恰好相反或分叉,那么这盘棋局的进行将是凄惨的,整个社会也会时刻处于高度混乱中[1]。从某种意义上讲,赫维茨的经济学贡献是将斯密的这一思想用严谨的数理经济模型给出了明确的定义。当然,斯密在这里更多强调的是,外在的规制要与人性和市场的自发秩序的内在规定性方向基本一致,否则会适得其反。

(三) 制度多样性及其选择要求机制设计的介入

制度多样性及其选择的需要使得制度间的比较成为必要。首先需要弄清楚,为什么不同经济间会存在形式各异的多样性制度?这也是比较制度分析理论最基本的学术出发点。他们运用博弈论的均衡思想和分析技术,将制度出现的多样性处理为多重均衡或路径依赖的结果,在博弈均衡的基本框架里来发展出一个关于制度的均衡及其演进的理论。在比较制度分析学派看来,制度相当于自我实施的均衡策略,而由于历史、文化等原因形成的差异化均衡策略一方面可能会产生多重均衡,另一方面也会对之后的博弈及其制度产生路径依赖效应,所以不同国家、不同经济之间就会存在着不同的制度安排。格雷夫对中世纪晚期热那亚商人和马格里布商人的历史比较制度分析研究,就揭示了个体

---

[1] 亚当·斯密著,谢宗林译. 道德情操论 [M]. 中央编译出版社, 2008, 295; Smith, Adam.. *The Theory of Moral Semtiments* [M]. Sálvio M. Soares. MetaLibri., 2005 (1759), 212.

主义文化和集体主义文化不同文化信念传统对于制度创新及组织发展的不同激励[1]。

制度的多样性，并不意味着这些不同制度之间是完全冲突、不兼容的。恰恰相反，不同制度及其制度安排之间常常具有互补性。这导致的一个结果就是，有时如果仅进行零敲细打的局部制度改进，往往并不会带来整体制度的效率或福利改进。这也就可以解释为什么许多国家的帕累托低效的制度还能够长期维持，因为没有系统性、结构性、根本性的制度性改革的话，经济常常会陷入发展陷阱。尽管"中等收入陷阱"主要以经济增长和经济发展的量化指标来衡量，但其内在本质还是制度转型困境，大量的也许是短期、局部次优却不是长期、全局最优的过渡性制度安排被定型化、终极化。这样，一国要跨越发展陷阱就必须打破各类既得利益集团的羁绊，通过具有耦合性的全面综合改革打破全局无效甚至负效的过渡性制度安排的锁定状态，让制度均衡向新的更加富有效率和更加公平正义的状态跃迁[2]。

中国1978年选择了从计划经济体制向市场经济体制平稳转型，并取得了巨大的经济发展绩效，这要得益于尊重常规状态下个体逐利本性的松绑放权改革。如同笔者一再强调的，这种政府主动少管、放权让利的改革，也是一种有意识的制度设计，是规则的重新设计。如同邓小平所说的，"我们的各级领导机关，都管了很多不该管、管不好、管不了的事，这些事只要有一定的规章，放在下面，放在企业、事业、社会单位，让他们真正按民主集中制自行处理，本来可以很好办，但是统统拿到党政领导机关、拿到中央部门来，就很难办"[3]。随着中国进入全面深化改革以推进国家治理体系和治理能力现代化的

---

[1] Greif A.. Cultural Beliefs and the Organization of Society: A Historical and Theoretical Reflection on Collectivist and Individualist Societies [J]. *Journal of Political Economy*, 1994, 102 (5): 912~950.
[2] 田国强、陈旭东. 中国如何跨越"中等收入陷阱"——基于制度转型和国家治理的视角 [J]. 学术月刊, 2015, 5.
[3] 邓小平. 邓小平文选（第2卷）[M]. 人民出版社, 1994, 328.

新的历史进程，改革深化、转型推进本质上也依然是体制机制在优劣比较之下的再设计、再调整的过程，可以借助机制设计理论及赫维茨的制度经济思想。

四、结　语

赫维茨在其机制设计理论的研究推进中与新制度经济学形成了有益的良性互动，两个理论都将制度纳入分析框架之内而不是作为外生变量给定，都认为制度是可变化、可设计、可塑造的。尽管两者都没有脱离制度的成本—收益及其资源配置效率的基本分析框架，但新制度经济学采用的是交易费用一个维度作为制度分析工具，而机制设计理论主要从信息和激励两个维度来考察机制的实施成本。兼采机制设计理论和新制度经济学之长的比较制度分析，也非常强调制度的自我实施性或自我维持性，这是与赫维茨制度设计观点相同之处。不同之处在于，比较制度分析更加强调集体的共有信念对于制度变迁的作用，认为制度演化要远远重于和多于制度设计，而本文作者认为，这不是一概而论的，取决于是在国家治理的宏观层面，还是在行业或单位、组织中微观层面，以及所面临的初始制度均衡优劣性。

整体而言，制度在赫维茨经济理论和思想体系中占据重要地位。基于以上比较分析，进一步加深了我们对制度的本质、变迁及选择的理解。首先，制度是具有自我实施性的规则或限制，主要用以稳定个体间的信息交换过程，减少其间所产生的不确定性和激励扭曲，从而达到合意的目标，如资源配置效率这一重要目标。其次，制度变迁是一个融合了自发演化与主动设计元素的叠加过程，制度演化有其客观存在性，但有效的制度设计有利于克服和避免人性弱点带来的负面效应，加速其合理化变迁，达到社会既定目标。再次，不同制度之所以有差异，是因为它们具有不同的交易成本（信息效率）、激励相容性，从而具有不同的制度落地能力，导致不同结果，如不同的资源配置效果。信息、激励和效率是在多样性制度中进行比较鉴别的基本指标。

当下中国正处于全面深化改革以推进国家治理现代化的关键历史阶段，改革的根本就是提高资源配置效率和勃发创新力，机制设计理论在这方面能发挥重要指导和具体实施作用。赫维茨制度经济思想对于中国下一步的改革、发展和治理的主要启示有三个：一是制度问题具有基础性、根本性、全局性，基础性的元基本制度对于社会经济活动的决定性作用不容忽视，表层的创新和企业家精神也有赖于基础性的元制度对于生产性活动的鼓励和支持；二是中国制度的平稳转型变迁需要有机融合自发演化和自觉设计、基层探索和顶层设计，不能简单盲目偏信、以偏概全，用一方去否定或完全替代另一方，走极端和盲目制造对立都不可取；三是转型经济体的制度表现形式具有多样性，但是进行制度比较和衡量制度好坏从而做出更好制度选择的基本标准具有一致性，应重点关注信息有效性、激励相容性及资源配置效率和公平这几大维度，从而确保制度的落地能力。

（2018年1月）

109

我对中国特色社会主义政治经济学的理解*

在清华大学政治经济学高端论坛上的报告实录

首先，谢谢继明教授对我的介绍，同时也感谢继明教授邀请我参加这样一个很有意义的会议。对如何看待和探索中国特色社会主义政治经济学的问题，我觉得在中国的政治经济学无论是从解决实际问题还是包容性、规范性、科学性、严谨性、前瞻性和思想性方面，还有比较大的改进空间。我是受继明教授邀请来参加这个会，使得我有这么一个机会能够充分表达自己的观点。为这次发言，我专门跟他通了次电话，我说你的论坛主题到底是什么，他说要为他承担的国家社科基金重大项目的研究做准备。既然这样，我就围绕论坛的主题，讲一讲我对中国特色社会主义政治经济学的理解和看法，应该怎么去发展，怎么让它更具有科学性、严谨性、规范性、前瞻性、时代性、思想性和现实性。

首先，中国特色社会主义政治经济学应具有更大的包容性。

---

* 本文为作者 2017 年 12 月 19 日上午在清华大学政治经济学高端论坛上作主旨报告的实录，2018 年 1 月刊发于《澎湃新闻网》。

事实上，即使在海外许多研究中国经济问题的，只要是研究制度、体制及其改革与经济发展关系的，按照国外的学科的划分，就是政治经济学的范畴。从这种意义上说，我研究中国经济问题20多年，包括合作撰写的专著《中国改革：历史、逻辑和未来》，也是属于政治经济学研究的范畴。诸如钱颖一教授、许成钢教授，他们研究转型问题，我想也是属于政治经济学的范畴。今天上午钱教授有事不能到场，但在午餐时见到他，我会和他探讨这个看法。刚才继明也谈到了我领导的两个院，之所以主持经济学院和高等研究院，是我在上海财经大学搞改革有一个办学方针，就是：中国特色、世界一流、国家急需、服务社会。说到中国特色，因为经济学一个最基本的原理就是必须在约束条件下做事，不管你是喜欢还是不喜欢这些约束条件。研究中国问题要充分考虑的其中一个约束条件就是中国特色或国情，就是我们在研究任何一项改革和提出应对或解决方案的时候必须要考虑到政治、经济、社会、文化、生态、禀赋等等，包括国情。

总结改革开放40周年中国特色社会主义的形成和发展，我感觉许多支持改革的理论、举措和实践及改革的成果没有被纳入进政治经济学的范畴，甚至将其对立起来，被认为是西方的东西。动不动被认为是西化或给你上纲上线，让学者、从事政策研究者和领导谈改革、提建议、给举措时难以思想解放，而是战战兢兢，缩手缩脚。如果这也是西方的东西，那也是西化，许多改革建议和举措，回头来看，尽管有许多不足，但为什么在中国的改革和发展中起到这么大的推动作用呢？这是说不通的。刚才继明也谈到了，习近平主席几次对政治经济学和经济学科谈了他的许多看法。的确如此，从总体上看，中国的经济学科——不仅政治经济学——其学科体系、学术体系、话语体系、建设水平都不高，学术的原创性还不强，无论是在学术性、严谨性、科学性、现实性、前瞻性和实效性方面，政治经济学的研究离实现这"六性"还有很大差距。对待任何一个学科，必须要有忧患意识、不足意识、危机意识才可能进一步地发展。

其次，中国特色社会主义政治经济学的研究要有时代性，要有利于改革开放，有利于经济社会发展。

我想正式讨论之前，先就中国特色社会主义政治经济学的定义和本质内涵给出我的结论和看法，后面会详细论述。我想在此提出中国特色社会主义新政治经济学的概念，这是一个具有相当学术包容性的概念。在我看来，凡是从中国国情出发（我后面会谈到，比如说最基本的国情就是中国共产党的领导，这是一大优势，也是必须承认的客观事实），采用规范的分析框架和研究方法进行内在逻辑的推理和论证（不见的是数学，比如说科斯定理就没有任何数学符号，但是你不能说没有逻辑性），实事求是地来研究上层建筑（国家、体制、制度及其改革）与经济发展关系等方面的问题，都属于中国特色社会主义政治经济学的范畴。当然，尽管属于同一范畴，可能会有非常不同的理论和结论。这不奇怪，即使现代经济学也有许多针锋相对的理论，比如有赞成凯恩斯理论，也有否定凯恩斯理论的理论，有否定中国改革的，也有赞成中国改革的。

因此，对学术讨论和研究，不能动不动就上纲上线，攻击别人，自己是对的，别人是错的。就像刚才继明介绍的，还没有开始研究，就有人说蔡继明老师是反马克思的，一个大帽子就把你压死了，那还谈什么学术研究，这不利于学科发展，也不利于改革创新。但不管怎么样，中国特色社会主义政治经济学的研究不能脱离现实和中国国情，要有时代性，要有利于改革开放，有利于经济社会发展。这个学科既然是中国特色社会主义的，就必须从中国现有的国情出发（包括党的领导，这是人民的选择、历史的选择，这就是国情和中国特色）来研究上层建筑（包括国家体制、制度）改革与经济的关系、与经济发展的关系。都应属于这个范畴，从而具有很大的包容性。只有这样，才有利于形成一种学术的凝聚力和改革的共识。比如说获得孙冶方经济科学奖、中国经济理论创新奖的，凡是在国内外关于中国体制改革及发展方面的研究，我认为基本上都属于这个范畴，这样我们就既坚持了马克思主义的基本理论和方法论，同时又把中国改革开放等一系列重大战略问题研究包括进来了。

接下来，从政治经济学的历史演变及其与现代经济学的关系、中国特色社会主义政治经济学的定义和标准、中国特色社会主义政治经济学的分类和作用、中国特色社会主义政治经济学的贡献和创新这四个方面展开我的论述。我再次申明我这些想法还不非常成熟,是为了完成继明教授交给我的这么一个任务,谈谈我的所思所想,以期和大家形成一种共识。

一、政治经济学的流变及其与现代经济学关系

"政治经济学"的提法出现于 17 世纪初,源于希腊文中的"poniz"(原意为城邦、国家及经济)与"经济学"组成的复合词。法国重商主义者 A.蒙克莱田在 1615 年出版的《献给国王和王后的政治经济学》一书中首先使用该词,目的是说他所论述的经济问题已超出自然经济的范畴。17 世纪中叶到 19 世纪初是古典政治经济学的形成和发展时期,涌现了像威廉·配第、亚当·斯密、大卫·李嘉图、约翰·穆勒、布阿吉尔贝尔等一系列彪炳经济学说史的政治经济学大家。古典政治经济学既构成了马克思政治经济学的理论源泉,也是新古典经济学等现代西方经济学的理论源头。

(一) 马克思政治经济学与现代经济学在许多方面是相容的,只是考虑和研究问题的侧重点不同

通俗地说,经济学最早是研究如何管理家庭财富的,然后扩展到如何管理国家财富,最后从管理财富到创造财富,这就牵涉到制度和经济的关系问题。政治经济学自此就慢慢地衍生了,所以,它主要是谈制度、国家与经济的关系问题。古典政治经济学既构成了马克思政治经济学的理论源泉,同时也是新古典经济学等西方经济学的理论源头,它们都是现代经济学,也都要研究制度问题,为什么就一定要把它们对立起来呢?我认为它们在许多方面都是兼容和相容的,只是考虑和研究问题的侧重点不同。当代的现代经济学可不是像不少人

所理解的那种，把现代经济学等同于新古典经济学（因为大多数学经济学的人只学到新古典为止），然后将新古典经济学等同于新自由主义，这就很有些上纲上线了，然后将新自由主义等同于华盛顿共识，再将华盛顿共识等同于休克疗法，这样一来，给你上纲上线到了一个极大的高度。我所了解和认识的经济学家中好像没有这样的人，我认为即使张维迎教授也没有持这样的观点，否则他跟华生还有必要争什么价格双轨制理论的所有权呢？

马克思主义最重要的原理就是辩证唯物主义和历史唯物主义思想，动态宏观长远地考虑问题。我在上海财经大学经济学院改革的第一步就是要所有的学生，包括新进的博士生都要上马克思的《资本论》，并且政治经济学博士生要上 3 个学期，西方经济学博士生上至少一个学期《资本论》。研究中国特色社会主义制度，马克思的政治经济学毫无疑问会发挥重要的指导作用，而中国改革开放的国策和市场起决定作用的理念在现代经济学中的许多基本原理和理论中也得到了体现，辩证唯物主义强调物质按照本身固有的对立统一的规律运行发展，存在决定意识，历史唯物主义同样强调社会历史发展具有固有的客观规律。我认为，生产力和生产关系的矛盾就是经济基础和上层建筑的矛盾，是推动社会和经济发展的基础。

（二）存在决定意识而不是意识决定存在，学术一定不能走极端

存在决定意识是马克思主义的基本原理之一。在当前人们思想水平还不高的情况下，怎么才能解决生产力和生产关系的矛盾呢？我认为，首先要实事求是地充分考虑到个体自利性和信息不对称是两大客观现实，都是客观普遍存在的，否则的话中国不要搞改革开放了，它们都是存在决定意识，而不是意识决定存在。如果每一个人都是雷锋，什么样的制度，无论计划经济还是市场经济，还是什么其他经济制度都能做好，都有自觉性，从而就不需要什么党纪国法这样的约束。现实是如此吗？其实，个体自利性在任何层面上都是成立的，比如我们在研究国家与国家的关系时，作为中国人，就不能站在美国的立场

上。如果考虑清华大学和上海财经大学的关系，我肯定是站在上海财经大学的立场上，而不是清华大学的立场上，这个很简单。如果你是这个企业的员工，你敢把企业的机密泄露出去吗？我不知道为什么还有一些人反对这个经济学的最基本假设。事实上，这不只是假设，更是最大客观现实，所以这里不是意识决定存在，而是存在决定意识。再一个最大客观现实就是信息不对称，比如你说了一番话，我怎么知道是真的还是假的？否则怎么会有这么多说一套做一套的人。我现在有一个观察，凡是想搞改革的领导，由于改革会得罪部分人，因而改革者都需要洁身自好，否则肯定很快就会完蛋，就被举报了。如果蔡继明老师稍微有一点不洁身自好，他们就不光指责你反马克思主义了！那些自身操守不好的又不想去做事的，多半是假大空的，唱高调的，显得自己特别左，特别紧跟形势的，从不少下台的贪官可看出这点。如果我们不考虑这两个最基本的约束条件，思想不解放，一味地假大空，还有什么改革开放呢？

我们现在怎么解决不平衡不充分发展与人们的美好生活需要之间这个主要矛盾呢？我们的新政治经济学，或者说中国特色社会主义政治经济学和现代经济学的某些理论——不是全部——能不能在解决这个主要矛盾方面给出一定的指导？学术一定不能走极端，这就是为什么凡是走极端的观点我都会与之辩论，近些年为此与不少知名学者发生了争论或论战。我就是不喜欢走极端，因为我是做理论的，知道任何一个理论或制度安排都有边界条件和适应范围；同时我也是做实际工作的，要想将一件事情办成，比如让我主持的经济学院和高等研究院得到显著发展，更不能走极端，必须实事求是地对人处事，处理好改革、发展、稳定、创新及治理"五位一体"的互动互补的动态辩证关系。

（三） 激励机制设计就是典型的辩证法

现代经济学的激励机制设计理论及其激励相容思想就是典型的辩证法，强调的是辩证对立统一，为了我本身好，我必须让你先好，这就是激励相容的基本思想。激励机制就是一种辩证法，欲得之先予之，也是老子的思想。怎么激励对方说真话？现在假大空，放空话，空对空，文件空转。邓小平同志推动的改革取得巨大成就的一个根本性原因，就是构建各种激励机制，以此搞活经济。本来你想要得到好处，但你必须先让对方得到好处。当然如果信息对称的话，就不见得要激励机制了，甚至靠命令就可解决问题，必须听命，否则给你一个很大惩罚，比如你不做就把你枪毙掉。在经济行为主体自利倾向下有可能利用信息不对称做出利己而不利他的举动。适当的制度可以让具有不同利益的个人为了一个共同的目标走到一起。中国的政治经济学为什么许多学生不太愿意学？为此，我做了许多思考，在上海财经大学经济学院也采取了很多办法，包括给倾斜政策，同时上政治经济学和现代经济学，政治经济学的学生上现代经济学，学西方经济学的学生也要上政治经济学，包括初级、中级、高级。

（四） 如果政治经济学不能解决中国改革、发展和体制转型问题，就没有生命力

批判性思维很重要，一个学科需要有科学性、严谨性、时代性、现实性、前瞻性和思想性，我们当前的政治经济学满不满足这几条？如果政治经济学不能解决中国改革、发展和体制转型问题，甚至将其对立起来，那就说明这个学科还很不成熟，就没有生命力。中国传统的政治经济学离这些标准还很远。奥地利学派经济学说也是如此。尽管其经济思想很有洞见，有人批评它的原因，就是它的许多假设既没有理论证明也没有通过实验得到验证，并且没有一个基本的哈耶克定理能够阐明他的批判，这不是我说的，是诺贝尔经济学奖得主弗农·史密斯说的。

现代经济学的发展已超越了仅靠经济学直觉来产生思想的阶段，从经济学直觉到数理模型方法的严谨化、科学化提升，再到严格理论的通俗化、一般化，在后一阶段同样可以产生深刻思想。我认为中国特色社会主义政治经济学也应该如此。从这个意义上来讲，上海财经大学政治经济学科近些年来在程恩富、马艳等教授的带领下，在数理马克思主义政治经济学方面做了一些有意义

的尝试。同时，中国特色的新政治经济学还需要在体系化、标准化方面着力，否则就不能有大作用，不是说没有作用，在某些情况下甚至还会起反作用。比如，你一谈改革开放，他就说你搞什么休克疗法。

二、中国特色社会主义政治经济学的定义和标准

关于中国特色社会主义政治经济学的定义和标准，我觉得应该有个最大公约数，以此更加包容，这样才更加有利于改革开放，更加有利于中国经济发展和国家的长治久安，但如果加上太多东西，马上引起争议。我这里给出一个定义：中国特色社会主义最本质的特征就是中国共产党的领导，我觉得这是一个能得到绝大多数中国人认可的命题，中国没有共产党肯定不行，马上乱。不管怎样，这是一个事实，你不得不承认。在这个前提下，以马克思的辩证唯物主义和历史唯物主义为指导，也就是实事求是。邓小平同志的"四个坚持"首条就是坚持党的领导。他说，没有"四个坚持"，特别是党的领导，什么事情也搞不好，就是千真万确的真理。邓小平理论给出了一个底线。习近平同志在庆祝中国共产党成立95周年大会上指出："中国特色社会主义最本质的特征是中国共产党领导，中国特色社会主义制度的最大优势是中国共产党领导。"王岐山同志在2016年的《人民日报》上也说中国特色社会主义的最大特色、最本质的特征就是党的领导，这是历史和人民的选择。有很多人把国有企业就作为中国特色社会主义的本质特征，这马上就会引起很大的争论。比如说，对这种说法，许多人肯定不赞成，我的基本观点不是不要国有企业，但是太大了、太多了不好。

如果提倡政府要把什么事情都管起来，当然就要对具体管的事情负直接责任，从而就没有了隔离带和防火墙，这非常不利于社会稳定和经济发展，因为这样一来，凡是出了事情，就会认为是政府造成的。中国特色社会主义市场经

济本质上是在中国共产党领导下搞市场经济，那么中国特色社会主义政治经济学按照我给的定义，就是坚持中国共产党的领导并以马克思的辩证唯物主义和历史唯物主义为指导的政治经济学，这里我加了两条，一个是党的领导，一个是马克思的辩证唯物主义和历史唯物主义，也就是邓小平同志所说的实事求是。当然不见得所有人都会同意我这个定义。不管怎样，党的领导是最大的客观现实，也是宪法确立的，是最大公约数。如果反对这一点，就不是中国特色社会主义政治经济学。这个定义的包容性是很大的，我希望中国的政治经济学这个子学科能大发展，并且是与经济学中的其他子学科共同发展，即包容性的发展。

（一）是否属于中国特色社会主义政治经济学范畴的三个有利于判断标准

我们就可以把是否有利于党的领导和执政、是否有利于综合国力的提升、是否有利于满足人民日益增长的美好生活需要的改善，作为判断一个经济学理论是否属于中国特色社会主义政治经济学的基本判断标准。从我上面给出的定义和提出的三个有利于标准出发，凡是那些考虑中国国情（包括政治、经济、社会、文化、禀赋、党的领导等）、运用规范分析框架和研究方法来研究中国经济改革发展问题，起到促进民富国强、增强党的执政基础作用的经济学，都属于中国特色社会主义新政治经济学的范畴。它是中国特色社会主义政治经济学的一个子集。按照这个标准，我们蔡继明老师的这个重大课题当然就属于中国特色社会主义政治经济学，怎么可能会是反马克思呢？按照实事求是原则，只有这样的话才能不互相攻击，学术研究才能够宽容，才能包容，才能百家争鸣、百花齐放，否则的话一定都搞死掉了。我们要有历史责任感，学科的发展不是一个人的事，一定要有个最大公约数，要有范式。我之所以在其中加了一个"新"字，主要是强调要运用现代经济学的规范方法论。我也不是强迫所有的人都要用规范化方法论，你也可以不用这一套，你承认那两条就行了。所谓新政治经济学就是要有规范的分析框架和研究方法。

从这个意义上来讲，国内外许多学者用现代经济学严谨的分析框架和研究方法来研究中国经济改革发展及制度转型问题，都属于中国特色社会主义新政治经济学。比如说财政部前部长楼继伟写了一本有关财政的书，他就有一套规范的分析框架，一套语言和关键词，比如信息、激励、外部性，来研究中央和地方的财权和事权的划分。包括我们在座的学者我觉得都在用一些实证的量化分析方法、内在逻辑的分析方法，或是历史视野的比较分析方法研究中国问题。

(二) 好的政治经济学应具有科学性、严谨性、前瞻性、现实性、时代性和思想性

当然，任何一个学科、任何一篇文章都有好和差的区别。衡量什么是好的政治经济学和差的政治经济学也应该有标准，这很重要，因为经济学有很大的正负外部性，你的政策建议一旦用到国家层面，那就有可能使整个社会受到损害，比如说计划经济。为什么我要谈科学性、严谨性、前瞻性、现实性、时代性和思想性这六性要求呢？原因就是我觉得政治经济学有巨大的外部性，中国特色社会主义政治经济学要想成为一门真正的科学和学科，就必须在这六性方面下大功夫，在问题导向和学术知识方面取得良好的平衡。我提出中国特色社会主义新政治经济学的概念就出于这方面的考虑。现在不少问题导向的研究，事实上真的缺乏学术性、专业性、思想性，甚至没有内在逻辑性。没有逻辑，领导也不会听。写中共十九大报告的人很棒，是以改革的必要性作为参照点的，它的基调是全面深化改革，建立现代化经济体系。前些天上海市委有关部门为什么邀请我和周其仁、张军、王战、王新奎、周振华等去作辅导报告？我们几个基本上都属于改革派经济学家。因为上海市委和市政府是要解决实际问题的，你光是一味地口对口、空对空地讲，甚至是上纲上线地讲，大多数领导是不愿意听的，更需要的是讲改革发展中的问题该如何解决。

三、中国特色社会主义政治经济学的分类和作用

与现代经济学一样，中国特色社会主义新政治经济学也需提供基准理论。谁都知道理想状态是不存在的，但不能否定其导向、取向及给出基准的极其重要的作用。孔子和孙子都说了，取其上得其中，取其中得其下，取其下必败。我们研究和解决问题的目标首先是要解决做什么和应不应该做的问题，然后才去解决如何做的问题。比如说，到底是让市场还是政府在资源配置中发挥决定性作用？要解决做什么和应不应该做的问题，就需要有基准点或理论来指明方向。任何一个人在做决策的时候，必须要有基准点或参照系的。当然，基准点和参照系是多样的，价值观念不同、目标不同，基准点和参照系会有很大不同。比如，经常有学生将60分作为基准点，喊出了"60分万岁"口号，但我往往告诉我的学生们，想60分万岁，其结果往往是不万岁，因为我出什么题目是你们学生不了解的，它是一个随机变量，如你只是想追求60分，其结果往往是不及格。如果理想目标是追求满分，尽管不太可能或现实，但由于追求满分这个基准点，得高分的可能性就会大大提高，比如得个90分就是A了，相当不错了。通过基准点或参照系，我们可以逼近再逼近，尽管没有最好。上海市委书记李强同志就提倡要跟最好的比，向最好的学，只有这样才有可能做得更好，当然，他没说做最好的。什么叫最好？世界上没有什么算最好，都是相对的，向最好的学和跟最好的比，才有可能做得更好。"才有可能做得更好"就是基准理论的核心思想和典型应用。

（一）不能把改革开放与马克思主义基本原理及中国国情对立起来

按照中国特色社会主义新政治经济学的概念，用辩证唯物主义和历史唯物主义来指导我们选择经济体制，到底是大政府小社会还是相反，是让市场还是让政府决定资源配置。这个问题还搞不清，那如何能落实中共十八届三中全会全面深化改革的精神？所以，绝对不能把改革开放中的许多举措动不动地与马

克思主义基本原理及中国国情对立起来，否则就是没有跟党中央保持一致。现在中共十九大报告的提法是把国有资本做大做强做优，并且还首次在党代会的报告中写入了民营企业。我在某个群里就碰到某个教授给我上纲上线，我一说市场化、非国有经济或民营经济，他就说我要搞私有化。民营经济作为社会主义市场经济的重要组成部分已经得到中央文件和宪法的确认。正是因为有了改革开放和民营经济的大发展，中国的经济才有这么大的发展。很多人不懂这个基准理论的作用，你想一想，如果没有物理学中的那些基准理论，如自由落体运动、匀速运动，怎么知道摩擦力的大小？从而怎么可能把一个房子建得稳、建得正？怎么能知道要克服有多大的现实摩擦力，然后解决飞机、卫星腾空和回落的问题呢？没有基准理论是不可能发展出解决现实问题的物理学的。经济学所遵循的是与物理学完全一样的逻辑。所以，做任何事都有方向感、格局、目标、根本性的一些东西。

当代一般均衡理论就是现代经济学最基本的理论，它严格证明了亚当·斯密"看不见的手"的论断，在个体逐利和信息完备前提下竞争自由市场制度在资源配置方面的最优性（福利经济学第一基本定理）、普适性（福利经济学第二基本定理）、唯一性（经济核极限定理）、公正性（公正定理）及有利于社会的稳定性（经济核定理）。我们能不能推出类似的政治经济学定律，对中国共产党领导下的市场经济有参考价值？我们从来没有认为可以脱离中国国情去研究中国改革问题，更不认为改革能一步到位。

（二）改革就是为了建立和维护一个好的市场体系和秩序，依法治国就是起维护、服务作用的

当然，学术讨论就是为了解决现实问题的，因而既要有指导性意义，同时又要考虑到风险。说到这里，争论马上就出来了，到底是有限政府，还是有为政府？这是我与林毅夫教授近年来争论的焦点问题。有为政府和有为的政府是有很大差别的，前者从字面上给人的印象就是政府要事事有为，而有为的政府

是在需要政府有为的地方不能无为。我提的是有能、有为、有效、有爱的有限政府，而你一谈有限政府，他们就以为你谈的是哈耶克的守夜人角色。其实，即使美国政府也没达到这个守夜人角色，只是往那方面逼近。比如，改革就是为了建立和维护有一个好的市场体系和秩序，依法治国就是起维护、服务和促进作用的。所以说，在中国特色社会主义制度下，这个有限政府的定义要比哈耶克规定的大得多。我今天下午在北京大学国家发展研究院的一个内部讨论会上与林毅夫教授会谈过这个问题。国有企业还是民营企业，市场化改革方向要不要坚持，都会涉及方向和是非问题。当然了，目标的实现都要有一个过程，不能直接套用到现实当中去，所以就有了一系列过渡性制度安排，包括张维迎教授和华生教授提出的双轨制。

（三）中国特色社会主义政治经济学需提供大量基准理论和相对实用理论

中国特色社会主义政治经济学理论一方面需要发展源于中国的基准理论，另一方面可以通过对各种基本假设的放松，提出相对实用的第二类经济理论，因为你必须要解释现实问题。所以，中国特色社会主义政治经济学必须提供大量的这两类理论——基准理论和相对实用理论。这样，中国特色社会主义政治经济学就会是一个相当包容和开放的、动态发展的学科。我前面已经讲了，中国特色社会主义新政治经济学因为坚持中国共产党的领导、以辩证唯物主义和历史唯物主义为指导，再加上规范的现代经济学方法，就已经有相当大的包容性了。中国特色社会主义新政治经济学既属于中国特色社会主义政治经济学范畴，也可以视作为是现代经济学的一个分学科领域，从而才可能抢占国际话语权，包括学术话语权。你如果用一套别人都不懂的语言去讲解中国故事，能让中国成为世界的领导者吗？中国从大国到强国必然要经过资源的竞争、制度的竞争、人才的竞争和话语权的竞争，包括学术话语权，千万不能关起门来说自己体系是一套独树一帜的体系。中国特色社会主义经济学作为一个整体，其洞察力、解释力、逻辑推断和预测力应该越来越强大。现代经济学包括了奥地利学派、行为经济学、计算经济学等，在海外讨论的时候很少发生基本的方式和方法的争论，争论的都是具体的问题，因为科学性、严谨性、规范性在这方面可以起到重要作用。

（四）马克思主义理论也在发展当中，其基本的原理和立场我们要坚守，但是现实是发展的，是存在决定意识而不是意识决定存在

按照我的理解，在现代化、国际化导向下，可以从体系结构、核心价值、研究范围、研究方法、实践功能等维度推动中国特色社会主义政治经济学理论体系、话语体系和学科体系方面创新和继承。继明教授的东西我都看了，挺欣赏的。你可以大张旗鼓地把你的新的产权理论、按生产要素贡献分配理论融入进去，你这个学科才能发展。马克思主义理论也在发展当中，其基本的原理和立场我们要坚守，但是现实是发展的，是存在决定意识而不是意识决定存在。我们不少搞政治经济学的人就是意识决定存在，而不是存在决定意识。

2017年我们经济学院申报中共中央宣传部的全国中国特色社会主义政治经济学研究中心，我觉得是很有希望的，可是最终没有拿到。尽管这十多年我们上海财经大学经济学院在我的主持下，政治经济学得到了长足发展，做了许多特别有利于政治经济学科发展的事情，比如我们学院是中国高校经济学院中十多年唯一坚持给所有博士生上《资本论》的学院，七八年前就专门成立了政治经济学系，在录取学生和政治经济学系的学术活动方面给予倾斜政策，等等。

（五）中国特色社会主义政治经济学只有通过规范化、严谨化，善于用国际同行的语言和学术规范来研究和讲述中国经济改革发展的故事，才能为世界所普遍接受和认可

我们不能像清朝那样闭关锁国，而是要进一步开放，在世界上抢占话语权，变成世界的领导者，而不是被领导者，成为制度话语权方面规则的制定

者。要达到这样的目的，就必须用一套国际通用的学术规范语言和外界沟通交流，讲好中国故事。最近正在由"南京大学全国中国特色社会主义政治经济学研究中心"创办的英文刊物 China Political Economy（《中国政治经济学》）是一个很好的尝试，有利于促进中国特色社会主义政治经济学的发展创新和国际化，我也收到了当编委的邀请。南京大学有这样的一个尝试，我认为是与前任书记洪银兴教授在学术方面的包容性分不开的。

四、中国特色社会主义政治经济学的贡献和创新

最后，我要谈的是中国特色社会主义政治经济学的贡献和创新，可以从三个方面入手。

一是中国特色社会主义政治经济学的贡献和创新，就是要将中国改革和转型发展的实践，提升为具有理论创新价值的研究成果，在经济学中赋予中国元素。

经济学理论最重要的是内在逻辑性，就是科学性、严谨性和规范性，在一定约束条件下解决现实经济问题，提出可操作的方案。为此，无论是对中国改革的研究和具体举措建议，还是在打造学院的工作过程中，我主张的改革方式是改革、发展、稳定、创新、治理。在解决问题时，我们首先需要考虑到风险、风控、稳定，作为约束条件，才有可能给出可行的、可操作的方案。

如果我们的政治经济学脱离现实，就一定不利于改革开放、不利于思想解放，那它就有很大的局限性。中国的经济问题已经成了世界性问题。美国的经济学杂志越来越多地在发中国问题研究方面的文章。昨天在网易经济学家年会上，我和我在明尼苏达大学读博士时的老师、诺贝尔经济学奖得主普雷斯科特同台发言，他讲到中国的股市和房市，他实际上想告诉我们，中国的廉价房不

应弄得太多，认为这不利于城市发展或全国经济发展及人口的流动，他实际上是主张政府少管。当然，我没有说他一定就是对的，因为这是一个解决贫富差距的公共政策问题，但是从经济效益来讲，即使有这方面的考虑，也要适度，不要做得太多，社会福利搞太多也麻烦，欧洲社会主义现在已经快搞不下去了。美国的社会保障也玩不了多少年，现在民主党拼命地给老百姓好处，共和党则拼命减轻富人税赋，结果让美国政府赤字不断快速上升。

二是通过原创性理论和方法论的研究推动经济学科本身的发展。现在许多中国问题的研究包括制度转型的研究都是短期的应对。

西方现代经济学在20世纪就成了主流，我看中国的经济学按照现在的搞法无法变成主流。很少人能在国际刊物上发文章，不管怎样你要让外界了解，你就得在这上面去弄一弄，否则你怎么使中国的经济学研究走向世界及实现国际化和共性化呢？那些基础性的、原创性的、具有共性的经济学理论和共性的研究和创新是没有国界的，具有一般性，比如说消费者理论、一般均衡理论、厂商理论等，包括一些方法论，如博弈论、信息经济学、机制设计理论、委托理论、拍卖理论、匹配理论等，各个国家都可以用，因为它首先考虑的就是那两个基本约束的条件，你要追求你的利益，还希望最大化，同时规则制定者或委托人又不了解你经济活动的私人信息，那怎么去诱导这个信息？说真话的制度才可能是好的制度，甚至是最好的制度。

三是通过对中国传统经济思想的充分挖掘和现代阐述，为世界经济思想发展史补充中国篇章。

我在上海财经大学就是强调经济学家研究现实问题应有的三个维度：历史、量化和理论，后来我才知道熊彼特也持这种观点，称之为科学的经济学家，即一定要有内在逻辑的理论分析和量化分析，还要有历史视野，要有古今中外的纵向和横向的比较。美国现在的经济系犯了一个大错误，经济史和经济思想史方面的课基本不上，你美国经济系不做的事我们就在中国做，我们上海财经大学经济学院就设立了专门的经济史学系，经济史和经济思想史都是必修课。现在国内谈国外经济思想史基本上只到凯恩斯，凯恩斯之后现代经济学已经发生翻天覆地的变化，但没有人去梳理。我现在让我的一个博士生做了这方面的工作，专门研究机制设计理论之父赫维茨的经济思想，我希望更多人来做。我觉得中国的国学智慧很多思想跟现代经济学非常接近，既然我们要讲中国的传承、中国的文化，那么我们中国政治经济学能不能在这个方面做些发展呢？这是我想提出来的一个问题。

最后补充两点作为结束语：

第一，中国特色社会主义政治经济学应该成为一个包容性的学科和学术体系，不能按照现在的搞法。

中国特色社会主义政治经济学必须要在科学性、严谨性、时代性、前瞻性、现实性和思想性方面大大提升，要解决中国改革发展中的现实问题，一定要实事求是，不能够意识决定存在，而是存在决定意识。马克思主义经济学、现代经济学都要与中国传统经济思想融合，取长补短，相互依存。中国国学智慧就是明道的，要明道、取势、优术、抓时，这个时机也很重要，有些问题现在才改革已经很难改了，原因就是你错过了改革时机，如房产税、遗产税20年前就制定法规就容易多了。我觉得，要深化改革、推进国家治理体系现代化、长治久安和实现民族复兴梦，不能盲目制造不同学科之间的对立。

第二，任何成熟的经济学理论体系的提炼和升华，都需要有一个漫长的过程。一个经济理论要具备指导意义，就必须要经过反复不断的检验，才能成为可以具有解释力的系统化的经济学说或理论。中国的经济学科的发展和强大不可能是一蹴而就的，但是我们也有一种紧迫感。中国在这方面还有很长的路要走，但我们还是要有这样的理论雄心，以理论求真、实践务实的态度推动中国特色社会主义政治经济学的发展创新。

附：主持人蔡继明教授的总结发言

刚才田国强教授作了一个非常精彩的主题演讲，我感受比较深的就是田教授不愧是研究机制设计理论的，他的导师也是这方面的诺贝尔经济学奖获得者。他作为海归派，作为上海财经大学经济学院院长，从其办学理念到治学态度，确实体现了一个非常包容的思想。上海财经大学经济学院的办学风格，也是既具有中国特色又能够和国际接轨的，它既不是传统的政治经济学，也不是完全照搬西方的诸如哈佛大学的那一套教材和教学方案。像政治经济学、经济思想史、经济史这些课程在西方国家好像已经不太重视，甚至在中国很多大学都已经衰弱，但是在上海财经大学经济学院，这些学科和西方经济学的教学都是齐头并进的。田教授虽然受的是西方主流经济学的教育，但却具有这样一个包容的思想，反过来，中国的一些所谓的马克思主义者或搞政治经济学的人一直都在排斥西方经济学，大都缺乏包容的心态，基本上都是在用马克思160多年前的范式套用到现实，也就是像田教授刚才所说的，他们实际上是用理论来决定现实，而不是从现实去推出相关的理论。

关于机制设计这方面，我觉得田教授运用得非常好。在田教授谈的"三个有利于"中，第一个"有利于"是有利于坚持和维护中国共产党的领导和执政，这就一下子点出了中国特色，而且他特别强调坚持党的领导不等于坚持国有制，不等于把国有企业做强做大，不等于把国有制当作共产党的执政基础。我们只要坚持共产党的领导，在这个大前提下就可以为深化改革、扩大开放开辟广阔的空间。

如果说国有制是共产党的执政基础，那么苏联国有经济一统天下，怎么苏联共产党一下子就倒台了呢？今天我们说坚持党的领导和我们过去说的党的领导已经内容不同了，共产党也是与时俱进的，它的指导思想也是在与时俱进的。除了共产党领导，我们想一想中国特色社会主义还有哪些特色呢？我们的市场经济与西方市场经济有什么差别？多元所有制（现在公有制也不一定是主体了）跟西方的混合经济又有什么差别？按生产要素贡献分配，从2002年确定为分配原则，到2007年确定为分配制度，再到2012年完善其分配机制，跟西方有什么差别？也许唯一的差别就是刚才田教授说到的中国共产党的领导，这是一个事实。中共十九大提出的习近平新时代中国特色社会主义思想，其中 14 个基本方略，第一个就是坚持党对一切工作的领导。我觉得田教授今天为我们中国特色社会主义政治经济学的研究，到底应该走什么样的路，坚持什么样的原则，以及如何实现创新，作了一个非常精彩的报告，我们大家再次表示热烈衷心的感谢。

(2018 年 1 月)

上海市"十三五"重点图书出版规划项目

田国强学术文集

田国强——著

5

中国改革、经济学理论与方法

上海财经大学出版社

目 录

第七篇 经济学及其方法与争鸣 /1759

110 要客观准确地介绍和应用西方经济理论
——评崔之元《美国29个州公司法变革的理论背景及对我国的启发》(1996年4月) /1761

111 现代经济学的基本分析框架与研究方法(2005年2月) /1776

112 中国经济问题研究,路在何方?(2009年1月) /1824

113 经济学的思想与方法(2009年10月) /1831

114 有效市场的必要条件是有限政府(2012年8月) /1859

115 经济学在中国的发展方向和创新路径(2015年12月) /1861

116 现代经济学的本质(2016年7月) /1870

117 "双一流"建设与经济学发展的中国贡献(2016年10月) /1923

118 对当前中国改革及平稳转型意义重大的三个问题
——供给侧结构性改革的关键与有限政府的建立(2016年10月) /1949

119 有限政府,有为政府?(2016年11月) /1966

120 再论有限政府和有为政府
——与林毅夫教授再商榷(2016年11月) /1981

121 林毅夫、张维迎之争的对与错
——兼谈论争要有思想的学术和有学术的思想(2016年11月) /1987

122 机制设计理论对中国改革的借鉴意义(2016年10月) /2008

123 机制设计理论及其对中国的意义(2017年1月) /2013

124 "东北经济"
　　——不解决元制度环境，很难产出颠覆式创新（2017年9月）/2030

125 对林毅夫团队对我不实责难的回应与澄清
　　——兼谈有为、有能的有限政府（2017年9月）/2039

126 在北京大学第三届新结构经济学专题研讨会"中国经济增长减速成因与对策专场"上的发言（2017年12月）/2054

第八篇　书评、追忆及其他 /2073

127 感念师恩
　　——记我的导师林少宫教授（2007年1月）/2075

128 赫维茨走了，但是他所开创的时代远未逝去（2008年7月）/2080

129 悼吾师林少宫教授（2009年11月）/2084

130 从国富走向民富：从发展型政府转向公共服务型政府
　　——《民富论》序（2010年5月）/2094

131 回望CES 25年
　　——责任·使命·国家（2011年8月）/2098

132 一个世纪的背影
　　——悼张培刚教授（2011年11月）/2111

133 为文贯中《吾民无地》推荐序（2014年2月）/2116

134 制度与经济增长
　　——悼道格拉斯·诺斯（2015年11月）/2121

135 大师已逝　经典长存
　　——悼阿罗（2017年2月）/2129

136 大学为何与大学何为
　　——读钱颖一教授《大学的改革》（2017年2月）/2135

137 应重视流动儿童教育问题
　　——《城市的未来：流动儿童教育的上海模式》序（2017年4月）/2141

138 在民族复兴中实现中国梦（代跋）（2012年5月）/2144

第七篇

经济学及其方法与争鸣

110

要客观准确地介绍和应用西方经济理论[*]

评崔之元《美国 29 个州公司法变革的理论背景及对我国的启发》

提要：旅美政治学学人崔之元教授在《经济学消息报》撰文，以美国 29 个州公司法的变革来介绍西方经济学和法学的若干新进展，并对我国的体制转型提出政策性建议，其中追求个人利益（利润最大化）和经济效率（帕累托效率）是矛盾的、市场经济与民有产权也是矛盾的、美国公司法的变革说明了美国正在进行非私有化的变革等论断，严重曲解了经济学前沿理论，因为涉及中国经济体制转型的方向问题，可能会对经济学界和理论界产生误导。本文针对该文中涉及经济学的部分进行评论，从三个方面指出其中一些问题：一是关于利润最大化和帕累托效率的"矛盾"，二是关于市场经济与私有制的"矛盾"，三是关于美国公司法变革的问题，希望能够客观准确地介绍和应用西方经济理论。

读过崔之元教授发表在《经济学消息报》第 192 到 194 期上的《美国 29

---

[*] 本文形成于 1996 年。

个州公司法变革的理论背景及对我国的启发》（以下简称为《理论背景》）一文，觉得其文对一些西方经济前沿理论（特别是经济激励机制设计理论）的随意解释到了令人担忧的地步。是不是真的像《理论背景》一文所论断的那样：追求个人利益（利润最大化）和经济效率（帕累托效率）是矛盾的；市场经济与民有（私有）产权也是矛盾的；美国公司法的变革说明了美国正在进行非私有化的变革呢？从而像崔文所认为的那样应否定追求个人利益或经济效率呢？笔者对这些结论和观点，其文给出的公司法变革的所谓理论背景，及根据一个实例导出一个一般性结论的思维方式实在无法苟同。尽管笔者对学术上的观点、争论持较宽容的态度，一般不写争鸣性文章（特别不愿为非经济学专业人所发议论写争鸣性文章），但考虑到《理论背景》对经济学前沿理论的一些严重曲解涉及中国经济体制转型的方向问题，且《经济学消息报》读者面广泛，大多数读者不太了解崔文所介绍的这些前沿西方经济理论，不指出其谬误，可能会对经济学界和理论界产生误导。于是放下手中其他工作，写下此文，指出其中一些问题，供作者和读者参考，同时也为了维护学术的严肃性和尊严。

崔教授本是从事政治学研究和教学的学者，是旅美政治学学人中佼佼者，最近却对一些法学和经济学的问题发生了兴趣，在国内有影响的报刊上发表了不少与这两方面有关的心得及介绍性文章。如作者自己指出的那样，《理论背景》一文旨在通过介绍美国29个州公司法的变革来介绍西方经济学和法学的若干新进展，以此对我国的体制转型提出政策性建议。由于我本人不是法学方面的专家而是学和教经济学的，研究兴趣主要是经济理论特别是激励机制设计理论，并在这方面也做出了一些工作，故只对《理论背景》中涉及经济学的部分进行评论。

一、关于利润最大化和帕累托效率的"矛盾"

《理论背景》一开头就宣称美国大多数州正在进行非私有化的变革，正在走"美国(宾夕法尼亚州)式的社会主义市场经济"的道路。为了让读者相信这一耸人听闻的说法,他试图从现代西方经济学中找出其理论背景。于是他将美国经济学教授赫姆斯特姆(Holmstrom)1982年发表在《贝尔经济学杂志》(*Bell Journal of Economics*)上一篇文章中的一个不可能性定理(定理1)作为理论根据。崔文称:"证明'利润最大化'和'帕累托最优'之间相互矛盾的'赫姆斯特姆不可能性定理',具有多么深远的意义:它打破了股东利润最大化自动导致'帕累托最优'的神话。从而为公司法的变革提出了经济学的依据。""利润最大化"和"帕累托最优"一般来说真的是矛盾的吗?

答案不见得如此。为了讨论问题的方便,让笔者先给出赫姆斯特姆的不可能性定理的完整描述。此定理说的是:在具有外部性的团队(合伙制)中,满足预算平衡条件的任何直接显示机制的纳什均衡和萨缪尔逊社会福利最优是不可能同时达到的。这里,"预算平衡"指团队联合生产的产出将全部由团队成员分享,"直接显示机制"是指策略空间只是由参与者的经济特征集合组成(在此定理中它指的是参与者生产效率投入集合,即每人可以在真实地发挥他的生产效率和实行各种不同程度偷懒的决策中进行选择),而萨缪尔逊社会福利最优被定义为最大化了的全体成员收益之和。需要指出的是赫姆斯特姆在陈述此定理时并没有明确提到外部性假设(但在文中其他地方提到)及他所考虑的激励机制类型只是直接显示机制类型。此外,赫姆斯特姆将"萨缪尔逊社会福利最优"称之为"帕累托最优(有效)",但这不是帕累托最优的通常定义。崔文称:"'帕累托有效率'是指它使某些人情况更好,而又不使任何人处境更坏。"这一定义有误,恰恰相反,这其实是帕累托不有效的定义。一个资源配置的"帕累托有效"(也称经济有效率)应是指:在给定现有资源条件下,不存在任何其他配置结果使某些人情况更好,而又不使任何其他人处境更坏。由于预算平衡和萨缪尔逊社会福利最大意味着帕累托最优(有效),因此赫姆斯特姆的不可能性定理也可陈述为:在具有外部性的团队(合伙制)中,任何直接显示机制的纳什均衡和帕累托最优(有效)是不可能同时达到。需要提到的是，如赫姆斯特姆自己所指出的那样，他的这个结果并不是什么新结果，经济学文献中早就论证了在具有外部性市场经济环境下追求个人利益的行为会导致非帕累托最优配置这样的结论。维克雷（Vickrey）、赫维茨（Hurwicz）、戈林（Green）、瓦克（Walker）等人早在20世纪六七十年代就对公共财或信息不完全的情形证明了不存在任何直接显示激励机制，它的纳什均衡导致了帕累托有效配置。（由于维克雷在激励机制设计和信息经济学方面的贡献，他获得了1996年诺贝尔经济学奖。）赫姆斯特姆在文中之所以陈述这个不可能性定理主要是为了随后方便地讨论如何解决纳什均衡与帕累托有效配置这种不一致性问题。

由于"纳什均衡"描述了个人的自利行为［也称为个人理性——追求个人利益（利润）最大］，而"帕累托最优"描述了社会福利效益（集体理性），于是崔文论断："'赫姆斯特姆不可能性定理'证明了预算平衡的团队不可能同时实现'个人理性'和'集体理性'。"那么我们应如何看待利润最大化和帕累托效率是"矛盾的"这一现象呢？是否能像崔文所认为的那样应否定利润最大化或帕累托有效标准？答案并非如此简单。赫姆斯特姆不可能性定理及所有其他不可能性定理的成立都是有具体条件的。如果不注意到这些不可能性定理成立的具体条件限制，就会错误地理解这些定理的结论，从而得出个人利益或帕累托有效一般是矛盾的这种错误结论。事实上，赫姆斯特姆不可能性定理及所有其他不可能性定理的本意根本不是为了否定个人理性或经济效率，而是为了探讨在什么样情况下市场机制会"失灵"从而找出替补方法或激励机制来解决市场"失灵"的问题。考虑不同的经济环境类，选择不同的自利行为假设，设计不同激励机制，允许剩余产出、或将精确达到帕累托最优这一理想境界放宽为任意接近帕累托最优都可使这些不可能性结果变为可能性结果。下面对这些可能性分别作一简单讨论。

首先，赫姆斯特姆不可能性定理中的利润最大化和帕累托效率的不一致性结论主要是由于团队的生产活动存在着外部性及信息不完备造成的。崔文在陈述赫姆斯特姆不可能性定理时忽略了所讨论的经济活动（团队问题）存在着外部性这一重要隐含假设。所谓外部性，就是个人或企业的行为直接地影响了他人的利益而不需要为这种影响付出代价或给予补偿，从而可能会产生所谓的"搭便车"（free-ride）或"败德"（moral hazard）的现象。由于团队中每个人投入（努力工作的程度的投入）影响总产出从而影响其他队员的收益，从而团队的经济活动具有外部性。

对现代西方经济学有点基础的人都知道，现代西方经济学主要是从市场的角度研究最优资源配置的。新古典一般均衡理论证明了对理想的新古典经济环境类（即假定商品是完全可分的，消费者偏好是连续的、单调的及凸的，生产集是闭的，没有规模报酬递增，没有外部性）完全竞争的（私有产权）市场机制导致了资源的帕累托有效配置。然而，像任何经济制度一样，市场机制也有它的局限性，不可能解决所有的经济问题，不可能在任何经济环境下都能导致帕累托有效配置〔事实上，经济学中的杰巴德（Gibbard）不可能性定理已证明：当经济环境类充分大时，不可能存在任何一个经济机制使得个人理性和任何"非独裁"（不是一个人说了算的）集体理性能同时被达到〕。我们知道，在许多情况下（例如不完全竞争市场、生产的外部性、公共商品、不完全信息市场、不可分商品等），私有产权（市场）不能导致有效的资源配置，也就是所谓的"市场失灵"问题。但这与完全地否定私有产权或市场机制是两回事。人们不应由于市场机制在某些情况下（例如存在经济活动的外部性）发生故障就否定市场机制或私有产权的存在价值，就认为在一般的情况下追求个人利益的行为也会导致非帕累托有效配置，就认为利润最大化和帕累托有效是矛盾的从而否定个人利益或否定追求帕累托有效这一理想境界。客观的看法应该是，在大多数情形下，市场机制能将个人利益（自利）和社会利益（互利）很好地协调起来，但在许多情形下（例如存在生产外部性），它协调得不是很好。事实上，世界上不存在着一种事或物，指望它解决所有的问题。在看到市场机制局限性时，就简单地否定它，这绝不是一种理性的态度，而是需要寻找其他方法或机制替代或改进市场的作用。

其次,放宽直接显示机制的要求为非直接显示机制的要求也可使得这些不可能性结果变为可能性结果。在所有这些不可能性定理中,所考虑的激励机制都假定是直接显示机制,即策略空间由个人经济特征环境集合组成。由于每个参与者有可能不真实地显示自己的真正生产能力(效率),策略空间可假定是由所有可能的生产函数组成,其中不仅包括他自己的真实生产效率,也包括那些给出较低生产效率的生产函数(意味着偷懒)。但直接显示机制是一种限制性非常强的激励机制。尽管纳什均衡对描述人的利己行为是一个较为合理的假设,它意味着每个人都把别人的策略视为给定,选择对自己最有利的策略。但激励机制理论中的"显示原理"告诉我们:如果真实显示策略是一个直接显示机制的纳什均衡,则它也是一个占优均衡。这意味着直接显示机制的真实显示纳什均衡是等价于真实显示占优策略均衡。所谓占优均衡是指每个人的最优决策是独立于任何其他人的决策,即每个人所做出的决定对自己都是最有利的而不管其他人的决定如何。但占优均衡是对个人自利行为一个非常强的假设,因为在现实中一个人的决策多半也取决于其他人的决策。由于直接显示机制的真实显示纳什均衡是等价于占优策略均衡,设计直接显示激励机制的要求是一个非常强的限制。如果人们用非直接显示机制(即策略空间不只是由参与者生产决策投入组成)并且假定人们的自利行为是按纳什均衡原则行事,则个人收益最大化和帕累托最优配置可同时达到。这样一来,即使每个人都追求个人利益,只要我们用一定的规则(设计适当的激励机制)去引导,对一般的经济环境类,都可导致资源的最优配置。这样,所谓的个人自利和帕累托最优的"矛盾"一般来说就不存在了。自从美国经济学家格罗夫斯(Groves)和利加德(Ledyard)在1977年首先给出了这样的非直接显示经济激励机制,大量的经济学文献对各种具体经济环境给出了相应的机制。笔者在西方经济学刊物上也发表了许多这方面的文章。有兴趣想较详细地了解这方面结果,可参考笔者为国内读者写的一些有关经济激励机制理论方面的介绍性文章及其后的参考文献。笔者的这些介绍文章收集在《经济学与中国经济改革》（由北京大学中国经济研究中心主编，上海人民出版社出版）和《现代经济学前沿专题》（由商务印书馆出版）。

再次，即使人们一定要坚持采用直接显示激励机制，通过将平衡预算要求或精确达到帕累托最优标准要求放宽为任意接近帕累托最优标准，个人自利和帕累托最优的"矛盾"也可在很大程度上得到解决。赫姆斯特姆在1982年发表的那篇文章及许多其他文献就是讨论如何通过放宽预算平衡或近似逼近这类方式设计具体激励机制以用来解决这种矛盾问题的。

如果人们并不要求团队联合生产的产出将全部由团队成员分享而允许剩余，则个人理性和萨缪尔逊社会福利最大这种集体理性可同时达到。维克雷—格罗夫斯—克拉克（Vickrey-Groves-Clark）在20世纪六七十年代首先给出这样的直接显示机制：所有参与者都有激励真实地显示自己的生产效率（即真实显示是占优均衡），并且所导致的配置是萨缪尔逊社会福利最优（最大化了的个人收入之和）。经济学教科书和文献将这种机制称之为格罗夫斯—克拉克机制。赫姆斯特姆在1982年发表的那篇文章中也给出了类似的结果。在定理2中，他讨论了如何决定分享函数使得直接显示机制的纳什均衡导致了个人收入之和最大。当然，一个问题是如何处理剩余。多下来的产出给谁呢？一种办法是"委托—代理人"处理法。将剩余给与委托人—机制设计者（他可能是企业主、管理企业的经理，或政府管理人员等），原有的生产参与者称之为代理人。崔之元批评这种方式有逻辑上的毛病。崔文称："若设原来团队有 n 个人，那么加上'剩余索取者'之后，我们还可视其全体为一个' $n+1$ '个人组成的团队。而关键在于对这' $n+1$ '的团队而言，'预算平衡'还是存在的，故根据赫姆斯特姆定理，这个' $n+1$ '人的团队仍不可能同时实现'个人理性'和'集体理性'。这样，我们就得到了令人震惊的结论：剩余索取者的利润最大化和帕累托最优是矛盾的。换言之，'赫姆斯特姆定理'意味着委托人也存在着'败德'问题。"其实这是崔之元自己的理解错误。如赫姆斯特姆在他自己的文章里面明确地提到让读者注意委托人（剩余索取者）不应提供任何生产投入。这样，委托人和其他参与生产投入的 n 个人是不同类型的人。所以此 n 个人与彼（$n+1$）个人从类型上讲是不一样的，因而也就不会像崔文所断定的那样"被发现陷入自身设下的陷阱"。由于真实显示是占优均衡，每个参与者没有激励谎报自己的生产能力。这样，《理论背景》所设想的委托人收买某些团队的办法使得这些人谎报的假设在理论上不可能发生。

一种更为现实和合理的办法是：**将精确达到帕累托最优的要求放宽为任意接近帕累托最优**，这也将会使得不可能性结果变为可能性结果。赫姆斯特姆在1982年发表的那篇文章中的定理3就讨论这样的解决办法。赫姆斯特姆的定理3证明：在一些技术性的假设下，帕累托有效配置可以任意由某个直接显示机制的纳什均衡接近。这就是说，尽管帕累托最优不可能精确达到，但可以任意接近它。对更一般的经济环境类及社会目标，许多经济学家（包括笔者本人）给出了类似的结果。这样，从任意接近帕累托有效这一更合乎现实的要求来看，自利行为和帕累托有效是根本不矛盾的。

崔文以一种不以为然的口气写道："众所周知，利润最大化和帕累托最优都是西方经济学家所钟爱的原则。"尽管如此，我还是要指出：大多数经济学家之所以钟爱"利润最大化"和"帕累托最优"原则，其原因主要是追求个人利益是一种客观现实，且帕累托最优是判断经济社会效益的一个基本标准。

事实上也是如此，帕累托有效配置这个概念对任何经济制度都是适用的。它只是告诉人们：当资源达到帕累托有效配置后，在给定现有资源的条件下，不存在另外的资源配置方案使得某人比在原有配置下得到更大利益，而又不损害他人利益。尽管帕累托最优标准没有考虑资源配置的社会公平问题，但它却从社会效益的角度对一个经济制度给出了资源是否被浪费的一个基本判断标准，从可行性的角度评价了社会经济效果。它意味着如果一个资源配置不是有效的，则存在着改进效益的余地，即存在着另外一种资源配置方式使得至少某些人的福利得到了改进，而又不损害其他人的利益。当然，像完全竞争市场假设一样，在现实中，精确的帕累托最优是不可能实现的，它只是一种理想的状态，也许永远达不到。但只要人们想搞好经济，人们就应不断地追求，尽量地接近这一目标。有了帕累托最优这一种理想标准，我们就有了一把尺子、一面镜子、一个目标。用这个标准，我们去比较、衡量和评价现实世界中的各式各样的经济机制所产生的社会效益的好坏，看它们离这一理想目标还差多远，从而得知改进经济效益的余地，使资源的配置尽可能接近帕累托最优标准。例如，现实中没有外部性的经济环境下的竞争市场机制所导致的配置就能很好地接近帕累托有效配置。

其实，帕累托最优在现实中不可精确达到的情况和许多物理学中的现象相似。像没有空气阻力的自由落体运动、分子不发生碰撞的理想气体、不可压缩非粘性的理想流体等，这些都是在现实中不存在的，但谁又能否定这些物理概念的有用性呢？许多在理想状态下得到的物理理论和概念从严格的意义上来说都是不存在的，但它们却近似地描述了自然世界，因而成为自然科学技术的基础。同理，尽管帕累托有效是一种理想境界，不能精确地达到，但可被近似地接近，成了检验社会经济效益的基本准则。

另一方面，人的自利行为，追求尽可能大的个人利益是一个不可回避的客观现实。它是经济发展、社会前进的动力。改革前不太强调个人利益重要性的传统计划经济体制所导致的经济低效率和实行看重个人利益重要性的自由化和市场化改革后中国经济高速增长说明了此点。为什么传统的计划经济体制导致了经济的低效率呢？其主要原因之一就是这样的体制产生了许多的外部性从而导致了大量的"搭便车"或"败德"问题。在这种体制下，人们之所以没有积极性努力工作，其主要原因是许多人不愿自己的劳动成果被别人分享，同时不努力生产也能分享别人的劳动成果。其结果当然是越来越多的人不愿努力工作，采用偷懒策略。对人的自利行为和帕累托有效标准重要性的详细讨论见笔者与张帆合著的《大众市场经济学》（由上海人民出版社出版）。

以上讨论已足以说明《理论背景》的论断——"赫姆斯特姆不可能性定理

的深刻意义在于，它迫使人们在利润最大化和帕累托有效率之间做出选择"是多么的轻率和武断。人们根本不需要在这两者之间做一选择从而否定个人理性或经济效率。这两者不仅在理论上可以很好地吻合，实践中也可能吻合得很好。中国1978年以来通过承认个人利益，给出更多经济自由（所谓"松绑"），实行权力下放的分散化决策（所谓"放权"），引进各种激励机制的经济自由化和市场化的改革所取得的巨大成就说明了此点。

二、关于市场经济与私有制的"矛盾"

崔文称："如果说揭示出'利润最大化'和'帕累托最优'之间的矛盾是经济学为公司变革提供的依据，那么，揭示出'市场竞争'和'私有制'之间的矛盾则是法学为公司法做出的贡献。"笔者对法学没有研究，不知法学是否已在理论上证明了"市场竞争"和"私有制"之间的矛盾。这也许需要由法学界的学者来进行回答。不过，需要指出的是，崔文所给出美国20世纪所发生的"查尔斯河建桥案"和"上、下河工厂用水案"这两个例子不但不能说明"市场竞争"和"私有产权"之间的矛盾，恰恰相反，这些例子说明了明晰产权的重要性。根据传统产权理论，特别是科斯定理，可看出之所以会发生像"查尔斯河建桥案"和"上、下河工厂用水案"争议，其根本原因是河流的产权没有界定清楚而导致了经济活动的外部性，加上当时政府又没有给出恰当的激励机制来解决外部效用性问题。当然，那时还没有科斯定理，直到20世纪60年代科斯才给出了著名的科斯定理而因此获得诺贝尔经济学奖。如果政府将河流的产权拍卖给个人或河流早已归个人所有，则河流的产权是明确界定的，就不会有外部效用性，从而就不会发生对财产使用权的争议。这是由于，如果第一家建桥的公司拥有这条河流或已经从河流的拥有者租用了这条河流，则其他公司就不能在上面再建其他桥梁了，除非原有公司从其他公司得到的有赏报酬大于让这些公司建桥后自己桥梁收入减少（损失）的部分。同理，如果河流产权是界定清楚的，任何想用河流或水力的人都需要按合同规定向河流的拥有者付出报酬，而拥有者同时也需按合同规定提供水力资源量，这样一来也就不会发生如崔文所描述的那样，上、下流工厂为用水而发生争执的情况。因此，这些例子不但不能说明"市场竞争"和"私有产权"之间的矛盾，恰恰相反，这些例子正好说明了产权界定清楚的重要性。

事实上，赫姆斯特姆的不可能性定理也说明了此点。如果将具有外部性的团队（合伙制）变为个体制，则赫姆斯特姆的不可能性定理的结论就根本不可能成立。当然，是采用合伙制还是个体制还将取决于经济规模的大小，如果经济规模带来的效益大于团队由于外部效用性所带来的损失，则应采用合伙制或其他类型的生产组织形式，否则应采用个体制。所有这些都说明了不能简单地得出"市场经济"和"私有产权"是矛盾的这样的一般性结论。需要指出的是，即使"市场经济"和"私有产权"是"矛盾"的，也不能从而得出"市场竞争"和"非私有产权"是协调的这样的一般性结论。

三、关于美国公司法变革的问题

从以上讨论可以看出：想通过"赫姆斯特姆不可能性定理"及其他不可能性定理等理论结果来否定个人理性、市场经济、私有产权或经济效益（帕累托有效）是站不住脚的。那么，美国公司法的变革实践是否可用来否定私有产权或帕累托有效呢？答案还是否定的。

首先，无论美国公司法怎样变，直到如今，并不是像《理论背景》所认为的那样将私有产权变为非私有产权。从现代产权理论，我们知道企业产权（或称企业所有权）主要指的是对剩余索取权和剩余控制权的分配（划分），因而企业产权是一种契约关系。对企业产权（权利和义务）不同的划分将决定不同的产权安排从而产生了不同的企业产权结构和产权制度。所谓公司法就是对企业的产权如何在权益当事人中划分以法律的形式规定下来。那么什么叫私有产权呢？私有产权指的是当个人行使某权利时就排斥了其他人行使同样的权利。这样，私有产权在理论上是明确界定的。非私有产权指的是当个人行使某权利时不排斥他人行使同样的权利，因而非私有产权不是明确界定的。需要提到的是私有产权并不意味着所有与产权有关的权利都掌握在一个人手里，它可由两个或多个人拥有。例如，股东、经理和员工掌握的权利都是私人的权力。股东对资产具有占有权，有权阻止经理出让资产；经理对资产如何利用具有决定权；而员工有权力排斥股东或经理在契约期内为个人私利出让资产。根据《理论背景》对美国公司法变革的介绍及以上私有产权的定义，这些改革都没有将企业产权非私有化，而只是对企业产权的权利界定比以往更注重经理和员工的权利，但看不出将企业产权非私有化的现象。

其次，不要以为所有的私有产权安排都是有效率的，不同的产权安排可能会导致不同的交易费用（例如策划，签约及履行合同的费用），从而导致不同的经济效率。现代产权理论就是讨论在各种经济环境下，什么样的产权制度安排是最有效率的。此外，美国公司法的变革也不见得只是单纯地为了增加经济效益而变革的，它也可能是为了其他目的（例如增加社会公平和社会稳定）而进行的。帕累托有效只是从经济效益的角度而不是从平等（公平）配置的角度来评价经济活动的社会效果。资源的有效配置与平等配置是非常不同的两个概念，它们代表了不同的价值取向。尽管一个资源配置是帕累托有效的（例如，一人占有社会上所有资源而其他人不占有任何资源是帕累托有效配置），但从社会平等（结果平等）的角度看，却可能是非常不公平的。"结果平等"也是一个社会想要达到的理想目标。一般来说，资源的有效配置和平等配置是呈"此消彼长"的反向关系。由于一个人的能力有大小，机遇不同或所面临的风险也可能不同，为了激励人们努力工作从而增进效益，必然会造成某种程度的收入（结果）不平等。如果干多干少，贡献大贡献小收入一样，会有多少人去努力工作呢？尽管这种"结果平等"对具有自利行为的人类社会来说往往带来生产的低效率，但为了社会的稳定及改进社会不公，人们往往不得不牺牲一些经济效益而照顾到社会公平。

美国早期的资本主义社会由于过度强调经济效益而基本上忽视了社会不公、员工权益和社会福利等问题，结果产生了许多社会问题（例如失业带来的贫困，员工的权益得不到保障而引起罢工、怠工、游行示威），造成了社会震荡。这使得人们认识到单方面地追求经济效益而不考虑整个综合社会效益也许不是最佳选择。为了社会稳定，人们也许不得不放弃一些经济效益，增加社会福利。自从美国总统罗斯福在20世纪三四十年代实行增加社会福利的新政以来，美国越来越重视社会福利和员工权利问题。美国公司法的变革基本上就是在这样的背景下发生的。但中国所处的经济环境和经济基础与美国大不一样，中国情况恰恰相反，改革前的计划经济体制由于过度强调结果公平（导致了"吃大锅饭"）而基本上忽视了经济效益问题。实行以市场为导向的经济改革后的中国经济当然取得了巨大成就，但中国仍处于经济发展的早期阶段，搞好经济仍然是中国当前的核心任务，许多企业特别是国有企业相对其他产权类型的企业的经济效益越来越差。在这样形势下，我们需要的是减少"大锅饭"现象，提高企业的经济效益，逐步建立产权明晰的现代企业制度。随着市场化改革的深入，经济自主化程度的不断提高，市场体系的逐步建立，明晰产权的作用将会越来越重要，大多数企业都应成为产权明确界定的企业。当然，在现阶段中，为了社会稳定、减少失业和改革能顺利深入进行下去，政府不应对国有企业实行大规模破产。

总之，《理论背景》之所以出现这些问题，我认为主要是此文在运用西方经济理论时忽视了这些理论的前提假设和具体约束条件及理论的适应范围。此外，通过一个具体的实例就企图得出一个普遍性理论结论往往是非常危险的。例如，竞争市场机制在某些情况下（例如存在外部效用性）会"失灵"（即个人理性和集体理性不一致），但不应得出它在一般情况下也会"失灵"从而得出人们需在个人理性或集体理性之间做一选择的一般性结论。还比如，你可以找出一个例子来证明国有产权是最优的，但这不等于在任何经济环境下它是最优的，另外一个人也可能找出一个例子来证明私有产权是最优的，但这也不等于在任何经济环境下它是最优的。事实上，不同经济环境将影响不同产权所有制安排的最优选择。国有、集体、民有产权所有制在具体不同经济环境下都可能是最优的。笔者最近在一篇关于转型经济中产权所有制安排的文章中就是谈这个问题。它证明了当经济自由和市场体系完善的程度非常低下时，国有企业将比民有和集体企业更有效；如果经济自由和市场体系完善的程度处于某种中间状态，则集体企业将比国有企业和民有企业有效；如果具有高度的经济自由和完善的市场体系，则民有企业将是最优的产权安排形式。由于乡镇集体企业在现阶段的蓬勃发展，有人过分地夸大这种产权制度长久优越性。其实，它只是一种过渡性产权制度。以上结果告诉我们，尽管许多产权模糊的乡镇企业和其他企业在现阶段是最优的产权安排，随着市场化改革的深入，市场体系的逐步完善，它必定由产权明晰的现代企业制度来替代。

最后，谈一点感想。由于经济学中所讨论的许多问题与人们的生活息息相关，每个人都觉得自己似乎懂一些经济学，都想在上面发一番议论。但经济学的的确确是一门具有科学体系的严谨学科。现代经济学在最近50年发展迅速，已成为一门规模庞大、分支众多、体系严谨、已数量化了（也许称得上博大精深）的社会科学领域。即使专门研究经济学的学者，也只能了解为数有限分支中的很少一部分内容。不花一番工夫，是很难真正地理解其中一些经济理论的精髓。作为我个人来说，我发现对一门学问钻进去越深，感觉自己懂得越少，写东西的时候越发谨慎，很难下笔，海阔天空发议论就更谈不上。我发现现在不少人喜欢跨出自己的学科发议论，提出一些标新立异的看法以显得自己博学多才，这好像也是一种时髦，不幸的是这些人即使在本学科有专长，却也往往会说出一些外行话，弄出一些笑话。我真诚地期望学者、专家们今后在谈论经济学学科时，特别是向读者介绍比较新的前沿经济学理论时，要严肃、慎重，要注重科学性、客观性和严谨性。在应用新理论解释现实世界和进行论断时，特别是在给出政策性建议时，一定要注意理论的适应范围及具体约束条件。在海外从事研究与教学10多年，给我印象最深的一点是大师级的学者们在论述他们的学术观念时（即使口头发言），往往会非常注重于强调结论成立的前提假设及具体约束条件。由于篇幅有限，就不多谈了。不对之处，欢迎《理论背景》的作者及读者批评指正。

（1996年4月）

111

现代经济学的基本分析框架与研究方法

提要：本文讨论了现代经济学研究人类经济行为和经济现象所采用的基本分析框架和研究方法。一个规范经济理论的分析框架有五个基本组成部分：(1) 界定经济环境；(2) 设定行为假设；(3) 给出制度安排；(4) 选择均衡结果；(5) 进行评估比较。基本的研究方法包括提供研究平台、建立参照系、给出度量标尺及提供分析工具。本文也讨论了区分充分条件与必要条件的重要性；正确理解经济理论的作用、一般性与相对性；数学在经济学中的作用等。

近些年来，不时看到有人从研究方法到结论对现代经济学大肆进行批判，否认现代经济学及其研究方法，并宣称要创造出自己的经济学。但这些所谓的经济学往往只给出了观点，既没有明确的前提假设条件和分析框架，也没有逻辑推理和严格证明；既拿不出周密可靠的数据做依据，又不引用基本的经济理论，随随便便就得出了自己的结论，并将所谓"自己创新的观点"的作用无限

---

* 本文载于《经济研究》，2005 年第 2 期。

放大。另外，我们还不时听到有人耸人听闻地宣称：自己或某人的理论对现代经济学造成了冲击，他们往往用中国问题的特殊性来否定现代经济学。这些在很大程度上误导了大众及学生。

不少人还以为现代经济学的分析框架和研究方法只能用来研究规范市场制度安排下的经济问题，从而对现代经济学及它的分析框架和适应范围持怀疑、批判，甚至否定的态度，认为不能用现代经济学来研究中国经济及其转型问题。这也就是为什么一直到现在"西方经济学"一直是"现代经济学"最流行的代名词。许多人直观地认为，现代经济学的理论仅适用于"西方"社会，中国的经济学家应该研究适用于发展中国家的"东方"经济学，甚至"中国特色"的经济学。持有这些观点和说法的学者中还有一些著名的海归经济学家，由于他们的海外留学背景，使得他们的观点更具有误导性。笔者认为，其实是这些人对现代经济学最基本的分析框架和研究方法还没有弄清楚，不知道现代经济学的分析框架和研究方法具有非常的普遍性、高度的规范性和逻辑的一致性。这些观点和说法误导了不少人，特别是对现代经济学还不太了解的人。并且，由于相对其他学科，经济学与经济社会更休戚相关，甚至会影响到经济政策的制定，因而非常有必要正本清源、讨论清楚。

当然，产生这些现象的原因，可能是由于现代经济学主要研究现代市场制度，而大多外文教科书的作者和读者对象都生活在市场经济制度相对完善的发达国家中，这些教科书一般也不讨论现代经济学的分析框架和研究方法。另外，由于现代经济学存在着各式各样的理论，许多理论似乎导致了截然不同的结论，其中不少理论还用到了高深的数学，这些让不少人感到现代经济学的基本分析框架和研究方法难以把握，从而对现代经济学产生了误解或畏惧。在他们看来，现代经济学似乎高深莫测，难以理解其中许多似乎不一致的理论结论。

笔者作为20多年来一直学习、讲授及研究现代经济学的一名学者，经历了对现代经济学从无知到有所悟的过程。写作本文的动机就是为了澄清对现代经济学及其研究方法的一些误解,帮助读者理解现代经济学最基本的分析框架和研究方法,并讨论它们在学习、研究,乃至日常工作中所起的现实作用。它们看似简单,但人们对现代经济学的误解,往往正是没有弄清楚这些最基本的分析框架和研究方法。需要指出的是,近年来已有一些学者,包括钱颖一、林毅夫及笔者本人,对经济学的研究方法做过一些讨论。但谈及分析框架的,笔者只见到钱颖一教授的《理解现代经济学》一文,这是一篇非常值得一读的文章。尽管本文所讨论的问题与钱文所讨论的问题基本相同,但侧重点不太一样,分析框架的划分也不太一样。本文特别对现代经济学中每一个理论基本上所共有的分析框架作了较详细介绍,并且讨论了其基本分析框架和研究方法的现实作用。钱颖一教授和笔者的两篇文章具有一定的互补性,可结合起来看。另外,文中有些内容在笔者的讲义、书和一些文章中也零散地讨论过,见田国强、张帆(1993),田国强(1996)及 Tian(2004)。

本文结构如下:第一部分讨论掌握现代经济学基本分析框架和研究方法的重要性。第二部分介绍现代经济学分析框架的基本组成部分。第三部分讨论现代经济学的基本研究方法和所要注意的要点。第四部分讨论现代经济学基本研究方法和分析框架的具体现实作用。第五部分总结本文,并给出结束语。

一、掌握现代经济学基本分析框架和研究方法的重要性

经济学是一门研究人类经济行为和经济现象及人们如何进行权衡取舍的学问。正是由于资源的稀缺性与人的欲望的无止境性这一对基本冲突才产生了经济学,逼迫人们做出权衡取舍的选择,尽可能有效地利用资源,用有限的资源最大限度地满足人们的欲望。而现代经济学则按照科学的方法并运用分析工

具——通过观察、理论和再观察——来系统地探索人类经济行为和社会经济现象,从而它是一门科学,代表了科学的分析框架和研究方法。这种系统探索,既涉及理论的形式,也为经济数据的考察提供了分析工具。现代经济学主要是在第二次世界大战以后发展起来的,通过60年的蓬勃发展,现已成为一门规模庞大、分支众多、体系严谨、模型化的社会科学领域,在社会科学中占有重要地位。

了解并掌握现代经济学的基本分析框架和研究方法,对正确理解和学好现代经济学及对现代经济学的创新和应用都十分重要。它能帮助人们正确地运用经济学的基本原理和分析方法来研究不同经济环境、不同经济人行为及不同制度安排下的各类经济问题。经常听到有人批评现代经济学存在着太多不同的经济理论,觉得经济学流派观点各异,不知道孰对孰错,甚至有人借此讽刺经济学家,100个经济学家会有101个不同的观点和说法,从而否认现代经济学及其科学性。其实他们没有弄清楚,正是由于不同的经济、社会、政治环境,才需要发展出不同的经济理论模型和经济制度安排。经济学家之所以对于一个问题会有不同的观点,恰恰说明经济学的严谨和完善,因为前提变了、环境变了,结论自然就要相应地变,很少有放之四海而皆准的一般性的"好"结论,否则就不需要因时制宜、因地制宜,具体情况具体分析了。(在这里请读者注意:不同的经济、政治、社会环境可以发展出不同的经济理论或经济模型,但绝不是不同的"经济学";创建不同的经济理论或经济模型所使用的都是现代经济学的基本分析框架和研究方法。)

现代经济学中的不同学派、不同理论本身就说明了现代经济学的分析框架和研究方法的普遍性和一般性。由于不同理论采用了不同的假设和不同的具体模型设定,它们可用来解释不同的经济现象,并能在接近理论假设的各类经济环境下,给出合乎逻辑的结论或进行科学的预测与推断。因而,要批评现代经济学中某个理论,就需要指出理论中所刻画的经济环境和人的行为假设中哪些地方不合实际,模型设置中有哪些地方不甚合理,所实施的经济机制或经济制度安排存在什么问题，逻辑推理又有什么问题。即使如此，这样的批评也不能导致对现代经济学基本分析框架和研究方法的否定，至多只是需要修正对制度环境的刻画和行为假设条件的设定及理论模型的设置，但是仍然可以使用现代经济学的基本分析框架，并得出新的合理结果或经济理论。

现代经济学的基本框架、分析原理和研究方法是无地域和国家界限的，可以用来研究任何经济环境和经济制度安排下的各种经济问题，从而中国实际经济环境下的各种经济问题也可通过现代经济学的分析框架来研究。从现代经济学分析框架和研究方法的角度来看，并不存在独立于他国的经济分析框架和研究方法，现代经济学的某些基本原理、研究方法和分析框架可用来研究特定地区在特定时间内的经济行为和现象。事实上，这正是现代经济学分析框架的威力和魅力所在：它的精髓是要人们在做研究时必须考虑到，并界定清楚某时某地具体的经济、政治和社会环境条件。现代经济学不仅可以用来研究不同国家和地区、不同风俗和文化的人类行为（无论自私自利与否）下的经济问题和现象，它的基本分析框架和研究方法甚至也可用于研究其他社会现象和人类行为决策，特别是人们的日常生活、待人接物与管理方面的决策。事实证明：由于现代经济学分析框架和研究方法的一般性和规范性，在过去20年，现代经济学的许多分析方法和理论已被延伸到政治学、社会学、人文学科等学科。

本文不想对经济学中的某个具体理论做出讨论和价值判断（这并不代表笔者个人没有这样的判断），只是想指出几乎所有的经济现象和问题都可以通过下面要介绍的基本分析框架和研究方法来进行研究和比较。[①]

---

① 当然，许多经济问题也可以通过经验性的定量分析来进行研究，下面在讨论数学在现代经济学的作用时将简要地讨论一下，但不是本文的重点。本文主要讨论对一个经济问题进行理论分析时所用到的基本框架。

二、现代经济学的基本分析框架

现代经济学所研究的问题和解决问题的方法类似于人们处理个人、家庭、经济、政治、社会各类事务时所采用的方式。大家知道，要做好一件事情，与人打交道，首先要了解国情和民风，也就是要知道现实环境和所要打交道人的品行和性格；在此基础上，决定相应的待人处事规则，从而在权衡利弊后做出激励反应，争取达到尽可能最佳的结果；最后对所选择的结果及所采用的规则进行价值判断和评估比较。

现代经济学的基本分析框架和研究方法完全是按照这种方式来研究经济现象和人类行为的。这种分析框架具有高度的规范性和一致性。它首先给出想要研究的问题，或想要解释的某种经济现象，即经济学家首先需要确定研究目标，然后试图回答所要研究或所要解释的问题。例如，下列问题是现代经济学直到现在仍在试图研究或回答的一些问题：为什么会出现经济周期和经济衰退？面对经济周期和经济衰退，政府应采用什么样的宏观经济政策？为什么一些国家非常富裕，同时另外一些国家却非常贫穷，而不是整个世界同时富裕起来？人们生活在其中的市场制度安排是如何运作的，它有什么样的优越性？市场在什么时候会失灵，如何解决？如何解决经济外部性问题，是通过政府干预，通过明晰产权的办法来解决，还是通过其他办法来解决？如何在信息不对称的情况下解决经济人的激励问题？中国经济学家所面临的问题是，如何解决经济制度转型过程中所面临的各种问题，例如，如何改革金融体系和国有企业，如何解决经济效率与公平的两难及国有资产流失等问题。

以上这些问题看起来非常不一样，但研究这些问题的基本分析框架却可以是一样的。一个规范经济理论的分析框架基本上由以下五个部分或步骤组成：（1）界定经济环境；（2）设定行为假设；（3）给出制度安排；（4）选择均衡结果；（5）进行评估比较。可以这样认为，任何一篇逻辑清楚、层次分明、论证合理的经济学论文，无论结论如何或是否作者意识到，都基本上由这五部分组成，特别是前四部分。可以说，写经济学方面的论文，就是对这些部分进行具有内在逻辑结构的填空式写作。掌握了这些组成部分，就掌握了现代经济学论文的基本写作方式，更容易学习和研究现代经济学。

在对这5个部分逐一进行讨论之前，先对制度（Institution）这一术语进行界定。制度通常被定义为一组行事规则的集合，这些规则与社会、政治和经济活动有关，支配和约束社会各阶层的行为（Schultz，1968；Ruttan，1978；North，1990）。由于人们在考虑问题时，总是把一部分因素作为外生变量或参数给定，另外一部分则作为内生变量或因变量，这些内生变量是由外生变量所导致的，从而是这些外生变量的函数。于是，按照Davis-North（1971，pp6~7）的划分方法，根据所要研究的问题，又可以将制度划分成两个范畴：制度环境（Institutional Environment）和制度安排（Institutional Arrangement）。**制度环境**是一系列基本的经济、政治、社会及法律规则的集合，它是制定生产、交换及分配规则的基础。在这些规则中，支配经济活动、产权和合约权利的基本法则和政策构成了经济制度环境。**制度安排**是支配经济单位之间可能合作和竞争的规则的集合。制度安排可以理解为人们通常所说的游戏规则，不同的游戏规则导致人们不同的激励反应。尽管从长远看，制度环境和制度安排会互相影响和发生变化，但如Davis-North明确指出的那样，在大多数情况下，人们通常将经济制度环境作为外生变量给定，而经济制度安排（例如市场制度安排）则根据所要研究或讨论的问题，可以看成外生给定也可内生决定。[①]

（一）界定经济环境

现代经济学分析框架中的首要组成部分，就是对所要研究的问题或对象所

[①] 制度环境和制度安排的区分要根据具体情况具体区分，没有严格的界定。当制度安排作为外生给定时，它实质上就退化为制度环境。例如，当考虑经济制度的选择时，市场制度可看成为经济制度安排。但将市场制度作为给定，来研究人们的行为和经济现象时，市场制度可看成为经济制度环境。

处的经济环境（Economic Environment）做出界定。如前所述，要做好任何一件事，首先要了解国情、所处的周围环境或现实背景。现代经济学在研究问题时也完全如此。在做经济问题研究时要从实际出发，对经济环境进行界定。**经济环境通常由经济人、经济人的特征、经济社会制度环境及信息结构等组成**。对经济环境的界定可分为两个层次：（1）客观描述经济环境和（2）精炼刻画经济环境特征。要做好这两点，前者是科学，后者是艺术。对经济环境描述得越清楚、准确，理论结论就会越正确；对经济环境刻画得越精炼和深刻，论证起来就越简单，理论结论也越能让人理解和接受。界定好一个经济环境，就是要将这两个层次有机地结合起来。在现代经济学大多数问题的研究中，经济环境都假定为外生给定的，而不是由理论模型延伸出来的，否则就无法讨论问题，因为总需要将一些经济因素或变量当作参数给定。

（1）描述经济环境。现代经济学中任何一个经济理论，首先需要做的就是，对所要研究的对象或问题所处的经济环境作近似地描述。一个合理、有用的经济理论应正确、恰当地描述其研究对象所处的具体经济环境。尽管不同国家和不同地区的经济环境往往存在着差异，从而所得到的理论结论多半会不同，但是所采用的基本分析框架和研究方法却是一样。经济问题研究的一个基本共同点就是要对经济环境进行描述。对经济环境描述得越清楚、准确，理论结论就会越正确。

（2）刻画经济环境。在描述经济环境时，一个同等重要的问题是如何做到既清楚、准确地描述了经济环境，又精炼、深刻地刻画了经济环境的特征，使之能抓住所要研究问题的本质。一个现实经济环境包括众多方面，非常复杂。例如，作为经济学主要研究的对象——人类，就有高矮、胖瘦、老少、男女、贫富之分，人的智力有高低、嗜好有差异、品行有好坏等等。不同企业可能采用不同的生产技术、不同的生产要素组合，生产出不同的商品。如果把所有这些情况都统统描述出来，当然可以说是非常准确而真实地描述了现状或经济环境；但是如果只是将环境的所有要素简单罗列，就抓不住重点，或者说，不知道哪些方面对所要研究的问题最重要，就会无法看清问题的本质，而让大量繁杂的事实弄晕了头脑。[①]

因此，为了避开细枝末节，把注意力引向最关键、核心的问题，我们需要根据所考虑的问题，对经济环境进行特征化的刻画。例如，在现代微观经济理论中，为了研究经济人的选择问题，一个消费者的经济特征（Characteristic）就简单地假定由经济人的消费集、偏好关系（或效用函数）、初始禀赋和信息结构（例如考虑不确定性）来描述[②]；一个厂商的经济特征则由它的生产可能性集合或生产函数来表示；所有经济人的经济特征便组成了经济环境。同样，在研究区域经济的时候，需要描述经济区域环境和刻画其经济特征；在研究转型国家，例如中国经济转型问题时，人们也需要刻画不规范经济制度环境下的经济环境特征。这样，对经济制度环境不规范的转型国家，我们就不能简单地照搬在规范经济环境下所得出的理论结果，而是需要刻画出转型经济的具体特征，并且仍然是采用现代经济学的基本分析框架和研究方法来研究转型经济问题。有人将钱颖一教授所研究的转型经济学和现代经济学对立起来，其原因就是这些人没有理解现代经济学的基本分析框架和研究方法。

人们也许比较容易理解，不同的经济环境可能导致不同的经济理论。但不少人难以理解的是，为什么即使现实经济环境相同，所要研究的问题相同，还会得出不同的经济理论呢？有些人因此导致了对现代经济学及其研究方法持怀疑，甚至否定的态度。其实，许多经济理论间的结论差异往往是经济学家对经

---

① 完全准确的描述甚至也可能没有价值的。比如，将这个世界看成是一幅世界地图应该是完全精确，但它却毫无价值。
② 由于每个人都对商品的消费具有偏好，每个厂商都采用一定的生产技术进行生产，偏好关系和生产可能集应属于个人的经济特征。然而，它们在某种程度上也同时决定了经济人的行为方式。例如，假定偏好关系关于自己的消费是单调递增的，这就意味着人是利己的，这个利己性假设就是行为假设。这样，行为假设和经济特征的区分就不是那么明确。不过，如果更进一步假定经济人追求效用最大化或利润最大化，那么在现代经济的研究中，就可以将它们看作典型的行为假设。

济环境界定的差异所造成的。这种差异不仅可能是客观经济环境上的差异所造成的,而且这种差异还可能是由经济学家对经济环境界定的主观判断所造成的。如上所述,由于经济环境十分复杂,在许多情况下,经济学不能像自然科学那样只进行描述性分析,还需要对经济环境行为方式进行抽象式的精炼特征化,找出最主要的特征,这往往会让经济学家带有一定程度上的主观判断。不同的主观判断,就会导致对经济环境的不同界定,从而导致了不同的经济理论、经济学派或理论结果。现举两个例子来加以说明。

第一个例子是关于宏观经济学的。宏观经济学中有众多的学派:凯恩斯学派、后凯恩斯学派、理性预期学派(或称为新古典主义学派)、货币主义学派、供给学派和新制度学派等。其实,这些学派之间的对立并不像非经济学家或媒体所渲染的那么大,它们有许多共同之处:基本分析框架相同、研究方法相同(采用经济模型和市场均衡来分析市场)及对象相同(在市场制度安排下研究宏观经济变量的相互作用关系和变化规律),它们都相信市场制度,相信从经济运作的长期或总的趋势来说,都会趋向最优的市场均衡,这些理论之间的差异,主要是刻画经济环境时的差异所造成的,特别是对经济系统的冲击或干扰是来自需求方面还是供给方面、关于经济波动的信息是充分的还是不充分的,以及对干扰的时间效应是滞后还是瞬间的等诸多假设之间的差异所造成的。

例如,在回答为什么会出现经济周期和经济衰退及应指定什么样的宏观经济政策问题时,凯恩斯学派认为关于经济或非经济因素波动的信息是完全的,这种波动主要是来自需求方面,并且价格在短期内变化极慢,使这种波动会破坏"最优"市场均衡。为了避免或减轻经济周期给整个社会带来的损失,政府应对经济施行干预,使用经济政策,特别是财政政策,对社会总需求进行刺激或控制,从而抵消各种干扰的影响。

而1976年诺贝尔经济学奖得主弗里德曼(Friedman)认为,现实经济中对波动存在"信息不充分"及"时间滞后"效应,使得自身趋于稳定的经济在经过政策调节之后，反而变得更加振荡了，因而政府应对经济尽量减少干预，只对货币实行控制，保持不变的货币增长率。而以卢卡斯（R. Lucas）和萨金特（T. Sargent）为代表的新古典宏观经济学派在定义经济环境时却假定：波动的"时间滞后"效应只是瞬时现象；并在经济环境中添加了具有代表性的基本经济单位（厂商和家庭），从而使得整个理论建立在坚实的微观经济理论基础之上；经济活动中基本经济单位所需要的经济信息是不充分的。基于对经济环境的这种界定，并在理性假设下，理性预期学派于是认为，凯恩斯理论没有把公众对政府政策及其他经济信息的反应考虑进去，人们往往会通过"理性预期"的行为方式，使得政府的经济政策的效果往往事倍功半。因而，政府应该尽量不干预经济，即使在不得不使用政策去干预经济活动时，要注意政策的信誉，即政策的连贯性。卢卡斯于1995年获得诺贝尔经济学奖，新古典现已成为当今宏观经济学的主流。

而刚刚获得2004年诺贝尔经济学奖的基德兰德（F. E. Kydland）和普雷斯科特（E. C. Prescott），也是属于新古典宏观经济学派中的重要人物。他们在20世纪80年代初期提出了真实经济周期理论，他们对经济环境的界定又有些不同，他们假定：宏观经济的波动主要是供给方面引起的；价格和工资在短期也是瞬间发生变化。他们进而认为，经济周期或经济波动是经济对生产技术及生产率变动的自然且有效的反应，正的技术冲击引起劳动生产率提高，就业、投资和产出也随之提高，总供给曲线上移，经济上涨，反之亦然。他们由此认为，经济周期不是对市场均衡的偏离，而是市场均衡本身暂时的波动，既然是市场均衡，便具有帕累托效率，所以不存在市场失灵，因而政府没有干预经济的必要，货币政策与财政政策尤其是赤字政策一样无效。

这个例子说明了，在一个领域中，即使研究的问题基本相同，但对经济环境的界定不同，也会产生不同的经济理论和经济学派。像自然科学对自然不断地加深认识一样，经济理论的发展在许多时候也是如此，并基于人们对经济环境的不断认识和重新刻画而不断改进，在前人工作的基础上不断地改进原有理论或提出新的理论。不像国内有些人认为的那样，经济理论应全部推倒重新再来，他们今天创造一个理论，明天又创造一个理论，而这些理论根本没有基于前人的工作，请问当今世界上其他学科有这样认可的理论吗？其实，这些理论根本没有生命力，过不了几天人们就会将它们忘记了。

第二个例子是当今流行的委托代理理论、最优合同理论、拍卖理论及信息经济学。这些理论都认为，在信息不对称的情况下，市场一般会失灵，因而需要设计某种激励机制诱导经济人显示真实信息，从而达到次优结果（Second Best）。这些理论中关于经济人的行为假设相同（收益最大化），所研究的问题相同（信息不对称情况下的激励机制设计问题），分析框架基本相同，研究方法相同（提供研究平台，建立参照系：给出完全信息情况下所得到的最佳结果（First Best）。但由于对经济环境中参与者的经济特征及信息结构界定的不同，导致了不同的理论结果。这些理论中的各种不同结果主要是对经济环境刻画的差异所造成的，特别是关于经济人的特征及信息结构界定的差异所造成。例如，关于经济人的行动是信息不对称（称之为隐蔽的行动（Hidden Action）），还是关于经济人的特征是信息不对称（称之为隐蔽的信息（Hidden Information））；经济人是风险中性，还是风险厌恶；契约或机制是在经济人了解信息之前制定（Ex Ante），之间制定（Interim），还是之后制定（Ex Post）；允许共谋还是不允许共谋（Collusion）；允许重新谈判还是不允许重新谈判（Renegotiation）；从经济活动中所得结果的价值是私人价值、共同价值，还是关联价值等方面的差异[①]。

这种研究的好处是，针对经济环境各种特征的刻画，给出不同的最优合同

[①] 这里，私人价值（Private Value）指的是：每人知道自己所得结果的价值；共同价值（Common Value）指的是：所有人的结果有一个共同的价值，但他们都不知道价值的大小，但有一个估价；关联价值（Affiliated Value）指的是：所得结果的价值依赖于经济人的私人信息及某些共同的不确定因素。

或激励机制等制度安排。这样，根据现实选择恰当的激励机制。在许多情况下，如何界定和刻画一个经济环境，都是给出一个经济理论或决定经济制度安排最重要的一个步骤和环节。由于米尔利斯（J. Mirrlees）、维克瑞（W. Vickrey）、阿克洛夫（G. Akerlof）、斯宾赛（M. Spence）及斯蒂格利茨（J. Stiglitz）在这些领域中做出了开创性的工作，他们分别在1996年和2001年获得了诺贝尔经济学奖。

这两个例子说明，即使只对经济环境的刻画做出一些改进或变动，也可能产生出重大的经济理论或学派。当今现代经济学中大多数的研究结果主要就是对经济环境给出不同的界定而得到的。总之，由于经济环境的不同或刻画的不同，所得出的理论结果往往会不同。如何清楚、精炼而又客观地刻画所要研究问题的经济现状或经济环境，并建立一个高度概括的理论经济模型，这不仅仅是科学，也是艺术。

（二）设定行为假设

现代经济学分析框架中的第二个基本组成部分是对经济人的行为方式做出假设。这个假设至关重要，是经济学的根基。一个经济理论有没有说服力和实用价值，一个经济制度安排或经济政策能不能让经济持续快速地发展，关键看所假定的个人行为是不是真实地反映了大多数人的行为方式，看制度安排和人们的行为方式是不是激励相容，即人们对激励是不是做出了对他人或社会也有利的反应。

一般来说，在给定现实环境和游戏规则下，人们将会根据自己的行为方式做出权衡取舍的选择。这样，在决定游戏规则、政策、规章或制度安排时，要考虑到参与者的行为方式并给出正确的判断，看他们是自私自利还是无私利他，是忠厚老实还是老奸巨猾，是讲究诚信还是谎话连篇。面对不同行为方式的参与者，所采用的游戏规则往往也是不同的。如果你所面对的人是一个老实、做事讲诚信的人，你和他处事的方式或者说你针对他的游戏规则将多半会相对简单。如果你所面对的人是一个雷锋式的人,你和他打交道的规则也许会更加简单,不需要有什么防备心,不需费什么精力(设计游戏规则)和他处事,游戏规则也许显得不是那么重要。但如果要打交道的人是一个难缠、狡猾、无诚信可言的人,你和他打交道的方式可能会非常的不同,与他相处的游戏规则可能会复杂得多,需要小心对付,并需要花费很大的精力。这样,为了研究人们是如何做出激励反应和权衡取舍的选择,对所涉及人的行为做出正确判断和界定是非常重要的一环。在研究经济问题时,例如研究经济选择、经济变量间的相互作用和它们的变化规律时,确定经济人的行为方式也非常重要。

一个比较合理和现实而又通常被经济学家所采用的人类行为假设是,人是自利的,即人主要追求自己的利益。"人是自利的"这一人类行为假设是现代经济学中的一个基本假设。从某种意义上可以说,如果人不是"自利"的,也许就不会有经济学。因为经济学主要是研究如何用有限的资源来最有效地满足人们无限欲望的学问,而世界上的资源是有限的,只要有一个人是自利的,并且他的物欲是无穷的,就不可能实现按需分配,就需要解决如何用有限的资源满足需要的问题,也就需要经济学。利己性假设即使对一个国家、一个民族、一个集体、一个家庭或者一个政治家也是适用的,人们通常所说的,国家有国家的利益,民族有民族的利益,集体有集体的利益,家庭有家庭的利益,讲的就是这个道理。举例来说,政治家们也有他们自己的利益。我们当然希望政治家们总是追求整个社会的福利,真正成为人民公仆,但这往往不现实。许多政治家和政府官员也像消费者和企业所有者一样地追求着自己的利益,希望长久掌握权力,以此得到好处。如果对此有什么疑问,只要看看现实中一些官员以权谋私,甚至贪污腐败、行贿受贿的例子就可明白。

对人类的利己行为假设不仅必要,符合基本现实,并且更重要的是:即使这一自利行为假设有误,也不会造成严重后果;而相反,如果采用利他性假设,一旦假设有误,所造成的后果要比前者大得多。如本节开头所指出的那样,现代经济学分析框架并不排除在利他行为假设下讨论制度安排和个人的权衡取舍选择问题。事实上，在利己行为假设下所采用的游戏规则多半同时也适用利他的人，并且在利他行为假设下，所采用的制度安排或游戏规则及个人的权衡取舍选择问题要简单得多。但是，一旦利他行为假设有误的话，所造成的后果比利己行为假设有误所造成的后果要严重得多，甚至可能是灾难性的。例如，改革开放前所采用的计划经济体制，强调"一大二公"，否认个人利益，在"文革"期间甚至宣称要跑步进入共产主义。到"文革"结束时，中国经济几乎处在崩溃的边缘。之所以出现这种结果，是因为当时的制度安排基于人是利他无私的假设之上的。其实，对人的行为做出正确判断在日常生活中也是非常重要的，俗话说，"明枪易躲，暗箭难防"，伤害你最深的人往往是欺骗性最强的人——你相信他，他却欺骗你，你认为他老实，他其实非常狡猾。只要想一想在现实中将一个行事自私、狡猾的人看作是一个行事简单、一心为公的"老实人"来和他行事处世，将会对你造成什么样的后果，就会明白这种假设错误的严重性。

在现实中，那些经常唱着高调、宣称一心为公但实质上却是非常自私的人，一旦他们有机可乘，相对于不具有欺骗性的自利人，无论是给国家还是给他人往往会带来更加灾难性的后果。如果将人基本上都假定为"雷锋式"的一心为公的大好人，来决定制度安排或游戏规则，给出经济政策建议或制订出经济政策，那么你所给出的制度安排、政策或建议多半不会成功。为什么原有的计划经济体制搞不好，大多数的国营企业效益低下，就是由于大多数厂长、经理和他们的上级并不是"雷锋式"的人物，他们有着自己的个人利益，他们中大多数的行为方式往往与这些制度安排是激励不相容的，即使能做到激励相容，所付出的代价也太大。这就是为什么笔者不能同意林毅夫、郎咸平等人认为只要解决公平的竞争环境或让政府监管，国营企业就可搞好的观点。为什么在现实中我们需要"党纪""国法"，需要各种法律和规章制度，例如严格的财务制度，实质上是为了预防个人私利膨胀！由于不知道什么样的人有私欲，没有严格的财务制度，这些人就会任意拿走公家的财产。总之，尽管现代经济学不排除利他性假设，但利己性假设不仅现实、合理，并且假设有误所造成的风险要小得多。

在经济学中，比利己更强的行为假设是人的理性假设，也就是最优化假设。什么是"理性"？理性意味着：每个人、每个企业都会在给定的约束条件下争取自身的最大利益。对于消费者而言，理性行为就是用自己有限的收入最大限度地满足个人的欲望。对于企业而言，理性行为就是在给定的生产技术条件下，选择最佳的投入产出组合以取得最大的利润或经济效益。尽管理性假设不完全真实，但与现实基本接近，至少从长远来看是如此。例如，作为一个竞争性企业，如果总是不追求利润最大化，终究它就会被淘汰。另外，前面谈到的卢卡斯所开创的新古典宏观经济学派对经济人行为所做出的理性预期假设：经济人会有意识地搜集一切与自己经济活动有关的经济信息，并对此做出最合理的反应。这一假设意味着大众会有意识地了解经济环境的变化，并根据这种变化随时调整自己的经济行为。即中国老百姓所说的，"上有政策，下有对策"，人们往往会通过这种博弈行为方式，将政策的效应抹除或减轻。理性预期假设看来在当前中国也是比较合乎现实的。博弈论就是一门专门研究在各种不同行为假设（例如纳什均衡行为假设、占优均衡假设等）下人们如何互动，并做出最佳决策的理论。

需要指出的是，由1980年诺贝尔经济学奖获得者西蒙（Herbert Simon）所提出的有限理性假设并不是对理性假设作完全否定，而只是说明人们有时是健忘的、冲动的、混乱的、有感情的和目光短浅的，不能真正地总是追求其最优目标。尽管如此，有限理性假设仍然是指人的行为接近理性，是较弱的一种利己性假设，在面对这样的主观局限性约束时，人们仍然是权衡取舍，选择尽可能好的结果。当然，由于有限理性假设与理性假设的差异，经济学家会得出一些不同的理论结果。以前看到国内一些学者，例如汪丁丁教授，用有限理性这个假设来否定现代经济学，将有限理性假设与理性假设对立起来，认为有限理性假设对现代经济学造成了冲击。其实这是误解，这些人没有弄懂理性和有限理性的真正差别。就像前面谈到的宏观经济学派的例子，由于经济环境假设的差异，导致了许多不同的宏观经济学派，但人们并不认为新的宏观经济学派的产生会对现代经济学造成冲击。科学总是不断地进步和发展，和理性行为假设一样，有限理性假设也是自利行为假设的一种，只是后者是前者的推广和延拓，后者比前者更一般化，它包括了前者作为一个特殊情况，根本谈不上有限理性否定或者推翻了现代经济学。这就如同爱因斯坦的相对论是牛顿力学的推广和延拓一样，前者比后者更一般化，但不能说爱因斯坦的相对论否定或推翻了牛顿力学。

此外，在假设消费者的行为时，不是所有的经济学家都是从最基本的偏好或效用最大化出发。例如，传统的芝加哥学派就假定消费者行为是由向下倾斜的需求曲线来表示。这也许是为什么张五常教授不承认存在着向上倾斜的需求曲线的原因。不过，在理论上至少存在着满足所有基本公理（假设）的偏好关系和效用函数（例如单调性、凸性及连续性），使效用最大化所导出的需求曲线是向上倾斜的，并且这些公理假设也比较合乎现实地描述了经济人的消费行为。Mofatt（JME，2002）在最近就给出这样的效用函数。这样，从理论上来说，偏好关系的基本行为假设并不排除会导致出向上倾斜的需求曲线。事实上，只要商品是劣质品（即收入上升，消费量反而下降）并且收入效应大于替代效应（这在现实中是可能发生的），就会得出需求曲线在某个部分是向上倾斜的。

（三）给出制度安排

现代经济学分析框架中的第三个基本组成部分是给出制度安排，也即游戏规则。对不同的情况、不同的环境，面对不同行为方式的人们，往往需要采取不同的对策或游戏规则。当情况及环境发生变化时，所采用的对策或游戏规则多半也会相应地发生变化。游戏规则的决定对做任何事情都非常的重要。不同的游戏规则将导致人们不同的激励反应，不同的权衡取舍结果，从而可能导致非常不同的结果。这对经济学的研究也同样成立,当经济环境确定后,人们需要决定经济上的游戏规则,在经济学中称之为经济制度安排。现代经济学的任何一个理论都要涉及经济制度安排。现代经济学,特别是最近 30 年来发展起来的经济机制设计理论、信息经济学、最优合同理论和拍卖理论等,根据不同的经济环境和行为假设,研究并给出大到整个国家、小到二人经济世界的各式各样的经济制度安排,也即经济机制。① 依赖于所讨论的问题,一个经济的制度安排,也即游戏规则,可以是外生给定,也可以是内生决定的。②

从对整个国家经济制度安排的选择来看,经济制度安排可以是市场经济制度、指令性计划经济制度、混合经济制度、转轨经济制度或任何其他经济制度安排。标准的现代经济学主要是研究市场制度安排的,研究在市场制度下人们的权衡取舍选择问题(例如消费者理论、厂商理论及一般均衡理论),以及研究在什么样的经济环境下市场均衡存在,并对各种市场结构下的配置结果做出价值判断(判断的标准基于资源配置是否最优、公平等等)。在这些研究中,市场制度安排通常假定是外生给定的。将制度安排作为外生给定的好处是将问题单一化,以便将注意力集中于研究人们的经济行为及人们是如何做出权衡取舍选择的。

当然,对制度安排的外生性假设在许多情况下不尽合理。如前所述,经济制度安排应依赖于经济环境和人的行为方式,不同的经济环境和不同的行为方式应给出不同的制度安排。例如,市场制度在许多情况下会失灵(即不能导致资源的有效配置和市场均衡不存在),这样人们想寻找替代机制,或其他更佳的经济机制,从而我们需要将制度安排看作为内生变量,是由经济环境和人的

---

① 经济机制、经济制度安排、经济制度、经济体系这些术语在文献中经常互用。不过,经济体系可能包括面更广,经济制度其次,经济机制包括面最小。赫维茨将经济制度定义为经济机制的集合。在本文中,经济机制等同于经济制度安排。
② 当经济制度安排作为外生给定时,它也被看成是经济环境的一部分;当它是内生决定时,它就是典型的制度安排,而不是经济环境的一部分。

行为方式决定的。这样，我们经济学家需要给出各种可供选择的经济制度安排。例如，在现阶段转型经济环境下或过程中的经济制度安排应不同于转轨完成后的标准市场经济制度，即转轨过程中所采用一些制度安排应与转轨完成后的所采用的终极经济制度安排不一样。尽管激进式改革理论和渐进式改革理论的最终目标都一样，但渐进式改革理论的好处就在于它考虑到转型期的这种差别，它不仅在意转轨的目的和结果，更在意转轨的可行性和可操作性，即在意如何达到目的和结果的实施过程，给出转轨过程中的各种临时性经济制度安排。

当研究一个具体经济组织或单位的经济行为和选择问题时，经济制度安排更应是内生决定的。新制度经济学、经济机制设计理论、转轨经济学、最优合同理论、信息经济学、现代企业理论、委托代理理论等就是研究经济组织及经济制度的设计问题。将经济制度安排作为未定，研究在给定的经济环境下的经济制度安排的最优选择。将经济机制看作内生的好处是，由于经济环境往往在一定时间内是给定的，人们需要给出相应的经济机制，也即制定出相应的游戏规则。那么，在给定经济环境下，人们应该选择什么样的经济机制使之达到所想要达到的目标呢？这正是经济机制设计理论及其分支——最优合同理论和委托代理理论等所想要解决的问题。机制设计理论可研究大到整个社会经济制度的设计问题，也可研究小到个人和部门的激励机制设计问题，研究个体的经济人（消费者、家庭、企业、经济组织和政府部门等）如何决定经济激励机制等问题。

（四）选择均衡结果

现代经济学分析框架中的第四个基本组成部分是做出权衡取舍的选择，找出尽可能优的结果。由于做任何一件事往往存在着多种可行方案，这样人们需要做出选择。那么人们是如何做出选择，特别是经济上的选择呢？一旦给定经济环境和经济制度安排（游戏规则）及其他必须遵守的约束条件之后，人们将会根据自己的行为方式做出激励反应，在众多的可行结果中通过权衡取舍来选定结果，称之为均衡结果。[①] 有人认为经济学中均衡的概念不好理解，甚至反对采用均衡的概念。其实均衡概念不难理解，它表示在有多种可供选择的方式的情况下，人们需要选定一个结果，这个最终选定的结果就是均衡结果。对利己的人来说，他将选择一个自认为是最有利的结果；对利他的人来说，例如雷锋，他可能选定一个有利于他人的结果。需要指出的是，均衡是一个相对的概念。均衡选择结果依赖于经济环境、自己的行为方式（无论是相对于理性假设、有限理性假设、还是其他行为假设），以及让他做出激励反应的游戏规则，它是相对这些因素的"最优"选择结果。注意，由于有限理性的原因，它也许不是真正客观上的最优，而是自认为的最优。

以上所定义的均衡应是经济学中最一般化的均衡定义。它包括了教科书中在自利动机的驱动及各种技术或预算约束条件下独立决策所达到的均衡。例如，在市场制度下，作为企业所有者，在生产技术约束条件下的利润最大化生产计划称之为均衡生产计划，从而可导出商品的供给曲线和要素需求曲线；作为消费者，在预算约束条件下的效用最大化消费组合称之为消费均衡，从而可导出每种商品的需求曲线。从供给和需求曲线又可得出每种商品的市场竞争均衡。它包括了人们在给定的市场机制下互相作用（例如不完全竞争和寡头竞争市场结构下），达到某种均衡状态。以上所给出均衡概念也包括了在有限理性假设下所导出的均衡及任何给定行为（无论是自利与否）假设条件下所导致的均衡。这样，根据以上对均衡概念的理解，可知有限理性假设根本没有冲击或推翻了现代经济学的分析框架和研究方法。总之，无论人的行为是理性、有限理性，利己还是利他，现代经济学的基本分析框架都可能用来研究人们的经济

---

① 当然也会有例外，那就是无法选定结果。这种情况被称为均衡不存在。这时，需要发展出新的经济理论，修正游戏规则，或做出近似选择。

选择问题和决定均衡结果。

(五) 进行评估比较

现代经济学分析框架中的第五个基本组成部分，是对经济制度安排和权衡取舍后所导致的均衡结果进行价值判断和做出评估比较。当经济人做出选择后，人们希望对所导致的均衡结果进行评价，与理想的"最优"状态结果（例如资源有效配置、资源平等配置、激励相容、信息有效等）进行比较，从而进一步对经济制度安排给出评价和做出优劣的价值判断——判断所采用的经济制度安排是否导致了某些"最优"结果；还要检验理论结果是否与经验现实一致，能否给出正确预测，或具有现实指导意义；最后，对所采用的经济制度和规则做出优劣的结论，从而判断是否能给出改进办法。

在评估一个经济机制或制度安排时，现代经济学通常所采用的一个最重要的评估标志是看这个制度安排是否导致了效率。所谓"效率"，就是用最少的成本，达到最佳效果。经济学中所用的帕累托最优（有效）或称之为最佳（First Best）意味着：在现有资源约束条件下，不存在改进的余地，即不存在不让任何参与人受损的情况下让一部分人的福利有所改进的资源配置方案。

帕累托最优这个概念对任何经济制度都是适用的。尽管帕累托最优标准没有考虑到社会公平问题，但它却从社会效益的角度对一个经济制度给出了资源是否被浪费的一个基本判断标准，从可行性的角度评价了社会经济效果。它意味着如果一个社会资源配置不是有效的，则存在着改进效益的余地。当然，在现实中，由于经济环境和人的行为方式不断发生变化，科学与生产技术不断改进，精确的帕累托最优也许永远不可能实现，它只是一种理想的状态。但只要想提高经济效率，人们就应不断地追求，尽量地接近这一目标。有了帕累托最优这一理想标准，我们就有了一把尺子、一面镜子或一个目标。用这个标准，我们去比较、衡量和评价现实世界中各式各样经济制度安排的好坏，看它们离这一理想目标还差多远，从而得知改进经济效益的余地，使资源的配置尽可能接近帕累托最优标准。

其实，帕累托最优在现实中不可精确达到的情况和许多物理学中的现象相似。像没有空气阻力的自由落体运动、分子不发生碰撞的理想气体、不可压缩非粘性的理想流体等等，这些在现实中都不存在，但谁又能否定这些物理概念的有用性呢？许多在理想状态下得到的物理理论和概念从严格的意义上来说都是不存在的，但它们却近似地描述了自然世界，因而成为自然科学技术的基础。同理，尽管帕累托有效是一种理想境界，不能精确地达到，但可能近似地接近，成为检验社会经济效率的基本准则。

当然，帕累托有效是一种理想境界，对一个低效率的经济制度安排，例如转型经济过程中的各种临时制度安排，帕累托有效也许是一个太高的标准。于是，退而求其次，在讨论制度的演进时，经济学家往往用帕累托改进这一标准来衡量制度转型的好坏。所谓帕累托改进意味着经济社会中所有人的福利或多或少有所改进。帕累托改进较弱的要求是社会整体福利得到改进。

尽管现代经济学对平等结果注意较少，但并不意味着现代经济学的基本分析框架不能用来研究如何导致平等资源配置。资源的有效配置与平等配置是两个非常不同的概念，它们代表了不同的价值取向。尽管一个资源配置是帕累托有效的（例如，一人占有社会上所有资源而其他人不占有任何资源的配置是帕累托有效配置），但从社会平等的角度看，却是极端的不公平。"结果平等"（即所有人对资源的配置相等）也是一个社会想要达到的理想目标。一般来说，资源的有效配置和平等配置是呈权衡取舍的反向关系。由于一个人的能力有大小，主观努力不同、机遇不同或所面临的风险也可能不同，为了激励人们努力工作从而增进效益，必然会造成某种程度的收入结果不平等。如果无论干多干少和贡献是大是小，收入都一样多，那么，会有多少人去努力工作呢？

以上平等配置是一种绝对平均的概念。由于各人的爱好不一样，把棉布和大米平等地分给每一个人虽然看起来公平，但不见得大家都满意。在经济问题的讨论中，人们还用到其他意义下的结果平等概念。例如：（1）所有的人在给定的配置下所获得的效用至少与平等配置下获得的效用一样大；（2）在给定的配置下，每个人都满意自己所得的一份，即不认为别人的比自己的好。以上平等配置的概念也许更合理，因为它们考虑到了个人偏好：人们愿意得到他喜爱的商品组合，而不愿意平等地得到他不喜欢的商品组合。并且，现代微观经济理论（参见笔者的微观经济理论讲义第九章）告诉我们，只要每人的初始禀赋的价值相同，在通常市场均衡存在假设条件下，市场竞争机制将可同时导致帕累托有效和以上所定义的平等配置。这就是说，在理论上，只要有一个公平的竞争起点（政府可以通过税收和给每个国民同等基础教育达到这种起点平等），然后通过市场运作就可以达到既有效而又公平的社会结果。笔者认为，这个结果对解决当今社会的越来越大的贫富差别和社会不公，也许有一点现实指导意义。

评估一个经济制度安排好坏的另外一个重要标准就是看它是否激励相容（Incentive Compatibility）。激励问题在每一个社会经济单位中都会出现。一个人做的每一件事都涉及利益与代价（收益与成本），只要利益和代价不相等，就会有不同的激励反应。既然个人、社会和经济组织的利益不可能完全一致，怎样将自利、互利和社会利益有机地结合起来呢？那就是激励相容。所谓激励相容就是使自利的个人和人们之间的互利统一起来，使得每人在追求其个人利益时，同时也达到了其制度安排设计者所想要达到的目标。由于每个人从所要做的事中获得利益与付出代价，通过对利益和代价的比较，将会对游戏规则做出合理的激励反应。这样，检验一个经济机制或规则是否运行良好的一个基本标准是看它能否提供内在激励使人们努力工作，激励决策者做出有利于他主管的经济组织的好决策，激励企业尽可能有效率地生产。一个好的经济制度安排就是要看它是否给主观为自己的个人以激励，使他们客观为社会而工作。尽管经过20多年的经济改革，中国仍然还有许多经济政策和规则不是激励相容的。激励相容是一个非常重要的经济概念，在最近30年已成为现代经济学中一个核心概念，是任何经济体制都需要具有的性质。能否提供激励相容是检验一个经济机制是否运行良好的基本标准。除激励相容之外，还要看运行经济机制的代价，看是否信息有效、有较小的制度成本和经济交易成本等。

以上所讨论的五个组成部分可以说基本上是所有规范经济理论一致使用的分析框架，无论其中使用数学的多少、无论制度安排是外生给定的还是内生决定的。现举五个例子。

第一个例子是科斯（R. Coase）1960年的著名论文《社会成本问题（*The Problem of Social Cost*）》，它几乎没有用到任何数学，完全用文字论述。这篇文章主要研究如何解决经济外部性问题，以此论证产权的界定和产权的安排在经济交易中的重要性。所谓外部性指的是一个经济人的消费或生产会直接影响其他经济人的福利或生产。科斯定理其实分为两部分。他的论断是：只要交易费用为零且产权明确界定，则：（1）外部效应的水平与产权的划分无关，这个结论称之为科斯中性定理（Neutrality Theorem）；（2）通过自愿交易与自愿谈判，明确界定的产权将会导致资源的有效配置，即利用市场机制，通过自愿交易与自愿谈判，可找寻到使得所有人利益之和最大的契约安排，这个结论称之为科斯有效性定理（Efficiency Theorem）。科斯更进一步论断，即使市场交易是有费用的，在产权明确界定的情况下，相互作用的各方也会通过合约找寻到费用较低的制度安排。

为了论证他的论断，他所界定经济环境是一个非常简单的经济环境：只有两个经济人且具有外部效用性。所设定的经济人行为假设为：两个经济人都是自利的，追求个人最大收益。给出的制度安排为：产权明确界定，给任何一方都行，并且双方可以通过自愿谈判来决定合约。于是，科斯通过例子和逻辑分析论证：每个人所选定的结果会使自己的利益最大（选定均衡结果），从而使得外部效应的水平与产权的划分无关，并且在自愿交易与自愿谈判的情况下，将导致资源的有效配置（做出评估比较）。这样，尽管科斯论文没有用到数学模型，他的分析框架仍然是按照以上五个组成部分进行的。科斯首先讨论了产权制度安排作为外生给定的相对简单情况，然后讨论了产权制度是内生决定的情况。在科斯中性定理中，其结论是外部效应的水平与产权的划分无关，因而制度安排——产权明确界定——在这个命题中是外生给定的。但在科斯有效性定理中，它说的是通过自愿交易与自愿谈判，可找寻到使得所有人利益之和最大的契约（制度）安排，因而制度安排是内生决定的。

由于科斯假设了一个非常简单的经济环境，且只用文字语言讨论问题，没有像用数学模型进行讨论那样清晰，因而一些术语和逻辑分析方面有许多含混不清的地方，使得科斯定理的成立与否存在着很大的讨论空间和许多争议的地方。在许多情况下，科斯定理成立与否依赖于经济环境的界定。例如，除非消费者的效用函数是准线性（Quasi-linear），否则科斯中性定理不会成立。要知道准线性效应函数对消费者来说，是施加了一个很强的假设：对具有外部性商品的收入效益为零。不知道这个条件就可能误用这个定理。事实上，赫维茨（Hurwicz，1995）给出了科斯中性定理结论成立的充分必要条件：当交易成本为零及产权明晰界定时，导致有效配置的充分必要条件是效用函数为准线性函数，即具有外部性商品的收入效应一定要为零。

科斯有效性定理的问题更大。如同阿罗（Arrow，1979）指出的那样，由于科斯的自愿谈判假设可以被模型为合作型博弈，这要求假定关于经济环境的信息是完全的。当信息不完全或不对称时，一般不能导致资源的有效配置。即使信息是完全的，Aivazian 和 Callen（1981）证明了，合作博弈的经济核（Economic Core）也许是空集，从而不能导致资源的有效配置。另外，Starrett（1972）论证了，对具有生产的外部性，它本质上可特征为生产集的非凸性，一旦如此，有效配置也许不能通过市场机制来达到，理论上可以证明，也许不存在均衡价格来支撑有效配置（即第二福利经济学定理不成立）。还有，当经济环境中不只两人时，如何解决群体行动中固有的搭便车问题？

在这种情况下，市场机制可能会失灵，需要设计出某种激励机制，搭便车问题至今仍然是一个没有完全解决的问题。另外，科斯定理还有一些其他的问题，奇普曼（John S. Chipman，1998）对文献中关于科斯定理的讨论做了一个很好的综述，有兴趣的读者不妨找来看看。总之，关于科斯定理的讨论和争论仍然还在继续中，这种争论和讨论带动了产权理论及组织理论的大大发展。科斯定理意义深远，使得科斯获得1991年度诺贝尔经济学奖。[1]

第二个例子是纳什（Nash）的博弈均衡存在性定理。纳什是一个纯数学家，他在1951年给出了纳什博弈均衡的定义，并给出了纳什均衡存在性的证明。纳什均衡存在性是非合作博弈论的基础。[2] 从数学原创性及证明的难度来看，这个定理不是太难，只是数学中的不动点定理的应用，但它们成为博弈论的最根本的基础，使得博弈论成为经济学中最重要的分析工具之一，在经济学中有着广泛的应用，它可以用来研究经济人之间相互影响的策略选择问题。由于这些原因，纳什凭这篇论文和1950年关于纳什谈判解的论文获得1994年诺贝尔经济学奖。我们现在来说明，尽管纳什均衡存在性定理是一个纯数学定理，当它赋予经济涵义后，它的分析框架也包含这五个组成部分。经济环境：由所有游戏参与者及其经济特征所组成，这里每个游戏者的行动集、信息结构、收益函数等构成了他的经济特征。行为假设：每个游戏参与者知道其他人的经济特征，并将其他人的策略设为给定，决定自己的策略使之最大化自己的收益。游戏规则：由支付函数或支付矩阵决定，游戏的顺序是同时行动，这里

---

[1] 类似不用数学，但对现代经济学产生重大影响的，还有前面提到的凯恩斯的工作。凯恩斯的理论是现代宏观经济学的起源，并成为其重要组成部分。数学家出身的凯恩斯在他的《就业、利息和货币通论》中并没有用到什么数学，我们现今看到的形式简洁明了的数学表达，是经过希克斯（J. Hicks）、托宾（J. Tobin）、克莱茵（L. Klein）、蒙哥拉蒂尼（F. Modigliani）等许多经济学家逐步完善才得到的。他们四人都是诺贝尔经济学奖的得主。
[2] 纳什在1950年的另外一篇论文给出了纳什谈判解的定义，它是合作博弈论的基础。

游戏规则是外生给定的。均衡结果：所有游戏参与者的最佳策略组成了均衡策略。评估比较：对纳什均衡解进行评价，看是否达到某种社会最优或按某种标准剔除多余的纳什均衡。纳什的论文在非常一般化的条件下，证明了纳什均衡的存在。由于纳什的均衡存在定理是用数学模型表达的，没有不清楚的地方，不像科斯定理，没有什么争议，为研究经济人的决策互动及其选择建立了一个很好的研究平台。

第三个例子是阿罗-德布鲁（Arrow-Debreu）一般均衡理论，它主要是为了研究竞争的市场均衡。它的一个主要假设，也是新古典经济学的一个基本假设，将市场制度安排作为外生给定。它的分析框架也由五个部分所组成。经济环境：由消费者和生产者及他们的经济特征和信息结构（例如考虑不确定性）所组成，这里消费者的经济特征定义为消费空间、偏好关系、初始禀赋，生产者的经济特征为生产集。制度安排：私有所有制下的市场机制，或称为价格机制。行为假设：每个消费者追求效用最大化；每个生产者追求利润最大化；每个人将价格作为给定。均衡结果：消费者在自己预算约束集中决定偏好最大化的消费组合；生产者在自己的生产可能集中决定利润最大化的生产计划；市场自我调节决定出所有商品的市场出清均衡价格，即对所有的商品，总需求不超过总供给。评估比较：对一般均衡解进行评价和比较。在一般的条件下证明了：每个竞争市场均衡解导致了帕累托最优资源配置；每个帕累托最优配置结果都可以对初始禀赋的实行再分配，通过市场均衡来达到。

第四个例子是赫维茨（Leo. Hurwicz）所开创的经济机制设计理论。经济机制设计理论框架是最一般的理论分析框架，可非常清楚看出它的分析框架典型地是由五个部分所组成。经济机制设计理论提供了研究如何从各种经济制度或规则做出选择的一个非常一般化的理论模型和很好的研究平台，几乎所有的经济制度都可以用这个理论框架来描述、研究、评估比较及进行价值判断。现今具有广泛应用的许多重要理论和分析工具，例如委托代理理论和拍卖理论都是经济机制设计理论的子领域。①

机制设计者的目标是要设计某种制度安排使之达到某个既定的目标，因而机制设计理论与一般均衡理论的最大差别之一，是将制度安排作为内生决定的。为此，定义经济环境：由所有参与者及参与者的经济特征所组成，这里每个参与者的配置结果空间、偏好关系、初始禀赋、生产集、信息结构（例如考虑不确定性）等构成了参与者的经济特征。行为假设：每个参与者根据自己的行为对机制及其他人的选择做出激励反应，以此决定自己的策略从而最大化自己的收益。经济机制：由信息空间、决定信息如何交流的反应函数及如何决定配置结果的结果函数所组成。均衡结果：所有参与者的最佳策略组成了均衡策略。评估比较：对均衡解进行评价和比较，看是否达到既定的目标，例如是否激励相容、是否导致了帕累托最优结果、是否具有最小的机制运行成本等。经

---

① 让人不解的是，应用赫维茨机制设计理论的基本概念和原理，开创信息经济学领域的委托代理理论的米尔利斯和维克瑞在1996年同时获得了诺贝尔经济学奖，而不是赫维茨获奖或至少同时获奖。许多知名教授和经济学大师们都为此感到遗憾和不平，认为这是一个错误。这个错误就好比将诺贝尔经济学奖先授予威廉姆森（Williamson）而没有授予科斯一样可笑。当然，获奖与否具有一定随机性。不过，不太遗憾的是，赫维茨教授获得了许多其他重要荣誉，包括美国总统奖，这个奖对美国人来说，比诺贝尔奖还难拿，至今只有四位美国经济学家拿到总统奖，其他三人是阿罗、萨缪尔森（Samuleson）及弗里德曼。从此点可看出赫维茨的显赫学术地位。赫维茨教授是我至今遇到的最聪明、最有才智的人（其余3位总统奖得主笔者没有机会交流过）。

赫维茨还做了许多其他开创性的工作：20世纪40年代中后期对动态计量模型的识别问题做出了奠基性的工作；早在1947年就首先提出并定义了宏观经济学中的理性预期概念，理性预期学派已成为当今宏观经济学的主流，使得卢卡斯和普雷斯科特分别获得1995年和2004年度诺贝尔经济学奖，理性预期学派当中的其他几个大人物，像萨金特、巴罗（R. Barro）今后也很可能获奖；赫维茨对如何从需求函数的存在来证明效用函数的存在这一可积性结果也做出了重要工作，从政治经济学的角度看，这是一个相当重要的结果。效用是现代微观经济学消费理论中的一个基本概念，是整个现代经济学的基础。但传统的政治经济学认为效用是一个唯心的概念，它不存在，在以往的国内政治经济教科书中，效用一直受批判；他和阿罗等人还对竞争市场一般均衡的稳定性研究做出了开创性的工作。当然还值得欣慰的是他的学生麦克法登（Daniel L. McFadden）在2000年获得诺贝尔经济学奖。赫维茨今年87岁，身体还很好，思想还异常活跃，还在参加学术会议，直到最近还在写理论性很强的论文，在此衷心祝愿他健康长寿。

济机制设计理论中的激励或激励相容现在已经成为现代经济学中一个核心概念。

第五个例子是阿罗的不可能性定理。它主要为了分析个人偏好在多大的程度上能以"令人满意"的方式加总成社会偏好序。他的分析框架也可以看作为由以上五个组成部分所组成。经济环境：参与者、参与者的偏好序及备选方案集所组成。行为假设：理性经济人，最大化自己的效用。制度安排：决定加总规则。社会偏好序由个人偏好序来决定，社会偏好序决定加总规则。这样，制度安排在阿罗的分析框架中是内生决定的。均衡结果：所有参与者根据自己的偏好决定最佳备选方案，最佳社会备选方案由社会偏好序决定。阿罗不可能性定理的结论是，当假定社会偏好序满足以下四个条件时：(1) 备选方案的数目至少有三个；(2) 由个人偏好序组成的区域无限制；(3) 满足帕累托原则，既一个方案对所有人是最优的意味着相对于社会偏好序也是最优的；(4) 满足无关备选方案的独立性（Independence of Irrelevant Alternatives），或称之为成对独立性条件，即社会对于任意两个备选方案的偏好，只取决于个人对这些方案的偏好，则唯一的社会总加偏好序是独裁制度安排，即某一个人偏好决定了社会总加偏好。[①] 评估比较：这一定理告诉我们的是，人们不可能在每件事上都称心如意，总要进行权衡取舍的选择。当经济环境的区域充分大及要求人们真实地显示自己的偏好时，则唯一的社会经济制度安排是独裁制度。它也说明了，没有一个经济理论对所有的经济环境和人的行为方式都成立，需要对不同的经济环境和行为方式给出不同的制度安排或游戏规则。

---

① 成对独立性条件本质上与正确引导个人真实显示其偏好的问题相联系。这样，阿罗不可能性定理本质上是与Gibbard-Satterthwaite的不可能性定理是等价的。Gibbard-Satterthwaite的不可能性定理是激励机制设计理论中的一个基本定理，阿罗不可能性结果的分析框架由以上五个组成部分组成也就不奇怪了。

三、现代经济学的基本研究方法和注意要点

以上讨论了现代经济学分析框架的五个基本组成部分：界定经济环境、设定行为假设、给出制度安排、选择均衡结果、进行评估比较。任何一个经济理论基本上都是由这五个部分组成的。对这五个部分的讨论自然会引申到如何按科学的研究方法将它们有机地结合起来，并且可以逐步深入地研究各种经济现象，发展出新的经济理论。这就是本节要讨论的现代经济学中通常所采用的一些基本研究方法和注意要点。它包括提供研究平台，建立参照系，给出度量标尺，提供分析工具，注意经济理论的适应范围，区分充分条件和必要条件的重要性，以及弄清数学与现代经济学的关系等。

（一）研究平台、参照系和度量标尺

现代经济学的研究方法是，首先提供各种层次和方面的基本研究平台、建立"参照系"，从而给出度量均衡结果和制定安排的优劣度量标尺。提供研究平台和建立参照系对任何学科的建立和发展都极为重要，经济学也不例外。提供研究平台和建立参照系有利于：（1）简化问题，抓住问题特征；（2）建立评估理论模型和理解现实的标尺；（3）理论创新。

1. 研究平台

现代经济学中的研究平台是由一些基本的经济理论或原理组成，它们为更深入的分析打下了基础。现代经济学的研究方法类似于物理学的研究方法，即先将问题简化，再抓住问题的核心部分。当有众多因素形成某种经济现象时，我们需要弄清每个因素的影响程度。这可以通过假定其他因素不变，研究其中某个因素对经济现象的影响来做到。现代经济学的理论基础是现代微观经济学，而微观经济学中最基础的理论是个人选择理论——消费者理论和厂商理论。它们是现代经济学中最基本的研究平台或奠基石。这就是为什么所有的现代经济学教科书基本上都是从讨论消费者理论和厂商理论着手的。它们为个人

作为消费者和厂商如何做出选择给出了基本的理论，并且为更深入地研究个人选择问题提供了最基本的研究平台。

一般来说，个人的均衡选择不仅依赖于自己的选择，而且也依赖于其他人的选择。为了研究清楚个人的选择问题，首先要弄清楚个人在不受他人影响时是如何做出决策的。现代微观经济学中标准的消费者理论与厂商理论就是按照这样的研究方法得到的。在这些理论模型中，经济人被假定处于完全竞争的市场制度安排中。这样，每人都把价格作为参数给定，个人选择不受他人选择影响，并且每个人的效用或收益只依赖于自己的选择，而不依赖于他人的选择。于是消费者的决策就是在给定价格参数和收入的条件下最大化自己的效用，从而个人的最优选择是价格和收入的函数而不是其他人选择的函数。通过完全竞争市场制度安排假设及没有消费外在性假设，可使得我们先考虑最简单的个人选择问题，而先不需要考虑自己的选择对别人的影响，也不考虑别人的选择对自己的选择的影响。厂商理论也是从研究完全竞争市场下的企业是如何做出权衡取舍开始的。

刚开始学现代经济学的人往往会对这种研究方法感到不解，认为这种简单情况离现实太远，理论中的假设和现实太不相吻合，从而认为现代经济学理论没有什么用。其实，这样的批评表明这些人对科学的研究方法还没有怎么理解。这种将问题简化或理想化的研究方法为更深入的研究建立了一个最基本的研究平台。这就像物理学科一样，为了研究一个问题，先抓住最本质的东西，从最简单的情况研究着手，然后再逐步深入，考虑更一般和更复杂的情况。标准的消费者理论和厂商理论就是按这个思路进行的，先研究最简单情况下的个人选择问题，以此建立一个研究个人选择的基本研究平台。从这个平台出发，人们可以考虑经济人之间相互影响这个更一般情况下的选择问题：个人效用或利润不仅依赖于他自己的选择，也依赖于他人的选择，从而个人的均衡结果是他人选择的函数。微观经济学中关于垄断、寡头、垄断竞争等市场结构的理论就是在更一般情况下——厂商间相互影响下——所给出的理论。为了研究经济人相互影响决策这更一般情况下的选择问题，经济学家同时也发展出博弈论这一有力的分析工具。

一般均衡理论是基于消费者理论和厂商理论之上，属于更高一层次的研究平台。消费者理论和厂商理论为研究在各种情况下的个人选择问题提供了基本的研究平台，一般均衡理论则为研究在各种情况下所有商品的市场互动、如何达到市场均衡提供了一个基本的研究平台。例如，前面谈到的宏观经济学中大多数学派就是在一般均衡理论这个平台上展开的，用市场一般均衡来分析市场和研究宏观经济变量的相互作用关系和变化规律。

最近30年发展起来的机制设计理论又是更高一层次的研究平台，它为研究、设计和比较各种经济制度安排或经济机制（无论是公有制、私有制，还是混合所有制）提供了一个研究平台，它可以用来研究和证明完全竞争市场机制在配置资源和利用信息方面的最优性及唯一性。完全竞争的市场制度安排不仅导致了资源的有效配置，并且从利用信息量（机制运行成本、交易成本）的角度看，它利用的信息量最小，从而它是信息利用最有效的。研究平台也为评估各类经济制度安排提供各种参照系创造了条件，为衡量现实与理想状态的差距制定了标尺。

2. 参照系或基准点

参照系或基准点指的是理想状态下的标准经济学模型，它导致了理想的结果，例如资源有效配置等。参照系是一面镜子，让你看到各种理论模型或现实经济制度与理想状态之间的距离。一般均衡理论就提供了这样一种参照系，它主要论证完全竞争市场的最优性，认为它将导致资源的有效配置。将完全竞争市场作为参照系，人们可以研究一般均衡理论中假设不成立（信息不完全、不完全竞争、具有外部性、非凸的生产集、不规范经济环境等），但也许更合乎实际的经济制度安排（例如具有垄断性质或转型过程中的经济制度安排），然后将所得的结果与理想状态下的一般均衡理论进行比较。

通过与完全竞争市场这一理想制度安排相比较，人们就可以知道一个无论是理论或现实采用的经济制度安排在资源配置和信息利用的效率方面的好坏，以及现实当中所采用的经济制度安排与理想的状态相差多远，并且提供相应的经济政策。例如，宏观经济学中的凯恩斯学派、后凯恩斯学派、新古典主义学派、货币主义学派等都是以一般均衡理论作为参照系，来研究宏观经济变量的相互作用关系和变化规律，讨论和辩论这些宏观经济理论和学派的优劣，评价所给出的经济政策的有效性，从而改进这些理论，给出更有效的经济政策建议，甚至发展出新的理论学派。这样，一般均衡理论也为衡量现实中所采用的制度安排和给出的经济政策的好坏建立了一个标尺。如钱颖一教授所指出的那样，除了一般均衡理论，产权理论中无交易成本和无收入效应的科斯定理，以及公司财务理论中的莫迪利安尼-米勒定理等也都被经济学家用作他们分析的基准点或参照系。

3. 度量标尺

尽管作为参照系的经济理论可能有许多假定与现实不符，但是它们却非常有用，是用来做进一步分析的参照系。建立经济学中的参照系就像生活中树立榜样一样的重要，它们是建立评估理论模型和理解现实的标尺。这些参照系本身的重要性并不在于它们是否准确无误地描述了现实，而在于建立了一些让人们更好地理解现实的标尺。就像"学习雷锋好榜样"就是给出做人的标尺，树立了度量人的道德规范的一杆标尺，看每人离雷锋这个榜样有多大的差距，在哪些方面有差距，从而使人们有了一个追赶目标。因此，参照系本身的价值并非直接解释现实，而是为进一步解释现实的理论提供基准点或参照系。由于经济学中所讨论的许多问题与人们的生活息息相关，每个人都觉得自己似乎懂一些经济学，都想在上面发一番议论，然而受过现代经济学系统训练的经济学家和没有经过这种训练的非经济学家的区别在于，受过现代经济学系统训练的经济学家在分析经济问题时总是用一些经济理论作为参照系，从而在分析问题时具有系统性和一致性。

(二) 分析工具

对经济现象和经济行为的研究，光有分析框架、研究平台、参照系和度量标尺还不够，还需要有分析工具。现代经济学不仅需要定性分析，也需要定量分析，需要界定每个理论成立的边界条件，使得理论不会被泛用或乱用。这样，需要提供一系列强有力的"分析工具"，它们多是数学模型，但也有的是由图解给出。这种工具的力量在于用较为简明的图像和数学结构帮助我们深入分析纷繁错综的经济行为和现象。例如，需求供给图像模型、博弈论、研究信息不对称的委托代理理论、动态最优理论等。钱颖一教授还指出了另外一些具有分析工具的经济模型。由于钱颖一对这些分析工具的作用作了较具体的介绍，笔者在这里就不多讨论了。当然，也有不用"分析工具"的，例如科斯定理，只要语言和基本逻辑推理来建立和论证所给出的经济理论。

读者看到这里，读过钱颖一教授的《理解现代经济学》一文，也许会看出钱颖一教授和本文对现代经济学中分析框架的划分不太一样。按笔者的理解，钱颖一教授是将整个现代经济学作为一个整体来讨论它的分析框架的，并认为现代经济学的分析框架是由视角、参照系及分析工具三部分组成。他所指的视角基本上就是本文所定义的那五个组成部分，只是他没有展开讨论。而本文所给出来的分析框架基本上是现代经济学中每一个理论所具有的。一个经济理论基本上由以上五个部分组成，但它不见得提供了参照系或应用了某种"分析工具"。这样，将参照系和分析工具看作为属于现代经济学研究方法的范畴，而不属于分析框架的范畴也许更合理。

(三) 经济理论的作用、一般性与相对性

1. 经济理论的作用

经济理论至少有三个作用。

第一个作用是，它能够用来解释现实中的经济现象和经济行为，这是现代

经济学主要讨论的内容。

第二个作用是，它能够对给定的现实经济环境、经济人行为方式及经济制度安排下所可能导致的结果做出科学的预测和推断，并指导解决现实经济问题，这个作用也许更重要。只要理论模型中的前提假设条件大致满足，它就能得出科学的逻辑结论并据此做出科学、正确的预测和推断，而不一定需要用实验就能知道最终结果。例如，哈耶克关于计划经济不可行的理论就有这样的洞察力。笔者10年前在《经济研究》上曾发过一篇文章，论断中国的经济制度平稳转轨要经过三个阶段：自由化、市场化与民营化，并给出了每个阶段的大致时间长度。经过10年时间实际检验，文章中所给出的论断与中国经济转轨的方式基本一致。

一个好的理论不用实验也能推断出最终结果。这在很大的程度上解决了经济学不能拿社会做实验的问题。人们需要做的只是关于检验经济环境和行为方式等方面的假设是否合理（近些年来非常热门的实验经济学主要就是从事检验经济人的行为方式假设等理论基础性方面的研究）。例如，社会不允许为了研究通货膨胀和失业率的关系而乱发货币。像天文学家和进化论生物学家一样，经济学家大多时候只能利用世界碰巧向他们提供的数据来发展理论和检验理论。

第三个作用是，许多理论上的不可能性结果可以用来避免实施许多现实中不可行的目标和项目。这是因为如果一个结论在理论上不能成立，只要理论的前提假设条件符合现实，这个结果在现实中也一定不可能成立。

2. 经济理论的一般性

从以上对现代经济学的基本框架的讨论可以看出，经济学中每一个理论或模型都是由一组关于经济环境、行为方式、制度安排的前提假设及由此导出的结论所组成的。一个理论的前提假设条件越一般化，理论的作用和指导意义就会越大。如果一个理论的前提假设条件太强，它就没有一般性，这样的理论也就没有什么用处。这样，成为一个好的理论的必要条件就是它要有一般性，越具有一般性,解释能力就会越强,就越有用。一般均衡理论就具有这样的特点,它在非常一般的偏好关系及生产技术条件下,证明了竞争均衡存在并且导致了资源的最优配置。笔者之所以在 2002 年所编的《现代经济学与金融学前沿发展》的前言介绍中批评杨小凯的超边际分析理论,就在于在他理论框架下所定义一般均衡模型需要施加一些非常不现实的假设,而不像一般均衡理论那样能在非常一般和现实的条件下成立。杨小凯等人在证明均衡存在性定理、第一福利经济学定理,以及核和均衡集等价定理时都用到一个假定:决策人集合是无穷不可数的。对有限个消费者和生产者的经济环境来讲,一般均衡解一般不存在。它只对个别的效用函数和生产函数(参数都要具体给定)才能存在。换句话说,它只可能在一个勒贝格测度为零的经济环境集合上存在,这就意味着在他的模型下的均衡解对所有生产技术和偏好关系几乎处处(按概率 1)都不存在。①

3. 经济理论的相对性

在希望一个理论具有更大一般性的同时,也必须要注意到它的适应范围、边界及局限性。这样在应用一个经济理论时便可避免犯两种错误。

第一种错误是**高估理论的作用**。经济学中的所有假设与结论基本上都不是绝对的,而是相对的。无论一个理论多么一般化,它只是相对正确的,并且有它一定的局限性和适应的范围。在讨论问题和运用某些经济学原理时,要注意这些原理后面的前提假设条件和它的适应范围,不能泛用,否则就会得出错误

---

① 需要指出的是,我批评杨小凯的超边际分析中的一般均衡模型,并不表示我不欣赏杨小凯的学识和人品。相反,我认为杨小凯是一个非常有思想、有学问、具有非凡道德勇气、正直、敢于说真话的、具有中国典型士大夫气质的一代学人。我和他相识 22 年,与他的私交也不错,他喜欢和我讨论他的经济理论,我也不时对他的理论给出我的看法和批评,特别是在他生命最后的三四个月,我和他及他夫人小娟交往较多,主要是为杨小凯联系来美治病及住宿的事,我 2004 年 6 月 21 日从中国飞达美国芝加哥机场最后一次和杨小凯通电话,可能我是中国留美经济学会中最后与他通话的人。想不到,17 天后,杨小凯于 2004 年 7 月 7 日去世,实在让人痛惜!

的结论。记住了定理的边界条件，你就不会轻易地下结论，否则就会误用某个定理，像误用科斯定理，弄不好会带来重大政策失误，例如俄罗斯激进的私有化产权改革。

许多人，包括许多经济学家忘掉了这一点，他们往往把自己的结果或某个原理的作用无限扩大，结果使本来有新意或正确的东西成为错误结论或误用。张五常教授经常将现代经济学的一两个经济学原理的作用绝对化，将其无限扩大，而不太考虑理论后面的基本假设；不了解现代经济学的发展就随意否定一门学科（例如博弈论）的作用；更误导学生的是，他最得意的地方是向学生宣称自己30年不读书，还要学生少读书，所有的学生都能像他那样是天才吗？又有几个人能像科斯那样，不用数学模型就能发展出那么深刻的经济理论？即便如此，科斯的原定理还有那么多含糊和争议的地方。一个人不如先踏踏实实地学点现代经济学，然后再去给出一些让人信服的批评。在海外学习、从事研究与教学20多年，给我印象最深的一点是，许多大师级的学者们（例如赫维茨）在论述他们的学术观点时（即使是口头发言），往往会非常注重于强调结论成立的**前提假设及具体约束条件**。这样，在讨论经济问题和给出经济结论时，非常重要的是注意理论的边界、局限性，以及这个理论的应用范围。

另外一个错误是**低估理论的作用**。不少人经常以现代经济学中某些假设或原理不太适合中国国情为理由而否定现代经济学。事实上，世界上没有一门学科的所有假设或原理完全地合乎现实（像上面提到的没有空气阻力的自由落体等物理概念）。我们不应根据这一点来否定一门学科的有用性。对现代经济学也是如此。我们学习现代经济学，不仅仅是了解它的基本原理、它的有用性，更重要的是学习它思考问题、提出问题和解决问题的方法。有些经济理论本身的价值并非直接解释现实，而是为解释现实发展更新的理论提供研究平台和参照系。借鉴这些方法，人们可以对如何解决现实中的问题得到启发。此外，如上一部分所述，由于环境的不同，一个理论对一个国家或地区适合，不见得对另外一个国家或地区适合，不能机械地生搬硬套，而需要修改或创新原有理论，根据当地的经济环境和人们的行为方式发展新的理论。

经常听到有人宣称他们推翻了某个理论或经济结论。由于理论中的某些条件不符合现实，他们就认为这个理论错了，然后认为他们将这个理论推翻了。一般说来，这种说法不科学，甚至是错误的说法。没有任何一个假设条件完全地符合现实或覆盖了所有的情况，一个理论可能符合一个地方的经济环境，但不符合另外一个地方的经济环境。但是，只要没有内在的逻辑错误，我们就不能说这个理论是错的，要被推翻。人们当然可以批评一个理论太具有局限性，或非常不现实，但我们需要做的是放宽或修改理论的前提假设条件，修改模型，从而改进或推广原有的理论；而不能说新的理论推翻了原有理论。其实更恰当的说法应当是新的理论改进或推广了旧的理论，它可以运用到更一般的经济环境，或不同的经济环境。

另外还有一个容易犯的错误就是通过一些具体的实例就企图得出一个普遍性理论结论，这是犯了方法论方面的错误。例如，最近郎咸平教授对海尔等几个企业的数据做了一番考证，就得出了这些企业的国有资产在流失的结论，以此就得出了要"国进民退"的一般性结论，更进一步又得出要搞大政府、要实行中央集权的结论。笔者认为，郎咸平教授的三个结论中至少后面两个结论是得不出的。即使所有企业的国有资产在流失，怎么就可以得出"国进民退"的结论呢？是否"国进民退"根本不取决于国有资产是否流失。从效率的角度讲，在同等的条件下，谁的效率高谁就应该进，而另一个就应退。这样，除非他能证明国营企业一般比民营企业的效率要高，否则就不能得出"国进民退"的结论。从理论到实践，整体上讲，至今得不出国有经济能比民营经济更好的结论，从而得出"国进民退"的结论，结论可能恰恰相反。因而，国有资产流失既不是"国进民退"的充分条件也不是必要条件，而是一个与"国进民退"不相干的条件。另外，即使需要"国进民退"，怎么有可能得出要搞大政府、要实行中央集权的结论呢？有什么理论和什么实践用来检验在经济上实行中央集权，能让国家富强的根据呢？

（四）区分充分条件与必要条件的重要性

在经济问题的讨论中，区分充分条件与必要条件也是非常重要的，它能帮助人们很清楚地思考问题和避免不必要的争论。必要条件是一个命题成立所必不可缺少的条件，充分条件是能保证命题一定成立的条件。例如，经常听到有人用印度的例子来否认市场经济，例如陈平教授，认为印度采用的是市场经济，但还是很贫穷，所以中国不应该走市场经济之路。说这些话的人，就是没有区分出必要条件和充分条件的差别。市场经济是导致一个国家富强的必要条件而不是充分条件。这就是说，要想国家富强，一定要走市场经济的道路。这是由于在世界上找不到任何富裕但不是市场经济的国家。但走市场经济之路，只是必要条件，不是充分条件，我们也必须承认市场机制不一定导致繁荣昌盛。其原因是，尽管（根据目前观察到的事实）市场机制是使一个国家繁荣昌盛必不可少的，但还有许多因素也能影响一个国家的繁荣富强，例如，政府干预经济的程度、政治制度、宗教、文化、社会结构等，使得市场机制有好的市场机制和坏的市场机制之分。

（五）数学在现代经济学中的作用

数学现在已经成为现代经济学研究中最重要的工具。现代经济学中几乎每个领域或多或少都用到数学、统计及计量经济学方面的知识。这一点致使许多对经济学感兴趣但又没有较强数学基础的人望而却步、望而生叹。他们往往抱怨学习现代经济学更多的是学习数学。为什么现代经济学用到如此多的数学，甚至超过了物理科学所使用的数学知识呢？如何看待经济学和数学的关系呢？

首先，经济学不是数学，数学在经济学中只是作为一种工具被用来考虑或研究经济行为和经济现象。经济学家只是用数学来更严格地阐述、更精炼地表达他们的观点和理论，用数学模型来分析各个经济变量之间的相互依存关系。由于经济学的度量化、将各种前提假设条件精确化，它已成为了一门体系严谨的社会科学。这是与前面谈到的现代经济学的基本分析框架和研究方法的建立分不开的。由于提供研究平台、建立参照系和给出分析工具都需要数学,这就不难理解为什么数理分析的方法在现代经济学中成为主要的研究方法。如果经济学没有采用数学,经济学就不可能成为现代经济学。可以说,学好数学几乎是学好现代经济学的必要条件。这个必要性在于,许多经济学概念是需要用数学来定义,经济行为和经济现象也主要是通过运用数学语言来分析和研究的。用数学语言来表达关于经济环境和个人行为方式的假设,用数学表达式来表示每个经济变量和经济规则间的逻辑关系,通过建立数学模型来研究经济问题,并且按照数学的语言逻辑地推导结论。

因此,不了解相关的数学知识,就很难准确理解概念的内涵,也就无法对相关的问题进行讨论。理解概念是学习一门学科、分析某一问题的前提。因而如果想学好现代经济学,从事现代经济学的研究,想成为一个好的经济学家,就需要掌握必要的数学。然而,光懂数学还不能成为一个很好的经济学家,还要深刻理解现代经济学的分析框架和研究方法,对现实经济环境、经济问题有很好的直觉和洞察力,学经济学时不仅要从数学(包括几何)的角度去了解一些术语、概念和结果,更重要的是,即使它们是用数学的语言或几何的图形给出的,也要尽可能弄清它们的经济学含义。因而在学习经济学时不要被文中的数学公式、数学符号等迷惑住。

有意思的是,现代经济学中的两个极端:纯理论和纯应用都用到了最多的数学。理论经济学家主要用的是纯数学作为研究工具。数学在理论分析中的作用是:(1)使得所用语言更加精确和精炼,假设前提条件的陈述更加清楚,这样可以减少许多由于定义不清所造成的争议。(2)分析的逻辑更加严谨,并且清楚地阐明了一个经济结论成立的边界和适应范围,给出了一个理论结论成立的确切条件。否则的话,往往导致一个理论的泛用。例如,在谈到产权问题时,许多人都喜欢引用科斯定理,认为只要交易费用为零,就可导致资源的有效配置。直到现在,仍有许多人不知道(包括科斯本人在给出他的论断时也不知道），这个结论一般不成立。如上所述，还要加上效用（支付）函数是准线性（Quasi-linear）这一条件。(3) 利用数学有利于得到不是那么直观就得到的结果。例如，从直观上来看，根据供给和需求法则，只要供给和需求量不相等，竞争的市场就会由"看不见的手"通过市场价格的调整，达到市场均衡。但这个结论不总是成立。Scarf（1960）给出了具体的反例，证明这个结果在某些情况下并不成立。(4) 它可改进或推广已有的经济理论。这方面的例子在经济理论的研究中太多了。例如，经济机制设计理论是一般均衡理论的改进和推广。

实证经济学家主要用的是数理统计和计量经济学。我们不是为学经济学而学经济学，而是对所观测到的经济现象和统计资料进行分析、描述和制定政策，并对经济理论进行检验。对经济问题，不仅要做定性的理论分析，还需要有经验性的定量分析。经济统计和计量经济学在这些方面发挥着重要作用。经济统计侧重于数据的收集、描述、整理及给出统计的方法，而计量经济学则侧重于经济理论的检验、经济政策的评价、基于经济理论和经验数据进行经济预测，及检验各个经济变量之间的因果关系。为了更好地估计经济模型和做出更精确的预测，理论计量经济学家不断地研究出更为有力的计量工具。

随着现代经济学的教育和研究在中国迅速地发展和深入，越来越多的人感觉到数学在经济学中的重要性，也想学好数学，但面对数学纷繁复杂的类目，许多学生不知道学什么好。笔者认为，要学好经济学，至少要掌握好工科水准的高等数学、线性代数、概率与数理统计的内容。掌握了现代经济学的基本分析框架、研究方法，学好了数学，学起现代经济学来就会感到相对容易，可以提高学习现代经济学效率，并且对进一步学习优化理论、动态最优等数学工具也大有帮助，这些数学工具是学好高级微观经济学和高级宏观经济学不可缺少的数学知识。如想要从事现代经济学的理论研究和真正学好现代经济学，最好是学习数学分析。高等数学主要是侧重于掌握数学知识，及其培养应用数学的能力，而数学分析却对培养学生的逻辑分析能力和创造性思维能力大有作用。

许多学生害怕现代经济学中的许多证明，其原因就是没有学过数学分析，学过数学分析的人们对证明就不会感到那么困难。其实，即使今后不从事研究工作，提高了逻辑分析和创造性思维能力对日常工作也会有一定的帮助。①

（六） 经济学语言和数学语言的相互间转换

经济学研究的产品是经济论断和结论。一篇规范的经济学论文的写作一般由下面三个部分组成：（1）提出问题，给出重要性，确定研究目标；（2）建立经济模型，严格表达并验证论断；（3）通俗表达论断并给出政策含义。这就是说，一个经济结论的产生一般需要经过三个阶段：非数学语言阶段——数学语言阶段——非数学语言阶段。②

第一阶段提出经济观念、想法或猜想，这些观念、想法或猜想可能由经济直觉产生或根据历史经验或外地经验而来。由于还没有经过理论论证，人们可将它们类比为一般生产中的初等品。这一阶段是非常重要的，它是理论研究和创新的来源。

第二阶段需要验证所提出来的经济想法或论断是否成立。这种验证需要经济学家通过经济模型和分析工具给出严格的证明，只要可能，还需要得到实际经验数据的检验。所得出的结论和论断往往都是由数学语言或专家术语来表达的，非专家的人士不见得能理解，从而不能为社会大众、政府官员、政策制定者所采用。所以将这些由技术性较强的语言所表达的结论和论断类比为一般生产中的中间产品。

学经济学是要为社会服务的，所以第三阶段就是将由技术语言所表达的结论和论断用通俗的语言来表达，使得一般的人也能够理解，用通俗语言的形式

---

① 感谢朝鏞同学建议加写此段。建议笔者讨论学习现代经济学需要哪些方面的基本数学课程。
② 注意，笔者这里讲建立经济模型一般采用数学模型，但也有例外，例如前面讨论的科斯定理。

给出这些结论的政策含义、深远意义及具有洞察力的论断，这些才是经济学的最终产品。注意第一和第三阶段都是用通俗、非技术、非数学的语言来给出经济想法和结论，但第三阶段是第一阶段的一种飞跃、升华。这种三阶段式（由通俗语言阶段到技术语言阶段然后再回到通俗语言阶段）其实也是大多数学科所采用的研究方式。

四、现代经济学基本研究方法与分析框架的现实作用

以上介绍了现代经济学的最基本分析框架和研究方法。笔者试图用尽可能简单的语言，并结合现实讨论了现代经济学的基本分析框架和研究方法。尽管这些分析框架和研究方法看起来似乎简单，但实际上如果要真正领悟并融会贯通于自己的生活、学习、研究中却并不是一件容易的事。但是，只要你掌握了现代经济学的基本分析框架和研究方法，就会让你一生受益无穷。因为它会使你聪明、睿智、深刻、思维科学；它会帮助你学习、研究那些"阳春白雪"的纯经济理论；它也有助于指导你在生活、工作中所面临的实际问题。

首先，从学习现代经济学的方面来看，一旦掌握了现代经济学的基本分析框架和研究方法，你就不会被那些抽象的模型和高深的数学所迷惑，不会被弄得昏头涨脑。无论一个经济理论用到多深的数学、多少的公式、多么复杂的经济模型，它基本上都是采用了以上所介绍的基本分析框架和研究方法来进行研究的。只要你紧紧抓住了这些基本的分析框架和研究方法，将它作为一条核心主线印在你的脑海中，你就不会迷失方向、失去重点，基本上知道它在讲什么。你可以暂时将那些技术性的、一时无法理解的具体细节搁置一旁，先弄清理论框架和具体结论，再弄懂那些具体细节。也就是，要先抓文章的主线、大致思路，了解它想做什么，得到什么论断，然后再抓具体细节。另外，一旦掌

握了这些基本分析框架和研究方法，会让你对现代经济学有一个正确的看法，不太可能被误导，从而不会影响自己对现代经济学的学习。经常有人对现代经济学及其研究方法进行批判，其实这些人的大多数议论都没有建立在科学的分析问题的方法上，有的甚至完全凭自己的主观臆断。没有弄清现代经济学的基本分析框架和研究方法，这些言论就有可能会误导你，使你迷失学习现代经济学的正确方向，甚至可能使你对现代经济学的学习采用忽视，甚至是抵触的态度。

其次，从研究现代经济学的方面来看，一旦理解和掌握了现代经济学的基本分析框架和研究方法，将会有助于现代经济学的研究。许多想做经济学研究的人，尽管他们对现代经济学已经有了相当的了解，读了许多经济学的论文，但仍然感到自己做起研究来很难，不知道怎么做研究，或做不出让别人认可和有意义的研究工作。其实只要你掌握了这些基本的分析框架和研究方法，同时具有一定的数理基础和逻辑分析能力，那么做起经济学研究就不是那么难了。从某种意义上说，做研究就是对基本分析框架的那五个组成部分进行逻辑式的填空写作。这些基本框架和研究方法可能会有助于提高你的研究和创新能力。例如，如果你想研究某个经济问题或现象，或希望给出一个新的理论，让它具有较强的解释经济行为和经济现象的能力，能够指导现实经济问题，那么你就要比较合理、准确地描述、刻画经济环境和经济人的行为方式，采用已有的分析工具或自己发展新的分析工具，建立一个尽可能简单的模型，然后进行推导论证。

如果你只是想推广和改进原有的理论结果，你就需要分析原有的关于经济环境、行为假设及模型结构是否符合现实，是否能够放宽那些前提假设条件，得出新的或者更一般的结果。对于初做研究的人来说，这一类推广、修正改进的工作也许会相对简单一些。并且你的结果也许会更容易被人接受和出版发表。当然，你也可以对经济环境界定或其他组成部分进行改动，也可能得到非常不同，甚至是重大的结果。例如，前面提到的众多的宏观经济学派和信息不对称下所得到的众多理论就是这样得出来的。如果你想批判某个现代经济学理论的话，你应该是批判这个理论分析框架的哪些组成部分在哪些方面存在不合理、逻辑不正确或不现实的地方，而不是批判整个现代经济学及其研究方法。因此针对那些批判现代经济学、否定现代经济学，将现代经济学说得一无是处，宣称要抛弃现代经济学，要建立自己经济学的人，笔者希望他们能够对现代经济学的基本框架及方法论真正有所了解，在了解的基础上再去考虑如何对现代经济学的某些理论进行批判或冲击，这样便会出言谨慎，不致误导大众。

再次，了解现代经济学及其研究方法和分析问题的框架也会帮助你如何思考问题、如何更好地处理日常事务，更好地学会待人接物，会使得你思想更加深刻、更加有见识、工作更加有能力。笔者经常听到对现代经济学这样的议论：经济学看起来就是一些"阳春白雪"、形而上的东西，用到这么多数学，学起来这么难，离现实感觉有十万八千里，学了对今后有什么用呀？其实，在日常生活中，经济学分析问题的基本框架完全可以被套用。例如，你到了一个新的地方、准备做一件事情，或者需要与人打交道，首先要做的事就是了解当地情况、周围环境及国情（对应着框架中的"界定经济环境"）；然后，也要了解当地的民风民俗，尽可能弄清与之打交道人的行为处事的方式，他的品行、性格等（对应"设定行为假设"）；根据这些信息，决定自己与人打交道的规则及自己对人处事的方式（即对应"给出制度安排"）；然后在具有可行性的、可供选择的方案中，通过权衡取舍选定一个最佳方案（即选择均衡结果）；最后，对自己所做的决定、所做的事情及所采用的处事方式进行总结反省，看是否是最有效的方法，是否达到了最好的结果，是否公平合理，是否调动了大家的积极性，让人们做出激励反应，达到了你想要达到的目标，即所谓的激励相容，等等（即对应"进行评估比较"）。并且，当环境、情况发生变化，工作的对象变了，要做好一件事情，游戏规则当然也应相应发生变化。我想大家会认同，只要按照这五个方面去做，并根据情况的变化随时调整游戏规则，就一定会把事情做得更好。笔者认为这可能是解决和处理日常生活和工作事务的最佳方式之一。并且，经济理论的许多结果也有助你如何思考问题和解决问题。

五、结束语

总之，要理解和正确应用现代经济学，就需要了解现代经济学基本分析框架和研究方法。本文讨论了一个规范经济理论的分析框架的五个基本组成部分：(1) 界定经济环境；(2) 设定行为假设，(3) 给出制度安排；(4) 选择均衡结果；(5) 进行评估比较。基本的研究方法包括提供研究平台、建立参照系、给出度量标尺，以及提供分析工具。这种规范性的分析框架和研究方法使得现代经济学在过去60年发展迅速，应用广泛，影响巨大，已成为一门规模庞大、分支众多、体系严谨的社会科学领域。即使专门研究经济学的学者，也只能了解为数有限的分支中的很少一部分内容。不花一番工夫，是很难真正地理解其中一些经济理论的精髓。实际上，笔者发现对一门学问钻进去越深，感觉自己懂得越少，写东西的时候越发谨慎，很难下笔，海阔天空发议论就更难。现在不少人不管弄懂没有就喜欢胡乱议论，提出一些看似标新立异、耸人听闻，以至语不惊人死不休的看法，以此来显示自己的"广识、博学和多才"，当然也许是为了引人瞩目、出名而夸大自己的结果，这在当前中国经济学界好像是一种时髦。但不幸的是，这些人即使是学有专长，在没有弄清现代经济学的基本分析框架和研究方法的前提下，往往会说出一些出格的话，更何况是严重地误导了众多的学子。

在经济问题的讨论中，要区分价值判断分析与实证性分析、充分条件与必要条件的差别，理解经济理论的作用，一般性与相对性，数学在经济学中的作用。学习经济学，不仅仅是了解它的基本原理，更重要的是学习它提出问题、思考问题和解决问题的方法。掌握了现代经济学的基本方法和分析框架，也有利从事经济学的学习与研究，甚至帮助人们更好地处理日常事务。

（2005 年 2 月）

参考文献

[1] Aivazian, V. A., and J. L. Callen. The Coase Theorem and the Empty Core [J]. *Journal of Law and Economics*, 1981, 24: 175~181.

[2] Arrow, K. J.. The Organization of Economic Activity: Issues Pertinent to the Choice of Market versus Nonmuarket Allocation [M]. //*The Analysis and Evaluation of Public Expenditures: The PPB System*, 1969.

[3] Arrow, K. J.. The Property Rights Doctrine and Demand Revelation under Incomplete Information [M]. //Michael J. Boskin (ed.). *Economics and Human Welfare: Essays in Honor Tibor Scitovsky*. New York: Academic Press, 23~39.

[4] Arrow, K and G. Debreu. Existence of Equilibrium for a Competitive Economy [J]. *Econometrica*, 1954, 22.

[5] Chipman, J. S.. A Close Look to the Coase Theorem [M]. //James and Buchanan and Bettina Monissen. *The Economists' Vision: Essays in Modern Economic Perspectives*, eds. Frankfur/Mmain: Campus Verlag, 1998, 131~162.

[6] Coase, R.. The Problem of Social Cost [J]. *Journal of Law and Economics*, 1960, 3: 1~44.

[7] Debreu, G.. *Theory of Value* [M]. New York: Wiley, 1959.

[8] Davis, L., and D. C. North. Institutional Change and American Economic Growth: A First Step Toward A Theory of Institutional Innovation [J]. *Journal of Economic History*, 1970, 30: 131~149.

[9] Davis, L., and D. C. North. *Institutional Change and American Economic Growth* [M]. Cambridge University Press, Cambridge, 1971.

[10] Friedman, M. and R. Friedman. *Free to Choose* [M]. New York: HBJ, 1980.

[11] Gibbard, A.. Manipulation of Voting Schemes [J]. *Econometrica*, 1973, 41: 587~601.

[12] Hurwicz, L.. On Informational Decentralized Systems [M]. //Radner, R. and C. B. McGuire, eds. *Decision and Organization*, North-Holland, Honor of J. Marschak, 1972, 297~336.

[13] Hurwicz, L.. What is the Coase Theorem [J]. *Japan and the World Economy*, 1995, 7: 49~74.

[14] Moffatt, P. G.. Is Giffen behavior compatible with the axioms of consumer theory? [J]. *Journal of Mathematical Economics*, 2002, 37 (4): 259~267.

［15］North, D.. Institutions, Institutional Change, and Economic Performance ［M］. Cambridge University Press：Cambridge，1990.
［16］Nash, J.. Non-cooperative games ［J］. Annals of Mathematics，1951，54，286～295.
［17］Ruttan, V. W.. Induced Institutional Change ［M］. //H. P. Binswanger and V. W. Ruttan (eds). Induced Innovation：technology, Institutions, and development. Johns Hopkins University Press：Baltimore，1978，327～357.
［18］Schultz, T. W.. Institutions and the Rising Economic Value of Man ［J］. American Journal of Agricultural Economics，1968，50：1113～1122.
［19］Scarf, H.. Some Examples of Global Instability of the Competitive Equilibrium ［J］. International Economic Review，1960，1：157～172.
［20］Samuelson, P.. Some Uneasiness with Coase Theorem ［J］. Japan and the World Economy，1995，7：1～7.
［21］Satterthwaite, M. A.. Strategy-Proofness and Arrow's Existence and Correspondences for Voting Procedures and Social Welfare Functions ［J］. Journal of Economic Theory，1975，10：187～217.
［22］Starrett, D. A.. Fundamental Nonconvexities in the Theory of Externalities ［J］. Journal of Economic Theory，1972，4：180～199.
［23］Tian, G.. Lecture Notes on Microeconomic Theory ［OL］. Texas A&M University，2004. http：//econweb.tamu.edu/tian/class.htm.
［24］郎咸平. 中国需要立刻停止国企产权改革 ［OL］. 凤凰卫视，2004-8-27. http：//www.phoenixtv.com/home/finance/fortune/200408/27/318836.html.
［25］郎咸平. 发言讲话，资产流失与国有经济发展研讨会 ［OL］. 2004-8-28. http：//bbs.cenet.org.cn/dispbbs.asp? BoardID=92510&id=45788&replyID=190782&star=1&skin.
［26］林毅夫. 本土化、规范化、国际化：祝贺创刊40周年 ［J］. 经济研究，1995，10.
［27］林毅夫. 经济学研究方法与中国经济学科发展 ［J］. 经济研究，2001.
［28］钱颖一. 理解现代经济学 ［J］. 经济社会体制比较，2002，2.
［29］田国强. 中国国营企业改革与经济体制平稳转轨的方式和步骤——中国经济改革的三阶段论 ［J］. 经济研究，1994，11.
［30］田国强. 就美国公司变革的理论背景与崔之元商榷 ［J］. 当代中国研究，1996，5：95～106. http：//econweb.tamu.edu/tian/mcy96.htm.
［31］田国强. 现代经济学与金融学发展前沿 ［M］. 商务印书馆，2002.
［32］田国强、张帆. 大众市场经济学 ［M］. 上海人民出版社和智慧出版有限公司，1993.
［33］汪丁丁. 经济学中的理性主义运动及其现代危机 ［OL］. 2001，http：//www.cenet.org.cn/cn/ReadNews.asp? NewsID=5766.

112

中国经济问题研究,路在何方?

当前,中国经济学科正处于迅速发展阶段,这与20世纪40~50年代现代经济学在美国初期发展时的状况有些类似。对于现代经济学,国内经济学界存在着两种极端的看法:第一种是基本否定现代经济学的作用;第二种是泛用模型,即不考虑由中国实际情况与经济制度环境所决定的约束条件和边界条件,将一个经济理论或模型泛用到中国现实问题,简单地套用,而不管这个理论模型的假设与中国的经济现实和制度环境是多么脱节。

John Whalley教授在他的谈话中重点强调了第二个问题,即泛用模型问题。对于此问题,我同意John Whalley教授及参加本次讨论的大多数学者的观点,在这里就不再重复了。我想强调的是,在重视上述第二种倾向的同时,我们不应该忽视另外一种倾向,即否认现代经济学的作用。消除这种倾向也非常重要,甚至更为重要,因为完全否认现代经济学的作用可以说是犯了方向性错误。现代经济学主要是研究在市场经济制度环境下人的经济行为和经济现象的一门学科,有着一整套的基本分析框架、研究方法,并发展出了许多分析工具。中国的经济改革和经济体制转型的取向是建立现代市场经济制度,从而掌

---

* 本文载于《经济学家茶座》,2009年1月总第三十九辑。

握现代经济学的一些基本理论及其研究方法就显得非常必要。而泛用模型则是方式和技术问题（当然也会造成很多，甚至是非常大的问题和失误），但大方向是对的。就像小孩学大人讲话做事，尽管不是这么一回事，或像年轻人做事还不熟练，但只要坚持下去，就会越做越好，没有太多担心的必要；就像中国以市场为导向的改革一样，只要大方向是对的，存在的问题都是可以通过进一步深化市场改革解决的，但改革方向一旦错了，一切都没有戏了。所以，我们应该防止那些用中国经济问题的特殊性来完全否定现代经济学作用的倾向。现代经济学的基本框架、分析原理、研究方法所提供的许多分析工具是无地域和国界之分的，可以用来研究不同经济环境和经济制度安排下的各种经济问题，当然也可以用来研究中国经济制度环境下的各种经济问题。在《现代经济学的基本分析框架与研究方法》[①] 一文中，我详细地阐述了这一问题。所以说，对于青年学者和学生而言，无论是做纯理论的研究，还是做中国问题的研究，首先要掌握好现代经济学的基本研究方法、理论和分析工具，只有这样，才能有所创新，将其本土化，并使之成为现代经济学的一个重要组成部分。真正对中国经济及其体制转型做出了让人信服的研究的经济学家，正是那些真正掌握和熟练运用现代经济学基本研究方法和原理的人。这是我想谈的第一个问题。

第二，我想谈谈如何看待某些经济理论结果与现实脱节的问题。由于现代经济学的许多理论是研究西方发达国家中的一些经济现象而创立和发展起来的，往往隐含着一个基本假设，即市场经济制度环境是相对完善的。尽管这些理论不适宜直接描述当前中国经济制度环境，但是却从不同的角度为中国经济改革与发展的取向指明了方向，提供了努力的目标。这样，许多现代经济学理论也就为我们研究各种问题提供了一系列的参照系和基准点（Benchmark），让我们知道了努力的方向，以及现实和理想状态之间的落差。从而，我们在研

[①] 田国强. 现代经济学的基本分析框架与研究方法[J]. 经济研究，2005，2.

究偏离了理想状态的现实问题（如信息不完全、不完全竞争、外部性等市场失灵现象）时，需要对所提供了参照系和基准点的经济理论进行适当的修正，并与之进行比较，大多现代经济学理论也都是如此发展和成熟起来的。不少人正是对于这种研究方法没有很好地理解，从而导致了认识上的误区。

由于上述原因，一个一般的经济理论往往会与某国、某地的现实脱节，但在应用上，则必须让所应用的理论尽可能接近现实，或发展出新的理论来解释或解决所面临的问题，否则就会造成很大的问题（后面还会谈到），对中国经济问题的研究也是如此。在人们思想水平不高，大多都追求个人利益的情况下，需要采用市场经济制度来协调经济人之间的经济活动。那么，改革的一个基本目标就是建立现代市场体系，在这一前提下，我们首先要弄清各类改革的子目标和结果应该是什么。但要注意的是，目标不等于实施过程。提出目标是回答应该做什么的问题；而实施过程则是回答怎样做才可以达到所提出目标的问题，也就是需要弄清楚如何改革和怎样实施的问题。这首先需要充分考虑到可行性、可操作性，也就是充分考虑到中国的国情和现实，即在各种约束条件下给出（过渡性）制度安排，这也符合现代经济学中的一个最基本的原理，在约束条件下，进行取舍和选择。也就是人们通常所说的，在解决现实问题时，要因时、因地、因人、因事而异，具体情况，具体分析。因而，在研究中国经济问题和解释中国经济现象时，就需要对提供参照系和基准点的现有理论进行修正。但不管怎样，分析问题的框架和研究方法都是一样的，并且不少分析工具（如供给需求基本模型、博弈论、委托代理理论、激励机制设计理论等）都可以用来研究中国经济问题和现象。现在还有许多中国经济学家，特别是青年学者和学生对这个问题总是感到迷惑，一个原因就是对现代经济学缺乏良好的训练，这需要大家共同努力，改变这种现象。

第三，在解决经济问题时，我们不可能拿社会做实验，因而在做现实问题研究、应用某个经济理论提出政策性建议时，需要非常慎重，注重理论结果成立的前提条件，因为任何一个理论都有它的适用范围，即边界（先决）条件的。只有将经济现实环境充分地把握住,才会通过经济理论(也许需要发展针对相应问题的新经济理论)得出符合逻辑而又切合实际的结论。只有对所涉及的经济学基本理论有一个较好的掌握,充分注重或弄清楚所应用的经济理论结果成立的前提条件(具有良好技术性训练的海归学者在这方面有较大的优势。因而从某种程度来讲,对中国问题把握较好的本土学者与海归学者合作进行研究,也许会产出更高质量的研究成果),才有可能确保所提出的经济政策应对得当。否则,一个政策建议不当,会造成非常大的负面后果。比如,这次美国由次贷危机所引发的金融危机很大程度上,就是美国政府的官员和美联储的经济学家忽视了自由市场经济理论的一个简单的先决条件,即忽视了金融行业的巨大外部性(传递性),放松了金融监管,导致机会主义者疯狂逐利,从而使得市场泡沫不断膨胀直至破裂。

再比如,国内对于这次世界金融危机的把握和应对就很有值得探讨的地方,为什么在2008年上半年和下半年短短两三个月的时间所采用的宏观调控政策完全相反?并且正反两方面政策力度均是如此之大?这说明在理论指导方面还存在较大欠缺。在判断经济形势和预测经济景气这类政策性研究时,不能够只看重经济数据。数据在许多情况下对短期预测和检验理论当然有用。但经济数据在有些方面,如在预测经济景气的情况下,可能有它的局限性。那么,一个政策怎样才能具有前瞻性呢?靠什么来让我们得出事前的结论呢?这就是经济理论的逻辑技术分析。也就是说,只要将经济现实环境充分地把握住,就会通过经济理论得出逻辑的结论。例如,我和曾担任过美联储高级经济学家的黄晓东教授早在2008年6月写的《治理通货膨胀,更要警惕经济大幅下滑风险——关于解决扩大内需和抑制通货膨胀两难的政策建议》一文中,通过经济环境所具有的三大成因,得出了经济大幅下滑的风险正不断累积这一结论,提出了"慎紧缩、稳股市、拉两头、控中间、停升值、缓提价"等六大综合治理措施。以上两个例子都说明了经济学基本理论的重要性。因此,加强基本理论的训练和分析工具的掌握,就显得非常必要。不仅如此,我们也应该有一大批中国学者瞄准国际研究前沿,在理论创新和提供分析工具研究方面做出贡献,在具有共性的研究方面拥有话语权。只有这样,中国学者才能受到国际同行的尊重,研究的成果才会得到别人的重视。

第四,我想谈谈在国际期刊上发表论文,以及中国青年学者的国际化道路的探索问题。

首先,过去十年多来,国内的经济学研究水平有了很大的提高。国内的期刊如《经济研究》在引导国内经济学研究与国际接轨方面发挥了很大的作用,上面刊登的文章大多写得比较规范,很多都是运用现代经济学的基本分析框架、研究方法及分析工具来研究中国经济问题的文章。不过,与国际研究水平相比,国内的经济学研究还是有相当的差距。如果我们将国际刊物和国内刊物发表文章的归类来看,我们可以将其分为两类:第一类是纯理论的创新,具有共性的基本理论研究,这些理论结果没有国界,具有一般性,如博弈论、信息不对称时的委托代理和激励机制设计理论等。在这方面,中国的研究水平和国际相比差距很大,这些差距体现在原创性、发表论文数量的差别,以及研究方法和文章中体现的经济思想的差距。很多技术性很强的文章,其实也可能在其中包含很多经济思想,模型背后体现的是深刻的经济学思想(如一般均衡理论、信息经济学、激励机制设计理论等)。第二类是现实问题的研究,运用现代经济学的基本分析框架、研究方法和分析工具来研究某个国家或地区的现实问题。在这方面,研究本国问题当然占大多数,而研究国外问题占少部分。而中国经济学期刊基本只研究中国经济改革与发展问题,如中国的市场化改革等。在这方面,中国的经济学者有着独特的优势,虽然有很多国外的经济学家对中国问题很感兴趣,但是他们研究中国问题时没有优势,我没有看到外国学者对中国经济问题有过什么像样的研究。

其次,国际刊物和国内刊物在选择稿件时的偏好(也许是客观原因造成的)也是有所不同的。国内的刊物侧重对中国经济问题的研究,而不太注重(也可能是由于对现代经济前沿了解不够)现代经济学纯理论方面的创新性研究。国际期刊，比如美国经济刊物，其研究的问题主要包括三个方面的内容：首先，最注重的是一般性理论问题的研究，如博弈论、信息经济学、信息不对称时的委托代理理论和激励机制设计理论、组织理论、产权理论，或针对某个经济现象给出理论解释等。也有一些是为建立参照系和基准点而发展出来的理论，这些理论假定比较理想的经济环境，如信息完备，零交易成本或市场经济制度规范，离现实较远；其次是对美国经济问题的研究；第三方面是对他国经济问题的问题，如中国经济问题。我们看到有一些学者研究中国经济问题的文章在国际顶级期刊上发表，如钱颖一等都做出了很不错的研究成果。一些国际刊物，如 *China Economic Review* 等也非常关注中国经济问题。

再次，我谈一下关于中国青年学者的国际化问题。我认为对于本土学者来说，首先应该进一步加强对现代经济学理论工具的学习和掌握，其次要发挥自己对中国经济具有较好把握和了解的优势。此外，应该有开放的心态，通过合作的方式，进行国际化拓展，如既可以与国外学者合作，也可以与海归学者合作，来提高自己的研究水平和研究成果质量，实现双赢。对于海归学者而言，在国内和国外的工作环境相比，国内工作带给他们的优势，就是身处中国经济改革和发展的大环境中，对中国现状比较了解，所以做中国经济问题研究有比较优势。不过，我并不认为，所有的海外学子毕业回国后就应立刻致力于中国经济问题的研究。对于中国的现实，老一辈经济学者有很好的把握，很多海归青年学者虽然接受了系统的现代经济学训练，但由于对中国现实把握不够及认识不深，回国后立刻来研究中国经济问题，是有一定的困难的。毕业获得博士学位只是进入经济学研究这一终身事业的门槛，初出茅庐的海归博士往往对中国现实问题把握不足，对经济理论的训练和掌握也不够，不太可能提出深邃的经济思想，做不出什么高质量的中国经济问题研究。并且，由于名气不够，即使做出了较好的研究也不大会引起人们的注意，从而不利于个人学术生涯的发展。我个人是做纯理论研究的，直到拿到终身教职几年后才开始做中国问题研究。我看到不少刚毕业时非常优秀的青年经济学者由于没有将内功练好（理论功力及把握现实的能力不足），就立即进行中国问题研究，往往没有什么后劲，加上国内经济学研究水平的迅速上升，新人辈出，让人感觉这些人所做的研究越来越差。

总之，对于中国学者而言，在国内做研究的优势就是对中国的现实国情具有切身和相对深刻的认识，研究中国经济问题具有近水楼台之便。而随着中国经济的快速发展，中国经济问题研究在国际经济学界会得到越来越多的重视。同时，为了让中国的经济学研究与国际接轨，让越来越多的中国学者及其成果得到国际经济学界的重视，掌握经济学研究的话语权，我们也需要有相当一批人瞄准国际前沿，做纯理论问题的研究，而不单单是做中国经济问题研究。所有这些，都需要青年学者学好现代经济学，掌握其基本分析框架和研究方法。要注重培养自我学习和自我更新知识的能力，在博士毕业后仍需要加强学习，培养出可以在国际期刊发表论文的能力，由于人生学术生涯有好几十年，当有充分的理论准备和一定的学术积淀之后，进而再去做一些政策性问题研究也不会太晚。

(2009 年 1 月)

113

经济学的思想与方法[*]

提要：本文讨论了现代经济学一些最基本的思想与研究方法，可简单概括为：一个行为假设、二个注意事项、三个制度安排、四个基本原理、五个分析步骤及六个研究技巧。这些基本思想和研究方法，对准确理解和正确运用现代经济学，特别是掌握经济理论的内在逻辑分析方法，至关重要。

首先欢迎大家参加上海财经大学"现代经济学"全国高校教师暑期师资课程进修班暨全国研究生暑期学校，今年有700多人报名，我们从其中挑选了300多位青年教师和研究生，办了7个班，每门课程都是参照国外一流大学经济学系博士生的现代经济学完整的高级课程而制定的，近50个学时，由我们经济学院近些年来新引进的海归教师授课。在此期间，我们还会邀请一些在国外获得终身教职的知名华人经济学家给大家开设讲座，希望大家珍惜这一个月的学习机会，学好所选课程，一个人回去教几百个学生，十年下来，几百个

---

[*] 本文为2009年7月14日上海财经大学全国研究生暑期学校专题讲座，本讲座视频被《经济研究》网站"方法论讲堂"栏目收录。

教师就能让几十万学生受益。

今天想给大家谈谈经济学的一些基本原理、思想和方法，让大家对其信息对称，消除对现代经济学的一些误解、误会和误区，有助于大家更好地理解、学好和教好现代经济学。在经济学领域，误区特别多，我经常听到和看到许多人对现代经济学及其分析框架和研究方法进行批评。但这方面的批评大多不太正确，存在着许多误区，这些误区不澄清将会误导人们对经济学的学习和指导作用，影响它在现实中的运用。实际上，现代经济学的一些基本思想、原理、分析框架和研究方法的威力是巨大的，不光可以用来研究经济问题、解释经济现象和人的经济行为，更重要的是进行内在逻辑分析、对经济问题和结果做出预测，也可用到其他许多社会学科领域，甚至对做行政管理也特别有用，我在上海财经大学运用经济学的一些基本原理和方法从事行政工作，效果显著。我希望在座的各位通过这次讲座对现代经济学的思想与方法有所了解与收获。

经济学的研究方法很多人都谈过，像钱颖一、杨小凯、林毅夫、许成钢教授和我本人，当然每个人讲的侧重点不一样。2009年年初，在《经济学茶座》上有一篇文章记载了关于现代经济学研究方法和中国经济问题研究的一次讨论。一些海内外知名学者和著名学术期刊（包括《经济研究》《世界经济》）的主编都参与其中，我也参加了，对如何运用现代经济学的理论和方法来研究中国经济问题进行了讨论。对于现代经济学，我觉得国内经济学界存在着两种极端的看法：第一种看法就是不顾中国的客观现实约束条件，盲目地崇拜现代经济理论，照搬模型进行改革，写文章时以为把数学模型加进去就是好文章，其实都不知道自己在做什么。不充分考虑中国实际情况与经济制度环境所决定的约束条件和边界条件，将一个经济理论或模型泛用到中国现实问题中，这样简单的套用，弄不好会出大问题。第二种看法更加错误，全盘否定现代经济学的作用，包括分析框架和研究方法，认为现代经济学是国外的东西，不合乎我国的国情，中国的问题需要用中国的方法来解决。我认为这两种观点都是极端的、错误的、不全面的。

过去 20 年来，我一直在思考如何运用现代经济学的基本思想和方法来研究中国的经济改革、制度平稳转型和经济发展问题。我想在这里，把我自己对经济学的一些心得体会，以及对经济学的一些最基本的思想、分析框架、研究方法跟大家做一些学术上的探讨。我还在继续思考，没有完全成文，在此先和大家交流。

一、经济学的基本思想

为了便于理解、印象深刻、容易记住，我想学学国内通常的做法，用一套适应中国国情的"一二三四五"之类口号式的排比句，来总结现代经济学中涉及行为假设、注意事项、制度安排、基本原理及分析步骤等一些最重要的基本思想。我觉得这些基本思想可用以下几个排比句来概括：一个行为假设、二个注意事项、三个制度安排、四个基本原理、五个分析步骤。

（一）一个行为假设

一个行为假设指的是，任何一门社会学科都需对人的行为做出某种假设，将人的行为作为分析的逻辑起点。社会科学和自然科学最本质的差别就在于，社会科学往往需要研究人的行为，需要对人的行为进行假设。经济学是一门非常特殊的学问，为什么说特殊呢？经济学作为社会科学的一门分支，不仅要研究和解释经济现象、进行实证分析，同时还要研究人的行为，以便做出更好的预测，并给出价值判断。这和自然科学非常不同，自然科学在大多数情况下不涉及人的行为，而社会科学特别是经济学常常会牵涉到人。牵涉到人，问题就很复杂了，最难研究和对付的就是人，现在在国外行为经济学非常热门。

(二) 二个注意事项

第一个注意事项是：要注意任何一种经济理论、行为假设都有其边界，不能盲目运用。此点非常重要，许多经济学家将书本上一些理论简单地完全套用到现实经济中去，而不考虑其边界，没有意识到他们是基于理性状态下所发展出来的理论，主要是为了建立参照系及努力目标和方向而发展的。这种现象在我国经济学界特别严重，许多经济学家就一些经济问题发表看法可谓语不惊人死不休，也许是为了获得媒体的聚焦，故意把一些问题说得耸人听闻，将某种经济理论的作用盲目夸大，而不考虑其理论背后的先决条件。由于经济学理论一般不能拿社会做试验以检验其正确性，如果没有社会责任感，盲目应用，搞不好会出大问题。社会科学，像数学里面的所有定理一样，都有其边界条件，是否认识到此点是辨别训练有素的经济学家和一般老百姓的基本方法。由于经济问题和老百姓切身相关，即使一般老百姓对经济问题也能谈出一些看法，例如通货膨胀、经济是否景气、需求供给是否平衡、失业、股票市场等，大家都能谈论一番，由此很多人说经济学不是科学。这种不考虑任何约束条件和理论依据的"经济学"当然不是科学，这种人也不是真正的经济学家。经济变量间关系的成立有其边界条件，由此得出的结论亦有其内在逻辑。经济学理论的边界条件异常重要，我在后面会反复强调这一点，加深大家的印象，使得大家充分重视理论和行为假设的边界条件。

第二个注意事项是：经济学理论一般不能拿社会做实验，从而靠的是它的内在逻辑分析。此点也非常重要，近些年来在国外非常流行的实验经济学，主要是通过实验的手段来检验人的行为，检验人的行为假设是否理性，而很少通过实验检验理论。其原因是，经济理论的结论很难拿社会做实验，比如我经常所举的例子，为了研究通货膨胀和失业的关系，一个国家能拼命发钞票吗？这也是和自然科学非常不同之处。自然科学能够对自然现象进行实验研究，通过实验室可以检验和发展理论。自然科学大致只有天文学不能做实验，但天文学不涉及人的行为。另外，自然科学可以非常精确，例如建楼、修桥、造导弹和核武器，可以精确到任意程度，其参数都是可控的，变量之间的关系是可做实验的。例如建一栋楼，可以做到任意的精确度和稳定性，但经济学和自然科学非常不一样，经济学中影响经济现象的许多因素都是不可控的。经常听到有人说经济学家的预测都是不准确的，很多媒体和老百姓公开批评现代经济学家："你们经济学家预测性怎么这么差？"

为什么会这样，问题出在什么地方？这有两个原因：一个原因是这些经济学家本身就非常差，没有经过严格的经济学基本训练，不能找出问题的成因，开错治理经济问题的药方；另外一个原因是即使有很好的经济学训练，具有经济学的直觉和洞察力，但影响经济结果的一些经济因素发生了突变，使其预测变成不确切。一个经济问题除了牵扯到人的行为，使得问题变得复杂之外，还有许多不可控的因素。尽管某个经济学家非常高明，但很多影响经济结果的因素是他无法控制的，一旦变化就会使得预测发生偏误。就像一个国家的领导人很有威望，能管住本国的事情，但能管到其他国家去吗？能让其他国家金融危机不蔓延至世界上其他地方去吗？即使你有准确的判断，但由于经济环境、政治环境、社会环境发生突变，也可能使得你的预测不准确。那么，是不是说，经济学就不是一门科学呢？不是的。经济学是实实在在的一门学问。可以说，现代经济学中几乎所有的理论都是来自现实。既然经济学不能做实验，靠的又是什么呢？靠的就是其内在逻辑分析！在我的一篇关于金融危机的文章中也提到，完全靠理论来判断经济形势是不行的，完全靠数据说话也是不行的，实践是检验真理的唯一标准，但实践和数据不是预测真理的标准。那么，靠什么来判断经济形势或做出比较准确的预测呢？这就靠经济学的内在逻辑分析。

一些经济学家不考虑边界条件也不进行内在逻辑分析，把自己的想法不加任何附加条件就建议给政府或发布于媒体，这样做往往会出大问题。例如，这次美国金融危机背景下的中国经济大幅度下滑，或多或少就是没有考虑到经济学的内在逻辑。2008年上半年，数据显示宏观经济形势相当好，外贸出口和经济增长的速度都很高，当然通货膨胀也比较高，于是有关部门采取各种政策措施打压经济和股市。其实，如果用现代经济学内在逻辑分析，就会有不同结论。

实际上，早在2007年4月份美国的第二大次贷供应商新世纪金融公司（New Century Financial Corporation）申请破产保护时，美国资金的流动性就几乎一夜间从高度流动变得极端不流动，这就是预兆。尽管我国的数据直到2008年上半年还显示出经济好得很，让人的感觉是经济过热，但当时不少经济学家包括曾在美联储当过经济学家的黄晓东教授和我本人已经看到经济大幅度下滑的风险。我后面要讲五个分析步骤，其首要步骤就是如何界定经济环境，在制定宏观经济政策的时候，就看你能不能把经济环境的成因界定得比较准确。我和黄晓东教授当时的分析基于以下几点：第一，国外的流动性已经变得很差，不怕一万只怕万一，因而要做最坏的打算。在许多情况下，政府的目标是风险或损失目标函数极小化，而不是收益最大化。一旦世界经济进一步恶化，发生世界金融危机，后果将非常严重，实际当时已经呈现出许多迹象。第二，国内的《劳动法》出来之后，许多企业特别是出口导向型企业的劳动力成本上升不少，并且人民币升值超过20%左右，让出口商品的生产成本上升超过了20%，许多靠低成本优势占有国外市场的产品已没有什么优势，订单开始大幅度减少。尽管出口数据还很好，可许多企业赚不到什么钱了。当时在沿海地区不少我国香港企业都开始用脚投票，到越南、柬埔寨劳动力成本较低的国家去，沿海地区的经济也已经开始下滑。尽管通货膨胀的风险大，但不管怎样，它的风险没有经济大幅下滑大。中国的经济是粗放式的经济，经济增长率一旦低于8%，就会很麻烦，可能会带来大量失业人口，造成社会不稳。第三，股市一再下降，1.2亿股民是中国中产阶层的基本组成部分，保证和扩大内需特别是消费需求主要靠他们。由于股市大幅度下滑，资产下降了近50%，有些甚至是血本无归，让他们的收入大幅度下滑，从而不愿意消费。

同时，解决通货膨胀和经济大幅下滑的两难困境需要综合治理和有所侧重。通货膨胀麻烦,但经济大幅度下滑更麻烦。即使通胀超过10%时,能严重到什么程度呢?1988年和1994年,通胀都超过了20%,也没有出大问题,但经济大幅下滑就很麻烦。这时两害相权取其轻,应该是基本原则。既要治理通货膨胀,更要防止经济大幅下滑。这好像开中药,中药之所以比西医治病好,在于它是从宏观和一般均衡的视角进行辩证而又系统的综合治理。

于是在2008年6月份,我和黄晓东教授写了一份题为《治理通货膨胀,更要警惕经济大幅度下滑的风险》的研究报告,提出了"慎紧缩、稳股市、拉两头、控中间、停升值、缓提价"18字的综合治理方针,递交给了有关部门,结果没有引起重视。直到2008年七八月份,政府的财政和货币政策取向仍然是打压经济,然而到了9月份忽然来一个180度的大转弯,经济学的内在逻辑性没有得到运用和体现。尽管经济形势和外界经济环境不可控,但在一定程度上是可以预测的,另外一些我们能够控制的,却发生了误判,做反了。警惕经济大幅度下滑,一定要把最坏的可能情况作为约束条件充分考虑。我们现在一些学者型政府官员,是许多学校的博导和教授,不像一个单纯的学者,自视很高,不太会听得进去意见。当然,能理解的是,他们也面临着许多约束条件,包括作为政府官员有纪律,不能乱说话,再加上他们也很难知道下面的实际情况,最终传递到领导人那里的信息非常不对称,使得我们的一些宏观调控政策显得没有前瞻性、连续性和稳定性,也就不奇怪了。

邓小平的"发展是硬道理"和"稳定压倒一切"这两句话具有非常深刻的经济学思想。改革开放30年之所以取得了巨大成就,与坚持正确处理好发展和稳定的关系息息相关。可见,社会科学的重要性有时比自然科学大得多!我2008年参加教育部和财政部国家优势学科创新平台项目评审,当时不少汇报人都认为自然科学非常重要。轮到我发言时,我说社会科学同样重要,甚至在某种情况下更重要,谁有邓小平的改革开放和他的"发展是硬道理"的这句话厉害,同时还有"稳定压倒一切",这里指的不仅是国家、政治、社会的稳定,还有经济政策的稳定。大家可以看到,一旦有什么不稳定,包括自然灾害、社会和政策不稳，经济就会大幅度下降。投资最怕有风险，买股票的应有体会，一有风吹草动，股票就会大跌，中国的股市特别如此，是典型的政策导向型股市。我的老家湖北省公安县为什么一直发展不起来，因为那是长江的泄洪区，投资有风险，不知道什么时候就要承担泄洪任务，没有人敢去投资。

所以说，经济学不能拿社会做实验，也不能单靠数据说话，它真正靠的是内在逻辑分析。就像医生给病人看病一样，最难的是找出病因，医生好坏的主要区别就在于能不能准确地找到病因，一旦把病因找到，开药方就容易多了，除非他是一个十足的庸医。对解决经济问题，药方就是经济学的现有理论和发展出新理论。我下面谈的五个分析步骤的首要步骤就是界定经济环境，这一步至关重要。只要把情况调查清楚、把人的行为摸得清清楚楚，做起事来就会事半功倍。

（三）三个制度安排

三个制度安排是：(1) 法规治理；(2) 激励机制；(3) 社会规范。无论你做什么事情，做行政、搞管理、考虑经济问题，想做好都离不开这三个基本的制度安排。我在上海财经大学搞改革，就靠这三种基本制度安排综合运用。**法规治理**是强制性的，这是基本的制度安排和规则，是长效机制。**激励机制**（包括市场、声誉、诚信等）是诱导性的。由于经济人追求个人私利，信息不对称时就必须制定诱导性的激励机制，使得他们主观上为自己和为个人、客观上为他人和为社会努力工作。市场制度就是这样，每个人发家致富了，国家也就强大了，经济水平就提高了。**社会规范**是既不需强制，也不需激励，是一种无欲无刚的制度安排。长期坚持按强制性的法规和诱导性的激励机制来解决问题，慢慢就形成了一种既不需要强制也不需要激励的社会规范、信仰和文化，例如我们经常讲的企业文化、学风、教风、民风、宗教信仰和意识形态、理念、性格等都属于这类范畴。这是最节省交易成本的方式。这三种制度安排就是通常说的"晓之以理、导之以利、动之以情"，分别由政府、市场和社会来实现和实施。

"晓之以理"，相当于运用法律、政策等硬性规定，也包括道理，没有讨价还价的余地，就是作为一种规定，必须遵守，这一块是大棒。是否制定这样的法则和规制主要看是否容易判断（信息透明和对称），了解信息及监督和执法成本的大小。产权的保护、合同的实施、适当的监管都需要制定规制，从而需要一个监督执行规则的第三者。这个第三者便是政府。为了维持市场秩序，引入政府是必然的。需要指出的是，由于政府也是经济人，既当裁判员又当运动员，这就要求有明确的程序和规则约束政府的行为，这些程序和规则的制定应该是：宜细不宜粗，越明确越好。对经济人和市场的规制则相反，由于信息不对称，应该是：宜粗不宜细，就是给人们更多的经济上的选择自由。从这个意义上，我们发现许多误区都可以得到解答。例如，现在一谈到市场经济是法治经济，就说要规范，制定更多的政策和法律来规范企业的行为，什么都要制定得详详细细。有时候太详细是不可行的，法律在管制市场的时候，要管基本的规则，而不要把具体怎么去做也规范得细细的，因为信息不对称。具体的运行规则应该由市场用诱导性的激励机制去安排，来调动经济人的积极性，实现激励相容。

"导之以利"就是通过奖惩制度激励，通过收入和工作努力程度挂钩，这都是激励机制，例如市场、按件计算、按产量计算等等。经济学（特别是现代经济学、西方经济学）基本上研究的就是这一块，在常规性的情况下，作为一个国家、单位、家庭、个人，往往表现出理性，追求国家利益、集体利益、家庭利益、个人利益，这一块是"胡萝卜"。在适当的激励机制下，每个经济人为了自己的利益，有积极性去遵守某种规制和秩序，从而达到他人或社会的目标。早在500年前中国古代思想家王守仁（王阳明）所提出的"知行合一"的观点类似于激励相容的思想，他否定了朱熹的"存天理，灭人欲"观点，承认人欲存在的客观现实。"知行合一"讲的就是理论结合现实，学以致用，要学理论知识，也要在实践中应用与总结。声誉和诚信都是一种激励机制。做生意都靠诚信,并不是说这样企业主很愿意讲诚信,而是不得不讲诚信。因为诚信能节省经济成本,降低交易成本。

"动之以情"就是情感激励、信仰,例如通过关系、友情、感情有时会解决很大的问题,是一种文化和社会的东西,特别是信仰和理念一致,例如大公无私,将会极大地减少交易成本。"动之以情"是一种无欲无刚的社会规范和文化,是一种无须前两种制度安排的完美情况。在这种情况下,既不需要强制性的法律规定,也不需要利诱性的激励机制,交易成本最小,保持时间更长。特别当理念一致时,会大大地减少办事的困难,极大地提高工作效率。大家可能会有深刻体会,当理念不一致时,即使采用大棒式的强迫命令这一刚性方式,或胡萝卜式的诱导性激励机制乃至友情关系解决了一件事,但遇到新的事情和问题,又需要重新再来,这样会造成很大的实施成本。长期坚持按强制性的法规和诱导性的激励机制来解决问题,慢慢就形成这种既不需要强制也不需要激励、无欲无刚的社会规范、信仰和文化。有时候这是非常有用的,因为它没有交易成本,就像很多革命先烈为了共产主义理想,就算牺牲生命也在所不惜,没有任何利益和强迫的东西。尽管社会规范、企业文化、理念一致,可以起很大的作用,但必须注意的是,这个制度安排也是有其边界条件的,不能不顾客观现实,无限扩大它的作用。在人们的思想水平整体不高的客观现实约束条件下,在现代市场经济中,它们对维持大量、复杂的交易是远远不够的,并且对于那些非常看重个人利益、个人利益总是大于理念的人来说是不起作用的,从而需要采用强制性和诱导性的制度性措施。

这三种基本方式应该综合应用,要因人、因地、因时、因事而议,具体情况,具体分析。采用何种方式的标准是由法规的重要性、信息对称的程度及监督和执法等交易成本的多少决定的。总之,**这三种制度都是具有边界条件的。**"晓之以理"主要看信息容不容易对称,法律容不容易监督。如果制定出来的法律监督和执行成本很大,或者大家都不去执行,那法律就没用。我们经济学院任何一门课程,老师都要给学生提供课程提纲,相当于老师和学生之间的契约，这个执行成本和监督成本都很小，但是对学生来说帮助就很大。前段时间上海计划出台一项举措，为了节省能源、缓解堵车状况、减少公务用车，一三五七单号出行，二四六双号出行。之前北京举办"奥运会"期间，也曾经实行过类似的措施。但上海针对公务用车的限定，就涉及怎么监督的问题，怎么能知道路上行驶的车辆是不是公车？

做领导或作为管理人员，要调动手下的积极性，就应该动之以情、晓之以理、导之以利。这三种基本的工作方式，如果一个领导能够综合地、有机地运用好，可以提高自己的行政能力。例如，我当院长，如果学院一个学生犯了错误，我首先让他到办公室来，一顿学校、学院规定大棒对其"晓之以理"；接下来是诱导——"利而导之"，劝他要好好学习，从长远来说对他个人的发展和前途也是非常重要的；然后是"动之以情"，说他父母送他来上大学，赚钱不容易啊，而他却在这边玩，怎么对得起自己的父母呢？采用这三种基本制度安排，一般都能让学生接受，知错就改。我在经济学院的改革力度很大，经济学院包括上海财经大学的很多学生和教师都是非常认同、支持的，这也与采用这些基本的制度安排分不开。

（四）四个基本原理

四个基本原理是：(1) 约束条件；(2) 理性假设；(3) 信息对称；(4) 激励相容。经济学离不开这四个基本原理，对处理日常事务也非常有用。这些说起来很简单，但真正做到融会贯通并能得心应手地应用到现实中却不太容易。

第一个原理是在约束条件下做事。做每一件事情都有约束条件，即所有的人都在约束条件下做事情，这是经济学的一个最基本原理，人们的选择就是由客观约束条件和主观偏好所决定的。作为一个例子和应用，其基本思想体现在消费者理论中的预算线。约束包括软约束、硬约束。这个原理告诉人们做事不要好高骛远，脱离实际，要充分考虑客观现实，否则不会成功。任何一个人乃至一个国家的发展都面临着各种限制和约束条件，包括政治、社会、文化、环境、资源等等，如果不把约束条件弄清楚和充分体会，事情很难做成。邓小平之所以能让中国重新崛起，就是因为他充分考虑到了中国所面临的各种约束条件，包括人们思想境界有限这样一个约束条件，认为提倡跑步进入共产主义太不现实，从而放弃了"一大二公"的计划经济体制，走市场经济之路。为什么要搞市场经济？从根本上是因为中国还处在社会主义初级阶段，人们的思想境界不高，追求个人利益。按照经济学术语就是人们的行为满足单调性假设、局部不满足性假设。如果这个假设不成立了，我们就不需要经济学了。经济学研究在资源有限的情况下和人们欲望无穷的前提下，如何做出权衡取舍的选择。我们当然希望"动之以情"的影响越来越大，但在绝大多数人还在追求个人利益的约束条件下，必须充分认识到客观现实，包括每个国家都在追求本国的利益。

第二个基本原理是承认理性假设。 这是经济学的一个基本假设。理性假设意味着，在经济活动中人们追求个人利益最大化。如果人是非理性的，都大公无私，也就不需要经济学了。在常规性的情况下，人们往往表现出来的是利己性、自利性。这个假设无论在什么层面都基本成立，在考虑国家、单位、家庭及个人之间关系的时候都是如此。在涉及国家与国家之间关系的时候，个人必须站在本国的利益上。地区之间、单位之间同样如此。例如在考虑和处理中美关系的时候，作为一个中国公民，你必须维护中国的利益，要站在中国的立场上行事，如果泄露国家机密，国家安全局就会把你抓起来判刑；在处理企业和企业的关系时，作为本企业的经理，必须维护本单位的利益，如果把企业机密泄露给竞争对手，国家法律也会判你刑。这些表明了，理性是一个相对的概念，在同等层次考虑问题时往往需要采用此假设。前段时间，延安大学的一位老师将她在博客上的文章发给我，认为理性假设有问题。她提出，既然人是理性、自利的，追求个人利益，那为什么要抚养小孩、老婆？事实上，从家庭层次上来分析问题，每个人都是站在本家庭的利益上行事的。也就是，在常规情况下，我抚养我的小孩，给我老婆用钱，而不是去照顾别人的老婆和孩子。在研究个人与个人问题时也是如此，大多从自身的角度来考虑问题。

特别需要指出的是，理性假设也是有边界条件的。大公无私与人的自利性往往并不矛盾，它们是不同环境下的不同行为反应。在天灾人祸等非常规性的条件下，人们往往表现出来的是非理性、大公无私的一面。例如，当日本帝国主义侵略中国，中华民族面临亡国威胁的时候，人们都站起来，抗击日本侵略，抛头颅、洒热血，为民族利益不惜献身。在没有国哪有家的情况下，人们的考虑往往体现出无私的一面。当国家安定的时候，人们往往体现出利己的行为方式。这是矛盾的吗？不是，在常规的情况下人们往往体现出利己的行为，但在国家民族危难的时候又愿意付出。

由此可以看出利己性和利他性都是相对的。2008年汶川大地震，人们都在踊跃捐款，出钱出力，而万科老总却不愿意让公司捐款，说捐款太多，总是捐不完，结果万科的老总受到社会各界的强烈谴责。我想，如果他听了我的讲座绝对不会说出这种话，在常规性的情况下，你捐钱是锦上添花，但在全国人民都在关注汶川的时候，说出这种话，让人不可理喻。我们上海财经大学经济学院当时捐款差不多占了全校捐款的一半，包括一个外籍教师都自愿捐钱。我的父亲抗战时参加了新四军，打日本鬼子，还有我不少初高中同学，也参加了对越自卫反击战，有些同学在对越自卫反击战中牺牲了，但是我的父辈和我的同学，一旦不打仗了，过平常生活的时候，和我们的思维都是一样的，表现为追求个人利益，这也是自然情况。因为当一个国家在危急关头的时候，需要你，你是必须要付出的，否则连动物都不如。野山羊被猎人追到悬崖边，老山羊自愿献身，先跳下去，让年轻山羊后跳下去，踏着它们的身子逃生。连动物都愿意牺牲，何况人。为什么人们在非常规时期往往体现出大公无私，而在常规时期又体现出利己行为呢？为什么平时人们利己，汶川地震后大公无私呢？这是在不同环境下的行为反应。另外，需要强调的是，即使同样是利己性，也体现出不同的程度。利己性当然是越少越好，但是完全不存在也是不可能的。所以说，当别人需要我们帮助的时候，我们应该站出来，这和我们所学的理性人假设是不矛盾的，只是不同时期的不同反应。

为什么我国现在要搞社会主义市场经济，从根本上是因为人们的思想境界还不是很高，因而我们需要政治思想工作，让"动之以情"的理念扩大，当扩大到其他两个制度安排没有必要时，共产主义社会也就可能实现了，但是在没有达到那种极致状态之前，人们还在追求个人的利益，我们就需要安心搞市场经济。短短 30 年，中国就取得了举世无双的巨大进步，这是和承认人的理性这一客观现实从而搞社会主义市场经济分不开的。

第三个基本原理是做事时尽可能让信息对称。只有完全掌握和了解信息后，才能将事情做好，其结果才可能最优。做到信息对称，即使对行政工作也是至关重要的。即信息经济学中所讲到的，在信息完全情况下，才有可能达到最优（"Best Is First Best"）；在信息不能对称的时候，获得信息需要代价，即使通过激励机制的方法，也多半只能得到次优结果（"Best Is Second Best"）。在很多情况下信息是不对称的，所以市场会失灵，也才会出现了委托代理问题，但不管采取哪种方法，都是次优，根本原因是信息不对称。如果没有合理的制度安排，人们会出现激励扭曲，要诱导信息，必须要付出成本和代价，所以你不能得到 First Best（最优），这是信息经济学的基本原理，也就是《孙子兵法》中所说："知己知彼，百战不殆；知己不知彼，一战一败；既不知己又不知彼，百战百殆。"信息对称特别重要，许多家庭不和、误会误解都是信息不对称的结果。通过与人沟通、与己沟通，让别人了解你，你了解别人，做到信息对称，消除误解、误会，尽可能达成理念一致。我在经济学院行政工作中，非常注意信息对称，做事情尽可能做到开诚布公，消除可能的误解、误会，尽可能达成意见一致。例如，经济学院建立了一套如何获取信息的机制，所有的院领导参加会议，都要提供会议纪要，做到院领导班子成员之间的横向信息对称，同时每一个行政人员周五下午对本周的工作进行回顾和下周所要做的工作进行展望，做到院领导和行政人员之间的纵向信息对称。

第四个基本原理是制定游戏规则或机制时，要做到激励相容。激励相容，指主观为自己,客观为别人,也就是做事至少争取做到于国、于民、于己、于公、于私都有利。激励问题在每一个社会经济单位中都会出现。一个人做的每一件事都涉及利益与代价(收益与成本),只要利益和代价不相等,就会有不同的激励反应。既然个人、社会和经济组织的利益不可能完全一致,怎样将自利、互利和社会利益有机地结合起来呢?那就是激励相容。所谓激励相容就是使自利的个人和人们之间的互利统一起来,使得每人在追求其个人利益时,同时也达到了其制度安排设计者所想要达到的目标。由于每个人从所要做的事中获得利益与付出代价,通过对利益和代价的比较,将会对游戏规则做出合理的激励反应。一个好的经济制度安排就是要看它是否给主观为自己的个人以激励,使他们客观为社会而工作。现实中,很多政策就不符合激励相容,上面规定的政策下面执行得不好,因为在人的理性假设下,一些预想的激励效果会发生扭曲,例如中国先前的大锅饭制度就是激励不相容,都想偷懒,又要收获,那谁还愿意做事呢?激励相容是现代经济学的核心内容。尽管经过30多年的经济改革,中国仍然还有许多经济政策和规则不是激励相容的。

(五) 五个分析步骤

写一篇规范的文章来研究某个经济问题,首先需要在引言中说明三点:一是阐明所研究的问题的重要性;二是文献回顾和说明,所研究的问题如何和别人不一样;三是要说明文章从技术分析及理论结论有什么创新。然后,正式讨论如何解决所提出的问题和得出有关结论的。为此任何一个规范经济理论的分析框架,基本上由五个分析步骤组成:界定经济环境、设定行为假设、给出制度安排、选择均衡结果、进行评估比较。经济学任何一个理论,基本上包括了这五个步骤,尤其是前四个,我们老百姓在日常生活中为人处事也会以此为标准。

1. 界定经济环境

这是现代经济学分析框架中的首要组成部分,是对所要研究的问题或对象所处的经济环境做出界定。经济环境通常由经济人、经济人的特征、经济社会制度环境及信息结构等组成，是作为参数给定的，短期不能改变，但长期可能会发生演变。约束条件这一基本思想在这里得到充分体现。

怎样界定经济环境呢？这分为两个层次：一是客观描述经济环境，尽可能逼真；二要精炼刻画最本质的东西，完全客观地描述环境是没有用的。描述经济环境首先要客观，然后要根据目的抓住特征。前者是科学，后者是艺术，对经济环境描述得越清楚、准确，理论结论就会越正确；对经济环境刻画得越精炼和深刻，论证起来就越简单，理论结论也越能让人理解和接受。界定经济环境就是根据你所研究问题的目标来确定的，只有既清楚、准确地描述经济环境，又能精炼、深刻地刻画经济环境的特征，才能抓住所要研究问题的本质。例如，研究消费者行为的时候，我们把消费者刻画为最简单的人，无论男女老少，研究偏好关系、消费空间、初始禀赋，因为我们在做决策的时候要抓本质问题。

有人说现代经济学没有用，用几个基本的假设把复杂的问题搞得太简单了。可是，做物理实验的时候不是也是把其他变量固定，只考虑两个变量之间的关系吗？为了做一件事情，把每一个方面（即使无关）都搞清楚，有必要吗？很多人对此不理解。就拿地图作为例子，如果你到上海，要根据目的和意图来购买地图。例如，如果你来旅游，需要购买的是旅游地图；如果要开车过来，需要购买交通地图。尽管这些地图都描述了上海市，但不是上海的全貌。为什么所需要的旅游地图、交通地图都不一样呢？因为目的不一样。

经济学完全是用这种基本的逻辑思维方法，一个高明的经济学家，就看你在研究问题的时候，能不能准确地界定经济环境，这是你写出好文章的关键点，文章有思想就体现在这一块。只有你真正把成因和现状搞清楚，后面的对策和药方（所采用的经济理论）才是信手拈来，当然你需要有基本的经济学理论训练。

2. 设定行为假设

对经济人的行为方式做出假设是经济学的根基。在人们日常交往和处事中，首先对他人行为方式做一个大致判断是一个必要步骤。和一个刚结识的人接触的时候，你会对他做出初步的判断，是忠厚老实还是老奸巨猾，是比较无私还是非常自私。我们经济学理论中的消费者理论中对个人效用最大化的假设和生产理论中对厂商利润最大化的假设，都是一种行为假设。一种经济理论有没有说服力和实用价值，一种经济制度安排或经济政策能不能让经济持续快速地发展，关键看所假定的个人行为是不是真实地反映了大多数人的行为方式。例如前面所讨论的那样，在常规情况下，一个比较合理和现实而又通常被经济学家所采用的人类行为假设是理性假设，即人是自利的，追求个人利益最大化。"人是自利的"这一人类行为假设是现代经济学中的一个基本假设。从某种意义上可以说，如果人不是"自利"的，也许就不会有经济学。我经常举一个例子来说明理性假设的合理性：自己用自己的钱精打细算非常小心，自己用别人的钱非常开心，别人用你的钱痛心，别人用别人的钱漠不关心。有限理性是根据掌握的情况做出最优的选择，不管怎么样，这些都是理性假设。

那么，为什么需要理性的行为假设？第一，它比较合乎客观现实。我刚才说了无论考虑国家、单位、学校、家庭、个人问题都比较合理；第二，即使理性假设有误，也不会造成严重的后果。相反，一旦利他行为假设有误的话，所造成的后果比利己行为假设有误所造成的后果要严重得多，甚至可能是灾难性的。当然，如果所面临的是一个"雷锋"式的人，所有的大棒、胡萝卜对他都没有用，因为他无欲无刚，对他采不采用"晓知以理"或"导之以利"都无所谓。但是，如果碰到大奸若愚的人，可能会把你搞得倾家荡产，所以理性的行为假设能让你的风险最小。这就是为什么即使在非常强调大公无私的"文化大革命"的时代，也没有将国家的法律、会计制度取消的根本原因。在考虑问题的时候不但要考虑可行性，还要考虑风险的大小。

一些经济学家拿现代经济学的有限理性来批评理性假设，这十分可笑。所谓有限理性，是假定在所知道的知识范围内做一个选择。作为一个正常的人，明明知道有更好的结果，怎么会不去选？所谓有限理性假设，是根据你所掌握的情况选择一个最好的、对你最有利的。这两者之间没有本质的差别,只是程度不同,一个是绝对化,一个是更加合乎现实,但是和非理性是完全不一样的。

3. 给出制度安排

制度安排,也就是游戏规则。对不同的情况、不同的环境,面对不同行为方式的人们,往往需要采取不同的因应对策或游戏规则。依赖于所讨论的问题,一种经济制度的安排可以是外生给定,也可以是内生决定。在研究具体经济组织或单位的经济行为和选择问题时,经济制度安排更应是内生决定的,是根据人的行为和经济环境所决定的一种游戏规则。当然市场会失灵,就要规制,设计激励机制,经济学家所提出的政策建议一旦被政府采用了之后就变成制度安排,中国改革开放 30 年之所以这么成功,是因为制定了各种各样的过渡性的制度安排,符合当时的环境。所以经济学分析需要合乎逻辑,内生制度安排告诉我们在制定经济政策的时候要因时、因地、因人、因事而异。没有一个制度和理论能解决世界上所有的问题,这是"阿罗不可能定理"的一个基本结论。由于 2009 年经济环境有了新的变化,如何综合治理中国经济,我提出一个新的 18 字方针:"增信心,稳股市,拉两头,优中间,扩内需,激出口"。就像中药有各种药,不同的药方由不同种类的药组成,经济学也是一样。

很多人批评"100 个经济学家里面有 101 种经济观念",因而认为经济学不科学。这种观点不一定正确,因为对象、时间、地点及事情发生变化了,所采用的制度安排当然有可能不一样,正是由于不同的经济、社会、政治环境,才需要发展出不同的经济理论模型和经济制度安排。经济学家之所以对于一个问题会有不同的观点,恰恰说明现代经济学的严谨和完善,因为前提变了,环境变了,结论自然就要相应地变,很少有放之四海而皆准的一般性的"好"结论,否则就不需要因时制宜、因地制宜、具体情况具体分析了。不同的经济、政治、社会环境可以发展出不同的经济理论或经济模型,但决不是不同的"经济学"。不少人说,由于中国的国情不一样,需要中国的经济学,是这样吗?

世界上千千万万的楼房，即使由同一个人设计出来，也都不尽相同，由此我们需要不同的建筑学吗？不是，建造楼房所采用的基本原理和方法都是一样的。对研究经济问题而言，也是同样的道理。无论是中国的还是国外的经济问题，都采用基本相同的分析框架与研究方法，不存在着所谓的"中国的经济学"和"西方的经济学"。

4. 选择均衡结果

一旦给定经济环境和经济制度安排及其他必须遵守的约束条件之后，人们将会根据自己的行为方式做出激励反应，在众多的可行结果中通过权衡取舍来选定结果，称之为均衡结果。其实均衡概念不难理解，它表示在有多种可供选择的方式的情况下，人们需要选定一个结果，这个最终选定的结果就是均衡结果。对利己的人来说，他将选择一个自认为是最有利的结果；对利他的人来说，他可能选定一个有利于他人的结果。

需要指出的是，均衡是一个相对的概念。均衡选择结果依赖于经济环境、自己的行为方式（无论是相对于理性假设、有限理性假设，还是其他行为假设），以及让他做出激励反应的游戏规则，它是相对这些因素的"最优"选择结果。也就是说，不同的行为选择的结果不一样，因为人的偏好等都是不一样的。这样有时尽管所采用的分析方法一样，结果却是不一样的，这并不是经济学理论的方法出现问题。

5. 进行评估比较

当经济人做出选择后，人们希望对所导致的均衡结果进行评价，与理想的"最优"状态结果例如资源有效配置、资源平等配置、激励相容、信息有效等进行比较，从而进一步对经济制度安排给出评价和做出优劣的价值判断——判断所采用的经济制度安排是否导致了某些"最优"结果；还要检验理论结果是否与经验现实一致，能否给出正确预测，或具有现实指导意义；最后，对所采用的经济制度和规则做出优劣的结论，从而判断是否能给出改进办法。其实就是，为了把事情做得更好，在做完一件事情之后，我们会评估这件事情该不该做，就像我们的工作总结一样，找出缺点不足，到底哪些制度最适合本国的发展，需要对经济制度安排和权衡取舍后所导致的均衡结果进行价值判断和做出评估比较。

评估比较往往不是客观的而是主观的，牵扯到价值观和意识形态。在评估一个经济机制或制度安排时，现代经济学通常所采用的一个最重要的评估标志是看这个制度安排是否导致了效率。所谓"效率"，就是用最少的成本达到最佳效果。经济学中所用的帕累托最优（有效）意味着：在现有资源约束条件下，不存在改进的余地，即不存在不让任何参与人受损的情况下让一部分人的福利有所改进的资源配置方案。

帕累托最优这个概念对任何经济制度都是适用的。尽管帕累托最优标准没有考虑到社会公平问题，但它却从社会效益的角度对一种经济制度给出了资源是否被浪费的一个基本判断标准，从可行性的角度评价了社会经济效果。它意味着如果一种社会资源配置不是有效的，则存在着改进效益的余地。只要想提高经济效率，人们就应不断地追求，尽量地接近这一目标。因而它是一把标尺。用这个标尺，人们可以比较、衡量和评价现实世界中各式各样经济制度安排的好坏，看它们离这一标准还差多远，从而得知改进经济效益的余地，使资源的配置尽可能接近帕累托最优标准。

在讨论制度的演进时，经济学家往往用帕累托改进这一标准来衡量制度转型的好坏。所谓帕累托改进意味着经济社会中所有人的福利或多或少有所改进，也就是做加法。这也是中国的经济改革之所以能成功的原因之一。让所有的人都得到好处，否则改革的阻力很大。

当然帕累托最优只是一个标准，还有一种价值观，就是平等。市场制度是达到了资源的有效配置，但也出现了很多问题，例如贫富差距大。一个人拥有很多资源，而其他人却不拥有任何资源，也是帕累托最优的，因而帕累托最优没有考虑到平等的问题。为什么改革有反复呢？原因之一是有很多不平等的地方，但是，绝对的平等不是一个很好的价值判断。当不分劳动贡献大小，一律给予同等待遇，对勤劳的人就不公平。还有，我不喜欢吃梨，喜欢吃苹果，有两个苹果、两个梨，你一定要给我一个苹果一个梨，对我来说，这不是最好的结果。如果另外一个人喜欢吃梨，你最好给我两个苹果，给他两个梨，这就考虑到了主观效用，每个人都不嫉妒其他人的消费，这样的消费组合作为平等的定义也许更有意义。当然，一个人拥有一切，一个人什么也没有，那肯定不平等。采用这个定义，现代微观经济理论[①]告诉我们，只要每人的初始禀赋的价值相同，在通常市场均衡存在假设条件下，市场竞争机制将可同时导致帕累托有效和以上所定义的平等配置。这就是说，在理论上，只要有一个公平的竞争起点，政府可以通过税收和给每个国民同等基础教育达到这种起点平等，然后通过市场运作就可以达到既有效而又公平的社会结果。

经济学的一些基本原理和结果威力巨大，也可以用来考虑社会结构问题。经过30年的改革，中国出现了很多深层次的问题，胡锦涛总书记提出了构建和谐社会的目标及相关的六个特征：民主法治，公平正义，诚信友爱，充满活力，安定有序，人与自然和谐相处。需要指出的是，目标和过程不能混淆，目标容易提出，但实施过程更为复杂。这六大特征就是要求搞好物质文明、政治文明和精神文明的建设，也就是要实现人与人、人与自然、人与社会的和谐相处。那么怎么样才能达到这个目标呢？在人们思想水平不够高、重视个人利益的情况下，建立和谐社会的必要条件就是采用现代市场制度。必要性可用高级微观经济学中的经济核定理来证明。经济核配置的核心思想是说，在理性假设下，即在思想水平不高的假设下，只要给人们两样东西——自由和竞争，而不考虑任何制度安排，所导致的经济核就是市场竞争均衡。

先谈民主法治。民主法治为什么是和谐社会的首要特征？因为市场经济可分为好的市场经济和坏的市场经济，一个好的市场经济必须是一个有效的市

[①] 参见田国强《微观经济理论讲义》第九章。

场,一个有效的市场必须有一个有效的政府,一个有效的政府肯定是一个法治政府,不仅要规范经济人行为,而且也要规范政府自身行为。为了让法律制定得合理,就应充分考虑民意。和谐社会的其余五大特征都可以通过经济学定理来证明。我在《经济研究》上发表的和谐社会那篇文章,说明和谐社会的构建和建立现代市场制度是基本一致的。

再谈公平正义。公平正义怎样达到呢?我们前面谈了,只要所有人的初始禀赋相等,然后让市场去运作,最后会导致既是有效率的又是平等的资源配置。我们所有的公民必须享受基本的公民待遇,例如义务教育等。中国要稳定和重新崛起必须让所有的小孩享受基本的国民教育。

然后谈一下安定有序。现代市场经济制度能较好地解决社会安定有序问题。仍然运用微观经济学中的经济核定理来解释。经济核的基本含义是,当一个社会的资源配置处于经济核状态时,就不存在任何小集团对这种资源配置不满,从而想控制和利用自己的资源来提高他们自身的福利。这样,当资源配置处于经济核状态时,不存在什么势力或什么小集团对社会造成威胁,从而这个社会就比较安定。现代市场经济制度是以中等收入阶层占主体作为一个基本特征的,它能较好地解决社会安定有序问题,具有发达的现代市场经济国家的社会秩序一般都比较安定,很少有社会不稳的情况发生。中产阶层基本上都有产有业,哪个愿意社会不稳定?

再用博弈论里的大众定理来讲一下诚信友爱。在一个社会,如果大家都讲诚信你不讲,那你就会吃亏,如果大家都不讲诚信,你讲真话,你也会吃亏。诚信在中国的传统文化里是一个社会规范,在市场经济里面是一个激励机制,因为你不讲诚信,别人就不愿意和你做生意。中国现在的企业也都在慢慢讲诚信了,一流的企业创造品牌,二流的企业创造技术,三流的企业生产产品。如果大家都不太讲诚信,交易成本将会非常大。

再讲一下充满活力。福利经济学第一定理已经论证了竞争的市场制度导致资源的有效配置。而经济机制设计理论则更进一步地论证了在人们的思想觉悟还不是那么高的情况下，也就是说在每一个人或者至少有一部分人以追求个人利益最大化为目标的情况下，产权明晰的竞争市场机制是唯一的最节省信息且产生了有效配置的机制。中国30年来的市场化改革，大大地调动了人们的生产积极性，让整个社会充满了活力，人们的创造活力得到了激发、社会财富的创造源泉也得到了充实。

最后讲一下人与自然和谐相处。单纯的市场制度在解决生态环境方面也许会失灵，这时需要与政府共同发挥作用，但并不是取消市场制度。当企业对生态环境可能会产生破坏作用时，我们需要政府恰当的干预，现代经济学也提出了许多方法，例如实行庇古税、合并、科斯资源谈判和可实施的所有权办法、引入缺失的存在的所有权市场、激励机制的设计等等，用来解决生态环保的问题。

二、经济学的研究方法

以上讨论了现代经济学中一些最重要的基本思想，将其归结为：一个行为假设，二个注意事项，三个制度安排，四个基本原理、五个分析步骤。对这些基本的经济学思想真正理解了，不仅有利于经济问题的研究，发展出新的经济理论，也对其他社会学科甚至做行政工作都大有帮助。接下来，我想大致谈一下现代经济学中通常所采用的一些基本研究方法，包括建立基准点和参照系、提供研究平台、给出度量标尺、提供分析工具、注意经济理论的适应范围，其中一些内容的详细讨论可参见《现代经济学的基本分析框架与研究方法》一文，发表在《经济研究》上，更完整的版本在我个人网站可以找到。

为了研究现实中的各种经济问题、进行比较、提高效率和稳定发展，经济学需发展出各种层次的基本研究平台、建立各种"参照系"、给出度量均衡结果和制度安排的优劣度量标尺和分析工具。提供研究平台和建立参照系对任何学科的建立和发展都极为重要，经济学也不例外。它至少有三个方面的作用：一是有利于简化问题，抓住问题的特征；二是有利于建立评估理论模型和理解现实的标尺；三是有利于在此基础上进一步进行理论创新。

首先讨论如何看待理论结果与现实相差太远，从而否定经济学作用的问题。其实，这里面有很多的误区。很多人认为理论结果和理想状态与现实相差太远而认为经济学没有用，其实是没有弄清经济学的真正作用，经济学研究主要目的是建立基准、参照系和研究平台，并指明努力方向。作为一个年轻人，你无论怎样聪明，假如没有努力的目标和方向（就像一把刀无论怎样锋利，如不知道砍的方向，就不能发挥作用一样），就可能一事无成。在年轻的时候如不树立远大的目标，想都没有去想，就不会有大的出息，因为你都不知道往哪个方向努力。一个人不能没有理想和目标，否则没有努力的激励。如果没有"踏破铁鞋无觅处"，哪有"得来全不费工夫"，没有"山重水复疑无路"，哪有"柳暗花明又一村"？所以人肯定要有一个目标追求。雷锋就是做人的理想样板。所以年轻人必须要有远大的理想和目标，它让你知道努力的方向和目标，也许永远也达不到，但是近似达到也可以啊。自然科学也是这样的，物理学里的自由落体运动，在现实生活中不存在，但它异常重要。研究经济问题时也是如此，建立理想的状态至关重要，做研究首先要把理想状态弄清楚。

所以，建立基点、参照系和研究平台非常有用，我们知道完全的竞争市场会导致资源的有效配置，现实生活中没有，但如向这方面努力，就会增加效率，从而有助于人们制定《反垄断法》这样的制度安排。在研究信息不对称情况下的经济问题时，我们需要首先弄清楚完全信息的情况，尽管这非常不现实。但只有将完全信息研究透了之后，才能将信息不完全情况下的经济问题研究清楚。写文章的技巧就是这样的，先考虑理想状态，然后再考虑现实情况，或者先学习好别人研究的成果，然后才能理论创新，发展出新的理论。现在在国内经常看到有经济学家说他又开创了一门新的经济学，由于这种所谓"开创"不是基于前人的结果和方法，根本没有什么生命力。有生命力的经济学理论和自然科学一样,一定是基于前人的理论成果基础上发展起来的。正因为有了牛顿力学,才会有爱因斯坦的相对论,有了爱因斯坦相对论,才会有了杨振宁的宇称不守恒和统一场理论。

下面具体解释一下经济学的研究方法。

第一,基准点和参照系。基准点(Benchmark)是为了建立参照系而界定的理想经济环境,例如完全信息、完全竞争、无外部性的经济环境,从而得出这些理想经济环境下的理想结果,因而基准点是相对于非理性经济环境和所要发展新的理论而言的。参照系指的是理想状态下的标准经济学模型,它导致了理想的结果,例如资源有效配置等。参照系是一面镜子,让你看到各种理论模型或现实经济制度与理想状态之间的距离。一般均衡理论就提供了这样一种参照系,它主要论证完全竞争市场的最优性,认为它将导致资源的有效配置。将完全竞争市场作为参照系,人们可以研究一般均衡理论中假设不成立(信息不完全、不完全竞争、具有外部性),但也许更合乎实际的经济制度安排(例如具有垄断性质或转型过程中的经济制度安排),然后将所得的结果与理想状态下的一般均衡理论进行比较。

通过与完全竞争市场这一理想制度安排相比较,人们就可以知道一个经济制度安排(无论是理论或现实采用的)在资源配置和信息利用的效率方面的好坏,以及现实当中所采用的经济制度安排与理想的状态相差多远,并且提供相应的经济政策。例如,宏观经济学中的凯恩斯学派、后凯恩斯学派、新古典主义学派、货币主义学派等都是以一般均衡理论作为参照系,来研究宏观经济变量的相互作用关系和变化规律,讨论和辩论这些宏观经济理论和学派的优劣,评价所给出的经济政策的有效性,从而改进这些理论,给出更有效的经济政策建议,甚至发展出新的理论学派。

尽管作为参照系的经济理论可能有许多假定与现实不符,但是它们却非常有用,是用来做进一步分析的参照系。建立经济学中的参照系就像生活中树立榜样一样重要,它们是建立评估理论模型和理解现实的标尺。这些参照系本身的重要性并不在于它们是否准确无误地描述了现实,而在于建立了一些让人们更好地理解现实的标尺。因此,参照系本身的价值并非直接解释现实,而是进一步为解释现实的理论提供基准点或参照系。由于经济学中所讨论的许多问题与人们的生活息息相关,每个人都觉得自己似乎懂一些经济学,都想在上面发一番议论,然而受过现代经济学系统训练的经济学家和没有经过这种训练的非经济学家的区别在于,前者在分析经济问题时总是用一些经济理论作为参照系,从而在分析问题时具有系统性和一致性。

第二,研究平台。现代经济学中的研究平台是由一些基本的经济理论或方法组成的,它们为更深入的分析打下了基础。现代经济学的研究方法类似于物理学的研究方法,即先将问题简化,再抓住问题的核心部分。当有众多因素形成某种经济现象时,我们需要弄清每个因素的影响程度。这可以通过假定其他因素不变,研究其中某个因素对经济现象的影响来做到。现代经济学的理论基础是现代微观经济学,而微观经济学中最基础的理论是个人选择理论——消费者理论和厂商理论。它们是现代经济学中最基本的研究平台或奠基石。这就是为什么所有的现代经济学教科书基本上都是从讨论消费者理论和厂商理论着手的。它们为个人作为消费者和厂商如何做出选择给出了基本的理论,并且为更深入地研究个人选择问题提供了最基本的研究平台。为了研究清楚个人的选择问题,我们需要先排除其他人的选择对个人选择的影响,由此考虑完全竞争市场,假定价格作为参数给点,但其基本思想在一般情况下也是如此,是由主观因素(例如追求效用或利润最大)和客观因素(例如预算线或生产约束)来决定的。

一般均衡理论是基于消费者理论和厂商理论之上,属于更高一层次的研究平台。如果说消费者理论和厂商理论为研究个人选择问题提供了基本的研究平台,一般均衡理论则为研究在各种情况下所有商品的市场互动及如何达到市场均衡提供了一个基本的研究平台。

最近30年发展起来的机制设计理论则又是更高一层次的研究平台,它为研究、设计和比较各种经济制度安排或经济机制（无论是公有制、私有制，还是混合所有制）提供了一个研究平台，它可以用来研究和证明完全竞争市场机制在配置资源和利用信息方面的最优性及唯一性。完全竞争的市场制度安排不仅导致了资源的有效配置，并且从利用信息量（机制运行成本、交易成本）的角度看，它利用的信息量最小，从而它对信息利用是最有效的。研究平台也为评估各类经济制度安排提供各种参照系创造了条件，为衡量现实与理想状态的差距制定了标尺。

第三，分析工具。对经济现象和经济行为的研究，光有分析框架、研究平台、参照系和度量标尺还不够，还需要有分析工具。现代经济学不仅需要定性分析，也需要定量分析，需要界定每个理论成立的边界条件，使得理论不会被泛用或乱用。这样，需要提供一系列强有力的"分析工具"，它们多是数学模型，但也有的是由图解给出。这种工具的力量在于用较为简明的图像和数学结构帮助我们深入分析纷繁错综的经济行为和现象。例如，需求供给图像模型、博弈论、研究信息不对称的委托代理理论、动态最优理论等。当然，也有不用"分析工具"的，例如科斯定理，只要语言和基本逻辑推理来建立和论证所给出的经济理论。

三、结束语

关于经济理论的作用，张五常认为完全是为了解释经济现象，我认为只说对了三分之一。经济理论至少有三个作用。第一个作用是，它能够用来解释现实中的经济现象和经济行为，这是现代经济学主要讨论的内容。第二个作用是，许多理论上的不可能性结果可以用来避免实施许多现实中不可行的目标和项目。这是因为如果一个结论在理论上不能成立，即便理论的前提假设条件符合现实，这个结果在现实中也一定不可能成立。第三个作用是，它能够利用内在逻辑性，对给定的现实经济环境、经济人行为方式及经济制度安排下所可能导致的结果做出科学的预测和推断，并指导解决现实经济问题。我认为，这是经济理论最重要的作用。只要搞清楚问题和成因，它就能根据内在的逻辑性得出科学的结论，并据此做出科学、正确的预测和推断，而不一定需要用实验就能知道最终结果。

总之，要理解和正确运用现代经济学，特别是掌握经济理论的内在逻辑性，就需要对现代经济学的基本思想和研究方法有一个完整的了解。本报告总结了现代经济学中一些最重要的基本思想：一个行为假设、两个注意事项、三个制度安排、四个基本原理、五个分析步骤等。基本的研究方法包括提供建立基准点和参照系、提供研究平台、提供分析工具等等。掌握了这些基本思想和研究方法，不仅有利于从事经济学的学习与研究，对于人们更好地处理日常事务及行政管理也是有帮助的。

（2009 年 10 月）

114

有效市场的必要条件是有限政府[*]

中国经济又面临着一个十字路口。不少人将中国的成功归功于政府主导下的经济发展路径、社会治理方式及政治权力结构，提出了一种所谓"中国模式"，并主张将现有的一些过渡性制度安排固定下来。但这恰是当前改革动力逐渐消弭的一个重要原因。中国的改革和变革常常是被逼到崩溃的边缘，被逼到一个死角，才会有动力去改革，这其实是有很大问题的，因为问题和矛盾积压越深、越多，改革的成本和难度往往会越大，使改革无法进行，而不进行改革，最终往往导致了社会停滞不前。

之所以产生这些误区，可能是由三个方面的原因所导致的：一是没有区分好不同的改革发展阶段，在不同的改革发展阶段，政府主导的过渡性安排所起的作用是不一样的。二是没有区分好常规和非常规的情况，常规情况下的治理方式和非常规情况下的治理方式是非常不一样的。紧急情况下打强心针是有效的，但不能天天打。三是没有区分好发展的动力和阻力，我们应给老百姓更多自由。由于政府信息不能对称，不能仅靠政府监管。

政府有限，市场才能有效。一个政府是否真正有作为，不在于其管的到底

---

[*] 本文载于《理论学习》，2012年第8期。

有多宽，而在于管理的范围和程度是否合理，管理的方式和结果是否有效，是否让市场、让政府有效。中国社会经济平稳转型需要解决发展方式及深层次制度转型问题，因而需要顶层综合治理的顶层设计，需要合理界定和理顺政府、市场与社会的治理边界，改变政府角色缺位、错位、越位并存的现状。

具体来说，有如下几点：第一，建立有效市场，使市场"看不见的手"的功能得到充分发挥，政府应"行得正，用得活，管得少"。第二，造就有限政府。为了实现市场"看不见的手"的功能，市场经济必须解决的另一大问题是政府必须被约束，成为有限政府，从而成为有效政府。总体而言，对政府的规制越多越好，对老百姓的监管越少越好，但不能没有。第三，构建和谐社会。要实现经济的持续发展、有效率和社会的稳定，只注重经济因素是不够的，还要注重和谐社会的构建。第四，提高人们的幸福感，着力解决幸福经济学所提出的"幸福—收入悖论"。

市场的本质是无为而治，而无为而治的必要条件是完善市场制度，让市场有效，而让市场有效的必要条件是要有一个有效的政府，要有一个有效政府的必要条件是有限和定位恰当的政府。为此，中国下一步改革的关键在于实现政府职能的两个根本性转变：从与民争利的发展型政府向公共利益服务型政府转变，从行政干预过多的全能政府向让市场充分发挥作用的有限政府转变。从全能型政府向有限型政府转变，实现无为而治和科学发展，就是把本不该由政府管的事情交给企业、社会和中介机构，更多地发挥市场在资源配置中的基础性作用。

中国要实现更深层次的改革突破和发展创新，还必须加快推进政治体制改革，至少是行政体制改革，这应成为未来30年改革开放的重要议程，是国家真正实现长治久安和现代化的根本保障。

（2012年8月）

115

经济学在中国的发展方向和创新路径*

《经济研究》创刊60周年，实在是可喜可贺。在中国经济学研究和教育能够发展到目前这样的水平，《经济研究》作为国内顶级的经济学期刊在其中所起到的引领和导向作用是不可忽视、不可或缺的。尤其是20世纪90年代初期中国确立现代市场经济体制建设目标之后，《经济研究》适应新时期经济建设和经济学发展的新形势，面向现代经济学的理论和方法前沿，注重引导对于重大现实问题的理论和实证研究，为中国市场化改革的深入推进也做出了历史性贡献。

时至今日，现代经济学的很多原理、概念、方法已成为学界、政府和社会大众耳熟能详的基本常识和共同语言。可以说，在中国已经基本跳出了全盘否定现代经济学的窠臼。但同时，由于不少人受到的现代经济学理论逻辑及其实证量化的训练有限，没有注重其理论的前提条件而盲目照搬到中国问题的研究和应用中来，当然也导致了许多问题。十年前，笔者在2005年第2期《经济研究》上发表的《现代经济学的基本分析框架与研究方法》一文，对这些问题已有论述。不过，近些年来又有一些有较大话语权的人提

---

* 本文载于《经济研究》，2015年第12期。

出了要对现代经济学进行反思,其理由是,现有的主流经济学的基本理论假设太强,太过注重数理逻辑和数学细节,与现实隔得太远,不能很好地解释和解决中国的现实问题,从而否定现代经济学在中国经济发展和市场化改革的基本作用,认为需要另起炉灶,发展出独有的中国经济学及其理论。

这种认为现代经济理论有问题的观点很有市场,但真的是这样吗?其实大多情况是自己没有弄清楚前提条件,从而不知道理论有其适用范围,就盲目地泛用,出错了,就怪理论不好,甚至认为是错的。其实,像任何学科的理论一样,每个严谨的经济理论都给出了前提条件,不是在所有情形下都有效,从而,除非理论有逻辑矛盾,它们之间没有对错之分,而只有哪个理论或模型最适合中国当前经济制度环境。**这正如哈佛大学丹尼·罗德里克(Dani Rodrik)教授所指出的那样,这些指责通常来自外行或者某个非正统的边缘派。**[①] 的确如此,在中国持有这种论调的经济学家往往都是那些对经济学理论和方法了解有限,基本没有做出原创性贡献的人。

这种论调如果不加澄清,有很大误导性,将会误导社会大众及广大学子,影响到经济学在中国的研究与教育,从而有必要加以澄清。这里面,主要牵涉到两个方面的问题:一是如何看待经济学理论与现实之间的落差和数学性的问题,以及经济理论之于经济发展最重要的指导作用是什么;二是原创性的基础理论、工具方法的研究与中国经济问题研究的关系如何处理,也就是如何看待国际化和本土化的问题。对这两大问题的解答,也决定了新常态下经济学在中国的发展方向和创新路径。

---

① Dani Rodrik. Economists vs. Economics [OL]. http://www.project-syndicate.org/commentary/economists-versus-economics-by-dani-rodrik-2015-09.

一、新常态下的中国经济发展更需借重经济理论的导向作用

什么是经济新常态？在笔者看来，其要义是尽管现有的经济发展模式让中国经济在过去 30 多年取得巨大成就，但它只是一种追赶式、粗放式、靠要素驱动的发展模式，展望未来，之前的成功模式不可持续，需要从要素驱动向效率驱动乃至创新驱动转型，但这有赖于现代市场经济制度的完善。现实中存在一些于此有利的新生事物，特别是当今互联网经济的高速发展，互联网金融的创新和发展，从某种意义上来说，市场经济活动前所未有地越来越趋向于亚当·斯密、哈耶克、阿罗-德布鲁及科斯等人所描述的市场经济的理想状态，因为它使得构成交易成本最大部分的信息交流和沟通成本大大降低了。

上述现实和理想状态的逼近，对我们如何看待理论与现实之间的落差问题提供了启迪。的确如此，基础经济理论最基本、最重要的作用就在于给出目标、基准点和参照系，从而起到明道和指明方向的指导作用，通过理论指导改革、变革及创新来促使现实经济运行不断向理想状态逼近。实际上，这也是自然科学里最基本的科学研究方法论，即为了研究一个问题，先抓住最本质的东西，从最简单、无摩擦理想情形的基础研究着手。尽管这种理想状态在现实中都是不存在的，但它们却近似地描述了自然世界，为更好地研究现实问题打下必不可少的基准点和参照系，为不断推进科技创新，逐步逼近无摩擦理想状态奠定了基础，从而成为自然科学技术的基本研究方法。

同理，推进改革也要从经济学的基准点和参照系说起，违反这些经济学常识，改革只有失败。许多人弄不懂这点，于是就批评基准点和参照系是外生给定的，与现实相差太远。既然是基准点，那么它就代表了所刻画和界定的经济环境，因而它一定是作为参数给定的，否则什么都是变动的，就无法讨论任何

问题了。既然参照系给出了努力目标,那么它一定是作为外生制度给定的,否则目标恍惚不定,何以谈实现目标,因而参照系一定是给定的。现代经济理论以理想经济环境为基准点,以自由竞争市场为参照系,严格地给出了市场导致有效配置从而成其为好的市场经济的前提条件,而这些前提条件正好是指明了改革的长远取向。这样,尽管许多经济理论不适宜直接用来描述当前中国经济制度环境,但为我们研究各种问题提供了一系列这样的参照系和基准点,从而为逐步解决现实和理想状态之间的落差奠定了理论基础,而理想的参照系离现实经济太远也正说明了中国需要改革。当前,中国正处于全面深化改革以实现国家治理现代化的关键历史阶段,市场在资源配置中的决定性作用将得到更充分的发挥,从而现代经济学的一些基本理论也有了更广阔的应用空间而不是相反。但是,如一味盲目崇尚市场,认为不需要任何先决条件,就无法看到基础经济理论在界定市场边界的巨大作用,就会否定市场会失灵,否定外部性的客观存在,自然就会提出对现代经济学进行反思。不知道这些人是否意识到,如果没有规制来保护生态环境和知识产权,一味地放任市场自由,能避免环境污染、雾霾围城及激励企业创新吗?一个制度所带来的正或负的巨大外部性是否也不存在呢?

除了对于经济理论假设不符实际的批评,另一点常见的批评就是现代经济学太注重细节,越来越数学化、统计化、模型化,使问题更加晦涩难懂。为什么现代经济学要用这么多数学和统计,就是为了严谨性和实证的量化性。尽管领导决策层和一般民众不需要了解理论严谨分析的细节或前提条件,但对提出政策建议的经济学家必须要了解。这是由于,经济学理论一旦采用就具有很大的外部性,如不考虑前提条件就盲目应用,会带来很大问题甚至灾难性的后果,因而需要借用数学来严格地界定其边界条件。同时,一个理论的应用或政策的制定也往往需要运用统计和计量经济学等工具手段进行实证量化分析或检验。再加上,在大多数情况下不能轻易拿社会做实验,因而需要有历史的大视野、大视角来进行纵横向比较。所以,在做经济分析或给出政策建议时,既要有理论的内在逻辑分析，也要有大视野的历史比较分析，及有实证的量化统计分析。这样，在做经济分析或给出政策建议时，往往需要从理论、历史和统计三位一体进行学理性分析，三者缺一不可。的确，在最终的分析中，所有知识皆为历史，所有科学皆为逻辑，所有判断皆为统计。这样，即使对严谨的原创性研究也完全可以做到有学术的思想和有思想的学术。很多技术性很强的文章，其实也可能包含很多经济思想，模型背后体现的是深刻的经济学思想（例如一般均衡理论、机制设计理论等）。

此外，由于现实经济社会错综复杂，因此经济理论要借助于数学模型来抽象、刻画现实经济世界，以使人们能更深刻地认识、理解现实中要解决的问题。由于刻画经济环境的差异，理论及模型都不是唯一的，就看哪个理论或模型是最适合解释某一经济现象。所以，经济学既是科学，也是如何抽象、刻画现实经济环境的艺术。笔者经常通过地图的例子来阐述基于刻画经济环境的方式来建立经济理论的重要性，绘制一比一的世界地图没有任何现实意义和价值，但是缩放的旅游地图、军事地图等却能帮助我们更快和更好地到达目的地。

同时，也不要将经济理论的作用想象得无限大，期望经济理论能解决关键性和根本性的问题。否则，一旦出现问题就一味责怪经济理论。对于一个国家的社会经济发展，理论探讨、理性思考和理论创新其重要性自不待言，但是决定国家大政方针的基本制度才是根本、关键和决定性的。如果关系到国家的走向和长治久安方面的政治、经济、社会、文化等方面的基本制度没有确定，再好的经济理论也发挥不了多大的作用，说不定还适得其反。经济学没有放之四海皆准、适合所有发展阶段的最好的经济理论，只有最适合某种制度环境前提的经济理论。例如，即使凯恩斯主义理论也不是一无是处，它有其适用范围，在经济遇到危机紧急情况需要"止血"时，它提供了许多短期有效的政策工具，但千万不能将其普遍化、常态化和泛用。

二、中国的经济学研究与创新需要两手抓、两手硬

一般而言,经济学研究与创新大致可分为两类,这涉及国际化和本土化的问题:第一类是基础性的、原创性的,具有共性的理论和工具方法的研究和创新,这些研究和创新没有国界,具有一般性,例如消费者选择理论、厂商理论、博弈论、信息经济学、机制设计理论等。这是因为经济学的两个最基本假设——个体逐利、信息不对称也是经济社会普遍存在的两个最大客观现实。在这方面,中国的研究水平和国际相比差距很大,这些差距体现在原创性、发表论文数量的差别、研究方法和文章中体现的经济思想的差距,急需迎头赶上,需要有一批人瞄准国际前沿,做纯理论和量化方法的研究,而不单单是做中国经济问题研究。中国要成为强国,各方面都必须崛起,包括拥有国际学术话语权。第二类是现实问题,运用现代经济学的基本原理、分析框架、研究方法和分析工具来研究某个国家或地区的现实问题,特别是中国经济问题的研究。

此二者是辩证统一的,不要以前者否定后者,或以后者否定前者,两者应是并行、并重的。就如同自然科学中的基础研究创新和企业界的技术创新研究一样,是相辅相成的,都非常重要,缺一不可。对于中国学者而言,在国内做研究的优势就是对中国的现实国情具有切身和相对深刻的认识,研究中国经济问题具有近水楼台之便。而随着中国经济的快速发展和中国的重新崛起,中国经济问题往往也成为具有世界性影响的经济问题,其研究在国际经济学界会得到越来越多的重视。虽然有很多国外的经济学家对中国问题很感兴趣,但由于对中国的政治、经济、社会环境了解有限,在做中国问题研究时没有优势。

这两方面的研究都需要学好现代经济学,掌握其基本分析框架和研究方法,打好理论和方法论基础。经济学在中国的创新,不是靠推倒重来、全盘否定,而是应该建基于经济学的理论基石之上的边际创新或组合创新,技术和应用创新往往就是在基础研究的基石上对现有技术的重新组合和推广,如同不同

的中药组合形成新的药方一样。有生命力的经济学理论一定和自然科学一样，是基于前人的理论成果基础上经过比较、拓展而发展起来的。

与此同时，可以看到许多诺贝尔奖级别的原创性研究恰恰是获奖者年轻时的研究成果。并且，毕业获得博士学位只是进入经济学研究这一终身事业的门槛，初出茅庐的海归博士往往对中国现实问题把握不足，一旦被采纳误用，其负面外部性不可低估。所以，基于这两个原因，笔者一般不建议青年博士尤其是海归博士一毕业就研究中国经济问题。我个人一直是做纯理论研究的，直到拿到终身教职后才开始做中国问题研究。我看到不少刚毕业的非常优秀的海归博士由于没有将内功练好（理论功力及把握现实的能力不足），回国后就立即进行中国问题研究，往往没有什么大的后劲。一个经济学者的个人学术生涯有好几十年，当有了充分的理论准备和一定的学术积淀之后，进而再去做一些政策性问题研究也不会太晚。

三、经济学教育应致力于培养有责任感的"科学"的经济学家

熊彼特在其1949年出任美国经济学会会长所作题为"科学与意识形态"的就职演说中，曾指出，"科学是指经过专门技术加工过的知识。经济分析，亦即科学的经济学，包括了历史、统计和经济理论等技术"。[1] 现代经济学非常注重引入自然科学的研究方法和分析框架来研究社会经济现象和个体行为，强调从假设到推理再到结论的内在逻辑，强调用数学作为基本逻辑分析工具，

---

[1] Schumpeter, Joseph A. Science and Ideology [M].// Danel M. Hausman, eds.. *The Philosophy of Economics*. Cambridge: Cambridge University Press, 1984, 260~275.

强调以数理统计和计量经济学为基础的实证量化研究,从而具有很强的自然科学属性和非意识形态性。中国还需要进一步加强现代经济学教育,培养更多"科学"的经济学家,使之既具有理论的内在逻辑分析,也具有历史视角的比较分析和统计的实证量化分析能力。

正是基于前述的考量,笔者所在的以"理论经济学"为主干学科的上海财经大学经济学院,就非常重视学生在这三方面的能力培养,学院在相应课程设置的配备上主要由三个部分构成,分别是:理论基础培养、历史视野培养和定量分析培养。

此外,经济学需要争鸣,推动改革需要发声,从而需要大量具有独立之精神、自由之思想,有历史责任感,有知识分子道统的经济学家。笔者常讲一个零比一个负要好,就是要勇于发声,否则或由于利益或由于理念而全是一面倒的反对改革的声音,那么改革只能停留,甚至是倒退。如同吴敬琏老师在20世纪80年代末就曾指出的,"对于改革的理论和实际问题进行自由而切实的讨论,是改革向前推进的必要前提"。[①] 所以,中国的经济学家中应该也需要有那么一批人始终敢于为坚持市场导向的改革而谏言。当然,这里的坚持不是一种盲目的坚持,而应是建立在对于经济理论内在逻辑、经济客观基本规律的敬畏和把握之上的。这样,站在新的历史起点上,我们中国经济学家至少有两点是必须坚守的。

一是独立性。也就是陈寅恪所提倡的"独立之精神,自由之思想"的治学境界及学术观点的公立性。经济学家作为公共知识分子,应具备的最重要的一个特征就是独立性。保持独立性并非易事,很多时候很多人会有意识或无意识地将个人私利掺杂到公共事务的意见评判中去。所以,在涉及改革议程和公共议题方面,我们应该超越个人的特殊情境,排除个人私利的干扰,追求和持守

---

① 参见吴敬琏、周小川等. 中国经济改革的整体设计[M]. 北京:中国展望出版社,1990,14.

一种具有普适性的目标、价值和立场。具体到中国的改革情境，这种目标、价值和立场应该指向市场化、民主化、法治化的路向，从而形成以市场经济、民主政治、法治社会为制度框架的现代强国。

  二是责任心。如前所述，任何一个经济学理论都有其边界条件，需要充分注意其结论成立的前提条件，不能夸大其作用，一旦盲目运用，可能会导致灾难性的后果。所以，我们经济学家要有社会责任感，建言时一定要严谨再严谨，严肃再严肃，不要当媒体经济学家，追求媒体的光环，不要走极端，语不惊人死不休，哗众取宠。经济学家也不是算命先生，在分析经济问题时应采用经济学的内在逻辑分析方法：首先对想要解决问题的有关情景（经济环境、形势和现状）作充分了解和刻画，弄清问题所在和成因，然后有针对性地正确运用恰当的经济理论，得出科学的内在逻辑结论，并结合历史的视角和统计的手段，据以做出科学的预测和推断，继而提出具有可操作性、可行性的解决方案和政策建议。

（2015年12月）

116

现代经济学的本质[*]

提要：改革开放以来，随着中国市场经济目标的逐渐确立，现代经济学在中国逐步发展成为一门显学，为中国市场化改革提供了重要的理论指导和技术支撑。然而，学术界和思想界对于现代经济学及其意识形态性还存有不少认识误区，亟待厘清。为此，本文主要探讨和阐述了现代经济学的本质，包括现代经济学的基本内涵及其视野下的市场制度，现代经济学的核心假设与要点，以及如何正确看待和理解现代经济学等内容。现代经济学由假设、约束条件、分析框架和模型及若干结论（解释和/或预测）组成，其中一个核心假设是利己性假设，而结论是从假设、约束条件和分析框架及模型中严格导出，因而是一种具有内在逻辑的分析方法。现代经济学提供两类理论：一是提供基准点、参照系及明道的基准经济理论，二是提供更贴近现实的实用经济理论。这两类理论互为促进，并且均可用于内在逻辑的推断和预测。市场经济孕育了经济理论，又得益于经济理论的发展。一个成熟的现代市场制度和好的治理只有在政府、市场、社会三位一体、互动互促的综合治理框架下才能运作有效。因此，唯有正确认识和理

---

[*] 本文载于《学术月刊》，2016年7月、8月。

解现代经济学的本质及其视野之下的市场制度，才能有利于推进中国深化市场导向的改革，真正确立市场在资源配置中的决定性作用和更好发挥政府作用，实现国家治理体系和治理能力现代化，建立长治久安的包容性制度。

经济学是一门研究在资源稀缺和个体信息不对称的情况下如何决策的社会科学，其通过内在逻辑分析方法及科学的观点来研究个体和社会选择问题，建立在对选择问题的系统探索上。具体说来，它是一门研究人类经济行为和经济现象及追求自身利益的个体（含个人、家庭、企事业、团体、政府、国家）如何对有限资源进行最佳权衡取舍的学科。正是由于资源的稀缺性与人们欲望（即需要，Wants）的无止境性这一对基本矛盾和冲突才产生了经济学。贯穿经济学的整个核心思想就是在资源有限（信息有限、资金有限、时间有限、能力有限、自由有限等）和人们欲望无限这一对基本约束条件下，迫使人们对资源的配置做出权衡取舍的最佳选择，尽可能有效地利用资源，用有限的资源最大限度地满足人们的需求。

在资源配置中，任何经济制度，无论是政府发挥决定性作用的指令性计划经济，让市场发挥决定性作用的自由经济，还是国有经济发挥主导作用的半市场、半统制的混合经济，都离不开以下四个基本问题：（1）生产什么及生产多少？（2）产品如何生产？（3）产品为谁生产、如何分配？（4）谁来做出生产决策？这四个问题是一切经济制度都需要回答的问题，但不同的经济体制却以不同的方式来解决这些问题。判断一个制度或体制是否能够较好地解决这些问题，其根本因素就看是否能够较好地解决信息和激励问题。基本经济制度安排主要有两类：（1）指令性计划经济制度安排。所有四个问题基本上都是由政府来回答，政府决定大多数经济活动，垄断经济决策和行业（例如决定行业准入、产品目录、基建投资分配、工作分配、产品价格和工资等），风险由政府承担。(2) 市场经济制度安排。经济活动大多通过自由交换体系组织起来，生产什么、如何生产和为谁生产的决策由企业和消费者分散做出，风险由个人承担。

在现实世界中，几乎每一个经济制度都介于这两者之间，关键是以谁为主。面对个体的逐利性和信息的分散性，指令性计划经济制度安排的根本弊病，就在于不能解决好信息和激励问题，而市场经济制度安排则可以很好地解决这两个问题。这就是为什么采用指令性计划经济制度安排的国家无不以失败而告终，而这也是中国要搞市场化改革的根本原因。改革开放以来，现代经济学的学术研究与教育传播对中国经济的市场化改革起到了很积极的推动作用。当前，中国正处于全面深化改革以实现国家治理体系和治理能力现代化的关键历史阶段，市场在资源配置中的决定性作用将得到更充分的发挥，从而现代经济学的一些基本理论也有了更广阔的应用空间。然而，现实中人们对于现代经济学的本质和方法还存有不少认识误区，亟待厘清。对此，尤其是对经济学的方法论，笔者在《现代经济学的基本分析框架和研究方法》《经济学的思想与方法》《经济学在中国的发展方向与创新路径》等多篇文章中已有不少论述。本文的主要目的是帮助读者回归本源、回归常识，正确认识、理解现代经济学的本质。

一、现代经济学视野下的市场制度

现代经济学主要是在 20 世纪 40 年代以后发展起来的。它以个体通常逐利为基本出发点，通过引入和采用严谨的科学方法并运用数学分析工具——对现实进行历史和实证的观察，并进行严谨的内在逻辑分析而上升到理论，然后再回到现实进行观察、检验——来系统地探究人类经济行为和社会经济现象，从而它是一门科学，代表了科学的分析框架和研究方法。这种系统探究，既涉及理论的形式，也为经济数据的考察提供了分析工具。由于研究经济社会问题不能轻易拿现实社会做实验，否则代价太大，因而既需要有内在逻辑推断的理论分析，往往也需要有历史的大视野、大视角来进行纵横向比较，从中汲取经验教训，以及还需要运用统计和计量经济学等工具手段进行实证量化分析或检验，三者缺一不可。现代经济学在做经济分析或给出政策建议时，往往同时从理论、历史和统计三位一体进行学理性分析，既有内在逻辑的理论分析，也有历史视角的比较分析，及有数据统计的实证计量分析加以检验和考察。的确，在最终的分析中，所有知识皆为历史，所有科学皆为逻辑，所有判断皆为统计。这就是为什么熊彼特认为，一个经济"科学"家与一般的经济学家的差别在于做经济分析时是否采用了三要素：（1）理论，要有内在逻辑分析；（2）历史，要有历史视野的分析；（3）统计，要有数据，有实证的分析。[①]

经济学，特别是现代经济学是一门看似简单，其实是难以学好、掌握、透彻理解和真正领悟的非常艰深的学问。经济问题之所以难以解决，是因为无论是国家层面还是企业、家庭或个人层面，除了在通常情况下逐利这一最基本的客观现实外，另外一个最大的客观现实就是，在绝大多数情形下，经济人之间的信息往往是不对称性的：一个人说了一番话，也不知道说的是真话还是假话；即使两眼盯着看，好像聚精会神地在听讲，也不知道是否真正听进去了，从而增加了理解和解决问题的难度，弄不好就抵消了所采用的制度安排的作用。这样，如何应对这两个最大客观现实，应采用什么样的经济制度、激励机制和政策，就成了经济学各领域最核心的问题和主题。由此，它与自然科学相

---

① 熊彼特在其1949年出任美国经济学会会长所作题为"科学与意识形态"的就职演说中，曾指出，"科学是指经讨专门技术加工过的知识。经济分析，亦即科学的经济学，包括了历史、统计和经济理论等技术"。参见 Schumpeter、Joseph A.、Danel M. Hausman. *The Philosophy of Economics* [M]. Cambridge: Cambridge University Press, 1984, 260~275.

比有三个重大差别:(1)经济学往往需要研究人的行为,需要对人的行为进行假设,而自然科学一般不涉及人的行为。当然,这种划分不是绝对的,例如生物学和医学有时候也涉及人的行为。不过,这些学科基本不是从功利的角度来考虑问题,而经济学考虑人的行为时则主要从功利的角度来考虑问题。一旦涉及人,由于人心隔肚皮,信息极度不对称,处理起来就会变得异常困难和复杂。(2)在讨论和研究经济问题时,不仅要做描述实证性分析,也要作价值判断的规范性分析,由于人们价值观不同和涉及利益,例如有人偏重资源配置效率,而有人强调资源配置平等,因此个体之间对经济改革和政策的看法往往也不同,往往容易引起很大争议,而自然科学一般只作描述性的实证分析,结论可以通过实践来检验。(3)一个经济结论或理论作为政策一旦实施,影响面会很大、很宽,具有巨大的外部性。不像医生,医术不好,受损或医死的只是个别人,经济学应用不好影响的却是经济社会的各个方面,影响到社会、群体和个人,因而不能轻易地拿社会做实验检验,而自然科学绝大多数领域没有这个问题。这三大差异使得经济学的研究更为复杂和困难。

从而,正确理解、学好、掌握及深刻领悟现代经济学,对现代经济学的理论创新和实际应用都十分重要,不仅可以用于研究和分析经济问题,解释经济现象和人的经济行为,确立目标,指明改进方向,更重要的是,还可以用历史视角的比较分析和有数据统计的实证计量分析作为辅助,根据成因进行内在逻辑的理论分析,从而得出内在逻辑结论和做出比较准确的预测。现代经济学之所以在社会科学中占据首要地位,被称为社会科学的"皇冠",就是因为它有非常一般性的分析框架和研究方法及其分析工具,其基本思想、分析框架及研究方法威力巨大,可以用来研究不同国家和地区、不同风俗和文化的人类行为下的经济问题和现象,并被应用到几乎所有的社会科学门类及日常生活当中,甚至也有助于当好领导、搞好管理、做好工作,以致被称为"经济学帝国主义"或无所不能的学科。

(一) 现代经济理论的基本分类及相互关系

如前所述，现代经济理论是一种从给定前提假设下演绎结果的逻辑推理，与数学类似，是一种公理化的研究经济问题的方法。它由假设或条件、分析框架和模型及若干结论（解释和/或预测）组成，其中，结论是从假设和分析框架及模型中严格导出，因而是一种具有内在逻辑的分析方法。这种逻辑分析方法对清晰地阐述问题非常有帮助，可避免许多不必要的复杂性。经济学就是基于经济理论对观察到的经济现象做出解释、进行评估并做出预测。现代经济学理论按照功能可以分为两类：一类是提供基准点或参照系、远离现实的基准经济理论，而另外一类理论则是旨在解决现实问题的经济理论，其前提假设更为接近现实，是对基准理论的修正，从而这两类理论都异常重要，是一种递进的相辅相成关系，都可用来得出具有内在逻辑的结论和进行预测。[①]

第一类理论主要是以成熟市场经济国家的经济环境作为理论背景的，提供的是在相对理想状态下的基础理论。因为任何一个理论、任何一个结论、任何一个论断都是相对而言的，否则无从进行分析和评价。自然科学的物理学科如此，社会科学的经济学科也是如此，因而需要提供基准理论。例如，有摩擦的世界是相对无摩擦世界而言的，信息不对称是相对信息对称而言的，垄断是相对竞争而言的，技术进步、制度变迁是相对技术固化、制度固化而言的，因而我们必须首先发展出相对理想情形下的基准理论。物理学里的一些基本定律、原理是在无摩擦的理想状态下成立的，现实中有吗？没有，但是这些定律、原理的重要作用谁能否认？它们为提供解决现实的物理学问题提供了不可或缺的基准定律。同理，为了更好地研究更为现实、有摩擦的经济行为和经济现象，我们也先要研究清楚无摩擦的理想情况，以此作为基准点和参照系。现代经济

[①] 相关讨论亦可参见田国强. 经济学在中国的发展方向与创新路径 [J]. 经济研究，2015，12.

学的发展一日千里、十分迅速，如果没有这些理想状态下的经济理论作为基准点和参照系是不可能实现的。

作为现代经济学的一个重要组成部分，新古典经济学理论假定经济信息完全、交易成本为零、消费偏好和生产集都是凸的等正则性条件，是第一类基准经济理论，提供基准点和参照系。新古典经济学以理想状态的经济作为基准点，尽管没有人为设置的目标，但论证了只要个体逐利，自由竞争市场就自然地导致资源的有效配置（即亚当·斯密"看不见的手"的严谨表述），从而应该以自由竞争市场为参照系，为我们提供改革方向和改革目标，以此改善或改革经济、政治、社会的环境，建立竞争市场制度，让市场在资源配置中发挥决定性作用。有人认为，理想参照系离现实经济太远而否定新古典经济学对中国经济改革的价值，这是一个经常听到的特大误解。这些人没有意识到，正是由于现实和基准点及参照系太远，这才说明了中国需要进行市场化的改革。

中国要改革、转型，就一定要有目标，有目标就一定要有改革取向的基准点和参照系。既然中国要进行市场化的改革，将新古典经济学，特别是一般均衡理论所论证市场最优经济环境作为基准点，将竞争市场作为参照系，那么进行这样取向的改革就非常自然和必要了。根据这些基准点界定的经济环境，我们需要进行松绑放权的市场化改革，反对政府垄断资源和控制行业准入。同时，我们知道市场在许多情形下会失灵，一般均衡理论正好严格地界定了市场机制的适用范围，起到了界定市场有效边界的巨大作用。所以，研究经济问题，推进改革，特别是改革的大方向问题，都要从经济学的基准点说起，违反这些经济学常识，改革只有失败。这些基准点和参照系严格地给出了市场导致有效配置，从而成其为好的市场经济的前提条件，而这些前提条件正好指明了改革方向。阿罗—德布鲁一般均衡理论和宏观经济学中的卢卡斯的理性预期宏观经济理论（称之为新古典宏观经济学）就是新古典经济学的标准理论，都严格论证了自由竞争市场导致了资源的有效配置。

需要指出的是，既然是基准点，经济环境就是相对理想状态，同时，它一定是作为参数给定的,否则什么都是变动的,就无法讨论任何问题,在新古典经济学理论及其他许多经济理论中,经济环境包括基本制度、生产技术,因此必定是作为外生给定的。当然,现代经济学也有许多理论就是专门研究制度演化、技术进步的,在这种情况下,经济环境也就不作为给定了。但不管怎样,即使为了研究制度变迁、技术进步,我们也需要先研究清楚制度固定、技术不进步这些给定的情况。既然在理性状态下的市场制度就是人类追求的目标,那么不妨先将外生制度安排作为给定,先研究清楚具有什么好的性质。但由此将现代经济学认为只是研究制度给定的情形,那就是对现代经济学理论范畴的理解过于狭隘了,许多关于现代经济学的争论由此而起,以为提供的只是第一类基准经济理论,从而将主要提供基准经济理论的新古典经济学等价于现代经济学,认为新古典经济学考虑的理想状态与现实世界不符合,就将现代经济学看作是固化的从而否定现代经济学,这是极大的误区。

实际上,现代经济学是一门具有极大包容性和开放性的处于动态发展中的学科,起源于由托马斯·马尔萨斯和大卫·李嘉图将斯密的理论整合而成的古典经济学,它不仅包括如阿尔弗雷德·马歇尔创立的新古典边际分析经济学和阿罗—德布鲁一般均衡理论这样的基准理论,也包括许多更为现实的经济学理论。由于许多基准理论提供的是在理想状态下的基础理论,尽管有指引改进或改革取向的明道作用,但和现实相差较远,不一定能照搬用来解决具体现实问题。因此,需要对基准理论进行修正,考虑有摩擦、更为接近现实的情形,发展出更多、更为接近现实的第二类经济理论,以此解释现实中的经济现象和经济行为,解决具体现实经济问题。例如,诺斯的新制度经济学和赫维茨所开创的机制设计理论都对新古典理论进行了革命性的发展,新古典理论是将制度作为给定,而诺斯和赫维茨却将制度内生化,视作为可变化、可塑造、可设计的,制定出符合客观环境的各种制度安排,从而它们都成为现代经济学中极其重要的组成部分。

现代经济学中每个严谨的经济理论都有其自洽的内在逻辑体系,无论是提供基准点或参照系的第一类基准理论，还是想解决现实经济问题的第二类理论，都必须给出适用的边界条件和范畴。现代经济学之所以要用到这么多数学，就是因为理论具有很大的外部性，不认识和理解边界条件而盲目应用，会带来很大问题甚至灾难性的后果，因而需要借用数学来严格地界定其边界条件。

实际上，现代经济学作为市场经济制度的基本理论基础，非常注重引入自然科学的研究方法和分析框架来研究社会经济、行为和现象，强调从假设到推理到结论的内在逻辑，强调用数学和数理模型作为基本逻辑分析工具，强调以数理统计和计量经济学为基础的实证研究，具有很强的应用性、实证性和自然科学性，与其他具有很强意识形态和价值观念的人文社会科学有很大不同。这也许是经济学能够在我国改革开放中发挥重要作用，且其作用得到各界公认的主要原因之一。但许多人由于对现代经济学的误解和偏见，想当然地认为现代经济学只是为资本主义服务的，具有很大的意识形态性，从以上说明可看出这是一个极大的误区。正如邓小平指出"计划和市场都是经济手段"，"社会主义也有市场"①，现代经济学主要是为研究现代市场经济制度提供理论支撑和方法，是研究市场制度的工具，从而不是区分社会性质的关键。

（二）现代经济理论的三大作用与市场制度

基于以上分析，经济理论至少有三个功能或作用。第一个功能是，提供基准点和参照系，以此给出追赶或打造目标，从而起到明道、指明方向的指导作用。通过理论指导改革、变革及创新来促使现实经济运行不断向理想状态逼近。第二个功能是，用来认识和理解现实经济世界，解释现实中的经济现象和

---

① 邓小平. 在武昌、深圳、珠海、上海等地的谈话要点（1992年1月18日～2月21日）[M].// 邓小平文选第三卷. 北京：人民出版社，1993，373.

经济行为，以此解决具体现实客观问题，这是现代经济学的主要内容。第三个功能是，做出具有内在逻辑的推断与预测。实践是检验真理的唯一标准，但不是预测真理的唯一标准，许多时候如果仅用历史检验和已有的数据进行经济预测也可能会出问题，因而需要进行具有内在逻辑的理论分析。许多理论上的不可能性结果可以用来避免实施许多现实中不可行的目标和项目。这是因为，如果一个结论在理论上需要很强的前提假设条件才能成立，那么客观现实更难满足这些前提假设条件，这个理论结果在现实中就更不可能成立。

通过经济理论的内在逻辑分析，对给定的现实经济环境、经济人行为方式及经济制度安排下所可能导致的结果做出具有内在逻辑的推断和预测，以此来指导解决现实经济问题。只要理论模型中的前提假设条件基本满足，就能得出科学的逻辑结论并据此做出基本正确的预测和推断，而不一定需要用实验，就能知道最终结果。例如，哈耶克关于指令性计划经济不可行的理论推断就有这样的洞察力。一个好的理论不用实验也能推断出最终结果。这在很大程度上解决了经济学一般不能拿社会做实验的问题。人们需要做的只是检验经济环境和行为方式等方面的假设是否合理（近些年来非常热门的实验经济学主要就是从事检验经济人的行为方式假设等理论基础性方面的研究）。例如，社会不允许为了研究通货膨胀和失业率的关系而乱发货币。像天文学家和生物学家一样，经济学家大多时候只能利用现有的数据和现象来进行理论创新和检验理论。

当然，我们也不要将经济理论的作用想象得无限大，期望经济理论能解决关键性和根本性的问题。对于一个国家的社会经济发展，理论探讨、理性思考和理论创新其重要性自不待言，但是决定国家大政方针的基本制度才是根本、关键和决定性的。如果关系到国家的走向和长治久安的政治、经济、社会、文化等方面的基本制度没有确定，再好的经济理论也发挥不了多大的作用，说不定还适得其反。经济学没有放之四海皆准、适合所有发展阶段的最好的经济理论，只有最适合某种制度环境前提的经济理论。

现代经济学的最主要目的就是研究市场的客观规律及个体（例如消费者、

厂商）在市场中的行为。具体地讲，研究追求自身利益的个体在市场中如何达到和谐，市场通过什么途径配置社会资源，以及如何取得经济稳定和可持续性增长等问题。中国30多年来的经济改革主要就是进行市场化的改革，近年来又将市场在资源配置中所应发挥的作用从基础性界定为决定性。从而，研究解决中国经济改革发展中的现实问题，需要对什么是市场与市场制度，以及现代市场机制的功能和优越性有一个大致了解[①]。

市场是买卖双方进行自愿交换的一种交易方式，它不仅指买者和卖者进行交换活动的聚集地，例如现场交易和网络线上交易，也包括任何其他形式的交易活动，例如拍卖、讨价还价等机制。在学习微观经济学时，需要牢记市场中的任何交易买卖双方是重要的。对任何货物的买者而言，都有相应的卖者。市场过程的最终结果则取决于市场中卖者和买者相对力量的较量。这种力量的较量有三种竞争形式：消费者—生产者竞争、消费者—消费者竞争、生产者—生产者竞争。在市场中消费者和生产者讨价还价的地位在经济交易中都受到这三种竞争来源的限制。任何形式的竞争都像一个惩戒机制引导市场过程，对不同的市场影响也不相同。

市场机制或价格机制则是以价格作为引导、由个体做出分散决策的一种经济制度，它通常是市场制度的一个较为狭隘的定义。市场制度或称之为市场体系则是所有与市场紧密相关的体制、机制（包括市场法规体系）的集合。市场制度是一种信息分散决策、自愿合作、自愿交换产品和服务的经济组织形式，是人类历史上最伟大的发明之一，是迄今为止人类解决自己的经济问题最成功的手段。市场制度的建立并没有经过人类自觉的、有目的的设计，而是一个自然的发展演化过程。在哈耶克看来，市场秩序是社会世界中

---

① 笔者在《大众市场经济学》一书中曾对市场制度做了比较通俗易懂的阐释。参见田国强、张帆．大众市场经济学[M]．上海：上海人民出版社，1993．

各种自生自发的秩序的一种,"并不是人类的设计或意图造成的结果,而是一个自发的产物"。[①] 现代经济学主要是研究市场制度而产生、发展,从而不断扩展延拓的。乍看起来,市场的运作是一件令人费解而惊叹的事实。在市场体系中,资源配置的决策是由追求各自利益的生产者和消费者在市场价格的引导下独立做出的,没人指挥和发号施令。市场体系在不知不觉中解决了任何经济体系都逃不掉的四大基本问题:怎么生产、生产什么、为谁生产、谁做决策。

在市场体系下,由企业和个人做出自愿交换与合作的决策。消费者追求最大需求满足,企业追逐利润。为使利润最大化,企业必须精打细算,最有效地利用资源。也就是说,对于效用相近、质量相当的资源,尽量拣便宜的用。企业的物尽其用和社会的物尽其用本不相干,但价格把两者联系起来了,其结果协调了企业利益和全社会的利益,导致了资源的有效配置。价格的高低反映了社会资源的供求状况,反映了资源的稀缺情况。例如,市场缺木料不缺钢材,木料就贵、钢材就便宜。企业为了减少开支多赚钱,就得尽量多用钢材、少用木料。逐利的企业这样做时没有想到社会的利益,但结果却完全符合社会的利益,这中间悄悄发挥作用的正是资源价格。资源价格协调了企业利益和全社会的利益,解决了怎么生产的问题。价格体系还引导企业做出符合社会利益的产出决策。生产什么谁说了算?消费者说了算!企业只有一个考虑:什么价钱高就生产什么。在市场体系下,价格高低恰恰反映了社会需求,收成不好,粮价上涨,就会激励农民多生产粮食。追逐利润的生产者就这样被引上了"救死扶伤"的正轨,生产什么的问题就解决了。最后,市场体系还解决了哪位消费者得到哪件产品的问题。消费者如果真需要这件衬衫,就会出比别人高的价。只想赚钱的生产者就会只把衬衫卖给出价高的消费者。这样,为谁生产的问题也

[①] 哈耶克著,冯克利等译. 致命的自负. 北京:中国社会科学出版社,2000,1.

解决了。所有这些决策都是由生产者和消费者分散做出的。这样，谁做决策的问题也解决了。

市场机制就这样轻松、潇洒地把看似水火不容的个人利益和社会利益协调起来了。早在240年前，现代经济学之父亚当·斯密就看到了市场机制的和谐和美妙。他把竞争的市场机制比作一只"看不见的手"，在这只手的暗暗指引下，追逐私利的芸芸众生不由自主地走向一个（不是人为设定的）共同目标，实现了社会福利的最大化，即"由于每个个人都努力把他的资本尽可能用来支持国内产业，都努力管理国内产业，使其生产物的价值能达到最高程度，他就必然竭力使社会的年收入尽量增大起来。确实，他通常既不打算促进公共的利益，也不知道他自己是在什么程度上促进那种利益。""他受着一只看不见的手的指导，去尽力达到一个并非他本意想要达到的目的。也并不因为是非出于本意，就对社会有害。他追求自己的利益，往往使他能比在真正出于本意的情况下更有效地促进社会的利益。"[①]

斯密仔细研究了市场体系是如何把个人利己心和社会利益、分工协作结合起来的。斯密思想的核心是，如果分工和交换是完全自愿的，那么只有认识到交换的结果会对交换双方彼此互利，交换才有可能发生；否则，就没有人来交换。只要有好处，人们就会在利己心的驱动下自觉地合作。外力的压迫并不是合作的必要条件。即使语言不通，只要互利，交换照样进行。平时市场机制工作得如此之好，使大家都感觉不到它的存在。斯密以"看不见的手"为喻，指出了自愿合作和自愿交换在市场经济活动中的重要性。然而，市场体系为大家造福的思想，无论在斯密的时代或今天，并未被所有人充分认识到。阿罗—德布鲁的一般均衡理论则对斯密"看不见的手"作了正式表

---

① 亚当·斯密著，郭大力、王亚南译. 国民财富的性质和原因的研究（下卷）[M]. 北京：商务印书馆，1974，27.

述,严格论证了自由竞争的市场可以导致社会福利的最大化,证明了市场在资源配置方面的最优性。①

(三) 价格的三大作用与市场制度的优越性

如上所述,市场体系的正常运转是通过价格机制实现的。价格在组织涉及亿万人的瞬息万变的经济活动时,正如诺贝尔经济学奖获得者米尔顿·弗里德曼所分析的那样,履行了三种功能:(1) 传递信息:以最有效的方式传递生产和消费的信息;(2) 提供激励:激励人们以最佳方式进行消费和生产;(3) 决定收入分配:资源禀赋、价格及经济活动成效决定收入分配。② 其实,早在中国汉朝的司马迁就开始注意并在《史记·货殖列传》中总结了在市场中商品价格起伏的规律,所谓一切商品皆是"贵上极则反贱,贱下极则反贵",要想致富就要抓住这个规律"与时逐利"。

价格的功能之一:传递信息。价格指导着参与者的决策,传递供求变化的信息。需求增加,销售者就会发现其销量增加了,就向批发商订购更多的商品,向厂商增加订货,价格就会上升,于是厂商就会投入更多生产要素来生产这种商品,使得有关方面都获得了商品需求增加的信息。价格体系传递信息时很讲效率,它只向那些需要了解有关信息的人传递信息。价格体系不但能传递信息,而且能产生某种激励机制保证信息传递的畅通,使信息不会滞留在不要信息的人手中。传递信息的人有内在的动力去寻找需要信息的人;需要信息的人有内在的动力去获得信息。例如,成衣制造商总是希望能够用更低的价格取得更好的布,他们就不停地寻找新的供应者。同时,生产棉布的企业也总是与顾客保持接触,以各种方式宣传产品的物美价廉以吸引更多的顾客。那些与上

---

① Kenneth J. Arrow and Gerard Debreu. Existence of an Equilibrium for a Competitive Economy [J]. *Econometrica*, 1954, 22 (3): 265~290.
② 米尔顿·弗里德曼著,蔡继明、苏俊霞译. 价格理论 [M]. 北京: 华夏出版社, 2011, 10.

述活动无关的人当然对棉布的价格和供求毫无兴趣,漠不关心。一般机制设计理论将论证竞争的市场机制在信息利用方面是最有效率的,它所需要的信息量最少,交易成本最低。赫维茨等人在20世纪70年代就证明了在纯交换的新古典经济环境中,没有什么其他经济机制既能够实现资源有效使用,又比竞争性市场机制使用更少的信息。[①]

价格的功能之二:提供激励。价格还能提供激励,使人们对需求和供给的变动做出反应。当某种商品的供给减少时,一个经济社会应当提供某种激励,使生产这种商品的企业愿意增加生产。市场价格体系的优点之一就在于价格在传递信息的同时,也给人们以激励,使人们基于自己的利益自愿地对信息做出反应,激励消费者以最优的方式进行消费,生产者以最有效的方式进行生产。价格的激励功能与价格决定收入分配的第三个功能密切相关。如果提高产量所增加的所得大于所增加的成本,生产者就会继续提高产量,直到两者相等,达到利润最大化。

价格的功能之三:决定收入分配。在市场经济中,个体收入取决于所拥有的资源禀赋(例如资产、劳力等),及其经济活动的成效。在收入分配上,人们往往想把价格的收入分配功能与传递信息、提供激励的功能分割开来,在保留传递信息和提供激励功能的同时,使人们的收入更加平等。然而,这三个功能紧密关联、缺一不可。价格对收入的影响一经消失,价格传递信息、提供激励的功能也就不复存在。如果一个人的收入并不取决于他为别人提供劳务或商品的价格,那么他何必费劲去取得关于价格和市场供求的信息,并对这些信息做出反应呢?如果干好干坏收入都一样,有谁肯好好干?如果发明创造而得不到好处,又何必费时费力去发明创造呢?就这样,如果价格不再影响收入分

---

① Hurwicz L.. On Informationally Decentralized Systems [M].// C. B. McGuire and R. Radner. *Decision and Organization: a Volume in Honor of Jacob Marshak*. North-Holland, 1972.

配，价格就失去其他两项功能。

现代市场经济制度是在人类社会的长期演进中产生、逐渐成型并不断完善的复杂而精巧的制度。市场机制在资源配置中发挥基础性和决定性的作用，是市场经济之所以能够最优配置资源的关键。这种最优是帕累托最优（有效）意义下的最优，即在现有资源约束条件下，不存在不让任何参与人受损的情况下让一部分人的福利有所改进的资源配置方案。尽管帕累托最优标准没有考虑到社会公平正义问题，但它却从社会效益的角度对一个经济制度给出了资源是否被浪费的一个基本判断标准，从可行性的角度评价了社会经济效果。它意味着如果一个社会资源配置不是有效的，就存在着改进效益的余地。

一般均衡理论的两个福利经济学基本定理对亚当·斯密论断给出了严谨的表述，它是斯密"看不见的手"的正式表述，论证了自由竞争的市场可以导致社会福利的最大化，证明了市场在资源配置方面的最优性。福利经济学第一基本定理证明了：当人们追求个人利益时，如果每个经济人对商品需求的欲望是无止境的，局部非饱和的（Local Non-satiation Assumption），则在一般的经济环境下（私人商品、完全信息、非外部效应、商品可分），竞争的市场制度导致资源的帕累托有效配置。福利经济学第二定理则证明，在新古典经济环境（即利己、连续的凸偏好关系和闭凸生产集）下，任何一个帕累托有效的资源配置都可以通过初始禀赋的再分配和竞争性市场均衡来实现，从而没有必要采用其他经济制度安排来取代市场。

经济核定理和经济核极限定理则从另外的角度论证了市场制度有利于社会的稳定性及在资源配置方面的最优性和唯一性，是人类经济活动中自然选择的客观内在逻辑结果。竞争的市场机制导致了资源的有效配置，现代市场经济制度能较好地解决社会安定有序的问题。经济核的基本含义是，当一个社会的资源配置处于经济核状态时，就不存在任何小集团对该资源配置不满，从而想控制和利用自己的资源来提高他们自身的福利。这样不存在什么势力或小集团对社会造成威胁，这个社会就比较安定。经济核定理告诉我们，当市场达到竞争均衡后，在一些规范性的条件下，例如在偏好的单调性、连续性及凸性（效用的边际替代率递减）假设下，市场均衡所导致的均衡配置就处于经济核状态。而经济核极限定理告诉我们，在个体逐利的最大客观现实下，只要给人们经济自由（即允许个人自愿合作、自愿交换）和充分竞争，不事先给定任何制度安排，所达到的结果与竞争市场均衡的结果就是一样的。

所以，市场机制不是谁发明的，它是一种内在的经济规律和自发秩序，和自然规律一样具有客观性。这个结果的政策涵义就是，在竞争市场机制能够解决资源最优配置的情况下，应该让市场来解决。只有在竞争市场无能为力的情况下，才设计其他一些机制来弥补市场机制的失灵。尽管市场机制不能很好地解决贫富差距过大的社会公平问题，但公正定理启示我们，只要政府尽可能给个体提供机会公平和资源平等，让市场正常发挥作用，而不是取代它，就能够导致既有效率也相对公平的资源配置结果。

上面所述的关于现代竞争自由的市场制度在资源配置方面的最优性、唯一性、公正性，及有利于社会的稳定性的严谨描述都已经得到一般均衡理论的证明。经济学家熊彼特从竞争和垄断的动态博弈过程所导致的创新驱动角度论述了市场机制的最优性。熊彼特的"创新理论"告诉我们，有价值的竞争不是价格竞争，而是新商品、新技术、新市场、新供应来源、新组合形式的竞争，从而市场经济保持长期活力的根本就在于创新和创造，这源于企业家精神，源于企业家不断地、富于创造性地破坏市场的均衡，也就是他所说的"创造性破坏"[①]。要形成创新的土壤，鼓励和保护创新，基本要靠逐利的企业家和民营经济。

竞争和垄断就像供给和需求，通过市场的力量，它们可以形成令人惊叹不

---

① 关于创新与企业家精神的讨论，参见约瑟夫·熊彼特著，何畏、易家祥等译. 经济发展理论——对于利润、资本、信贷、利息和经济周期的考察[M]. 北京：商务印书馆，1991.

止的辩证对立统一，从而显示了市场制度的优美和巨大威力。没有竞争，就像政府垄断起来的国有企业，它不可能有动力去创新。由于企业利润会随着竞争程度的增加而减少，民营企业由于逐利的动机，往往会有很大激励不断进行创新，研发新产品，将新产品的价格定在竞争均衡价格之上而获得高利润。但是，同行业的其他企业很快会开发类似产品来分享利润。这种市场竞争导致企业利润下降，从而迫使企业不得不创新，而企业创新导致垄断利润，可观的利润会吸引其他企业涌进来参与竞争。这样，市场竞争导致利润下降，由此企业不得不通过创新导致新的垄断利润，从而形成了竞争—创新—垄断—竞争这样一种反复动态循环，即市场竞争趋向均衡，而创新却打破均衡，市场不断地进行这样的博弈就会激励企业不断追求创新，通过这种博弈过程，市场经济保持长期活力，使社会福利增加和经济发展，从而显示了市场制度的优美和巨大威力。这样，为了鼓励创新，就需要政府制定知识产权保护法，同时为了鼓励竞争及形成技术创新的外部性，就需要制定反垄断法和不能永远保护知识产权，而需要有一定的年限，不能形成固化或永远的寡头和垄断。

创新就意味着打破循规蹈矩，这就必然蕴含高风险，尤其高科技创新更具有高风险特征，创投成功的比例非常低，但一旦成功，就会有相当可观的盈利回报，从而能吸引更多的资金前仆后继地往里投。不过，对国企而言，由于先天缺乏承担风险的激励机制，不可能去冒这样的高风险。而对于民营经济，由于追求自身利益的强烈动机，最敢于冒风险，从而最具有创新意识和创新力。因此，从各国来看，企业创新（非基础性科学研究）的主体都是民营企业。实际上，中国思想史上的司马迁也十分肯定竞争、优胜劣汰是自然趋势。他认为："富无经业，货无常主，能者辐凑，不肖者瓦解。"（《史记·货殖列传》）即致富并不靠固定的行业，而财货也没有一定的主人，有本领的人能够聚敛财货，没有本领的人则会破败家财。

更进一步，竞争的市场机制不仅有利于社会稳定性及在资源配置方面的最优性和唯一性，而且对于资源的有效配置，竞争的市场机制在传递信息时很讲效率。Jordan证明了对纯交换经济,市场机制是唯一的利用最少的信息实现了资源的有效配置。① 田国强进一步证明了这一结论不仅在纯交换经济中成立,而且在有生产的经济中也成立,同时是唯一的②。由此可以得出一个重要推论:无论是指令性计划经济机制、国有经济,还是混合制的经济,实现资源有效配置所需要的信息一定比竞争市场机制需要的多,即需要花费更多的成本来实现资源的最优配置。这个结论对中国为什么要搞市场化的经济改革和国有经济民营化,提供了一个重要的理论基础。

需要特别指出的是,互联网金融创新的出现,现实经济偏离理想状态的程度将会不断减弱,会促进现实市场经济越来越趋向于亚当·斯密、哈耶克、阿罗—德布鲁及科斯等人所描述的市场经济的理想状态。这是由于,无论是按照亚当·斯密所描述的竞争市场"看不见的手"的作用,阿罗—德布鲁关于完全竞争市场的一般均衡理论和科斯关于完全竞争市场交易成本为零的理论,还是熊彼特关于市场竞争有利于创新的理论,都是论证市场是最优的。其基本的结论是,完全竞争的市场导致了帕累托所说的资源有效配置和社会福利最大化。不过,完全竞争市场理论直到现在主要只是提供了一个参照系或终极目标,就是市场越竞争越好,信息越对称越好,但完全竞争的市场经济在现实中是不存在的,因为信息沟通成本、交易成本不等于零,这其中包括最主要的金融融资的成本。

但互联网金融作为媒介功能的交易成本将会越来越小。当前,由于互联网金融的创新和发展,从某种意义上来说,这就不仅仅是停留在理想状态,而随着互联网金融颠覆性的创新越来越逼近趋同了,将更逼近于现实。互联网金融

---

① J.S Jordan. The competitive allocation process is informationally efficient uniquely [J]. *Journal of Economic Theory*, 1982, 28: 1~18.
② Guoqiang Tian. Incentive Mechanism Design for Production Economies with Both Private and Public Ownership [J]. *Games and Economic Behavior*, 2000, 33: 294~320.

将会使得现实中信息沟通的成本大大降低，使得市场经济活动更加接近理想中的完全竞争状态，变得越来越有效。中国实在是幸运，其改革开放、市场化的改革让中国及时地搭上信息时代的列车。①

（四）政府与市场、政府与社会的治理边界②

前面关于市场最优性的这些理论结果事实上还依赖于一个关键性隐含假设：制度的至关重要性和决定性作用，即存在着一个完善的治理结构以此来规范政府与市场、政府与社会作为前提假设条件的，使之所考虑的市场经济是一个统一开放、竞争有序的自由市场经济。市场机制也许给人一种错觉：在市场社会中为追求个人利益似乎可以为所欲为。其实不是这样，世界上没有纯粹的独立于政府之外的完全放任的自由市场经济。市场运行良好需要政府、市场与社会各归其位这样一个国家治理三维结构得以有效地耦合和整合。完全独立于政府之外的放任自由市场不是万能的，市场在许多情景下往往会失灵，例如垄断、收入分配不公、贫富两极分化、外部性、失业、公共物品供给不足、信息不对称等，从而导致资源无效率配置和各种社会问题。这样，转型发展和深化改革需要同时兼顾发展和治理两大逻辑，正确理解它们之间的内在辩证关系。发展的逻辑主要是提升一个国家的硬实力，而治理的逻辑则注重软实力方面的建设，当然是多方面的治理，包括政府和市场的治理制度、社会公平公正、文化和价值观等方面的建设。政府与市场和社会的关系处理如何，往往决定了国家治理效果的好坏。如果不能很好地平衡两者，而偏颇任何一方，都可能会带来包括贫富差距过大、机会不公等一系列严重问题和危机，不能形成包容性的市场经济和包容和谐的社会。从而，从治理的逻辑来说，治理有好的治理和坏

---

① 田国强.互联网金融创新与中国经济发展驱动切换［J］.探索与争鸣，2014，12.
② 关于此问题的详细讨论，参见田国强、陈旭东.中国改革：历史、逻辑和未来［M］.北京：中信出版社，2014.

的治理之分，由此导致好的市场经济或坏的市场经济，好的社会规范或坏的社会规范。因此，不能简单将其等同于统制、管制或管理，将发展和治理简单地对立起来，顾此失彼。中国当前之所以出现改革成就巨大，同时问题也十分严峻的"两头冒尖"状况，让改革大业面临着极其复杂的局面，就是由于在过去30多年主要只注重经济发展的逻辑，而在很大程度上忽视了治理的逻辑所造成的。

市场有效和社会规范的必要条件是需要一个有限而定位恰当的有效政府，这样政府的合理定位至关重要。在半市场、半统制的双重体制下，政府不应有的权力过多，而本应肩负起的维护和服务的职责又做得很不够，使政府角色过位、缺位和错位大量存在，没有合理界定和理顺政府与市场、政府与社会的治理边界，导致"重政府轻市场、重国富轻民富、重发展轻服务"。由此，市场经济分为"好的市场经济"和"坏的市场经济"，关键取决于治理制度，使政府、市场和社会之间的治理边界得到合理界定和理清。在好的市场经济中，政府能让市场充分发挥作用，而当市场失灵时，政府又能发挥很好的弥补作用。一个好的、包容的及有效的现代市场经济应该是对个人的私利的极力保护，而对政府及其公权力则尽可能地限制和制衡，从而它是一种契约经济，是法治经济，受到商品交换契约的约束，受到市场运行规律的约束，受到信誉的约束。一个经济社会由于受到个体逐利的约束、资源的约束、信息非对称的约束，要实现富民强国，首先要赋予个体私权，最核心的是基本生存权、追求幸福的自由选择权及私有产权，让他们通过充分竞争、自愿合作和自愿交换的市场机制的作用和对自身利益的追求，使资源有效配置和社会福利最大化。

这样，现代市场经济是建立在法治基础上的。法治的作用有二：首要的是约束政府对于市场经济活动的任意干预，这是最基本的；其次是更进一步对市场起到支持和增进作用，包括产权的界定和保护、合同和法律的执行、维护市场的公平竞争等，使得市场在资源配置中起到基础和决定性的作用，从而使得价格传递信息、提供激励和决定收入分配的三大基本功能得到充分发挥。此外，好的市场中需要有一个好的社会规范，个体对个人利益的追求是以尊重别人对个人利益的追求为前提的，追求个人利益与参与公平竞争并行不悖。妥协精神，尊重别人的价值判断标准，是交易正常进行的前提。

而在坏的市场经济中，政府缺乏对于经济社会转型的驾驭和治理能力，不仅不能提供必要的、足够的公共产品和服务以弥补市场失灵，反而由于政府的过位导致公权力没有得到有效制衡，国有企业的产权没有得到明晰界定，出现了大量的寻租和腐败现象，使得社会经济的公平正义受到极大减损，出现所谓的"政府俘获"（State Capture）现象，即经济主体通过向政府官员进行私人利益输送来影响法律、规则和规章制度的选择和制定，使得该主体能够不通过公平竞争而将自身的偏好转化成整个市场经济博弈规则的基础，形成大量的能够为特定个体产生高度垄断利益的政策安排，而其背后则是以巨大的社会成本和政府的公信力下降作为代价的，使得公共选择中的无效率均衡得以长期延续[①]。这种不通过公平竞争的自身努力，而靠非公平的寻租手段和方式来争夺社会、政府资源，不仅会造成市场失灵，更严重的是，长此以往，将会逐渐形成坏的社会规范，造成社会资源配置和价值观扭曲、伦理道德滑坡、诚信缺失、说话做事"假大空"、社会浮躁、不稳定因素增多，结果导致市场活动的显性和隐性交易成本巨大。一些社会学家则将这种社会状态界定为"社会溃败"，喻作社会肌体的细胞坏死，机能失效。

这样，在以上提及的三种个体私权中，产权的明晰和保障至关重要。由于公有产权没有明晰界定及公权力的大量过位，一些人就可通过手中的公权力进行寻租，这是造成腐败的根本原因。在防贪、反贪方面，采用孙子兵法中的

---

① Stigler, G. J.. The Theory of Economic Regulation [J]. *Bell Journal of Economics and Management Science*, Vol. 2, No. 1, 1971, 1: 3~21; Hellman, J.. Strategies to Combat State Capture and Administrative Corruption in Transition Economies [D]. Conference Economic Reform and Good Governance. Fighting Corruption in Transition Economies. 11~12 April, 2002, Beijing, China.

"不战而屈人之兵"才是上策，有贪官才去反贪至多是中策，说不定是下策，这是由于即使贪官是少数，也破坏了政府的形象，造成了很坏的社会影响。历史经验早已告诉我们此点。反腐的根本出路在于进一步推进市场化的改革和民营化，通过制度合理界定政府治理边界让官员没有机会贪，通过法治让官员不能贪，通过问责和社会监督让官员不敢贪。

因此，在政府、市场和社会这样一个三维框架中，政府作为一种制度安排，有极强的正负外部性，起着最基本的关键性作用。它既可以让市场有效，成为促进经济发展的动力，让社会和谐，实现科学发展，也可以让市场无效，导致社会矛盾重重，成为经济社会和谐发展巨大的阻力，形成坏的社会规范。尽管世界上几乎所有的国家都实行市场经济，但大多数市场经济国家没有实现又好又快的发展。这有许多其他原因，但最根本的原因就是没有合理地界定和理清政府与市场、政府与社会的治理边界，政府的角色出现了过位、缺位或错位。只有政府无所不在的"有形之手"放开了，政府的职能及其治理边界得到了科学合理的界定，合理界定政府、市场和社会之间的治理边界才是可期的。

那么，如何合理界定政府、市场和社会的治理边界？那就是，只要市场能做好的就应该让市场去做，政府不直接参与经济活动（但需要政府维护市场秩序，保证合同及各种法规得到严格执行）；市场不能做的，或者说从国家安全等其他因素考虑，市场不适合做的时候政府才直接参与经济活动。也就是，在考虑和谐社会的构建和经济的和谐发展的时候，在政府职能的转变和管理模式的创新的时候，就应该根据市场、政府和社会各自界定的边界来考虑，比如说，至少在竞争性的行业，政府应该退出，当然即使政府不退出也不可能长久生存下去。只有在市场失灵的时候，政府才发挥作用，单独或者是与市场一起去解决市场失灵的问题。

这样，在现代市场经济条件下，政府最基本的职能、角色和作用可以用两个词来概括，就是"维护"和"服务"，也就是制定基本的规则及保障国家的安定和社会秩序的稳定，以及供给公共产品和服务。这正如哈耶克所指出的那样，政府的基本职能有二：一是必须承担实施法律和抵御外敌的职能，二是必须提供市场无法提供或无法充分提供的服务。与此同时，必须将这两方面的职能和任务明确地区分开来，当政府承担服务性职能的时候，不能把赋予政府实施法律和抵御外敌时的权威性也同样赋予它。[①] 这就要求政府除了承担必要的职能外，还要向市场和社会分权。美国历史上最伟大的总统之一林肯对政府职能的界定概括得非常精辟："政府存在的合法目的，是为人民去做他们所需要做的事，去做人民根本做不到或者以其各自能力不能做好的事；而对于人民自己能够做得很好的事，政府不应当干涉。"[②] 同时，一个好的、包容的和有效的现代市场经济和国家治理模式，还需要一个具备较强的利益协调能力的独立、自治公民社会作为辅助非制度安排，否则一个严重后果就是市场经济活动的各类显性和隐性交易成本都非常大，社会最基本的信任关系难以构筑。

总之，只有合理界定和理清了政府与市场、政府与社会的治理边界，才能建立好的、有效的市场经济制度，实现效率、公平与和谐的科学发展，实现国家治理体系和治理能力现代化，建立长治久安的包容性制度。当然，转型到有效的现代市场制度往往要有一个过程，由于各种约束条件，不能一步到位地理清政府、市场与社会的治理边界，往往需要制定一系列过渡性的制度安排。但是，随着转型的深入，原有的那些过渡性制度安排的效率就会出现衰减，甚至完全退化为无效制度安排或负效制度安排。如果不能适时适度地不断理清政府、市场与社会的治理边界，反而将一些临时性、过渡性的制度安排（例如政府主导经济发展）定型化和终极化，就不可能造就有效市场和构建和谐社会。由于现代经济学的发展，它的分析框架和研究方法，对如何合理地界定和理清政府、市场与社会治理边界，如何进行综合治理等方面的研究，起到了不可替

---

① 弗里德利希·冯·哈耶克著，邓正来等译. 法律、立法与自由第二、三卷［M］. 北京：中国大百科全书出版社，2000，333.
② 林肯. 论政府的片段［M］.// 政治的智慧. 北京：警官教育出版社，1992，56.

代的作用。

（五） 现代经济学与市场经济的综合治理[①]

为了让市场运行良好，建立有效现代市场制度，就需要耦合和整合好政府、市场与社会这三个基本协调机制之间的关系，以此规制和引导个体经济行为，实行综合治理。政府、市场和社会，这三者正好对应的是一个经济体中的治理（Governance）、激励（Incentive）和社会规范（Social Norms）三大基本要素。强制性的公共治理和激励性的市场机制等正式制度安排相互交叠、综合治理、长期积淀，会对规范性的非正式制度安排形成一种导向和形塑，增强社会经济活动的可预见性和确定性，大大节约交易成本。所谓非正式制度安排，其实就是文化。例如，对企业来说，一流的企业做品牌，二流的企业做技术，三流的企业做产品。其中起关键作用的正是企业文化。有没有好的社会规范，有没有好的市场经济，最关键是政府角色的定位问题。

这三种基本制度安排也就是通常所说的"晓之以理，导之以利，动之以情"，从国家治理层面看分别主要由政府、市场和社会来实现和实施。"晓之以理"就是法理、道理激励；"导之以利"就是通过奖惩制度激励，将经济活动和收益挂起钩来，以此形成激励机制；"动之以情"就是情感激励，信仰一致，例如通过关系、友情、感情有时会解决很大的问题，是一种社会文化，特别是信仰和理念一致，将会极大地减少交易成本。

法规治理是强制性的，是基本的制度安排和管理规则。是否制定这样的法则和规制基本标准就看是否容易界定或判断清楚（信息透明和对称与否），了解信息及监督和执法成本是否太大。如果一个法规的监督成本太大，这样的法

[①] 相关讨论亦可参见田国强、陈旭东. 中国如何跨越"中等收入陷阱"——基于制度转型和国家治理的视角 [J]. 学术月刊，2015，5.

规就不具有可行性。产权的保护、合同的实施、适当的监管都需要制定规制，从而需要一个监督执行规则的第三者。这个第三者便是政府。为了维持市场秩序，引入政府是必然的。由于政府也是经济人，既当裁判员又当运动员，影响巨大，这就要求对政府的行为应有明确的程序和规则，并且这些程序和规则的制定应该是宜细不宜粗，越明确越好。对经济人和市场的规制则相反，由于信息不对称，应该是宜粗不宜细，弄得不好，就会过多地干预经济人的选择自由，成本大，代价高。"晓之以理"大棒式的这一制度安排类似于中国古代法家的思想。然而，法家思想最大的问题是只治理经济人而不对政府施加约束。其次，看到了人在争权夺利时的残酷，而忽略了血缘关系对人的情感和行为的影响。如果一味地用法家的高压桎梏，不考虑其他制度安排，往往导致高压和强权，不能形成现代市场经济。

激励机制，例如市场机制，是诱导性的，这是适用范围最大的一块。由于信息不对称且了解信息的成本又比较大，那么具体的运行规则应该是通过用市场等诱导性的激励机制来调动经济人的积极性，实现激励相容，使人们主观为自己和为个人、客观为他人和为社会努力工作。声誉和诚信在市场经济机制下也是一种惩罚激励机制。做生意要靠诚信，并不是说这是企业主本身很愿意讲诚信，而是不得不讲诚信，否则就会受到被市场淘汰的惩罚。此外，诚信能节省经济成本，降低交易成本。"导之以利"这一制度安排类似于中国古代道家的思想。个体都有追求自身的利益和思想境界有限的局限，这是要时刻允分认识到的客观现实，不能什么都不管。口头不"讲"利不难，但实际不"重"利却很难。道家主张"天之道，利而不害"，强调顺其自然、无为而治。然而，道家忽视了无为而治的两个必要条件，也就是基本的制度和政府的作用。

社会规范是一种既不需强制、也不需激励的制度安排，在激励陌生人之间的自愿合作中会起到重要作用。长期坚持按强制性的法规和诱导性的激励机制来解决问题，慢慢就形成了一种既不需要强制、也不需要激励的社会规范、信仰和文化，例如，企业文化、民风、宗教信仰、意识形态、理念追求，这是最节省交易成本的方式。特别当理念一致时，会大大地减少办事的难度，极大地提高工作效率。当理念不一致时，即使采用"大棒式"的强迫命令这一刚性方式，"胡萝卜"式的诱导性激励机制或友情关系，解决了一件事，但遇到新的事情和问题，又需要重新再来，造成很大的实施成本。

尽管如此，"动之以情"这一道德说教的社会规范在当前人们思想境界不高的现实下有很大的局限性，它依靠对人性的改善，缺乏约束力，它的治理边界有限。这一制度安排类似于中国古代儒家的思想。儒家的"德治"思想过分强调了人与人之间的伦理关系而刻意忽视了经济利益关系，它在治理家庭方面比较成功，但是在治理国家的时候就会失之偏颇。在家庭或者小团体内部，仁慈道德可能是主导性的，即便不是主导，至少也是相当重要的。但面对陌生人的时候，这种作用会非常小。仁慈是高度私人化的，随着团体的扩大，其强度是越来越弱的。对那些不得不依靠人们的仁慈以获得他们必需品的人来说，大多数情况下是难以满足的，乞丐和普通人总是有一段差距，人类几乎随时随地都需要同胞的帮助，但是如果仅仅依靠仁慈，那将是徒劳的。所以，如果因为把一个家庭治理得好，就简单地把治理经验推衍到整个经济社会活动，可能会出问题，甚至是灾难性的。特别是在现代市场经济环境下和人们的思想觉悟还有限的情景下，单纯地依靠内在的伦理规范，而外部的法律规章和激励机制付之阙如，市场经济将会滑向坏的市场经济。

总之，三种基本制度安排各有所长，也各有所短，既有各自不同的作用，也有各自的适用范围和局限性，如果独尊一家会带来非常严重的不良后果，需要各就其位及互动互补的联动。其实，古人已经总结得非常深刻和经典：以利相交，利尽则散；以势相交，势败则倾；以权相交，权失则弃；以情相交，情断则伤；唯以心相交，方能成其久远。做到"以心相交"是最佳的了，但要真正做到很难。三者中法规治理（也就是制度）还是最基本和最根本的，它奠定了最基本的制度环境，具有极强的正负外部性，决定了政府定位是否适度，从而决定了激励机制设计的效果和社会规范形成的好坏。此外，无论法规治理的制度安排的制定，还是激励机制的制度安排的制定，其宗旨均不应也基本不能改变人利己的本性，而是要利用人这种无法改变的利己心去引导他客观上做有利于社会的事。制度的设计要顺从人的利己本性，而不是力图改变它。人的利己无所谓好坏善恶之说，关键在于用什么制度引导和向什么方向引导。不同的制度安排将导致人们不同的激励反应和不同的权衡取舍结果，从而可能导致非常不同的结果。这正如邓小平深刻指出的那样："制度好可以使坏人无法任意横行，制度不好可以使好人无法充分做好事，甚至走向反面。"[1] 说得更通俗和接地气一点，就是：制度不好可以让人变成魔鬼，制度好甚至可以让魔鬼变成人。

好的法规治理，不是管制、统制，是更容易导致好的激励机制的产生和好的社会规范的形成，从而说明了制度和国家治理体系的至关重要性和要具有长远性。只着眼几年，乃至三十年、五十年制度方面的建设是远远不够的。中国历朝历代很少有强过二百年（或亡或弱或西东汉、北南宋式的断裂）已经充分说明了长治久安制度关键重要性，因而起码需要着眼于二百年，甚至更长。要知道，这些历朝历代的更迭对中华民族无论是在财产还是人口增长方面都带来了极大的损害，中国需要的是政体稳定、社会和谐、人民富裕的长治久安。此外，也不能忽视文化的重要性。文化是一个具有价值牵引、人文塑造功能，且具有基础性和战略性的关键环节，对于人与人、人与社会、人与自然、人与自我的关系的和谐具有重要作用。由此，中国下一步改革的核心是国家治理体系和治理能力现代化。

因此，"情、理、利"需要综合应用，并且要因人、因事、因地、因时而异，具体情况具体分析解决。采用何种方式的标准是由法规的重要性、信息对

---

[1] 邓小平. 党和国家领导制度的改革（1980年8月18日）[M]. 邓小平文选（第二卷）. 北京：人民出版社，1994, 333.

称的程度、监督和执法等交易成本的多少决定的。总之,这三种制度都有其边界条件,"晓之以理"主要看信息容不容易对称、法律容不容易监督。如果制定出来的法律,其监督和执行成本很大,或者大家都不去执行,这样的法律就没有存在的意义。

综上,市场运行良好需要政府、市场与社会各归其位这样一个国家治理三维结构得以有效地耦合和整合。这样,要界定和理清政府与市场、政府与社会的边界涉及两个层次的问题:第一个层次是边界的界定。我们首先要知道它们之间的合理边界在哪里。市场有效和社会规范的必要条件是需要一个有限而定位恰当的有效政府,这样政府的合理定位至关重要。其原则就是,市场能做的让市场去做,市场不能做或做不好的政府才去做,归纳起来政府的作用就是:维护和服务。第二层次是主次之分。谁是关键?答案是制度。我们一旦知道它们之间的边界后,还需要理清。那么谁去理清呢?政府!政府、市场和社会,这三者正好对应的是一个经济体的治理、激励和社会规范三个基本安排。那么,谁能规范政府的定位呢?法治!这样,法规治理(也就是制度)是最关键、最根本的,它奠定了最基本的制度环境,具有极强的正负外部性,决定了政府定位是否适度,从而决定了激励机制设计的效果和社会规范形成的好坏。那么,政府愿意去限制自己的权力吗?一般来说,当然不会。因此,政府或国家作为一个整体需要对权力进行进一步的划分,行政部门、制定法律的部门和司法部门之间的责权要分开。

因此,最基本的治理制度是决定性的,只有从规范、制约和监督政府权力的制度、法治和公民社会这三个维度的综合治理着手,合理界定好政府与市场、政府与社会治理边界,才能同时解决好效率和社会公平正义的问题,才能从根源上根除腐败和行贿受贿现象,建立起健康的政府、市场、社会、企业及个人关系。这样,它们之间应当是良性互动的关系。实现良性互动,政府方能不断通过法律和法规的制定及执行,强化市场方的效率、效能,实现国家治理体系和治理能力现代化,建立长治久安的包容性制度,真正推动中华民族的伟大复兴。

（六）中国古代关于市场经济的朴素思想

许多人认为，市场经济的理念、商品价格由市场决定的理念，完全是从西方灌输过来的。其实不然，从上古中华文化起，中国就有许多思想家崇尚朴素的自由市场经济和信奉价格由市场决定，包含了许多市场经济的理念，给出了许多激励相容的辩证治国方略，总结得异常深刻。现代经济学的几乎所有重要的基本思想、核心假设及基本结论，例如个体自利性假设、经济自由、看不见的手的无为而治、社会分工、国富与民富及发展与稳定的内在关系、政府与市场的关系，中国古代先哲们差不多都论及了。下面列出一些这方面的例子。

早在三千多年前，姜太公（即姜尚）就认为，"避祸趋利"是人之天生本性，"凡人，恶死而乐生，好德而归利"，从而说出了"天下非一人之天下，乃天下人之天下。同天下之利者则得天下"（《六韬·文韬·文师》）的以民为本的民富国定、民富国强的辩证统一思想和治国的根本规律，给出了政府要以天下之利为利、以天下之害为害、以天下之乐为乐、以天下之生为务的根本治国方略，达到使天下人与之共利害的激励相容的结果。

两千六百多年前，管仲洞察到许多深邃的经济思想，其核心是"自利论"。《管子·禁藏》对个体逐利的社会经济活动给出了形象而深刻的解释："见利莫能勿就，见害莫能勿避。其商人通贾，倍道兼行，夜以续日，千里而不远者，利在前也。渔人之入海，海深万仞，就彼逆流，乘危百里，宿夜不出者，利在水也。故利之所在，虽千仞之山，无所不上；深源之下，无所不入焉。故善者势利之在，而民自美安。不推而往，不引而来，不烦不扰，而民自富。如鸟之覆卵，无形无声，而唯见其成。"这基本是对亚当·斯密"看不见的手"的一个非常形象表述，但早了两千多年。《管子·国蓄》中则给出了需求法则："夫物多则贱，寡则贵"，其他篇章也给出了民富则国定、国安、国治、国富、国强的基本结论："仓廪实，则知礼节，衣食足，则知荣辱"（《管子·牧民》），

"凡治国之道，必先富民。民富则易治也，民穷则难治也。……故治国常富而乱国常贫。是以善为国者，必先富民，然后治之。"（《管子·治国》）此外，综合治理也是管仲管理思想的核心要点。例如，对于诸侯，管仲主张采取"拘之以利，结之以信，示之以武"的综合治理策略，使诸侯"莫之敢背，就其利而信其仁、畏其武"（《国语·齐语》）。不难发现，这里的"拘之以利，结之以信，示之以武"，与我们所提的三个制度安排有着一定的对应关系。

两千四百多年前，孙子的《孙子兵法》"始计篇"虽说谈论的是兵法，但与现代经济学基本分析框架高度吻合，完全可将其放在做事业的情境下。这也是治理好大到一个国家、小到一个企业或单位，做大事，办成事，决策正确和在竞争中能胜出的法则。他同时也给出了信息经济学的基本结论：信息完全情况下，才有可能达到最优（"the best is first best"）；在信息不能对称的时候，至多只能得到次优结果（"the best is second best"），也就是"知彼知己，百战不殆；不知彼而知己，一胜一负；不知彼不知己，每战必殆"（《孙子兵法》）。同时代的老子更是在《道德经》中给出了成大事者应明白的综合治理最高法则："以正治国，以奇用兵，以无事取天下。"（《道德经》第57章）这是治理大到一个国家、小到一个单位的根本之道，通俗地说，就是要：行得正、用得活、管得少，政府要少干预，无为而治。老子将"道"看作无形的自然规律，而"德"则是"道"的具体体现。他认为，治国御人应采用天道、地德、无为的管理理念："人法地，地法天，天法道，道法自然。"（《道德经》第25章）还有，"天下难事，必作于易，天下大事，必作于细"（《道德经》第63章）。也就是，做任何事情，细节决定成败。这些论述都说明了，老子的无为思想并不是人们通常所以为的，要人们无所作为，那是消极的，不是老子的本意，是对老子天大的冤枉。老子谈论的无为是相对的，大的方面要无为，细节方面要有为，要细心。也就是，要大处着眼，小处着手，要有为。

两千三百多年前，秦商鞅就曾以野兔为例阐述了建立私有产权的极端重要性，产权明晰界定可以起到"定分止争"的至关重要的作用，有助于市场秩序的建立。这个结论比科斯关于产权的重要性的结论早了两千三百多年。商鞅在《商君书》中讲道:"一兔走,百人逐之,非以兔为可分以为百,由名之未定也。夫卖兔者满市,而盗不敢取,由名分已定也。故名分未定,尧、舜、禹、汤且皆如鹜焉而逐之;名分已定,贪盗不取。"其大意是,众人之所以追逐野外奔跑的野兔,并非因为可以对野兔分而得之,而是因为无主的野兔给大家提供了积极争取所有权的动力,即便尧、舜、禹、汤在世也会如此。被捕获的野兔在市场上出售,因为其所有权既定,他人就不能随意盗取。

两千一百多年前,《史记·货殖列传》更是写下了石破天惊的"天下熙熙,皆为利来,天下攘攘,皆为利往"的千古名句,这和管仲的自利论的思想一脉相承,并且提出了与斯密非常类似的,建立在自利基础的社会分工实现社会福利的经济思想。司马迁考察了社会经济生活的发展,意识到了社会分工的重要性,他写道:"皆全国人民所喜好,谣俗被服饮食奉生送死之具也",因此就有必要"待农而食之,虞而出之,工而成之,商而通之"。并且,他认为由农、虞、工、商所组成的整个社会经济,应该合乎自然的发展,而不需行政命令来加以约束。司马迁在《史记·货殖列传》中续写道:"此宁有政教发征期会哉?人各任其能,竭其力,以得所欲。故物贱自征贵,贵之征贱,各劝其业,乐其事,若水之趋下,日夜无休时,不召而自来,不求而民出之,岂非道之所符,而自然之验邪?"用现代语言阐释,就是:"这难道还需要政令教导、征发人民如期集会来完成吗?人们各自以自己的才能来行事,竭尽自己的力量,以此来满足自己的欲望。因此,物价低廉,他们就寻求买货的门路,物价昂贵,他们就寻求销售的途径,各自勤勉而致力于他们的本业,乐于从事自己的工作,如同水向低处流,日日夜夜而永无休止,他们不待召唤自己就赶来,物产不须征求而百姓们自己就生产出来。这难道不是合乎规律的而自然就是如此的证明吗?"

孔子肯定了在遵守社会伦理道德规范的前提下追求自身物质利益的正当性。他说:"邦有道,贫且贱焉,耻也;邦无道,富且贵焉,耻也。"(《论语·

泰伯》）就是说，国家政治清明而自己贫贱，这是耻辱；国家政治黑暗而自己富贵，也是耻辱。孔子在此鼓励人们追求正当的物质财富。《论语》中记载了孔子对身为商人的弟子子贡的赞赏。《论语·先进》篇记载："子曰：回也其庶乎，屡空。赐不受命，而货殖焉，亿则屡中。"在此，孔子把其最欣赏的学生颜回和子贡做了比较，前者虽然道德上近乎完善，却常常在生活上陷入贫困，似不可取；而后者不信命运安排去做买卖，预测市场行情每每猜中。

中国古代思想中也不乏至今仍闪烁着智慧光芒的政府治理哲学、对经济自由的重要性论述和几种基本制度安排的排序。司马迁在《史记·货殖列传》中总结得非常精辟："故善者因之，其次利道之，其次教诲之，其次整齐之，最下者与之争。"其喻意就是，最好的办法是顺其自然、无为而治，其次是导之以利，再次是加以道德教化，最后是用规定加以约束，最坏的做法就是与民争利。

这些古代经济学思想异常深邃，但遗憾的是，由于只是些经验总结，没有形成严格的科学体系，没有给出结论成立的范围或边界条件，没有建立严格内在的逻辑分析，因此很少为后人所重视。

二、现代经济学的核心假设与要点[①]

（一）现代经济学的核心假设

任何一门社会科学都需对个体的行为做出假设，将个体的行为作为理论体系的逻辑起点，因此我们在这里做较为详细的解释。如前所述，社会科学和自

[①] 在《经济学的思想与方法》（未刊稿）中，笔者以一个行为假设、两个约束条件、三个制度安排、四个基本原理、五个分析步骤、六个研究技巧，对经济学的基本思想和方法进行了介绍。本部分，笔者将通过新的分类方法对前四个方面的具体内容进行介绍。

然科学最本质的差别就在于，社会科学往往需要研究人的行为，需要对人的行为进行假设，而自然科学不研究人，而是研究自然世界和事物。经济学是一门非常特殊的学科，它不仅要研究和解释经济现象，进行实证分析，同时还要研究人的行为，以便更好地做出预测，并给出价值判断。在谈论人的行为时，一般有三个词语来表达：自爱（Self-love）、自私（Selfish）及自利（Self-interest）。这三者之间既有联系，也有较大差异。自爱意味着自己看重自己、喜爱自己，从而它既有好的一面，让自己洁身自爱，也可能有负的一面，对自己估计过高，有时会导致自我伤害（Self-harm），或形成自我欺骗（Self-deceit）的空思妄想。自爱还可衍生自利甚至自私。自私则是以损他为前提来利己，从而自私使人贪婪，贪婪使人野心勃勃，野心使人虚荣狂妄，虚荣使人忘乎所以，狂妄使人伤天害理。自利则以利他为代价来利己，从而自利让人理性、理智，而自私孕育恶欲。也就是，为自利而利他，为了逐利、获利，人不得不理性利他，经济学主要采用自利性假设。自爱与自利相辅，人有自知之明；自爱与自私粘连，人会道德沦丧。这样，人受自爱主宰，但并非一定是不顾及别人，也可能是自爱和自利的结合。

个体行为的自利（利己）性假设，是经济学中一个最基本、最关键、最核心的假设。这不仅是假设，更是目前社会经济发展阶段中最大的客观现实，是整个现代经济学的基石。这个假设在处理国家、单位、家庭及个人之间关系的时候也是如此，因而是研究和解决政治、社会、经济问题时必须考虑的客观现实或约束条件。例如，在考虑和处理国与国之间关系的时候，作为一个公民，需要维护本国的利益，站在本国的立场上说话和行事，如果泄露国家机密，就可能受惩罚；在处理企业与企业的关系时，作为本企业的员工，必须维护本单位的利益，如果把企业机密泄露给竞争对手，视后果的严重程度也会被判刑。经常看到或听到有人对利己性假设提出质疑，既然人是理性自利的，追求个人利益，那为什么要有家庭？其实，从家庭层面上来分析问题，每个人都是站在本家庭的利益上行事的。也就是在常规情况下，人们关注的是自己的家庭，而不是别人的家庭。在研究个人与个人问题时也是如此。在现实中，不少人对这个假设产生了误区，将它简单狭义地理解为，无论考虑哪个层次上的问题，都是针对个人的假设。

对人类的利己行为进行假设十分必要，因为它符合基本现实，更重要的是，即使这一自利行为假设有误，将无私的人看成是自私自利的人，也不会造成严重后果；相反，如果采用利他性假设，一旦假设有误，将实际上追求自身利益的人视作为大公无私的人，所造成的后果要比前者严重得多。事实上，在利己行为假设下所采用的游戏规则多半同时也适应利他的人，利他行为假设下的制度安排或游戏规则及个人的权衡取舍选择问题要简单得多。但是，一旦利他行为假设有误的话，所造成的后果比利己行为假设有误所造成的后果要严重得多，甚至可能是灾难性的。例如，改革开放前所采用的计划经济体制，强调"一大二公"，否认个人利益。到"文革"结束时，中国经济几乎处在崩溃的边缘。之所以出现这种结果，原因之一就是当时的制度安排基于人是利他无私的假设之上的。其实，对人的行为做出正确判断在日常生活中也是非常重要的。设想一下，在现实中将一个行事自私、狡猾的人看作一个行事简单、一心为公的"老实人"来与之行事处世，甚至提拔重用、赋予重任，将会对社会和他人造成什么样的后果，就会明白这种错误假设的严重性。

现实中，许多经常唱着高调、宣称一心为公但其实是非常自私的人（例如那些贪官），一旦有机可乘，相对于不具有欺骗性的自利人，他们给国家、给他人往往会带来更加灾难性的后果。如果把人基本上都假定为"雷锋式"的一心为公的大好人，来决定制度安排或游戏规则，给出经济政策建议或制定经济政策，多半不会成功。原有的计划经济体制搞不好，国营企业效益低下，很重要的一个原因就是大多数厂长、经理和他们的上级并不是"雷锋式"的人物，他们有着自己的个人利益，他们自利的行为方式往往与这些制度安排激励不相容，即使能做到激励相容，所付出的代价也太大。这样，承认个体的自利性，是解决人类社会问题的一种现实的、负责的态度。这也正是为什么需要党纪国法，以避免机会主义者钻人们都是大公无私假设下的制度空子的原因。相反，如果把利他性当作前提来解决社会经济问题，例如生产的组织问题，像改革开放前那样否认个体的自利性，认为只要强调为国家、为集体就能够调动人们的积极性，其后果可能是灾难性的。其结果就是大家都想钻制度的空子，吃"大锅饭"，憧憬着别人为自己创造美好的共产主义社会。

需要特别指出的是，个体逐利尽管在绝大部分情况下都基本成立，但也有其适用边界。在非常规、异常情况下，例如，天灾人祸、战争、地震、他人遇到危机时，人们往往表现出利他、无私性、抛头颅、洒热血为国战斗，勇于相助处于危机中人，甚至是愿意付出生命。这是另外一种理性，即大公无私的一面。例如，当日本帝国主义侵略中国、中华民族面临亡国威胁的时候，人们起来抗击日本侵略，抛头颅、洒热血，为民族利益不惜献身。2008年发生汶川大地震时，全国人民出钱出力帮助灾区人民。而在安定正常的和平环境下从事经济活动时，个体往往追求自身的利益。这些都说明，利己或大公，都是在不同情境、不同环境下的自然反应，完全不矛盾。

由此，可以看出利己性和利他性都是相对的。其实，动物也有这种二重性。例如，野山羊被猎人追到悬崖边，老山羊自愿献身先跳，让年轻或小的山羊后跳，踏着它们的身子逃生。亚当·斯密不仅写了奠基性的《国富论》，也写了《道德情操论》，论述人们应具有同情心和正义感。这两部著作，形成了斯密学术思想体系两个互为补充的有机组成部分。的确如此，在人的自爱和自利这样的客观现实下，道德应该是通过社会分工与合作所达到的一种平衡，是一种均衡判定，约定俗成。在恰当制度牵引下，让人们自愿分工、自愿合作，从而可导致社会是和谐、文明、安定有序的。把自利和道德对立起来是违反人性的，或者说把自利和自私等同起来是片面的、错误的。相反，通过对道德和自利的有机结合，可以促进社会文明与个人尊严。现代市场的最大好处就在于它能够运用自利的力量来抵消仁慈的弱点，这使得那些默默无闻的人也能得到满足。所以，我们不应忽视仁慈和道德在市场制度形成中的作用。社会的进步不能维系于那些总是想损害或伤害他人的人。

总之,自利的人可以是仁慈、利他和道德的。"自利"并不等于"损人"。自利与利他是有限度和边界条件的,而损人利己的自私心理是万恶之源,贪得无厌。理性的自利行为把遵守社会规范作为必要的约束条件。我们赞成通过思想、伦理教育使个体在追求个人利益时不违反公共秩序,赞成维护建立在个人理性基础上的公众利益。但是,我们不赞成把政策建立在无视个人利益的经济理想主义之上,不赞成以维护集体利益为名侵犯合理的个人利益。总之,我们要把在法律法规约束下的自利行为与违反法律法规的损害他人的自私自利行为区分开来,保护前者,反对后者。

即使同样是利己性,程度也不同。理想状态,利己性当然越少越好,但完全不存在也是不可能的。可以说,利己性是经济学的逻辑起点,如果人都是非自利的,总是为他人着想,也就根本不需要涉及人类行为的经济学了,工业工程学或投入产出分析也许就够了。中国之所以进行改革开放,从计划经济体制转向市场经济体制,从根本上就是考虑到个体自利性这一客观现实,在参与经济活动时往往考虑个人利益。事实上,短短三十多年,中国的改革就取得了举世无双的巨大成就,这与承认个人利益这一客观现实,从而实行市场经济制度是分不开的。

(二) 现代经济学的关键要点

经济学家在讨论经济问题时通常基于一些关键性的限制约束条件、基本原理或原则。包括:(1)资源的稀缺性;(2)信息不对称与分散决策:个体偏好与分散决策;(3)经济自由:自愿合作和自愿交换;(4)在约束条件下做决策;(5)激励相容:体制或经济制度需要解决个体或经济组织间的利益冲突问题;(6)产权清晰界定;(7)机会公平;(8)资源有效配置。放松上述的任何一条都将导致不同结论。注意和运用好这些要点和原理及原则,对人们处理日常事务也非常有帮助。这些要点说起来简单,但真正能融会贯通,进而得心应手地应用到现实中，却不太容易。下面对这些关键性假设、条件、要点或原理分别给予说明。

1. 资源稀缺性和有限性

之所以有经济学这门学问，从根源上来说就是世界上的资源是有限的（至少地球的质量是有限的）。只要有一个人是自利的，并且他的物欲是无穷的（他所拥有的物品越多越好），就不可能实现按需分配，就需要解决如何用有限的资源满足需要的问题，也就需要经济学。

2. 不完全信息与分散决策

经济问题之所以难以解决，除了个体的自利性这一最基本的客观现实外，另外一个最大的客观现实就是，在绝大多数情形下，经济人之间的信息往往是不对称性的，从而弄不好就抵消了所采用的制度安排的作用。例如，一个人说了一番话，说得非常好听，冠冕堂皇，也不知道说的是真话还是假话；即使两眼盯着看，好像在聚精会神地听讲，但也不知道是否真正听进去了。"口是心非""人心隔肚皮""人心叵测""人是最难对付"等就是说的这个现象和道理。之所以出现这些情形，其根本原因，是信息不完全、不对称。由于信息不对称，再加上个体的自利性，往往容易产生经济人之间的利益冲突。如果没有恰当的治理制度来调和，为了获得各种有限的资源，就造成了当今社会说话做事"假、大、空"的现象，甚至成为一种常态。这种现象，可用一个字来概括和刻画，就是"装"。这也是为什么在现代社会，由于人心叵测、欺诈事情太多，许多人不愿意和人打交道，更愿意跟动物打交道和养宠物，认为动物不会欺骗或伤害他们。这是使得社会科学，特别是经济学，比自然科学要复杂得多和难研究得多的主要原因。由于信息不对称，集中化决策方法往往无效，需要采用分散决策，例如采用市场机制的方式来解决经济问题。

只有完全掌握和了解信息后，才能将事情做得更好，其结果才可能是最优，即信息经济学中所讲到的，信息完全情况下，才有可能达到最优。不过，信息往往很难对称，由此需要通过激励机制的方法来诱导真实信息，但获得信息需要代价，这样至多只能得到次优结果，这是委托代理理论、最优契约理论和最优机制设计理论所得到的基本结果。由于在很多情况下信息是不对称的，所以市场会失灵，会出现委托—代理问题，但不管采取哪种方法，都是次优，根本原因在于信息不对称。如果没有合理的制度安排，人们会出现激励扭曲，要诱导信息，必须要付出成本和代价，所以不能得到最优。信息对称特别重要，许多误会或误解都是信息不对称的结果。通过与人沟通，让别人了解你（Signaling），你了解别人（Screening），做到信息对称，消除误解或误会，尽可能达成理念一致，这是做好一件事情的基本前提。

政府过多干预经济活动，作用过位，由此导致低效率，其根本原因就是信息不对称，政府在收集信息、鉴别信息等方面存在着很大问题。如果决策者能够掌握全部有关信息的话，直接控制的集中化决策就不会有问题，那就只是一个简单的最优决策问题了。正是由于信息不可能完全被掌握，人们才希望分散化决策。这也是为什么经济学家强调用激励机制这种间接控制的分散化决策方法来促使（激发）人们做决策者想做的事，或实现决策者想达到的目标。

需要指出的是，集中化决策在某些方面也有其优点。在做重大改变的决策时，例如，一个国家、单位或企业在制定愿景、方向和战略或做重大决定时，集中化决策比分散化决策来得有效。不过这种重大改变可能带来很大成功，也可能带来重大失误。例如，改革开放的决策，使得中国经济得到高速发展，取得了前所未有的巨大成就，而"文化大革命"的决策，使中国经济几乎走向了崩溃的边缘。解决此问题的一个办法就是充分尊重民意，选出优秀的领导人。

3. 自由选择与自愿交换

由于经济人追求自身利益，再加上信息不对称，晓之以理的"大棒"式制度安排，往往不是有效制度安排，就需要给人们更多的经济上的选择自由，这也是前面提到的个体三种私权（生存权、追求个人幸福的自由选择权及私有产权）中最重要的一种权利。从而，应该通过建立在自愿合作和交换基础上的经济自由选择方式，用市场等诱导性的激励机制来调动经济人的积极性。因而，经济上的选择自由（即"松绑"）在分散化决策（即"放权"）的市场机制中起着至关重要的作用，是市场机制正常运行的先决条件，也是保证竞争市场经济机制导致资源最优配置的一个最基本的前提条件。

事实上，现代经济学中的经济核定理（Economic Core Theory）深刻揭示了：只要给人们充分自由选择，并且容许或能够自由竞争、自愿合作和交换，即使不事先考虑任何制度安排，在个体自利行为驱动下，所导致的资源配置结果与完全竞争市场的均衡结果一致。经济核定理的核心思想可以概括为：在理性假设下，即在思想水平不高的假设下，只要给人们两样东西——自由和竞争，而不考虑任何制度安排，所导致的经济核就是市场竞争均衡。

中国过去三十多年的改革开放从实践上证明了这一定理。分析中国经济之所以取得举世瞩目成就的成功经验，千重要、万重要，给老百姓更多经济上的选择自由最重要。从早期的农村改革到后来的城市改革实践都已表明，哪里的政策一松动，哪里的自由度更大一些，哪里给生产者和消费者更多的选择自由，哪里的经济效率就更高。中国经济增长奇迹的创造恰恰是源于政府向市场的放权，而现实中市场不健全，则是源于政府过多的干预及政府监管、制度供给的不到位。

4. 约束条件与可行选择

在约束条件下做事是经济学中一个最基本的原理，"人在屋檐下，不得不低头"说的也就是这个道理。做每一件事情都有其客观约束条件，即所有的个体都在既定约束条件下进行权衡取舍的选择，这是经济学的一个最基本原理。人们的选择是由客观约束条件和主观偏好所决定的。约束条件，包括物质约束、信息约束、激励约束，使得经济人达到主观的既定目标变得困难。在经济学中，约束条件基本思想的一个体现就是消费者理论中的预算约束线，个人的预算由商品的价格及其自身的收入所限。对企业而言，约束条件包括可以利用的技术和用于生产的投入品价格，利润最大化的目标要求管理者对产品定出最优价格、决定生产多少数量、采用什么技术、每种投入品使用多少、对竞争对手的决策如何反应等。任何一个人乃至一个国家的发展都是面临着各种限制和约束条件,包括政治、社会、文化、环境、资源等等,如果不把约束条件弄清楚,事情很难做成。

引进一个改革措施或制度安排必须考虑到可行性、可实施性,满足客观约束条件,同时也希望实施风险控制到尽可能小,不致引起社会政治和经济的大动荡。可行性也就是做好事情必须要考虑所面临的各种约束条件,否则就没有可实施性。所以,可行性是判断一个改革措施或制度安排是否有利于经济发展和经济体制平稳转型的一个必要条件。在一国经济转型中,一个制度安排之所以具有可行性,是因为它符合了该国特定发展阶段的制度环境。具体到中国,就是改革必须适应中国的国情,要充分考虑到所面临的各种约束条件,包括人们的思想境界有限、参与性约束条件等。

在考虑激励机制设计时,参与性约束条件是一个非常重要的约束条件,它意味着经济人如果不能在经济活动中获利或至少不受损,那么其就不会参加,或反对所实施的规则或政策。追求自身利益最大化的个体不会自动接受某一制度安排,而是会在接受与不接受之间做出选择,只有当一个制度安排下个体的收益不小于其保留收益(不接受该制度)时,个体才愿意进行工作、生产、交易、分配和消费。如果一个改革或制度安排不满足参与约束条件,个人可能放弃、大家都不愿接受这个改革措施或制度安排,就不可能成功推行。强制改革反而导致反对,造成社会的不稳定,也就谈不上发展。这样,参与约束条件和社会稳定密切相关,是发展中是否稳定的一个基本判断。

5. 激励与激励相容

激励是经济学中的最核心概念之一。个体都有其自身利益,想从所要做的事中获得利益,同时也必须付出代价或成本。通过对好处和代价的比较,个体可能愿意(有激励)做或做好这个事或者不愿意做或不愿意做好这个事,由此,个体会对游戏规则做出合理的激励反应。这样往往就会造成个体间或个体与社会间的利益不一致,发生利益冲突。其原因是,个体在给定制度安排或游戏规则下会根据自身利益做出最优选择,但是该选择不会自动满足他人及社会的利益或目标,而信息的不完全性使得社会最优很难通过指令方式来执行。一个好的制度安排或规则是能够引导自利的个体主观为自己、客观为别人,争取做到使人们的社会经济行为于国、于民、于己、于公、于私都有利,这是现代经济学的核心内容。

一个人做的每一件事都涉及利益与代价(收益与成本),激励问题在日常工作及生活中无处不在。只要利益和代价不相等,就会有不同的激励反应。企业为了追求利润,有激励最有效地使用资源,以及如何构造激励引导员工最大程度地努力工作。在企业外部,利润的变化为资源的持有者提供了改变他们对资源使用方式的激励;在企业内部,激励则影响如何使用资源和员工多大程度地努力工作。为了使管理有效,你必须清楚地掌握像在企业这样的组织内部激励所起到的作用,以及如何构造激励引导你所管理的人员最大程度地努力工作。

既然个人、社会和经济组织的利益不可能完全一致,怎样将自利、互利和社会利益有机地结合起来呢?那就需要激励相容,要求所采用的改革措施或制度安排能极大地调动人们的生产和工作的积极性。因而,要实施自己或社会的某个目标,就需要给出恰当的游戏规则,使得当事人在追求自身利益的同时,能达到所要实施的目标,这就是所谓的激励相容。也就是使个人的自利和人们之间的互利统一起来,使得每个人在追求其个人利益的同时也达到社会或他人所要达到的目标。

6. 产权明晰与产权激励

产权(Propertyrights)是市场经济中的一个重要范畴,包括财产的拥有权、使用权及决策权。产权明确界定,因而利润归属明确界定,有激励让产权所有者以最有效的方式进行消费和生产,有激励提供优质的产品和良好的服务,有激励去建立名声和信誉,有激励尽力维护和保养自己的商品、房舍、设备。如果产权界定不清,则会伤害企业的积极性,产生激励扭曲和道德风险。

在市场机制中，激励主要是通过拥有财产和获得利润的方式给予人们的。科斯定理是产权理论的一个基准定理，它论断，当交易成本为零和没有收入效应，只要产权明晰界定，通过自愿协调和合作就可以导致资源的有效配置。

7. 结果平等与机会公平

"结果平等"是一个理想的社会想要达到的目标。但这种"结果平等"对具有自利行为的人类社会来说，往往带来的是低效率。那么，在什么意义下公平能与经济效率一致呢？答案是，如果人们用"机会公平"这一价值判断标准时，公平与效率是可以一致的。"机会公平"意味着不能有任何障碍阻止每个人运用自己的能力追求自己的目标，并且对所有个人都有一个尽可能公平竞争的起点。"公正定理"（Outcome Fairness Theory）告诉我们：只要每个人的初始禀赋的价值相等，通过竞争市场的运作，即使个体追求自身利益，也可以导致既有效率也是公平的资源配置结果。与"机会公平"相似的一个公平概念是"个人平等"（也就是所谓"上帝面前人人平等"），它意味着，尽管人们生下来时不尽相同，有不同价值观、不同性别、不同身体条件、不同文化背景、不同的能力、不同的生活方式，但"个人平等"要求大家尊重个体的这种差异。

由于各人的爱好不一样，把牛奶和面包平等地分给每一个人虽然看起来公平，但不见得大家都满意。因此，除了用平等配置这个绝对平均主义的概念来定义公平外，在经济问题的讨论中，还用到其他意义下的公平概念。"公平配置"（Equitable Allocation）就既考虑到客观因素，也考虑到主观因素，它意味着所有的个人都满意自己所得的一份。

8. 资源有效配置的准则

一个社会的资源是否得到有效配置是评价一个经济制度优劣的基本标准。在经济学中，资源配置有效通常指的是帕累托有效或最优，它意味着在给定现有资源的条件下，不存在另外的资源配置方案使得至少某人得利而又不损害他人的利益。这样，不仅指要有效地消费和生产，也要使得生产出来的产品能最好地满足消费者的需要。

这样，在谈到经济效率时，要区分三种效率：企业经济效率、行业经济效率及社会资源配置效率。企业生产是有效的，是指给定生产投入使产出最大，并且反过来，给定产出，使投入最小。行业是所有生产某种商品的企业的总和，它的有效性可类似地定义。注意，每个企业有效并不意味着整个行业生产的有效性。因为如果把那些技术落后的企业的生产资料用到技术先进的企业，会导致全行业更多的产出。同时，即使整个行业的生产是有效的，对社会资源配置也可能不是（帕累托）有效。

帕累托资源有效配置这个概念对任何经济制度都是适用的。它只是从社会效益的角度对一个经济制度给出了一个基本的价值判断标准，从可行性的角度来评价经济效果。这无论对计划经济、市场经济，还是混合经济都适用。第一福利经济学定理证明了，在个体追求自身利益时，完全竞争的市场导致了资源有效配置。

三、如何正确看待和理解现代经济学

正确、准确看待和深刻理解、领悟现代经济学，能帮助人们很好地运用经济学的基本原理和分析方法来研究不同经济情景、不同经济人行为及不同制度安排下的各类经济问题。现代经济学中的不同学派、不同理论本身就说明了现代经济学的分析框架和研究方法的针对性、普适性和一般性。当经济环境不同，当然就需要采用不同的假设和不同的具体模型设定，只有这样，所建构出来的理论才可用来解释不同的经济现象和个体的经济行为，更重要的是，能根据在接近理论假设的各类经济环境下，进行内在逻辑分析，给出合乎内在逻辑的结论或进行科学的预测与推断。但由于经济环境的错综复杂，为了语义和逻辑清楚，现代经济学又用到了各种严谨的数学工具来建构经济模型，从而建构经济理论，一般较难掌握，由此对现代经济学往往容易产生误区，除了前面谈到的许多人对基准经济理论的误区外,还包括下面如何看待现代经济学的几个方面的误区。

(一) 如何看待现代经济学的科学性

对现代经济学认识的一个主要误区是认为经济学不是一门科学,因为其看起来像有许多相冲突或矛盾的理论。不时有人批评现代经济学存在着太多不同的经济理论,觉得经济学流派观点各异,不知道孰对孰错。其实是这些人没有弄清楚,正是由于客观现实错综复杂,各个国家和地区有不同的经济、政治、社会、文化环境,人们的想法和偏好各式各样,再加上追求的经济目标也可能不同,所以才需要有针对性地发展出不同的经济理论模型和经济制度安排。

不同的经济、社会、政治环境应该建构出不同的经济理论或经济模型,这让人比较好理解,但让许多人感到非常费解的是:为什么同样的经济环境要建构出不同的经济理论?于是,就有讽刺经济学的通常说法,100个经济学家会有101个不同的观点和说法,从而否认现代经济学及其科学性。其实,是这些人自己没有意识到,就像地球只有一个,但由于不同用途或目的,我们需要交通地图、旅游地图、军事地图等不同的地图一样,尽管只有一个给定的经济环境,但目标不同,我们需要建构不同的经济理论,提供不同的经济制度安排。

经济学家之所以面对一个问题会有不同的观点,恰恰说明现代经济学的严谨和完善,因为前提变了,目标变了,环境变了,针对的人群变了,国情不同,解决的角度不同,或采用的评断标准不同,由此结论自然就要相应地发生变化。即便如此,不同的人有不同的主观价值判断,从而很少有人人都满意而又可行的放之四海而皆准的一般性的"好"结论,否则就不需要因时、因地制宜,具体情况具体分析,随机应变了。这点和用兵打仗、用药治病的哲学思想相通,和良将用兵、良医治病的道理一样。在考虑和解决经济问题时,需要因时、因地、因人、因事而异,具体情况具体对策。不同之处,正如前面所提到的那样,经济学有巨大的外部性,庸医用药不对,治死的只是个别人,而经济政策的药方用错，影响到的却是一大群人，甚至是一个国家。

尽管我们有不同的经济理论或经济模型，但决不是不同的"经济学"。那么，世界上千千万万的楼房，即使由同一个人设计出来，也都不尽相同，难道需要不同的建筑学吗？当然不是，修建楼房所采用的基本原理和方法基本一样。对研究经济问题而言，也是同样的道理。无论是中国的还是国外的经济问题，都采用基本相同的分析框架与研究方法，但由于中国的经济、政治、社会环境和其他国家有差异，所以只有中国问题、中国路径、中国特色，只有关于中国经济的经济学，但不存在着所谓的"中国的经济学"和"西方的经济学"的不同。

现代经济学的基本分析框架和研究方法，就像数学、物理学、化学、工程学等自然科学及其分析框架和研究方法，是无地域和国家界限的，并不存在独立于他国的经济分析框架和研究方法，现代经济学的基本原理、研究方法和分析框架可以用来研究任何经济环境和经济制度安排下的各种经济问题，研究特定地区在特定时间内的经济行为和现象。几乎所有的经济现象和问题都可以通过基本分析框架和研究方法来进行研究和比较，从而中国现实经济环境下的各种经济问题也可通过现代经济学的分析框架来研究。事实上，这正是现代经济学分析框架的威力和魅力所在：它的精髓及其核心思想是要人们在做研究时必须考虑到，并界定清楚某时某地具体的经济、政治和社会环境条件。现代经济学不仅可以用来研究不同国家和地区、不同风俗和文化的人类行为下的经济问题和现象，它的基本分析框架和研究方法甚至也可用于研究其他社会现象和人类行为决策。事实证明：由于现代经济学分析框架和研究方法的一般性和规范性，在过去几十年中，现代经济学的许多分析方法和理论已被延伸到政治学、社会学、人文学科等学科。

（二）如何正确看待现代经济学理论

经济学中每一个理论或模型都是由一组关于经济环境、行为方式、制度安排的前提假设及由此导出的结论所组成的。由于现实经济环境的复杂性，且个体偏好的多样性，因而一个理论的前提假设越一般化，理论指导意义就越大，发挥的作用也就越大。如果一个理论的前提假设条件太强，它就没有一般性，这样的理论也就没有什么大的现实作用。特别是经济学要为社会和政府提供咨询服务，因此理论要有一定宽度。这样，一个好的经济理论的必要条件是要具有一般性，越具有普遍性、一般性，解释能力就会越强，就越有用。研究竞争市场的一般均衡理论就具有这样的特点，它在非常一般的偏好关系及生产技术条件下，证明了竞争市场均衡存在并且导致了资源的最优配置。

尽管如此，社会科学特别是现代经济学理论，像数学里面的所有定理一样，都有其边界条件。在讨论问题和运用某些经济学原理时，要注意到一个理论的前提假设条件和它的适用范围，任何一个经济理论的结论都不是绝对的，只是基于前提假设而相对成立。讨论问题时是否认识到此点是辨别一个经济学家是否训练有素的基本方法。由于经济问题和日常生活密切相关，即使一般老百姓对经济问题也能谈出一些看法，例如通货膨胀、经济是否景气、供需是否平衡、失业、股票、房产市场等，由此很多人说经济学不是科学。那些不考虑约束条件、不以准确数据为依据和不用严谨理论进行内在逻辑分析的"经济学"，当然不是科学，这种人也不是真正的经济学家。而一个训练有素的经济学家在讨论问题时，会以某些经济理论作为背后支撑来讨论问题，会意识到经济变量间关系的成立有其边界条件，由此得出的结论亦有其内在逻辑。充分理解经济理论的边界条件非常重要，否则，就分不清楚理论和现实的差别在什么地方，就会出现两种极端看法：或不顾客观现实约束条件，将理论简单地泛用到现实中去，或笼统地一概否认现代经济学理论的价值。

第一种极端看法就是高估理论的作用，泛用一个理论。例如，不顾中国的客观现实约束条件，盲目地应用或直接套用现有现代经济学理论解决中国问题，照搬模型来研究中国问题，以为把数学模型加进去就是好文章、好理论。不充分考虑中国实际情况与经济制度环境不同所产生的不同约束条件和边界条件，将一个经济理论或模型泛用到中国现实当中去，如此简单套用而得出的结论和建议，一旦被采纳，往往会出大问题。实际上，一个理论和行为假设无论多么一般化，都有其适用范围、边界及局限性，不能泛用，特别是基于理想状态，离现实较远，主要是为了建立参照系、基准点及努力目标和方向而发展出来的那些理论更应是如此，不能直接套用，否则就会得出错误的结论。如果没有社会责任感或本身没有受过良好的经济学训练，过高估计理论的作用，无限扩大和盲目运用经济理论，简单地将书本上的一些理论套用到现实经济中去，不考虑其前提条件而误用，后果不堪设想，弄不好会严重影响社会经济发展，造成严重的后果和巨大的社会负外部性。例如，第一福利经济学定理所论断的竞争市场导致了资源有效配置这一结论是基于一系列先决条件的，泛用就会导致重大的政策失误和危害到现实经济。

第二种极端看法是全盘否定现代经济学的作用，低估甚至是否认现代经济学理论的指导意义，包括行为假设、分析框架、基本原理和研究方法，认为现代经济学及其分析框架和研究方法是国外的东西，不合乎中国的国情，中国的问题需要创新一套中国的分析框架和中国的经济学来解决。事实上，世界上没有一门学科的所有假设或原理完全地合乎现实（例如没有空气阻力的自由落体、没有摩擦的流体运动等物理概念）。我们不应根据此点来否定一门学科的科学性和有用性。对现代经济学也是如此。我们学习现代经济学，不仅仅是了解它的基本原理、它的有用性，更重要的是学习它思考问题、提出问题和解决问题的方法。有些经济理论本身的价值并非直接解释现实，而是为解释现实发展更新的理论提供研究平台和参照系。借鉴这些方法，人们可以对如何解决现实中的问题得到启发。此外，如上所述，由于环境的不同，一个理论对一个国家或地区适合，不见得对另外一个国家或地区适合，不能机械地生搬硬套，而需要修改或创新原有理论，根据当地的经济环境和人们的行为方式发展新的理论。

经常听到有人宣称他们推翻了某个理论或经济结论。由于理论中的某些条件不符合现实,他们就认为这个理论错了,然后认为他们将这个理论推翻了。一般说来,这种说法不科学,甚至是错误的。没有任何一个假设条件完全地符合现实或覆盖了所有的情况,一个理论可能符合一个地方的经济环境,但不符合另外一个国家或区域的经济环境。但是,只要没有内在的逻辑错误,我们就不能说这个理论是错的而需要推翻,而只能说这一理论在这个地方或者在这个时期不能运用。

经济学在中国的创新,不是靠推倒重来、全盘否定,而是应该建基于经济学理论基石之上的边际创新或组合创新,技术和应用创新往往就是在基础研究的基石上对现有技术的重新组合和推广,如同不同的中药组合形成新的药方一样。有生命力的经济学理论一定和自然科学一样,是基于前人的理论成果基础上经过比较、拓展而发展起来的。人们当然可以批评一个理论的局限性或非现实性,但需要做的是放宽或修改理论的前提假设条件,修改模型,从而改进或推广原有的理论;而不能说新的理论推翻了原有理论。其实更恰当的说法应当是,新的理论改进或推广了旧的理论,它可以运用到更一般的经济环境或不同的经济环境。此外,还有一个容易犯的错误就是通过一些具体的实例就企图得出一个普遍性理论结论,这是犯了方法论上的错误。

(三) 如何看待经济学的实验科学性

许多人批评经济学不是一门实验科学,从而否定经济学的科学性。这种观点是一个误区。首先,随着实验经济学近些年的迅速发展,经济学越来越成为一门实验科学学科,实验经济学通过实验的手段来检验人的行为,检验人的行为假设是否理性,从而实验经济学成为检验经济理论是否合乎客观现实的重要手段,理论家也从实验中获取了重要信息从而推动了理论向前发展(Al Roth 的网页上有众多经济学家关于如何认识经济学实验的讨论),而且经济学实验已经从实验室走向了社会(见 John List 的有关讨论)。

的确如此,从实证的角度出发,在经济活动的实践中,特别是针对体制转轨的需求，经济实验对政策和制度的验证具有不可替代的优势。经过早期学者的不断探索，以及2002年诺贝尔经济学奖得主弗农·史密斯（Vernon Smith）对经济实验的方法和工具所进行的系统性归纳，当代的实验经济学作为重要的实证手段在市场机制设计过程中日益受到关注。当外部环境迅速变化、新技术大量涌现时，改革一方面成为必然的选择，但另一方面人们又不得不谨慎考虑各种政策建议和新提案的战略风险和社会成本。因此，能否寻找出一种办法，针对新的体制提案可能出现的问题事前进行相对完整、周密的考察，自然就成了体制改革进程中的难点和关键。中国在改革开放中采用了"特区政策""试点先行""典型引路"等各种措施。经济实验与这些措施在力求降低改革的风险和成本这一指导思想上是完全一致的。但经济实验与"摸着石头过河"、通过原型试点积累经验的各种做法在方法论上又有着重大的区别：首先，经济实验所回答的研究问题更单一，每个经济实验只考察一种政策的效果、一种机制的特征。其次，经济实验所采用的技术工具更规范。在现实生活的经济实践中有多种因素发挥作用的情形下，经济实验方法要求而且能够将与研究人员的问题无关的因素控制起来，集中考察某一特定因素对具体的经济现象的作用。最后，经济实验的成本更低廉。

此外，由新加坡国立大学教授及上海财经大学特聘教授周恕弘博士领衔的行为和生物经济学研究团队，正在和复旦大学生命科学院及上海财经大学实验经济学研究团队合作，研究人的基因与其经济行为之间的关系。这样的研究非常有意义，一旦弄清楚了它们之间的关系，就会为经济学成为一门像自然科学一样的科学学科奠定基础。

不过，我们当然也必须承认，也有不少经济理论，例如综合考虑的一般均衡理论，不能或很难拿社会做实验，弄不好会造成政策失误，导致巨大的经济社会风险，这是与自然科学一个重大不同之处，自然科学能够对自然现象进行实验研究，拿物体做实验，通过实验室可以检验和发展理论。自然科学大致只有天文学不能做实验，但天文学不涉及个体的行为，一涉及个体的行为，问题就显得更为复杂。此外，自然科学理论的应用可以做到非常精确，例如盖楼、修桥、造导弹和核武器，可以精确到任意程度，其参数都是可控的，变量之间的关系是可做实验的。但经济学中影响经济现象的许多因素都是不可控的。

经济学家经常被批评经济预测不准确。这可用两种原因来解释：一种原因是主观方面的，即有些经济学家本身的水平问题，其没有经过系统和严格的现代经济学理论训练，在讨论和解决经济问题时，弄不清问题的主要成因，做不出内在逻辑分析和推断，从而开错治理经济问题的药方（如果这样的药方存在的话）；另一种原因是客观方面的，即使受过很好的经济学训练，具有经济学的直觉和洞察力，但影响经济结果的一些经济因素发生了不可控的突变，使其预测变得不确切。一个经济问题除了牵涉到人的行为，使得问题变得复杂之外，还有许多不可控的因素。尽管一个经济学家非常高明，但许多影响经济结果的因素是无法控制的，一旦发生变化就会使预测出现偏差。就像一个国家的领导人，尽管很有威望，能管好本国的事情，但无法控制他国的事情一样。从而，即使一个好的经济学家有准确的判断能力，但一旦经济环境、政治环境、社会环境发生突变，就有可能使得经济预测变得很不准确。那么，经济学一般不能做实验，靠什么来判断经济形势走向或做出比较准确的预测呢？靠的是经济学的内在逻辑分析。

如何才能弥补经济理论不能或很难拿社会做实验的问题呢？其答案是，内在逻辑分析，并由此得出内在逻辑结论和推断，然后通过历史的大视野和长视角的比较和数据实证的检验。这样，在做经济分析或给出政策建议时，首先要有内在逻辑的理论分析，给出适用的边界条件和范畴。同时，也需要运用统计和计量经济学或实验经济学等工具手段进行实证分析或检验，再加以历史的大视野、大视角来进行纵横向比较的分析。所以，在做经济分析或给出政策建议时，既要有内在逻辑的理论分析，也要有大视野的历史比较分析，及有数据统计的实证计量分析，三者缺一不可。这样的三位一体的研究方法，在很大的程度上弥补了许多经济理论不能或很难拿社会做实验的问题。

所谓经济学的内在逻辑分析方法,就是首先对想要解决问题的有关情景(经济环境、形势和现状)作充分了解和刻画,弄清问题所在和成因,然后有针对性地正确运用恰当的经济理论,得出科学的内在逻辑结论,并据此做出科学、准确的预测和正确的推断。只要现状符合经济理论模型所预设的因(经济环境、行为假设),就能根据经济理论得出具有内在逻辑结论的果,从而对所处的不同情景(因时、因地、因人、因事会不同),给出解决之道(给出某种制度安排加以解决)。经济学的内在逻辑分析方法,可以对给定的现实经济社会环境、经济人行为方式及经济制度安排下所可能导致的结果,根据经济理论,做出符合内在逻辑的科学推断,并指导解决现实经济问题。换言之,只要弄清楚了问题和成因,有针对性地正确运用经济理论(相当于药方),就可对症下药,综合治理,就能得出内在逻辑结论,从而做出准确的预测和正确的推断。否则,则可能会造成严重的后果。

综上所述,在许多情况下检验一个经济理论的结果不能拿社会做实验,也不能单靠数据说话,实践是检验真理的唯一标准,但不是预测真理的标准,因此经济理论是否科学靠的就是是否有内在逻辑分析。就像医生给病人看病(或修汽车)一样,最难的是找出病因(或故障),医生医术高低的主要区别就在于能不能准确地找到病因,一旦把病因找到,并且存在着治疗的药方,那么开药方就相对简单多了,除非他是一个十足的庸医。解决经济问题,药方就是经济学理论。只要将经济环境的特征诊断明白,情况调查清楚,人的行为定位准确,做起事来就会事半功倍。

三、余 论

现代经济学在中国的发展和创新正进入一个新的历史阶段,然而万变不离其宗，对于其本质的更好掌握至关重要。以上本文从基本分类、主要作用、核心假设、关键要点及其视野下的市场制度等方面对现代经济学的本质做了介绍，也对一些常见的误区进行了厘清。这些也凝结了过去30年笔者学习、研究、教学和应用现代经济学的基本心得。当然，从完整性的角度出发，要理解和正确应用现代经济学，还必须了解现代经济学的基本分析框架和研究方法。一个规范经济理论的分析框架由五个基本部分组成：（1）界定经济环境；（2）设定行为假设；（3）给出制度安排；（4）选择均衡结果；（5）进行评估比较。基本的研究方法包括提供研究平台、建立参照系、给出度量标尺及提供分析工具[①]。这种规范性的分析框架和研究方法使得现代经济学在过去70年来发展迅速。总之，正确理解、学好和掌握现代经济学，不仅对现代经济学的理论创新非常重要，对实际应用更重要，一旦用错，制定出错误的经济政策和制度，影响和危及的不仅是个体，甚至是整个国家层面的经济发展。准确、正确地理解现代经济学的本质和方法，可以为更好地运用经济理论研究中国经济问题，进而乃至为发展适应研究中国经济问题的经济理论，打下坚实的理论和方法论基础。此外，除了要学好经济学，在提出政策建议时，还特别不能屁股决定脑袋，以致过多考虑自身利益，还要具有社会良心和责任感。

（2016年7月）

---

① 田国强. 现代经济学的基本分析框架和研究方法 [J]. 经济研究，2005，2.

117

"双一流"建设与经济学发展的中国贡献[*]

  摘要：作为社会科学的皇冠，经济学的学科建设在中国"双一流"建设尤其是世界一流学科建设中具有重要意义，亦将对中国全面深化改革以实现国家治理现代化提供重要的现实指导。文章首先分析了世界一流经济学科建设之于"双一流"战略导向的契合度，然后探讨了中国世界一流经济学科建设所面临的难点及其突破点，进而阐述了中国可从哪些方面为经济学的发展和创新做出贡献。研究认为，打造中国的世界一流经济学科建设需要按照国际同行学术标准进行评价，所研究的问题（包括中国问题）应该是国际同行关注的问题，从而需要从完善学科分类评价体系、加强原创性研究和高层次人才集聚等方面突破。与此同时，针对经济学在中国的发展和创新，研究指出对于中国传统经济思想的历史禀赋和现代价值的挖掘、具有原创性的理论研究和方法论研究创新以及基于中国经济改革发展实践的理论提炼升华，是中国经济学界可以和应该做出重要贡献的三个方向。

---

[*] 本文载于《财经研究》，2016年第10期。

一、引 言

教育兴国、人才强国是国家根本发展战略,中国的重新崛起和伟大复兴需要教育的振兴作为支撑。正在推进之中的世界一流大学和世界一流学科建设(以下简称"双一流"建设)如能真正落地和实现,对于中国实现从高等教育大国到高等教育强国的历史性跨越,具有重要意义。在"双一流"建设中,尤其是世界一流学科建设中,我们需要注意平衡和处理好自然科学与社会科学的关系,不能过于偏重前者,而忽视后者。自然科学重要,社会科学同样重要,在某种意义上也许更为重要。这是因为社会科学是为国家大政方向的走向提供理论基础的,比如中国哪一个科学发明创造有邓小平同志改革开放的社会科学理论给中国带来的变化大?因而,恰恰正是中国的社会科学更需要朝着国际化、现代化、规范化的方向发展,才能适应中国深化改革和扩大开放的新要求。

经济学被誉为社会科学的皇冠,如果以1776年亚当·斯密《国富论》的出版作为现代经济学诞生的标志的话,现代经济学的发展已经历了240个年头。由于其对于中国经济改革的特殊重要意义,在中国所有社会科学的学科建设和发展中,经济学也是一枝独秀,自改革开放以来,其研究与教学经历了一个蓬勃发展的历史过程。其间,有一系列标志性事件对于经济学在中国的传播和发展起到了重要推动作用。例如,1980年圆明园经济计量讲习班、1985~1995年中国人民大学-复旦大学福特班、1995年北京大学CCER和1996年武汉大学IAS的特区式改革、2004年上海财经大学经济学院体制内以海外院长实聘和大规模海外高层次人才引进作为着力点的全方位经济学教育改革,以及随后其他高校纷纷跟进所呈现的经济学教育蓬勃发展等事件。

经由不同时期、不同地区、不同高校大量经济学人和同仁的努力,经济学现在已经发展成为中国所有社会科学中最为国际化、现代化、规范化的学科之一,也是最有希望率先冲击世界一流的一个学科。根据一些国际公认的排名,国内一些高校的经济学和商学、经济学和计量经济学已经跻身全球前200强乃至前100强，或者入选ESI世界前1%，具有很大的潜力实现进一步的跨越。与此同时，中国经济改革已进入深水区，需要在全面深化改革的框架下进行系统思考，许多发展和改革中出现的新问题、新矛盾、新困难需要用发展中的经济理论来加以指导，这其中蕴藏了大量的经济理论创新机会，如能善加把握，不仅可以促进中国现实经济问题的解决，也可为经济理论的发展做出具有一般意义的世界贡献。

接下来，本文将从三个方面来具体阐述这个问题：一是世界一流经济学科建设在"双一流"建设中的重要性如何；二是如何来推动中国的世界一流经济学科建设；三是中国可以为经济学的发展和创新做出哪些贡献？

二、建设世界一流经济学科符合"双一流"战略导向

（一）打造世界一流经济学科的紧迫性

当前，中国正处于重新崛起的历史性转折时期。经济与社会体制的变革及其驱动发展方式的转变，使得中国面临着前所未有的挑战和机遇。在中国的社会经济向市场化和国际化的体制转型过程中，在从要素驱动转向效率驱动乃至创新驱动发展进程中，经济学的研究与教学在为国家提供智力支持和培养具有国际竞争能力的经济和商学人才培养方面起着举足轻重的作用。理性地辨析世界发达国家的发展经验后不难发现，中国要真正崛起成为经济政治强国和先进发达国家，就要像这些发达国家一样，以世界一流的经济学教育与研究作为支撑，并着力培养出一大批具有参与国际交流合作和国际竞争能力的经济、金融、管理等方面的高层次创新人才。

改革开放以来，中国的现代经济学教育和以经济学为重要理论基础的商学教育事业经历了一个"从无到有，由追量向求质"的稳步发展过程，为不断破

解改革发展中的难题、提升国民创富能力及指导国家宏观经济调控，提供了相当重要的理论依据和人力资本支撑。时至今日，经济学和商学已成为中国高等教育体系中发展速度最快、在校学生最多（约占1/4）、生源质量最好的学科之一。然而，与这一地位极不相称的是，尽管学生素质一流，但由于课程体系落后，大多数教师的水平低下且没有受到正规的现代经济学教育，因此培养出来的学生在数量上已经十分庞大，但其质量却远远不能满足当前我国对高层次的经济、金融和其他商学人才的需求，且这一矛盾表现得越来越突出，进而导致大量学生舍近求远地出国去学习经济学和商学，以及众多学校和机构不得不大量引进海外博士人才。

这种局面如果不扭转，将无法培养大量具有国际视野和竞争能力的经济和商学人才，也不利于中国现代市场经济体系的成熟和完善，进而有可能阻碍中国未来的经济发展、产业升级、经济结构的调整和中国经济的全球化。众所周知，经济学教育的正负外部性都非常大。甚至可以说，如果没有现代经济学理论在中国的启蒙、发展、传播和应用，那么中国以建立社会主义市场经济为导向的改革开放将可能无法取得如此巨大的成就；反之，如果（现代市场或西方）经济学理论被决策者误解和误用，那么其政策后果则可能是巨大的经济灾难。肇始于2007年的全球金融与经济危机就是一个典型的负面例证。这迫切要求中国必须站在战略高度和从全局角度，充分重视和科学规划一流经济学学科建设和高层次创新人才培养工作。

（二）现代经济学科的重要作用

国务院印发的《统筹推进世界一流大学和一流学科建设总体方案》也明确提出，"双一流"建设的导向是"支撑创新驱动发展战略、服务经济社会发展"。经济学作为一门经世致用之学，对于贯彻落实这一建设导向，显然具有重要意义。并且，现代经济学十分注重引入自然科学的研究方法和分析框架来研究社会经济中的行为和现象，强调"假设-推理-结论"三段式的内在逻辑分析，强调使用数学和数理模型作为基本的逻辑分析工具，强调以数理统计和计量经济学为基础的实证研究，具有很强的自然科学性、实证性和应用性。这也是"诺贝尔奖"后来要增设对经济科学的奖励的原因所在。

因此，经济学与其他人文社会科学有很大不同，没有特别强的意识形态和价值观念。这也许是经济学能够在中国的改革开放实践中发挥重要作用并能够得到各界公认的主要原因之一。但许多人由于对现代经济学存在误解和偏见，因此想当然地认为现代经济学只是为资本主义服务的，从而认为现代经济学具有很大的意识形态性。从以上说明可以看出，这是一个极大的误区，弄不好就会并且已经有迹象和苗头对改革的方向造成很大的困惑。正如邓小平同志指出"计划和市场都是经济手段""社会主义也有市场"[1] 的论断那样，现代经济学主要是为研究现代市场经济制度提供理论支撑和方法，是研究市场制度的工具，从而不是区分社会性质的关键。中国 30 多年改革开放实践充分说明了此点，如果没有这样以市场化为导向的改革开放，要取得经济 30 多年的高速发展这样的巨大成就是不可想象的，而现代经济学及其中国经济学家在市场化改革措施和政策制定中都发挥了重要作用。

(三) 打造世界一流经济学科有其内在客观规律

同时，这里需要着重指出的是，打造世界一流大学和世界一流学科有其一系列客观内在规律，违背这些规律，就无法真正打造出"双一流"，其中一个基本规律就是，对于世界一流的定义和标准必须放置到国际同行中去认定，所研究的问题，包括中国问题的研究也应该是国际同行所关注的问题，从而打造中国的世界一流经济学科建设需要按照国际通行标准进行评价和学科水平得到

---

[1] 邓小平. 在武昌、深圳、珠海、上海等地的谈话要点（1992 年 1 月 18 日～2 月 21 日）[M].// 邓小平. 邓小平文选（第三卷）. 人民出版社，1993，373.

国际同行的认可，而不能是关起门来自说自话，得不到国际同行认可的自封一流，应该强调对于人类文明带有普遍意义的贡献，而不是一味地仅仅局限于国情、特色。也就是，应该继续秉持早在20世纪80年代就已提出的教育要"面向现代化、面向世界、面向未来"发展战略方针来推进"双一流"建设。

如前所述，经过近一二十年的经济学教育改革和发展，中国有一些高校的经济学科由于开展国际化教育科研改革较早，已经在国际公认通行的学科和学术评价体系中占据一定的有利地位，具备了冲击世界一流经济学科的潜力和基础。比如，笔者所在的上海财经大学求真务实，通过对接国际先进学术标准、打造世界一流经济学科，提升人才培养质量和知识贡献水平的全方位经济学教育教学改革，就具备了这样的潜力和基础，取得了骄人的成绩。的确如此，根据荷兰蒂尔堡大学全球经济学研究2012～2015年（这也是教育部第四轮学科评估时间段）按照国际顶尖和重要著名的30多种经济学期刊发表论文数最新排名，其经济学科已位居世界第54位、亚洲第2位、大中华区第1位，如按照最新单年排名则更为靠前，2015年世界排名是第31位；按照QS世界大学排名，上海财经大学经济学和计量经济学学科跻身世界前151～200名；按照2015年上海交通大学世界大学学术排名，上海财经大学经济学和商学学科也跻身世界前151～200名。

三、中国建设世界一流经济学科面临的难点及其突破

（一）打造世界一流经济学科面临的难点

中国要从大国成为强国，须在制度和人才的竞争中赢得主动权，需要以制度创新在世界范围内吸引和凝聚及培养大量具有创新、创业精神的人才，尤其是高层次创新人才。中国建设世界一流经济学科，面临哪些发展的痛点和难点呢？其实，正如习近平总书记2016年5月在哲学社会科学工作座谈会上的讲

话中所指出的一样，中国的经济学科建设同样面临着以下问题：一是"训练培养教育体系不健全，学术评价体系不够科学，管理体制和运行机制还不完善"；二是"学科体系、学术体系、话语体系建设水平总体不高，学术原创能力还不强"；三是"人才队伍总体素质亟待提高，学风方面问题还比较突出"，所导致的后果就是没有办出让学生、家长及社会满意的经济学教育。当然，问题还有很多，但这些是主要问题或问题的主要方面，也是制约国内一些经济学科冲击世界一流的关键瓶颈因素，亟待突破。

（二）打造世界一流中国经济学科应着力的三个方面

那么如何破解中国建设世界一流经济学科面临的这些难点呢？笔者认为需要在以下三个方面着力：

1. 分类理清学术评价标准，确立学术共同体主体地位

首先，从学术评价导向体系的改革着手，在经济学的学科评估和项目评审中，各个学校或学科对致力于打造世界一流和服务国家急需两类导向实行分类申报和分类评价，通过努力都有可能被评为一流，但两者的目标有所区别：一个是世界学科建设的一流，另外一个是服务于国家急需的一流。因此都需从各个方面给予大力支持，但这两类评价的标准应该且必须是不一样的。如果旨在打造世界一流学科，就应该基本按照国际同行标准进行评价，而不是其他或将两者混为一谈。从教育部第四轮学科评估填报申请表格来看，现有的经济学科的评价指标体系，对经济研究的应用性和国家急需强调得还比较多，而对经济学科本身的发展及其对人类文明的贡献度基本上未被纳入评价体系中，对世界一流的研究强调得还较少，且参与评价的权重比重过小。笔者认为，**这样的标准并不是评价世界一流经济学科的标准，而至多是服务国家急需一流的评价标准**，如前所述，它们是不同的评价标准。之所以指出这点，并不是要让两者相互否定，而是强调两者应是并行的和同等重要的。随着中国的和平崛起，中国对世界的影响也日益重要，中国经济问题也就成为世界性的问题；但是，如果

中国大学缺乏对世界共性与学科共性的经济理论、研究工具及方法的原创性研究和创新性贡献，那么怎能建成国际学术界和社会认可的世界一流经济学科？

之所以强调这一点，是由于中国高等教育将行政配置资源（如行政拨款）与行政性主导评价和排名相挂钩，混淆两者的差异，会导致厚此薄彼、顾此失彼，将使得世界一流经济学科的实际建设受阻，弄得不好，打造世界一流学科及世界一流大学只是存在于文件和口号中，不能真正执行、落实。事实上，这种将高等教育行政拨款等资源和行政性主导评价与学科评估排名相挂钩会导致很大的问题，那就是为了拿资源、争排名急功近利，做表象工程，不是尽力去海外国际市场引进高层次创新性人才，一些顶尖大学凭着品牌效应和国家拨款的雄厚资源从其他兄弟院校挖海外引进的高层次创新型人才，而一些地方高校通过地方政府的大力财政支持，更是恶性竞争，以高出市场几倍的价格，挖其他学校的国家"千人计划"特聘专家、教育部长江学者特聘教授和国家杰出青年科学基金受资助者。上海财经大学就有多位海归教师被国内顶尖大学和地方大学以这样的方式"引走"了，师资队伍稳定和发展受到较大损害。

在目前给定的教育科研管理体制下，政府是出资方，大学是受资方，无论由哪一方来主持评价，都可能有失公允，这就更应该按照国际惯例进行评价，并基于此进行财政性教育资源的配置。从长远来看，问题解决的根本之道在于：学术评价不应由政府来主导实施，而应基于学术共同体自治和社会评价体系的多元化教育科研评价体系，让学术市场和社会的独立评价体系发挥主体作用。只有这样才能真正有利于促进学术评价的开放性、竞争性和客观性。因此，我们应确立学术共同体在学术评价中的主体地位，并建立公开、开放、可吐故纳新和有国际水准的专家库，以此杜绝学术评审中的不端行为。

现有的学科评价体系中，国家项目和资深专家教授占了较大权重，而这些资深专家教授基本都是所属各个知名大学，就会为各自的大学说话，特别是在学科声誉主观印象分占一定比重和其他客观硬性指标大致相同的情况下，一个学校是否有评委参与就会在很大的程度上影响了排名，从而造成了评价的不科学性和不公平性。因而，在学科的评价中，应该按照国际惯例，校内的学科评价主要应由校外同行评价，校际的学科评价则主要应由国际同行进行评价。比如，对学科、项目和人才的评比，应参照"千人计划""长江学者"讲座教授海外评审专家库的做法，加大力度和加快速度引入海外学者（包括我国港台地区的学者）参与同行评议并建设海外评审专家库，以消除国内过去因学派不同、观点差异、与被评审人的关系亲疏或者从本位利益出发交换选票等原因而产生的评审公正性问题，让"良币驱逐劣币"，形成基于国际先进学术标准的良性评价体系，推动自然科学和社会科学学术研究同步走向国际前沿。自然科学领域可能在这方面相对好一些，社会科学领域做得还十分不够。

2. 对接国际先进学术标准，提升对学科发展和理论创新贡献

其次，**以提升经济学学术原创性研究水平为切入点，促进中国经济学的现代化、规范化、科学化、严谨化、本土化，在融入国际学术共同体的过程中提升对经济学本身发展和理论创新的贡献**。香港科技大学丁学良教授2005年曾提出"中国合格的经济学家最多不超过5个"，这一论断之所以当时引起海内外众多学子的共鸣，其主要依据的标准也就是中国经济学家对学科发展本身做出的世界公认的学术贡献而言，尽管说法极端却说出了当时的基本状况。国外非常重视一个教授的理论创新贡献，即使是格林斯潘、萨默斯、斯蒂格利茨等曾担任过美国财经领域或世界银行高官的经济学家回到大学，也一定不会对后者的经济学科排名增加任何影响。即使是政府、国家急需的东西，只要不是原创性的发明（比如跟着制造大飞机或载人飞船上了天），对一个学科的评价也不会产生什么影响。这些例子再次说明了打造世界一流和服务国家急需是两类不同的评价标准，应分类进行评价。

评定世界一流经济学科，最关键的量化指标就是在公认的经济学国际顶尖和一流期刊上的论文发表数及其引用率，这个相对客观的指标代表了一个大学、学科的知识贡献水平，是国际学术共同体的重要评议依据。这也是为什么很多国际性的大学排名、学科排名，将原创性论文发表的数量、质量和影响作

为重要指标的原因。并且，它能起到"导火索"、"触发器"的作用，触发几乎所有其他方面的变革和发展，如一流师资队伍建设、人才培养体制、科研管理体制等。关键指标的导向作用非常重要，就像地方政府的领导们，中央政府在相当一段时期内对他们评价的最主要指标一是发展（GDP），二是稳定（维稳）。由此，不管他们是为人民服务的好干部，还是为人民币服务、为仕途服务的贪官，都会想尽办法把 GDP 搞上去，改善投资环境引才引项目。

并且，作为研究市场经济规律和市场机制的现代经济学，意识形态和国别属性不是很强，可以作为提升人文社会科学学科建设水平的突破口，在引入国际同行评议制度、参照国际先进学术标准建设方面进行大胆尝试。当然，如果扩展到整个人文社会科学来看，其内部也有不同的学科属性，有一些学科如政治学的意识形态色彩比较浓厚，有一些学科如国学的中国国别属性也十分突出。这些学科也许不适宜过度朝向国际标准靠拢，不适宜大规模引入国际同行评议制度。不过，这超出了本文的讨论范围，此处不赘。

3. 打造世界一流师资队伍，提高人才队伍总体素质

再次，以世界眼光在全球范围内配置高层次顶尖、领军、杰出和高层次优秀经济学人才，同时加强接轨国际的经济学学术环境营造，让人才在国内的环境下同样能够做出世界级的成果。打造一流大学、一流学科的最重要的三个必要条件是一流的师资、一流的学生、一流的课程设置。其中，一流的师资最为关键，能够吸引一流学生，开设一流课程。在国际上，衡量一个学科是否是一流的，有两个核心指标：一是学科成员在国际顶尖和一流期刊上发表论文的数量和引用率情况，这是检测其理论创新贡献度和影响力的客观指标；二是学科所汇聚的本领域内公认的有影响力、有重大理论创新、对学科发展做出了重要贡献的世界知名学者的数量。以经济学为例，这些世界知名学者包括诺贝尔经济学奖获得者、约翰·贝茨·克拉克奖获得者、世界计量经济学会会士等。这两项标准在国际学术同行中基本上都是公共信息，因而不需要专家认定和政府部门评价，更不会将政府部门对学科的评价和排名与政府拨款挂钩。

（三） 凝聚高层次人才的 28 字战略方针

对于海外拔尖、领军和高层次人才，在当前应采用"以用为本、注重绩效、高端引领、批量跟进、引得进、留得住、用得好、流得动"的人才引进战略方针。这 8 句话环环相扣，相互作用，具有非常深刻的内在逻辑关联关系。为什么要强调"以用为本、注重绩效"？全职全时引进世界顶尖或拔尖领军人才彻底回国服务，都有一个逐步或渐进的过程，一下子让一个顶尖、拔尖人才义无反顾地举家回国，基本不太可能，即使可能，也只是对于极少数人、极少数大学（如国内顶尖 985 高校）也许可能，但是对大多数海外顶尖和领军人才及国内普通高校而言不现实。否则，如果坚持全职全时不放松，其必然后果就是只能引进极少数世界顶尖或拔尖人才，只能退而求其次，引进的多半只是中质人才，其结果是延缓了国家发展战略的尽早实现。

这样，以一个学术领军型人才待在国内、学校的时间作为基本的衡量标准，而不是以是否真正付出足够的时间和精力为尽职的判断依据，会大大地限制了高层次人才的引进和使用。上海财经大学通过非全时海外院长实聘制度先后引进了 9 位国际著名华人学者及海外特聘教授并通过这一制度柔性引进了数十位任职于世界一流大学的资深学者，进入优势学科所在的体制内院系实行对接国际先进学术标准和国家发展战略需要的教育改革和学科建设，其中很多领军人物每天投入在为上海财经大学引进海外人才、规划学科发展、进行学术导航、谋划改革方案等方面的时间达 8 到 10 个小时，带来了从外延扩展向内涵建设的大学发展方式的转变，取得了十分显著的成效。

为什么强调"高端引领、批量跟进"？只有有了顶尖、拔尖高水平的领军人物"蜂王作用"的高端引领，才可以以超常规的方法在全球范围内遴选卓越人才，做到批量跟进，有规模地引进中青年高水平人才，发挥规模效应，提高整体研究和师资水平，从而领导一个学院、一个学科、一个学校、一个实验室，进行体制机制改革创新，实现向世界先进水平的追赶乃至超越，成为世界一流。上海财经大学经济学院就是采用这样的引人战略，引进了大批优秀人才，其中在海外著名大学获得博士的师资达到66%。

"引得进、留得住、用得好"是指创造一些条件或环境，使得高水平人才愿意来、愿意留下来并成长为卓越人才。只有有了高水平的领军人物，才能愿意引进高水平的人，引得进人，引得进好的、高水平的人。除此之外，尽管有高层次团队的引领，用人单位还须承诺给引进来的人才提供诸如下面的条件：具有市场竞争力的薪酬、住房补贴和科研经费支持；提供独立的办公空间等硬件支持；提供利于"优胜劣出"的人事管理制度（如 Tenure Track，即常任轨制度）；提供同国际标准接轨的评价和考核体系，以及基于绩效的奖惩制度和"留得住"的 Counter Offer（还盘、还价）制度。

有人也许会问为什么要强调"流得动"？要真正实现"引得进""批量跟进"和"留得住"，还需"流得动"，它也是 Tenure Track 制度的核心。资金是有限的，即使资金充足，但教师、科研岗位也是有限的，从而每个单位、每个学校的教师或研究人员的名额和编制都是有限的。如果不能形成动态平衡，原有的再加上引进的人无论好坏，所有人都沉淀下来，结果无法引进高层次创新型人才，更无法激励教师做世界一流的研究。因此，只有以"流得动"作为前提，才能更好更多地"引得进"，不断优化师资，补充人才的流失和人员的淘汰。上海财经大学经济学院是国内唯一严格执行六年"非升即走"的经济管理院系，当然，经济学院的改革不仅仅是引进一些海归那么简单，其改革是一个全方位、多层次、高起点的经济学教育科研改革系统工程，通过以下六个方面的举措形成了具有内在逻辑的改革、发展、稳定、创新的互动、良性推进关系，从而确保了队伍的活力和质量：（1）创新人才开发机制，打造一流师资队伍；（2）创新人才管理机制，实行双轨人事管理；（3）创新科研体制机制，强化高端学术研究；（4）创新人才培养模式，深化教育教学改革；（5）狠抓教风学风建设，强化论文质量管理；（6）创新行政管理体制，提高行政服务效能。

（四）高层次人才培养的学术环境

当然，人才不仅要靠引进，还要靠培养。经济学人才的培养，最重要的不是仪器设备，而是一个国际化的能够滋养学术成长的研究环境。哈佛大学、斯坦福大学等世界一流大学的经济学系之所以成其为世界一流，一个重要原因就是其国际化、高频次、多层次、定期化的学术交流活动。这些经济系一般只是由一些组织比较松散的"领域"组成，如微观经济理论、宏观经济学、计量经济学、产业组织与拍卖、劳动经济学、发展经济学、卫生经济学、公共财政和国际贸易等。通常每一个领域每周有一次研讨会（Workshop 或 Seminar），形成系列化的学术研讨交流体系，请校内外的教授讲论文。上海财经大学理论经济学科之所以能吸引大批高层次创新型人才加盟经济学院，具有这样的国际化学术交流活动是一个很重要的必要条件，在过去的 10 年中，就举行了 700 多场研讨会。

上海财经大学经济学科之所以取得了国内外瞩目的卓有成效，就是较好地解决了前面提及的习近平主席在 2016 年 5 月在哲学社会科学工作座谈会上的讲话中所列出的三大问题。自 2004 年以来，依托国内首创、首批"国家 985 工程优势学科创新平台——经济学创新平台"，经济学院作为改革的试验田，围绕"打造一流师资、加强学术研究、深化教学改革、狠抓学风教风、严化教师考核、规范行政管理"等六人核心工作，全面实施了具有历史性意义的体制内经济学教育科研改革系统工程，求真务实，取得了实实在在的成绩。

四、中国可以为经济学的发展和创新做出哪些新贡献

当今世界的格局正在发生重大变化，国家之间的竞争越来越激烈，国家之间的竞争说穿了就是资源的竞争、人才的竞争、制度的竞争和话语权的竞

争（包括学术话语权）。中国经济由于持续快速发展及与全球经济的深度融合，已经在经济话语权的竞争中取得一定的进展，但是在经济学的学术话语权竞争方面还比较落后，亟待进一步发展和创新。并且，随着中国进入全面深化改革以实现国家治理现代化的历史新时期，如果没有现代经济学的理论体系、学术体系、话语体系作为学理支撑，中国不可能正确处理好发展的逻辑和治理的逻辑之间的辩证关系，也不可能真正实现又好又快的经济发展。

（一）科学经济分析的三个维度

现代经济学主要以个体（无论是国家层面、企业层面、单位或个人层面）通常逐利为基本出发点和通过引入、采用严谨的科学方法并运用数学分析工具——对现实进行历史和实证的观察，进行严谨地内在逻辑分析上升到理论，然后再回到现实中去进行观察、检验——来系统地探究人类经济行为和社会经济现象。这种系统探究，既涉及经济理论的形式，也为经济数据的考察提供了分析工具。由于研究经济社会问题不能轻易拿现实社会做实验，否则代价太大，因而需要既有内在逻辑推断的理论分析，同时也需要有历史的大视野、大视角来进行纵横向比较分析，从中汲取经验教训，以及还需要运用统计和计量经济学等工具手段进行实证量化分析或检验，理论、历史和统计的三维度分析缺一不可。按照笔者的理解和解读，这就是为什么熊彼特认为，一个经济"科学"家与一般经济学家的差别在于做经济分析时是否采用了三要素：第一，理论，要有内在逻辑分析；第二，历史，要有历史视野的分析；第三，统计，要有数据，有实证的分析。①

---

① 熊彼特在其1949年出任美国经济学会会长所作题为"科学与意识形态"的就职演说中曾指出，"科学是指经过专门技术加工过的知识。经济分析，亦即科学的经济学，包括了历史、统计和经济理论等技术"。参见 Schumpeter, Joseph A, Danel M. Hausman, eds.. *The Philosophy of Economics* [M]. Cambridge: Cambridge University Press, 1984, 260~275.

(二) 现代经济学理论的两个分类

同时，现代经济学理论可划分为两类，两类理论都异常重要，缺一不可，是一种递进的相辅相成关系，都可用来得出具有内在逻辑的结论和进行预测。[①] 其中，第一类理论是提供基准点或参照系和远离现实的基准经济理论，这类理论主要是以成熟市场经济国家的经济环境作为理论背景的，提供的是在相对理想状态下的基础理论。不要小看甚至误解或否认这种基准理论的极端重要性，至少有两个重要性。一是，尽管这些理论结果在现实中无法实现，但是它提供了改进的方向和目标，可以促进现实向理想状态不断逼近，**也就是所谓的在现实中做任何事情，没有最好，只有更好**。因此，基准理论为判断是否更好、方向是否正确提供不可或缺的必要标准，否则弄不好会南辕北辙，从而能说基准理论不重要，以致否定它的至关重要性吗？二是，它也为提供发展出更为接近现实的另外一类理论奠定了必要基础，否则无从发展出来。就像物理学和工程学一样，首先需要发展出像牛顿三定律那样的无摩擦、无阻力的理性状态下的基本定律、定理，然后据此修正，发展出更为现实的物理定律、定理之类的理论。现代经济学之所以一日千里，发展迅速，没有这些理想状态下的经济理论作为基准点和参照系是不可想象的。

中国要改革、转型，就一定要有目标，有目标就一定要有改革取向的基准点和参照系。的确如此，对于一个国家的社会经济发展，理论探讨、理性思考和理论创新其重要性自不待言，但是改革的走向及其所要实现的目标是首先要明确的，由此决定国家大政方针的基本制度才是根本、关键和决定性的。如果关系到国家的走向和长治久安方面的政治、经济、社会、文化等方面的基本制度没有确定，再好的经济理论也发挥不了多大的作用，说不定还适得其反。所

[①] 相关讨论亦可参见田国强. 经济学在中国的发展方向与创新路径 [J]. 经济研究，2015，12；田国强. 现代经济学的本质（上）[J]. 学术月刊，2016，7.

以，不要在改革的走向和目标都不明确的情况下，将经济理论的作用想象得无限大，期望经济理论能解决关键性和根本性的问题。经济学没有放之四海皆准、适合所有发展阶段的最好的经济理论，只有最适合某种制度环境前提的经济理论。

既然中国要进行市场化的改革，将新古典，特别是一般均衡理论等第一类经济理论所论证市场最优经济环境作为基准点，将竞争市场作为参照系，进行这样取向的改革就非常自然和必要了，从而就会不断地得到更好、再更好的不断改进的结果。当然，由于许多基准理论提供的是在理想状态下的基础理论，尽管有指引改进或改革取向的明道作用，但与现实相差较远，不一定能照搬用来解决具体现实问题。也就是说，目标不等于过程，一个真正训练有素的经济学家从来不会简单地将第一类经济理论套用到中国情境中。当然，现实中不乏这样的庸经济学家，这就使得一些人不加辨别、上纲上线地以所谓全盘西化等扣帽子的方式，来批驳那些对经济自由化、市场化、民营化目标坚定不移的市场改革派学者，认为是在照搬西方主流理论，不会分析过渡动态，只看长期稳态，只看发达国家不看发展中国家，忽视了特定发展阶段的客观规律，是在搞超英赶美的"大跃进"。这其实是树错了靶子，甚至是空树靶子，射错了箭。有人反问和回答得好："到底谁要求中国按照西方主流教科书改革发展了？到底谁说中国不要考虑初始条件和发展阶段了？中国改革发展理论现在的撕裂，根本不是要不要考虑国情与阶段的问题，而是改革目标是不是真正的法治的市场经济问题。被诬指为照搬派的大多数人仅仅是因为他们坚持经典教科书的目标体制而已。阶段派、特色派最大的误区是回避目标体制特别是达成目标体制的路线图与时间表，甚至用发展取消改革，从而破坏了知识界推动市场化改革的理论合力，客观上赞助了既得利益集团将过渡状态永久化的阴暗努力。"

第二类理论则主要是旨在解决现实问题的经济理论，其前提假设更为接近现实，是对基准理论的修正，从具体功能看它又可以划分为两种：一是提供解决现实问题的分析框架、方法和工具，如微观经济学中的博弈论、机制设计理论、委托代理理论、拍卖理论、匹配理论等；二是针对现实问题给出具体政策建议，如宏观经济学中的凯恩斯主义理论、理性预期理论等。

这样，由这两类理论组成的现代经济学是一个具有极大包容性和开放性的处于动态发展中的学科，已远远超越新古典经济学的阶段，而中国的经济实践更可为经济理论的创新发展提供丰富的现实土壤。在笔者看来，只要采用严谨内在逻辑分析（不见得是数学模型），并且采用理性假设（包括有限理性假设），这样的研究就属于现代经济学的范畴。它不仅包括如阿尔弗雷德·马歇尔创立的新古典边际分析经济学和阿罗-德布鲁一般均衡理论这样的基准理论，也包括许多更为现实的经济学理论。比如，诺斯的新制度经济学和赫维茨所开创的机制设计理论都对新古典理论进行了革命性的发展，新古典是将制度作为给定，而诺斯和赫维茨却将制度内生化，视作为可变化、可塑造、可设计的，制定出符合客观环境的各种制度安排，从而它们都成为现代经济学中极其重要的组成部分。又比如，现代政治经济学的发展和创新其实在很大程度上也是借鉴了第二类经济学理论的分析方法和工具，但是同样也存在着需要避免泛用的警示。

由于第二类理论旨在为解决现实问题提供分析框架、方法和工具，及给出具体政策建议，应用起来必须特别小心，由于大多数这样的理论是基于有一个成熟的现代市场制度而提出来的，因此简单的套用都是大有问题的。因此所制定的政策和制度安排适应范围的边界条件在采用之前一定要首先弄清楚，看是否大致合乎中国现实情况，但许多经济学家和部门没有认识到这个重要性，一味地照搬教科书中的理论直接用于解决现实问题。现在这样简单地套用、泛用、误用经济学理论及其经济政策的现象严重，比比皆是。比如，现在有人认为依靠政府来推动中国的"工业革命"就可解决问题，更多人呼吁采用更大力度的财政政策和货币政策就可解决当前经济下滑劣势。这些观点都以为不重视长期治理的市场化改革，就可以快速实现工业化，就能扭转经济增长持续大幅下滑困境。这可能吗？又如，许多学者以发展阶段论论证中国还需要经济增长优先，而忽视收入分配、环境保护等，乃至以发达国家历史上由于认识不足和法律缺失而形成的先污染后治理来为中国的环境污染作合理性辩护，不顾现今的国际国内法律约束。这会将中国引向何处？再如，有学者认为文化上的比较优势是中国经济比绝大部分发展中国家增长更快的原因。这种观点如何解释改革开放前中国经济停歇不前呢？为什么不按照实验物理学的基本方法论来谈差异因素？不从多重因素和综合治理因素的水桶效应来解释中国经济在改革开放时期的高速增长呢？客观而言，中国改革之所以取得巨大成就（当然由于只是遵循了发展的逻辑，没有注重治理的逻辑，问题很多、很严重），就是基本放弃计划经济，实行松绑放权的改革，也就是政府的干预大幅度地减少，民营经济大发展从而是国有经济比重不断下降，再加上文化等其他因素的综合作用而取得的。

还有，许多经济学家，包括一些从海外归来的经济学家自以为是地根据自己所掌握的经济学中的某个领域某个方面某一点知识，就想给出或解决需要具有可行性、可操作性、多方面的综合治理才能解决的中国实际经济问题的建议，这样给出的建议可能短期有效，但中长期副作用可能更大。问题的关键是这些学者常常以过渡性体制机制安排作为参照，而回避终极性目标体制如法治的市场经济体制，特别是忽略达成目标体制的路线图和时间表，甚至用产业政策消解制度改革、用局部改进代替综合治理，从而破坏了思想界和学术界进一步推动市场化改革的理论合力，客观上对既得利益集团将过渡状态终极化起到了助力作用。所以，这种短期、局部的制度安排即使有一定作用，但从长远和动态来看，弄得不好会造成很大的、不可估量的负面作用。

从这个角度来看，经济学在中国的发展和创新依然任重道远，但是创新和发展不是靠推倒重来，全盘否定，而应该是建基于经济学的理论基石之上的边际创新或组合创新，技术和应用创新往往就是在基础研究的基石上对现有技术的重新组合和推广，如同不同的中药组合形成新的药方一样。有生命力的经济学理论一定是基于前人的理论成果基础上经过比较、拓展，以及基于经济现实的检验和修正而发展起来的。当然，这里并不否认各国历史、文化、思想等在各自国家经济学话语体系建立过程中的独特作用。

（三） 中国经济学家对经济学研究发展在三个方面的可能创新

具体而言，中国经济学家至少可从三个方面对经济学的发展和创新做出新的贡献。

一是通过对中国传统经济思想的充分挖掘和现代阐释，为世界经济思想发展史补上中国篇章。中国传统经济思想曾经繁荣而富有光辉成就，这些古代经济学思想异常深邃，许多现代经济学所论及的思想，我们先哲们早已论述到，这不仅为中国古代经济长期领先于世界提供了思想指导，而且也为西方现代经济学的形成与发展提供了一些先行思想要素。然而，长期以来，由于古今中外语言的隔阂、中国经济学术发育的迟滞、话语体系的不兼容，再加上传统经济思想主要是经验总结，没有形成严格的科学体系，没有给出结论成立的范围或边界条件，没有建立严格的内在逻辑分析，很少被外人所知，国际上对于中国传统经济思想的认知总体上还非常片面。实际上，在新的历史条件下，中国传统经济思想依然有着十分重要的理论价值和现实价值，其合理内核和积极要素值得进一步挖掘。[①]

许多人认为，市场经济的理念、商品价格由市场决定的理念，完全是从西方灌输过来的，是西化。其实不然，早在从上古中华文化起，中国就有许多思想家崇尚朴素的自由市场经济和信奉价格由市场决定，包含了许多市场经济的理念，给出了许多激励相容的辩证治国方略，总结得异常深刻。现代经济学的几乎所有重要的基本思想、核心假设及基本结论，如个体自利性假设、经济自

[①] 相关讨论参见程霖、陈旭东．中国传统经济思想的现代价值 [N]．文汇报，2016-2-26．

由、看不见的手的无为而治、社会分工、国富与民富及发展与稳定的内在关系、政府与市场的关系，中国古代先哲们差不多都论及到了。如早在3 000多年前，姜尚就认为，"避祸趋利"是人的天生本性，"凡人，恶死而乐生，好德而归利"，从而说出了"天下非一人之天下，乃天下人之天下。同天下之利者则得天下"（《六韬·文韬·文师》）的以民为本的民富国定、民富国强的辩证统一思想和治国的根本规律，给出了政府要以天下之利为利、以天下之害为害、以天下之乐为乐、以天下之生为务的根本治国方略，达到使天下人与之共利害的激励相容的结果。这类例子还有很多。

准确认识中国传统经济思想的光辉成就、基本特点、理论贡献与国际影响，进一步推动中国传统经济思想的现代化、规范化和国际化，有助于跳出单向度的"复制""借鉴""国际接轨"的经济学知识引进和学科发展路径，构建具有中国特色、中国风格的经济学学科体系、学术体系、话语体系，有助于从经济思想的角度丰富中华文明的内涵，基于中国改革开放的新实践推动中国传统经济思想的创造性转化、创新性发展，从而进一步提升中国的国家软实力和国际话语权。因此，基于国际学术规范和语言表达习惯的中西合璧的研究和译著，对于提升中国传统经济思想在西方国家传播的有效性无疑将起到积极的推动作用。

目前，中国经济史学界已有不少这样的尝试，通过与国际知名学者的学术合作来推动中国传统经济思想走向国际。如，上海财经大学程霖教授、王昉副教授与 Terry Peach 合作主编的英文版论文集 *The History of Ancient Chinese Economic Thought*，梳理了中国古代经济思想发展的脉络和特征，深入阐述了中国经济思想史的研究对象与研究方法，中国古代经济思想的主要内容、历史发展规律、价值及其在世界经济思想发展中的地位和影响，由国际知名的 Routledge 出版社正式出版发行。又如，北京大学张亚光副教授与 Guo Fan 和 John Whaley 合作撰写的 NBER 工作论文 *Economic Cycles in Ancient China* 基于农业数据与传统思想文化研究了中国封建王朝时期的经济周期。

二是以原创性理论和方法论研究推动经济学学科本身的发展，尤其是要推动理论经济学的学科建设和发展。目前中国很多经济研究还停留在对策应用研究或对经济政策的解释性成果，纯理论、公理性理论方面的贡献严重不足，这是中国经济学界的一大短板和遗憾。人类社会的发展，离不开基础科学理论的进步。那些基础性的、原创性的、具有共性的经济学理论和工具方法的研究和创新，没有国界，具有一般性，其重要作用在于它们中的一些理论，如消费者选择理论、厂商理论、一般均衡理论等，提供了分析问题的基准点和参照系，而另外一些理论，如博弈论、信息经济学、机制设计理论、委托代理理论、拍卖理论、匹配理论等，则为研究更现实的问题提供了一般分析框架。

实际上，中国高校由于过去10年来大规模地引进世界一流大学经过系统、严格的现代经济学训练的经济学博士，目前已集聚了相当一批这样的经济学者，他们所做的是具有非常一般性的、没有很多国别色彩的纯经济理论研究，尤其是旨在解决现实市场失灵的所谓的市场设计（即拍卖和匹配）的理论与实验研究这个领域，已经涌现了大量国际领先的研究成果。上海财经大学目前正与兄弟高校积极筹划，力争围绕该领域形成经济学科有史以来第一个国家自然科学基金重大项目。与那些短平快的研究相比，这些基础经济理论研究往往需要坐冷板凳许多年才能出成果。但是，这些成果由于其前沿性，常常能够发表于国际顶尖和一流的经济学期刊，并且其中一些成果已具有相当高的被引数，为国际学术共同体所接纳和认可。

需要指出的是，原创性理论和方法论研究通常需要借助大量的数学分析工具，这招致一个常见的批评就是现代经济学太注重细节，越来越数学化、统计化、模型化，使问题更加晦涩难懂，由此批评现代经济学的严谨性和数学性。为什么现代经济学要用这么多数学和统计，就是为了严谨性和实证的量化性，给出其边界条件和适应范围。如前所述，研究经济社会问题，给出经济政策不能轻易拿现实社会做实验，否则代价太大，因而需要严谨的内在逻辑推断的理论分析。尽管领导决策层和一般民众不需要了解理论严谨分析的细节或前提条件，但提出政策建议的经济学家必须要了解。这是由于，经济学理论一旦采用就具有很大的外部性，如不考虑前提条件就盲目应用，会带来很大问题甚至灾难性的后果，因而需要借用数学来严格地界定其边界条件。同时，一个理论的应用或政策的制定也往往需要运用统计和计量经济学等工具手段进行实证量化分析或检验。再加上，在大多数情况下不能轻易拿社会做实验，因而需要有历史的大视野、大视角来进行纵横向比较。

因此，一个经济结论的产生一般需经过三个阶段，即初始的非数学语言阶段、数学语言阶段和升华的非数学语言阶段。第一阶段提出经济观念、想法或猜想，这些观念、想法或猜想可能由经济直觉产生或根据历史经验或外地经验而来。由于它们还没有经过理论论证，不知道其适应范围，人们可将它们类比为一般生产中的初等品。即使如此，这一阶段也是非常重要的，因为它是理论研究和创新的来源。第二阶段需要验证第一阶段所提出来的经济想法或论断是否成立。这种验证需要经济学家通过经济模型和分析工具给出严格的证明，如有可能，还需要得到实际经验数据的检验。这一阶段所得出的结论和论断往往都是由数学语言或专家术语来表达的，非专家的人士不见得能理解，从而不能为社会大众、政府官员、政策制定者所采用。因此，将这些由技术性较强的语言所表达的结论和论断类比为一般生产中的中间产品。第三阶段就是将第二阶段那些由技术语言所表达的结论和论断用通俗的语言来表达，并使这些结论的政策含义、深远意义及具有洞察力的论断通俗易懂，从而为现实经济社会服务，这些才是经济学的最终产品。这里需要强调的是，虽然第一阶段和第三阶段都是用通俗、非技术、非数学的语言来给出经济想法和结论，但第三阶段是第一阶段的一种飞跃、升华。这种三阶段式——由通俗语言阶段到技术语言阶段然后再回到通俗语言阶段——其实也是大多数学科所采用的研究方式。

三是基于中国经济的改革深化和转型发展，提炼升华具有理论创新价值的研究成果，为现代经济学注入中国元素。经济学理论最重要的就是其内在逻辑体系，经济学者在此体系下对一定约束条件下如何解决现实经济问题给出可行、可操作的方案,同时在对经济现象进行解释、提炼的过程中,寻找一般意义和普适价值,进而又上升到理论层面。经济学的发展和创新,正是在这样一个过程中实现的。中国的经济改革和社会变革实践,为经济学的理论创新和学术繁荣提供强大的动力和广阔的空间。结合中国的经济发展和改革实践经验,中国学者提出了中国改革的各种理论,包括如何成功变革、避免失败,让中国能长治久安的综合治理的中国改革理论。[①]

当然,由于2007年以来的这一轮国际经济金融危机,也触发了国内外学术界对主流经济学和传统经济理论的众多争论和所谓的反思,提出了诸如新结构经济学、新供给经济学、新养老经济学等许多新的经济学理论学说。其中,新结构经济学是林毅夫教授通过其对传统经济发展理论与政策的反思而提出的,它给出了一个明显融入中国经验色彩、所谓后发优势的"增长甄别与因势利导"框架[②],框架分为六步:第一,挑选参照国,参照国的要素禀赋结构应与本国有相似,但人均收入比本国高一到两倍,甚至三倍;第二,选择目标产业,找到支撑参照国有过20年以上连续快速增长的曾具比较优势的产业;第三,降低交易成本,如国内企业在这些可贸易行业已很活跃,就找出产业升级和新企业进入的瓶颈限制,并采取措施消除它们;第四,扶持全新产业,找到国内企业已获成功的新行业,通过改善基础设施包括软硬件基础设施来降低交易费用,扶持这些企业进一步发展;第五,在基础设施和营商环境较差的地方,将活动聚集在经济特区或工业园区;第六,向先行企业提供有限制的激励,进行外部性补偿。

这样的具有一定理论雏形和可操作性的经济学探索而不是直接照搬前述的现有的国外的第二类经济理论,是值得肯定的,也是有一定的现实意义,但不

[①] 如田国强、陈旭东的《中国改革:历史、逻辑和未来——振兴中华变革论》(中信出版社,2014年版)。
[②] 参见林毅夫.新结构经济学:反思经济发展与政策的理论框架[M].北京大学出版社,2012.

难发现，新结构经济学的增长和发展框架主要是基于政府主导的发展模式而提出的，而这种政府主导的发展模式在世界上很难找到长远成功的先例。要真正成功实施，需要解决看似容易、其实难以做到的一些前置条件：首先政府需要有能力去鉴别自己国家的比较优势是什么，继而决定去推动哪些产业部门的发展。问题是政府能做到吗？这样政府推动、一拥而上的产业导向是资源配置有效的吗？其次，与前一点相交织的问题是，由于信息和激励的问题，政府官员能否胜任在具体产业方向选择和协调中的作用，以及是否会超出自己的能力行事？恐怕答案也基本是否定的。除非政府官员有很高的市场敏感，或本身即高度嵌入市场发展中，否则他们可能会由于缺乏足够的必要信息和动力而难以做出明智的产业发展抉择。这样就会有向任用亲信和腐败方向发展的倾向。前些年国内高铁建设的发展和政府主导导致产能过剩的问题，从某种意义上印证了这一点，对于那些最贫穷国家更是如此。

在笔者看来，许多所谓新的经济学说并非对既有发展经济学及其他成熟经济理论的一种根本意义上的范式转换，其提出的理论见解和政策主张一方面还缺乏实证研究的检验和支持，另一方面往往流于过渡性而缺乏终极和普遍意义，更是缺乏像基准理论那样强调改革方向和让市场发挥决定性作用的方向感。笔者认为，既能让中国改革成功，又能最终提升国家治理能力和治理体系现代化，让国家长治久安的研究方法和解决之道的经济理论应是那些将指导改革方向和指明发展目标的基准理论与同时又充分考虑了国情，能解决中国现实问题相结合的新的经济理论，并以此给出各种过渡性制度安排，即这样的理论，如前面所讨论的那样，要既有内在逻辑推断的理论分析，同时也需要有历史的大视野、大视角来进行纵横向比较分析，从中汲取经验教训，以及还需要运用统计和计量经济学等工具手段进行实证量化分析或检验，理论、历史和统计的三维度分析缺一不可。

采用这种研究方法来研究解决中国问题的一个尝试是上海财经大学高等研究院"中国宏观经济形势分析与预测"年度系列报告即注重此三个维度的

结合，力求体现三大特点：一是聚焦中国宏观经济中面临的重大热点、难点问题；二是基于扎实的数据采集整理进行严谨的计量经济分析；三是给出短期政策对策和针对某个方面或领域给出中长期治理建议，实现短期对策与中长期治理互动互补的有机结合。课题组采取了国际前沿、国内较为独特的基于准结构模型的情境分析（Counter-factual Analyses）和政策模拟（Policy Simulations）方法，在对统计数据和经济信息充分收集和进行科学鉴别校正的基础上，对中国宏观经济最新形势进行严谨的分析，对未来发展趋势进行客观的预测，并提供各种短期对策的情景模拟分析，既给出短期政策应对，同时也给出中长期改革方向和治理方法。笔者和陈旭东所合著的《中国改革：历史、逻辑和未来——振兴中华变革论》也进行了这样的尝试。

总之，任何成熟经济理论的提炼，都需要有一个漫长的过程。一个经济理论要具备指导意义，就必须要经过反复不断的检验，才能成为可以具有解释力的系统化的经济学说，这不可能是一蹴而就的。中国在这方面还有很长的路要走，但我们还是要有这样的理论雄心，以理论求真、实践务实的态度推动经济学在中国的发展和创新。

（2016 年 10 月）

参考文献

［1］Schumpeter, Joseph A, Danel M. Hausman, eds.. The Philosophy of Economics［M］. Cambridge: Cambridge University Press, 1984.
［2］程霖、陈旭东. 中国传统经济思想的现代价值［N］. 文汇报，2016－2－26.
［3］邓小平. 在武昌、深圳、珠海、上海等地的谈话要点（一九九二年一月十八日—二月二十一日）［M］.//邓小平文选（第三卷）. 人民出版社，1993.
［4］林毅夫. 新结构经济学：反思经济发展与政策的理论框架［M］. 北京大学出版社，2012.
［5］田国强、陈旭东. 中国改革：历史、逻辑和未来——振兴中华变革论［M］. 中信出版

社，2014.
[6] 田国强. 现代经济学的基本分析框架和研究方法[J]. 经济研究，2005，02：113～125.
[7] 田国强. 反思中国大学学科评价体系[J]. 千人，2014，10：31～33.
[8] 田国强. 经济学在中国的发展方向和创新路径[J]. 经济研究，2015，12：13～16.
[9] 田国强. 现代经济学的本质（上）[J]. 学术月刊，2016，07：5～19.
[10] 田国强. 现代经济学的本质（下）[J]. 学术月刊，2016，08：5～15.
[11] 田国强. 高级微观经济学[M]. 中国人民大学出版社，2016.
[12] 田国强. 关于充分重视商学和经济学高层次创新人才培养的建议[EB/OL]. http://blog.sina.com.cn/s/blog_7efd3f960100v4f7.html，2011-5-29.
[13] 习近平. 在哲学社会科学工作座谈会上的讲话[EB/OL]. http://news.xinhuanet.com/politics/2016-05/18/c_1118891128.htm，2016-6-18.

118

对当前中国改革及平稳转型意义重大的三个问题[*]

供给侧结构性改革的关键与有限政府的建立

编者按：一段时间以来，中国经济的现状和未来走向，牵动着中国亿万民众和世界的目光。在2016年9月召开的二十国集团工商峰会（B20）上，习近平主席表示，中国改革已经进入攻坚期和深水区，我们将以壮士断腕的勇气、凤凰涅槃的决心，敢于向积存多年的顽瘴痼疾开刀，敢于触及深层次利益关系和矛盾，把改革进行到底。

改革进入深水区，越来越多的经济学者在深切思考着。中国经济改革的问题何在？能否寻找到经济社会发展的"中国式道路"？张维迎、林毅夫关于产业政策的辩论正是这样的产物，林毅夫最近在《求是》杂志上"照搬西方主流经济理论是行不通的"的论断及其引起的争论也是这样思考的产物。

在此，《第一财经日报》特刊载上海财经大学经济学院、高等研究院院长田国强关于中国改革及平稳转型的三大问题的论述，作为新开设"改革深水

---

[*] 本文载于《第一财经日报》，2016年10月24日。

区"栏目的开篇之作，欢迎各界有识之士来共同探讨中国经济的痛点及未来道路。

中国经济改革与发展在取得巨大成就的同时，所面临的治理问题也不少，例如贫富差距、贪污腐败、生态恶化等。究其原因在于，改革中该如何平衡处理好发展逻辑和治理逻辑的辩证统一关系，其背后又是政府与市场、政府与社会的治理边界模糊问题，使得政府角色越位、错位和缺位同时并存。如果对导致发展成就的经验和问题的根源认识不清，错把缺点当成优点、把短处当成长处，中国经济的问题不可能得到根治，也不可能实现社会和谐和国家长治久安。

目前，理论界对于中国改革的基本方向问题的共识，感觉不仅没有加强，而是有弱化的倾向，甚至导致一些重大分歧。例如，长期以来中国改革所坚持的松绑放权经济自由化（经济主体自主化）和市场化的方向，被一些经济学家简单地贴上新自由主义、华盛顿共识或休克疗法的标签给予否定，在政府干预经济活动已经较多出现越位和错位的情况下，仍然一味地强调政府主导或有为。如果一个国家没有方向感，在一些基本的方向问题上没有形成共识或者出现反复，那么到了后面的政策层面和操作层面就难免会有这样那样的争论和抵牾，改革中不作为、乱作为乃至南辕北辙的现象也就自然会层出不穷。十八届三中、四中、五中全会所提出的决议精神和发展理念，尤其是让市场在资源配置方面发挥决定性作用和政府发挥更好（而不是多）的作用及供给侧结构性改革的提出都非常好，问题是如何才能得到有效执行和落地。

作为当前和今后一段时期推进供给侧结构性改革的"三去一降一补"的五大重点任务——"去产能、去库存、去杠杆、降成本、补短板"，其推进都离不开公共政策的协同推进。中央在政策方面也提出了"宏观政策要稳、产业政策要准、微观政策要活、改革政策要实、社会政策要托底"的总体思路，强调要通过公共政策的组合使用，来加快结构性改革步伐。但是，进展还不如人意。在笔者看来，症结还在于笔者近些年在许多文章中反复提到和呼吁的最基本的方向性、原则性问题没有解决，共识不彰，以致到了基层无所适从，或不作为、或乱作为。

在这篇文章中，笔者想重点谈三个方面的问题：第一，市场化改革方向是否坚持的问题。改革的方向性问题首先要明确，松绑放权的经济自由化、市场化和民营化的市场导向改革方向不可动摇。第二，在坚持改革开放以来的市场化改革方向的前提下，关于政府的恰当定位问题，是将政府职能定位于有限政府还是有为政府？也就是，是靠制度还是靠政策来实现经济持续平稳发展、国家治理能力和治理体系的现代化和长治久安？即是通过建设现代市场制度的市场化改革来合理界定和理清政府与市场、政府与社会的治理边界问题，使之导致有效市场和有限（从而有效）政府及和谐社会，还是靠政府主导或有为政府，通过政策，直接参与和干预经济活动来实现经济持续平稳发展？笔者认为，供给侧结构性改革的关键就在于合理界定政府与市场、政府与社会的治理边界，而政府定位是关键中的关键。有为政府和有限政府的取向和定位，虽只是一字之差，却是天壤之别，甚至是本质差别。第三，关于理论和学术探讨的基本规范性问题。当下中国需要的是富于理性和建设性的专业化学术讨论，而不是那种贴标签、戴帽子的意识形态化讨论，从而营造百家争鸣、百花齐放的宽松氛围，同时，向非学术界传播和政府建言时要准确介绍和恰当运用，以避免误导政府决策和社会大众。

一、市场化改革方向是否坚持

改革的方向性问题首先要明确，过去 30 多年来中国经济的持续快速增长，与对经济自由化、市场化和民营化的松绑放权改革大方向的坚守是息息相关的。接下来，笔者分别从理论内在逻辑分析、历史比较分析及量化实证分析的视角切入，来谈坚持市场化改革方向的极度重要性和必要性。

实际上，早在1994年笔者就在《经济研究》上发表论文《中国国营企业改革与经济体制平稳转轨的方式和步骤——中国经济改革的三阶段论》（具有严谨理论模型的英文文章于2001年发表在国际著名期刊 *Journal of Institutional and Theoretical Economics* 上），提出了中国经济改革的三个基本步骤：经济主体行为自主化、市场化和民营化。需指出的是，这是一个考虑国情的渐进式的改革发展路径，与激进式的全盘私有化、过度市场化和盲目自由化的"休克疗法"有根本的区别。中国改革历程基本上是沿着这条道路渐进前行，并取得了巨大的经济发展进步。笔者感到有些遗憾的是，由于发表较早，没有反复呼吁，没有引起学界和政策部门的足够注意。

为什么要进行松绑放权"三化"改革呢？这是由于制度的恰当选择是至关重要的。不同的制度会对应不同的信息有效性、不同的激励相容性和不同的资源配置效率结果，而政府统制或主导的经济制度在信息有效性、激励相容性及资源配置最优性这三个方面都有比较严重的问题。即使清官都难断一个小小家庭的家务事，政府怎么有可能统制好所有经济个体的事情呢？的确如此，2016年刚获得诺贝尔经济学奖的哈特教授的不完全合约理论就解释了这样的困境，其给予我们的启迪是：政府不要试图建立面向市场、社会的全面合约，将剩余控制权牢牢控制在自己的手里，这不能很好解决信息和激励的问题，从而其资源配置效率也是极低的。从某种意义上，中国的松绑放权改革就是对不完全合约的确认和产权的再划分，把激励搞对。可以用下面三个例子来说明中国改革的历程主要是进行市场化深层次制度改革，从而在提高市场效率和激发人们的积极性上有极大的效果，取得了举世瞩目的经济发展成就。

其一，20世纪80年代初对农村和城市的松绑放权。

让笔者至今仍印象十分深刻的是，20世纪80年代初，中央提出了到20世纪末实现工农业总产值翻两番的目标，那时几乎没有经济学家相信这能实现，包括笔者的老师张培刚教授和林少宫教授都觉得不可能，其基本判断就是怎么可能在整整 20 年间将平均经济增速从 4% 一下子提高到 7% 左右呢？结果中国的改革开放和民营经济的大发展不仅实现而且是超额完成了这个目标任务。

20 世纪 80 年代的松绑放权改革是从农村改革开始的。一些地方上的人士冒着坐牢风险自发进行包产到户的突破尝试，生产队将农田承包给农民，而不涉及具体生产活动的管理，农民需要做的只是每年给国家上缴一定的粮食，剩下的归农民，直到随后铺开的家庭联产承包责任制，再到后来完全不需要上缴粮食。这极大地调动了农民的积极性，激发了其种地能力和潜力，不仅超额完成了国家粮食增产目标，而且极大地改善了农民生活。1984 年建立"公有制基础上的有计划商品经济"体制的提出，经济体制改革全面推开之后，城市的国有企业改革大抵也是如此。

其二，20 世纪 90 年代初对市场经济目标的确认。

1989 年出现了"姓资姓社"的道路之争，中国经济那时面临极大的增长和发展困境。为此，有了邓小平 1992 年初的南方谈话，从而才有了 1992 年十四大上确立市场经济体制改革的根本目标，明确提出了"我国经济体制改革的目标是建立社会主义市场经济体制"，并提出要使市场"对资源配置起基础性作用，使经济活动遵循价值规律的要求，适应供求关系的变化"。

从计划经济到商品经济，随后到市场经济的跨越，是中国在市场化改革中的关键一跃，这给中国带来了随后 20 多年的经济大发展，而这又是依靠市场化改革和民营经济的大发展。因此，只要通过真正的制度性、市场化的深化改革和扩大开放，同等对待民营经济，社会和企业的信心肯定会为之一振，当前经济持续下滑的劣势就会得到根本逆转。很难想象，如果没有邓小平对于计划与市场和"姓资姓社"的争论的一锤定音，市场经济的基本建设目标及市场的作用能够写入党和国家的决议文件，中国能够在经济自由化、市场化和民营化的松绑放权改革的道路上走到现在这样的地步。

随后，1995年十四届五中全会通过《中共中央关于制定国民经济和社会发展第九个五年计划和2010年远景目标的建议》，对国有企业提出了"抓大放小"的改革战略。直到1999年十五届四中全会通过的《关于国有企业改革和发展若干重大问题的决定》，国企改革一直遵循这样的基本原则。其中，"放小"就是通过改组、联合、兼并、股份合作、承包、租赁和出售等多种途径和形式，把一大批国有中小企业直接推向市场。放开搞活的力量是巨大的，许多企业由此成为市场经济中自主经营、自我激励、自我约束、自我发展的经济实体，带动了中国非国有经济特别是民营经济的大发展、大繁荣，推动了中国经济的持续快速发展。

其三，21世纪初加入以贸易自由化为目标的WTO。

2001年中国加入WTO前后，许多人反对，甚至动辄以卖国贼扣帽子，上升到意识形态上去，认为中国加入WTO后，农业、民族工业、汽车、纺织、医药等行业都会受到毁灭性影响。这些都是没有内在逻辑的说法，其结果正好相反，加入WTO推动中国经济高速发展了10多年，由此大大地提升了中国的国际政治经济地位，并由此改变了世界政治经济的格局：中国"入世"时只排世界第七，而现在超越了意大利、英国、法国、德国和日本这些强国，成为全球第二大经济体。

开放，从某种意义上也是改革，一种融入全球经济贸易体系的倒逼式改革。"入世"，就是按照国际通行惯例和规则，将中国的经济自由化、市场化和民营化的松绑放权改革又往前推进了一大步。

面向未来，中国经济要重拾增长动力，必须在经济自由化、市场化和民营化这样对内放开和对外开放的松绑放权改革上再进一步。2015年7月，四位俄罗斯裔经济学家在NBER工作论文"The Economy of People's Republic of China from 1953"中，以标准宏观分析工具对1953~2012年中国经济增长进行因素分析，并对2012~2050年的经济增长做了预测，分别以改革开放前后各因素的贡献作为假设，进行了预测比较。其结论就是，改革与不改革，其对经济增长的影响差别巨大，在随后的10年内增长率相差近3个百分点，而改革开放前后的经济增长率差距恰恰也是3个百分点左右（见表1）。

表1　　　　　　　　　对不同发展路径下中国经济增长差异的预测

	2012～2024年	2024～2036年	2036～2050年
以改革开放后的发展路径	7.8%	5.2%	3.6%
以改革开放前的发展路径	5%	4.6%	3.9%

数据来源：http://www.nber.org/papers/w21397.pdf。

经常看到许多人由于市场制度下不少国家存在许多问题，不知道有好的市场经济和坏的市场经济的区别，由此以偏概全地认为建立现代市场制度的市场化改革不重要，以为中国经济持续发展的问题不在于制度，从而反对或不重视中国进行市场化改革，更强调通过政策应对来促进经济发展。这种思维逻辑其实大有问题，是不能区分充分条件和必要条件的典型表现。

要知道，将一件事情办成需要多种因素都满足才行，这是所谓的充分条件，但将一件事情办砸只要一个因素不满足就可能发生，这是必要条件。这就是为什么失败容易成功难。如果不知道这点，可能就会说，我的车不能运转，怎么可能是传动系统出了问题？明明张三的车是机器出了问题才不能运转的嘛。这个人怎么可能是癌症死的？明明李四是得心脏病死的嘛。由此推论，中国怎么可能需要市场化制度改革？你看，许多市场经济的国家都搞不好，我们为什么要搞市场化改革？好多别的国家都不提制度改革，我们为什么要谈制度建设的重要性？

这样，无论是从理论还是改革实践及量化的计量分析，可以看到坚持还是不坚持市场化的改革方向，市场化的改革到位不到位，其结果相差巨大，中国突破经济增长困境有赖于坚持市场化改革方向，进一步深化市场化制度改革。

二、政府职能定位是"有限"还是"有为"?

一旦确认了市场化的改革大方向之后,随之而来的基本问题就是政府的定位是"有限"还是"有为",也就是中国是否需要建立和完善有效现代市场制度的问题,其关键是政府职能定位是否恰当的问题。

(一) 有效市场的必要条件是有限政府,不是有为政府

我们要让政府职能恰当定位的根本目标,就是要合理界定和理清政府与市场、政府与社会的治理边界问题。只有这样,才能建立有效市场和有限(从而有效)政府,才能让市场在资源配置和经济活动中发挥决定性的作用,以及让政府主要在维护和提供公共服务方面发挥好的作用。需要特别强调的是,即使政府在发挥作用的时候,也应是尽量通过制度或规则的适当设计,而不是直接干预经济活动或将干预减少到最少,从而需要通过制度来合理界定和理清政府与市场、政府与社会的治理边界。

所谓有限政府指的是,只要市场能做的,就应让市场发挥作用,只有市场不能做或失灵时,政府才应发挥作用,从而导致好的市场经济和有效市场。简言之,有限政府的主要职责就是维护和提供公共服务。中国离有限政府的定位还很远,因而需要通过市场化制度改革取向来建立有限政府和现代市场制度,以此合理界定和理清政府与市场、政府与社会的治理边界,解决中长期的发展和治理问题,以实现国家治理现代化和长治久安。

而有为政府除了没有边界或难以界定适应边界之外(例如计划经济制度下政府的行为都可以称之有为),更多的是着眼短期,强调通过政府干预经济活动、用政策手段来解决短期发展问题,但是却遗留很多隐患,很可能会由于信息和激励的问题,尽管动机不坏,但其结果往往可能会出现好心办了不正确的事情,使之难以导致好的或有效市场经济。

也就是说,有限政府和有为政府的本质区别在于,是着眼中长期发展还是

着眼短期发展，是强调改革还是不强调改革，是落脚于国家治理还是不落脚于国家治理。

这样，一个有效的市场的必要条件是有限政府而不是有为政府。虽是一字之差，但是差别重大，甚至是天壤之别的本质差别。中国如果不进行进一步的市场化改革，是不可能实现经济持续发展、社会和谐稳定及国家长治久安的。

为什么有效市场需要有限而不是有为政府？

从制度设计这个角度上讲，由计划经济失败和一些情形下市场失灵所激发形成的机制设计理论，在未来改革中可以发挥巨大作用。当下中国正在推进的以实现国家治理体系和治理能力现代化为目标的全面深化改革，从某种意义上讲是一场非常深刻的制度变革，因而会涉及一连串的各式各样机制的设计，包括中央顶层机制设计和各个层面的合约设计。那么，大机制嵌套着小机制，旧机制伴生着新机制，如何避免诸种机制之间的内在冲突呢？这是在改革过程中一个非常值得重视的问题。

2016年获得诺贝尔经济学奖的哈特的不完全合约理论则告诉我们，在微观层面也要认识到不完全合约是必然和经常存在的，当合约不完全时，让市场发挥决定性的作用，民营企业在创新驱动中发挥主体作用，将剩余控制权配置给投资决策相对重要的一方将会更有效率。这为政府向市场、社会的放权和分权，提供了重要的理论基础。

之所以让市场制度在资源配置和经济活动中发挥决定性的作用，让政府发挥有限从而好的作用，是由于市场制度的信息有效性、激励相容性和资源配置的最优性所决定的，并且根据不完全合约理论，政府由于信息对经济人信息极度不对称而不应将剩余控制权牢牢控制在自己的手里。从而，由于在个体（无论是国家层面还是部门、企业及个人层面）通常情况下为自身考虑，再加上个体之间的信息往往是不对称的使之即使清官也难断家务事，这样两个最大客观现实约束条件下，现代有效市场制度至少在现阶段是不可替代的，需要市场在资源配置和经济活动中发挥决定性作用，同时政府要在维护和服务方面发挥好的作用,而不是在经济活动中发挥过多的作用。

中国解决经济增长问题的关键在于如何落实十八届三中、四中、五中全会所提出的决议精神和发展理念。如果不进行深层次市场化制度改革,许多领域的改革将推而不动、停歇不前甚至倒退,发展的逻辑和治理的逻辑都会出现问题,必须解决好两者间的相辅相容的辩证关系,必须解决好"是政府还是市场,是国企还是民企"这样"谁去做"和"怎么做"的关键性、方向性问题。

于是,供给侧结构性改革最根本的就是有效市场制度供给,从而应以深层次市场化制度改革为内涵,推进及让各种所有制公平竞争,以此提高市场效率,建立维护和服务型有限政府,使之与市场保持一臂之距,收缩国有经济战线,促进民营经济大发展,以此提振民间投资信心和稳定市场预期,这才是中国同时处理好发展的逻辑和治理的逻辑,以及应对当前经济困境的标本兼治的必要之策。所以,建立现代市场制度才是最关键、最根本、最长效的,中国改革的根本目标就是要通过市场化改革建立现代市场制度(不是没有政府发挥任何作用的"原教旨"的市场经济)。

当然,目标不等于过程,需要一系列过渡性制度安排来推进和实现。现代市场制度并不是没有规则来维护市场秩序的任意放任自由的市场。但是,要政府维护市场秩序建立提供市场效率的规则和制度及提供公共服务,并不等于要政府直接干预经济活动。

(二) 富民强国的内在逻辑也必然要一个有限政府

基于历史上国内外几千年的强国实践,结合现代经济学理论,富民强国的内在逻辑也必然要求一个有限政府,即欲强国,**必先富民**;欲富民,**必赋私权**;保私权,**必限公权**。

欲强国,必先富民。遍览古今中外,我们找不到一个忽视富民却取得国家富强的成功例子,例如苏联、东欧的计划经济体制实践,中国近代的洋务运动,这些以国家作为投资主体,而民间投资处于被忽视的地位,一味追求国家的强大而忽视民富，最后无一不以失败告终。

欲富民，必赋私权。富民是强国的基础。由于受到个体逐利的约束、资源的约束、信息非对称的约束，一个经济社会要实现富民，首先要赋予公民基本的私权，最核心的是基本生存权、经济自由选择权、私有产权。

保私权，必限公权。要成为一个有效的政府，必须是一个定位恰当的有限政府。建立有限政府，关键是要让公共权力的行使受到法律的约束和民众的监督，以预先制定的规则来划分政府和个人的权利范围及政府与市场、政府与社会的治理边界。

中国改革实践所取得的巨大成就，也正是源自遵循了这一基本内在逻辑，而发展过程中出现的种种问题恰恰是源自对内在逻辑的违背。从这个角度而言，中国经济奇迹的创造并没有特殊性和例外性。根据这一逻辑，对中国过去30多年的改革实践进行解读，也可以进一步推演出政府职能转变和深化市场化改革的结论。

以上所有的论证都牵涉到政府的基本定位问题，不能在维护和提供公共服务方面缺位，更不能在经济活动中越位。

以供给侧结构性改革五大任务中的去产能、去库存为例，其关键就是要与国有企业改革的深化相联动，根据委托—代理理论和不完全合约理论促进现代企业制度的建立，促进国有资产管理部门实现由管企业向管资本的转变，摆脱国企决策中的高度政府依赖，提高国有企业决策和经营效率，让市场机制充分发挥作用，出清依赖政府支持才得以存续的僵尸企业，让国有企业破产、重组正常化，进而推动去产能、去库存任务的完成。国有企业改革是中国深化市场化制度改革中不可忽视的重要一环，其改革红利将是巨大的。

改革开放以来，非国有经济尤其是民营经济的大发展对中国经济的发展做出巨大贡献，无论产值贡献还是解决就业方面均居于主要地位。目前，非公经济占国内生产总值的比重已超过60%，税收比重超过50%，新增就业比重达90%。并且，越是民营经济发达的地方，地方政府无论是经济发展、社会稳定还是其他方面，日子都会好过很多，少许多麻烦。更重要的是，中国向效率驱动乃至创新驱动的转型发展，还有赖于民营经济发挥主导作用。所以，中国依然要沿着市场化、民营化的制度化改革方向继续前行，这不仅是遏制经济下滑的根本之策，更是跨越中等收入陷阱的必由之路。

（三）减少政府的风险也需要有一个有限政府

一个涉及全局改革的问题，涉及政治、经济和社会稳定的问题，必须充分考虑风险问题。最近国务院发展研究中心的魏加宁研究员在一次演讲中讲到，民企的风险由市场和个人承担，但国企的风险却由政府承担，就很值得政府充分重视。

其实，笔者在 2016 年 6 月的文章《供给侧结构性改革的重点和难点——关键是建立有效市场和维护服务型有限政府》中也说了类似的话："如果什么都是由政府和国企兜着，中间没有隔离带和防火墙，一旦经济出事，责任自然就在政府、在国企，从而矛盾立刻就集中在政府身上，这将会对中国政治、经济和社会稳定造成很大的风险。"其中的道理非常清楚明了。这是由于，根据不完全合约理论，政府管得越多，在得到越多的剩余决策权和剩余获取权的同时，也将伴随着更大的剩余风险承担责任。

笔者在这篇文章中还写道："改革开放以来，如没有非国有经济，特别是民营经济的发展，中国经济怎么能大发展，经济、政治及社会怎么可能这么稳定？怎么会取得举世瞩目的成就呢？显然，改革开放以前的实践已表明，计划经济条件下完全靠国有企业并没有很好地满足人民的需求，恰恰是改革开放后民营经济的大发展才使得人民的需求得到极大满足，极大地夯实了党的执政基础。"

（四）为什么说不能用政策制定替代制度改革

这是由于政策内生性、个体（包括国家层面及地方政府、单位企业、政府官员、家庭及个人）逐利性和信息不对称，政府直接干预经济活动或制定的直接干预经济活动的政策，短期或者在局部是有用的，但是其边际效用会递减，而且往往中长期的弊端大于短期好处。政府推动、一拥而上的产业导向一定会造成资源的无效率配置。此外，由于信息和激励的问题，政府官员能否胜任在具体产业方向选择和协调中的作用，恐怕答案也基本是否定的。除非政府官员有很高的市场敏感度，或本身即高度嵌入市场发展中，否则他们可能会由于缺乏足够的必要信息和动力，而难以做出明智的产业发展抉择。这样就会有向任用亲信和腐败方向发展的倾向。对于一个转型经济体而言，创造一个合理的竞争性市场制度环境，要远比实施精准的财政政策、货币政策或具体的产业政策来得更为重要。

关于当前讨论较多的产业政策制定，其根本着眼点还是应该在于激励企业家精神，让市场在资源配置中充分发挥决定性作用。与市场相比，政府在产业及其技术的精确遴选上是缺乏知识和敏感度的。很多产业的发展，政府在其中较难做到先知先觉，很多时候是后知后觉，甚至是不知不觉。所以，整体上，由于信息不对称，对经济人和市场的规制应该是宜粗不宜细，就是应给人们更多的经济上的选择自由和政策空间。

（五） 政策制定也需处理好政府、市场和社会的关系

如同印度总理首席经济顾问、世界银行首席经济学家考希克·巴苏在《政策制定的艺术》一书中所说，政策制定是一门需要兼顾市场反应、政治决策、社会规范和国际权衡的艺术。抛开国际的因素不谈，与改革一样，政策制定也需要正确处理政府、市场与社会的关系，合理划分各自的治理边界。市场是会失灵，需要政府在公共品、信息非对称、垄断和外部性等地方发挥作用。但是，这个作用不是完全替代和直接干预经济活动，而应该是一种部分替代或补充，例如一些公共产品的具体生产还是可以通过市场合约交出私人部门来完成，政府最重要的还是建立规则和维护规则。

并且，由于政府也是经济人，既当裁判员又当运动员，这就要求对政府的行为应有明确的程序和规则，这些程序和规则的制定应该是宜细不宜粗，越明确越好。在政府行政体制改革中，尤其需要加大对于政府内部与公共服务相关信息的透明化、公开化，杜绝行政过程中的贪污腐败等激励扭曲行为，促进公共利益最大化。新科诺贝尔经济学奖得主霍尔姆斯特伦的最优合约理论、团队理论就非常强调事先的信息完全性和对称性，尤其是一些关键岗位的经济特征披露对于最优激励合约制定的重要性。

当然，需要明确的是，只有很少人会不分青红皂白地反对所有的产业政策，包括笔者在内的绝大多数经济学家都不会认为任何的产业政策都是错误的。尽管笔者认为采用产业政策甚至是制定任何政策，由于政策内生性、个体的逐利性及信息不对称性，制定和应用产业政策要慎重。

三、关于理论和学术探讨的基本规范和避免误导

中国的改革是一个庞大的系统工程，实践每向前推进一步，都会带来更多更复杂的理论和实践问题，这就对理论创新提出了新的更高要求。**所谓改革，闯禁区，就是由于需要突破现有的规则、制度、政策，甚至是法规的限制。**

事实上，许多改革措施的最后出台，无论是从实践还是理论上，都是先闯了禁区，最后才成为国策或政策的。例如，小岗村18个农民的包田到户就是突破了国家的政策法规，冒着坐牢的风险在包田到户的保密书上签字，取得了实实在在的成效，才有了后面政府的肯定，推广到全国。邓小平在改革开放初期将认识上升到了走什么样道路的路线和政治高度，如果没有邓小平这种大无畏的胆识，没有一批改革的理论家，改革的操盘手和推动手，能有现在改革开放取得的举世瞩目的巨大成就吗？中国下一步的改革，仍需要创造鼓励理论探

讨的氛围条件。

（一）理论探索无禁区，应避免贴标签、意识形态化

一个好的棋手，应该是走一步看五步，改革同样如此。理论探索一定离不开一个开明、宽松的舆论氛围和社会环境。理论探索无禁区，思想解放要先行，其重要性至少有二：一是对已确立的改革方向和路径进行理论分析和论证，促进上下改革共识的凝聚和改革方案的执行；二是理论探索必须要超前，对现有改革的不足之处进行理论剖析，通过内在逻辑的推演指明下一步改革的方向和可能结果。

为此，在理论探讨和学术交流的过程中，一定要避免采取贴标签、戴帽子、抓辫子的意识形态化做法，动辄上升到政治高度会让很多人不敢说话、不愿说话。例如，将经济自由化、市场化和民营化的改革与华盛顿共识、新自由主义、休克疗法等同起来的做法，不知道有渐进式的"三化"和激进式的"三化"之分，而一概否定。

所谓"化"的改革就是制度、规则和体制的转型。如前面所述，中国30多年来的经济发展成就的取得就是与这"三化"为内涵的松绑放权改革分不开的，但现在却有人将这"三化"同新自由主义、华盛顿共识和休克疗法类同起来，并认为，中国道路的成功秘诀，就在于打破新自由主义所谓自由化、私有化、市场化的神话才取得的，这已经上升到新自由主义或华盛顿共识的高度了，可能不少人都不太敢反驳了。

让笔者感到忧虑的是，打破这"三化"神话的建议一旦为政府所采纳，弄不好就会改变市场化改革方向。这不是乱担心，现在有不少人动不动就对市场化改革进行学术探讨和做出建议的人上纲上线到新自由主义、华盛顿共识或休克疗法，上升到照搬西方主流经济学的政治高度上了。有人问得好，世界上有照搬的例子吗？谁照搬了？谁能做到照搬？不是该不该照搬，而是根本就做不到照搬，因为所谓"照搬"就是原封不动地搬过来，这做不到。

上纲上线是大家都害怕的事情，如果动不动就贴上一个标签，谁还敢或还能谈出自己的学术观点和改革建议。一旦用一种贴政治标签的意识形态化做法将其否定，很可能会招致颠覆性的错误。

并且这种否定西方主流经济学整体的说法也是不严谨的，这样会将许多对中国改革有价值的现代经济学理论全盘否定掉。现代经济学或西方主流经济学有许多不同的理论和领域，不能一概否定。现代经济学或主流经济学按照功能可以分为两类，一类是提供基准点或参照系、远离现实的基准经济理论（如新古典经济学理论、一般均衡理论等），以及没有国别属性，没有意识形态，具有一般性的工具性理论（如委托—代理理论、机制设计理论、合约理论、拍卖理论等）；而另外一类理论则是旨在解决现实问题的经济理论，其前提假设更为接近现实，是对基准理论的修正。这两类理论都异常重要，是一种递进的相辅相成关系，都可用来得出具有内在逻辑的结论和进行预测。

诚然，第一类理论中的基准经济理论主要是以成熟市场经济国家的经济环境作为理论背景的，提供的是在相对理想状态下的基础理论，不一定完全适合中国的国情。但是，却为更好地研究更为现实、有摩擦的经济行为和经济现象提供了基本标尺，很多批评甚至否定主流经济学的人实际上有意无意地用到了主流经济学的理论和方法。一个让人感到奇怪的现象是，不少人一边批西方主流经济学，一边又很崇尚宏观调控的凯恩斯宏观经济理论，难道凯恩斯和新凯恩斯宏观经济理论不是西方主流经济学的范畴？

政府应该鼓励百家争鸣、百花齐放，允许学术自由探讨，关键是要科学严谨，言之有据，这往往会减少犯错风险，弥补漏洞，对完善改革措施大有帮助。对于各个领域的改革深化，同样需要理论探讨先行，不断促进思想解放。目前，中国方兴未艾的智库建设，主要还是依靠体制内的力量在做。要想真正让智库拿出不掺杂个人立场和利益的关于公共治理的独立见解和改革方案，还需要鼓励体制外的力量生长。

（二） 客观准确介绍学术观点和结论，避免误导政府与大众

作为一个公共知识分子，在做政策建议时，要客观、科学及严谨地陈述自己或他人的学术观点和结论，而不是在主观或客观上造成对政府与大众的误导，在不同的场合说不同的话。现在有种现象，作为学者，在报刊和政论期刊的文章中的说法，和学术文章的说法居然可以有很大的不同。一方面在其学术论著和学术文章中给出前提假设条件，另一方面在非学术场合却忽视了那些甚至至关重要的前提假设。

要知道，经济理论一旦采用就具有很大的外部性，不认识和理解边界条件而盲目应用或不准确介绍，会带来很大负外部性。尽管决策者和一般民众不需要了解理论严谨分析的细节，但提出政策建议的经济学家必须要了解和准确介绍。如不准确地介绍其前提条件，一旦被政府接纳采用，弄不好就有可能会带来很大问题甚至灾难性的后果。

（2016 年 10 月）

119

有限政府，有为政府？

提要：产业政策争论的背后关乎政府的角色，是通过市场化改革来实现政府职能的转变，从全能型政府转向服务型有限政府，还是采用政府政策继续坚持有为政府？是靠制度还是靠政策来实现经济平稳发展及国家治理能力和治理体系的现代化？当前，国内学术界关于产业政策的争论与上述问题息息相关，其背后正是政府的角色和定位的关键性问题。一个有效的市场的必要条件是有限政府而不是有为政府。有限政府和有为政府的本质差别就在于，是着眼中长期发展还是着眼短期发展，是强调改革还是不强调改革，是靠制度还是靠政策，是落脚于国家治理还是不落脚于国家治理。

中国经济面临发展成就巨大和治理问题严重的两头冒尖现象，改革由此也进入深水区和关键期，无论是从理论认知、共识，还是到具体行动，其艰难性和复杂性空前。如果对导致发展成就的经验和治理问题的根源认识不清，错把缺点当成优点、把短处当成长处，就会造成理论上的重大分歧和行动上的南辕

---

* 本文载于《财经》，2016年11月。

北辙，中国经济的深层次问题从而不可能得到根治，也不可能实现社会和谐和国家长治久安。所以，明道很重要，改革的方向性问题首先要明确，要形成松绑放权的经济自由化、市场化和民营化的市场导向改革方向不可动摇的共识。

继而，在坚持改革开放以来松绑放权的市场化改革取向下，一个根本性的问题就是：让中国经济持续长远发展、政治经济社会和谐稳定、实现创新驱动的关键到底主要靠的是，通过市场化的改革来实现政府职能的转变，从发展、全能型政府转向维护、服务型有限政府，还是采用政府政策继续坚持有为政府？也就是，是将政府职能导向定位于有限政府还是有为政府？是靠制度还是靠政策来实现经济持续平稳发展及国家治理能力和治理体系的现代化和长治久安？当前，国内学术界关于产业政策的争论与上述问题息息相关，其背后也正是政府的角色和定位的关键性问题。笔者在《对当前中国改革及平稳转型意义重大的三个问题》中对以上问题作为文中第二个问题给出大致回答，但没有进行深入分析，仍然不少人有疑问，本文对以上问题进行详细分析和给出具体回答，详细地论述了有为政府提法的内在矛盾及其弊端和误导性。

"有为政府"是林毅夫教授所创导的新结构经济学中的一个重要概念和认为的经济发展的核心因素，林毅夫教授及其学生、同事及北京大学新结构经济学研究中心学术副主任王勇对此概念做了大量解释性陈述，散见于《经济转型离不开"有为政府"》《不要误解新结构经济学的"有为政府"》《有效市场和有为政府之我见》《什么是新结构经济学中的"有为政府"》《有为政府与中国宏观政策》等系列文章中。上面提及的这些文章论述中尽管有着许多有价值的经济学见识，但是有为政府给人的感觉依然是一个定义不清、内涵不明的概念，也不乏大量具有误导性的地方。如下面所详细分析的那样，将会导致一系列的问题和造成很多隐患。尽管有为政府的动机是好的，但由于信息和激励的问题，其结果往往可能会出现好心办了错误的事情，使之难以处理好改革、发展、稳定、创新、效率及公平之间的相辅相成、互为促进的辩证关系，从而难以导致好的或有效市场经济。

一

有为政府的行为边界是游离不定的，乃至是无限和无界的；而有限政府的行为边界更为清晰，是有限和有界的。

根据王勇最近发表在《第一财经日报》的《不要误解新结构经济学的"有为政府"》一文中的说法，"新结构经济学中的'有为'，是在所有可为的选项集合中，除去'不作为'与'乱为'之后剩下的补集。"问题是，"可为""乱为"的定义又是什么？是事前、事中还是事后乱为？没有给出定义。只能帮助作者猜测："有为"应意味着"好心"，由此乱为应该排除"事前乱为"而指的是"事后乱为"。根据王勇的文章，一方面"有为"是"乱为"的补集，从而有为政府排除的是"事后乱为"。但文中又说了："有为政府事前的选择也许在事后被证明是失败的、无效的，但从事先给定的信息的角度，有为政府所做的选择应该是正确的、理性的。"这又好像说的是，有为政府排除"事前乱为"，但允许"事后乱为"。那么，有为政府的定义到底是允许还是排除事后乱为呢？这样，王勇的文章所给出的有为政府定义根本就是自相矛盾的！排除到底是事前还是事后乱为呢？根本就不清楚。你可以说需要具体问题具体分析，但是如果对于政府的职能没有一个基本的限定，这个边界显然会是游离不定的，无限和无界的，并且有很大误导性。当此政府在经济活动中已经出现大量过位、在维护市场秩序和提供公共服务方面缺位并存的情况下，仍强调这种通过政府干预经济活动、用政策手段尤其是产业政策手段来解决短期发展问题，仍然鼓吹积极参与经济活动和制定产业政策的有为政府，有可能会造成误导，将中国经济带入"重政府轻市场、重国富轻民富、重发展轻服务"的旧模式和无限边界的有为政府，甚至可能走向全能型政府。

并且，"不作为"，也就是"不为"，就总是或一定是坏事吗？由于资源是有限的，时间和精力是有限的，往往需要进行权衡取舍的选择，特别是涉及战略性、方向性的选择方面，往往需要有所为、有所不为地权衡取舍。这样，怎么"不为"就一定非要排除掉，认为是不好的选择呢？

实际上，2001年，时任福建省省长的习近平同志就曾在福建省非公有制经济论坛上提出："今后政府职能转变的关键是做到有所为有所不为，使政府成为'有限政府'，更多地向社会提供'公共服务'。"这一思路在他调任浙江和上海期间，也得到了延续。十八届三中全会以来，中央所实行的简政放权改革也体现了这一点。

事实上，新结构经济学的追随者对于建立有限政府的必要性也是有所认知的，如王勇在《有为政府与中国宏观政策》一文中指出，有为政府的"有为"不仅"包括伸出手去拯救市场失灵，还包括政府下定决心把不该管的手缩回来"。这里，要政府把不该管的手缩回来难道不就是要政府不为吗？但是，这种有为政府的定义，却是一方面从定义开始就将"不为"排除，另一方面又将"有为"和"不为"放在一起定义为"有为"，这让定义含混不清，逻辑上说不过去不说，至少是在语义引起歧义。政府当然应该有所为而有所不为，然而单纯以有为政府一言蔽之，容易使人误读。这正如在一些学术讨论群有群友认为的那样，如将"有为政府"的概念和建议直接说给一般政府官员听，他们最自然的理解就是要我们有为，不要无作为，从而成为他们错位乱为和肆意妄为的借口。

相较而言，聚焦于维护和公共服务的、与市场保持一臂之距的有限政府的行为边界则更为清晰。所谓有限政府指的是，只要市场能做的，就应让市场发挥作用，只有市场不能做或失灵时，政府才应发挥作用，从而才可能导致好的市场经济和有效市场。对于政府与社会的关系处理，也大致是如此，社会能够自组织、自治理、自服务的，就放权给社会，政府不必大包大揽。美国历史上最伟大的总统之一林肯对政府职能的界定概括得非常精辟：政府存在的合法目的，是为人民去做他们所需要做的事，去做人民根本做不到或者以其各自能力不能做好的事；而对于人民自己能够做得很好的事，政府不应当干涉。

二

有为政府将目标和过程混为一谈的结果必定会导致忽视市场化改革的必要性，从而为政府更多干预市场提供借口，且容易导致政府寻租和贪污腐败，而强调有限政府正好相反，目标和过程清清楚楚，从而表明市场化改革的必要性，通过市场化的改革逐步不断地减少政府的干预，不断向有限政府逼近，这也从制度上不断减少政府寻租和贪污腐败的机会，从而有限政府与市场化制度改革的导向是相容、不可分割的。

有为政府一方面如王勇所言是"理想状态的概念"，是作为终极目标存在的，"未见得都已经是现实"；另一方面又说其具体含义是"随着发展阶段的不同发生变化的"，从而又被作为一种过渡性制度安排来指导甚至主导现实实践。我这里是十分迷惑了，既然是目标，怎么又会不断变化呢？王勇经常在微信群中批评强调市场化和有限政府的人将目标和过程混淆。到底是谁将目标和过程混淆？其实恰恰相反，从王勇以上对有为政府的解释来看，是王勇将有为政府既看成是目标，同时也看成是过程，是"随着发展阶段的不同发生变化的"，从而混为一谈的。并且更严重的是，目标与过程的混淆自然就导不出市场化制度改革的必要性（当然，王勇也说："有为政府本身都是具有改革含义的"，但这种称之为改革的所谓改革很难称之为是市场化的改革），政府就会有理由和借口通过这样那样的政策去更多地干预市场经济活动，那么怎么可能实现市场在资源的配置中发挥决定性作用呢？

而有限政府的建立只是目标，都知道这是一个理想状态，是基准点、参照系，从而一定是不变的，一定不是过程。由于中国目前离有限政府的目标还差得很远，但正是因为存在这样的差距才使得市场化改革成为必要，使得改革有了方向感，中国绝大多数经济学家强调的是通过渐进式改革方式与建立各种过渡性制度和规则来诱导经济人的行为，从而尽量减少直接干预经济活动的现象。并且，也只能通过市场化改革来不断地逼近有限政府这一种理想状态，尽管在现实中不可能完全达到,不可能做到最好,但可以做到更好,再更好。唯其如此,才能不断向目标逼近。

政府干预经济活动过多,融规则制定者、裁判和最大的经济人于一体,带来的一个后果就是寻租空间巨大、贪污腐败盛行。例如,特定产业的经济主体通过向政府官员进行非法和不透明的私人利益输送来影响相关行业的法律、规则、政令和规制等的形成,往往会使得该主体可以不经由市场环境下的自由竞争就将自身的相关偏好转化成整个经济博弈规则的基础,同时成为一些政府主导的相关工程建设的"自然"供给方,从而形成大量的能够为特定个体产生高度垄断利益的政策安排。这种现象比比皆是。这也使得政商关系难以真正做到"亲"和"清",利益纠缠不清,政府应有的中立性和公正性怎么可能得到保证?

三

以事前理性的有为政府来指导事中的经济实践,不能带来事后的有效市场,既不充分也不必要,并且会带来很大的结果差异,从而弄不好会带来很大的整体风险。而有限政府是(事后)有效市场的必要条件。也就是说,只要不能形成有限政府,由于有为政府不是有效市场的必要条件,如此推崇有为政府,中国就不可能有一个有效市场。

同样在《不要误解新结构经济学的"有为政府"》一文中,王勇指出:"'有为政府'会不会犯错误呢?有可能。当存在不确定性的时候,有为政府事前的选择也许在事后被证明是失败的、无效的,但从事先给定的信息的角度,有为政府所做的选择应该是正确的、理性的。"看到这段轻描淡写的描述,笔者立即感到一种极度的担忧,甚至是恐惧,因为对一个国家来说,如邓小平所说,发展是硬道理,压倒一切的是稳定。学过经济学的人知道,信息结构,从而事件所导致的结果可分为事前（Exante）、事中（Interim）还是事后（Expost），其差距、差别极大！要知道，政府政策和决策具有很大的正负外部性。不像医生，医术不好，受损或医死只是个别人。而政府政策如果制定得不恰当，会导致巨大风险和政治经济社会的不稳定，弄不好影响和危及的不仅是个体，甚至是经济社会的各个方面，是整个国家层面的经济和社会发展。怎能轻描淡写地说，有为政府是好心，所做的选择事前是正确的、理性的，但是有可能好心办了错事，而不评估风险的后果，就如此推崇和提倡有为政府呢？

由于政府很难也没有多大激励去掌握市场和经济人的具体信息，只能是基于非常有限信息做出事先的产业政策规划和措施，其平均期望可能还可以（期望就是事前的内涵结果），但是方差却可能会很大（例如，一个是极好的产业政策，另外一个却是极坏的产业政策，尽管其平均可能不差，但相差很大），也就是说，尽管这个产业的发展还不错，但那个产业的发展却很糟糕，我们能说导致这样结果的有为政府是我们需要的、提倡的？

此外，在中国现有的政府行政体制环境下，还存在一个特有的现象就是，中央政府出台某个产业的发展规划之后，地方政府会依葫芦画瓢地竞相推出类似乃至基本一样的产业规划，由此就导致一哄而上、恶性竞争、产能过剩、库存过多等一系列后果，从而导致了资源的极度无效率配置。林毅夫教授在《经济转型离不开"有为政府"》中曾言："资金、资源如何避免盲目性，制度如何完善"要靠"强有力的政府来协调、支持。"在笔者看来，正是由于政府对市场和经济人信息的极度不对称和经济人的激励问题，恐怕结果恰恰相反，政府干预过多才是导致资金和资源盲目配置、制度无法臻于完善的关键因素。

其实，这样的类似观点，我们在20世纪二三十年代社会主义大论战时期洛桑学派兰格等人的文章中也可以看到。由于忽视了经济人私人信息的极度不对称和激励问题的客观存在，在他们看来，中央计划机构是可以做到完全理性的，是能够通过试错模拟市场的，能够有效处理信息问题的，从而计划经济是可行的。当时，苏联等国在工业化方面的进步似乎证明了他们的正确性。但是，所谓风物长宜放眼量，计划经济在各国实践的相继失败表明，兰格等经济学家的那套东西是行不通的，而米塞斯、哈耶克所揭示的集中计划经济核算的不可行性得到了证明。即使在计算机技术日新月异、云计算和大数据方兴未艾的今天，米塞斯和哈耶克所说的信息收集和信息计算的问题依然存在，因为信息不对称、不完全和个体通常逐利（从而弄不好会导致很大的激励扭曲问题）是政府在制定制度或政策时必须要考虑的两个最大的客观现实，从而直接干预经济活动往往导致资源的无效率配置，从而需要采用信息分散化，所需信息最少的市场机制在资源的配置和经济活动中发挥基础和决定性的作用，而这又靠不断接近和逼近有限政府的市场化改革才能实现。

有为政府除了没有边界或难以界定适应边界之外（例如计划经济制度下政府的行为都可以称之有为，因为计划往往都是出于好心的），更多的是着眼短期，强调通过政府干预经济活动、用政策手段尤其是产业政策手段来解决短期发展问题，但是却遗留很多隐患，很可能会由于信息和激励的问题。尽管动机不坏，但其结果往往可能会出现好心办了不正确的事情，使之难以导致好的或有效市场经济。

而有限政府则是形成有效市场的必要条件，如果政府过多干预经济，其与市场的边界将始终处于不清晰、不合理的状态，无法带来有效市场。因此，有效市场的必要条件是有限政府，市场化改革的目的就是要建立有限政府，以此合理界定和理清政府与市场、政府与社会的治理边界问题。只有这样，才有可能建立有效市场和有效政府，才能让市场在资源配置和经济活动中发挥决定性的作用，以及让政府主要在维护和提供公共服务方面发挥好的作用。

所以，整体上，由于信息不对称，对经济人和市场的规制应该是宜粗不宜细，就是应给人们更多的经济上的选择自由空间，而不是靠政府直接干预的政策。2016年获得诺贝尔经济学奖的哈特的不完全合约理论也告诉我们，在微观层面同样要认识到不完全合约是必然和经常存在的，当合约不完全时，让市场发挥决定性的作用。民营企业在创新驱动中发挥主体作用，将剩余控制权配置给投资决策相对重要的一方将会更有效率。这为政府向市场、社会的放权和分权,提供了重要的理论基础。

从风险控制的角度,也应是有限政府而不是有为政府。最近,国务院发展研究中心的魏加宁研究员在一个演讲中讲道,民企的风险由市场和个人承担,但国企的风险却由政府承担。笔者在2016年6月的文章《供给侧结构性改革的重点和难点——关键是建立有效市场和维护服务型有限政府》中有过类似阐述:"如果什么都是由政府和国企兜着,中间没有隔离带和防火墙,一旦经济出事,责任自然就在政府、在国企,从而矛盾立刻就集中在政府身上,这将会对中国政治、经济和社会稳定造成很大的风险。"其中的道理非常清楚明了。这是由于,根据不完全合约理论,政府管得越多,在得到越多的剩余决策权和剩余获取权的同时,也将伴随着更大的剩余风险承担责任。

还有,由于政策的内生性,政府基于事先给定的有限信息做出的政策安排,很可能会被事中的理性预期的经济人通过调整预期和改变行为方式而削弱或抵消政策的作用。这也就是人们常说的,上有政策下有对策。这是理性预期学派的基本观点,在某种意义上它接近道家无为而治的思想,核心是强调经济自由的根本重要性及政府直接干预经济活动的无效性。那么,是不是就完全不要任何产业政策、产业规制了呢?当然也不是这样,现代市场制度不是完全放任自由的,发展经济激励机制和约束机制缺一不可。但是,这个约束机制不是靠政府干预,更多应该是靠规则和制度让每个经济决策者对自己的决策后果负责来实现的。

四

与此同时,建立有限政府也是富民强国的必然要求。基于历史上国内外几千年的强国实践,结合现代经济学理论,富民强国的内在逻辑也必然要求一个有限政府，即欲强国，必先富民；欲富民，必赋私权；保私权，必限公权。

欲强国，必先富民。自1840年鸦片战争以来，中国曾经历了数次变革图强尝试的失败，其根本原因就是在寻求富国、强国的过程中忽略了富民这一环节，国家机器的财富创造和财富积累被赋予了优先地位，而民间投资处于被忽视的地位，一味追求国家的强大而忽视民富，最后无一不以失败告终。反之，只有把富民放在首位，给予个人追求和创造财富的机会与激励，国家才能富强。无论是中国汉代文景之治、清代康乾盛世或当下的改革开放，还是美国的强国实践，都不同程度地说明了此点，这一历史结论有其必然的内在经济学逻辑。遍览古今中外，我们找不到一个忽视富民却取得国家富强的成功例子，例如，苏联、东欧的计划经济体制实践和中国近代的洋务运动，均以国家作为投资主体，而民间投资处于被忽视的地位，一味追求国家的强大而忽视民富，最后无一不以失败而告终。

欲富民，必赋私权。富民是强国的基础。由于受到个体逐利的约束、资源的约束、信息非对称的约束，一个经济社会要实现富民，首先要赋予公民基本的私权，最核心的是基本生存权、经济自由选择权、个体产权。而要真正确保公民能够履行这三种权利，则要求限制公权。一方面要求政府向市场放权、政府向社会放权；另一方面要求对政府权力施加约束与限制。需要指出的是，从长期均衡来看，民富和国强是基于公平、正义和个人幸福等价值元素之上的，否则不可能有长期的、持续性的民富，因而也不可能有长期的国富。

保私权，必限公权。个人的生存权、经济自由选择权、个体产权的真正落实，市场经济的有效运行，不是单靠简单的放任自由，也不是单靠简单的民主政治。要确保个人拥有真正的自由及产权和契约得到强力保护，必须要有一个有效的政府，它具有维持基本的法律秩序、社会秩序和经济秩序方面的权威和国家能力，可以防止无政府主义的无限放任，防止外来的侵略，维护国家的安全和稳定，并且有相应激励履行自己的职责。要成为一个有效的政府，必须是一个定位恰当的有限政府。建立有限政府，关键是要让公共权力的行使受到法律的约束和民众的监督,以预先制定的规则来划分政府和个人的权利范围及政府与市场、政府与社会的治理边界。

中国过去近40年改革开放实践所取得的巨大成就,也正是源自遵循了这一基本内在逻辑,而发展过程中出现的种种问题恰恰是源自对内在逻辑的违背。从这个角度而言,中国经济奇迹的创造并没有特殊性和例外性。根据这一逻辑,对中国过去30多年的改革实践进行解读,也可以进一步推演出政府职能转变和深化市场化改革的结论。

五

有为政府的产业政策治标不治本,市场化制度改革才是实现创新驱动和中国经济可持续发展的有力保障。供给侧结构性改革的关键就是要建立有效市场和维护服务型有限政府。

如前所述,由于政策内生性、个体(包括国家层面及地方政府、单位企业、政府官员、家庭及个人)逐利性和信息不对称,政府直接干预经济活动或制定的直接干预经济活动的政策,短期或者在局部是有用的,但是其边际效用会递减,而且往往中长期的弊端大于短期好处。政府推动、一拥而上的产业导向一定会造成资源的无效率配置。此外,由于信息和激励的问题,政府官员能否胜任在具体产业方向选择和协调中的作用,恐怕答案也基本是否定的。除非政府官员有很高的市场敏感度,或本身即高度嵌入市场发展中,否则他们可能会由于缺乏足够的必要信息和动力,而难以做出明智的产业发展抉择。

但是,这样就会有向任用亲信和腐败方向发展的倾向。虽然林毅夫教授将有为政府的因势利导作用限定在提供和完善硬的基础设施和软的制度环境,补偿产业升级先行者,降低生产交易成本,但是在其"增长甄别和因势利导框架"六步法中第一步就还是选择优先发展产业。

2008年推出的4万亿元经济刺激计划及其有关产业振兴规划，其对经济结构的扭曲效应（包括有关行业的一哄而上，造成严重产能过剩；部分行业管制下国有企业的大规模扩张和贪污腐败丛生），至今还没有完全消除。对于一个转型经济体而言，创造一个合理的竞争性市场制度环境，要远比制定实施"精准"的财政政策、货币政策或具体的产业政策来得更为重要。关于当前讨论较多的产业政策制定，其根本着眼点还是应该在于激励企业家精神，让市场在资源配置中充分发挥决定性作用。

与市场相比，政府在产业及其技术的精确遴选上是缺乏知识和敏感度的。很多产业的发展，政府在其中较难做到先知先觉，很多时候是后知后觉，甚至是不知不觉。改革开放以来，如没有非国有经济，特别是民营经济的发展，中国经济怎么能大发展，经济、政治及社会怎么可能这么稳定？怎么会取得举世瞩目的成就呢？显然，改革开放以前的实践已表明，计划经济条件下完全靠国有企业并没有很好地满足人民的需求，恰恰是改革开放后民营经济的大发展才使得人民的需求得到极大满足。

并且，创新驱动发展和中国经济可持续发展的有力保障不是靠有为政府、靠国企，而是靠市场、靠民企。所谓创新，首先就意味着打破循规蹈矩，这就必然蕴含高风险，尤其高科技创新更具有高风险特征，创投成功的比例非常低，不到5%，但一旦成功，就会有相当可观的盈利回报，从而能吸引更多的资金前赴后继地往里投。但对国企而言，由于先天缺乏承担风险的激励机制，是不可能去冒这样的高风险。而对于民营经济，由于追求自身利益的强烈动机，是最敢于冒风险的，从而最具有创新意识和创新力。

因此，从各国来看，企业创新（非基础性科学研究）的主体都是民营企业。国内公认最具有创新性的阿里巴巴、腾讯、华为等企业，也都是民企。余额宝等互联网金融的出现是不让民营经济进入金融行业倒逼的结果，是置之死地而后生导致的结果。

当然，并不是说完全不要产业政策，完全不要国有企业，但产业政策要慎用，要有一个度。国企存在的必要性主要是基于国家经济安全和政治方面的考虑，而不是基于效率的角度，从而也必定有一个度。一个没有效率，经济不能有大的发展的社会是不可能长久稳定的。简而言之，有限政府的主要职责就是维护和提供公共服务。中国离有限政府的定位还很远，因而需要通过市场化制度改革取向来建立有限政府和现代市场制度，以此合理界定和理清政府与市场、政府与社会的治理边界，解决中长期的发展和治理问题，以实现国家治理现代化和长治久安。

六

政策制定需要放置于政府、市场和社会三位一体的综合治理框架下通盘考量。国家治理体系和治理能力的现代化，需要政府扭转在提供公共服务上的缺位，同时扭转在经济活动中的越位和错位，逐步逼近一个增进市场的有限政府，以此解决好改革、发展、稳定、创新、效率及公平之间的相辅相成、互为促进的问题。

过去近40年，中国经济发展取得了巨大成就，但由于治理没有相应跟上，也出现许多严重问题，如经济粗放发展、贪腐猖獗、贫富差距过大、社会公平正义不足、政府公共服务不到位等问题。其中一个重要原因就是政府角色越位、错位和缺位并存，未能将政府职能放到一个综合治理的框架下通盘考虑，政策制定科学化水平有待提升。

如同印度总理首席经济顾问、世界银行首席经济学家考希克·巴苏在《政策制定的艺术》中所说，政策制定是一门需要兼顾市场反应、政治决策、社会规范和国际权衡的艺术。抛开国际权衡的因素不谈，与制度改革一样，政策制定也需要正确处理政府、市场与社会的关系，合理划分各自的治理边界。市场是会失灵，需要政府在公共品、信息非对称、垄断和外部性等地方发挥作用。

但是，这个作用不是完全替代和直接干预经济活动，而应该是一种部分替代或补充，如一些公共产品的具体生产还是可以通过市场合约交由私人部门来完成，政府最重要的还是建立规则和维护规则。

如果将人口再生产也视作一个家庭单位的经济活动的话，中国的人口政策从某种意义上讲也是一种直接经济干预，计划经济的思维成分十分浓厚。有人曾对过去30年主流媒体的人口与养老政策宣传做过比对，发现政策的极度不稳定性。1985年提倡的是"只生一个好，政府来养老"，1995年成为"只生一个好，政府帮养老"，但到了2005年又成了"养老不能靠政府"，而2012年的口号却是政府基本不管的"推迟退休好，自己来养老"。显然，由于政策缺乏前瞻性、科学性，中国人口结构和养老体系当前正面临着很大的困境，也对中国经济的可持续发展形成了严重的制约影响。这也从一个侧面说明了政策制定不能只看局部要看全局，不能只看当下要看长远，要有一般均衡和综合治理的思维。

七

最后总结一下本文观点，一个有效的市场的必要条件是有限政府而不是有为政府。虽是一字之差，但是差别重大，甚至是天壤之别的本质差别。有限政府和有为政府的本质差别就在于，是着眼中长期发展还是着眼短期发展，是强调改革还是不强调改革，是靠制度还是靠政策，是落脚于国家治理还是不落脚于国家治理。

之所以要让市场制度在资源配置和经济活动中发挥决定性的作用，让政府发挥有限从而好的作用，是由于市场制度的信息有效性、激励相容性和资源配置的最优性所决定的。并且，根据不完全合约理论，政府由于信息对经济人信息极度不对称而不应将剩余控制权牢牢控制在自己的手里。从而，由于在个体（无论是国家层面还是部门、企业及个人层面）通常情况下为自身考虑，再加上个体之间的信息往往是不对称使之即使清官也难断家务事，这样两个最大客观现实约束条件下，现代有效市场制度至少在现阶段是不可替代的，需要市场在资源配置和经济活动中发挥决定性作用，同时政府要在维护和服务方面发挥好的作用，而不是在经济活动中发挥过多的作用。

（2016年11月）

120

再论有限政府和有为政府

与林毅夫教授再商榷

林毅夫教授 11 月 6 日在《论有为政府和有限政府——答田国强教授》一文中,对我此前两篇文章《对当前中国改革及平稳转型意义重大的三个问题》《有限政府,有为政府?》提出的商榷意见进行了回应。我完全同意林毅夫教授在这篇文章中所言的"真理越辩越明",但对他关于有为政府的观点仍然十分地不赞同。

他的这篇文章除了依然没有解答我之前提出的有为政府提法所存在的固有的内在矛盾和潜在弊端、误导性及其危害性(例如有为政府行为边界模糊导致歧义,将目标和过程混为一谈而忽视市场化改革的必要性,提倡有为政府弄不好会带来系统风险性,以及产业政策治标不治本等问题)之外,还误以为提倡有限政府的人不注重过程和手段、只注重目标,这完全是误解。我所知道的大多数中国经济学家是将有市场化改革取向的建立有限政府目标和实现此目标的过渡性制度安排的过程,将理想状态和现实应对一直区分得清清楚楚的。中国经济改革就是这样做的,采用渐进式改革、增量改革、做加

---

* 本文载于《第一财经日报》,2016 年 11 月 8 日。

法的改革方式,通过一系列过渡性制度安排逐步达到目标,笔者参与的上海财经大学的经济学教育改革也是这样做的,将事情一件件地办成,大多数经济学家包括笔者怎么会傻到将目标和过程手段混为一谈或不讲过程手段而使目标成为黄粱美梦般的目标呢?下面针对林毅夫教授在该文中提出的六点看法进行回应和再商榷。

第一,一个定义、概念或结论不能有歧义,特别是不能有内在矛盾,这是最基本的,是讨论问题的起点,作为学者是特别要避免的。一个在字面上本身上就存在着歧义、容易引起误解或存在内在矛盾的概念,从学术上来讲就是十分不成熟、不严谨的,从应用上更需要慎重使用,因为很容易偏离概念提出者的本意。作为一国的政府,与作为社会中的个人,其所作所为的外部性是非常不一样的。如果对于政府的行为边界缺乏良好界定,其负面影响将是巨大的,这就是为什么许多人特别担心有为政府提法的原因。林毅夫在《论有为政府和有限政府》一文中对什么是有为政府给出了和王勇稍微不同的定义:"在中国的语文用法中,'有为'是和'无为'及'乱为'对应的,只有一个行为主体所为的结果是好的,符合社会预期的,这样的行为才是'有为'。"这个有为政府的定义虽然排除了政府事后乱为的可能,比我批评王勇的既允许也排除政府事后乱为那样具有明显矛盾的有为政府定义,有了改进和对有为政府的范畴有所退缩,但仍然有两大问题。

一是,世界上有从来不会犯错误、天使般的有为政府存在吗?显然,现实世界中是没有这样的有为政府的。并且,如果一个政府既做了事后有为的事情,同时也做了事后乱为的错事或不太正确的事情,那么这个政府是该称之为有为政府还是乱为政府呢?根据我对林毅夫教授的有为政府定义的理解,这不能称之为有为政府,那么现实中肯定不存在不说,即便大致接近林毅夫所认为的那样的有为政府存在吗?否则我们还需要市场化改革?二是林毅夫以上有为政府的定义也是将"有为"与"无为"对立或对应起来,从而一味地否定无为,这显然是大有问题、极具误导性的。为了达到有效市场,政府本应主动从不该作为或过度作为、不该错为、不能作为的地方退出，放权于市场、社会，在基本制度规范下实行无为而治。

这种一味排除"无为"的有为政府，使林毅夫新结构经济学中提倡的"有效市场、有为政府"存在着内在不相容性，甚至是矛盾的。而提倡有限政府并不是完全不要政府有为、要政府不作为，而是认为政府应该是有限地有为，政府的有为要有边界、有限度、合理，在一些地方（例如维护服务性方面）要主动介入、积极作为，在另一些地方（经济活动方面）则尽量放权于市场、社会。也就是说，有限政府是有为政府的一个子集，从而使得有为政府的边界不仅是有界有限的，并且使得有限政府是导致有效市场的必要条件，以及让经济人在经济活动中形成激励相容更需要的是政府的无为而治。而没有将有限政府作为边界界定标准的有为政府，其边界是无限的，在这样的政府边界的界定下，由于不满足有效市场的必要条件，其市场将是无效的，从而不可能实现如新结构经济学所假定或想同时达到的有效市场、有为政府的理想状态。

第二，关于有为政府的定义和涵义，从林毅夫教授及其学生、同事王勇的系列文章中可以得到不同角度的解读，除了引起歧义之外，其中的内在冲突也是显见的，我在《有限政府，有为政府?》一文中已经详细分析，这里不再赘述。对于林毅夫教授指出的"经济转型升级时市场不能做或不能为"的具体原因，我认为需要加以区分，要分清楚哪些是市场机制本身会出现失灵所致，哪些是政府干预过多使得市场失灵所致，其背后的经济机理和应对机制是不一样的。前者需要政府的"进"以弥补缺位，后者则需要政府的"退"以矫正越位、错位，不能一概而论。

需要指出的是，提供维护市场秩序的法律制度环境和具有外部性的硬件基础设施，是政府的本职所在，政府在这方面确实需要有所作为，但在一个有误导性的概念之下，政府就很容易有意无意地将有为的边界扩展到其他方面去。这正如有群友在微信群中指出的那样，"有为政府这个概念的危害性在于，设定一个有为政府这样的理想状态，很容易误导人们以为只要努力，政府可以无限逼近有为政府这个状态,从而鼓励政府更多地干预市场,弱化市场配置的功能,导致好心办坏事,甚至出现乱为政府。特别在中国语境下,粗暴干预市场已经司空见惯,有为政府这个概念或许成为政府过度干预市场的注解"。

第三,林毅夫教授在文中认为:"'有限政府'论者并没有讨论什么是市场不能做的,除了公共服务之外,政府该做什么。"这完全是误解,许多经济学的教材都明确讨论了政府的边界在什么地方。我最近刚出版的《高级微观经济学》及我的许多文章中都曾指出,政府在现代市场经济中的基本作用有四个方面:提供公共产品和服务;起到维护作用,让市场有效而公正地运作;弥补市场失灵;特定情境下作为经济人参与经济活动。但是,由于政府具有强制力,既当规则制定者,又当裁判,其经济人角色包括扶持特定类型经济人的作用发挥就需要大大压缩,否则会妨碍市场公平竞争。同时,很少人会像林毅夫教授强加于人的那样,认为"有限政府"论者的观点是要"等到所有基础设施、营商环境和各种法律、制度都已经完善后再来发展经济"。问题是经济发展起来后各种法律、制度的完善需要跟上,否则会导致成就和问题两头冒尖,例如产业规制政策手段运用过多导致的寻租设租贪腐,制约经济的进一步发展和可持续发展。这种完善指的就是市场导向的制度平稳、渐进转型。

第四,政府对于基础科研的选择真的"决定了一个国家的产业技术发展方向"吗?这也成为产业政策的一种了?这里的逻辑链条存在疏漏。确实,基础科研是科技创新之本,政府的确要发挥重要甚至是主导的作用。但是产业技术发展的方向不是由政府的选择决定,而是由市场需求与企业家精神决定的。并且,有限政府论者包括笔者,也认同基础研究具有公共物品或外部性的属性,是典型市场失灵的地方,如由私人投资的话,其从中获得的收益远低于社会收益,从而需要政府发挥作用。但是,政府在基础研究方面的主要任务还是创造公平竞争的环境和利于创新的土壤,而不是林毅夫教授所认为的那样,主要靠的是政府部门人为圈定研究方向进而加以巨额财政投入。这是我和林毅夫教授看法差异和争论的焦点所在。中国的基础研究投入不可谓不大,但真正具有国际影响力的原创性、引领性成果严重缺乏。并且，当前基础研究、应用研究和技术开发的边界已经日益模糊，创新周期也在缩短，单纯强调政府作用可能会南辕北辙，阻碍基础研究的发展进步。

第五，委托—代理理论和更一般的激励机制设计理论告诉我们，信息不对称导致了资源的帕累托无效率配置，没有最佳配置，从而这种无效率是任何机制特别是政府干预无法解决的，最好的结果至多只有次佳。因此，这不像许多人误解的那样，当信息不对称时，需要政府的干预才能达到帕累托有效的最佳配置，他们错误地呼吁政府要干预，要有为。由于政府比经济人更显信息极不对称，再加上政府部门也是由自利的个人所组成的，直接干预更不可行，从而需要设计一定的激励机制来诱导经济人行为，以此规避激励扭曲和政府失效。但这种设计规则的政府有为与政府直接干预经济获得的有为是有本质差别的，这恰恰正是将政府定位于有限政府的必要性，一个行为边界缺乏约束的有为政府更加是乱为的根源所在。

有限政府并不是完全不要政府有为，感谢林毅夫教授肯定了这点。但不止如此，有限政府论者强调的是政府有限度、事后不乱为的有为，以及在经济活动方面尽量无为，从而是有限的有为，强调的是通过制度设计来间接诱导经济人去实现政府想要达到的目标或想做的事情，而不是直接干预经济活动。这和林毅夫在文章中提到的"党要管党""全面从严治党"需要永远在路上完全不矛盾！只是侧重点不同。如同笔者在《有限政府，有为政府？》一文中所引用习近平同志主政福建时的话，政府要有所为有所不为，将职能更多地转向公共服务。很少有人认为不需要任何产业政策，包括笔者也认为在一定阶段、一定范围，产业政策也许是需要的，但是方向感一定要有，政府要适时退出。

第六，提倡有限政府并不是要以目标代替过程和手段，也不是只强调目标不强调过程和手段，而是强调经济发展不能迷失市场化方向，强调要在市场导向的大前提下通过松绑放权改革，通过分阶段的经济自由化、市场化和民营化的渐进式改革、增量改革，做加法的改革，通过一系列过渡性制度安排来逼近有限政府的国家治理目标。中国经济发展也正是在这样的导向之下才取得巨大成就的,但是要注意不能将过渡性制度安排(例如产业补贴)常态化、终极化,要进行制度结构的动态更新和完善。确实,在过去近 40 年里,中国的政府与市场的边界不是一成不变的,但是其总体的方向是明确的,政府的职能边界从无所不包不断收缩,其导向就是有限政府而不是边界不清的、大有可能事后有错的有为政府。面向未来,中国要跨越中等收入陷阱,还需要坚持市场取向的改革,而不是相反。

(2016 年 11 月)

121

林毅夫、张维迎之争的对与错[*]

兼谈论争要有思想的学术和有学术的思想

提要：最近几个月，由林毅夫和张维迎引起的关于产业政策的论争，让越来越多的经济学家及政府决策和管理领域的学者卷入其中，成了一次学术大讨论或辩论，直至2016年11月9日张、林两位教授关于产业政策公开辩论达到高潮。笔者看到林毅夫和张维迎两位教授围绕产业政策所发表的观点后的第一感觉就是，双方讲的都有不少合理的部分，但论断都有些走极端的味道。笔者早先曾发表过的一篇评论，也在《财经研究》所发文章中对新结构经济学提倡的有为政府做了一些批评，林毅夫教授对此做出了回应，笔者由此卷入这次辩论。那么，到底应该怎么客观看待政府产业政策及是否应该提倡有为政府？张、林二人具体对和错在什么地方？为什么会让这么多人参与到这场争论？

这次关于产业政策理论与实践问题及有为政府的大辩论，引起学界的广泛关注。尽管大家各自有不同看法，但有一点是一致的，就是这场大辩论在很大

---

[*] 《比较》，2016年第6辑。

程度上切中了当下中国经济及其深化改革的核心问题,即如何才能处理好改革、发展、稳定、创新及治理之间的辩证互动关系,从而处理好政府与市场、政府与社会的关系,使市场在资源配置中起决定性作用和更好而不是更多地发挥政府作用。令人担忧的是,各界对中国改革方向问题的共识不断弱化,导致了重大分歧,不少人怀疑甚至是否定改革开放的正确大方向,长期以来中国改革所坚持的松绑放权经济自由化和市场化的方向,被简单地贴上"休克疗法""新自由主义"或"华盛顿共识"的标签而给予否定,在政府干预经济活动已经出现严重越位和错位的情况下仍然一味地鼓吹政府主导或有为,使得中国经济及其改革面临何去何从的方向性问题。

这次争论的焦点问题,在笔者看来有三个:一是应否坚持市场化改革方向?二是政府在经济发展和深化改革中的作用边界到底在哪里?三是产业政策对经济发展到底起不起到关键性作用?这三个问题又都涉及一个更为本质的问题,即要同时处理好发展的逻辑和改革(从而治理)的逻辑,政府职能的基准定位到底应该是有边界的有限政府,还是无边界的有为政府?这个问题涉及中国经济能否长远发展、改革何去何从,以及如何深化改革才能让改革成功和经济持续发展、从而实现长治久安和国家治理体系和能力的现代化。

按照中国国学智慧给我们的启迪,要将一件事情做成,特别是国家层面的事,例如改革和变革这样决定国势、格局的大事,就是要看行事的方式、方法是否符合"明道""树势""优术"及"择时"这样综合治理的四要素。因此,我们在研判中国改革与发展,让改革或政策或某个制度安排具有可行性、可操作性,同时让风险可控,让改革成功时,特别是在给出政策建议时,作为学者,需要从道、势、术、时这四个维度进行考察、检验和研判,必须要尽量做到做有思想的学术和立有学术的思想。

纵观林、张两位关于产业政策的一系列辩论和他们以往的许多文章和讲话,尽管有许多合理的、有新意的观点和论断,但有两大问题:一是讨论、辩论问题的方式有问题，导致各说各话，使对话没有交集，无法聚焦，无法达成共识和深入讨论，在一些 ABC 的初级层面上纠缠，这大大减低了讨论争鸣的效果。二是无论是出于有意还是无意，在论断的逻辑性、科学性、严谨性及学术性方面有较大欠缺，就是说，他们的论断往往有扩大化和夸大化的问题，忽略任何一个理论或论断都有局限性，不可能适应所有情况，解决所有问题，因此显得不严谨，而严谨性是严肃的学术讨论的必要前提。例如，在这次争论中，一方过度夸大了政府及其产业政策的作用，认为要建立有为政府而不是有限政府；另一方过度夸大了市场的作用和完全否定产业政策，认为市场不会失灵。这样的讨论方式在学术性及其思想性方面都存在着很大问题。

笔者在此之前和林毅夫教授围绕其新结构经济学中的有为政府概念进行几个回合的商榷和回应的时候，对他的一个最大批评就是他的理论及其结论基于一些到现在都没有严格定义的概念，例如有为政府这个概念，这必然引起许多不必要的争论。林毅夫教授所采用的概念定义不够清晰，边界游移不定，不同的场合给出不同的定义。此外，无论怎么指出和着重澄清他对别人观点的误解，他好像都忘得干干净净，下次仍然如此，不得不让你重新再说一遍。

作为学者，笔者非常赞同林毅夫在他最新的文章《我对张维迎的 17 个回应》中所提倡的辩论方式："辩论不是口头的，因为，口头辩论不容易聚焦于逻辑和经验事实。写出来最好，通过文章，大家可以刀对刀、枪对枪、逻辑对逻辑、事实对事实，使真理越辩越清楚。"所以，笔者写成此文，而且在具体讨论他们的对与错和谁错得多时，就不遮掩地指出林、张两位可能有问题的地方，从而真正希望做到刀对刀、枪对枪、逻辑对逻辑、事实对事实，以便读者辨析。

笔者的基本看法是，如果说张维迎给出论断是学术方面不严谨的问题，那么林毅夫不仅是学术方面有问题，更是思想性、把握改革方向性的问题。

一、林毅夫的对与错

在学术讨论中，作为学者，我们必须实事求是地说客观的话。当然，出于各种原因，我们可以不说，但要说就应该说出真实看法。笔者读了林毅夫教授不少的文章和论著，认为他的新结构经济学的理论及其观点都有不少合理的部分（例如政府对产业政策应该因势利导的看法，笔者原则上是赞同的，当然不同意之处是慎用，特别是不能任意扩大化），但其研究的问题，也就是中国经济发展和深化改革的过程中要面对、重视和解决的问题，存在许多误区，得出了一些没有严谨逻辑分析的结论或犯了结论扩大化的错误。下面提出 10 点看法和林毅夫商榷，也请读者辨析。

（一）应通过控制实验科学分析法来辨析什么才是中国改革开放成就巨大的差异因素

林毅夫认为，中国能够在 30 多年里实现高速发展，归功于政府的主导，认为政府的大部分干预是对的，从而形成了要构建有为政府的核心结论。对这个观点，笔者认为，应该通过控制实验的科学分析方法和研究，以辨析出哪些改革举措和政府政策是中国改革取得巨大成就的主要差异因素，而不是拿其他国家的经验来做对比（由于各国初始条件不同，是没有可比性的）。所谓控制实验，其核心就是通过将其他影响因子固定，以此找出两个因子之间确定性的互动关系，从而找出差异因素。笔者在多篇文章中实际上已给予了回答：中国改革之所以取得巨大成就（由于只是遵循了发展的逻辑，没有注重治理的逻辑，成就之外，仍然存在很多很严重的问题），就是基本放弃计划经济，通过实行渐进有序的、分阶段的经济自由化、市场化、民营化这样的松绑放权改革，使政府的干预大幅度地减少，促进民营经济大发展，使国有经济比重不断下降而取得的。

按照控制实验科学方法的说法，除了固定的因素（例如坚持党的领导、坚持社会主义、社会稳定、政府主导等）之外，新的因素是：较大程度的经济上的选择自由、松绑放权的改革、引入各种激励机制和竞争机制（包括中央与地方政府、对内对外的竞争）、对外开放、民营经济大发展。中国的巨大成就正是在对这些基本经济制度予以市场化改革才取得的。这些新的因素才是中国改革与不改革差别巨大的科学原因。深化改革就是要进行更彻底的建立现代市场制度的市场化改革，以此让市场在资源配置中起决定性作用，以及更好而不是更多发挥政府作用。尽管许多原有的因素（例如政府发挥重要作用）是不可或缺的，但怎么能将改革开放取得巨大成就归结为是由于政府主导或政府干预所造成的呢？如果不采用控制实验的方法来分析中国改革，只是认为固有的因素重要，又不恰当地拿他国进行比较（犯了拿鸡和鸭比较的类比错误），怎么可能由此得出深化市场化改革的重要性，继而解决改革何去何从的核心问题呢？相反，其得到的结论会是中国道路的成功就在于打破新自由主义所谓自由化、私有化、市场化的神话才取得的。由于忽略了这样的科学比较方法，因此凡是有些人谈论到新因素的时候，就会被指责为不重视甚至否定那些原来就有的固定因素，进而被贴上"休克疗法"、"华盛顿共识"或"新自由主义"的标签。

（二） 讨论问题不能在对方已经澄清后仍然曲解他人的观点

在这方面，让笔者感到十分迷惑不解的是，林毅夫往往没有就事论事，即使对方澄清后，仍然曲解他人的观点，使对方不得不停留在解释说明上，然后林毅夫再忽视、对方再解释、再说明，这样的循环使讨论无法深入和继续。例如，林毅夫将东欧等国休克疗法式的"三化"与中国分阶段渐进式"三化"改革总是混在一起进行比较批判，以此说明中国的"三化"改革不是导致中国改革与不改革差别巨大的科学原因，从而将赞成中国式的"三化"改革的人上纲上线到是在赞成休克疗法，是新自由主义者。尽管包括张维迎、文贯中及笔者等许多经济学家反复澄清，指出了他这样的混淆和曲解之处后，林毅夫仍然是如此，包括在他最新的文章《我对张维迎的17个回应》中，仍然是一如既往地采用这种不科学、混淆曲解的说法,让人十分不解。

再如,笔者已经在拙作《再论有限政府和有为政府——与林毅夫教授再商榷》中特别指出,提倡有限政府的人被认为是"不注重过程和手段,只注重目标,这完全是误解。我所知道的大多数中国经济学家是将有市场化改革取向的建立有限政府目标和实现此目标的过渡性制度安排这样的过程,将理想状态和现实应对一直区分得清清楚楚"。"提倡有限政府并不是要以目标代替过程、代替手段,也不是只强调目标不强调过程、不强调手段,而是强调经济发展不能迷失市场化方向,强调要在市场导向的大前提下通过松绑放权改革,通过分阶段的经济自由化、市场化和民营化的渐进式改革、增量改革、做加法的改革,通过一系列过渡性制度安排来逼近有限政府的国家治理目标"。大多数经济学家包括笔者怎么真会傻到将目标和过程、手段混为一谈或者不讲过程、手段而使目标成为黄粱美梦的目标呢?特别是,笔者就是研究激励机制设计理论的,激励机制理论的同义词就是执行(Implementation)或执行力(Implementability)理论。尽管笔者反复进行澄清,但林毅夫仍然在《我对张维迎的17个回应》中将提倡"三化"的人认为是在赞成休克疗法,认为是"把目标当手段,忽视了问题存在的原因,只看到转型中国家政府对市场有各种干预和扭曲,以为把这种扭曲取消掉,经济就会发展好"。如果讨论、争鸣问题老是这样兜圈子,对增加共识有什么帮助呢?笔者在这里再次强调,谈论问题时应针对问题进行讨论,别人已经澄清的看法不应予以曲解或歪曲。

(三) 讨论问题的前提是概念和定义一定要明确,不能多变,否则会导致许多无谓的争论

为了使学术讨论有效和有意义,首先需要做到的基本要求和起点是,不管是否能达成共识,每人所给出的概念和定义一定要明确,否则会导致许多无谓的争论。例如,林毅夫对有为政府的定义在不同的场合会给出不同的定义。在

和笔者的讨论时是一个定义，而在这次和张维迎讨论时，却又给出另外一个定义。不久前，在给笔者的回应文章《论有为政府和有限政府》中，他排除了王勇允许政府事后乱为的可能性（好心办错事）的情况。但在这次和张维迎的讨论中，却又恢复成和王勇一样的定义，允许事后乱为（好心办坏事）的情况。这样的做法是不恰当的。讨论问题的前提就是首先要避免定义有模糊或不准确的地方，特别是不能根据对方辩论人不同、场景不同、对象不同而改变定义。概念、定义界定的模糊不清和游移不定，将使基于概念和定义之上的理论框架及其政策建议缺乏稳固的基石，从而会出现逻辑不自洽的问题。还有，不少人已经反复强调，不反对在维护和提供公共服务、公共品方面要有为，但辩论起来又以这些方面的理由来反驳对方，这样的讨论无助于让讨论深入，进而形成共识，解决问题。

（四）林毅夫提倡的有效市场和有为政府有内在逻辑冲突，提出有为政府是不重视现实的表现

在新结构经济学的框架之下，林毅夫教授是以一个"好心想干好事"的政府行为假设来提出产业政策建议的，同时他又指出按比较优势发展有两个前提：有效市场和有为政府。但从林毅夫的分析来看，这两个都是事后的概念，存在内在逻辑冲突，这是因为有效市场的必要条件是有限政府而不是有为政府。必要条件都不满足，有为政府怎么可能导致有效市场呢？必须指出，有限政府是有为政府的真子集，因而这两个集合是不等的，有很大的差别，有限政府的行为边界是有限，而有为政府的边界在很大程度上是无界的，容易成为政府越位的借口。

林毅夫教授说自己注重实际、现实和手段，不少人也认为是如此，但在笔者看来却恰恰相反，其事先事后的理想化处理及其附带的政策建议是很危险的，是没有注重实际的体现。在笔者看来，一个人能将一件事情办成，同时充分考虑风险，将风险控制到最小，我们才能说这个人注重实际。但林毅夫教授

的建议就没有太注重现实,若真的按照他的建议去做,恐怕会导致很大的现实问题和风险,进一步放大政府在资源配置中的作用,造成极大的浪费。现实中也不乏这样的例证。最近华为刚刚战胜高通抢占 5G 时代先机的新闻就特别能说明问题,这正如微信群的某个群友所说的那样:"有为政府力推 TD SCDMA 作为国际 3G 标准,从基站建设到终端采购,投入的是可能达到万亿的成本,结果呢?连个响都没听见。而崇尚市场和自由竞争的华为,没有一分钱补贴,也抢占了 5G 标准先机。"

(五) 林毅夫给出的有为政府定义一味地排除了政府的无为,从而无法让市场发挥决定性的作用,导致另外一种形式的市场失灵,而有限政府不是要政府不有为、不作为,而是排除有为政府在经济活动中过位和过度有为

林毅夫在《论有为政府和有限政府》一文中对什么是有为政府给出了和王勇不同的定义,他写道:"在中国的语文用法中,'有为'是和'无为'及'乱为'对应的,只有一个行为主体所为的结果是好的、符合社会预期的,这样的行为才是'有为'。"这个有为政府的定义虽然排除了政府事后乱为的可能,比笔者批评王勇既允许也排除政府事后乱为那样具有明显矛盾的有为政府定义,有了改进和对有为政府的范畴有所退缩之外,但仍然有两大问题。一是世界上从来没有一个不会犯错误、天使般的有为政府存在;二是林毅夫以上的有为政府定义也是将"有为"与"无为"对立或对应起来,而排斥无为。如果一味排除无为,就基本排除了市场在资源的配置中发挥决定性作用的可能性,从而怎么可能导致有效市场呢?从而,这种一味排除'无为'的有为政府使林毅夫新结构经济学中提倡的"有效市场、有为政府"存在着内在不相容性,是自相矛盾的,并且使得林毅夫和王勇定义的有为政府最大问题就是其边界几乎是无界的,同时又排除了政府一般在经济活动中应该无为的至关重要性。

有限政府只是一个理想目标,现实当中没有绝对的有限政府(但向此逼近

收敛会让政府更有限，从而让市场更有效），由此谈到政府类型时，经济学文献中讨论过许多种政府类型，例如最小政府（Minimal Government）、有限政府（Limited Government）、战略型政府（Strategic Government）、强有力的有限政府（Strong but Limited Government）、发展型政府（Developmental Government）、企业家政府（Entrepreneurial Government）等许多种混合型政府，但基本都是基本接近或属于有限政府的范畴，都是为促进市场的效率，使之发挥更好的作用，而只有林毅夫及其学生现在所给出的有为政府的边界是无界的。相较而言，有限政府的行为边界更加清晰界定。政府的定位必须恰当，市场失灵的时候，如果政府仍然缺位，必然导致坏的市场经济，这点大家谈的很多，包括林毅夫教授。但同样地，政府过位也可能导致市场失灵和市场不能发挥好的作用，也会导致坏的市场经济，但谈论的相对就少，特别是强调有为政府的学者一般不太谈。要知道，这和医生治病的原理差不多：有病治病，但有小病也不见得一定要找医生，这是由于身体有自我恢复功能，医生当然更不能下猛药，反而破坏了身体机能，市场机制更是如此。

而提倡有限政府并不是像林毅夫等人所理解的那样，不是要政府不有为、要政府不要做、要政府不作为，而是政府做它该做的事情，特别是维护和提供公共服务和公共品方面，也就是让经济人在合法从事经济活动的时候无后顾之忧方面。还有一条标准也特别重要，就是政府发挥作用不能逆市场而动，逆市场化改革方向而动，而是尽量排除有为政府在经济活动中过位和过度有为，也就是有为政府在有限政府界定之外的那些方面不能过位。有限政府就是要让在市场资源配置中发挥决定性作用，同时，为了让政府更好地发挥作用，有为政府只能在有限政府界定之内的那些方面做到不缺位，即政府在维护国家安全、社会稳定、市场秩序和创造好的公平竞争和创新的环境方面发挥好的作用，在提供公共服务和公共品（例如公共卫生、义务教育、社会保障、生态环境保护）、减少贫富差距方面不能缺位，要发挥好的作用，这也是十八届三中全会的决议精神。

（六）有限政府论在经济体制转型、结构变迁及市场失灵中发挥着不可或缺的指导性作用，产业政策的采用应适度、慎用

产业政策争论的背后是政府定位及其理论依据的巨大差别。在与笔者关于政府定位的争论中，林毅夫认为："有限政府依据的是现有的、没有结构的理论框架，强调在此框架中，市场和政府的功能和边界。有为政府的理论依据是在结构变迁中，除了包含有限政府在维护市场有效性的诸多功能和边界外，还包含如何克服结构变迁中必然存在的市场失灵，以因势利导结构变迁。"林毅夫在上面的这段话中，肯定了有限政府的基本作用，这非常好，但又提出了两点批评意思：一是认为有限政府所依据的理论无法分析在结构变迁中市场失灵会以何种形态发生和发生在何处；二是认为有限政府论一般反对政府采用产业政策。

笔者的回答是：首先，各个理论不可能解决所有问题，各有各的功能，例如基准指导作用或现实应用作用。有限政府论就是基准理论，是基准点和参照系，因而提供的是基准指导作用，其给出了改革的方向和目标，具体怎么做和如何接近这个目标则是需要基于一个国家基本制度环境和时点给出接近这个目标的各种相对实用经济理论，并由此提出各种改革措施和过渡性制度安排。中国的经济自由化、市场化和民营化的分阶段改革历程就是这么做的，怎么会说有限政府论在经济体制转轨过程中没有作用呢？所以，我们应该也必须要将市场化改革取向的建立有限政府这一理性目标，与实现此目标的过渡性制度安排这样的战略与战术区分得清清楚楚，才可能明道优术。

其次，正是因为在经济发展中，特别是在经济体制转轨的过程中，还没有达到甚至还远未接近有限政府的目标，因此现实中每个国家都会适当采用许多过渡性制度安排，特别是产业政策，但不应该过度化。我们之所以强调要让政府更好地发挥作用，就是要让其尽量少地直接干预经济活动，其不能过位，同时在维护和服务方面又不能缺位，以此处理好政府和市场关系。这样，政府应

该在有限政府界定的基本职能范畴内有为,即有作为、补位,发挥因势利导的作用,而不应该缺位或无为;而在政府职能之外的地方,即应让市场发挥作用的方面,特别是竞争行业方面,政府不应该有为,更不应该乱为,而应该是无为。司马迁说:"故善者因之,其次利道之,其次教诲之,其次整齐之,最下者与之争。"讲的也就是这个道理。

(七) 讨论中产业政策的内涵随意变更,将会使争鸣无法对焦

上面谈到,作为一种过渡性制度安排,产业政策在经济发展中发挥了较大的作用,对此应予以肯定,但问题是不能过度。此外,讨论问题时不能随意变换内涵和任意调整外延。在这次辩论中,林毅夫对产业政策给出了一个特别宽的定义,即"中央或地方政府为促进某种产业的发展而有意识地采取的一些政策措施"。然而,林毅夫在后面与张维迎的辩论中,又将政府提供软硬基础设施、政府支持基础科研等纳入其在辩论一开始并未涵盖的产业政策组合中,这种随意改变产业政策内涵和外延的做法混淆了通常的产业政策的范畴,从而使辩论的问题无法聚焦。这种随意改变定义的做法在他的辩论中处处可见,使得弄清问题的实质性争鸣无法进行。

相较而言,张维迎教授产业政策的定义却非常明确,更加抓住了产业政策的本质。在张维迎看来,产业政策是"政府对私人生产的歧视性对待和选择性干预"。笔者非常赞同张维迎对产业政策的这个定义。讲产业政策的问题一定要将政府提供公共服务、国家安全、基础研究这样大家都没有异议的问题排除,而讨论有异议的地方。所以,有意义地讨论问题的前提是,定义一定要清楚,这对我们聚焦政策利弊的讨论非常有用,对避免将经济问题政治化非常有用。否则,如果将是否支持产业政策上纲上线到是否注重民生、支持国家安全这样大是大非的政治高度,谁还敢讲话?

从中国的经验看,在早期的计划经济破冰时期,作为增量改革的配套,确实需要一定的选择性、倾斜性产业政策,诸如林毅夫所列举的工业园区、加工

出口区等所得到税收优惠、补贴等大致可归入此类。然而，随着市场经济的不断发展和民营经济的逐步壮大，这类过渡性政策安排对于建设统一、开放、竞争、有序的市场体系会形成巨大的障碍，应该逐步削减，逐步收敛逼近有限政府，从而让市场逐步发挥决定性作用，让市场更为有效。至于林毅夫所列举的成熟市场经济国家（例如美国）对基础科研的资助，显然不应被纳入产业政策的范畴。

（八）市场化的制度改革而不是产业政策对经济发展起到关键性作用

在发展中国家追赶发达国家过程中，产业政策是有效的政策工具。这有一定道理。但对于中国这样一个既是发展中国家、更是经济体制转型的国家而言，却不是这样。中国正处于经济结构的失衡、体制结构的失衡和治理结构的失衡的三重结构性失衡重压下。其中，经济结构的失衡是表象，深层次的原因在于体制结构上的"重政府轻市场、重国富轻民富、重发展轻服务"和治理结构上的"中央决议和地方/部门执行落差"，使得发展的逻辑和治理的逻辑及转型驱动发展都出现了较大问题。在此严峻情形下，对中国而言，更重要的不是产业政策，而是制度性的改革配以适当的政策（包括产业政策），因为仅仅靠政策是治标不治本的，而市场化的制度改革才是标本兼治、至关重要的。所以，随着中国市场经济的不断成长、成熟，经济增长要实现从要素驱动向效率驱动和创新驱动的转变，失败率较大的倾斜扶持性产业政策要少用、慎用，而竞争性的市场环境则变得越来越重要。春江水暖鸭先知，企业对于公平市场环境的呼吁已经日益高涨。2014年7月14日，珠海格力集团有限公司董事长董明珠在李克强总理主持的经济形势座谈会上就曾直言："我们不需要国家的产业政策扶持！只要有公平竞争的环境，企业自己就可以做好！"显然，董明珠话里的产业政策与张维迎的定义更加接近。

但林毅夫等人在谈及经济发展时，很少谈到市场化制度性的改革，而将产业政策摆到了经济发展的重要位置，并将其所提出的所谓"两轨六步法"当作是政府成功干预经济的操作指南和新结构经济学的应用。林毅夫认为,"寻找特定的产业,让一国可以采用遵循比较优势的方法来进行技术和产业的升级,这是保证经济快速和可持续增长的关键之所在"。[①] 但是,这个观点是大错特错的,政府只能提供创新的环境,通过补助和扶持这种类似于垄断的形式来选择产业一定是不利于创新的(笔者这里讲的不是基础研究),下面笔者在回答张维迎关于竞争和垄断的辩证关系时将详细论证这一点。这也是新结构经济学六步法的第一步,然而如同张维迎指出的,第一步错了,后面步步皆错。上面华为抢占5G时代国际标准新闻的例子已经充分说明了此点。

政府的产业政策对经济发展的作用真有那么关键吗?笔者当然不认为是这样的。尽管产业政策的作用也不可忽视,但它不是横向的,而是纵向的,因而作用有限,不能带来全局性的改变。而能带来全局性改变和长远发展的是制度,制度的好坏对经济发展的作用才是最关键、最根本的。这些在笔者这次和林毅夫教授争鸣的几篇文章中都有许多论述,这里就不再赘述。总的说来,在经济发展中,政府因势利导的产业政策的作用值得肯定,但不应夸大,关键还是靠制度。

(九) 过多的产业政策会带来产能过剩、库存过多的资源错配及贪污腐败

政府是由一个个自利的个人组成的,他们有各自的私利诉求,因而会出现寻租行为。无论是产业政策的实施,还是其他公共服务职能的实现,都需要充分考虑政府官员的个人目标,使之兼容于国家和社会目标,减少寻租的空间和土壤。林毅夫教授将之简化为得到升迁和青史留名,问题是计划经济下的政府官员

---

① 林毅夫著,张建华译. 繁荣的求索——发展中经济如何崛起 [M]. 北京大学出版社, 2012, 174.

同样也有这样的个人目标,为什么没有很好地实现激励相容,使他们在追求个人利益的同时实现国家的利益、社会的利益,带来国家的进步、发展和繁荣?根本原因就是基本的制度环境决定了这种激励相容机制的不存在。中国改革开放近40年,在一定程度上实现了这种激励相容,其根源就是对于市场化制度平稳转型的坚持,使得各方利益包括官员自身利益兼容于国家发展进步的大目标之下。也就是笔者在此前一系列商榷文章中提及的坚定不移地走渐进有序的经济自主化、市场化和民营化的改革道路,这至关重要。如果制度环境不随之完善,过多地运用产业政策、过多地依靠政府参与经济活动,就会带来一系列扭曲,导致资源错配和腐败丛生,走向政策目标的反面或弯路。尽管产业政策是一种垂直性的政策,影响的领域相对较窄,但往往造成行业性的产能过剩、库存过度,以及官员贪污腐败现象严重等弊端。只有减少政府在经济活动中的大量过位,才能从根源上大幅度减少腐败。山西省关于煤炭行业的产业政策不可谓不多,但这也带来了政府部门吃、拿、卡、要特别多,包括地市级领导向企业要干股钱,营商环境严重恶化,一些产业政策比较多的地方出现了官员的大面积腐败。

(十) 产业政策要有度同时要对各种所有制放开

林毅夫在辩论中也提到了在开放竞争的市场中为没有自生能力的企业提供保护补贴会带来前述的后果。但在整体上,靠产业政策和政府直接干预来试图纠正市场失灵,往往由于信息和激励的问题,效果非常有限,不会比通过制度安排的激励机制设计的间接方式更为有效。并且,中国的产业政策事实上基本就是扶持国企,不像东南亚一些国家的产业政策扶持的是民企。这也说明了,即使要用产业政策,也应该是扶持民企或平等对待所有的企业,而不是歧视性对待民企。所以,产业政策一方面要有度,例如对战略新兴产业应该进行扶持,而不是鼓励大量的产业政策,另一方面要对各类所有制企业放开,特别是对民营企业,因为它们更能够把握市场和先机,更能承受风险,也就是市场和企业比政府更有这方面的优势。至少对中国来说,许多行业的发展,例如互联网及互联网金融，阿里巴巴、腾讯等这样的具有世界级竞争能力的企业和华为所引领的行业都不是靠产业政策而出现的。此外，即使涉及公共品的提供，包括军工行业，许多国家，特别是美国，不少也是民营企业通过公开竞标政府的外包合同而提供的。

二、张维迎的对与错

张维迎在这次辩论中，无论是思想性、方向性、逻辑性、严谨性都大大好于林毅夫教授。关于改革的成功经验和未来方向，张维迎教授的方向感是很明确的，就是发挥经济自由化、市场化、民营化过程中的企业家作用，当然他以奥地利学派的观点将企业家的作用绝对化，也值得商榷。

然而，讨论政策问题不仅要明道，有思想性，也要有优术，要有学术性，否则一样会导致许多问题，也就是说，不能一味地崇尚思想性而否定学术性，而应该是做有思想的学术和立有学术的思想。在笔者看来，一味否定学术性的思想大多不会有多深刻。如果你读那些开创严谨经济学理论人的原著或原文，可以发现他们往往有非常深邃的思想性，没有深邃的思想性，是不会开创出来源于现实的那些抽象严谨的理论的。笔者在这里主要讨论的是张维迎在学术性、严谨性方面的欠缺和对现代经济学的一些误解。如不指出张维迎存在的不足之处，对经济学的教育的破坏性可能会很大，对学生也有很大的负面作用，非常不利于学生学好现代经济学，造成学生不注重学术的后果。笔者对张维迎的观点主要有以下四点不同看法：

（一）张维迎将新古典经济学作为基准理论没有错，但对其作用的理解有错

尽管张维迎认为新古典经济学仍然是一个有用的分析工具，但其完全否定

新古典经济学的指导作用。其实,像物理学中有基准理论和相对实用理论一样,经济学理论也分为基准理论和相对实用理论,它们是不可分割的一个整体。相对理想状态下的基准理论是基石,相对实用理论是建立在基准理论之上更为接近现实的理论。就像物理学中牛顿三定律是经典力学中所有理论的基石一样,新古典经济理论是现代经济学所有相对实用理论的基石。如果一味地否定这样的基石理论,就会否定现代经济学的严谨性和学术性,并容易使得没有经济学基础的或初涉经济学学习的人忽视经济学基础理论学习的必要性。再者,任何一个理论、任何一个结论、任何一个论断都是相对而言的,否则无从进行分析和评价。如同物理学中有摩擦的世界是相对无摩擦世界而言的一样,信息不对称是相对信息对称而言的,垄断是相对竞争而言的,技术进步、制度变迁是相对技术固化、制度固化而言的,因而我们必须首先发展出相对理想情形下的基准理论。新古典经济学就是这样的基准理论,有了理想状态作为基准点,就为更好地分析非理想的现实经济提供了参照系和发展出更为接近现实的相对实用经济理论。

如笔者在《高级微观经济学》中所指出的那样,不要小看甚至误解或否认这种基准理论的极端重要性,它们是不可忽视、不可或缺的。基准理论至少有两个方面的重要性:一是尽管这些理论结果在现实中无法实现,但是它提供了改进的方向和目标,可以促进现实向理想状态不断逼近,也就是所谓的在现实中做任何事情没有最好、只有更好。因此,基准理论为判断是否更好、方向是否正确提供了不可或缺的必要标准,否则弄不好会南辕北辙。二是它为发展出更接近现实的另外一类理论奠定了必要基础,否则无从发展出来。所以,尽管笔者相信新古典经济学作为基准理论的明道作用,而张维迎信奉"米塞斯—哈耶克范式",但笔者像张维迎一样也同样得出了市场化改革的重要性。

此外,张维迎否认在新古典经济学中最好的市场是"完全竞争市场"这一论断。首先,"最好的市场"和"完全竞争市场"都是理想状态,均是制度环境的基准点和制度安排的参照系,现实中是不存在"最好的市场"和"完全竞争市场"的,只有更好、再更好的市场和更竞争、再更竞争的市场。其次,竞争越强烈,越接近完全竞争,企业利润就越趋近于零,由此,创新的动力就一定会更大(难道不是吗?许多创新和改革都是置之死地而后生的,都是逼到死角才有大的激励去做的),因此怎么就会得出"'完全竞争'与创新根本不相容的"结论呢?这种简单地将完全竞争和垄断对立起来、分割开来的观点是大有问题和非常错误的。完全竞争与创新二者一个是从市场效率而言、一个是从企业激励创新而言,从而形成的一个不可分割的整体,必须都能发挥作用才行。笔者2015年和许小年教授已经将这个问题讲清楚了。如笔者在出版的《高级微观经济学》一书关于现代经济学本质的第一章所提到的:新古典经济学一般均衡理论是从市场和社会的角度严格地证明了亚当·斯密"看不见的手",以及竞争性的自由市场制度在资源配置方面的最优性、唯一性、公正性及有利于社会的稳定性。而熊彼特则从竞争和垄断的动态博弈过程所导致的创新驱动角度论述了市场机制的最优性。熊彼特的"创新理论"告诉我们,有价值的竞争不是价格竞争,而是新商品、新技术、新市场、新供应来源、新组合形式的竞争,而市场经济保持长期活力的根本就在于竞争越激烈就越利于创新和创造,这源于个体的逐利性和企业家精神,竞争越厉害,企业家就越有动力不断地、富于创造性地破坏市场的均衡,也就是"创造性破坏"。的确,竞争不是这么厉害的国企就基本没有这样的动力去做"创造性破坏"。

其实,竞争和垄断就像供给和需求,通过市场的力量,可以形成令人惊叹不止的对立和统一,从而显示了市场制度的优越和巨大威力。没有大的竞争的企业,就像政府垄断的国有企业,就不可能有大的动力去创新。由于企业利润会随着竞争程度的增加而减少,完全竞争将导致利润完全消失,因此民营企业出于逐利的动机,往往会有很大激励不断进行创新和研发新产品,并将新产品的价格定在完全竞争均衡价格之上而获得高利润。但是,同行业的其他企业很快会开发类似产品来分享利润。这种市场竞争导致企业利润下降,从而迫使企业不得不再次创新,再次通过企业创新带来垄断利润,但可观的利润又会吸引其他企业涌进来参与竞争。这样，就形成了激烈竞争、强力创新、垄断、激烈竞争这样一种反复动态循环。通过这种博弈过程，市场经济保持长期活力，社会福利增加，经济实现发展。怎么能将强力和极致的完全竞争和垄断、市场和企业人这样的互动关系人为地分割开来，说出了"'完全竞争'与创新根本不相容"这样没有逻辑的论断呢？

（二）市场失灵在现代经济学中有准确的定义，不能诡辩和任意解释，从而造成不必要的争论

市场失灵作为现代经济学的一个术语已经成为共识性语言，有精确定义，其主要表达的是当一些条件得不到满足时（例如信息不对称、竞争不完全、存在外部性等），单靠市场机制会出现资源配置效率缺损（这是相对于新古典理想状态而言的）。在现代经济学中，市场失灵的准确定义是，它导致帕累托无效配置，而不是像张维迎所言是一个伪概念。张维迎在辩论中从否定新古典经济学的基本假设出发，认为那些假设"与市场竞争是不相容的"，从而认为不存在市场失灵，而是市场理论失灵。这种偏离学术共同体的基本共识来谈问题的做法，容易造成"鸡同鸭讲"，失去讨论问题的共同语言，造成不必要的争论。

在信息不对称等情况下，市场确实存在失灵，从而导致无法实现帕累托有效配置。但改进信息和诱导经济人真实显示信息就能够有帕累托改进，这不正好证明了改进、改革或制度建设的必要性吗？为什么要批评和否定它呢？如果认为市场本身不会失灵，是市场理论失灵，由此导致的一个结果就是完全否认制度设计的必要性，仿佛单靠市场就可以搞定一切。所有制度真的都是演化的而不是设计的吗？不是的。美国建国初期的基本宪法就不是演化的，而是制定出来的，它使美国在短短100多年时间里成为世界上最强盛的国家。这难道不是制度设计的典型例子吗？改革开放之初的包产到户如果不是得到政府将其作为制度安排确定下来，中国的农村改革会有现在的局面吗？

（三） 以改变外部性的定义来否定外部性的存在也是一种偷换概念

像通过改变市场失灵的定义从而否定市场失灵一样，张维迎也通过改变外部性的定义从而否定外部性的存在。大家都知道，在标准的微观经济学教科书中，外部性指的是经济中某些个体的经济活动（生产活动或消费活动）会影响其他个体的效用或生产水平，进而影响他们的经济活动。在这个标准定义中，外部性是不涉及价格的，因此，并不能用物品外部性价格是否为零来定义外部性的存在，但张维迎却用某些物品外部性价格为零来否定外部性的存在。如果按照张维迎的这个定义，我们是不是由于新鲜空气充分多使之价格为零，就否定新鲜空气存在呢？为了说明外部性不存在，张维迎经常拿看美女不花钱举例。实际上这个反例大有问题。例如，如果想看电影里的大美女或模特中的美女，那是要花钱的，而如果一个有钱人想娶一个大美女进门天天看，花的钱说不定更多。再者，北京的雾霾经常发作，肯定也会让北京人包括张维迎挺难受的。有专家论证说，北京的雾霾让北京人寿命都要减少3～5年。这难道还不是外部性？清除雾霾难道不需要花费成本或代价吗？如果政府不管，企业和消费者会主动去解决雾霾这个问题吗？为了否定外部性，在张维迎还将外部性概念泛化了，所有经济活动在他眼里都有外部性，好像外部性真的没有自己的定义和范畴一样。在笔者看来，这样的辩论无助于讨论问题。

（四） 认为经济人和政府总是无耻的论断是谬误

笔者一直认为，张维迎语言表达能力很强，经济学直觉很好，所用的一些概括很容易让人印象深刻，但是一些语言已经不是经济学语言。例如，以无知来形容个体（无论是国家政府、企业，还是个人）的认知能力有限可以，但用无耻来形容个体的自利本性则失之偏颇。个体的自利性是实现经济发展、社会前进的动力，并不能一概地称之为无耻。的确，无论哪个层面的个体的利己都无所谓好坏善恶之说，关键在于用什么制度和向什么方向引导。不同的制度安排将导致个体（即使是政府或部门）不同的激励反应和不同的权衡取舍，从而可能导致非常不同的结果，这正如邓小平同志深刻指出的那样："制度好可以使坏人无法任意横行，制度不好可以使好人无法充分做好事，甚至会走向反面。"激励机制的设计就是要使自利的个人在追求自身目标的过程中实现整体的目标和激励相容。

三、林毅夫与张维迎谁更错

自亚当·斯密以来，现代经济学的发展从来就是在争论中不断取得进步的，而中国的改革开放进程中也伴随着多次的思想交锋和理论争鸣，这对促进经济学术发展和思想启蒙是好事。此次由张、林而起的辩论也是如此，它涉及中国未来政府职能定位的走向和经济是否能可持续发展。其实，对产业政策的辩论并不是要不要产业政策之争，而是政府职能的改革是否要从全能型、发展型的有为政府转向维护型、服务型的有限政府这一重大问题之争。

从上面的讨论可以得出，与张维迎相比，林毅夫的问题更是方向性的，对有效政策制定的危害性更大，而张维迎的观点对经济学教育的危害性更大。其实，林毅夫在一些学术文章中也不是一元论，也比较重视市场的作用，但是为什么会出现他在辩论的开头就提出的大众传播中对他有卡通化、刻板化的现象呢？恐怕与他不太注重和强调改革的大方向和不太谈改革有关，还由于其学术方面不严谨，以及辩论方式有问题，即往往根据辩论人不同、场景不同、对象不同而随意改变定义，而定义是讨论问题的起点，最忌讳有模糊或不准确的地方。

林毅夫埋怨，新结构经济学理论在媒体报道中遭到扭曲。其实这跟他的学说不成熟有很大关系。如果从"道、势、术、时"来看，他的学说的问题就很明显。首先，没有明道，即没有强调中国经济可持续发展和长治久安的国家治理改革及其改变方向。其次，在势的方面，产业政策如做对了，是可以树势的。我们当然不是一味地反对产业政策，特别在中国从要素驱动向效率驱动乃至创新驱动转型方面，对已经在其他许多国家被证明有成效的产业政策，政府需要去做，但不能过度，以为任何产业政策都是有为的。有些产业政策弄得不好，不仅没有树势，反而是去势。再次，在术的方面，不要错误地以为只要有作用就是好的术，还要看是最佳或次佳结果，也就是必须要优术。最后，当然是如何对待时机。中国正处在深化改革、问题和成就两头冒尖的关键时刻，改革的空间越来越小，因此我们要抓紧时机进行改革。

一方面，林毅夫的学术论著和学术文章是两段论，既谈市场的作用，也谈改革，但对改革谈得不是很多，着重谈的是政府要有为；另一方面，他对媒体和领导及公众没有全面准确介绍自己学术观点的两段论，而只是介绍关于政府要有为的第二段论，这样很容易误导非学术界人士，包括政府官员和大众。这不是一个有责任感的学者的态度，因为任何一个经济学理论都有其边界条件，需要充分注意其结论成立的前提条件，不能夸大其作用。所谓"差之毫厘，谬以千里"，一旦盲目运用某个经济学理论，可能会导致灾难性的后果。所以，作为公共知识分子，经济学家要有社会责任感，在建言时一定要严谨、再严谨，严肃、再严肃。

（2016年11月）

122

机制设计理论对中国改革的借鉴意义[*]

提要：一项改革或制度安排能够取得良好效果就要满足机制设计理论所界定的两个基本约束条件：参与性约束条件和激励相容约束条件，让大众从改革中获利，形成上下一致的改革共识、势能和动力。同时，在微观层面也要认识到不完全合约是必然和经常存在的，当合约不完全时，让市场发挥决定性的作用，民营企业在创新驱动中发挥主体作用，将剩余控制权配置给投资决策相对重要的一方将会更有效率。这为政府向市场、社会的放权和分权，提供了重要的理论基础。

机制设计理论的阵营又多了两名诺贝尔经济学奖得主——哈佛大学的奥利弗·哈特（Oliver Hart）和麻省理工学院的本特·霍尔姆斯特伦（Bengt Holmstrom），他们的获奖理由是对最优合约理论的贡献。合约（Contract，也称之为契约）、机制及制度在机制设计理论中是同义词，都是指游戏规则（Rules of the Game），现代产权理论也与此紧密相关，称之为不完全合约理论。如同诺贝尔经济学奖评委会在 2016 年 10 月 10 日的新闻公报中指出的，对最优合约安排

---

[*] 本文载于《上海证券报》，2016 年 10 月 12 日。

的分析为包括破产立法等诸多领域的政策和制度设计奠定了基础。

一、机制设计理论已成为现代经济学中
极为重要和活跃的研究领域

实际上，在过去半个世纪以来，机制设计理论及与之紧密相关的信息经济学、激励理论、委托—代理理论、拍卖理论和市场设计理论已成为现代经济学中极为重要和活跃的研究领域，诞生了20多位诺贝尔经济学奖得主，并且近些年来密度越来越高，10年中居然有5年：2007年（里奥尼德·赫维茨、埃里克·马斯金和罗杰·迈尔森）、2009年（埃莉诺·奥斯特罗姆、奥利弗·威廉森）、2012年（阿尔文·罗思、劳埃德·沙普利）、2014年（让·梯若尔）、2016年（哈特、霍尔姆斯特伦），获奖人数高达10人。由此可见机制设计理论在现代经济学中的地位和重要性，笔者即将出版的《高级微观经济学》教材对机制设计及相关理论有详细的介绍。

霍尔姆斯特伦的贡献主要在委托—代理理论中对多代理人最优合约设计上。当人们认知有局限（例如有限理性）、信息不对称或经济活动具有不确定性时，包括霍尔姆斯特伦等人在1979年证明了，无论采用什么机制或制度，集体理性（资源有效配置）和个体理性（真实显示经济特征）一般来说是激励不相容的。然而，霍尔姆斯特伦在1982年证明了，在一些特殊情形下，例如某个个体的经济特征是公共信息，则个体理性和集体理性可以形成激励相容。此外，霍尔姆斯特伦将代理人的薪酬与绩效相关信息挂钩，对风险和激励的最优权衡安排进行了模型化处理。之所以说，需要在风险和激励之间进行权衡处理，是因为一方面高强度激励合约能够诱使代理人努力工作因而提高委托人收益，此谓激励效应；另一方面，由于所采用的绩效指标中含有噪声因素，因此将绩效系以高强度激励会放大噪声带来的不确定性，即增加代理人所需承担的风险。

哈特则在代表作《企业、合同与财务结构》一书中发展了现代产权理论,提出了不完全合约的概念,并且其核心结论是:由于个体的有限理性、信息不对称及风险不确定性,使得明晰所有经济活动的交易或信息成本过高,完全合约往往是不可能的,从而不完全合约是必然和经常存在的。例如,当一个下游企业按照上游企业要求的技术细节为其生产某种零部件后,上游企业常常借口其产品不合乎规定而拒绝支付价格。由于资产专用性,下游企业只有以很低的价格甚至亏本将产品卖给上游企业。这种现象被称为敲竹杠、拿住或遏制(hold-up)问题。作为应对,双方是否可于事前签订一项事无巨细的合约详细规定每一项技术标准呢?答案是否定的,因为合约在本质上是不完备的,个体的机会主义倾向无法通过事前规定防范。

哈特将不完全合约和权力(power)作为理解经济制度和经济协议的两个关键点。这里的权力是指合约中各方在对方不履约时的地位,主要是由剩余控制权(residual power)的配置决定的。正是由于合约通常是不可能完全的,总是会有漏洞、遗漏或模棱两可的地方,这样就不可能在一份合约中对每一种可能的情况下资产使用的所有方面都做出详细规定。

由此,现代产权理论认为就不能像传统产权理论那样以资产的所有权这一通常的术语来界定。因为在合约中,可预见、可实施的权利对资源配置并不重要,关键的应是那些契约中未提及的资产控制权的掌握。据此,哈特等人将产权定义为对剩余索取权和剩余控制权的划分,从而企业产权是一种合约关系。对企业产权(权利和义务)不同的划分将决定不同的产权安排从而产生了不同的企业产权结构和产权制度。

例如,私有产权指的是当个人行使某权利时就排斥了其他人行使同样的权利,从而私有产权在理论上是明确界定的;而非私有产权指的是当个人行使某权利时不排斥他人行使同样的权利,从而非私有产权不是明确界定的。需要提到的是,私有产权并不意味着所有与产权有关的权利都掌握在一个人手里,它可由两个或多个人拥有。例如,股东、经理和员工掌握的权利都是明晰界定的权力。股东对资产具有占有权,有权阻止经理出让资产;经理对资产如何利用具有决定权;而员工有权力排斥股东或经理在契约期内为个人私利出让资产。在哈特他们看来,当契约不完全时,将剩余控制权配置给投资决策相对重要的一方是有效率的。

二、中国的改革在一定程度上是对不完全合约的确认和产权的再划分

中国的改革,从某种意义上就是对不完全合约的确认和产权的再划分。在计划经济条件下,政府试图建立一个无所不包的完全合约,经济个体基本上没有任何剩余控制权。很显然,由于个体逐利和信息不对称这两个最大的客观现实的制约,这样一个体制机制的信息有效性和激励相容性都有很大的问题。以农业生产为例,改革开放之前农户没有任何剩余控制权,其结果一是粮食增产目标达不到,浮夸风盛行,二是农民生活水平低下。改革开放后所实现的包产到户合约,生产队将农田承包给农民,而不涉及具体生产活动的管理,农民需要做的只是每年给国家上缴一定的粮食,剩下的归农民,再到后来的完全不需要上缴粮食。这极大地调动了农民的积极性,激发了其种地能力和潜力,不仅超额完成了国家的粮食增产目标,而且极大地改善了农民的生活。

所以,制度是至关重要的,不同的制度常常会对应不同的资源配置结果,同时制度又是可调整、可设计的。不完全合约理论的启示则是,政府不要试图建立面向市场、社会的全面合约,将剩余控制权牢牢控制在自己的手里,不能很好地解决信息和激励的问题。这里面实际上有两个层次的问题:一是计划与市场的关系,二是政府与市场的关系。制度变革的方向应该是合理界定政府与市场、政府与社会之间的治理边界。

显然,从交易成本理论框架的基础上发展起来的不完全合约理论是机制设

计理论在微观领域方面的延伸和拓展。不完全合约理论主要为微观的企业理论和公司治理结构中控制权的配置对激励和对信息获得的影响研究提供了重要分析工具。而一般机制设计理论则更加基本、一般化和宏观，着重探讨基本的制度规则的确定，可以系统分析资源配置制度和过程，从大到一个国家、小到一个单位的委托代理，揭示信息、沟通、控制、激励和经济人的处理能力在分散化资源配置中的重要作用，有助于政府与市场、政府与社会之间治理边界的厘清和理顺。

当下中国正在推进的以实现国家治理体系和治理能力现代化为目标的全面深化改革，从某种意义上讲是一场非常深刻的制度变革，因而会涉及一连串的各式各样机制的设计，包括中央顶层机制设计和各个层面的合约设计。那么，大机制嵌套着小机制，旧机制伴生着新机制，如何避免诸种机制之间的内在冲突呢？这是在改革过程中一个非常值得重视的问题。从宏观的层面来看，中国下一步全面深化改革仍需要认识到两个基本客观现实：个体逐利性与信息不对称。在此前提下，一项改革或制度安排能够取得良好效果就要满足机制设计理论所界定的两个基本约束条件：参与性约束条件和激励相容约束条件，让大众从改革中获利，形成上下一致的改革共识、势能和动力。同时，在微观层面也要认识到不完全合约是必然和经常存在的，当合约不完全时，让市场发挥决定性的作用，民营企业在创新驱动中发挥主体作用，将剩余控制权配置给投资决策相对重要的一方将会更有效率。这为政府向市场、社会的放权和分权，提供了重要的理论基础。

（2016 年 10 月）

123

机制设计理论及其对中国的意义[*]

首先祝贺颖一和成钢两位教授获得首届"中国经济学奖",也祝贺两位教授共同的导师马斯金教授,为中国培育出了非常优秀的经济学家。2016年诺贝尔经济学奖揭晓的时候,我曾撰文指出,机制设计理论的阵营又多了2名诺贝尔经济学奖得主,因为最优合约或不完全合约理论也属于机制设计理论的范畴。很高兴北京当代经济学基金会将首届"中国经济学奖"也颁给了将机制设计理论用于研究转型经济,特别是中国经济制度转型的两位重量级华人学者。借此机会,我就机制设计理论的核心思想、议题、贡献及其对中国改革、发展与治理的重大指导意义和实用价值谈些看法。

一、机制设计理论的核心议题和贡献是什么

2007年,瑞典皇家科学院在颁发当年的诺贝尔经济学奖时就对机制设计理论给予了高度评价,认为其是"同时代的经济学和政治科学的核心所在",

---

[*] 本文载于《比较》,2017年第1辑(总第88辑)。本文为田国强教授在"中国经济学奖颁奖盛典暨第二届思想中国论坛"上的发言稿。

"该理论通过个人激励和私人信息，很大程度地扩展了我们对于最佳配置机制的理解"，"使我们得以辨别令市场运转良好或相反的各种情况，帮助经济学家确定有效的交易机制、规则框架和投票程序"，从而超越了亚当·斯密的"看不见的手"理论。我认为，这些评价是相当准确和到位的。

经济问题之所以难以解决，除了经济学假定个体（无论是国家层面还是企业、家庭或个人层面）在通常情况下都会逐利这一最基本的客观现实原因外，另外一个最大的客观现实原因就是，在绝大多数情形下，经济人之间的信息往往是不对称的，很容易伪装，从而增加了理解和解决问题的难度，弄不好就抵消了所采用的制度安排的作用。这样，如何应对这两个最大的客观现实，应采用什么样的经济制度、激励机制和政策就成了经济学各领域最核心的问题和主题。

由笔者导师赫维茨教授所开创的机制设计理论，正是以信息和激励为关键着眼点，关注最基础和最根本的一般制度规则设计问题，为各种不同的资源配置机制或制度提供了一个一般性完整分析框架。用通俗的话来讲，机制设计理论所讨论的问题就是：在个体自利性和私人信息不对称的客观现实条件下，对于大到一个国家的顶层设计，小到一个单位或家庭的委托代理关系所想要达到的既定目标，能否及怎样设计一个机制（即制定什么样的方式、法则、政策条令等规则）使得个体即使主观上追求自身福利、利益或效用，其客观结果也可达到社会、集体、改革者或设计者所想达到的目标。并且，只要可能，所用的信息成本是最小的。

对于一个经济理论在学术和思想上的贡献，需要从纵向和横向比较的角度才能看得更加清楚，下面将机制设计理论尤其是赫维茨教授关于机制设计的一些基本思想，与新古典经济学、新制度经济学、比较制度分析、奥地利学派等经济学说的异同和关联进行简要比较分析，这方面的详细讨论可见我指导的学生陈旭东的博士学位论文《信息、激励与机制设计——赫维茨经济思想研究》。2017年将是赫维茨教授100周年诞辰，我们计划将这个博士论文扩展出版。

（一）与新古典经济学的比较

新古典经济学的一般均衡理论严格证明了亚当·斯密"看不见的手"的论断，即竞争自由市场制度在资源配置方面的最优性（福利经济学第一定理）、唯一性（经济核极限定理）、公正性（公正定理）及有利于社会的稳定性（经济核定理）。[①]

一方面，赫维茨对新古典经济学秉持一种维护、拓展而不是推翻的态度。他温和地回应了许多对新古典经济学的批评，充分肯定新古典经济学作为基准参照的极其重要性，从新古典经济学那里汲取了公理化逻辑演绎推理的方法，并指出新古典经济学非常注重科学性和严谨性（即新古典经济学注重理论的适用边界，避免泛用、乱用和说法走极端的现象，防止由于弄得不好而影响经济社会的各个方面）。与此同时，赫维茨还对新古典经济学本身的发展做出了重要贡献。

另一方面，赫维茨又指出了新古典经济学在解释现实问题上的局限性和市场在处理一些经济问题上存在的失灵现象，从而指出需要找到替代或补充机制，进而发展出了自己的机制设计理论框架。赫维茨在现代经济学的领域内发起了一场革命性的学术创新，颠覆性地改变了经济学家思考经济体制和机制的方式。这种新的研究思维，不是像新古典经济学那样，将制度、机制（例如完全竞争、垄断）视为给定，寻求在什么样的经济环境条件下能达到资源最优配置或做出最优决策，而是进行逆向思维的情景研究，即将问题反过来，将经济环境视作给定（更符合现实），基于严谨方法来研究在期望目标下，如何创造一定的互动规则（即机制）来实现这个目标。

[①] 参见田国强. 高级微观经济学 [M]. 中国人民大学出版社，2016.

（二） 与新制度经济学的比较

赫维茨将制度比作"关于规则的规则"，也就是一系列机制的集合，强调制度在经济发展上的极端重要性，并用数学表达式严格地给出制度的定义，对制度进行建模，也对科斯定理成立的前提条件和不同情境适用性进行了严谨规范化的解读和证明，试图建立机制设计理论与新制度经济学之间的沟通平台。这两种理论的共同点是都突破了新古典经济学将制度给定的传统分析路径，将制度纳入理论分析框架之内，视制度为可变化、可设计、可塑造的。两者的差异主要在于两点：一是研究范式差异，机制设计理论采用严谨公理化逻辑演绎推理的方法，而新制度经济学基本采用的是描述性的分析，从而在严谨性方面大打折扣；二是制度定义方面的差异，新制度经济学家（例如诺斯）将制度定义为"一个社会的博弈规则"，而赫维茨则认为制度是"关于规则的规则"，它"限制了可以接受的机制的种类"。

（三） 与比较制度分析的比较

比较制度分析学派是由以赫维茨的另一位学生、也是笔者的同门师兄青木昌彦教授为代表提出的。（钱颖一教授与青本昌彦教授曾经是斯坦福大学的同事，当时也参加过比较制度分析领域的讨论。）这一学派的理论吸收了机制设计理论和新制度经济学的学术养料，对制度的定义、制度的变迁、制度的比较等给出了自己的解读，但基本也是从信息和激励两个维度展开讨论的，因此比较制度分析非常强调制度的自我实施性或自我维持性，也就是制度的激励相容性，这是与赫维茨观点相同之处。二者的分歧在于，比较制度分析依然是以既定的制度作为比较研究的对象，其对于制度设计视角的否定是不为赫维茨所认同的。

（四） 与奥地利学派的比较

赫维茨的经济思想与奥地利学派有很多相似或相同之处，例如对于分散信息、有限理性等的确认和对于市场机制、分散决策等的充分肯定，但是在很多方面二者又存在着差异。赫维茨从不讳言自己受到哈耶克的影响，坦言听过哈耶克在伦敦政治经济学院开的课，但哈耶克的影响更多还是思想倾向和哲学层面的，赫维茨所推崇的分析工具和研究方法是当前主流经济学所倡导的数理演绎推理式的，而非奥地利学派基于个体主义的描述性方法。赫维茨对奥地利学派的最大批评就是其严谨性，即其概念、定义、结论的模糊性和对于理论边界界定的不很清晰，以及由此导致的结论容易夸大的错误。（这也是我对国内一些经济学家过度热衷于奥地利学派的经济学说，而不重视基础经济理论，忽视其严谨性提出的警示和批评。）由于经济学是一门外部性特别强的社会学科，具有很大的正负外部性，一旦被错用，制定出错误的经济政策和制度，影响和危及的不仅是个体，甚至是整个国家层面的经济发展。不像医生，医术不好，受损或医死的只是个别人。赫维茨更加推崇用公理化的逻辑推理方法来提升经济研究的科学性、逻辑性和严谨性。

另外，赫维茨的机制设计理论与奥地利学派的差异是哲学思维和范式方面的差异，即机制设计理论是规范分析的"设计范式"，而米塞斯—哈耶克范式是实证分析的"演化范式"。这两种范式都只是部分而不是全部解释了客观现实，因为有些制度是演化的，而有些制度是设计的。社会习俗或风俗这样的非正式制度安排都是演化的，而正式制度安排大多是设计的，例如宪法。美国建国初期的基本宪法就不是演化的，而是制定出来的，而且它使美国在短短100多年时间里成了世界上最强盛的国家，美国也成为制度设计导致了好的市场经济的典型例子。经济体制的选择〔例如中华人民共和国成立后实行计划经济的选择和改革开放后实行市场经济的选择（包括改革开放之初的包产到户）〕如果得不到政府将其作为制度安排确定下来，局面就会大不一样。因此，对"设计范式"和"演化范式"不能以偏概全，完全肯定一方而否定另外一方。

二、机制设计理论的重要地位及其中国价值

（一）机制设计理论处于现代经济学的核心地位

作为一个具有一般性的基准经济理论和分析工具，机制设计理论主要从信息有效性和激励相容性的角度为基于其之上的相对实用经济理论的创新和发展提供了分析框架和平台。过去半个世纪以来，与机制设计理论紧密相关或者由其延拓而来的信息经济学、激励理论、委托—代理理论、合同理论、不完全合约理论、实验经济学、行为经济学和当前非常热门的微观经济理论前沿——用以研究如何有效提供公共品或不可分商品的市场设计理论（包括拍卖理论、匹配理论）等，均已成为现代经济学中极为重要和活跃的研究领域，在这些领域中诞生了 20 多位诺贝尔经济学奖得主，并且近些年来比例越来越高，10 年中居然有 5 年诺贝尔经济学奖被授予与机制设计理论有关的经济学家。

对于一个国家而言，机制设计理论对国家层面的制度选择不仅有明道的指导作用，也有优术的作用；既可用来研究大到整个国家层面的顶层制度设计问题，也可用来研究小到家庭或企业的机制设计问题，以设计出可执行既定目标的机制或过渡性制度安排。也就是说，机制设计理论不仅重视目标，更重视执行和过程。例如，市场设计研究就是经济学家运用机制设计理论等工具，针对许多传统市场失灵情形（例如不可分商品的配置和公共品的提供），主动地去设计新的市场制度（例如对拍卖、匹配机制的设计），扩展市场的各种功能而兴起的一个热门研究领域，在通讯频谱拍卖、排污权交易、公交线路运营权拍卖、汽车牌照拍卖、网络拍卖、择校系统、器官捐献分配系统等方面有很多应用，并起到很好的效果。

（二）机制设计理论在中国的传播及其价值

在中国进入改革开放、经济取得蓬勃发展进步之后，赫维茨对中国及中国经济改革的兴趣越来越浓。他曾于 1980 年 6 月 10 日、8 月 12 日先后两次致信

时任中国社会科学院院长的胡乔木，表达自己对于中国经济改革发展近况的强烈兴趣，并就自己所从事的机制设计理论研究对于经济发展效率与公平等目标实现的理论和现实意义进行了阐述。从 1984 年 6 月 7 日至 7 月 24 日通过中美"高级学者交换计划"来华讲学、访问开始，赫维茨多次到访中国，包括给邹至庄项目的人大福特班上课，对机制设计理论在中国的传播和启蒙起到了重要作用。2007 年赫维茨被授予诺贝尔经济学奖则掀起了机制设计理论在中国传播的高潮。

在机制设计理论的框架里，信息有效性、激励相容[①]性及帕累托效率是衡量一个机制好坏的重要标准。赫维茨（Hurwicz，1972、1973、1979、1986）证明了市场机制信息利用的有效性，即在信息不对称性约束下，只要个体以追求个人利益最大化为目标，那么产权明晰的竞争市场机制是最节省信息且产生了帕累托有效配置的机制[②]。同样是对一个纯交换的新古典经济环境类，乔丹（Jordan，1982）进一步证明了竞争性市场机制是唯一的利用最少信息且产生资源有效配置的机制[③]。但是，纯交换经济是脱离现实的，那么在包括生产的经济环境类情况下类似的结论是否成立呢？笔者（Tian，2006）给出了肯定

---

① 激励相容是赫维茨最早提出的概念。1987 年，我到得州 A&M 大学经济系应聘，当时的系主任还问我激励相容究竟是什么意思。如今，这个连学术界都还一知半解的概念，却已经成为许多经济学外行人都耳熟能详的经济词汇。

② Hurwicz L.. On informationally decentralized systems [M].//C. B. McGuire and R. Radner. *Decision and Organization: a Volume in Honor of Jacob Marshak*. North-Holland, 1972; Hurwicz L.. The design of mechanisms for resource allocation [J]. *American Economic Review*, 1973, 63: 1~30; Hurwicz, L.. On the Dimension Requirements of Informationally Decentralized Pareto-Satisfactory Processes [M].//K. Arrow and L. Hurwicz. *Studies in Resource Allocation Processes*. Cambridge University Press, 1979; Hurwicz, L.. On Informational Decentralization and Efficiency in Resource Allocation Mechanisms [M].// Stanley Reiter. *Studies in Mathematical Economics*. The Mathematical Association of America, 1986, 238~350.

③ J.S Jordan. The competitive allocation process is informationally efficient uniquely [J]. *Journal of Economic Theory*, 1982, 28: 1~18.

的答案及严格的证明①。

这些结论对于中国搞市场化的改革意义重大。当下中国正在推进的以实现国家治理体系和治理能力现代化为目标的全面深化改革，从某种意义上讲就是一场非常深刻的制度变革和体制转型，因而会涉及一连串的各式各样机制的设计，其中既包括宏观国家层面的中央顶层机制设计，也包括中观、微观产业组织层面的机制设计。那么，在大机制嵌套着小机制、旧机制伴生着新机制的情况下，如何避免诸种机制之间的内在冲突及其潜在的激励扭曲结果呢？这是下一步改革过程中一个非常值得重视的问题。

三、从机制设计视角看中国改革成功的因素

在更好地筹划未来之前，有必要先看看前面已经走过的路，总结成功的经验和失败的教训。有学者认为，中国能够在30多年里实现高速发展，归功于政府的主导，认为政府大部分的干预是对的。而笔者却认为，对这个问题，应该通过控制实验的科学方法，以辨析出哪些改革举措和政府政策是中国改革取得巨大成就的差异因素，而不是拿其他国家的经验来做对比（由于各国初始条件不同，是没有可比性的）。所谓控制实验，其核心就是通过将其他影响因子固定（由于各国初始条件不同，拿其他国家对比，就不满足这个条件），以此找出两个因子之间确定性的互动关系，从而找出差异因素。

中国改革之所以取得巨大成就，就是因为基本放弃计划经济，在很大程度上通过采用各种激励机制，实行渐进的、分阶段的经济自由化、市场化、民营

---

① Tian, Guoqiang. The Unique Informational Efficiency of the Competitive Mechanism in Economies with Production [J]. *Social Choice and Welfare*, 2006, 26: 155~182.

化这样"三化"的松绑放权的改革,使政府的干预大幅减少,促进民营经济大发展,从而使国有经济比重不断下降而取得的。按照控制实验科学方法的说法,也就是,除了固定的因素之外,新的因素是:较大程度的经济上的选择自由、松绑放权的改革、引入竞争机制、采用各种激励机制、对外开放、民营经济大发展、采用渐进式改革方式。中国的巨大成就正是对这样的基本经济制度予以市场化改革才取得的。这些新的因素才是中国改革与不改革差别巨大的科学原因。深化改革就是要更彻底地建立现代市场制度的市场化改革,以此让市场在资源配置中起决定性作用,以及更好而不是更多地发挥政府作用。尽管许多原有的因素(例如政府发挥重要作用)是不可或缺的和本来就有的,但是不能因此将改革开放取得巨大成就归结为是由于政府主导或政府干预所造成的。如果不采用控制实验的方法来分析中国改革,只是认为固有的因素重要,又不恰当地拿他国进行比较(犯了拿鸡和鸭比较的类比错误),就不太可能得出深化市场化改革的重要性,从而不能辨明改革走向何去何从的这一方向性问题,从而会得出中国道路的成功秘诀就在于打破新自由主义所谓自由化、私有化、市场化神话的结论。由于遗忘了这样的科学比较方法,因此凡是有些人谈论到新因素的时候,特别是谈论"三化"的时候,就以为这些人不重视,甚至是在否定那些原来就有的固定因素,从而把这些人贴上"休克疗法""华盛顿共识"或"新自由主义"的标签。

也正是这些新因素才使得中国的体制机制变革朝着把激励搞对的方向行进。如同诺斯对赫维茨在机制设计方面的研究工作所给予的高度评价,"**中国的改革,没有私有产权,没有西方法制,最初没有竞争,但有激励机制。Hurwicz的激励机制的工作十分重要。**"[①] 可以说,中国经济改革发展所取得的

---

① 2002年,诺斯在北京大学中国经济研究中心与陈平教授交流论及赫维茨,做出此评价。陈平. 纪念坚持科学精神的演化历史学家诺斯[OL]. http://www.guancha.cn/chenping1/2015_12_02_343259_2.shtml.

成绩得益于把激励搞对，而所面临的问题也在于没有把激励搞对。具体来讲，激励来自三个方面，都是有关于人的激励问题。

（一）政府的激励

在计划经济下，尽管也有经济指标，但政府官员更热衷于意识形态，而不是将经济增长和发展放在第一位的。并且，由于信息分散和不对称的原因，地方政府经济数据造假、搞浮夸风的现象屡见不鲜。改革开放以后，中国确立了以经济建设为中心的基本原则，与中央对地方政府的放权和地方政府之间的竞争相伴的是，针对地方政府的 GDP（当然还有稳定）考核"指挥棒"作用逐渐放大。因此，地方政府官员都会千方百计把 GDP 搞上去和改善投资环境来引进人才、引进项目。从某种意义上讲，这也是一定程度上的激励相容。当然，这种政绩考核体系由于只注重发展不注重治理，没有平衡处理好发展逻辑和治理逻辑的辩证统一关系，因此使得政府与市场、政府与社会的治理边界模糊，进而使得政府角色越位、错位和缺位同时并存。

（二）企业的激励

市场体系的正常运转是通过价格机制实现的。在计划经济条件下，国有、国营经济铁板一块，价格机制是扭曲的，不能很好地起到应有的三大作用，即传递信息作用（即以最有效的方式传递生产和消费的信息）、提供激励作用（即激励人们以最佳方式进行消费和生产）、决定收入分配作用（即资源禀赋、价格及经济活动成效决定收入分配）。改革开放之后，中国经济中的非国有经济成分不断发展壮大，民有、民营、民收益的民营经济逐步成为市场经济中的重要力量，无论在就业、税收等方面都是如此。分散决策的具有竞争性的制度安排，使得信息不对称的问题通过价格传递得到解决。微观上民营企业的创富、创新动力与宏观上市场竞争、创新、垄断、竞争这样一种反复动态循环,促进了中国经济的大发展。

(三) 个人的激励

这是最根本的,也是力量最大的。从某种意义上讲,中国经济改革就是先由一小批人打破不合理的旧体制来解决个人家庭的温饱问题的激励开始的。1978年12月,安徽省凤阳县小岗村18户村民冒着极大的风险秘密订约,决定在本生产队实行"包产到户"。到了1979年,18户订约的农民中有12户的粮食产量超过了1万斤,油料产量超过"人民公社合作化"以来20年的总和。这一事件后来成为中国经济改革的催化剂。改革的突破口和重点放在农村,也是符合当时中国实际的战略选择。正如陈云所说:"九亿多人口,百分之八十在农村,革命胜利三十年了还有要饭的,需要改善生活。我们是在这种情况下搞四个现代化的。"如果农村问题不能实现一个大的突破,吃饭等基本生存问题都解决不了,中国经济改革要成大气候是难上加难。家庭联产承包责任制及后来的"让一部分人先富起来"等政策导向,都是针对广大老百姓个人的巨大激励。

四、如何以改革实现科学而有效的体制重构

最后讨论一下中国改革成功的基本方法论,机制设计理论在这方面有重大的指导作用。中国经济深化改革就是要更彻底地建立现代市场制度的市场化改革,以此让市场在资源配置中起决定性作用,以及更好而不是更多地发挥政府作用。改革就是制度的设计或机制的设计,如能设计出好的制度安排或机制,不仅可以解决当前改革过程中遇到的现实问题,而且能为进一步的改革深化扫除障碍,使改革不致走弯路,付出更少的代价。

（一） 改革要以满足参与性约束条件和激励相容约束条件为前提

从宏观的层面来看，中国下一步全面深化改革仍需要认识到两个基本客观现实：个体逐利性与信息不对称。在此前提下，一项改革或制度安排能够取得良好效果就要满足机制设计理论所界定的两个基本约束条件：参与性约束条件和激励相容约束条件，让大众从改革中获利，形成上下一致的改革共识、势能和动力。这也是笔者在《中国改革：历史、逻辑和未来》一书中所指出的成功改革的必要条件之一。

参与性约束条件，也称之为个体理性约束条件，意味着要求改革能符合大众的根本利益，尽量让所有人至少是绝大多数人从改革中获利，至少不受损，这是改革成功的必要条件之一。只有如此，改革措施才能得到绝大多数个体的拥护，使他们支持改革，愿意参与改革，形成与改革一致的新的利益阶层，以此形成与中央相一致的改革共识和行动。因为只有当制度安排使得个人的收益不小于其保留收益（不接受该制度）时，追求自身利益的个体才愿意根据这一制度安排进行生产、交易、分配和消费。这就是个体理性条件。

激励相容约束条件要求所采用的改革措施或制度安排能极大地调动人们的生产和工作积极性，并且在个体逐利达到最优结果的同时，也实现改革者所希望达到的目标，这是结果有效的必要条件之一。这里的个体可以是地方政府、政府部门，也可以是产业、企业及至最广大的老百姓。也就是前面已经提到的政府、企业和个人三个层面的激励都要搞对，改革才能得到很好的推进并取得预期的效果。

参与性条件非常重要，因为改革或体制机制创新从本质上讲是利益格局的重新调整，这也是社会经济现实中的诸多矛盾和问题的源头。对于这些矛盾和问题的解决，就是要形成与改革方向相一致的新的利益均衡，充分调动不同利益阶层的改革参与积极性，汇聚支持改革的力量，形成最大限度的改革共识。1978年的中国改革开放，之所以能够很快地凝聚起共识、形成改革的势能和动力,很大程度上就是因为积重难返的极端旧体制成为众矢之的。当前,新一轮的改革所面临的既定利益格局已经不那么容易打破,基于市场和权力结合形成的利益集团有很大的意愿和能力来阻止和延宕改革。

所以,下一步首先当然还是要让一些掌握话语权的利益阶层不反对改革,一方面利益上尽量做到帕累托改进,另一方面还要从理念上影响他们、团结他们。不过,改革深水区难免会遇到既得利益集团的阻碍,这就需要通过中央的权威、通过法治来规制他们,阻断权力和资本的合流,清理权贵弊政,从而为深化改革铺平道路。其次是要通过增量改革和做加法改革来满足普通民众阶层的利益增长需要,通过边缘突破,以星星之火逐渐形成改革的燎原之势。只有这样,才能形成"自上而下"与"自下而上"的良性互动,以及上中下齐心协力的改革局面。

(二) 改革要以合理界定政府与市场、政府与社会的边界为导向

为了实现国家治理体系和治理能力的现代化,让市场运行良好,建立有效的现代市场制度,就需要耦合和整合好政府、市场与社会这三个基本协调机制之间的关系,以此规制和引导个体经济行为,实行综合治理。政府、市场和社会,这三者正好对应的是一个经济体中的治理、激励和社会规范三大基本要素。强制性的公共治理和激励性的市场机制等正式制度安排相互交叠、综合治理、长期积淀,会对规范性的非正式制度安排形成一种导向和型塑,增强社会经济活动的可预见性和确定性,大大节约交易成本。

在政府、市场和社会这样一个三维框架中,政府作为一种制度安排,有极强的正外部性或负外部性,既可以让市场有效,成为促进经济发展的动力,实现科学发展,也可以让市场无效,导致社会矛盾重重。那么,如何合理界定政府与市场、政府与社会的治理边界?这里就涉及两个层次的问题:

第一个层次是治理边界的界定。我们首先要知道政府与市场及社会之间的合理边界在哪里。市场有效和社会规范的必要条件是需要一个有限而定位恰当

的有效政府，因此政府的合理定位至关重要。其原则就是，市场能做的让市场去做，市场不能做或做不好的，政府才发挥作用，单独或者是与市场一起来解决市场失灵的问题。归纳起来，政府的基本作用就是两条、四个字：维护（例如维护市场秩序，保证合同及各种法规得到严格执行）、服务（例如公共教育、公共卫生、生态环境、社会保障等，中国做得还很不够）。

这里需要强调的是，有限政府论者强调的是政府有限度、事后不乱为的有为。要做到事后不乱为，由于信息和激励的原因，就需要在经济活动方面尽量无为，从而是有限的有为，强调的是通过制度设计来间接诱导经济人去实现政府想要达到的目标或想做的事情，而不是直接干预经济活动。提倡有限政府并不是要以目标代替过程、代替手段，也不是只强调目标不强调过程、不强调手段，而是强调经济发展不能迷失市场化方向，强调要在市场导向的大前提下通过松绑放权改革，通过分阶段的经济自由化、市场化和民营化的渐进式改革、增量改革、做加法的改革，通过一系列过渡性制度安排来逼近有限政府的国家治理目标。

第二层次是主次之分。谁是关键？答案是制度。我们一旦知道它们之间的边界后，还需要理清。那么，谁去理清呢？由于政府是主体，市场是客体，社会也是客体，因此当然理清工作要靠作为主体的政府去做。政府、市场和社会三者正好对应一个经济体的治理、激励和社会规范三个基本安排。那么，谁能规范主体，也就是政府的定位呢？法治。法治的首要作用就是制约政府的行为，约束其对经济活动的任意干预，限制政府的权力就是为了保护市场不受"看得见的手"随意干扰，包括对私有产权的保护、契约和法律的执行、维护市场竞争。对经济发展来说，最重要的是契约要得到执行、财产要得到保护。保护产权，就是产权神圣不可侵犯，谁也不能掠夺别人的财富。有了法治，产权就能得到保护，人们就会把自己的资源和精力全部投入于创造财富，经济才能发展，整个社会才能走向富裕。

现代市场经济体制区别于传统市场经济体制的一个基本特征在于其制度

的基础是法治（Rule of Law），也就是依法治国，这是现代法治社会和传统法制（Rule by Law）社会的本质差别。在传统的法制社会状态下，政府及其领导者可以不受法律的约束，独立于法律的权威之外，享有不遵守法律的特权[①]。中国古代"刑不上大夫"的司法理念，就说明中国的封建社会不是法治社会，最多只能算是宗法制社会。这样，法规治理是最关键、最根本的，它奠定了最基本的制度环境，具有极强的正负外部性，决定了政府定位是否适度，从而决定了市场激励机制的效果和社会规范形成的好坏，从而机制设计理论在激励相容制度的制定方面能提供很大指导和实用作用。需要说明的是，法治并不意味着法律越多越好。如果制定出来的法律监督、执行成本很大，或者大家都不去执行，这样的法律就没有存在的意义。

人们可能会问，政府及其部门愿意去限制自己的权力吗？当然不愿意。那么怎么办呢？靠民主！法治自身无法解决的一个难题是：谁来监督执法者？对执法者如何执法？如果执法者本身不受法律的约束，法律只是统治者用来制约公众的国家机器，这样的社会就不能称之为法治社会，是统治者以法去管制他人的社会。在这种状态下，统治者自己可以不受法律的约束，享有不遵守法律的特权。怎样才能制约执法者？需要社会监督和民主手段。这样，法治和人治的区别不在于有没有法制，而在于法治是否建立在民主基础之上，民主是中国跳出兴亡历史周期律的必由之路。法治是一个以多数人和多元利益并存为基础的社会调整治理机制，是和谐社会的本质内涵。民主能制约执法者，防止执法者成为法治的破坏者，从根本上保证法治，这就是民主的好处。因此，民主和

[①] 对法制与法治的详细讨论，参阅 Olson, M.. *The Logic of Collective Action* [M]. Cambridge: Harvard University Press, 1965; Olson, M.. *The Rise and Decline of Nations* [M]. New Haven: Yale University Press, 1982; Olson, M.. *The Power and Prosperity, Outgrowing Communist and Capitalist Dictatorship* [M]. New York: Basic Books, 2000.

法治是和谐社会的基础和制度保障。要建立好的法治体系，也需要充分尊重民意，这就需要民主作为保障，制定出合理有效的法律和规定，并能得到严格执行。这样，一个好的治理应具有三要素：法治、执行力和民主监督[①]。需要指出的是，尽管民主不是经济发展的必要或充分条件，但一般来说，它能保证法律的公平和合理。因此，法治要赋予公民个人权利，同时约束经济人行为。

再往深处思考一步，民主要靠什么来保证呢？靠分权，分权保障了一定的民主。具体来说，分权包括政府部门之间分权、上下级政府之间分权、政府和民间分权，以及民间内部不同群体、不同人之间的分权，即不让财富和权力集中在少数人或利益集团手上。分权对保证民主非常关键。为了保证民主，需要分权，包括分享国家权力和经济资源，不允许政府中间的任何一部分人、社会上任何一部分人掌握过多的资源和过大的权力。中国经济改革一开始就提出的"松绑、放权"改革就是一种经济分权式改革，它大大地提高了经济效率，促进了中国的经济发展，为随后的市场化改革打下了坚实的制度性基础。一般来说，每个政府部门不愿意去限制自己的权力，从而在中国现有国体之下也需要对权力进行划分，行政部门、立法部门和执法部门要各司其职。最近中央正在进行深化国家监察体制改革的决策部署，构建权威高效的国家监察体系，以此监察行政部门、立法部门和执法部门，这是进一步制衡的尝试。

为什么要分权呢？是由于信息不对称和个体逐利。由于经济活动方面的信息往往是不对称的，因而需要采用分散化决策的方式，再加上个体的自利性，为了调动人们的积极性，就需要采用间接诱导的激励相容机制，以此给予人们尽可能多的经济上的自由选择权，这正是激励机制理论所研究的范畴。现代国

---

① 福山在其著作《政治秩序的起源：从前人类时代到法国大革命》中，提出所谓良好的政治秩序应该具有三个基本要素：强大的国家、法治和负责制政府（民主），并将其结合在一个稳定的平衡之中。但是，笔者认为法治才是首要的和至关重要的，在此前提下才有政府维持和服务职能的发挥及其问责。参见福山、马国川. 国家、法治与负责制政府 [N]. 财经, 2012-12-3.

家制度作为一个整体，从长治久安和经济长远发展来看，在个体逐利和信息不对称两个最大的现实约束下，分权、民主与法治一环扣一环，形成了三者缺一不可，可执行的激励相容机制。对于现阶段中国经济的发展和繁荣来讲，建立法治的市场经济是最重要的。

总之，只有从规范、制约和监督政府权力的制度、法治和分权的公民社会这三个维度的综合治理着手，合理界定好政府与市场、政府与社会治理边界，才能同时解决好效率和社会公平正义的问题，才能从根源上根除腐败和行贿、受贿现象，建立起健康的政府、市场、社会、企业及个人关系。这样，它们之间应当是良性互动的关系，唯其如此，政府方才可以不断通过法律法规的制定及执行，强化市场方的效率、效能。

（2017年1月）

124

"东北经济"

不解决元制度环境，很难产出颠覆式创新

一、谈"断崖式下跌"：东北经济
最大问题是经济结构失衡

《新京报》：近三年来，东北经济出现"断崖式下滑"的最主要原因是什么？或者说，东北经济的问题到底出在哪里？

田国强：我想原因是多方面的，有经济周期的因素，有经济结构的因素，有文化的因素，但更多的是发展驱动转型和经济体制转型双滞后，是这些因素共同造成的。首先，东北经济之所以出现"断崖式下滑"，一个不可忽视的背景就是东北经济在下滑之前，在政府的大力扶持下，曾经有过高增长。在国家2003年出台东北等老工业基地振兴战略之后，东北经济曾经在政策输血的支持下出现了一轮年均超12%高速增长，一直延续到2011年。其间，吉林省更是在2007年、2008年连续

---

* 本文载于《新京报》，2017年9月6日。访谈主要针对林毅夫的团队北京新结构经济学研究中心与吉林省发改委联合课题组发布了《吉林省经济结构转型升级研究报告》（本文中简称《吉林报告》）（征求意见稿）所引起的学界讨论展开。

两年经济增速超16%。暂抛开吉林省等地经济数据是否真实不谈，这个亮丽经济增长与上届政府尤其是这轮世界经济金融危机之后政府高度介入经济活动、支持国有企业扩张的大背景有关，东北经济的一个特征就是政府介入深、国企比重大。然而，观察近些年来各省经济增长数据，可发现凡是国有经济比重越大、民营经济越不发达的省份往往经济增速越靠后，落差越大，如东三省、山西省等。相反，那些越是民营经济发达的地方，如广东、浙江、江苏等省，下滑就不是这么厉害。

此外，与长三角和珠三角地区的经济相比，东北经济整体上还是一个依赖自然资源禀赋、聚焦于产业链上游的要素驱动型经济，而不是效率驱动和创新驱动型经济，然而从要素驱动向效率驱动乃至创新驱动转型是任何一个经济体向发达经济体转型的必由之路，否则经济不可能持续发展。要素驱动有一个特征就是政府高度介入经济活动而形成要素价格扭曲，以支撑国有企业在政府特定产业导向中的不公平竞争优势地位。即便如此，经过多年的要素驱动，其边际效应正在加大速度递减，再加上体制机制转型没有跟上的雪上加霜，使得东北经济近些年大幅下滑。所以，随着中国向市场决定型经济的转变，政府支持的国有经济尾大不掉、占比过重且集中于传统产业愈加不适应，导致东北经济陷入"资源诅咒"，成为东北经济陷入僵局的一个核心问题。

造成这种状态的一个后果就是东北经济陷入了路径依赖，未能在高速增长中主动进行经济结构调整，难以从要素驱动转向效率驱动乃至创新驱动转型，依然高度依赖传统产业（主要是资源能源型、重化工型产业）、高度依赖国有经济、高度依赖政策支持，市场制度环境没有什么大的改善，能够保障和激发民营经济发展的优良土壤没有培植起来。这导致的一个结果就是，随着党的十八大尤其是十八届三中全会之后，中央明确要充分发挥市场在资源配置中的决定性作用和更好（并不意味着更多）发挥政府的作用，东北经济传统的体制结构和治理结构已经明显不适应这种战略转变。当然，也有国际能源行业持续低迷、国内生态环境约束收紧等其他因素的影响。

概言之，东北经济最大的问题还是经济结构失衡的问题，而经济结构失衡问题的背后又是体制结构失衡和治理结构失衡的问题。

二、谈"投资环境":政府对外来资本"吃、拿、卡、要"现象严重

《新京报》:如何看待"投资不过山海关"的说法?

田国强:这句话形象地概括了东北的投资环境,也已经带来不容忽视的经济后果。我们可以看看2017年1~7月份的投资数据,东部地区投资145 328亿元,同比增长9.2%;中部地区投资87 344亿元,增长8.5%;西部地区投资87 486亿元,增长10.6%;东北地区投资14 665亿元,同比下降9.3%。东北地区继续延续了2016年的态势,是唯一的负增长地区。并且,相较于东部地区的6.8%、中部地区的5.9%、西部地区的2.4%,2016年东北地区民间投资又是唯一的负增长,且是高达24.4%的负增长。

这个现实问题不能不引起重视。投资不来不外有两方面原因:一是不愿意来,有主观进入障碍;二是不能够来,有客观进入壁垒。具体到东北,恐怕两方面因素都有。如前面谈到那样,东北地区的体制机制环境不是一个亲市场、亲民企的营商环境,法治化、透明化、市场化程度始终落后于经济发展驱动向效率驱动和创新驱动转变的要求,这导致许多政府官员对外来资本和企业的"吃、拿、卡、要"现象比较严重,呈现出一种封闭式的治理形态。

如果这样的体制机制环境不扭转,不仅外部投资不会过去,民间投资日益萎缩,而且里面原有的资金和人力资本还会出现外流。根据全国第六次人口普查数据显示,东北三省人口每年净流出180万。实际上,东北地区是有开放包容的传统的,历史上的闯关东浪潮就是一个例子,大量流入的人口必然伴生投资的增长,二者与东北丰富的资源相结合,创造了经济上的长足发展,也成就了东北的"共和国长子"和"重工业摇篮"称号。

三、谈"政府与市场"：政府
角色定位不清、不准

《新京报》：政府和市场在东北经济中应扮演怎样的角色？

田国强：有句话说得好，政府搭台、市场（企业）唱戏。这说明政府在制定规则、改善环境等制度方面的作用异常重要，要提供公平公正和有利于激发人们创业、创新及招商引资的基本、基础性的制度环境。但现在东北经济的问题是，政府不仅台没有搭好，还过多地到舞台上去唱戏了，挤占了舞台，使之角色定位不清、不准。这与十八届三中全会提出的要充分发挥市场在资源配置中的决定性作用和更好发挥政府的作用的要求，是不相适应的。

需要注意的是，这里关于政府作用的发挥用的是"更好"，而不是"更多"。东北经济的问题恰恰就在于政府在不该发挥作用的地方发挥"更多"，在应该发挥作用的地方没有"更好"发挥，在于政府角色的越位、错位和缺位并存。说到此，我不得不提的是，现在一个不好的风气是，只要你一谈到让市场在资源配置中发挥决定性的作用，就认为这是在否定政府的作用，即使在谈论中强调了政府应该发挥好的、恰当的而不是多的作用也被批评为"市场万能论者"。一谈到改革的长远目标是建立有限政府，或谈市场化改革，就有可能被归类为崇尚市场万能、新自由主义者，甚至是被认为是在鼓吹"休克疗法"。这种做法十分不利于严肃学术和政策讨论的正常开展。

回到政府发挥作用的议题上，东北地区政府在行政审批方面就是做得太多了，这就是为什么吃、拿、卡、要盛行的根源所在，其后果是经济活动的体制性成本过大。中国作为一个转型加转轨的经济体，地方政府更值得做的事情是进一步改革开放，放开搞活，进行体制机制方面的改革和创新。地方政府应该为个体和市场提供公平公正竞争的起点及其秩序的维护，产权的保护，合同和法律的严格执行。

与此同时，对那些具有巨大正外部性的行业，需要发展的新兴行业，影响国家发展战略及其国家安全的行业（不能仅用经济效益来衡量）——这些都是市场失灵的地方——就需要政府发挥作用，如制定恰当规则、制度或适度的产业政策，甚至政府给予一定的扶持，以补齐短板。然而，其基本准则应该是政府尽量避免直接干预经济活动。此外，在经济结构转型升级的过程中，东北经济也需要地方政府的产业政策引导，甚至是适度输血，但这都是只是过渡性制度安排，以此解决短中期目标，更重要的是建立市场自我循环的造血机制，以此解决可持续发展的长期目标。当然，近年来东三省从省级到县市级也在取消或下放行政审批权限，缩短审批时限，但也应防止只是走文件、走形式、走过场。

四、谈"产业政策"：东北地区传统的产业政策太多

《新京报》：在您看来，产业政策在东北地区是否有效？

田国强：解决东北经济问题，并不是不需要产业政策，任何国家和地方都需要和有产业政策，但不能过度，东北就是传统的产业政策太多了，对经济活动的干预太多了。对于产业的发展、经济的振兴，政府产业政策主要起到催化剂的作用，但从根本上来说，靠的是市场制度环境的改善，靠的是富于创造性破坏才能的企业家而不是政策制定者，靠的是追求生活改善的亿万大众的积极性。

《新京报》：您前面提到东北经济陷入"资源诅咒"，成为东北经济陷入僵局的一个核心问题。那么，如何改变东北过度依赖产业政策、解决产业结构单一的问题？是先用产业政策解决产业结构单一问题，还是先改变政府干预过多的营商环境？

田国强：用产业政策解决产业结构单一问题与改变政府干预过多的营商环境，二者应该并行不悖。一方面要对照长期目标抓政府简政放权、放开搞活，建立亲市场的营商环境，另一方面也要制定符合短中期目标的过渡性制度安排，包括多元化、均衡化导向的产业政策。但是，产业政策也不意味着过度倾斜、过度干预，还是要与建立统一开放、竞争有序的市场环境相一致。

归根结底产业发展要落实到企业的自生能力、盈利能力。

五、谈《吉林报告》：学者更需要授之以渔，而非授之以鱼

《新京报》：近日，林毅夫团队的《吉林报告》引发热议。其中，关于东北该不该发展轻纺产业引起巨大争议。在您看来，东北地区适合发展什么行业？

田国强：《吉林报告》认为："在新结构经济学看来，外商投资较低的根本原因不是营商环境差而是违背比较优势的产业结构导致的投资回报率低。"对此我持不同看法，我对投资回报率低原因的看法却正好相反，更突出的原因是营商环境差。如果不深化改革，是很难让经济得到可持续发展的；不解决和有一个基本、基础的元制度环境，是很难产生出工业革命、企业家精神和颠覆式的创新。

至于吉林省该不该发展轻纺产业，在我看来，争论的焦点不是该不该发展的问题，而是由谁决定发展的问题，政府还是市场或企业？如果营商环境好，有竞争力或差异化竞争优势的，那任何行业都可能发展起来。我再次给出我的看法，特别是对轻纺这样的竞争性行业，发不发展和资源如何配置应该主要是由市场来决定，而不是由政府来决定。如果由政府来决定，我在前不久的对

《吉林报告》的评论中谈到了，无论是从信息、外部性、激励、效率、公平、风险，还是从改革及其治理的任何一个方面来看都有问题。传统计划经济一个最大的问题就是选择什么产业发展、选择什么技术路径都由政府来定，但政府来决定往往导致了信息成本大和激励扭曲，从而效率低下的严重问题。尽管与计划经济时期的情况相比已经有了很大的改观，但是东北作为老工业基地其经济在很大程度上还是受到这个方面的思想桎梏的影响，在一些政府规划文件或实施方案中常可以看到具体的公司名称和扶持政策，这不利于市场公平竞争秩序的建立。

根据林毅夫团队给出的有为政府的定义（即排除不作为和乱作为后的政府，但允许事后犯错），传统计划经济就在这个定义的范畴之内，这就是为什么有为政府概念的运用往往会导致提倡政府过度干预的一个原因。政府的正确定位应该是要有所为，有所不为：在维护市场秩序和提供公共服务方面，政府要大大有能、有为；而在具体经济活动方面，特别竞争性行业方面，要大大地无为，要无为而治。关于轻纺产业，东北历史上也不是没有过，但主要是由国有企业来主导的，其结果是亏损、倒闭，没有发展起来。轻纺工业基本是一个竞争性行业，应该让市场发挥决定性作用。

至于东北适合什么样的产业，我认为有竞争力或差异化竞争优势的任何行业都可能发展起来。但前提是，政府需要营造公平公正和有利于激发人们营商、创业、创新的制度环境，大力鼓励发展民营经济。在此前提下，生态农业、药业、文化旅游、重工业，甚至是轻工业的一些行业都可能会形成竞争优势或差异化竞争优势。哪个行业的竞争优势或差异化竞争优势具体潜力有多大，我没有什么研究，也没有实地考察过。其实，作为学者更需要做的是授之以渔，而不是授之以鱼。具体到什么样行业方面的"鱼"，当地政策部门、企业家和有兴趣去东北创业的企业比我了解或更有兴趣去了解。我非常赞同中央党校的郭强教授对学者所做的评论："学者做企业咨询的，最不靠谱的就是告诉企业应该生产什么产品；学者做政府咨询的，最不靠谱的就是告诉政府应该发展什么产业。学者如果觉得自己掌握了规律,那就授之以渔,让他们自己学会一种方法。"

六、谈"东北经济出路":可让东三省与长三角、珠三角政府官员进行轮换

《新京报》:如何拯救东北经济?您认为拯救东北经济的核心或者突破口是什么?

田国强:我认为最核心和最重要的是需要进行体制机制方面的改革,尽快形成改革、发展、稳定、创新和治理五位一体的综合改革治理模式,以此形成公平公正和有利于激发人们创业、创新的制度环境,这才是最重要的,同时给以适当倾斜或扶持政策,而不是靠一味管制或输血。中国近40年改革开放取得举世瞩目的巨大成就说明了这点。改革开放初,广东、深圳能够率先和很快发展起来,不是靠管制或输血,而是中央给予开放搞活、松绑放权的政策。拯救东北经济一个具体的重要突破口就是解决好民营经济发展和国有企业改革的问题。这样,一方面,要大力发展民营经济,增强经济发展内生动力,但是如果体制结构和治理结构不变革,民营经济也发展不起来,且民营经济的发展壮大不可能是一蹴而就的,需要宽松市场环境的长期浸润和滋养,需要一定的时间;另一方面,就是要大力推进国有企业改革,主动降低国有经济、国有企业比重,让产业选择交给市场、让企业决策回归企业。后者的经济增长红利相对是见效更快的,对民营经济的发展也能起到带动作用。

同时,毛泽东同志说得好:"政治路线确定之后,干部就是决定的因素。"改革方向、目标、愿景、战略的把握、顶层设计的作用当然极其重要,但也需要落地,这样需要一批操盘手和干将来具体推动、操作、落实改革的大计,否则也不可能成功。如果基层干部怕犯错、怕担责、不作为,改革推进必然会面

临严重障碍。增强改革的执行力和发展的驱动力，必须从法治、激励和理念三个维度推进综合治理，特别是要发现和培养改革发展的开拓良将。这就要求在干部人才的配置上，尽可能选任思想解放、勇于善于改革创新的人来担纲负责，不唯上、不唯书、只唯实，敢闯、敢试、敢为人先的人放在重要岗位上或一把手的位置，使之成为一个个改革发动机。为此，一个改善的办法是加强东三省与长三角、珠三角地区政府官员的轮换或挂职，让东北现有官员去实地接受这些改革前沿地带的市场化改革洗礼，同时也让长三角、珠三角地区官员有机会移植嫁接好的理念、经验和做法。的确如此，近些年浙江、江苏许多干部调到其他省市，很快就在新地方帮助打开了局面。

最后，还需要补充的是，东北经济的农业基础好、生态环境优、人文底蕴厚、资源成本低、装备制造强等，这些都是比较优势，优质农产品、现代医药健康、红色生态旅游、人工智能制造等都很有发展前景，当然市场是最终的决定因素。但是，如果制度软环境不好，不能激发创新创业的激情和想法，这些比较优势可能也无法转化为差异化的竞争优势。

（2017年9月）

125

对林毅夫团队对我不实责难的回应与澄清*

兼谈有为、有能的有限政府

2017年9月11日，北京大学新结构经济学研究中心官微发布《NSE专栏｜〈吉林报告〉引发全国大讨论的总结》（上、下篇，下称《总结》），其中对我指名道姓，对我的学术观点进行了不符合事实的贴标签式严重歪曲。在此，我郑重要求林毅夫团队进行更正和向我道歉！

这里引用他们的原文："基于这种新古典经济学理念攻讦《吉林报告》的，正是以田国强等为代表的一批训练有素的经济学家，他们一提起'产业政策'就一概否定，甚至故意将其歪曲为'政府主导'并扣上'计划经济'的帽子。"这段引文中几乎每一句话都是严重歪曲，更让人十分费解的是，在这次争论中，我就是怕有人误解、曲解或歪曲我的看法和观点，在这个《总结》发布之前的几篇文章和几个采访中，我还专门针对这些可能会被曲解或歪曲的地方做了说明和强调，并且将这些文章发到了林毅夫及其一些团队成员所在群，他们中一些与我还有不少辩论，是应该了解我的学术观点的，但依然如故这样做。

---

* 本文载于第一财经网，2017年9月13日。

事实胜于雄辩，还是让事实说话吧。下面，仅针对我的观点那一段话，给出回应和澄清，以正视听。此外，本文对政府的定位应该是有为、有能的有限政府给出了阐述。

1. 对《吉林报告》提学术和政策批评意见就是"攻讦"？

学术讨论和政策研究都是非常严肃的。《吉林报告》本身就是一个公开的征求意见稿，对于他人提出的正常学术商榷与政策批评意见冠以"攻讦"二字，哪里还有征求意见之胸怀？这种态度不仅对我这样，对许多学界、政策部门及其业界的专家和人士从不同角度提出众多建设性的批评意见，大多采取否定的态度。大家为什么关注这个事？因为政策是有巨大正或负外部性的，很多人从不同角度发表了自己的看法，像东北振兴办公室原主任张国宝、原副主任宋晓梧等，都是一辈子做政策研究的，对东北的情况应该是非常了解，也都出来发表看法了，对报告给出了建设性的批评建议。我在8月25日的《对林毅夫教授用新结构经济学给吉林省开出产业政策的几点看法》（简称《几点看法》）一文，主要表达了两点看法。

第一，仅对《吉林报告》中要打造五大具体产业集群中的轻工业短板要补上的建议提出了质疑，并没有对《吉林报告》一竿子全打翻。也没有说不应该发展轻工业，只是完全从学术的角度认为，如果政府去主导，"无论是从信息、外部性、激励、效率、公平、风险，还是从改革及其治理的任何一个方面来看都有问题"。并且我也是善意提醒不能有漏洞："报告中也提了许多其他建议，即使那些建议都是正确的，只要有一个政策建议不妥，人们往往就会对整个报告的科学性、严肃性、可操作性打上问号。"

第二，对他们的"在新结构经济学看来，外商投资较低的根本原因不是营商环境差而是违背比较优势的产业结构导致的投资回报率低"的看法，我表达不同意见。我认为，"我对投资回报率低原因的看法正好相反。如果只谈发展，只谈政策，不谈改革和治理，是很难让经济得到可持续发展的；不解决和有一个基本、基础的元制度环境，是很难激发人们创业创新、产生出工业革命、企业家精神和毁灭式创新的。"提出这样的看法，都是严肃的学术话题，又有什么问题呢？

2. 我对"产业政策"一概否定吗？

特别不可思议的是，明明我众多文章写得清清楚楚，《总结》一文竟然歪曲说以我为代表的一批经济学家"一提起'产业政策'就一概否定"。这简直是对我极大的歪曲、诽谤和贴标签。事实是这样吗？

我仅在9月6日跟中国经济改革研究基金会理事长、国务院原振兴东北办副主任宋晓梧和中国人民大学国家发展与战略研究院副院长聂辉华一道接受《新京报》记者的专访中就多次提到过产业政策必要性。列举如下：（1）"解决东北经济问题，并不是不需要产业政策，任何国家和地方都需要和有产业政策，但不能过度"；（2）"对那些具有巨大正外部性的行业，需要发展的新兴行业，影响国家发展战略及其国家安全的行业（不能仅用经济效益来衡量）——这些都是市场失灵的地方——就需要政府发挥作用，如制定恰当规则、制度或适度的产业政策，甚至政府给予一定的扶持，以补齐短板"；（3）"经济结构转型升级的过程中，东北经济也需要地方政府的产业政策引导，甚至是适度输血，但这都只是过渡性制度安排……"

我以上明确的说法都是对"产业政策"一概否定？这样不顾事实和不负责任的歪曲真不相信是从学者的口中出来的。我就是怕《新京报》采访中三人对谈由于篇幅的原因讲不清楚，引起误解、误会，我又接受了该报专访，形成了《田国强谈"东北经济"：不解决元制度环境，很难产出颠覆式创新》（2017年9月6日）（简称《东北经济》）这篇专访报道。在这篇专访报道中，我对以上说法又进行更详细的解释。此外，对发展哪些行业，我也给出了我的看法："至于东北适合什么样的产业，我认为有竞争力或差异化竞争优势的任何行业都可能发展起来。但前提是，政府需要营造公平公正和有利于激发人们营商、创业、创新的制度坏境，大力鼓励发展民营经济。在此前提下，生态农业、药业、文化旅游、重工业甚至是轻工业的一些行业都可能会形成竞争优势或差异化竞争优势。"

请问上面所提到的哪句话能说明我是"一提起'产业政策'就一概否定"了？可以看出，以上这些都是直接和间接地肯定了产业政策可能的作用。居然就是这么赤裸裸地歪曲，睁着眼睛说瞎话。难道真的想谎话说三遍，将其变成事实吗？在2016年与林毅夫的争论中，很少有人那么极端地认为不需要任何产业政策，大家关注的是产业政策的范围和程度的问题，关注的是政府介入经济活动的范围和程度的问题。

我研究中国问题20多年来，从来没有一概否定产业政策，只是说要慎用。我从不否认在一些战略性、基础性、前瞻性行业需要产业政策，例如许多军工行业，那些投资大、回报低、建设周期长的基础设施行业等。对《吉林报告》中的五大具体产业集群的具体建议，在我的《几点看法》一文中，如前所述，我也仅仅只是对打造的轻工业短板要政府补上的建议提出了质疑，而没有对其他四大具体产业集群建议提出批评。怎么就变成了一概否定呢？

3. 我是新古典经济学理念的一味崇尚者吗？

《总结》一文中冠以"基于这种新古典经济学理念攻讦《吉林报告》的，正是以田国强等为代表的一批训练有素的经济学家"的大帽子，将一大批经济学家统归到新古典经济学流派中加以批判，这让以后海外归来的接受过新古典经济学及现代经济学系统训练的经济学家群体，还要不要发表经济方面的意见？现代经济学的基础部分，如厂商理论、消费者理论及其一般均衡理论，的确是新古典经济学的重要部分，它们是现代经济学中基准理论的组成部分，其主要结论是：在一些理想状态和其他技术性条件下，竞争的市场导致了资源的有效配置。这个结论毫无疑问具有重要理论指导和现实意义。比如，根据这个结论，许多国家，包括中国，纷纷制定了反垄断法或反不公平竞争法。还有，十八届三中全会明确提出让市场在资源的配置中发挥决定性的作用和更好发挥政府的作用。在某种意义上来说，也印证了这个结论的理论指导和现实意义。然而，对现代经济学真正训练有素的经济学家，没有人认为新古典是完美的、现实的、没有任何局限的，而是认为在许多情况下市场会失灵的。新古典更多是作为一个提供目标和参照系的基准理论，并且通过严谨的数理逻辑公理化方法来研究经济问题对经济学其他领域发展贡献重大，但我从来主张不能过度高估它在解决现实问题中的作用，这点在我的《高级微观经济学》中有详细阐述。

将我归类到新古典经济学理念一派的代表，真是一个天大的笑话！经济学界的人士大都知道我最主要的研究领域是机制设计理论，这个理论主要就是针对新古典经济学的不足和局限发展而来的。在机制理论之前，新古典经济学基本上都是将制度视作为给定的，特别是将市场制度作为给定的，然后主要研究在什么样的环境下（也就是在什么条件下），市场会导致资源的有效配置。但毫无疑问，市场无论是从宏观的整体看，还是从中观和微观层次来看，在众多情况下会失灵的。这样，将市场制度作为给定，就非常地不现实，无法解决现实中许多情况下的市场失灵问题，因为现实环境是无法短期改变的。机制设计理论，对新古典做出了革命性、颠覆性的创新，将问题颠倒过来问：给定制度环境（也就是给定国情和现状），什么样的机制或制度能够导致资源的有效配置，特别是市场失灵，存在问题时，有什么替补机制呢？可以看出，其讨论的重点就是如何解决市场失灵的问题，如何更好让政府发挥弥补市场失灵上的作用。因此，机制设计理论早就超出了新古典经济学。

比如，如何让中国的市场机制更加有效运作，让政府定位更加合理，解决好市场失灵问题，达到更高的民众福祉，避免政府和市场制度之间的冲突及其潜在的激励扭曲，是深化改革和现代国家治理体系建立过程中一个重大挑战，而这需要深化对机制设计理论，特别是对当前热门研究的，具有广泛运用的机制设计理论的分支——市场设计（Market Design）原理的理解和加强对市场机制设计运用的研究。市场设计，被认为是微观经济的工程设计学（Microeconomic Engineering），就是旨在科学地解决市场失灵的问题，特别是在政府提供公共服务和公共品市场失灵时如何设计类似于市场的分散决策激励机制来提高资源配置的效率和公平问题,符合国家发展战略的需要。这方面的研究意义巨大,从2016年以来出现的这场大争论本身就说明了问题。自然科学基金正在打算设立市场设计的理论和实验的重大课题,其重大意义就是在于如何帮助政府更好地更科学地处理与市场的关系,而不是取一个新名称,在名称上玩游戏。这一重大课题旨在通过一系列科学实验手段,为政府决策提供科学的依据。在现代经济学的机制设计理论的视野中,政府和市场的关系其实是非常明确的:政府在任何情况下都不应该破坏市场内在的运行机制,即便在市场失灵的条件下,政府也只是设计一些新的机制来修正和维护正常的市场运行,实行分散化决策。可以看出,这些问题的研究早就大大超出了新古典的范畴。

我自从1987年博士毕业之后,差不多一直都在做机制设计理论方面的研究。大多数人由于在学校只学到新古典的内容,就以为它是现代经济学的全部。然而,上海财经大学经济学院博士生受到的训练不同,我在上海财经大学13年来,每年都给经济学院博士生上"高级微观经济学Ⅱ"的课程,每次都是先讲授新古典一般均衡理论后,然后花大部分时间来讲授市场失灵,包括外部性、公共品及其信息经济学,特别是着重讲授机制设计理论,讲现代经济学对于新古典经济学的局限的发展和突破。我的《高级微观经济学》的整个下册,都是在讲超越新古典经济学的内容,讲的都是市场失灵,如何进行修正和替补。所有这些,能被你们戴上"我是新古典经济学的崇尚者"的帽子吗?我已经算很不走极端了,说话尽量按照学术来,现在却被你们归类为走极端的代表人物。

4. 我只是根据你们的有为政府的集合定义,从逻辑上论证了计划经济下的政府也属于有为政府的集合范畴,怎么能怪我是歪曲呢?

对于有为政府这个概念,自林毅夫及其团队提出之后就一直被学界、政府部门和业界的经济学家所质疑。我以上的论断完全是根据王勇与华秀萍《详论新结构经济学中"有为政府"的内涵——兼对田国强教授批评的回复》(简称

《王文》）一文中有为政府的集合定义而得出的。根据他们有为政府的集合定义："新结构经济学定义的政府'有为'，既非'不作为'（Inactive），亦非'乱为'（Mis-behaving）。如果将政府所有可选择的行为作为一个全集，那么'不作为'与'乱为'这两个集合的合集的补集，就是'有为'的集合。"如图1所示。

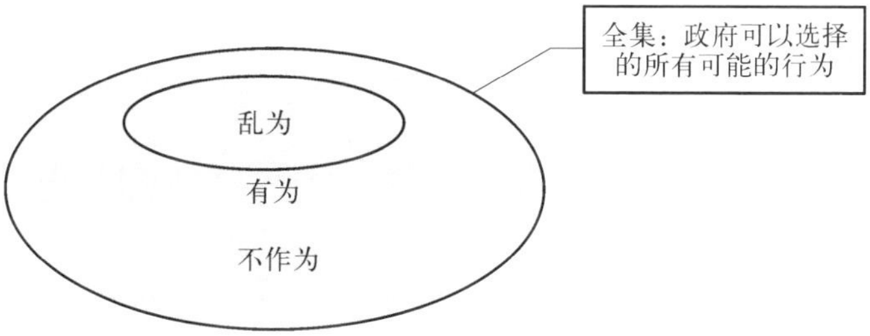

图1 新结构经济学对政府"有为"的定义

将以上集合语言变成通俗语言，也可从他们给出的图1看出，他们所给出的有为政府的集合定义是：排除不作为和乱作为后的政府，称之为有为政府。并且，《王文》明确地说明政府的这种有为是事前有为，而不是事后有为，即允许事后犯错（也就是好心办了错事）。我在《我对王勇等人用集合定义的有为政府逻辑推理有误吗？》（2017年9月9日）（简称《逻辑推理有误吗？》）一文中，严格证明了以下命题。

命题：如果有为政府的定义是由《王文》中的集合定义所给出的，则传统计划经济下的政府也属于王勇他们所定义的有为政府的范畴。

证明：改革开放前的中国政府的出发点都是好的（难道不是？不是可以反驳），同时也是很作为的。然而，由于中央政府（或指计委）掌握关于下面企业和消费者的信息非常有限，尽管根据这些非常有限的信息，其事前决策基于所掌握的信息是相对正确的（否则就是有心办坏事或计委的人员水平很差，即使根据掌握的信息有可能做不出相对于信息集下的正确决策），并且认为由此所做的决策是最优的（尽管事后可能是错误的）。这样，传统计划经济下的政府不是事前乱为的，尽管有太多事后乱为的决策。因此，传统计划经济满足他们排除了不作为和事前乱作为的情况，根据他们有为政府的集合定义，从而属于有为政府的集合定义的范畴。

其实，无论是改革开放前的传统计划经济，还是现在计算机、大数据高度发达的时代，政府都不可能完全或没有激励就掌握消费者和生产者的具体信息，因此其结果都是一样，即如此定义的有为政府都会出现大量的好心办错事的事情。因此，训练有素的经济学家的共识就是，政府应该少干预具体经济活动，这也就是为什么松绑放权的改革开放取得了举世瞩目的成就，为什么十八届三中全会决议，要让市场在资源配置中发挥决定性作用，更好（好不等于多）发挥政府的作用。

一旦采用"有为政府"这样的名称，大众就很容易会按照字面意思去理解，也可能会被政府部门加以误用。如果否定有为政府的边界是有限的，那么其逻辑结论就是，有为政府的边界一定是无限的了。人们自自然然就会有对有为政府概念弄不好会让政府过多干预经济的这种担心，出现这样情形，你们又有什么好抱怨的呢？

有为政府的争论不是要不要政府有为的问题，政府当然需要有为，这是不言而喻的，其关键是政府有为的程度问题。从词义上来说，有为政府并不等于有为的政府，一字之差其内涵殊异，这就如同毛泽东思想（集体智慧之结晶）跟毛泽东的思想（其个人的思想）是有很大的差异一样，但许多人混淆两者的差异，从而赞成有为政府的提法。

其实，林毅夫教授应该懂得放开搞活的基本道理的。在我看来，他的北京大学中国经济研究中心（现在的国家发展研究院）之所以能办得挺成功，基本上也是按照中国改革开放搞活经济的松绑放权的改革方式，就是让教授在科研教学方面有更多的自由度，做自己感兴趣的研究，而不是由他这个中心领导来主导，要教授们做这或做那的研究。隔行不隔理，他自己办中心是放开搞活的一套，怎么给政府做建议时候又是另外一套呢？

5. 我论及的有限政府的范畴在任何情况下只是"守夜人"的职能吗？

有些人认为我所认定的有限政府的范畴只是"守夜人"的职能，也有人质疑我，说我没有对有限政府给出定义。其实不然，我在过去20多年中谈中国经济改革发展的众多文章、书籍（如《中国改革：历史、逻辑和未来》《高级微观经济学》）中都给出了有限政府的定义，那就是：市场能做的，让市场做，市场不能做的，政府才需要去发挥作用，其基本含义就是，只要市场失灵，政府就应该有为。简言之，有限政府就是起到维护和服务的作用。

从词面表象来看，我给出的有限政府定义和经济学中标准的定义没有什么差异（本应该具有一般性和统一性）。然而，对不同的发展阶段、不同的体制，作为有限政府，其具体作用和内涵会有很大的不同。比如，对理想极限状态，有限政府的边界是最小的，基本就是哈耶克描述的"守夜人"的作用，而对一个发展中的国家，特别是对一个转型经济体，市场还不是一个有效的市场，市场会有两方面的失灵，一方面是标准现代经济学教科书中所界定的市场本身失灵，另一方面是由于政府的过位、错位及缺位所造成的市场失灵。这时，政府就比"守夜人"政府需要发挥更大、更多、更有执行力的作用，比如政府启动和主导改革，建立和完善现代市场制度，以及提供对新兴行业和基础行业等政策（包括产业政策）方面的支持等。这些都是由于发展过程中或转轨过程中的市场还不是一个有效市场，因此政府应该发挥更多这方面的维护和服务作用。尽管经济环境不同、发展阶段不同，有限政府作用的内涵当然会不同，但这些不同的作用都可归纳为政府应发挥维护和服务的作用。所以，我所理解和认同的有限政府的定义具有一般性和统一性。

其实，我在与陈旭东合著的《中国改革：历史、逻辑和未来》一书中，对现代市场经济下的有限政府的界定及其基本作用做了详细描述，为了读者的判断，现引用在此。

具体来看，一个政府在现代市场经济中的基本作用有四个：

(1) 提供公共产品和服务，维护国家安全和社会稳定。中国30多年的改革开放之所以能够取得成功，一个非常重要的原因就是国家强大、社会稳定。实际上，政府最基本的作用就是，有外来侵略时需要军队保卫国家国土，社会不稳定时需要警察来维护社会安定，提供其他公共产品，如公共图书馆、公共设施、公园、水利大坝等。

(2) 让市场有效而公正地运作。让市场更有效，政府就必须发挥裁判的作用，制定一系列让市场有序运作、有效运转的规则。为了让市场有效，就应该充分发挥人们的积极性，给人们更多经济上的选择自由，同时能够公平交易，保证交易的顺利完成。也就是说，作为一个有效政府，它必须在市场能有效运作时，不要干预，至少是必须减少干预。前提是，它必须首先是一个有限政府。这个问题会在后面细述。

(3) 政府在市场失灵时发挥作用。现在从理论到现实大家都看到了市场失灵问题，如垄断、外部性、公共产品、信息不完全，自由市场并不总是能够导致以社会有效价格生产社会有效数量的产品，这就要求政府在解决问题的时候，单独或与市场结合发挥更大的作用。市场失灵还包括微观经济的无效率和收入的不平等；在处理人与自然之间和谐问题时，包括治理环境污染、环境生态保护、水利建设时必须依靠政府规制和监管；在处理人与人之间和谐问题（如收入差别过大、民事纠纷等）和人与社会之间和谐问题（如对失业、老人、低收入等阶层进行救济或社会保障，公共卫生保健、国民基础教育、不完全竞争、垄断）时，市场也会失灵。

(4) 政府作为经济人有时也参与到具体的经济活动中。也就是说，政府也会作为投资人，作为生产者，也作为消费者，参与到市场经济之中。政府参与经济有时是为了国家安全，而不是单纯从经济效率和追求利润的角度来考虑，比如国防工业；有时是为了掌握国民经济命脉，比如航空、铁路、矿业。同时，这种规模经济的行业很容易形成垄断，政府希望垄断利润为国家所有，就需要国家作为投资人。政府为了保证规模经济的优势，就只能由自己作为提供者或者把它外包出去，如美国提供电力或能源的公用事业公司，在一个城市只有一家企业进行生产，但由政府定价。

根据政府的这四个基本作用，我们可以看出，政府具有双重身份，既是强制性机构，也是经济人。作为一个强制性机构，国家垄断强制力有两个基本作用：对内保证合同和法律的执行，制定法律，征得税收；对外保证国家的安全。合同的执行包括私人之间的合同和公共合同。政府获得税收，不需要与别人交换，是无须给予回报的索取。这样的强制性具有垄断性。作为一个经济人，政府占有资源，雇佣劳动力，有大量的消费，同时也生产出许多物品，既包括国防、警察之类的公共物品，也包括私人物品。但是，政府又与一般的经济人有非常大的不同，它拥有行政权力，而且规模往往非常大，往往能够产生行政性垄断。

这样，政府既是规则制定者，又是"裁判员"，还是"运动员"，这三重身份之间必然存在着冲突。那么，如何协调这个冲突？合理划分政府、市场与社会的边界就成为关键。凡是市场和社会能做好的，就交给市场和社会去做。如在竞争性的行业，就让市场充分发挥作用，只有在市场失灵的时候才需要政府或社会发挥作用，单独或者是与市场一起去解决市场失灵的问题，比如收入不平等的问题。同时，政府也要充分发挥社会自我治理的作用，不要以一种过度的父爱主义，好心却往往办了坏事。

这样，现代市场经济下的有限政府，特别是处于转型期间的有限政府的作用比理想极限状态下的"守夜人"的作用要大得多。"王文"对有为政府除了通过集合给出定义，也通过文字给出了定义："有为政府是在各个不同的经济发展阶段能够因地制宜、因时制宜、因结构制宜地有效地培育、监督、保护、补充市场，纠正市场失灵，促进公平，增进全社会各阶层长期福利水平的政府。"但有意思的是，这个文字表述的有为政府的定义和用集合表述的有为政府的定义相差很大。在我看来，文字所定义的有为政府的内涵和有限政府的范畴很接近。难道不是？这个文字定义提到的"有效地培育、监督、保护、补充市场，纠正市场失灵,促进公平",这不就是要政府根据情况起到维护和服务的作用吗?这样有为政府和文献中所定义的有限政府(即起到维护和服务的作用)非常接近。如果是这样,那还有必要一味地反对有限政府的说法吗?有必要专门弄一个从词面上去理解会造成歧义性很大的新词汇,并以此说明新结构经济学就是新的吗?

6. 有为、有能的有限政府

这次许多人为东北经济把脉,给出了制约东北发展的众多原因,包括文化的原因,并给出具体发展建议,我认为都有一定的道理,我认为最大的问题还是体制机制及其深化改革方面有较大问题,是要建立有利于激发人们创业创新的基本基础的元制度问题。这正如邓小平同志深刻指出的那样:"制度好可以使坏人无法任意横行,制度不好可以使好人无法充分做好事,甚至走向反面。"大家谈到的对外来资本和企业的"吃、拿、卡、要"及其贪腐现象比较严重,要从根源上解决还是靠体制机制的深化改革。所以,基本、基础性制度才是最为关键的,但基础制度由三方面的制度安排组成:(1)治理(Governance),并且必定要具有依法治国强制能力(Coercive Capacity)方面的治理;(2)具有诱因的激励制度,如市场制度,从而必定是包容性的经济制度;(3)社会规范,也就是文化和理念的因素。在现代社会,也就是政府、市场与社会,而好的治理决定了好的市场和好的社会规范,其关键就是政府的定位要恰当。

为此,政府不仅要"有为",也要"有能"。所谓有能,就是有国家能力(State Capacity),能将国家意志、目标转化为现实的执行力。政府的执行力和权威也是很重要的。政府执行力可以由两种方式体现。一种是由激励相容的制度来体现,这是一种自我实施、有"胡萝卜"柔性的有执行力的制度,特别是对经济制度如此。另外一种就是"大棒"强制性的政府有执行力的制度,如依法治国,规章制度及政策得到严格执行,严格起到维护(包括保护社会秩序、个体经济自由选择和财产等)和服务的作用。中国经济改革之所以取得巨大成就,除了提供大量激励机制的松绑放权的经济改革,还有一个重要原因就是政府具有强有力的执行力。

这样，经济上包容性和政治上强制能力（Coercive Capacity）都说明了政府的执行力（Implementability）。经济上就是人性化的激励相容性，机制设计理论就是用 Implementability 来等价表达激励相容的意思的，这是一种柔性的执行力，而强制能力却是一种刚性执行力。如果能综合采用胡萝卜加大棒再加上理念，晓之以理、待之以利和动之以情，差不多是将一件事情办成（如国家成功）的充分条件。因此，具有激励相容的包容性经济制度和权威能力的政府制度的这两个执行力是一个国家成功的必要条件，这基本解释了古今中外一个国家、一个朝代为什么成功，包括了几乎所有国家成功，而缺乏这两个执行力中的任何一个在历史上基本上没有一个国家是成功的。

所以，让经济发展、社会稳定和长治久安，其政府的定位是有能、有为的有限政府。

7. 多余的话

正如我在 9 月 6 日《新京报》专访中指出的那样："现在一个不好的风气是，只要你一谈到让市场在资源配置中发挥决定性的作用，就认为这是在否定政府的作用，即使在谈论中强调了政府应该发挥好的、恰当的而不是多的作用也被批评为'市场万能论者'。一谈到改革的长远目标是建立有限政府，或谈市场化改革，就有可能被归类为崇尚市场万能、新自由主义者，甚至被认为是在鼓吹'休克疗法'。这种做法十分不利于严肃学术和政策讨论的正常开展。"遗憾的是，这次林毅夫团队的做法依然如故。

如同 2016 年林毅夫教授在《求是》发表的那篇几近全盘否定西方主流经济理论的文章所引发的争论一样，我被卷进了这场争论。本来我都可以完全事不关己、置身事外的，因为本身自己也有很多学术和行政上的事情要去处理，但是出于一种知识分子的道义、使命、责任和担当，鉴于事关改革发展的理念和方向性问题，我还是发了声。之所以如此，就是由于理论都是有适用边界的，经济学家应该比医生更加有责任感，医生医治的是一个人，但经济学家提出的建议如果不好，危害的是整个国家和社会。所以，我们经济学家要有社会责任感，建言时一定要严谨再严谨、严肃再严肃。我也正是以一种理论求真的严肃、严谨态度在这次《吉林报告》的讨论中发表批评意见的。

　　许多人都发现了，林毅夫及其团队总是特别强调要人们看完他的文章，或几十万字的书和报告，才认为别人对他们批评有发言权，即使发现问题也不应该提。这样的指责和做派在学术界罕见。比如，大家听学术讲座时，如有问题，下面的人都可以马上提出，而不是说等讲完才能做评论、提问题。如果演讲者讲得不好，说不定有人立马走掉。对论文审稿也是如此，如果审稿人读前面部分，就发现了问题，比如定义不清，所研究的问题不重要，由于审稿人的时间机会成本大，就不太会对后面的内容仔细去看了。我想林毅夫为期刊审过论文，他多半也是这样对待。即使都不是我提到上面情况，他在与人讨论做到完整阅读他人的文章了？孔子说得好："己所不欲，勿施于人。"我在2016年的《林毅夫的对与错》一文中早已指出，与林毅夫讨论问题时，你无论怎么指出和着重强调，他好像忘得干干净净，下次仍然如此，不得不让你重新再说一遍。

　　讨论需要有一定的基础。现在经济学界的许多争论，包括我自2016年以来参与进去的争论，由于总是停留在概念、理念之争上，加上没有学术共同语言，无法深入讨论，讲的都是些ABC的东西，实在是没有什么意思。我更愿意和学术上训练有素的同行和国内做政策研究，以及对国内现状真正有了解的人交流，讨论起来容易多了，大家都有一个基本共识，这样都很快进入角色。

　　我在上海财经大学当经济学院院长，对我们年轻海归教师的一个建议是，如果不是专门研究中国问题的，刚回来的头几年对国情不是那么了解，就不要急于做对策性研究，因为不恰当的政策建议一旦被采纳，弄不好会造成重大负面影响，当然最终都要或多或少做些中国问题研究。但是，我们在做中国问题研究时，鉴于理论和思想对实践具有巨大的导向作用，而基于理论和思想所提出的政策建议如果被采纳又是方向性的，具有巨大外部性，所以需要采取科学的研究方法，大胆假设、小心求证。一个科学的经济分析，包括三个要素，即内在逻辑的理论分析、量化的实证和实验分析、历史的比较分析，三者兼备将使经济分析具有内在逻辑性、前瞻性、科学性、严谨性、实证性。说实话，现实中很多政策研究和决策咨询报告并没有做到这一点，加之在可实施性和可操作性上的不足，泛泛而议要做什么，而不谈谁去做、怎么做的问题，最终的结果只能是报告被束之高阁，化为废纸。

（2017年9月）

126

在北京大学第三届新结构经济学专题研讨会"中国经济增长减速成因与对策专场"上的发言[*]

首先感谢主办方的邀请,这个讨论会非常重要。事实上,我与林毅夫老师的观点有许多共同点,但也有许多不同点。共同点是,我们都认为中国的潜在增长率没有下滑到现在的6%多,他的不少分析我同意,包括他讲的城市化等,但主要的不同点是这轮下滑的原因。

为什么说我与林毅夫老师的观点不一样?我也同意从2011年以来中国的经济增长速度下滑,此前30年的增长是近10%的平均增长速度,林毅夫刚才说了此前40年增长是9.6%,但不管怎么样,前30年平均经济增长速度接近10%。然后就是一路下滑,破10%、破9%、破8%、破7%,平均下滑了3个百分点以上。也就是说由2010年的10.4%下降到2016年的6.7%,即使这个6.7%,我认为还是有继续下滑的风险,根据我们上海财经大学中国宏观经济预测模型的分析也是如此。这么长时间的持续下滑至7%以下,我认为是改革开放以来从来没有过的,我认为很不正常。当然,尽管我们不能一味地

---

* 本文为2017年12月19日作者参加北京大学第三届新结构经济学专题研讨会"中国经济增长减速成因与对策专场"所作的主旨报告及对话片断。

追求增长速度，但是也要弄清增长下滑的原因是什么，毕竟经济发展是解决社会矛盾的一个最重要的手段，我们要弄清这次下滑的成因是什么，才能对症下药。

虽然我们用的关于经济增长的图表差不多，但得出的结论是不一样的。中国经济增长减速的成因，到底主要是制度性，也就是改革的滞后性，还是外部性或周期性？当然，无论成因是哪种，都需要短期政策的应对，因为我们需要社会的稳定、经济的稳定，做一件事情首先要考虑到风险，但也必须要与中长期的治理相结合。

对经济下滑有许多的解读，刚才我也讲到，有些人认为是短期的原因，是周期性、外部性、产业因素，从而更多的是建议通过短期的财政政策、货币政策，以及选择性的硬性产业政策来应对。我想这也是过去一两年之间，我与毅夫的主要争论，包括有为政府、产业政策的问题。同时，也有不少人认为这是长期的原因，是新常态，是潜在增长率放缓造成的，从而认为既不需要短期应对，也不需要制度性改革。在这点上我与林毅夫都不这么认为，看法是相同的，即认为潜在增长没有放缓，至少没有大幅度地放缓。这么一个大幅度放缓，当然大家说根据边际收益递减，中国经济的增长速度我没有像林毅夫这么乐观，20年很不好说，5年到8年我觉得7.5%到8%都是有可能的。当然，20年也是有可能的，在中国由于政府动员能力异常强大，任何单一目标都可能达到，不要说8%，就连10%咱们政府也能做到。但问题是，这种高度粗放、一味靠投资来拉动的经济增长是不是最优的？会不会带来更大的风险？

中国经济增长在短短的几年时间内就下滑了3个百分点，我觉得即使边际收益递减发生作用，也没有如此快。我认为根本的原因就是两个：一个是转型驱动的滞后，任何一个经济体从发展中的经济到发达的经济，必须经过三个阶段，即要素驱动、效益驱动、创新驱动；另一个就是现代经济体系的滞后问题，实际上这就是党的"十九大"讲的不平衡不充分发展的治理结构失衡造成的，我想党的"十九大"报告已经充分肯定了这种说法。我认为，这些才是导致中国经济增长低于潜在增长率的关键根源,我想从理论、量化、历史比较的思想来进行分析论证。

首先,面对这一轮全球金融危机,各国经济都受到整体外部经济环境的影响,经历了减速的过程,但许多国家早已进入回升或波动上升接近到平衡增长轨道,只有中国经济增速持续下滑(见图1)。

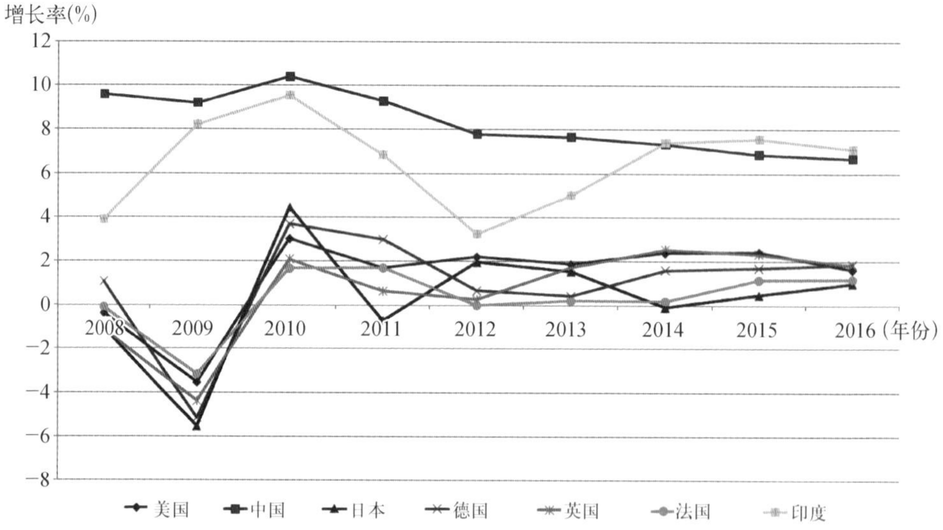

图1

图1是我与林毅夫教授都使用的图。从图1中可以看出,从2011年以来,世界前七大经济体(包括一些发展中国家,即中国和印度)经济都在下滑,但除了中国,其他国家都或多或少恢复了,只有中国一路下滑,破7%了。所以如果这时候你说是外部性的因素导致经济下滑,那为什么其他国家都在恢复,而中国还会下滑呢?当然,林毅夫刚才说了一个原因,就是因为外部的经济已经下滑了,对中国造成了一种压力。那我要问,在世界经济金融危机之前不少时段不是也有压力吗?为什么没有像这么大幅下滑呢?我觉得这个原因不成立,因为其他几大经济体都基本恢复增长到平衡增长轨道,恢复到正常的轨道

上。发达国家过去150年来，平均每年的人均收入增长是2%，即使加上0.5%左右的人口平均增长率，其经济增长率至多也就是2.5%。为什么在这之前中国的经济增长是10%，而这次却跌破7%，到7%以下了？所以说，我认为外部性因素的影响存在，周期性因素的影响也存在，但都不是主要原因。

我想这就是我与林毅夫教授之间在看症状、找病因方面的重要差别之一。

我觉得周期性因素也不像是主要因素。看周期性因素不能太短，我们应该看中国改革开放40年，这个就比较清楚了。图2说明，中国这一轮经济增长减速是改革开放以来最长时段的下滑，自2007年以来已10年，与其他主要经济体相比也是不多见的，其他都基本接近到平衡增长点。上一轮下滑在中国加入WTO之后的扩大开放得到扭转，那这一次下滑靠什么扭转？

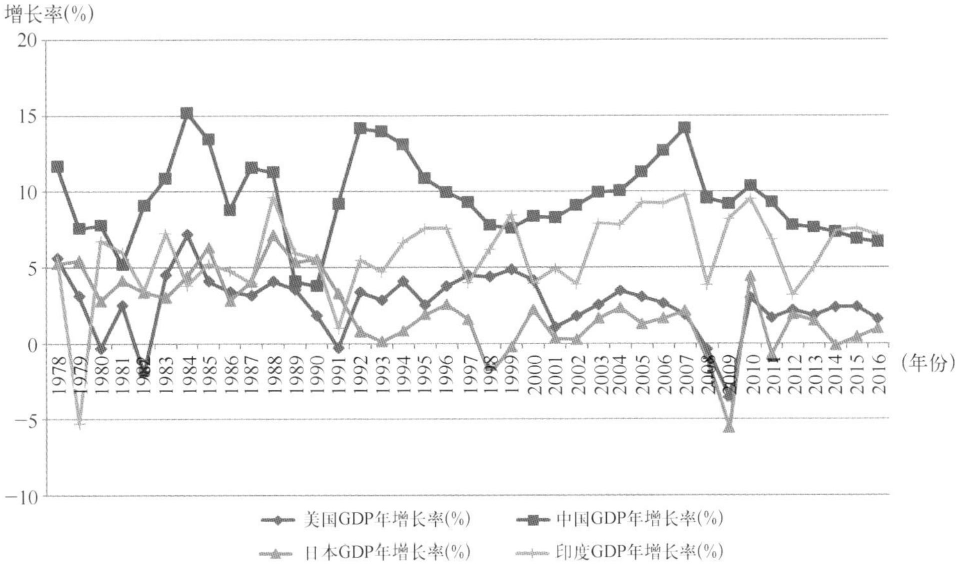

图 2

不管是周期性因素还是波动性因素，还是外部原因，中国的经济这次持续增速下滑超过将近10年，低探到7%以下，是改革开放以来前所未有的。当然，1989年以后，也曾低于6%，甚至更低，但是一两年就恢复了。但中国现在没有，而其他经济体基本上恢复到平衡增长轨道上，那么我们有周期性的原因吗？当然周期也分长周期、短周期、中周期。我们知道长周期靠什么？靠制度完善。如果制度环境相对完善的话，中国经济完全可以做得更好。我们从来没有说是最好的，最好只是理想化的基准点，但只有向最好的学和跟最好的比，才有可能提高，这点我要声明一下。我们就可以看出来其他经济体发达国家，基本上是恢复接近到了平衡增长轨道，而只有中国在继续下滑。10年之久周期还没有形成？这是周期原因吗？其他国家已经好转了很多，中国经济是个开放体，受其影响，为什么没有好转?！所以，我认为外部性和周期性因素都不是主要的。

具体到中国经济增速下滑的成因，我与毅夫的判断更是有差别，我认为的原因既有经济的问题，更有改革滞后的问题，而毅夫刚才则认为主要不是改革滞后的问题。他的理由是，当前经济制度环境跟20世纪80年代、90年代那些体制机制性的扭曲来比，应该是越来越少的，而不是越来越多的，从而认为将经济下滑归结为改革滞后和制度性障碍说不过去。这似乎很有道理，但其实是混淆了总量（Total）和边际（Marginal）的差异。这很容易解释。那就是，市场化导向的松绑放权所导致的改革开放红利或改革红利的边际收益在早中期巨大，导致了高速增长。尽管总的经济制度环境没有恶化，甚至有所改进，但如果不全面深化改革，改革红利的边际收益会大幅度下降，越来越抵近制度障碍约束的边界，使其约束越来越紧致，从而无法提高经济效率和勃发潜在生产率或全要素生产率，导致经济的持续下滑。

其实，我早在2015年《中共中央党校学报》上发表的"中国经济新阶段的发展驱动转型与制度治理建设"一文中就指出，经济持续过快下滑归因于五重原因的叠加，两年多过去了，五重原因依然存在，中国经济发展中的制度性问题还没有从根源上解决，社会矛盾也有所增加，导致不平衡、不充分的发展，中国实体经济发展面临很大困境。

五个原因中的第一原因是要素边际收益递减，要素驱动红利导致增长中枢下移，仅靠要素驱动，特别是靠投资拉动，已经不具有可持续性。这说明一味靠财政政策、靠追加资本投资所带来的收益将会加速下滑，进而造成高资本投入、低投资回报的结果。

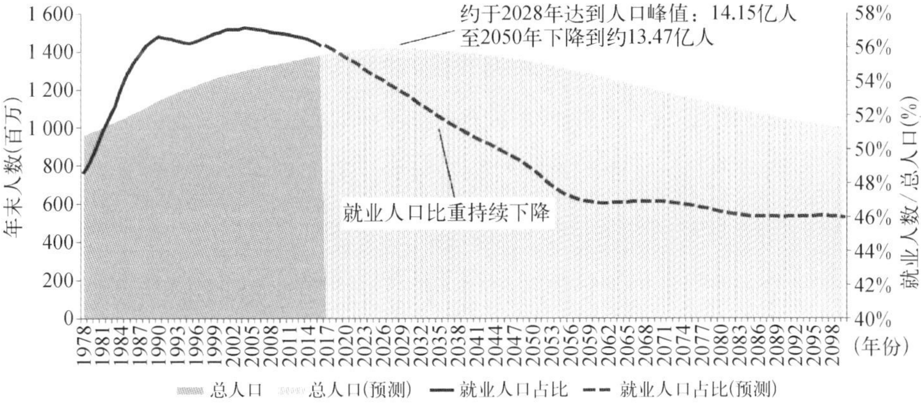

数据来源：国家统计局，联合国人口预测，上海财经大学高等研究院。

图 3

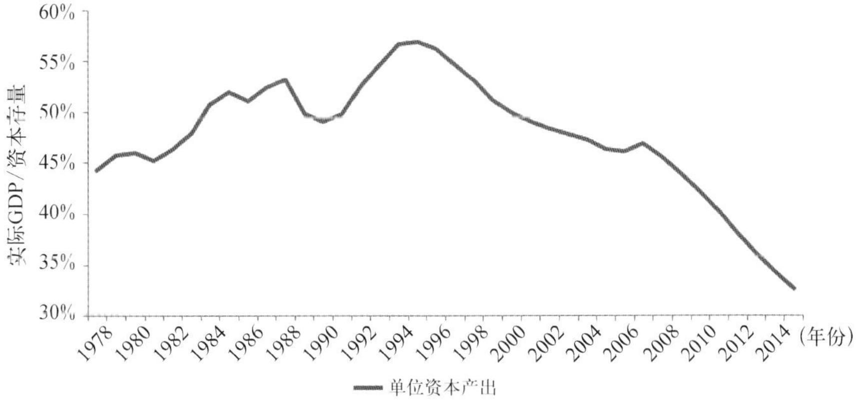

数据来源：国家统计局，上海财经大学高等研究院。

图 4

第二个原因是政府主导动力的枯竭，包括地方土地财政，这两条都不具有可持续性，使之内生增长匮乏。尽管分税制改革取得相当成效，但由于地方财力和事权本身不匹配，导致地方政府干预经济获取财政收入的激励加大，导致产能过剩、效率低下和寻租空间巨大，且不具可持续性。同时，土地财政也空前膨胀，推动房价高速增长，刺激投机资金涌入，挤压实体经济。

这两个原因是我与林毅夫教授的重大差别，从而导致所开药方的重大差别。第三个原因我与他有差别，但差别不是那么大，都认为国有企业产能过剩，但是我的结论是国有企业产能过剩是导致投资大量减少的根本原因，也就是国企进了民企的投资领域。我不清楚毅夫是否同意我的结论，他只讲了国有企业产能过剩，但没有讲国有企业产能过剩挤压了民营经济，使得经济活力下降。近些年发生一个现象，凡是国有企业比重过大的地方，是这次下滑影响最深的地方，比如说东北三省、山西省。在这些地方，国有企业往往凭借控制资源能源与优先获取金融资源的优势而占据过多要素，而民营企业则融资难、融资贵、生产成本高，发展严重受限，没有形成一个良性的竞争机制，效率低下及经济活力、动力下降，这是客观现实问题。

前三种是经济原因。即使前面有10%的增长，但是随着改革的红利的边际递减，越来越抵近制度障碍约束的边界，使之制度障碍的约束越来越紧致，当然就导致了经济的持续下滑。所以党的"十九大"为什么要说全面深化改革，要让市场有效、个体有活力、宏观调控有度，包括提出要大力发展民营企业，将"民营企业"首次写入了党代会报告里面了。我觉得其实就是认为制度性障碍还没有根本上解决，没有从根源上解决，使得经济矛盾及社会矛盾都增加了，也是党的"十九大"讲的人民日益增长的美好生活需要和不平衡不充分的发展之间的基本矛盾。

从图3来看，直到现在，劳动力的边际递减还没有出现大幅度的下滑。当然，这不表示今后不会大幅度下滑，从图3中可以看出来，随后就会大幅度下滑。我们考虑中国的问题，特别是经济学家，要有前瞻性、严谨性、科学性、时代性、现实性、思想性，必须要有忧患意识，如果一味靠劳动力要素驱动，是不具有可持续性的，尽管现在还没有发生。如果说劳动力的边际递减还没有发生，但是投资现在已经发生了。我不认为靠政府的投资就可以保持经济增长8%以上。政府主导的动力的枯竭，根本的问题就是地方靠土地财政，一个提供低价工业用地，通过税收推动经济发展；一个是高价提供商业用地，获取地方财政；还有一个是把土地作为一种抵押。这种方式不具有可持续性，至少是这种方式不能长久。由于过度地建设发展型政府，而非服务型政府，所以在市场不能发挥作用的时候，政府应有为却大量缺位，导致了生、老、病、居、教的五大问题，最后导致预防性储蓄过多，消费受到抑制。

第四个原因就是政府自身目标管理缺失，导致不作为和慢作为的现象。可能大家有一个误区，田国强经常讲政府要少干预，为什么现在又说不能不作为、慢作为呢？不同的环境，政府作用的边界是不同的。在中国，政府的干预是比较大的，在制度还没有完全建立健全的时候，政府突然不作为，就会导致更大的问题。所以，如果对于行业准入、市场干预太多了，而维护和服务性的有能、有为、有效、有爱的有限政府又没有建立，那么现有的政府治理模式不能突然失灵。有人认为，我说有限政府，就是反对政府有为。这是不对的，是极大误会。有为的政府和有为政府是有本质差别的，比如说毛泽东思想是集体智慧结晶，而毛泽东的思想是个人的思想，是不尽相同的。有为政府是各个方面的，无论是事前事后事中，所以我不会反对政府要有为，特别是在中国转型还没有完成的时候，政府要大大有为，但是那种有为是维护和服务的。比如说，以上我讲的有些内容。

所以，我再次郑重声明一下，我讲的有限政府定义是维护和服务型政府，但是它的维护和服务内涵和边界是根据制度环境来决定的，会有很大不同。比如说，即使西方发达国家也没有做到像哈耶克所说的"守夜人"政府那样，中国作为一个转型中的国家，还处在建立市场制度、现代化经济体系的深化改革过程中，政府更应该要大大有为，但是这个有为都是为了让市场有效、让个人有激励、让宏观调控有度的维护和服务型的有限政府。所以说不要把这个混淆起来，不要给我戴个帽子诋毁我，我要讲清楚这个。

第五个原因就是对新常态的认识出现偏差。这包括两种偏差。一种观点认为中国经济增长速度过快，下滑是正常的。刚才也已经说了，我与毅夫都认为潜在增长率还是处于比较高位，他的数字我觉得也有说服力。因为中国是一个发展中国家，就像火箭腾空、飞机起飞，像年轻人长身体，这与已经处于平衡飞行状态和停止增长的成年人状态是不一样的。很多人拿发达国家的增长速度跟中国的增长速度相比，然后说中国的增长速度已经很好了，在这点上我与毅夫的观点是一致的，现在远远还没有下去，当然最终也是要下去的，朱晓东教授可能认为会下滑更多，由此认为需要深化改革解决经济下滑的问题。的确如此，我下面会讲，改革与不改革相差很大。另一种观点认为经济下滑主要是外部、周期性及产业结构的原因，保增长要采取短期的财政政策和货币政策，或者是选择性的产业政策，加大了政府的不断干预导致了经济结构更加扭曲。不知道毅夫同不同意，但是至少有这种现象，在我的感觉里面，林毅夫教授只给了药方，虽然也给了部分改革的因素，但更多谈到的是政府的作为。

这五重原因可进一步归纳为三个结构性失衡：经济结构失衡（需求、产业、市场结构、虚实经济失衡，转型驱动发展滞后）、体制结构失衡（重政府轻市场、重国富轻民富、重发展轻服务，发展逻辑错位）、治理结构失衡（贫富差距过大、改革共识减弱、治理粗暴简单、社会矛盾增加、生态环境恶化、中央决议和决策与地方/部门执行落差大，治理逻辑失灵）。这三个结构性失衡导致了改革开放40年来成就巨大和问题特多的两头冒尖情况，使得经济社会的发展不平衡、不充分，全要素生产率或潜在生产率也无法得到提升。

当然，这种非均衡发展模式并非一无是处，它也导致了改革开放40年取得了前所未有的、人类历史上没有过记录的经济增长速度，但同时也导致了问题太多，使得经济社会发展不平衡、不充分，全要素生产率也无法提高。同时，改革与不改革差别非常大。我还记得在华中科技大学读书时，我的两位老师林少宫、张培刚给我们上课,对邓小平同志当时提出的"翻两番"目标极度怀疑,两位老师都认为绝对不可能,说怎么可能20年这么长的时间段内让经济增长速度从4%提高到7%以上呢?他们当然是从当时的制度环境出发,他们是在假定制度环境不变的情况下来考虑这个问题,在20年这么长的一个时间段内将GDP提供整整3个百分点确实难以想象。但是,从计划经济向市场为导向的改革开放的结果是大大地超出了这个目标。这是被实践所检验的结论,现实告诉我们,不仅有可能而且通过改革开放还超额完成了目标。改革与不改革相差巨大,可能有3个百分点。

四位俄罗斯裔经济学家在NBER(美国国民经济研究局)工作论文 *The Economy of People's Republic of China from* 1953(《1953年以来的中国经济》)中对1953~2012年中国经济增长因素进行了分析,并对2012~2050年的经济增长做了预测,通过运用国际前沿的"楔子法(Wedge Method)"找到一些领域扭曲最大的地方,分别以改革开放前后各因素的贡献作为假设进行预测比较,其结论就是,改革与不改革,对经济增长影响的差别巨大,年增长率在2012~2024年相差近3个百分点,而改革开放前后30年相差更大,超过4个百分点。我们这次下滑也是下降了3个百分点,我对这个数据很有信心,我们高等研究院宏观项目组杨轶波博士做了同样的预测,有两个改革要素对经济增长的影响很大,一个是城乡改革,一个是国有企业改革。

所以说,我认为如果上面的因素得不到根本的解决,误区得不到纠正,中国的经济只能是一放就乱、一乱就收、一收就死,造成经济的不稳定、不平衡。因为中国还处于制度转型,根本的思路就是提高全要素生产率,推动效率变革、动力变革、质量变革,改革的方式是改革、发展、稳定、创新、治理五位一体。我不同意采用休克疗法,现在有人动不动上纲上线,将现代经济学等同于新古典经济学,将新古典经济学等同于华盛顿共识,将华盛顿共识等同于休克疗法。我认识的经济学家中还没有发现一个认为中国要采用休克疗法的,即使张维迎也没有这么说过,他早期还提出了价格双轨制。

综合以上分析，中国经济增长下滑的解决之道就是全面深化消除制度性障碍的改革。党的"十九大"报告对于制度性改革也提出了明确要求，要"着力构建市场机制有效、微观主体有活力、宏观调控有度的经济体制"。至于政策建议方面，我主张短期政策和中长期改革相结合。深层次制度改革有三大重点目标任务：第一个就是要形成具有包容性的现代经济体制，这是一个必要条件，古今中外如果一个经济体不是包容性的经济体制，那是不可能成功的。第二个就是要提升国家依法治国的能力和政府的执行力。阿西莫格鲁认为民主制度是必要条件，这个我不是完全同意的。因为中国过去几千年来都是这样的，不是民主制度，但经济在很长一个时期是世界第一。中国是社会主义国家，美国是资本主义国家，一样可以搞得好，重要的是国家依法治国能力和政府的执行力。第三个就是要建立良好的社会规范和秩序及和谐有效的社会治理体系。面向今后一个时期，中国要建立让市场在资源配置中发挥决定作用的现代化经济体系，推进中国经济从要素驱动向效率驱动、创新驱动的转变，推动质量变革、效率变革、动力变革，提高全要素生产率。

这些有赖于正确处理好政府与市场、政府与社会的关系，真正做到让市场在资源配置中发挥决定性作用，同时让政府在维护（如改革、建立现代市场制度、保障市场秩序）和服务（如弥补市场失灵）方面发挥更好的作用。同时，我前面也谈到，促进实体经济发展的改革就是要让民营经济活起来，在这方面民企有很大优势和创新动力；要让金融市场活起来，金融只有为实体经济服务才能"底气十足"；要让土地要素活起来，要素市场扭曲等问题亟待引起重视并加以有效解决。具体而言，对待民营经济同等化、金融市场放开一体化、土地要素流转市场化这三项是继续深化改革开放促进实体经济发展的切入点。

我们不能将市场化取向的改革和变革与激进改革划等号，其过程应是渐进的，而不是一次性的。同时政府要有执行力，并且需要注意改革的方式方法，细节是决定成败的，需要以改革、发展、稳定、创新和治理五位一体的综合改革方式进行治理，建立有能、有为、有效、有爱的刚柔相济的有限政府和实现国家治理现代化。有能主要是讲政府执行力的问题，有为就是政府在应该作为的地方不缺位，有效是政府行政的效能和效率的问题，这三个主要是处理好政府与市场的关系问题，以促进有效市场形成为导向；有爱则是讲处理好政府与社会的关系问题。

附：对话片段

对话片断1：

第一，首先我要更正毅夫的说法，他说我在改变有限政府的定义。我再重复一遍，我也是按照教科书说的，所谓的有限政府就是在维护和服务方面发挥作用，也就是说市场失灵时政府才要发挥作用。我前面还再次郑重声明："我讲的有限政府定义是维护和服务型政府，但是它的维护和服务内涵和边界是根据制度环境来决定的，会有很大不同。"中国多了一个政府在经济活动中的过位导致人为的市场失灵。一方面是市场本身自我调节的不能解决的问题，贫富差距过大的问题，生态环境的问题等外部性问题，这是需要政府去做的，需要政府去有能、有效、有爱、有为。另一方面是由于政府的缺位和过位造成市场的失灵，所以说我们通过改革来促进政府维护和服务职能的发挥，让市场有效。我不知道我改变了什么定义。我的有限政府定义很明确、很清楚，在我的文章里，包括我今天给的定义里没有变过。当然我给了一个说明，就是根据不同的情境、环境，它的内涵和内容有些方面的程度很不一样。所以我最近也在反复强调这点，免得引起误会。

第二，关于周期性、外部性。毅夫教授反复强调外部性，我们现在就看外部性。当然首先我没有否定外部性和周期性，刚开始我就说有，但这不是最根本的原因。为什么印度已经复苏了，而我们还没复苏呢？就像流感一样，为什么有些人不得感冒，而有些人得感冒呢？根本的原因在于，尽管大家都在呼吸同样的空气，但得感冒的人自身身体素质差。我认为，我们现在是由于改革的滞后，使得我们中国经济的体质不是这么强。当然，从这种意义上来说是受到了外部影响，但如果自身足够好，完全可以很快恢复。归根结底，最重要的就是基础性制度的建设。这就是为什么党的"十九大"整个都在谈使命和愿景目标是2050年达到全面建成社会主义现代化强国，以及明确强调现代经济体系的建设等一系列的深化改革，而除此以外，没有一个地方谈产业政策，也很少谈到财政和货币政策的原因。作为一个经济学家必须要有前瞻性、科学性、严谨性、时代性、现实性、学术性。我们要像下象棋一样，既看当前的一步，也要看随后的多步。毅夫教授说11年，这样我们当然差别缩小了。也许媒体真的歪曲了你的话了，你现在更正了，也是好事，我觉得我们在这点上更加接近了，这就是讨论和辩论，互相之间交流会消除一些对对方的误解、误会和误区。

谈到有为政府的定义，这是毅夫和王勇给出的。他们实际上给了两个定义，一个是文字上的定义，这个定义很接近于我们比较认可的定义。因为王勇是属于林毅夫团队的，他是你的发言人。他的有为政府的集合定义，白纸黑字地写道，排除不作为和乱作为的所有政府行为都属于有为政府的范畴。这个概念就太广了，我就不阐述了。那么，到底作为是好心办坏事，还是坏心办坏事？计划经济就是好心办坏事，"文化大革命"也是好心办坏事，太多了，由于信息不对称，会导致许多事后看来是乱作为的政府行为。同时，一方面说有为政府的前提是市场有效，另一方面又反对基准理论，我想问问这个有为政府的前提是市场有效的吗？市场远远没有达到有效，这个世界上没有一个市场是有效的，只是程度不一样。我觉得一个定义不应该与另一个定义绑在一起，我的有限政府的定义非常明确，就是市场失灵的地方政府要发挥维护和服务的作用。

此外，产业升级靠产业政策吗？创新的主体必定是民企，特别是技术创新方面的研究。基础性的研究牵扯到国家战略的研究，那是国家当仁不让要去做的。比如说现在讲的新四大发明，除了高铁都是民营企业发明出来的。创新的成功率不到5%，哪一个国企的领导敢去做这样的创新。要从要素驱动到效率驱动、创新驱动，必须依靠民企。毅夫说不同意这个划分法。但实际上你讲的后发优势，某种程度上谈的很多东西是要素驱动。要素驱动，当然这里面的制度环境也在改革，但是要真正完成创新驱动，我认为必须是深化改革，是市场能在资源配置中发挥决定性作用的改革。

中央在党的"十九大"报告中对于市场的决定性作用更加明确了，以前是合在一起讲，大家分不清楚，现在专门用一个逗号分开了，市场在资源配置中发挥决定性的作用，然后政府发挥好的而不是多的作用。除了这一点，党的"十九大"报告还有几大亮点。一个是民营企业在中央全会的报告中第一次出现，提出"要支持民营企业发展，激发各类市场主体活力，要努力实现更高质量、更有效率、更加公平、更可持续的发展"。还有一个变化，就是把国有企业做大做强做优，变成把国有资本做大做强做优，这也是一个非常大的变化。所有这一切都说明了到底谁是谁非、谁重要。

这里，我还要强调一点，许多对现代经济学的批评是不成立的，现代经济学与中国特色社会主义政治经济学不是截然对立的。在我看来，凡从中国国情（认同中国国体和宪法，包括认同党的领导）出发，采用规范分析框架和研究方法进行严谨内在逻辑的推理和论证（不见得是数学模型）来研究上层建筑（国家、体制、制度及其改革）与经济发展关系等方面的问题，都属于中国特色社会主义新政治经济学的范畴。我上午刚在清华大学蔡继明教授重大项目讨论会上讲了我对中国特色社会主义政治经济学的理解，后来有个做政治经济学的人说："老田，今天你这一个小时的演讲是把你在我的脑中的形象彻底颠覆了。看来别人对你的说法和看法误会太多，不少是诋毁之语。"我说，中国特色社会主义最本质的特色就是党的领导，然后坚持马克思主义的辩证唯物主义和历史唯物主义。这是最大公约数。

对话片断 2：
刚才 10 位同志的发言都非常好，我讲三点。

第一点，我觉得这个讨论非常有意义，非常重要。不只是中国学术界关心中国经济增长速度，国际学术界也非常关心中国的经济增长速度。所以说，我们中文的整理以后要有个稿子出来。同时，FEC 是高等教育出版社委托我们上海财经大学主编的全英文学术季刊，里面有许多大家，我们今天有三个主编把 FEC 中文的版本形成一个英文专辑，就形成了一种轰动效应、互补效应。这是我想讲的第一点。

第二点，我与毅夫都在谈改革，我谈得更多，而他谈得更多的是发展。我认为今天我们讨论的关键就是怎么改。我觉得实际上就是两种方法。一种就是在经济活动方面到底是靠制度发挥作用，还是靠政府发挥作用。我与毅夫之间的差异在于，我认为规则是最重要的，因为个体逐利，还有信息不对称，所以说让市场在资源配置中发挥决定性作用。实际上毅夫说的可能跟做的有点不一样。北京大学国家发展研究院之所以这么成功，就是由于你们提供了一个很好的包容性的制度环境。第二，我们刚才也看到了许多数据特别是许局长的数据，我觉得非常有启发性。他谈到，从产出方面是第二产业下降最快，第二产业是哪一块？大多数是非国有企业，也就是说非国有企业的产值下降幅度更大。那我们再看，许局长又谈到了要素投入，他没有谈具体的分类，但是我想给一个国有和非国有的分类。实际上，在过去这么多年，国家的投资是大幅度上升的，而非国有企业的投资是大幅度下降的，并且是自由落体式的下滑。我想这就已经充分说明了制度改革的重要性，就是让非国有经济、让市场在资源配置中发挥决定性作用，还是让政府（包括在投资方面）发挥决定性作用。当然，刚才黄益平教授也谈到了产业政策，产业政策也分成两类，一种就是选择性的硬性产业政策，另外一个就是提供制度安排，让市场更加有效率的柔性产业政策。由于信息很难被政府掌握，所以政府绝大多数采用的都是硬性的政策。现在的新四大发明中，高铁由于属于基础设施建设，因此，主要靠政府并且成功了，其他包括网络购物、支付宝、共享单车等都是民企起作用。还有一个，我也同意黄益平教授谈的转型驱动、中等收入陷阱的问题。但是我国沿海地区和东部地区基本上没有收入陷阱的问题,已经跨过去了,因为非国有经济、民营经济在里面起到了很重要的作用。所以,中等收入陷阱的根本和本质就是制度陷阱,就是制度不适应往创新驱动转变的需要,并不是说原来做得不对。

第三点,就是改革方式的问题。我要非常明确地说,因为王勇总批评我们,认为我们把过程等同于目标。只有傻子才这么做,把一件事情办成,必须重视目标和过程的差异,目标坚定不移但过程要考虑不同的过渡性制度安排。我是专门做机制设计(Mechanism Design)的,通俗地讲就是具体怎么做把一件事情办成的问题。很少有人认为中国的转型过程应采取休克疗法,不能将这个帽子强加到别人头上。改革一定是渐进式的,其方式方法就是改革、发展、稳定、创新、治理的五位一体的方式。我认为,过渡性的制度安排非常重要,包括极力主张自由市场的张维迎教授,其所提出的价格双轨制也起到了很大作用,其就是一种过渡性的制度安排。尽管最后也导致了很多的问题,与需要把价格双轨取消的道理是一样的。

对话片断3:

我从来没有说过完全没有外部性的因素。如果要排序的话,制度因素比外部性因素要大。这是我想说的第一点。

第二点,我也没有说美国及其他发达经济体回到高点,我说是回到了平衡增长轨迹。关于美国的平衡经济增长速度,斯坦福大学的经济学教授Jones是有研究的,按照人均基本就是2%,考虑到平均人口增长大致是0.5%,也就是2.5%左右。3%~4%不是平均值,而是偏离平均值的高值,你不能拿一个经济增长波动中的极大值来谈恢复。你可以看我的PPT,我讲的是恢复接近到平衡增长轨道的均值。最近这些年,只有中国在下滑,印度也在上升,也恢复到它的平衡增长轨道。我前面第二幅图已经表明了,过去40年来印度的平均增长速度没有你讲的10%那么高,可能只有一半左右,也就是5%左右,是比较低的,甚至是低于5%的。所以,我们要比较印度是否复苏,一定要跟印度本身比较，而不是跟中国比较，这是第二点。

第三点，创新。也非常有必要更正一下，我刚刚说的，又被你误解了。我前面专门说了创新是企业科学技术的创新，主要靠民企。我说对一些基础性的研究，还是要靠国家。也就是说，我们的结论是一样的，但是你对我的批评是不实的。我没有说创新只是要靠企业，不能靠政府，也不能有产业政策。我上面的原话是："产业升级靠产业政策吗？创新必定是靠民企，特别是技术创新方面的研究。基础性的研究牵扯到国家战略的研究，那是国家当仁不让要去做的"。其中专门谈到"基础性的研究牵扯到国家战略的研究，那是国家当仁不让要去做的"。并且，在我早就发到群里的，即将在《比较》刊发的文章也指出："创新分为两种，一种是基础研究的创新，这个是靠政府、大学。由于基础科学创新往往周期长、见效慢，但外部性巨大，从长远来说，基础性的研究关系到国家的安全、社会的稳定、经济的稳定，要有前瞻性的，但这种投入常常是亏本的，逐利的企业一般不愿意去做，这时，政府及其大学就需要补位，需要投入人力和资源去做，所以要靠国家。然而，创新不仅仅是基础研究创新，还包括应用科技创新。二者一个立足当下，一个立足长远，不可偏废，不应对立。"白纸黑字的东西，怎么一到你口中，又变成了"国强认为创新要靠企业，不能靠政府"呢？所以，许多看法和观点，你认为是田国强的，却不是田国强的真正看法和观点。

第四点，产业政策也说得很好，但是你给出的具体政策是往往不一样的。我也同意，产业政策包括在国防、国家安全、重大产业的调整方面，政府要发挥作用。这个我也没有反对，我更多认为的是，在大多数情况下的产业政策不是硬性的、选择性的产业政策。但是你们的《吉林报告》给出的基本都是这方面的具体药方。

第五点，毅夫又在指认我们认同休克疗法。我前面专门说了即使张维迎、许小年也没有讲用休克疗法，在学界赞同休克疗法的人基本是一个空集，批评此点只是混淆了人们的视线。所以我认为，毅夫批评的是不存在的东西，但是外界如果不知道，就认为我们这些人在海外留学过的，把现代经济学就等同于新古典，把新古典就等同于华盛顿共识，最后就是把华盛顿共识等同于休克疗法。我认为，我自己，包括张维迎，都没有说要采取休克疗法，所以我们的结论是一样的。这是我的回应。

（2017年12月）

第五卷

第八篇

书评、追忆及其他

127

感念师恩

记我的导师林少宫教授

梁晶工作室策划为林少宫教授制作一个专辑，感谢林老为中国经济学教育和人才培养所做的卓越贡献，特邀请我和林老其他一些学生，就林老的贡献、品德，和与他的师生情谊等谈谈自己的感念。作为林老的学生，我非常感谢梁晶工作室这个创意，它将可以让广大学生及社会大众了解和崇敬林老的事迹。

1977年5月，我进入华中工学院（现名华中科技大学）物理师资班学习，随后又转到数学师资班，并在1980年9月有幸成为林少宫教授的首届经济数学研究生。从此，我便与林老师结下了深厚的师生情谊，我们至今都保持着非常密切的联系，从未间断。这么多年来，林老师的为人为学一直是我做人、做事的榜样，老师的谆谆教诲也一直激励着我在求学和工作生涯中前行。

林少宫老师今年85岁高龄，1944年毕业于中央大学经济系，1947年赴美留学，先就读于路易斯安那州立大学，后又在伊利诺伊大学获得经济学博士学位，随后到俄亥俄州立大学任教，讲授统计学、经济学原理和美国经济史。1954年，他谢绝了当时统计学界、经济学界、数学界公认大师霍特林教授的工作邀请，放弃了国外优越的生活条件，毅然返回祖国，向教育部报到。

然而，由于众所周知的时代原因，在中华人民共和国成立后的28年中，现代经济学一直被视为是"庸俗"的、为资本主义制度进行诡辩的资产阶级学科，经济学出身的林老师回国后不能教现代经济学，也就只好被分配到华中工学院数学教研室从事数理统计的教学和研究工作（其间钱学森教授曾力邀林老师去北京工作，被爱才如命的教育家朱九思老校长强留下来）。但即便在这样的情况下，老师依然兢兢业业，为数理统计在我国的启蒙和发展做出了重要贡献。在理论研究方面，他1963年出版的《基础概率与数理统计》填补了当时国内的空白；在统计理论的实际应用方面，他推广了正交试验设计，为国家创造了巨大的经济效益和社会效益。

改革开放初期，国家将重心转移到经济建设上来，现代经济学开始在国内逐步得到重视和推广。1980年，诺贝尔经济学奖获得者克莱因教授率领美国经济学家代表团与中国社会科学院合作，在北京颐和园举办了为期7周的"经济计量学讲习班"，这成为中国数量经济学发展历程中的一个标志性事件。顶尖华人经济学家邹至庄教授、刘遵义教授及肖政教授就是当时讲习班教授团的成员，国内总计有100名左右的经济学者得到了计量经济学理论和应用方面的培训。林老师和李楚霖老师参加了此次培训班，并担任翻译工作。华中工学院从而成为国内最早开始现代经济学，特别是计量经济学和数理经济学教学与科研的高等院校之一，培养造就了一大批现代经济学人才。在这样的背景下，我成为华中工学院首届经济数学研究生，给我们讲授微观经济学的有张培刚教授，讲授计量经济学的有林少宫教授，讲授数理经济学的有李楚霖教授。

林老师具有前瞻性的教导，为我后期在学业上的进一步深造打下了扎实的基础。由于当时的学习条件很差，几乎没有什么教材，所用的几本关于计量经济学和数理经济学的教材都是林老师从国外访问后，带回来的影印本。通过对这些原版教材和专著的学习和钻研，我很快了解到了学科的一些前沿知识，并且由于在国内较早地使用外文教材作为铺垫，为我出国后高效率的学习创造了一定的条件。

在林老师的悉心指引和传授下，我成为恩师第一个毕业的研究生，并由此开始踏上了研究现代经济学的不归路。我的硕士论文是计量经济学方面的，内容是经济计量模型的识别问题，就是在读了老师从国外带回来的，由国际顶尖杂志计量经济学杂志（*Econometrica*）主编、世界著名经济学家费雪（Franklin Fisher）教授写的专著 *Identification Problem in Econometrics* 之后所写的。老师严谨的治学态度对我的硕士论文写作及日后做研究都具有很大影响。在他的指导下，我的硕士论文发展和推广了计量经济学文献中关于联立方程组识别问题的已有结果。这篇论文当时曾寄给费雪教授，获得了他的好评，并给予了长达三页的评论，这使我对做研究的信心大增。此外，我还利用硕士论文的基本内容发表了三篇英文和一篇中文论文。我能在硕士毕业后成为美国明尼苏达大学有史以来第一个来自中国大陆的博士生，与这篇硕士论文有关，与林老师及张培刚教授和李楚霖教授的联合推荐也是分不开的。

在求学美国期间的一个小插曲也使我十分难忘。当时我们四个中国留学生合租了一间两居室的公寓，床垫、家具都是用别人搬走而扔掉的。其实在美国捡家具是一件正常的事。结果消息传到了华工的数学系，有的老师就说，田国强很潦倒，捡了一个床垫睡觉，田国强混不下去了。林老师听到以后很生气，他说，田国强有困难也是暂时的，我相信他一定能克服。我听说了以后很感动，非常感激老师对我的充分信任。我暗暗发誓，一定要好好学习，争取学得最好，不让老师失望。

林老师对于学生的悉心培养和关爱之情不光于我如此，对他所有的学生都是这样。从教50多年来，老师培养了一大批高素质的人才，真正是桃李遍天下。其中，仅出国留学获得博士学位就有数十名之多，包括现在国外担任教授的徐滇庆、方振民、艾春荣、谭国富、宋敏、刘安平、石寿永、文梅、尹东平、刘立群、李东等，造成了被经济学界称之为奇特的"华中科技大学经济学家群现象"。

林老师在做人做事方面同样为我们这些学生树立了榜样。他从未向学校提出过个人要求，却总是极力提携他的学生和帮扶他的同事。林老师一直教导我们要老老实实做人，实实在在做事，不图名，不图利，并通过他自己的一言一行潜移默化地影响着我们。事实上,正是由于老师的这些人格魅力,使得我们这些学生都跟他建立了亦师亦友、亦父亦子的深厚情谊。

听到自己的学生在外面取得成绩是林老师最开心的事。每当我有什么成果发表,林老师总是比我自己还高兴,不时向别人提及;而我有什么事情,无论是公事还是私事,老师总是第一时间去帮助解决。我和林老师及师母直至他全家的感情越来越深厚。我还清晰地记得,在我于美国明尼苏达大学读博期间和刚到德州 A&M 大学工作期间,老师和师母曾两次到我家小住几个星期,我们如同一家人般亲密。

2001 年夏天,我、徐滇庆、艾春荣、谭国富、宋敏、文梅等林老师的十多个学生专程从世界各地回到母校,并邀请了多位世界著名经济学家,为祝贺老师从教 50 周年及 80 华诞而特地举办了为期一周的"现代经济学、金融学前沿发展"系列讲座,大家介绍了现代经济学、金融学前沿的最新发展及各自的研究成果。最后,讲座论文被编集为《经济学与金融学前沿发展》论文集,这个论文集的作者包括:诺贝尔经济学奖获得者、美国芝加哥大学经济学教授詹姆斯·J·赫克曼(James J. Heckman),诺贝尔经济学奖获得者、美国加州大学伯克利分校经济学教授丹尼尔·麦克法登(Daniel, L. McFadden),曾任世界计量经济学会主席和欧洲经济学会主席的世界著名经济学家、法国图卢兹大学的金-亚克·拉丰(Jean-Jacques Laffont)教授(现已过世),海外华人经济学家杨小凯(现已过世)、邹恒甫及林老师的学生艾春荣、谭国富、宋敏、刘安平、石寿永、文梅、李东等在海外任教的教授。此专辑于 2002 年由商务印书馆出版,以祝贺林老师 80 华诞。

如今,即将步入耄耋之年的老师,对于数量经济学的研究与发展依然十分关心。他不仅长期担任华中科技大学数量经济与金融研究中心主任一职,而且对于年轻学子的经济学教育也比较关注。在近年的一次访谈中,他曾提到,要解决数量经济学研究存在的问题,"根本办法还在于教育。我是寄希望于年轻一代。我们要教会年轻一代切勿脱离中国经济的实际,用你在微、宏观经济学中学到的理论分析框架，建立你所研究问题的模型，然后寻找最先进的计量方法去计算"。林老师的建议真可谓一语中的。

正是出于对年轻经济学子的关心，个人生活极为节俭的林老师，虽然家里至今还是50多年前的家具，但在助学上却极为慷慨。2002年，老师与诺贝尔经济学奖获得者丹尼尔·L.麦克法登共同发起设立了麦克法登—林少宫经济学奖学金，用以奖励品德优良、学习刻苦、成绩优秀的学生。老师不仅将他的著作稿酬等32 000元捐赠为奖学金，还动员他的三个儿子和学生为此捐赠。

追随先生的脚步，我也于2004年加盟上海财经大学，开始了在上海财经大学筚路蓝缕的现代经济学教育科研改革。这与多年前老师在华中工学院进行的经济学教育科研建设存在某种程度的相似之处，老师对我在上海财经大学的改革事业也非常关心。我将以老师为终身学习的榜样，为中国经济学教育科研事业进一步推向前进做出一份贡献，这应是我对老师最好的报答。而老师身上体现出来的对祖国的热爱，对经济学教育事业的追求，对晚辈学子的提携，以及"老骥伏枥，壮心不已"的精神，将一直激励我前行。

在此顺祝林老师和师母健康、长寿！

（2007年1月）

128

赫维茨走了，但是他所开创的时代远未逝去[*]

听到先生赫维茨教授于 2008 年 6 月 24 日去世的消息，我感到非常突然和痛苦。记得 2007 年 12 月与先生联系时，告知他我正在组织将他和斯坦利·瑞特关于设计信息有效机制的算法的学术专著《经济机制设计》翻译成中文时，赫维茨非常高兴，还一口答应为其作序。我想他身体还好，不必那么着急，等将书稿完成后，再催其写中文序言，想不到时隔半年，译书未竟，先生却已溘然长逝，对我及读者造成极大遗憾。

里奥尼德·赫维茨（Leonid Hurwicz）1917 年 8 月出生于俄罗斯莫斯科，在波兰完成小学和中学学业，并于 1938 年在华沙大学获得法学学位，同年进入伦敦经济学院进行短期学习。第二次世界大战爆发后，身为犹太人的他辗转波兰和瑞士，直至 1940 年移居美国，侥幸逃脱法西斯的魔掌。次年，他成为麻省理工学院著名经济学家保罗·萨缪尔森，以及芝加哥大学"数学三剑客（Mathematical Trio）"之一奥斯卡·兰格的研究助理。这两位也都是世界著名的经济学家，前者是新古典综合学派的代表人物，1970 年获得诺贝尔经济学奖；

---

[*] 本文载于《财经》杂志"逝者"栏目，2008 年第 14 期。

后者第一次提出社会主义的分散模型，把市场机制的作用引入社会主义经济。

第二次世界大战期间，赫维茨成为芝加哥大学气象学院的一名教师，但主要从事经济学系统计课程的教学。同时，他还任职于芝加哥大学著名的考列斯委员会（Cowles Commission for Research in Economics）。该委员会致力于对计量经济理论和宏观经济模型的研究，费希尔、克莱因、阿罗等也在赫维茨之后相继加盟该委员会。1951年，赫维茨进入美国明尼苏达大学工商管理学院，成为经济学和数学教授，并相继担任统计学系主席（Chairman）、校董事讲习教授（Regents' Professor of Economics）、柯蒂斯·卡尔森讲习教授（Curtis L. Carlson Professor of Economics），直至退休成为明尼苏达大学名誉教授。

赫维茨一生从未获得任何经济学学位，通过自学和听课，成为世界顶尖经济学家。他在经济学许多领域做出了开创性的研究工作，获得了几乎所有重要的学术荣誉。比如他是美国科学院院士、美国经济学会院士（一年只有一个，比美国科学院院士更难拿）。在之前的20多年里，他一直是诺贝尔经济学奖候选对象，却年年与之擦肩。赫维茨笑言："熟悉我研究领域的人都相继死去，我不再有这个期待。"

然而，应属的荣誉还是不期而至。2007年10月，他与美国普林斯顿大学高等研究院的马斯金、芝加哥大学的罗杰·B. 迈尔森因创立和发展了机制设计理论，一道分享了2007年诺贝尔经济学奖。此外，赫维茨还获得过美国总统奖，这个奖对美国人来说，比诺贝尔奖还难拿，至今只有四位美国经济学家拿到总统奖，其他三人分别是阿罗、萨缪尔森及弗里德曼。

赫维茨享有"机制设计理论之父"的赞誉。1960年，他以一篇题为《资源配置中的最优化与信息效率》的论文拉开了"机制设计理论"的研究序幕。后来，他又写了《无须需求连续性的显示性偏好》《信息分散的系统》等一系列著名论文，进一步完善机制设计的思想和理论基础。1973年，赫维茨在《美国经济评论》杂志上发表论文《资源分配的机制设计理论》，从而奠定了机制设计理论基本框架。

机制设计理论主要解决两个问题：一是信息成本问题，即所设计的机制需要较少的关于消费者、生产者及其他经济活动参与者的信息和信息（运行）成本。任何一个经济机制的设计和执行都需要信息传递，而信息传递是需要花费成本的，因此，对于制度设计者来说，自然是信息空间的维数越小越好。赫维茨的一个伟大贡献就是，首先严格地证明了：竞争市场机制是唯一的利用最少信息并且产生了有效配置经济机制。他与一些学者在20世纪70年代证明：在自利性假设及凸性假设下，没有什么其他经济机制既能导致资源有效配置而又比竞争市场机制用到了更少的信息。二是激励兼容问题，即在所设计的机制下，使得各个参与者在追求个人利益的同时能够达到设计者所设定的目标。这已经成为现代经济学中的一个核心的概念，许多现实和理论问题都可归结到这一点上来，比如委托—代理问题、契约理论、规章或法规制订、公共财政理论、最优税制设计、行政管理、政治社会制度设计等。这两个问题也正是中国经济深层次改革所要解决的。

其实，解决任何一个问题，一般都可以通过三种基本制度安排的某一种来实现：（1）强制性的法制；（2）诱导性的激励机制；（3）形成"无欲无刚"的社会规范和文化，即通常所说的"动之以情，晓之以理（法理）及诱之以利"。不过，在大多数的情况下，由于信息不对称和经济人追求个人利益，主要应该采用市场这只"看不见的手"，政府应该少管，也就是通过各种激励机制来协调人与人、人与社会、人与自然的冲突，让个人目标与社会目标实现和谐兼容。在信息容易对称或监管的交易成本较小时，可以采用法律和规章制度这种强制性的方法。通过这两种制度安排，长久以往，就慢慢形成了既不需要强制也不需要激励的这种无欲无刚的社会规范和文化。

除了在机制设计理论方面的奠基性成就，赫维茨还做了许多其他开创性的工作：20世纪40年代中后期对动态计量模型的识别问题做出了奠基性的工作；早在1947年就首先提出并定义了宏观经济学中的理性预期概念，理性预期学派已成为当今宏观经济学的主流，其代表人物卢卡斯和普雷斯科特分别获得1995年和2004年度诺贝尔经济学奖；赫维茨对如何从需求函数的存在来证明效用函数的存在这一可积性结果也做出了重要工作，从政治经济学的角度看，这是一个相当重要的结果；他和阿罗等人还对竞争市场一般均衡的稳定性研究做出了开创性的工作。

赫维茨与中国有着不解之缘。早在20世纪80年代初，他就曾到中国社会科学院讲授机制设计理论。为了访问中国时方便，他还自学中文，认识了好几百个汉字。此后，1985年赫维茨曾到华中科技大学讲过一个多月的课，并担任该校的荣誉教授。同年，他还为由中国人民大学和美国福特基金会合作举办的中美经济学教育交流合作项目——"福特班"的首期学员上过高级微观经济学课程，现为世界计量经济学会院士的著名华人经济学家陈晓红教授就曾经听过先生的授课。

噩耗传来，昔日与先生共处的场景又一幕幕重新在我脑中闪现。至今，我依然清晰记得，我的博士论文第一章初稿是1984年底完成的，一个星期后先生将论文交还给我。他把我的论文看得非常仔细，论文上写得密密麻麻。先生告诉我写论文一定要直截了当，不要故弄玄虚，不常见的术语要给出定义，新定义还要适当做经济含义方面的解释，思维要连贯，文字要简单，证明要严谨，还指出了论文引理中一个错误。我就读明尼苏达大学期间，还时常被邀请到先生家里做客，与他的家人一起吃饭，聊学习、生活及他喜爱的中国话题，师生关系非常融洽。在先生这样的经济学泰斗的亲自指导和教诲下，我学到了许多终身受用的东西。2000年的时候，先生为了他与林少宫教授"近半个世纪的亲密友情"而第三度访问华中科技大学，并参加林老领军的数量经济与金融研究中心的成立典礼，那年我还陪着先生一同游览了武汉著名佛教圣地归元寺和黄鹤楼。

先生走了，但是他所开创的时代并未逝去！

(2008年7月)

129

悼吾师林少宫教授

11月7日晚上7点45分,我正在参加上海财经大学经济学院为第三届中国政治经济学年会举办的晚会时,几乎同时收到了华中科技大学经济学院院长徐长生教授和林少宫教授三公子林子予教授的手机信息,告知我,我最尊敬、最敬爱和最敬重的老师林少宫教授于10分钟前逝世了。这个消息,对我来说,尽管在预料之中,但还是感到非常突然和震惊,表面上虽镇静如常,却无法抑制内心巨大的失落感和痛苦,我最可亲、可敬的老师永远离开我了!

林先生与我虽说是师生关系,但情若父子,可以毫不夸张地说,没有林老师在德和学方面的培育和潜移默化的身教,就没有今天作为经济学家的我。自从1979年我首次报考林先生的研究生而相识,30年来我们就一直保持着密切的联系。出国后信件往来非常频繁,一来一往持续了10多年,直至打电话方便才终止写信。先生到美国探亲访问时,每次总是要到我家小住几个星期,就像父子一样地相处。后来打电话方便了,几乎每一两个星期就要通一次电话,直到最近几年由于先生听力大幅下降,听不了电话,才减少联系。每次与林老师相处和通电话,我都有讲不完的话,无所顾忌,真实地谈出自己的想法和看法,以至于每当和我敬重的人在一起也形成了这种交流习惯,无论是和我在美国留学的两个老师 Leo Hurwicz 和 John Chipman、母校华中科技大学的老校长朱九思,还是到上海财经大学后和谈敏校长在一起都是如此。

早在今年上半年，先生就病重住院，虽说有三个儿子，但都在国外，师母也是年纪大，身体不好，不能照顾林老，只能由保姆和亲戚照看。华中科技大学党委书记路钢教授刚上任，一天深夜独自前往探望先生，看到先生孤独地躺在病床上咳嗽，胸前沾满了残汤剩饭，感到非常痛心，一位为我国教育事业做出了重大贡献，经济学界、数理统计学界的泰斗，居然如此处境，马上做出指示要对林老师的病要充分重视和进行精心治疗，但先生的肺功能已基本丧失，康复的可能性非常小。即便如此，华中科技大学和路钢书记仍然决定不惜一切代价，尽最大人道进行抢救，希望奇迹能够发生。路钢书记对像林先生这样德高望重的教师如此敬重并给予如此礼遇，让我深受感动和肃然起敬。这种美德和功德让我最敬爱的老师在世上多活了大半年。在此，对母校华中科技大学及路钢书记表示由衷的感激！

我本来准备今年6月初结束上海财经大学的高级微观经济学教学后再去探望林老师，但5月下旬时，林老师病情进一步加重，基本处于昏迷状态。林先生醒来后一直地喊着："让田国强来看我。"林先生的几个儿子和徐长生院长告知我后，我急忙调整课程，于5月底赶往武汉。走进病房，林老师仍然在昏睡，我走到床前，提高嗓门，喊了一声："林老师，小田来看你了！"林老师马上睁开了眼睛，脸带微笑，深情地盯着我足足看了十来分钟。中南民族大学经济学院院长、林先生的第一个博士生张跃平教授想检验他是否真能认出我来，问先生："这是谁？"他用非常虚弱的声音说："田国强！"连林老师的儿子、儿媳们都感到惊讶，他们都喊不醒，我一来居然能喊醒。林先生的生命力真是顽强，病危通知单已下过好几次，抢救数次，挺了大半年，直至2009年11月7日晚上7点35分与世长辞。所以，这个噩耗对我来说是既在预料之中，又非常突然和震惊。

这些天，我一直沉浸在痛苦之中。老师与我交往的情景、对我的教诲一幕一幕地涌入脑海。在电子邮件没有普及而国际长途又比较昂贵的一二十年前，和老师的交往主要靠信件。不知是有心还是无意，我保存了不少与老师的通信。今天在办公室花了一整天时间整理信件，在几百封信件中找到了林老师从 1988 年至 1997 年的 20 封来信。捧着这些发黄的信纸，一遍一遍、逐字逐句地反复读着这些来信，我被先生圣人般的纯洁而又高尚的道德情操不断地感动，眼睛总是湿润的，眼泪无法控制，不时地往外涌。林先生热爱祖国，一心扑在教育事业上，现代经济学，特别是数量经济学在中国发展经常是信中的主题。字里行间充满着老师对我的鼓励和期望，对我和其他学生真切的关心，为我和他其他学生所取得的每一个成绩真心地高兴，艾春荣、谭国富、徐滇庆的名字高频率地出现在信中。林老师在 1989 年 5 月 14 日的来信中写道："前些时你寄给我的一些信和你的论文都收到了，对于你的成就我们深深感到高兴，后来还知道小谭（指谭国富教授）也获得一次 Sloan 奖，更觉欣慰。""除谭国富外，刘安平、尹冬平、艾春荣等同学都是能做学问的，善于学术交流的，想你们常有共同的学术会议碰在一起？我经常收到留美青年经济学家办的一份杂志，由茅于轼先生（中国社科院美国所负责同志）分寄给我的，从中还知道华中管理系的徐滇庆同学也是活跃分子，令人高兴。"特别是推荐他的两个学生刘立群和李东到德州 A&M 大学学习及对他们申请的整个过程和来后学习的关心多次出现在信中。

林老师有着强烈的爱国、报国情怀，他把自己五十多年的光阴奉献给了国家教育事业。办好教育，振兴祖国是先生一生的梦想和追求。1954 年，林老师毅然放弃美国大学的教职，与非常欣赏林老师、最近刚去世的钱学森老人同船回国，向教育部报到。然而，在那个时代，现代经济学出身的他不得不放弃自己的专业，转向数理统计的教研工作，为我国数理统计事业的发展做出了奠基性贡献。其间，由于国内英文资料很少，只有俄文资料，林老师为了尽快把概率统计引入国内，开始学习俄文，付出了巨大的艰辛。他自言这里面最主要的动力"是一个作为有主权国家的公民的社会责任心"。这么多年来，林老师精勤不倦，在研究、教学和实践上都取得了丰硕的成果，著述丰硕，出版了 10 余部计量经济学方面的经典著作、译著，为计量经济学在中国的发展做了大量奠基性的工作。在实际应用方面，仅正交设计实验一项的研究和推广就产生了巨大的经济效益。自20世纪70年代以来，林先生研究和推广应用正交设计成果，编制了"正交实验极差临界值系数表"，大大加速了正交试验的分析和计算工作，在我国工农业生产实验中被广泛采用，在1994年统计研究会的新闻发布会上被评估为创造了30亿元以上的经济效益，如果再加上最近15年经济效益累积，应是一个更巨大的数目。

改革开放之后，林老师又重拾经济学专业，开始忙于计量经济学在中国的推广和发展。1980年，年届58岁的林老师还参加了著名的颐和园"经济计量学讲习班"[①]，并担任翻译工作。1988年林老师即将退休之际，他又跟李楚霖等几位老师筹建数量经济系，其间经历了种种坎坷。在1988年2月18日给我的一封信中，他情真意切地跟我说："在国内要创办一些专业，还是困难多端，一言难尽，但无论如何都应为祖国振兴而效力。"确实如此，即使是今天在上海财经大学进行的现代经济学教育教学改革还面临着诸多条条框框的束缚，何况是当初筚路蓝缕的华中工学院。

林老师的这番教诲，我时刻记在心中，不敢忘记。正是追随林老师的报效祖国、投身教育的足迹，我于2004年加盟了上海财经大学，开始了与林老师早期推广现代经济学教育相仿的全方位经济学教育改革，希望能够为中国经济学教育事业的发展做出一些贡献。这些年在上海财经大学，每当我在工作中和改革中遇到困难和挫折，一想起老师"无论如何都应为祖国振兴而效力"这一座右铭，总能给我无穷无尽的力量。

媒体和外界评价林老师说他是国内应用数理统计和计量经济学方面的泰

---

① 该班由诺贝尔经济学奖获得者克莱因教授率领美国经济学家代表团与中国社会科学院合作举办。顶尖华人经济学家邹至庄教授、刘遵义教授及肖政教授就是当时讲习班教授团的成员，国内总计有100名左右的经济学者得到了计量经济学理论和应用方面的培训，成为中国数量经济学发展历程中的一个标志性事件。

斗，其实这只是一个方面。外人不太清楚先生还是现代经济学真正了解者和最早的传授者。现代西方经济学是利用理论和实证相结合的科学手段，采用标准的分析框架和研究方法，通过建立数学模型进行严谨表述，第二次世界大战以后才蓬勃发展起来，大多早期回国的著名的经济学家对其了解其实不多，甚至是没有什么了解，所掌握的研究手段也主要是马歇尔的边际分析方法。

林先生一直跟踪了解学术前沿，早在20世纪80年初，我、艾春荣、谭国富等还是林先生的学生时，他就读着非常前沿的文献和当时最流行的教科书和前沿专著，如 Takayama 的 *Mathematial Economics*，Franklin Fisher 的专著 *Identification Problem in Econometrics*，John S. Chipman 的关于总和（Aggregation）问题的文章。David Kreps 的 *A Course in Microeconomic Theory* 一书和刚出道不久但现在赫赫有名的 Jean Tirole 的专著刚出版不久，林先生就在1993年3月15日的来信中提到："Kreps 的书如此流行，就和李老师（指李楚霖老师）闲谈，是否我们来根据它编写一本，好比同济大学以前根据别尔曼的教程编写高等数学一样。但是一年前我请校图书馆找的 Kreps 的书，至今无音讯，是否保密也不知道。Jean Tirole 的书也见不到。近来教委调整图书经费，我们理工大学又没钱买文科方面的书了，校领导也无意为发展文科而在经费上有所倾斜，困难是大的，怕今日比不上昔日九思院长时代。"先生对当代真正的教育家朱九思非常推崇，在信中多次发出是九思当家就好了的感慨！

这些文章、教材和专著，即便在今天的中国，也没有多少经济学家了解，就更谈不上吃透它们了。由于林先生为人谦和，英语特别好，并且一直跟踪现代经济学前沿，改革开放后很快就恢复联系和结交了当代许多一流的经济学家，并与他们建立了深厚的友谊和良好的学术关系，通过这些关系将我们这些学生推荐出去。如20世纪80年代早中期访问华工的 Leo. Hurwicz、Franklin Fisher、邹至庄、后期的詹姆斯·J.赫克曼（James J. Heckman）、罗伯特·恩格尔（Robert Engle）、丹尼尔·麦克法登（Daniel, L. McFadden）、让-雅克·拉丰（Jean-Jacques Laffont）等国外顶尖经济学教授，其中 Hurwicz、

Heckman、Engle、McFadden 四人还是诺贝尔经济学奖获得者,他们都到华中工学院讲过学,让先生的弟子们出国前就受到了现代经济学良好的训练和熏陶。在出国之前,我的硕士论文就是看了林老师从国外访问带回的 Franklin Fisher 教授写的专著 *Identification Problem in Econometrics* 之后写的,完成之后寄给了当时也是 *Econometrica* 主编的 Franklin Fisher 教授,获得了他的好评,并给予了长达三页的评论,这使我对做研究的信心大增。再加上林老师的倾心栽培和大力提携,中国培养出了一大批活跃在世界学术舞台的著名经济学家,比如现在在国外或中国香港担任教授的徐滇庆、方振民、艾春荣、谭国富、宋敏、刘安平、石寿永、文梅、尹东平、刘立群、李东及我本人等,其中包括 3 位中国教育部"长江学者"讲座教授,2 位中组部"千人计划"入选者(占现有 6 名经济管理类入选者的 1/3),这被媒体称之为华中科技大学"经济学家现象"。不少人认为这是一种偶然现象,其实从我以上简单的介绍就可以看出,华中科技大学"经济学家现象"是一种内在逻辑发展的结果:领路人只有学识渊博,了解学术前沿,才有可能培养出高质量的人才。我在上海财经大学的许多改革举措就是从九思老校长和林老师那里借鉴过来的。

可是,由于太具前瞻性和太超前,因此走在时代前面至少三四十年的先知先觉、先哲先圣的林先生一时不能被国内学术标准接受,不被许多所谓的经济学家看作经济学家。今年 6 月,当我得知由国内知名经济学家组成的评比委员会居然没有将林先生列为"新中国经济建设 100 位经济学家"之一时,心中有一种感慨、无奈和悲哀:评价体系和标准真是不一样呀!但我坚信,随着现代经济学在国内发展,随着留学海外的经济学家大批归国,林先生终究会被经济学界和越来越多的学子推崇和尊敬。

我作为林老师指导的第一个研究生,可以说与林老师的感情最为深厚,我们之间保持着一份亦师亦友的情谊。1991 年邓小平同志南方谈话后,中国留美经济学会和作为会长的我敏锐地感觉到,中国将要发生一场变革,将要进行市场化改革,但那时,什么是市场经济对中国老百姓甚至是学者来说还是非常陌生的东西。于是,早在决定要搞社会主义市场经济的党的"十四大"召开之前,中国留美经济学会就有了编一套通俗的关于市场经济和现代经济学丛书的设想,并立即开始实施,筹集资金,我受命于1992~1993年开始主编国内第一套全面通俗介绍市场经济和现代经济学的十四本大型丛书——《市场经济学普及丛书》。我邀请了国内仅有的两位学者、我的两位老师——林老师和李楚霖老师撰写《简明经济统计与计量经济》一书,林老师一口应允,非常认真和热忱地投入到丛书的写作当中去,对我这个晚学都表现得非常谦虚。他在1992年10月12日的来信中写道:"关于写作《简明经济学丛书》事,我已将信中有关段落主旨告知李老师(指李楚霖老师)。我们感谢你做出的决定,李老师表示要协助我写好经济统计与计量经济一册,现在我们准备排除干扰(除必要任务无法推卸外),集中精力和时间按你提出的要求和时间尽力写好,担任起严格的评审,做到全书简洁易懂,引起读者兴趣,并具备学科的科学系统性。当然,我们也知道这不是容易的,尽管我们有过不少写书和教学的经验。在这里,首先感谢你的决定,给了我们一次尝试的机会。"为此,先生投入了大量精力,单寄送的跨洋信件和稿件就达七八件。随手翻及这些信件,林老师治学之严谨、德性之高洁、做事之认真跃然纸上。当时,由于丛书出版仓促,在清样即将付印之前,他发现其中存在一些排印错误和未校正的符号。他对当时国内一些书商哄抬书价的行为极为反感,并建议压低丛书的售价,以真正起到普及市场经济知识的作用。

随后,林老师为《市场经济学普及丛书》的发行、宣传及推广不惜余力奔走和操劳。在1993年9月9日为丛书在武汉的新闻发布会而写的来信中提到:"早几天我和李老师(指李楚霖老师)到北京参加中科院政策局的科学讨论会,和茅于轼教授通话获知十月下旬在北京安排丛书出版发行新闻发布会的一些计划,回校后便接你来信及附件,还有照片多张,甚为高兴。我们都在等待着你10月中旬到来,除参加40周年校庆盛典外,还有许多活动,而你电话告知只有10月15日一天的完整时间在华工,故想,届时必定是十分繁忙的,我已找梅世炎书记（时任华中理工大学党委副书记）详细计划了丛书的新闻发布会，参考了北京新闻发布会的计划，是否请一些省市领导和学部委员参加。由于国家教委直属的 35 所（我们自己不计）高校都会派人来祝贺，是否都向他们代表的学校一一赠送丛书，到时电台、报社新闻记者来的很多，可尽量利用机会扩大丛书的影响。"

晚年的林老师对我在上海财大的改革事业也非常关心，由于种种原因我不能在母校从事经济学教育改革，老师对此感到遗憾和惆怅，尽管如此，老师对我在上海财大所取得的任何成绩总是感到非常高兴。在上海财大头几年我在电话中向先生汇报，先生听得非常仔细，为我取得的成绩高兴，为我所遇到的问题担忧，同时又对我充满信心。后来，先生因脑瘤听力大幅下降，我只能利用探望他的机会，将我在上海财大所做的事情告诉他和带给他上海财大经济学院的改革材料。在 2007 年夏天，林老师在身体已经很不好的情况下，还陪我一道去探访了林先生非常推崇的朱九思老校长，我向九思校长汇报了在上海财大的工作情况，并呈交了上海财大的课程体系改革和学科建设等文件。

本来按林老师的意思，让我和谭国富在上海财大干，艾春荣在母校华中科技大学帮助先生建设好数量经济与金融研究中心。当我在上海财大缺少人手、需要艾春荣帮助时，我向先生提出请求，先生迁就了我，尽管先生急需艾春荣的协助，但仍然同意艾春荣大部分时间在上海财大干。现在，老师输送了三个弟子在上海财经大学担任院长，从事教育改革。这就是我最敬重的老师的胸怀和人格魅力！

先生最近几年，病情突然加重，而我在上海财大又很忙，看望和联系林老师的机会越来越少。在 2007 年夏天我受邀到母校华中科技大学讲座，认识了先生的关门博士生弟子，也曾是我在华工推动的经济—数学双学士学位班毕业的徐慧玲师妹。我发现徐慧玲非常实在，于是就将照顾先生的事托付给她了。对她半真半假地说："我是开山大弟子，你是关门小师妹，武侠小说总是说，师傅一般都比较偏爱这两位，我就将师傅拜托给你了，你可要好好照顾。"徐慧玲果然不负所托,在先生住院前每个星期都去先生家一两次,给先生读书、念报纸及聊天,给了林老师极大的安慰。还记得去年夏天去看望先生,我故意给老师出难题,大声问:"你现在是喜欢我多些,还是徐慧玲?"先生不失真诚本色,向徐慧玲指了指。我虽说心里有点惆怅,但看到先生开心,有徐师妹精心照顾,尽心陪着,说说话,当助手,我感到非常放心。这些年来,母校华中科技大学及其经济学院,特别是徐长生院长和邓华和书记一直对林先生非常关心和照顾,学院和他们为先生付出了相当精力和物力,让我感激不尽。

由于和先生关系亲密,和先生夫人吴老师感情也深厚。吴老师非常不喜欢外出应酬,一般都请不动她在外吃饭。前些年吴老师身体好的时候,只要我回华工,林老师和吴老师都会陪我一块吃饭、聊天。记得2005年春天,我特地去广州番禺看望他们时,我一时童心大发,也想逗两位老人家开心,问吴老师:"您和林老师谁追谁呀?如何认识林老师和他谈恋爱的?"吴老师都告诉了我,然后还假装抱怨了林老师一番!后来,我告诉子予他们三兄弟,"你们家好多事,你们可能不知道,我都知道,信息对称么"。受先生的熏陶,他们也把我当作了他们父亲的儿子。先生的三位儿子也都是非常厚道和实在之人,我们之间也建立了兄弟般的友谊。当11月7日我收到子予"我们的父亲林少宫教授刚刚去世了"的短信息后,立即和他通电话,告诉他我非常想参加先生的追悼会,但我8号需要回美国几天,四天后还要从美国回来参加教育部14号下午举行的社科重大攻关项目答辩,问能否将追悼会放在15号。他们几兄弟商量后,一致同意为我将追悼会特意放在15号,使得我这个编外儿子有机会最后再见先生一次,这种特殊安排让我非常感动,这种情谊让我感到异常的温暖。

在我和老师的其他学生心目中,在老师的同事和相识的人心目中,林老师就是这样一位极具个人魅力的人,胸怀爱国赤忱,心系教育事业,关爱后生晚辈,淡泊名利之外,是做人做事的楷模。林老师虽然仙逝,离我们而去了,但先生永远活在我们心中。他为我们这些学生和后人,树立了一个永远值得尊敬和缅怀的高大师者形象。我们唯有承继林老师未竟的事业,才能宽慰他的在天之灵。

林少宫教授永垂不朽!

(2009 年 11 月)

130

从国富走向民富：从发展型政府转向公共服务型政府[*]

《民富论》序

在"国富"与"民富"孰先的问题上，古往今来中国的当政者和资政者大体都是强调"国"在"民"先。春秋战国末期，先秦法家学派的集大成者韩非子主张，"欲富尔家，先富尔国"。几千年封建社会，尽管偶有汉朝文景之治时期的"休养生息"、"轻徭薄赋"，清朝康熙年间"永不加赋"等短暂的赋税改革举措，但往往多被皇室后世执政者视作服从于富国需要的权宜之计而取消，终还是逃脱不了民不聊生、官逼民反、朝代更迭的历史循环。1840年鸦片战争后，曾经的中华帝国沦为"东亚病夫"，谋求国家富强更是成为全民共识。今人常言，"大河有水小河满，大河无水小河干"，亦是这一认知的延续。

改革开放30多年来，尽管其间经历了一些波折起伏和思想交锋，中国经济还是在市场化的道路上快速发展，带来了国民经济总量的空前增长和中国终于重新崛起的基本实现。按实际GDP计算，2009年中国在全球经济总量中的比重已达11％左右，虽现在还不及康乾盛世时期，却已是仅次于美国的第二

---

[*] 本文是作者为王一江教授著《民富论》所作的序言。

大国,并有望在未来20年左右超过美国。分析中国经济的成功经验,千重要,万重要,给老百姓更多经济上的选择自由最重要。从农村到城市的改革实践表明,哪里的政策一松动,哪里的自由度更大一些,哪里的经济效率就更高。

然而,尽管我国的国民财富总量急遽增长,但由于没有及时调整国民财富分配格局,使得政府与民争利、国富民弱、富者更富、穷者更穷等问题和现象日益突出,已成为经济可持续发展的极大阻碍。特别是近年来我国政府财政收入与居民收入增幅之间的差距又有明显拉大的趋势,其中个人所得税征税起点过低、税率过高的现状,与早期作为发展中国家的美国不收个人所得税形成鲜明对比。且在国富的名义下,一些国营企业往往已蜕变为部门垄断利益集团,亏损却由全民分担。同时,与制度性利益冲突相关的各种矛盾,也成为很多群体性社会冲突事件的主要直接源头,并开始影响到社会稳定的大局。如何破解当前中国经济发展和财富分配的难题,是摆在政策制定者、经济学家和所有有识之士面前的一个重要课题。

王一江教授的《民富论》这本新书,对此给出了一个极具理性和建设性的解答。那就是,民富为先、民生为本、民企为重。这三个部分彼此勾连,都十分重要。纵览书中篇篇短文,或从历史的纵向比较视角或从中外的横向比较角度,用非常精练的语言清晰地阐述了作者所倡导的"三民"方案,观点鲜明,行文晓畅,环环相扣,层层递进,分析透彻,字里行间洋溢着作者强烈的民本从而强国的情怀,读来可以从中感受到作者的殷殷爱国之情和拳拳报国之心。尽管文中没有用到什么数学公式、符号,也没有标榜引用什么经济理论,却是实实在在地用到了现代经济学理论的基本思想和分析方法。特别是将其所学的激励机制设计理论的基本思想用之于退税机制、政府管理体制、劳动立法、中小企业发展等方面,阐述的道理既深刻而又易于理解,提出的建议既有针对性而又具可操作性。可以看出,书中每篇文字都是作者认真思考的结果,有调查研究,有逻辑推理,有实践支撑,有经验升华,形成了易读性和耐读性的完美结合。

我个人一直非常欣赏和佩服一江教授经济学思想的深邃,他是为数不多的真正悟得现代经济学之道的华人经济学家。尽管我们的性格爱好也许有所差异,但学术观点却非常接近,这让我们成为好友。从20世纪90年代初期共事于中国留美经济学会开始,我们就有了不少学术上的交流与合作,如2003年关于通过引入外国战略投资者对中国银行业改革的研究。对于他的大作,无论是学术文章还是经济随笔,作为经济学同行,我一直都给予很高的关注和评价。特别是他完稿于2005年的《国家与经济》一文,堪称应用现代经济理论探讨国家与经济的关系的扛鼎之作,给我留下了极其深刻的印象,该文的一些基本观点迄今仍有很强的现实指导意义。现在看来,这篇文章可能是他学术研究发展路径上一个重要的转折点。

因此,在还未见到本书稿的完整版之前,我就毫不迟疑地应允了一江教授的邀序之约。拿到电子版的书稿之后,我更是一开卷就放不下手,几乎是一口气将其读完,受益匪浅。尽管其中一些篇目之前也已经读过,但是放置在本书的主题和框架之下,重新读来又有新的收获。这是一本对中国长治久安和中华民族崛起这一重大主题深刻思考的力作,是对亚当·斯密《国富论》关于国富根本在于民富思想的具体阐释,是作者基于扎实现代经济学理论训练之上的思想积淀的结果。我相信,无论是为政、为商、为学之人,尤其是政策制定者,均可以从本书的阅读中找到很多思想的火花,得到不少有益的启发。

一江教授师承激励机制设计理论和博弈论大师埃里克·马斯金(Eric S. Maskin)教授,曾任职于明尼苏达大学,并获终身教职,长期浸润于现代经济学的研究与教学。一江教授与我还有一个渊源,就是他的导师马斯金与我的导师机制设计理论的创始人里奥尼德·赫维茨(Leonid Hurwicz),以及罗杰·B. 迈尔森(Roger B. Myerson)一道,因对机制设计理论的奠基性贡献而获得2007年诺贝尔经济学奖。近些年来,他在长江商学院,我在上海财经大学经济学院,又各自实践着自己的教育理念和报国情怀。本书的付梓出版,无疑是他在运用现代经济理论研究中国问题上迈出的重要一步,一定会有相当广泛的读者群和不可低估的影响力，对此我抱持非常乐观的预期，并为一江教授感到由衷的欣慰和高兴。

这里，我想无须再引介书中作者的具体观点或只言片语，其中蕴含着的丰富经济哲理，相信读者会在阅读中自我发现。如果一定要用什么来概括书中的基本经济思想，我个人认为就是要重视市场经济规律，重视富民长效机制，其关键又在于合理界定政府和市场的边界，促进政府从与民争利的发展型政府向公共利益服务型政府的转变，从而建立有效政府和有效市场，使之能同时达到效率、公平与和谐发展。这也是中国经济长远可持续发展的需要和根本之路，要真正实现当前政府提出的经济结构调整和发展方式转变两大战略目标，就必须率先打破政府自身带来的行政垄断和行政管制，为市场机制发挥更大作用提供更广阔的空间。只有这样，促民富、保民生、振民企才不致仅仅成为虚幻的热情和愿望，才能真正从一个可预期、可实现的美好愿景，演化成可持续的现实图景。

以上寥寥数语，希望能起到抛砖引玉的作用，让读者在一江教授关于发展与分配问题的探讨中，得到阅读的乐趣和思想的启迪。

是为序！

（2010年5月）

131

回望 CES 25 年

责任·使命·国家*

自 1985 年 5 月 26 日成立之日起，中国留美经济学会（Chinese Economist Society，CES）的一个宗旨正是支持和参与到中国经济改革的理论与实践当中去，过去 25 年里我们这些 CES 会长、成员们一直通过不同的途径、方式，为中国市场导向的经济改革鼓与呼，在理论上充当改革的先锋，并亲身参与到中国的改革进程中去。1993 年以来，CES 每年都在中国举办经济学会年会，以宽广的国际视野、前瞻的战略眼光和基于严谨现代经济理论的分析，在一些关键时点上给中央和地方政府有关部门进一步的改革或建立战略提供建议。

作为中国留美经济学会的创会会员和 1991 年～1992 年学会会长，我对经济学会有着深厚的感情，并曾为之而努力过，奋斗过。我相信，走过 25 年的 CES 已然成为我们很多人共同的感情纽带和精神家园。2010 年 12 月，在南开大学的首届中国留美经济学会会长论坛，让我们许多老会长和老会员有机会再度聚首，并就"全球金融危机后中国经济的调整与未来发展方向"的大会主题进行了深入的交流。在那个会议的主题发言中，我也曾对 CES

---

* 本文载于孙涤主编的《善始善成——中国留美经济学会 25 周年纪念文集》。

这些年来在中国经济改革中所扮演的角色和作用做了一些回顾，抚今追昔，大家感慨良多。

根据我的参与和观察，CES 过去这 25 年的发展历程大致可以分为三个重要时期：一是成立时期（20 世纪 80 年代中后期），万事开头难，这一阶段有筚路蓝缕启山林之功；二是转型时期（20 世纪 90 年代初期），这个时期 CES 完成了从学生组织向学术组织的转变，并开展了大量活动，新立了许多项目，基本奠定了其后至今 CES 的发展基石；三是回归时期（20 世纪 90 年代中期以来），这期间大批 CES 会员回到国内，服务中国的途径和方式更加多元、直接且深入。同时，随着世界和中国国内形势的发展变化，我感觉学会正面临着重新定位、发展方向，甚至是生存危机的问题。我们要有危机意识，一定不能沉浸于过去的成绩，如果仅仅是一味地因循传统的做法，而没有大的创新，经济学会很可能会失去存在的价值。所以，我寄望于学会的新的领导集体，能够带领学会走向振兴，发挥更大的影响力。

一、成立伊始　建章立制奠基石

我们知道，中国留美经济学会一开始并不叫现在这个名称，而是中国青年经济学会（Chinese Young Economist Society，CYES）。当时对学会的定位就是一个留学生组织，我记得，1985 年 CES 第一次开会是在纽约总领事馆，当时与会的大概有五六十人，几乎囊括了改革开放后当时中国大陆在美留学的所有经济学学子。这是一群有着浓厚的家国情怀的志趣相投的青年人，因为大家差不多都是改革开放之后留学美国的，都亲身经历过"文化大革命"和改革开放的纵向比较，并且正经历着积贫积弱的中国与富强文明的美国的横向比较，这种冰火两重天的对比使得人家对于如何促进中国的繁荣富强有着一种强烈的使命感和紧迫的责任感。

我还清楚地记得，1983年初到美国留学时发现中国与美国之间巨大的经济差距，那时我的感觉一方面很震撼，一方面很痛苦。震撼的是一个国家怎么会这么富有！杯子喝完就扔掉，房屋里面都是地板、地毯，高速公路密布。痛苦的是为什么中国人这么勤劳却那么穷！和美国相比，人们的生活水平和收入怎么相差那么大！在当时的中国，人们哪里舍得把杯子扔掉，一个杯子可能要用几辈子；在农村里的孩子从没有见过水泥地，更不用说地毯了；当时更没有高速公路。而且，当时中国没有任何影响力，我刚到美国的时候，除了《人民日报》海外版几乎看不到一个中国字，听不到任何关于中国的报道，中国当时社会发生了那么多事情，美国都不曾报道。这说明，即使把你当作朋友，你是一个穷朋友，没有多少人会理你；即使把你看成一个敌人，也觉得这个敌人太微小了，没有人看得起。

所以，我们这些改革开放后早期留美学习经济学的留学生在搞好学习和学术的同时，非常关心祖国的前途和命运，大家有一个最大的共同乐趣就是在一起讨论如何才能使祖国强大起来。但是，当时我们的这些自发的交流是零散的、随机的，学术性不强，缺乏一个制度性组织化的团体，来凝聚散落在美国各个州各个大学的留学生力量，以形成一个持续的、定期的学术交流机制。

于是，20世纪80年代初，于大海、杨小凯、钱颖一等人积极谋划成立中国青年经济学会以实现上述职能，他们三人分别是首任会长、第一届理事、第二届会长。一个组织有效运行取决于两点，一是团队，二是规则。所谓创业艰难百战多，他们三人在初创阶段对学会的筹备、创立和聚合广大留美经济学者方面做出了大量的重要贡献，给学会随后的工作顺利进行开了一个好头。在随后的建设阶段中，CES的创建者和早期的骨干会员对学会的章程、运行规则的制定方面功不可没，使得学会能够始终坚持兼容并包的独立学术原则。从此，中国留美经济学会登上了中国经济学研究和改革的舞台。

二、转型成功　框架成型促发展

在开始的几年中，我并没有非常深度地参与学会的运作，而是一门心思地放在学习和学术上。1987年7月底，我来到得克萨斯农工大学经济系当"终身轨"（Tenure Track）助理教授。在拿到终身教职之前，我没有非常积极地参与学会、讲学和其他学术活动，即使是系里的行政事务活动也很少参与，除非被系主任点到头上。之所以这样，一方面是想尽量减少自己拿不到终身教职的风险，另外一方面是我本人行事方式所然。世界上大多数事情都具有不确定性，突发事件或自己没有预料到的事情可能会随时发生，我不愿把任何事情放在最后一刻才去做。所以，我在毕业的头几年很少参加影响我写文章的其他活动，一心一意地写论文。

1991年，在我拿到得克萨斯农工大学经济系终身教职后，去参加当年的CES年会时，学会一些老会员、老朋友对我说，学会已成立6年了，你还没有怎么正式为学会服务过，现在你已经拿到终身教职了，你这次应该站出来，为学会服务。当时我想，我自己是中国留美经济学会的老会员了，从1985年参加成立大会时起，就是学会会员，现在应该是为学会和大家做一点工作的时候了。

于是，在这次年会上我被选为中国留美经济学会1991届～1992届别的会长，并组建了第六届理事会。我们那一届的理事会实力很强。易纲是当时学会的副会长，赵海英、张帆和前任会长陈平都是理事会成员，他们和其他理事会成员给了我许多帮助和支持，我们大家齐心协力一起想把学会办得更上一层楼。我们知道，目前易纲是中国人民银行副行长、国家外汇管理局局长、北京大学中国经济研究中心教授，赵海英是中央汇金投资有限责任公司副总经理，陈平是北京大学中国经济研究中心教授。

所谓不谋万世者，不足谋一时；不谋全局者，不足谋一域。我认为，要做成事，做大事，一定要有大局观和长远目标。我们这届理事会在一起合作得很好,大家做事既有想法又有执行力,从战略高度和长远角度做了许多事情,创造性地开展了大量学会活动,新立了许多项目,有的直到现在还在继续进行。我认为,这一时期可能是中国留美经济学会更上一个台阶,大发展和走向成熟的一个重要转折时期。当然,我们所取得的一些成绩无疑是在前几届理事会的工作取得巨大成绩的基础上取得的。

当时我接手后面对的首要难题就是,学生组织的发展定位使得我们基本上没有什么大的影响力,特别是在学术方面。所以,在这期间,我们在提高学会的学术地位、扩大学会在国内学术界的影响力、在国内进行普及经济学教育、加强学会的凝聚力和稳定性、增加学会财源等方面采取了一系列重要方针、策略和步骤。这些措施加速了学会的发展,使得学会迅速从学生组织走向成熟的专业学术组织,并获得了一些成功经验。具体来说,在提高学会的学术地位、扩大学会的影响、增强学会的专业学术性、加强学会组织建设、增加学会的稳定性和凝聚力方面,第六届理事会主要做了以下几件事。

第一,在第六届理事会和许多会员的努力和游说下,CES在1992年2月被正式接纳为美国社会科学联合会(ASSA)的团体会员。美国社会科学团体协会是一个以美国经济学会为主、具有几十个分会的学术组织,每个分会都与经济学或金融学有关。美国经济学会是它最大的一个分会。之所以有这一举措,一是因为到1991年底时,许多会员获得了博士学位并取得了教职和研究职,学会的水准上升到一个较高的层次。二是我们那届理事会考虑到学会要获得更大的发展,要具有更大的影响力和吸引力,要完成从一个留学生学术团体到专业学术团体的转变,学会就应争取加入ASSA。

这样,推动经济学会加入ASSA就成为广大会员的一大愿望。在大家的共同努力下,学会终于如愿以偿地加入ASSA,并且在每年年初的美国社会科学团体协会年会上,我们经济学会都要举办几个有关中国经济和中国经济改革的专题讨论,其中一个是和美国经济学会共同举办,这大大地增加了我们经济学会在国际上学术界的影响力。这不仅标志着经济学会已经由一个略显生涩的学生组织,成长为一个成熟的专业学术团体组织,它也标志着学会所做的工作已经得到了美国学术界同行的承认,并在竞争激烈的学术界获得了一席之地,为学会成为研究中国经济问题的权威团体奠定了基础。

第二,我们那届理事会组织出版了国内第一套系统介绍市场经济和现代经济学的《市场经济学普及丛书》(共14本),由我和易纲主编。丛书自1991年下半年就开始由我负责筹备编辑,1992年初邓小平同志南方谈话之后,我们预感到中国将会掀起一场经济市场化改革大潮。我们发现国内民众对什么是市场经济很不了解。于是我们就加快了编写进程,组织了易纲、海闻、贝多广、尹尊声等在海外留学的学会会员及林少宫、李楚霖、茅于轼等国内知名经济学家用通俗的语言编写了14本关于市场经济学的普及丛书,其中包括我和张帆合著的《大众市场经济学》。并且,每本书都有两名专家作为匿名审稿人对其进行评审,由作者根据评审意见进行修改,各书的第二稿于1993年5月完成。

1992年中共十四大召开,中国正式决定搞市场经济,这套丛书正好赶上这个时机。1993年10月,丛书由上海人民出版社推出后立刻风靡海内外,几乎所有国家级报刊、电视台及广播电台都为此发了出版消息或书评。此套兼具理论性、系统性、知识性、通俗性和实用性的丛书得到了社会各界人士的广泛赞誉,首开了出版由海外中国学者编撰大型成套通俗理论读物的先河,引起了出版界、理论界、教育界、学术界、工商界的广泛关注。中央电视台还制作了专题节目介绍此套丛书。当时我们在北京、上海、武汉各开了一个很有影响的新闻发布会,李铁映、陈至立、汪道涵等许多领导和新闻媒体都参加了发布会。我们给从中央到地方的许多领导及大专院校赠送了这套书,这在当时产生了很大的影响。

《市场经济学普及丛书》在1994年连获四个国家级、地区级图书大奖:国家级图书专业大奖——"中国图书奖"、由共青团中央、文化部、广播电影电视部及新闻出版署四个中央级单位联合组织评发的国家级大奖——"首届中国青年优秀图书奖"、"华东地区优秀政治理论图书一等奖"、"上海市优秀图书（1991~1993.10）一等奖。据时任上海人民出版社社长兼总编辑陈昕先生告知，一套图书一年内连获如此多国家、地区级大奖在此之前几乎没有什么先例。此套丛书在正处于经济体制转型的关键时期发行无疑对广大民众了解市场经济具有一定的帮助，同时也大大地提高了学会的知名度和影响力。

第三，我们对学会的学术刊物《中国经济评论》（China Economic Review，CER）的稳定和扩大发行量采取了一系列措施。那时，学会期刊奄奄一息，几乎处于停刊的边缘，没有任何规范可言，个别人为了当期刊主编争得很厉害。如果任其发展下去，结局可想而知。为此，我们那届理事会希望将学会所办英文期刊的管理更规范化和制度化，从而成立了学术委员会，制定通过了期刊主编的任命和任期制度，期刊发行的具体规则，对会员订约 CER 的补助制度等，并任命 Bruce Reynolds 为 CER 的主编，以及和美国一家出版社签订了期刊出版发行合同，当时的合同文本是我起草并征询理事会和学会成员意见定稿的。时至今日，《中国经济评论》已经非常稳固，团队和制度都比较成熟，成为国际知名的关于中国经济研究的权威期刊之一。

第四，为了扩大学会在国内的学术影响，我们这届理事会开始策划、联系在国内举办学术会议。当时，我们积极争取在国内和某个单位联合举办关于中国经济改革的研讨会，找的合作对象是中国科协。由于种种原因，最后没有实现。随后，在易纲为会长的下一届理事会的继续努力下，又花费了相当多的时间和精力，终于实现了在国内举办学术研讨会的愿望。1993 年与中国海南省经济发展研究院合作，在海口联合举办了第一届中国留美经济学会在国内的学术会议。从此以后，留美经济学会每年都在国内联合举办一次研讨会，从未中断过，使得经济学会在国内的影响也越来越大。

表1　　　　　　　　　1993年以来历届CES年会的主题

序号	年份	主题
1	1993年6月	中国向市场经济转变
2	1994年8月	乡镇企业产权问题
3	1995年7月	中国国企改革
4	1996年6月	金融和企业改革
5	1997年6月	中国中西部发展
6	1998年6月	建立以市场为导向的中国社会保障体系
7	1999年7月	转型中的中国劳动力市场和失业政策
8	2000年7月	经济全球化：中国在新世纪的机遇与挑战
9	2001年6月	中国城市化发展：挑战和对策
10	2002年6月	大中国经济融合
11	2003年6月	民营经济与中国发展
12	2004年6月	"入世"后中国农业与农村发展
13	2005年6月	中国经济可持续增长：人力资本与环境投资
14	2006年7月	中国经济和谐发展：效率、公平和法治
15	2007年7月	经济转型、区域增长和可持续发展
16	2008年4月	中国经济发展新阶段
17	2009年6月	地区及全球背景下的中国经济增长
18	2010年6月	中国在后金融危机时代的角色扮演
19	2011年6月	"入世"十年：中国与世界经济

2006年7月，我担任院长的上海财经大学经济学院与中国留美经济学会和中国浦东干部学院联合主办了当年的CES年会，年会主题为"中国经济和谐发展：效率、公平与法治"，时任教育部副部长吴启迪、时任财政部副部长楼继伟、中央财经领导小组办公室副主任陈锡文等部委领导及海内外众多著名经济学家、法学家与会，会议规模达400人以上。

第五，为了进一步在国内推广现代经济学教育，我们那届理事会制定了一项资助政策，每年派会员回国讲课，由学会资助他们人均2 000美元。这项政策如同一个教育的播种机，对于现代经济学在国内大学的推广起到了非常重要的作用。需要说明的是，当时由于政策限制，经济学会无法从国内获得经费资助，所以这笔经费及学会的活动经费的主要来源是福特基金会等国际上的公益性基金组织。为了解决学会的生存和发展问题，同时守住底线，我们当时还专门通过了一个决议，就是不排斥任何外部的经费资助，但是不接受任何附加条件。

此外，为了扩大学会在中国台湾及亚洲其他地区的影响，我们这届理事会还开始策划组团去中国台湾参观考察，后来又去韩国等国家和地区进行学术交流。

三、回归祖国　责任使命唤创新

根据中国留美经济学会的章程，CES的宗旨在于推动中国的经济改革和开放政策，鼓励中外学术交流和发展现代经济学教育。早期学会会员对于中国经济改革和经济学教育改革的作用有限，停留在局外状态，鲜有深入中国体制内进行直接改革的。直到1994年成立了由学会会员、现任世界银行副行长林毅夫教授担任首任主任的北京大学中国经济研究中心，这个中心开了规模引进海归经济学教师，系统传授现代经济学的先河，海闻会长、易纲会长都是中心的创始人。自此开始，一批又一批的CES会员逐步回到国内，为政为学，从教从研，承担起新的责任和新的使命，成为中国改革这场大变革的直接参与者和积极推动者。

近些年来，钱颖一会长、洪永森会长、陈爱民会长等包括我本人在国内高校校院一级担任领导工作，也在推动中国经济学和商学教育科研改革阵地上做出各自的努力，还有很多会长、成员也都在中国的教育一线工作。这种早期的自发的回归热忱，具有很大的奉献精神和前瞻性。时至今日，海外高层次人才引进工作已经成为一项国家发展战略，已经有不少 CES 会员成为国家"千人计划"的一员。

我本人是于 2004 年 7 月受聘出任上海财经大学经济学院院长。上任伊始，我便提出"求实创新、打造一流"的发展战略，筹划"经济学创新平台"建设项目，围绕"打造一流师资、强化学术研究、深化教学改革、狠抓学风教风、严化教师考核、规范行政管理"等六项主要工作，实施全方位、多层次、高起点的经济学教育改革系统工程。随着改革的不断深入和成效的不断显现，上海财大这种具有鲜明特色的经济学教育科研改革引起了国内外教育界的广泛关注。"经济学创新平台"建设项目成为教育部、财政部、国务院学位办联合立项的国家重点教育改革专门项目，得到教育部、财政部专项资金及上海市配套资金的大力支持。2006 年底，"经济学创新平台"作为首创被上升为一项国家长期性的制度安排——国家"优势学科创新平台项目"，后者被写入《国家中长期教育改革和发展规划纲要》。我们的这场改革是对胡锦涛总书记关于教育的"四个着力"要求的富有前瞻性的生动实践。

随后，我校的教育教学改革扩展到金融、管理、统计等学科，哥伦比亚大学王能教授、佛罗里达大学艾春荣教授、杜克大学牛铭实教授、南加州大学谭国富教授相继受聘为金融学院院长（前任为康奈尔大学黄明教授）、统计与管理学院院长、公共经济与管理学院院长（前任为托莱多大学张欣教授）和国际工商管理学院院长。与此同时，我们这些海外院长利用国际上成熟的人才市场和招聘渠道，按照国际通行的学术标准和程序，成批量、成建制地从哈佛大学、普林斯顿大学、加州大学伯克利分校等世界著名大学引进了 150 多位优秀青年博士，形成了人才的滚雪球效应和网络效应。从某种意义上讲，《国家中长期人才发展规划纲要》所确立的"服务发展、人才优先、以用为本、创新机制、高端引领、整体开发"二十四字方针，简直就是对我校人才发展工作的一个最好的总结。

与此同时，我们也看到，很多 CES 会长和会员也回到国内，步入政坛，在经济、金融等领域发挥自己的领导力和影响力，推动中国经济的市场化改革和开放。比如，易纲会长、方星海会长正在中央和上海的金融领域担任领导工作，朱民教授也于近两年中完成了由中国人民银行副行长到国际货币基金组织特别顾问再到国际货币基金组织副总裁的三级跳。但是，我有一点担心的是，尽管我们的 CES 会员在中国政府、教育等部门的影响力越来越大，但是我们 CES 作为一个学术组织和智囊团的影响力却有弱化的趋势，在国内的意见市场上没有什么大的话语权。时移世易，今天的形势与 20 世纪 90 年代初期相比，已经发生了巨大的变化，如何跳脱旧有的不合时宜的发展思路，趟出一条创新的发展路径？我认为，这是 CES 下一步发展需要认真思考的。

当前，由于中国模式迷思的广泛存在，中国学术界和思想界又进入一次大的思想交锋。由于一些思想和理论上的误区，中国经济正面临改革方向何去何从的问题：是进一步深化市场导向改革，抓大放小，无为而治，让市场发挥越来越多的作用？还是继续让政府统御市场，主导经济发展，让政府发挥更多的作用？那么，我们 CES 的历史责任是什么呢？能够做出怎样的贡献呢？作为经济学家特别是 CES 一员的经济学家，我们应该敢于为坚持市场导向的改革谏言。由此，这里我想谈谈我们 CES 及其会员应尽的历史责任和社会责任，与大家共勉！

首先，我们应该有一种使命感。使命感是 CES 发展的原始动力。我们每个会员基本都是生在红旗下、长在红旗下，受惠于邓小平的改革开放国策才得以负笈海外，实现人生轨迹的改变和跃迁，大家都怀有一颗热爱祖国、报效祖国之心，有一种希望中国尽快振兴的强烈使命感。如前所述，我们 CES 会员特别是我们这些 20 世纪 80 年代前期留学美国的一批人，对推进中国经济改革有着独特的优势。一方面，经历过计划经济时代和向市场经济的艰难转型，对中国现实国情有着比较深刻的了解，另一方面，接受过国外大学现代经济学的严谨扎实训练，对西方成熟市场经济有着切身经历和体会。我们创立 CES 这个学术组织，就是希望在中国改革和发展过程中，特别是关键的时候，能够站出来发挥CES的智库作用和影响力，为改革继续沿着市场导向前行提供思想理论支撑。实际上，我们在国内高校进行与国际接轨的经济学教育科研改革，推动中国经济学的规范化、国际化和现代化，也是一种参与和推进中国经济改革的方式和途径。

其次，我们应该有一种独立性。独立性，也就是陈寅恪所提倡的"独立之精神，自由之思想"的治学境界及学术观点的公立性，是CES发展的立身之本。我们每个会员作为公共知识分子，应具备的最重要的一个特征就是独立性。保持独立性并非易事，很多时候很多人会有意识或无意识地将个人私利掺杂到公共事务的意见评判中去，这是一种很不负责任的做法。所以，在涉及改革议程和公共议题方面，我们应该超越个人的特殊情境，排除个人私利的干扰，追求和持守一种具有普适性的目标、价值和立场。具体到中国的改革情境，这种目标、价值和立场应该指向市场化、民主化、法治化的路向，从而形成以市场经济、民主政治、法治社会为制度框架的现代强国。

再次，我们应该有一种责任心。责任心是CES发展的内在保障。由于任何一个经济学理论都有其边界条件，需要充分注意其结论成立的前提条件，不能夸大其作用，不分对象、时间、地点滥用，如果盲目运用拿社会本身去做试验，可能会导致灾难性的后果。所以，我们经济学家要有社会责任感，建言时一定要严谨再严谨，严肃再严肃，不要当媒体经济学家，追求媒体的光环，哗众取宠。我们经济学家也不是算命先生，在分析经济问题时，应该采用经济学的内在逻辑分析方法：首先对想要解决问题的有关情景（经济环境，形势和现状）作充分了解和刻画，弄清问题所在和成因，然后有针对性地正确运用恰当的经济理论，得出科学的内在逻辑结论，并据此做出科学的预测和推断。

正所谓"良将用兵，若良医疗病，病万变药亦万变"，对现代经济学的应用，同样需要注意与中国的国情和现实环境相结合，根据中国的客观现实环境，因人、因事、因时、因地，具体情况具体分析，灵活地应用现代经济学中一些基本原理和理论结果,以现代经济学的基本分析框架和研究方法,透彻地分析中国经济改革中的各种经济行为和经济现象,并据此提出具有可操作性、可行性的解决方案和政策建议。

"先天下之忧而忧,后天下之乐而乐。"自中国之痛的鸦片战争 171 年来,这一精神无时无刻不激励着中国无数仁人志士,为实现中华民族的全面复兴和崛起的伟大梦想而上下求索,探索如何才能让中华民族长治久安、如何才能让中国自立于世界民族之林。其间,我们走了许多弯路,经历了四次最主要的变革:从洋务运动阶段到民主革命阶段,再到继而的无产阶级专政与计划经济阶段,直到改革开放阶段中国才真正改变了积贫积弱、闭关自守的局面,实现繁荣富强、开放兼容的跨越。

可以说,没有改革开放,就没有国家的繁荣和崛起,更没有我们留美经济学会。在下一步的改革开放中,我们 CES 责无旁贷,应该充分发挥自身优势,以更积极的姿态参与中国经济改革进程,打造一流的中国经济改革思想库,为实现中华民族的伟大复兴和长治久安贡献智慧和力量。

(2011 年 8 月)

132

一个世纪的背影

悼张培刚教授

2011年11月23日,我的老师张培刚教授在离百岁尚有一年多之际去世了,令晚生后辈、学生的我感怀不已。在近一个世纪的岁月中,这位德高望重的老人走过了一段充满传奇色彩而又跌宕起伏的人生历程。从张老的身上,我们不仅可以看到个人的荣光与沉浮,也可以捕捉到时代变迁中的国家剪影。

一、从湖北到哈佛

张老生于1913年,与我是湖北同乡,不过他是红安人,我是公安人。少年时期的他,一边过着砍柴、放牛、插秧的普通农家生活,一边在乡下读私塾、小学。这一时期的农村生活体验,对张老的一生产生了重要的影响。他曾回忆说,如果没有少年时期在农村的亲身经历和生活感受,不可能写出本文后面会提及的那篇饮誉国际的发展经济学奠基之作的。

1930年,他考取武汉大学经济系。毕业后,被选送到当时的中央研究院社会科学研究所从事农村经济研究工作。其后的一段岁月里,张老对旧中国农村经济和粮食经济进行了大量艰苦而卓有成效的实地调查研究。在扎实的调查研究基础上，他先后撰写出版《清苑的农家经济》（1936年）、《广西粮食问题》（1938年）、《浙江省粮食之运销》（1940年与张之毅合著）三部著作及一系列论文报告。

1941年是张老人生中的一个重要转折点。这一年，他考取了清华大学庚款留美公费生，赴哈佛大学学习工商管理，一年后又转到哈佛文理学院经济系学习。如前所述，由于出身农村且长期关注、调查和研究中国农村经济，他选定《农业与工业化》作为自己的博士论文题目。他说："我满怀激情和向往，脑海里装着第二次世界大战结束后，中国将面临如何实现工业化的问题这一中心目标，特地从世界范围来探寻农业国或发展中国家在工业化过程中将要遇到的问题，特别是工业化的理论和政策，以及农业与工业的相互依存关系及其调整和变动等问题。"

这篇博士论文第一次从历史上和理论上比较系统地探讨和研究了农业国或经济落后的发展中国家如何实现工业化这一崭新课题，于1947年获得哈佛大学论文最高奖——大卫·威尔士奖，也是亚洲获此殊荣的第一人。其后，哈佛大学出版社出版的《农业与工业化》一书，被认为是发展经济学的开山之作，张老也被誉为发展经济学的创始人之一。

二、断续的学术路

抗战结束后的1945年，中国百业待兴，亟须大批建设人才。张老接受当时在美工作的武汉大学周鲠生校长的邀请，决定回国任教。次年，他抵达武汉大学经济系任教授兼主任，讲授经济学、经济学说史等课程。1948年1月，联合国亚洲及远东经济委员会邀请张培刚去该会担任顾问和研究员。在征得周鲠生校长的同意后，他接受了邀请，先后赴东南亚各国调查研究农业国工业化问题。一年之后，他毅然辞去联合国的职务，再又回到武汉大学任教。

1952年的全国院系大调整是一次向苏联教育模式学习的"大跃进"。根据当时计划经济和工业建设的需要，大量独立建制的工科院校相继设立，而人文社会科学则由于其"资产阶级性质"而被大量裁撤。1952年冬，经济学出身的他不得不放弃自己的专业，张培刚先生被调任华中工学院（现华中科技大学）建校规划办公室主任、基建办公室主任。此后几年，他完全脱离了经济学的教学和研究，做着与其专业毫不相关的校园规划和基建工作。随之，1957年开始的整风"反右"运动、1966年开始的"文化大革命"运动，动荡的时代一次又一次地使张老越来越远地脱离了经济学的志业。

幸好，历史终于翻开了新的一页。改革开放带领中国走向了一个新时代，也使张老的学术生涯进入了一个新时期。1978年，张老应中国社会科学院经济研究所之邀，参加了新中国第一部《政治经济学辞典》的编撰，他参与主编了其中的"外国经济思想史"部分，这也许是张老回归经济学学术研究的标志。

1979年，张老再又出任华中工学院社会科学部主任、经济研究所所长。其后，他在现代经济学特别是微观经济学和发展经济学在中国的传播、教学和研究方面做出了大量卓越的贡献。1980年，他与厉以宁教授合著的《宏观经济学和微观经济学》，为"微观"、"宏观"概念及其分析方法在中国的推广起到了开拓性的作用。1992年，他主撰的《新发展经济学》出版，全面系统地提出了建立新型发展经济学的思想，为发展经济学走出困境做出了重要贡献。

三、传道授业毕生情

我与先生结缘于华中工学院。1977年5月，我被招进华中工学院物理师资班，在这个班待了一段时间，又被调整到数学师资班。当时的我，对于经济学还是一个门外汉，对于学业进一步深造的理想是北京大学数学系。由于当时主政的朱九思老校长非常惜才，给全校下了一个规定：优秀学生不让考外校研究生。就这样，我阴差阳错地于1980年进入了当时华工为数不多的几个招收研究生的专业之一的经济数学专业，林少宫教授是主指导教师，首届招了三个学生，我是其中之一，于是成为这个专业的首届研究生，由此与张培刚、林少宫、李楚霖等教授结下了不解之缘。

那时经济学专业的教师和学生对现代西方经济学几乎一无所知，况且刚成为经济数学专业研究生的我们。林少宫教授想让我们学习和掌握西方经济学的基本原理，正好武汉大学要请张老给他们西方经济学专业的研究生上"经济学"的课，林老师于是要求我们去听张老的这门课，所以我的经济学的入门课就是张老传授的。张老讲课非常清晰、深刻，至今我们依然能清楚地回想到当年张老给我们上课时的情景，比如，边际成本的概念首次就是从张老那里了解的。张老也很风趣、健谈，武大每次派车接送张老，我们几个研究生也就跟着坐张老的车从华工去武大听课，来回的路上听张老谈了许多他的人生经历，特别是他留学的经历，使得我对出国留学有了憧憬。张老的经济学原理，与林少宫老师的计量经济学，李楚霖老师的数理经济学，给我后期在学业上的进一步深造打下了深厚的经济学基础。

随后，我申请出国留学，张老也不吝笔墨给我写了很强的推荐信，使得我于1983年元月去了明尼苏达大学经济系攻读博士学位。当时的明尼苏达大学经济系师资阵营非常强，给我上过课的导师中，至今就有四位获得了诺贝尔经济学奖，他们是：Leonid Hurwicz（我的博士论文指导老师）、Edward Prescott 和今年刚刚获奖的 Thomas J. Sargent 和 Christopher A. Sims，这些老师的言行和对我的知识和研究方法的传授，让我至今受用无穷。如果没有张老和林老两位的推荐信，我也许根本去不了当时美国顶尖的明尼苏达大学的经济系，一想到这点，我就非常感恩他们。

张老对人生也有他独特的感悟，这也许是他长寿的原因之一。2004年夏天，我回母校庆祝经济学院成立10周年，顺便看望了张老和他夫人谭慧老师（曾经是中南财大的校花）。为了逗两位老人的开心，我一见到他们，就口无遮掩地开玩笑说：张老师看起来越来越年轻和有精神了，我看之所以如此，是由于有小您 10 多岁校花谭老师相伴和精心照顾，一下子就逗得两老十分开心，笑呵呵的。张老一高兴，谈话的兴致很高，于是将他十分有哲理的对待人生的态度传授给我："认真，但不能太认真，应适时而止；看透，不可以全看透，须有所作为。"

继林老 2009 年 11 月驾鹤西去之后，两年后的今年 11 月，张老也辞世仙游，给我们这些后生晚辈留下了无尽哀思。不过，值得高兴的是，张老和林老未竟的事业正在被我们一代又一代的学生们继承着。

憾不能躬往送别张老，即作此文，以寄哀思，并作挽联：

学通中西 经苑教坛世人共仰
哲人其萎 桃李同悲兹情永在

祈愿先生一路走好！

（2011 年 11 月）

为文贯中《吾民无地》推荐序[*]

文贯中教授长期以来聚焦于对中国"三农"问题、土地制度、城市化等课题的研究,发表了诸多观点鲜明、论证有力、振聋发聩的言论。读者手上捧的这本集子,就是对其这些年来相关言论的一个集中展示,从中我们可以看到一种对真理和规律的认真探索,一种渴求行道于邦的急切心情,一种先天下之忧而忧的家国情怀。这里,我不想对书中的内容做多少介绍,相信读者会从中捕捉到贯中教授的洞识创见,而是希望给出一个引子、提供一些佐证。

无疑,"吾民无地"是对中国广大民众所面临的土地之殇的一个高度概括,也指出了中国在解决"三农"问题和推进城市化进程中所遇到的诸多瓶颈制约的关键所在。管子有云:"地者,政之本也。是故,地可以正政也。地不平均和调,则政不可正也;政不正,则事不可理也。"(《管子·乘马第五》)这一来自春秋时期的治国理政经验,在中国随后的两千多年的历史变迁中一再得到验证。1978年改革开放自农村分田到户大包干而始,偶然性之中恐怕也有必然性在内。我们不妨将视角再拉长一些,来回溯一下中国古代土地制度的演变过程,以获得一个完整的画面。

井田制可算是中国远古时代的原始公有制,而战国时期商鞅在秦国变法的

---

[*] 本文形成于2014年2月25日,是为文贯中教授《吾民无地》一书(东方出版社,2014年7月出版)所做的序。

一个重要内容就是废井田、开阡陌，废除土地国有制，使"民得买卖"，秦由此走向富强。秦统一中国后，土地私有制逐渐在全国确立起来。汉初，土地私有与与民休息、轻徭薄赋的政策相结合，带来了文景之治，然则土地自由买卖也带来严重的土地兼并和贫富悬殊，董仲舒、师丹等西汉名臣先后提出限田主张并得到实施，但限田依然是以土地私有制为前提的。自北魏到唐初，将战乱之后的无主荒地分而民用的均田制则逐渐发展壮大，很多依附于地主的农奴变成相对自由的自耕农。至明清时期，中国已然成为一个以自耕农为基础的农业社会，土地私有成为中国土地制度的主流。如果这一制度存在严重问题的话，它不可能支撑中国在漫长的农业社会里长期（两千多年）领先于世界其他经济体，也不可能被进入工业社会和后工业社会的当今发达国家所普遍采用。

那么，中国实行了几千年的土地私有制度，何以成为今日的这般情势？其实，即使是1950年生效的《土地改革法》第一章还规定"实行农民的土地所有制"，1954年宪法也依然在第八条中规定"国家依照法律保护农民的土地所有权和其他生产资料所有权"，在第十一条中规定"国家保护公民的合法收入、储蓄、房屋和各种生活资料的所有权"。直到1982年12月五届全国人大五次会议通过的新修订的《中华人民共和国宪法》才首次对土地国家所有制和集体所有制进行了明确规定："城市的土地属于国家所有。农村和城市郊区的土地，除由法律规定属于国家所有的以外，属于集体所有；宅基地和自留地、自留山，也属于集体所有。国家为了公共利益的需要，可以依照法律规定对土地实行征用。任何组织或者个人不得侵占、买卖、出租或者以其他形式非法转让土地。"其实当初讨论此项规定[①]时就有很大争议。

---

① 如程雪阳所指出的那样："对于这一规定，当时的人们并没有给予高度关注，也没有认真考虑其可能带来的后果。然而，随着1987年以后城市土地逐步的'市场化'、城市住房制度的改革（特别是'住房商品化'的出现）、旧城改造范围的扩大，以及随之而来的城市房屋征收矛盾的增多和激化，人们逐渐发现，房地产领域中种种矛盾以及这些矛盾的根源，都与现行宪法关于土地制度的规定有关。"参见程雪阳. 城市土地国有的由来 [J]. 炎黄子孙, 2013, 6.

显然，这套实行了 30 多年的城乡分割而又排斥私有产权的土地制度已经面临越来越多的矛盾和问题，对国家治理带来了严重的负面影响。比如，土地在农村和城市、农业和工业之间的配置，通过地方政府而非市场来完成，这使得广大失地农民并没有在土地增值中得益多少，而地方政府成为占据垄断地位的土地供方，对土地财政的依赖则与日俱增。根据国土资源部发布的数据显示，2013 年全国土地出让总金额达 4.1 万亿元，已超过 2011 年 3.15 万亿元的历史高点。在一些省份，土地出让金的收入已与税收相差无几，这也导致地方政府债务的空前膨胀，带来金融风险。在中国全面深化改革的系统工程中，土地作为最基本的要素，对其进一步深化市场导向的改革是大势所趋。在笔者看来，下一步的土地制度改革应该在"三规"（即规律、规则、规划）的框架下进行，这也是可以在此书之中散见的。

一是"规律"。这里的规律是人类社会和市场经济所共有的规律，不能过度自陷于所谓国情和特色。目前，在中国的土地利用方式中，由于政府的参与、干预过多，使得市场不能够充分地发挥基础性作用，遑论决定性作用，所以有必要对政府的权力和行为做出限制，以使其更加符合市场经济规律。当然，要在土地市场真正理清和合理界定政府与市场的治理边界，还是离不开土地产权的明晰界定。如果土地不能私有，那么公民的财产权就会大打折扣。"有恒产者有恒心，无恒产者无恒心。"（《孟子·滕文公上》）简政放权就是要还权于民，而这必然要伴随着地权归民，允许土地私有制的存在和发展，与其他业已放开的市场一样，打破公有制铁板一块的不合理格局。

二是"规则"。也就是法律法规。土地改革需要法治护航。如果仅仅是政策性的短期手段，而不触及那些与普遍规律相违背的、带有根本性的法规条文，那么改革很可能会难以真正落实下去，因为政策宣示很可能会被下面的官员错误解读甚至反面解读。现实中，十八届三中全会关于土地改革的一些创新性提法，已经被一些主管部门的相关领导解读得走形变样，其所造成的认识混乱极具破坏性。所以，要将对改革大的决议通过法律法规确定下来。否则，即使有中央决议,也可能得不到执行,决议最终不能落地。这一举措的重要性还在于,对于那些从理念上根本反对改革的人特别是有话语权、公权力的人进行规制和制约,从法理上阻塞其阻挠改革进行和深化的空间。

三是"规划"。土地的城乡流转与用途转化,当然不能随心所欲,毫无章法,需要在城镇化的规划和城市规划、区划框架之下有序进行。这就牵涉到规划、区划由谁来制定的问题。规划、区划显然不应仅仅是政府独自承担的事情,如果没有公众的充分参与和专家的细致论证,就无法及时纠错、纠偏。但是,规划、区划主要还是定方向、定原则、定标准,不能不分巨靡,眉毛胡子一把抓。当然,规划、区划的制定也应该是在遵循经济社会发展规律基础上按照一定的规则程序充分听取公众意见完成的。这方面,美国的州法律规定,地方政府在将规划付诸实施之前,要举行公众意见听证会,政府要对该规划进行解释,听取公众对规划的意见,同时也要听取相关利益团体的意见,基于此政府再对规划进行表决。

这里,我还想要强调的一点就是,理性思考、理论探讨无禁区。其重要性至少有二:一是对已确立的改革方向和路径进行理论分析和论证,促进上下改革共识的凝聚和改革方案的执行,二是理论探索必须要超前,对现有改革的不足之处进行理论剖析,通过内在逻辑的推演指明下一步改革的方向。理论探讨的先行性极端重要,这次党的十八届三中全会通过的决定,在很大程度上就是吸取了过去若干年的理论探索、理论创新的结果,听取了很多专家学者的意见和建议,并将之以决议的形式肯定下来。当然,如前所述,改革的深入还有赖于法律法规的配套跟进和适时调整。

过去六七年间,上海财经大学高等研究院农业与城乡协调发展研究中心一直在做这样的理论探讨和创新尝试。这个中心正是由贯中教授 2008 年起受聘上财特聘教授之后挂帅设立的。其后至今,中心联合上海发展研究基金会连年举办以"土地制度、户籍制度与城市化"为主题的专题圆桌论坛,邀请国内相关领域的顶尖专家参会研讨。这些年来,参会的嘉宾包括蔡继明、陈钊、党国英、傅蔚冈、顾长浩、顾建发、胡景北、华生、黄祖辉、季卫东、刘愿、陆铭、罗小朋、乔依德、曲福田、盛洪、石忆邵、史晋川、史清华、宋顺锋、孙涤、陶然、汪晖、王建、王桂新、于建嵘、张伟、张曙光、张晓波、章铮、赵燕菁、郑振源、钟甫宁、周其仁等。会议形成了一系列研究报告,提交相关决策部门参考,如 2009 年的研究报告《解决"三农"问题的根本出路在于坚持市场导向的城市化道路——关于加快消除城乡二元结构的政策建议》,得到了国务院有关领导的批示。

贯中教授博士毕业于信奉自由市场的芝加哥大学经济学系,他在本书中所思所言有严谨的经济理论作为支撑,相信本书一定能够在这个意见纷纭的变革时代,为中国土地制度改革和城市化的推进提供重要参考!当然,毫无疑问,中国土地制度改革不是一个人、一本书就能讲清楚、说明白的,我们还需要更多、更深入的理论探讨和实践探索。

是为序!

(2014 年 2 月)

134

制度与经济增长

悼道格拉斯·诺斯

11月23日,道格拉斯·诺斯辞世的消息传来,这是今年以来继约翰·纳什、青木昌彦、赫伯特·斯卡夫先后逝世之后,又一位经济学巨擘去世,让国内外经济学人唏嘘不已。在社会科学领域,经济学家群体素以长寿著称,诺斯也不例外,享年95岁。作为新经济史学派(量化史学派)、新制度经济学派及新政治经济学派的先驱者、奠基人和开拓者,诺斯是20世纪后期最重要和最有影响力的经济学家之一,诺斯的经济理论发现和思想洞见在一直处于制度转型之中的中国传播广泛,使得他本人也成为在中国经济学界被引用率最高的当代经济学家之一。

我与诺斯曾有过不多的几次交流,印象深刻的有两次。一次是1995年在北京,当时我们一起参加北京大学中国经济研究中心的成立仪式,他从路径依赖的制约、向非人格化交换转变的困境及政体对经济发展的作用三个方面对中国改革给出了自己的观察和思考。20年后的今天我们回头来看,事实无疑证明了诺斯对中国制度转型极具洞察力和前瞻性。另一次是1998年在法国,我

---

* 本文载于《财经》,2015年11月26日。

受邀参加了由他创立的国际新制度经济学学会第二届年会。在会议上，诺斯作了主旨报告，我也报告了自己关于内生产权理论与中国制度平稳转型方面的研究。会议休息期间和他有过简短交谈，问了一些问题。

一、不可忽视的经济理论贡献

诺斯的早期贡献，在于对经济史和经济制度变迁研究方法的创新。他运用新古典经济学和统计经济计量学来研究经济史，使经济史的研究发生了革命性变革。诺斯一直强调历史和新古典经济学的重要性。仅凭此论，就可看出他思想的深刻和眼光的非凡。前者以史为铜鉴，可知什么样的制度变迁导致一个国家的兴替；后者以新古典提供的基准点和参照系作为镜子，来辨明制度变迁的得失。就这样，诺斯将历史、逻辑及未来三个维度有机地结合在一起了。

所以，诺贝尔经济学奖评审委员会将他对经济学的主要贡献界定为，"运用经济理论和数量方法来解释经济和制度变迁，从而开创了新的经济史研究"。这种将经济理论、量化统计和历史相结合的经济分析方法，显然是受到了熊彼特的影响。诺斯本人对此并不讳言。他在自传中就坦承，自己曾深度参与到哈佛大学科尔企业家中心中，受熊彼特的影响很深。

诺斯最初进入经济学研究所关注的议题，就是经济增长及其背后制度变革所起的作用，其第一篇论文和第一部著作都与此相关。他的论文"区位理论与地区经济增长"1955年发表于《政治经济学期刊》（*Journal of Political Economy*），著作《1790年至1860年美国的经济增长》则于1961年出版。这些研究开创了用新古典经济学（个体理性通过价格机制和私有产权在市场中互动）和计量经济学的量化方法来研究经济史问题的先河。

进入20世纪80年代，新制度经济学派的产权理论，尤其是科斯交易成本的产权理论成为诺斯分析制度变革对经济绩效影响的又一理论工具。通过引入制度交易成本这一基本分析工具，诺斯探讨西方世界近几个世纪来经济增长的原因，探讨经济增长与制度变迁的内在联系、产权制度与经济发展的互动趋势、经济发展对制度的内在要求等问题，从而重新论证了包括产权制度在内的制度根本重要性的作用。

产权制度为什么至关重要？在专著《西方世界的兴起》中，诺斯通过对公元900年～1700年这样一个长时段西方经济史的考察指出，历史上的经济增长之所以首先在荷兰和英格兰出现而不是在整个西方世界同时出现，就是由于这两个地区率先进行了产权制度方面的变革，从制度上对经济领域的创新活动进行了激励和保护，而创新活动的主体则是"有效率的经济组织"，这些组织及其企业家又是制度变迁的主角，它们共同型塑了制度变迁的方向。

其实，中国古代也不乏对于产权重要性的认知。如，孟子讲"有恒产者有恒心，无恒产者无恒心"。又如，秦商鞅曾以野兔被捉前后的区分为例来阐述产权明晰可起到"定分止争"的至关重要的作用："一兔走，百人逐之，非以兔为可分以为百，由名之未定也。夫卖兔者满市，而盗不敢取，由名分已定也。故名分未定，尧、舜、禹、汤且皆如骛而逐之；名分已定，贪盗不取。"然而，在"普天之下，莫非王土，率土之滨，莫非王臣"的中国古代，并没有真正意义上的私有产权，这又要归因于背后的制度因素。

在诺斯的理论框架中，制度对于产权的界定、行使和保护起着至关重要的作用。在他最重要的著作《制度、制度变迁与经济绩效》中，制度被定义为一组行事规则的集合，这些规则与社会、政治和经济活动有关，支配和约束社会各阶层的行为。由于人们在考虑问题时，总是把一部分因素作为外生变量或参数给定，另外一部分则作为内生变量或因变量，这些内生变量是由外生变量所导致的，从而是这些外生变量的函数。于是，按照诺斯的划分方法，又可以将制度划分成两个范畴：制度环境（Institutional Environment）和制度安排（Institutional Arrangement）。

制度环境是一系列基本的经济、政治、社会及法律规则的集合，它是制定生产、交换及分配规则的基础。在这些规则中，支配经济活动、产权和合约权利的基本法则和政策构成了经济制度环境。制度安排是支配经济单位之间可能合作和竞争的规则的集合。制度安排可以理解为人们通常所说的游戏规则，不同的游戏规则导致人们不同的激励反应。尽管从长远看，制度环境和制度安排会互相影响和发生变化，但如诺斯明确指出的那样，在大多数情况下，人们通常将经济制度环境作为外生变量给定，而经济制度安排则根据所要研究或讨论的问题，可以看成外生给定也可内生决定。

在诺斯看来，制度又有正式制度和非正式制度之分。前者包括宪法、法律、税收和市场规制等，后者则包括习俗、惯例和意识形态等。他认为，制度变迁的基本动因是制度供给不能满足制度需求，然而制度变迁要真正得以实现，还有一个必要条件就是制度变迁带来的预期收益大于其产生的预期成本，否则制度变迁将受到阻碍。制度有好坏之分，其权衡标准是制度交易成本的高低、经济效率的高低，其中一个制度交易成本就是制度的信息成本。

这其实也就与我的导师赫维茨所开创的机制设计理论对接起来了。后者强调，制度（也就是机制）的信息有效性和制度的激励相容性是衡量一个制度好坏的两大关键指标。从这个意义上看，新制度经济学和机制设计理论都与20世纪二三十年代社会主义大论战时期以米塞斯、哈耶克为代表的奥地利学派有一定的学术承袭。诺斯和赫维茨在后期也曾有一些学术上的互动，试图建立各自理论之间的对话渠道和对接路径。

由此可见，现代经济学是一个具有极大包容性和开放性的处于动态发展中的学科。诺斯和赫维茨所开创的理论都对新古典理论进行了革命性的发展，新古典是将制度作为给定，而诺斯和赫维茨却将制度内生化，视作为可变化、可塑造、可设计的，都成为现代经济学中极其重要的组成部分。所以，不少人将新古典经济学等价于现代经济学，认为新古典考虑的理想状态与现实世界不符合，就将现代经济学看作是固化的从而否定现代经济学，这是极大的误区和愚昧。

新古典理论只是现代经济学的一个（重要）组成部分，是基准理论，提供基准点和参照系，但现代经济学的范畴要大得多。其实，在笔者看来，只要采用严谨内在的逻辑分析模型（不见得是数学模型），并且采用理性假设（包括有限理性假设），这样的研究就属于现代经济学的范畴。根据这个界定，就可以看出，无论是科斯和诺斯不用数学模型的制度经济学理论，还是赫维茨用到高深数学的机制设计理论，都是现代经济学的范畴和重要组成部分。

二、中国深化市场化制度改革的省思

再回到制度问题上来。诺斯认为，政治、经济和社会的制度环境因素都要被考虑进来，才能更好地理解制度变迁在经济增长中所起的作用。这其实也暗合了当下中国推动国家治理现代化的关键着力点，即合理界定和理清政府与市场、政府与社会之间的治理边界。政府、市场和社会，三者正好对应一个经济体的治理、激励和社会规范三个基本安排。其中，政府的作用具有极大的正负外部性，从而需要合理定位，这就涉及著名的"诺斯悖论"——"国家的存在是经济增长的关键，然而国家又是经济衰退的根源"。一方面，政府在经济活动中提供的基本服务是制定和执行游戏规则，特别是产权规则，这对提高经济效率，促进经济增长非常重要；另一方面，政府权力的介入又容易或因理念，或因利益，或因有限理性，建立和维持无效产权安排，导致所有权残缺而提升制度交易费用，妨碍经济增长。

那么，靠什么来规范作为主体的政府的定位呢？法治。法规治理是最关键、最根本的，它奠定了最基本的制度环境，决定了政府定位是否适度，从而决定了市场激励机制的效果和社会规范形成的好坏。只有从规范、制约和监督政府权力的制度、法治和公民社会这三个维度的综合治理着手，合理界定好政府与市场、政府与社会治理边界，才能同时解决好效率和社会公平正义的问题，才能从根源上根除腐败和行贿受贿现象，降低市场经济活动的制度交易成本，建立起政府、市场、社会、企业及个人之间良性互动的健康关系。唯其如此，政府方才可以不断通过法律法规的制定及执行，强化市场方的效率、效能。

需要指出的是，诺斯一方面认为制度与政策无疑具有重大的影响力，它们通过直接或间接地影响商品、服务或生产要素的价格行为，在历史上时常对经济发展起到加速或阻碍作用。另一方面，诺斯也正确地指出了，制度与政策不能取代市场经济的根本动因，只能起到修正作用，也就是说，还是应该让市场在资源的配置中发挥决定性的作用。

这些其实也正是我在与陈旭东合著的《中国改革：历史、逻辑和未来》一书中所反复强调的。这本书试图对12个最基本的理论和现实问题做出解答，其中第一个就是"道格拉斯·诺斯之问"，亦即"怎样才能从不利于经济发展的传统制度平稳过渡到有利于经济发展的好制度？在什么条件下，才能从非理想状态向理想状态过渡？制度变革与经济发展如何互动，谁应该先开始？如何看待渐进式改革和激进式改革的异同？"。在那本书中，我们强调了对内放开和对外开放，也就是放和开两个维度改革的极端重要性，详细论证了制度平稳转型的内在逻辑，应在效率与公平的前提下推动改革、发展、稳定及创新这样四位一体的互动互补的动态制度变迁，实现可持续发展、振兴中华和长治久安的民族复兴梦。

这里，我想就渐进式改革和激进式改革的异同问题做些说明。比较渐进式改革和激进式改革这两种不同的制度变迁路径时，我们不能简单地非黑即白、非此即彼、厚此薄彼。在各自政治、经济、社会和文化的基本初始条件下，所谓的最佳选择都是相对的。中国的渐进式改革和单一经济改革策略确实在一定程度上缓解了激进变革可能引发的社会失序和动荡，但是也使得很多问题和矛盾在不知不觉中慢慢累积起来。而一些国家的激进式制度改革短期内确实造成了非常大的社会问题和经济震荡，但却通过配套有序的整体改革，奠定了相对更有利于长远发展的制度框架。

三、应对经济增长下滑困境需从制度入手

当前,面对中国经济增长的持续大幅下滑,国内各方面又提出了很多应对之策。但是,如果不能像诺斯那样找出问题的内在根源和从制度层面上去解决问题,只是堆列出众多看起来都非常正确的时髦词汇、动听语言及只是简单列出需要解决的问题,而没有给出任何主语,也就是没有明确谁去做和怎样做这些最基本和根本的制度性问题,那么只能是政府主导具体经济活动,一拥而上的"大跃进"式政策出台。可是,如果主要靠政府靠国企来做可行吗?以创新为例,创新是要容忍失败、承担风险的,成功率不到5%,政府和国企的领导不可能承担这样的失败风险,从而应该主要靠市场、靠民企。

并且,如果仅仅采用头痛医头脚痛医脚,治标不治本的方式试图去解决问题,短期可能有效,但长期负面效果巨大。中国面临的深层次问题是发展驱动和经济体制双转型滞后。发展驱动转型滞后是指从要素驱动向效率驱动乃至创新驱动的转型滞后,这一转型基本上是所有经济体必须经历的,但这个转型是内生的,还是要归结到体制转型滞后上来,所以制度变迁才是最根本的。从根本上说,中国改革方向不明确,向现代市场经济体制转型和变迁滞后,才是导致中国经济增长持续大幅下滑更为关键的根源因素,再加上政府部门及其官员做事激励的缺损及对新常态理解的误区,使得问题雪上加霜。

现代市场经济的基础是法治,现代市场经济体制转型的关键在于法治的确立。中国经济发展到今天,迫切需要一个好的法治环境,来有效制约政府公权力对经济活动的任意干预,明晰界定并保护私有产权,从效率和创新两个维度来支持和增进市场,真正让市场在资源配置中发挥决定性作用和让民营经济发挥主要作用,从而促进中国经济实现又好又快的发展。在我看来,所谓的供给侧改革最重要的还是通过深化市场化改革提供更有效的好的制度供给,而不是一个又一个没有主体、难以落实、不触及制度层面的口号式的政策宣示。

历史经验表明,大规模制度变迁进程往往都是在经济面临极大困境的触发

下进行的。我的一个基本判断是，如不尽快进行实质性的、制度性的、深层次的市场化改革，从根本上改善制度供给，中国经济持续快速下滑的劣势很难止住，弄得不好会引发连锁反应的恶果，会危及政治经济社会的稳定。诺斯关于产权和制度对于经济增长的重要性的严谨的学术研究，蕴含着非常深邃、深刻的经济思想和政策启示，非常值得正处于经济增长速度换挡期、结构调整阵痛期、前期刺激政策消化期的中国吸收借鉴。

我们必须认识到，唯有深化制度改革和变迁，才能从根本上解决增长和转型两难，而转型发展和深化改革需要同时兼顾发展和治理两大逻辑，正确理解它们之间的内在辩证关系。发展的逻辑主要是提升一个国家的硬实力，而治理逻辑则注重软实力方面的建设，当然是多方面的治理，包括政府和市场的治理制度、社会公平公正、文化、价值观等方面的建设。诺斯的学术思想和理论在明确方向和具体改进举措方面都已经给予了我们很大的启迪。

斯人已逝，思想长存！

（2015 年 11 月）

135

大师已逝　经典长存

悼阿罗

肯尼斯·阿罗（1921年8月～2017年2月）走了，20世纪50年代那批让现代经济学崛起的老一辈经济学家基本已凋零殆尽，让人唏嘘不已。作为现代经济理论发展史上一个里程碑式的经济学家，当时年仅51岁的阿罗与约翰·希克斯一道于1972年获得诺贝尔经济学奖，成为史上最年轻的经济学奖得主，主要是表彰他们对一般均衡理论和福利经济学所做的奠基性贡献。其实，阿罗的贡献远不止这些，他对现代经济学的其他许多领域如风险决策、组织经济学、信息经济学、社会选择理论，乃至政治民主理论等都做出了开创性和奠基性贡献，其研究已成为学术和思想史上的经典，其影响几乎无处不在并且极其深远。

一、阿罗的最重要贡献：不可能定理

在对经济学所做出的诸多贡献中，阿罗自己认为最重要的是社会选择理

---

* 本文载于财新网，2017年2月22日。

论，其后才是一般均衡理论和信息经济学。

其实，阿罗的教育背景起初并非经济学，而是数学和数理统计学，相继获得了哥伦比亚大学的数学学士和硕士学位。攻读硕士期间阿罗无意选修了著名经济学家、统计学家霍特林教授的数理经济学课程，这促成了他向经济学的学术转向（20世纪50年代初，霍特林教授也曾邀请我在国内的导师、当时刚获经济学博士的林少宫教授去他那里任教，不过林老师选择了回国）。然而，由于第二次世界大战爆发，他的博士学业一度中断，乃至阶段性转向气象学的研究，直到"二战后"才重回哥伦比亚大学继续学业。此间他放弃了一系列中途告吹的研究项目，才将博士论文选题确定在了社会选择上。

1951年，阿罗获得哥伦比亚大学经济学博士学位，并基于博士论文出版了《社会选择与个人价值》。在这本书中，阿罗创造性地对集体选择和社会选择给出了一个不可能性定理。该定理用严谨的数学方法证明了无论采用什么方法来加总个人偏好顺序而产生社会选择，而且社会选择也符合某些非常自然的条件，总会存在一些个人偏好顺序，让社会选择不具传移性。如人大代表应该代表了当地社区的民意，但不同的个体有不同的看法和意见，他需要对所有的个人偏好进行加总，但总和所导致的偏好顺序往往是非传递的。这一结果为社会选择理论的形成奠定了坚实基础，迅速引起了各方的注意，激起了正反两方面的跟踪性或商榷性研究成果的大量涌现，无论是对经济学、社会学还是政治学随后的研究与发展都产生了深远影响。

阿罗不可能定理背后隐藏的思想非常深刻，其洞察力异常深邃，它告诉我们，在应用一个理论时，从个体偏好到社会偏好的加总时可能会出现很大的问题。即使个体偏好是理性的，但从整个社会来说，也许并不存在一个理性的选择。作为一个推论，我们也许永远也找不到一个理论或一个制度来解决一个国家所有的问题。我们只能对具体问题或某一类人或某个国家或某个区域给出解决问题的方式或制度，针对各种具体情境制定出各种制度安排。我们只能因时因地因人因事而异地分析和解决问题，绝对的普适性理论或制度是不存在的。

这就是阿罗不可能定理深邃哲学和经济思想所在,是我们设计社会制度时所必须要考虑的基本约束条件,也是改革之所以艰难的原因所在,为我们提供了重要启迪。

二、一般均衡理论大厦的奠基者

斯密以"看不见的手"为喻,指出了自愿合作和自愿交换在市场经济活动中的重要性。然而,市场体系为大家造福的思想,无论在斯密的时代或今天,并未被所有人充分认识到。阿罗-德布鲁的一般均衡理论则以数学形式对斯密"看不见的手"做了正式和严谨的规范表述,对竞争性均衡的存在性进行了证明,严格论证了自由竞争的市场可以导致社会福利的最大化,以及市场在资源配置方面的最优性。除此之外,阿罗还与布洛克、赫维茨共同证明了竞争性均衡的唯一性和存在性。这些定理的严格证明,奠定了一般均衡理论的基石。

可以说,一般均衡理论是近百年来发展出来的一个最重要的经济理论,也是人类经济思想宝库中最耀眼的成就之一。不同于局部均衡理论只考察一个市场的均衡问题,一般均衡理论通过同时考察多个市场的均衡,来解释整个经济中供给、需求和价格的互动情况。考察多个竞争市场的相互影响所得到的结论完全超越了局部均衡理论框架,让人们对"一般均衡思想"有了更深刻的理解,认识到某一项特定的经济变动将会造成比最初变动更为深远的影响,充分显示了综合治理这一思想的重要性。观照中国改革,凡是头痛医头脚痛医脚、按下葫芦浮起瓢的局部改革,都只注重表象而不解决深层次问题,常常会潜藏着很多问题,从而这也是全面深化改革的必要性之所在。

阿罗在一个演讲中给出了现实例子来说明这个问题。20 世纪 30 年代,由于得克萨斯州及波斯湾地区发现了石油,油价变得非常低廉。许多家庭在能源消费上，从煤改成石油，因此减少了对煤的需求，连带也降低了煤矿工人的就业水准。炼油厂迅速扩张，雇用了更多劳工。同样地，由于炼油涉及复杂的化学程序，产生对炼油机器设备的需求，从而又导致对专业化学工程师及钢铁的需求。油价便宜了，汽车的购买与使用也更为普遍。没有铁路经过但公路可达的观光地区，开始涌入大量的旅客，铁路运输却开始衰退。这里每一项变动，都会引发其他的变化，而这些后续的变化又回过头来影响石油的需求与供给。

一般均衡理论作为新古典经济学的一个最重要的分支，为研究市场经济提供了一个基准理论，它假定完全竞争、零交易成本及完全信息这样理想状态的市场经济环境，因而是对现实市场的一个抽象表述。尽管一般均衡理论看来相当抽象化及数学化，但却相当有用，可用来指导现实经济。无论将均衡价格视作为长期价格，还是从均衡推导出实际价格，这个模型都非常有用。一般均衡理论为更好地研究和解决现实市场经济提供了极为重要的参照系和标杆，对发展出相对实用的经济学理论也起到了很大的推动作用，可以说影响极其广泛而深远。

三、阿罗与赫维茨的合作

在阿罗的整个研究生涯中，也有许多杰出的经济学家与之合作。阿罗就将自己与我的导师、机制设计理论之父赫维茨的共事和研究合作视作是他生命中最好的智识经历之一，认为赫维茨的"深度、谨慎和对于严谨性的追求，特别是他对于问题本质的理解，都非常让人受启迪"。在阿罗关于一般均衡的论文集第2卷的前言里，阿罗将赫维茨视作为对现代一般均衡理论的四大主要贡献者之一，并对赫维茨的学术合作表示感谢。实际上，赫维茨对于阿罗的评价也近乎如此，他表示，自己后来的研究受到阿罗的影响，尤其是后者在福利经济学中所提出阿罗不可能定理的研究结构的影响颇多。二人可谓是英雄惜英雄。在私下的交流中，给我的印象是赫维茨对阿罗极度推崇，恐怕阿罗是他唯一真正佩服的人。

1977年，赫维茨与阿罗共同主编出版了《资源配置过程研究》一书，该书收录了他们或独立、或合作或与他人合作撰写的27篇论文。他们的研究合作领域主要有三个方面：一是关于以非线性规划方法对库恩-塔克定理的一些扩展；二是首次在一般均衡的理论框架下系统研究竞争性经济的稳定性问题，主要成果是两篇发表于 *Econometrica* 的论文；三是将前两个领域的结果应用到资源配置机制的设计或构建上。事实上，这三个方面是高度相关的，也构成了赫维茨对经济学所做贡献的三个面向，第一个方面主要是处理非线性规划的静态方面的问题，随后他们又将研究推进到线性和非线性规划的动态方面，并研究开发出了梯度（Gradient）方法，该方法随后被他们用到关于一般均衡稳定性的研究中去了。

阿罗社会选择理论的研究与关于一般均衡的稳定性的合作研究进一步触发了赫维茨对于完全竞争市场机制局限性的反思，从而触发了机制设计理论的提出。在机制设计理论的三大理论来源——一般均衡理论、社会选择理论和博弈论中阿罗的影响就占了两个。这一新的框架体系，不再将一个制度安排（如市场机制）视为给定，考察在什么样的经济环境类下该机制是适用的，而是进行情景分析（Counter-factual Analyses）：对于给定的经济环境类和某个社会目标（如资源的有效配置，某种意义下的公平或公正配置），是否存在着某个机制（配置规则），使得每个人即使追求个人目标，其客观效果正好能达到既定的社会目标。

我们知道，在一般的情况下，完全竞争市场机制产生了资源的有效配置。那么是否还存在其他机制同样地也产生资源的有效配置呢？如果回答是肯定的，这个机制是否能用到比竞争机制还要少的信息或成本来实现资源的有效配置呢？这些问题的提出对机制的信息理论和激励理论的产生有着直接影响。以上的第一个问题实际上与激励理论有关;第二个问题则与信息理论有关。从这种意义上来说,这又促使赫维茨及相关经济理论家们回到了信息和激励这样的最基本问题的研究,而阿罗在此后的研究中则从医疗市场切入也开展了信息经济学的研究。可谓殊途同归!

(2017年2月)

136

大学为何与大学何为[*]

读钱颖一教授《大学的改革》

祝贺钱颖一教授《大学的改革》两卷本皇皇巨著出版发行。中国传统文化所谓的立德、立功、立言给出了一个人的人生价值的判断标准，这套书以实录的形式主要记载了颖一教授自 2006 年受聘担任清华大学经济管理学院院长以来，这十年间对于大学改革的所思、所言、所行，让各界得以全景式地了解作为经济学家的他，除了对中国经济改革做出重要建言贡献之外，是如何用经济学的基本原理和分析框架来指导、推动经济学和商学教育改革乃至大学改革的。钱颖一是改革开放之后中国留美经济学者中极少的让我感到佩服的人之一，无论是他的人品、学问、思想，还是他的学术，都是出类拔萃、超人一等的，堪称国家栋梁。

作为相交几十年的老朋友和同行，颖一教授跟我有着相似的人生轨迹，从出国深造，到留美任教，再到回国搞改革，可谓是志同道合，我们对很多问题（无论是经济问题还是教育问题）的看法都高度一致，常常不谋而合。颖一教授崇尚大道至简，善于从错综复杂的情境中抓住最本质、最关键的问题所

---

[*] 本文载于《中华读书报》，2017 年 2 月 8 日 16 版。

在，进而高度凝练而又不失深刻地给出带有规律性的基本判断，真正弄清了事物发展的路径依赖和做成一件事情的内在逻辑和规律，这点极少人能做到。除了《大学的改革》这两本书，读者也可从他的另一本更早的书《现代经济学与中国经济改革》中看到他对中国经济改革战略和政策的简单而又不失深刻的建议，非常具有前瞻性和可行性。这套书延续了这样的风格，读下来给人的感觉就是干货很多，按照书中引言的说法，这些文章都是"用行动写成的"。

颖一教授在书中对中国大学教育现状和问题的刻画，对问题原因的诊断及结合清华经管学院实际所给出的行动指南，都非常准确到位，直击问题要害。在这本书中，看不到社会上所盛行的任何官话、套话、空话，更看不到媚俗话。我很认同颖一教授所说的，这两种讲话倾向背后的官气和俗气"都不是大学应该有的学府风气"。在他身上，我们可以看到一种中国传统知识分子的精神风骨，不唯上、不唯书、只唯实，以及一份对知识分子道统的执着和担当，全身心地投入教育事业，这也是现代大学的基本精神。不夸张地说，他为中国经济学家从事教育和做学问树立了一个典范。

清华经管学院从某种意义上也是进入 21 世纪之后我全力投身中国经济学教育改革的真正起点，尽管 1999 年受时任华中科技大学校长周济教授的邀请，帮助其经济学院设置了经济学—数学双学位班和课程设置等局部的经济学教育改革（此间周济校长曾有意邀请我担任其经济学院院长，但顾及各方面因素及条件不太成熟而婉拒了）。2002 年，清华经管学院聘请了 15 位具有海外大学执教经验的经济学者为特聘教授，我是其中之一。颖一教授在这件事情上起到了关键作用，当时他也曾就首批特聘教授人选征求过我的意见。这在当时是一个非常大胆的尝试，书中也多处提及此事。之所以有这样的改革探索，我想是受多重因素影响。2001 年 6 月 5 日，清华经管学院院长朱镕基在清华告别演说中提出殷切希望，指出"要把经济管理学院建成世界一流的管理学院，一定要有一流的师资力量"。同时，随着中国加入 WTO 迫切需要培养大批能够接轨国际、参与国际对话的经济管理人才，这首先需要师资队伍的国际化。清华经管学院作为当时全国高校经管类学科执牛耳者，首先应做出表率。

如同颖一教授在书中所说，这个特聘教授的创举对中国经济学和商学教育的影响是深远的，许多特聘教授在随后的十多年时间里先后进入国内各高校的体制内担任院长，掀起了教育改革的新高潮。我本人是最早于2004年7月受聘上海财经大学经济学院院长，2014年6月我们曾结集出版了《中国教育改革：理念、策略与实践——前沿视点"问切"与上财改革实录》一书，系统梳理和总结上财经济学院乃至学校多年来进行教育改革实践的理念、思路、途径、制度安排及其在各方面的探索。所以，看到这套《大学的改革》我不由产生一种惺惺相惜之感，因为同样是十年磨一剑在不同的大学进行改革探索，办现代一流大学有其内在客观规律，是隔校不隔理，许多看法和做法真是英雄所见略同，也同样浸透着许多主事者、参与者、亲历者和大批志同道合者的心血，我深知个中酸甜苦辣。

整体上，《大学的改革》这两卷本主要谈了两方面的问题：大学为何和大学何为。一个对应着改革的理念和目标，一个对应着改革的行动和举措。颖一教授以研究转型经济学见长，他深知目标和过程的差别，对于如何在约束条件下通过一定的激励相容制度安排来实现目标有系统思考，如同他在书中所说的"既要有想法，也要有办法，尤其要充分考虑各种制度和文化约束条件下的办法"。也就是说，要改革成功，要做成事，做成大事，既要明改革之道，也要优改革之术，目标和过程都不可偏废。这一点也是我在过去这十多年参与上财改革的一个切身体悟。这里，我主要谈谈书中几个给我印象最深也最有感触的地方。

第一，"大学为学生"的办学理念。这是钱颖一在书中开宗明义就提出的，渗透于诸多文章的字里行间，对此我高度认同。我在上财推改革也经常讲，我们所做的一切的一切都是为了学生，是为学生服务的。中国古语有云：大学之道，在明明德，在亲民，在止于至善。大学的本然价值是培养人，且首先是育人，帮助大学生成人，其次才是育才，帮助大学生成才，"人"重于"才"。钱颖一认为,"作为目的的'人'包括'人文'、'人格'、'人生'三个方面",并将人的现代化视作价值层面的现代化。回过头来看,钱颖一之所以能够取得今天这样的成就,与他自身的人文精神和人格魅力也是分不开的。清华经管学院如此重视学生基本为人方面的培育,令人钦佩。上财经济学院凝练的"诚信、责任、包容、感恩、奉献、荣誉"院训,也是基于同样的育人考量。

第二,教师是教育的根本推动力。朱镕基同志2001年4月27日在清华经管学院顾问委员会第二次会议上的讲话提到此点,并提出要吸引国际一流的师资。给我印象比较深的一个数据是,2002~2011年间清华经管学院招聘了98名教师,其中获得海外博士学位的教师就达84人,尤其是2006年钱颖一受聘院长之后进一步加大了海外人才引进力度,这对学院师资结构的优化和完善作用是非常明显的。我经常讲,办好一流大学应具备三个必要条件,一流的师资、一流的学生和一流的课程设置。清华经管的生源质量绝对是世界一流的,其关键瓶颈就是师资,这进而会影响课程。经过十年持续的引进和动态优化,清华经管的师资水平已经大大提高了。上财经济学院的改革思路也是如此,将打造一流师资摆在改革的首要战略位置,2005~2016年间,我们先后引进99人,其中海归教师88人。

第三,要重视无用知识的有用性。钱颖一教授借用弗莱克斯纳的文章题目《无用知识的有用性》(The Usefulness of Useless Knowledge)所做的阐述非常精彩。其实,庄子早在2 000多年前就说过类似的话:"人皆知有用之用,而不知无用之用也。"当今一些中国大学的管理者不知道这个基本道理,从研究到教学都太强调短期的有用性和功利性,忽视原创性的基础研究。特别是一些人攻击海归学者在国际顶尖期刊上的论文发表"'高端'但没有任何实际价值",这也是急功近利的功利主义作祟。大学的使命除了育人之外,就是创造知识。这些知识成果当然包括那些跟所在国现实问题很贴近的应用性、实用性知识成果,但更重要的恐怕还是那些具有共通性的人类一般问题的原创性、基础性知识成果的创造,中国的大学要在国际学术话语权竞争中取得优势地位,进而未来要成为世界一流大学，这是必要条件。否则，关起门来自说自话，对世界共性、学科共性的理论、工具及方法的原创性研究创新方面没什么贡献，不可能建成国际公认的世界一流大学和一流学科。

第四，以制度建设完善学院治理。大学治理最重要的是实现无为而治，最大限度地减少人治因素。大学教师都是高智商的教育者和研究者，不能像管理企业一样去管大学，管脑力劳动者（现代委托代理理论中的道德风险和激励的最优权衡取舍模型论证了这一点）。否则，只会管得越细越多，就越麻烦，效果也越差。而无为而治需要两个先决条件：一靠管理团队，二靠制度。其中，制度是根本，它是合理划分学术、行政、监督之间的权力和责任边界的依据所在。作为研究机制设计理论出身的钱颖一显然也非常重视制度建设，重视规则（rule of law），清华经管学院形成了《学院制度框架要点汇编》《学院内部治理组织制度汇编》《学院外部治理组织制度汇编》《教师手册》《职员手册》等一系列制度汇编文件。我在上财经济学院这么多年搞改革，也形成了 20 多万字的制度文件汇编，这既是改革的一大成果，也是确保改革能够得到进一步深化从而实现学院治理现代化的保证。之所以这样做，是因为我坚信做事的宗旨就应该是公开、公平和公正，并且顺序不能弄反。要做到公平，首先必须信息对称，也就是公开，而要做到公正，必须要做到公平，即机会均等，从而（其理论依据是现代微观经济学中的公正定理）就可能会有一个既有效、公平，又稳定、简单，少了很多麻烦的结果。

与钱颖一对教授治校提法的质疑一样，我也一直认为这个提法很有问题，我们都认为应该是教师或教授（美国大学将助教授/讲师、副教授和正教授都统称之为教授）治学，而不是教授治校。当然，对教师/教授治学的具体内涵，特别是在中国教育现代化转型改革下，我和颖一教授的看法也许不尽相同。我认为，教授/教师治学更多的主要体现在对个体教师的学术、教学和服务的评价和提升方面，如正教授对副教授和讲师的考核和提升，及正教授和副教授对讲师的考核及提升，而不是在学科建设方向的规划及其改革的裁量权上,否则会发生屁股决定脑袋而否定其院长、系主任所提出的改革措施和学科建设大政规划。实际上,这也是绝大部分世界一流大学的基本模式,至少在美国,院长、系主任或者由学术水平及其威望都很高的少数人组成的执行委员会(在这种情况下,系主任主要处理日常事务。在美国这两种体制并存,在无委员会的情况下,院长或系主任称为 Department Head,而在有委员会的情况下,院长或系主任称为 Department Chairman)有很大的学科规划和改革的裁量权,而其他很多委员会主要只是起到咨询和制定具体措施的作用。

中国大学的改革不是一件容易的事情,需要正视改革的艰巨性,用好成功改革的方法论。因此,将一件事情或改革做成、做好,既要有想法、有勇气、有担当、有智慧,也要有忧患意识和危机意识,由此我提出无论是国家层面还是学院层面,必须以改革、发展、稳定、创新、治理五位一体的综合改革治理框架去系统思考做什么、怎么做、谁去做的问题。在这个过程中,有一条主线是需要明确的,那就是要坚持"教育要面向现代化,面向世界,面向未来"的方针去办大学,绝不能故步自封,关起门来自我评价,一定要以国家战略需要和国际学术水平来衡量。《大学的改革》这套书中的很多改革思路和举措正是循此路径,并且具有很高的推广应用价值,相信对于推进中国高校的"双一流"建设具有不可忽视的启示意义,其中很多内容十年、二十年甚至更长的时间后再看,也不会过时。

(2017年2月)

137

应重视流动儿童教育问题

《城市的未来：流动儿童教育的上海模式》序

我很高兴为冯帅章和陈媛媛的关于流动儿童教育的新书作序。两位老师2006年同年回国，加入由我领导的上海财经大学经济学院和高等研究院，后来又一起开展了关于流动儿童教育问题的研究。我很荣幸见证了他们从2008年开始，在这一研究领域长期不间断的耕耘过程。本书就是他们八年来的研究总结。从我2004年担任上财经济学院院长并筹划创办专门研究中国问题的高等研究院开始，我就一直鼓励并支持在海外取得博士学位后回国工作的年青学者关注中国现实，将国外学到的理论和方法用于中国实际问题的分析。现在看到他们多年来的研究成果终于汇成这本专著，我感到非常欣慰，也为他们感到骄傲。

十多年来，上海财经大学经济学院秉持"求实创新 打造一流"的发展战略，全面开启了具有历史性意义的体制内经济学教育科研改革，其宗旨就在于立足中国国情和学校实际，参照国际一流研究型大学先进的办学理念和成熟的管理规范，实践教育科研改革，系统地建立一整套长效机制，培养厚德博学的具有深厚文化素养、扎实经济学理论功底、高效生产力、开放国际视野的高层次创新型杰出人才。经过对于国际化十年磨一剑的坚持，我们的经济学教育改革已取得了显著的成效。2016年6月，荷兰蒂尔堡大学"全球经济学研究机构排名"显示，上海财经大学经济学科进入世界前60。2012年～2015年，上海财经大学经济学科在该排名默认的35本国际权威经济学期刊上的高质量论文发表数在大中华地区连续保持第1。

与此同时，上海财经大学高等研究院的使命在于以准确的数据为依据，先进的理论为指导，科学的研究方法为手段，理论结合实际，定性与定量分析并举，以项目的形式凝聚海内外研究力量，发挥群体作战的规模优势，联合攻关，研究中国改革和发展中出现的长远重大战略性问题和当前难点、热点经济问题。目前，高等研究院设有十多个研究中心。冯帅章和陈媛媛对于流动儿童教育问题的研究是高等研究院人口流动与劳动力市场研究中心的重要研究成果。

流动儿童的教育问题是我国当前面临的一个重大社会问题。一方面，中国的转型和发展产生了大量的进城农民工及他们的随迁配偶子女，这本是城镇化过程的应有之义。另一方面，传统的义务教育体制基于户籍制度，无法满足不断涌入城市的流动儿童的教育需求。在这种条件下，探讨流动儿童教育问题的因应之道，不仅重要，而且迫切。

冯帅章和陈媛媛的研究，基于在上海地区对二十所学校、近三千名学生进行的问卷调查和标准化考试结果，详细考察了流动儿童入学的影响机制，学校对于学生的不同影响，流动儿童的融入问题，家长期望与家庭教育等问题，得出了一系列重要的实证结论。这些研究无疑为政府制定相关的政策提供了坚实的经验基础。

对于中国问题的研究，特别是做经济分析或给出政策建议时，我一贯主张从理论、历史和实证三个角度着手，三者缺一不可。冯帅章和陈媛媛关于流动儿童教育的研究，既有基于大量的调查和数据之上的严谨的实证计量分析，又有基于经济学、社会学等多学科的理论视角。而书中有关流动儿童教育问题的源起、演变及政策方面的详细阐述，无疑为我们提供了丰富的历史大视野。

中国的发展日新月异，不断向研究者提出新的机遇和挑战。从长远的观点来看，人口流动背景条件下儿童的受教育问题，始终将是中国发展的重大问题。而流动儿童教育问题又与我国的高考制度、户籍制度、地方与中央的财政关系、区域发展与城镇化等问题密切相关。流动儿童教育问题在目前的条件下远远没有解决，仍然是我国转型和发展过程中的一个重点和难点问题。本书的出版，为我们理解流动儿童教育问题提供了非常丰富的基础，极大地推动了相关研究。我在恭喜作者完成本书的同时，更是希望他们能继续在这一领域不断做出新的研究，百尺竿头，更进一步！

（2017年4月）

138

在民族复兴中实现中国梦*

（代跋）

4月27日，我应邀参加了"我的中国梦"——海外高层次人才回国创新创业座谈会。会上，李源潮同志对中国梦的特质做了很好的解读，并希望我们每个人都写下自己的中国梦。这是一个触动内心深处，让人感动、心潮澎湃、感想万千和心情激荡的话题。虽说我在美国留学、从教20多年，对于所谓的美国梦我从未挂怀，心中涌动的依然是中国梦，中华民族的伟大复兴梦，这种家国情怀是永远无法磨灭的。

作为一个20世纪50年代出生的人，我身上有着这个年代的一些特殊烙印。父辈经历过抗日战争和解放战争的烽火，对国家的和平与发展有着来之不易的珍惜；下乡当过知青，对中国最底层的农村、农民、农业和积贫积弱的现实有着亲身的体验；经历过十年动荡和改革开放新旧对比，对国家的稳定、繁荣和强大更加渴求。知识分子的道统、父辈家庭的熏陶、师长的教诲、个人成长的际遇，使得自己一直非常关心国家前途和民族命运。

毫无疑问，改革开放是中华民族伟大复兴进程中的一个关键拐点，她所产

---

* 本文是作者2012年参加中组部"我的中国梦"——海外高层次人才回国创新创业座谈会后所作。

生的威力，像腾空的火箭，一举扭转了 1840 年鸦片战争以来中华民族在世界民族之林中的衰颓之势，使中国重新走向了世界政治经济舞台的中心。在国家改革发展的历史大潮中，个人的命运也随之转变。我个人是受惠于小平同志关于扩大派遣出国留学人员政策而于 1983 年公派自费出国留学的。

我还清晰地记得初到美国留学所见所闻给我带来两个强烈感受，一是震撼，二是痛苦。震撼的是，一个国家原来可以这么富有！痛苦的是，为什么我们中国人这么勤劳却那么贫穷？差距的原因何在，有人归结于科学技术，归结于李约瑟之谜。但是，我认为最根本的是制度和人才，此二者是中国实现国家富强和长治久安必须高度重视的。这也更加坚定了自己从自然科学（物理、数学）向社会科学及其经济学学科进行学习研究的学科转向。

为此，在明尼苏达大学读博士期间，我特意选了"机制设计理论之父"、后因其开创性贡献而获得诺贝尔经济学奖的赫维茨教授（Leonid Hurwicz）作为指导教师。由于 20 世纪 80 年代中末期国内外的一些风波及其他各种原因，使得我的回国梦被一再延宕。毕业之后，我留美任教并在较短的时间内相继被破格提升为副教授和正教授，获得终身教职，是改革开放之后国内留学北美的经济学家中在美国大学第一个获得终身教职、第一个成为正教授的。尽管如此，我须臾没有忘记自己的中华儿女情，通过研究和推动中国经济制度的平稳转型，通过筹划和参与中国大学杰出人才培养体制的改革创新，一直在践行着自己的中国梦。

向市场经济制度的平稳转型，是中国改革开放取得成功的重要经验，也是实现中华民族伟大复兴的必由之路。但是，这条道路不是一帆风顺的，面临着各种社会思潮的干扰。1989 年至 1992 年间，正值继关于真理标准的思想交锋之后，改革开放以来的关于计划和市场的第二次思想交锋，时任中国留美经济学会会长的我组织一批在海外留学的中国学者（现大多已回到国内）编写了一套 14 本，首次系统介绍市场经济学的《市场经济学普及丛书》，并于 1993 年 10 月由上海人民出版社出版发行。这套丛书在国内首开出版由海外中国学者编撰大型成套通俗理论读物的先河,为国家坚定走市场经济道路提供了一些理论镜鉴。继而,我开始将目光投向国内各种严肃的学术期刊及一些在国内思想界有重要影响的阵地,陆续发表自己对于改革过程中一些具体问题和政策的评论与建议。

第三次思想交锋始于2004年,主要是关于改革方向的。一些学者将发展中出现的深层次问题归根于市场化改革,认为和谐社会和市场经济不兼容,另一些学者则认为问题恰恰在于市场化改革不够。对此,我在国内顶级经济学期刊《经济研究》上发表论文《和谐社会的构建与现代市场体系的完善——效率、公平与法治》中,用严密的经济学逻辑和丰富的实例论证了现代市场经济体系是构建和谐社会的必要条件,是实现效率、公平与法治的基石,并主张减少政府过度干预,发挥市场作用;实行依法治国,改善制度环境;保证机会均等,创造公平起点;继续产权改革,提高经济效率。胡锦涛总书记在当年"两会"上特别强调"要毫不动摇地坚持改革方向,不断完善社会主义市场经济体制,充分发挥市场在资源配置中的基础性作用",从而为这次交锋划下句点。

我始终认为,我们每一个中国经济学研究者都应该有一份历史责任感,对于中国的现状和发展保持关注,但同时也务须保持冷静和理性的头脑,在做政策性建议时要非常谨慎,要充分考虑中国国情及各种约束条件,要因时、因地、因人、因事地运用现代经济学的基本方法和分析框架及中国国学智慧来研究中国的问题。否则,在错误的方法论指导下开出错误的药方,不仅误导舆论、混淆视听,更加贻害国家和人民。

中国经济的制度转型和从要素驱动向效率驱动、创新驱动的动力转变,归根结底要靠人、靠人才。国家间的竞争是人才的竞争、资源的竞争、制度的竞争和话语权的竞争,其中最根本的是人才的竞争。然而,从某种意义上讲,中国经济在贯彻邓小平同志三个面向即"面向现代化,面向世界,面向未来"要求上远远超过了中国教育。特别是进入新世纪之后,受传统计划条件下办学体制惯性束缚的中国教育,愈益成为中国经济实现制度转型和创新驱动的主要障碍。

于是，2004年我决定回国深度参与中国大学教育的改革发展，为国家的长治久安实实在在做些事情，并选择了上海财经大学经济学院作为实现自己教育改革蓝图的试验田。不同于综合性大学，上海财经大学是一个学科门类集聚相对精致的学校。我们的谈敏校长和我都有这么一个勇气，愿意做第一个吃螃蟹的改革者、垫脚石和殉道者，认为改革即使失败了也不会影响大局，相反如果成功了却可以摸索出一套办世界一流大学的经验来，如同先行先试的深圳特区一样。但是，改革总归是要冒风险的，当时几乎所有的人都认为我们所做的改革尝试会失败，而我也做好了当"尖刀连"牺牲的准备。

值得欣喜和欣慰的是，在各级领导的大力支持下，我们遵循世界一流研究型大学办学内在规律，在学科建设、师资引进、人才培养、科研体制、人事制度、行政管理等方面的全方位改革创新取得了实实在在的成效，并形成了一整套内生性的长效机制。特别是我们的常任轨教职制度，这一旨在激励做高水平国际学术成果的与国际一流研究型大学 Tenure 体系接轨的制度，早在2005年就开始在上海财经大学经济学院进行试点探索，并于2007年在学校层面全面实施，取得了十分显著的成效。

如今，我领导的上海财经大学经济学院过去几年中已引进53名优秀海归教师，凝聚和培养出一批以孙宁、陈庆池、冯帅章等为代表的世界级的青年经济学家，在包括《美国经济评论》（*American Economic Review*）、《计量经济学》（*Econometrica*）、《经济研究评论》（*Review of Economic Studies*）等世界顶级和著名经济学期刊发表了论文近150篇，达到亚洲领先水平，引起国内外同行的高度关注和震动。基于一流师资队伍的建设，最受惠的当然还是我们的学生，我们培养的毕业生无论是在做中国问题的研究、高层次的就业、升学和出国等各领域均具有独特竞争力，学生进入斯坦福大学、哥伦比亚大学等世界一流大学深造，博士生到国内985高校任职的比例都明显提高，自主培养的一些博士生已具备了冲击国际一流经济学期刊的研究实力。

我们的改革也形成了良好的影响效应、示范效应、凝聚效应和带动效应。如，继上海财经大学聘我任经济学院院长及随后聘黄明、谭国富、艾春荣、张欣、牛铭实、王能任其他学院院长之后，北京大学先后聘张维迎、蔡洪滨任光华管理学院院长，清华大学聘钱颖一任经济管理学院院长，上海交通大学聘周林任安泰经济管理学院院长、西南财经大学聘甘犁任经济学院院长，厦门大学聘洪永淼任经济学院院长，一大批海外高层次人才被直接纳入体制内学术建制，发挥了改良体制机制土壤的作用。

又如，2005 年上海财经大学经济学院在国内高校中首开利用北美经济学家市场进行大规模、成建制引进海外高层次人才的先河，目前每年循此通道进行招聘的国内高校已达 40 多家，上海财经大学也荣幸入选中组部第三批"海外高层次人才创新创业基地"。而上海财经大学"经济学创新平台"作为首创，在国家"优势学科创新平台项目"的学科建设制度创新中也起到了引领作用，后者被写入了《国家中长期教育改革和发展规划纲要》。

在这一筚路蓝缕的教育改革中，我奉献了自己的激情和汗水，倾注了巨大的心血和精力，有着许多酸甜苦辣，但是无怨无悔，因为有一个信念一直在支撑着我，那就是我所做的一切的一切改革探索都是为了国家发展战略的需要，为了中华民族伟大复兴的需要。非常高兴的是，"千人计划"的实施，为我们广大海外游子更顺畅地参与到中华民族伟大复兴的这一历史进程中，提供了一个广阔的舞台。我有幸入选成为中组部首批"千人计划"，这是荣誉，更是责任，我将鞠躬尽瘁，一往无前。

（2012 年 5 月）